METZLER LITERATUR CHRONIK

Volker Meid

Metzler Literatur Chronik

Werke
deutschsprachiger
Autoren

Zweite, erweiterte Auflage

Verlag J. B. Metzler
Stuttgart · Weimar

Inhaltsverzeichnis

Die Deutsche Bibliothek – CIP-Einheitsaufnahme

Meid, Volker: Metzler-Literatur-Chronik :
Werke deutschsprachiger Autoren / Volker Meid.
– 2., erw. Aufl. – Stuttgart ; Weimar : Metzler 1998
    ISBN 3-476-01601-3

Gedruckt auf chlorfrei gebleichtem, säurefreiem und
alterungsbeständigem Papier

ISBN 3-476-01601-3

© 1998 J. B. Metzlersche Verlagsbuchhandlung
und Carl Ernst Poeschel Verlag GmbH in Stuttgart
Einbandgestaltung: Willy Loeffelhardt
Satz: Stahringer, Ebsdorfergrund
Druck und Bindung: Franz Spiegel Buch GmbH, Ulm
Printed in Germany

Verlag J. B. Metzler Stuttgart · Weimar

Vorwort

Die *Metzler Literatur Chronik* beschreibt in strikter Chronologie Werke der deutschen bzw. deutschsprachigen Literatur von der Zeit Karls des Großen bis zum Jahr 1980, einem – vorläufigen – Schlußpunkt, der schon eine gewisse historische Perspektive ermöglicht. Bei der Konzeption der Chronik wurde von vornherein auf eine Gliederung nach Epochen verzichtet. Sie hätte sich, abgesehen von der Problematik mancher Epochenbegriffe und den damit verbundenen Schwierigkeiten der zeitlichen Abgrenzung, allein wegen der zahlreichen Überschneidungen nicht mit dem Prinzip einer konsequent chronologischen Ordnung vereinbaren lassen. Dessen Leistung besteht gerade darin, die Vielfältigkeit und Gegensätzlichkeit, ja Widersprüchlichkeit der literaturgeschichtlichen Vorgänge, das Nebeneinander der verschiedenen Strömungen und Generationen und die ›Ungleichzeitigkeit‹ des Gleichzeitigen sichtbar zu machen, also eine Sicht der Literaturgeschichte zu bieten, die die Perspektive der literaturgeschichtlichen Erzählung mit ihrer auf Zusammenhänge und Entwicklungslinien gerichteten Darstellungsintention auf erhellende Weise ergänzt. Das bedeutet jedoch nicht, daß die *Literatur Chronik* nicht auf ihre Weise eine Charakteristik der literarhistorischen Epochen und Strömungen enthielte, übergreifende literarhistorische Zusammenhänge oder gattungs- und formgeschichtliche Traditionen einzubeziehen suchte: Dies geschieht an den einzelnen Werken, an signifikanten Beispielen für die jeweilige Fragestellung.

Die Chronologie der Werke orientiert sich am Jahr der ersten Publikation, sei es durch Aufführung, Vorlesung oder Druck. Nur in wenigen Fällen wurden Ausnahmen gemacht, etwa wenn Entstehungs- und Publikationsdatum extrem weit auseinanderliegen und der späteren Veröffentlichung selbst keine literarhistorische Aussagekraft zukommt (so wurde Herders *Journal meiner Reise im Jahr 1769*, das einen entscheidenden Moment in Herders Biographie und die zum Sturm und Drang hinführende Aufbruchsstimmung dieser Jahre festhält, erst 1846 gedruckt).

Bestimmend für die Aufnahme in die *Literatur Chronik* war nicht allein der ästhetische Rang der Texte; neben dem traditionellen literarhistorischen Kanon (›Höhenkamm‹), zu dem selbstverständlich auch Werke in lateinischer Sprache gehören, werden Texte berücksichtigt, die auf andere Weise literarhistorisch bedeutsam sind, sei es – beispielsweise – in ideologiekritischer oder rezeptionsgeschichtlicher Hinsicht. Dabei finden große Übersetzerleistungen ebenso Berücksichtigung wie – exemplarisch – Werke der Unterhaltungsliteratur. Zudem wurde im Einklang mit einem erweiterten Literaturbegriff versucht, den Bereich der nichtfiktiven Literatur wenigstens an ausgewählten Beispielen zu dokumentieren. Allerdings war dies, und hier zeigen sich die Grenzen des Unternehmens, angesichts der ständig wachsenden Produktion für die neuere Literatur immer weniger möglich.

Die einzelnen Artikel sind nicht schematisch angelegt; sie enthalten, im Einzelfall jeweils verschieden gewichtet, Informationen über Entstehung, Form, Inhalt, literarhistorischen Kontext, Deutungsmöglichkeiten und Wirkungsgeschichte. Ziel war dabei nicht nur die schnelle, sachliche und zuverlässige Information auf der Basis des gegenwärtigen Forschungsstands; über ihre Funktion als Nachschlagewerk hinaus möchte die *Literatur Chronik* durch ihren Darstellungsstil zum Lesen und Weiterlesen anregen und so dem Benutzer und Leser ein – hofft der Verfasser – facettenreiches Bild der Literatur und Kultur im deutschen Sprachraum vermitteln.

Eine wesentliche Hilfe dabei bietet das kombinierte Personen- und Werkregister Helmut G. Hermanns (Amherst/USA), das die Vielfalt des Buches erst wirklich erschließt (und auch die Lebensdaten der deutschsprachigen Autoren nennt). Dem Registermacher habe ich überdies für mannigfache Hinweise und Korrekturen zu danken. Entsprechender Dank gebührt Petra Wägenbaur, die das Buch als Lektorin betreute, Eva Eckstein, die beim Korrekturlesen half, und Bernd Lutz, ohne dessen Anregungen und Geduld die *Literatur Chronik* nie geschrieben bzw. beendet worden wäre.

Pruzilly, im Juli 1993   Volker Meid

Vorwort zur zweiten Auflage

Die zweite Auflage der *Metzler Literatur-Chronik* führt näher an die Gegenwart heran; die Werkbeschreibungen enden nun mit dem Jahr 1995. Versehen und Ungenauigkeiten im Text der ersten Auflage wurden korrigiert, Literaturverzeichnis und Register ergänzt.

April 1998

8. Jh.
Merseburger Zaubersprüche

Die beiden Zaubersprüche, nach dem Aufbewahrungsort der Hs. benannt, sind die wohl ältesten Zeugnisse der ahd. Literatur. Sie entstanden vor der Missionierung der deutschen Stämme, also spätestens zu Anfang des 8. Jh.s. Aufgezeichnet wurden sie in der 1. Hälfte des 10. Jh.s, wahrscheinlich im Kloster Fulda.

Die Texte, ein Löse- oder Entfesselungszauber der eine, ein Heilzauber der andere, sind zweiteilig: Einer erzählenden Einleitung, die einen gelungenen magischen Vorgang schildert, folgt die Beschwörung, die Anwendung auf den konkreten Fall. Im 1. Spruch ist von ›Idisen‹, ›ehrwürdigen Frauen‹ oder vielleicht Walküren, die Rede, die ein feindliches Heer hemmen und die Freunde befreien. Darauf folgt die beschwörende Zauberformel: »insprinc haptbandun, inuar uigandun! (»löse dich aus den Fesseln, entflieh den Feinden!«). Im 2. Text – »Phol ende Uuodan uuorun zi holza« – ruft die mythische Vorbildhandlung eine Reihe germanischer Götter auf den Plan. Doch allein Wodan vermag – nach zwei vergeblichen Beschwörungsversuchen anderer Götter – das verletzte Pferd zu heilen. Zwei dreigliedrige Formeln, die die Krankheit benennen und die Heilung befehlen, beschließen den Spruch. Zahlreiche Einzelheiten freilich sind umstritten, wohl nicht nur, weil die Überlieferung fehlerhaft ist: Dunkelheit gehört zum Wesen magischer Rede.

Die Christianisierung brachte zunächst nicht das Ende der Zaubersprüche, die ja Bedürfnissen des Alltags dienten: Heilung von Krankheiten, Abwendung von Unheil (von Mensch und Tier), Schutz auf der Reise. Allerdings verändern die Sprüche allmählich ihren Charakter, verwenden christliche Motive und christliches Personal (Christus, Heilige, biblische Gestalten), nähern sich dem Segen und der Benediktion. »Kirst, imbi ist huze!« (»Christus! das Bienenvolk ist ausgeschwärmt!«), beginnt der *Lorscher Bienensegen* aus dem 10. Jh. Er endet mit der Aufforderung: »sizi uilu stillo, uuirki godes uuillon!« (»Sitz ganz still und tu, was Gott will!«)

8. Jh.
Hildebrandslied

Das ahd. *H.*, nur als Fragment von 68 Stabreimversen erhalten, ist das einzige Zeugnis heroischer germanischer Dichtung in der deutschen Literatur. Es wurde Anfang des 9. Jh.s im Kloster Fulda von zwei Schreibern nach einer schriftlichen Vorlage auf die Vorder- und Rückseite einer theologischen Hs. eingetragen. Entstanden ist das *H.* jedoch wahrscheinlich um die Mitte des 8. Jh.s in Oberitalien, am Hof der Langobarden. Es gelangte über Bayern nach Fulda, wo es auch seine merkwürdige sprachliche Gestalt – eine Mischung hoch- und niederdeutscher Elemente – erhielt.

Das *H.* setzt die Sagen um Dietrich von Bern (Verona) voraus, die von der Vertreibung Dietrichs aus Italien durch Odoaker berichten, von Dietrichs Exil am Hunnenhof und der Rückkehr in die Heimat nach 30 Jahren. Der Waffenmeister Hildebrand ist eine wichtige Gestalt in diesem Sagenkreis, in dem die historische Wirklichkeit zugunsten Dietrichs umgedeutet wird: Der ostgotische König Theoderich war auf Grund einer Vereinbarung mit dem oströmischen Kaiser Zeno in Italien eingefallen und hatte den dort herrschenden Odoaker besiegt und schließlich – im Jahr 493 – ermordet.

Das Lied nun berichtet vom Zusammentreffen von Hildebrand und seinem Sohn Hadubrand zwischen zwei Heeren: eine Situation, die zu Wortwechsel und Kampf führt, da der Sohn seinen Vater für tot und sein Gegenüber für einen hinterlistigen Hunnen hält. Hildebrand sei »nach Osten gezogen, auf der Flucht vor Odoakers Haß, zusammen mit Theoderich und vielen seiner Krieger«, erklärt Hadubrand. Dabei habe er »hilflos und ohne Erbe seine junge Frau und ein kleines Kind zurückgelassen«. Hadubrand fügt hinzu, Seefahrer hätten Nachricht gebracht, daß sein Vater im Kampf gefallen sei (und nennt damit Hildebrand einen Lügner). Ein strenger Ehrbegriff verlangt, daß Hildebrand die Herausforderung annimmt: »welaga nu, waltant got, quad Hiltibrant, wewurt skihit!« (»o waltender Gott, fuhr Hildebrand fort, das Schicksal will seinen Lauf!« Mitten in der Kampfschilderung bricht der Text ab. Vom Ausgang des Kampfes – der Vater erschlägt den Sohn – berichten andere Zeugnisse.

Das tragische Ende ist eine Folge des Ehrbegriffs: Die Kriegerehre läßt es nicht zu, eine Herausforderung abzulehnen und damit feige zu erscheinen. Hildebrand ist also gezwungen, wissend seinen einzigen Sohn zu töten. Die Berufung des »waltant got« bleibt ohne Konsequenz, das Christentum äußerlich: »wewurt«, »Unheilsschicksal«, geschieht unausweichlich. Dieser Schicksalsglaube und der von einer »barbarischen Ethik« (Max Wehrli) bestimmte Verhaltenskodex verweisen auf den prägenden geschichtlichen und sozialen Hintergrund: Die Dichtung mit ihrer Untergangsstimmung ist Ausdruck der Umbruchssituation der Völkerwanderungszeit, kunstvoll stilisierte Selbstdarstellung der führenden Kriegerschicht.

Neben der fast ausschließlich von den Klöstern getragenen schriftlichen Überlieferung, der das *H.* seine – eher zufällige – Erhaltung verdankt, bestand durch das ganze Mittelalter hindurch eine kontinuierliche mündliche Tradition. Auch das *H.* blieb lebendig, was auch bedeutet, daß es sich den wandelnden gesellschaftlichen und religiösen Bedingungen anpaßte. Anspielungen bei mhd. Dichtern und die nordische *Thidrekssaga* (um 1250) bestätigen die Kontinuität des Stoffes. Eine Zeitlang konkurrierten Fassungen mit tragischem und glücklichem Ausgang miteinander, bis schließlich mit der Volksballade des 15. und 16. Jh.s, dem sogenannten *Jüngeren Hildebrandslied,* eine gefühlvolle Heimkehrergeschichte mit glücklichem Ausgang zutage trat.

um 750
Abrogans, deutsch

Der *A.* gilt als das ›älteste deutsche Buch‹. Es handelt sich um ein lateinisches Synonymenwörterbuch, dem um die Mitte des 8. Jh.s im oberdeutschen Sprachgebiet eine deutsche Übersetzung beigegeben wurde. Seinen Namen verdankt das Werk dem ersten lateinischen Stichwort: »abrogans« (dheomodi: demütig).

Dieses lateinisch-ahd. Wörterverzeichnis mit rund 3670 volkssprachlichen Wendungen, für sich genommen von geringem Rang, steht am Anfang der Bemühungen, die deutsche Sprache zum schriftlichen Ausdruck zu führen. Dem *A.* folgen zahlreiche andere ›Glossen‹, das sind – so definiert es Jacob Grimm – »deutsche Übersetzungen einzelner Wörter oder Sätze, welche den Handschriften interlinearisch oder am Rande beigefügt oder auch in besondere Verzeichnisse geordnet sind«. Man beginnt mit Wörterbüchern, glossiert die Bibel und Bibelkommentare, Schriften der Kirchenväter, Legenden und Hymnen (z. B. die *Murbacher Hymnen,* 800–25), aber auch Vergil. So eignet man sich, allmählich den

Wortschatz erweiternd, die dem Deutschen (bzw. Germanischen) fremden römischen und christlichen Begriffe an.

Diese Glossierungs- und Übersetzungsarbeit wird fast ausschließlich von den Klöstern getragen. Außerhalb dieses Bereichs stehen nur die sogenannten *Malbergischen Glossen,* deutsche Erklärungen und Zusätze in den lateinischen Aufzeichnungen des fränkischen Stammesrechts (*Pactus legis Salicae,* 6. Jh.; *Lex Salica,* 8. Jh.). Die hier überlieferten Ausdrücke und Formeln gehören zu den ältesten Zeugnissen der germanischen Rechtssprache.

790–800
Althochdeutscher Isidor

Dieser Titel bezeichnet die fragmentarische Übersetzung eines Traktats des 636 verstorbenen Isidor von Sevilla: *De fide catholica [...] contra Iudaeos,* eine Auseinandersetzung mit dem jüdischen Glauben. Der Verfasser entwickelt auf der Grundlage v. a. alttestamentarischer Prophetien Grundzüge einer christlichen Dogmatik. Dabei geht es insbesondere um den Nachweis, daß sich in Christus, dem Sohn des dreieinigen Gottes, die Messiasprophetien erfüllten und daß nicht die Juden, sondern die Heiden zum Volk Gottes berufen seien. Die dogmatischen Positionen, vor allem zur Trinität, behielten auch in anderem Kontext ihre Aktualität.

Als Übersetzerleistung kommt dem *Ahd. I.* eine Ausnahmestellung in seiner Zeit zu. Während man anderswo noch glossierte und sich mühsam an Vater-Unser-Übersetzungen versuchte, wird hier – von einem unbekannten Übersetzer aus dem westlichen südrheinfränkischen Bereich (Lothringen) – einem schwierigen lateinischen Text eine präzise, verständliche ahd. Version zur Seite gestellt. Ein Zusammenhang mit den Bestrebungen Karls des Großen um die Grundlegung einer Grammatik der Volkssprache gilt als wahrscheinlich.

um 830
Althochdeutscher Tatian

Tatian ist der Name eines syrischen Christen, der im 2. Jh. eine ›Evangelienharmonie‹ verfaßte, eine Darstellung der Lebensgeschichte Christi auf der Basis der Evangelien. Tatians *Diatesseron* (»Durch die vier [Evangelien]«) wurde unter der Leitung von Hrabanus Maurus, von 822 bis 842 Abt des Klosters Fulda, in einer Gemeinschaftsarbeit ins Ahd. übersetzt. Es ist die erste umfassende Darstellung des Lebens Christi in deutscher Sprache. Die meist recht eng der Vorlage folgende Übersetzung ist von großer sprachgeschichtlicher Bedeutung, da hier zum erstenmal »ein großes sprachgeschichtlich einheitliches deutsches Textkorpus dokumentiert ist« (Ernst Hellgardt).

Der *T.* ist die Grundlage des altsächsischen *Heliand* (um 830), und auch die zweite große Evangeliendichtung des 9. Jh.s, Otfrids *Evangelienbuch* (um 863–71), ist ohne Fuldaer Anregungen kaum denkbar: Fulda war unter Hrabanus Maurus, einem Schüler Alkuins (der wiederum die Hofschule Karls des Großen geleitet hatte), zum Zentrum der Bildungsarbeit in Deutschland geworden.

um 830
Heliand

Der Titel, den die Dichtung im 19. Jh. erhielt, ist das altsächsische Wort für Heiland, dessen Geschichte in dieser poetischen ›Evangelienharmonie‹ in etwa 6000 Stabreim-Langzeilen erzählt wird. Das in altsächsischer Sprache verfaßte Werk ist neben einer nur fragmentarisch erhaltenen *Altsächsischen Genesis* (ebenfalls um 830) die einzige christliche Dichtung der sächsischen Frühzeit. Der Hinweis in der lateinischen Einleitung, daß Kaiser Ludwig die Dichtung angeregt habe, bezieht sich wahrscheinlich auf Ludwig den Frommen (814–40). Der Verfasser besaß eine beträchtliche geistliche Bildung, zugleich stand ihm die angelsächsische Stabreimdichtung als Vorbild vor Augen. Seine Quellen – u. a. Tatian und der Matthäus-Kommentar (821–22) des Fuldaer Abts Hrabanus Maurus – verweisen auf das von dem Angelsachsen Bonifatius 744 gegründete Kloster Fulda als möglichen Entstehungsort der Dichtung.

Tatians ›Evangelienharmonie‹ bildet die Grundlage des *H.*, der sich gelehrt-exegetische Exkurse versagt und den Akzent auf den ›diesseitigen‹ »Christ« legt: den Herrn, den Lehrer, den Gesetzgeber, den Verkünder der Bergpredigt. Der Dichter richtet sich an die sächsische Oberschicht und verwendet, um sein Publikum zu erreichen, im ausladenden Stil der Stabreimdichtung Begriffe und Vorstellungen aus ihrer Welt – Christus als Gefolgsherr, die Jünger als Gefolgsleute, die Männer Palästinas als ›Degen‹ usw. –, und preist

gleichwohl die unkriegerischen christlichen Tugenden. Daß der Dichter seinem Publikum äußerlich so weit entgegenkommt, läßt auf missionarische Absichten schließen. Erst 804 waren die Sachsenkriege Karls des Großen beendet worden, und die Christianisierung hatte noch keine allzutiefen Wurzeln geschlagen.

um 835
Einhard
Vita Karoli Magni

Das Leben Karls des Großen

Der im Kloster Fulda erzogene E., hoher Beamter und Vertrauter Karls des Großen und seiner Nachfolger, verfaßte diese lateinische Biographie nach seinem Rückzug vom Hof. Vorbild waren die Kaiserbiographien des Römers Sueton (2. Jh. n. Chr.).

Nach einem kurzen Abriß der fränkischen Geschichte vor Karls Regierungsantritt berichtet E. zunächst über die zahlreichen Kriegszüge Karls, wendet sich dann seinem Charakter und seinen Neigungen zu und endet nach Hinweisen auf seine Gesetzgebung mit dem Tod des Kaisers. Karl erscheint als großmütiger, tapferer, frommer Herrscher, als begabter, fremder Sprachen (aber nicht des Schreibens) mächtiger Redner, als ein den Wissenschaften zugetaner Mann, der die besten Geister seiner Zeit um sich versammelte und eine planvolle Bildungspolitik betrieb. Zu dem letzten Aspekt gehören auch seine Bemühungen um die Volkssprache. E. schreibt, daß Karl den Monaten und Winden einheitliche deutsche Namen gegeben und veranlaßt habe, die Gesetze der von ihm beherrschten Stämme aufzuzeichnen: »Auch die uralten heidnischen Lieder, in denen die Taten und Kriege der alten Könige besungen wurden, ließ er aufschreiben, um sie für die Nachwelt zu erhalten. Außerdem begann er mit einer Grammatik seiner Muttersprache.« Beide Werke sind nicht erhalten.

E.s *Vita Karoli Magni,* die der Reichenauer Abt Walahfrid Strabo bald nach 840 mit einer Kapiteleinteilung und einem Prolog mit Angaben über den Verfasser versah, ist die erste große biographische Darstellung seit der Antike. Weit verbreitet – sie ist in mehr als 80 Hss. überliefert –, prägte sie das mittelalterliche Karlsbild für eine lange Zeit.

um 845
Walahfrid Strabo
Liber de cultura hortorum

Buch über den Gartenbau

W., von 842 bis zu seinem Tod 849 Abt des Benediktinerklosters auf der Reichenau im Bodensee, war ein fruchtbarer Schriftsteller, der neben Bibelkommentaren, Heiligenviten und einer Schrift zur Liturgie und ihrer Geschichte eine Reihe von lateinischen Versdichtungen hinterließ. Darunter befinden sich versifizierte Heiligenleben, ein Visionsbericht (*Visio Wettini,* 826), Gelegenheitsgedichte und das während seiner Abtszeit entstandene *Buch über den Gartenbau.*

Bei diesem *Hortulus* (»Gärtchen«), wie das Werk in den Drucken des 16. Jh.s heißt, handelt es sich um eine 444 Verse umfassende Hexameterdichtung, in der W. in 27 unterschiedlich langen Abschnitten die einzelnen Pflanzen seines Klostergartens aus eigener Beobachtung beschreibt und – auf antike Quellen gestützt – ihre heilenden Kräfte charakterisiert: Arznei- und Heilpflanzen herrschen daher vor (Salbei, Wermut, Fenchel, Schlafmohn, Minze usw.), aber auch Kürbis und Melone (»nicht wird solcherlei Speise die harten Backenzähne erschrecken«) und die damals bekannten Zierpflanzen (Rose, Lilie, Iris) finden sich in seinem Garten. Doch selbst den Zierpflanzen werden heilende Wirkungen zugeschrieben; außerdem geben Lilie, ein Christussymbol, und Rose, Zeichen für Blut und Leiden der Märtyrer für den Glauben, in der Mitte und am Ende des Gedichts Hinweise auf eine christliche Bedeutungsschicht des Gedichts, das mit einer Anspielung auf den antiken Gartengott Priapus beginnt.

Der Humanist Joachim von Watt edierte 1510 das reizvolle, durch die Verbindung von eigener Beobachtung und überliefertem Wissen auch kultur- und medizingeschichtlich bedeutsame Werk.

um 863–71
Otfrid von Weißenburg
Evangelienbuch

O., Mönch und Lehrer im Kloster Weißenburg im Elsaß (Wissembourg), vollendete sein *Liber evangeliorum* zwischen 863 und 871. Die umfangreiche Dichtung in ahd. Sprache (südrheinfränkisch) ist u. a. in einer vom Verfasser durchkorrigierten Reinschrift erhalten, ein äußerst seltener Fall in der Überlieferung mittelalterlicher Literatur. Es ist nach *Tatian* und *Heliand* die dritte ›Evangelienharmonie‹ im 9. Jh., und wie diese Werke verweist auch O.s Dichtung auf das Kloster Fulda. Hier, unter Hrabanus Maurus, hatte er studiert, hier hatte er das wissenschaftliche Rüstzeug – und vielleicht auch schon die Anregung – für sein Vorhaben erhalten.

Vier Widmungen stehen voran, darunter die erste an den weltlichen Herrscher, Kaiser Ludwig den Deutschen, die zweite an sein geistliches Oberhaupt, den Mainzer Erzbischof. Hier rechtfertigt er sein Werk als Beitrag im Kampf gegen verderbenbringende weltliche Literatur und beschreibt zugleich seine Schwierigkeiten mit der barbarischen deutschen Sprache, die sich nicht der Grammatik, der lateinischen nämlich, füge. Ein ganz anderer Ton herrscht in dem einleitenden Kapitel, das die Frage beantwortet: »Warum der Autor dieses Buch in der Volkssprache (theodisce) geschrieben hat.« Die Antwort – ein Dokument auch des fränkischen Machtanspruchs – wird zu einem Hymnus auf die Franken, die in nichts den anderen Völkern nachstehen, freilich bisher versäumt haben, Christus auf Fränkisch zu preisen. Daher wolle er mit seinem Werk dafür sorgen, daß »die Franken nicht als einzige davon ausgeschlossen sind, wenn in der Muttersprache Christi Lob gesungen wird«.

O.s Lebensgeschichte Christi in fünf Büchern stützt sich auf den Text der lateinischen Bibel (Vulgata) und die Kommentare von Hrabanus Maurus, Beda und Alkuin. Sie ist nicht fortlaufend erzählt wie der *Heliand,* O. fügt vielmehr immer wieder Kapitel ein, die den Text nach der Methode des mehrfachen Schriftsinns allegorisch auslegen oder moralische Lehren ziehen. Die eigentliche Bedeutung des *Evangelienbuchs* für die deutsche Literaturgeschichte liegt jedoch in seiner Form: Mit O.s Werk und seinen binnengereimten Langzeilen setzt sich der Endreimvers in der deutschen Literatur durch. Vorbild war die lateinische Hymnendichtung; über deutsche Vorläufer ist bis auf vereinzelte Verse nichts bekannt. Dem Endreimvers, wie ihn O. zum erstenmal systematisch erprobte, gehörte als neuer ›christlicher‹ Form die Zukunft, während die Kunst der Stabreimdichtung verlorenging.

Bald nach O.s Werk, bevor die deutschsprachige Dichtung für anderthalb Jh.e verstummte, entstanden noch einige kleinere geistliche Reimdichtungen: *Christus und die Samariterin* (um 900), eine biblische Einzelszene, das *Petruslied* (um 900), das man als das älteste deutsche Kirchenlied bezeichnet, ein *Lobgesang auf den Hl. Gallus* (um 880) von dem St. Gallener Mönch

Ratpert und das *Georgslied* (um 900), die erste Legendendichtung in deutscher Sprache.

um 875
Muspilli

Das *M.* ist das einzige größere christliche Stabreimgedicht in ahd. Sprache (103 Verse des fragmentarisch überlieferten bayrischen Textes sind erhalten). Annäherungen an den Endreimvers sind freilich nicht zu übersehen, und wenn man einen Einfluß Otfrids (*Evangelienbuch,* um 863–71) annimmt, ergibt sich eine Datierung nach 871 (ältere Ansätze gehen bis 790 zurück). Der Titel ist folgendem Vers entnommen: »dar ni mac denne mak andremo helfan uora demo muspille« (»da wird kein Verwandter dem anderen beistehen können angesichts des Muspilli«). Die Herkunft des Wortes ›muspilli‹ – christlich oder heidnisch – ist nicht geklärt. Es verbindet hier die Vorstellung vom Tag des (Jüngsten) Gerichts mit der des Weltendes, durchaus im Einklang mit den apokalyptisch-eschatologischen Visionen der jüdisch-christlichen Tradition und den zeitgenössischen Endzeitspekulationen. Der Text hat nichts Heidnisch-Germanisches (wie früher häufig angenommen wurde).

Der Anfang des predigthaften Gedichts schildert den Rechtsstreit zwischen Engel und Teufel um die Seele eines Verstorbenen und malt dabei die Schrecken der Hölle und die Freuden des Paradieses aus. Im weiteren Verlauf des Gedichts wendet sich der Blick von der Einzelseele zum Ganzen: Aufruf zum letzten Gericht, Kampf des Elias mit dem Antichrist, Untergang der Welt durch Feuer und Darstellung des Jüngsten Gerichts.

Das Gedicht über das Schicksal der Seele nach dem Tod mit seiner apokalyptischen Vision von Gericht und Weltende ist als Mahnung zur geistlichen Einkehr des Menschen zu verstehen. Es weist so, ohne daß eine direkte Nachwirkung faßbar wäre, auf die Tradition predigthafter Dichtung im Frühmhd. voraus (*Ezzolied,* um 1060; *Memento mori,* um 1070–90).

881–82
Ludwigslied

Das Lied feiert den Sieg des westfränkischen Königs Ludwig III. des Jüngeren über die Normannen am 1. oder 3. August 881 bei Saucourt an der Somme-Mündung. Der »Rithmus teutonicus«, so nennt die Hs. das *L.*, muß innerhalb eines Jahres nach der Schlacht entstanden sein, denn es preist den am 5. August 882 verstorbenen König als Lebenden. Die historischen Quellen berichten, daß bei einem überraschenden Ausfall der Normannen das Beispiel und die Worte Ludwigs die Franken entscheidend beflügelt hätten.

Das Lied besteht aus 59 binnengereimten Langzeilen in der Art Otfrids, die in zwei- oder dreizeilige Strophen gegliedert sind. Nach preisenden Eingangsworten wird knapp vom Leben des christlichen Herrschers bis zur Schlacht berichtet: früher Tod des Vaters, Gott als Erzieher des jungen Königs, gemeinsame Herrschaft mit Karlmann. Dann kommt das Gedicht zum eigentlichen Gegenstand: Gott sendet die heidnischen Normannen, um den jungen Herrscher zu prüfen und »um das Volk der Franken seiner Sünden wegen zu mahnen«. Gott gebietet Ludwig, der in der Ferne weilt, seinem Volk zu Hilfe zu kommen, und nach einer Rede, in der er den Auftrag Gottes betont, führt er die Franken in die Schlacht: »Ther kuning reit kuono, Sang lioth frono, Ioh alle saman sungun: Kyrrieleison« (»Kühn sprengte der König voran, ein heiliges Lied auf den Lippen, und alle fielen ein mit ›Kyrie eleison‹.«). Gott und den Heiligen gilt der Dank: »Hluduig uuarth sigihaft.«

Ludwig erscheint als Werkzeug Gottes, Kriegsdienst und Gottesdienst sind eins. Das weltliche Kriegertum erhält damit eine christliche Legitimation, die geschichtlichen Ereignisse werden als Heilsgeschichte begriffen: So erscheint das *L.* als das erste christliche Heldenlied in deutscher Sprache.

um 885
Notker I. von St. Gallen
(N. Balbulus, N. der Stammler)
Liber Ymnorum

Hymnenbuch

N., Lehrer an der St. Gallener Klosterschule, führte die Sequenz zu ihrer ersten Vollendung, eine dichterische und musikalische Form, die als Einschub an einer bestimmten Stelle der Messe, nach dem Alleluja des Graduale, entstanden war. Seit etwa 860 beschäftigte er sich mit dieser ›Erfindung‹ nordfranzösischer Mönche und stellte schließlich seine eigenen Sequenzen in der Ordnung des Kirchenjahres zusammen und versah dieses *Liber Ymnorum* um 885 mit einem Vorwort. Ein authentisches Exemplar ist freilich nicht mehr erhalten. N.s Sequenzen – etwa 40 gelten als ›echt‹ – gingen in umfassenderen Hymnensammlungen auf: Sein Schaffen machte noch zu seinen Lebzeiten Schule.

Sequenzen sind, wie die vorherrschende Art des Kirchenliedes, strophisch gegliedert, allerdings mit dem Unterschied, daß sie verschiedenartig gebaute Strophen enthalten und damit einen Wechsel der Melodie verlangen, also ›durchkomponiert‹ sind. Einer vom ganzen Chor vorgetragenen Strophe (A) folgen jeweils von Halbchören gesungene parallel gebaute Strophen (BB CC usw.), bis eine gemeinsame Schlußstrophe die Sequenz beendet (komplexere Schemata sind möglich). Wegen der ungleichmäßigen Form der Sequenz, wenigstens in ihrer ersten Phase, wurde sie auch »prosa« genannt. Zu den berühmtesten Sequenzen N.s gehört die Pfingstsequenz »Sancti spiritus assit nobis gratia« (»Des Heiligen Geistes Gnade sei bei uns«).

N.s Sequenzen fanden weite Verbreitung und Nachahmung und gaben den Anstoß zu einem neuen Aufschwung der religiösen Lyrik. Die große Beliebtheit der Sequenz führte auch zu nichtliturgischen Werken dieser Art und zu einem Einfluß auf die geistliche und weltliche Dichtung in den romanischen und deutschen Landessprachen. Verwandte Formen sind der provenzalische und altfranzösische ›Lai‹ und der deutsche ›Leich‹.

9. oder 10. Jh.
Waltharius

Der *W.* präsentiert einen Stoff der germanischen Heldensage in antiker Form, als lateinisches Hexameterepos. Über Verfasser und Entstehungszeit gibt es nur weit voneinander abweichende Mutmaßungen. In Ekkehards IV. von St. Gallen (gestorben um 1060) *Casus Sancti Galli* heißt es, der St. Gallener Mönch Ekkehard I. habe in seinen jungen Jahren – das wäre um 930 gewesen – das Leben von Waltharius Starkhard in Versen beschrieben. Andererseits steht in einer Reihe von Hss. eine Widmung voran, in der ein gewisser Gerald das Werk einem Bischof Erchambaldus übergibt. Dies wiederum führt, je nachdem für welche Personen dieses Namens man plädiert, bis ins Jahr 860 zurück.

Der Hunnenkönig Attila hat die Reiche der Franken, Burgunder und Aquitanier unterworfen und drei edle Geiseln nach Pannonien geführt:

den Franken Hagen, den Aquitanier Walther und die Burgunderprinzessin Hiltgunt. Zunächst flieht Hagen, später folgen Walther und Hiltgunt. Attila läßt sie nicht verfolgen, doch in Franken werden Walther und Hiltgunt überfallen, weil König Gunther Schätze bei ihnen vermutet. Zwölf verschiedene Kämpfe werden in kunstvollen, an antiken Vorbildern geschulten Variationen geschildert, wobei der letzte Kampf zwischen Gunther und Hagen auf der einen und Walther auf der anderen Seite für den krassen Höhepunkt sorgt und – dank der schweren Verletzungen der Helden – zu einem guten Ende führt. Walther und Hiltgunt ziehen in ihre Heimat und heiraten. »Haec est Waltharii poesis, vos salvet Iesus« (»Das ist die Dichtung von Walther, Euch aber erlöse Jesus«), endet die spannend erzählte Geschichte.

Widersprüche bleiben. So wird das Kämpferische und Heldische gelegentlich bis an den Rand der Parodie geführt, ja das heroische Ideal selbst erscheint in einem zweifelhaften Licht angesichts der bedenklichen Motive der Helden. Der geistliche Verfasser sieht in Walthers Habgier die Ursache der Katastrophe – wegen der vom Hunnenhof mitgenommenen Schätze läßt ihn Gunther überfallen –, er kritisiert Gunthers Hochmut, und wenn er auf dessen Habsucht zu sprechen kommt, erscheint hinter der virgilischen Heldendichtung die christliche Predigt: »O du Strudel der Welt! Du unersättliche Habsucht, Abgrund der Gier nach Besitz, du Wurzel jeglichen Übels!«

um 900
Georgslied

Das *G.*, ein strophischer Hymnus auf den Hl. Georg, ist möglicherweise im Zusammenhang mit dem Georgskult auf der Reichenau entstanden. Georg erscheint als Wundertäter, als Bekenner und Märtyrer; er ist noch nicht der ritterliche Drachentöter. In einem volkstümlich-balladenhaften Stil werden Stationen seines Lebens (und Sterbens) aneinandergereiht. Das Fazit zieht schon die erste Strophe, die ihn als unerschütterlichen Bekenner auf einer großen heidnischen Versammlung zeigt: »Ferliez er uueltrike, keuuan er himilrike« (»Er ließ hinter sich das Weltreich, er gewann das Himmelreich«). Nach drei qualvollen Hinrichtungen, denen jedesmal eine Auferstehung folgt, bekehrt er die Kaiserin, die Frau seines Verfolgers. Apollo erbebt, und der Heilige gebietet über den Höllenhund – und an dieser Stelle bricht der Abschreiber, dem wohl die seltsame Orthographie zu schaffen machte, mit einem lateinischen Stoßseufzer ab: »nequeo Vuisolf« (»Ich kann nicht mehr! Wisolf«). Das *G.* ist die erste deutsche Heiligenlegende.

um 962–73
Hrotsvit von Gandersheim
Werke

H., die erste deutsche Dichterin, stellte ihre im sächsischen Stift Gandersheim entstandenen Werke in drei Büchern zusammen. Dabei entspricht die chronologische Anordnung zugleich einer gattungsmäßigen. Das 1. Buch, nach der Kaiserkrönung Ottos I. (962) vollendet, enthält acht Verslegenden, das 2. sechs Dramen (nach 962), das 3. zwei historische Dichtungen zur höheren Ehre des sächsischen Herrscherhauses (*Gesta Ottonis,* 968) und des Stifts Gandersheim (*Primordia coenobii Gandeshemensis,* um 973). Die Sprache ihrer Dichtungen ist das Lateinische; die Bemühungen um die volkssprachliche Literatur in der karolingischen Zeit bleiben zunächst ohne Fortsetzung.

Unter den Legenden, vorwiegend Märtyrergeschichten, findet sich die erste dichterische Behandlung der später weitverbreiteten Legende vom Teufelsbündner Theophilus. Als Legenden kann man auch H.s Dramen bezeichnen, Bekehrungs- und Märtyrerstücke, die sich als geistliche Gegenentwürfe zu den Komödien des Terenz verstehen. Sie wolle, schreibt sie, die wegen der Schönheit ihrer Sprache beliebten, aber moralisch bedenklichen Stücke des heidnischen Autors durch Dichtungen christlichen Inhalts ersetzen und »in derselben Dichtart, in der die schändlichen Buhlereien schamloser Weiber vorgetragen werden, die preiswürdige Keuschheit heiliger Jungfrauen« verherrlichen. Freilich habe sie die Art solcher Dichtung gezwungen, ihre Scham zu überwinden und fragwürdige Situationen vorzuführen, um deren sieghafte Überwindung umso stärker hervorheben zu können.

Diesem Programm entsprechend zeigen ihre Stücke eine klar gegensätzliche Welt, in der das Engelhafte, ohne ernsthafte Gefährdung, mit Gottes Hilfe über das Dämonische triumphiert: über das Böse im Menschen in den Stücken der inneren Umkehr und der Bekehrung *(Abraham, Calimachus),* über das Heidentum in den Märtyrerdramen *(Dulcitius).* Die innere Gewißheit, die diesem »Legendendenken« (Friedrich Neumann)

innewohnt, gibt den Stücken eine heitere Atmosphäre, ermöglicht durchaus auch Komik.

Die Dramen beginnen wie bei Terenz mit einer Inhaltsangabe und reihen dann Szenen und Bilder aneinander, deren Dialoge – in einer an Sinnabschnitten gereimten Prosa – die Handlung lehrhaft vergegenwärtigen. An eine Aufführung war wohl nicht gedacht, H.s Stücke sind reine Lesedramen. Gleichwohl betrat sie mit ihrem Versuch, die antike Komödienform mit christlichem Geist zu füllen, literarisches Neuland: Ein mittelalterliches Drama gab es noch nicht. Wiederentdeckt wurden ihre Werke durch den Humanisten Conrad Celtis, der sie 1501 edierte.

967–73
Widukind von Corvey
Rerum gestarum Saxonicarum libri tres
Die Sachsengeschichte in drei Büchern

Die *Sachsengeschichte* W.s entstand im Benediktinerkloster Corvey, das 822 im Rahmen der karolingischen Sachsenpolitik gegründet worden war. Der größte Teil des Werkes war 967–68 abgeschlossen; nach dem Tod Ottos I. (973) nahm W. die Arbeit wieder auf und führte die Darstellung bis an die Gegenwart, d.h. den Tod des Kaisers, heran.

W.s *Sachsengeschichte* dient zur Legitimation der sächsischen Vormachtstellung in Deutschland und in Europa. Sie beginnt mit sagenhafter Vorgeschichte, würdigt Karl den Großen als den Missionar der Sachsen und beschreibt den Aufstieg des eigenen Stammes, der mit dem Niedergang der fränkischen Herrschaft einhergeht. Diese Entwicklung führt zur Wahl des sächsischen Herzogs Heinrich zum deutschen König (Heinrich I., reg. 919–36), der die Vormachtstellung der Sachsen im Reich sichert, und schließlich zum Kaisertum Ottos I. (reg. 936–73).

Die Darstellung hat literarischen Rang. Sie integriert Sagen, Anekdoten und Exkurse, und sie orientiert sich an dem römischen Geschichtsschreiber Sallust, wenn sie das Geschehen durch Dialoge und Reden vergegenwärtigt. W.s Geschichte der Sachsen ist parteiisch, in der Herrschaft des Stammes offenbart sich Gottes Wirken. Aber gerade weil sich W. als sächsischer Adeliger den Standes- und Stammesinteressen verpflichtet fühlt, kommt es auch zu indirekter, gleichwohl deutlicher Kritik an der Politik Ottos des Großen, insbesondere der imperialen Italienpolitik. W.s

Werk zum Ruhme der Sachsen macht zugleich die Spannungen zwischen Territorial- und Reichsgeschichte sichtbar.

um 980–1020
Notker III. von St. Gallen
Werke

»Da ich wollte, daß unsere Schüler Zugang zu diesen hätten, wagte ich etwas bis dahin nahezu Unerhörtes zu unternehmen: nämlich lateinische Schriften versuchte ich in unsere Sprache zu übersetzen und das syllogistisch oder figürlich oder dialektisch Ausgedrückte durch Aristoteles oder Cicero oder einen andern Gelehrten aufzuhellen«, schreibt N. III. (N. Teutonicus oder N. Labeo), Lehrer an der Klosterschule von St. Gallen, in einem Brief an den Bischof Hugo von Sitten und wirft damit ein Licht auf die Stellung des Deutschen in der gelehrten (Kloster-)Welt. In dem gleichen Brief zählt er seine Arbeiten auf, die er als »Hilfsmittel« zum Studium der »kirchlichen Bücher«, auf die es allein ankomme, verfaßt habe. Das Schreiben muß spätestens 1017, dem Todesjahr des Adressaten, entstanden sein.

Die Werke, die N. nennt, verdanken ihre Entstehung dem klösterlichen Schulunterricht, gehören in den Bereich der sieben freien Künste. Diese bestimmen, aufgeteilt in Trivium und Quadrivium, den Unterricht seit der Spätantike: zunächst die formale Schulung in den Disziplinen Grammatik, Dialektik, Rhetorik, dann der Sachunterricht in den Fächern Arithmetik, Geometrie, Musik und Astronomie. N.s Liste beginnt mit Boethius' *De consolatione philosophiae* (Anfang des 6. Jh.s), einer christlich-stoischen Ethik, die zugleich als poetisches und dialektisches Lehrbuch gelesen werden konnte; sie nennt dann Martianus Capellas *Hochzeit des Merkur mit der Philologie,* eine allegorisch-dunkle Darstellung der sieben freien Künste aus der 2. Hälfte des 4. Jh.s, und andere Texte zu Logik, Rhetorik und Arithmetik und gelangt schließlich zu N.s Hauptwerk, dem *Psalter,* und damit zum eigentlichen Ziel des Studiums, der Theologie. In diesem Werkkanon spiegelt sich die Klostererziehung in N.s Zeit: »Die Artes bestimmen das Bild, doch stehen sie durchaus im Dienst des ›Divina‹, und alles wirkt wie eine letzte Verlängerung der christlichen Spätantike – in der großartig inselhaften Welt dieser zugleich feudalen und asketisch-frommen Benediktinerabteien« (Max Wehrli).

Seinen deutschen Schriften verdankt N. den Beinamen Teutonicus. Allerdings war ihm die deutsche Sprache nur Hilfsmittel, um seinen Schülern das Verständnis der lateinischen Texte zu erleichtern. So spiegeln N.s Schriften seine Unterrichtsmethode: Zunächst gibt er einen Satz oder einen Satzabschnitt aus der lateinischen Vorlage, darauf folgt die deutsche Übersetzung, an die sich Kommentare und Exkurse in deutscher Sprache mit lateinischen Einsprengseln anschließen. Dabei spielt beim *Psalter,* der herrschenden Methode der Bibelauslegung entsprechend, die symbolische Ausdeutung eine besondere Rolle. N. stützt sich bei seinen Erläuterungen selbstverständlich auf Vorarbeiten, auf Kommentare der Kirchenväter, auf Boethius u. a. Seine ›Originalität‹ liegt nicht im Theologischen, sondern in seinem Umgang mit dem deutschen Sprache, seinem sprachlichen Vermögen.

Hier, in N.s Werken, findet kein Ringen mehr um das deutsche Wort statt. Selbst für die schwierigste wissenschaftliche Terminologie, für Abstrakta oder komplexe Wortfelder steht N. ein differenzierter deutscher Wortschatz zur Verfügung, der von einer vollkommenen Übersicht über beide Sprachen zeugt. Allerdings: Eine große Wirkung war seiner Arbeit nicht beschieden; nur der *Psalter* erlebte eine weitere Verbreitung. Sein Schüler Ekkehard IV. von St. Gallen, Verfasser einer Klostergeschichte (*Casus Sancti Galli,* nach 1035), würdigt in einem Nachruf zwar das Wirken seines Lehrers (»Als erster in der Volkssprache schreibend und diese mit Wohlgeschmack erfüllend«), schreibt aber selber nicht deutsch. N.s Schaffen markiert das Ende der ahd. Literaturperiode.

um 1060
Ezzolied

Das *E.* ist in zwei Fassungen überliefert. Die ältere ist unvollständig (7 Strophen), die jüngere erweitert und bearbeitet (34 Strophen). Die Versuche, eine Urfassung zu rekonstruieren, führten zu widersprüchlichen Ergebnissen. Der zweiten Fassung ist ein Prolog vorangestellt, der Bischof Gunther von Bamberg (reg. 1057–65) als Auftraggeber, Ezzo als Dichter der Verse und einen gewissen Wille als Erfinder der Melodie nennt und das Lied in den Zusammenhang mit der Reform des Bamberger Domkapitels um 1060 bringt. Gesungen wurde das Lied auch auf dem Pilgerzug ins Heilige Land, den Gunther von Bamberg und andere Bischöfe 1064–65 unternahmen (und auf dem Gunther starb).

Das *E.* ist ein Hymnus auf die Erlösung der Menschheit, eine konzentrierte Darstellung der

Heilsgeschichte: Ursprung (»angenge«), Schöpfung der Welt und des Menschen, Sündenfall und die darauf folgende »Nacht und Finsternis«, in der doch die Patriarchen als »Sterne« die Hoffnung aufrechterhalten, sind die einzelnen Stationen, bis sich mit dem Erscheinen von Johannes dem Täufer (»Morgenstern«) die »Sonne«, Christus, ankündigt. Leben, Passion, Auferstehung Christi verbürgen das Heil: »Unser urlose ist getan« (»unsere Erlösung ist geschehen«).

Der Hymnus reiht Heilstatsache an Heilstatsache, getragen von einer unerschütterlichen Glaubensgewißheit. Dem entspricht der parataktische Stil, der nicht kausal begründet, sondern feierlich-lapidar die Grundwahrheiten nennt und zum Nachvollzug des Heilsgeschehens einlädt. Mit dem E. beginnt die frühmhd. Dichtung.

um 1060–80
Altdeutsche Genesis

Diese auch *Wiener Genesis* genannte Bibeldichtung in recht sorglosen Reimpaarversen ist wahrscheinlich in Kärnten entstanden; sie ist wie alle Dichtung dieser Epoche das Werk eines Geistlichen. Der *A. G.* liegt das erste Buch Mose zugrunde, doch schlägt der Verfasser mit einer ausführlichen Auslegung von Jacobs Segen (1. Mos. 49, 1–28) den Bogen zu Christi Erlösungstat und dem Ende aller Zeiten. Aber wenn auch der Dichter mit den Methoden der Bibelexegese vertraut ist und einschlägige Bibelkommentare benutzt – anschauliches, behagliches Erzählen liegt ihm mehr. So geht der Bericht von der Erschaffung des Menschen bis in alle Einzelheiten und zeigt Gott als Bildner (»also der tût, der uz wahsse ein pilede machet«), der Glied um Glied modelliert – bis zum kleinen Finger. Wie sich hier die Erschaffung des Menschen zu einer anschaulich-erbaulichen Anatomielektion auswächst, so macht der Dichter aus dem Paradies einen liebevoll gepflegten Baum-, Blumen- und Kräutergarten mit »zinamin unt zitawar« (»Zimt und Zitwer«). Auf diese Weise führt die poetische Nacherzählung der Genesis (und weiterer Bücher des AT in den folgenden Bibeldichtungen) zu einer stärkeren Hinwendung zur irdischen Schöpfung, zur Natur, ohne daß die heilsgeschichtliche Bedeutung von Genesis und Exodus verkannt würde.

Die *A. G.*, mit der die epische Bibeldichtung der frühmittelalterlichen Epoche anhebt, findet eine Fortsetzung in dem sogenannten *Altdeutschen* oder *Wiener Exodus* (um 1120), der Geschichte des Auszugs aus Ägypten. Um 1130–40 sind dann die *Vorauer Bücher Mose* entstanden, benannt nach der Hs., in der sie überliefert sind. Bearbeitungen von einzelnen Büchern oder Themen der Bibel folgen (u. a *Jüngere Judith,* um 1140; ein *Tobias*-Fragment, um 1130).

um 1065
Williram von Ebersberg
Paraphrase des Hohenliedes

W.s Bearbeitung des Hohenliedes ist das erste große Prosawerk der frühmhd. Periode. Der Verfasser, Abt des bayerischen Klosters Ebersberg, widmete seine Arbeit dem jungen Kaiser Heinrich IV., der ihn freilich nicht aus dem Ebersberger ›Exil‹ erlöste.

In den ältesten Hss. zeigt W.s Werk eine dreispaltige Anordnung, die man mit dem Plan einer dreischiffigen Kirche verglichen hat: in der Mitte der Bibeltext (Vulgata), links eine Paraphrase in gereimten Hexametern, rechts ein Kommentar in einer deutsch-lateinischen Mischsprache, die an Notkers Methode erinnert. In der allegorischen Auslegung des Textes stützt sich W. auf einschlägige Literatur (Haimo von Auxerre, Beda). Die Liebe zwischen Bräutigam und Braut erscheint objektiv als das Verhältnis von Christus und Kirche. Die Kirche ist als hierarchische Institution aufgefaßt, in der sich die »doctores« und »auditores«, Lehrer und Hörer, gegenüberstehen, wobei den »doctores« als Vermittlern zwischen Christus und Volk eine besondere Bedeutung zukommt. Als Prediger verkünden sie das Evangelium, sie eröffnen dem Volk die Geheimnisse der Schrift, sind die Zierde des Christentums, schützen mit geistlichen Waffen die Kirche vor dem Teufel und den Ketzern. Vom inneren Leben des einzelnen Menschen und seinem Verhältnis zu Gott ist in W.s Paraphrase nicht die Rede. Ihr Mittelpunkt ist die Kirche als objektive Heilstatsache.

Steht W.s Auslegung des Hohenliedes im 11. Jh. allein, so wird das folgende Jh. zur großen Zeit der Hohenlied-Kommentare. Dabei verschieben sich die Akzente. Mystische Deutungen treten in den Vordergrund, nicht zuletzt unter dem Einfluß der Predigten Bernhards von Clairvaux, die die Liebe zwischen dem himmlischen Bräutigam und der Seele hervorheben.

Diese neue religiöse Haltung zeigt auch das für eine Gemeinschaft von Nonnen bestimmte *St. Trudperter Hohelied* (so genannt nach dem Fundort der Hs., einem Kloster bei Freiburg

i. Br.), das um 1150 entstanden ist und den biblischen Text zwar nach der Übersetzung W.s zitiert (seine Paraphrase war in zahlreichen Hss. verbreitet), ihn aber anders deutet – die Braut als Christenheit, als Jungfrau Maria, als reine Seele – und dabei den mystischen ›Weg nach innen‹ beschreitet.

um 1070
Physiologus

Der *P.* – der Titel bedeutet ›Naturkundiger‹ und bezog sich ursprünglich auf Aristoteles – ist ein Zeugnis frühchristlicher Spiritualität, für die Auffassung vom zeichenhaften Charakter der Natur. Es gehört zu den einflußreichsten Büchern des Mittelalters. Der ursprünglich griechische Text aus dem 2. Jh. n. Chr. wurde um 400 ins Lateinische übersetzt. Eine gekürzte lateinische Version (*Dicta Chrysostomi,* um 1000) ist die Grundlage der (unvollständig erhaltenen) ersten deutschen Bearbeitung, die um 1070, möglicherweise im Kloster Hirsau, entstand.

Der *P.* stellt eine Reihe wirklicher und fabelhafter Tiere vor (Löwe, Einhorn, Phönix, Hirsch, Pelikan usw.), beschreibt ihre Eigenschaften und schließt dann – und das ist das Entscheidende – die christlich-allegorische Auslegung an: »Hier begin ih einna reda umbe diu tier uuaz siu gesliho bezehinen« (»Hier beginne ich eine Rede von den Tieren, was sie geistlich bedeuten«). Der Akzent liegt nicht auf den häufig ohnehin fabelhaften ›Tatsachen‹, sondern auf ihrem geistlichen Sinn, den Hinweisen, den sie auf die Heilsgeschichte geben. Ausdrücklich wird jedesmal auf den Schritt von naturkundlicher Beschreibung zu symbolischer Bedeutung hingewiesen (»Panther, der bedeutet unseren Herren«, »Der Elephant und sein Weibchen bedeuten Adam und Eva«).

Eine vollständige Übersetzung nach der gleichen lateinischen Vorlage, der *Jüngere P.,* entstand im 12. Jh.; er wurde wenig später auch in Reime umgesetzt und durch Zeichnungen illustriert. Die große Wirkung, die das symbolische Tierbuch auf die geistliche und weltliche Literatur und die bildende Kunst bis in die Frühe Neuzeit ausübte, beruht nicht nur auf den Übersetzungen; auch die lateinischen Fassungen waren weit verbreitet.

um 1070
Ruodlieb

Der nach seinem Helden benannte *R.,* ein Versroman in lateinischer Sprache (leoninische, d. h. binnengereimte Hexameter), ist im Kloster Tegernsee entstanden. Als wahrscheinlichste Entstehungszeit gilt das letzte Drittel des 11. Jh.s; der Text ist nur unvollständig überliefert.

Der Roman erzählt von einem jungen Ritter, der seinen Lehnsherrn verläßt, weil seine Dienste schlecht belohnt werden. Er zieht in die Welt und kommt an den Hof eines großen Königs. Hier macht er sich beliebt durch seine Fähigkeiten beim Jagen, beim Fischfang und beim Schachspiel. Zudem bewährt er sich als Diplomat. Ruodlieb wird in die Heimat zurückgerufen. Beim Abschied läßt ihm der König die Wahl zwischen Weisheitslehren und Geschenken. Ruodlieb wählt die Lehren (die Geschenke erhält er gleichwohl) und bekommt Gelegenheit, sich von ihrer Wahrheit zu überzeugen. Schließlich gelangt er nach Hause. Hier beginnt eine neue Handlung: Man sucht eine Braut für den Helden. Aber der Erfolg bleibt aus, denn im Vorleben der Erwählten spielt ein Kleriker eine unrühmliche Rolle. Übergang auf eine neue Ebene: Die Mutter hat einen prophetischen Traum, der dem Sohn eine Krone verheißt. Ihm selber prophezeit ein Zwerg, daß er einen Schatz und die Erbin eines Reiches gewinnen werde. Der Schluß, und manches andere, fehlt.

Hundert Jahre vor dem höfischen Roman des Mittelalters werden wesentliche Momente vorweggenommen: die Ausfahrt des Ritters, die zu gesellschaftlichem Ansehen führt; der Held als Muster sittlicher Tugenden; Lehren, auf die Prüfungen folgen; der märchenhafte Schluß. Romanhaftes und Märchenhaftes verbinden sich wie im Artusroman, Heldensagenmotive spielen hinein, der spätantike Roman wirkt nach. Vom Artusroman unterscheidet den *R.* vor allem noch eines: Die Liebe, die Minne, ist noch nicht die alles entscheidende Macht. Wichtig erscheint ein anderer Zug, der dem lateinischen Versroman ein einmaliges Gepräge in seiner Zeit gibt: Er öffnet den Blick auf das zeitgenössische Leben, vom Leben der Bauern auf dem Lande bis hin zu den gesellschaftlichen und diplomatischen Gebräuchen am Königshof.

1070–90
Memento mori

Der Titel *Memento mori* (»Gedenke des Todes«)
stammt aus dem 19. Jh. Als Verfasser nennt die
Hs. am Ende einen »Noker«: »daz machot all ein
Noker« (»das schuf alles jener Noker«). Gemeint
ist damit möglicherweise der Abt Notker von
Zwiefalten, aber darüber gibt es ebensowenig
Gewißheit wie über den genauen Zeitpunkt der
Entstehung dieses alemannischen Textes.

Er beginnt mit der Mahnung, die dem Gedicht
den Namen gegeben hat: »Nu denchent, wib unde man, war ir sulint werdan. ir minnont tisa
brodemi unde wanint iemer hie sin« (»Nun bedenkt, Frauen und Männer, wohin ihr gelangen
sollt. Ihr liebt diese vergängliche Welt und glaubt,
immerfort hier zu sein«). Satz für Satz, Strophe
für Strophe wird in dem einleitenden Teil (Strophe 1–6) dieses Thema variiert, werden die Menschen davor gewarnt, sich zu sehr an diese Welt
(»tisa wencheit«: diese Nichtigkeit) zu binden,
werden sie daran erinnert, daß sie am Ende ihres Lebens Rechenschaft ablegen müssen, daß
der Mensch vergeht, »so rasch wie das Lid zusammenschlägt«. Darauf folgen Strophen (7–13),
die von der gemeinsamen Herkunft aller Menschen ausgehen, von dem Gebot, »in Liebe hier
zu sein«: Trotzdem aber herrsche Ungleichheit
unter den Menschen, verursacht durch List und
Bosheit, durch käufliches Recht. Wieder wird an
den Tod erinnert, der die Gleichheit wieder her-
stelle (»er ist ein ebenare«) und die Nutzlosigkeit
des Reichtums erweise. Es gelte, den irdischen
Besitz im Hinblick auf das Seelenheil zu verwenden. Dem Schlußgebet geht eine letzte Anklage
gegen die Welt voraus, die der Dichter mit dem
Hinweis darauf verbindet, daß die Entscheidung
allein beim Menschen mit seinem freien Willen
liege.

Man kann das *M.* als Dokument radikaler Weltverachtung lesen, als Aufruf zur Weltflucht und
Ausfluß der von dem Kloster Cluny ausgehenden
asketischen Reformbewegung. Allerdings scheint
diese verbreitete Interpretation nicht unproblematisch. Nicht umsonst handelt nämlich ein beträchtlicher Teil des Gedichts von der gesellschaftlichen Ungleichheit und der Kritik an den
Reichen, die ihr Gut falsch anwenden. Was diese
Bußpredigt fordert, ist daher weniger Abkehr
von der Welt als vielmehr ein richtiges, gottgefälliges Leben in der Welt, um das Seelenheil nicht
zu gefährden.

um 1080
Annolied

Erzbischof Anno von Köln starb im Dezember
1075. Der mächtige Reichsbischof, eine umstrittene Gestalt, spielte eine wichtige Rolle in der
Reichspolitik während der Regentschaft der Kaiserin Agnes (Heinrich III. war 1056 gestorben,
Heinrich IV. noch unmündig) und später unter
Heinrich IV. 1062 entführte er den unmündigen
Heinrich IV. von Kaiserswerth nach Köln und
übernahm vorübergehend die Regentschaft im
Reich. 1064 gründete er das Kloster Siegburg,
das sein bevorzugter Aufenthaltsort wurde, besonders seit er 1074 eine Erhebung der Kölner
Bürger blutig niedergeschlagen hatte. 1083 wurde er heiliggesprochen. – Das *A.* ist wahrscheinlich im Kloster Siegburg entstanden; hier hatte
man Interesse, Annos Verdienste zu betonen und
für seine Verehrung zu werben.

Das in 49 Abschnitte von unterschiedlicher
Länge gegliederte Lied führt erst nach einem
doppelten Anlauf zu seinem Ziel, dem Preis des
Heiligen: Die Linien der Heils- und Weltgeschichte laufen auf Anno zu. Der Kursus der Heilsgeschichte beginnt mit der Erschaffung der Welt
und des Menschen und führt über Luzifers und
Adams Sündenfall zur Erlösung durch Christus.
Die Missionierung der Welt durch die Apostel
und die zahlreichen Märtyrer bringt den Verfasser schließlich zu den Franken, den vielen Kölner
Heiligen und damit zu Anno. Der anschließende
weltgeschichtliche Abriß basiert auf der biblischen Vorstellung von den vier Weltreichen (Daniel 7), die einander ablösen: Dem babylonischen Reich folgen das medisch-persische, das
griechisch-makedonische und schließlich das römische. Hier wird die Darstellung breiter: Cäsar
unterwirft die vier deutschen Hauptstämme
(Schwaben, Bayern, Sachsen, Franken); mit ihrer
Hilfe erlangt er die Alleinherrschaft. Wichtige
Städtegründungen der Römer werden erwähnt,
Köln vor allem. Der Übergang zur deutschen Geschichte ist damit vollzogen. Mit der Geburt Christi geht der Verfasser wieder zur Missionsge-
schichte über und gelangt – im 33. Abschnitt –
zu den 33 Kölner Bischöfen. Nun erst folgt im
3. Teil des Liedes die Würdigung Annos: »als ein
lewo saz her vur din vuristin, als ein lamb gîn
her untir diurftigin« (»Wie ein Löwe präsidierte
er den Fürsten, wie ein Lamm ging er unter den
Armen«). Seine Fähigkeiten werden hervorgehoben, aber auch von den Prüfungen ist die Rede,
vom Aufstand der Kölner, von den Unruhen im
Reich, von seinem Lebensüberdruß. In einer Vi-

sion sieht er schließlich die Herrlichkeit Gottes. Nach seinem Tod geschehen Wunder.

Annos Leben und Werk erscheinen als Gipfel der Welt- und der Heilsgeschichte. Dieser Gedanke begründet die Verbindung von weltgeschichtlicher Darstellung und (Heiligen-)Vita. Legende und Geschichtsschreibung durchdringen sich, auch die weltliche Sphäre behauptet einen Eigenwert. Dazu paßt die Darstellung der Schöpfungsgeschichte am Anfang, in der der Mensch als eine ›dritte Welt‹ bezeichnet wird, der Körper und Geist in sich vereinigt.

Teile des *A.s*, die Geschichte Cäsars und der deutschen Stämme, dazu der Danieltraum, wurden in die *Kaiserchronik* (um 1140–50) übernommen und so weit verbreitet. 1639 edierte Martin Opitz den Text. Dank dieser Ausgabe blieb das *A.* erhalten; die Hss. sind verlorengegangen.

um 1085
Merigarto

Der Titel – er bedeutet ›die vom Meer umgebene Erde‹, ›Erdkreis‹ – stammt von August Heinrich Hoffmann von Fallersleben, der diese Bruchstükke einer poetischen Erdbeschreibung 1834 entdeckte. Etwa 100 binnengereimte Langzeilen sind erhalten. Als Herkunftsort des aus dem späten 11. Jh. stammenden Gedichts gilt das Kloster Prül bei Regensburg.

Der Rahmen verweist auf die göttliche Schöpfung: Gott trennte das Land vom Meer, schuf die Gewässer der Erde. Damit ist zugleich die Disposition gegeben: Von den Meeren und anderen Gewässern – Quellen, Flüssen, Seen – handeln die überlieferten Bruchstücke, vom Roten Meer und vom sagenhaften Lebermeer, in dem die Schiffe steckenbleiben, von wunderbaren Gewässern in Italien. Vieles ist gängigen Handbüchern entnommen (Isidor von Sevilla: *Etymologiae;* Hrabanus Maurus: *De universo*), aber manches gründet auf Erfahrung oder wenigstens Hörensagen. Dazu gehört der erste (nicht ganz widerspruchsfreie) Bericht über Island, den der Verfasser einem Geistlichen in Utrecht verdankt: »Der erzählte mir in Wahrheit, [...] er sei vor einiger Zeit nach Island gefahren, wo er viel Geld verdient habe mit Mehl und mit Wein, wie auch mit Erlenholz: das kaufen sie zum Heizen.« Wenn dann noch vermerkt wird, daß man dort einen Scheit Erlenholz »umbe einin phenning« verkaufe, wird deutlich, warum der Text Aufmerksamkeit verdient: nicht wegen seiner geringen poetischen Qualität, sondern weil hier ein (durchaus naives) Interesse an der Welt zum Ausdruck kommt.

um 1120–25
Frau Ava
Leben Jesu

Das *Leben Jesu* ist der umfangreichste Teil einer Darstellung der Heilsgeschichte in Reimpaarversen. Die ergänzenden Stücke sind: *Leben Johannes' des Täufers, Die sieben Gaben des Hl. Geistes, Antichrist, Jüngstes Gericht.* Am Ende des letzten Teils nennt sich die Dichterin – die erste, die in deutscher Sprache dichtet – und bittet die Leser um Fürbitte für ihre beiden Söhne. Ihre Angaben – sie habe in der Welt gelebt und sich später in ein Kloster begeben – decken sich mit Eintragungen in den Melker Annalen über den Tod einer »Ava inclusa« im Jahr 1127.

Frau Avas *Leben Jesu* vergegenwärtigt Leben und Passion Christi. Dabei folgt sie den Perikopen des Kirchenjahres, d. h. den für die gottesdienstliche Lesung an den Sonn- und Feiertagen ausgewählten Evangelienabschnitten. Von der Verkündigung durch die Engel bis zur Auferstehung und Himmelfahrt werden alle heilsgeschichtlich bedeutsamen Stationen behandelt, in schlichter, erzählender Darstellung, ohne theologische Erläuterungen oder allegorische Deutungen. Auch das Lehrhafte, etwa die Bergpredigt, tritt zurück hinter dem andächtigen Nachvollzug des Heilsgeschehens. Über die Evangelienberichte hinaus gehen legendenhaftvolkstümliche Details (Esel und Ochs an der Krippe) und die Gestaltung der Ostergeschichte; hier ergeben sich Parallelen zum lateinischen Osterspiel.

um 1140–50
Kaiserchronik

Diese frühmhd. Reimchronik endet nach 17 283 Versen mit dem Bericht über die Kreuznahme König Konrads III. an Weihnachten 1146. Der Verfasser kann also frühestens 1147 seine Arbeit abgeschlossen haben. Wann und in wessen Auftrag die Chronik begonnen wurde, läßt sich nicht mit Sicherheit bestimmen. Die mit Sympathie erfüllte Schilderung von Herzog Heinrich dem Stolzen (1126–39) läßt an den Welfenhof in Regensburg denken, in Frage kommt u. a. aber auch der dortige Bischofshof. Ob das Werk von mehr als einem (geistlichen) Verfasser geschrieben wurde, ist umstritten.

Nach dem knappen Abriß der Weltgeschichte im *Annolied* (um 1080) liegt hier der großangelegte Versuch vor, die Geschichte des römischen Reiches in der Folge der Kaiser (und Päpste) darzustellen. Diese Kaisergeschichte von Cäsar bis Konrad III. ist der äußere Rahmen: 36 römische (Vers 43–14 281) und 19 deutsche Kaiser (Vers 14 282–17 283) werden behandelt; das Schwergewicht liegt eindeutig auf den römischen Kaisern. Zu beachten ist: Nicht alle geschichtlichen Kaiser kommen vor – und nicht alle behandelten sind historisch.

Von guten und bösen Herrschern – »von den chunigen, baidiu guoten unt ubelen« – berichtet das Gedicht, wobei als Beurteilungskriterium ihr Verhalten gegenüber Christentum und Kirche gilt. Das ideale Zusammenwirken von geistlicher und weltlicher Macht zeigen Konstantin der Große und Papst Sylvester oder Karl der Große und Papst Leo II. (die sogar als Brüderpaar vorgestellt werden). Die Betonung dieser gemeinsamen Verantwortung für das Reich läßt sich als aktuelles politisches Programm verstehen.

In das äußere Gerüst der Kaiserbiographien, die zugleich als (positive und negative) Fürstenspiegel gelesen werden können, sind zahlreiche Legenden und Sagen eingefügt, die als moralische Beispielerzählungen fungieren und dabei auch einen Eindruck von der Erzählliteratur der Zeit vermitteln: Veronicalegende, Crescentialegende, die Legende von Papst Gregorius, die Silvesterlegende, die Simon-Magus-Sage u. a. Dabei kommt es gelegentlich vor, daß eigens um des Legenden- oder Sagenmaterials willen ein (erfundener) Kaiser eingeschoben wird: Faustinian beispielsweise zwischen Caligula und Nero oder Tarquinius nach Nero (wegen der Lucretiageschichte). Gleichwohl betont der Verfasser die ›Wahrheit‹ seiner Geschichte im Gegensatz zu den Fabeleien der Spielleute: Es ist eine moralische, eine heilsgeschichtliche Wahrheit.

Die *K.* war sehr erfolgreich. Zahlreiche Hss. verschiedener Bearbeitungen sind erhalten, spätere Chroniken benutzen das Werk, aber auch eine (geringere) literarische Nachwirkung – u. a. auf das *Rolandslied* (um 1170) des Pfaffen Konrad oder den *Trierer Silvester* (um 1160), eine Legendendichtung – ist zu verzeichnen.

1141–51
Hildegard von Bingen
Scivias

Wisse die Wege

H. erfuhr, wie sie selber schreibt, seit ihrem fünften Lebensjahr die »Kraft und das Mysterium verborgener, wunderbarer Gesichte«. Von Gott erhält sie den »Auftrag, das Verborgene zu offenbahren«. Im Jahr 1141 schließlich, als sie »zweiundvierzig Jahre und sieben Monate alt war, kam ein feuriges Licht mit Blitzesleuchten vom offenen Himmel hernieder. Es durchströmte mein Gehirn und durchglühte mir Herz und Brust gleich einer Flamme [...]. Nun erschloß sich mir plötzlich der Sinn der Schriften, des Psalters, des Evangeliums und der übrigen katholischen Bücher des Alten und Neuen Testamentes. Doch den Wortsinn ihrer Texte, die Regeln der Silbenteilung und der [grammatischen] Fälle und Zeiten erlernte ich dadurch nicht.«

Ergebnis dieser Schau ist ihr erstes Visionenbuch, das sie mit Hilfe des Mönches Volmar von Disibodenberg, des Magisters ihrer klösterlichen Ausbildung, niederschrieb. Es ist eine Darstellung der Heilsgeschichte in Visionenform: 26 Visionen, in drei Bücher gegliedert, zeichnen den Weg vom Fall Luzifers und der Menschen über das »feurige Werk der Erlösung« bis zum Ende der Zeiten und dem Jüngsten Gericht nach. Dies geschieht in der Weise, daß jeweils zuerst das geschaute Bild mitgeteilt wird, dem dann sukzessive die allegorische Auslegung durch »die Stimme vom Himmel« folgt: »Darauf sah ich, wie schneeweißer, kristallklarer Glanz das Weib vom Scheitel bis zur Kehle umleuchtete«, beginnt die 5. Vision des 2. Buches: »Das ist die Lehre der Apostel, die die in blendender Weiße strahlende Inkarnation dessen verkündete, der als der starke, helleuchtende Spiegel aller Gläubigen vom Himmel in den Schoß der Jungfrau hinabgestiegen war.«

Diesem ersten Visionenbuch, dessen Titel wohl mit »Wisse die Wege Gottes« zu deuten ist, folgen zwei weitere: *Liber vitae meritorum* (*Das Buch der Lebensverdienste,* 1158–63) und *Liber divinorum operum* bzw. *Liber de operatione dei* (*Das Buch von den Werken* [bzw. *dem Wirken*] *Gottes,* 1163–73/74). Gebeno, Prior der benachbarten Zisterzienserabtei Eberbach im Rheingau, faßte H.s Weissagungen in einem Kompendium zusammen, das ihrem Werk, allerdings nur dem visionären, eine weite Verbreitung im Mittelalter sicherte (*Speculum futurorum temporum,* 1220).

1143–46
Otto von Freising
Chronica sive Historia
de duabus civitatibus

Chronik oder Die Geschichte der zwei Staaten

O., Sohn Markgraf Leopolds III. von Österreich und Agnes', der Tochter Kaiser Heinrichs IV., verfaßte seine *Geschichte der zwei Staaten* als Bischof von Freising. Es war ein geistlich-weltliches Amt, das ihn in die politischen Unruhen seiner Zeit verwickelte; im Kampf zwischen Welfen und Staufern stand er auf der staufischen Seite.

Sein großes (lateinisches) Geschichtswerk ist keine Aneinanderreihung von Daten und Ereignissen, sondern folgt einem übergreifenden Konzept, das schon im Titel anklingt. Weltgeschichte erscheint im Sinn von Augustinus' *De civitate dei* als Geschichte zweier Reiche, der »civitas terrena« und der »civitas dei«: »Denn es gibt ja zwei Staaten, einen zeitlichen und einen ewigen, einen irdischen und einen himmlischen, einen des Teufels und einen Christi, und nach Überlieferung der katholischen Schriftsteller ist jener Babylon, dieser Jerusalem.« War bis zum Erscheinen von Christus der Gottesstaat gleichsam verborgen in der »civitas terrena«, so wird nun die »civitas dei« sichtbar aufgerichtet. Sie dehnt sich über das Volk der Juden hinaus auf alle Völker. Mit Konstantin und Theodosius endet die Periode, in der das Gottesreich unter heidnischen Fürsten existieren mußte. Nun ist unter christlichen Herrschern die »civitas terrena« gleichsam »betäubt«. Freilich leben auch in dieser Zeit, eine Vorahnung des ewigen Reiches, Gute und Böse zusammen bis zum Ende der Zeiten. Erst nach dem Jüngsten Gericht wird eine Gemeinschaft der Guten aufgerichtet.

Der Geschichtsverlauf, obwohl zielgerichtet, ist nicht geradlinig. Schwere Rückschläge wie die Christenverfolgungen oder die Kämpfe zwischen Papst und Kaiser treffen die »civitas dei«. Die weltliche Geschichte, gesehen in der Abfolge der vier Weltreiche der Danielvision (Daniel 7), ist durch Instabilität (»mutatio rerum«) gekennzeichnet, und in den Verfallserscheinungen der Gegenwart – Streit zwischen Kaiser Heinrich IV. und Papst Gregor VII. – sieht O. Anzeichen dafür, daß die irdische Zeit zu Ende geht. Die Schilderung des ewigen Gottesstaats beschließt sein Werk, das die Grundgedanken des mittelalterlichen Geschichtsdenkens zusammenfaßt.

O. von Freising ließ 1157 seinem Neffen Kaiser Friedrich I. Barbarossa die *Geschiche der zwei Staaten* überreichen. In einem Brief macht er »die Wirrnisse der trüben Zeit« vor Barbarossa für seine pessimistische Darstellung verantwortlich und bietet sich an, die ruhmvollen Taten des Kaisers der Nachwelt zum Gedächtnis aufzuzeichnen und »so Freudiges freudigen Herzens zu schildern«. Die so entstandenen *Gesta Frederici (Taten Friedrichs,* 1157–60; beendet von dem Freisinger Domherrn Rahewin) zeigen in der Tat ein anderes Bild. Sie spiegeln in dem Aufstieg des staufischen Hauses und insbesondere den Leistungen Friedrichs I. die Überzeugung O.s, daß eine Wendung zum Besseren eingetreten sei. Es erscheint als Aufgabe der Staufer, durch ihre Regierung den Untergang der Welt aufzuhalten – doch diese letzte Epoche des Friedens ändert nichts Grundsätzliches an der Geschichtsauffassung der *Geschichte der zwei Staaten.*

um 1150
Der Pfaffe Lamprecht
Alexanderlied

L.s *Alexanderlied,* entstanden um 1150 in moselfränkischem Dialekt, ist die älteste deutsche Alexanderdichtung. Als Vorlage diente der Alexanderroman von Alberic de Pisançon. Erhalten ist L.s Dichtung in der unvollständigen Fassung der Vorauer Hs. (Ende 12. Jh.), die 1533 paarweise gereimte Verse umfaßt und dem verlorengegangenen Original am nächsten steht. Den ganzen Roman bringen der sogenannte *Basler Alexander* und der *Straßburger Alexander,* die auf einer nicht erhaltenen Bearbeitung und Fortsetzung des Lamprechtschen Textes von etwa 1160 beruhen.

Grundlage der zahlreichen mittelalterlichen Alexanderdichtungen ist ein im 3. Jh. n. Chr. in Alexandria entstandener griechischer Alexanderroman (Pseudo-Kallisthenes). Zwei lateinische Bearbeitungen vermittelten diese aus verschiedenen Quellen kompilierte und mit fabelhaften und phantastischen Elementen angereicherte Geschichte den westlichen Literaturen: die *Res gestae Alexandri Macedonis* von Julius Valerius (4. Jh.), verbreitet vor allem durch einen Auszug *(Epitome),* und die *Historia de preliis* des neapolitanischen Archipresbyters Leo (10. Jh.).

Alexanders Lebensgeschichte, umrahmt von Prolog und Epilog, gliedert sich in drei Abschnitte: Jugendgeschichte; Kriegszüge und Schlachten (nach der ersten Schlacht gegen Darius bricht L.s Original ab); Reisen in den fernen Orient bis zu den Pforten des Paradieses, Rückkehr und Tod.

Die phantastischen Reiseberichte eröffnen dem mittelalterlichen Leser eine neue Welt: Von merkwürdigen Tieren ist die Rede, von Blumenmädchen, die im Sommer aus den Blütenkelchen springen und im Herbst sterben, von der verführerischen Königin Candacis am Ende der Welt, von Amazonen, von Reisen in die Luft mit einem Greifenwagen und in die Meerestiefe mit Hilfe einer Taucherglocke. Dies alles ist staunenerregend, weckt das Interesse an den Wundern der Welt. Aber im Lauf des Romans werden die mahnenden Hinweise immer häufiger aufgenommen, die schon die Einleitung bestimmen: »iz ist alliz ein îtelicheit, daz di sunne umbegeit« (»Alles was die Sonne umkreist, ist eitel und nichtig«). Alexander wird an der Pforte zum Paradies zur Demut ermahnt; hier erhält er einen Stein, der als Warnung vor Hoffart und Unersättlichkeit (»giricheit«) gedeutet wird, als Erinnerung, daß auch er zu Erde werden muß. Und Alexander bleibt, nach langen Jahren maßvoller Herrschaft, von seinem Weltreich nur ein sieben Fuß langes Grab. Die Geschichte des kühnen Eroberers, des Erforschers der Welt und des mit allen Herrschertugenden ausgestatteten Königs wird so – und das geht nicht ohne Widersprüche ab – zum mahnenden Exempel für die Vergänglichkeit, zu einer Warnung vor der Hybris des Menschen.

Mit dem deutschen Alexanderroman beginnt der Einfluß der weiter fortgeschrittenen französischen Literatur auf die deutsche. Die sprachlich verfeinerte Fassung des *Straßburger Alexander* (um 1170) wirkt ihrerseits auf Eilhart von Oberge und Heinrich von Veldeke. Die späteren Alexanderdichtungen (u. a. von Rudolf von Ems, um 1230–40, und Ulrich von Etzenbach, 1271–86) beruhen auf anderen Quellen.

um 1150–60
Der von Kürenberg
Lieder

In der ›Großen Heidelberger Liederhs.‹, der sogenannten ›Manessischen‹, sind 15 Strophen des Kürenbergers überliefert, die frühesten Beispiele mhd. Minnesangs. Sie kommen wohl aus Österreich. Man spricht von diesen Anfängen weltlicher Liebeslyrik – neben dem Kürenberger sind noch Dietmar von Aist, zwei Burggrafen von Regensburg und Meinloh von Sevelingen zu nennen – als dem ›donauländischen Minnesang‹.

Kennzeichen dieser frühen Dichtung ist Einstrophigkeit. Nur in zwei Fällen, darunter dem *Falkenlied,* ergeben sich bei dem Kürenberger

zweistrophige Gebilde. Die Strophenform – vier Langzeilen – entspricht etwa der des *Nibelungenlieds*. Die Dichtung des Kürenbergers ist Rollenlyrik und besteht aus Männer- und Frauenstrophen, wenn auch die Zuordnung nicht immer klar erkennbar wird. Der Stil ist lapidar, formelhaft; Situationen werden mit wenigen Worten angedeutet: Von der Trennung der Liebenden, von (vergangenem) Glück und (gegenwärtigem) Leid, von Sehnsucht und Werbung ist die Rede, wobei die gefühl- und leidvolleren Töne den Frauenstrophen vorbehalten bleiben. Die Handlungsansätze und damit verbundene Hinweise auf die äußere (ritterliche) Wirklichkeit geben den Liedern einen epischen Zug. Von der spiritualisierten Liebe des späteren ›hohen Minnesangs‹, die dem Mann nur unerwidertes Werben läßt, sind diese Texte noch weit entfernt. Am bekanntesten (und umstrittensten) ist das *Falkenlied* (»Ich zôch mir einen valken«), Klage einer verlassenen Frau über den ungetreuen Geliebten.

1151–58
Hildegard von Bingen
Physica. Causae et curae
Naturkunde. Heilkunde

Diese beiden in der Überlieferung getrennten naturkundlich-medizinischen Werke bildeten ursprünglich eine Einheit, das *Liber subtilitatum diversarum naturarum creaturarum (Das Buch von dem inneren Wesen der verschiedenen Naturen der Geschöpfe)*. Die *Naturkunde* beschreibt Eigenschaften und Heilkräfte, die den Pflanzen, Elementen, Bäumen, Steinen, Fischen, Vögeln, (Land-)Tieren, Reptilien und Metallen innewohnen. Die *Heilkunde* wendet sich dem Menschen zu, seiner Stellung im Kosmos, seinem körperlichen und geistigen Wesen, seinen Krankheiten und ihrer Heilung. Grundlage dabei ist die Temperamentenlehre und die Vorstellung, daß die Krankheiten aus einem Zuviel oder einem Zuwenig oder einer Verderbnis der Körpersäfte entstehen (Humoralpathologie).

H. geht über die wissenschaftliche Natur- und Heilkunde hinaus und macht sich die Überlieferungen der Kloster- und Volksmedizin zunutze. Dazu kommen eigene Erfahrungen und Beobachtungen der vielgesuchten Ärztin. In dem Kapitel über »Ernährung und Verdauung« charakterisiert sie beispielsweise den Wein ihrer Heimat: »Edler und kräftiger Wein erregt beim Trinken die Gefäße und das Blut des Menschen auf eine ungeordnete Weise [...]. Das alles macht der Hunsrücker Wein nicht, weil er solch starke Kräfte nicht hat, daß er den Säftehaushalt des Menschen über das Maß erregen könnte.«

um 1160
Heinrich (von Melk?)
Von des todes gehugde

Erinnerung an den Tod

Als »armer chnecht Häinrîch« bezeichnet sich der Dichter am Ende seiner Dichtung (1042 Reimpaarverse). Man identifiziert ihn meist mit einem adeligen Laienbruder des Benediktinerklosters Melk an der Donau, dem neben diesem Memento mori die Standesschelte *Vom Priesterleben* zugeschrieben wird. Allerdings ist es durchaus unsicher, ob der Verfasser tatsächlich ein H. »von Melk« war und ob die beiden Dichtungen von einem Autor stammen. Damit ist auch 1160 als Entstehungszeit nicht gesichert; doch ist die Dichtung in jeden Fall der 2. Hälfte des 12. Jh.s zuzurechnen.

Das Werk gliedert sich in zwei Teile. Der erste handelt »von dem gemäinem [gemeinsamen] lebene« und kritisiert den Zustand der Welt: Vom Sinn für die rechte Ordung sei wenig übriggeblieben – »under armen unt under rîchen«. Anmaßung, Hoffart, Habgier, Unkeuschheit regiere bei Mann und Frau, Armen und Reichen, Geistlichen und Rittern. Der Anprangerung der Sünden folgt das Memento mori, der zweite Teil der Dichtung: »Nû gedench aber, mensch, dînes tôdes.« Das Thema wird an krassen Beispielen exemplifiziert, die den Menschen zur Umkehr, zu einem gottgefälligen Leben mahnen sollen. Verwesungsgeruch liegt über der Darstellung der Vergänglichkeit alles Irdischen, der Gebrechlichkeit des Menschen. Hinter der allgemeinen Thematik der Weltverachtung (contemptus mundi) steckt Zeit- und Standeskritik: Neben der Geistlichkeit gilt H.s schneidende Schärfe vor allem dem Rittertum (wobei er über vornehme Frauen nichts Böses sagen will). Gerade dadurch aber entsteht ein anschauliches Bild der neuen Adelskultur, die dem Diesseits einen eigenen Wert einräumt. H.s Sicht dieser ritterlichen Kultur und ihrer Ästhetisierung des Lebens macht die krasse Episode deutlich, die die Rittersfrau am Grab des höfischen Mannes zeigt.

H.s Bußpredigt steht nicht allein. Ihre Grundgedanken gehören zur christlichen Tradition, wenn sie auch im Zusammenhang mit den kirchlichen Reformbestrebungen des 11. und 12. Jh.s (cluniazenzische Reform) verstärkt hervortreten. Was dieses Werk jedoch von dem älteren *Memento mori* ›Nokers‹ (um 1070–90) oder der Sündenklage in der *Rede vom heiligen Glauben* (um 1140–60) des Armen Hartmann unterscheidet, ist neben der besonderen Heftigkeit der Attacke H.s Fähigkeit, die satirische Zeitkritik in anschaulichen Bildern zu verdichten und die sich anbahnenden Umwertungen spüren zu lassen.

um 1160
König Rother

Diese Verserzählung, in einer Hs. des ausgehenden 12. Jh.s überliefert, gehört zu einer Reihe von Werken, die zwischen der Geistlichendichtung der vorhergehenden Zeit und der sich ankündigenden höfischen Ritterdichtung stehen. Noch ist der Verfasser ein Geistlicher, der Stoff – von ungeklärter Herkunft – hingegen weltlich. Anhaltspunkte für eine sichere Datierung – zwischen 1152 und 1180 – fehlen.

Die Handlung der Dichtung basiert auf der sogenannten ›Brautwerbungsformel‹ und erzählt von den Verwicklungen, die sich aus der Werbung König Rothers (Residenz: Bari) um die Tochter König Konstantins (Residenz: Byzanz) ergeben. Das Schema wird gleich zweifach durchgeführt, da Konstantin seine Tochter, die mit ihrem Einverständnis entführt worden war, zurückholt und damit eine neue ›Werbung‹ mit List und Gewalt herausfordert. Es ist eine spannende, farbige Erzählung, zu deren hohem Unterhaltungswert auch der Schauplatz beiträgt: die durch die Kreuzzüge erschlossene Welt des Orients. Eine gewisse Vertiefung erhält das epische Gedicht durch den geschichtlichen Rahmen, den Versuch, das Geschehen in die Geschichte des Reiches einzuordnen: König Rother, in Rom gekrönt und Herrscher über 72 Königreiche, wird in die karolingische Genealogie als Vorfahre Karls des Großen eingebaut.

Ein einheitlicher Geist ist in dieser Erzählung, die heroische, schwankhafte und historische Elemente miteinander verbindet, nicht zu erkennen. Man bezeichnet das Werk als ›vorhöfisch‹.

Das Brautwerbungsmotiv bildet auch die Grundlage der Legendenromane *Sankt Oswald* und *Orendel* und der Geschichte von *Salman und Morolf,* wie König Rothers Dichtungen, die sich vor allem durch eine unbekümmerte Erzählweise und eine auf Unterhaltung und Belustigung zielende Wirkungsabsicht auszeichnen. *Sankt Os-*

wald, Orendel und *Salman und Morolf* sind allerdings nur in Hss. und Drucken des 15. und 16. Jh.s überliefert. Man hat für diese Texte den problematischen Terminus ›Spielmannsepik‹ geprägt.

um 1160
Ludus de Antichristo

Das Spiel vom Antichrist

Quelle des Schauspiels, das wahrscheinlich im Kloster Tegernsee entstand (auch: *Tegernseer Antichrist*), ist ein Werk des Mönches Adso von Toul (später Abt in Montiér-en-Der) aus der Mitte des 10. Jh.s: *Libellus de Antichristo* bzw. *De ortu et tempore Antichristi.* Es befaßt sich mit der auf die Bibel gegründeten Erwartung, daß Jüngstes Gericht und Weltende durch das Erscheinen des Antichrist vorbereitet würden. Allerdings behandelt das Antichristspiel nicht nur diese eschatologischen Vorstellungen; es ist zugleich ein Stück mit einer weltgeschichtlichen Dimension und läßt staufisch-deutsche Herrschaftsansprüche erkennen. Die Verwandtschaft des Spiels mit Hofdichtung und -geschichtsschreibung zur Zeit Friedrichs I. und die kritische Erwähnung von Aufführungen von Antichristspielen bei dem Propst Gerhoch von Reichersberg (*De investigatione Antichristi,* um 1160–62) rechtfertigen die (im übrigen ungesicherte) Datierung.

Das Schauspiel zeigt in einer ersten Handlung die Unterwerfung der christlichen Könige unter die Herrschaft des römischen Kaisers – nur der französische König unterwirft sich nicht freiwillig – und den Sieg über die heidnischen Herrscher. Dann wird in einer zweiten, entgegenlaufenden Handlung die Überwindung der Könige durch den als Messias auftretenden Antichrist und seine Helfer dargestellt. Ein Donnerschlag macht dem Treiben ein Ende, alle kehren zum rechten Glauben zurück: »Die Kirche nimmt sie auf und beginnt: Lobet den Herrn!«

Das Schauspiel mit seinen allegorischen und typischen Gestalten hat einen strengen, oratorienhaften Charakter: feierliche Gesänge und Umzüge, die an die Liturgie erinnern (aber nicht liturgisch sind), pantomimisches Handeln, Wiederholungen und symmetrische Entsprechungen. Kein Lesedrama (wie bei Hrotsvit von Gandersheim), kein Bestandteil des Gottesdienstes (wie die Osterspiele), sondern ein Schauspiel für die Bühne: eine ›Simultanbühne‹, bei der alle Schauplätze für die verschiedenen Handlungen nebeneinander sichtbar sind.

Das Spiel vom Antichrist steht allein in seiner Zeit. Erst später im Mittelalter greifen volkssprachliche Schauspiele das eschatologische Thema wieder auf (z. B. *Eisenacher Zehnjungfrauenspiel,* 1321, oder – ins Komische gewendet – *Des Entkrist Vasnacht,* um 1353–54).

um 1160–67
Archipoeta
Gedichte

Unter dem Namen A. (Erzdichter) sind zehn lateinische Gedichte überliefert, die in der Umgebung des Reichskanzlers und Kölner Erzbischofs Reinald von Dassel entstanden sind (und zwar in den Jahren zwischen Reinalds Wahl zum Erzbischof – 1159 – und seinem Tod 1167). Der A. wird häufig als Hofdichter Reinalds bezeichnet, andererseits weist ihn seine im Mittelalter weitverbreitete *Vagantenbeichte* als Vertreter der sogenannten Vagantendichtung aus, der unbekümmerten, libertinistischen, aber auch witzig-kritischen Kunstübung einer nur lose definierten Gruppe von wandernden Studenten und Studierten.

Der A. ist sich des hohen Rangs seiner Dichtung durchaus bewußt: In den meisten Gedichten verlangt er eine entsprechende Belohnung. Neben Lobgedichten auf Reinald steht eine ›Predigt‹ vor Geistlichen über den göttlichen Heilsplan, über Erlösung und Gericht, Buße und Barmherzigkeit; neben Kritik an dem Verhalten des Erzbischofs in einem Rechtsfall *(Vision)* eine Bitte, ihn wieder in Gnaden aufzunehmen: Um dem Zorn Reinalds über seinen lockeren Lebenswandel zu entgehen, war der Dichter geflohen – wie Jonas vor dem Angesicht des Herrn – und in äußerstes Elend geraten *(Jonasbeichte).* Eine poetische Abrechnung mit seinen Sünden bringt die *Vagantenbeichte,* Dokument einer sehr diesseitigen Lebensauffassung. Die Absage an die Sünden – sinnliche Liebe, Spielen und Trinken – wird zum Bekenntnis zu ihnen. Die Reue am Schluß, die Bitte um Verzeihung an Reinald widerspricht dem vorher geäußerten Vorsatz, in der Kneipe zu sterben: »Meum est propositum in taberna mori.«

Einen Einblick in die kaiserliche Reichspropaganda gewährt dagegen das Gedicht, das die Herausgeber mit *Ablehnung des Barbarossa-Epos* überschreiben: Der Dichter lehnt es ab, die italienischen Kriegszüge Friedrichs in einem epischen Gedicht zu besingen – was da der Kanzler innerhalb einer Woche fordere, hätten selbst Lukian und Vergil nicht in fünf Jahren schreiben können. Seine Muse sei, auch wenn er »tausend Verse mal schnell im Handumdrehen« dichte, nicht zu zwingen. Als eine Art Ersatz ist wohl der *Kaiserhymnus* zu verstehen, eine Verherrlichung des römisch-deutschen Reichsgedankens und Friedrich Barbarossas, des Bezwingers von Mailand (1162).

um 1160–80
Dietmar von Aist
Lieder

Die Entstehungszeit der unter dem Namen D. v. A. überlieferten Lieder läßt sich nicht genau bestimmen. Neben Texten, die einen älteren Formtypus repräsentieren und in Strophenform und Behandlung des Liebesthemas – unbefangenes Begehren und Gewähren – an den Kürenberger erinnern, stehen Lieder, die schon eine neue Haltung erkennen lassen und nach romanischem Vorbild von der Liebe als läuternder Macht sprechen. Die Echtheit mancher Texte ist umstritten. D. wird dem ›donauländischen Minnesang‹ zugerechnet (sein Name verweist ins oberösterreichisch-bayerische Gebiet).

Im Vergleich zum Kürenberger erweitert D. das Strophenrepertoire des Minnesangs; die Form ist verschieden von Lied zu Lied, mehrstrophige Gebilde herrschen vor. In den meisten Liedern wechseln Männer- und Frauenstrophen: als Dialog oder als ›Wechsel‹ (wenn über- und nicht miteinander gesprochen wird). Mit dem Lied »Slâfest du, friedel ziere?« (»Schläfst du, lieber Freund?«) gelingt D. das älteste deutsche Tagelied: Abschied der Liebenden bei Morgengrauen. Wie der Kürenberger (und das *Nibelungenlied*: Kriemhilds Traum) kennt D. das Falkenmotiv in der altertümlichen Frauenklage »Ez stuont ein frouwe alleine«. Voraus weist, wie er die Natur – eine stilisierte Natur – als Einstimmung in die Gefühlslage in seine Lieder einbezieht: In ihnen begegnet zum erstenmal im deutschen Minnesang der sogenannte ›Natureingang‹.

um 1170
Eilhart von Oberge
Tristrant und Isalde

E.s *Tristrant* beruht auf einer nicht erhaltenen französischen Tristanversion (*Estoire,* um 1150–65), deren Inhalt sich nur aus den darauf

basierenden Dichtungen erschließen läßt. E., ein Dichter eher bescheidener Fähigkeiten, scheint sich eng an den französischen Text gehalten zu haben. Da die anderen alten Tristandichtungen entweder verloren oder nur fragmentarisch überliefert sind bzw. unvollendet blieben, liegt mit E.s Werk der älteste vollständige Tristanroman vor.

Nach der Jugendgeschichte des Helden beginnt die eigentliche Handlung: Tristrant lebt unerkannt am Hof seines Onkels Marke in Cornwall, besiegt den jährlich Kinder als Tribut fordernden irischen Riesen Morolt, gelangt nach Irland, wo Isalde seine von Morolt empfangene Wunde heilt. Seine zweite Reise nach Irland unternimmt er als Werber für Marke. Er befreit das Land von einem gefährlichen Drachen. Isalde erkennt in ihm den Mann, der ihren Onkel Morolt erschlagen hat, vermag ihn jedoch nicht zu töten. Sie nimmt die Werbung Markes an. Tristrant und Isalde trinken aus Versehen den Liebestrank und werden unlösbar aneinander gebunden. Heimlichkeit, List, Entdeckung. Der Bestrafung können sie sich durch Flucht in den Wald entziehen. Als die Kraft des Liebestranks erlischt – seine Wirkung ist auf vier Jahre beschränkt –, kehrt Isalde durch Vermittlung eines Klausners zu Marke zurück. Tristrant wird verbannt, heiratet Isalde Weißhand (die Ehe wird nicht vollzogen), kommt verkleidet als Pilger und Narr zurück an Markes Hof. Als Tristrant in einem Kampf eine schwere Verwundung erhält, läßt er die ferne Isalde rufen. Isalde Weißhand meldet »tumlîchen« die Ankunft eines Schiffes mit schwarzem statt weißem Segel. Tristrant muß annehmen, daß Isalde nicht kommt. Er stirbt. Isalde findet den Toten aufgebahrt in der Kathedrale. Sie legt sich an seine Seite und stirbt.

E.s *Tristrant* zeichnet sich nicht durch psychologische und moralische Reflexionen über das Problem der verbotenen Liebe aus, über eine wunderbare Macht, die Betrug, Verwirrung und Tod zur Folge hat und die höfische Ordnung durchbricht. Der zauberische Liebestrank gilt als Erklärung und Entlastung. Er wirkt wie ein Gift, das den freien Willen nimmt und daher Untreue und Betrug entschuldigt. Tiefer greift allein der Monolog Isaldes, in dem sie über die unheimliche, unerklärliche Macht der Liebe räsoniert. Diese Partie gilt als die modernste des Romans. Sie hat auf den Liebesmonolog der Lavinia in Heinrich von Veldekes *Eneit* (um 1170–90) eingewirkt.

E.s Dichtung wurde durch das ganze Mittelalter hindurch gelesen. Auch die Fortsetzer von Gottfrieds *Tristan* (um 1210), Ulrich von Türheim (um 1240) und Heinrich von Freiberg (um 1290), greifen auf E.s *Tristrant* zurück, der auch die Grundlage des frühmhd. Prosaromans, der *Histori von Tristrant und Isalden* (Erstdruck 1484), bildet. Diese Prosafassung hat Hans Sachs für Meisterlieder und die *Tragedia [...] Von der strengen Lieb Herr Tristrant mit der schönen Königin Isalden* (1553) benutzt.

um 1170
Herzog Ernst

In dem Versroman von *H. E.* verbinden sich zwei ursprünglich wohl nicht zusammengehörige Themenkomplexe: die Geschichte der Auflehnung des Bayernherzogs Ernst gegen seinen Stiefvater Kaiser Otto (mit schließlicher Versöhnung) und eine Kette fabulöser Reiseabenteuer, die auf orientalischen und antiken Überlieferungen beruhen. Der Kern der Fabel ist historisch und reflektiert den Aufstand Herzog Liudolfs von Schwaben, Sohn Ottos I., gegen seinen Vater (953–54). Wenn man in der Dichtung eine aktuelle Anspielung auf die Auseinandersetzungen zwischen Kaiser Friedrich I. und Heinrich dem Löwen erkennen will (Helmut de Boor), kann man das Werk nicht vor 1180 ansetzen (1180 wurden Heinrich die Reichslehen aberkannt). Die erste Fassung des *H. E.* ist nur in Fragmenten erhalten, doch läßt sich ihr Inhalt aus der späteren Überlieferung erschließen. Als Verfasser vermutet man einen Geistlichen.

Der bayerische Herzog Ernst, verleumdet vom rheinischen Pfalzgrafen Heinrich, verliert die Gunst seines kaiserlichen Stiefvaters Otto. Ernst ermordet den Verleumder, wird geächtet und verläßt schließlich nach langem Widerstand mit seinen Getreuen das Land. Sie wollen »daz kriuze nemen ze dienste dem heiligen grabe«. Die Kreuzfahrer gelangen zwar nach Konstantinopel, werden aber dann in einen fabelhaften Orient mit außergewöhnlichen Naturerscheinungen – Magnetberg, Lebermeer, unterirdischer Strom – und seltsamen Lebewesen – Kranichschnäbler, Langohren, Platthufe, Zwerge, Riesen – abgetrieben. Schließlich gelangen sie doch an ihr Ziel. Kreuzrittertum im Heiligen Land, Rückkehr, Versöhnung am Weihnachtsabend in Bamberg.

H. E. behandelt, soweit er als geschichtlichpolitische Dichtung zu verstehen ist, eines der zentralen Probleme der Verfassung des Reiches, den jederzeit möglichen Konflikt zwischen Zentralgewalt und territorialen Interessen, wobei der Dichter – bei aller ›welfischen‹ Sympathie für den bayerischen Herzog – die Idee des Rei-

ches verherrlicht. Den Zusammenhalt zwischen abenteuerlicher Reise- und politischer Reichshandlung schafft allein die Gestalt des vorbildlichen Ritters und gottergebenen Kreuzfahrers. Die Fahrt in die Wunderwelt des Orients kommt dem durch die Kreuzzüge (2. Kreuzzug 1147–49) geweckten Interesse an einer märchenhaften Fremde und an den Wundern dieser Welt entgegen.

Das Werk war sehr beliebt; es wurde im Verlauf des Mittelalters mehrfach bearbeitet (als Epos, als Lied, als Prosaroman) und auch in lateinische Prosa und Verse übertragen. Die lateinische Prosafassung diente als Vorlage für den deutschen Prosaroman von Herzog Ernst, der vom 15. bis 19. Jh. zahlreiche Auflagen erlebte und auf den sich noch Peter Hacks mit seinem Stück *Das Volksbuch von Herzog Ernst oder: Der Held und sein Gefolge* (1955) bezieht.

um 1170
Der Pfaffe Konrad
Rolandslied

Historische Grundlage der Dichtung ist eine Episode aus dem Spanienfeldzug Karls des Großen im Jahr 778. Einhard hebt in seiner Vita Karls einen Überfall verräterischer Basken auf Troß und Nachhut des fränkischen Heeres heraus und nennt unter den Opfern auch »Hruodlandus«, Markgraf der Bretagne. Aus diesem Kern entstand die französische *Chanson de Roland* (um 1100), die Vorlage des deutschen *Rolandslieds*. Herzog Heinrich, schreibt der Dichter im Epilog, habe die »matteria« vermittelt (d. h. eine Hs. beschafft) und er, »der phaffe Chunrat«, habe das Buch zuerst ins Lateinische und von da ins Deutsche übertragen. Auftraggeber war Herzog Heinrich der Löwe. Der geistliche Dichter, vertraut übrigens mit der in Regensburg entstandenen *Kaiserchronik,* war wohl Angehöriger des Welfenhofes in Regensburg.

Karl der Große führt in göttlichem Auftrag Krieg in Spanien. Ein Friedensangebot des heidnischen Königs Marsilie löst die entscheidende Handlung aus: Rolands Stiefvater Genelun wird auf Rolands Vorschlag zu Verhandlungen nach Saragossa geschickt. Genelun, der um sein Leben fürchtet, verbündet sich mit den Heiden. Nach Karls Abzug wird die von Roland geführte Nachhut in zwei großen Schlachten vernichtet. Erst jetzt, den Tod vor Augen, ruft Roland mit seinem Horn Karl und sein Heer zu Hilfe. Die Christen sterben als Märtyrer. Karl kehrt zurück und be-

siegt die Heiden. Genelun wird durch ein Gottesurteil als Verräter überführt.

»Ich habe nichts hinzugefügt, auch nichts weg-
gelassen«, beteuert am Ende der Dichter. Aber
diese Behauptung ist nicht nur wörtlich genommen unrichtig – K. erweitert den Umfang des
Werkes beträchtlich –, auch die zugrundeliegenden ideellen Vorstellungen werden umgedeutet.
Die in der *Chanson de Roland* zwar schon vorhandene, aber nicht entscheidende Kreuzfahrer-
gesinnung wird verstärkt und zum eigentlichen
Fundament der Dichtung gemacht. Dagegen
verdrängt K. die nationale Ideologie der Vorlage.
Nicht für die »douce France« sterben die Paladi-
ne bei K.; sie erscheinen vielmehr als Gottes-
streiter, die das Martyrium suchen. Das Motiv
der Nachfolge Christi erhält eine beherrschende
Stellung, die Dichtung nimmt Momente von Predigt und Legende auf. Gottesreich und Teufelsreich stehen sich augustinisch-dualistisch gegenüber: »Targis kämpfte um sein weltliches, Anseis
um das ewige Heil; Targis um irdische Herrschaft, Anseis um das Himmelreich«, heißt es
prägnant an einer Stelle. Typologische Bezüge
– zwölf Paladine/zwölf Jünger (Genelun: Judas),
König David/Christus/Kaiser Karl – verstärken
die heilsgeschichtliche Deutung des Geschehens.
Die Frage, wie man Gott und der Welt gefallen
könne, findet im *Rolandslied,* das man als
Kreuzzugsepos bezeichnen kann, eine Antwort:
durch Rittertum im Dienst Gottes.

Das archaische anmutende *Rolandslied* erfuhr
im 13. Jh. eine offenbar sehr beliebte Bearbeitung durch den Stricker (*Karl,* um 1220–30). Teile der Dichtung K.s wurden in den *Karlmeinet*
(um 1320–40) aufgenommen, eine Kompilation
von Karlsdichtungen. Wolframs *Willehalm* (um
1210–20) knüpft ausdrücklich an das *Rolandslied* an.

um 1170–90
Heinrich von Veldeke
Lieder

Der Verfasser des Äneasromans *(Eneit)* nimmt
als Lyriker eine Übergangsstellung zwischen frü-
hem und hohem Minnesang ein. Mit der frühen
Lyrik verbindet ihn die Einstrophigkeit vieler seiner Lieder, mit der späteren neben formalen
Eigenschaften (Strophenbau, Reimkunst) manche inhaltlichen Momente. In seiner limburgi-
schen Heimat, einem Ort in der Nähe von
Maastricht, machte V. wohl Bekanntschaft mit
nordfranzösischer Lyrik. Und später, man kann

an seine Teilnahme an dem in der *Eneit* geschilderten berühmten Mainzer Hoftag Kaiser Friedrich I. zu Pfingsten 1184 denken, kam er auch
mit dem hohen Minnesang provenzalischer Prägung in Berührung, wie ihn die ›staufischen‹
Dichter um Friedrich von Hausen vertraten.

V.s Lyrik ist Liebesdichtung, formal und inhaltlich recht vielseitig. Einfache Liebeslieder stehen
neben Reflexionen über die ›hohe Minne‹. Liebe
und Natur, Liebe und Gesellschaft sind die beherrschenden Themen. Sommer- und Winterbil-
der, etwas konkreter als bei Dietmar von Aist,
korrespondieren mit oder stehen im Widerspruch zur Stimmung des Sängers. Die Spannung zwischen Liebe und Gesellschaft drückt
sich in spruchartigen Scheltstrophen gegen Nei-
der und Tadler, gegen Sittenverfall und ungalan-
tes Benehmen der Männer aus. Doch die didaktischen Tendenzen schließen Humor und Ironie
nicht aus, und auch die Lieder, die Themen der
›hohen Minne‹ behandeln (Dienstgedanke, hoff-
nungsloses Werben, erzieherische Macht der Liebe), enden nur selten in Resignation. Freude
(»blîdeschaft«), nicht Trauer und Klage, kennzeichnet V.s Haltung.

um 1170–90
Heinrich von Veldeke
Eneit

Die Entstehungsgeschichte von V.s *Äneasroman*
ist recht ungewöhnlich: Der Dichter wurde 1174
an der Weiterarbeit seines zum großen Teil vollendeten Werkes durch den Diebstahl des Manuskripts gehindert. V. hatte seine Arbeit der
Gräfin Margarete von Kleve zu lesen gegeben,
und auf ihrer Hochzeit mit Ludwig III. von Thüringen griff ein Bruder des Landgrafen zu und
brachte das Manuskript nach Thüringen. Erst
nach neun Jahren erhielt V. die *Eneit* von Pfalzgraf Hermann von Thüringen (dem Literatur-
mäzen und späteren Landgrafen) zurück und
vollendete sie in seinem Auftrag. Grundlage der
Dichtung bildet der französische *Roman d'Eneas*
(um 1160), in dem das römische Nationalepos zu
einem frühhöfischen Liebesroman umgeformt
worden war. Daneben kannte V. – schon durch
den Schulunterricht, den der gebildete Ritter genossen haben mußte – Vergils *Äneis.*

Die kunstvolle Technik und der symmetrische
Aufbau der *Äneis* machen in der mittelalterlichen
Dichtung einem biographischen Nacheinander
Platz: Äneas' Flucht aus Troja, Aufenthalt in Kar-
thago (Dido), Gang in die Unterwelt, Italien (lan-

ge Kampfszenen, Ehe mit Lavinia, Ausblick auf die Gründung Roms und seine künftige Größe). Doch das Ziel des mittelalterlichen Romans ist nicht die Verherrlichung des augusteischen Roms oder des römischen Weltreichs: Ritterlicher Kampf und höfische Liebe bilden den neuen Mittelpunkt der Dichtung. Für die Bewährung im Kampf konnte Vergil als Vorbild dienen. Um die Erfahrung der Liebe in allen Facetten deutlich zu machen, wurde die bei Vergil nur angedeutete Laviniahandlung zu einem eigenen Liebesroman ausgestaltet. Hier wird nun in Dialogen und Monologen ovidisch über das Wesen der Liebe reflektiert, und es waren diese Partien, die dem Äneasroman eine neue Aktualität verliehen (dabei macht V. auch Anleihen bei Eilharts *Tristrant*). Zugleich stellt der Roman zwei verschiedene Auffassungen der Liebe einander gegenüber: die leidenschaftliche Liebe Didos (die scheitert, weil ihr Äneas' geschichtlicher Auftrag entgegensteht) und die auf »zuht« und »mâze« gegründete Liebe zwischen Lavinia und Äneas, in der sich das höfische Liebesideal ankündigt.

Die späteren Dichter sahen vor allem die sprachliche und formale Leistung V.s, dessen Versbehandlung und Reimkunst (Reinheit des Reims) als epochemachend empfunden wurden: »er inpfete daz erste rîs in tiutischer zungen« (»Er pfropfte das erste Reis in deutscher Sprache«: Gottfried von Straßburg, *Tristan*). Daß V. als Wegbereiter der höfischen Dichtung gefeiert wurde, kann freilich nicht darüber hinwegtäuschen, daß der Antikenroman keine große Zukunft hatte. Noch bevor die *Eneit* abgeschlossen war, hatte mit dem *Erec* Hartmanns von Aue der ›modernere‹ Artusroman seinen Einzug in Deutschland gehalten. Allerdings entstanden noch zwei weitere ›antikisierende‹ Werke am thüringischen Hof, wo man Dichtungen dieser Art wohl besonders schätzte: Herborts von Fritzlar *Liet von Troye* (nach dem *Roman de Troie,* um 1165, von Benoît de Sainte-Maure) und Albrechts von Halberstadt Übertragung der *Metamorphosen* Ovids. Die Entstehungszeit beider Dichtungen liegt zwischen 1190 und 1210. Die Ovidübersetzung erhielt später in der Ausgabe von Jörg Wickram (1545 u.ö.) eine recht weite Verbreitung.

um 1170–90
Friedrich von Hausen
Lieder

F. ist die zentrale Gestalt des sogenannten rheinischen Minnesangs, dem eine Reihe von Dichtern im Umkreis des staufischen Hofes zugerechnet werden: Kaiser Heinrich VI., Bernger von Horheim, Bligger von Steinach, Ulrich von Gutenburg und Otto von Botenlauben. Mit ihrem Werk – und dem des Schweizers Rudolf II. von Fenis, Graf von Neuenburg – beginnt eine neue Phase in der Geschichte des deutschen Minnesangs, die von der (partiellen) Rezeption des provenzalischen Minnesangs und seiner Themen, Formen und Melodien bestimmt ist. Eine neue Konzeption der Liebe tritt an die Stelle des auf Gegenseitigkeit beruhenden Gebens und Nehmens des älteren Minnesangs: die ›hohe Minne‹, in der die Terminologie des Lehnswesens auf das Verhältnis von Mann und Frau übertragen wird. Die Frau, grundsätzlich unerreichbar geworden, erscheint als Herrin, der der Ritter seine Dienste darbringt, ohne Hoffnung, unverdrossen: »staete«, das beständige Festhalten an seiner Verehrung, wird von ihm gefordert, in der Hoffnung auf einen Lohn, den die Konvention der Gattung versagen muß. So dominieren Werbelieder, Liebesklagen, Reflexionen über das Wesen der Liebe, nur selten von einem Hoffnungsschimmer erhellt. Es ist ein Ritual, vor der höfischen Gesellschaft vorgetragene Rollendichtung, keine Dokumentation privaten Gefühlslebens.

H. übernimmt als erster deutscher Minnesänger konsequent diese Vorstellungen. Seine Dichtung hat stark reflektierenden Charakter. Die Außenwelt spielt nur eine untergeordnete Rolle, Naturbilder fehlen fast völlig. Statt dessen Selbstanalyse, Klage, Reflexion über die Widersprüche der Liebeserfahrung, die aufgehoben werden durch die unbedingte Bereitschaft zum »dienest«. Nur einmal, in einer heftigen Anklage gegen die personifizierte Liebe, bricht er aus der Rolle des sein Schicksal willig ertragenden Dulders aus: Aber auch die Anklage ist Teil des Rituals. Eine Überwindung der beklagten, aber selbst im Leid noch bejahten Bindung ist erst im Hinblick auf eine höhere Instanz möglich. Im Konflikt zwischen Gottesliebe und Frauenliebe, der in den Kreuzliedern ausgetragen wird, entscheidet er sich in dem Lied »Mîn herze und mîn lîp, diu wellent scheiden« (»Mein Herz und mein Leib, die wollen sich trennen«) für die höhere Verpflichtung. Die Kreuzlieder, darunter auch eine Anklage gegen Drückeberger, wirkten traditionsbildend. Sie sind die einzigen Texte H.s, die sich einigermaßen genau datieren lassen: Sie entstanden im Zusammenhang mit den Vorbereitungen zum 3. Kreuzzug (1189–92), auf dem er am 6. Mai 1190 in Anatolien nach einem Sturz vom Pferd starb, fünf Wochen vor dem Tod Kaiser Friedrichs I., zu dessen engstem Kreis der aus Rheinhausen (heute ein Teil Mannheims) gebürtige Adelige gehörte.

1172
Priester Wernher
Driu liet von der maget

Dieses erste epische Marienleben in deutscher Sprache wurde 1172 beendet, wahrscheinlich in oder bei Augsburg. Die mehr als 5000 Verse umfassende Dichtung besteht aus drei Büchern (»liet«) und basiert auf einem apokryphen spätantiken *Pseudo-Evangelium Matthaei* (5. Jh.).

Die Erzählung führt vom Bericht über die lange kinderlose Ehe Joachims und Annas, der Eltern Marias, über Marias Geburt und die bekannten biblischen Geschehnisse bis zur Flucht nach und zur Heimkehr aus Ägypten. Mit der Verkündigung Christi, dem Christusleben und dem Hinweis auf das Jüngste Gericht am Schluß wird die heilsgeschichtliche Perspektive der Dichtung deutlich.

W.s Werk, »in sant Marien minne« geschrieben, verweist auf Wandlungen der Marienfrömmigkeit des 12. Jh.s, die von einer dogmatischen zu einer stärker gefühlsbetonten Glaubenshaltung führen. Vor und neben W.s epischem Gedicht entstehen die ersten deutschen Marienlieder, hymnische Gesänge zum Preis der Mutter Christi: *Melker Marienlied* (zwischen 1123 und 1142), *Arnsteiner Marienlied* oder *-gebet* (um 1150), *Mariensequenz von Muri* (um 1180).

um 1180
Herrad von Hohenburg
(Landsberg)
Hortus deliciarum

Garten der Köstlichkeiten

H. war Äbtissin des staufischen Hausklosters Hohenburg auf dem St. Odilienberg im Elsaß (die übliche Identifizierung mit der in der Nähe ansässigen Ministerialenfamilie Landsberg ist bloße Vermutung). Unter ihrer Leitung entstand in der 2. Hälfte des 12. Jh.s der *Hortus deliciarum (Garten der Köstlichkeiten)*, eine aus Text (Poesie und Prosa), Bild und Musik komponierte Darstellung des christlichen Lehrgebäudes der Zeit, eine Enzyklopädie der mittelalterlichen Welt.

Der Aufbauplan entspricht der mittelalterlichen Geschichtsauffassung: Geschichte ist verstanden als Heilsgeschichte, und so spannt sich der Bogen von der Ewigkeit, dem Beginn der Zeiten, der Schöpfung, dem AT und NT bis zum Ende der Zeiten. Dazu werden Texte aus einschlägigen Quellen und Handbüchern zitiert (Bibel, Bibelkommentare, Geschichtsschreibung usw.). Aber auch wissenschaftlich-enzyklopädische Tendenzen machen sich bemerkbar (der Bericht von der Erschaffung der Gestirne wird zu einer Darstellung der mittelalterlichen Astronomie genutzt, der von der Erschaffung des Menschen zu anatomischen Erläuterungen). Übergeordnet bleibt freilich die heilsgeschichtlich-allegorische Interpretation. Seinen einzigartigen Rang verdankt das Werk jedoch den farbigen Miniaturen, Meisterwerken der Buchmalerei, die Bibelwort – und seine allegorische Auslegung –, Glaubenslehre, Künste und Wissenschaften illustrieren und zugleich – gewissermaßen unter der Hand – reiches Material für eine Kulturgeschichte der mittelalterlichen Welt bereitstellen.

Der Kodex verbrannte in der Nacht vom 24. zum 25. August 1870, als die preußische Artillerie Straßburg beschoß. Erhalten sind Kopien, Pausen und Auszüge, die im 19. Jh. angefertigt und zum Teil auch publiziert wurden, so daß wenigstens eine Rekonstruktion des Werkes möglich ist.

um 1180–85
Hartmann von Aue
Erec

H.s *Erec* ist eine freie Übertragung von *Erec et Enide* (um 1165–70) des Chrétien de Troyes, der mit diesem Werk im Anschluß an bretonische Überlieferungen (»matière de Bretagne«) den Artusroman begründete und zugleich einen neuen Maßstab für die höfische Erzählkunst setzte. Über die Entstehungsumstände der deutschen Nachdichtung – wo, wann und in wessen Auftrag schrieb H.? – ist nichts bekannt. H. geht verhältnismäßig frei mit Chrétiens Roman um. Auffallend sind vor allem die ausgedehnten Beschreibungen und die Erweiterungen rhetorisch herausragender Stellen – die deutsche Fassung ist mit etwa 10 350 Versen um die Hälfte länger als die Quelle. Gleichwohl bleiben Handlung und Grundmuster des Artusromans unangetastet.

Erec, Sohn des Königs Lac, wird in Gegenwart von König Artus' Gemahlin Ginover beleidigt und folgt den Übeltätern, um die Schmach zu rächen. Er stellt seine Ehre wieder her und gewinnt zugleich eine Frau, Enite, die Tochter eines verarmten Adeligen. Großer Empfang am Artushof, Hochzeit, Festturnier. Erecs Vater übergibt ihnen die Herrschaft über sein Land Karnant. Was jedoch als folgerichtige Fortsetzung von Erecs höfisch-ritterlicher Karriere erscheint, führt zur Katastrophe. Lapidar wird auf Erecs verändertes Verhalten und das daraus resultierende Ergebnis verwiesen: »Sein früherer Ruhm verkehrte sich in Schande.« Er »verligt« sich: Karrikierend wird sein neues Leben beschrieben, das nur um »gemach« (Bequemlichkeit) und Liebe kreist, sich von der Ritterschaft abwendet und so sein gesellschaftliches Ansehen mindert und die »vreude« von seinem Hof vertreibt. Durch Enite erfährt Erec von der Mißbilligung der Gesellschaft. Er reagiert mit dem sofortigen Aufbruch zur ›Aventiure‹. Obwohl er Enite ein Redeverbot auferlegt, warnt ihn die treue Dulderin vor den lauernden Gefahren. Zwei Abenteuerfolgen, unterbrochen durch eine Zwischeneinkehr bei Artus, begründen ein tieferes Verhältnis zwischen Erec und Enite und zeigen Erec auf dem Weg zu einem ethisch verantwortlichen Rittertum. Die letzte, besonders herausgehobene Episode (»Joie de la curt«) demonstriert noch einmal die Problematik einer von der Gesellschaft isolierten Liebe und spiegelt so Erecs und Enites frühere Lebensweise. Zugleich bestätigt sie die Überlegenheit der neugewonnenen Haltung Erecs und die positive Beziehung von ritterlicher Bewährung und innerlich gefestigter Liebe.

Erec gelangt erst beim zweiten Anlauf zum Ziel. Es herrscht das Bauprinzip der Doppelung: Dem scheinbar problemlosen Aufstieg zu Ruhm und gesellschaftlichem Ansehen im 1. Teil folgt, nach einer vom Helden selbst zu verantwortenden Krise, der entscheidende 2. Teil des Weges zur Selbstverwirklichung. Auch die späteren Artusromane sind diesem Aufbauschema verpflichtet.

Um Ehre bzw. Kampf und Liebe kreist der Roman. Dabei geht es um die Wiederherstellung eines ausgewogenen Verhältnisses zwischen diesen Werten, aber auch um ihre Vertiefung und Verankerung in der Gesellschaft. Diese Gesellschaft, deren Normen der Held zu erfüllen sucht, wird durch den Artushof repräsentiert. Anderer Art ist die Welt, die der Held antrifft, wenn er die höfische Umgebung verläßt: Er gerät in den Bereich der ›Aventiure‹, in eine Märchen- und Zauberwelt, in der er sich zu bewähren hat. Der Erfolg ist vorprogrammiert: Der Artusroman ist ein Märchenroman – und ist gerade dadurch in der Lage, ein ideales Bild ritterlich-höfischen Verhaltens zu entwerfen, ein Ideal, das sich durchaus als Gegenbild zu einer rauheren Wirklichkeit verstehen läßt.

um 1180–1200
Hartmann von Aue
Lieder

Die Datierung der Lieder H.s ist unsicher. So gibt es keinen Beweis dafür, daß sie – wie häufig angenommen – ausschließlich vor oder neben dem epischen Frühwerk *(Erec, Gregorius)* entstanden sind. Selbst bei den Kreuzliedern bleibt unklar, auf welchen Kreuzzug sie sich beziehen (den von 1189–92 oder den für 1197 vorbereiteten, aber wegen des Todes von Kaiser Heinrich VI. nicht mehr zustande gekommenen).

H. knüpft an die durch provenzalische Vorbilder bestimmte Entwicklung an, die der deutsche Minnesang durch Friedrich von Hausen und seine ›Schule‹ genommen hatte. H.s Lieder gehören somit in den Umkreis der Ideologie der ›hohen Minne‹. Er stimmt in die gattungstypischen Klagen über die Erfolglosigkeit seines Werbens ein, sucht reflektierend nach den Ursachen für seinen Mißerfolg und findet sie gemäß der Logik der ›hohen Minne‹ bei sich selbst. Gegen diese Konventionen argumentiert andererseits das sogenannte ›Unmutslied‹ mit seiner die Gattungsfiktion durchbrechenden Forderung nach Gegenseitigkeit der Liebe und der Ankündigung, sich lieber mit »armen wîben« (einfachen Frauen) die Zeit zu vertreiben: Walther von der Vogelweide führt dann diese Argumentation weiter bis zum Bruch mit den Voraussetzungen des Genres.

Kritik an der ›hohen Minne‹ formulieren auch die Kreuzlieder H.s, die freilich ebensowenig wie die Liebeslieder als subjektiv-biographische Verlautbarungen zu verstehen sind. In dem bekanntesten Lied »Ich var mit iuwern hulden« spielt er mit der Mehrdeutigkeit des Minnebegriffs und setzt dem »wân« der »minnesinger« eine höhere Form der Liebe entgegen, »die entbehrungsbereite Minne des Kreuzfahrers […], in der sich Minne als Einheit von Wort und Tat und gegenseitige Zuwendung verwirklicht« (Christoph Cormeau).

um 1180–1200
Heinrich von Morungen
Lieder

Die Lieder des wohl aus Thüringen stammenden Dichters stehen in der Tradition des hohen Minnesangs. Anregungen des provenzalischen und nordfranzösischen, aber auch des rheinischen Minnesangs (Friedrich von Hausen) werden aufgenommen; die Konstellation Herrin (»vrouwe«) und Lehnsmann (»dienestman«) und die überlieferten Themen und Motive der ›hohen Minne‹ bestimmen auch M.s Verse. Daneben zeigen sich Anklänge an die geistliche Lyrik (Mariendichtung) und die Antike (Ovid). Gleichwohl entstehen unverwechselbare Gebilde, deren Sensualität und musikalische Formkunst – ›mhd. Daktylen‹ – einen entschiedenen Kontrast etwa zur blassen Gedanklichkeit seines Zeitgenossen Reinmar bilden. Insbesondere die assoziative Bildlichkeit, v. a. aus dem Sinnbezirk des Lichtes und Glanzes, verleiht M.s Versen eine eigentümliche poetisch-visionäre Kraft; die Sehnsucht nach der Vereinigung mit der Geliebten zeigt Anklänge an mystisches Denken.

Leidenschaftliche Anklage gegen die Herrin einerseits, ekstatisch-hymnische Freude über die ›Krone‹ aller Frauen andererseits: »In sô hôher swebender wunne sô gestuont mîn herze ane vröiden nie« (»In einem so gewaltigen Glückstaumel schwebte mein Herz noch nie, niemals noch war es so voller Freude«). Launische Herrin, verehrte Göttin und dämonische Zauberin nach antikem Muster – M.s »vrouwe« hat viele Seiten. Und sie hat auch eine sinnlich-anschauliche: Zum erstenmal im deutschen Minnesang – Vorbilder gibt es in der provenzalischen und mittellateinischen Lyrik – wird die körperliche Schönheit ausdrücklich einbezogen in den Frauenpreis. Sinnliche Anschauung und Lichtmetaphorik verbinden sich im Tagelied »Owê, – sol aber mir iemer mê« zu einer traumhaften Vision, die M.s Aussage bestätigt, er sei zum Singen »ze der welte geborn«.

Die Nachwirkung M.s ist vergleichsweise bescheiden (immerhin nehmen Walther von der Vogelweide, Neidhart und Ulrich von Lichtenstein Anregungen auf); sein Nachruhm kann sich nicht mit dem Reinmars oder Walthers messen. Allerdings wird ihm eine andere Art der Unsterblichkeit zuteil: als Held einer Ballade des 14. Jh.s *(Der edle Moringer).*

um 1185–1210
Reinmar
Lieder

R. führte die in Deutschland von Friedrich von Hausen ausgehende Tradition der ›hohen Minne‹ konsequent weiter. Ludwig Uhland nannte ihn einen »Scholastiker der unglücklichen Liebe« und traf damit den theoretischen Charakter seiner Verse. R.s Dichtung ist Gedankenlyrik, eine (keineswegs biographisch ausdeutbare) Auseinandersetzung mit dem Wesen und den Wirkungen der Liebe auf einem Niveau höchster intellektueller und empfindsamer Verfeinerung. Dem entspricht eine abstrakte, unsinnliche, bilderarme Sprache, die auch für äußere Frauenschönheit ganz im Gegensatz zu Heinrich von Morungen und Walther von der Vogelweide keine Worte findet.

Klage ist die Grundstimmung seiner Lieder, Klage über die Vergeblichkeit seines Dienstes, der freilich als Ertrag die sittliche Läuterung des Werbenden bringen soll. R. stilisiert die Klage, das Leid zur höfischen Kunstform. Nur in einem wolle er Meister sein, so lange er lebe: »Daz nieman sîn leit sô schône kan getragen« (»daß niemand sein Leid so mit Würde tragen kann«). Seine Selbstaufgabe kennt keine Grenzen. Er nimmt demütigen Herzens die Feindschaft der Herrin als Freude (»daz ich ir haz ze fröiden nime«) und akzeptiert ihre Ablehnung als Gabe, die er mit niemandem teilen möchte.

Walther von der Vogelweide hat mit Attacken und Parodien auf die Wehleidigkeit und Leidensbereitschaft (und die zugrundeliegende Konzeption der Liebe) seines älteren Kollegen und Konkurrenten reagiert, seine formvollendete Kunst aber auch in einem Nachruf – zwischen 1205 und 1210 – gerühmt: »mich riuwet dîn wol redender munt und dîn vil süezer sanc« (»ich trauere um deine Poesie und deine süßen Melodien«).

um 1190
Albrecht von Johannsdorf
Lieder

A. hat wahrscheinlich am 2. Kreuzzug (1189–92), dem Kreuzzug Friedrichs I., teilgenommen. Zwei Themen bestimmen seine Lieder: Liebe und Kreuzfahrt. Die Kreuzlieder behandeln beides, denn die Kreuznahme wird immer auch unter dem Gesichtspunkt reflektiert, was sie für die

Liebe bedeutet. Freilich sieht die Konfliktlösung A.s anders, d. h. harmonischer aus als die Friedrichs von Hausen, der die Liebe der Kreuzzugsverpflichtung unterordnet, anders auch als Hartmanns von Aue Absage an die Liebe: Die Teilnahme am Kreuzzug und die Liebe zur Frau, Gottes- und Frauenliebe lassen sich miteinander vereinbaren. Die Bedrohung des Hl. Grabes macht die Kreuzfahrt unumgänglich – zurückzubleiben wäre Sünde –, doch die Liebe wird davon nicht berührt: »Ich liebe ein Frau über alle Welt in meinem Herzen. Herr Gott, das nimm in gutem auf.«

Auch in den reinen Liebesliedern herrscht nicht die selbstquälerische Reflexion Reinmars oder die dialektische Spitzfindigkeit Hartmanns. A. zielt, auch wenn er klagt, vergeblich wirbt oder resigniert, auf Ausgeglichenheit, auf Versöhnung. Das Motiv der Gegenseitigkeit der Liebe klingt an. Heiter-ironische Töne werden hörbar, etwa in dem Werbungslied »Ich vant si âne huote« (»Ich fand sie ohne Aufsicht«), das gleichwohl mit der für den hohen Minnesang typischen Auffassung endet, daß das Werben allein den Mann adele: »daz ir deste werder sint unt da bî hôchgemuot« (»daß ihr desto edler seid und dabei hochgemut«).

um 1190
Hartmann von Aue
Gregorius

H.s *Gregorius* ist nach dem *Erec* entstanden; der genaue Zeitpunkt läßt sich freilich nicht zuverlässig ermitteln (die angebotenen Daten reichen von 1185–97). Die Dichtung (4006 Verse) beruht auf der altfranzösischen Verslegende *La Vie de Saint Grégoire* aus der Mitte des 12. Jh.s. Sie gehört in den Umkreis der zahlreichen antiken und mittelalterlichen Inzestgeschichten (Ödipussage, Albanus- und Judaslegende usw.); sie bezieht sich nicht auf einen historischen Papst.

Nach einem Prolog über das Thema von Sünde und Buße und einer (gattungstypischen) Absage an seine weltlichen Dichtungen beginnt »von Ouwe Hartman« »diu seltsaenen maere von dem guoten sündaere« mit der Vorgeschichte: dem vom Teufel verursachten Inzest der Eltern des Helden. Während der Vater eine Bußfahrt ins Heilige Land unternimmt (und dabei ums Leben kommt), bleibt die Mutter, seine Schwester, als Landesherrin zurück und tut Buße in der Welt. Das Kind wird im Vertrauen auf die Lenkung Gottes ausgesetzt (mit Beigaben, die seine hohe

Herkunft andeuten) und an einen Strand in der Nähe eines Klosters angetrieben. Schließlich erfährt Gregorius von seiner adeligen Herkunft und entscheidet sich gegen die »phafheit« und für die »ritterschaft«. Der Aufbruch in die ritterliche ›Aventiure‹ führt ihn zu einer belagerten Stadt. Er kommt der Herrin, seiner Mutter, zu Hilfe, befreit das Land, heiratet die Landesherrin, die von den Vasallen bedrängt worden war, den Vorsatz der Ehelosigkeit aufzugeben. Als die beiden ihre Lage erkennen, bleibt nur noch der Weg der Buße: Die Mutter übt – im Einklang mit der kirchlichen Bußpraxis – innerweltliche Askese und bleibt Landesherrin, Gregorius büßt auf extreme Weise siebzehn Jahre lang, angekettet auf einer Felseninsel. Ein Wunder hält ihn am Leben, Wunderzeichen veranlassen seine Wahl zum Papst, Wunder begleiten ihn auf der Reise nach Rom. Gregorius gibt seine Selbstverurteilung angesichts dieser Zeichen auf. Seine Amtsführung ist weise, er bietet das Bild eines gerechten Herrschers. Die Mutter, von seinem Ruf angezogen, sucht und findet Vergebung ihrer Sünden. So enden die »guoten maeren von disen sündaeren«.

In dieser Verserzählung verbinden sich Elemente des höfischen Romans und der Legende. Der gattungsmäßigen Zwiespältigkeit entspricht die Schwierigkeit einer Deutung. Man kann den *Gregorius* als Exempel für den christlichen Erlösungsglauben lesen – Buße verhilft auch einem großen Sünder zum Heil (aber worin besteht eigentlich die Schuld des Helden?) –, aber wichtiger erscheint die Frage nach der Stellung des Textes im (literatur-)geschichtlichen Kontext, nach seiner Haltung gegenüber der neuen höfisch-ritterlichen Kultur. Prolog und Epilog können als Stütze für die These herangezogen werden, beim *Gregorius* handele es sich um eine radikale Kritik an der ritterlichen Laienkultur mit ihren diesseitigen Werten, um einen Aufruf zur Weltabkehr und zur Buße. Die Erzählung selbst mit ihren keineswegs eindeutigen Wertungen legt eine vorsichtigere Interpretation nahe: eine Relativierung der optimistischen innerweltlichen Harmonievorstellung des Artusromans, aber keine grundsätzliche Distanzierung; ein Experiment, ein erster Schritt in die Richtung der späteren Versuche (etwa Wolframs von Eschenbach), »die religiöse Orientierung in den säkularen Aventiure-Roman zu integrieren« (Christoph Cormeau).

H.s *Gregorius* wurde im Mittelalter mehrfach bearbeitet. Eine lateinische Fassung Arnolds von Lübbeck *(Gesta Gregorii peccatoris)* entstand schon um 1210; weitere lateinische Fassungen sind bekannt. Die größte Verbreitung fand jedoch eine Prosaversion in der Legendensammlung *Der Heiligen Leben* (*Von sant Gregorio auf dem stain,* um 1390; zahlreiche Drucke von 1471–72 an). Nicht von H. abhängig ist die Fassung in den *Gesta Romanorum* (um 1300). Aus dieser Exempelsammlung lernte Thomas Mann im Verlauf seiner Arbeit am *Doktor Faustus* die Gregoriuslegende kennen. Für seinen Roman *Der Erwählte* (1951) griff er auf H.s Erzählung als Hauptquelle zurück.

um 1190–95
Lucidarius

Der Welfenherzog Heinrich der Löwe, so berichtet der Prolog, habe seine »capellane« mit der Abfassung dieses Buches beauftragt und sie dabei angewiesen, den Inhalt lateinischen Schriften zu entnehmen und ihr deutsches Werk nicht zu reimen: Sie sollten nichts als die Wahrheit schreiben, »alz ez ze latine steit«. So entstand eines der frühesten Prosawerke deutscher Sprache. »Lucidarius: daz ist ein lûchtaere«, heißt es, ein Werk, das über mannigfache verborgene Dinge unterrichte und ihre geistliche Bedeutung offenbare. Hauptquelle ist das weitverbreitete *Elucidarium* des Honorius Augustodunensis aus dem Anfang des 12 Jh.s. Dieser systematischen Glaubenslehre verdanken die Kapläne die dialogische Form (Meister-Schüler) und die Einteilung und Thematik der drei Bücher.

Der *L.* ist eine umfassende christliche Weltkunde, in der zwei Ordnungsprinzipien einander ergänzen. Die Dreiteiligkeit ist einmal begründet in dem Ablauf der Weltgeschichte als Heilsgeschichte: Das 1. Buch gibt eine Schöpfungslehre, spricht von Gott und der Ordnung der Welt (Himmel, Hölle, Paradies; geographische Einteilung, Elemente); das 2. handelt von der Erlösung und der Kirche (einschließlich des liturgischen Lebens); das 3. schließlich bringt die Lehre von den letzten Dingen (Tod, Fegefeuer, Hölle, Ende der Welt, Jüngstes Gericht, ewige Freude). Mit dieser heilsgeschichtlich bestimmten Ordnung verbindet sich – und das ist das zweite Ordnungsprinzip – eine trinitarische: Jeder der göttlichen Personen ist – in der Reihenfolge Gottvater, Sohn, Heiliger Geist – ein Buch zugeordnet.

Der *L.* entwickelte sich zu einem großen Bucherfolg. Schon im Mittelalter weit verbreitet (über 70 Hss. sind bekannt geworden), erreichte er auch in der Neuzeit ein beträchtliches Publikum: Mehr als 90 Drucke sind von 1479 bis zum Ende des 19. Jh.s erschienen, wobei der theologische Gehalt der immer tiefgreifender bearbeiteten Ausgaben stetig abnimmt. Unter den Drucken ist auch eine Bearbeitung in protestantischem Geist (M. Jacob Cammerlander: *Ein newer M. Elucidarius,* 1535). Einer der Ausgaben des 16. Jh.s verdankt die *Historia von D. Johann Fausten* (1587) ihre zweifelhaften geographischen und kosmographischen Ausführungen.

um 1190–1230
Walther von der Vogelweide
Lieder

In einem seiner letzten Lieder (»Ir reinen wîp, ir werden man«) heißt es: »wol vierzec jâr hab ich gesungen oder mê von minnen und als iemen sol« (»vierzig Jahre und mehr sang ich von Liebe und lehrte, wie man leben soll«). Damit lassen sich W.s dichterische Anfänge, die im Zeichen Reinmars stehen, auf die Zeit um 1190 datieren. Den Ort nennt er an anderer Stelle: »ze Österrîche lernt ich singen unde sagen [dichten].« Da weder die relative noch gar die absolute Chronologie der Lieder W.s gesichert ist – es fehlen die aktuellen Gegenwartsbezüge der Spruchdichtung –, bleibt viel Raum für Spekulationen bei einer Darstellung der ›Entwicklung‹ von W.s Lyrik, insbesondere seiner fruchtbaren Auseinandersetzung mit der Tradition der ›hohen Minne‹, wie sie Reinmars Dichtung beispielhaft verkörpert.

Ausgangspunkt ist auch bei W. die ›hohe Minne‹, das unerfüllte und unerfüllbare Werben um die Herrin, die Liebesklage. Aber diese Konzeption genügt ihm bald nicht mehr, und er erprobt verschiedene Auswege aus den stereotyp gewordenen Situationen der klagenden Liebe, ohne daß damit der höfische Charakter seiner Kunst aufgegeben und eine gelegentliche Rückkehr zu Liedern vom Typus der ›hohen Minne‹ ausgeschlossen würde – etwa bedingt durch eine bestimmte Aufführungssituation.

W. setzt dem Konzept einer einseitigen Liebe und dem ästhetisierenden Leiden Reinmars immer stärker die Forderung nach gleichberechtigter Liebe gegenüber. Dabei bezieht er sich aggressiv auf Lieder Reinmars, der seinerseits eher zurückhaltend antwortet (›Walther-Reinmar-Fehde‹). W. führt die Auseinandersetzung von der Übertrumpfung des Reinmarschen Frauenpreises in dem Lied »Ir sult sprechen willekomen« bis zur Parodie des in der Selbstaufgabe sich erfüllenden Liebesideals. Reinmars Zeile »stirbet si, sô bin ich tôt!«, Ausdruck der völligen Abhängigkeit, setzt W. den Topos entgegen, daß die Kunst allein der Herrin Unsterblichkeit verleiht: »stirbe ab ich: sô ist sie tôt« (»doch sterbe ich, dann stirbt auch sie«).

W.s Dichtung zeigt zwei (ebenso fiktive) Auswege aus dieser Sackgasse. Beide basieren auf der Voraussetzung der (möglichen) Gegenseitigkeit der Liebe und der damit verbundenen neuen Bewertung des Begriffs »wîp« (Frau), der über den Standesbegriff »frouwe« (Herrin) erhöht wird. Erfüllte, gegenseitige Liebe, meist im Zusammenhang mit einer idyllischen Frühlings- oder Sommernatur, ist der Gegenstand der sogenannten Mädchenlieder (z. B. »Under der linden«, »Nemt, frouwe, disen kranz!«). Mit ihrer Verbindung von Liebe und Natur klingen sie an die ›Pastourelle‹ der romanischen Literaturen und der Vagantendichtung an – Darstellung einer Liebesbegegnung im Freien zwischen einem höhergestellten Mann und einem Landmädchen –, doch ohne den ständischen Gegensatz und die explizite, häufig gewaltsame Sexualität. Eine andere Gruppe von Liedern W.s wird gern unter der Überschrift ›Neue hohe Minne‹ zusammengefaßt: Es sind Lieder, die eindeutig in der höfischen Sphäre bleiben, doch die Frau (»wîp«) über die Herrin (»frouwe«) stellen und einen Mittelweg zwischen ›hoher‹ und ›niederer‹ Liebe anstreben, Lieder also, die die Verstiegenheit der ›hohen Minne‹ meiden und vom Ideal der Gegenseitigkeit ausgehen (wenn auch die Erfüllung nicht gestaltet wird). Trotz dieser verschiedenen Akzentuierungen des Liebesthemas sind deutlich voneinander getrennte Phasen in W.s Schaffen nicht nachweisbar. Man wird vielmehr annehmen müssen, daß die Gelegenheit, das jeweilige Publikum und seine Erwartungen die Zusammenstellung des ›Programms‹ beeinflußt haben.

Die Auseinandersetzung über den wahren Frauenpreis oder das Wesen der Liebe ist nicht das einzige Thema der Lieddichtung W.s. Kulturkritische Töne über den Verfall rechter Kunst werden hörbar: Eine Klage darüber, daß »ungefüege doene« (schrille, grobe Klänge) das höfische Singen vertrieben, kann man auf Neidharts Parodien des höfischen Minnesangs beziehen. Lieder mit religiöser Thematik treten hinzu (man rechnet sie großenteils zum Spätwerk): Ein streng sakraler Marienleich, Lieder mit Kreuzzugsmotiven, Gedichte des Rückblicks, des Abschieds, der Weltabsage. Dazu gehören das ›Palästinalied‹ »Allerêrst lebe ich mir werde« (»Erst jetzt erhält mein Leben einen Sinn«), das einzige Lied W.s, zu dem eine vollständige Melodie überliefert ist, und die sogenannte ›Elegie‹ (»Owê war sint verswunden alliu mîniu jâr!«): Klage des aus einem Traum erwachenden Dichters über die ihm fremdgewordene, aus den Fugen geratene Welt, Erkenntnis ihrer Nichtigkeit und – mit Kreuzzugswerbung verbundener – Aufruf, an das Heil der Seele zu denken. Die Reise über das Meer hat dabei allegorische Züge.

W. gilt im Mittelalter als der bedeutendste deutsche Lyriker. Selbst Thomasin von Zerklaere, der im *Welschen Gast* (1215–16) die antipäpstlichen Sprüche W.s tadelt und ihre große Wirkung beklagt, bestätigt ihm, daß er viel Gutes gedichtet habe. Sein Zeitgenosse Gottfried von Straßburg nennt ihn im *Tristan* (um 1210) den führenden deutschen Minnesänger. Die Nachfolger berufen sich auf ihn als Vorbild, die Meistersinger zählen ihn zu den »Zwölf alten Meistern«. Kurz nach 1600 (1601, 1611) edierte der Schweizer Melchior Goldast die ersten Gedichte Walthers aus der ›Manessischen Hs.‹, 1624 führte Martin Opitz im *Buch von der Deutschen Poeterey*, kulturpatriotisch motiviert, Walthers Leich als Beispiel für das ehrwürdige Alter der deutschen Poesie an, doch erst Johann Jakob Bodmer und Johann Jakob Breitinger, die ihre Bemühungen um die »Poesie unter den Kaisern aus dem schwäbischen Hause« mit einer Edition der ›Manessischen Hs.‹ krönten (1758–59), machten die Texte wieder in größerem Umfang zugänglich.

um 1195
Hartmann von Aue
Der arme Heinrich

Diese Verserzählung (1520 Verse) ist in den 90er Jahren des 12. Jh.s entstanden. Eine Quelle ist nicht bekannt, obwohl H. in seinem Prolog erklärt, er trage eine Geschichte vor, »die er geschriben vant«. Es gibt Legenden, die ähnliche Heilungsvorgänge und Opferhandlungen schildern.

Herr Heinrich, von hoher Abkunft, vermögend, Ausbund der Tugend, wird mit Aussatz geschlagen: Zeichen dafür, daß sein glänzendes weltliches Dasein in eine Krise geraten ist. Auf der Suche nach Heilung reist er nach Montpellier und Salerno, den damaligen medizinischen Hochburgen, und in Salerno erfährt er, daß es neben Gottes Hilfe nur eine Hoffnung gibt: das Opfer eines Mädchens. Resignierend und verzweifelt gibt Heinrich seinen Besitz hinweg und zieht sich auf einen Meierhof zurück. Die junge Tochter des Bauern betreut ihn, entwickelt eine starke Zuneigung und entschließt sich zum Opfer. Sie setzt ihren Willen gegen ihre Eltern und gegen Heinrich durch, und sie überzeugt auch den mißtrauischen Arzt in Salerno von der Freiwilligkeit ihres Entschlusses. Als Heinrich von außen hört, wie der Arzt das Messer an dem »wetzestein« schärft, verschafft er sich Einblick in das Operationszimmer und gewinnt, getroffen von der Schönheit des nackten Mädchens, »einen niuwen muot [...] und verkêrte vil drâte sîn altez gemüete in eine nieuwe güete«. Heinrich verhindert das Opfer, das Mädchen ist verzweifelt und fühlt sich um die »himelkrône« betrogen. Schließlich erlöst sie Gott von ihrem Leid und macht Heinrich »reine unde wol gesunt«. Jugend und Reichtum erneuern sich wunderbar, die (unstandesgemäße) Heirat mit der »guoten maget« bestätigt noch einmal, daß die rechte innere Haltung belohnt wird.

Heinrich sieht den Aussatz als Strafe Gottes dafür, daß er sich nicht um den gekümmert habe, der ihm »daz selbe wunschleben [diese Fülle des Lebens] von sînen gnâden hete gegeben«. Zugrunde liegt das beherrschende Problem der neuen weltlichen Kultur, wie Gott und Welt zu vereinbaren seien. Die Lösung besteht nicht in Askese oder Rückzug von der Welt, sondern in der religiösen Fundierung des weltlich-höfischen Ethos.

Der *Arme Heinrich* wurde von der Romantik an immer wieder bearbeitet: u. a. als balladeske Nacherzählung (Adelbert von Chamisso, 1839), als Oper (Hans Pfitzner nach einem Libretto von James Grun, 1895), als Novelle (Ricarda Huch, 1898) oder als Drama (Gerhart Hauptmann, 1902).

um 1195
Heinrich (der Glichezaere)
Reinhart Fuchs

Anspielungen auf Ereignisse während der Regierungszeit Kaiser Heinrichs VI. (1190–97) datieren die satirische Tierdichtung. Der – auch juristisch – gebildete Verfasser war Elsässer; im übrigen ist über seine Person nichts bekannt. Es ist möglich, daß sich der Beiname (›der Gleisner‹) eigentlich auf den Fuchs bezieht.

Tierdichtung gehört seit den äsopischen Fabeln zur europäischen Tradition. Die Erweiterung zur Großform läßt sich in Deutschland zuerst in dem allegorisch-satirischen Gedicht *Ecbasis cuiusdam captivi per tropologiam* (*Der Ausbruch eines Gefangenen tropologisch [allegorisch] dargestellt,* um 1043–46) beobachten. Diese lateinische Klosterdichtung erzählt u. a. die äsopische Geschichte von der Heilung des kran-

ken Löwen durch den Fuchs, bei der der Wolf seine Haut opfern muß. Die Auseinandersetzung zwischen Fuchs und Wolf ist auch der Kern des *Ysengrimus* (um 1150) des Magisters Nivardus von Gent und der episodischen Tiergeschichten des französischen *Roman de Renart* (die ältesten Abenteuer – ›Branchen‹ – datieren von etwa 1175).

Der *Reinhart Fuchs* (2268 Verse) geht vom französischen *Roman de Renart* aus, formt jedoch aus den lockeren Episoden einen auf das – schlimme – Ende hinzielenden Versroman und gibt der Hauptgestalt eine neue Bedeutung: Aus dem nicht unsympathischen Schelm wird die Verkörperung des Bösen. Der Roman führt von der Begegnung des Fuchses mit einigen kleineren Tieren zum Bündnis mit dem Wolf Isengrim, das der »ungetriuwe« Fuchs dazu benutzt, Isengrim immer größeren Schaden zuzufügen. Der Gipfel ist die öffentliche Vergewaltigung von Hersant, der Frau des Wolfes. Der vom kranken König Vrevel einberufene Gerichtstag bringt keineswegs den Sieg der Gerechtigkeit. Im Gegenteil, Reinhart setzt seinen Feinden unter dem Vorwand, dem kranken König helfen zu wollen, hart zu, verschafft dagegen seinen Freunden Pfründe und vergiftet schließlich den König.

Die Satire kennt keine Schonung und trifft den höfischen Minnedienst ebenso wie das Mönchsleben oder die Praxis der Heiligsprechung. Entscheidend ist jedoch der politische Aspekt, die Art und Weise wie im letzten Teil die Dummheit und Korruption der politischen Welt – einschließlich des Herrschers – bloßgestellt werden. Dabei zeigt sich die antistaufische Tendenz in manchen Einzelheiten, auch wenn sich der Giftmord am Löwen nicht auf den Tod Heinrich VI. bezieht. Die radikale Kritik an der bestehenden Ordnung und ihrer Ethik im *Reinhart Fuchs* stellt ein ›realistisches‹ Gegenstück zur Idealisierung der feudalen Welt im gleichzeitigen höfischen Roman dar.

Es war nicht die grimmige Satire H.s, die die späteren Gestaltungen des Stoffes beeinflußte, sondern der *Roman de Renart:* Von hier führt die Linie über die niederländischen *Reinaert*-Dichtungen des Mittelalters und den niederdeutschen *Reynke de Vos* (1498) schließlich zu Goethes *Reineke Fuchs* (1794).

um 1195–1200
Ulrich von Zazikhoven
Lanzelet

U. v. Z. (Zezikon im schweizerischen Kanton Thurgau) berichtet am Schluß, daß sein Roman auf einem »welschen buoch› beruhe, das er dem Engländer Huc (Hugo) von Morville verdanke, der 1194 als einer der Geiseln für Richard Löwenherz nach Deutschland gekommen war. Die französische Vorlage ist verloren.

Die Dichtung (9144 Verse) verbindet Feenmärchen und Artussage. Lanzelet wird nach dem Tod seiner Eltern von einer Meerfee in einem Märchenreich, in dem man das Trauern nicht kennt, zum höfischen Ritter erzogen. Seinen Namen werde er erst erfahren, sagt man ihm, wenn er König Iweret, einen Feind der Feenkönigin, besiegt habe. Lanzelet zieht in die Welt. Hier besteht der »wîpsaelege« Held eine Folge von Abenteuern, gewinnt eine Reihe von Frauen und heiratet Iblis, die Tochter des von ihm erschlagenen Iweret. Der zweite Teil der Geschichte kreist um Artus und seine entführte Gemahlin Ginover und führt den Helden nach manchen Abenteuern, auch mit anderen Damen, wieder zu Iblis zurück. Andeutungen über ein Liebesverhältnis zwischen Lanzelet und Ginover, die eigentliche Pointe des Stoffes, werden vermieden, obwohl sich der Verfasser sonst keine Zurückhaltung bei der Schilderung der verschiedenen ›Heiraten‹ Lanzelets auferlegt.

Anders als in Hartmanns *Erec* (um 1180–85) oder *Iwein* (um 1200) gibt es keine Krise, die zweite Abenteuerfolge ist keine Überhöhung der ersten. Das Interesse am Stofflichen, an außerordentlichen Begebenheiten, unheimlichen Lokalitäten und an Beschreibungen höfischen Glanzes herrscht vor: Diesseitiges Rittertum, »durch keine religiöse oder moralische Lehrhaftigkeit verwirrt« (Helmut de Boor), kennzeichnet die erste deutsche Bearbeitung des Stoffes. Die späteren deutschen Lancelotdichtungen gehen nicht auf U. zurück, sondern beruhen auf dem französischen Prosaroman (vgl. *Lancelot,* um 1250).

1198–1230
Walther von der Vogelweide
Spruchdichtung

Ohne erkennbare Vorbereitung setzt W.s Spruchdichtung mit den sogenannten Reichstonsprüchen auf höchster Ebene ein – sozial und dichterisch: »mich hât daz rîche und ouch die krône an sich genomen«, singt er im ›Ersten Philippston‹ (die ›Sprüche‹ oder ›Spruchlieder‹ wurden gesungen), als er nach dem Tod seines Gönners Herzog Friedrich von Österreich 1198 Wien verlassen und am Hof des staufischen Thronprätendenten Aufnahme gefunden hatte. Er geriet in die Nachfolgewirren, die der unerwartete Tod Kaiser Heinrichs VI. (1197) ausgelöst hatte: Neben Philipp von Schwaben hatte sich auch der Welfe Otto IV. von seinen Anhängern 1198 zum König wählen lassen. Mit den Reichstonsprüchen, die am Anfang der mhd. politischen Dichtung stehen, nimmt W. Partei für den Staufer Philipp.

Diese Sprüche zeigen den Dichter in der Haltung des Denkers und Sehers, wie sie die Abbildungen in den Liederhss. wiedergeben. Grundsätzlich der 1. Spruch – »Ich saz ûf eime steine« –, der darüber reflektiert, »wie man zer werlte solte leben«, wie die drei Werte Ehre, weltliche Güter und göttliche Gnade miteinander in Einklang zu bringen seien. Nach einem Blick auf den Zustand der Welt – »fride unde reht sint sêre wunt« – wird deutlich: Dieses Lebensideal kann nicht Wirklichkeit werden, solange die zerrüttete politische Ordnung nicht wiederhergestellt ist. Der 2. Spruch – »Ich hôrte ein wazzer diezen [rauschen]« – wird konkreter und vergleicht die Ordnung der Natur mit der Ordnung im Reich. Obwohl auch das Tierreich von Kampf und Feindschaft geprägt ist, herrscht dort Ordnung und Gesetz, gibt es eine hierarchische Ordnung. Dagegen waltet Chaos im Reich. Beziehen sich die beiden ersten Sprüche auf die Situation des Jahres 1198, so liegen dem 3. Spruch, der die Verderbtheit der Kirche und das gestörte Verhältnis zwischen Kirche und Reich zum Gegenstand hat, Ereignisse des Jahres 1201 zugrunde: Papst Innozenz III. hatte Otto IV. als König anerkannt und Philipp und seine Anhänger, also auch W., gebannt. Der Spruch endet mit dem Weheruf eines Klausners, der hier und in anderen Sprüchen als Vertreter des wahren, nicht durch äußeres Machtstreben pervertierten Christentums erscheint: »Owê der bâbest ist ze junc; hilf, hêrre, dîner kristenheit!«

W. im Dienst des Reiches, das bedeutet angesichts der politischen Konstellation meist auch Kampf gegen die römische Kirche. Das ist unter Philipp von Schwaben so, es bleibt so unter Otto IV., der nach der Ermordung Philipps (1208) die Herrschaft antritt und 1210 ebenfalls gebannt wird, und es ändert sich auch nicht unter dem Staufer Friedrich II., der 1212 in Frankfurt zum König gekrönt wird und 1227 dem Bann verfällt, weil er den gelobten Kreuzzug immer wieder aufschiebt (er findet dann 1228–29 statt). Am heftigsten werden die Attacken gegen den Papst in einigen Sprüchen des sogenannten ›Unmutstons‹, die vor 1215–16 entstanden sind (Thomasin von Zerklaere kritisiert sie scharf im *Welschen Gast*): Innozenz III. als neuer Judas, Verführer des Klerus, Anstifter zur Simonie (Ämterkauf bzw. -verkauf), als Schwarzkünstler und Teufelsbündner, als »Welscher«, der habgierig deutsches Silber in seinen Schrein wandern läßt.

Eine andere Konstante in W.s Spruchdichtung, durchaus profaner Natur, ist die Mahnung zur »milte«, zur Freigebigkeit, mit der er den Lohn für seine Dienste einfordert (und dabei etwa dem Staufer Philipp ungerührt die Feinde Richard Löwenherz und Saladin als Vorbilder vor Augen stellt). Die Tugend der »milte« gehört unabdingbar zum Feudalsystem, und wo er sie nicht erfüllt sieht, kann W. recht ätzend werden. Über Otto IV. heißt es: »Wäre seine Hand so gebefreudig wie sein Körper lang, er wäre ein Ausbund der Tugend.« Andererseits ist sein Jubel groß, als ihn Friedrich II. mit einem Lehen versorgt (1220).

Zwischen den großen Augenblicken und Auftritten auf der politischen Bühne liegt der Alltag des Berufsdichters: wechselnde Beziehungen zu verschiedenen weltlichen und geistlichen Höfen (Wien, Thüringen, Kärnten usw.). Daraus resultieren Sprüche verschiedenster Art: Lobgedichte, Invektiven, Satirisches, ein Nachruf auf den Minnesänger und Konkurrenten Reinmar, Moralisch-Belehrendes in der Tradition der älteren Spruchdichtung (Herger, Spervogel).

um 1200
Benediktbeurer Weihnachtsspiel

Im geistlichen Drama des Mittelalters herrschen Oster- und Passionsspiel eindeutig vor. Gleichwohl entsteht analog zum Osterspiel auch ein Spielzyklus um die Feste der Weihnachtszeit, zunächst in lateinischer Sprache, dann im Deutschen. Das *B. W.*, auf etwa 1200 zu datieren, stellt den Höhepunkt innerhalb der lateinischen Entwicklung dar. Das Spiel ist in der Hs. der *Carmina Burana* (um 1225–30) überliefert und war wahrscheinlich für eine Aufführung am Tag der Unschuldigen Kinder (28. 12.) bestimmt.

Das Spiel besteht aus drei Teilen: einem Prophetenspiel, dem eigentlichen Weihnachtsspiel und einem Spiel vom ägyptischen König *(Ludus de Rege Aegypti)*. Das Prophetenspiel basiert auf der Predigt *Contra Iudaeos, Paganos et Arianos sermo de symbolo* aus dem 5. oder 6. Jh., die man im Mittelalter fälschlich Augustinus zuschrieb. Da die Prophezeiungen der jungfräulichen Geburt Christi bei den Juden keinen Glauben finden, läßt ihnen Augustinus das Weihnachtsspiel vorführen, um sie von der Wahrheit zu überzeugen (ähnlich wie im Passionsspiel der *Frankfurter Dirigierrolle*, um 1330). Das folgende Weihnachtsspiel, Theater auf dem Theater, beginnt mit der Verkündigung, gefolgt vom Auftreten der sternkundigen Weisen und der Reaktion des Herodes auf ihre Suche nach dem neugeborenen König. Nach ›Hirtenspiel‹ und Szene im Stall von Bethlehem folgt eine Darstellung des bethlehemitischen Kindermords, wobei Herodes als beispielloser Tyrann geschildert wird, dessen schlimmes Ende die Vergänglichkeit des Irdischen und die Hinfälligkeit des Menschen und seiner Macht anschaulich vor Augen führt.

Das abschließende Spiel vom ägyptischen König, dessen Zugehörigkeit zum *B. W.* gelegentlich bestritten wird, setzt die theologische Argumentation des Prophetenspiels auf einer anderen, eschatologischen Ebene fort. Die Flucht der Heiligen Familie vor Herodes nach Ägypten führt zu entgegengesetzten Entscheidungen der mit Christus konfrontierten Könige von Ägypten und Babylon. Während sich der ägyptische König freiwillig bekehrt, verfällt der babylonische dem Antichrist.

Unter den deutschsprachigen Weihnachtsspielen ist nur ein Text erhalten, der an die große, gelehrt-theologische Konzeption des *B. W.* erinnert, das um 1400 aufgezeichnete *St. Galler Weihnachtsspiel* (auch *Spiel von der Kindheit Jesu*, entstanden um 1265–80). Die Szenenfolge dieser Reimpaardichtung, einer Art Lesedrama, entspricht ungefähr den beiden ersten Teilen des Benediktbeurer Spiels. ›Volkstümliche‹ Tendenzen zeigen dagegen die deutschen Krippenspiele, die sich ohne theologischen Anspruch auf das Geschehen in Bethlehem konzentrieren: fröhliche Weihnacht. Exemplarisch dafür ist das um 1460 in Friedberg entstandene singspielartige *Hessische Weihnachtsspiel* mit dem Wiegenlied aus dem 14. Jh. »Ioseph, lieber newe myn, hilff mir wiegen daß kindelin«. Aufführungen von Weihnachtsspielen – nicht unbedingt von dem gerade erwähnten – sind beispielsweise in Frankfurt für 1456, 1467 und 1497 belegt; 1517 wird in Alsfeld ein deutsches Hirten- und Dreikönigsspiel aufgeführt. Ein dem *Hessischen Weihnachtsspiel* nahe verwandtes Spiel fand Anfang des 16. Jh.s den Weg nach Tirol in die Sammlung Vigil Rabers *(Sterzinger Weihnachtsspiel)*.

um 1200
Hartmann von Aue
Iwein

H.s zweiter Artusroman, zugleich sein letztes bekanntes Werk, wird in Wolframs *Parzival* (um 1200–10) erwähnt, und zwar in einer Partie, die nach 1203 entstanden ist. Ob der *Iwein* unmittelbar davor oder schon in den 90er Jahren des 12. Jh.s gedichtet wurde, muß offen bleiben. Vorlage ist Chrétiens de Troyes *Yvain (Le chevalier au lion,* um 1180). Im Gegensatz zu seinem *Erec* (um 1180–85) hält sich H. hier eng an den französischen Text. Der *Iwein* (8166 Verse) wurde, wie die Anzahl der Hss. bezeugt, H.s beliebtestes Werk im Mittelalter; seine sprachliche und formale Meisterschaft galt den Zeitgenossen als vorbildlich.

Auf dem Pfingstfest am Artushof erzählt Kalogreant das ›Brunnenabenteuer‹: wie er dadurch ein Unwetter ausgelöst habe, daß er Wasser in einen Zauberbrunnen gegossen habe, und wie er dann von Askalon, dem Herrn des Landes, im Zweikampf besiegt worden sei. Iwein bricht heimlich auf, um die Schande seines Verwandten zu rächen, verwundet Askalon tödlich und wird gefangen. Er verliebt sich in Laudine, die Witwe des Erschlagenen, und mit Hilfe ihrer Zofe Lunete gelingt es ihm, Laudine zur Gattin zu gewinnen. Artus und seine Gesellschaft erhöhen den Glanz des Hochzeitsfests. Gawein fordert seinen Freund Iwein auf, mit den Artusrittern auf Turnierfahrt zu ziehen, da ritterliche Ehre immer neu erworben werden müsse. Als warnendes Beispiel führt er Erec und einen verbauerten Krautjunker an. Iwein, der seine Pflichten als Landesherr verkennt, folgt dem fragwürdigen Rat, erhält Urlaub für ein Jahr und gibt sich derart intensiv seinen ritterlichen Beschäftigungen hin, daß er den Termin vergißt und vor der versammelten Artusgesellschaft durch Laudines Botin Lunete als Verräter, als Mann, bei dem Sein und Schein auseinandertreten, bloßgestellt wird.

Laudine bricht die Verbindung mit dem »triuwelôsen man« ab. Iwein verfällt dem Wahnsinn, reißt sich die Kleider vom Leib und vegetiert als »ein tôre in dem walde«. Nach seiner Heilung, die er einer hilfreichen Frau verdankt, beginnt eine neue Abenteuerkette, die nichts mehr mit ziellosem Abenteurertum zu tun hat, sondern Iweins soziales Engagement zeigt, sein Eintreten für Recht und Gerechtigkeit (der Löwe, dem er hilft und der sich ihm anschließt, steht für diese Werte). Zugleich werden Iweins Zuverlässigkeit bei Terminbindungen und seine persönliche Treue eigens hervorgehoben. So kann er schließlich Laudine mit dem neugewonnenen sozialen Ansehen des ›Löwenritters‹ zum zweitenmal erringen.

Auch der *Iwein* weist die typische Struktur des Artusromans auf, die zweifache Abenteuerfolge. Anders freilich als im *Erec* geht es weniger um den Konflikt zwischen Liebe und ritterlicher Bewährung als um den mühsamen Weg zu verantwortlichem Handeln, zu Selbsterkenntnis und Selbsterfahrung: zu einer »rehte[n] güete«, von der der Prolog sagt, daß sie Ansehen vor Gott und den Menschen (»saelde« und »êre«) nach sich ziehe.

Daß das von H. aufgestellte Leitbild dem adeligen Selbstverständnis entsprach, wird durch den großen Erfolg des Romans bestätigt, der sich nicht nur in der reichen handschriftlichen Überlieferung ausdrückt: Bemerkenswert sind auch die Wandmalereien auf Burg Rodenegg bei Brixen in Südtirol und im Hessenhof in Schmalkalden (Thüringen) aus der 1. Hälfte des 13. Jh.s, Bilderzyklen, die die Handlung der Dichtung wiedergeben und höfisch-ritterliches Handeln in exemplarischen Szenen vorbildhaft repräsentieren.

um 1200
Konrad von Fußesbrunnen
Die Kindheit Jesu

Das Werk K.s, eines niederösterreichischen Laien, ist die einzige größere geistliche Dichtung in der Zeit der klassischen mhd. Dichtung. Es beruht wie Wernhers *Driu liet von der maget* (1172) auf einem apokryphen Evangelium *(Pseudo-Matthaeus)*.

Die Darstellung beginnt mit der Hochzeit von Maria und Joseph und behandelt im folgenden die üblichen Stationen (Verkündigung, Heimsuchung, Geburt, die Heiligen drei Könige, Flucht nach Ägypten, Rückkehr nach Nazareth). Anschließend schildert K. acht Wundertaten des Jesusknaben.

Stilistisch orientiert sich das Werk, das sich durch eine lebendige, anschauliche Darstellungsweise auszeichnet, an der höfischen Dichtung seiner Zeit (Hartmann von Aue). K. übernimmt sogar französische Floskeln der höfischen Literatursprache, so wenn er das Frühstück mit »petitmangir« bezeichnet oder einen Wirt auf »got sî mit iu« mit »sire, dex vo comdiu« (»Herr, Gott geleite euch«) antworten läßt. Daß Rudolf von Ems in seinem höfischen Roman *Willehalm von Orlens* (um 1235–40) »des von Vuozesbrunnen« gedenkt, verweist auf dessen Leistung: die Übertragung von Verssprache und Erzähltechnik der höfischen Literatur auf die geistliche Dichtung.

um 1200
Nibelungenlied

Der Verfasser dieses ersten deutschen Heldenepos ist nicht bekannt. Auch über Entstehungszeit und -ort gibt es nur Vermutungen: Vieles spricht dafür, daß das N. um die Jahrhundertwende in Passau – oder jedenfalls im Donaugebiet – die uns überlieferte Gestalt erhalten hat. Die Frage nach dem Verfasser verliert an Bedeutung, wenn man die Vorgeschichte des N.s bedenkt, eine jahrhundertelange mündliche Überlieferung verschiedener Heldenlieder aus zwei verschiedenen Stoffkreisen, die schließlich miteinander verbunden und episch ausgeformt wurden: Burgundenuntergang und Siegfried- bzw. Brünhildstoff. Dem Untergang der Burgunden liegt ein historisches Ereignis zugrunde: 436 wurden die Burgunden durch hunnische Hilfstruppen der Römer besiegt; ihr König Gundahar fand den Tod. Der historische Bezug der Siegfried-Brünhild-Handlung – etwa zur Geschichte des merowingischen Königshauses – bleibt hypothetisch. Wieviele ›Verfasser‹ an dem nicht mehr rekonstruierbaren Entstehungsprozeß der Dichtung beteiligt waren, ist nicht bekannt, ebensowenig der genaue Zeitpunkt, an dem der entscheidende Schritt zum Epos getan wurde. Sicher scheint jedenfalls, daß der Dichter, der um 1200 das N. niederschrieb, über weite Strecken vorgeformtes Material übernehmen konnte.

Während die höfischen Romane des hohen Mittelalters bis auf wenige Ausnahmen in vierhebigen Reimpaarversen abgefaßt sind, verwendet die Heldendichtung in der Regel die strophische Form, die auf musikalischen Vortrag hindeutet. Die ›Nibelungenstrophe‹ besteht aus vier Lang-

zeilen, die durch eine Zäsur in zwei Halbverse geteilt werden. Dabei wird der Strophenschluß besonders betont. Eine ähnliche Form erscheint in der frühen Lyrik im Donauraum. Seinen Titel verdankt die Dichtung der letzten Zeile der Donaueschinger Hs. (C): »hie hât daz maere ein ende. daz ist der Nibelunge liet.« Der wohl ursprüngliche Schluß, in anderen Hss. überliefert, lautet: »hie hât daz maere ein ende: daz ist der Nibelunge nôt.«

Das N. besteht aus zwei Teilen. Der 1. umfaßt die Aventiuren 1–19: Siegfried, Königssohn aus Xanten, wirbt in Worms um die burgundische Königstochter Kriemhild. Er macht sich in kriegerischen Auseinandersetzungen nützlich und hilft Kriemhilds Bruder Gunther, Brünhild zur Frau zu gewinnen. Er selbst heiratet Kriemhild und kehrt mit ihr nach Xanten zurück. Später folgen sie einer Einladung nach Worms, es kommt zu einem Streit zwischen den Königinnen, wobei der an Brünhild geschehene Betrug öffentlich gemacht wird. Hagen ermordet Siegfried, Kriemhild bleibt in Worms. Hagen nimmt ihr die Mittel zur Rache, indem er Siegfrieds Goldschatz an sich bringt. Der 2. Teil (Aventiure 20–39) beginnt mit Etzels (Attilas) Werbung um Kriemhild und führt zielstrebig zum blutigen Ende am Hunnenhof: Etzel lädt auf Bitten Kriemhilds die Burgunden ein. Nach einem von höfischem Glanz überstrahlten Aufenthalt bei Rüdiger von Bechelaren gelangen sie an Etzels Hof, wo die Konfrontation nach verschiedenen feindseligen Akten und Provokationen zum großen Saalkampf führt. Schließlich nimmt Dietrich von Bern die einzigen überlebenden Burgunden Hagen und Gunther gefangen und übergibt sie Kriemhild. Kriemhild tötet Hagen und ihren Bruder, wobei neben das Rachemotiv das alte Motiv der Horterfragung tritt. Dietrichs Waffenmeister Hildebrand erschlägt »daz edele wîp«.

Der 2. Teil des N.s zeichnet sich durch Geschlossenheit, Zielstrebigkeit der Handlungsführung – die kunstvolle Retardierungen nicht ausschließt – und atmosphärische Dichte aus. Um so mehr fällt die heterogene Gestalt des 1. Teils auf: Szenen aus der höfisch-politischen Welt, hinter deren glänzender Fassade geprügelt, vergewaltigt und gemordet wird; ein mit übernatürlichen Kräften und märchenhaften Gaben (Tarnkappe, Schatz, Unverwundbarkeit) ausgestatteter Held mit einer entsprechend märchenhaften Vorgeschichte (Drachenkampf, Nibelungenhort); eine weitere Gestalt aus einer anderen Welt, die walkürenhafte Brünhild. Gleichwohl gelingen auch in diesem Teil Szenen von großer sinnbildlicher Kraft. Dazu gehört die Auseinandersetzung der

Königinnen (14. Aventiure), die – öffentlich ausgetragen – machtpolitischen Charakter erhält und die Katastrophe auslöst.

Solche Verdichtungen des Geschehens in symbolischen Gesten und Schaubildern gehören auch zu den erzählerischen Mitteln des 2. Teils. Sei es, daß Hagen die Schiffe nach dem Übergang über die Donau zerstört, daß er bei der Begrüßung durch Kriemhild den Helm fester bindet oder sich – im Verein mit dem »spilman« Volker – demonstrativ weigert, vor ihr aufzustehen und überdies Siegfrieds Schwert auf seine Knie legt: Durch derartige Gesten, nicht durch Reflexion oder Kommentar, wird das heroische Ethos der Menschen sichtbar gemacht, die sich einem unreflektiert als unausweichlich akzeptierten Schicksal stellen. Gelegentlich dringt in diese finstere Welt ein menschlicherer Schimmer: so wenn Rüdiger im Konflikt zwischen Freundestreue und Vasallenpflicht mit einer symbolischen Geste die Ehre zu wahren sucht und Hagen seinen Schild überreicht. Allerdings, auch Rüdiger, der »vater aller tugende«, hat keinen wirklichen Spielraum, um sich aus dem barbarischen Gemetzel heraushalten zu können. Und wie er, scheitert auch Dietrich von Bern, der aber immerhin als Garant eines besonnenen Heldentums im Gedächtnis bleibt.

Die Personen besitzen keine psychologische Tiefe. Der Blick in ihr Inneres reicht nicht sehr weit, eine Interpretation von den Charakteren her stößt rasch an ihre Grenzen: Entscheidend ist das vorwiegend von Machtfragen bestimmte Geschehen; nur so weit es seine zielstrebige Entwicklung gestattet, können sich die Charaktere entfalten. Daß das archaisch-heroische Grundmuster der Handlung unverändert beibehalten wurde, relativiert auch die Bedeutung der höfischen Überformung des *N.s*, die der Dichter um 1200 vorgenommen hat: Reichtum, Prunk und Zeremonien der höfisch-ritterlichen Welt werden zwar ausgiebig beschrieben, doch bleiben diese Manifestationen der neuen höfischen Kultur rein äußerlich. Die Modernisierung hebt vielmehr die Diskrepanz zwischen höfischem Ideal und realem Verhalten noch hervor.

Der Rückgriff auf die heldische Vergangenheit traf auf ein empfängliches Publikum. Das bezeugen die zahlreichen Hss. ebenso wie die Blüte der Heldenepik im weiteren Verlauf des 13. Jh.s. Früh kommt es auch zu einer Art Fortsetzung der Dichtung, einem Versuch, das heroische Geschehen mit christlichen Maßstäben zu beurteilen: *Die Klage* (um 1200–30; Entstehungszeit umstritten), ein Werk in höfischen Reimpaarversen, ein moralisierendes, tränenreiches Lamento

über das unermeßliche Leid, für das vor allem Hagen verantwortlich gemacht wird.

Während das *N.* in der frühen Neuzeit in Vergessenheit geriet, fand ein Ableger eine gewisse Resonanz: *Das Lied vom hürnen Seyfrid,* das das *N.* auf seine Weise ergänzt (Siegfrieds Jugendabenteuer und Kriemhilds Befreiung aus der Gewalt eines Drachen). Überliefert ist das Lied in mehreren Drucken des 16. und 17. Jh.s (Erstdruck um 1530). Es bildet die Grundlage für Hans Sachsens »Tragedi« *Der hüernen Sewfrid* (1557) und die *Wunderschöne Historie Von dem gehörnten Siegfried,* einer zuerst 1726 nachweisbaren Prosaerzählung.

Johann Jakob Bodmer machte das *N.* in dem er »etwas iliadisches« entdeckte, wenigstens teilweise wieder zugänglich: *Chriemhilden Rache, und Die Klage; zwey Heldengedichte Aus dem schwäbischen Zeitpuncte* (1757). Doch erst in der Romantik nimmt die »Nibelungenwissenschaft« (Gustav Ehrismann) ihren großen Aufschwung, der freilich auch zu nationaler Vereinnahmung und nationalsozialistischer Pervertierung des Textes führte. Das Interesse für deutsches Mittelalter und besonders den Nibelungenstoff fand im 19. und 20. Jh. seinen dichterischen Niederschlag in einer Reihe von Epen und Dramen; dazu zählen Friedrich de la Motte Fouqués Trilogie *Der Held des Nordens* (1808–10) und Friedrich Hebbels »deutsches Trauerspiel in drei Abteilungen« *Die Nibelungen* (1861). Behauptet hat sich allein Richard Wagners vierteiliges Musikdrama *Der Ring des Nibelungen* (1. zyklische Aufführung 1876 in Bayreuth), das wie Fouqués Trilogie vorwiegend auf nordischen Quellen basiert.

um 1200
Wolfram von Eschenbach
Lieder

Unter W.s Namen sind neun Lieder überliefert, von denen eines als unecht gilt. Selbst diese geringe Zahl sichert dem großen Epiker auch einen Platz unter den bedeutendsten Liederdichtern seiner Zeit. Eine genaue Datierung der Texte ist nicht möglich; der *Parzival* enthält Anspielungen W.s auf seinen Minnesang.

Die meisten (nämlich fünf) der Lieder sind Tagelieder. Es gibt zwar schon vorher Tagelieder in der deutschen Literatur – Dietmar von Aists Lied »Slâfest du, friedel ziere?« und Heinrich von Morungens ›Tageliedwechsel‹ »Owê, – sol aber mir iemer mê« –, doch die Tradition des höfischen Tagelieds in Deutschland begründet erst Wolfram. Als Vorbild für das mhd. Tagelied kommt vor allem die provenzalische ›Alba‹ (wörtlich: Morgengrauen) in Frage; daneben ist mit volkstümlichen Überlieferungen zu rechnen.

Das Tagelied stellt den Abschied der Liebenden bei Morgengrauen dar und unterscheidet sich von den Liedern der ›hohen Minne‹ durch seine offene Darstellung körperlicher Liebe: Der Abschied wird zur großen Liebesszene, zur letzten Vereinigung der Liebenden. W. führt als dritte Person den Wächter ein, der die Liebenden bewacht und den Morgen ankündigt: »Stimme des Tages, d. h. der Helligkeit, des Bewußtseins, des Wissens, des Gewissens, der Notwendigkeit« (Peter Wapnewski). Durch W.s Beispiel wird das Wächtertagelied zur beherrschenden Form. Schon bei W. können die Variationen über eine gleichbleibende Grundsituation zur witzigen Parodie führen: Der Dichter fordert den Wächter auf zu schweigen – seine Warnung sei überflüssig, wenn man die Nacht bei der legalen Ehefrau verbringe.

Im epischen Eingang eines der Lieder gelingt W. eine Darstellung des Tagesanbruchs – der Tag als Feind, als dämonisches Ungeheuer –, die in ihrer Bildlichkeit nichts Vergleichbares in der mhd. Lyrik hat: »Sîne klâwen durch die wolken sint geslagen: er stîget ûf mit grôzer kraft!« (»der tag steigt auf mit großer kraft schlägt durch die wolken seine klauen«, beginnt Hans Magnus Enzensberger 1957 sein Gedicht *utopia*).

Das Tagelied, »eine Grundform der Lyrik der Menschheit« (Theodor Frings), lebt auch nach dem Ende des Minnesangs weiter in Liederbüchern und Volksliedsammlungen. Transponiert in eine andere Gattung, prägt die Tageliedsituation den 2. Akt von Richard Wagners *Tristan und Isolde* (Uraufführung 1865).

um 1200–10
Wolfram von Eschenbach
Parzival

Die Arbeit am *Parzival* erstreckte sich über einen längeren Zeitraum. Man nimmt an, daß das Werk um 1210 beendet wurde, daß aber vorher schon Teilveröffentlichungen in Umlauf waren. Obwohl es im *Parzival* nicht an persönlichen Anspielungen mangelt, ist unklar, wer die Dichtung förderte (durch Beschaffung der literarischen Vorlagen, durch die Bereitstellung von Pergament usw.); möglicherweise ist an die Grafen von Wertheim zu denken. Die Hauptquelle W.s ist Chrétien de Troyes unvollendetes Spätwerk *Le conte du Graal*

oder *Perceval*. Dieser Roman bildet, bei aller Selbstständigkeit W.s, die Grundlage des *Parzival* vom 3. bis zur Mitte des 13. Buches (die Einteilung in 16 ›Bücher‹ orientiert sich an Initialen der Hss.). Hingegen spricht vieles dafür, daß der mysteriöse »Kyot«, dem W. seine Geschichte verdanken will, eine Fiktion ist. Spezifische Quellen für die Vorgeschichte und den Abschluß des Romans sind nicht bekannt, doch ist deutlich, daß W. Motive und Strukturelemente der französischen Dichtung und seiner deutschen Vorgänger Heinrich von Veldeke und Hartmann von Aue verwendet.

W.s *Parzival* geht vom Strukturschema des Artusromans aus, und ist doch ein Werk, das das höfische Artusrittertum relativiert und ihm mit dem religiösen Gralsrittertum eine höhere Welt entgegensetzt. Die Spannung zwischen Artus- und Gralsrittertum wird personifiziert durch die beiden Helden des Romans, durch Gawan und Parzival: *Parzival* ist ein ›Doppelroman‹. Überdies geht der eigentlichen Parzivalhandlung die Geschiche seines Vaters Gahmuret voraus (Buch I und II), die am Schluß mit der Einführung von Parzivals Halbbruder Feirefiz wieder aufgenommen wird und als Rahmen für das komplexe Geschehen dient (Buch XV und XVI).

Parzival, »von ritters art«, folgt seiner inneren Stimme, obwohl ihn seine Mutter Herzeloyde vom ritterlichen Leben fernzuhalten sucht, dem ihr Mann Gahmuret zum Opfer gefallen war. Der Weg aus der Unwissenheit des Waldlebens in die Welt und zur Erfüllung seines ritterlichen Strebens wird in exemplarischen Stationen dargestellt: Erwerb einer Rüstung durch den (unritterlichen) Kampf mit Ither, Nachholung der versäumten ritterlichen Erziehung bei Gurnemanz, ritterliche Hilfe für die bedrängte Königin Condwiramurs, Heirat, Aufnahme in Artus' Tafelrunde als gesellschaftliche Bestätigung und Krönung seines vorbildlichen Rittertums. Aber die Schatten sind nicht zu übersehen: nicht nur, daß Parzival überall Kummer und Leid hinterläßt und seine Mutter und sein Verwandter Ither (›Brudermord‹) sein ritterliches Streben mit dem Tod bezahlen müssen – sein Verhalten auf der Gralsburg (Buch V) macht die Grenzen des höfischen Artusrittertums selbst deutlich. Parzival versagt, weil er auf ein ritterliches Abenteuer gefaßt ist, er versäumt die erlösende Frage. Die Krise wird öffentlich, als die Gralsbotin Cundrie die festliche Artusrunde mit einer vehementen Anklage gegen Parzival konfrontiert. Dieser antwortet mit einer Anklage gegen Gott (und wendet sich dabei an Gawan, der sich anderen – falschen – Anschuldigungen ausgesetzt sieht): »wê waz ist got? waer der gewaldec, sölhen spot het er uns bêden niht gegeben, kunde got mit creften leben. ich was im dienstes undertân, sît ich genâden mich versan. nu wil ich im dienst widersagen: hât er haz, den wil ich tragen« (»Ach wer ist Gott? Wäre er wirklich allmächtig und könnte er seine Allmacht offenbaren, so hätte er uns beiden nicht solche Schmach angetan. Ich war ihm stets ergeben und zu Diensten und ich hoffte auf seinen Lohn. Doch jetzt kündige ich ihm den Dienst! Ist er mir feind, so will ich's tragen!«). Mit seinem Vorsatz, Ritterschaft künftig ohne und gegen Gott zu üben, bestätigt Parzival Cundries Vorwurf der Sündhaftigkeit seines Verhaltens.

Nach dem Formgesetz des Artusromans müßte nun die zweite Abenteuerfolge einsetzen. Dies geschieht auch, aber mit einem anderen Helden: Gawan. Parzival bleibt in den folgenden Büchern schemenhafte Hintergrundfigur, während sich Gawan – ganz der vorbildliche Artusritter – in seinen ritterlichen und amourösen Verrichtungen bewährt. Nach viereinhalbjähriger vergeblicher Suche nach dem Gral tritt Parzival wieder in den Vordergrund der Erzählung (Buch IX): Im Gespräch mit dem Einsiedler Trevrizent am Karfreitag, das Parzivals Verstrickung in die Sünde und die ganze Grals- und Familiengeschichte offenlegt und den Blick auf Gott als den »wâren minnaere« richtet, vollzieht sich die innere Umkehr, die Einsicht Parzivals in seine sündhafte Haltung. Augustins Sündenlehre steht im Hintergrund. An die Stelle luziferischer »hôchvart« tritt die Erkenntnis: »diemüet ie hôchvart überstreit« (»Demut ist mächtiger als Hochmut«). Parzival bleibt Ritter. Er sucht weiter nach dem Gral, aber mit einer neuen inneren Haltung. Nach diesem geistigen Mittelpunkt der Dichtung – 300 Verse bei Chrétien stehen über 2000 W.s gegenüber – hat wieder die ›Aventiure‹ des Artusromans das Wort. Der Held ist aufs neue Gawan, aber der geheimnisvolle rote Ritter, Parzival, bleibt immer im Hintergrund. Die Abenteuerfolge endet schließlich am Artushof, und hier werden allmählich die verschiedenen Handlungen zu Ende geführt. Auch Parzival stellt sich ein, bewährt sich in Zweikämpfen – nur einmal versagt ihm Gott den Sieg und verhindert den Brudermord an Feirefiz. Die Ereignisse des VI. Buches wiederholen sich, allerdings unter umgekehrtem Vorzeichen: Parzival wird wieder in die Tafelrunde aufgenommen, die Gralsbotin bringt die Berufung zum Gral (an Pfingsten). Die Wiedervereinigung mit Condwiramurs, die Erlösung des Gralskönigs Amfortas und Feirefiz' Taufe und Ehe mit der Gralshüterin bringen das Geschehen zum Abschluß.

W.s *Parzival* ist eine höfische Ritterdichtung und zugleich ein bemerkenswertes Zeugnis religiöser Reflexion eines Laien, der den Sinn der ritterlichen Existenz zu erschließen sucht und im Gralsrittertum die Utopie einer Übereinstimmung von ritterlich-höfischem Dasein und göttlichem Willen entwirft. Im Gral, einem wunderbaren Stein, verbinden sich christliche Vorstellungen (Eucharistie) mit märchenhaften Zügen. Das geheimnisvolle, vieldeutige »dinc« ist ein Symbol für das höchste Ziel menschlichen Strebens, das freilich nur durch Gottes Gnade erreicht werden kann; es ist Symbol für die (utopische) Aufhebung des Dualismus von Gott und Welt. Endzeitvorstellungen klingen an: das »Rittermärchen [mündet] in die christliche Heilsgeschichte« (Joachim Bumke).

Über all dem religiösen Ernst darf man freilich nicht den eigenwilligen – groben und sublimen – Humor des Erzählers vergessen, dessen sprunghafte, ›dunkle‹ Erzählweise Gottfrieds von Straßburg Polemik gegen den »vindaere wilder maere« auslöste. Gleichwohl wirkte W. schulbildend. Der *Parzival* war, das zeigt die Überlieferung, eine der meistgelesenen Dichtungen des Mittelalters. Eine wenig glückliche Idee allerdings war die Erweiterung der ohnehin an die 25 000 Verse umfassenden Dichtung: In den Jahren 1331–36 schrieben die Straßburger Bürger Claus Wisse und Philipp Colin einen *Nüwen Parzefal (Rappoltsteiner P.),* ein auf französischen Chrétien-Fortsetzungen basierendes Werk von über 36 000 Versen, die zum größten Teil zwischen Buch XIV und XV eingeschoben wurden. Unter den neueren *Parzival*-Versionen hat sich einzig Richard Wagners »Bühnenweihfestspiel« *Parsifal* (Uraufführung 1882) neben der Dichtung W.s behaupten können.

um 1210
Gottfried von Straßburg
Tristan und Isolde

G.s *Tristan* ist nach Eilharts *Tristrant und Isalde* (um 1170) die zweite Tristandichtung in der mhd. Literatur. Auch G. stützt sich auf eine französische Vorlage, auf den *Tristan* des »Thômas von Britanje« (Thomas d'Angleterre), eine um 1170 entstandene höfische Version des Stoffes, die freilich nur bruchstückhaft überliefert ist. Da sich die erhaltenen Thomas-Fragmente nur an zwei Stellen mit Gottfrieds Text überschneiden, läßt sich nicht immer mit Sicherheit feststellen, wo Abweichungen vorliegen. Insgesamt freilich, soviel scheint gewiß, folgt G. der Handlungsführung und -verknüpfung seines Vorgängers. Der Beitrag des deutschen Dichters liegt anderswo: Eigentum G.s sind zum einen die Kommentare, Reflexionen und Auslegungen, die – angefangen mit dem Prolog – das ganze Werk durchdringen, Partien, die mit ihrer Vielschichtigkeit, ihrem Anspielungsreichtum und ihrer Ambivalenz die Deutung des Romans zu einem schwierigen Geschäft machen. Zum andern zeichnet sich der *Tristan* durch eine artistische Sprachkunst aus, die viele Nachahmer fand, doch mit ihrer Verbindung von Eleganz und Präzision unerreicht blieb. In einer kritischen Revue der zeitgenössischen Dichtung formuliert G. sein Stilideal, wenn er die »cristallînen wortelîn« Hartmanns von Aue rühmt, die Klarheit seiner Sprache und die Harmonie von Aussage und sprachlichem Ausdruck. Auch in der Attacke gegen den »vindaere wilder maere«, den regellosen, dunklen und ungeschliffenen Stil eines Ungenannten – Wolframs von Eschenbach –, wird ex negativo dieses Stilideal deutlich.

G.s Dichtung bricht mit Vers 19 548 ab; die Fortsetzer Ulrich von Türheim (um 1240) und Heinrich von Freiberg (um 1290) sprechen davon, daß der Tod den Dichter daran gehindert habe, sein Werk zu vollenden.

Nach dem Tod seiner Eltern Riwalin und Blancheflur (Schwester König Markes) wächst Tristan bei einem loyalen Marschall und seiner Frau auf, die ihn aus Sicherheitserwägungen für ihr Kind ausgeben. Er wird aufs beste erzogen und zeigt eine außergewöhnliche musikalische und sprachliche Begabung, weiß sich aber auch in allen Ritter- und Gesellschaftsspielen auszuzeichnen. Von reichen Kaufleuten entführt, gelangt er nach einem Schiffbruch zufällig nach Cornwall. Am Hof seines Onkels Marke gibt er sich als Kind eines reichen Kaufmanns aus und glänzt durch seine höfischen, musikalischen und sprachlichen Fertigkeiten und wird schließlich, nachdem sich seine wahre Herkunft enthüllt hat, zum Ritter geschlagen (was G. vom Rittertum hält, wird in diesem Abschnitt besonders deutlich: Statt der üblichen Turnierbeschreibung bringt er seinen literaturkritischen Exkurs). Tristan bewährt sich im Kampf gegen den Iren Morolt, der Tribut von Marke fordert. Er trägt allerdings eine Wunde von Morolts vergiftetem Schwert davon, die allein Morolts Schwester, die irische Königin Isolde, heilen kann. Dem listigen ›Tantris‹ gelingt es, sich als »höfscher spilman« Zugang zur Königin zu verschaffen und sie mit seiner Kunst zu bezaubern. Als Gegenleistung für die Heilung übernimmt Tristan die Ausbildung der jungen Isolde,

der Tochter der Königin, die er in Musik, höfisch-gesellschaftlichen Fertigkeiten und in »môraliteit« (Sittenlehre) unterrichtet. Er kehrt nach Cornwall zurück, sieht sich Hofintrigen und Neid ausgesetzt und übernimmt es, für Marke um die Hand Isoldes – der Tochter – zu werben. Auch auf dieser zweiten Irlandfahrt tritt er als Tantris auf, erschlägt einen schrecklichen Drachen, auf dessen Tod Isoldes Hand als Belohnung ausgesetzt ist. Diese bemerkt die Scharte in Tristans Schwert, in die der in Morolts Kopf gefundene Splitter genau paßt. Es kommt jedoch zur Versöhnung und schließlich zur öffentlichen Werbung um Isolde. Auf der Überfahrt nach Cornwall trinken Tristan und Isolde aus Versehen den Liebestrank, der für die Hochzeitsnacht mit Marke gedacht war. Von nun an bestimmt die übermächtige, gesellschaftsfeindliche, normensprengende Macht der Liebe das Leben der beiden, die sich durch Betrug und List in einem von Verrat und Verdächtigungen charakterisierten gesellschaftlichen Klima kurze Momente der Erfüllung erschleichen. Isolde übersteht sogar ein Gottesurteil – Gang über ein glühendes Eisen – dank eines nur formal richtigen Eides, doch schließlich werden die Liebenden vom Hof verbannt und finden nun die Erfüllung ihrer Liebe fern von der Gesellschaft in der ›Liebesgrotte‹, einem mit religiösen Bezügen ausgestatteten Ort: Die Grotte erscheint als Kirche bzw. Tempel, das Bett als Altar oder, je nach Interpretation, als Bett Salomos im Hohenlied. Marke, der eine Vorsichtsmaßnahme Tristans als Beweis für die Unschuld der Liebenden nimmt, ermöglicht ihnen die Rückkehr an den Hof. Doch es folgt nur der endgültige Bruch. Tristan flieht, um sein Leben zu retten, Isolde bleibt bei Marke. Tristan leistet dem Herzog von Arundel mit seinem Sohn Kaedin ritterliche Hilfe. Dessen Schwester Isolde »mit den wîzen handen«, Isolde Weißhand, löst widerstreitende Gefühle aus. Hier, am Anfang des letzten Teils der Dichtung, bricht G. ab.

Was fehlt, geht aus den anderen Tristandichtungen hervor: Tristan zwischen Isolde Weißhand und Isolde; Verwundung Tristans im Dienst Kaedins; die Geschichte mit dem schwarzen und dem weißen Segel: Isolde Weißhand revanchiert sich auf ihre Weise und meldet dem todkranken Tristan, daß das herannahende Schiff schwarze Segel gesetzt habe, vereinbartes Zeichen dafür, daß Isolde nicht an Bord ist; Tod Tristans, Tod Isoldes an seiner Seite.

G.s *Tristan* ist ein höfischer Roman wie die Werke Hartmanns oder Wolframs. Aber es gibt wesentliche Unterschiede: Zwar gelten für den Straßburger Dichter die verfeinerten Umgangs-

formen und ethischen Werte der höfischen Gesellschaft – »êre«, »triuwe«, »staete« –, doch die
ritterliche Seite mit Waffengeklirr, Turnieren und
Kampfspielen behandelt er eher geringschätzig;
zudem steht schon der Stoff den harmonisierenden Tendenzen des Artusromans entgegen. G.
verschärft vielmehr den Konflikt zwischen der
elementaren Gewalt autonomer Liebe und der
gesellschaftlichen Ordnung: Die Liebenden, die
ihre unbedingte Liebe auch gegen die Normen
der Gesellschaft zu verwirklichen suchen, geraten zugleich »in tragischen Konflikt mit ihrem eigenen Bewußtsein, das der höfischen Übereinkunft doch stets verpflichtet bleibt« (Rüdiger
Krohn).

Ausgehend von der allegorischen Auslegung
der Minnegrotte als sakralem Raum und der unbedingten gegenseitigen Hingabe der Liebenden
hat man von einer religiösen Überhöhung der
Liebesauffassung im *Tristan* gesprochen, von
einer ›Liebesreligion‹, von Tristan und Isolde als
›Minneheiligen‹, von Beziehungen zur Mystik
Bernhards von Clairvaux – aber auch von G.s
Ketzertum. Der Text mit seiner Mehrschichtigkeit, seinem Anspielungsreichtum und seiner inneren Ambivalenz läßt viele Deutungen zu, ohne
daß eine einen Anspruch auf Verbindlichkeit erheben könnte. Hingegen ist es keine Frage, daß
sich ein derart komplexer, mit überlegener Distanz und Ironie erzählter Roman an ein gebildetes Publikum richtet: G. selber spricht von den
»edelen herzen«, denen er sein Werk widme,
nicht den gewöhnlichen Menschen (»ir aller werl-
de«), einer geistigen – also nicht allein ständisch
definierten – Elite mit gesteigerter Empfindungsfähigkeit und ästhetischem Feingefühl.

Kaum im Sinn G.s handelten Ulrich von Türheim und Heinrich von Freiberg, die das Werk im
Anschluß an Eilhart von Oberge zu Ende führten
und sich dabei bemühten, die Kühnheiten G.s zu
mildern: Der Tod der Liebenden erscheint als angemessene Strafe für ihr sündhaftes Leben. Eilharts vor- oder frühhöfisches Werk ist auch die
Grundlage des Prosaromans von *Tristrant und
Isalde* (1484), auf dem wiederum Hans Sachsens
»Tragedia« von 1553 beruht. Die wichtigste Version des Stoffes der neueren Zeit geht wieder auf
G. zurück: Richard Wagners auf wenige Szenen
reduziertes Musikdrama *Tristan und Isolde* (Uraufführung 1865), ein romantisches Nachtstück
von Liebe und Tod.

um 1210
Wirnt von Grafenberg
Wigalois

Der *Wigalois* ist ein Artusroman. Der Stoff hat
keltische Ursprünge. W. stützt sich auf französische Quellen, die ihm – wie er andeutet – mündlich vermittelt wurden. Unverkennbar ist auch
der Einfluß von Hartmann von Aue und Wolfram
von Eschenbach. Der Name des Titelhelden lautet eigentlich Gwigalois, also Gwi (Gui) von Ga-
lois. Entstanden ist die Dichtung nach 1204 wohl
am Hofe des Grafen von Andechs.

Der Roman besteht, wie die Gattungskonvention erwarten läßt, aus zwei Abenteuerketten mit
einem Ruhepunkt in der Mitte. Allerdings gibt es
keine Überhöhung, keine Entwicklung: Der Held,
ein Sohn Gaweins (Vorgeschichte), ist von Anfang
an der vollkommene Artusritter. Als eine Botin
am Artushof erscheint, um Hilfe für eine bedrängte Königin zu erbitten, zieht Wigalois aus,
besteht die obligatorischen Abenteuer, verliebt
sich auf einer Zwischenstation in die Königstochter Larie und setzt seine Fahrt fort, um den heidnischen Teufelsbündner Graf Roaz von Glois zu
besiegen, den Urheber der Bedrückung und Not.
Hochzeit und Krönung von Wigalois und Larie
und die Schilderung eines Feldzugs beschließen
das Werk.

Der *Wigalois* ist ein unterhaltsamer Aben-
teuerroman, in dem das Interesse für das Seltsame, Ausgefallene und Geheimnisvolle vorherrscht. Dazu gehören nicht nur ›romantische‹
Landschaften, merkwürdige Wesen und sinnrei-
che Vorrichtungen, auch christliche Motive werden veräußerlicht in diese Wunderwelt einbezogen: Bemerkenswert ist die Begegnung mit
verstorbenen Rittern, die in einer Art Fegefeuer
ihre Ritterspiele treiben.

Der Erfolg des *Wigalois* war groß. In den letzten Jahrzehnten des 15. Jh.s fertigte ein Augsburger Bürger eine Prosafassung an, die 1493 als
Wigoleis vom Rade gedruckt, dann mehrfach neu
aufgelegt und auch ins Dänische, Isländische und
in jiddische Verse übertragen wurde. W. wurde
früh zu einer literarischen Figur: Er ist der Ritter
in Konrads von Würzburg Versnovelle *Der Welt
Lohn* (um 1260) der durch den Anblick der Rückseite der Frau Welt zur Umkehr gebracht wird.

um 1210–20
Wolfram von Eschenbach
Willehalm

Der *Willehalm* entstand im Auftrag des Landgrafen Hermann von Thüringen, der die französische Vorlage beschaffte: das Heldenepos (›Chanson de geste‹) *La Bataille d'Aliscans* (um 1180), Teil eines riesigen Epenzyklus um Guillaume d'Orange. Der geschichtliche Wilhelm war ein Enkel Karl Martells. Er wurde 790 Graf von Toulouse und zeichnete sich in der Folgezeit mehrfach im Kampf gegen die von Spanien aus einfallenden Araber aus. Später zog er sich in ein – von ihm selbst gegründetes – Kloster zurück, 1066 wurde er heiliggesprochen. Neben der *Bataille d'Aliscans,* von W. frei behandelt und entscheidend gestrafft, hat eine andere Dichtung aus der gleichen Stoff- und Gattungstradition auf den *Willehalm* gewirkt: das *Rolandslied* (um 1170) des Pfaffen Konrad.

Ziel der in Südfrankreich eingefallenen heidnischen Heere ist es, sich an Willehalm zu rächen und seine Frau Gyburg zurückzubringen. Das verweist auf die Vorgeschichte: Willehalm hatte in heidnischer Gefangenschaft die Liebe Arabeles, Tochter Terramers und Frau König Tybalts, gewonnen und sie nach der gemeinsamen Flucht und Taufe (auf den Namen Gyburg) geheiratet. Das Heer Willehalms ist den Heiden hoffnungslos unterlegen und wird völlig vernichtet. Willehalm rettet sich nach einer Klage über den Märtyrertod seines Neffen Vivianz nach Orange. Gyburg übernimmt die Verteidigung der Stadt, während Willehalm an den Hof nach Laon reitet, um die Hilfe König Ludwigs (des Frommen) zu suchen. Nur mit Mühe gelingt es Willehalm mit Hilfe seiner Eltern und Brüder, den verweichlichten König und seine Hofgesellschaft aufzurütteln. Das Heer des Reiches zieht nach Orange, das von Gyburg erfolgreich verteidigt worden war. In einer breit geschilderten zweiten Schlacht auf Alischanz werden die Heiden besiegt, wobei Rennewart, der (unerkannte) Bruder Gyburgs, auf christlicher Seite eine beträchtliche Rolle spielt. Mit der Klage über den vermißten Rennewart und dem Abzug der Heiden bricht das Gedicht nach beinahe 14000 Versen vorzeitig ab. Die französische Vorlage berichtet weiter von der Rückkehr Rennewarts, der Offenbarung seiner vornehmen Abkunft und seiner Verbindung mit der Königstochter Alice. Es muß offenbleiben, welchen Schluß W. beabsichtigte, da er sich im Verlauf der Dichtung immer weiter von seiner Quelle entfernte. Ulrich von Türheim ›vollendete‹ um 1240–50 den *Willehalm* mit einem zweieinhalbmal so langen *Rennewart* (über 36000 Verse).

Wie im *Rolandslied* besteht auch bei W. der Dualismus von Gottesreich und Teufelsreich; auch im *Willehalm* sterben die Christen als Märtyrer, doch kommt es als Konsequenz des höfisch-humanen Menschenbildes der Dichtung des hohen Mittelalters zu bedeutsamen Verschiebungen. Sie betreffen vor allem das Heidenbild und damit auch die überkommenen Kreuzzugsvorstellungen: Wenn Gyburg in ihrer ›Toleranzrede‹ vor der zweiten Schlacht die christlichen Ritter bittet, die heidnischen Gegner zu schonen, weil auch sie Gottes Geschöpfe seien (»hoert eins tumben wîbes rât, schônt der gotes hantgetât«), verliert die traditionelle Kreuzzugsidee ihre Verbindlichkeit. Gottes Liebe umfaßt alle Menschen, Gläubige und Ungläubige: »Ist es Sünde«, reflektiert der Erzähler gegen Ende, »daß man die, die nie vom Christentum hörten, wie das liebe Vieh erschlug? Ich spreche sogar von großer Sünde, und zwar darum, weil alle Gottes Geschöpfe sind, alle Menschen der zweiundsiebzig Sprachen, die er geschaffen hat.« An der Notwendigkeit des Kampfes besteht jedoch trotz der gemeinsamen Gotteskindschaft und der übereinstimmenden ständischen Ideale kein Zweifel. Aber der Kampf findet seine Rechtfertigung nicht mehr in einer missionarischen Kreuzzugsideologie, sondern in dem Auftrag, das »rîche«, das christliche Imperium Romanum, zu verteidigen. Aus dieser Auswegslosigkeit, die keine harmonisierenden Scheinlösungen zuläßt, ergibt sich die Stimmung der Klage, die W.s Dichtung durchdringt.

Der *Willehalm* war im Mittelalter eine vielgelesene Dichtung. Zahlreiche Hss. und Handschriftenfragmente sind erhalten, darunter prachtvoll illustrierte.

um 1210–20
Wolfram von Eschenbach
Titurel

Es ist unsicher, ob der *Titurel* vor, nach oder neben dem *Willehalm* entstanden ist. Stilistisch steht er dem *Willehalm* nahe, der Inhalt hingegen verbindet ihn mit dem *Parzival. Titurel* heißt das Werk eher zufällig nach dem ersten Eigennamen im Text, der Fragment geblieben ist und aus zwei inhaltlich nicht zusammengehörigen Stücken von 131 bzw. 39 Strophen besteht. Auffällig ist die für die höfische Erzähldichtung ungewöhnliche und komplizierte Strophenform aus vier Langzeilen, angeregt von der strophischen Heldendichtung.

Gegenstand der Dichtung ist die Liebe zwischen Sigune und Schionatulander. Der Anfang, die Jugendgeschichte der Liebenden verbunden mit einer Genealogie des Gralsgeschlechts, ist im 1. Fragment erhalten: Die verwaisten Kinder wachsen bei Parzivals Eltern Gahmuret und Herzeloyde auf. Die Liebe (›Kinderminne‹) verbindet sie früh. Sie gestehen Gahmuret und Herzeloyde in parallelen Dialogen ihre Liebe. Sigune fordert ritterliche Bewährung von Schionatulanders Liebe. Zwischen dem 1. und dem 2. Bruchstück liegt Schionatulanders Fahrt in den Orient mit Gahmuret, der dabei – wie im *Parzival* berichtet – ums Leben kommt. Das 2. Fragment zeigt die Liebenden zusammen im Wald – wohl dem Wald, in den sich Herzeloyde nach Gahmurets Tod zurückgezogen hat. Auf Halsband und Seil eines zugelaufenen Jagdhundes ist eine Liebesgeschichte mit kostbaren Steinen eingelegt. Bevor Sigune zu Ende gelesen hat, reißt sich der Hund los. Sie verlangt von Schionatulander, als letzte Bewährung, daß er das Seil wiederbeschaffe. Das sei »anevanc vil kumbers«, heißt es noch, bevor die Dichtung abbricht. Aus dem *Parzival* geht hervor, daß Schionatulander auf der Suche nach dem Seil den Tod findet (mehrere Begegnungen mit der trauernden Sigune markieren den Lebensweg Parzivals).

Die tragische Geschichte dieser Kinderliebe enthält implizit eine deutliche Kritik an der Minnekonvention und ihrem starren Zeremoniell von »höfischer Lohnverheißung und ritterlicher Dienstbereitschaft« (Joachim Bumke). Es ist unklar, wie der Gesamtplan des Romans ausgesehen haben mochte. Die beiden Fragmente und die Andeutungen im *Parzival* bilden die Grundlage für den weit ausholenden und sehr erfolgreichen *Jüngeren Titurel* (um 1260–75) eines gewissen Albrecht.

um 1210–40
Neidhart
Lieder

Wolfram von Eschenbach erwähnt Herrn »Nîthart« in seinem *Willehalm* (um 1210–20), Walther von der Vogelweide beklagt den Einbruch des Bäuerlichen in die höfische Welt (»Owê, hovelîchez singen«): Hinweise darauf, daß um 1210 N.s Lieddichtung beginnt – und damit ein neuer Abschnitt in der Geschichte des Minnesangs. N., der sich selbst (allegorisch?) »von Trauertal«

(»von Riuwental«) nennt, bricht radikal mit der herkömmlichen Minnelyrik, verwendet Sprache und Motive der ›hohen Minne‹ nur, um sie desto greller zu parodieren. Im Kontrast zwischen höfischer Minneterminologie auf der einen und bäuerischer Grobheit und unverhüllter Sexualität auf der anderen Seite wird das Konzept der ›hohen Minne‹ ad absurdum geführt.

Die Lieder N.s zerfallen in zwei Gruppen, Sommer- und Winterlieder. Die Sommerlieder mit einem lebendigen, bildhaften Natureingang handeln von sommerlichem Tanz und Spiel der dörflichen Jugend, sind Tanz- und Reigenlieder. Dabei wird »der von Riuwental« – mal als Ritter, mal als Knappe bezeichnet – von den Dorfmädchen umworben, eine Umkehrung der Situation der vagantischen Pastourelle. Verschiedene Grundsituationen kehren abgewandelt immer wieder: das Gespräch zwischen der tanzfreudigen Tochter und der zurückhaltenden Mutter, das sich bis zu Schimpf- und Prügelszenen steigert; die Unterhaltung der erwartungsfrohen Gespielinnen; die liebes- und tanzwütige Alte.

Die Winterlieder verschärfen den Kontrast zwischen höfischen und ›dörperlichen‹ Elementen. Dem Natureingang und Strophen scheinbar traditionellen Minnesangs folgt in krassem Gegensatz dazu eine wilde, lärmende Szene in der Tanzstube, wobei sich der Ritter der Eifersucht und der Wut der Bauernburschen ausgesetzt sieht und oft genug den kürzeren zieht. Und andeutungsweise ist immer wieder davon die Rede, wie N.s Hauptfeind Engelmar den Spiegel der schönen Friderun, ein Geschenk des Ritters, raubte: »Symbol für den Einbruch der bedrohlichen außerritterlichen Welt in Kreis und Recht des Rittertums« (Helmut de Boor). Oder trifft die Kritik N.s, der seine Lieder vor der adeligen Gesellschaft Bayerns und Österreichs vortrug, vielmehr die höfische Gesellschaft selbst und ihre Minneideologie, die als Fassade entlarvt wird?

Auch in einer anderen Gattung, dem Kreuzlied, wird eine neue Haltung deutlich. N.s Kreuzlied »Ez gruonet wol diu heide« enthält keine Auseinandersetzung zwischen Minne- und Gottesdienst wie die Lieder Friedrichs von Hausen und Hartmanns von Aue, keinen Aufruf zur Kreuzfahrt wie die Texte Walthers und anderer: Es ist ein Lied gegen den Kreuzzug, ein Aufruf zur Rückkehr (welcher Kreuzzug gemeint ist, muß Vermutung bleiben: die Fahrt nach Ägypten 1217–21 oder der Kreuzzug Friedrichs II. 1228–29). Nicht von hehren Zielen, heiligen Stätten oder dem Kampf gegen die Ungläubigen ist die Rede, sondern von der Zwietracht im Kreuzfahrerheer zwischen Deutschen und Franzosen, von den

Entbehrungen, von der Sehnsucht nach Hause: »Nirgendwo lebt man besser als daheim in der eigenen Pfarre.«

N., der auch in seinen Liedern der Weltabsage (›Werltsüeze-Lieder‹) Drastik nicht scheut, übte eine starke Wirkung aus: Zeitgenossen wie Burkhart von Hohenfels und Gottfried von Neifen greifen die Bauernthematik auf, die von nun an mit dem Namen N.s verbunden ist. N. wird schließlich selbst als Bauernfeind literarische Figur: in den zahlreichen Neidhartschwänken, die schließlich im *Neidhart Fuchs* (ältester Druck zwischen 1491 und 1500) gesammelt werden; in den Neidhartspielen seit der Mitte des 14. Jh.s, wobei das *St. Pauler Neidhartspiel* (um 1350) als das älteste weltliche Spiel in Deutschland gilt.

1215–16
Thomasin von Zerklaere
Der welsche Gast

Der Fremdling aus Italien stammt aus der Feder eines Friauler Adeligen am Hof des Patriarchen von Aquileja (das Amt hatte seit 1204 Wolfger von Erla inne, der frühere Bischof von Passau und Gönner Walthers von der Vogelweide). Das Werk entstand im Winter 1215–16. Der Anlaß für dieses belehrende Geschenk an die Deutschen ist nicht bekannt.

T.s großes Lehrgedicht (annähernd 15 000 Verse) ist keine abstrakte ethische Abhandlung, sondern eine an den Adel gerichtete praktische Verhaltenslehre, die sich an den gesellschaftlichen und politischen Gegebenheiten seiner Zeit orientiert. Das erste der insgesamt zehn Bücher, eine Unterweisung in höfischem Benehmen, richtet sich an die Jugend, für deren Erziehung auch die höfische Literatur einen gewissen Wert habe. Nach dieser ›höfischen‹ Einführung, die auch noch eine Ritter- und Liebeslehre umfaßt, kommt T. zur eigentlichen Tugendlehre. Er vertraut dabei auf Einsicht und Wissen (sein Werk enthält auch eine Wissenschaftslehre); sittliches Verhalten ist lehrbar, läßt sich lernen. Oberbegriff ist die »staete«, die auf dem göttlichen Gesetz gründet und die ganze Natur durchwaltet. Nur der Mensch verstößt in seiner »unstaete« und »untriuwe« gegen den »orden« der Schöpfung (einschließlich der politischen Ordnung). Gefährdet ist er durch die Verlockung der irdischen Güter (Reichtum, Herrschaft, Macht, Ruhm usw.) und die entsprechenden Laster. Zur »staete« gesellt sich als weiterer Grundbegriff die »maze«, ein angemessenes Verhalten »enzwischen lutzel un-

de vil«: eine Tugend, gegen die Walther von der Vogelweide mit seiner hemmungslosen, unmäßigen Polemik gegen den Papst verstoßen habe. Schließlich werden noch »reht« und »milte« (Freigebigkeit) als der »staete« und »maze« verwandte soziale Tugenden behandelt. So entsteht ein praktisch orientiertes Lehrbuch eines Konservativen, das antike und christliche Überlieferungen miteinander verbindet und darüber hinaus die Gegenwart – die Politik und die Literatur – nicht aus den Augen verliert. Zahlreiche, z. T. illustrierte Hss. bezeugen, daß das erste große mhd. Lehrgedicht viel gelesen wurde, daß das »tütsche lant« seinen »welehischen gast« wohl empfangen hat.

um 1215–30
Heinrich von dem Türlin
Die Krone

Der Titel beruht auf einer Stelle der Dichtung. Hier vergleicht der wohl aus Österreich stammende Dichter seinen umfangreichen Artus- und Gawanroman (über 30 000 Verse) mit einer edelsteinbesetzten Krone, mit der er edle Frauen krönen wolle. Von Rudolf von Ems (*Alexander,* um 1230–40) stammt dann die irreführende Interpretation, H.s Roman sei »Aller Aventiure Krône«, also die Vollendung des abenteuerlichen Artusromans. Die Entstehungszeit der *Krone* läßt sich nur ungefähr bestimmen: nach dem Tod Hartmanns von Aue (um 1210), dem H. einen Nachruf widmet, und vor Rudolfs von Ems *Alexander* (um 1230–40).

Held des Romans ist Gawan, wenn auch H. ankündigt, von Artus' Jugend erzählen zu wollen. Immerhin erscheint Artus vorübergehend als Handelnder. Gawans zahlreiche ›Aventiuren‹ sind in vier Sequenzen gegliedert, Stationen am Artushof dienen als Ruhepunkte. Dabei wird auf Gawan »alles gehäuft, was es an Aventurehaftem gibt« (Helmut de Boor). Er besteht eine Unzahl von Kämpfen und Proben. Wunderbares gibt es in Fülle: Feen, Unholde, Zwerge, Riesen, Drachen, Gespenster, Zauberer, Wundergegenstände aller Art. Frau Saelde (Fortuna) beschenkt ihn. Die Gralsburg erscheint als ein Totenschloß – und anders als Parzival versäumt es Gawan schon beim erstenmal nicht, die richtige Frage zu stellen. An *Lancelot* erinnert die Geschichte von Artus' Gemahlin Ginover und ihre Entführung durch ihren (früheren) Geliebten Gasozein. Tugendproben für Ritter und Damen bieten Ansätze für Kommentare des Hofmarschalls Keie.

Kein Zweifel, H. verfügt über eine umfassende Kenntnis der einschlägigen deutschen und französischen Romanliteratur, eine Kenntnis, die ein phantasievolles Spiel mit der Artustradition möglich macht. Damit bietet der Roman, wenigstens für ein belesenes Publikum, mehr als nur stoffliche Reize.

um 1220
Benediktbeurer Passionsspiel

Das *B. P.* ist in der Hs. der *Carmina Burana* (um 1225–30) überliefert. Es vergegenwärtigt in einer losen Reihung von Einzelszenen und Episoden Leben und Leiden Christi. Auffallendstes Merkmal dieses Spiels, das mit seiner umfangreichen, dramatisierten Handlung auf die großangelegten Passionsspiele des 15. und 16. Jh.s vorausdeutet, ist die Mischung von deutschen und lateinischen Partien. Die strophisch gegliederten deutschen Partien konzentrieren sich auf das Geschehen um Maria Magdalena, die die Sündhaftigkeit der Menschheit verkörpert. Dabei paraphrasieren und ergänzen die deutschen Texte die lateinischen, sind keineswegs Übersetzungen. Aus der Krämerszene stammen die auch von Carl Orff (*Carmina Burana,* 1937) vertonten lebenslustigen Verse: »Chramer, gip die varwe [Schminke] mier, diu min wengel roete.« Die Verwendung der deutschen Sprache weist darauf hin, daß das Spiel nicht mehr nur für eine Klostergemeinschaft gedacht war.

um 1220
Konrad Fleck
Flore und Blancheflur

»Here Flec der guote Cuonrât«, der alemannische Dichter von *Flore und Blancheflur,* wird in nach 1230 entstandenen Versromanen von Rudolf von Ems erwähnt (*Alexander,* um 1230–40; *Willehalm von Orlens,* um 1235–40). Damit ist ein Anhaltspunkt für die Datierung der rund 8000 Verse umfassenden Dichtung F.s gegeben. Die Erzählung von der Kinderliebe zwischen dem heidnischen Königssohn Flore (Blume) und der christlichen Sklaventochter Blancheflur (Weißblume) ist orientalischer Herkunft; sie gehört zu den großen internationalen Erzählstoffen des Mittelalters. F.s erweiternde Übertragung einer französischen Vorlage ist die zweite deutsche Bearbeitung dieses Stoffes: Vorausgegangen war

der sogenannte *Trierer Floyris* (um 1160–70), der noch vorhöfische Züge trägt und in nur kleinen Fragmenten erhalten ist.

Das Handlungsschema folgt dem antiken griechischen Roman: erzwungene Trennung und glückliche Vereinigung der Liebenden, bei denen es sich hier allerdings um Kinder handelt. Die Liebe der am gleichen Tag geborenen Kinder entwickelt sich früh. Flores Eltern greifen ein, Blancheflur wird verkauft und gelangt in Babylon in den Besitz eines »amirals«, der sie später heiraten will. Flore findet sie schließlich. Sie werden im Schlaf vom »amiral« überrascht und von einem Gericht zum Tode verurteilt. Ihre Liebe und Treue löst Rührung aus. Die Begnadigten kehren nach Spanien zurück, wo Flore die Herrschaft übernimmt und im Alter von hundert Jahren am gleichen Tag wie Blancheflur stirbt. Berhte, ihre Tochter, wird die Mutter Karls des Großen.

F. gewinnt der höfischen Erzählkunst einen neuen Aspekt ab: Anmut – und Sentimentalität – charakterisieren seinen »empfindsamen Roman« (Helmut de Boor), in dem »zuht« und »mâze« und das stilistische Vorbild Hartmanns von Aue regieren. Dazu kommt die Lehre: Nichts führt so gewiß zur moralischen Vollkommenheit wie »rehte hôhe minne«.

Während F.s Dichtung nur mäßigen Erfolg hatte, wurde ein auf Boccaccios Roman *Il Filocolo* (um 1340) basierender Prosaroman zum ›Volksbuch‹: *Ein gar schone newe histori der hochen lieb des kuniglichen fursten Florio: unnd von seyner lieben Bianceffora* (1499 u.ö.).

um 1220–25
Rudolf von Ems
Der gute Gerhard

Die Verserzählung vom guten Kaufmann Gerhard, das erste Werk R.s v. E. (Hohenems in Vorarlberg), entstand im Auftrag eines Ministerialen des Bischofs von Konstanz. Die wahrscheinlich lateinische Vorlage ist nicht erhalten.

Der Rahmen macht den exemplarischen Charakter der Erzählung deutlich: Kaiser Otto, der das Erzbistum Magdeburg gestiftet hat und sich nun seiner frommen Werke rühmt, äußert im Gebet den Wunsch, den ihm bestimmten Platz im Himmel schauen zu dürfen. Der Engel des Herrn warnt ihn vor dieser Überhebung (superbia) und verweist ihn auf den Kölner Kaufmann Gerhard als Muster demütiger Gesinnung. Otto begibt sich nach Köln und läßt sich dessen Geschichte erzählen.

Gerhard hat in Marokko christliche Ritter und die norwegische Königstochter aus der Sklaverei losgekauft. (Die Königstochter war auf ihrer Reise zu ihrem Verlobten, dem englischen Königssohn Wilhelm, durch einen Sturm verschlagen worden und in Gefangenschaft geraten.) Nach ihrer Befreiung hält sie sich im Haus des Kaufmanns auf, und nach zwei Jahren nimmt sie Gerhards Werbung für seinen Sohn an. Doch als am Tag der Hochzeit der totgeglaubte Wilhelm erscheint, verzichten der gute Gerhard und sein Sohn. In England lehnt Gerhard überdies die ihm angebotene Krone demütig ab und verhilft Wilhelm selbstlos zum Thron. Kaiser Otto hat die Lehre verstanden und bereut sein sündhaftes Eigenlob.

Der Held der Binnenerzählung ist ein Kaufmann, ein Novum in der deutschen Dichtung des Mittelalters. Gleichwohl ist das Werk keine ›Kaufmannsdichtung‹, denn höfische Kriterien bestimmen die Haltung und die glänzende Lebensform des guten Kaufmanns. Vor allem aber ist der Held als mahnendes Gegenbild zu Kaiser Otto angelegt. Doch trotz der erbaulichen Absichten und der höfischen Gesinnung dringen Elemente der zeitgenössischen Wirklichkeit – die Stadt und ihre Umgebung, die Welt der reichen Kaufherren – in die Dichtung ein. So eröffnen sich ungeachtet der Orientierung an der ›klassischen‹ mhd. Dichtung – Heinrich von Veldeke, Hartmann von Aue, Wolfram von Eschenbach und Gottfried von Straßburg, dem formalen Vorbild – neue Perspektiven.

um 1220–30
Freidank
Bescheidenheit

»Ich bin genant Bescheidenheit, diu aller tugende krône treit [trägt]«, heißt es im Eingang zu dieser Spruchsammlung. ›Bescheidenheit‹ meint Urteils- und Unterscheidungsvermögen, hier vor allem die Fähigkeit, das Gute und das Schlechte zu unterscheiden.

Die Sprüche des oberdeutschen Dichters sind in zahlreichen Hss. überliefert, die die Texte in sehr verschiedener Ordnung bringen. Grundform der paarweise gereimten Sinnsprüche ist der Zweizeiler, doch können sich die Reimpaare zu größeren Gruppen, zu geschlossenen Spruchreihen über bestimmte Themen, zu umfangreichen Sprüchen verbinden. Volkstümliche Überlieferung, Sprichwörter, lateinische Sentenzensammlungen, AT und NT schlagen sich in diesen Sprüchen nieder, die nichts ›Neues‹ sagen, sondern

gültige Lebenserfahrung und Lebensweisheit in prägnanter Formulierung weitergeben wollen.

F. stellt seine Sprüche in einen religiösen Rahmen: »Swer gote dienet âne wanc Deist aller wîsheit anevanc.« Er spricht von der Unbeständigkeit der Welt und von Weltabkehr, aber auch von der Möglichkeit, Gott und der Welt zu gefallen. Doch sein Hauptthema ist die ›Welt‹. Er sieht die Tugenden und vor allem die Laster, nicht weltverachtend, aber illusionslos (und auch nachsichtig). Seine Vorstellungen von der ständischen Ordnung sind die traditionellen: Bauern, Ritter, Pfaffen (der Kaufmann ist durch die List des Teufels geschaffen). Er sieht die überlieferte Ordnung gefährdet: weniger durch die Auseinandersetzung zwischen Kaiser und Papst als durch das Erstarken der Territorialfürsten. Die aktuelle Erfahrung Roms und die Teilnahme am Kreuzzug von 1228–29 führt zu politisch-satirischer Kritik. Das Treiben der römischen Kurie – Hoffart, Intrigen, Geldgier (Ablaß) – stößt ihn ab, und in den ›Sprüchen von Akers [Akkon]‹ erkennt er die Realität hinter der Kreuzzugsideologie: Falschheit, Verrat, Bosheit, Uneinigkeit (»Waz mac ein keiser schaffen, sît heiden unde pfaffen strîtent gnuoge wider in?«). Alles – »spîse, luft, liute und lant« – ist den Deutschen feindlich gesonnen, Seuchen machen Akkon zu »des tôdes grunt«: »Swer ungerne lange lebe, dem râte ich, daz er z'Akers strebe.«

F.s Sprüche wirkten lange nach: Sie waren mit ihren Formulierungen allgemeingültiger menschlicher Erfahrungen nicht an eine bestimmte Zeit gebunden (viele Sprüche gingen daher in Spruch- und Sprichwortsammlungen des 15. und 16. Jh.s ein). Zahlreiche Hss. sind erhalten, die umfangreichste mit mehr als 4000 Versen. Ein deutsch-lateinischer *Freidank* wurde im 14. Jh. für den Schulgebrauch hergestellt, und Sebastian Brant brachte 1508 unter dem Titel *Der Freydanck* eine mehrfach aufgelegte Umarbeitung zum Druck.

um 1220–30
Moriz von Craûn

Der Held dieser Verserzählung (1784 Verse) ist eine historische Gestalt, der 1196 verstorbene Morisses II. de Craon (Anjou). Die französische Vorlage der Dichtung ist verloren, der deutsche Bearbeiter unbekannt. Der Text, über dessen Datierung weit auseinandergehende Ansichten bestehen (um 1180 bis nach 1230), ist nur im *Ambraser Heldenbuch* (1504–17) überliefert.

Ein umfangreicher Prolog gibt zunächst einen Abriß der Geschichte der Ritterschaft (Griechenland, Rom, Frankreich: Moriz) und erörtert in einem zweiten Teil Fragen der Liebe und ihres Lohnes. Damit ist der Dichter beim Thema. Nach langem Werben verspricht die Gräfin von Beaumont Moriz Lohn für seine Bemühungen, wenn er nur noch ein großes Turnier ausrichte. Dies geschieht mit großem Aufwand (u. a. reist Moriz mit einem prächtigen Landschiff an). Nach dem Turnier wird Moriz, der den Preis davon getragen hat, in das Frauengemach geführt. Da er abgekämpft und müde ist, schläft er ein, bevor die Gräfin erscheint. Diese ist empört, wendet sich von Moriz ab und kehrt ins Schlafgemach zu ihrem Mann zurück, der sich darüber grämt, daß er auf dem Turnier einen Ritter regelwidrig getötet hat. Moriz erwacht und sucht die Gräfin durch ein Hoffräulein umzustimmen, vergeblich. Er dringt in voller Rüstung, noch blutbefleckt, in das Schlafzimmer ein. Der Gatte hält ihn für den Geist des Erschlagenen, stößt sich aus Versehen heftig sein Bein an und fällt in Ohnmacht. Moriz legt sich zur Gräfin ins Bett »unde tete der vrouwen ichn weiz waz [... ich weiß nicht was].« Danach kündigt er ihr den Dienst auf und verläßt sie, während sie von der Burgmauer ins Land hinausschaut und ihr Verhalten bereut.

Eine Parodie auf den idealisierenden höfischen Minnedienst mit schwankhaften Zügen oder ein diffamierendes Spottgedicht? Dem deutschen Verfasser der Liebesnovelle ging es wohl um die Darstellung eines theoretischen Minneproblems anhand eines spezifischen Falles (›Minnekasuistik‹). Die Kritik am Verhalten der Frau stellt klar: Treuer Dienst (»staete minne«) muß belohnt werden. Aber es bleibt nicht ohne (unfreiwillige) Komik, wenn die Idealität des Artusrittertums auf den Boden der Wirklichkeit zurückgeholt wird.

um 1220–35
Eike von Repgow
Sachsenspiegel

Der *Sachsenspiegel* des Ritters E. v. R. (Reppichau in Sachsen-Anhalt) ist eines der ältesten deutschen Rechtsbücher. Der Verfasser spricht davon, daß er es zuerst auf Lateinisch geschrieben und dann – widerwillig – auf Bitten seines Lehnsherrn »an dudesch gewant« habe, d. h. in mittelniederdeutsche Prosa.

Ziel des Unternehmens war es, das überlieferte Recht zusammenzufassen und so zu bewahren. E. beschränkt sich dabei auf das Landrecht und

das Lehnsrecht; Stadt-, Kirchen- und Dienstrecht werden nicht behandelt. Die mündliche Tradition, die hinter dieser Zusammenfassung des Gewohnheitsrechts steht, zeigt sich in der fehlenden Systematik, aber auch in der Sprache: in der Verwendung von rhythmischer Prosa, gereimten Versen und alliterierenden Formeln.

Zu diesen Aufzeichnungen gehört aber auch die Erkenntnis einer Norm. Alles Recht, so versucht E. einleitend eine Begründung, hat seinen Ursprung in Gott: »Got is selve recht, dar umme is em recht lef.« Die auf der allegorischen Bibelausdeutung beruhende Zweischwertertheorie wird herangezogen, um die Gewaltenteilung zwischen geistlicher und weltlicher Macht, zwischen Papst und Kaiser, zu begründen; mit der Berufung auf die Bibel wird alle Knechtschaft abgelehnt: der Mensch gehöre Gott und könne nicht Eigentum eines andern sein.

E.s Rechtsbuch, zunächst nur ein privates Unternehmen, hatte beispiellose Wirkung nicht nur im Norden Deutschlands. In Süddeutschland bildete der *Sachsenspiegel* die Grundlage für den *Spiegel deutscher Leute* (*Deutschenspiegel*, um 1265–1275) und den *Schwabenspiegel* (um 1270–75). Die Ostkolonisation brachte das Rechtsbuch nach Ostmitteleuropa; Übersetzungen ins Lateinische, Polnische und Niederländische sorgten für weitere Verbreitung. In manchen Territorien wurde er bis ins 19. Jh. hinein als Rechtsquelle verwendet. Hunderte von Hss., darunter auch illustrierte, sind erhalten.

E. gilt auch als Verfasser der in mehreren Bearbeitungen überlieferten *Sächsischen Weltchronik* (um 1230), eine nicht völlig gesicherte Annahme. Mit dieser Chronik vollzieht die deutschsprachige Geschichtsschreibung den Schritt zur (niederdeutschen) Prosa.

um 1220–40
Burkart von Hohenfels
Lieder

B., ein Adeliger aus dem Bodenseegebiet, wird mit Gottfried von Neifen und Ulrich von Winterstetten einem (sehr lose zu verstehenden) spätstaufischen schwäbischen Kreis zugerechnet, in dem der höfische Minnesang eine letzte Blüte erlebte. Urkundlich ist B. zwischen 1212 und 1242 bezeugt, in den 20er Jahren in der Umgebung König Heinrichs VII., Sohn Kaiser Friedrichs II. 18 Liebes- und Tanzlieder sind überliefert.

Neben schwungvollen, freudigen Tanzliedern in ländlicher Umgebung stehen Lieder einer stärker höfisch orientierten Kunstübung, die die bekannten Themen des Minnesangs – Werbung, Preis der Geliebten usw. – variieren und dabei aber in der Bildlichkeit neue Wege gehen. Burkart verwendet als erster Minnesänger systematisch den ›geblümten Stil‹, der sich durch gesuchte Wendungen und Metaphern auszeichnet: Dazu gehört etwa die Vorstellung, daß der »wilde visch« im Netz nie so wild hin und her geschossen sei wie sein sehnsuchtsvoll liebendes Herz (parodistisch wird daraus später bei Steinmar: »Als [wie] ein swîn in einem sacke vert mîn herze hin und dar«). In die Zukunft weist B.s Hang zum Allegorisieren: die Liebe als Jagd; das Herz als Burg, in der die Geliebte herrscht; die Belagerung der Burg der Geliebten. Minneallegorien wie Hadamar von Labers *Jagd* (um 1330–50) oder die *Minneburg* (um 1340) sind damit im Kern vorweggenommen.

um 1220–50
Bruder Wernher
Sprüche

Der österreichische Spruchdichter W., trotz der Bezeichnung ›Bruder‹ kein Geistlicher, und Reinmar von Zweter repräsentieren die Spruchdichtung der ›nachklassischen‹ Zeit. Beide stehen in der Nachfolge Walthers von der Vogelweide. W.s überliefertes Werk umfaßt 76 Sprüche; für sechs seiner neun ›Töne‹ sind die Melodien erhalten.

W.s politische Sprüche befassen sich wie die seines Vorbilds mit dem Verhältnis von Kaiser und Papst, von Kaiser und Fürsten. Er begleitet die politische Entwicklung mit seinen Kommentaren, nimmt Partei für Kaiser Friedrich II., den er in einem Tiervergleich in prekärer Situation abbildet: Er vergleicht ihn mit einem Mann, der im Walde von Wölfen begleitet wird, die auf seinen Fall lauern – Anspielung wohl auf seine Schwierigkeiten mit den deutschen Fürsten und der Wahl von Gegenkönigen in den 40er Jahren.

Die ethischen und religiösen Sprüche zeichnen ein ähnlich kritisches Bild. W. klagt über die mangelnde Großherzigkeit der Reichen und Mächtigen: Geiz und Gewinnsucht verdrängen die höfische Tugend der »milte« (auf die der Berufsdichter angewiesen ist). Die Zeichen des Verfalls und des Niedergangs verdichten sich zu Tönen der Weltklage. Er sieht sich, wie vor ihm Walther, am Ende einer Epoche.

um 1225
Rudolf von Ems
Barlaam und Josaphat

Auftrag und lateinische Vorlage seiner Dichtung erhielt R. vom Abt des Klosters Kappel bei Zürich. Die Legende von Barlaam und Josaphat ist die christliche Version der indischen Buddhalegende, die um 630 in griechischer Sprache aufgezeichnet wurde und über die lateinische Übersetzung des 12. Jh.s Eingang in die volkssprachlichen Literaturen fand. Vor R. hatte schon Bischof Otto II. von Freising die Legende in deutsche Verse übertragen (*Laubacher Barlaam,* um 1200).

Gegenstand der Legende ist die Geschichte des indischen Königssohns Josaphat, der von dem Einsiedler Barlaam in langen Gesprächen und Unterweisungen für das Christentum gewonnen wird. Er behauptet sich gegen seinen Vater, der ihn mit allen Mitteln davon abzubringen sucht, aber schließlich selbst bekehrt wird. Nach dem Tod des Vaters verzichtet Josaphat auf den Thron und zieht sich zu Barlaam in die Einöde zurück.

Barlaam und Josaphat ist eine Dichtung der Askese, der Weltflucht, aber kaum Dokument einer persönlichen ›Umkehr‹ des durch Auftrag und Vorlage gebundenen Verfassers. Zugleich stellt das Werk in erzählender Form eine christliche Glaubenslehre für den Laien dar. Das mag ein Grund für die Beliebtheit des Werkes im späteren Mittelalter sein.

um 1225–26
Caesarius von Heisterbach
Libri miraculorum

C., Mönch im Zisterzienserkloster Heisterbach bei Königswinter, hat durch seine erzählenden, nicht durch seine theologischen und historischen Schriften gewirkt. Die Erzählwerke sind aus seiner Predigtpraxis erwachsen, seiner Methode, die Predigt durch eingefügte Beispielerzählungen anschaulicher zu gestalten. Dies führte zu selbständigen Exempelsammlungen, dem lehrbuchartigen *Dialogus miraculorum* (*Dialog von den Wundern,* um 1219–23) und den weniger von moralischen und dogmatischen Erläuterungen durchsetzten, unvollendet gebliebenen Wundererzählungen der *Libri miraculorum.*

Ein großer Teil der Wundergeschichten beruht auf mündlicher Tradition; daneben benutzt C. eine Reihe schriftlicher Vorlagen, bespielsweise

Heiligenviten. Stoffe der internationalen Erzählliteratur (Theophilussage) begegnen ebenso wie germanische Vorstellungen vom wilden Jäger. Auch die Geschichte einer wunderbaren Heimkehr aus Indien, die später in der Ballade *Vom edlen Moringer* auf den Minnesänger Heinrich von Morungen bezogen wird, findet sich hier – aber verbunden mit einem anderen Namen.

Sammlungen von Exempeln und Beispielgeschichten dieser Art sind große Stoffreservoire für die erzählende Dichtung des späteren Mittelalters und der Frühen Neuzeit.

um 1225–30
Carmina Burana

Diese Sammlung vorwiegend lateinischer Dichtungen aus dem 12. und beginnenden 13. Jh. trägt ihren Namen nach dem zeitweiligen Aufbewahrungsort der Hs., dem Kloster Benediktbeuren. Entstanden ist der Kodex in Kärnten, Steiermark oder Tirol. Er enthält neben der größten und wichtigsten Sammlung mittellateinischer weltlicher Lyrik (›Vagantenliederbuch‹) auch noch mehrere geistliche Spiele. Verfasserangaben fehlen fast durchgängig, doch lassen sich zahlreiche Autoren identifizieren, darunter der Archipoeta und – für die deutschsprachigen Verse – eine Reihe von Minnesängern.

Die insgesamt 318 Dichtungen sind in vier große Abteilungen gegliedert: moralisch-satirische Dichtungen (Themen sind: Habgier, Bestechlichkeit, Macht des Geldes, Neid, Verfall der guten Sitten, Rom); Frühlings- und Liebeslieder; gesellige Lieder (Trinken, Spielen, Vagieren, Betteln u.a. sind die Anlässe); geistliche Spiele, darunter das *Benediktbeurer Weihnachtsspiel* (um 1200).

Eine Auswahl aus den höchst diesseitigen Frühlings-, Liebes- und Zecherliedern bildet, umrahmt von Chören über die weltbeherrschende Macht der Fortuna, die Grundlage von Carl Orffs *Carmina Burana. Weltliche Gesänge für Soli und Chor mit Begleitung von Instrumenten und mit Bildern* (1937).

um 1225–50
Reinmar von Zweter
Sprüche

Der früheste datierbare Spruch R.s bezieht sich auf die Bannung Kaiser Friedrich II. durch Papst Gregor IX. im Jahr 1227, der letzte auf Ereignisse des Jahres 1248. In Österreich, Böhmen und zuletzt am Rhein findet der Dichter seine Gönner und Auftraggeber.

R. steht in der Nachfolge Walthers von der Vogelweide. Seine Spruchdichtung umfaßt die traditionellen Bereiche: religiöse, ethische und politische Sprüche. Die göttliche Liebe und die Marienverehrung sind die bestimmenden Themen der religiösen Sprüche. Von Liebe, Ehre, »mâze« und anderen Tugenden handeln die ethischen Texte, in denen zugleich die Verfallserscheinungen der Gegenwart – die Verrohung der Turniersitten, Trunksucht usw. – angeprangert werden. Deutlich wird eine konservative Haltung, die ihre Maßstäbe aus einer (idealisierten) Vergangenheit bezieht. Ethische Grundsätze bestimmen auch die Wertungen der politischen Sprüche, die die Ereignisse der spätstaufischen Zeit kommentieren und dabei erkennen lassen, wie sich R. von einem Anhänger Friedrichs II. zu einem entschiedenen Gegner wandelt: Der Kaiser habe »fern von den Wegen der Tugenden sein Haus errichtet«.

Dem breiten Spektrum der Themen R.s steht eine Verengung der formalen Möglichkeiten gegenüber. Alle ihm sicher zugeschriebenen 229 Sprüche verwenden die gleiche Strophenform, den zwölfzeiligen »Frau-Ehren-Ton«. Die Meistersinger mit ihrem Brauch, die ›Töne‹ (Strophenform und Melodie) mit Namen zu bezeichnen, können hier anknüpfen.

um 1230–40
Rudolf von Ems
Alexander

R. v. E. kannte die Alexanderdichtungen seiner deutschen Vorgänger, darunter das *Alexanderlied* des Pfaffen Lamprecht (um 1150); er benutzte darüber hinaus die lateinischen Quellen: u.a. das Geschichtswerk des Curtius Rufus (*Historiae Alexandri Magni Macedonis*, 1. Jh. n. Chr.) und den spätgriechischen Alexanderroman (3. Jh. n. Chr.) in seiner lateinischen Fassung.

Die Dichtung R.s erzählt das Leben Alexanders bis zum Tod des Darius und dem Sieg über seine letzten Anhänger; dann bricht das Werk – nach etwa 21 600 Versen – ab. Es ist als Fürstenspiegel, Darstellung eines vorbildlichen Königs konzipiert. Daher wird die Erziehung Alexanders breit geschildert, gibt er mit seinem Verhalten zahlreiche Beispiele für die typischen Herrschertugenden, für Tapferkeit, Gerechtigkeit und Freigebigkeit. Da allerdings der zweite Teil mit dem Zug nach Indien und an die Grenzen der Welt, der Paradiesfahrt und dem Tod Alexanders fehlt, bleibt offen, wie die Fürstenlehre mit der traditionellen Warnung vor der Superbia und der Lehre von der Eitelkeit der Welt verbunden werden sollte.

R.s *Alexander* enthält wie sein *Willehalm von Orlens* (um 1235–40) einen ›Literaturkatalog‹ nach dem Vorbild von Gottfrieds *Tristan* (um 1210), einen Blick auf die großen Vorgänger, der das epigonale Bewußtsein der nachklassischen Zeit sichtbar werden läßt.

um 1230–50
Ortnit, Wolfdietrich

O. und *W.* gehören eng zusammen (›Doppelepos‹). Allerdings ist die Verbindung der beiden Stoffe erst das Werk eines unbekannten ostfränkischen oder bayerischen Dichters des 13. Jh.s. Beide Texte sind im sogenannten Hildebrandston abgefaßt, einer der Nibelungenstrophe verwandten Strophenform, die ihren Namen vom *Jüngeren Hildebrandslied,* einer seit dem 15. Jh. überlieferten Ballade, erhalten hat.

Der *O.* läßt sich als Vorgeschichte des *W.* auffassen. Dabei verbindet sich das Motiv der Brautwerbung (vgl. *König Rother,* um 1160) mit zeitgenössischer Kreuzzugsthematik und Drachenabenteuern. Der 1. Teil der Dichtung erzählt von der gefährlichen Werbungsfahrt König Ortnits (Residenz in Lamparten, der Lombardei) nach Tyrus, um die Tochter des Heidenkönigs Machorel zu gewinnen, der 2. von der Rache Machorels: Dieser schickt zwei Dracheneier nach Lamparten, und beim Versuch, die überhandnehmende Drachenbrut zu beseitigen, kommt Ortnit ums Leben. Sein Rächer wird Wolfdietrich sein, der die Witwe heiratet und nun als Herrscher über Lamparten über die Mittel verfügt, seinen Anspruch auf das ihm vorenthaltene Erbe – er ist der dritte Sohn des Königs von Konstantinopel – durchzusetzen.

W. ist in mehreren Fassungen überliefert, wobei die älteste nur unvollständig überliefert ist (A, um 1230). Die späteren Versionen bringen große Veränderungen und Erweiterungen, eine Überwucherung des ursprünglichen Handlungskonzepts durch immer neue Abenteuer. Hinzu kommt, insbesondere im *Großen W.* (D, um 1300), eine ausdrückliche Hervorhebung christlicher Aspekte einschließlich eines naiven Wunderglaubens und dem Kloster als letzter Station des Heldenlebens. Es wird eine Entwicklung vom Heroischen zum rein Abenteuerlichen sichtbar,

der abenteuerliche Heldenroman entwickelt sich zum »Wildwestfilm des Mittelalters« (Helmut de Boor).

O. und *W.* und Dichtungen um Dietrich von Bern machen den Kernbestand der handschriftlichen und gedruckten ›Heldenbücher‹ des 15. und 16. Jh.s aus.

um 1230–50
Kudrun

Über Verfasser, Entstehungszeit und -ort der *K.* ist sehr wenig bekannt. Die Dichtung ist nur im *Ambraser Heldenbuch* (1504–17) überliefert. Ihre Sprache deutet auf eine Entstehung im bayrischösterreichischen Raum; Kriterien für eine genauere zeitliche Einordnung fehlen, sieht man davon ab, daß der Verfasser das *Nibelungenlied* (um 1200) kannte. Neben diesem gilt die *K.* als zweite große Heldendichtung im 13. Jh. Allerdings wird die Gattungsfrage dadurch kompliziert, daß das Werk enge Berührung mit den Brautwerbungsgeschichten in der Art des *König Rother* (um 1160) aufweist. Wie weit die *K.* auf alter Sagentradition beruht, ist im einzelnen nicht gesichert. Zwar läßt sich mit einiger Sicherheit eine Hildesage annehmen, auf der der Hildeteil der Dichtung beruht, für den Hauptteil aber gibt es nur divergierende Vermutungen. Ebenso ungewiß ist, ob sich in einigen späteren Balladen *(Südeli, Die Meererin)* Kudruns Leiden spiegeln. – Die Strophenform der *K.* ist eine den Strophenschluß erweiternde Variation der Nibelungenstrophe (eine Reihe von Strophen folgt jedoch deren regulärem Bau).

Die Handlung läßt sich nach den jeweiligen Hauptpersonen in drei Teile gliedern: einen Hagen-, Hilde- und Kudrunteil. Es ist zugleich eine Gliederung nach Generationen. (1) Hagen, Königssohn aus Irland, wird als Siebenjähriger von einem Greifen auf eine Insel entführt. Er trifft dort drei ebenfalls geraubte Prinzessinnen. Hagen tötet die Greifen, und es gelingt ihnen, Irland zu erreichen. Nach seiner Schwertleite heiratet Hagen Hilde von Indien, eine der Prinzessinnen. Ihre Tochter, ebenfalls Hilde genannt, wird eine große Schönheit: »Soviel man Boten sandte nach dem Mägdlein gut, Die hieß Herr Hagen töten in seinem Übermut« (übersetzt Karl Simrock). (2) König Hetel von Hegelingen – der Kern seines Reiches scheint Jütland zu sein – wirbt um Hilde; seine Gesandten verständigen sich heimlich mit ihr und entführen sie mit ihrer Einwilligung. Hagen verfolgt sie, doch nach der Schlacht kommt es zur Versöhnung und schließlich zur

Hochzeit. (3) Hilde und Hetel haben zwei Kinder, Ortwin und Kudrun. Drei Könige – Herwig, Siegfried und Hartmut – werben um Kudrun. Sie werden zunächst alle abgewiesen. Als Herwig von Seeland Hetels Land überfällt, führt Kudrun die Versöhnung herbei. Herwig erhält sie »zewîbe«, darf sie aber erst in einem Jahr heimführen. Siegfried von »Môrlant« überfällt Herwigs Land, doch kommt er Hetel und Herwig zu Hilfe, als bekannt wird, daß Hartmut und sein Vater Ludwig von »Normandîe« bzw. »Ormandîe« Hetels Burg überfallen und Kudrun entführt haben. In der Schlacht auf dem »Wülpensant« wird Hetel von Ludwig erschlagen, und Kudruns Leidenszeit beginnt. Ludwig und seine Frau Gerlind wollen sie zwingen, Hartmut zum Mann zu nehmen. Kudrun weigert sich standhaft und wird zu unwürdigen Arbeiten gezwungen. Kudrun als Wäscherin am Meer gehört zu den eindrucksvollsten Szenen der Dichtung. 13 Jahre nach der Entführung kommen die Retter. Herwig erschlägt Ludwig, der starke Wate die böse Gerlind. Kudrun verhindert Hartmuts Tod und stiftet schließlich, nach der Krönung an Herwigs Seite, eine Reihe von versöhnenden Ehen.

Der Kudrundichter setzt Versöhnung an die Stelle von Rache: Insofern kann man die *K.* als Gegenentwurf zum *Nibelungenlied* interpretieren (Werner Hoffmann). Eher dagegen sprechen die lockere Komposition, die sorglose Erzählweise und die Reihung von Brautwerbungsgeschichten. Diese Tradition prägt auch den *Dukus Horant,* eine fragmentarisch überlieferte Brautwerbungsgeschichte aus der Zeit um 1300, die in enger Beziehung (Namen, Handlung) zum Hildeteil der *Kudrun* steht. Dabei ist nicht klar, ob die 1382–83 in hebräischer Schrift aufgezeichnete Dichtung direkt auf den uns bekannten Kudruntext oder auf ähnlich gebauten Vorstufen beruht. Die Sprache des *Dukus Horant* läßt sich als eine frühe Stufe des Jiddischen charakterisieren.

um 1230–65
Tannhäuser
Lieder und Sprüche

Ein Lied belegt möglicherweise T.s Teilnahme an dem Kreuzzug Kaiser Friedrichs II. (1228–29); in einem Rückblick aus der Zeit um 1265 klagt er über die Wende, die sein Leben mit dem Tod seines Gönners Friedrichs II. von Österreich im Jahr 1246 und dem Verlust (Verschleudern?) seiner Güter genommen habe. Damit ist etwa der Zeitraum seines dichterischen Schaffens abgesteckt.

Überliefert sind neben Liedern und Sprüchen sechs Leiche, durchkomponierte komplexe Großformen aus unterschiedlich gebauten Versgruppen (Versikeln). T.s Beitrag zu dieser Gattung, die weltliche (Minneleich) und geistliche Themen (Marien-, Kreuzleich) behandeln kann, besteht in ihrer Verbindung mit dem Tanz (Tanzleich).

Auch die Liebeslieder sind Tanzlieder und durchbrechen die Grenzen des höfischen Minnesangs. Parodistischen Gedichten steht ein sensualistischer Schönheitspreis gegenüber, der auch das bisher Übergangene mit Namen nennt: »Wîz sint ir beinel, lint diu diehel, reitbrûn ist ir meinel« (»weiß sind ihre Beine, weich die Schenkel, braunlockig ihr Schoß«). Die Vorliebe für das charakteristische Detail gibt auch T.s Kreuzlied den Eindruck des Authentischen: der Kreuzzug von 1228–29 – oder vielleicht auch eine spätere Pilgerfahrt – erfahren nicht als Gottes- oder Liebesdienst, sondern – wie schon bei Neidhart – als bedrückende Wirklichkeit, als Mühsal der Seefahrt bei hartem Schiffszwieback, versalzenem Fleisch und schimmeligem Wein. Was er mit nach Hause bringt, ist ein Katalog italienischer Namen für die Winde, mehr nicht. Zugleich jedoch erscheint die mit ›realistischen‹ Versatzstücken und autobiographischen Elementen konkretisierte stürmische Reise als Sinnbild des menschlichen Lebens.

Die Verquickung von Kunst und autobiographischem Detailrealismus weist auf Oswald von Wolkenstein voraus. Zugleich mag sie der Grund dafür sein, daß gerade die Gestalt T.s im 14. oder 15. Jh. mit der Sage vom Venusberg (Sibyllenberg in der ursprünglichen italienischen Sage) in Verbindung gebracht wurde. Die Tannhäuserballade aus dem 15. Jh. hielt den Stoff lebendig, und Richard Wagner machte T. zum romantischen Opernhelden, wobei er in seinem komplexen Künstler- und Erlösungsdrama die Tannhäusersage mit der vom Sängerkrieg auf der Wartburg verband (*Tannhäuser und der Sängerkrieg auf Wartburg,* Uraufführung 1845).

um 1230–70
Der Marner
Sprüche

Der aus Süddeutschland stammende M. – der Name bedeutet Seefahrer – gehört zu den ›fahrenden‹ Dichtern, zu den Berufsdichtern ohne feste Position. Das früheste seiner datierbaren Gedichte ist 1230–31 entstanden, das letzte, eine an den Staufer Konradin gerichtete Fürstenlehre, stammt von 1266–67.

Obwohl vom M. auch eine Reihe lateinischer Gedichte und deutscher Liebeslieder überliefert sind, gründet sich sein Nachruhm in erster Linie auf seine Sprüche. Das ›Programm‹ umfaßt die ganze Vielfalt der Gattung: religiöse Sprüche, politische und moralische Zeitkritik, Klagen über die eigene Armut, Gönnerlob und Kritik am Geiz des Herren. Selbstbewußtsein verraten die polemischen Auseinandersetzungen mit Rivalen (»Wê dir, von Zweter Regimâr«) und die Kritik am Kunstverstand und Literaturverständnis seines doch wohl meist höfisch-adeligen Publikums: »sus gêt mîn sanc in manges ôre, als der mit blî in marmel bort« (»So geht mein Lied vielen ins Ohr, wie wenn man mit Blei in Marmor bohrt«). Dieser Spruch – »Sing ich den liuten mîniu liet« – gibt zugleich in einer ironischen Darstellung der Wünsche des Publikums einen Eindruck vom Repertoire eines fahrenden Sängers: Heldendichtung vor allem (Dietrich von Bern, *König Rother, Nibelungenlied, Eckenlied* usw.) und Minnesang.

um 1230–1300
Dietrichdichtungen

Dietrich von Bern steht im Mittelpunkt zahlreicher mhd. Heldendichtungen. Die meisten sind im 13. Jh. entstanden. Allerdings geht ihnen eine längere Lied- und Sagentradition voraus, die sich im einzelnen nicht mehr dokumentieren läßt. Dietrichsage und -dichtungen gründen auf geschichtlichen Ereignissen: dem Kampf um die Herrschaft in Italien zwischen Theoderich dem Großen und Odoaker, der mit der Schlacht bei Ravenna (›Raben‹; 490–93) und der Ermordung Odoakers durch Theoderich (493) endgültig entschieden wurde. In der Dichtung wird allerdings schon sehr früh aus dem siegreichen Aggressor Theoderich der des Landes vertriebene Dietrich von Bern (Verona), der am Hunnenhof Etzels (Attilas) Aufnahme findet und sein Land zurückzugewinnen sucht. Das ist schon die Voraussetzung des Geschehens im ahd. *Hildebrandslied* (8. Jh.), und auch das *Nibelungenlied* (um 1200) sieht in Dietrich den exilierten König. Während im *Hildebrandslied* noch historisch korrekt Odoaker als Gegner Dietrichs genannt wird, übernimmt später der Gotenkönig Ermanarich die Rolle des finsteren Bösewichts.

Die Dichtungen um Dietrich von Bern lassen sich je nach ihrem Realitätsbezug in zwei Hauptgruppen gliedern, in historische und märchenhafte. Die bedeutendsten historischen Dietrichepen sind *Dietrichs Flucht* und *Rabenschlacht*

(um 1275–95), die in mehreren Hss. gemeinsam überliefert sind. Die Dichtungen schließen inhaltlich aneinander an, unterscheiden sich aber formal: *Dietrichs Flucht* ist in Reimpaaren, die *Rabenschlacht* in sechszeiligen Strophen abgefaßt. Als Dichter – besser wohl Bearbeiter – nennt sich in dem Fluchtepos ein sonst nicht bekannter Heinrich der Vogler.

Dietrichs Flucht, vom Dichter am Schluß auch als ›Buch von Bern‹ bezeichnet, handelt von der Auseinandersetzung mit Ermanarich: von Dietrichs Vertreibung aus Bern, seinem (und Hildebrands) Exil am Hunnenhof und der Rückeroberung seines Landes mit Unterstützung Etzels. Durch den Verrat Witteges geht sein Land ein zweites Mal verloren, während sich Dietrich wieder am Etzelhof aufhält. Ein neues Heer wird ausgerüstet. Gestalten aus dem *Nibelungenlied* – Gunther und Volker – treten auf der Seite Ermanarichs auf, der schließlich unter großen Opfern besiegt wird. Die Doppelung, von der Handlung her gesehen eine unnötige Aufschwellung, verdeutlicht die Absicht des Dichters, Beispiele positiven und negativen Verhaltens vorzustellen und den Gegensatz von »triuwe« und »untriuwe« herauszuheben.

In der *Rabenschlacht,* sind die lehrhaften Momente noch stärker ausgeprägt. Auch hier geht es um die Rückeroberung von Dietrichs Land, wobei Etzels Söhne von dem Verräter Wittege erschlagen werden. Die Heldendichtung gerät zu einem Exempel, zu einer Warnung vor den Folgen jugendlichen Leichtsinns und dem Versagen der Erwachsenen. Zugleich zeigt sich eine kritische Haltung gegenüber dem blutigen Stoff, wenn auch der Verfasser nicht vor manieristischen Übersteigerungen bei der Schilderung von Schmerz, Blut und Wunden zurückschreckt. – Zu den historischen Dietrichepen gehören ferner das strophische Epos von *Alpharts Tod* aus der 2. Hälfte des 13. Jh.s mit deutlichen Parallelen zur *Rabenschlacht* und die erst Mitte des 16. Jh.s als Einblattdruck überlieferte Ballade von *Koninc Ermenrikes Dot.*

Die zweite Gruppe der Dietrichdichtungen kennt kaum Verbindungen zu einer – wie auch immer gearteten – historischen Realität. Die Gegner, mit denen sich (der meist junge) Dietrich auseinanderzusetzen hat, sind Riesen, Zwerge und Drachen. Es ist Heldendichtung mit märchenhaften Zügen, wobei sich Annäherungen an den Artusroman, an Aventiure und Frauendienst ergeben können. Die älteste dieser Dichtungen, der fragmentarisch überlieferte *Goldemar* (um 1230–40) des Albrecht von Kemenaten – Handlung: Befreiung einer Jungfrau aus der Hand des Zwergenkönigs Goldemar – unternimmt ganz bewußt den Versuch, die Heldendichtung dem höfischen Liebesroman anzugleichen. Zurück ins Heldische führen die beiden Epen, die Dietrichs Kämpfe mit den Riesen Sigenot und Ecke schildern (*Sigenot,* ältere Fassung um 1250; *Eckenlied,* um 1250), populäre Dichtungen im späten Mittelalter. Sie sind, wie der *Goldemar,* im komplizierten dreizehnzeiligen ›Bernerton‹ gehalten, während die ebenfalls um 1250 entstandene Erzählung vom *König Laurin (Der kleine Rosengarten)* in Reimpaarversen abgefaßt ist. Hier zerstört Dietrich mit seinen Begleitern auf der Suche nach bisher nicht bestandener Aventiure den Rosengarten des Zwergenkönigs Laurin in den Südtiroler Alpen. Kämpfe, Versöhnung, weitere Kämpfe – jetzt im Berg bei den Zwergen – sind die Folge. Damit verbunden ist die Befreiung einer entführten Jungfrau. – Den Versuch, die Entwicklung Dietrichs vom unerfahrenen Jüngling zum Mann zu gestalten, kann man hinter der von zahllosen märchenhaften Drachen- und Riesenkämpfen überwucherten *Virginal* aus der 2. Hälfte des 13. Jh.s erkennen. Virginal ist der Name einer Tiroler Zwergenkönigin, deren Land von tributfordernden Heiden verwüstet wird (um die Befreiung von dieser Bedrohung geht es freilich nur am Anfang). – Einen Sonderfall der märchenhaften Dietrichdichtungen bilden die sogenannten ›Zweikampfreihenepen‹. Es sind Werke, in denen die in der Heldendichtung häufige Reihung von Zweikämpfen, verbunden mit Helden- und Waffenschau, im Mittelpunkt steht. Der Reiz der wenig ausbaufähigen Kampfrevuen besteht hier darin, daß die Helden zweier Sagenkreise, der Dietrich- und der Nibelungensage, miteinander konfrontiert werden. Im *Rosengarten zu Worms (Der große Rosengarten,* um 1250) fordert Kriemhilt Dietrich und seine Mannen zum Kampf mit den zwölf Wächtern ihres Rosengartens heraus; in *Biterolf und Dietleib* (um 1250–70) stehen die Kämpfe immerhin in einem größeren epischen Zusammenhang: Dietrichs Suche nach seinem Vater, Biterolf von Toledo, den er am Hunnenhof findet, und Etzels Rachefeldzug gegen die Burgunden. Bei beiden Gelegenheiten ziehen die Burgunden, nicht ohne parodistische Untertöne, den kürzeren.

Die märchenhaften Dietrichdichtungen fanden im Spätmittelalter eine größere Resonanz als die (pseudo-)historischen. Neben *Ortnit* und *Wolfdietrich* bilden Dichtungen um Dietrich von Bern den Kernbestand der ›Heldenbücher‹ des 15. und 16. Jh.s (u.a. *Dresdner Heldenbuch* des Kaspar von der Rhön, um 1472; *Straßburger Heldenbuch* des Diebolt von Hanowe, um 1480). Eine Reihe von Heldenbuch-Drucken im 15. und 16. Jh. – der letzte um 1590 – dokumentiert das anhaltende Interesse für diese Helden- und Abenteuerromane.

um 1235–40
Rudolf von Ems
Willehalm von Orlens

Dieser Versroman entstand im Umkreis des staufischen Hofes. Auftraggeber war Konrad von Winterstetten (gestorben 1243), Statthalter von Schwaben und Erzieher von Heinrich VII., dem Sohn Kaiser Friedrichs II. Das Werk beruht auf einer französischen Quelle, die nicht erhalten ist. Ein Überblick über die höfische Epik seit Heinrich von Veldeke hat sein Vorbild in der ›Literaturrevue‹ in Gottfrieds *Tristan* (um 1210).

Willehalm von Orlens, ein Fürstenkind aus Brabant, wird zur Erziehung an den englischen Hof geschickt. Hier findet er die Dame seines Herzens, die Königstochter Amelye, gerade sieben Jahre alt. Zwischen dem Ausbruch seiner Liebeskrankheit und der glücklichen Vereinigung am Schluß liegen zahlreiche Bewährungsproben: ritterlicher Kampf; Gefährdung der Liebe, da der englische König andere dynastische Pläne verfolgt; (fehlgeschlagene) Entführung und Gefangenschaft usw.

R. zeichnet das Bild eines vorbildlichen Ritters, der sich nicht nur in Liebe und Kampf bewährt, sondern sich ebenso auf diplomatische Verhandlungen versteht, umsichtig handelt und eingegangene Verpflichtungen erfüllt: *Willehalm von Orlens* ist ein Fürstenspiegel. Die Biographie dieses musterhaften Fürsten, der wohl an Wilhelm den Eroberer erinnern soll, weist – anders als die märchenhafte Artusdichtung – konkrete geographische und geschichtliche Bezüge auf.

Der Roman wurde, wie die zahlreichen Hss. bezeugen, viel gelesen. Hans Sachs benutzte eine Druckfassung (Augsburg 1491) als Quelle für seine »Tragedia« *Hertzog Wilhelm von Osterreich* (1556).

um 1235–50
Gottfried von Neifen
Lieder

Der schwäbische Adelige G. v. N. – Stammsitz der Familie ist die Burg Hohenneuffen in der Nähe von Nürtingen – ist in den 30er Jahren des 13. Jh.s in der Umgebung König Heinrichs VII.

nachweisbar. Am staufischen Hof fand er wohl wie vorher Burkart von Hohenfels das Publikum für seine Lieder (51 sind überliefert, nicht alle gelten als ›echt‹), jedenfalls bis zu Heinrichs Absetzung im Sommer 1235 – Folge der Empörung gegen seinen Vater, Kaiser Friedrich II.

G.s Liebeslieder bleiben in der Tradition des hohen Minnesangs. Werbung, Liebesklage und -hoffnung, Preis der Geliebten oder der Frauen allgemein sind die Themen. Ein einstimmender oder kontrastierender Natureingang geht jedem dieser Lieder voraus. Kennzeichnend für G.s Dichtung ist die Reduktion der traditionellen Situationen und Motive auf wenige inhaltliche und sprachliche Formeln, auf Reiz- und Stichwörter, die in abgewandelter Reihenfolge häufig wiederkehren. Trotz der Formelhaftigkeit der Sprache – 28mal »rôter munt« hat man gezählt – und einer gewissen Inhaltsleere, die »auch für mittelalterliche Verhältnisse ein Extrem« darstellt (Hugo Kuhn), entsteht ein neues, sinnlicheres Schönheitsideal, das mit Sommerlust und höfischer Freude zusammenklingt. Dabei gelingen durch die virtuose Handhabung der Formen und Formeln glänzende Klang- und Reimspiele, die vielfach Nachahmung gefunden haben.

um 1240
Der Stricker
Der Pfaffe Amîs

Der Weg des vermutlich aus rheinfränkischem Gebiet stammenden bürgerlichen Dichters führt von epigonaler Ritterdichtung – einer Modernisierung des *Rolandslieds* des Pfaffen Konrad (*Karl,* um 1220) und dem Artusroman *Daniel vom blühenden Tal* (um 1220) – zu der ihm wohl gemäßeren kritisch-›realistischen‹ Schwank- und Lehrdichtung: novellistische Verserzählungen (Mären) vorwiegend schwankhafter Natur, Lehrgedichte, Parabeln (»bîspel«). Die Mären erzählen illusionslos, ohne ideelle Verbrämung, von großen und kleinen Zechern, von Schlauheit und Torheit und vor allem vom Ehestand: die Ehe als Kampf der Geschlechter, gezeichnet mit frauenfeindlicher Tendenz. Zu einem Zyklus verbinden sich die Mären im *Pfaffen Amîs,* dem ersten deutschen Schwankzyklus.

Im Mittelpunkt der zwölf Schwänke steht der englische Pfarrer Amîs. Er wird vorgestellt als gelehrter und freigebiger geistlicher Herr, der mit seinem höfischen Lebensstil den Neid des Bischofs erregt und in einer witzigen Prüfung seiner Kenntnisse die Oberhand behält. Nach dem Tod des Bischofs zieht der Pfarrer in die Welt und wird zum Erfinder des Lügens und Betrügens. Er nutzt die Leichtgläubigkeit der Menschen aus, um zu Geld zu kommen: Fürsten, Ritter, Geistliche, Kaufleute und Bauern sind seine Opfer. Von Konstantinopel, der letzten Station seiner Reise, kehrt er in seine Heimat zurück, nimmt sein früheres großzügiges Leben wieder auf und tritt nach 30 Jahren bekehrt in ein Graues Kloster (Zisterzienserkloster) ein. Er wird zum Abt gewählt und erwirbt schließlich das ewige Leben.

Der Schwankzyklus zeigt eine gewisse strukturelle Ähnlichkeit mit dem höfischen Roman: Auszug des Helden, Abenteuerfolge, Rückkehr. Aber die geschilderte Welt ist nicht die der idealisierenden höfischen Dichtung. Was S.s Pfaffe Amîs sieht und mit seinem überlegenen Verstand ausnutzt, sind Eitelkeit, Leichtgläubigkeit und Torheit. Dabei fallen satirische Schlaglichter auf die Wunder- und Reliquiengläubigkeit seiner Zeit, auf kirchliche Mißstände und fragwürdige Geschäftspraktiken der Kaufleute.

Der S. gehört mit Konrad von Würzburg zu den Wegbereitern der unterhaltenden und belehrenden Kleinepik, die im späteren Mittelalter einen großen (und unübersichtlichen) Teil des literarischen Schaffens ausmacht. Die Verfasser sind meist nicht bekannt; eine Ausnahme bildet neben den Genannten der steiermärkische Adelige Herrand von Wildonie, der um 1260 vier Verserzählungen verfaßte. Die Themenvielfalt dieser spätmittelalterlichen Erzählliteratur ist beträchtlich. Es finden sich Reflexe ritterlicher Thematik (Liebe, Ehre, Abenteuer: *Frauentreue, Die Heidin, Rittertreue*), moralische Geschichten (*Der Schlegel),* erotische Erzählungen (*Das Häslein, Der schwangere Mönch),* zahllose Geschichten von bösen und treulosen Frauen. Aus der Masse der Produktion ragen zwei große, bald nach 1250 entstandene Schwankdichtungen heraus, die schon vom S. besungene Gestalten mit den Kunstmitteln des komischen Epos ins Überlebensgroße erheben: *Die böse Frau (Von dem übelen wîbe)* und *Der Weinschwelg.* Nach dem Muster des *Pfaffen Amîs* erscheinen im Spätmittelalter weitere Schwankzyklen: Philipp Frankfurters *Pfaffe vom Kalenberg* (1473), die Schwänke um *Neidhart Fuchs* (gedruckt zwischen 1491 und 1500), Hermann Botes *Ulenspiegel* (1510–11).

um 1240–72
Berthold von Regensburg
Predigten

»Und da man zalt 1240, da prediget pruder Perchtold von Regenspurg hie zu Auspurg«, heißt es in einer anonymen Augsburger Chronik. Um diese Zeit liegen wohl die Anfänge der Predigttätigkeit des 1272 verstorbenen Franziskaners, von dessen Kraft der Rede die mittelalterlichen Chroniken Wunderdinge zu berichten wissen.

Allerdings sind die unter B.s Namen überlieferten deutschen Predigten nicht authentisch. Es sind vielmehr Arbeiten unbekannter Verfasser, die – vertraut mit B.s Redeweise – seine in Predigthandbüchern gesammelten lateinischen Musterpredigten zu erbaulichen Lesetexten umformten oder an Nachschriften von B.s Predigten anknüpften. Die besten dieser Texte, noch zu Lebzeiten B.s entstanden, gehören zu den großen Leistungen mittelalterlicher deutscher Prosa.

Tugend und Laster, Gebot und Verbot bilden in vielfältiger Variation die Grundlage der deutschen Predigten. Die Kritik an einzelnen Lastern – Betrug, Geldgier, Aberglauben, Unkeuschheit – führt weiter zur grundsätzlichen Kritik an einer aus den Fugen geratenen Zeit, in der die Rechts- und Sozialordnung zu zerbrechen drohe, in der weder Herren noch Knechte ihren Verpflichtungen nachkämen, in der der Eigennutz an die Stelle guter Nachbarschaft und gegenseitiger Überstützung trete und damit die Basis einer von brüderlicher Liebe bestimmten (aber durchaus ständisch gegliederten) Gesellschaft zu zerstören drohe. Besonders scharfe Angriffe gelten der »gîtigkeit«, der Raff- und Habgier, d. h. vor allem der Spekulation mit Geld und Grundbesitz, Kennzeichen der auch in Deutschland seit dem 13. Jh. vordringenden, auf Gewinnkalkulation und Profitdenken gegründeten Geldwirtschaft. Diesem gesellschaftlichen und wirtschaftlichen Wandel stellt B. eindrucksvoll (aber vergeblich) seine Mahnung zu einem einfachen, evangelischen Leben entgegen.

um 1250
Lancelot

Der *L.* ist der erste deutsche Prosaroman. Er umfaßt drei Teile – Lancelot, Gralsuche, Tod von König Artus – und basiert auf dem riesigen altfranzösischen *Lancelot en prose* (um 1215–30), der noch zwei weitere, nicht ins Deutsche übertragene Teile aufweist (Geschichte des Grals, Merlin). Der erste Teil des Werkes ist über eine mittelniederländische Zwischenstufe wahrscheinlich schon vor 1250 im Rheinland ins Deutsche übertragen worden (die ältesten Handschriftenfragmente sind um die Jahrhundertmitte geschrieben). Die anderen Teile sind möglicherweise erst Anfang des 14. Jh.s übersetzt worden. Über die Übersetzer ist nichts bekannt.

Der dreiteilige deutsche *L.* ist ein äußerst umfangreicher und komplexer Roman, der – so hat man errechnet – fünfmal so lang ist wie der *Parzival* (um 1200–10) Wolframs von Eschenbach. Er bietet eine Summe der Artus- und Gralsdichtung: die Geschichte Lancelots (einschließlich Vorgeschichte und Geschichte seines Sohnes Galaad, des Gralshelden); die Geschichte der Artusgesellschaft bis zu ihrer Selbstzerstörung; die in den Orient ausgreifenden Gralsabenteuer, wobei das Erscheinen des Gralshelden Galaad am Artushof eine Zeitenwende signalisiert; die Überwindung des höfischen Rittertums – des Artusideals und der Lancelot-Ginover-Liebe – durch die höhere Stufe der geistlichen Ritterschaft.

Das Werk ist als Prosaroman konzipiert. Dabei gelingt es auch den deutschen Übersetzern, die sich verhältnismäßig eng an die Vorlage halten, die neuen Möglichkeiten der Erzählprosa zu nutzen: eine gegenüber der formelhaften, typisierenden Verssprache flexiblere Syntax mit genaueren kausalen Verknüpfungen und Begründungen, eine kontinuierliche, dynamische Erzählweise und eine intensivere Darstellung seelischer Regungen.

Der deutsche Prosa-*Lancelot* entstand in einer Zeit, in der Prosa allenfalls in einigen Bereichen der ›Sachliteratur‹ Verwendung fand, während für die Dichtung die klassischen mhd. Vorbilder und ihre Verssprache noch für ein oder zwei Jh.e verbindlich blieben. Der *L.* fand daher in Deutschland keine große Resonanz (zu nennen wäre allenfalls eine verkürzende Bearbeitung Ulrich Fuetrers von 1467). Der deutsche Prosaroman setzte sich erst im 15. Jh. durch.

um 1250
Osterspiel von Muri

Das *O. v. M.* gilt als das älteste deutschsprachige Schauspiel. Seinen Namen trägt es nach dem Benediktinerkloster Muri im schweizerischen Aargau, wo die Hs. entdeckt wurde. Etwas mehr als die Hälfte des ursprünglich etwa 1100 oder 1200

Verse umfassenden Spiels ist auf Fragmenten einer ›Dirigierrolle‹ erhalten (deren Enden um Stöcke gewickelt waren, die der Spielleiter in Händen hielt). Es ist anzunehmen, daß der Verfasser mit den älteren lateinischen Osterspielen von Klosterneuburg und Benediktbeuren aus der 1. Hälfte des 13. Jh.s vertraut war. Zwar finden sich in diesen lateinischen Spielen auch schon deutsche Worte oder Partien, doch als rein volkssprachliche Dichtung, die sich der Mittel der höfischen mhd. Verssprache in der Tradition von Hartmann von Aue oder Rudolf von Ems bedient, hat das *O. v. M.* kein Vorbild.

Erhalten sind die folgenden Szenen: Verhandlungen des Pilatus mit den Wächtern und den Juden über die Wache am Grab; Unterhaltung der Wächter am Grab; Auferstehung; Krämerszenen; Höllenfahrt Christi (Erlösung der Seelen der Altväter); Salbenkauf der drei Marien beim Krämer; Gang zum Grab am Ostermorgen und Dialog mit dem Engel am leeren Grab (= Visitatio: der Kern der Osterfeier, aus dem sich durch Erweiterungen schließlich das Osterspiel entwickelt hat); Begegnung zwischen dem auferstandenen Christus und Maria Magdalena (›Gärtnerszene‹; vgl. Johannes 20, 14–17) mit einer ungewöhnlich langen, lyrisch-gebethaften Anrede Maria Magdalenas, die die geistlich-erbaulichen Absichten des Stückes deutlich macht. Von den Kernszenen des lateinischen und deutschen Osterspiels fehlt nur der ›Apostellauf‹ zum Grab (Johannes 20, 3–10).

Die Bühne war, wie generell im mittelalterlichen geistlichen Spiel, eine sogenannte Simultanbühne mit stets gegenwärtigen, fest aufgebauten ›loca‹ (Spielorten) für die einzelnen Personen oder Handlungen in symbolischer Anordnung: das Spiel – das Leben, die Welt – zwischen Himmel und Hölle.

Die höfische Verssprache des *O. v. M.* entspricht der harmonischen Verbindung von Weltlichem und Sakralem, von Belehrung, Erbauung und Unterhaltung, eine Harmonie, die auch nicht durch die ›realistischen‹ Züge etwa im Zusammenhang mit den auf Mark und Pfennig bestehenden Soldaten oder dem geschäftstüchtigen Salbenkrämer beeinträchtigt wird. Das für ein höfisches Publikum bestimmte Spiel blieb ohne Wirkung auf das spätere geistliche Schauspiel in Deutschland.

um 1250
Rudolf von Ems
Weltchronik

Mit der *Weltchronik* vollzog R. die Wendung zur Historie, die sich schon im Alexanderroman angedeutet hatte. Die großangelegte Chronik, ein Fragment von mehr als 33 000 Versen, entstand im Auftrag Konrads IV., des letzten staufischen Königs (gestorben 1254), und dient der Legitimation des staufischen Weltherrschaftsanspruchs.

Geschichte ist – wie immer in der mittelalterlichen Geschichtsschreibung – zugleich auch Heilsgeschichte. Doch zeigt sich bei R. ein starkes ›wissenschaftliches‹ Interesse an der historischen Wirklichkeit: Er versteht Geschichtsschreibung weitgehend als ›Tatsachendarstellung‹. Unter den Quellen nimmt – neben der Bibel – die *Historia scholastica* (um 1170) des Petrus Comestor die erste Stelle ein.

Die Organisation des Werkes basiert auf der vor allem von Augustinus ausgeprägten Weltalterlehre, nach der den sechs Schöpfungstagen sechs Weltalter entsprechen. Adam, Noah, Abraham, Moses, David und Christus stehen für die sechs Zeitalter (das siebte bringt die Wiederkehr Christi und das Ende aller Zeit). R.s Werk bricht in der 5. Epoche, mitten in der jüdischen Königsgeschichte, ab. Es stellt so in erster Linie eine Nachdichtung des AT dar. Exkurse erweitern freilich den Horizont und beziehen antike Geschichte ein: Griechenland und seine Götter, Troja, Italien und seine Besiedlung.

R.s sachlich erzählte *Weltchronik* steht am Anfang der mittelalterlichen Reimchroniken. Sie kam offenbar einem Bedürfnis nach konkretem historischen Wissen entgegen und wurde häufig abgeschrieben und mehrfach von späteren Chronisten verwertet.

um 1250
Ulrich von Liechtenstein
Frauendienst

Literatur und Wirklichkeit, Minnesang und ›Autobiographie‹ verbinden sich hier auf eigentümliche Weise: Der einflußreiche steirische Adelige U. v. L. macht sich in seiner Rolle als Minneritter und -sänger zum Gegenstand einer ›Minnebiographie‹. Formal handelt es sich beim *Frauendienst* um eine strophisch gegliederte Verserzählung, in die zahlreiche, über einen längeren

Zeitraum hin entstandene Lieder an den passenden Stellen eingeordnet sind. Die Lieder sind auch separat überliefert.

Die Lieder bewegen sich in den Bahnen des traditionellen Minnesangs. Sie kreisen um Themen der ›hohen Minne‹, schildern im Anklang an Reinmar den langen vergeblichen Frauendienst, bis es nach 13 Jahren zum Bruch mit der launischen Herrin wegen einer ungenannten ›Untat‹ kommt und ein zweiter Dienst beginnt, der auch freudigere, sinnlichere Töne in der Art Gottfrieds von Neifen erlaubt. Eingebettet sind diese Lieder in U.s Erzählung von seiner ritterlichen Erziehung in Wien, seinem Minnedienst und – vor allem – den damit verbundenen Turnierfahrten: Als Frau Venus verkleidet, zieht er im Dienst seiner ersten Dame mit großem Gefolge turnierend von Venedig nach Böhmen (er zählt 307 verstochene Speere); als König Artus unternimmt er eine ähnliche Fahrt im Dienst seiner zweiten Herrin. Dabei führt der Versuch, die Welt des Romans in die Wirklichkeit zu übertragen, zu Ergebnissen, die den Gedanken an Selbstparodie nahelegen. Mit allen grotesken Details wird beispielsweise der mißglückte Versuch geschildert, eine *Tristan*-Szene nachzuspielen (Ulrich kommt als Aussätziger zum Rendezvous); nicht minder ›realistisch‹ beschreibt er, wie er sich, um der Herrin zu gefallen, einer Mundoperation unterzieht und sich einen im Kampf verletzten Finger abschlägt – den er ihr dann schickt. Gegen Ende öffnet sich die Erzählung auch geschichtlichen Ereignissen (Schilderung des Tods von Herzog Friedrich dem Streitbaren in der Schlacht an der Leith, 1246). Doch im Vordergrund steht Autobiographisches im Sinn eines literarischen Rollenspiels, das wohl an die Wirklichkeit anknüpft, eine Wirklichkeit freilich, die schon durch literarische Muster überformt ist.

um 1250–70
Albert der Große
Aristoteles-Paraphrasen

Der Dominikaner A., dem man auch den Beinamen ›doctor universalis‹ gab, steht an einer entscheidenden Stelle der Aristoteles-Rezeption im christlichen Mittelalter. Waren zuvor nur einige logische Schriften des griechischen Philosophen bekannt gewesen und hatte es noch 1210 und 1231 päpstliche Aristoteles-Verbote gegeben, so suchte A. die im 13. Jh. über die arabische Welt in den Westen gelangten griechischen und arabischen Texte für ein lateinisches Publikum aufzuarbeiten. Dies geschah durch eine lateinische Paraphrase aristotelischer (und anderer, neuplatonisch beeinflußter) Schriften, die er durch Kommentare und Exkurse erweiterte und erläuterte. Neue Bereiche der Philosophie und der Naturwissenschaften wurden so gegen heftigen Widerstand erschlossen: »Wie Tiere gehen sie gegen das an, was sie nicht kennen«, schreibt er über seine Ordensbrüder.

A. kommentiert und paraphrasiert die Gesamtheit der ethisch-politischen, logischen, metaphysischen und physikalisch-naturwissenschaftlichen Schriften des Aristoteles, die für ihn die wissenschaftlich fortgeschrittenste Position darstellen. Sein besonderes Interesse gilt dabei den Naturwissenschaften, und von hier geht auch seine größte Wirkung aus. Er begnügt sich nicht, das überlieferte Wissen zu erschließen, sondern konfrontiert es mit eigenen Naturbeobachtungen und ergänzt es – besonders in der Tier- und Pflanzenkunde – durch genaue Einzelbeschreibungen. Voraussetzung dieser auf Empirie und kausaler Erklärung basierenden Naturbetrachtung ist eine klare methodologische Trennung von Philosophie bzw. Naturwissenschaften auf der einen und Theologie auf der anderen Seite. Theologie gründet sich auf Offenbarung und Inspiration, Philosophie auf Vernunft: »Wir haben in der Naturwissenschaft nicht zu forschen, wie Gott nach seinem freien Willen durch unmittelbares Eingreifen die Geschöpfe zu Wundern gebraucht, durch die er seine Allmacht zeigt; wir haben vielmehr zu untersuchen, was im Bereiche der Natur durch die den Naturdingen innewohnende Kausalität auf natürliche Weise geschehen kann.«

um 1250–70
Der Wartburgkrieg

Der *W.* (oder: *Der Sängerkrieg auf der Wartburg*) ist ein Konglomerat ursprünglich selbständiger Texte unbekannter Autoren, entstanden wahrscheinlich in den ersten Jahrzehnten nach der Jahrhundertmitte. Seinen Kern bilden die Teile ›Fürstenlob‹ und ›Rätselspiel‹, an die weitere Stücke angehängt wurden. Neben Landgraf Hermann von Thüringen (gestorben 1217) und seinen Zeitgenossen (Walther von der Vogelweide, Wolfram von Eschenbach u.a.) treten der erst nach Hermanns Tod wirkende Reinmar von Zweter, der historisch überhaupt nicht identifizierbare Heinrich von Ofterdingen und eine Romangestalt – Klingsor aus Wolframs *Parzival* – auf.

Der musikalisch-literarische Wettkampf findet

vor Landgraf Hermann statt. Im ›Fürstenlob‹ geht es um die Frage, wer der beste, rühmenswerteste Fürst sei. Heinrich von Ofterdingen vertritt als Herausforderer gegen alle anderen Dichter die Sache des Fürsten von Österreich, seine Gegner plädieren für Hermann. Walther führt schließlich die Entscheidung zugunsten des Thüringers herbei, doch darf der Überwundene sein Leben behalten und Klingsor von Ungarn als Beistand herbeirufen. Damit ist die äußerliche Verbindung zum (ursprünglich selbständigen und in einem anderen Spruchton verfaßten) zweiten Teil hergestellt, dem Rätselwettkampf zwischen Klingsor und Wolfram. Klingsor tritt als Krämer auf, der statt Waren Rätsel feilbietet, die niemand lösen könne. Wolfram bleibt siegreich, auch gegen einen von Klingsor zur Hilfe herbeigeholten Teufel.

Die im *W.* geschilderten fiktiven Auseinandersetzungen werden späteren Chronisten zur geschichtlichen Tatsache. »Von der senger krige zcu Warperg« ist ein Abschnitt in Johannes Rothes *Düringischer Chronik* aus dem 1. Drittel des 15. Jh.s überschrieben. Daß der *W.* auch heute noch nicht vergessen ist, liegt nicht an dem literarischen Rang der gelehrt-anspielungsreichen Dichtung des 13. Jh.s, sondern ist der Erneuerung des Stoffes und seiner Verbindung mit der Tannhäusersage in Richard Wagners romantischer Oper *Tannhäuser und der Sängerkrieg auf Wartburg* (Uraufführung 1845) zu verdanken.

um 1250–80
Wernher der Gärtner
Helmbrecht

Die Verserzählung vom Meierssohn Helmbrecht ist nur in zwei Hss. des 15. und 16. Jh.s überliefert. Der Zeitpunkt ihrer Entstehung läßt sich nur ungefähr eingrenzen; Sprache und Lokalkenntnisse deuten auf einen Dichter aus dem bayrisch-österreichischen Grenzgebiet.

Der *Helmbrecht* erzählt die Geschichte eines Bauernsohnes, der sich über seinen Stand erhebt und trotz der Ermahnungen seines Vaters mit dem Vorsatz auszieht, Ritter zu werden. Symbol für die Anmaßung wird eine von Mutter und Schwester bestickte kostbare Haube. Helmbrecht gerät in die Gesellschaft von Raubrittern, kehrt nach einem Jahr zurück, stellt protzend seinen neuen Status und sein (gestohlenes und geraubtes) Vermögen heraus und nimmt seine Schwester Gotelind mit, um sie mit einem Spießgesellen zu verheiraten. Der Richter und seine

Schergen erscheinen beim Hochzeitsfest und nehmen die Räuber gefangen: Helmbrecht wird geblendet und verstümmelt, die anderen neun werden gehenkt. Helmbrecht zieht als Bettler durchs Land, sein Vater vertreibt ihn vom Hof, Bauern erkennen ihn und hängen ihn auf. Die Haube, Sinnbild seiner Anmaßung, wird zerfetzt. Kinder, die ihr eigener Herr sein wollen, »selpherrischiu kint‹, sollen sich durch dieses abschreckende Beispiel warnen lassen, lautet die abschließende Lehre.

Die literarischen Bezüge sind vielfältig: die biblische Parabel vom verlorenen Sohn, Neidharts Winterlieder (W.s Vorbild für die Schilderung der langen Haare, der seidenen Haube und der Bewaffnung des ritterlichen Parvenüs), das – nun ins Negative gekehrte – Handlungsmodell des Artusromans.

Der Dialog ist bevorzugtes Darstellungsmittel der konzentrierten, die entscheidenden Stationen herausgreifenden Exempelerzählung, die am negativen Einzelbeispiel die allgemeinen Normen ins Bewußtsein rückt. Dabei steht der Verstoß gegen das vierte Gebot, daß man Vater und Mutter ehren solle, für einen Verstoß gegen die göttliche Ordnung überhaupt, d.h. in diesem Fall gegen die von Gott eingesetzte Ständeordnung. »dîn ordenunge ist der phluoc«, setzt der Vater den Aspirationen seines Sohnes entgegen. Und der Vater übernimmt bei der zweiten Heimkehr seines verstockten Sohnes die Rolle des richtenden Gottes, der die verletzte Ordnung wiederherstellt.

Die Gegenwart erscheint in einem kritischen Licht: Zusammenbruch der Ordnung in der Familie (dazu gehört auch, daß Mutter und Tochter die ›superbia‹ des Sohnes unterstützen), Zerrüttung der ständischen Ordnung (zum Raubrittertum verkommener Adel, Anmaßung der Bauern, Verwirrung auch im geistlichen Bereich: dafür steht eine entsprungene Nonne). Der »niuwen site« setzt der Dichter in den Reden des Vaters das Bild einer verklärten Vergangenheit entgegen, ein Bild vom Glanz adeligen Lebens und höfischer Geselligkeit. Es liegt nahe, aus dem dargestellten Gegensatz von höfischer Ritterkultur der Stauferzeit und gefährdeter Gegenwart – die Entstehung der Erzählung fällt wahrscheinlich in die ›schreckliche, kaiserlose Zeit‹ des Interregnums (1254–73) – auf tatsächliche gesellschaftliche Veränderungen zu schließen. Allerdings ist ein derartiger Schluß nicht unproblematisch: Die gute alte Zeit von 1200 oder 1220 hatte in Wirklichkeit kaum etwas mit dem idealisierenden Bild der höfischen Dichtung zu tun, und schon die Dichter der klassischen Epoche benutzten den Topos von der guten alten Zeit, beklagten die Verfallserscheinungen der Gegenwart und setzten ihr das Lob der Vergangenheit entgegen.

um 1250–82
Mechthild von Magdeburg
Das fließende Licht der Gottheit

In ihrem 12. Lebensjahr wurde M. zum erstenmal »in überaus seligem Fließen vom heiligen Geiste gegrüßt«. Um 1230, im Alter von etwa 23 Jahren, verließ sie ihr (wohl adeliges) Elternhaus und lebte fortan als Begine, als Mitglied einer Laiengemeinschaft religiöser Frauen, in Magdeburg. Armut, Krankheit und Askese kennzeichneten ihr äußeres Dasein, aus dem sie jedoch durch ihre Visionen erhoben wurde: »Da ließ mich Gott nirgends allein. Er brachte mich in so wonnigliche Süßigkeit, in so heilige Erkenntnis und in so unbegreifliche Wunder, daß ich irdische Dinge wenig brauchen konnte.« Auf Veranlassung ihres Beichtvaters, des Dominikaners Heinrich von Halle, schrieb sie von 1250 an ihre visionären Erlebnisse auf. Ihre Aufzeichnungen, zum größten Teil von Heinrich von Halle redigiert, wuchsen schließlich auf sieben Bücher an (Buch 1–5: zwischen 1250 und 1257–58; Buch 6: 1260–61; Buch 7: 1281–82). Allerdings ist die ursprüngliche mittelniederdeutsche Version M.s bzw. ihres Beichtvaters nicht erhalten. Der vollständige deutsche Text ist allein in einer alemannischen Umschrift überliefert, die um 1344 in einem mystisch gestimmten Kreis von ›Gottesfreunden‹ um Heinrich von Nördlingen in Basel entstand.

M.s Buch besteht aus einer lockeren, unsystematischen Folge von formal sehr unterschiedlichen Texten, die in (häufig gereimter) Prosa und Vers ihre mystischen Erfahrungen und Visionen auszudrücken suchen: Wechselgesänge zwischen Seele und Gott, Dialog über Wesen und Wirkung der Liebe, lyrisch-gebethafte Aufschwünge zu Gott, hymnische Preisgesänge und lehrhafte Merksprüche; daneben stehen Visionsberichte über die Schöpfung, über Himmel, Fegefeuer und Hölle, aber auch lehrhafte Texte, die sich mit Themen wie Sünde und Gnade oder Gottes Gerechtigkeit, aber auch mit Mißständen in Kirche und Kloster befassen.

Für die Darstellung ihrer mystischen Erlebnisse steht M. eine affektive, bildhafte Sprache zur Verfügung, deren metaphorische und allegorische Ausdrucksweisen auf der traditionellen geistlichen Bildersprache der Bibel und ihrer Exegese aufbauen. Für die erotische Metaphorik gewinnt das Hohelied besondere Bedeutung.

Im Mittelpunkt von M.s Werk steht das mystische Verlangen nach Gott, die auf Vereinigung mit Gott gerichtete Liebe. Dabei drückt sich die liebevolle Hinwendung der Seele zu Gott oft in den Vorstellungen der Brautmystik aus – die Sehnsucht der Braut nach dem himmlischen Bräutigam; auf die in hymnischen Steigerungen erreichte Vereinigung der Seele mit Gott im mystischen Ekstase folgt notwendig der Umschlag in einen Zustand der schmerzlichen, aber demütig bejahten Gottferne (»gotesvremedunge«). Liebesvereinigung und Trennung bedingen einander: »Wenn das Spiel am allerschönsten ist, muß man es lassen.«

M.s Aufzeichnungen, ein »Dokument des Mündigwerdens einer oft oppositionellen Laienfrömmigkeit« im beginnenden Spätmittelalter, bedeuten den »Durchbruch spontanen mystischen Ausdrucks in der Volkssprache« (Max Wehrli).

um 1260
Konrad von Würzburg
Verserzählungen

Die Verserzählungen *Der Welt Lohn, Das Herzmaere, Heinrich von Kempten* und *Der Schwanritter* gehören zu den Frühwerken K.s; sie sind seit dem Ende der 50er Jahre des 13. Jh.s entstanden.

Der Welt Lohn, »eigentlich nur ein lebendes Bild« (Helmut de Boor), beruht wahrscheinlich auf einem lateinischen Predigtexempel, wenn auch schon Walther von der Vogelweide die Personifikation der Frau Welt in die deutsche Literatur eingeführt hatte. K. erzählt von einem Ritter – er gibt ihm den Namen des Dichters Wirnt von Grafenberg (*Wigalois,* um 1210) –, den abends eine schöne Frau besucht, während er eine Liebesgeschichte liest. Sie will ihm zeigen, welchen Lohn er für seine treuen Dienste zu erwarten hat. Der Ritter preist sich glücklich, rühmt ihre Schönheit, und auf seine Bitte nennt sie ihren Namen – und wendet ihm den von Ungeziefer zerfressenen, von Geschwüren übersäten, Verwesungsgestank ausströmenden Rücken zu. Der Ritter ändert sofort sein Leben, geht auf Kreuzfahrt und tut Buße.

Ein Beispiel der »wâren minne«, wie sie in der Gegenwart nicht mehr vorzufinden sei, gibt K. im *Herzmaere.* Es basiert auf der weitverbreiteten Geschichte vom gegessenen Herzen, hier freilich etwas abgemildert. Um den Verdacht des Ehegatten zu zerstreuen, trennt sich ein Ritter von seiner Geliebten und zieht ins Heilige Land. Als der liebeskranke Ritter, der sehnsuchtskranke Märtyrer (»sende marteraere«), fühlt, daß seine Qualen zum Tod führen würden, beauftragt er seinen Knappen, nach seinem Liebestod sein einbalsamiertes Herz und einen Ring der Geliebten zu überbringen. Der Ehemann fängt den Knappen ab, läßt das Herz von einem Koch zubereiten und setzt es seiner Frau vor, die den Leckerbissen rühmt. Als ihr Mann jedoch die wahre Beschaffenheit des Mahls offenbart, beschließt sie, nach dieser einzigartigen Speise nichts mehr zu sich zu nehmen. Sie stirbt »von sender jâmerunge«, vor Sehnsuchtsschmerz, und vergilt so im Tod die Liebe ihres Ritters »mit ganzer staete und ouch mit hôhen triuwen« (mit unbeirrbarer und großer Treue). Der ausdrückliche Hinweis auf Gottfried von Straßburg im Prolog bestätigt nur, was aus dieser Geschichte der unbedingten Liebe und ihrem Vokabular ohnehin deutlich wird: die Nähe zum *Tristan* (um 1210).

Heinrich von Kempten ist eine ›historische‹ Anekdote. Sie erzählt wie der Held einem Kaiser Otto zweimal das Leben rettet, und endet mit der Aufforderung, sich diese selten gewordene »manheit unde ritterschaft« zu eigen zu machen. – Der nur fragmentarisch überlieferte *Schwanritter* behandelt die u. a. durch den *Lohengrin* bekannte Geschichte vom gottgesandten Ritter, der den Bedrängten – hier der Witwe und der Tochter des Herzogs Gottfried von Brabant – zu Hilfe kommt und nach der unerlaubten Frage nach seinem Namen wieder davonzieht.

K. v. W. gehört mit dem Stricker zu den Dichtern, die der novellistischen Kleinepik den Weg bereitet haben. Allerdings stehen seine kleinen Meisterwerke mit ihrer Thematik, artistischen Sprachbehandlung und überlegenen Kompositionstechnik für eine Novellistik höfischen Stils, die im großen Komplex spätmittelalterlicher Kleinepik zahlenmäßig weit hinter der vorherrschenden Schwankerzählung zurücktritt.

um 1260–75
Albrecht
Jüngerer Titurel

Wolframs *Titurel* (um 1210–20) blieb unvollendet. Etwa 50 Jahre später unternahm, möglicherweise am Hof der Wettiner in Thüringen-Meißen, ein gewisser A. den Versuch, mit Hilfe der Fragmente Wolframs und der Andeutungen im *Parzival* (um 1200–10) einen geschlossenen Roman herzustellen. Der Verfasser ist wohl nicht identisch mit Albrecht von Scharfenberg, wie man früher angenommen hatte.

Das großangelegte Werk mit seinen insgesamt 6300 Langzeilenstrophen (Titurelstrophe) beginnt mit der Geschichte des Grals bzw. des Gralsgeschlechts, fährt fort mit der Jugendgeschichte von Sigune und Tschionatulander und dem Orientzug Gahmurets und Tschionatulanders – bis mit der ›Brackenseilepisode‹ (Wolframs 2. Fragment) das verhängnisvolle Geschehen beginnt, das nach zahlreichen Abenteuern und Episoden schließlich mit dem Tod Tschionatulanders endet. Darauf folgt die Geschichte Parzivals; eine Fortsetzung der Gralsgeschichte beschließt den Roman.

Weltgeschichtliche Zusammenhänge – von Troja über das Imperium Romanum zum Reich Karls des Großen – werden angedeutet, die Schauplätze umspannen mit Europa, Asien und Afrika die bekannte Welt. Ideales Rittertum verwirklicht sich ohne wesentliche Unterschiede überall: im heidnischen Orient, bei König Artus, in der Welt des Grals. Es fehlt nicht an einer ausführlichen Darstellung einer christlich-ritterlichen Tugend- und Minnelehre: Die 54 siebenzeiligen Strophen, die diesen moralisch-didaktischen Exkurs enthalten, finden angeblich Platz auf dem Leitseil des Hundes. Betonte Lehrhaftigkeit verbindet sich so mit einer Darbietung gewaltiger Stoffmassen, wobei Kämpfe, Turniere und Schlachten als wahrhafter Ausdruck der ritterlichen Existenz eine besondere Rolle spielen.

Der *Jüngere Titurel* gehört zu den Hauptwerken des ›geblümten Stils‹. Die sprachlichen Mittel – seltene Wörter, Umschreibungen, gesuchte Metaphern, ungewöhnliche Reime, Worthäufungen und -wiederholungen – unterscheiden sich dabei nicht wesentlich von denen Konrads von Würzburg. Doch wo dieser in der Nachfolge Gottfrieds von Straßburg auf Eleganz, Leichtigkeit und Musikalität zielte, sucht Albrecht den erhabenen, bis an die Grenze der Verständlichkeit dunklen Stil, für den Wolframs Spätwerk Ansätze bieten mochte.

Das »haubt ab teutschen puechen«, wie Püterich von Reichertshausen in seinem Bücherverzeichnis (*Ehrenbrief*, 1462) den *Jüngeren Titurel* nannte, wurde häufig abgeschrieben und früh gedruckt (1477). Zahlreiche Dichter des späten Mittelalters verwenden seine Strophenform. Lange galt das Werk – und das erklärt zu einem guten Teil seine Popularität – als Dichtung Wolframs, der wiederum dem *Jüngeren Titurel* seinen Nachruhm im Spätmittelalter verdankt. Verantwortlich dafür ist das Rollenspiel Albrechts, der sich zunächst als Wolfram ausgibt und erst in Strophe 5883 die Maske fallen läßt.

um 1270
Konrad von Würzburg
Engelhard

Dieser Legendenroman (etwa 6500 Verse) ist nur in einer Druckfassung von 1573 erhalten. Er gilt als der früheste Roman K.s. Grundlage der Dichtung ist eine weitverbreitete Freundschaftslegende, erweitert um eine Liebesgeschichte und das Motiv ›Heilung vom Aussatz durch das Blut von Kindern‹ (vgl. Hartmann von Aue: *Der arme Heinrich,* um 1195).

Die Freunde sind Engelhard, Sohn eines armen burgundischen Adeligen, und der Herzogssohn Dietrich von Brabant. Am dänischen Hof verliebt sich Engelhard in die Königstochter Engeltrud, während Dietrich die Herrschaft in Brabant antritt und heiratet. Engelhard und Engeltrud werden von einem Rivalen überrascht und verraten. Engelhard leugnet und soll sich im Zweikampf (Gottesgericht) von dem Verdacht reinigen. Der herbeigerufene Dietrich kämpft erfolgreich an seiner Stelle, Engelhard erringt die Königstochter. Als dann Dietrich von Aussatz befallen wird, opfert Engelhard seine beiden Kinder, die freilich von Gott wieder zum Leben erweckt werden. Der nach dem Vorbild von Gottfrieds *Tristan* (um 1210) kunstvoll angelegte Prolog preist die Tugend der Treue, die in der Gegenwart verachtet werde, und betont den beispielhaften Charakter der Dichtung. Über die Problematik des erschlichenen Sieges beim Gottesurteil oder der Kindesopfer macht er sich keine Gedanken. Stilistisch führt K. die Bilder- und Metaphernsprache Gottfrieds von Straßburg virtuos weiter.

1271–86
Ulrich von Etzenbach
Alexander

Der Alexanderroman U.s ist nach dem mehrfach bearbeiteten und erweiterten *Alexanderlied* (um 1150) des Pfaffen Lamprecht und dem fragmentarischen *Alexander* (um 1230–40) von Rudolf von Ems die dritte große Alexanderdichtung des deutschen Mittelalters. Sie wurde 1271 unter König Ottokar II. von Böhmen begonnen, aber erst 1286 – acht Jahre nach Ottokars Tod – vollendet und seinem Sohn Wenzel II. gewidmet: eine Dichtung zur Verherrlichung des böhmischen Königshauses. Hauptquelle ist nicht die altfranzö-

sische Alexanderroman, sondern die im ganzen Mittelalter weit verbreitete *Alexandreis* (um 1180) des Walther von Châtillon, ein lateinisches Hexameterepos in zehn Büchern. Allerdings erweitert und ergänzt Ulrich den lateinischen Text beträchtlich (5500 Hexameter gegenüber 28000 deutschen Versen), vor allem aber paßt er das antikisierende Epos seiner Zielsetzung an: der Darstellung eines idealen höfischen Fürsten- und Rittertums zur höheren Ehre Ottokars von Böhmen.

Das Problem freilich, die Darstellung Alexanders als eines vorbildlichen, mit allen höfisch-ritterlichen Tugenden gesegneten Herrschers und Minneritters mit dem traditionellen christlichen Alexanderbild in Einklang zu bringen, bleibt letztlich ungelöst: Auch bei U. erscheint Alexander, wenigstens nach der Eroberung Persiens, als Verkörperung der Superbia; und auch hier stehen wie bei den anderen Alexanderdichtungen Demutslehre und Vanitasdenken am Ende.

Mit seinem erbaulich-lehrhaften Ritterroman *Wilhelm von Wenden* (um 1290) huldigt der böhmische Hofdichter in den Gestalten des fabelhaften Bekehrers des Wendenlands Wilhelm und seiner Frau Bene dem gegenwärtigen Herrscher Wenzel II. und seiner Familie.

um 1275
Konrad von Würzburg
Die goldene Schmiede

Die goldene Schmiede ist ein 2000 Reimpaarverse umfassender Marienpreis, ein Dokument der mittelalterlichen Marienfrömmigkeit, die seit dem 13. Jh. zu hymnischen Großformen führte (*Rheinisches Marienlob,* Anfang 13. Jh.). Entstanden ist K.s Dichtung vielleicht im Auftrag des Straßburger Bischofs Konrad III. von Lichtenberg (Bischof von 1273–99) dem es darum ging, den Marienkult und die Spendenbereitschaft für den Bau des Münsters zu beleben. Stilistisch schließt *Die goldene Schmiede* an Gottfried von Straßburg an.

Der Titel ergibt sich aus dem Prolog, der den Wunsch K.s ausspricht, Maria in der Schmiede seines Herzens ein Gedicht aus Gold zu schmelzen, in das klarer Sinn wie mit Karfunkeln eingelegt sei. Das Werk ist kein Marienleben, sondern ein Lobpreis der »himelkeiserin«, wobei ihre heilsgeschichtliche Bedeutung im Mittelpunkt steht. Es erzählt nicht, es rühmt. Seine Aufgabe als Dichter eines Marienlobs beschreibt K. im Prolog: von Blümen, Flechten, Florieren, von Zieren mit veilchenfarbenen Worten ist die Rede, von »der süeze rede bluot [Blüte]«, in die es »wilder rime kriuter« einzumischen gelte, die Kräuter ausgefallener, überraschender Reime. Dem Programm folgt die Ausführung, eine ununterbrochene Folge von Bildern und Attributen aus der Tradition der Bibelexegese und der Marienverehrung, von kunstvollen Formulierungen, gesuchten Metaphern, seltenen Reimen: *Die goldene Schmiede* ist ein auf zahlreiche spätere Dichter wirkendes Hauptwerk des ›geblümten Stils‹.

um 1275–95
Steinmar
Lieder

Anspielungen auf zeitgenössische Ereignisse datieren die insgesamt 14 Lieder S.s (vielleicht Berthold Steinmar aus Klingenau im Aargau) auf das letzte Viertel des 13. Jh.s. Ein Teil seines Schaffens gehört dem traditionellen Minnesang an; neue Akzente setzt er mit seiner Neigung zu drastischer Bildlichkeit und parodistischer Übertreibung: Lieder der ›niederen Minne‹, eine handfeste Tageliedparodie mit Knecht und Magd im Stroh und vor allem das erste Schlemmerlied der deutschen Literatur. Hier wird dem märtyrerhaften Leiden der »armen minnerlîn« die Lust an den üppigen Freuden der Tafel und des Kellers entgegengesetzt: »Meinen Schlund preise ich: mich würgt nicht einmal eine Gans, wenn ich sie verschlinge.« Diese Seite von S.s Lyrik wirkte weiter, beispielsweise auf Hadlaub.

um 1275–1300
Der Wilde Alexander
Lieder und Sprüche

Der Künstlername des süddeutschen ›fahrenden‹ Dichters läßt mit seiner Anspielung auf Alexander den Großen auf ein hohes Selbstbewußtsein schließen. Dabei hat das Attribut ›wild‹ neben der Bedeutung ›unstet‹ oder ›schweifend‹ wohl auch einen künstlerischen Sinn und verweist auf die »wilde rede«, den fremdartigen, dunklen Stil des Dichters. Sein nicht sehr umfangreiches Werk umfaßt geistliche und weltliche Sprüche, einen Minneleich, wenige Minnelieder und religiöse bzw. allegorische Lieder.

A.s hohe Meinung von der Kunst, die sich in seiner Namenswahl zeigt, wird ausdrücklich in einer Kunstlehre formuliert, einem Spruch, der

die Kunstübung als eine ursprünglich königliche Aufgabe bezeichnet, die nun herabgesunken sei (und daher der Förderung bedürfe). Liebe, Hofkritik und geistliche Ermahnungen sind weitere Themen der Spruchdichtung, die in den apokalyptischen Tönen des Zion-Spruches gipfelt (»Sîôn, trûre«): christliche Endzeitstimmung, möglicherweise ausgelöst durch den Fall Akkons (1291), der das Ende der Kreuzzugsbewegung bedeutete.

Aus der Lieddichtung ragen zwei Texte heraus, die die Konventionen der volkssprachlichen Dichtung durchbrechen: ein Weihnachtslied, das die lateinischen Hymnen nachbildet, und die allegorische ›Kindheitsballade‹ (auch als ›Erdbeerlied‹ bezeichnet). Dieses Lied evoziert suggestive Bilder von harmlosem Kindervergnügen (Veilchenpflücken, Kranzwinden, Tanz, Erdbeersuche), doch mit der zunehmend deutlicher werdenden Bedrohung der Idylle – die im Wald lauernden Schlangen gehen, christlich umgedeutet, auf eine Stelle in Vergils 3. Ekloge zurück – wird der allegorische Sinn deutlich: Mahnung, sich vor der Sünde zu hüten, sich nicht an die Welt zu verlieren, rechtzeitig umzukehren, um vor dem Gericht bestehen zu können. Nicht nur mit dieser Vergänglichkeitsmahnung zählt der Wilde Alexander zu den »profiliertesten Übergangsfiguren zwischen höfischer und meisterlicher Kunst« (Ingeborg Glier).

um 1277
Konrad von Würzburg
Partonopier und Meliur

Dieser über 20 000 Verse umfassende Roman entstand im Auftrag von hochgestellten Baseler Bürgern und war 1277 abgeschlossen. Ihm liegt der französische Roman *Partonopeus de Blois* aus der 2. Hälfte des 12. Jh.s zugrunde, mit dem ein unbekannter Verfasser das Haus Blois-Champagne zu verherrlichen suchte. In dem Werk verbinden sich Motive antiker Dichtung *(Amor und Psyche)* mit Elementen der zeitgenössischen Romandichtung und des Feenmärchens.

Partonopier, Sohn des Grafen von Blois, wird auf einem wunderbaren Schiff in das Inselreich der zauberkundigen byzanthinischen Prinzessin Meliur gebracht, die ihn zu ihrem Geliebten macht, sich ihm freilich nur nachts nähert und unsichtbar bleibt. Sehen dürfe er sie erst in zweieinhalb Jahren, wenn er Ritter geworden sei und sie ihn heiraten wolle. Heimweh führt Partonopier zurück nach Frankreich. Er bewährt sich im Heidenkampf und kehrt mit Ratschlägen seiner Verwandten und des Erzbischofs von Paris, die Teuflisches befürchten, zu Meliur zurück. Er verstößt gegen Meliurs Gebot und macht sie mit Hilfe einer Zauberlaterne sichtbar. Sie verstößt ihn, doch erringt er, aus tiefer Verzweiflung gerettet, nach manchen Abenteuern und Turniererfolgen endgültig ihre Hand und wird Kaiser von Konstantinopel.

Das Motiv von der Liebe eines Menschen zu einem übernatürlichen Wesen ist seit dem Märchen von *Amor und Psyche,* das Apuleius in seinen *Metamorphosen* (um 170 n. Chr.) überliefert, in der europäischen Literatur verbreitet. Auch die Melusinen- oder Undinesage gehört in diesen Zusammenhang. Allerdings erscheint das Geheimnisvolle bei K. (und seinem Vorgänger) in einem rationalistischen Licht: Meliur ist keine wirkliche Fee, sondern eine christliche höfische Dame, die sich mit Magie beschäftigt und »nigromanzi« studiert hat und nun ihre Kenntnisse anwendet, um den rechten Mann zu finden. Da hier nicht die Gesetze einer Dämonenwelt herrschen, muß auch kein dämonisches Wesen für immer verschwinden. Ein glückliches Ende ist daher möglich; der ›Zauber‹ liegt »sozusagen an der Oberfläche« (Max Wehrli), im Wohlklang und Bilderreichtum der Sprache.

um 1280
Jans Enikel
Weltchronik

Diese über 25 000 Verse – und zusätzliche Prosaeinschübe – umfassende deutsche Reimchronik des Wieners J. E. (›der Enkel eines Jans‹) beruht in ihrem historischen Gerüst auf lateinischen Handbüchern und auf österreichischen Annalen, zieht aber auch für die Zeit von Cäsar bis Karl dem Großen die *Kaiserchronik* (um 1140–50) heran.

Gegenstand der Darstellung ist die biblische und weltliche Geschichte von der Erschaffung der Welt bis zu Kaiser Friedrich II. Ihre in einigen Prosabemerkungen angedeutete Gliederung folgt der von Augustinus und anderen vertretenen Weltalterlehre: Den sechs Schöpfungstagen entsprechen sechs Weltalter; das siebte Weltalter – analog dem Ruhetag Gottes – ist das letzte und endet mit der Wiederkehr Christi und der Errichtung seines ewigen Reiches.

Doch ist ›Geschichte‹ nur ein Bestandteil der Chronik: Erfolgreicher und interessanter als der Historiker ist der Geschichtenerzähler J. E. Die

Historie dient ihm als Rahmen für ein reiches Repertoire an anekdotischem und legendärem Erzählmaterial. Dabei schöpft er aus der internationalen Novellen- und Schwankliteratur, verwendet aber auch apokryphe jüdische Erzählmotive und Legenden. Für manche Erzählungen, beispielsweise die Geschichte von der Päpstin Johanna oder die Parabel von den drei Ringen, bietet E.s *Weltchronik* den ersten Beleg. Mit einem zweiten Werk, dem *Fürstenbuch*, vollzog J. E. den Übergang von der Weltgeschichte zur Landesgeschichte. Diese Geschichte Wiens und des österreichischen Herrscherhauses der Babenberger blieb Fragment.

um 1280–87
Konrad von Würzburg
Trojanerkrieg

Der Trojaroman ist das letzte große erzählerische Werk K.s, der 1287 in Basel starb. Es blieb – mit mehr als 40 000 Versen – zunächst Fragment; ein anonymer Fortsetzer führte es zu Ende. Nach Herborts von Fritzlar *Liet von Troye* (zwischen 1190 und 1210) handelt es sich um die zweite deutsche Trojadichtung. Als Quelle diente wieder der französische *Roman de Troie* (um 1165) von Benoît de Sainte-Maure; darüber hinaus zog K. Dichtungen Ovids (*Heroiden, Metamorphosen, Amores*) und die unvollendete *Achilleis* des römischen Epikers Statius (1. Jh. n. Chr.) heran.

Die ungemein ausführliche Erzählung beginnt mit der Geburt des Paris und verfolgt seine Geschichte zunächst bis zu seinem verhängnisvollen Urteil und seiner Rückkehr nach Troja, wendet sich dann Jason und Medea und – unterbrochen von der Schilderung der ersten Zerstörung Trojas durch Herkules – Achilles und Deidamia zu. Nach dem Wiederaufbau Trojas und der Entführung Helenas durch Paris tritt die kriegerische Auseinandersetzung mit den Griechen in den Mittelpunkt der Erzählung.

K.s Darstellung des trojanischen Krieges und seiner Vorgeschichte läßt den Untergang der Stadt als unausweichlich erscheinen. Deutlich erkennbar ist das Bemühen um Objektivität: K. vermeidet, anders als die Quellen, eine progriechische oder protrojanische Färbung seiner Darstellung. Sein Ziel ist ein ›großer‹ Roman, und der Leser braucht einen langen Atem, um all den ausführlichen Beschreibungen, dekorativen Szenen und kunstvollen Reden zu folgen. Teile des Werkes wurden in mittelalterliche Chroniken aufgenommen und für spätere Prosaromane bearbeitet. Daß der Stoff – in verschiedenen Bearbeitungen – während des gesamten Mittelalters lebendig blieb, verweist auf die Bedeutung Trojas für die mittelalterliche Geschichtsauffassung: Nicht nur Rom, sondern auch eine Reihe anderer Länder, Stämme und Städte führten ihren Ursprung auf die vertriebenen Trojaner zurück.

um 1280–1300
Passional

Das *P.* gehört mit dem *Väterbuch* (um 1280–1300) und dem *Buch der Märtyrer* (um 1290) zu den drei großen Legendensammlungen des ausgehenden 13. Jh.s; sie repräsentieren einen neuen Typus in der deutschen Legendendichtung, das Legandar. *P.* und *Väterbuch* stammen vom selben Verfasser, den man früher – ohne zwingende Beweise – im Umkreis des Deutschen Ritterordens gesucht hat. Mit fast 110000 Versen zählt das *P.* zu den umfangreichsten Werken der mhd. Dichtung. Hauptquelle ist die *Legenda aurea* (um 1270) des Jacobus de Voragine.

Das *P.* ist in drei Teile gegliedert. Der 1. enthält ein Marienleben von Marias Geburt bis zur Himmelfahrt und eine Darstellung der zentralen Ereignisse der Lebensgeschichte Christi; darüber hinaus werden zahlreiche Marienmirakel wie die Geschichte vom Teufelsbündner Theophilus erzählt. Es folgen Legenden, die um die Apostel, um Johannes den Täufer, Maria Magdalena und den Erzengel Michael kreisen (2. Teil), und schließlich 75 Heiligenleben, geordnet nach dem Kalender (3. Teil). Hier, im Hauptteil der Dichtung, beginnt die Reihe mit Nikolaus (6. 12.) – das Kirchenjahr fängt im Advent an – und endet mit der Hl. Katharina (25. 11.). Zu den Märtyrern der Christenverfolgungen gesellen sich maßgebende Kirchenlehrer, die großen Mönche und Ordensgründer und schließlich die Hl. Elisabeth, die Fürstin, die das Ideal der Armut, Demut und Barmherzigkeit verkörpert.

Spätere Legendensammlungen griffen auf das in zahlreichen Hss. überlieferte *P.* zurück.

um 1280–1300
Väterbuch

Das deutsche *V.*, eine Dichtung von mehr als 41000 Versen, stammt von dem unbekannten geistlichen Dichter, der auch das *Passional*, um 1280–1300, verfaßt hat.

Der 1. Teil des *V.*s beruht auf den bis ins 6. Jh. zurückreichenden *Vitaspatrum*, den ›Lebensbeschreibungen der Väter‹, d. h. der ersten christlichen Einsiedler und Mönche in der ägyptischen Wüste. Glaube, Liebe, Demut, Geduld, äußerste Bedürfnislosigkeit kennzeichnen die geschilderte mönchische Lebenshaltung. Ihre Bedrohung durch Versuchungen wird immer wieder vorgeführt: der Asket im Kampf gegen Teufel und Dämonen, gegen Anfechtungen seines Glaubens, seiner Keuschheit, seiner Selbstbeherrschung. Die Weltsicht ist dualistisch, Engel und Teufel stehen sich – durchaus handfest – gegenüber. Die Natur wird einbezogen und befindet sich im Einklang mit den Menschen (z. B. Hieronymus und der Löwe). Nach den Geschichten der ›Altväter‹ folgen weitere damit zusammenhängende Viten und Lehrgespräche. Dazu kommt noch eine Anzahl von Legenden, die nicht in den Zusammenhang der *Vitaspatrum* gehören, sondern an die *Legenda aurea* (um 1270) des Jacobus de Voragine und andere Legendensammlungen anknüpfen; darunter befindet sich auch die von Hrotsvit von Gandersheim dramatisierte Abraham-Geschichte. Eine Schilderung des Jüngsten Gerichts beschließt die Dichtung, die – selbst weit verbreitet – späteren Legendensammlungen als Quelle diente.

um 1283–1305
Seifried Helbling

S. H. hat sich als Bezeichnung für 15 vorwiegend zeitkritisch-satirische Gedichte eingebürgert, die im Zeitraum von 1283–1305 in Niederösterreich entstanden sind. Die Datierung ergibt sich aus Anspielungen auf geschichtliche Vorgänge. Der Dichter ist nicht bekannt; der in einem der Texte erwähnte Seifried Helbling ist nicht, wie man früher vermutete, der Verfasser.

Die Gedichte befassen sich mit den sozialen und politischen Verhältnissen in Österreich gegen Ende des 13. Jh.s. Vor dem Hintergrund der guten alten Zeit unter den Herzögen aus dem Geschlecht der Babenberger – der letzte, Friedrich der Streitbare, fiel 1246 im Kampf gegen die Ungarn – wird mit den Zuständen unter der Herrschaft der ersten Habsburger abgerechnet: Der anonyme Verfasser attackiert die habsburgischen Ausbeuter, beklagt Überfremdung und Sittenverfall, prangert korrupte Rechtsprechung, Ausplünderung der Bevölkerung durch ›Freund‹ und Feind und militärische Schwäche an, ja die überkommene ständische Ordnung selbst scheint durch unrechtmäßige Dienstherren, pflichtvergessene Adelige und bäuerliche Emporkömmlinge gefährdet. Es entsteht so, mit Hilfe einfallsreich eingesetzter satirischer und politisch-propagandistischer Techniken, das Bild einer chaotischen Zeit: weniger Abbild der Wirklichkeit allerdings als Ausdruck politischer Interessen (wohl der der österreichischen Landherren, die ihre Machtinteressen gefährdet sahen).

um 1285
Lohengrin

Anspielungen auf geschichtliche Ereignisse datieren das Strophenepos (767 zehnzeilige Strophen) eines unbekannten bayrischen Dichters auf den Zeitraum von 1283–89. Der Dichtung liegt der Schwanritterstoff zugrunde; er erhält eine politische Dimension durch eine Verbindung mit der Reichsgeschichte. Eine direkte Quelle ist nicht bekannt. Die Versionen Wolframs von Eschenbach (*Parzival*, um 1200–10), Albrechts (*Jüngerer Titurel*, um 1260–75) oder Konrads von Würzburg (*Der Schwanritter*, um 1260) kommen dafür ebensowenig in Frage wie französische Schwanrittererzählungen. Stilistisch knüpft das Werk an Wolfram und Albrecht, den Dichter des *Jüngeren Titurel*, an.

Der Gralsritter Lohengrin wird nach Brabant gesandt, um Elsam von Brabant gegen Telramunt beizustehen, der ihr den Bruch eines Eheversprechens vorwirft. Lohengrin erscheint mit seinem Schwan in Antwerpen. Der Gerichtskampf findet in Mainz vor König Heinrich I. (König von 919–36) statt und endet mit Lohengrins Sieg. Nachdem Elsam gelobt hat, nicht nach seinem Namen zu fragen, stimmt Lohengrin einer Heirat mit Elsam zu. Nun folgen in einem Mittelteil, der beinahe zwei Drittel des Werkes ausmacht, ausgedehnte Darstellungen zweier Kriegszüge, verbunden mit höfisch-repräsentativen Szenen: Lohengrin besiegt im Dienst Heinrichs die Ungarn und hat, als er mit Heinrich und allen deutschen Fürsten dem Papst zu Hilfe kommt, entscheidenden Anteil an einem Sieg über die Sarazenen vor den Toren Roms. Heinrich wird in Rom gekrönt (ein ebenso fiktives Ereignis wie der Sarazenenkampf). Nach der Rückkehr Lohengrins bricht Elsam, von Verdächtigungen der Gräfin von Kleve bewegt, das Schweigegebot. Der Schwan erscheint wieder und Lohengrin kehrt zum Gral zurück. Es folgt noch ein Abriß der deutschen Kaisergeschichte von Heinrich I. bis Heinrich II. (König bzw. Kaiser von 1002/1014–1024).

Dieser Schluß verweist ebenso wie die Darstellung der Kriegszüge und der Kaiserkrönung in Rom auf die politische Tendenz der Dichtung, die Propagierung eines im Inneren gesicherten, nach außen hin starken imperialen Herrschertums. Darin besteht die Aktualität der Dichtung in der Epoche Rudolfs von Habsburg (König von 1373–91), der nach dem Interregnum das Ansehen des Königtums zu erneuern suchte.

Die Nachwirkung des *L.* im Mittelalter blieb gering. Dagegen basiert die äußere Handlung – nicht aber der symbolische Gehalt – von Richard Wagners romantischer Oper *Lohengrin* (Uraufführung 1850) weitgehend auf dem mittelalterlichen Epos.

um 1290
Buch der Märtyrer (›Märterbuch‹)

Das *Buch der Märtyrer* ist mit mehr als 28 000 Versen neben *Väterbuch* (um 1280–1300) und *Passional* (um 1280–1300) das dritte umfangreiche Verslegendar des ausgehenden 13. Jh.s. Es beruht auf einer lateinischen Vorlage und ist noch vor der Jahrhundertwende entstanden (die älteste erhaltene Hs. stammt wahrscheinlich noch aus dem 13. Jh.). Der Verfasser ist nicht bekannt.

Die 103 Legenden des *Buches der Märtyrer* folgen der Ordnung des kirchlichen Kalenders. Wenn auch der Titel »der martrer püch« nicht ganz wörtlich zu nehmen ist, so dominieren doch die Geschichten der Märtyrer zur Zeit der Christenverfolgungen. Aus der neueren Zeit kommt Thomas Becket hinzu. Auch Maria wird in einer Marienklage, vor Mariä Verkündigung eingeschoben, als Märtyrerin bezeichnet. Mit der Darstellung von Leben, Martyrium und Wundertaten der Heiligen will der Autor lehren, ermahnen, warnen (vor Ketzerei und »hübschen sunden« wie der »ritterschaft«), missionarisch »bechêren« und »den glauben mêren«.

Mit diesem formal anspruchslosen Werk geht die Zeit der Verslegendare zu Ende. Die älteste Sammlung von Prosalegenden, das *Buch von der heiligen lebine durch das jar*, ließ sich der Laie Hermann von Fritzlar 1343–49 aus »vilen anderen buchern und ûzze vile predigâten und ûzze vil lêrêren« zusammenstellen. Gegen Ende des 14. Jh.s nahm dann die erfolgreichste spätmittelalterliche Legendensammlung Gestalt an (*Der Heiligen Leben*, um 1390), in die auch Prosafassungen von 64 Legenden aus dem *Buch der Märtyrer* eingingen.

um 1290–1318
Frauenlob (Heinrich von Meißen)
Sprüche und Lieder

F., so nannte er sich selbst, hinterließ ein umfangreiches Werk: Hunderte von Spruchstrophen, eine Reihe von Liedern und drei große Leiche. Er dichtete für hochrangige Persönlichkeiten – für Rudolf von Habsburg, die Könige von Böhmen und Dänemark, den Mainzer Erzbischof usw. – und zeigte entsprechendes Selbstbewußtsein, gegründet auch in einer, an dem Einbringen ›wissenschaftlicher‹ Erkenntnisse und Verfahrensweisen interessierten Kunstauffassung:
> Wer ie gesanc und singet noch [...]
> so bin ichz doch
> ir meister noch.

F.s Spruchdichtung behandelt die traditionellen Themen dieser Gattung: Politik, Ethik, Religion. Seine Stellungnahme gegen die Machtansprüche und finanziellen Forderungen der Kirche erinnern an die Haltung Walthers von der Vogelweide, und auch in seinem Eintreten für alte ritterliche Lebensart und die Werte der höfischen Kultur – »êre«, »mâze«, »zuht« – knüpft Frauenlob an die ›klassische‹ staufische Zeit an. Die Hinwendung zu alten Themen wird auch in den Strophen deutlich, die im Anschluß an Reinmar und Walther den Vorrang von »frouwe« bzw. »wîp« diskutieren. F. argumentiert für »frouwe« – und löst damit Widerspruch bei anderen Spruchdichtern aus (u.a. bei Regenbogen). In einer Huldigung rühmt F. den verstorbenen Konrad von Würzburg und seine »gevîolierte blüete kunst« (»veilchenverzierte Blütenkunst«) und verweist damit auf den literarischen Zusammenhang, in dem sein Werk steht: F. gehört zu den bedeutendsten Dichtern des ›geblümten Stils‹. Allerdings ist seine Virtuosität anderer Art als die auf Anmut und Helligkeit zielende musikalische Sprachkunst Konrads. F. bevorzugt den ›dunklen‹ Stil, der durch ungewöhnliche Satzkonstruktionen, ausgefallene Wörter und Wortneubildungen, vor allem aber durch die Fülle von Metaphern, Bildern und Gleichnissen eine in der deutschen Literatur des Mittelalters sonst unbekannte Komplexität erreicht. Den Gipfel dieser manieristischen Kunst stellen die drei Leiche dar – Marienleich, Kreuzleich, Minneleich –, in denen sich philosophisch-spekulative Gedanklichkeit, Anspielungsreichtum und überwältigender Bilderreichtum zu dunkler Erhabenheit verbinden.

F. fand früh Nachahmer, seine ›Töne‹ (Strophenbau und Melodie) wurden weithin verwendet. Die Kolmarer Liederhandschrift vom Ende des 15. Jh.s enthält über 1000 Strophen nach Tönen F.s. Die Meistersinger, die ihn zu den zwölf alten Meistern rechneten und als Begründer ihrer Kunstübung ansahen, dichteten bis ins 17. Jh. hinein in seinen Tönen.

um 1294–1327
Eckhart von Hochheim
(Meister Eckhart)
Werke

Im Vorwort zu seinem (lateinischen) Kommentar zum Johannesevangelium schreibt der Dominikaner E., daß er hier – wie »in allen seinen Werken« – die Absicht verfolgt habe, »die Lehren des heiligen christlichen Glaubens und der Schrift beider Testamente mit Hilfe der natürlichen Gründe der Philosophen auszulegen.« Sein Schaffen gehört damit in die Geschichte der Theologie wie die der Philosophie. Wo er dabei wissenschaftliche Zielsetzungen verfolgt, bedient er sich der lateinischen Sprache: in philosophischen Erörterungen von Streitfragen (»Quaestiones«) und vor allem in seinem großen, freilich Fragment gebliebenen *Opus tripartitum* (*Dreigeteiltes Werk*, um 1311–13), das aus einem Werk der Thesen, einem Werk der Probleme und einem Werk der Auslegungen (Predigten, Bibelexegesen) bestehen sollte. Deutsch ist die Sprache seiner seelsorgerischen und mystischen Texte: der klösterliche (und allgemein christliche) Lebensführung lehrenden *Reden der Unterweisung* (*Die rede der unterscheidunge*, um 1294–98), einer der Königinwitwe Agnes von Ungarn gewidmeten Trostschrift (*Buch der göttlichen Tröstung*, um 1318; andere Datierungen 1308 bzw. 1313–14) und zahlreicher Predigten aus allen Schaffensepochen (etwa 100 gelten als authentisch).

E. formuliert sein Predigtprogramm so: »Wenn ich predige, so pflege ich zu sprechen von Abgeschiedenheit und daß der Mensch ledig werden soll seiner selbst und aller Dinge. Zum zweiten, daß man wieder eingebildet werden soll in das einfaltige Gut, das Gott ist. Zum dritten, daß man des großen Adels gedenken soll, den Gott in die Seele gelegt hat, auf daß der Mensch damit auf wunderbare Weise zu Gott komme. Zum vierten von der Lauterkeit göttlicher Natur – welcher Glanz in göttlicher Natur sei, das ist unaussprechlich.« Der Grundbegriff der mystischen Lehre E.s ist der der Abgeschiedenheit, die vollständige Abkehr von sich selbst und allen Dingen, von Zeit und Ort. Diese radikale Abgeschiedenheit ist die Voraussetzung der Vereinigung mit Gott, der Rückkehr der Seele in den göttlichen Ursprung alles Seins. Für diese Vereinigung gebrauchte E. das Bild von der Gottesgeburt im Seelengrund des Menschen.

Das denkende Umkreisen Gottes geschieht im Bewußtsein der Unfaßbarkeit des göttlichen Mysteriums (›negative Theologie‹) − und erfordert, gerade angesichts des Umstands, »daß Gott als das Eine, außer dem nichts ist, alle Aussagen dieses ›nichts‹ über ihn verneint« (Kurt Ruh), besondere sprachliche Ausdrucksmittel. Um seine philosophisch-theologischen Konzepte und spekulativ-mystischen Vorstellungen faßbar zu machen, erweitert E. die Möglichkeiten abstrakten Sprechens im Deutschen durch eine Fülle von Wortneubildungen, bewahrt dabei jedoch die Lebendigkeit und Dynamik der Rede, die dem mystischen Drang zu Gott angemessen ist: durch die häufig verwendeten Bewegungsbegriffe − »înfliezunge«, »daz durchbrechen«, »daz ûzgiezen« −, durch die Methode der übersteigernden (›apophatischen‹) Redeweise, die jede Bestimmung wieder aufhebt, und durch die Verwendung von Begriffshäufungen, Paradoxen, Hyperbeln, gewagten Bildern und Vergleichen.

Eine Reihe von Aussagen E.s, aus dem Kontext des Redegeschehens herausgelöst, bildeten die Grundlage für den Inquisitionsprozeß, der 1326 vom Kölner Erzbischof eingeleitet und am 27. März 1329 − etwa ein Jahr nach E.s Tod − mit seiner Verurteilung abgeschlossen wurde: In der päpstlichen Bulle werden 17 Aussagen als häretisch, eine Reihe weiterer als »übel klingend, sehr kühn und der Häresie verdächtig« bezeichnet. Die eigentliche Gefahr bestand in den Augen der Kirche darin, daß E. seine den wahren Glauben vernebelnden Gedanken »hauptsächlich vor dem einfachen Volke in seinen Predigten lehrte« − und damit der zur Volksbewegung gewordenen ›Ketzerei‹ Vorschub leistete.

Die Verurteilung E.s beeinträchtigte die Überlieferung seiner Schriften. Der offizielle Schriftstellerkatalog seines Ordens, dem er in hohen Ämtern gedient hatte, verzeichnete ihn nicht. Gleichwohl ging eine starke Wirkung von E. aus, wie etwa Zeugnisse aus (Frauen-)Klöstern, Heinrich Seuses Verteidigung von Lehrsätzen des Meisters oder die sogenannten ›Eckhart-Legenden‹ − auf E. bezogene Exempelgeschichten − bezeugen. Als Antwort auf die Verurteilung kann man auch die Predigtsammlung *Paradisus anime intelligentis* (*Ein Paradies der vernünftigen Seele*, um 1340) ansehen, die wahrscheinlich im Erfurter Heimatkonvent E.s zusammengestellt wurde und 32 seiner Predigten enthält (zugleich betont die Sammlung schon im Titel die dominikanische Doktrin vom Vorrang der »vernünftikeit« − vor der Liebe − in der Frage der Gotteserkenntnis). Über Tauler-Ausgaben des 16. Jh.s, die ohne Namensnennung eine Reihe von Predigten E.s verbreiteten, wirkte er eher im Verborgenen weiter, bis dann im 19. Jh. die moderne Eckhart-Forschung − nicht ohne nationale Obertöne − einsetzte.

um 1300
Johannes Hadlaub
Lieder

Der Zürcher Bürger J. H. steht mit seinen 54 Liedern aus der Zeit um die Jahrhundertwende am Ende einer Epoche. Dem städtischen Minnesänger wird der Minnesang selbst historisch, wie sich aus seinem Lob des liedersammelnden Kreises um Rüdiger Manesse und seinen Sohn Johannes ergibt: »Sammlerinteresse an einer vergehenden Kunst als Teil einer höfischen Gesellschaftskultur« (Helmut de Boor).

Ein großer Teil der Lieder H.s bewegt sich in konventionellen Bahnen: Liebesklage bzw. Liebespreis mit oder ohne Natureingang, Frauenpreis, gelegentlich mit Liebesklage verbunden. Andere Texte leben vom Kontrast: Sinnliche Genüsse ausspielende Herbst- und Erntelieder in der Nachfolge Steinmars enden mit der Klage über das Leid der Liebenden, die Sorgen des geplagten Hausvaters werden überboten durch den Schmerz unerwiderter Liebe.

Ohne Parallele in der Lyrik des ausgehenden 13. Jh.s sind hingegen H.s Erzähllieder. Es sind Erzählungen in Liedform, die nostalgisch Situationen des höfischen Minnedienstes in die städtische Gesellschaft Zürichs übertragen und dabei dem stilisierten Liebesspiel durch (fiktive) autobiographische Elemente und die Nennung historischer Personen ›Realität‹ zu verleihen suchen: Der Dichter heftet seiner Dame heimlich einen Brief ans Kleid; sie entzieht sich seiner Annäherung bei einem Spaziergang (und nicht nur da); er beobachtet, wie sie ein Kind küßt usw. Gottfried Keller hat dem Dichter dieser Minneszenen aus der ritterlichen Vergangenheit in seiner Novelle *Hadlaub* (1878) ein Denkmal gesetzt.

um 1300
Heinrich von Neustadt
Apollonius von Tyrland

Der über 20000 Verse umfassende Roman des
Wiener Arztes »Heinrich von der Neun stat«
(wohl Neustadt in Niederösterreich) basiert teilweise auf einem lateinischen Apolloniusroman
aus dem 2./3. Jh. n. Chr., der auf ein verlorenes
griechisches Original zurückgeht und im Mittelalter weit verbreitet war (*Historia Apollonii regis
Tyri*). Das Handlungsmodell – Trennung von Fa-
milienangehörigen und Wiedervereinigung nach
mancherlei Abenteuern – ist das des spätgriechischen Reise- und Liebesromans.

Apollonius, ein Königssohn, muß aus Antiochien fliehen, um den Nachstellungen des dortigen Königs zu entgehen. In Kyrene gewinnt er
die Prinzessin Lucina zur Frau. Auf der Rückreise
nach Antiochien gebiert sie eine Tochter. Lucina
wird für tot gehalten und in einem Sarg dem
Meer übergeben. Apollonius gibt seine Tochter in
Pflege. Schließlich, nach 14jähriger Fahrt durch
alle Länder des Orients, findet Apollonius
zunächst seine Tochter wieder, die von Piraten
entführt worden war und selbst in einem »sunt-
hauß« ihre Keuschheit bewahrt hatte; dann seine
Frau, die in Ephesus ans Land gespült und wieder zum Leben erweckt worden war. Den Abschluß bildet eine Schilderung der glücklichen
Herrschaft des zum römischen Kaiser aufgestiegenen Apollonius.

Während aber die Vorlage die vierzehnjährige
Irrfahrt des Helden nur andeutet, wird sie bei H.
zum Hauptstück des Romans: eine rasche Folge
von Liebesgeschichten, Abenteuern und Wundererzählungen, deren Reiz vor allem in der anschaulichen, spannend und abwechslungsreich
dargebotenen Stoffülle liegt.

Die Apolloniusgeschichte blieb lebendig – aber
nicht in der Version H.s. Heinrich Steinhöwels erfolgreicher Prosaroman *Apollonius von Tyrus*
(Erstdruck 1471) basiert auf lateinischen Vorlagen.

um 1300
Heinrich von Neustadt
Von Gottes Zukunft

Diese Versdichtung von der Ankunft, dem Kommen Gottes – das etwa bedeutet ›Zukunft‹ – bildet das belehrende und erbauliche Gegenstück

zu dem Unterhaltungsroman *Apollonius von Tyr-
land* (um 1300) des gleichen Verfassers. In drei
Teilen (8117 Verse) ist von »Gotes zu kůnft« die
Rede. Der 1. Teil führt in allegorischer Form zur
Geburt Christi; er beruht auf dem *Anticlaudia-
nus* (um 1183), einer epischen Dichtung von Ala-
nus ab Insulis (Alain de Lille), die die Erschaffung eines vollkommenen Menschen allegorisch
darstellt. Der 2. Teil behandelt Christi Leben,
Passion, Auferstehung, Himmelfahrt, Pfingst-
wunder; er zeichnet sich durch eine gefühlsbetonte Darstellung der Passion und eine Versenkung in das Leiden aus. Im 3. Teil schließlich
spiegelt sich die auch in anderen Zeugnissen der
Zeit erkennbare Endzeitstimmung wieder, möglicherweise bestärkt durch den Fall Akkons
(1291), der letzten christlichen Kreuzfahrerfe-
stung in Palästina. Im Mittelpunkt dieses Teils
steht – nach einer Lebensgeschichte des Antichrist – das Erscheinen Christi beim Jüngsten
Gericht, das mit dem Höllensturz der trotz der
Fürbitte Marias gnadenlos Verdammten und dem
Einzug der Seligen in den Himmel schließt.

In manchen Zügen bleibt das fromme Werk ritterlichen Traditionen verpflichtet: Christus erscheint als Ritter, das Erlösungswerk als Fehde
zwischen Gott und Teufel. Doch entscheidend ist
die Frömmigkeitshaltung, die das Nach- und Miterleben der Leiden Christi in den Mittelpunkt
stellt, Ausdruck »der neuen, gefühlsstarken Theologie des 12. Jh.s, die in der deutschen Dichtung
der höfisch-ritterlichen Zeit nicht zu Worte kam,
jetzt aber in der Frömmigkeit der gebildeten
Laienwelt mächtig durchbricht« (Helmut de
Boor).

um 1300
Hugo von Trimberg
Der Renner

H. v. T., Lehrer an einer Bamberger Stiftsschule,
datiert den Abschluß seines etwa 24000 Verse
umfassenden Lehrgedichts auf das Jahr 1300;
Nachträge entstanden bis 1313. Der Titel bezieht
sich auf H.s assoziativen, von Thema zu Thema
›rennenden‹ Erzählstil: »Nu sül wir aber vürbaz
rennen«, lautet eine häufig gebrauchte Formel.

Der *Renner* ist zunächst eine Morallehre, gegliedert nach dem Schema der sieben Hauptsünden. Diesem Lasterkatalog, der den Hauptteil des
Werkes ausmacht, folgt eine ›positive‹ Lebens-
und Sterbelehre, die sich dem bußfertigen Menschen zuwendet: Hinweise auf die Heils- und
Gnadenmittel (Reue, Beichte, Buße), Betrach-

tungen über Tod und Jüngstes Gericht. Hoffart, *superbia*, steht zwar in der Rangordnung der Todsünden an oberster Stelle, doch mehr als andere Sünden bewegt H. die »gîtigkeit« (*avaritia*), Habsucht und Geiz. In ihr sieht er den Grund für die Verderbtheit und den moralischen Niedergang der Gegenwart – im Gegensatz zur guten alten Zeit seiner Jugend.

Aber der *Renner*, gewiß konservativ im Grundton, ist mehr als Sündenklage, Bußpredigt und Sittenlehre. Denn da H. den Menschen zu Einsicht und Besserung fähig hält, schiebt er Belehrendes aus allen Wissensgebieten ein – vom Ritterwesen hält er übrigens nichts, und die höfische Epik gilt ihm als lügenhaft und ohne Nutzen – und macht damit sein Werk zugleich zu einem popularisierenden Kompendium des Schulwissens seiner Zeit. Diese durch Fabeln, Schwänke und Sprichwörter aufgelockerte moralisierende (und allegorisierende) Enzyklopädie erreichte in vollständigen und gekürzten Fassungen eine weite Verbreitung im späten Mittelalter und konnte auch noch im Zeitalter des Buchdrucks auf ein Publikum rechnen (Druck von 1549).

um 1300
Ortolf von Baierland
Arzneibuch

Der Würzburger Arzt O. v. B. gehört »zu den wirkungsmächtigsten Autoren des deutschen Mittelalters« (Gerhard Eis). Sein *Arzneibuch*, geschöpft »ûz allen arztbüchern, die ich in latîn ie vernam«, brachte die neue, auf arabischen Quellen basierende Medizin aus Salerno und Montpellier nach Deutschland. Die Entstehungszeit ist nur ungefähr bestimmbar.

O.s *Arzneibuch* stellt eine überlegte Auswahl aus der salernitanischen und arabischen Literatur dar, klar aufgebaut und gut übersetzt. Es beginnt mit einer Elementenlehre, Teil einer allgemeinen Gesundheitslehre (Funktion der Organe, Diätetik, Regeln für Schwangerschaft und Geburt, Allgemeines über Arzneien und Krankenkost); der Diagnostik und Prognostik dienen ein Harnbuch, eine Pulslehre und Merksätze von »Mester Ypokras« (mit der arabischen Medizin werden auch die antiken Autoritäten wie Galen und Hippokrates wieder verfügbar); es folgen Anweisungen zur Behandlung von inneren Krankheiten und ein chirurgischer Anhang.

O.s *Arzneibuch* verdrängte dank seiner Reichhaltigkeit und der darin vertretenen ›modernen‹ Medizin die ältere *Practica Bartholomaei*, das im 13. und 14. Jh. maßgebende deutschsprachige medizinische Werk. Zahlreiche Hss. bezeugen seit dem Ende des 14. Jh. die Verbreitung von O.s Buch, das im letzten Viertel des 15. Jh.s mehrfach gedruckt wurde (Erstdruck Nürnberg 1477).

um 1300–10
Erlösung

Die *E.* ist ein heilsgeschichtliches Epos vom Anfang des 14. Jh.s. Der Verfasser, ein Geistlicher aus dem rheinfränkischen Raum, ist nicht bekannt. Das klar aufgebaute, gewandt erzählte Werk behandelt in rund 7000 Versen die Heilsgeschichte von der Schöpfung bis zum Jüngsten Gericht. Quellen sind u. a. AT und NT und das apokryphe *Evangelium Nicodemi* für die Höllenfahrt Christi.

Zu den Höhepunkten der Dichtung zählt die himmlische Ratsversammlung, auf der Gottvater das Urteil über die sündhafte Menschheit verlangt. Die vier Töchter Gottes – Barmherzigkeit, Wahrheit, Gerechtigkeit und Friede – führen den Rechtsstreit vor dem himmlischen Thron, ohne daß es zu einer Entscheidung kommt. Da entwickelt der Sohn seinen Erlösungsplan, der die Gegensätze versöhnt. Die Propheten werden ausgesandt und verkünden den Beschluß (dies basiert – wie die Prophezeiungen in den geistlichen Spielen – auf der pseudoaugustinischen Predigt *Contra Iudaeos, Paganos et Arianos sermo de symbolo* aus dem 5./6. Jh.). Im folgenden wird dann die Lebensgeschichte Christi mit den entscheidenden Stationen behandelt. Das Werk führt weiter zur Geschichte des Antichrist und zum Jüngsten Gericht, das mit dem Freudenfest der Seligen endet.

Formal steht die *E.* in der Tradition des höfischen Romans; es knüpft teilweise – etwa im gereimten Prolog – bewußt an Gottfrieds *Tristan* (um 1210) an. Gleichwohl distanziert sich der Dichter von der »geblûmet rede« des Liebesromans: »âne allez flôrieren« wolle er dichten. Dieser Ablehnung des höfischen Literaturstils liegt ein inhaltlicher Gegensatz zugrunde: der zwischen Heilsgeschichte und Artus- oder Tristangeschichte, zwischen Wahrheit und Lüge.

Die *E.* hat, wie eine Reihe von Parallelen annehmen läßt, auf geistliche Spiele aus dem Hessischen gewirkt (vgl. *Frankfurter Dirigierrolle*, um 1330).

um 1300–1320
Ottokar von Steiermark
(›aus der Geul‹)
Österreichische Reimchronik

Die annähernd 100 000 Verse zählende Reimchronik umfaßt die Geschichte der jüngeren Vergangenheit, den Zeitraum von dem Tod des letzten österreichischen Herzogs aus dem Geschlecht der Babenberger (Friedrich der Streitbare fiel 1246) bzw. dem Tod Kaiser Friedrichs II. (1250) bis zu Ereignissen des Jahres 1309. O. verbindet österreichische Landesgeschichte mit Reichsgeschichte, bezieht aber auch angrenzende Länder ein und widmet der Eroberung der Kreuzfahrerstadt Akkon durch die Mamelucken (1291) beinahe 10 000 Verse.

O. ist ein farbiger, lebendiger Geschichtsschreiber, der seinen Bericht mit dramatischen Szenen und fingierten Reden ausgestaltet und so dem Geschehen den Schein des Unmittelbaren und Authentischen verleiht. Er bezieht Stellung für das Reich und für die Habsburger, er wendet sich gegen den Papst und die Kurie, denen er die Schuld am Fall Akkons und dem Scheitern der Kreuzzugsidee zuschreibt. Er glaubt an eine Gerechtigkeit auf Erden, daran, daß jeder Übeltäter seiner gerechten Strafe zugeführt wird.

Trotz der Vermischung von Erfindung und Geschichte und der Verwendung literarischer Darstellungsweisen zeichnet sich O.s Chronik durch einen ausgesprochenen Sinn für die politische und gesellschaftliche Wirklichkeit seiner Zeit aus.

um 1300–1340
Manessische Handschrift
(Heidelberger Liederhandschrift C)

Die Heidelberger Liederhandschrift C, wie die Bezeichnung der Wissenschaft für die in Heidelberg aufbewahrte Hs. lautet, ist die umfangreichste – und berühmteste – Sammlung mhd. Lyrik. Sie ist in den ersten Jahrzehnten des 14. Jh.s angelegt worden, wahrscheinlich in Zürich. Man unterscheidet einen Grundstock, der auf den Anfang des Jh.s verweist, und mehrere spätere Ergänzungen. Die Bezeichnung *M. H.* geht auf Johann Jakob Bodmer zurück, der in einem Gedicht des Zürcher Minnesängers Johannes Hadlaub einen Hinweis auf die Sammeltätigkeit der Zürcher Patrizierfamilie Manesse (Rüdiger M., gestorben 1304, und sein Sohn Johannes, gest.

1297) und einen Kreis interessierter Literaturfreunde fand: »Wo könnte man so viele Lieder beisammen finden? Man würde im (deutschen) Königreich nicht so viele finden, wie in Zürich in Büchern aufgezeichnet sind.« Allerdings, schon aus chronologischen Gründen können damit nur Vorstufen des großen Kodex gemeint sein, an dessen Vorbereitung und Ausführung Hadlaub möglicherweise selbst beteiligt war.

Die *M. H.* ist keine Anthologie; sie stellt vielmehr den Versuch dar, die Tradition des deutschen Minnesangs in größtmöglicher Vollständigkeit zu erfassen. Auf 426 großformatigen Pergamentblättern werden Texte von insgesamt 140 Dichtern gesammelt. Alle bekannten Minnesänger von der Frühzeit (um 1150–60) bis gegen 1330 sind vertreten. Die Anordnung erfolgt nach Autoren; nur am Anfang wird dabei die gesellschaftliche Hierarchie berücksichtigt: Kaiser Heinrich VI. eröffnet den Kodex.

Ihre große Popularität verdankt die *M. H.* den farbigen Miniaturen, 137 ganzseitigen Autorenbildern, die dem jeweiligen Werk vorangestellt sind und die Minnesänger auf abwechslungsreiche – und gelegentlich auch komische – Weise ›porträtieren‹: als Ritter, Dichter oder Liebhaber, auf der Jagd, beim Tanzen, Spielen, Musizieren usw.

Nach einer Auswahlausgabe (*Proben der alten schwäbischen Poesie des Dreyzehnten Jahrhunderts. Aus der Maneßischen Sammlung*, 1748) veröffentlichten Johann Jakob Bodmer und Johann Jakob Breitinger 1758–59 die erste (fast) vollständige Edition der *M. H.* (*Sammlung von Minnesingern aus dem schwäbischen Zeitpuncte CXL Dichter enthaltend*). Die Hs. befand sich damals – nachdem sie spätestens im 16. Jh. von Zürich nach Heidelberg gelangt war – in Paris (seit 1657; ›Pariser Hs.‹): Die Herausgeber konnten sie nach Zürich entleihen. Im Jahr 1888 schließlich wurde der Kodex von Paris nach Heidelberg gebracht, nicht ohne Bekundungen vaterländischen Sentiments.

um 1320–40
Karlmeinet

K. bedeutet ›Der kleine [junge] Karl der Große‹. Mit diesem Titel wird das Werk eines unbekannten, wahrscheinlich in Aachen tätigen Kompilators bezeichnet, der in der 1. Hälfte des 14. Jh.s vier ursprünglich selbständige Karlsdichtungen zusammen mit einem selbstverfaßten Mittel- und Schlußteil zu einer sechsteiligen poetischen Biographie des Kaisers verband. Der Titel des 36000 Verse umfassenden Werkes ist freilich irreführend, denn nicht nur die Jugend Karls wird behandelt.

Die Jugendgeschichte des Kaisers steht jedoch am Beginn der Kompilation: Aus Furcht vor den Mordanschlägen verräterischer Reichsverweser flieht Karl nach Spanien, gewinnt die heidnische Königstochter Galie zur Frau und kehrt siegreich ins Frankenreich zurück (*Karl und Galie*). Von Verleumdung und wiederhergestellter Ehre handelt *Morant und Galie* (Karls Bannerführer Morant und Galie werden ehebrecherischer Beziehungen bezichtigt). Nach diesen Erzählungen, die beide auf verlorenen französischen Vorlagen beruhen, folgt ein ›historischer‹ Mittelteil vor allem nach dem *Speculum historiale* des Vinzenz von Beauvais (gest. 1264): Karls Kriegszüge in Deutschland und Italien, Kaiserkrönung, ein (erfundener) Zug ins Heilige Land, Heidenkämpfe in Spanien. Daran schließen sich wieder zwei erzählende Texte an: die novellistisch-legendäre Geschichte von *Karl und Elegast* nach einer mittelniederländischen Vorlage (eine zunächst unbegreifliche göttliche Aufforderung, zum Stehlen auszureiten, führt zur Aufdeckung einer Verschwörung) und eine Version des *Rolandslieds*, die zu Anfang des 13. Jh.s am Niederrhein entstanden war. Das Werk endet mit einem Bericht über die letzten Lebensjahre des Kaisers und seinen Tod.

Über Anlaß und Zweck dieses ›Buchs von Karl‹ gibt der Text keine Auskunft. Eine Beziehung zum Karlskult der Kaiserstadt Aachen, dem Begräbnisort des Kaisers, ist freilich anzunehmen.

1321
Thüringisches (Eisenacher) Zehnjungfrauenspiel

Chroniken berichten von der Aufführung eines Zehnjungfrauenspiels am 4. Mai 1321 in Eisenach. Der Text dieser Aufführung ist nicht erhalten; die überlieferten Hss. des Spiels stammen aus der Zeit von 1350–70 bzw. von 1428. Grundlage des oratorienhaften eschatologischen Spiels mit seinen lateinischen Wechselgesängen und den revueartig gereihten Reden in deutschen Knittelversen ist das biblische Gleichnis von den fünf klugen und den fünf törichten Jungfrauen (Matthäus 25, 1–13), das auch in der zeitgenössischen Kirchenplastik aufgenommen wird (z. B. Magdeburger Dom, Freiburger und Straßburger Münster). Gegenüber dem biblischen Text ist das Personal des Stücks um Maria, Engel und Teufel vermehrt.

Engel laden die Jungfrauen zum himmlischen Fest ein. Die Klugen bereiten sich darauf vor, während sie von den Törichten als bigotte Kirchgängerinnen verspottet werden (»tempeltreten«). Statt sich auf das Erscheinen des Herrn vorzubereiten, vergnügen sie sich mit Tanz, Ball- und Würfelspiel. Auch die Fürbitte Marias vermag ihnen dann nicht mehr zu helfen. Die Verzweiflung der von Christus, dem gerechten Richter, Verdammten kontrastiert mit der Seligkeit der klugen Jungfrauen. Lange Klagen der törichten Jungfrauen, die von den Teufeln mit einer Kette umgeben werden, beschließen das Stück: »wy vordinet gotis czorn ... Des sy wy ewiclichen vorlorn.«

um 1328
Heinrich Seuse
Büchlein der ewigen Weisheit

Das *Büchlein der ewigen Weisheit* ist die zweite Schrift H. S.s, der zu dieser Zeit im Dominikanerkonvent zu Konstanz für die wissenschaftliche Betreuung zuständig war (Lektor). Im Gegensatz zu seiner unmittelbar vorher entstandenen, spekulativ-schwierigen Verteidigung der Lehren Meister Eckharts (*Büchlein der Wahrheit*, um 1326–28) handelt es sich um ein Werk der praktischen Mystik, um ein unmittelbar zugängliches Erbauungs- und Exerzitienbuch, um ein Buch, das zur Nachfolge Christi durch die Betrachtung seines Leidens am Kreuz hinführen will: »Meine Menschheit ist der Weg, den man gehen, mein Leiden das Tor, das man durchschreiten muß, willst du zu dem kommen, was du suchst«, heißt es in der erweiterten lateinischen Redaktion der Schrift (*Horologium Sapientiae*, um 1331–34).

Das Werk enthält im 1. Teil Betrachtungen über das Leiden Christi, über Maria und ihre Leiden, über den Wert des irdischen Leidens und den Adel der Gottesliebe, über Sünde, trügerische Weltliebe, Himmel und Hölle. Im 2. Teil folgen konkrete Ermahnungen: Wie man sterben solle (später als ›Sterbebüchlein‹ auch separat verbreitet), wie man innerlich leben solle, wie man die Sakramente empfangen solle und wie Gott stets zu loben sei. Der 3. Teil besteht aus »Hundert Betrachtungen«, Anrufungen an Jesus und Maria zu den einzelnen Stationen des Leidens, die S. täglich mit 100 »venien« (Prostrationen) vor dem Kreuz wiederholte und die wohl den Ausgangspunkt für die beiden ersten Teile bildeten.

Die Form der erbaulichen Betrachtungen und Ermahnungen ist dialogisch, die Sprache bildhaft, melodisch, poetisch (und gelegentlich wohl auch süßlich). Gespräche zwischen der ewigen Weisheit (Christus) und ihrem Diener (Mensch) nehmen die Tradition der Braut- und Liebesmystik auf, die auf das Hohelied zurückgeht, und verbinden sie mit Vorstellungen des höfischen Minnedienstes und einer ausgeprägten Blut- und Wundenverehrung.

Das *Büchlein der ewigen Weisheit* gehörte – wie das daraus erwachsene *Horologium Sapientiae* – zu den verbreitetsten Erbauungs- und Andachtsbüchern des ausgehenden Mittelalters. Gedruckt wurden Seuses deutsche Schriften zuerst 1482 in Augsburg.

um 1330
Frankfurter Dirigierrolle

Diese für die Hand des Spielleiters bestimmte ›Dirigierrolle‹ für ein Passionsspiel besteht aus sieben aneinandergeklebten Pergamentblättern und ist insgesamt 4,36 m lang. An beiden Enden befinden sich Holzstäbe, mit denen sich die Blätter aufrollen lassen. Die Hs. wurde wahrscheinlich in Frankfurt angefertigt und enthält Spielanweisungen (rot geschrieben) und etwa 400 Anfänge von deutschen und lateinischen Reden und Gesängen, also keinen vollständigen Text. Gleichwohl lassen sich Beziehungen zur *Erlösung* (um 1300–10), einem epischen Gedicht, erkennen.

Die Aufführung des Passionsspiels der *F. D.* dauerte zwei Tage: Es ist das erste mehrtägige Spiel in Deutschland. Kern ist wahrscheinlich eine ältere Osterfeier, die noch im Text des 2. Tages bewahrt ist und dann in mehreren Stufen zu einem großen Passionsspiel ausgebaut wurde. Die Handlung umfaßt die Geschichte Christi von der Taufe im Jordan bis zur Himmelfahrt. Vorangestellt ist ein Prophetenspiel, das auf einer pseudoaugustinischen Predigt beruht (*Contra Iudaeos, Paganos et Arianos sermo de symbolo* aus dem 5./6. Jh.): Sieben alttestamentarische Propheten weissagen von Christus und werden von Juden verhöhnt. Augustinus läßt – zum Beweis der Wahrheit der Prophezeiungen – das folgende Spiel vorführen. Das Thema wird am Ende, nach der Himmelfahrt Christi, wieder aufgenommen: Ecclesia und Synagoge halten ein Streitgespräch, in dessen Verlauf die verstockte Synagoge ihrer Macht beraubt wird. Eine Reihe ihrer Anhänger, von dem Passionsspiel überzeugt, läßt sich taufen. Die Verfolger Christi tragen übrigens zeitgenössische jüdische Namen wie Liebermann oder Selegmann: ›nur‹ literarisch-religiöser Antisemitismus in einer Epoche der Pogrome.

Das Spiel wurde möglicherweise auf einem Teil des heutigen Römerbergs aufgeführt (Samstagsberg). Es erforderte am 1. Tag wenigstens 86 Darsteller, am zweiten 49. Der Frankfurter Inszenierungs- und Darstellungsstil, der stilisierte und illusionistische Momente – wie das Aufschminken der Wunden Christi oder eine ›realistische‹ Erhängungsszene – miteinander verband, prägte die Spieltradition im rheinfränkisch-hessischen Raum. Ein vollständiger Text des Frankfurter Passionsspiels ist erst aus dem Jahr 1493 erhalten (wahrscheinlich Grundlage der Aufführungen von 1492 und 1498). Beziehungen zu der Frankfurter Spieltradition zeigen u. a. die (im 19. Jh. verschollene) *Friedberger Passion* aus der 2. Hälfte des 15. Jh.s, die *Fritzlarer Passion* (um 1460), die möglicherweise aus Mainz stammende *Heidelberger Passion* (1514) und nicht zuletzt die dreitägige, mehr als 8000 Verse umfassende *Alsfelder Passion* (1501, 1511, 1517 aufgeführt).

um 1330–50
Hadamar von Laber
Die Jagd

Die Jagd des oberpfälzischen Adeligen H. v. L. gehört zu den großen Minneallegorien des Mittelalters, allegorisch-didaktischen Dichtungen über die verschiedenen Aspekte der Liebe. Formales Vorbild war Albrechts *Jüngerer Titurel* (um 1260–75), dessen Variante der Titurel-Strophe H. für sein umfangreiches Gedicht benutzt (565 Strophen).

Die Jagd nach dem edlen Wild, ein aristokratisches Vorrecht im Mittelalter, dient als allegorisches Modell für die Werbung eines Mannes um eine Frau, wobei das ›Wild‹ zweimal entkommt und dem Leithund ›Herze‹ schwere Wunden zugefügt werden. Einem Erfolg im Wege stehen auch die ›Wölfe‹ (Merker, Aufpasser), die sich auf die Hunde stürzen. Da der Jäger den Hund ›Ende‹ nicht auf das Wild hetzen will (also die Ehre der Dame bewahrt), bleibt er schließlich alleine zurück mit seinem Hund ›Harre‹ (Geduld): Der Dienst trägt seinen Lohn in sich.

Die Verbindung von epischer und reflektierender Darstellung, von Allegorie und Lehre scheint eine große Faszination ausgeübt zu haben, wobei ein zusätzlicher Reiz in der Mehrdeutigkeit mancher Allegorisierungen liegt. Das gilt für die

Jagd, die meist keine ausdrückliche Auslegung des allegorischen Geschehens anbietet; es gilt noch mehr für die *Minneburg* (um 1340), der das Modell des Liebeskrieges zugrunde liegt und die Mehrdeutigkeit als bewußtes Kunstmittel einsetzt. Die allegorische Minnelehre bleibt bis ins späte Mittelalter eine beliebte Gattung.

um 1331–41
Nikolaus von Jeroschin
Kronike von Pruzinlant

Der 1191 auf dem Kreuzzug Kaiser Friedrichs I. gegründete Deutsche Orden wandte sich im Verlauf des 13. Jh.s neuen Aufgaben zu: der Eroberung und Missionierung des späteren Herzogtums Preußen (das 1618 an Brandenburg kam) und des Baltikums. Im Jahr 1226 wurde dem Orden durch Kaiser Friedrich II. die Herrschaft über das Kulmerland (Kulm an der Weichsel) übertragen; von hier aus unterwarf der Orden bis 1283 ganz Preußen. Der Deutsche Orden brachte bald eine eigene Literatur hervor, vorwiegend religiöser Art (Bibel- und Legendendichtung). Daneben entstand aber auch eine Reihe lateinischer und deutscher historischer Werke, die die Geschichte des Ordens und damit auch seine Bestimmung lebendig erhalten sollten.

Das bedeutendste dieser Werke ist die *Chronik von Preußenland*, die auf der lateinischen *Cronica terre Prussie* (1330 abgeschlossen) von Peter von Dusburg basiert. N.' deutsche Reimchronik mit ihren rund 28 000 Versen entstand im Auftrag der Ordensleitung. Sie behandelt die Gründung des Ordens, die Aufnahme der Arbeit des Ordens in Preußen und die Kämpfe mit der heidnischen Bevölkerung. Diesen drei Teilen schließt sich – wie in der Vorlage – ein Abriß der Weltgeschichte seit der Ordensgründung an.

Die alten Aufgaben des Ordens in Palästina treten in den Hintergrund, der Kreuzzugsgeist wird ganz auf Preußen bezogen. Das kriegerische Geschehen, die Leistungen des mönchischen Rittertums stehen im Mittelpunkt. Den edlen Heiden sucht man hier vergebens: »Wie im alten Rolandsliede, das zu den gelesenen Büchern in den Ordenshäusern gehörte, gibt es nur Vernichtung oder Bekehrung« (Helmut de Boor). Die späteren Geschichtsschreiber des Ordens stützen sich auf die *Kronike von Pruzinlant*.

um 1332–50
Heinrich von Nördlingen
und Margareta Ebner
Briefwechsel

Der Weltpriester H. v. N., der vorwiegend als Nonnenseelsorger tätig war, hatte die Mystikerin M. E. 1332 bei einem Besuch im Dominikanerinnenkonvent Maria Medingen bei Dillingen kennengelernt und sie in ihrem Glauben an ihre mystische Begabung bestärkt. Von der Korrespondenz, die sich entwickelte, als politische Umstände persönliche Begegnungen nur selten erlaubten, sind insgesamt 57 Briefe erhalten, davon allerdings nur einer von M. E. Mit diesen Briefen liegt – auch wenn die Überlieferung höchst einseitig ist – der älteste persönlich gehaltene Briefwechsel in deutscher Sprache vor. Es sind kulturgeschichtlich bedeutsame Dokumente einer intimen geistlichen Freundschaft, die empfindsam-erbaulichem Gedankenaustausch gewidmet sind, aber auch persönliche Mitteilungen und private Aufträge enthalten und insgesamt einen Eindruck von der religiösen Stimmung in den frommen Kreisen Oberdeutschlands vermitteln.

Überdies werfen die Briefe H.s ein Licht auf die politische Situation der Zeit, die Auseinandersetzung zwischen Kaiser und Papst (in Avignon), die auch das Schicksal H.s beeinflußte. Kaiser Ludwig der Bayer hatte das vom Papst ausgesprochene Interdikt – die Verweigerung von Gottesdienst und Sakramenten für den Kaiser und seine Anhänger – seinerseits mit einer Anweisung an den Klerus beantwortet, das Interdikt zu mißachten. Wer sich nicht dem Kaiser beugen wollte (ein großer Teil der Geistlichkeit, insbesondere der Deutschherrenorden und die meisten Franziskaner, stand auf seiner Seite), mußte sich an einen papsttreuen Ort begeben. H. ging nach Basel, wo er sich von 1339 an aufhielt und einen Kreis von ›Gottesfreunden‹, von frommen Laien, Klosterfrauen und -brüdern um sich versammelte. In diesem mystisch gestimmten Zirkel entstand um 1344 die oberdeutsche Umschrift von Mechthild von Magdeburgs *Fließendem Licht der Gottheit* (um 1250–82), und H.s Drängen ist es auch zu verdanken, daß M. E. ihre mystischen Erfahrungen aufzeichnete (*Offenbarungen*, 1344–45).

um 1335–61
Johannes Tauler
Predigten

Von J. T. sind rund 80 deutsche Predigten überliefert; lateinische Schriften hat der vorwiegend in seiner Heimatstadt Straßburg wirkende Dominikaner nicht verfaßt. T.s Auftrag besteht in der Seelsorge, in der Predigtmission. Sein Publikum findet er vor allem in Frauenklöstern – in Straßburg gab es neben zahlreichen Beginenkonventen sieben Dominikanerinnenklöster –, aber aus manchen Hinweisen, etwa auf die Würde beruflicher Arbeit, läßt sich schließen, daß er auch vor städtisch-bürgerlichem Publikum gepredigt hat.

T. nimmt Grundgedanken von Meister Eckharts mystischer Lehre auf, ist aber weniger spekulativ, weniger intellektuell. Christliche Lebenslehre hat Vorrang vor mystischer Spekulation. Der Weg zur mystischen Vereinigung mit Gott, dem Versinken im Abgrund Gottes, führt über Selbsterkenntnis und Demut, über das Erkennen der eigenen Nichtigkeit; T. verlangt die innere Umkehr des Menschen (»wesenliche ker«), die angesichts seiner zur Sünde geneigten Natur (Folge des Sündenfalls) immer wieder neu vollzogen werden muß. Auf dem »wilden weg« der irdischen Pilgerschaft zu Gott drohen mancherlei Anfechtungen und Versuchungen, denen es – mit göttlicher Hilfe – zu begegnen gilt, bis schließlich nach dem 40. oder 50. Lebensjahr die vollkommene Gotteserfahrung statthaben kann. Dabei nennt T. als Vorbedingung aller mystischen Bestrebungen den schlichten, einfachen Glauben, der auch und gerade das Leiden Christi miteinbezieht: »nein, über das bilde [Vorbild] unsers herren Jhesu Christi enmag nieman kummen.«

T.s Predigten wurden sorgfältig gesammelt. Der erste T.-Druck erschien 1498; weitere Drucke folgten 1521–22, mit einer größeren Anzahl von Predigten Meister Eckharts, und 1543. Schon die Ausgabe von 1498 enthielt im Anhang die »Hystorien des erwirdigen doctors Johannis Thauleri«, wo Tauler – historisch völlig unzutreffend – zum Helden einer Bekehrungsgeschichte stilisiert wird, einer Geschichte, in der der geheimnisvolle ›Gottesfreund aus dem Oberland‹ eine wesentliche Rolle spielt (vgl. Rulman Merswin, Schriften 1352–82). Wie diese Mystifikation trug eine Reihe weiterer, unter T.s Namen verbreiteter Schriften zu seinem beträchtlichen Nachruhm bei Katholiken und Protestanten im 16. und 17. Jh. bei.

1337
Konrad von Ammenhausen
Schachzabelbuch

Dieses über 19000 Verse umfassende Werk, das umfangreichste deutsche Schachgedicht, ist keine Anleitung zum Schachspiel (schachzabel: eigentlich Schachbrett, dann Schachspiel), sondern K., Mönch und dann Leutpriester in Stein am Rhein, benutzt die Figurenhierarchie des Spiels als gliederndes Prinzip einer Darstellung der ständischen Ordnung. Das nach Angaben des Verfassers 1337 abgeschlossene Buch stützt sich dabei auf eine um 1300 entstandene lateinische Schachallegorie des oberitalienischen Dominikaners Jacobus de Cessolis, die eine bis ins 17. Jh. wirksame Gattungstradition begründete. Ungefähr gleichzeitig mit K. legte auch Heinrich von Beringen eine Bearbeitung des Schachbuchs vor (Schachgedicht, zwischen 1325 und 1350).

K.s Darstellung der Ständehierarchie beginnt nach einer Einleitung über die Entstehung des Spiels mit König und Dame, die die weltlichen Herrscher repräsentieren. Es folgen die Läufer (Richter), Springer (Ritter), Türme (Landvögte und hohe Beamte). Am unteren Ende der Pyramide stehen die »venden«, die acht Bauern, wobei zu diesen »gemeinen antwerkliuten« (Arbeitsleuten) Bauern, Handwerker, Kaufleute, Ärzte und Apotheker, Wirte, städtische Amtsleute, aber auch Verschwender, Spieler und Nichtsnutze gerechnet werden. Die Geistlichkeit wird nur am Rande behandelt. Den Abschluß bildet eine allegorisch-didaktische Betrachtung des Spielbretts und des Gangs der Figuren. K. verbindet die Darstellung der Tugenden und Laster der verschiedenen Stände und Berufe mit eindringlichen Ermahnungen und Belehrungen, mit Exempelerzählungen, Exkursen und kulturhistorisch aufschlußreichen eigenen Beobachtungen.

Zahlreiche, zum Teil illustrierte Hss. und ein 1507 gedruckter Auszug bezeugen die Popularität des Schachzabelbuchs bis ins 16. Jh. hinein. Für die Beliebtheit der Gattung sprechen auch mehrere spätere Übertragungen von Jacobus de Cessolis' Schachbuch in deutsche Verse und Prosa; die Prosafassung wurde, mit Holzschnitten illustriert, mehrfach gedruckt (Erstdruck 1477).

um 1350
Ulrich Boner
Der Edelstein

B.s *Edelstein* ist die erste geschlossene Sammlung äsopischer Fabeln in deutscher Sprache. Als Vorlage dienten dem Berner Dominikaner lateinische Fabelsammlungen, aus denen er 100 Stücke in deutsche Verse umsetzte. Prolog und Epilog sprechen vom Nutzen der Fabeldichtung, die belehren und zur Liebe Gottes hinführen solle. Den Titel erklärt die erste Fabel, eine Fabel über die Fabel: Sie erzählt von einem Hahn, der einen Edelstein findet, nichts damit anfangen kann, ihn wegwirft und lieber ein Haferkorn hätte. So können Toren und Narren nichts mit den folgenden Fabeln anfangen, da sie die darin enthaltenen Lehren nicht erkennen. Dem Aufbau der Eingangsfabel – Erzählung und Auslegung – folgen die weiteren Stücke: bekannte Tierfabeln aus der äsopischen Tradition (Wolf und Schaf, Fuchs und Rabe, Ameise und Heuschrecke usw.), gegen Schluß aber auch rein ›menschliche‹ Beispielerzählungen.

Bis zu Heinrich Steinhöwels *Esop* (um 1476) blieb B.s *Edelstein* die maßgebende deutsche Fabelsammlung. Sie gehörte zu den frühesten gedruckten Büchern (1461). In der Fabeldiskussion des 18. Jh.s spielte sie eine wichtige Rolle. Johann Jakob Bodmer und Johann Jakob Breitinger legten die erste vollständige Edition vor (*Fabeln aus den Zeiten der Minnesinger*, 1757), Lessing beschäftigte sich mit ihnen in seinen Aufsätzen *Über die sogenannten Fabeln aus den Zeiten der Minnesinger* (1773 bzw. 1781).

um 1350
Konrad von Megenberg
Buch der Natur

K. v. M., in Paris ausgebildeter gelehrter Geistlicher aus der Gegend von Nürnberg, nennt seine systematische Naturkunde selbst »buch von den naturlichen dingen«. Nachdem er schon in seiner *Deutschen Sphaera* das mittelalterliche astronomische Weltbild zusammengefaßt hatte, gibt er nun auf der Grundlage des *Liber de natura rerum* (um 1240) des Thomas von Chantimpré und anderer Quellen eine Darstellung des gesamten mittelalterlichen Wissens über die geschaffene Natur in deutscher Prosa.

Das Werk handelt in acht Büchern vom Menschen und seiner Natur (1), vom Himmel und den Planeten (2), von den Tieren (3), Bäumen (4), Kräutern (5), Edelsteinen (6), Metallen (7) und wunderbaren Brunnen (8). Die Realien, so umfassend – und nicht ohne Blick für das Kuriose und Merkwürdige – sie dargestellt werden, stehen jedoch nicht für sich, sondern in einem traditionellen theologischen Deutungszusammenhang: Es geht vorrangig um den geistlichen Sinn der Dinge. Daher nehmen die allegorischen und insbesondere die moralischen Auslegungen der Naturerscheinungen einen breiten Raum ein (z.B.: wie »der môn die naht erläuht; alsô erläuht unser frawe [Jungfrau Maria] die hailigen christenhait«).

Die belehrend-erbauliche Naturkunde K.s hatte großen Erfolg (über 100 Hss. und zahlreiche Drucke sind bekannt). Dabei verliert der theologische Kontext allmählich an Bedeutung. Als Drogenkunde wird das *Buch der Natur* im 15. Jh. geschätzt, und der Frankfurter Druck von 1536 schließlich streicht sämtliche allegorischen Passagen und macht das Buch zum rein naturkundlichen Werk.

um 1350
St. Pauler Neidhartspiel

Held dieses kurzen Spiels mit drei Sprechrollen und 58 Versen ist der Minnesänger des 13. Jh.s, der in seinen Liedern ritterliches und bäuerliches Milieu einander gegenüberstellte und dabei als ›Bauernfeind‹ agierte. Als Bauernfeind wurde Neidhart bald selbst literarische Figur, sowohl in Liedern und Schwänken, die schließlich im *Neidhart Fuchs* (ältester Druck zwischen 1491 und 1500) gesammelt wurden, als auch in einer Reihe von Spielen (vor 1500 sind fünf Spiele erhalten).

Gegenstand des Spiels aus St. Paul in Kärnten ist der Veilchenschwank, von dem auch zeitgenössische bildliche Darstellungen erhalten sind und der auch den Kern der anderen Neidhartspiele bildet. Als der Ritter Neidhart der Herzogin das erste Veilchen als Vorbote des Frühlings und Zeichen der Liebe zeigen will, muß er feststellen, daß die ihm feindlich gesonnenen Bauern etwas anderes unter seinen Hut gezaubert haben (was, steht nicht im Text; in einem etwa gleichzeitigen Schwank sagt es Neidhart deutlich: »ein roher pawr [...] prach mir meinen veiol ab und tet mir under das huttlein scheyssen«): Neidhart sucht sich bei der entrüsteten Herzogin zu rechtfertigen und wendet sich drohend gegen die Bauern.

Die späteren Neidhartspiele gehen z.T. beträchtlich über diese knappe Skizze hinaus. Im *Tiroler* oder *Großen Neidhartspiel* (Hs. von 1492–93), einer über 2500 Verse umfassenden Folge von Schwänken (einschließlich eines Teufelsspiels), bildet der Veilchenschwank nur noch eine Episode in der Auseinandersetzung zwischen Bauern und Ritter. Mit 70 Sprechrollen und mehreren Schauspielerständen (›loca‹) nähert sich der erforderliche Aufwand dem der geistlichen Spiele.

Das *St. Pauler Neidhartspiel* steht mit dem revueartigen *Spiel von Herbst und Mai* (14. Jh.) und einem politischen Antichristspiel (*Des Entkrist Vasnacht*, um 1353–54), das die Belange der Stadt Zürich gegen Kaiser Karl IV. vertritt, am Anfang des weltlichen Schauspiels in Deutschland.

um 1350–65
Heinrich der Teichner
Reimreden

Von H. d. T., der wahrscheinlich als Spruchdichter umherzog, bis er in Wien seßhaft wurde, sind etwa 720 Reimpaargedichte überliefert, insgesamt rund 69000 Verse. Die Texte enden fast alle mit der Zeile: »Also sprach der Teychnaer.« Es sind, sieht man von den 2000 Versen einer Verteidigung der These von der unbefleckten Empfängnis Marias und einem doppelt so langen Gespräch mit der Weisheit ab, meist kürzere, 30 bis 120 Verse umfassende Gedichte in kunstlosen Reimpaaren, in denen der Verfasser Belehrendes über Gott und die Welt zu sagen hat und die Menschen – insbesondere Frauen und Kleriker – zu einem vernünftigen, tugendhaften, modische Exzesse meidenden Leben auffordert. Es ist nüchterne, praktische Laienunterweisung, die in religiösen Fragen strikt die Lehrmeinung der Kirche vertritt und die Kunstlosigkeit zum Prinzip erhebt. Zu verstehen ist diese ›Reimsprecherkunst‹ nicht unter künstlerischem Aspekt, sondern als »soziale Dienstleistung in hohem Grade« (Eberhard Lämmert). H. unterstreicht den laientheologischen Anspruch seiner Reimreden, wenn er sie als »leichte predig« bezeichnet. Die breite Überlieferung seines Werkes im Spätmittelalter läßt erkennen, daß diese Form der Versdidaktik einem Bedürfnis des Laienpublikums nach allgemeinverständlicher, unprätentiöser und von gesundem Menschenverstand geprägter Belehrung über Fragen des Glaubens und der Lebensführung entgegenkam.

1352–82
Rulman Merswin
Gottesfreundschriften

Mystik und Mystifikation verbinden sich in den Traktaten und Sendschreiben, die einem geheimnisvollen ›Gottesfreund aus dem Oberland‹ (Oberland: Voralpengebiet bzw. Himmel) zugeschrieben werden, in Wahrheit jedoch aus dem Straßburger Stift »Zum grünen Wörth« stammen: einem ehemaligen Benediktinerkloster, das der wohlhabende Straßburger Patrizier R. M. nominell für den Johanniterorden erworben hatte, tatsächlich aber von drei Kaufleuten als ›Pflegern‹ geleitet wurde. Es stand allen »erberen guothertzigen mannespersonen« offen und diente als eine Art Altersheim für vornehme Straßburger. M. war bis zu seinem Tod 1382 Pfleger dieser Institution.

In seinem Nachlaß wurden Traktate und Schriften gefunden; sein engster Mitarbeiter Nikolaus von Löwen sammelte und redigierte bis zu seinem Tod 1402 eine Reihe weiterer Schriften. Die Verfasserschaft ist nicht eindeutig.

Im *Büchlein von den vier Jahren seines anfangenden Lebens* (1352), der Geschichte seiner Bekehrung, erzählt M. von seiner Begegnung mit dem Gottesfreund aus dem Oberland, mit dem er einen Bund geschlossen und für den er die Vita seines neuen Lebens geschrieben habe. Der Gottesfreund selbst gibt ihm im Austausch dafür seine eigene Bekehrungsgeschichte (*Zweimannenbuch*). Und noch eine ganze Reihe von Schriften des unbekannten Gottesfreundes werden R. M. angeblich nach und nach übergeben. Es sind zumeist Erzählungen von Erleuchtungen und Bekehrungen, erbauliche Kompilationen aus verschiedenen Quellen. Darunter ist auch das sogenannte *Meisterbuch*, das unter dem Titel *Hystorien des erwirdigen doctors Johannes Thauleri* seit 1498 in den gedruckten Taulerausgaben enthalten ist. Es handelt sich um eine durchaus unhistorische Bekehrungsgeschichte, die aber zeigt, worin die Bedeutung dieser mystifizierenden Literatur liegt: Der berühmte Prediger hat seine wahre Bekehrung, die Umkehr aus einem pharisäerhaften Dasein, einem Laien, dem »lieben gottes frünt in Oberlant«, zu verdanken, dessen Führung er sich demütig unterwirft, bis er schließlich nach langen Exerzitien zum großen Verkünder wird. Der geheimnisvolle Laie aus dem fernen Oberland erscheint als Mahner, als von Gott Berufener, der als Oberhaupt einer geheimnisvollen Bruderschaft das göttliche Gericht trotz der unübersehbaren Anzeichen des Verfalls noch etwas aufhalten kann. Eine Expedition suchte schon im 14. Jh. nach dem Gottesfreund, vergeblich.

Diese Mystifikation ist unabhängig von der Frage der Verfasserschaft und ihrer literarischen Originalität unübersehbares Zeichen für die wachsende Bedeutung der Laienfrömmigkeit im späten Mittelalter: Mit dem Gottesfreund aus dem Oberland wird der Anspruch einer Laienherrschaft auch in religiösen Fragen erhoben, eine Antwort darauf, daß die religiösen Bedürfnisse der Laien von der Kirche nicht mehr wahrgenommen und das Leben und Wirken der Geistlichkeit nicht mehr als vorbildlich empfunden wurde.

um 1357–63
Johann von Neumarkt
Buch der Liebkosung

J. v. N. (bei Breslau) war die literarisch einflußreichste Persönlichkeit am Prager Hof Karls IV., der nach seiner Wahl zum deutschen König (1346; Kaiserkrönung in Rom 1355) den Schwerpunkt des Reiches nach Osten verlagerte. J. ist seit 1347 als Notar an der königlichen Kanzlei nachweisbar, deren 138 Beamten er als Hofkanzler von 1353–74 vorstand. Zugleich war er Bischof von Leitomischl bzw. Olmütz. Er begleitete Karl IV. auf seinen Italienreisen (1354–55; 1368–69) und nahm Anregungen des italienischen Frühhumanismus auf. Zwar verschloß er sich ebenso wie Karl IV. den politischen Vorstellungen Cola di Rienzos und Francesco Petrarcas, die auf eine Wiederherstellung der einstigen Größe Roms und Italiens zielten, doch die neue, von der Rhetorik geprägte Stilkunst der Italiener blieb nicht ohne Wirkung. Sie steht hinter der Reform der kaiserlichen Kanzlei, für die J. seit etwa 1364 Mustersammlungen von (vorwiegend lateinischen) Briefen und Urkunden anlegen ließ (*Summa cancellariae Caroli IV.*). Diese Sammlungen stellten den Beamten Vorlagen und Muster zur Verfügung und wirkten über die kaiserliche Kanzlei auch auf andere Kanzleien im Reich. Damit sorgten sie zugleich für eine gewisse Vereinheitlichung des Kanzleistils (die früher vertretene These allerdings, daß die Entstehung der nhd. Schriftsprache von Prag ausgegangen sei, ist von der Forschung aufgegeben worden).

Hinter J.s literarisch-erbaulichen Werken steht der gleiche Stilwille: der Versuch einer neuen, kunstvollen deutschen Prosa. Dabei handelt es

sich neben einer Reihe von Gebeten um sehr erfolgreiche Erbauungsbücher: Übersetzungen aus dem Lateinischen, darunter ein Werk über den Hl. Hieronymus (*Hieronymus-Briefe*) und *Das Buch der Liebkosung*. *Das Buch der Liebkosung* ist die Übertragung des aus dem 13. Jh. stammenden, aber Augustinus zugeschriebenen *Liber soliloquiorum animae ad deum*, ein Gott gewidmetes Selbstgespräch der Seele, ein Buch der Lobpreisungen Gottes und der Reflexionen über das innige Verhältnis der Seele zu Gott, über die Hingabe des Menschen an Gott und die »wirdickeit« und Ehre des Menschen (»Und dorumb wil ich sprechen, das der mensch der wirdigst ist aus allen creaturen«).

Diese Übersetzung entstand zwischen 1357 und 1363 im Auftrag Karls IV., der »seinem obersten schreiber […] gepoten« hatte, das »buch der lipkozung von wort czu worte czu deutscher czung« zu übertragen. Das Ergebnis ist eine rhetorisch durchgeformte Kunstprosa, die sich nicht nur um ungezwungene Eleganz und klare Gliederung, sondern auch um eine rhythmische Durchformung der Satzteil- und Satzschlüsse bemüht (das Prinzip des sogenannten ›cursus‹, der verschiedenen Kadenztypen in der lateinischen Prosa, Gegenstück zum metrischen Gerüst der Versdichtung).

Das Schaffen J.s ist die Voraussetzung für die Kunstprosa des *Ackermann aus Böhmen* (1400–01) von Johann von Tepl, der auch direkt aus dem *Buch der Liebkosung* zitiert.

um 1360
Heinrich von Mügeln
Der Meide Kranz

»Das buch das heißt der meide kranz«, so nennt H. v. M. (in Sachsen) selbst seine annähernd 2600 Verse umfassende Reimpaardichtung zum Ruhm Kaiser Karls IV. und der Jungfrau Maria.

Vor Kaiser Karl erscheinen die Personifikationen der zwölf »künste«: Philosophia, Grammatica, Loica, Rhetorica, Arismetica, Geometria, Musica, Astronomia, Phisica, Alchemia, Metaphisica, Theologia. Sie begründen eine nach der andern ihren Anspruch auf einen Platz in der Krone der Jungfrau Maria. Der Kaiser entscheidet, daß der Theologie der Vorrang gebühre, doch auch die anderen Wissenschaften einen Platz in der Krone erhalten sollten. Der Kaiser schickt die Wissenschaften zur »Nature«, die zur Krönung der Theologie die zwölf Tugenden einlädt, die in einem von den fünf Sinnen gezogenen, von der

Vernunft geleiteten Wagen kommen. Handelt der
1. Teil der Dichtung von den Wissenschaften, so
entwickelt der 2. eine Tugendlehre, die nach
einer Selbstcharakteristik von jeder der zwölf Tugenden zu dem Ergebnis führt, daß die Tugenden
von Gott und nicht aus der Natur herzuleiten sei-
en. Auch ein Versuch der Natur, in einem abschließenden 3. Teil durch eine Darstellung ihrer
universalen Wirksamkeit einen Vorrang vor den
Tugenden zu begründen, wird zurückgewiesen.

Diese allegorische Wissenschafts- und Tugendlehre, von der auch eine illuminierte Hs. erhalten
ist, bestätigt den Anspruch, den H. an die Dichtung stellt. Er ist, und das bestätigt auch seine
gelehrt-manieristische Spruchdichtung, »der ware meister«, ein Dichter, für den Dichtung auf
einem Studium der »künste«, der Wissenschaften also, basiert (H. verfaßte auch lateinische
und deutsche historische Schriften – Ungarn-
chroniken –, übertrug einen Psalmenkommentar
ins Deutsche und legte eine deutsche Bearbeitung der *Denkwürdigen Taten und Aussprüche*
des Valerius Maximus, 1. Jh. n. Chr., vor). Wie
weit seine Offenheit der Antike gegenüber tatsächlich reicht und ob sich in der Fragestellung
und in der Wissenschafts- und Tugendlehre von
Der Meide Kranz neuzeitlich-humanistische Züge
abzeichnen – ein gewisses Eigengewicht der Natur und der Naturphilosophie –, ist schwer abzuschätzen. H. selbst verstand sich als Neuerer.

um 1360–90
Peter Suchenwirt
Reimreden

S., ein Berufsdichter österreichischer Herkunft,
ist ein jüngerer Zeitgenosse von Heinrich dem
Teichner, den er in einem Nachruf rühmt. Sein
Werk, insgesamt 52 Gedichte, hat freilich einen
anderen Charakter. Es steht in einem höfischen
Traditionszusammenhang und wendet sich vorwiegend an ein höfisch-ritterliches Publikum,
dem es »etablierte ritterliche Verhaltensnormen
in aktuellen Formen« vermittelt (Ingeborg Glier).
Der höfischen Orientierung entsprechen die bevorzugten Gedichttypen: Gedichte und Nachrufe
auf bekannte Persönlichkeiten (beinahe die Hälfte der Texte gehört zu diesen ›Ehrenreden‹), his-
torisch-politische Texte und für Fürsten und
Herren bestimmte Lehrreden über zeitgenössische Mißstände (Geiz, ritterliche Untätigkeit,
Würfelspiel), allegorisierende Minnereden (›Liebe
und Schönheit‹, ›Die Minne vor Gericht‹, ›Die
Jagd‹). S.s Repertoire enthält aber auch Scherz-

gedichte, Reimspielereien und, gewichtiger, vier
geistliche Reden, darunter einen über 1500 Verse
umfassenden Marienpreis in der Nachfolge Konrads von Würzburg (*Die goldene Schmiede*, um
1275).

1362
Fritsche Closener
Straßburger Chronik

F. C. [Klosener], mit einer Pfründe am Straßburger Münster versorgt, gibt den 8. Juli 1362 als
Datum der Vollendung seiner Chronik an. Sie
steht am Anfang der deutschsprachigen Chronistik in Straßburg und gehört zu den frühesten
volkssprachlichen Werken, die Weltgeschichte
(Papst- und Kaisergeschichte) und Stadtgeschich-
te verbinden. Während die Chronik der Päpste
und Kaiser recht knapp gehalten ist und nur wenige Gestalten heraushebt (Dietrich von Bern,
Karl der Große, Otto I., Otto III.), registriert der
Straßburger Teil, der die Hälfte der Chronik ausmacht, eine Fülle von Ereignissen und Merkwürdigkeiten aus der Geschichte der Stadt. Dabei
verwertet der Verfasser alle verfügbaren Quellen
und Nachrichten und berichtet, thematisch geordnet, über Kriegszüge, innere Unruhe, Feuer-
brünste und Erdbeben, über Wetter, Ernten und
Preise, über städtische Bauten, Stifte und Klöster. Eingehend behandelt werden die Judenverfolgungen (1298, 1337, 1349): »Do man zalte
MCCCXLIX jor, do wurdent die Juden zu Stros-
burg verbrent in eime kirchof uf eime hultzinen
geruste [...]. Sú wordent ouch des selben jores
verbrant in allen steten uf deme Rine [...]. Daz
geschach darumbe: man zieh sú, sú hettent bur-
nen und andere waszere entsúfert mit vergift.«
Kulturhistorisch bedeutsam ist der ausführliche
Bericht über die Geißlerzüge von 1349, eine Bü-
ßerbewegung im Angesicht der Bedrohung durch
die große Pestepidemie (»Nu hebent uf die iuwern hende, Daz got dis große sterben wende!«).
Auch die bei den Bußübungen gesungenen Lieder (›Geißlerlieder‹) zeichnet die Chronik auf.

C.s Werk wurde – neben einer Vielzahl weiterer Quellen – von Jakob Twinger von Königsho-
fen für seine bis 1414 reichende Chronik ausgiebig benutzt, eine Chronik, die sich an die »klugen
Laien« richtet, die »von alten und vor allem von
neuen Ereignissen ebenso gern lesen wie die gelehrten Pfaffen«. Der Akzent liegt daher auf der
neueren Zeit; außerdem wird die Weltgeschichte
in größerem Maß einbezogen. Register mit Jah-
reszahlen und Blattangaben erschließen die um-

fangreiche Chronik und machen sie als Nachschlagewerk verwendbar. Twingers Unternehmen hatte Erfolg, die Chronik seines Vorgängers dagegen wurde bald vergessen.

Zu den wichtigsten Städtechroniken dieser Epoche zählen ferner Heinrichs von Lammesspringes *Magdeburger Schöppenchronik* (um 1360–72; Fortsetzung anderer Verfasser bis 1468), ein Hauptwerk der mittelniederdeutschen Literatur, dessen dritter, der neueren Zeit gewidmeter Teil mit einem von Betroffenheit zeugenden Bericht über die große Pestepidemie von 1350 einsetzt; die Chronik der Stadt Köln, *Dat nuwe boich* (1396–97), eine Dokumentation innerstädtischer Machtkämpfe der zweiten Jahrhunderthälfte; Johann Rodes Lübecker *Stadechronik* (um 1347), die dann von dem Franziskaner Detmar von Lübeck 1385 fortgesetzt und erweitert wurde; die anekdotische *Limburger Chronik* Tilemann Elhens (1378–1402; vgl. dort).

um 1362
Heinrich Seuse
Vita

Die von S. selbst zusammengestellte Sammlung seiner Schriften, von ihm als »Exemplar« bezeichnet, beginnt mit der autographischen Vita *Der Seuse* (ein Buch, »daz da haisset der Súse«). Über die Entstehungsgeschichte berichtet die Einleitung. Hier erzählt S. von der Nonne Elsbeth Stagel (Kloster Töß bei Winterthur), die ihn um Mitteilungen über sich gebeten und die ihm entlockten vertraulichen Auskünfte über sein geistliches Leben heimlich aufgezeichnet habe. Nachdem er dieses geistlichen Diebstahls innegeworden sei, habe er sich die Aufzeichnungen geben lassen, um sie zu verbrennen. Ein zweiter Teil sei auf Grund einer himmlischen Botschaft »unverbrennet« erhalten geblieben; er mache – mit einiger »gůter lere« ergänzt – das vorliegende Buch aus.

S.s *Vita* ist eine geistliche Autobiographie, die stilisierte Lebensbeschreibung eines Christen in der Er-Form mit der besonderen Pointe, »daß der Held der Geschichte sich selber in den Rang der Vorbildlichkeit erhebt« (Alois M. Haas). Daß der Held nach dem Entstehungsbericht nicht als der eigentliche Autor erscheint (der jeweilige Anteil ist freilich nicht zu ermitteln), dient der Legitimation und Absicherung dieses ungewöhnlichen literarischen Vorhabens.

Geschildert wird zunächst S.s Leben im Kloster: die inneren Kämpfe, die durch Gottes Hilfe

in seinem 18. Lebensjahr »mit einem geswinden kere« (durch eine plötzliche Wendung, Bekehrung) überwunden werden; seine Vermählung mit der göttlichen Weisheit, der er geistliche Liebesdienste leistet; seine Visionen; die aszetischen Übungen, ein radikales, in allen Einzelheiten geschildertes Programm zur Abtötung des Leibes von der äußersten Enthaltsamkeit in Essen und Trinken bis zu blutigen Exzessen mit ausgesuchten Marterinstrumenten. Danach, die Übungen dauern bis ins 40. Lebensjahr, ist der »erst anvang« des geistlichen Lebenslaufs zu Ende. S. wird nun in der Kunst rechter Gelassenheit unterwiesen und der geistlichen Ritterschaft für würdig erachtet. Die Perspektive ändert sich, S. ist nun in seelsorgerischem Auftrag unterwegs. Gehäuft trifft jetzt Leid von außen auf ihn ein: Er wird als Dieb, Brunnenvergifter und Ketzer verfolgt, der Unzucht und der Vaterschaft beschuldigt und wunderbar gerechtfertigt. Die Vita mündet schließlich in eine Einführung in die mystische Erfahrung, in eine Unterweisung seiner geistlichen Tochter Elsbeth Stagel in den höchsten Fragen – was, wo und wie Gott sei –, die diese zu dem verzückten Ausruf führt: »wafen, ich swimm in der gotheit als ein adler in dem lufte.«

S. ist der Literat unter den Mystikern, seine *Vita* eine poetische, aber deswegen nicht unwahre Stilisierung eines geistlichen Lebens. Darstellungsformen der Andachts- und Erbauungsliteratur verbinden sich mit solchen des höfischen Romans und der Autobiographie (Augustinus' *Confessiones* gehörten zur Pflichtlektüre junger Dominikaner). S.s Umgang mit der Sprache ist virtuos, zeigt eine Vorliebe für Gegensätze, für eine die Gefühlswelt neu erschließende lyrische Empfindsamkeit auf der einen, für krasse, naturalistische Detailschilderungen auf der anderen Seite. S.s *Vita* ist ohne Beispiel in der deutschen Literatur des Mittelalters. Noch für Jh.e liegt eine derartige Selbstdarstellung außerhalb der Möglichkeiten deutscher Dichtung.

um 1365–95
Mönch von Salzburg
Lieder

Unter dem Namen »der münch« (von Salzburg) ist ein Komplex von mehr als 100 geistlichen und weltlichen Liedern überliefert. Es ist nicht sicher, ob die Lieder das Werk eines einzigen Verfassers (und Komponisten) sind. Eine der Hss. nennt »Hermann ein[en] Münich Benedictiner Orden czw Salczburgk [...] mit sampt ainem laypriester herrn Martein« als Urheber, wobei der letztere mit dem 1370 bezeugten Martin Kuchlmeister, Leutpriester und Günstling (»intrusus«) des Erzbischofs, identisch sein mag. Sicher ist nur, daß die Lieder am Hof des Salzburger Fürstbischofs Pilgrim II. (1365–96) entstanden sind. Für eine große Resonanz der Lieder sprechen die zahlreichen Hss., die z. T. auch musikalische Notierungen für Melodie und Instrumentalbegleitung enthalten, darunter – möglicherweise von romanischen Vorbildern beeinflußt – die ältesten Beispiele weltlicher Mehrstimmigkeit in Deutschland (die Musik der mhd. Lyrik war einstimmig).

Die Mehrzahl der etwa 50 geistlichen Lieder sind Übersetzungen und Fortdichtungen von lateinischen Kirchenliedern, von Hymnen und Sequenzen auf die Feste des Kirchenjahrs (bzw. das ihnen zugrunde liegende heilsgeschichtliche Geschehen). Einen bedeutenden Komplex bilden die Marienlieder. Darunter finden sich kunstvolle Gebilde wie *Das guldein Abc mit vil subtiliteten*, ein Marienpreis in Gestalt eines ›Abecedariums‹, d. h. die Anfangsbuchstaben der 24 Halbstrophen formen sich zum vollständigen Alphabet. Schlicht und volkstümlich ist andererseits der Wechselgesang zum ›Kindelwiegen‹ beim Weihnachtsfest, der noch heute gesungen wird (»Josef lieber neve mein«).

Die 56 weltlichen Lieder sind, bis auf drei Schlemmer- und Trinklieder, Liebeslieder: Beispiele einer formenfreudigen, höfischen Gesellschaftsdichtung, die Motive und Formen des Minnesangs variiert, von Dienst, Treue, Sehnsucht, Trauer und Hoffnung spricht, die Schönheit der Geliebten preist und sich heftig gegen die »kleffer« (d. h. die mißgünstige Gesellschaft) wendet. Zu den bekanntesten Gedichten gehört das *Kchühorn*, eine Tageliedvariation in der Nachfolge Steinmars: Abschied der Liebenden (Magd und Knecht) nach dem Mittagsschlaf im Stroh, weil der Hornruf des Hirten daran erinnert, daß »dy kchü noch ungemolchen« sind.

Das unter dem Namen des M.s v. S. überlieferte Werk ist die bedeutendste Leistung in der Geschichte der deutschen Lieddichtung zwischen dem späten Minnesang und Oswald von Wolkenstein.

1378–1402
Tilemann Elhen von Wolfhagen
Limburger Chronik

Der Limburger Notar und Stadtschreiber T. E. begann nach eigenen Angaben 1378 mit Aufzeichnungen für seine Chronik. Sie berichtet über den Zeitraum von 1335 bis 1398, sollte aber eigentlich bis zum Jahre 1402 reichen.

Die Schilderung dessen, was er »gesehen unde gehort« habe, geschieht chronologisch: eine episodische Reihung von Nachrichten, die mehr oder weniger mit Limburg an der Lahn in Beziehung stehen. Der Verfasser berichtet über das politische Geschehen im Lahntal, ist mit den hessischen Verhältnissen vertraut, informiert über Naturkatastrophen, die Pestepidemie von 1348–49 – »da quam [kam] ein groß sterben in Dusche lande« – und die damit zusammenhängenden Geißlerzüge des Jahres 1349, einer schließlich von der Kirche verbotenen Bußpraxis. Darüber hinaus finden sich genaue, das Individuelle hervorhebende Beschreibungen von Personen, Beobachtungen zur Kleidermode und zahlreiche, mit Texten belegte Hinweise auf gerade populäre Lieder (»Item darna nit lange sang man aber ein gut lit von wise und worten dorch ganz Duschelant, daz ging also [...]«).

E.s Vorliebe für das Bemerkenswerte und Merkwürdige (»notabile«) führt so zu einer besonderen Berücksichtigung der Realien. Einen übergreifenden Gesamtplan kennt diese Art der Chronistik nicht mehr; keines der Konzepte mittelalterlicher Geschichtsschreibung bestimmt die Gliederung. Die einzelne Nachricht, häufig didaktisch-moralisch kommentiert, behält vielmehr ihr Eigengewicht innerhalb des episodisch reihenden Werkes, einer kulturhistorischen Fundgrube.

um 1380–1400
Der Franckforter

Der Titel dieses mystischen Traktats ist einer Hs. entnommen. Der Prolog nennt einen Priester im Deutschordenshaus zu Frankfurt als Verfasser, als Entstehungszeit gilt das ausgehende 14. Jh. Das Werk steht der spekulativen Mystik nahe, Meister Eckhart und Johannes Tauler werden zitiert.

Der Prolog bezeichnet es als Anliegen des Buches, zwischen wahrhaften ›Gottesfreunden‹ und der Kirche schädlichen ›freien Geistern‹ zu unterscheiden. Das sind Abgrenzungsversuche, die im 14. Jh. angesichts der wachsenden Laienreligiosität höchste Aktualität besitzen (schon auf dem Konzil von Vienne, 1311–13, waren die Freigeister und die Laiengemeinschaften der Beginen und Begarden verurteilt worden). Im Mittelpunkt des *F.* steht die Lehre von der möglichen ›Vergottung‹ des Menschen, der Vereinigung mit Gott. Dabei wird – im Gegensatz zur Auffassung der Freigeister, daß die ›Vergottung‹ den Menschen aller menschlichen und kirchlichen Ordnungsprinzipien und Gebote enthebe – die Bindung an die Ordnung der Kirche entschieden hervorgehoben. Vorbild ist das Leben Christi, sein absoluter Gehorsam gegenüber Gott. Erst die unbedingte Nachfolge Christi, die völlige Unterwerfung des eigenen Willens unter den Willen Gottes, führt zur wahren Freiheit des Menschen und ermöglicht die Vereinigung mit Gott.

Die Wirkung des Traktats war groß. Sie ging von Martin Luther aus, der 1518 (nach einer nicht vollständigen Ausgabe von 1516) den Text unter dem Titel *Eyn deutsch Theologia* veröffentlichte (Nachdrucke gaben ihm den dann gebräuchlichen Titel *Theologia Deutsch*). Auf diesen Druck Luthers geht ein Großteil der neueren deutschen Ausgaben zurück (bis 1961 zählte man 190 Ausgaben, darunter 124 deutschsprachige). Durch Luther, der das Werk neben die Bibel und die Schriften von Augustinus stellte, wurde die *Theologia Deutsch* Teil der Tradition der lutherischen Kirche. Dagegen lehnte Calvin die Schrift ab, und die katholische Kirche setzte sie im 17. Jh. auf den Index der verbotenen Schriften (Dekret Pauls V., Papst von 1605–21).

um 1390
Der Heiligen Leben

Der Titel dieser am weitesten verbreiteten deutschsprachigen Legendensammlung in Mittelalter und Früher Neuzeit geht auf den ersten Druck von 1471–72 zurück. Das Werk wird gelegentlich auch *Prosapassional* genannt: eine Bezeichnung, die an das versifizierte ältere *Passional* (um 1280–1300) anknüpft und zugleich darauf verweist, daß im Verlauf des 14. Jh.s die Legendendichtung zur Prosa übergeht. Der Verfasser des Prosalegendars ist nicht bekannt; entstanden ist es wahrscheinlich in Nürnberg. Die Datierung ergibt sich aus dem Bericht eines Mirakels von 1384 und dem Umstand, daß die ältesten Hss. vom Ende des 14. Jh.s stammen.

Das Legendenbuch ist, wohl wegen seines gro-ßen Umfangs, in zwei Teile gegliedert, einen Sommer- und einen Winterteil, die zusammen etwa 250 Legenden enthalten (die Zahl schwankt in den verschiedenen Hss. und Drucken). Die Anordnung der Texte folgt dem Kalender, wobei allerdings der Beginn mit Michael (29. September) von allen bekannten Legendaren abweicht (das Kirchenjahr beginnt im Advent). Der Verfasser greift vorwiegend auf deutsche Quellen zurück – allein aus dem *Buch der Märtyrer* (um 1290) werden 64 Legenden, in Prosa aufgelöst, übernommen –, benutzt aber auch eine nichtkirchliche Dichtung wie Hartmanns von Aue *Gregorius* (um 1190), der freilich auf das Grundgerüst der Handlung reduziert wird. Die Erzählweise ist episodisch. Aus dem Leben des Heiligen wird einfach und ohne Gelehrsamkeit erzählt, was »uns nutz ist tzu einer straff und zu einer besserung«, vor allem aber das, was die Heiligen als bewundernswerte Verkörperung göttlicher Liebe und Allmacht erscheinen läßt.

Die zahlreich erhaltenen Hss. und Drucke zeigen, daß die Legendensammlung auch unter Laien – adeligen wie bürgerlichen – große Verbreitung fand. Mindestens 33 hochdeutsche und 8 niederdeutsche Drucke, die meisten mit Holzschnitten versehen, erschienen bis 1521, darunter eine von Sebastian Brant 1502 betreute Ausgabe in der für die damalige Zeit sehr hohen Auflage von 1000 Exemplaren. Die protestantische Legendenkritik bezog sich nicht zuletzt auch auf dieses Kompendium: Mit der darin enthaltenen »Lügend von St. Johanne Chrysostomo« setzte sich 1537 Martin Luther auseinander.

um 1390–1415
Hugo von Montfort
Gedichte

Die Dichtung des Grafen H. v. Monfort-Bregenz – 38 Texte gelten als echt – ist die eines adeligen Dilettanten, der weiß, daß Genauigkeit in »rimen« und »silben« nicht seine Sache ist. Eine Reihe von Gedichten in der von H. selbst zusammengestellten ›Gesamtausgabe‹ sind datiert oder lassen sich durch Hinweise auf biographische oder zeitgeschichtliche Gegebenheiten oder Ereignisse festlegen (das früheste auf 1391–93, das späteste auf 1414). Die Melodien der Lieder hat Burk Mangolt, »unser getrewer knecht ze Pregentz«, komponiert: Zum erstenmal wird die Trennung von Dichter und Komponist sichtbar (im Minnesang schufen die Dichter normalerweise auch die Melodie).

Die Übergangsstellung, die H.s Werk symptomatische Bedeutung verleiht, zeigt sich auch in den Formen und Themen seiner Texte, die vom traditionellen Minnesang (einschließlich des Tagesliedes) ausgehen, dessen Konventionen jedoch zugleich durchbrechen. Das äußert sich beispielsweise dadurch, daß seine an die eigene Ehefrau gerichteten Liebeslieder und Liebesbriefe zum Teil ausdrücklich als Gelegenheitsgedichte erkennbar sind: »Gemacht und geben ze Ensishein Nach Christs gebürt drüzehenhundert jar In einem stüblin, das was klein, Im sechs und nüntzgosten, das ist war [...].« Seine didaktischen ›Reden‹, die gelegentlich ein allegorisches Handlungsgerüst verwenden, umfassen adelige Tugendlehre, Minnereden (mit ausdrücklicher Hinwendung zur Ehefrau) und geistliche Reden (Welt- und Sündenklagen, Gebete). Die eigenste Leistung des adeligen Gelegenheitsdichters stellen dabei die Reflexionen über Liebe und Dichtung dar, eine Verbindung von Minnerede und Memento mori. Insgesamt zeigt das Werk H.s – wie das des ungleich bedeutenderen Oswald von Wolkenstein –, wie Formen und Motive des Minnesangs in einer Zeit, in der die Ritterkultur längst an Bedeutung verloren hat, in anderer, in subjektiver, autobiographischer Funktion weiterleben.

1391
Innsbrucker Osterspiel

Die Bezeichnungen der mittelalterlichen geistlichen Schauspiele orientieren sich, und das ist häufig verwirrend, an dem Fund- oder Aufbewahrungsort der Hs. So ist das *I. O.* eine in Innsbruck aufbewahrte Abschrift eines Spiels aus Thüringen. Die Abschrift wurde 1391 angefertigt, das Original ist wahrscheinlich einige Jahrzehnte älter: Es siedelt die Päpste noch in Avignon an (1309–77). Die Hs. ist als Regiebuch mit Text (deutscher Spieltext mit den lateinischen liturgischen Gesängen) und Regieanweisungen angelegt.

Das Spiel, das etwa 40 Darsteller erfordert, enthält die traditionellen Szenen: Pilatus und die Juden; Wächterspiel; Auferstehung; Entdeckung des leeren Grabes; Höllenfahrt und Erlösung der Altväter (vertreten durch Adam und Eva); Gang der drei Marien zum Grab, wobei die eigentliche ›Visitatio sepulchri‹ durch ein ausgedehntes Krämerspiel unterbrochen wird; ›Gärtnerszene‹, d.h. Begegnung Christi mit Maria Magdalena; Lauf der Apostel zum Grab; Vorweisung der Leintücher durch Petrus und Johannes. Vor dem Schlußgesang »Christ ist erstanden« wird das Publikum noch aufgefordert, an die mitspielenden »armen schuler« zu denken, die »nicht czu essen« hätten.

Charakteristisch für das *I. O.* sind Erweiterungen an zwei Stellen. Zunächst wird die Höllenfahrt Christi und die Erlösung der Altväter Anlaß einer Berufs- und Ständesatire. Die Hölle muß nämlich mit neuen Seelen gefüllt werden, und Lucifer, der warnend an sein eigenes Schicksal erinnert (»we dem der da hoffart tut!«), zählt die potentiellen Opfer auf: von Papst und Kaiser bis hinunter zum Bürstenbinder. Wirklich vorgeführt werden allerdings nur einige ständisch niedrigstehende Seelen (Bäcker, Schuster, Kaplan, Bierschenk, Metzger, Schneider), wobei Lucifer lieber auf den »helfer« (Buhler) verzichten würde. Noch auffallender ist die Erweiterung der Krämerszene, die mit etwa 500 Versen fast die Hälfte des Spiels ausmacht. Dabei sorgen Krämer und Krämerfrau für Prügelszenen, der durchtriebene Krämerknecht Rubin und zwei andere wüste Gesellen für Derbheit und obszönen Wortwitz. Diese Szenen, in denen der Quacksalber als Gegenfigur zum Seelenarzt Christus erscheint, haben eine didaktische Funktion: den Zuschauer zu bessern und zur Abkehr von der diesseitigen Welt zu bewegen. Allerdings zeigt die spätere Verselbständigung des Krämerspiels in Fastnachtsspielen des 15. Jh.s, wie die pädagogische Absicht ins Gegenteil umschlagen konnte: Weltfreude statt Weltverachtung.

um 1391
Hans Mair
Buch von Troja

H. M., Ratsherr in Nördlingen, nennt im Epilog seines Werkes als Jahr der Entstehung »Tusent und vier hundert und darab gesundert Niun jar und lützel mer«, woraus am Ende 1390, 1391 oder Anfang 1392 errechnet hat. Das *Buch von Troja* ist die älteste und erfolgreichste Übersetzung der lateinischen *Historia destructionis Trojae* (1287) des sizilianischen Juristen Guido de Columnis in (frühneuhoch)deutsche Prosa. Dieses Werk beruht seinerseits auf dem altfranzösischen *Roman de Troie* (um 1165) von Benoît de Sainte-Maure, der auch dem *Trojanerkrieg* (um 1280–87) Konrads von Würzburg als Vorlage diente.

Die *Historia* Guidos zeichnet sich durch gelehrte Exkurse, ausgesprochene Frauenfeindlichkeit und eine moralisierende, pessimistische Perspektive aus: die Geschichte Trojas als Sinnbild für den Fall der Mächtigen und die Vergänglichkeit des Irdischen. H. M., der Exkurse und Beschreibungen kürzt, behält den moralisierenden Ton bei, die christliche Verurteilung einer zum Untergang bestimmten lasterhaften heidnischen Welt. Unter diesem Blickwinkel verfällt auch Homer der Kritik:»nu merk, du armer maister Humere, daz Achilles nie kainen fraidigen mänlichen man hät erslagen, dann mit mortt.« Die Vermutung ist wohl nicht abwegig, »daß der bürgerliche Übersetzer hier auch die zeitgenössische ritterliche Gesellschaft und ihre Ideologie anvisiert« (Max Wehrli).

Neben M.s *Buch von Troja* entstehen im Spätmittelalter weitere deutsche Prosaübertragungen des Werkes von Guido de Columnis, aber auch zwei Trojaromane in Prosa nach dem Epos Konrads von Würzburg. Beide Traditionen werden miteinander verbunden, als der Buchdruck den neben der Geschichte Alexanders des Großen beliebtesten antiken Stoff aufnimmt und Mischfassungen auf dem Markt erscheinen (1474, 1479 u. ö.).

um 1400
Heinrich Kaufringer
Mären

H. K. stammt aus Landsberg am Lech, und für ein städtisches Publikum schreibt er seine insgesamt 27 Gedichte, vorwiegend unterhaltende Verserzählungen (Mären). Es sind stilistisch anspruchslose, formelhafte Texte, die sich strikt auf den Fortgang der Handlung konzentrieren. Die meisten dieser Verserzählungen sind Schwankmären und schöpfen aus dem Repertoire der internationalen Novellistik. Fast immer handelt es sich um Ehe- und Dreiecksgeschichten mit listigen Frauen, lüsternen Pfaffen, einfältigen (und gelegentlich auch sich rächenden) Ehemännern. Eine gewisse Vorliebe für das Krasse und Sensationelle wird deutlich.

Die merkwürdigste dieser Geschichten ist die von der *Unschuldigen Mörderin*, kein Schwank, sondern eine moralische Erzählung (763 Verse), die mehrfachen Mord rechtfertigt. Eine Gräfin ist mit einem König verlobt. Ein verräterischer Ritter schleicht sich in der Maske des Königs bei ihr ein und raubt ihr die Jungfräulichkeit. Sie schneidet ihm den Kopf ab. Der Pförtner hilft ihr bei der Beseitigung der Leiche. Dafür muß sie mit ihm schlafen: Sie bringt auch ihn um. Ebenso geht es der Kammerjungfrau, die in der Brautnacht dem König untergeschoben wurde, aber nun den Platz nicht mehr räumen will. Nach 32jähriger Ehe gesteht die Königin und erhält die Verzeihung des Königs. Gott, so bekräftigt die Schlußmoral, hilft denen, die »unverschuldt« in Not geraten sind: »hiemit endet sich das mär. also sprach der Kaufringer.«

Bis in die 2. Hälfte des 14. Jh.s, so nimmt man an, war die Märendichtung vorwiegend für ein kunstverständiges adeliges und patrizisches Publikum bestimmt. K.s Werk ist ein Indiz dafür, daß nun auch allmählich das Bürgertum der Städte als Publikum einbezogen wird.

1400–01
Johannes von Tepl
Der Ackermann

Anlaß zu diesem Streitgespräch zwischen einem ›Ackermann‹ und dem Tod ist, wenn die biographischen Angaben im Text nicht fiktiv sind, der Tod der Ehefrau des Dichters am 1. August 1400. J. v. T. war Notar und Leiter der Lateinschule in der böhmischen Stadt Saaz. Die Umschreibung, mit der sich der Ackermann als Mann der Feder bezeichnet, gilt auch für seinen Schöpfer:»Ich bins genant ein ackerman, von vogelwat [Vogelkleidung, also Federn] ist mein pflug, und wone in Behemer lande.« Das Werk steht gattungsmäßig in der Tradition des Streitgesprächs. Hier, in deutschen und lateinischen Streitgesprächen des Mittelalters, kommen auch ähnliche Konfrontationen zwischen Tod und Mensch vor. Darüber hinaus verrät der *Ackermann* Kenntnis spätmittelalterlicher deutschsprachiger Literatur, insbesondere der Spruchdichtung von Frauenlob bis Heinrich von Mügeln. Mit seinem kunstvollen Prosastil schließt der *Ackermann* dagegen an die vom italienischen Frühhumanismus beeinflußten Bestrebungen Johanns von Neumarkt an (*Buch der Liebkosung*, um 1357–63).

In einem erst 1933 entdeckten lateinischen Brief betont J. die rhetorische Komponente seines Werks:»In ihm wird […] wegen des übernommenen großen Gegenstandes ein Angriff auf des Todes unvermeidliches Schicksal dargestellt, darin der Redekunst Wesentlichkeiten zum Ausdruck kommen. […] Hier strömen Satzstücke, Satzglieder, Satzgefüge in neuem Stile. […] Bilderrede tut ihren Dienst, Ansprache greift an und besänftigt, Ironie lächelt, Wort- und Satzschmuck walten zusammen mit Redefiguren ihres Amtes.« Die kunstvolle rhetorische Durchformung der *Ackermann*-Prosa ist in der Tat ohne

Beispiel in der deutschen Dichtung der Zeit. Zu den stilbestimmenden Merkmalen zählen die durchgehende Zwei- und Dreigliedrigkeit von Wörtern, Satzteilen und Sätzen, die Rhythmisierung der Perioden und Satzschlüsse, sorgfältig durchgeführte Steigerungen und das Neben- und Gegeneinander von sentenzartiger, volkstümlicher und preziös-geblümter Redeweise. Die Betonung des rhetorischen Aspekts macht die Dichtung allerdings nicht zur bloßen Stilübung: Rhetorischer Aufwand und (hoher) dichterischer Gegenstand bedingen einander, ›Erlebnis‹ und Rhetorik sind keine Gegensätze.

Die Dichtung besteht aus 33 kurzen Kapiteln (33 ist das Lebensalter Christi). Von Kapitel 1–32 ergreifen abwechselnd Ackermann und Tod das Wort, Kapitel 33 bringt das Urteil Gottes. Hinzu kommt ein Schlußgebet, in dessen Akrostichon sich der Verfasser nennt. Der Ackermann tritt als Kläger in einem Prozeß auf, bringt seinen Fall gegen den Tod vor und fordert zum Abschluß der Exposition (Kapitel 1–5) die Entscheidung über den Mörder: »Got beraube euch eurer macht und lasse euch zu pulver zerstieben!« Nach der heftigen Anklage vor dem Richterstuhl Gottes entwickelt sich ein Streitgespräch, in dem der Tod gegenüber den gefühlsbetonten Angriffen mit rationalen Argumenten die Rechtmäßigkeit und Notwendigkeit seines Tuns herausstellt: der Tod als allgemeine Ordnungsmacht im Auftrag Gottes. Diese Argumentation bringt den Ackermann allmählich ab von seiner Mord- und Schadenersatzklage, führt ihn zur Bitte um Rat. Allerdings beharrt er entgegen der groben Menschen- und Weltverachtung des Todes auf der Würde des Menschen, auf menschlicher Glückserfahrung, auf Frauen- und Ehepreis. Gott fällt den Richterspruch. Beide hätten »wol gefochten«: »klager, habe ere, Tod, habe sige, seit [da] jeder mensche das leben dem Tode, den leib der erden, die sele uns pflichtig ist zu geben.« Der Verherrlichung Gottes dient das abschließende Gebet, eine Bitte um Erbarmen und Erhörung: daß Gott »empfahe gütlichen die sele meiner aller liebsten frauen!«

Liegt also die Lösung im – ›mittelalterlichen‹ (?) – gläubigen Vertrauensakt? Die Deutung des Ackermann ist kontrovers. Wird der Ackermann als Verkörperung eines welt- und lebensbejahenden Humanismus der lebensfeindlichen Haltung des Mittelalters (Tod) entgegengesetzt? Oder herrscht ›Mittelalterliches‹ in der Motivik und im Gehalt durchaus vor, während allein die Form Neues bietet? Die weltanschaulichen Globaldeutungen kranken einmal daran, daß es recht schwierig sein dürfte, in dieser Epoche des Übergangs ›Mittelalter‹ und ›Neuzeit‹ säuberlich auseinanderzuhalten; zum anderen erfordert es die Form des Streitgesprächs, für jeden Standpunkt genügend Argumente beizubringen und für ein Gleichgewicht der Parteien zu sorgen. Es ist nicht möglich, den Autor mit einzelnen Aussagen zu identifizieren. Immerhin läßt sich wohl so viel sagen, daß die christliche Theologie »welthaltiger, kühner« geworden zu sein scheint: »Der Prozeß um die menschliche Ehre und Würde ist so direkt und so voll wie in dieser Dichtung bisher kaum geführt worden« (Max Wehrli).

Der *Ackermann* wurde im 15. und 16. Jh. häufig abgeschrieben und gedruckt. Der erste der insgesamt 17 Drucke stammt aus Bamberg (um 1460), einer der ältesten in deutscher Sprache. Auffallend ist, daß keine der Hss. und Drucke aus Böhmen kommt, wohl eine Auswirkung der Hussitenkriege des 15. Jh.s. Allerdings ist in Böhmen ein tschechisches Gegenstück zum *Ackermann* entstanden, der *Tkadleček* (*Weberlein*, um 1407), Anklage des Webers (ebenfalls eine Schreiberallegorie) gegen das Unglück, das für die Untreue der Geliebten verantwortlich gemacht wird.

um 1400–10
Heinrich Wittenwiler
Der Ring

W.s grotesk-satirische Versdichtung (9699 Verse) ist wahrscheinlich zu Anfang des 15. Jh.s entstanden. Die einzige erhaltene Hs., eine unter Aufsicht des Dichters angefertigte Abschrift, wird auf 1410 datiert. Der Verfasser stammt aus einem thurgauischen Adelsgeschlecht und ist möglicherweise identisch mit einem am Konstanzer Bischofshof bezeugten Advokaten Heinrich von Wittenwiler. Das Handlungsgerüst des *Ring* ist der Schwankerzählung *Von Metzen hochzit* (680 Verse) entnommen, im übrigen verfügt W. souverän über die literarischen Traditionen des Mittelalters und zeigt juristische, naturwissenschaftliche und theologische Kenntnisse.

Die Belesenheit und Gelehrsamkeit stehen im Dienst eines umfassenden lehrhaften Zwecks: So jedenfalls sieht es W. im Prolog. Er wolle »ze ring umb« über den Lauf der Welt Bescheid geben und lehren, »Was man tuon und lassen schol«. Der 1. Teil lehre ritterlich-höfisches Wesen (»hofieren«), der 2. das rechte Verhalten in der Welt (»Wie ein man sich halten schol An sel und leib und gen der welt«), der 3. das Verhalten in Not und Krieg. Um die Lehren eingängiger zu machen, habe er »der gpauren gschrai« mithineingemischt, und damit der Leser nicht in Verwirrung gerate, habe er mit roten bzw. grünen Linien am Rand »törpelleben« und Ernst deutlich gekennzeichnet. Überdies macht W. klar, wen er mit ›Bauer‹ meint: »Er ist ein gpaur in meinem muot, Der unrecht lept und läppisch tuot«, nicht der, der »Sich mit trewer arbait nert«. Dargestellt wird die enzyklopädische Lebenslehre an Hand einer grotesken Liebesgeschichte, mit dem Ergebnis, daß sich trotz roter und grüner Linien Parodie, Satire und moralischer Ernst ununterscheidbar mischen, daß die Verbindung von groteskem Realismus und hohem ethischen Anspruch manches Rätsel aufgibt.

»In dem tal zu Grausen Ein dorff, hiess Lappenhausen«, so hebt die eigentliche Erzählung an, hier wohnt inmitten vieler »esler pauren« der tölpelhafte Bauernbursche Bertschi Triefnas. Die Geschichte seiner Werbung um die abgrundtief häßliche Mätzli Rüerenzumph macht den 1. Teil des Epos aus: Anlaß für ein wüstes Bauernturnier mit Lehren des höchstpersönlich auftretenden Bauernfeindes Neidhart und einen parodistischen Briefwechsel der Liebenden (die beide Analphabeten sind und daher Hilfe brauchen: Mätzli zahlt dafür dem Apotheker mit ihrer Jungfräulichkeit). Der 2. Teil beginnt mit einer Beratung von Bertschis Sippe. In einer heftigen Auseinandersetzung über das Für und Wider der Ehe unterstützen die Frauen Bertschi gegenüber den frauenfeindlichen Männern. Ehe-, Christen-, Tugend-, Haushalts- und Gesundheitslehre (und manches andere) werden abgehandelt, wobei die Glaubenslehre ausgerechnet Sache des Bauern Lastersack ist. Die Hochzeit mit Teilnehmern aus dem Nachbardorf Nissingen führt zur brutalen Schlägerei und schließlich – im 3. Teil – zur großen kriegerischen Auseinandersetzung zwischen Lappenhausen und Nissingen. Dabei kommen die Lehren des römischen Militärschriftstellers Flavius Vegetius Renatus (*Epitoma rei militaris* [Abriß der Kriegskunde], um 400 n. Chr.) zu ihrem Recht. Hexen, Zwerge, Riesen und Helden aus der Vorzeit (Dietrich von Bern u.a.) kämpfen ebenso mit wie Heiden und Eidgenossen. Das Ergebnis ist die völlige Vernichtung von Lappenhausen und seiner Einwohner; allein Bertschi Triefnas überlebt, indem er heldenhaft die nach allen Regeln der Kriegskunst ausgeführte Belagerung in seinem Heuschober übersteht. Im Gedenken an die Vergänglichkeit alles Irdischen zieht er sich – ein erster Simplicius Simplicissimus – in den Schwarzwald zurück, um sich auf »das ewig leben« vorzubereiten.

W.s Weltspiegel ist ein Zerrspiegel. Er zeigt satirisch eine groteske, verkehrte Welt, die menschliches Narrentum im Bild bäurischen Wesens um so deutlicher hervortreten und das Vanitas-Verdikt unabweisbar erscheinen läßt: »Es ist [...] ein Narrentreiben von fast apokalyptischer Dimension, ein Weltuntergang zum Totlachen« (Ingeborg Glier). Von einer Nachwirkung dieser von äußerster Vitalität erfüllten Vergänglichkeitsdichtung, einem Hauptwerk des Spätmittelalters, ist nichts bekannt.

um 1400–40
Oswald von Wolkenstein
Lieder

Die Lieder des Südtiroler Adeligen O. v. W. sind in drei Hss. überliefert, von denen die beiden wichtigsten vom Dichter selbst veranlaßt wurden (Handschrift A, 1425, mit Nachträgen bis 1436; B, 1432, mit Nachträgen bis nach 1438). Beiden Sammlungen ist ein Bild des Dichters vorangestellt: die ersten Autorenporträts in der deutschen Literaturgeschichte. Die Hss. enthalten auch die Melodien für die meisten der rund 130 Lieder. – Die Anfänge von O.s Liedschaffen sind nicht genau zu datieren (wahrscheinlich nach 1400, als er nach langen ›Wanderjahren‹ in die Heimat zurückkehrte). Seine fruchtbarste Zeit war wohl das 2. Jahrzehnt des 15. Jh.s. Als er 1432 seine Lieder sammelte, war sein Schaffen im wesentlichen abgeschlossen; nur noch wenige Texte kamen in den folgenden Jahren hinzu.

O.s Werk spiegelt die vielfältigen Möglichkeiten der Lieddichtung am Ende einer Epoche. Es knüpft an mittelalterliche Traditionen an, übernimmt und variiert die verschiedenen Liedtypen und verfügt über die Themen, Formen und Motive der älteren Dichtung. Insbesondere zeigen sich häufig Anklänge an die Lieder des Mönchs von Salzburg (um 1365–95), aber auch die die höfische Idealwelt verzerrende Dichtung Neidharts und seiner Nachfolger wirkt auf O. ein. Er führt die Gattung des Tagelieds mit Variationen, Parodien, Umkehrungen und Erweiterungen des überlieferten Materials zu einem letzten Höhepunkt; und in seinen Liebesliedern vermeidet er die Gedankenblässe traditioneller Minnereflexionen und setzt statt dessen, besonders in den Liedern an seine Frau, auf das charakteristische, persönliche Detail. Die Tendenz zu Anschaulichkeit und Versinnlichung prägt seine Darstellung erotischer Erlebnisse, seine Landschafts- und Reiseschilderungen; vor allem aber schlägt sie sich in seiner Sprachbehandlung nieder, der Lust am bunten, sinnlichen Ausdruck (fremdsprachige Elemente, exotisches Vokabular, Nachahmungen von Vogellauten oder Liebesgestammel, experimentelle Wort- und Klangspiele: O. gehört so zu den ›schwierigsten‹ mhd. Dichtern). Dies alles geschieht auf der Basis des einheimischen Dialekts und entfaltet seine Wirkung erst richtig im musikalischen (und gestischen) Vortrag. O. ist Dichter und Komponist, und mit seinen zahlreichen mehrstimmigen Kompositionen nach französischem und italienischem Vorbild steht er – nach den Ansätzen bei dem Mönch von Salzburg – am Anfang der Mehrstimmigkeit in der Geschichte des deutschen Liedes.

Ohne Beispiel bei seinen Zeitgenossen ist das Eindringen des Persönlichen, des Autobiographischen in die Dichtung – allerdings gebrochen durch Ironie und Parodie, gefiltert durch literarische Traditionen und modifiziert durch den jeweiligen Kontext. Gleichwohl geben seine Lieder Zeugnis von einem widerspruchsvollen privaten und politischen Leben in einer chaotischen Zeit: Berichte über seine Erfahrungen auf dem Konstanzer Konzil (1414–18) und seine (durch eine frühere Geliebte inszenierte?) Gefangennahme und Folterung, ein mitreißendes Kampflied im Zusammenhang mit den Auseinandersetzungen der Tiroler Adelspartei mit Herzog Friedrich IV. (*Greifenstein*-Ballade: »›Nu huss!‹ sprach der Michel von Wolkenstain«), ein ironisches Lied über eine diplomatische Reise im Dienst König Siegmunds nach Südfrankreich, mißlaunige Reflexionen über den unerfreulichen Winter und das häusliche Leben auf seiner Burg und die Feindschaft mit seinem Landesherrn, Freude angesichts der Schneeschmelze auf der Seiser Alm und den nahenden Frühling. Und nicht zuletzt gehört der großangelegte Rückblick des Achtunddreißigjährigen hierher, der mit einem Bericht des Wanderlebens beginnt (»Es fuegt sich, do ich was von zehen jaren alt, ich wolt besehen, wie die welt wär gestalt«) und am Ende selbstkritisch auf das »mit toben, wüeten, tichten, singen mangerlei« verbrachte Leben zurückschaut und – im Präsens – das Fazit zieht: »ich Wolkenstain leb sicher klain venüftiklich« [wenig weise].

O. ist der letzte große Lyriker des Mittelalters. Er steht allein, findet keine Nachfolge. Sein Leben, sein Schaffen und seine Welt – und die Annäherung daran – beschreibt Dieter Kühns Biographie *Ich Wolkenstein* (1977).

um 1413–60
Heinrich Laufenberg
Geistliche Lieder

H. L., bis zu seinem Rückzug in das von Rulman Merswin gegründete Straßburger Johanniterkloster »Zum grünen Wörth« Priester und Dekan in Freiburg i. Br., ist der fruchtbarste Dichter geistlicher Lieder im 15. Jh. Viele der etwa 90 ihm zugeschriebenen Lieder sind datiert (die Datierungen reichen von 1413–58). Die Hs., in die L. seine Texte (und Lieder anderer) im Lauf der Jahre nach und nach eingetragen hatte, verbrannte 1870 in Straßburg (Folge preußischen Artilleriebeschusses).

Die geistlichen Lieder L.s stehen im Zeichen einer innerlichen, einfühlenden Frömmigkeit: private Andachtsübung einerseits, andererseits bestimmt für den Gebrauch in kleineren religiösen (Frauen-)Gemeinschaften. Ausgangspunkt L.s ist die lateinisch-kirchliche Tradition: formgetreue und damit sangbare Übertragungen lateinischer Hymnen und Sequenzen nach dem Vorbild des Mönchs von Salzburg (der in L.s Hs. repräsentiert war), freie Bearbeitungen und Paraphrasen, Zitatmontagen, deutsch-lateinische Mischgedichte (»o maria piissima mit süssigkeit exaudi«). Zu den bevorzugten Themen gehört der Marienpreis – ein Drittel der Texte sind Marienlieder –, zahlreiche Lieder kreisen um Motive der Weihnachts- und Neujahrszeit. Daneben stehen Lieder der Jesusminne und Weltabkehr. Durch eine Reihe von Kontrafakturen weltlicher Lieder ergeben sich auch Beziehungen zur deutschen Liedtradition: Aneignung bekannter Melodien und Umdichtung von weltlichen Texten in geistlichem Sinn, eine Technik, die noch Martin Luther anwendet.

um 1415
Johannes Rothe
Ritterspiegel

Der *Ritterspiegel* R.s ist eine didaktische Dichtung von rund 4100 kreuzweise gereimten Versen, die sich mit der Funktion eines problematisch gewordenen Standes auseinandersetzt und Ratschläge für eine Besserung seiner wirtschaftlichen Lage und eine sittliche Erneuerung gibt. Die Perspektive, aus der dies geschieht, ist die eines Bürgers, eines Städters und Geistlichen, der als Ratsschreiber, Chorherr und Leiter der Stiftsschule in Eisenach tätig war und juristische und historische Schriften sowie religiöse und didaktische Dichtungen verfaßte.

Der *Ritterspiegel* beginnt mit einer breit ausgeführten Spiegelallegorie (»Obir deßin spigil mache dich und lerne dich baz irkennen«); ihr schließt sich ein rechtsgeschichtlicher Abschnitt über die lehnsrechtliche Gliederung des Ritterstandes (Heeresschildordnung) und die heraldischen Regeln an, gefolgt von sittlichen Belehrungen, die sich aus der allegorischen Ausdeutung der Ausrüstungsgegenstände und Vorrechte ergeben, und praktischen Unterweisungen in der Kriegsführung (nach Flavius Vegetius Renatus *Epitoma rei militaris [Abriß der Kriegskunde]*, um 400 n. Chr.). R. orientiert sich an der theologisch bestimmten Vorstellung vom ›miles christianus‹, dem christlichen Ritter, der für das Recht eintritt, die Kirche und ihre Diener schützt und ihre Feinde – Heiden und Ketzer – bekämpft. Um diesen Aufgaben gerecht werden zu können, muß der Ritterstand reformiert und wieder auf eine gesunde Grundlage gestellt werden, denn R. konstatiert wirtschaftlichen Niedergang und sittlichen Verfall. Daher seine breite sittlich-moralische Belehrung (einschließlich der wenig ritterlichen Empfehlung eines Studiums der sieben freien Künste für junge Adelige), daher Vorschläge für begrenzte wirtschaftliche Aktivitäten in Handel und Landwirtschaft. Letztlich, und da zeigt sich der bürgerliche Grundzug der Ritterlehre am deutlichsten, bestimmt die Gesinnung den Wert des Menschen. Der Adel der Seele, nicht der der Geburt, ist entscheidend: »adil kommit her von der sele und nicht deme libe.« Dazu paßt auch R.s – höchst theoretische – Vorstellung, daß Bauern und Bürger auf Grund ihrer Tüchtigkeit und Tugendhaftigkeit die ständischen Schranken durchbrechen könnten.

Das Werk, das bürgerliches Arbeitsethos propagiert und den Ritterstand verpflichtet, sich »dem gemeynen nutz« als höchstem Ziel unterzuordnen, fand keine nachweisbare Resonanz beim adeligen Publikum.

um 1415–40
Muskatblut
Lieder und Sprüche

M. war Berufsdichter. Sein Werk umfaßt etwa 100 Gedichte: geistliche Lieder, Minnelieder, politische und didaktische Sprüche (Sangsprüche). Dabei verwendet er vier ›Töne‹ (›Ton‹: Strophenbau und Melodie). Die Datierung ergibt sich aus Anspielungen auf zeitgenössische Ereignisse.

Die geistlichen Lieder, die gelegentlich allegorische Elemente verwenden, sind zum großen Teil Marienlieder. Die Minnelieder zeigen sich den Formeln und Motiven des Minnesangs verpflichtet und tendieren zu allgemeinem Frauenpreis und moralisierender Lehrhaftigkeit. Dagegen wenden sich die meisten Sprüche der zeitgenössischen Wirklichkeit zu: Der Dichter versteht sich als Lehrer und Mahner in einer Zeit des Niedergangs, wobei er den Verfallserscheinungen in allen Ständen und allen Bereichen das Bild einer besseren Vergangenheit als Ideal entgegensetzt und die Verantwortlichen auffordert, wieder geordnete Zustände herzustellen. Konkret tritt er für die Bemühungen des Konstanzer Konzils (1414–18) um eine Erneuerung der Kirche und eine Überwindung des Schismas ein (seit 1409 konkurrierten drei Päpste), er wendet sich gegen die Hussiten und propagiert einen Kreuzzug gegen die Polen zur Unterstützung des Deutschen Ritterordens, dessen Heer 1410 bei Tannenberg vernichtend geschlagen worden war.

M. reflektiert über seine Kunst, die durch die Beherrschung der Wissenschaften, der sieben freien Künste, ihre Würde erhält: »hie wirt gesang mit maisterschaft suptilich ausgemesen.« Zahlreiche Liedersammlungen überliefern M.s Texte, die offenbar dem Geschmack eines größeren Publikums entsprachen, und zwei seiner Töne (›Hofton‹ und ›Fröhlicher Ton‹) erhielten einen Platz im Repertoire des Meistersangs.

Auf M. beruft sich auch Michel Beheim, einer der letzten wandernden Berufsdichter des Mittelalters, der zwischen 1440 und 1474 ein riesiges, eher musikalisch als dichterisch bedeutsames Werk schuf. Es umfaßt Hunderte von geistlichen und weltlichen Liedern und drei große strophische Reimchroniken *(Buch von den Wienern*, um 1462–66; *Buch von der Stadt Triest*, um 1464–66; *Pfälzische Reimchronik*, nach 1471).

um 1420
Thomas von Kempen
De imitatione Christi

Das Buch von der Nachfolge Christi

Das Buch von der Nachfolge Christi, das Thomas Hemerken von Kempen am Niederrhein zugeschrieben wird, ist das am weitesten verbreitete christliche Erbauungsbuch. Es besteht aus vier ursprünglich selbständigen lateinischen Traktaten, die um 1420 entstanden und auf Gedanken der ›Devotio moderna‹ beruhen, einer von Geert Groote aus Deventer ausgehenden Reformbewegung, die im Gegensatz zur spekulativen Mystik und zur Scholastik ein verinnerlichtes, praktisch-moralistisches Christentum propagierte und eine große Anhängerschaft im Spätmittelalter fand (T. war Priester im von Anhängern der ›Devotio moderna‹ gegründeten Stift Agnetenberg bei Zwolle in den Niederlanden).

In leicht verständlicher, spruchartig-knapper Form wird der Leser auf den Weg zur Nachfolge Christi geführt, d.h. auf den Weg nach Innen, zur Verachtung der Welt, zu Demut und innerem Frieden: »Folge Christus nach und lerne verschmähen, was vergänglich ist«, fordert programmatisch das erste Kapitel, das dem Buch auch den Titel gibt.

Mehr als 750 Hss. und 3000 Drucke des in zahlreiche Sprachen übersetzten Werkes sind bekannt. Die früheste deutsche Übersetzung entstand 1434, der erste deutsche Druck erschien 1486.

um 1420
Des Teufels Netz

Des Teufels Netz bzw. *Des tüfels segi* (segi: Schleppnetz), eine allegorische Stände- und Berufsrevue, ist im Bodenseegebiet entstanden. Es sind vier Fassungen von etwa 7000 bis 13700 Versen Umfang überliefert; der Verfasser ist nicht bekannt. Da sich Anspielungen auf das Konstanzer Konzil (1414–18) finden, datiert man das Werk auf die Zeit um 1420.

Den Rahmen der Ständerevue, die auf der aus manchen Osterspielen bekannten Vorstellung vom Seelenfang des Teufels beruht, bildet ein Gespräch zwischen einem Einsiedler und dem Teufel. Der Teufel erzählt, vom Einsiedler befragt, wie es ihm gelingt, die Menschen zu verführen. Seine Knechte, die sieben Todsünden, helfen ihm, das Netz zu ziehen, mit dem die Sünder gefangen werden. Anschließend behandelt er die Verstöße gegen die zehn Gebote und geht eine lange Liste von Ständen und Berufen durch, wobei nicht nur wie üblich die Kaufleute schlecht wegkommen, sondern auch die gesamte weltliche und geistliche Hierarchie heftig hergenommen wird. Ähnlichkeiten mit dem Totentanz werden sichtbar: Vor dem Tod bzw. dem Netz des Teufels sind alle Stände gleich. Nur Asketen oder Einsiedler, Menschen, die freiwillig in Armut leben, vermögen dem Netz zu entgehen. Am Ende erscheint Christus. Die Bösen und Guten werden voneinander geschieden. Der Teufel führt die Sünder in die Hölle, Christus nennt die Guten: Es sind die, die nach den zehn Geboten leben, die sechs Werke der Barmherzigkeit üben, mit den sieben Gaben des Hl. Geistes und den sieben Heiligkeiten ausgestattet sind usw.

Insgesamt überwiegt freilich die negative Unterweisung, hat die satirische Ständerevue den Charakter eines mahnenden Lasterkatalogs, einer Strafpredigt, die ein höchst kritisches Bild der Zeit zeichnet.

um 1420–30
Ulrich von Richental
Chronik des Konstanzer Konzils

Die Chronik des wohlhabenden, weitgereisten Konstanzer Kaufmanns U. v. R. beruht auf umfangreichen Notizen, die er während des Konzils (1414–18) angefertigt hatte. Er übte zwar keine offizielle Funktion aus, verkehrte aber mit wichtigen Persönlichkeiten. Er beherbergte beispielsweise einen Bischof, und König Sigismund veranstaltete 1415 auf U.s Landgut ein Essen im Freien. Gelegentlich half etwas Geld oder eine Einladung zum Essen bei der Beschaffung von Informationen.

U.s Chronik besteht aus zwei Teilen, einem Bericht über die wichtigsten Ereignisse auf dem Konzil und einer namentlichen Aufzählung aller Teilnehmer. Allerdings ist das Werk keine zuverlässige Geschichtsquelle: Für den eigentlichen Gegenstand des Konzils, die kirchenpolitischen Fragen – Wiederherstellung der kirchlichen Einheit (es konkurrieren drei Päpste), die innere Erneuerung der Kirche, die Reinerhaltung der Lehre –, hat er wenig Interesse. Dafür gibt er ein lebendiges Bild der äußeren Geschehnisse und der Personen (an der Verbrennung von Johann Hus nimmt er 1415 aus nächster Nähe teil) und registriert die wirtschaftliche Seite des großen Ereignisses: Er notiert Mieten und Preise in langen Statistiken. Sein Blick für das realistische Detail, seine Offenheit für die große, farbige Welt und ihre fremden Gestalten in seiner »kleinen statt« schlägt sich auch in den wertvollen Illustrationen nieder, die er für die Hs. anfertigen ließ. Wie die Hss. sind auch die Drucke illustriert: Der Augsburger Erstdruck von 1483 enthält neben 39 großen Holzschnitten über 1000 Wappenschilde.

1429
Hans Schiltberger
Reisebuch

Im Jahr 1394 verließ S. seine bayerische Heimat, um mit König Sigismund von Ungarn »gerennesweyß« – als Reiter – gegen die Türken zu kämpfen. Nach der verlorenen Schlacht von Nikopolis (1396) geriet er in türkische Gefangenschaft, später in mongolische. Während dieser Zeit diente er als Soldat und Sklave und zog jahrzehntelang durch den Orient. Schließlich konnte er fliehen und kehrte 1427 über Konstantinopel auf dem Landweg nach Freising zurück; er wurde Kämmerer bei Herzog Albrecht III. von Bayern.

S. versichert am Ende seines *Reisebuchs*, daß er »alles, das vorgeschrieben stet, erfaren und gesehen« habe, ein bei Reiseschriftstellern geläufiger Topos, der nicht wörtlich zu nehmen ist: Er zieht auch Erzählungen und schriftliche Quellen heran, vor allem die berühmten (fiktiven) *Reisen* des Jean de Mandeville aus dem 14. Jh. (deutsche Übersetzung von Michel Velser gegen Ende des 14. Jh.s; Erstdruck 1480). Andererseits beruhen die Berichte über die besuchten Länder und Städte, über Lebensweise, Sitten und Gebräuche – beispielsweise seine Darstellung der Zeremonien beim Übertritt zum Islam – auf eigenen Beobachtungen. Über den Autor selbst erfährt man dabei wenig; er konzentriert sich in seinem lakonischen Bericht auf Beschreibungen von ›Merkwürdigkeiten‹, von äußerem Geschehen. Reflexionen, Subjektives, die Darstellung von Gefühlen und Empfindungen bleibt außerhalb des Horizonts der frühen Reiseschriftsteller.

Das Interesse an derartigen Berichten war groß. Fünf mit Holzschnitten illustrierte Drucke von S.s *Reisebuch*, das als wichtige geographische Quelle angesehen wurde, erschienen noch im 15. Jh. (›Inkunabeln‹), weitere Ausgaben im 16. und 17. Jh. Drucke anderer Reisebeschreibungen folgten. 1477 erschien die erste deutsche Übersetzung von Marco Polos *Wunderbaren Reisen*, Berichte von Jerusalemfahrern wurden gedruckt (Bernhard von Breidenbach: *Fart uber mer zu dem heiligen grab*, lateinisch und deutsch 1486), und schließlich eröffneten die Entdeckungsfahrten von Kolumbus, Amerigo Vespucci und anderen eine neue Welt (der sogenannte *Kolumbusbrief* über die Entdeckung Amerikas wurde 1497 ins Deutsche übertragen, der Bericht Vespuccis 1505).

um 1430–40
Elisabeth von Nassau-Saarbrücken
Romane

Zwischen 1430 und 1440 übertrug die aus Lothringen stammende Gräfin E. v. N.-S. vier französische Heldenepen (›Chansons de geste‹) in deutsche Prosa: *Herpin, Sibille, Loher und Maller* (als einziger Roman genau datiert: 1437) und *Huge Scheppel*. Die Romane wurden wohl als zyklische Einheit verstanden: Genealogische Beziehungen verbinden die einzelnen Texte, Bezugspunkt ist letztlich Karl der Große. Verleumdung der Helden (in der *Sibille* der unschuldigen Ehefrau Karls des Großen), Verbannung, Bewährung und schließlich Rechtfertigung bzw. Herrschaftsgewinnung sind die bestimmenden Momente der Handlung. Die Ausformung des traditionellen Erzählmaterials geschieht dabei auf höchst unterschiedliche Weise: Der einfachen, kürzeren Erzählung von der verleumdeten und verstoßenen Frau (*Sibille*) steht der äußerst komplexe, verschachtelte, mehrere Generationen umfassende Familienroman gegenüber (*Herpin*).

Eine Sonderstellung nimmt der *Huge Scheppel* ein. Er weicht von den gängigen Schemata ab und erweist sich als der ›modernste‹ der Romane: ein Exempel für den sozialen Aufstieg durch Leistung. Inhalt dieser romanhaften Erzählung vom Übergang der Herrschaft von den Karolingern auf die Kapetinger (Huge Scheppel: Hugues Capet, sagenhafter Stammvater der Kapetinger) ist nämlich nach dem Titel des Erstdrucks von 1500: »Wie einer, der da hieß Hugo Schäpler und was Metzgers Geschlecht, ein gewaltiger Künig zu Franckreich ward durch sein grose ritterliche Mannheit.« Huge Schepel, illegitimer Sohn eines Adeligen und einer Metzgerstochter (und selber Vater von zehn unehelichen Söhnen, die ihm beim Entscheidungskampf zu Hilfe eilen), begründet die neue Dynastie durch Heirat mit der letzten Karolinger-Tochter. Möglich ist dieses Ende aber nur durch die finanzielle Unterstützung der Pariser Bürger und eines reichen Verwandten, eines Metzgers, der den mannhaften Aufsteiger ein Heer ausrüstet: eine riskante Kapitalanlage, die sich letztlich rentiert, steigt doch der Metzger zum Kanzler am Hof auf. Dieser ›realistischen‹ Sicht der Dinge, die sich auch auf die Schilderung der Liebesabenteuer und die brutalen Kampfszenen erstreckt, entspricht die Aufwertung des Bürgertums als Bewahrer der Monarchie gegenüber einer korrupten Adelswelt. Unklar bleibt freilich, was E. bewogen hat, gera-

de diesen Roman zur Unterhaltung ihrer Hofgesellschaft ins Deutsche zu übertragen.

Die Romanübersetzungen der Gräfin stehen
am Anfang des deutschen Prosaromans, der sich
nach eher isolierten älteren Versuchen (*Lancelot*,
um 1250) im Verlauf des 15. Jh.s herausbildet
und dabei seine Stoffe zu einem großen Teil aus
Frankreich holt (daneben dienen lateinische
Quellen und mhd. Versepen als Vorlage). E.s Romane sind, wie die anderen frühen Prosaromane, zunächst durchaus für ein adeliges – jedenfalls gehobenes – Publikum gedacht. Erst im
Jahr 1500 beginnt die Druckgeschichte ihrer
Werke (*Huge Scheppel*, 1500 u. ö.; *Herpin* und
Loher und Maller, 1514 u. ö.). Die Erzählung vom
Freundespaar Loher und Maller (hinter Loher
verbirgt sich der Merowinger Chlotar I., der hier
als Sohn Karls des Großen gilt) bearbeitete Dorothea Schlegel im Sinn eines romantischen ›Volksbuchs‹: *Lother und Maller, eine Rittergeschichte
(1805)*.

1439
Reformation Kaiser Siegmunds

Die Unzufriedenheit mit den politischen, sozialen und kirchlichen Verhältnissen im Deutschen
Reich war weit verbreitet. Es fehlte nicht an Re-
formentwürfen – auch Nikolaus von Kues machte
in seiner Konzilsschrift *De concordantia catholica*
(*Über die allgemeine Eintracht*, 1434) Vorschläge für eine grundlegende Reichsreform (jährliche
Reichsversammlungen, Reichsheer, Reichssteuern,
Maßnahmen gegen die Rechtsunsicherheit usw.) –,
doch in der Praxis scheiterten alle Reformver-
suche an den Interessengegensätzen zwischen
den Ständen. In dieser Situation erschien die
anonyme, angeblich von dem 1437 verstorbenen
Kaiser Siegmund herrührende *Reformation Kaiser Siegmunds*, ein Reformprogramm mit visionären Zügen, das sofort große Resonanz fand
(16 Hss. und 13 Drucke von 1476 bis 1720 sind
erhalten).

Die Schrift besteht aus drei Teilen: Programm
der geistlichen Reformation, Programm der weltlichen Reformation, Vision Kaiser Siegmunds
(Verwirklichung der Reform). Wurzel allen Übels
im geistlichen Stand ist die Simonie (Käuflichkeit
von Ämtern). Daher sollen alle Mitglieder der
Kirche feste Einnahmen erhalten, die großen
kirchlichen Besitzungen – auch die der Klöster
und Orden – sollen säkularisiert werden. Für die
Weltgeistlichen sieht der Reformplan Heirat vor;
außerdem dürfe kein Christ Leibeigener sein.

Der Simonie entspricht auf weltlicher Seite der
Geiz. Zahlreiche wirtschaftliche und soziale Maß-
nahmen werden vorgeschlagen, um Gerechtig-
keit, Freiheit und allgemeine Wohlfahrt zu
sichern (Sicherung der Verkehrsverbindungen,
weniger Zölle, gerechte Preise, Abschaffung der
Zünfte und der ständischen Unfreiheit, Sicherung
der ärztlichen Versorgung und Ordnung des
Rechtswesens usw.). Die Schuld daran, daß das
Reich »krank, plöd und swach« ist, liegt bei den
Großen; Träger der Reform müssen, notfalls mit
Gewalt, die ›Kleinen‹ sein, d. h. insbesondere die
Reichsstädte. Von der Verwirklichung der Re-
formvorstellungen spricht der dritte Teil, Kaiser
Siegmunds Traumvision. Siegmund hört »ein
stymme, dye rufft: ›Sigmundt, stant auff, beken-
ne got, berait einen wegk der gotlichen ordenung
halb. Alles geschriben recht hat gebrechen an ge-
rechtigkeyt. Du magst es aber nit volbringen, du
bist woll ein wegbreyter deß, der nach dir komen
soll. Er ist ein priester, durch den wirt got vil
wurcken; er wirt genant Friderich von Lantne-
wen.‹« Die Aufrichtung der heiligen Ordnung
durch den Priesterkönig, von der diese »Offenbarung eins neuen stats« spricht, ist für 1439 vorausgesagt; spätere Fassungen verschieben die
Erwartung der Umwälzung zunächst auf 1449.
Andere Reform- und Revolutionsschriften folgen,
etwa das mystisch-eschatologische *Buch der hundert Kapitel und vierzig Statuten* des ›Oberrhei-
nischen Revolutionärs‹ vom Anfang des 15. Jh.s.
Doch es ist v. a. die *Reformation Kaiser Siegmunds*, die die revolutionären Endzeiterwartun-
gen und Hoffnungen auf eine allgemeine Reformation durch ihre weite Verbreitung wachhält.

1440
Nikolaus von Kues
De docta ignorantia
Über die gelehrte Unwissenheit

De docta ignorantia ist die erste große philosophische Schrift des N. v. K. Man hat den Titel
auch mit *Über das belehrte Nichtwissen* oder
Vom wissenden Nichtwissen übersetzt: Es geht
um die Einsicht in die Voraussetzungen und die
Grenzen des Denkens – nicht zuletzt eine Wendung gegen die aristotelische Scholastik des Mittelalters und ihr Verfahren, mit logischen Schlüs-
sen aus der Welt der Erfahrung Aussagen über
jenseits der Erfahrung liegende Gegenstände,
z. B. Gott, zu machen.

Der lateinische Traktat besteht aus drei Büchern. Er handelt im 1. von Gott, im 2. vom Kosmos (mit der Zeit vorauseilenden spekulativen Aussagen: Unbegrenztheit des Universums, Überwindung des geozentrischen Weltbildes) und im 3. von Christus als dem Gott und Welt verbindenden Mittler. Von besonderer Bedeutung ist die Schrift des Cusanus, weil er hier zum erstenmal ein entscheidendes Moment seines philosophischen Denkens formuliert: die Idee vom Zusammenfall der Gegensätze in Gott als der unendlichen Einheit (›coincidentia oppositorum‹). Über den Verstand (ratio), der Sachverhalte durch Unterscheidungen und Benennungen, durch Vergleiche zwischen Bekanntem und Unbekanntem zu erkennen sucht, führt kein Weg zu Gott; Endliches und Unendliches ist nicht vergleichbar. Die Einsicht in die Koinzidenz der Gegensätze und Widersprüche im Unendlichen ist eine Leistung der Vernunft (intellectus), die hinter die rationalen Unterscheidungen zum Vorausliegenden und Verbindenden zurückgeht und damit an der unfaßbaren Wahrheit der göttlichen Idee teilhat. In späteren Schriften entfaltet N. diesen Denkansatz weiter, der ihm den Vorwurf pantheistischer Häresie einbrachte (den er in der *Apologia doctae ignorantiae*, 1449, zurückwies).

Der Versuch, hinter Gegensätzlichem das Verbindende zu erkennen, zeigt sich auch in den Äußerungen des N. v. K. zu aktuellen Fragen: beispielsweise in seiner Konzilsschrift über die Wiederherstellung der Einheit des Christentums und die Reform von Kirche und Reich (*De concordantia catholica* [*Über die allgemeine Eintracht*], 1434) oder, angesichts der Eroberung Konstantinopels durch die Türken (1453), in der Toleranzschrift *De pace seu concordia fidei* (*Über den Frieden oder die Einigung im Glauben*). Hier arbeitet ein himmlisches Konzil die Einheit der Religion hinter den verschiedenen Riten heraus (»una religio in rituum varietate«) – eine Position, die noch bei Lessing Beachtung gefunden hat.

1441
Hans Rosenplüt
Des Künig von Engellant Hochzeit

Dieses annähernd 180 Verse umfassende Stück ist das einzige Fastnachtsspiel, das sich dem Nürnberger Bürger H. R. oder Hans Schnepperer mit Sicherheit zuschreiben läßt. Neben einer Reihe weiterer Fastnachtsspiele, die wahrscheinlich aus seiner Feder stammen, hat er Spruchgedichte, Lieder und Schwänke verfaßt. In der Regel

sind die Fastnachtsspiele des 15. Jh.s anonym überliefert, nur zwei Spezialisten ragen heraus: R. und Hans Folz. Fastnachtsspiele kommen um 1430 in Mode, der erste bekannte Beleg für das Wort datiert von 1426. Ort der Aufführung ist das Wirtshaus, die Spieler sind Handwerksgesellen, gelegentlich auch Patriziersöhne. Es ist – noch rudimentäres, primitives – weltliches Theater, das der Fastnachtsbelustigung dient, wobei man »den grobianisch-animalisch-fäkalischen Einschlag der Spiele« als vorweggenommene Entschädigung für den Ernst der vorösterlichen Fastenzeit interpretieren kann (Dieter Wuttke). Die überlieferten Stücke stammen zum großen Teil aus Nürnberg, aber auch in vielen anderen Orten Süddeutschlands, Tirols und der Schweiz wurde gespielt (und aus Lübeck sind die Titel von 73 Spielen bezeugt; nur ein Text ist erhalten).

R.s Fastnachtsspiel von der Hochzeit des Königs in England hat die einfache Revueform, die für viele Stücke charakteristisch ist. Acht Herolde treten auf und bringen nacheinander ihre Rede vor: Einladung des Königs von England zur Hochzeit seiner Tochter mit dem »herzog von Orlenz«, Aufzählung der Preise und Geschenke für die Teilnehmer, für die vier besten Turnierreiter, die höfischste Dame, den Faulsten und Trägsten beim »stechen« und bei »andern sachen«. Der abschließende »prief«, die königliche Bekanntmachung, nennt zwölf z. T. fiktive, z. T. wenig machtvolle Herrscher als Bürgen für die Preise: milde politische Satire.

Kritischer und politischer geht es in dem ebenfalls R. zugeschriebenen Spiel von *Des Türken Vasnacht* (1456) zu, das aktuelle Ereignisse – Konstantinopel war 1453 gefallen – zum Anlaß nimmt, die Unzufriedenheit mit den herrschenden politischen und sozialen Zuständen auszudrücken und Partei für den unterdrückten Bürger zu ergreifen.

Mit diesen Stücken, die über die im übrigen vorherrschende Sexualthematik und Typenkomik hinausreicht, erhebt R. das Fastnachtsspiel zu einer literarischen Gattung.

um 1450
Johannes Hartlieb
Alexander

Die Geschichte Alexanders des Großen behält ihre Faszination auch für das Publikum des ausgehenden Mittelalters. Während im 14. Jh. noch einmal zwei Versdichtungen entstehen – Seifrits *Alexander* (um 1350) und der *Große Alexander* (um 1390) –, gehört die Zukunft den Prosabearbeitungen. Die erfolgreichste wurde die H.s, des Leibarztes von Herzog Albrecht III. von Bayern. Quelle ist ein lateinischer Alexanderroman, der vorwiegend auf der Darstellung des Archipresbyters Leo (*Historia de preliis*, 10. Jh.) und dem Auszug (*Epitome*) aus Julius Valerius' *Res gestae Alexandri Macedonis* (4. Jh.) beruht, aber auch andere Texte verwertet.

H.s *Alexander*, um 1450 im Auftrag des Herzogs und seiner Gemahlin entstanden, wird in der Vorrede als Fürstenspiegel charakterisiert, als Buch, das viele Stücke enthalte, durch die »ain fürst groß adelich tugent und manhait hören sehen und auch erlangen mag«. Wunderbare Herkunft des Helden, Erziehung und Heranreifen zum vorbildlichen Herrscher, Bewährung seiner Tugenden und seines Heldenmuts, Gefährdung durch Hoffart und Maßlosigkeit, Tod durch Vergiftung: ein Heldenleben, dem sich viel Lehrreiches abgewinnen läßt (einschließlich enzyklopädischer Ausbreitung von Wissensstoff), ohne daß sein Unterhaltungswert leidet. So müssen es die Leser empfunden haben, denn H.s Werk wurde mit 18 (erhaltenen) Hss. und 18 Druckauflagen zwischen 1473 und 1670 zum beliebtesten mittelalterlichen Alexanderroman.

um 1450
Trierer Theophilus

Die ursprünglich griechische Teufelsbündner-Legende aus dem 7. Jh. erzählt von einem Geistlichen, der die ihm angetragene Bischofswürde demütig ablehnt, dann aber von dem neuen Bischof seines Amtes enthoben wird. Um sich zu rächen und um sein Amt wiederzugewinnen, verschreibt er seine Seele dem Teufel. Von Reue gepackt, bittet er die Jungfrau Maria um Hilfe. Sie greift schließlich ein, so daß er das verdammende Schriftstück wunderbarerweise zurückerhält und seinem Seelenheil nichts mehr im Wege steht.

Schon Hrotsvit von Gandersheim hatte im 10. Jh. einen *Theophilus* in lateinischen Versen gedichtet. Der Marienkult des ausgehenden Mittelalters verhalf dem Stoff zu andauernder Popularität. Dabei entstanden auch volkssprachliche Dramatisierungen der Legende, zuerst in Frankreich (*Le Miracle de Théophile*, um 1260, von Rutebeuf). In Deutschland sind drei mittelniederdeutsche dramatische Fassungen aus dem späten Mittelalter bekannt, neben dem *Trierer* ein *Wolfenbütteler* (bzw. *Helmstedter*) und ein *Stockholmer Theophilus*, alle in Hss. des 15. Jh.s erhalten. Die dramatisch wirkungsvollste Dichtung, der *Trierer Theophilus*, ist nur unvollständig, aber in charakteristischen Szenen erhalten (einschließlich des Teufelspakts).

Was den Stoff für die mittelalterlichen Bearbeiter reizvoll machte, waren die ihm innewohnenden heilspädagogischen Möglichkeiten: Warnung vor der Verstrickung in das Böse und, Demut und Reue vorausgesetzt, Demonstration der helfenden Kraft Marias. Die Ähnlichkeit mit dem Fauststoff geht über das Teufelsbündnis kaum hinaus.

1456
Thüring von Ringoltingen
Melusine

Der frühnhd. Prosaroman »von einer frowen genant Melusine die ein mer faye« war, gehört zu den verbreiteten Geschichten über eine Verbindung von Menschen mit übernatürlichen Wesen. Der Berner Ratsherr T. v. R. stützte sich auf die französische Versdichtung *Mellusigne* (auch *Le Livre de Lusignan*, um 1400) von Couldrette, der (nicht als erster) das Melusinemärchen mit der Geschichte des Hauses von Lusignan (bei Poitiers) verbunden hatte: Melusine als Stammutter des Geschlechts, das im 13. und 14. Jh. über Zypern herrschte.

Die deutsche *Melusine*, 1456 abgeschlossen, ist wie die meisten ›Übersetzungen‹ der Zeit eine freie Bearbeitung. Sie konzentriert sich vor allem auf den Ablauf der Handlung und drängt die rhetorisch-poetischen Momente der französischen Vorlage zurück. Berichtet wird von der Verbindung des armen Ritters Reymond mit Melusine, die ihm Glück verheißt (und für sich selbst Erlösung erwartet), wenn er nicht nach ihrem Wesen forsche. Er übertritt das Gebot. Melusine bleibt die Erlösung versagt, Reymond geht büßend ins Kloster. Die zehn Söhne, deren Schicksal und Heldentaten ebenfalls behandelt werden und das Ganze zu einem Familienroman erweitern, erwerben durch ihre Tapferkeit (und durch Heirat) zahlreiche Länder.

Das Geschehen des Romans wird als Ausdruck des göttlichen Willens verstanden, dient der Verherrlichung einer Dynastie. Melusine, halb Mensch, halb Fisch, erscheint als beispielhafte Christin und Gattin, als Begründerin eines großen Reiches; dagegen wird Reymond die Aufdeckung des Geheimnisses als moralisches Vergehen angelastet: Die Personen sind Exempel für richtiges und falsches Handeln.

Der Roman wurde im 15. und 16. Jh. viel gelesen: bis 1587 sind 16 Hss. und 26 Drucke (Erstdruck 1474) bekannt geworden. Hans Sachs (*Die Melusine*, 1556) und Jacob Ayrer (*Von der schönen Melusina*, 1598) dramatisierten den Stoff. Die Geschichte der neueren Melusinedichtungen beginnt mit der Bearbeitung von Justus Friedrich Wilhelm Zachariae (1772 in *Zwey neue schöne Mährlein*) und Ludwig Tiecks *Sehr wunderbarer Historia von der schönen Melusina* (1800), während Goethes *Neue Melusine* (entstanden 1807) in *Wilhelm Meisters Wanderjahren* (III,6; 1821) wenig mehr als den Namen mit dem alten Stoff gemeinsam hat. Ausgaben deutscher ›Volksbücher‹ von Gustav Schwab (1836) und Karl Simrock (1839 ff.) sorgten für neues Interesse an dem Melusinemärchen, das vor allem Opernkomponisten reizte (u. a. Konradin Kreutzer: *Melusina*, 1833, nach einem Libretto von Franz Grillparzer; zuletzt Aribert Reimann: *Melusine*, 1971, nach Yvan Goll).

1459
Albrecht von Eyb
Margarita poetica

A. v. E. erhielt die entscheidenden Anstöße für sein literarisches Werk in Italien. Hier widmete er sich rund 15 Jahre lang juristischen und humanistischen Studien, die er 1459 mit der Promotion zum Doktor der Rechte in Pavia abschloß. Wohl noch in Italien stellte er das Manuskript für sein größtes lateinisches Werk zusammen, die *Margarita poetica*. Der Titel bedeutet poetische Perlenkette, spielt aber auch auf den Vornamen seiner Mutter an. Es handelt sich um ein Florilegium, eine Anthologie, die nach einem einleitenden Abriß humanistischer rhetorischer Theorie eine Fülle von Textausschnitten aus der Antike und der italienischen Renaissance enthält. Als Muster des lateinischen Stils gilt ihm Cicero; daneben stehen umfangreiche Zitate aus Laktanz, den die Humanisten wegen seines Stils den ›christlichen Cicero‹ nannten, aus Valerius Maximus, Terenz und Plautus. Die italienische Renaissance wird durch umfangreiche Exzerpte aus den Schriften Petrarcas repräsentiert. Beispiele humanistischer Stilkunst bieten auch die 30 Reden verschiedener Autoren am Ende der *Margarita poetica*, wobei E.s Verteidigung der Bildungsideale des italienischen Humanismus den Schlußpunkt setzt. Ein umfangreiches Autoren- und Sachregister steigert den Gebrauchswert der Anthologie, die sich nicht nur als Nachschlage-

werk für ›schöne Stellen‹ benutzen ließ, sondern auch antike und humanistische Lebensauffassungen vermitteln konnte.

1472 wurde »die Bibel des deutschen Humanismus« (Heinz Otto Burger) zuerst gedruckt; insgesamt 15 Ausgaben erschienen bis 1503 in Deutschland, Frankreich und Italien. Dann verlor die für die Frühzeit des deutschen Humanismus so wichtige Anthologie durch die Zunahme des Buchdrucks und die daraus resultierende Vermehrung vollständiger Textausgaben ihre Bedeutung.

um 1460
Eleonore von Österreich
Pontus und Sidonia

Der französische Prosaroman *Ponthus et le belle Sidoyne* von Geoffroy de la Tour Landry (Ende des 14. Jh.s) wurde um 1460 zweimal ins Deutsche übertragen. Während die ausführlichere und stilistisch kunstvollere Fassung eines Unbekannten ungedruckt blieb, wurde das knappere und schlichtere Werk E.s, Tochter König Jakobs I. von Schottland und Gemahlin Herzog Siegmunds von Tirol, relativ früh gedruckt (1483) und bis zum Ende des 18. Jh.s immer wieder neu aufgelegt: ein ›Volksbuch‹.

Ausgangspunkt des überlegt aufgebauten Romans ist der Beschluß des »Soldan«, seine drei jüngeren Söhne gegen die christlichen Reiche auszusenden: Zu Hause hätten sie nichts zu erben. Der junge Königsohn Pontus wird so aus Galicia (Spanien) vertrieben, bewährt sich in Frankreich und England im Heidenkampf und befreit am Ende wieder seine Heimat. Dies ist der weltgeschichtliche Rahmen für die Liebesgeschichte zwischen Pontus und der französischen Prinzessin Sidonia, einer vorbildlichen Liebe, die gemäß dem Schema des hellenistischen Liebesromans Trennungen unbeschadet übersteht und über Verleumdung und Intrige siegt.

Es fehlt nicht an »viel guoter schöner Lere«, an Vorstellungen von einem idealen Rittertum, die in der vergangenen höfischen Zeit gründen. Diese Idealisierung hat den Erfolg des Romans nicht beeinträchtigt, ihn vielleicht sogar noch verstärkt.

um 1460
Rheinisches Osterspiel

Das in Rheinhessen, vielleicht in Mainz, entstandene Spiel ist das umfangreichste deutsche Osterspiel des Mittelalters (2285 Verse, ohne die lateinischen Gesänge). Die 1460 angefertigte Hs. wird in Berlin aufbewahrt (daher auch *Berliner Osterspiel*).

Das Spiel enthält die traditionellen Szenen von der Auferstehung Christi bis zu seinen beiden Erscheinungen vor den Jüngern: Höllenfahrt (Erlösung der Propheten und Patriarchen) und damit verbundene Ständesatire, Krämerspiel, Visitatio sepulchri, Apostellauf zum Grab, Maria Magdalena-Szenen, Bekehrung des ungläubigen Thomas usw. Gleichwohl unterscheidet sich das *R. O.* in wesentlichen Aspekten von den vorhergehenden Spielen: Es setzt sich eine neue Tendenz zur Geschlossenheit der Handlung durch. Dabei zeigt sich, wie der Autor durch häufigen Schauplatzwechsel überlieferte Einheiten sprengt und neue, übergreifende Zusammenhänge schafft, Szenen und Rollen konsequent zu Ende führt und die Handlung in der Folge von Spiel und Gegenspiel strukturiert. Am Ende steht eine ausgedehnte asketische Bußpredigt, durchaus unüblich im traditionellen Osterspiel: »Ungeachtet des abschließenden Gemeindegesangs *Crist der ist erstanden* ist damit die Osterfreude in ihr Gegenteil verkehrt« (Hansjürgen Linke).

um 1461–62
Heinrich Steinhöwel
Griseldis

In der letzten Novelle seines *Decamerone* (um 1350) erzählt Giovanni Boccaccio von Griselda, einem armen Bauernmädchen, das von dem Markgrafen von Saluzzo zur Gemahlin genommen und unmenschlichen Gehorsamsprüfungen unterworfen wird. Francesco Petrarca übertrug die Geschichte der demütigen Dulderin 1373 ins Lateinische und schuf damit die Grundlage für ihre breite und lang andauernde europäische Wirkung. Mit der Herauslösung aus dem Erzählzusammenhang des *Decamerone* nahm Petrarca formale Veränderungen vor; vor allem aber suchte er dem problematischen Geschehen eine ethische Deutung zu geben (Gleichnis für den unbedingten Gehorsam des Menschen gegenüber Gott), wodurch der bei Boccaccio kritisierte Markgraf positive Züge erhält.

Petrarcas lateinische Fassung liegt auch der Übertragung S.s zugrunde, die 1461 oder 1462 entstand und zu den ersten Äußerungen des deutschen Frühhumanismus in der 2. Hälfte des 15. Jh.s gehört. Im Gegensatz zu seinem Zeitgenossen Niklas von Wyle vertritt S. ein Übersetzungsprinzip, das auf sinngemäße, nicht wörtliche Wiedergabe der Vorlage gerichtet ist und daher auch erläuternde Zusätze oder Straffungen und Auslassungen gestattet, um den Text dem deutschen Publikum zugänglich zu machen.

Die deutsche *Griseldis (Von grosser Stätikeit ainer frowen Grisel gehaissen)* wurde 1471 gedruckt und erlebte bis 1628 27 Auflagen. Erst im 17. Jh. wurde S.s Fassung durch zwei andere Übersetzungen abgelöst (Johann Fiedler, 1653; Martin von Cochem, 1687), die die Grundlage für die Volksbuchausgaben des 19. Jh.s bildeten. Die Geschichte der Dramatisierungen, die in der Wirkungsgeschichte des Stoffes einen besonders breiten Raum einnimmt, reicht in der deutschen Literatur von Hans Sachs (1546) bis zu Gerhart Hauptmann (1909).

S.s *Griseldis* war nicht die erste deutsche Bearbeitung des Stoffes. Vorausgegangen war u. a. der Nürnberger Kartäuserpater Erhart Groß mit seiner *Grisardis* (1432), der ersten deutschen Gestaltung des Stoffes nach einer unbekannten Vorlage. Groß sieht in der Novelle »ein historien den eeleuten zu pesserung«; Albrecht von Eyb bestätigt diese Sicht, wenn er in seinem sogenannten ›Ehebüchlein‹ *(Ob einem manne sey zunemen ein eelichs weyb oder nicht*, 1472) ausführlich aus der *Grisardis* zitiert. Damit zeigt sich auch die aktuelle Bedeutung des Griseldisstoffes für die in Dichtung und Gebrauchsliteratur der Renaissance häufig behandelte Ehethematik.

1461–78
Niklas von Wyle
Translzatzion oder Tütschungen

Von 1461 bis 1478 übersetzte N. v. W. 18 Texte aus dem Lateinischen, Texte, die bis auf zwei Ausnahmen aus dem Umkreis des italienischen Renaissancehumanismus stammen. W. wird so zu einem wichtigen Vermittler des neuen humanistischen Geistes und repräsentativer Autoren wie Poggio Bracciolini, Enea Silvio Piccolomini (von 1458 an Papst Pius II.), Petrarca und Boccaccio. Bestimmt waren die »translatzen« oder »tütschungen« des Frühhumanisten zunächst für ein kleines Publikum von Literaturinteressierten an Höfen in Württemberg und Baden (darunter nicht zuletzt der Hof der Erzherzogin Mechthild von Österreich in Rottenburg am Neckar). Erst mit dem Druck der gesammelten Übersetzungen im Jahr 1478 – vorher waren nur vier Einzeltexte gedruckt worden – wurde ein breiteres Publikum erreicht. Weitere Ausgaben der gesamten *Tütschungen* folgten 1510 und 1536; daneben erschienen Einzeldrucke der erotischen Texte.

Die bedeutendste der »translatzen« und zweifellos die mit der größten Wirkung ist die erste: *Von Euriolo und Lucrecia* nach Enea Silvios Novelle *De duobus amantibus historia (Die Geschichte zweier Liebender)* bzw. *De Eurialo et Lucretia* aus dem Jahr 1444. Die Novelle erzählt von der Begegnung zwischen einem fränkischen Adeligen und einer verheirateten Sieneserin und führt in psychologisch eindringlicher Weise vor, wie sich leidenschaftliche Liebe über alle Hindernisse und Konventionen hinwegsetzt; sie zeigt auch die tiefere Empfindungsfähigkeit der Frau, für die die Trennung Tod bedeutet. Enea Silvio distanzierte sich später von dieser Verherrlichung der sinnlichen Liebe als unwiderstehlicher Naturgewalt, ohne den europäischen Erfolg der Novelle aufhalten zu können. W.s Übersetzung, die erste in eine moderne Sprache, wurde außerhalb der *Tütschungen* bis 1560 achtmal gedruckt.

W.s Übersetzungsmethode basiert auf der Vorstellung von der Verbindlichkeit des Lateinischen, der Meinung, »daz ain yetklich tütsch, daz usz gůtem zierlichen und wol gesatzten latine gezogen und recht und wol getransferyeret wer, ouch gůt zierlich tütsche und lobes wirdig, haissen und sin müste«. Das bedeutet für W. eine möglichst genaue Nachahmung des Stils der Vorlagen (»nach dem lateine so gnäwist ich mocht«), einen latinisierenden Stil mit latinisierender Syntax und Wortstellung. Der Kanzleistil W.s – er war lange Stadtschreiber in Esslingen – fand Nachfolger bis weit ins 16. Jh. hinein. Eine entschieden andere, freiere Übersetzungsmethode vertraten seine Zeitgenossen Heinrich Steinhöwel und Albrecht von Eyb.

um 1464
Redentiner Osterspiel

Dieses Osterspiel trägt seinen Namen nach dem Ort, an dem die auf 1464 datierte Abschrift eines verlorengegangenen Originals angefertigt wurde: das zu dem Zisterzienserkloster Doberan gehörige Gut Redentin bei Wismar. Als Aufführungsort kommt an erster Stelle Wismar in Frage. Die Sprache des in paarweise gereimten Vierhebern

(Knittelversen) geschriebenen Stückes ist das Mittelniederdeutsche (2025 Verse).

Das *R. O.* gilt als einer der Höhepunkte des mittelalterlichen deutschen Dramas, als ein Werk, das trotz einiger Anklänge an das (aus Thüringen stammende) *Innsbrucker Osterspiel* (1391) eine außergewöhnliche Souveränität in der Behandlung des vorgegebenen Stoffes zeigt. Statt einer epischen Aneinanderreihung der traditionellen Szenen des Osterspiels – es fehlen beispielsweise die Krämerszenen, der Gang der Marien zum Grab, der Wettlauf der Jünger zum Grab, die Szenen um Maria Magdalena – bietet der unbekannte Dichter eine dramatisch wirksame Konzentration auf zwei ineinanderverschränkte Themenkomplexe: die Erlösungstat Christi (Auferstehung und Höllenfahrt mit der Erlösung der Seelen der Propheten und Patriarchen) und – in fast gleicher Länge – ein Teufelsspiel. Auch das Teufelsspiel steht als Gegenbild in engem Zusammenhang zu dem zentralen Thema des Erlösungswerks Christi: In einer totentanzähnlichen Stände- und Berufssatire – Luzifer will die leer gewordene Hölle wieder füllen und schickt seine Teufel auf Seelenfang – wird dem Zuschauer ein Spiegel vorgehalten, um ihn zu Buße und Umkehr zu bewegen, damit er der Erlösung teilhaftig werden kann.

1466
Mentelin-Bibel

Übersetzungen von einzelnen Teilen der Bibel, zunächst vor allem des NT, wurden während des ganzen Mittelalters vorgenommen. Diese Texte waren anfangs für die Klöster und Orden bestimmt, für deren lateinunkundigen Angehörigen. Als sich im 13. Jh. häretische Sekten wie die Waldenser und Katharer um Bibelverdeutschungen bemühten, wandte sich die Kirche gegen die Bibellektüre in der Volkssprache. Gleichwohl gingen die Bemühungen um eine deutsche Bibel weiter. Die Grundlage war immer die lateinische Redaktion des Textes, die sogenannte *Vulgata* (4. Jh. n. Chr.).

Mit der nach dem Straßburger Verleger Johann Mentelin bezeichneten *Mentelin-Bibel*, einer deutschen Fassung des vollständigen Textes, setzen 1466 die deutschen Bibeldrucke ein. Dabei handelt es sich keineswegs um eine neue Übersetzung, sondern Mentelins Druck basiert auf einer Vorlage des 14. Jh.s aus der Gegend von Nürnberg. Obwohl die alte Sprachform gewisse Verständnisschwierigkeiten mit sich brachte – der

Druck enthält zahlreiche Lese- und Verständnisfehler –, wurde die Ausgabe in Laienkreisen gelesen und im Unterricht zum besseren Verstehen des lateinischen Textes benutzt. Darüber hinaus diente die erste gedruckte deutsche Bibel als Grundlage für 13 weitere Bibeldrucke bis zum Jahr 1518, u.a. für die sprachlich überarbeiteten, modernisierten Ausgaben bei Günther Zainer (Augsburg 1475–76) und Anton Koberger (Nürnberg 1483). Die *Koberger-Bibel* wurde zur verbreitetsten deutschen Bibel vor Luther.

um 1470
Die sieben weisen Meister

Um 1470 erschien der erste Druck der deutschen Übersetzung der *Historia septem sapientum*, einer Novellensammlung aus dem Orient (Indien oder Persien gelten als mögliche Ursprungsländer), die über mehrere Zwischenstufen in den Westen gelangte und seit dem 12. Jh. in mittellateinischen und dann auch in volkssprachlichen Versionen weite Verbreitung fand. Es sind verschiedene deutsche Fassungen bekannt, darunter die Bearbeitung in annähernd 9500 Versen von Hans von Bühel (*Dyocletianus Leben*, 1412). Doch die Zukunft gehörte der Prosa: Die deutschsprachige Druckfassung entwickelte sich zu einem außerordentlichen Bucherfolg (57 Drucke von 1470 bis 1687 sind erfaßt worden).

Die insgesamt 15 Erzählungen sind in eine Rahmenerzählung eingebettet, die durch das zugrundeliegende Muster von Anklage und Verteidigung an eine Gerichtsverhandlung erinnert. Die zweite Frau des römischen Kaisers Pontianus sucht ihren von sieben weisen Meistern erzogenen Stiefsohn Diokletian zu beseitigen und läßt ihn daher an den Hof zurückrufen. Aus den Sternen erkennt er bevorstehendes Unheil, das nur durch siebentägiges Schweigen abzuwenden ist. Die Kaiserin sucht ihn zu verführen. Er weist sie ab, und sie verklagt ihn wie Potiphars Weib bei ihrem Mann. Der verurteilt ihn zum sofortigen Tod; seine Räte erreichen einen Aufschub, und dagegen setzt die Kaiserin ihre erste Exempelerzählung. Daraufhin läßt der Kaiser seinen Sohn zum Galgen führen. Der erste der sieben weisen Meister erwirkt durch seine Geschichte Schonung des Sohnes. Auf diese Weise wechseln die Geschichten der Kaiserin, die ihr Anliegen stützen, mit entsprechenden Gegenbeispielen der sieben Meister ab, bis schließlich nach sieben Tagen (und zweimal sieben Geschichten) der Kaisersohn Diokletian das Wort ergreift, die Falschheit

seiner Stiefmutter und ihren als Hoffräulein verkleideten Liebhaber entlarvt und in einer letzten Geschichte den Vater von seinen guten Absichten überzeugt. Die Kaiserin und ihr Liebhaber werden zum Tode verurteilt und hingerichtet.

Einfache Erzählstruktur, anschauliche Beispielerzählungen und ein flüssiger Prosastil trugen zu dem lang andauernden Erfolg des Textes bei; die Frauenfeindlichkeit des Inhalts hat ihm wohl nicht geschadet.

um 1470
Burkhard Zink
Augsburger Chronik

Z.s Chronik umfaßt den Zeitraum von 1368 bis 1468. Sie unterscheidet sich von den zahlreichen anderen Städtechroniken des ausgehenden Mittelalters durch ihren privaten Charakter. In drei von vier Büchern, dem 1., 2. und 4., schildert Z., der aus Memmingen stammte und es in Augsburg zu Wohlstand gebracht hatte, Ereignisse aus der Augsburger Geschichte und der allgemeinen Geschichte der Zeit, z.T. nach fremder Vorlage, z.T. auf Grund eigener Beobachtungen. Die entscheidende Neuerung bringt das 3. Buch, das eine Autobiographie Z.s enthält, die von seiner Herkunft, seinen Erlebnissen, seinen Geschäften und von Familienereignissen – den vier Ehen und den Kindern, von Krankheit und Tod – trokken und genau berichtet. Dabei entsteht das Bild eines bürgerlichen Lebens, in dem Arbeit, wirtschaftlicher Erfolg und Besitz die entscheidenden Werte darstellen.

Die Verbindung von Stadt- und Lebensgeschichte ist nicht nur äußerlich; sie verweist vielmehr auf eine weitgehende Identifikation des schreibenden – freilich wenig reflektierenden – Bürgers mit der Gemeinschaft hin, in der er lebt. So ist das Werk, »wie keine andere uns bekannte Aufzeichnung dieser Zeit geeignet, das häusliche und bürgerliche Sein in einer deutschen Reichsstadt des 15. Jh.s zu vergegenwärtigen« (C. Hegel).

um 1470–80
Antonius von Pforr
Buch der Beispiele der alten Weisen

Der Rottenburger Kirchherr A. v. P. gehört wie Heinrich Steinhöwel und Niklas von Wyle zu den Übersetzern im Umkreis der Erzherzogin Mechthild von Österreich, die in Rottenburg am Neckar residierte. Ihrem Sohn aus erster Ehe, Graf Eberhard V. (E. im Barte) von Württemberg, ist das *Buch der Beispiele* gewidmet; damit wird ein Werk der orientalischen Weltliteratur im Deutschen zugänglich. Das Buch geht letztlich auf das altindische *Pancatantra* zurück (*Fünf Bücher von Erzählungen [über die Lebensklugheit]*, entstanden zwischen dem 1. und 6. Jh. n. Chr.), eine Fürstenlehre und Anleitung zur Weltklugheit anhand von Fabeln, Parabeln, Exempeln und Lehrgesprächen. Über das Persische, Arabische, Syrische und Hebräische fand das Buch schließlich den Weg in den Westen. Der lateinische Text von Johannes von Capua (*Directorium vitae humanae, Richtschnur des menschlichen Lebens*, um 1270) war die Vorlage von A. Seine Übersetzung zeichnet sich durch einen gewandten Prosastil aus und betont die lehrhaften Absichten der ›Beispiele‹, »gesetzt auff gleichnuß zů reden der thier und der fogel«.

Eine Reihe von Hss. und 17 Drucke von 1480–82 bis 1592 (z. T. bearbeitet) bezeugen die Beliebtheit der Fabel- und Beispielerzählungen. Auch Schwank- und Exempelbücher des 16. Jh.s – Valentin Schumann: *Nachtbüchlein* (1559), Hans Wilhelm Kirchhoff: *Wendunmuth* (1563–1603) – übernahmen Texte aus A.s *Buch der Beispiele*.

1472
Albrecht von Eyb
Ehebüchlein

Der Bamberger Domherr A. v. E. widmete seinen deutschen Traktat *Ob einem manne sey zunemen ein eelichs weyb oder nicht*, meist als *Ehebüchlein* oder *Ehebuch* zitiert, dem Rat der Stadt Nürnberg und »der gantzen gemeine daselbst […] zu lob und ere und sterckung irer pollicey und regimentz«. Das Büchlein, das die Argumentation durch zahlreiche Zitate, Berufungen auf Autoritäten und drei eingeschobene Novellen und Legenden zu stützen sucht, besteht aus drei Teilen. Im 1. führt E. zunächst Gründe an, die gegen eine Ehe sprechen; er handelt weiter von Keuschheit und Mäßigkeit, von weiblicher Schönheit und ihren Folgen, von Kindererziehung und finanziellen Arrangements. Im antithetisch angelegten 2. Teil wird die im Titel gestellte Frage eindeutig bejaht: Die Ehe entspricht der göttlichen Ordnung, ist Grundlage des gesellschaftlichen Zusammenlebens. Den Höhepunkt der Argumentation für die Ehe bilden die Kapitel »Das lob der Ee« und »Das lob der frawen«, die – angeregt durch den italienischen Humanismus – eine auf-

geschlossene Denkweise erkennen lassen: Die Ehe erscheint nicht nur als gottgewollt und nützlich, sie wird zugleich als »ein frölichs, luspers und süß ding« gekennzeichnet; und die Frau gilt A., wie die angeführten Beispiele gebildeter Frauen der Antike deutlich machen, als geistig mündiges Wesen – ein betonter Kontrast etwa zum Frauenbild der mittelalterlichen Kirche. Im 3. Teil folgen, in nur losem Zusammenhang mit dem Thema, Hinweise zur Gestaltung des Hochzeitsfests, Reflexionen über die Hinfälligkeit der menschlichen Natur und die Mahnung »Das kein sunder verzweyfeln solle« (veranschaulicht durch die Albanuslegende, eine Inzest- und Mordgeschichte).

Zur Beliebtheit des Buches – mindestens 12 Drucke zwischen 1472 und 1540 – trugen die eingelegten Novellen- und Legendenübertragungen bei, die zu den besten Übersetzerleistungen der Frührenaissance zählen. Es handelt sich, neben der Albanuslegende, um Giovanni Boccaccios *Guiscardo und Ghismonda* (Decamerone IV, 1; nach einer lateinischen Fassung) und um die *Marina*, eine anonyme lateinische Renaissancenovelle, die auch – nach einer französischen Version – Goethes Prokuratornovelle in den *Unterhaltungen deutscher Ausgewanderten* (1795) zugrundeliegt. Die frei übersetzten Texte dienen E. zur Illustration bestimmter Thesen und Themen (»Das man frawen und iunckfrawen zu rechter zeit menner geben soll« bzw. »Wie sich ein fraw halten solle In abwesen irs mannes«).

um 1472–73
Heinrich Schlüsselfelder
Decameron

»Hie hebt sich an das půch von seinem meister In greckisch genant decameron, daz ist cento novelle in welsch Und hundert histori oder neüe fabel in teutsche«, so beginnt die deutsche Übertragung von Giovanni Boccaccios Novellenzyklus *Il Decamerone* (um 1350): Es handelt sich um »die erste Verdeutschung eines in italienischer Sprache abgefaßten sinnlich-weltfrohen Dichtwerkes der neuen Gesellschaftskultur in Italien« (Hans Rupprich). Das Werk erschien um 1472 oder 1473 in Ulm, der Übersetzer nennt sich »Arigo«, das ist der Nürnberger Heinrich Schlüsselfelder.

S. bietet den vollständigen Text des *Decamerone*, allerdings nicht ohne Änderungen und Zusätze, die das Buch dem deutschen Publikum näherbringen sollen. So werden italienische Maß-

und Münzbezeichnungen oder Eigennamen ein-
gedeutscht, dem deutschen Leser vielleicht unbekannte geographische Namen einfach weggelas-
sen, volkstümliche Redensarten und Sprichwörter
eingefügt. Darüber hinaus schlägt der Übersetzer
häufig genug einen dem Original fremden moralisierenden und predigthaften Ton an.

Der buchhändlerische Erfolg war zunächst
nicht groß. Erst 1490 kam es zu einer Neuauflage. Mit der sprachlich überarbeiteten Ausgabe
von 1535 setzte eine breitere Wirkung ein. Zahlreiche deutsche Dichter des 16. Jh.s nutzten S.s
Übersetzung als Stoffquelle: Hans Sachs beispielsweise stützte sich, so hat man gezählt, in
51 Meisterliedern, 31 Spruchdichtungen, 13 Fastnachtsspielen, sechs Komödien und zwei Tragödien auf den deutschen »Pocacius«.

1473
Philipp Frankfurter
Die Geschichte des Pfarrers
vom Kalenberg

Des pfaffen geschicht und histori vom Kalenberg
– so der Titel des mit Holzschnitten illustrierten
Erstdrucks von 1473 – gehört in die Tradition zyklischer Schwankdichtungen, die mit dem *Pfaffen
Amîs* (um 1240) des Stricker beginnt und im
16. Jh. mit Hermann Botes *Dil Ulenspiegel* (um
1510–11) ihren Höhepunkt erreicht.

Im Mittelpunkt des 2180 Reimpaarverse umfassenden Werks des Wieners F. steht, wie im
Pfaffen Amîs, ein listiger und resoluter Pfarrer.
Dabei knüpft F., der Schwänke aus mündlicher
und schriftlicher Überlieferung zu einer Art Lebensgeschichte verbindet, an eine historische Gestalt des 14. Jh.s an, einen Pfarrer von Kahlen-
bergdorf (heute Teil Wiens). Bauern-, Hof- und
Klerikerschwänke machen den Inhalt der Dichtung aus. Mit der sozialen Sphäre wechselt die
Rolle des Helden: überlegener Dorfpfarrer bzw.
verschlagen-witziger Hofmann und -narr. Erzählt wird in lebendiger Umgangssprache, nicht
ohne Derbheit, Respektlosigkeit und – besonders
in den Klerikerschwänken – sexuelle Drastik.
Die Geschichte des Pfarrers vom Kalenberg
war äußerst beliebt und wurde bis ins 17. Jh.
hinein immer wieder gedruckt, erwähnt und zitiert. Eine niederdeutsche Ausgabe erschien um
1497, niederländische und englische Prosafassungen 1510 bzw. 1520.

1473
Heinrich Steinhöwel
Von den synnrychen erlüchten
wyben

S.s Werk, eine Übertragung von Giovanni Boccaccios neulateinischer Biographiensammlung
De claris mulieribus (*Über berühmte Frauen*,
1360–62), steht im Zusammenhang mit den Bestrebungen des deutschen Frühhumanismus in
der 2. Hälfte des 15. Jh.s, maßgebliche Texte der
italienischen Renaissance auch im Deutschen zugänglich zu machen. Es ist, nach der *Griseldis*
(1461–62), S.s zweiter Versuch der Verdeutschung eines humanistischen Textes.

Das Buch enthält 99 Biographien berühmter
Frauen von Eva bis zur unmittelbaren Gegenwart
(bei Boccaccio waren es insgesamt 104 Lebensläufe). Vorgestellt werden, mit moralisierender
Tendenz, Beispiele für nachahmenswerte Größe
und Tugendhaftigkeit auf der einen, für ab-
schreckendes Laster auf der anderen Seite. Allerdings hat der Übersetzer gerade bei der Schilderung der negativen Exempel Skrupel: Vermeintlich
Anstößiges wird gemildert oder ganz gestrichen
(»ist uns cristen nit stifftlich ze schryben«). S.s
Ziel als Übersetzer ist Klarheit und Verständlichkeit. Was dem deutschen Leser Schwierigkeiten
bereiten könnte und entbehrlich scheint, fällt
weg (Namen, gelehrte Anspielungen); andererseits geben Kommentare und erläuternde Zusätze Verständnishilfen. Er habe, so schreibt S. über
seine Übersetzungsprinzipien, »dises büchlin von
den erlüchten frowen nit von wort zů wort, sunder von sin zů sin getütschet«.

Das Werk wurde häufig nachgedruckt; zu seinem großen Erfolg trugen nicht zuletzt die Illustrationen – Holzschnitte von hoher Qualität –
bei.

um 1473–83
Ulrich Fuetrer
Buch der Abenteuer

Das literarische Werk F.s, der als Maler von
Landshut nach München kam, ist im Auftrag
Herzog Albrechts IV. von Bayern entstanden. Es
richtet sich, sieht man von einer *Bayerischen
Chronik* (1478–81) ab, ausschließlich auf die Er-
neuerung des mittelalterlichen Ritterromans. Sein
Hauptwerk ist das *Buch der Abenteuer*, eine über
40 000 Verse (in siebenzeiligen Titurelstrophen)

umfassende, zweiteilige Großkomposition, die eine Reihe mittelalterlicher Artus- und Gralsromane miteinander verbindet. Den Rahmen des 1. Teils bildet Albrechts *Jüngerer Titurel* (um 1260–75). Innerhalb dieses Rahmens wird das Geschehen von Wolframs *Parzival* (um 1200–10), Heinrichs von dem Türlin *Krone* (um 1215–30), des *Lohengrin* (um 1285), des trojanischen Krieges – möglicherweise nach dem *Trojanerkrieg* (um 1280–87) Konrads von Würzburg – und des *Merlin* nach einer verlorenen Dichtung Albrechts von Scharfenberg erzählt. Der 2. Teil stellt dann sieben unabhängige Romane und Erzählungen nebeneinander, Nachdichtungen älterer Vorlagen, die allerdings nicht alle erhalten sind. Zu den bekannten Texten zählen *Wigoleis* (möglicherweise nach der späteren Prosafassung) und *Iwein* nach Hartmann von Aue (um 1200). Dabei greift F. entschieden in die Vorlagen ein. Erzählelemente, die nicht dem Fortgang der Handlung dienen, die Krisen und Probleme gestalten, fallen weg. Es interessiert nur noch die Außenseite ritterlichen Heldentums.

Diese Nachdichtungen mittelalterlicher Artus- und Gralsdichtungen stehen im Zusammenhang mit dem ›romantischen‹ Interesse für die ritterliche Vergangenheit, das im 15. Jh. mehrfach faßbar wird. Darin wurde F. wohl auch von seinem Freund Püterich von Reichertshausen bestärkt (*Ehrenbrief*, 1462). Ob sich in F.s Dichtungen auch schon (früh)humanistische Besinnung auf die nationale Vergangenheit niederschlägt, ist umstritten.

1474
Albrecht von Eyb
Spiegel der Sitten

Diese Schrift, die »Von gûten und bösen sitten, von sünden und tugenden dargegen, von ständen und ämptern mancherley personen« in der Art einer mittelalterlich-scholastischen Tugend- und Ständelehre handelt und nur gelegentlich humanistisches Gedankengut anklingen läßt, wurde erst 1511 gedruckt. Gewirkt hat allein ihr 2. Teil, der als Beispiel verkehrter Sitten drei Komödienübertragungen bringt: die ersten deutschen Plautus-Übersetzungen (*Menaechmi, Bacchides*) und die *Philogenia* (um 1435) des Ugolino von Pisa. Diese Texte zählen zu E.s besten schriftstellerischen Leistungen. Er verzichtet auf den Vers, schreibt statt dessen einen lebendigen, gegebenenfalls auch drastischen Prosastil. Der besseren Verständlichkeit dienen die zahlreichen Verände-

rungen (deutsche Namen, deutsche Sprichwörter, Weglassen oder Eindeutschung bzw. Christianisierung von mythologischen Anspielungen und Hinweisen auf griechisch-römische Einrichtungen). E. charakterisiert seine Übersetzungsmethode, die der Steinhöwels (und später Luthers) nahesteht, so: »Comedien und gedicht hab ich auß latein in teütsch gebracht nach meinem vermügen, nit als gar von worten zu worten, wan das gar unverstentlich wäre, sunder nach dem synn und mainung der materien, als sy am verstendlichsten und besten lauten mügen.«

Während die 1. Teil des *Spiegels der Sitten* nicht wieder gedruckt wurde, erschienen bis 1550 drei weitere Drucke der Komödienübersetzungen. Hans Sachs stellte 1540 eine Versfassung der *Menaechmi* her; die *Philogenia* wurde 1552 von Martin Glaser zu einem Fastnachtsspiel umgeformt.

um 1475
Bordesholmer Marienklage

Diese dramatisierte mittelniederdeutsche Marienklage (855 Verse, ohne die lateinischen Texte) bildet den dichterischen Höhepunkt einer Entwicklung, die in Deutschland im 13. Jh. einsetzte. Ausgehend von einer Stelle im Johannesevangelium (19, 25–27: »Bei dem Kreuz Jesu standen seine Mutter [...].«), entstanden Ausgestaltungen dieser Szene, die in größere geistliche Spiele eingingen oder als selbständige Dichtungen aufgeführt werden konnten. Als Textgrundlage diente dabei vor allem die in der Karfreitagsliturgie verwendete Sequenz des Gottfried von Breteuil vom Ende des 12. Jh.s: »Planctus ante nescia planctu lassor anxia, crucior dolore« (»Die ich keine Klage kannte, bin ich nun von Klage erschöpft und voller Angst, bin vom Schmerz gemartert«).

Der Text der *B. M.*, die 1476 vom Propst des Bordesholmer Augustinerklosters mit Musiknotierungen aufgezeichnet wurde, enthält genaue Angaben für eine Aufführung. Ort: in der Kirche oder, wenn das Wetter schön ist (»si bona est aura«) außerhalb; Zeit: Karfreitag, vor dem Mahl; Dauer: zweieinhalb Stunden; Personen und Darsteller: Jesus und Johannes: fromme Priester, die drei Marien: Jünglinge. Die Gewänder und die Requisiten werden erwähnt, darunter ein Holzschwert, das Maria von Johannes auf die Brust gesetzt werden soll und die Schmerzen Marias symbolisiert. Vor allem aber wird darauf hingewiesen, daß »iste planctus« nicht als »ludus« oder »ludibrium«, nicht als unterhaltsames

Spiel zu verstehen sei, sondern als Stück, das die Zuschauer zu Weinen und Mitleiden bewegen solle.

Die Klage beginnt mit einem Prolog des Johannes, der der Lesung der Passion nach dem Johannesevangelium entspricht; der Weg zum Kreuz, Klagen um Christus am Kreuz, Christi Tod, Klagen um den toten Christus und Abschied vom Kreuz bezeichnen die einzelnen Stationen des oratorienhaften Werks, in dem gesprochener Vers und deutscher und lateinischer Gesang eindringlich das Thema der Klage variieren. Am Schluß ergreift wieder Johannes als Priester das Wort; ein lateinisches Gebet, an dem auch die Gemeinde teilnimmt, beendet das in die Karfreitagsliturgie eingebettete Spiel.

um 1476–77
Heinrich Steinhöwel
Esopus

S.s *Esopus* enthält Material aus der Antike, dem Mittelalter und der Renaissance, bietet eine humanistisch geprägte Edition lateinischer Texte und deren deutsche Übersetzung. Am Anfang steht eine mittelalterliche Äsop-Vita; ihr folgen Tierfabeln aus verschiedenen Sammlungen der Spätantike, mittelalterliche Exempelgeschichten und sieben »schimpfreden« (Fazetien) des italienischen Humanisten Poggio (*Facetiae*, um 1450).

S. verfährt, wie in seinen anderen Übersetzungen, recht frei mit den Vorlagen. In »ruigem verstentlichem tütsch« möchte er die Fabeln wiedergeben, und dieses Bemühen um Verständlichkeit führt zu einem volkstümlichen Prosastil voll von Sprichwörtern, Redensarten und Anspielungen. Den didaktischen Zweck der Fabel erkennt er, traditionellen Vorstellungen folgend, darin, »daz man durch erdichte wort der unvernünftigen tier under in selber ain ynbildung des wesens und sitten der menschlichen würde erkennet«.

Der *Esopus* war ein großer Erfolg. Bis ins 18. Jh. hinein wurde die Fabelkompilation immer wieder neu aufgelegt. Allein zwischen 1476–77 und 1545 erschienen mindestens 24 Auflagen der deutschen Fassung, wobei auch die zahlreichen Holzschnitte zur Popularität des Buches beitrugen. Martin Luthers Kritik an S.s Verdeutschung – der Reformator bemängelte an dem »Deudschen schendlichen Esopum«, daß er vorwiegend auf Unterhaltung ziele – blieb dabei ohne große Wirkung.

1485
Gart der Gesundheit

Dieses großangelegte Kräuterbuch in deutscher Sprache, gedruckt von Peter Schöffer in Mainz, gilt als das wichtigste illustrierte naturgeschichtliche Werk des Mittelalters. Der Text wurde von dem Mainzer Arzt Johann Wonnecke von Kaub weitgehend aus älterer deutscher Fachliteratur kompiliert (u. a. aus Konrads von Megenberg *Buch der Natur*, um 1350) und beschreibt in 435 Kapiteln 382 Pflanzen, 25 tierische Stoffe, 28 Mineralien und ihre Heilwirkungen. 379 großformatige Holzschnitte illustrieren die Darstellung; sie stammen von verschiedenen Künstlern und spiegeln den Übergang von der stilisierten gotischen Illustrationskunst zu einer wirklichkeitsnäheren Darstellungsweise wieder.

Obwohl der *Gart der Gesundheit* nur ein Jahr nach dem ebenfalls von Schöffer gedruckten *Herbarius Moguntinus* (1484), einer praxisbezogenen Arzneikunde, erschien und zudem bald Nachahmungen auf den Markt geworfen wurden (*Hortus sanitatis*, 1491), fand das Werk eine überraschend große Resonanz. Der erste Nachdruck lag schon ein halbes Jahr nach Erscheinen vor; 15 Drucke waren es bis zum Ende des 15. Jh.s, wobei – bezeichnend für die Verhältnisse auf dem Buchmarkt – das Nachdruckgeschäft ausnahmslos von Schöffers Konkurrenten gemacht wurde. Der Erfolg hielt an; bis 1783 sind insgesamt mehr als 60 Ausgaben des verschiedentlich bearbeiteten Buches erschienen.

1486
Hans Neithart
Eunuchus

Der deutsche Terenz des Ulmer Patriziers N. gehört in den Zusammenhang der frühhumanistischen Übersetzungsliteratur. Die Übertragung – in deutsche Prosa – umfaßt sowohl den Text des *Eunuchus* wie den 1433 wiederentdeckten Kommentar des Aelius Donatus (4. Jh. n. Chr.). Während N. bei der Komödie weitgehend der Vorlage folgt, versucht er den Kommentar durch Zusätze zu aktualisieren und dem Verständnis des Lesepublikums des 15. Jh.s anzupassen. N. sieht vor allem den moralischen Nutzen der Komödie, die »menschlichen wesens ain spiegel seie« und gerade auch durch die Darstellung der Schattenseiten belehrend wirke. N. geht noch von der im Mittelalter durch einen Lesefehler entstandenen Vorstellung aus, daß ein gewisser Calliopius die Komödie rezitiert habe, während die Schauspieler nur stumm agierten (»Calliopius rec.« verstanden als »recitavi« statt »recensui«, herausgegeben).

N.s reich illustrierter Text, der erste Druck einer Übertragung eines antiken Schauspiels in eine moderne Sprache, wurde in die 1499 erschienene anonyme Übersetzung aller Komödien des Terenz aufgenommen. Von der Jahrhundertwende an läßt sich in Deutschland eine wachsende Zahl von Terenzaufführungen – vor allem in lateinischer Sprache – nachweisen.

um 1487
Heinrich Institoris/Jakob Sprenger
Malleus maleficarum

Hexenhammer

Ende 1484 ernannte Papst Innozenz VIII. die beiden deutschen Dominikaner I. und S. zu Generalinquisitoren und beauftragte sie, Zauberei und Hexerei in Deutschland entschieden zu bekämpfen. Als Handbuch der Hexenverfolgung verfaßten die Inquisitoren den *Hexenhammer* auf der Basis älterer Literatur über Ketzerei und Hexenwesen.

Der *Hexenhammer* besteht aus drei Büchern: Das 1. handelt vom Wesen der Zauberei, vom Teufel und der Hexe als seinem Werkzeug, von der Zulassung durch Gott; das 2. beschäftigt sich mit den zauberischen Schäden (Malefizien), die die Hexen anrichten und gegen die es kaum Gegenmittel gibt; im 3. Buch schließlich, einer Prozeßanleitung, geht es um die »Arten der Ausrottung oder wenigstens Bestrafung durch die gebührende Gerechtigkeit vor dem geistlichen oder weltlichen Gericht«. Durch die starke Betonung der Malefizien – Tötungsdelikte, Hervorrufen von Krankheiten und sexuellen Störungen, Ernteschäden, Wetterzauber usw. – ließ sich die Hinzuziehung der weltlichen Gerichtsbarkeit rechtfertigen, eine folgenschwere Neuerung. Bei der Prozeßführung, wie sie der 3. Teil beschreibt, hatten die denunzierten Angeklagten keine Chance, zumal es nicht an Hinweisen fehlt, wie der Widerstand der Opfer durch ›Fortsetzung‹ der Folter zu brechen (›Wiederholung‹ war nach kanonischem Recht verboten) und das zur Verurteilung erforderliche Geständnis zu erreichen sei.

Es ist kein Zufall, daß der lateinische Titel die weibliche Form »maleficarum« – statt »maleficorum« – benutzt. Offene Frauenfeindlichkeit, eine der Ursachen des Hexenwahns, kennzeichnet die Argumentation des Buches: »Also schlecht ist das Weib von Natur, da es schneller am Glauben zweifelt, auch schneller den Glauben ableugnet, was die Grundlage für die Hexerei ist.« Das unheilvolle, für den praktischen Gebrauch so gut geeignete Buch erlebte vor allem in Deutschland und Frankreich zahlreiche Auflagen (29 Drucke sind nachgewiesen).

um 1490
Hans Folz
Ein spil von konig Salomon und Markolffo

F., 1459 als Barbier und Wundarzt von Worms nach Nürnberg gekommen, gehört zu den produktivsten Handwerkerdichtern der Frühen Neuzeit: (wenigstens) 12 Fastnachtsspiele, ungefähr 85 Meisterlieder, zahlreiche Reimpaardichtungen (geistliche und weltliche Reden, Mären). Überdies betrieb der gebildete F. eine eigene Druckerpresse, die von 1479 bis 1488 seine Werke herausbrachte.

Während sich eine Reihe seiner Fastnachtsspiele der einfachen Revueform bedient, werden in anderen zukunftsweisende Ansätze zu einer dramatischen Handlung sichtbar (›Handlungsspiel‹). Dies gilt für sein geistliches Stück *Die alt und neu ee* (um 1475), eine Disputation zwischen Altem und Neuem Bund, die sich wie manche andere seiner Texte durch antisemitische Agitation auszeichnet; es gilt auch für das Spiel von König Salomon und dem Bauern Markolf, das einen alten, literarisch vielfach bearbeiteten Stoff aufnimmt (greifbar u. a. als lateinischer Dialog, didaktisches Gedicht in deutschen Reimpaarversen und – am verbreitetsten – als ›Volksbuch‹: *Frag und antwort salomonis und marcolfii*, Erstdruck um 1483). F. stützt sich vor allem auf das ›Volksbuch‹ und wählt daraus eine Reihe von Dialogen aus, die Weisheit und Tugend auf der einen und bäurische List und Derbheit auf der anderen Seite einander gegenüberstellen. Auch Hans Sachs, der um 1520 Werke F.s (ein »durchleuchtig poet«) herausgab, verfaßte ein Salomon- und Markolf-Fastnachtsspiel.

1493
Hartmann Schedel
Liber cronicarum

Buch der Chroniken

Die Weltgeschichte des Nürnberger Arztes S. und ihre Übersetzung ins Deutsche von Georg Alt erschienen kurz nacheinander im selben Jahr. Das Werk ist eine Bearbeitung des *Supplementum chronicarum* (*Chronik-Supplement*, 1483) des Jacobus von Bergamo; es ist weitgehend mittelalterlichen Konzeptionen verpflichtet (Aufbau nach dem Schema der sieben Weltalter, von der Schöpfung bis zum Jüngsten Gericht). Besonderen Nachdruck legt S. auf Geographisches und Kulturgeschichtliches; auch Nachrichten von Katastrophen, Krankheiten, Kometenerscheinungen und Mißgeburten werden häufig aufgenommen. Der letzte Teil enthält eine Reihe von Humanistenbiographien.

Es sind die Illustrationen, die dem Werk einen besonderen Rang verleihen: Über 2000 Holzschnitte begleiten den Text, ›Porträts‹ und Städtebilder vor allem, die von Albrecht Dürers Lehrer Michael Wolgemut und seinem Stiefsohn Wilhelm Pleydenwurff stammen. Nicht zuletzt der prachtvollen Ausstattung (und der Übersetzung ins Deutsche) verdankt das *Buch der Chroniken* seine große Popularität.

1494
Sebastian Brant
Das Narrenschiff

Das 1494 erschienene *Narrenschiff* machte Epoche. Die Gestalt des Narren wurde, obwohl sie nicht neu war, durch den außergewöhnlichen Erfolg von B.s Werk zu einer Symbolfigur des 16. Jh.s; die Narrensatire erwies sich bis ins 18. Jh. hinein als brauchbare Form, sich mit den Problemen der Zeit kritisch auseinanderzusetzen. Das *Narrenschiff* besteht aus 112 (in späteren Auflagen 114) lose aneinandergereihten Kapiteln, in denen ein ganzer Narrenkosmos porträtiert wird. Der Aufbau der einzelnen Kapitel ist immer der gleiche: dreizeiliges Motto, Holzschnitt, die jeweilige Narrenbeschreibung und -kritik in paarweise gereimten jambischen Vierhebern. Hinter dem volkstümlichen Äußeren – Holzschnitte, bildhafter und exempelreicher Stil, eingängige Lehrhaftigkeit – verbirgt sich eine an die römische Satire anknüpfende Ar-

gumentations- und Formkunst. Das Werk erscheint so als »eine Pionierleistung im Bereich volkssprachlich-humanistischer Dichtung« (Max Wehrli). Der größte Teil der Holzschnitte stammt wahrscheinlich vom jungen Albrecht Dürer.

Trotz der lockeren, unsystematischen Folge in sich geschlossener Narrenporträts wird eine gewisse innere Einheit erkennbar. Sie beruht einmal auf der Narrenkonzeption B.s, seinem wirkungsvollen Kunstgriff, alle menschlichen Laster und Gebrechen unter einem einheitlichen Begriff, den der Narrheit, zu versammeln (und zugleich durch die Personifizierung zu veranschaulichen). Dabei ergibt sich allerdings ein eigentümliches, nicht durch Wertungen abgestuftes Nebeneinander von traditionellen christlichen Sünden und Lastern (die mittelalterlichen sieben Hauptsünden nebst Unterabteilungen) und harmloseren Gebrechen und Modetorheiten (wie Reiselust oder nächtliches Ständchenbringen). Zum anderen treten als integrierendes Moment einige übergreifende Sinnbilder und Motive hervor, die in einem inneren Zusammenhang stehen, die Narrenvorstellung pointieren und zugleich dem Werk einen düsteren Grundton verleihen: das Bild von der Narrenschiffahrt, das dem Buch den Titel gibt, verstanden als Allegorie des menschlichen Lebens, einer von Gefahren bedrohten Lebensreise mit ungewissem Ende (vgl. Kap. 108: »Das schluraffen schiff«); die Vorstellung vom Glücksrad, Sinnbild für Unbeständigkeit, Vergänglichkeit und ein dem Zufall preisgegebenes ›närrisches‹ Leben; das Bild des Totentanzes, das sich hinter dem Narrenreigen verbirgt.

B. verfolgt mit seiner Narrenrevue ein didaktisches Ziel. Die Sammlung negativer Beispiele menschlichen Verhaltens soll den Leser zur Einsicht in die Unvernunft seiner Handlungen führen. Narrheit ist eine universale menschliche Eigenschaft. Niemanden gebe es, der behaupten dürfe, »Das er sy wis, und nit ein narr«. Der Weg zur Weisheit führt über die Selbsterkenntnis: »Dann wer sich für ein narren acht Der ist bald zů eym wisen gmacht.« Es ist die menschliche Vernunft, die die Selbsterkenntnis und damit die Überwindung der Narrheit ermöglicht.

Bei dem Versuch einer eindeutigen literarhistorischen Zuordnung des Werkes stößt man auf Widersprüche. ›Mittelalterliche‹ und ›neuzeitliche‹ Aspekte lassen sich entdecken: auf der einen Seite eine konservative Grundhaltung, die Betonung traditioneller religiöser Konzepte mit pessimistisch-weltfeindlicher Note, auf der anderen möglicherweise eine Relativierung des Sündenbegriffs (Sünde als Narrheit), Vertrauen auf die menschliche Vernunft und bürgerlich-patriotischer Gemeinsinn. Das *Narrenschiff* ist Ausdruck einer Zeit des Umbruchs.

B.s Werk wurde ein europäischer Erfolg. Keine deutsche Dichtung habe bis zu Goethes *Werther* eine derartige Resonanz gefunden, wird behauptet. Jedenfalls sind schon im Erscheinungsjahr mehrere unberechtigte Nachdrucke zu registrieren. Zahlreiche, z.T. bearbeitete Ausgaben erschienen bis 1625. Eine niederdeutsche Fassung (*Dat Narrenschyp*) wurde 1497 veröffentlicht. Übertragungen ins Französische (1497), Niederländische (1500) und Englische (1509) sorgten für die Verbreitung in anderen Nationalliteraturen. Die lateinische Version Jacob Lochers (*Stultifera navis*, 1497) vermittelte das Werk den deutschen Humanisten und dem gelehrten ausländischen Publikum (ob allerdings Erasmus von Rotterdam das – lateinische – *Narrenschiff* kannte, ist nicht erwiesen; die Konzeption seiner paradoxen Lobrede der Torheit auf sich selbst – *Morias Encomion sive Laus Stultitiae* bzw. *Lob der Torheit*, 1511; deutsch 1534 von Sebastian Franck – verdankte er jedenfalls nicht der Dichtung B.s).

Die satirische Narrendichtung des 16. Jh.s beruft sich auf B. (Thomas Murner, Hans Sachs, Johann Fischart u.a.); noch im 17. Jh. ist die Tradition lebendig (Johann Michael Moscherosch, Grimmelshausen). Der im 72. Kapitel – »Von groben narren« – vorgestellte neue Heilige (»Eyn nuwer heylig heisszt Grobian«) wird Ausgangspunkt der grobianischen Literatur des 16. Jh.s (Friedrich Dedekind: *Grobianus*, 1549). Für den besonderen Rang, den B.s Satire in den Augen der Zeitgenossen einnahm, spricht auch das Vorgehen des Straßburger Predigers Johannes Geiler von Kaysersberg, der 1498–99 einen Zyklus von mehr als hundert Predigten auf dem *Narrenschiff* gründete (lateinische Fassung 1510 gedruckt, deutsche Fassung von Johannes Pauli 1520). Noch Katharine Anne Porters Roman *Ship of Fools* (*Das Narrenschiff*, 1962) erweist die Lebenskraft der Allegorie B.s.

1494
Johannes Reuchlin
De verbo mirifico

Vom wundertätigen Wort

Auf einer Italienreise, 1490, war R. in engere Berührung mit dem Florentiner Neoplatonismus gekommen. Angeregt durch Pico della Mirandola hatte er seine klassischen Studien auf das Hebräische und die jüdische Geheimlehre der Kabbala ausgedehnt (nach der vor allem im Buch *Sohar, Glanz*, niedergelegten mystischen Lehre geht es dabei u.a. darum, die in den heiligen Schriften über den Wortsinn hinaus enthaltenen geheimen Offenbarungen mit Hilfe von verschiedenen sprachlichen Operationen zu entschlüsseln; das Ende des 13. Jh.s in aramäischer Sprache aufgezeichnete Buch *Sohar* wurde im 14. Jh. durch einen lateinischen Kommentar erschlossen). Daneben ist R. dem Denken des Nikolaus von Kues verpflichtet.

Ihren ersten Niederschlag fanden die hebräischen Studien R.s in seiner Schrift *De verbo mirifico*, die als Unterredung zwischen dem Juden Baruchias, dem Epikureer Sidonius und dem christlichen Weisen Capnion (R.) angelegt ist. Im 1. Buch werden verschiedene Möglichkeiten der Erkenntnis behandelt – durch göttliche Offenbarung, durch sinnliche Wahrnehmung –, wobei Capnion die vermittelnde Position einnimmt: im *verbum mirificum*, das Gott und Mensch verbinde, liege höchste Erkenntnis. Das 2. Buch geht von den verschiedenen Gottesnamen bei Griechen und Juden aus. Das unaussprechliche Tetragrammaton, das heilbringende Wort Jhvh (Jehovah) erscheint als höchster Name Gottes. Die vier Konsonanten des Namens Jehovah verweisen auf die vier Elemente, auf die vier Hauptbestandteile der Geometrie (Punkt, Linie, Fläche, Körper). Außerdem haben die Buchstaben Zahlenwerte und damit einen tieferen Sinn (H=5 bedeutet z.B. die Vereinigung Gottes – Dreieinigkeit – mit der nach Plato und Pythagoras durch Zweiheit bestimmten Natur). Höher noch als das Tetragrammaton steht das Pentagrammaton, führt R. im 3. Buch aus, in dem er die Erkenntnisse der jüdischen und heidnischen Philosophie mit dem Christentum zu verbinden sucht: Das zweite, wahre *verbum mirificum* ist der Name des Gottessohnes, ein aussprechbares Wort aus fünf Buchstaben – Jhsvh (Jesus) –, das schon viele Wunder gewirkt habe.

Der spekulativen Schrift folgten eine Reihe philologischer Arbeiten, die R. als führenden Hebraisten seiner Zeit auswiesen (u.a. *Rudimenta linguae hebraicae*, 1506, ein vollständiges Lehrbuch des Hebräischen). Auf Grund seines wissenschaftlichen Rufes wurde er als Gutachter in dem von Johannes Pfefferkorn ausgelösten Streit über die jüdischen Bücher gehört und in eine juristische und literarische Fehde verwickelt, die in den *Dunkelmännerbriefen* (*Epistolae obscurorum virorum*, 1515–17) ihren Höhepunkt fand. 1517 schließlich veröffentlichte R. als 2. philosophisch-spekulatives Werk *De arte cabbalistica libri tres*

(*Drei Bücher von der kabbalistischen Kunst*), in dem er die in seiner 1. Schrift entwickelten Gedanken ausbaut, pythagoreische Zahlensymbolik und kabbalistische Sprach- und Buchstabenspekulation miteinander verbindet und so eine innere Beziehung von Kabbala, pythagoreischer Philosophie und Christentum deutlich zu machen sucht. Gott sei über allem menschlichen Begreifen, umfasse »alles, was unsere Vernunft als einander gegensätzlich und widerstreitend ansehen mag«, heißt es in ausdrücklicher Anlehnung an Nikolaus von Kues.

R.s hebräisch-kabbalistische Studien brachten ein neues Gebiet jenseits der griechisch-römischen Antike ins Blickfeld des deutschen Humanismus. Das Interesse R.s für die Geheimlehren wurde allerdings nicht von allen geteilt – Erasmus von Rotterdam beispielsweise gab zu, keinen Zugang zum jüdischen Denken zu besitzen; auf fruchtbaren Boden fielen die kabbalistischen Studien jedoch bei den Spiritualisten und Mystikern des 16. und 17. Jh.s. Auch die Theorie einer natürlichen Magie des Heinrich Cornelius Agrippa von Nettesheim zeigt in ihrer Verbindung von neuplatonischem und kabbalistischem Denken Beziehungen zum Werk R.s (*De occulta philosophia*, um 1510, gedruckt 1531).

1497
Johannes Reuchlin
Henno

Die Beschäftigung der Humanisten mit der antiken Komödie (Terenz, Plautus) führte schließlich auch zu eigenen dramatischen Versuchen. Sie gingen aus Dialogen der Schulen und Universitäten hervor, die die neue Latinität einüben sollten. Als erster Text dieser Art in Deutschland gilt Jakob Wimphelings *Stylpho* (1480), ein in eine Promotionsrede eingeflochtener Prosadialog, der einen fleißigen Studenten und Akademiker einem faulen, nur auf Pfründe bedachten Ignoranten gegenüberstellt und der Verherrlichung der humanistischen Studien dient. Den Durchbruch zum selbständigen literarischen Drama bringt jedoch erst das Schaffen Jacob Lochers und R.s. Dieser verbindet in seiner 1497 in Heidelberg aufgeführten lateinischen Verskomödie (Erstdruck 1498) die Tradition des antiken Lustspiels (Terenz) mit Elementen der frühen italienischen *Commedia dell'arte* (Handlung, Typen). Es ist ein in fünf Akte (und rasch wechselnde Szenen) eingeteiltes Stück, das nach antikem Vorbild von Prolog und Chorliedern umrahmt wird.

Ein etwas naiver Bauer (Henno) und seine geizige Frau, der schlaue Diener (Dromo), Advokat und Richter sind die wichtigsten Personen. Das Geschehen basiert auf einem internationalen Schwankstoff. Henno findet von seiner Frau verstecktes Geld, gibt es dem Diener mit dem Auftrag, dafür Tuch zu kaufen. Der erwirbt den Stoff auf Kredit und hat damit doppelten Gewinn. Vor Gericht stellt sich Dromo auf Anraten seines Anwalts dumm und antwortet auf alle Fragen mit »ble«. Er wird wegen Unzurechnungsfähigkeit freigesprochen, prellt mit der gleichen Methode den Advokaten um sein Honorar und erhält zu guter Letzt die Bauerntochter zur Frau (und das gestohlene Geld als Mitgift).

Mit seinem geschickten, pointierten Aufbau, seiner effektvollen Handlung und seinem einfachen, klaren und zugleich eleganten Stil fand das Stück zahlreiche Bewunderer und Nachahmer. Dem Erstdruck von 1498 folgten 30 weitere Ausgaben bis 1523. Mehrere deutsche Fassungen und Bearbeitungen entstanden, darunter eine von Hans Sachs (1531); eine sehr freie Bearbeitung stellt das *Luzerner Spiel vom klugen Knecht* (um 1520) dar.

1497
Jacob Locher Philomusus
Tragedia de Thurcis et Suldano
Tragödie von den Türken und vom Sultan

Die Bemühungen der deutschen Humanisten um die Bühne bereicherte L. mit (neulateinischen) Versuchen in verschiedenen dramatischen Gattungen: Lustspiel, allegorisches Festspiel, zeitgeschichtliches Drama und politisches Tendenzstück.

Dem aktuellen Thema der Bedrohung durch die Türken ist die *Tragödie von den Türken und vom Sultan* gewidmet, die 1497 an der Freiburger Universität vor Kaiser Maximilian I. aufgeführt und im selben Jahr gedruckt wurde. Der Begriff ›Tragödie‹ ist allenfalls durch das allgemeine Thema der Türkennot gerechtfertigt, nicht durch den Inhalt. Die Aktschlüsse des fünfaktigen Stückes in Vers und Prosa enden mit Chorliedern in kompliziertem Versmaßen.

Fides, die Personifikation des christlichen Glaubens, und die Christenheit (vulgus christianus) beklagen die Bedrängnis durch die Türken. Kaiser, Papst und ein Abgesandter der christlichen Fürsten beschließen den Türkenkrieg. Die Kriegserklärung wird überbracht. Sultan Bajazet berät sich mit dem ägyptischen Sultan; das mohammedanische Heer wird aufgeboten. Der Bannerträger des christlichen Heeres meldet den Aufbruch zum Feldzug, und schon verkündet Fama den Sieg der Christen. Triumphgesang.

Mit L., der schon 1495 ein erstes zeitgeschichtliches Stück in Freiburg hatte aufführen lassen (*Historia de rege Franciae*), und Johannes Reuchlin (*Henno*, 1497) beginnt die selbständige dramatische Produktion des deutschen Humanismus. Auch der ›Erzhumanist‹ Conrad Celtis wandte sich mit mystisch-allegorischen und panegyrischen Festspielen zur höheren Ehre Kaiser Maximilians dem Drama zu (u.a. *Ludus Dianae*, Aufführung 1501, Druck 1502) und förderte zudem im Wintersemester 1502/03 Aufführungen antiker Komödien an der Wiener Universität. Die verschiedenen Anregungen wirkten weiter; ein neulateinisches Drama, nach dem Vorbild der römischen Komödie, entfaltete sich bald nach Beginn des 16. Jh.s.

1498
Reynke de Vos

Das mittelniederdeutsche Tierepos von *R. d. V.* (6844 Reimpaarverse) wurde 1498 in Lübeck gedruckt. Als Verfasser bzw. Bearbeiter ist ein Geistlicher anzunehmen, Mitglied eines Bettelordens (Franziskaner, Dominikaner) in Lübeck. Die Dichtung gründet nicht auf der mhd. *Reinhart Fuchs*-Dichtung (um 1195) von Heinrich (dem Glichezaere), sondern auf einer niederländischen Bearbeitung des Stoffes aus dem ausgehenden 15. Jh. (Hinrek von Alckmaar, um 1487), einer der zahlreichen niederländischen *Reinaert*-Dichtungen des Mittelalters, in denen die lockere Episodenfolge des französischen *Roman de Renart* (seit etwa 1175) zu einem geschlossenen Epos vereinigt wurde. Der mit zahlreichen Holzschnitten illustrierte *R. d. V.* von 1498 enthält neben der Versdichtung Prosaeinschübe, die den als Exempelerzählung verstandenen Text erklären und auslegen.

König Nobel, der Löwe, läßt zu einem Hoftag an Pfingsten einladen. Nach höfisch-feudalem Brauch ist der Hoftag zugleich Gerichtstag. Er wird beherrscht von Klagen über den abwesenden Fuchs und seine Untaten. Dies ist der Ausgangspunkt für die folgende Auseinandersetzung zwischen Reynke (und einigen wenigen Verbündeten) und den anderen Mitgliedern der Hofgesellschaft. Dabei fügt der Fuchs dank seiner überlegenen Intelligenz den Gegnern schwere

Schaden zu. Gleichwohl vermag er sich, auch rhetorisch überlegen, zweimal vor Gericht zu rechtfertigen (wobei es ihm zudem gelingt, den König selbst zu korrumpieren). Die Auseinandersetzung findet schließlich ein Ende im Gerichtskampf zwischen Fuchs und Wolf. Auch hier siegt der körperlich zwar schwächere, aber intellektuell überlegene Fuchs. Damit ist sein Ansehen wiederhergestellt (ungeachtet der moralischen Fragwürdigkeit seiner Handlungen), das seiner Gegner beschädigt. Nobel macht ihn zum Kanzler des Reichs: »Sus is nu Reynke hoch gheeret.«

Das Bild der höfischen Gesellschaft, wie es sich in der Tierwelt des *R. d. V.* spiegelt, ist wenig positiv; moralische Unzulänglichkeit und Korruption werden sichtbar. Die höfische Form, das Bemühen um Recht und Gerechtigkeit ist Fassade, durch die das ›Tierische‹ immer wieder hindurchbricht. Wie man sich die Brüchigkeit und Widersprüchlichkeit dieser Gesellschaft zunutze machen kann, demonstriert skrupellos der ›Aufsteiger‹ Reynke.

Alle späteren deutschen Bearbeitungen dieses Stoffes gehen auf den Druck von 1498 zurück. 1539 erschien in Rostock eine Ausgabe mit protestantischer Tendenz (in den Prosakommentaren). Entscheidend für den Erfolg war aber letztlich der Charakter des Epos als Fürsten- und Sittenspiegel, als »lebendige Contrafaktur [Porträt] deß Hoflebens« (Luther). Die hochdeutsche Übersetzung von 1544 wurde häufig gedruckt; eine lateinische Version erschien 1567, eine barocke Prosabearbeitung 1650. Auf Grund der Ausgabe des niederdeutschen Textes von Friedrich August Hackmann (1711) übersetzte Johann Christoph Gottsched das Epos in neuhochdeutsche Prosa (1752), die Grundlage wiederum für Goethes *Reineke Fuchs* (1794).

1501
Jakob Wimpheling
Germania

Die patriotischen Tendenzen des deutschen Humanismus kommen in zahlreichen Schriften des Elsässers W. zum Ausdruck. Auch seine an den Rat der Stadt Straßburg gerichtete neulateinische *Germania* verweist schon mit ihrem Titel auf entsprechende historisch-nationale Vorstellungen, die mit der Wiederentdeckung der *Germania* des Tacitus im Jahr 1455 eine vielbeschworene Grundlage erhalten hatten.

Tatsächlich handelt es sich bei W.s *Germania* um einen Text, der patriotische und pädagogische Zielsetzungen verbindet. Im 1. Buch sucht er zu beweisen, daß sich die römische Provinz Gallien zu keiner Zeit bis an den Rhein erstreckt habe, das linke Rheinufer immer germanisch gewesen sei. Das 2. Buch beschäftigt sich mit dem Erziehungswesen der Stadt und fordert die Errichtung einer Lateinschule, die die Schüler auf die Universität und damit auch auf weltliche Berufe vorbereite.

Die schulpolitischen Vorschläge, die den Stift- und Klosterschulen schädlich sein mußten, lösten eine polemische Auseinandersetzung mit dem Franziskaner (und späteren Satiriker) Thomas Murner aus, der in einer Gegenschrift (*Germania nova*, 1502) auch die zweifelhaften historischen Argumente W.s zu widerlegen suchte. Als im 17. Jh. der Oberrhein duch die französische Hegemonialpolitik bedroht wurde, edierte Hans Michael Moscherosch die bisher ungedruckte deutsche Fassung der Schrift W.s (*Tuschland [...] Zu Ere Der Stadt Straßburg Und des Rinstroms*, 1648) und anschließend auch den lateinischen Text (1649).

W. selber nahm die Angriffe gegen seine *Germania* zum Anlaß, eine von Sebastian Murrho begonnene Darstellung der gesamten deutschen Geschichte zu vollenden und herauszugeben (*Epitome rerum Germanicarum, Abriß der deutschen Geschichte*, 1505): auch hier nicht ohne patriotisch-panegyrische Note und nicht ohne den Hinweis, daß die Deutschen seit je fremde Ansprüche zurückgewiesen hätten. Den Schritt zu einer kritischen, auf gründlichem Quellenstudium beruhenden Geschichtsdarstellung vollzog der Schlettstädter Humanist Beatus Rhenanus, dessen *Rerum Germanicarum libri tres* (*Drei Bücher deutscher Geschichte*, 1531) bis 1693 mehrfach aufgelegt wurden.

1502
Conrad Celtis
Quatuor libri amorum

Vier Bücher der Liebe

Die *Amores* sind das lyrische Hauptwerk des ›Erzhumanisten‹ C., mit dem die neulateinische Lyrik in Deutschland ihren ersten großen Meister fand. Der Gedichtzyklus, Kaiser Maximilian I. gewidmet, folgt formal dem Vorbild der römischen Liebeselegie (Properz, Tibull, Ovid). Inhaltlich reflektieren die 57 Elegien u. a. Erfahrungen von Celtis' ›Wanderzeit‹ (1487–97), die mit der Berufung an die Wiener Universität ihren Abschluß fand.

Die *Quatuor libri amorum* stellen eine durchdachte allegorische Komposition dar. Den vier Büchern entsprechen vier Liebesaffären. Die vier Frauen stehen für vier Schauplätze bzw. die vier Himmelsgegenden (Osten/Krakau: Hasilina; Süden/Regensburg: Elsula; Westen/Mainz: Ursula; Norden/Lübeck: Barbara). Hinzu kommt die Verbindung mit den vier Tages- und Jahreszeiten, den vier Lebensaltern, den vier Temperamenten usw. Für Buch I gilt also beispielsweise die Reihe: Osten, Morgen, Frühling, Jugend, sanguinisch usw. Insgesamt werden neun Bedeutungen der Vierzahl hervorgehoben. Die Wanderschaft – dem Sonnenlauf nach – stellt so zugleich eine symbolische Lebensreise dar (verbunden mit all den anderen Momenten). Die topographische Grundlage weist zudem auf den Zusammenhang mit C.' geplantem Deutschlandwerk (*Germania illustrata*), als dessen Vorspiel er die Elegien bezeichnet. Im Zentrum der einzelnen Bücher stehen die jeweiligen Liebeserlebnisse. Sie werden umrahmt von Reisegedichten und – jeweils als Abschluß – geographischen Naturgedichten (Weichsel, Donau, Rhein, Schiffsreise nach Thule). Innerhalb des komplexen Bezugssystems, in dem jedem Gedicht ein bestimmter Stellenwert zukommt, feiert Celtis »in noch kaum dagewesener Art die Emanzipation des Fleisches« (Max Wehrli), schildert er im Rückgriff auf Antike und italienische Renaissance – ohne Sublimierung und unbehelligt von christlichen Moralvorstellungen – die Liebe als unwiderstehliche, sinnliche Leidenschaft. Damit verbunden sind neuplatonische Auffassungen von der Allmacht der Liebe, der Liebe als kosmischem, alles durchdringendem Prinzip.

Ein zweiter großer Zyklus, *Libri odarum quatuor* (*Vier Bücher Oden*, 1513), wurde erst postum gedruckt. Celtis habe »als erster den Helikon erschlossen und die Musen, meine Gottheiten, ins Land der Deutschen geführt«, urteilte der führende neulateinische Lyriker des späten 16. Jh.s, Paulus Melissus Schede. Er schlägt damit den Bogen zurück zu einer frühen Ode des C. (*An Apollo, den Erfinder der Dichtkunst, daß er aus Italien nach Deutschland kommen möge*, 1486), die das Programm eines nationalen Humanismus (in lateinischer Sprache) formuliert: »Komm, so beten wir, drum zu unsern Küsten, wie Italiens Lande du einst besuchtest; mag Barbarensprache dann fliehn und alles Dunkel verschwinden.«

1504–17
Ambraser Heldenbuch

Das *A. H.* erhielt seinen Namen nach dem früheren Aufbewahrungsort der Hs., Schloß Ambras bei Innsbruck. 1504 hatte Kaiser Maximilian I. den Zöllner Hans Ried, der vorher in der Innsbrucker Kanzlei tätig gewesen war, mit der Arbeit an der großen Textsammlung betraut; 1517, ein Jahr nach Rieds Tod, wurde die Hs. mit der Vollendung der Randdekorationen abgeschlossen.

Die prachtvolle dreispaltige Pergamenthandschrift enthält 25 Titel (z. T. fragmentarisch) aus dem Bereich der Heldenepik (*Nibelungenlied*, *Klage*, *Kudrun*, Dietrichepen u. a.) und des höfischen Romans (u. a. Hartmann von Aue: *Erec*, *Iwein*); hinzu kommen Werke der ›Kleinepik‹ (Wernher der Gärtner: *Helmbrecht*; Der Stricker: *Der Pfaffe Amîs* u. a.). Die große Bedeutung des *A. H.s* für unsere Kenntnis der mhd. Dichtung zeigt sich darin, daß nicht weniger als 15 Texte nur hier überliefert sind, darunter *Moriz von Craûn*, *Kudrun*, *Biterolf*, *Wolfdietrich A* und die Verserzählungen Herrands von Wildonie.

Das *A. H.*, das ausschließlich Werke des späten 12. und des 13. Jh.s enthält, reflektiert Kaiser Maximilians Interesse am Mittelalter, sein Bemühen um die Bewahrung geschichtlicher und literarischer Überlieferungen, nicht zuletzt als Möglichkeit der Selbstvergewisserung und Selbstbestätigung, der Repräsentation und der Sicherung seines Nachruhms (»gedächtnus«).

1508–14
Heinrich Bebel
Libri facetiarum

(Drei) Bücher Schwänke

Die ersten beiden Bücher der lateinischen Fazetien (Scherzreden) des Tübinger Humanisten erschienen 1508, ein drittes 1512, eine ›Ausgabe letzter Hand‹ 1514. Das Werk knüpft, wie schon der Titel erkennen läßt, an die *Facetiae* (um 1450) des italienischen Humanisten Giovanni Francesco Poggio Bracciolini an, das sind Anekdoten und pointierte Geschichten ohne moraldidaktische Absichten, witzig, ironisch, parodistisch. B. übernimmt die Form, greift stofflich aber auf die einheimische Schwanküberlieferung zurück und erzielt durch die Diskrepanz zwischen eleganter lateinischer Form und volkstümlich-derbem Inhalt einen zusätzlichen komischen Effekt.

Zielscheibe des oft drastischen Spottes sind alle Stände: Bauern, Bürger, Ritter, Geistliche. Mit Vorliebe erzählt B. Geschichten aus seiner schwäbischen Heimat, die durch die häufigen lokalen und persönlichen Anspielungen einen Schein von Authentizität erhalten. Gelegentlich ranken sich auch hier – wie in den Schwankzyklen – mehrere Schwänke um eine Person, etwa den Lügenschmied von Cannstatt.

B.s Fazetien wurden bis ins 18. Jh. hinein nachgedruckt, eine anonyme deutsche Übersetzung erschien 1558 (*Ein Geschwenck Henrici Bebelii*). Zahlreiche deutsche Schwankbücher des 16. Jh.s sind B. stofflich verpflichtet.

1509
Fortunatus

Der *F.* ist der erste entschieden gegenwartsbezogene deutsche Prosaroman der Frühen Neuzeit. Entstanden ist das Werk in einer süddeutschen Handelsstadt, wahrscheinlich Augsburg. Hier wurde es 1509 zum erstenmal gedruckt. Der anonyme Verfasser verwendet Elemente des Märchens (Säckel, Wunschhütlein), traditionelle Erzählmotive und Informationen aus Reisebeschreibungen (Itinerarien) als Material für eine exemplarische Darstellung der Macht und der Gefahr des Geldes (bzw. der frühkapitalistischen Geldwirtschaft).

Der Roman handelt von Aufstieg und Niedergang einer Familie. Das Geschehen umspannt drei Generationen. Ein »edler purger« Famagustas (Cypern) verschwendet sein ganzes Vermögen durch die Nachahmung ritterlichen Lebensstils. Fortunatus, sein Sohn, will in fremden Ländern Dienst suchen (außer ritterlichen Fähigkeiten hat er nicht viel gelernt). In Diensten eines flandrischen Grafen und eines Kaufmanns in London scheitert er trotz vorübergehender Erfolge an Neid und Mißgunst und an der eigenen Schwäche. An diesem Tiefpunkt erscheint ihm in einem dichten Wald in der Bretagne »die junckfraw des glücks« und stellt ihn vor die Wahl zwischen sechs Glücksgütern: Weisheit, Reichtum, Stärke, Gesundheit, Schönheit, langes Leben. Fortunatus wählt den Reichtum und erhält ein unerschöpfliches, sich der jeweiligen Landeswährung anpassendes »seckel«. Nach einer Reise, die ihn nach mancherlei Abenteuern über Konstantinopel wieder nach Cypern führt, etabliert er sich in seiner Heimat als Kaufmann. Er heiratet die Grafentochter Cassandra; zwei Söhne, Ampedo und Andolosia, werden geboren. Auf einer zweiten großen Reise, die ihn bis nach Indien führt, raubt er dem ägyptischen Sultan ein »wünschhütlin«, das beliebige Ortsveränderungen ermöglicht (Ausdruck des zeitgemäßen Wunsches nach Mobilität). Bezweifelt schon Fortunatus angesichts des Todes den Sinn des Geldes und seines Lebens, so zeigt der zweite Teil des Romans am Beispiel seiner Söhne, wohin der falsche Umgang mit dem Geld führt: Andolosia, der ein hochfahrendes und unvorsichtiges Abenteurerleben führt, wird seines Reichtums wegen grausam ermordet; Ampedo stirbt vor Gram.

Schon die Vorrede gibt als Leseanweisung mit: »Unnd in alweg vernunfft und weißhait für all schätz diser welt / zu begeren und zu erwölen ist.« Die Alternative zwischen Reichtum und Weisheit ist nicht neu. Aber während der zweite Teil des Romans als eindeutige Illustration der falschen Wahl und des falschen Umgangs mit Geld erscheint, demonstriert das Leben des Fortunatus, daß es sich um keine absoluten Gegensätze handelt: Gerade durch seinen erlernten klugen, vernünftigen Umgang mit dem Reichtum sichert sich Fortunatus einen Platz in der Gesellschaft zwischen Bürgertum und Aristokratie. Es ist allerdings, wie das Schicksal seiner Söhne erkennen läßt, eine prekäre Harmonie. Geld – »bar gelt« – ist das zentrale Thema, der entscheidende Beweggrund hinter allem Geschehen, der Maßstab, an dem alles gemessen wird: Ausdruck einer neuen Wirtschafts- und Lebensform, der der Zeitgenosse der Fugger und Welser skeptisch gegenübersteht – und die ihn zugleich fasziniert.

Der Roman wurde häufig aufgelegt (allein 16 Drucke aus dem 16. Jh. sind bezeugt) und im 16. und 17. Jh. in eine Reihe europäischer Sprachen übertragen. Die Geschichte der literarischen Bearbeitungen – meist in dramatischer Form – beginnt mit Hans Sachsens *Tragedia mit 22 personen, der Fortunatus mit dem wunschseckel* (1553) und erreicht Höhepunkte in der Romantik (u. a. Adelbert von Chamisso: *Fortunati Glücksekkel und Wunschhütlein. Ein Spiel*, 1806; Ludwig Tieck: *Fortunat. Märchenlustspiel in zwei Theilen*, 1816) und im Wiener Lust- und Volksschauspiel des 19. Jh.s (u. a. Eduard von Bauernfeld: *Fortunat*, 1835).

um 1510–11
Hermann Bote
Dil Ulenspiegel

Als Verfasser des Eulenspiegelbuches (*Ein kurtzweilig Lesen von Dil Ulenspiegel*) gilt der Braunschweiger Zoll- und Akziseeinnehmer Hermann (Hermen) B., der bedeutendste niederdeutsche Autor seiner Zeit (u. a. *Dat Schichtboick*, 1510–14, eine Darstellung städtischer Unruhen in Braunschweig). Die ersten bekannten Drucke des *Ulenspiegel* sind um 1510–11 (nur fragmentarisch erhalten), 1515 und 1519 in Straßburg erschienen, und zwar in hochdeutscher Sprache mit niederdeutschen Einsprengseln. Es ist umstritten, ob ein – verlorenes – niederdeutsches Original B.s anzusetzen ist.

Der *Ulenspiegel* setzt die Tradition der zyklischen Schwankdichtungen des Mittelalters fort; der *Pfaffe Amîs* (um 1240) des Stricker und Philipp Frankfurters *Geschichte des Pfarrers vom Kalenberg* (1473) werden ausdrücklich in der Vorrede genannt. Neben literarischen Quellen (deutsche Schwanksammlungen, italienische Novellen, französische Verserzählungen) sind mündliche Überlieferungen anzunehmen. Die Schwänke verschiedener Herkunft werden auf einen ›Helden‹ übertragen und zu einem Schwankroman zusammengefügt (die Beziehungen zu einer historischen Person namens Ulenspiegel, gestorben 1350 in Mölln, bleiben eher vage). Der Name des Titelhelden läßt sich verschieden deuten: u. a. als Narren- und Torenspiegel – im Spiegel der Eule (Weisheitssymbol) wird die menschliche Dummheit sichtbar –, als Variante des schwäbischen Grußes: ›Ul'n speigel‹ (›Wisch den Hintern!‹).

Die 95 Schwänke (in den ersten Drucken) umfassen das Leben Dil Ulenspiegels von den ungewöhnlichen Anfängen – er wird gleich dreimal ›getauft‹ – bis zu seinem merkwürdigen Begräbnis. Die Schwankepisoden spielen meist im niederdeutschen Raum; gelegentlich treibt Ulenspiegel auch in anderen Gegenden Deutschlands oder im Ausland sein Unwesen. Der Lebensweg führt zugleich durch die verschiedenen Stände, eine Art Ständespiegel wird erkennbar: Adel, Geistlichkeit, Gelehrte, Handwerker und Bauern kommen ins Visier des Außenseiters Ulenspiegel, der – selber keinem Stand, keiner Gruppe zugehörig – durch seine Tücke Mißstände offenlegt, Zwietracht sät und Egoismus freisetzt. Am häufigsten trifft es das Handwerkertum der Städte, wo der intellektuell überlegene Geselle – Ulen-

spiegel – über die faulen, geizigen oder unbe-
lehrbaren Meister triumphiert. Die Komik der
Eulenspiegeleien ist häufig Sprachkomik: Wörtlichnehmen, Wortverdrehungen und -verzerrun-
gen. Auch die Situationskomik kann aus Ulenspiegels unkonventionellem Sprachverständnis
hervorgehen, etwa wenn er auf den Fluch eines
Bäckermeisters tatsächlich einen Gehenkten vom
Galgen holt.

Von einer Verkörperung des Bösen und Zerstörerischen in der Gesellschaft, einem Warnbild,
wandelt sich der Schalk im Verlauf der Wirkungsgeschichte zum weisen Narren oder sympathischen Schelm. Die Fülle der Drucke, Bearbeitungen und Übersetzungen läßt sich nur annähernd
erfassen (von 1510–11 bis 1830 etwa 80 Textausgaben; bis heute etwa 650 Ausgaben in 30 Sprachen; etwa 250 Bearbeitungen als Jugendbuch).
Die literarische Rezeption beginnt früh: Schwanksammlungen des 16. Jh.s nehmen Eulenspiegel-
geschichten auf (Johannes Pauli: *Schimpf und
Ernst*, 1522), Hans Sachs verwendet zahlreiche
Geschichten als Grundlage für Versschwänke,
Meisterlieder und Fastnachtsspiele, und Johann
Fischart bringt das Buch 1572 in deutsche Verse
– und auf den doppelten Umfang (*Eulenpiegel
Reimensweiß*). Unter den zahlreichen späteren
Eulenspiegeldichtungen ragt Charles de Costers
Roman *La Légende d'Ulenspiegel* (1867) heraus,
ein Werk, das Eulenspiegel zum Helden des niederländischen Freiheitskampfes erhöht. Die In-
terpretationen der Eulenspiegelgestalt in der
neueren deutschen Dichtung sind vielfältig: Eulenspiegel als desillusionierter Kriegsheimkehrer, Narr, Visionär und Gottsucher in einem Hexameterepos von Gerhart Hauptmann (*Des großen Kampffliegers, Landfahrers, Gauklers und
Magiers Till Eulenspiegel Abenteuer, Streiche,
Gaukeleien, Gesichte und Träume* (1928), Eulenspiegel als Schelm und Spaßmacher in Erich
Kästners Kinderbuch *Till Eulenspiegel* (1938),
Eulenspiegel als Revolutionär zur Zeit der Bau-
ernkriege in Günther Weisenborns Drama *Ballade vom Eulenspiegel, vom Federle und von der
dicken Pompanne* (1949) und Christa und Gerhard Wolfs Filmerzählung *Till Eulenspiegel*
(1972), Eulenspiegel als aufklärerischer Betrachter (ebenfalls im Zusammenhang mit den
Bauernkriegen) in Bertolt Brechts *Eulenspiegel-
Geschichten* (1948; für einen geplanten Film)
usw.

1512
Thomas Murner
Narrenbeschwörung

Doctor murners narren bschwerung knüpft ausdrücklich an Sebastian Brants *Narrenschiff*
(1494) an. Allerdings verwandelt sich Brants humanistische, argumentierend-lehrhafte Satire in
eine affektbetonte Franziskanerpredigt in Versform. Während Brant an Vernunft und Selbsterkenntnis appelliert, tritt in M.s Werk der Dichter
als Exorzist auf, der die überhandnehmenden
Narren wie böse Geister durch Beschwörung
auszutreiben sucht.

Die *Narrenbeschwörung* enthält mit Einlei-
tungs- und Schlußreden 97 Kapitel, die sich an
die durch Brant vorgegebene Form halten: Überschrift, gereimtes Motto, Holzschnitt (die meisten
sind identisch mit den *Narrenschiff*-Illustratio-
nen), Text in paarweise gereimten Vierhebern.
Als Überschriften verwendet M. durchgehend
sprichwörtliche oder metaphorische Redensarten, verschlüsselte Hinweise auf das jeweilige
Narrenthema: »Den affen scheren«, »Von blawen
enten predigen«, »Roßdreck schwymmen«, »Den
arß in die schantz schlahen«, »Den dreck rütlen,
das er stinckt« usw. Der kalkuliert volkstümliche
Ton setzt sich in der eigentlichen Moralsatire
fort, die bildhaft, drastisch, grobianisch, anspie-
lungsreich, phantastisch und grotesk Mißstände
anprangert, aggressive Kritik an Klerus, Adel,
Bürgern und Bauern übt, alles »Zů bekerung diser welt«.

Noch schärfer geht die ebenfalls 1512 gedruckte, besonders erfolgreiche Satire *Der schelmen
zunfft* vor: Narren lassen sich bessern, vor Schelmen – verworfenen Menschen – kann nur noch
gewarnt werden. Weitere Moralsatiren M.s erscheinen in den folgenden Jahren, darunter die
den Minnedienst parodierende *Geuchmat* (1519).
Schließlich nimmt M. das Motiv der Narrenbeschwörung in seiner polemischen Auseinandersetzung mit Luther wieder auf (*Von dem grossen
Lutherischen Narren*, 1522).

Lessing urteilte: »Wer die Sitten der damaligen
Zeit kennen will, wer die deutsche Sprache in allem ihrem Umfange studieren will, dem rate ich,
die Murnerschen Gedichte fleißig zu lesen. Was
die Sprache Nachdrückliches, Derbes, Anzügliches, Grobes und Plumpes hat, kann er nirgends
besser zu Hause finden als in ihnen.«

1514
Helius Eobanus Hessus
Heroidum christianarum epistolae

Briefe christlicher Heldinnen

Mit seinen Heldenbriefen führt H. eine neue Gattung in die deutsche Dichtung (lateinischer Sprache) ein. Das Werk ist als christliches Gegenstück zu Ovids heidnischen *Epistulae heroidum* (auch *Heroides*; um 15–5 v. Chr.) entworfen. Während bei Ovid Frauen einer mythischen Vorzeit klagende Liebesbriefe in elegischem Versmaß an ihre fernen Geliebten schreiben – etwa Penelope an Odysseus oder Medea an Jason –, wählt H. Frauen aus Bibel, Kirchengeschichte und Legende als Briefschreiberinnen. Es sind 22 Briefe, ebenfalls in elegischem Versmaß, an himmlische oder irdische Geliebte; dazu kommen zwei weitere Briefe, ein einleitender Emmanuels (Gottvaters) an Maria und ein abschließender des Dichters an die Nachwelt mit autobiographischen Momenten. Dem Brief Emmanuels folgt als erster Brief der heiligen Frauen die Antwort Marias – mit der Frage, warum sie den überhaupt schreibe, wo der Adressat doch allwissend sei. Weiter schreiben Maria Magdalena an den auferstandenen Jesus, Maria an Johannes nach Patmos, Kaiserin Helena an Konstantin den Großen, Elisabeth von Thüringen an ihren Mann usw.

Diese geistlichen Liebesbriefe, oft im Ton der Klage und der Sehnsucht, begründeten den Dichterruhm von H., dem Repräsentanten einer entschieden christlichen humanistischen Dichtung. In Nicodemus Frischlins deutschem Schauspiel *Iulius redivivus* (1585) steht H. für die der römischen Literatur ebenbürtigen, wenn nicht überlegenen Leistungen des deutschen Humanismus.

1514
Tiroler Passion

Im Rechnungsbuch der Stadt Hall wird im Jahr 1430 ein »gerüst zum Spil« erwähnt. So weit läßt sich die Tiroler Spieltradition zurückverfolgen. Die wichtigsten Spielorte im 15. und 16. Jh. waren Bozen, Brixen, Sterzing und Meran in Südtirol, Hall und Schwaz im Norden. Die Überlieferung zeigt ein relativ einheitliches Bild, so daß man von einer *T. P.* sprechen kann: einem großen, in der Regel dreiteiligen Spiel für Gründonnerstag, Karfreitag und Ostersonntag mit etwa 4000 Versen.

Diese drei Teile bildeten auch den Kern der Bozener Aufführung von 1514. Sie wurde durch eine Erweiterung auf sieben Teile, durch Ausstattung und Zahl der Mitwirkenden (etwa 300 Darsteller) zum Höhepunkt des Passionsspiel in Tirol. Gespielt wurde unter Beteiligung der geistlichen und weltlichen Würdenträger der Stadt an den sieben Tagen, die das biblische Geschehen nahelegte: Sonntag vor Ostern (Palmsonntagsspiel: Einzug Christi in Jerusalem), Gründonnerstag bis Ostersonntag (Passion und Auferstehung, einschließlich Höllenfahrt und Teufelsspiel mit Stände- und Berufsrevue; am Karsamstag wurde eine Marienklage eingeschoben), Ostermontag (›Bruderspiel‹: Gang nach Emmaus), Himmelfahrt (40 Tage später: Himmelfahrtsspiel).

Zu den Neuerungen der *T. P.* (dieser und vielleicht auch früherer Aufführungen) gehörte, daß die weiblichen Rollen, mit Ausnahme der Mutter Christi, von Frauen übernommen wurden. Den Christus spielte Benedikt Debs (gest. 1515), Lehrer an der Bozener Lateinschule, den Judas Vigil Raber (um 1475–1552), Kunstmaler und Kunsthandwerker aus Sterzing. Beide waren als Regisseure, Organisatoren und Textsammler von großer Bedeutung für das Tiroler Volksschauspiel und die Dokumentation seiner Tradition. Dabei gilt auch für die *T. P.* – wie für das religiöse Volksschauspiel im ganzen –, daß die Texte nur einen Aspekt eines komplexen Unternehmens erhellen, das mehr als Äußerung »des religiösen und gesellschaftlichen als des literarischen Lebens« betrachtet werden muß (Max Wehrli).

1515
Pamphilius Gengenbach
Die X alter dyser welt

Dieses Spiel des Baseler Buchdruckers und Meistersingers P. G. wurde 1515 zuerst aufgeführt und im gleichen Jahr gedruckt. Es verbindet Momente des geistlichen Spiels und der Moralität mit dem revueartigen Charakter der Narrendichtung und des älteren Fastnachtsspiels.

Die Vertreter der zehn Lebensalter ziehen an einem »Einsiedel« vorbei. Die kurzen Reden und Antworten offenbaren in allen Altersstufen ein verfehltes Leben, Bosheit, Stolz, Verschwendung, Ehebruch, Habgier. Die Mahnungen des Einsiedels fruchteten nichts. Seine Schlußrede verstärkt die ohnehin anklingenden eschatologischen Vorstellungen, der Jüngste Tag kündigt sich an: »Vyl teürung / hunger / wird got gäben Erdtbidumb /

krieg / werden wir hon Vil zeichen sehen inn sunn und mon [...].« Das Spiel wurde mehrfach aufgeführt und bis 1635 nachgedruckt. Jörg Wickram bearbeitete es 1531 und näherte es durch die Einführung neuer Gestalten – Tod und Teufel – dem *Jedermanns*-Spiel an.

Mit einer Prophezeiung des Weltendes schließt auch G.s *Nollhart* (1517), eine Revue der politischen Mächte der Zeit. Eine Revue der Venusnarren bietet das Fastnachtspiel *Die Gouchmat* (um 1516 oder 1521), unabhängig von Thomas Murners etwa gleichzeitiger Satire (*Die Geuchmat*, entstanden um 1515, gedruckt 1519). Den Umschlag von allgemeiner Moral- und Zeitkritik in aktuelle Parteinahme (für die Reformation) bedeutet dann das häufig G. zugeschriebene satirische Gespräch *Die Totenfresser* (um 1521). Niklaus Manuel nimmt das Thema, den Mißbrauch der Totenmessen zur Bereicherung des Klerus, im Fastnachtsspiel *Vom pabst und siner priesterschafft* (1523) wieder auf.

1515–17
Epistolae obscurorum virorum

Dunkelmännerbriefe

Die *D.*, glänzende Humanistensatire auf die konservative Spätscholastik, markieren den Höhepunkt einer langwierigen, mit juristischen wie literarischen Mitteln geführten Auseinandersetzung, die als Pfefferkorn-Reuchlinscher Streit in die Literaturgeschichte eingegangen ist. Anlaß war die von Johannes Pfefferkorn, einem getauften Kölner Juden, in mehreren Schriften 1507–09 geforderte Konfiszierung nichtbiblischer hebräischer Literatur (Talmud, kabbalistische Schriften u.a.). Pfefferkorn konnte zwar ein Mandat Kaiser Maximilians I. in seinem Sinn erwirken und auf die Unterstützung des Großinquisitors des Dominikanerordens Jakob von Hochstraten und der Kölner Professoren (voran Ortvinus Gratius) bauen, doch in der Praxis gab es Widerstand. Gutachten wurden angefordert. Johannes Reuchlin, berühmtester deutscher Hebraist seiner Zeit, wandte sich gegen Pfefferkorn. Die Auseinandersetzung wurde polemisch. Schriften pro und contra kamen in rascher Folge heraus. Reuchlins *Augenspiegel* (1511), der den ganzen Vorgang noch einmal aufrollte und Pfefferkorn zahlreicher Unwahrheiten beschuldigte, löste Gegenmaßnahmen von seiten der Kirche aus. Gefahr drohte, als Reuchlin der Prozeß wegen Ketzerei gemacht werden sollte. Das wurde abgewendet und die ihn unterstützenden Briefe

seiner Freunde und Parteigänger wurden unter dem Titel *Clarorum virorum epistolae* (*Briefe glänzender* bzw. *berühmter Männer*, 1514) veröffentlicht: Der Streit war zu einer grundsätzlichen Auseinandersetzung zwischen fortschrittlichem Humanismus und und traditionellem spätscholastischem Wissenschaftsbetrieb geworden. In dieser Situation erschien die Satire der *D.* (1. Teil 1515, erweitert 1516; 2. Teil 1517) als parodistisches Gegenstück zu den *Clarorum virorum epistolae* von 1514. Die fiktiven Briefe entstanden im Erfurter Humanistenkreis um Crotus Rubeanus, von dem das Konzept stammt und der auch die meisten Briefe des 1. Teils schrieb. Der Hauptverfasser des 2. Teils war Ulrich von Hutten.

Den ›berühmten‹ (oder: ›leuchtenden‹, ›glänzenden‹) Männern‹ um Reuchlin werden satirisch die ›Dunkelmänner‹ um den Kölner Professor Ortvinus Gratius entgegengestellt, die ihren Meister im Kampf gegen die humanistischen Neuerer im allgemeinen und Reuchlin im besonderen beistehen. Das Bild, das die »spätscholastischen Finsterlinge« (Hans Rupprich) unfreiwillig mit größter Anschaulichkeit von sich selber entwerfen, zeigt Rückständigkeit, Denkfaulheit, Unwissenheit, geheime Furcht vor der Überlegenheit der Humanisten, Gewissenlosigkeit, Opportunismus. Aufgeschlossen sind sie nur den Freuden der Tafel und der Liebe (wobei Gratius eine Affäre mit der Frau Pfefferkorns angedichtet wird). Ironie, Witz und zuweilen groteske Komik kennzeichnen die Briefe. Entscheidenden Anteil an ihrer überwältigenden Wirkung hat die sprachliche Form: Miserables Latein – eine Mischung aus Kirchenlatein, mittelalterlichem Gebrauchslatein, deutsch-lateinischer Mischsprache nebst deutscher Syntax – und hilflose Dichterei geben die obskuren Stümper mit den Mitteln der mimetischen Satire dem Gelächter preis. Der 2. Teil Huttens ist kämpferischer, polemischer: Pathos statt Ironie.

Erwiderungen von Pfefferkorn und Gratius blieben ohne Resonanz. Literarisch war der Streit zugunsten Reuchlins und der »clari viri« entschieden. Im kirchenrechtlichen Prozeß unterlag Reuchlin 1520. Sein *Augenspiegel* von 1511 wurde verboten, wohl nicht zuletzt unter dem Eindruck der Reformation, als dessen Vorspiel die Satire auf klerikale Beschränktheit und Rückständigkeit erscheinen konnte.

1517
Kaiser Maximilian I.
Theuerdank

Kaiser M.s literarische Unternehmungen dienten nicht zuletzt der überhöhenden Darstellung seines eigenen Lebens, seinem »gedächtnus«. Sofern es nicht bei Plänen blieb, handelt es sich dabei um Kollektivarbeiten, bei denen der Anteil M.s nicht genau zu bestimmen ist. Jedenfalls wurde die Ausarbeitung und kunstgerechte Ausführung der Text- und Bildentwürfe Fachleuten übertragen. Am *Theuerdank* waren in verschiedenen Stadien der Ausarbeitung Siegmund von Dietrichstein, Marx Treitzsaurwein und Melchior Pfinzing beteiligt. Der erste, glänzend ausgestattete Druck erschien 1517 mit Holzschnitten von Hans Burgkmair, Leonhard Beck u. a.

Der *Theuerdank*, eine Dichtung in schwerfälligen Reimpaarversen, schließt an die heldische und höfische Epik des späten Mittelalters an. Er erzählt, in allegorischer Einkleidung, die Geschichte der Werbung M.s um Maria von Burgund, die Tochter Karls des Kühnen. Auf der Reise nach Burgund hat der Held (Theuerdank) zahlreiche Gefahren und Hindernisse zu überwinden, wobei die drei verräterischen Hauptleute der Königin Fürwittig, Unfallo und Neydelhart u. a. persönliche Feinde, ständische Opposition, aber auch innere Gefährdung des Helden, die drei Lebensalter oder ungünstige Sternkonstellationen verkörpern. Der Held setzt sich dank seiner Tugenden und dank göttlicher Hilfe durch, obwohl er unter ungünstigen Gestirnen geboren wurde. Die endgültige Vereinigung mit Ernreich (Maria) wird freilich aufgeschoben, damit Theuerdank noch einen Kriegszug gegen die Ungläubigen unternehmen kann.

Der Erstdruck des *Theuerdank* (1517) war nur für einen engeren, M. nahestehenden Personenkreis gedacht; ›öffentliche‹ Drucke erschienen 1519 und 1537. Für eine weitere Verbreitung im 16. und 17. Jh. sorgten Bearbeitungen von Burkard Waldis (1553 u. ö.) und Matthäus Schultes (1679, 1693).

Einen weiteren epischen Versuch zur höheren Ehre des ›letzten Ritters‹ und seines Geschlechts stellt M.s *Weißkunig* dar, dessen Entwürfe Marx Treitzsaurwein 1514 zu einer fortlaufenden Prosaerzählung verband: Fürstenspiegel und historischer Schlüsselroman (gedruckt erst 1775).

1520
Eckius dedolatus
Der enteckte Eck (Der gehobelte Eck)

Dieser anonyme satirische Dialog in lateinischer Sprache richtet sich gegen den Ingolstädter Theologen und Luthergegner Johannes Eck, der 1519 in Leipzig mit Luther und Andreas Karlstadt disputiert hatte. Allerdings, nicht die theologischen Streitfragen sind der Gegenstand der Satire. Vielmehr atmet der *E. d.* noch den Geist der *Dunkelmännerbriefe* (1515–17) und verspottet den durchaus gebildeten und keineswegs reaktionären Theologen Eck als dummen, boshaften, dem Wein und der Liebe ergebenen scholastischen ›Dunkelmann‹. Als Verfasser kommt an erster Stelle der Nürnberger Humanist Willibald Pirckheimer in Frage; die Mitarbeit anderer Humanisten ist anzunehmen.

Eck, der unter den Folgen übermäßigen Wein- und Liebesgenusses leidet und seinen Zustand mit Worten aus einer Tragödie Senecas beklagt, läßt einen Arzt aus Leipzig kommen – Gelegenheit, um eine Fakultätssitzung der Leipziger Professoren zu parodieren. Der Arzt unterzieht den Leidenden einer radikalen Kur. Vorher muß Eck allerdings noch beichten, wobei er nur seine Eitelkeit und Dummheit offenbart. Dann wird er in einer grotesken Krankenbehandlung nacheinander verprügelt, geschoren, mit Hilfe von Medikamenten purgiert, gehäutet und schließlich kastriert. Man gelobt Stillschweigen über den Vorgang, damit nicht die Wittenberger oder Hutten instand gesetzt würden, eine Komödie daraus zu machen. Der Schlußchor bezweifelt den Heilerfolg: Einem scholastischen Theologen wie diesem sei wohl nicht zu helfen. – Die Kur hat allegorische Bedeutung. Die Purgation z. B. fördert Ecks unverdaute Schriften und Bestechungs- und Ablaßgelder zu Tage, unter der Haut zeigen sich Geschwüre als Zeichen seiner Laster usw. Der Verfasser des *E. d.* verbindet souverän Elemente des satirischen Dialogs in der Tradition Lukians, dem er auch die Technik des parodistischen Zitats verdankt, und der attischen Komödie. Auf Grund des klaren Aufbaus, der scharfen Charakterisierungen und der lebhaften Dialoge hat man das Werk oft als Komödie bezeichnet. Eine Aufführung war allerdings nicht beabsichtigt.

Die dialogisch-dramatische Mischform des *E. d.* wirkt auch auf die folgenden deutschsprachigen Dialoge der Reformationszeit. Inhaltlich verschiebt sich freilich der Akzent von der humanistischen Gelehrtensatire hin zur Diskussion religiöser Fragen und zu nationaler, d. h. antirömischer Agitation.

1520
Martin Luther
An den Christlichen Adel
deutscher Nation

Nach der Publikation seiner 95 Thesen (1517), dem Ablaßstreit und der Leipziger Disputation (1519) mit dem Vertreter der alten Kirche Johannes Eck trat L. 1520 in mehreren Schriften mit einem umfassenden Reformprogramm und einer theologischen Begründung seines evangelischen Glaubens an die Öffentlichkeit. »Die zeit des schweygens ist vorgangen, und die zeit zureden ist kommen«, heißt es in Anlehnung an den Prediger Salomo (3,7) in der Widmung seiner ersten Reformschrift des Jahres 1520: *An den christlichen Adel deutscher Nation: von des Christlichen standes besserung.*

L. wendet sich an die weltlichen Obrigkeiten – vom Kaiser bis zu den Städten – und fordert sie, die Laien, zu einer durchgreifenden Erneuerung der Kirche, aber auch zur Reform mancher weltlicher Einrichtungen auf. Einem derartigen Vorhaben steht, so sieht es L., die römische Kirche mit dem Papst an der Spitze im Wege. Die »Romanisten haben drey mauren [...] umb sich zogen«, um jede Reform unmöglich zu machen: Sie postulieren den Vorrang der geistlichen vor der weltlichen Gewalt, die letzte Autorität des Papstes in der Auslegung der Schrift und sein alleiniges Recht, Konzile einzuberufen. Der grundsätzliche erste Teil der Schrift L.s gilt der Widerlegung dieser Ansprüche.

Der angemaßten Oberhoheit der geistlichen Gewalt stellt L. die Auffassung entgegen, daß alle Christen »durch die tauff zu priestern geweyhet« werden; und dieses allgemeine Priestertum schließt wiederum das Recht jedes Christen zur Schriftauslegung ein. Was das Recht auf Einberufung eines Konzils angehe, von dem die Bibel nichts sage, so sei jeder dazu ermächtigt, wenn es die Not erfordere, insbesondere freilich »das weltlich schwert«.

Anschließend stellt L. im einzelnen dar, was ein Konzil an Reformen zu veranlassen hätte. Er beginnt beim Papst, der »ein exempel aller demut« in der Nachfolge Christi bieten müsse, und den finanziellen Mißständen in der Kirche, die – wie insbesondere die Auspressung der Deutschen – ein Ende finden müßten. In der Folge

wird dann eine Fülle von notwendigen Maßnahmen, zunächst im geistlichen Bereich, Punkt für Punkt aufgezählt: Abschaffung der Wallfahrten, der Ablässe, der Bettelorden; Aufhebung des Eheverbots für Geistliche; Verbot des Bettelns; Reform der Armenversorgung, der Schulen und Universitäten; Forderung eines unabhängigen Kaisertums und einer von Rom unabhängigen Kirche. Nach den »geystlichen geprechen« kommt L. noch kurz auf einige spezifisch weltliche zu sprechen: Luxus, Unzucht und »zynß kauff« (Wechselgeschäfte, Geldverleih auf Zinsen). Im letzten Punkt zeigt sich eine entschiedene, der ökonomischen Entwicklung entgegenlaufende Ablehnung der »kauffmanschafft« und ihrer Praktiken: »Hie must man werlich auch den Fukkern, und dergleychen geselschafften, ein zawm ynß maul legen.«

L. konnte mit seinen Vorschlägen an die Reformdiskussion anknüpfen, die seit dem 15. Jh. nicht mehr abgerissen und auch auf mehreren Reichstagen in einer Reihe von ›Gravamina‹ (Beschwerden) aktenkundig gemacht worden war. Er traf auf eine empfängliche Öffentlichkeit. Innerhalb von einer Woche war die Erstauflage, mit 4000 Exemplaren sehr hoch für die damaligen Verhältnisse, vergriffen; insgesamt 13 Auflagen erschienen noch im selben Jahr.

Mit den weiteren Veröffentlichungen des Jahres 1520 wandte sich L. theologischen Fragen in engerem Sinn zu. Im Oktober erschien die lateinische Schrift *De captivitate Babylonica ecclesia praeludium* (*Präludium zur babylonischen Gefangenschaft der Kirche*), eine grundsätzliche Auseinandersetzung mit der Sakramentenlehre der Kirche. Im November folgte seine wohl erfolgreichste Schrift, *Von der Freyheyt eynisz Christen menschen*, die die Lehre von der Rechtfertigung durch den Glauben darlegt und die Freiheit eines Christenmenschen dialektisch – durch »zwo widderstendige rede« – im Anschluß an Paulus (1. Korinther 9,19) definiert: »Eyn Christen mensch ist eyn freyer herr, über alle ding, und niemandt unterthan. Eyn Christen mensch ist eyn dienstpar knecht aller ding und yderman unterthan.«.

L.s Beispiel hatte eine Flut von deutschsprachigen Flugschriften zur Folge – man spricht von etwa 3000 während der ersten ›Kampfjahre‹ von 1520–25 –, deren Verfasser dem Reformator im Kampf gegen ›Rom‹ zu Hilfe eilten und im Bauernkrieg die Fronten absteckten. Eine in dieser Weise ›engagierte Literatur‹ hatte es vorher nicht gegeben. Möglich war sie in dieser Massenhaftigkeit nur durch den Buchdruck, der angesichts des großen Absatzes der Schriften L.s und seiner

Anhänger – ihnen stand etwa 90% der Druckkapazität zur Verfügung – einen raschen Aufschwung nahm. Mit diesen Flugschriften erreichte Literatur eine neue Öffentlichkeit. Das gedruckte Wort erhielt eine neue Funktion, wurde entscheidendes Medium im Kampf um die öffentliche Meinung.

1521
Karsthans

K., eine reformatorische Flugschrift, erschien Anfang 1521 in Straßburg. Der Verfasser ist nicht mit Sicherheit zu ermitteln (Joachim von Watt galt lange als Urheber), gehörte aber zum Kreis der Humanisten. Formal handelt es sich bei dem *K.* um ein Gespräch. Teilnehmer sind der Bauer Karsthans und sein theologisch verbildeter Sohn Studens, der Franziskaner Thomas Murner, Luther und der kommentierend eingreifende Gott Mercurius. Der Name Karsthans bezeichnet den mit einem Karst, einer zweizinkigen Feldhacke, arbeitenden Bauern. Bei dem Straßburger Prediger Johannes Geiler von Kaysersberg oder bei Murner ist Karsthans noch ein Synonym für ›Bauernklotz‹, erscheint hier aber aufgewertet als Bezeichnung für den unverbildeten, religiös erwachten und mündig gewordenen Laien. Der Text richtet sich ausdrücklich gegen Murner, der 1520 eine Reihe von Schriften gegen Luther veröffentlicht hatte.

Persönliche Satire herrscht im ersten Teil vor. Katzenlaute sind vor der Tür zu hören: »murmaw, murmaw, murner, murmaw.« Murner erscheint in Mönchskutte und Katzenkopf. Er vermag zwar den Sohn, nicht aber den Vater zu beeindrucken, obwohl dieser die lateinischen Floskeln ständig mißversteht. Hinter der scheinheiligen Maske des Mönchs verbergen sich Bosheit, Unsittlichkeit und auch Feigheit, denn er entzieht sich dem Gespräch mit dem nun eintreffenden Luther. Dieser beklagt die »einfalt des tütschen volcks«, das sich von den Ausländern verspotten und betrügen lasse. Karsthans ereifert sich und will seinen Dreschflegel ergreifen; Luther hält ihn zurück. Nach Luthers Abgang diskutieren Vater und Sohn über Murners Schriften, wobei der bibelfeste Karsthans über seinen studierten Sohn – und damit über das Lehrgebäude der Kirche – triumphiert. Das Evangelium erscheint so in der Hand des ›gemeinen Mannes‹ als unwiderstehliche Waffe. Allerdings werden soziale und politische Folgerungen aus dem Kampf gegen die römische Kirche abgelehnt. Das Eingreifen Luthers macht das sinnbildlich deutlich.

Die Flugschrift erlebte innerhalb von einigen Monaten zehn Auflagen; andere Schriften knüpften daran an (*Gesprech Büechlin Neuw Karsthans*, 1521), und der Name des Titelhelden wurde zur festen Bezeichnung »für alle Pfaffenfeinde und Reformationsfreunde der unteren Volksschicht« (Otto Clemen). »Habet Germania multos Karsthansen« (»Deutschland hat viele K.«), schrieb Luther im Mai 1521. In den programmatischen Schriften der aufständischen Bauern, die ja auf eine Veränderung ihrer sozialen Lage zielten, taucht dagegen der Name Karsthans nicht auf.

1521
Ulrich von Hutten
Gesprächbüchlin

Das *Gesprächbüchlin*, Anfang 1521 in Straßburg gedruckt, enthält vier Dialoge (*Das erst Feber*, *Das ander Feber*, *Vadiscus oder die Römische Dreifaltikeit*, *Die Anschauenden*), die H. 1519–20 zunächst in lateinischer Sprache veröffentlicht hatte. An der Übertragung ins Deutsche war auch Martin Bucer [Butzer] beteiligt (*Das erst Feber*). Die dialogische Form verdankt H. den satirischen Dialogen – u.a. *Göttergespräche*, *Totengespräche* – des Lukian von Samosata (um 120–180 n. Chr.).

Themen der Dialoge H.s sind die Mißstände im Klerus, insbesondere das Wohlleben und die Unsittlichkeit der römischen ›Kurtisanen‹ (Höflinge), die Finanzmanipulationen der Kurie und ihre Mißachtung der nationalen deutschen Interessen. Gesprächpartner H.s in den ersten beiden Dialogen ist das ›Fieber‹ (Syphilis?), das von prassenden Mönchen und ausschweifenden, lasterhaften Pfaffen und Domherren zu berichten weiß und deren Leben unter der Last der Dirnenherrschaft ironisch bedauert. Im 3. Dialog, dem gewichtigsten und umfangreichsten, unterhalten sich H. und ›Ernholt‹ über Rom und seine Verderbtheit: »das ist gantz Rom, ein Teil aller Schanden und Laster, ein gesammlete Pfütz aller Unreinikeit, ein unausschöpflicher Pfuhl aller Sünden und Übeltaten.« Im abschließenden 4. Dialog betrachten der Sonnengott Sol und Phaeton, sein Wagenlenker, von oben die Vorgänge auf dem Augsburger Reichstag (1518) und beschwören der »Teutschen angeborne Redlichkeit«, während der päpstliche Legat mit der Drohung einer »Zusammenschwerung [Verschwörung] der Schof wider einen ungerechten, ungütigen und blutdorstigen Hirten« konfrontiert wird.

Weitere Dialoge (*Novi Dialogi*, 1521) und eine Reihe von Klagschriften (u.a. *Klag und Vormahnung gegen dem übermässigen unchristlichen Gewalt des Papsts zu Rom*, 1520) aus H.s Feder unterstreichen die nationale, antirömische Argumentation. H. steht so für die Kreise, die in der Reformation in erster Linie eine nationale Bewegung sahen und sich durch die Befreiung vom ›römischen Joch‹ eine Stärkung des Kaisertums und eine Einigung des Reiches erhofften. Mit seinen aggressiven Dialogen und Klagschriften trug er den Kampf gegen die römische Kirche wirkungsvoll in die Öffentlichkeit.

1521
Johann Eberlin von Günzburg
Die XV Bundesgenossen

Die *Fünfzehn Bundesgenossen* des ehemaligen Franziskaners J. E. sind eine Sammlung von 15 sprachgewaltigen Flugschriften im Dienst der Reformation, erschienen im Spätsommer 1521. Die einzelnen Schriften werden als ›Bundesgenossen‹ (Eidgenossen) bezeichnet, die sich zusammengeschlossen hätten, um Mißstände aufzudekken und die Sache der großen Reformatoren, vor allem Luthers und Huttens, zu fördern. Die Angriffe E.s richten sich gegen die »Aristotelisch haidnisch lere« wie die Praxis der Kirche (Fasten vor Ostern, Stundengebete, Abgaben für kirchliche Dienste wie Seelenmessen, Heiligenverehrung, Klosterleben, Bettelmönche, Gebrauch der lateinischen Sprache usw.).

Ein utopisches Gegenbild zu Polemik, Anklage und Satire bilden der 10. und 11. *Bundesgenosse* mit der programmatischen Darstellung einer neuen geistlichen und weltlichen Ordnung im Lande »Wolfaria« (wo man ›wohl fährt‹): Kirchenreform, ein politisches System mit demokratischen Ansätzen (»In allen räten söllen als vyl edelleüt als baurßleüt sitzen«), strenge Reglementierung des öffentlichen und privaten Lebens und der Moral (»Alle mann söllen by grosser pein lang bärt tragen«, »Wir ordnen all offenlich eebrächer söllen getödt werden«), Toleranz gegenüber Andersgläubigen, Betonung einer agrarischen Wirtschaftsstruktur, Abschaffung der »fuckery« (des Handelskapitals, der Handelsgesellschaften), Reform des Bildungswesens und der Fürsorge usw. In manchen Punkten trifft sich E.s Programm mit den Forderungen der Bauern zur Zeit des Bauernkrieges. Der Titelholzschnitt des 11. Stückes zeigt einen Narren mit Schellenkappe, wohl Hinweis darauf, daß das utopische

Programm als kritisches Gegenbild, als Denkansatz gemeint ist und nicht als eine in jedem einzelnen Punkt verbindliche Handlungsanleitung. Ob E. Thomas Morus' 1516 erschienene *Utopia* kannte, ist nicht nachzuweisen.

Die *Fünfzehn Bundesgenossen* hatten großen Erfolg; allein 1521 erschienen drei Ausgaben. 1523 fügte E. ein 16. und letztes Stück hinzu. Thomas Murner richtete in seinem *Grossen Lutherischen Narren* (1522) scharfe Angriffe gegen die *Bundesgenossen*, die als Kern des protestantischen Heeres erscheinen. E. selber äußerte sich später skeptisch über die Wirkung der immer stärker zunehmenden Reformationspublizistik und warnte vor dem Mißbrauch des gedruckten Worts zu demagogischen Zwecken.

1522
Thomas Murner
Von dem grossen Lutherischen Narren

Der Franziskaner T. M. gehörte zu den entschiedenen Gegnern Luthers und der Reformation. Er griff 1520 mit einer Reihe von Streitschriften in die Auseinandersetzung ein und wurde daraufhin von Anhängern Luthers als bezahlter Handlanger Roms und sittenloser Geselle attackiert. M. reagierte mit der satirisch-polemischen Dichtung *Von dem grossen Lutherischen Narren*, die er ausdrücklich als Fortsetzung seiner *Narrenbeschwörung* (1512) charakterisiert: Allerdings gelte es nun statt der »kleinen närlin« die großen Narren zu bannen. Auf den Holzschnitten erscheint der Narrenbeschwörer M. als Kater in einer Mönchskutte (»Murr-narr« hatte man ihn schon seit seiner Auseinandersetzung mit Wimpheling über dessen *Germania* von 1501 genannt), macht sich also die ihm zugeschriebene Rolle selbstpersiflierend zunutze.

Das Werk beginnt mit der Beschwörung des Narren: Der »groß lutherisch nar« – Verkörperung der Gesamtheit der lutherischen Lehren und ihrer Anhänger – wird auf einem Schlitten hereingefahren. Der Autor nimmt den großen Exorzismus vor und zwingt die bösen Kräfte aus allen Körperteilen des Narren heraus. Aus dem Bauch kommen die 15 Bundesgenossen Johann Eberlins von Günzburg, die sich zum Heer formieren; es erscheinen »buntschůch« und »karsthanß« als Verkörperungen des revolutionären Geistes der Bauern.

Für M., und nicht nur für ihn, zielt die Reformation letztlich auf den Umsturz der bestehenden Ordnung in Kirche und Staat. – Der Beschwörung folgt der Kriegszug des protestantischen Heeres. Die aus dem Großen Narren herausgezwungenen Anhänger der Reformation zerstören unter Luthers Führung Klöster, Kirchen und Festungen. M. ergibt sich, als man ihm den neuen Glauben – Nichtachtung der Sittengesetze, Auflehnung gegen die Obrigkeit – erklärt und ihm Luthers (fiktive) Tochter zur Frau anbietet. In der Hochzeitsnacht verstößt M. die mit Kopfgrätze (»erbgrindt«) behaftete Braut – die Ehe sei ja kein Sakrament. Es folgen Luthers Tod und das von Katzenmusik begleitete Begräbnis im »scheißhuß« (er hat die Sterbesakramente abgelehnt); Krankheit und Tod des Großen Narren beschließen die Satire.

Der *Grosse Lutherische Narr* ist ein vielschichtiges Werk. Es stellt eine witzige, polemische und absichtsvoll verleumderische Abrechnung M.s mit seinen persönlichen Gegnern dar, denen er mit gleicher Münze heimzahlt; es ist aber auch eine hellsichtige Analyse des revolutionären Potentials der reformatorischen Bewegung. M. verwendet dazu die verschiedensten Darstellungstechniken: Dialog, Elemente des Fastnachtsspiels (Hochzeitsfarce), Pamphlet (in der Auseinandersetzung mit Eberlin von Günzburg), Allegorie. Übergreifend bleibt die satirische Intention.

Die Angegriffenen antworteten nicht. Die Wirkung der Satire war gering, nicht zuletzt deswegen, weil die Sache der Reformation bereits auf breite Zustimmung gestoßen war. Überdies konfiszierte der Rat der Stadt Straßburg das Werk kurz nach der Drucklegung.

1522
Johannes Pauli
Schimpf und Ernst

Angeregt von dem Straßburger Prediger Johannes Geiler von Kaysersberg, dessen Predigten er z. T. aufzeichnete und herausgab, stellte der Elsässer Franziskaner J. P. eine Sammlung von Predigtmärlein und Exempelgeschichten zusammen. Es sind insgesamt 693 Kurzerzählungen, 462 dem »Schimpf« (Scherz) und 231 dem »Ernst« gewidmet. Das Werk gründet vorwiegend auf mittelalterlichen Quellen (*Gesta Romanorum*, um 1300; Jacobus de Voragine: *Leganda aurea*, um 1270; Caesarius von Heisterbach: *Dialogus miraculorum*, um 1219–23 usw.). Wahrscheinlich hat P. aber auch aus mündlichen Überlieferungen geschöpft.

Schimpf und Ernst ist kein Schwankbuch, sondern ein Werk der Exempelliteratur, wobei allerdings grundsätzlich jede Art von kurzer Geschichte – Anekdote, Schwank, Fabel, Mirakelerzählung, Witz usw. – als Predigtexempel Verwendung finden kann. P. ordnet die Geschichten – er spricht im Titel von »exempeln, parabolen und hystorien« – lose nach Ständen bzw. Berufen oder thematischen Gesichtspunkten: »Von den narren«, »Von der warheit«, »Von dem bösen geist«, »von urteil und urteilsprechen. Von notarien und richtern«, »Von dem eebruch. Von ersamen frawen«, »Von tantzen und pfeiffen« usw. P. erzählt bildhaft, knapp, pointiert, nähert sich der Umgangssprache. Am Ende folgt meist eine moralische Nutzanwendung.

Ursprünglich als Hilfsbuch für Prediger und als Lektüre für Klosterangehörige und Adelige gedacht, wurde P.s *Schimpf und Ernst* dank seiner Weltfülle (»durchlaufft es der welt handlung«) und seiner abgewogenen Mischung von Unterhaltung und Erbauung zu einem weitverbreiteten Lesebuch. Im 16. und 17. Jh. erschienen mindestens 60 Ausgaben. Die Verfasser späterer Schwankbücher griffen auf P.s Werk als Quelle zurück, Hans Sachs benutzte es als Vorlage für eine Reihe von Fastnachtsspielen.

1522–34
Martin Luther
Bibelübersetzung

Gedruckte deutsche Bibeln gab es seit 1466 (*Mentelin-Bibel*). Sie gründeten auf der Vulgata, dem von der Kirche autorisierten lateinischen Bibeltext. Ihrem Wortlaut folgten sie möglichst genau, auch gegen den üblichen deutschen Sprachgebrauch. Mangelnde Anschaulichkeit und Verständlichkeit waren das Resultat. Daneben stand auch die Haltung der Kirche einer weiten Verbreitung der vorlutherischen Bibelübersetzungen entgegen. Mit der Auffassung, daß die Bibel nicht in die Hand der Laien gehöre, betonte sie ihre Stellung als vermittelnde Instanz zwischen den Gläubigen und dem geoffenbarten Wort Gottes. Gegen dieses implizite Bibelverbot stellte sich L. mit seiner Auffassung von der Mündigkeit des Laien und dem allgemeinen Priestertum aller Gläubigen, eine Auffassung, die einen unmittelbaren Zugang auch der Laien zur Hl. Schrift und damit eine neue, allgemeinverständliche Bibelübersetzung zwingend notwendig machte. Daß es L. überdies gelang, Verständlichkeit und Klarheit mit Anschaulichkeit und sprachlicher Schönheit zu verbinden, trug entscheidend zum beispiellosen Erfolg seiner Übersetzung bei.

L. begann Ende 1521 auf der Wartburg mit der Übersetzung des NT. Grundlage war der von Erasmus von Rotterdam herausgegebene griechische Urtext. Im September 1522 erschien *Das Newe Testament Deutzsch* (›Septemberbibel‹ bzw. ›-testament‹), im Dezember bereits eine 2., verbesserte Auflage (›Dezemberbibel‹). Anschließend wandte sich L. mit Hilfe des Gräzisten Philipp Melanchthon, der auch schon das NT durchgesehen hatte, und des Wittenberger Hebraisten Matthäus Aurogallus dem AT zu. Auch hier ist die Grundlage der (hebräische) Urtext, nicht die Vulgata. Schon 1523 erschienen die fünf Bücher Mose. Weitere Teile des AT folgten in den nächsten Jahren, bis 1534 der vollständige deutsche Bibeltext in der Übersetzung L.s mit zahlreichen Holzschnitten von Lukas Cranach und anderen erscheinen konnte: *Biblia / das ist / die gantze Heilige Schrifft Deudsch. Marth. Luth.* Bis zu seinem Tod arbeitete L. ständig an der Verbesserung seiner Übersetzung. Fachgelehrte wurden herangezogen, eine Revisionskommission gegründet. Die letzte von L. noch selbst bearbeitete Ausgabe erschien 1546.

Seine Übersetzungsprinzipien formulierte L. im *Sendbrief vom Dolmetschen* (*Ein sendbrieff D. M. Luthers. Von Dolmetzschenn und Fürbit der heiligenn*, 1530) und in den *Summarien über die Psalmen und Ursachen des Dolmetschens* (1532). Leitender Gesichtspunkt war, den Sinn des Urtexts möglichst unverkürzt und unverfälscht im Deutschen wiederzugeben. Das bedeutete zugleich eine Freiheit vom Buchstaben der Vorlage, wenn sich der Sinngehalt im Deutschen anders besser ausdrücken ließ. Im Zusammenhang mit der kontroversen Übersetzung von Römer 3,28 »allein durch den Glauben« fällt auch die berühmte Bemerkung, daß man den Leuten aufs Maul sehen müsse: »man mus nicht die buchstaben inn der lateinischen sprachen fragen / wie man sol Deutsch reden / wie diese esel [die Papisten] thun / sondern / man mus die mutter ihm hause / die kinder auff der gassen / den gemeinen man auff dem marckt drumb fragen / und den selbigen auff das maul sehen / wie sie reden / und darnach dolmetzschen / so verstehen sie es den / und mercken / das man Deutsch mit jn redet.« In Zweifelsfällen freilich entschied sich L. für den genauen Wortlaut (»stracks den worten nach«), um den theologischen Sinngehalt nicht zu verfälschen.

Der Erfolg der Übersetzung war außerordentlich. Allein zu L.s Lebzeiten rechnet man, niederdeutsche Fassungen eingeschlossen, mit etwa 430 Teil- oder Gesamtausgaben. Auch die *Zürcher Bibel* (1529) von Leo Jud, Ulrich Zwingli u.a. stützt sich für das NT auf L.s Text. Und obwohl von katholischer Seite entschiedene Einwände gegen L.s Werk vorgebracht wurden (Hieronymus Emser: *Auß was grund unnd ursach Luthers dolmatschung / uber das nawe testament / dem gemeinen man billich verbotten worden sey*, 1523), konnten sich auch die katholischen Übersetzer des 16. Jh.s der klaren, rhythmisch ausdrucksvollen und anschaulichen Sprache L.s nicht entziehen. Die Bedeutung L.s für die Ausbildung der nhd. Sprache besteht vor allem darin, daß er mit seinem Werk, insbesondere der Bibelübersetzung, bereits seit längerem wirkende Tendenzen zur Vereinheitlichung der deutschen Schriftsprache verstärkte und beschleunigte.

1523
Niklaus Manuel
Vom papst und siner priesterschafft

Der Berner Dichter, Maler und Politiker N. M. (genannt Deutsch) brachte als einer der ersten die konfessionelle Auseinandersetzung auf die Bühne. Seine Fastnachtsspiele trugen dazu bei, berichtet eine zeitgenössische Chronik, daß »ein groß volk bewegt« ward, »christliche friheit und bäbstliche knechtschaft ze bedenken und ze underscheiden.«

Das Fastnachtsspiel *Vom papst und siner priesterschafft* wurde 1523 in Bern gespielt. Es knüpft thematisch an den Dialog *Die Totenfresser* (1521) an, der meist Pamphilius Gengenbach zugeschrieben wird (danach wird auch M.s Stück gelegentlich unter dem Titel *Die Totenfresser* geführt).

Das Eingangsbild des revueartigen Stückes macht die Situation klar: Papst und kirchliche Hierarchie auf erhöhter Bühne beim ›Leichenschmaus‹ (mit Sarg als Requisit), unten die Laien; von fern beobachten die Apostel Petrus und Paulus das seltsame Treiben. Während die Priesterschaft (bis hinunter zur Pfaffenhure) ihr Wohlleben auf Kosten der Laien genießt, sich über den Gewinn am Tod des reichen Mannes freut (Meßgebühren, Ablaßgelder usw.) und weiteren Profit kommen sieht, ertönen aus dem Volk die Anklagen gegen die Kirche. Daß an ihrer Spitze der Antichrist steht, wird vollends deutlich, als der Papst es ablehnt, den christlichen Rittern von Rhodos gegen die Heiden zu helfen und lieber gewinnbringende Feldzüge gegen christliche Länder ins Auge faßt. Sieben Bauern entfalten dann ausführlich im Gespräch mit einem evangelischen Prädikanten das kirchliche und päpstliche Sündenregister. Die aus dem Hintergrund hervortretenden Apostel bestätigen den Verdacht der Laien: »Wie wol er der allerheiligest gheissen ist, So hiess er billicher der widercrist!« Der evangelische Prädikant bittet Christus um Erbarmen für die leidende Christenheit und – indirekt das Publikum zum Handeln auffordernd – um Wiedereinsetzung des Evangeliums.

Während dieser satirische Generalangriff auf die Macht der alten Kirche und die Verderbtheit des Papsttums häufig gedruckt und mehrfach aufgeführt wurde, blieb dem 1525 aufgeführten, nur handschriftlich überlieferten Fastnachtsspiel *Der Ablaßkrämer* (*Der aplaß Kremer*) dieser Erfolg versagt. Die Gründe dafür sind unklar; möglich wäre, daß die Vorführung offener Gewalt im Jahr des Bauernkrieges als zu aufreizend empfunden wurde: Dargestellt wird die Abrechnung mit dem betrügerischen Ablaßhändler Rychardus Hinderlist, der von den Bäuerinnen und Bauern eines Dorfes beschimpft, verprügelt und grausam gequält wird, bis er schließlich eingesteht, daß der Ablaß nichts als Schwindel sei. Dieses straff aufgebaute, realistisch-drastische ›Handlungsspiel‹ gilt als M.s gelungenstes dramatisches Werk.

1523
Hans Sachs
Die Wittenbergisch Nachtigall

H. S. beschäftigte sich während einer Schaffenspause (1521–22) intensiv mit der Lehre Luthers. Ihren ersten dichterischen Niederschlag fand die Auseinandersetzung mit der Reformation 1523 in dem Meisterlied *Das Walt got*. Da Meisterlieder nach den Statuten der Meistersinger nicht gedruckt werden durften, arbeitete S. das Lied zu einem umfangreichen Spruchgedicht um, das noch im gleichen Jahr als *Wittenbergisch Nachtigall* im Druck erschien. Das Bild von der Nachtigall stammt möglicherweise aus dem *Buch der Natur* (um 1350) von Konrad von Megenberg: »Pei der nahtigal verstên ich die rehten maister der geschrift, die tag und naht mit übergem grôzem gelust lesent die geschrift und tihtent new lêr.«

Das dreistrophige Lied gehört zum Typus des religiösen Tagelieds (Erwachen aus der Sündennacht zum Licht des Glaubens). Es beginnt mit dem Bild der Nachtigall, die den neuen Tag begrüßt, während andere Tiere mit mißtönenden Lauten die Nachtigall zum Schweigen zu bringen suchen. Doch sie »singet fröleich« weiter. Es wird Tag; die irrenden Schafe erwachen und achten nicht mehr auf den Schein des Mondes, der »sie lang hat gedricket«. Die folgenden Strophen bringen die allegorische Ausdeutung, die auf den Triumph des Evangeliums, die Befreiung von den päpstlichen Irrlehren und die Erlösung aus der Nacht der Sünde zielt (Nachtigall: Luther, Morgenröte: Evangelium, Sonne: Christus, Mond: »das pebstlich netz«, die Tiere: Feinde Luthers, usw.).

Das Spruchgedicht, lehrhaft und aggressiv, führt die Allegorie noch weiter aus. Dabei sucht S. einerseits dem »gemainen man« die »Ewangelische warhait«, die reine Lehre Luthers, zu verkünden, andererseits die »menschlichen lugen / darin wir gewandert haben«, anzuprangern. Seinen großen Erfolg – sechs Drucke allein 1523 – verdankt das Spruchgedicht wohl in erster Linie dem Nachtigallenbild, das sofort aufgenommen wurde. Der ›Wach auf‹-Chor im 3. Akt von Richard Wagners *Meistersinger von Nürnberg* (Uraufführung 1868), zur Ehre von H. S. gesungen, nimmt die Anfangsverse des Spruchgedichts – »Wacht auff es nahent gen dem tag« – auf.

1523–43
Martin Luther
Kirchenlieder

Von den 36 Liedern L.s entstanden 24 im Verlauf eines Jahres (Mitte 1523 bis Mitte 1524). Sie wurden, nachdem schon vorher einige Einzeldrucke erschienen waren, in verschiedenen Liederbüchern des Jahres 1524 (›Liederjahr‹) gedruckt. Alle 24 Lieder dieser Periode enthält das von dem kursächsischen Musiker Johann Walter herausgegebene, für den Chorgesang bestimmte *Geistliche gesangk Buchleyn* (Wittenberg 1524), zu dem L. auch eine Vorrede beisteuerte. Weitere Lieder kamen in den nächsten Jahren dazu; 1543 lag L.s Liedschaffen vollständig vor (*Geistliche Lieder*, Wittenberg 1543). Einige der Texte hat L. selbst vertont.

Daß 1523–24 zwei Drittel seines gesamten Liedschaffens entstand, hängt mit den Bemühungen um einen deutschen Gottesdienst zusammen, der Notwendigkeit, Ersatz für die lateinischen Hymnen und Meßgesänge zu schaffen. Nachdem Thomas Müntzer schon 1523 mit Übersetzungen lateinischer Hymnen vorausgegangen war, suchte auch L. die Reform voranzutreiben und deutsche Lieder für die Liturgie bereitzustellen: Texte für die Messe und die Feste des Kirchenjahres, später auch Katechismuslieder (Gebote, Credo, Abendmahl), die zugleich eine gottesdienstliche Funktion hatten. Es ist religiöse Gebrauchslyrik, Zweckdichtung, die sich geschickt ältere Traditionen zunutze macht (lateinische Hymnen, Gesellschafts- und Volkslied, Meistersang). Die meisten Lieder sind Bearbeitungen: Psalmenparaphrasen (»Aus tiefer Not«), freie Nachdichtungen lateinischer Hymnen in reformatorischem Geist (»Komm, Gott Schöpfer, Heiliger Geist«) oder Kontrafakturen vorreformatorischer deutscher Lieder (»Vom Himmel hoch da komm ich her«). Nur noch entfernte Anklänge an eine Vorlage (Psalm 46) zeigt dagegen das ›Kampflied‹ der Reformation »Ein feste Burg ist unser Gott«. Es macht in seiner betonten Einfachheit deutlich, worum es in den Liedern L.s geht: um Verkündigung des Evangeliums, die Vermittlung des Wortes der Schrift, um die Glaubensentscheidung.

Das deutsche Lied, vorher nur eine geduldete Begleiterscheinung im kirchlichen Leben, wurde fester Bestandteil des reformatorischen Programms, wurde zum liturgischen Lied aufgewertet. Von den Liedern L.s ausgehend, entstand dann in der Folgezeit ein riesiger Korpus protestantischer Lieddichtung. Auch das evangelische Gesangbuch geht auf L. zurück. Das erste evangelische Gemeindegesangbuch mit einem (einigermaßen) systematischen Aufbau erschien 1529 in Wittenberg, 1545 folgte das Leipziger Gesangbuch des Verlegers Valentin Bapst. Die Gesangbücher aus Wittenberg und Leipzig wirkten auch auf die katholischen Gesangbücher der Reformationszeit (*Ein New Gesangbüchlin Geystlicher Lieder*, herausgegeben von Michael Vehe, 1537; *Geistliche Lieder und Psalmen*, herausgegeben von Johann Leisentrit, 1567).

1524
Thomas Müntzer
Fürstenpredigt

M., zunächst Anhänger Luthers, hatte sich allmählich von diesem entfernt, war mit chiliastischen und sozialutopischen Vorstellungen in Berührung gekommen und hatte Luthers Berufung auf die Schrift als einziger Autorität die Gewißheit des Auserwählten entgegengesetzt, der in der Nachfolge Christi das Kreuz erlitten, die Offenbarung des Heiligen Geistes, das lebendige Wort Gottes im Abgrund des Herzens erfahren hat. Seinen Glauben zu bewähren, bedeutete für M., sich für eine Veränderung der Welt im Sinn des Evangeliums einzusetzen.

M. war 1523 vom Rat der Stadt Allstedt am Harz zum Prediger bestimmt worden. Nach einer Reihe von Zwischenfällen und einer brieflichen Warnung Luthers von dem »Satan von Allstedt« hielt er am 13. Juli 1524 im Allstedter Schloß vor Herzog Johann von Sachsen, dessen Sohn und fürstlichen und städtischen Beamten eine Probepredigt, eine *Auslegung des andern Unterschids [des 2. Kapitels] Danielis des Propheten*, also des Traums Nebukadnezars von den Weltreichen. Im Bewußtsein, im fünften und letzten Weltzeitalter zu leben, das durch Zerfall und Niedergang der Christenheit gekennzeichnet ist, spricht M. in dieser sogenannten *Fürstenpredigt* von der bevorstehenden »Voranderung der Welt«, die Gott »in den letzten Tagen anrichten« wolle. Er fordert die Fürsten auf, sich den Auserwählten anzuschließen und die »Bösen, die das Evangelion verhindern, wektun und absundern«, zu vertilgen: »Wo sie [die Fürsten] aber das nicht tun, so wirt ihn das Schwert genommen werden.«

Eine konkrete Bestimmung der kommenden Veränderung fehlt zunächst. In einer polemischen Antwort auf Angriffe Luthers (*Eyn brieff an die Fürsten zu Sachsen von dem auffrurischen geyst*, 1524) betont M. die von Luther ausgeklammerten sozialen und politischen Aspekte: »Sich zů, die grundtsuppe des wůchers der dieberey und rauberey sein unser herrn und fürsten, nemen alle creaturen zum aygenthumb. [...] Die herren machen das selber, daß in der arme man feyndt wirdt, dye ursach des auffrůrß wöllen sye nit weg thůn, wie kann es die lenge gůt werden? So ich das sage, můß ich auffrürisch seyn, wolhyn!« (*Hoch verursachte Schutzrede und antwort wider das Gaistlose Sanfftlebende fleysch zů Wittenberg*, 1524). Mit dem Ausbruch des Bauernkrieges sah er die Stunde der grundlegenden Veränderung der Welt und der Ausrottung der Gottlosen gekommen; er stellte sich an die Spitze der Aufstandsbewegung der Bauern und Bergknappen in Thüringen (»Nhu dran, dran, dran, es ist zeit«). M., »eyn knecht Gottes widder die gottlosen«, wie er sich selbst nannte, wurde nach dem blutigen Scheitern des Versuchs, mit dem »Gewaltrecht der Liebe« (Ernst Bloch) den Weg zu einer gerechten, evangelischen Gesellschaft zu bahnen, gefangengenommen, gefoltert und am 27. Mai 1525 hingerichtet.

1524
Hans Sachs
Reformationsdialoge

Der in zahlreichen reformatorischen Flugschriften beschworene ›gemeine Mann‹ ergreift in den
vier, sämtlich 1524 erschienenen Prosadialogen
des Nürnberger Schuhmachermeisters H.S.
selbstbewußt das Wort. Im 1. Dialog, der *Disputation zwischen einem Chorherren und Schuch-
macher*, antwortet der bibelfeste Schuster auf
den Einwurf des dumpfen Chorherrn, einem
Schuster zieme es »mit leder unnd schwertz umb
zugeen unnd nicht mit der heyligen schrifft«: »Mit
welcher heyliger geschrifft wolt irs bey bringen /
einem getawfftenn Christen nit inn der schrift
zuforschen / lesen / schreiben?«

Behandelt werden in diesem 1. Dialog Grundthemen der reformatorischen Lehre (Rechtfertigung durch den Glauben), außerdem nimmt er
die von Luther in seiner Schrift *An den Christlichen Adel deutscher Nation* (1520) angegriffenen
›drei Mauern‹ der römischen Kirche noch einmal
ins Visier. Der 2. Dialog diskutiert die Klosterge-
lübde der Armut, der Keuschheit und des Gehorsams, verdammt das ganze Klosterwesen und
betont die lutherische Rechtfertigungslehre (*Ein
gesprech von den Scheinwercken der Gaystlichen /
und jren gelübdten*). Der 3. und 4. Dialog erhalten dadurch eine besondere Bedeutung, daß sich
hier die Kritik gegen Anhänger der Reformation
selbst richtet. Soziale Probleme – Habsucht,
Geldgier, Ausbeutung – und der unchristliche Lebenswandel und der Fanatismus mancher Anhänger der Reformation stehen im Mittelpunkt.

Die Dialoge erlebten zahlreiche Auflagen (bis
zu zehn Nachdrucke im Erscheinungsjahr; den
geringsten Erfolg hatte der 3. Dialog mit nur vier
Drucken). Die propagandistisch wirksame *Disputation zwischen einem Chorherren und Schuch-
macher* wurde überdies ins Englische (1547) und
Niederländische (1565) übersetzt.

1525
Die zwölf Artikel der Bauernschaft

Unter den zahlreichen Aufrufen, Beschwerdearti-
keln und theoretischen Entwürfen sind die *Zwölf
Artikel* das am weitesten verbreitete Programm
der Bauernbewegung. Sie enthalten die wichtigsten Forderungen der Bauern in konzentrierter
Form. *Dye Grundtlichen Und rechten haupt Ar-*

*tickel / aller Baurschafft unnd Hyndersessen der
Gaistlichen und Weltlichen oberkayten / von wöl-
chen sy sich beschwert vermainen*, so der eigentliche Titel, entstanden auf der Basis früherer Be-
schwerdeschriften in Memmingen, erlebten dann
innerhalb weniger Wochen nach dem Augsburger
Erstdruck (März 1525) mindestens 24 weitere
Auflagen im ganzen Reichsgebiet und wurden so
Grundlage für die Aktionen in vielen Aufstands-
gebieten.

Ihre zündende Kraft erhielt die Schrift dadurch, daß sie den Zusammenhang von Evangelium und sozialem Anliegen herstellte und das
göttliche Recht zum Maßstab des irdischen Lebens und damit auch der Forderungen der Bauern machte. An konkreten Maßnahmen werden
u. a. gefordert: freie Wahl (und Abberufung) des
Pfarrers, Abschaffung der Leibeigenschaft, Einschränkung der Frondienste, Verminderung der
Abgaben, Abschaffung verschiedener herrschaft-
licher Privilegien.

Luther antwortete auf die *Zwölf Artikel*, die
mit ihrer Berufung auf das Evangelium seinen
religiösen Freiheitsbegriff ins Soziale gewendet
hatten, und lehnte in seiner *Ermahnung zum
Frieden auf die zwölf Artikel der Bauernschaft in
Schwaben* (April 1525) die Position der Bauern
ab: »Es will dieser artikel« heißt es zur Forderung, die Leibeigenschaft abzuschaffen, »alle
menschen gleich machen, und aus dem geystlichen reich Christs eyn welltlich eusserlich reich
machen, wilchs unmüglich ist. Denn welltlich
reich kan nicht stehen wo nicht ungleicheyt ist
ynn personen.« Konfrontiert mit dem Aufstand in
Thüringen, verlor Luther – wohl auch, weil er
sein Werk gefährdet sah – jedes Maß. In der
Schrift *Wider die räuberischen und mörderischen
Rotten der Bauern* (Mai 1525) fordert er die
»oberkeyt« zum blutigen »dreyn schlahen« auf,
erklärt das Töten von aufständischen Bauern
zum gottgefälligen Werk und den Tod im Kampf
gegen die Aufrührer zum Martyrium: »Steche,
schlahe, würge hie, wer da kan. Bleybstu drüber
tod, wol dyr, seliglichern tod kanstu nymer mehr
uberkomen, denn du stirbst ynn gehorsam gött-
lichs worts und befelhs.«

1527
Burkard Waldis
De parabell vam vorlorn Szohn

W. ließ seine niederdeutsche Dramatisierung der
biblischen Parabel (Lukas 15, 11–32) in der Fastenzeit 1527 in Riga aufführten, zu einer Zeit,

als die Auseinandersetzung um die Einführung der Reformation in Livland noch nicht abgeschlossen war. Er setzte sein Spiel ausdrücklich den weltlichen Lustbarkeiten der Fastenzeit entgegen, die ihren Ursprung in heidnischer »affgöderye« hätten. In Rom hatte W. antike Komödien kennengelernt (Terenz, Plautus); es sind für ihn, auch wenn er formale Anleihen macht, »fabel gedicht«, gegen die er die »rechte wahrheit« seines geistlichen Stückes hervorhebt.

W. gliedert die Handlung in zwei genau antithetisch gebaute Akte. Schildert der 1. Akt den Aufbruch des jüngeren Sohnes und seinen moralischen Abstieg (exemplifiziert in einer Wirtshausszene mit »Spitzbove«, »Hurenwerdt« und Huren), so führt der 2. vom Entschluß der Heimkehr zum feierlichen Versöhnungsmahl (und zur Bekehrung des Hurenwirts). Auch das Verhalten der beiden Brüder ist, die biblische Vorlage tendenziös verstärkend, antithetisch aufeinander bezogen. Kehrt der verlorene Sohn wieder zurück zum Vater, so empört sich der anfangs gehorsame ältere Sohn gegen den Vater und verläßt ihn für immer. Ein Segen beschließt das Spiel, das auch sonst Züge eines Gottesdienstes aufweist (Lesung des Bibeltexts, Chorgesang, predigthafte Auslegungen und Erläuterungen des »Actors«).

W.' Fassung der biblischen Parabel ist eine Demonstration der lutherischen Rechtfertigungslehre. Das Erbe, das Seelenheil, wird nicht durch ›Verdienst‹ erworben, sondern – Demut und gläubige Hingabe vorausgesetzt – durch göttliche Gnade.

Die Parabel vom verlorenen Sohn gehört zu den beliebtesten Dramenstoffen des 16. Jh.s. Allerdings ging die Wirkung auf die späteren deutschen Dramatisierungen nicht von W. aus, sondern von dem neulateinischen *Acolastus* (1529) des Holländers Guilhelmus Gnaphaeus. Seinem Stück, das technisch und sprachlich der römischen Komödie folgt, sind etwa 20 Dramen zumeist protestantischer Autoren verpflichtet.

Antike und der italienischen Renaissance – u. a. Perspektive, Farben- und Proportionslehre behandeln sollte. Veröffentlicht wurden eine *Underweysung der Messung* (1525), praktische Geometrie (einschließlich Perspektive) für den bildenden Künstler, *Etliche underricht / zu befestigung der Stett / Schloß und flecken* (1527) und die *Vier Bücher von menschlicher Proportion*, über deren Korrektur D. »die schnelheyt des Todes ubereylt« hat.

Gegenstand der Proportionslehre ist die Darstellung des menschlichen Körpers, und zwar des nackten Körpers, wie er seit der Renaissance wieder ohne Vorwand darstellbar wird. D. gibt Anweisungen für die Konstruktion verschiedener menschlicher Figuren aufgrund mathematischer Proportionen (Messung der Körperteile in Bruchteilen der Gesamtlänge), für die Ermittlung menschlicher Proportionen durch einen »meßstab« und die Veränderung von Proportionen durch Vergrößerung oder Verkleinerung der Höhen-, Breiten- oder Tiefenmaße. Dahinter steht die Überzeugung, daß die Welt nach Maß, Zahl und Gewicht geordnet ist, daß sich Schönheit und Vollkommenheit durch (in der Natur enthaltene) Zahlenverhältnisse ausdrücken läßt: »Aber ohne Proportion kann nie eine Figur vollkommen sein«, heißt es in der Widmung an den Nürnberger Humanisten Willibald Pirckheimer. In einem ästhetischen Exkurs am Ende des 3. Buches verweist D. den Künstler auf die Natur: »Dann warhafftig steckt die kunst inn der natur, wer sie herauß kan reyssenn, der hat sie.«

Die literarische Leistung D.s besteht nicht zuletzt darin, daß es ihm gelang, komplizierte Verfahren, die bisher eher praktisch vermittelt und überliefert wurden, in deutsche Prosa umzusetzen – nur in deutscher Sprache konnte er seine Fachkollegen erreichen –, in eine Prosa, die mathematische Trockenheit mit anschaulicher Genauigkeit verbindet. Lateinische Übersetzungen und weitere Auflagen der deutschen Texte (u. a. eine Gesamtausgabe der drei Werke 1604) unterstreichen die Wirkung von D.s kunsttheoretischem Werk.

1528
Albrecht Dürer
Vier Bücher von menschlicher Proportion

Das kurz nach D.s Tod erschienene, mit zahlreichen Tafeln und Textabbildungen illustrierte Werk ist Teil eines geplanten großen Lehrbuches der Malerei, das – angeregt von der Kunsttheorie der

1529–39
Paracelsus
Das Buch Paragranum

→ siehe 1565

1531–33
Agrippa von Nettesheim
(eigentl. Heinrich Cornelius)
De occulta philosophia

Über die okkulte Philosophie
(bzw. Über die Geheimwissenschaft)

Die zusammenfassende (lateinische) Darstellung der okkulten Wissenschaften war in erster Fassung um 1510 entstanden. Gedruckt wurde sie, in überarbeiteter Form, 1531–33 in drei Büchern. Es geht nicht um ›Zauberei‹, sondern um die Wiedergewinnung verschütteter und offiziell geächteter esoterischer Lehren (was auch die Unterscheidung von falscher und echter Magie voraussetzt). Dabei schließt sich A. neuplatonischem und kabbalistischem Denken und antiken Geheimlehren an, sieht den Zusammenhang von Geheimwissenschaft und humanistischen Studien. Ziel ist die Ausbildung und Veredelung der Seele; der Weg dazu führt über Kontemplation und Studium der religiösen Dinge, »um durch die einzelnen Stufen der Schöpfung bis zu ihrem Urheber selbst aufzusteigen und von ihm die irrtumslose Erkenntnis aller Dinge zu erlangen.«

A. handelt von den Grundlagen der Magie, ihren irdischen und überirdischen Einflüssen und Kräften, von den nach neuplatonischer Lehre von oben nach unten und von unten nach oben wirkenden pneumatischen Kräften, von den Wirkungen der Dinge aufeinander (und der Beeinflussung dieser Wirkungen: Magie), von den astrologischen Zusammenhängen, von Makrokosmos und Mikrokosmos, kabbalistischer Zahlensymbolik, den zehn heiligen Namen Gottes und der Sprache der Engel, schließlich vom Sehertum als dem Gipfel der Weisheit.

A.s lateinisches Kompendium wurde mehrfach gedruckt. Der Ruhm freilich war zweischneidig. Christopher Marlowes Doctor Faustus beruft sich in seiner Absage an Philosophie, Recht, Naturwissenschaften und Theologie ausdrücklich auf Agrippa: »And I [...] Will be so cunning as Agrippa was, Whose shadows made all Europe honour him« (Szene I, V. 110 ff.: »Ich will so klug sein, wie Agrippa war, Vor dessen Schatten sich Europa beugt«). Möglich, daß sich A.s Einfluß auch auf Goethes Faustkonzeption erstreckt. – 1530 veröffentlichte A. eine Schrift *(Über die Unsicherheit und Eitelkeit der Wissenschaften und Künste (De incertitudine et vanitate scientiarum atque artium)*, eine skeptische, auch die Magie einschließende Absage an die ›theoretische Neugier-

de‹ des Menschen, die noch den jungen Goethe »eine Zeitlang in ziemliche Verwirrung setzte« *(Dichtung und Wahrheit* I,4).

1531
Sebastian Frank
Chronica

F., der nach anfänglicher Hinwendung zur Reformation jede institutionalisierte Kirche ablehnte, legte mit seiner Chronik *(Chronica / Zeytbůch und geschychtbibel)* die erste überkonfessionelle Universalgeschichte in deutscher Sprache vor. Er beschreibt sein Werk als eine Kompilation aus vielen »glaubwirdigen büchern«, ohne jedoch seine religiösen und geschichtsphilosophischen Anschauungen zu verleugnen.

Die *Chronica* besteht aus drei Hauptteilen. Im 1. stellt F. die Geschichte von »Adam biß auff Christum« dar, im 2. die Geschichte der Kaiser von Augustus bis Karl V. (Motto, Ps. 28: »Sie mercken auff das thůn des Herren nicht / noch auff die werck seiner hände / darumb werden sy außgereüt / und nicht erbauwen«). Es folgt dann im 3. Teil, in acht Bücher untergliedert, eine Papstchronik von Petrus bis zur Gegenwart. Sie enthält u. a. auch eine Geschichte der Konzilien, eine »Chronica der Römischen ketzer«, eine Darstellung der Orden der römischen Kirche, verschiedener religiöser Praktiken und kirchlicher Machenschaften (»auch der Bäpst und Cardinäl bůbenstuck«). Abschließend handelt F. von Zeichen, die auf den Antichrist – den Papst – deuten, und vom Ende aller Dinge.

Vehement ist F.s antirömische bzw. antipäpstliche Stellungnahme. Wie er die Geschichte der Kirche bewertet, macht sein Kapitel über die ›Ketzer‹ deutlich: »solt ich urteilen / ich würde villeicht das spil [die Bewertung der römischen Kirche] umbkören / und deren vil canonisieren / und in der heyligen zal setzen / die hie für ketzer außgerüfft [...] werden.« Auf der anderen Seite wendet sich F. gegen die Schriftgläubigkeit des Luthertums und setzt ihr die Lehre vom göttlichen ›inneren Wort‹ entgegen, das dem Menschen eingeboren ist und eine unmittelbare Beziehung zu Gott ermöglicht. Zugleich fordert er die Menschen auf, sich »selbs in gottes wort / werck / und allen creaturn« zu finden, wobei vor allem die Geschichte, »Gottes faßnachts spil«, als die wahre Lehrmeisterin des Menschen erscheint.

F. beschreibt Gottes Walten in der Geschichte – für die, die sehen können. Dabei fehlt es auch nicht an Kritik an Fürsten und Adel, etwa wenn er über den Umstand räsoniert, daß die Fürsten oft gerade den blutgierigsten der Vögel, den Adler, zu ihrem Wappentier wählen. Die von Philosophen entworfene Vorstellung vom guten, dem Gemeinwohl dienenden Fürsten sei zwar lobenswert, aber wirklichkeitsfremd: »ye in den Chronicken findt man kaum ein oder zwen / den du zu disem exemplar dörfftest halten.«

Mit der Veröffentlichung der ›Geschichtbibel‹ begannen die Verfolgungen: Untersuchungshaft, Druckverbot, Ausweisung aus Straßburg, Maßnahmen, die sich später in Ulm wiederholten. 1534 veröffentlichte F. eine Kosmographie (*Weltbüch*), die ursprünglich als 4. Teil seiner Chronik gedacht war. Als weiteres großes Geschichtswerk folgte 1538 *Germaniae Chronicon*, eine von patriotischer Gesinnung erfüllte Geschichte Deutschlands von germanischer Zeit bis zum Regierungsantritt Karls V. F.s geschichtliche Werke für die »gelerten und ungelerten« erlebten, trotz der Anfeindungen, zahlreiche Auflagen und wirkten noch auf Gottfried Arnold (*Unparteyische Kirchen- und Ketzer-Historie*, 1699–1700).

1534
Sebastian Franck
Paradoxa

Die 280 ›Wunderreden‹ sind F.s religionsphilosophisches Hauptwerk *(Paradoxa ducenta octoginta / Das ist / CC.LXXX. Wunderred / und gleichsam Rhäterschafft / auß der H. Schrifft)*. Er veröffentlichte es 1534 in Ulm; hier hatte er nach seiner Ausweisung aus Straßburg wegen der *Chronica* (1531) das Bürgerrecht erworben. Der Grundcharakter der Schrift ist mystisch-spekulativ. Es geht in den Betrachtungen und Auslegungen, die sich jeweils auf vorangestellte Sentenzen beziehen, um die rechte, d.h. spiritualistische Auslegung der Bibel: »Nun habe ich diese meine Philosophie ›Paradoxa‹ betitelt und Paradoxon als eine ›Wunderrede‹ oder ein ›Wunderwort‹ verdeutscht, weil die Theologie, der rechte Sinn der Schrift (die allein Gottes Wort ist), nichts ist als ein ewiges Paradoxon, gewiß und wahr wider allen Wahn, Schein, Glauben und Achtung der ganzen Welt.« Dieser rechte Sinn liegt nicht im äußeren Buchstaben. Die Wahrheit verbirgt sich vielmehr hinter einer besonderen Gleichnissprache. Die Bibel bleibe, heißt es in der Vorrede, »eine ewige Allegorie, Wunderrede, Rätsel, ein verschlossenes Buch und ein tötender Buchstabe und ein unverständliches Rotwelsch für alle Gottlo-

sen, aber eine besondere Sprache der Kinder Gottes. Darum ist der Buchstabe ohne das Licht des heiligen Geistes eine finstere Laterne [...]«. Der ›Welt‹, den Gottlosen, bleibt der tiefere Sinn verschlossen; aus den äußerlichen Widersprüchen entsteht das Gegeneinander von Sekten und Glaubensrichtungen, denen F. ein freies und tolerantes, nichtsektiererisches, ein unparteiisches Christentum gegenüberstellt.

Er lehnt Institutionen, Sakramente und kirchliche Bräuche ebenso ab wie Luthers Rechtfertigungslehre. Die Kirche ist »ein geistlicher, unsichtbarer Leib aller Glieder Christi«, entscheidend ist die von innen kommende Verwirklichung des Glaubens, die Erleuchtung durch den Geist Gottes.

1540 wurden die Auffassungen F.s (und Kaspar von Schwenckfelds, eines anderen einflußreichen spiritualistischen ›Abweichlers‹) von einem Konvent protestantischer Theologen verurteilt. Sein Einfluß auf die Anhänger der ›Geistkirche‹, insbesondere in Holland, hielt jedoch an. Über den mystischen Theologen Valentin Weigel wirkte er auf Jacob Böhme. Auch der Pietist Gottfried Arnold (*Unparteyische Kirchen- und Ketzer-Historie*, 1699–1700) nahm Gedanken F.s auf, dessen Schriften lange nachgedruckt wurden (noch 1690 erschien eine Ausgabe der *Paradoxa*). Wilhelm Dilthey würdigte die in die Zukunft weisenden Züge seines Denkens: »In hundert Rinnsalen fließen seine Ideen der modernen Zeit entgegen.«

1535
Paul Rebhun
Susanna

Das protestantische Drama des 16. Jh.s ist überwiegend Bibeldrama. Nicht zuletzt Luthers Empfehlung sorgte für seine weite Verbreitung. Sieht man von den zahlreichen Dramatisierungen der Parabel vom verlorenen Sohn ab, so werden Stoffe aus dem AT bevorzugt (Abraham, Jacob, Joseph, Judith, Susanna usw.). In dieser Stoffwahl offenbart sich das didaktische Interesse der Verfasser (in der Regel Geistliche oder Pädagogen), denn an den Geschichten des AT konnten sie tugendhaftes und lasterhaftes Verhalten exemplarisch demonstrieren und zugleich Leitbilder für Familie und Ehe, aber auch für die öffentliche Ordnung aufzeigen. Die übliche Bezeichnung ›Schuldrama‹ trifft nicht nur in dem Sinn zu, daß die Aufführung derartiger Stücke zum Ausbildungsprogramm der Gymnasien gehörte – das

Drama will zugleich als Schule christlicher Lebensführung verstanden werden.

Die Geschichte der tugendhaften Susanna (Daniel 13), die sich nicht zum Ehebruch zwingen läßt, daraufhin aus Rache der Verschmähten eben dieser Tat bezichtigt und wunderbarerweise vor dem Tod errettet wird, wurde im 16. Jh. mehr als ein dutzendmal dramatisiert. Unter diesen Stücken nimmt R.s *Geistlich spiel / von der Gotfurchtigen und keuschen Frawen Susannen*, 1535 zuerst aufgeführt und ein Jahr später gedruckt, eine besondere Stellung ein. Es kann mit seiner Verbindung von formalen Elementen der antiken Komödie (Einteilung in fünf, in Szenen untergliederte Akte; kommentierende Chöre an den Aktschlüssen) und der moralisch-pädagogischen Tendenz des neuen Glaubens als klassisches Muster des protestantischen Schuldramas verstanden werden. Dabei geht es noch vor den religiösen Implikationen der Geschichte (Gewißheit der Erlösung, der Hilfe Gottes, wenn wir »unser creutz gedültig tragn«) um rechtes menschliches und soziales Verhalten, aufgezeigt an positiven und negativen Beispielen, um Tugend und Ehre, wahre Gattenliebe und Treue, vorbildliche Kinderzucht, gebührendes Benehmen der Bediensteten.

Trotz der lehrhaften Grundabsicht und der damit verbundenen Typenhaftigkeit der Personen hat das Stück durchaus wirkungsvolle Szenen (Familienidylle in den Kinder- und Familienszenen, zwei Gerichtsszenen, versuchte Vergewaltigung, Hinrichtung); außerdem zeichnet es sich durch einen abwechslungsreichen Dialog und den Versuch einer – allerdings folgenlosen – metrischen Reform aus (an Stelle des silbenzählenden Knittelverses Übereinstimmung von Wort- und Versakzent, regelmäßige Folge von Hebung und Senkung, Verse verschiedener Länge). R.s *Susanna* wurde mehrfach gedruckt; Aufführungen sind bis Anfang des 17. Jh.s bezeugt.

1535
Veit Warbeck
Die schöne Magelone

Der frühnhd. Prosaroman von der schönen Magelone geht auf eine französische Prosaerzählung zurück, die seit der Mitte des 15. Jh.s nachweisbar ist. Sie verbindet orientalische und europäische Erzählmotive zu einer Gründungslegende der Kirche von Maguelone bei Montpellier. W., hoher Beamter am kursächsischen Hof in Weimar, widmete seine Übersetzung dem Kronprin-

zen anläßlich seiner Vermählung im Jahr 1527. Georg Spalatin, der verschiedene Vertrauensstellungen am Hof bekleidete, besorgte nach W.s Tod den Druck der *Histori von dem Ritter mit den silbern schlüsseln und der schönen Magelonna*.

Graf Peter von Provence wirbt als Unbekannter um Magelone, Tochter des Königs von Neapel. Er entführt sie mit ihrer Einwilligung, und als sie rasten und Magelone einschläft, schnürt er »ire Brüst auff / zu besichtigen auch ihre schöne weisse Brüstlein«. Dabei wird auch ein Bündel mit drei Ringen freigelegt, die er ihr geschenkt hatte. Ein Vogel raubt das Bündel, aus »lust« wird »Pein«, und während Peter mit einem Kahn die Verfolgung aufnimmt, läßt der Vogel die Ringe ins Meer fallen. Damit beginnt für Peter eine unfreiwillige Mittelmeerreise mit Schiffbruch und Sklaverei, während die verlassene Magelone als Pilgerin in die Provence reist und Kirche und Spital für kranke Reisende errichtet. Schließlich, nach langen Jahren der Trennung, finden sich Peter und Magelone wieder und heiraten.

Die Handlung folgt dem Schema von Trennung und Vereinigung, von Leid, Prüfung und glücklichem Ende, das schon den spätantiken Liebesroman kenzeichnet. Sichtbar wird auch, hinter der immer wieder aufgezeigten Unbeständigkeit der Welt, die göttliche Fürsorge und Lenkung, die die Erzählung zum vorherbestimmten glücklichen Ausgang führt.

Eine rührende Liebesgeschichte, christliche Gesinnung (die Übersetzung drängt die katholischen Züge etwas zurück) und ein klarer, anmutiger Stil: W.s *Magelone* wurde zu einem ungewöhnlichen Erfolg. Im 16. Jh. erschienen – neben Magelonedramen, -liedern und -gedichten (u. a. von Hans Sachs) – mindestens 17 Auflagen des Werkes; weitere Drucke folgten im 17. und 18. Jh. Die Wiederbelebung des ›Volksbuchs‹ ging von Ludwig Tiecks Bearbeitung aus, der *Liebesgeschichte der schönen Magelone und des Grafen Peter von Provence* (*Volksmärchen herausgegeben von Peter Leberecht*, Bd. 2, 1797).

1538
Thomas Naogeorg
Pammachius

N. (Kirchmaier), der ausschließlich in lateinischer Sprache schrieb, gilt als bedeutendster deutscher Dramatiker des 16. Jh.s. Das erste seiner insgesamt sechs Dramen, die *Tragoedia nova Pammachius* (griechisch ›pammachos‹: mit allen kämpfend), ist kunstvolles Humanistendrama,

Welttheater und protestantisches Tendenzstück in einem. Stofflich greift N. auf die mittelalterliche Legende vom Antichrist zurück, die er in protestantischem Sinn umgestaltet, indem er – wie Luther – Papst und Antichrist polemisch gleichsetzt. Damit verbindet er eine aggressive Geschichtskonzeption: die Geschichte der Kirche von Konstantin dem Großen bis zur Gegenwart als Geschichte ihres Abfalls von Christus. Schauplätze des durchdacht aufgebauten, sorgfältig motivierten Stückes sind, durchaus sinnbildlich zu verstehen, Himmel, Erde und Hölle. Die Einführung allegorischer Figuren wie der ›Wahrheit‹ in der Art der Moralitäten hebt das Stück auf eine abstrakte Ebene, andererseits sorgen an Terenz geschulte Dienerszenen für komische Auflockerungen des grimmig-satirischen Welttheaters. Das Versmaß ist das der griechischen Tragödie (Trimeter).

Christus setzt mit seiner Verkündung, die Zeit sei gekommen, den Teufel in die Welt zu entlassen und die Gläubigen auf die Probe zu stellen, den die Geschichte abschließenden Prozeß in Gang. Der römische Kaiser bekehrt sich zum Christentum. Der der christlichen Lehre überdrüssig gewordene römische Bischof Pammachius schließt einen Pakt mit dem Teufel, der Kaiser muß sich unterwerfen. In einer großen Rede wird die Errichtung des päpstlichen Herrschaftssystems, der Teufelskirche, parodistisch als Sechstagewerk geschildert. Satan veranstaltet eine Siegesfeier der Teufelsknechte; das Motiv vom ›Totenfressen‹ wird aufgenommen. Unter dem Eindruck der Nachricht vom Auftreten eines gelehrten Doktors in Sachsen (Luther) beruft der Satan ein Konzil ein, um Gegenmaßnahmen zu beraten. Der Schluß des Stücks bleibt offen: Hinweis auf das bevorstehende Weltgericht, das Ende aller Zeiten (und zugleich Mahnung an die Zuschauer, die rechte Entscheidung zu treffen).

Dieses evangelische »Ideendrama« (Arnold E. Berger) erlebte drei Auflagen (1538, 1539, 1541) und wurde fünfmal ins Deutsche übersetzt (u.a. 1539 von Justus Menius und 1540 von Johann Tyrolff). N. ließ die Titelgestalt und seinen Berater Porphyrius in der gegen Herzog Heinrich von Braunschweig gerichteten Tragödie *Incendia seu Pyrgopolinices (Brandstiftungen oder Der Städtezerstörer)* noch einmal auftreten: Sie hetzen den Anführer der katholischen Reichsstände zum Krieg gegen Luther und seine Anhänger auf.

1540
Thomas Naogeorg
Mercator

Mercator sive Iudicium (Der Kaufmann oder Das Gericht) ist nach dem *Pammachius* (1538) N.s zweites Drama; ihm folgten noch drei biblische Stücke – *Hamanus*, 1543; *Hieremias*, 1551; *Iudas Iscariotes*, 1552 – und das aktuelle zeitgeschichtliche Drama *Incendia seu Pyrgopolinices (Brandstiftungen oder Der Städtezerstörer)*. Beim *Mercator* handelt es sich um eine dezidiert protestantische Bearbeitung des Jedermannstoffes, der seit dem Ende des 15. Jh.s in mehreren dramatischen Versionen vorlag (ob dem englischen *Everyman* oder dem niederländischen *Elckerlyc* von Peter van Diest die Priorität zukommt, ist ungeklärt). Die verbreitetste Dramatisierung des Jedermannstoffes im 16. Jh. war der neulateinische *Hecastus* (1539) des Niederländers Georg Macropedius, den Hans Sachs 1549 in deutsche Verse übertrug *(Ein Comedi Von dem Reichen sterbenden Menschen Der Hecastus genannt)*.

N.s neulateinisches Versdrama ist in fünf Akte gegliedert. Akt 1–3: Mercator, durch schwere Verbrechen – Mord, Ehebruch, Unterschlagung, Meineid usw. – schuldig geworden, fürchtet angesichts des Todes um sein Seelenheil (in der negativen Sicht des Kaufmannstandes spiegelt sich die Auffassung Luthers). Allegorische Gestalten treten auf. Conscientia, das Gewissen, verhindert, daß Mercator den Gnadenmitteln der Kirche vertraut, die der Pfaffe anbietet. In einer allegorischen Handlung wird dem Kranken – analog etwa zum Verfahren im *Eckius dedolatus* (1520) – von Paulus und dem göttlichen Arzt Cosmas ein Brechmittel eingegeben, das ihn das tödliche Gift, die ›guten Werke‹ der Kirche, ausspeien läßt (Ablaßbriefe, Wallfahrtsschuhe, Fasten usw.). Statt dessen flößt ihm Paulus den Glauben an die Gnade Christi ein. – Akt 4–5: In den beiden letzten Akten erreicht die Handlung, nach dem Tod des Kaufmanns, eine neue, eschatologische Ebene. Mercator, begleitet von Conscientia, trifft auf dem Weg zum Himmel nacheinander drei Repräsentanten der katholischen Gnadenlehre (Fürst, Bischof, Franziskaner), die unter der Last ihrer guten Werke – Almosen, Fasten, Wallfahrten – stöhnen. Sie werden zurückgewiesen, während der Kaufmann Gnade findet.

Diese Umformung der Jedermannmoralität zu einem protestantischen Tendenzdrama, zu einer Demonstration der evangelischen Gnadenlehre und einer satirisch-polemischen Abrechnung mit der katholischen Lehre von der ›Werkgerechtig-keit‹, war neben dem *Pammachius* N.s erfolg-reichstes Schauspiel. Aufführungen sind bis zum Ende des Jh.s bezeugt, ebenso eine Reihe von Nachdrucken und vier verschiedene deutsche Übersetzungen.

1541
Sebastian Franck
Sprichwörter

Die ersten deutschsprachigen Sprichwortsamm-lungen entstanden in der Reformationszeit. Vor-ausgegangen waren lateinische Sentenzen- und Sprichwortsammlungen wie die kommentierten *Adagia* (1500 u. ö.) des Erasmus von Rotterdam oder Heinrich Bebels *Proverbia germanica* (1508). An ein nicht humanistisch gebildetes Pu-blikum wandte sich als erster Johannes Agricola, der die einzelnen Sprichwörter mit moraldidak-tischen Erläuterungen versah und sie im Geist der Reformation aktualisierte (*Drey hundert Ge-meyner Sprichwörter*, 1529; *Das Ander teyl ...*, 1529; zusammen in: *Syben hundert und Fünff-tzig Teütscher Sprichwörter*, 1534).

Nach einer 1532 anonym erschienenen Samm-lung von *Sibenthalbhundert Sprichwörtern* veröf-fentlichte F. 1541 das umfassendste Werk dieser Art mit annähernd 7000 Sprichwörtern: *Sprich-wörter / Schöne / Weise / Herrliche Clůgreden / unnd Hoffsprüch.* Er definiert: »Bey den alten ist unnd heißt Sprichwort / Ein kurtze / weise klůg-red / die summ eines gantzen handels.« Ältere Sammlungen bilden die Grundlage dieses Werks (Erasmus, Bebel, Antonius Tunnicius' nieder-deutsch-lateinische *Monosticha* 1513, u. a.).

Sprichwörter der Griechen, Lateiner und He-bräer machen den 1. Teil aus. Im 2. folgen u. a. niederdeutsche und niederländische Beispiele, die in »gute Germanismos gewendt / mit hoch-teutschen Sprichwörtern verglichen und außgele-get« sind. Am Anfang der einzelnen Artikel steht das (lateinische) Sprichwort, gefolgt von einer Übersetzung und verwandten deutschen Sprich-wörtern, denen sich eine nicht selten ausführ-liche moraldidaktische oder religiöse Auslegung anschließt, die durch volkstümliche Redensarten, durch Fabeln und Beispielerzählungen aufgelok-kert werden kann.

In reduzierter Form – und mit Texten Agricolas verbunden – wurden F.s *Sprichwörter* ein großer Erfolg (*Sprichwörter / Schöne / Weise Klugreden*, 1548, kompiliert von dem Frankfurter Verleger Christian Egenolff; 14 Auflagen bis 1614). Das

Interesse am Sprichwort – schon Luther hatte eine Sammlung für den eigenen Gebrauch ange-legt – hielt bis zur Mitte des 17. Jh.s an, wobei neben dem moraldidaktischen Gebrauchswert später auch kulturpatriotische Momente eine Rolle spielten: Sprichwörter als Argument für »die Ehr unserer uralten Muttersprache« (Georg Philipp Harsdörffer, 1641).

1544
Sebastian Münster
Cosmographia

M.s Weltbeschreibung beruht auf langjährigen Vorarbeiten, die 1540 mit der Edition der antiken *Geographia* des Claudius Ptolemäus abgeschlos-sen wurden. M. benutzte zahlreiche literarische Quellen (u. a. Bibel, antike Schriftsteller, italieni-sche Historiker und Kosmographen, deutsche Humanisten und Geschichtsschreiber), aber auch Informationen, die er sich durch Korrespondenz und auf Wanderungen verschaffte.

Die erste Ausgabe enthielt 24 Karten und etwa 500 Holzschnitte, Illustrationen von geographi-schen Objekten, historischen Geschehnissen, Per-sonen, Pflanzen, Tieren, Fabelwesen. In den folgenden Auflagen wurde die *Cosmographia* ständig erweitert (Text und Bild) und allmählich – notwendig bei der Beschreibung der außereu-ropäischen Länder – auf den neuesten Stand gebracht.

Das Werk stellt sich im Untertitel als »eine beschreibung aller länder / herschafften / fürnemsten stetten / geschichten / gebreüchen / hantierungen« vor (Wortlaut der überarbeiteten Ausgabe von 1550) – deutlicher Hinweis darauf, daß die *Cosmographia* (bzw. *Cosmographei*, 1550) nicht allein die astronomisch-geographi-schen Verhältnisse behandelt. M.s Buch ist viel-mehr eine zitatenreiche Kompilation geographi-schen, historischen, völkerkundlichen und natur-wissenschaftlichen Materials – mit einem Hang zum Aberglauben und einer Freude an abenteuer-lichen Berichten und anekdotischen Erzählungen.

Der Stoff ist – in den ersten Ausgaben – in sechs Bücher aufgeteilt: Abriß der astronomisch-mathematischen und physischen Geographie (1); England, Spanien, Frankreich, Italien (2); Deutschland (3); Nord-, Ost- und Südosteuropa mit einem ausführlichen Kapitel über die Türken (4); Asien nebst einem Abschnitt »Von den neü-wen inseln« (5); Afrika (6).

Das voluminöse Buch hatte einen gewaltigen Erfolg. Von 1544 bis 1628 erschienen 35 vollständige Ausgaben (20 in deutscher, 5 in lateinischer, 6 in französischer, 3 in italienischer und 1 in tschechischer Sprache), wobei die letzte Ausgabe in neun Büchern den doppelten Umfang der Erstausgabe erreicht hatte. Zahlreiche Geographen, Landesbeschreiber und Historiker des 16. und 17. Jh.s benutzten das Werk als Quelle. Im 17. Jh. war es allerdings der Konkurrenz der neuen, in Kupfer gestochenen Karten- und Ansichtenwerke nicht mehr gewachsen.

1545
Luzerner Passionsspiel

Die erste Aufführung eines Osterspiels in Luzern ist für 1453 bezeugt (»Historij der urstende«). Zu diesem Spiel, dessen Text nicht erhalten ist, kam bald »ettwas meer uss dem passion« hinzu, und danach ist es »allso gemeeret worden mitt schönen figuren uss Alltem und Nüwem testament – das es uff zwen völlige tag kommen«. So beschreibt Renward Cysat (1545–1614), Stadtschreiber und Spielleiter späterer Aufführungen, die Entwicklung des Luzerner Osterspiels zum großen Passionsspiel. Texte sind freilich erst für die großen Aufführungen von 1545, 1571, 1583, 1597 und 1616 – wenn auch nicht vollständig – erhalten. Allerdings repräsentiert das *Donaueschinger Passionsspiel*, ein um 1480 von Luzern nach Villingen bzw. Donaueschingen gelangter Text, eine frühere Stufe des Luzerner Spiels. Es bestehen weitgehende Übereinstimmungen zwischen der *Donaueschinger Passion* und dem Text des zweiten Spieltags der Luzerner Aufführung von 1545.

Die Luzerner Spiele des 16. Jh.s sind große geistliche Massenschauspiele. Es handelt sich um Spiele, die die gesamte Heilsgeschichte von der Schöpfung bis zu Christi Himmelfahrt und Pfingsten umfassen. Die Handlung ist in insgesamt 56 ›Akte‹ aufgeteilt (über 11 000 Verse), die an zwei Tagen – Mittwoch und Donnerstag nach Ostern – aufgeführt wurden. Am Anfang stehen in sieben ›Akten‹ »Historien« und »Figuren« (Präfigurationen) des AT. Dann setzt mit der Verkündigung die neutestamentarische Handlung ein, die am Ende des zweiten Tages mit der Ausgießung des Heiligen Geistes beschlossen wird. Propheten und Kirchenväter stellen Akt für Akt mit Kommentaren, Belehrungen und Nutzanwendungen die geistliche Bedeutung des Geschehens heraus. Die Gestaltung der Bühne auf dem »Vischmerckt« (heute: Weinmarkt) zeigt augenfällig, worum es geht: »Oben zu oberst des platzes« der Thron

Gottvaters, gegenüberliegend der offene Höllenschlund, dazwischen Welt und Mensch im Spannungsfeld von Gut und Böse, Himmel und Hölle.

Das Unternehmen war nicht nur eine Demonstration für den alten Glauben, sondern auch Ausdruck und Selbstdarstellung einer bürgerlichen Gemeinschaft. Der Aufwand für die Volksschauspiele, an denen sich die ganze Bürgerschaft – als Zuschauer oder Mitwirkende – beteiligte, war beträchtlich. Es waren 300 bis 400 Rollen zu besetzen, Berufsmusiker zu engagieren, Requisiten und Kostüme zu richten und zu finanzieren. Die Hauptrollen wurden von Geistlichen, Amtspersonen und Angehörigen des Patriziats übernommen (z. T. erblich), die kleineren Partien von den Zünften. Die Rollen mußten von den Spielern gekauft werden, die auch für ihre Kostüme selbst aufkamen. Allein für die Rolle des Judas mußte ein Auswärtiger gegen Entgelt angeworben werden. Die Leitung der Passion gehörte zu den Aufgaben des Stadtschreibers, und einem der Regisseure, Renward Cysat, der die Spiele von 1583 und 1597 leitete, verdanken wir eine umfassende Dokumentensammlung, die über alle Aspekte des *L. P.s*, über seine Geschichte, Organisation und Aufführungspraxis unvergleichlich reichhaltiges Material bereitstellt und so einen genauen Einblick in die Praxis der großen Volksschauspiele des späten Mittelalters und der frühen Neuzeit erlaubt. Nach der Aufführung von 1616, der letzten, wurde das Volksschauspiel als Medium des Glaubenskampfes vom Theater der Jesuiten abgelöst.

1546
Hieronymus Bock
Kräuterbuch

Kräuterbücher, d.h. medizinisch-botanische Kompendien, gehören zu den beliebtesten ›Sachbüchern‹ der Frühen Neuzeit. Sie basieren auf dem Wissen der Antike über die Heilwirkungen der Pflanzen – grundlegende Quelle bis zum 17. Jh. ist die Heilkräuterkunde des Dioscorides aus dem 1. Jh. n. Chr. –; sie kommentieren und ergänzen das Überlieferte und vergleichen es mit eigenen Beobachtungen. Illustrationen sorgen für Anschaulichkeit.

Als wissenschaftlich bedeutendstes Werk des 16. Jh.s gilt das *New Kreüterbuch* (1543; lat. schon 1542) des Tübinger Medizinprofessors Leonhard Fuchs mit über 500 hervorragenden Holzschnitten; den größten Publikumserfolg erzielte freilich der Arzt, Prediger und zeitweilige

Aufseher des pfalzgräflichen Gartens in Zwei-
brücken H. B. (latinisiert Tragus) mit seinem
Kreütterbuch von 1546, »Darin underscheidt /
Nammen und Würckung der Kreütter / Stauden /
Hecken unnd Beumen / sampt ihren Früchten /
so inn Teutschen Landen wachsen / auch der selben [...] Gebrauch inn der Artzney« dargestellt
werden. Die Popularität von B.s Kompendium, das
über 400 Pflanzen und deren »Krafft und Würckung« beschreibt (»Basilgen inn Eßig gelegt /
daran gerochen / wehret der Onmacht«), beruht
auf seinem volkstümlichen Stil und den anschaulichen Illustrationen, die sich gelegentlich zu kleinen Genreszenen ausweiten (z. B. Tanz um den
Lindenbaum).

B.s *Kräuterbuch* von 1546, dem 1539 eine Fassung ohne Abbildungen vorausgegangen war,
brachte es bis 1630 auf 14, z. T. erheblich erweiterte Auflagen. Das Kapitel über den Flachs, das
im 17. Jh. auch außerhalb des Kräuterbuchs Verbreitung fand und die Flachsbearbeitung als Leidensgeschichte darstellt (»Also ist der Flachs ein
gemartert kraut im Teutschen land«), wirkte
noch auf die sogenannte Schermesser-Episode in
der *Continuatio des abentheurlichen Simplicissi-
mi* (1669) von Grimmelshausen.

1548
Hans Rudolf Manuel
Weinspiel

Das Stück des Berners H. R. M., eines Sohns von
Niklaus Manuel, wurde 1548 von »jungen Bur-
gern« in Zürich gespielt. Die Druckausgabe des
gleichen Jahres trägt den Titel *Ein holdsäligs
Faßnachtspil / darinn der edel wyn von der
Trucknen rott beklagt / vonn Räblüthen ge-
schirmbt und vonn Richtern ledig gesprochen
wirt / gantz lieplich zeläsen.* Es handelt sich also
um ein Gerichtsspiel, in dem sich die Personifikation des Weins rechtfertigen muß. Voraus geht
dieser Gerichtsszene, dem zweiten Teil des umfangreichen Spiels (über 4000 Knittelverse), das
Gelage der Zecher in der ›Blauen Ente‹ (Wirt:
Policarpus Schinddengast). Daran sind beteiligt
Bauernburschen, Soldaten, ein geiziger Pfaffe,
etliche »Mätzen« und andere, sämtlich durch
handfeste Namen gekennzeichnet: »Fritz Sälten-
lär ein voller zapff«, »Veyt Glücksteuber Lantz-
knecht«, »Emerita Schmollbäckly Lantzknechts
hůr« usw. Auch vom Empfang der Zecher zu
Hause ist die Rede. Die »Beschlußred« bezeichnet das Spiel als warnenden Spiegel, als Mahnung, Gottes Gaben nicht »on alle maß« zu ge-

brauchen. Doch mit seiner derben Realistik, seiner ungebrochenen Lebensfülle und der ebenso
groben wie witzigen Sprache ist das Fastnachtsspiel zugleich ein Stück Trunkenheitspoesie, wie
sie aus mittelalterlichen Schwänken (*Der Weinschwelg*) oder Liedern (Steinmar) bekannt ist
und im 16. Jh. in der »Trunckenen Litanei« der
Rabelais-Bearbeitung von Johann Fischart ihren Höhepunkt findet (*Geschichtklitterung*, 1575,
1582, 1590).

1549
Friedrich Dedekind
Grobianus

»Eyn nuwer heylig heisszt Grobian«: So führte
Sebastian Brant den Hl. Grobianus in die deut-
sche Literatur ein (*Das Narrenschiff*, 1494,
Kap. 72). Das Beispiel blieb nicht ohne Folgen.
Thomas Murner griff die Vorstellung in seiner
Schelmenzunft (1512) auf, und im Zusammen-
hang mit den seit dem Mittelalter verbreiteten
Tischzuchten und Anstandsbüchern entwickelte
sich eine parodistisch-grobianische Umkehrung
der Anstandslehren.

D.s *Grobianus*, eine neulateinische Dichtung
von »der Einfalt der Sitten« in etwa 1200 elegischen Distichen, ist eine satirische Anleitung zum
schlechtmöglichsten Benehmen vom Morgen bis
zum Abend (der Akzent liegt auf dem Verhalten
bei Tisch), als Gast und als Gastgeber, eine
»Enzyklopädie der Unappetitlichkeiten« (Max
Wehrli) in elegantem Latein.

Der große und lang andauernde Erfolg der
Dichtung – allein drei Nachdrucke im Erscheinungsjahr und über 20 Auflagen bis 1704 – führte zu mehreren deutschen Übersetzungen im 16.
und 17. Jh. Die erfolgreichste war die von Kaspar
Scheidt: *Grobianus / Von groben sitten / und un-
höflichen geberden* (1551; weitere 14 Auflagen
im 16. und 17. Jh.). Scheidt übertrug das Werk in
deutsche Reimpaare und erweiterte es dabei beträchtlich (5000 Verse): Erweiterungen, von denen sich wiederum D. bei einer Überarbeitung
(1552) anregen ließ. Scheidts lebendige, humor-
volle Übersetzung erhält noch einen besonderen
Reiz durch die vielen ironischen Randglossen,
die das Werk begleiten: »Das wasser ist thewer«,
»Hüte dich für grosser arbeit und schmalem im-
biß«, »Porco tedesco« usw. Das Titelblatt gibt die
Anweisung: »Liß wol diß büchlin offt und vil /
Und thů allzeit das widerspil.« Daß die ironische
Verhaltenslehre D.s noch im 17. Jh. Aktualität besaß, bezeugt Wenzel Scherffers Versuch, das Buch

»nach anweisung H. Opitii gegebenen reguln« in deutsche Alexandriner zu übertragen (*Der Grobianer und Die Grobianerin*, 1640).

1550

Erasmus Alberus
Das Buch von der Tugent und Weißheit

Die Fabel verdankt ihre Beliebtheit im 16. Jh. nicht zuletzt den Empfehlungen Philipp Melanchthons und Martin Luthers. Melanchthon hatte 1526 eine Schrift über den moralischen Nutzen der Fabeldichtung veröffentlicht (*De utilitate fabularum*) und wenig später die Behandlung der Fabel in der Schule angeregt. Auch Luther maß der Fabel große Bedeutung als Mittel der Unterweisung in Familie, Schule und Staat bei, verwandte Fabeln in Schriften und Predigten und begann 1530 mit der Bearbeitung äsopischer Fabeln, mit denen er den als unzüchtig diffamierten, »schendlichen« *Esopus* (um 1476–77) des Frühhumanisten Heinrich Steinhöwel ersetzen wollte (Luthers Werk, *Etliche Fabeln aus Äsopo*, blieb Fragment; die 13 Fabeln wurden, mit einer Vorrede Luthers, erst 1557 gedruckt). Unter den zahlreichen Fabelsammlungen des 16. Jh.s ragen die von Burkard Waldis (*Esopus / Gantz New gemacht / und in Reimen gefaßt*, 1548) und die des Luther- und Melanchthonschülers E. A. hervor.

A. veröffentlichte seine ersten 17 Fabeln 1534 (*Etliche fabel Esopi verteutscht unnd ynn Rheymen bracht*); 1550 erschien dann, umgearbeitet und erweitert, *Das Buch von der Tugent und Weißheit / nemlich / Neunundviertzig Fabeln / der mehrer theil auß Aesopo gezogen / unnd mit guten Rheimen verkleret*. A., der sich auf lateinische Äsopbearbeitungen des 16. Jh.s stützt, erweitert die knappe Form durch ausführliche Landschafts- und Ortsbeschreibungen und erreicht durch diese Episierung Anschaulichkeit und Atmosphäre, zeichnet lebendige Bilder einer kleinen, geordneten Welt. Dabei ergeben sich zwei thematische Schwerpunkte: die topische Klage über die »böse Welt« und die Propagierung von Tugend und Weisheit, d.h. einem tätigen bürgerlichen Leben in Familie, Dorf und Stadt, bestimmt von Gottesfurcht und Gehorsam gegenüber der Obrigkeit. Auch reformatorische Gesichtspunkte fließen in manche der Fabeln ein. Aber nur in zwei Fabeln steht aktuelle Polemik im Mittelpunkt: in einer Satire auf scholastische Beschränktheit (»Von einem Frosch / und Fuchß«)

und in einer Verhöhnung des Papsttums (»Vom Babstesel«). A.' Fabelsammlung wurde bis 1597 sechsmal gedruckt.

1551

Petrus Lotichius Secundus
Elegiarium liber
Elegienbuch

L. gilt als der bedeutendste neulateinische Lyriker des 16. Jh.s in Deutschland. 1551 veröffentlichte er in Paris sein erstes Elegienbuch zusammen mit einem *Carminum libellus (Gedichtbüchlein)*. Drei weitere Elegienbücher folgten; 1563 erschienen seine *Poemata* in einer Gesamtausgabe.

Mit den vier Elegienbüchern schließt Lotichius formal – elegische Distichen – und thematisch an die römische Liebeselegie an, die variationsreiche Darstellung spannungsvoller Liebesbeziehungen und (meist) schmerzvoller Liebeserfahrungen. Den Hintergrund bildet L.s eigenes Leben: die Teilnahme auf protestantischer Seite am Schmalkaldischen Krieg (1547), der mehrjährige Aufenthalt in Frankreich (Paris, Montpellier), die Studienzeit in Italien (Padua, Bologna) und die Jahre in Heidelberg (als Professor der Medizin).

Bestimmendes Thema des 1. Buches ist die schlimme Erfahrung des Krieges; einen Höhepunkt bedeutet dabei die Elegie *Über die Belagerung Magdeburgs*, eine visionäre Klage über den bevorstehenden Fall und den Untergang der Stadt (die Stadt kapitulierte 1551; erst Tilly ließ die Stadt 1631 zerstören und die Prophezeiung Wirklichkeit werden). Im 2. und 3. Buch, mit Frankreich und Italien als Schauplätzen, sind Liebe, Freundschaft und Natur die beherrschenden Themen, während das abschließende 4. Buch Hochzeits-, Trauer- und religiöse Gedichte enthält. Das *Gedichtbüchlein* schließlich ist eine Sammlung kleinerer Gedichte in verschiedenen Versmaßen und Formen, vorwiegend Gelegenheitsdichtungen zu verschiedenen Anlässen. Auch hier stehen Liebe, Freundschaft, Natur und Religion im Mittelpunkt, und wie in den Elegien setzt sich auch in diesen Gedichten immer wieder ein melancholisch-empfindsamer Ton durch.

Man hat die vier Elegienbücher als »poetisches Tagebuch« bezeichnet (Hans Rupprich), Hinweis auf L.s Fähigkeit, äußere Eindrücke und Erfahrungen aufzunehmen, zu verinnerlichen und zu reflektieren und seelisches Erleben zu artikulie-

ren. Damit, mit der an der römischen Elegie geschulten psychologischen Sensibilität und seiner
empfindsamen Haltung, weist L.s Werk über die
eigene Zeit hinaus.

1554
Jörg Wickram
Der Jungen Knaben Spiegel

Nach zwei im ritterlich-höfischen Milieu angesiedelten didaktischen Liebesromanen (*Ritter Galmy*, 1539; *Gabriotto und Reinhart*, 1551) führt
W.s ›Erziehungsroman‹ *Der Jungen Knaben Spiegel* in eine andere Welt, eine Welt, in der Tüchtigkeit und Leistung, nicht Geburt, die soziale Stellung bestimmen.

Die Handlung lehnt sich an das Gleichnis vom
verlorenen Sohn an (Lukas 15, 11–32). Der Ritter
Gottlieb adoptiert Fridbert, ein Bauernkind, und
läßt ihn mit seinem eigenen Sohn Wilbaldus vom
jungen Hauslehrer Felix unterrichten. Während
sich Fridbert auszeichnet, gerät Wilbaldus unter
dem Einfluß eines bösen Verführers, des Metz-
gersohns Lottarius, auf die schiefe Bahn. Lottarius endet am Galgen, Wilbaldus fristet nach langem Umherziehen sein Leben als Schweinehirt.
Inzwischen ist Fridbert, der seine Studien abgeschlossen hat, zum Kanzler am preußischen Hof
aufgestiegen, Felix ein berühmter Arzt geworden.
Aber auch der reuevolle Wilbaldus, der inzwischen als Sackpfeifer durch Preußen zieht und
von Fridbert erkannt wird, erhält die Vergebung
seines Vaters und arbeitet sich wieder hoch.

Das Didaktische steht im Vordergrund des
durchaus nicht ›realistischen‹ Romans, der mit
Hilfe einer einfachen Typologie menschlicher
Anlagen und Verhaltensweisen arbeitet: Die Tugendhaften gehen unbeirrbar ihren Weg (Fridbert, Felix), die Bösen auf ihre Weise ebenso (Lottarius); dazwischen stehen die Ungefestigten,
guten und bösen Einflüssen unterworfen (Wilbaldus). So wird Eltern und Jugendlichen ein Spiegel vorgehalten, der ihnen Fleiß, Gehorsam,
strenge Kinderzucht und das Meiden »böser gesellschafft« als Grundlage für Glück und Erfolg
zeigt. W. empfiehlt seinen Roman, der bis 1600
insgesamt sieben Auflagen erlebte und mehrfach
dramatisiert wurde, zur Lektüre »in teütschen
schülen«.

Dem Erziehungsbuch ließ W. einen drei Generationen umfassenden Familienroman – *Von Gü-
ten und Bösen Nachbaurn* (1556) – folgen, der ein
Modell eines auf Freundschaft und guter Nachbarschaft gegründeten Zusammenlebens ent-

wirft, mit dem – dank bürgerlicher Arbeitsmoral,
sorgfältiger Erziehung und Ausbildung der nach-
folgenden Generationen – ein stetiger wirtschaftlicher Erfolg garantiert zu sein scheint. Der
Roman enthält auch eine der frühesten ›Robinsonaden‹ der deutschen Literatur, allerdings nur,
um die Alternative eines paradiesischen Insel-
lebens zugunsten der menschlichen Bestimmung
zur Arbeit abzulehnen. Obwohl man dem Roman
mit seiner spezifisch bürgerlichen Mentalität
»eine geschichtliche Repräsentanz« bescheinigen
muß (Max Wehrli), blieb es bei nur zwei Auflagen.

1555
Jörg Wickram
Das Rollwagenbüchlin

Während in Johannes Paulis Exempelsammlung
Schimpf und Ernst (1522) die schwankhaften Geschichten noch einer didaktischen Absicht unterworfen sind, zielt W.s Schwankbuch vor allem auf
Unterhaltung. Es ist gedacht zum Zeitvertreib auf
Reisen (»in schiffen und auff den wegen«, im
»rollwagen«) oder in Barbier- und Badestuben.
Gleichwohl moralisiert W. gelegentlich. Die Erstausgabe enthält 67 »schwenk und Historien« in
volkstümlicher Prosa; in den folgenden Jahren
erweiterte W. die Sammlung auf insgesamt 111
Stücke. Aus dem Rahmen fallen drei Geschichten
ernsthaften Charakters (z.B. Nr. 72: »Von einem
einsidel, der sein eigen schwester ermort«).

Die Schwänke und Geschichten stammen aus
der internationalen Erzählliteratur, der bis ins
Mittelalter zurückreichenden deutschen Schwank-
tradition und mündlichen Überlieferungen. Eine
Reihe von Texten ist in W.s elsässischer Heimat
angesiedelt. Zu den bekannten Schwankstoffen
gehört etwa die Geschichte »Von einem armen
studenten, so auß dem paradys kam, und einer
reychen beürin« (Nr. 107), die schon der Stricker
im 13. Jh. kennt und auch dem bekannten Fastnachtsspiel *Der farendt Schuler im Paradeiß*
(1550) von Hans Sachs zugrunde liegt. Im übrigen erzählt W., anschaulich und meist recht
breit, die üblichen Geschichten von Ehestreit und
Ehebruch, von Geiz, Habgier, schlechter Kinderzucht (nicht ohne erhobenen Zeigefinger), von
Narrheit, Gutgläubigkeit, alltäglicher Dummheit
und ihrer Übertölpelung. Geistliche, Bauern,
Handwerker, Landsknechte, Wirts- und Kaufleute
bezeichnen das soziale Milieu, in dem die Mehrzahl der Geschichten angesiedelt ist. Eine deutlich antikatholische Tendenz charakterisiert die

Pfaffenschwänke. Grobianisches und Anzügliches ist selten (»sunder allen anstoß zů lesen und zů hören«).

Das *Rollwagenbüchlin* hatte großen Erfolg; bis 1618 erschienen wenigstens 14 Ausgaben. Es löste überdies eine ganze Reihe weiterer Schwanksammlungen aus, darunter Jakob Freys *Garten Gesellschafft* (1556), Martin Montanus' *Wegkürtzer* (1557), Michael Lindeners *Rastbüchlein* (1558) und *Katzipori* (1558), Valentin Schumanns *Nachtbüchlein* (1559) und Hans Wilhelm Kirchhoffs *Wendunmuth* (1563–1603; 7 Bde.).

1557
Jörg Wickram
Der Goldtfaden

W.s bekanntester Roman, 1554 begonnen und 1557 gedruckt, verbindet Motive und Handlungselemente des Ritterromans mit einem ausgesprochen bürgerlichen Modell sozialen Aufstiegs: die »Histori von eines armen hirten son / Lewfrid genant«, der schließlich die Hand der Grafentochter Angliana gewinnt und nach dem Tod ihres Vaters die Herrschaft über die Grafschaft antritt. Auf dem Weg dahin sind natürlich viele Bewährungsproben zu bestehen und zahlreiche Hindernisse zu überwinden. Der Held zeigt sich als wahrer Ausbund ritterlicher und bürgerlicher Tugenden, so daß die Erhebung in den Adelsstand als verdienter Lohn für seine Tüchtigkeit erscheint, wobei gerade die bürgerlichen Tugenden Fleiß, Gehorsam und Leistung als die entscheidenden Momente herausgestellt werden. Allerdings, und das signalisiert den utopischen Charakter dieses Modells, zu seiner Verwirklichung bedarf es des Wunderbaren (der Lewfrid begleitende, ihm zur Seite stehende Löwe). – Der Titel bezieht sich übrigens auf den goldenen Faden, den Lewfrid von Angliana erhalten und über seinem Herzen in die Brust eingenäht hat.

Nach nur drei Auflagen im 16. war dem Roman im 17. Jh. ein größerer Erfolg beschieden (sieben weitere Drucke). Clemens Brentano gab das Werk, stilistisch überarbeitet, 1809 neu heraus.

1565
Paracelsus
Das Buch Paragranum

Von dem umfangreichen Werk des Theophrastus Bombastus von Hohenheim, der sich seit etwa 1530 P. nannte, wurde nur ein Teil zu seinen Lebzeiten gedruckt. Auch das *Buch Paragranum*, programmatische – und polemische – Darlegung der wissenschaftlichen, naturphilosophischen und ethischen Grundlagen der Heilkunde, 1529–30 in einer Situation heftiger Anfeindungen von Seiten der Schulmedizin und eines Druckverbots des Nürnberger Rates entstanden, erschien postum (1565).

Das *Buch Paragranum*, wie fast alle Schriften von P. in deutscher Sprache abgefaßt, behandelt in vier Abschnitten den »Grund der Artzney«: »Also daß die erste Seul ein gantze Phylosophey sey der Erden / und des Wassers: Unnd die ander Seul sey die Astronomey und Astrologey / mit volkomlicher erkandtnuß beider Element des Lufffts und des Feuers: Unnd das die dritte Seul sey die Alchimey / ohn gebresten mit aller bereitung / eigenschafft / und kunstreich über die vier gemelten Elementen: Unnd daß die vierdte Seul sey die Tugent / und bleibe beim Artzet biß in den todt / die da beschließ und erhalte die anderen drey Seulen.«

Philosophie meint Erkenntnis der Natur; deren Geheimnisse offenbaren sich dem, der das »Licht der Natur«, die Vernunft, richtig anzuwenden weiß. Die Natur ist die Lehrmeisterin des Arztes (»Auß ihr geht die kunst / nicht auß dem Artzt / darumb so muß der Artzt aus der Natur wachsen mit vollkommenem verstand«). In dem Abschnitt über die Astronomie bzw. Astrologie behandelt P. die Makrokosmos-Mikrokosmos-Beziehung, die im philosophischen Denken der Renaissance eine wichtige Rolle spielt: »Dann die Handt / die Liecht und Finsternuß gescheiden hat / und die Hand die Himmel und Erden gemacht hatt / hat das unter im Microcosmo auch gemacht / auß dem obern genommen / und beschlossen in die Haut des Menschen / alles was der Himmel begreifft. Darumb so ist uns der eusser Himmel ein Wegweiser des innern Himmels: Wer will dann ein Artzt sein / der den eussern Himmel nit erkennt?« Vom Einfluß des ›Himmels‹ auf Krankheit und Heilung kommt P. zur Alchimie: Aus dem, »was auß der Natur wachst dem Menschen zu nutz«, bereitet der Alchimist, indem er die der Natur innewohnenden Kräfte zur Wirkung bringt, seine Arzneien – nicht etwa Gold. Die Medizin, von P. als Universalwissenschaft verstanden, stellt überdies höchste geistige und ethische Anforderungen, verlangt neben »wissenheit der kunst« und vor allem »Erfarnheit« gerade auch Redlichkeit, Glauben und Liebe.

Die wissenschaftlich-ethische Grundlegung der Medizin im *Buch Paragranum* wird durch zahlreiche weitere Schriften und empirische Untersuchungen ergänzt, die in die Zukunft weisende Ansätze erkennen lassen: Sie betreffen etwa die Arzneimittelherstellung oder die neue Vorstellung, daß der menschliche Körper ein chemisches System darstelle – eine Absage an die herrschende Lehre, die seit der Antike (Galen) anerkannte Humoralpathologie (die Lehre von den vier Körpersäften und ihren Mischungen als Grundlage von Gesundheit und Krankheit).

Daneben wendet sich P. in einer Reihe von Schriften immer stärker der Theologie und der Naturphilosophie in der Nachfolge des Neuplatonismus und der Hermetik zu. Diese Verbindung von naturwissenschaftlichem Denken auf der einen und symbolischem Analogiedenken, spekulativer Naturphilosophie und spiritualistischer Frömmigkeit auf der anderen Seite begründete eine Tradition, die über Jacob Böhme und die Rosenkreuzer bis in die Romantik wirkte. Grundlage für diese Ausstrahlung war die 1589–90 von Johannes Huser herausgegebene zehnbändige Ausgabe der medizinisch-philosophischen *Bücher und Schrifften* von P., der weitere Sammelausgaben folgten.

1567
Hans Sachs
Summa all meiner gedicht

Am 1. Januar 1567 zog der Nürnberger Schuhmachermeister und Meistersinger H. S. in einem Spruchgedicht die Summe seines bisherigen Schaffens »vom MDXIII jar an biß ins 1567 jar«: ein gereimtes Resümee mit Lebenslauf, das sich auf die »mit eigner hand« geschriebenen 34 Bände seiner sämtlichen Werke stützen konnte. S. kommt dabei – 9 Jahre vor seinem Tod – auf über 6000 Dichtungen, darunter 4275 Meisterlieder, 73 andere Lieder, sieben Prosadialoge, Hunderte von Spruchgedichte (Kampfgespräche, Historien, Fabeln, Schwänke) und über 200 Bühnenstücke (man zählt insgesamt 70 Komödien, 58 Tragödien und 85 Fastnachtsspiele). Damit ist S. zweifellos der produktivste und vielseitigste Dichter des 16. Jh.s.

Ziel seiner Dichtung ist Erziehung, Besserung der Menschen, wobei er die Maßstäbe den engen Moralvorstellungen des (niederen) städtischen Bürgertums entnimmt und unterschiedslos auf sämtliche ihm zugänglichen Stoffe anwendet. Die didaktische Zielsetzung führt trotz der stofflichen und thematischen Vielfalt zu einer auffallenden Gleichförmigkeit seines Werkes und (häufig) zu einem eklatanten Mißverhältnis von Gegenstand und Darstellungsweise. Besonders deutlich zeigt sich dies bei der Gestaltung von antiken Tragödienstoffen. Als Leistung bleibt aber die Vermittlung von Stoffen der Weltliteratur (Quellen sind in erster Linie die Bibel, Geschichtsschreibung, antike Literatur und Renaissancenovellistik – in Übersetzungen und Bearbeitungen –, ältere und neuere deutsche Dichtung).

Auf der anderen Seite ragen die Texte heraus, die von der zeitgenössischen Wirklichkeit ausgehen und in Milieu und Verhaltensweise der Personen schon die Wertmaßstäbe des Dichters reflektieren: Nicht umsonst gelten die Fastnachtsspiele als die besten Leistungen von S. (u. a. *Der farendt Schuler mit dem Teuffelbannen, Das heiß Eysen, Der kremer korb*).

Während die Meisterlieder, dem üblichen Brauch folgend, nicht gedruckt wurden, erschienen die Spruchgedichte, Komödien, Tragödien und Fastnachtsspiele teilweise noch zu Lebzeiten des Dichters in einer mehrfach aufgelegten großen Folioausgabe (1558–79, 5 Bde.). Seine Unsterblichkeit verdankt S. allerdings weniger seinem Werk als dem Umstand, daß er selber zur literarischen Figur wurde. Höhepunkt der künstlerischen H.-S.-Würdigung stellt – nach Goethes Gedicht *Hans Sachsens poetische Sendung* (1776) – Richard Wagners Oper *Die Meistersinger von Nürnberg*, 1868 uraufgeführt, dar.

1569
Theatrum Diabolorum
Schauplatz der Teufel

Teufelszenen waren fester Bestandteil des mittelalterlichen geistlichen Spiels; auch Fastnachtsspiel und Satire (*Des Teufels Netz*, um 1420) kannten die Gestalt des Teufels. Eine eigenständige Teufelliteratur entstand aber erst im 16. Jh.: Es handelt sich um didaktisch-satirische Traktate, mit denen protestantische Geistliche den Kampf gegen Sünden und Laster unter dem Namen eines dafür verantwortlichen Spezialteufels führten. Die Prediger konnten sich u. a. auf Luther berufen, der nicht nur von der realen Existenz des Teufels überzeugt war, sondern ihm auch spezifische Wirkungen zuschrieb (Katastrophen, Aufruhr, Pest, Selbstmord usw.).

Den Anfang machte 1552 Matthäus Friderich mit der Schrift *Wider den Sauffteuffel*, und bis 1604 erschienen noch mindestens 37 weitere Teufelbücher (mit z. T. zahlreichen Auflagen), die die jeweiligen Laster anprangern, den Uneinsichtigen mit der Strafe Gottes drohen und heilsdienliche Anweisungen geben. Der Frankfurter Verleger Siegmund Feyerabend sammelte 1569 die bis dahin veröffentlichten Traktate in einem großen Kompendium der Teufelliteratur. Es waren zunächst 20, in der 2. Auflage (1575) 24 und in der zweibändigen 3. Auflage (1588) schließlich 33 einschlägige Texte.

Inhaltlich lassen sich drei Hauptgruppen unterscheiden, wobei das Schwergewicht auf der ersten liegt: 1. Persönliche Sünden und Laster (Sauf-, Hosen-, Fluch-, Geiz-, Neid-, Hoffart-, Tanz-, Spiel-, Huren-, Jagdteufel usw.); 2. Ehe und Familie (Ehe-, Weiber-, Haus-, Gesindeteufel usw.); 3. Kirchliches und öffentliches Leben, Teufelwesen allgemein (Heiligen-, Fastnacht-, Gerichts-, Hof-, Krieg-, Pestilenzteufel; *Der Teufel selbs, Von des Teufels Tyranney*, Zauber-, Bannteufel usw.).

Die Teufelbücher, moralisch belehrend und zugleich unterhaltend, fanden massenhafte Verbreitung. Allerdings wurde ihr Vertrieb in katholischen Territorien verboten. Hier förderte man ›Engelbücher‹. So schickte der katholische Prediger und Polemiker Johannes Nas einen »Warnungsengel« aus, »der als getrewer Eckart jederman vor der Höl« – d. h. insbesondere vor Luther und anderen ›Ketzern‹ – warnen sollte (*Angelus paraeneticus*, 1558).

1569–95
Amadis auß Franckreich

1508 wurden in Zaragoza die ersten vier Bücher des spanischen Ritterromans *Amadís de Gaula* von Garci Ordoñez [auch: Garci Rodríguez] de Montalvo veröffentlicht. Garci Ordoñez stützte sich dabei auf einen älteren, großenteils verlorenen Amadisroman. Bis 1551 erschienen in Spanien acht weitere Bände verschiedener Verfasser. In Italien übernahm man seit 1546 die spanischen Romane und fügte weitere Fortsetzungen hinzu. Die französische Serie (seit 1540) stützte sich auf die spanischen und italienischen Vorlagen und brachte es bis 1615 auf 24 Bände, wobei die letzten drei Bände nun auf deutschen Fortsetzungen basierten: Inzwischen war nämlich der deutsche *A.* mit zusätzlichen Folgen erschienen.

Die deutsche Serie, 1569–95, besteht aus den Bänden 1–21 der französischen Ausgabe, drei eigenen Fortsetzungen und zwei Supplementbänden aus dem Italienischen (insgesamt 26 Bände). Das 6. Buch wurde von Johann Fischart übertragen (1572). Seit 1596 erschienen noch mehrere Auflagen einer Blütenlese rhetorisch herausragender Stellen aus allen Büchern des Romans (*Schatzkammer / Schöner / zierlicher Orationen*).

Im Mittelpunkt der ersten Bücher stehen die Abenteuer des Helden Amadis und seine Liebe zu Oriana. Dann geht die Handlung auf ihren Sohn Esplandian und weitere Mitglieder der Sippe über. Insgesamt herrscht zeitloses, feudales Mittelalter, eine Märchenwelt mit Zauberern, Feen und Ungeheuern, in der die Helden ihre ritterlichen und amourösen Abenteuer bestehen und die alten höfischen Werte wie Treue, Tapferkeit und Hilfe für die Bedrängten aufrechthalten.

Cervantes hatte den *A.* in seiner parodistischen Kritik der Ritterromane vom Feuer verschont (*Don Quijote*, I, 6). In Deutschland allerdings geriet der *A.* im Zusammenhang mit dem Kampf um den Roman als respektable Kunstform in der Mitte des 17. Jh.s in Verruf. Als untragbar galten die unbefangene Erotik (zumal die Haupthelden sämtlich außerehelich gezeugt werden) und die Abhängigkeit der Personen von magischen Kräften; außerdem wurde dem Roman Unwahrscheinlichkeit und Formlosigkeit vorgeworfen.

In französischen, deutschen und italienischen Opern lebten die Amadisritter und ihre Damen weiter. Aber auch Christoph Martin Wieland beschäftigte sich intensiv mit dem *A.* (mit einer neueren französischen Version und der alten deutschen Übersetzung). 1771 veröffentlichte er die komische Verserzählung *(Der neue Amadis*: »Von irrenden Rittern und wandernden Schönen Sing, komische Muse, in freier irrenden Tönen!« Goethe schrieb nach der Lektüre einer französischen Bearbeitung des Romans an Schiller, vielleicht mit Bezug auf Wieland: »Ich habe vor Langerweile allerlei gelesen, z. B. den Amadis von Gallien. Es ist doch eine Schande, daß man so alt wird, ohne ein so vorzügliches Werk anders als aus dem Munde der Parodisten gekannt zu haben« (14. 1. 1805).

1571
Adam Puschmann
Gründtlicher Bericht des Deudschen Meistergesangs

Die Meistersinger, die in städtischen Singschulen nach festen Regeln miteinander in Wettstreit traten, gehörten vorwiegend dem Handwerkerstand an. Die Blütezeit dieser Kunstübung lag im 15. und 16. Jh., die bedeutendste Singschule war die in Nürnberg. Hier lernte auch P. bei Hans Sachs, bis er sich als ›Meister‹ qualifizieren konnte, d.h. den in der ›Tabulatur‹ niedergelegten Regelkodex beherrschte und einen neuen ›Ton‹ – Strophenform und Melodie – erfunden hatte.

Sein *Gründtlicher Bericht* orientiert sich an der Nürnberger Singschule und zeigt den streng reglementierten, künstlich-formalistischen Charakter dieser Kunst, die sich auf die legendären zwölf ›alten Meister‹ beruft (Lied- und Spruchdichter des Mittelalters; nicht immer die gleichen). – Die einzelnen Strophen eines Meisterliedes sind dreiteilig (zwei gleichgebaute Stollen, ein metrisch und melodisch abweichender Abgesang). Die Regeln betreffen vor allem die verschiedenen Reimarten der silbenzählenden Verse (höchstens 13 Silben), fordern Reinheit des Reims und sprachliche Korrektheit auf der Basis der »Wittembergischen / Nürnbergischen und Franckfurdtischen Biblien« und der Kanzleisprache. Überdies werden ›falsche Meinungen‹ abgelehnt, d.h. »alle falsche Abergleubische / Sectische und Schwermerische Lehr / der reinen lehr Jhesu Christi zu wider / die sollen vermitten bleiben.« Es ist die Aufgabe der ›Merker‹, Verstöße gegen die Regeln mit Punktabzug zu bestrafen. Schließlich gibt P. die für die ›Neuheit‹ von Tönen geltenden Richtlinien und geht mit »angeheffter Schulordnung / wes sich Mercker und Singer allenthalben verhalten sollen«, zu organisatorischen Fragen über.

Eine Weiterentwicklung des Meistersangs war angesichts seiner strengen Regelhaftigkeit, die Freiheit von ›Fehlern‹ höher schätzte als Innovation, kaum möglich. Trotzdem gab es noch im 17. und 18. Jh. aktive Singschulen (die in Ulm und Memmingen sind sogar bis 1839 bzw. 1875 nachweisbar).

P.s *Bericht* wurde noch zweimal gedruckt (1584, 1596). Wichtige spätere Zeugnisse des Meistersangs sind die Schriften von Cyriacus Spangenberg (*Von der Musica und den Meistersängern*, 1598) und Johann Christoph Wagenseil (*Von der Meister-Singer holdseligen Kunst*, 1697). Wagenseils Werk war eine der Quellen Richard Wagners für die *Meistersinger von Nürnberg* (Uraufführung 1868).

1572
Thomas Platter
Lebensbeschreibung

Die Autobiographie des Schweizers P. ist ein schmales, schlichtes Werk und zugleich eines der eindrucksvollsten Lebenszeugnisse der Frühen Neuzeit. Der 1499 in einem Walliser Bergdorf geborene P. schrieb die Geschichte seines Lebens Anfang 1572 nieder – auf Bitten seines Sohnes Felix, der später selber Erinnerungen verfaßte.

P. reiht Erinnerungsbilder aneinander, die einerseits den Lebensweg des aus ärmsten Verhältnissen stammenden Autors verfolgen – Hirtenjunge im Wallis, fahrender Schüler und Student, Seiler, Buchdrucker, Lehrer und Schulleiter –, andererseits ein plastisches Bild seiner Zeit entwerfen (Lebensbedingungen in den Bergen, Studentenleben, Bildungs- und Schulverhältnisse, Reformationswirren, Pest usw.). Daß er die zahlreichen Gefahren »lybs und läbens« heil überstanden und es schließlich sogar zu Besitz und Ansehen gebracht hat, gilt P. selbst als größtes Wunder (»wie ist es miglich, das ich noch läb, stan oder gan kan, so ein lange zyt!«). Ein »in seiner sozialen und moralischen Einfachheit« exemplarisches Leben wird sichtbar (Max Wehrli).

1573
Ambrosius Lobwasser
Der Psalter deß Königlichen Propheten Davids

Grundlage der Übersetzung L.s ist der französische Psalter (›Hugenottenpsalter‹) von Clément Marot und Théodore de Bèze (Beza), der vollständig zuerst 1562 erschien und mit den Melodien Claude Goudimels als Gesangbuch der Reformierten weite Verbreitung fand. Im Zusammenhang mit den Bemühungen Friedrichs III. von der Pfalz, den Calvinismus in seinem Territorium durchzusetzen, erhielt zunächst Paulus Melissus Schede den Auftrag, den französischen Psalter zu übersetzen. Die ersten 50 Psalmen erschienen 1572 (*Di Psalmen Davids in Teutische gesangreymen / nach Französischer melodeien unt sylben art*), doch wurde seine metrisch und orthographisch experimentierende Übertragung von dem ein Jahr später erschienenen vollständigen Psalter des Lutheraners L. verdrängt.

Die Übersetzung L.s bewahrt Strophenform und (silbenzählendes) Versmaß der französischen Vorlage, um die Melodien unverändert übernehmen zu können. Trotz dieser Vorgabe gelingen L., in Anlehnung an den Ton des evangelischen Gemeindegesangs, ungezwungene, verständliche und gut sangbare Liedtexte. L.s Psalter wurde für Jahrhunderte Grundlage aller Gesangbücher der reformierten Gemeinden Deutschlands. Keine der zahlreichen Psalmenübersetzungen der Folgezeit, auch nicht die von Martin Opitz (*Die Psalmen Davids Nach den Frantzösischen Weisen gesetzt*, 1637), konnte sich gegen den eingebürgerten, bis zum Ende des 18. Jh.s in mehr als 60 Auflagen verbreiteten Text L.s durchsetzen.

1574–86
Paulus Melissus Schede
Schediasmata poetica

Stegreifgedichte

S., kurpfälzischer Rat und Bibliothekar der Heidelberger Palatina, gilt als größter deutscher – d.h. neulateinischer – Lyriker des ausgehenden 16. Jh.s. Horazische Formen und der enthusiastische, dunkle Stil der pindarischen Ode sind bestimmende Momente seiner Dichtung. S. mißt sich an seinen deutschen Vorgängern (Celtis, Hutten, Lotichius), vor allem jedoch an den Franzosen, an Pierre de Ronsard und den anderen Dichtern der Pléiade.

›Gedichte aus dem Stegreif‹, Gelegenheitsgedichte also, nennt er die wichtigsten Sammlungen seiner Lyrik: Gedichte, in denen sich der große Freundeskreis des Gelehrten spiegelt (*Schediasmata poetica*, 1574), petrarkistische Liebesgedichte (in dem *Spinae*, Dornen, überschriebenen Teil der *Schediasmatum reliquiae*, 1575), pathetische Zeitgedichte in der Manier Pindars, höfische Huldigungsgedichte, Lieder, Elegien und Epigramme (*Schediasmata poetica*, 3 Bde., 1586, Königin Elisabeth I. von England gewidmet).

Mit seiner Anlehnung an die französische Lyrik der Pléiade und den Petrarkismus, mit der kunstvollen, anspielungs- und bilderreichen Sprache seiner Gedichte, die nicht selten manieristische Züge trägt, weist S. auf die ›barocke‹ Lyrik des 17. Jh.s voraus. Seine deutschsprachigen Versuche, darunter eine Teilübersetzung des Hugenot-

tenpsalters (1572), erreichen bei weitem nicht den Rang der neulateinischen Poesie.

Teile der *Schediasmata poetica* wurden – wie S.s Oden auf Mitglieder des pfälzischen Herrscherhauses und der Heidelberger Universität (*Odae Palatinae*, 1588) – in die wichtigste Anthologie neulateinischer Dichtung der Zeit aufgenommen, Janus Gruters *Delitiae poetarum Germanorum* (6 Teile, 1612).

1575
Johann Fischart
Geschichtklitterung

F.s Hauptwerk ist die deutsche Bearbeitung von François Rabelais' *Gargantua* (1534), des ersten Buches von *Gargantua und Pantagruel* (1532–64). Sie erschien 1575, 1582 und 1590 in jeweils erweiterten Fassungen. Die Ausgabe von 1575 trägt den Titel *Affenteurliche und Ungeheurliche Geschichtschrift*; der veränderte Titel der späteren Drucke hat sich eingebürgert: *Affentheurlich Naupengeheurliche Geschichtklitterung* [...]

Die Handlung folgt einem einfachen Schema, das auf den Ritterroman zurückgeht: Herkunft, Jugend und Taten des Helden, des Riesen Gargantua. Dieser Rahmen ist mit vielen Einzelepisoden gefüllt, die es Rabelais – und auf seine Weise auch F. – ermöglichen, zeitgenössische Mißstände sichtbar zu machen, zu kritisieren, dem Gelächter preiszugeben. Der Humanist Rabelais nimmt dabei das Erziehungs- und Rechtswesen, die scholastische Theologie und das Mönchstum satirisch aufs Korn; als utopischer Gegenentwurf erscheint die weltliche Abtei Thelem (Thélème) am Ende des *Gargantua*, eine Schule der Humanität und der Bildung, gegründet auf individueller Freiheit.

Das alles steht auch bei F., wird aber durch Einschübe, Erweiterungen, Exkurse, riesige assoziative Wortreihungen und durch andere Sprachmanipulationen fast zugedeckt: Die *Geschichtklitterung* von 1590 hat den drei- bis vierfachen Umfang der Vorlage. F. steigert die bei Rabelais durchaus schon angelegten, aber das humanistische Programm keineswegs verwischenden grotesken Züge zu einer monströsen, rhythmisch mitreißenden Sprachorgie ohne Beispiel in der deutschen Literatur. Einen Höhepunkt erreicht dieses Verfahren in der berühmten »Trunckenen Litanei«, die in 30 Seiten ohne Absatz und Pause – drei Seiten bei Rabelais – die Reden und Rufe, das Gestammel und das Geschrei eines Zechgelages zu einem unwiderstehlichen Sprachstrom montiert.

Mit seiner satirisch-verzerrenden, ins Groteske gesteigerten Sicht der Welt kann der Roman durchaus als »ein verwirrendes ungestaltes Muster der heut verwirrten ungestalten Welt« verstanden werden, mit dem pädagogischen Ziel jeder Satire, »sie von ihrer verwirrten ungestalt und ungestalter verwirrung abzuführen«. So jedenfalls rechtfertigt F. sein alle Grenzen sprengendes Unternehmen.

1576
Jacob Regnart
Kurtzweilige Teutsche Lieder

R.s *Kurtzweilige Teutsche Lieder [...] Nach art der Neapolitanen oder Welschen Villanellen* von 1576 – zwei weitere Sammlungen erschienen 1577 und 1579 – stellen den ersten Höhepunkt des italianisierten Liedes in Deutschland dar, einer Kunstübung, die im Zusammenhang mit der Dominanz der italienischen Musik zu sehen ist. Dabei hat die Entwicklung zur Einstimmigkeit eine stärkere Betonung des Textes zur Folge.

Vorherrschendes Thema ist die Liebe. R., Kapellmeister der Habsburger in Prag und Innsbruck, übernimmt die gängige petrarkistische Liebesmotivik mit den Klagen des unglücklich Verliebten über die schöne, aber hartherzige Geliebte. Bemerkenswert ist die strenge Form vor allem der Lieder der ersten Sammlung, darunter kunstvoll gereimte Terzinen. Allerdings bleibt für R. wie für die anderen Dichterkomponisten der Zeit die Musik das Primäre. Trotz der Vorwegnahme ›barocker‹ Themen und Motive üben weder die Villanellen R.s noch die Madrigale Hans Leo Haßlers (*Neue Teutsche Gesang nach art der welschen Madrigalien und Canzonetten*, 1596) Einfluß auf die literarische Entwicklung in Deutschland aus. *Musik*geschichtlich führt der Weg weiter über die Lieder und Madrigale Johann Hermann Scheins (*Musica boscareccia Wald-Liederlein*, 1621, 1626, 1628; *Diletti Pastorali, Hirten Lust*, 1624) zur Blüte des Sololieds bei Heinrich Albert (*Arien*, 1638–50) und Adam Krieger (*Arien* 1657).

1576-77
Johann Fischart
Das Glückhafft Schiff von Zürich

Diese Versdichtung – 1174 Knittelverse – gehört zu den wenigen nichtsatirischen Werken F.s. Gegenstand ist ein zeitgenössisches Ereignis: Am 20. Juni 1576 unternahmen Zürcher Bürger eine Schiffsreise nach Straßburg, um an einem Schützenfest teilzunehmen und das Bündnis zwischen den beiden Städten zu bekräftigen. Mehrere Dichtungen besangen das Ereignis; das Reisetagebuch eines Teilnehmers ist erhalten. F.s Dichtung beruht auf diesen Quellen. Sie ist Ende 1576 entstanden (und wahrscheinlich auch erschienen); erhalten ist erst die Ausgabe von 1577, die um einen polemischen »Notwendigen Kehrab«, eine Antwort »auf grob Schweizerisch« auf einen »Schmachspruch«, erweitert ist.

Die Reise wird mit humanistisch-mythologischem Aufwand als Argonautenfahrt, als Wettlauf mit der Sonne beschrieben, die Landschaft in der Art humanistischer Topographie geschildert. Schon der einleitende Vergleich mit Xerxes, der das Meer peitschen ließ, kennzeichnet den hohen Anspruch des Unternehmens. Ziel der Dichtung ist der Preis von Bündnistreue und Freundschaft, von Bürgertugend und -tüchtigkeit, von protestantischem Gewerbefleiß und Arbeitssinn.

Dieses völlig unironische Loblied einer (in der Realität bedrohten) freien städtischen Kultur gehörte zu den beliebtesten Werken F.s.

1577
Johann Fischart
Flöh Haz / Weiber Traz

Die 1. Fassung dieser satirisch-grotesken Tierdichtung erschien 1573. Größere Teile des Textes dieser Ausgabe stammen allerdings von Mathias Holtzwart. Erst die 2., stark erweiterte Version von 1577, in der der Anteil der fremden Verse reduziert ist, kann als Originalwerk F.s gelten: *Flöh Haz / Weiber Traz [Trotz] Der wunder unrichtige / und spotwichtige Rechtshandel der Flöh mit den Weibern.* F. war wohl mit der Tradition der ›Flohliteratur‹ vertraut, die schon in der Antike und im Mittelalter gepflegt wurde, bei den Schwankdichtern der Frühen Neuzeit ihre Spuren hinterließ und den Humanisten Heinrich Bebel zur Erörterung der Frage anregte, warum Flöhe Frauen bevorzugten.

Die annähernd 4200 Verse umfassende Dichtung (1577) besteht aus zwei Teilen, einer »Erneuerten Floh klag / Wider der Weiber Plag«, in der ein Floh im Zwiegespräch mit einer Mücke seine Lebens- und Leidensgeschichte erzählt; und einer »Notwendigen Verantwortung der Weiber«, in der der Dichter als »Flöhkanzler« im Auftrag Jupiters die Klage zurückweist und den Flöhen verbietet, in Zukunft Frauen zu beißen.

Dabei werden aber mehrere Stellen ausgenommen (um etwa ihre Zunge oder ihre Tanzwut zu zähmen). Es folgen noch kleinere Stücke: ein »Recept für die Flöh« in Prosa, ein Flohlied und ein humanistisch-anspielungsreicher Epilog.

Flöh Haz / Weiber Traz bietet einen grotesken und zugleich entlarvenden Blick auf den Menschen. Es ist eine Dichtung, in der sich erotische Phantasien mit antifeministischen Affekten verbinden, ein Werk, das geradezu mit Lust die Desillusionierung des weiblichen Körpers betreibt und die Frauen in ihrem Abwehrkampf gegen das alle intimen Körperteile bedrängende Ungeziefer als blutrünstige Bestien erscheinen läßt. Da hilft es dann wenig, daß sie recht bekommen.

1581
Mathias Holtzwart
Emblematum Tyrocinia

Emblematische Probestücke

Das Emblem als literarisch-bildliche Kunstform ist ein Produkt humanistischen Gelehrtentums. Der ›Erfinder‹ war Andrea Alciati, der in seinem *Emblematum liber* (1531) Elemente der griechischen Epigrammatik, der Renaissance-Hieroglyphik und der Impressen- und Devisenkunst zu einer dreiteiligen Form verband, die sogleich eine große Resonanz und ungezählte Nachahmer im 16. und 17. Jh. fand. Allein von Alciatis Emblembuch – 1550 vermehrt auf insgesamt 211 Embleme – erschienen etwa 150 Auflagen; darunter befinden sich zwei deutsch-lateinische Ausgaben (1542 von Wolfgang Hunger, 1567 von Jeremias Held).

Zweisprachig ist auch das Emblembuch H.s. Eine Vorrede Johann Fischarts soll dem deutschen Publikum die neue Form der »Gemälpoesy« näherbringen. Die 71 Embleme folgen der durch Alciati verbindlich gewordenen dreiteiligen Form: Überschrift (inscriptio, Motto, Lemma), bildliche Darstellung (pictura), Epigramm (subscriptio). Hinzu kommt die deutsche Fassung der lateinischen Verse. Die Abbildungen, Holzschnitte von Tobias Stimmer, stammen aus den – nicht zu eng definierten – Bereichen der Geschichte und der Natur (Alciati: »ex historia vel ex rebus naturalibus«). Die Epigramme, in der Regel in elegischem Versmaß (im Deutschen Knittelverse), legen sie aus, haben aber oft auch noch an der darstellenden Funktion des Bildes teil (von der »Doppelfunktion des Abbildens und Auslegens oder des Darstellens und Deutens« aller Teile des Emblems spricht Albrecht Schöne). Behandelt werden Themen wie Erziehung, Gelehrten- und Fürstenruhm, Tugenden und Laster, Stände, Berufe, Affekte, Religion. Dahinter steht eine – durchaus nicht verheimlichte – moralische Wirkungsabsicht; zugleich bieten die Embleme einen nützlichen Bildervorrat für den Künstler und Kunsthandwerker. Aus einer ursprünglich eher humanistisch-esoterischen Kunstform entwickelt sich allmählich – und das deutet sich besonders bei H.s deutschen Texten an – eine populäre, moralisierende Gebrauchsliteratur. Der Einfluß der Emblematik auf die Bildlichkeit der Barockdichtung ist kaum zu überschätzen.

1584
Johannes Stricker
De düdesche Schlömer

Der deutsche Schlemmer

Der holsteinische Pfarrer J. S. knüpft mit seinem niederdeutschen Stück an die zahlreichen *Jedermann*-Dichtungen des 16. Jh.s an. Er verlegt das Geschehen in die Welt des holsteinischen Adels und verbindet so die religiöse Thematik von Reue und Gnade mit einer aktuellen satirisch-realistischen Gesellschafts- und Sittenschilderung. Das Geschehen des umfangreichen Fünfakters (über 5000 Verse) ist auf einen Tag zusammengedrängt.

Gezeigt wird das ausschweifende Leben eines holsteinischen Landjunkers, eines Prassers, Säufers und Ehebrechers, der sich bei seinen Gelagen mit (verheirateter) Buhlschaft und Zechkumpanen umgibt, unbeeindruckt von den Mahnungen seiner Ehefrau und eines aufrechten Pastors. Auch die Erscheinungen eines Engels und des Todes bringen noch keine dauernde Umkehr. Erst als sich der Tod ein zweitesmal ankündigt und ihn vor den Richterstuhl Gottes fordert, besinnt sich der »Schlömer«: »Vaer wol, du untrüw schnöde welt.« Der Teufel und die allegorische Gestalt der Sünde klagen ihn an. Moses, der das Gesetz verkörpert, verdammt ihn. Doch vom Pfarrer auf den Erlöser verwiesen, beichtet der Junker reuevoll seine Sünden und wird durch Christus gerettet.

Der scharfe Angriff gegen den holsteinischen Adel, der sich nach der Reformation an Kirchengütern bereichert und sich – in wenig verfeinerter Weise – dem Wohlleben ergeben hatte, blieb nicht ohne Wirkung: Die Angegriffenen jagten den Bußprediger aus seinem Amt.

Das Stück erschien 1588 auch in einer hochdeutschen Fassung. – S.s prassender Junker blieb nicht ohne literarische Nachfolge: Bartholomäus Ringwaldt stellt im ersten Akt seiner antikatholischen ›Komödie‹ *Speculum mundi* (1590) mit dem Junker Hypocrass eine ähnliche Gestalt auf die Bühne; allerdings holt diesen, nachdem er einen zur Umkehr mahnenden Pfarrer des Landes verwiesen hat, schließlich der Teufel.

1585
Nicodemus Frischlin
Iulius redivivus

Der auferstandene Julius

F.s neulateinische »Comoedia« wurde 1585 gedruckt und im gleichen Jahr im Stuttgarter Schloß aufgeführt (eine Aufführung einer früheren Fassung fand zwischen 1582 und 1584 in Tübingen statt); ebenfalls 1585 erschien die deutsche Übersetzung seines Bruders Jacob Frischlin.

N. F., der neben satirischen Komödien und einer Reihe biblischer Stücke in lateinischer Sprache auch ein deutschsprachiges Schauspiel hinterließ (*Frau Wendelgard,* 1579), inszeniert in seinem *Iulius redivivus* eine Begegnung zwischen römischer Antike und deutscher Gegenwart, um die durch den Humanismus erreichte kulturelle Höhe zu feiern. Anregungen boten neben antiken Quellen (Aristophanes, Lukians *Toten-* und *Göttergespräche,* Caesars *Gallischer Krieg,* Tacitus' *Germania*) patriotische Texte des deutschen Humanismus (u. a. Ulrich von Huttens Dialog *Arminius*).

Caesar und Cicero – sie vertreten militärische Macht und Geist der Antike – werden von Merkur aus der Unterwelt geholt. Sie rühmen die deutschen Städte, die sie auf ihrer Reise gesehen haben. Sie begegnen Hermann (Arminius), der ihnen die militärische Tüchtigkeit der Deutschen vor Augen führt und Caesar zur Besichtigung eines Zeughauses mitnimmt. Inzwischen trifft Cicero mit dem Humanisten Eobanus Hessus zusammen, dessen Latein er bewundert. Er läßt sich von der Papierherstellung und der Erfindung des Buchdrucks erzählen und besichtigt eine Druckerei. Für komische Effekte sorgen die Auftritte eines Händlers aus Savoyen und eines italienischen Kaminfegers, die für die Schwächen und den kulturellen Niedergang der Nachbarvölker stehen.

Die patriotische Komödie hatte Erfolg. Eine zweite Übersetzung Jacob F.s erschien 1592, und 1618 veröffentlichte Jacob Ayrer eine weitere deutsche Version.

1587
Das Buch der Liebe

Prosaromane und schwankhafte Prosaerzählungen gehörten zu den beliebtesten Büchern des 16. Jh.s. So zählten von den 5918 Büchern, die der Frankfurter Buchhändler Michael Harder auf der Fastenmesse 1569 verkaufte, rund 2300 zu dieser Gruppe: 233 *Sieben weise Meister,* 202 *Schimpf und Ernst,* 196 *Fortunatus,* 176 *Magelone,* 158 *Melusine,* 144 *Ritter Galmy* usw. Der Frankfurter Verleger Siegmund Feyerabend, der auch schon ein großes Kompendium der Teufelliteratur veröffentlicht hatte (*Theatrum Diabolorum,* 1569) und viele der *Amadis*-Bücher (1569 ff.) in seinem Programm hatte, reagierte auf die Nachfrage mit einem großen, illustrierten Sammelband, der die gefragtesten ritterlich-amourösen – und zugleich ungemein moralischen – Texte enthielt. Insgesamt 13 Romane sind versammelt: Prosafassungen mhd. Epen (*Tristrant* nach Eilhart von Oberge, *Wigoleis* nach Wirnts von Grafenberg *Wigalois*), Übersetzungen und Nacherzählungen französicher Vorlagen (*Octavian, Magelone, Melusine, Ritter vom Turn, Pontus und Sidonia, Herpin*), Bearbeitungen italienischer Erzählungen (*Camillo und Emilie, Florio und Biancaffora*). Dazu kommen Heliodors Roman *Theagenes und Chariklea (Aithiopica),* den Johannes Zschorn 1569 übersetzt hatte, und zwei Werke Jörg Wickrams, die den deutschen Originalroman des 16. Jh.s repräsentieren (*Ritter Galmy, Gabriotto und Reinhart*).

1587
Historia Von D. Johann Fausten

Die Geschichte »des weitbeschreyten Zauberers und Schwarzkünstlers«, die 1587 bei Johann Spies in Frankfurt erschien, ist das Werk eines unbekannten Verfassers, wahrscheinlich eines orthodoxen lutherischen Theologen. Die romanhafte Lebensgeschichte, von der die breite Tradition der Faustdichtungen ihren Ausgang nimmt, knüpft an eine historische Gestalt von zweifelhaftem Ruf an, einen um 1540 gestorbenen halbgelehrten Astrologen, Magier und Scharlatan, über dessen Treiben vorwiegend negative Kommentare überliefert sind. Die tatsächlichen Lebensumstände des berühmt-berüchtigten Faust verschwinden bald hinter Anekdoten, ursprünglich unabhängige Schwänke und Zaubergeschichten werden mit ihm verbunden. Aus diesem Material – und einer Reihe weiterer Quellen geographischer, theologischer, historischer, naturwissenschaftlicher und literarischer Art – formte der Verfasser der *Historia* eine »allen Christen zur Warnung« dienende, abschreckende Exempelerzählung.

Fausts Lebensbeschreibung besteht aus drei Teilen. Der 1. (Kap. 1–17) erzählt von Fausts »Geburt und Studiis«, davon, daß Fausts Sinn dahin stand, »das zu lieben, was nicht zu lieben war, dem trachtet er Tag und Nacht nach, nahm an sich Adlers Flügel, wollte alle Gründ am Himmel und Erden erforschen«. »Fürwitz, Freiheit und Leichtfertigkeit« führen ihn zur Zauberei, zur Teufelsbeschwörung und zum Pakt mit Mephostophiles, mit dem er über verschiedene Gegenstände, nicht zuletzt die Hölle, disputiert. Was er dabei erfährt, macht ihn zwar »melancholisch«, doch bleibt er »verstockt, verblendet und gefangen«. Im 2. Teil (Kap. 18–32) betätigt sich Faust zunächst als Astrologe und Kalendermacher, dann läßt er sich über kosmologische Fragen und die Erschaffung der Welt und des Menschen (falsch) informieren und unternimmt in seinem vermessenen Wissensdrang Fahrten in die Hölle, in den Himmel (»unter das Gestirn über die Wolken«), über verschiedene Länder der Welt und ins Paradies. Der abschließende 3. Teil besteht aus zwei Abschnitten: Im ersten (Kap. 33–59) wird von Fausts Abenteuern, Zauberkunststücken und Streichen an verschiedenen Orten und Höfen sowie von seinem Konkubinat mit »Helena aus Graecia« berichtet, der zweite (Kap. 60–68) erzählt von Fausts letztem, 24. Jahr seiner Verschreibung, seinen Klagen (»Doct. Fausti Weheklag von der Höllen und ihrer unaussprechlichen Pein und Qual«), der »Oratio Fausti ad Studiosos« und seinem schrecklichen Ende. Dieses Ende ist unausweichlich, denn der verstockte und verzweifelte Sünder »verzaget an der Gnade Gottes«, meint, »seine Sünden wären größer, denn daß sie ihm möchten verziehen werden«.

Das »erschreckende Exempel« stellt den menschlichen Erkenntnisdrang radikal in Frage, setzt – wie Luther – Glauben über Wissen. Es ist eine aus Unsicherheit und Beunruhigung geborene, entschiedene Absage an die Autonomiebestrebungen des Individuums in Renaissance und Humanismus, an den Geist der »theoretischen Neugierde« (Hans Blumenberg).

Der Erfolg des Faustbuchs war groß: Zahlreiche Nachdrucke erschienen in den folgenden Jahren; die am Ende angekündigte Fortsetzung, das ›Wagnerbuch‹, kam 1593 heraus, Übersetzungen sorgten für eine europäische Verbreitung. Zwischen 1588 und 1593 entstand Christopher Marlowes *The Tragicall History of D. Faustus,* die dann wieder – in verballhornter Form – über wandernde englische Schauspielertruppen den Weg auf das deutsche Theater fand. Das Faustbuch selber wurde von Georg Rudolf Widmann (1599), Johann Nikolaus Pfitzer (1674) und dem ›Christlich Meynenden‹ (1725) bearbeitet. Die letzte, stark gekürzte Fassung las Goethe, der auch in seiner Jugend ein Faust-Marionettenspiel gesehen hatte. Mit Lessing beginnt eine neue Bewertung Fausts und des menschlichen Erkenntniswillens (17. Literaturbrief, 1759). Von den neueren Faustdichtungen greift Thomas Manns *Doktor Faustus* (1947) ausdrücklich auf das Faustbuch von 1587 zurück.

1594
Heinrich Julius von Braunschweig
Von Vincentio Ladislao

Die dramatische Produktion des Braunschweiger Herzogs (11 Stücke) steht im Zusammenhang mit dem Auftreten englischer Schauspielertruppen, der sogenannten Englischen Komödianten, in Deutschland. Die englischen Berufsschauspieler, die dem zunehmenden Druck der theaterfeindlichen Puritaner wichen, brachten neben einem neuen Repertoire einen neuen Inszenierungs- und Schauspielstil mit, ein mit musikalischen und akrobatischen Einlagen aufgelockertes, realistisches Aktionstheater, in dem die Gestalt des Clowns für komische Effekte sorgte. Im Gegensatz zum Schuldrama wurde Prosa verwendet. – Seit 1592 spielte eine englische Truppe unter Thomas Sackeville in Wolfenbüttel.

Die Komödie des Herzogs handelt davon, wie Vincentius Ladislaus, »Kempffer zu Roß und Fueß«, in eine Residenzstadt kommt, durch großsprecherische Reden und Lügengeschichten auffällt, unfreiwillig zur Unterhaltung des Hofes beiträgt und – nachdem er noch statt einer Braut ein Bad abbekommen hat – verspottet davonzieht. Sein Gegenspieler ist Johan Bouset, Hofnarr im Gefolge des Herzogs, der – indem er scheinbar auf Vincentius Ladislaus eingeht – die Diskrepanz zwischen Schein und Sein um so deutlicher macht und schließlich als »Director des gantzen Wercks« für die Schlußpointe, das im Wasser endende Beilager, sorgt. Weitere Unterhaltung durch Musik, Fechten, Pantomime.

Vincentius Ladislaus, eine Gestalt in der Tradition des *Miles gloriosus* (Plautus) und des aufschneiderischen Capitano Spavento der italienischen Commedia dell'arte, maßt sich eine Rolle an, die ihm nicht zusteht und die er (daher) nicht auszufüllen vermag, die Rolle eines Helden und Mannes von Welt. Schon seine Ausdrucksweise, charakterisiert durch die hohlen Floskeln eines umständlichen Kanzlei- und Komplimentierstils, verweist entlarvend auf die Diskrepanz zwischen Anspruch und Wirklichkeit. Dem Außenseiter steht als Norm richtigen Verhaltens der Hof gegenüber, eine Konstellation, die – wie der Gegensatz von Sein und Schein – für das Lustspiel des 17. Jh.s charakteristisch werden sollte.

1595
Georg Rollenhagen
Froschmeuseler

Die Handlung von R.s satirisch-didaktischem Tierepos (3 Bücher, rund 20 000 Reimpaarverse) basiert auf dem griechischen Kleinepos vom *Froschmäusekampf* (*Batrachomyomachia,* um 500 v. Chr.), das in 303 Hexametern Homers *Ilias* parodiert. Allerdings erweitert R. die literarische Parodie zu einem umfassenden Bild des menschlichen Lebens und des Zeitalters der Reformation.

Am Hof des Froschkönigs Baußback, wo man gerade ein Fest feiert, erscheint der Mäuseprinz Bröseldieb. Er erzählt vom Mäusestaat, Baußback von der Geschichte des Froschreiches. Als sie ein Wasserschloß besuchen wollen, nimmt Baußback die Maus auf den Rücken. Doch der Frosch taucht, erschreckt von einer plötzlich auftauchenden Wasserschlange, unter, und der Mäuseprinz ertrinkt. Daraufhin beginnt der große Krieg zwischen Fröschen und Mäusen, dem Gott schließlich ein Ende bereitet. Die anderen Tiere laben sich an den toten Mäusen und Fröschen. Fazit: »Aller Welt Rath / Macht / Trotz / und Streyt / Ist lauter Tand und Eytelkeid.«

Dieses Geschehen – durch zahlreiche Einschübe wie eine ausführliche Erzählung der Circe-Episode aus der *Odyssee* unterbrochen und auf kunstvolle Weise verschachtelt – gibt den Rahmen für Belehrendes über Mensch und Tier, über Politik, Religion, Geschichte und viele andere Wissensgebiete. Bürgerlich protestantische Lebenslehre – Bescheidung und Zufriedenheit innerhalb einer gottgewollten Ordnung – steht im Mittelpunkt des 1. Buches; das 2. enthält im Zusammenhang mit einer verschlüsselten Darstellung des Reformationsgeschehens, mit Elbmarx (Luther) und Mortz (Moritz von Sachsen), eine ausführliche Diskussion über die beste Staatsform; und das 3. erläutert, was bei Kriegssachen »zu berathschlagen / und vorzunemen sey«. Die kritische Haltung des Autors zu diesem Thema machen die vorangestellten Verse klar: »Kein Vortheil ist bey Kriegn und streiten / Gott verley friedn zu unsern zeiten.«

Die satirische Tierepos, von R. selbst in die Tradition des *Reineke Fuchs* (*Reynke de Vos,* 1498) gestellt, wurde bis ins 18. Jh. hinein immer wieder neu aufgelegt (13 Drucke bis 1730). Satiriker wie Johann Michael Moscherosch rühmten den *Froschmeuseler* im 17. Jh. Ende des 18. Jh.s wurde der Text wiederentdeckt und Joachim Heinrich Campe, der *Robinson Crusoe*-Bearbeiter, legte einen *Neuen Forschmäuseler* vor (1796).

1597
Das Lalebuch

Der satirische Schwankroman mit »Geschichten und Thaten der Lalen zu Laleburg« ist das Werk eines unbekannten Verfassers aus dem Elsaß (zuletzt wurde das *L.,* ohne stichhaltigen Beweis, Johann Fischart zugeschrieben). Er fügt traditionelle Schwankgeschichten (Schwänke über närrische Gemeinden, Ortsneckereien) in einen übergreifenden erzählerischen Zusammenhang ein; zugleich wendet das anspielungsreiche Werk – es ist für ein gebildetes Publikum gedacht – Thomas Morus' Entwurf eines vollkommenen Gemeinwesens (*Utopia,* 1516) ins Gegenteil. – ›Lale‹ bedeutet ›einfältiger Mensch‹.

Ein Schiffer, so die literarische Fiktion, erzählt dem Autor von den Lalen und ihrer längst untergegangenen Stadt, die »in dem großmechtigen Königreich Utopien gelegen« war. Die Lalen, Menschen griechischer Abstammung, werden wegen ihrer Klugheit von Fürsten der ganzen Welt als Ratgeber begehrt. Da aber wegen ihrer ständigen Abwesenheit zu Hause alles in Verwirrung gerät, beschließen sie, in Zukunft zu Hause zu bleiben und, damit sie nicht mehr behelligt werden, die Narren zu spielen. Worauf sie dann die merkwürdigsten Dinge unternehmen: ein Rathaus ohne Fenster bauen, Salz säen usw. Das Rollenspiel wird zur Wirklichkeit, die Narrheit setzt sich durch. Und am Schluß zünden die Lalen aus Furcht vor einem »Maußhund« (Katze) ihre Stadt an und zerstreuen sich in alle Welt: »doch ist ihr Thorheit und Narrey (welches das beste) ubergeblieben / unnd vielleicht mir unnd dir auch ein guter theil darvon worden. Wer weist obs nicht wahr ist?« Utopia, das ›Nirgendsland‹, ist überall.

Ein Jahr nach dem *L.* erschien das *Schiltbürgerbuch* (1598), das Namen und Orte änderte. Eine weitere Bearbeitung folgte 1603 *(Grillenvertreiber).* Die *Schiltbürger*-Fassung setzte sich durch. Nach etwa 30 Ausgaben des *L.*- bzw. *Schiltbürgerbuches* im 17. Jh. entstanden seit Ende des 18. Jh.s Neubearbeitungen, u. a. Ludwig Tiecks *Denkwürdige Geschichtschronik der Schildbürger* (in *Volksmärchen herausgegeben von Peter Leberecht,* Bd. 3, 1797). Im 19. Jh. kam das Interesse an ›deutschen Volksbüchern‹ auch den Narren aus Laleburg und Schilda zugute, wenn auch die Bearbeitungen mit der Zeit die satirische Schärfe des ursprünglichen Romans verloren.

1598
Jacob Gretser
Udo

Trotz des Vordringens des Berufsschauspielertums (Englische Komödianten) blieben die Schulen weiterhin die wichtigsten Träger des Theaters. Dabei entwickelte sich im katholischen Ordensdrama, vor allem dem der Jesuiten, ein wichtiger Konkurrent des protestantischen Schultheaters. Die Ausbildung an den Jesuitenkollegien und die öffentlichen Aufführungen an Festen und am Ende des Schuljahres standen im Dienst der Gegenreformation: Es ging um die Verteidigung des wahren Glaubens, um die Widerlegung der Ketzer und die Warnung und Bekehrung der Abgefallenen. Die Sprache der Stücke war das Lateinische; dem Zuschauer kamen Programmzettel, sogenannte Periochen, mit Inhaltsangaben zu Hilfe.

G.s *Udo* wurde 1598 in München aufgeführt (daneben ist eine Fassung von 1587, ein kurzer Entwurf, erhalten). Das Stück zeigt in drei Akten den Aufstieg Udos vom begriffsstutzigen Schüler zum Magdeburger Erzbischof (Marienmirakel), sein epikuräisches Leben als Erzbischof, von dem ihn auch wiederholte Warnungen allegorischer Figuren nicht abhalten können, und schließlich seine Verdammung (Gerichts- und Höllenvision).

Das Stück ist eine eindringliche Bühnenpredigt, die dem Zuschauer ein warnendes Beispiel vor Augen stellt, ihn zur rechten Entscheidung, zur *conversio,* mahnt. G.s *Udo* blieb, wie die meisten Ordensdramen, ungedruckt; das Stück beeinflußte Jacob Bidermanns *Cenodoxus* (1602).

1601
Theobald Hock
Schönes Blumenfeldt

H.s *Schönes Blumenfeldt,* ein 92 Texte umfassendes Gedichtbuch, illustriert die Lage der deutschen Dichtung um die Jahrhundertwende: Der Sekretär eines böhmischen Adeligen erkennt, wie andere Zeitgenossen auch, die unbefriedigende Situation der deutschsprachigen Literatur, die Diskrepanz zwischen den volkssprachlichen, nationalhumanistischen Renaissanceliteraturen Süd- und Westeuropas und der noch weithin spätmittelalterlichen Mustern verpflichteten deutschen Verskunst. Daraus ergibt sich für H. die Forderung einer neuen Kunstdichtung auch im Deutschen.

Diese Forderung umzusetzen, gelingt H. allerdings noch nicht, wenn er sich auch um eigene, kunstvolle Strophenformen bemüht und sein Buch mit der Paraphrase eines Petrarca-Sonetts einleitet. In Sprache und Versbehandlung bleibt H. der älteren Dichtung — Meistersang und Gesellschaftslied — verpflichtet, und auch in der Thematik erscheint das *Schöne Blumenfeldt* trotz gelegentlicher Anklänge an die petrarkistische Liebesmotivik eher traditionell. Die meisten Texte sind betrachtend, moralisierend, satirisch-didaktisch: mahnende Gedanken über die Vergänglichkeit und das nahe Weltende, ungeschminkte Zeit- und Hofkritik (»Bey zeit die rhu erwöhle, Lang zHoff, lang zHölle«), Patriotisch-Lehrhaftes, Anweisungen zu einem sittlichen, bürgerlichen Leben in lutherischem Geist *(Der Mensch muß was zuthun haben)* usw.

Die von H. programmatisch geforderte Erneuerung der deutschen Poesie leisten dann, ohne von ihrem Vorläufer zu wissen, Georg Rodolf Weckherlin und Martin Opitz und seine Anhänger.

1602
Jacob Bidermann
Cenodoxus

Die fünfaktige »Comico-Tragoedia« von Cenodoxus, dem berühmten Doktor von Paris, ist das erste und erfolgreichste Stück B.s, des bedeutendsten Jesuitendramatikers im 17. Jh. Aufgeführt wurde *Cenodoxus* zuerst 1602 in Augsburg, in lateinischer Sprache wie grundsätzlich alle Jesuitendramen; zahlreiche spätere Aufführungen sind bezeugt. Noch vor dem lateinischen Originaltext wurde 1635 die deutsche Übersetzung Joachim Meichels gedruckt, durchaus eine Ausnahme und eine Anerkennung des besonderen Ranges der »Comoedi«. Der lateinische Text ist in der zweibändigen postumen Gesamtausgabe der Stücke B.s enthalten (*Ludi theatrales sacri*, 1666).

Verskunst (Senar) und Sprachbehandlung (pointiert, scharf argumentierend) zeigen die klassische Schulung B.s. Dagegen erhält das Stück in der deutschen Übersetzung Meichels mit ihren bayerisch eingefärbten Knittelversen eine volkstümliche Note. In den komischen Diener- und Schmarotzerszenen ist B. der römischen Komödie verpflichtet (Terenz, Plautus); zur Welt der Moralitäten des Spätmittelalters und der Renaissance – z. B. *Jedermann* – gehören die allegorischen Figuren und übernatürlichen Wesen, die auch schon B.s unmittelbarer Vorgänger Jacob Gretser (*Udo*, 1598) ins Spiel gebracht hatte. Stofflich basiert *Cenodoxus* auf der Legende des hl. Bruno, des Gründers des Kartäuserordens.

Wie in den Moralitäten wird ein Mensch – allerdings kein ›Jedermann‹, sondern ein humanistisch gebildeter, berühmter Arzt – durch den nahenden Tod vor die Entscheidung zwischen Himmel und Hölle gestellt; wie in den Moralitäten wird der Kampf um die Seele durch allegorische Gestalten geführt: durch Hypocrisis (»Gleißnerey«) und Philautia (»die Aigen Lieb«) auf der einen, den Schutzengel Cenodoxophylax und das Gewissen (Conscientia) auf der anderen Seite. Doch Cenodoxus zeigt sich im Leben wie in seiner Todesstunde verstockt und verblendet; hinter dem äußerlichen Schein von Tugend und Frömmigkeit verbergen sich Hoffart, Eitelkeit, Eigenliebe und Ruhmsucht (›cenodoxia‹ heißt ›eitle Ruhmsucht‹). In der Person des Doktors werden subtile geistige Sünden angeklagt: der Humanismus der Renaissance, die die Emanzipation des Individuums fördernden Tendenzen der Zeit (u. a. das neustoische Denken).

Im letzten Akt sitzt Christus über Cenodoxus' Seele zu Gericht, wobei die Fürsprecher der Anklage des Teufels wenig entgegenzusetzen haben; parallel dazu findet das Begräbnis statt. Das schockierende Geschehen – der Tote richtet sich schreiend auf und beklagt seine Verstoßung in »die ewige Verdammnuß« – veranlaßt den an dem Leichenbegängnis teilnehmenden Bruno, der Welt abzusagen (Gründung des Kartäuserordens). Gemeint damit ist der Zuschauer, an den sich die Bühnenpredigt richtet (ein legendärer Bericht spricht vom missionarischen Erfolg der Münchener Aufführung von 1609).

Bis 1619 ließ B. elf weitere Stücke folgen, die freilich nicht alle erhalten sind. *Belisarius* (1607) zeigt Aufstieg und Fall eines großen Feldherrn, ein beliebtes Thema. *Philemon Martyr* (1615–17) bringt die wunderbare Wandlung eines heidnischen Mimen zum christlichen Märtyrer auf die Bühne. Andere Stücke machen mit vorbildlichen Eremitengestalten deutlich, wo das wahre Heil liegt: in der Abkehr von der Welt und der Hinwendung zu Gott (*Macarius Romanus*, 1613; *Joannes Calybita*, 1618; *Josaphatus*, 1619).

1605–09
Johann Arndt
Vier Bücher vom wahren Christentum

A.s Erbauungsbuch, 1605–09 sukzessive erschienen, 1610 zum erstenmal als Ganzes gedruckt und in späteren Ausgaben durch Zusätze auf sechs Bücher erweitert, geht von einer Kritik der zeitgenössischen protestantischen Theologie aus, die über der Bewahrung und Verteidigung der rechten Lehre (Orthodoxie) die Frömmigkeit vernachlässige: »Viele meynen, die Theologie seye nur eine blosse Wissenschafft und Wort-Kunst, da sie doch eine lebendige Erfahrung und Ubung ist. Jederman studiret izo, wie er hoch und berühmt in der Welt werden möge, aber fromm seyn will niemand lernen.« Bei dem Versuch, diesen Zustand zu ändern, kommt der Rückbesinnung auf die Mystik des Mittelalters keine geringe Rolle zu. A. gilt – mit den ausführlichen Zitaten in den *Vier Büchern vom wahren Christentum* und Neuausgaben mystischer Texte – als Wegbereiter einer ›Renaissance der Mystik‹ im deutschen Protestantismus.

Die Anleitung zu einer vertieften, gelebten Frömmigkeit beginnt mit Bußgedanken, denn du »must ja zuvor aufhören hofärtig zu seyn, ehe du anfahest demütig zu werden« (Buch 1). Dabei dient Christi Leben als Beispiel und Spiegel; die Betrachtung seiner »Armut, Schmach, Verachtung, Traurigkeit, Creuz, Leyden, Tod, welches heilige Leben Christi unsers Fleisches Creuzigung ist«, führen den Menschen von »Christi Menschheit [...] in seine GOttheit« (Buch 2). Buch 3 verweist auf das Reich Gottes im Menschen: »so ist er doch sonderlich und eigentlich in des

Menschen erleuchteten Seele, darinnen er wohnet und seinen Siz hat, [...] als in seinem eigenen Bilde und Gleichheit.« Das abschließende 4. Buch handelt vom »grosen Welt-Buch der Natur«, der göttlichen Schöpfung, die »durch so viel tröstliche Gleichnisse das wahre Christentum und das Himmelreich erkläret« – eine allegorisch-erbauliche Weise der Naturbetrachtung, die nicht ohne Einfluß auf Emblematik und Dichtung des 17. Jh.s blieb.

A. führte sein auf die religiöse Praxis und innerliche Frömmigkeit gerichtetes Schaffen mit weiteren Publikationen fort; am erfolgreichsten nach den *Vier Büchern vom wahren Christentum* wurde sein *Paradiesgärtlein voller christlicher Tugenden* (1612), ein Gebetbuch. Obwohl zunächst angefeindet, setzten sich seine in zahlreichen Auflagen verbreiteten Bücher durch und prägten das protestantische Frömmigkeitsideal bis weit ins 18. Jh. hinein.

1612
Jacob Böhme
Aurora, oder Morgenröthe im Aufgang

In einem Brief beschreibt der Görlitzer Schuhmacher, den man später ›Philosophus teutonicus‹ nannte, wie ihm plötzlich »die Pforte eröffnet worden« sei: »Denn ich sah und erkannte das Wesen aller Wesen, den Grund und Ungrund. Item die Geburt der Hl. Dreifaltigkeit, das Herkommen und den Urstand dieser Welt und aller Kreaturen durch die Göttliche Weisheit. [...] Ich sah und erkannte das ganze Wesen in Bösem und Guten [...].«

Mit diesem visionären Erlebnis – es wird auf das Jahr 1600 datiert – geht B. zwölf Jahre um, bis ihm die »Auswickelung«, die Umsetzung des Geschauten in Sprache, möglich wird. Es entsteht, angeregt nicht zuletzt durch die Frage nach der Herkunft des Bösen in der Welt, ein umfassender, sprachmächtiger Schöpfungsmythos, in dem sich mystische Erfahrungen mit alchimistisch-paracelsischen Strömungen verbinden: »Die Wurzel oder Mutter der Philosophia, Astrologia und Theologia« nennt B. das Werk selbstbewußt im Untertitel.

Philosophie handelt »von der göttlichen Kraft, was Gott sei, und wie im Wesen Gottes die Natur, Sterne und Elemente beschaffen sind und woher alles Ding seinen Ursprung hat«; Astrologie befaßt sich mit »den Kräften der Natur, der Sterne und Elemente, wie daraus alle Kreaturen sind herkommen und wie dieselben alles treiben, regieren, und in allem wirken und wie Böses und Gutes durch sie gewirkt wird in Menschen und Tieren«; Theologie spricht vom Reich Christi, dem höllischen Reich und der Bestimmung des Menschen. Das System, das so mehr bildlich als begrifflich entworfen wird, ist dualistisch (bzw. dialektisch); »gut« und »böse« sind Qualitäten, die »in dieser Welt in allen Kräften, in Sternen und Elementen, sowohl in allen Kreaturen ineinander sind wie ein Ding«, dialektisch aufgehoben in der Gottheit.

Aurora, nur handschriftlich verbreitet, führte zu heftigen Angriffen der lutherisch-orthodoxen Geistlichkeit. B. erhielt Schreibverbot, an das er sich bis 1618 hielt. Dann entstand eine Reihe großer Schriften, zunächst ebenfalls nur handschriftlich im Umlauf, in denen er die Ansätze der *Aurora* weiter ausbaute: *Die Beschreibung der drei Prinzipien göttlichen Wesens* (1619), *De signatura rerum* (1621), *Mysterium magnum* (1623). Zu Lebzeiten B.s wurde einzig seine mystische Schrift *Der Weg zu Christo* (1624) gedruckt. In Deutschland blieb die Wirkung B.s zunächst auf kleine Zirkel beschränkt, wie sie etwa Abraham von Franckenberg, der erste Biograph B.s, um sich versammelte. Große – und auf Deutschland zurückwirkende – Resonanz fand B. in Holland und England. In Amsterdam erschienen die meisten seiner Werke im Druck. Unter den deutschen Dichtern des 17. Jh.s sind u.a. Daniel Czepko, Johannes Scheffler und Quirinus Kuhlmann (*Neubegeisterter Böhme,* 1674) B. verpflichtet. Wiederentdeckt wurde B. vom Pietismus (Friedrich Christoph Oetinger) und der Romantik.

1615
Aegidius Albertinus
Der Landtstörtzer: Gusman von Alfarche oder Picaro genannt

Der überragende Vermittler spanischer Literatur um die Jahrhundertwende war der Hofratssekretär am bayerischen Hof Aegidius A. Seine Übertragungen und Bearbeitungen von Schriften Antonio de Guevaras – u.a. *Contemptus vitae aulicae* (1598), das dem ›Adieu Welt‹ am Ende des 5. Buches von Grimmelshausens *Simplicissimus Teutsch* (1668–69) zugrunde liegt – stehen wie seine eigenen Erbauungsschriften und Moralsatiren (z.B. *Lucifers Königreich und Seelengejaidt,*

1616) im Dienst der katholischen Erneuerung, der Gegenreformation. Auch die 1615 in zwei Teilen erschienene deutsche Bearbeitung des *Guzmán de Alfarache* (1599–1605) von Mateo Alemán gehört in diesen Zusammenhang.

Alemáns Held schildert und kommentiert im Rückblick sein Leben (Form der fiktiven Autobiographie), das Leben eines Außenseiters, der – in die Welt gestoßen – sich dem Weltlauf anpaßt und schließlich nach einer bewegten Gauner- und Betrügerkarriere als Sträfling auf einer Galeere endet. Es ist eine Sündergeschichte, die nicht nur Anlaß zu moralischen Reflexionen bietet, sondern zugleich ein scharfes satirisches Schlaglicht auf die zeitgenössische Gesellschaft wirft.

A. legt seiner *Guzmán*-Bearbeitung den 1. Teil von Alemáns Roman und die apokryphe Fortsetzung von Juan Martí (1602) zugrunde (nicht dagegen den echten 2. Teil von 1605). Daraus kompiliert A. den 1. Teil des deutschen *Gusman*: die Biographie des Pikaro, der schließlich den Weg zu einem Einsiedler findet. Der 2. Teil, eine originale Arbeit A.s, besteht aus Predigten des Einsiedlers und beschreibt allegorisch-lehrhaft den Weg der geläuterten Seele zu Gott. Gesellschaftskritische Aspekte interessieren A. nicht. Er stellt seinen Helden als Beispiel für ein überindividuelles Heilsgeschehen dar und lehrt, wie man die ›Welt‹, den Ort der Sünde, durch gute Werke und ein tugendhaftes Leben überwinden kann. (1626 erschien noch ein 3. Teil eines gewissen Martin Freudenhold, der den Pikaro noch einmal durch die Welt schickt).

In dieser erbaulich-exemplarischen Form lernte Grimmelshausen, der Verfasser des ersten originalen deutschen Pikaroromans, das spanische Muster kennen. Daneben erschienen weitere Pikaroromane in deutscher Sprache (Übersetzer meist unbekannt): *Lazarillo de Tormes* (1554, dt. 1614 bzw. 1617), Francisco López de Úbeda, *El libro de entretenimiento de la pícara Justina* (1605; *Die Landtstörtzerin Justina Dietzin Picara genandt*, 1620–27), Francisco de Quevedo y Villegas, *Historia de la vida del Buscón* (1626; *Der Abentheurliche Buscon*, 1671).

1616
Johann Valentin Andreae
Chymische Hochzeit: Christiani Rosencreutz. Anno 1459

Das Rosenkreuzerschrifttum, das 1614 einsetzt, gehört in den Zusammenhang der Bestrebungen zur Erneuerung des gesellschaftlichen und religiösen Lebens, der Suche nach Antworten auf die Krise des lutherischen Glaubens um die Jahrhundertwende. Die ersten Schriften entstanden im Tübinger Freundeskreis A.s; die entscheidenden Programmschriften des Geheimbundes stammen wohl von ihm selbst. Er propagiert die Idee einer »Allgemeinen und General Reformation der gantzen weiten Welt« und berichtet von der Geschichte des von Christian Rosencreutz zum Zweck der Erneuerung der Menschheit gegründeten Ordens. Höhepunkt der Rosenkreuzerschriften A.s ist der allegorische Roman *Chymische Hochzeit,* der im Erscheinungsjahr noch zwei weitere Auflagen erlebte.

Die Handlung umfaßt sieben Tage, von Gründonnerstag bis Mittwoch nach Ostern. Christian Rosencreutz erhält von einem Engel eine Einladung zu einer »heimlichen und verborgenen Hochzeit«, macht sich – bestärkt von einem Traum – am 2. Tag auf die Reise und erreicht das Königsschloß. Hier werden am 3. Tag durch eine siebenfache Prüfung die Unwürdigen von den zur Hochzeit Berufenen geschieden. Die Erwählten besteigen am 4. Tag, nach Reinigungs- und Läuterungsprozeduren, die 365 Stufen einer Wendeltreppe zum obersten Gewölbe. Hier treten sie vor das königliche Hochzeitspaar. Für sie und weitere Königspaare wird ein Schauspiel aufgeführt. Danach wird den »königlichen Personen« der Kopf abgeschlagen, ebenso dem Henker. Am 5. Tag läßt sich Rosencreutz von seinem Wissensdurst verführen und betritt das Gemach der Venus. Anschließend unternimmt man, zur Wiedererweckung der Enthaupteten, eine Seefahrt zum Turm Olympi, dessen acht Stockwerke am 6. Tag erstiegen werden. Im obersten Stockwerk vollendet sich die Wiederbelebung der Königspaare, offenbaren sich die letzten Geheimnisse. Im Schloß werden die Zurückgekehrten zu Rittern des »Guldin Steins« erhoben; als Buße für sein Vergehen muß Rosencreutz das Amt eines Torhüters übernehmen. Damit endet am 7. Tag die Vision, die den Stufengang des Erkennens schildert, dem Leser aber dank der verwirrenden Fülle der Bilder und Vorstellungen aus den verschiedensten Bereichen (Neuplatonismus,

Kabbala, Mystik, Alchimie usw.) manche Rätsel aufgibt.

A.s Schriften erregten großes Aufsehen und zogen weitere Publikationen – pro und contra – nach sich. Er distanzierte sich schließlich von dem Geheimbundwesen und bezeichnete seine Rosenkreuzerschriften als Spielwerk (»ludibrium«).

1618–19
Georg Rodolf Weckherlin
Oden und Gesänge

Die Diskrepanz zwischen den volkssprachlichen Renaissanceliteraturen Süd- und Westeuropas und der noch weithin spätmittelalterlichen Mustern verpflichteten deutschen Dichtung ließ sich nach übereinstimmender Meinung der interessierten Gelehrten und Hofmänner nur durch eine Reform der volkssprachlichen Dichtung auf humanistischer Basis überwinden – so wie es sich im 16. Jh. in Frankreich die Dichter der Pléiade zur Aufgabe gemacht hatten, Sprache und Literatur nach dem Vorbild der Antike und der italienischen Renaissance zu erneuern.

Den ersten bedeutenden dichterischen Ausdruck fanden diese Bestrebungen im Werk W.s, der als Sekretär des württembergischen Herzogs prunkvolle Hoffeste zu planen und dann in Festbeschreibungen, aufwendig illustrierten Manifestationen protestantischer höfischer Kultur, festzuhalten hatte. Hier finden sich auch schon Gedichte; gesammelt erschien die frühe Produktion in den zwei Bänden der *Oden und Gesänge*: höfisch-repräsentative Lob- und Trauergedichte, religiöse Betrachtungen, aber auch Liebesgedichte und gesellige Lieder. Am Anfang steht richtungweisend eine Reihe pindarischer Oden, Pierre de Ronsard verpflichtet. Sie unterstreichen den Anspruch des Unternehmens und verwirklichen mit ihren langen Satzbögen, ihrer Gleichnis- und Metaphernsprache und ihrem rhetorischen Gestus den hohen dichterischen Stil zum erstenmal in der neueren deutschen Dichtung: Gedichte zum höheren Ruhm der fürstlichen Gönner und Auftraggeber und zugleich patriotisch motivierte Versuche, »unserer sprach (deren die außländer ihre nohturft und rawheit / zwar ohn ursach / fürwerfen) reichtumb und schönheit khünlich zu vermehren.«

Diese glänzenden Anfänge fanden zunächst keine öffentliche Fortsetzung. Mit seiner Übersiedlung nach England (1619) fiel W. für die literarische Entwicklung in Deutschland aus. Es dauerte über 20 Jahre, ehe er wieder als Dichter hervortrat (*Gaistliche und Weltliche Gedichte*, 1641 und 1648).

1619
Johann Valentin Andreae
Reipublicae Christianopolitanae descriptio
Beschreibung des Staates (Gemeinwesens) von Christianopolis

Die Erneuerung des religiösen und gesellschaftlichen Lebens ist Thema zahlreicher Schriften A.s. Auf der einen Seite stehen satirische Angriffe auf zeitgenössische Mißstände (*Menippus*, 1617–18; *Turbo*, 1616), auf der anderen weitausgreifende Reformvorschläge (wie in der Rosenkreuzerschrift *Allgemeine und General Reformation der gantzen weiten Welt*, 1614) oder utopische Gegenbilder.

Die lateinisch geschriebene *Christianopolis* ist der Entwurf eines idealen Staatsgebildes in der Tradition von Thomas Morus' *Utopia* (1516) und Tommaso Campanellas *Civitas Solis* (*Sonnenstaat*, 1623; vorher handschriftlich verbreitet und A. bekannt). Eine allegorische Reise auf dem »Schiff der Phantasie« trägt den Erzähler A.s aus einer Welt der »Tyrannei, Sophisterei und Heuchelei« auf das »Akademische Meer« hinaus. Als einzig Überlebender eines Schiffbruchs gelangt er auf eine Insel, auf der aus religiösen Gründen aus ihrer Heimat Vertriebene eine Stadt errichtet haben, die nun in 100 Kapiteln beschrieben wird (Einleitungskapitel plus 3 mal 33, das Lebensalter Christi). Der Grundriß der Stadt ist quadratisch. Innerhalb der Befestigungsanlagen aus Graben und Stadtmauer sind vier Gebäudequadrate ineinandergeschachtelt; im Mittelpunkt steht ein runder Tempel. Dem geometrischen Bauplan entspricht eine rationale Planung und Organisation der Arbeit, des sozialen Lebens und der Ausbildung. Eine enzyklopädische Darstellung der Wissenschaften dominiert einen großen Teil der Utopie, die ausgeprägt mathematisch-naturwissenschaftliche Züge mit dem Geist evangelischer Frömmigkeit zu verbinden sucht.

A. nimmt das Bild der Christenstadt in einem allegorischen Versepos in deutscher Sprache noch einmal auf (*Christenburg*, 1626), das die siegreiche Verteidigung eines christlichen Inselvolks gegen den Ansturm Satans und der Welt schildert. Eine deutsche Übersetzung der *Christianopolis* erschien erst 1741.

1619
Johannes Kepler
Harmonices mundi libri V

Fünf Bücher von der Harmonik der Welt

Die Vorstellung von einer die ganze Schöpfung durchwaltenden Harmonie bestimmte schon früh K.s Denken (*Mysterium cosmographicum,* 1596). Allerdings, und das unterscheidet sein Vorgehen von den Spekulationen der Pansophen, suchte er seine Theorie einer kosmischen Harmonie an der Beobachtung zu überprüfen: »Die Spekulationen a priori sollen sich nämlich nicht an der offenbaren Erfahrung stoßen, sondern mit dieser in Übereinstimmung gebracht werden«, heißt es 1600 in einem Brief. Seine Forschungen dienen diesem Ziel. Es gelingt ihm, die Planetenbewegungen und die sie beherrschenden mathematischen und physikalischen Gesetze zu ermitteln (*Astronomia nova,* 1609), Grundlage für die zehn Jahre später fertiggestellte *Weltharmonik.*

In den fünf Büchern dieses in lateinischer Sprache abgefaßten Werks verbinden sich alte pythagoreische Vorstellungen von einer aus der Bewegung der Gestirne resultierenden, in mathematischen Proportionen faßbaren Sphärenharmonie mit präzisen mathematischen Berechnungen (u. a. der Entdeckung des ›Dritten Keplerschen Planetengesetzes‹).

Die Geometrie bildet die Grundlage des empirisch-spekulativen Systems kosmischer Harmonie. So beruht auch die musikalische Harmonie auf mathematischen Zahlenverhältnissen. Und die musikalischen Harmonien, die in Verhältniszahlen ausgedrückt werden können, lassen sich – so K. – in den Bewegungen der Planeten wiederfinden: Mit Notenbeispielen illustriert er, »welche Planeten in den himmlischen Harmonien den Diskant, den Alt, den Tenor oder den Baß vertreten«. Alle Bereiche – von den Proportionen der Pflanzenblüten und der Form der Schneekristalle über die Harmonie der Töne bis zu den elliptischen Bahnen der Planeten – fügen sich zusammen zu einer großen, von Gott so gewollten Weltharmonik. Wissenschaft im Dienst Gottes: »Ich wollte Theologe werden, nun seht, wie Gott durch mich in der Astronomie gefeiert wird.«

1620
Engelische Comedien und Tragedien

Die erste Anthologie von Stücken, die »von den Engelländern in Deutschland […] seynd agiret« worden, erschien etwa 30 Jahre nach dem ersten Auftreten englischer Schauspieltruppen (›Englische Komödianten‹) an deutschen Höfen. Die Berufsschauspieler, die dem Druck der theaterfeindlichen Puritaner wichen, brachten das Repertoire der Blütezeit des englischen Theaters und einen effektreichen, realistischen Inszenierungs- und Schauspielstil mit. Schon aus sprachlichen Gründen erhielten in den in Prosa abgefaßten Stücken musikalische, tänzerische und akrobatische Einlagen, komische Zwischenspiele und derbe Clownskomik eine besondere Bedeutung. Zu Anfang des 17. Jh.s gingen die Englischen Komödianten, die u. a. das Schaffen von Heinrich Julius von Braunschweig-Wolfenbüttel befruchtet hatten (vgl. *Von Vincentio Ladislao,* 1594), zur deutschen Sprache über und nahmen Deutsche in ihre Ensembles auf. Englische Schauspieler spielten bis etwa 1660 in Deutschland (zuletzt auch Schauspielerinnen); seit 1650 traten von deutschen Prinzipalen geleitete Truppen auf.

Eine kleine Auswahl aus dem Repertoire der frühen Schauspieltruppen bringen die *Engelischen Comedien und Tragedien* von 1620 (2. Auflage 1624), u. a. biblische Stücke *(Von dem verlornen Sohn)* Romandramatisierungen *(Von Fortunato und seinem Seckel),* Shakespeareadaptionen *(Titus Andronicus)* und Pickelheringsspiele. An die zehn Stücke schließen sich sechs »Engelische Auffzüge« an, die »nach Beliebung« als Zwischenspiele eingefügt werden können.

1630 erschien *Liebeskampff Oder Ander Theil Der Engelischen Comoedien und Tragoedien;* allerdings stammen die Stücke, entgegen der Ankündigung des Titels, nicht aus dem Umkreis der Englischen Komödianten. Weitere Schauspiele aus dem Repertoire der Wandertruppen, die später auch Stücke von Gryphius und Lohenstein spielten, bringt dagegen die *Schau-Bühne Englischer und Frantzösischer Comödianten* (1670). Diese Sammlung enthält auch die ersten deutschen Molièreübersetzungen.

1622

Ludwig von Anhalt-Köthen
Kurtzer Bericht der
Fruchtbringenden Gesellschafft
Zweck und Vorhaben

Die erste deutsche Sprachgesellschaft wurde am 24. August 1617 »bey einer vornehmen / wie wol traurigen Fürstlicher und Adelicher Personen zusammenkunfft« – d. h. bei den Beisetzungsfeierlichkeiten für Dorothea Maria von Sachsen-Weimar – ins Leben gerufen. L. stellte sie mit seinem *Kurtzen Bericht* zum erstenmal einer größeren Öffentlichkeit vor. Vorbild der Gründung war die italienische Accademia della Crusca, der L. seit 1600 angehörte. Der »Zweck« der Gesellschaft war ein doppelter: »Erstlichen daß sich jedweder in dieser Gesellschafft / erbar / nütz- und ergetzlich bezeigen / und also überall handeln solle / bey Zusammenkünfften gütig / frölig / lustig und erträglich in worten und wercken sein [...]. Fürs ander / daß man die Hochdeutsche Sprache in ihren rechten wesen und standt / ohne einmischung frembder außländischer wort / auffs möglichste und thunlichste erhalte / und sich so wohl der besten außsprache im reden / alß der reinesten art im schreiben und Reimen-dichten befleißigen.«

Als Sinnbild der Gesellschaft wurde die Kokospalme gewählt; das Motto lautete: »Alles zu Nutzen.« Auch die einzelnen Mitglieder erhielten ein »Gemählde«, einen Wahlspruch und einen Gesellschaftsnamen (wobei es nicht ganz ohne Komik abging: Der Mehlreiche, Der Schmackhafte usw.). Es ist umstritten, ob diese Namengebung als spielerische Aufhebung der Standesunterschiede gedeutet werden kann (Konzept einer ›nobilitas litteraria‹). Immerhin wurden zahlreiche bürgerliche Dichter und Gelehrte in die mehrheitlich adelige Gesellschaft aufgenommen; von ihnen kamen die entscheidenden literarischen Leistungen. L. wehrte den Versuch ab, die Fruchtbringende Gesellschaft in einen Ritterorden umzugestalten und hielt an der kulturpatriotischen Zielsetzung fest: »Der Zweck ist alleine auf die Deutsche sprache und löbliche tugenden, nicht aber auf Ritterliche thaten alleine gerichtet.« Die Mitgliedschaft in der Gesellschaft war, wenigstens unter L., eine Auszeichnung, um die man sich bemühte (bis 1680 wurden 890 Mitglieder aufgenommen, 527 allein unter L.). Zu den literarisch bedeutendsten Mitgliedern zählten u. a. Johann Valentin Andreae, Anton Ulrich

von Braunschweig, Sigmund von Birken, Augustus Buchner, Georg Philipp Harsdörffer, Friedrich von Logau, Johann Michael Moscherosch, Martin Opitz, Justus Georg Schottelius, Diederich von dem Werder, Johann Rist und Philipp von Zesen. Zu den Verdiensten der Fruchtbringenden Gesellschaft (und anderer Vereinigungen dieser Art) gehörte insbesondere die bewußte Förderung der Übersetzungsliteratur.

Weitere Sprachgesellschaften konstituierten sich seit den 40er Jahren, u. a. die von Zesen geprägte Deutschgesinnete Genossenschaft (1643) und der noch heute bestehende Pegnesische Blumenorden zu Nürnberg (1644).

1624

Martin Opitz
Buch von der Deutschen Poeterey

Seit der Jahrhundertwende war die Einsicht gewachsen, daß die deutschsprachige Dichtung reformbedürftig sei. Doch erst O. formulierte ein konsequentes Reformprogramm und sorgte zielstrebig für seine Durchsetzung. Er hatte »nur eine einzige, simple Idee, die noch nicht einmal ganz originell war: die Nationalisierung der humanistischen Poesie durch Erfindung einer deutschen Kunstdichtung« (Richard Alewyn). Damit wurde mit beträchtlicher Verspätung der Weg beschritten, dem die volkssprachlichen Literaturen der süd- und westeuropäischen Länder ihren Aufschwung verdankten.

O. hatte die Forderung einer deutschen Poesie auf humanistischer Basis schon 1617 in seiner (lateinischen) Schrift *Aristarchus sive de contemptu linguae Teutonicae* erhoben, doch erst mit dem *Buch von der Deutschen Poeterey,* der ersten deutschsprachigen Poetik, formulierte er die Regeln der angestrebten neuen Kunstdichtung. Die *Poeterey* ist nur ein schmales Werk, doch sie sorgte für die entscheidenden Anstöße und bot einen Rahmen, der nur noch auszufüllen war. Außer den auf die deutsche Sprache und Verskunst bezogenen Vorschriften enthalten die acht Kapitel der *Poeterey* nichts, was nicht schon in den vorausgehenden Renaissancepoetiken enthalten gewesen wäre. Die Hauptquellen sind neben verschiedenen Kompendien Julius Caesar Scaligers monumentale *Poetices libri septem* (1561) und zwei Schriften Pierre de Ronsards (*Abregé de l'Art Poétique François,* 1565; Vorrede zu *La Franciade,* 1587).

O. spricht vom Wesen der Poesie und der Würde des Dichters (und impliziert damit soziale

Forderungen), hebt das ehrwürdige Alter der deutschen Dichtkunst hervor und betont die humanistisch-gelehrte Basis der neuen deutschen Kunstdichtung. Nach einem Überblick über die Gattungen (»Die Tragedie ist an der maiestet dem Heroischen getichte gemeße«) kommt er auf die entscheidenden Punkte zu sprechen: die Schaffung einer neuen Literatursprache und der metrischen und formalen Grundlagen einer Kunstpoesie in deutscher Sprache. Er gibt Regeln für ein reines, klares Deutsch, streift die rhetorische Figurenlehre (und verweist dabei auf die lateinischen Poetiken), charakterisiert den Zusammenhang von dichterischem Gegenstand und Stilhöhe und entwickelt dann im entscheidenden 7. Kapitel (»Von den reimen / ihren wörtern und arten der getichte«) eine der deutschen Sprache angemessene Prosodie. Hier stehen die folgenreichen metrischen Vorschriften: »Nachmals ist auch ein jeder verß entweder ein iambicus oder trochaicus; nicht zwar das wir auff art der griechen unnd lateiner eine gewisse grösse [Länge] der sylben können inn acht nemen; sondern das wir aus den accenten unnd dem thone erkennen / welche sylbe hoch unnd welche niedrig gesetzt soll werden.« Damit verpflichtet O. die deutsche Dichtung auf alternierende Verse (Jamben und Trochäen) und paßt die Prinzipien der antiken Metrik (Längen und Kürzen: quantitierend) den Gegebenheiten der deutschen Sprache an (betonte und unbetonte Silben: akzentuierend). Die Alternationsregel wurde schon bald aufgegeben, der zweite Grundsatz, die Wahrung des ›natürlichen‹ Wortakzents, des Prosaakzents also, war von Dauer. Diese von den Holländern übernommenen metrischen Grundsätze hatten den entscheidenden Vorteil der Simplizität. Sie setzten sich rasch gegen die etwa von Georg Rodolf Weckherlin vertretene Alternative eines romanisierenden Versifikationsprinzips durch (Silbenzählung ohne regelmäßige Alternation).

An diese Grundregeln schließen sich mit zahlreichen Beispielen illustrierte Hinweise auf empfehlenswerte Vers-, Strophen- und Gedichtformen an, wobei Alexandriner und vers communs (fünfhebiger Jambus mit Zäsur) besonders hervorgehoben und dem Sonett und dem Epigramm zugeordnet werden, während trochäische Verse – oder Verbindungen jambischer und trochäischer Zeilen – der freieren Form des Liedes (›Ode‹ in der Terminologie der Zeit) vorbehalten bleiben.

Die *Poeterey* wurde häufig nachgedruckt und bildete den Ausgangspunkt für die weiteren poetologischen Bemühungen des 17. Jh.s. Ebensosehr wie die Regeln (praecepta) wirkten die Beispiele (exempla), die O. zusätzlich zu den bereits in der Poetik enthaltenen Texte in zahlreichen Publikationen folgen ließ. »Opitz […] hatte keinen, an den er anknüpfen konnte, nur die ausländischen Schriftsteller. Für Deutschland machte er den Anfang« – so charakterisiert Erich Trunz die epochale Leistung des ›Vaters der deutschen Dichtung‹.

1625
Martin Opitz
Acht Bücher Deutscher Poematum

O. hatte 1620 in Heidelberg eine Sammlung seiner deutschen Gedichte zusammengestellt und das Manuskript seinem Freund Julius Wilhelm Zincgref zurückgelassen, als er die Stadt verließ. Durch den Krieg verzögerte sich die Drucklegung, und als Zincgref vier Jahre später einen Verleger in Straßburg fand, war O. von der Ausgabe (*Teutsche Poemata*, 1624) wenig angetan: Sie erschien ihm fehlerhaft, mit einigen Gedichten mochte er sich nicht mehr identifizieren, und ein »anhang Mehr auserleßener geticht anderer Teutscher Poeten« enthielt eine Reihe sprachlich und metrisch veralteter Texte. O. reagierte mit der Veröffentlichung des programmatischen *Buchs von der Deutschen Poeterey* (1624) und einer eigenen, metrisch verbesserten, erweiterten und systematisch geordneten Ausgabe seiner Dichtungen, den *Acht Büchern Teutscher Poematum* (1625). Damit stellte er, nach den Regeln der Poetik, Beispiele für die neue Kunstdichtung in deutscher Sprache vor.

Vorbildlich wirkte schon die klare Gliederung des Werkes nach Gattungen, wobei sich formale und inhaltliche Kriterien überschneiden: »Geistliche Sachen« (Buch 1), Lehrgedichte (2), Gelegenheitsgedichte auf hochgestellte Personen und Freunde (3), Hochzeitsgedichte (4), Liebesgedichte (5), »Oden oder Gesänge« (6), Sonette (7), Epigramme (8). Damit wurden die verschiedenen Gattungen und Formen und die wichtigsten Traditionen der lyrischen Dichtung als Muster bereitgestellt. Neben eigenen Versuchen stehen dabei in Übersetzungen und Bearbeitungen zahlreiche Beispiele aus der Weltliteratur – von Horaz über Francesco Petrarca und Pierre de Ronsard zu Daniel Heinsius. O. beschränkte sich nicht auf die Lyrik; auch in den anderen Gattungen suchte er Vorbildliches – d. h. Nachahmenswertes – zu präsentieren und so die dichterische Produktion in Deutschland anzuregen. Er übersetzte zwei antike Trauerspiele (Senecas *Trojanerinnen*, 1625, und Sophokles'

Antigone, 1636) und einen einflußreichen höfisch-historischen Roman (John Barclay, *Argenis,* 1626); mit *Dafne* (1627), einer Übertragung aus dem Italienischen, legte er den ersten deutschen Operntext vor (die Musik von Heinrich Schütz ist verloren) und mit seiner *Schäfferey Von der Nimfen Hercinie* (1630) förderte er die Entwicklung der deutschen Pastoraldichtung. Die meisten dieser Texte wurden in die späteren großen Sammelausgaben seiner Werke eingeordnet, wenn es nicht – wie etwa bei den Romanübersetzungen – der Umfang verbot (*Geistliche Poemata,* 1638; *Weltliche Poemata,* 1644).

Durch O. hatte die deutsche Literatur, mit großer Verspätung, Anschluß an die europäische Dichtung der Renaissance gefunden. Er habe das »Eiß gebrochen / uns Teutschen die rechte Art gezeiget wie auch wir in unsrer Sprache / Petrarchas, Ariostos und Ronsardos haben können«, schreibt der Schleswig-Holsteiner Johann Rist in der Gedichtsammlung *Musa Teutonica* (1634), mit der er die regeltreue deutsche Kunstlyrik in den niederdeutschen Sprachraum einführte. Überall im protestantischen Deutschland setzte sich das Reformprogramm durch. Dagegen verschlossen sich die katholischen Territorien Süd- und Westdeutschlands weitgehend der Sprach- und Dichtungsreform und führten eigene, lateinische und deutsche, Traditionen weiter.

1626
John Barclay
Argenis Deutsch gemacht
Durch Martin Opitzen

Die 1621 in lateinischer Sprache erschienene und 1626 von Opitz ins Deutsche übersetzte *Argenis* des Neulateiners B. gehört zu den einflußreichsten Romanen des 17. Jh.s. Zugleich höfische Rittererzählung und politischer Schlüsselroman, begründet die *Argenis* (Name der weiblichen Hauptfigur) die barocke Tradition der Einheit von Liebes- und Staatsgeschichte. Auch formal wird das Werk zum Vorbild. B. erneuert die kunstvolle Technik von Heliodors Liebesroman *Aithiopika* (3. Jh. n. Chr.) – unvermittelter Anfang, allmähliche, die Romangegenwart beeinflussende Aufhellung der Vorgeschichte(n) bis zur Auflösung aller Verwirrungen am Schluß, Begrenzung der Handlungsdauer – und übernimmt mit der Form auch das Schema der Liebeshandlung: die Geschichte eines jungen Paars, das gegen seinen Willen auseinandergerissen und nach mancherlei

Gefährdungen psychischer und physischer Art wiedervereinigt wird und so den Lohn für die bewährte Beständigkeit erhält. Die entscheidende Zutat B.s besteht in der Betonung der politischen Komponente (Verherrlichung des Absolutismus mit Blick auf die Verhältnisse in Frankreich). Die Erweiterung um eine politische Dimension wird dadurch möglich, daß sich das Liebesgeschehen ausschließlich unter hohen Standespersonen abspielt, für die private und öffentliche Sphäre identisch sind: Auslösendes Moment der Handlung in der *Argenis* ist der Umstand, daß der sizilianische König Meleander nur eine Tochter hat und nun der Kampf der Bewerber um die Erbin des Reichs entbrennt.

Opitz' *Argenis*-Übersetzung steht am Anfang der Geschichte des höfisch-historischen Romans in Deutschland. Er selbst setzte seine Bemühungen um den Roman 1638 mit der Bearbeitung einer älteren Übertragung von Philip Sidneys *Arcadia* (1590) fort. Seinem Vorbild folgten Philipp von Zesen, Diederich von dem Werder, Johann Wilhelm von Stubenberg und andere, die von den 40er Jahren an zahlreiche zeitgenössische französische und italienische Romane ins Deutsche übersetzten und damit die verschiedenartigsten Ausformungen des höfischen Romans als Muster bereitstellten und zugleich wesentlich zur Schaffung einer neuen deutschen Kunstprosa beitrugen. Damit waren die Voraussetzungen für eine eigenständige Romanproduktion gegeben.

1626
Diederich von dem Werder
Gottfried von Bulljon,
Oder Das Erlösete Jerusalem

Dem Ziel, die deutsche Dichtung an den europäischen Standard heranzuführen, diente nicht zuletzt die umfangreiche Übersetzungsliteratur in der 1. Hälfte des 17. Jh.s. Dabei ging es neben der Vermittlung ›neuer‹ Inhalte vor allem um die Erarbeitung der sprachlichen, verstechnischen und poetischen Mittel ihrer Bewältigung im Deutschen. In der Förderung der Übersetzungsliteratur lag auch ein wichtiges Verdienst der Sprachgesellschaften. So entstand im Kreis der Fruchtbringenden Gesellschaft, 1617 gegründet, mit Tobias Hübners *Anderer Woche* (1622) und *Erster Woche* (1631) das früheste deutsche Alexandrinerepos nach dem Schöpfungsepos *La semaine* (1578) bzw. *La seconde semaine,* (1584–94) von Guillaume de Salluste Du Bartas.

Der bedeutendste Übersetzer dieses Kreises war W., der durch Hübners Beispiel zu seiner ersten großen Arbeit angeregt wurde, der Verdeutschung von Torquato Tassos *La Gerusalemme liberata* (1580), einem religiösen Ritterepos in 25 Gesängen (mehr als 15 000 Verse in Stanzen [ottave rime]).

W.s Übersetzung, 1624 fertiggestellt und 1626 mit Kupferstichen Matthäus Merians d. Ä. im Druck erschienen, wahrt weitgehend die Form des italienischen Originals. So entstehen die ersten deutschen »ottave rime«, angesichts des dreifachen Reims (ababbcc) bei über 15 000 Versen durchaus eine bedeutende Leistung. Den Elfsilbler des Originals ersetzt W. durch den Alexandriner, den er – soweit es der Reimzwang erlaubte – abwechslungsreich handhabt. Verstöße gegen die von Martin Opitz formulierten Regeln (*Buch von der Deutschen Poeterey*, 1624), die W. erst nach der Fertigstellung der Übersetzung kennenlernte, wurden in einer 2., stark überarbeiteten Auflage (1651) korrigiert. – W.s Übertragung von Lodovico Ariostos *L'Orlando furioso* (1516), blieb unvollständig (*Die Historia Vom Rasenden Roland,* 1632–36).

Den Versuch eines eigenständigen deutschen Epos unternahm dann der Österreicher Wolf Helmhard von Hohberg, dessen *Habspurgischer Ottobert* (1663–64) in 36 Gesängen (und annähernd 40 000 Alexandrinern) in Anlehnung an Vergils *Aeneis* und das italienische Renaissanceepos einen sagenhaften Urahnen der Habsburger besingt und in einer Traumvision von der zukünftigen Größe des Hauses Habsburg kündet. Im übrigen war das Epos, obwohl theoretisch hochgeschätzt, im 17. Jh. kaum mehr als eine Randerscheinung.

1627
Jeremias Drexel
Heliotropium

Die Sonnenblume

Der Jesuit und Münchener Hofprediger D. gehört zu den bedeutendsten und erfolgreichsten katholischen Erbauungsschriftstellern des 17. Jh.s. Seine Werke erreichten – so eine Berechnung seines Münchener Verlegers – allein im Zeitraum von 1620 bis 1639 eine Gesamtauflage von 158 700 Exemplaren – für die Zeit eine außergewöhnlich hohe Zahl. D. schrieb seine Traktate in lateinischer Sprache; sie wurden bald darauf ins Deutsche übersetzt. Besonders die Übersetzun-

gen Joachim Meichels, der auch Jacob Bidermanns *Cenodoxus* (1602, dt. 1635) übertragen hatte, fanden D.s Beifall. – Neben den *Exerzitien* des Ignatius von Loyola, des Ordensgründers, haben die Schriften des spanischen Hofpredigers Antonio de Guevara, übersetzt von Aegidius Albertinus, auf D. gewirkt. Klarer Aufbau, einfacher und verständlicher Stil, Anschaulichkeit und belehrend-unterhaltsame Beispielerzählungen sind charakteristische (und publikumswirksame) Merkmale seiner meist auf Predigten basierenden Schriften.

Ins Zentrum ignatianischer Frömmigkeit führt der Traktat *Heliotropium*. Der Titel bedeutet ›Sonnenblume‹, die – weil sie dem Lauf der Sonne folgt – im 17. Jh. vielfach als Symbol der Treue und Frömmigkeit verwandt wurde. Die deutsche Übertragung Meichels, ebenfalls noch 1627 erschienen, trägt den Titel: *Sonnenwend das ist / von Gleichförmigkeit deß Menschlichen Willens mit dem Willen Gottes.* Es ist ein Traktat, der die jesuitische Stellung zur Willensfreiheit herausarbeitet: Danach besitzt der Mensch – im Gegensatz zu protestantischen Vorstellungen – durchaus einen freien Willen, aber es kommt darauf an, den menschlichen Willen mit dem Willen Gottes in Einklang zu bringen – so wie sich die Sonnenblume stets nach der Sonne wendet. Den Leser davon zu überzeugen, seine Freiheit richtig – d. h. in einer Weise, die dem Seelenheil dienlich ist – zu gebrauchen, ist das Ziel der fünf Bücher des Traktats. Am Anfang steht die Lehre, »wie man den Willen Gottes erkennen möge«, am Ende ein Bibelwort, das zusammenfaßt, was zuvor mit Beweisgründen, Beispielen und Beispielerzählungen verdeutlicht worden war: »Die Welt vergehet mit ihrem Lust / wer aber den Willen Gottes thut / der bleibt in Ewigkeit.« Der Traktat gehört zu den erfolgreichsten D.s; er wurde häufig aufgelegt und noch im 18. Jh. in einer gekürzten Fassung verbreitet.

1630
Martin Opitz
Schäfferey Von der Nimfen Hercinie

Mit diesem Werk führt O. eine neue Gattung der Schäferdichtung in die deutsche Literatur ein. Im Unterschied zur traditionellen Hirtendichtung in Versen ist die Schäferei oder ›Prosaekloge‹ (Klaus Garber) ein Prosawerk mit eingelegten Versen. Dabei wird allerdings keine epische Handlung entwickelt; der erzählerische Zusammenhang wird allein durch das Motiv des Spaziergangs gewahrt, das als Rahmen einer Huldigung dient: O. und »drey gelehrte Poeten« gehen am Fuß des Riesengebirges spazieren und »reden unter gestalt der hirten [...] von tugendt / von reisen undt dergleichen«. Sie begegnen der Nymphe Hercinie – das Nymphenmotiv stammt aus Jacopo Sannazaros *Arcadia* (1504) –, die sie ins Innere des Gebirges zu den Ursprüngen der Flüsse führt und ihnen dann »ihre undt ihrer schwestern gemächer undt lustige grotten höfflich zeiget«. Hier befinden sich mit Ehreninschriften versehene Gemälde und mythologische Darstellungen von Angehörigen des Hauses Schaffgotsch, die Anlaß zu einem ausgedehnten Preis des Geschlechts sind. Anschließend setzen die Freunde Wanderung und Unterhaltung fort (jetzt, ausgehend von der Rübezahlsage, über Geisterwesen und Zauberei, dann über wunderbare Naturerscheinungen). Unter den eingelegten Versen befinden sich Sonette (*Sonnet über die augen der Astree* u. a.), Lieder und selbst eine Sestine.

Die *Hercinie* fand viele Nachfolger, vor allem in Nürnberg (vgl. Georg Philipp Harsdörffer, Johann Klaj, Sigmund von Birken, *Pegnesisches Schäfergedicht*, 1644–45). Der Grund für die Beliebtheit der Gattung – an die 100 Schäfereien dieses Typs entstanden im 17. Jh. – liegt wohl in ihrer Offenheit, die den Hirten-Poeten autobiographische Mitteilungen ebenso gestattete wie die Diskussion allgemeiner moralischer, poetologischer oder gesellschaftlicher Fragen.

1631
Friedrich Spee
Cautio Criminalis oder Rechtliches Bedenken wegen der Hexenprozesse

Obwohl es schon im Mittelalter im Zusammenhang mit der Ketzerinquisition zu Hexenverfolgungen vor allem in den Alpen und Pyrenäen gekommen war, erreichte die Hexenjagd im 16. und 17. Jh. eine neue Dimension. Der *Malleus maleficarum* (*Hexenhammer*, um 1487) der Inquisitoren Heinrich Institoris und Jakob Sprenger diente als Gesetzbuch für die Prozesse, die sich immer stärker ausbreiteten und in der Zeit von 1580 bis 1630 epidemischen Charakter annahmen (so wurden in den Bistümern Bamberg und Würzburg in den zwanziger Jahren des 17. Jh.s weit über 1000 Personen verbrannt). Als Ursache für

diesen organisierten Verfolgungswahn hat man konfessionspolitische und politische Motive gesehen (Mittel der Disziplinierung in der Auseinandersetzung zwischen Reformation und Gegenreformation, Waffe im politischen Machtkampf), aber auch auf die tieferliegenden Motivationen verwiesen: Sexualverdrängung und Frauenfeindlichkeit der mittelalterlichen Theologie und Kirche.

S.s lateinisch geschriebenes Buch, anonym und ohne Druckerlaubnis erschienen, richtet sich an die Obrigkeiten Deutschlands (vor allem denen gewidmet, »die es nicht lesen werden, weniger denen, die es lesen werden«), die zu grundlegenden Reformen und letztlich zur Abschaffung der Hexenprozesse aufgefordert werden. S. räumt zu Beginn seines in 51 ›Fragen‹ gegliederten Werkes durchaus die Existenz von Hexen und Zauberern ein, legt aber dann leidenschaftlich und mit genauer Sachkenntnis die Willkür, Widersprüchlichkeit und Unmenschlichkeit der Verfolgungspraxis dar, wobei vor allem die Folter als untaugliches Mittel der Wahrheitsfindung herausgestellt wird. Sie führe in jedem Fall zum Tod: »Wenn die Hexe so umkommen muß, ob sie ein Geständnis abgelegt hat oder nicht, dann möchte ich um der Liebe Gottes willen wissen, wie hier irgendjemand, er sei noch so unschuldig, soll entrinnen können? Unglückliche, was hast du gehofft?« Durch erzwungene Denunziationen ziehe das Verfahren immer weitere Kreise. Die neuen Opfer »müssen dann wieder andere, und diese ebenfalls andere anzeigen, und immer so fort«: »Darum bleibt den Richtern selbst gar nichts anderes übrig, als die Prozesse abzubrechen und ihr eigenes Verfahren zu verurteilen, sonst müssen sie schließlich auch ihre eigenen Angehörigen, sich selbst und alle Welt verbrennen lassen.« Aus seinen eigenen Erfahrungen als Beichtvater urteilt der Jesuitenpater, daß er »jedenfalls bis jetzt noch keine verurteilte Hexe zum Scheiterhaufen geleitet habe, von der ich unter Berücksichtigung aller Gesichtspunkte aus Überzeugung hätte sagen können, sie sei wirklich schuldig gewesen.«

S.s Schrift wurde mehrfach nachgedruckt und 1647 bzw. 1649 ins Deutsche übersetzt. Auch andere Stimmen erhoben sich gegen die barbarische Praxis. So veröffentlichte der protestantische Theologe Johann Matthäus Meyfart 1635 eine *Christliche Erinnerung*, in der er die Obrigkeiten aufforderte, »sehr bescheidentlich zu handeln«. Doch erst Christian Thomasius, der sich auf S. berief, hatte Erfolg im Kampf gegen die Hexenprozesse, allerdings zu einer Zeit, in der die Verfolgungen ohnehin schon im Abklingen waren (*De crimine magiae*, 1701). Die letzte Hexenhinrichtung in Deutschland fand 1775 in Kempten statt.

1632
Jüngst-erbawete Schäfferey

Die wichtigsten Schäferromane der Renaissance – Jorge de Montemayors *Diana* (1559) und Honoré d'Urfés *Astrée* (1607–27) – lagen seit 1619 ganz oder teilweise in deutschen Übersetzungen vor. Gleichwohl führte die Rezeption dieser großen höfischen Schäferromane nicht zu einer direkten Nachfolge in Deutschland. Hier entstehen vielmehr Sonderformen, kleine Romane, die die Liebe als »Privat-werck« zu ihrem Gegenstand machen und Persönliches anklingen lassen, diesen Umstand jedoch häufig durch moralisierenden Eifer zu verdecken suchen.

Der erste dieser Romane ist die *Jüngst-erbawete Schäfferey / Oder Keusche Liebes-Beschreibung / Von der Verliebten Nimfen Amoena, Und dem Lobwürdigen Schäffer Amandus.* Die Verfasserschaft ist umstritten; genannt wurde zuletzt der schlesische Adelige George Christoph von Gregersdorf. Der Roman erzählt die Geschichte der Liebe zwischen einer Prinzessin – ihr Vater wird als »damaliger Printz und Obrister aller gesampten Schäffer in gantz Elsisien [Schlesien]« bezeichnet – und dem erfahrenen Kavalier Amandus von »Walechim« (Michelau bei Brieg), wobei sich allerdings die Liebesgeschichte letztlich als moralisches Exempel erweist: Die Liebe, die als unwiderstehliche Macht in die höfisch-stilisierte Schäferwelt einbricht, erscheint als sündhafte, dem Seelenheil abträgliche Leidenschaft. Die »kluge Vernunfft« behält den Sieg: »Die Freyheit ist mein Theil / Ich werde nu nicht mehr der Liebe wieder feil«, singt Amandus, aus dessen Sicht geurteilt wird. – Allegorische Partien und ein rhetorisch umschreibender und ausschmückender Stil charakterisieren die distanzierende Darstellungsweise des Romans. Die zahlreichen Gedichte folgen dem Vorbild von Martin Opitz. Der Königsberger Druck von 1645 enthält Noten für einige der Lieder *(Musicalische Neu-erbaute Schäfferey).* Mit etwa 14 Ausgaben zwischen 1632 und 1669 gehört die *Jüngst-erbawete Schäfferey* zu den erfolgreichsten Romanen des 17. Jh.s.

Weitere Romane dieser Art erscheinen nach einer gewissen Verzögerung (u. a. *Die verwüstete und verödete Schäfferey,* 1642; Christian Brehme, *Die Vier Tage Einer Newen und Lustigen*

Schäfferey, 1647); in der 2. Hälfte des 17. Jh.s bilden sich dann, verbunden mit einer fortschreitenden Verbürgerlichung, verschiedene Typen des Schäferromans heraus (u. a. studentischer, exemplarisch-belehrender, allegorischer Schäferroman).

1633
Martin Opitz
Trostgedichte in Widerwertigkeit deß Krieges

Dieses große Alexandrinergedicht (2312 Verse in 4 Büchern) entstand in den ersten Monaten des Jahres 1621. Aus politischen Gründen ließ es O. erst 1633 ohne Verfasserangabe drucken. Das Werk reflektiert das Scheitern der böhmischen Ambitionen Friedrichs V. von der Pfalz und die Verwüstung der Pfalz durch das Heer des spanischen Söldnerführers Spinola.

Das *Trostgedichte* steht in der Tradition der Trostliteratur (Consolatio), ist aber zugleich eine eminent politische Dichtung, gerichtet gegen die »Tyranney« der die Gegenreformation gewaltsam vorantreibenden Mächte. Das 1. Buch schildert den »jetzigen unglückseligen Böhmischen Krieg«, beklagt die schrecklichen Verwüstungen, das Leiden der Bevölkerung, das Wüten des feindlichen Heeres, das an Grausamkeit selbst die »Heyden« übertreffe, die Unterdrückung der Religion, des Rechts und der Künste und die Überfremdung der alten deutschen Werte (»Die alte Deutsche Trew«). Nach einer theologischen Deutung des Geschehens – »Creutz / Unglück / Angst und Qual ist unser Prüfestein« – setzt O. der beklagten Verfolgung Andersdenkender einen Aufruf zur Toleranz entgegen: »Gewalt macht keinen fromm / macht keinen Christen nicht.« Nach der Kriegsschilderung im 1. steht im 2. Buch die ›consolatio‹ im Mittelpunkt, wobei die Argumentation Vorstellungen des Neostoizismus (Justus Lipsius) aufnimmt, den Rückzug nach Innen, die Besinnung auf die eigene Tugend propagiert und »lehret wie ein weiser Mann in aller Anfechtung und Gefahr sicher und unbewegt stehen könne«. Das 3. Buch stellt Krieg und Frieden einander gegenüber, und obwohl Friede als höchstes Gut und Krieg als der Inbegriff alles Bösen dargestellt wird, ist Kampf gegen die Tyrannei, gegen die (katholischen) Unterdrücker der Freiheit gerechtfertigte Notwehr. So ergeht an Deutschland die Aufforderung, sich den heldenhaften Freiheitskampf der Niederländer zum Vorbild zu nehmen und die Aggressoren zu vertreiben. Angeschlossen ist ein nationaler Appell, die Aufforderung an Katholiken und Protestanten, angesichts der spanischen Bedrohung zusammenzustehen. Das 4. Buch wendet sich wieder dem Thema des Trostes zu, wobei als letzter Trostgrund der Tod genannt wird, welcher jedem gewiß und nirgends leichter zu erlangen sei als im Krieg. Eine Vision des Jüngsten Gerichts und ein Gebet um »Bestendigkeit und Frieden« beschließt das *Trostgedichte.*

O.s *Trostgedichte,* sein größtes und ehrgeizigstes Werk, gehört zu den frühen Höhepunkten der neuen deutschen Kunstdichtung. Vom Eindruck des epischen Gedichts auf die Zeitgenossen zeugt das Beispiel des Andreas Gryphius, dessen berühmtes Sonett »Trawrklage des verwüsteten Deutschlandes« (1637; später unter dem Titel »Thränen des Vaterlandes / Anno 1636«) Motive und Formulierungen aus dem *Trostgedichte* übernimmt und zu einer apokalyptischen Vision verdichtet.

1634
Johann Matthäus Meyfart
Teutsche Rhetorica / Oder Redekunst

M. gehört zu den bedeutenden Predigern und Erbauungsschriftstellern des 17. Jh.s; lebendig geblieben ist das Kirchenlied »Jerusalem du hochgebawte Stadt« aus dem Predigtzyklus *Tuba Novissima, Das ist / Von den vier letzten dingen des Menschen* (1626). Im Zusammenhang mit seiner Unterrichtstätigkeit am Coburger Gymnasium entstand die *Teutsche Rhetorica,* nach einem vergessenen Vorläufer im 16. Jh. die erste Rhetorik in deutscher Sprache – ein Gegenstück zu dem *Buch von der Deutschen Poeterey* (1624) von Martin Opitz, der ersten deutschsprachigen humanistischen Poetik. Mit seiner Betonung der »Majestet der Teutschen Sprach« und der »Glori«, die nunmehr in Poesie und Rede erkennbar werde, teilt M. die ›kulturpatriotischen‹ Bestrebungen seiner Zeitgenossen.

Die *Teutsche Rhetorica* greift auf die rhetorischen Lehrbücher der Antike und der Renaissance zurück, steht aber vor der Aufgabe, die traditionelle lateinische Rhetorik für die »Wohlredenheit« in deutscher Sprache fruchtbar zu machen: »zu nutz allen rechtschaffenen Studenten der H. Schrifft / der Rechten / der Artzney / der freyen Künsten und Sprachen.«

M.s Werk behandelt nicht alle Bereiche der Rhetorik, sondern beschränkt sich auf zwei Aspekte: »elocutio« (»Außstaffierung der Rede«, d.h. sprachlicher Ausdruck) und »pronuntiatio« (»wie man [...] Reden außsprechen und abhandeln sol«, d.h. Vortrag, Mimik, Gestik). Das 1. Buch ist – nach einleitenden Kapiteln über den Nutzen der Wohlredenheit im Kriegswesen, für Fürsten, Adelige und Geistliche – der elocutio gewidmet und geht die Tropen (Gedanken-, Sinnfiguren: Metaphern, Metonymie, Ironie usw.) und Figuren (Wortfiguren: Pleonasmus, Polysyndeton, Anapher usw.) im einzelnen durch und illustriert sie durch Beispiele in deutscher Sprache. Dabei verwendet M. Übersetzungen lateinischer Texte – darunter die ersten Vergilverse in deutschen Alexandrinern –, Zitate aus der Lutherbibel und eigene Beispiele z.T. größeren Umfangs: Hier, in einer »schöpferischen Kunstprosa« (Erich Trunz), liegt M.s bedeutende eigene Leistung. – Das wesentlich knappere 2. Buch über den Vortrag der Rede (Sprechweise, Stimme, Gestik, Mimik usw.) endet mit einer sehr subjektiven – und deshalb im Kontext des 17. Jh.s ungewöhnlichen – Bemerkung M.s über seine Bemühungen um eine deutsche »Wohlredenheit«: »So darff auch keiner fragen / warumb diese Arbeit angefangen worden? Schwermütigkeit muß offtmals durch holdselige Reden vertrieben werden.«

Die *Rhetorica* wurde 1653, nach M.s Tod, neu aufgelegt; Johann Georg Albinus überarbeitete die Versbeispiele im Sinn der opitzianischen Reform. Die Erwähnungen des Werkes bei zahlreichen Poetikern des 17. Jh.s (Georg Philipp Harsdörffer, Philipp von Zesen, Justus Georg Schottelius u.a.) verweisen auf die enge Beziehung zwischen Poetik und Rhetorik in der humanistischen Dichtungslehre.

1637–50
Andreas Gryphius
Sonette

Die ersten deutschsprachigen Gedichte G.s wurden 1637 im polnischen Lissa gedruckt *(Sonnete).* Von den 31 *Lissaer Sonetten* übernahm G. 29 in das 1. Buch seiner Sonette *(Sonnete. Das erste Buch,* Leiden 1643); 1650 folgte ein 2. Buch in einer vom Dichter nicht autorisierten Form *(Sonnette. Das Ander Buch,* in *Teutsche Reim-Gedichte,* Frankfurt a.M. 1650). Die Bücher enthalten je 50 Sonette. Schon 1639 hatte G. in Leiden die *Son- undt Feyrtags-Sonnete* veröffentlicht (65 Sonn- und 35 Feiertagssonnete), die in späteren

Sammelausgaben (1657, 1663) als 3. und 4. Buch der Sonette erschienen. G. hat seine Gedichte für jede neue Ausgabe überarbeitet. – Die von seinem Sohn Christian herausgegebene Werkausgabe (*Teutsche Gedichte,* 1698) enthält weitere 71 Sonette aus dem Nachlaß.

Lateinische und volkssprachliche Traditionsstränge bestimmen G.' lyrisches Schaffen, das neben den Sonetten vier Odenbücher (Lieder, geistliche Lieder, pindarische Oden biblischen Inhalts) und Epigramme umfaßt. Die *Son- undt Feyrtags-Sonnete,* die den sonntäglich zur Vorlesung kommenden Evangelienabschnitten folgen, verweisen auf die Tradition der Perikopenauslegung und -dichtung (Perikope: zur gottesdienstlichen Lesung bestimmter Bibelausschnitt) sowie der Postillen- und Gebetliteratur (Johann Arndt, Johannes Heermann). G.' Nähe zu Erbauungsliteratur und Kirchenlied zeigt sich auch in seinen geistlichen Liedern. Daneben ist G. besonders der neulateinischen Poesie verpflichtet. Schon drei der *Lissaer Sonette* beruhen auf lateinischen Vorlagen (der Jesuiten Jacob Bidermann, Bernhardus Bauhusius und Mathias Casimir Sarbiewski); den späten *Kirchhoffs-Gedancken* (1657) diente die Odendichtung Jacob Baldes als Anregung.

G.' Ruhm als Lyriker gründet sich vor allem auf seine Sonette. Bereits die früheste Sammlung *(Lissaer Sonette)* enthält einige seiner bekanntesten Gedichte, darunter die *Trawrklage des verwüsteten Deutschlandes* (späterer Titel *Thränen des Vaterlandes / Anno 1636*). Hier wird auch schon das Thema aufgenommen, das kennzeichnend für G.' gesamtes Werk werden sollte: *Vanitas, vanitatum, et omnia vanitas, Trawrklage des Autoris / in sehr schwerer Kranckheit, Der Welt Wollust ist nimmer ohne Schmertzen* und *Menschliches Elende* – die Sonette VI bis IX deuten schon in ihren Überschriften den ganzen Umfang der Vorstellungen von der Eitelkeit des Irdisch-Menschlichen an, die in G.' Lyrik, seinen Trauerspielen und seinen Leichabdankungen immer neu variiert werden. Daß diese Thematik in einen größeren, heilsgeschichtlichen Zusammenhang eingebettet ist, macht der Aufbau der ersten beiden Sonettbücher von 1643 bzw. 1650 deutlich: Der zweifachen Anrufung *An Gott den Heiligen Geist* folgen Sonette über die entscheidenden Stadien des Lebens- und Leidensgeschichte Christi; das Ende des 2. Sonettbuchs schließt die Klammer mit Sonetten über die vier letzten Dinge – *Der Todt, Das Letzte Gerichte, Die Hölle, Ewige Frewde der Außerwehlten* –, denen als Abschluß ein Sonett auf den Propheten Elias folgt. Zwischen Anfang und Ende stehen die Gedichte auf ›irdische‹ Dinge, nicht zufällig eingeleitet durch die Vanitas-Sonette. Diese Verklammerung erhellt den Stellenwert des Lebens in dieser Welt, das durch Hinfälligkeit und Vergänglichkeit bestimmt ist; zugleich wird eine Beziehung zum Leiden Christi hergestellt, Hinweis auf die Notwendigkeit von Leid und Not im irdischen Leben, aber auch auf den Weg zum ewigen Leben, der über das Leiden führt. Den Gedichten über die Eitelkeit der Welt und die Vergänglichkeit alles Irdischen stehen als exemplarische Beispiele für die Beschaffenheit und Bestimmung des Menschen die Sonette zur Seite, die sich *Menschliches Elende* zum Thema nehmen (»Was sind wir menschen doch? ein wohnhaus grimmer schmertzen«) und mit krassen Worten die Hinfälligkeit des Menschen vor Augen stellen (*Threnen in Schwerer Kranckheit, An die Freunde, An sich Selbst* u. a.). Auch die Sonette, die von der ›Welt‹, z. B. von der Natur, zu sprechen scheinen (z. B. *Einsamkeit, Morgen Sonnet, Mittag, Abend, Mitternacht*), zielen auf den Menschen und seine heilsgeschichtliche Bestimmung und lassen G.' sinnbildliche Naturauffassung erkennen.

Worthäufungen, asyndetische Reihungen, Parallelismen und Antithesen gehören zu den wichtigsten rhetorischen Mitteln von G.' Variationen über das Thema der Vergänglichkeit. Durch die Intensivierung der rhetorischen Mittel, eine Vorliebe für Asymmetrie und ein Überspielen der Starrheit der vorgegebenen Formen (Metrik, Versformen) erzielt G. ein Pathos der Rede, dessen Wirkung durch die Wahl greller und harter Ausdrücke (›Zentnerworte‹) noch weiter gesteigert wird. Damit durchbricht er die Grenzen des opitzianischen Klassizismus, obwohl er auf den von Opitz gelegten Fundamenten aufbaut und – bis auf gelegentliche Daktylen – seinen formalen Empfehlungen folgt.

G. gehört zu den wenigen Dichtern des 17. Jh.s, die mehr als eine nur wissenschaftliche Rezeption erfahren haben. Vor allem nach dem Zweiten Weltkrieg schienen seine Gedichte von Angst, Klage, Kriegsgreueln und Glaubensnot eine neue Aktualität zu erhalten. G.-Anthologien der späten 40er und frühen 50er Jahre unseres Jh.s suchten ›Lebenshilfe‹ zu vermitteln, und in der DDR sah Johannes R. Becher in G. ein Leitbild für eine bessere Zukunft (für eine Anthologie von Gedichten des 16. und 17. Jh.s wählte er den Titel *Tränen des Vaterlandes,* 1954). Nicht Identifikation, sondern ironische Distanz bezeichnet 25 Jahre später das Verhältnis von Günter Grass zu G., den er in zwei Romanen auftreten läßt: im *Butt* (1977) als Gesprächspartner von Martin Opitz und im *Treffen in Telgte* (1979) als Teilnehmer am Treffen einer barocken Gruppe 47: »Gryphius nichtete. Immer war ihm das, was er tat, ekelhaft. So heftig er schreiben mußte, so wörterspeiend schwor er immer wieder dem Schreiben ab.«

1638–50
Heinrich Albert
Arien

A., Domorganist in Königsberg, veröffentlichte von 1638 bis 1650 acht Liederhefte, die über 190 ein- und mehrstimmige Lieder mit Generalbaßbegleitung enthalten. Es sind Vertonungen von Texten aus einem Freundeskreis – ›Königsberger Dichterkreis‹ –, dem neben A. Simon Dach, Robert Roberthin, Andreas Adersbach und andere angehörten. A. spielt in den Vorreden die Bedeutung der Musik herunter – in der Musikgeschichte werden seine Sololieder durchaus gewürdigt – und betont, daß er seine Melodien »um der Worte willen« gesetzt habe und daß »die Würde der viel schönen Texte« besseres verdiene. Der Großteil dieser Texte – rund 120 – stammt von Dach, dem bedeutendsten Dichter des Freundeskreises; es ist die einzige größere Sammlung seiner Gedichte, die zu seinen Lebzeiten erschienen ist. Danach sind A. mit 18, Roberthin mit 16 und Adersbach mit acht Texten am häufigsten vertreten.

Die Königsberger waren Anänger der Dichtungsreform des Martin Opitz, den sie 1638 mit einem von Dach verfaßten und von A. vertonten Willkommenslied als Stifter der deutschen Poesie und als Vorbild für das eigene Schaffen begrüßten. Opitz war freilich nicht der einzige, den Dach besang – dem König von Polen und dem Kurfürsten von Brandenburg wurde die gleiche Ehre zuteil. Die überwiegende Mehrzahl seiner auftragsgebundenen Gebrauchsdichtung galt jedoch weniger bedeutenden Personen oder Anlässen: Dachs Gedichte begleiteten die Angehörigen des gehobenen Königsberger Bürgertums und teilweise auch des Adels von der Wiege bis zur Bahre. Wichtiger als diese zahllosen Gedichte, meist nur in Einzeldrucken verbreitet und nur gelegentlich in den *Arien* vertreten, sind die im Freundeskreis entstandenen Lieder, in denen sich die musikalisch-poetische Geselligkeit spiegelt und Religion, Freundschaft und Musik als entscheidende Motive seines Dichtens deutlich werden. In den *Arien* ist auch das zum Volkslied gewordene Lied »Anke van Tharaw« (»Ännchen von Tharau«) enthalten, für das Dachs Verfasserschaft wahrscheinlich ist (auch A. wurde als Verfasser angenommen).

A.s *Arien* waren, wie die zahlreichen Auflagen und Raubdrucke zeigen, ein großer Erfolg; sie sorgten nicht zuletzt auch für die Verbreitung des Ruhmes von Dach, der – nach seinen eigenen Worten – Preußen die »Kunst der Deutschen Reime« gelehrt hatte. Bei Günter Grass erscheint er als Initiator und integrierende Figur des Poetentreffens von Telgte (*Das Treffen in Telgte,* 1979).

1640–41
Philipp von Zesen
Deutscher Helicon

Z.s *Helicon* ist die erste deutsche Poetik nach dem bahnbrechenden *Buch von der Deutschen Poeterey* (1624) von Martin Opitz. Das Werk erschien zuerst 1640; ein Jahr später wurde es durch einen 2. Teil mit zahlreichen Musterbeispielen ergänzt. Vollständig umgearbeitete Ausgaben in drei bzw. vier Teilen kamen 1649 bzw. 1656 heraus; sie sollten es dem Dichter ermöglichen, über »drei Treppen [mit jeweils sechs Stufen] auf den hoch-erhobenen Helikon« zu gelangen. Als weitere Hilfe enthalten alle Ausgaben umfangreiche Reimlexika.

Z. war, wie eine Reihe anderer Dichter des 17. Jh.s, Schüler des Wittenberger Professors für Poesie und Rhetorik Augustus Buchner. Dieser hatte in seinen Vorlesungen (und in seiner wegen der Bedenken der Fruchtbringenden Gesellschaft zunächst nicht veröffentlichten Poetik) für eine Lockerung des Opitzschen Regelsystems und die Zulassung daktylischer und anapästischer Verse plädiert. Die Poetik Buchners erschien erst nach seinem Tod in zwei Ausgaben (*Kurzer Weg-Weiser zur Deutschen Tichtkunst,* 1663; *Anleitung Zur Deutschen Poeterey,* 1665). Z. machte Buchners Gedanken publik, und die »Buchner-ahrt«, wie Z. die daktylischen Verse nach ihrem ›Erfinder‹ nannte, setzte sich in den folgenden Jahren durch und ging in die poetologischen Lehrbücher ein (z. B. Johann Peter Titz, *Zwey Bücher Von der Kunst Hochdeutsche Verse und Lieder zu machen,* 1642; Justus Georg Schottelius, *Teutsche Vers- oder ReimKunst,* 1645; Georg Philipp Harsdörffer, *Poetischer Trichter,* 1647–53). Z. ging auf Anregung seines Lehrers noch einen Schritt weiter, als er 1641 die Forderung nach Versen erhob, »in welchen bald Jambische / bald Trochäische / bald Dactylische pedes mit untergemischet werden«, und mit der Einführung dieser Mischformen die Eindeutschung antiker Metren ermöglichte. – Die Durchsetzung nichtalternierender Verse galt als die wichtigste Neuerung in der deutschen Dichtkunst seit dem Auftreten von Opitz.

um 1640–47
Daniel Czepko von Reigersfeld
Sexcenta Monodisticha Sapientum

C.s geistliche Epigramme, entstanden zwischen 1640 und 1647, wurden im 17. Jh. nicht gedruckt. Verantwortlich dafür waren wahrscheinlich die unorthodoxen religiösen und naturphilosophischen Anschauungen C.s.

Die prägnante Formulierung religiöser Gedanken und Paradoxe läßt sich bis zu Sebastian Franck, Daniel Sudermann, Abraham von Franckenberg und Johann Theodor von Tschech zurückverfolgen, doch ihre kunstvolle antithetische und pointierte Form erhielt die geistliche Epigrammatik erst durch C., der sich am weltlichen lateinischen Epigramm und seiner Umsetzung ins Deutsche durch Martin Opitz orientierte. Die 600 Alexandrinerreimpaare sind in sechs Bücher eingeteilt, die den Weg der Seele zu Gott darstellen, wobei die 7. Stufe, die Ruhe in Gott, nicht mehr ausgeführt ist.

C. spricht davon, daß der Weg zu Gott trotz des Sündenfalls nicht verstellt ist: »Der Natur Weg ist heimlich, der Schrifft Weg offen.« In dem Weisen vereinigt sich die Kenntnis beider Wege. Mit der neuplatonisch geprägten Naturspekulation, der Suche nach dem »geheimen Weg«, verbindet sich ein Interesse für Alchimie, Magie und kabbalistische Laut- und Buchstabenspekulation, für die es zahlreiche Beispiele in C.s Distichen gibt.

Zu den bevorzugten Stilmitteln dieser Epigrammatik gehören Paradoxon, Antithese und Chiasmus. Sie haben mehr als nur eine formale Funktion: Die widersprüchliche Aussage des Paradoxons verweist auf das Problem mystischen Sprechens, Unsagbares ausdrücken zu wollen; zugleich sind Paradox und Chiasmus Zeichen für die Einheit der Gegensätze:

> Gott: Mensch:
>   und
> Mensch: Gott.
> Mensch kleide dich in Gott: Gott wil sich in dich
>   kleiden,
> So wird dich nichts von Ihm, auch Ihn von dir
>   nicht scheiden.

C.s Epigramme waren das Vorbild für Johannes Schefflers *Geistreiche Sinn- und Schlussreime* (1657).

1640–50
Johann Michael Moscherosch
Gesichte Philanders von Sittewalt

M.s Werk gehört zu den großen literarischen Erfolgen des 17. Jh.s. Der 1. Teil mit sieben ›Gesichten‹ erschien 1640 in Straßburg *(Les Visiones de Don Francesco de Quevedo Villegas. Oder Wunderbahre Satyrische gesichte Verdeutscht durch Philander von Sittewalt);* von 1642 an kamen weitere, jeweils überarbeitete Auflagen heraus, nun unter dem veränderten Titel *Wunderliche und Warhafftige Gesichte Philanders von Sittewalt.* Der *Andere Theil* folgte zunächst mit vier (1643), dann sechs (1644) und schließlich sieben weiteren ›Gesichten‹ (1650). Dem 1. Teil liegen die *Sueños (Träume,* 1627) des spanischen Satirikers Francisco de Quevedo nach der französischen Übersetzung von La Geneste (1633) zugrunde: Es sind satirische Traumgesichte und Jenseitsvisionen, die einen desillusionierenden Blick auf die menschlichen Gebrechen und Laster gestatten (u. a. *Traum vom Jüngsten Gericht, Traum von der Hölle, Der Traum vom Tod).* Allerdings steht M. seiner Vorlage frei gegenüber, paßt sie den deutschen Verhältnissen an und ›erfindet‹ einen epischen Rahmen für die bei Quevedo lose aneinander gereihten Satiren. Der 2. Teil ist eine selbständige Arbeit M.s.

Der junge Philander von Sittewalt (Menschenfreund von Wil[l]staedt, M.s Geburtsort) unternimmt eine Reise nach Frankreich (Straßburg, Paris, Orléans, Angers, Lyon, Genf, Basel, Straßburg), die ihn allmählich »vom naiven jungen Studenten, der sich in den Glanz der Welt vergafft, zum prüfenden Mann, der den Schein der Dinge durchdringt«, wandelt (Walter E. Schäfer). Hilfreich zur Seite steht ihm der ältere Expertus Robertus. Die Begegnungen und Erlebnisse auf der Reise, die M.s eigener Bildungsreise von 1624–25 – wenn auch in umgekehrter Richtung – entspricht, liefern Themen für die nächtlichen Visionen des 1. Teils *(Schergen-Teuffel, Welt-Wesen, Venus-Narren, Todten-Heer, Letztes Gericht, Höllen-Kinder, Hoff-Schule).* Im 2. Teil *(Ala mode Kehrauß, Hanß hienüber Ganß herüber, Weiber-Lob, Thurnier, Pflaster wider das Podagra, Soldaten-Leben, Reformation)* bildet die Burg Geroldseck an der Saar den geographischen Mittelpunkt der Rahmenhandlung. Hier sitzt ein »Teutscher Helden-Rath« zu Gericht, dem u. a. Ariovist, Hermann und Widukind angehören. Philander muß sich wegen seiner Vorliebe für das ›Welsche‹ verantworten, entzieht sich dem Gericht vorübergehend durch Flucht und wird schließlich losgesprochen (d. h. er darf sein Buch veröffentlichen). Die Gerichtsverhandlung gibt Gelegenheit, über den Verfall der alten deutschen Tugenden und die neuesten Modetorheiten zu klagen; die Flucht Philanders bringt, auf Grimmelshausen vorausweisend, die Greuel des Krieges vor Augen.

Die scharfe Kritik an ausländischen, insbesondere französischen Einflüssen (Mode, Sitte, Denkweise, Sprache usw.), die der ›altfränkische‹ Philander übt, richtet sich nicht primär gegen das ›Welsche‹. Es geht vielmehr darum, die Fehlentwicklungen im eigenen Land sichtbar zu machen, zu zeigen, wie die neue adelige Gesellschaftskultur an den Höfen die »Alte Teutsche Redligkeit«, die kulturelle Identität zerstört.

Die große Popularität der Satiren Moscheroschs wird durch die rasche Folge von autorisierten und unautorisierten Auflagen und die Addition von weiteren, nicht mehr von M. stammenden ›Gesichten‹ bezeugt. Justus Georg Schottelius schreibt 1663 in seiner *Ausführlichen Arbeit Von der Teutschen HaubtSprache*, M.s *Gesichte* hätten »fast mehr Früchte gebracht / als manches Bet- und Predigt Buch / welches man unter der Bank liegen läßet«. Auch im 18. Jh. bleibt M. bekannt (und wird 1759 von der Zensur in Wien verboten). In der Romantik verwendet Achim von Arnim Partien der *Gesichte* – zusammen mit Grimmelshausen-Texten – für eine der Novellen im *Wintergarten* (1809). Wie viele andere Barockpoeten wird auch M. literarische Figur und nimmt an dem von Günter Grass inszenierten *Treffen in Telgte* (1979) teil, wo er »Proben seiner satirischen Werkstatt« gibt.

1641
Georg Rodolf Weckherlin
Gaistliche und Weltliche Gedichte

W. war Ende 1619 nach England gegangen, zunächst wohl für den württembergischen, dann für den böhmisch-pfälzischen Hof tätig. Später trat er in englische Dienste, weiterhin bemüht, die protestantische Sache zu fördern. Seine dichterischen Leistungen (*Oden und Gesänge, 1618–19*) waren inzwischen in Deutschland fast in Vergessenheit geraten, zumal sich seine an romanischen Vorbildern geschulten metrischen Vorstellungen (Silbenzählung ohne regelmäßige Alternation) nicht durchsetzen konnten und angesichts der Erfolge der Opitzschen Reformbewegung und ihrer metrischen Prinzipien (Alternation bei Wahrung des ›natürlichen‹ Wortakzents) bald als an-

tiquiert galten. In der neuen Sammlung seiner Gedichte, 1641 und dann erweitert 1648 in Amsterdam erschienen, paßte W. daher auch die älteren Texte den Opitzschen Vorschriften an, allerdings nicht ohne Kritik an der starren Alternationsregel und ohne die für sein lyrisches Werk charakteristische, von Herder gerühmte »überall lebendige, leichte Deklamation« aufzugeben.

Obwohl die *Gaistlichen und Weltlichen Gedichte* auch die frühen Texte W.s enthalten, unterscheidet sich ihr Charakter deutlich von dem der *Oden und Gesänge*: Ausdruck auch der veränderten Schreibsituation des im Ausland lebenden, nun nicht mehr für höfische Repräsentationskunst zuständigen Dichters. So setzt er gleich zu Beginn der Sammlung neue Akzente mit den geistlichen Gedichten, vornehmlich Psalmenparaphrasen, die – nicht für den Gemeindegesang bestimmt – die Kunstmittel der Renaissancepoesie zum Ausdruck persönlicher Frömmigkeit gebrauchen. Die weltlichen Gedichte zeigen eine größere Vielfalt der Themen und Formen: Oden (die Spannweite reicht von der höfischen Panegyrik der frühen Beispiele bis zur drastischen *Drunckenheit* in Rabelaisschem Geist), Klage- und Trauergedichte (darunter der große Trauerhymnus *Des Grossen Gustav-Adolfen / etc. Ebenbild*), petrarkistische »Buhlereyen«, Epigramme und – poetischer Höhepunkt – kunstvolle und anmutige *Eclogen / oder Hürten Gedichte*.

Eine zentrale Stellung nehmen die seit der Übersiedlung nach England entstandenen politischen Gedichte ein, die in der deutschen Dichtung des 17. Jh.s ihresgleichen suchen. Bezugspunkt darin ist das – protestantische – »Teutschland«, für dessen Freiheit und Helden W. ebenso vehement eintritt wie er gegen seine Feinde – die »Lügen-Lig« und die »Pfaffen« – polemisiert. W. war im Ausland zum aggressiven politischen Dichter und Kommentator deutscher Verhältnisse geworden: ein Patriot ohne Vaterland, dessen Texte gelegentlich auch den Eindruck erwecken, als sollten sie die isolierte Stellung und die beschränkten Wirkungsmöglichkeiten ihres Verfassers durch ätzende Schärfe und leidenschaftlichen Schwung kompensieren.

W.s Nachruhm im 17. Jh. blieb eher bescheiden; daran änderten auch die späten Sammlungen nichts. Anstöße, der Leistung des von der Opitzschule Verdrängten Gerechtigkeit widerfahren zu lassen, gingen von Herder und den Romantikern aus.

1641–49
Georg Philipp Harsdörffer
Frauenzimmer Gesprächspiele

H.s *Frauenzimmer Gesprächspiele* erschienen von 1641–49 in acht Teilen in einem auffälligen Querformat (für Bd. 1 und 2 erst in der 2. Auflage), das »wegen des Randes [für Marginalien] / der Kupffer / Verse und Singwerke / erkiesset worden«. Vom 3. Teil an spricht H. nur noch von *Gesprächspielen* und richtet sich damit über die Frauen hinaus an die ganze Gesellschaft.

H. führt mit diesem Werk eine neue Gattung in die deutsche Literatur ein. Er verweist dabei auf die antike Dialog- und Symposienliteratur, doch seine eigentlichen Quellen sind Spielbücher der italienischen Renaissance, in denen gesellige Gesprächspiele an Fürstenhöfen oder Akademien festgehalten sind. H. übernimmt Spielregeln, Themen, ganze Spiele, hält allerdings Distanz zu amourösen Materien.

Die Teilnehmer an H.s Spielen sind sechs Personen aus adeligem und bürgerlichem Milieu. In den acht Teilen kommt H., den die Fruchtbringende Gesellschaft 1642 als den »Spielenden« in ihre Reihen aufnahm, auf insgesamt 300 Spiele, wobei freilich häufig der spielerische Charakter zugunsten lehrhafter, sachlicher Diskussion zurücktritt. Es gibt, so das Register, »Leichte Schertz- und Lustspiele« und »Schwere Kunst- und Verstandspiele«. Jeder soll das ihm Angemessene vorfinden. Das Ziel, zu dem das Werk auf spielerische und lehrhafte Weise hinführen will, ist die Tugend (»von dem Bösen ab und zu dem Guten anzuführen«). Besonderes Augenmerk gilt dabei den Frauen, denen H. hohen Verstand bescheinigt, zugleich aber die mangelnde Ausbildung ihrer Fähigkeiten beklagt.

Die Themenvielfalt ist beachtlich, zeigt enzyklopädische Tendenz (Sprache und Dichtung, bildende Kunst, Tugendlehre, »Naturkündigung«, »Sternkündigung«, Francis Bacons *Nova Atlantis*, Jägerei, Rhetorik, Logik usw.). Zentrale Bereiche sind Sprache und Dichtung. Große Aufmerksamkeit widmet H. der Bildlichkeit der Sprache, der Beziehung von bildender Kunst und Poesie, der Emblematik. Über weite Teile »erscheint die Gesprächspielsammlung als ein Lehrbuch der Poetik mit angeschlossenen Übungen« (Irmgard Böttcher). Auch längere Dichtungen werden, z.T. in Anhängen, wiedergegeben (u.a. im 2. Teil *Das Schauspiel Teutscher Sprichwörter*, im 3. Teil *Melissa / Oder Der Gleichniß Freudenspiel*, im 4. Teil *Das Geistliche Waldgedicht /*

oder Freudenspiel / genant Seelewig, das erste vollständig erhaltene deutsche Singspiel mit der Musik von Sigmund Theophil Staden).

Gibt H. noch in vielen Fällen ausgesprochene Spielanweisungen – »In dem Spiel / *des Ohrenblasens* / frage ich die Frau heimlich und sie antwortet mir offentlich und laut: Die Jungfrauen aber und die Herren rahten nachmals / was ich gefragt habe?« –, so benutzen seine Nachfolger die Form vorwiegend zur Vermittlung von Lehr- und Lesestoff (u.a. Johann Rist, *Monatsgespräche,* 1663–68; Erasmus Francisci, *Die lustige Schau-Bühne,* 1663–73; Johannes Lassenius, *Fruchtbringende Gespräch-Spiel,* 1666).

1643
Jacob Balde
Lyricorum libri IV. Epodon liber unus

Diese Sammlung von vier Odenbüchern und einem Buch Epoden stellt neben den Vermischten Gedichten (*Sylvarum libri VII,* 1643) das bedeutendste lyrische Werk des am bayerischen Hof wirkenden elsässischen Jesuiten dar. Vorbild ist Horaz (die Anregung zur Horaz-Imitatio kam von dem polnischen Jesuitendichter Mathias Casimir Sarbiewski bzw. Sarbievius). Der äußeren Nähe zu Horaz – ihm folgte B. im Aufbau seiner Sammlung – entspricht eine innere. B.s Gedichte sind Zeugnisse einer auf persönlicher Wahlverwandtschaft beruhenden Horaznachahmung, die zugleich von Distanzierung – von Horaz als Epikuräer – und Verwandtschaft sprechen: Verwandtschaft vor allem mit der Wandlungsfähigkeit, der Proteusnatur des römischen Dichters, Verwandtschaft auch in dem Sinn, daß er sich – wie Horaz – seine innere Unabhängigkeit von den Mächtigen zu behaupten suchte.

B. verfügt als ›Dichterproteus‹ über eine Fülle von Themen, die er – auch die religiösen – mit dem ganzen Apparat der klassischen Bildung (antike Mythologie, Geschichte, Topographie) und der Formkunst der römischen Dichtung behandelt. Als politischer Dichter kommentiert er – die Sache des Kaisers vertretend – die wichtigsten Ereignisse des Dreißigjährigen Krieges, beklagt er die Zerrissenheit und den moralischen Verfall Deutschlands. In klassischer Form evoziert er die Nichtigkeit des menschlichen Lebens, das Grauen der Verwesung (Andreas Gryphius hat B.s Kirchhofsvisionen in den *Kirchhoffs-Gedancken,* 1657, frei nachgedichtet). Er reflektiert über sich und sein Leben, über die glücklichen Momente, über seine Krankheiten und melancholischen Anwandlungen (»Eingeschlossen für immer bin ich in Germaniens Grenzen, Altern muß ich auf bayrischem Boden« beginnt die Ode *Melancholia*). Als Höhepunkt seiner Dichtung gelten die Marienoden, die die Spannung von antikischem Gewand und christlicher Thematik austragen.

Zeitgenossen nannten B. den »Teutschen Horatius«: Protestanten wie Katholiken sahen ihn als einen der großen Poeten der neulateinischen Tradition, die im 17. Jh. erst allmählich ihrem Ende entgegenging und an der auch die primär deutsch dichtenden Zeitgenossen B.s noch teilhatten. Bald jedoch erschwerte die lateinische Sprache den Zugang zu B.s Werk, und Johann Gottfried Herder versuchte ihm durch Übersetzungen zahlreicher Gedichte und durch eindringliche Studien einen Platz in der Geschichte der deutschen Literatur zu sichern (*Terpsichore*, 1795–96). Goethe dankte Herder für diese Bemühungen mit einem merkwürdigen Vergleich: »Er bleibt bey jedem Wiedergenuß derselbe, und wie die Ananas erinnert er einen an alle gutschmeckende Früchte ohne an seiner Individualität zu verliehren.«

1644–45
Georg Philipp Harsdörffer, Johann Klaj, Sigmund von Birken
Pegnesisches Schäfergedicht

Vorbild der Nürnberger Schäferdichtung ist die *Schäfferey Von der Nimfen Hercinie* (1630) von Martin Opitz, bei der sich Elemente der Ekloge und des Schäferromans zu einer neuen, Vers und Prosa verbindenden Form vereinigen (›Prosaekloge‹). Im Mittelpunkt steht eine Huldigungsszene; den erzählerischen Rahmen bildet ein Spaziergang der Hirten, der Gelegenheit zu Gesprächen und zum Vortrag von Gedichten und Liedern bietet.

Der 1. Teil des *Pegnesischen Schäfergedichts* ist anläßlich einer Doppelhochzeit Nürnberger Patrizier am 16. 10. 1644 entstanden. Die Hirten Strefon (H.) und Clajus (K.) machen einen Spaziergang in der Umgebung Nürnbergs und werden vom personifizierten »Gerücht« in einen »Tempel der Ehrengedächtnis« geführt, in dem Bilder der zu ehrenden Patriziergeschlechter hängen, unter denen Vierzeiler ihr »Tugendlob« verkünden. Auf dem Spaziergang vor den Toren Nürnbergs, bei dem die Umgebung mit großer

Genauigkeit beschrieben wird – einschließlich technischer Einrichtungen wie der Drahtzieh- und der Papiermühle –, demonstrieren die ›Hirten‹ ihre poetischen Fähigkeiten. Hier setzt sich zum erstenmal, wohl dank des Buchner-Schülers K., der virtuose ›Nürnberger Ton‹ mit seiner Vorliebe für daktylische Verse und die Klangwirkungen der Sprache durch.

Ein Jahr später, 1645, erschien die *Fortsetzung Der Pegnitz-Schäferey*, überwiegend von B. (Floridan) verfaßt. Sie ehrt die Helden des Dreißigjährigen Krieges (auch der 1. Teil bezieht aktuelle Ereignisse ein; so tritt eine melancholische Schäferin auf, die »ihr sicherlich einbildete / sie were das arme und in letzten Zügen liegende Teutschland«). Zugleich enthält diese Fortsetzung, in der die Lust am poetischen Experiment noch stärker zu spüren ist, einen Hinweis auf die Gründung der »Gesellschaft der Blumen Schäfere«, des noch heute bestehenden »Löblichen Hirten- und Blumen-Ordens an der Pegnitz«.

Die allegorische Schäferdichtung – »Durch die Hirten / oder Schäfer werden verstanden die Poeten / durch ihre Schafe / die Bücher [...]« –, die eine friedliche Welt der Tugend, Wissenschaft und Kunst der zeitgenössischen Wirklichkeit entgegensetzt, blieb fortan eine Domäne der Nürnberger. Dabei fand gerade die Gattung der Prosaekloge zahlreiche Anhänger (annähernd 100 Texte – allerdings nicht nur von Nürnberger Poeten – sind nachgewiesen, davon mehr als 40 von B.).

1645
Philipp von Zesen
Adriatische Rosemund

Zwischen 1644 und 1647 veröffentlichte Z. drei Romanübersetzungen aus dem Französischen, darunter Madeleine de Scudérys *Ibrahim ou l'illustre Bassa* (1641, dt. 1645), und die *Adriatische Rosemund,* ein Werk, das sich zwar von Vorbildern (M. de Scudéry u. a.) beeinflußt zeigt, gleichwohl zu den originellsten deutschen Romanschöpfungen des 17. Jh.s gehört.

Die *Rosemund* verbindet Elemente des höfisch-historischen Romans (Beginn *medias in res,* nachgeholte Vorgeschichte usw.) und des Schäferromans (Schäferepisode). Zahlreiche Gedichte, emblematisch-mythologische Beschreibungen, mehrere Novellen und zwei der Heimat der Liebenden gewidmete historische Exkurse sind in die Erzählung der recht einfachen Handlung eingefügt: In Holland lernen sich der junge Deutsche Markhold (in dem sich, kaum verhüllt, der Dichter spiegelt) und Rosemund, die Tochter eines venezianischen Kaufmanns, kennen und lieben. Die Verbindung scheitert am konfessionellen Gegensatz. Markhold zieht sich immer mehr zurück, Rosemund verliert jede Hoffnung und wird krank vor Kummer und Schmerz: »Solcher-gestalt ward di wunder-schöne Rosemund ihres jungen läbens weder sat, noch fro, und verschlos ihre zeit in lauter betrühbnüs.«

Als Herzstück des melancholisch-empfindsamen Romans gilt die Schäferepisode: Rosemund hat sich während einer längeren Reise Markholds nach Paris in ein »schähffer-hütlein« zurückgezogen. In der Einsamkeit findet die vorher als »hohch-fahrend« charakterisierte Heldin zu sich selbst und zur Tugend der Demut, so daß ihre Beständigkeit, die sich noch in der Entsagung bewährt, wahrhaft »über-irdisch« wird. Rosemund, die Heldin einer unglücklichen Liebesgeschichte, erscheint als Verkörperung einer »träu-beständigen« Liebe. Damit wird aber auch die moralisch-didaktische Funktion des Romans sichtbar: Z. lehnt die Behandlung der Liebe in den ausländischen Romanen ab und redet statt dessen einer der deutschen »gebuhrts-ahrt« entsprechenden »wohl-anständigen ernst-haftigkeit« das Wort. Darüber hinaus gibt es eine weitere Bedeutungsebene: Rosemund als Symbol für Z.s Bemühungen um die deutsche Sprache und Dichtung.

Die Frage, ob sich hinter Rosemund eine reale Person verberge, hat – obwohl im Grunde müßig – Zeitgenossen und Forschung lange beschäftigt. Im 17. Jh. wurde der ungewöhnlich private Charakter des Romans Anlaß zu hämischen Kommentaren (Johann Rist: »O Rosemund / Ich bin ja dein getreuer Hund«; Christian Thomasius: »ein recht einfältig Buch«, einem »Wäschermädgen zu Leipzig zu ehren gemacht«); dagegen sah man seit dem 19. Jh. gerade in den autobiographischen und empfindsamen Zügen (Leo Cholevius: »innere Geschichte eines Herzens«) das im positiven Sinn Bedeutsame und Zukunftsweisende des Romans.

1646
Paul Fleming
Teutsche Poemata

Die erste Gesamtausgabe von F.s deutschen Dichtungen wurde sechs Jahre nach seinem Tod von Adam Olearius herausgegeben. Zu F.s Lebzeiten waren – auch bedingt durch die Teilnahme an der Reise der holsteinischen Gesandtschaft nach

Rußland und Persien (vgl. Olearius, *Offt Begehrte Beschreibung Der Newen Orientalischen Reise,* 1647) – nur Einzeldrucke und kleinere Sammlungen weltlicher und geistlicher Lyrik erschienen, darunter Psalmenparaphrasen (*Davids [...] Bußpsalme,* 1631) und lateinische Kuß- und Liebesgedichte in der Tradition Catulls und der Neulateiner bzw. des Petrarkismus (*Rubella,* 1631).

Den ganzen Umfang seines deutschen lyrischen Schaffens machte erst die postume Ausgabe der *Teutschen Poemata* deutlich. Die Anordnung der Texte geschieht, wie in anderen zeitgenössischen Gedichtsammlungen, nach Gattungen (›Poetische Wälder‹, Epigramme, Oden, Sonette) und innerhalb dieses Rahmens nach Gegenständen (Geistliche Sachen, Glückwünschungen, Leichen-, Hochzeits- und Liebesgedichte).

F.s religiöse Poesie bewegt sich in traditionellen Bahnen: Psalmendichtung, Reflexionen über christliche Glaubenswahrheiten und Bibelsprüche, ein Passionsgedicht, geistliche Lieder (in protestantische Gesangbücher aufgenommen wurde: »In allen meinen Thaten laß ich den Höchsten rahten«). Religiöse und patriotische Themen verbinden sich in den Texten, die sich auf die aktuelle Situation des Dreißigjährigen Krieges, auf die Siege und den Tod Gustav Adolfs beziehen. Von hier ist der Weg nicht weit zu politischen Appellen im Namen der protestantischen Sache (*Schreiben Vertriebener Fr. Germanien an ihre Söhne,* 1631). Auch die Gedichte zu anderen ›Gelegenheiten‹ verweisen immer wieder auf den düsteren Hintergrund des Krieges, bis mit dem Aufbruch nach Rußland und Persien auch der innere Abstand zur Heimat immer größer und die Reise selbst zum Thema wird: F. evoziert mit Hilfe eines verschwenderischen mythologischen Apparats die exotischen Schauplätze, besingt die gesellschaftlichen Anlässe und Gelegenheiten, gedenkt der fernen Geliebten und ruft die überstandenen Gefahren – Stürme, Schiffbrüche, Tatarenüberfälle, Hunger und Durst – zurück. Erst später tritt die patriotische Thematik wieder hervor, in anderer Form, als Sehnsucht des ›halbverlorenen Sohns‹ nach einer idealisierten Heimat.

F.s Liebesdichtung wird weitgehend von der Tradition des Petrarkismus bestimmt. Die Texte handeln vom Preis und der Schönheit der Geliebten (fein säuberlich nach Körperteilen getrennt) und den mit ihr verbundenen Objekten und Örtlichkeiten, beschäftigen sich mit dem Wesen der Liebe und ihrer Wirkung und benutzen zu diesem Zweck das ganze antithetische und hyperbolische Arsenal der überlieferten Liebessprache, gelegentlich bis an den Rand des Parodistischen.

Doch neben den traditionellen Motiven der klagenden Liebe, neben Selbstverlust und Todessehnsucht, behauptet sich ein anderes Thema, das Thema der Treue. Die bedeutendsten Leistungen F.s befinden sich dabei nicht zufällig unter den ›Oden‹. Stellen Sonett und Alexandriner die angemessenen Formen dar, die Antithetik der petrarkistischen Liebesauffassung auszudrücken, so ermöglicht die ›Ode‹, das Lied, einen schlichteren Ton, der an das Volks- und Gesellschaftslied anklingt (z.B. »Ein getreues Hertze wissen / hat deß höchsten Schatzes Preiß«).

Das Gegenbild des von widerstreitenden Affekten hin und her gerissenen petrarkistischen Liebhabers, wie er in einem Teil der Liebesgedichte gezeichnet ist, zeigen die weltanschaulich-philosophischen Sonette *(An Sich, Grabschrifft / so er ihm selbst gemacht),* die ein Tugendprogramm auf der Basis des Neostoizismus enthalten und voller Selbstbewußtsein die Gültigkeit und Leistung des eigenen Lebens betonen, das durch die Dichtung der Unsterblichkeit versichert ist. Hier wirken die geistigen Ideale des Renaissance-Individualismus nach. Stoische Handlungsmaximen formuliert auch das Alexandrinergedicht *In grooß Neugart der Reussen.* Es erinnert an *Zlatna,* ein Lehrgedicht von Martin Opitz, das die »Ruhe deß Gemüthes« und das einfache Leben preist. Die Einsamkeit ist der Ort der Reflexion über sich selbst, zugleich stellt F. der zivilisatorischen Verderbnis und der Welt des Krieges das genügsame Leben der russischen Bauern entgegen und beschwört den Mythos des Goldenen Zeitalters. Es sind alte Topoi, doch aktualisiert und kritisch auf den Krieg und die gesellschaftlichen Zwänge des Absolutismus bezogen. Die Reise, eine Ausnahmesituation, mag dabei die Neigung zu Selbstbeobachtung und Selbstreflexion gefördert haben. – Den stoischen Lebenslehren stehen freilich andere gegenüber, insbesondere in der geistlichen Lyrik: Das Ideal der Beständigkeit läßt sich auch christlich begründen (»Laß dich nur nichts nicht tauren«).

F. verstand sich als Opitzianer. Anders als sein Vorbild war er jedoch fast ausschließlich Lyriker. Und als Lyriker stellten ihn schon die Zeitgenossen über das Vorbild: F.s Werk bedeutet den ersten Höhepunkt der neuen deutschen Kunstdichtung des 17. Jh.s. Sein dichterischer Rang blieb auch in den folgenden Jh.en unbestritten.

1647
Adam Olearius
Offt begehrte Beschreibung
Der Newen Orientalischen Reise

Von 1633 bis 1639 unternahm eine Gesandtschaft im Auftrag Herzog Friedrichs III. von Schleswig-Holstein-Gottorf eine Reise nach Rußland und Persien, um eine neue Handelsroute zu erschließen und Schleswig-Holstein in den profitablen Orienthandel einzuschalten. Das Unternehmen scheiterte; es wurde berühmt durch die Reisebeschreibung von O., der als »Rath und Secretarius« der Gesandten an der Reise teilnahm. Das Werk erschien zuerst 1647, erhielt jedoch seine endgültige Gestalt erst in der erweiterten, stilistisch überarbeiteten und besser gegliederten Ausgabe von 1656 *(Vermehrte Newe Beschreibung Der Muscowitischen und Persischen Reyse).*

Die Reisebeschreibung ist, in der Ausgabe von 1656, in sechs Bücher eingeteilt. Nach einem einleitenden Kapitel über die »Nutzbarkeit der frembden Reysen« schildert O. in den ersten beiden Büchern die zwei (durch den Verlauf der Verhandlungen bedingten) Moskaureisen der Gesandtschaft. Das 3. Buch gibt eine russische Landeskunde, behandelt Geographie, Bevölkerung, Regierungssystem, jüngste Geschichte, Rechtswesen und Religion. Im 4. Buch beschreibt O. die gefährliche Reise zu Wasser und zu Lande von Moskau (Aufbruch 30. Juni 1636) nach Isfahan, dem Sitz des Schahs (Aufenthalt vom 3. 8. bis 21. 12. 1637). Das 5. Buch ist der Landeskunde Persiens gewidmet: Geographie, Tier- und Pflanzenwelt, Bevölkerung, Sitten und Gebräuche, Sprache und Schrift, Wissenschaft und schöne Künste, politisches System, jüngste Geschichte, Religion. Die Rückreise von Isfahan über Moskau und Reval zurück nach Gottorf, wo die Gesandtschaft offiziell am 1. 8. 1639 endete, schildert das 6. Buch. Den Schlußpunkt setzt die Hinrichtung des Gesandten Otto Brüggemann, der wegen Überschreitung der Vollmachten, falscher Rechnungsführung, sittlicher Vergehen und anderer Delikte verurteilt worden war.

Das Werk ist mit zahlreichen Kupferstichen ausgestattet. Sie zeigen Porträts, zahlreiche Stadtansichten und Szenen aus dem russischen und persischen Volksleben. Auch großformatige Landkarten (Persien, Wolga) gehören zur Ausstattung. Eine Reihe von Gedichten Paul Flemings, der mit O. befreundet war und als »Hoff-Juncker« an der Reise teilnahm, wird zitiert.

Der Erfolg der Reisebeschreibung war groß. Übersetzungen ins Niederländische (1651 u.ö.), Französische (1656 u.ö.) und Englische (1662 u.ö.) erschienen; der deutsche Text wurde bis 1696 sechsmal gedruckt.

Andreas Gryphius weist in den Anmerkungen zu seinem Trauerspiel *Catharina von Georgien* (1657) auf O.s Werk; bei Grimmelshausen finden sich Spuren der Benutzung. Auch spätere Reiseschriftsteller und Geographen griffen auf O.s Reisebeschreibung zurück; besonders der Rußlandteil blieb lange eine wichtige landeskundliche Quelle. Während seiner Arbeit am *West-östlichen Divan* (1819) las Goethe O.s »höchst erfreuliche und belehrende Reiseberichte«.

Als weitere Frucht der Reise erschien 1654 ein Klassiker der persischen Literatur – Sa'dis *Golestān (Der Rosengarten)* – in deutscher Übersetzung: *Persianischer Rosenthal. [...] Mit zuziehung eines alten Persianers Namens Hakwirdi übersetzet.*

1647
Johann Rist
Das Friedewünschende Teutschland

R. hatte mit seiner ersten Gedichtsammlung *Musa Teutonica* (1634) die neue opitzianische Kunstdichtung in den niederdeutschen Sprachraum eingeführt. Später wandte sich der dichterisch äußerst fruchtbare Wedeler Pastor vor allem geistlicher Dichtung zu, und mit dem Lied »O Ewigkeit du Donnerwort« ging er in die protestantischen Gesangbücher ein. Daneben widmete er sich schon früh dem Drama, doch sind aus der umfangreichen Produktion nur vier Stücke erhalten: die Tragikomödie *Perseus* (1634) und drei allegorisierende Schauspiele, die den Dreißigjährigen Krieg zum Thema haben (*Irenaromachia*, 1630; *Das Friedewünschende Teutschland* 1647; *Das Friedejauchtzende Teutschland*, 1653). Formal lehnen sich R.s Stücke an das Schauspiel der Wanderbühne an.

Das Friedewünschende Teutschland – 1. Druck 1647, 1. Aufführung 1649 – besteht aus drei ›Handlungen‹ (Akten) und einem Zwischenspiel nach dem 2. Akt. In der Vorrede weist R. darauf hin, daß das Stück in Prosa verfaßt sei, weil dies den Schauspielern ihre Aufgabe erleichtere. Er nutzt die Möglichkeiten der barocken Bühne und arbeitet mit zahlreichen Verwandlungen, pantomimischen und musikalischen Zwischenspielen und szenischen Effekten.

In der 1. ›Handlung‹ des allegorischen Spiels kommen die alten »Teutschen Helden« König Ehrenvest (Ariovist), Herzog Herman (Arminius), Herzog Wedekind (Widukind) und Fürst Claudius Civilis auf die Erde zurück. Sie sehen die Verwandlung der »das alte Teutschland« verkörpernden ansehnlichen Matrone in eine »auff daß allerprächtigste â la mode« ausstaffierte, von der Wollust begleitete Königin, die die alten Helden wegen ihrer Vorhaltungen als »albere einfältige Schöpfe« verhöhnt und sie – wie dann auch den Frieden – verjagt. Der 2. Akt zeigt Teutschland unter dem Einfluß der Wollust und ausländischer Kavaliere, die sie dazu bringen, sich »in den Schlaff [zu] sauffen«. Sie machen Anschläge, Teutschland die Kette mit dem Kleinod »Concordia« vom Hals zu reißen, damit sie das Land um so leichter überwinden können. Mit Hilfe von Mars richten sie Teutschland zugrunde. Im Zwischenspiel wird der aufschneiderische Monsieur Sausewind von Merkurius schließlich von den Schrecken des Krieges überzeugt, nachdem er sich schon von Mars für die militärische Laufbahn hatte gewinnen lassen. Im 3. Akt erscheint Teutschland »in der gestalt eines armen elenden Bettelweibes«, von »Mars / Hunger / Pest / Tod« überwunden. Sie sucht Hilfe bei »Meister Ratio Status«, d.h. den Mitteln einer als machiavellistisch abgewerteten Staatsräson. Das verschlimmert die Lage nur; erst als sich Teutschland bußfertig zeigt und Gott voller Zerknirschung um Frieden bittet, kommt Hoffnung auf (»Hoffnung fähret herunter und wirfft Teutschland einen schönen seidenen Mantel über den Leib«).

Der Argumentation von R. liegt ein auch von anderen Zeitgenossen bemühtes Denkmuster zugrunde: Krieg als Strafe und Zuchtrute Gottes. Besonders die Abkehr von den angeblichen alten deutschen Tugenden und die daraus resultierende Hinwendung zu allem ›Undeutschen‹ in Sprache, Kleidung und Sitte wird angeprangert und als Sünde in theologischem Sinn interpretiert.

Das Schauspiel wurde mehrfach gedruckt. Friedensspiele und -dichtungen anderer Autoren – u.a. von Johann Klaj, Sigmund von Birken und Justus Georg Schottelius – erschienen in den folgenden Jahren.

1647–53
Georg Philipp Harsdörffer
Poetischer Trichter

H.s Poetik erschien in drei Teilen 1647, 1648 und 1653. Der 1. Teil verspricht, »Die Teutsche Dicht- und Reimkunst / ohne Behuf der lateinischen Sprache / in VI. Stunden einzugiessen«, im 2. kommen sechs weitere ›Stunden‹ hinzu, während der 3. unter dem Obertitel *Prob und Lob der Teutschen Wolredenheit* Betrachtungen über die deutsche Sprache und vor allem eine alphabetisch geordnete Zusammenstellung von »Poetischen Beschreibungen / verblümten Reden und Kunstzierlichen Ausbildungen« hinzufügt. Der Titel mit dem sprichwörtlich gewordenen Bild des Trichters verweist auf die rechte Nutzung der kostbaren, unwiederbringlichen Lebenszeit: Wenn man mit der Zeit wie mit dem Wein umgehe – von diesem werde beim Abfüllen in Flaschen und Fässern dank eines Trichters kein Tropfen verschwendet –, so ließen sich die Anfangsgründe der Dichtkunst rasch fassen.

Das Werk ist keine vollständige Poetik. Dem Liebhaber der Poesie werden Grundkenntnisse vermittelt, den Gelehrten führen Verweise auf andere (lateinische und deutsche) Poetiken weiter. Der 1. Teil ist der Verslehre gewidmet, wobei die Lockerung des Opitzschen Regelsystems durch Augustus Buchner, Philipp von Zesen und Justus Georg Schottelius berücksichtigt ist. Tabellen sorgen für Übersichtlichkeit. Im 2. Teil beschäftigt sich H. mit der poetischen ›Erfindung‹ (inventio), insbesondere den Gleichnissen (eine Fundgrube für Umschreibungen – 539 Stichworte auf 390 S. – enthält der 3. Teil), dann mit der Gattungslehre am Beispiel des Dramas: »I. Die Trauerspiele / welche der Könige / Fürsten und grosser Herren Geschichte behandeln. II. Die Freudenspiele / so deß gemeinen Burgermanns Leben außbilden. III. Die Hirten oder Feldspiele / die das Bauerleben vorstellig machen.« Dazu gehört die traditionelle Drei-Stile-Lehre, die Lehre von der Angemessenheit von Wort und Sache (es sind »hohe Sachen mit hohen Worten / und hingegen geringe Sachen mit schlechten und gemeinen Reden« vorzubringen).

Auffallend bei H. und anderen Nürnberger Dichtern ist das Spiel mit den Klangmöglichkeiten der Sprache: Lautmalerei wurde ihr Markenzeichen (und später Stein des Anstoßes). Von großer Wirkung auf die Dichtung der 2. Jahrhunderthälfte war H.s intensive Beschäftigung mit der Bildlichkeit der Sprache.

1649
Friedrich Spee
Trutznachtigall

Die von S. selbst angefertigte Reinschrift seiner Liedersammlung trägt die Jahreszahl 1634. Gedruckt wurde sie erst 1649, lange nach seinem Tod (1635). Am Anfang stehen »Ettliche Merckpünctlein für den Leser«. Sie erklären auch den Titel: »TrutzNachtigal wird das Büchlein genand weil es trutz allen Nachtigalen süß, und lieblich singet, und zwar auff recht Poëtisch.«

Das Liedschaffen des Jesuitenpaters wächst aus dem Zusammenhang des volkstümlichen katholischen Liedes, das mit seiner sinnlichen Anschaulichkeit, seiner Bildersprache und seinen rhetorischen Mitteln durchaus ›barocke‹ Züge aufweist. Der Schritt zur Kunstdichtung bedeutet für S. daher keinen entschiedenen Bruch mit der deutschen volkstümlichen Tradition (wie bei Martin Opitz). Auf der anderen Seite erinnert die Begründung seiner Lieddichtung an die ›kulturpatriotischen‹ Bestrebungen der protestantischen Literaturreformer. Auch S. geht es um den Nachweis, daß man nicht allein im Lateinischen, sondern »auch in der Teutschen Spraach […] gut poetisch dichten« könne, auch er unterscheidet jambische und trochäische Verse und formuliert auf seine Weise ein Betonungsgesetz. Es bleibt gleichwohl bei einer deutlichen Abgrenzung der katholischen Territorien von der gelehrten Kunstdichtung, wie sie sich in den protestantischen Ländern durchgesetzt hatte.

S.s Sammlung umfaßt 52 Lieder. Am Anfang stehen Lieder der ›Jesusminne‹, die in den typischen Antithesen und Metaphern der petrarkistischen Liebesdichtung umschrieben wird. Dahinter steht die Tradition der geistlich-allegorischen Auslegung des Hohenliedes: die vom Pfeil der göttlichen Liebe verwundete Braut, »die gespons Jesu«, auf der Suche nach ihrem Bräutigam. Ein weiterer Motivkreis ist in Gedichtüberschriften wie »Anleitung zur erkandnuß und Liebe des Schöpffers auß den Geschöpffen« oder »Lob Gottes auß […] beschreibung der frölichen Sommerzeit« angedeutet. S. hat einen besonderen Blick für die Schönheiten der Natur, für Landschaften, für Tages- und Jahreszeiten. Gleichwohl geht es letztlich um ihre zeichenhafte Bedeutung: Die Natur steht für Gottes Liebe, und der Preis der schönen Natur wird zum Lobgesang auf den Schöpfer. Eine letzte Gruppe enthält Lieder vom Leben Jesu, darunter eine Anzahl von Eklogen oder Hirtengesängen. Es ist geistliche Hirtendichtung mit Gesprächen der Hirten Damon und Halton, die »Gott loben dieweil Mon, und Sternen scheinen«, den »tod Christi under der Person des Hirten Daphnis weitleuffig betrawren« oder auch von »Creutz, und Aufferstehung Christi« sprechen.

S.s *Trutznachtigall* wurde bis 1709 mehrfach aufgelegt. Im 18. Jh. rühmte man S. als Verfasser der *Cautio criminalis* (1631), der Schrift gegen die Hexenprozesse; von seinen Liedern hielt man wenig. Das änderte sich zu Anfang des 19. Jh.s: »Dieser Mann ist ein Dichter mehr als mancher Minnesänger«, schrieb Clemens Brentano; 1817 veranstaltete er eine vollständige Textausgabe. Joseph von Eichendorff teilte Brentanos romantische Auffassung von S.s Kunst als ›Minnesang‹ und religiöse Naturlyrik: Kein Dichter habe wohl so innig »die verborgenen Stimmen der Natur belauscht und verstanden [...]; als ob der Finger Gottes leise über die unsichtbaren Saiten der Schöpfung glitte« (*Geschichte der poetischen Literatur Deutschlands,* 1857).

1649–50
Georg Philipp Harsdörffer
Der Grosse Schau-Platz jämmerlicher Mordgeschichte

H. war ein bedeutender Vermittler romanischer Novellistik. Er übersetzte und bearbeitete eine große Anzahl von Erzählungen (meist) aus dem Französischen, die ihrerseits häufig auf italienischen und spanischen Vorlagen beruhten. Im Verlauf dieses Überlieferungsprozesses verloren die Texte viel von ihrem novellistischen Charakter; sie wurden zu moralischen Beispielerzählungen umgeformt. Darin folgt H. seinen Vorlagen. In Einleitungs- und Schlußbemerkungen formuliert er ausdrücklich die Lehre (»Hierauß ist zu sehen / was Unheil eine blinde Liebes-Brunst mit sich bringet«) und reduziert die Erzählungen auf das bloße Handlungsgerüst.

Auch die *Mordgeschichten,* nach einer französischen Geschichtensammlung von Jean Pierre Camus (*L'Amphithéâtre sanglant,* 1630) und anderen Vorlagen, verfolgen lehrhafte Ziele – und zwar gerade durch die Darbietung des Schrecklichen, »weil deß Menschen Sinn also beschaffen / daß er durch Bestraffung des Bösen mehr beweget wird / als durch Belohnung der Frommen / jener Anzahl auch viel grösser / als dieser.« Immerhin werden auf diese Weise, wenn auch zu moralischen Exempeln umgeformt, internationale Erzählstoffe in die deutsche Literatur eingeführt. So enthält der *Schau-Platz jämmerlicher Mordgeschichte* u. a. eine Version der Romeo und Julia-Novelle (*Die verzweiffelte Liebe*).

Weitere Sammlungen merkwürdiger Geschichten von »privat Personen« folgten (*Der Grosse Schau-Platz Lust- und Lehrreicher Geschichte,* 1650–51; *Herclitus und Democritus,* 1652–53; *Der Geschichtspiegel,* 1654 usw.). Zahlreiche Auflagen bezeugen die große Popularität der Geschichten, die »auch Funktionen der späteren Boulevardpresse« erfüllten (Irmgard Böttcher). Eine Reihe anderer Autoren, an erster Stelle Erasmus Francisci und Eberhard Werner Happel, sorgten auch weiterhin für ›Schauplätze‹, ›Schatzkammern‹, ›Denkwürdigkeiten‹ und ›Lustgärten‹, für Anthologien ›curieuser Materien‹ jeder Art.

1650
Andreas Gryphius
Leo Armenius / Oder Fürsten-Mord

G. begründete das deutschsprachige Kunstdrama der Barockzeit (›schlesisches Kunstdrama‹). Dabei verband er Anregungen von Martin Opitz (Übersetzungen von Senecas *Trojanerinnen,* 1625, und Sophokles' *Antigone,* 1636), dem Jesuitendrama, dem holländischen Drama Joost van den Vondels und der humanistisch-neustoischen Dramentheorie (Daniel Heinsius). Ihn leitete die Absicht, wie es in der Vorrede zum *Leo Armenius* heißt, »in gegenwertigem / und etlich folgenden Trawerspielen«, »die vergänglichkeit menschlicher sachen« vorzustellen. Und er beruft sich auf die »Alten«, die »diese art zu schreiben [...] alß ein bequemes mittel menschliche Gemütter von allerhand unartigen und schädlichen Neigungen zu säubern / gerühmet« hätten.

Das erste Trauerspiel von G. entstand 1646–47 während eines längeren Aufenthalts in Straßburg. Der nicht autorisierte Druck von 1650 trägt den Titel *Ein Fürsten-Mörderisches Trawer-Spiel / genant Leo Armenius* (autorisierter Druck, mit geändertem Titel, 1657). Aufführungen in verschiedenen Städten, zuletzt 1723 in Rudolstadt, sind bezeugt. – Das Drama besteht – repräsentativ für das ›schlesische Kunstdrama‹ – aus fünf »Abhandelungen« (Akten), die in »Eingänge« (Szenen) unterteilt sind. Die ersten vier Akte schließen mit »Reyen«, einer Art Chören, die das Geschehen reflektieren. Der Vers der »Abhandelungen« ist der Alexandriner; die strophisch gegliederten »Reyen« verwenden andere Versmaße.

Die Handlung basiert auf einer Begebenheit der byzantinischen Geschichte, der Ermordung Kaiser Leos V. im Jahr 820. G. wurde zu seinem Stück von dem Tyrannen- und Ketzerdrama *Leo Armenus seu Impietas punita (L. A. oder Die bestrafte Gottlosigkeit)* des englischen Jesuiten Joseph Simon angeregt, das er Anfang 1646 in Rom gesehen hatte.

Gegenstand des Trauerspiels ist die Verschwörung des byzantinischen Feldherrn Michael Balbus gegen Kaiser Leo (der sieben Jahre zuvor auf die gleiche Weise an die Macht gekommen war); es endet mit Leos Ermordung in der Weihnachtsnacht während der Christmette. Handlung und Gegenhandlung – dem zaudernden Melancholiker Leo steht der entschlossene Machtmensch Michael Balbus gegenüber – werden aufs äußerste verdichtet: »Das Trawerspiel beginnet den Mittag vor dem heiligen Christtage; wehret durch die Nacht / und endet sich vor aufgang der Sonnen.« Leo, Exempel für die Vergänglichkeit des Irdischen, ist weder Märtyrer noch verstockter Bösewicht. Er empfindet sich als »gekrönter Knecht«, als Gefangener der Geschichte. Schuldig geworden, nicht nur durch den Sturz seines Vorgängers, erreicht ihn in seiner Todesstunde unter dem Kreuz – ausdrücklich demselben, »an welchem unser Erlöser sich geopffert« – die göttliche Gnade. Sie triumphiert, ganz im Sinn lutherischer Auffassungen, über das Gesetz: »was der Kaiser im Tode leistet, ist die Freiheit eines Christenmenschen; und zwar leistet er sie nicht wie ein Märtyrer aus dem Verdienst der standhaften Bewährung, sondern, vom Blitz der Gnade getroffen, in der Umkehr« (Gerhard Kaiser).

Das straff komponierte, antithetisch aufgebaute Drama wurde 1659 von dem Schauspieler Adriaan Leeuw ins Niederländische übersetzt und dabei umgedeutet: Dem verwerflichen Leo wird Michael Balbus als Werkzeug göttlicher Gerechtigkeit gegenübergestellt. Johann Elias Schlegel bezieht sich 1741 in seiner *Vergleichung Shakespears und Andreas Gryphs* auf den *Leo Armenius*.

1651
Andreas Gryphius
Catharina von Georgien.
Oder Bewehrete Beständikeit

G.' zweites Trauerspiel ist zwischen 1647 und 1650 entstanden. Die Wandertruppe des Joris Jollifous, die auch den *Leo Armenius* spielte,

führte das Stück 1651 in Köln auf. Wie sie zu dem Manuskript kam, das für die Aufführung gewiß bearbeitet wurde, ist nicht bekannt. Aus dem Jahr 1655 liegen acht Kupferstiche mit Szenen aus *Catharina von Georgien* vor, die für eine Aufführung im Schloß von Wohlau (Schlesien) sprechen. Gedruckt wurde das Stück erst 1657.

Catharina von Georgien beruht auf einer nicht allzuweit zurückliegenden historischen Begebenheit: 1624 wurde die Königin von Georgien nach langjähriger Gefangenschaft in Persien hingerichtet. Als Modell für die Dramatisierung dieses in zeitgenössischen Berichten verbreiteten Geschehens diente G. die Märtyrertragödie, wie sie im Jesuitendrama ausgebildet worden war. Dabei verbinden sich in seiner Konzeption der Märtyrergestalt christliche und neustoische Elemente.

Das fünfaktige Drama (mit »Reyen« am Ende von Akt 1–4) beginnt mit einem Prolog der allegorischen Gestalt der Ewigkeit, die als entscheidendes Signum der Welt Vergänglichkeit und Tod herausstellt und den Menschen vor die Wahl zwischen Zeitlichkeit und Ewigkeit, Heil und Verderben stellt. Die eigentliche Handlung umfaßt »den letzten Lebens-Tag der Königin Catharina«, die der ›unkeuschen‹ Liebe von Chach Abas widersteht, ihm die Ehe ausschlägt, ihrer Religion treu bleibt, ihre Angst mit Hilfe der Beständigkeit (constantia) überwindet, furchtbare Martern aushält und schließlich in der Nachfolge Christi als Märtyrerin auf dem Holzstoß stirbt: »Wer biß zum Tode libt wird ewig stehen / Und kan im Tode nicht vergehen«, heißt es im »Reyen der Tugenden / des Todes und der Libe« am Ende des vierten Aktes. Die Klagen des seinen Affekten ausgelieferten Schahs ändern nichts an seinem Schicksal, das ihm die Erscheinung Catharinas in der Schlußszene prophezeit: »Tyrann! der Himmel ists! der dein Verderben sucht. […] der Tod streckt schon die Hände Nach dem verdamten Kopff.« – Neben den religiösen Beweggründen ihres Handelns gehen andere Aspekte – Familie, Vaterland – nicht verloren: Catharina, so heißt es im Prolog der Ewigkeit, »stritt und lid für Kirch und Thron und Herd«.

Catharina von Georgien ist, so Willi Flemming, das erste deutsche Kunstdrama, »das prinzipiell mit Angaben über die Dekoration versehen wird«. Dabei ist deutlich, daß es sich um eine Verwandlungsbühne handelt, die raschen Szenenwechsel innerhalb der einzelnen Akte ermöglicht (»Der Schau-Platz verendert sich in einen Lustgarten«). Zugleich zeigt die Dekoration auch die emblematisch-zeichenhafte Funktion des Theaters: »Der Schauplatz liget voll Leichen / Bilder / Cronen / Zepter / Schwerdter etc. Uber dem

Schau-Platz öffnet sich der Himmel / unter dem Schau-Platz die Helle. Die Ewikeit kommet von dem Himmel [...].«

1652
Johann Lauremberg
Veer Schertz Gedichte

Die deutschen Dichter des 17. Jh.s bevorzugen die epigrammatische Kurzform der Satire. Die vier niederdeutschen Scherzgedichte L.s gehören zu den wenigen Versuchen, die Großform der Verssatire im Deutschen zu verwirklichen. Die vier Satiren – sie umfassen zwischen 450 und 800 Verse (meist Alexandriner) – behandeln Themen, die aus Johann Michael Moscheroschs Prosasatiren (etwa dem »Ala mode Kehrauß« in den *Gesichten Philanders von Sittewalt,* 1640–50) oder den Epigrammen Friedrich von Logaus bekannt sind: *Vom itzigen Wandel und Maneeren der Minschen, Van Allemodischer Kleder-Dracht, Van Almodischer Sprake und Titeln, Van Almodischer Poësie, und Rimen.*

L. sieht die Bedrohung der überkommenen Werte und Lebensformen durch den vom Ausland (Frankreich) bzw. vom hochdeutschen Sprachgebiet ausgehenden ›modernen‹ Lebensstil, der Sitten, Kleidung, Sprache und Dichtung gleichermaßen erfaßt (»Nichtes blifft bestendig mehr«). Die Opposition gegen die neuen Entwicklungen, und damit auch gegen die neue höfisch orientierte oder gelehrte (hoch)deutsche Literatur, führt bei L. zu einer Rückbesinnung auf den Reichtum der niederdeutschen Sprache und die drastisch-volkstümlichen Darstellungstechniken des 16. Jh.s: »Bi dem olden will ick bliven«, heißt es programmatisch in der gereimten Vorrede. L.s Scherzgedichte gehören zu den letzten bedeutenden Zeugnissen der mittelniederdeutschen Dichtung. Sie wurden bis in die Mitte des 18. Jh.s häufig aufgelegt. Eine dänische Übersetzung erschien schon 1652, eine hochdeutsche von Constantin Christian Dedekind 1654.

1653
Daniel Casper von Lohenstein
Ibrahim Bassa

L.s 1. Trauerspiel *Ibrahim* erschien 1653. In der postumen Ausgabe von 1689 – das Stück trägt nun, zur Unterscheidung von L.s 2. Türkendrama *Ibrahim Sultan* (1673), den Titel *Ibrahim Bassa* –

schreibt der Verleger, daß der Dichter das Werk als Fünfzehnjähriger während seiner Schulzeit geschrieben habe und daß es in Breslau aufgeführt worden sei. Treffen diese Angaben zu, so wurde das Stück 1650 oder 1651 gespielt. Den Stoff entnahm L. dem von Philipp von Zesen 1645 übersetzten höfisch-historischen Roman der Madeleine de Scudéry *Ibrahim ou l'illustre Bassa* (1641). Doch während der Roman die Geschichte korrigiert – Gegenstand sind Ereignisse während der Regierungszeit Solimans II. (1520–1566) – und für ein glückliches Ende sorgt, kehrt L. wieder zu den geschichtlichen Tatsachen zurück, so daß Ibrahim nicht »unerwürget« davonkommt. Als Vorbild für »dise Ahrt zu schreiben« nennt L. »einen fürtrefflichen Lands-Mann«, Gryphius, dessen Stücke zu diesem Zeitpunkt mit Ausnahme des *Leo Armenius* (1650) noch nicht im Druck erschienen waren. Wie Gryphius beschließt L. die ersten vier »Abhandlungen« mit »Reien«, die das Geschehen – z.T. auf allegorischer Ebene – kommentieren. Der Vers der »Abhandlungen« ist fast durchweg der Alexandriner, die »Reien« verwenden unterschiedliche Versformen, meist strophisch gegliedert.

L. gibt den »Innhalt« des fünfaktigen Stückes kurz wieder: »Ibrahim ein Wälscher Fürst / welchen Soliman wegen tapferer Thaten aus einem Leibeigenen zum grossen Visihre gemacht / wird aus der Flucht nach Genua / durch welche Er seine Libste zu retten dachte / in die sich in währendem Aussen-Sein des Ibrahims in Persen Soliman verliebet / nach Constantinopel gefangen bracht / und auf Ohrenbläserisch Anstiften der Keiserin und des Rusthans / jämmerlich erwürget. Der Schau-Platz ist zu Konstantinopel die Burg zu den sieben Thürmen. Daß Trauer-Spiel begünnet des Morgens / endet sich umb Mitter-Nacht.«

Im Kampf zwischen Tugend und Laster steht auf der einen Seite das heroische Paar Ibrahim und Isabella, auf der anderen die lasterhafte Königin Roxelane und der »Hof-Heuchler« und »Ohrenbläser« Rusthan, die den schwachen und schwankenden, seinen Leidenschaften ausgelieferten Sultan dazu bringen, Ibrahim töten zu lassen. Damit nimmt L. eine Konstellation auf, die auch in Trauerspielen von Gryphius, etwa der *Catharina von Georgien* (Aufführung 1651, Druck 1657), begegnet. Zugleich zieht L. im Prolog, in dem Asien »in gestalt einer Frauen von den Lastern angefässelt« erscheint, eine Verbindung von Lasterhaftigkeit und geschichtlichem Verfall und weist damit schon auf die welthistorische Perspektive seiner späteren Stücke voraus.

Ludwig Tieck nahm den *Ibrahim Bassa* 1817 in

den 2. Band seines *Deutschen Theaters* auf. Er hielt das Stück für L.s beste Leistung, weil hier »die Sprache natürlicher, weniger gesucht und schwülstig« sei als in den späteren Dramen. Erst im Lauf des 20. Jh.s setzte sich allmählich eine andere Wertung L.s durch, der – von seinen Zeitgenossen aufs höchste geschätzt – seit der Aufklärung als Verkörperung ›barocker‹ Unnatur gegolten hatte.

1654
Friedrich von Logau
Deutscher Sinn-Getichte
Drey Tausend

Sinngedicht ist die barocke Verdeutschung von Epigramm. Martin Opitz definiert es im Anschluß an Julius Caesar Scaliger (*Poetices libri septem,* 1561): »die kürtze ist seine eigenschafft / und die spitzfindigkeit gleichsam seine seele und gestallt.« Zugleich konstatiert Opitz eine Verwandtschaft von Satire und Epigramm. Vorbilder der Epigrammatiker des 17. Jh.s waren der Römer Martial und der englische Neulateiner John Owen.

L. hatte bereits 1638 unter dem Pseudonym Salomon von Golaw eine Sammlung von 200 Epigrammen veröffentlicht *(Teutsche Reimen-Sprüche)*; 1654 ließ er sein gesamtes epigrammatisches Werk folgen: »Kein Deutscher hat noch nie / (ließ ich mich recht berichten) Gevöllt ein gantzes Buch / mit lauter Sinn-Getichten.« Er begegnet möglichen Einwänden gegen »Meng und Uberfluß« der Epigramme mit einem Hinweis auf die unendliche Zahl der Zeugnisse von Gottes Wirken und der menschlichen Handlungen: »Geh zehle mir die Stern und Menschliches Beginnen!« So spiegelt sich in der Vielzahl der Texte – es sind 3560 – die Fülle der Erscheinungen, die »Menge Menschlichen Fürhabens«. Doch das Spiegelbild zeigt eine Welt, die in Unordnung geraten, ›verkehrt‹ ist: »Die Welt ist umgewand«, heißt es an einer Stelle.

Die Maßstäbe für seine kritische Auseinandersetzung mit der zeitgenössischen Wirklichkeit nimmt L. aus einer idealisierten Vergangenheit, einer statischen, hierarchisch gegliederten Welt, in der noch die alten deutschen Tugenden wie Treue, Redlichkeit und Frömmigkeit herrschten und die deutsche Sprache, Kleidung und Gesinnung noch nicht überfremdet waren. Vor dem Hintergrund der verklärten altständischen Gesellschaft beurteilt er Ereignisse, Institutionen und menschliches Verhalten der Gegenwart, wendet er sich gegen Neuerungen und verteidigt das Überkommene, tritt er für religiöse Toleranz ein.

Das Neue, das die alten Lebensformen zu zerstören droht, manifestiert sich in erster Linie im Hof und der Hoforganisation, die im Zuge der Etablierung des absolutistischen Regiments entscheidenden Veränderungen unterworfen waren. In der Auseinandersetzung mit diesem Wandel verbindet L. Elemente traditioneller Hofkritik mit der Kritik an spezifischen Mißständen. Ein neuer Typ des Hofmanns, der eine ›politische‹ Moral vertritt, setzt sich gegenüber dem ›redlichen Mann‹ durch; eine von französischer Mode, Sprache und Literatur geprägte Hofkultur verdrängt die alten Lebensformen und droht die kulturelle Identität zu unterhöhlen. »Neuerung gefährlich«, lautet die bezeichnende Überschrift eines Epigramms, das L.s konservatives Weltbild illustriert.

L.s Begriff des Epigramms war nicht sehr eng. So erfüllen seine Texte nicht immer die gattungsspezifischen Erfordernisse der Kürze und ›Spitzfindigkeit‹ (argutia), noch hält er sich immer an das von ihm zitierte Opitz-Wort, daß das Epigramm als kurze Satire zu begreifen sei. Die Mehrzahl der Epigramme gehört vielmehr dem gnomischen Typ an, bietet geistliche und weltliche Sitten- und Verhaltenslehre. Doch beide Aspekte gehören zusammen: Die lehrhaften Sinnsprüche verweisen auf die Norm, von der aus die Gebrechen der Welt und der Menschen erhellt und satirisch entlarvt werden. L.s Buch ist – wie die Sprüche Salomonis und die Reden des Predigers Salomon, an die das Pseudonym des Epigrammatikers erinnert – »Weisheitsrede und Lasterschelte in einem« (Ernst-Peter Wieckenberg).

Lessing, der L.s Epigramme schätzte, gab zusammen mit Karl Wilhelm Ramler eine Auswahl aus den *Sinn-Getichten* heraus (*Friedrichs von Logau Sinngedichte. Zwölf Bücher. Mit Anmerkungen über die Sprache des Dichters,* 1759).

1657
Andreas Gryphius
Cardenio und Celinde,
Oder Unglücklich Verliebete

Das fünfaktige »Trauer-Spiel« wurde zuerst 1657 gedruckt; die Entstehungszeit – nach 1647 – ist nicht bekannt. Die Handlung des Dramas beruht auf der spanischen Novelle *La fuerça del desen-*

gaño (*Die Macht der Enttäuschung,* 1624) von Juan Pérez de Montalvan, die auch in italienischer (1628) und französischer Bearbeitung (1644) erschienen war. G. scheibt, daß man ihm die Begebenheit »in Italien von eine wahrhaffte Geschicht mitgetheilet« habe.

Cardenio und Celinde weicht deutlich vom Typus des barocken Trauerspiels ab, wie ihn die Poetiker definieren und wie ihn G. in seinen anderen Trauerspielen verwirklicht. G. selbst verweist in der Vorrede auf die Verstöße gegen die Ständeklausel und die einer Tragödie angemessene Stilhöhe; auch der versöhnliche Ausgang der Handlung entspricht nicht den etablierten Normen. Allerdings macht der Verzicht auf fürstliches Personal das Stück noch nicht zum ›bürgerlichen Trauerspiel‹.

»Cardenio«, so faßt G. den »Inhalt deß Trauer-Spiels« zusammen, »welcher in Olympien verliebet / entschleust sich Lysandern ihren Ehe-Gemahl / der durch eine unbillige List / ihre Heurath erlanget / zu ermorden [...]. Celinde von Cardenio verlassen / [...] suchet allerhand / auch endlich zauberische Mittel ihn in ihrer Liebe fest zu halten. Beyde aber werden durch ein abscheuliches Gesicht von ihrem Vorsatz abgeschrecket / und durch Betrachtung deß Todes von ihrer Liebe entbunden.« Bei der Realisierung dieses Geschehens werden die Mittel des Theaters effektvoll eingesetzt. Der »Lust-Garten«, in dem Cardenio einem Trugbild in der Gestalt Olympias begegnet, »verändert sich plötzlich in eine abscheuliche Einöde / Olympie selbst in ein Todten-Gerippe / welches mit Pfeil und Bogen auff den Cardenio zielet«, während gleich anschließend Celinde auf dem Kirchhof ihr Memento mori-Erlebnis hat.

Erst der Eingriff höherer Mächte löst die Bekehrung aus. Der Verstrickung in Sünde, dem Hochmut und der Verstocktheit folgen Reue und Buße; auf der anderen Seite gelangen Lysander und Olympia dank eigener Einsicht zu einer geläuterten Liebe. Der »schreckliche Traur-Spiegel«, der verderbliche Leidenschaften und ihre Überwindung zeigt, endet mit Cardenios Satz: »denck jede Stund ans Sterben.« Das Stück erweist sich so, wie die *Kirchhoffs-Gedancken* (1657), als Memento mori-Dichtung, die den Menschen zur Einsicht in die Vergänglichkeit der Welt und die Fragwürdigkeit menschlichen Handelns und damit zur inneren Umkehr führen sollen.

Vom 28. Februar bis 3. März 1661 wurde am Breslauer Elisabeth-Gymnasium G.' *Cardenio und Celinde* abwechselnd mit Lohensteins *Cleopatra* (1661) gespielt. Interesse fand das Stück wieder im 19. Jh. Ludwig Tieck nahm es in seine Anthologie *Deutsches Theater,* (1817) auf; Achim von Arnim (*Halle und Jerusalem,* 1811) und Karl Immermann (*Cardenio und Celinde,* 1826) griffen auf den Stoff zurück.

1657
Andreas Gryphius
Ermordete Majestät.
Oder Carolus Stuardus

Bald nach der Hinrichtung des englischen Königs Charles I. am 30. 1. 1649 begann G. mit seiner Arbeit an dem »Trauer-Spil«. Ein Widmungssonett an den Kurfürsten von Brandenburg, das die europäischen Fürsten zur Rache an den englischen Frevlern aufruft, ist auf den 11. 3. 1650 datiert; zu diesem Zeitpunkt war die 1. Fassung fertiggestellt. Gedruckt wurde das Stück allerdings erst 1657, ohne das militante Widmungsgedicht. Der Tod Oliver Cromwells (1658) und die Wiederherstellung der Monarchie (1660) waren wohl der Anlaß für eine Umarbeitung des Dramas (2. Fassung 1663). Die Vorgänge in England hatten ein ungeheures publizistisches Echo gefunden (man schätzt die Zahl der einschlägigen zeitgenössischen Schriften auf rund 30 000). G. nennt in seinen »kurtzen Anmerckungen« zu seinem Stück eine Reihe dieser Schriften als Quellen.

Carolus Stuardus, politisches Tendenzstück und Märtyrerdrama, bietet wenig an äußerer Handlung. Diese umfaßt die letzten Stunden vor der Hinrichtung, die dann im 5. Akt auf offener Bühne vollzogen wird. Diskussionen für und wider das Urteil (bzw. das Widerstandsrecht), vergebliche Rettungsversuche ausländischer Mächte, Visionen Karls, die die verhängnisvolle Vorgeschichte rekapitulieren, Karls standhaftes Beharren auf dem göttlichen Recht der Könige und seine Bereitschaft zum Martyrium sind die beherrschenden Momente des Trauerspiels. Ein Aufruf zur Rache beendet das Stück. Die »Reyen« betonen das Unerhörte des Königsmords, der als Verstoß gegen Religion, Recht und Natur erscheint.

In der 2. Fassung, die die zukünftigen Ereignisse (Ende Cromwells, Krönung Karls II.) in Visionen einbezieht, verstärkt G. die Parallelen zwischen der Leidensgeschichte Karls und der Passion Christi und nimmt damit eine auch in anderen zeitgenössischen Darstellungen vollzogene Stilisierung von Karls Schicksal auf: Sein Leidensweg erscheint als »Post-Figuration der Passion Christi« (Albrecht Schöne).

Sicher bezeugt sind Aufführungen in den Gymnasien Zittaus (1665) und Altenburgs (1671).

1657
Jacob Masen
Rusticus imperans

Der Bauer als Herrscher

Das neulateinische Lustspiel des Jesuiten M. ist im 3. Band seiner Poetik *Palaestra eloquentiae ligatae* (*Übungsschule der gebundenen Beredsamkeit,* 1654–57) enthalten. Es dient, neben anderen Stücken, zur Illustration der in diesem Band enthaltenen Dramentheorie (Bd. 1 behandelt die allgemeine Poetik, Formenlehre, Metrik; (Bd. 2 gilt der Elegie, der Epik und der Lyrik). Der aus dem Orient stammende Stoff des *Rusticus imperans* – die Geschichte eines Bauern, der für einen Tag zum König erhoben wird und dann wieder in seine Welt zurückkehren muß – wurde häufig literarisch gestaltet und variiert: episch von Jacob Bidermann (*Utopia,* 1640), dramatisch von Ludwig Hollonius (*Somnium vitae humanae; Traum des menschlichen Lebens,* 1605), Pedro Calderón de la Barca (*La vida es sueño; Das Leben ein Traum,* 1635) und Christian Weise (*Schau-Spiel vom Niederländischen Bauer,* 1685). Auch noch im 20. Jh. wurde der Stoff, z. T. in Anlehnung an Calderón, dramatisiert (Gerhart Hauptmann, *Schluck und Jau* 1900; Hugo von Hofmannsthal, *Der Turm,* 1923–27).

Held der vieraktigen Komödie M.s ist der Schmied Mopsus (kein Bauer, wie in den meisten anderen Dichtungen), dem der Geselle Congrio beigegeben ist. Daraus erwächst eine zusätzliche Verwicklung: Der dem Laster der Trunksucht verfallene Schmied muß, als er sich in die Rolle des Fürsten versetzt sieht, über die Klage seines Gesellen entscheiden, der sich über seinen Herrn beschwert. Mopsus gibt ihm recht und befiehlt, der Geselle solle die Stelle des Meisters einnehmen. Als sich der ›Fürst‹ wieder betrinkt, erfolgt die Rückverwandlung, und Mopsus muß auch noch mit dem Gesellen tauschen.

Hinter dem vordergründigen Angriff auf das Laster der Trunksucht, dem besonders die Deutschen ergeben seien, steht der tiefere allegorische Sinn: Das Leben ist ein Schauspiel, in dem der Mensch unter der Leitung der göttlichen Vorsehung seine Rolle spielt (im Stück repräsentiert Herzog Philipp der Gute die Providenz). Und wie der Mensch die ihm zugewiesene Rolle im Leben spielt, entscheidet über seine Rolle im Jenseits. M.s *Rusticus imperans* gilt als die beliebteste lateinische Schulkomödie des 17. Jh.s.

1657
Johannes Scheffler
(Angelus Silesius)
Geistreiche Sinn- und Schlussreime

Daniel Czepkos *Sexcenta Monodisticha Sapientum* (entstanden um 1640–47; im 17. Jh. ungedruckt) waren das Vorbild für die *Geistreichen Sinn- und Schlussreime* S.s, der sich nach seiner Konversion zum Katholizismus Angelus Silesius nannte. Bekannter ist das Buch als *Cherubinischer Wandersmann,* wie der Obertitel der erweiterten 2. Auflage von 1675 lautet (1675 Texte ungleichmäßig auf 6 Bücher verteilt). S. hatte Czepkos Werk durch die Vermittlung Abraham von Franckenbergs kennengelernt, der ihn in die mystische Literatur einführte. Anders als Czepkos *Monodisticha* enthält der *Cherubinische Wandersmann* nicht nur Alexandrinerreimpaare, wenngleich diese Form durchaus vorherrscht.

Während der ursprüngliche Titel der Sammlung auf ihren epigrammatischen Charakter verweist, bezeichnet der spätere Obertitel das Werk genauer. Der Hinweis auf die Cherubim bezieht sich auf die traditionelle Hierarchie der Engel und deutet an, daß der Versuch, den mystischen Weg zu Gott zu beschreiben, hier in einer intellektuellen, den Verstand ansprechenden Weise unternommen wird. Dafür steht die ›geistreiche‹ Form des Epigramms bereit, die S. virtuos handhabt.

Die Themen und Denkformen sind durch die mystische Tradition vorgegeben. Die Unmöglichkeit, das Wesen Gottes oder die Beziehung zwischen Mensch (»Ich«) und Gott zu erfassen, führt zu einem spekulativen Umkreisen dieser Themen, zu Versuchen, durch negative Aussagen, Metaphern oder Paradoxa das Unsagbare zu umschreiben: »Ich weiß daß ohne mich GOtt nicht ein Nun kan leben / Werd' ich zunicht Er muß von Noth den Geist auffgeben«, lautet das Epigramm mit der Überschrift *GOtt lebt nicht ohne mich.* Bei diesem und anderen Epigrammen wird der Leser auf die Vorrede verwiesen, in der es heißt, daß sich die Aussagen auf den Zustand der Unio mystica bezögen. S. beschreibt den Zustand »nach dieser Vereinigung« so: »Wenn nu der Mensch zu solcher Vollkommner gleichheit GOttes gelangt ist / daß er ein Geist mit GOtt und eins mit ihm worden / und in Christo die gäntzliche Kind- oder Sohnschafft erreicht hat / so ist er so groß / so reich / so weise und mächtig als GOtt / und GOtt thut nichts ohne einen solchen Menschen / denn Er ist eins mit ihm.« Die Vorrede dient vor allem dazu, möglichen Einwänden oder Mißverständnissen vorzubeugen: Seine Verse enthielten, heißt es, »vil seltzame paradoxa oder widersinnische Reden / [...] welchen man wegen der kurtzen Verfassung leicht einen Verdamlichen Sinn oder böse Meinung könte andichten.« Hier zeigt sich die Spannung zwischen den Doktrinen der offiziellen Kirche und den Mystikern, die in der Geschichte des christlichen Glaubens immer wieder aufgetreten war und der sich auch S. nicht entziehen konnte.

S.s paradoxe, oft änigmatische Epigrammatik, die zur »Göttlichen beschaulichkeit« anzuleiten sucht, entfaltete eine langandauernde Wirkung. Zu den Dichtern, die sich von S. anregen ließen, gehören u. a. Annette von Droste-Hülshoff (*Nach dem Angelus Silesius,* 1835: Paraphrasen über Themen des *Cherubinischen Wandersmanns)* und Ernst Stadler, dessen Gedicht *Der Spruch* in der Sammlung *Der Aufbruch* (1914) auf eines der bekanntesten Epigramme S.s zielt. »Mensch, werde wesentlich!«

1657
Johannes Scheffler
(Angelus Silesius)
Heilige Seelen-Lust

Im gleichen Jahr wie die *Geistreichen Sinn- und Schlussreime* erschien S.s Liedersammlung *Heilige Seelen-Lust Oder Geistliche Hirten-Lieder Der in ihren Jesum verliebten Psyche* (zunächst 4 Bücher, von der 2. Auflage 1668 5 Bücher mit 205 Liedern und ihren Melodien). S. versteht seine *Hirten-Lieder* als Gegenstück zur weltlichen Pastoral- und Liebesdichtung, deren Formen und Motive ›parodiert‹ und dem geistlichen Zweck untergeordnet werden. Den Dichtern seiner Zeit wirft er vor, sie verschwendeten ihre Zeit mit »Dorinden, Flavien, Purpurillen, und wie sie weiter heissen«, statt ihre »Erfindungen und Federn [...] dem unvergleichlichen Angesichte JESu Christi« zuzuwenden: »Hier blühen die unverwelkliche Rosen und Lilien, seine Wangen; hier wachsen die unverbleichliche Corallen, seine Lippen [...].« Die Anleihen an die weltliche Dichtung beschränken sich nicht auf die Metaphorik und die Hirtenmaskerade, die durch Friedrich Spee und andere schon eine eigene geistliche Tradition gebildet hatte, sondern S. knüpft auch an die Formen des weltlichen Liedes seiner Zeit an.

Die ersten drei Bücher haben einen deutlich erkennbaren Aufbau; später lockert sich die Komposition. Die Lieder folgen dem Verlauf des Kirchenjahres und der diesem zugrundeliegenden biblischen Ereignisse; zugleich stellen sie die Annäherung der Seele an Gott dar. Die Seelengeschichte der Psyche ist eng verbunden mit der Lebens- und Leidensgeschichte Christi. Sehnsüchtiges Verlangen bestimmt die Zeit vor seiner Geburt (das Kirchenjahr beginnt mit dem Advent), Freude und Jauchzen begleiten die Geburt, Trauer und Klagen die Leidensgeschichte usw. Über allem herrscht der Affekt der Liebe, eine durch das Hohelied legitimierte Brautmystik und geistliche Erotik, die sich mit ihrer Transformation überkommener Metaphern geistlicher und weltlicher Dichtung weit vorwagt.

Lieder S.s lebten in katholischen und protestantischen Gesangbüchern des 18. Jh.s weiter.

1658
Andreas Gryphius
Absurda Comica.
Oder Herr Peter Squentz

Das »Schimpff-Spiel«, das nur auf Grund von Indizien G. zugeschrieben (oder abgesprochen) werden kann, zeigt, wie Handwerker die aus Ovids *Metamorphosen* bekannte Pyramus und Thisbe-Fabel vor einer höfischen Gesellschaft aufführen. Ein nicht erhaltenes Stück des Altdorfer Professors Daniel Schwenter gilt als mögliche Vorlage; eine direkte Beziehung zu Shakespeares *Sommernachtstraum* besteht nicht. – Für das Spiel im Spiel verwendet G. parodistische Knittelverse; im übrigen ist das Stück in Prosa abgefaßt. Die erste bekannte Aufführung des 1658 zuerst gedruckten Lustspiels fand 1668 in Breslau statt.

Im 1. der drei Akte beraten die Handwerker, mit dem Schreiber und Schulmeister Peter Squentz an der Spitze, über das Stück, das sie vor dem König aufführen wollen; im 2. trägt Squentz dem König ihre Absichten vor; im 3. – weit länger als die beiden ersten Akte zusammen – führen die Handwerker ihr Pyramus und Thisbe-Stück auf und werden mit einer Belohnung für die unfreiwillige Persiflage davongeschickt.

Die Komik, vor allem Sprachkomik, geht ganz auf Kosten der Handwerker und des halbgebildeten, dünkelhaften Schulmeisters. Der Widerspruch zwischen Anmaßung und Unfähigkeit, zwischen gesellschaftlichem bzw. literarischem Anspruch und der erbärmlichen Wirklichkeit wird im Kontrast zur als vorbildlich dargestellten höfischen Norm um so deutlicher. Damit bietet das Stück einmal Verspottung der Meistersinger, nicht zuletzt von Hans Sachs; zum andern hat es mit seinen Hinweisen auf falsches und richtiges Rollenspiel (Forderung eines der sozialen Stellung angemessenen Verhaltens) und der Betonung der Vorbildlichkeit des Hofes und seiner Vertreter einen eindeutig politischen Aspekt.

Peter Squentz wurde häufig aufgeführt; zahlreiche Drucke und Bearbeitungen weisen es als die beliebteste und bekannteste deutsche Barockkomödie aus.

1659
Nicolaus von Avancini
Pietas victrix

Mit den Stücken A.s – 27 wurden in den fünf Bänden seiner *Poesis Dramatica* 1674–86 gedruckt – erreichte das Jesuitendrama seinen theatralischen Höhepunkt. Zugleich gelang es A. dank seiner engen Beziehung zu Kaiser Leopold I., das Jesuitentheater zum Hoftheater – und damit zum Konkurrenten der Oper – auszubauen. Seine *Ludi caesarei* wurden mit großem bühnentechnischem Aufwand gespielt, Stücke, in denen sich Glaubenspropaganda mit einem Eintreten für den Absolutismus und die Interessen des Hauses Habsburg verbindet. Meist liegen den Dramen biblische oder historische Stoffe zugrunde.

Pietas victrix (Die siegende Frömmigkeit) wurde 1659 zuerst aufgeführt (5 Akte, rund 3000 lat. Verse). Das Stück handelt vom Sieg Kaiser Konstantins des Großen über Maxentius im Jahr 312, mit dem sich Konstantin die Herrschaft über Westrom sicherte. Traumszenen im 1. Akt deuten schon den Ausgang an; der Sieg des frommen Kaisers über den Tyrannen, im 5. Akt mit Triumph und Krönung gefeiert, steht nie in Zweifel. Zugleich wird über die Zeiten hinweg die weltgeschichtliche Sendung des Hauses Habsburg hervorgehoben: Die Jungfrau Maria, die Hl. Helena und zwei Engel erscheinen in einer Wolke und sprechen von der künftigen Übertragung des römischen Reiches auf die Germanen bzw. Deutschen (translatio imperii), bis es schließlich bei den Österreichern Dauer erhalten werde (»post Imperium ad Germanos transferendum, et demum in Austriacis perennaturum«). Allegorische Zwischenspiele, die den Kampf zwischen Pietas und Impietas (Frömmigkeit und Gottlosigkeit) unter Beteiligung von Consilium und Industria (Weisheit und Fleiß, die Motti Kaiser Leopolds) darstellen, deuten das Geschehen dieses Fest-

spiels zur höheren Ehre des katholischen Glaubens und des Hauses Habsburg.

1659
Andreas Gryphius
Großmüttiger Rechts-Gelehrter / Oder Sterbender Aemilius Paulus Papinianus

G.' letztes Trauerspiel erschien 1659 im Druck und wurde im folgenden Jahr von Schülern des Breslauer Elisabeth-Gymnasiums aufgeführt. Es spielt zur Zeit des römischen Kaisers Caracalla (211–217), der im Jahr 212 seinen Bruder und Mitregenten Geta ermordete. Papinianus, ein bekannter Jurist, der sich geweigert haben soll, den Mord zu rechtfertigen, wurde bei der anschließenden blutigen Verfolgung der Gegner Caracallas getötet. G. benutzte eine Reihe historischer Quellen, die er in den »Kurtzen Anmerckungen« nennt.

Die Handlung des fünfaktigen Dramas ist auf einen Tag zusammengedrängt. Es beginnt mit einem großen Monolog Papinians, der die verworrene politische Ausgangslage schildert, die Dialektik von Höhe und Fall und die Gefährdung des Unbestechlichen, nur dem Gemeinwohl Verpflichteten am Hof illusionslos vor Augen stellt. Im folgenden zeigt das Stück das von Machtstreben, Neid und Haß geprägte Hofleben, in dem Intriganten leichtes Spiel haben und in dessen Atmosphäre der Mord an Geta geschieht. Papinian widersetzt sich dem Ansinnen, »den Bruder-Mord zu beschönen«; er weigert sich andererseits auch – obwohl Caracalla seinen Sohn als Geisel benutzt –, Hilfe des Militärs anzunehmen, das ihn auf den Thron heben will. Er geht standhaft, wie zuvor sein Sohn, als Märtyrer für das »heil'ge Recht« in den Tod.

G. benutzt das Grundschema des Märtyrerdramas zu einer modellhaften Darstellung eines Konflikts absolutistischer Politik, der durchaus kontrovers diskutiert wurde. Dabei geht es um die brisante Frage, ob politisches Handeln nicht vorrangig auf die Erhaltung des Staates ausgerichtet sein und gegebenenfalls gewisse Verletzungen ethischer und religiöser Normen in Kauf nehmen muß (Staatsräsondenken) oder ob das von Gott gesetzte Recht bzw. das Naturrecht als Grundlage jeder staatlichen Ordnung unbedingte Gültigkeit besitzt.

Auch die Rezeption bestätigt den politischen Aspekt. Das Szenar einer Haller Aufführung von

1661 trägt den Titel: *Wahre Abbildung Eines großmüthigen Rechts-Gelehrten und Zustandes derer jenigen / so in hohen Ehren und Aembtern sitzen.* *Papinianus* wurde bis zur Mitte des 18. Jh.s häufig aufgeführt, auch in Bearbeitungen für die Wanderbühne, deren Vorliebe für krasse Effekte das Stück entgegenkam.

1659–60
Andreas Heinrich Bucholtz
Herkules und Valiska

Des Christlichen Teutschen Groß-Fürsten Herkules Und Der Böhmischen Königlichen Fräulein Valiska Wunder-Geschichte, der erste deutsche Großroman des 17. Jh.s, der nicht auf einer fremden Vorlage beruht, entstand nach Angaben des Verfassers schon in den 40er Jahren. Da B. zunächst keinen Verleger für das umfangreiche Werk finden konnte (1920 Quartseiten in 2 Teilen), erschien es erst 1659–60.

B. faßte seinen Roman als Gegenentwurf zum spanischen *Amadís* auf, der über Frankreich und Italien nach Deutschland gelangt war und in der 2. Hälfte des 16. Jh.s die Anfänge eines bürgerlichen deutschen Prosaromans überlagert hatte (*Amadis auß Franckreich,* 1569–95). Vor allem drei Punkte hatte der Seelsorger – B. wurde schließlich Superintendent des Braunschweiger Herzogtums – dem »schandsüchtigen Amadis-Buch« vorzuwerfen: einen Mangel an moralischen Grundsätzen (voreheliche Liebesbeziehungen), die Abhängigkeit der Amadisritter von »teils närrischen / teils gotlosen Bezäuberungen« und schließlich die Unwahrscheinlichkeit und fehlende bzw. fehlerhafte historische Einordnung des Geschehens. Zugleich wandte sich B. gegen den modernen Barockroman (u. a. John Barclay, *Argenis,* 1621; dt. 1626), weil hier der christliche Glaube zu kurz käme. B. bemühte sich um Abhilfe: In seinem Roman geht es äußerst keusch und moralisch zu, sorgen christlich-moralisierende Einschübe, Gebete und fromme Lieder für eine erbauliche Note. Außerdem unterwirft er die Romanhandlung einer genau durchdachten Chronologie, die er mit einer historischen Einordnung des Geschehens (3. Jh. n. Chr.) verbindet.

Im Zentrum des Romans stehen Herkules, Sohn des deutschen Großfürsten Henrich, und die böhmische Königstochter Valiska, seine Verlobte. Die traditionelle Reisehandlung wird durch die Entführung Valiskas ausgelöst und führt über Italien nach Griechenland, Syrien, Mesopotamien und Persien, wobei wir Zeugen bedeutender mi-

litärischer Vorgänge werden, bis sich der Schauplatz mit der Rückkehr der Helden nach Böhmen und Sachsen in den Norden verlagert, wo sich dank der Fähigkeiten des deutschen Großfürsten Herkules und des böhmischen Thronfolgers Ladisla eine neue politische Ordnung und zugleich auch das Christentum durchsetzt. Über weite Strecken des Romans freilich geben sich Herkules und sein Freund Ladisla als irrende Ritter aus, befreien Jungfrauen, bekämpfen Räuber und gewinnen Turniere. Doch wie es der Handlungsverlauf erfordert, tritt die Ritterromantik immer mehr zurück und macht einem politisch motivierten Denken und Handeln Platz, dem es nicht an aktuellen Bezügen fehlt. Ob allerdings wirklich »der gantze teutsche Krieg / durch Veränderung etlicher weniger Umstände mit eingebracht« worden ist, wie Christian Thomasius schreibt, läßt sich heute nicht mehr recht verifizieren.

B.' Roman, dem wenige Jahre später eine Fortsetzung mit Helden der nächsten Generation folgte (*Der Christlichen Königlichen Fürsten Herkuliskus Und Herkuladisla [...] Wunder-Geschichte,* 1665), wurde bis weit ins 18. Jh. hinein gelesen. Noch 1781–83 erschien eine vierbändige Neubearbeitung des Romans, ein Versuch, die neue Ritterkonjunktur auszunutzen *(Die deutschen Fürsten aus dem dritten Jahrhundert, ein Original-Ritterroman).* Letztlich waren es aber wohl die erbaulichen Elemente, die dem Werk Leser brachten. In den »Bekenntnissen einer schönen Seele« heißt es: »Unter allen [Büchern] war mir der ›Christliche deutsche Herkules‹ der liebste; die andächtige Liebesgeschichte war ganz nach meinem Sinne. Begegnete seiner Valiska irgend etwas, und es begegneten ihr grausame Dinge, so betete er erst, eh' er ihr zu Hülfe eilte, und die Gebete standen ausführlich im Buche. Wie wohl gefiel mir das!« (Johann Wolfgang von Goethe, *Wilhelm Meisters Lehrjahre,* 1795–96).

1660
Andreas Gryphius
Verlibtes Gespenste / Gesang-Spil.
Die gelibte Dornrose / Schertz-Spil

G. schrieb dieses ›Mischspiel‹ anläßlich der Hochzeit Herzog Georgs III. von Liegnitz und Brieg mit der Pfalzgräfin Elisabeth Maria Charlotte. Es wurde am 10. Oktober 1660 in Glogau aufgeführt; im Druck erschien zuerst (1660) das

Gesangspiel, ein Jahr später der vollständige Text.

Das Doppelspiel verbindet ein in vornehmen Kreisen angesiedeltes Singspiel mit einer Bauernkomödie. Dabei werden die jeweiligen Handlungen, beginnend mit dem 1. Akt des Singspiels, aktweise abwechselnd vorangetrieben, bis ein Reihen mit Personen aus beiden Teilen das vier- bzw. achtaktige Stück beschließt. Dem sozialen Kontrast zwischen den beiden Teilen entspricht ein formaler: Alexandriner in den Dialogpartien bzw. andere Versmaße in den komponierten Arien und Ensembleszenen des Singspiels, derb-komische Prosa, und zwar schlesischer Bauerndialekt, im Scherzspiel. – *Das Verlibte Gespenste* weist Parallelen zu Philippe Quinaults *Le Fantôme amoureux* (1658) auf; für die Bauernkomödie diente Joost van den Vondels *De Leeuwendalers* (1647) als Quelle.

Die beiden Teile des Doppelspiels sind trotz der sozialen und formalen Kontrastierung durch das gemeinsame Thema der Liebe, durch davon abgeleitete Motive und Figurenkonstellationen eng miteinander verknüpft. Wird im Gesangspiel ein Mann von zwei Frauen umworben (Personenverzeichnis: »Cornelia verlibt in Sulpicius«, »Chloris ihre Tochter / verlibt in Sulpicius«), so steht im Scherzspiel die Frau zwischen zwei Männern (»Greger Kornblume verlibt in Dornrosen«, »Matz Aschewedell verlibt auff Dornrosen«). Die Verwirrungen, Intrigen und Handgreiflichkeiten finden, dank des Eingreifens höherer Mächte – eines ›Gespensts‹ im Gesangspiel, des Gerichtsherrn im Scherzspiel –, ihr gattungstypisches Ende: »Komm Braut-Gott komm / du must uns all erquicken [...].«

Die Parallelisierung der beiden Handlungen führt zu einer Aufwertung der in der Literatur des 17. Jh.s meist nur mit Verachtung dargestellten bäuerlichen Welt: Sie erweist sich »als ein in wesentlichen Zügen der Welt der Vornehmeren ähnlicher Bereich« (Eberhard Mannack). Das beziehungsreiche Werk gilt heute als G.' reifstes Lustspiel.

1660
Kaspar Stieler
Die Geharnschte Venus

In der Vorrede schreibt S. über seine Liedersammlung: »Ich heisse sie darumb die Geharnschte Venus / weil ich mitten unter denen Rüstungen im offenen Feld-Läger / so wol meine / als anderer guter Freunde / verliebte Gedanken /

kurzweilige Begebnüsse / und Erfindungen darinnen erzehle« (S. hatte u.a. am schwedisch-brandenburgischen Krieg in Ostpreußen [1655–57] teilgenommen). Zugleich spielt der Titel auf das mythologische Mars-Venus-Motiv an, Hinweis auf die allesbezwingende Macht der Liebe, den Gegenstand der 70 Lieder der Sammlung (die außerdem noch eine Reihe von Zugaben, u.a. Epigramme, enthält).

S. ist mit den verschiedenen Traditionen der Liebesdichtung vertraut: Die römische Liebeslyrik, der Petrarkismus, Martin Opitz, Paul Fleming und Simon Dach, die Manier Philipp von Zesens und der Nürnberger (Georg Philipp Harsdörffer, Johann Klaj, Sigmund von Birken u.a.) haben ebenso ihre Spuren hinterlassen wie die Drastik und Sensualität der Studentenlyrik und die Schlichtheit des Gesellschaftslieds. S.s Kunst besteht in der virtuosen – durchaus auch ironischen und parodistischen – Variation, Kombination und Verarbeitung vorgegebener Themen und Motive: »Liebe der Poeten Wezz-stein.«

Die Geharnschte Venus erschien unter einem Pseudonym (Filidor der Dorfferer). S.s Ansehen bei den Zeitgenossen gründete sich auf eine Reihe von Handbüchern und Kompendien (u.a. *Teutsche Sekretariat-Kunst*, 1673; *Der Teutsche Advocat*, 1678; *Zeitungs Lust und Nutz*, 1695); als Dichter des Liederbuchs wurde er erst 1897 identifiziert.

1661
Daniel Casper von Lohenstein
Cleopatra

Cleopatra ist nach *Ibrahim Bassa* (1653) L.s zweites Drama. Es wurde am 28. 2. 1661 von Schülern des Breslauer Elisabeth-Gymnasiums zum erstenmal aufgeführt; am nächsten Tag spielte man *Cardenio und Celinde* von Andreas Gryphius, und am 2. und 3. März wurden beide Aufführungen für Herzog Georg III. von Liegnitz und Brieg wiederholt. Das Handlungsgerüst bilden die von Plutarch und anderen antiken Historikern beschriebenen Ereignisse nach der Seeschlacht bei Actium (31 v. Chr.): Rückzug Cleopatras und ihres Mannes Marcus Antonius nach Alexandria, Belagerung der Stadt durch Octavianus (Augustus), Selbstmord von Antonius und Cleopatra. Zahlreiche Dichter vor und nach L. haben dieses Geschehen auf die Bühne gebracht. L. empfing Anregungen von einem Stück des französischen Dramatikers Isaac de Benserade (*La Cleopatre*, 1636). – Singspielartige »Reyen«

beschließen die fünf Akte. Sie reflektieren das Geschehen auf allegorisch-mythologischer Ebene und deuten – am Schluß – eine welthistorische Perspektive an, einen auf das Haus Habsburg, den »Helden-Stamm in Oester-Reich«, zielenden Geschichtsverlauf. »Das Trauer-Spiel beginnet den Morgen / wehret den Tag und die Nacht durch bis an den andern Tag.«

Cleopatra und Antonius befinden sich in einer ausweglosen Lage. Augustus nutzt sie und setzt die das Ende beschleunigende Intrige in Gang, indem er seine Gegner gegeneinander ausspielt: Er verspricht dem Machterhalt, der den Partner opfert. Antonius erweist sich als zu politisch rationalem Handeln unfähig, ist von Leidenschaften bestimmt. Um dem schwankenden Antonius zuvorzukommen, veranlaßt Cleopatra diesen zu einem Affront gegen Augustus und treibt ihn – durch einen geschickt vorgetäuschten Selbstmord – in den Tod. Cleopatras einzige Hoffnung besteht darin, Augustus für sich zu gewinnen. Als sie jedoch durchschaut, daß seine Zusicherungen Täuschung sind und auf einen leichten Triumph abzielen, geht sie großmütig in den Tod: »Ein Fürst stirbt muttig / der sein Reich nicht überlebt.«

Vorher heißt es an einer Stelle: »Wer sich nicht anstelln [verstellen] kan / der taug zum herrschen nicht.« Es geht in dem Stück – die exotische und erotische Atmosphäre steht dem nicht entgegen – letztlich um politische Verhaltensweisen und ihre Grenzen, um die seit Machiavelli vieldiskutierte Frage, inwieweit politisches Handeln sich von den Normen der Religion und Moral lösen darf oder muß. In dieser Hinsicht unterscheiden sich Cleopatra und Augustus nicht: Beide stellen die Notwendigkeit staatsklugen Handelns über (durchaus nicht geleugnete) religiöse oder moralische Normen. Augustus erscheint also keineswegs als positives Gegenbild zu Cleopatra; sein ohne Not doppelzüngiges Verhalten wirft vielmehr einen Schatten auf seinen Sieg, der freilich den vom Verhängnis vorbestimmten Geschichtsverlauf erfüllt. In der 2. Fassung (1680), in der auch die exotisch-kultischen Elemente ausgebaut (Isis-Kult) und die historischen Nebenumstände genauer ausgeführt werden, erfährt die Gestalt des Augustus eine deutliche Aufwertung. Das geschieht vielleicht, um dem im Schlußreyen angesprochenen Kaiser Leopold I. nicht zu nahe zu treten, »der dem August es gleiche thut«.

1662
Catharina Regina von Greiffenberg
Geistliche Sonnette / Lieder und Gedichte

Die aus dem protestantischen österreichischen Landadel entstammende Freiin fand in Johann Wilhelm von Stubenberg, einem der bedeutendsten Übersetzer italienischer und französischer Romane, ihren »Meister«, der ihre ersten poetischen Versuche korrigierte, bis er 1659 einräumen mußte, daß »anjetzt […] die Schülerinn über den Meister« sei. Er empfahl ihr Sigmund von Birken, dem Oberhaupt des Pegnesischen Blumenordens in Nürnberg, und dieser war es auch, der die Veröffentlichung ihrer »zu Gottseeligem Zeitvertreib« erfundenen Gedichte besorgte. Die Gedichtsammlung enthält 250 Sonette und 50 Lieder, »untermischt mit allerhand Kunst-Gedanken« (meist kürzere Gedichte und Epigramme).

Das erste Sonett, »Christlicher Vorhabens-Zweck«, nennt das »Spiel und Ziel«, dem sie sich in ihrem Leben und in ihrer Dichtung verschrieben hat: Gotteslob, Lob der göttlichen Vorsehung, der Gnade und Güte Gottes, Lob Gottes in der Natur und – ein entscheidendes Paradox – in der Erfahrung des Leides. G. bevorzugt die kunstvolle Form des Sonetts als das ihrem Denken und ihrer religiösen Erfahrung adäquate Ausdrucksmittel. Dabei ist die ästhetische Wirkung der Gedichte weitgehend von der Musikalität der Sprache und der häufigen Verwendung von außergewöhnlichen Komposita bestimmt: »Herzgrund-Rotes Meer«, »Herzerleuchtungs-Sonn'«, »Anstoß-Wind«, »Himmels-Herzheit«, »Meersands-Güt'«, »Anlas-Kerne«, »Schickungs-Aepffel«. Das gibt manchen Gedichten einen manieristischen Anstrich, doch hat diese Technik neben ihrem ästhetischen Reiz auch einen tieferen Sinn: Durch die Wortzusammensetzungen werden verborgene Analogien aufgezeigt, werden Mensch, Natur und Gott aufeinander bezogen, wird die Welt sichtbar als ein Ort, in dem die verschiedenen Bereiche aufeinander verweisen. Hier ergeben sich Berührungspunkte mit den Theorien des Philologen Justus Georg Schottelius, der in der Kombinatorik ein wichtiges Ausdrucksmittel der Sprache erkannte (*Ausführliche Arbeit Von der Teutschen HaubtSprache*, 1663; die erste Darstellung dieser »Teutschen Doppelkunst« erschien schon 1641 in Schottelius' *Teutscher Sprachkunst*).

1663
Andreas Gryphius
Horribilicribrifax Teutsch

Obwohl G.' fünfaktiges »Schertz-Spiel« erst 1663 erschien, deuten Anspielungen auf eine Entstehungszeit zwischen Ende 1647 und Frühjahr 1650 hin. Möglicherweise war der Friedensschluß von 1648 der Anlaß für die Komödie um die beiden ›reformierten‹, d. h. aus dem Militärdienst entlassenen Hauptleute Don Horribilicribrifax und Don Daradiridatumtarides, die – allerdings mit ungeeigneten Mitteln – wieder Fuß im bürgerlichen Leben zu fassen suchen. Mit diesen Gestalten knüpft G. an den *Miles gloriosus* des Plautus und eine entsprechende Figur der italienischen Commedia dell'arte, den Capitano Spavento, an (Francesco Andreini, *Le bravure del Capitano Spavento,* 1607). In der deutschen Literatur hatte schon Heinrich Julius von Braunschweig diesen Typ auf die Bühne gebracht (*Von Vincentio Ladislao,* 1594). Der Kunstgriff von G. besteht darin, daß er gleich zwei Maulhelden ins Spiel bringt und den komischen »Zusammenprall zweier Vakua« (Walter Hinck) inszeniert.

Die Miles gloriosus-Handlung (die damit endet, daß die beiden Maulhelden aus der Stadt geworfen werden) verbindet sich mit einem anderen Thema, dem der rechten Gattenwahl. Dabei reicht die Skala der »Wehlenden Liebhaber« – so der Untertitel des Stückes – von der Kupplerin Cyrilla und dem verdorbenen, mit seiner ›Gelehrsamkeit‹ prunkenden Dorfschulmeister Sempronius über die Maulhelden und die armen adeligen Jungfrauen Selene und Sophia (die eine hochmütig, die andere keusch) bis hinauf zum Statthalter Palladius. Durch Parallelisierungen und Kontrastierungen der verschiedenen Paare – insgesamt ergibt sich ein fast vollständiges Bild der gesellschaftlichen Hierarchie – macht G. deutlich, daß in einer von Betrug, Falschheit und Not beherrschten Welt »nur derjenige auf ein wahres Glück hoffen [darf], der allem Schein entsagt und allen Widerwärtigkeiten zum Trotz an seiner reinen Liebe festhält« (Eberhard Mannack). Auf der anderen Seite, und auch das ist poetische Gerechtigkeit, finden sich der pseudogelehrte Schulmeister und die Kupplerin Cyrilla. Die maßlosen Reden der Hauptleute mit ihrem abenteuerlichen Sprachgemenge und das griechisch-lateinische Kauderwelsch des Sempronius (mit dem das unsinnige Gerede der Cyrilla korrespondiert) sorgen für eine Fülle komischer Effekte. Zugleich bilden diese Reden einen Kontrast zur klugen, gewählten Rede der positiven Gestalten, wobei auch hier – wie im *Peter Squentz* (1658) – der Hof als höchste Instanz und Norm erscheint.

Nachrichten von Aufführungen am Gymnasium in Altenburg (Festvorführung für den russischen Gesandten 1674) und in Görlitz (1686) sind überliefert.

1663
Justus Georg Schottelius
Ausführliche Arbeit Von der Teutschen HaubtSprache

In fünf Büchern auf rund 1500 Quartseiten gibt der Wolfenbütteler Hof- und Konsistorialrat eine umfassende Darstellung der grammatischen, sprachtheoretischen und poetologischen Vorstellungen seiner Zeit, eine »barocke summa philologica« (Paul Hankamer). Das Werk basiert weitgehend auf früheren Veröffentlichungen (u. a. *Teutsche Sprachkunst,* 1641; *Teutsche Vers- oder ReimKunst,* 1645). Buch 1 enthält »Zehn Lobreden von der Teutschen HaubtSprache« (u. a. über Themen wie »Uhrankunft und Uhraltertuhm« des Deutschen, »Stammwörter«, »Verdoppelung der Teutschen Wörter«, Mundarten, Plan für ein »völliges Lexikon in Teutscher Sprache«), Buch 2 und 3 sind der Grammatik, Buch 4 der Poetik gewidmet. Buch 5 umfaßt eine Reihe von Traktaten, darunter eine versifizierte »Einleitung zur Teutschen Sprache« (zuerst 1643), Abhandlungen über germanische Eigennamen und deutsche Sprichwörter, einen Dialog über das Übersetzen und ein Verzeichnis von mehr als 5000 Stammwörtern der deutschen Sprache. Darüber hinaus versucht sich S. an einem literaturgeschichtlichen Überblick (»Von denen Authoren / welche vom Teutschen Wesen / was Geschichte / Landart und Sprache betrift / geschrieben«).

Die ›Spracharbeit‹ von S., die Sprachgeschichte und -philosophie ebenso umfaßt wie Grammatik, Poetik und Literaturgeschichte, verfolgt nicht nur wissenschaftlich-gelehrte Ziele: Es geht auch um Patriotisches, um gelehrte Kulturpropaganda, um das »Lob« der deutschen Sprache, deren Alter, Reinheit und »Grundrichtigkeit« sie über die anderen Sprachen erhebe. Eine entscheidende Rolle spielt dabei die Stammwortlehre: Die auf göttlichen Ursprung zurückgehenden einsilbigen Stamm- oder Wurzelwörter sind das konstituierende Element der Sprache; sie bilden die Dinge »gleichsam wesentlich« ab, beweisen den natürlichen Zusammenhang von Wort und Sache.

Der Reichtum an Stammwörtern – ihre Zahl steht von vornherein fest und kann sich allenfalls verringern – zeichnet die deutsche Sprache vor allen anderen Sprachen aus. Als weiterer Erweis der Überlegenheit des Deutschen gilt S. die Vielfältigkeit der Wortbildungsmöglichkeiten im Deutschen, die er im einzelnen durchspielt, ein Aspekt, der auch für die Dichtung von Bedeutung ist. So mag Catharina Regina von Greiffenberg mit ihren gewagten Komposita der Kombinatorik dieser »Teutschen Doppelkunst« verpflichtet sein (*Geistliche Sonnette / Lieder und Gedichte,* 1662).

1663
Johann Thomas
Damon und Lisille

Der Schäferroman des sächsisch-altenburgischen Hofbeamten T., unter dem Pseudonym Matthias Jonsohn erschienen, ist ein außergewöhnliches Werk, das souverän die Konventionen der Gattung mißachtet. Romane wie die *Jüngst-erbawete Schäfferey* (1632) erzählen, meist moralisierend im Ton, von der Liebe zweier Menschen, die keine Erfüllung findet. Am Ende steht die Trennung. Auf der anderen Seite enden die höfisch-historischen Barockromane mit der Hochzeit der Protagonisten als feierlicher Schlußapotheose.

T. hält sich nicht an diese Schemata. Nach einem Hinweis auf den endlich eingekehrten Frieden und die notwendige Aufbauarbeit schildert er die Werbung Damons um Lisille, das Wachsen der gegenseitigen Liebe und die Hochzeit, macht aber hier nicht halt, sondern geht davon aus, »daß ihrer nicht wenig seyn / die gerne werden wissen wollen / wie doch diese Ehe gerathen«: »so will ich mich nicht verdriessen lassen / solche meine Histori etwas weiter außzuführen / darmit ihr sehet / wie unsern Eheleuten der Himmel zwar nit immer voller Geigen gehangen / sondern gleich andern ihres gleichen gutes und böses durcheinander begegnet [...].« Diesem Vorsatz entsprechend erzählt T., durchaus mit autobiographischen Zügen, von den Freuden und Sorgen der Ehe, von alltäglichen Haushaltsfragen, von Krankheiten und Ärgernissen, Ausflügen und Reisen, von Geburt und Tod. Mit der Geburt der kleinen Lisille endet der schlicht erzählte Roman, in dem der sonst übergangene Alltag sichtbar wird. Eine Fülle lyrischer Einlagen trägt zur Anmut der Erzählung bei.

1665 erschien – nach zwei Drucken des Jahres 1663 – eine weitere Auflage des Romans, vermehrt um einen lyrischen Anhang.

1663–68
Johann Rist
Monatsgespräche

Mit den sechs Bänden seiner *Monatsgespräche* knüpft der vielseitige Wedeler Pastor an Georg Philipp Harsdörffers *Frauenzimmer Gesprächspiele* (1641–49) an. *Monatsgespräche* ist ein Sammeltitel, der sich aus R.s Absicht erklärt, »nach den zwölf Monahten des Jahres / Auch zwölf Gespräche / aufs Papir zu bringen«. R. gelangte nur bis zur Mitte des Jahres. Er starb 1667; der sechste Band erschien postum.

Rahmenfiktion und Aufbau sind in allen Teilen gleich. Einleitend unterhält sich »der Rüstige« (R.s Gesellschaftsname in der Fruchtbringenden Gesellschaft) mit seinen Gärtnern oder seinen Besuchern über die jeweils blühenden Pflanzen und Blumen, dann folgt eine Unterhaltung mit drei Freunden, Mitgliedern des von R. gegründeten Elbschwanordens, über ein bestimmtes Thema. Dabei geht es jeweils darum, unter vier vergleichbaren Dingen das »alleredelste« zu bestimmen. Der Rüstige ergreift stets als letzter das Wort; seine Meinung wird allseits akzeptiert. Die Themen sind in den Titeln der einzelnen Bände angegeben: 1. *Das AllerEdelste Nass der gantzen Welt* (Tinte trägt den Sieg über Wein, Milch und Wasser davon), 2. *Das AllerEdelste Leben* (Landleben), 3. *Die AllerEdelste Tohrheit* (Alchimie), 4. *Die AllerEdelste Belustigung Kunst- und Tugendliebender Gemühter* (Malerei), 5. *Die alleredelste Erfindung* (Buchstaben), 6. *Die alleredelste ZeitVerkürtzung* (Todesbetrachtung).

Das Werk bietet einerseits rhetorische Musterbeispiele, andererseits geht es um Wissensvermittlung. Dabei wendet sich R. vor allem den Dingen der Erfahrungswelt zu und entwirft so ein mit Realien gesättigtes Zeitbild, wie es sonst in der Literatur des 17. Jh.s kaum anzutreffen ist. Von literarhistorischem Interesse ist u. a. ein Bericht über Aufführungen der englischen Komödianten (Teil 3).

Im Auftrag des Verlegers setzte der Nürnberger Erasmus Francisci das Werk mit sechs weiteren Teilen nach dem gleichen Schema fort (1668–71). Alle zwölf Gespräche R.s und Franciscis wurden 1703 unter dem Titel *Curieuses Recreations-Jahr* noch einmal gedruckt.

1664
Joachim Rachel
Teutsche Satyrische Gedichte

Während die niederdeutschen Satiren Johann Laurembergs (*Veer Schertz Gedichte,* 1652) Distanz zur neuen (hoch)deutschen Poesie halten und an ältere deutsche Traditionen anknüpfen, sucht R. auf der Grundlage der neuen deutschen Kunstdichtung opitzianischer Prägung den direkten Anschluß an die römische Satire. Er definiert Satire traditionell als »ein solch Werck, welches allerhand übliche, und im Schwange gehende Laster, jedoch ohne Verletzung eines Menschen Ehren, guten Namen und Leumut, durchziehet, und mit lachendem Munde die dürre Warheit saget«.

Der Erstdruck von 1664 enthält sechs Satiren (Umfang zwischen 104 und 680 Alexandrinern), die postume Ausgabe von 1677 ist um zwei weitere, 1666 entstandene Texte vermehrt (620 bzw. 508 Verse): *Das Poetische Frauen-Zimmer Oder Böse Sieben, Der Vortheilige Mangel, Die gewünschte Haußmutter, Die Kinder-Zucht, Vom Gebeth, Gut und Böse, Freundt, Der Poet.*

Einige der Satiren sind Juvenal und Persius verpflichtet, »doch mit solcher Freyheit, daß ich sie wol zum Theil mag meine nennen«, d. h. sie werden umgearbeitet und auf die eigene Zeit bezogen. Andere Texte greifen auf volkstümliche Traditionen zurück *(Das Poetische Frauen-Zimmer)* oder nehmen sich die zeitgenössische Poesie vor *(Der Poet)*. Dies alles geschieht nicht ohne Witz, doch bleibt R.s Zeitkritik – etwa im Vergleich mit dem moralistischen Ernst der Prosasatiriker Johann Michael Moscherosch und Hans Jacob Christoph von Grimmelshausen – eher harmlos (wofür auch spricht, daß die ersten drei Satiren aus Hochzeitsgedichten entstanden sind).

R.s *Satyrische Gedichte* wurden bis 1743 häufig nachgedruckt und – seit der Ausgabe von 1700 – auch um unechte Texte vermehrt.

1665
Daniel Casper von Lohenstein
Agrippina

Agrippina, 1665 gedruckt und der Herzogin Louise von Schlesien gewidmet, wurde vom 2. bis 18. Mai 1666 abwechselnd mit L.s zweitem römischen Trauerspiel (*Epicharis,* 1665) von Schülern des Breslauer Elisabeth-Gymnasiums aufgeführt.

Wichtigste Quelle L.s waren die *Annalen* des Tacitus.

Titelheldin des Trauerspiels in fünf Akten ist Agrippina, die Mutter Neros. Ihre Ermordung, veranlaßt durch ihren Sohn, ist der Gegenstand des Stückes, das zugleich zu einer Demonstration der Perversion politischer Macht wird. Im Mittelpunkt des Geschehens steht Nero, der sich auf dem Gipfel seiner Macht fühlt: ein maßloser Tyrann, wollüstig, ängstlich, überall Verschwörer und Mörder witternd und auf bloßen Verdacht hin zum Mord bereit. Agrippina sieht ihren Einfluß schwinden, als Nero mit Sabina Poppaea ein neues Objekt seiner Lust findet (nicht ohne Zutun ihres Ehemanns). Daher reizt Agrippina ihren Sohn zum – gerade noch durch andere Personen verhinderten – Inzest, eine Szene ohne Parallele in der Dichtung des 17. Jh.s. Neros Ratgeber Paris sieht hinter Agrippinas Verhalten politische, umstürzlerische Motive (»Sie libet Kron und Reich / Nicht aber / Käyser / dich«) und bringt Nero dazu, ihrer Ermordung zuzustimmen. Als ein kunstvoll inszenierter Schiffbruch nicht das gewünschte Ergebnis bringt, wird sie, die sich inzwischen mit ihrem Tod abgefunden hat, »mit vielen Stichen ermordet«. Die fünf »Reyen« bilden einen starken Kontrast zum Geschehen der »Abhandlungen« (Akte); sie zeigen allegorisch, daß »doch endlich die Tugend siege / die Laster zu Grunde gehen«, und stellen abschließend »die Marter eines bösen Gewissens für Augen«.

Hubert Fichte legte 1978 eine Bühnenbearbeitung des Stückes vor (nach einer 1977 gesendeten Hörspielversion), die das Stück durch explizite Bühnenanweisungen, Pantomimen, eine Sophokles-Hölderlin-Ödipus-Collage und Claudio Monteverdis Musik (*L'Incoronazione di Poppea,* 1642) drastisch ergänzt. Er betont die magischen Aspekte (»ich finde, die *Agrippina* ist doch eigentlich ein gewaltiger Vaudau«) und geht der tiefenpsychologischen Schicht des Werkes nach (wobei er durchaus unhistorisch verfährt und häufig den Sinn des Originaltextes verfehlt).

1665
Daniel Casper von Lohenstein
Epicharis

Die *Epicharis,* Trauerspiel in fünf Akten, ist wahrscheinlich nach der *Agrippina* entstanden. Beide Stücke erschienen 1665 im Druck und wurden vom 2. bis 18. Mai 1666 abwechselnd von Schülern des Breslauer Elisabeth-Gymnasiums aufgeführt. Gegenstand des Dramas ist die sogenannte Pisonische Verschwörung gegen Nero (65 n. Chr.), deren Aufdeckung auch Neros früherem Erzieher und Minister Seneca das Leben kostete. L. stützte sich auf die *Annalen* des Tacitus, Schriften Senecas und eine Reihe französischer Quellen: u.a. den Roman *Ariane* (1632, dt. 1643 und 1644) von Jean Desmarets de Saint-Sorlin, der Epicharis als Haupt der Verschwörung hinstellt und eine königliche Abstammung andeutet, und das Drama *La Mort de Seneque* (1645) von François Tristan l'Hermite.

Das Vorhaben der Verschwörer, in einer großen Szene am Ende des 1. Akts besiegelt, wird im 2. Akt durch das unvorsichtige Verhalten eines Mitverschwörers entdeckt. Durch Folter wird der Verrat weiterer Namen erzwungen (3. Akt). Und so kommt es dann zu einer Folge von Folter-, Hinrichtungs- und Selbstmordszenen, die den 4. und 5. Akt ausmachen und mit dem Tod der Epicharis, die »sich auf dem Folter-Stule in einer Binde selbst erwürget«, enden: »Den Göttern opfert Vieh / der Tyber diese Leichen«, sind Neros letzte Worte (und die letzten Worte des Stücks).

Das Trauerspiel ist nicht nur ein grausiges Mord- und Folterkabinett. Es reflektiert auch grundsätzliche politische Positionen. Die Verschwörer diskutieren die Frage der besten Staatsform – Epicharis ist als Republikanerin für die »Wieder-Einführung eines freyen Bürger-Regiments«, wird jedoch überstimmt und ist damit einverstanden, Seneca zum Kaiser zu machen; außerdem stellt sich die Frage des Widerstandsrechts und des Tyrannenmords, wobei Seneca eine generell ablehnende Haltung einnimmt, aber in diesem Fall die Notwendigkeit einsieht und das Gelingen der Verschwörung wünscht (»Wahr ist; ist sonst kein Fürst zu tödten / so ists der«). Die Argumente sind also jeweils auf die konkrete Diskussion und Situation bezogen; Rückschlüsse auf L.s eigene Haltung – man hat z.B. Sympathien für eine nicht-monarchische Staatsform vermutet – bleiben problematisch. Eindeutig freilich ist der Gegensatz zwischen Laster und Tugend, der sich in Nero und Epicharis verkörpert. Gleichwohl – das machen die »Reyen« deutlich – ist die dem »Blutthund« Nero vom »Verhängnüs« gewährte Zeit noch nicht zu Ende. Der 4. »Reyen« läßt die Blutherrschaft Neros und seiner Nachfolger als göttliche Strafe erscheinen.

Während heute Epicharis als positive Exempelfigur verstanden wird (»Verkörperung aller politischen Tugenden«: Klaus Günther Just), wurde sie 1710 von Schweizer Jesuiten anläßlich einer Aufführung in Sitten (Wallis) negativ gesehen: *Coniuratio punita. Das Ist Die in ihrem bösen*

Vorhaben abgestraffte Epicharis. Einen Versuch, das Stück für die moderne Bühne zu gewinnen, unternahm das Kölner Schauspielhaus (8. 1. 1978, Regie: Hansgünther Heyme): »Das Rom des Kaisers Nero in der Vorstellung eines Barockdichters, und diese noch einmal gebrochen in gegenwärtiger Optik« (Heinrich Vormweg).

1667
Paul Gerhardt
Geistliche Andachten Bestehend in hundert und zwantzig Liedern

Die Lieder G.s gehören zu den wenigen dichterischen Leistungen des 17. Jh.s, die bis heute lebendig geblieben sind. Sie setzen die Tradition des reformatorischen Kirchenliedes fort, verschließen sich aber weder der mit dem Namen von Martin Opitz verbundenen Literaturreform noch dem Bedürfnis nach einer vertieften und verinnerlichten Frömmigkeit, das sich als Reaktion auf ein als veräußerlicht empfundenes Christentum und die gelehrte Streittheologie in zahlreichen Erbauungsschriften Ausdruck verschaffte (z.B. Johann Arndt, *Vier Bücher vom wahren Christentum*, 1605–09, und *Paradiesgärtlein*, 1612). Die protestantische Lieddichtung öffnete sich zuerst mit Johannes Heermann diesen Tendenzen; das Andachts- und Erbauungslied entsteht: »Doch der ist am besten dran, Der mit Andacht singen kann«, heißt es bei G.

Geistliche Andachten nennt denn auch Johann Georg Ebeling, Herausgeber (und Komponist) der ersten Gesamtausgabe, G.s Texte, die vorher schon nach und nach in verschiedenen Auflagen von Johann Crügers *Praxis pietatis melica* (1648 u.ö.) veröffentlicht worden waren. Volkstümliche Schlichtheit und religiöse Innigkeit charakterisieren viele seiner Lieder – die Auswahl im *Evangelischen Kirchen-Gesangbuch* bevorzugt Texte dieser Art. G.s Lieder basieren etwa zur Hälfte auf Bibelstellen (wie Heermann und andere setzt G. die Passion und die Sonntagsevangelien in Verse); sie sprechen von Anfechtung, Kreuz und Buße, aber auch von Trost, Gottvertrauen und Freude, von der Gewißheit der Erlösung. Aus der lateinischen Hymnentradition stammt *O Haupt vol Blut und Wunden*, eines seiner bekanntesten Lieder. Volkstümlich wurde G. mit Liedern wie *Befiehl du deine Wege, Geh aus mein Hertz und suche Freud* oder *Nun ruhen alle Wälder*, mit Texten also, die dem Bedürfnis nach einer verinnerlichten Frömmigkeit entgegenkamen. Allerdings bedeutet der häufig postulierte Gegensatz zwischen den ›Wir‹-Liedern Luthers und den ›Ich‹-Liedern G.s (noch) keinen Durchbruch zur Subjektivität: Das Ich bezeichnet kein unverwechselbares Individuum, gemeint ist vielmehr – wie fast durchweg im religiösen Lied des 17. Jh.s – der Mensch als Mitglied der religiösen Gemeinschaft.

Bis weit in die 1. Hälfte des 18. Jh.s hinein erschienen immer neue Ausgaben seiner Lieder, die zugleich durch Gesangbücher verbreitet wurden. Noch heute ist G. neben Luther der am häufigsten im *Evangelischen Kirchen-Gesangbuch* vertretene Lieddichter. Auf die ungebrochene Kontinuität verweist Albrecht Goes, der 1969 eine G.-Auswahl herausgab: »Ich vergegenwärtige mir, daß es zwischen 1670 und 1930 kein evangelisches Alumnat gegeben hat, in dem eine Hausregel Morgen- und Abendandacht vorsah, wo nicht in sicherem Turnus diese Lieder wieder- und wiederkehrten. Ich sage Orte und Namen. Schulpforta also, Klopstock und Nietzsche; Lessing in Meißen, Hölderlin und Hegel im Tübinger Stift […].«

1668
Johannes Praetorius
Blockes-Berges Verrichtung

»Er schrieb in der zweiten Hälfte des 17. Jahrhunderts und verband mit geschmackloser aber scharfsichtiger Gelehrsamkeit Sinn für Sage und Aberglauben«, heißt es im Vorwort zu Jacob und Wilhelm Grimms *Deutschen Sagen* (1816–18) über P., dessen umfangreiches Werk bis heute als Quelle für Sagen, für volkstümliche Bräuche und abergläubische Vorstellungen der Frühen Neuzeit herangezogen wird. So gehen fast alle Rübezahlsagen auf P. zurück, der sie aus literarischen Quellen und mündlicher Überlieferung zusammentrug (und durch eigene Erfindung vermehrte): *Daemonologia Rubinzalii Silesii* (3 Tle., 1662–65), *Satyrus Etymologicus, Oder der Reformirende und Informirende Rüben-Zahl* (1672). In den Bereich des Hexen- und Gespensterglaubens führt die *Blockes-Berges Verrichtung / Oder Ausführlicher Geographischer Bericht / von dem hohen trefflich alt- und berühmten Blockes-Berge: ingleichen von der Hexenfahrt / und Zauber-Sabbathe / so auff solchen Berge die Unholden aus gantz Teutschland / Jährlich den 1. Maij in Sanct-Walpurgis Nachte anstellen sollen*. P. hat das Werk, wie er schreibt, »Aus vielen Autoribus abgefasset«, daneben aber auch mündliche Überlieferungen berücksichtigt.

Vorangestellt ist die Beschreibung einer Harzwanderung und Brockenbesteigung des Jahres 1653. Dann folgt im 1. Teil ein vorbereitender geographischer Bericht (einschließlich einer Aufzählung anderer Orte, wo es ebenfalls Gespenster gibt). Die Hauptsache bringt der annähernd 500 Seiten umfassende 2. Teil: eine Darstellung des Hexenwesens und der im Volk umlaufenden Hexengeschichten. Dabei geht es – trotz einiger gelehrter Exkurse in lateinischer Sprache – nicht um eine Auseinandersetzung mit dem Hexenglauben, sondern um Unterhaltung. Die einzelnen, äußerst materialreichen und durch Paragraphen gegliederten Kapitel handeln u. a. »Von denen Personen / welche bey der Hexen Gasterey sich befinden lassen« (eine Art allgemeiner Darstellung des Hexenwesens und seiner Ursachen), »Von der Hexen Reisefahrt«, »Von der Hexen Salbe«, »Von denen Ursachen / warumb die Hexen zu ihren Versamlungen fahren müssen«, »Von dem Bock-Küssen«, »Von dem Hexen-Tantz«, »Hexen buhlen mit dem Teuffel« usw.

P.s unkritische Kompilation war nicht dazu geeignet, zur Aufklärung über den Hexenglauben und die unmenschliche Praxis der Hexenprozesse beizutragen, wie es vor ihm Friedrich Spee (*Cautio criminalis*, 1631) und Johann Matthäus Meyfart (*Christliche Erinnerung / […] wie das abschewliche Laster der Hexerey mit Ernst außzurotten / aber in Verfolgung desselbigen […] sehr bescheidentlich zu handeln sey*, 1635) getan hatten. P.s Wirkung war anderer Art. Als literarische Quelle wurde das Werk schon von Grimmelshausen benutzt; später griffen u. a. Goethe in seiner Darstellung der Walpurgisnacht (*Faust I*, 1808) und Heinrich Heine im Tanzpoem *Der Doktor Faust […] nebst kuriosen Berichten über Teufel, Hexen und Dichtkunst* (1851) auf die *Blockes-Berges Verrichtung* zurück.

1668–69
Hans Jacob Christoph von Grimmelshausen
Der Abentheurliche Simplicissimus Teutsch

In G.s erster Veröffentlichung, dem *Satyrischen Pilgram* (1666–67), wird der *Simplicissimus* angekündigt: als Buch über und gegen den Krieg, das besser, ausführlicher und in einer »lustigern Manier« als die knappe Moralsatire des *Satyrischen Pilgram* schildern könne, »was Krieg vor ein erschreckliches und grausames Monstrum seye«. Der so vorgestellte Roman erschien in fünf Büchern im Herbst 1668, vordatiert auf 1669, um eine längere Aktualität zu gewährleisten: *Der Abentheurliche Simplicissimus Teutsch / Das ist: Die Beschreibung deß Lebens eines seltzamen Vaganten / genant Melchior Sternfels von Fuchshaim / wo und welcher gestalt Er nemlich in diese Welt kommen / was er darinn gesehen / gelernet / erfahren und außgestanden / auch warumb er solche wieder freywillig quittirt. Überauß lustig / und männiglich nutzlich zu lesen.* Schon im Frühjahr 1669 wurde eine 2. Ausgabe erforderlich, vermehrt um die *Continuatio,* die auch separat erhältlich war. Der Erfolg des Romans führte zu einer komplizierten Folge von insgesamt sechs autorisierten und nicht autorisierten Auflagen, wobei dem Erstdruck der Vorzug gegenüber einer in ihrer Authentizität umstrittenen ›Ausgabe letzter Hand‹ gebührt (*Gantz neu eingerichteter allenthalben viel verbesserter Abentheurlicher Simplicius Simplicissimus,* 1671).

G. benutzte zahlreiche Quellen für seinen Roman. Er griff auf ältere deutsche Dichtung ebenso zurück wie auf die europäische Renaissance- und Barockliteratur. Tommaso Garzonis *Piazza Universale* (1585, dt. 1619), ein großes Kompendium »aller Professionen / Künsten / Geschäfften / Händlen und Handtwercken«, wird häufig herangezogen. Johann Michael Moscheroschs satirische *Gesichte Philanders von Sittewalt* (1640–50), insbesondere das ›Gesicht‹ *Soldatenleben,* tragen viel zu G.s Sicht des Dreißigjährigen Krieges bei. Autobiographische Momente kommen dazu. Als fiktive Autobiographie knüpft der *Simplicissimus* an den spanischen Pikaroroman an, der G. durch die moralisierenden, in gegenreformatorischem Sinn bearbeiteten deutschen Versionen zugänglich war (*Lazarillo de Tormes,* 1554, dt. 1617; Mateo Alemán, *Guzman de Alfarache,* 1599–1605, dt. 1615; Francisco López de Úbeda, *Pícara Justina,* 1605, dt. 1620–27). Auch der französische *roman comique,* die andere Ausprägung des europäischen niederen Romans, war G. durch Charles Sorels *Histoire comique de Francion* (1623–33, dt. 1662 und 1668) bekannt.

G.s Erzähler, der auf einer einsamen Insel Ruhe vor den Versuchungen der Welt gefunden hat *(Continuatio),* blickt zurück auf den eigenen Lebensweg, beschreibt und kommentiert sein früheres Leben von einer höheren moralischen Stufe aus: »zuletzt als ich mit hertzlicher Reu meinen gantzen geführten Lebens-Lauff betrachtete / [...] beschriebe ich alles was mir noch eingefallen / in dieses Buch [...]«. Was der Einsiedler auf Palmenblättern aufzeichnet, ist zunächst eine ›Bekehrungsgeschichte‹ (die Kategorie ›Entwicklung‹ trifft nicht den Sachverhalt), bietet aber zugleich eine desillusionierende Sicht der Welt zur Zeit des Dreißigjährigen Krieges.

Der Roman beginnt mit dem Einbruch des Krieges in die Spessarter Waldidylle, in der der Held unschuldig und unwissend aufwächst. Er findet Zuflucht bei einem Einsiedler – seinem Vater, wie sich später herausstellt –, bei dem er »auß einer Bestia zu einem Christenmenschen« wird und der ihm drei Lehren mit auf den Weg gibt: »sich selbst erkennen / böse Gesellschafft meiden / und beständig verbleiben.« Dann wird er endgültig in die vom Krieg geprägte Welt gestoßen, zunächst als Opfer, als ›Narr‹, der den Menschen den Spiegel vorhält; dann auch als Handelnder, der schuldig wird und sich – von gelegentlichen Besserungsversuchen abgesehen – treiben läßt, schließlich aber »auß sonderlicher Barmhertzigkeit« Gottes zu Selbsterkenntnis und Glaubensgewißheit gelangt und als Einsiedler ein gottgefälliges Leben zu führen trachtet. Das gelingt allerdings erst beim zweiten Versuch auf der Kreuz-Insel; ein »Adieu Welt« am Ende des 5. Buches war ohne Konsequenzen geblieben.

Im *Simplicissimus* steht der moralisch-religiöse Anspruch, den die Beschreibung eines exemplarisch oder allegorisch deutbaren Lebenswegs durch die Unbeständigkeit und Vergänglichkeit der Welt zum Heil erhebt, in ständiger Spannung zu einer elementaren Erzählfreude und einem satirisch-realistischen Erzählkonzept, für das sich G. auf Charles Sorel und den *roman comique* berufen konnte. Der *Simplicissimus* weitet sich so, über die begrenzte Perspektive auf ein Einzelschicksal hinaus, zu einer grellen Schilderung der Welt des Dreißigjährigen Krieges und einer Gesellschaft, in der alle Werte auf den Kopf gestellt sind und deren heilloser Zustand vor dem Hintergrund der christlichen Lehre und verschiedener innerweltlicher Utopien nur um so deutlicher wird. Erst durch die Loslösung von eindimensionaler christlicher Unterweisung, wie sie die Verdeutschungen der spanischen Pikaroromane charakterisiert (vgl. Aegidius Albertinus, *Der Landstörtzer: Gusman von Alfarche,* 1615), gewinnt G.s *Simplicissimus* die Weltfülle, die ihn vor allen anderen deutschen Romanen des 17. Jh.s auszeichnet.

G. ließ dem *Simplicissimus Teutsch* und der *Continuatio* – neben anderen Werken – vier weitere Texte folgen, die er rückblickend als Teile seines großen Romans bezeichnete: *Trutz Simplex: Oder Ausführliche und wunderseltzame Lebensbeschreibung Der Ertzbetrügerin und Landstörtzerin Courasche* (1670), *Der seltzame Springinsfeld* (1670) und *Das wunderbarliche Vogel-Nest* (I: 1672, II: 1675).

Pragmatische und personelle Verbindungen bestehen vor allem zwischen *Simplicissimus, Courasche* und *Springinsfeld:* Randfiguren des Romans werden Helden einer eigenen Geschichte. Im übrigen liegen die Gemeinsamkeiten auf einer allgemeineren Ebene. Es handelt sich jeweils um formal durchaus unterschiedlich dargebotene Lebensgeschichten, um individuelle Bekehrungsgeschichten (bzw. deren Umkehrung in der *Courasche*); außerdem verweist G. auf »seinen gewöhnlichen lustigen Stylum«, die satirische Schreibweise, als verbindendes Element.

In der *Courasche* verkehrt G. den Rückblick in Reue, die traditionelle Form der *confessio* ins genaue Gegenteil: Die auf ihr Leben zurückschauende Courasche – moralisch-allegorisch als Verkörperung der Frau Welt angelegt und mit frauenfeindlichen Zügen gezeichnet – weist in dem erzählerischen Racheakt an ihrem früheren Geliebten Simplicissimus jeden Gedanken an Bekehrung zurück, kennt keine Reue, bleibt sich in beeindruckender Konsequenz treu. Der Courasche als negativem Exempel folgt das ebenfalls wenig erbauliche Soldaten-, Landstreicher- und Bettlerleben ihres zeitweiligen Ehemanns Springinsfeld. Hier wirft die verhältnismäßig umfangreiche Rahmenerzählung ein neues Licht auf den Roman: Ein gewandelter Simplicissimus, zurückgekehrt von der Kreuz-Insel, steht für ein praktisch-tätiges Christentum in der Gesellschaft und relativiert damit den Einsiedlerschluß der *Continuatio. Das wunderbarliche Vogel-Nest* entfernt sich am weitesten vom Handlungszusammenhang des *Simplicissimus*, dem *Courasche* und *Springinsfeld* noch verpflichtet sind. Der Titel bezieht sich auf ein unsichtbar machendes Zaubermittel, das schon am Ende des *Springinsfeld* eingeführt worden war. Es ermöglicht dem durch die Welt wandernden Erzähler – es herrscht jetzt Frieden –, das gottvergessene Treiben der Menschen zu beobachten und gelegentlich korrigierend einzugreifen. Schwänke, Anekdoten und exemplarische Erzählungen bilden die stoffliche Grundlage. Über eine bloße Reihung kommt G. dadurch hinaus, daß er den Erzähler in das Geschehen einbezieht, ihn zum Gegenstand eines Prozesses der Selbsterkenntnis und inneren Umkehr macht. Im 2. Teil verschärft sich die lehrhafte Tendenz. Das Vogelnest gerät in den Besitz eines Kaufmanns, der das Zaubermittel skrupellos zu seinem vermeintlichen Vorteil anwendet: Seine Handlungen demonstrieren, wie der Teufel durch das Geld die Welt beherrscht und sündhafte Liebe – in der komplexen, von antisemitischen Tönen nicht freien Geschichte vom falschen Messias – schließlich in »Gottlosigkeit«, »Melancho-

ley« und »Verzweifelung« endet. Angesichts der Verblendung des Kaufmanns bedarf es einer Katastrophe, um die Umkehr auszulösen.

G.s Nachruhm gründet sich vornehmlich auf den *Simplicissimus*, der für die Verhältnisse des 17. Jh.s ein sehr erfolgreicher Roman war. Die Begriffe ›Simplicissimus‹ und ›simplicianisch‹ mußten bald zu Reklamezwecken herhalten und wurden einer Anzahl von Büchern und Pamphleten verschiedensten Inhalts untergeschoben. Für die wenigen romanhaften Lebensbeschreibungen darunter hat sich die Bezeichnung ›Simpliciaden‹ – analog zu ›Robinsonaden‹ – eingebürgert, obwohl nur wenige Werke engere Beziehungen zum Simplicissimus aufweisen (Johann Beer, *Der Simplicianische Welt-Kucker,* 1677–79; Johann Georg Schielen, *Deß Frantzösischen Kriegs-Simplicissimi [...] Lebens-Lauff,* 1682; Daniel Speer, *Ungarischer Oder Dacianischer Simplicissimus,* 1683).

Der letzte Nachdruck der postumen Sammelausgabe von G.s Schrift war 1713 erschienen. Von der Mitte des 18. Jh.s an wurde dann gelegentlich wieder Notiz von »Samuel Greifnson« – das ist eines von G.s zahlreichen Pseudonymen – genommen; Bearbeitungen des *Simplicissimus* und einiger anderer Schriften wurden gedruckt. Besonderes Interesse fand der *Simplicissimus* jedoch erst in der Romantik, etwa bei Ludwig Tieck, der die Jupiter-Episode im Hinblick auf die Französische Revolution und auf Napoleon aktualisierte und seinen Mitarbeiter und Freund Karl Eduard von Bülow zu einer »Wiederherstellung« des Romans anregte (*Die Abenteuer des Simplicissimus. Ein Roman aus der Zeit des dreißigjährigen Krieges,* 1836). Die Auseinandersetzung mit dieser Bearbeitung in der romantischen Herausgebertradition markiert den Anfang der eigentlichen Grimmelshausenforschung, die bald zur Aufschlüsselung der verschiedenen Anagramme und damit zur Identifizierung G.s als Verfasser des *Simplicissimus* führte (Hermann Kurz, 1837).

G.s Wirkung blieb – und damit gehört er zu den Ausnahmen unter den Dichtern des 17. Jh.s – nicht auf die Wissenschaft beschränkt. Künstler wie A. Paul Weber schufen Illustrationen zum Werk, Karl Amadeus Hartmann komponierte eine *Simplicissimus*-Oper (*Des Simplicius Simplicissimus Jugend. Bilder einer Entwicklung aus dem deutschen Schicksal,* 1936; Uraufführung 1948), und zahlreiche Dichter ließen sich seit der Romantik vom Werk und von der Person G.s anregen, wobei die Verse Johannes R. Bechers (*Grimmelshausen 1625–1676,* 1944), Bertolt Brechts *Mutter Courage und ihre Kinder*

(1941) und *Das Treffen in Telgte* (1979) von Günter Grass zu den letzten wichtigen Beispielen zählen.

1669
Daniel Casper von Lohenstein
Sophonisbe

Der Rat der Stadt Breslau gestattete am 14. Mai 1669 Schülern des Magdalenen-Gymnasiums, die *Sophonisbe* und Johann Christian Hallmanns *Antiochus und Stratonica* aufzuführen. Gedruckt wurde L.s Werk erst 1680. Entstanden ist es wahrscheinlich schon 1666; es bezieht sich mehrfach auf die in diesem Jahr vollzogene Hochzeit Kaiser Leopolds I. mit Margareta Theresia von Spanien (eine Aufführung anläßlich dieses Ereignisses ist nicht belegt).

Das fünfaktige Drama behandelt eine Episode aus dem Zweiten Punischen Krieg, von der die Historiker Livius und Appian berichten. Zahlreiche Dichter des 17. Jh.s, darunter die französischen Dramatiker Jean Mairet (1634) und Pierre Corneille (1663) – behandelten den Sophonisbe-Stoff. Möglicherweise kannte L. die Tragödie Mairets.

Die Konstellation in der *Sophonisbe* ist ähnlich wie die in L.s *Cleopatra*, seinem ersten afrikanischen Trauerspiel: auf der einen Seite die Vertreter Roms und seiner unwiderstehlichen militärischen Macht, auf der anderen die dem Untergang geweihten afrikanischen Reiche und ihre Repräsentantinnen.

Der numidische König Syphax und seine Gattin Sophonisbe verteidigen ihre Residenzstadt Cyrtha gegen die afrikanischen Bundesgenossen Roms unter Massinissa. Als Syphax gefangengenommen wird, kämpf Sophonisbe mit allen Mitteln um ihre Herrschaft, bereit, Syphax seinem Schicksal zu überlassen und ihre Kinder den Göttern zu opfern. Syphax vermag jedoch zu fliehen und das Opfer zu verhindern. Massinissa erobert die Stadt und nimmt das Herrscherpaar gefangen. Sophonisbe verhilft ihrem Mann zu Flucht. Massinissa trägt ihr in seiner Leidenschaft die Ehe an. Sie willigt ein, weil sie so eine Möglichkeit sieht, die Herrschaft zu behaupten. Massinissa akzeptiert ihre Bedingung, sie nie in römische Hand fallen zu lassen. Der römische Oberbefehlshaber Scipio jedoch, der anders als Augustus in der *Cleopatra* außerhalb des erotischen Beziehungsgeflechts bleibt, »verweiset Masanissen ernstlich seine unbesonnene Heyrath / und bringet ihn zum Erkäntnüs seines Fehlers«. Der

zwischen Liebe und Vernunft schwankende Massinissa schickt Sophonisbe Gift, um sein Versprechen halten zu können. Didos Geist »verkündigt Sophonisben ihren und Carthagens Untergang«, und angesichts der Erkenntnis, daß das »Verhängnüs« ihrem Herrschaftsauftrag entgegensteht, geht sie freiwillig in den Tod, nicht ohne Schuld, aber durchaus mit Größe. Im letzten »Reyen« (»Reyen Des Verhängnüsses / der vier Monarchien«) entfaltet L. noch einmal den in Didos Prophezeiung angedeuteten, vom Verhängnis bestimmten Geschichtsverlauf. Dabei benutzt er die traditionelle, auf dem Buch Daniel des Alten Testaments beruhende Lehre von den vier aufeinanderfolgenden Weltreichen, wobei das letzte der Reiche vor der Wiederkunft Christi, das römische, im Deutschen Reich weiterbestehen (translatio imperii) und im »Oesterreichschen Stamm« seinen größten Glanz erreichen werde.

Das Faszinierende des Werkes liegt in seiner Komplexität, in einem Polyperspektivismus, der L.s Trauerspiele von denen seines Landsmanns Andreas Gryphius unterscheidet. So hat auch die *Sophonisbe* verschiedene, einander widersprechende Deutungen gefunden. Im Zentrum stehen zweifellos Fragen der Politik und des politischen Verhaltens: die *Sophonisbe* kommentiert – wie die *Cleopatra* – das seit Machiavelli vieldiskutierte Problem, inwieweit sich politisches Handeln von den Normen der Religion und der Moral lösen darf oder muß. Dabei werden im Zusammenhang mit der Affektenlehre des 17. Jh.s zeitgenössische Klugheitslehren einbezogen. Doch wenn auch Affektbeherrschung als Voraussetzung für erfolgreiches politisches Handeln gilt, die letzte Instanz ist das »Verhängnis«.

1669–73
Anton Ulrich von Braunschweig
Die Durchleuchtige Syrerinn
Aramena

Mit der *Aramena* (5 Bde., über 3800 S.) wandte sich A. U. nach einer Reihe von Bühnendichtungen und geistlicher Lieder dem höfisch-historischen Roman zu. Mitarbeiter war Sigmund von Birken in Nürnberg, der die Manuskripte des Herzogs für den Druck überarbeitete. Tagebucheintragungen Birkens lauten beispielsweise: »An Aram. 6 Bl. umgeschrieben« (16. 1. 1671), »An Aram. 2 Bl. revidirt« (17. 1. 1671). Überdies leitete Birken die *Aramena* mit einer romantheoretisch beachtlichen »Vor-Ansprache« ein.

Die komplexe Handlung der *Aramena* führt in den Nahen Osten, vorwiegend nach Syrien und Mesopotamien, und spielt zur Zeit der alttestamentarischen Patriarchen (Bd. 5, »Mesopotamische Schäferei« überschrieben, enthält »Biblische Geschichten« um Jacob, Rahel, Lea u.a.). Vorbild für die (scheinbar) verwirrende Romankomposition war das Werk des französischen Romanciers Gautier Coste de La Calprenède, der das für den höfischen Barockroman grundlegende Handlungs- und Formschema des hellenistischen Romans – als Muster galt Heliodors *Aithiopika* aus dem 3. Jh. n. Chr. – entscheidend erweitert hatte. Statt von Trennung, Abenteuern und glücklicher Vereinigung nur eines Liebespaares erzählt nun die *Aramena* die Geschicke von 27 Paaren – darunter die der syrischen Prinzessin Aramena und des deutschen Keltenfürsten Marsius. Ihre Lebensgeschichten werden kunstvoll miteinander verflochten und abschließenden Massenhochzeiten zugeführt, wobei die Liebeshandlungen durch die hohe Stellung der Personen immer auch politische Implikationen haben. Die *Aramena* enthält insgesamt 36 Vor- oder Lebensgeschichten, die durch den Einsatz der Romanhandlung mitten im schon weit fortgeschrittenen Geschehen (Einsatz *mediis in rebus*) erforderlich werden. Sie dienen – neben eingeplanter weiterer Verwirrung des Lesers und der betroffenen Romanpersonen – letztlich der allmählichen Enthüllung zurückliegenden Geschehens und verborgener Zusammenhänge, bis schließlich alle verwirrungsstiftenden Identitätsprobleme gelöst, das Spiel mit Sein und Schein beendet und hinter der scheinbar chaotischen Welt das Wirken der Providenz sichtbar wird. Erst vom Schluß her erhält die kombinatorische Struktur des Romans ihren Sinn. Daß dieses »künstliche zerrütten / voll schönster ordnung ist«, erkannten schon zeitgenössische Leser wie Catharina Regina von Greiffenberg, die das Werk in einem dem 3. Band (1671) vorangestellten Gedicht als Abbild der göttlichen Weltordnung beschreibt. Ihre Gedanken über den Roman als dichterische Theodizee werden später von Gottfried Wilhelm Leibniz weitergeführt, wenn er in Briefen an A. U. auf die Parallelität von kunstvoller Romanstruktur und Geschichte, von allwissendem Romanautor und Gott zu sprechen kommt. Eine 2. Auflage des Romans erschien 1678–80. Johann Jakob Bodmer widmete ihm 1741 einen Abschnitt in seinen *Critischen Betrachtungen über die Poetischen Gemählde Der Dichter* (»Von den Charactern in dem prosaischen Gedichte von der Syrischen Aramena«). Eine Neubearbeitung des Romans von Sophie Albrecht (*Aramena eine*

Syrische Geschichte ganz für unsre Zeiten umgearbeitet, 3 Tle., 1782–86) wurde von der aufklärerischen Kritik mit den Worten kommentiert: »Das fehlte uns warlich noch, alte Haupt- und Staatsaktionen in neue Formen umzugießen« (Allgemeine Deutsche Bibliothek, 54, 2, 1783).

1670
Philipp von Zesen
Assenat

Sieht man von Übersetzungen ab, so ist die *Assenat* nach der *Adriatischen Rosemund* (1645) Z.s zweiter Roman. *Assenat; das ist Derselben / und des Josefs Heilige Stahts- Lieb- und Lebens-geschicht* behandelt ein biblisches Sujet. Hauptquelle ist das AT (Gen. Kap. 37 und 39–50); hinzu kommen die legendenhafte Lebensgeschichte von Josephs Frau *(Historia Assenat),* die sogenannten *Testamente der Zwölf Patriarchen* und eine Fülle wissenschaftlicher Werke, darunter Athanasius Kirchers *Oedipus Aegyptiacus* (1652–54). Gerade auf diese quellenmäßige Fundierung legt Z. großen Wert: Seine Geschichte sei »ihrem grundwesen nach / nicht erdichtet«, und er empfiehlt dem Leser, die »Kurtzbündigen Anmärkungen« zuerst zu lesen (immerhin 185 S. bei etwas mehr als 300 S. eigentlichem Romantext). In diesem Anhang finden sich auch einige kritische Bemerkungen über den einige Jahre vorher erschienenen Josephsroman Grimmelshausens (*Histori vom Keuschen Joseph in Egypten,* 1667; erschienen wohl 1666), Bemerkungen, die im 1. Teil von Grimmelshausens *Wunderbarlichem Vogel-Nest* (1672) beleidigt und mit Plagiatsvorwürfen zurückgewiesen werden. Der Streit geht um die jeweils benutzten bzw. nicht benutzten Quellen und ihren Wert; in Wirklichkeit sind die Romane jedoch von unterschiedlichen Konzeptionen getragen. Zielt Grimmelshausens eher volkstümlich erzählter Text vorwiegend auf die Darstellung exemplarischer Tugendbewährung, so sucht Z. mit deutlichem Bemühen um einen kunstvollen Prosastil die politische Seite des biblischen Stoffes stärker herauszuarbeiten. Das hat zur Folge, daß manche Züge der Quellen – etwa die Familienszenen oder die heilsgeschichtlichen Aspekte des Geschehens – in den Hintergrund gedrängt werden und zugunsten der staatlich-höfischen Welt an Bedeutung verlieren.

Die *Assenat* beginnt zwar unvermittelt mit der Ankunft Josephs in Ägypten – die früheren Ereignisse, die nichts zur politischen Thematik beitragen, werden später unauffällig nachgeholt –, erzählt aber von da an, abweichend von Muster Heliodors und des höfisch-historischen Barockromans, chronologisch die bekannte »Lebensgeschichte« des Helden, die untrennbar mit absolutistischer Theorie und Praxis verbunden ist und Joseph als vorbildlichen Staatsmann, als »Lehrspiegel« und »lehrbild« für alle »Beamten der Könige und Fürsten« vorführt. Eine Krise in der Mitte seines Lebens, die der Tod seiner Frau Assenat und die Geschichte seines Verwandten Job (Hiob) auslöst, reißt einen Zwiespalt zwischen diesseitsorientierter absolutistischer Politik und dem Bewußtsein der Unzulänglichkeit irdischer Maßstäbe auf. Beides ist freilich zusammenzusehen. Demütige Gesinnung und die Erfahrung der Heilsbedürftigkeit des Menschen und der Welt gehören zu den Voraussetzungen des vorbildlichen fürstlichen Beamten und christlichen Staatsmanns.

Die *Assenat* hatte unmittelbaren Erfolg (vier Auflagen zwischen 1670 und 1679). Eine dänische Übersetzung wurde von 1711 bis 1776 sechsmal gedruckt. – 1679 veröffentlichte Z. einen weiteren biblischen Roman *(Simson / eine Helden- und Liebes-Geschicht),* dem jedoch die formale Geschlossenheit der *Assenat* fehlt.

1672
Christian Weise
Die drey ärgsten Ertz-Narren
In der gantzen Welt

»Dieß Buch hat einen närrischen Titul, und ich halte wohl, daß mancher meinen wird, er wolle seine Narrheit daraus studiren. Doch es geht hier wie mit den Apothecker Büchsen, die haben außwendig Satyros oder sonst Affengesichte angemahlt, inwendig aber haben sie Balsam oder andre köstliche Artzneyen verborgen.« Mit diesen Worten führt W. zu seinem satirischen Roman hin, in der Hoffnung, daß der Unterhaltung suchende Leser »unvermerckt die klugen Lebens-Regeln mit lesen und erwegen« wolle.

Eine einfache Rahmenhandlung stellt den epischen Zusammenhang der satirischen Narrenrevue her. Der junge Adelige Florindo erbt ein noch nicht ganz fertiggestelltes Schloß, kann jedoch nach den Bestimmungen des Testaments sein Erbe erst dann antreten, wenn er einen Saal des Schlosses, auf drei dafür freigelassenen Feldern, mit Bildern der »drey ärgsten Narren auf der Welt« geschmückt hat. Da man nicht sicher ist, wem die Krone »in der grossen und weitläuffti-

gen Narrenschule der Welt« gebührt, geht Florindo mit seinem Hofmeister Gelanor, dem Verwalter Eurylas, einem Maler und drei Dienern auf die Suche nach den »vornehmsten Narren«. Sie reisen durch ganz Deutschland (und – nur summarisch dargestellt – weiter durch Holland, England, Frankreich, Spanien, Italien, Österreich) und treffen in Postkutschen, Herbergen, Wirtshäusern, Badeorten, auf Märkten und Gesellschaften unzählige ›Narren‹: Pantoffelhelden, Haustyrannen, Büchernarren, Aufschneider, Verschwender, Geizhälse, Säufer, Fresser, Verliebte, Sprachverbesserer (eine Parodie auf die Reformvorschläge Philipp von Zesens), skurrile Pädagogen, Halbgelehrte, heruntergekommene Edelleute usw. Da aber die Entscheidung schwerfällt, holen die Reisenden ein Gutachten ein, das die »Erörterung Der Frage Welcher der gröste Narr sey?« mit der Feststellung abschließt: »Nemlich derselbe, der umb zeitliches Kothes willen den Himmel verschertzt. Nechst diesem, der umb lüderlicher Ursachen willen entweder die Gesundheit und das Leben, oder Ehre und guten Namen in Gefahr setzet.« So kann der Maler die leeren Felder im Saal »also außputzen« und Florindo sein Erbe, »in den Armen seiner angenehmsten Sylvie«, antreten.

W. ließ den erfolgreichsten *Ertz-Narren* – neun weitere Ausgaben erschienen bis 1710 – nach dem gleichen Muster *Die Drey Klügsten Leute in der gantzen Welt* (1675) folgen und begründete mit diesen und weiteren Werken die Gattung des ›politischen Romans‹ (politisch: weltklug). Er propagierte damit ein auf Erfahrung, Klugheit und Selbsterkenntnis basierendes weltmännisches Bildungsideal, das den Weg zu einem glücklichen Leben und einer erfolgreichen Karriere im absolutistischen Staat zu bereiten suchte. Im Anschluß an W. und Johann Riemer, seinen bedeutendsten Nachfolger *(Der Politische Maul-Affe,* 1679), erschienen in den 80er und 90er Jahren eine ganze Reihe von politischen Romanen.

1673
Daniel Casper von Lohenstein
Ibrahim Sultan

L. widmete sein zweites Türkendrama Kaiser Leopold I. und seiner (zweiten) Frau Claudia Felicitas zu ihrer Hochzeit (15. 10. 1673). Zum historischen Kontext gehören die Türkenkriege. 1663–64 waren die Türken in die österreichischen Gebiete Ungarns vorgedrungen; der Friedensschluß von 1664 sah eine zwanzigjährige

Waffenruhe vor, die freilich die Bedrohung nicht beseitigte. Held des Dramas ist Ibrahim, türkischer Sultan von 1640–48, der 1645 mit Venedig einen Krieg um Kreta begann (1669 wurde Kreta endgültig von den Osmanen erobert); 1648 wurde er von den Janitscharen abgesetzt und wenig später erwürgt. L. benutzte u. a. die Ibrahim-Biographie von Maiolino Bisaccioni als Quelle (in: *Historia Universale dell'Origine, Guerre et Imperio de Turchi*, 1654).

Die Absicht des fünfaktigen Stückes formuliert L. in der »Zuschrifft« an den Kaiser so: »Diß Schauspiel entwirfft die Gemüths-Flecken und die zu unserer Zeit sichtbare Verfinsterung eines Oßmannischen Mohnden; umb durch Ew. Käyserl. Majest. Gegensatz der Welt für Augen zu stellen: wie jene zwar durch stetige Herrschens-Sucht sich aufblähen; die Sonnen von Oesterreich aber aller Vergrösserung überlegen sind.« Repräsentieren das Osmanische Reich und seine Herrscher den Antichrist, so verkörpern Leopold und Claudia Felicitas »Tugend und Glückseligkeit«, »die zwey Angel-Sterne des Erdbodens«, in deren Reich sich paradiesisch »Löw und Lämmer […] in vertrauter Eintracht gatten.«

Ibrahim erfüllt seinen Auftrag als Herrscher in keiner Weise. Interessiert ist der »Huren-Hengst« und »Blutthund« nur an der Befriedigung sexueller Begierden. Die Vergewaltigung der 15jährigen Ambre, Tochter des Muftis, führt schließlich zum Sturz des Tyrannen. Ambre selber, keineswegs nur duldende Märtyrerin, ruft zum Sturz Ibrahims auf, bevor sie Selbstmord begeht. Ihr Geist verfolgt den Sultan in einer gespenstischen Schlußszene bis in den Tod. Die »Reyen«, vorwiegend allegorischer Natur, werten das Geschehen, künden dem Tyrannen ewige Strafe und enden mit einem Preis Österreichs.

Ibrahim Sultan gehörte zu den beliebtesten Stücken L.s, wohl nicht zuletzt wegen seiner Aktualität (4 Auflagen bis 1701). Dafür fehlt ihm die Komplexität früherer Dramen, nicht verwunderlich angesichts der politisch-propagandistischen Tendenz und des krassen Kontrasts zwischen der Monstrosität des Sultans und der heroischen Tugendhaftigkeit Ambres.

1673
Gottfried Wilhelm Sacer
Reime dich / oder ich fresse dich

S.s Schrift mit dem sprichwörtlich gewordenen Titel ist eine satirische Auseinandersetzung mit der zeitgenössischen Poesie. Auf der einen Seite wendet sie sich gegen die einfallslose, plagiatorische Gelegenheitsdichterei und andere Hervorbringungen ungebildeter Stümper (personifiziert in dem angehenden Poeten Hanß Wurst), denen er ironische Ratschläge gibt: »Die jenigen so da vermeinen daß ein Poët nothwendig müsse Prosodien verstehen / irren sehr weit. Kanst dennoch wohl die Sachen anstellen wie dir beliebet […]. Allo! Hanß Maul Affe! Weist du nicht / ein Poët wird durch kein Gesetz gemacht und zu gerichtet?« Auf der anderen Seite prangert er stilistische Erscheinungen der barocken Poesie an, die ihm als Verirrungen erscheinen. Vor allem die hyperbolische Bildlichkeit reizt ihn zur Kritik (»streicht heraus […] den honigsüssen Speichel / den die Spanier so gerne lecken«), und unter den Dichtern gilt sein Spott Philipp von Zesen und den Nürnbergern.

Hinter S.s Satire steht ein klassizistisches, an Martin Opitz orientiertes Kunstverständnis, auf dem auch seine früher erschienenen *Nützlichen Erinnerungen Wegen der Deutschen Poeterey* (1661) gründen.

1675
Philipp Jacob Spener
Pia Desideria

S.s Reformschrift *Pia Desideria: Oder Hertzliches Verlangen Nach Gottgefälliger Besserung der wahren Evangelischen Kirchen* – zu verstehen vor dem Hintergrund einer doktrinär-polemischen Kontroverstheologie und dem lutherischen Amtskirchentum – markiert den Beginn des Pietismus. Sie erschien zunächst als Vorrede zu einer Neuausgabe von Johann Arndts *Postilla: Das ist: Auslegung und Erklärung der Evangelischen Text* (Erstdruck 1616), wurde aber noch im Erscheinungsjahr selbständig veröffentlicht. Am Anfang der *Pia Desideria* zeichnet S. ein düsteres Bild vom »jetztmaligen Zustand der gesamten Christenheit« (sowohl im weltlichen wie geistlichen Stand »betrübt« und »ganz verderbt«). Als Modell einer besseren Kirche dient S. das Urchristentum: »Es bezeugen aber die Kirchenhistorien, daß die erste christliche Kirche in solchem seligen Stande gestanden, daß man die Christen insgemein an ihrem gottseligen Leben gekannt und von andern Leute unterschieden hat.«

Die Reformvorschläge knüpfen einerseits an die Theologie Luthers an, andererseits beziehen sie sich gegen die erstarrte Amtskirche gerichteten spiritualistischen Tendenzen im Protestantismus ein. S. fordert u.a. eine bessere Kenntnis der Bibel (insbesondere des NT) und schlägt in diesem Zusammenhang die Einrichtung von Laienzirkeln (collegia pietatis) vor, betont im Anschluß an Luther die Lehre vom allgemeinen Priestertum, stellt die praktische Frömmigkeit über das theoretische Wissen und strebt eine Überwindung der Religionsstreitigkeiten ohne Polemik in »herzlicher Liebe« an. Da den Predigern die entscheidende Rolle bei der Reform der Kirche zukommt, schließen sich Vorschläge zur Verbesserung der Ausbildung der Geistlichen an. Sie zielen vor allem auf die seelsorgerische Praxis, und da die Theologie »nicht in bloßer Wissenschaft« bestehe, empfiehlt S. neben der Lektüre erbaulicher und mystischer Schriften (*Theologia Deutsch,* Thomas von Kempen: *De Imitatione Christi,* Johannes Tauler, Johann Arndt) erbauliche Übungen und Betrachtungen, die die Studenten zur Selbsterkenntnis führen und sie lehren sollten, »wie sie den Lüsten des Fleisches widerstreben, wie sie ihre Begierde zähmen, der Welt allerdings absterben« könnten. Der letzte Punkt S.s, die Einrichtung der Predigten, führt zum zentralen Anliegen, spricht von der Notwendigkeit, einen inneren Wandel des Menschen herbeizuführen (›Wiedergeburt‹): »Das Vornehmste aber achte ich dieses zu sein, weil ja unser ganzes Christentum besteht in dem innern oder neuen Menschen, dessen Seele der Glaube und seine Wirkungen die Früchte des Lebens sind: daß dann die Predigten insgesamt dahin gerichtet sollten werden.« Es sei nicht genug, »das Wort mit dem äußerlichen Ohr [zu] hören«, sondern der Mensch müsse es auch in das Herz dringen lassen, »daß wir daselbst den Heiligen Geist reden hören, das ist seine Versiegelung, und Kraft des Wortes mit lebendiger Bewegung und Trost fühlen.«

S.s Konzeption eines verinnerlichten Glaubens, die zwar Züge des kirchenkritischen Spiritualismus aufnahm, aber im Rahmen des lutherischen Bekenntnisses blieb, fand große Resonanz. Seine zahlreichen Schriften, sein großer Schülerkreis und seine weitreichenden persönlichen Beziehungen sorgten für eine unaufhaltsame Ausbreitung der Bewegung – trotz aller Behinderungen durch die lutherische Orthodoxie. Zentren des Pietismus wurden Berlin (hierher wurde S. 1691 berufen) und Halle (August Hermann Francke).

1675–79
Joachim von Sandrart
Teutsche Academie der Edlen Bau- Bild und Mahlerey-Künste

S.s großangelegte und hervorragend illustrierte *Academia Todesca* (so der – italienische – Obertitel) erschien in zwei Hauptteilen 1675 und 1679; 1683 folgte eine lateinische Ausgabe, die – obwohl gekürzt – auch Ergänzungen brachte. Das Ziel S.s war hochgesteckt: eine Darstellung der theoretischen Grundlagen, der künstlerischen Techniken und des historischen Wissens der drei Künste. Als wichtigster Teil des Werkes gelten die Künstlerbiographien, Beschreibungen von »Leben und fürnehmsten Kunst-Werken« »Aller Egyptischen, Griechischen, Römischen, Italiänischen, Hoch- und Nieder-Teutschen, auch anderer Alten und Neuen Virtuosen«. Vorbild waren Giorgio Vasaris Biographien italienischer Maler, Bildhauer und Baumeister vom 13. bis zum 16. Jh. (*Le Vite de' più Eccellenti Pittori, Scultori e Architettori,* 1550, erweitert 1568). Besonders S.s Darstellung der »Hoch- und Nieder-Teutschen berühmten Mahler, Bildhauer und Baumeister« kommt das Verdienst zu, wichtiges Material zusammengetragen und »dem dunklen Grab der Vergessenheit« entrissen zu haben. Zahlreiche Porträtstiche sind beigegeben, z.T. das einzige überlieferte Bildnis (u.a. von Matthias Grünewald oder Claude Lorrain).

Der »erste Kunstgeschichtsschreiber in deutscher Sprache« (Wilhelm Waetzoldt), zugleich berühmter Malervirtuose, war Mitglied der Fruchtbringenden Gesellschaft, der bedeutendsten deutschen Sprachgesellschaft des 17. Jh.s, deren kulturpatriotischen Bestrebungen er mit diesem monumentalen Werk in deutscher Sprache entgegenkam.

1677–1707
Anton Ulrich von Braunschweig
Octavia Römische Geschichte

Die Entstehung der *Octavia* zieht sich, mit Unterbrechungen, über Jahrzehnte hin. Die ersten drei Teile der Nürnberger Ausgabe erschienen 1677–79; Sigmund von Birken bereitete den Text, wie schon bei der *Aramena* (1669–73), für den Druck vor. Die Teile 4–6 folgten 1703 bis 1707, ohne daß der Roman damit zu Ende gewesen wäre. Eine überarbeitete Ausgabe, nun unter dem Titel *Die Römische Octavia,* erschien 1712–14 in Braunschweig, blieb aber ebenfalls unvollständig. Von den geplanten 8 Bänden beendete A. U. 6; ein fragmentarischer »Siebenter Theil« erschien 1762 in Wien. Es gibt beträchtliche stilistische Unterschiede zwischen den beiden Fassungen. Die Anzahl der Nebenfiguren wird größer, doch an der Haupthandlung ändert sich grundsätzlich nichts. Es fehlt jeweils – auch nach annähernd 7000 Seiten – nur noch der Abschluß.

Eine stärker psychologisierende Darstellungsweise und vor allem die historische Fundierung des Geschehens unterscheidet die *Octavia* von A. U.s früherem Roman. Im Mittelpunkt steht die Liebe des armenischen Königs Tyridates und der Kaiserin Octavia. Durch die komplexen persönlichen Verflechtungen weitet sich die Darstellung Roms unter Nero und seinen Nachfolgern zu einer Geschichte der damals bekannten Welt. Verbunden damit ist die Geschichte der christlichen Gemeinden der Zeit, die sich in Rom und einigen Städten des Nahen Ostens in Katakomben zurückgezogen haben, um den Verfolgungen zu entgehen und den Sieg des christlichen Glaubens vorzubereiten. Die geschichtlichen Fakten verdankt A. U. römischen Geschichtsschreibern und Antonio Bosios Darstellung des unterirdischen Roms (*Roma sotterranea,* 1632). Das Historische wird freilich hineingenommen in die kombinatorische Romankomposition, die die *Octavia* wie zuvor die *Aramena* charakterisiert: ein Gewebe von Lebens- und Vorgeschichten – in der Nürnberger Fassung sind es 40 Geschichten dieser Art –, dessen Muster erst vom Ende her übersehbar ist. Wie in der *Aramena* wird eine Vielzahl von Personen eingeführt, deren Schicksal sich mit dem der Hauptgestalten verbindet; wie in dem früheren Roman entsteht weitere Verwirrung aus der Ungewißheit der Identität, dem Spiel mit Sein und Schein: Totgeglaubte sind noch am Leben (wie – entgegen dem historischen Geschehen – die Titelheldin), während zugleich Tote noch als lebendig gelten (etwa Nero, den es ohnehin dreimal gibt; die Gestaltung von Neros Ende gehört übrigens zu den Höhepunkten des Romans). Das Gefühl, auf schwankendem Boden zu stehen, vergrößert sich ferner dadurch, daß – vor allem in der 2. Fassung, aber auch schon in den späteren Bänden der ersten Version – Personen und Ereignisse der Gegenwart verschlüsselt dargestellt werden. Gerade dieses Interesse an aktuellen Hofgeschichten hinderte A. U. daran, zu Ende zu kommen. In einem Brief an Leibniz vom 19. 6. 1713 erwähnt er, daß er wieder fleißig am 7. Teil des Romans arbeite. Er

habe, schreibt er, »in den acht tagen, daß ich wieder hie bin, so viel neues gehöret, daß ich vermuhte, zu der Octavia werde der achte theil auch noch kommen.« Der Herzog starb im Frühjahr 1714, ohne das vielsträngige Geschehen zu einem krönenden Abschluß gebracht zu haben (die Gattungskonvention verlangt Hochzeiten).

Der Roman wurde, trotz seines Umfangs, mehrfach aufgelegt. »Die Verfolgungen der ersten Christen, in einen Roman gekleidet«, erregten noch bei Goethes ›schöner Seele‹ »das lebhafteste Interesse« (*Wilhelm Meisters Lehrjahre,* 1795–96).

1679
Christian Hoffmann von Hoffmannswaldau
Deutsche Übersetzungen und Getichte

Zahlreiche Dichtungen H.s sind schon in den vierziger Jahren entstanden, darunter die scharfsinnig-pointierten *Poetischen Grab-Schrifften,* umfangreiche Übersetzungsarbeiten und ein Großteil der Lyrik. In den folgenden Jahrzehnten wurden nur noch zwei größere Werke fertiggestellt, 1652 die Übersetzung von Giovanni Battista Guarinos Schäferdrama *Il Pastor Fido* und 1663–64 die *Helden-Briefe.* An eine Verbreitung seiner Texte durch öffentlichen Druck dachte H. zunächst nicht. Eine ständisch und regional begrenzte Öffentlichkeit wurde durch zirkulierende Abschriften erreicht. Erst als dieser Kreis durch unberechtigte Drucke der *Grab-Schrifften* (1662 u.ö.) und der *Pastor Fido*-Übersetzung (1678) durchbrochen wurde, entschloß sich H. zu einer Auswahlausgabe seiner Werke, den *Deutschen Übersetzungen und Getichten.* Nicht aufgenommen wurde freilich ein Teil seiner »Lust-Getichte«, d.h. vor allem die weltlichen Oden, da er befürchtete, sie möchten zu »ungleichem« (unbilligem) Urteil Anlaß geben. Sie erschienen dann in Benjamin Neukirchs Anthologie *Herrn von Hoffmannswaldau und anderer Deutschen auserlesene und bißher ungedruckte Gedichte* (1695 ff.).

Die *Deutschen Übersetzungen und Getichte* enthalten u. a. folgende Texte: *Der Getreue Schäfer, Helden-Briefe, Poetische Geschicht-Reden,* Gedichte (Hochzeits- und Begräbnisgedichte, Geistliche Oden, Vermischte Gedichte) und die *Poetischen Grab-Schrifften.* Es ist eine Auswahl, die das einseitige Bild vom ironisch-frivolen Erotiker zu korrigieren vermag, das vor allem durch die Gedichte in der Neukirchschen Sammlung entstanden ist. Gleichwohl bleibt das Thema der sinnlichen Liebe auch in der Auswahlausgabe gegenwärtig, vor allem in den *Helden-Briefen,* die H. nach dem Vorbild von Ovids *Heroides* in die deutsche Literatur einführte. Es sind 14 fingierte Briefwechsel zwischen berühmten Persönlichkeiten, meist aus der deutschen Geschichte. Sie bestehen aus einer Prosaeinleitung, die die vollständige Handlung wiedergibt, Schreiben und Antwortschreiben in jeweils 100 Alexandrinern. Liebe überwindet Standesschranken, politische Gegnerschaft, die Bindung an Gott oder den Gatten (die Gattin), führt zur Ehe zu dritt oder zum Gattenmord aus sinnlicher Leidenschaft: Es sind außergewöhnliche Konstellationen, die H. anziehen und die illustrieren sollen, »was die Liebe vor ungeheure Spiele in der Welt anrichte«.

Ihm komme es, schreibt H. in der Vorrede, auf die »gutten Erfindungen« an, die besonders bei den »Welschen« anzutreffen seien. Dabei geht es den manieristischen Poetikern und Poeten wie Giambattista Marino nicht um Erfindungen im modernen Wortsinn, sondern um die Kunst, bekannten Vorwürfen neue Seiten abzugewinnen, durch überraschende Verbindungen ein altes Thema in neuem Licht erscheinen zu lassen, durch Wort- und Sinnspiele verblüffende Effekte auszulösen. Gerade in den Sinn- und Wortspielen, den Concetti, zeigt sich die ›acutezza‹ oder ›argutezza‹, der ingeniöse Scharfsinn des Poeten. Nicht zufällig spielt daher das Epigrammatische eine besondere Rolle; es dringt über die spezifische Form des Epigramms und des als verwandt empfundenen Sonetts hinaus auch in andere Gattungen ein. Schon den zeitgenössischen Poetikern galten H.s Epigramme, d. h. vor allem seine *Grab-Schrifften,* mit ihrer scharfsinnigen Metaphorik, ihrem Spiel mit dem eigentlichen und übertragenen Sinn eines Wortes, mit der verschiedenen Bedeutung gleich oder ähnlich lautender Wörter als ›unvergleichlich‹.

Beispiele für den ›anderen‹ H. sind die geistlichen Lieder, melancholische Gedanken über die Vergänglichkeit, sein Lebensrückblick *(Gedanken bey Antrettung des funffzigsten Jahres)* und die lyrischen Diskurse, die von der Welt und dem rechten Leben in der Welt handeln. Wie bei zahlreichen anderen Dichtern des 17. Jh.s wird auch hier eine dem Neostoizismus verpflichtete Haltung sichtbar: Der »Entwurff eines standhafftigen Gemüths« gehört ebenso zu H.s dichterischem Rollenspiel wie die »Verachtung der Welt«, die auf petrarkistischen Motiven und Situationen beruhenden erotischen Sonette oder die witzig-

frivolen Oden, die mit religiöser Bildersprache den sinnlichen Genuß feiern.

Während die Zeitgenossen H. hoch rühmten, setzte mit der Aufklärung eine entschieden negative Bewertung ein (Unnatur, Unmoral, Ausländerei), die erst im Lauf des 20. Jh.s überwunden wurde.

1679
Johannes Riemer
Der Politische Maul-Affe

R., Christian Weises Kollege und Nachfolger als Professor für Poesie und Beredsamkeit am Gymnasium in Weißenfels, widmet seinen Roman »Denen Dreyen Ertznarren / Wie auch Denen Dreyen Klügsten Leuten der gantzen Welt« und stellt ihn damit in die von Weise begründete Tradition des politischen Romans.

R. schildert zunächst die Liebschaften der Gymnasiasten Philurt und Tamiro im holländischen Mechel. Ohne ihre »Studenten-pöstgen« zu begleichen, machen sie sich auf den Weg zur Universität. Bevor sie in der Universitätsstadt ankommen, verweilen sie in einem Gasthaus. Hier fällt das Schimpfwort »Maul-Affe«, im folgenden so definiert: »diejenigen wären nur rechte Maulaffen zu nennen / welche am Verstande schwach / und der Einbildung nach die klügsten seyn wolten. Und darinnen eben bestünde die gröste Narrheit der Welt. Was wegen denn solche / zum Unterschied der von Natur Einfältigen und zugleich Demüthigen / mit einen Zusatz: *Politische Maulaffen* / könten genennet werden.« Daraufhin beschließen die angehenden Studenten und der Ich-Erzähler, das Studium ein Jahr aufzuschieben und sich auf die Suche nach politischen Maulaffen zu begeben – »wie vielerely Arten sie doch derselben zusammen bringen könten«. Die »Inquisition« ist erfolgreich. Zahlreiche Maulaffen werden klassifiziert und katalogisiert. Alle Stände sind betroffen (am meisten freilich der geistliche); Hoffart und Ehrgeiz sind die verderblichsten Laster. Im summarischen Schluß – nach dem Studium wird Philurt Jurist, Tamiro Pfarrer und der Erzähler Sylvanissus zieht sich auf sein väterliches Erbe zurück – hebt der Erzähler den Nutzen dieser Art der Welterfahrung hervor und betont, daß Gelehrsamkeit erst »durch einen Umbzug in der Welt [...] recht vollkommen gemacht« werden kann.

Der politische Roman, wie ihn Weise begründet hatte, lehrt, daß Erfahrung und Weltkenntnis die Voraussetzung für ein erfolgreiches, bürgerlich-diesseitiges Leben darstellen. Was R. von

Weise unterscheidet, ist sein ursprüngliches Talent als Erzähler. Welterfahrung ist nicht nur eine abstrakte pädagogische Forderung, sondern R. ist fähig, durch seinen Blick für das charakteristische Detail und das (klein)bürgerliche Milieu, durch das sich die Reisenden bewegen, ein anschauliches Bild der zeitgenössischen Wirklichkeit zu vermitteln. R. setzte die satirisch-politische Welterkundung, die (früh)aufklärerische Züge trägt, in zwei weiteren Romanen fort: *Die Politische Colica* (1680) und *Der Politische Stock-Fisch* (1681).

1680
Abraham a Sancta Clara
Mercks Wienn

Anlaß der ersten größeren Schrift des kaiserlichen Predigers war die Wiener Pestepidemie des Jahres 1679, die Tausende von Toten forderte und Kaiser Leopold I. zur Flucht nach Prag veranlaßte. Das »wintzige Werckel« – von immerhin annähernd 400 Kleinoktavseiten – vereinigt Elemente verschiedener Genres: der literarischen Pestbeschreibung, des Totentanzes (»Es sey gleich morgen oder heut / Sterben müssen alle Leuth«) und der Predigt.

In den einleitenden Kapiteln wird die Allmacht des Todes am Beispiel der Pest dargestellt: »In dem Schlossergassel / hat der Todt vielen die Thür auffgesperrt in die Ewigkeit. In dem Jungfraugassel / hat der Todt nicht wenig Galanisieret [...].« Im Mittelteil entfaltet A. die Erkenntnis von der Gewißheit des Todes in sechs totentanzähnlichen, mit Kupferstichen und Versen illustrierten Abschnitten: Geistliche, schöne Frauen, Gelehrte, Reiche, Soldaten und Eheleute werden in einer Art lockerer, satirischer Ständerevue vorgestellt und mit der Macht des Todes konfrontiert: »Kombt her ihr ihr Welt-Affen / ihr Gesichter-Narren / ihr Venus Genossen / geht mit mir an unterschiedliche Orth zu Wienn / allwo grosse Gruben mit vielen tausend Todten-Cörper angefüllt / schaut ein wenig das jenige was ihr habt angebett [...].« So mündet alles in die eindringliche geistliche Mahnung, auf den Tod vorbereitet zu sein und »die Buß nicht auff die letzt« aufzusparen, um nicht das Seelenheil zu verscherzen.

Mercks Wienn wurde allein im Erscheinungsjahr zehnmal gedruckt. Weitere Verbreitung fand der Pestbericht durch seine Aufnahme in den (von Schiller für *Wallensteins Lager*, 1798, benutzten) Sammelband *Reimb dich / Oder Ich liß dich* (1684; 11 weitere Drucke bis 1754). Er ent-

hält auch – neben einer Reihe anderer Schriften – den aktuellen Aufruf zum Kampf gegen die vor Wien stehenden »Türckischen Bluet-Egel« (*Auff / auff ihr Christen*, 1683).

1682
Johann Beer
Teutsche Winter-Nächte

B., der aus Oberösterreich gebürtige Weißenfelser Hofmusikus, hatte sein literarisches Werk mit Romanen in der Nachfolge Grimmelshausens begonnen (*Simplicianischer Welt-Kucker*, 1677–79), sich jedoch bald von dem Vorbild freigemacht und sich anderen Formen und Traditionen – auch parodistisch – zugewandt (Ritterroman, politischer Roman). Mit den *Teutschen Winter-Nächten* und den sich anschließenden *Kurtzweiligen Sommer-Tägen* (1683), Werken, die Elemente des pikarischen und des höfischen Romans miteinander verbinden, gelingt ihm ein origineller Beitrag zum deutschen Roman des 17. Jh.s.

Der Student und Ich-Erzähler Zendorio à Zendoriis wird nach einem Kleidertausch mit einem Unbekannten von einem Grafen ins Gefängnis gesteckt, von der Gräfin Veronia aber wieder befreit. Aus seiner Verwunderung hilft ihm schließlich der Edelmann Isidoro, der ein Verhältnis mit der Gräfin hat (und an dessen Statt Zendorio eingesperrt worden war). Zendorio bleibt bei Isidoro auf dessen Schloß; weitere Freunde kommen hinzu, Feste werden gefeiert, übermütige Streiche verübt. Zendorio verliebt sich in das Edelfräulein Caspia (sie erwidert die Gefühle), doch er glaubt nicht an sein Glück, hält er sich doch für den Sohn eines Abdeckers. Bald stellt sich aber seine adelige Abstammung heraus – die pikareske Phase liegt damit hinter ihm –, und nach der Überwindung etlicher Schwierigkeiten gewinnt er Caspia zur Frau. Das Fest findet auf Herrn Ludwigs Schloß statt; es wird viel erzählt. Zendorio und Caspia leben glücklich auf ihrem Schloß. Die Freunde treffen sich wieder bei der Totenfeier für Isidoros Mutter und gleich anschließend bei einem wilden Hochzeitsfest. Weitere Geschichten werden erzählt, Ehen gestiftet, Feste gefeiert (bei denen wieder Geschichten erzählt werden). Und Veronia, die buhlerische Gräfin, hat inzwischen das Schicksal ereilt: Ihr eifersüchtiger Mann hat sie erstochen. Ein Einsiedler tritt auf, als es die Freunde bei einer Hochzeit wieder einmal toll getrieben haben; und sie eilen mit dem steifen – aber gewiß nicht unumstößlichen – Vorsatz nach Hause, ihr »bisher geführtes Leben zu bessern und in einem gottseligen Wandel zuzubringen«.

Der folgende Roman, *Die kurtzweiligen Sommer-Täge* (1683), kreist in ähnlicher Weise um eine Gruppe von oberösterreichischen Landadeligen – der Erzähler heißt hier Wolfgang von Willenhag –, die zur Abwechslung einmal Einsiedler zu spielen gedenken und sich in die Wälder begeben, freilich bald wieder zu ihren Festen, Abenteuern und Geschichten zurückkehren. Häufiger als in den *Winter-Nächten* sind Reflexionen über verschiedene moralische Themen eingeflochten.

»Ein so farbiges und fülliges Bild eines Stücks alltäglicher Wirklichkeit«, urteilt Richard Alewyn, der den Erzähler B. 1932 hinter den verschiedenen Pseudonymen ›entdeckte‹, über dessen Romane, »wird man in der gesamten altdeutschen Literatur nirgends finden.«

1682

Wolf Helmhard von Hohberg
Georgica curiosa

H.s Haupt- und Lebenswerk ist – trotz seines Versuchs einer großen epischen Versdichtung (*Der Habspurgische Ottobert*, 1663–64) – die *Georgica curiosa, Das ist: Umständlicher Bericht und klarer Unterricht Von dem Adelichen Land- und Feld-Leben*. Das mit vielen Abbildungen illustrierte Haus- und Wirtschaftsbuch erschien zuerst in zwei Foliobänden; nach H.s Tod wurde es auf drei Bände erweitert. Es handelt sich um das bedeutendste Werk der Ökonomie- oder Hausväterliteratur des 17. Jh.s, einer Literaturgattung, die die Ökonomie vom ›Haus‹ – nicht vom Markt – her betrachtet und alle das Hauswesen betreffenden Tätigkeiten, Verrichtungen und menschlichen Beziehungen zu erfassen sucht. In dieser Hausväterliteratur verbinden sich antike Ökonomik und Agrarlehre, humanistisches Agrarschrifttum und die lutherische Vorstellung vom Hausvater (als Analogie zum göttlichen Vater). In Deutschland wurde die Gattung durch Johannes Colers *Oeconomia Oder Haussbuch* (1604; zahlreiche Auflagen) begründet, ein Werk, das auch H. neben anderen als Quelle benutzte. Zugleich schlägt sich in H.s Buch langjährige eigene Praxis nieder.

In den zwölf Büchern der *Georgica curiosa* behandelt H. den ganzen komplexen Bereich des ›Hauses‹, beginnend mit der adeligen Grundherrschaft und den damit zusammenhängenden Fragen (Rechte und Aufgaben der Herrschaft, Gebäude, Nebenbetriebe, nichtlandwirtschaftliche

Produktion usw.). Weitere Bücher gelten den Aufgaben des Hausvaters und der Hausmutter (einschließlich einer Darstellung der Humanmedizin); Weinbau, Obstzucht, Küchen-, Arznei- und Blumengarten, Ackerbau, Pferdezucht, Meierhof (einschließlich Tierhaltung und tiermedizinischen Anweisungen), Bienen- und Seidenraupenkulturen, »Wasserlust« und Forstwirtschaft sind die weiteren ausführlich abgehandelten Gegenstände. Im postumen 3. Teil kommt u. a. noch »ein bewährtes sehr nützliches Koch-Buch« hinzu.

H.s *Adeliches Land- und Feld-Leben* hatte Erfolg (5 weitere Auflagen bis 1716, die beiden letzten auf 3 Bände erweitert). – Die Ökonomieliteratur stellt eine wichtige Quelle zur Sozialgeschichte der frühen Neuzeit dar. Die europäischen Zusammenhänge verdeutlicht ein Werk wie Johann Rists *Der Adeliche Hausvatter* (1650): Es handelt sich um die kommentierte Übersetzung eines Dialogs von Torquato Tasso (*Il padre di famiglia*, 1580) nach einer französischen Version von Jean Baudoin (*Le père de famille*, 1632).

1682

Laurentius von Schnüffis
Mirantisches Flötlein

Mit seinem erfolgreichsten Lieder- und Emblembuch steht der Kapuzinerdichter L. in der Tradition der geistlichen Bukolik: *Mirantisches Flötlein. Oder Geistliche Schäfferey / In welcher Christus / under dem Namen Daphnis / die in dem Sünden-Schlaff vertieffte Seel Clorinda zu einem bessern Leben aufferweckt / und durch wunderliche Weis / und Weeg zu grosser Heiligkeit führet.* Das Buch besteht aus drei Teilen zu je zehn Liedern (mit je 20 Strophen), jeweils begleitet von Melodien und einem emblematischen, zur Meditation anhaltenden Kupferstich. Den drei Teilen entsprechen die drei Stufen des Aufstiegs der Seele vom »Streitt-Stand« über den »Buesses-Stand« zum »Freuden-Stand«: Erwachen der Seele aus dem Sündenschlaf, drohende Verzweiflung in der »Nacht« des Sündenstandes; Hoffnung, Einführung in die Buße; Gnade. Dabei steht der erbauliche Zweck dem poetischen Ausdruck nicht im Weg – etwa in den einfallsreichen Variationen über das Thema der Nacht: »Grausame / grewliche / Förchtlich-abschewliche / Diebische Nacht / Welche den Muthigen / Menschenmord-bluthigen Mörder- und Raubern / Hexen / und Zaubern Sicherheit macht [...].«

Das *Mirantische Flötlein* erlebte bis 1739 mindestens fünf weitere Auflagen. L. ließ eine Reihe

ähnlich aufgebauter und ausgestatteter emble-
matischer Gesamtkunstwerke folgen, die letztlich
alle auf die Bekehrung des »Welt-Menschen« zielen (u. a. *Mirantische Wald-Schallmey / Oder:
Schul wahrer Weisheit*, 1688; *Mirantische Maul-
Trummel Oder Wohlbedenckliche Gegen-Säze böser / und guter Begirden*, 1695).

1682
Daniel Georg Morhof
Unterricht Von Der Teutschen Sprache und Poesie

Der Kieler Professor für Rhetorik und Poesie gilt
als ›Vater der deutschen Literaturgeschichte‹.
Diese Einschätzung gründet sich auf die einschlägigen Kapitel in seinem *Polyhistor* (1688 ff.,
1. vollständige Ausgabe postum 1708), einem
großen geisteswissenschaftlichen Kompendium,
und auf den *Unterricht* von 1682.

M.s *Unterricht* ist ein um einen literarhistorischen Teil erweitertes poetologisches Handbuch.
Es beginnt mit einem sprachhistorischen und
sprachvergleichenden Abschnitt, der zum Nachweis der »Vortrefflichkeit« und des »Alter-
thumbs« der deutschen Sprache führt. Darauf
folgt der literaturgeschichtliche Teil, und am
Schluß steht die eigentliche Poetik, die nach der
Erörterung der sprachlichen und prosodischen
Grundlagen der Poesie eine Reihe von Gattungen
behandelt. Bemerkenswert im poetologischen
Teil sind zwei Punkte: die Diskussion der von
»Außländern« aufgeworfenen Frage, »ob es nicht
besser sey / daß man die Verse ohne Reimen
schreibe« (M. befürwortet den Reim), und die Ablehnung der von Christian Weise vertretenen Tendenz einer prosanahen, schmucklosen Schreibart.

Der literaturgeschichtliche Teil beginnt mit vor-
bereitenden Kapiteln über die Poesie der Franzosen, Italiener, Spanier, Engländer und Niederländer und gipfelt in drei Kapiteln über die verschiedenen Epochen der deutschen Dichtung. Dabei
legt M. ein dreiphasiges Periodisierungsschema
zugrunde: Die »erste Zeit« beginnt mit Tacitus
(bzw. den von ihm erwähnten germanischen Gesängen), die 2. mit Karl dem Großen und die 3.
mit Martin Opitz. Am materialreichsten ist der
mittlere Teil. In der Darstellung der neueren Literatur stellt M. Paul Fleming über Opitz und hebt
Gryphius und Lohenstein als die hervorragend-
sten Trauerspieldichter heraus. Kritik gilt den
Reimschmieden, denen es an gründlichen Kennt-
nissen mangelt: »Denn wo keine gründliche Ge-

lersambkeit bey einem Tichter ist / so wird nie
was gutes und vollkommenes von seinen Händen
kommen.«

M.s *Unterricht* wurde 1700 noch einmal aufgelegt. Poetiker wie Albrecht Christian Rotth (*Vollständige Deutsche Poesie*, 1688) und Magnus Daniel Omeis (*Gründliche Anleitung zur Teutschen
accuraten Reim- und Dicht-Kunst*, 1704) knüpfen
an das Werk an, das »den ersten hervorragenden
Versuch einer kritischen Literaturgeschichtsschreibung« enthält (Bruno Markwardt).

1682
Christian Weise
Masaniello

Das *Trauer-Spiel Von dem Neapolitanischen
Haupt-Rebellen Masaniello* wurde 1682 von
Schülern des von W. geleiteten Gymnasiums in
Zittau aufgeführt und im Jahr darauf gedruckt.
Ihm liegt ein Ereignis der jüngsten Geschichte
zugrunde: Unter der Führung des Fischers Tommaso Aniello (genannt Masaniello) hatte sich im
Juli 1647 das Volk von Neapel gegen den spanischen Vizekönig und den neapolitanischen Adel
erhoben und vorübergehend die Macht an sich
gerissen; nach der Ermordung Masaniellos brach
der Aufstand zusammen. W.s Quelle war die
Übersetzung einer detaillierten italienischen
Darstellung, abgedruckt im *Theatrum Euro-
paeum* (Bd. 6, 1663).

Die fünf Akte des bis auf Eingangs- und
Schlußverse in Prosa gehaltenen Stückes sind in
zahlreiche kleine Szenen gegliedert, die ein breites Panorama aller Volksschichten ermöglichen
(das numerierte Personenverzeichnis zählt bis
82). Komische Szenen und Personen (»Allegro
des Vice-Roy kurtzweiliger Diener«) erinnern an
das Schauspiel der Wanderbühne.

Gegenstand des Trauerspiels ist die Rebellion
des unterdrückten Volkes gegen eine verderbte
Obrigkeit, der Umsturz und die Wiederherstellung der alten Ordnung. Verbunden damit ist
Aufstieg und Fall des armen Fischers Masaniello,
der an die Spitze des Aufstands tritt und unei-
gennützig für die Sache des Volkes kämpft, bis er
dem Wahnsinn verfällt und seine Herrschaft in
eine wütende Tyrannei ausartet. Die Wende findet eine sinnbildliche Darstellung in der Szene
des Kleidertauschs (IV, 12): Gegen seinen Willen
wird dem Fischer, der nach Wiederherstellung alter Rechte wieder unter das Volk zurückkehren
will, vom Erzbischof ein silbernes Prachtkleid
aufgezwungen; damit wird er sich selbst ent-

fremdet. Dieser ›politische‹ Schachzug, der Masaniello in eine falsche Rolle zwingt, führt zu Isolierung und selbstzerstörerischem Wahnsinn (die Quelle spricht – auch das wird bei W. erwähnt – von Vergiftung). Masaniello wird erschossen, der Aufstand niedergeschlagen.

Gegenspieler Masaniellos sind der Vizekönig und ein brutaler, egoistischer Adel. Ihre Schachzüge, Rechtsbrüche und Unterdrückungsmaßnahmen werden ohne Verbrämung gezeigt. Eine Vermittlerrolle nimmt der Erzbischof Philomarini in Anspruch, wobei es freilich nicht zuletzt seiner (machiavellistischen?) Staatsklugheit zuzuschreiben ist, daß Masaniellos Verstand zerstört wird. Der als Utopist gezeichnete Fischer scheitert daran, daß ihm die politische Klugheit fehlt, seine Feinde und Freunde richtig einzuschätzen und das Mögliche von einer unerreichbaren idealen Ordnung zu unterscheiden. Die Sieger dagegen »verkörpern die moralisch fragwürdige, zugleich aber herrschende und reale Möglichkeit der Politik, der politischen Menschen, auf die die Schüler kritisch vorbereitet werden sollten« (Fritz Martini).

W.s pädagogische Forderung nach Lebensnähe führt so zu einer gewissen Zwiespältigkeit: Demonstriert die eigentliche Handlung, daß dem Aufstand eine Berechtigung nicht abzusprechen ist, so bestätigen die Rahmentexte die gottgewollte hierarchische Ordnung. Damit korrespondiert eine tieferliegende Spannung, die W.s Werk durchzieht und seine Stellung zwischen Barock und Aufklärung bezeichnet: die Spannung zwischen dem innerweltlich erfolgsorientierten ›politischen‹ Lebensideal und den Forderungen des christlichen Glaubens.

Nach einer Opernfassung, bei der ein Einfluß W.s nicht sicher ist (Barthold Feind, *Masagniello furioso,* Aufführung 1706, Druck 1708), und einer ungedruckten Schauspieltruppenversion nach W. und Feind aus dem Jahr 1714 beschäftigten sich Gotthold Ephraim Lessing und sein Bruder Karl mit Masanielloprojekten. G. E. Lessing erwog eine psychologische Gestaltung des Stoffes und schätzte an W.s Stück »ganz den freien Shakespearschen Gang«. »Auch wirst Du«, schrieb er an seinen Bruder, »des pedantischen Frostes ungeachtet, der darin herrscht, hin und wieder Funken von Shakespearschem Genie finden« (14. 7. 1773). »Warum ihn gleich mit Shakespear vergleichen?«, fragte Karl am 24. 8. 1773 zurück. Das Staatstheater Kassel brachte W.s Stück ohne »aktualisierende Eingriffe« im Frühjahr 1976 auf die Bühne (Premiere am 4. 3. 1976).

1684–86
Quirinus Kuhlmann
Der Kühlpsalter

K.s Hauptwerk, der *Kühlpsalter,* ist als heiliges Buch konzipert. Sein Verfasser versteht sich als Prophet und seine Dichtung als Prophetie. Das bleibt nicht ohne Folgen für den Zugang: »Gegenwärtige Fünffzehngesänge«, heißt es über das 1. Buch des *Kühlpsalters,* »werden nimals mit blossem lesen oder betrachten, sondern alleine in dem stande völlig verstanden werden, darinnen si geschriben.«

Das Werk war auf zehn Bücher mit jeweils 15 Gesängen bzw. »Kühlpsalmen« angelegt – eine Analogie zu den 150 biblischen Psalmen. Es erschienen jedoch nur acht Bücher mit ingsesamt 117 Gesängen in unterschiedlichen Vers- und Strophenformen (darunter sind auch reimlose Strophen). Dem *Kühlpsalter* von 1684–86 war eine leicht abweichende Fassung des ersten Buches unter dem Titel *Die Funffzehn Gesänge* (1677) vorausgegangen.

K.s erste Veröffentlichungen, u.a. epigrammatische Grabschriften (*Unsterbliche Sterblichkeit,* 1668) und geistliche Sonette (*Himmlische Libesküsse,* 1671), zeigen ihn als formgewandten, mit den humanistischen poetischen Techniken vertrauten Gelehrtendichter traditioneller Art. Erst die Lektüre von Werken Jacob Böhmes, deren Eindrücke er 1674 in einer eigenen Schrift zusammenfaßte *(Neubegeisterter Böhme),* brachte die entscheidende Wende in seinem Schaffen und Leben: In der Auseinandersetzung mit Böhme und anderen Sektierern und ›Propheten‹ bilden sich seine ekstatisch-schwärmerischen Ideen und Heilsvorstellungen, die im *Kühlpsalter* und in einigen Begleitschriften entwickelt werden. K. begründet seine Berufung und seine Auserwähltheit mit Denkfiguren, die er Böhme und den chiliastischen Bewegungen seiner Zeit entnimmt, und er sieht sich als den schon von Böhme erwarteten Jüngling, der den Antichrist stürzen und zum Tausendjährigen Reich überleiten werde. Sein ganzes Leben, seine Visionen müssen dazu dienen, seine Auserwähltheit zu legitimieren, und mit Hilfe eines dreistufigen typologischen Denkschemas – Zeichen, Figur, Wesen – gelingt es ihm, ein komplexes System von Beziehungen zwischen dem eigenen Lebenslauf und seiner heilsgeschichtlichen Bedeutung als ›Figur‹ Christi zu schaffen. Das erklärt auch die Eigentümlichkeit des *Kühlpsalters,* daß jedem Kühlpsalm eine Prosaeinleitung mit biographischen

Daten vorausgeht, während der Psalm selbst von der Heilsbedeutung spricht. Dabei entspringt die zugleich autobiographische und heilsgeschichtliche Dichtung trotz des expressiven und ekstatischen Stils einiger Gedichte strengem formalen und rationalen Kalkül und zeigt in ihren auffälligen Sprachmanipulationen manieristische Züge.

Diese Sprachmanipulationen ergeben sich aus der Anschauung, die Beziehungen zwischen geschichtlichen und biographischen Ereignissen und ihrer heilsgeschichtlichen Bedeutung lägen in der Sprache verborgen, müßten nur sichtbar gemacht werden. Eine besondere Rolle spielen dabei die Namen, voran K.s eigener, den er in der Apostelgeschichte präfiguriert sieht. Hier heißt es (3, 19 f.): »So tut nun Buße und bekehret euch, daß eure Sünden vertilgt werden; auf daß da komme die Zeit der Erquickung [tempora refrigerii] von dem Angesichte des Herrn [...].« K., der sich gelegentlich Kühlmann nennt, deutet die Stelle auf sich, den Bringer der Zeit der Kühlung, den Kühlmonarchen. Er findet in den von ihm selbst angestellten Sprachmanipulationen den Beweis für seine Erwähltheit, andererseits ist nur der Erwählte fähig, die Offenbarungen Gottes in der Sprache zu erkennen. Sieht man von K.s Sendungsbewußtsein ab, so steht hinter dieser Denkweise die Theorie von der Ursprache, der lingua adamica, mit der Vorstellung, daß sich in der Lautform der Worte das Wesen der bezeichneten Gegenstände abbilde. Und die Sprache des *Kühlpsalters* kann man als den Versuch sehen, die durch Sündenfall und babylonische Sprachverwirrung verschüttete Ursprache zu rekonstruieren, ihr jedenfalls näherzukommen. Diesem Anspruch, den göttlichen Zustand der Sprache wiederherzustellen, entspricht das chiliastische Programm, das K. noch zu seinen Lebzeiten zu verwirklichen hoffte und dem seine (wirklichen und imaginären) Bekehrungsreisen gewidmet waren: der Vereinigung der wahren Gläubigen im Kühlreich der Jesueliter, der Kühlmonarchie.

Der *Kühlpsalter* hatte keine literarischen Folgen. K.s Wirkung ging über die ihm nahestehenden religiösen Zirkel nicht hinaus. Sein Leben und Sterben – auf dem Scheiterhaufen in Moskau (1689) – beschreibt Gottfried Arnolds *Unpartheyische Kirchen- und Ketzer-Historie* (1699–1700).

1685
August Bohse
Liebes-Cabinet der Damen

Mit seinen ersten beiden Romanen, *Der Liebe Irregarten* (1684) und *Liebes-Cabinet der Damen* (1685), bereitete B., der unter seinem Pseudonym Talander berühmt wurde, den Weg für den galanten Roman. Es sind Werke, die formal dem höfischen Barockroman verpflichtet sind, aber seine ethischen und theologisch-philosophischen Grundlagen (Beständigkeit, Theodizee) modifizieren und das ›heroische‹ Element (Rittertum, Staatsgeschehen) zugunsten der Darstellung von Liebesverwicklungen zurückdrängen. Dabei wird der Einfluß der französischen Gesellschaftskultur erkennbar.

B. verspricht im Untertitel eine »Curieuse Vorstellung der unterschiedlichen Politic und Affecten, welcher sich alles galante Frauen Zimmer in den Lieben bedienet«. Uranie und der Hofmann Leontes lieben sich. Aurelie wiederum liebt Leontes und sucht durch Intrigen die Verbindung mit Uranie zu hintertreiben. Dabei zeigt es sich, daß Leontes durchaus an Aurelie Gefallen findet. Als Leontes nach einem Duell nach England fliehen muß, wird er auch hier Objekt des Begehrens. Doch er widersteht den Anträgen der Gräfin Merdanes auch dann noch, als sie ihn entführen läßt und gefangenhält. Diese Erfahrungen festigen seine Persönlichkeit und bestärken ihn in seiner Liebe zu Uranie, mit der er – nach seiner Flucht und einer Reihe weiterer Intrigen und Abenteuer – schließlich vereinigt wird.

B.s Abwendung von der heroischen Thematik und den starren Tugendidealen des höfischen Romans – die vorübergehende Zuwendung des Helden zu Aurelie wäre hier undenkbar – findet u.a. Nachfolge in den Romanen Christian Friedrich Hunolds (*Die Liebens-Würdige Adalie,* 1702, u.a.), Johann Leonhard Rosts (*Die getreue Bellandra,* 1708, u.a.) und Johann Gottfried Schnabels (*Der im Irr-Garten der Liebe herum taumelnde Cavalier,* 1738). B. selber veröffentlichte bis 1709 13 weitere Romane.

1686–95
Abraham a Sancta Clara
Judas Der Ertz-Schelm

Judas Der Ertz-Schelm / Für ehrliche Leuth / Oder: Eigentlicher Entwurff / und Lebens-Beschreibung deß Ischariotischen Bößwicht ist das umfangreichste Werk des kaiserlichen Hofpredigers. Die vier Teile erschienen 1686, 1689, 1692 und 1695 und wurden bis zur Mitte des 18. Jh.s häufig nachgedruckt. Bei dem Werk handelt es sich nicht um eine romanhafte Lebensgeschichte, sondern um eine Art Predigthandbuch, »Worinnen underschiedliche Discurs, sittliche Lehrs-Puncten / Gedicht / und Geschicht / auch sehr reicher Vorrath Biblischer Conceptten« zusammengetragen sind. Dafür dient die Lebensgeschichte des Judas Ischariot als formaler Rahmen. Hauptquelle ist die *Legenda aurea* (um 1270) des Jacobus de Voragine; antike und jüdische Sagenmotive klingen an.

Das Leben des Judas bestätigt die Regel: Aus schlechter Ehe kommen böse Kinder. Von Träumen gewarnt, setzt die Mutter Judas in einem Körbchen auf dem Meer aus (vgl. Moses). Er wird gerettet und von einer Königin aufgezogen. Er tötet ihren Sohn und flieht an den Hof des Pilatus. Hier erschlägt er seinen Vater und heiratet wie Ödipus die Mutter. Voll Reue schließt er sich Jesus an, begeht Verrat, erhängt sich.

Diese Lebensgeschichte wird nicht im Zusammenhang erzählt. Kurze Berichte über einzelne Lebensabschnitte leiten vielmehr jeweils ausführliche exegetische Partien ein, führen hin zu moralischen und erbaulichen Abhandlungen, Exkursen, Exempeln und anderen für Predigten tauglichen ›Materien‹. So ist die unglückliche Ehe der Eltern des Judas Ausgangspunkt für einen langen Diskurs über den Ehestand, führt der Mord an dem Königssohn zu einer exempelgespickten Rede über den Neid.

Im 1. Teil des Werkes – im Kapitel »Judas Ischarioth macht auß dem stehlen ein Gewohnheit« – steht als Predigtmärlein auch die gereimte Fischpredigt des Antonius von Padua, die Achim von Arnim bearbeitet und gekürzt in *Des Knaben Wunderhorn* aufgenommen hat. Gustav Mahler vertonte die Fischpredigt in der Fassung Arnims in seinen Liedern aus *Des Knaben Wunderhorn* (1905). Schon ein Zeitgenosse A.s, der Musikerdichter Daniel Speer (*Ungarischer Oder Dacianischer Simplicissimus,* 1683), hatte den 1. Teil des *Judas* – einschließlich der Fischpredigt – musikalisch bearbeitet (*Musicalischer Leuthe Spiegel /*

Das ist: Ein Extract aus dem Welt-berühmten / Ertzt-Schelmen Judas, 1687).

Der Beifall, den man seit Klassik und Romantik A.s »Witz für Gestalten und Wörter, seinem humoristischen Dramatisieren« spendet (Jean Paul), darf nicht darüber hinwegtäuschen, daß der drastisch-volkstümliche Predigtstil mit seinen Wortspielen und Reihungen, seiner lateinisch-deutschen Mischsprache und den eingeflochtenen Versen nur ein Mittel zum Zweck ist: Bestandteil einer im Dienst der »allzeit florirenden / regierenden / victorisirenden Chatholischen Kirchen« zielstrebig eingesetzten Überredungskunst.

1687
Christian Thomasius
Discours Welcher Gestalt man denen Frantzosen in gemeinem Leben und Wandel nachahmen solle?

T., der in eleganter Kavalierskleidung – und nicht im Talar – dozierte, schockierte seine konservativen Leipziger Kollegen im Wintersemester 1687–88 mit der Ankündigung einer Vorlesung in deutscher Sprache über Baltasar Graciáns »Grund-Reguln / Vernünfftig / klug und artig zu leben«. Nicht nur der Angriff auf die Vorherrschaft der lateinischen Sprache wurde als Provokation empfunden, auch das Thema mußte angesichts einer tiefverwurzelten Frankophobie – Reflex einer tatsächlichen kulturellen und politischen Unterlegenheit – Anstoß erregen.

T. konstatiert, eine Nachahmung sei »allzeit lobens würdig / wenn die Sache selbst nichts scheltenswürdiges an sich« habe, und deswegen solle man sich an den Franzosen orientieren, »denn sie sind doch heut zu tage die geschicktesten Leute / und wissen allen Sachen ein recht Leben zugeben«. Allerdings führt die Nachahmung von äußerlichen Moden – wie in Deutschland üblich – nicht zum Erfolg; es geht vielmehr um die zugrundeliegende geistige Haltung, um eine weltmännische Bildung. Besondere Aufmerksamkeit gilt dabei dem Begriff der Galanterie, den T. im Anschluß an französische Theoretiker als »etwas gemischtes« beschreibt, »so aus dem je ne scay quoy, aus der guten Art etwas zuthun / aus der manier zu leben / so am Hoffe gebräuchlich ist / aus Verstand / Gelehrsamkeit / einen guten judicio, Höfflichkeit / und Freudigkeit zusammen gesetzt« werde. Abschließend nennt T. »honnêteté, Gelehrsamkeit / beauté d'esprit, un bon gout und galanterie« als die entscheidenden Punkte, in denen man »denen Frantzosen« nachahmen solle. So entsteht das Ideal eines vollkommen weisen Menschen – auch als Gegenbild zum gelehrten Pedanten –, »den man in der Welt zu klugen und wichtigen Dingen brauchen kan«. (Die Ablehnung pedantischen Gelehrtentums wird auch in den von 1689–90 erscheinenden *Monatsgesprächen* deutlich, die Unterhaltungen über Neuerscheinungen und aktuelle ästhetische und politische Probleme mit satirischen Angriffen auf seine Leipziger Kollegen verbinden.)

T.s Eintreten für Vorlesungen in deutscher Sprache hatte Erfolg; sie wurden in den folgenden Jahrzehnten üblich.

1689
Heinrich Anshelm von Ziegler und Kliphausen
Die Asiatische Banise

Hinterindien ist der exotische Schauplatz von Z.s höfisch-historischem Roman, der mit zahlreichen kulturhistorischen Details ausgestattete Hintergrund eines effektvoll inszenierten blutigen Geschehens, das – soweit politisch-militärische Vorgänge betroffen sind – Ereignisse aus der Geschichte Hinterindiens im 16. Jh. reflektiert. Unter seinen Quellen nennt Z. an erster Stelle die »gelehrten Schriften des nie genung gepriesenen« Erasmus Francisci (*Ost- und West-Indischer wie auch Sinesischer Lust- und Stats-Garten,* 1668; *Neu-polirter Geschicht- Kunst und Sitten-Spiegel ausländischer Völcker,* 1670).

König Dacosem von Ava führt Krieg gegen das Kaiserreich Pegu. Dabei steht ihm der Verräter Chaumigrem aus Brama zur Seite. Als dieser sich der Prinzessin Higvanama aufdringlich nähert, schlägt ihn ihr Bruder Balacin nieder. Chaumigrem reist ab und übernimmt die Herrschaft in Brama; Balacin wird von seinem Vater Dacosem für ein Jahr verbannt. Ein glückverheißendes Orakel bringt ihn, begleitet von seinem mit komischen Zügen ausgestatteten Diener Scandor, nach Pegu. Dort rettet er den Kaiser Xemindo vor einem von Chaumigrem initiierten Mordanschlag und verliebt sich in die Tochter des Königs. Nach etlichen Verwicklungen findet die Verlobung mit Banise statt. Chaumigrem erklärt Xemindo den Krieg. Balacin sucht Hilfe bei seinem Vater, wird aber festgenommen. Inzwischen erobert Chau-

migrem Pegu und richtet ein fürchterliches Blutbad an. Xemindo wird hingerichtet. Banise soll das gleiche Schicksal erleiden, wird jedoch durch Vertauschung mit einer Sklavin gerettet und schließlich von dem in Liebe entflammten Chaumigrem vor die Alternative gestellt, ihn oder den Tod zu wählen. Inzwischen ist Balacin wieder nach Pegu gekommen: Hier setzt der Roman – den Gattungsgesetzen entsprechend *medias in res* – effektvoll mit einem Monolog des Prinzen ein. Ein Entführungsversuch scheitert. Balacin kehrt wieder nach Ava zurück, um dort die Nachfolge seines inzwischen verstorbenen Vaters anzutreten und Hilfe zu holen. Banise kann bei Chaumigrem eine sechsmonatige Frist durchsetzen. Dieser fällt in Siam ein, erobert nach monatelangen blutigen Kämpfen die Hauptstadt und kehrt nach Pegu zurück. Hier wird er nach verlorener Feldschlacht von Balacin und seinen Verbündeten belagert. Banise, die einen zudringlichen Oberpriester erstochen hatte, soll nun hingerichtet werden. Balacin vermag sich verkleidet unter die Priester zu mischen und ersticht – statt das Opfer zu vollziehen – den Tyrannen Chaumigrem. Balacin und Banise werden vermählt; Krönung. Andere Paare finden sich. Während der Festlichkeiten wird ein in vollem Umfang abgedrucktes Schauspiel *(Die listige Rache, Oder Der tapfere Heraclius)* aufgeführt.

Die Asiatische Banise hat alle Ingredienzien eines barocken Bestsellers: eine spannende und – trotz der Ereignisfülle und der verschachtelnden Erzähltechnik des höfisch-historischen Romans – übersichtliche Handlung, exotisches Kolorit, extreme Charaktere, rhetorische Brillanz. Zugleich leistet der Roman einen Beitrag zur zeitgenössischen Absolutismusdiskussion: Ablehnung einer als ›machiavellistisch‹ verstandenen Staatsräson – personifiziert in dem Usurpator Chaumigrem –, Propagierung einer an moralische und religiöse Normen gebundenen absoluten Monarchie.

Die *Banise* hatte großen Erfolg bis weit ins 18. Jh. hinein. Der Roman wurde wiederholt neu aufgelegt, überarbeitet, fortgesetzt, nachgeahmt und dramatisiert (u.a. Johann Georg Hamann, *Fortsetzung Der Asiatischen Banise,* 1724 u.ö.; Christian Ernst Fidelinus, *Die Engeländische Banise,* 1754; Friedrich Melchior Grimm, *Banise, ein Trauerspiel,* 1743). Selbst Gottsched fand, die *Banise* sei »nicht ohne Werth«. Dem elfjährigen Anton Reiser bereitete sie »zum ersten Male das unaussprechliche Vergnügen verbotner Lektüre« (Karl Philipp Moritz, *Anton Reiser,* 1785), während der junge Johann Heinrich Jung-Stilling durch die Lektüre »bis auf den Grund seines

Herzens« entzückt und gerührt wurde (*Henrich Stillings Jünglings-Jahre*, 1778). Von Grimms Dramatisierung des Romans ließ sich Goethes Wilhelm Meister anregen, als er den Tyrannen Chaumigrem auf sein Puppentheater brachte (*Wilhelm Meisters Lehrjahre*, 1795–96).

1689–90
Daniel Casper von Lohenstein
Arminius

L. starb 1683, kurz vor Vollendung seines großen Romans. Christian Wagner, ein Leipziger Prediger, führte das Werk zu Ende, das mit mehr als 3000 zweispaltig bedruckten Seiten im Quartformat zu den umfangreichsten Romanen der Zeit gehört. Der Titel deutet auf die für den höfisch-historischen Roman bezeichnende Verbindung von heroisch-politischem Geschehen und Liebesgeschichte hin: *Großmüthiger Feldherr Arminius oder Herrmann, Als Ein tapfferer Beschirmer der deutschen Freyheit / Nebst seiner Durchlauchtigen Thußnelda In einer sinnreichen Staats- Liebes- und Helden-Geschichte [...] vorgestellet*. Dazu kommt als dritte wesentliche Komponente des Romans eine ausgesprochen wissenschaftlich-enzyklopädische Tendenz. Für die germanische Geschichte benutzte L. u. a. die *Annalen* des Tacitus; im übrigen bewunderten schon die Zeitgenossen L.s außergewöhnliche Belesenheit.

Der in zwei Teile mit jeweils neun Büchern gegliederte Roman beginnt – nach einer an Tacitus orientierten Einleitung über den Zustand des römischen Reiches – mit der Auflehnung der Germanen gegen das römische Joch und der Niederlage des Varus im Teutoburger Wald (9 n. Chr.). Dabei wird Thußneldas Vater Segesthes gefangengenommen, der auf römischer Seite gekämpft und weder zum ersten-, noch zum letztenmal die Seiten gewechselt hat. Herrmann und Thußnelda, die sich als Geiseln in Rom kennengelernt hatten, verloben sich. Bis es dann zur Vermählung und den Hochzeitsfeierlichkeiten im 8. und 9. Buch kommt, bleibt die Haupthandlung stehen. Die Zeit der Hochzeitsvorbereitungen wird überbrückt durch gelehrte Gespräche, weitausgreifende geschichtliche Darstellungen (Themen u. a.: die habsburgischen Kaiser in germanischer Verkleidung, wobei Kaiser Leopold I. als zweiter Herrmann erscheint; die Geschichte der Amazonen, Armeniens, Chinas, Indiens und der Deutschen, soweit sie mit der griechischen und römischen Geschichte zusammenhängt), andere Liebesgeschichten (Zeno und Erato), die Jugendgeschichte

Herrmanns und Thußneldas und manches andere. Im 2. Teil wird die Handlung mit der Darstellung der Feldzüge des Germanicus (14–16) fortgeführt, wobei Thußnelda in römische Gefangenschaft gerät, sich der Begierde des Kaisers Tiberius durch Flucht entzieht und schließlich nach einem Umweg über Asien wieder nach Deutschland kommt. Im Mittelpunkt des 2. Teils, der überdies noch manche verwickelte Liebesbeziehung klärt (Hochzeiten im 9. Buch), stehen jedoch Streitigkeiten, Verrat und Verschwörung im deutschen Lager, das Thema der deutschen Zwietracht (in diesen Zusammenhang gehört auch eine verschlüsselte Darstellung der Reformationskriege). Herrmann, der Anfeindungen – auch durch seinen Bruder Flavius – überdrüssig, verzichtet großmütig auf die Krone der Cherusker und begnügt sich mit der Herrschaft über die Markomannen, die ihn zum König gewählt haben (»Wer [...] seine Hersch-Sucht nach dem Befehl der gesunden Vernunfft beherschet / ist grösser / als wenn er die gantze Welt unter seiner Gewalt hätte«).

L.s geschichtliche Darstellung ist gegenwartsbezogen; der *Arminius* erscheint als eine Art komplizierter Schlüsselroman, der Ereignisse, Personen und Probleme neuerer Zeit in verdeckter Form mit einbezieht und so als Kommentar zur politischen Lage im 17. Jh. verstanden werden kann. Deutliche Parallelen werden sichtbar, wenn man Rom durch Frankreich ersetzt und die germanischen Zwistigkeiten auf die wechselnde Bündnispolitik der Territorien, die ungeklärten Machtverhältnisse und Spannungen zwischen Territorialstaaten und Kaisertum bezieht.

Das ›Romanhafte‹ im traditionellen Sinn macht angesichts der zahllosen Gespräche und Dispute, der naturwissenschaftlichen Exkurse und historischen Darlegungen nur den Rahmen des riesigen Werkes aus. Gerade die Gelehrsamkeit des Verfassers hat bei den zeitgenössischen Kritikern höchstes Lob gefunden. Der Frühaufklärer Christian Thomasius weist überdies noch auf die besondere Methode der Wissensvermittlung L.s hin, die als eine Art Anleitung zum Selbstdenken darin besteht, »daß der Herr von Lohenstein mehrentheils / nachdem er eine Sache auff beyderley Recht erwogen / nichts determiniret, sondern dem Leser dasselbige zuthun überläst« (*Monatsgespräche IV*, 1689).

Der Roman wurde 1731 ein weiteres Mal gedruckt. Auszüge aus dem Werk stellte Johann Christoph Männling für Leser zusammen, die »den großen Arminium zu erkauffen nicht vermögend« seien (*Arminius enucleatus. Das ist: Des unvergleichlichen Daniel Caspari von Lohen-*

stein / *Herrliche Realia, Köstliche Similia, Vortreffliche Historien / Merckwürdige Sententien, und sonderbare Reden,* 1708). Obwohl die ›Lohensteinische Schreibart‹ im folgenden bei den Aufklärern als ›Schwulst‹ in Verruf kam, sah Moses Mendelssohn gerade in der Prosa des *Arminius* auch eine andere Seite: »Ich finde an vielen Stellen seines *Arminius* einen historischen Styl, den sich unsere Geschichtschreiber zum Muster nehmen sollten. Gedrungene Kürze, runde Perioden, kernhafte Ausdrücke und eine Beredsamkeit, die am Erhabenen grenzet, wird man in diesem ungeheuern Romane öfter finden, als man glauben sollte.« (*Briefe, die Neueste Litteratur betreffend,* Nr. 313, 31. 1. 1765)

1690
Eberhard Werner Happel
Der Academische Roman

Sein Gegenstand, das »Studenten-Leben«, hat dafür gesorgt, daß dieser Roman H.s im Gegensatz zu seinen anderen nicht ganz in Vergessenheit geraten ist. Von Zeit zu Zeit kommen gekürzte Ausgaben auf den Markt.

H. kündigt eine Beschreibung der Zustände auf den Universitäten an, will aber nicht nur von den »Excessen« berichten, sondern über alles, »was man von dem Academischen Leben zu wissen verlangen mag«. Daneben deuten sich exemplarisch-lehrhafte Absichten an, wenn die Hauptpersonen des Romans so charakterisiert werden: »Cavina zeiget an seiner Person ein fleissiges Musenkind / Cerebacchius einen Debouchanten im Fressen und Sauffen / Venereus einen Courtisan, und Klingenfeld einen Balger / Troll aber einen halb-Gelehrten / der immerdar ein Hümpler und Stümpler bleibet.«

Der Roman erzählt zunächst von dem deutschen adeligen Studenten Klingenfeld, der durch Oberitalien nach Padua reist und sich dabei mit anderen Studenten (und dem Prinz Condado von Tursis) zusammenschließt. Sie sind der Mittelpunkt von Abenteuer- und Räubergeschichten, von Zechereien, Raufereien und Liebesabenteuern in der Tradition der italienischen Novellistik, von Studentengeschichten, die den verderbten, sittenlosen Zustand des Studentenlebens – vor dem Hintergrund einer angeblich glänzenden Vergangenheit – illustrieren sollen. Auf der Rückreise wird die Gesellschaft zeitweilig getrennt – Gelegenheit für eine Pedanten- und Schulmeistersatire in schweizerischer Dorfatmosphäre –, bis ihre Mitglieder in Basel wieder zusammenkommen.

Bedient sich H. im *Academischen Roman* erzählerischer Grundmuster des Pikaroromans und des politischen Romans (Abenteuerfolge, Reise als strukturierendes Moment), so verwenden seine anderen Romane das Handlungsgerüst des höfischen Romans (u. a. *Der Asiatische Onogambo,* 1673; *Africanischer Tarnolast,* 1689). Auch hier wird die Romanform zum Medium, ›curieuse‹ Materien aller Art zu vermitteln (daneben stellte H. vielbändige Kompendien mit »Denkwürdigkeiten« und »Raritäten« zusammen). Immerhin gelangte auf diese Weise der einflußreiche romangeschichtliche und -theoretische Traktat Pierre Daniel Huets nach Deutschland (*Traité de l'origine des romans,* 1670) – als eine dem Helden in den Mund gelegte Erzählung zum Zeitvertreib auf einer Schiffsreise (*Der Insulanische Mandorell,* 1682).

1695
Christian Reuter
L'Honnête Femme Oder die
Ehrliche Frau zu Plißine

R. wohnte während seiner Leipziger Studentenzeit mit einem Kommilitonen eine Zeitlang im Gasthaus Zum roten Löwen. Als die beiden ihre Miete nicht zahlten, kündigte ihnen die Wirtin Anna Rosine Müller. Daraufhin verfaßte R. sein Lustspiel und ließ es unter einem Pseudonym drucken. Frau Müller glaubte sich und ihre Familie in dem Stück zu erkennen und verklagte R. wegen des »Pasquills« (Schmähschrift). Die Komödie wurde verboten – 400 der 600 gedruckten Exemplare waren allerdings schon verkauft. R. wurde zu 15 Monaten Karzer verurteilt und für zwei Jahre von der Universität verwiesen, eine Strafe, die später noch schärfer ausfiel, da R. weitere satirische Attacken folgen ließ (*La Maladie & la mort de l'honnête Femme. Das ist: Der ehrlichen Frau Schlampampe Krankheit und Tod,* 1696; *Schelmuffsky,* 1696; *Letztes Denck- und Ehren-Mahl / Der weyland gewesenen Ehrlichen Frau Schlampampe,* 1697). R. selber beteuerte, er hätte die Komödie »fingiret und auf niemand gemacht« und sie »aus den Molliere meistens genommen«. Der Hinweis auf Molière bezieht sich auf die Komödie *Les Précieuses ridicules* (*Die lächerlichen Preziösen,* 1659), der R. die Intrigenhandlung seines Stückes verdankt. (Eine deutsche Übersetzung von Molières Komödie war schon in der *Schau-Bühne Englischer und Frantzösischer Comödianten* von 1670 enthalten; vollständige Molière-Übersetzungen erschienen 1694 und 1695. Auch Christians Weises *Spiel Vom verfolgten Lateiner*, 1693 aufgeführt, ist Molières *Précieuses ridicules* verpflichtet.)

Im Mittelpunkt von R.s dreiaktigem Stück steht die Familie der Wirtin vom Göldnen Maulaffen: die »ehrliche« (dumme, unflätige und geizige) Frau Schlampampe, ihre beiden putz- und adelsüchtigen Töchter Clarille und Charlotte sowie der aufschneiderische ältere Sohn Schelmuffsky (bald ›Held‹ eines eigenen Romans). Ohne viel äußere Handlung entsteht in den Eingangsszenen das Bild einer Kleinbürgerfamilie, deren Streben nach höherem sozialen Rang und vornehmer Lebensart auf entlarvende Weise mit der eigenen Eitelkeit, Dummheit und Vulgarität zusammenstößt. Durch die beiden Studenten Edward und Fidele, die eine überlegene, von Vernunft, Weltkenntnis und Bildung geprägte Lebenshaltung vertreten, kommt die Intrige in Gang, die auf pointierte Weise die Prätentionen der ›Aufsteiger‹ bloßstellt: Die Studenten rächen sich für die Kündigung ihres Zimmers, indem sie zwei »Hüpeljungen« (Brezelverkäufer) als Adelige ausstaffieren und den beiden Töchtern den Hof machen lassen – mit voraussehbarem Erfolg und blamablem Ende.

So verbinden sich in der *Ehrlichen Frau* traditionelle Komödienelemente (die Intrigenhandlung, typische Figuren wie der an den Pickelhering oder Hans Wurst erinnernde Bote Laux) mit einer scharfsichtigen Darstellung gesellschaftlicher Realität. Was vielleicht als privater Racheakt gedacht war, erweist sich am Ende – nicht zuletzt dank R.s Charakterisierungskunst – als treffendes, satirisches Zeitbild.

1695
Kaspar Stieler
Zeitungs Lust und Nutz

Die ersten deutschen Zeitungen erschienen zu Anfang des 17. Jh.s, zunächst wöchentlich. Um 1650 gab es schon in etwa 30, um 1700 in rund 70 Städten eine Wochenzeitung. Versuche mit Tageszeitungen scheiterten zunächst (1650, 1660). Im Unterschied zu heutigen Zeitungen war der Inhalt nicht nach Sparten gegliedert, sondern die Nachrichten folgten einander – mit Angabe von Herkunftsort und Datum – in der Reihenfolge des Eingangs. Es waren reine Nachrichtenblätter ohne Kommentare. Anzeigen erschienen schon früh; seit 1650 nahm der Anzeigenteil einen großen Raum ein (er enthielt auch Werbung für

Bücher, vor allem Sach- und Unterhaltungsliteratur).

Die zunehmende Popularität der Zeitungen (›Relationen‹, ›Avisen‹, ›Nouvellen‹) führte zu einer Diskussion über das Pro und Kontra des Zeitungslesens. S. schlug sich in seinem Buch, dem ersten Versuch einer Gesamtdarstellung des Zeitungswesens, auf die Seite der Befürworter, zu denen auch Christian Weise zählte (*Schediasma curiosum de lectione novellarum*, 1676; dt. *Curieuse Gedancken von den Nouvellen oder Zeitungen*, 1703). S.s *Zeitungs Lust und Nutz* handelt in drei Büchern vom Wesen, Inhalt, Stil (»Alles gekünstelte und gezwungene findet darinnen keine statt«) und Zweck der Zeitungen, von den Aufgaben des Herausgebers, von der »Notwendig- und Nutzbarkeit« der Zeitungslektüre und vom Leser und seinen Bildungsvoraussetzungen. S. definiert Zeitungen als »gedruckte Erzehlungen derer hin und wieder warhaftig / oder vermeintlich vorgegangenen Dinge / ohne gewisse Ordnung und Beurteilung; zu ersättigung der Lesenden Neugirigkeit und Benachrichtigung der Welt-Händel erfunden.« Ihr Nutzen liege in der Aktualität der Nachrichten (»Wir ehrliche Leute / die wir itzt in der Welt leben / müssen auch die jetzige Welt erkennen«); dazu komme »die sonderbahre Vergnügung und Ergetzlichkeit«, die die Lektüre bringe, ermögliche sie doch die Teilnahme an den Unterhaltungen der Großen oder Gedankenreisen durch die weite Welt und das Miterleben von aufregenden Ereignissen, beispielsweise Seeschlachten – »und dieses alles ohne einzige Gefahr / Mühe und Kosten«.

Im Anhang findet sich ein Fremdwörterlexikon, eine Liste von Regenten, Generalen und Gesandten, dazu ein Wappenverzeichnis – Vorläufer der seit Beginn des 18. Jh.s erscheinenden Zeitungslexika (Johann Hübner: *Reales Staats- und Zeitungs-Lexicon*, 1704 u. a.). 1697 erschien eine 2. Auflage von S.s kulturgeschichtlich aufschlußreichem Werk.

1695–1727
Neukirchsche Sammlung

N. S. ist die übliche Bezeichnung für eine große Anthologie lyrischer Dichtung, die von 1695 bis 1727 in sieben Teilen erschien und in ihrem eigentlichen Titel den berühmtesten Lyriker des späten 17. Jh.s als Aushängeschild benutzt: *Herrn von Hoffmannswaldau und andrer Deutschen auserlesene und bißher ungedruckte Gedichte*. Die Sammlung war sehr erfolgreich. Die

Druckgeschichte ist äußerst kompliziert; letzte Neuauflagen erschienen um die Jahrhundertmitte. – Herausgeber der ersten beiden Bände (1695, 1697) war Benjamin Neukirch, der die Anthologie mit einer Vorrede einleitete. Band 1 zeigt folgende Gliederung: »Galante Gedichte«, »Sinn-Gedichte«, »Hochzeit-Gedichte«, »Begräbniß-Gedichte«, »Vermischte Gedichte« und Verliebte Arien«, wobei vor allem die ersten und letzten Abteilungen Raum für die erotischen Gedichte lassen, die den Charakter der Anthologie bestimmen. Die späteren Bände sind ähnlich gegliedert.

Band 1 und 2 tragen ihren Titel zu Recht. Sie enthalten zahlreiche Gedichte Hoffmannswaldaus – rund 75 im ersten, 40 im zweiten Band –, die dieser nicht in die Auswahlausgabe seiner Dichtungen aufgenommen hatte (*Deutsche Übersetzungen und Getichte,* 1679: erotische Oden und Sonette, metaphernreiche ›Abrisse‹ oder ›Ikon‹-Gedichte *(Lob-rede an das liebwertheste frauenzimmer),* spitzfindig-zweideutige Epigramme. Erotische Thematik und ein galant-frivoler bzw. metaphern- und anspielungsreicher Stil charakterisieren auch zahlreiche andere Texte in den ersten Bänden der Anthologie: Gedichte von Lohenstein *(Venus),* Johann von Besser *(Ruhestatt der Liebe),* Heinrich Mühlpfort, Benjamin Neukirch und zahlreichen anderen.

Nach dem 2. Teil übernehmen andere Herausgeber die Verantwortung (Erdmann Uhse, Christian Hölmann, Gottlieb Stolle u. a.). Der Charakter der Anthologie ändert sich allmählich und reflektiert – nachdem Hölmann noch einmal gegen den Leipziger Uhse (Tl. 3, 1703) die auf Hoffmannswaldau zurückweisende schlesische Tradition bekräftigt hatte (Tl. 4, 1704; Tl. 5, 1705) – den allgemeinen Stilwandel, der sich um die Jahrhundertwende anbahnt (und den auch Neukirch, der erste Herausgeber, in seinen eigenen Werken vollzieht). So greift Stolle in der Vorrede zum 6. Teil (1709) die »italienische Manier« an, die Neukirch 1695 noch rühmend hervorgehoben hatte, und der 7. und letzte Teil (1727) entsteht – ironischerweise immer noch mit dem gleichen Titel – unter klassizistischem Vorzeichen in Leipzig (auch Johann Christoph Gottsched ist mit Boileau- und Horazübersetzungen vertreten). So führt die *N. S.* vom schlesischen ›Hochbarock‹ schließlich zur Dichtung der Aufklärung im Kreis um Gottsched.

1696
Christian Reuter
Schelmuffsky

R.s satirischer Roman erschien zuerst 1696 *(Schelmuffskys Curiose und Sehr gefährliche Reißebeschreibung zu Wasser und Land);* eine überarbeitete und erweiterte Fassung folgte unmittelbar darauf in zwei Teilen *(Schelmuffskys Warhafftige Curiöse und sehr gefährliche Reisebeschreibung zu Wasser und Lande,* 1696–97). Held ist der schon in R.s Komödie *L'Honnête Femme* (1695) als abgerissener, großmäuliger Reisender auftretende Sohn der Wirtin des Gasthauses zum Göldnen Maulaffen. R.s frühere Wirtin Anna Rosine Müller klagte gegen diese neue ›Schmähschrift‹ ebenso wie zuvor gegen das Lustspiel. *Schelmuffsky* wurde konfisziert.

Schelmuffsky ist der Ich-Erzähler der dem »Grossen Mogul« gewidmeten Reiseerzählung, in der »beym Sapperment alles wahr« sei »und der Tebel hohlmer nicht ein eintziges Wort erlogen«. Schelmuffsky beginnt mit einem Bericht von seiner verfrühten Geburt, in dem eine große Ratte eine wichtige Rolle spielt (mit der Geschichte macht der Held später immer wieder Eindruck). Frühreif kann er schon nach neun Tagen gewandt konversieren, doch Schule und Lehre werden ihm sauer, und er beschließt, durch Reisen »ein berühmter Kerl« zu werden. Er reist zunächst von Schelmerode nach Hamburg. Mit einem Grafen, den er unterwegs getroffen hat, logiert er in einem vornehmen Gasthaus. Die Dame Charmante verliebt sich sofort in ihn. Schelmuffsky duelliert sich für sie. Wegen einer anderen Rauferei – er sticht seine Gegner reihenweise nieder – flieht er nach Stockholm. Hier reißen sich die Damen wieder um ihn; auch Charmante und der Graf treffen ein. Nach einem Schiffbruch vor der holländischen Küste gelangt Schelmuffsky nach Amsterdam und wird sogleich Mittelpunkt der feinen Gesellschaft. Weitere Reisen führen ihn nach Indien und London. Auf einer Reise nach Spanien gerät er dann nach heldenhaftem Kampf in die Hand von Seeräubern und wird in St. Malo gefangengesetzt, bis ihn seine Mutter auslöst. Zerlumpt kommt er heim, begibt sich wieder (2. Teil) auf Reisen, dieses Mal nach Italien. In Venedig kommt er zu Geld, in Padua begegnet er seinem genauen Ebenbild, dem aufschneiderischen Sohn der Wirtin Zum rothen Stier, und in Rom küßt er dem Papst die Füße (»die stinckichten Knochen«) und rächt sich an dem Seeräuber, der ihn einst gefangengenommen hatte. Auf dem Heimweg wird er überfallen und kommt »in blossen Hembde« nach Hause.

Aufbau (Reihung) und Erzählweise (Ichroman) sind dem Pikaroroman (und dem politischen Roman) verpflichtet, aber während in den meisten Romanen dieser Art der Held nur ein Medium der Welterkenntnis darstellt, erscheint er bei R. als unverwechselbare Person. Der Roman ist konsequent aus der Perspektive Schelmuffskys erzählt und offenbart, wie »sich die weite Welt und das große Leben in dem Hirn des Lümmels abspiegelt« (Ferdinand Josef Schneider). Die Komik der phantastischen Lügen- und Abenteuergeschichten wird noch gesteigert durch die Diskrepanz zwischen dem Anspruch Schelmuffskys, feinste adelige Lebensart und Bildung zu verkörpern und seinem tatsächlichen Wesen. Dabei entlarvt er sich selber durch seine primitive, naivhemdsärmelige Sprache, die immer wieder ins Grobianische zurückfällt und hinter den angelernten galanten Phrasen den ungehobelten Spießbürger erkennen läßt, der sich vergeblich als »braver Kerl« zu stilisieren sucht. Die Satire trifft freilich nicht nur den bramarbasierenden Kleinbürger; sie trifft auch die höfische Barockkultur selbst, deren »verborgene Roheit und Gemeinheit« aufgedeckt wird (Werner Kohlschmidt).

R.s Roman wurde zu einem Lieblingsbuch der Romantiker. Achim von Arnim verband das Motiv der Narrensuche aus Christian Weises Roman *Die drey ärgsten Ertz-Narren In der gantzen Welt* (1672) mit Episoden aus dem *Schelmuffsk* (*Der Wintergarten*, 1809), und Clemens Brentano schrieb: »Wer dies Buch liest, ohne auf irgendeine Art hingerissen zu werden, ist ein Philister und kömmt sicher selbst darin vor.«

1697
Christian Wernicke
Uberschriffte Oder Epigrammata

W.s Epigramme erschienen in drei jeweils vermehrten Ausgaben 1697, 1701 und 1704. Die letzte Fassung enthält mehr als 600 Epigramme in zehn Büchern. Oft finden sich – z. T. recht ausführliche – Anmerkungen zu den Epigrammen. W. schließt an die traditionelle Definition der ›Überschrift‹ an: »in der Kürtz’ ihr Leib, die Seel’ in Witz bestehet.« Daß W. ›argutia‹ (Scharfsinnigkeit, Spitzfindigkeit) mit ›Witz‹ übersetzt (die Bedeutung verschiebt sich im 18. Jh. vom älteren ›Verstand‹ zu ›esprit‹), verweist auf seine frühaufklärerische Position.

W.s Epigramme enthalten das übliche Repertoire an geistlicher und weltlicher Sitten- und Verhaltenslehre, an Typen-, Standes- und Institutionenkritik (Hof, Juristen, Ärzte, Geizhälse, Frauen usw.). Die Haltung ist kritisch, rational. Mit den Klagen, die der verdorbenen Gegenwart die »alte Lieb’ und Treu« entgegenstellen (so etwa Friedrich von Logau), kann er nichts anfangen: »Allein, wenn ich die Zeit, die vorhergeht, durchsuch’, So danck’ ich GOtt, dass ich in dieser bin gebohren.« Die rational-frühaufklärerische Tendenz wird besonders deutlich in den literaturkritischen Epigrammen und den dazugehörigen Erläuterungen. Sie setzten sich vor allem mit der Poesie Hoffmannswaldaus und Lohensteins, aber auch mit den Formspielereien der Nürnberger auseinander. So kritisiert W. die »uneigentliche Redens-Arten, die harten Metaphern, und den falschen Witz« Hoffmannswaldaus und Lohensteins, ihre »Zuckerbeckerey«, ihre Marmor- und Edelsteinmetaphorik; dagegen setzt er auf Vernunft und Natur: »Ich folge der Natur, und schreib’ auf ihre Weis’.« Beispiele für eine natürliche Schreibweise bieten die »heutigen Frantzosen und Engelländer«; die kritischen Maßstäbe entnimmt W. dem Werk Nicolas Boileaus (*L'Art poétique*, 1674). Zugleich bedauert er es, daß es in Deutschland keine dem französischen Beispiel entsprechende literarische Kritik gebe, die erst »die Frantzösische Schreib-Art zu der heutigen Vollkommenheit« gebracht habe.

Die Angriffe auf Hoffmannswaldau und Lohenstein lösten eine heftige literarische Fehde mit Anhängern der Schlesier aus (Christian Heinrich Postel, Christian Friedrich Hunold). In den folgenden Jahren trat das Interesse an W. zurück, bis Johann Jacob Bodmer wieder auf seine Bedeutung hinwies (*Character Der Teutschen Gedichte*, 1734) und eine Ausgabe veranstaltete (*Poetische Versuche in Ueberschriften; Wie auch Helden- und Schäfergedichten*, 1749).

1698
Gotthard Heidegger
Mythoscopia Romantica: oder Discours Von den so benanten Romans

Die Literaturfeindlichkeit des englischen Puritanismus findet ihr kontinentales Gegenstück in den Anschauungen des reformierten Schweizer Pastors G. H. Sein *Discours* erschien allerdings zu einem Zeitpunkt, als der Roman schon unter die etablierten Gattungen aufgenommen worden war. Das Buch des Romangegners verrät Vertrautheit mit seinem Gegenstand; auch den grundlegenden, bis zu Gottsched nachwirkenden Traktat Huets kennt H. (Pierre Daniel Huet: *Traité de l'origine des romans,* 1670; deutsche Fassung in Eberhard Werner Happel Roman *Der Insulanische Mandorell,* 1682).

H. sieht ein »ohnendlich Meer« von Romanen über den Leser hereinbrechen und meint damit, daß vierteljährlich »einer oder mehr Romans« erschienen: Er kommt damit den tatsächlichen Gegebenheiten recht nahe – so hat man für 1689 und 1690 je sieben Romane gezählt. Der *Discours* enthält nun alle nur möglichen Einwände gegen den Roman. Entscheidend dabei sind die theologischen Argumente. Unter Berufung auf eine Bibelstelle (1. Tim. 4,7) wird alles fiktive Erzählen verdammt. Für H. steht fest: »wer Romans list / der list Lügen.« Maßstab der Wahrheit ist die Bibel. Besonders verwerflich sind deshalb gerade die Romane, die Geschichte (auch biblische Geschichte) und Fiktion miteinander verbinden und sich damit anmaßen, Gott und seine Werke – die Geschichte – korrigieren zu wollen. Ein weiteres auf die Bibel gegründetes Argument betrifft die Tatsache, daß das Lesen von Romanen den Menschen von seiner eigentlichen Bestimmung ablenke: der gräuliche »Zeitraub«, den das Romanlesen bedeutet, hält den Menschen davon ab, die von Gott verliehene Zeit für das Seelenheil zu nutzen.

H.s durchaus nicht witzlose Polemik blieb nicht ohne Antwort: Der Romanleser Gottfried Wilhelm Leibniz betonte in einer Rezension ausdrücklich die Nützlichkeit schöner Erfindungen (*Monathlicher Auszug aus allerhand neu-herausgegebenen [...] Büchern,* 1700), und der Thomasiusschüler Nicolaus Hieronymus Gundling griff zur Parodie, um den Schweizer Romankritiker in die Schranken zu verweisen (*Neue Unterredungen,* 1702).

1698–1717
Johann Henrich Reitz
Historie Der Wiedergebohrnen

Die *Historie Der Wiedergebohrnen* ist eine großangelegte Sammlung beispielhafter Lebensläufe aus dem Umkreis des Pietismus. In immer wieder erweiterten Auflagen wuchs das Werk zunächst auf fünf Teile an (1: 1698, 2–3: 1701, 4: 1716, 5: 1717); Fortsetzungsbände anderer Verfasser folgten 1730 und 1745. Insgesamt sind in den sieben Bänden 161 Biographien enthalten. Davon stammt rund die Hälfte aus dem Pietismus selbst, die anderen sind ›Vorläufern‹ aus ganz Europa gewidmet (Mystiker, Spiritualisten, Vertreter der Reformorthodoxie, Puritaner, Hugenotten usw.). Die Absicht, die R. mit der Publikation der frommen Lebensläufe, der Seelen-, Bekehrungs- und Bewährungsgeschichten verfolgt, nennt die Vorrede zum 1. Band: »Da kan ein jeder in solcher Historie / wie in einem lebendigen Spiegel / am besten sehen und vernehmen / sein Bild / Gestalt / und Gleichheit / oder seine Ungleichheit / und was ihm fehlet / wie nahe oder wie fern er noch sey vom Reich GOttes?« Die Geschichten dieser Gläubigen, die die direkte Gnadenwirkung Gottes bezeugen und zur Nachfolge ermutigen sollen, repräsentieren – durchaus im Einklang mit den Vorstellungen Gottfried Arnolds in seiner *Unpartheyischen Kirchen- und Ketzer-Historie* (1699–1700) – die eigentliche Geschichte der Kirche Christi.

Die *Historie Der Wiedergebohrnen* wurde zum Ausgangspunkt und Muster einer weitverzweigten Gattungstradition. Schon 1702 erschien Gottfried Arnolds Sammlung *Das Leben Der Gläubigen;* das bekannteste Werk der Gattung, die bis heute fortlebt, ist Gerhard Tersteegens dreibändige Sammlung *Auserlesene Lebens-Beschreibungen Heiliger Seelen* (1733, 1735, 1753). Die prägende Kraft dieser weitverbreiteten pietistischen Erbauungs- und Exempelliteratur, die die Bedeutung des Pietismus für die deutsche Literatur- und Geistesgeschichte des 18. Jh.s sichtbar machen kann (Innerlichkeit, Selbsterforschung, Gemeinschaftsgefühl, religiös gesteigerte Sprechweise usw.), bestätigt Heinrich Jung-Stilling im Rückblick: »Mein Vater schleppte mir von allen Seiten her Lebensbeschreibungen vortrefflicher Menschen, und wahrer Christen zusammen: dadurch wurde der Trieb ihnen gleich zu werden so tief in meine Seele eingegeistet, daß er würklich die einzige Ursache von allem ist, was ich nunmehro durch die gütige Leitung der hohen Vorsehung geworden bin.«

1699–1700
Gottfried Arnold
Unpartheyische Kirchen- und Ketzer-Historie

Das große, von ungewöhnlicher Gelehrsamkeit zeugende Werk des Pietisten G. A. behandelt in vier Teilen (zwei Bänden) die Zeit »Vom Anfang des Neuen Testaments biß auff das Jahr Christi 1688«. ›Unparteiisch‹ heißt nach Ausweis der Vorrede zunächst »die untersuchung der historischen warheit ohne partheylichkeit«, dann ›nicht an bestimmte Kirchen oder Konfessionen gebunden‹ (in der Tradition des mystischen Spiritualismus, dem A. zeitweise nahestand und dessen Gedankengut er verbreitete, galten Konfessionen als ›Parteien‹). Freilich, A. ergreift durchaus Partei. Das ergibt sich schon aus der Geschichtsauffassung, die seinem Werk zugrunde liegt: die Geschichte der Kirche als Geschichte des Verfalls, des Abfalls von dem in der Urkirche verwirklichten Idealtypus des Christentums. Dieser Abfall von einer vom Heiligen Geist erfüllten Innerlichkeit und einem wahrhaft christlichen Lebenswandel wird schon im 3. Jh. unter Kaiser Konstantin sichtbar. Von da an besteht der Widerspruch zwischen dem wahren Christentum und einer institutionalisierten, veräußerlichten Kirche (bzw. Kirchen). Er wird durch die Reformation nicht aufgehoben und charakterisiert auch noch die unmittelbare Gegenwart. Gleichwohl hält A. die Utopie eines geistererfüllten christlichen Lebens in Harmonie mit Gott aufrecht.

A.s Geschichtskonzeption führt zugleich zu einer Rehabilitation der von den Kirchen Verfolgten, der Häretiker und Ketzer, die in allen Epochen auftreten und durch ihr Leben (und Sterben) Gottes Wirken bezeugen und »die unsichtbare rechte heilige Gemeinde Christi« repräsentieren. Die Biographien dieser wahren Christen und Heiligen stellen einen wichtigen Aspekt der *Kirchen- und Ketzer-Historie* dar. Besondere Berücksichtigung finden die Spiritualisten und Chiliasten des 16. und 17. Jh.s (darunter auch der 1689 in Moskau hingerichtete Dichter des *Kühlpsalters,* Quirinus Kuhlmann).

Es ist verständlich, daß das Werk kontrovers diskutiert wurde: »Man hat mir auf viele Weise fast nach Leib und Leben getrachtet und mich in der Welt als einen hominem nullius religionis, als den ärgsten Ketzer, ja als Monstrum und Ungeheuer ausgeschrien, der in keiner Kirche und Republik mehr zu dulden sei«, schrieb A. Radikale Pietisten und mystische Spiritualisten standen auf seiner Seite, ebenso Christian Thomasius; heftige Angriffe kamen von der lutherischen Orthodoxie. Goethe, der die *Kirchen- und Ketzer-Historie* in der väterlichen Bibliothek vorfand, schreibt ihr einen »großen Einfluß« auf sein Denken zu und charakterisiert A.: »Dieser Mann ist nicht ein bloß reflektierender Historiker, sondern zugleich fromm und fühlend. Seine Gesinnungen stimmten sehr zu den meinigen [...].« (*Dichtung und Wahrheit,* 1811–14, 8. Buch).

1700
Friedrich Rudolph Ludwig von Canitz
Neben-Stunden Unterschiedener Gedichte

Die Gedichte des brandenburgischen Diplomaten C. wurden erst ein Jahr nach seinem Tod veröffentlicht und fanden als Zeugnisse eines neuen dichterischen Stils große Resonanz. Die Sammlung enthält – nach der späteren Gliederung Johann Ulrich Königs in der Ausgabe von 1727 – »Geistliche Gedichte«, »Vermischte Gedichte«, »Satyren und Übersetzungen«, »Trauer-Gedichte« und »Galante und Schertz-Gedichte«. Die Satiren gelten, neben der *Klag-Ode über den Tod seiner ersten Gemahlin,* als C.s wichtigste Leistung. Sie behandeln u. a. den schon topischen Gegensatz von Hof- und Landleben, preisen den Vorzug des ländlichen Daseins: »Hier merck ich, daß die Ruh in schlechten Hütten wohnet, [...] Daß es viel besser ist, bey Kohl und Rüben stehn, Als in dem Labyrinth des Hofes irre gehn.« In der Satire *Von der Poesie* greift C. den Petrarkismus, übertriebene Bildersprache und vor allem die massenhafte, lobhudelnde Gelegenheitsdichterei an; dagegen steht die Forderung nach Angemessenheit von Wort und Sache, nach Vernunft.

C.s Vorbild ist Nicolas Boileau, dessen Werk er auf der Kavalierstour nach Frankreich kennengelernt hatte und dessen klassizistisches Stilideal fortan seine Dichtung bestimmte: »Laß Vers und Lieder uns hier in die Wette schreiben, Hier, wo Vernunfft und Reim gern bey einander steht«, heißt es in einer Versepistel aus Frankreich, Boileaus *Art poétique* (1674) zitierend. So kündigt C.s Werk den durchgreifenden Stilwandel von der scharfsinnigen Metaphernkunst des Spätbarock zur ›vernünftigen‹, ›natürlichen‹ – aber auch prosaisch-nüchternen – Schreibart einer neuen literarischen Epoche an.

C.s Gedichte erlebten als Musterbeispiele des ›guten Geschmacks‹ vor allem in der 1. Hälfte des 18. Jh.s zahlreiche Auflagen. Wichtig für die Rezeption wurde die Edition von Johann Ulrich König (1727), der eine *Untersuchung Von dem guten Geschmack in der Dicht- und Rede-Kunst* beifügte. Eine Ausgabe Johann Jacob Bodmers folgte 1737. Die letzte Gesamtausgabe erschien 1772.

1701
Christian Thomasius
De crimine magiae

Über das Verbrechen der Zauberei

T.' lateinische Schrift, 1702 und 1704 ins Deutsche übertragen *(Kurtze Lehr-Sätze von dem Laster Der Zauberey),* gab den Anstoß zur entscheidenden Diskussion über Hexenglauben und Hexenprozesse, die letztlich zum Erfolg, d. h. zur Abschaffung der barbarischen Praxis führte. Die Auseinandersetzung T.' mit dem Hexenglauben hat eine Vorgeschichte: T. hatte 1694 in einem Gutachten die Frage bejaht, ob eine der Hexerei beschuldigte Frau aufgrund einer (einzigen) Denunziation durch Folter zum Geständnis gebracht werden dürf. Glücklicherweise lehnten seine Fakultätskollegen in Halle das Urteil ab, das – entgegen den eigenen philosophischen Grundsätzen T.' – durch kritiklose, übereilte Übernahme älterer Ansichten zustande gekommen war (»Warumb? Ich hatte es so gehöret und gelesen, und der Sache nicht ferner nachgedacht«). Die Niederlage führte T. zum intensiven Studium der Literatur über den Hexenwahn und zum Überdenken der eigenen Position. Das erste Ergebnis war die Schrift von 1701, in der u. a. ausdrücklich Friedrich Spees *Cautio criminalis* (1631) »recommendiret« wird. T. verwirft jedoch nicht nur die von Spee angeprangerte Praxis der Hexenprozesse, sondern er bestreitet auch ihre Grundlage, indem er erweist, »daß kein Laster der Zauberey sey«. Zwar wird die Existenz des Teufels nicht bestritten. Als böser Geist jedoch hat er auf materielle Dinge keinen Einfluß. Er kann keine leibhaftige Gestalt annehmen, Bündnisse mit den Menschen eingehen, Gemeinschaft mit ihnen pflegen. Was es an entsprechenden Geständnissen gibt, ist durch »die greulichen und entsetzlichen Martern erzwungen worden« oder Wahnvorstellung.

Unbeirrt von Angriffen lutherisch-orthodoxer Geistlicher setzten T. und seine Schüler die Aufklärungsarbeit fort. Schließlich wies T. 1712 in einer *Historischen Untersuchung Vom Ursprung und Fortgang Des Inquisitionsprocesses Wieder die Hexen* nach, daß der Teufel, der mit Hexen »buhlet / und sie auff den Blockers-Berg führet / nicht über anderthalb hundert Jahr alt sey«. Zwei Jahre später erließ T.' Landesherr, der preußische König Friedrich Wilhelm I. ein *Edict wegen Abstellung der Mißbräuche bey denen Hexen-Processen* (13. 12. 1714), das die übliche Prozeßpraxis verbot und schließlich zur Abschaffung der Prozesse überhaupt führte (letzte Hexenverbrennung in Preußen 1728; letzte Hexenverbrennung in Deutschland: 1775 in Kempten).

1702
Christian Friedrich Hunold
Die Liebens-Würdige Adalie

Bei H. erreicht der galante Roman, der sich schon bei August Bohse ankündigte (*Der Liebe Irregarten,* 1684; *Liebes-Cabinet der Damen,* 1685), »seine paradigmatische Ausformung« (Wilhelm Voßkamp). Neben Opernlibretti, Gedichtsammlungen, Briefstellern und poetologischen Texten verfaßte Menantes, wie sich H. nannte, vier Romane: locker komponierte, episodische Hof- und Skandalgeschichten (*Die Verliebte und Galante Welt,* 1700; *Der Europäischen Höfe Liebes- und Helden-Geschichte,* 1705), eine satirisch-parodistische, vor allem »lustigen / lächerlichen und galanten Liebes-Begebenheiten« gewidmete Hamburger Skandalchronik (*Satyrischer Roman,* 1706) und – mit der *Adalie* – die reinste Verwirklichung des galanten Romans.

Die Handlung der *Adalie* basiert auf dem Roman *L'Illustre Parisienne* (1679) von Jean de Préchac, der wiederum an ein aufsehenerregendes Ereignis der höfischen Welt anknüpfte: den Aufstieg einer französischen Adeligen aus der Provinz zur Herzogin von Braunschweig-Lüneburg-Celle (1676). Préchac machte aus der Heldin eine Pariser Bankierstochter, fügte neue Personen und Situationen ein. H. seinerseits reicherte den französischen Roman durch Parallel- und Nebenhandlungen und weitere Personen an.

Das Handlungsschema ist das des höfisch-historischen Romans: Der (inkognito reisende) Prinz Rosantes lernt die Bankierstochter Adalie Brion kennen. Sie müssen sich trennen, treffen sich wieder (ohne sich zu erkennen), werden wieder auseinandergerissen, bis sie schließlich einander wiederfinden. Hochzeiten setzen den Schlußpunkt. Allerdings, übernommen wird nur das äußere Schema; die ethischen Voraussetzungen und christlich-stoischen Wertvorstellungen des höfisch-historischen Romans haben keine Gültigkeit mehr. Die Welt erscheint, wie es in der Vorrede heißt, »als ein geheimes Liebes-Cabinet«; der listige Amor hat den Platz der Fortuna des höfisch-historischen Romans eingenommen. Konformismus und völlige moralische Gleichgültigkeit, die Treue- und Ehebruch als Kavaliersdelikte entschuldigt oder als Posse belacht, charakterisieren den Geist des galanten Romans. Das obligatorische gute Ende kann so nicht mehr als Lohn der Tugend angesehen werden, sondern als Resultat der Anpassung an die herrschende Gesellschaftsmoral.

H.s Romane waren, nicht zuletzt wegen ihrer erotischen Thematik, den »labyrinthischen Verwicklungen der erotischen Beziehungen« (Herbert Singer), äußerst erfolgreich. Neuauflagen erschienen bis zur Jahrhundertmitte. Zahlreiche galante Romane anderer Verfasser folgten (u. a. von Johann Leonhard Rost, Michael Erich Franck [Melisso], ›Selamintes‹ und Johann Gottfried Schnabel).

1710
Gottfried Wilhelm Leibniz
Theodizee

Die *Theodizee* ist die einzige größere Schrift, die L. selbst veröffentlichte. Sie erschien in französischer Sprache: *Essais de theodicée sur la bonté de Dieu, la liberté de l'homme et l'origine du mal* (1710; *Versuche der Theodizee über die Güte Gottes, die Freiheit des Menschen und den Ursprung des Übels*); 1719 folgte eine lateinische, 1720 eine deutsche Ausgabe.

Die *Theodizee* antwortet auf die Kritik von Pierre Bayle in seinem *Dictionnaire historique et critique* (1695–97, ²1702) an L.' Vorstellung einer harmonisch geordneten Welt (prästabilierte Harmonie). L. beginnt mit einer »Abhandlung über die Übereinstimmung des Glaubens mit der Vernunft«, mit der Annahme, »daß zwei Wahrheiten sich nicht widersprechen können«, und versucht dann in seinem dreiteiligen Werk das Argument Bayles zu widerlegen, daß die Existenz des Übels in der Welt nicht mit Gottes Allmacht, Weisheit, Gerechtigkeit und Güte zu vereinbaren sei. Dabei kehrt er die Fragestellung gewissermaßen um. Da alle Dinge beschränkt und zufällig sind und sie nichts in sich selbst haben, was ihre Existenz notwendig machte, muß man eine allmächtige Ursache annehmen (»Gott ist der erste Grund der Dinge«): »Diese höchste Weisheit nun verbunden mit einer Güte, die nicht minder unendlich ist als sie, hat nur das Beste wählen können. […] es bleibt dabei, daß es eine Unendlichkeit von möglichen Welten gibt, aus der Gott notwendig die beste gewählt haben muß, denn er tut nichts, ohne daß er der höchsten Vernunft gemäß handelt.« Und zur bestmöglichen Welt gehört auch das Übel, das freilich angesichts der Unermeßlichkeit des Universums »nur ein Beinahe-Nichts« ist. Dabei unterscheidet L. zwischen

metaphysischem Übel (es besteht in bloßer Unvollkommenheit), physischem Übel (Leiden) und moralischem Übel (Sünde), wobei sich das letztere aus der Möglichkeit der freien Entscheidung des Menschen ergibt (diese kann angesichts der Unvollkommenheit des Menschen eine falsche sein).

L.' Schrift, deren Beweiskraft oft angezweifelt worden ist, übte einen großen Einfluß auf das Denken im 18. Jh. aus. Dabei wirkte insbesondere Christian Wolff als Vermittler (*Vernünftige Gedanken von Gott, der Welt und der Seele des Menschen,* 1720). Eine satirische Auseinandersetzung mit dem Satz von der besten aller möglichen Welten stellt Voltaires Erzählung *Candide oder Der Optimismus* (1759) dar.

1720
Christian Wolff
Vernünftige Gedanken von Gott, der Welt und der Seele des Menschen

W. prägte die deutsche Philosophie der Aufklärung bis zum Auftreten Kants. Zugleich kann er als Schöpfer der modernen philosophischen Fachsprache gelten. Das Fundament seines philosophischen Lehrgebäudes, das sich aus zahlreichen einzelnen Abhandlungen über die verschiedenen Bereiche der Philosophie zusammensetzt *(Vernünftige Gedanken von …),* legen die *Vernünftigen Gedanken von Gott, der Welt und der Seele des Menschen, auch allen Dingen überhaupt,* seine ›Deutsche Metaphysik‹. Diese Darstellung der theoretischen Philosophie umfaßt Erkenntnistheorie, Ontologie, Kosmologie, empirische und rationale Psychologie und (natürliche) Theologie (»Von Gott«). Dabei fügt W. Elemente des Leibnizschen Denkens, z.T. in modifizierter Form, in sein streng gebautes System ein.

In der Kosmologie begreift W. die Welt als eine dem Uhrwerk vergleichbare Maschine, in der »alles dem Raume und der Zeit nach untereinander verknüpft« ist. Die Schwierigkeiten, in die das mechanistische Weltbild gerät, wenn es zu erklären gilt, »woher es kommt, daß Seele und Leib untereinander übereinstimmen«, wird mit Leibniz' Vorstellung von einer vorherbestimmten Harmonie von Leib und Seele gelöst (*Monadologie,* 1720). In dem Kapitel »Von Gott« nimmt W. den Satz von der besten aller möglichen Welten auf (Leibniz, *Theodizee,* 1710). Der Grund, daß Gott gerade diese Welt anderen möglichen Welten vorgezogen hat, liegt im größeren Grad der Vollkommenheit. Vollkommenheit wiederum bedeutet, daß sich alle Vorgänge rational, mechanisch erklären lassen: »Wer demnach alles in der Welt verständlich erkläret, wie man bei Maschinen zu tun pfleget, der führet auf die Weisheit Gottes.« Für Wunder bleibt wenig Raum: »Der natürliche Weg muß als der bessere dem Wege der Wunderwerke beständig vorgezogen werden, und finden dannenher die Wunderwerke nicht eher statt, als bis er seine Absichten natürlicher Weise nicht erreichen kann.«

W.s Auffassungen stießen auf scharfe Kritik bei Pietisten und orthodoxen Protestanten. Als er dann in seiner (lateinisch gehaltenen) *Rede von der Sittenlehre der Sineser* (1721) an der Universität Halle die Möglichkeit einer nur auf die Vernunft gegründeten Ethik diskutierte, wurde der preußische König eingeschaltet, der ihn schließlich 1723 »bey Strafe des Stranges« des Landes verwies. Friedrich Wilhelm I.: »ich habe das nit wuhst, das der wulf so gotlose ist [...]. So ich aber nits weis, so ist es nit meine Schuldt.« W. ging nach Marburg, und erst Friedrich II. berief ihn 1741 wieder zurück nach Halle. Die Affäre machte W. zu einer europäischen Berühmtheit. Seine Schüler besetzten zahlreiche philosophische Lehrstühle in Deutschland. Zur Popularisierung seiner Gedanken trug nicht zuletzt Johann Christoph Gottsched bei, der die Lehre Wolffs (1733 war bereits ein Dutzend Bände erschienen) in einem großen Kompendium zusammenfaßte (*Erste Gründe der gesammten Weltweisheit, darinn alle philosophische Wissenschaften in ihrer natürlichen Verknüpfung abgehandelt werden*, 2 Bde., 1733–34; 8 Auflagen bis 1778). Schüler W.s war auch Alexander Gottlieb Baumgarten, der Begründer der Ästhetik als selbständiger Disziplin (*Aesthetica*, 1750–58).

1721–23
Johann Jacob Bodmer /
Johann Jacob Breitinger
Die Discourse der Mahlern

Die hauptsächlich von den Zürichern Bodmer und Breitinger verfaßten *Discourse der Mahlern* sind – nach einem wenig erfolgreichen frühen Unternehmen (*Der Vernünfftler*, 1713–14) – der erste bedeutende Versuch, die Gattung der Moralischen Wochenschriften im deutschsprachigen Raum heimisch zu machen. Als Vorbild dienten die ›Moral Weeklies‹ von Joseph Addison und Ri-

chard Steele (*The Tatler*, 1709–11; *The Spectator*, 1711–12; *The Guardian*, 1713). Die *Discourse* brachten es von 1721–23 auf 94 Nummern, die von Mitgliedern der »Gesellschaft der Mahler« verfaßt und mit Malernamen unterzeichnet wurden (tatsächlich gehen 86 Beiträge auf das Konto von Bodmer und Breitinger, die mit Dürer, Rubens, Holbein und anderen Namen zeichneten).

Der moralischen Intention der Gattung entsprechend machen die Schweizer »zu ihrem Objecte den Menschen«, »alles was menschlich ist und die Menschen angehet«. Eine Vielzahl von Themen wird erörtert: u.a. Freundschaft, Kleiderpracht, Ehe, Vorurteile, Mode, Tod, Literatur (Einbildungskraft, Opitz, eine »Bibliotheck der Damen«). Damit unterscheidet sich ihr Programm nicht wesentlich von dem der anderen Moralischen Wochenschriften, die in den folgenden Jahrzehnten erscheinen und sich ebenfalls an das wohlhabende Bürgertum richten: *Der Patriot* (Hamburg, 1724–26), *Die Vernünftigen Tadlerinnen* (Halle/Leipzig, 1725–26, hrsg. von J. Chr. Gottsched), *Der Biedermann* (Leipzig, 1727–29, hrsg. von Gottsched) und rund 100 weitere Wochenschriften dieser Art bis etwa 1770. Sie alle behandeln Themen des bürgerlichen Alltags, des religiösen und gesellschaftlichen Lebens, der schönen Literatur. Das Interesse ist auf das Leben in der Welt gerichtet, Maßstab ist der gesunde Menschenverstand. Religion wird unter dem Aspekt der Nützlichkeit und Vernunft betrachtet. Das absolutistische System wird fraglos akzeptiert; allerdings birgt die dezidiert bürgerliche Konzeption von allgemeiner, standesunabhängiger Tugend und Menschlichkeit Sprengstoff, der nicht ohne Wirkung blieb.

Die literarhistorische Bedeutung der Moralischen Wochenschriften liegt nicht zuletzt in ihrer Förderung der Lektüre weltlicher Literatur; sie sind ein wichtiger »Wegbereiter [...] für die Rezeption schöner Literatur« (Wolfgang Martens), zu der sie ihr Publikum nicht nur durch die Diskussion literarischer Fragen, sondern auch durch ihre Darbietungsform – Einschaltung einer fiktiven Erzähler- oder Redakteursfigur – hinführen. Damit machen sie sich letztlich selbst überflüssig.

1721–48
Barthold Hinrich Brockes
Irdisches Vergnügen in Gott

Irdisches Vergnügen in Gott bestehend in verschiedenen aus der Natur und Sitten-Lehre hergenommenen Gedichten ist der Titel des 1. Teiles von 1721. Spätere Teile und Auflagen ändern den Titel zu: [...] *bestehend in Physicalisch- und Moralischen Gedichten.* Insgesamt neun Teile erschienen bis 1748 (der letzte aus dem Nachlaß).

B.' Gedichte stehen im Zeichen der Physicotheologie, der Gotteslehre aus der Natur, einer nach 1700 weitverbreiteten erbaulich-theologischen Richtung, die B. ins Poetische wendet. Gegenstände seines Dichtens sind alle nur möglichen Phänomene der Natur: Tiere, Pflanzen, metereologische Erscheinungen, Mineralogisches, Tages- und Jahreszeiten (*Die Luft, Die Rose, Der Garten, Der Gold-Käfer, Der Zahn, Das Treib-Eis, Kirschblüte bei der Nacht* usw.). Die Vorliebe gilt dem Kleinen und Zierlichen, das Große *(Die Berge)* sind seltener Gegenstand der Beschreibung und Betrachtung. B.' Vorgehen ähnelt sich in den meisten Gedichten: Nach einer genauen, liebevollen Beschreibung des Naturphänomens (zu dem ein erzählender Gedichteingang heranführen kann) folgt – ähnlich dem Emblem – eine erbaulich-lehrhafte Auslegung, wobei sich aus der Schönheit und Zweckmäßigkeit der Dinge – naiv, optimistisch – das Lob des Schöpfers, seiner Allmacht, Weisheit und Güte ergibt.

Am Anfang steht jedoch die sinnliche Erfahrung. Wichtig ist vor allem die genaue Betrachtung und differenzierte Beschreibung der Naturphänomene, wie sie so bisher in der deutschen Literatur nicht anzutreffen war. Formal sind die Gedichte locker gefügt; eine Vorliebe für die Kantatenform mit Rezitativ, Arioso und Arie wird deutlich. Demgegenüber wirken manche Texte, die rein naturkundlicher Belehrung dienen, recht monoton (*Das Feuer,* 138 Strophen; *Die fünf Sinne,* 158 Strophen, usw.). Bei den späteren Gedichten macht sich überdies bei der erbaulichen Schlußbetrachtung ein platter Utilitarismus breit.

Die Zeitgenossen bewunderten B.' Werk, jedenfalls die ersten Bände, und lernten von den Naturbeschreibungen. Die einzelnen Bände erlebten zahlreiche Auflagen; 1738 erschien darüber hinaus ein *Auszug der vornehmsten Gedichte* aus den ersten fünf Teilen. Herder würdigte B.' Hinwendung zur Natur in seinen *Briefen zur Beförderung der Humanität* (1793–97): »Da tat sich endlich [...] ferne vom Hof- und Schulgeschmack hie und da *einer* hervor, der glaubte, daß auch in Deutschland die Sonne scheine und die Natur regiere. Brockes wählte den Garten zu seinem Hofe.« Schiller nahm dagegen in einem Xenion *(Der Teleolog)* den Utilitarismus aufs Korn: »Welche Verehrung verdient der Weltenschöpfer, der gnädig, Als er den Korkbaum schuf, gleich auch die Stöpsel erfand.«

1724–35
Johann Christian Günther
Gedichte

Zu G.s Lebzeiten – er starb 1723 – waren nur Einzeldrucke seiner Gedichte erschienen (diese allerdings in großer Zahl). Erst nach seinem Tod wurden sie mit großem Erfolg in Sammelbänden veröffentlicht. Auf die erste *Sammlung von Johann Christian Günthers aus Schlesien, Theils noch nie gedruckten, theils schon heraus gegebenen, Deutschen und Lateinischen Gedichten* von 1724 folgten 1725, 1727 und 1735 weitere Bände; sie wurden 1735 zu einer Gesamtausgabe vereinigt.

In G.s Werk wird eine Spannung zwischen aufbrechender Subjektivität und traditionellem dichterischen Rollenverständnis erkennbar. Das hat zu zahlreichen Versuchen geführt, G. an die Goethezeit heranzurücken und seine Gedichte vor allem als Dokumente eines genialen, aber auch zügellosen, in Armut und Elend endenden Lebens zu interpretieren. Die biographische Methode vernachlässigt allerdings den literarischen Traditionszusammenhang. G. selbst sieht sich in der Tradition der humanistisch geprägten Gelehrtendichtung, wie sie mit dem Namen von Martin Opitz verbunden ist: »Vielleicht wird Opiz mich als seinen Schüler kennen«, heißt es in einer der Berufungen auf den ›Vater‹ der neueren deutschen Dichtkunst. G. bleibt im Rahmen einer von rhetorischen Prinzipien geprägten Poesie. Sein Werk umfaßt – in der Anordnung der postumen Ausgaben – die traditionellen Gattungen: Lob- und Helden-, Geburts- und Ehren- wie auch andere Glückwünschende Gedichte, Vermählungs-Gedichte, Leichen-Gedichte, Vermischte Gedichte (diese Sektion enthält auch die geistlichen Gedichte, die in barocken Sammlungen üblicherweise am Anfang stehen), Verliebte Gedichte. Die Texte zeigen G. als einen versierten Gelegenheitsdichter, der souverän über die literarische Überlieferung verfügt. Bibel, antike und frühneuzeitliche Literatur stellen die Exempel, Argumentationsmuster und Modelle der verschiedenen Gattungen bereit. Das poetologische Prinzip der Imitatio, Fundament der Renaissance- und Barockpoetik, gilt weiter; es gilt im Sinn der Nachahmung und Variation dichterischer Vorbilder, hat aber auch den allgemeinen Sinn der Nachfolge: G., der ›deutsche Ovid‹, identifiziert sein Schicksal mit dem des exilierten römischen Dichters; er sieht sich, und das ist die zweite dichterische Rolle, als anderer Hiob (vgl. u.a. das

Gedicht »Gedult, Gelaßenheit, treu, fromm und redlich seyn«).

Ohne Zweifel haben autobiographische Momente eine große Bedeutung für G.s Schaffen, sei es in der Liebesdichtung, den Klageliedern oder der dichterischen Auseinandersetzung mit seinem Vater. Doch ist dies nicht als Durchbruch zur Erlebnisdichtung im Sinn des späten 18. Jh.s zu verstehen, denn auch der »Eindruck der Erfahrungsunmittelbarkeit und Erlebnisgeprägtheit« ist Resultat rhetorischer Denkformen und Verfahrensweisen (Wolfgang Preisendanz).

G. steht am Ende einer langen Tradition; er verfügt über sie, über die Sprechweisen und Rollen, die sie bereitstellt. Er ist ein professioneller Dichter mit einem ausgeprägten Bewußtsein vom hohen Rang der Poesie und von seiner Aufgabe als Dichter (und der in seinen Versuchen scheitert, eine angemessene Stellung zu finden: die berühmte heroische Ode auf den Frieden von Passarowitz, 1718, findet keine Resonanz bei dem besungenen Eugen von Savoyen; die Bemühungen um eine Anstellung am Dresdener Hof enden 1719 mit einem Fiasko). Entschiedener als jeder andere Dichter der Zeit bringt G. die eigene Person in seine Dichtung ein und bereitet insofern, obwohl das Gefüge der traditionellen Poetik unangetastet bleibt, spätere Entwicklungen vor.

Der Ruhm kam nach seinem Tod. Er besaß alles, schreibt Goethe (*Dichtung und Wahrheit*, 1811–14), »was dazu gehört, im Leben ein zweites Leben durch Poesie hervorzubringen, und zwar in dem gemeinen wirklichen Leben.« (Bei Goethe steht aber auch der Satz, der das Bild G.s weit stärker prägte: »Er wußte sich nicht zu zähmen, und so zerrann ihm sein Leben wie sein Dichten.«)

1729
Gerhard Tersteegen
Geistliches Blumen-Gärtlein
Inniger Seelen

Die Gedichte und Lieder des bedeutendsten evangelisch-reformierten Pietisten erschienen zuerst 1729 (Vorrede datiert auf 1727); die Sammlung wurde zu T.s Lebzeiten mehrfach neu aufgelegt und erweitert (⁷1768). Die Verse seien, heißt es in der Vorrede, »ohne viel auf Kunst und Zierlichkeit zu denken«, »mehrenteils unvermutet und zufälliger Weise« in kurzer Zeit entstanden. Das *Blumen-Gärtlein* ist in drei »Büchlein« unterteilt. Das 1. enthält »Kurze und erbauliche Schlußreime« (Epigramme in der Nachfolge Jo-

hannes Schefflers), das 2. »Kurzgefaßte Betrachtungen über einige auserlesene Sprüche aus den vier großen Propheten, auf das innere Leben gerichtet«, das 3. III »Geistliche Lieder und Andachten«.

Die Kirchen- und Andachtslieder sind schlicht im Ton, von pietistischer Innerlichkeit und mystischem Gefühl durchdrungen. Bei aller empfindsamen Frömmigkeit bleiben sie klar und durchsichtig. Sie wollen zur »Erbauung und Erweckung« beitragen, sprechen von Gelassenheit und Stille, von der Einkehr der Seele in den Seelengrund: »Affekten, schweigt! Vernunft und Sinnen, still! Mein müder Geist im Herren ruhen will« (*Abendgedanken einer gottseligen Seele*). Lieder wie *Gott ist gegenwärtig* oder *Groß ist unsers Gottes Güte* sind im evangelischen Gemeindegesang lebendig geblieben. *Das Geistliche Blumen-Gärtlein* wurde bis in die Gegenwart häufig nachgedruckt.

1730
Johann Christoph Gottsched
Versuch einer Critischen Dichtkunst vor die Deutschen

Ein »Criticus« schreibt G., sei ein Gelehrter, »der von freien Künsten philosophieren kann«. Seine *Critische Dichtkunst* erhebt damit – als erste deutsche Poetik – Anspruch auf philosophische Fundiertheit. Das Werk, dem die *Ars poetica* des Horaz vorangestellt ist, umfaßt zwei Hauptteile. Der 1. behandelt »die allgemeinen Regeln der Poesie«, der 2. »alle besondere Gattungen der Gedichte«. Grundsätzlich solle aber dabei erwiesen werden, kündigt der Titel an, daß »das innere Wesen der Poesie in einer Nachahmung der Natur bestehe«.

Der allgemeine Teil beginnt mit einem historischen Kapitel (»Vom Ursprunge und Wachstume der Poesie überhaupt«), handelt dann »Von dem Charaktere« (2) bzw. »Vom guten Geschmacke eines Poeten« (3) und – in den zentralen Kapiteln 4 bis 6 – »Von den drei Gattungen der poetischen Nachahmung und insonderheit von der Fabel«, »Von dem Wunderbaren in der Poesie« und »Von der Wahrscheinlichkeit in der Poesie«. In den übrigen sechs Kapiteln dieses Teils verfolgt G. sprachliche und stilistische Fragen (z.B. »Von poetischen Wörtern«, »Von verblümten Redensarten« usw.).

Entscheidend ist die Vorstellung, daß die Poesie auf überzeitlichen Regeln beruhe, auf Regeln, die »auf die unveränderliche Natur der Menschen und auf die gesunde Vernunft« gegründet seien und sich aus der klassischen Literatur herleiten ließen. Das wichtigste Prinzip ist das der Nachahmung der Natur: Ein Dichter ist »ein geschickter Nachahmer aller natürlichen Dinge«. Er braucht »eine starke Einbildungs-Kraft, viel Scharfsinnigkeit und einen großen Witz«, doch zu dem »Naturelle« muß »auch die Kunst und Gelehrsamkeit« hinzukommen; die »hitzige Einbildungs-Kraft« bedarf des Regulativs der auf der »gesunden Vernunft« gegründeten »Beurteilungs-Kraft«. Unter den drei Arten der Nachahmung (Nachahmung von Dingen, Personen und Handlungen [Fabeln]) nimmt die Nachahmung einer ›Fabel‹ (»die Seele der ganzen Dichtkunst«) die oberste Stelle ein: Eine Fabel ist »eine unter gewissen Umständen mögliche, aber nicht wirklich vorgefallene Begebenheit, darunter eine nützliche moralische Wahrheit verborgen liegt«. Für den Poeten, der ein »Gedichte oder eine Fabel zu machen« gedenkt, folgt daraus die berüchtigte Anweisung: »Zuallererst wähle man sich einen lehrreichen moralischen Satz, der dem ganzen Gedichte zum Grunde liegen soll, nach Beschaffenheit der Absichten, die man sich zu erlangen vorgenommen. Hierzu ersinne man sich eine ganz allgemeine Begebenheit, worin eine Handlung vorkommt, daran dieser erwählte Lehrsatz sehr augenscheinlich in die Sinne fällt.« Ein enger Wahrscheinlichkeitsbegriff (»die Ähnlichkeit des Erdichteten mit dem, was wirklich zu geschehen pflegt«) läßt dem »Wunderbaren« nur wenig Raum. Hier sollte sich der Literaturstreit mit den Schweizern Bodmer und Breitinger entzünden, die für ein größeres Recht der Einbildungskraft plädierten.

Der den Gattungen gewidmete 2. Teil wurde in den Neuauflagen (1737, 1742, 1751) beträchtlich erweitert (u. a. 1751 um das Kapitel »Von milesischen Fabeln, Ritterbüchern und Romanen«).

1731
Johann Christoph Gottsched
Sterbender Cato

G.s fünfaktiges Trauerspiel entstand im Zusammenhang mit seinen Bemühungen um eine »Verbesserung der deutschen Schaubühne«. Er beschreibt seine Erfahrungen mit dem Theater der 20er Jahre so: »Lauter schwülstige und mit Harlekins Lustbarkeiten untermengte Haupt- und Staatsaktionen, lauter unnatürliche Romanstreiche und Liebeswirrungen, lauter pöbelhafte Frat-

zen und Zoten waren dasjenige, so man daselbst zu sehen bekam.« Die Möglichkeit, die Theaterpraxis zu reformieren, ergab sich durch die Zusammenarbeit mit der Schauspieltruppe von Johann und Caroline Neuber, die daran interessiert waren, »das bisherige Chaos abzuschaffen«. Durch Übersetzungen vor allem französischer Schauspiele sorgten G. und andere Mitglieder der Leipziger ›Deutschen Gesellschaft‹ dafür, daß das Repertoire der Truppe durch »regelmäßige Tragödien in Versen« bereichert wurde, über deren Grundsätze der *Versuch einer Critischen Dichtkunst* (1730) Auskunft gibt (Naturnachahmung, Wahrscheinlichkeit, Moral, Einheit der Handlung, der Zeit und des Ortes usw.).

Der *Sterbende Cato* (Aufführung Leipzig 1731, Druck 1732) erwuchs aus der geplanten Übersetzung von Joseph Addisons *Cato*-Tragödie (1713). Doch G. erkannte bald, daß das englische Stück, »was die ordentliche Einrichtung der Fabel anlangt«, zu wünschen übrig ließ, zog einen zweiten *Cato* heran (François Deschamps, 1715) und verband Teile von beiden Dramen zu einem neuen Ganzen (Bodmer: mit »Kleister und Schere«). G. hebt seine Anlehnung an Addison und Deschamps in der Vorrede ausdrücklich hervor (ein Spötter rechnete aus, daß kaum mehr als 10 % der Verse von G. selbst stammen).

Die Handlung des Stückes gipfelt im Selbstmord des römischen Republikaners Cato von Utica (46 v. Chr.), der angesichts der siegreichen Truppen Cäsars die republikanische Freiheit verloren gibt und keinen anderen Ausweg mehr sieht. Entgegen der historischen Überlieferung kommt es zu einer persönlichen Konfrontation von Cato und Cäsar, in denen sich Tugend und Laster (aber auch verschiedene Staatsformen) gegenüberstehen. Nebenhandlungen reichern die etwas karge Fabel an. Cato, so sieht G. seine Tragik, »treibt seine Liebe zur Freiheit zu hoch, so daß sie sich in einen Eigensinn verwandelt«, und dieser »Fehler«, die Übertreibung der Tugend, macht ihn zu einem tragischen Helden, der durch sein Ende »das Mitleid seiner Zuhörer erwecket, ja Schrecken und Erstaunen zuwege bringet.«

G.s Reformbemühungen trafen auf ein empfängliches Publikum. Trotz seiner pedantischen Konstruktion, der leblosen Alexandriner und mancher kritischer Stimmen hatte G.s ›regelmäßiges‹ Trauerspiel außergewöhnlichen Erfolg. Es erlebte zahlreiche Auflagen ([10]1757) und wurde häufig gespielt.

1731–43
Johann Gottfried Schnabel
Wunderliche Fata einiger See-Fahrer

Daniel Defoes *Robinson Crusoe* (1719) war ein europäischer Erfolg. Schon 1720 erschien die erste deutsche Übersetzung; die Wirkung auf die deutsche Romanproduktion war gewaltig. Zahlreiche Abenteuerromane erschienen in den folgenden Jahrzehnten, die sich mit Recht oder Unrecht auf Defoes Roman beriefen, die sogenannten Robinsonaden: *Der Holländische Robinson* (1721), *Der Teutsche Robinson* (1722), *Der Sächsische Robinson* (1722–23), *Der Americanische Robinson* (1724), *Jungfer Robinsone* (1724). Man hat 128 Robinsonaden bis zum Jahr 1800 gezählt. Dabei wird deutlich, daß die Zeitgenossen vor allem das Abenteuerliche dieser plötzlich so populären Gattung sahen: »Das Wort *Robinson* hat seit einiger Zeit bey Uns Teutschen eben die Bedeutung angenommen, die sonsten das Frantzösische Wort *Avanturier* hat, welches einen Menschen anzeiget, der in der Welt allerhand ausserordentlichen Glücks- und Unglücks-Fällen unterworffen gewesen«, heißt es 1722 in der Vorrede zum *Sächsischen Robinson*. Die zeitgenössische Kritik distanzierte sich von den Robinsonaden, während sie im englischen Original – nach anfänglicher Zurückhaltung – ein nützliches Exempel für das menschliche Verhalten in Extremsituationen erkannte. Später funktionierte dann Joachim Heinrich Campe (*Robinson der Jüngere*, 1779–80) »die Abenteuer-Robinsonade zum didaktischen Kinderbuch« um (Jürgen Fohrmann).

Auch S. gehört in die Reihe der Nachfolger Defoes. Seine *Wunderlichen Fata einiger See-Fahrer* erschienen 1731, 1732, 1736 und 1743 in vier Teilen. Anstelle des sehr langen Originaltitels hatte sich schon im 18. Jh. die Bezeichnung *Insel Felsenburg* durchgesetzt. – Das Werk erscheint als ein komplexes, auf den ersten Blick unübersichtliches System ineinander verschachtelter Lebensgeschichten. Die Vorrede führt den fiktiven Herausgeber Gisander ein, der berichtet, wie er zu dem Manuskript kam. Das ist der äußere Rahmen. Die zentrale Erzählerfigur in dem von Gisander veröffentlichten Manuskript ist Eberhard Julius, der zunächst von seinem Leben in Europa und dann von dem Gemeinwesen auf der Insel Felsenburg berichtet. Dies wiederum geschieht nicht ohne Unterbrechungen. Die Erzählung von dem Zustand und den Einrichtungen der Inselre-

publik, die im Zusammenhang mit täglichen Inspektionsreisen steht, wird regelmäßig von dem Bericht des »Altvaters« Albert Julius abgelöst, der seine Lebensgeschichte und die Geschichte des Felsenburgischen Gemeinwesens von der Landung der Schiffbrüchigen bis zum gegenwärtigen Zustand erzählt. Hinzu kommen die Lebensgeschichten der anderen Felsenburger.

S. verbindet die Robinsonade mit der Darstellung eines utopischen, auf Gottesfurcht, Vernunft und Tugend gegründeten Gemeinwesens von Europamüden. Damit ist eine Umdeutung des Inselaufenthalts im Vergleich zu Defoe verbunden; Fritz Brüggemann hat sie auf die Formel »Exil« (Defoe) und »Asyl« (S.) gebracht. In dem Entwurf einer Gegenwelt zu den Verhältnissen in Europa zeigt sich der utopische Charakter der *Wunderlichen Fata*. Das geschilderte »irrdische Paradies« weckt biblische Assoziationen. Die europäische Wirklichkeit wird durch die zahlreichen Lebensläufe vermittelt, die ein grimmiges Bild der gesellschaftlichen und politischen Zustände in Europa zeichnen. Lebenslauf um Lebenslauf werden Mißstände in den verschiedensten Bereichen enthüllt. Ehrgeiz, Gewinnsucht, Heuchelei, Verleumdung und Intrigen bestimmen das Zusammenleben, und am Schluß tröstet keineswegs der Satz, daß Tugend belohnt werde. So wiederholt es sich von Lebenslauf zu Lebenslauf, bis S. der Stoff auszugehen scheint und er im letzten Band Zuflucht zu Abenteuer- und Gespenstergeschichten nimmt. Mit S.s Utopie eines irdischen Paradieses, dem Traum einer Ausflucht aus den bedrückenden gesellschaftlichen Verhältnissen der Gegenwart, beginnt – trotz mancher rückwärtsgewandter Züge im einzelnen – der bürgerliche Roman der deutschen Aufklärung.

Die *Insel Felsenburg* war einer der populärsten Romane des 18. Jh.s, dessen Erfolg von Verlegern und Fortsetzern ohne Bedenken ausgenutzt wurde – mit dem Ergebnis, daß noch viele Jahre später Besuche auf den »beyden Insuln Groß- und Klein-Felsenburg« zum Reiseprogramm von Robinsonen zählten (Zitat aus der Robinsonade *Nil Hammelmanns [...] fortgesetzte merckwürdige Reisen*, 1747). S.s Buch soll sogar manchen jungen Menschen verführt haben, »auf eine abentheuerliche Weise die glückliche Republik des Altvaters Julius, wo möglich, in der Ferne aufzusuchen« (so Johann Christian Ludwig Haken in Bd. 4 der *Bibliothek der Robinsone*, 1807). Die Wirkung auf die Jugend – auch der elfjährige Anton Reiser in Karl Philipp Moritz' gleichnamigem Roman (1785–90) liest das Buch – bewegte den Schulmann Christian Carl André, dem Roman S.s ein erbauliches Gegenstück entgegenzusetzen: *Felsenburg, ein sittlichunterhaltendes Lesebuch* (1788–89). Neues Interesse fand S.s Werk im 19. Jh. Achim von Arnim nahm Teile in seine Novellensammlung *Der Wintergarten* (1809) auf, und Ludwig Tieck steuerte eine Vorrede zu einer anonymen Bearbeitung des Romans bei (1828), die zwei Jahre nach der Felsenburg-Version des dänischen Dichters Adam Oehlenschläger (*Die Inseln im Südmeer*) erschien.

1732
Albrecht von Haller
Versuch Schweizerischer Gedichten

H.s einziger Gedichtband, zuerst 1732 in Bern erschienen, erlebte bis zum Tod des Dichters (1777) elf Auflagen. Wichtige neue Gedichte brachten insbesondere die 2. und 3. Auflage (1734 bzw. 1743). H., einer der bedeutendsten Naturwissenschaftler seiner Zeit, überarbeitete die Texte ständig.

H.s Lehrgedichte begründen die philosophische Lyrik in Deutschland; sie stehen mit ihrer Gedanklichkeit und Nachdrücklichkeit, mit ihren existentiellen Fragen und Zweifeln fremd neben der harmonisierend-optimistischen Dichtung der Zeitgenossen. Satirische Zeitkritik, beunruhigende Reflexionen über Gott und die Welt und das Problem der Theodizee sind die Gegenstände seiner bekanntesten Gedichte: *Die Alpen, Gedanken über Vernunft, Aberglauben und Unglauben, Die Falschheit menschlicher Tugenden, Über den Ursprung des Übels, Unvollkommenes Gedicht über die Ewigkeit*. In den *Alpen* – 490 strophisch gegliederte Verse – nimmt H. eine bis auf die Antike zurückgehende kulturkritische Tradition auf, indem er Stadt und Land, Zivilisation und Natur, Laster und Tugend kontrastiert, Vorstellungen, die dann Jean-Jacques Rousseau radikalisierte. Die breit ausgeführte Naturidylle, obwohl weniger ›poetisch‹ als detailfreudig registrierend, galt als Musterbeispiel der dann von Lessing abgelehnten malenden Poesie. Das Hochgebirge, bisher eher als menschenfeindlich und schreckenerregend empfunden, wurde positiv erfahren und damit für die deutsche Dichtung erschlossen. Dem Leben im Einklang mit der kargen Natur, charakterisiert durch Einfalt, Mäßigkeit, Tugend, Eintracht und Freiheit, steht der Luxus der Höfe und großen Städte gegenüber, wo »Bosheit und Verrat im Schmuck der Tugend gehn« und absolutistische Willkür herrscht (»Dort spielt ein wilder Fürst mit seiner Diener Rümpfen, Sein

Purpur färbet sich mit lauem Bürger-Blut«). Die satirische Entlarvung der Laster – in Gedichten wie *Die Falschheit menschlicher Tugenden, Die verdorbenen Sitten, Der Mann nach der Welt* – führt zu grundsätzlichen Fragen. Wird in den *Gedanken über Vernunft, Aberglauben und Unglauben* der Konflikt zwischen Glauben und Wissen noch aufgehoben – »Genug, es ist ein Gott; es ruft es die Natur, Der ganze Bau der Welt zeigt seiner Hände Spur« –, so bleibt in den Reflexionen *Über den Ursprung des Übels* und des *Unvollkommenen Gedichts über die Ewigkeit* eine tiefempfundene Diskrepanz zwischen der Großartigkeit der Schöpfung und der Verdorbenheit und Nichtigkeit der menschlichen Natur, die der Glaube nicht mehr zu harmonisieren vermag. Naturwissenschaftlicher Erkenntnisanspruch und hergebrachter (calvinistischer) Glaube treten in eine Spannung, die H.s Dichtung als »Ausdruck eines modernen Zeitbewußtseins« erscheinen läßt (Adalbert Elschenbroich). – Neben den philosophischen Gedichten ragen einige Gelegenheitsgedichte heraus: *Doris*, ein Liebeslied, und die *Trauer-Ode, beim Absterben seiner geliebten Mariane*, eine ergreifende Totenklage.

1735
Nikolaus Ludwig von Zinzendorf
Teutscher Gedichte Erster Theil

Dies ist die einzige von Z. selbst herausgegebenen Sammlung seiner Lieder; eine Fortsetzung erschien nicht. Insgesamt hat Z. rund 2000 Lieder geschrieben. Die ersten enthält das älteste Zinzendorfische Gesangbuch (*Berthelsdorfer Gesangbuch* 1725), das im übrigen weitgehend auf dem pietistischen *Geistreichen Gesangbuch* (1704 u.ö.) von Johann Anastasius Freylinghausen basiert. Im gleichen Jahr wie die *Teutschen Gedichte* erschien das erste eigentliche Gesangbuch der Herrnhuter (*Das Gesangbuch der Gemeine in Herrn-Huth*, 1735).

Z.s *Teutsche Gedichte* enthalten neben Kirchenliedern auch Gelegenheitsdichtungen (z.B. *Lied vor eine Königl. Erb-Printzeßin*), die aber häufig, gegebenenfalls geringfügig verändert, in den Herrnhuter Gemeindegebrauch übergingen. Z.s Dichtung ist christozentrisch; im Zentrum steht die Passion Christi. Dabei kommt es zu einem ausgesprochenen Blut- und Wundenkult, der häufig kritisiert worden ist. Die Symbol- und Bildersprache ist für einen Außenstehenden nicht immer leicht zugänglich. Es handelt sich um Gemeindedichtung, die mit dem unmittelbaren

Verständnis der Adressaten rechnen kann. Das bedeutet aber auch, daß subjektive religiöse Erfahrung nicht Selbstzweck ist, sondern in die Glaubensgemeinschaft eingebracht wird. Literatur- und geistesgeschichtlich gesehen, nehmen Z.s Lieder eine Übergangsstellung ein. Einerseits arbeiten sie durch ihre Innerlichkeit, ihre Gefühlsbetontheit und ihren Bekenntnischarakter späteren Entwicklungen vor (»Meine Poesie ist ungekünstelt: wie mir ist, so schreibe ich«), andererseits bleiben sie traditionellen rhetorischen Formen und christlicher Dogmatik verpflichtet.

1736
Luise Adelgunde Victorie Gottsched
Die Pietisterey im Fischbein-Rocke

G.s Lustspiel, 1736 anonym erschienen, steht am Anfang der sogenannten sächsischen Komödie, deren Grundsätze auf Johann Christoph Gottsched zurückgehen. Dieser hatte in seinem *Versuch einer Critischen Dichtkunst* (1730) die Komödie »als eine Nachahmung einer lasterhaften Handlung« definiert, »die durch ihr lächerliches Wesen den Zuschauer belustigen, aber auch zugleich erbauen kann«, und dabei betont, daß das Lächerliche »mehr aus den Sachen als Worten entstehen« müsse. Die sächsische Komödie folgt französischen Vorbildern (am höchsten schätzt Gottsched Philippe Néricault Destouches ein, während Molière die Nähe zur italienischen Commedia dell'arte vorgeworfen wird). Es handelt sich um eine satirische Typenkomödie: Der Held repräsentiert ein Laster, eine menschliche Schwäche oder Torheit (gelegentlich wird die Kritik auf eine ganze gesellschaftliche Gruppe ausgedehnt); der Zusammenstoß mit der vernünftigen Umwelt produziert Komik. Das Lasterhafte ist zugleich das Lächerliche, und wer sich ›lasterhaft‹, d.h. unvernünftig, verhält, verdient es, ausgelacht zu werden (Verlachkomödie). Eine Intrige wird eingefädelt, die den Helden (in der Regel) von seinem Laster heilt: Geiz (L.A.V. Gottsched, *Das Testament*), Müßiggang (Johann Elias Schlegel, *Der geschäfftige Müßiggänger*), Frauenfeindschaft (Lessing, *Der Misogyn*), eingebildete Krankheit (Johann Theodor Quistorp, *Der Hypochonder*) usw.

Die Pietisterey im Fischbein-Rocke; Oder die Doctormäßige Frau ist eine geschickte Bearbeitung einer französischen Komödie, die aus jesuitischer Perspektive den Jansenismus attackiert (Guillaume-Hyacinthe Bougeant, *La Femme docteur*, 1730). Das fünfaktige deutsche Stück spielt in Königsberg im Haus der Frau Glaubeleichtin. Hier hat sich während der zweijährigen Abwesenheit des Gatten Herr Scheinfromm mit seinem pietistischen Anhang etabliert. Er hat Frau Glaubeleichtin für sich gewonnen und ist dabei, die Heirat ihrer Tochter mit einem seiner Verwandten zu betreiben (dem überdies das gesamte Vermögen der Familie Glaubeleicht überschrieben werden soll). Durch das Eingreifen des Schwagers namens Wackermann wird das Vorhaben verhindert, der Heuchler entlarvt, Frau Glaubeleichtin von ihrem Irrglauben geheilt und die Tochter mit dem richtigen Bräutigam verheiratet. Pietistische Zusammenkünfte – u.a. mit Frau Zanckenheimin und Frau Seuffzerin – mit abstrus-erbaulichem Gerede und die Verlautbarung einer langen Liste pietistischer Schriften mit den merkwürdigsten (aber keineswegs erfundenen) Titeln dienen der satirischen Entlarvung von Leichtgläubigkeit, Frömmlertum und Intoleranz im Namen der Vernunft und des gesunden Menschenverstandes.

G.s *Pietisterey* war sofort heftigen Angriffen und Verboten ausgesetzt: König Friedrich Wilhelm I. von Preußen, der den Pietismus förderte, nannte das Lustspiel »eine recht gottlose Schmäh-Schrifft«. Es war das einzige Stück seiner Frau, das Gottsched nicht in die *Deutsche Schaubühne* (1741–45) aufnahm. Ihre Verfasserschaft wurde erst nach ihrem Tod bekannt.

1738
Adam Bernd
Eigene Lebens-Beschreibung

Gegenüber dem Typ der erbaulichen pietistischen Bekehrungs- und Bewährungsgeschichten (vgl. Johann Henrich Reitz, *Historie Der Wiedergebohrnen*, 1698–1717) bedeutet B.s Autobiographie einen wichtigen Schritt zur empirisch-psychologischen Darstellung einer individuellen Entwicklung. B., Prediger in Leipzig, hatte 1728 eine Schrift veröffentlicht, die gegen die orthodoxe Lehrmeinung verstieß. Er kam einer Amtsenthebung durch Rücktritt zuvor und war im folgenden als Schriftsteller tätig. Seine Autobiographie verdankt ihre Offenheit nicht zuletzt dem Umstand, daß B. nun keine Rücksicht mehr auf seine Reputation zu nehmen brauchte. 1742 ließ er eine *Fortsetzung der eigenen Lebens-beschreibung* folgen.

B. spricht von seinem »miserablen und Jammer-vollen Leben« als einem »Exempel eines Menschen, bei dem Gottes gewöhnliches und großes Haupt-Werk vom zwölften Jahre an bis ins Alter, und schier bis diese Stunde gewesen, ihn zu töten, und wieder lebendig zu machen: ihn in die Hölle, und wieder heraus zu führen.« Dementsprechend ist seine tabuverletzende Darstellung eine Leidensgeschichte, eine Beschreibung verschiedenster »Leibes- und Gemüths-Plagen«, von Zwangsvorstellungen, Selbstmordgedanken, Angstzuständen und ihrer körperlichen Symptome. Er charakterisiert sich als Melancholiker; das Krankheitsbild, das aus den Selbstbeobachtungen und -beschreibungen sichtbar wird, zeigt manisch-depressive Züge.

Der Übergangscharakter des Werkes wird in dem Nebeneinander von empirischer Seelenkunde und theologischen Deutungsmustern (»Den Sündern zum Schrecken, und den Betrübten, und Angefochtenen zum Troste«) deutlich. Während sich Herder und Hamann ablehnend über die Autobiographie B.s äußerten, zeigte Karl Philipp Moritz, Begründer eines *Magazins zur Erfahrungsseelenkunde* (1783–93) und Verfasser des autobiographischen psychologischen Romans *Anton Reiser* (1785–90), Interesse für das Werk des schwierigen Hypochonders.

1738
Friedrich von Hagedorn
Versuch in poetischen Fabeln
und Erzehlungen

Die Fabel, lehrhaft und unterhaltend zugleich, gehört zu den beliebtesten literarischen Gattungen der Aufklärungszeit. Eine ausgedehnte theoretische Diskussion begleitet die Hinwendung zur Fabel.

H. ist der erste deutsche Dichter des 18. Jh.s, der einen eigenen Fabelstil entwickelte. Seine Sammlung enthält 71 Stücke in jambischen und (seltener) trochäischen Versen verschiedener Länge: Fabeln (Tierfabeln, mythologische und allegorische Fabeln), moralische Verserzählungen (*Johannes, der Seifensieder*) und Gedichte anakreontischer Art (*Wein und Liebe*). Die meisten Texte beruhen auf Vorlagen; das Inhaltsverzeichnis nennt akribisch die Quellen (von Äsop bis La Fontaine). »Diese Sammlung enthält Versuche in der Kunst zu erzehlen oder freie Nachahmungen der Alten und Neuern, welche sich in dieser Kunst hervorgethan haben«, heißt es zu Beginn der Vorrede. Der Hinweis auf die »Kunst zu erzehlen« ist kein Zufall, denn der Reiz der Texte liegt in H.s Sprach- und Erzählkunst, der es ge-

lingt, in unaufdringlicher Weise Moral und Erzählung zu einer Einheit zu verbinden und dabei den Vorrang der künstlerischen Darbietung vor den (ohnehin bekannten) Inhalten deutlich zu machen: »Der Inhalt, die Lehre, wird zum Anlaß, gut, witzig und amüsant zu erzählen« (Horst Steinmetz). Gerade mit dieser Methode hatte H., der in seinen *Moralischen Gedichten* (1750) weitere Fabeln folgen ließ, großen Erfolg. Lessing freilich, dem es auf eine den »moralischen Satz« herausarbeitende Prägnanz ankam, kritisierte, »daß die gerade auf die Wahrheit führende Bahn des Aesopus, von den Neuern, für die blumenreichern Abwege der schwatzhaften Gabe zu erzehlen, so sehr verlassen werde.«

1738
Johann Gottfried Schnabel
Der im Irr-Garten der Liebe
herum taumelnde Cavalier

Während sich die galanten Romane von August Bohse und Christian Friedrich Hunold am Erzählmodell des höfisch-historischen Barockromans orientierten, steht hinter S.s anonym erschienenen Roman das Muster der Kavaliersmemoiren (erzählt allerdings in der dritten Person). Wie in der *Insel Felsenburg* (1731–43) arbeitet S. mit der Herausgeberfiktion: Ein Literat (»Der Ungenannte«) berichtet über die Vorgeschichte des aus einem »Diarium, nebst vielen untereinandergeworfenen Scripturen« erwachsenen Manuskripts, das er einer letzten Bearbeitung unterzogen habe.

Im 1. Teil »der Elbensteinischen Reise- und Liebesgeschichte« ist von den Abenteuern des unwiderstehlichen, von Frauen geradezu verfolgten Herrn von Elbenstein in Italien die Rede. Pikante Affären, in denen liebeshungrige maskierte Damen, grausame Prinzessinnen, Entführung, Kerker und Folter eine Rolle spielen, führen zu »recht ernstlichen tieffen Buß-Gedancken«, wenn auch die »Wollust« bald wieder die Oberhand gewinnt. Schließlich entzieht sich der Held den gefährlichen italienischen Liebesabenteuern durch Flucht nach Deutschland. Im 2. Teil nimmt Elbenstein diplomatische Aufgaben an verschiedenen deutschen Höfen wahr. Auch hier gibt es, trotz Heirat(en), ständig neue Verwicklungen, unterbrochen von Anwandlungen der Reue, die zur erbaulichen Rechtfertigung der amourösen Partien dienen, aber keine Konsequenzen haben. So bleibt es bei einem Wechsel von erotisch-abenteuerlichen und moralisierend-lehrhaften Sequenzen. In die im Vergleich zur *Insel Felsenburg* wenig kunstvolle Komposition sind zahlreiche Stücke aus der europäischen Schwank- und Novellentradition eingearbeitet.

Der Roman war ein Erfolg (Neuauflagen u. a. 1746, 1752, 1763). Noch im 19. Jh. konnte Karl Immermann mit Verständnis rechnen, wenn er einer Satire auf August Graf von Platen den Titel *Der im Irrgarten der Metrik herumtaumelnde Cavalier* (1829) gab. Neuausgaben des Romans erschienen 1830, dann wieder 1907 u. ö. bis in die Gegenwart.

1739
Christian Ludwig Liscow
Sammlung Satyrischer und Ernsthafter Schriften

L. ist der erste bedeutende Prosasatiriker der Aufklärung. Seine Satiren, entstanden in den Jahren 1732 bis 1736 und zuerst einzeln veröffentlicht, sind fast ausnahmslos persönliche Satiren. Damit stellt sich L. gegen die Ansichten der zeitgenössischen Poetiker, die die aggressive Personalsatire ablehnen (›Pasquill‹) und einer unpersönlichen, allein auf »einreissende Laster« (Gottsched) gerichteten Satire das Wort reden. Von den vier satirischen Feldzügen gegen relativ unbedeutende Gestalten (einen Theologen, einen Rechtsprofessor, einen Advokaten und einen Professor der Beredsamkeit) ist der gegen den Hallenser Professor der Beredsamkeit Johann Ernst Philippi der bedeutendste. Es ist auch die umfangreichste Fehde, da Philippi zu L.s Empörung nicht zum Schweigen zu bringen war. Worauf L., um ihm »den Rest zu geben«, nach zweijähriger Auseinandersetzung seinen Tod meldete und auch den prompt erfolgten Widerspruch satirisch umkehrte.

Das Verfahren seiner Satire bezeichnet L. selbst so: eine Satire sei »eigentlich nichts anders, als eine deductio ad absurdum, und folglich ein erlaubtes und kräftiges Mittel, die Thoren einzutreiben«. Die satirische Methode besteht also darin, scheinbar vom Standpunkt des Gegners aus zu schreiben, seine Argumente und Meinungen aufzunehmen und durch ironische Übertreibung in ihrer Dummheit und Absurdität zu entlarven. Eine Satire L.s wendet dieses Verfahren auch auf einen allgemeinen Gegenstand an: Der parodistische Preis der elenden Scribenten, die glauben, »daß man schreiben könne, ohne vor-

her zu denken«, wird zum indirekten Appell an die Vernunft (*Die Vortrefflichkeit und Nohtwendigkeit der elenden Scribenten, gründlich erwiesen*, zuerst 1734). Eine brisante Satire, die auf den lutherischen Rechtfertigungsglauben zielt, wurde erst 1803 veröffentlicht (*Über die Unnöhtigkeit der guten Werke zur Seligkeit*).

Man hat L. vorgeworfen, er habe nur Gegner minderen Ranges angegriffen: »Ich weiß wohl, daß ich keine Riesen erleget; sondern nur mit Zwergen gekämpft habe«, schreibt er selber. Doch wird dieser Umstand ausgeglichen »durch die Ausweitung des besonderen Falls auf dessen Exemplarik im Kampf um eine aufgeklärte, auf Vernunft basierende Wissenschaft und Theologie« (Gunter Grimm).

1740
Johann Jacob Breitinger
Critische Dichtkunst

1740 und 1741 erschienen die kritischen Hauptschriften Bodmers und B.s. Damit finden ihre ästhetischen Überlegungen der 20er und 30er Jahre ihre systematische Darstellung und verbindliche Formulierung. Das Thema der »Imagination«, der »Einbildungs-Krafft«, behandeln schon die *Discourse der Mahlern* (1721–23) und die Schrift *Von dem Einfluß und Gebrauche der Einbildungs-Krafft* (1727). Neben der zweibändigen, grundlegenden *Critischen Dichtkunst* B.s, die in enger Zusammenarbeit mit Bodmer entstand, erschienen 1740–41 noch folgende ergänzende Arbeiten über Einzelaspekte der Poetik: Bodmers *Critische Abhandlung von dem Wunderbaren in der Poesie und dessen Verbindung mit dem Wahrscheinlichen In einer Vertheidigung des Gedichtes Joh. Miltons von dem verlohrnen Paradiese* (1740), B.s *Critische Abhandlung Von der Natur, den Absichten und dem Gebrauche der Gleichnisse* (1740) und Bodmers *Critische Betrachtungen über die Poetischen Gemählde Der Dichter* (1741).

Die *Critische Dichtkunst* beruht, wie die anderen Schriften, auf einer umfassenden Kenntnis der poetologischen und ästhetischen Tradition (Aristoteles, Quintilian, ›Pseudo-Longin‹, Joseph Addison, Shaftesbury, Lodovico Muratori, Jean Baptiste Dubos); zugleich liefern Dichter wie Homer, Dante, Tasso, Milton oder Opitz Argumente und Beispiele für eine Diskussion, die immer die Wirkung auf die deutsche Gegenwartsdichtung im Auge hat. Allgemeine Themen stehen im Vordergrund, Gattungskapitel mit Anweisungen feh-

len (die 100 Seiten über die »Esopische Fabel«
sind keine wirkliche Ausnahme, sondern bieten
eine ausführliche Fabeltheorie). Der 1. Teil (13
Kapitel) ist vorwiegend grundlegenden poetologischen Themen gewidmet (Vergleich Malerei-
Dichtkunst, Nachahmung, »Von dem Neuen«,
»Von dem Wunderbaren und dem Wahrscheinlichen« usw.); der 2. Teil (10 Kapitel) befaßt sich
mit Fragen der Sprache und des Stils (»Von dem
wahren Werth der Worte, und dem Wohlklang«,
»Von den Macht-Wörtern«, »Von der Kunst der
Uebersetzung«, »Von der hertzrührenden Schreibart«, »Von dem Bau und der Natur des deutschen
Verses« usw.). Gleichnis- und Bildersprache behandeln dann die angeführten selbständigen Abhandlungen Bodmers und B.s.

Trotz des sich nun erhebenden Literaturstreits
zwischen Gottsched und den Schweizern (bzw.
deren jeweiligen Anhängern) vertreten die Kontrahenten eine übereinstimmende Grundposition:
Grundprinzip der Dichtung ist die Nachahmung.
Erst an der Erweiterung des Nachahmungsbe-
griffs durch Bodmer und B. scheiden sich die
Geister. Nachahmung der Natur bedeutet für die
Schweizer nicht mehr nur Nachahmung der
wirklichen Welt, sondern auch und gerade der
möglichen Welten (Gedanken von Leibniz und
Christian Wolff werden aufgenommen): »Ein jedes wohlerfundenes Gedicht ist darum nicht an-
derst anzusehen, als eine Historie aus einer andern möglichen Welt: Und in dieser Absicht
kömmt auch dem Dichter alleine der Nahme [...]
eines Schöpfers zu.« Mit dem Betonen einer
schöpferischen Einbildungskraft wird der »Witz«
als poetische Grundkategorie in den Hintergrund
gedrängt; zugleich treten Begriffe wie das
»Neue«, »Wunderbare« und »Erhabene« in den
Vordergrund: Sie charakterisieren einen dichterischen Stil, der ästhetisches Vergnügen gewährt,
vor allem aber darauf zielt, »den Geist zu erheben« und »das Hertz zu rühren«. Diese »pathetische, bewegliche oder hertzrührende Schreibart«, mit der die Schweizer dem *movere* der
Rhetorik zu neuen Ehren verhelfen, ist eine
Funktion der »erhitzte[n] Phantasie« des Dichters, der »mittelst herrlicher und schöner Bilder«
solche Umstände lebhaft vorstellt, »wodurch das
Gemüth kan gerühret, und der Affect angeflam-
met werden« (B.: *Crit. Abhandlung*, 1740). Mit
Überlegungen dieser Art, mit der Forderung
nach einer »Logick der Phantasie« schufen Bodmer und B. die Voraussetzungen für die Subjektivierung der Dichtkunst und ihre Befreiung von
den Weisungen der normativen Poetik. Ihre Vorstellung vom hohen dichterischen Stil sahen sie
in Klopstock verwirklicht.

1740
Johann Michael von Loen
Der Redliche Mann am Hofe

Die »auf den Zustand der heutigen Welt gerichtete Lehr- und Staats- Geschichte« L.s steht mit
Johann Gottfried Schnabels *Insel Felsenburg*
(1731–43) am Beginn des Aufklärungsromans in
Deutschland und ist wie diese ein Beispiel für
das die Werke der Übergangszeit charakterisierende Nebeneinander alter und neuer Elemente.

L. stellt sein Werk ausdrücklich in die Tradition
des Staatsromans und verweist auf Fénélons *Télémaque* (1699) und andere antikisierende Romane, die als vorbildliche Verwirklichungen des
Genres galten, betont aber den unmittelbaren
Gegenwartsbezug seines Werkes. Auf der politischen Ebene erzählt der Roman vom Aufstieg des
Grafen Rivera am Hof des Königs von Aquitanien,
davon, wie Rivera dank seiner »Redlichkeit« die
Hofintrigen unversehrt übersteht, das Vertrauen
des Königs erwirbt und schließlich grundlegende
Reformen im Sinn des aufgeklärten Absolutismus
durchführt. Verbunden damit ist die Liebeshandlung zwischen dem Grafen von Rivera und der
Gräfin von Monteras, die dem Schema des höfisch-historischen und galanten Barockromans
folgt und nach der Überwindung verschiedener
Hindernisse zur abschließenden Hochzeit führt.
Außerdem enthält der Roman mehrere Lebensgeschichten von Nebenpersonen.

In der Erfolgsgeschichte des redlichen Grafen
wie in den angehängten politischen Reformvor-
schlägen (»Freye Gedancken Von der Verbesserung des Staats«) und der als Gegenbild zur
Wirklichkeit konzipierten pietistisch geprägten
Christianopolis-Utopie im 11. Buch zeigt sich,
daß bürgerliche Wertvorstellungen zum verbindlichen Maßstab werden. Entscheidend ist dabei
der Begriff der Redlichkeit, der als Gegenbegriff
zum ›Politischen‹ die zentrale bürgerliche Wert-
kategorie darstellt.

Der Roman war erfolgreich; bis 1760 sind fünf
Auflagen nachweisbar. Doch Nachfolger fand L.s
Versuch eines Staatsromans zunächst nicht. Erst
in den 70er Jahren erschienen die Staatsromane
Christoph Martin Wielands (*Der goldne Spiegel,
oder die Könige von Scheschian*, 1772) und Albrecht von Hallers (*Usong*, 1771; *Alfred*, 1773;
Fabius und Cato, 1774), die Probleme der Herrschaft im Kontext des aufgeklärten Absolutismus
diskutieren.

1741–45
Johann Christoph Gottsched
Die Deutsche Schaubühne nach den Regeln und Exempeln der Alten

G.s Bemühungen um die »deutsche Schaubühne«, die mit der Zusammenarbeit mit der Theatergruppe von Johann und Caroline Neuber Mitte der zwanziger Jahre begonnen und mit dem *Sterbenden Cato* (1731) einen bedeutenden Erfolg gezeitigt hatten, erreichten mit den sechs Bänden und 38 ›regelmäßigen‹ Tragödien, Komödien und Schäferspielen der *Deutschen Schaubühne* ihren Höhepunkt.

Die ersten drei Bände enthalten bis auf wenige Ausnahmen Übersetzungen (insgesamt 16). Das französische Drama dominiert (Pierre Corneille, Jean Racine, Philippe Néricault Destouches u. a.); dazu kommen drei Komödien Ludwig Holbergs. Beispiele aus der Antike fehlen. Daß im 1. Band neben den ausländischen Mustern auch G.s *Cato* steht, ist wohl kaum ein Zufall. Die letzten drei Bände bringen dann ausschließlich zeitgenössische deutsche Stücke von G. selber, seiner Frau Luise Adelgunde Victorie, Theodor Johann Quistorp, Johann Christian Krüger, Johann Elias Schlegel u. a.

Mit der *Schaubühne* lag eine für die Zeit repräsentative Sammlung ›regelmäßiger‹ deutschsprachiger Dramen vor, ein Repertoire an spielbaren Stücken, auf das die Schauspieltruppen dankbar zurückgriffen (Aufführungen aller dieser Dramen zwischen 1740 und 1745 sind bezeugt). Neue Entwicklungen – die reifen Stücke J. E. Schlegels, das rührende Lustspiel Gellerts, das Auftreten Lessings, das bürgerliche Trauerspiel in Prosa – ließen die *Schaubühne* allerdings rasch veraltet erscheinen.

1742
Friedrich von Hagedorn
Sammlung Neuer Oden und Lieder

Schon 1729 hatte H. einen Gedichtband veröffentlicht (*Versuch einiger Gedichte oder Erlesene Proben poetischer Nebenstunden*), von dem er sich später distanzierte. Zu seinem eigenen lyrischen Stil fand er erst in der von Johann Valentin Görner vertonten *Sammlung Neuer Oden und Lieder* (1742, 2. Tl. 1744, 3. Tl. 1752), mit der er eine ähnlich starke Wirkung ausübte wie zuvor mit seinen *Fabeln und Erzehlungen* (1738). Er

läuternd heißt es im Vorbericht, »daß die folgenden Gedichte nicht so sehr den erhabenen, als den gefälligen, Character der Ode zu besitzen wünschen, durch welchen dieselbe ihre Vorzüge reizender und gesellschaftlich macht«. Die Lieder schlagen den Ton an, dem dann die sogenannten Anakreontiker folgen sollten, obwohl H. selber noch nicht auf Anakreon zurückgriff (bzw. auf die von Henri Estienne 1554 edierte Sammlung anakreontischer Gedichte, in Wirklichkeit späte byzanthinische Nachahmungen der Poesie des griechischen Lyrikers Anakreon aus dem 6. Jh. v. Chr.). H. nimmt die anakreontischen Motive seiner Gedichte aus der französischen Rokokolyrik (»Poésie fugitive«) und ihren englischen Nachahmungen, aus der deutschen Barockdichtung, aus Horaz. Er besingt vor dem Hintergrund einer arkadisch-stilisierten Natur (mit oder ohne Schäferkostüm) heiteren Lebensgenuß, Geselligkeit, Wein und Liebe, feiert programmatisch (und zukunftsweisend) die »Freude, Göttin edler Herzen« (*An die Freude*). Es ist Rollendichtung, die Abstand vom wirklichen Leben hält (»Freizeitphilosophie« nach Gerhard Kaiser). Nur der Pöbel leert den Becher, »Wovon der Dichter doch nur singt« (*An die heutigen Encratiten*).

Dem inhaltlichen Programm entspricht eine bisher unerreichte Leichtigkeit, Gewandtheit und Eleganz der Sprache, eine klassizistisch-durchsichtige Formkunst, die keine Anstrengung mehr verrät (Beispiel für das Meistern einer besonders schwierigen Form ist die Übersetzung eines französischen Trioletts (»Der erste Tag im Monat Mai«). H.s Wirkung bezeugt Klopstock: »Und wir Jünglinge sangen Und empfanden wie Hagedorn«, heißt es in der Ode *Der Zürchersee* (1750).

1743
Sebastian Sailer
Die Schöpfung der ersten Menschen, der Sündenfall und dessen Strafe

Das dreiaktige Singspiel des oberschwäbischen katholischen Predigers S. wurde zum erstenmal 1743 im Kloster Schussenried aufgeführt. Es ist eine ›schwäbische Schöpfung‹, räumlich und sprachlich. Formal wechseln paarweise gereimte, gesprochene Dialoge mit Arien (die erste gedruckte Fassung mit Noten erschien 1783). Die Personen handeln und sprechen unreflektiert, naiv, und gerade aus dieser Naivität resultiert der geistreiche Witz. Gottvater wartet mit seiner

Schöpfung das Frühjahr ab, wenn ohnehin alles wächst, werkelt wie ein Handwerker an Adam herum und bläst ihm den Atem ein (»Bursch, wach auf! huescht und schnauf! Pf! Pf! S' Maul aufstreck! d' Zäh fei bleck! Pf! Pf!«), worauf der ihn gleich mit »G'lobt sey Jesas Chrischt!« begrüßt. Gottvater bringt ihn ins Paradies, führt ihm die Tiere vor und verspricht ihm, bevor er zum Mittagessen geht, eine Frau. Nach der Erschaffung Evas und den Ermahnungen Gottvaters (2. Akt) zeigt der 3. Akt Sündenfall und Vertreibung aus dem Paradies, zu der ein lümmelhafter Cherub mit einem »fiuriga Säbel« aufgeboten wird. Höhepunkt ist eine lange Arie Evas, die vor allem stört, daß sie künftig nicht nur arbeiten, sondern auch noch dem Mann untertan sein soll.

Der Witz der Komödie dieses »schwäbischen Aristophanes« gründet auf der Sicherheit eines ungebrochenen Glaubens. Das Stück wurde mehrfach bearbeitet, in andere Dialekte übertragen und vertont; ein der verlorenen Urfassung naher Text erschien 1819.

1744
Justus Friedrich Wilhelm Zachariä
Der Renommiste

Das komische Versepos wird, angeregt durch Alexander Popes ›mock heroic‹ *The Rape of the Lock* (1712, erweitert 1714; dt. von L. A. V. Gottsched, 1744), für einige Jahrzehnte zu einer Modegattung, die der Vorliebe des Rokoko für das Unheroische, Kleine, Intime, Anmutige entgegenkam. Zu den fruchtbarsten Pope-Nachfolgern in Deutschland zählt Z.

In seinem ersten Versuch (*Der Renommiste. Ein komisches Heldengedichte*, 6 Bücher) werden Formelemente und Konventionen der heroischen Epik – Alexandriner, Musen- und Heldenanrufe, Allegorie – auf das wenig heroische Rauf-, Sauf- und Liebesleben eines aufschneiderischen, relegierten Jenaer Studenten namens Raufbold angewandt, der mit drei andern Gesellen das galante Leipzig unsicher macht, aber schließlich nach fehlgeschlagenem Liebeswerben und verlorenem Duell nach Halle abzieht. Zu dem formalen Kontrast zwischen epischem Pathos und blamabler Wirklichkeit kommt der stoffliche zwischen dem rohen Jenaer Studentenleben und der galanten Welt der Leipziger Stutzer und ihrer Damen; Beschreibungen und Schilderungen der gesellschaftlichen Atmosphäre machen diesen Aspekt sichtbar. Z. überarbeitete 1754 das satirische Ge-

dicht und verstärkt dabei diese unheroischen Momente.

Z. selber, Johann Peter Uz, Christoph Martin Wieland u. a. setzten die Tradition des komischen Heldengedichts fort; dabei unterschied ihr Zeitgenosse Johann Jakob Dusch 1758 zwischen dem »satyrischen Heldengedicht« (Beispiel: *Der Renommiste*) und dem mit feinerem »Witz« ausgestatteten »scherzhaften epischen Gedicht« (Beispiel: Z.s »scherzhaftes Heldengedicht« *Das Schnupftuch*, 1754, das sich besonders eng an Pope anlehnt: Schnupftuch- statt Lockenraub). Im Rückblick auf die Pope-Nachfolger wunderte sich Goethe später, »wie eine ganze Nation von einem einmal gegebenen und in einer gewissen Form mit Glück behandelten Gegenstand nicht wieder loskommen kann, sondern ihn auf alle Weise wiederholt haben will« (*Dichtung und Wahrheit*, 1811–14).

1744–45
Johann Wilhelm Ludwig Gleim
Versuch in Scherzhaften Liedern

G.s *Scherzhafte Lieder*, in zwei Teilen erschienen, sind aus der Beschäftigung mit der pseudoanakreontischen Sammlung entstanden, die Henri Estienne 1554 zuerst ediert hatte (und in Wirklichkeit keine Texte des griechischen Lyrikers Anakreon aus dem 6. Jh. v. Chr. enthielt, sondern späte byzanthinische Nachahmungen). Zur gleichen Zeit wie G. beschäftigten sich seine Freunde Johann Peter Uz und Johann Nicolaus Götz mit ›Anakreon‹ und legten die erste vollständige deutsche Übersetzung der Sammlung vor (*Die Oden Anakreons in reimlosen Versen*, 1746). Noch vor dieser Übersetzung erschienen G.s eigene Gedichte, auch sie zum Teil in reimlosen Versen, ihre wichtigste formale Neuerung. Programmatisch das erste Gedicht, *Anakreon*: »Anakreon, mein Lehrer, Singt nur von Wein und Liebe.« Der Themenkatalog ist wie bei anderen Anakreontikern beschränkt: Geselligkeit, Lebensgenuß, Liebe, »Mädchen«, Wein; und als Kulisse dient eine von den Zwängen der Gesellschaft freie, arkadische Natur (meist als Schäferwelt). Anakreontisches wurde zur Mode, zu einem modischen Gesellschaftsspiel.

1745
Immanuel Jakob Pyra /
Samuel Gotthold Lange
Thirsis und Damons
freundschaftliche Lieder

P.s und L.s Gedichte, von Bodmer herausgegeben, sind Zeugnisse eines empfindsamen, pietistisch gestimmten Freundschaftskultes. Die Texte bilden antike Odenformen nach, unterscheiden sich aber von den Gedichten der Anakreontiker durch ihren religiösen Ernst; auch die Reimlosigkeit ist Zeichen dieses Ernstes (der Reim gilt ihnen als spielerisches Element, als dem sinnlichen Vergnügen dienender Schmuck). Dichterische Introspektion und Gefühlstiefe verbinden sich in dieser Zwiesprache der Herzen mit einem feierlichen, religiösen Ton, der von Milton inspiriert ist und auf die Dichtung Klopstocks vorausweist.

Eine erhabene, an biblischen Themen orientierte Dichtung hatte Pyra schon in seinem Lehrgedicht *Der Tempel der wahren Dichtkunst* (1737) gefordert. In welchem Lager er in der Auseinandersetzung zwischen Leipzig und Zürich stand, machte sein *Erweis, daß die Gottschedianische Sekte den Geschmack verderbe* (1743), deutlich. Es war nur folgerichtig, daß Bodmer sich der Dichtung des Freundespaares annahm.

1746
Johann Elias Schlegel
Canut

Als S. 1739 zum Jurastudium nach Leipzig kam, war er schon durch Bearbeitungen von Dramen des Euripides bekanntgeworden. Gottsched förderte ihn und nahm einige seiner Stücke (*Herrmann, Der geschäfftige Müßiggänger, Dido*) in die *Deutsche Schaubühne* (1741–45) auf. Gleichwohl hielt sich S. aus dem Streit mit den Schweizern heraus und entwickelte eigene Vorstellungen vom Theater. Er lehnte den starren, äußerlichen Regelzwang ab und erkannte nationale Unterschiede als notwendige Folge unterschiedlicher Sitten und unterschiedlicher Geschmacks an. Es sei falsch, das englische Theater deswegen für schlecht auszugeben, »weil es nicht nach dem Muster des französischen eingerichtet« sei. Mit Shakespeare hatte sich S. schon in seiner *Vergleichung Shakespears und Andreas Gryphs* (1741) beschäftigt, die aus Anlaß der ersten deutschen

Shakespeareübersetzung erschienen war (*Versuch einer gebundenen Uebersetzung des Trauer-Spiels von dem Tode des Julius Cäsar*, 1741, von Caspar Wilhelm von Borcke).

Sein bedeutendstes Trauerspiel, *Canut*, entstand 1746 und wurde im selben Jahr gedruckt. S. war inzwischen nach Kopenhagen übergesiedelt, und hatte er in Deutschland einen deutschen Helden auf die Bühne gebracht (*Herrmann*), so wählte er nun einen Stoff aus der dänischen Geschichte des 11. Jh.s (Canut: Knut der Große), da er davon ausging, daß »diejenigen Trauerspiele mehr interessieren und mehr auf die Gemüther wirken, deren Stoff in der Geschichte des Volkes liegt«. Das fünfaktige Stück – in Alexandrinern – stellt den gütigen, weisen König Canut, Ideal des aufgeklärten Herrschers, dem rebellischen Ulfo gegenüber, der durch List Canuts Schwester Estrithe zur Frau gewonnen und sich dann gegen Canut gewendet hatte. Obwohl Canut zur Verzeihung bereit ist, sucht Ulfo, von einer verzehrenden Ehr- und Ruhmsucht getrieben, Gelegenheit und Verbündete zum Umsturz. Er scheitert, findet den Tod. Canut hat das letzte Wort: »Doch ach! die Ruhmbegier, der edelste der Triebe, Ist nichts als Raserei, zähmt ihn nicht Menschenliebe.«

Der maßvolle, passive König Canut bleibt eine blasse Gestalt, wenn sich in ihm auch S.s »optimistische Erziehungs- und Bildungsidee« verkörpert (Horst Steinmetz). Faszination geht hingegen von seinem psychologisch differenzierteren Gegenspieler aus, dem unbändigen, maßlosen Bösewicht Ulfo, der auf die ›großen Kerls‹ des Sturm und Drang vorausweist. Hier macht sich S.s Kenntnis der Charakterdarstellung Shakespeares bemerkbar.

Canut wurde häufig gespielt. Lessing urteilte 1753 über den schon 1749 verstorbenen S., er sei der einzige gewesen, »welcher Deutschland einen Corneille zu versprechen schien«.

1746–48
Christian Fürchtegott Gellert
Fabeln und Erzählungen

Unter den zahlreichen Fabelsammlungen, die Friedrich von Hagedorns *Versuch in poetischen Fabeln und Erzelungen* (1738) folgten, war die G.s die mit Abstand erfolgreichste. Sie soll nach der Bibel bzw. dem Katechismus das am weitesten verbreitete Buch im 18. Jh. gewesen sein. Den beiden Teilen von 1746 und 1748 waren seit 1741 Einzelveröffentlichungen in Zeitschriften vorausgegangen. Die Ausgabe letzter Hand von 1769 enthält 143 Fabeln in drei Büchern. Sie sind in unregelmäßige Strophen gegliedert und verwenden paarweise gereimte Jambenzeilen unterschiedlicher Länge. Der Alexandriner wird nur ausnahmsweise für längere Erzählungen gebraucht (*Inkle und Yariko*, *Die beiden Schwarzen*). Am Ende der Fabel *Die Biene und die Henne* nennt G. den Zweck der Fabeldichtung: »Du siehst an dir, wozu sie nützt: Dem, der nicht viel Verstand besitzt, Die Wahrheit, durch ein Bild, zu sagen.« Dem entspricht die übliche Zweiteilung der Fabel in Erzählung und Moral, wenn auch auf deren ausdrückliche Formulierung gelegentlich verzichtet wird und es dem Leser überlassen bleibt, die richtigen Schlüsse zu ziehen.

Der Anteil an Tierfabeln – weniger als ein Viertel – ist geringer als in den älteren Fabelsammlungen, und auffällig dabei ist, »daß Raubtiere (die für den Feudalabsolutismus stehen) kaum vorkommen« (Christoph Siegrist). G. bevorzugt Haustiere und kleinere Tiere wie Bienen, Mücken oder Nachtigallen. Dem entspricht die Sicht in den anderen Fabeln: Thema ist nicht die Welt der Großen – hier kann man ohnehin nichts ändern –, sondern das alltägliche bürgerliche Leben mit seinen Problemen, Typen und Charakteren. Das menschliche Zusammenleben erhält einen hohen Stellenwert (*Die zärtliche Frau, Der zärtliche Mann, Der Freundschaftsdienst*); die Satire zielt auf allgemeinmenschliche Schwächen von der Bigotterie bis zur Putzsucht und propagiert ein auf Vernunft, Gelassenheit, Zufriedenheit und Genügsamkeit basierendes Tugendideal.

Der aufklärerische Popularphilosoph Thomas Abbt charakterisierte G.s Bedeutung für seine Zeit: »Allein für ganz Deutschland ist es ohne Widerspruch G., dessen Fabeln wirklich dem Geschmacke der ganzen Nation eine neue Hülfe gegeben haben [...]. Sie haben sich nach und nach in Häuser, wo sonst nie gelesen wird, eingeschlichen. Dadurch ist das Gute in der Dichtkunst in Exempeln, und nicht in Regeln, bekannt, und das Schlechte verächtlich gemacht worden.« Friedrich II. von Preußen, bekannt für sein distanziertes Verhältnis zur deutschen Literatur, urteilte nach einer Audienz (1760), bei der G. auch die Fabel *Der Maler* vortrug: »G. hat meinen ganzen Beifall. C'est le plus raisonable de tous les savants allemands.«

1747
Christian Fürchtegott Gellert
Die zärtlichen Schwestern

Mit G.s Komödien, die Lessing »wahre Familiengemälde« nannte, setzt sich das in Frankreich und England seit einiger Zeit gepflegte »rührende Lustspiel« (*sentimental comedy, comédie larmoyante*) auch in Deutschland durch. In seiner *Abhandlung für das rührende Lustspiel* (1751, von Lessing aus dem Lateinischen – *Pro comoedia commovente* – übersetzt) stellt G. die rhetorische Frage: »warum solte man denn nicht auch dann und wann der Komödie einen ernsthaften, seiner Natur nach aber angenehmen Inhalt geben dürfen?« So wird nicht mehr wie in der traditionellen Typenkomödie das ›Laster‹ dargestellt und verlacht, sondern »Abschilderungen guter Personen [...] zeigen uns das Gerechte, das Schöne und Löbliche« und »feuern zu der Tugend an und ermuntern die Zuschauer, ihr zu folgen.« Soziologisch zeigt sich hier der Anspruch des Bürgertums, nicht mehr nur als Gegenstand des Spottes auf der Bühne zu erscheinen, literarhistorisch führt die Entwicklung zum bürgerlichen Trauerspiel.

Zeigen die ersten beiden Komödien G.s noch starke satirisch-komische Momente (*Die Betschwester*, 1745; *Das Loos in der Lotterie*, 1746), so verwirklicht das zuerst 1747 erschienene Stück *Die zärtlichen Schwestern* die rührende Komödie am reinsten. Die beiden Schwestern sind Lottchen und Julchen, ihre Liebhaber Siegmund, dessen Eltern ihr Vermögen verloren haben, und der wohlhabende Damis. Während Julchen ihrer »Freiheit« wegen einer Verbindung mit Damis abwartend gegenübersteht, liebt das ältere Lottchen den mittellosen Siegmund vorbehaltlos. Einander widersprechende Meldungen über eine Erbschaft dienen als Tugendprobe und zeigen das Versagen Siegmunds, der sich Julchen, der vermeintlichen Erbin, zuwendet. Während Julchen und Damis zueinander finden, weist Lottchen, die tatsächliche Erbin, den »Unwürdigen« zurück, und die Komödie endet mit den (an Mitspieler und Zuschauer gerichteten) Worten: »Doch nicht die Liebe, die Torheit des Liebhabers hat mich unglücklich gemacht. Bedauern Sie mich.«

Selbstlosigkeit, Mitgefühl, Großmut, Opferbereitschaft machen Lottchen zur vollkommenen Verkörperung der Tugendidee, die das Stück allenthalben zu demonstrieren sucht. Alles Geschehen, alle Reden dienen dazu, Tugendbekundungen zu ermöglichen und dadurch den Zuschauer zu rühren. Siegmunds Treuebruch, psychologisch nicht motiviert und nur funktional zu verstehen, ist deswegen nötig, damit Lottchen leiden und das Stück sein Ziel erreichen kann: Rührung im Zuschauer zu erregen.

1747–48
Christian Fürchtegott Gellert
Leben der Schwedischen Gräfin von G***

G.s Versuch eines bürgerlich-empfindsamen Romans, 1747–48 in zwei Teilbändchen gedruckt, wurde vor allem von Samuel Richardson angeregt, der mit seinem Roman *Pamela, Or Virtue Rewarded* (1740, dt. 1742) einen europäischen Erfolg erzielt hatte. *Pamela* ist der erste durchkomponierte Briefroman, ein psychologischer Roman mit ausgeprägt bürgerlichen Moral- und Lebensvorstellungen, der von den deutschen Moralischen Wochenschriften als Muster eines tugendhaften bürgerlichen Romans begrüßt wurde. G.s Roman ist allerdings keineswegs eine bloße Imitation des englischen Vorbilds. G. hält grundsätzlich an der traditionellen Ich-Erzählung fest, in die dann Briefe, Dokumente und wörtlich wiedergegebene Erlebnisberichte eingearbeitet werden. Auch das Thema der verfolgten Unschuld, zentral in Richardsons Roman, ist bei G. nur auslösendes Moment für allgemeinere Fragestellungen.

Die Gräfin von G***, Tochter eines livländischen Landadeligen, beschreibt im Rückblick ihr Leben. Sie erhält eine prägende Erziehung durch einen Onkel, der »Vernunft« und »Herz« in Einklang bringt, ihr die »Religion auf eine vernünftige Art« beibringt und eine Weisheit lehrt, die »uns gesittet, liebreich, großmütig, gelassen und im Stillen ruhig macht.« Mit 16 heiratet sie einen schwedischen Grafen, erregt jedoch am Hof die Begierden eines Prinzen, der dafür sorgt, daß der Graf auf verlorenen Posten im Nordischen Krieg gestellt wird. Die Gräfin entgeht den Verfolgungen des Prinzen, indem sie sich mit dem bürgerlichen Herrn R. nach Holland begibt. Kurz nach ihrer Vermählung kehrt der totgeglaubte Graf aus Sibirien zurück. Er ist bereit, auf die Gräfin zu verzichten, doch Herr R. lehnt ab und entsagt seinerseits und verwandelt seine »Liebe von diesem Augenblicke an in Ehrerbietung«. Er bleibt weiterhin ein intimer Freund; die schwierige Situation wird durch die Beherrschung der

Affekte gemeistert. Auch die frühere Geliebte des Grafen wird in die Gemeinschaft aufgenommen.

G.s Menschen sind so konstruiert, daß sie das »Schicksal, das wir nicht erforschen können«, unbefragt akzeptieren und die an sie gestellten moralischen Forderungen klaglos erfüllen. Als warnendes Exempel ist die Episode von Carlson und Mariane eingefügt, eine Inzest- und Mordgeschichte, die das Scheitern derjenigen vor Augen führt, die gegen die Normen aufbegehren. Die Unglücksfälle und Schicksalsschläge kommen von außen und sind weder vorhersehbar noch vermeidbar, die Bewährung der Tugend besteht in der gelassenen Hinnahme des Unabänderlichen. Daß Herr R. ein Buch *Der standhafte Weise im Unglück* schreibt, verweist auf den stoischen Hintergrund von G.s Constantia-Vorstellung.

Die *Schwedische Gräfin* ist trotz des teilweise adeligen Personals und der Übernahme mancher Handlungselemente aus der Tradition des höfisch-historischen Barockromans ein entschieden bürgerlicher Roman. Die bürgerliche Haltung äußert sich zunächst in der kritischen Sicht des Hofes, der – wie in anderen Werken der Zeit – als Ort der Versuchung und des Lasters gilt; sie zeigt sich noch deutlicher in der Behandlung des Standesproblems und in dem Rückzug ins Privatleben. Spezifisch bürgerliche Wertvorstellungen dominieren und erhalten dadurch besonderes Gewicht, daß sich auch Vertreter des Adels zu ihnen bekennen. Der wahre Adel besteht in der Gesinnung; Standesunterschiede haben, vom Standpunkt der Vernunft und Moral her betrachtet, wenig Berechtigung. Und mit der Absage an die große Welt und dem Bekenntnis zu einem gefühlsbetonten Leben in einer intimen Gemeinschaft Gleichgesinnter, einem Leben, »ohne zu befehlen und ohne zu gehorchen«, drückt G.s Roman jene Tendenz zur Privatheit aus, die für die bürgerliche Kultur des 18. Jh.s konstituierend ist.

G.s Roman wurde mehrfach neu aufgelegt und hatte auch im Ausland Erfolg (Übersetzungen u.a. ins Englische – auf Veranlassung Richardsons –, Französische und Holländische). Allerdings ließ »die deutsche Nacheiferung«, wie Lessing 1753 beklagte, auf sich warten. Erst in den siebziger Jahren entwickelte sich der empfindsame Roman zur vorherrschenden Romangattung in Deutschland.

1748
Gotthold Ephraim Lessing
Der junge Gelehrte

»Meine Lust zum Theater war damals so groß, daß sich alles, was mir in den Kopf kam, in eine Komödie verwandelte«, schrieb L. 1754 über seine frühen Lustspiele. Sie stehen noch weitgehend in der Tradition der von Gottsched und seiner Frau progagierten und praktizierten sächsischen Komödie, der satirischen Typenkomödie, deren Helden bestimmte ›Laster‹ (Vorurteile, Fehlverhalten) repräsentieren, dadurch mit ihrer Umwelt kollidieren und der Lächerlichkeit preisgegeben werden – und wenn schon nicht immer die Bekehrung des ›Lasterhaften‹ gelingt, so wird doch der Zuschauer überzeugt.

Der junge Gelehrte, 1748 als erstes Stück L.s von der Schauspieltruppe der Friderike Caroline Neuber in Leipzig aufgeführt (Erstdruck 1754), unterscheidet sich allenfalls durch sein höheres Sprachniveau von den übrigen Erzeugnissen dieses Genres. Das karikierte und in diesem Fall unheilbare Laster ist hier das zu verschrobener Pedanterie und Dünkelhaftigkeit heruntergekommene polyhistorische Gelehrtenideal des Spätbarock, das den Helden Damis zum verlachten Außenseiter macht.

In anderen Lustspielen dieser frühen Zeit – L. ist noch nicht 20 Jahre alt – sucht er das tradierte Schema durch eine Annäherung an das Problemstück weiterzuentwickeln (*Die Juden*, entstanden 1749, Erstdruck 1754; *Der Freigeist*, entstanden 1749, Erstdruck 1755). L. distanzierte sich später von seinem letztlich noch von der Gottschedzeit geprägten dramatischen Jugendwerk.

1748
Johann Elias Schlegel
Die stumme Schönheit

Das Lustspiel in einem Akt entstand 1747; es erschien 1748 in S.s *Beyträgen zum dänischen Theater* zusammen mit der Komödie *Triumph der guten Frauen* und dem Vorspiel *Die Langeweile*. Die erste Aufführung fand 1754 in Hamburg statt. – Auch S. hatte seinen Beitrag zur sächsischen Typenkomödie geleistet (*Der geschäfftige Müßiggänger*, 1743 im 4. Teil von Gottscheds *Deutscher Schaubühne*, 1741–45). Mit der *Stummen Schönheit* jedoch entfernte er sich von den Vorstellungen Gottscheds. Unüblich war

schon die einaktige Form, und in deutlichem Widerspruch zu Gottscheds starrem Regelwerk stand die Verwendung des Alexandriners, des Tragödienverses, in einer Komödie.

Richard, ein reicher Herr vom Lande, hat seine Tochter Leonore bei der verwitweten Frau Praatgern in Pflege gegeben. Während Frau Praatgerns eigene Tochter Charlotte schön, dumm und überhaupt nicht redegewandt ist, verbinden sich in der Pflegetochter anmutige Natürlichkeit, Geist und Schönheit. Als sich mit Herrn Jungwitz, von Herrn Richard in die Stadt geführt, eine vorteilhafte Partie eröffnet, ›vertauscht‹ Frau Praatgern die Töchter und gibt die eigene Tochter als die von Herrn Richard aus. Da sie aber »stumm« ist, also keine geistreiche Konversation führen kann, muß ihr die rechte Tochter, Leonore, soufflieren. Die Intrige wird entdeckt. Jungwitz und Leonore finden einander im geistreich-unterhaltsamen Gespräch, aber auch Charlotte erhält mit dem Philosophen Laconius den passenden Mann: »Er spricht nichts, weil er denkt, und sie, weil sie nicht denkt.«

S.s Personen bleiben zwar der älteren Typenkomödie verpflichtet, zeigen aber Ansätze psychologischer Charakterisierung. Daß seine Komödie auch auf ästhetisches Vergnügen zielt, unterscheidet sie ebenfalls von dem von Gottsched propagierten Typ der satirischen Verlachkomödie mit ihrer einseitigen Betonung der Moral. Eigentliches Thema bei S. ist nicht ein ›Laster‹, sondern die Sprache, Reden und Verstummen. Lessing bezeichnete die *Stumme Schönheit* als »unstreitig unser bestes komisches Original, das in Versen geschrieben ist«.

1748–73
Friedrich Gottlieb Klopstock
Der Messias

Die ersten drei der 20 Gesänge des »Heldengedichts« erschienen 1748 in den *Neuen Beyträgen zum Vergnügen des Verstandes und des Witzes*, den sogenannten *Bremer Beyträgen*. Diese Veröffentlichung erregte großes Aufsehen und machte den Dichter auf einen Schlag bekannt. Die weiteren Gesänge des Hexameterepos folgten 1751 (4. und 5. Gesang zusammen mit den überarbeiteten ersten drei Gesängen: Bd. 1), 1755 (6.–10. Gesang: Bd. 2), 1768 (11.–15. Gesang: Bd. 3), 1773 (16.–20. Gesang: Bd. 4). Daß K. zeitlebens weiter an dem Werk arbeitete, zeigen die Gesamtausgaben von 1780 [erschienen 1781] und 1799 mit ihren zahlreichen Änderungen.

Den Plan zu einem großen Epos hatte K. bereits während seiner Schulzeit gefaßt. Die Lektüre Homers und Vergils und der Schriften Bodmers und Breitingers hatten den Anstoß gegeben. Zunächst dachte K. an einen nationalen Stoff: »Flog, und schwebt umher unter des Vaterlands Denkmalen, Suchte den Helden, fand ihn nicht«, heißt es rückblickend in der Ode *An Freund und Feind* (1781). Miltons *Paradise Lost* (1667; endgültige Fassung 1674), das K. in der Übertragung Bodmers kennenlernte (*Johann Miltons Verlust des Paradieses*, 1732 u.ö.), inspirierte ihn dann zu seinem Versuch eines christlichen Epos.

Die Anrufung zu Beginn nennt den Gegenstand des Heldengedichts: »Sing, unsterbliche Seele, der sündigen Menschen Erlösung [...].« Die Passion Christi, Gegenstand der ersten zehn Gesänge, ist eingebettet in einen kosmischen Rahmen, in den neu aufbrechenden Kampf zwischen Himmel und Hölle. Während der 1. Gesang die Bereitschaft des Messias zur Erlösungstat in den Mittelpunkt stellt, zeigt der 2. die Mächte der Hölle, die gegen die Stimme Abbadonas den Tod des Messias beschließen (die Gestalt des reuigen Teufels, der schließlich Gnade findet, sorgte für großes Aufsehen). Das Passionsgeschehen folgt nun im wesentlichen den biblischen Berichten. Daran schließt die Verherrlichung des Erlösers im 2. Teil (11.–20. Gesang) an: Auferstehung, Sieg über Satan, Visionen des künftigen Gerichts und Aufstieg zum himmlischen Thron Jehovas.

Moderne naturwissenschaftliche Auffassungen vom Weltall verbinden sich mit traditionellen Vorstellungen von Himmel und Hölle; das Geschehen weitet sich aus in entfernteste Räume des unendlichen Weltraums; Adam und Eva, die Altväter, die ungeborenen Seelen – sie alle sind als Zeugen einbezogen und machen in Visionen und Erinnerungen die Stationen der Heilsgeschichte gegenwärtig. Klopstock benutzt dabei auch das alte exegetische Verfahren der typologischen Verbindung von AT und NT. Die traditionelle Erzählweise des Epos wird aufgelöst, statt klarem zeitlichem Nacheinander herrscht »ein ewiges Jetzt«: »Die Erlösung wird als ein raum-zeit-sprengendes Ereignis verstanden, das für alle Geschöpfe Gegenwart ist« (Gerhard Kaiser). Die Distanz, mit der der Erzähler des antiken Epos über das Geschehen verfügt, hat einer subjektiven, distanzlosen Darstellungsweise Platz gemacht, die den Erlösungsvorgang »in die Innerlichkeit der anteilnehmenden Seele hinüberspielt« (Kaiser). Die Folge ist ein erhaben-erregter Ton, mit dem das Unsagbare umkreist, die Erlösungstat ekstatisch gefeiert und der Hörer oder Leser für die erhabenen Gedanken empfänglich gemacht wird (»Das Herz ganz zu rühren, ist überhaupt, in jeder Art der Beredsamkeit, das Höchste, was sich der Meister vorsetzen, und was der Hörer von ihm fordern kann. Es durch die Religion zu tun, ist eine neue Höhe«, schreibt K. im Aufsatz *Von der heiligen Poesie*, als Vorrede dem 1. Band des *Messias*, 1755, vorangestellt). Nicht im Versuch eines religiösen Epos, das keine Zukunft hatte, sondern in dem Durchbruch zu einem neuen dichterischen Pathos, einer bisher unerreichten Ausdrucksfähigkeit der deutschen Sprache – von Gottsched und seinen Anhängern als neobarocker, lohensteinischer Schwulst angegriffen –, liegt die geschichtliche Leistung K.s.

1749
Ewald von Kleist
Der Frühling

Mit K.s elegischem Gedicht (460 Hexameter mit Auftakt) nimmt die Naturdichtung der deutschen Aufklärung subjektive, empfindsame Züge an. *Der Frühling* stellt nur den ersten Teil eines geplanten größeren Werkes dar, das *Landlust* heißen und das ländliche Leben im Ablauf der Jahreszeiten schildern sollte. Die Anregung kam von James Thomsons *Seasons* (1726–30; *Spring*, 1728), ins Deutsche übertragen von Barthold Hinrich Brokkes (*Jahres-Zeiten*, 1745), einer bis ins 19. Jh. populären lehrhaft-spekulativen Naturdichtung, auf der auch das Libretto für Joseph Haydns *Jahreszeiten* (1801) basiert. K. übernahm zahlreiche Details, betonte jedoch zugleich seine von Thomson abweichende Intention: keine »ausführliche Beschreibung des Frühlings, seiner Abwechselungen und Wirkungen auf die Thiere, Gewächse u.d.gl.« (so habe Thomson den Frühling schon »unnachahmbar« besungen), sondern »eine Abbildung der Gestalt und Bewohner der Erde, wie sie sich an einem Tage ohngefähr in der Mitte des Frühlings des Verfassers Augen dargebothen.« Damit wird auch sichtbar, worin die Einheit des Gedichts besteht. Die Folge der geschauten, erinnerten, vorgestellten Bilder ist nicht das zufällige Ergebnis einer »poetischen Bilderjagd«, sondern findet ihren Bezugspunkt im beobachtenden, empfindenden und reflektierenden Subjekt: Das Betrachten der schönen Natur und des einfachen Lebens des Landmanns soll die melancholischen Gedanken, den Weltschmerz des Spaziergängers vertreiben; erst der erquickende Regen am Schluß, Zeichen für die Güte und Allmacht Gottes, bringt »Ruh und Erquickung ins Herz«.

Die Dichtung hatte großen Erfolg – wenn auch nicht bei den Anhängern Gottscheds – und wurde in zahlreiche fremde Sprachen übersetzt. K. war künftig »der Verfasser des Frühlings«.

1749, 1755
Johann Peter Uz
Gedichte

U. hatte mit Johann Wilhelm Ludwig Gleim und Johann Nicolaus Götz in Halle studiert und sich mit ihnen der anakreontischen Poesie zugewandt. Mit Götz zusammen legte er die erste deutsche Übersetzung der unter dem Namen Anakreons überlieferten Gedichte vor (*Die Oden Anakreons in reimlosen Versen*, 1746). Die erste Gedichtsammlung von U., unter dem Titel *Lyrische Gedichte* von Gleim 1749 herausgegeben, ist noch ganz der anakreontischen Thematik des heiteren Lebensgenusses gewidmet, wenn auch formal die Reimlosigkeit weitgehend aufgegeben ist. In der erweiterten Sammlung von 1755 (*Lyrische und andere Gedichte*; verbesserte Ausgabe 1756) macht sich die reflektierende Natur von U. stärker bemerkbar, Horaz tritt deutlicher als Vorbild hervor. Die politischen Zustände werden kritisch beleuchtet:»Gekrönte Häupter großer Staaten, Seht eure Thaten, Und wie ihr uns beglückt! Zählt die erschlagnen Unterthanen« (*Auf den Frieden*). Mit seinen philosophischen Oden – u. a. der Leibnizschen Gedanken verpflichteten *Theodicee*, den Oden *An die Freude* oder *Die Dichtkunst* – wird er zum direkten Vorläufer Schillers, der lange den (dann doch nicht ausgeführten) Plan hegte, mit U.' *Theodicee* zu wetteifern.

1750–58
Alexander Gottlieb Baumgarten
Aesthetica

B., Schüler Christian Wolffs, ist der Begründer der Ästhetik als selbständiger philosophischer Disziplin (der er auch den Namen gab). Wesentliche Aspekte der zweibändigen, unvollendeten *Ästhetik* von 1750–58 hatte B. schon in seinen ebenfalls in lateinischer Sprache niedergelegten *Philosophischen Betrachtungen über einige Bedingungen des Gedichts* (*Meditationes* […], 1735) vorweggenommen, in denen das Gedicht als »vollkommene sinnliche Rede« (»oratio sensitiva perfecta«) definiert wird.

B. stellt die Ästhetik als zweite, eigenständige

Erkenntnisart neben die Logik. Dabei nimmt er die Unterscheidung Wolffs von oberem und unterem Erkenntnisvermögen auf, ohne ihm jedoch in der Abwertung der sinnlichen Wahrnehmung zu folgen. Während es die Logik als Methode der Verstandeserkenntnis mit »distinkten« (deutlichen), begrifflich analysierbaren Vorstellungen zu tun hat, befaßt sich die Ästhetik als Wissenschaft der sinnlichen Erkenntnis mit den sinnlichen Vorstellungen. B. nennt die Ästhetik auch »Logik des unteren Erkenntnisvermögens«. Poetisches Denken erscheint als Analogon der Vernunft, »Schöndenken« (»pulchre cogitare«) steht dem logischen Denken (»recte cogitare«) als komplementäre Möglichkeit der Welterkenntnis zur Seite. Das poetische Denken stellt den nach Leibniz und Wolff »als vollkommen gedachten Zusammenhang der Dinge […] in seiner Komplexität vor« und zielt darauf, »in der Schönheit des Dargestellten, des Kunstwerks, die Vollkommenheit der Welt ästhetisch zu vergegenwärtigen, sie nachzuahmen« (Ursula Franke). Die Bindung der Kunst an das Schöne wurde für die Ästhetik des 18. Jh.s verbindlich.

Für eine Popularisierung der Gedanken B.s sorgte sein Schüler Georg Friedrich Meier, der noch vor Erscheinen der *Aestetica* auf der Grundlage einer Vorlesungsnachschrift seine *Anfangsgründe aller schönen Wissenschaften und Künste* (1748–50) vorlegte.

1751
Christian Fürchtegott Gellert
Briefe, nebst einer Praktischen Abhandlung von dem guten Geschmacke in Briefen

Trotz des begrenzten Gegenstandes kommt G.s Bemühungen um die Kunst des Briefeschreibens eine große stil- und literargeschichtliche Bedeutung zu. Schon 1742 hatte G. sich in einem Aufsatz *Gedanken von einem guten deutschen Briefe* gemacht; Resonanz fand jedoch erst das Buch von 1751, das aus einer Abhandlung und 73 beispielhaften Briefen G.s besteht.

G. stellt sich gegen die immer noch dominierende Tradition des Kanzleistils, dessen komplizierte Regeln in zahllosen Briefstellern, Formular- und Titularbüchern verbreitet waren und den Stil des amtlichen Schriftverkehrs bestimmten. Diesen detaillierten Schreibanweisungen, die den Briefinhalt einer vorgegebenen künstlichen Ordnung unterwerfen (*connexio verbalis*), setzt G. die Forderung nach einer natürlichen, sich aus der Sache ergebenden Ordnung entgegen (*connexio realis*): »Man bediene sich also keiner künstlichen Ordnung, keiner mühsamen Einrichtungen, sondern man überlasse sich der freywilligen Folge seiner Gedanken, und setze sie nach einander hin, wie sie in uns entstehen: so wird der Bau, die Einrichtung, oder die Form eines Briefs natürlich seyn.« Voraussetzung ist freilich ein gesunder Verstand, Bildung, guter Geschmack. Zu einem guten Geschmack führen weder »Schulwitz« noch Regelbücher, sondern gute Beispiele und der »Umgang mit geschickten und vernünftigen Leuten«. Ziel ist ein natürlicher, deutlicher, lebhafter und persönlicher Briefstil; der Brief erscheint als »freye Nachahmung des guten Gesprächs«.

Die Wirkung von G.s Buch – zehn Auflagen im 18. Jh. – ist kaum abzuschätzen und beschränkt sich nicht auf den Brief und andere Prosagattungen, für die G.s Forderung eines natürlichen, gesprächsnahen, persönlichen Stils grundlegend wurde. Darüber hinaus eröffnete G. mit »der neuen Rhetorik des Briefes und dem Rekurs auf den jedermann eigenen Geschmack [...] dem Bürgertum seiner Zeit den Weg zur eigenen Sprache und damit zugleich den Weg zur eigenen Identität« (Gottfried Honnefelder).

1751–55
Gottlieb Wilhelm Rabener
Sammlung satyrischer Schriften

Der vierbändigen Gesamtausgabe der Prosasatiren R.s waren seit 1741 Einzelveröffentlichungen in Zeitschriften vorausgegangen. R., der erfolgreichste Satiriker der Frühaufklärung, neigt der ›gefallenden Satire‹ zu, wie sie von den Moralischen Wochenschriften befürwortet wurde. Er enthält sich persönlicher Angriffe und meidet weitgehend politische Themen; gegen Fürsten zu schreiben, erscheint ihm als Verwegenheit und Hochmut. Gegenstand seiner Satiren ist die bürgerliche und häusliche Sphäre, sind die allgemeinmenschlichen Verfehlungen und ›Laster‹: »In Deutschland mag ich es nicht wagen, einem Dorfschulmeister diejenigen Wahrheiten zu sagen, die in London ein Lord-Erzbischoff anhören, und schweigen, oder sich bessern muß.« Als ihn seine berufliche Laufbahn nach Dresden führte (Erster Obersteuersekretär 1753), hörte er bald ganz auf zu schreiben. Der herrschenden Mißstände war er sich sehr wohl bewußt, wollte aber nicht das Risiko eingehen, sich »den Kopf

zu zerstoßen«. Daß diese Vorsicht nicht ohne Grund war, lehrt das Schicksal Christian Ludwig Liscows (*Sammlung Satyrischer und Ernsthafter Schriften*, 1739), der auf Betreiben des allmächtigen sächsischen Ministers Brühl eingekerkert worden war.

Kritik an gesellschaftlichen Mißständen erscheint als moralische Verhaltenskritik, die sich ›Fehler‹ und ›Laster‹ vornimmt, sie auf Figuren projiziert und diese dem Gelächter preisgibt. Eine gewisse Monotonie stellt sich ein, obwohl sich R. um formale Vielfalt bemüht. Er verwendet satirische Briefe, Lobschriften, Trauerreden, Träume, Feenmärchen, Totenlisten mit satirischen Kurzporträts, Sprichwortkommentare oder Wörterbuchartikel: »*Compliment*, Gehört unter die nichtsbedeutenden Wörter. *Einem ein Compliment machen*, ist eine gleichgültige Bewegung eines Theils des Körpers, oder auch eine Krümmung des Rückens und Bewegung des einen Fußes; und ordentlicher Weise hat weder Verstand noch Wille einigen Antheil daran.« Gerade die Form des Wörterbuchs fand Anklang bei anderen Satirikern. Selbst Georg Christoph Lichtenberg verfaßte *Beiträge zu Rabeners Wörterbuch* (um 1770). – Für die Beliebtheit von R.s Satiren sprechen elf Auflagen bis 1777.

1752
Christian Felix Weiße
Die verwandelten Weiber,
oder Der Teufel ist los

Von W.s umfangreichem Bühnenwerk – Tragödien (*Richard III.*, 1759; *Romeo und Julie*, 1767 u. a.), Komödien, Libretti – erzielten seine Singspieltexte die breiteste Wirkung. Mit dem 1752 mit der Musik von Johann Georg Standfuß aufgeführten Stück *Die verwandelten Weiber* gilt er als Begründer des deutschen Singspiels, das in der 2. Hälfte des 18. Jh.s seine Blütezeit erlebte (für die Zeit von 1750–74 allein sind Titel von mehr als 100 neuen Singspielen bekannt) und die Operette und die Spieloper des 19. Jh.s vorbereitete. W.s Text basiert auf einer englischen Vorlage, der ballad-opera *Devil to pay* (1728) von Charles Coffey; für die Neufassung, die 1766 mit der Musik von Johann Adam Hiller mit großem Erfolg herauskam, griff W. auch auf das französische Singspiel zurück, mit dem er inzwischen bekannt geworden war und dessen Muster seine spätere Singspielproduktion bestimmten (u. a. *Lottchen am Hofe*, 1767, nach Charles Simon Favart, *Ni-*

nette à la cour, 1755; *Die Jagd*, 1770). *Die verwandelten Weiber* wurden zuerst im zweiten Band von W.s *Komischen Opern* (1768) gedruckt.

Während der grobe Schuster Jobsen Zeckel seine sanfte Frau Lene mit Prügel traktiert, leidet der gutmütige Landedelmann von Liebreich unter seiner zänkischen Gemahlin. Der Zauberer Mikroskop verwandelt die Frauen, so daß Frau Liebreich nun unter dem Knieriemen des Schusters leidet, während Lene als neue Herrin Herrn von Liebreich und das Gesinde durch ihre Sanftmut überrascht. Nach der Rückverwandlung erhält der Edelmann eine liebenswürdige und gütig gewordene Frau zurück. Der Schuster wird dann in einem zweiten Stück (*Der lustige Schuster*, 1759, Druck 1768) zur Räson gebracht.

Mit seiner Derbheit – die Komik beruht vielfach auf Prügelszenen, Rüpeleien und Schimpfwörtern – stellt das Singspiel W.s einen entschiedenen Kontrast zum verfeinerten rührenden Lustspiel Gellertscher Art dar. Zum großen Erfolg – begleitet vom Protest der Gottschedianer – trugen die Lieder bei, die in der Vertonung Hillers große Popularität erreichten.

1753
Wilhelm Ehrenfried Neugebauer
Der teutsche Don Quichotte

Ausschlaggebend für die Erneuerung des deutschen Romans im 18. Jh. sind die Anregungen, die seit den vierziger Jahren von der französischen und englischen Literatur ausgehen. Es bilden sich zwei Hauptlinien heraus, der moralisch-empfindsame und der komisch-realistische Roman. Hatte Gellert im Anschluß an Richardson die empfindsame Variante eingeführt (*Leben der Schwedischen Gräfin von G****, 1747–48), so beruft sich der frühe Versuch eines komischen Romans, *Der teutsche Don Quichotte, Oder die Begebenheiten des Marggraf von Bellamonte*, auf Henry Fielding, Pierre Carlet de Marivaux, den französischen *roman comique* (Paul Scarron, Charles Sorel) und seinen Ahnherrn Cervantes.

Die Anlehnung an Cervantes (bzw. seine Nachfolger) ist eng; Kritik und Satire beziehen sich selbstverständlich auf den literarischen Kontext des 18. Jh.s. Held der Geschichte ist der junge Kaufmann Johann Glük, der zuviele galante Romane gelesen hat und nun die Romanwelt für Wirklichkeit hält. Er nennt sich fortan Marggraf von Bellamonte, sein Diener Görg wird zu Du Bois. Auf dem Markt trifft er eine Dame, die ihm als Inbegriff aller Schönheiten erscheint und die

wie er in einer Phantasiewelt lebt. Sie – Lene – tritt als Gräfin von Villa-Franka auf. Bellamonte bricht ihr zu Ehren zu einer Ritterfahrt nach Paris auf, und der Zusammenprall von romanhafter Illusionswelt und platter Wirklichkeit führt zu einer Fülle von lächerlichen Situationen. Geheilt wird Bellamonte, als er einen Adeligen trifft, der einen Roman von August Bohse nachlebt und ihm so die Lächerlichkeit seines eigenen Tuns vor Augen führt. Der gesundete Bellamonte distanziert sich in einer »Critik über die teutsche Romane« (4. Buch, 4. Kapitel) vom höfisch-historischen und galanten Roman (»Zusammenhäufung von unnatürlichen Dingen«) und formuliert ein ›realistisches‹ Literaturprogramm. Ein Roman müsse »den Menschen und seine Leidenschaften zum Original haben: er schildere ihn nach der Natur, oder so wie er ist, allezeit sich selbst gleich, er sey tugend- oder lasterhaft.«

Die Gestalt des persönlichen, räsonierenden Erzählers, den Wolfgang Kayser als Kennzeichen des modernen Romans bezeichnet hat und zuerst in Christoph Martin Wielands *Don Sylvio von Rosalva* (1764) auftreten sah, ist schon in N.s Roman – nach dem Vorbild von Fielding – ausgebildet. In die Fielding- und Cervantes-Nachfolge gehören auch die Richardson-Parodie von Johann Karl August Musäus *Grandison der Zweite* (1760–62) und Johann Gottwerth Müllers *Siegfried von Lindenberg* (1779). Das bedeutendste Werk dieser Richtung ist ohne Zweifel Wielands *Don Sylvio von Rosalva*.

1755
Gotthold Ephraim Lessing
Miß Sara Sampson

L.s fünfaktige *Miß Sara Sampson*, 1755 in Frankfurt/Oder uraufgeführt und im selben Jahr gedruckt, gilt als das erste deutsche bürgerliche Trauerspiel. Der Erfolg der neuen Gattung in Deutschland wurde durch englische Stücke vorbereitet, ohne daß man von direkten Einflüssen sprechen kann: George Lillos *The London Merchant* (1731, dt. 1752: *Der Kaufmann von London*) und Edward Moores *The Gamester* (1753, dt. 1754: *Der Spieler*) wurden seit 1754 mit großem Erfolg im gesamten deutschsprachigen Raum gespielt. Auch die rührende Komödie hat, den Boden für ein bürgerliches Trauerspiel zu bereiten. Die Helden des bürgerlichen Trauerspiels gehören entgegen der alten Ständeklausel dem niederen Adel und dem Bürgertum an; die Handlung kreist um Probleme des privaten Bereichs (Haus, Familie, zwischenmenschliche Beziehungen). Dem ›unheroischen‹ Charakter des bürgerlichen Trauerspiels entspricht die Verwendung von Prosa anstelle des Alexandriners.

Miß Sara Sampson spielt in einem schäbigen Gasthof in der englischen Provinz. Hier halten sich seit neun Wochen Sara und Mellefont auf. Mellefont, der sie im Haus ihres Vater kennengelernt und verführt hat, zögert eine eheliche Verbindung hinaus. Seine frühere Geliebte Marwood hat den Aufenthaltsort der beiden ausfindig gemacht und Saras Vater benachrichtigt: in der – falschen – Hoffnung, dieser werde Sara zurückholen und so Mellefont für sie freimachen. Aber Sir Sampson, mit dessen Auftritt das Stück beginnt, erscheint als irdische Version des verzeihenden himmlischen Vaters und will seine beiden Kinder heimholen. Die Versöhnungsbereitschaft des Vaters und die Intrige der Marwood geben die Anstöße für die innere und äußere Handlung. Daß es der Marwood gelingt, sich über den schwankenden Mellefont Zutritt zu Sara zu verschaffen und diese – als sie das Scheitern ihrer Pläne erkennen muß – vergiftet, bestimmt das äußere Geschehen. Zugleich aber bedeutet die Auseinandersetzung mit der Versöhnungsbereitschaft ihres Vaters und die Konfrontation mit der Marwood eine Bewährung von Saras Tugend, auf die sie sich immer beruft. Sara, Typ des empfindsamen Menschen, hat diese Tugend zur Forderung des Gewissens verinnerlicht. Allerdings steht sie in Gefahr, über einem abstrakten Tugendprinzip ihre Menschlichkeit zu gefährden. Erst angesichts der Katastrophen findet sie von äußerer Tugenddemonstration und bloßem Tugendbekenntnis zu einem auf das Bewußtsein der eigenen Fehlbarkeit gegründeten moralischen Handeln. Mellefont folgt Sara in den Tod. »Ach, er war mehr unglücklich als lasterhaft«, kommentiert Sir Sampson, der die ihm von Sara und Mellefont anbefohlene Sorge um Arabella, der Tochter Mellefonts und der Marwood, übernimmt.

Saras Schicksal, ihr in keiner Weise ›notwendiger‹ Tod, hat beim zeitgenössischen Publikum die beabsichtigte rührende Wirkung erzielt. Über die Uraufführung am 10. Juli 1755 schreibt Karl Wilhelm Ramler: »Herr Leßing hat seine Tragödie in Franckfurt spielen sehen und die Zuschauer haben drey und eine halbe Stunde zugehört, stille gesessen wie Statüen, und geweint.« Der Erfolg hielt 20 Jahre an; dann stieß das tränenselige Stück auf entschiedene Ablehnung. Der *Miß Sara Sampson* folgte eine große Zahl weiterer bürgerlicher Trauerspiele, die der Gefahr der Trivialisierung allerdings nicht entgingen. Neue Akzente

setzten erst wieder L.s *Emilia Galotti* (1772) und Schillers *Kabale und Liebe* (1784).

1755
Johann Joachim Winckelmann
Gedancken über die Nachahmung der griechischen Wercke in der Mahlerey und Bildhauer-Kunst

Diese kleine Schrift W.s – noch in Dresden, vor der Übersiedlung nach Rom, geschrieben – steht am Anfang einer neuen Auffassung der Antike, die noch heute nachwirkt. Mit W. beginnt die Bevorzugung der griechischen vor der römischen Kunst und Kultur. Revolutionär ist seine Methode der Annäherung an die Werke der klassischen Kunst: an die Stelle gelehrt-antiquarischen Interesses tritt ein eminentes Einfühlungsvermögen, ein sinnliches Erlebnis der antiken Kunstwerke, in denen W. »Natur« und »Ideal« verschmolzen sieht. Günstige klimatische Bedingungen (der »Einfluß eines sanften und reinen Himmels«), republikanische Freiheit und ein auf Gesundheit und körperliche Schönheit zielender Lebensstil sind die Voraussetzungen für die Vollkommenheit der griechischen Kunst. Daraus resultiert der paradoxe Satz: »Der einzige Weg für uns, groß, ja, wenn es möglich ist, unnachahmlich zu werden, ist die Nachahmung der Alten.« Der »Vorzug der Nachahmung der Alten vor der Nachahmung der Natur« hat seinen Grund darin, daß in der griechischen Kunst die Natur bereits in ihrer idealen Form erscheint. So führt in der Argumentation W.s der nähere Weg zur Natur über die Nachahmung der Griechen.

Der Kunst des Barock und des Rokoko, von der er in Dresden umgeben war, setzt W. die »edle Einfalt und stille Größe« der Griechen entgegen: »Das allgemeine vorzügliche Kennzeichen der griechischen Meisterstücke ist endlich eine edle Einfalt, und eine stille Größe, sowohl in der Stellung als im Ausdrucke. So wie die Tiefe des Meeres allezeit ruhig bleibt, die Oberfläche mag noch so wüten, ebenso zeiget der Ausdruck in den Figuren der Griechen bei allen Leidenschaften eine große und gesetzte Seele.« W. erläutert dies am Beispiel der Laokoon-Plastik, die er – fälschlich – der klassischen Zeit zurechnet (Lessing wiederum bezieht sich in seinem *Laokoon*, 1766, kritisch auf W.s Deutung).

Die systematische und historische Entfaltung dieser Gedanken brachte W.s Hauptwerk, die *Geschichte der Kunst des Alterthums* (1764). Diese

Geschichte sei, schreibt W. in der Vorrede, »keine bloße Erzählung der Zeitfolge und der Veränderungen in derselben, sondern [...] meine Absicht ist, einen Versuch eines Lehrgebäudes zu liefern«. Das Ergebnis ist der bahnbrechende Entwurf eines entwicklungsgeschichtlichen Schemas der antiken Kunst von den Ägyptern bis zu den Griechen und Römern, wobei für die Verschiedenheiten – und den Vorrang der griechischen Kunst – Umwelt und Klima verantwortlich gemacht werden.

W.s Bild der griechischen Kunst und Kultur, in dem sich Schönheit und Humanität vereinen (und in dem das Archaische und Dionysische keinen Platz haben), prägte die Anschauungen einer ganzen Epoche. Goethe berief sich auf W. als Zeugen seiner eigenen klassischen Kunstauffassung.

1756
Salomon Geßner
Idyllen

Seine Prosaidyllen (*Idyllen*, 1756; *Neue Idyllen*, 1772) brachten dem Schweizer Malerdichter G. europäischen Ruhm. In der Vorrede beruft er sich auf die Idyllen des griechischen Lyrikers Theokrit; aber auch die Hirtendichtung Vergils und der spätantike Schäferroman des Longus (*Daphnis und Chloe*, 2. Jh. n. Chr.), die Dichtung Albrecht von Hallers, Ewald von Kleists und der Anakreontiker gehört zum literarischen Hintergrund der *Idyllen* G.s.

Sie bestehen aus kurzen, z.T. dialogischen Prosastücken mit wenig äußerer Handlung; es sind empfindsame Genrebilder, die die Schäfer und Schäferinnen in Monologen, Liebesklagen und empfindsamen Zwiegesprächen zeigen, immer im Einklang mit einer idyllischen Natur, in der Großes oder Gewaltiges (Gewitter) nur als malerischer Kontrast zugelassen ist. Der Harmonie zwischen Mensch und Natur, abseits von Arbeit und allen einengenden Zwängen, entspricht eine sanft bewegte, empfindsame rhythmische Prosa, die einen wesentlichen Reiz der *Idyllen* ausmacht.

Die stilisierte Schäferwelt ist als entschiedenes Gegenbild zur zeitgenössischen Wirklichkeit gedacht. Angedeutet wird dies u.a. in der Vorrede, wo von der Freiheit der Hirten »von allen den Sclavischen Verhältnissen, und von allen den Bedürfnissen, die nur die unglükliche Entfernung von der Natur nothwendig machet«, die Rede ist. »Oft reiß ich mich aus der Stadt los«, beschreibt G. seine Haltung, »und fliehe in einsame Gegenden, dann entreißt die Schönheit der Natur mein Gemüth allem dem Ekel und allen den wiedrigen Eindrüken, die mich aus der Stadt verfolgt haben; ganz entzükt, ganz Empfindung über ihre Schönheit, bin ich dann glüklich wie ein Hirt im goldnen Weltalter und reicher als ein König.«

Zahlreiche Ausgaben und Übersetzungen verbreiteten G.s Ruhm. In Frankreich zählten Rousseau und Diderot zu seinen Lesern; auf Wunsch Diderots erschienen 1772 in einer gemeinsamen Ausgabe *Moralische Erzählungen und [Neue] Idyllen von Diderot und S. Gessner*. Gottfried Keller setzte G. im *Landvogt von Greifensee* (1877) ein Denkmal, und Wilhelm Raabe kontrastierte in seinem Roman *Hastenbeck* (1899) die Idyllik G.s mit Leid und Not des Siebenjährigen Krieges.

1757
Christian Fürchtegott Gellert
Geistliche Oden und Lieder

Die *Geistlichen Oden* und Lieder sind G.s erfolgreichste Liedersammlung. G. unterscheidet in der Vorrede zwischen Lehr-Oden und Oden für das Herz, je »nachdem mehr Unterricht oder mehr Empfindung in ihnen herrscht«. Die Sammlung enthält Gedichte auf christliche Festtage, auf die Passion und Himmelfahrt Christi, Preis-, Dank-, Bitt-, Trost- und Bußlieder, Morgen- und Abendgedanken, Betrachtungen über *Das natürliche Verderben der Menschen*, über menschliche Laster, den Tod. Der Ton ist erbaulich, lehrhaft; die Lieder lassen eine auf Vernunft und Gefühl gegründete Frömmigkeit erkennen, setzen auf Geduld und Gelassenheit angesichts der Widrigkeiten der Welt. Das Gedicht *Zufriedenheit mit seinem Zustande* enthält die Strophe:

Genieße, was dir Gott beschieden,
Entbehre gern, was du nicht hast.
Ein jeder Stand hat seinen Frieden,
Ein jeder Stand auch seine Last.

Eine Reihe von Liedern wurde in die Kirchengesangbücher aufgenommen. Sechs Texte hat Ludwig van Beethoven vertont, darunter die Paraphrase des 19. Psalms *Die Himmel rühmen des Ewigen Ehre*.

1758
Johann Wilhelm Ludwig Gleim
Preussische Kriegslieder

Neben seinem anakreontischen *Versuch in Scherzhaften Liedern* (1744–45) gründet sich G.s Dichterruhm vor allem auf die *Preussischen Kriegslieder in den Feldzügen 1756 und 1757 von einem Grenadier*, die Lessing herausgab und mit einer Vorrede versah. G. setzt damit im Anschluß an seine bänkelsängerischen *Romanzen* (1756) die Versuche bewußt volkstümlicher Lyrik fort. Er nimmt die dichterische Maske eines einfachen Soldaten, eines preußischen Grenadiers, an, der an den besungenen Schlachten teilgenommen und für seinen König, den Helden und Menschenfreund Friedrich II., sein Leben in die Schanze geschlagen hat. Die ins Religiöse hinüberreichende Preußen- und Friedrichverehrung überschreitet häufig die Grenze vom Patriotismus zum Chauvinismus. Soldatenbriefe und Berichte eines Freundes, des Dichters und preußischen Offiziers Ewald von Kleist, lieferten das Material für die Fiktion vom dichtenden Grenadier. Die volkstümliche Strophenform ist die der englischen Chevy-Chase-Ballade, die Klopstock 1749 bekanntgemacht hatte (*Kriegslied, zur Nachahmung des alten Liedes von der Chevy-Chase-Jagd*).

Die *Kriegslieder* – mit Melodien – waren ein großer Erfolg und lösten eine Welle von dichterischen Beiträgen zum Siebenjährigen Krieg aus. Doch G.s Verse – »Krieg ist mein Lied! [...] Berlin sey Sparta!« – blieben das bedeutendste Ereignis dieser patriotischen Lyrik (was nichts Gutes für die anderen Erzeugnisse verheißt).

1758–59
Johann Jacob Bodmer /
Johann Jacob Breitinger
Sammlung von Minnesingern aus dem schwäbischen Zeitpuncte

Für Bodmer und Breitinger gehörte das Mittelalter zu den glanzvollsten Zeiten in der Geschichte der deutschen Literatur. Doch der Blick zurück auf »den schönen Geist und die edle Einfalt dieses poëtischen Weltalters« ist zugleich Ansporn für die Zukunft. Durch die Bemühungen der Schweizer werden wichtige Texte zum erstenmal wieder zugänglich gemacht; zugleich geben Auf-

sätze Bodmers – z.B. *Von den vortrefflichen Umständen für die Poesie unter den Kaisern aus dem schwäbischen Hause* (1743) oder *Moralische und physicalische Ursachen des schnellen Wachsthums der Poesie im dreyzehnten Jahrhundert* (1749) – Hinweise auf ein historisches Verständnis der mittelalterlichen Dichtung. Er ist auch der erste, der auf die Gemeinsamkeiten zwischen deutschem Minnesang und provenzalischer Troubadourlyrik aufmerksam macht.

Unter den Editionen Bodmers und Breitingers ragt die der Großen Heidelberger Liederhandschrift C (Manessische Hs., um 1300–40) heraus. Es war Bodmer 1746 gelungen, den Kodex aus der Pariser Königlichen Bibliothek zu entleihen; 1748 erschien eine Auswahl, die 18 der 140 Dichter der Hs. vorstellt (*Proben der alten schwäbischen Poesie*). Die vollständige Ausgabe dieser »witzigen Werke des schwäbischen Zeitpunctes« folgte 1758–59 in zwei Teilen; sie blieb, bei allen selbstverständlichen philologischen Mängeln, für rund 50 Jahre die bedeutendste Dokumentation mhd. Lyrik.

Daneben galt die Editionsarbeit der Schweizer dem *Nibelungenlied* (sie gaben den 2. Teil nach der neuentdeckten Hs. C unter dem Titel *Chriemhilden Rache, und Die Klage* 1757 heraus) und Ulrich Boners *Edelstein* (*Fabeln aus den Zeiten der Minnesinger*, 1757).

1759
Johann Georg Hamann
Sokratische Denkwürdigkeiten

Der Königsberger H. hatte 1758 während eines Aufenthalts in London ein durch Bibellektüre hervorgerufenes Bekehrungs- oder Erweckungserlebnis. Nach seiner Rückkehr versuchten ihn seine Freunde, der Kaufmann Johann Christoph Berens und der Philosoph Immanuel Kant, von der »Schwärmerei« abzubringen und wieder für die Aufklärung zu gewinnen. Die *Sokratischen Denkwürdigkeiten* sind eine indirekte Rechtfertigung der Position H.s.

Darin macht H. Sokrates, die Lieblingsfigur der Aufklärung, zum Zeugen für seine Sache und stellt dem aufklärerischen Rationalismus die sokratische Vernunft entgegen, die aus Selbsterkenntnis erwachsene Einsicht in die Begrenztheit des menschlichen Wissens: »Die Unwissenheit des Sokrates war Empfindung. Zwischen Empfindung aber und einem Lehrsatz ist ein größerer Unterschied als zwischen einem lebenden Tier und anatomischen Gerippe desselben.« Seine »Unwissenheit« machte Sokrates offen für die Stimme Apollos in Delphi, für seinen inneren Dämon. Dies sind die nicht mit rationalen Kriterien faßbaren Quellen seiner schöpferischen Kraft, und von hier ergibt sich die Wendung ins Ästhetische, zum Geniekult der Neuzeit: »Was ersetzt bei Homer die Unwissenheit der Kunstregeln, die ein Aristoteles nach ihm erdacht, und was bei einem Shakespeare die Unwissenheit oder Übertretung jener kritischen Gesetze? Das Genie, ist die einmütige Antwort.« Wie »Unwissenheit« Voraussetzung für den Glauben ist, der »so wenig durch Gründe geschieht als Schmecken und Sehen«, so wenig kann sich der schöpferische Geist an die Regeln der Kunstrichter halten; und der (pietistischen) Unmittelbarkeit des Christen zu Gott entspricht »die Unmittelbarkeit zum Gott der Dichtung« (Bernhard Gajek). Dichtung erscheint als eine natürliche Art der Prophetie.

H.s Geniebegriff wurde im Sturm und Drang säkularisiert und ins Irrationalistische gewendet. Vermittler der oft absichtsvoll dunklen Gedankengänge H.s wurde Johann Gottfried Herder.

1759
Gotthold Ephraim Lessing
Fabeln

Seit Hagedorns erfolgreichem *Versuch in poetischen Fabeln und Erzehlungen* (1738), der sich an La Fontaines *Fables* (1668–94) orientierte, hatte sich die Fabel zu einer Modegattung entwickelt. Neben den berühmten Gellertschen *Fabeln und Erzählungen* (1746–48) erschien in den folgenden Jahrzehnten eine große Zahl weiterer Fabelsammlungen (u.a. Daniel Wilhelm Triller, *Neue Aesopische Fabeln*, 1740; Johann Ludwig Meyer von Knonau, *Ein halbes Hundert Neuer Fabeln*, 1744; Magnus Gottfried Lichtwer, *Vier Bücher Aesopischer Fabeln*, 1748; Johann Adolf Schlegel, *Fabeln und Erzählungen*, 1769; Gottlieb Konrad Pfeffel, *Fabeln*, 1783).

L.s Prosafabeln erschienen 1759 zusammen mit fünf *Abhandlungen über die Fabel*. Darin setzt er sich kritisch mit der Fabeldichtung und -theorie seiner Vorgänger auseinander und bemängelt vor allem, »daß die gerade auf die Wahrheit führende Bahn des Aesopus, von den Neuern, für die blumenreichen Abwege der schwatzhaften Gabe zu erzählen, so sehr verlassen werde.« Dagegen betont er die Erkenntnisfunktion der Fabel, die er auf dem »gemeinschaftlichen Raine der Poesie und Moral« angesiedelt sieht. Er übernimmt den Begriff der anschauenden, d.h.

unmittelbaren Erkenntnis von Christian Wolff und kommt zur folgenden Definition: »Wenn wir einen allgemeinen moralischen Satz auf einen besondern Fall zurückführen, diesem besondern Fall die Wirklichkeit erteilen und eine Geschichte daraus dichten, in welcher man den allgemeinen Satz anschauend erkennt: so heißt diese Erdichtung eine Fabel.«

L.s Prosafabeln – er distanziert sich von seinen früheren Versuchen in Versen (*Fabeln und Erzählungen*, 1753) – setzen der monierten »lustige[n] Schwatzhaftigkeit« La Fontaines und seiner Nachfolger äußerste Knappheit und Pointiertheit entgegen; so kann die Fabel ihre Aufgabe erfüllen, die Lehre unmittelbar einsichtig zu machen und damit zum Handeln anzuleiten. Vorbild für die Präzision und Kürze ist der Äsop zugeschriebene Fabeltyp. Tierfabeln dominieren; sie beruhen häufig auf antiken Vorlagen, die aber stärkeren Veränderungen unterworfen werden. Neben Fabeln, die traditionelle Klugheitslehren vermitteln, stehen Texte mit ausgesprochen sozialkritischen und politischen Implikationen (z.B. *Die Wasserschlange*, *Die Esel*). Die politische Fabeldichtung führte am pointiertesten Gottlied Konrad Pfeffel weiter. Insgesamt freilich hat die Fabeldichtung des 18. Jh.s, die schon damals beliebte Schullektüre war, einen eher affirmativen Charakter.

1759–65
Briefe, die Neueste Litteratur betreffend

Die *Literaturbriefe* erschienen jeweils donnerstags vom 4. Januar 1759 bis zum 4. Juli 1765 (Umfang in der Regel ein Druckbogen). Von den insgesamt 352 Briefen hat Gotthold Ephraim Lessing 55 verfaßt; die ersten eineinhalb Jahre des Unternehmens – bis zu seiner Übersiedlung nach Breslau als Sekretär des Generals Tauentzien – stehen ganz in seinem Zeichen. Neben Moses Mendelssohn und Friedrich Nicolai wirkten später auch noch weitere Kritiker mit (u.a. Thomas Abbt). Die Briefe haben einen fiktiven Adressaten, einen im Siebenjährigen Krieg verwundeten Offizier (gedacht ist an Ewald von Kleist), dem sie helfen sollten, »die Lücke, welche der Krieg in seine Kenntnis der neuesten Literatur gemacht«, auszufüllen. Die Besprechungen und Reflexionen behandeln ein breites Spektrum der zeitgenössischen Literatur (Klopstock, Wieland, Gerstenberg, Christian Felix Weiße; Editionen älterer Dichtungen, Übersetzungsliteratur,

Literaturtheorie, Moralphilosophie usw.). Auch das besondere Interesse Lessings am Theater wird deutlich, die Klagen über die Zustände in Deutschland sind beredt: »Wir haben kein Theater. Wir haben keine Schauspieler. Wir haben keine Zuhörer.« Ein Vergleich mit der Situation in Frankreich macht die Mängel offenbar: »Der Franzose hat doch wenigstens noch eine Bühne; da der Deutsche kaum Buden hat. Die Bühne des Franzosen ist doch wenigstens das Vergnügen einer ganzen großen Hauptstadt; da in den Hauptstädten des Deutschen die Bude der Spott des Pöbels ist.«

Lessing bleibt freilich bei seiner Kritik des klassizistischen französischen Dramas (dagegen begrüßt und übersetzt er das bürgerliche Theater Denis Diderots: *Das Theater des Herrn Diderot*, 1760), eine Kritik, die sich auch auf Gottsched bezieht, dem er im berühmten 17. Literaturbrief vom 16. 2. 1759 jegliche Verdienste um die deutsche Schaubühne abspricht: »Es wäre zu wünschen, daß sich Herr Gottsched niemals mit dem Theater vermengt hätte. Seine vermeinten Verbesserungen betreffen entweder entbehrliche Kleinigkeiten, oder sind wahre Verschlimmerungen.« Lessing macht ihm den Vorwurf, sich an das französische Vorbild angeschlossen zu haben, »ohne zu untersuchen, ob dieses französische Theater der deutschen Denkungsart angemessen sei, oder nicht.« Daß die Deutschen vielmehr eine Affinität zum englischen Theater hätten, scheint Lessing durch das Beispiel der älteren deutschen Stücke erwiesen. Hätte man statt Corneille und Racine Shakespeare übersetzt, »es würde von bessern Folgen gewesen sein«: »Denn ein *Genie* kann nur von einem *Genie* entzündet werden; und am leichtesten von so einem, das alles bloß der Natur zu danken zu haben scheinet, und durch die mühsamen Vollkommenheiten der Kunst nicht abschrecket.« Als Beweis dafür, daß »unsre alten Stücke wirklich sehr viel Englisches gehabt haben«, nennt Lessing den *Doktor Faust*, der eine Menge Szenen enthalte, »die nur ein Shakespearesches Genie zu denken vermögend gewesen.« Eine Szene aus einem »alten Entwurf dieses Trauerspiels« beschließt den Literaturbrief (außer dieser Szene ist nicht viel von Lessings Faustdrama erhalten).

Die *Literaturbriefe* fanden große Resonanz; sie waren das führende kritische Organ dieser Jahre: »Die Verfaßer der Litteraturbriefe machten, daß Gottsched mit Bodmer vergessen wurde«, heißt es in Friedrich Justus Riedels *Briefen über das Publikum* (1768).

1760–62
Johann Karl August Musäus
Grandison der Zweite

M.s *Grandison der Zweite, Oder Geschichte des Herrn von N*** in Briefen entworfen* (3 Bde.) gehört zu den satirischen Romanen, die sich am Modell des *Don Quijote* von Cervantes orientieren und den falschen Gebrauch von Literatur und bestimmte literarische Traditionen oder Modeerscheinungen kritisieren. Der Titel deutet auf Samuel Richardsons moralisierenden Briefroman *The History of Sir Charles Grandison* (1754, dt. 1754–55), der ein Idealbild eines (penetrant) tugendhaften Gentleman und Christen in den Mittelpunkt stellt. Auch M.s *Grandison* ist ein Briefroman mit wechselnder Perspektive (mehrere Schreiber und Adressaten).

Richardsons Roman gerät in die Hände eines Landadeligen in Kargfeld, der nun beschließt, es dem untadeligen Engländer nachzutun. Zunächst will er sich aber davon überzeugen, daß dieses Idealbild überhaupt existiert, und da er sich nicht von seiner fixen Idee abbringen läßt, inszenieren Verwandte eine Komödie und lassen sich aus England die Existenz von Sir Grandison und seiner Frau Henriette bestätigen und Einzelheiten über ihren Landsitz und ihre Lebensgewohnheiten mitteilen. Natürlich wirkt die äußerliche Nachahmung der Attituden des fiktiven englischen Gentleman in der Umgebung von Kargfeld nur lächerlich. Das satirisch-ironische Spiel mit dem Helden, über das sich die Drahtzieher amüsieren, endet schließlich in der Desillusion.

1781–82 veröffentliche M. eine umgearbeitete Fassung (*Der deutsche Grandison. Auch eine Familiengeschichte*), die den Text strafft und die Literatursatire angesichts der veränderten literarischen Situation auf das modische Genre des Familienromans ausdehnt.

1762
Johann Georg Hamann
Aestetica in nuce

Die *Ästhetik in einer Nuß* mit dem Untertitel »Eine Rhapsodie in Kabbalistischer Prose« ist das Hauptstück der *Kreuzzüge des Philologen*, einer Sammlung von 12 kleineren Schriften H.s. Ästhetik bezieht sich hier – wie bei Alexander Gottlieb Baumgarten (*Aestetica* 1750–58) – nicht nur auf den in engerem Sinn ästhetischen Bereich, sondern meint die gegenüber der Verstandeser-kenntnis aufgewertete sinnliche Erkenntnis überhaupt. Für H. ist die Erkenntnis durch die Sinne die grundlegende Erkenntnisart; durch sie nehmen wir die Welt, die Schöpfung, wahr, die einen gleichnishaften Charakter besitzt. Auch der Zugang zum Wort Gottes, zur Bibel, führt über die sinnliche Erkenntnis; auch die Bibel spricht in Bildern und Gleichnissen. In diesen Kontext gehören die berühmten Sätze: »Poesie ist die Muttersprache des menschlichen Geschlechts [...]. [...] Sinne und Leidenschaften reden und verstehen nichts als Bilder. In Bildern besteht der ganze Schatz menschlicher Erkenntnis und Glückseligkeit.« Die Wendung gegen die aufklärerischen Kunstrichter, Philosophen und Theologen (Lessing, Mendelssohn, Johann David Michaelis) ist entschieden; sie trifft der Vorwurf der Verkürzung, der Abstraktion, der Beschneidung der Natur: »Die Natur wirkt durch Sinne und Leidenschaften. Wer ihre Werkzeuge verstümmelt, wie mag der empfinden?« Und provokativ heißt es dann: »Eure mordlügnerische Philosophie hat die Natur aus dem Wege geräumt, und warum fordert ihr, daß wir selbige nachahmen sollen?« H. redet keiner Glorifizierung des Urtümlichen, Primitiven das Wort. Er bezieht vielmehr den Sündenfall mit ein, der die Ursprache der Offenbarung verwirrt habe (»wir haben an der Natur nichts als Turbatverse [verworrene Verse] und disiecta membra poetae [zerstreute Glieder eines Dichters] zu unserm Gebrauch übrig«). Aufgabe des Poeten ist es, die »Turbatverse« »nachzuahmen, – oder noch kühner! – sie in Geschick zu bringen.«

Wenn auch H. keineswegs den Irrationalismus propagierte, so konnte sein Werk doch in dieser Weise verstanden werden (wie schon Herders Auslegung der *Aesthetica in nuce* zeigte). Die Stürmer und Dränger sahen in H. einen Vorläufer.

1762–63
Philipp Hafner
Mägera, die förchterliche Hexe

In Österreich lebte die barocke Theatertradition auch im 18. Jh. ungebrochen weiter. Die Komödie, wie sie im Theater am Kärntnertor gepflegt wurde, war Stegreiftheater in der Tradition der Commedia dell'arte. Die komische Figur, der Hanswurst, fand zu Anfang des 18. Jh.s in Joseph Anton Stranitzky ihren bedeutendsten Darsteller. Als Nachfolger wirkten u. a. Gottfried Pre-

hauser und Joseph Felix von Kurz (Künstlername Bernardon), der sich in zahlreichen Stegreifspielen, Singspielen, Burlesken und Parodien selbst in Szene setzte (u. a. *Der aufs neue begeisterte und belebte Bernardon*, 1754; *Der neue Krumme Teufel. Eine Opera-Comique*, 1758, Musik von Joseph Haydn [verloren]). Aber auch in Wien machten sich aufklärerische Reformbemühungen bemerkbar; ein Edikt der Kaiserin Maria Theresia gegen das einheimische Stegreiftheater erging 1752. H. gelang es dann, die Tradition des burlesken Stegreifspiels – er behält gegen die Vorstellungen der Reformer die Gestalt des Hanswurst bei – mit der Forderung nach »wol ausgearbeiteten Piecen« zu verbinden. Einflüsse Goldonis, Molières und Holbergs sind erkennbar. *Mägera, die förchterliche Hexe, oder das bezauberte Schloß des Herrn von Einhorn* wurde Ende 1762 oder Anfang 1763 in Wien uraufgeführt (Erstdruck 1764).

Der junge Edelmann Leander liebt Angela, die Tochter des Geizhalses Odoardo von Einhorn, der sie allerdings mit dem Witwer Anselmo verheiraten will. Hanswurst, der Diener des Leander, ist an Colombina, der Dienerin Angelas, interessiert. Als sich Leander aus Verzweiflung das Leben nehmen will, verwandelt sich die Bühne in ein »Zauber-cabinet«, und die Hexe Mägera bietet ihre Hilfe gegen die »eigensinnigen, oder geldgierigen Eltern [an], die ihre Kinder ihrer Gewinnsucht aufopfern«. Leider stellt sich dann nach turbulentem Hin und Her mit Verkleidungen und ironischem Zauberwerk bei einer von der Hexe inszenierten Liebesprobe die Untreue der beiden Frauen heraus. Sie werden verstoßen, und Odoardo, Anselmo und der Hausknecht Riepel werden zur Strafe für 14 Tage als Leuchter an die Decke des Zauberschlosses gehängt. Das letzte Wort hat Riepel: »Gebt mir nur Bratel, Wein, Toback und Hornerbier, So henk ich, wenn ihr wollt, so lang ich lebe hier.«

H.s Werk begründete die Wiener Volkskomödie, die ihren Höhepunkt bei Raimund und Nestroy finden sollte.

1764
Anna Louise Karsch
Auserlesene Gedichte

Die ›Karschin‹ war keine große Dichterin. Doch daß es der in beschränktesten sozialen Verhältnissen aufgewachsenen Frau gelang, die Anerkennung führender Literaten der Zeit zu gewinnen und dank ihres offenbar großen Improvisations-

und Reimtalents zur gefeierten Stegreif- und Gelegenheitsdichterin der Berliner Salons aufzusteigen, ist eine bedeutende Leistung. Sie wird nicht geringer dadurch, daß die literarischen Vorbilder oft durchscheinen, daß sich zahlreiche technische Fehler, schiefe Bilder und aufgepfropftes Bildungsgut störend bemerkbar machen. Allerdings zeigt sich hier die Problematik der von ihren Förderern – u.a. Karl Wilhelm Ramler, Johann Georg Sulzer, Johann Wilhelm Ludwig Gleim – betriebenen Anpassung an die herrschenden literarischen Konventionen.

K. war 1761 nach Berlin gekommen; Lieder auf Friedrich II. in der Nachfolge Gleims hatten ihr den Weg bereitet. Um sie finanziell abzusichern (ein von Friedrich versprochenes »sabinisches Landgütchen« erhielt sie zu ihrer großen Enttäuschung nicht), besorgten Gleim und Sulzer eine Ausgabe von Gedichten aus der Zeit von 1760–63. Die *Auserlesenen Gedichte* enthalten vier Bücher Oden, zwei Bücher mit Vermischten Gedichten und einige epigrammatische »Einfälle«. Besungen werden Mitglieder der königlichen Familie, ihre Gönner und Freunde. Daneben stehen Gedichte über allgemeine Gegenstände, Gott, Natur. Der finanzielle Erfolg war groß, der bei den Kritikern gemischt. Moses Mendelssohn sah einen herrlichen »Triumph des Naturells über alle Schwierigkeiten des Glücks, der Geburt und der Erziehung«, bemängelte aber Plan- und Zusammenhanglosigkeit vieler Gedichte und warnte vor dem Druck von Stegreifdichtereien. Andererseits wies Heinrich Wilhelm von Gerstenberg Mendelssohns Kritik zurück und betonte die »Naturschönheit« der Gedichte und forderte die Dichterin auf, ohne Rücksicht auf die Meinung der Kunstrichter »den großen Vorrath ihrer Rhapsodien« ans Licht zu bringen. Auch in dem Brief Goethes vom 17. August 1775 zeigt sich die neue Haltung der ›Naturpoesie‹ gegenüber: »Schicken Sie mir doch auch manchmal was aus dem Stegreife, mir ist alles lieb u. werth was treu u. stark aus dem Herzen kommt, mag's übrigens aussehen wie ein Igel oder wie ein Amor.«

1764
Moritz August von Thümmel
Wilhelmine

Angeregt durch Alexander Popes *The Rape of the Lock* (1712–14, dt. 1744 von Luise Adelgunde Victorie Gottsched) hatte sich das komische Versepos auch in Deutschland zu einer beliebten Gattung entwickelt. Zu den fruchtbarsten Pope-

Nachahmern gehörte Justus Friedrich Wilhelm Zachariä (*Der Renommiste*, 1744). Verschiedene Möglichkeiten der Kleinepik werden sichtbar. Neben der ausgesprochenen Epenparodie stehen idyllische, scherzhafte Verserzählungen ohne parodistisches Pathos (Epyllion). Aber auch formal zeigen sich Veränderungen. So verwendet T., nicht als erster, rhythmisierte Prosa (»Ein prosaisch-komisches Gedicht« lautet die Gattungsbezeichnung).

Ironisch, ohne Moralisieren erzählt T. von einem »seltnen Sieg der Liebe [...], den ein armer Dorfprediger über einen vornehmen Hofmarschall erhielt.« Der Dorfpfarrer Sebaldus wirbt, aufgefordert von Amor, um Wilhelmine, die vor vier Jahren aus dem Dorf in die Residenz geholt worden war und dort als Geliebte des Hofmarschalls und anderer Kavaliere ihr Leben verbringt. Sebaldus nutzt ihren Besuch in seinem Heimatdorf, und sie entschließt sich sehr schnell, die Werbung anzunehmen und in das bescheidene Pfarrhaus umzuziehen. Der ahnungslose Sebaldus erhält vom Hofmarschall, der ihrer ohnehin überdrüssig ist, das Plazet. Der Hofmarschall läßt auch das Hochzeitsfest ausrichten, auf dem alle Beteiligten zusammenkommen – Gelegenheit für ein satirisches Bild der höfischen Gesellschaft – und Sebaldus belächeln, der als einziger nichts weiß.

Das ironische, geistreich-frivole Werk fand großen Anklang. Friedrich Nicolai wählte Sebaldus sogar zum Helden seines (völlig andersartigen) Romans *Leben und Meinungen des Herrn Magisters Sebaldus Nothanker* (1773–76). Goethe nannte *Wilhelmine* »eine kleine geistreiche Komposition, so angenehm als kühn«, die wohl auch deswegen so erfolgreich gewesen sei, »weil der Verfasser, ein Edelmann und Hofgenosse, die eigne Klasse nicht eben schonend behandelte.«

1764
Christoph Martin Wieland
Don Sylvio von Rosalva

Der Sieg der Natur über die Schwärmerey, oder die Abentheuer des Don Sylvio von Rosalva, eine »Geschichte worin alles Wunderbare natürlich zugeht«, ist W.s erster Roman, entstanden während einer Unterbrechung der Arbeit am *Agathon* (1766–67). *Don Sylvio von Rosalva* steht in der Tradition des komischen Romans und schließt ausdrücklich an Cervantes und Fielding an. Auch Alain-René Lesages *Gil Blas de Santil-*

lane (1715–35) verdankt W. zahlreiche Einzelheiten (Namen, Charaktere, Lokalkolorit). Von Cervantes und Fielding übernimmt W. die Gestalt des fiktiven persönlichen Erzählers, der als Vermittler zwischen Romanhandlung und Leser tritt und das Geschehen auf ironisch-spielerische Weise arrangiert und kommentiert. Das Grundmuster der Geschichte folgt dem *Don Quijote*, allerdings in den literarischen und philosophischen Kontext des 18. Jh.s übertragen.

Don Sylvio wächst in der Obhut seiner Tante Donna Mencia von Rosalva auf einem abgelegenen, etwas heruntergekommenen Schloß bei Valencia auf. Ritterromane bilden die Grundlage seiner Erziehung durch Donna Mencia; ergänzend liest Don Sylvio eine Unzahl modischer Feenmärchen. Die empfindsame Natur des Helden, seine empfängliche Einbildungskraft und »das Leere« des müßigen Landlebens führen dazu, daß sich »das Wunderbare mit dem Natürlichen und das Falsche mit dem Wahren« unmerklich vermischt und ihn immer tiefer in eine von guten und bösen Feen, Zauberern, Salamandern und grünen Zwergen bevölkerte Phantasiewelt hineinführen. Die Suche nach einem blauen Schmetterling (verzauberte Prinzessin), das im Wald gefundene Bildnis einer schönen Schäferin und die von Donna Mencia betriebene Heirat mit einer grotesk häßlichen, aber bemittelten Frau treiben Don Sylvio und seinen Diener Pedrillo aus dem Schloß. Ihre Abenteuerfahrt bringt sie nach einigen Mißgeschicken, aber auch mutiger Hilfeleistung zu einem Landgut. Hier findet Don Sylvio die junge, reiche Witwe Donna Felicia, die Frau, in deren Bild er sich verliebt hatte. Um ihn von seinem Feenglauben abzubringen, erzählt ihr Bruder Don Gabriel die phantastisch-parodistische *Geschichte des Prinzen Biribinker*. Erst als es Don Sylvio klar wird, daß es sich um eine erfundene Geschichte handelt, wachsen die Zweifel an seinem Feenglauben, so daß er schließlich »keine andere Fee erkennt als seine angebetete Felicia«. Mit Don Eugenio, einem Freund Don Gabriels, und Hyacinthe, die als die verschollene Schwester Don Sylvios erkannt wird, bzw. Pedrillo und Laura, der Dienerin Donna Felicias, finden sich zwei weitere Paare.

W. verweist in einem Brief auf den ernsteren Hintergrund seines elegant erzählten, ironisch-spielerischen Romans: »Es ist eine Art von satyr. Roman, der unter dem Schein der Frivolität philosophisch genug ist.« Es geht um ein zentrales Thema der Aufklärung. Der extreme, konstruierte Fall des Don Sylvio gilt jeglicher Art der »Schwärmerey«, der Verfehlung der Wirklichkeit (Aberglauben, Verblendung, Fanatismus, falsche Begeisterung). Dabei kritisiert W. die falsche Einstellung zur Wirklichkeit, nicht die Literatur selbst. Vielmehr enthält der Roman im Gegensatz zur engen Wahrscheinlichkeitsforderung der früheren Aufklärung eine ausdrückliche Rechtfertigung des Phantastischen in der Dichtung. Das Thema der schwärmerischen Weltverfehlung kehrt in W.s nächstem Roman, dem *Agathon*, wieder.

1766
Gotthold Ephraim Lessing
Laokoon

Mit dem Fragment gebliebenen *Laokoon: oder über die Grenzen der Mahlerey und Poesie* greift L. in die zeitgenössische theoretische Diskussion über die Unterscheidung der Künste ein (»Mahlerey« bedeutet bildende Kunst allgemein). Zugleich sind seine Überlegungen als aktueller Kommentar zu bestimmten Erscheinungen malender Poesie zu verstehen. Ausgangspunkt ist ein Vergleich zwischen der spätantiken Laokoon-Gruppe und der literarischen Gestaltung desselben Themas in Vergils *Äneis* (von Apollo gesandte Schlangen erwürgen den trojanischen Priester Laokoon und seine beiden Söhne, weil er vor dem hölzernen Pferd der Griechen gewarnt hatte).

Winckelmann hatte die Plastik als Inbegriff griechischer Geistigkeit interpretiert und in Laokoon die Verkörperung des stoischen Ideals einer großen Seele erkannt: »Er erhebet kein erschreckliches Geschrei, wie Vergil seinem Laokoon singet: Die Öffnung des Mundes gestattet es nicht; es ist vielmehr ein ängstliches und beklemmtes Seufzen« (*Gedancken über die Nachahmung der griechischen Wercke*, 1755). Dieser »mißbilligende Seitenblick« auf Vergil führt L. zu einer kritischen Auseinandersetzung mit den stoischen Idealen und einem Plädoyer für die »menschliche« Schmerzäußerung, die Mitleid zu erregen vermag (während die »heroische« Beständigkeit nur Bewunderung hervorruft). L. bestreitet die Verbindlichkeit des stoischen Ideals für die Dichtung und fragt dann nach den Gründen für die verschiedene Behandlung des gleichen Gegenstands in der Poesie und der bildenden Kunst. Daraus folgen die im 16. Abschnitt niedergelegten prinzipiellen Unterscheidungen.

Die Malerei verwendet »Figuren und Farben in dem Raume«, die Poesie »artikulierte Töne in der Zeit«. Gegenstände der Malerei sind »Körper mit ihren sichtbaren Eigenschaften«; sie werden nebeneinander dargestellt. Gegenstand der Poesie sind »Handlungen«, die nacheinander dargestellt werden. Wenn die Malerei Handlungen darstellen will, kann sie »in ihren koexistierenden Kompositionen nur einen einzigen Augenblick der Handlung nutzen, und muß daher den prägnantesten wählen, aus welchem das Vorhergehende und Folgende am begreiflichsten wird.« Andererseits muß die Poesie »in ihren fortschreitenden Nachahmungen [...] das sinnlichste Bild des Körpers« wählen. Belegt durch die Thesen, die den Dramatiker verraten, vor allem »durch die Praxis des Homers«, durch seine Kunst – etwa bei der Beschreibung des Schildes von Achilles –, »das Koexistierende seines Vorwurfs in ein Konsekutives zu verwandeln, und dadurch aus der langweiligen Malerei eines Körpers das lebendige Gemälde einer Handlung zu machen. Wir sehen nicht das Schild, sondern den göttlichen Meister, wie er das Schild verfertiget.« Damit ergibt sich zugleich eine Kritik der Barockdichtung und der malerischen Tendenzen der zeitgenössischen Poesie mit ihren Dichtern der »Kräuter und Blumen« (Brockes, Haller, Ewald von Kleist).

Nach Goethe bestand die Bedeutung von L.s Abhandlung für ihn und seine Zeitgenossen darin, daß sie »uns aus der Region eines kümmerlichen Anschauens in die freien Gefilde des Gedankens hinriß« (*Dichtung und Wahrheit*, 1811–14). Auf Herders Einwände in den *Kritischen Wäldern* (1769) antwortete L. nicht öffentlich; der angekündigte zweite Teil des *Laokoon*, der auch Musik und Tanzkunst behandeln sollte, erschien nicht mehr. Winckelmann ging nicht auf L.s Schrift ein.

1766–67
Johann Gottfried Herder
Über die neuere Deutsche Litteratur. Fragmente

Dieses erste literaturkritische Werk H.s erschien in drei »Sammlungen« 1766 (Teil 1, 2; auf dem Titelblatt 1667) und 1767 (Teil 3). Eine umgearbeitete Fassung veröffentlichte H. 1768. Die Fragmente entstanden in engem Kontakt mit Johann Georg Hamann. Es handelt sich um eine lose Folge von Betrachtungen über Sprache und Dichtung, die H. als »Fortsetzung« der *Briefe, die Neueste Litteratur betreffend* (1759–65) bezeichnete.

In der Einleitung spricht H. von seinem »Traum« einer allgemeinen »Geschichte der Literatur«, mit deren Hilfe man den Standort der deutschen Literatur der Gegenwart bestimmen und ihr Wege für die Zukunft weisen könnte. Da

es diese Geschichte nicht gibt und »dies Werk für *einen* nicht ist«, entwirft H. statt dessen, da der »Genius der Sprache [...] auch der Genius von der Literatur einer Nation« sei, das Schema einer organischen Entwicklung der Sprache analog den Lebensaltern des Menschen (*Von den Lebensaltern einer Sprache*), um dann die Stellung des Deutschen zu bestimmen. Der organische Entwicklungsprozeß verläuft von der sinnlich-bildhaften Sprache der Kindheit über das poetisch-jugendliche und prosaisch-männliche Zeitalter zur begrifflich-philosophischen Sprache des Alters. H. sieht das Deutsche im Zeitalter der »schöne[n] Prose«, gekennzeichnet durch einen Verlust »der sinnlichen Schönheit« und »der Sprache der Leidenschaft«, an deren Stelle sich »eine Sprache des mittlern Witzes und endlich des Verstandes« gesetzt habe. Eine Entwicklung in beiden Richtungen, zu einer mehr dichterischen bzw. zu einer stärker begrifflichen Sprache, ist möglich; eine Verjüngung und Poetisierung der Dichtersprache erfordert einen Rückgriff auf ältere Zeiten und Sprachstufen. Eine systematische Darstellung seiner Sprachauffassung bringt dann die *Abhandlung über den Ursprung der Sprache* (1772).

Ein beträchtlicher Teil der Fragmente ist dem Verhältnis zur antiken Literatur gewidmet. H. lehnt die römisch-lateinische Tradition entschieden ab, begeistert sich für Homer und Pindar. Allerdings sind die griechischen Vorbilder nur aus ihren eigenen geschichtlichen Voraussetzungen zu erklären, sind also in ihrer Individualität nicht nachahmbar und wiederholbar. Diese durch vergleichende Betrachtungen und einfühlendes Verstehen gewonnene Erkenntnis der Individualität der dichterischen Schöpfung ist geeignet, »uns von solchen Nachahmungen zu entwöhnen und uns zur Nachahmung unsrer selbst aufzumuntern.« In diesem Zusammenhang handelt ein Fragment ausdrücklich von den Mitteln »zur Erweckung des Genies in Deutschland«.

Obwohl anonym erschienen, machten die *Fragmente* mit ihren zukunftsweisenden und in späteren Schriften entfalteten Ansätzen H. in Deutschland bekannt.

1766–67
Christoph Martin Wieland
Geschichte des Agathon

Bereits 1763 hatte W. einen Teil des *Agathon* fertiggestellt, doch die Züricher Zensur machte Schwierigkeiten. W. unterbrach die Arbeit und wandte sich dem *Don Sylvio von Rosalva* zu (1764). Erst 1766–67 erschien dann in zwei Bänden die *Geschichte des Agathon*, mit der der deutschen Romandichtung eine neue Dimension erschlossen wurde. Erweiterte Fassungen folgten 1773 und 1794. Der Roman, der auch W.s Abkehr von der religiösen Tugendschwärmerei seiner dichterischen Anfänge reflektiert, beginnt mit einem Vorbericht, der spielerisch den Wahrheitsgehalt der *Geschichte des Agathon* anmeldet und zugleich die Erzählsituation darlegt: Der Erzähler figuriert als Herausgeber eines alten griechischen Manuskripts, das er dem Leser keineswegs kommentarlos vorlegt. Er tritt in der Tradition Fieldings als vermittelnde Instanz zwischen die ›eigentliche‹ Geschichte und den Leser und sorgt mit seiner durchgängig ironischen Erzählhaltung, seiner Kritik am Helden und seinen Reflexionen und Exkursen für Hinweise zur Beurteilung des Geschehens. Gegenüber den unwirklich vollkommenen Charakteren in den moralisch-empfindsamen Romanen der Richardson-Nachfolge betont der Erzähler die »Wahrheit« seiner »Urkunde«. Dabei ist die psychologische Erfahrungswirklichkeit das entscheidende Kriterium. Unveränderliche vollkommene Charaktere sind damit ausgeschlossen. Agathon sei im Gegensatz zu den »romanhaften Helden« »weniger ein Held, aber destomehr ein Mensch«. Die Forderung nach psychologischer Stimmigkeit hält W. aber keineswegs davon ab, Handlungselemente deutlich romanhafter Herkunft in seine Geschichte aufzunehmen. Das Handlungsschema – Trennung und Wiederfinden der Liebenden bzw. der Familienmitglieder – erinnert an den griechischen Reise- und Liebesroman (Heliodor, *Aithiopika*, 3. Jh. n. Chr.) und den darauf fußenden höfisch-historischen Barockroman. Auch die Erzählstruktur mit dem unvermittelten Einsatz *(medias in res)* und den nachgeholten Vorgeschichten folgt diesen Romanen. Daß W. das Geschehen in der Antike spielen läßt, ist wohl auf das Vorbild antikisierender französischer Staats- und Reiseromane zurückzuführen (Fénelon, *Les Aventures de Télémaque*, 1699; André Michel Ramsay, *Les Voyages de Cyrus*, 1727 u. a.).

Der aus Athen verbannte Agathon gerät in ein Fest wilder Bachantinnen. Piraten nehmen ihn und die Frauen gefangen; auf dem Schiff trifft er seine Jugendliebe Psyche, ebenfalls Gefangene der Piraten. Sie werden wieder getrennt. Der reiche Sophist Hippias kauft Agathon auf dem Sklavenmarkt von Smyrna und sucht ihn von seiner idealistischen »Schwärmerei« zu heilen und zu seiner hedonistischen Philosophie zu bekehren. Als ihm dies mit Argumenten nicht gelingt, macht er ihn mit der schönen und geistvollen Hetäre Danae bekannt. Ihre »schöne Seele« macht sofort tiefen Eindruck auf Agathon, und es ist nur eine Frage der Zeit, bis er, von ihrer Schönheit und der sinnlichen Atmosphäre überwältigt, seine platonische Haltung aufgibt. Agathon und Danae, die zu echter Liebe gefunden hat, leben glücklich zusammen. Nach einer Weile freilich kommen Agathon Erinnerungen an Psyche. Seine Schwermut fällt Danae auf; auf ihre Veranlassung erzählt Agathon seine Jugendgeschichte. – Im Apolloheiligtum zu Delphi erhält er eine schwärmerisch-idealistische Erziehung; hier begegnet er Psyche. Daß die Oberpriesterin Pythia ihn mit ihrer Liebe verfolgt, bedeutet die erste Desillusionierung seines Lebens. Pythia entfernt Psyche aus dem Heiligtum, Agathon flieht. Er begegnet seinem Vater. Mit seiner Unterstützung macht er politische Karriere in Athen. Doch seine Erfolge wecken Neid und Mißgunst; er wird verbannt, ohne daß die Enttäuschung seinen Glauben an die Tugend erschüttert hätte. Mit Agathons Entschluß, Weisheit und Tugend im Morgenland zu suchen, endet die Vorgeschichte. – Hippias greift wieder ins Geschehen ein, erzählt Agathon vom Vorleben seiner Geliebten. Enttäuscht verläßt er Smyrna und wendet sich – auf den Spuren Platos – nach Syracus an den Hof des Tyrannen Dionysius des Jüngeren. Doch seine hochfliegenden politischen Pläne scheitern wie zuvor in Athen. Er wird in eine Verschwörung verwickelt und entgeht nur knapp dem Tod. Enttäuscht begibt er sich nach Tarent, wo der weise Archytas ein idealisches Gemeinwesen regiert. Hier findet er Psyche wieder – seine totgeglaubte Schwester, wie sich herausstellt, nun mit dem Sohn des Archytas verheiratet. Auch Danae lebt hier; sie führt in der Einsamkeit ein tugendhaftes Leben und bleibt Agathon in Freundschaft zugetan, ist aber nicht bereit, das frühere Verhältnis wieder aufzunehmen. So endet der Roman in der 1. Fassung. In den späteren Fassungen bemüht sich W. die fragmentarische Geschichte abzurunden. Dies geschieht durch eine ausführliche »Geschichte der Danae« und eine Darstellung der Philosophie des Archytas, mit der W. »dem moralischen Plane des Werkes [...] die Krone aufzusetzen« suchte. Gewirkt hat die 1. Fassung, die die »Wahrheit des Fragments« besitzt (Friedrich Sengle).

Das Interesse W.s bzw. seines Erzählers richtet sich auf den »Character« des Helden, auf eine psychologisch stimmige Entwicklungsgeschichte. Dieser Absicht entsprechend rüstet W. seinen Helden mit bestimmten Anlagen und Charaktereigenschaften aus und führt ihn durch eine Reihe von inneren und äußeren Stationen, wobei der jeweilige Weltausschnitt und der Entwicklungsstand des Helden aufeinander bezogen sind. Delphi, Athen, Smyrna, Syracus und schließlich Tarent sind die Orte, die für die entscheidenden Entwicklungsphasen seines Lebens stehen. Die Problematik der Entwicklungsgeschichte besteht allerdings darin, daß es sich – wie schon beim *Don Sylvio von Rosalva* (1764) – vor allem um eine Erziehung durch Desillusionierung handelt, um eine Geschichte von Enttäuschungen, in der die Überwindung eines Irrtums zum nächsten führt. Am Punkt der tiefsten Enttäuschung, dem Scheitern in Syracus, schaltet der Erzähler ein Kapitel über den »Moralische[n] Zustand unsers Helden« ein, das Agathon in quälendem Zweifel über die Richtigkeit seiner idealistischen Lebensmaximen zeigt. Die Erfahrung gibt Hippias recht, der von der empirischen Vielfalt auf die Relativität der Moralbegriffe schließt und nur »ein allgemeines Gesetz« anerkennt: »Suche dein Bestes; oder mit andern Worten: Befriedige deine natürliche Begierde, und genieße so viel Vergnügen als du kannst.« Doch der eingewurzelte »Hang zu dem idealischen Schönen« läßt sich nicht aus Agathons »Herz« tilgen. Das Ziel der Entwicklung ist Mäßigung, die Zerstörung der »Schwärmerei«, des enthusiastischen Überschwangs, ohne jedoch in das andere Extrem, verkörpert durch Hippias und seine Philosophie, zu verfallen. Da jedoch deutlich wird, daß der angestrebte maßvolle Ausgleich zwischen »Herz« und »Kopf«, zwischen Empfindung und Erfahrung in der Wirklichkeit nicht erreichbar ist, bleiben zwei Möglichkeiten: »Der Roman der Entwicklung zur Harmonie von Seele und Welt mußte in die Utopie führen. Oder er mußte in der Desillusion enden. Beides ist am Ende der ersten Fassung des Agathon repräsentativ abgezeichnet« (Fritz Martini).

Im 69. Stück der *Hamburgischen Dramaturgie* vom 29. Dezember 1767 beklagt Lessing, der bisher recht kritisch über W. geurteilt hatte, das »tiefe Stillschweigen unsere[r] Kunstrichter« und schreibt: »Es ist der erste und einzige Roman für den denkenden Kopf, von klassischem Geschmacke. Roman? Wir wollen ihm diesen Titel nur geben, vielleicht, daß es einige Leser mehr dadurch bekömmt. Die wenigen, die es darüber verlieren möchte, an denen ist ohnedem nichts gelegen.« Friedrich von Blanckenburgs *Versuch über den Roman* (1774), der der Gattung auch theoretisch eine neue Grundlage schuf, ist ohne W.s epochemachendes Buch kaum denkbar.

1766–67, 1770
Heinrich Wilhelm von Gerstenberg
Briefe über Merkwürdigkeiten der Literatur

Die von G. herausgegebenen und großenteils von ihm selbst verfaßten Briefe (1. und 2. Sammlung 1766, 3. Sammlung 1767, Fortsetzung 1770) folgen dem Muster der *Briefe, die Neueste Litteratur betreffend* (1759–65) von Lessing, Mendelssohn, Nicolai u. a. Nach G. sollten die Briefe »nicht sowohl Neuigkeiten als Betrachtungen über *alte* und bereits *bekannte* Werke enthalten, wo ich ohngefähr wünschte, daß sie dem Geschmack des deutschen Publici eine andre Wendung geben möchten.« Die Neubewertung Shakespeares stellt wohl den folgenreichsten Beitrag G.s dar (14.–18. Brief). Ausgehend von einer Kritik der Wielandschen Shakespeareübertragung (1762–66), die den englischen Dramatiker völlig unangemessen sei, erklärt G. die alten Muster für unbrauchbar, um Shakespeare zu verstehen und zu beurteilen: »Weg mit der Klassifikation des Drama!« Shakespeares Stücke seien »nicht aus dem Gesichtspunkte der Tragödie, sondern als Abbildungen der sittlichen Natur zu beurteilen«. Ihr Schwerpunkt liege auf der Darstellung der Charaktere, ihrer Gefühle und Leidenschaften. Man müsse Shakespeare »folgen können, um ihn zu beurteilen«; dann entkräfte sich der Vorwurf der »Regellosigkeit« von selbst, »eine malerische Einheit der Absicht und Komposition« werde sichtbar.

Shakespeare ist – wie Homer – Beispiel für das dichterische Genie, das G. im 20. Brief vom bloß »witzigen Kopf« oder »Belesprit« unterscheidet und so charakterisiert: »Der beständige Ton der Inspiration, die Lebhaftigkeit der Bilder, Handlungen und Fiktionen, die sich uns darstellen, als wären wir Zuschauer, und die wir mit bewunderndem Enthusiasmus dem gegenwärtigen Gotte zuschreiben: diese Hitze, diese Stärke, diese anhaltende Kraft, dieser überwältigende Strom der Begeisterung, der ein beständiges Blendwerk um uns her macht, und uns wider unsern Willen zwingt, an allem gleichen Anteil zu nehmen – das ist die Wirkung des Genies!«

G.s Shakespeareauffassung und Geniebegriff nehmen grundlegende Vorstellungen des Sturm und Drang vorweg.

1767
Gotthold Ephraim Lessing
Minna von Barnhelm oder Das Soldatenglück

L.s Lustspiel in fünf Aufzügen wurde am 30. September 1767 im Hamburger Nationaltheater uraufgeführt. Auf dem Titelblatt der Erstausgabe vom Frühjahr 1767 ist zu lesen: »Verfertiget im Jahre 1763.« Die Angabe ist nicht wörtlich zu nehmen, denn die Komödie wurde erst kurz vor ihrer Drucklegung fertiggestellt. Es handelt sich vielmehr um einen Hinweis auf die unmittelbare Nachkriegszeit, in der das Stück spielt (am 15. Februar 1763 war der Siebenjährige Krieg zu Ende gegangen; am 22. August notiert der Wirt die Ankunft Minna von Barnhelms in seinem Gasthaus). – L. war von 1760–65 Sekretär beim preußischen Generalleutnant von Tauentzin in Breslau, also mit dem Kriegsgeschehen und seinen ruinösen Folgen aufs engste vertraut.

Schauplatz ist ein Gasthof in Berlin. Hier hat sich der aus dem Dienst entlassene Major von Tellheim mit seinem Diener Just einquartiert. Er ist ohne Einkünfte, mittellos. Zu diesem Mangel an Geld kommt eine tief empfundene Beeinträchtigung seiner »Ehre«: Der preußische Offizier Tellheim hat während des Krieges den sächsischen Ständen großzügig die Kontributionen vorgeschossen, die er eigentlich aus dem besetzten Land herauspressen sollte. Nun verweigert man ihm in Preußen nicht nur die Auszahlung der Wechsel, sondern beschuldigt ihn auch noch der Korruption. Zu dem Spiel um Geld und Ehre gesellt sich die Liebe: Durch seine Großzügigkeit hat der preußische Offizier die reiche sächsische Adelige Minna von Barnhelm tief beeindruckt. Auf der Suche nach Tellheim ist sie nun in Berlin eingetroffen und steigt zufällig im selben Gasthof ab. Während Tellheim den Verlust seiner öffentlich-gesellschaftlichen Ehre als absolutes Hindernis für eine Verbindung mit Minna sieht, kritisiert Minna den veräußerlichten Ehrbegriff und setzt im Namen der Liebe eine Intrige in Gang, die – knapp an der Tragödie vorbei – den verbitterten Major schließlich zur Sprache des Herzens zurückfinden läßt. Als dann doch noch die Rehabilitation des Königs eintrifft, ändert das nichts mehr an Tellheims Distanzierung von der Welt, deren Werte er bisher so entschieden vertreten hatte: »Die Dienste der Großen sind gefährlich, und lohnen der Mühe, des Zwangs, der Erniedrigung nicht, die sie kosten.« Den Segen der Familie gibt dann ihr Oheim, der Tellheim trotz der ungeliebten preußischen Uniform als »Sohn« willkommen heißt. Umgeben sind die Hauptgestalten von Personen, die aus der Tradition der Commedia dell'arte stammen – die zungenfertige Zofe, der treue Diener, der abgerissene Aufschneider, der neu- und geldgierige Wirt –, die aber dank L.s Charakterisierungskunst individuelle Züge erlangen.

Minna von Barnhelm erfüllt die Forderung, die L. in Auseinandersetzung mit den deutschen Komödientypen – der sächsischen Verlachkomödie und der rührenden Komödie – formuliert hatte: »Das Possenspiel will nur zu Lachen bewegen; das weinerliche Lustspiel will nur rühren; die wahre Komödie will beides.«

Minna von Barnhelm war ein unmittelbarer Theatererfolg (Hamburg, Leipzig, Berlin, Breslau, Wien usw.); Eingriffe der Zensur waren an der Tagesordnung. Auch im Ausland wurde das Stück gespielt (Kopenhagen 1774, Paris 1774, London 1786: das erste deutsche Stück auf einer englischen Bühne). Zur Wirkungsgeschichte gehören – neben der Präsenz des Lustspiels auf der Bühne bis in die Gegenwart – auch die zahlreichen (vergessenen) Stücke, die an Motive des Lessingschen Werkes anknüpfen (z.B. *Der Graf von Olsbach oder die Belohnung der Rechtschaffenheit*, 1768, von Johann Christian Brandes).

1767–69
Gotthold Ephraim Lessing
Hamburgische Dramaturgie

Die *Hamburgische Dramaturgie* enthält Kritiken und dramentheoretische Beiträge, die im Zusammenhang mit dem Versuch der Etablierung eines deutschen »Nationaltheaters« in Hamburg – erste Aufführung am 22. April 1767 – entstanden sind. L. war von den Begründern des Unternehmens, einer Gruppe von Kaufleuten und Schauspielern, als ständiger Rezensent gewonnen worden. In der Ankündigung L.s vom 22. 4. 1767 heißt es über seine Absichten: »diese Dramaturgie soll ein kritisches Register von allen aufzuführenden Stücken halten und jeden Schritt begleiten, den die Kunst, sowohl des Dichters, als des Schauspielers, hier tun wird.« Allerdings kam L. in der Praxis bald vom Plan einer begleitenden Chronik ab; die Abstände zwischen Aufführungsdatum, den Angaben auf den einzelnen Kritiken und dem tatsächlichen Erscheinungsdatum wurden immer größer. Damit änderte sich auch ihr Charakter; konkrete Details der Aufführungen und Schauspielerkritik traten zurück hinter allgemeinen Erörterungen. Die insgesamt 104 Stücke der *Hamburgischen Dramaturgie* erschienen vom 8. 5. 1767 bis zum 26. 3. 1769; sie wurden 1769 in einer zweibändigen Ausgabe zusammengefaßt.

Der Spielplan des Nationaltheaters zeigt ein deutliches Übergewicht der französischen klassizistischen Dramentradition, wenn auch L.s *Minna von Barnhelm* (1767) mit 16 Aufführungen das am häufigsten gespielte Stück war. In den Besprechungen setzt L. die Auseinandersetzung mit dem französischen Trauerspiel fort, gegen das er sich schon u. a. in den *Literaturbriefen* (1759–65) gewandt hatte. Insbesondere Voltaire, der meistgespielte Autor, aber auch Corneille werden vernichtend kritisiert. Die Kritik an der »regelmäßigen« französischen Tragödie führt über die Diskussion der sogenannten drei Einheiten (der Handlung, der Zeit, des Ortes) zu grundsätzlichen Fragen der Tragödiendefinition. Dabei geht es um die (umstrittene) Interpretation des Satzes von Aristoteles, daß die Tragödie »mit Hilfe von Mitleid und Furcht eine Reinigung von eben derartigen Affekten« bewerkstellige. Die übliche Übersetzung von »phobos« war zu L.s Zeit »Schrecken«, und auch L. benutzt gelegentlich diesen Terminus, kommt aber jetzt zu einer anderen Auffassung: »Man hat ihn [Aristoteles] falsch verstanden, falsch übersetzt. Er spricht von Mitleid und Furcht, nicht von Mitleid und Schrecken; und seine Furcht ist durchaus nicht die Furcht, welche uns das bevorstehende Übel eines andern, für diesen andern, erweckt, sondern es ist die Furcht, welche aus unserer Ähnlichkeit mit der leidenden Person für uns selbst entspringt; [...] es ist die Furcht, daß wir der bemitleidete Gegenstand selbst werden können. Mit einem Worte: diese Furcht ist das auf uns selbst bezogene Mitleid.« Furcht wird damit unter den Begriff des Mitleids gestellt. Die aristotelische Katharsis deutet L. dann im Sinn einer moralischen Läuterung um: »diese Reinigung« beruhe in nichts anderem »als in der Verwandlung der Leidenschaften in tugendhafte Fertigkeiten«. Aus diesen Vorstellungen ergibt sich auch die Forderung nach gemischten Charakteren; weder christliche Märtyrer noch völlige Bösewichte, über- bzw. unmenschliche Konstruktionen, sind geeignet, Mitleid zu erwecken, sondern allein Helden »mit uns von gleichem Schrot und Korne«.

Das Projekt des Hamburger Nationaltheaters scheiterte nach weniger als zwei Jahren an der schlechten Organisation, den widerstreitenden Interessen der Beteiligten und der mangelnden Resonanz bei Hamburgs Bürgern (so mußte das Nationaltheater zeitweise in Hannover spielen).

1768
Heinrich Wilhelm von Gerstenberg
Ugolino

G.s fünfaktiges Trauerspiel (Erstdruck 1768, Uraufführung 1769 in Berlin) behandelt einen Stoff aus der italienischen Geschichte des 13. Jh.s. G.s Quelle ist Dantes *Göttliche Komödie* (Hölle, 33. Kapitel). Ugolino, Graf von Gherardesca, hatte sich von dem Erzbischof Ruggieri verleiten lassen, die Alleinherrschaft in Pisa anzustreben; er wurde jedoch hintergangen und mit seinen Söhnen und Enkeln in einen Turm eingeschlossen und dem Hungertod preisgegeben.

Der politische Konflikt ist Vorgeschichte. Dargestellt wird nur das letzte Stadium des Geschehens: »Der Gang und das Ziel meines Drama war eine Verhungerung.« Die Personen sind Ugolino und seine drei Söhne Francesco (20 Jahre alt), Anselmo (13) und Gaddo (6). Das Geschehen spielt in einer stürmischen Nacht in einem schwach erleuchteten Turmzimmer. Einzige äußere Handlung ist ein mißlungener Flucht- und Befreiungsversuch, der damit endet, daß zwei Särge auf die Bühne getragen werden; in dem einen liegt die vergiftete Frau Ugolinos, im anderen Francesco, ebenfalls vergiftet, aber noch am Leben. Im übrigen konzentriert sich das Stück, verfaßt in einer pathetischen Prosa, auf die Darstellung der wechselnden Leidenschaften, der Halluzinationen, des Wahnsinns und der Qualen der Verhungernden. Franceso stirbt an dem Gift, Gaddo an Entkräftung, und Anselmo, der sich an der toten Mutter zu sättigen sucht, wird von Ugolino erschlagen, der ihn im Wahn für Ruggieri hält. Zurück bleibt Ugolino, der in einem Schlußmonolog vor dem Hintergrund klagender Musik Leid und Tod wie ein Märtyrer auf sich nimmt: »Ich hebe mein Auge zu Gott auf! Meine zerrißne Seele ist geheilt.« In einer späteren Fassung, 1815 gedruckt, folgte G. dem Rat Lessings und ließ das Stück mit Ugolinos Selbstmord enden.

Lessing bemängelte, daß das dargestellte Leid in keinem Verhältnis zur Schuld stehe. Aber darum ging es G. nicht, sondern allein um eine an Shakespeare orientierte Darstellung menschlichen Verhaltens in einer extremen Situation. Der formale Klassizismus − Einheit der Handlung, der Zeit und des Ortes − steht in wirkungsvollem Kontrast zur gewagten Konzeption des Stückes, das auf die Dramatik des Sturm und Drang vorausweist.

1768
Christoph Martin Wieland
Musarion oder die Philosophie der Grazien

W. hat die in dieser anmutig-heiteren Verserzählung geschilderte Philosophie als »eine getreue Abbildung« der Gestalt seines Geistes bezeichnet. Er zeigt in drei »Büchern« (Alexandriner, gemischt mit kürzeren Versen) die Erziehung des jungen Schwärmers Phanias zu einem auf dem »Gleichgewicht zwischen Enthusiasmus und Kaltsinnigkeit« gegründeten Lebensideal. Phanias, der sich auf sein Landgut in der Nähe Athens zurückgezogen und der »freudescheuen Zunft Geschwollner Stoiker« angeschlossen hat, erhält Besuch von seiner (früheren) Freundin Musarion, die das Zerwürfnis beenden möchte. Phanias zeigt sich zunächst störrisch. Bei ihm halten sich zwei Philosophen auf, ein weltverachtender Stoiker und ein übersinnlich-schwärmerischer Pythagoräer, die sich beide in ihrer menschlichen Schwachheit bloßstellen. Phanias bittet Musarion, die unauffällig Regie geführt hat, um Vergebung und schwört seinen asketischen Vorsätzen und seiner frauenfeindlichen Haltung ab. »Durch überstandne Not« gelangt er durch Musarions Führung zum »weiseren Gebrauch zum reizendern Genuß Des Glückes«. Das Zusammenleben mit Musarion erscheint als Idylle, eine Idylle, in der sich Vernunft und Gefühl harmonisch verbinden, zu einer idealen, maßvollen, durch die Gestalt Musarions symbolisierten Lebensform. Es ist »ein kunstvoller und von allen Seiten bedrohter geistiger Balanceakt« (Gerhard Kaiser), möglich nur in der Abgeschiedenheit und in bewußter Abgrenzung.

Die Verserzählung hatte unmittelbaren Erfolg. Schon 1769 folgte die 2. Auflage. Zu den frühesten Lesern und Bewunderern zählte der Leipziger Student Goethe, der sich in *Dichtung und Wahrheit* (1811–14) »noch des Ortes und der Stelle« erinnerte, wo er die Korrekturbogen des Werkes zum erstenmal zu Gesicht bekam: »Hier war es, wo ich das Antike lebendig und neu wieder zu sehen glaubte. Alles, was in Wielands Genie plastisch ist, zeigte sich hier aufs vollkommenste.«

1769
Johann Gottfried Herder
Kritische Wälder

Anonym wie die Fragmentensammlung *Über die neuere Deutsche Litteratur* (1766–67) erschien auch H.s zweite kritische Schrift der Rigaer Zeit. Die Ausgabe von 1769 enthält drei »Wäldchen«, ein 4. wurde 1846 aus dem Nachlaß gedruckt. Der Untertitel kündigt »Betrachtungen, die Wissenschaft und Kunst des Schönen betreffend, nach Maasgabe neuerer Schriften«, an. Es handelt sich um Auseinandersetzungen mit aufklärerischen Kritikern; wichtig ist vor allem das 1. »Wäldchen«, das »Herrn Leßings Laokoon gewidmet« ist und sich mit Lessings Winckelmanndeutung und seiner aus der Abgrenzung von Dichtung und Malerei gewonnenen Definition der Dichtkunst durchaus unsystematisch auseinandersetzt. H. führt dabei mit »Kraft« und »Seele« neue Begriffe in die ästhetische Diskussion ein und erweitert damit Lessings kritische Unterscheidung der Künste nach ihrer Wirkung in Raum und Zeit: »Malerei wirkt *im Raume* und durch eine künstliche Vorstellung des Raums. […] die schönen Wissenschaften oder vielmehr die einzige schöne Wissenschaft, die Poesie, wirkt durch *Kraft*. – Durch *Kraft*, die einmal den Worten beiwohnt, durch Kraft, die zwar durch das Ohr geht, aber unmittelbar auf die Seele wirket. Diese *Kraft* ist das Wesen der Poesie, nicht aber das Koexistente, oder die Sukzession.« »Wirkung auf unsre Seele, Energie« – mit dieser Charakteristik des »Wesens der Poesie« weist H. über den Lessingschen Klassizismus hinaus.

1769
Johann Gottfried Herder
Journal meiner Reise im Jahr 1769

»Den 23 Mai/3 Jun. [Daten nach dem Julianischen bzw. Gregorianischen Kalender] reisete ich aus Riga ab und den 25/5. ging ich in See, um ich weiß nicht wohin? zu gehen. Ein großer Theil unsrer Lebensbegebenheiten hängt würklich vom Wurf von Zufällen ab.« Die Reise führte H. zunächst nach Nantes (Ankunft Mitte Juli); hier und dann in Paris (November, Dezember) entstand im Rückblick das *Journal* – »für mich und artikelweise für meine Freunde zu lesen«. Es blieb zu H.s Lebzeiten ungedruckt (Erstdruck 1846). Der relativ große zeitliche Abstand zwischen Reise und Niederschrift unterscheidet die Aufzeichnungen von der üblichen Form des Tagebuchs. Nachrichten über die Reise selbst nehmen nur einen geringen Raum ein; es handelt sich vielmehr um eine Abrechnung mit der Vergangenheit, um Reflexionen und Selbstbetrachtungen, um Entwürfe weitreichender politischer, literarischer und pädagogischer Unternehmungen.

Ausgangspunkt sind die als bedrückend empfundenen beruflichen und privaten Verhältnisse in Riga (hier wirkte H. seit 1764 als Lehrer und Geistlicher), das Gefühl, über der Wissenschaft das Leben versäumt zu haben. Diese Reise wird zu einer Metapher für den Ausbruch aus der lebensfernen Enge: »und was gibt in ein Schiff, daß zwischen Himmel und Meer schwebt, nicht für eine weite Sphäre zu denken!« Und dieses Denken führt H. zu dem Plan einer »Universalgeschichte der Bildung der Welt«, zu diversen Buchideen (»eine Geschichte der Gelehrsamkeit und Wißenschaft überhaupt! und eine Geschichte der Menschlichen Seele überhaupt«, »ein Buch zur Menschlichen und Christlichen Bildung«), einem detaillierten Programm für das Rigaer Lyzeum und Charakteristiken verschiedener europäischer Länder (»Politische Seeträume«) mit besonders ungerechten Urteilen über die französische Literatur (»seine Epoche der Litteratur ist gemacht«).

In diesen Ideen, Plänen, Assoziationen kündigen sich die späteren großen Werke H.s an, seine universalgeschichtlichen Vorstellungen, sein organisches Entwicklungsdenken, seine Anschauungen von Natur- und Volksdichtung. »Was in einem solchen Geiste für eine Bewegung, was in einer solchen Natur für eine Gärung müsse gewesen sein, läßt sich weder fassen noch darstellen«, urteilte Goethe im Rückblick auf die Zeit des Kennenlernens im Herbst 1770 in Straßburg (*Dichtung und Wahrheit*, 1811–14).

1769
Friedrich Gottlieb Klopstock
Hermanns Schlacht

K. verbindet den patriotischen Rückgriff auf die germanische Vergangenheit mit dem Versuch einer neuen dramatischen Form. Er nennt das Werk im Untertitel »Ein Bardiet für die Schaubühne« und lehnt sich damit an Tacitus an, der den Schlachtruf der Germanen mit »barditus« bezeichnet hatte. K. versteht darunter Gesänge, mit denen die Barden angeblich die Kämpfe begleiteten (Barden hießen freilich die keltischen

Berufssänger des Mittelalters; Skalden war die Bezeichnung für die germanischen Sänger). Die aus diesen (irrigen) Vorstellungen resultierende Form hat einen betont undramatischen, lyrischen Charakter. Prosadialoge wechseln mit freirhythmischen Gesängen der Barden. Eine Akteinteilung fehlt.

Gegenstand von *Hermanns Schlacht* ist der Sieg der Germanen im Jahr 9 n. Chr. über die Legionen des Varus im Teutoburger Wald. Die Schlacht selbst wird nicht dargestellt. Ort der Handlung ist ein Hügel (Bardenfelsen), von dem der Bardenchor den Kampf leitet, die Freunde anfeuert, die Feinde erschreckt und verwirrt. Beobachter und Boten berichten über den Verlauf der Schlacht. Erst nach errungenem Sieg, im letzten Drittel des Stücks, betritt Hermann – ganz edelmütiger deutscher Patriot – die Kultstätte, schlichtet Streitigkeiten, zeigt Milde und segnet seinen toten Vater. Zwei weitere Hermann-Bardiete folgten: *Hermann und die Fürsten* (1784) und *Hermanns Tod* (1787). Doch die von K. geschaffene Form, die ganz aus der Sprache lebt, die Handlung ins Seelische verlagert und das Gefühl der Zuschauer (Leser) durch die Vorstellung beispielhafter Haltungen und Gesinnungen zu bewegen sucht, hatte keine Zukunft.

Die »Bardiete« stehen in Zusammenhang mit der sogenannten Bardendichtung, die von Heinrich Wilhelm von Gerstenbergs *Gedicht eines Skalden* (1766) ausging, in K.s vaterländischen Bardengesängen ihren Höhepunkt erreichte und dann von Dichtern des Göttinger Hains aufgenommen wurde. Auch der Wiener Ossian-Übersetzer Michael Denis beteiligte sich mit den *Liedern Sineds des Barden* (1772) an der Mode, die bald als »Bardengebrüll« verspottet wurde.

1769–73
Johann Timotheus Hermes
Sophiens Reise von Memel nach Sachsen

Der deutsche Roman des 18. Jh.s verdankte seine Erneuerung Anregungen, die von der englischen und französischen Literatur ausgingen. Was die Kritiker auch nach den ersten Romanen Wielands noch vermißten, war ein Roman mit »deutschen Sitten«. Auch H. hatte mit einem in Form und Inhalt ›englischen‹ Roman begonnen, in dem sich die Einflüsse Richardsons und Fieldings überschneiden (*Miß Fanny Wilkes, so gut als aus dem Englischen übersetzt*, 1766). Mit seinem zweiten Roman, *Sophiens Reise von Memel nach Sachsen* (1669–73 in 5 Bänden; 1774–76 erweiterte Ausgabe in 6 Bänden), suchte er der auch im Roman diskutierten Forderung, »Original zu werden«, nachzukommen.

Sophiens Reise ist ein Briefroman. Die Handlung spielt vor dem Hindergrund des Siebenjährigen Krieges. Ostpreußen ist von der russischen Armee besetzt. Die 20jährige Heldin, eine Waise, ist bei der Witwe E. in Memel aufgewachsen. Diese möchte ihrer in Sachsen verheirateten Tochter wichtige Papiere zukommen lassen. Sophie übernimmt diese Aufgabe. Die abenteuerliche Reise von Memel nach Königsberg – weiter kommt die Heldin nicht – ist der äußere Rahmen für ein episodenreiches, verwickeltes Geschehen, für die Geschichte einer Frau, die sich nicht mehr an die unpersönlichen Normen der älteren Aufklärung gebunden fühlt (vgl. Gellerts *Leben der Schwedischen Gräfin von G****, 1747–48), die nicht auf den Anspruch individuellen Glücks verzichten will. Sophie steht zwischen zwei Männern, liebt den geheimnisvollen Herrn Less**, macht aber – als Less** unerreichbar scheint – dem redlichen Herrn Cornellis Puf Hoffnungen. Beide sehen sich schließlich durch ihre »Sprödigkeit«, ihren »Wankelmuth« und ihre »Treulosigkeit« hintergangen, und Sophie bleibt nur noch eine Gouvernantenstelle bei ihrer Freundin Henriette. (Die späteren Auflagen weisen ihr einen hypochondrischen Schulmeister als Ehemann zu.)

Die Kritik seiner Romanfiguren hindert den Autor nicht daran, den modernen Charakter Sophies mit seinem Schwanken zwischen Gefühl und Reflexion einfühlsam darzustellen. Ihre komplexe Persönlichkeit läßt mechanisch-tugendhafte Entscheidungen nicht mehr zu. Gerade daß sich Sophie nicht selbst verleugnen kann, ist die Ursache ihres Scheiterns. Das läßt sich allerdings auch als Warnung verstehen.

1771
Friedrich Gottlieb Klopstock
Oden

Etwa gleichzeitig mit den ersten drei Gesängen des *Messias* (1748) veröffentlichte K. seine frühesten Oden in Zeitschriften. Eine Sammlung der von 1747 bis 1770 entstandenen Texte legte K. 1771 vor; dabei überarbeitete er die älteren Stükke. Im gleichen Jahr erschienen ohne K.s Wissen zwei weitere Ausgaben seiner Gedichte.

K. gliedert die Ausgabe in drei Bücher. Das 1. enthält 17 freirhythmische religiöse Hymnen, im 2. folgen die (chronologisch früheren) Freundschafts- und Liebesoden, und im 3. dominieren Texte mit sprachlich-ästhetischer und vaterländischer Thematik. Der antike Vers, an dem sich schon Immanuel Jakob Pyra, Samuel Gotthold Lange und die Anakreontiker orientierten, ist auch für K. Ausgangspunkt. Er nutzt seine vielfältigen rhythmischen Ausdrucksmöglichkeiten, steigert ihn zu Metrik und Strophik sprengender Dynamik. Von hier gelangt er, weiter angeregt durch seine Auffassung von den Psalmen als freirhythmischen Gesängen, zu freien Rhythmen (*Das Landleben* bzw. *Die Frühlingsfeyer*, 1759). Die späteren Gedichte kehren wieder zu strengeren, z. T. selbsterfundenen Formen zurück.

Religiöse Ergriffenheit und Begeisterung prägen nicht nur die Gott und die Natur feiernden Hymnen; auch die der Freundschaft und Liebe gewidmeten Gedichte suchen die Höhe des Gefühls, den enthusiastischen Ton: »Unsterblich, sing ich meine Freunde Feyrend in mächtigen Dithyramben« (*Auf meine Freunde*, 1747). Freundschaft, Liebe, Natur, die »Göttin Freude« (*Der Zürchersee*, 1750) werden besungen, aber auch »Melancholey« und elegische Todesahnungen spielen hinein (*An Ebert*, 1748), inspiriert von Edward Youngs *Nachtgedanken* (*The Complaint, or Night Thoughts on Life, Death and Immortality*, 1742–45). Die politische Odendichtung K.s findet ihren Ausdruck zunächst in der Hinwendung zur germanischen Vorzeit (Bardenlyrik); »Galliens Freyheit« wird dann das Thema seiner (zunächst begeisterten) Revolutionsoden.

K.s prophetisches Sendungsbewußtsein, in dem sich die antike Vorstellung vom Dichter als Seher erneuerte, verstärkte die Wirkung seiner Dichtung, ihrer emotionalen Intensität, kühnen Bildersprache und überwältigenden Dynamik; »weder das Selbstgefühl der Sturm und Drang-Genies noch die Kunstverherrlichung der Klassik und Romantik sind denkbar ohne seine Vorgängerschaft« (Gerhard Kaiser).

1771
Sophie von La Roche
Geschichte des Fräuleins von Sternheim

L.s moralisch-empfindsamer Roman wurde von Wieland herausgegeben und mit einem Vorwort versehen. Der (modifizierte) Briefroman, die Geschichte verfolgter Unschuld, ist formal, aber auch in bezug auf Motive, Personenkonstellationen und -charakteristiken den Romanen Samuel Richardsons verpflichtet.

Sophie von Sternheim, Tochter einer Baronin und eines geadelten Obersten mit bürgerlichen Grundsätzen, wird nach dem Tod ihrer Eltern von einer Tante aufgenommen, die die 19jährige in die Residenzstadt bringt und in die Hofgesellschaft einführt – mit dem Ziel, sie zur Mätresse des Fürsten zu machen. Die ahnungslose Sophie leistet tugendhaft Widerstand, doch Lord Seymour, dem ihre Zuneigung gilt, interpretiert ihr naives Verhalten falsch und wendet sich von ihr ab. Sophie durchschaut schließlich die Intrigen ihrer Tante. Das gibt dem ränkevollen Bösewicht Lord Derby Gelegenheit, seine Rolle als tugendhafter Verehrer Sophies mit der Inszenierung einer Scheinhochzeit zu krönen. Doch bald verläßt er Sophie und kehrt nach England zurück, während Sophie als Madame Leidens an einer Gesindeschule unterrichtet. In Spaa lernt sie Lady Summers kennen, die sie mit nach England nimmt. Lord Rich, Gutsnachbar und Bruder Lord Seymours, liebt sie, doch Lord Derby, mit der Nichte von Lady Summers verheiratet, fürchtet Sophies Enthüllungen und läßt sie entführen und in »die schottischen Bleygebürge« bringen. Sie wird gerettet, doch meldet man Lord Derby ihren Tod. Dieser gesteht auf dem Krankenbett seine Untaten. Seymour und Rich finden Sophie; Rich entsagt, und Seymour kann die tugendhafte Heldin als Gemahlin heimführen.

Schematisch stehen Tugend und Laster einander gegenüber, ein Gegensatz, der sich in der topischen Kontrastierung von korruptem Hof- und sittlichem Landleben wiederholt. Sophies Glaube an Tugend und Bildung, ihre optimistische Aufklärungsmoral, Frucht einer auf bürgerlichen Wertvorstellungen basierenden Erziehung, sind unerschütterlich. Bemerkenswert an dem von L. gezeichneten Frauenbild ist die Betonung des weiblichen Verstandes und der weiblichen Selbständigkeit, die Hervorhebung der aktiven Rolle ihrer Heldin, die sich in extremen Situationen behauptet und Schicksalsschläge nicht passiv hinnimmt, sondern noch aus der größten Erniedrigung heraus ein ausgedehntes karitatives Wirken entfaltet. Die späteren ›Frauenromane‹ fallen hinter dieses Beispiel zurück.

Die *Geschichte des Fräuleins von Sternheim* wurde von den Stürmern und Drängern begeistert aufgenommen und – da man das Werk als Bekenntnis las – gegen die vorsichtigen ästhetischen Einwände Wielands in der Vorrede in Schutz genommen.

1772
Gotthold Ephraim Lessing
Emilia Galotti

Das fünfaktige Trauerspiel (in Prosa) wurde am 13. März 1772 anläßlich des Geburtstags der Herzogin im Braunschweiger Hoftheater uraufgeführt und im selben Jahr gedruckt. Erste Pläne für das Stück gehen bis ins Jahr 1758 zurück: »Sein jetziges Sujet ist eine bürgerliche Virginia, der er den Titel Emilia Galotti gegeben«, schreibt L. über sich selber. 1772 nennt er das Stück »eine modernisirte, von allem Staatsinteresse befreyte Virginia.« Er bezieht sich mit diesen Äußerungen auf eine von dem römischen Geschichtsschreiber Livius erzählte Begebenheit aus dem Rom des 5. Jh.s v. Chr., die im Zusammenhang mit den Auseinandersetzungen zwischen Patriziern und Plebejern steht: Um ihre durch einen ungerechten Urteilsspruch angeordnete Auslieferung an den Decemvir Appius Claudius zu verhindern, ersticht Virginius seine Tochter Virginia. Mit dieser Handlung löst Virginius einen Aufstand der Soldaten und Bürger aus, der die alten Freiheiten wiederherstellt. L. verlegt das Geschehen in ein italienisches Duodezfürstentum, das als Modell absolutistischer Herrschaftsstrukturen erscheint. Die Öffentlichkeit bleibt, anders als in der Quelle, völlig ausgespart.

Hettore Gonzaga, Prinz von Guastalla, eine glänzende, von moralischen Skrupeln freie Persönlichkeit, hat sich in Emilia Galotti verliebt; seine Mätresse, die Gräfin Orsina, ist ihm nur noch lästig. Als er von der unmittelbar bevorstehenden Hochzeit Emilias mit dem Grafen Appiani erfährt, sucht er die Heirat aufzuschieben. Doch dieser Versuch mißlingt; sein Kammerherr Marinelli, ein gewissenloser Intrigant reinsten Stils, läßt Emilia und Appiani auf dem Weg zur Trauung überfallen. Appiani wird getötet, während Emilia ›zufällig‹ auf ein nahegelegenes Lustschloß des Prinzen gebracht wird. Doch was als Zufall erscheinen sollte, wird rasch als Anschlag durchschaut, zumal sich der Prinz selber am gleichen Morgen in der Kirche Emilia offenbart hatte. Die Gräfin Orsina fordert Emilias Vater Odoardo zur Rache an dem Prinzen auf und gibt ihm ihren Dolch. Der Prinz und Marinelli durchkreuzen Odoardos Absicht, seine Tochter in einem Kloster vor der »Welt« in Sicherheit zu bringen und ordnen bis zur abschließenden Untersuchung des Überfalls ihren Aufenthalt im Hause des Kanzlers Grimaldi an. Für Emilia bedeutet das eine Welt der moralischen Gefährdung. Als ihr Vater ihren Selbstmord verhindert, erinnert sie ihn an die Virginia-Geschichte (»Solcher Väter gibt es keinen mehr!«); Odoardo tötet seine Tochter und stellt sich dem irdischen und himmlischen Richter, während der Prinz die Schuld auf Marinelli schiebt.

Die »unnachahmliche Ökonomie« (Johann Joachim Eschenburg) und Präzision der Dialoge und der Handlungsführung wurden von Anfang an bewundert, aber auch kritisiert (Goethe 1772: »*Emilia Galotti* ist auch nur gedacht«; Friedrich Schlegel 1797: »Unstreitig ein großes Exempel der dramatischen Algebra«). Auffallend dabei ist, daß der Handlungsablauf des Dramas wesentlich von Mißverständnissen, Mißkalkulationen und Fehlentscheidungen bestimmt ist, daß die konsequente Kausalität des Geschehens »als eine überwiegend negative, als eine Kette sich gegenseitig bedingender, einander erzeugender negativer Ursachen und Wirkungen« erscheint (Horst Steinmetz). Die Deutung des Geschehens bleibt umstritten. Häufig hat man, ohne L.s Hinweise auf »eine bürgerliche Virginia« (bürgerlich = privat, allgemeinmenschlich, häuslich) zu beachten, daß Stück vor allem als Auseinandersetzung mit den politischen Verhältnissen im Absolutismus betrachtet; andererseits verbieten die familiärprivaten Züge nicht notwendig eine politische Deutung. Vielmehr erscheint »das scheinbare Private der Familientragödie als das zeitgemäße Politische« (Klaus-Detlef Müller). Zugrunde liegt der Gegensatz von höfischem und familiärem Bereich, von politischer Unmoral und privater Moral; die Übergriffe auf den privaten Bereich der Familie, die zu ihrer Zerstörung führen, werden zum Anlaß politischer Systemkritik. Hier liegt auch eine mögliche Antwort auf die häufig gestellte und unterschiedlich beantwortete Frage: »Warum stirbt Emilia Galotti?« Mit ihrem Vater teilt sie die Auffassung, daß in einer amoralischen Welt ein tugendhaftes, ein von moralischen und religiösen Normen bestimmtes Leben unmöglich ist.

1772
Christoph Martin Wieland
Der goldne Spiegel,
oder die Könige von Scheschian

Schon W.s *Agathon* hatte Fragen der Politik in die Entwicklungsgeschichte des Helden einbezogen. Im *Goldnen Spiegel* (1772; umgearbeitete Fassung 1794) wird das Politische zum eigentlichen Thema. Das Werk läßt sich der Gattung des Fürstenspiegels zurechnen, der didaktisch motivierten epischen Darstellung idealen Herrschertums, die ihr Urbild in Xenophons *Kyrupädie* (5. Jh. v. Chr.) hat. Prägend für das 18. Jh. wurde Fénelons Roman *Les Aventures de Télémaque* (1699).

Der *Goldne Spiegel* bietet eine scharfe Kritik zeitgenössischer Mißstände und kann als Plädoyer für einen aufgeklärten Absolutismus gelesen werden. Allerdings verhindern W.s ironischer Erzählstil und die mehrfachen Brechungen der Verfasser- bzw. Übersetzerfiktion allzu einfache Festlegungen. Die Rahmenhandlung ist der der *Märchen aus 1001 Nacht* nachgebildet. Der indische Sultan Schach-Gebal läßt sich von der Sultanin Nurmahal und dem Philosophen Danischmend die Geschichte des benachbarten Königreiches Scheschian erzählen, um leichter einzuschlafen (Hintergedanke der Erzähler ist freilich, »dem Sultan mit guter Art Wahrheiten beyzubringen, die man, auch ohne Sultan zu seyn, sich nicht gern geradezu sagen läßt«). Zahlreiche Einwürfe, Kommentare und Diskussionen (und Anmerkungen der verschiedenen fiktiven Übersetzer) unterbrechen und beleben die Erzählung.

Scheschian, zersplittert in mehr als 300 einander befehdende Kleinstaaten, gelangt erst zur Ruhe, als der Tatarenfürst Ogul das Land erobert, eine absolute Monarchie errichtet und das Wohl des Landes und der Untertanen befördert. Ihm folgen eine Reihe »namenloser Könige«, die das Werk fortführen, bis schließlich übermäßiger Luxus und Verschwendung die Erfolge zunichte machen und die Blüteperiode des Landes beenden. – An dieser Stelle fügt Danischmend eine Geschichte ein, die den Rousseauschen Gegensatz von Kultur und Natur thematisiert und von der utopischen Gemeinschaft eines kleinen Volkes in Arabien berichtet, das im Einklang mit der Natur ein glückseliges Leben führt (Bedingung ist nicht zuletzt die völlige Isolation von anderen Menschen). – Günstlings-, Mätressen- und sonstige Mißwirtschaft bewirken den Niedergang Scheschians, W.s Werk wird zu einer »förmlichen Satire auf böse Fürsten«. Das ins Unerträgliche wachsende Elend des Volkes, vermehrt durch religiösen Zwist, führt schließlich zur Revolution. Tifan, Neffe des ermordeten Königs und Schüler des weisen Dschangis, übernimmt die Regierung und erweist sich als Musterbild eines aufgeklärten Monarchen. Er reformiert den Staat, entmachtet die Priester, gibt dem Adel sinnvolle Aufgaben und sorgt durch eine Fülle von Maßnahmen für die Wohlfahrt des Landes, die freilich von seinen Nachfolgern wieder verspielt wird. Schließlich fällt Scheschian benachbarten Königen als Beute zu.

Die skeptische Haltung W.s zeigt sich nicht nur in dem geschilderten Geschichtsverlauf, auch der Effekt auf Schach-Gebal ist nicht ermutigend. Seine guten Vorsätze sind nie von langer Dauer; gerade die weisesten Lehren haben eine rasch einschläfernde Wirkung. Und Danischmend, der die Reformen Tifans befürwortet, findet sich zunächst zum Minister erhöht, dann im Gefängnis. W.s Perspektivismus rückt »jeder prätendierten Endgültigkeit zu Leibe« (Peter Pütz). – W. wurde 1772 zum Erzieher Karl Augusts von Sachsen-Weimar berufen.

1773
Johann Wolfgang von Goethe
Götz von Berlichingen mit der eisernen Hand

G. hatte in seiner Straßburger Zeit (1770–71) den Plan zum *Götz* gefaßt und im Herbst 1771 in Frankfurt auf Drängen seiner Schwester Cornelie das Stück in sechs Wochen zu Papier gebracht. Diese 1. Fassung (*Geschichte Gottfriedens von Berlichingen mit der eisernen Hand dramatisiert*, gedruckt postum 1833) wurde von G. als »Skizze« verstanden und von Herder brieflich kritisiert. Im Frühjahr 1773 überarbeitete G. den Text (Druck 1773); die Uraufführung fand am 14. April 1774 in Berlin statt.

Hauptquelle ist die 1731 gedruckte *Lebens-Beschreibung Herrn Gözens von Berlichingen*, die dieser gegen Ende seines Lebens (1480–1562) in apologetischer Absicht verfaßt hatte (bei G. überlebt Götz den Bauernkrieg nicht). Daneben benutzte G. Werke, die ihn über die rechtlichen und politischen Verhältnisse des ausgehenden Mittelalters informierten. Wichtig wurde insbesondere Justus Mösers Aufsatz *Von dem Faustrechte* (1770), in dem das Faustrecht »ein Kunstwerk des höchsten Stils« genannt und dem nivellierenden Rechtssystem der eigenen Zeit gegenübergestellt wird. Formal bricht G.s fünfaktiges »Schauspiel« (Prosa) mit geltenden Konventionen: »Ich zweifelte keinen Augenblick, dem regelmäßigen Theater zu entsagen. Es schien mir die Einheit des Orts so kerkermäßig ängstlich, die Einheiten der Handlung und der Zeit lästige Fesseln unsrer Einbildungskraft«, heißt es in der Rede *Zum Shakespeares-Tag* von 1771 (aus dem Nachlaß gedruckt 1854). Die Dauer der Handlung im *Götz* ist unbestimmt; die mehr als 50 Szenen erfordern häufigen Ortswechsel.

Götz befindet sich in Fehde mit dem Bischof von Bamberg. Er nimmt Adelbert von Weislingen gefangen, einen Jugendfreund, der nun auf der Seite der Bamberger steht. Sie söhnen sich aus, Weislingen verlobt sich mit Maria, der Schwester von Götz. Wieder in Bamberg, wird Weislingen untreu, heiratet die Intrigantin Adelheid von Walldorf und betreibt entschieden die Verfolgung von Götz, der inzwischen altes Unrecht an Nürnberger Kaufleuten gerächt hat. Die Reichsacht wird über ihn verhängt, ein Exekutionsheer ausgeschickt. Götz wird durch Verrat gefangen, aber von Franz von Sickingen wieder befreit. Er zieht sich auf seine Burg zurück und beklagt den »Müßiggang«, zu dem ihn sein Urfehdeschwur verpflichtet. Als ihn die aufständischen Bauern auffordern, ihnen als Anführer zu dienen, wird er wortbrüchig. Doch kommt es bald zum Konflikt mit den Bauern, deren Ausschreitungen Götz zu verhindern sucht. Weislingens Reiter kommen. Götz wird gefangen, sein Sohn getötet. Inzwischen spinnt Adelheid weitere Intrigen und läßt Weislingen vergiften, um ihr den Weg zum neuen Kaiser Karl freizumachen. Maria bittet Weislingen um Gnade für ihren Bruder; sterbend zerreißt Weislingen das Todesurteil. Ein Femegericht verurteilt Adelheid zum Tod. Götz, in Heilbronn gefangen, stirbt. Seine letzten Worte »Himmlische Luft – Freiheit! Freiheit!«

Freiheit ist das Leitwort für die Gestalt des Götz, die G. faszinierte und die über alle anderen Personen des Stückes herausgehoben ist: »Es ist eine Wollust, einen großen Mann zu sehn.« Freiheit und Redlichkeit, die Eigenschaften, die diese große Natur charakterisieren, verbinden sich mit dem ständischen Begriff des Rittertums. Damit verkörpert Götz im 16. Jh. eine untergehende Welt. Er »ist der Letzte seiner Art« (Wolfgang Kayser), sein Untergang zwangsläufig. In der Shakespearerede hatte G. Shakespeares Dramen in einer auch den *Götz* treffenden Weise charakterisiert: »seine Stücke drehen sich alle um den geheimen Punkt [...], in dem das Eigentümliche unsres Ichs, die prätendierte Freiheit unsres Wollens, mit dem notwendigen Gang des Ganzen zusammenstößt.« Die kommende Zeit, wie Götz sie sieht, ist eine Zeit des Verfalls, der Dekadenz. Allerdings wird das grundlegende Thema – das Scheitern der großen Natur an einer neuen Zeit – auf weite Strecken des Dramas durch das Eigenleben der zahlreichen Nebenfiguren überdeckt. Am deutlichsten zeigt sich dies in der Gestalt Adelheids, die im Mittelpunkt eines eigenen Spiels steht. Mit Weislingen tritt zum erstenmal in G.s dramatischem Schaffen die Gestalt des zwiespältigen, schwankenden, von Frauen bestimmbaren Mannes auf.

G. war sich der Schwierigkeit einer Aufführung bewußt. Er ließ das Stück erst 1804 in Weimar spielen, zunächst an einem Abend (Spieldauer 6 Stunden), dann auf zwei Abende verteilt. Eine stark gekürzte Bühnenfassung stammt aus dem gleichen Jahr; eine weitere Bearbeitung für die Bühne entstand 1819.

Das Stück machte G. berühmt. Die aufklärerischen Kritiker (und Friedrich II. von Preußen) waren nicht davon angetan. Nur Wieland äußerte Verständnis für das »schöne Ungeheuer«. Die junge Generation – Bürger, Herder, Möser, Schubart u. a. – begeisterten sich für das Stück, das »Helden – deutsche, nicht aus der Luft gegriffene Helden« (*Frankfurter gelehrte Anzeigen*) auf die Bühne brachte. Die Begeisterung hatte unmittelbare Folgen für die Dramatik des Sturm und Drang (Nachahmung der äußeren Form, historische Dramen, ›große Kerls‹).

1773
Johann Gottfried Herder (Hrsg.)
Von Deutscher Art und Kunst

Die Programmschrift des Sturm und Drang, 1773 in Hamburg erschienen, enthält fünf Beiträge von unterschiedlichem Gewicht: von Herder den *Auszug aus einem Briefwechsel über Oßian und die Lieder alter Völker* und *Shakespear*, Goethes Aufsatz *Von Deutscher Baukunst* und als fachwissenschaftliches Gegenstück dazu den aus dem Italienischen übersetzten *Versuch über die Gothische Baukunst* (1766) von Paolo Frisi, und schließlich Justus Mösers *Deutsche Geschichte*, ein Auszug aus der Vorrede zur *Osnabrückischen Geschichte* (1768). Bis auf Herders *Shakespear* waren alle Beiträge schon vorher publiziert worden.

Die suggestive Hinwendung zu »Deutscher Art und Kunst« impliziert eine Abkehr von der übermächtigen französischen Kultur und Literatur der Zeit (bzw. der lateinisch-romanischen Tradition überhaupt). Gleichwohl ist der Begriff »deutsch«, das zeigen schon die Beiträge über Ossian und Shakespeare, nicht in einem nationalistischen oder chauvinistischen Sinn zu verstehen: Er bedeutet »germanisch« bzw. »nordisch«, »volkstümlich« und erst zuletzt auch »deutsch« im heutigen nationalen Verständnis.

Im rhapsodisch-sprunghaften Ossian-Aufsatz, dessen Briefform sich aus seiner ursprünglichen Bestimmung für Gerstenbergs *Briefe über Merkwürdigkeiten der Literatur* (1766–67, 1770) erklärt, nimmt Herder James MacPhersons Ossiandichtung (*Fingal*, 1762; *The Works of Ossian*,

1765) und Thomas Percys *Reliques of Ancient English Poetry* (1765) als Ausgangspunkt, um seine Gedanken über die Volkspoesie, über eine neue Auffassung von Dichtung überhaupt zu entwickeln: Dichtung als unmittelbarer Erlebnisausdruck, frei von Konventionen, »unbedacht«, entstanden »aus unmittelbarer Gegenwart, aus unmittelbarer Begeisterung der Sinne, und der Einbildung«, »kurz, stark, männlich, abgebrochen in Bildern und Empfindungen«, gekennzeichnet durch »Sprünge und kühne Würfe«.

Während noch Lessing davon ausging, daß die Dramen Shakespeares nach den gleichen Gesetzen gebaut seien wie die der Griechen, hebt H. in seinem zweiten Beitrag ihre Unvergleichlichkeit hervor, die sich aus den unterschiedlichen historischen Bedingungen ergebe. Über diese Bedingtheit freilich erhebt sich das Genie und setzt, wie im Fall Shakespeares, »mit Schöpfergeist das verschiedenartigste Zeug zu einem Wunderganzen zusammen«, zu einer neuen, unvergleichbaren Schöpfung.

Wenn Goethe *Von Deutscher Baukunst* spricht, meint er damit die gotische. Aber der Aufsatz ist mehr als eine Neubewertung der bisher verachteten (und gewiß nicht besonders deutschen) Gotik, die als »karacktristische Kunst« gewürdigt wird; es ist zugleich ein Hymnus auf das schöpferische Genie, auf Erwin von Steinbach, den Meister des Straßburger Münsters, dem es gegeben war, »einen Babelgedanken in der Seele zu zeugen, ganz, groß, und bis in den kleinsten Theil nothwendig schön.« Kunst als Ausdruck der im Künstler wirkenden naturhaften Kraft, als organisches Gebilde (»Ein lebendiges Ganze«), geschaffen »aus inniger, einiger, eigner, selbständiger Empfindung«: »Eine solche Betrachtungsweise zerstört die Grundlagen der normativen Poetik, die von der Antike bis zu Lessing auf allgemeingültige Kunstgesetze vertraut hatte« (Gerhard Kaiser).

Die Möglichkeit, mit dem Titel der Sammlung Mißbrauch zu treiben, wurde im Dritten Reich voll genutzt. Heinz Kindermann beginnt die Einleitung zu einer *Von Deutscher Art und Kunst* betitelten Anthologie 1935 mit dem Satz: »Der Kampf gegen den Geist und die Lebensform der paneuropäischen Aufklärung, den die Sturm-und-Drang-Bewegung führte, war ein erster Versuch, das deutsche Volk von westlicher Überfremdung zu befreien und damit den Weg frei zu machen für eine artgemäß-deutsche Kultur und Gesinnung, für eine volkhafte und organisch-naturgemäße Gestaltung deutschen Lebens und deutscher Kunst.«

1773-76
Friedrich Nicolai
Das Leben und die Meinungen des Herrn Magisters Sebaldus Nothanker

N.s satirischer Roman erschien 1773, 1775 und 1776 in drei Bänden. Äußerlich an Laurence Sternes *The Life and Opinions of Tristram Shandy, Gentleman* (1759–67) anknüpfend, bietet N. »Leben« und »Meinungen«, wobei er das Überwiegen der Meinungen mit den Lebensumständen seines Helden erklärt:»Der ehrliche Sebaldus kannte nicht die große Welt oder das Highlife der Engländer. Spekulation war die Welt, worin er lebte, und jede Meinung war ihm so wichtig als kaum manchem andern eine Handlung.« Zum Bild des Helden gehören Sternesche Marotten (»Jeder Mensch hat sein Steckenpferd, und Sebaldus hatte die Apokalypse dazu erwählt«). Sebaldus ist nach dem Willen des Autors identisch mit dem Helden von Moritz August von Thümmels *Wilhelmine* (1764); eine nähere Beziehung zwischen beiden Werken besteht nicht.

Der erste der beiden nur lose miteinander verbundenen Handlungsstränge des Romans ist der Leidensgeschichte des gelehrten Dorfpredigers Sebaldus Nothanker gewidmet, der aus seinem Amt verjagt wird und wegen seiner unorthodoxen, vernünftigen Ansichten und seinem Eintreten für Toleranz nirgends festen Fuß fassen kann und im Elend zu enden droht, bis ihn ein 15 000 Taler-Lotteriegewinn aus der Misere rettet und ihm die Vollendung seines Kommentars zur Apokalypse ermöglicht. Es ist ein vehementer Angriff auf den religiösen Fanatismus, die Intoleranz und die Heuchelei (von Teilen) der protestantischen Geistlichkeit (einschließlich der Pietisten). Dabei kommt es N. auf die Demonstration einer These, nicht auf differenzierte Charakterdarstellung und atmosphärische Milieustudien an. Der zweite Handlungskomplex steht dem moralisch-empfindsamen Prüfungsroman nahe und erzählt die Liebesgeschichte von Sebaldus' Tochter Mariane und dem angehenden Dichter Säugling, die erst über mannigfache Hindernisse zum Ziel – und Säugling von der Literatur zur Landwirtschaft – führt. Die Liebesgeschichte ist zugleich Literatursatire, eine Abrechnung mit der empfindsam-schwärmerischen Richtung. Beide Handlungsstränge treffen sich in der satirischen Intention, die neben Religion und Literatur auch andere Themen einbezieht (Sozialkritik, Gelehrtensatire).

Der Roman löste heftige Reaktionen bei orthodoxen Lutheranern und bei Pietisten aus. Heinrich Jung-Stilling stellte das Werk in seiner Gefährlichkeit noch über Voltaires *Candide* (1759) und prophezeite N. ein Verdammungsurteil beim Jüngsten Gericht. Führende Aufklärer – Lessing, Johann Heinrich Merck, Wieland u. a. – begrüßten das Werk, das 1799 die 4. Auflage erlebte und ins Französische, Holländische, Dänische und Englische übersetzt wurde.

1774
Friedrich von Blanckenburg
Versuch über den Roman

Erst als die religiös und moralisch begründete Ablehnung des Romans an Wirksamkeit verlor, mehrten sich die Versuche, die Gattung auch ästhetisch zu legitimieren. Dies geschah zunächst in Rezensionen und Romanvorreden. Dabei bestimmten die ausländischen Muster, die in den 40er Jahren den bürgerlichen Roman als »Geschichte von Privatpersonen« begründet hatten (Samuel Richardson, Henry Fielding), die romantheoretische Diskussion in Deutschland, bis mit Wielands *Geschichte des Agathon* (1766–67) »eine neue Classe von Romanen« (Heinrich Wilhelm von Gerstenberg) erschien, die ihrerseits auf die Romantheorie einwirkte: B.s *Versuch über den Roman*, die erste große romantheoretische Abhandlung der deutschen Literaturgeschichte, wäre ohne den Roman Wielands kaum denkbar (daneben ist Fieldings *Tom Jones*, 1749, wichtiges Muster). Der *Versuch über den Roman* ist das Werk eines Romankenners, eines »eigenständigen Dilettanten« (Eberhard Lämmert), das – durchaus unsystematisch und ohne gelehrten Apparat – die entscheidenden Punkte eines Romans »für den denkenden Kopf« herausarbeitet.

Wie zahlreiche andere Theoretiker geht B. vom Vergleich mit dem Epos aus, doch argumentiert er im Gegensatz zu den normativen klassizistischen Poetiken historisch: Der Roman hat in der Neuzeit die Stelle des Epos eingenommen. Die Gründe dafür liegen in der unterschiedlichen geschichtlichen Situation: »Das Heldengedicht enthält vorzüglich Thaten, Unternehmungen; und für den bloßen Unterthanen kann darin keine Theilnehmung liegen.« Dem politisch handelnden »Bürger« der antiken Polis wird der auf seine private Existenz reduzierte Untertan des zeitgenössischen Absolutismus gegenübergestellt. Dessen innere Erfahrungswelt drückt der Roman aus: »So wie [...] vorzüglich in der Epopee die

Thaten des Bürgers, in Betracht kommen: so scheint in dem Roman das *Seyn* des Menschen, sein *innrer Zustand* das Hauptwerk zu seyn.« Auf die äußeren Begebenheiten kommt es nur im Zusammenhang mit inneren Vorgängen an; »das Wesentliche und Eigenthümliche eines Romans« ist die »innre Geschichte« eines Menschen, »die Ausbildung und Formung, die ein Charakter durch seine mancherley Begegnisse erhalten kann.« Es ist die Aufgabe des Dichters, den Zusammenhang des »innern und äußern Seyns seiner Personen« anschaulich zu machen, »Ursach und Wirkung immer in genauer Verbindung zu zeigen« und auf diese Weise ein möglichst vollständiges Bild der Charakterentwicklung zu entwerfen.

Die einseitige Hervorhebung des Charakter- und Bildungsromans gegenüber einem »Roman der Begebenheiten«, die schon bei einigen zeitgenössischen Rezensenten Widerspruch erregte, zeichnet eine die deutsche Tradition stark bestimmende Entwicklung vor.

1774
Johann Wolfgang von Goethe
Clavigo

G. entnahm den Stoff für sein Trauerspiel (5 Akte, Prosa; Druck 1774, Uraufführung Hamburg, 23. 8. 1774) den Erinnerungen von Pierre-Augustin de Beaumarchais (*Quatrième mémoire*, 1774). In einem Brief vom 1. Juni 1774 schreibt G. über das im Vergleich zum *Götz* konventionelle Theaterstück: »Dann hab ich ein Trauerspiel gearbeitet, *Clavigo*, moderne Anekdote dramatisiert mit möglichster Simplizität und Herzenswahrheit; mein Held, ein unbestimmter, halb groß, halb kleiner Mensch, der Pendant zum Weislingen im *Götz*, vielmehr Weislingen selbst in der ganzen Rundheit einer Hauptperson.«

Das Stück spielt in Madrid. Clavigo, ein begabter und ehrgeiziger Schriftsteller von den Kanarischen Inseln, hat um seiner Karriere willen sein Verlöbnis mit der in der spanischen Hauptstadt lebenden Französin Marie Beaumarchais gebrochen. Ihr Bruder reist aus Paris an, um sie zu rächen. Er fordert Clavigo ein Schuldbekenntnis ab, das er veröffentlichen will. Clavigo, nun wieder »entschlossen, Marien zu heiraten«, sucht und erhält Vergebung; Beaumarchais zerreißt das Papier. Seinem Freund Carlos gegenüber, der um seine, Clavigos, Karriere besorgt ist, gibt er zu, daß er für Marie allenfalls noch Mitleiden und Erbarmen empfindet. Von Carlos zu einer klaren

Entscheidung aufgefordert, wird Clavigo zum zweitenmal treubrüchig. Marie stirbt; vor dem Sarg treffen Beaumarchais und Clavigo aufeinander. Beaumarchais tötet Clavigo.

Wie G. in *Dichtung und Wahrheit* (1811–14) mitteilt, urteilte sein Freund Johann Heinrich Merck kritisch: »Solch einen Quark mußt du mir künftig nicht mehr schreiben; das können die andern auch.« Doch G. hält diesem Urteil die unbestreitbare Qualität des *Clavigo* als wirkungsvollem Repertoirestück entgegen.

1774
Johann Wolfgang von Goethe
Die Leiden des jungen Werthers

»Es wird gut, meine Beste«, schrieb G. im März 1774 an Charlotte Kestner über den *Werther*, mit dessen Niederschrift er Anfang Februar begonnen hatte. Der Roman erschien dann zur Herbstmesse desselben Jahres (überarbeitete Fassung 1787). Sein autobiographischer Hintergrund ist ausführlich dokumentiert (wenn auch diese Nachweise für den künstlerischen Wert des Werkes eher belanglos sind): G. hielt sich von Ende Mai bis September 1772 in Wetzlar auf, um am Reichskammergericht zu praktizieren. Auf einem Ball im nahegelegenen Volpertshausen lernte er Charlotte Buff und ihren Verlobten, den Hannoverschen Gesandtschaftssekretär Johann Christian Kestner, kennen. G. bemühte sich vergeblich um Lotte; am 11. September reiste er ohne Abschied ab und besuchte auf dem Weg nach Frankfurt Sophie von La Roche und ihre 16jährige Tochter Maximiliane in Ehrenbreitstein (deren schwarze Augen Werthers Lotte erhält). Von Kestner empfing er einen ausführlichen Bericht über den Selbstmord des Braunschweigischen Legationssekretärs Carl Wilhelm Jerusalem, der sich am 30. Oktober 1772 mit Kestners Pistolen – ausgeliehen »zu einer vorhabenden Reise« – erschossen hatte (als Grund gilt die Liebe zu einer verheirateten Frau). Im Januar 1774 heiratete Maximiliane von La Roche den 20 Jahre älteren Frankfurter Kaufmann Peter Brentano. G. verkehrte in ihrem Haus in Frankfurt. Es kam zu Auseinandersetzungen mit Brentano; G. zog sich zurück und schrieb, wie er sich später erinnerte, den *Werther* »nach so langen und vielen geheimen Vorbereitungen [...] in vier Wochen« nieder, »ziemlich unbewußt, einem Nachtwandler ähnlich«. Die Frage, was denn an der mit äußerster Kunst komponierten Geschichte »wahr« sei, ärgerte G. sein Leben lang. Aus Rom schrieb er am

1. 2. 1788: »Hier sekkieren sie mich mit den Übersetzungen meines *Werthers* [...] und fragen, welche die beste sei und ob auch alles wahr sei! Das ist nun ein Unheil, was mich bis nach Indien verfolgen würde.«

Als Briefroman knüpft der *Werther* an die von Samuel Richardson (*Pamela*, 1740) begründete und von Rousseau (*La Nouvelle Héloïse*, 1761) und anderen aufgenommene Tradition an. G.s Roman enthält allerdings nur Briefe des Helden, datiert vom 4. 5. 1771 bis zum 21. 12. 1722 (am 23. 12. stirbt er), in denen er seine inneren und äußeren Erfahrungen schildert. Adressat der meisten Briefe ist sein Freund Wilhelm; nur drei Briefe sind an Lotte gerichtet. Gegen Ende unterbricht und ergänzt ein fiktiver Herausgeber »die Folge seiner hinterlaßnen Briefe durch Erzählung«.

Werther kommt Anfang Mai in einem Landstädtchen an. Vage ist von der Regelung von Erbschaftsangelegenheiten die Rede. Werther fühlt sich wohl in der schönen Umgebung, liest Homer und beschreibt idyllisch-einfaches Leben im Einklang mit der Natur. Doch schon hier ist von der »Einschränkung« die Rede, »in welcher die tätigen und forschenden Kräfte des Menschen eingesperrt sind«, von »Resignation«, die den Menschen auf sich selbst verweist: »Ich kehre in mich selbst zurück, und finde eine Welt« Als Ausweg wird schon hier der Selbstmord genannt. Werthers Leiden an der Begrenztheit des Menschen (und des Künstlers) bleiben, auch wo er in emphatischen Aufschwüngen die Identität von Ich und Natur beschwört. Auf einem Ball auf dem Land lernt er Lotte kennen, die – wie er weiß – »schon vergeben« ist. Die Glückseligkeit, die sein »Herz« erfüllt, kehrt sich in »Elend«, als Lottes Verlobter Albert zurückkehrt. Der Gegensatz der Persönlichkeiten wird offenbar in einem Gespräch über die Legitimität des Selbstmords, den Werther als eine durch äußeren Druck verursachte »Krankheit zum Tode« sieht. Seine Lage wird ihm unerträglich. Er nimmt auf Drängen Wilhelms und seiner Mutter eine Stelle bei einer Gesandtschaft an. Doch Engstirnigkeit, Pedanterie, Rangsucht und Adelsdünkel machen auch die neuen Verhältnisse bald zur Qual. Eine tiefempfundene Zurücksetzung – Verweis aus einer adeligen Tischgesellschaft – veranlassen ihn zum Rücktritt. Er besucht seine Heimat (»Wallfahrt«), hält sich eine Zeitlang bei einem Fürsten auf, doch sein Herz zieht ihn zu Lotte. Als er dort ankommt, ist es Herbst (»Wie die Natur sich zum Herbste neigt, wird Herbst in mir und um mich her«). Seine Eifersucht auf Albert wächst. Zwei retardierende Episoden – die Geschichte

des aus Eifersucht mordenden Bauernburschen und die vom aus hoffnungsloser Liebe zu Lotte wahnsinnig gewordenen Schreiber – verweisen auf die Möglichkeiten, die Werther in seinem Zustand selbstzerstörerischer Leidenschaft noch bleiben: Verbrechen oder Wahnsinn. Kurz vor Weihnachten besucht er Lotte noch ein letztes Mal; die Lektüre düster-schwermütiger Ossiantexte (»Ossian hat in meinem Herzen den Homer verdrängt«, heißt es vorher) wühlt beide – das Ende ahnend – tief auf. Lotte reißt sich los, Werther vollendet seinen Abschiedsbrief, leiht sich am nächsten Tag »zu einer vorhabenden Reise« Alberts Pistolen, legt den blauen Frack mit gelber Weste an (die Kleidung, die er beim Ball trug) und erschießt sich am Schreibtisch. Sterbend wird er am Morgen gefunden: »Um zwölfe mittags starb er. Die Gegenwart des Amtmannes und seine Anstalten tuschten einen Auflauf. Nachts gegen eilfe ließ er ihn an die Stätte begraben, die er sich erwählt hatte. [...] Handwerker trugen ihn. Kein Geistlicher hat ihn begleitet.«

Allein der Tod vermag die »Einschränkung« zu durchbrechen, die Werther in seinen lyrischen Monologen beklagt und die zu einem immer stärkeren Rückzug in sich selbst geführt hatte. Im Verlauf dieses Prozesses der radikalen Subjektivierung verändert sich auch das Bild der Welt: »aus den idyllischen Bildern werden düstere Bilder und zugleich wird die Schilderung der Außenwelt immer geringer, sodaß am Ende nur noch das Ich mit seiner verzweifelten Innenwelt übrigbleibt« (Erich Trunz). Die Konsequenz, mit der das Scheitern des Individuums dargestellt ist – ohne den Versuch einer Versöhnung des Bruchs zwischen Individuum und Gesellschaft, ohne moralisierend-pädagogische Tendenz –, rief große Erregung hervor und fand begeisterte Zustimmung wie entschiedene Ablehnung. Dabei ging es nicht ohne Mißverständnisse ab, denn weder verherrlicht der Roman die Empfindsamkeit (wie die Empfindsamen meinten), noch verteidigt er den Selbstmord (wie man aus Kreisen der Aufklärung und der kirchlichen Orthodoxie einwandte).

G. wurde durch den Roman zur europäischen Berühmtheit und galt hinfort als der Dichter des *Werther*, vermied aber selbst nach der Überarbeitung von 1787 eine nähere Beschäftigung mit dem Roman. Eckermann notierte am 2. 1. 1824 G.s Äußerung über den *Werther*: »Es sind lauter Brandraketen! Es wird mir unheimlich dabei, und ich fürchte, den pathologischen Zustand wieder durchzuempfinden, aus dem es hervorging.« Eine Reihe von Bühnenbearbeitungen und Imitationen machten sich die Popularität des Werkes zunutze, der Aufklärer Friedrich Nicolai reagierte mit einer Parodie (*Die Freuden des jungen Werthers*, 1775); die Werther-Mode (blauer Frack usw.) und eine Welle von Werther-Selbstmorden bestätigte auf andere Weise, daß sich die junge Generation mit dem Schicksal Werthers identifizierte. Ende des 19. Jh.s machte der französische Komponist Jules Massenet Werther zum Opernhelden (Uraufführung Wien 1892); Der DDR-Schriftsteller Ulrich Plenzdorf schließlich stellte G.s »Old Werther« *Die neuen Leiden des jungen W.* gegenüber (1972 bzw. 1973: Erzählung und Bühnenstück).

1774
Jakob Michael Reinhold Lenz
Der Hofmeister

L.s erstes Drama, *Der Hofmeister oder Vortheile der Privaterziehung. Eine Komödie* (5 Akte, Prosa), entstand im Frühsommer 1772; Goethe erhielt Ende 1773 eine überarbeitete Fassung und vermittelte den Druck. Die Uraufführung – mit großen Eingriffen in den Text – fand 1778 in Hamburg statt.

L. war sich unsicher über die Gattungsbezeichnung; eine Hs. bezeichnet das Stück als »Lust- und Trauerspiel«. Eine Auseinandersetzung mit der aristotelischen Poetik und dem französischen Drama (*Anmerkungen übers Theater*, 1774; Selbstrezension zum *Neuen Menoza*, 1775) führte L. zu einem erweiterten Begriff der Komödie: »Komödie ist Gemälde der menschlichen Gesellschaft, und wenn die ernsthaft wird, kann das Gemälde nicht lachend werden.« Auch formal bricht er mit dem regelmäßigen klassizistischen Drama (mehrere Handlungsstränge, zahlreiche episodenhafte Szenen, häufige Ortswechsel).

Der Theologiestudent Läuffer ist als Hofmeister (Hauslehrer) im Haus des beschränkten adeligen Majors von Berg und seiner dünkelhaften Frau angestellt worden. Dem Sohn soll er »Wissenschaften und Artigkeiten und Weltmanieren« beibringen (»Soldat soll er werden«), mit der vom Vater verhätschelten Tochter Gustchen »alle Morgen etwas aus dem Christentum« durchnehmen. Im Gegensatz zum Major vertritt sein Bruder, ein Geheimrat, vernünftige Ansichten und polemisiert gegen die Privaterziehung. Sein Sohn Fritz, auf dem Weg zur Universität, verlobt sich mit Gustchen. Er bleibt jahrelang weg; Szenen aus Halle zeigen ihn als aufrechten, wenn auch etwas naiven Menschen, der für einen Freund auch Schuldhaft auf sich nimmt. Gustchen fühlt

sich verlassen; es kommt zu einer Beziehung mit Läuffer. Als sie zum Skandal wird, fliehen beide. Gustchen bringt ihr Kind bei einer blinden alten Frau in einer Waldhütte zur Welt. Sie und ihr Kind gelangen schließlich nach einem Selbstmordversuch zurück in das Haus des Majors. Als Läuffer, der beim skurrilen Dorfschulmeister Wenzeslaus ein Unterkommen gefunden hat, sein Kind zu sehen bekommt, kastriert er sich aus »Reue, Verzweiflung«, findet aber dann ein bescheidenes Glück bei einem Dorfmädchen. Inzwischen ist die Studentenhandlung weitergeführt worden. Alle Verwicklungen werden aufgelöst (ein Lotteriegewinn hilft), Fritz kehrt heim und verzeiht Gustchen.

Die Modernität des Stückes liegt nicht nur in seinem sozialkritischen Gehalt (Darstellung der problematischen Lage der bürgerlichen Intelligenz in der ständischen Gesellschaft), zukunftsweisend ist auch die Form des Dramas mit ihrer disharmonischen Verbindung des Komischen und Tragischen, des Satirisch-Grotesken und Ernsten.

Bertolt Brecht betonte in seiner *Hofmeister*-Bearbeitung (1950) für das Berliner Ensemble »die gleichnishafte Bedeutung der Entmannungsfabel« (»Selbstentmannung der Intellektuellen«) und verschärfte das sozialkritische Moment: »die früheste – und sehr scharfe – Zeichnung der deutschen Misere.«

1774–77
Christian Friedrich Daniel Schubart
Deutsche Chronik

Der schwäbische Dichter, Journalist und Musiker S. verstand seine *Deutsche Chronik* als Organ der Aufklärung in einem Teil Deutschlands, in dem geistige Enge, Klerikalismus und Despotismus der Verbreitung aufklärerischer Ideen stärker im Weg standen als im weiter fortgeschrittenen Norden. Die Folge war die mehr als zehnjährige Einkerkerung S.s auf dem Hohenasperg (1777–87), die auf Veranlassung Carl Eugens von Württemberg geschah und wegen ihrer beispiellosen Willkür große Erregung hervorrief. Die *Deutsche Chronik*, ein Mittelding zwischen Zeitung und Zeitschrift, erschien vom 31. März 1774 an zweimal wöchentlich (montags und donnerstags). Sie wurde in Augsburg gegründet, mußte aber bald wegen Zensurschwierigkeiten nach Ulm ausweichen. Nach S.s Inhaftierung wurde die *Chronik* von anderen Herausgebern fortgesetzt (bis 1781) und nach der Haftentlassung wieder von S. aufgenommen (1787–91; nach S.s Tod Fortsetzung bis 1793). Die *Chronik* erzielte eine für damalige Zeiten beträchtliche Auflage (1775: 1600 Exemplare, nach der Entlassung 4000 Exemplare).

Die betont volkstümlich geschriebene Zeitschrift kommentiert politische Ereignisse (der Freimut wuchs – verständlicherweise – mit der geographischen Entfernung) ebenso wie die neueren Entwicklungen auf den Gebieten der Musik, der Literatur, der Wissenschaften und der Künste. Besonderes Interesse finden die Nachrichten »Aus dem Lande der Freyheit« über den Verlauf des Unabhängigkeitskrieges. S. macht keinen Hehl aus seiner Sympathie für die amerikanischen »Kolonisten«, wenn ihm auch das Schicksal der deutschen Söldner nahegeht. Und es fehlt nicht an Ironie, etwa wenn er die Anmerkung eines englischen Magazins zitiert, »daß der Teutsche unter allen Nationen das beste Geschick zu einem Sklaven habe«, und kommentiert:»Wahr ists, 's Gefühl der Freyheit ist unter uns Teutschen ziemlich erstorben. Aber es ist gewiß: weder Dummheit noch Phlegma, sondern reife Ueberlegung und Ordnungsliebe ists, die uns zur Subordination so geschmeidig macht.«

Auf literarischem Gebiet war die Wirkung von S.s *Deutscher Chronik* beträchtlich. Sie machte in einem literarisch wenig erschlossenen Gebiet Propaganda für die moderne deutsche Literatur, für Lessing, Goethe, Lenz, Klopstock, Bürger, Klinger, Maler Müller und andere. – In seiner eigenen Lyrik (u. a. *Todesgesänge*, 1767; *Gedichte aus dem Kerker*, 1785; *Sämtliche Gedichte* 1785–86) greift S. wie Bürger und Herder häufig auf volkstümliche Traditionen zurück (zu den bekanntesten Texten dieser Art zählt *Die Forelle*, vertont von Franz Schubert); die bedeutendste Leistung stellen die auf die aktuelle politische Situation bezogenen Lieder dar (*Freyheitslied eines Kolonisten, Kaplied, Die Fürstengruft*).

S. wurde, durch Werk und Leben, »zu einer Symbolfigur für alle freiheitlichen, fortschrittlichen Tendenzen im damaligen Südwesten Deutschlands« (Ulrich Karthaus). Seine im Kerker geschriebene Autobiographie *Leben und Gesinnungen* erschien 1791–93; sein Schicksal wurde mehrfach in Roman und Drama behandelt.

1774–81
Christoph Martin Wieland
Geschichte der Abderiten

W.s Geschichte der antike Schildbürger erschien zunächst in seiner Zeitschrift *Der Teutsche Merkur* (Buch 1–2: 1774, 3: 1778, 4: 1779, 5: 1780); die Veröffentlichung des gesamten Textes in Buchform – »Neu umgearbeitete und vermehrte Ausgabe« – folgte 1781. Gegenstand der fünf locker gefügten Bücher ist die menschliche Narrheit, vorgeführt am Beispiel der Bürger der thrakischen Stadt Abdera, deren »Einbildung […] einen so großen Vorsprung über ihre Vernunft [gewann], daß es dieser niemals wieder möglich war, sie einzuholen.«

Die ersten drei Bücher entlarven die Narrheit der Abderiten durch eine Konfrontation mit drei großen Männern der Antike. Nach 20jähriger Abwesenheit kehrt der Philosoph Demokritus in seine Heimatstadt zurück (Buch 1). Seine Mitbürger, die ihn wegen seiner (vernünftigen) Ansichten für geistesgestört halten, wollen ihn entmündigen lassen und bitten daher den berühmten Arzt Hippokrates um ein Gutachten (Buch 2). Dieser erkennt in Demokritus einen Geistesverwandten und verordnet den Abderiten zu ihrer Empörung Nieswurz (als Mittel gegen geistige Verwirrung). Das 3. Buch ist eine Satire auf Abderas provinzielles Theaterleben, das durch einen Besuch des Dramatikers Euripides bloßgestellt wird. Es folgt im 4. Buch der »Proceß um des Esels Schatten«. Als sich der Zahnarzt Struthion während einer Pause in den Schatten des gemieteten Esels setzen will, verlangt der Eseltreiber gesonderte Bezahlung für den Schatten. Der absurde Streit – blendende Juristensatire – bewegt schließlich die ganze Stadt, Fraktionen bilden sich, Unruhe breitet sich aus – und erst als das Volk vor Wut den Esel zerreißt, wird die Sache für erledigt erklärt. Das 5. Buch (»Die Frösche der Latona«) schildert den Untergang Abderas, deren Bewohner die heiligen Frösche überhandnehmen lassen. Eine aufklärerische Opposition gegen diese Auswüchse ungezügelter Frömmigkeit formiert sich, ein Gutachten empfiehlt den Verzehr der Frösche, doch die Priester verhindern wirkungsvolle Gegenmaßnahmen. Als schließlich noch eine Mäuseplage dazukommt, wandern die Abderiten aus.

W.s ironisch-spielerische Satire auf die Borniertheit und Selbstgerechtigkeit der (abderitischen) Spießbürger ist ein uneingeschränktes Plädoyer für die Vernunft. Skepsis über die Wirksamkeit der satirischen Aufklärung hält W. freilich für angebracht. Es gilt: »Abdera ist allenthalben und – wir sind gewissermaßen alle da zu Hause.«

1774–86
Justus Möser
Patriotische Phantasien

Die *Patriotischen Phantasien* erschienen, herausgegeben von M.s Tochter Jenny von Voigts, in vier Teilen von 1774–86. Sie beruhen überwiegend auf Beiträgen M.s für die Beilagen der von ihm seit 1766 betreuten *Wöchentlichen Osnabrückischen Intelligenzblätter*. Es handelt sich um 287 Stücke, Aufsätze, Betrachtungen, Erzählungen, (fingierte) Briefe, Satiren und Feuilletons, ohne besondere Ordnung aneinandergereiht.

Die Themen sind vielfältig und reflektieren M.s Tätigkeit als Historiker, Jurist und Politiker und seine Vorliebe für geschichtlich Gewachsenes, zeigen aber auch seine literarischen Interessen (M. hatte schon 1761 die gegen Gottscheds feierliche Verbannung des Hanswurst von der Bühne [1737] gerichtete Schrift *Harlekin, oder Vertheidigung des Groteske-Komischen* veröffentlicht). Einige Titel der Beiträge lauten: *Der Staat mit einer Pyramide verglichen, Der Bauernhof als eine Aktie betrachtet, Gedanken über den westfälischen Leibeigentum, Warum bildet sich der deutsche Adel nicht nach dem englischen?* Sein Plädoyer für das Schwimmenlernen aus Gesundheitsgründen *(Sollte man die Kinder nicht im Schwimmen sich üben lassen?)* kontrastiert mit satirischer Kritik an Modeerscheinungen und an der Blasiertheit und Verschwendung des Hoflebens *(Schreiben einer Hofdame an ihre Freundin auf dem Lande)*; dagegen, gegen die nivellierenden Tendenzen der Moderne setzt M. die vorabsolutistischen, altständischen Lebens- und Rechtsformen: »Solchergestalt kann man behaupten, daß das ehemalige Faustrecht weit systematischer und vernünftiger gewesen als unser heutiges Völkerrecht.« Goethe benutzte M.s Abhandlung über das Faustrecht für den *Götz von Berlichingen* (1773).

1775, 1789
Johann Wolfgang von Goethe
Gedichte

G.s erste gedruckte Gedichtsammlung (*Neue Lieder*) erschien anonym 1769 (mit der Jahreszahl 1770). Sie enthält, wie die handschriftliche Sammlung *Anette* (1767), Texte in anakreontischer Manier. Den Ausbruch aus den vorgeformten Mustern bringt die Straßburger Zeit 1770–71 unter dem Eindruck der Kunstauffassung Herders und persönlicher Erfahrungen. Texte wie *Es schlug mein Herz* oder *Maifest* vom Frühjahr 1771 bezeichnen den Durchbruch zu einem neuen Stil, einer neuen Sprache; eine neue Epoche der deutschen Lyrik beginnt.

Doch blieben diese wie die anderen ›Sesenheimer Lieder‹ zunächst unveröffentlicht. Erst 1775, nach dem *Götz von Berlichingen* (1773) und dem *Werther* (1774), erschien eine Auswahl von Gedichten aus der Straßburger Zeit und den folgenden Jahren in Friedrich Heinrich Jacobis Zeitschrift *Iris*: *Es schlug mein Herz, Maifest, Kleine Blumen, kleine Blätter, Ein Veilchen auf der Wiese stand, Neue Liebe, neues Leben, Im Herbst* u.a. – Lyrik nicht mehr als unpersönliche Kunstübung, sondern, bei aller Kunst, als »Erlebnisaussage und individueller Ausdruck von einer bisher nicht gekannten Intensität« (Gerhard Kaiser). Fruchtbar wurde auch Herders Hinweis auf die »Volkspoesie«, die sich in der Hinwendung zu Volkslied und Volksballade niederschlägt (*Heideröslein*, entst. 1771, gedr. 1789; *Der König von Thule*, entst. 1774, gedr. 1782).

Erst 1789, als der 8. Band von G.s *Schriften* mit den Gedichten erschien, erhielt die literarische Öffentlichkeit einen Eindruck von der Spannweite seines lyrischen Schaffens. Hier wurde auch zum erstenmal die Mehrzahl der großen Sturm und Drang-Hymnen gedruckt, wenn auch in geglätteter Form (vorher, 1777, hatte sie G. in einer Hs. für Frau von Stein zusammengestellt). Von den Hymnen der 70er Jahre – *Mahomets-Gesang* (entst. 1772–73), *Prometheus* (entst. 1774), *Ganymed* (entst. 1774), *An Schwager Kronos* (entst. 1774) und *Harzreise im Winter* (entst. 1777) – war früh nur *Mahomets-Gesang* veröffentlicht worden (1773 im *Göttinger Musenalmanach für das Jahr 1774*); später druckte dann ohne G.s Wissen Jacobi die *Prometheus*-Hymne in seinem Buch *Über die Lehre des Spinoza* (1785) ab. Die sprunghaft-assoziative ›pindarische‹ Hymne *Wanderers Sturmlied* (entst. 1772, unautorisierter Druck 1810) nahm G. erst 1815, sich selbst historisch gworden, in seine Werke auf.

Höhepunkte der freirhythmischen Hymnendichtung sind *Mahomets-Gesang, Prometheus* und *Ganymed*, wobei die beiden ersten Texte im Zusammenhang mit dramatischen Entwürfen entstanden sind. Die innere Beziehung zwischen *Prometheus* und *Ganymed* deutete G. dadurch an, daß er die beiden Texte von der Ausgabe von 1789 an immer nebeneinander stellte: Dem kraftvollen Selbstgefühl und der trotzigen Vereinzelung, der schroffen Trennung von Himmel und Erde (»deinen Himmel«, »meine Erde«) im *Prometheus* steht der utopische Gedanke einer Versöhnung von Ich und Gott/Natur im *Ganymed* gegenüber. G. gebraucht für die durch die beiden Hymnen ausgedrückte Gegensätzlichkeit den Begriff der Polarität, der zugleich die Einheit einschließt. In diesem Sinn ist war, wie es in *Dichtung und Wahrheit* heißt, »die ganze Schöpfung nichts [...] als ein Abfallen und Zurückkehren zum Ursprünglichen«.

In der Gedichtausgabe von 1789 hat G. den beiden Texten die zur Klassik hinüberleitenden Hymnen *Grenzen der Menschheit* (entst. wahrscheinlich 1781) und *Das Göttliche* (entst. wahrscheinlich 1783) folgen lassen, die den in den Sturm und Drang-Hymnen vorgestellten extremen Möglichkeiten das in der natürlichen Bedingtheit des Menschen begründete ›klassische‹ Maß entgegensetzen.

Die besondere Bedeutung der Prometheusgestalt für die Literatur des 18. Jh.s liegt in ihrem Zusammenhang mit der Entstehung des Geniegedankens. Für Shaftesbury ist der Dichter »ein zweiter Schöpfer, ein wahrer Prometheus«, ein Gedanke, den Herder und G. aufnahmen: »Er wetteiferte mit dem Prometheus, bildete ihm Zug vor Zug seine Menschen nach [...]; und dann belebte er sie alle mit dem Hauch *seines* Geistes«, heißt es in G.s Rede *Zum Shakespeares-Tag* (entst. 1771, Erstdruck 1854).

1775
Friedrich Maximilian Klinger
Das leidende Weib

K. hatte in der Nachfolge von Goethes *Götz von Berlichingen* (1773) mit einem Ritterstück (*Otto*, 1775) begonnen. Sein zweites Drama, *Das leidende Weib*, Trauerspiel in 5 Akten (Prosa), nähert sich mit seinen zeitkritischen Tendenzen dem *Hofmeister* (1774) von Lenz.

»Das leidende Weib« ist die Gesandtin, die mit ihrem Jugendfreund von Brand die Ehe gebrochen hat; sie leiden. Der skrupellose Graf Louis, der die beiden ständig beobachtet, will die Situation für sich ausnutzen und die Gesandtin für sich gewinnen. Als er sie bei einem Fest beiseite lockt und über sie herfällt, erschießt ihn von Brand. Der Vater der Gesandtin, der Geheimerat, erliegt einem Schlaganfall, die Gesandtin begeht Selbstmord. Der verzeihende Gesandte begibt sich mit Franz, dem genialischen Bruder

seiner toten Frau, der ebenfalls in der Liebe gescheitert ist, aufs Land, wo sie in rousseauscher Idylle Landwirtschaft betreiben. Die Liebe des Gesandten währt über den Tod seiner Frau hinaus; »ihr heiliges Grab« wird zum Wallfahrtsziel: »Ach meine Liebe über den Sternen!«

Die Gesellschaft, in der eine Verwirklichung wahrer Liebe nicht möglich ist, ist durch den Gegensatz von Hof und Bürgertum gekennzeichnet. Daneben wirft K. satirische Schlaglichter auf die ›frivole‹ Erotik Wielands, auf Empfindsamkeit und philosophische Systembauerei und stellt ihnen wie den Zwängen des Hofes die Kraft unbedingten Gefühls in der Person von Franz gegenüber.

Eine Bearbeitung Carl Sternheims wurde 1916 in den Berliner Kammerspielen aufgeführt.

1775
Johann Heinrich Voß
Die Leibeigenschaft

Unter diesem Titel vereinigte V. zwei Idyllen, beide 1775 entstanden und im *Musenalmanach für das Jahr 1776* gedruckt: *Die Pferdeknechte* und *Der Ährenkranz*. Später fiel die gemeinsame Überschrift weg und die Idyllen erhielten die Titel *Die Leibeignen* bzw. *Die Freigelassenen*. Mit diesen Hexameteridyllen suchte sich V. bei dem liberalen Markgrafen Karl Friedrich von Baden als »Landdichter« zu empfehlen, der die Aufgabe haben sollte, durch seine Dichtung »die Sitten des Volkes zu bessern«.

V., selber Enkel eines leibeigenen Bauern, bricht mit den Konventionen der Idyllik des 18. Jh.s, etwa der Salomon Geßners, und beruft sich statt dessen auf Theokrit. Der immanente Gegensatz von empfindsam stilisierter Schäferwelt und geschichtlicher Wirklichkeit wird durch aggressive Sozialkritik ersetzt. In den *Pferdeknechten* treten an die Stelle der traditionellen Hirten oder Schäfer zwei leibeigene Pferdeknechte, die am Vorabend eines Feiertags zusammenkommen und die Zerstörung ihrer Hoffnungen erkennen müssen: Entgegen seinen Versprechungen verweigert der Grundherr Hochzeit und Feilassung. Hans, der dem »adligen Räuber« das Haus anzünden will, wird von Michel zurückgehalten, der an die Vergeltung nach dem Tod erinnert und ein grausiges Bild der Strafen entwirft. Dem steht das Wunschbild im *Ährenkranz* gegenüber, orientiert an den Maßnahmen einzelner aufgeklärter Guts- und Landesherrn des 18. Jh.s: bäuerliches Glück durch die Aufhebung der Leibeigenschaft, eine patriarchalische Gemeinschaft von Grundherr und Bauern. Aber die bedrückende Wirklichkeit – die Bauernbefreiung wurde erst 1848 abgeschlossen – bleibt auch hier sichtbar. Später stellte V. zwischen die beiden Texte die Idylle *Die Erleichterten* (1801), die den Vorgang der Befreiung aus der Perspektive eines aufgeklärten Herren schildert.

V.' Idyllendichtung, neben der Homerübersetzung seine bedeutendste Leistung, umfaßt insgesamt 22 Texte, darunter auch zwei Idyllen in niederdeutschen Hexametern (*De Winterawend*, 1776; *De Geldhapers*, 1777) und als weiteren sozialkritischen Text den satirischen *Junker Kord* (1793). Mit *Der siebzigste Geburtstag* (1780) und *Luise* (»Ein ländliches Gedicht in drei Idyllen«, 1782–84; mehrfach umgearbeitet und erweitert) schuf V. die klassischen bürgerlichen Idyllen, die im 19. Jh. seinen Ruhm ausmachten. Dabei nimmt *Luise* – Liebe, Verlobung und Hochzeit im ländlichen Pfarrhaus – nicht zuletzt unter dem Einfluß Homers epische Ausmaße an. Goethe fand hier Anregungen für *Hermann und Dorothea* (1797). Zeitgenossen – wie etwa Klopstock – fanden Goethes Werk »unter Voßens Luise«.

1775–76
Friedrich Heinrich Jacobi
Eduard Allwills Papiere

J. veröffentlichte seinen Briefroman in mehreren Folgen, den Anfang in der Zeitschrift *Iris* (1775), das Ganze dann in Wielands *Teutschem Merkur* (1776). Eine überarbeitete und erweiterte Fassung erschien 1792 (*Eduard Allwills Briefsammlung*). Der psychologisch-philosophische Roman entstand unter dem Eindruck von Goethes *Werther* (1774) und der Begegnung mit Goethe und zeigt die Spannung zwischen Empfindsamkeit und subjektivistischer Geniebewegung.

Die ersten Briefe kreisen um Sylli von Wallberg, deren Verlangen nach seelenhafter Liebe und Sympathie wie in einem sinnlosen Kreislauf immer wieder enttäuscht wird; als Lösung deutet sich eine entsagende, vergeistigte allgemeine Menschenliebe an. Dann tritt Eduard Allwill immer stärker in den Vordergrund. Er wird als »ein eben unbegreifliches Durcheinander von Mensch« charakterisiert, dynamisch, ganz dem Augenblick, dem unmittelbaren Gefühl hingegeben: eine Verkörperung des radikal subjektivistischen Sturm und Drang-Genies. Der fragmentarische Roman endet – im Brief einer enttäuschten Frau – mit einer scharfen Kritik dieses extremen Individua-

lismus, der in der Beziehung zu anderen Menschen nur Unheil bedeutet.

J.s Roman »stellt die erste große und begründete Kritik an der Geniebewegung dar [...]. Zugleich [...] zeigt er wie Goethes *Werther* die Krise der Empfindsamkeit, die in der Phase ihrer Symbiose mit dem Irrationalismus eintrat« (Heinz Nicolai).

In seinem zweiten Roman, *Woldemar. Eine Seltenheit aus der Naturgeschichte* (1779), stellt J. die Problematik des empfindsamen Menschen in den Mittelpunkt, dessen »Begierde nach Menschen-Herz« nie gestillt werden kann.

1775–78
Johann Caspar Lavater
Physiognomische Fragmente

L.s *Physiognomische Fragmente, zur Beförderung der Menschenkenntniß und Menschenliebe* umfassen vier, mit zahlreichen Kupferstichen ausgestattete Bände. Ausgangspunkt ist das Motto »Gott schuf den Menschen sich zum Bilde!« und die Vorstellung einer Übereinstimmung von Äußerem und Innerem. L. definiert die Physiognomik als »die Fertigkeit durch das Aeußerliche eines Menschen sein Innres zu erkennen«. Fragment muß das Werk deshalb bleiben, weil die Erkenntnisfähigkeit des Menschen begrenzt ist und die »Entzieferung der unwillkührlichen Natursprache im Antlitze, und dem ganzen Aeußerlichen des Menschen« nur unvollkommen möglich ist. Dabei beschränkt sich L. meist einseitig auf die unbeweglichen Teile des Gesichts, den Knochenbau, den Schädelumriß; weitere Probleme ergeben sich aus L.s idealistischer Perspektive, die immer nur das Gute sehen will, und dem Umstand, daß er meist bekannte oder ihm persönlich vertraute Personen analysiert, er also schon im voraus weiß, was er dann aus den Abbildungen herausliest (über Goethe: »Die Nase – voll Ausdruck von Produktifität – Geschmack und Liebe – Das heißt – von *Poesie*«).

Die Aufnahme des Werkes war zwiespältig. Die Generation der Stürmer und Dränger zeigte sich zunächst begeistert. Das Werk faszinierte nicht zuletzt deshalb, weil hier versucht wurde, »die neu entdeckte und emphatisch gefeierte Kategorie der Individualität, der ›Selbstigkeit‹, konkret zu fassen« (Christoph Siegrist). Physiognomie wurde zu einer ausgesprochenen Mode (Lichtenberg: »Raserei«). Goethe, der sich an den physiognomischen Forschungen beteiligt hatte, äußerte sich später zurückhaltend. Johann Karl August

Musäus setzte sich in einem Roman in der Nachfolge Laurence Sternes satirisch-ironisch, aber keineswegs radikal ablehnend mit den Widersprüchen und der Willkür der Lavaterschen Vorstellungen auseinander (*Physiognomische Reisen*, 1778–79). Scharf urteilte dagegen Georg Christoph Lichtenberg in seiner Abhandlung *Über Physiognomik, wider die Physiognomen* (1778): »Was für ein unermeßlicher Sprung von der Oberfläche des Leibes zum Innern der Seele!« Der Streitschrift folgte die Parodie *Fragment von Schwänzen. Ein Beitrag zu den Physiognomischen Fragmenten* (1783).

1775–1812
Matthias Claudius
Asmus omnia sua secum portans oder Sämmtliche Werke des Wandsbecker Bothen

C. war von 1771–75 Redakteur bei der viermal wöchentlich erscheinenden Zeitung *Der Wandsbecker Bothe*. Daran schließt der Titel seiner achtteiligen Sammlung von Gedichten, Briefen, Betrachtungen und Rezensionen an, die auf Subskriptionsbasis von 1775 an erschien (Teil 1–2: 1775, 3: 1778, 4: 1783, 5: 1790, 6: 1798, 7: 1803, 8: 1812). Das Werk ist »Freund Hain«, dem Tod, gewidmet.

Literarisch am bedeutendsten sind die ersten Teile, die sich im Einklang mit den aufklärerischen Strömungen der Zeit befinden; später nimmt C.s publizistisches Wirken eine erbaulich-asketische und politisch konservative Wendung, die auf die Hochromantik vorausweist. Zu den Höhepunkten gehören Prosastücke wie *Der Besuch im St. Hiob zu**, ein Bericht über einen Besuch im Irrenhaus, oder das kurze *Schreiben eines parforcegejagten Hirschen an den Fürsten, den ihn parforcegejagt hatte*. Vor allem sind es jedoch die Gedichte, die C.s dichterischen Rang ausmachen. Charakteristisch ist der bewußt volkstümliche Ton, der freilich kompliziertere metrische Formen nicht ausschließt (etwa in dem reimlosen Gedicht *An – als Ihm die – starb*). Zu den bekanntesten Texten gehört das 1778 entstandene (Anti-) *Kriegslied* (»'s ist Krieg! 's ist Krieg!«), eine dichterische Antwort auf den gedankenlosen Preußenpatriotismus von Karl Wilhelm Ramler (*Schlachtgesang*, 1778) und Johann Wilhelm Ludwig Gleim; dann vor allem formal einfache, an das Volkslied anschließende Texte wie das berühmte *Abendlied* (»Der Mond ist auf-

gegangen«, Melodie von Johann Abraham Peter Schulz) oder *Der Tod und das Mädchen* (vertont von Franz Schubert).

1776
Johann Wolfgang von Goethe
Die Mitschuldigen

Am 30. November 1776 wurde G.s Lustspiel auf dem Weimarer Liebhabertheater gegeben; G. spielte den Alcest. Dabei handelte es sich um die 2. Fassung des in insgesamt drei Fassungen überlieferten Stücks, das 1768–69 als einaktige Farce entstanden und noch 1769, angeregt von Lessings *Minna von Barnhelm* (1767), mit einer neuen Exposition versehen und auf drei Akte erweitert worden war. Neben dem Schäferspiel *Die Laune des Verliebten* (entstanden 1767–68, Uraufführung 1779) gehören die *Mitschuldigen* zu den wenigen Texten der Leipziger Zeit, die er, schreibt G. in *Dichtung und Wahrheit*, nicht »dem Feuer übergeben« habe. Die 3. Fassung des Stückes, an dem er »immerfort mit besonderer Liebe besserte«, erschien zuerst im 2. Band seiner *Schriften* (1787).

Die Szene ist ein Wirtshaus; die Personen: der neugierige und profithungrige Wirt, seine Tochter Sophie, die mit dem liederlichen und leichtsinnigen Spieler Söller verheiratet ist, und der junge Edelmann Alcest, den eine frühere Liebschaft mit Sophie verbindet. Burlesker Höhepunkt ist der 2. Akt, der alle Personen nacheinander nachts in Alcests Zimmer führt: Söller, weil er Geld stehlen will, um seine Spielschulden zu bezahlen, den Wirt, weil er neugierig auf den Inhalt eines Briefes ist und Sophie, weil sie ein nächtliches Rendezvous mit Alcest hat. Söller, der Dieb, beobachtet die andern von einem Alkoven aus und kommentiert ihr Verhalten (»Söller beängstigt. Bald geht's zu weit! *Zum Paterre*. Es ist mein großes Glück, daß ihr da unten seid; Da schämen sie sich noch«). Am nächsten Tag kommt es zu wechselseitigen Diebstahlsbeschuldigungen und Mißverständnissen, bis Söller überführt wird, ohne daß damit die anderen ihre Hände in Unschuld waschen könnten. Es bleibt alles beim alten; die brüchige Ordnung ist wieder hergestellt: »Für diesmal wär's vorbei!«, sagt Söller »zum Paterre«.

Die moralische Indifferenz, von G. später in *Dichtung und Wahrheit* von »einem höheren Gesichtspunkt« aus christlich interpretiert, ist Gattungsmerkmal, Merkmal der Farce, der Commedia dell'arte, deren Traditionen der junge G.

aufnimmt und gekonnt handhabt. Für die Farce gilt die Bindung an moralische Normen nicht, die etwa die für die deutsche Aufklärung typische ›sächsische Komödie« kennzeichnet. Dieser Umstand hat die Rezeption der *Mitschuldigen* erschwert, obwohl das Lustspiel G.s »bühnensicherstes, handfestestes Theaterstück ist« (Wolfgang Kayser).

1776
Johann Wolfgang von Goethe
Stella

Stella. Ein Schauspiel für Liebende (5 Akte, Prosa) wurde am 8. 2. 1776 im Hamburger Nationaltheater uraufgeführt (und dann verboten); der erste Druck erschien im gleichen Jahr. Die Konstellation des Stückes – ein Mann zwischen zwei Frauen – war im zeitgenössischen Drama nicht ungewöhnlich (u. a. Lessing, *Miß Sara Sampson*, 1755; Christian Felix Weiße, *Amalia*, 1765), ungewöhnlich war G.s Lösung des Konflikts.

Fernando, ein schwankender, »unbestimmter« Mann wie Clavigo oder Weislingen (im *Götz*), hat vor vielen Jahren die »redliche Hausfrau« Cäcilie und ihre gemeinsame Tochter Lucie verlassen; auch die jüngere Geliebte Stella, die er entführt und mit der er ebenfalls glücklich gelebt hat, konnte ihn nicht halten. Nun führt sie der Zufall oder das Schicksal zusammen, den schwankenden Liebhaber, der nur sich selber treu ist, die »freie Gemüts- und Verstandesheldin« (G.) Cäcilie und Stella, »neben Gretchen die zarteste und freieste aller Liebenden« (Horst Albert Glaser). Die Verwirrung der Gefühle, die Unentschlossenheit, die Flucht-, Entsagungs- und Selbstmordgedanken der Liebenden – dies alles mündet in eine die Wirklichkeit transzendierende, utopische Lösung in Anlehnung an die sagenhafte Geschichte des Grafen von Gleichen (der in Gefangenschaft geratene Kreuzfahrer hatte seine Befreierin mit nach Hause gebracht, wo sie von der ersten Frau gleichberechtigt in eine Ehe zu dritt aufgenommen wurde): »Und ihr Glück und ihre Liebe faßte selig Eine Wohnung, Ein Bett, und Ein Grab.« Es war dieser Schluß des eher undramatischen Stückes, der Entrüstung und Aufführungsverbote auslöste; eine Fassung mit tragischem Ausgang (Selbstmord Stellas und Fernandos) wurde 1806 in Weimar gespielt (Druck 1816).

1776
Friedrich Maximilian Klinger
Die Zwillinge

Das Jahr 1776 bedeutet einen Höhepunkt im dramatischen Schaffen des Sturm und Drang. K. allein legte drei Stücke vor: *Die neue Arria, Simsone Grisaldo* und *Die Zwillinge*. Der Verherrlichung der von unbedingtem Gefühl erfüllten, großen Natur in den beiden ersten Stücken steht eine deutliche Kritik des hemmungslosen Subjektivismus in den *Zwillingen* gegenüber.

K. hatte das Stück für einen von der Ackermannschen Schauspieltruppe (d. h. von Sophie Charlotte Ackermann und ihrem Sohn Friedrich Ludwig Schröder) veranstalteten Dramenwettbewerb geschrieben, an dem auch Johann Anton Leisewitz mit seinem thematisch übereinstimmenden *Julius von Tarent* (1776) teilnahm. K.s Stück errang den 1. Preis und wurde 1776 in Hamburg uraufgeführt. Es basiert auf einem Bericht vom Untergang von zwei Söhnen Herzog Cosimos I. von Florenz im Jahr 1562 (Quelle: Jacques Auguste de Thou: *Historiae sui temporis*, 1604–08).

Im Mittelpunkt des Dramas (5 Akte, Prosa) steht die unbändige Kraftnatur Guelfo. Er fühlt sich gegenüber seinem schwächeren, aber klügeren Bruder Ferdinando benachteiligt, glaubt sich um sein Erstgeburtsrecht betrogen, von seinem Vater zurückgesetzt, ausgestoßen. Er steigert sich immer stärker in seinen Wahn, und als dann die Hochzeit seines Bruders mit Kamilla bevorsteht, um die er früher ebenfalls geworben hatte, erschlägt er, ein zweiter Kain, den Bruder am Morgen der Hochzeit. Ohne Reue, aber auch ohne sein leidenschaftliches Feuer, stellt er sich seinem Vater, verflucht sich und seine Familie; der Vater tötet ihn.

K.s Stück mit dem finster-leidenschaftlichen Helden, dessen innere Unruhe sich auch in seinem Sprachgestus ausdrückt (Kraftwörter, Ausrufe, Satzfetzen usw.), erregte großes Aufsehen. Karl Philipp Moritz beschreibt in seinem autobiographischen Roman *Anton Reiser* (1785–90) die »außerordentliche Wirkung«, die von diesem »schreckliche[n] Stück« ausging.

1776
Johann Anton Leisewitz
Julius von Tarent

L. ist der einzige Dramatiker unter den Dichtern des Göttinger Hains. Sein Trauerspiel *Julius von Tarent* entstand 1774; mit einer überarbeiteten Fassung beteiligte sich L. am Dramenwettbewerb, den die Ackermannsche Schauspieltruppe (d.h. Sophie Charlotte Ackermann und ihr Sohn Friedrich Ludwig Schröder) ausgeschrieben hatte. Neben L. nahmen Klinger (*Die Zwillinge*, 1776) und ein Anonymus – ebenfalls mit einem Brudermorddrama – an dem Wettbewerb teil; der Preis ging an Klinger. L.s Drama (5 Akte, Prosa) wurde am 19. 6. 1776 in Berlin uraufgeführt und im selben Jahr gedruckt. Wie Klinger entnahm L. den Stoff der florentinischen Geschichte des 16. Jh.s (Quelle: Jacques Auguste de Thou: *Historiae sui temporis*, 1604–08).

L. verlegt das Geschehen nach Tarent. Der patriarchalisch regierende Fürst Konstantin, der mit dunklen Vorahnungen seinen Geburtstag begeht, hat mit Julius und Guido zwei Söhne, deren Naturen unvereinbar scheinen: der eine, der Erbprinz Julius, empfindsam, ganz von seinem Gefühl bestimmt, das in der bedingungslosen Liebe zu Blanka seinen höchsten Ausdruck findet; der andere, Guido, der auf Ehre, Tapferkeit und Männlichkeit pocht und davon ausgeht, daß Blanka ihm zukomme – als der »natürliche Preis der Tapferkeit«. Um den Streit aus der Welt zu schaffen, hatte der Vater Blanka in ein Kloster gesteckt. Aber Julius ist nicht bereit zu verzichten, denkt nicht daran, »die Pflicht für das Ganze« über seine Wünsche und Leidenschaften zu setzen. Die Absage an den Staat ist entschieden (»der Staat tötet die Freiheit«). Der aufgeklärten Vernunft seines Freundes und früheren Lehrers Aspermonte ist er nicht zugänglich, für ihn gilt – nach Rousseau – »die Vernunft der Liebe«. Er verschafft sich Zutritt ins Koster, versichert sich der Liebe Blankas und plant ihre Entführung, Einwände, daß »die Glückseligkeit vieler Tausenden« auf ihm gründe, machen keinen Eindruck. Guido erfährt von dem Entführungsplan, stellt sich Julius entgegen und ersticht ihn im Affekt. Blanka wird wahnsinnig. Guido, das Kainsmal auf der Stirn, bittet seinen Vater um Bestrafung; der tötet ihn nach der Beichte. Konstantin, dessen Handlungen sich gegen ihn gewandt haben (»und wer ließ Blanka ins Kloster bringen?«), will abdanken und dem Kartäuserorden beitreten. Die Familientragödie hat Folgen für das Ge-

meinwesen. Das milde patriarchalische Regiment wird abgelöst werden durch »die harte neapolitanische Regierung«.

Das Drama hat mit seinem regelmäßigen Bau und seiner maßvollen Sprache durchaus klassizistische Züge. Doch hinter dieser Rationalität demonstriert L. etwas anderes: die Abdankung der Vernunft zugunsten des absolut gesetzten Gefühls. Bis in die 90er Jahre gehörte *Julius von Tarent* zum Repertoire der Schauspieltruppen. Lessing schätzte das Stück; es war eines der Lieblingsdramen des jungen Schiller.

1776
Jakob Michael Reinhold Lenz
Die Soldaten

L.s »Komödie« bricht – wie schon der *Hofmeister* (1774) – mit dem Muster der satirischen Typenkomödie des 18. Jh.s und setzt ihr eine auf die kritische Darstellung der gesellschaftlichen Wirklichkeit gerichtete Dramenform entgegen: »Ich nenne durchaus Komödie nicht eine Vorstellung die bloß Lachen erregt […]. […] Komödie ist Gemälde der menschlichen Gesellschaft, und wenn die ernsthaft wird, kann das Gemälde nicht lachend werden« (Selbstrezension zum *Neuen Menoza*, 1775). Dem neuen Konzept entspricht eine Abkehr vom aristotelischen Drama und seinen ›Regeln‹: zahlreiche Orts- und Szenenwechsel, fragmentarische Ausschnitthaftigkeit, lange Handlungsdauer. Die von L. praktizierte Dramenform weist voraus auf Georg Büchner und die nichtaristotelische Dramatik des 20. Jh.s.

Das fünfaktige Stück (Prosa) spielt »im französischen Flandern«. Der adelige Offizier Desportes ist aus der Garnisonsstadt Armentières nach Lille gekommen, um Marie Wesener, der Tochter eines Galanteriewarenhändlers, den Hof zu machen. Es gelingt ihm schnell, sie von Stolzius, Tuchhändler in Armentières abzuwenden, mit dem sie so gut wie verlobt ist. Aufstiegswille und erotische Wünsche, verbunden mit einem gewissen Fatalismus, charakterisieren ihre Handlungen. Hoffnungen auf sozialen Aufstieg veranlassen ihren Vater, die Beziehung nachträglich zu billigen und – als Desportes verschuldet die Stadt verläßt – sogar sein Vermögen aufs Spiel zu setzen. In Armentières spielende Szenen dekuvrieren die Rohheit des Offizierskorps. Stolzius begibt sich, Rache im Sinn, in den Dienst des Offiziers Mary, des Vertrauten von Desportes. Mary ist Nachfolger Desportes' bei Marie. Die Gräfin La Roche will Marie retten und zum Verzicht auf ihre wirklichkeitsfremde Träume bewegen, doch Marie verläßt ihr Haus und begibt sich auf die Suche nach Desportes. Während dieser in Armentières seinem Kameraden Mary davon erzählt, daß er Marie seinem Jäger preisgegeben habe, serviert ihm Stolzius eine vergiftete Weinsuppe. Der ruinierte Wesener trifft auf dem Weg nach Armentières seine halbverhungerte Tochter. Mit wenig Realitätssinn kommentieren in der letzten Szene der Obrist Graf von Spannheim und die Gräfin La Roche das Geschehen und das Problem der Ehelosigkeit der Offiziere mit seinen zerstörerischen Folgen für das Bürgertum (Spannheims absurder Reformvorschlag: »eine Pflanzschule von Soldatenweibern«).

L.s Gesellschaftsgemälde zeigt einen krisenhaften Zustand (sowohl innerhalb der Stände als auch in ihrem Verhältnis zueinander). Es ertönt freilich kein Aufruf zur Revolution; Stolzius übt private Rache. Gedanken über eine Militärreform machte sich L. gleichzeitig mit den *Soldaten* in der Schrift *Über die Soldatenehen* (Erstdruck 1913), die – im Einklang mit der bürgerlich-aufklärerischen Kritik am Militärsystem des Absolutismus – ein Bürgerheer fordert und den vergangenen Zeiten nachtrauert, »da der Soldat auch zugleich Bürger war«.

Heinar Kipphardt legte 1968 eine aktualisierende Bearbeitung der *Soldaten* vor; Bernd Alois Zimmermanns Oper *Die Soldaten* (Uraufführung Köln 1965) basiert auf L.s Text.

Doch als er sich in Ingolstadt in Mariane, die Tochter des Hofrats Fischer, verliebt, gerät er in den Zwiespalt zwischen irdischer Liebe und seinem Gelübde, der sich in tiefer Todessehnsucht äußert. Mariane ist freilich schon einem anderen versprochen, verweigert jedoch die Heirat und wird in ein Kloster gesteckt: gerade dann, als Siegwart sich gegen das geistliche Leben und für die Liebe zu Mariane entschieden hat. Er sucht sie. Ein Entführungsversuch scheitert; er glaubt sie tot und wird Ordenspriester, wobei nun das Ordensleben, das am Anfang in einem idealisierenden Licht gezeigt wurde, seine finsteren Seiten enthüllt. Als man Siegwart eines Tages als Beichtvater zu einer sterbenden Nonne ruft, erkennt er Mariane. Er stirbt über ihrem Grab: »Die Nacht drauf begrub man ihn. Die beyden Märtyrer der Liebe ruhten bey einander.«

M.s »Klostergeschichte« nimmt die empfindsamen Tendenzen der europäischen Literatur auf (Richardson, Rousseau, Edward Young, Goethes *Werther* usw.) und trivialisiert sie, wobei dank einer übermäßig gesteigerten Sensibilität bei freudigen wie bei traurigen Anlässen sehr viel geweint wird. Erfolg und Wirkung des Romans beruhen nicht zuletzt auf dieser empfindsamen Seelenhaltung mit ihrer Tränenseligkeit, ihrer Melancholie und ihrem lustvollen Verharren im Schmerz. Das sich ausbreitende Siegwartfieber hat man als »eine Banalisierung des Wertherfiebers« bezeichnet (Martin Greiner).

1776
Johann Martin Miller
Siegwart. Eine Klostergeschichte

Im Vorbericht zu seinem empfindsamen Roman betont M., daß der Dichter »hauptsächlich auf das Herz seiner Leser Rücksicht nehmen« sollte: »Dadurch bahnt er sich am leichtesten den Weg zum Unterricht und zur Belehrung. Wer Empfindungen erhöht und bessert, der erreicht gewiß einen eben so erhabnen Zweck, als der, welcher blos für den Verstand sorgt.«

Der Roman (mehr als 1000 kleinformatige Seiten in zwei, in späteren Auflagen drei Teilen) erzählt die Geschichte Xaver Siegwarts, Sohn eines schwäbischen Amtmanns, der eine leicht erregbare Phantasie besitzt und sich nach einem Besuch in einem Kapuzinerkloster zum geistlichen Leben berufen glaubt. Er besucht die Piaristenschule (Ordensschule) in Günzburg, schließt Freundschaften und enttäuscht die Hoffnungen eines Mädchens, das dann im Kloster stirbt.

1776
Heinrich Leopold Wagner
Die Kindermörderin

Im selben Jahr wie die *Kindermörderin*, Trauerspiel in sechs nicht weiter untergliederten Akten (Prosa), erschien auch W.s Übersetzung von Louis-Sébastien Merciers Schrift *Du Théâtre ou Nouvel essai sur l'art dramatique* (1773; *Neuer Versuch über die Schauspielkunst*, 1776), ein gegen den Klassizismus gerichtetes Plädoyer für ein alle Aspekte der sozialen Wirklichkeit einbeziehendes bürgerliches Theater. In der Milieuzeichnung liegt denn auch die bedeutende Leistung der *Kindermörderin*, die – wie W. später schrieb – »nicht für die Bühne, sondern fürs Kabinet, für denkende Leser« bestimmt war. Gleichwohl wurde das Stück 1777 in Preßburg gespielt.

Der Leutnant von Gröningseck wohnt im Haus des aufrechten Straßburger Metzgermeisters Humbrecht. In seiner Abwesenheit nehmen Frau Humbrecht und ihre Tochter Evchen eine Einladung des Leutnants zu einem Ball an. Der Abend endet für die nichtsahnenden Frauen in einem Bordell (hier beginnt das Stück). Der Leutnant betäubt die Mutter mit einem Schlaftrunk, vergewaltigt die Tochter und verspricht der Verzweifelten die Ehe. Daß er das Versprechen ernst meint, will seinen standesbewußten Regimentskameraden nicht in den Sinn (und die Wandlung des brutal-zynischen Offiziers zu einem Musterbild von Tugend und Treue ist in der Tat die Schwachstelle des Stückes). Leutnant von Hasenpoth nutzt die Abwesenheit von Gröningsecks und schreibt Evchen einen gefälschten Absagebrief. Aus Furcht vor der Schande flieht Evchen, die bisher ihre Schwangerschaft verheimlicht hat, aus dem Elternhaus und bringt ihr Kind bei Frau Mathan, einer Wäscherin, zur Welt. Evchen erfährt, daß ihre Mutter gestorben ist und ihr Vater eine Belohnung für ihr Auffinden ausgesetzt hat. Sie schickt Frau Mathan zu ihrem Vater, um ihr die Belohnung zukommen zu lassen. In einem Anfall von Wut und Verzweiflung tötet sie ihr Kind. Ihr Vater und der ahnungslose von Gröningseck kommen zu spät, können nur noch versuchen, das drohende Todesurteil für die Kindsmörderin zu verhindern.

Goethe, der W. mit seinen Faustplänen bekanntgemacht hatte, sprach später von einem Plagiat. Doch der Vorwurf ist nicht haltbar, denn W. konzentriert sich allein auf den gesellschaftlichen, den sozialkritischen Aspekt des im Sturm und Drang häufig behandelten Themas. Nachdem Karl Lessing eine weitgehend entschärfte Fassung angefertigt hatte, legte W. selbst eine Neubearbeitung unter dem Titel *Evchen Humbrecht oder Ihr Mütter merkts Euch* vor, die 1778 in Frankfurt a.M. aufgeführt und 1779 gedruckt wurde. Der ›anstößige‹ 1. Akt wurde – wie schon bei Lessing – gestrichen, kein Kindsmord, Happy end. Peter Hacks suchte in seiner Bearbeitung von 1963 die Anklage des Stückes ins Politische zu wenden.

1776
Johann Carl Wezel
Belphegor, oder die wahrscheinlichste Geschichte unter der Sonne

Während sich W.s erster Roman (*Lebensgeschichte Tobias Knauts, des Weisen, sonst der Stammler genannt*, 1773–76) an Laurence Sternes *Tristram Shandy* (1759–67, dt. 1763–67) orientiert, läßt sich der darauf folgende, 1776 in zwei Bänden erschienene *Belphegor* als Gegenstück zu Voltaires *Candide oder Der Optimismus* (1759, dt. 1776) verstehen: eine bittere Satire auf die menschliche Gesellschaft und die Leibniz-Wolffsche beste aller möglichen Welten.

Die Leidensgeschichte des Helden, des idealistischen deutschen Jünglings Belphegor, beginnt mit zwei Fußtritten: »»Geh zum Fegefeuer mit deinen Predigten, Wahnwitziger!‹ rief die schöne Akante mit dem jachzornigsten Tone und warf den erstaunten, halb sinnlosen Belphegor nach zween wohlabgezielten Stößen mit dem rechten Fuß zur Thüre hinaus.« Er zieht in die Welt, wobei ihm gleich zu Anfang sein idealistischer Einsatz für Recht und Gerechtigkeit mit schweren Körperverletzungen gedankt wird; nur durch Zufall entgeht er dem Galgen. Das weitere Geschehen führt Belphegor und seine Freunde Fromal und Medardus, die sich wiederholt verlieren und treffen, durch die ganze Welt (Türkei, Afrika, Persien, Tatarei, Amerika); auch Akante, die frühere Geliebte Belphegors, die ihre Karriere in Harems und Serails mit starken Verstümmelungen durch neidische Nebenbuhlerinnen bezahlen muß, taucht immer wieder auf. Alle Ereignisse, die den Helden wiederfahren, illustrieren die von Belphegor bis zuletzt bestrittene Einsicht, daß »Neid und Vorzugssucht« die Menschen regieren, daß die Menschen »eine Heerde Raubthiere« sind, »die Eigennutz, Herrschsucht, Neid ewig zusammenhetzet [...], durch ihre natürlichen Anlagen, durch die Oekonomie ihres Wesens zum immerwährenden Kriege bestimmt.« Zur Bekräftigung der These vom Krieg aller gegen alle dienen neben der (etwas monoton wirkenden) Häufung von Katastrophen allegorische Einschübe und Diskussionen mit den Freunden, deren fatalistische Auffassung Belphegor jedoch nicht zu teilen vermag. Am Schluß steht, nach dem Tod Akantes, eine an Voltaire orientierte, resignierte Idylle in Nordamerika mit etwas Landwirtschaft (und einer Reihe von Sklaven), bis die Nachricht vom amerikanischen Unabhängigkeitskrieg Belphegors Enthusiasmus aufs neue erweckt – mit ungewissem Ausgang.

Wieland fand »beynahe kein wahres Wort« an der »ganzen Menschenfeindlichen Theorie« W.s, Arno Schmidt dagegen stellte die Satire in die Tradition von Jonathan Swifts *Gullivers Reisen* (1726, dt. 1727–28) und Voltaires *Candide* und rühmte sie als das »dritte dieser alten Bücher des ehrwürdigsten Gott-, Welt- und Menschenhasses« (*Belphegor, oder Wie ich euch hasse*, 1961).

1777
Friedrich Maximilian Klinger
Sturm und Drang

Das Drama (5 Akte, Prosa), das der ganzen Literaturströmung den Namen gab, erschien im Frühsommer 1777, obwohl der Druck die Jahreszahl 1776 trägt. Die Uraufführung fand am 1. 4. 1777 in Leipzig durch die Schauspieltruppe Abel Seylers statt, als deren Theaterdichter K. seit Herbst 1776 fungierte. Das Stück sollte eigentlich den (passenderen) Titel *Wirrwarr* tragen, doch K. ließ sich von Christoph Kaufmann, der mit einem Empfehlungsschreiben Johann Caspar Lavaters als ›Apostel der Geniezeit‹ herumreiste, zu *Sturm und Drang* überreden. K. nannte das »Schauspiel« – so die Gattungsbezeichnung – »das liebste und wunderbarste was aus meinem Herzen geflossen ist«: »Ich hab die tollsten Originalen zusammengetrieben. Und das tiefste tragische Gefühl wechsel immer mit Lachen und Wiehern.« (Die zeitgenössischen Kritiker wünschten K. »mehr kühles Blut«.)

Die Handlung zeigt Parallelen zu Shakespeares *Romeo und Julia*. Ort des Geschehens ist Nordamerika; die Freiheitskriege dienen als romantische Kulisse (nicht als politisch signifikanter Hintergrund). In einem Gasthof treffen drei europamüde Abenteurer mit den sprechenden Namen Wild, La Feu und Blasius ein: der ungestüme Abenteurer, der Galante (Parodie auf die Schäfer- und Feendichtung), der apathische Melancholiker. Sie erscheinen, jedenfalls zeitweise, als Segmente einer einzigen Person. Im Gasthaus treffen sie auf den aus Schottland stammenden alten Lord Berkley, seine Tochter Jenny Caroline und andere Familienmitglieder. Beziehungen spinnen sich an; Wild erkennt in Jenny Caroline seine lang gesuchte Geliebte. Er selber ist Carl Bushy aus einem mit den Berkleys verfeindeten schottischen Geschlecht. Das Geschehen scheint auf eine Katastrophe zuzuführen, doch als einige totgeglaubte Opfer der blutigen Familienfehde wieder auftauchen (Berkleys Sohn, der alte Lord Bushy), kommt letztlich doch noch – dank der Liebe – eine Versöhnung zustande. Geglückte Selbstverwirklichung und Versöhnung statt Scheitern und Untergang der Gefühls- und Kraftmenschen – damit setzt K. einen neuen Akzent in der Dramatik des Sturm und Drang.

1777–1817
Johann Heinrich Jung(-Stilling)
Lebensgeschichte

Die Autobiographie J.s erschien in sechs Teilen: *Henrich Stillings Jugend. Eine wahrhafte Geschichte*, hrsg. von Goethe (1777), *Jünglings-Jahre* (1778), *Wanderschaft* (1778), *Häusliches Leben* (1789), *Lehr-Jahre* (1804), *Alter* (1817, Fragment). Die Lebensgeschichte ist in der dritten Person erzählt; J. nennt sich Henrich Stilling, doch daß es seine »eigene Geschichte« sei, wisse jedermann, schreibt er im *Rückblick auf Stillings bisherige Lebensgeschichte* (1804).

Die ersten beiden Teile schildern anschaulich seine Kindheit und Jugend im Siegerland, wo er in äußerst einfachen Verhältnissen im Haus seines Großvaters (Kohlenbrenner) aufwuchs, und zwar so isoliert, »daß er im siebenten Jahr seines Alters noch keine Nachbars Kinder, wohl aber eine ganze Reihe schöner Bücher kannte«. Er lernt das Schneiderhandwerk; Versuche, einen seinen geistigen Fähigkeiten eher entsprechenden Beruf zu finden, scheitern regelmäßig. Auf seiner »Wanderschaft« arbeitet er als Schneider und Hauslehrer, bis er Gelegenheit erhält, in Straßburg Medizin zu studieren: »Nun wußte er seine Bestimmung.« In Straßburg machten Goethe, Lenz, Stilling u. a. »jetzt so einen Zirkel aus, in dem es jedem wohl ward, der nur empfinden kann was schön und gut ist. Stillings Enthusiasmus für die Religion hinderte ihn nicht, auch solche Männer herzlich zu lieben, die freyer dachten als er, wenn sie nur keine Spötter waren.« Nach dem Studium nimmt er, inzwischen verheiratet, seine Praxis als Augenarzt in Elberfeld auf. Die folgenden Teile der Lebensgeschichte erzählen von der ärztlichen Praxis und von seiner Tätigkeit als Professor der Kameralwissenschaften in Kaiserslautern, Heidelberg und Marburg, bis ihm 1803 der Kurfürst von Baden die Möglichkeit bot, sich allein der Erbauungsschriftstellerei zu widmen.

Zeichnen sich die ersten Teile durch besondere Anschaulichkeit und Lebendigkeit aus, durch eine stimmungsvolle Verbindung von poetischer Verklärung und wirklichkeitserfüllter Beschreibung, so dominiert in den späteren Teilen die erbauliche Zielsetzung. Die Nähe zum Pietismus ist deutlich (Selbstanalyse, Erweckungserlebnisse, Hinweise auf Gottes Führung, erbauliche Intention), wenn man ihm dort auch seine literarischen Neigungen übelnahm. J. kritisierte rückwirkend die Darstellung seiner Jugendgeschichte

(»allerley Verzierungen«), in der er die religiöse Perspektive vermißte. Um so nachdrücklicher betonte er sie später: Sein ganzes wechselvolles Leben – die Prügel seines Vaters wie die verschiedenen Stationen seines beruflichen Wirkens – stellt er als das Ergebnis göttlicher Führung und Vorsehung dar.

Vor allem die Geschichte der Kindheit und Jugend, die J.s von Goethe gerühmte Erzählergabe dokumentiert, gehört zu den bedeutendsten autobiographischen Zeugnissen des 18. Jh.s.

1778, 1789
Gottfried August Bürger
Gedichte

B. stand den Dichtern des Göttinger Hains nahe. Er publizierte wie sie im *Göttinger Musenalmanach*, den er von 1778 an auch herausgab. Hier erschien 1774 sein berühmtestes Gedicht, die *Lenore*. Die 1. Sammlung seiner Gedichte stellte er 1778 zusammen, eine 2. 1789. Er empfing Anregungen von Thomas Percys *Reliques of Ancient English Poetry* (1765); Herders Ossian-Aufsatz (1773) und Goethes *Götz* (1773) bestätigten ihn in seiner Auffassung von Volksdichtung, die in den Vorreden zu den beiden Gedichtsammlungen und dem programmatischen *Herzensausguß über Volks-Poesie* (*Aus Daniel Wunderlichs Buch*, 1776) ihren Niederschlag fanden: Poesie solle »volksmäßig« sein, wobei »Popularität« für ihn Anschaulichkeit und Leben »für unser ganzes gebildetes Volk, – Volk! nicht Pöbel!« heißt. Nur in diesem Sinn gilt: »Popularität eines poetischen Werkes ist das Siegel seiner Vollkommenheit.«

B.s bedeutendste Leistungen liegen auf dem Gebiet der Ballade, in der sich der »Geist der Popularität« am ehesten manifestiert. Mit der *Lenore* leistet er den entscheidenden Beitrag zur Entstehung der deutschen Kunstballade; ihr folgen u. a. die Balladen *Der Raubgraf, Lenardo und Blandine, Der wilde Jäger* oder *Des Pfarrers Tochter von Taubenhain*, Texte, die Motive aus der Volksüberlieferung und aus dem Volksglauben verarbeiten (Gespensterritt, Geisterunwesen, der wilde Jäger usw.) und durch ihre lebendige, leidenschaftlich erregte, auf emotionale Wirkung zielende Ausdrucksweise den Eindruck von Unmittelbarkeit und Spontaneität hervorrufen und dabei grelle Effekte nicht verschmähen. Auch die virtuose Verwendung der vertrauten Sprache der Bibel und des Kirchenlieds dient der ›Volkstümlichkeit‹. Neben den Schauer- und Gespensterballaden stehen stärker moralisierende (*Das Lied*

vom braven Manne) oder komisch-humoristische Texte (*Die Weiber von Weinsberg, Der Kaiser und der Abt*).

Das Gespensterwesen oder -unwesen in B.s Balladen signalisiert keine antiaufklärerische Tendenz, sondern dient vielmehr häufig »der aufklärerischen Kritik an feudal-absolutistischer Gewaltherrschaft«: »Immer wieder erscheinen in den Balladen Gespenster der Verzweiflung und der Rache (der gefallene Soldat, die hingerichtete Kindermörderin), Opfer einer angeblich aufgeklärten Gesellschaftsordnung« (Andreas Huyssen). B.s politische Lyrik, neben den Balladen seine bedeutendste dichterische Leistung, ist von aggressiver Radikalität (*Der Bauer. An seinen Durchlauchtigen Tyrannen*). Was Schiller in seiner verständnislosen Rezension von B.s Gedichten in der *Jenaischen Allgemeinen Literaturzeitung* (1791) aus klassizistisch-idealistischer Sicht kritisierte – fehlende Idealisierung, Anpassung an die »Fassungskraft des großen Haufens«, statt sich um den »Beifall der gebildeten Klasse« zu bemühen, usw. – macht gerade ihre Stärke aus. Heinrich Heine schrieb in der *Romantischen Schule* (1835) über den von einer »Aristokratie von hannövrischen Junkern und Schulpedanten zu Tode« gequälten Dichter: »Der Name ›Bürger‹ ist im Deutschen gleichbedeutend mit dem Worte citoyen.«

1778
Maler Müller (Friedrich M.)
Fausts Leben dramatisiert

M. beschäftigte sich zur gleichen Zeit wie Lessing und Goethe mit dem Fauststoff. Die Veröffentlichung von 1778 enthält nur den ersten von fünf Teilen (die anderen Teile und eine ebenfalls ungedruckte metrische Fassung sind handschriftlich erhalten); schon vorher hatte M. die dramatische Skizze *Situation aus Fausts Leben* (1776) publiziert (Faust, auf der Höhe seines irdischen Glücks, wird von Mephistopheles daran erinnert, daß die Hälfte der Vertragszeit abgelaufen ist).

Fausts Leben dramatisiert (Prosa, einige Szenenschlüsse in Versform) beginnt mit einer Versammlung der höllischen Geister, die einen »Generalbankerut« beklagen und ihre Tätigkeit vorübergehend einstellen wollen, da sie auf der Welt »keinen einzigen großen Kerl« mehr finden können. Mephistopheles verweist jedoch auf den Doktor Faust, und die Teufel beschließen, ihm solche materiellen Schwierigkeiten zu bereiten, daß er sie um Hilfe anruft. In breiten, bunten

Volksszenen gerät Faust gelegentlich in den Hintergrund. Als er im Spiel sein letztes Geld verliert, wird ihm in Bildern vor Augen gestellt, was er durch ein Teufelsbündnis zu gewinnen hat: Reichtum, Macht, sinnlichen Genuß (»man sieht Mädchen in wollüstigen Gruppen überm Kanapee«), Ruhm. Sein Vater, der in einer Vision die Gefährdung seines Sohnes erkannt hat, mahnt vergeblich. Faust beschwört um Mitternacht die Teufel (Szene: »Dunkler Wald. Kreuzweg«). Er sinkt in den Schlaf. Mephistopheles: »Jetzt sollen die Bilder die über dir aufgehen, völlig deine Sinne befesseln, dich ausrüsten zum schwarzen Bund mit mir – so bring ich dich hinab und stell dich vor Luzifers dunklen Thron.« Mit diesem Monolog des Mephistopheles endet der erste Teil des Dramas. Den Unterschied zu Goethes Konzeption formuliert Gerhard Kaiser: »Goethes Faust will alles sein, Müllers Faust will alles haben.«

1778–79
Johann Gottfried Herder
Volkslieder

In H.s *Auszug aus einem Briefwechsel über Oßian und die Lieder alter Völker* (*Von Deutscher Art und Kunst*, 1773) findet sich zum erstenmal der Begriff Volkslied. H. übernahm ihn aus dem Englischen (»popular song«), aus Thomas Percys dreibändiger Sammlung alter englischer Lieder und Balladen (*Reliques of Ancient Englisch Poetry*, 1765). Angeregt von diesem Vorbild rief H. zur Sammlung deutscher Volkslieder auf.

Eine erste Sammlung hatte H. schon 1773 abgeschlossen und 1775 zum Druck gegeben, sie jedoch wieder zurückgezogen. Die *Volkslieder* erschienen dann 1778–79 in zwei Teilen. Allerdings enthalten sie nicht nur »Lieder des Volks«, sondern Volkspoesie in einem weiteren Sinn: H. bezeichnet Homer und Dante als die größten »Volksdichter« ihrer Nationen. So stehen neben anonymen deutschen, englischen, spanischen, estnischen oder litauischen Volksliedern und Balladen Texte von Homer, Shakespeare, Martin Opitz, Simon Dach (»Ännchen von Tharau«), Goethe oder Matthias Claudius (dessen *Abendlied* er aufgenommen habe, um »einen Wink zu geben, welches Inhalts die besten Volkslieder sein und bleiben werden«).

Nach H.s Tod erschien eine revidierte Ausgabe unter dem berühmt gewordenen Titel *Die Stimmen der Völker in Liedern* (1807). Sein Beispiel wirkte unmittelbar auf Goethe und Bürger; aber

auch noch die große Sammlung »Alter deutscher Lieder« von Achim von Arnim und Clemens Brentano (*Des Knaben Wunderhorn*, 1805–08) nimmt, wenn auch auf Deutsches verengt, Anregungen H.s auf.

1778–80
Georg Forster
Reise um die Welt

F. nahm als Assistent seines Vaters Johann Reinhold F. an der zweiten Weltumsegelung von James Cook teil (1772–75). J. R. F. war als Naturforscher engagiert worden. Nach der Rückkehr kam es zum Streit mit der Admiralität über die Veröffentlichung des offiziellen Reiseberichts. Daraufhin schrieb G. F. auf der Grundlage des Tagebuchs seines Vaters in nur acht Monaten in englischer Sprache eine eigene Reisebeschreibung (*A voyage round the world*, 1777). Er kam damit der offiziellen Publikation Cooks um sechs Wochen zuvor (*A voyage towards the South Pole, and round the World,* 1777). An der deutschen Fassung, erschienen 1778–80, war neben den Forsters auch der wegen Unterschlagung nach England geflohene Rudolf Erich Raspe beteiligt, der später eine englische Übersetzung der Lügengeschichten von Baron Münchhausen vorlegte (vgl. Gottfried August Bürger: *Münchhausen*, 1786).

Die neue Art des wissenschaftlichen Reisens, die im 18. Jh. die Entdeckungsfahrten alten Stils ablöste, führt zu einer neuen Art der Reisebeschreibung: Gefordert sei, so F., »eine *philosophische Geschichte der Reise*«, die möglichst frei von Vorurteilen »Entdeckungen in der Geschichte des Menschen, und in der Naturkunde überhaupt, ohne Rücksicht auf willkührliche Systeme, blos nach allgemeinen menschenfreundlichen Grundsätzen« darstellt. Aus Beobachtung und Erfahrung gewonnene Erkenntnisse sollten mit den Ideen der Aufklärung in Verbindung gebracht, Gesetzmäßigkeiten erforscht werden. Das Interesse richtet sich vor allem auf den Menschen, auf seine Lebensverhältnisse und auf die Gesellschaftsformen. So entwickelt F. aus der Begegnung mit den verschiedenen Kulturen in der Südsee Vorstellungen von einer Stufenfolge gesellschaftlicher Organisationsformen. Seine Darstellung von Tahiti, ein Höhepunkt des Buchs, die durch frühere Reiseberichte ausgelöste Südseeromantik noch verstärkte, zeichnet daher keineswegs das Bild eines ungeschichtlichen paradiesischen Zustands. Zwar ist auch F., wie zuvor Louis-Antoine de Bougainville (*Voyage autour du monde*, 1771, erw. 1772; dt. 1783), tief beeindruckt von der Schönheit und dem Reichtum der Natur, dem günstigen Klima und der Anmut und naiven Sittlichkeit der Bewohner, aber er erkennt auch die feudale Struktur der Gesellschaft, Ungleichheit, Schmarotzertum und Prostitution. Die gesellschaftliche Entwicklung, so sieht er am Beispiel Tahitis, unterliegt einer geschichtlichen Gesetzmäßigkeit, die schließlich – wenn der Druck zu stark wird und »das Gefühl der gekränkten Rechte der Menschheit« in den Unterdrückten erwacht – zur Revolution führt: »Dies ist der gewöhnliche Cirkel aller Staaten.« Dieser Prozeß mag, so befürchtet F., durch die Begegnung mit den Europäern noch beschleunigt werden. Der nähere Blick auf die schon vom Untergang bedrohte Südsee-Idylle führt zur Kritik an der europäischen Zivilisation: »Es ist würklich im Ernste zu wünschen, daß der Umgang der Europäer mit den Einwohnern der Süd-See-Inseln in Zeiten abgebrochen werden möge, ehe die verderbten Sitten der civilisirtern Völker diese unschuldigen Leute anstecken können, die hier in ihrer Unwissenheit und Einfalt so glücklich leben. Aber es ist eine traurige Wahrheit, daß Menschenliebe und die politischen Systeme von Europa nicht mit einander harmoniren!«

Die Reisebeschreibung machte F. berühmt. Wieland hob ihren hohen literarischen Rang hervor, Alexander von Humboldt sah mit ihr »eine neue Ära wissenschaftlicher Reisen« beginnen, und Friedrich Schlegel erkannte hier schon den Keim für »jenes freie Streben«, das F.s weitere Entwicklung charakterisierte.

1778–81
Theodor Gottlieb von Hippel
Lebensläufe nach aufsteigender Linie

H. konzipierte seinen umfangreichen Roman auf fünf Teile; nur drei (in 4 Bänden) erschienen. Die *Lebensläufe*, »ein Werk von irritierender Formlosigkeit« (Jürgen Jacobs), in dem die Subjektivität des erzählenden Ichs mit seinen Assoziationen und Reflexionen die eigentliche Handlung zu überdecken droht, sind ohne das Vorbild von Laurence Sternes *Tristram Shandy* (1759–67; dt. 1763–67) nicht denkbar.

Alexander, der Ich-Erzähler, ist der Sohn eines kurländischen Geistlichen. Sprach- und Klassikerstudien, aber auch Kriegsspiele – Alexander spielt den Part seines antiken Namensvetters – bestimmen die Kindheit. Seine Jugendliebe ist Wilhelmine (Minchen). Bevor Alexander zum Theologiestudium nach Königsberg abreist, rettet er Albertine von W. (Tinchen), die Tochter eines adeligen Gutsherrn aus der Nachbarschaft, vor dem Ertrinken. Ein gewissenloser Landadeliger sucht Minchen zu seiner Geliebten zu machen; sie flieht vor seinen Nachstellungen zu Verwandten, doch die Anstrengungen bringen ihr den Tod. Alexander kann nur noch zu ihrem Begräbnis kommen, wo er auch den »Sterbegrafen« trifft, der vom Gedanken des Todes besessen ist, gelegentlich in Särgen schläft, seine Bücher schwarz einbindet und Sterbende in sein Haus aufnimmt, um durch ihre genaue Beobachtung das Geheimnis des Todes zu ergründen. Alexander geht jetzt nach Göttingen, um die »Kriegskunst« zu studieren. Nach dem Tod seiner Eltern tritt er in russische Dienste, zeichnet sich aus und zieht sich – geadelt – auf sein livländisches Landgut zurück, das ihm die Zarin geschenkt hat. Außerdem erfährt er, daß er ohnehin adeliger Abstammung ist, so daß einer Heirat mit Tinchen nichts mehr im Wege steht. Allerdings bleibt eine mystische Verbindung zur ersten Geliebten bestehen; Tinchen tritt in die Rolle ihrer Vorgängerin: »Ich liebte Minen in Tinen« (und Tinchen bittet bald, mit dem Namen ihrer Vorgängerin gerufen zu werden). Der Tod, der in dem ganzen Roman eine große Rolle spielt, rafft am Ende des 3. Teils Leopold, das einzige Kind Tinchens und Alexanders, hin. Die fehlenden Teile 4 und 5 sollten die Lebensläufe von Alexanders Vater und Großvater enthalten.

»Eine Erzählung, der man das Studirte, das Geflissene, das Geordnete ansieht, ist unausstehlich. – So wie es in der Welt geht, so muß es auch in der Geschichte gehen. – Bald so, bald so.« Mit diesen Worten begründet H. die ›Formlosigkeit‹ seines Romans, der verschiedene Lebensläufe ineinander schachtelt und diese wieder häufig durch Reflexionen, Exkurse, Predigten, Briefe oder Tagebuchaufzeichnungen unterbricht. Dabei drängt sich das erzählende Ich mit seinen Gefühlen und Gedanken in den Vordergrund, während die Welt (des Absolutismus) als Chaos erfahren wird, aus der nur Tod oder Liebe einen Ausweg bieten. H.s Erzählmanier, seine Vorliebe für eigenwillige Wendungen, Vergleiche und Bilder weisen voraus auf Jean Paul, der in der *Vorschule der Ästhetik* (1804) H.s »Witz« lobend hervorhebt.

1779
Friedrich Traugott Hase
Gustav Aldermann

Das anonym erschienene Werk trägt die Gattungsbezeichnung »Ein dramatischer Roman«. Mit ihm unternimmt H., der wahrscheinliche Verfasser, den Versuch, den vorherrschenden Romantypen (moralisch-empfindsamer Roman, komisch-realistischer bzw. satirischer Roman) einen ›mittleren‹, psychologisch-realistischen Roman entgegenzusetzen. Ausgesprochen experimentelle Züge hat die Form des Werkes, die auf eine neutrale, standortlose Darstellung zielt (und damit weit in die Zukunft weist). *Gustav Aldermann* ist ein konsequent durchgeführter Dialogroman (die Rezension im *Teutschen Merkur* spricht von einem »Schauspiel in zwei Bänden für Leser«), mit Ortsangaben, Regieanweisungen und einigen wenigen Zeitangaben (»Hier ist ein Zwischenraum in der Geschichte von wenigstens vier Jahren«). Alle anderen Informationen muß der zu Kombinationen bereite Leser aus den Gesprächen oder Gesprächsfragmenten erschließen. Theoretisch vorbereitet wurde der Dialogroman durch Johann Jakob Engel (*Über Handlung, Gespräch und Erzählung*, 1774); auch in Friedrich von Blanckenburgs *Versuch über den Roman* (1774) wird die Möglichkeit diskutiert, »den Roman so dramatisch zu machen, als möglich«.

Der Held, Gustav Aldermann, wird auf eine Beamtenkarriere im Fürstenstaat vorbereitet. Schon im Alter von zwölf Jahren hat er »eine Ambition, die über alles geht«. Er studiert in Göttingen, findet Zugang zu angesehenen Familien, verliebt sich in die schwärmerische Amalie, Tochter eines Kriegsrates, bindet sich aber nicht fest. Nach einigen Umwegen gelangt er schließlich in die Residenzstadt Mainburg als Sekretär von Graf Wallendorf, einem Günstling des Regenten. Erfahrung zeigt ihm, daß Redlichkeit und Karriere nicht zu vereinbaren sind. So schlägt er seine Gegner rücksichtslos mit ihren eigenen Waffen und steigt rasch auf. Er erhält das Vertrauen des Fürsten, wird geadelt und vermag sogar, seinen früheren Gönner Graf Wallendorf zu stürzen. Doch auch ihm, der »Ambition« über »Herz« und »Redlichkeit« gestellt hat, ergeht es nicht besser. Er wird »aus dem Bette weg« verhaftet.

Das formale Experiment zeigt zugleich ein lebendiges Gesellschaftsbild (Beamtenadel, höheres Bürgertum, Hof): »Mit Hilfe der Dialogform läßt der Verfasser diese Gesellschaft sich selbst porträtieren, unvoreingenommen, sachlich, ten-

denzlos« (Eva D. Becker). *Gustav Aldermann*, beachtet von der Kritik, war kein Publikumserfolg. Mit *Friedrich Mahler* folgte 1780 ein weiterer Dialogroman H.s. Neben H. experimentierten August Gottlieb Meissner (*Alcibiades*, 1781–88) und Johann Jakob Engel (*Herr Lorenz Stark*, 1795–96) mit dieser Form.

1779
Gotthold Ephraim Lessing
Nathan der Weise

L., seit 1770 Bibliothekar in Wolfenbüttel, hatte 1774 begonnen, eine Reihe von *Fragmenten eines Ungenannten* aus der ungedruckt gebliebenen *Apologie oder Schutzschrift für die vernünftigen Verehrer Gottes* des 1768 verstorbenen Hamburger Gymnasiallehrers Hermann Samuel Reimarus zu veröffentlichen und zu kommentieren. Reimarus, Vertreter der natürlichen Gotteserkenntnis des Deismus, unterzog darin den christlichen Offenbarungsbegriff einer radikalen Kritik. Das theologische Streitgespräch, das L. mit diesen Veröffentlichungen in Gang setzen wollte, nahm mit dem Eingreifen des orthodoxen Hamburger Hauptpastors Johann Melchior Goeze 1777 einen polemischen Charakter an und führte schließlich dazu, daß der Braunschweiger Herzog 1778 L.s Zensurfreiheit aufhob und die Fortführung der Kontroverse untersagte. Darauf L. 1778 an Elise Reimarus: »Ich muß versuchen, ob man mich auf meiner alten Kanzel, auf dem Theater wenigstens, noch ungestört will predigen lassen.« Und er erinnerte sich an einen älteren Entwurf für ein Schauspiel, »dessen Inhalt eine Art von Analogie mit meinen gegenwärtigen Streitigkeiten hat, die ich mir damals wohl nicht träumen ließ.« Der Entwurf basierte auf der 3. Geschichte des 1. Tages von Giovanni Boccaccios *Decamerone* (um 1350): »Der Jude Melchisedech entgeht durch eine Geschichte von drei Ringen einer großen Gefahr, die ihm Saladin bereitet hat.« – L.s »Dramatisches Gedicht in fünf Aufzügen« erschien 1779. Sein Vers, der ungereimte fünfhebige Jambus (Blankvers), schon vorher von Wieland u. a. verwendet, wurde durch den *Nathan* zum klassischen deutschen Dramenvers.

Das Stück spielt Ende des 12. Jh.s in Jerusalem während eines Waffenstillstands zwischen den Kreuzfahrern und Sultan Saladin. Als der reiche Jude Nathan von einer Geschäftsreise zurückkehrt, erfährt er, daß ein Kreuzritter seine Pflegetochter Recha vor dem Feuertod bewahrt hat. Dieser Ritter war von Saladin begnadigt worden, weil er ihn an seinen toten Bruder Assad erinnerte. Nathan gelingt es, den bisher abweisenden Kreuzritter in sein Haus zu bringen; auf der anderen Seite wird er von dem in Geldnöten befindlichen Sultan und seiner Schwester Sittah an den Hof gebeten und beantwortet die als Probe seiner Weisheit gedachte Frage nach der wahren Religion mit einem »Märchen«, der Ringparabel. Sie handelt von einem Ring, dessen Stein die geheime Kraft besaß, »vor Gott Und Menschen angenehm zu machen, wer In dieser Zuversicht ihn trug.« Der Ring wurde über Generationen hin immer auf den Lieblingssohn vererbt, bis sich schließlich ein Vater außerstande sah, einem seiner drei Söhne den Vorzug zu geben und daher zwei weitere, völlig gleiche Ringe anfertigen ließ. Während Boccaccio skeptisch mit der Ununterscheidbarkeit der drei Ringe endet, mündet bei L. die Frage nach der Echtheit der Ringe, die ein weiser Richter beantworten soll, in die Herausforderung zu einem von Toleranz und Humanität geprägten Handeln:

> Es eifre jeder seiner unbestochnen
> Von Vorurteilen freien Liebe nach!
> Es strebe von euch jeder um die Wette,
> Die Kraft des Steins in seinem Ring' an Tag
> Zu legen!

Diese Aufforderung zu Toleranz und Humanität spiegelt sich in der Handlung des Stückes, die den Sieg von Frömmigkeit und Nächstenliebe über Vorurteil und Intoleranz zeigt und am Ende die Personen – und Religionen – als Mitglieder einer Familie zusammenführt: Bild einer utopischen Gesellschaftsordnung, der die schlechte Wirklichkeit (der Vergangenheit wie der Gegenwart) gegenübersteht (Absolutismuskritik: Saladin; Kirchenkritik: der fanatische christliche Patriarch).

Die theologisch-geschichtsphilosophische Schrift *Die Erziehung des Menschengeschlechts* (1780), z.T. im Zusammenhang mit den Reimarus-Fragmenten entstanden, führt die Gedanken des *Nathan* fort und deutet die Offenbarung als göttliche Erziehungshilfe, die mit zunehmender Reife sich selbst entbehrlich macht; die Offenbarungswahrheiten verwandeln sich in Vernunftwahrheiten: »Als sie geoffenbaret wurden, waren sie freilich noch keine Vernunftwahrheiten; aber sie wurden geoffenbaret, um es zu werden.« Am Schluß steht ein Ausblick auf die »Zeit eines *neuen ewigen Evangeliums*«, da der Mensch »das Gute tun wird, weil es das Gute ist.«

Die erste (mißglückte) Aufführung des Stückes fand 1783 in Berlin statt; doch erst mit der Weimarer Aufführung von 1801, eingerichtet von Schiller, setzte sich das Werk auf der Bühne durch. Es werde sich, schreibt Goethe, »lange erhalten, weil sich immer tüchtige Schauspieler finden werden, die sich der Rolle Nathans gewachsen fühlen. Möge doch die bekannte Erzählung, glücklich dargestellt, das deutsche Publikum auf ewige Zeiten erinnern, daß es nicht nur berufen wird, um zu schauen, sondern auch zu hören und zu vernehmen. Möge zugleich das darin ausgesprochene göttliche Duldungs- und Schonungsgefühl der Nation heilig und wert bleiben.« Während des Dritten Reiches war das Stück vom Spielplan verbannt.

1779
Johann Gottwerth Müller
Siegfried von Lindenberg

Siegfried von Lindenberg, vom Autor als erster »komischer« deutscher Roman bezeichnet, erzählt von einem reichen, aber unwissenden und ungebildeten pommerschen Landjunker, der den Entschluß faßt, in seinem Herrschaftsbereich wie ein großer Fürst zu leben. Berater ist der Dorfschulmeister Schwalbe, ein Ignorant, der sein Wissen aus zum Einwickeln benutzten Zeitungsblättern bezieht. Man gibt eine Zeitung heraus, gründet eine historische Gesellschaft, beruft Minister. Da alle Ämter laut Gesetz mit Landeskindern zu besetzen sind, muß der Schulmeister neben dem Amt des Premierministers auch das des Schweinehirten übernehmen. Das groteske Gebaren des Junkers und seines ›Hofes‹ wirft satirische Schlaglichter auf die Welt der Großen im Zeitalter des Absolutismus und auf die Duodezfürsten, die sie nachahmen. Allerdings fehlt der Satire die Schärfe, da Siegfrieds Herrschaft kaum Unheil anzurichten vermag und Siegfried überdies im Grunde ein guter Mensch ist, verdorben nur durch die Erziehung. In der erweiterten 2. Fassung (1781–82), die neue komische Episoden enthält, wird die satirische Tendenz weiter entschärft: Unter dem Einfluß des »braunen Mannes«, eines bürgerlichen Ratgebers, bessert sich der Held, entwickelt sich zum vorbildlichen »Vater« seiner Bauern und findet Erfüllung in einer glücklichen Ehe.

Der Roman, der durch »Vernunft« zur »Aufklärung« von Fürsten und Volk beizutragen suchte, fand trotz deutlicher Trivialisierungstendenzen die Anerkennung zeitgenössischer Kritiker.

1779
Johann Gottlieb Schummel
Spitzbart

S. hatte mit einem mißglückten Roman in der Nachfolge von Laurence Sternes *Sentimental Journey Through France and Italy* (1768) begonnen (*Empfindsame Reisen durch Deutschland*, 3 Bde., 1771–72). Mit *Spitzbart* wandte sich der Schulmann einem Stoff aus seinem Erfahrungsbereich zu:»Eine komi-tragische Geschichte für unser pädagogischen Jahrhundert«, lautet der Untertitel des Werkes, das die Absicht verfolgt, »die Idealenkrämer im Erziehungswesen in ihrer Blöße darzustellen«. Gemeint war damit nicht zuletzt Johann Bernhard Basedow, der in verschiedenen Schriften seine Vorstellungen einer vernunft- und naturgemäßen, lebensnahen Erziehung niedergelegt hatte. Der Verwirklichung der Grundsätze in der Praxis diente die 1774 in Dessau gegründete Erziehungsanstalt, das Philantropinum. Dabei war S. durchaus Anhänger einer reformierten Pädagogik; seine Kritik wandte sich gegen die Weltfremdheit und Praxisferne des »Idealistenvolks«.

Held des Romans ist Matthias Theophilus Spitzbart, Inspektor und Pastor im Städtchen Rübenhausen. Ohne jede praktische Schulerfahrung hat er ein Buch über das *Ideal einer vollkommenen Schule* verfaßt, für das er sich von den Honoratioren der Stadt gebührend feiern läßt. Zugleich wird deutlich, daß der Pädagoge Schwierigkeiten mit der Erziehung seines flegelhaften Sohns Israel hat. Spitzbarts pädagogische Schrift, deren Hohlheit von kritischen Geistern durchaus gesehen wird, findet in Stadtdirektor Heineccius von Arlesheim einen begeisterten Leser. Er betreibt das Engagement des Autors entgegen allen Einwänden. Spitzbart scheitert kläglich in allen praktischen Belangen. Die Aufregungen – nicht zuletzt die Flucht seiner liebeshungrigen, schwangeren Tochter Fiekchen mit einem russischen Grafen – führen zu Krankheit und Tod. Der ungeratene Sohn »ist einem wackern Offizier unter die Zucht gegeben, der nach aller Wahrscheinlichkeit einen guten und brauchbaren Soldaten aus ihm ziehen wird«.

S.s witzig-ironisch und im Hinblick auf den Helden durchaus nicht undifferenziert erzählter Roman hatte unmittelbaren Erfolg; noch im Erscheinungsjahr folgte ein Raubdruck, 1781 eine dänische Übersetzung. Andere Schriften machten sich die Popularität zunutze (u. a. Johann Wilhelm Andreas Kosmann, *Spitzbart der Zweyte*

oder die Schulmeisterwahl, 1785) S. selbst ließ einen zweibändigen Bildungsroman folgen (*Wilhelm von Blumenthal oder das Kind der Natur. Eine deutsche Lebensgeschichte*, 1780–81).

1779–80
Joachim Heinrich Campe
Robinson der Jüngere

Daniel Defoes *Robinson Crusoe* (1719), zuerst 1720 ins Deutsche übertragen, löste eine Flut von Nachahmungen aus, die als Robinsonaden in die Literaturgeschichte eingegangen sind (vgl. Johann Gottfried Schnabel, *Insel Felsenburg*, 1731–43). Dominiert in dem meisten Robinsonaden das Abenteuerliche, so verweist Rousseau auf den erzieherischen Wert des Originals (*Émile ou de l'Éducation*, 1762; dt. *Aemil oder Von der Erziehung*, 1762). Auf Rousseau beruft sich C. in seiner »zur angenehmen und nüzlichen Unterhaltung für Kinder« bestimmten Robinsonbearbeitung, die wiederum zahlreiche Nachahmungen auslöste und wesentlich dazu beitrug, daß eine eigene Gattung Kinder- und Jugendliteratur entstand.

C. formt Defoes Roman konsequent nach seinem didaktischen Konzept um, das er in einem Vorbericht erläutert: Es geht um Wissensvermittlung, moralisch-religiöse Erziehung und Kampf gegen »das leidige Empfindsamkeitsfieber«. Viel »weitschweifiges, überflüssiges Gewäsche« des C.s Ansicht nach veralteten Romans fällt diesen Zielsetzungen zum Opfer (weite Teile der Vorgeschichte bleiben weg, der Inselaufenthalt wird gekürzt, die Geschichte ins Zeitlose verlegt). Bei C.s *Robinson dem Jüngeren* handelt es »sich um die Geschichte vom ungehorsamen Kind, das auf eine Insel verschlagen wurde, durch diesen Schaden klug geworden ist und nach dem praktischen Erlernen von Tugend, Arbeit und Frömmigkeit als fungibles Mitglied in den Schoß der Gesellschaft zurückkehrte« (Jürgen Fohrmann).

Die Robinsonade ist in eine Rahmenerzählung integriert, die eine ideale pädagogische Situation darstellt. Geschildert wird eine Familie (Vater, Mutter, zwei Freunde der Familie, zunächst 6, später 12 Kinder, darunter nur ein leibliches Kind der Eltern), die vor den Toren Hamburgs auf dem Land wohnt und nach der Arbeit – »Das Wort dieser Familie war: *bete und arbeite!*« – gerne Geschichten lauscht, die sie »verständiger, weiser und besser machen« könnten. Und so wird an 30 Abenden erzählt, immer wieder unterbrochen durch Kommentare, Äußerungen der Anteilnahme und Fragen der Kinder, durch Erklärungen und didaktische Erläuterungen des Vaters, der die Geschichte erzählt. Je mehr sich Robinson im Verlauf der Erzählung ihren Wertvorstellungen nähert, um so stärker identifizieren sich die Familienmitglieder mit ihm (am Anfang hatte es aus Kindermund noch geheißen: »Fi! den *Robinson* mag ich nicht leiden«). Der aufklärerisch-pädagogische Dialog endet mit den Worten: »Hier schwieg der Vater. Die junge Geselschaft blieb noch eine Zeitlang nachdenkend sizen, bis endlich bei allen der feurige Gedanke: *so wil ich es auch machen!*« zur festen Entschliessung reifte.«

Der Erfolg war groß und anhaltend (die 8. verbesserte Auflage erschien 1802, die 33. Auflage 1843, die 58. Auflage 1860 usw.). Unter den weiteren *Robinson*-Jugendbüchern ist noch *Der Schweitzerische Robinson* (1812–27) von Johann David Wyss von Bedeutung; hier wird eine Familie auf eine Insel verschlagen und demonstriert, wie das strikte Verbleiben in den etablierten Rollen »Glück für die Eltern und eine gute Erziehung für die Kinder« ermöglicht (J. Fohrmann).

Verbindlichkeiten des ehrlichen Mannes nicht auf.« Und er schickt das jungen Paar auf seine Landgüter, damit »ein Beispiel wie dieses aus den Augen der Welt komme: es ist doch immer Zerrüttung bürgerlicher Ordnung, und, solange das Vorurteil dauert, gefährlich, wenn es zur Nachahmung reizt.« Indem er das Humane in die ländliche Idylle abschiebt, seinen Offizierssohn auf die rechte Bahn bringt und sogar die trostlose Ehe – psychologisch völlig unwahrscheinlich – wieder einrenkt, erweist sich der deutsche Hausvater, ein aufgeklärter absolutistischer Herrscher im kleinen, als entschiedener Verteidiger der bestehenden Verhältnisse. Hier mag auch die Ursache für den großen Erfolg des Stückes liegen: in der staatserhaltenden Philosophie des Hausvaters, »das hierarchisch-patriarchalische Prinzip mit liberaler Gebärde zu festigen und aufgeklärte Humanität zur Sache privater Kontemplation zu machen« (Gert Sautermeister).

Schiller übernahm Motive und Personenkonstellation des Stückes für *Kabale und Liebe* (1784); er fand G.s *Hausvater* »ungemein gut«.

1780
Otto Heinrich von Gemmingen
Der deutsche Hausvater

Das fünfaktige Schauspiel des Reichsfreiherrn fand, obwohl künstlerisch wenig bedeutend, große Resonanz. Es war ein vielgespieltes Repertoirestück; zehn Auflagen erschienen innerhalb von zwölf Jahren. Die Anregung kam von Denis Diderots *Le père de famille* (1758, dt. von Lessing 1760).

Graf Wodmar, der Hausvater, kommt nach einer Reise in sein Haus zurück und findet seine Kinder in verwirrten Verhältnissen vor, die er mit penetrant zur Schau getragener Rechtschaffenheit und unerbittlichem Harmonisierungswillen ordnet: Die Ehe seiner Tochter Sophie mit dem Grafen Monheim droht zu zerbrechen; Ferdinand, ein Offizier, hat Spielschulden und ist in einen Ehrenhandel verwickelt; und der gefühlsbetonte und entschlußschwache Karl, ein recht matter Stürmer und Dränger, hat sich in Lottchen, die Tochter eines Malers (»ein herrlicher deutscher Mann, ohne Falsch«), verliebt und ist gleichwohl aus Standesrücksichten bereit, die Gräfin Amaldi zu heiraten. Als jedoch der Hausvater von der Schwangerschaft Lottchens erfährt, gibt er seinen Vorsatz auf, der unerwünschten Verbindung ein rasches Ende zu bereiten und macht seinem Sohn klar: »dein Stand hebt die

1780
Johann Carl Wezel
Herrmann und Ulrike

Nach Annäherungen an Laurence Sterne und Voltaire in seinen früheren Romanen *Lebensgeschichte Tobias Knauts, des Weisen, sonst der Stammler genannt* (1773–76) bzw. *Belphegor* (1776) orientierte sich W. in seinem Hauptwerk *Herrmann und Ulrike. Ein komischer Roman* an Henry Fielding und Christoph Martin Wieland; zugleich nahm er Anregungen der neueren Romantheorie auf.

W. wendet sich in der Vorrede gegen die Idealisierungs- und Moralisierungstendenzen des moralisch-empfindsamen Romans mit seinen »butterweichen Seelen, die fast gar keine Konsistenz haben«, und empfiehlt die Rückkehr zu dem Geschmack alter Zeiten, »wo der Liebhaber aus Liebe thätig wurde und nicht blos aus Liebe litt.« Durch eine Annäherung des Romans an die Biographie auf der einen und an das Lustspiel auf der anderen Seite könne der Roman »aus der Verachtung und zur Vollkommenheit« gebracht werden: »so würde die wahre *bürgerliche Epopee* entstehen, was eigentlich der Roman seyn soll.« Der Hinweis auf die Biographie deutet auf ein psychologisch-realistisches Romankonzept, der auf das Lustspiel auf die satirische Tendenz des Romans und die ›dramatische‹ Darstellungsform (eingeschobene Briefe und Dialogpartien).

W. erzählt die Liebesgeschichte von Herrmann und Ulrike, die trotz des Standesunterschieds nach vielen Umwegen zu einem glücklichen Ende führt. Aber es sind nicht nur äußere Hindernisse und Intrigen, die das Glück der Liebenden, des ehrgeizigen Steuereinnehmersohns Herrmann und der unkomplizierten, armen Baronesse Ulrike, hinauszögern: Herrmanns Charakter muß erst reifen, ehe er zum Ziel gelangen kann. Liebes- und Entwicklungsroman sind verbunden (das Konzept eines an den *Agathon* Wielands gemahnenden Entwicklungsromans stellt W. in der Vorrede zu seinem *Robinson Krusoe*, 1779–80, vor). Herrmann ist verführbar, und seine Bahn weist – nach einer idealistischen Erziehung »zum thätigen Weltbürger« im Schloß des Grafen Ohlau, wo er mit Ulrike zusammen aufwächst – zunächst beruflich und moralisch nach unten (er verführt unter dem Einfluß der Mätresse Vignali Ulrike; statt in Leipzig zu studieren, wird er professioneller Spieler usw.). Auch der Versuch eines idyllischen Landlebens mit Ulrike nach dem Tod ihres Kindes scheitert. Doch Desillusionierung ist nicht das letzte Wort. H. bewährt sich schließlich im Fürstendienst, steigt zum Berater des Fürsten auf und findet Erfüllung in einer dem Gemeinwohl dienenden Reformpolitik und in der Liebe. Freilich hat dieses Ende angesichts der realen gesellschaftlichen Verhältnisse in Deutschland und des von W. entworfenen satirisch-grotesken Gesellschaftsgemäldes, das keinen Stand von der Kritik ausnimmt, eher utopischen Charakter.

Der Roman wurde im Erscheinungsjahr noch einmal nachgedruckt, geriet aber dann – trotz der vorwiegend positiven Kritik – in Vergessenheit; erst im 20. Jh. fand er wieder die Aufmerksamkeit, die ihm als einem der bedeutendsten Romane der Aufklärung zukommt.

1780
Christoph Martin Wieland
Oberon

W.s umfangreiche Versepik führt von den *Comischen Erzählungen* (1765) über die philosophische Idylle *Musarion* (1768), den *Neuen Amadis* (1771) und eine Reihe weiterer ironisch-märchenhafter Kleinepen zum *Oberon*, seinem klassischen Beitrag zu dieser Gattung. Das »romantische Heldengedicht« erschien zuerst 1780 (14 Gesänge in freien Stanzen; seit der Ausgabe von 1785 12 Gesänge). Quellen sind ein französischer Ritterroman und – für die Rahmenhandlung – Shakespeares *Sommernachtstraum* und andere englische Dichtungen.

Die Elfenherrscher Oberon und Titania haben sich entzweit, weil Titania eine Ehebrecherin beschützte. Oberon ist erst zur Versöhnung bereit, wenn sich unter den Menschen ein Paar findet, das sich in wahrer, beständiger Liebe bewährt. Der französische Ritter Hüon von Bordeaux und Rezia, die Tochter des Kalifen von Babylon, sind dieses Paar. Hüon hat einen Sohn Kaiser Karls getötet und erhält die auf den ersten Blick absurde bzw. selbstmörderische Aufgabe, sich nach Babylon zu begeben, dem links von dem Kalifen befindlichen Emir den Kopf abzuschlagen, die Erbin des Throns als Braut »dreymahl öffentlich« zu küssen und dann von dem Kalifen »vier seiner Backenzähne Und eine Handvoll Haar aus seinem grauen Bart« zu erbitten. Dank der Hilfe Oberons und der von ihm bereitgestellten Zaubermittel (Horn, Becher, Ring) gelingt das Unwahrscheinliche, zumal Rezia und Hüon durch Träume auf ihre Verbindung vorbereitet werden. Als freilich Hüon auf der Heimreise das Keuschheitsgebot Oberons verletzt, werden sie ihrer Zaubermittel beraubt und auf eine einsame Insel verschlagen. Hier beginnt der Prozeß sittlicher Läuterung, der schließlich in Tunis zu endgültiger Bewährung führt. Hierhin wird Amanda – so heißt Rezia nach der Taufe – von Seeräubern gebracht. Oberon versetzt Hüon ebenfalls nach Tunis, wo sich auch schon sein Freund und Helfer Scherasmin eingefunden hat. Das auf der Insel geborene Kind des Paars wird inzwischen von Feen aufgezogen. Wie Amanda die Begierden des Sultans erregt, so bemüht sich die Sultanin um Hüon. Doch auch angesichts des Todes bewährt sich die Treue der Liebenden, so daß Oberon seine Bedingung erfüllt sieht, Amanda und Hüon rettet und sich wieder mit Titania vereinigt. In Paris gewinnt Hüon dann noch in einem Turnier sein Lehen zurück und versöhnt sich mit Kaiser Karl.

W. sieht sein Verdienst vor allem in der Verknüpfung der verschiedenen Handlungsstränge, doch ist die äußere Handlung »nicht nur märchenhaft unwirklich, sie ist auch unwesentlich« (Gerhard Kaiser). Entscheidend ist vielmehr die innere Haltung der Liebenden angesichts der Prüfungen, der Erziehungsweg, der zu Mäßigung, Selbstbeherrschung, Reife, natürlicher Menschlichkeit und – realistischer – Tugend führt: »Das war W.s Beitrag zum Zeitalter der Humanität« (Richard Newald). Der Ernst der sittlichen Haltung verbindet sich mit einer ironisch-scherzhaften Erzählweise, so daß man zu Recht von der »humoristischen Klassik« W.s gesprochen hat (Friedrich Sengle). Im 19. Jh. galt *Obe-*

ron als die repräsentative Dichtung W.s. Das Werk ist auch die Grundlage einer Oper Karl Maria von Webers (*Oberon*, Uraufführung London 1826; Libretto von James Robinson Planché).

1781
Friedrich Schiller
Die Räuber

S. nannte sein erstes Schauspiel (5 Akte, Prosa) eine »Geburt [...], die der naturwidrige Beischlaf der *Subordination* und des *Genius* in die Welt setzte«. Das in der Stuttgarter Karlsschule entstandene Stück erschien 1781 ohne Verfasserangabe; der ungenannte Verleger war J. B. Metzler in Stuttgart. Die Uraufführung fand am 13. 1. 1782 in Mannheim statt, wobei der Intendant Wolfgang Heribert von Dahlberg zahlreiche Änderungen und Milderungen durchsetzte und das Stück gegen den Willen S.s und der Schauspieler ins ausgehende Mittelalter verlegen ließ. August Wilhelm Iffland spielte den Franz Moor. – Hauptquelle S.s war Christian Friedrich Daniel Schubarts Erzählung *Zur Geschichte des menschlichen Herzens* (1775); auf Beziehungen zur Dramatik des Sturm und Drang verweisen u. a. der pathetische Sprachgestus und das Motiv der feindlichen Brüder (Klinger, *Die Zwillinge* 1776; Leisewitz, *Julius von Tarent*, 1776), das sich mit dem des verlorenen Sohns verbindet. Die *Räuber* nehmen überdies Elemente des Familiendramas und des höfischen Intrigenstücks auf. Die Räuberthematik, politisch deutbar, knüpft an das zeitgenössische Bandenunwesen an.

Franz, der jüngere Sohn des Grafen Maximilian von Moor, setzt der Willkür der Natur, die ihn als Zweitgeborenen von der Erbfolge ausgeschlossen und überdies durch besondere Häßlichkeit gezeichnet hat, die eigene Willkür entgegen, die sich über Moral und Recht erhebt und zu einer ausgesprochenen Machthybris steigert. So setzt er die Intrige gegen seinen älteren Bruder Karl in Gang, der in Leipzig ein wildes Studentenleben geführt hatte und nun in einem – von Franz abgefangenen – Brief an den Vater sein Verhalten bereut und um Vergebung bittet. Der leichtgläubige Graf – seine Schwäche verweist auf die Brüchigkeit der alten patriarchalischen Gesellschaftsordnung – läßt sich durch gefälschte Schreiben vom Lasterleben seines Lieblingssohns überzeugen und verstößt ihn; die Benachrichtigung übernimmt Franz. Dieser Eingangsszene stellt S. den Auftritt Karls antithetisch gegenüber (und in dieser kontrastierenden Weise

geht es weiter). Karl wartet »an den Grenzen von Sachsen« auf die Vergebung seines Vaters. Die Lektüre von Plutarchs Biographien großer Männer der Antike bringt seinen Ekel »vor diesem tintenklecksenden Säkulum«, dem »schlappe[n] Kastratenjahrhundert« zum Ausbruch; er beklagt die Einengung durch Konventionen und Gesetze. Als er den Brief seines Bruders erhält und ihn genauso leichtgläubig akzepziert wie sein Vater die Fälschungen von Franz, sagt er sich in seinem verletzten Gerechtigkeitsgefühl von der Gesellschaft los und stellt sich an die Spitze seiner Kumpane, die in den böhmischen Wäldern eine Räuberbande sammeln wollen. Der autonome Selbsthelfer, zwischen pathetischen Ausbrüchen, heroischen Aktionen und melancholischer Kontemplation wechselnd, erkennt bald den Widerspruch zwischen seinen hochfliegenden Vorsätzen und dem Umstand, daß er sich im Kampf für eine gerechte Welt mit wirklichen Räubern und Mördern verschworen hat (als Gegenpol des ›edlen Räubers‹ Karl ist die Gestalt Spiegelbergs angelegt). Die Erzählung des Räubers Kosinsky, der ein ähnliches Schicksal wie Karl erlitten hat, führt zum Entschluß, noch einmal die Heimat aufzusuchen. Hier regiert inzwischen Franz. Den alten Moor hat er, so scheint es wenigstens, durch weitere Schreckensnachrichten über Karl ins Grab gebracht. Franz wirbt um Karls Braut Amalia, die jedoch ihrem Geliebten treu bleibt. Franz erkennt seinen Bruder trotz der Verkleidung, schmiedet ein Mordkomplott, gerät jedoch in Angst und Verzweiflung, die durch ein dramatisches Gespräch mit dem Pfarrer Moser noch weiter gesteigert werden. Er erhängt sich, als die Räuber das Schloß angreifen. Der alte Moor, so zeigt sich nun, ist noch am Leben; doch die Rache Karls an seinem Bruder und die Erkenntnis, daß sein Sohn zum Räuber geworden ist, überlebt er nicht. In seinem Satz »Ich bin nicht wert, daß du mich Vater nennst«, eine Umkehrung der Parabel vom verlorenen Sohn, zeigt sich die Einsicht in sein Versagen. Karls und Amalias Liebe läßt sich nicht verwirklichen, Karl ist durch Schwüre an die Räuber gebunden. Amalia sucht den Tod. Karl tötet sie, bevor ihm ein Räuber zuvorkommen kann. Seine Erkenntnis, »daß zwei Menschen wie ich den ganzen Bau der sittlichen Welt zugrund richten würden«, führt zu dem Entschluß, durch einen Akt der Sühne die »mißhandelte Ordnung« zu heilen. Er liefert sich einem armen Tagelöhner aus, um diesem zur ausgesetzten Belohnung zu verhelfen (»dem Mann kann geholfen werden«).

Was als verzweifelter Aufbruch in die Welt der Freiheit begonnen hatte – von S. »von Anfang an als moralische Irrfahrt dargestellt« (Klaus R. Scherpe) –, endet, durch eine abstrakte Tugend-Laster-Konstruktion gerechtfertigt, mit der bewußten Unterwerfung unter die göttlich gegründete Weltordnung, repräsentiert durch Institutionen, deren Fragwürdigkeit vorher deutlich geworden war.

S. hatte sich für die enthusiastisch gefeierte Uraufführung unerlaubt aus Stuttgart entfernt. Dafür wurde er von Herzog Carl Eugen mit 14 Tagen Arrest bestraft. Wenig später wurde ihm jede literarische Betätigung verboten. Am 22. 9. 1782 emigrierte er: »Die Räuber kosteten mir Familie und Vaterland«, schrieb er 1784.

Opern nach S.s Stück komponierten Giuseppe Verdi (*I Masnadieri*, Libretto von Adrea Maffei, 1847) und Giselher Klebe (*Die Räuber*, 1957). Ein parodistischer Schluß (5. Akt, 3. Szene: Karl Moor bei dem Tagelöhner) findet sich in der erweiterten Ausgabe von Ernst Penzoldts Roman *Die Powenzbande* (1949; zuerst 1930).

1781
Johann Heinrich Voß
Homers Odüßee

Trotz der Aufmerksamkeit, die Homer seit Hamann und Herder gefunden hatte, fehlte es an einer neueren, höheren poetischen Ansprüchen genügenden Homerübersetzung: Werther las ›seinen Homer‹ in einer griechisch-lateinischen Ausgabe. Doch nun führte das Bemühen um eine schöpferische Aneignung des griechischen »Volksdichters« (Herder) zu einer Reihe von Übersetzungsversuchen, unter denen die Friedrich Leopolds von Stolberg (*Ilias*, 1778–79), Johann Jacob Bodmers (*Homers Werke*, 1778) und Gottfried August Bürgers (Fragment der *Ilias* in Jamben und Hexametern, 1771 bzw. 1784) hervorzuheben sind. Sie alle übertraf jedoch der deutsche Homer von V. (*Odüßee*, 1781; *Homers Werke. Ilias und Odyssee*, 1793), der bis heute gelesen wird (Vorzug verdienen die Erstausgaben vor den pedantischeren späteren Überarbeitungen).

V. bemüht sich um philologische Genauigkeit und eine exakte formale Nachbildung des Originals (um die Gestalt des ›richtigen‹ deutschen Hexameters wurden heftige Gefechte geführt); zugleich suchte er sich vom »Gewöhnlichen« zu entfernen und durch Rückgriffe auf die Sprache Luthers und durch gewagte sprachliche Neubildungen »die alte Nerve« wieder zu restaurieren, die die deutsche Sprache »durch das verwünschte Latein und Französisch« verloren habe. Durch

V. wurde Homer der deutschen Literatur und Sprache gewonnen: »Zwanglos schien der griechische Dichtergeist sich mit dem deutschen Worte vermählt zu haben« (Michael Bernays, 1891).

1781–87
Johann Heinrich Pestalozzi
Lienhard und Gertrud

»Ein Buch für das Volk« nannte P. seinen pädagogischen Roman, dessen 1. Teil 1781 auf Drängen Johann Caspar Lavaters veröffentlicht wurde; weitere drei Teile folgten 1783, 1785 und 1787. Neufassungen erschienen 1790–92 bzw. 1819–20.

Das Werk, in dem sich P.s sozialreformerische und pädagogische Erfahrungen niederschlagen, hat die Verbesserung der Verhältnisse auf dem Land zum Ziel. Der Erziehungsprozeß geht von der Familie Lienhards und Gertruds aus, ergreift dann unter tätiger Mithilfe des adeligen Dorfherrn und des Pfarrers das ganze Dorf und seine Institutionen. »Ich fing bei der Hütte einer gedrückten Frau und mit dem Bild der größten Zerrüttung des Dorfs an und ende mit seiner Ordnung«, heißt es in der Vorrede zum abschließenden 4. Teil.

Das Schweizer Dorf Bonnal leidet unter der Herrschaft des verbrecherischen Untervogts Hummel, der zugleich die Dorfschenke betreibt und die armen Leute zum Schuldenmachen animiert und dadurch von ihm abhängig macht. Auch der Maurer Lienhard »hat den Fehler, daß er sich im Wirtshaus oft verführen läßt«. Als sie die Existenz ihrer vielköpfigen Familie gefährdet sieht, greift seine fromme, ruhige und innerlich starke Frau Gertrud ein und wendet sich an den adeligen Dorfherrn Arner, der so gütig ist wie sein Untergebener schurkisch (durch diese unwahrscheinliche Konstellation wird es möglich, Kritik an den Mißständen zu üben, ohne die hierarchische Gesellschaftsstruktur in Frage zu stellen). Er hilft nicht nur Lienhard und Gertrud, indem er dem Maurer einen einträglichen Auftrag erteilt, sondern sorgt auch mit Unterstützung des Pfarrers für einen Wandel im Dorf. Als Hummel bei einer seiner Missetaten ertappt wird, ist die Strafe mild; er muß sich aber einer an den Pietismus gemahnenden Selbsterforschung unterziehen und im Gefängnis seinen Lebenslauf aufschreiben, den der Pfarrer dann von der Kanzel verkündet. Es gelingt, Unrecht wieder gut zu machen und die wohlhabenden Bauern, die mit Hummel im Bunde waren, zu bewegen, zur Verbesserung der Lebensbedingungen der

Armen beizutragen. Selbst Hummel bereut schließlich. Zugleich sorgt Arner für die Einrichtung einer Schule, in der praktische und theoretische Ausbildung miteinander verbunden werden, eine Methode, die die in jeder Beziehung vorbildliche Gertrud schon vorher angewandt hatte. Dahinter steht die Auffassung, daß eine breite Volksbildung keine Gefährdung des ständisch gegliederten Gemeinwesens bedeute, sondern vielmehr dem Wohl des einzelnen wie des Staats diene.

Der Versuch, die komplexen Zusammenhänge von familiärer und öffentlicher Erziehung darzustellen und ein umfassendes Programm der Volkserziehung zu entwickeln, führt dazu, daß in den letzten Teilen des Werks die epische Handlung zugunsten des Didaktischen immer stärker zurücktritt. Das ändert nichts am hohen literarischen Rang der wirklichkeitserfüllten Schilderung dörflicher Verhältnisse vor allem im 1. Teil.

1782
Friedrich Schiller
Anthologie auf das Jahr 1782

S.s Anthologie erschien anonym und mit fingiertem Druckort (Tobolsko in Sibirien). Der ungenannte Verleger war J. B. Metzler in Stuttgart. Die Sammlung war als polemische Antwort auf den 1781 erschienenen *Schwäbischen Musenalmanach auf das Jahr 1782* von Gotthold Friedrich Stäudlin gedacht, der nur eines der von S. angebotenen Gedichte – und das noch gekürzt – aufgenommen hatte. Von den 83 Stücken der Anthologie stammen die meisten – ca. 48 – von S., wenn auch eine Fülle von Chiffren einen größeren Mitarbeiterkreis vorspiegeln soll.

Eingeleitet wird die »Sibirische Anthologie« durch eine pathetisch-satirische Widmung an den Tod, den »Czar alles Fleisches«, der in zahlreichen Gedichten der Anthologie zum offenen oder untergründigen Thema wird. Satirisch ist auch der Ton vieler Epigramme und einer Reihe längerer Texte; als pathetische Satire läßt sich die Abrechnung mit dem Despotismus *Die schlimmen Monarchen* bezeichnen, die von Schubarts *Fürstengruft* (zuerst im *Frankfurter Musenalmanach auf das Jahr 1781*) angeregt wurde. Neben den satirischen Stücken und den Geniegedichten (*Rousseau, Monument Moors des Räubers*) stehen – in keiner erkennbaren Ordnung – weltanschaulich-philosophische Gedichte, die pathetisch die Schöpfung preisen und pantheistische Vorstellungen sichtbar werden lassen (*Die*

Größe der Welt, Die Herrlichkeit der Schöpfung u. a.), von Freundschaft und Liebe als Einswerden von Körper und Geist (*Die Freundschaft*) oder von platonischem Eros und Seelenwanderung sprechen (*Das Geheimnis der Reminiszenz*). Auch die ekstatischen Liebesgedichte an Laura richten sich, trotz aller sinnlich-barocken Metaphorik, auf »das Reich der Ideale«. Mancherlei Vorbildern und Traditionen verpflichtet (Klopstock, barocke Rhetorik, Anakreontik usw.) und formal durchaus konventionell, enthält S.s Jugenddichtung durchaus schon Keime seiner späteren philosophischen Lyrik. S. selber sprach 1803, sich von seiner Sturm und Drang-Phase distanzierend, von »wilden Produkte[n] eines jugendlichen Dilettantism«.

1782–86
Johann Karl August Musäus
Volksmährchen der Deutschen

Im Vorbericht zu der fünf Bände umfassenden Sammlung begründet M. seine Hinwendung zum Märchen: Es sei Zeit, »das weinerliche Adagio der Empfindsamkeit zu endigen« und das Unterhaltungsbedürfnis des Publikums auf andere Weise zu befriedigen, es nämlich mit Volksmärchen »zu den mannichfaltigen Spielen der Phantasie zurückzuführen«. Es handelt sich also nicht um Kindermärchen, und so hat denn auch die ironisch-witzige, anspielungsreiche Erzählweise nichts mit dem (scheinbar) naiv-volkstümlichen Märchenton der Gebrüder Grimm zu tun. Überdies zeigen der große Umfang der einzelnen Texte und gelegentliche Gattungsbezeichnungen wie »Chronica«, »Legende« und »Anekdote« den Abstand zu dem späteren, engeren Gattungsbegriff. Zu den Bearbeitungsprinzipien M.s gehört, »das Vage dieser Erzählungen zu lokalisieren und sie in Zeiten und Örter zu versetzen, die sich zu ihrem Inhalt zu passen schienen«. Die Texte beruhen zum großen Teil auf schriftlichen Quellen. Unter den *Volksmährchen* befinden sich fünf *Legenden von Rübezahl*, die böhmische Libussasage (*Libussa*), Versionen des Märchens von Schneewittchen (*Richilde*) und der Sage vom Grafen von Gleichen (*Melechsala*).

Der Erfolg der Märchen war groß; Ludwig Richter illustrierte (mit anderen) die Ausgabe von 1842. Nachahmungen schlossen sich an, darunter die *Neuen Volksmährchen der Deutschen* (4 Bde., 1789–93) von Benedikte Naubert, die vorwiegend sagenhafte Stoffe enthalten.

1783
Ludwig Christoph Heinrich Hölty
Gedichte

H. war der bedeutendste Lyriker des ›Göttinger Hains‹, dem 1772 gegründeten Freundschafts- und Dichterbund. Ihm gehörten u. a. Johann Heinrich Voß, Johann Martin Miller, Christian und Friedrich Ludwig von Stolberg und Johann Anton Leisewitz an. Der Name des Bundes knüpft an Klopstocks Ode *Der Hügel und der Hain* an, in der der Hain als symbolischer Ort der deutschen Dichtung dem griechischen Helikon gegenübergestellt wird. Im Zeichen von Klopstocks Bardenlyrik neigen die Haindichter zu vaterländischer Emphase, wobei nicht selten – etwa bei Miller oder F. L. von Stolberg – die Grenzen zum Chauvinismus überschritten werden. Ein Bericht von Voß illustriert die Gesinnung des Bundes: »wir […] gingen bis Mitternacht in meiner Stube ohne Licht herum, und sprachen von Deutschland, Klopstock, Freiheit, großen Thaten, und von Rache gegen Wieland, der das Gefühl der Unschuld nicht achtet.« Die wichtigsten Leistungen der Hainbunddichter liegen in ihren Texten in antikisierenden Formen (Ode, Elegie, Hymne, Idylle) sowie in der volkstümlichen Lied- und Balladendichtung. Das literarische Organ der Göttinger war der von Heinrich Christian Boie nach französischem Vorbild 1769 gegründete *Göttinger Musenalmanach*.

H., 1776 im Alter von 28 Jahren an Tuberkulose gestorben, war nicht mehr dazu gekommen, eine Sammlung seiner Gedichte zu veranstalten. Aus dem Nachlaß gaben Voß und F. L. von Stolberg 1783 H.s Gedichte heraus, allerdings mit starken Eingriffen. Schon 1782–83 war die unautorisierte Ausgabe Adam Friedrich Geislers in 2 Bänden erschienen, denen 1784 noch ein Anhang folgte.

Klopstock war für H. wie für die anderen Haindichter das übermächtige Vorbild. Gleichwohl löst sich H. von dessen pathetisch-erhabenem Stil und verleiht den eigenen, ruhig fließenden melodischen Oden und Elegien einen melancholisch-intimen Ton, eine elegische Grundstimmung, in der sich Liebes- und Todessehnsucht verbinden. Hier konnte H. u. a. an die Kirchhofpoesie Thomas Grays (*Elegy Written in a Country Church-Yard*, 1751) und Edward Youngs *Nachtgedanken* (*The Complaint, or Night Thoughts on Life, Death and Immortality*, 1742–45, dt. 1760–61) anknüpfen (vgl. z. B. H.s *Elegie auf einen Dorfkirchhof*). Neben den antikisierenden

Formen pflegte H. Ballade und Lied. Als Balladendichter steht er mit Bürger am Beginn der deutschen Kunstballade (*Adelstan und Röschen, Die Nonne*). Seine Lieder, darunter zahlreiche Mai- bzw. Frühlingslieder, sind aus der Tradition der Anakreontik und der Empfindsamkeit hervorgegangen; manche von ihnen wurden ausgesprochen populär (*Lebenspflichten*: »Rosen auf den Weg gestreut«; *Der alte Landmann an seinen Sohn*: »Üb immer Treu und Redlichkeit«). Mozart, Schubert u. a. vertonten Texte H.s Eduard Mörike liebte seine Dichtung, Nikolaus Lenau fühlte die verwandte Weltschmerzstimmung (*Am Grabe Höltys*), und noch Johannes Bobrowski widmete H. ein lyrisches Porträt (*An Hölty*, in: *Wetterzeichen*, 1967).

1783
Friedrich Schiller
Die Verschwörung des Fiesco zu Genua

Der Mannheimer Intendant Wolfgang Heribert von Dalhberg hatte S. auf den Fiesco-Stoff aufmerksam gemacht. Das Stück, »Ein republikanisches Trauerspiel« (5 Akte, Prosa), entstand 1782, wurde jedoch auch nach einer Umarbeitung zunächst nicht von Dalberg angenommen. Die Uraufführung fand am 20. 7. 1783 in Bonn statt; im selben Jahr erschien der *Fiesco* im Druck. Eine »Mannheimer Bühnenfassung« mit neuem Schluß wurde im Januar 1784 aufgeführt. – Die Handlung basiert auf einer Episode aus der Geschichte Genuas, der Verschwörung des Grafen Gian Luigi Fieschi gegen die Herrschaft Andrea Dorias im Jahr 1547.

Eine Gruppe Genueser Adeliger um den »verschworene[n] Republikaner Verrina plant aus durchaus unterschiedlichen Motiven den Sturz der Tyrannei Andreas (!) Dorias und seines »bäurisch-stolz[en]« Neffen Gianettino. Man sucht den beim Volk beliebten Fiesco für die Verschwörung zu gewinnen, zunächst vergeblich. Doch hat dieser längst, während er sich auf die Seite der Dorias zu stellen und in einem epikureischen Leben aufzugehen schien, in aller Stille den Staatsstreich organisiert. Als ihm ein Mordkomplott Gianettinos einen wirksamen Vorwand gibt, setzt er sich – ein brillanter Stratege – an die Spitze der Verschwörung. Verrina sieht die Gefahr, die der republikanischen Freiheit durch einen siegreichen Fiesco droht und beschließt seinen Tod. Leonore, Fiescos Frau, nimmt verkleidet an den Kämpfen teil und wird aus Versehen von Fiesco getötet. Er läßt sich zum Herzog ausrufen. Verrina stürzt ihn am Hafen von einer Planke, Fiesco ertrinkt. Verrinas Schlußsatz – »Ich geh zum Andreas« – deutet auf ein Arrangement des gescheiterten Republikaners mit den alten Mächten. – In der Mannheimer Bühnenfassung wendet sich die Sache zum Guten: Fiesco wird zum überzeugten Republikaner und ordnet seinen Ehrgeiz dem Gemeinwohl unter.

Fiesco ist – in historischem Gewand – ein aktuelles Stück, das um den Konflikt zwischen Macht und Moral kreist, der wiederum mit dem Gegensatz von Absolutismus und republikanischer Freiheit verbunden ist. Im Mittelpunkt steht die widerspruchsvolle Gestalt des Fiesco, der in einem Moment der Rührung auf seine Pläne verzichtet, dann aber ohne Verbrämung seinem Willen zur Macht folgt. Und so bedient sich Fiesco zur Verwirklichung seiner Pläne durchaus auch verbrecherischer Helfer (»Der Mohr hat seine Arbeit getan, der Mohr kann gehen«); er ist nicht an dem Problem der besten Staatsform interessiert, sondern an seiner eigenen Größe. Für ihn, die genialische Gestalt, gelten die Normen der »gemeinen Sterblichen« ebensowenig wie für den anderen »erhabenen Verbrecher«, den Räuber Karl Moor.

Fiesco gehört zu den weniger erfolgreichen Dramen S.s. Hölderlin rühmte die »wahren Karaktere, und glänzenden Situationen«, Adolph Freiherr von Knigge bescheinigte dem Verfasser in einer Rezension »gute Talente«, die freilich der Ausbildung bedürften: »Abentheuerliche Dinge sind nicht Zeichen von Genie.« Die Aufführungsgeschichte ist bis weit ins 19. Jh. hinein stark durch Bearbeitungen – auch aus Zensurgründen – geprägt.

1783–96
Friedrich Nicolai
Beschreibung einer Reise durch Deutschland und die Schweiz im Jahre 1781

N.s zwölfbändige *Beschreibung einer Reise [...] nebst Bemerkungen über Gelehrsamkeit, Industrie, Religion und Sitten* gehört zu den Höhepunkten aufklärerischer Reiseliteratur. Das Werk erschien, eine Art Fortsetzungswerk, über einen langen Zeitraum (Bd. 1–8: 1783–87; Bd. 9–12: 1795–96). Die Reise selbst fand, systematisch vorbereitet, im Sommer 1781 statt und führte N.

von Berlin zuerst nach Wien und Preßburg, dann über München, Stuttgart und Tübingen in die Schweiz und schließlich über Straßburg, Frankfurt, Hannover und Braunschweig zurück nach Berlin. Die Beschreibung endet allerdings in Bd. 12 mit der Ankunft in Schaffhausen; von der Schweiz ist nicht mehr die Rede.

Ziel des Unternehmens war es, »unpartheyisch zu beobachten, wie es in Deutschland aussiehet«, und durch Aufklärung und Kritik zum Abbau von Vorurteilen, zur Verständigung der Deutschen untereinander und zur Verbesserung des Gemeinwesens beizutragen. Dabei stützt N. seine Beobachtungen durch umfangreiches statistisches Material, durch Dokumente und Beilagen. Die Maßstäbe für die Urteile über Religion, Ökonomie, Verfassungszustände, soziale Verhältnisse, Bildung, Mode, Verkehr usw. liefern N.s lutherisches Arbeitsethos und eine durch protestantisch-preußisches Nützlichkeitsdenken geprägte, aufgeklärte Bürgerlichkeit: »So wie die ganze Reisebeschreibung ihre Legitimation aus der *Gemeinnützigkeit* ihre Darlegungen bezieht, so unterwirft N. im einzelnen alles, was er auf seiner Reise notiert und erfährt, dem Kriterium des Nutzens oder Schadens für die Allgemeinheit« (Wolfgang Martens).

Kritik gilt daher dem süddeutschen Hang zu Prunk und Wohlleben, ebenso den dort üblichen religiösen Gebräuchen; das alles ist Zeitverschwendung, hält von nützlicher Tätigkeit für sich und das Wohl der Gesellschaft ab. Für theologische Spekulation hat er wenig übrig (Tübingen); überhaupt sollten statt der Theologen mehr Bürger ausgebildet werden, »die für den Staat nützlich sind«. Die Ausbildung praktischer Fähigkeiten ist zu fördern (statt »Kutten zu tragen, lieber Kutten« machen); der tüchtige, unternehmende Kaufmann gilt ihm als Garant ökonomischen und gesellschaftlichen Fortschritts. Die Distanz zur höfischen Sphäre wird deutlich. Über Ludwigsburg schreibt er: »Aber das Schloß inwendig zu besehen, hatten wir nicht die geringste Lust; die merkwürdigen Industrieanlagen waren uns lieber.« Gleichwohl ist nicht von der Beseitigung der Adelsprivilegien die Rede; unter dem aufgeklärten Absolutismus scheint ihm gemeinwohlorientiertes Handeln durchaus möglich. Dies geht vom Bürger aus, für N. Träger von Aufklärung und Kultur.

Daß die Reisebeschreibung auf vielfache Kritik stoßen würde, hatte N. vorausgesehen. Ablehnung kam aus Wien ebenso wie von Goethe und Schiller (*Xenien*); Johann Gottlieb Fichte reagierte mit der Schrift *Friedrich Nicolai's Leben und sonderbare Meinungen* (1801).

1784
Immanuel Kant
Beantwortung der Frage:
Was ist Aufklärung?

»Diese Frage, die beinahe so wichtig ist, als: *was ist Wahrheit*, sollte doch wohl beantwortet werden, ehe man aufzuklären anfinge! Und noch heute habe ich sie nirgends beantwortet gefunden!« Auf diese Bemerkung im Novemberheft des Jahres 1783 der *Berlinischen Monatsschrift* antwortete K. ein Jahr später am selben Ort mit einem Aufsatz, der mit der berühmten Definition beginnt: »*Aufklärung ist der Ausgang des Menschen aus seiner selbst verschuldeten Unmündigkeit.*« Es schließen sich Begriffserklärungen an: »*Unmündigkeit* ist das Unvermögen, sich seines Verstandes ohne Leitung eines anderen zu bedienen. *Selbstverschuldet* ist diese Unmündigkeit, wenn die Ursache derselben nicht am Mangel des Verstandes, sondern der Entschließung und des Mutes liegt, sich seiner ohne Leitung eines andern zu bedienen. Sapere aude! Habe Mut dich deines *eigenen* Verstandes zu bedienen!, ist also der Wahlspruch der Aufklärung.«

K. fährt fort, indem er »Faulheit und Feigheit« als die wichtigsten Ursachen der Unmündigkeit bezeichnet und auf die Schwierigkeiten hinweist, die einer Befreiung aus der Unmündigkeit entgegenstehen. Sie gelten vor allem für den einzelnen; ein »Publikum« jedoch hat bessere Möglichkeiten, sofern man »ihm nur Freiheit läßt«, »langsam zur Aufklärung [zu] gelangen«. Freiheit bedeutet »von seiner Vernunft in allen Stücken *öffentlichen Gebrauch* zu machen«. Diese Argumentation führt zu einer eigentümlichen Spaltung zwischen öffentlichem und privatem Vernunftgebrauch: Im ersten Fall handelt es sich um ein Recht und die Domäne des Gelehrten, der »vor dem ganzen Publikum der *Leserwelt*« räsonieren darf und damit die Aufklärung befördert, im zweiten – »*Privatgebrauch*« der Vernunft – ist der Bürger in seinem Beruf oder Amt Einschränkungen unterworfen: »Hier ist es nun freilich nicht erlaubt, zu räsonnieren, sondern man muß gehorchen.« Als Beispiel führt K. u.a. den Offizier an, der im Dienst gehorchen muß, aber als Gelehrter kritische Anmerkungen »über die Fehler im Kriegsdienste [...] seinem Publikum zur Beurteilung« vorliegen könne. Am Ende des Prozesses der Aufklärung (wir leben »in einem Zeitalter der *Aufklärung*«, aber nicht »in einem *aufgeklärten* Zeitalter«), der vor allem bei den »Religionssachen« anzusetzen hat, steht die Hoffnung, daß

der »Hang und Beruf zum *freien Denken*« schließlich auf die Sinnesart des Volkes und »endlich auch sogar auf die Grundsätze der *Regierung*« zurückwirken werde, »die es ihr selbst zuträglich findet, den Menschen, der nun *mehr als Maschine* ist, seiner Würde gemäß zu behandeln«.

1784
Karl Arnold Kortum
Die Jobsiade

K.s komisches Epos erschien zuerst unter dem Titel *Leben, Meynungen und Thaten von Hieronimus Jobs dem Kandidaten, und wie Er sich weiland viel Ruhm erwarb auch endlich als Nachtswächter zu Sulzburg starb* (1784). Durchgesetzt hat sich der Titel der späteren, erweiterten Fassung: *Die Jobsiade. Ein komisches Heldengedicht in drei Theilen* (1799).

Die »Historia lustig und fein in neumodischen Knittelverselein« erzählt das Leben von Hieronimus Jobs, dem schon kurz nach der Geburt – auf Grund eines falschgedeuteten Traums – sein zukünftiges Leben als Pfarrer vorausgesagt wird. Seine Schulleistungen freilich sind schlecht. Auf dem Weg zur Universität verspielt er sein Geld; außerdem verliert er seine Uhr an »eine neben ihm sitzende Schöne«. Drei Jahre verbringt er auf der Hochschule und widmet sich auf Kosten seiner Eltern dem lockeren Studentenleben. Zu Hause wird der Kandidat examiniert: »Über alle Antworten des Kandidaten Jobses Geschah allgemeines Schütteln des Kopfes.« Jobs versucht sich in verschiedenen Berufen (Sekretär, Dorfschulmeister in Ohnewitz, Schauspieler), bis er dem verstorbenen Nachtwächter von Sulzburg in Amt und Ehebett nachfolgt und schließlich im Alter von 40 Jahren von einem heftigen Fieber befallen und zu Tode kuriert wird. – Die erweiterte Fassung fährt hier fort. Jobs, der nur scheintot war, steigt aus dem Grab, nimmt das vernachlässigte Theologiestudium noch einmal auf, wird Pfarrer und endet gar als Schloßherr.

Die Komik des Werkes, das in seiner ursprünglichen Fassung eine witzige Bildungsromanparodie darstellt, liegt in seiner sprachlichen Form, den absichtsvoll holpernden Knittelversen, den skurrilen Reimen, der betonten Umständlichkeit und den bewußten Regelverletzungen der Sprache.

Zu dem großen Erfolg des komischen Heldengedichts, der bis ins 20. Jh. andauerte, trugen auch die naiven Holzschnitte K.s bei. Wilhelm Busch machte die (gekürzte) *Jobsiade* zur Bildergeschichte (*Bilder zur Jobsiade*, 1872).

1784
Friedrich Schiller
Kabale und Liebe

S. beendete die Erstfassung seiner *Louise Mille-rin*, so nannte er ursprünglich das Stück, Ende 1782. Als der Mannheimer Intendant Wolfgang Heribert von Dahlberg Interesse zeigte, arbeitete S. das Trauerspiel um. Die Druckfassung erschien 1784 (*Kabale und Liebe, ein bürgerliches Trauerspiel in fünf Aufzügen*). Die Uraufführung fand am 13. 4. 1784 in Frankfurt statt; für die Mannheimer Erstaufführung vom 15. 4. 1784 stellte S. eine Bühnenfassung her (»Mannheimer Soufflierbuch«). Der reißerische Titel geht auf einen Vorschlag August Wilhelm Ifflands zurück. Anregungen verdankte S. Dramatikern des Sturm und Drang (Heinrich Leopold Wagner, Friedrich Maximilian Klinger), Lessings *Emilia Galotti* (1772) und vor allem dem *Deutschen Hausvater* (1780) Otto Heinrichs von Gemmingen, bei dem die Personenkonstellation von *Kabale und Liebe* vorgebildet ist. Im Drama spiegeln sich auch spezielle württembergische Verhältnisse (vom Soldatenverkauf an England bis zum wohltuenden Einfluß Franziskas von Hohenheim auf Herzog Carl Eugen).

Der Liebe zwischen Ferdinand, dem Sohn des Präsidenten von Walter, und Luise, der Tochter des Musikus Miller, stellen sich die Väter entgegen, die eine Verbindung zwischen Adel und Bürgertum strikt ablehnen. Luise leidet unter dem Konflikt zwischen religiös-patriarchalischen Bindungen und ihrer Liebe zu Ferdinand. Der Präsident, von seinem Sekretär Wurm über Ferdinands »Attachement« mit der »Bürgerkanaille« informiert, plant die Heirat seines Sohnes mit der Mätresse des Herzogs, um seinen Einfluß zu sichern. Er sorgt dafür, daß die bevorstehende Verbindung zum Hofgespräch wird, um so seinem Sohn eine Weigerung unmöglich zu machen. Aber die Kalkulation geht nicht auf. Ferdinand seinerseits muß erkennen, daß Lady Milford, der er seine ablehnende Haltung erklärt, entgegen seinen Vorurteilen eine edle Frau ist, die viel für das Land getan hat. Im Hause Millers kommt es dann zum offenen Konflikt zwischen Ferdinand und seinem Vater, der die Musikerfamilie mit Gefängnis und Pranger bedroht und erst den Rückzug antritt, als ihn Ferdinand mit seiner Vergangenheit konfrontiert: »Ihr führt sie zum Pranger fort, unterdessen [...] erzähl ich der Residenz eine Geschichte, *wie man Präsident wird.*« Nach dem Scheitern direkter Zwangsmaßnahmen überzeugt der an Luise interessierte Wurm den Präsidenten von der Notwendigkeit einer »Kabale«, einer feingesponnenen Intrige. Miller und seine Frau werden festgenommen. Um ihre Eltern zu retten, schreibt Luise nach Wurms Diktat einen Liebesbrief an den Hofmarschall von Kalb und schwört, den Betrug geheimzuhalten und sich zu dem Brief zu bekennen. Die Katastrophe nimmt ihren Lauf. Der Brief wird in Ferdinands Hände gespielt, der in seiner Realitätsferne und Verblendung selbst das Dementi des Hofmarschalls nicht zur Kenntnis nimmt und verzweifelte Rachegedanken hegt. Lady Milford hat inzwischen Luise zu sich bestellt und beschließt, beschämt durch die »stolze Unglückliche«, das Land zu verlassen. In Millers Wohnung kommt es zum melodramatischen Ende. Luise denkt an gemeinsamen Selbstmord mit Ferdinand, wodurch ihr Schweigegelübde hinfällig würde und ihre Unschuld an den Tag käme. Miller verhindert das Vorhaben. Auf Ferdinands bittere Anklagen hat sie nur Schweigen oder die geforderten Lügen als Antwort. Erst als sie die Wirkung des Gifts spürt, das Ferdinand ihr (und sich selbst) in die Limonade getan hat, fühlt sie sich vom Eid entbunden und öffnet Ferdinand die Augen. Im Geist von Luises letzten Worten – »Sterbend vergab mein Erlöser – Heil über dich und ihn« – reicht der sterbende Ferdinand seinem Vater die Hand. Präsident: »Er vergab mir! (*Zu den andern.*) Jetzt euer Gefangener!«

Das »bürgerliche Trauerspiel« ist eine vehemente Anklage gegen den Absolutismus der unaufgeklärten, despotischen Art, wie ihn S. in Württemberg kennengelernt hatte. Korruption, moralische Verkommenheit, Perversion der menschlichen Verhältnisse, Zerstörung der natürlichen Ordnung, symbolisiert durch die Familie, sind seine Kennzeichen. Auf den geschichtlichen Hintergrund verweist die effektvolle Szene mit dem Kammerdiener, der Lady Milford vom Verkauf der Landeskinder berichtet. Diese heillose Welt ist der Ort der Liebestragödie, der Tragödie einer unbedingten Liebe, die Züge einer religiösen Utopie annimmt.

Kabale und Liebe wurde zum erfolgreichen Repertoirestück. Giuseppe Verdi, ein Schillerverehrer, brachte das Werk auf die Opernbühne (*Luisa Miller*, Libretto von Salvatore Cammarano, 1849). In Deutschland entstanden bis 1959 vier Filmfassungen.

1784–91
Johann Gottfried Herder
Ideen zur Philosophie der Geschichte der Menschheit

Schon im *Journal* der Reise von 1769 beschäftigte sich H. mit dem Projekt einer Universalgeschichte der Menschheit, einer »Universalgeschichte der Bildung der Welt«. Eine erste Ausformung dieser Vorstellungen brachte die Schrift *Auch eine Philosophie der Geschichte zur Bildung der Menschheit* (1774), in der Geschichte als organischer Entwicklungsprozeß in Analogie zu den Entwicklungsstufen des Menschen begriffen wird, wobei jede Epoche ihren Eigenwert behält (aus diesen Gedanken entwickelt H. eine scharfe Kritik des Überlegenheitsgefühls der eigenen Zeit).

In den *Ideen*, in vier Teilen 1784, 1785, 1787 und 1791 erschienen, nimmt H. die Gedanken der früheren Arbeiten auf, erweitert aber die Konzeption derart, daß die Entwicklungsgeschichte sowohl die Natur als auch die Geschichte umfaßt. Ausgehend von der Stellung der Erde im Kosmos, charakterisiert er sie als »eine große Werkstätte zur Organisation sehr verschiedenartiger Wesen« und beschreibt dann Organisation und Entwicklung der Pflanzen und Tiere in Beziehung zum Menschen. Dieser erscheint als »ein Mittelgeschöpf unter den Tieren«, d. h. er ist »die ausgearbeitete Form […], in der sich die Züge aller Gattungen um ihn her im feinsten Inbegriff sammeln.« Von den Tieren unterscheidet er sich durch den aufrechten Gang, nach H. letzlich die Voraussetzung für seine »Vernunftfähigkeit« und seine Autonomie: Dem Menschen sind Vernunft und Freiheit gegeben; er ist »der erste *Freigelassene* der Schöpfung; er stehet aufrecht«. Seine »Bestimmung« ist es, die menschlichen Anlagen »auf Bildung der Humanität« zu richten.

Anschließend befaßt sich H. mit der »Organisation« der Völker in der Welt, mit dem Einfluß des Klimas auf die Sinnlichkeit, die Einbildungskraft und den praktischen Verstand des Menschen und gibt einen universalgeschichtlichen Überblick, der mit den ältesten Kulturen der Menschheit einsetzt und mit dem Spätmittelalter endet (von einer Weiterführung existiert nur ein knapper Plan). Reflexionen betonen: »Humanität ist der Zweck der Menschennatur, und Gott hat unserm Geschlecht mit diesem Zweck sein eigenes Schicksal in die Hände gegeben.« Dabei entspreche es dem »Naturgesetz«, daß auch die zerstörerischen Kräfte »zuletzt zur Ausbildung des Ganzen dienen« und daß mit dem Verlauf der Geschichte eine Ausbreitung von »Vernunft« und »Billigkeit« verbunden sei, die »eine daurendere Humanität« befördere.

Kant lehnte H.s Werk ab. Er kritisierte die Denkmethode (»eine in Auffindung von Analogien fertige Sagazität«), bemängelte die Unzulänglichkeit der empirischen Grundlagen und lehnte die Folgerungen H.s aus dem aufrechten Gang des Menschen ab. Zudem wandte er sich gegen die Auffassung, daß es trotz aller Verschiedenheiten nur eine »Menschengattung« gebe. Dagegen begleitete Goethe die Entstehung der *Ideen* mit großem Interesse; für den Humanitätsbegriff der deutschen Klassik waren H.s Vorstellungen von entscheidender Bedeutung.

1785
August Wilhelm Iffland
Die Jäger

Neben August von Kotzebue ist I. der bedeutendste Vertreter der populären Dramatik in der Zeit vor und nach der Jahrhundertwende. Seine Stücke haben einen betont moralischen Anspruch, stellen psychologisch wenig differenzierend Gut und Böse einander gegenüber, ein Gegensatz, der sich häufig mit dem von Stadt und Land verbindet. Diesem Muster folgen auch seine bekanntesten Werke: *Die Jäger. Ein ländliches Sittengemälde in fünf Aufzügen* und das Lustspiel *Die Hagestolzen* (Uraufführung 1791, Druck 1793), in dem ein Hofrat sein Glück in ländlicher Idylle bei einem Bauernmädchen findet. – *Die Jäger* wurden 1785 von einem fürstlichen Liebhabertheater in Dürkheim uraufgeführt, im selben Jahr gedruckt und im folgenden auf allen wichtigen Bühnen gespielt. Goethe eröffnete 1791 das Weimarer Hoftheater mit diesem Stück.

Anton, der »wilde« Sohn des rechtschaffenen und wohlmeinenden, aber brummigen und ruppigen Oberförsters Warberger, liebt seine Nichte Friedrike; sie erwidert seine Liebe. Die Oberförsterin freilich favorisiert die Verbindung Antons mit Kordelchen von Zeck, der affektierten Tochter des korrupten, bösen Amtmanns (Ifflands Rolle bei der Uraufführung). Der Oberförster dagegen will mit den Machenschaften der Amtmannsippe nichts zu tun haben und wendet sich gegen die eigennützige, rücksichtslose Amtsführung von Zecks. Obwohl durch das Eingreifen des Oberförsters und des Pfarrers schon alles in die rechte Bahn gelenkt scheint, will sich der verzweifelte Anton als Soldat anwerben lassen. Er gerät in Streit mit einem bösartigen Diener des Amtmanns; als dieser später verwundet aufgefunden wird, sieht der Amtmann die Gelegenheit gekommen, mit den Warbergers abzurechnen. Aber Antons Unschuld stellt sich heraus; der Heirat mit Friedrike steht nichts mehr im Weg.

Dem Gegensatz von Bürgertum und (niederer) Aristokratie entspricht der von Gut und Böse, Tugend und Laster. Ländlich-derbe Sittlichkeit, behagliches, wenn auch mit Alltagsstreitereien gespicktes Familienleben wird einer Welt der Falschheit und der Anmaßung gegenübergestellt (wobei sich der gute Bürger mit dem guten Fürsten im Hintergrund gegen den korrupten Adel im Bündnis weiß). Stücke dieser Art, die auf eine Bestätigung des Bekannten und nicht auf kritische Analyse zielen, fordern zwar »die geistige Selbsttätigkeit des Publikums« nicht heraus, geben ihm aber das Gefühl, »durch den beobachteten Sieg des Guten sich gewinnbringend vergnügt zu haben« (Gerhard Schulz). Nicht zuletzt hier liegt der Grund für den Erfolg der populären Dramatik dieser Jahre: Diese Stücke, nicht die Schillers oder Goethes, beherrschen die Bühnen.

1785–90
Karl Philipp Moritz
Anton Reiser

»Dieser psychologische Roman könnte auch allenfalls eine Biographie genannt werden, weil die Beobachtungen größtenteils aus dem wirklichen Leben genommen sind«, heißt es in der Vorrede zum 1. Teil des *Anton Reiser* (I: 1785, II–III: 1786; IV: 1790). Geschildert wird die autobiographisch fundierte »innere Geschichte« eines Menschen, eine unglückliche Entwicklungsgeschichte, die sich als eine Art »negativer Bildungsroman« charakterisieren läßt (Hans Joachim Schrimpf).

Die Geschichte des jungen Anton Reiser wird durch den Gegensatz von feindlicher Außenwelt und empfindsamer Innenwelt geprägt: Der Druck der äußeren Verhältnisse erweist sich als übermächtig und führt als letzter Möglichkeit der Selbstbehauptung zu einer Flucht in die Imagination. Dieses Gegen- und Nebeneinander, dieser »Widerspruch von außen und von innen« ist Gegenstand der psychologischen Analyse des Erzählers, der seinem Helden – trotz des autobiographischen Hintergrunds – mit großer Distanz und z. T. mit Ironie gegenübersteht.

Anton wächst in einer bedrückenden Atmosphäre von häuslichem Streit, Armut, Krankheit und lebensfeindlichem religiösem Sektierertum auf. Bücher werden seine Zuflucht. Zugleich führt die auf Introversion, Selbstverleugnung und Ich-Abtötung zielende pietistische Erziehung mit ihren lebensfremden Ansprüchen zu schweren inneren Konflikten. Trotz seiner intellektuellen Begabung muß Anton bei einem bigotten Braunschweiger Hutmacher in die Lehre gehen, doch wird ihm schließlich der Besuch des Gymnasiums in Hannover ermöglicht, allerdings unter äußerst demütigenden Umständen. Er entflieht mehrfach den Zwängen der Schule und der tiefempfundenen Diskriminierung, flüchtet sich in die Literatur und sucht sich als Schauspieler zu verwirklichen (Klassenkamerad ist der später berühmt gewordene Schauspieler August Wilhelm Iffland). Er reist zur Ekhofschen Schauspieltruppe nach Gotha, aber es kommt zu keinem Engagement. In Erfurt wird ihm Gelegenheit zum Studium geboten, doch bricht er ab, um sich einer Theatergruppe in Leipzig anzuschließen. Ihr Prinzipal hat sich freilich inzwischen mit dem Erlös für die Garderobe aus dem Staub gemacht. Mit diesem letzten Scheitern endet die Geschichte Anton Reisers.

Scharfsichtig analysiert M. die Gründe für Antons Fehlentwicklung: die widrigen gesellschaftlichen Umstände und die pietistische Religiosität, die zu Weltverlust, selbstbetrügerischen Phantasien und Heuchelei führt und Anton daran hindert, sich aus seinen Seelennöten zu befreien. Dagegen vermittelt ihm seine ausgedehnte Lektüre, so sehr sie zeitweise auch als Betäubungsmittel (»Opium«) dient, Ansatzpunkte der Bewußtseinsbildung und geistiger Disziplinierung (»er schmeckte zuerst die Wonne des Denkens«); durch die Lektüre der Werke Shakespeares und von Goethes *Werther* gewinnt er – vorübergehend – Selbstbewußtsein.

Reisers eigene dichterische Versuche wie seine Theaterleidenschaft resultieren nicht aus einem wirklich künstlerischen Ausdrucksbedürfnis; seine Hinwendung zum Theater hat kompensatorische Funktion, wie M. in der Vorrede zum 4. Teil nüchtern diagnostiziert: Aus der Geschichte erhelle deutlich, »daß Reisers unwiderstehliche Leidenschaft für das Theater eigentlich ein Resultat seines Lebens und seiner Schicksale war, wodurch er von Kindheit auf aus der wirklichen Welt verdrängt wurde und, da ihm diese einmal auf das bitterste verleidet war, mehr in Phantasien als in der Wirklichkeit lebte – das Theater als die eigentliche Phantasiewelt sollte ihm also ein Zufluchtsort gegen alle diese Widerwärtigkeiten und Bedrückungen sein.«

Die Voraussetzungen des Reiserschen Lebenslaufs lassen ein harmonisierendes, glückliches Ende nicht zu. Es ist ein »Anti-Bildungsroman«:

»Sein unschätzbarer Wert als experimentalpsychologisch strukturiertes und soziologisches Dokument beruht nicht zuletzt darauf, daß er es verschmäht, zu harmonisieren. In *dieser* Hinsicht ist er sogar Goethes *Wilhelm Meister* überlegen« (Hans Joachim Schrimpf).

1786
Gottfried August Bürger
Münchhausen

Bei den *Wunderbaren Reisen zu Wasser und Lande, Feldzüge und lustige Abentheuer des Freyherrn von Münchhausen*, 1786 nach Auskunft des Titelblatts in London, in Wirklichkeit in Göttingen erschienen, handelt es sich um eine Sammlung phantastischer Lügengeschichten, die zum überwiegenden Teil auf eine lange literarische oder mündliche Überlieferung zurückblicken können und sich hier um die (historisch verbürgte) Gestalt des Barons Karl Friedrich Hieronymus von Münchhausen (1720–97) ranken. Die ersten 16 Münchhauseniaden erschienen 1781 im 8. Teil des Berliner *Vade Mecum für lustige Leute (M-h-s-nsche Geschichte*, anonym), *Noch zwei M-Lügen* folgten 1783 im 9. Teil. Ende 1785, mit der Jahreszahl 1786, veröffentlichte der wegen Unterschlagung nach England geflohene Rudolf Erich Raspe eine englische Übersetzung der Lügengeschichten und verband sie zu einer fortlaufenden Erzählung (*Baron Munchhausen's Narrative of His Marvellous Travels and Campaigns in Russia*). B. übersetzte die 2. Auflage (1786) dieses Buches ins Deutsche, wobei er mit dem Text frei verfuhr und ihn zudem um acht Geschichten erweiterte. Zwei Jahre später legte er eine neue Ausgabe vor, die auf der vermehrten 5. Auflage des englischen Textes (1787) beruhte und darüber hinaus weitere Zusätze B.s brachte (1788). Der deutsche Titel lehnt sich an *Schelmuffskys [...] Reißebeschreibung zu Wasser und Land* (1696) von Christian Reuter an.

Die Lügengeschichten, zum größten Teil von Münchhausen selbst erzählt, beginnen mit Abenteuern auf der Reise nach Rußland, phantastischen Jagd- und Soldatengeschichten; darauf folgt eine Serie von ebenso phantastischen »See-Abenteuern« (einschließlich einer – der zweiten – Reise auf den Mond), bis dann eine »Reise durch die Welt, nebst andern merkwürdigen Abenteuern« den Abschluß bildet. Zu B.s Beiträgen zählen neben der stilistischen und sprachlichen Neuformung einige der bekanntesten Episoden (Münchhausen zieht sich und sein Pferd an seinem Zopf aus dem Sumpf, Ritt auf der Kanonenkugel, Vergnügungen der hinteren Pferdehälfte), Anspielungen auf Zeitgenossen (möglicherweise unter Mitarbeit Lichtenbergs) und zeitkritische Bemerkungen (der Tod eines indianischen Kaziken wird zur satirischen Abrechnung mit dem Absolutismus).

Das Buch erlebte zahllose Neudrucke und Bearbeitungen bis in die Gegenwart; es entstanden Fortsetzungen, Bearbeitungen für die Bühne und – im 20. Jh. – Filmversionen. Ein Enkel des Lügenbarons ist der Held von Karl Leberecht Immermanns zeitkritisch-satirischer »Geschichte in Arabesken« *Münchhausen* (1838–39).

1786
Friedrich Schiller
Verbrecher aus Infamie

S.s erzählerisches Werk, von ihm selber eher zurückhaltend beurteilt, ist nicht sehr umfangreich. Es entstand in den 80er Jahren und umfaßt einige Erzählungen und das Romanfragment *Der Geisterseher* (1787–89), das von einem deutschen Prinzen handelt, der in Venedig undurchsichtigen Machenschaften einer Geheimgesellschaft ausgesetzt ist (ein modisches Thema) und nach dem 1. Teil abbricht. Die bedeutendste der Erzählungen ist der *Verbrecher aus Infamie*, zuerst erschienen in der Zeitschrift *Thalia*; in den *Kleineren prosaischen Schriften* von 1792 erhielt das Werk den Titel *Der Verbrecher aus verlorener Ehre*. Die Erzählung beruht auf einer Begebenheit, die S. von seinem Lehrer Jacob Friedrich Abel auf der Karlsschule gehört haben mochte (dessen Vater hatte den »Sonnenwirt« verhaftet). Hermann Kurz legte sie später seinem Roman *Der Sonnenwirt* (1854) zugrunde.

S. erzählt die Geschichte des Gastwirtsohns Christian Wolf, der in einer kleinen Stadt aufwächst und allmählich auf die schiefe Bahn gerät, mehrfach als Wilddieb gefaßt und immer schwerer bestraft wird. Drei Jahre Festungshaft verändern ihn völlig. Erfüllt von Rachegedanken und Menschenhaß kehrt er zurück. Er wird zum Mörder, begeht weitere Verbrechen als Oberhaupt einer Räuberbande, doch nach einiger Zeit wird ihm das Räuberleben unerträglich. Sein Gewissen regt sich wieder, und er bittet in einem Brief an den Landesherrn um die Gnade, seinem Vaterland als Soldat nützlich werden und so für seine Untaten sühnen zu dürfen. Die Berechtigung seiner Bitte sieht er in dem harten Urteilsspruch, der ihn auf immer seiner Ehre beraubte.

Seine Bitte bleibt ohne Antwort; er flieht daher von der Bande, um sich in preußische Dienste zu begeben. Unterwegs wird er festgehalten; er gibt sich zu erkennen. Damit endet die Erzählung.

In der Einleitung verweist S. auf seine Absicht, die Kausalität verbrecherischer Handlungen sichtbar zu machen, die Wechselwirkung von der »unveränderlichen Struktur der menschlichen Seele« und »den veränderlichen Bedingungen, welche sie von außen bestimmten«, darzustellen. Dadurch, daß der Erzähler Prozeß und Urteilsspruch ausspart – die Einleitung verweist kurz auf die Hinrichtung des Sonnenwirts –, überläßt S. dem Leser weitere Reflexionen über Schuld und Sühne, Gerechtigkeit und Billigkeit.

1787
Johann Wolfgang von Goethe
Iphigenie auf Tauris

Die Erstfassung des Dramas (in Prosa) entstand 1779 als Festspiel für den Weimarer Hof. G. schrieb während der Arbeit an Charlotte von Stein (Apolda, 6. 3. 1779): »Hier will das Drama gar nicht fort, es ist verflucht, der König von Tauris soll reden, als wenn kein Strumpfwürker in Apolde hungerte.« Am 6. 4. 1779 wurde das Stück in Ettersburg aufgeführt; G. spielte den Orest. Die endgültige Fassung in leichtfließenden, wohllautenden fünffüßigen Jamben (Blankversen), aufgelockert durch kürzere Verse und strophisch gebundene Liedformen, beendete G. 1786 in Italien; sie erschien 1787 im 3. Band seiner *Schriften*. Stofflich basiert das Stück auf Euripides' Schauspiel *Iphigenie bei den Taurern* (5. Jh. v. Chr.); auch Jean Racine hatte den Stoff aufgegriffen (*Iphigénie*, 1674).

Vorgeschichte: Iphigenie, Tochter Agamemnons, sollte zu Beginn des Trojanischen Krieges in Aulis der Göttin Artemis geopfert werden. Doch die Göttin nahm das Opfer nicht an und führte Iphigenie in den hohen Norden zu den Taurern, wo sie nun als Priesterin eines Artemiskultes dient. Nach dem Ende des Krieges wird Agamemnon von seiner Frau Klytaimestra, diese wiederum später von ihrem Sohn Orest getötet: die vorerst letzten Bluttaten des verfluchten Tantalidengeschlechts. Orest, von den Erinnyen gejagt, gelangt mit seinem Freund Pylades nach Tauris; hier hat ihm Apollo Entsühnung verheißen.

Die Szene zeigt einen »Hain vor Dianens Tempel«; die ›Einheiten‹ des Ortes, der Zeit und der Handlung sind klassizistisch streng gewahrt. Das Stück ist arm an äußerer Handlung; das ent-

scheidende Geschehen findet im Innern der Personen statt, die eine symmetrische Konstellation bilden: Dabei steht Iphigenie zwischen Thoas, dem König der Taurier, und seinem Vertrauten Arkas auf der einen und den Griechen Orest und Pylades auf der anderen Seite.

Iphigenie fühlt sich nach den langen Jahren in Taurien immer noch fremd (»Und an dem Ufer steh' ich lange Tage, Das Land der Griechen mit der Seele suchend«). Thoas, von ihr angezogen, hat auf ihr Drängen den barbarischen Brauch abgeschafft, alle Fremdlinge den Göttern zu opfern. Als er um sie wirbt, lehnt Iphigenie ab (wobei sie im Gespräch mit Thoas die blutige Geschichte von »Tantalus' Geschlecht« erzählt). Zornig befiehlt ihr Thoas, die alte Übung wieder aufzunehmen und die beiden Fremdlinge, die gerade gelandet sind, der Diana zu opfern. Während Orest den Tod als einzigen Ausweg aus seinem Leiden sieht, erinnert der optimistische Pylades an Apollos doppeldeutiges Wort, daß sich der Fluch löse, wenn er »die Schwester« aus dem Heiligtum in Tauris zurück nach Griechenland bringe (Diana: Apollos Schwester; Iphigenie: seine eigene). Auch das Gespräch mit Iphigenie, die sich zu erkennen gibt, vermag ihn nicht von der Fixierung auf seine Schuld zu befreien; vielmehr sieht er im Brudermord, den Iphigenie zu vollziehen hat, nur eine weitere Konsequenz des auf den Tantaliden lastenden Fluchs. Doch diese Ungeheuerlichkeit läßt ihn in »Ermattung« sinken und in einer Art Heilschlaf den Weg zu einem neuen Anfang, zu einer neuen »Reinheit« finden. Der Krise Orests folgt die Iphigenies, die durch Pylades' Fluchtplan vor die Entscheidung gestellt wird, durch Vertrauensbruch die Freiheit für sich, Orest und Pylades zu gewinnen (und damit die Früchte ihrer Erziehung zur Menschlichkeit bei den Tauriern zu zerstören) oder durch ein Bekenntnis zur Wahrheit den Tod zu riskieren. Ihr Monolog, der in dem Parzenlied gipfelt, wird zur Herausforderung an die Götter, dem Vertrauen zu entsprechen, das sie mit ihrem Eintreten für eine humane Lebensordnung auf sie gesetzt hat: »Rettet mich Und rettet euer Bild in meiner Seele!« Sie gesteht Thoas den Betrug und gibt sich, Orest und Pylades in seine Hände, überzeugt davon, daß »die Stimme Der Wahrheit und der Menschlichkeit« gehört werde: »Es hört sie jeder, Geboren unter jedem Himmel, dem Des Lebens Quelle durch den Busen rein Und ungehindert fließt.« Mit einem »Lebt wohl«, den letzten Worten des Schauspiels, läßt Thoas die Griechen ziehen.

Iphigenie ist als programmatisches Werk der deutschen Klassik und ihres Humanitätsideals in die Literaturgeschichte eingegangen, ein Werk, das Schiller »erstaunlich modern und ungriechisch« nannte. Als Quintessenz seiner humanen ›Botschaft‹ werden häufig Verse aus einem Gedicht zitiert, das G. einem Orestdarsteller widmete: »Alle menschliche Gebrechen Sühnet reine Menschlichkeit« (*Dem Schauspieler Krüger mit einem Exemplar der »Iphigenie«*, 1827). Schiller gegenüber, der das Stück für die Weimarer Erstaufführung (15. 5. 1802) bearbeitete, gab sich G. freilich ironisch-distanziert: »Ich habe hie und da hineingesehen, es ist ganz verteufelt human.«

1787
Wilhelm Heinse
Ardinghello und die glückseligen Inseln

H.s »Italiänische Geschichte aus dem sechzehnten Jahrhundert« entstand nach einem mehrjährigen Italienaufenthalt (1780–83). Das Werk verbindet Elemente des Abenteuerromans und der italienischen Novellistik mit ausgedehnten Bild- und Skulpturbeschreibungen und Gesprächen über Kunst, Philosophie und Religion. Ich-Erzähler ist ein vornehmer junger Venezianer, dem immer mehr die Aufgabe zukommt, Briefe des Helden (und weniger anderer Personen) zu arrangieren.

Der Held des Romans, Ardinghello, erscheint zunächst als Retter des Erzählers, der aus einer Gondel gefallen war. Ardinghello tritt als Maler auf, erweist sich jedoch im Verlauf des Romans als Verkörperung des *uomo universale* der Renaissance, als Mann der Kunst und des Geistes wie der Tat. Aus Rache wird er zum Mörder, flieht nach Genua, bewährt sich im Kampf gegen Piraten und kann schließlich – nach dem Tod Herzog Cosimos – in seine Heimat Florenz zurückkehren. Hier versucht er sich in der Politik. Nach Rom gesandt, um den Ankauf von Kunstschätzen zu betreiben, führt er mit dem Griechen Demetri Gespräche über Kunst, die in einem Bacchanal gipfeln. Er lernt Fiordimona kennen (keineswegs sein erster Liebeshandel), reich, schön, emanzipiert. Nach einer gemeinsamen Reise durch Italien kommt es zu einem unglücklichen Kampf mit einem Nebenbuhler. Er muß fliehen, schließt sich dem Piraten Diagoras an, dem er einst das Leben geschenkt hatte, und gründet schließlich mit dessen Hilfe im griechischen Archipel eine utopische Inselrepublik von Auserwählten, in der Gütergemeinschaft, Gleichberechtigung und freie

Liebe das Zusammenleben prägen und »kriegerische Schiffahrt« und Handel für »Sklaven und Sklavinnen und Überfluß an allen Bequemlichkeiten« sorgen. H.s Haltung ist als »ästhetischer Immoralismus« (Walther Brecht) in die Literaturgeschichte eingegangen, als Verherrlichung des großen, genialen Menschen, von Sinnlichkeit, Freiheit, Genuß.

Die Aufnahme war zwiespältig. Schiller, Herder, Goethe fällten kritische Urteile, die Weimarer Damen waren, schreibt Schiller, entzückt. Gewirkt haben die Entdeckung Italiens und des Mittelmeerraums als romantischer Landschaft und die auf die Romantik vorausweisenden Kunstbetrachtungen und -kritiken.

1787
Friedrich Schiller
Don Karlos

Don Karlos wurde am 29. 8. 1787 in Hamburg uraufgeführt; die Titelrolle spielte Friedrich Ludwig Schröder. Vorher, Ende Juni 1787, war die erste Buchausgabe mit 6282 Versen erschienen (*Dom Karlos. Infant von Spanien*). Große Teile des Dramas hatte S. zuvor in der *(Rheinischen) Thalia* veröffentlicht (1785–87). Daneben existiert eine Bühnenfassung in Prosa (1787, Druck 1808) und eine Reihe überarbeiteter Ausgaben der Jambenfassung. 1804 nahm S. die letzte Überarbeitung vor (Druck 1805), die das Stück auf 5370 Verse kürzte. Gleichwohl macht seine Überlänge in der Theaterpraxis weitere starke Kürzungen notwendig.

S. war 1782 von dem Mannheimer Theaterintendanten Wolfgang Heribert von Dalberg auf die »historische Novelle« *Histoire de Dom Carlos, fils de Philippe II* (1672) des Abbé de St. Réal aufmerksam gemacht worden. Diesem Werk entnahm S. u. a. die durchaus unhistorische Liebesbeziehung zwischen Karlos und Elisabeth, die ebenso unhistorische, wenn auch von S. schon abgemilderte Charakterisierung Philipps II. als unmenschlichen Tyrannen und die Stilisierung des in Wirklichkeit labilen, kranken Don Karlos zum idealistischen Freiheitshelden. Die Studien zum *Don Karlos* regten S. zu seinem ersten großen historischen Werk an, der *Geschichte des Abfalls der Vereinigten Niederlande von der spanischen Regierung* (1788).

Don Karlos liebt seine Stiefmutter Elisabeth von Valois, die ihm ursprünglich zugedacht, doch dann aus Gründen der Staatsräson seinem Vater, Philipp II., vermählt worden war. So findet der aus den spanischen Niederlanden zurückgekehrte Marquis von Posa seinen Jugendfreund verändert; Liebesqualen und Eifersucht auf den ungeliebten Vater haben den Vorsatz, für die Freiheit der unterdrückten flandrischen Provinzen einzutreten, völlig verdrängt. Posa und Elisabeth überzeugen Karlos von seiner politischen Aufgabe, doch Philipp lehnt es ab, ihm – statt Alba – die niederländischen Provinzen anzuvertrauen. Hofintrigen, an denen Domingo, der Beichtvater des Königs, Herzog Alba und die Prinzessin von Eboli beteiligt sind, führen dazu, daß die Königin und Karlos in den Verdacht einer unerlaubten Beziehung geraten. Posa, inzwischen Vertrauter des Königs, vermag den Verdacht abzulenken und die Königin von dem Plan zu überzeugen, Karlos heimlich nach Brüssel zu senden, um eine Rebellion anzustiften. Karlos jedoch, von Posa nicht eingeweiht, wird mißtrauisch und macht den Fehler, sich der Prinzessin Eboli anzuvertrauen. Um seine Pläne nicht scheitern zu lassen, opfert sich Posa: Er spielt dem König einen hochverräterischen Brief an Wilhelm von Oranien in die Hände, in dem er seine Liebe zur Königin erklärt. Posa kann Karlos noch seine Handlungen und Absichten erläutern – er hat ihn zu seiner Sicherheit verhaften und in ein Gefängnis bringen lassen –, bevor er auf Befehl Philipps erschossen wird. Karlos klagt seinen Vater als Mörder an und konfrontiert ihn mit seiner Fehleinschätzung: »Ihn zu beherrschen wähnten Sie – und waren Ein folgsam Werkzeug seiner höhern Plane.« Die scheitern jedoch. Karlos und die Königin werden beim Abschied überrascht; der König übergibt seinen Sohn der Inquisition und vollendet damit zugleich die Familientragödie.

In einer frühen Phase seiner Arbeit am *Don Karlos* schrieb S. an Dalberg, daß er kein politisches Stück plane, »sondern eigentlich ein Familiengemälde in einem fürstlichen Haußse«, bei dem der Vater-Sohn-Konflikt im Mittelpunkt stehen solle. Damit ist ohne Zweifel ein Aspekt auch des vollendeten »dramatischen Gedichts« angesprochen. Zugleich ist *Don Karlos* jedoch ein eminent politisches Stück geworden, das die Deformation des Menschen im absolutistischen Staat vorführt und mit dem Ideal einer auf Freiheit und Menschenwürde gegründeten »Menschenrepublik« konfrontiert. »Posas Traum vom ›Bürgerglück versöhnt mit Fürstengröße‹ war in der Epoche des aufgeklärten Absolutismus eine konkrete Utopie, an die Schiller seine Zeitgenossen durch das Drama erinnerte« (Klaus L. Berghahn).

In einer Reihe von *Briefen über Don Carlos*, erschienen 1788 in Wielands *Teutschem Merkur*, beschäftigte sich S. mit kritischen Einwänden gegen sein Stück und insbesondere mit der Figur des Posa. Mit seiner Verssprache – es ist S.s erstes Versdrama – weist der *Don Karlos* auf S.s klassische Dramen voraus. Zugleich vermag ihr Schwung über manche Ungereimtheiten der Intrigenhandlung hinwegzuhelfen. – Der *Don Karlos* bildet die Grundlage von Giuseppe Verdis vierter Schilleroper (*Don Carlos*, Libretto von Joseph Méry und Camille du Locle, Uraufführung 1867 in Paris).

1788
Rudolph Zacharias Becker
Noth- und Hülfs-Büchlein
für Bauersleute

B. versuchte mit seinem *Noth- und Hülfs-Büchlein für Bauersleute oder lehrreiche Freuden- und Trauer-Geschichte des Dorfs Mildheim* die Aufklärung unter das ›Volk‹ zu bringen. Es war der wohl größte Bucherfolg seiner Zeit: Vorbereitet durch eine bis dahin unerhörte Werbekampagne – die erste Ankündigung erschien 1784 in der von B. herausgegebenen *Deutschen Zeitung* – waren bis Ende März 1788 annähernd 28 000 Exemplare subskribiert worden. Die Erstauflage (30 000 Exemplare), von vier Druckereien (fast) gleichzeitig gedruckt, war damit praktisch ausverkauft. Der Erfolg hielt an; bis Ende des Jh.s wurden 150 000 Exemplare abgesetzt. Ein 2. Band folgte 1799 (mit der Jahreszahl 1798); daneben kamen auch nicht von B. herrührende Fortsetzungen heraus.

Das mit 49 Holzschnitten illustrierte Werk besteht aus zwei Teilen, einer ursprünglich nicht vorgesehenen romanhaften Rahmenhandlung (*Freuden- und Trauer-Geschichte des Dorfs Mildheim*) und dem eigentlichen *Noth- und Hülfs-Büchlein*. Dieses behandelt, durch Beispielgeschichten und Spruchweisheiten attraktiver gemacht, praktische Fragen der Haushalts- und Wirtschaftsführung und nennt »die Hülfsmittel wieder die meisten Nothfälle des Lebens, wo sich [...] die Menschen [...] selbst helfen können« (Gesundheitsregeln, Erste Hilfe, Hilfe in Katastrophenfällen, Schädlingsbekämpfung usw.). Die Wirksamkeit dieser Ratschläge zeigt sich in der Rahmenerzählung, in der Geschichte des Dorfes Mildheim, dessen Bauern, angeleitet von dem Herrn von Mildheim und dem Pfarrer, ihre Kenntnisse erweitern und damit die Voraussetzung für die Verbesserung ihrer Lebensverhältnisse schaffen. »Dieses beständige *besser machen* und *besser werden*«, predigt der Pfarrer, sei »die rechte Absicht, zu der uns Gott erschaffen hat.« Trotz mancherlei Rückschlägen entwickelt sich Mildheim – dargestellt wird das im 2. Band – dank des Gemeinschaftsgeistes und der Selbsthilfe seiner Bewohner zu einem wahren Musterdorf, in dem die Bauern selbständig und für sich selbst denkend ihre Wirtschaft führen: »Das Leben in Mildheim war der Himmel auf Erden.«

Allerdings gibt sich B. große Mühe, keinen Anstoß bei den Obrigkeiten zu erregen und die Behauptung zu widerlegen, »daß Aufklärung des Verstandes den niedern Volksclassen schädlich sei«. Reform, nicht revolutionäre Umgestaltung ist B.s Ziel, das nur in Zusammenarbeit mit aufgeklärten Herren erreicht werden kann. Gleichwohl ist in B.s *Noth- und Hülfs-Büchlein* durchaus der Keim der Systemveränderung enthalten.

1788
Johann Wolfgang von Goethe
Egmont

Die erste Beschäftigung mit dem *Egmont* fällt noch in G.s Sturm und Drang-Zeit (1774–75); nach mehreren Anläufen beendete er das Stück 1787 in Rom. Es erschien dann 1788 als »Trauerspiel in fünf Aufzügen« (Prosa) im 5. Band seiner *Schriften* (*Goethe's Schriften*, 8 Bde., 1787–90) und gleichzeitig in einer Einzelausgabe. Die Uraufführung fand am 31. 3. 1791 in Weimar statt. Als geschichtliche Quellen benutzte G. das Werk des Jesuiten Famianus Strada *De bello Belgico* (1651) und die *Eygentliche und vollkommene historische Beschreibung des Niederländischen Kriegs* (1627) von Emanuel van Meteren. Der historische Graf Egmont war Befehlshaber der spanischen Reiterei im Krieg gegen Frankreich und wurde dann zum Statthalter von Flandern und Artois ernannt. G. drängt die geschichtlichen Ereignisse, die etwa zwei Jahre umfassen, auf kurze Zeit zusammen. Die Hinrichtung Egmonts – zusammen mit der des im Stück nicht erwähnten Grafen Hoorn – fand 1568 statt.

Im *Egmont*, den man als Charakter- oder »Figurendrama« (Wolfgang Kayser) bezeichnen kann, bezieht sich die Handlung in jeder Phase direkt oder indirekt auf den Helden, der mit seiner Tapferkeit, Lebenslust, Selbstsicherheit und Toleranz, mit seiner »Gabe, alle Menschen an sich zu ziehn (attrattiva)« (G.), als große Natur gekennzeichnet ist. Zunächst erfolgt die Charakterisierung von außen: durch Brüsseler Bürger und

Soldaten, die »die Fröhlichkeit, das freie Leben, die gute Meinung« des großen Egmont rühmen, sich vom spanischen König und religiöser Intoleranz distanzieren; durch die Regentin Margarete von Parma, die »Gleichgültigkeit und Leichtsinn« Egmonts kritisiert und ihm vorwirft, über seinem Eintreten für eine freiheitliche Verfassung der Niederländer die Bekämpfung der Ketzer und Bilderstürmer zu vernachlässigen, zugleich aber ihre Sympathien nicht verhehlt; durch das Brüsseler Bürgermädchen Klärchen, das Egmont rückhaltlos liebt, bei der er »nur Mensch, nur Freund, nur Liebster« ist. Im 2. Akt erscheint Egmont zum erstenmal auf der Bühne, zunächst als geborener Volksführer, der allein durch sein Auftreten einen Aufruhr stillt, dann als Statthalter. Diese Szene, die ihn mit seinem Sekretär bei der milden Ausübung seines Amtes zeigt, enthält als Höhepunkt Egmonts Selbstrechtfertigung. Er weist Warnungen zurück, besteht auf seiner freien Lebensart und bekennt zugleich seine Schicksalsgläubigkeit in der Anspielung auf den Phaeton-Mythos (»Wie von unsichtbaren Geistern gepeitscht, gehen die Sonnenpferde der Zeit mit unsers Schicksals leichtem Wagen durch [...]«).

Auf den Rausch – »Ich stehe hoch und kann und muß noch höher steigen« – folgt kontrapunktisch das Gespräch mit seinem Freund Oranien, der mit dem heranrückenden Herzog Alba eine neue, repressive Politik kommen und das Leben der führenden Niederländer bedroht sieht. Doch Egmont ist blind für die Gefahr. Gegen die seiner Natur fremde Irritation, die das Gespräch mit Oranien hinterlassen hat, weiß er »ein freundliches Mittel«, Klärchen. Im 3. Akt kontrastiert G. die von schlimmen Vorahnungen begleitete Entscheidung der Regentin, ihrer bevorstehenden Entmachtung durch Rücktritt zuvorzukommen, mit Egmonts Verhalten bei Klärchen, das angesichts der sich zuspitzenden Situation gefährlich wirklichkeitsfremd und unpolitisch erscheinen muß. Der 4. Akt zeigt den Zugriff der spanischen Macht. Die Bürger sind verängstigt; der nächste Schlag gilt den Führern. Egmont begibt sich in die sorgfältig vorbereitete Falle, vor der ihn Oranien gewarnt hatte. Im Streitgespräch mit Alba, der als Vertreter eines terroristischen Absolutismus erscheint, vertritt Egmont die Sache der auf ihren Freiheiten bestehenden niederländischen Fürsten, ohne zu verstehen, daß sein Untergang längst beschlossene Sache ist. Klärchen sucht die eingeschüchterten Bürger zum Aufruhr zu bewegen; als sie erkennen muß, daß ihre Hoffnungen vergeblich sind, vergiftet sie sich. Egmont wird das Todesurteil überbracht; Albas Sohn Ferdinand bekennt sich zu ihm. Durch diesen Sieg über seinen Todfeind erhält Egmont die innere Freiheit wieder. Die Versöhnung mit seinem Schicksal ist die psychologische Voraussetzung für die von Musik begleitete allegorische Traumvision, in der ihm die »Freiheit in himmlischem Gewande« andeutet, »daß sein Tod den Provinzen die Freiheit verschaffen werde«. Egmont ruft zum Sturz der Tyrannei auf, und während er zur Hinrichtungsstätte geführt wird, fällt »die Musik [...] ein und schließt mit einer Siegessymphonie das Stück«.

Schiller, der im gleichen Jahr die *Geschichte des Abfalls der Vereinigten Niederlande* veröffentlichte, nahm wesentliche Punkte der kritischen Diskussion vorweg. In einer Rezension erhob er Einwände gegen die Konzeption des Helden, der durch »seine schöne Humanität, nicht durch Außerordentlichkeit« rühren solle und Größe vermissen lasse; zugleich kritisiert er die Schlußapotheose, die eine Zerstörung der dramatischen Illusion bewirke, den Betrachter »durch einen Salto mortale in eine Opernwelt« versetze. In einer Bühnenbearbeitung (1796), die G. »grausam« nannte, ließ Schiller u.a. den Schluß weg. Diese Redaktion wurde in Weimar und an anderen Theatern häufig gespielt, bis sich mit der Absicht, Beethovens Musik (1811) zu verwenden, die Originalfassung wieder durchsetzte. G. freilich hatte schon 1788 nur Schillers Urteil über »den sittlichen Teil des Stücks« gelten lassen, aber den von einer normativen Gattungsvorstellung bestimmten Einwänden entgegengehalten: »Was den poetischen Teil betrifft, möchte Rezensent andern noch etwas zurückgelassen haben.«

1788
Adolph Freiherr von Knigge
Über den Umgang mit Menschen

K.s ungemein erfolgreiches Buch, zuerst 1788 erschienen, erhielt mit der 3. Auflage von 1790 seine endgültige Gestalt. In ihm verbinden sich Vorstellungen höfisch-weltmännischer Lebensart, die bis auf Baldassare Castigliones *Buch vom Hofmann* (*Il libro del cortegiano*, 1528) zurückgehen, mit dem u.a. durch die Moralischen Wochenschriften vermittelten bürgerlichen Konzept eines ›natürlichen‹, die inneren Werte betonenden sozialen Umgangs.

Die Einleitung, die die Ziele des Buches formuliert, geht von der Beobachtung aus, daß gerade die klügsten, verständigsten, redlichsten, schönsten Menschen von der Welt verkannt, zurückge-

setzt oder gar betrogen würden. Ursache dafür sei der »Mangel einer gewissen Gewandtheit«. Die Lösung der Probleme, die sich aus dem »Umgang mit Menschen« ergeben, sucht K. – und das ist in diesem Ausmaß neu – durch die Vermittlung eines umfangreichen, auf Empirie beruhenden Wissens über den Menschen als sozialem Wesen zu erreichen: »Kein vollständiges System, aber Bruchstücke, vielleicht nicht zu verwerfende Materialien, Stoff zu weiterm Nachdenken.«

Der 1. Teil enthält allgemeine Bemerkungen über den Umgang mit Menschen »ohne Rücksicht auf ihre besondern Verhältnisse unter einander«; dazu gehören Kapitel wie »Über den Umgang mit sich selber« und »Über den Umgang mit Leuten von verschiednen Gemütsarten, Temperamenten und Stimmungen des Geistes und Herzens« (gemeint sind u.a. Herrschsüchtige, Geizige, Schmarotzer, Schurken, Dumme, Kraft-Genies, Frömmler und Freigeister). Der 2. Teil widmet sich den »mannigfaltigen natürlichen, häuslichen und bürgerlichen Verbindungen«: dem Umgang unter Eltern, Kindern, Eheleuten, »mit und unter Verliebten«, mit Frauen, Freunden; dem Verhältnis von Herr und Diener, Wirt und Gast, Lehrer und Schüler usw. Im 3. Teil schließlich sieht K. den Menschen als Glied der hierarchisch geordneten Gesellschaft und belehrt über den Umgang »mit den Großen der Erde, Fürsten, Vornehmen und Reichen« bis hinunter zum Verkehr mit Spielern, Goldmachern, Mitgliedern von Geheimgesellschaften und Tieren; auch ein Kapitel »Über das Verhältnis zwischen Schriftsteller und Leser« fehlt nicht.

Im Abschnitt über den problematischen Umgang mit den Großen der Erde stehen die Sätze, die K.s bürgerlich-aufklärerische Position illustrieren: »Stimme ihnen nicht bei, wenn sie je vergessen wollen: daß sie, was sie sind und was sie haben, nur durch Übereinkunft des Volks sind und haben: daß man ihnen diese Vorrechte wieder nehmen kann, wenn sie Mißbrauch davon machen; [...] endlich, daß in diesen Zeiten der Aufklärung bald kein Mensch mehr daran glauben wird, daß ein einziger [...] ein angeerbtes Recht haben könne, hunderttausend weisern und bessern Menschen das Fell über die Ohren zu ziehn.« Diese Seite von K.s aufklärerischem, elegant und unterhaltsam geschriebenen Werk verschwand in den Bearbeitungen des 19. Jh.s, bis schließlich »Knigge« zum Synonym für stumpfsinnige Etikette-Bücher wurde; ein unverdientes Schicksal.

Zum literarischen Werk K.s gehören weiterhin neben einer Übersetzung von Rousseaus *Bekenntnissen* (1786–90) auch eine Reihe von Romanen, die auf utopische und/oder satirische Weise bürgerlich-aufgeklärtes Denken mit der politischen Praxis des Absolutismus konfrontieren (u. a. *Geschichte Peter Clausens*, 1783–85; *Geschichte des armen Herrn von Mildenberg*, 1789; *Benjamin Noldmanns Geschichte der Aufklärung in Abyssinien*, 1790–91); *Politisches Glaubensbekenntnis von Joseph Wurmbrand*, 1792).

1788
August von Kotzebue
Menschenhaß und Reue

Dieses Schauspiel in 5 Akten (Prosa) war K.s erster großer Bühnenerfolg. Nach der Aufführung am Berliner Königlichen Schauspielhaus (3. 6. 1789) – vorausgegangen war Ende 1788 das Revaler Liebhabertheater – übernahmen die wichtigsten deutschen Bühnen das 1790 gedruckte Stück. In den folgenden Jahrzehnten hatten die insgesamt rund 230 Rührstücke, Lustspiele und Possen K.s einen bedeutenden Anteil am Repertoire der deutschen Theater; ihr Erfolg übertraf den der ›Klassiker‹ Goethe und Schiller bei weitem.

Menschenhaß und Reue ist eine Art analytisches Drama. Ein einsilbiger »Unbekannter« hat sich mit seinem Diener in einer Hütte am Rande eines Gutes eingemietet. Er sieht hinter allem menschlichen Tun Bosheit, liebt es aber andererseits, selber Gutes zu tun. Zur gleichen Zeit ist Eulalia bzw. Madam Müller von der Gräfin Wintersee auf diesem Gut aufgenommen worden. Sie trägt an einem schweren, vorerst unbekannten Schicksal, und auch sie tut ohne Aufheben Gutes. Es erscheint dann noch ein Major von der Horst, Schwager des Grafen, und will die vermeintlich bürgerliche Madam Müller trotz des Standesunterschieds heiraten. Diese, in Wirklichkeit die Baronin Meinau, erzählt der Gräfin ihre Geschichte, daß sie nämlich ihren »biedern Gatten« verlassen habe, »um einem Nichtswürdigen« zu folgen. Der Major erkennt in dem Unbekannten, der inzwischen den Grafen aus dem Teich gezogen hat, seinen alten Freund Baron Meinau und bittet ihn, bei Madame Müller für ihn zu werben: »Eulalia erblickt ihn, stößt einen lauten Schrei aus, und fällt in Ohnmacht.« Als dann am Ende des 5. Aktes die Kinder auftauchen, verzeiht der »Unbekannte« gerührt seiner Gattin und das Drama nimmt unter »lieber Vater! liebe Mutter!«-Rufen ein glückliches Ende.

Es ist ein bürgerliches Rührstück, klischeehaft, aber effektvoll arrangiert; ohne Hemmungen, wenn es gilt, Tränen herauszupressen: »Die Zwiebel, mit welcher man den Leuten das Wasser in die Augen lockt, weiß er zu gebrauchen wie wenige«, bemerkte Goethe, der K. »bei seinem ausgezeichneten Talent in seinem Wesen eine gewisse Nullität« bescheinigte. Daß K. den Ehebruch zu einem sentimentalen Fall machte, löste erregte Diskussionen aus und brachte dem Dramatiker den Vorwurf der Unmoral ein.

Das oberflächliche Stück mochte dem Publikum das Gefühl vermitteln, »Zeuge aktuellster und realistischster Konflikte zu sein«, ersparte ihm jedoch »zugleich eine Auseinandersetzung mit den Ursachen der Konflikte und mit den realen Grundlagen der Gesinnung« (Gerhard Schulz).

1788–89
Friedrich Schiller
Die Götter Griechenlands /
Die Künstler

Nach der *Anthologie auf das Jahr 1782* mit den »wilden Produkten eines jugendlichen Dilettantism« trat die Lyrik in den Hintergrund von S.s Schaffen. In den folgenden Jahren erschienen mit *Resignation* (1786) und *An die Freude* (1786), populär durch Beethovens Vertonung, nur zwei bedeutendere lyrische Texte. Erst die philosophischen Gedichte von 1788–89 bereiten eine neue, die klassische Phase seiner Lyrik vor.

Die Götter Griechenlands, der erste der großen weltgeschichtlichen Entwürfe, die für S.s philosophische Lyrik kennzeichnend werden sollten, erschien 1788 in Wielands *Teutschem Merkur*; eine straffere Fassung – 16 statt 25 Strophen – entstand 1793 (Druck 1800). Das Gedicht, wegen seiner Kritik am Christentum heftig angegriffen, kontrastiert griechisch-römische Antike und Christentum, stellt das an Winckelmann orientierte griechische Ideal einer mythischen Einheit von Mensch und einer von Göttern bevölkerten Welt (Natur) der entgötterten Welt der Gegenwart mit ihrer mechanistischen Naturauffassung entgegen. Den Verlust aufzuheben, wird zur Aufgabe der Kunst: »Was unsterblich im Gesang soll leben, Muß im Leben untergehn.«

Einen anderen Ausgangspunkt nimmt das umfangreiche Gedicht *Die Künstler* (1789): keine elegische Klage, sondern ein stolzer Rückblick auf das Erreichte. Dargestellt wird eine Entwicklungsgeschichte der Menschheit, bei der die

Kunst (und damit der Künstler) eine entscheidende Rolle spielt. Sie hat die sittliche Läuterung des Menschen befördert, hat im Symbol des Schönen die auf einer späteren Entwicklungsstufe durch verstandesmäßige Einsicht gewonnenen Erkenntnisse vorweggenommen und, indem sie Disharmonien zu neuen Harmonien auf immer höherer Ebene vereinte, zum Fortschritt der Menschheit beigetragen. Hauptthema des Gedichts sei, schreibt S., »die Verhüllung der Wahrheit und Sittlichkeit in die Schönheit«.

Die systematische Behandlung der in dem Gedicht berührten kunstphilosophischen Fragen folgte in den ästhetischen Schriften der 90er Jahre. Erst danach, von 1795 an, kehrte S. wieder zur Lyrik zurück.

1789
Ulrich Bräker
Lebensgeschichte und natürliche Ebentheuer des Armen Mannes im Tockenburg

B.s Lebensgeschichte gehört zu den bedeutenden, pietistisch geprägten Autobiographien des 18. Jh.s. Sie ist das Werk eines Mannes, der als Sohn eines kleinen Gebirgsbauern in der Ostschweiz ohne nennenswerte Schulbildung aufwuchs, früh als Hirtenjunge und Tagelöhner zum Unterhalt der Familie beitragen mußte und im Alter von 20 Jahren in die preußische Armee gepreßt wurde, doch bald – nach der Schlacht bei Lobositz (1756) – desertierte und in die Schweiz zurückkehrte. Hier half er zunächst bei seinem Vater als Bauer und Salpetersieder aus, machte sich dann selbständig und schlug sich und seine Familie mehr schlecht als recht als Garnhändler und später als Betreiber einer kleinen Baumwollmanufaktur durch. Daneben verschlang er alle Bücher, die er bekommen konnte (viel Erbauliches, die wichtigsten Werke der deutschen Aufklärung, Rousseau, Cervantes usw.). Zu den eindrücklichsten Leseerfahrungen gehörte Shakespeare (in der Übersetzung Johann Joachim Eschenburgs); die Shakespearelektüre veranlaßte ihn zu dem unorthodoxen Kommentar *Etwas über Williams Shakespeares Schauspiele*, 1777): »Herder hätte zufrieden sein dürfen mit dieser Rhapsodie im Munde des Unmündigen« (Werner Kohlschmidt). In der Tradition pietistischer Selbstbeobachtung fühlte sich B. zu Tagebuchaufzeichnungen gedrängt (ca. 4000 S.). Er verschaffte sich so die Möglichkeit, die niederdrückenden Er-

fahrungen des Alltags hinter sich zu lassen: »Die Welt ist mir zu eng. Da schaff ich mir denn eine neue in meinem Kopf.« Aus diesem Tagebuch entstand seit 1781 die für seine Kinder bestimmte Autobiographie, die sein Leben bis zum Jahr 1785 nachzeichnet (hinzu kommt ein 1788 geschriebener Anhang für die Druckausgabe von 1789). Was dem Werk an formaler Rundung und sprachlicher Glätte fehlt – B. hatte zeitlebens mit der Schriftsprache zu kämpfen –, wird durch seine innere Wahrhaftigkeit, die Farbigkeit des Erzählens und die detaillierte Wiedergabe der Lebensverhältnisse der kleinen Leute mehr als ausgeglichen.

Peter Hacks legte seinem gegen die westdeutsche Wiederbewaffnung gerichteten Stück *Die Schlacht bei Lobositz* (1956) B.s Bericht von seiner Desertion zugrunde.

1789–90
Gottlieb Konrad Pfeffel
Poetische Versuche

Mit dieser dreiteiligen Sammlung griff P. auf den Titel zurück, unter dem seine ersten, noch stark anakreontischen Mustern verpflichteten Gedichten 1761 erschienen waren (*Poetische Versuche in drey Büchern*). Inzwischen hatte er sich aber von dem spielerisch-unverbindlichen Ton der Anakreontik abgewandt und – schon in den *Fabeln der helvetischen Gesellschaft gewidmet* (1783) – zu einer gesellschaftsbezogenen kritischen und satirischen Schreibweise gefunden. Die Werkausgabe von 1789–90 reflektiert auch bereits P.s Haltung gegenüber der Französischen Revolution.

Die vorherrschenden Gattungen sind Fabel, parabelhafte Verserzählung und Epigramm; dabei kommt der Fabel eine besondere Bedeutung zu (P. bezeichnete sich selbst als »Fabler«). Themen sind u.a. die Entlarvung falscher gesellschaftlicher Verhaltensweisen, von Vorurteilen, konkreten Mißständen (z.B. Soldatenverkäufe deutscher Fürsten) und nicht zuletzt die scharfe kritische Auseinandersetzung mit Adel und Hof, mit dem Absolutismus. Die entschieden vorangetriebene ›Politisierung‹ der Fabel wird schon deutlich in Texten aus den 70er Jahren wie *Der kranke Löwe* (»Ich lobe mir das Menschenmark, Um einen Fürsten zu kurieren«), *Der Wolf und der Löwe*, *Rezept wider den Krieg*, *Der tolle Hund* oder *Das Eingebinde* (»Erlauchter Knabe, Dir bringe ich den Macchiavell, Gebunden in ein Lämmerfell«, heißt es hier, als der Frau Löwin

Geschenke für ihr Neugeborenes gebracht werden). P. begrüßte folgerichtig die Französische Revolution, wenn er auch schon früh vor den der revolutionären Entwicklung innewohnenden Gefahren warnte und sich später von der Jakobinerherrschaft distanzierte. Zu den Texten, die sich auf die Revolution beziehen und dabei die Despotismuskritik aktualisieren, gehört P.s Variation der auch von Lessing und Gellert behandelten Fabel vom Tanzbären (*Der Tanzbär*, 1789).

Bezeichnend für P.s Fabeln ist die Kunst der Pointierung, die er aus seinen französischen Quellen gelernt haben mag. Denn zahlreiche Texte beruhen auf Vorlagen, die freilich den eigenen Intentionen angepaßt werden. Dabei ergeben sich Veränderungen der traditionellen Fabel (man hat von der ›Auflösung‹ der Gattung gesprochen), die sich vor allem aus der Verbindung mit der Satire ergeben. Kennzeichnend für diesen neuen Fabeltyp sind neben der dezidiert satirischen Intention vor allem die weitgehende Vermenschlichung der Fabelwesen, die Allegorisierung des Geschehens und seine Aktualisierung auf Kosten der Allgemeingültigkeit. Populär wurden allerdings nicht die kritischen Texte, sondern das rührende Gedicht *Die Tobakspfeife* (Erstdruck 1782).

1790
Joachim Heinrich Campe
Briefe aus Paris zur Zeit der Revolution geschrieben

Geschichte unmittelbar zu erleben und die revolutionäre Veränderung zu beobachten, war das Motiv zahlreicher Reisender, die sich in der ersten Phase der Revolution auf den Weg nach Frankreich machten: »Schon so lange umtönte uns das ferne Rauschen des gallischen Freiheitskatarakts. Warum sollten wir nicht näher gehen?«, schrieb der Oldenburger Justizrat Gerhard Anton von Halem (*Blicke auf einen Theil Deutschlands, der Schweiz und Frankreich bey einer Reise vom Jahre 1790*, 1791). Die Stimmen waren, sieht man von August von Kotzebues frankreich- und revolutionsfeindlichem Buch *Meine Flucht nach Paris im Winter 1790* (1791) ab, überwiegend positiv; man begrüßte, von aufklärerischem Optimismus erfüllt, die Errungenschaften der Revolution und ihr Programm der Freiheit, Gleichheit und Brüderlichkeit. Manche der »Freiheitspilger«, für die die Reise den Charakter eines politischen Bekenntnisses annahm,

wurden zu Hause als Jakobiner denunziert. So mußte der Komponist Johann Friedrich Reichardt wegen seiner *Vertraute[n] Briefe über Frankreich* (1792–93) Berlin verlassen und in das liberale Hamburg übersiedeln. Auch der Braunschweiger Schulrat C. wurde wegen seiner begeisterten *Briefe aus Paris* als »Revolutionsrat« angefeindet, zumal er auch noch – wie Washington, Klopstock, Schiller und Pestalozzi – den Ehrenbürgerbrief der französischen Republik erhielt.

C. sieht das revolutionäre Geschehen als großartiges Schauspiel, das seine ganze Anteilnahme erregt: »Vierundzwanzig Millionen Sklaven werden das Joch der Unterdrückung mutig abschütteln und aus gemißhandelten Lasttieren *Menschen* werden! Wohl uns, daß wir diese große Weltbegebenheit erlebt haben! Meine Gefährten und ich eilen, sosehr wir können, um wenigstens den zweiten Akt derselben anzusehen« (den 1. Akt, den Ausbruch der Revolution – »Die Köpfe der aristokratischen Tyrannen sollen wie Mohnköpfe fliegen« –, hatten er und seine Begleiter, darunter der junge Wilhelm von Humboldt, versäumt). Mit religiösen Untertönen spricht C. von einer »Wallfahrt [...] zum Grabe des französischen Despotismus«. Das Geschehen wird als etwas Einmaliges, unabwendbar Schicksalshaftes gesehen; von Wunder, göttlicher Eingebung und Vorsehung ist die Rede.

C. lehnt es ab, sich mit den »sogenannten Sehenswürdigkeiten dieser unermeßlichen Stadt« zu befassen; es interessiert nur, was »Beziehung auf die gegenwärtige große Staatswiedergeburt« hat. Damit kommt C., wie der Erfolg bestätigt, dem großen Informationsbedürfnis und der politischen Neugierde des deutschen Publikums entgegen. Zugleich bieten sich Vergleiche mit einheimischen Zuständen an: »Der große Spiegel hängt; sehe hinein, wer nicht Lust hat, mit Frankreichs Despoten ein gleiches Schicksal zu erfahren.« Es nimmt nicht Wunder, daß konservative Deutsche klagten, daß hier die »Stimmung zu republikanischen Gesinnungen« geschürt werde (Georg Brandes, 1792).

Der Kriegsausbruch (1792), die Hinrichtung König Ludwigs XVI. (Januar 1793) und die blutigen, innerfranzösischen Machtkämpfe (1793–94) verdunkelten das Bild der so enthusiastisch begrüßten Revolution. Das zeigen auch die Schriften deutscher Jakobiner, die nach dem Scheitern der Mainzer Jakobinerrepublik (1793) als Emigranten nach Frankreich gingen (bzw. dort bleiben mußten) und nun unter den neuen Bedingungen differenzierter über die Revolution, ihren Charakter und ihre Ziele reflektierten (u.a. Georg

Forster: *Parisische Umrisse*, 1793–94; Andreas Georg Friedrich Rebmann: *Holland und Frankreich, in Briefen geschrieben auf einer Reise [...] nach Paris im Jahre 1796*, 1797–98).

1790
Johann Wolfgang von Goethe
Faust. Ein Fragment

→ 1808 Faust I

1790
Johann Wolfgang von Goethe
Torquato Tasso

»Gute Erfindung *Tasso*«, notierte G. am 30. 3. 1780 in sein Tagebuch; bis zum Frühsommer 1781 arbeitete er an dieser nichterhaltenen Prosafassung. Erst in Italien kam er darauf zurück. Hier entstand 1788–89 die endgültige Fassung in Blankversen. Sie erschien 1790 im 6. Band seiner *Schriften* und als Einzeldruck; die Uraufführung fand erst am 16. 2. 1807 in Weimar statt. Quelle war zunächst die Tasso-Biographie von Giovanni Battista Manso (*Vita di Torquato Tasso*, 1621), die die legendäre Liebesgeschichte zwischen dem Renaissancedichter und der Prinzessin Leonora enthält; für die Umarbeitung zog G. auch die Biographie des Abbate Pier Antonio Serassi (*La Vita di Torquato Tasso*, 1785) heran. Sie ist weniger legendär und gibt Hinweise auf Tassos prekäre Stellung zur Gesellschaft; hier lernte G. auch die Gestalt des Staatssekretärs Antonio Montecatino kennen, an dem sich der Konflikt entzündet.

Das fünfaktige »Schauspiel« spielt auf Belriguardo, einem Lustschloß bei Ferrara; die Einheiten der Handlung, der Zeit und des Ortes sind mit klassizistischer Strenge gewahrt. Die Personen des Dramas, das fast ohne äußere Handlung auskommt, sind Alfonso d'Este, Herzog von Ferrara, seine Schwester Leonore, die Gräfin Leonore Sanvitale, Tasso und Antonio Montecatino, Staatssekretär des Herzogs.

Die Handlung beginnt im Garten des Lustschlosses, der mit »Hermen der epischen Dichter geziert« ist: Vergil und Ariost stehen sich gegenüber als Vertreter unterschiedlicher Auffassungen der Dichtkunst. Vergil verweist auf eine pathetisch-erhabene Stilart, Ariost auf einen graziösen Stil (für die Uraufführung aktualisierte G. diesen Gegensatz, indem er die Büsten Schillers und

Wielands aufstellte). Vor dieser Kulisse überreicht Tasso seinem Mäzen, Herzog Alfons, sein Epos *La Gerusalemme liberata*. Die Schwester des Herzogs setzt ihm den Lorbeerkranz aufs Haupt, mit dem sie vorher die Vergil-Herme gekrönt hatte: eine Ehrung, die – obwohl kaum mehr als eine höfische Geste – bei Tasso eine Vision der antiken Einheit von Dichter und Held heraufbeschwört. Die Ankunft Antonios, der in wichtigen Staatsgeschäften unterwegs war (und mit Neid auf Tassos Krönung reagiert), macht dann schroff den Gegensatz von Kunst und tätigem Leben sichtbar. Auch das Gespräch mit der von ihm verehrten Prinzessin illustriert, daß das von Tasso beschworene Goldene Zeitalter mit seiner Einheit von Natur und Lebensform, von Neigung und Pflicht nicht wiederherstellbar ist. Tassos Satz »Erlaubt ist, was gefällt«, der die Daseinsform im mythischen Goldenen Zeitalter charakterisiert, setzt die Prinzessin den Primat des höfischen Dekorums entgegen: »Erlaubt ist, was sich ziemt«.

Tasso, von der Prinzessin ermutigt, sucht die Freundschaft Antonios, um seine Lebensferne zu überwinden, wird jedoch kühl zurückgewiesen und zieht gereizt den Degen: eine Verletzung der höfischen Regeln, die ihm als Strafe Zimmerarrest einbringt und verhängnisvolle Konsequenzen hat. Er legt Degen und Lorbeerkranz nieder, sieht seine Vision einer Vermittlung von Geist und Tat gescheitert. Damit verstärken sich zugleich die problematischen Züge in seiner Persönlichkeit, sein Argwohn, Mißtrauen, Verfolgungswahn, so daß er überall – nicht immer zu Unrecht – doppeltes Spiel vermutet (so möchte ihn Leonore Sanvitale aus durchaus egoistischen Gründen nach Florenz ziehen). Auf die keineswegs heuchlerischen Versöhnungsversuche Antonios antwortet Tasso mit höfischem Rollenspiel und Verstellung. Erst im Gespräch mit der Prinzessin findet er wieder aus dieser Welt der Verstellung und des Scheins heraus, doch verkennt er den Charakter ihrer tiefen, Entsagung fordernden Verbindung, wenn er eine sinnliche Bekräftigung zu erzwingen sucht (»Er fällt ihr in die Arme und drückt sie fest an sich«). Dieser Versuch, den man als Selbstbestätigung, »als verzweifelte Handlung, zu einem Selbst- und Ichbewußtsein zu kommen«, interpretieren kann (Walter Hinderer), führt zur gesellschaftlichen Katastrophe. Ob der Schluß – der Gescheiterte sucht Rettung bei dem Hofmann Antonio – eine neue Selbsttäuschung Tassos oder wirkliche Hoffnung andeuten soll, bleibt offen. Diese könnte allein auf der ihm von der Natur verliehenen Dichtergabe gründen, die ihm nach seinem Scheitern noch bleibt: »Sie [die Natur] ließ im

Schmerz mir Melodie und Rede, Die tiefste Fülle meiner Not zu klagen: Und wenn der Mensch in seiner Qual verstummt, Gab mir ein Gott, zu sagen, wie ich leide.«

Gegenüber Caroline Herder nannte G. als »den eigentlichen Sinn« des Stückes »die Disproportion des Talents mit dem Leben«; in einem anderen Zusammenhang sprach er von *Tasso* als einem »gesteigerten *Werther*«. Tasso ist jedoch nicht nur ein »Talent«, das mit den höfischen Lebensformen in Konflikt gerät, er ist zugleich ein abhängiger Künstler, von dem sein durchaus wohlwollender Mäzen besitzergreifend spricht, ein Besitz, der Vorteile in der Konkurrenz der Staaten verspricht: »Das hat Italien so groß gemacht, Daß jeder Nachbar mit dem andern streitet, Die Bessern zu besitzen, zu benutzen.« So hat gerade das »Leben« mit seinen sozialen Zwängen und Abhängigkeiten großen Anteil an der Tragödie des modernen Dichters, des bürgerlichen Künstlers »zwischen Mäzenatentum und Lohnarbeit, machtgeschützter Existenz als Hofdichter und freiem Schriftstellertum« (Gerhard Schulz). Parallelen zu seinen Weimarer Jahren hat G. selbst gezogen.

Die Aufnahme des Stückes war durchaus zwiespältig (»nicht für das Theater bestimmt«, »mangelhaft«, »Meisterstück«), und G. war von dem Erfolg der Uraufführung überrascht, da auch er an der Tauglichkeit für das Theater zweifelte: »Alles geschieht darin nur innerlich; ich fürchtete daher immer, es werde äußerlich nicht klar genug werden.«

1791
Friedrich Maximilian Klinger
Fausts Leben, Taten und Höllenfahrt

»Der Verfasser dieses Buchs hat von allem, was bisher über Fausten gedichtet und geschrieben worden, nichts genutzt noch nutzen wollen«, heißt es in der Vorrede zur 1. Auflage von 1791 (eine erweiterte Fassung erschien 1794). Gleichwohl mag das Erscheinen von Goethes *Faust. Ein Fragment* (1790) den äußeren Anstoß zu diesem Faustroman gegeben haben, der mit seinem häufigen Übergang zu Dialogpartien K.s Herkunft vom Drama erkennen läßt.

K.s Faust kann seine Verwandtschaft mit den kraftvollen Sturm und Drang-Genies nicht verleugnen: »Früh fand er die Grenzen der Menschheit zu enge und stieß mit wilder Kraft dagegen an, um

sie über die Wirklichkeit hinüberzurücken.« Unbefriedigt von den Wissenschaften wendet sich Faust der Magie zu, erfindet die Buchdruckerkunst, erlebt aber auch hier eine Enttäuschung, weil die Erfindung nicht den erhofften Ruhm und Reichtum einbringt. Er beschwört den Teufel. Satan, gerade beim prunkvollen Gastmahl mit seinem Gefolge, schickt ihm Leviathan, »den grimmigsten Hasser des Menschengeschlechts«, denn nur dieser könne »das gierige Herz, den stolzen, rastlosen Geist dieses Verwegnen fesseln, sättigen und dann zur Verzweiflung treiben«. Faust möchte »des Menschen Bestimmung erfahren, die Ursach des moralischen Übels in der Welt«. Um seinen Glauben an die Tugend zu zerstören, will ihn Leviathan »auf die Bühne der Welt führen und [...] die Menschen nackend zeigen«. Die Reise durch die Welt wird dann zur grimmigen Satire auf die Perversion der menschlichen Gesellschaft, auf Machtgier, Korruption und Verkommenheit der Herrschenden. Als »die größte Schule der Verbrechen« erscheint schließlich der Hof Alexanders VI., des Papstes aus dem Hause Borgia. Faust, desillusioniert, verdorben und ausgelaugt, kehrt in die Heimat zurück, nur um zu erkennen, daß er seine Familie ins Unglück gestürzt hat, daß auch seine guten Absichten ins Gegenteil verkehrt wurden. Sein Weg habe notwendig in Verzweiflung enden müssen, hält ihm Leviathan mit Rousseauschen Argumenten vor, denn er habe »die Maske der Gesellschaft für seine [des Menschen] natürliche Bildung genommen und nur den Menschen kennengelernt, den seine Lage, sein Stand, Reichtum, seine Macht und seine Wissenschaften der Verderbnis geweiht haben.« In der »Hütte des Armen und Bescheidnen«, wo man die Namen der »erkünstelten Laster« nicht kenne, hätte er die wahre Tugend kennenlernen können. Leviathan zerreißt den Verzweifelten und Verstockten und fährt mit Fausts Seele zur Hölle. Ewiger Zweifel ist Fausts Höllenstrafe, »die peinlichste Strafe für einen Philosophen« seiner Art.

Der Faustroman mit seinem kritischen Bild der zeitgenössischen gesellschaftlichen und politischen Verhältnisse ist der erste in einer Reihe von neun philosophischen Romanen (geplant waren zehn), die K.s Ansichten »über die natürlichen und erkünstelten Verhältnisse des Menschen enthalten, dessen ganzes moralisches Dasein umfassen« sollten. Zu diesen Werken zählen die *Geschichte Giafars des Barmeciden* (1792–94) und die *Geschichte Raphaels de Aquillas* (1793), von K. als »Seitenstücke« zu *Faust* bezeichnet, und der desillusionierende Gegenwartsroman *Geschichte eines Teutschen der neusten Zeit* (1798), der das Scheitern eines tugendhaften Helden an den mit Rousseauschen Augen gesehenen gesellschaftlichen Verhältnissen zeigt.

1791
Christoph Martin Wieland
Geheime Geschichte des Philosophen Peregrinus Proteus

W.s Roman erschien 1791 in zwei Bänden; Teile waren schon 1788–89 im *Teutschen Merkur* abgedruckt worden. Das Werk entstand im Zusammenhang mit W.s Lukian-Übersetzungen (*Lucians von Samosata Sämtliche Werke*, 1788–89). Der antike Satiriker (2. Jh. n. Chr.) berichtet in einer kleinen Schrift vom Tod des Peregrinus Proteus, der sich während der 236. Olympiade (168 n. Chr.) selbst verbrannte und von Lukian als Schwärmer und Scharlatan charakterisiert wird. Um eine »Korrektur« dieser Darstellung, um eine »Rechtfertigung« des Philosophen geht es in diesem Roman, der den materialistischen Skeptiker Lukian mit dem idealistischen Schwärmer Peregrinus Proteus im Elysium zu einem Gespräch zusammenführt (»Totengespräche« gehörten zu den von Lukian bevorzugten Formen). Der Roman hat, anders als *Don Sylvio* (1764) und *Agathon* (1766–67), keinen auktorialen Erzähler; das Wort haben allein Lukian und Peregrinus: Dieser erzählt seine Lebensgeschichte, um die tendenziöse Darstellung Lukians zurechtzurücken, während Lukian die Erzählung durch Einwürfe, Fragen und Kommentare wieder relativiert.

Peregrinus schildert sein Leben von Kindheit an, spricht von der durch seine sensible Natur und Jugendeindrücke genährten schwärmerischen Einbildungskraft, von den Enttäuschungen, die die Konfrontation seiner idealistischen Begeisterung mit der schnöden Wirklichkeit immer wieder bedeutete. Er verstrickt sich in Liebesabenteuer, sucht die Einführung in die Mysterien der Venus Urania (die sich aber als erotisch interessierte Römerin entpuppt), gerät unter den Einfluß des »Christianers« Hegesias, der seinen Idealismus ausnutzt, schließt sich den Kynikern an und kasteit sich durch ein asketisches Leben, wird jedoch von der Kaisertochter Faustina bloßgestellt. Es zeigt sich immer stärker, daß ein Ausgleich zwischen Ich und Welt unmöglich ist, so daß Peregrinus schließlich nichts mehr erkennen kann, »was mich hätte zurück halten können, und ich beschloß zu sterben.« Zwar bleibt Lukian

skeptisch gegenüber der Schwärmerei, aber er bewundert Peregrinus' außergewöhnliche Erlebnisintensität und erkennt in ihm einen »ehrliche[n] Schwärmer«. Damit werden die extremen Positionen, die Lukian und Peregrinus verkörpern, sub specie aeternitatis relativiert. Lukian kommentiert: »Wir waren beide *zu ganz das was wir waren*, *ich* zu kalt, *du* zu warm, *du* zu sehr *Enthusiast*, *ich* ein überzeugter *Anhänger Epikurs*, um einander in dem vortheilhaftesten Lichte zu sehen.« Dadurch, daß W. die Dinge in der Schwebe hält, überläßt er es dem Leser, die konträren Haltungen gegeneinander abzuwägen und sich an der im 18. Jh. häufig unternommenen Suche nach der Synthese von Herz und Kopf zu beteiligen.

Der Roman, der die von W. immer wieder behandelte Schwärmer-Thematik neu beleuchtet, fand wenig Resonanz bei den Zeitgenossen, die wohl mehr eine gelehrt-antiquarische Schreibübung als einen souverän erzählten Dialogroman zur Beförderung der »Menschenkunde und Menschenliebe« vermuteten.

1791–94
Georg Forster
Ansichten vom Niederrhein

Die *Ansichten vom Niederrhein, von Brabant, Flandern, Holland, England und Frankreich, im April, Mai und Junius 1790* sind die Früchte einer dreimonatigen Reise, die F. mit dem damals 21jährigen Alexander von Humboldt unternahm. Der 1. Teil erschien 1791, der 2. folgte 1792 (mit der Jahreszahl 1791), der 3. mit Reisenotizen aus dem Nachlaß postum 1794, herausgegeben von Ludwig Ferdinand Huber.

Das Buch besteht aus einer Folge von Briefen, in denen der Reisende in lockerer Form seine Beobachtungen und Ansichten über geographische Gegebenheiten, politische Zustände, soziale Bedingungen und wirtschaftliche Verhältnisse, aber auch über Theater, Architektur, Kunstgalerien und Naturalienkabinette mitteilt und dabei immer versucht, vom einzelnen Beispiel aufs Allgemeine zu kommen. Im politischen Bereich gilt das besondere Interesse den Unruhen in Aachen und Lüttich und den gescheiterten Reformversuchen Kaiser Josephs II. in den österreichischen Niederlanden (Belgien), die zu Reflexionen über Revolution und Gewalt führen: »Allein von der ruhigen, bescheidenen, ohne alle äußere Gewalt, bloß durch Gründe sanft überredenden Vernunft ist Rettung zu erwarten«, schreibt der spätere

Jakobiner. Ziel bleibt eine weitere Vervollkommnung des Menschen, die eine freie bürgerliche Verfassung zur Voraussetzung hat.

Die Betrachtungen über Kunst, wie sie die Gemäldesammlungen in Düsseldorf und den Niederlanden auslösen, lassen eine deutlich klassizistische Tendenz erkennen. Allerdings zeigt F. auch Bewunderung für den Kölner Dom, ohne freilich seine klassizistischen Maßstäbe aufzugeben. Er stellt das Schöne der griechischen Kunst dem Erhabenen der gotischen gegenüber: »Die griechische Baukunst ist unstreitig der Inbegrif des Vollendeten, Übereinstimmenden, Beziehungsvollen, Erlesenen, mit einem Worte: des Schönen. Hier indessen an den gothischen Säulen [..] – hier schwelgt der Sinn im Übermuth des künstlerischen Beginnens. [...] diese stehen wie Erscheinungen aus einer andern Welt, wie Feenpalläste da, um Zeugniß zu geben von der schöpferischen Kraft im Menschen, die einen isolirten Gedanken bis auf das äußerste verfolgen und das Erhabene selbst auf einem excentrischen Wege zu erreichen weiß. Es ist sehr zu bedauern, daß ein so prächtiges Gebäude unvollendet bleiben muß.« Angeregt von dieser Passage, hat sich Sulpiz Boisserée für die Vollendung des Doms eingesetzt.

Friedrich Schlegel zählt F., nicht zuletzt wegen seines Prosastils, zu den klassischen deutschen Schriftstellern, dessen Schriften man nicht aus der Hand lege, »ohne sich nicht bloß zum Selbstdenken belebt und bereichert, sondern auch erweitert zu fühlen.« F.s Text wirkte auf die wissenschaftliche Länderkunde (Alexander v. Humboldt) und die Reisebeschreibungen und -bilder des 19. Jh.s.

1791–95
Friedrich Hölderlin
(Tübinger) Hymnen

Die ersten Gedichte H.s erschienen 1791 in Gotthold Friedrich Stäudlins *Musenalmanach fürs Jahr 1792*. Hier und in der ein Jahr später folgenden Anthologie *Poetische Blumenlese fürs Jahr 1793*, ebenfalls von Stäudlin herausgegeben, finden sich die meisten der sogenannten Tübinger Hymnen, der ersten relativ geschlossenen Werkgruppe H.s. Einige wenige Texte aus diesem Komplex erschienen später (bis 1795); entstanden sind die Tübinger Hymnen in den Jahren 1790 bis 1793.

Bei den von Wilhelm Dilthey auch »Hymnen an die Ideale der Menschheit« genannten Texten

handelt es sich um umfangreiche Preisgedichte in achtzeiligen Reimstrophen, die formal an Schiller anknüpfen (*Die Götter Griechlands*, 1788). Vor dem Hintergrund der durch die Französische Revolution geweckten Aufbruchsstimmung werden Hoffnungen auf eine bessere Zukunft formuliert, eschatologische Erwartungen der Wiedergewinnung der verlorengegangenen Einheit aller Lebensbezüge. Platonische und neuplatonische Überlieferungen wirken nach. In der *Hymne an die Göttin der Harmonie* wird die Einheit personifiziert als Urania, eine geistige Liebe erscheint als einigendes, die Ordnung des Alls begründendes Band. Die anderen Hymnen – u.a. an die *Freiheit, Menschheit, Schönheit, Freundschaft, Liebe*, den *Genius der Jugend* oder den *Genius der Kühnheit* – behandeln einzelne Aspekte der erstrebten Harmonie, die als Schönheit, Liebe oder im Zusammenhang mit der Natur erfahren wird. Zugrunde liegt ein triadisches Denkschema (ursprüngliche Einheit, Abfall, wiederzuerringende Harmonie), wobei in der von religiösem Aufschwung getragenen Hoffnung aktuelle politische Bezüge deutlich werden.

Kennzeichnend für H.s frühe Hymnen ist ihre Abstraktheit, ihre Weltlosigkeit: »Natur, Gesellschaft, Politik erscheinen nur schemenhaft, stilisiert und als Beleg für die enthusiastisch in den Vordergrund gestellten Begriffe« (Stephan Wackwitz). Eine Weiterentwicklung war erst nach einer Rückkehr »von der Region des Abstracten« möglich, von der H. 1794 zur Zeit der Arbeit am *Hyperion* spricht und die dann in den Oden ihren ersten lyrischen Niederschlag findet.

1791–1805
Moritz August von Thümmel
Reise in die mittäglichen Provinzen von Frankreich im Jahre 1785 bis 1786

Mit seinem zehnbändigen Roman knüpft T. an französische Reiseliteratur (Louis Petit de Bauchaumont/La Chapelle: *Voyage à Encausse*, 1663) und vor allem an Laurence Sternes *Sentimental Journey Through France and Italy* (1768; dt. im selben Jahr) an. Bei den Franzosen fand er die Prosa-Vers-Mischform und zugleich den Typ der ›Gesundheitsreise‹; bei Sterne die empfindsame, assoziative Darstellungsweise. T.s Roman ist als fiktives Tagebuch angelegt, das der Berliner Gelehrte Wilhelm für seinen Freund Eduard führt. Ziel der Reise ist es, Wilhelm von seiner

Hypochondrie, dem »Schnupfen der Seele«, zu heilen. Die Form des Tagebuchs, die Sicht der Welt durch ein empfängliches, empfindsames Gemüt sorgt einerseits für innere Geschlossenheit, andererseits öffnet sie das Werk für Digressionen, Betrachtungen, Anklagen gegen das soziale Elend, das nicht zuletzt der katholischen Kirche angelastet wird. T., selbst nicht ohne hypochondrische Züge, hatte 1772 und 1774–77 Reisen nach Paris und Südfrankreich unternommen.

Die Reise Wilhelms mit dem Diener Johann und einem Mops führt über Straßburg und Paris nach Südfrankreich. Hier, in der Idylle von Caverac unweit von Nîmes, werden zum erstenmal die Ideen fruchtbar, die ihm sein Studienfreund Jerom in Straßburg mit auf den Weg gegeben hatte: sich im »Lande des Leichtsinns« den sinnlichen Genüssen hinzugeben und so der Hypochondrie, die als Zivilisationskrankheit galt, Herr zu werden. Freilich bringt die nächste Station, Avignon, wieder einen Rückfall. Der im Sinne Rousseaus gesehenen Natur Caveracs und seiner Menschen steht die Stadt des sittenlosen Klerus gegenüber, Anlaß für eine scharfe, satirische Attacke auf Papismus, Mönchtum und Wunderglauben. Freilich verhindert die Einsicht in die Korruption und Lasterhaftigkeit dieser Klerikerstadt nicht, daß Wilhelm einer scheinbar engelhaften Pfaffengeliebten verfällt und enttäuscht nach Marseille abreist. Schwer erkrankt, wird er von dem Arzt Sabathier geheilt, der ihm – wie zuvor Jerom – rät, »den mütterlichen Anweisungen der Natur« zu folgen, allerdings der »schönen Natur«. Die findet er im Sonnental seines Freundes, des Marquis von Saint-Sauveur, der als Mittel gegen Überdruß und Langeweile auf das Neue, Überraschende, Unerwartete setzt und sein Leben entsprechend arrangiert. »Hochgepriesen sei mir sein System«, schreibt Wilhelm, der ihm folgend weiter in Südfrankreich umherreist (Montpellier, Toulouse usw.), von wahrer Liebe ergriffen wird (Agathe) und schließlich nicht ganz freiwillig das Land verläßt (er hat Urkunden aufgespürt, die die illegitime Geburt Ludwigs XIV. beweisen sollen). Über Leiden kehrt er nach Berlin zurück, in durchaus besserem Zustand als zu Beginn der Reise, nun fähig, die Hypochondrie unter Kontrolle zu halten.

T.s *Reise in die mittäglichen Provinzen*, einer der wenigen bedeutenden Reiseromane in der Nachfolge Sternes, ist mit seiner Verbindung von erzählerischer Ironie, Empfindsamkeit, rationaler Analyse, Gesellschaftskritik und antiklerikaler Satire ein repräsentatives Werk der Spätaufklärung.

1792–1802
Friedrich Christian Laukhard
Leben und Schicksale

L.s sechsbändige Autobiographie *Leben und Schicksale, von ihm selbst beschrieben, und zur Warnung für Eltern und studierende Jünglinge herausgegeben*, verbindet Biographie und Zeitgeschichte zu einer eindrucksvollen Schilderung der deutschen und französischen Verhältnisse in den letzten Jahrzehnten des 18. Jh.s. Im Zusammenhang mit dem Studium und der gescheiterten Universitätskarriere L.s liegt der Akzent zunächst auf den wüsten Zuständen an den deutschen Universitäten und in den Universitätsstädten. Dann gerät Weltgeschichte in den Blick des Magisters, der sich als Soldat hatte anwerben lassen und nun am Koalitionskrieg gegen das revolutionäre Frankreich teilnimmt, dann auf französischer Stelle die Terrorherrschaft miterlebt und schließlich wieder der Brutalität deutscher militärischer Zucht unterworfen wird. Seine drastische Schilderung der ›Campagne in Frankreich‹, die den unbeschreiblichen Schmutz und Gestank der Lager, Latrinen und Hospitäler deutlich werden läßt, ist eine notwendige Ergänzung der stilisierten Darstellung Goethes. L. beobachtet genau, und er reflektiert. Er macht keinen Hehl aus seiner Sympathie für die Revolution und ihre Errungenschaften; ihre Ausschreitungen erscheinen ihm angesichts der äußeren Bedrohung verständlich. Kritisch beobachtet er das Verhalten der französischen Emigranten in Koblenz. Ausschreitungen der marodierenden preußischen Truppen in Frankreich werden notiert, »damit man wisse, daß die Deutschen in Frankreich das erst taten, was die aufgebrachten Franzosen nachher in Deutschland dafür wieder taten«: »Man muß jedem sein Recht widerfahren lassen, dem Deutschen und dem Franzosen, damit wir selbst billiger und toleranter werden und uns so gegenseitig desto eher wieder aussöhnen.«

Die Rückkehr ins bürgerliche Leben gelang L. nicht. Eine feste Anstellung an der Universität Halle blieb ihm ebenso versagt wie eine Pfarrstelle (was angesichts seiner Ausfälle gegen die Theologen nicht verwundert). Seine Erzählungen und Trivialromane (z. B. *Astolfo, eine Banditengeschichte*, 1801) erreichen bei weitem nicht den Rang seiner Autobiographie.

1793
Jean Paul
Die unsichtbare Loge / Leben des vergnügten Schulmeisterlein Maria Wutz in Auenthal

J. P.s erster Roman *Die unsichtbare Loge. Eine Lebensbeschreibung*, 1793 in zwei Bänden erschienen, blieb Fragment. Im Anhang findet sich, lose durch Lokalität und Personen mit dem Roman in Zusammenhang gebracht, die 1791 entstandene Biographie des Schulmeisterleins Wutz (»Eine Art Idylle«). Mit diesen Texten vollzog J. P. den Schritt von der »satirischen Essigfabrik« seiner Frühwerke (*Grönländische Prozesse*, 1783; *Auswahl aus des Teufels Papieren*, 1789) zu den Formen des Romans und der Erzählung, die von nun an sein Schaffen bestimmten.

Im Mittelpunkt der *Unsichtbaren Loge* steht der junge Adelige Gustav von Falkenberg, der zunächst einem rigorosen, grotesken Erziehungsprogramm unterworfen wird, das auf Vorstellungen Rousseaus beruht: Zusammen mit einem »Genius« genannten herrnhutischen Erzieher verbringt er acht Jahre in vollkommener Abgeschlossenheit unter der Erde. Später gerät er an den Hof von Scheerau, einer mit satirischem Blick dargestellten kleinen Residenz. Er wird in Intrigen, Liebesabenteuer und eine Verschwörung verwickelt und findet sich schließlich – damit endet die von J. P. so genannte »geborne Ruine« – im Gefängnis. Ob sich die dargestellte Disharmonie von Ich und Welt in einer harmonischen Existenz am Hof von Scheerau auflösen sollte, ist ungewiß. J. P. brach das Werk ab, an dem er »das Romanenmachen lernte«: »ich habe jetzt etwas besseres im Kopfe!«

Gleichwohl erkannte Karl Philipp Moritz »ganz was Neues« in J. P.s erstem Roman, in dem Elemente des Erziehungs- und Staatsromans mit Motiven und Versatzstücken des Unterhaltungs- und Trivialromans (Verwechselungen, Intrigen, Duelle, Überfälle, Liebesgeschichten usw.) zu einer spannungsvollen »Gesamtschau von Mensch, Welt und Überwelt« (Walter Höllerer) vereinigt werden. J. P. hat seine u. a. von Laurence Sterne beeinflußte, an Digressionen und Um- und Abwegen reiche Erzählweise in einem Brief so charakterisiert: »–im Grunde muß jede Hauptmaterie für einen Autor nur das Vehikel und das Pillensilber und der Katheder sein, um darin über alles andere zu reden.«

Die als Anhang abgedruckte Idylle vom Schul-meisterlein Wutz wurde J. P.s bekanntestes Werk. Hier entwirft ein stetig auf sich selbst und seinen Helden reflektierender Erzähler rückblickend ein Bild des Schulmeisters Wutz und seines wenig ereignisreichen Lebens in Auenthal, einem Ort in der Nähe der Residenz Scheerau. Berichtet wird von seiner Kindheit (»Schon in der Kindheit war er ein wenig kindisch«), von der Schulzeit, während der er sich in Justel (Justine) verliebt, von dem Lehrerexamen und der nach »acht Wonne-Wochen« folgenden Hochzeit und schließlich von seinem Tod, genau 43 Jahre nach Beginn der »elysischen Achtwochen«. Es ist ein Leben in ärmlichen Verhältnissen, gemeistert mit Hilfe der »Wutzischen Kunst«, stets fröhlich zu sein, d. h. der Fähigkeit, jeden Moment des Lebens durch die Vorfreude auf etwas Angenehmes erträglich zu machen.

So phantastisch und kauzig Wutz erscheint, ein Philister ist er nicht. Sein Individualismus gründet auf innerer Kraft: »Wutz überwindet das Äußere, indem er es dem Inneren unterwirft« (Gerhard Schulz). Zum Beispiel dadurch, daß er sich – nur auf Grund der Angaben in den Meßkatalogen – die Bücher selber schreibt, die er sich nicht leisten kann. Damit mag J. P. ironisch auf seine eigene, durch die Vorherrschaft der Phantasie über den Stoff bestimmte Schreibart hinweisen, die sich in seinen ersten erzählerischen Werken mehr als nur ankündigt. Das problematische Verhältnis von Außen- und Innenwelt bleibt Thema seiner Romane.

Der exzentrische Sonderling Wutz – der Dichter bezeichnet ihn als »Logemeister und Altmeister und Leithammel« seiner romantischen Helden – fand Nachfolger in J. P.s eigenen Idyllen (*Leben des Quintus Fixlein*, 1796; *Leben Fibels*, 1811) und bei zahlreichen anderen Dichtern seit dem Biedermeier.

1793–94
Theodor Gottlieb von Hippel
Kreuz- und Querzüge des Ritters A. bis Z.

H.s zweiter Roman erschien, wie zuvor die *Lebensläufe nach aufsteigender Linie* (1778–81), anonym. »*Der Name* meines Helden ist kurz und gut: A. B. C. bis X. Y. Z., des heiligen Römischen Reiches Freiherr von, in, auf, nach, durch und zu Rosenthal, Ritter vieler Orden trauriger und fröhlicher Gestalt, von der Ceder auf Libanon bis zum Ysop, der aus der Wand wächst«, beginnt

§ 1 der humoristisch-empfindsamen Lebensbeschreibung, die in ihrer scheinbaren Formlosigkeit, ihren Abschweifungen und Reflexionen dem Vorbild Laurence Sternes verpflichtet ist. Der Vater des Helden, der sich durch die Heirat mit der Tochter eines bürgerlichen Gläubigers von seinen Schulden befreit hat, stammt aus einem alten, traditionsbewußten Geschlecht. Er gehört dem Johanniterorden an und sucht sein Interesse für Heraldik, Türkenkriege und Kreuzzüge auf seinen Sohn zu übertragen, aus dem »mit so mancher Vernachlässigung des Menschen ein Baron ausgearbeitet werden« soll. Ein »Gastvetter«, der nichts vom erblichen Adel hält, dient als Gegengewicht; und schließlich weckt der Besuch eines adeligen Fräuleins größeres Interesse als die geplante Rekonstruktion Jerusalems auf heimischem Grund und Boden. Nach dem Tod seines Vaters macht sich der Held mit seinem Diener Michael auf, »Sophie von Unbekannt« zu suchen, die er in einer Geheimgesellschaft vermutet. So ziehen A. bis Z. und sein »Knappe« – die Parallele zu Cervantes ist beabsichtigt – durch Europa, machen Bekanntschaft mit zahlreichen Geheimgesellschaften und ihren Riten. Schließlich finden sie Sophie, die sich als Tochter des »Gastvetters« entpuppt. Auch für Michael findet sich die passende Frau. »Eldorado ist, so wie das Himmelreich, nicht in Büchern, sondern in uns; in uns ist Eldorado«, heißt es zum Schluß.

Hinter der arabesken Erzählweise des Romans werden dezidiert aufklärerische Positionen sichtbar. Dabei ist neben der satirischen Kritik am Adel und an der religiösen Schwärmerei das Eintreten für die Rechte der Frau bemerkenswert (diesem Thema widmete H. einen eigenen Traktat: *Über die bürgerliche Verbesserung der Weiber*, 1792). Mit seinem humoristisch-empfindsamen Erzählen steht H. Jean Paul nahe.

1793–97
Johann Gottfried Herder
Briefe zu Beförderung der Humanität

H. hatte nach Erscheinen des 4. Teils der *Ideen zur Philosophie der Geschichte der Menschheit* (1784–91) mit der Arbeit am 5. und letzten Teil begonnen, der das Werk bis an die Gegenwart heranführen sollte. Unter dem Eindruck der Erschütterungen der Französischen Revolution stellte er den Plan zurück und entschloß sich, seine Vorstellungen vom Fortschritt der Humanität

auf unsystematische Weise in einem fiktiven Briefwechsel darzulegen. Die zehn »Sammlungen« bestehen aus insgesamt 124 Briefen.

Sie enthalten u.a. Charakterbilder bedeutender Staatsmänner, Philosophen, Theologen und Künstler (Luther, Leibniz, Rousseau, Franklin, Friedrich II. u.a.), 36 »Lehrsätze über den Charakter der Menschheit« (»Die Perfektibilität ist […] keine Täuschung; sie ist Mittel und Endzweck zu Ausbildung alles dessen, was der Charakter unsres Geschlechts, Humanität, verlanget und gewähret«), Erläuterungen des Humanitätsgedankens an Beispielen alter und neuer Denker und Dichter und der griechischen Kunst, vergleichende Betrachtungen antiker und neuzeitlicher Literatur usw. In der letzten, der 10. Sammlung steht ein Entwurf »zu einem ewigen Frieden« (»Sieben Gesinnungen der großen Friedensfrau«). Humanität, die nach H. im Christentum ihren reinsten Ausdruck findet, bleibt die ständige Aufgabe des Menschen.

1794
Johann Wolfgang von Goethe
Reineke Fuchs

G.s Bearbeitung des Tierepos entstand 1793 nach seiner Rückkehr von der ›Campagne in Frankreich‹ und erhielt im Heerlager vor Mainz den letzten Schliff (Druck 1794). G. hat mehrfach darauf hingewiesen, daß er die »zwischen Übersetzung und Umarbeitung schwebende Behandlung« des Stoffes unternommen habe, um sich von den aktuellen politischen Vorgängen – im Januar 1793 wurde Ludwig XVI. hingerichtet – abzulenken. Er stützte sich auf Gottscheds 1752 erschienene Prosaübersetzung des Tierepos, der im Anhang die niederdeutsche Vorlage (*Reynke de Vos*, 1498) beigegeben war.

G. hält sich inhaltlich eng an die Vorlage, die von den Klagen der von Reineke Geschädigten und der zweimaligen Rechtfertigung des Beklagten erzählt, der dann im abschließenden Kampf seinen ärgsten Feind, den Wolf Isegrim, besiegt und zum Kanzler des Reichs erhöht wird – ein Sieg der Macht und der List über Dummheit und Gier, ein wahrhafter »Hof- und Regentenspiegel« (G.).

Das Neue liegt in der Form. Schon die Gliederung in zwölf »Gesänge« (mit insgesamt 4312 Versen) – die Vorlagen sind in immer wieder durch Glossen unterbrochene Teile gegliedert – zeigt den klassizistischen Anspruch; er wird erfüllt durch die Wahl des epischen Versmaßes par excellence, des Hexameters, den G. mit großer rhythmischer Variabilität gebraucht, unbefangen, noch unberührt von aller Verstheorie. Es sind so »Goethes beste Hexameter geworden« (Erich Trunz). Damit hat G. den alten Stoff lebendig erhalten.

1794
August Heinrich Julius Lafontaine
Klara du Plessis und Klairant

L., der Lieblingsschriftsteller des preußischen Königspaares Friedrich Wilhelm III. und Luise, verfertigte mehr als 100 Romane, meist Familien- und Liebesgeschichten, deren Konflikte sich häufig an den Spannungen zwischen den Ständen entzünden und so dem Geschehen eine aktuelle Note verleihen. Berühmt wurde L. nicht zuletzt durch *Klara du Plessis und Klairant*, einem frühen Roman, der eine rührende Liebesgeschichte über die Standesgrenzen hinweg in den Kontext der revolutionären Geschehnisse in Frankreich stellt: »Eine Familiengeschichte Französischer Emigrirten« kündigt der Untertitel an.

Der Pächtersohn Klairant und Klara, die Tochter des Vicomte du Plessis, lieben sich. Auch dann noch, als die Revolution den Adel aufhebt, stellt sich der Vicomte der Verbindung entgegen und nimmt seine Tochter mit nach Koblenz, wo sich die französischen Emigranten sammeln. Klairant schließt sich der Revolutionsarmee an. Während Klara von dem Treiben des emigrierten Adels abgestoßen wird, beklagt Klairant die Radikalisierung der Revolution und den Terror. Die militärischen Verwicklungen zögern eine Verbindung hinaus, und als es schließlich doch mit dem Segen der Mutter zur Hochzeit und einem zweimonatigen Idyll in einer Wildhüterhütte kommt, läßt der rachsüchtige Vicomte Klairant verhaften. Der Tod seiner Frau und seines Sohnes sowie das Dahinsiechen seiner Tochter verursachen einen Meinungsumschwung bei dem Vicomte, doch es ist zu spät. Klara stirbt, und Klairant verschwindet mit unbekanntem Ziel, nicht ohne vorher dem Erzähler Briefe als Material für die Geschichte ihrer Liebe zu übergeben.

Die historischen Positionen und Konflikte werden nicht ohne Geschick entwickelt und in den Roman integriert. Anschaulich ist beispielsweise die Schilderung des Lebens der französischen Emigranten in Koblenz, ihrer Arroganz, ihrer Beschränktheit, ihrer Illusionen. Allerdings macht die Darstellung L.s auch deutlich, wie Politik als Verhängnis empfunden wird, dem der einzelne hilflos ausgeliefert ist. Dagegen steht, ohne eigentlichen Bezug zum politischen Bereich, die Liebe als privates Glück in einer rousseauschen Gegenwelt. Dem entspricht die Wendung ins Sentimentale und Erbauliche am Schluß: »Lieber Gott! was sind doch des Menschen Schicksale! Da sitz ich jetzt oft auf Klarens Grabe, lese die Briefe, die sie und der arme Klairant geschrieben haben, und lerne hier Geduld und Ergebung in die Führung des Geschicks.«

August Wilhelm Schlegel hat in einer Revue der zeitgenössischen Romanliteratur im 1. Band des *Athenaeum* (1798) L.s literarische Verfahrensweise analysiert, die ihn zu einem der erfolgreichsten Unterhaltungsschriftsteller seiner Zeit machte.

1794–99
Georg Christoph Lichtenberg
Ausführliche Erklärung der
Hogarthschen Kupferstiche

Im Mai 1776 notierte L.: »Was für ein Werk ließe sich nicht über Shakespear, Hogarth und Garrick schreiben. Es ist etwas Ähnliches in ihrem Genie, anschauende Kenntnis des Menschen in allen Ständen, anderen durch Worte, den Grabstichel, und Gebärden verständlich gemacht.« Über den großen englischen Schauspieler Garrick schrieb L. in den zu dieser Zeit entstandenen *Briefen aus England* (1776, 1778), dem literarischen Ertrag seines Englandaufenthalts 1774–75. Hier erwarb er auch die Kupferstiche des englischen Genremalers und Kupferstechers William Hogarth (1697–1764), dessen Stiche, häufig zu Serien zusammengestellt, kritisch-satirische Bilder der Gesellschaft seiner Zeit geben und dabei die detaillierte Zeichnung der Lokalitäten mit genauer Personencharakteristik verbinden. L. nennt Hogarth einen »Gesichtsmaler«, und seine Beschreibung der Hogarthschen Stiche ist eine indirekte Auseinandersetzung mit der von L. heftig kritisierten Physiognomik Johann Caspar Lavaters.

Schon seit 1784 hatte L. in dem von ihm herausgegebenen *Göttinger Taschen Calender* kurzgefaßte Erklärungen Hogarthscher Kupferstiche veröffentlicht. Die *Ausführliche Erklärung*, die gelegentlich auf frühere Formulierungen zurückgreift, erschien 1794–99 in fünf Lieferungen (und wurde nach L.s Tod von anderen fortgesetzt). L. schrieb erläuternde Texte zu den Kupferstichen und Kupferstichfolgen *Herumstreichende Komödianten*, *Die Punschgesellschaft*,

Die vier Tageszeiten, Die Heirat nach der Mode, Der Weg der Buhlerin, Der Weg des Liederlichen (The Rake's Progress, Anregung für Igor Strawinskys gleichnamige Oper von 1951), *Fleiß und Faulheit.*

L. spricht von den »hogarthischen Romanen«, und er erzählt sie lebendig, mit Witz, Beobachtungsgabe und einem Blick für die künstlerische Eigenart der Vorlagen nach. Er kommt damit seiner Forderung nach einer »poetischen« Erklärung der Stücke nach, die über eine prosaische Vermittlung des Inhalts hinaus sich durch einen Vortrag auszeichnen sollte, »den durchaus eine gewisse Laune belebte, die mit der des Künstlers so viel Ähnlichkeit hätte, als möglich, und immer mit ihr gleichen Gang hielte.«

L.s Werk hatte großen Erfolg im 19. Jh.; erst im 20. Jh. geriet es in den Schatten der Aphorismen der *Sudelbücher.*

1795
Johann Wolfgang von Goethe
Römische Elegien

Die *Römischen Elegien* entstanden 1788–90 nach G.s Rückkehr aus Italien. Dabei verbindet sich die Darstellung der in Italien gewonnenen neuen Lebenshaltung mit Eindrücken der Gegenwart (Französische Revolution, Zusammenleben mit Christiane Vulpius). Dem Rat seiner Freunde folgend, sah G. zunächst von einer Veröffentlichung ab. Als jedoch Schiller um Texte für seine Zeitschrift *Die Horen* bat, überließ ihm G. 20 von insgesamt 24 Elegien. Sie erschienen 1795; die zurückgehaltenen vier erotischen Texte, die auch in manchen neueren Ausgaben fehlen, wurden vollständig erst 1914 gedruckt. – Mit den *Römischen Elegien* stellte sich G. bewußt in die Tradition der antiken Elegie (Tibull, Properz, Ovid; Neulateiner der Renaissance). Elegie ist in formalem Sinn als Gedicht in Distichen verstanden: »Dir Hexameter, dir, Pentameter, sei es vertraut, Wie sie des Tags mich erfreut, wie sie des Nachts mich beglückt«.

Die *Römischen Elegien* sind der erste Gedichtzyklus G.s. Dabei besteht der Zusammenhang zwischen den einzelnen Elegien nicht in einer ›Handlung‹ – also der Geschichte der Liebe zwischen einem deutschen Dichter und einer römischen Witwe –, sondern in der Variation und wechselseitigen Durchdringung wiederkehrender Themen und Motive. Hauptthemen sind die Liebe und die Stadt Rom (Roma: Amor). Hier, »auf klassischem Boden«, findet die Begegnung des

Mannes aus dem kalten, grauen Norden mit der Geliebten statt, hier, wo sich Vergangenheit und Gegenwart, Antike und Moderne durchdringen. Der Weg zum alten Rom und seinen Göttern – die Mythologie ist ein weiteres gewichtiges Thema der Elegien – führt über die Liebe. Die Vergegenwärtigung der Antike und ihrer Kunst ist eine Leistung der Sinne, der Sinnlichkeit. Die Geliebte im Arm, wird dem Mann aus dem Norden der Marmor lebendig: »ich denk' und vergleiche, Sehe mit fühlendem Aug', fühle mit sehender Hand.« Die 5. Elegie, aus der diese Verse stammen, zeigt den engen Zusammenhang von Antikerezeption, Lebensgenuß und eigener poetischer Produktion, für die antike Maße die angemessene Form darstellen: »Oftmals hab' ich auch schon in ihren Armen gedichtet Und des Hexameters Maß leise mit fingernder Hand Ihr auf den Rücken gezählt.« Im zeitgeschichtlichen Kontext der Französischen Revolution kann man in der Betonung der notwendigen Einheit von Vergangenheit und Gegenwart einen Kommentar zur Erfahrung der Diskontinuität sehen, ein »antirevolutionäres Plädoyer gegen die Vereinzelung und für die Totalität des Menschen« (Wulf Segebrecht).

G.s Aneignung der Antike ist »in erster Linie Kunstleistung und Baustein einer deutschen Nationalliteratur, nicht poetisierte Biographie« (Gerhard Schulz). Gleichwohl sahen manche Zeitgenossen das Werk in diesem Licht (»Die meisten Elegien sind bei seiner Rückkunft im ersten Rausche mit der Dame Vulpius geschrieben«); moralisierende Kommentare blieben nicht aus. Frau von Stein hatte »für diese Art Gedichte keinen Sinn.« August Wilhelm Schlegel dagegen schrieb an Schiller: »In Goethes Elegien herrscht römischer Geist. Man glaubt italienische Luft zu atmen, wenn man sie liest.«

Distanz zum Italien- und Antikeerlebnis der *Italienischen Reise* und der *Römischen Elegien* zeigen die *Venetianischen Epigramme*, entstanden hauptsächlich während eines Aufenthalts in Venedig im Frühjahr 1790. Sie erschienen 1795 in Schillers *Musen-Almanach für das Jahr 1796* (103 Epigramme, in späteren Ausgaben 104). Die Thematik ist vielfältig, der Ton oft schroff: Kritik an Italien, der Kirche, der Gesellschaft, der Französischen Revolution, der deutschen Sprache und Literatur; Lob für Karl August und das kleine Weimar. Dazwischen stehen erotische Texte. Angesichts einer unerwünschten, unerfüllten venezianischen Gegenwart erscheinen Rom und Weimar als glückliche Gegenwelten.

1795
Johann Wolfgang von Goethe
Unterhaltungen deutscher Ausgewanderten

Die *Unterhaltungen* erschienen 1795 in Schillers Zeitschrift *Die Horen*. Es handelt sich um ein Werk, das eine Reihe von Geschichten mit einer Rahmenerzählung verbindet und so die Tradition romanischer Novellistik in die deutsche Literatur einführt. Stellte Boccaccio die Novellen seines *Decamerone* (um 1350) vor den Hintergrund der verheerenden Pestepidemie von 1348, so wählte G. die Französische Revolution und ihre Auswirkungen als Ausgangspunkt der Rahmenhandlung. Sie spielt 1793. Eine Gesellschaft von Flüchtlingen (»Ausgewanderten«), eine Baronesse von C. mit Kindern, Verwandten, Freunden und Angestellten, hat die angestammten Güter auf linksrheinischer Seite verlassen, um den französischen Revolutionstruppen zu entgehen. Man hält sich vorübergehend auf einer rechtsrheinischen Besitzung auf. Es ergeben sich heftige Auseinandersetzungen zwischen einem Gegner der Revolution, dem Geheimrat von S., und dem Vetter Karl, der die Ideale der Revolution hochhält und die Mainzer Jakobiner verteidigt. Nach dem Eklat postuliert die Baronesse als gesellschaftliche Regel, künftig »gänzlich alle Unterhaltung über das Interesse des Tages [zu] verbannen«. So erzählt man sich Geschichten, wobei ein weltgewandter Geistlicher den entscheidenden Anteil einbringt. Adelige Gesellschaftskultur und gesellige Bildung als Gegengewicht gegen das drohende Chaos: »lassen Sie uns wenigstens an der Form sehen, daß wir in guter Gesellschaft sind.«

Die Erzählungen folgen einander in aufsteigender Linie. Am ersten Abend erzählt man – die Baronesse ist abwesend – Gespenster- und Liebesgeschichten, u.a. die Geschichte von der Sängerin Antonelli und zwei Erzählungen aus den Memoiren des François de Bassompière (1666): die Geschichte von der schönen Krämerin, die Hofmannsthal im *Erlebnis des Marschalls von Bassompiere* (1905) neugestaltet hat; die Geschichte vom Schleier, die auch der Novelle *Der Schleier* (1920) von Emil Strauß zugrunde liegt. Am nächsten Morgen gelangt man in Anwesenheit der Baronesse zu moralisch-exemplarischen Novellen: die Prokuratornovelle aus den *Cent nouvelles nouvelles* (1486), die von der Erziehung einer jungen Ehefrau zu innerer Selbständigkeit und Selbstverantwortung handelt; und als »Parallelgeschichte« die von G. selbsterfundene

Erzählung von Ferdinand, der aus seinen Verfehlungen lernt, »daß der Mensch Kraft habe, das Gute zu wollen und zu vollbringen«. Am Abend folgt als Höhepunkt das allegorisch-symbolische *Märchen*, der einzige Text mit eigener Überschrift. Damit schließt das Werk, ohne wieder auf den Rahmen zurückzukommen.

Das vielfach und höchst unterschiedlich interpretierte *Märchen* kündet in bildhafter Form eine Zeit menschlicher und gesellschaftlicher Harmonie an, in der das Getrennte wiedervereinigt wird und eine neue Ordnung im Zeichen der Liebe entsteht. Zur Deutung des Märchens, das Momente des Feenmärchens, Alchimistisches, Freimaurerisches und manches andere souverän miteinander verbindet, gibt der erzählende Abbé den vielsagenden Kommentar: »Diesen Abend verspreche ich Ihnen ein Märchen, durch das Sie an nichts und an alles erinnert werden sollen.« Daß dahinter (u.a.) eine politische Fabel steckt, darf vermutet werden, »in jenem weitesten Sinne, in dem er [G.] den Gewaltsamkeiten des Tages gegenüber auf eine natürliche, evolutionäre Entwicklung vertraute« (Gerhard Schulz).

1795
Jean Paul
Hesperus

Der Ruhm J. P.s kam mit seinem zweiten Roman: *Hesperus oder 45 Hundposttage. Eine Lebensbeschreibung.* Sein Publikumserfolg übertraf den der gleichzeitig erschienenen Romane Goethes und Tiecks. Im *Hesperus* nimmt J. P. Konstellationen und Themen der *Unsichtbaren Loge* (1793) auf; in beiden Romanen werden Elemente des Erziehungs- und Staatsromans verbunden, stehen der satirisch und karikaturistisch dargestellten Sphäre der Residenzen idyllische und idealische Welten gegenüber. Erzählerisches Prinzip bleibt auch im *Hesperus* die »Sterne'sche ›progressive digression‹ die vorwärtsschreitende Abweichung« (Walter Höllerer). Der Titel erhält seinen Sinn durch die im Wort Hesperus ausgedrückte Dualität: Hesperus ist zugleich Abend- und Morgenstern, verheißt Trost und innere Ruhe wie auch neue Hoffnung. Mit dem »tollen« Untertitel verweist J. P. auf die Einteilung in 45 Abschnitte (zu den Hundposttagen kommen freilich noch einige dazwischengeschobene »Schalttage«) und die skurrile Erzählsituation: Der Hund Spitzius Hofmann bringt dem auf der Insel St. Johannis lebenden »Berg-Hauptmann« Jean Paul in einer Kürbisflasche den Auftrag und das

Material für eine »Familiengeschichte« – abschnittsweise an eben 45 Hundposttagen.

Viktor, vermeintlicher Sohn Lord Horions, geht als Arzt an den Hof Fürst Jenners von Flachsenfingen; hier wird sein Jugendfreund Flamin, vermeintlicher Sohn des Kaplans Eymann zu St. Lüne, zum Regierungsrat ernannt. Ihre Freundschaft ist bedroht, da sie sich beide in Klotilde, die vermeintliche Tochter des Kammerrats Le Baut, verlieben. Die negativen Seiten des Hoflebens werden sichtbar. Lord Horion, den fünf ›natürlichen‹ Söhnen des Fürsten auf der Spur, teilt Viktor mit, Klotilde und Flamin seien Kinder Fürst Jenners; drei weitere natürliche Söhne des Fürsten hat Lord Horion in England erziehen lassen. Klotilde und Viktor verbringen glückliche Pfingsttage mit dem indischen Lehrer Dahore im idyllischen Maienthal, das als Ort der Selbsterfahrung und der Erziehung des Gefühls erscheint. Der eifersüchtige Flamin fordert Viktor zum Duell auf (zu dem es dann nicht kommt). Von Dahore erfährt Viktor, daß er der Sohn Pfarrer Eymanns sei; er sieht seine Verbindung mit Klotilde wegen des Standesunterschieds in Gefahr. Am Hof kommt es zu Intrigen und weiteren Verwirrungen. Flamin, von einem Intriganten zu einem Duell mit dem Kammerherrn Le Baut gereizt, wird festgenommen. Drei Engländer wollen ihn befreien, Verschwörungsgerüchte werden ausgebreitet. Schließlich erscheint Lord Horion und klärt alles auf: die drei republikanisch gesinnten Engländer sind – wie Flamin – Söhne des Fürsten. Viktor und Flamin versöhnen sich, Viktor und Klotilde heiraten und der Erzähler Jean Paul entpuppt sich als der bisher noch unentdeckt gebliebene fünfte natürliche Sohn des Fürsten (er soll – wie seine Brüder – ein Staatsamt antreten). Lord Horion macht seinem Leben auf der »Insel der Vereinigung« am Grab seiner Geliebten ein Ende.

In einem Schema des Romans heißt es: »Satirische Karakter – Freundschaft – Liebe – Republik – Ein Zweck – Agathonsche Zwek –«. Damit sind entscheidende Momente des Geschehens genannt. Dargestellt wird nicht nur, wie die satirisch gezeichnete Intrigenwelt des Hofes die menschlichen Gefühle unterdrückt oder instrumentalisiert; in dem von Lord Horion inszenierten Geschehen um die bürgerlich-republikanisch erzogenen natürlichen Söhne des Fürsten und den in adeligen Verhältnissen aufgewachsenen Bürgersohn Viktor wird das absolutistische System von innen heraus angegriffen. Die aufklärerische Haltung J. P.s und seine politischen Hoffnungen sind in einem Einschub (»Sechster Schalttag«) formuliert.

Der *Hesperus* war J. P.s erfolgreichstes Buch (drei Auflagen zu seinen Lebzeiten). Sein Erfolg gründet sich nicht zuletzt darauf, daß hier große, die Zeit bewegende Spannungen ausgetragen werden, Spannungen, die sich in dem Neben- und Gegeneinander von hohen Aufschwüngen des Gefühls, Witz, Ironie und satirischer Kritik manifestieren. Ein zeitgenössischer Kritiker drückte es – negativ gemeint – so aus: »Der Leser schwebt zwischen Zeit und Ewigkeit, und kann weder diese noch jene fassen, sondern ist ein Spielball von allerlei unbegreiflichen Eindrücken.«

1795
Jean Paul
Leben des Quintus Fixlein

Die humoristische Idylle *Leben des Quintus Fixlein aus funfzehn Zettelkästen gezogen; nebst einem Mußteil und einigen Jus de tablette* [Fleischbrühwürfeln] entstand unmittelbar nach dem *Hesperus* und erschien Ende 1795 mit der Jahreszahl 1796. Separat folgte 1796 eine längere *Geschichte meiner Vorrede zur zweiten Auflage des Quintus Fixlein*; die 2. Auflage selbst kam erst 1800 mit der Jahreszahl 1801 heraus.

In der Vorrede zur 1. Auflage (»Billett an meine Freunde«) steht die berühmt gewordene Passage von den drei Wegen, »glücklicher (nicht glücklich) zu werden«, die zugleich Möglichkeiten von J. P.s Erzählen charakterisieren: »Der erste [Weg], der in die Höhe geht, ist: so weit über das Gewölke des Lebens hinauszudringen, daß man die ganze äußere Welt mit ihren Wolfsgruben, Beinhäusern und Gewitterableitern von weitem unter seinen Füßen nur wie ein eingeschrumpftes Kindergärtchen liegen sieht. – Der zweite ist: – gerade herabzufallen ins Gärtchen und da sich so einheimisch in eine Furche einzunisten, daß [...] man ebenfalls keine Wolfgruben, Beinhäuser und Stangen, sondern nur Ähren erblickt [...]. – Der dritte endlich – den ich für den schwersten und klügsten halte – ist der, mit den beiden andern zu wechseln.« Für die Idylle *Fixlein* gilt freilich, anders als für die *Unsichtbare Loge, Hesperus* und *Titan*, der zweite Weg: eine ironische Demonstration, »daß man kleine sinnliche Freuden höher achten müsse als große, den Schlafrock höher als den Bratenrock.« Am Ende der Passage über die Vorzüge von Schlafmützen und Kopfkissen heißt es hintergründig: »Die nötigste Predigt, die man unserm Jahrhundert halten kann, ist die, zu Hause zu bleiben.«

Egidius Zebedäus Fixlein, Lehrer am Gymnasium zu Flachsenfingen und der Meinung, daß er im 32. Lebensjahr sterben werde, kommt in den Ferien in seinen Heimatort Hukelum. Der etwas kauzige Schulmeister, der u. a. an einer »Sammlung der *Druckfehler* in deutschen Schriften« arbeitet und sich mit der Frage beschäftigt, welches »das mittelste Wort oder der mittelste Buchstabe« der Bibel sei, wird dank der Fürsprache seiner adeligen Patin zum Konrektor befördert und erbt bald darauf ihr Vermögen. Das ermöglicht ihm die Verlobung mit dem armen Edelfräulein Thiennette. Sein Wunsch, Pfarrer in Hukelum zu werden, geht in Erfüllung, wenn auch nur durch einen grotesken Zufall: Durch einen Schreibfehler erhält er und nicht – wie eigentlich vorgesehen – Herr Füchslein die Stelle. Heirat, erste Predigt, offizielle Amtseinführung (Investitur), Geburt und Taufe eines Sohnes, dessen Pate der Erzähler Jean Paul wird, sind die weiteren Stationen der Handlung. Schließlich glaubt Fixlein, das anvisierte Todesdatum überschritten zu haben; als sich aber herausstellt, daß ihn seine Mutter über sein Alter getäuscht hat, wird er tatsächlich sterbenskrank. Jean Paul befreit Fixlein von seiner Hypochondrie, indem er »Einbildung durch Einbildung« kuriert. Mit einer poetischen Nachtszene – Jean Paul verläßt das Dorf und geht »ohne Ziel durch Wälder, durch Täler und über Bäche und durch schlafende Dörfer, um die große Nacht zu genießen wie einen Tag« – endet die Geschichte Fixleins.

J. P.s Idyllenheld findet sein Glück in einer durch die Kraft der Phantasie überhöhten kleinen, beschränkten Welt. Dabei verhindert jedoch nicht nur die Ironie des Erzählers eine Verklärung des idyllischen Glücks im Winkel; der Rückzug ins Innere kommentiert auch die herrschenden Verhältnisse (denen sich der Held mit seinen nicht verwertbaren Steckenpferden – »ich glaube, ein Staat ist über so etwas toll« – entzieht).

Der *Fixlein*-Idylle gehen im »Mußteil für Mädchen« die Geschichten *Der Tod eines Engels* und *Der Mond* voraus; unter den abschließenden »Jus de Tablette für Mannspersonen« ragt neben einer Abhandlung *Über die natürliche Magie der Einbildungskraft* das satirische Charakterbild Rektor Fälbels heraus: *Des Rektor Florian Fälbels und seiner Primaner Reise nach dem Fichtelberg.* Fälbel erscheint in seiner Selbstgerechtigkeit, Pedanterie, Borniertheit, Untertanengesinnung und Lieblosigkeit als das Gegenbild zu den Idyllikern Wutz und Fixlein: »Wo die Idyllenhelden mit ihrer mikrologischen Wissenschafterei ein selbstgenießerisches Spielchen treiben, tötet der Rektor mit seinem abstrakten, unfruchtbaren Wissen alles Lebendige« (Helmut J. Schneider). Die Rei-

he der negativen Charakterbilder setzen Erzählungen wie *Des Feldpredigers Schmelzle Reise nach Flätz* (1809) und *Dr. Katzenbergers Badereise* (1809) fort.

1795
Friedrich Schiller
Über die ästhetische Erziehung des Menschen, in einer Reihe von Briefen

1791 hatte S. Kants Ästhetik (*Kritik der Urteilskraft*, 1790) kennengelernt. Unter ihrem Eindruck entstand in den folgenden Jahren eine Reihe von Aufsätzen und Abhandlungen zu Fragen der Kunst und ihrer psychologischen Wirkung. Der Versuch freilich, über Kant hinaus »einen Begriff des Schönen objektiv aufzustellen und ihn aus der Vernunft der Natur völlig a priori zu legitimieren«, stieß auf Schwierigkeiten und blieb zunächst bei einer Analyse und Kontrastierung der Begriffe Anmut und Würde stehen (S. bezeichnete die Abhandlung *Über Anmut und Würde*, 1793, als »eine Art von Vorläufer« seiner Theorie des Schönen). Auch die Briefe *Über die ästhetische Erziehung des Menschen*, 1795 in den *Horen* erschienen, sollten ursprünglich eine »Analytik des Schönen« liefern, nahmen aber den Charakter eines kultur- und geschichtsphilosophischen Entwurfs an, der die Funktion der Kunst in der Gegenwart zu bestimmen suchte: Die *Ästhetischen Briefe* sind S.s Antwort auf die Französische Revolution.

Kants Definition des Menschen als eines Doppelwesens zwischen Natur und Vernunft bildet das Fundament der Argumentation S.s. Die Gegenwart ist durch das Vordringen der Wissenschaft auf Kosten der Kunst gekennzeichnet. Natur und Vernunft bleiben weiter getrennt, der Mensch hat seine »Totalität« verloren: »anstatt die Menschheit in seiner Natur auszuprägen, wird er bloß zu einem Abdruck seines Geschäfts, seiner Wissenschaft.« Diese Antagonismen zu versöhnen, ist Aufgabe der Kunst, die den »Spieltrieb« im Menschen anspricht und ihm ermöglicht, im Spiel die Harmonie zu erleben, die in Wirklichkeit verlorengegangen ist. Im 15. Brief heißt es: »der Mensch spielt nur, wo er in voller Bedeutung des Worts Mensch ist, und *er ist nur da ganz Mensch, wo er* spielt.« So führt die ästhetische Erziehung den Menschen, dem eine Rückkehr in die Idealität der Antike verwehrt ist, aus der »Vereinzelung« der Kräfte in der Gegenwart zu einer Wiederherstellung der Totalität auf einer höheren Ebene. Erst dann, wenn »die Trennung in dem innern Menschen wiederaufgehoben« ist, sind die Voraussetzungen für eine politische Erneuerung gegeben, die in der Hoffnung auf einen »ästhetischen Staat« bzw. »Staat des schönen Scheins« gipfelt: »Dem Bedürfnis nach existiert er in jeder feingestimmten Seele, der Tat nach möchte man ihn wohl nur, wie die reine Kirche und die reine Republik in einigen wenigen auserlesenen Zirkeln finden.« Gerhard Schulz nennt dies »eine deutsche Lösung: keine Utopie, sondern nur eine Hoffnung«.

1795–96
Johann Jacob Engel
Herr Lorenz Stark

Der im Untertitel als »Charaktergemälde« bezeichnete Roman wurde in den 70er Jahren konzipiert, als E. seine Erzähltheorie formulierte (*Über Handlung, Gespräch und Erzählung*, 1774) und dabei auf eine psychologisch-kausal motivierte Charakterdarstellung und -entwicklung abzielte, für die ihm das Gespräch als geeignetes, die poetische Illusion förderndes Darstellungsmittel galt. Anders als der völlig dialogisierte ›dramatische Roman‹ (vgl. Friedrich Traugott Hase: *Gustav Aldermann*, 1779) begnügte sich E. in seinem kleinen Roman jedoch damit, dialogisierte Szenen mit traditionell auktorial erzählten Partien zu verbinden.

Das 1795–96 in Schillers Zeitschrift *Die Horen* erschienene Werk (erweiterte Buchausgabe 1801) knüpft an die von Denis Diderot ausgehende Hausvater-Tradition an (*Le père de famille*, 1758, dt. von Lessing 1760) und zeigt sich zugleich dem aufklärerischen Interesse an Entwicklungs- und Bildungsprozessen verpflichtet. Im Mittelpunkt steht der Konflikt zwischen Vater und Sohn, dem dominierenden, aufrechten und zugleich eigensinnigen Inhaber einer stattlichen »Handlung« und seinem erwachsenen Sohn, dessen angeblich lockerer Lebenswandel in den Augen des Vaters wenig Gutes zu versprechen scheint. Als dem jungen Stark die Demütigungen unerträglich werden, beschließt er, das Haus zu verlassen. Schwester, Schwager und Mutter suchen zu vermitteln, bis sich schließlich herausstellt, daß der Sohn seine Nächte zuletzt keineswegs am Spieltisch verbracht, sondern die Geschäfte einer in Not geratenen Witwe geordnet hatte. Als sich dann noch die Vorurteile des Vaters gegen die Witwe, Madame Lyk, zerstreuen lassen, steht einer Heirat des dank einer »gänzlichen Umwandelung seines Charakters« zum verantwortungsbewußten Mann gereiften jungen Stark mit Madame Lyk und der Versöhnung mit dem Vater nichts mehr im Weg.

Der psychologisch differenziert erzählte Roman, der die bürgerliche Familienordnung aufs schönste bestätigt, hatte Erfolg; ebenso die Dramatisierung Friedrich Ludwig Schmidts (1804), die mit August Wilhelm Iffland in der Titelrolle auch an dem von Goethe geleiteten Weimarer Hoftheater gespielt wurde.

1795–96
Johann Wolfgang von Goethe
Wilhelm Meisters Lehrjahre

Der erste Hinweis auf den *Wilhelm Meister* findet sich in G.s Tagebuch unter dem 16. 2. 1777: »Diktiert an *Wilhelm Meister*.« Bis zum Aufbruch nach Italien im August 1786 arbeitete G. an dem Roman; dann blieb das Werk, das er *Wilhelm Meisters theatralische Sendung* nannte, liegen. Erst 1794 nahm er die Arbeit wieder auf, wobei die sechs Bücher der *Theatralischen Sendung* in veränderter Form in die *Lehrjahre* eingingen (Buch 1–5). G. gab die ersten Bücher in Druck, bevor er den Roman unter Schillers kritischer Begleitung fertiggestellt hatte. Er erschien 1795–96 in vier Bändchen zu je zwei Büchern. Eine Abschrift des Fragments der *Theatralischen Sendung* wurde 1910 gefunden und ein Jahr später veröffentlicht. Während der Held der *Theatralischen Sendung* seine Erfüllung im Theater finden sollte, zeigen die 17 Jahre später konzipierten *Lehrjahre* eine weitere Perspektive: Theater ist nur noch ein Element unter den Mächten, die Wilhelm Meisters Leben formen. Auch formal zeigen sich Unterschiede. Während die *Theatralische Sendung* chronologisch-biographisch mit Wilhelms Krankheit beginnt, setzen die *Lehrjahre* später ein und holen die Kindheitsgeschichte durch eine Erzählung Wilhelms nach.

Wilhelm Meister, Sohn eines wohlhabenden Kaufmanns, strebt aus der Enge des bürgerlichen, allein dem Gelderwerb gewidmeten Lebens hinaus. Gegenpol ist sein Jugendfreund und späterer Schwager Werner, der immer stärker als Karikatur eines Spießbürgers erscheint. In der Kunst, dem Theater, sieht Wilhelm den ihm gemäßen Weg aus der Beschränktheit; erste theatralische Eindrücke gehen auf seine Kindheit zurück (Puppentheater). Der unglückliche Verlauf der Liebesaffäre mit der Schauspielerin Mariane (er glaubt sie untreu, bricht die Beziehung ab und fällt in eine schwere Krankheit) verzögert die Ablösung vom Elternhaus. Nach seiner Genesung widmet er sich verstärkt den Geschäften. Man schickt ihn auf eine Reise; dabei gerät er in die Gesellschaft von stellungslosen Schauspielern (Philine, Laertes, das Ehepaar Melina usw.), die er finanziell unterstützt, so daß sie sich als Truppe etablieren können. Hinzu kommen Mignon, ein rätselhaftes Kind, das Wilhelm von einer Gauklertruppe loskauft, und der in sich versunkene, von Schuld gequälte Harfenspieler, ebenfalls unbekannter Herkunft. Durch Zufall erhalten die Schauspieler ein Engagement auf dem Schloß eines Grafen, der mit ihren Künsten einen Prinzen unterhalten will. Wilhelm schließt sich an, fungiert als Theaterdichter, Dramaturg und Regisseur und fühlt sich zur Gräfin hingezogen. Jarno, ein Berater des Prinzen, verweist ihn auf Shakespeare. Unterwegs wird die Truppe von Räubern überfallen und ausgeplündert. Wilhelm wird verwundet; eine »Amazone« und ein Chirurg erscheinen zu seiner Hilfe.

Die Schauspieler begeben sich mit Wilhelms Empfehlung zur Truppe des bekannten Theaterdirektors Serlo; Wilhelm folgt nach seiner Genesung. Hier trifft er neben dem ihm bekannten Serlo dessen Schwester Aurelie, die von einem unglücklichen Liebeserlebnis verzehrt wird, und den dreijährigen Felix, der als ihr Sohn gilt (in Wirklichkeit aber das Kind Meisters und Marianes ist). Die Unterhaltungen kreisen um *Hamlet*. Wilhelms Schwanken zwischen Kaufmanns- und Bühnenlaufbahn wird durch den Tod seines Vaters (der ihn – auch finanziell – unabhängig macht) und einen Brief Werners entschieden. Wilhelm antwortet mit dem berühmten Satz: »mich selbst, ganz wie ich da bin, auszubilden, das war dunkel von Jugend auf mein Wunsch und meine Absicht.« Dies sei dem Bürger, im Gegensatz zum Adeligen, nur durch die Kunst möglich. Nach einer erfolgreichen Hamletaufführung, in der Wilhelm in der Rolle Hamlets sich selber spielt, zerfällt das Ensemble. Aurelie stirbt, und Wilhelm macht sich auf, ihrem Geliebten den Abschiedsbrief zu bringen und »ein strenges Gericht« über ihn ergehen zu lassen.

Hier nun, bevor Wilhelm in eine neue Welt eintritt, sind als 6. Buch die »Bekenntnisse einer schönen Seele« eingeschoben, die Geschichte einer Adeligen, deren Bildung im pietistischen Rückzug auf sich selbst besteht (G. hatte durch seine Bekanntschaft mit Susanna Katharina von Klettenberg Zugang zu dieser Welt gefunden). Das ist durchaus ein Kontrast zum Bildungsweg Wilhelms, der nicht nur zur »harmonischen Aus-bildung« seiner Natur, sondern auch zu einer Harmonie mit der Gesellschaft führen soll. Pragmatische Verbindungen der *Bekenntnisse* zur Romanhandlung werden erst im nachhinein deutlich.

Wilhelms Reise führt ihn zu Baron Lothario, dem ungetreuen Liebhaber Aurelies. Er findet ihn in Gesellschaft Jarnos und eines Abbés (und außerdem verwickelt in andere Liebeshändel); er lernt Therese kennen, deren Verbindung mit Lothario zerbrochen ist. Als Wilhelm Felix und Mignon holt, die zurückgeblieben waren, erfährt er von Marianes Tod und daß Felix sein – und nicht Lotharios – Sohn ist. Er nimmt endgültig Abschied vom Theater. Auf Lotharios Schloß wird er in die freimaurerisch angehauchte Turmgesellschaft aufgenommen, die bisher schon – ihm verborgen – sein Leben geleitet und begleitet hat. So erscheint seine Lehrzeit zu Ende, doch ein Tag mit Felix läßt ihn erkennen, daß »auch seine eigne Bildung erst anzufangen« scheint. Wilhelm wirbt um Therese, doch als er in ihrer Freundin Natalie die »Amazone« erkennt, die ihm nach dem Raubüberfall erschienen war, und ein vermeintliches Hindernis einer Verbindung von Lothario und Therese sich als gegenstandslos erwiesen hat, gerät alles in Verwirrung. Die dem Bildungsoptimismus und dem aufklärerischen Rationalismus (Turmgesellschaft) inkommensurablen Personen treten ab. Mignon stirbt, als sie von Wilhelms und Thereses geplanter Heirat hört, und der Harfner, der von seinem Wahnsinn geheilt worden war, bringt sich um, in der irrigen Meinung, er habe Felix vergiftet. Aufklärung über diese dunklen, einsamen Gestalten, die gleichwohl mit ihren Liedern Poesie in den Roman bringen, erfolgt durch den Besuch eines Marchese, der in der toten Mignon seine Nichte erkennt, Kind des Harfners, seines Bruders, aus einer inzestuösen Verbindung. Diese Ereignisse spielen sich im Haus Natalies ab: Es ist das Haus des Oheims der schönen Seele, in dem sich nun ihre vier Nichten und Neffen zusammenfinden (Natalie, die Gräfin, der Wilhelm früher nahegekommen war, Lothario und Friedrich, der sich mit Philine zusammengetan hat). Die Verwirrung der persönlichen Gefühle wird aufgelöst: Lothario wird Therese, Wilhelm Natalie heiraten. Friedrich kommentiert, Wilhelm komme ihm vor »wie Saul, der Sohn Kis, der ausging, seines Vaters Eselinnen zu suchen, und ein Königreich fand«.

Gegenstand des Dramas seien »Charaktere und Taten«, der Roman solle »vorzüglich Gesinnungen und Begebenheiten« vorstellen, heißt es im Gespräch Meisters mit Serlo. Daraus folge, daß der Held eines Romans »leidend, wenigstens nicht im hohen Grade wirkend sein« müsse. So

geht Wilhelm, ein durch »vielseitige Empfäng-
lichkeit« ausgezeichneter junger Mann durch die
Welt und wird dabei den maßgebenden Bildungs-
mächten seiner Zeit ausgesetzt, so daß man die
Lehrjahre »eine ganze Bildungsgeschichte des
18. Jh.s« nennen kann (Erich Trunz): Bürgerkul-
tur, Adel, die ›Scheinwelt‹ der Kunst, Pietismus,
Aufklärung und Freimaurertum wirken – in
durchaus unterschiedlicher Weise – auf den Helden ein, der sein Ziel in der »Ausbildung« der in
ihm angelegten Kräfte und Fähigkeiten sieht und
dieses Ziel zunächst durch die Kunst zu verwirklichen sucht. Das Bildungsprogramm, das Wilhelm seinem Schwager Werner gegenüber formuliert, wird durch den Roman jedoch nicht
bestätigt: Die universelle, harmonische Ausbildung des Individuums durch die Kunst scheitert
(wie auch Wilhelms Adelsideal von der Wirklichkeit korrigiert wird). Daß der Bildungsprozeß, an
dem auch eine Reihe von Frauen beteiligt sind,
seine Erfüllung erst in der Gesellschaft findet,
macht das Ende des Romans sichtbar, wobei die
Konstruktion der Turmgesellschaft und des aufgeklärten, reformwilligen Adels (Lothario) durchaus utopische Züge enthält. Daß die Entwicklungsgeschichte des Helden nicht abgeschlossen
ist, zeigen die *Wanderjahre* (1821, 1829).

Die *Lehrjahre* gelten als Prototyp des »Bildungsromans« (der Terminus wurde Anfang des
19. Jh.s geprägt); so hat der Roman gewirkt.
Doch zugleich handelt es sich um einen welthalti-
gen, handlungs- und gestaltenreichen Zeitroman
der Jahre vor der Französischen Revolution, ein
Werk, das ohne Scheu überlieferte Romanmotive
aufnimmt (Entführung, Überfall, Inzest usw.)
und souverän, durchaus auch spannend, und mit
überlegener Ironie erzählt ist.

An der zeitgenössischen Diskussion über G.s
Roman beteiligten sich fast alle bedeutenden
Schriftsteller. Friedrich Schlegel widmete dem
Werk 1798 eine große Rezension und zählte es in
einem Fragment unter die größten Tendenzen des
Zeitalters. Zu den entschiedenen Kritikern gehör-
te dagegen Friedrich von Hardenberg (Novalis).

1795–96
Friedrich Schiller
Über naive und sentimentalische Dichtung

S.s Abhandlung erschien in drei Folgen in den
Horen. Ursprünglich als Traktat über das Naive
geplant, erweiterte sie sich durch die Einbezie-

hung des Gegenpols, des Sentimentalischen, zu
einer Ortsbestimmung der Gegenwart (und seiner eigenen Person) im Rahmen der Geschichte
der Literatur.

Ausgangspunkt der Erörterungen ist das Naive, wie es sich in der Natur – einschließlich »der
menschlichen Natur in Kindern, in den Sitten des
Landvolks und der Urwelt« – findet. Natur sei
»nichts anders, als das freiwillige Dasein, das
Bestehen der Dinge durch sich selbst, die Existenz nach eignen und unabänderlichen Gesetzen.« Naiv bedeute, »daß die Natur mit der
Kunst im Kontrast stehe und sie beschäme«. Daß
die »einfältige Natur«, daß das Naive Interesse
und Rührung hervorrufe, werde nicht durch die
Naturgegenstände selbst bewirkt, es sei vielmehr
»eine durch sie dargestellte Idee, was wir in ihnen lieben«: Durch die Erfahrung des Naiven
wird der Verlust sichtbar, den der in die Geschichte eingetretene Mensch erlitten hat. Die
Antwort auf diesen Verlust kann nicht in einem
einfachen »Zurück zur Natur« bestehen, sondern
erfordert eine neue Einheit von Vernunft und Natur auf einer höheren Ebene. Aufgabe des Dichters ist es, »den Menschen, der nun einmal nicht
mehr nach *Arkadien* zurückkann, bis nach *Elysium* zu führen«. Nur der Gegenstand ist naiv,
die Beziehung dazu ist sentimentalisch, d.h. ist
vom Bewußtsein der Distanz, vom Wissen um die
Entfremdung vom Vergangenen geprägt.

Im Verlauf der Untersuchung spielen typologische Gesichtspunkte eine immer größere Rolle:
»Der Dichter, sage ich, ist entweder Natur, oder
er wird sie *suchen*. Jenes macht den naiven, dieses den sentimentalischen Dichter.« So wird – in
dem Zustand natürlicher Einfalt – naive Dichtung durch »die möglichst vollständige *Nachahmung des Wirklichen*« charakterisiert, während
sentimentalische Dichtung »hier in dem Zustande der Kultur« auf »die Erhebung der Wirklichkeit zum Ideal oder, was auf eins hinausläuft, *die
Darstellung des Ideals*« zielt. Mit dem Begriff des
Sentimentalischen als einer bewußten, reflektierenden Kunsthaltung bezeichnet S. eine spezifisch
moderne Einstellung, nicht zuletzt – auch in Abgrenzung zu Goethe – seine eigene.

Aus dem verschiedenen Verhältnis von Ideal
und Wirklichkeit ergeben sich Unterscheidungen
in bezug auf Gattungen oder Kunstformen: Satire, Elegie und Idylle, wobei der Charakter der
Idylle darin bestehe, »daß *aller Gegensatz der
Wirklichkeit mit dem Ideale*, der den Stoff zu der
satirischen und elegischen Dichtung hergegeben
hatte, vollkommen aufgehoben sei«, daß sich also das Naive auf einer höheren Ebene mit dem
Sentimentalischen verbinde.

S. kommt anschließend noch einmal auf seine Typologie der »Dichtungsarten« zurück. Naiv und sentimentalisch bezeichnen überzeitliche Möglichkeiten. Gefahren entstehen dem naiven Dichter, wenn er sich »einer gemeinen Wirklichkeit« allzusehr nähert, dagegen droht dem sentimentalischen Dichter die Verführung durch Idealisierung, Abstraktion, Überspannung, Schwärmerei. So läuft es auf eine Synthese im einzelnen Dichter hinaus, der jeweils die seiner Natur fehlenden Elemente – Sinnlichkeit bzw. Idealität – hinzuzuerwerben suchen muß: »Und man weiß ja, daß hinter der Schrift dieser Ehrgeiz S.s stand, sich selbst, den Idealisten, durch die Synthese von naiv und sentimentalisch als dem Realisten Goethe gleichrangig und ebenbürtig zu erweisen« (Werner Kohlschmidt).

1795–96
Ludwig Tieck
Die Geschichte des Herrn William Lovell

Der umfangreiche Briefroman, in dem mehr als 20 Personen korrespondieren, erschien 1795–96 in drei Bänden (umgearbeitete Ausgaben 1813–14 und 1828). Anregungen erhielt T. u. a. von Rétif de la Bretonne (*Le paysan perverti*, 1776), vom zeitgenössischen Briefroman und vom Schauerroman.

Im Mittelpunkt des Geschehens steht der schwärmerisch-empfindsame, labile Engländer William Lovell, der auf einer vom Vater gewünschten Bildungsreise nach Frankreich und Italien nicht zu sich selbst findet, sondern vielmehr seine Geliebte verliert und als Opfer eines raffinierten Verführungsplans vom rechten Weg abgebracht, der »Wollust« zugeführt und allmählich zugrunde gerichtet wird. Als dann noch sein Vater durch betrügerische Machenschaften seinen Besitz – und William damit sein Erbe – verliert, beschleunigt sich der moralische Verfall: Mordversuch an dem Jugendfreund Eduard Burton, dessen Vater den Ruin der Familie betrieben hat; Verführung von Burtons Schwester Emilie; Spieler- und Räuberleben. Dann erst erfährt Lovell die Wahrheit: Waterloo, ein Feind seines Vaters, hat dies alles aus Rache eingefädelt und Williams Leben mit Hilfe von Mitgliedern einer Geheimgesellschaft (dem Italiener Rosa und dem Deutschen Balder) gelenkt. Wilmont, Verlobter der von William verführten und inzwischen verstorbenen Emilie, verfolgt den heruntergekommenen Lovell und erschießt ihn im Duell.

T.s erster Roman hat trotz mancher Mängel – Weitschweifigkeit, Neigung zur Kolportage – symptomatische Bedeutung. In Sätzen Lovells wie »*Ich selbst* bin das einzige Gesetz in der ganzen Natur, diesem Gesetz gehorcht alles. Ich verliere mich in eine weite, unendliche Wüste«, manifestiert sich die Krise des Ich, die zu Schwermut, innerer Leere, Handlungsunfähigkeit, dem Gefühl der Verlorenheit in einem Labyrinth und schließlich zur Bedrohung durch den Wahnsinn führt. T.s Roman enthält einen »ersten Katalog aller Erscheinungsformen eines aus subjektivem Idealismus geschöpften Ich-Stolzes wie einer nihilistischen Welt- und Ich-Verlorenheit, die sich dann in den nächsten zwanzig Jahren in der deutschen Literatur zur vollen Blüte entfalteten« (Gerhard Schulz). So weisen Gestalten wie Jean Pauls Roquairol (*Titan*, 1800–03), der Held der *Nachtwachen* (1804) oder Brentanos Godwi (*Godwi*, 1801–02) auf T.s Vorbild zurück.

1795–1800
Friedrich Schiller
Philosophische Lyrik / Der Spaziergang

Zwischen 1795 und 1800 entstand der gewichtigste Teil von S.s klassischer Lyrik. Neben den populären Balladen erschienen in diesen Jahren seine großen philosophischen Gedichte, mit denen er – nach eingehenden philosophischen und ästhetischen Studien – den mit den Gedichten *Die Götter Griechenlands* (1788) und *Die Künstler* (1789) beschrittenen Weg weiterverfolgte. Kennzeichnend für diese Texte – oft als ›Gedankenlyrik‹ bezeichnet – ist eine »Spannung zwischen Reflexion und Empfindung, zwischen Spekulation und Anschauung, zwischen Abstraktion und Einbildungskraft«; S.s klassische Lyrik ist »fast immer parabolische Dichtung« (Helmut Koopmann). Die wichtigsten Gedichte erschienen in der von S. herausgegebenen Zeitschrift *Die Horen* (1795–97) und den *Musen-Almanachen* für die Jahre 1796 bis 1800: *Die Macht des Gesanges* (1795), *Das Ideal und das Leben* (1795), *Der Spaziergang* (1795), *Das Lied von der Glocke* (1799); *Nänie* folgte im 1. Teil der *Gedichte* (1800). Dabei stehen neuzeitliche strophische Formen neben antikisierenden Versen.

Das erste größere Gedicht in klassischer Form ist die Elegie *Der Spaziergang* (200 Verse), zugleich S.s bedeutendstes parabolisches Gedicht. Der ursprüngliche Titel *Elegie* verweist auf die

Form, die durch eine Folge von Distichen definiert ist. Gegenstand ist der Spaziergang eines imaginären Ichs, der gleichzeitig ein Gang durch die menschliche Geschichte ist: eine Entwicklung, die vom einfachen Landleben zur Komplexität der Stadt, der modernen Welt überhaupt führt. Die stetige Höherentwicklung der menschlichen Kultur schlägt in der Aufklärung um. In der Anarchie, die zur Revolution führt, ist »Bleibend [...] nichts mehr, es irrt selbst in dem Busen der Gott«. Mit der Revolution bricht sich die rohe Natur wieder Bahn, die in einem langen Entwicklungsprozeß erreichte »Menschheit« ist wieder verloren. Von dem erhabenen Bild der Geschichte lenkt dann das Gedicht wieder zurück zum Spaziergang durch die »fromme Natur«, die Dauer im Wechsel verkörpert (»Und die Sonne Homers, siehe! sie lächelt auch uns«).

Durch die antikisierende Form, den mythologischen Apparat und die epische Ruhe »verliert der ausgesagte Gedanke jene Kleinheit deutscher Stofflichkeit, die einem Gedicht wie dem *Lied von der Glocke*, das eine vergleichbare Thematik verfolgt, immer beschränkend anhaften wird« (Gerhard Schulz).

1796
Johann Wolfgang von Goethe / Friedrich Schiller
Xenien

Die Bezeichnung *Xenien* kommt von dem römischen Epigrammatiker Martial, der ein Buch seiner Epigramme ironisch als *Xenia* bezeichnet hatte, d. h. als kleine Geschenke, die der Gastgeber nach der Mahlzeit an seine Gäste verteilt. Formal handelt es sich um Distichen. Die *Xenien* sind ein Gemeinschaftswerk von G. und S., für das G. die Anregung gegeben hatte: ein satirischer Feldzug gegen alles Mittelmäßige als Antwort auf das mangelnde Interesse oder gar die Ablehnung ihres klassizistischen Programms (formuliert in Schillers *Ankündigung* der *Horen*, 1794). Als jedoch die Epigrammproduktion in Gang kam, entstanden neben satirisch-kritischen Epigrammen auch zahlreiche Distichen anderen Charakters: reflektierende Spruchdichtung über Gegenstände der Kunst, Wissenschaft und Politik. Für den Druck in seinem *Musen-Almanach für das Jahr 1797* (erschienen 1796) trennte S. die polemischen Xenien von den friedlichen. Nur die Sammlung der (großenteils) polemisch-satirischen Epigramme (413 Texte) trägt den Titel *Xe-*

nien; die übrigen Texte sind an anderen Stellen des Almanachs untergebracht (u. a. unter dem Titel *Tabulae votivae*) oder blieben ungedruckt.

Für die eigentlichen *Xenien*, unter denen gleichwohl Sentenzhaftes und Lobendes nicht fehlt, hat S. eine lockere Rahmenhandlung erfunden: Die Xenien gehen zur Leipziger Buchmesse, begegnen verschiedenen Zeitschriften und Schriftstellern, kommen an die deutschen Flüsse und schließlich in die Hölle. Unter den Attackierten befinden sich Friedrich Nicolai, die Brüder Stolberg, Friedrich Schlegel und der Pädagoge und Sprachwissenschaftler Johann Heinrich Campe. Allerdings sind viele der Angegriffenen heute völlig vergessen, die satirischen Spitzen bleiben ohne Kommentar häufig unverständlich: Zeichen für die Zeitgebundenheit der *Xenien*.

Die Reaktion war heftig. Die Getroffenen schlugen mit Gegen-Xenien zurück. Witzig und nicht ohne Berechtigung war die Kritik an der gelegentlich nachlässigen Handhabung der Form: »In Weimar und in Jena macht man Hexameter wie der; Aber die Pentameter sind doch noch excellenter« (Fürchtegott Christian Fulda). Das Ergebnis war eine gewisse Isolierung der Weimaraner: »Sie waren zu einer unübersehbaren Instanz geworden, der man ängstlich und respektvoll, aber ohne Zuneigung begegnete« (Wulf Segebrecht). G. und S. führten die satirische Auseinandersetzung nicht weiter: »Nach dem tollen Wagestück mit den Xenien müssen wir uns bloß großer und würdiger Kunstwerke befleißigen und unsere proteische Natur, zu Beschämung aller Gegner, in die Gestalten des Edlen und Guten umwandeln.«

1796
Wilhelm Heinrich Wackenroder
Herzensergießungen eines kunstliebenden Klosterbruders

Die *Herzensergießungen* gelten als erstes literarisches Dokument romantischer Kunstanschauung. Sie erschienen im Herbst 1796 mit der Jahreszahl 1797. Herausgeber war W.s Freund Ludwig Tieck, der auch einige eigene Stücke beisteuerte. Fiktiver Verfasser ist ein Mönch, der in »der Einsamkeit eines klösterlichen Lebens [...] aus einem innnern Drange« die Kunstbegeisterung seiner Jugend zurückruft. Er vermittelt seine Gedanken in kleinen theoretischen Abhandlungen, fiktiven Briefwechseln, Gemäldebeschreibungen und einer Reihe von Biographien italienischer Maler der Renaissance nach Vasari, zu denen sich als »altdeutsches« Pendant ein »Ehrengedächtnis unsers ehrwürdigen Ahnherrn Albrecht Dürers« gesellt. Den Abschluß bildet die Erzählung *Das merkwürdige musikalische Leben des Tonkünstlers Joseph Berglinger*, die den Konflikt zwischen Kunst und Leben, Künstler und Gesellschaft, dem »angebornen ätherischen Enthusiasmus« und dem »niedrigen Elend dieser Erde« zum Thema macht – Vorbild für die späteren romantischen Künstlererzählungen Tiecks, E. T. A. Hoffmanns u. a.

Der Darstellung des Scheiterns der modernen Künstlerexistenz in der Berglingergeschichte steht der Kunstenthusiasmus der anderen Teile des Werkes gegenüber. Hier handelt es sich um den Versuch, das Wesen des künstlerischen Schaffens, der Kunst überhaupt zu erfassen, ein Versuch, der sich nicht zuletzt gegen aufklärerische Auffassungen von einer didaktischen Funktion der Kunst richtet. Kunst, im Prozeß der Schöpfung wie der Rezeption, erscheint als Sache höherer Offenbarung, rückt in die Nähe der Religion. Kunstbetrachtung und Kunstgenuß sind Andacht, Gebet. Die Werke herrlicher Künstler »sind nicht darum da, daß das Auge sie sehe, sondern darum, daß man mit entgegenkommendem Herzen in sie hineingehe und in ihnen lebe und atme«. Während die Sprache der Natur »uns durch die weiten Räume der Lüfte unmittelbar zu der Gottheit« hinaufzieht, heißt es in dem Aufsatz *Von zwei wunderbaren Sprachen und deren geheimnisvoller Kraft*, schließt uns die Sprache der Kunst »durch Bilder der Menschen«, durch eine »Hieroglyphenschrift«, »die Schätze in der menschlichen Brust auf, richtet unsern Blick in unser Inneres, und zeigt uns das Unsichtbare, ich meine alles was edel, groß und göttlich ist, in menschlicher Gestalt«. Auf diese Weise führt Kunst, führt Kunstbetrachtung dieser neuen Art zur Erfahrung menschlicher Totalität, zu einer Überwindung des modernen Zwiespalts von Geist und Natur.

W.s Anschauungen wirkten auf Tiecks Roman *Franz Sternbalds Wanderungen* (1798) und mit diesem zusammen auf die Kunst der Nazarener. Auch der spätere nationalistische Dürerkult hat in W.s »Ehrengedächtnis« eine seiner Quellen. – Tieck gab 1799 weitere Texte seines inzwischen verstorbenen Freundes heraus (*Phantasien über die Kunst für Freunde der Kunst*).

1796–97
Jean Paul
Siebenkäs

Blumen-, Frucht- und Dornenstücke oder Ehestand, Tod und Hochzeit des Armenadvokaten F. St. Siebenkäs im Reichsmarktflecken Kuhschnappel lautet der volle Titel des zunächst dreibändigen Romans. Eine Neubearbeitung in vier Bänden erschien 1818. Ursprünglich hatte J. P. an eine Sammlung kleinerer Geschichten, Satiren und Aufsätze gedacht, die sich um eine Idylle ranken sollten. Doch die Erzählung wuchs sich zum großen Roman aus, so daß für die Beigaben kaum noch Raum blieb.

Der Armenadvokat Firmian Stanislaus Siebenkäs heiratet Lenette, die Tochter des Augsburger Ratskopisten Egelkraut. Bei der Hochzeit erscheint Siebenkäs' Freund Leibgeber. Beide sehen sich zum Verwechseln ähnlich, und »halb aus Freundschaft, halb aus Neigung zu tollen Szenen« hatten sie während ihres Studiums die Namen getauscht (d. h. Siebenkäs ist eigentlich Leibgeber und umgekehrt). Der Namenswechsel bietet freilich dem Vormund Blaise einen Vorwand, Siebenkäs die Auszahlung seines mütterlichen Erbes zu verweigern. Die finanzielle Lage verschlechtert sich; Siebenkäs hat wenig Geschäftssinn und beginnt, den Hausrat zu versetzen. Es kommt zu Auseinandersetzungen mit der tüchtigen, praktisch veranlagten Lenette, deren geschäftiges Wirken mit »Besen und Borstwisch« seine Versuche beeinträchtigt, sich durch schriftstellerische Arbeiten über Wasser zu halten (er schreibt Satiren unter dem Titel *Auswahl aus des Teufels Papieren*, in Wirklichkeit ein Jugendwerk J. P.s). Everard Rosa von Meyern sucht Lenette zu verführen, stößt jedoch auf Ablehnung; ihre Neigung gilt dem philiströsen Schulrat Stiefel (»Pelzstiefel«), der im Ehestreit Lenettes Partei ergreift.

Siebenkäs folgt einer Einladung Leibgebers nach Bayreuth; hier lernt er Natalie, eine Nichte von Blaise und Braut des Schürzenjägers Rosa von Meyern, kennen und lieben. Natalie, von verarmtem Adel, erwidert seine Neigung. Leibgebers Lösungsvorschlag: Siebenkäs solle seinen Tod vortäuschen und dann unter seinem richtigen Namen die seinem Freund angebotene Stelle beim Grafen von Vaduz antreten. Wieder zu Hause, simuliert Siebenkäs seinen Tod. Leibgeber verhilft ihm zur Flucht; der leere Sarg wird feierlich zu Grabe getragen. Siebenkäs – jetzt wieder Leibgeber – begibt sich nach Vaduz, sein ungebundener Doppelgänger zieht in die Welt, um dann im *Titan* (1800–03) als Schoppe wieder aufzutauchen. Am Grab Lenettes, die den Schulrat geheiratet hatte und im Kindbett gestorben war, finden sich Firmian und Natalie zum märchenhaften Schluß: »und die Leiden unsers Freundes waren vorüber.«

Siebenkäs gilt als der erste bedeutende Eheroman der deutschen Literatur, der scharfsichtig und mit Blick für das charakteristische Detail die sich steigernde Entfremdung beschreibt. Dem Leiden an den Zwängen und der Pedanterie der bürgerlichen Konventionen setzt J. P. den Enthusiasmus der Freundschaft entgegen, wobei er sich freilich für den Ausbruch aus dem Gefängnis der Intrigen-, Verkleidungs- und Verwechselungsmaschinerie des traditionellen Unterhaltungsromans bedient und ins Groteske steigert. Dabei ist die Todeskomödie nicht ohne problematische, blasphemische Züge (Siebenkäs' ›Tod‹ als Imitatio Christi); hier deuten sich »die humanen Gefahren und die nihilistischen Konsequenzen freier Subjektivität« an (Gerhard Schulz). Aufgenommen wird das Thema des Nihilismus in der berühmten visionären *Rede des toten Christus vom Weltgebäude herab, daß kein Gott sei*, die am Ende des 2. Bändchens (der 2. Fassung) als »erstes Blumenstück« in den Roman eingefügt ist.

1797
Johann Wolfgang von Goethe
Hermann und Dorothea

G.s episches Gedicht entstand 1796–97 nach der Vollendung von *Wilhelm Meisters Lehrjahren* (1795–96), in einer Zeit der Zusammenarbeit mit Schiller und der Auseinandersetzung mit der Antike und Problemen der Gattungspoetik. Dabei galt das besondere Interesse dem Epos, das G. und Schiller als höchste Gattung ansahen. Anregungen verdankte G. auch der Idyllendichtung von Johann Heinrich Voß (*Luise*, 1782–84). Unmittelbare Quelle war eine erbauliche Anekdote aus einem Bericht über die 1731–32 vertriebenen Salzburger Exulanten, die sich ohne Schwierigkeiten in der Gegenwart ansiedeln und mit den von der Französischen Revolution und darauf folgenden Koalitionskriegen ausgelösten Fluchtbewegungen in Verbindung bringen ließ. *Hermann und Dorothea* erschien 1797 im *Taschenbuch für 1798* und umfaßt neun mit den Namen der Musen überschriebene Gesänge, deren Umfang zwischen 104 und 318 Hexametern liegt.

Flüchtlinge ziehen in der Nähe eines rechtsrheinischen Städtchens vorbei. Unter denen, die ihnen Kleidung und Lebensmittel bringen, ist der schüchterne Sohn des Löwenwirts. Er trifft die tüchtige Dorothea und kehrt verliebt nach Hause zurück, wo sich Wirt, Apotheker und Pfarrer in Betrachtungen über die Zeitläufte ergehen. Hermann berichtet über seine Fahrt zu den Flüchtlingen. Es kommt zum Streit mit dem Vater, der sich einen ehrgeizigeren, gesellschaftlich gewandten Sohn – und eine reiche Schwiegertochter wünscht. Die Mutter bringt Hermann zum Sprechen. Als sie den Vater mit Hermanns Absicht konfrontieren, das arme Flüchtlingsmädchen zu heiraten, stimmt dieser notgedrungen einer Erkundungsfahrt des Apothekers und des Pfarrers zu. Sie hören nur Gutes über Dorothea, und Hermann – unsicher über den Erfolg seiner Werbung – verpflichtet sie als Magd und bringt sie nach Hause. Die daraus resultierenden Mißverständnisse werden durch das Eingreifen des weltgewandten Pfarrers überwunden. Der Vater stimmt der Heirat zu, und der innerhalb eines Tages vom Jüngling zum Mann gereifte Hermann spricht das Schlußwort und stellt den festen Bund mit Dorothea gegen die allgemeine Erschütterung. Aber auch die andere Seite der Revolution wird sichtbar. Dorotheas erster Bräutigam war als begeisterter Jakobiner nach Paris gegangen und hatte dort den Tod gefunden. So bilden die mit der Revolution verbundenen Hoffnungen und die darauf folgenden Enttäuschungen Hintergrund und Kontrast zur leicht ironisch behandelten, behäbigen Bürgerlichkeit, die Beharren auf dem Hergebrachten mit vorsichtiger Aufgeschlossenheit verbindet.

Die Handlung wird in eine Reihe bildhafter Szenen gefaßt, symbolisch, archaisierend; dem entspricht der homerische Stil, der die Zeitlosigkeit des Geschehens und der Situation unterstreicht und dessen unbeirrt positiver Ton durch die ironische Distanziertheit des Erzählers gemildert wird. Er habe, schreibt G. »das rein Menschliche der Existenz einer kleinen deutschen Stadt in dem epischen Tiegel von seinen Schlacken abzuscheiden gesucht und zugleich die großen Bewegungen und Veränderungen des Welttheaters aus einem kleinen Spiegel zurück zu werfen getrachtet.«

Die Aufnahme war enthusiastisch; dabei spielte gewiß die kritische Haltung gegenüber der Französischen Revolution eine Rolle, der ein Bild gesellschaftlicher Ordnung und Harmonie gegenübergestellt wird (mit der Implikation, daß es in Deutschland keinen Grund für eine Revolution gebe). *Hermann und Dorothea* wurde zum Lieblingsbuch des deutschen Bürgertums im 19. Jh., das sich in dem Werk wiederzuerkennen glaubte (und die Ironie übersah).

In der Elegie *Hermann und Dorothea* (Erstdruck 1800), ursprünglich als Einleitung zu dem epischen Gedicht gedacht, rechtfertigt G. seinen Versuch mit dem Satz:»Doch Homeride zu sein, auch nur als letzter, ist schön.« *Hermann und Dorothea* allerdings nahm, wie G. selbst in einem Brief an Schiller konstatierte, den Charakter einer Idylle an. Der Versuch eines großen homerischen Epos scheiterte; die *Achilleis* kam über das erste Buch nicht hinaus (Erstdruck 1808).

1797
Johann Wolfgang von Goethe / Friedrich Schiller
Balladen

Die von S. herausgegebenen *Musen-Almanache* für die Jahre 1796 bis 1800 (erschienen 1795–99) enthalten einen wesentlichen Teil des lyrischen Schaffens von G. und S. in dieser Periode, darunter G.s *Venetianische Epigramme* sowie seine großen Elegien *Alexis und Dora, Euphrosyne* und *Die Metamorphose der Pflanzen*, S.s *Lied von der Glocke*, das Gemeinschaftswerk der *Xenien* und schließlich auch die Früchte ihres Herumtreibens »im Balladenwesen und Unwesen«. Die Beschäftigung mit der Ballade folgt »dem tollen Wagestück mit den Xenien« und steht im Zusammenhang mit ihrer Diskussion literarischer Gattungen, wobei G. vor allem auf die Vielseitigkeit der Ballade hinweist. Bekannt ist seine spätere Äußerung, daß der Balladensänger »sich aller drei Grundarten der Poesie« bediene (»er kann lyrisch, episch, dramatisch beginnen und, nach Belieben die Formen wechselnd, fortfahren, zum Ende hineilen oder es weit hinausschieben«); daher ließe sich »an einer Auswahl solcher Gedichte die ganze Poetik gar wohl vortragen, weil hier die Elemente noch nicht getrennt, sondern wie in einem lebendigen Ur-Ei zusammen sind, das nur bebrütet werden darf, um als herrlichstes Phänomen auf Goldflügeln in die Lüfte zu steigen« (*Über Kunst und Altertum*, Bd. 3, 1821).

Im *Musen-Almanach für das Jahr 1798*, erschienen im Herbst 1797, sind die meisten der populären klassischen Balladen G.s und S.s versammelt (»Balladenalmanach«): von S. *Der Taucher, Der Handschuh, Der Ring des Polykrates, Ritter Toggenburg, Die Kraniche des Ibycus, Der Gang nach dem Eisenhammer (Die Bürgschaft* und *Der Kampf mit dem Drachen* folgten ein Jahr später im nächsten Almanach); von G. *Der*

Schatzgräber, Legende, Die Braut von Korinth, Der Gott und die Bajadere, Der Zauberlehrling. Eine Anschauung von der Arbeitsatmosphäre im ›Balladenjahr‹ gibt G.s Gruß an den gerade mit dem *Taucher* beschäftigten Freund:»Leben Sie recht wohl und lassen Sie Ihren Taucher je eher je lieber ersaufen.«

In S.s Balladen herrschen klare Begriffe von Recht und Unrecht, sieht sich der Mensch oft vor eine sittliche Entscheidung gestellt. Es sind effektvolle Werke »von hoher und durchschaubarer Künstlichkeit« (Wulf Segebrecht), die eine Vorliebe für theatralische Situationen erkennen lassen (z. B. *Der Handschuh, Die Kraniche des Ibycus*). G. räumt ein:»er ist zu dieser Dichtart in jedem Sinne mehr berufen als ich.« G.s eigene Balladen zeigen eine große stoffliche und formale Vielfalt; Legendäres steht neben Humoristischem, Christliches verbindet sich mit Heidnischem. In manchen Zügen – dem Ausgeliefertsein an höhere Mächte – knüpft G. an seine früheren ›naturmagischen‹ Balladen an (*Der Fischer*, Erstdruck 1779; *Erlkönig*, Erstdruck 1782). Höhepunkte sind die Balladen *Der Gott und die Bajadere* und die von G. als »vampyrisches Gedicht« bzw. »Gespensterromanze« bezeichnete *Braut von Korinth* – hintergründige Darstellung einer Himmelfahrt aus Liebe bzw. des Verhältnisses von Antike und Christentum.

Die Balladen trugen wesentlich zur Popularität G.s und vor allem S.s bei, wobei die Schule als Vermittlerin eine beträchtliche Rolle spielte.

1797
Ludwig Tieck
Volksmärchen herausgegeben von Peter Leberecht

Peter Leb(e)recht ist der Held eines zwei Jahre zuvor erschienenen Romans von T. (*Peter Lebrecht. Eine Geschichte ohne Abenteuerlichkeiten*, 1795–96). Hier tritt er nun als Herausgeber einer dreibändigen Sammlung von *Volksmärchen* auf, die den Leser »durch ein Land, wo Poesie und romantische liebenswürdige Albernheit zusammen wohnen«, führen will. Charakteristisch für diese »Volksmärchen« ist nicht ein naiver Märchenton, sondern eine kunstvolle Verbindung von Ironie und Poesie, von Modernem und Alt-Überliefertem, von Eigenem und Adaptiertem. Die Sammlung enthält, entsprechend der romantischen Tendenz zur Aufhebung der Gattungsgrenzen, erzählende wie dramatische

Werke, jeweils mit charakteristischen lyrischen Momenten.

Die erzählenden Werke führen in zwei unterschiedliche Richtungen, beide von bedeutendem Einfluß auf die künftige romantische Erzählliteratur. Zum einen begründet T. das erneute Interesse für die altdeutschen ›Volksbücher‹, d. h. die Prosaromane und andere erzählende Werke der Frühen Neuzeit, zum anderen erhält die Novelle – mit dem *Blonden Eckbert* – durch die Einbeziehung des Märchenhaften, Wunderbaren, aber auch des Grauenvollen als Chiffren existentieller menschlicher Problematik eine neue Dimension.

Schlüssel für das Schicksal des Ritters Eckbert, der mit seiner Frau Bertha auf einer Burg im Harz lebt, ist die an Märchenmotiven reiche Kindheitsgeschichte Berthas, die sie Walther, einem Freund Eckberts, eines Abends erzählt: Ihrem armen Elternhaus entflohen, wächst Bertha fern von der Gesellschaft bei einer alten Frau, einem Hund und einem edelsteinlegenden Vogel auf. Es ist eine vollkommene, zeitlose Idylle, die der Vogel mit seinem Gesang (»Waldeinsamkeit«) beschwört. Aber die Idylle ist nicht von Dauer. Bertha mißachtet die Warnungen der alten Frau, wird schuldig, indem sie das Paradies flieht, den Vogel mitnimmt und den von ihm ausgehenden Reichtum nutzt. Sie tötet den Vogel, der sie mit seinem Gesang an ihre Schuld erinnert, und heiratet den Ritter Eckbert. Die Erzählung Berthas hat schlimme Folgen. Sie selber erkrankt, Eckbert wird von tiefem Mißtrauen erfaßt und erschießt seinen Freund im Wald. Als er zurückkehrt, ist Bertha tot.

Eckbert geht in eine große Stadt und gewinnt Hugo zum Freund. Aber auch hier schleicht sich Mißtrauen ein. Er glaubt in Hugo den toten Walther wiederzuerkennen, flüchtet und gerät schließlich zum Haus der alten Frau. Hier ist alles unverändert, und Eckbert erfährt von der alten Frau, daß sie selber die Gestalt von Walther und Hugo angenommen habe und Bertha seine eigene Schwester gewesen sei: »Eckbert lag wahnsinnig und verscheidend auf dem Boden; dumpf und verworren hörte er die Alte sprechen, den Hund bellen, und den Vogel sein Lied wiederholen.«

T.s Novelle reflektiert Konflikte seiner Zeit, macht in Bildern des Grauens und Schreckens Schuldbewußtsein und Ängste der Menschen sichtbar, zeigt ihre Verunsicherung von innen heraus, die Zerstörung aller menschlichen Beziehungen und der Einheit von Mensch und Natur, das Eintreten aus dem Stadium der Unschuld (Paradies) in die Widersprüchlichkeit der Welt, aber auch die Sehnsucht nach einer von gesellschaftlichen Zwängen befreiten goldenen Zeit. – Die Verbindung von märchenhaften und realistischen Momenten bestimmt auch die Erzählungen *Der getreue Eckart und der Tannenhäuser* (1799) und *Runenberg* (1804).

Im Gegensatz zur unheimlichen Atmosphäre des *Blonden Eckbert* sind die Volksbuchnachdichtungen und -bearbeitungen in den *Volksmärchen* durch einen schlichten, ›altfränkische« Naivität und Ironie verbindenden Erzählton charakterisiert. Dies gilt jedenfalls für *Die Geschichte von den Heymons Kindern* und die *Liebensgeschichte der schönen Magelone und des Grafen Peter von Provence*. Mehr zur gegenwartsbezogenen Satire neigt dagegen die *Denkwürdige Geschichtschronik der Schildbürger*. T. hat auch später noch auf Volksbuchstoffe zurückgegriffen (u. a. *Kaiser Octavianus*, 1804; *Fortunat*, 1816, beides Dramatisierungen), allerdings ohne Joseph Görres' antiquarisches Interesse (*Die teutschen Volksbücher*, 1807).

Das bedeutendste der in den *Volksmärchen* enthaltenen Dramen ist die Literaturkomödie *Der gestiefelte Kater*. Dabei handelt es sich nicht um eine einfache Dramatisierung des Märchens aus Charles Perraults *Contes de ma mére l'Oye* (1697), vorgestellt wird vielmehr die Aufführung des Märchens: Neben dem Märchenpersonal, das gelegentlich aus der Rolle fällt, spielt dabei das Publikum der Premiere ebenso mit wie der Dichter, der die Aufführung retten muß. Dadurch ergibt sich ein kunstvoll-ironisches, parodistisches Spiel, das ein Zuschauer einmal so kommentiert: »Sagt mir nur, wie das ist – das Stück selbst – das kommt wieder als Stück im Stücke vor –.« Zugleich nutzt T. die durch die Einbeziehung des Publikums gegebene Möglichkeit, den Kontrast zwischen Publikumserwartung und dichterischer Intention, zwischen banalem Zeitgeschmack und Kunst satirisch herauszustellen: zu verstehen auch als eine Aufforderung an das Publikum, sich Neuem zu öffnen und die eigenen kritischen Fähigkeiten zu entwickeln. – T. ließ dem *Gestiefelten Kater* zwei weitere Literaturkomödien folgen: *Die verkehrte Welt* (1799) und *Prinz Zerbino oder die Reise nach dem guten Geschmack. Gewissermaßen eine Fortsetzung des gestiefelten Katers* (1799).

Mit diesen experimentellen Lustspielen ist T. der Begründer einer spezifisch romantischen Literaturkomödie. Parallelen zur romantischen Literaturtheorie Friedrich Schlegels, seinen Vorstellungen von der Potenzierung der Poesie sind deutlich. Doch obwohl T.s satirisch-parodistisches Verfahren Nachwirkungen bis in die Gegenwart zeigt, konnten sich seine Stücke nicht auf der Bühne durchsetzen. Einen Wiederbelebungsversuch unternahm Tankred Dorst mit seinem Stück *Der gestiefelte Kater oder Wie man das Spiel spielt* (1963).

1797
Christian August Vulpius
Rinaldo Rinaldini
der Räuberhauptmann

Mit diesem berühmten Räuberroman – Untertitel: »Eine romantische Geschichte unsers Jahrhunderts« – hatte Goethes literarisch äußerst produktiver Schwager seinen größten Erfolg. Ursprünglich in neun Büchern erschienen, erweiterte V. das vielfach aufgelegte und in zahlreiche Sprachen übersetzte Werk in späteren Ausgaben schließlich auf insgesamt 18 Bücher; dabei war es kein Hindernis, daß der Held schon am Ende des 9. Buches einem Dolchstoß erlegen war.

Rinaldo Rinaldini, der mit seiner Bande im Apennin und in Sizilien sein Unwesen treibt, sich aber ebenso sicher inkognito in der feinsten Gesellschaft der Städte bewegt, ist ein elegischer Held. Dem »valoroso capitano Rinaldini« machen immer wieder Anwandlungen der Reue zu schaffen, Sehnsüchte nach dem einfachen Leben im Einklang mit der Natur packen ihn. Rousseausche Kulturkritik, Zivilisationsmüdigkeit und Unentschlossenheit charakterisieren Rinaldini, in dem »offenbar ein unerfüllter deutscher Intellektueller und Künstler« schlummert (Gerhard Schulz). Doch die Dynamik des Räuberlebens verwehrt es dem Helden, »unter guten, unverdorbenen, reinen Naturmenschen eine stille, friedliche Stelle zu finden und ruhig dort mir selbst und meiner Reue zu leben«. Was bleibt, um seine Sehnsucht nach einer neuen Identität und nach Menschlichkeit zu erfüllen, ist die Liebe: Aber obwohl er eine Eroberung nach der anderen macht, ist die wahre Liebe unerreichbar.

An eine Ausweitung seiner Tätigkeit ins Politische denkt Rinaldo nicht. Als ihm die Teilnahme an der Befreiung Korsikas durch eine Geheimgesellschaft angetragen wird, macht er den Statthalter auf die Verschwörung aufmerksam und schreibt: »Der gebannte und verachtete Räuberhauptmann ist kein Rebell.« Der Anführer der schwarzen Brüderschaft, der geheimnisvolle Alte von Fronteja, ersticht ihn am Ende des 9. Buches (worauf ihn V. in den folgenden Büchern wieder auferstehen und weiter rauben und lieben läßt).

V.s erfolgreiche Mischung von unpolitisch-edler Räuberromantik, schaurig-schönen Stimmungsbildern, Weltschmerz und Zivilisationsmüdigkeit steht hier – neben August Lafontaines *Klara du Plessis und Klairant* (1795) – als Beispiel für den Trivialroman, der in den letzten Jahrzehnten des 18. Jh.s zu einem bedeutenden Faktor der Literaturentwicklung geworden war und ungleich mehr Leser fand als die Werke der ›Klassiker‹ (Romanproduktion um 1795: mehr als 200 Titel jährlich). Räuber- und Ritterromane, häufig verbunden mit Sagenhaft-Wunderbarem, Romane über Geheimgesellschaften, Geschichts- und Familienromane waren die beliebtesten Genres. Zu den wichtigsten und fruchtbarsten Autoren zählten neben V. Karl Gottlob Cramer (Ritter- und Schauerromane, u. a. *Adolph der Kühne Rauhgraf von Dassel*, 1792), Christian Heinrich Spieß (Ritterromane mit sagen- und märchenhaften Motiven, u. a. *Das Petermännchen. Geistergeschichte aus dem 13. Jahrhunderte*, 1791–92), Benedikte Naubert (Geschichtsromane, u. a. *Konradin von Schwaben. Oder Geschichte des unglücklichen Enkels Kaiser Friedrichs des Zweyten*, 1788) und August Lafontaine (Familienromane).

1797–99
Friedrich Hölderlin
Hyperion

Hyperion oder Der Eremit in Griechenland erschien Ostern 1797 und Herbst 1799 in zwei Bändchen bei Cotta in Tübingen. Die Anfänge des »griechischen Romans« gehen bis auf H.s Studentenzeit im Tübinger Stift zurück. Erst nach mehreren grundlegenden Überarbeitungen – darunter die Waltershäuser Fassung, repräsentiert durch das in Schillers *Neuer Thalia* 1794 veröffentlichte *Fragment von Hyperion*, und eine metrische Version – erhielt das Werk seine endgültige Gestalt.

Hyperion ist ein Briefroman. In einer Folge von Briefen an seinen Freund, den Deutschen Bellarmin, erzählt der Grieche Hyperion seine Geschichte. Anders als bei Goethes *Werther* (1774) hat die Briefform im *Hyperion* nicht die Funktion, unmittelbare Erlebnisnähe zu suggerieren. Hyperions Briefe an Bellarmin werden lange nach den geschilderten Ereignissen geschrieben (ausgenommen ein eingelegter Briefwechsel zwischen Diotima und Hyperion), sind der Rückblick eines gealterten Mannes auf seine Jugend. Dabei setzt H. diese Jugend und ihre Aspirationen in Beziehung zur längst vergangenen, idealen Welt der Antike. Die griechischen Realien entnahm H. zeitgenössischen Reisebeschreibungen.

Hyperion wächst in der zweiten Hälfte des 18. Jh.s auf der griechischen Insel Tina (Tenos, Tino) auf. Sein Erzieher Adamas macht tiefen Eindruck auf ihn, während der anschließende Studienaufenthalt in Smyrna desillusionierend wirkt und Hyperion die »Unheilbarkeit des Jahrhunderts« bewußt macht. Die enthusiastische Freundschaft mit Alabanda, der wie »ein junger Titan […] unter dem Zwergengeschlechte« dahinschreitet, reißt ihn aus seinem Mißmut und Überdruß heraus. Doch kommt es zum Zerwürfnis, da sich Hyperion von den anderen Mitgliedern des politisch orientierten Geheimbundes, dem Alabanda angehört, abgestoßen fühlt. Die wiederholten Versuche, »Eines zu sein mit Allem, was lebt«, und dem ekstatischen Augenblick der Versenkung in die Natur Dauer zu verleihen, scheitern notwendig. Enttäuscht kehrt Hyperion in seine Heimat zurück.

Die Begegnung mit Diotima auf der Insel Kalaurea löst die Dissonanz auf. Diotima erscheint ihm als Verkörperung eines ursprünglichen, harmonisch-schönen Lebens im Einklang mit der Natur, das auch das Dasein im alten Griechenland charakterisierte und Ziel des künftigen neuen Menschen sein muß: Diotimas Schönheit läßt ihn »der neuen Gottheit neues Reich« ahnen. Angesichts der Ruinen von Athen fordert ihn Diotima auf, »Erzieher unsers Volks« zu werden, um so eine neue, bessere Welt zu schaffen: »Es wird nur Eine Schönheit sein; und Menschheit und Natur wird sich vereinen in Eine allumfassende Gottheit.« Mit dieser Vision Hyperions endet der erste Band.

Statt sich jedoch für die große Aufgabe zu bilden, folgt Hyperion dem Ruf Alabandas und nimmt am Befreiungskampf der Griechen gegen die Türken teil (im Zusammenhang mit dem russisch-türkischen Krieg, 1770). Er muß jedoch angesichts der Ausschreitungen seiner Kämpfer bei der Eroberung Misistras erkennen, daß mit Raub und Mord keine neue Welt errichtet werden kann. Hyperion, »dazu geboren, heimatlos und ohne Ruhestätte zu sein«, sucht den Tod in einer Seeschlacht; es mißlingt. Alabanda pflegt den Verwundeten, verläßt ihn aber dann, um sich als Abtrünniger dem Geheimbund zu stellen. Diotima, durch Hyperions »Feuer« ihrer Selbstgenügsamkeit entrissen und der »Erde« entzogen, will ihrem Geliebten nachsterben, doch da er überlebt, hinterläßt sie ihm den Auftrag: »Priester sollst du sein der göttlichen Natur, und die dichterischen Tage keimen dir schon.« In seiner Trauer und Einsamkeit gelangt Hyperion schließlich nach Deutschland (»So kam ich unter die Deutschen«), Anlaß für eine vehemente Anklage:

»Barbaren von alters her, durch Fleiß und Wissenschaft und selbst durch Religion barbarischer geworden, tiefunfähig jedes göttlichen Gefühls […]. Es ist ein hartes Wort und dennoch sag ichs, weil es Wahrheit ist: ich kann kein Volk mir denken, das zerrißner wäre, wie die Deutschen. Handwerker siehst du, aber keine Menschen, Denker, aber keine Menschen, Priester, aber keine Menschen […].« Hyperion kehrt nach Griechenland zurück, überwindet die Trauer und findet zur Ruhe, indem er sich »mehr und mehr der seligen Natur« hingibt: »Wie der Zwist der Liebenden, sind die Dissonanzen der Welt. Versöhnung ist mitten im Streit und alles Getrennte findet sich wieder.«

Eine ideale Antike ist die Folie, vor der H. die Konflikte der Gegenwart darstellt, wobei alles Geschehen nur in der Spiegelung durch das Bewußtsein seines Helden erkennbar wird. Zugleich bietet die Harmonie der alten Welt das Modell für die Überwindung der Gegenwart und die »neue Religion« der Zukunft. So führt die extreme Innerlichkeit nicht zur Resignation, sondern zur Aufforderung, die Welt zu verändern. Die Absage an rohe Gewalt und blinde Machtbegierde, die die Ideale desavouieren, ergibt sich aus Hyperions gescheitertem Unternehmen, »durch eine Räuberbande mein Elysium zu pflanzen«; hier werden Erfahrungen der Französischen Revolution reflektiert. Zugleich jedoch wehrt sich H. durch die Kritik der Deutschen vor falschem Beifall, vor unbegründeter Selbstzufriedenheit darüber, daß man hier dem französischen Schicksal entgangen sei. Der Widerspruch zwischen schöner Humanität und politisch orientiertem Handeln hebt sich auf im dichterischen Schaffen, auf das Diotima vorausgedeutet hatte. Bei den Zeitgenossen, eher bewegt vom Schicksal des ›armen H.‹, fand der Roman wenig Aufmerksamkeit.

1797–1801, 1810
August Wilhelm Schlegel
Shakespeareübersetzungen

Shakespeare war durch die kritischen Bemühungen Lessings und der Stürmer und Dränger und durch die Übertragungen Wielands (1762–66, 22 Stücke) und Johann Joachim Eschenburgs (1775–82, Überarbeitung und Ergänzung von Wielands Arbeit) im späten 18. Jh. schließlich für die Bühne gewonnen worden. Höheren poetischen Ansprüchen genügten die großenteils in Prosa gehaltenen Übersetzungen nicht. Wie eine neue Übertragung auszusehen hätte, deutete S.

in seinem 1796 in Schillers *Horen* veröffentlichten Aufsatz *Etwas über William Shakespeare bei Gelegenheit Wilhelm Meisters* an; dabei machte er sich selber Mut: »Wenn es nun möglich wäre, ihn treu und zugleich poetisch nachzubilden, Schritt vor Schritt dem Buchstaben des Sinns zu folgen, und doch einen Teil der unzähligen, unbeschreiblichen Schönheiten, die nicht im Buchstaben liegen, die wie ein geistiger Hauch über ihm schweben, zu erhaschen! Es gilt einen Versuch.« 1797 erschienen die ersten beiden Bände seiner Versübersetzung mit *Romeo und Julia, Ein Sommernachtstraum, Julius Cäsar* und *Was ihr wollt*; in den Jahren bis 1801 folgten sechs weitere Bände mit zwölf Stücken (u. a. *Der Sturm, Hamlet, Der Kaufmann von Venedig, Wie es euch gefällt* und eine Reihe von Königsdramen). 1810 kam noch *Richard III.* hinzu. Als er sein Unternehmen wegen der mangelnden Resonanz enttäuscht abbrach – die Bühnen verwandten zunächst die Wieland-Eschenburgische Übersetzung weiter –, hatte er knapp die Hälfte der Dramen Shakespeares übertragen. Dabei bemühte er sich um Texttreue, soweit es die sprachlichen Verhältnisse zuließen, geleitet von dem Grundsatz: »Die dramatische Wahrheit müßte überall das erste Augenmerk sein: Im Nothfall wäre es beßer, ihr etwas von dem poetischen Werth aufzuopfern, als umgekehrt.« Mit seiner Leistung »schenkte er den Deutschen ihren bis heute populärsten Bühnenautor, und er schenkte ihnen zugleich ein gut Teil von dessen sprachlichem Reichtum, den sie auf dem Wege zu einer artikulationsfähigen Kulturnation so dringend brauchen konnten« (Gerhard Schulz). – Eine weitere bedeutende Übersetzerleistung S.s stellt sein *Spanisches Theater* (1803, 1809) mit Stücken Calderóns dar.

S.s Arbeit wurde, mit nicht ganz so glücklichen Ergebnissen, unter Tiecks Namen fortgeführt (1825–33); die tatsächlichen Übersetzer waren Dorothea Tieck und Wolf Heinrich Graf Baudissin.

1797–1806
Friedrich Hölderlin
Gedichte

H. fand erst zu einer eigenen lyrischen Sprache, als er sich von der Schillers Beispiel verpflichteten gereimten Hymnik löste. Frühestes Ergebnis dieser Neuorientierung ist das 1796 entstandene und 1797 in Schillers *Horen* gedruckte Hexametergedicht *Die Eichbäume*, seit seiner Odendichtung der Jugendzeit wieder das erste Gedicht in einem antiken Metrum. Der Weg führte dann

nach einigen Versuchen mit verschiedenen Formen und Metren weiter über die Oden- und Elegiendichtung zu den »vaterländischen Gesängen«, d. h. den großen freirhythmischen Hymnen der letzten schöpferischen Jahre. Eine eigene Sammlung seiner Gedichte hat H. nicht zusammengestellt. Veröffentlichungen in Zeitschriften und Almanachen machten bis zum Ausbruch seiner Krankheit (1806) wenigstens einen Teil seines lyrischen Werkes der Öffentlichkeit zugänglich.

Die Abwendung von dem wortreichen idealistischen Höhenflug der frühen Hymnen wird in pointierter Weise deutlich in epigrammatischen Oden, die 1798 entstanden und in Christian Ludwig Neuffers *Taschenbuch für Frauenzimmer von Bildung auf das Jahr 1799* gedruckt wurden: *An die Parzen, Diotima* (»Du schweigst und duldest«), *An ihren Genius, Abbitte* usw. Es sind kurze Texte, die Gegensätzlichkeit und äußerste Konzentration des Gedankens, Sinnliches und Geistiges miteinander verbinden. Das Ideal einer maßvollen, harmonischen Kunst, orientiert an der griechischen, formuliert die Ode *An die jungen Dichter*, die zugleich eine Befreiung von übermächtigen Vorbildern nahelegt. Eine Reihe dieser epigrammatischen Oden bilden den Keim für umfangreichere Gedichte der Zeit um 1800: *Diotima, Stimme des Volks, Lebenslauf, Die Liebenden* (späterer Titel *Der Abschied*), *Die Heimat, An die Deutschen, An unsre großen Dichter* (späterer Titel *Dichterberuf*) u.a. Zur gleichen Zeit, 1799–1800, entstanden Texte wie *Abendphantasie, Gesang des Deutschen, Heidelberg* oder *Der Neckar*, 1803 dann noch *Chiron, Blödigkeit* und *Ganymed* (als Umarbeitungen der ungedruckt gebliebenen Oden *Der blinde Sänger, Dichtermut* und *Der gefesselte Strom* von 1801).

H.s Oden gelten als die bedeutendsten der deutschen Literatur. Im Gegensatz zur Experimentierfreude Klopstocks kehrt H. zu den einfachen, strengen Odenformen der Antike zurück. Er bevorzugt die alkäische und die asklepiadeische Strophe. Hatte er bei seinem gescheiterten Versuch einer Tragödie (*Empedokles*) die Erfahrung machen müssen, daß eine Nachahmung der tragischen antiken Form unmöglich sei, so wird ihm nun »die Ode eine Zeitlang zur gültigsten Ausprägung des auf seine historischen Voraussetzungen reflektierenden modernen Dichtertums« (Lawrence Ryan). H. spricht von der »tragischen Ode«, die von der Erfahrung »reiner Innigkeit« ausgeht, den Verlust der ursprünglichen Einheit aller Lebensverhältnisse reflektiert, doch hinter der Zerrissenheit der Gegenwart die Ahnung einer überzeitlichen Totalität aufscheinen läßt, so daß das Gedicht nach einem von H.

»Wechsel der Töne« genannten Baugesetz auf einer höheren Ebene wieder zum »Anfangston« zurückkehrt.

Parallel zur Odendichtung arbeitete H. an den großen Elegien, Gedichten in Distichen. Die früheste dieser Elegien, *Der Wanderer*, war 1797 in Schillers *Horen* erschienen; 1800–01 entstanden dann neben einer Umarbeitung des *Wanderers* und der unvollendeten Elegie *Der Gang aufs Land* vier weitere große elegische Gedichte: *Elegie* bzw. *Menons Klagen um Diotima, Stuttgart, Brot und Wein, Heimkunft*. Charakteristisch für diese Gedichte ist eine Dynamik, die von der Trauer um das verlorene Ideal zur Hoffnung auf eine neue, die Gegensätze versöhnende Zeit führt. Zum weltgeschichtlichen Entwurf weitet sich diese elegische Denkfigur in *Brot und Wein*. Die Erinnerung an das antike Griechenland, an ein Leben in Harmonie mit den Göttern und der Natur schlägt um in Trauer über den Verlust und die Gottferne der Moderne. Daraus ergibt sich die Frage nach dem Sinn der eigenen Existenz – »und wozu Dichter in dürftiger Zeit« –, aus der sich die visionäre Hoffnung einer künftigen Gesellschaft entwickelt, die – wie die antike – göttlich inspiriert ist, in der Christus, »der Syrier«, den antiken Weingott Dionysos ablöst. Nahe Verwandtschaft mit dieser Elegie zeigt der ebenfalls 1800 entstandene Hexameterhymnus *Der Archipelagus* (296 Verse). Auch hier erscheint die griechische Antike als Ideal eines gemeinschaftsbezogenen Lebens im Einklang mit der Natur und den Göttern, das zugleich – inmitten einer von Vereinzelung und Ziellosigkeit charakterisierten Gegenwart – die Hoffnung auf eine neue Zeit begründet.

H.s große Hymnen aus den letzten Schaffensjahren, in schwer lesbaren, mehrere Überarbeitungsstufen enthaltenden Manuskripten überliefert und den Zeitgenossen nur in wenigen Beispielen bekannt, werden von der Forschung als »vaterländische Gesänge« bezeichnet: Diese Gattungsbezeichnung spielt auf H.s Wendung vom Griechischen zum »Hesperischen«, d.h. zum Abendländischen an, zu Themen und Problemen der eigenen Zeit und des eigenen Landes. Es gelte wieder »vaterländisch und natürlich, eigentlich originell zu singen«. Formal schließen die freirhythmischen Hymnen an Pindar an, mit dem sich H. ausführlich beschäftigt hatte (Übersetzung von zehn pythischen und sieben olympischen Oden Pindars, 1800; Übersetzung von neun Pindarfragmenten, 1803). Auch die neue Rolle, die der Dichter nun annimmt, scheint von Pindar inspiriert – der Dichter als Priester, als Vermittler zwischen dem Absoluten und dem Menschen. In der fragmentarischen Hymne *Wie wenn am Feiertage* heißt es:
Doch uns gebührt es, unter Gottes Gewittern,
Ihr Dichter! mit entblößtem Haupte zu stehen,
Des Vaters Strahl, ihn selbst, mit eigner Hand
Zu fassen und dem Volk ins Lied
Gehüllt die himmlische Gabe zu reichen.
Eine Reihe von Hymnen blieb auch nach mehreren Ansätzen unvollendet; daneben sind zahlreiche fragmentarische Entwürfe überliefert. Gedruckt wurden zunächst nur wenige Texte: in *Flora*, einer *Quartalschrift von Freunden und Freundinnen des schönen Geschlechts*, erschien 1802 die Hymne *Die Wanderung*, im *Musenalmanach für das Jahr 1808* dann *Der Rhein, Patmos* und *Andenken*.

Auch im Spätwerk klingt die aus dem früheren Schaffen vertraute Einheitsvorstellung an: das Erscheinen des Göttlichen, des Absoluten im Irdischen ruft die Utopie einer Welt hervor, in der die Widersprüche versöhnt und ein herrschaftsfreies Leben im Einklang mit der Natur und den Göttern möglich ist. Im Zeichen des »Vaterländischen« tritt dabei Christus als Gestalt der Vermittlung hervor. »Denn noch lebt Christus«, heißt es in der Hymne *Patmos*, einem Werk biblischer und poetischer Verheißung. Er lebt in den Werken seiner »Söhne«, der Dichter, die in götterferner Zeit die Zeichen seiner Anwesenheit zu deuten haben.

Eschatologische Vorstellungen und geschichtsphilosophisch-politische Thematik schließen sich auch in H.s Spätwerk nicht aus. Beispielhaft ist die *Friedensfeier*, die, angeregt durch den Frieden von Lunéville (1801), die chiliastische Erwartung eines ewigen Friedens ausdrückt, die Vision einer weltversöhnenden Epiphanie des Göttlichen, eines utopischen Weltzustandes, »Da Herrschaft nirgends ist zu sehn bei Geistern und Menschen« und »nur der Liebe Gesetz, Das schönausgleichende gilt von hier an bis zum Himmel«.

Die zweite Generation der Romantiker hat das Andenken an H., an seine Person und an sein Werk, wachgehalten. Clemens Brentano schrieb über die 1. Strophe der Elegie *Brot und Wein*, die in Leo von Seckendorfs *Musenalmanach für das Jahr 1807* unter dem Titel *Die Nacht* gedruckt worden war: »Es ist dieses eine von den wenigen Dichtungen, an welchen mir das Wesen eines Kunstwerks durchaus klar geworden. Es ist so einfach, daß es alles sagt: das ganze Leben, der Mensch, seine Sehnsucht nach einer verlorenen Vollkommenheit, und die bewußtlose Herrlichkeit der Natur ist darin.« Aus dem Kreis der schwäbischen Romantiker ging die erste Ausgabe der *Ge-*

dichte (hrsg. von Gustav Schwab und Ludwig Uhland, 1826) und der erste Versuch einer Werkausgaben (*Sämmtliche Werke*, hrsg. von Christoph Theodor Schwab, 1846) hervor. In der 2. Hälfte des 19. Jh.s fand H.s utopisches Pathos wenig Interesse. Zu einer H.-Renaissance kam es erst im Zusammenhang mit dem Krisenbewußtsein der Jahrhundertwende. Von großer Wirkung war die im Umkreis Stefan Georges entstandene historisch-kritische Ausgabe Norbert von Hellingraths (1913–23), die große Teile des Spätwerks erstmals bekannt machte und wesentlich zum Bild H.s als »Seherdichter« (Friedrich Gundolf) beitrug.

1798
Friedrich von Hardenberg
Blüthenstaub

Unter diesem Titel veröffentlichte H. seine erste Sammlung von Fragmenten (*Athenaeum* 1. Bd., 1. Stück). Zu seinen Lebzeiten folgte nur noch eine weitere Fragmentensammlung (*Glauben und Liebe*, 1798). Die große Masse seiner Fragmente wurde erst postum gedruckt.

H.s Fragmente weisen eine große thematische Vielfalt auf. Sie behandeln neben religiösen, philosophischen, ästhetischen und literarischen Gegenständen auch naturwissenschaftliche und medizinische Fragen und reflektieren u.a. H.s Auseinandersetzung mit der zeitgenössischen Philosophie (Kant, Fichte, Schelling, Franz Hemsterhuis) und Naturwissenschaft. Schon in der Sammlung *Blüthenstaub* findet sich das berühmte Fragment, das häufig als »das eigentliche Losungswort der Frühromantik« (Hans-Joachim Mähl) zitiert wird: »Wir träumen von Reisen durch das Weltall: ist denn das Weltall nicht in uns? Die Tiefen unsers Geistes kennen wir nicht. – Nach Innen geht der geheimnißvolle Weg. In uns, oder nirgends ist die Ewigkeit mit ihren Welten, die Vergangenheit und Zukunft.« In dialektischer Ergänzung heißt es aber in einem andern Fragment: »Der erste Schritt wird Blick nach Innen, absondernde Beschauung unsers Selbst. Wer hier stehn bleibt, geräth nur halb. Der zweite Schritt muß wirksamer Blick nach Außen, selbstthätige, gehaltne Beobachtung der Außenwelt seyn.« So widmet sich denn die Aphorismensammlung *Glauben und Liebe oder Der König und die Königin* dem Verhältnis zu Gesellschaft und Staat.

In einer Reihe von Fragmentenhandschriften formt H. seinen magischen Idealismus und seine Anschauungen von der romantischen Poesie aus.

Die Überlegungen gipfeln in dem mit mathematischen Begriffen operierenden Poesieprogramm von 1798, das neben Friedrich Schlegels 116. Athenaeumsfragment zu den bedeutendsten poetologischen Dokumenten der Frühromantik gehört. H. sieht die Funktion der Poesie darin, den verlorengegangenen Sinn hinter der gegenständlichen Welt der Erscheinungen wieder sichtbar zu machen: »Die Welt muß romantisirt werden. So findet man den ursprünglichen Sinn wieder. [...] Indem ich dem Gemeinen einen hohen Sinn, dem Gewöhnlichen ein geheimnißvolles Ansehn, dem Bekannten die Würde des Unbekannten, dem Endlichen einen unendlichen Schein gebe, so romantisire ich es – Umgekehrt ist die Operation für das Höhere, Unbekannte, Mystische, Unendliche – dies wird durch diese Verknüpfung logarythmisirt – Es bekommt einen geläufigen Ausdruck.« Kürzer heißt es in einem anderen Fragment: »Die Kunst, auf eine *angenehme* Art zu *befremden*, einen Gegenstand fremd zu machen und doch bekannt und anziehend, das ist die romantische Poëtik.« Parallelen zu Verfremdungstechniken der modernen Dichtung lassen sich ziehen. Allerdings verfolgt H. mit dem ›Verfremdungseffekt‹ neben dem ästhetischen noch einen erkenntnistheoretischen Aspekt: die hinter der Erscheinungswelt verborgene ›höhere‹ Welt soll durch diese Technik wieder erkennbar werden.

1798
Friedrich Schlegel
Athenaeumsfragmente

S. hatte seine ästhetischen Vorstellungen zuerst ausführlich im sogenannten Studiumaufsatz formuliert (*Über das Studium der griechischen Poesie*, 1797) und dabei die antike der »modernen«, »romantischen« Literatur seit dem Mittelalter gegenübergestellt: natürliche, objektive Schönheit, Vollendung, Ganzheit auf der einen, eine aus dem »Mangel der Allgemeingültigkeit« und der »Herrschaft des Manierierten, Charakteristischen und Individuellen« resultierende Tendenz zum »Interessanten« auf der anderen Seite. Ziel der Literaturentwicklung müsse eine Synthese aus »objektiver« und »interessanter« Literatur, aus Antike und Moderne, Klassik und Romantik sein, wobei sich schon bei Goethe »die Aussicht auf eine ganz neue Stufe der ästhetischen Bildung« eröffne: »Goethens Poesie ist die Morgenröte echter Kunst und reiner Schönheit.« Die *Athenaeumsfragmente* von 1798 und das *Gespräch über die Poesie* (1800) führten diese Gedanken weiter.

»Viele Werke der Alten sind Fragment geworden. Viele Werke der Neuern sind es gleich bei der Entstehung«, lautet ein Aphorismus unter den 451 Fragmenten im 2. Stück des 1. Bandes der von August Wilhelm und Friedrich S. herausgegebenen Zeitschrift *Athenaeum*. Die meisten stammen aus der Feder Friedrich S.s, aber auch sein Bruder August Wilhelm, Schleiermacher und Novalis sind mit einer Reihe von Texten an dieser romantischen »Symphilosophie« beteiligt. Anregungen zu dieser Form, die S. schon in den *Kritischen Fragmenten* (in: *Lyceum der Schönen Künste*, 1797) erprobt hatte, kamen von Nicolas Chamforts *Maximes, pensées, caractères et anecdotes* (1795).

S.s Fragmente enthalten, oft in paradoxen Formulierungen, Äußerungen vor allem zu Kunst, Literatur und Philosophie und dienen nicht zuletzt der programmatischen Selbstdarstellung der jungen Romantikergeneration. Bekannt geworden sind Formulierungen wie: »Der Historiker ist ein rückwärts gekehrter Prophet«, eine subtile Kritik am unreflektierten Fortschrittsglauben der Aufklärung, oder: »Die Französische Revolution, Fichtes Wissenschaftslehre und Goethes Meister sind die größten Tendenzen des Zeitalters.« Programmatisch heißt es zur romantischen Poesie im 116. Fragment:

»Die romantische Poesie ist eine progressive Universalpoesie. Ihre Bestimmung ist nicht bloß, alle getrennten Gattungen der Poesie wieder zu vereinigen und die Poesie mit der Philosophie und Rhetorik in Beziehung zu setzen. Sie will und soll auch Poesie und Prosa, Genialität und Kritik, Kunstpoesie und Naturpoesie bald mischen, bald verschmelzen, die Poesie lebendig und gesellig und das Leben und die Gesellschaft poetisch machen, den Witz poetisieren und die Formen der Kunst mit gediegnem Bildungsstoff jeder Art anfüllen und sättigen und durch die Schwingungen des Humors beseelen.«

Fiktion und Kritik, Phantasie und »Ironie« – »romantische Ironie« als Verbindung des Schöpferischen und des Kritischen, von Enthusiasmus und Selbstkritik, von »Selbstschöpfung« und »Selbstvernichtung« – ergänzen sich in der künftigen »Universalpoesie«. Am ehesten, argumentiert S., könne sich diese romantische Poesie der Zukunft in der offenen Form des Romans verwirklichen, ein Gedanke, den er in dem *Brief über den Roman* (im *Gespräch über die Poesie*, 1800) fortführt: »Ein Roman ist ein romantisches Buch.«

1798
Ludwig Tieck
Franz Sternbalds Wanderungen

T.s Roman, 1798 in zwei Teilen erschienen, blieb Fragment; für die Weiterführung konnte T. »jene Stimmung, die notwendig war, nicht wiederfinden«. Das Werk knüpft thematisch an Wilhelm Heinrich Wackenroders *Herzensergießungen eines kunstliebenden Klosterbruders* (1796) an, zu denen auch T. beigetragen hatte.

Die »altdeutsche Geschichte«, von der der Untertitel spricht, spielt zur Zeit Albrecht Dürers. Sein Lieblingsschüler Franz Sternbald begibt sich von Nürnberg aus auf Wanderschaft, um seine künstlerischen Fähigkeiten weiter auszubilden. Die Reise führt ihn zunächst in seinen Heimatort. Eine Intrigenhandlung deutet sich an: Er begegnet einer schönen Unbekannten, der er schon als Kind einmal einen Blumenstrauß überreicht hatte, und er erfährt, daß er bei Pflegeeltern aufgewachsen ist. Am Ende des Romanfragments findet er Marie, den Leitstern seiner Liebe, in Italien, und die Fortsetzung hätte Franz zu seinem Vater »auf einem reichen Landhause« bei Florenz geführt und ihm zugleich in seinem Freund Ludovico den Bruder zu erkennen gegeben.

Auf der Reise nach Italien, die über Holland (Aufenthalt bei Lukas von Leyden und letzte Begegnung mit Dürer) und Straßburg verläuft und Zwischenaufenthalte in Städten, Schlössern und Klöstern einschließt, gewinnt er den ungebundenen, sinnenfrohen Italiener Rudolph Florestan zum Freund. Weitere Personen treten in die Handlung ein: eine unglücklich liebende Gräfin, die am Schluß doch ihren ehescheuen Ritter Roderigo bekommt; dessen abenteuerlustigen Freund Ludovico, der eine Novizin aus einem Kloster entführt; einen an dem Zwiespalt zwischen Leben und Kunst zerbrochenen Eremiten usw. Schließlich darf der Held in Florenz sinnenfrohes Künstlerleben mit Anklängen an Wilhelm Heinses *Ardinghello* (1787) genießen. Doch bald packt ihn Reue über den »bisherigen Leichtsinn seiner Lebensweise«. Er beschließt, sich wieder »inniger der Kunst zu widmen«, und bricht nach Rom auf, wo er seine unbekannte Liebe findet. So groß der Eindruck ist, den die sinnliche, farbenprächtige italienische Malerei auf ihn macht, Bezugspunkt bleibt Albrecht Dürer als Vertreter einer religiös-ethischen Position.

Kunst ist das Thema des Romans, dessen Erzählweise durch eine Auflockerung des epischen

Berichts durch Gespräche, Monologe, Briefe und vor allem lyrische Einlagen gekennzeichnet ist. T. kontrastiert Kunst und Leben, Künstlertum und Bürgerlichkeit, reflektiert die Differenz zwischen der Unendlichkeit der Natur und der Begrenztheit der Erkenntnis- und Darstellungsmöglichkeiten des Künstlers und läßt den Eremiten als Grundsatz einer neuen, romantischen Ästhetik sagen: »Alle Kunst ist allegorisch.« Naturphilosophische Vorstellungen, die an Jacob Böhme und sein Konzept der Natursprache erinnern, werden zur Begründung herangezogen: Kunst als Darstellung der Urbilder, als Offenbarung. Der Roman bringt keine Lösung der grundsätzlichen Problematik; es bleibt der Widerspruch zwischen den Forderungen einer religiös inspirierten, mystisch-allegorisierenden Kunst und der eher resignativen Einsicht in die Begrenztheit menschlicher Möglichkeiten.

Die Aufnahme des Romans war höchst unterschiedlich. Maler wie Philipp Otto Runge fanden ihr eigenes Konzept einer religiös-allegorischen Kunst bestätigt, die Weimaraner wandten sich gegen das um sich greifende »klosterbrudrisirende und sternbaldisirende Unwesen«. Die Wirkung des *Franz Sternbald* und seiner poetischen Verfahrensweise (einschließlich der ›romantischen‹ Versatzstücke und Kulissen) auf die späteren romantischen Romane und Erzählungen war groß.

1798–99
Friedrich Schiller
Wallenstein

Schon während der Arbeit an seiner *Geschichte des Dreißigjährigen Kriegs* (1791–93) hatte sich S. mit Plänen für ein Wallenstein-Drama getragen. Doch erst 1796 machte er sich entschieden an die Ausführung: »22. Oktober 1796 an den *Wallenstein* gegangen, denselben am 17. März 1799 geendigt fürs Theater und in allem 20 Monate voll mit sämmtlichen drei Stücken zugebracht«, notierte er. Im Verlauf der Arbeit änderte sich S.s Konzeption unter dem Einfluß Goethes und seiner Beschäftigung mit der antiken Tragödie und mit Shakespeare mehrmals. Schließlich entschied er sich, den Stoff in »drei bedeutende Stücke« zu gliedern und das Werk statt in Prosa in Versen »zu machen«. Probleme bereitete ihm auch die Frage, ob Wallenstein überhaupt als Held einer Tragödie tauglich sei. Allerdings interessierte ihn dieser Charakter, weil er – anders als die Idealisten Karlos und Posa – »ächt reali-

stisch« schien und ihm damit neue dramatische Möglichkeiten eröffnete.

Die einzelnen Teile der Trilogie – *Wallensteins Lager*, *Die Piccolomini* und *Wallensteins Tod* – wurden am 12. Oktober 1798, am 30. Januar und 20. April 1799 in Weimar uraufgeführt; die Druckfassung des »dramatischen Gedichts« erschien 1800. Während S. für die *Piccolomini* und *Wallensteins Tod* das Versmaß des deutschen klassischen Dramas, den fünfhebigen Jambus, wählte, gab er dem *Lager* durch den archaisierenden Knittelvers eine volkstümliche Note. Es handelt sich nicht um drei gleichgewichtige, selbständige Werke: *Wallensteins Lager* und *Die Piccolomini* lassen sich als großangelegte Exposition von Wallensteins Charakter, seiner Welt und seiner Zeit im Spiegel der Meinungen und Gesinnungen des Lagers, der Offiziere und seiner Familie verstehen, bis dann in *Wallensteins Tod* die Handlung in Gang kommt und das eigentliche Trauerspiel seinen Lauf nimmt.

Das *Lager* entwirft in einer Reihe von bunten Szenen ein Bild des Heeres, das die Basis für Wallensteins Macht bildet. Durch die Äußerungen der Verehrung und Bewunderung für den genialen Feldherrn dringen nur wenige kritische Stimmen – am lautesten in der Predigt des Kapuziners mit ihrem Abraham a Sancta Clara abgesehenen Sprachgestus. Die Gegensätze zwischen Kaiser Ferdinand und Wallenstein deuten sich auf der untersten Ebene an; die Wallensteins Ambitionen begünstigende Stimmung läßt die Befürchtungen des Wiener Hofes nicht unbegründet erscheinen. Ein entsprechendes Bild ergibt sich auf der Ebene der Offiziere, wie der kaiserliche Gesandte Questenberg zu Beginn der *Piccolomini* feststellen muß: »Hier ist kein Kaiser mehr. Der Fürst ist Kaiser!«

In Wallensteins Überlegungen verbinden sich politische Visionen (Träume?), die auf eine neue, auf Frieden und Humanität gegründete Ordnung zielen, mit persönlichen Interessen (Krone Böhmens, Heiratspläne für seine Tochter Thekla). Sein Versuch, sich durch die Macht seines Heeres, das er vor Pilsen zusammengezogen hat, eine vermittelnde Position zwischen Schweden und Österreich zu verschaffen und dem Kaiser den Frieden aufzuzwingen, löst zwangsläufig die Gegenaktion Wiens aus, der Wallenstein gerade durch sein Manövrieren und Zögern, mit dem er seine Handlungsfreiheit zu bewahren glaubt, in die Hände arbeitet. Was er – aus Unsicherheit und mangelnder Entschlußkraft? – als politisches Gedankenspiel betrachten will, kann der Kaiser nur als Bedrohung empfinden. Wallensteins Gegenspieler, der bereits zu seinem Nachfolger bestimmte Octavio Piccolomini, gerät seinerseits in Konflikt mit seinem Sohn Max, der sich Wallenstein (und seiner Tochter Thekla) eng verbunden fühlt und sich weigert, seinem Vater auf dem krummen Weg der »Staatskunst« zu folgen.

Die Handlung von *Wallensteins Tod* schließt unmittelbar an die *Piccolomini* an. Die Zeit des Zögerns scheint vorbei, die günstige Sternenkonstellation ist eingetreten. Doch als Wallenstein erfährt, das sein in das »Geheimnis« eingeweihter Unterhändler von den Kaiserlichen gefangengenommen wurde und ihm damit der – vermeintlich noch offene – Rückweg auf die kaiserliche Seite abgeschnitten ist, fällt er in neue Zweifel, da nun sein Handeln nicht mehr frei wäre:

Wärs möglich? Könnt ich nicht mehr, wie ich wollte?
Nicht mehr zurück, wie mirs beliebt? Ich müßte
Die Tat *vollbringen*, weil ich sie *gedacht* [...]?

Als er sich endlich zum Zusammengehen mit den Schweden entschließt und in seiner Blindheit Octavio Piccolomini einweiht, bringt dieser die Offiziere auf seine Seite. Der idealistische Max Piccolomini, der sich von Wallenstein wie von seinem Vater hintergangen sieht, beklagt der »Väter Doppelschuld und Freveltat« und sucht, da er sich nicht zwischen Legalität und Verrat, Pflicht und Neigung entscheiden kann, den Tod in der Schlacht.

Die letzten beiden Akte von *Wallensteins Tod* spielen in Eger. Hierhin hat sich Wallenstein mit seinen restlichen Truppen zurückgezogen, um sich mit den Schweden zu vereinigen. Oberst Buttler, der bei ihm geblieben ist, bereitet insgeheim Wallensteins Ermordung vor. Dazu kontrastieren die Klagen über den Tod Max Piccolominis. Thekla, die an seinem Grab sterben will, und Wallenstein, der in Max ein Bild seiner Jugend erblickte, beklagen den Untergang des Schönen, das sich in dieser Welt nicht realisieren läßt. In tragischer Ironie verkennt Wallenstein das Geschehen in seiner Umgebung, glaubt sich trotz der Warnungen seines Astrologen (»Die Zeichen stehen grausenhaft«) sicher bis zuletzt. Octavio Piccolomini trifft überraschend ein, zu spät. »Dies Haus des Glanzes und der Herrlichkeit Steht nun verödet«, hält ihm Gräfin Terzky, Wallensteins Schwester, vor. Doch der Sieger ist ein geschlagener Mann (»Auch mein Haus ist verödet«), dessen Erhebung in den Fürstenstand der letzte Satz des Dramas in ironischem Kontrapunkt meldet: »Dem *Fürsten* Piccolomini.«

S. hatte Wallenstein in seiner *Geschichte des Dreißigjährigen Kriegs* Größe abgesprochen. Er habe »nichts Edles«, er erscheine »in keinem einzelnen Lebensakt groß«, heißt es in einem Brief an Wilhelm von Humboldt. So gesehen war Wallenstein kaum zum tragischen Helden geeignet. Die Dramengestalt freilich hat die kleinlichen Züge des historischen Wallenstein verloren und erreicht, wenn schon nicht historische, so doch menschliche Größe in den abschließenden Akten des Dramas. Hier findet Wallenstein, durch den Verlust der äußeren Machtmittel auf sich selbst zurückgeworfen, zu innerer Freiheit zurück. Für den historischen wie den fiktionalen Wallenstein gilt allerdings S.s Feststellung, er fiel »nicht weil er Rebell war, sondern er rebellierte, weil er fiel«. Sein Zaudern und Schwanken, seine Blindheit bleiben entscheidende Merkmale seines Charakters; dabei verhindert nicht zuletzt sein Glaube an die Sterne, in dem sich auch seine Unsicherheit ausdrückt, realitätsbezogene Handlungen und Reaktionen. So wird die Erwartung historischer Größe, die sein Ruf als Heerführer und die Demonstration seiner Macht erzeugen, enttäuscht. Statt dessen fällt er den von ihm selbst inszenierten Intrigen zum Opfer, da er durch seine Unentschlossenheit und seine Verblendung der Gegenseite erst die Möglichkeit gibt, ihn in eine aussichtslose Situation zu manövrieren. Wie in der antiken Tragödie scheint er den Umständen ausgeliefert, ist er blind für das, was um ihn herum geschieht. Aber das »Schicksal« ist Resultat menschlicher Politik; Wallenstein ist es selbst, der die ihn schließlich vernichtenden Konstellationen herbeiführt – tragische Ironie allenthalben.

Nicht zuletzt der Umstand, daß S. darauf verzichtete, die Widersprüche in Wallensteins Charakter und der historischen Realität harmonisierend aufzulösen, hat zu vielfältigen Deutungen des Stückes geführt: von Goethes Äußerung über *Wallensteins Tod*, daß hier »alles aufhört politisch zu sein und bloß menschlich wird«, und Hegels Kritik am Fatalismus des Werkes (»es steht nur Tod gegen Leben auf, und unglaublich! abscheulich! Der Tod siegt über das Leben. Dieß ist nicht tragisch, sondern entsetzlich«) bis zu den neueren Deutungen als Geschichtsdrama, als Tragödie der »Nemesis« oder der menschlichen Hybris. Was Otto Ludwig im 19. Jh. abwertend meinte, ist eher ein Beleg für den hohen Rang des Werkes: »So haben wir denn in seinem Wallenstein ein Bild, wie es ein Landschafter machen würde, der verschiedene Gesichtspunkte in einem vereinigen wollte.«

1799
Friedrich von Hardenberg
Die Christenheit oder Europa

H. schrieb diesen Essay im Spätherbst 1799 und trug in anschließend im Jenaer Freundeskreis vor: Ludwig Tieck, Friedrich Wilhelm Schelling, Johann Wilhelm Ritter und die Brüder Schlegel waren unter den Zuhörern. Schelling antwortete mit einer Parodie in Knittelversen (*Epikurisch Glaubensbekenntnis Heinz Widerporstens*), und da Bedenken gegen eine Veröffentlichung im *Athenaeum* laut wurden, bat man Goethe um Rat. Der riet von einer Publikation ab; erst 1826, in einer völlig anderen politischen Lage (Heilige Allianz seit 1815), wurde der Aufsatz gedruckt und in diesem reaktionären Kontext rezipiert und interpretiert. *Die Christenheit oder Europa* gehört zu den Entwürfen, die von Kants Schrift *Zum ewigen Frieden* (1795) angeregt wurden; allerdings argumentiert H. nicht philosophisch oder juristisch, sondern mit geschichtlichen Metaphern. Weitere Anregungen gingen u. a. von F. Schlegels Gegenüberstellung von Antike und Moderne und vor allem von Friedrich Schleiermachers Werk *Über die Religion. Reden an die Gebildeten unter ihren Verächtern* (1799) aus.

H. verwendet den Dreischritt als Denkmuster. Das christliche Mittelalter erscheint als ›goldenes Zeitalter‹, als Zeitalter der ursprünglichen Einheit von Glauben, Wissen und Leben, der harmonischen Entwicklung der menschlichen Kräfte aus der Sicherheit des Glaubens heraus. Mit dieser Harmonie war es vorbei, als durch die Reformation »das Untrennbare« getrennt und »die unteilbare Kirche« geteilt wurde; statt Glauben und Liebe sind Wissenschaftsgläubigkeit, Materialismus und Egoismus Kennzeichen der neuen, von der Reformation über die Aufklärung bis zur Französischen Revolution reichenden Epoche. Die »Spuren einer neuen Welt«, eines dritten Zustandes, sind aber schon spürbar, insbesondere in Deutschland, wo das »Höchste in der Physik« jetzt vorhanden sei (Goethes naturwissenschaftliche Studien) und ein Bruder »einen neuen Schleier für die Heilige gemacht« habe (Schleiermachers Reden *Über die Religion* sind gemeint, in denen sich die Religion als »Herzreligion«, als »Sinn und Geschmack fürs Unendliche« von dogmatischen Bindungen befreit). Weltlichen Kräften sei es unmöglich, wahren Frieden und damit ein neues Zeitalter herbeizuführen: »Nur die Religion kann Europa wieder aufwecken und die Völker sichern, und die Christenheit mit neuer Herr-lichkeit sichtbar auf Erden in ihr altes, friedenstiftendes Amt installieren.« Damit ist allerdings nicht die gegenwärtige Kirche gemeint, sondern ein künftiges Christentum, dessen Wesen »echte Freiheit« sein werde: »Wann und wann eher? danach ist nicht zu fragen. Nur Geduld, sie wird, sie muß kommen, die heilige Zeit des ewigen Friedens.«

1799
Friedrich Schlegel
Lucinde

Von der *Lucinde* erschien nur ein »Erster Theil«. Versuche einer Weiterführung scheiterten; es blieb bei dem in sich vollendeten Text. *Lucinde* ist ein ästhetisches Experiment, ein Roman, der »in der Form ein gebildetes künstliches Chaos« werden sollte, in dem das, »was wir Ordnung nennen«, vernichtet werden und »das Recht einer reizenden Verwirrung« herrschen sollte. Das Werk steht im Zusammenhang mit S.s theoretischen Überlegungen über den Roman (*Brief über den Roman* im *Gespräch über die Poesie*, 1800), der als »romantisches Buch« alle poetischen Gattungen, aber auch Wissenschaft und Kunst in sich vereinigt und das Mannigfaltige in einer höheren Einheit aufhebt. Die Theorie eines derartigen Werkes, das S. auch als »Arabeske« bezeichnet, »würde selbst ein Roman sein müssen«, heißt es im *Brief über den Roman*. Man kann die *Lucinde* als Versuch einer allegorischen Darstellung von S.s Poetik deuten.

Die *Lucinde* ist ein kunstvoll komponiertes Werk, das freilich mit den Konventionen der traditionellen Romanform bricht. Von dem Prolog abgesehen, besteht das Werk aus 13 Teilen, wobei jeweils sechs symmetrisch um einen Mittelteil gruppiert sind. Die »Lehrjahre der Männlichkeit«, so die Überschrift des Mittelteils, sind die einzige erzählende Partie des Romans. Hier wird die Entwicklung des Helden Julius dargestellt, der nach einer Reihe von zweifelhaften Abenteuern durch die Liebe zu einer »erhabenen Freundin« und dann zu Lucinde aus seiner Leere, seinem Überdruß und seiner Zerrissenheit heraus und zu einer neuen Vollendung findet. Die dieser Erzählung vorangestellten Teile gehen von dem Zustand der Erfüllung aus, mit dem die »Lehrjahre« endeten, während die abschließenden Teile in die Zukunft weisen. Es handelt sich dabei um jeweils in sich abgeschlossene Stücke, um Briefe, Allegorien, Dithyramben, Dialoge, Reflexionen, die gleichwohl einen größeren Zusammenhang bilden.

Zentrales Thema ist die Liebe – autobiographische Hintergründe erregten Anstoß –, wobei die Trennung zwischen Sinnlichem und Geistigem aufgehoben und dem traditionellen Dualismus die Totalität der Liebeserfahrung entgegengestellt wird. Liebe ist »geistige Wollust« wie »sinnliche Seligkeit«, sie reicht »von der ausgelassensten Sinnlichkeit bis zur geistigsten Geistigkeit«. Dabei vollzieht sich ein entschiedener Bruch mit dem traditionellen Frauenbild. Die Frau erscheint als ebenbürtiges Wesen, die neue Form der Ehe soll die herrschenden Unterschiede in einem Schritt der Emanzipation aufheben: »eine wunderbare sinnreich bedeutende Allegorie auf die Vollendung des Männlichen und Weiblichen zur vollen ganzen Menschheit.« Der allegorische Charakter des Romans wird in der Andeutung eines Geschichtsbilds sichtbar, das den Menschen vom »goldnen Zeitalter seiner Unschuld« über die Zerrissenheit wieder zu einer neuen Einheit in der Liebe und im Einklang mit der Natur finden läßt.

Der Roman, der gegen moralische und ästhetische Normen opponierte, rief einen Skandal hervor. Verständnis fand er dagegen bei Johann Gottlieb Fichte (»eins der größten Genie-Produkte, die ich kenne«) und bei Friedrich Schleiermacher, der mit seinen *Vertrauten Briefen über Friedrich Schlegels Lucinde* (1800) den Mißverständnissen der Zeitgenossen entgegentrat und auf den künstlerischen und ethischen Gehalt des Romans hinwies. Seine utopische Botschaft faßte er so zusammen: »Die Liebe soll auferstehen, ihre zerstückten Glieder soll ein neues Leben vereinigen und beseelen, daß sie froh und frei herrsche im Gemüt der Menschen und in ihren Werken, und die leeren Schatten vermeinter Tugenden verdränge.«

1799
Christoph Martin Wieland
Agathodämon

Der aus sieben Büchern bestehende Roman wird von W. als Bericht des Hegesias von Cydonia an seinen Freund Timagenes ausgegeben. Darin erzählt Hegesias von seinem Besuch bei dem neupythagoräischen Philosophen Apollonius von Tyana, der seinen Lebensabend in einer Idylle in den kretischen Bergen verbringt und von den Bewohnern der Gegend als guter Geist (»Agathodämon«) verehrt wird. Apollonius erzählt Hegesias seine Lebensgeschichte, weil er ihm – als Korrektur einer umlaufenden phantastischen Biogra-

phie – eine objektive Lebensbeschreibung zutraut (in der Tat gibt es phantastisch ausgeschmückte Lebensbeschreibungen des historischen Apollonios von Tyana, 1. Jh. n. Chr.). Unterhaltungen mit Apollonius' Diener Kymon ergänzen das Bild des asketischen Gründers eines neupythagoräischen Ordens, der sich über das römische Reich ausbreitete, politische Bedeutung annahm und durch die Ermordung Kaiser Domitians und die Thronerhebung Nervas und Trajans den Verfall der römischen Macht aufhielt. Außerdem legt Apollonius seine skeptizistisch-aufklärerischen Grundsätze, seinen philosophischen Humanismus dar und setzt sich in den beiden letzten Büchern mit Jesus und der Sekte der »Christianer« auseinander. Dabei erkennt Apollonius selbstkritisch Jesus als den Größeren an, als einen Mann, »der das *war*, was ich *schien*, und der bloß durch das *was er war*, ohne alle Geheimanstalten, Kunstgriffe und Blendwerke, auf dem geradesten Wege und durch die einfachsten Mittel, zum Heil der Menschheit zu Stande bringen wird, was ich vermuthlich durch die meinigen verfehlte.« Neben der Anerkennung von Jesus als Verkörperung reinster Humanität steht freilich die Kritik an der christlichen Kirche und ihrem Absolutheitsanspruch, die dem die Zukunft prognostizierenden Apollonius in den Mund gelegt wird. Doch obwohl er die Ausbreitung und die Geschichte des Christentums vor allem als Entfernung von der reinen Lehre zu immer neuem Aberglauben sieht, erkennt er die kirchliche Hierarchie als »ein *nothwendiges* Übel« im Prozeß der Zivilisierung der Menschheit an und schließt mit dem aufklärerischen Glaubenssatz: »Genug, *daß* wir nun ohne Aufhören vorwärts schreiten, und von der Zeit an, da dieß Licht über die Menschheit aufgegangen seyn wird, ein *wirklicher* Rückfall in die alte Finsterniß nicht mehr möglich ist.« W.s Altersroman, in dem sich Erzählung, Dialog und Beschreibung verbinden, formuliert zu noch einmal in programmatischer Weise Anschauungen und Grundsätze der Aufklärung. Das Werk fand wenig Beachtung bei den Zeitgenossen.

1800
Friedrich von Hardenberg
Hymnen an die Nacht

Die *Hymnen an die Nacht* erschienen 1800 im letzten Heft des *Athenaeum*. Es handelt sich um einen Zyklus von sechs Texten (rhythmische Prosa, Verse). Während im Athenaeumsdruck die Prosa überwiegt, gibt es eine handschriftliche Fassung, die fast gänzlich in Versen gehalten ist.

Die ersten beiden Hymnen stellen Licht und Dunkel, Tag und Nacht dialektisch einander gegenüber. Während die Gegenwart des Lichts »allein offenbart die Wunderherrlichkeit der Reiche der Welt«, wendet sich das Ich im Traum abwärts »zu der heiligen, unaussprechlichen, geheimnisvollen Nacht«, zur Geliebten, die als »liebliche Sonne der Nacht« bezeichnet wird. Der Morgen – »Muß immer der Morgen wiederkommen?« – zerstört unvermeidlich jedes nächtliche Glück wie – so die Hymnen 3 und 4 – der Tod dem Leben notwendig ein Ende setzt. Aber zugleich wird die Versöhnung der Gegensätze auf einer höheren Ebene angedeutet, in der Erinnerung an die Transzendenzerfahrung am Grab der Geliebten (hier sind Formulierungen aus H.s Tagebuch in den Text eingegangen). Die Erfahrung der Teilnahme an beiden Welten, einer irdisch-zeitlichen wie einer geistig-überzeitlichen, nimmt dem Tod seinen Schrecken. Die 5. Hymne, umfangreicher als die ersten vier zusammen, entwirft ein Bild der geschichtlichen Entwicklung, deutlich kontrastierend zu Schillers Gedicht *Die Götter Griechenlands* (1788). Beim Untergang der alten Welt kehrten die Götter in das Dunkel der Nacht zurück, »schlummerten ein, um in neuen herrlichern Gestalten auszugehn über die veränderte Welt«. Christus erscheint als Überwinder des Todes, als »Sänger« zudem, der in »feurigen Gesängen« das von süßer Liebe trunkene Herz ausschüttet: »Wie Christus aus einer Metamorphose der antiken Götterwelt hervorging, so läuft hier der antike Poet zum Christentum über« (Gerhard Schulz). Am Ende der Hymnen steht ein Lied, *Sehnsucht nach dem Tode*, in dem sich Liebessehnsucht und Religiosität in eigentümlicher Weise verbinden, wobei der Weg zur Vereinigung mit Gott nicht in den christlichen Himmel, sondern in das Innere führt.

So verknüpfen die *Hymnen an die Nacht* Persönlichstes und Allgemeines – Todeserfahrungen, Mystik, Religion, Fichtes Ich-Philosophie – auf eine äußerst subjektive, unorthodoxe Weise: die visionäre Schau eines Reichs der Liebe als poetische Religion. Richard Wagners *Tristan und Isolde* (1865), Höhepunkt romantischer Liebes- und Todessehnsucht, zeigt deutliche Anklänge an die *Hymnen an die Nacht*.

Traditioneller – und daher z.T. auch in Gesangbücher eingegangen – sind H.s 14 *Geistliche Lieder*, die nach einem früheren Teildruck (1801) zusammen mit einer älteren reimlosen Hymne in den von Friedrich Schlegel und Ludwig Tieck herausgegebenen *Schriften* H.s (1802) gedruckt wurden.

1800
Friedrich Schiller
Maria Stuart

S. begann im April 1799 mit dem genaueren Studium der Geschichte Maria Stuarts. Im Juni 1800 war das fünfaktige Trauerspiel fertiggestellt; die erfolgreiche Uraufführung fand am 14. 6. 1800 am Weimarer Hoftheater statt (Erstdruck 1801). Seit dem *Wallenstein* hatte sich S.s Vorstellung vom Geschichtsdrama verändert: Er wolle zwar noch Personen und Kolorit der Geschichte entnehmen, jedoch »alles übrige poetisch frei […] erfinden«. So ist in der *Maria Stuart* die Gestalt des Mortimer ebenso erfunden wie das besondere Verhältnis von Maria und Leicester und die Begegnung der Königinnen (dafür gibt es allerdings Vorbilder in älteren Maria-Stuart-Dramen). Außerdem macht S. die Protagonistinnen jünger (die historische Elisabeth I. wurde 1533 als Tochter Heinrichs VIII. und Anne Boleyns – nach katholischer Auffassung illegitim – geboren; Maria Stuart, Enkelin Heinrich VII., wurde 1542 geboren und nach langjähriger Gefangenschaft 1587 hingerichtet). In einem Brief an Iffland vom 22. 7. 1800 schreibt S.: »Weil mir alles daran liegt, daß Elisabeth in diesem Stück noch eine junge Frau sei, welche Ansprüche machen darf, so muß sie von einer Frau, welche Liebhaberinnen zu spielen pflegt, dargestellt werden. […] Maria ist in dem Stücke etwa 25 und Elisabeth höchstens 30 Jahre alt.«

Das Versdrama (Blankverse) ist streng symmetrisch gebaut. Um die Begegnung der Königinnen im zentralen 3. Akt gruppieren sich die Maria (1/5) und Elisabeth (2/4) gehörenden Akte. Die Handlung setzt zu einem späten Zeitpunkt ein; das Urteil über Maria ist gefällt. Die Vorgeschichte – die unglückliche, schuldverstrickte Herrschaft in Schottland, die Flucht nach England – wird aus verschiedenen Perspektiven beleuchtet. Mortimer, der Neffe ihres Bewachers, in Frankreich zum Katholizismus konvertiert, betreibt ihre Befreiung. Er gewinnt das Vertrauen Elisabeths, die um des äußeren Scheins willen das Willkürurteil nicht unterzeichnen und Maria heimlich beseite schaffen möchte. Mortimer erklärt sich dazu bereit, Elisabeth läßt sich täuschen. Leicester nutzt den Aufschub, um Elisabeth zu einem Treffen mit Maria zu überreden, das dann im Park von Fotheringhay ›zufällig‹ stattfindet. Doch die Hoffnung auf einen Gnadenakt erweist sich angesichts des Gesprächsverlaufs als illusorisch. Statt über ihre Rivalin zu triumphieren, muß Elisabeth eine tiefe Demütigung hinnehmen. Das frühzeitige und erfolglose Eingreifen eines der Verschwörer gibt den Vorwand zur Unterzeichnung des Todesurteils. Leicester kann sich retten, indem er Mortimer opfert. Maria erreicht angesichts des Todes die Harmonie von äußerer Schönheit und menschlichem Adel, wird zur ›schönen Seele‹, während Elisabeth die Schuld von sich abzuwälzen sucht und ihre Macht mit Einsamkeit bezahlt.

Kalkuliert symmetrisch werden Spiel und Gegenspiel durchgeführt, bis sich am paradoxen Ende physischer Untergang und moralischer Sieg auf der einen und physischer Sieg und moralische Niederlage gegenüberstehen. Gleichwohl vermeidet S. völlige Eindeutigkeit in der Wertung, denn auch Maria erscheint als gemischter Charakter. Im rechtlichen Sinn unschuldig, nimmt sie das Urteil an als Sühne für persönliche Schuld: Mit ihrer Wandlung zur ›schönen Seele‹ im Rahmen des katholischen Ritus im 5. Akt geht das politisch-geschichtliche Drama endgültig ins »Läuterungs-, Mysterien- und Erlösungsspiel« über (Benno von Wiese).

Jean Paul nannte das bühnenwirksame, erfolgreiche Stück eine »Stieftochter der Muse«, während August Wilhelm Schlegel gerade die große »Kunstfertigkeit« des Dramatikers lobte. Diese Kunstfertigkeit hat S.s Stück bis ins 20. Jh. hinein den Vorwurf des Unpersönlichen eingetragen.

1800
Ludwig Tieck
Leben und Tod der heiligen Genoveva

T.s Trauerspiel gilt als sein bedeutendstes dramatisches Werk. Es ist ein formales Experiment, eine die Gattungskonventionen sprengende Verbindung von epischen, dramatischen und lyrischen Elementen. Blankvers, Prosa und lyrische Ausdrucksformen wecheln sich in dem – ohne Akteinteilung – in kurze Szenen gegliederten Stück ab. Vorbild waren Shakespeares *Perikles* und das spanische Theater mit seinem großen Reichtum an lyrischen Formen. T. kannte das *Genovefa*-Volksbuch und das noch ungedruckte Drama Friedrich (Maler) Müllers: *Golo und Genovefa* (entstanden 1775–81, 1811 herausgegeben von T.).

Eingeleitet und beendet wird T.s *Genoveva* durch den hl. Bonifatius, der auch während des Stückes als ›Erzähler‹ die Handlung zusammen-

faßt. Pfalzgraf Siegfried läßt seine Frau Genoveva in der Obhut seines Hofmeisters Golo zurück, während er Karl Martell im Kampf gegen die Sarazenen beisteht. Genoveva weist den sehnsüchtig in sie verliebten Golo ab. Seine Liebe schlägt in Raserei um. Er beschuldigt Genoveva des Ehebruchs und läßt sie in den Kerker werfen, wo sie ihren Sohn Schmerzenreich gebiert. Eine Hexe führt in einem magischen Spiegel Siegfried die Untreue seiner Gattin vor Augen. Auf dieses von Golo inszenierte Täuschungsmanöver hin befiehlt Siegfried die Hinrichtung Genovevas. Doch der damit beauftragte Grimoald läßt sie und ihren Sohn im Walde frei. Eine Hirschkuh versorgt das Kind mit Nahrung. Nach sieben Jahren stößt Siegfried bei der Jagd auf Genoveva und Schmerzenreich und bringt sie aufs Schloß. Golo wird hingerichtet, aber auch Genoveva stirbt bald, und Siegfried beschließt, sein Leben als Einsiedler zu enden.

Der Reiz des Stückes liegt u. a. in der Kunst, mit der T. die fromme Einfalt des Legendenstoffes mit einer differenzierten, feinste Nuancen erfassenden psychologischen Darstellungsweise – vor allem in der Beziehung Golo-Genoveva und in der Charakteristik Golos – verbindet. Zur Aufführung eignet sich das Werk, das man als »erstes religiös-universalpoetisches Großdrama der Romantik« bezeichnet hat (Roger Paulin), schon deswegen nicht, weil sich das dramatische Geschehen letztlich in lyrische Stimmungsbilder auflöst (Arthur Henkel: »lyrische Kantate«). Bei den Romantikern fand das Stück begeisterte Aufnahme. T. schrieb später noch zwei weitere Dramen nach Volksbuchstoffen (*Kaiser Octavianus*, 1804; *Fortunat*, 1816).

1800–01
Christoph Martin Wieland
Aristipp und einige seiner Zeitgenossen

W.s letzter großer Roman, ein Briefroman, blieb Fragment. Der Titel bezieht sich auf den griechischen Philosophen Aristipp(os) von Kyrene (um 425–355 v. Chr.), Schüler des Sokrates, von W. als Verkörperung eines kosmopolitischen, aufgeklärten Menschentums gesehen.

Der nicht an äußerer Handlung interessierte Roman folgt in vier Büchern dem Lebensgang Aristipps, der aus dem nordafrikanischen Cyrene nach Athen kommt, Schüler des Sokrates wird und nach zehnjährigen Reisen durch Griechenland und die griechischen Kolonialstädte in Athen eine »Schule« in der Nachfolge des Sokrates eröffnet und sich schließlich als hochgeachteter Bürger in seiner Heimatstadt Cyrene niederläßt (das fehlende 5. Buch hätte ihn wieder in die Welt – und zwar nach Syrakus – bringen sollen).

Neben Aristipp treten vor allem Sokrates und die schöne, freie und gebildete Hetäre Lais in den Vordergrund des Romans, der dank eines günstig plazierten Netzes von Korrespondenten ein breites kulturgeschichtliches Panorama entwirft. Dabei werden die politischen Veränderungen in Athen und anderen griechischen Städten bzw. Kolonien ebenso diskutiert wie aktuelle philosophische Fragen und Werke und Gestalten der zeitgenössischen Literatur (u.a. Aristophanes und Plato; mit seiner Plato-Kritik schließt W. an frühere Werke an).

Es sei für ihn die rechte Zeit gewesen, »das klassische Griechenthum in einer seiner anziehendsten und inhaltreichsten Perioden zu überschauen und zu behandeln«, äußerte W. über sein Romanprojekt, das er sehr hoch einschätzte und das wegen seiner stilistischen Geschliffenheit, seinem Reichtum an Reflexionen und seiner Projektion eines aufklärerisch-humanen Menschenbildes Aufmerksamkeit verdient. Bei den Zeitgenossen fand das Werk des von den Romantikern ins Abseits gestellten Aufklärers wenig Beachtung.

1800–03
Jean Paul
Titan

Das 1. Sammelheft für seinen »Kardinalroman« – geplanter Titel *Das Genie* – legte J. P. am 31. 12. 1792 an. Mit der eigentlichen Ausarbeitung begann er 1797; die vier Bände des Romans erschienen dann in jährlichem Abstand von 1800 bis 1803. Satirische und komische Seitenstücke und Digressionen enthält der zweibändige *Komische Anhang zum Titan* (1800–01), darunter – als 2. Bändchen – *Des Luftschiffers Giannozzo Seebuch*, u.a. angeregt durch die Ballonfahrten Nicolas François Blanchards. Für die in Italien spielenden Partien des Romans benutzte J. P., der nie dort war, eine Reihe von Reisebeschreibungen. Anregungen für die Romankonzeption gingen von den Bildungsromanen Wielands (*Agathon*, 1766–67) und Goethes (*Wilhelm Meisters Lehrjahre*, 1795–96) und der existentiellen Problematik von Goethes *Werther* (1774) und Friedrich Heinrich Jacobis *Eduard Allwill* (1775–76,

umgearbeitete Fassung 1792) aus. Daneben verwandte J. P. Motive und Versatzstücke der Schauerliteratur. In einem Brief an Jacobi erläuterte er seine Konzeption: »Titan sollte heißen Anti-Titan; jeder Himmelsstürmer findet seine Hölle [...]. Das Buch ist der Streit der Kraft mit der Harmonie.«

Grundlage der Handlung ist eine »auf Kindesvertauschung beruhende geheimnisvolle genealogisch-dynastische Verwicklung« (Eduard Berend), deren Auflösung am Ende des Romans auch den Entwicklungsprozeß des Helden, des enthusiastischen Jünglings Albano, beendet, der nun – an der Seite Idoines – die Regierung der deutschen Kleinstaaten Hohenfließ und Haarhaar übernimmt. Die Vorgeschichte: Das Fürstentum Haarhaar trachtet danach, das benachbarte Hohenfließ zu übernehmen. Als wider Erwarten dort doch noch ein Thronfolger, Luigi, geboren wird, schmiedet man Mordpläne. Die Herrscher von Haarhaar kommen dahinter und verheimlichen daher die Geburt ihres zweiten Sohnes Albano, während sie den degenerierten Luigi einer Prinzessin von Haarhaar versprechen (die – nach dem zu erwartenden frühen Tod Luigis – die Herrschaft über Hohenfließ übernehmen würde). Inzwischen wird Albano als Sohn des Grafen Gaspard de Cesara aufgezogen. Die ersten drei Jahre seines Lebens verbringt er an der Seite seiner ›Eltern‹ und seiner ›Schwester‹ Linda auf Isola Bella im Lago Maggiore. Dann wird er in die Obhut des Landschaftsdirektors Wehrfritz in Blumenbühl gegeben, einer kleinen Stadt in der Nähe der hohenfließischen Residenzstadt Pestitz, die Albano aber nicht betreten darf.

Der Roman beginnt damit, daß der 20jährige Albano mit dem griechischen Landbaumeister Dian und dem Titularbibliothekar Schoppe – dem Leibgeber aus dem *Siebenkäs* (1796–97) – zur Isola Bella zurückkehrt, um seinen ›Vater‹ wiederzusehen. Mit geheimnisvollen Andeutungen über seine Zukunft kommt er wieder nach Hohenfließ, wo er in der Residenz Pestitz studieren und die höfische Welt kennenlernen soll. Entscheidend für seine menschliche Entwicklung sind Erfahrungen der Freundschaft und der Liebe, die aber auch Scheitern und Schuld einschließen. Mit Liane, der zarten Tochter des brutalen Ministers Froulay, erlebt er seine erste Liebe, mit ihrem Bruder Roquairol verbindet ihn enthusiastische Freundschaft. Liane wird mit Hilfe des Hofgeistlichen gezwungen, Albano zu entsagen; ihr Tod stürzt ihn in eine schwere Krankheit, aus der ihn nur die Erscheinung Idoines, die Liane sehr ähnlich sieht, rettet. Inzwischen ist auch die Freundschaft mit Roquairol zerbrochen, einem zerrissenen Charakter ohne Wertmaßstäbe, vom Erzähler als »ein Kind und Opfer des Jahrhunderts« bezeichnet. Eine Reise nach Rom und Neapel soll Albano wieder zu sich selbst finden lassen und stellt den engen deutschen Verhältnissen die Kunst und Schönheit der klassischen Antike gegenüber. Er entschließt sich, im revolutionären Frankreich für die Freiheit zu kämpfen. Auf Ischia trifft er die Gräfin Linda, die seine Liebe erwidert. In Pestitz jedoch wird die freiheitsliebende »Titanide« Linda Opfer Roquairols, der schon lange in sie verliebt war. Er verführt sie in der Maske Albanos. Unter dem Titel *Der Trauerspieler* spielt Roquairol sein eigenes Leben auf dem Theater und erschießt sich nach der Verführungsszene auf offener Bühne. Linda reist ab. Schoppe versucht, hinter das Geheimnis Albanos zu kommen. Um dies zu verhindern, wird er von Gaspard de Cesara in ein Irrenhaus gesteckt, wo er tatsächlich wahnsinnig wird. Er kann jedoch entkommen und findet die Gegenstände und Dokumente, die Albanos Identität klären. Schoppe, der »ganz freie Mensch«, in dessen stolzem Ich-Bewußtsein sich J. P.s Auseinandersetzung mit dem subjektiven Idealismus Fichtes spiegelt, stirbt, als ihm sein Doppelgänger Siebenkäs entgegentritt. Albano tritt nach dem Tod seines Bruders Luigi die Herrschaft an und findet in Idoine, einer haarharschen Prinzessin, die ihm gemäße Braut.

Der harmonisierende Schluß wird oft als Annäherung J. P.s an die Konzeption der Weimarer Klassik gesehen. Doch der Weg zur klassischen Harmonie, den Albano geführt werden soll und dem die geschlossene Form des Romans entspricht, fordert seinen Preis: Die Gestalt Albanos verblaßt, die Schlußapotheose erscheint problematisch. Dagegen sind Liane, Linda, Roquairol und Schoppe, die »stellvertretend für Albano sterben oder scheitern«, »die lebendigsten Geister dieses Romans« (Walter Höllerer). Die Schilderung ihrer Charaktere und ihrer Begegnungen mit Albano gehören zu den Höhepunkten des Romans. Am ausführlichsten hat J. P. die Gestalt Roquairols analysiert, dessen Zerrissenheit und Amoralität nicht nur ein Schlaglicht auf die Gefahren einer hohlen adeligen Existenz wirft, sondern auch die Fragwürdigkeit eines auf die Vorherrschaft des Ästhetischen gerichteten Lebens deutlich macht. Anders als Roquairol, dessen Freiheit Bindungslosigkeit ist, die Freiheit, jede Rolle zu spielen, hat die Freiheit bei Schoppe positiven Wert: Sie ist die Voraussetzung wahren Menschentums, und so kann Schoppe trotz seiner existentiellen Gefährdetheit »der humane Lehrer seines Albano sein« (Gerhard Schulz).

Auch da, wo Satire und Zeitkritik dominieren, bleibt die existentielle Problematik, das Thema der Selbstbestimmung des Menschen präsent. Im Hauptstück des *Komischen Anhangs*, der Erzählung *Des Luftschiffers Giannozzo Seebuch*, entwirft J. P. ein satirisches Bild der deutschen Verhältnisse seiner Zeit, der »Atonie des Jahrhunderts«. Zugleich stellt die Existenz des Luftschiffers zwischen Himmel und Erde eine Metapher für das menschliche Leben dar, für dessen Einsamkeit und Verlorenheit: »Aber zwischen Himmel und Erde wurd' ich am einsamsten. Ganz allein wie das letzte Leben flog ich über die breite Begräbnisstätte der schlafenden Länder, durch das lange Totenhaus der Erde, wo man den Schlaf hinlegt und wartet, ob er keine Scheinleiche sei.«

J. P.s Lieblingsroman hatte nicht den erhofften Erfolg. Eine 2. Auflage erschien nicht zu seinen Lebzeiten.

1800–06
Georg Christoph Lichtenberg
Vermischte Schriften

Die von L.s Bruder Ludwig Christian und von Friedrich Kries postum in neun Bänden herausgegebenen *Vermischten Schriften* enthalten neben schon früher veröffentlichten literarischen und naturwissenschaftlichen Arbeiten zum erstenmal eine Auswahl von Aphorismen und Notizen aus den *Sudelbüchern*. Sie stehen unter dem Titel *Bemerkungen vermischten Inhalts* in den ersten beiden Bänden (1800–01). L. hatte sie seit 1765 in einer Reihe von Heften, fortlaufend bezeichnet von A bis L, niedergeschrieben. Die Herausgeber zitieren L. in der Vorrede: »Die Kaufleute, sagt er, haben ihr *Waste Book*; (Sudelbuch, glaube ich, im Deutschen) darin tragen sie von Tag zu Tag alles ein, was sie kaufen und verkaufen, alles untereinander, ohne Ordnung.« – Dies hat die Herausgeber (und manche ihrer Nachfolger) nicht daran gehindert, L.s Gedanken nach sachbezogenen Kriterien zu ordnen.

Die Bezeichnung *Sudelbuch* trifft den Charakter der Aufzeichnungen. Literarisch durchgeformte Aphorismen (»Wenn ein Buch und ein Kopf zusammenstoßen und es klingt hohl, ist das allemal im Buch?«) stehen neben rein privaten Notizen und naturwissenschaftlichen Bemerkungen, Exzerpten und Zitaten, einzelnen Wörtern oder Wörterlisten, Buchtiteln, Reflexionen über die verschiedensten Gegenstände, Gedankenspielen: »Es wäre doch möglich, daß einmal unsere

Chemiker auf ein Mittel gerieten unsere Luft plötzlich zu zersetzen, durch eine Art von Ferment. So könnte die Welt untergehen.«

»Ich habe fast auf jeder Seite Ideen-Körner ausgestreut, die wenn sie auf den rechten Boden fallen Kapital ja Dissertationes tragen können«, heißt es an einer Stelle. Das betrifft naturwissenschaftliche Überlegungen ebenso wie philosophische und sprachkritische Einsichten, und es gilt nicht zuletzt für die radikale Selbsterforschung, für die Erkenntnis der Bedeutung der Sexualität für menschliches Handeln und Denken und das ausgesprochene Interesse an Träumen, für die Grenze zwischen Bewußtem und Unbewußtem: »Ich empfehle Träume nochmals; wir leben und empfinden so gut im Traum als im Wachen [...]. Die Träume verlieren sich in unser Wachen allmählig herein, man kann nicht sagen, wo das Wachen eines Menschen anfängt.«

Die *Sudelbücher* gelten heute als L.s Hauptwerk. Diese Einschätzung verdanken sie nicht nur der Offenheit und Modernität des Denkens – »Man muß mit Ideen *experimentieren*« –, sondern ebenso ihrer sprachlichen Form, ihrem unprätentiösen, aller »Prunkprosa« abholden Stil, ihrer Ironie und ihrem Witz: »L.s Schriften können wir uns als der wunderbarsten Wünschelrute bedienen; wo er einen Spaß macht, liegt ein Problem verborgen« (Goethe).

1801
Clemens Brentano
Godwi

Godwi oder Das steinerne Bild der Mutter. Ein verwilderter Roman erschien in zwei Teilen, der 1. Anfang, der 2. (vordatiert auf 1802) Ende des Jahres 1801. Der 1. Teil ist als Briefroman angelegt, der 2. führt den fiktiven Erzähler Maria ein, der die Briefe im Auftrag Karl Römers, eines der Korrespondenten des 1. Teils, zusammengestellt hat. Getadelt von Römer und der »Buchverderberei« beschuldigt, beschließt Maria, Godwi aufzusuchen, den wichtigsten Briefschreiber des 1. Teils, um mit seiner Hilfe das Buch zu Ende zu führen. Unglücklicherweise erkrankt und stirbt Maria gegen Ende des 2. Teils; Godwi selbst hilft, den Roman weiterzuführen. Er schließt mit dem Bericht eines »Zurückgebliebenen« über die »Lebensumstände des verstorbenen Maria«.

B. orientiert sich an Friedrich Schlegels Vorstellungen vom Roman als »romantische[m] Buch«, »gemischt aus Erzählung, Gesang und andern Formen«. Unter den zahlreichen Gedich-

ten des Romans sind einige von B.s berühmtesten: *Sprich aus der Ferne, Ein Fischer saß im Kahne, Zu Bacherach am Rheine.* Eine ›verwilderte‹, ›arabeske‹ Anlage eines im Grunde einfachen Handlungsmusters gehört ebenso zur Form dieses experimentellen romantischen Romans wie Perspektivenwechsel, Einschübe, Reflexionen und witzige, illusionsdurchbrechende Momente: »Dies ist der Teich, in den ich S. 266 im ersten Bande falle.« Inhaltliche Beziehungen bestehen u. a. zu Goethes *Wilhelm Meister* (1795–96) und Ludwig Tiecks *William Lovell* (1795–96).

Der Roman stellt einige Stationen im Leben des Kaufmannssohns Godwi dar; dabei ergibt sich ein schwer durchschaubares Geflecht von Familienbeziehungen, die sich allmählich aufklären und zu dem Ergebnis führen, daß die meisten Personen irgendwie miteinander verwandt sind. Die Briefe und Tagebuchaufzeichnungen des 1. Teils, vorwiegend von Godwi und seinem Halbbruder Römer, schildern die Stationen einer Reise Godwis, die ihn nacheinander zu drei Frauen führt: zur reifen, sinnlichen Molly (Lady Hodefield), einer ehemaligen Geliebten seines Vaters und Mutter Römers, zur natürlich-naiven Landjunkerstochter Joduno von Eichenwehen und zu Ottilie Senne, in der Godwi Züge der beiden anderen Frauen vereint sieht. Im 2. Teil, der rund 20 Jahre später spielt, erhält der Dichter Maria Einblick in Familiendokumente; u. a. wird die wenig erbauliche Geschichte von Godwis Eltern erzählt (der alte Godwi hatte durch Betrug Maria, die Tochter des Kaufmanns Wellner, gewonnen; als ihr totgeglaubter Geliebter Joseph zurückkehrte, stürzte sie sich ins Meer. In der »Fragmentarischen Fortsetzung« – der Dichter Maria liegt auf dem Krankenbett – wird von Erlebnissen berichtet, die zeitlich an den 1. Teil anschließen: die Rede ist von der Bekanntschaft Godwis mit der leichtlebigen Gräfin von G. und ihrer Tochter Violette, einer kindhaften Kurtisane, die Godwi später, zurückgekehrt von einer Italienreise, mit ihrer Halbschwester Flametta auf seinem Landgut aufnimmt, wo sie jedoch bald darauf stirbt.

Godwi zeigt in manchen Zügen Übereinstimmungen mit dem Modell des Bildungsromans, wobei sich der Held auf der Suche nach sich selbst in komplizierte Liebes- und Verwandtschaftsverhältnisse verstrickt sieht. Der intellektuelle Kaufmannssohn ist wenig an Geschäften interessiert, hält aber ebensowenig von der Borniertheit des Landadels. An die Stelle gesellschaftlicher Wirksamkeit tritt die Reflexion. Eine Nebenfigur wird mit einem Satz charakterisiert, der auch für Godwi (und den Verfasser) Gültigkeit besitzt: »Das Mißverhältnis seines Temperaments zu seinem Leben, und zum Lande, in dem er lebt, zwingt ihn zu reflektieren; da er nun keinen bestimmten Gegenstand haben kann, so entsteht aus seiner Reflexion über das bloße Bedürfnis die Sehnsucht in ihm.«

Der Roman, von Interesse als formales Experiment und als Dokument für das Denken und Empfinden seiner Zeit und seines Autors, fand wenig Beifall.

1801
Friedrich Schiller
Die Jungfrau von Orleans

S.s »romantische Tragödie« entstand zwischen dem 1. 7. 1800 und dem 16. 4. 1801. Die Uraufführung fand am 11. 9. 1801 in Leipzig statt; der Erstdruck erschien im selben Jahr. Grundlage des Dramas ist die Geschichte des lothringischen Bauernmädchens Jeanne d'Arc, die im Hundertjährigen Krieg zwischen England und Frankreich den nationalen Widerstand entfacht hatte und 1431 in Rouen als Ketzerin verbrannt worden war. Allerdings steht S. der historisch-legendären Überlieferung frei gegenüber. Der Schluß – Tod auf dem Schlachtfeld – und zahlreiche Einzelzüge – Liebe zum englischen Feldherrn Lionel, Anklage durch den eigenen Vater, Liebesverbot usw. – sind Erfindungen. In einem Brief an Goethe vom 24. 12. 1800 schreibt S.: »Das Historische ist überwunden und doch, so viel ich urteilen kann, in seinem möglichsten Umfang benutzt, die Motive sind alle poetisch und größtenteils von der naiven Gattung.« Zu den vorhergehenden literarischen Bearbeitungen des Stoffes gehört Voltaires komisches Epos *La pucelle d'Orléans* (1762), gegen das sich S. implizit wendet.

Der Prolog, der das fünfaktige Versdrama (Blankverse, aufgelockert durch strophische Formen) einleitet, schildert die göttliche Berufung Johannas und ihren Abschied von der Heimat. – Die Lage des französischen Königs ist desolat, Orléans bedroht. Da erreicht ihn die Nachricht eines überraschenden französischen Sieges dank einer Jungfrau, »schön zugleich Und schrecklich anzusehn«. Sie stellt sich mit dem Segen der Kirche an die Spitze des Heeres, um die Feinde zu vertreiben und den König zur Krönung nach Reims zu führen. Sieg folgt auf Sieg, doch als sie den englischen Heerführer Lionel im Zweikampf besiegt, vermag sie ihn nicht zu töten. Ihr »Herz« kann sich dem Liebesverbot nicht länger unterwerfen, ihr Gefühl gerät in Konflikt mit der Verpflichtung, »Mit dem Schwert zu töten alles Lebende, das mir Der Schlachten Gott verhängnisvoll entgegenschickt.« Die glanzvolle Krönung bietet den Rahmen für den äußeren Umschwung. Die von Schuldgefühlen geplagte Johanna wird von ihrem Vater der Zauberei angeklagt und verbannt. Sie gerät in Gefangenschaft, kann sich jedoch angesichts einer drohenden französischen Niederlage von den Ketten befreien und das Schlachtenglück wenden. In einer opernhaften Schlußapotheose öffnet der »von einem rosigten Schein« beleuchtete Himmel seine Pforten: »Hinauf – hinauf – Die Erde flieht zurück – Kurz ist der Schmerz und ewig ist die Freude!«

Weiter noch als mit *Maria Stuart* entfernte sich S. mit der *Jungfrau von Orleans* vom Geschichtsdrama, wie er es im *Wallenstein* verwirklicht hatte. In der »romantischen Tragödie« spielen legendenhafte Züge eine große Rolle. Überirdische Mächte und Gestalten lenken das Geschehen, die Wirklichkeit erscheint stilisiert. Legendäres wird zum Mittel, das Historische zu poetisieren, zu »überwinden«. Der tragische Konflikt entsteht nicht durch eine Konfrontation des Legendären und des Historischen, sondern die Gefährdung erfolgt von innen: Johanna gerät in den Zwiespalt zwischen Pflicht und Neigung, zwischen sittlicher und natürlich-sinnlicher Natur. Sie überwindet ihn, indem sie sich die Sendung völlig zu eigen macht und so den Weg bereitet für das untragische Ende, die Verklärung im Tod. Sieht man es im Kontext von S.s Idyllentheorie, so führt er seine Heldin vom Arkadien des Prologs durch die Welt des geschichtlichen Handelns zum Elysium der Schlußapotheose.

Die zeitgenössischen Aufführungen waren außerordentlich erfolgreich: »Alles ist davon elektrisiert worden«, schreibt S. über die Weimarer Aufführung. In einem Brief an den Verleger Göschen vom 10. 2. 1802 bekannte er: »Dieses Stück floss *aus dem Herzen* und *zu dem Herzen* sollte es auch sprechen.« Heute erscheint das Drama kaum noch spielbar. Mit seiner Abkehr vom Geschichtlichen, seinen romantisierenden Elementen und dem massiven Einsatz theatralischer Mittel und Effekte wirkt es eher befremdlich. Gerhard Kaiser hält es für sinnlos, »die Unterscheidungen zwischen S. und uns zu verwischen, und es ist unzulässig anzunehmen, das uns so fremdgewordene Schillersche Pathos sei eine Hülle, unter der ein aktueller S. vorfindbar sei.« George Bernhard Shaw nannte S.s Stück in der Vorrede zu seiner *Saint Joan* (1923) respektlos »romantic nonsense«. Opern von Giuseppe Verdi (*Giovanna d'Arco*, 1845) und Peter Tschaikowsky (*Die Jungfrau von Orleans*, 1881) basieren auf S.s Schauspiel.

1802
Friedrich von Hardenberg
Heinrich von Ofterdingen

Der ein Jahr nach H.s Tod erschienene Roman ist ein Fragment. Nur der 1. Teil (*Die Erwartung*) wurde vollendet, vom 2. (*Die Erfüllung*) hat Ludwig Tieck den Anfang herausgegeben und durch einen auf dem handschriftlichen Material beruhenden »Bericht über die Fortsetzung« ergänzt. Nach Tieck war es »die Absicht des Dichters, nach Vollendung des *Ofterdingen* noch sechs Romane zu schreiben, in denen er seine Ansichten der Physik, des bürgerlichen Lebens, der Handlung, der Geschichte, der Politik und der Liebe, so wie in *Ofterdingen* der Poesie niederlegen wollte.« In diesen Zusammenhang gehört auch das Romanfragment *Die Lehrlinge von Sais* (entstanden 1798–99, Druck in den von Friedrich Schlegel und Tieck herausgegebenen *Schriften*, 1802), das zu einem »ächt-sinnbildlichen Naturroman« ausgestaltet werden sollte. Dieser Plan wurde dann zugunsten des *Ofterdingen* zurückgestellt, dessen 1. Teil binnen weniger Monate (Dezember 1799 bis April 1800) entstand. Literarische Anregungen gingen von Wielands Märchenanthologie *Dschinnistan oder auserlesene Feen- und Geister-Märchen* (1786–89), Goethes *Märchen (Unterhaltungen deutscher Ausgewanderten*, 1795) und insbesondere dem *Wilhelm Meister* (1795–96) aus. Dabei sind die Beziehungen zum *Wilhelm Meister*, der alle frühromantischen Romane beeinflußte, von komplexer Natur, wie sich denn auch H.s Urteil über Goethes Roman von höchster Bewunderung zu entschiedener Ablehnung wandelte. Der Übereinstimmung von Erzählweise und Komposition und der Verwandtschaft von Romanfiguren (etwa von Mignon und Zulima) steht eine betonte Kritik seiner »oeconomische[n] Natur« gegenüber, von H. als »Wallfahrt nach dem Adelsdiplom« angegriffen. Wo Goethe, im Geschichtlichen verbleibend, eine Verbindung von gebildetem Bürgertum und Adel anvisiert, geht H. den Weg nach Innen und zielt auf eine »Poëtisierung der Welt« durch eine schöpferische Einbildungskraft.

Der Roman spielt in einer recht vagen mittelalterlichen Welt (auf die Figur des historisch nicht belegten Minnesängers war H. in Chroniken gestoßen). Heinrich, wie Wilhelm Meister Sohn bürgerlicher Eltern, wächst in Eisenach auf und ist für den »Lehrstand« bestimmt. Die Erzählungen eines fremden Reisenden von einer blauen Blume wecken ein »unaussprechliches Verlangen« in ihm und lösen einen Traum aus, in dem ihn eine wunderbare Reise zu dieser blauen Blume führt, die sich bei seiner Annäherung zu verändern beginnt und sich ihm zuneigt: »und die Blütenblätter zeigten einen blauen ausgebreiteten Kragen, in welchem ein zartes Gesicht schwebte.« Losgelöst vom Roman ist die ›blaue Blume‹ zu einem Symbol für die Romantik schlechthin geworden. Der Traum erweckt Heinrich, ihm zunächst noch unbewußt, zum Dichter; der Vorbereitung auf sein Dichtertum dienen die Begegnungen und Belehrungen auf der Reise nach Augsburg, der Heimatstadt seiner Mutter, die er mit ihr und einigen Kaufleuten unternimmt. Die Kaufleute erzählen zwei Geschichten von der Macht der Poesie (Arion-Sage, Märchen von Atlantis), auf einer Ritterburg bringen ihm der Burgherr und die gefangene Araberin Zulima die Welt des Orients und der Kreuzzüge in verschiedener Perspektive nahe, ein alter Bergmann gibt ihm eine Einführung in die Naturgeschichte und »die edle Kunst des Bergbaus«, »dieses ernste Sinnbild des menschlichen Lebens«. Im Innern eines Höhlenlabyrinths treffen sie einen Einsiedler, den Grafen von Hohenzollern, der ihn in den Bereich der Geschichte einführt und bei dem Heinrich ein geheimnisvolles Buch findet, in dem er »sein Ebenbild in verschiedenen Lagen« sieht und das vorausdeutend seine eigene Geschichte zu enthalten scheint; freilich, »der Schluß des Buches schien zu fehlen«.

So eröffnet sich Heinrich nach und nach die Welt, aber sie bleibt noch »stumm«. Erst durch die Erfahrung der Liebe kann er zum Dichter werden, eine Erfahrung, die am Ziel seiner Reise auf ihn wartet. In Mathilde, der Tochter des Dichters Klingsohr, erkennt er die Frau, deren Gesicht ihm in der blauen Blume erschienen war und die er auch in dem geheimnisvollen Buch gesehen hatte. Klingsohr führt ihn in die Dichtkunst ein und erzählt auf seine Bitte ein allegorisches Erlösungsmärchen, Gegenstück zu Goethes *Märchen*, das die Wiedergewinnung des verlorengegangenen Zustandes der Harmonie vorführt, in dem alles Trennende aufgehoben ist. Es spiegelt so das Romangeschehen, dessen Sinn sich fassen läßt als »Vergegenwärtigung des Wegs, der überall, jetzt und immer, zur Verwirklichung des goldenen Zeitalters führen kann« (Hans-Joachim Mähl).

Mit Klingsohrs Märchen endet der 1. Teil des Romans; der 2. sollte dann Heinrich – äußerlich auf dem Weg durch verschiedene historische

Epochen und Räume – zur Höhe seiner poetischen Existenz führen, zu einer »Höhe der innern Welt«, in der Zeiten und Räume zusammengeführt und versöhnt, alle Gegensätze und Trennungen aufgehoben würden und der Roman so mit der »Poëtsierung der Welt«, der »Herstellung der Märchenwelt« zu seinem Ziel gelangen würde.

Für die Nachwelt blieb H. lange der ätherische, träumende Dichter der blauen Blume, zu dem ihn schon sein Freundeskreis nach seinem frühen Tod stilisierte (wobei Heines Parodie in der *Romantischen Schule*, 1833–35, nur die negative Folie zu diesem Bild bietet). Erst im 20. Jh. wurde der experimentelle Charakter seiner Kunst erkannt, die auf die französischen Symbolisten ebenso wirkte wie auf eine Reihe deutschsprachiger Autoren (Thomas Mann, Hofmannsthal, Musil, Broch, Benn).

1802
August von Kotzebue
Die deutschen Kleinstädter

Unter den rund 230 Stücken K.s ist dieses Lustspiel in vier Akten das einzige, das auch heute noch gelegentlich aufgeführt wird. Krähwinkel, der Ort der Handlung, ist zum »Inbegriff kleinstädtischer Beschränktheit« (Duden) geworden; K. hat den Namen übrigens von Jean Paul übernommen. Angeregt wurde K. durch die zeitgenössische französische Komödie *La petite ville* (1801) von Luis Benoît Picard, ohne jedoch mehr als einzelne Handlungsmomente zu übernehmen. *Die deutschen Kleinstädter* wurden am 22. 3. 1802 im Wiener Burgtheater uraufgeführt, nachdem es in Weimar zu einem Konflikt mit Goethe gekommen war, der die satirischen Spitzen gegen zeitgenössische Literaten – Verfasser modischer Räuberromane, Sonett- und Triolettdichter (August Wilhelm Schlegel) – streichen wollte. Die Druckausgabe erschien 1803 zusammen mit K.s Übersetzung der französischen Komödie (*Die französischen Kleinstädter*).

Sabine, Tochter des Bürgermeisters Staar und der Frau »Unter-Steuer-Einnehmerin« Staar, wartet auf Olmers, den sie in der Residenzstadt kennengelernt hatte. Er hatte versprochen, nach Krähwinkel zu kommen und um ihre Hand anzuhalten. Es ist höchste Zeit, denn am nächsten Tag soll Sabine den der Poesie ergebenen »Bau-Berg- und Weg-Inspektors-Substitut« Sperling heiraten. Olmers erscheint mit einem Empfehlungsschreiben des Ministers, wird eine Zeitlang aufgrund

eines Mißverständnisses für den König gehalten, klärt jedoch den Irrtum auf und macht sich durch sein freies, unzeremonielles Benehmen so unbeliebt, daß seine Werbung abgelehnt wird, zumal er nicht einmal einen Titel zu besitzen scheint. Von Sabine über sein unkluges Verhalten aufgeklärt, gelingt es Olmers, einen Zufall zu seinen Gunsten auszunutzen. Den Krähwinklern ist eine Diebin entwischt, die am nächsten Tag an den Pranger gestellt werden sollte (um dieses Recht hatten die Krähwinkler einen neunjährigen Streit mit dem benachbarten Rummelsburg ausgetragen). Olmers verspricht, die drohende Blamage abzuwenden und die Sache beim Minister in Ordnung zu bringen. Und er erhält – »Geheimde-Kommissionsrat« ist er auch noch – Sabines Hand.

Die Satire trifft Dünkelhaftigkeit, Titelsucht und Engstirnigkeit der Kleinstadtphilister, die ihren Ort und ihre Lebensart für vorbildlich halten und sich dadurch nur lächerlich machen (K. mag Weimar im Auge gehabt haben). Dabei gelingen K. theaterwirksame komische Szenen, die nicht ohne Wirkung blieben: An die Ankunft des Fremden aus der Residenz knüpfte später Nikolai Gogol im *Revisor* (1836) an; die nächtliche Serenade Sperlings, die vom Nachtwächter gestört wird und nach und nach die Honoratioren im Nachthemd auf die Straße bringt, klingt in Richard Wagners *Meistersinger von Nürnberg* (1868) nach. Daß Krähwinkel zum festen Begriff geworden war, zeigt u.a. Johann Nestroys politische Satire *Freiheit in Krähwinkel* (1848), die die Erfahrungen der 48er Revolution in Wien spiegelt.

1803
Clemens Brentano
Ponce de Leon

B.s Lustspiel entstand aus Anlaß einer von Goethe und Schiller Ende 1800 in den *Propyläen* ausgeschriebenen Preisaufgabe: Dreißig Dukaten waren für das »beste Intriguenstück« ausgesetzt. Der Preis wurde nicht vergeben. B. forderte sein Stück zurück und veröffentlichte es 1803 (mit der Jahreszahl 1804). Eine Theaterfassung wurde 1814 unter dem Titel *Valeria oder Vaterlist* am Wiener Burgtheater ohne Erfolg aufgeführt. Nach der an Tieck orientierten Literaturkomödie *Gustav Wasa* (1800), einer Kotzebue-Persiflage, war *Ponce de Leon* B.s zweites Stück. Den Stoff für das Lustspiel entnahm er den *Contes de fées* (1697–98) der Madame d'Aulnoy; entscheidende Anregungen verdankte er Shakespeare (als Vorbild für den Sprachwitz) und der italienischen Commedia dell'arte bzw. den Lustspielen Carlo Gozzis und Carlo Goldonis.

Die Komödie spielt in Sevilla und Umgebung. Don Sarmiento, »Obrister bei der Armee in den Niederlanden«, kehrt nach langer Abwesenheit in seine Heimat zurück, um das Glück seiner Kinder zu sichern. Zu diesem Zweck inszeniert er, inkognito, eine das Tragische streifende Verwechslungskomödie, die die Liebenden auf die Probe stellen soll. Nach allerlei Verwirrungen und Verkleidungen, vorgetäuschten Entführungen und Überfällen löst sich alles auf, die Paare finden sich, bisher unbekannte Verwandtschaftsbeziehungen kommen ans Licht. Sarmientos Sohn Felix bekommt seine Lucilla (seine Halbschwester, Tochter von Sarmientos zweiter Frau Isabella), seine Schwestern Isidora und Melanie die Edelleute Ponce de Leon und Fernand de Aquilar; Porporino, der sich ebenfalls als Sohn Sarmientos aus zweiter Ehe entpuppt, erhält Valeria, die liebenswürdigste Gestalt des Stückes, die auf Ponce verzichtet, den sie liebt. Ponce seinerseits ist ebenfalls ein sehr differenziert gezeichneter Charakter, gefühlvoll und ironisch, von Langeweile und Melancholie heimgesucht; zu seinen Nachfahren gehört Georg Büchners Leonce in *Leonce und Lena* (1838).

B.s Stück zeichnet sich durch eine virtuose Sprachbehandlung aus, durch eine lyrische Musikalität ebenso wie durch einen unbändigen Hang zu Klang- und Wortspielen. Es sind allerdings gerade diese spielerischen Momente, der auf die Spitze getriebene Sprachwitz, die die Bühnenwirksamkeit der Komödie beeinträchtigen.

1803
Johann Wolfgang von Goethe
Die natürliche Tochter

Das fünfaktige Trauerspiel in Blankversen wurde am 2. 4. 1803 in Weimar uraufgeführt; es erschien noch im selben Jahr im *Taschenbuch auf das Jahr 1804*. Den Stoff entnahm G. den (fingierten) *Mémoires historiques* (1798) der französischen Adeligen Stéphanie-Louise de Bourbon-Conti. Er sah hier die Möglichkeit, seine Auseinandersetzung mit der Französischen Revolution und ihren Folgen in vertiefter Weise fortzuführen, zumal seine früheren dramatischen Versuche dem epochalen Ereignis kaum gerecht wurden (*Der Groß-Cophta*, 1792; *Der Bürgergeneral*, 1793) bzw. fragmentarisch blieben (*Die Aufgeregten*, 1791–92, Druck 1817).

Die natürliche Tochter, eigentlich nur der erste Teil einer geplanten Trilogie, ist ein höchst kunstvolles Werk, dessen stilisierte Verssprache ein enges Netz symbolischer Beziehungen herstellt, während die Motivierung des äußeren Geschehens recht brüchig erscheint. Heldin des Stückes ist Eugenie (»die Edelgeborene«), die natürliche, d. h. illegitime Tochter eines Herzogs und einer hohen Adeligen (nur Eugenie trägt einen Namen; die anderen Personen sind allein durch Rang oder Beruf bezeichnet). Nach dem Tod der Mutter betreibt der Herzog die Legitimierung seiner Tochter und stellt dafür seine frühere Gegnerschaft gegen den König zurück. Beeindruckt von Eugenie, die als vorbildliche Verkörperung aristokratischer Tugenden erscheint, sagt der König ihre Anerkennung und Einführung bei Hof zu. Ihr Vater überreicht ihr den Schlüssel für das Kabinett mit den Prunkgewändern und dem Schmuck, mit der (märchenhaften) Auflage, das Kabinett nicht vor dem Tag der offiziellen Präsentation zu öffnen. Sie verletzt das Gebot und zeigt damit ihre Verführbarkeit durch äußeren Schein. Die geplante Legitimierung wird durch eine Intrige ihres Bruders vereitelt, der eine Adelsfronde gegen den König anführt und eine Schmälerung seines Erbes und damit seiner Macht befürchtet. Er fingiert Eugenies Tod und läßt sie entführen. Sie kann dem ihr zugedachten Tod auf den Fieberinseln nur dadurch entgehen, daß sie einen Bürgerlichen heiratet und damit auf ihre Ansprüche verzichtet. Auch der schwache König hat sich – unmotiviert – auf die Seite ihrer Gegner geschlagen. In der Ehe mit einem Gerichtsrat, der verspricht, »Entsagung der Entsagenden zu weihen«, bewahrt sie sich als »Talisman« auf, um das Vergangene in gereinigter Form – als natürlichen, inneren Adel – über die bevorstehenden gesellschaftlichen Umwälzungen hinaus in eine neue historische Epoche hinüberzuretten. Ihr gesellschaftlicher Abstieg bedeutet zugleich eine moralische Erhöhung – und ein Urteil über die Adelsgesellschaft, die eine derartige Erscheinung nicht unter sich duldet.

So ist das Stück gewiß keine Gestaltung der Revolution und ihrer Folgen, sondern G. verengt das Thema auf – nur vage charakterisierte – Krisenerscheinungen innerhalb des Adels, auf den vom Adel – und dem Monarchen – verschuldeten Zersetzungsprozeß der alten Ständeordnung (Revolutionen werden nach G. immer von den Herrschenden, nicht von den Regierten verschuldet). Dabei mag das Ende, die Heirat Eugenies mit dem bürgerlichen Gerichtsrat, eine politische Botschaft, die Hoffnung auf eine Regeneration unter bürgerlichem Vorzeichen enthalten. Angesichts der Brüchigkeit der Parabel ist die politische Signifikanz des Stückes wiederholt bestritten worden. Auf der Bühne konnte sich die *Natürliche Tochter* nicht durchsetzen.

1803
Johann Peter Hebel
Alemannische Gedichte

H.s Sammlung *Alemannischer Gedichte. Für Freunde ländlicher Natur und Sitten* von 1803 enthält 32 Gedichte; die 5. Auflage von 1820 wurde um zwölf Texte erweitert.

Die Gedichte folgen keiner bestimmten Anordnung, die Themen sind vielfältig: Natur, Landschaft, Leute, Arbeit, Volksleben, Volksglaube, aber auch Verbrechen, Tod und Vergänglichkeit, häufig mit lehrhaften Zügen. Formal bevorzugt H. Vierzeiler und Volksliedstrophen; der große Dialog *Die Vergänglichkeit* und eine Reihe betrachtender Gedichte verwenden den Blankvers, die umfangreichen erzählenden Texte den Hexameter. Trotz der Vielfalt der Formen und Themen entsteht durch die Konzentration auf eine Landschaft, ihre Menschen, ihre Sprache und die für sie charakteristischen Vorstellungen das Bild eines einheitlichen Kosmos. Dazu gehört auch ein selbstverständlicher Umgang mit übernatürlichen Wesen, mit Geistern, Engeln und Gespenstern, eine weitgehende Vermenschlichung aller Bereiche. Schon das erste Gedicht zeichnet sich durch eine »allegorisirende Personifikation« (Jean Paul), »einen sehr artigen Anthropomorphism« (Goethe) aus: Es schildert den Lauf eines Flusses von der Quelle zur Mündung als Geschichte eines Mädchens von der Geburt bis zur Hochzeit (*Die Wiese*).

Goethe rühmte in einer Rezension, daß H. »auf die naivste, anmutigste Weise durchaus das Universum« verbaure. Die *Alemannischen Gedichte* wirkten anregend auf die Dialektdichtung des 19. Jh.s (u.a. Karl von Holtei: *Schlesische Gedichte*, 1830; Franz von Kobell: *Gedichte in oberbayerischer Mundart*, 1839 u.ö.; Klaus Groth: *Quickborn*, 1852).

1803
Heinrich von Kleist
Familie Schroffenstein

K.s erstes Drama, 1803 anonym erschienen und im Januar 1804 in Graz uraufgeführt, sollte zuerst in Spanien spielen. Ein Entwurf trägt den Titel *Die Familie Thierrez*; in der ersten vollständigen Fassung wird daraus *Die Familie Ghonorez*. Das Stück verbindet Züge des Ritterdramas mit einer an Shakespeares *Romeo und Julia* angelehnten Handlung.

Ort des Geschehens ist Schwaben. Feindschaft herrscht zwischen den Schroffensteins aus dem Hause Rossitz (Graf Rupert) und dem Hause Warwand (Graf Sylvester). Ursache ist ein alter Erbvertrag, nach dem die überlebende Linie die andere beerbt. Als Graf Ruperts jüngster Sohn Philipp tot aufgefunden wird, halten die Rossitzer Graf Sylvester für verantwortlich und schwören am Sarg des Kindes »Rache! Rache! auf die Hostie, Dem Haus Sylvesters«. Auch Ruperts Sohn Ottokar schwört, ohne zu wissen, daß die Frau, die er liebt, Sylvesters Tochter Agnes ist. Rupert ist keinen vernünftigen Argumenten zugänglich, der Konflikt eskaliert. Agnes und Ottokar haben zueinander gefunden und das »Gespenst des Mißtrauns« verbannt (»Wir glauben uns«), aber das hat keinen Einfluß auf den Familienzwist. Als sie in einer Höhle entdeckt werden und sich durch Kleidertausch zu retten suchen, ersticht Rupert den eigenen Sohn, Sylvester seine Tochter. Zu spät stellt sich heraus, daß das angeblich ermordete Kind beim Spielen ertrunken war. Die Überlebenden versöhnen sich über den Leichen der Liebenden.

K. bat seine Schwester Ulrike, das Stück nicht zu lesen und nannte es »eine elende Scharteke«. Aber trotz ihrer krassen Effekte und der an die Schauerromantik gemahnenden Atmosphäre weist die *Familie Schroffenstein* schon auf K.s späteres Schaffen voraus. Dies gilt insbesondere für den Bereich der menschlichen Gefühle bzw. ihrer Verwirrung und der daraus resultierenden tragischen Verstrickungen. Der Zweifel an der menschlichen Erkenntnisfähigkeit, den die Kant-Lektüre bei K. ausgelöst hatte (›Kant-Krise‹), wird hier zum erstenmal thematisiert.

1803
Friedrich Schiller
Die Braut von Messina

Das Trauerspiel *Die Braut von Messina oder Die feindlichen Brüder* wurde am 19. 3. 1803 in Weimar uraufgeführt. Dem Druck, ebenfalls 1803, stellte S. die Abhandlung *Über den Gebrauch des Chors in der Tragödie* voraus. Noch auf der Suche nach einem passenden Stoff schrieb S. am 13. 5. 1801 an Gottfried Körner, daß er »große Lust« habe, sich »nunmehr in der einfachen Tragödie, nach der strengsten griechischen Form zu versuchen«. Den auffallendsten Aspekt dieser Anlehnung an die Form der griechischen Tragödie, an Sophokles vor allem, stellt die Verwendung des Chores dar: »Der Chor *reinigt* [...] das tragische Gedicht«, heißt es in der vorangestellten Abhandlung, »indem er die Reflexion von der Handlung absondert und eben durch diese Absonderung sie selbst mit poetischer Kraft ausrüstet«. Der Chor, in der alten Tragödie »mehr ein natürliches Organ«, werde in der neuen Tragödie zum »Kunstorgan«, das »die Poesie *hervorbringen*« helfe, »die moderne gemeine Welt in die alte poetische« verwandele. Neben fünfhebigen Jamben, ungereimt und gereimt, verwendet S. verschiedenartige hymnische und odenartige Versmaße. Das Stück hat keine Akt- und Szeneneinteilung.

Ort der Handlung ist Messina. Sie setzt nach dem Modell des antiken analytischen Dramas zu einem späten Zeitpunkt ein. Die Fürstin Isabella versöhnt ihre feindlichen Söhne Don Manuel und Don Cesar, deren Feindschaft nach dem Tod ihres Vaters zu öffentlichem Aufruhr geführt hatte. Sie will die Brüder mit ihrer Schwester Beatrice zusammenführen, die der verstorbene Fürst zu töten befohlen hatte, die aber von ihrer Mutter gerettet worden war. Sie lebt in einem Kloster in Messina. Ursache für das Verhalten der Eltern waren widersprüchliche Traumdeutungen (hier in der Rolle des antiken Orakels), die den Ruin oder die Versöhnung der Familie anzudeuten schienen. Doch die Familienzusammenführung scheitert, denn beide Brüder lieben – ohne voneinander zu wissen und ohne die Identität der Geliebten zu kennen – Beatrice. Als Cesar sie in den Armen Manuels findet, ersticht er ihn. Während Isabella verblendet in Haß und Raserei ausbricht, will sich Beatrice opfern und so den Fluch freiwillig erfüllen. Cesar, den Isabella und Beatrice vom Selbstmord abzuhalten versuchen, befreit sich von der Herrschaft der Affekte und sühnt, nun ganz pathetisch-erhabener Charakter, seine Schuld: »Befriedigt ist mein Herz, ich folge dir.« Dem schließt sich das Fazit des Chors an: »Das Leben ist der Güter höchstes *nicht*, Der Übel größtes aber ist die *Schuld*.«

S. antikisierendes Drama ist ein literarisches Experiment, in dem sich formale Elemente der antiken Tragödie mit Motiven aus Stücken des Sturm und Drang (Friedrich Maximilian Klinger: *Die Zwillinge*, 1776; Johann Anton Leisewitz: *Julius von Tarent*, 1776) zu einer Familientragödie verbinden. Deren Ursprung ist ein Familienfluch, das Ergebnis die Zerstörung einer Herrschaftsdynastie. Das spätere Schicksalsdrama (Zacharias Werner u.a.) konnte hier anschließen. Das in der Kritik sehr umstrittene, formal problematische und mangelhaft motivierte Stück wirkt »darin außerordentlich modern, daß das Schicksal hier nicht mehr als äußeres Verhängnis verstanden wird, sondern sich als inneres Verhängnis, das in den Figuren wirkt, nicht weniger unaufhaltsam als das antike Schicksal vollzieht« (Helmut Koopmann).

1803
Johann Gottfried Seume
Spaziergang nach Syrakus im Jahre 1802

Im Dezember 1801 brach S. von Grimma bei Leipzig zu seiner Reise nach Syrakus auf, die ihn – größtenteils zu Fuß – über Dresden, Prag, Wien, Triest, Venedig, Bologna, Rom und Neapel nach Sizilien führte und auf dem Rückweg einen Abstecher nach Paris einschloß. Ende August 1802 kam er »in den nehmlichen Stiefeln« wieder in Leipzig an. 1803 erschien der in Brief- und Tagebuchform gehaltene Reisebericht, nachdem schon 1802 Teile in Wielands *Neuem Teutschen Merkur* abgedruckt worden waren. In der Vorrede zu einem weiteren Reisebericht, *Mein Sommer 1805* (1806), begründete er seine Vorliebe für das Gehen: »Wer geht, sieht im Durchschnitt anthropologisch und kosmisch mehr, als wer fährt.« Und: »Ich halte den Gang für das Ehrenvollste und Selbständigste in dem Manne, und bin der Meinung, daß Alles besser gehen würde, wenn man mehr ging. [...] Fahren zeigt Ohnmacht, Gehen Kraft.«

S. war kein Kunstreisender, und es lag ihm nichts an einer poetischen Durchdringung seines Lebens. Er setzt die Form des Reiseberichts der des Romans entgegen, in der man – »Milchspeise für Kinder« – »alte, nicht mehr geläugnete Wahrheiten« lange genug dichterisch gestaltet habe: Wir sollten beginnen, »die Sachen ernsthaft geschichtsmäßig zu nehmen«, »Charakteristik und Wahrheit« hätten Vorrang vor dem »ästhetischen Werth«. Und so spielen die klassische Kunst und Literatur in seinem Buch nur eine untergeordnete Rolle, obwohl S. Kunstwerke besichtigt und Erinnerungsstätten antiker Dichter besucht und als Grund für seine Italienreise u.a. angibt, »eine Idylle Theokrit's auf der Landspitze von Syrakus« lesen zu wollen. Sein Bericht aus Rom, das er entgegen seiner ursprünglichen Absicht besuchte, beginnt mit den Worten: »Wider meine Absicht bin ich nun hier.«

S. sieht das Italien der Gegenwart; das antike Italien ist nur Folie, vor der die Unzulänglichkeiten und die Armut der Gegenwart, verschuldet von der Kirche und den Feudalherrn, um so sichtbarer werden. Sein Blick richtet sich auf die Menschen und ihre Lebensverhältnisse, auf die Landwirtschaft und die Gasthäuser, die Beschaffenheit und Sicherheit der Verkehrswege und auf die politischen Zustände. In den von Frankreich besetzten Landesteilen fühlt er sich freier als in Österreich und dem österreichischen Venedig; doch seine Sympathien für Napoleon sind durch dessen Pakt mit der katholischen Kirche stark gesunken: »die Römer haben nun wieder Überfluß an Kirchen, Mönchen, Banditen. Er hat uns zum wenigsten wieder einige hundert Jahre zurückgeworfen.« Der katholischen Kirche, der »Möncherey«, gelten heftige Attacken, Rom erscheint als »die Kloake der Menschheit«. (Andererseits räumt er angesichts eines Aquädukts bei Rimini pragmatisch ein: »Wenn ein Papst eine recht schöne wohlthätige Wasserleitung bauet, kann man ihm fast vergeben, daß er Papst ist.«)

»Wer die Privilegien tödtete, wäre der Weltheiland«, schrieb S. in den *Apokryphen*, Reflexionen und Notizen, die 1811 der 3. Auflage des *Spaziergangs* angefügt wurden: Credo eines kritischen Aufklärers, der Italien mit ganz anderen Augen sah als die enthusiastischen Kunstreisenden seiner Zeit.

1804
August Klingemann
Nachtwachen

Die *Nachtwachen* erschienen 1804 (vordatiert auf 1805) unter dem Pseudonym Bonaventura in einem eher obskuren *Journal von neuen deutschen Original Romanen*. Über den Verfasser wurde lange gerätselt. Sicher schien nur, daß er mit den literarischen Strömungen um 1800 – Jenaer Romantik, Fichtes Philosophie, Jean Paul – vertraut war und eine entschiedene Abneigung gegen August Wilhelm Iffland und August Kotzebue hegte. Die erste Zuschreibung – und zugleich eines der wenigen frühen Rezeptionszeugnisse – stammt von Jean Paul: »Lesen Sie doch die Nachtwachen von Bonaventura, d.h. von Schelling«, schrieb er am 14. 1. 1805 an einen Freund: »Es ist eine treffliche Nachahmung meines Giannozzo; doch zuviel Reminiszenzen und Lizenzen zugleich.« Nach zahlreichen anderen Hypothesen – u.a. E. T. A. Hoffmann, Friedrich Gottlob Wetzel, Clemens Brentano, Jean Paul – konnte

schließlich der Braunschweiger Theaterdirektor und Schriftsteller August Klingemann mit Sicherheit als Verfasser der *Nachtwachen. Von Bonaventura* identifiziert werden.

Der satirische Roman erinnert mit seiner verschlungenen Erzählweise an Friedrich Schlegels *Lucinde*: »Was gäbe ich doch darum, so recht zusammenhängend und schlechtweg erzählen zu können, wie andre ehrliche protestantische Dichter und Zeitschriftsteller.« Held und Ich-Erzähler ist der Nachtwächter und satirische Schriftsteller Kreuzgang (als Findelkind nach dem Fundort benannt), der in einer Folge von 16 »Nachtwachen« über nächtliche Erlebnisse und Begegnungen berichtet – Tod eines Freigeists mit eifernden Pfaffen, Mord, Wahnsinn, Selbstmord eines Dichters, lebendig begrabene Nonne usw. – und desillusionierende Betrachtungen über Gott und die Welt anstellt, die allesamt in der Negation enden. Im »Prolog des Hanswurstes zu der Tragödie: der Mensch«, deren Dichter sich an der Schnur aufhängt, mit der der Verleger das zurückgesandte Manuskript zugebunden hatte, heißt es: »Es ist alles Nichts und würgt sich selbst auf und schlingt sich gierig hinunter, und eben dieses Selbstverschlingen ist die tückische Spiegelfechterei als gäbe es Etwas [...].«

In dieses Bild eines »allgemeinen Irrenhause[s]« fügt Kreuzgang seine Lebensgeschichte ein, in einer Weise, die seiner besonderen »Vorliebe für die Tollheit« entspricht. Er beginnt am Ende, d.h. mit seiner jetzigen Position als Nachtwächter, und beschließt das Werk mit der Geschichte seiner Zeugung und Geburt (Sohn einer Zigeunerin und eines Alchimisten, gezeugt in Anwesenheit des Teufels), ohne allerdings konsequent und ohne Sprünge chronologisch rückwärts zu schreiten. Ein Schuster findet ihn im Kreuzgang und zieht ihn auf, doch mehr als das Schuhmacherhandwerk interessieren Kreuzgang die Werke von Jacob Böhme und Hans Sachs. Er wird Schriftsteller, seine Satiren und Pamphlete bringen ihn ins Gefängnis und schließlich ins Irrenhaus. Hier trifft er eine Schauspielerin wieder, die bei einer gemeinsamen Hamletaufführung wahnsinnig geworden war und nicht aus der Rolle der Ophelia »herauszustudieren« war. Mit ihr verlebt er den einzigen »Wonnemonat« seines Lebens. Sie stirbt bei der Geburt ihres toten Kindes. Kreuzgang, wieder entlassen, schließt sich einem Marionettentheater an, das aufgeben muß, weil »durch ein strenges Zensuredikt alle Satire im Staate ohne Ausnahme verboten sei, und man sie schon zum voraus in den Köpfen konfisziere.« So wird er dann, dank seiner »Konnexionen«, Nachtwächter und »Nachtwandler«, der schließlich auf dem Friedhof die Geschichte seiner Zeugung und Geburt erfährt und eine »Handvoll väterlichen Staub in die Lüfte« streut: »und es bleibt – Nichts! [...] Und der Widerhall im Gebeinhause ruft zum letzten Male – *Nichts*!«

Die *Nachtwachen* sind ein bedeutendes, krasses Dokument nihilistischer Weltinterpretation, die als Konsequenz zeitgenössischer idealistisch-subjektiver Philosophie (Fichte) und als Symptom einer allgemeinen Krise erscheint. Vorausgegangen war Jean Pauls *Rede des toten Christus vom Weltgebäude herab, daß kein Gott sei (Siebenkäs,* 1796–97), Muster für den »Monolog des wahnsinnigen Weltschöpfers« in den *Nachtwachen.* Zugleich sind die *Nachtwachen* aggressive Zeit- und Gesellschaftssatire. Ihren Höhepunkt erreicht sie, als es dem Nachtwächter in seiner »Tollheit« einfällt, »in der letzten Stunde des Säkulums [...] statt der Zeit die Ewigkeit auszurufen«, und die Furcht vor dem bevorstehenden Jüngsten Tag die »Masken« und »Larven« von den Angesichtern fallen läßt und die wahre Beschaffenheit des Menschen und der Gesellschaft bloßlegt. Dies wiederum führt zur Frage, was denn die Menschheit seit Adam vollbracht habe und damit zurück zum zentralen Thema: »Ich behaupte: Gar nichts!«

1804
Karoline von Günderrode
Gedichte und Phantasien

Die erste Veröffentlichung der 1806 durch Selbstmord aus dem Leben geschiedenen Dichterin – Pseudonym: Tian – enthält Gedichte, erzählende und meditative Prosastücke und dramatisch-lyrische Szenen. In ihrer zweiten Buchveröffentlichung (*Poetische Fragmente,* 1805) dominiert Dramatisches (*Hildegund; Mahomed, der Prophet von Mekka*). Zu ihrem Werk gehören ferner einige in Zeitschriften und Taschenbüchern veröffentlichte Dramen und die Sammlung *Melete* mit Gedichten, »Scandinavischen Weissagungen« und Briefen; *Melete* sollte 1806 erscheinen, wurde aber wegen ihres Todes zurückgezogen und, soweit erhalten, erst 1906 veröffentlicht.

Im Werk der G. herrscht das Lyrische vor, das alle Gattungen – Balladen, lyrische Prosa, Meditationen, Dramen, Dramoletts – durchdringt. Die Zahl der rein lyrischen Gedichte ist dagegen nicht sehr groß. Die Formen ihrer Dichtung schließen sich an die klassisch-romantischen Muster an. In der Stoffwahl und der Bildersprache

zeigt sich eine Hinwendung zu nichtantiken und nichtchristlichen Mythologien: Die *Gedichte und Phantasien* beginnen mit einem Gedicht »nach Ossian«; Germanisches und dann vor allem Orientalisches (Ägypten, Arabien, Persien, Indien) tritt in den Vordergrund. So führt die Frage nach dem Sinn des Lebens den Geschäftsmann Almor zur Abkehr von der europäisch geprägten Zivilisation hin in den Osten; und die Hoffnung auf »eine Zeit der Vollendung [...], wo jedes Wesen harmonisch mit sich selbst und mit den Andern wird, wo sie in einander fließen, und Eins werden in einem großen Einklang, wo jede Melodie hinstürzt in die ewige Harmonie«, findet – in einer Art Hesse-Vorklang – ihre Erfüllung in dem Rückzug in ein kontemplatives Leben am Ganges (*Geschichte eines Braminen*). Hauptthemen ihres Werkes sind Liebe, Treue, Schönheit, Tod: »Zur süßen Liebesfeyer wird der Tod, Vereinet die getrennten Elemente, Zum Lebensgipfel wird des Daseins Ende«, heißt es im Sonett *Die Malabarischen Witwen,* das die indische Sitte der Witwenverbrennung als Akt der Liebe feiert. Bettine von Arnim suchte das Gedächtnis der romantischen Dichterin, deren Schicksal oft den Blick auf ihr Werk verstellte, mit ihrem Briefbuch *Die Günderode* (1840) zu bewahren. Durchaus gegenwartsbezogen, als Entwurf einer herrschaftsfreien Beziehung zwischen zwei Menschen, gestaltete dann Christa Wolf in ihrer Erzählung *Kein Ort. Nirgends* (1979) die Vision einer Begegnung zwischen der G. und Heinrich von Kleist (und einer Reihe anderer Romantiker/innen).

1804
Jean Paul
Vorschule der Ästhetik

J. P.s Ästhetik erschien 1804 in drei Bändchen (erweiterte und ergänzte Auflage 1813). Sie besteht aus drei Abteilungen. Die 1. beginnt mit Überlegungen zum Wesen der Poesie, der Phantasie und des Genies und grenzt die »griechische oder plastische Dichtkunst« von der romantischen (d. h. nichtantiken) ab. Dabei werden Vorstellungen der romantischen Poetik aufgenommen. Die 1. Abteilung schließt mit einer Charakteristik des Humors und der humoristischen Dichtkunst (und kommt damit zu einem entscheidenden Punkt der eigenen Dichtung): »Der Humor, als das umgekehrte Erhabene, vernichtet nicht das Einzelne, sondern das Endliche durch den Kontrast mit der Idee«, heißt es in J. P.s berühmter Definition. Und durch diese Kontrastierung entsteht die »Totalität«, auf die der Dichter zielt: »Es gibt für ihn [den Humor] keine einzelne Torheit, keine Toren, sondern nur Torheit und eine tolle Welt; er hebt – ungleich dem gemeinen Spaßmacher mit seinen Seitenhieben – keine einzelne Narrheit heraus, sondern er erniedrigt das Große, aber – ungleich der Parodie – um ihm das Kleine, und erhöhet das Kleine, aber – ungleich der Ironie – um ihm das Große an die Seite zu setzen und so beide zu vernichten, weil vor der Unendlichkeit alles gleich ist und nichts.«

Die 2. Abteilung beginnt mit Betrachtungen über den Witz, handelt weiter von Charakteren in der Dichtkunst, von literarischen Gattungen, dem dichterischen Stil und endet mit einem »Fragment über die deutsche Sprache«. Im Abschnitt über den Roman, den er nicht als didaktische Form mißverstanden wissen will (»Das Unentbehrlichste am Roman ist das Romantische«), entwirft er eine Einteilung der »Romanenmaterie« in drei »Schulen«: in die erhabene italienische Schule (*Werther, Agathon, Titan* u. a.), die konträre komisch-realistische niederländische Schule (Johann Gottwerth Müller: *Siegfried von Lindenberg*, die eigenen Idyllen *Wutz* und *Leben Fibels*, u. a.), die mittlere deutsche Schule (*Siebenkäs, Flegeljahre, Wilhelm Meister*).

Die 3. Abteilung besteht aus drei Leipziger Vorlesungen: »Miserikordias-Vorlesung für Stilistiker«, »Jubilate-Vorlesung für Poetiker«, »Kantate-Vorlesung über die poetische Poesie«. Hatte sich J. P. am Anfang der *Vorschule* sowohl von den die Wirklichkeit negierenden »poetischen Nihilisten« wie von den geistlosen »poetischen Materialisten« distanziert, so bringt die Schlußvorlesung sein Bekenntnis zu einer realistischen und zugleich »himmlischen« Kunst: »Sie kann spielen, aber nur mit dem Irdischen, nicht mit dem Himmlischen. Sie soll die Wirklichkeit, die einen göttlichen Sinn haben muß, weder vernichten, noch wiederholen, sondern entziffern. Alles Himmlische wird erst durch Versetzung mit dem Wirklichen, wie der Regen des Himmels erst auf der Erde, für uns hell und labend.«

So gibt die *Vorschule* eine Standortbestimmung seines eigenen dichterischen Werkes und begreift Kunst als Möglichkeit, die auf das »Unendliche« gerichtete Subjektivität des Menschen mit der Erfahrung der Beschränktheit, der »Endlichkeit« zu versöhnen. Zugleich bietet die *Vorschule*, alles andere als systematische Ästhetik, durch ihren engen Bezug zur Praxis eine Einführung in poetische und sprachliche Techniken.

J. P. sandte seiner *Vorschule* 1825 eine *Kleine Nachschule zur ästhetischen Vorschule* nach.

1804
Friedrich Schiller
Wilhelm Tell

S.s »Schauspiel« (5 Akte; Blankvers, Liedstrophen) wurde am 17. 3. 1804 in Weimar uraufgeführt und im selben Jahr zum erstenmal gedruckt. Als Quellen benutzte S. u. a. Aegidius Tschudis *Chronicon Helveticum* aus dem 16. Jh. (gedruckt 1734–36) und Johannes von Müllers *Geschichte der schweizerischen Eidgenossenschaft* (Bd. 1, 1786). Historischer Hintergrund des Geschehens sind die Bestrebungen der Waldstätte, die ihnen zuerkannte Reichsunmittelbarkeit (freie Selbstverwaltung unter einem Reichsvogt) gegenüber der habsburgischen Hausmachtpolitik zu behaupten (König Albrecht schickte habsburgische Landvögte). S. rückt die sagenhafte Figur des Tell, entgegen den Quellen, vom 3. Akt an in den Mittelpunkt. Anders als in den früheren Darstellungen und dichterischen Versionen erscheint er als Einzelgänger, der nicht in den Bund der Verschworenen hineingenommen wird. Die Quellen datieren die unhistorische Tell-Episode auf 1307; die Erhebung fand 1308 statt.

Die Idylle des Anfangs (»Es lächelt der See, er ladet zum Bade«) wird schroff und mit dramatischem Effekt durch den Einbruch der geschichtlichen Wirklichkeit zerstört: der Unterwaldener Konrad Baumgarten auf der Flucht vor habsburgischen Reitern, weil er einen Burgvogt erschlagen hat, der seiner Frau Gewalt antun wollte. Tell rettet den Verfolgten über den stürmischen See. Die Rechtsbrüche und die Unterdrückung der Freiheit durch die Österreicher fordert die Notwehr der Bewohner von Schwyz, Uri und Unterwalden heraus. Stauffachers Frau Gertrud fordert ihren bedrückten Mann auf, sich mit den Vertretern der anderen Orte in Verbindung zu setzen und die Befreiung vorzubereiten. Die Abgesandten treffen sich nachts auf einer Wiese (Rütli) und bekräftigen ihren Vorsatz, die Tyrannenherrschaft zu brechen (»Wir wollen sein ein einzig Volk von Brüdern«). Tell ist nicht dabei. Als er mit Stauffacher an der im Bau befindlichen Zwingburg von Uri vorbeigegangen war, hatte er auf die Aufforderung zu gemeinsamem Handeln mit einer Mahnung zur Geduld und der Erwartung geantwortet, daß sich die Idylle von allein wiederherstellen werde. Allerdings, »zu bestimmter *Tat*« sei er immer bereit. Aber Tells naives Vertrauen wird zerstört, als er den Geßler-Hut nicht grüßt und von dem Vogt zum berühmten Apfelschuß gezwungen wird, mit dem er das Leben seines Sohnes aufs Spiel setzt, um ihn und sich zu retten. Tell beschließt, Geßler zu töten. Nachdem er Geßler auf einer stürmischen Seefahrt entkommen ist, erwartet er ihn – sein Vorhaben in einem langen Monolog reflektierend – in der »hohlen Gasse bei Küßnacht« und erschießt den Tyrannen (»Das ist Tells Geschoß«). Inzwischen hat sich auch der Adelige Ulrich von Rudenz den Verschworenen angeschlossen, nachdem ihm Berta von Bruneck die Augen geöffnet und das private Glück vom öffentlichen abhängig gemacht hatte. Angesichts der Ereignisse – Apfelschuß, Tells und Berta von Brunecks Gefangennahme – drängt er die Eidgenossen zu rascher Tat. Die Unterdrücker werden vertrieben. Gleichzeitig kommt die Nachricht von der Ermordung König Albrechts durch Herzog Johann von Schwaben (»Parricida«), verbunden mit der Hoffnung auf einen König von einem anderen Geschlecht. Tell findet Parricida, der geächtet durch das Land zieht, in seinem Haus. Er kontrastiert seine moralisch gerechtfertigte Notwehrhandlung mit dem aus persönlicher »Ehrsucht« verübten Mord Parricidas. Doch weist er ihn auf die Möglichkeit der Erlösung hin. Mit »lautem Frohlocken« wird Tell, »der Schütz und der Erretter«, gefeiert, und der Feudalherr Ulrich von Rudenz begibt sich seiner Privilegien: »Und frei erklär ich alle meine Knechte.«

Der Stoff – Aufstand und Tyrannenmord – besaß angesichts der revolutionären Ereignisse in Frankreich große Aktualität. Der Revolutionsmaler Jacques-Louis David malte den Freiheitshelden, der Komponist André Ernest Modeste Grétry machte ihn zum Helden einer Revolutionsoper. S. ging es freilich weniger um die Verkündigung von politischen Thesen, wenn auch die politischen Implikationen des Geschehens deutlich werden. Das Handeln Tells und der Eidgenossen, so sucht es S. zu motivieren, ist primär nicht als Reaktion auf politische Entscheidungen zu verstehen, sondern antwortet auf die Zerstörung der natürlichen Verhältnisse und Bindungen, auf Vergehen gegen das Naturrecht. »Gerächt Hab ich die heilige Natur«, mit diesen Worten charakterisiert Tell seine Tat, mit der die natürliche Ordnung, in der sich das freie Individuum mit einer freien Gemeinschaft verbindet, wiederhergestellt wird. Im Licht von S.s geschichtsphilosophischem Denken kann man den Dreischritt als die zugrundeliegende Denkfigur ausmachen: von der Idylle des Anfangs über die Verletzung der natürlichen Ordnung zu ihrer Wiederherstellung.

Das »Volksstück«, wie es S. in einem Brief an Iffland nannte, hatte großen Erfolg und wurde an zahlreichen deutschen Bühnen aufgeführt. Es

fehlte allerdings auch nicht an Kritik. Ludwig Börne attackierte Tell als Philister und Kleinbürger: »Tells Charakter ist die Untertänigkeit.« Eine schöne Würdigung fand das Stück in Gottfried Kellers Schilderung einer Volksaufführung im *Grünen Heinrich* (1854–55). Nach einem Attentatsversuch eines Schweizer Bürgers auf Hitler wurde *Wilhelm Tell* in Deutschland als Schullektüre verboten. – Die bekannteste Tell-Oper ist die Gioacchino Rossinis (*Guillaume Tell*, 1829). Kritisch setzte sich Max Frisch in *Wilhelm Tell für die Schule* (1971) mit dem Schweizer Ursprungsmythos auseinander.

Wilhelm Tell war S.s letztes vollendetes Bühnenwerk. Die Tragödie *Demetrius*, an der er 1804–05 bis zu seinem Tod arbeitete, blieb Fragment (Erstdruck 1815).

1804–05
Jean Paul
Flegeljahre. Eine Biographie

Die ersten drei Bändchen der *Flegeljahre* erschienen im Mai 1804, im Herbst 1805 folgte das vierte Bändchen, das dem Fragment gebliebenen Roman einen vorläufigen Abschluß gab. Es blieb bei dem Vorsatz, das Werk weiterzuführen.

Der Roman ist die fiktive Biographie des jungen Notars Gottwalt (Walt) Peter Harnisch aus Elterlein, der unverhofft Universalerbe des reichen Sonderlings Van der Kabel aus der Residenzstadt Haßlau wird. Der Biograph erhält als Lohn für jedes Kapitel eine Nummer aus Van der Kabels Kunst- und Naturalienkabinett, und so tragen die Kapitel absurde oder auch symbolisch gemeinte Überschriften wie »N^{ro} 9. Schwefelblumen« oder »N^{ro} 64. Mondmilch vom Pilatusberg«. Das Testament freilich, das am Anfang des Romans vor sieben »Präsumtiv-Erben« verlesen wird, hat seine Tücken. Walts Erbschaft ist an eine Reihe von Bedingungen geknüpft, und jeder Verstoß wird mit einem Abzug bestraft, von dem die »Präsumtiv-Erben«, die vorderhand nichts erben, profitieren. Diese Auflagen, deren Erfüllung eine Art Lebensschule für den weltfremden Poeten Walt bedeuten sollen, verlangen u. a., daß der Erbe in gekürzter Form alle Lebensstationen des Verstorbenen durchläuft, d. h. er muß sich als Klavierstimmer, Gärtner, Jäger, Korrektor, Buchhändler, Landschulmeister und Pfarrer betätigen und jeweils eine Woche bei den anderen Erben wohnen. Außerdem wird moralisches Verhalten gefordert: Ehebruch kostet ein Viertel des Vermögens, Verführung eines Mädchens aber nur ein Sechstel.

Am Tage seines Notariatsexamens erfährt Gottwalt von seinem Glück, und zur gleichen Zeit kehrt sein welterfahrener Zwillingsbruder Vult zurück, der mit 14 das Elternhaus verlassen und sich Musikanten angeschlossen hatte. Er beschließt, seinem den Ränken der Nebenerben hilflos ausgelieferten Bruder zu helfen, das Erbe zu sichern. Außerdem wollen die beiden zusammen einen »Doppelroman« schreiben (*Hoppelpoppel oder das Herz*), der – wie die *Flegeljahre* – Fragment bleibt. Die Zwillinge, von ihrem Naturell her völlig entgegengesetzt, verlieben sich in dasselbe Mädchen, Wina, die Tochter eines polnischen Generals. Als Vult (in der Maske Walts) erfahren muß, daß sie den Idealisten liebt, verläßt er seinen Bruder. Auf seiner Flöte einen allegorischen Liebestraum Walts paraphrasierend, zieht er davon: »Noch aus der Gasse herauf hörte Walt entzückt die entfliehenden Töne reden, denn er merkte nicht, daß mit ihnen sein Bruder entfliehe.« Er hat noch nicht den Brief gelesen, den ihm Vult geschrieben hat und in dem es heißt: »Gehabe dich wohl, du bist nicht zu ändern, ich nicht zu bessern.« So enden die *Flegeljahre*, ohne daß sich der Erbe mehr als nur eines Bruchteils seiner Aufgaben entledigt hätte. Daß der Roman als Fragment die ihm gemäße Form gefunden habe, wird allgemein angenommen: »Es läßt sich leicht vom Leser in der Phantasie durchspielen, wie breit und für eine Erzählung letztlich unergiebig die durchgeführte bürgerliche Erziehung des Notars Harnisch geworden wäre« (Gerhard Schulz).

Die Idee der bürgerlichen Erziehung des Helden, die den Roman ursprünglich tragen sollte, wurde von J. P. zugunsten der Kontrastierung der Zwillingsbrüder in den Hintergrund gedrängt. Sie werden als entschiedene Gegensätze gezeichnet, und sie sind zugleich aufs engste verbunden: der Poet Walt, dessen Reich die Phantasie ist und der an das Gute im Menschen glaubt, und der Skeptiker und Satiriker Vult (Verfasser der *Grönländischen Prozesse*, eines Frühwerks von J. P.), der die menschlichen Eitelkeiten durchschaut und zugleich sensitiver Künstler ist. Daß sich Walt behaupten kann, liegt nicht daran, daß er kraft seiner Poesie und Liebe die Welt verwandeln könnte oder daß er sich ändern würde. Vielmehr ist er als ein »Fürst von Traumes Gnaden« (Max Kommerell) ein Verwandter des Schulmeisterleins Wutz, dessen reiche und starke innere Welt sich die äußere anverwandelt oder unterwirft. Darüber hinaus zeichnet der Roman ein satirisches Bild deutscher Verhältnisse am Beispiel einer Residenzstadt, ein Bild kleinstädtischen Muffs, adeliger Anmaßung und bürger-

lichen Gewinnstrebens. – Die *Flegeljahre* waren zu J. P.s Enttäuschung kein Erfolg.

1805–08
Achim von Arnim /
Clemens Brentano
Des Knaben Wunderhorn

Der 1. Band der »alten deutschen Lieder«, »Sr. Excellenz [...] Herrn Geheimerat von Goethe« gewidmet, erschien im Herbst 1805 mit der Jahreszahl 1806; der 2. Band folgte 1808 mit einem Anhang von Kinderliedern. Mit ihrem Unternehmen knüpften A. und B. an das Interesse und die Begeisterung für Volkslieder an, die durch die Rezeption von Thomas Percys Sammlung *Reliques of Ancient English Poetry* (1765) ausgelöst, durch Hamanns und Herders Überlegungen zur Volkspoesie theoretisch begründet und durch Herders *Volkslieder* (1778–79) und andere Sammlungen fruchtbar gemacht worden war.

In einem Brief vom 15. 2. 1805 übermittelt B. seinem Freund A. nähere Vorstellungen über ein »Wohlfeiles Volksliederbuch«. Er wendet sich dabei gegen »das platte oft unendlich gemeine Mildheimische Liederbuch« des Volksaufklärers Rudolph Zacharias Becker, das 1799 erschienen war, und fordert für das eigene Liederbuch, daß es zwischen dem Romantischen und Alltäglichen schweben und »Geistliche, Handwerks, Tagewerks, Tagezeits, Jahrzeits, und Scherzlieder ohne Zote enthalten« müsse: »Es muß so eingerichtet sein, daß kein Alter davon ausgeschlossen ist, es könnten die bessern Volkslieder drinne befestigt, und neue hinzu gedichtet werden.«

Der letzte Satz macht deutlich, daß A. und B. nicht als bloße Sammler und Bewahrer des Alten ans Werk gingen. Sie stehen der Überlieferung frei gegenüber, bearbeiten und ergänzen die alten Texte, dichten sie um, nehmen eigene Gedichte auf. Das Material der Sammlung stammt zum großen Teil aus gedruckten Quellen, aus Liederbüchern mehrerer Jahrhunderte, aus Zeitschriften und Flugblättern. Darunter sind zahlreiche Texte, die man kaum als – wie auch immer definierte – ›Volkslieder‹ bezeichnen kann, beispielsweise barocke Kunstlyrik wie Georg Rodolf Weckherlins langes Alexandrinergedicht auf *Gustav Adolfs Tod*, das freilich mit seiner patriotischen Gesinnung auch in die Gegenwart paßt. Die Quellenangabe »Mündlich« dient häufig nur zur Verschleierung der wirklichen Herkunft des Textes.

Traditionelle Themen der Lieder sind die Liebe, die Stationen des Lebens von der Geburt bis zum Tod, das ›Volksleben‹ mit seinen Festen, Arbeit, Natur; in den historischen Volksliedern und Balladen werden Freiheitshelden, edle Räuber und Schlachten besungen – durchaus an die Gegenwart gerichtet, in der französische Truppen in Deutschland standen. A. formuliert den Gegenwartsbezug allgemein in seinem Aufsatz *Von Volksliedern* im 1. Teil des *Wunderhorns*.

Der Erfolg des *Wunderhorns* war außerordentlich. Goethe schrieb eine zustimmende Rezension (»Von Rechts wegen sollte dieses Büchlein in jedem Hause, wo frische Menschen wohnen, am Fenster, unterm Spiegel, oder wo sonst Gesang- und Kochbücher zu liegen pflegen, zu finden sein«). Sein Reichtum an Formen und Klängen wirkte auf zahlreiche Dichter des 19. Jh.s. Viele Gedichte der Sammlung wurden vertont, am bekanntesten sind die *Wunderhorn*-Lieder (1892–98) von Gustav Mahler geworden.

1806–18
Ernst Moritz Arndt
Geist der Zeit

A. wurde als politischer Publizist und Dichter der Freiheitskriege berühmt. Seine grundlegenden Ideen zum Widerstand gegen Napoleon legte er im 1. Band von *Geist der Zeit*, erschienen kurz vor dem offiziellen Ende des Reiches, nieder. Aufsätze und Beiträge aus verschiedenen Zeiten, z. T. schon einzeln veröffentlicht, sammelte er in den weiteren Bänden (2: 1809, 3: 1813, 4: 1818). Aus der Analyse der Gegenwart und einem Blick auf die Geschichte der alten und neuen Völker sucht A. Werte und Konzeptionen zu gewinnen, die geeignet wären, den Niedergang Deutschlands aufzuhalten und eine Wiedergeburt einzuleiten. Dabei erhält der Begriff des Volkes eine neue, fast mythische Bedeutung, die sowohl dem deutschen Partikularismus wie dem französischen Herrschaftsstreben entgegengehalten wird. So entsteht ein Wunschbild deutscher Identität (der Deutsche ist bieder, brav, treu, redlich, unverdorben und tief), während den Franzosen und insbesondere Napoleon, dem »Emporgekommenen«, Verachtung und Haß gilt – eine Polarisierung mit schlimmen Folgen. In einer anderen Schrift, deren plakativer Titel ebenfalls Geschichte machte – *Der Rhein, Deutschlands Strom, aber nicht Deutschlands Grenze* (1813) – steht ein Satz, der die heillose nationalistische Gegnerschaft gegen den Westen auf einen Nenner

bringt: »Verflucht aber sei die *Humanität und der Kosmopolitismus.*« Dabei ist, wie der Titel einer anderen Schrift klar macht, Kriegsdienst nicht weit von Gottesdienst entfernt: *Katechismus für den deutschen Kriegs- und Wehrmann* (1813). Auch für A.s propagandistische Lyrik gilt, daß ihre Wirkung über die Aufbruchstimmung der Freiheitskriege hinausreicht: »Ihre ressentimentgeladene Bildlichkeit und die enthusiastischen Formeln von soldatischer Tugend und Opfermut [...] waren später leicht für Kriegsverherrlichung und völkische Ideologie zu vereinnahmen« (Stefan Frevel).

1807
Joseph Görres
Die teutschen Volksbücher

G.s Beschreibung der deutschen Volksbücher, ursprünglich als Aufsatz geplant, verdankt seine Entstehung dem durch die Romantik intensivierten Interesse an alter deutscher Literatur und Kunst. Das Buch ist Clemens Brentano gewidmet, auf dessen umfangreiche Privatsammlung sich G. stützen konnte. Unter »Volksbüchern« versteht G. nicht nur die romanhafte Erzählliteratur des 15. und 16. Jh.s, sondern auch didaktische und erbauliche Texte, Reisebeschreibungen, Handwerksbücher, Bauernkalender, Rätsel- und Schwankbücher. Der Untertitel seines Buches lautet: »Nähere Würdigung der schönen Historien –, Wetter- und Arzneybüchlein, welche theils innerer Werth, theils Zufall, Jahrhunderte hindurch bis auf unsere Zeit erhalten hat.«

49 dieser Schriften werden im Hauptteil des Buches nacheinander vorgestellt: Titel, Angaben zum Inhalt, bei Versdichtungen gelegentlich auch Zitate, interpretierende Bemerkungen. Unter den besprochenen Texten sind die bekannten Prosaromane der frühen Neuzeit (*Fortunatus, Heymonskinder, Magelone, Melusine, Faust* usw.), aber auch Titel wie *E. L. M. eines alten Einsiedlers Traumbuch, zum Nutzen derenjenigen entworfen, welche in dem Lotto glücklich zu werden gedenken* oder *Die Wissenschaft oder die Kunst der Liebe, nebst verschiednen Liebs- und anderen Briefen.*

Seine Auffassung von Volk und Volksbuch legte G. in einer Einleitung und einem Schlußteil dar. Dieser enthält auch ein enthusiastisches, pseudopoetisches Gemälde vom »Eden der Romantik«, dem Mittelalter, einer Zeit, in der sich in der Poesie »aller Unterschied der Stände ausgeglichen« hatte, »die Erde liebeswarm und lebenstrunken«

aufglühte und »die Nachtigallen schlugen«. Aus dieser Zeit seien die Volksbücher »meist hervorgegangen«, sie bildeten »gewissermaßen den stammhaftesten Theil der ganzen Literatur, den Kern ihres eigenthümlichen Lebens«, zu Unrecht geschmäht von den Gebildeten. Nun gelte es, auf dieses verschüttete literarische Erbe, das sich beim Volk habe verbergen müssen, zurückzugehen, um mit seiner Hilfe das Volksganze zu rekonstituieren.

Von größerer Ausstrahlung als G.s Abhandlung war die dichterische Erneuerung älterer Erzählliteratur durch die Romantiker, insbesondere durch Tieck. Volksbuchsammlungen im 19. Jh. gaben u. a. Gustav Schwab (1836), Gotthard Oswald Marbach (1838–49) und Karl Simrock (1839; 1845–67) heraus.

1807
Heinrich von Kleist
Amphitryon

Während der Abwesenheit des thebanischen Feldherrn Amphitryon verbringt Zeus, der die Gestalt Amphitryons angenommen hat, eine Nacht bei dessen Frau Alkmene. Mit der Rückkehr des wahren Amphitryon beginnen die Verwicklungen, die durch ein Dienerpaar – Amphitryons Diener und Merkur als sein göttlicher Doppelgänger – auf einer niedrigeren Ebene gespiegelt werden. Seit Plautus (Amphitruo) hat der Stoff zahlreiche Bearbeiter gefunden, u. a. Jean Rotrou (Les Sosies, 1638) und Molière (Amphitryon, 1668). Unmittelbare Vorlage K.s ist das Stück Molières – »ein Lustspiel nach Molière« heißt es im Titel des 1807 von Adam Müller herausgegebenen Stückes (3 Akte, Blankverse). Die Uraufführung fand erst 1899 im Berliner Neuen Theater statt.

K. übernimmt bzw. überträgt große Partien aus Molières Lustspiel, doch er verschiebt die Akzente von der Gesellschaftskomödie auf eine psychologische Problematik, die Alkmene am tiefsten durchlebt. Das Stück beginnt mit dem Auftreten des Sosias, den Amphitryon geschickt hat, Alkmene seine Rückkehr anzukündigen. Er gelangt jedoch nicht an seinem Doppelgänger vorbei. Jupiter nimmt Abschied von Alkmene, wobei er ihr einen Unterschied zwischen Gemahl und Geliebtem suggerieren möchte. Nach einer Auseinandersetzung zwischen Amphitryon und Sosias zu Beginn des 2. Aktes führt die Begegnung des heimgekehrten Feldherrn mit seiner überraschten Frau zu gegenseitigen Beschuldi-

gungen. Die folgenden Szenen (II, 4–6), in dieser Form K.s Erfindung, zeigen den Konflikt, in den sich Alkmene gestürzt sieht. Dem Indiz (ein Diadem mit eingravierten Buchstaben), daß sie die Nacht mit einem anderen verbracht hat, steht ihre gefühlsmäßige Überzeugung gegenüber, daß es Amphitryon war. Auch als Jupiter eine Art Verhör anstellt – Achim von Arnim schreibt K. eine Lust am Quälen seiner Charaktere zu – und Alkmene zu einer Wahl zwischen Gott und Amphitryon bewegen will, bleibt sie ihrer Liebe zu Amphitryon treu. Im 3. Akt wird Amphitryon in eine tiefe Krise gestürzt, als man ihm den Zugang zu seinem Haus verwehrt und auch Alkmene ihn als Betrüger behandelt. Mit Blitz und Donner, Adler und Donnerkeil gibt sich Jupiter zu erkennen, kündigt die Geburt des Herkules an und versichert Amphitryon, die ohnmächtige Alkmene werde ihm bleiben. Mit einem »Ach!« Alkmenes endet das Lustspiel.

Anlaß zum Lachen bietet in dieser Komödie in erster Linie das Geschehen um den Diener Sosias, seine Frau Charis und den Götterboten Merkur in der Gestalt des Sosias. Die Handlung um Alkmene, Amphitryon, Jupiter grenzt ans Tragische, eröffnet quälende Fragen nach der personalen Identität und führt zugleich zu einer Problematisierung des Göttlichen und zur Frage nach der Autonomie des Menschen. So hat man – in Kontrast zu einer weitverbreiteten Interpretation des Stückes als einer Art religiösem Weihespiel – den Amphitryon als Religionssatire interpretiert, als ironische Demaskierung der göttlichen Autorität (Wolfgang Wittkowski).

1807–08
Johann Gottlieb Fichte
Reden an die deutsche Nation

F.s 14 Reden, gehalten 1807–08 im französisch besetzten Berlin und unmittelbar darauf gedruckt, gehören zu den Dokumenten des Widerstands gegen die napoleonische Herrschaft. Zweck der Reden sei es, »Mut und Hoffnung zu bringen in die Zerschlagenen, Freude zu verkündigen in die tiefe Trauer, über die Stunde der größten Bedrängnis leicht und sanft hinüberzuleiten.« Eine innere Erneuerung, gegründet auf eine »eigentümliche deutsche Nationalerziehung«, soll aus diesem »Zustand der Abhängigkeit« herausführen und entscheidend zur Höherentwicklung der ganzen Menschheit beitragen (ein entsprechendes fünfstufiges Schema der Epochen der Weltgeschichte hatte F. in seinen

Vorlesungen über *Die Grundzüge des gegenwärtigen Zeitalters*, 1804–05, Druck 1806, entwickelt).

Dabei beruht die Auserwähltheit der Deutschen, dieses »Urvolks«, darauf, daß allein der Deutsche eine nicht überfremdete, »eine bis zu ihrem ersten Ausströmen aus der Naturkraft lebendige Sprache redet«. Es ist eine Sprache, »welche den einzelnen bis in die geheimste Tiefe seines Gemüts bei Denken, und Wollen begleitet, und beschränkt oder beflügelt, welche die gesamte Menschenmenge, die dieselbe redet, auf ihrem Gebiete zu einem einzigen gemeinsamen Verstande verknüpft«, so daß »die Geistesbildung [...] in das Leben« eingreifen könne und nicht – wie bei den Völkern einer toten Sprache (und das sind die anderen) – geistige Bildung und Leben getrennt bleiben. Den Deutschen als Avantgarde des Fortschritts dürfen sich dann die anderen Völker anschließen.

»Es ist [...] kein Ausweg: wenn ihr versinkt, so versinkt die ganze Menschheit mit, ohne Hoffnung einer einstigen Wiederherstellung«, mit diesen abschließenden Worten hält F. den Deutschen ihre Mission vor Augen, für die sie durch ein Programm der Nationalerziehung in geschlossenen Anstalten vorbereitet werden sollten. Daß dabei der Staat das Recht habe, die Unmündigen »zu ihrem Heile auch zu zwingen«, verstand sich für F. von selbst, denn von jener Art der Staatsverfassung, »die mit ausländischen Worten sich Humanität, Liberalität und Popularität nennt, die aber richtiger in deutscher Sprache Schlaffheit und ein Betragen ohne Würde zu nennen ist«, hielt er nichts.

Mit seiner Mythisierung des Volksbegriffs und der Vorstellung einer einzigartigen Rolle der Deutschen in der Weltgeschichte ging F. weit über den aktuellen politischen Anlaß hinaus. Daß mit dieser quasiphilosophischen Überhöhung des Nationalbewußtseins ins Nationalistische unheilvoller Mißbrauch betrieben werden konnte, liegt auf der Hand.

1808
Johann Wolfgang von Goethe
Faust. Der Tragödie erster Teil

Am Anfang der literarischen Versionen des Faststoffes steht die *Historia Von D. Johann Fausten / dem weitbeschreyten Zauberer unnd Schwartzkünstler* (1587), die die Geschichte vom Leben und Tod des erkenntnishungrigen Gelehrten und Teufelsbündners als warnendes Beispiel erzählt: Warnung vor den Konsequenzen neuzeitlicher Wissenschaft und neuzeitlichen Autonomiestrebens des Menschen. Das Werk wurde in zahlreichen Auflagen und Bearbeitungen verbreitet und von Christopher Marlowe einer Tragödie zugrunde gelegt, die wiederum in umgestalteter Form auf den Kontinent gelangte und auch als Puppenspiel kursierte. Man nimmt an, daß G. u.a. das Faustbuch in der Bearbeitung des »Christlich-Meynenden« (1725 u.ö.), eine Puppenspielfassung und Lessings Fragment im 17. Literaturbrief (1759) kannte. Das Motiv der Liebe Fausts zu einer »schöne[n], doch arme[n] Magd« taucht in den Faustbuchbearbeitungen seit 1674 auf; verbunden mit dem aktuellen Kindsmörderinnenthema, wird die Liebeshandlung erst durch G. wesentlicher Bestandteil der Geschichte Fausts. G. kannte die Prozeßakten der 1772 hingerichteten Kindsmörderin Susanna Margaretha Brandt.

Es bereitet G. große Mühe, *Faust* zu Ende zu bringen, ein Werk, dessen Anfänge bis in die innerlich überwundene Sturm und Drang-Periode zurückreichten. Die ersten Szenen, entstanden etwa 1773–75 waren ungedruckt geblieben; sie wurden erst 1887 in einer Abschrift entdeckt. Dieser sogenannte *Urfaust* besteht, sieht man von den Momenten der Universitätssatire ab, im wesentlichen aus zwei Szenengruppen: Gelehrtentragödie und Gretchenhandlung. Sie bleiben jedoch fast unverbunden; der Handlungszusammenhang fehlt. Für seine seit 1787 erscheinenden *Schriften* nahm sich G. den *Faust* wieder vor, konnte ihn aber auch jetzt nicht vollenden. So erschien 1790 *Faust. Ein Fragment*, eine Umarbeitung des *Urfaust* (u.a. werden die Prosaszenen in Verse umgeschrieben, Szenen ergänzt bzw. neu konzipiert; nach der Domszene bricht das Fragment ab). Zwischen 1797 und 1806 schloß G., angetrieben von Schiller, die Lücken im Handlungszusammenhang (u.a. fehlte der durch die Tradition geforderte Teufelspakt) und gab dem irdischen Geschehen durch den *Prolog im Himmel* mit der Wette zwischen dem Herrn und Mephistopheles einen transzendenten Rahmen: »Ein Mensch des 16. Jh.s steht, von den Wertvorstellungen des 18. begünstigt, stellvertretend für den mythologisch zeitlosen Kampf zwischen Gott und Satan« (Werner Keller). Während er den 1. Teil abschloß, arbeitete G. schon an den Helena-Szenen von *Faust II*.

Der *Prolog im Himmel*, dem noch ein Gedicht (*Zueignung*) und das *Vorspiel auf dem Theater*, ein vergnüglicher Blick hinter die Kulissen, vorausgehen, beginnt feierlich-erhaben mit dem Wechselgesang der Erzengel mit Anklängen an

Phythagoras und Kepler (»Die Sonne tönt nach alter Weise In Brudersphären Wettgesang«). Im Dialog zwischen dem Herrn und Mephistopheles wird Faust als Repräsentant der Menschheit herausgehoben, wobei die Prämissen der Wette von einer tiefgreifenden, von aufklärerischem Geist durchdrungenen Umwertung christlicher Vorstellungen zeugen: das Gute besteht in einem inhaltlich offenen ›Streben‹, die Möglichkeit des Irrens eingeschlossen; das Böse in der Versuchung zur »unbedingte[n] Ruh«. Danach »ist der Mensch nicht erlösungsbedürftig als Teil der gefallenen Schöpfung – erlösungswürdig aber wird er durch sein unstillbares ›Streben‹« (W. Keller).

Die erste Szenenfolge, die im Teufelspakt ihr Ende findet, beginnt mit dem großen nächtlichen Monolog Fausts, der seinem Leiden an den den Menschen gesetzten Grenzen des Erkenntnisvermögens Ausdruck gibt. Nicht gewillt, diese in der Natur des Menschseins begründeten Beschränkungen zu akzeptieren, hat der Melancholiker sich der »Magie« ergeben, um zu erkennen, »was die Welt Im Innersten zusammenhält«. Die Erkenntnis der Harmonie des Universums, die er ekstatisch aus dem »Zeichen des Makrokosmus« gewinnt, schlägt jedoch rasch in Enttäuschung um, denn die Differenz zwischen dem Zeichen und der Wirklichkeit bleibt. So beschwört Faust den »Erdgeist«, die Verkörperung der schaffenden Kraft der Natur, doch nur um gedemütigt in seine Schranken verwiesen zu werden. Vom Versuch schließlich, durch Selbstmord sich aus dem Gefängnis des Körpers zu befreien und im All der Natur aufzugehen, wird er durch Osterglocken und -gesang abgehalten. Der Osterspaziergang mit dem beschränkten Wagner führt Faust zur Erkenntnis seiner doppelten Natur, in der Erkenntnisdrang und sinnlicher Lebenshunger in Wettstreit stehen (»Zwei Seelen wohnen, ach! in meiner Brust«). An dieser Stelle taucht Mephistopheles auf, denn der sinnliche, lebensgierige Faust ist verführbar. Den von Mephisto angebotenen traditionellen Teufelspakt formt Faust zur Wette um, bei der es um die Bewahrung von Fausts Identität, um sein ewiges Streben geht:

Werd' ich beruhigt je mich auf ein Faulbett legen,
So sei es gleich um mich getan!
[...]
Werd' ich zum Augenblicke sagen:
Verweile doch! du bist so schön!
Dann magst du mich in Fesseln schlagen,
Dann will ich gern zugrunde gehn!

Das ›Streben‹ richtet sich nun, nach dem Mißlingen der geistigen Entgrenzungsversuche, auf das Diesseits. Dabei führt der Weg über das studentische Saufgelage in Auerbachs Keller und die gro-

teske Verjüngungsszene in der Hexenküche zu den Gretchen-Szenen. Gretchen, ein naives, zu tiefer Empfindung und rückhaltloser Liebe fähiges Mädchen aus dem Kleinbürgermilieu einer deutschen Kleinstadt, wird Opfer der unbedingten, egozentrischen Liebe Fausts, der sich überdies der unheilvollen Hilfe Mephistos, seines Dieners und Gegenspielers, bedient; Tod der Mutter und des Bruders sind Folge seines Eingreifens. Während Gretchen im Dom auch in ihrer Verlassenheit von Gott dargestellt wird, dekuvriert sich Fausts wüste Sinnlichkeit in der Walpurgisnachtszene. Die Vision Gretchens läßt ihn wieder zu seinem besseren Selbst zurückfinden, doch sein Mitgefühl kommt zu spät. Gretchen, in deren Zustand sich Wahn und Hellsichtigkeit verbinden, lehnt die angebotene Flucht ab und übergibt sich dem Gericht Gottes. Die »Stimme von oben« signalisiert ihre Rettung, während Faust mit Mephisto weiterzieht.

Dem ›klassischen‹ G. mißfiel die »barbarische Komposition« des *Faust*, wie er Schiller gegenüber äußerte. Doch die ›offene‹ Form, Erbe der Anfänge im Sturm und Drang, blieb trotz der späterer Rundungsversuche erhalten und gehört eher zu den Vorzügen des Werkes. Die Szenenfolgen ermöglichen vielfältige Korrespondenzen und Kontraste, ironische und ernste; und der Vielfalt der Formen und Versmaße – die Spannweite reicht vom altkirchlichen Hymnenvers über den Knittelvers zu den freien Rhythmen des Sturm und Drang – entspricht die Fülle der Themen, Motive, Stimmungen und Lebensbereiche. Außerdem werden in den später entstandenen Szenen Symbolisierungstendenzen der Klassik deutlich, die wiederum mit der auf das ›Charakteristische‹ zielenden Kunst des Sturm und Drang kontrastieren.

Die frühere Verklärung des faustischen Strebens und die Erhöhung der Faustgestalt zum nationalen Mythos oder des *Faust* zum deutschen Nationalschauspiel, die ohnehin nie unangefochten waren, hat einer nüchternen Haltung Platz gemacht, die ihre Bestätigung im Text und in G.s skeptischen Äußerungen finden kann. ›Relevant‹ ist das faustische Erkenntnisstreben angesichts der Entwicklung der Naturwissenschaften heute allenfalls noch im Negativen: »Nur wenn man ihn als außerordentliches Theaterstück betrachtet, läßt sich das Interesse für den *Faust* behaupten und aufrechterhalten« (Gerhard Schulz). Die Uraufführung von *Faust I* fand freilich erst 1829 in Braunschweig statt; als das Werk im selben Jahr zu G.s 80. Geburtstag in Weimar gegeben wurde, blieb er fern. Im übrigen arbeitete er an der Vollendung des 2. Teils, der dann Ende 1832 erschien.

1808
Alexander von Humboldt
Ansichten der Natur

H.s *Ansichten der Natur mit wissenschaftlichen Erläuterungen* basieren auf seiner großen amerikanischen Forschungsreise, die ihn von 1799 bis 1804 nach Venezuela, Kolumbien, Ecuador, Peru, Mexiko, Kuba und in die USA führte. Die wissenschaftliche Auswertung der Reise, verfaßt auf Französisch in Zusammenarbeit mit anderen Gelehrten, umfaßt 30 große Bände (*Voyages aux régions équinoxiales du Nouveau Continent,* Paris 1805–34). Dagegen verstehen sich die *Ansichten der Natur*, deren Titel sich an Georg Forsters *Ansichten vom Niederrhein* (1794) anschließt, als eine für eine größere Öffentlichkeit bestimmte Schilderung einzelner, gleichwohl auf größere Zusammenhänge gerichteter Aspekte der Tropen der Neuen Welt.

Das Werk besteht aus einzelnen Aufsätzen (3 in der Erstausgabe, 7 in der 3. Auflage von 1849), denen umfangreiche wissenschaftliche Anmerkungen folgen: *Über die Steppen und Wüsten, Über die Wasserfälle des Orinoco, Das nächtliche Tierleben im Urwald, Ideen zu einer Physiognomik der Gewächse, Über den Bau und die Wirkungsart der Vulkane in den verschiedenen Erdstrichen* u. a.

H.s Prosa verbindet Anschaulichkeit und wissenschaftliche Genauigkeit. Dabei sieht er die empirische Vielfalt, die genau beobachtet, gemessen und registriert wird, mit einem Blick auf einen umfassenden kosmischen Zusammenhang. In der Vorrede spricht er von seinen Absichten ganz im Sinn von Goethes ganzheitlicher Naturauffassung: »Überblick der Natur im Großen, Beweis von dem Zusammenwirken der Kräfte, Erneuerung des Genusses, welchen die unmittelbare Ansicht der Tropenländer dem fühlenden Menschen gewährt, sind die Zwecke, nach denen ich strebe.« Vom »Auffinden der Einheit in der Totalität« schreibt er in seinem letzten großen Werk, *Kosmos. Entwurf einer physischen Weltbeschreibung* (1845–62), das diesen Gedanken in großem Maßstab durchzuführen sucht.

1808
Heinrich von Kleist
Robert Guiskard

K. begann 1802 mit der Arbeit an seinem Trauerspiel; im Oktober 1803 verbrannte er das angeblich fast vollendete Stück in Paris. Das Fragment, das im April und Mai 1808 in der Zeitschrift *Phöbus* erschien, zeigt sprachlich und stilistisch die Nähe zur *Penthesilea* (1808) und ist eine Arbeit der Jahre 1807–08. Unklar bleibt, warum K. sein Werk vernichtete und ob der Veröffentlichung des Fragments eine Neufassung des ganzen Dramas folgen sollte. Hauptquelle K.s war eine 1797 in Schillers *Horen* veröffentlichte Abhandlung von Karl Wilhelm Friedrich v. Funck *(Robert Guiscard, Herzog von Apulien und Calabrien);* außerdem spiegelt sich in der Gestalt des Normannenherrschers, der als Usurpator an die Macht gelangte und 1085 auf der Eroberungsfahrt nach Konstantinopel starb, Napoleon Bonaparte (der – eine weitere Parallele – die Belagerung von Akkon und seinen ägyptischen Feldzug 1799 wegen des Ausbruchs der Pest abbrechen mußte). K.s *Robert Guiskard, Herzog der Normänner* gehört wie Schillers *Braut von Messina* (1803) zu den Dramen, die an die antike Tragödie anzuknüpfen suchten (Chor).

Das *Phöbus*-Fragment besteht aus zehn Szenen, die den Anfang des Dramas darstellen. Guiskard lagert mit seinem Volk vor den Toren Konstantinopels, um seiner Tochter Helena, der verwitweten Kaiserin von Griechenland, die Krone zurückzugewinnen, die ihr von dem Rebellen Alexius entrissen worden war. Doch im normannischen Lager wütet die Pest; sie hat auch den charismatischen Führer ergriffen. Vor diesem Hintergrund bahnen sich die Konflikte an, die wohl den weiteren Verlauf des Dramas bestimmt hätten. Zum einen kommt es zur Konfrontation zwischen Abälard, dem Neffen Guiskards und rechtmäßigem Thronfolger, und Guiskards Sohn Robert, bei der es um die Herrschaftsnachfolge und den Versuch des Usurpators geht, eine Dynastie zu gründen. Zum andern kündigt sich schon in den Eingangsszenen der größere Konflikt zwischen Volk und krankem Herrscher an, der in der vorausschauenden Eingangsszene des Chors als »Verderber« seines Volkes bezeichnet wird, dem Konstantinopel zum »prächtgen Leichenstein« werde. Die Konfrontation gelangt nach einem Schwächeanfall Guiskards, der sich mit der Aura der Unverletzlichkeit zu umgeben sucht, in der letzten Szene zu einem Höhepunkt: Armin, der

Sprecher des Volkes, stellt dem Herrscher das Grauen der Pest vor Augen und beschwört ihn, das Heer nach Italien zurückzuführen.

Wie K. das Stück weitergeführt hätte, muß offenbleiben. Eine der Schwierigkeiten, der er sich gegenübersah, lag wohl darin, daß sich von diesem frühen Höhepunkt aus eine weitere Steigerung nur schwer realisieren ließ. Mit seinen Themen – Legitimation von Herrschaft, Problematisierung charismatischen, machtbesessenen Herrschertums – erweist sich *Robert Guiskard* als ein politisches Stück über die Zeit nach der Französischen Revolution (und damit auch über Napoleon). Wieland schrieb 1804 in einem Brief über den Eindruck, den ihm K.s Deklamation einiger Szenen des Dramas gemacht hatte: »Wenn die Geister des Äschylus, Sophokles und Shakespeare sich vereinigten, eine Tragödie zu schaffen, so würde das sein, was K.s *Tod Guiscards des Normanns,* sofern das Ganze demjenigen entspräche, was er mich damals hören ließ.«

1808
Heinrich von Kleist
Der zerbrochne Krug

Die erste Anregung für sein Lustspiel empfing K. von einem Kupferstich (Jean-Jacques Le Veau: *Le Juge ou la cruche cassée*), den er 1802 auf einer Reise in die Schweiz bei Heinrich Zschokke sah. Der Stich wurde Anlaß für einen Dichterwettstreit, wobei Zschokke eine Erzählung, Ludwig Wieland eine Satire und K. ein Lustspiel über den Gegenstand des Kupferstiches schreiben wollten. K. vollendete sein Stück 1806. Goethe erhielt das Manuskript von Adam Müller und führte den *Zerbrochnen Krug* am 2. 3. 1808 unter seiner Regie in Weimar auf. Das Lustspiel, in drei Akte zerstückelt und nach einem Opern-Einakter gegeben, fiel durch. Der Erstdruck folgte 1811.

Gab der Kupferstich die Anregung, so entnahm K. dem *König Ödipus* des Sophokles das Hauptmotiv vom Richter als Täter, der sich im Prozeß selber überführen muß, und er folgte dem antiken Drama auch in der analytischen Entwicklung der Handlung. Selbst noch der Klumpfuß des Dorfrichters Adam verweist auf Ödipus (Oidipos: Schwellfuß). Das Ganze wird dann – die Adam-und-Eva-Sündenfall-Metaphorik deutet es an – ins Christliche transponiert.

Der Einakter (Blankverse) spielt zu Ende des 17. Jh.s in einem Dorf bei Utrecht. Dorfrichter Adam, an Bein und Kopf verletzt, wird vom Schreiber Licht auf den Besuch des Gerichtsrates Walter vorbereitet, der Kasse und Amtsführung überprüfen will. Adam, der konfuse Erklärungen über seine Verletzungen und den Verlust seiner Perücke zum besten gibt, beginnt auf Drängen des inzwischen eingetroffenen Gerichtsrats mit dem Gerichtstag. Es erscheinen Frau Marthe Rull, ihre Tochter Eve, der Bauer Veit Tümpel und sein Sohn Ruprecht. Frau Marthe klagt Ruprecht, den Verlobten ihrer Tochter, an, einen ihr wertvollen Krug zerbrochen zu haben. Nach und nach wird das Geschehen in jener Nacht aufgehellt und – was dem Zuschauer schon lange klar ist – der Richter selbst als der Schuldige entlarvt. Er hatte vorgegeben, Ruprecht sei zum Militärdienst in den Kolonien bestimmt und er, Adam, könne helfend eingreifen, wenn Eve seinen Annäherungen nicht widerstrebe. Von Ruprecht überrascht, zerbricht er auf der Flucht den Krug, zieht sich Verletzungen zu und verliert seine Perücke. Als die Indizien und Zeugenaussagen keinen Zweifel mehr zulassen und Eve ihr Schweigen bricht, flieht der Richter. Der Schreiber wird vorübergehend seine Stelle einnehmen, Adam soll zurückgeholt und nicht zu schlecht behandelt werden. Eve, die von Ruprecht vergeblich Vertrauen erwartet hatte, versöhnt sich mit ihrem braven, etwas beschränkten Verlobten, und Frau Marthe will bei der nächsten Instanz ihr Recht einklagen. Gewiß keine Schlußapotheose, sondern ein Hinführen zu einer – die Rechtspflege zeigt es – problematischen Realität.

Die Komik des Stückes, das schnelles Spiel und einen virtuosen Adam-Darsteller erfordert, liegt nicht zuletzt in den phantastischen Versuchen des Richters, in immer neuen Variationen eine Scheinwelt aufzubauen, die freilich als reines Sprachgebilde der Wirklichkeit nicht standzuhalten vermag. Man kann vermuten, daß der Mißerfolg der Weimarer Aufführung nicht nur an Goethes inadäquater Regie und Rollenbesetzung lag, sondern ebenso daran, daß das Stück mit seinem Reichtum an Bildern, Bezügen und Anspielungen und seinem unbestimmten Ende der gängigen Komödienpraxis und der daran orientierten Publikumserwartung nur wenig entsprach. Erst seit etwa 1820 setzte sich der *Zerbrochne Krug* auf der Bühne durch.

1808
Heinrich von Kleist
Penthesilea

K.s Trauerspiel erschien im Herbst 1808; vorausgegangen war der Druck eines »organischen Fragments« mit verbindendem Text in der von K. und Adam Müller herausgegebenen Zeitschrift *Phöbus* (Januar 1808). Das Stück ist in 24 Szenen gegliedert, der Vers der reimlose fünfhebige Jambus (Blankvers) des klassischen Dramas. Angesichts des kriegerischen Geschehens, das auf der Bühne kaum darstellbar ist, spielt die Teichoskopie (›Mauerschau‹) eine große Rolle. Als Quellen benutzte K. u.a. Benjamin Hederichs *Gründliches mythologisches Lexicon* (²1770) und verschiedene Darstellungen des Amazonenstaats. Allerdings ist es in den Quellen Penthesilea, die im Kampf getötet wird.

Die ersten vier Szenen zeigen Verwirrung im griechischen Lager vor Troja. Ein Heer der Amazonen unter der Führung ihrer Königin Penthesilea hat in die Kämpfe eingegriffen, ohne eine der Parteien zu schonen. Die Griechen stehen vor einem Rätsel. Hinzu kommt, daß die erste Begegnung zwischen Penthesilea und Achill, von der nur erzählt wird, dazu führt, daß Achill über seiner Auseinandersetzung mit der Amazonenkönigin den eigentlichen Zweck des trojanischen Krieges aus den Augen verliert. Auf der anderen Seite wird Penthesilea durch diese Begegnung völlig aus ihrer Bahn geworfen: »Und Glut ihr plötzlich, bis zum Hals hinab, Das Antlitz färbt.« Ihre Liebe bringt sie in Konflikt mit dem aus seiner Gründungsgeschichte resultierenden Gesetz des Amazonenstaats, Männer nur als Werkzeuge zur Fortpflanzung zu betrachten, die – im Kampf besiegt – zum Fest der Rosen in den Tempel der Artemis gebracht und, nachdem sie ihre Pflicht erfüllt haben, wieder nach Hause geschickt (oder getötet?) werden. Da Achill nicht bereit ist, sich diesem Brauch zu unterwerfen und sich andererseits Penthesilea männlichem Besitzergreifen entzieht (»Fluch mir, empfing ich jemals einen Mann, Den mir das Schwert nicht würdig zugeführt«), äußert sich die Liebe in heftigem, hin und her wogendem Kampf, der in die Tragödie mündet, da die Möglichkeit gegenseitigen Verstehens offensichtlich nicht gegeben ist.

Einen Ruhepunkt im ungestümen dramatischen Geschehen bildet nur der 15. Auftritt, in dem unter trügerischen Voraussetzungen – der siegreiche Achill läßt Penthesilea glauben, sie habe ihn mit dem Schwert erkämpft – die beiden in einer idyllischen Liebesszene vereint und zugleich von Ursprung und Geschichte des Amazonenstaats berichtet: Äthiopier waren einst in das Land der Skythen eingefallen, hatten die Männer getötet und sich die Frauen zu eigen gemacht. Diese ermordeten in einer Nacht die Eindringlinge und gründeten einen eigenen Staat, dessen Gründungsakt sich rituell mit der Tötung der männlichen Nachkommen wiederholt. Als die Amazonen sich zur Befreiung ihrer Königin anschicken, erkennt Penthesilea ihre wirkliche Lage. Bevor sie auseinandergerissen werden, versucht sie vergeblich, Achill zu bewegen, ihr nach Themisyra zum Tempel der Diana zu folgen. Zum letzten, tödlichen Mißverständnis kommt es, als Achill ihr eine Forderung zum Zweikampf überbringen läßt – in der Absicht, sich besiegen zu lassen und Penthesilea zum Rosenfest zu folgen. Penthesilea sieht sich in ihrer Liebe betrogen und faßt die Forderung als Verhöhnung auf, die sie zum äußersten treibt. Im 22. und 23. Auftritt wird berichtet, wie sie, »Von Hunden rings umheult und Elefanten«, Achill entgegenzieht und ihn – wie Diana den Aktäon – zuerst mit einem Pfeil zu Boden wirft, die Hunde auf ihn hetzt und dann selbst, »die Rüstung ihm vom Leibe reißend, Den Zahn [...] in seine weiße Brust« schlägt. Als Penthesilea wieder zu sich kommt und sich ihrer Tat bewußt wird, folgt sie Achill in den Tod: durch »ein vernichtendes Gefühl«, das sie sich zu einem Dolch spitzt, stirbt sie den Liebestod ganz aus sich selbst heraus – wie später Richard Wagners Isolde.

K.s Drama mit seiner ins Extreme gesteigerten Darstellung menschlicher Leidenschaften und Handlungen stieß auf Unverständnis und Ablehnung. Allzusehr stand es dem von Winckelmann ausgehenden klassizistischen Griechenbild entgegen, allzusehr widersprach es der Kunstauffassung und dem Menschenbild der Weimarer Klassik. Insofern ist *Penthesilea* durchaus ein Gegenstück zur *Iphigenie*: Nicht Humanität und Maß, keine Humanisierung der barbarischen Welt, sondern Darstellung extremer Leidenschaften und Exzesse, wobei sich archaische Wildheit mit äußerster Zartheit und Verletzlichkeit des Gefühls verbinden.

Aber diese Sichtweise der Antike ist nicht Selbstzweck; die griechische Welt ist nur der Rahmen für einen tieferen Konflikt, an dem die Protagonisten zugrunde gehen. Entscheidend ist nicht der Antagonismus zwischen dem Staat der Griechen und dem der Amazonen. Wie der Verlauf des Geschehens zeigt, geraten sowohl Penthesilea als auch Achill in Widerspruch zu ihrer eigenen Umgebung, sie isolieren sich. Daß sie sich gleichwohl nicht finden können und Krieg statt Liebe ihr Schicksal bestimmt, dieser Gegensatz ist über den von Männer- und Frauenstaat hinaus »nur der sichtbare Ausdruck einer gespaltenen Welt«: »Die Natur hat die Geschlechter füreinander bestimmt, aber die ›Kultur‹ – der Staat und seine Gesetze – haben getrennt und gespaltet« (Walter Müller-Seidel). Diese Spaltung findet ihren Ausdruck im Denken und Fühlen der Menschen, schlägt sich nieder in der Sprache, ihrer paradoxen Metaphorik, ihrer Kraft, mit der sich die Poesie gegenüber dem Schrecklichen behauptet.

Die Uraufführung des Stückes, mit dem Goethe sich »noch nicht befreunden konnte«, fand erst 1876 in Berlin statt.

1808
August Wilhelm Schlegel
Vorlesungen über dramatische Kunst und Literatur

Diese 37 Vorlesungen, 1808 in Wien gehalten und 1809–11 in drei Bänden gedruckt, bedeuten einen wichtigen Schritt von der kompilatorischen Literaturgeschichtsschreibung des 18. Jh.s zu einer historischen, theoretisch fundierten Literaturgeschichte. Die Anschauung, daß »keine Grundkraft in der gesamten Natur [...] auf solche Weise einfach [sei], daß sie sich nicht in sich selbst spalten und in entgegengesetzte Richtungen aus einander gehen könnte«, führt S. zu dem Satz: »Das ganze Spiel lebendiger Bewegung beruht auf Einstimmung und Gegensatz.« In dieser Dialektik sieht S. nun den »wahre[n] Schlüssel zur alten und neuen Geschichte der Poesie und der schönen Künste«. Dabei liegt dann der Rückgriff auf das Gegensatzpaar klassisch/romantisch nahe. S. gelangt zu folgenreichen Gegenüberstellungen: Endlichkeit – Unendlichkeit, Besitz – Sehnsucht, natürliche Harmonie – Entzweiung. Das Christentum ist die Ursache für den grundlegenden Wandel: »die Anschauung des Unendlichen hat das Endliche vernichtet.« Ziel der modernen Poesie müsse es sein, das verlorene Ideal der vollkommenen Eintracht und natürlichen Harmonie und das Bewußtsein der inneren Entzweiung »mit einander auszusöhnen und unauflöslich zu verschmelzen«. Romantische Poesie in diesem Sinn ist die moderne, nachantike Literatur, und sie schließt Dante und Shakespeare ebenso ein wie Goethe und Schiller.

In diesen grundlegenden Erwägungen nimmt

S. Gedanken Schillers und der frühromantischen Kunst- und Geschichtsauffassung auf. Entscheidend ist nun, daß S. diese Vorstellungen für die Geschichte der Literatur (am Spezialfall des Dramas) fruchtbar macht. Maßstäbe für die Bewertung werden nicht mehr von ungeschichtlichen, normativen Vorstellungen abgeleitet, Literatur und Kunst erwachsen vielmehr aus den jeweiligen geschichtlichen Bedingungen. So wird es auch möglich, das scheinbar keinen Regeln unterworfene, unklassische Genie zu würdigen, in dem die Geschichte mächtig wird und das mit seinem Werk ›bewußtlos‹ neue Maßstäbe setzt. Anwendung finden diese Gedanken dann insbesondere bei der Darstellung Shakespeares und des englischen Theaters (Vorlesungen 25–34).

Insgesamt geben die Vorlesungen einen Überblick über die dramatische Dichtung von der Antike bis zur Gegenwart, wobei die Schwerpunkte bei den Griechen (Vorlesungen 4–14), der französischen Klassik (17–24) und Shakespeare liegen, während römisches (15) und italienisches Theater (16) ebenso knapp behandelt werden wie das spanische (35) und deutsche Theater (36–37). Das Ende ist gegenwartsbezogen – Hinwendung zur nationalen Geschichte als identitätsstiftendem Moment: »die würdigste Gattung des romantischen Schauspiels ist [...] die historische. [...] In diesem Spiegel lasse uns der Dichter schauen, sei es auch zu unserm tiefen Schamerröten, was die Deutschen von Alters waren, und was sie wieder werden sollen.«

1808
Gotthilf Heinrich Schubert
Ansichten von der Nachtseite der Naturwissenschaft

Das Werk, von bedeutender Wirkung auf die zeitgenössische Literatur, besteht aus 14 Vorlesungen, die S. in Dresden gehalten hatte. Zur »Nachtseite«, den nicht meßbaren psychischen Phänomenen und den damals große Faszination ausübenden Erscheinungen wie Magnetismus und Elektrizität, kommt S. erst nach einer allgemeinen Darstellung romantischer Natur- und Geschichtsphilosophie.

Ausgangspunkt ist die Vorstellung einer ursprünglichen Harmonie von Mensch und Natur. Sie geht verloren: Die »zunehmende Selbstständigkeit des Menschen« entzieht ihn »der Obergewalt der Natur, zugleich aber auch den paradiesischen Freuden der ersten goldnen Zeit«, andererseits verliert der Einfluß der »schaffende[n] Gewalt der Natur« auf den Menschen an Intensität, und der Mensch wird »äußerlich«. Hoffnung auf eine Wiedervereinigung des Getrennten wird durch den Gedanken gestützt, daß der ursprünglichen Harmonie des Menschen mit der Natur »ein gemeinschaftliches Gesetz alles Daseyns« entspricht, daß eine »Lebensseele«, »von oben ausgehend, alle Natur bis in das Äußerste und Kleinste durchdringt« – die verschiedenen Stufen der anorganischen Welt ebenso wie die sich zu immer vollendeteren Formen entwickelnde organische Welt. Zu diesem Gedanken eines zu immer höherer Vollendung führenden Entfaltungsprozesses gehört auch die Vorstellung eines Zusammenhangs »zwischen einem künftigen höheren und einem vorhergehenden niederen Daseyn«, nämlich daß das, »was in dem künftigen als wahrhaftes Vermögen, als Kraft in Erfüllung gehet, in einem vorhergehenden sich als unbefriedigtes, ja selbst für jetzt zweckloses Streben voraus verkündigt.«

Ahnungen einer künftigen Welt, »der noch ungebohrnen Kräfte eines künftigen Daseyns«, werden im Menschen »vornehmlich in einem krankhaften oder ohnmächtigen Zustand des jetzigen sichtbar«. Als Belege dafür führt S. Berichte über Sterbende an, die »noch fast an der Gränze des Lebens eine höhere Metamorphose ihres Wesens« durchmachen, außerdem verschiedene magnetische Erscheinungen, Geisteskrankheiten, Somnambulismus, Hypnose, Vorahnungen, Hellsehen und Visionen. Was »die wunderbare kaum geahndete Tiefe unsrer Natur« in diesen Zuständen offenbart, sieht S. als Hinweise auf ein kommendes Zeitalter, in welchem dem menschlichen Geschlecht, »und zwar selbstständiger und bleibender, jene heilige Unschuld und hohe Vollendung aller Kräfte wiederkehren, welche es am Anfang seiner Geschichte verherrlichte, und jene glückliche Nachwelt wird sich das durch ihr eignes hohes Streben wieder erringen, was der ersten Vorwelt ohne ihr Verdienst, von der Natur gegeben war.«

S. verfolgte seine Konzeption weiter in seiner *Symbolik des Traumes* (1814). Die Hinweise auf die »dunklen Gebiete unsrer Natur« haben sich E. T. A. Hoffmann, Kleist und andere Dichter nicht entgehen lassen. Zugleich leistet S.s Werk, trotz seines mythisierenden Charakters, einen Beitrag zu den Anfängen der modernen Psychologie und zur Erhellung des Unterbewußten. – S.s *Ansichten* berichten auch von dem verunglückten Bergmann von Falun, der nach 50 Jahren äußerlich unverändert geborgen wurde (konserviert durch Eisenvitriol), und seiner altgewordenen Braut, Vorlage für Johann Peter Hebels Geschichte *Unverhofftes Wiedersehen* (1811).

1809
Johann Wolfgang von Goethe
Die Wahlverwandtschaften

In den Jahren 1807–08 erwähnt G. seine Arbeit an verschiedenen novellistischen Einlagen für *Wilhelm Meisters Wanderjahre*. Auch die *Wahlverwandtschaften* werden in diesem Zusammenhang erwähnt. Doch aus der geplanten Novelle wurde ein eigener Roman, der dann 1809 in zwei Teilen erschien. Der Titel nimmt einen Begriff der damaligen Naturwissenschaft auf, geprägt von dem Schweden Torbern Bergman (*De attractionibus electivis,* 1775), der die Eigenschaft chemischer Elemente bezeichnen soll, Verbindungen miteinander einzugehen und zugunsten anderer Elemente wieder aufzulösen. Im Roman selbst wird dieser Vorgang besprochen und auf menschliche Beziehungen angewandt: »In diesem Fahrenlassen und Ergreifen, in diesem Fliehen und Suchen glaubt man wirklich eine höhere Bestimmung zu sehen; man traut solchen Wesen eine Art von Wollen und Wählen zu und hält das Kunstwort ›Wahlverwandtschaften‹ für vollkommen gerechtfertigt.« Übertragen auf den Menschen stellt sich dann die Frage nach Freiheit und Notwendigkeit, auf die G. auch in seiner Selbstankündigung des Romans anspielt: Er habe »in einem sittlichen Falle eine chemische Gleichnisrede zu ihrem geistigen Ursprunge zurückführen mögen, um so mehr, als doch überall nur *eine* Natur ist und auch durch das Reich der heitern Vernunftfreiheit die Spuren trüber, leidenschaftlicher Notwendigkeit sich unaufhaltsam hindurchziehen, die nur durch eine höhere Hand und vielleicht auch nicht in diesem Leben völlig auszulöschen sind.«

Eduard, ein »reiche[r] Baron im besten Mannesalter«, und Charlotte, die zunächst durch erzwungene konventionelle Ehen voneinander getrennt worden waren, haben sich nach ihrer Heirat auf Eduards Landgut zurückgezogen, um sich »selbst [zu] leben« und »das früh so sehnlich gewünschte, endlich spät erlangte Glück ungestört genießen« zu können. Eduard äußert jedoch den Wunsch, seinen in Not geratenen Jugendfreund, einen Hauptmann, kommen zu lassen; Charlotte ihrerseits nimmt ihre Nichte und Pflegetochter Ottilie zu sich. Damit ist die Versuchsanordnung gegeben, die ›Wahlverwandtschaften‹ sorgen für neue Verbindungen. Charlotte und der Hauptmann kommen sich näher, zeigen aber entschiedene Selbstbeherrschung; dagegen gibt sich Eduard seiner unbedingten

Liebe zu Ottilie hin, die seine Gefühle erwidert. Das Geschehen des 1. Teils findet seinen Höhepunkt in der novellistischen »unerhörten Begebenheit« (G.), der fatalen Liebesnacht, in der Charlotte und Eduard in der Phantasie Ehebruch begehen: »Eduard hielt nur Ottilien in seinen Armen, Charlotten schwebte der Hauptmann näher oder ferner vor der Seele [...].« Durch das nächtliche Geschehen wird den Paaren ihre Liebe voll bewußt. Obwohl in Eduards »Gesinnungen wie in seinen Handlungen [...] kein Maß mehr« ist und das »Bewußtsein, zu lieben und geliebt zu werden, [...] ihn ins Unendliche« treibt, glaubt Charlotte in ihrem »Wahn«: »in einen frühern, beschränktern Zustand könne man zurückkehren, ein gewaltsam Entbundenes lasse sich wieder ins Enge bringen.« Anders als Charlotte denkt Eduard jedoch nicht an Entsagung; er ist nur bereit, vorübergehend das Haus zu verlassen. Als er von Charlottes Schwangerschaft erfährt, sucht er den Tod im Krieg.

Im 2. Teil wird die Handlung verlangsamt, neue Personen werden eingeführt, Ottilie rückt in den Mittelpunkt (Tagebuch). Gleich zu Anfang – Pflege des Kirchhofs, Restaurierung der Kapelle – stehen Todesmotive. Die Geburt des Kindes verrät das Geheimnis des »doppelten Ehebruch[s]«: Es hat die Augen Ottilies und eine große Ähnlichkeit mit dem Hauptmann. Eduard, aus dem Krieg zurückgekehrt, bittet seinen inzwischen zum Major aufgestiegenen Freund um Vermittlung. Während der Major Charlotte aufsucht, findet Eduard Ottilie mit dem Kind am See. Er erhält ihre Zustimmung zu einer Verbindung, falls Charlotte entsagt. In ihrer inneren Erregung läßt Ottilie das Kind auf der Rückfahrt über den See aus dem Kahn fallen; es ertrinkt. Angesichts der Ereignisse ist Charlotte zur Scheidung bereit, und auch Eduard sieht den Tod des Kindes als Beseitigung eines Hindernisses für seine Verbindung mit Ottilie. Ottilie dagegen, »das herrliche Kind«, nimmt die Schuld auf sich und faßt den Entschluß zur Entsagung. Sie sieht sich als ein vom Schicksal »auf eine fürchterliche Weise« gezeichneter Mensch und erkennt ihre Aufgabe darin, sich »dem Heiligen« zu widmen, »das, uns unsichtbar umgebend, allein gegen die ungeheuren zudringenden Mächte beschirmen kann«. Doch ihre Absicht, durch ein tätiges Leben zu sühnen, wird von Eduard vereitelt. Der Entschluß zu entsagen, hat nichts an der unbedingten Liebe geändert, eine »unbeschreibliche, fast magische Anziehungskraft« zwischen Eduard und Ottilie besteht weiter. Ottilie behauptet ihre geistige Freiheit, indem sie sich freiwillig der Welt entzieht, verstummt, Nahrung verweigert und schließlich als

Heilige stirbt, an deren Grab Wunder geschehen. Eduard stirbt bald danach und wird neben Ottilie in der Kapelle beigesetzt: »so ruhen die Liebenden nebeneinander. Friede schwebt über ihrer Stätte, heiter, verwandte Engelsbilder schauen vom Gewölbe auf sie herab, und welch ein freundlicher Augenblick wird es sein, wenn sie dereinst wieder zusammen erwachen.«

So endet der Roman mit einer Apotheose der Liebenden: von der »Himmelfahrt der bösen Lust« schrieb der entrüstete Friedrich Jacobi 1810. Doch der Vorwurf der Immoralität trifft G.s Intentionen nicht; ihn ging es nicht um eine Verteidigung oder Kritik der Ehe. Er zeigt vielmehr – u. a. – den Konflikt zwischen den Forderungen einer tief ins Unbewußte hinabreichenden Liebe und denen der Gesellschaft, die in der Institution der Ehe ihren deutlichsten Ausdruck findet. Für Ottilie wird der Konflikt zu einem unauflöslichen, tragischen: Denn sie, die in unbedingter Liebe mit Eduard verbunden ist, empfindet zugleich die Unauflöslichkeit der Ehe. Mit ihrem Wesen reicht sie nicht nur ins Elementare und Unbewußte hinab, sondern weist auch zurück in eine Zeit unverbrüchlicher Ordnungen: Nicht zufällig stellt sie, die sich dem »Heiligen« nähert, in einem lebenden Bild die Mutter Gottes dar.

Die Privatgeschichte hat exemplarischen Charakter. G. faßte die Idee seines Romans nach Friedrich Wilhelm Riemer so zusammen: »sociale Verhältnisse und die Conflicte derselben symbolisch gefaßt darzustellen.« Nicht nur am zentralen Beispiel der Ehe, auch in vielen charakteristischen Details wird das Zerbrechen oder die Zerstörung alter Ordnungen sichtbar: in der Schilderung hohler adeliger Lebensformen, in den Eingriffen in die Landschaft, in der Umgestaltung des Friedhofs, in der Verwandlung der Natur in tote Bilder (u. a. durch Verwendung einer Camera obscura) usw.

Aus zahlreichen Einzelzügen entsteht, vor allem durch Wiederholung und Spiegelung, ein dichtes symbolisches Beziehungsgeflecht, das dem Roman einen ›modern‹ erscheinenden Kunstcharakter verleiht und die unausweichliche Tragik der Liebesgeschichte mit der Darstellung des die alte Ordnung zersetzenden geschichtlichen Wandels verknüpft.

Die Aufnahme bei den Zeitgenossen war nicht immer verständnisvoll, Immoralismus ein häufiger Vorwurf. Als treffendes Zeitbild charakterisierte dagegen Achim von Arnim das Werk: »Übrigens wollen wir unserm Herrgott und seinem Diener Goethe danken, daß wieder ein Teil untergehender Zeit für die Zukunft in treuer, ausführlicher Darstellung aufgespeichert ist.«

1809
Jean Paul
Dr. Katzenbergers Badereise

Mit den *Flegeljahren* (1804–05) endete J. P.s produktivste Zeit als Romanschriftsteller. Bis zu seinem letzten Roman (*Der Komet*, 1820–22) erschienen nur drei größere erzählerische Werke, zwei satirische Erzählungen (*Des Feldpredigers Schmelzle Reise nach Flätz*, 1809; *Dr. Katzenbergers Badereise*, 1809) und eine romanähnliche satirisch-parodistische Biographie (*Leben Fibels, des Verfassers der Bienrodischen Fibel*, 1811 [vordatiert auf 1812]. Daneben steht freilich eine rege publizistische und feuilletonistische Tätigkeit; außerdem erscheinen bedeutende pädagogische (*Levana oder Erziehlehre*, 1806 [vordatiert auf 1807]) und politische Texte (*Friedens-Predigt an Deutschland*, 1808; *Dämmerungen für Deutschland*, 1809, u. a.).

Ist der komische Held des *Feldpredigers Schmelzle*, Attila Schmelzle, ein Hasenfuß, der seine Feigheit und Untertänigkeit als Heldentum auszugeben sucht, so bereichert J. P. die Sammlung seiner skurrilen Charaktere mit dem Doktor Katzenberger um einen ausgesprochenen Zyniker, einen Mann des naturwissenschaftlichen Zeitalters mit einem leidenschaftlichen Sammlerinteresse für menschliche und tierische Mißgeburten, einen der Wissenschaft ergebenen Analytiker ohne Rücksicht auf Empfindungen.

Der Handlungsrahmen ist einfach. Dr. Katzenberger reist nach Bad Maulbronn, nicht um zu baden, sondern um dort den Badearzt Strykius und Rezensenten seiner Bücher »beträchtlich auszuprügeln« (rund um – ein vergebliches Unterfangen – einer Gevatterschaft zu entgehen). Begleitet wird er von seiner Tocher Theoda, als zahlender Mitreisender schließt sich ein Herr von Nieß an, der unter dem Namen Theudobach Dichterruhm genießt. Sowohl die Reise als auch der Aufenthalt in Bad Maulbronn bieten Katzenberger Möglichkeiten, seiner Leidenschaft zu frönen. Zu seiner Beute gehört eine sechsfingrige Hand, mit der sich Strykius von weiteren Prügeln loskauft. Theoda befreit sich von ihrer Schwärmerei für den Dichter Theudobach und wendet sich einem Hauptmann und Militärschriftsteller gleichen Namens zu. Katzenberger ist schon deswegen mit der Verbindung einverstanden, weil er dadurch an »eine Höhle voll Bären- und Gott weiß was für Knochen« herankommen kann.

Das groteske Charakterstück erschien zusammen mit einer Reihe kleinerer Schriften (u. a.

Über Hebels alemannische Gedichte, Über den Tod nach dem Tode, Das Glück, auf dem linken Ohre taub zu sein, Über Charlotte Corday); 1822 kam es zu einer 2. Auflage.

1809
Zacharias Werner
Der vierundzwanzigste Februar

W.s Einakter, 1809 in Coppet am Genfer See im Privattheater der Madame de Staël uraufgeführt, ein Jahr später von Goethe in Weimar inszeniert und 1815 gedruckt, begründete das sogenannte deutsche Schicksalsdrama: Ein unaufhaltsames Verhängnis, dessen Ursprung in der Vergangenheit liegt, führt zum tragischen Ende (Zerstörung einer Familie, Selbstzerstörung), begleitet von allerlei mysteriösen und düsteren Begebenheiten, Erscheinungen und Requisiten, die die Zwangsläufigkeit des Geschehens suggerieren sollen.

W.s Versdrama spielt in »einem einsamen Alpenwirtshause« auf einem Schweizer Bergpaß. Es ist der 24. Februar, Nacht, heftiger Föhn. Das stark verschuldete Wirtsehepaar Kunz und Trude Kuruth hat keinen Zahlungsaufschub erhalten können. Morgen droht ihnen Frondienst. Ein wohlhabender Fremder erscheint; es ist ihr totgeglaubter Sohn Kurt, der sich aber zunächst nicht zu erkennen gibt (»erst muß ich unerkannt Sie prüfen: ob sie schon den Fluch zurückgenommen!«). Allmählich wird die in Trudes Eingangsmonolog schon angedeutete Vorgeschichte erhellt. Am Anfang steht ein Verstoß gegen das 4. Gebot. Kunz Kuruth hatte ein Messer auf seinen strengen Vater geworfen, als der ihn aufforderte, statt Trude eine andere Frau zu heiraten. Zwar blieb er unverletzt, doch wurde er vom Schlag getroffen und starb, nicht ohne zuvor – am 24. 2. – seinen Sohn Kunz zu verfluchen. Ebenfalls an einem 24. 2. geschah es, daß dessen Sohn Kurt – der Fremde – im Spiel seine Schwester mit ebendemselben Messer ermordete. Seinerseits verflucht, floh Kurt ins Ausland. Nun ist er – am 24. 2. – zurückgekehrt, um seine Eltern zu unterstützen und um Verzeihung zu bitten. Doch das Ende ist vorhersehbar. Des Geldes wegen bringt der Vater seinen Sohn mit dem besagten Messer um; dieser verkündet sterbend – am 24. 2. – die Entsühnung vom Fluch, vergibt seinem Mörder und haucht mit einem »Amen« sein Leben aus. Für den Vater bleiben »Blutgericht«, »Henkerbeil« und die Erwartung von Gottes Gericht.

W.s Stück ist das Vorbild einer größeren Anzahl von ›Schicksalsdramen‹, wobei freilich die christliche Fundierung des Zusammenhangs von Schuld und Sühne und die psychologische Motivation zugunsten vordergründiger Effekte und Requisiten (noch stärker) in den Hintergrund treten. Die bekanntesten Schicksaldramatiker nach W. sind Adolph Müllner (*Der neunundzwanzigste Februar,* 1812; *Die Schuld,* 1813, u. a.), Ernst Houwald (*Die Heimkehr,* 1818; *Der Leuchtturm,* 1820), aber auch Franz Grillparzers Erstling *Die Ahnfrau* (1817) zählt zu diesem Genre, das überdies Spuren im *Freischütz* (1821), romantische Oper von Friedrich Kind (Text) und Carl Maria von Weber, hinterlassen hat. Satirisch setzte sich August von Platen in seinem Lustspiel *Die verhängnisvolle Gabel* (1826) mit dieser Modegattung auseinander.

1810

Achim von Arnim
Armut, Reichtum, Schuld und Buße der Gräfin Dolores

A.s *Gräfin Dolores,* im Untertitel als »wahre Geschichte zur lehrreichen Unterhaltung armer Fräulein« charakterisiert und 1810 in zwei Bänden erschienen, ist Ehe- und Zeitroman in bewußtem Kontrast zu Goethes *Wahlverwandtschaften* (1809). Dabei wird die Haupthandlung im Einklang mit den Vorstellungen vom Roman als romantischer Kunstform durch eine große Zahl von lyrischen, epischen und dramatischen Einlagen unterbrochen, in denen sich die Hauptpersonen und ihre Beziehungen zueinander in verschiedener Weise spiegeln und die zugleich den Roman zu einem breitangelegten Zeitbild erweitern.

Die schöne, leichtfertige und selbstsüchtige Gräfin Dolores lebt mit ihrer ernsthaften Schwester Klelia in einem verfallenen Schloß in einer süddeutschen Residenzstadt. Den Ruin vor Augen, hatte ihr Vater, der verschwenderische Graf P., seine Familie im Stich gelassen und war nach Ostindien gegangen. Während der Semesterferien verliebt sich Graf Karl in Dolores. Nach ihrer Hochzeit hat Dolores Schwierigkeiten, sich an das gesellschaftlich wenig anregende Leben auf Karls Landsitz zu gewöhnen und die ihr zugedachte Aufgabe zu übernehmen. Klelia ist inzwischen auf Einladung reicher Verwandter nach Sizilien gegangen. In einem Brief berichtet sie von ihrer Vermählung mit einem spanischen Herzog mit Besitzungen in Sizilien. Dolores bleibt nach

der Geburt eines Sohnes in der Stadt; hier erliegt sie den Verführungskünsten eines weltgewandten Marchese D. (der – wie sich später herausstellt – in Wirklichkeit Klelias Mann ist). Karl sucht den Tod durch Dolores' Hand – er läßt sie ein angeblich ungeladenes Gewehr auf ihn richten –, doch er überlebt. Sie versöhnen sich und ziehen nach der Geburt des im Ehebruch gezeugten Sohnes, der gleichwohl dem Grafen ähnlich sieht, auf Einladung Klelias nach Sizilien; der Herzog ist inzwischen gestorben. In Sizilien übt sich Dolores, die eine tiefgreifende Wandlung durchgemacht hat, in tätiger Buße und zieht eine große Kinderschar auf, während sich Karl der Verwaltung der Güter annimmt. Inzwischen ist Graf P. als reicher Mann aus Ostindien zurückgekehrt, wird zum ersten Minister und nach dem Tod des Fürsten zum Verweser ernannt. Die Reise der Fürstin nach Sizilien bringt Verwicklungen und Mißverständnisse, die schließlich zum Tod von Dolores führen. Karl errichtet zum Andenken eine »übergroße Bildsäule der Gräfin« mit ihren zwölf Kindern, die als Leuchtturm fungiert, und kehrt in seine Heimat zurück: »den Deutschen mit Rat und Tat, in Treue und Wahrheit bis an sein Lebensende zu dienen; ihm folgten seine Söhne mit jugendlicher Kraft.«

A., der sich den Reformern um den Freiherrn von Stein angeschlossen hatte, setzt sich in seinem Roman mit den Krisenerscheinungen der Gegenwart auseinander. Verteidigung der Institution der Ehe und entschiedener Reformwille ergänzen sich. Daß der Ehebruch der Gräfin am 14. Juli, dem Tag des Sturms auf die Bastille, stattfindet, deutet auf die politische Tendenz des Werkes: Die Französische Revolution erscheint als Folge der Immoralität des Adels, der die Verbindung mit dem Volk verloren hat und nur seinen Vergnügungen und Lastern lebt – ein warnendes Beispiel. Gegenfigur ist Graf Karl, ein fähiger (Land-)Wirtschaftsfachmann, guter Christ und Humanist, der durch Reformen und Volkserziehung für eine bessere Welt wirkt: »Nein, daß adlig all auf Erden, Muß der Adel Bürger werden.« Durchaus kein Programm eines reaktionären Junkers.

1810

Johann Wolfgang von Goethe
Zur Farbenlehre

G.s umfangreichstes Werk erschien 1810 (2 Textbände, 1 Tafelband). Der Entschluß, sich mit dem Phänomen der Farben auseinanderzusetzen, geht auf die Italienreise zurück. Erste *Beiträge zur Optik* erschienen 1791. Jahrelange Materialsammlungen, Experimente und theoretische Fundierungsversuche (mit Hilfe von Schillers »philosophische[m] Ordnungsgeist«) fanden ihren (vorläufigen) Abschluß in der *Farbenlehre*.

Der 1. Band der *Farbenlehre* besteht aus einem *Didaktischen Teil* und einem *Polemischen Teil,* der 2. trägt *Materialien zur Geschichte der Farbenlehre* zusammen. Der *Didaktische Teil* enthält zunächst eine auf Beobachtungen und Experimente gegründete Darstellung der verschiedenen »Erscheinungsweisen« der Farben, wobei G. in physiologische, physische und chemische Farben unterteilt. Danach kommt er in einem zusammenfassenden Abschnitt auf das »Allgemeine« einer Farbenlehre zu sprechen, wobei er seine Vorstellungen von »Polarität« und »Steigerung« bestätigt findet: »Entstehen der Farbe und Sichentscheiden« sei eins. »Im allgemeinen betrachtet, entscheidet sie sich nach zwei Seiten. Sie stellt einen Gegensatz dar, den wir eine Polarität nennen und durch ein + und ein − recht gut bezeichnen können.

Plus.	Minus.
Gelb.	Blau.
Wirkung.	Beraubung.
Licht.	Schatten.
Hell.	Dunkel.
Kraft.	Schwäche.
Wärme.	Kälte.
Nähe.	Ferne.
Abstoßen.	Anziehen.

Die Mischung dieser ursprünglichen Farben ergibt eine neue Einheit, Grün; durch ihre »Steigerung« entstehen das Rot und das Violett, wobei deren Mischung zu Purpur führt. So wird ein Farbenkreis sichtbar, in dem die mannigfaltigen Erscheinungen sich zu einer harmonischen Totalität verbinden.

Zur Polarität, die für G. eine allgemeine Gesetzlichkeit des Lebens überhaupt ausdrückt, findet sich in der *Farbenlehre* die Formel: »Das Geeinte zu entzweien, das Entzweite zu einigen, ist das Leben der Natur; dies ist die ewige Systole und Diastole, die ewige Symkrisis und Diakrisis, das Ein- und Ausatmen der Welt, in der wir leben, weben und sind.« − Abschnitte über die »Sinnlich-sittliche Wirkung der Farbe« und die »Ästhetische Wirkung« beschließen den *Didaktischen Teil.* Gerade diese Partien haben Anerkennung auch bei den Kritikern der *Farbenlehre* gefunden.

Die Kritik entzündete sich an G.s polemischer Auseinandersetzung mit Newton und seiner Vorstellung, er habe das Newtonsche »Irrtumsgespinst« zerrissen und die »hypothetische Verzerrung so vieler herrlichen und erfreulichen Naturphänomene wieder ins gleiche« gebracht. Insofern G. auf die physikalische Richtigkeit seiner Vorstellungen pochte, hatte er − wie ihm die Fachwissenschaft bestätigte − unrecht. Seine Erkenntnisinteressen waren andere, und eine Wissenschaft, die von den Erscheinungen abstrahierte oder die Natur zergliederte, war nicht die seine (er hegte eine tiefe Abneigung gegen Instrumente und Apparate, die die natürliche Perspektive verschieben). So war für ihn Newtons Theorie von der Spaltbarkeit des Lichts und von der Farbe als seinem objektiven Bestandteil von vornherein unannehmbar. G. sieht Farbe, die im »Trüben«, im Zwischenbereich von Licht und Finsternis entsteht, als ein nicht weiter ableitbares »elementares Naturphänomen für den Sinn des Auges«, das zugleich reale und symbolische Bedeutung hat: »Die Farben sind Taten des Lichts, Taten und Leiden«, dieser Satz aus der Vorrede zeigt den Abstand seiner dichterischen Weltinterpretation in der *Farbenlehre* von strikter physikalischer Methodik.

1810
Friedrich Ludwig Jahn
Deutsches Volkstum

J. ist als »Turnvater« in die Geschichte eingegangen. Allerdings war das Turnen, das durch seine ständeübergreifenden Tendenzen und seine Trennung von Schule und Staat durchaus progressive Züge hatte, in einen größeren ideologischen Zusammenhang eingebettet, war dazu gedacht, die deutschen Knaben und Jünglinge in der höchsten und heiligsten Pflicht zu bestärken, »ein Deutscher Mann zu werden und geworden zu bleiben, um für Volk und Vaterland kräftig zu würken, unsern Urahnen den Weltrettern ähnlich.« Keiner dürfe, heißt es in den »Turngesetzen«, »zur Turngemeinschaft kommen, der wissentlich Verkehrer der Deutschen Volksthümlichkeit ist, und Ausländerei liebt, lobt, treibt und beschönigt« (J./Ernst Eiselen: *Die Deutsche Turnkunst,* 1816).

Vaterländischen Zielen diente auch J.s Leidenschaft für die Philologie, mit deren Hilfe er den Kampf gegen »Wälschsucht« und »meindeutsche Volksvergessenheit« aufnahm, indem er Fremdwörter übersetzte (»Frohkunde«: Evangelium, »Reichswehr«: Armee, »Allerweltbürgerei«: Kosmopolitismus), Neubildungen einführte (»Platzwart«, »Bücherwart«) und altes Vokabular (»Min ne«) wiederzubeleben suchte: »Kein gründlicher *Sprachkenner,* kein echtdeutscher *Volksmann* hat auch je der Wortmengerei die Stange gehalten.« Denn: »Die Vielspracherei ist der Sündenpfuhl, woraus aller Büchernebel dunstet« bzw. »Wälschen ist Fälschen, Entmannen der Urkraft, Vergiften des Sprachquell.«

Seine ideologische Hauptschrift *Deutsches Volkstum* erschien 1810 und ist, wie das Werk seines Lehrers Ernst Moritz Arndt, Dokument des Widerstands gegen Napoleon, geht aber mit seiner Berufung auf einen biologisch begründeten Volkstumsbegriff und seinem maßlosen Nationalismus weit über den aktuellen Anlaß, die französische Besetzung, hinaus. »Volkstum«, ein von J. geprägter Begriff, sei »das Gemeinsame des Volks, sein innewohnendes Wesen, sein Regen und Leben, seine Wiedererzeugungskraft, seine Fortpflanzungsfähigkeit.« Zur Stärkung der »Hochgedanken *Volk, Deutschheit* und *Vaterland*«, die trotz Überfremdung, »Landsmannschaftsucht und Völkleinerei« [Partikularismus] noch nicht ganz abgestorben seien, entwirft J. ein Erziehungsprogramm: »*Volkserziehung* ist Anerziehung zum Volkstum, ein immer fortgesetztes Indiehändearbeiten für die Staatsordnung, heilige Bewahrerin des Volks in seiner menschlichen Ursprünglichkeit.« Weitere Stichpunkte zum Thema »Deutschheit« sind u.a.: Volkstracht statt Mode, Volksfeste, »Volkstumsdenkmäler«, Sprachreinigung, »volkstümliche Bücher« (»Verflucht der Schriftsteller, der sein Volkstum vor dem Auslande schmäht!«), Ehe (»Der Mann im Vollsinn des Worts liebt nur das *weibliche Weib,* und das weibliche Weib nur den *männlichen* und *mannlichen Mann*«). *Die Deutsche Turnkunst* übrigens gibt Hinweise, wie man dem »Vergeuden der Jugendkraft und Jugendzeit durch entmarkenden Zeitvertreib, faulthierisches Hindämmern, brünstige Lüste und hundswüthige Ausschweifungen« steuern kann. Bleibt noch das großdeutsche politische Wunschbild, das in der Hauptstadt Teutona, »ungefähr auf dem halben Wege von Genf nach Memel, von Triest und Fiume nach Kopenhagen, von Dünkirchen nach Sendomir«, seine Mitte findet.

1810
Heinrich von Kleist
Das Käthchen von Heilbronn

Nach einem Vorabdruck des 1. und 2. Aktes in der Zeitschrift *Phöbus* (1808) erschien das »große historische Ritterschauspiel« (5 Akte, Prosa)

im Herbst 1810 als Ganzes; vorher, am 17. 3. 1810, hatte die Uraufführung im Theater an der Wien (Wien) stattgefunden. *Das Käthchen von Heilbronn oder Die Feuerprobe* schließt an die Tradition der seit Goethes *Götz von Berlichingen* (1773) beliebten Ritterstücke an; es spielt in einem nicht näher bestimmbaren, märchenhaften Mittelalter.

Vor einem Femegericht muß sich Graf Friedrich Wetter vom Strahl gegen die Anklage verteidigen, er habe die Tochter des Heilbronner Waffenschmieds Theobald Friedeborn durch teuflische Kunst an sich gefesselt. Denn das 15jährige Käthchen war ihm seit ihrer ersten Begegnung bzw. nach ihrer Genesung (sie war ihm durch ein Fenster nachgesprungen) zwanghaft auf Schritt und Tritt gefolgt und hatte sich geweigert, zu ihrem Vater zurückzukehren. Der Graf kann zwar seine Unschuld dartun, aber das Rätsel bleibt. Auf dem Rückweg vom Femegericht befreit er die von einem früheren Verlobten entführte Kunigunde von Thurneck, deren jetziger Verlobter, der Rheingraf vom Stein, ihm gerade in ihrem Namen wegen einiger strittiger Güter die Fehde angesagt hat. Er führt sie in sein Schloß. Geblendet von ihrer Schönheit und ihrem scheinbar edelmütigen Verzicht auf ihre Forderung und überdies bestärkt durch einen Traum, beschließt er, sie zu heiraten und ihr die Güter zu schenken. Inzwischen plant der Rheingraf Rache an Kunigunde; durch Zufall erfährt Käthchen davon und versucht Graf Wetter, der sich gerade auf dem Thurneckschen Schloß befindet, zu warnen. Er stößt sie zunächst zurück und weigert sich, die Nachricht zur Kenntnis zu nehmen. So gerät das Schloß in Brand, bevor die Angreifer vertrieben werden können. Kunigunde verlangt nach einem Bildnis des Grafen in einem Futteral, und Käthchen geht, beschützt von einem Engel, durch das Feuer und bringt das Bild (aber nicht das Futteral mit der eigentlich gewünschten Schenkungsurkunde).

Käthchen schläft unter einem Holunderbusch unterhalb von Schloß Wetterstrahl. Der Graf weiß, daß sie im Schlaf redet, und er bringt sie dazu, das ihr selbst Unbewußte zu offenbaren: In einem Traum in einer Silvesternacht war ihr Graf Wetter, begleitet von einem Engel, als ihr Bräutigam erschienen. Dies korrespondiert mit seinem eigenen Traum in der nämlichen Nacht, als ihm ein Engel eine Kaisertochter zur Frau verheißen hatte. Käthchens Vater verklagt den Grafen beim Kaiser. Der Graf besiegt den Waffenschmied im Zweikampf. Schließlich erinnert sich der Kaiser an ein nächtliches Abenteuer in Heilbronn. Inzwischen hat Käthchen die scheußliche wahre Gestalt Kunigundes im Bad erblickt, die sie nun zu vergiften sucht. Auch der Graf erkennt Kunigundes Bosheit, und als die Hochzeit stattfindet, wird nicht sie, die schon im Brautkleid bereit steht, sondern die Prinzessin Käthchen von Schwaben zum Altar geführt.

K. selber sah sein Ritterschauspiel in der Nähe der *Penthesilea*: Käthchen sei »die Kehrseite der Penthesilea, ihr andrer Pol, ein Wesen, das ebenso mächtig ist durch gänzliche Hingebung, als jene durch Handeln.« Ihre Fähigkeit zu bedingungsloser Liebe läßt diesen Vergleich zu; daß sie – anders als Penthesilea – die Erfüllung ihrer Liebe im Einklang mit den Gesetzen des Staates finden kann, verdankt sie der Standeserhöhung. Friedrich Hebbel hat dies dem Stück vorgeworfen (»Du zeigst also eigentlich das Gegenteil von allem, was du zeigen solltest; dein Beispiel lehrt, daß Schönheit und Edelmut, ja Wechselneigung und der erklärte Wille des Himmels selbst nichts bedeuten, wenn sich nicht Rang und Stand hinzugesellen«). Allerdings gelten für ein Stück, das durch Träume strukturiert ist und in einer Märchenwelt spielt (einschließlich Kunigundes als Hexe) andere Gesetze, hat »der naive Realismus des gewöhnlichen Denkens keine Gültigkeit mehr« (Gert Ueding).

Sieht man das Stück vom Blickpunkt von K.s späterem Aufsatz *Über das Marionettentheater* (1810), so kann man Käthchen als Präfiguration der Kleistschen Marionette auffassen. Anders als alle anderen dramatischen Gestalten K.s verläßt sie »den übertragischen Zustand der Unschuld« nicht: »Sie ist damit wirklich als die reinste Verkörperung der Grazie zu betrachten; im Grunde ist sie das schon mit märchenhaften Zügen ausgestattete Symbol einer vom Sündenfall unberührten Daseinsart« (Walter Müller-Seidel).

Käthchen von Heilbronn wurde K.s meistgespieltes Werk im 19. Jh., allerdings in Bearbeitungen, die die ›anstößigen‹ Stellen (Häßlichkeit Kunigundes, Vaterschaft des Kaisers) zu bereinigen suchten.

1810–11
Heinrich von Kleist
Erzählungen

K.s Erzählungen, neben seiner dramatischen Produktion entstanden, erschienen 1810–11 in zwei Bänden: *Michael Kohlhaas, Die Marquise von O…, Das Erdbeben in Chili* (Bd. 1); *Die Verlobung in St. Domingo, Das Bettelweib von Locarno, Der Findling, Die heilige Cäcilie, Der Zweikampf* (Bd. 2). Bis auf die Erzählungen *Der*

Findling und *Der Zweikampf* waren die Texte bereits seit 1807 in verschiedenen Zeitschriften veröffentlicht worden, von *Michael Kohlhaas* allerdings nur ein Fragment (*Phöbus*, 1808).

Daß K. den Begriff Novelle vermied, hat wohl damit zu tun, daß dieser noch zu sehr mit der romanischen Tradition der Novelle als Form geselliger Unterhaltung verbunden war. Gemeinsam ist den insgesamt acht Texten die Konzentration auf einen außerordentlichen Fall, auf eine »unerhörte Begebenheit« (so Goethes spätere Novellendefinition), eine Begebenheit, die das Leben der betroffenen Menschen entscheidend verändert, sie, »bildlich gesprochen, aus dem Paradies ihrer Gewöhnlichkeit« vertreibt (Gerhard Schulz). Diese Begebenheit ereignet sich meist am Anfang und wird dann in dem für K. typischen, syntaktisch komplexen, scheinbar objektiven Erzählstil konsequent zu ihrem tragischen oder untragischen Ende geführt. Dabei entsteht eine eigentümliche Spannung zwischen einer betont kausalen Handlungsverknüpfung, unvermutet hereinbrechenden Ereignissen und der dunklen, oft rätselhaften psychologischen Motivation der Personen. K. ordnet gewissermaßen »Versuchsspiele« an, die menschliche Verhaltensweisen in einer unsicheren Welt erkunden und erproben sollen (Karl Otto Conrady). Insofern handelt es sich um moralische Erzählungen, die allerdings ihre Normen nicht von den als fragwürdig erkannten Institutionen Staat, Kirche und Familie herleiten; das Moralische verwirklicht sich vielmehr im Handeln des Einzelnen – auch und gerade gegen die Gesellschaft und ihre Konventionen. Dabei siedelt K. seine Novellen in zeitlicher und räumlicher Ferne an, doch die Erschütterung der traditionellen Ordnungen, die allenthalben sichtbar wird, reflektiert die durch die Französische Revolution ausgelösten Veränderungen der eigenen Welt.

Am Anfang von *Michael Kohlhaas,* der berühmtesten und umfangreichsten Erzählung K.s, steht ein relativ geringfügiger Akt feudaler Willkür, dessen Korrektur durch Korruption der sächsischen Behörden verhindert wird und so den in seinem Rechtsgefühl verletzten Bürger zur (verbotenen) Selbsthilfe greifen läßt. Der private Konflikt entwickelt sich folgerichtig zu einer die staatliche Ordnung bedrohenden Affäre, die durch das Eingreifen Luthers zu einem vorläufigen Abschluß kommt. Allerdings wird Kohlhaas' Rechtssache weiter hintertrieben, die Amnestie gebrochen und Kohlhaas in eine Falle gelockt. Erst durch das Eingreifen seines Landesherrn, des brandenburgischen Kurfürsten, findet der Fall eine für Kohlhaas und sein Rechtsgefühl befriedigende Lösung: Wiedergutmachung des Unrechts, Hinrichtung wegen Landfriedensbruchs, Standeserhöhung der Söhne. Zur Lösung gehört auch, daß Kohlhaas durch die Vernichtung einer für die Zukunft Sachsens wichtigen Prophezeiung den der Hinrichtung inkognito beiwohnenden wortbrüchigen sächsischen Kurfürsten in tiefe Verzweiflung stürzt: Rache oder Gerechtigkeit? K. versah seine Erzählung mit dem Hinweis »Aus einer alten Chronik«. Als Quelle benutzte er die »Nachricht von Hans Kohlhasen« in dem Werk *Diplomatische und curieuse Nachlese der Historie von Ober-Sachsen und angrentzenden Ländern* (3. Teil, 1731) von Christian Schöttgen und Georg Christoph Kreysig.

Ins Private führt die *Marquise von O...,* jedoch mit tiefen Einblicken in hierarchisch-patriarchalische Strukturen, in gesellschaftliche Konventionen und Tabus. Die »unerhörte Begebenheit« ist nicht, daß die Marquise in ihrer Ohnmacht von einem russischen Grafen vergewaltigt wurde, sondern daß sie, »mit Stolz gegen die Anfälle der Welt« gerüstet, das Ereignis publik macht und so erst den Skandal auslöst. Die Novelle beginnt mit dem Satz: »In M..., einer bedeutenden Stadt im oberen Italien, ließ die verwitwete Marquise von O..., eine Dame von vortrefflichem Ruf, und Mutter von mehreren wohlerzogenen Kindern, durch die Zeitungen bekannt machen: daß sie, ohne ihr Wissen, in andre Umstände gekommen sei, daß der Vater zu dem Kinde, das sie gebären würde, sich melden solle; und daß sie, aus Familienrücksichten, entschlossen wäre, ihn zu heiraten.« Dies geschieht denn auch »um der gebrechlichen Einrichtung der Welt willen«, aber die Marquise hat nicht nur äußere Schwierigkeiten zu überwinden – Familie, gesellschaftliche Konventionen –, sondern sie muß auch selbst zur inneren Bereitschaft finden, den Mann, der ihr erst als »Engel« und dann als »Teufel« erschienen war, zu akzeptieren. »K.s Novelle ist ganz sicher nicht die Geschichte von weiblicher Selbstverwirklichung in modernem Sinne, aber sie erzählt sehr wohl von dem wachsenden Selbstbewußtsein einer Frau, die nicht als Festung zu erobern ist« (Gerhard Schulz).

Bleiben in der *Marquise von O...* die Erschütterungen im Bereich des Privaten bzw. gesellschaftlicher Konventionen, so hat die *Verlobung in St. Domingo* direkte Bezüge zur Französischen Revolution. Denn der Kampf der Neger gegen die französischen Kolonialherren in Haiti, der den historischen Rahmen der Novelle bildet, ist eine Folge der epochalen Ereignisse in Frankreich. Mit dem Befreiungskampf verknüpft ist der innere Konflikt, der Vertrauenskonflikt zwischen der

Mulattin Toni und dem Weißen Gustav von Ried, den sie zu retten versucht, aber an Mißverständnissen und Mangel an Vertrauen scheitert. – Als Symbol für tiefgreifende gesellschaftliche und geschichtliche Veränderungen kann auch das Geschehen in der Novelle *Das Erdbeben in Chili* gelten (erster Titel: *Jeronimo und Josephe. Eine Szene aus dem Erdbeben in Chili, vom Jahre 1647*): Gezeigt wird die Zerstörung einer brüchigen Gesellschaft, ohne daß jedoch aus den Ruinen eine neue, bessere entstünde. Opfer dieser pervertierten Rechts- und Gesellschaftsordnung und erbarmungsloser kirchlicher Moralvorstellungen werden Jeronimo und Josepha, die zwar durch das Erdbeben vor Selbstmord bzw. Hinrichtung bewahrt, dann aber von einer fanatisierten Menge umgebracht werden. Der Retter ihres Sohnes verliert sein eigenes Kind und nimmt den Geretteten als Pflegesohn an: »und [...] so war es ihm fast, als müßt er sich freuen.«

Bleibt hier noch eine vage Hoffnung, so führt die Erzählung *Der Findling,* die gewissermaßen dort einsetzt, wo der *Erdbeben in Chili* endet, in tiefste Hoffnungslosigkeit: Der Findling Nicolo treibt seine Pflegemutter Elvira in den Tod und den Vater, den römischen Kaufmann Antonio Piachi, aus dem Haus. Dieser bringt ihn um und besteht auf einer Hinrichtung ohne vorherige Absolution, damit er in der Hölle seine Rache an Nicolo wieder aufnehmen könne. – Daß die Erschütterung festgefügter Ordnungen nicht nur die Kirche berührt, sondern die Religion selbst einschließt, deutet die Erzählung *Der Zweikampf* an, die im Mittelalter angesiedelt ist und den Zweikampf auf Leben und Tod als Gottesgericht zum Thema hat. Sie endet mit der Einsicht, daß der Ausgang des Kampfes nicht notwendig auch den göttlichen Willen anzeigt: »Wo liegt die Verpflichtung der höchsten göttlichen Weisheit, die Wahrheit im Augenblick der glaubensvollen Anrufung selbst, anzuzeigen und auszusprechen?«, fragt der unschuldig unterlegene Friedrich von Trota und rückt damit den Willen Gottes in eine Sphäre, die außerhalb der menschlichen Erkenntnismöglichkeiten liegt.

Dies gilt selbst für die »Legende« *Die heilige Cäcilie oder Die Gewalt der Musik,* in der die Heilige die erkrankte Schwester Antonia vertritt und vier Bilderstürmer durch ihre Musik in den Wahnsinn treibt; in einem »Irrenhause« führen sie hinfort, »an der Ausschweifung einer religiösen Idee krank«, ein stummes, geisterartiges Leben, beten tagsüber ein Kruzifix an und intonieren um Mitternacht das »gloria in excelsis« – »mit einer Stimme, welche die Fenster des Hauses bersten machte«. Geschrieben wurde das

Werk, weniger eine Legende als vielmehr die Darstellung der Entstehung einer Legende, als »Taufangebinde für Cäcilie M.«, die Tochter seines Freundes Adam Müller. Eine Gabe nicht ohne Hintersinn und Ironie: Müller war 1805 in Wien zum Katholizismus konvertiert, hielt aber seine Konversion im protestantischen Norden geheim. Die Tochter wurde, nach der Konfession der Mutter, in der französisch-reformierten Gemeinde in Berlin protestantisch getauft: »Gegen einen solchen Hintergrund nun liest sich das ›Taufangebinde‹ der protestantisch getauften Tochter des geheimen Katholiken Müller deutlich als Persiflage von Konversionen« (Gerhard Schulz). – Das Wunderbare in einem anderen Sinn durchdringt die kürzeste der Erzählungen K.s, *Das Bettelweib von Locarno,* äußerlich eine Gespenstergeschichte, der E. T. A. Hoffmann in den *Serapions-Brüdern* (1819–21) wegen ihrer erzählerischen Ökonomie hohes Lob spendete, zugleich die Geschichte einer Ehe, einer in der Zerstörung endenden Entfremdung.

Unter den Novellen K.s fand *Michael Kohlhaas* die größte Resonanz. Das Werk wurde (und wird) häufig gedruckt, übersetzt und interpretiert; im 19. und 20. Jh. entstanden zahlreiche Dramatisierungen (u. a. von Arnolt Bronnen, 1948). Im Zusammenhang mit der Studentenbewegung und den Bürgerrechtsbewegungen der 60er und 70er Jahre erhielt K.s Erzählung eine zusätzliche Aktualität, die u. a. Yaak Karsunke zu einem Drama (*Des Colhaas' letzte Nacht,* 1979), Volker Schlöndorff zu einem Film (*Michael Kohlhaas, der Rebell,* 1969) und Elisabeth Plessen zu einem Roman (*Kohlhaas,* 1979) anregte. Eine anspruchsvolle Übertragung des Stoffs in das New York des beginnenden 20. Jh.s stellt E. L. Doctorows Roman *Ragtime* (1975) dar, in dem der schwarze Musiker Coalhouse Walker einen ähnlich eskalierenden Kampf führt.

1811
Friedrich de la Motte Fouqué
Undine

Christliches Mittelalter und germanisch-keltische Sagenwelt verbinden sich im Werk F.s mit moderner Psychologie, eine Mischung, für die nach langem Vergessen erst wieder Arno Schmidt Verständnis zeigte (*F. und einige seiner Zeitgenossen,* 1958). Mit seiner stabreimenden Trilogie *Der Held des Nordens* (*Sigurd, der Schlangentöter, Sigurds Rache, Aslauga,* 1808–1810) wirkte er auf Richard Wagners *Ring des Nibelungen,* mit dem Ritterroman *Der Zauberring* (1813) hatte er seinen größten (und letzten) Erfolg. Vom Vergessen bewahrt blieb einzig *Undine,* eine Erzählung, für die F. als Quelle das *Liber de Nymphis, Sylphis, Pygmaeis et Salamandris* (1537–38) des Paracelsus nennt, das ihm »das ganze Verhältniß der Undinen zu den Menschen, die Möglichkeit ihrer Ehen usw. an die Hand gab«.

An einem See, durch einen Zauberwald von der Stadt getrennt, wohnt ein Fischerehepaar mit der jungen, ebenso launenhaften wie bezaubernden Undine, die sie am See gefunden hatten, bald nachdem ihr eigenes Kind im Wasser verschwunden war. Der Ritter Huldbrand von Ringstetten gelangt, von Spukgesichtern getrieben, durch den Zauberwald zur Fischerhütte. Durch eine Überschwemmung wird ihm der Rückweg abgeschnitten, und als schließlich noch ein Priester herfindet, lassen sich Undine und der Ritter trauen. Die Heirat verändert Undine grundlegend von einem unberechenbaren elfischen Wesen in eine »beseelte, liebende, leidende Frau«. Das seelenlose Naturwesen hat eine menschliche Seele bekommen, Sinnbild für den Bruch von Natur und Geschichte, den Eintritt in die menschliche Geschichte. Gleichwohl bleibt Undine weiterhin dem Elementaren verbunden, und der Wassergeist, ihr Onkel Kühleborn, der sich beliebig verwandeln kann und durch seine Erscheinungen das Geschehen gelenkt hat, wird immer wieder erscheinen, ohne freilich Undine vor der Katastrophe bewahren zu können.

Als die Flut zurückgeht – mit der Heirat hat sie ihren Zweck erfüllt –, verläßt das junge Paar die Hütte, und das Märchen verwandelt sich allmählich in ein Ehedrama. Der junge Ritter wendet sich wieder der ehrgeizigen Bertalda zu (Adoptivtochter eines Herzogs, in Wirklichkeit die Fischerstochter), die ihn zu Anfang zu seiner Bewährung in den Zauberwald geschickt hatte und nun mit Undine und Huldbrand auf Burg Ringstetten wohnt. Die Entfremdung zwischen Huldbrand und Undine wächst, und Undine warnt ihn, sie nicht auf dem Wasser zu schelten, sonst würden sie die verwandten Wassergeister zurückholen. Genau dies geschieht auf einer Donaufahrt. Nach einer Zeit der Trauer beschließen Bertalda und der Ritter zu heiraten, obwohl es nicht an deutlichen Warnungen fehlt. Undine erscheint als weißer Geist, und in ihrer Umarmung stirbt Huldbrand eine Art Liebestod.

F.s Erzählung, in einem naiven Märchen- und Volksbuchton gehalten, berührt sich mit seiner – nicht widerspruchsfreien – Verknüpfung von Naturmystik, Religion und Psychologie mit den zeitgenössischen naturwissenschaftlichen und naturphilosophischen Vorstellungen. Die Resonanz war groß. Der Romancier Willibald Alexis prophezeite, daß die Erzählung »dereinst in die klassischen Märchenbücher der Deutschen« eingehen werde, Heine nannte die *Undine* einen »Kuß«, Edgar Allan Poe lobte die exquisite »Manipulation der Einbildungskraft des Lesers«. Großen Erfolg hatte die *Undine*-Oper (1816) E. T. A. Hoffmanns, für die F. das Libretto geschrieben hatte. Dagegen gleitet die Oper Albert Lortzings (*Undine*, 1845) mit zusätzlichem Buffopaar und Happy end ins Triviale ab, was ihre Popularität eher beförderte. Zu den weiteren musikalischen Adaptionen des Märchens zählt das Ballett *Undine* (1958) von Hans Werner Henze und Frederick Ashton, zu den literarischen Jean Giraudoux' Schauspiel *Ondine* (1939) und Ingeborg Bachmanns Erzählung *Undine geht* (1961).

1811
Johann Peter Hebel
Schatzkästlein des rheinischen Hausfreundes

H. schrieb seit 1803 Beiträge für den *Badischen Landkalender,* für den das Karlsruher Gymnasium das Privileg besaß. Hier war H. Professor (seit 1808 Direktor) und Mitglied der Kalenderkommission. Auf Grund eines von ihm verfaßten Gutachtens wurde ihm die Leitung des bisher wenig erfolgreichen Unternehmens anvertraut, und 1808 erschien der Kalender erstmals in veränderter Gestalt unter dem Titel *Der Rheinländische Hausfreund oder Neuer Calender auf das Schaltjahr 1808, mit lehrreichen Nachrichten und lustigen Erzählungen.* H.s Kalenderbeiträge fanden auch überregional Anklang, und der Verleger Johann Friedrich Cotta regte eine eigene Ausgabe an. Sie erschien 1811 mit 128 aus dem Kontext des Kalenders herausgelösten Stücken (aus den Jahrgängen 1803–1811).

Die Vielfalt der Themen der Kalenderbeiträge spiegelt sich noch in der Auswahl des *Schatzkästleins*: Neben den eigentlichen Geschichten stehen Beiträge moralisierend-didaktischer Art, Rechenexempel, »nützliche Lehren«, zeitgeschichtliche Artikel. Mit einer *Allgemeinen Betrachtung über das Weltgebäude,* die das *Schatzkästlein* einleitet und die dann mehrfach wieder aufgenommen wird, bewahrt H. die Kalenderpraxis, den Leseteil regelmäßig mit einem kosmologischen Beitrag einzuleiten. Zum großen Teil schöpft H. aus gedruckten Quellen, aus Kalen-

dern, Zeitschriften, Lehrbüchern, doch erhält das Ganze einen eigenen Ton. Vermittelt durch die fiktive Gestalt des »Hausfreundes«, erwecken die Kalendergeschichten den Eindruck des einfachen Erzählens – durchaus das Ergebnis eines ausgeprägten Stilwillens. Dazu gehört auch, daß die traditionelle Moral am Ende der Kalendergeschichten keineswegs ungebrochen realisiert wird (»Der Hausfreund denkt etwas dabei; aber er sagt's nicht«), daß Ironisches und Hintergründiges jeden Anschein des Philiströsen verhindert. Vor allem zwei Erzählungen haben H.s Ruhm begründet, *Kannitverstan* und *Unverhofftes Wiedersehen,* »das man nicht zuviel rühmt, wenn man es die schönste Geschichte von der Welt nennt« (Ernst Bloch): die Geschichte von dem verunglückten, nach 50 Jahren (durch die Wirkung von Eisenvitriol) wohlerhalten gefundenen Bergmann von Falun und der ihm treu gebliebenen Braut (Quelle H.s war ein Auszug aus Gotthilf Heinrich Schuberts *Ansichten von der Nachtseite der Naturwissenschaft,* 1808, in einer Zeitschrift). Durch die Aufnahme in Schullesebücher fanden *Kannitverstan, Unverhofftes Wiedersehen* und eine Reihe weiterer Geschichten eine breite Rezeption bis in die Gegenwart.

1811–14, 1833
Johann Wolfgang von Goethe
Aus meinem Leben.
Dichtung und Wahrheit

G.s Autobiographie umfaßt die Jahre 1749 bis 1775. Sie entstand in großem zeitlichen Abstand zu der dargestellten Lebensperiode. G. begann, wie er es ausdrückte, »sich selbst historisch zu werden«: *Dichtung und Wahrheit* – der ursprüngliche Titel *Wahrheit und Dichtung* wurde aus Gründen des Wohlklangs geändert – ist ein Alterswerk. Es umfaßt 20 Bücher in 4 Teilen (I: 1811, II: 1812, III: 1814, IV: postum 1833, entst. 1816–31).

Dichtung und Wahrheit ist ein episches Erzählwerk; G. selbst nennt es einen »Roman«, eine »Art von Fiction«, »mein biographisches Poëm«. Die biographische Wahrheit, die es enthält, ist nicht eine der Einzelheiten – hier kann man zahlreiche ›Irrtümer‹ feststellen –, sondern eine höhere Wahrheit, das »Grundwahre«. In der Einleitung nennt G. es die Hauptaufgabe der Biographie, »den Menschen in seinen Zeitverhältnissen darzustellen, und zu zeigen, inwiefern ihm das Ganze widerstrebt, inwiefern es ihn begünstigt, wie er sich eine Welt- und Menschenansicht daraus gebildet, und wie er sie, wenn er Künstler, Dichter, Schriftsteller ist, wieder nach außen abgespiegelt«.

G.s Darstellung seiner inneren Entwicklung von der Kindheit bis zur Berufung nach Weimar hat durchaus ironisch-selbstkritische Momente, und sie vermeidet pietistische Introspektion und Seelenanalyse. Auch wenn er auf sein Schaffen eingeht, bleibt er distanziert (dies gilt insbesondere für seine zeichnerischen und malerischen Versuche); allerdings interpretiert er seine Dichtungen – mit Folgen für die Literaturwissenschaft – als »Bruchstücke einer großen Konfession«. Da Selbsterkenntnis und Welterkenntnis untrennbar zusammenhängen – »Der Mensch kennt nur sich selbst, insofern er die Welt kennt, die er nur in sich und sich nur in ihr gewahr wird« –, wird *Dichtung und Wahrheit* zu einem Bild der Zeit, dessen vielfältige Aspekte freilich immer auf die Zentralfigur hin angeordnet und der Geschichte seiner Entwicklung unterworfen sind: Politik (Kaiserkrönung, Siebenjähriger Krieg, Reichskammergericht usw.), soziale Zustände, Schule und Universität, Religion, Literatur und Kunst. Dazu kommen charakteristische literarische Porträts (Cornelia Goethe, Jung-Stilling, Herder, Lenz, Wieland u.a.). Eine besondere Rolle spielt selbstverständlich die Literatur, wobei das 7. Buch des 2. Bandes teilweise den Charakter einer deutschen Literaturgeschichte des 18. Jh.s annimmt (nicht ohne anekdotische Züge, wie etwa die Schilderung des Besuchs bei Gottsched deutlich macht, des Repräsentanten einer »wäßrigen, weitschweifigen, nullen Epoche«).

»Wir werden«, schrieb G. 1825 an Zelter, »mit vielleicht noch wenigen, die Letzten sein einer Epoche, die so bald nicht wiederkehrt«. Von ihr zeugen, indem sie die Darstellung von Ich und Welt verbinden, G.s autobiographische Schriften (neben *Dichtung und Wahrheit* sind dies vor allem für den Zeitraum von 1786–88 die *Italienische Reise* [1816–17 u. 1829], für 1792 und 1793 die *Campagne in Frankreich* und die *Belagerung von Mainz* [beide 1822]). Für Erich Trunz, der in *Dichtung und Wahrheit* Traditionen der Renaissance-Autobiographie, der religiösen Selbstschilderungen und des Herderschen historischen Denkens zusammenlaufen sieht, gibt es »in der Weltliteratur keine größere Autobiographie«.

1812
Achim von Arnim
Isabella von Ägypten

A.s erfolgreichste Werke sind seine Novellen und Erzählungen, aus denen *Isabella von Ägypten, Kaiser Karl des Fünften erste Jugendliebe* (1812), *Der tolle Invalide auf dem Fort Ratonneau* (1818) und *Die Majoratsherren* (1820) herausragen. *Isabella von Ägypten* gilt mit ihrer Verbindung von grotesker Phantastik und zarter Liebesgeschichte als die gelungenste der Erzählungen. Sie erschien zusammen mit drei anderen Texten, lose durch einen Rahmen verbunden. Quellen für die verschiedenen Ingredienzien der Erzählung – Zigeunerromantik, Märchen- und Sagenhaftes, Historie – waren u.a. Cervantes' *Geschichte des Zigeunermädchens* (*Exemplarische Novellen*, 1613), Heinrich Grellmanns *Die Zigeuner* (1787), Grimmelshausens *Galgen-Männlin* (1673) und *Der erste Beernhäuter* (1670) sowie ein Buch mit einem Bericht über die Erziehung Karls V. (Antoine Varillas: *La Pratique de l'education des princes,* 1686).

Bella, die schöne Tochter des hingerichteten Zigeunerherzogs Michael, lebt allein in einem als Geisterhaus verschrieenen Gartenhaus an der Schelde. Der junge Erzherzog Karl begegnet ihr hier zum erstenmal; sie fühlt sich zu ihm hingezogen, er verliebt sich in das vermeintliche Gespenst. Mit Hilfe eines Alrauns, den sie nach alten Anleitungen unter ihrem gehängten Vater aus dem Boden gezogen hat, gewinnt sie einen Schatz, der es ihr ermöglicht, sich reich auszustatten und in Gent, dem Sitz des Thronfolgers, ein vornehmes Leben zu führen. Mit ihr gehen die alte Braka, ihre Beschützerin, der Alraun Cornelius Nepos und der aus dem Grabe auferstandene Bärenhäuter, ein toter Soldat, der ursprüngliche Besitzer des Schatzes. Braka führt ein Treffen von Isabella und Karl auf der Kirmes von Buik herbei. Als der eifersüchtige Alraun die Verbindung zwischen Bella und dem Erzherzog zu stören droht, läßt Karl einen weiblichen Golem, einen Menschen aus Tonerde, in der Gestalt Isabellas anfertigen. Der Alraun begnügt sich mit dieser verführerischen Nachbildung, und auch Karl verbringt unwissentlich eine Nacht mit ihr. Nach der Zerstörung des Golems gibt Karl den Zigeunern die Freiheit, wieder nach Ägypten zurückzukehren. (Daß sie Ägypten verlassen hatten, war ein Buße dafür, »daß sie die heilige Mutter Gottes mit dem Jesukinde und dem alten Joseph verstoßen, als sie zu ihnen nach Ägypten flüchteten«.) Bella führt ihr Volk zurück und gibt ihm mit dem unterwegs geborenen Sohn den neuen Führer. Sie stirbt am selben Tag wie Karl, wobei sie ihm in einer Erscheinung »den Weg« zum Himmel« zeigt.

A.s *Isabella von Ägypten* ist ein kunstvoll am Gestus mündlichen Erzählens orientiertes Werk, kein Stück poetisierter Geschichte, sondern eine »Tragikomödie menschlicher Leidenschaften« (Gerhard Schulz) inmitten einer phantastischen Märchenwelt, wie selbstverständlich bevölkert von fühlenden Menschen, menschlichen Marionetten, Monstren, auferstandenen Toten und künstlichen Menschen. Heinrich Heine würdigte in der *Romantischen Schule* (1833–35) A. als Meister des Phantastischen und *Isabella von Ägypten* als die kostbarste seiner Erzählungen.

1812–15
Jacob und Wilhelm Grimm
Kinder- und Hausmärchen

Keine deutsche Märchensammlung hat eine ähnliche Popularität erreicht wie die von J. und W. G. Clemens Brentano hatte die Brüder G. im Zusammenhang mit *Des Knaben Wunderhorn* (1805–08) zu ihrer Sammeltätigkeit angeregt; in zwei von Philipp Otto Runge aufgezeichneten Märchen, *Von dem Fischer un syner Fru* und *Von dem Machandelboom,* sahen sie ihr Ideal des Volksmärchens verwirklicht. – Die sogenannten »Märchenfrauen«, denen die G.s die wichtigsten ihrer Texte verdankten, waren in der Regel keineswegs alte Frauen aus dem ›Volk‹, sondern junge, überdurchschnittlich gebildete Frauen aus dem Bürgertum, die z.T. durch ihre hugenottische Herkunft auf französische Erzähltraditionen zurückgreifen konnten (so wurde in späteren Auflagen *Der gestiefelte Kater* eliminiert, weil die Anklänge an Charles Perrault zu offensichtlich und mit dem – unhaltbaren – Anspruch, das aus mündlicher Überlieferung aufgezeichnete Material sei »rein deutsch«, nicht zu vereinbaren waren).

Die bekanntesten Texte finden sich schon in dem 1812 veröffentlichten 1. Band: *Der Froschkönig, Der Wolf und die sieben jungen Geißlein, Brüderchen und Schwesterchen, Rapunzel, Hänsel und Gretel, Aschenputtel, Frau Holle, Rotkäppchen, Dornröschen, König Drosselbart, Sneewittchen, Rumpelstilzchen,* die beiden Runge-Texte u.v.a.m.; im 2. Band von 1815 stehen u.a. *Die Gänsemagd, Die kluge Bauerntochter, Die zertanzten Schuhe* und *Simeliberg.* »Wir haben uns bemüht, diese Märchen so rein als möglich war

aufzufassen«, heißt es 1812 in der Vorrede zum 1. Band; in der 2. Auflage (1819) beschreiben die Brüder G. ihr Verfahren etwas ausführlicher, aber recht widersprüchlich: »Wir haben nämlich aus eigenen Mitteln nichts hinzugesetzt, keinen Umstand und Zug der Sage [Überlieferung] selbst verschönert, sondern ihren Inhalt so wiedergegeben, wie wir ihn empfangen hatten; daß der Ausdruck und die Ausführung des Einzelnen großenteils von uns herrührt, versteht sich von selbst.« Und in der Tat ist in die Texte, in die mündlich überlieferten wie in die aus gedruckten Quellen herrührenden, mehr oder weniger stark eingegriffen worden, wobei die Skala von sprachlich-stilistischer Überarbeitung bis zu gänzlicher Umformung oder zur Verbindung verschiedener Quellen reicht.

Zunächst beteiligten sich J. und W. G. gleichermaßen an dieser redaktionellen Tätigkeit. Von der 2. Auflage an übernahm jedoch W. G. allein die Bearbeitung der Texte, und erst jetzt erhielten sie den eigentümlichen Märchenton mit den anschaulichen Redewendungen und Sprichwörter, der klassischen Anfangsformel (»Es war einmal«) und dem entsprechenden Schluß (»Da lebten sie zusammen in Glückseligkeit bis an ihr Ende«): W. G. »wurde an den Märchen zum Dichter« (Gerhard Schulz).

Die Bearbeitung W.s bedeutete aber auch eine Anpassung an die Normen der eigenen, bürgerlichen Zeit, wobei nicht zuletzt die sexuellen Motive entfernt oder verschleiert wurden. Auch brisante Sozialkritik verlor sich auf diese Weise. Im Märchen *Der Gevatter Tod* lehnt der arme Mann Gottes Angebot in der 1. Auflage von 1812 mit den Worten ab: »›Ich will dich nicht zum Gevatter, denn du gibst den Reichen und läßt die Armen hungern‹; damit ließ er ihn stehen und ging weiter.« 1819 heißt es: »›So begehr ich dich nicht zum Gevatter, denn du gibst den Reichen und lässest die Armen hungern.‹ So sprach der Mann, weil er nicht wußte, wie weislich Gott Reichtum und Armut verteilt; wendete sich ab von Herrn und ging weiter.«

Der Erfolg der Märchensammlung war zunächst eher bescheiden; erst mit der sogenannten Kleinen Ausgabe von 1825, einer Auswahl von 50 Texten, erreichten G.s Märchen eine größere Popularität (10. Auflage 1858). Die große Ausgabe, ständig bearbeitet und vermehrt von W. G., erlebte 7 Auflagen zu Lebzeiten der Brüder (7. Auflage 1857; die Anzahl der Titel stieg von 156 auf 211). Gleichzeitig erschienen die ersten Übersetzungen in fremde Sprachen; heute lassen sich Übertragungen in rund 70 Sprachen bibliographisch nachweisen. Der Germanist Wilhelm Scherer urteilte 1886: »Wilhelm G. hat das einzige Kunstwerk von dauernder Fortwirkung geschaffen, das aus den Bestrebungen der Romantiker, die volkstümlichen Überlieferungen zu neuem Leben zu wecken, hervorging.«

1812–16
Ludwig Tieck
Phantasus

T.s schon im Jahr 1800 brieflich erwähnter Plan, seine frühen Erzählungen und Dramen zu sammeln und – »wie viele Novellisten getan haben« – mit einer Rahmennovelle und Gesprächen zu verbinden, wurde schließlich in den drei Bänden des *Phantasus* verwirklicht (Bd. 1–2: 1812; Bd. 3: 1816). Ursprünglich sollte der Rahmen, schrieb T. rückblickend, »selbst ein kleiner Roman werden, durch Liebe, Entführung, Zwist und Verlegenheit mancherlei Art, und mit endlicher Versöhnung und Vermählung verschiedener Anwesenden schließen. Sieben poetische Vorleser sollten siebenmal ein Drama oder eine Geschichte vortragen. Mit dem einleitenden Gedicht *Phantasus* war dann die runde Zahl funfzig geschlossen. Die Hälfte der Dichtungen sollte neu sein […].« Tatsächlich jedoch wurde die Handlung nicht zu Ende geführt und die Zahl der in der Gesellschaft von vier Damen und sieben Herren erzählten bzw. vorgelesenen und kommentierten Texte beträgt nur dreizehn; dazu kommt noch das Gedicht *Phantasus*.

Phantasus. Eine Sammlung von Märchen, Schauspielen und Novellen enthält die folgenden, zum größten Teil bereits früher veröffentlichen erzählenden (Bd. 1) und dramatischen Texte (Bd. 2, 3): *Der blonde Eckbert, Der getreue Ekkart und der Tannenhäuser, Der Runenberg, Liebeszauber, Liebesgeschichte der schönen Magelone und des Grafen Peter von Provence, Die Elfen, Der Pokal* (Bd. 1); *Leben und Tod des kleinen Rotkäppchens, Der Blaubart, Der gestiefelte Kater, Die verkehrte Welt, Leben und Taten des kleinen Thomas, genannt Däumchen* (Bd. 2); *Fortunat* (Bd. 3).

Die literarischen Modelle gesellschaftlichen Erzählens fand T. in den Novellensammlungen von Boccaccio, Goethe oder Arnim vor. Zugleich spiegelt der *Phantasus* mit seinen abgründigen Märchen und Novellen, den epischen und dramatischen Volksbuchbearbeitungen und den ironischen Literaturkomödien sowie den damit verbundenen Diskussionen über Literatur, Kunst, Natur, Gartenbaukunst, Gesellschaft und vieles mehr wie kein anderes Werk »die ›freie Geselligkeit‹ des

Freundeskreises im Hause der Brüder Schlegel und bietet eine Summe nicht nur der Dichtungen und Dichtarten, die die Literaturwissenschaft einmal unter dem Titel der ›Frühromantik‹ versammeln wird, sondern auch der Lebensformen, Ansichten, Sehnsüchte, kritischen Reflexionen und Bildungshorizonte, die das Gesicht dieser Zeit und dieses Zirkels [›Jenaer Romantik‹] geprägt haben« (Manfred Frank). Vor allem aber sind die Gespräche ein Mittel der Vergewisserung T.s über seine eigene künstlerische Position, die auf eine Vermittlung von Kunst und Natur, Phantasie und Realität zielt. Die Vorstellung von der Versöhnung der Gegensätze verweist dabei auf den Begriff der Ironie, im philosophischen Sinn von T.s Freund Karl Wilhelm Ferdinand Solger als Selbstaufhebung des Endlichen verstanden.

Pläne zur Weiterführung des *Phantasus* zerschlugen sich mit der Veröffentlichung von T.s *Schriften* (1828–54, 28 Bde.), in die die für eine Fortsetzung vorgesehenen Texte eingingen.

1813–15
E. T. A. Hoffmann
Fantasiestücke in Callots Manier

Diese »Blätter aus dem Tagebuch eines reisenden Enthusiasten«, wie der Untertitel heißt, sind H.s erste Buchveröffentlichung (I: 1813, II/III: 1814, IV: 1815). Nach der Vorrede Jean Pauls deutet das einleitende Fantasiestück *(Jaques [!] Callot)* die Beziehung zu dem französischen Kupferstecher und Zeichner des 17. Jh.s an: Von Callots »überreichen, aus den heterogensten Elementen geschaffenen Kompositionen« ist die Rede, von seiner Kunst, »in einem kleinen Raum eine Fülle von Gegenständen zusammenzudrängen, die, ohne den Blick zu verwirren, nebeneinander, ja ineinander heraustreten, so daß das Einzelne, als Einzelnes für sich bestehend, doch dem Ganzen sich anreiht«. Damit kennzeichnet H. auch sein eigenes poetisches Verfahren, die Verbindung heterogener Elemente und die Integration des Einzelnen in einem Ganzen. Ergänzend weist er auf Callots Phantastik hin, den »Zauber seiner überregen Phantasie«, den »Schimmer einer gewissen romantischen Originalität«, in dem selbst »das Gemeinste aus dem Alltagsleben« erscheine, aber er betont auch die Ironie, die den Zeichnungen erst den tieferen Sinn gebe.

Die *Fantasiestücke* sind eine Sammlung von Erzählungen und Aufsätzen, die z.T. schon vorher veröffentlicht worden waren und in erster Linie die Musik bzw. die Kunst im allgemeinen zum Thema haben. Der 1. Teil enthält nach dem programmatischen Stück *Jaques Callot* drei weitere Texte: *Ritter Gluck. Eine Erinnerung aus dem Jahre 1809,* eine Novelle, die die Begegnung des reisenden Enthusiasten mit einem Phantasten (?) schildert, der sich als Gluck zu erkennen gibt (Gluck starb 1787) und die Mängel des zeitgenössischen Musiklebens kritisiert. – *Kreisleriana,* eine erste Sammlung von sechs Stücken, Aufzeichnungen des verschwundenen (fiktiven) Kapellmeisters Johannes Kreisler, darunter die tagebuchartig-bekenntnishafte Darstellung der »musikalischen Leiden« des sensiblen Musikers, Musikkritiken, aphoristische Prosastücke und ironische *Gedanken über den hohen Wert der Musik. – Don Juan. Eine fabelhafte Begebenheit, die sich mit einem reisenden Enthusiasten zugetragen,* eine weitere musikalische Novelle: Eine Aufführung von Mozarts *Don Giovanni* führt zu einer geheimnisvollen Beziehung des reisenden Enthusiasten zur italienischen Sängerin der Donna Anna, die ihn während der Vorstellung in seiner Loge besucht und über die Oper und ihre Rolle spricht (»Die Möglichkeit abzuwägen, wie sie auf dem Theater und in meiner Loge habe zugleich sein können, fiel mir nicht ein«). Als der Erzähler dann in der Nacht noch einmal in die Loge zurückkehrt, kommt er zu einem tieferen Verständnis der »Oper aller Opern« und muß später erfahren, daß die Sängerin zum gleichen Zeitpunkt gestorben ist.

Im 2. Teil folgen zunächst ironisch-humoristische Gespräche über Kunst und Literatur unter dem Titel *Nachricht von den neuesten Schicksalen des Hundes Berganza,* der auf eine von Cervantes' *Exemplarischen Novellen* (1613) anspielt. *Der Magnetiseur. Eine Familienbegebenheit* erzählt die Geschichte der Zerstörung einer adeligen Familie und zeigt die Faszination, die von den Phänomenen des Mesmerismus und Magnetismus als Wegen zur ›Nachtseite‹ der menschlichen Natur ausgeht.

Den 3. Teil bestreitet allein *Der goldne Topf. Ein Märchen aus der neuen Zeit,* das bedeutendste Stück der Sammlung und eines von H.s Meisterwerken überhaupt, ein Märchen, in dem – nach dem in *Jaques Callot* angedeuteten Verfahren – das Wunderbare aus dem Alltäglichen hervortritt. Der Student Anselmus steht zwischen der Welt der Philister, repräsentiert durch den Konrektor Paulmann und seine Tochter Veronika, die ihn an die bürgerliche Sphäre zu binden suchen, und dem Reich der Poesie, die aus der Sehnsucht erwachsen ist, »welche dem Menschen ein anderes höheres Sein verheißt«. Der Archivarius Lindhorst nimmt sich des Studenten an, der sich in

Serpentina, eine der drei Töchter des Archivarius, verliebt hat. Lindhorst stammt, wie Serpentina Anselmus erklärt, aus dem Geschlecht der Salamander, war aber aus dem »Wunderlande Atlantis« vertrieben worden – mit der Hoffnung auf Erlösung, wenn er für seine drei Schlangentöchter »in der dürftigen armseligen Zeit der innern Verstocktheit« drei Jünglinge fände, die – wie Anselmus – »ein kindliches poetisches Gemüt« besäßen. Mitgift ist ein goldener Topf, der »in tausend schimmernden Reflexen« das Leben spiegelt und für die ursprüngliche Harmonie mit der Natur steht. Und wie im Bereich des Wunderbaren Lindhorst seine mythische Gegenspielerin, das Apfelweib, besiegt, so entscheidet sich Anselmus für Serpentina und die Poesie und wird Dichter in Atlantis, während der Erzähler in seinem Dachstübchen über »die Armseligkeiten des bedürftigen Lebens« klagt. Es bleibt ihm der Trost Lindhorsts: »Waren Sie nicht soeben selbst in Atlantis, und haben Sie denn nicht auch dort wenigstens einen artigen Meierhof als poetisches Besitztum Ihres innern Sinns? – Ist denn überhaupt des Anselmus Seligkeit etwas anderes als das Leben in der Poesie, der sich der heilige Einklang aller Wesen als tiefstes Geheimnis der Natur offenbaret?«

Der abschließende 4. Teil vereinigt die Geschichtenfolge *Die Abenteuer der Silvester-Nacht,* darunter *Die Geschichte vom verlornen Spiegelbilde,* eine Schlemihl-Variation, mit einer zweiten Folge von *Kreisleriana,* sieben um Kunst und Gesellschaft kreisende Stücke.

Die Geschichte vom verlornen Spiegelbilde ging in den Venedig-Akt von Jacques Offenbachs Oper *Hoffmanns Erzählungen* (1881) ein, deren Libretto auf dem gleichnamigen Theaterstück (*Les Contes d'Hoffmann,* 1851) von Michel Carré und Jules Barbier beruht.

1814
Adelbert von Chamisso
Peter Schlemihls wundersame Geschichte

Ich-Erzähler der phantastischen Novelle, 1814 von Fouqué herausgegeben, ist ihr Held Peter Schlemihl, der seine Geschichte, die Geschichte vom Verkauf und Verlust seines Schattens, dem fiktiven Herausgeber C. mitteilt. Die Novelle verbindet verschiedene Motive aus der älteren Literatur miteinander (Teufelsbündnertum, Glückssäckel, Siebenmeilenstiefel, unsichtbar machendes Vogelnest).

Auf einer Gartengesellschaft des reichen Herrn Thomas John wird der Held von einem »grauen Mann« angesprochen, der ihm durch seine ungewöhnliche Fähigkeit aufgefallen war, alle von der Gesellschaft gewünschten Gegenstände (Reitpferde eingeschlossen) aus seiner Tasche zu ziehen. Der Mann im grauen Rock bietet Schlemihl ein immer gefülltes Glückssäckel für seinen Schatten. Ohne Schatten zu sein, merkt Schlemihl bald, bedeutet Ausschluß aus der menschlichen Gesellschaft. Nur vorübergehend, mit allerlei Kunstgriffen und mit Hilfe seines treuen Dieners Bendel, läßt sich der Makel verbergen. Schließlich verliert Schlemihl auch noch seine Geliebte, die Försterstochter Mina. Als der graue Mann nach einem Jahr wiederkehrt, weigert sich Schlemihl standhaft, seinen Schatten gegen die Verschreibung seiner Seele zurückzutauschen. Immer weiter bedrängt, wirft Schlemihl das Glückssäckel weg, das ihn an den Besitzer seines Schattens bindet. Schlemihl ist nicht bereit, seine Seele für Glück und Erfolg unter den Menschen aufzugeben, und so bleibt ihm nur Einsamkeit und Entsagung. Mit den Siebenmeilenstiefeln, die er durch Zufall erwirbt, zieht er durch die Welt und widmet sich der Naturforschung. Seinen Nachlaß vermacht er der Berliner Universität.

Über den Namen des Helden heißt es in einem Brief C.s: »Schlemihl oder besser Schlemiel ist ein hebräischer Name und bedeutet Gottlieb, Theophil oder *aimé de Dieu*. Dies ist in der gewöhnlichen Sprache der Juden die Benennung von ungeschickten und unglücklichen Leuten, denen nichts in der Welt gelingt.«

Die Geschichte von Schlemihls Schatten mit ihrem Nebeneinander von prosaischer Alltagswelt und Phantastischem hat viele Deutungen gefunden. C. selber hat sich über »kuriose Hypothesen« mokiert. Der Mann ohne Schatten als Sinnbild des Mannes ohne Vaterland, des französischen Adeligen C., diese biographische Deutung war weit verbreitet. Thomas Mann sah in Schlemihl ein Bild der prekären Existenz des Künstlers in der Gesellschaft. Fragen der Identität und der Identitätszerstörung lassen sich am Fall Schlemihl ebenso erörtern wie die Gefährdung des Menschen durch kapitalistische Mechanismen. Vielleicht ist aber »eine Definition […] nicht erforderlich, um die Geschichte sinnvoll zu lesen.« Schlemihl wäre dann »eher ein Katalysator, der Konflikte ans Licht bringt, ohne dabei selbst in ihnen eine besondere Bedeutung anzunehmen« (Gerhard Schulz).

C.s Geschichte regte zu Fortsetzungen (u. a. Ludwig Bechstein: *Die Manuscripte Peter Schlemihl's,* 1851) und zur Erfindung weiterer schattenloser Helden an (u. a. E. T. A. Hoffmann: *Die Geschichte vom verlornen Spiegelbilde,* in *Fantasiestücke,* 1813–15; Hugo von Hofmannsthal: *Die Frau ohne Schatten,* 1919).

1814
Theodor Körner
Leyer und Schwert

Diese Sammlung von 36 patriotischen Gedichten, herausgegeben von seinem Vater Christian Gottfried K., dem Freund Schillers, begründete K.s Ruhm als Dichter der Freiheitskriege. Der große Erfolg und die langandauernde Wirkung der Verse hatte literarische und außerliterarische Gründe. K., Anfang 1813 zum Hoftheaterdichter nach Wien berufen, war angesichts der geschichtlichen Situation in das Freikorps des Majors von Lützow eingetreten (zu den Mitgliedern zählten u. a. auch Eichendorff und Friedrich Ludwig Jahn) und am 26. 8. 1813 in einem Gefecht gefallen. Eine Reihe seiner Kriegsgedichte entstand bei den Lützowschen Jägern. K.s Leben und sein Tod auf dem Schlachtfeld wurden zum Beispiel für die Verbindung von Dichten und Handeln, von Wort und Tat: »Denn was, berauscht, die *Leyer* vorgesungen, Das hat des *Schwertes* freie Tat errungen«, heißt es in der *Zueignung.*

Die Gedichte erzielen ihre Wirkung durch archaisierende, emotionsgeladene Bilder, durch eine eingängige Polarisierung (Freund-Feind, Freiheit-Tod), durch ihren Appell an ein Gemeinschaftsgefühl und durch sakrale Anklänge (auch in der Strophenform). Verse auf den Freiheitshelden Andreas Hofer, auf das preußische Herrscherpaar oder das österreichische Herrscherhaus bekräftigen die patriotischen Ideale, ein »Aufruf« spricht vom »Kreuzzug«, Gebete und Lieder vor und während der Schlacht verbinden Gottesdienst und Heldentod (»Brüder, hinein in den blitzenden Regen! Wiedersehn in der besseren Welt!«), Jäger-, Reiter- und Trinklieder beflügeln die schwarzen Lützowschen Jäger in ihrer wilden, verwegenen Jagd auf die »fränkischen Schergen" *(Lützows wilde Jagd).* Losgelöst von ihrem konkreten Anlaß, ließen sich die eingängigsten Lieder auch später noch emotionalisierend gegen feindliche Mächte einsetzen. Zur Wirkung der Lieder trugen nicht zuletzt die zahlreichen Vertonungen bei; die bedeutendsten stammen von Carl Maria von Weber (*Gesänge aus Leyer und Schwert,* 1814).

1815
Joseph von Eichendorff
Ahnung und Gegenwart

E.s erster Roman, mit dem er »ein getreues Bild jener gewitterschwülen Zeit« vor den Befreiungskriegen zu geben beabsichtigte, wurde 1812 abgeschlossen und erschien nach zunächst vergeblicher Verlegersuche 1815. Wie die meisten romantischen Romane enthält auch *Ahnung und Gegenwart* eine Reihe von Anklängen – Motive, Personen – an Goethes *Wilhelm Meister* (1795–96); verpflichtet ist E. auch Romanen Arnims (*Gräfin Dolores,* 1810), Brentanos (*Godwi,* 1801), Tiecks (*Franz Sternbalds Wanderungen,* 1795–96) und Dorothea Schlegels (*Florentin,* 1801).

Ahnung und Gegenwart ist in drei Bücher gegliedert, die den Roman deutlich strukturieren. Eine Eingangsszene mit allgorischem Hintergrund führt zu dem jungen Grafen Friedrich hin, der nach seiner Universitätszeit ein ausgedehntes Wanderleben beginnt und auf einem Schiff die »Donau herunter« fährt. Er setzt seine Wanderschaft zu Pferd fort, wird in einer Waldmühle von Räubern überfallen und verwundet, wobei ihm ein Mädchen zu Hilfe eilt, das sich dann – um bei ihm bleiben zu können – als Junge verkleidet. Als Friedrich wieder aufwacht, findet er sich mit Erwin, dem verkleideten Mädchen, auf dem Schloß des Grafen Leontin wieder, mit dem er Freundschaft schließt und in dessen Schwester Rosa er sich verliebt. Die ganze Gesellschaft zieht zur Unterhaltung durchs Land, doch bevor Leontin, Friedrich und die anderen auf dem Schloß des Herrn von A. zur Ruhe kommen, werden sie von der gelangweilten Rosa verlassen, die lieber mit der Gräfin Romana in die Residenz zieht. Leontin flieht das Schloß des Herrn von A., als er hört, daß man ihn als Ehemann für Julia, die Tochter des Hauses, in Betracht zieht; Friedrich begibt sich in die Stadt. Sie ist, von einigen Ausflügen abgesehen, Schauplatz des größten Teils des 2. Buches, das einen entschieden satirischen Charakter annimmt und E.s Abrechnung mit seiner Zeit enthält. Er sieht Falschheit, Korruption, Libertinismus, aber keinen Patriotismus, keine Religion. Die Literatur ist zu ästhetischem Geschwätz verkommen. Während sich die sinnliche und kluge Gräfin Romana, eine Venusgestalt, vergeblich um Friedrich bemüht, verliert er Rosa an den Erbprinzen.

Im 3.Buch finden wir »Friedrich fern von dem wirrenden Leben, das ihn gereizt und betrogen, in der tiefsten Einsamkeit eines Gebirges wieder«, wo er am Tiroler Volksaufstand gegen Napoleon teilnimmt. In der Heimat werden seine Güter konfisziert. Die verschiedenen Handlungsstränge finden ihren Abschluß. Gräfin Romana erschießt sich nach einer Predigt Friedrichs (»Heftiges, unbändiges Weib, [...] gehn Sie beten!«), der sterbende Erwin, den Friedrich nun als Mädchen erkennt, führt ihn auf sein Stammschloß, wo er seinen verschollenen Bruder Rudolf wiederfindet, dessen Kind die Mignon-Gestalt Erwin(e) ist. Auch Leontin und Julia haben sich gefunden; sie wollen ihrem Leben in Amerika einen neuen Sinn geben, zumal auch Leontin seine Güter verloren hat. Friedrich entsagt der Welt.

Trotz der episodenhaften Handlungsführung läßt sich im großen eine dreiteilige Struktur – Exposition, Verwicklung, Lösung – erkennen; sie entspricht »gleichzeitig E.s drei theologischen Kategorien Ursprung, Entfremdung und Rückkehr« (Egon Schwarz). Dazu paßt der allegorische Grundzug des Romans, der sich auch in den berühmten, stimmungsvollen Landschaftsbeschreibungen niederschlägt. Gesteigert wird der Reiz dieses Romans durch die zahlreichen eingefügten Lieder – die Personen haben immer Lieder auf den Lippen –, mit denen E. als Lyriker debütiert (u.a. sind so bekannte Texte wie *O Täler weit, o Höhen* oder *Laue Luft kommt blau geflossen* eingeflochten). Das Urteil E.s über die Epoche und die Adelsgesellschaft – etwas anderes kommt kaum in sein Blickfeld – ist eindeutig. Dabei macht sich, wenn es um seine Gestalten geht, eine frauenfeindliche Haltung bemerkbar; unfreiwillig komische Züge nimmt sie im Zusammenhang mit Friedrichs Prüderie und seinen Anfällen moralischer Entrüstung an. Hoffnung bietet einzig die Religion, d.h. der Katholizismus. Das Werk fand nur geringe Resonanz.

1815
Ludwig Uhland
Gedichte

U., Dichter, Gelehrter und liberaler Politiker, gehörte zu den populärsten Lyrikern seiner Zeit. Seine *Gedichte,* zuerst 1815 gesammelt, 2. vermehrte Auflage 1820; erreichten 1866 die 50. Auflage.

Die Lieder, häufig vertont, verdanken ihre Beliebtheit ihrer schlichten, unprätentiösen Gestalt, die dem Volkslied nahesteht, ihrer klaren Bildlichkeit, ihrer ruhigen Bürgerlichkeit; es ist eine

Romantik ohne Ironie, ohne emotionale Komplexität, ohne Abgründe, wenn auch gelegentlich ein Hauch von Melancholie nicht fehlt. Zu den bekanntesten Texten zählen neben dem Frühlingslied »Die linden Lüfte sind erwacht« *(Frühlingsglaube) Schäfers Sonntagslied* (»Das ist der Tag des Herrn!«), *Einkehr* (»Bei einem Wirte, wundermild«), *Der gute Kamerad* (»Ich hatt einen Kameraden«), *Der Wirtin Töchterlein* (»Es zogen drei Bursche wohl über den Rhein«).

In den Balladen, lange im Repertoire des Schulunterrichts, herrschen geschichtliche und sagenhafte Stoffe vor: württembergische Regionalgeschichte in den Balladen um Eberhard im Barte und andere Gestalten – Versuche, ein Traditionsbewußtsein herauszubilden; europäisches Mittelalter als Reservoir von Stoffen, Motiven, Bildern (nicht als Teil eines dialektischen Geschichtsprozesses). Berühmt wurden Balladen wie *Das Glück von Edenhall* (1834) oder *Des Sängers Fluch,* Beispiel auch für eine Rückkehr zu mittelalterlichen Formen (Nibelungenstrophe) und zugleich aktuelle Parabel von der Macht der Kunst (wie denn überhaupt das mittelalterliche Gewand Gegenwartsbezug nicht ausschließt). Goethe, der im übrigen sehr zurückhaltend war (»aus der Region worin dieser waltet, möchte wohl nichts Aufregendes, Tüchtiges, das Menschengeschick Bezwingendes hervorgehen«), fand für den Balladendichter U. lobende Worte (»ein vorzügliches Talent«).

1815–16
H. Clauren
Mimili

Die Erzählung, schon 1815 in erster Fassung in einer Zeitschrift erschienen und dann für die Buchausgabe von 1816 mit einem abrundenden Schluß versehen, begründete den Ruhm ihres Verfassers, über den Heinrich Heine schrieb, »daß man in keinem Bordell eingelassen wird, wenn man ihn nicht gelesen hat«. Der Hinweis auf Prostitution ist nicht zufällig.

Wilhelm, preußischer Offizier und Träger des Eisernen Kreuzes, sucht nach dem siegreichen Kampf gegen Napoleon Ruhe in den Schweizer Bergen. Hier trifft er Mimili, die Heldin des Buches, eine himmlische Erscheinung mit großen blauen Augen, »Purpurlippen«, »Flaumenhand«, »Schwanenarmen«, feingeformter Wade, kleinstem Fuß und einem Battisthemdchen, »das den blendend weißen Hals und den Busen züchtiglich verhüllte«, kurz: »Im ganzen Wesen der himmli-

schen Erscheinung die frische Kräftigkeit der unverdorbensten Alpenbewohnerin, und doch der Anstand, die Haltung der gebildeten Städterin!« Überdies zeigt die kindliche Unschuld detaillierte botanische, geographische und musikalische Kenntnisse. Die Lüsternheit schimmert hinter den Beschreibungen Mimilis und den idyllisch-anzüglichen Szenen hervor, und der preußische Offizier, der »Türe, Herz und Mieder« des Alpenkindes aufzuschließen sucht, ringt mit seinen unreinen Begierden. Die Tugend siegt, und nach einjähriger Probezeit, während der er wieder gegen Napoleon ziehen muß und schon so gut wie tot ist, kommt es zum Happy end, nachdem auch Mimili, die ihrerseits aus Kummer über den vermeintlichen Tod des Geliebten dahinsiechte, sich wieder erholt hat.

Mimili ist ein repräsentatives Beispiel bewußt verfertigter Trivialliteratur, wobei sich folkloristischer Alpenkitsch, Empfindsamkeit, moralverbrämte Lüsternheit, Naivität, Patriotismus und Franzosenfeindlichkeit aufs schönste verbinden. Dazu kommt noch ein Anschein von Realismus und Wirklichkeitsnähe, der durch Reise- und Sprachführerinformationen und Details aus Botanik und Geschichte erweckt wird. So fügt sich das Ganze zu einer epigonalen ›moralischen Geschichte‹ mit Versatzstücken aus der Literaturtradition von Aufklärung und Rokoko bis zur Romantik.

Wilhelm Hauff imitierte Clauren in seinem Roman *Der Mann im Monde oder Der Zug des Herzens ist des Schicksals Stimme* (1826) und veröffentlichte das Werk unter C.s Namen (was einen Prozeß zur Folge hatte); die kritische Auseinandersetzung mit der »Mimili-Manier« führte er mit ästhetischen und moralischen Argumenten in seiner *Controvers-Predigt über H. Clauren* (1827).

C. schrieb nach dem gleichen Muster weiter, Erzählungen, Romane, Dramen. 1851 erschienen seine *Gesammelten Schriften* in 25 Bänden.

1815–16
E. T. A. Hoffmann
Die Elixiere des Teufels

H.s erster Roman erschien 1815–16 in zwei Bänden. Der Untertitel kündigt »Nachgelassene Papiere des Bruders Medardus eines Kapuziners« an und verweist damit auf die Tradition des Klosterromans, eine der populärsten Varianten des Schauerromans. H. selbst nennt Matthew Gregory Lewis' Roman *The Monk* (1796, dt. 1797–98 u. ö.), in dem freilich der lasterhafte Mönch Ambrosio in ewiger Verdammnis endet, während H. seinen Helden auf den Weg der Buße führt. Die fiktive Autobiographie ist Teil dieser Bußübung, aber sie wird nicht als abgeklärter Rückblick, sondern aus der Perspektive des erlebenden Ichs verfaßt. So stellt sich erst allmählich heraus, daß das Geschehen seinen letzten Grund in einem Familienfluch hat, den der Maler Francesko einst auf sich geladen hatte, als er ein heidnisches Venusbild als Vorlage für ein Gemälde der Hl. Rosalie gewählt und das zum Leben erweckte Venusbild zu seiner Geliebten gemacht hatte. Die mit Mord, Blutschande, Ehebruch und Wahnsinn erfüllte Geschichte des Geschlechts wird erst mit seinem Aussterben ein Ende finden.

Medardus tritt nach einer frommen Erziehung dem Kapuzinerorden bei und entwickelt sich zu einem mitreißenden Prediger; er verliert jedoch seine Gabe, als eine ihm aus der Kindheit vertraute Gestalt auftaucht. Durch ein als Reliquie verwahrtes Elixier sucht er seine Macht der Rede zurückzugewinnen, erweckt jedoch vor allem seine unterdrückte Sexualität. Eine Unbekannte, ähnlich der Hl. Rosalie auf dem Altarbild, gesteht ihm im Beichtstuhl ihre Liebe. Vom Kloster nach Rom geschickt, gerät er unterwegs in abenteuerliche Verwicklungen. Er stürzt einen Unbekannten, der an einem Abgrund sitzt, indem er ihn anredet, unbeabsichtigt in die Tiefe. Es handelt sich um Viktorin, seinen Halbbruder, der überlebt und ihm von nun an als Doppelgänger folgt. Auf dem Schloß eines Barons kommt es zu ehebrecherischen Beziehungen mit der Baronin Euphemie, während Medardus eigentlich ihre Stieftochter, die reine Aurelie, liebt (Aurelie war es, die ihm im Beichtstuhl ihre Liebe gestanden hatte; sie ist, wie sich später herausstellt, Medardus' Halbschwester, wie denn überhaupt viele Personen auf irgendeine Weise miteinander verwandt sind). Als er über Aurelie herfallen will, tritt ihr Bruder Hermogen dazwischen. Medardus ermordet ihn, während Euphemie an dem Gift stirbt, das für Medardus bestimmt war. Er flieht und gelangt schließlich in die Residenzstadt. Hier erkennt ihn Aurelie; er wird verhaftet und in den Kerker geworfen, doch schließlich wieder befreit, da sein ›Doppelgänger‹ Viktorin die Schuld auf sich nimmt. Als Viktorin am Morgen der Hochzeit von Medardus und Aurelie hingerichtet werden soll, bekennt Medardus seine Schuld und sucht Aurelie zu töten. Er flieht, den Doppelgänger auf den Fersen oder auf dem Rücken, wacht in einem italienischen Irrenhaus wieder auf, erholt sich und pilgert nach Rom. Hier beichtet er und erhält vom Prior des Klosters die Aufzeichnungen des Malers mit der Familiengeschichte (der Ma-

ler, der erst mit der Lösung des Fluchs zur Ruhe kommt, war mehrfach mahnend in Medardus' Leben getreten). In seinem Heimatkloster wird Medardus schließlich Zeuge der Ermordung Aureliens durch seinen Doppelgänger und stirbt selber genau ein Jahr später, nachdem er sein Leben aufgezeichnet hat, in den Armen des Priors.

Am Ende des Romans wird die Funktion der Autobiographie deutlich; sie ist Bußübung, Mittel der Erkenntnis für Medardus (und für den Leser). Das Stoffliche aus der Schauerromantradition, das im Vordergrund zu stehen scheint, dient dazu, »die ungeheuren Schwierigkeiten und Belastungen einer extremen menschlichen Existenz deutlich zu machen, die auf dem Wege zu sich selbst ist« (Wulf Segebrecht). H.s Roman wird so zu einem »der seltenen Beispiele in der deutschen Literatur, in denen sich die Konventionen der populären Unterhaltungsliteratur mit literarischen Ansprüchen zu einer tragfähigen Synthese vereinigen« (Wolfgang Nehring).

1816
Christoph von Schmid
Die Ostereier

S. gehört zu den erfolgreichsten Jugend- und ›Volksschriftstellern‹ des 19. Jh.s. Seine Werke erlebten unzählige Einzeldrucke und eine Reihe vielbändiger Gesamtausgaben (u.a. 1841–46, 24 Bde.); sie wurden bearbeitet, nachgedruckt und in fremde Sprachen übersetzt (am erfolgreichsten war S. in Frankreich: der Katalog der Bibliothèque Nationale verzeichnet mehr als 2600 S.-Einträge). Am Anfang der schriftstellerischen Tätigkeit des katholischen Erziehers und Geistlichen steht eine Bearbeitung des Genoveva-Volksbuchs (*Genovefa. Eine der schönsten und rührendsten Geschichten des Alterthums, neu erzählt für alle guten Menschen, besonders für Mütter und Kinder,* 1810).

Berühmt wurde er mit der Erzählung *Die Ostereier,* so daß er fortan als der »Verfasser der Ostereier« firmierte. Erzählt wird von einer Tochter des Herzogs von Burgund, die sich mit ihren beiden Kindern (und einem Diener) zu armen Köhlern in die Berge flüchtet, weil sie ein abgewiesener Bewerber während der Abwesenheit ihres Mannes – er bekämpft die Heiden – verfolgt. Sie wird freundlich aufgenommen, macht die Leute mit Hühnern und Hühnereiern bekannt, erfindet sozusagen die Ostereier, die sie mit sinnigen Sprüchen bemalt, und genau so ein Ei mit ihren Schriftzügen gerät ihrem inzwischen zurückgekehrten Mann in die Hände, so daß er seine Frau wiederfinden kann. Die Erlösung der Gräfin verweist auf »eine größere, herrlichere Erlösung«, an die die Kinder auch künftig mit den bunten Ostereiern erinnert werden sollen.

»Vertrau auf Gott, Er hilft in Noth«, lautet der Spruch auf dem entscheidenden Osterei. Und absolutes Gottvertrauen lehrt diese Geschichte, lehren die andern rührseligen Erzählungen S.s, in denen den Bedrängten, Verfolgten, Kranken usw. geholfen wird, sofern sie sich in der Prüfung bewähren. Dabei bleibt die gottgewollte ständische Ordnung unangefochten, Kritik an der gesellschaftlichen Wirklichkeit kommt nicht vor: »So wenig aber die Leute hatten, so waren sie dennoch ein sehr glückliches Völklein; denn sie wünschten sich nicht mehr.« Und als die Frau eines Kohlenbrenners die schöne Kleidung der geflüchteten Gräfin bewundert, tadelt sie ihr Mann: »Dir steckt doch nichts im Kopfe, als die Eitelkeit! Den höhern Ständen geziemt eine vornehmere Kleidung.« Rudolf Schenda spricht vom »Konsolationseffekt« der Erzählungen, die durch die ständig wiederholte Wendung zum Guten trösten und zugleich über die wirklichen Verhältnisse oder das eigene Elend hinwegtäuschen – ohne Zweifel ein bewährtes Erfolgsrezept. S. und den anderen ›Volksschriftstellern‹ kommt so durchaus eine große gesellschaftliche Bedeutung zu, indem sie »ihren Lesern eine nicht vorhandene, unter Gottes Lenkung wohl funktionierende Welt« vorspiegeln und die Lesermassen »zu braven, unpolitischen Untertanen« zu erziehen helfen (R. Schenda). Erst um die Wende zum 20. Jh. wurde deutliche Kritik an dem unzeitgemäßen Bestseller-Autor hörbar, doch die Zahl der Schmid-Ausgaben nahm nur allmählich ab.

1816–17
E. T. A. Hoffmann
Nachtstücke

H.s zweiter Zyklus von Erzählungen enthält, in zwei 1816 und 1817 erschienenen Teilen, acht Stücke: *Der Sandmann, Ignaz Denner, Die Jesuitenkirche in G., Das Sanctus* (Tl. 1); *Das öde Haus, Das Majorat, Das Gelübde, Das steinerne Herz* (Tl. 2). Der Titel *Nachtstücke* meint Darstellungen nächtlicher Szenen in hell-dunkler Farbgebung, wobei ›Nacht‹ zugleich metaphorisch auf die Sphäre des Unheimlichen und Bedrohlichen verweist. Die Sammlung war wenig erfolgreich und wurde zu H.s Lebzeiten nicht mehr aufgelegt. Sie enthält jedoch mit dem *Sandmann* und

dem *Majorat* zwei der bedeutendsten Erzählungen H.s; in der Geschichte *Das Gelübde* variiert H. übrigens das Thema der *Marquise von O...* von Kleist.

Der *Sandmann* beginnt mit drei Briefen. Der Held der Erzählung, Nathanael, berichtet seinem Freund Lothar von einer Begegnung mit dem Wetterglashändler Coppola, der ihn – »Etwas Entsetzliches ist in mein Leben getreten!« – an den Advokaten Coppelius und damit an schreckliche Kindheitserlebnisse erinnert. Der unheimliche Coppelius, der Sandmann genannt, hatte mit Nathanaels Vater alchimistische Experimente angestellt; der Vater war dabei ums Leben gekommen. Dem Bericht über die vergangenen Ereignisse suchen Lothar und seine Schwester Klara, Nathanaels Braut, mit rationaler Argumentation und dem Rat zu begegnen, dem Bösen keine Macht in seinem Inneren einzuräumen. Der Erzähler führt die Geschichte weiter. Nathanael kehrt aus der Universitätsstadt zurück, und seine Verstörung führt zur Entfremdung zwischen ihm und seiner Geliebten, die er wegen ihrer praktischen Lebensklugheit zu den »kalten unempfänglichen Gemütern« zählt und als »lebloses, verdammtes Automat« beschimpft. Wieder in der Universitätsstadt, erwirbt er von Coppola ein »Perspektiv«, ein Fernrohr, durch das ihm die mechanische Puppe Olimpia als beseeltes Wesen erscheint. Als ihm durch die Zerstörung der Puppe seine Täuschung klar wird, treibt ihn der Widerspruch zwischen Innenwelt und Außenwelt in den Wahnsinn und schließlich – nach einer kurzen Rückkehr in die bürgerliche Normalität – in den Tod, während Klara doch noch ein ihr gemäßes ruhiges Glück findet, »das ihr der im Innern zerrissene Nathanael niemals hätte gewähren können«. Das komplexe Werk, in dem sich die Darstellung eines problematischen Verhältnisses von Innenwelt und Außenwelt mit dem Kontrast von Philister- und Künstlerexistenz verbindet, ist oft gedeutet (und von Sigmund Freud für seine Theorie des Unheimlichen herangezogen) worden. Durch Jacques Offenbachs Oper *Hoffmanns Erzählungen* (1881) fand die Geschichte von der Automate Olimpia große Verbreitung.

Die Erzählung *Das Majorat* handelt von der Zerstörung einer baltischen Adelsfamilie durch die Stiftung eines Majorats, d.h. eines nach dem Ältestenrecht zu vererbenden Gutes. Die Erzählung ist zweigeteilt. Im 1. Teil berichtet der Ich-Erzähler Theodor, ein junger Jurist, von seinem Besuch auf dem Majoratssitz, wobei er sich in die Frau des Majoratsherrn Roderich verliebt, doch von seinem besonnenen Großonkel, der den Familienfluch kennt, schnell der drohenden Gefahr entzogen wird. Im 2. wird dann nach einem Bericht des Großonkels die Geschichte des Majorats mit Bruderhaß, Mord, Erbschaftsstreitereien bis zum Erlöschen des Geschlechts verfolgt: eine kunstvolle Verbindung von Motiven und Requisiten aus dem Repertoire von Schauerroman, Kriminalerzählung und Liebesgeschichte.

1816–17, 1829
Johann Wolfgang von Goethe
Italienische Reise

Die ersten beiden Teile der *Italienischen Reise* erschienen 1816–17 unter dem Obertitel *Aus meinem Leben.* Damit verwies G. auf den Zusammenhang mit seiner Autobiographie *Dichtung und Wahrheit,* deren erste drei Teile 1811–14 unter diesem Titel herausgekommen waren. Als er 1829 die *Italienische Reise* um einen 3. Teil *(Zweiter römischer Aufenthalt)* vermehrte, ließ G. den Obertitel weg. Grund war wohl die allzugroße Verschiedenheit der einzelnen autobiographischen Schriften.

Die *Italienische Reise* erschien zwar nach *Dichtung und Wahrheit,* ist aber anders als diese Autobiographie kein Alterswerk. Sie basiert vielmehr, jedenfalls in Teil 1 und 2, auf Briefen und Tagebuchaufzeichnungen aus der Zeit der Reise (u. a. Reisetagebuch an Frau von Stein). G. redigierte die alten Aufzeichnungen, strich manches, was ihm zu persönlich schien (etwa in der Beziehung zu Frau v. Stein), und gab dem Ganzen durch Kürzungen, Umstellungen und neue Akzentuierungen einen abgerundeten Charakter. Gleichwohl reflektiert die *Italienische Reise* die Aufbruchsstimmung jener Zeit. Das gilt allerdings nicht für den 3. Teil, der im wesentlichen ein Alterswerk ist, in dem Briefauszüge mit neugeschriebenen Berichten und Aufsätzen abwechseln; dazu werden noch Texte anderer Autoren eingeschoben (u. a. von Wilhelm Tischbein und Karl Philipp Moritz).

In der Hoffnung, »nach einem so schlimmen Sommer einen guten Herbst zu genießen«, hatte sich G. am 3. September 1786 aus Karlsbad fortgestohlen. Die Reise führte ihn über Verona, Vicenza und Venedig zunächst nach Rom. Am 29. 10. erreichte der als »Filippo Miller, Tedesco, Pittore« reisende G. Rom – »und ich zähle einen zweiten Geburtstag, eine wahre Wiedergeburt, von dem Tage, da ich Rom betrat.« Damit ist eines der zentralen Motive der *Italienischen Reise* angeschlagen, die Überwindung der privaten und künstlerischen Krise durch die Begegnung

mit der südlichen Natur und Kunst. Die Malerin Angelica Kauffmann, der Maler Wilhelm Tischbein, Karl Philipp Moritz und wenige andere gehörten zu seinem engen Freundeskreis. – Am 22. 2. 1787 reiste G. weiter nach Neapel, von dort am 29. 3. nach Sizilien. Nach einem zweiten Aufenthalt in Rom (7. 6. 1787 bis 23. 4. 1788) kehrte er über Florenz und Mailand nach Weimar zurück, wo er am 18. 6. 1788 eintraf.

»Ich mache diese wunderbare Reise nicht, um mich selbst zu betriegen, sondern um mich an den Gegenständen kennen zu lernen«, schreibt er am 17. 9. 1786 in Verona. Es ist keine traditionelle Bildungsreise mit dem Ziel, das Wissen zu vermehren; es geht – sehr bewußt – um Selbstbildung, Finden der eigenen Persönlichkeit in der Begegnung mit einer neuen Welt, befreit von den Zwängen der Weimarer Gesellschaft (die aber gleichwohl auch in der Ferne immer gegenwärtig bleibt). Natur, menschliche Gesellschaft und Kunst sind die Themen, die G. vor allem beschäftigen. Sinnliche Erfahrung der schönen Natur und Naturstudien gehen Hand in Hand. Beim Spaziergang am Meer kommt ihm »eine gute Erleuchtung über botanische Gegenstände«, die Vorstellung der Urpflanze läßt ihn nicht los. Nach einigen Tagen in Palermo heißt es: »Italien ohne Sizilien macht gar kein Bild in der Seele: hier ist erst der Schlüssel zu allem.« Und es ist weniger die antike Kunst als vielmehr die klassische Natur, die ihn anspricht und zu literarischen Plänen inspiriert *(Nausikaa* u. a.). Zugleich arbeitet er an der Vollendung seiner Ausgabe der *Schriften* (8. Bde., 1787–90), d. h. er revidiert die älteren Singspiele *Erwin und Elmire* und *Claudine von Villa Bella,* schreibt die *Iphigenie* in Verse um, vollendet den *Egmont* und beschäftigt sich mit dem *Tasso.* Auf der anderen Seite betreibt er während des zweiten Aufenthalts in Rom intensive zeichnerische und malerische Studien unter der Anleitung von Tischbein, Heinrich Meyer u. a., kommt aber dann zu dem Ergebnis: »Täglich wird mir's deutlicher, daß ich eigentlich zur Dichtkunst geboren bin [...]. Von meinem längern Aufenthalt in Rom werde ich den Vorteil haben, daß ich auf das Ausüben der bildenden Kunst Verzicht tue.«

Der Abschied fiel ihm schwer – die *Italienische Reise* schließt mit einem melancholischen Ovid-Zitat, in dem der verbannte römische Dichter seine letzte Nacht in Rom heraufbeschwört –, und die Freunde vermißten ihn: »Ihr abschid von uns durchdrang mier Herz und Seele, der tag Ihrer abreis war einer der traurigen tagen meines lebens«, schrieb ihm Angelica Kauffmann.

Die *Italienische Reise* gehört zu den beliebtesten Werken G.s. Zwar war Italien mindestens seit dem 16. Jh. regelmäßiges Ziel von Kavaliersreisen junger Adeliger und wohlhabender Bürgersöhne, und auch G.s Vater Caspar hatte 1740 seine *Viaggio in Italia* unternommen, doch erst mit G.s persönlicher *Italienischen Reise* erhielt die Italiensehnsucht ein Modell, das – Titel wie *G. unser Reisebegleiter in Italien* oder *Auf G.s Spuren in Italien* belegen es – weiten Anklang fand.

1817
Achim von Arnim
Die Kronenwächter

A.s zweiter Roman mit dem Untertitel »Bertholds erstes und zweites Leben« blieb Fragment. Vollendet wurde allein der 1817 erschienene 1. Band. 1854 gab Bettine von A. im Rahmen der *Sämtlichen Werke* einen aus Materialien des Nachlasses zusammengestellten 2. Band heraus, dessen Texte jedoch zum größten Teil einer früheren und mit dem Erscheinen des 1. Bandes überholten Arbeitsstufe angehören.

A.s Roman spielt in der Umbruchzeit der Jahre um 1500. Kaiser Maximilian, Luther und andere historische Personen treten auf, ebenso der sagenhafte Doktor Faust, großer Arzt und Säufer. Diese Epoche dient A. als Spiegel der eigenen, ebenfalls durch große historische Veränderungen bestimmten Zeit. Der Gegenwartsbezug ist deutlich; der kritische Hinweis auf den um Jahrhunderte zurückgebliebenen Adel, der »nur ans Kleine« denke, stellt nur ein Beispiel dafür dar. – A. hatte ausführliche Quellenstudien für den Roman betrieben.

In der Neujahrsnacht 1774–75 wird dem Waiblinger Turmwächter Martin von einem Boten der Kronenwächter ein Kind übergeben, angeblich ein Hohenstaufensproß. Berthold wächst bei seinen Pflegeeltern auf und wird zum Schreiber ausgebildet. Die Kronenwächter, die im Hintergrund agieren, sind ein gewalttätiger, skrupelloser Geheimbund, der es sich zur Aufgabe gemacht hat, die Kaiserkrone der Hohenstaufen zu hüten, die Nachkommen der Hohenstaufen vor gegenseitiger Vernichtung zu bewahren und die alte Kaiserherrlichkeit wieder zu errichten. Berthold findet durch die Hilfe der Kronenwächter die Ruine des alten Barbarossa-Palastes, errichtet an ihrer Stelle eine moderne Tuchfabrik, gelangt zu Reichtum und wird zum Bürgermeister der Stadt gewählt. Er ist jedoch kränklich. Erst eine von Faust vorgenommene Bluttransfu-

sion – Spender ist der kräftige Malergehilfe Anton, ebenfalls ein Hohenstaufenkind – gibt ihm die Kraft für ein »zweites Leben«, in dem er sich ritterlichen Übungen zuwendet, sich auf dem Augsburger Reichstag auszeichnet und Anna, die Tochter seiner Jugendgeliebten Apollonia, heiratet, doch schließlich in jeder Beziehung scheitert. Er verliert das Vertrauen der Bürger wie auch das seiner Frau und stirbt schließlich in der Hohenstaufengruft des Klosters Lorch in dem Moment, als sein Blutspender Anton von seinem Bruder Konrad versehentlich niedergestochen wird. Die Träume von einer Wiederkehr der glorreichen Vergangenheit sind gescheitert. Dies macht nicht nur die schwache, unglückliche Gestalt Bertholds deutlich: Auch die Gegenüberstellung der märchenhaften gläsernen Kronenburg am Bodensee, in der die Stauferkrone aufbewahrt wird, und der Wirklichkeit der verdreckten, verwahrlosten Burg Hohenstock, dem Sitz der Kronenwächter, zeigt zu Beginn der Restaurationszeit in Deutschland, daß bloße Restauration des Vergangenen keine Lösung für die Gegenwart darstellt. So ist es nur folgerichtig, wenn die Notizen zur Fortsetzung andeuten: »Die Auflösung ist endlich, daß die Krone Deutschlands nur durch geistige Bildung erst wieder errungen werde.«

Der Roman, dessen Bedeutung erst in den letzten Jahrzehnten erkannt worden ist, fand wenig Beachtung bei den Zeitgenossen.

1817
Clemens Brentano
Geschichte vom braven Kasperl und dem schönen Annerl

B.s erzählerisches Meisterwerk entstand 1817 und wurde im selben Jahr gedruckt. Die Erzählung hat, so ›volkstümlich‹ sie sich mit ihrem Titel und ihren Volks- und Kirchenliedzitaten gibt, eine komplizierte Struktur: In eine Rahmenerzählung sind Binnenerzählungen eingefügt, die z. T. in den Rahmen übergehen und dort auch ihr Ende finden.

Der Erzähler, der sich seines Schriftstellerberufs schämt, wird auf eine alte Bäuerin aufmerksam, die sich mitten in der Nacht auf den Eingangsstufen eines großen Gebäudes niedergelassen hat. Sie ist, so läßt sich nach und nach aus ihren Andeutungen und ihrer assoziativen Erzählweise erkennen, in die Stadt gekommen, um beim Herzog Gnade für ihren Enkel Kasperl und ihr Patenkind Annerl zu erbitten. In den beiden Geschichten, die dabei nach und nach ans Licht kommen, geht es um den Begriff der Ehre: Kasperl und Annerl werden Opfer einer »falschen Ehrsucht«, die von dem Ehrbegriff der alten Bäuerin (»Gib Gott allein die Ehre«) abgehoben wird.

Kasperl, der bei den Ulanen dient, kommt nach Ende des Krieges aus Frankreich zurück, wird bei der Übernachtung in einer Mühle beraubt und muß erkennen, daß sein Vater und sein Stiefbruder zu Räubern und Pferdedieben geworden sind. Er überliefert sie der Gerichtsbarkeit und erschießt sich auf dem Grab seiner Mutter, da er sich als Sohn eines Diebes seiner Ehre – für ihn Ansehen unter den Menschen – beraubt glaubt. In einem Abschiedsbrief bittet er um ein »ehrliches Grab«.

Seine Braut Annerl, die inzwischen eine Stellung in der Stadt angenommen hatte (»weil sie da eher etwas lernen könne und mehr Ehre dabei sei«), war während seiner langen Abwesenheit Opfer eines adeligen Verführers geworden und – als Kindsmörderin – zum Tode verurteilt worden. Sie hatte es abgelehnt, den Namen des Verführers zu nennen und sich so zu retten. Nun soll sie an diesem Morgen hingerichtet werden.

Der Schriftsteller eilt zum Herzog, der gerade von einem amourösen Abenteuer kommt und für die Bitten empfänglich ist. Er schickt den Fähnrich Graf Grossinger mit der Begnadigung zum Hochgericht, zu spät. Die Zuschauer fallen über den Grafen her, als er bekennt, daß er der Verführer Annerls sei. Der Herzog gewährt Kasperl und Annerl ein »ehrliches Grab«, ein christliches Begräbnis, befördert den Toten zum Fähnrich und läßt ihn mit Grossingers Offiziersdegen bestatten. Überdies heiratet er seine Geliebte, die Schwester Grossingers, und läßt ein »Monument auf den Gräbern der beiden unglücklichen Ehrenopfer« errichten, das die »falsche und wahre Ehre« vorstellt, »die sich vor einem Kreuze beiderseits tief zur Erde beugen.«

B.s Erzählung ist von einer Vielzahl von allegorischen und symbolischen Zeichen durchwoben. Es ist eine Geschichte von der Ehre, aber auch von dem Bruch zwischen alter und neuer Zeit: Die Rückkehr zu der naiven, selbstverständlichen Frömmigkeit der 88jährigen Bäuerin ist nicht mehr möglich. Die Geschichte handelt aber auch von der Dichtung und von der Situation des zeitgenössischen Dichters. Wenn man die Großmutter als Personifikation der romantischen Vorstellung von Volkspoesie auffassen kann, so steht der Schriftsteller für den modernen, reflektierenden, der Natur und dem Leben entfremdeten Künstler: »Einer, der von der Poesie lebt, hat das Gleichgewicht verloren.« Dabei fehlt es nicht an Kritik an der spezifischen deutschen Situation. Es ergibt sich das Paradox, daß die Geschichte, die »die Tätigkeit romantischen Dichtens, die Entwicklung von Literatur aus Literatur, Sage, Märchen und Historie, zum Gegenstand des Erzählens macht«, entschiedene Zweifel an der Funktion der Kunst äußert, daß »in einem artistisch vollkommenen Gebilde die Berechtigung solcher Artistik geleugnet wird« (Wolfgang Frühwald).

1817
Franz Grillparzer
Die Ahnfrau

G.s erstes Drama (5 Akte, vierhebige Trochäen), am 31. 1. 1817 im Theater an der Wien uraufgeführt und im selben Jahr gedruckt, hatte großen Erfolg und wurde sogleich von zahlreichen anderen Bühnen übernommen. G. knüpfte äußerlich an die sogenannte Schicksalstragödie an, die seit Zacharias Werners *Vierundzwanzigstem Februar* (1809) zu einer Modeerscheinung geworden war, und profitierte – zu seinem späteren Mißvergnügen – von ihrer Popularität.

Wie in den anderen Produkten des Genres liegt dem Geschehen eine alte Schuld zugrunde, ein über einem Geschlecht verhängter Fluch, der sich unaufhaltsam vollzieht. In diesem Fall geht er auf die »Ahnfrau« zurück, die von ihrem Mann beim Ehebruch überrascht und erstochen worden war und sich als Geist immer dann zeigt, wenn ein Unglück bevorsteht. Sie findet erst Ruhe, wenn die Familie ausgestorben ist. – Das Geschehen der *Ahnfrau* spielt innerhalb weniger Stunden in einer windigen Winternacht. Graf Borotin ist, so denkt er, der letzte männliche Sproß seines Geschlechts; er glaubt, seine Tochter Bertha durch die Heirat mit Jaromir von Eschen, der sie aus Räuberhand gerettet hatte, vom Fluch befreien zu können. Es stellt sich freilich heraus, daß Jaromir Räuberhauptmann und überdies der im Alter von drei Jahren vermeintlich ertrunkene Sohn des Grafen ist. Diese Enthüllungen, garniert durch Auftritte der Ahnfrau, bringen dem Grafen den Tod. Auch Bertha nimmt sich das Leben, und Jaromir stirbt in den Armen der Ahnfrau, die nun Ruhe in ihrem Grabmal findet (»Öffne dich, du stille Klause, Denn die Ahnfrau kehrt nach Hause!«).

Mit seinen folgenden Stücken wandte sich G., der sich mißverstanden fühlte, von dieser effektreichen Form des Theaters ab; für das Publikum blieb er lange der ›Dichter der Ahnfrau‹.

1818
Joseph von Eichendorff
Das Marmorbild

E.s Novelle, u. a. angeregt durch Eberhard Werner Happels Gespenstergeschichte *Die seltzahme Lucenser-Gespenst* (in: *Gröste Denkwürdigkeiten der Welt,* Bd. 3, 1687), erschien im Herbst 1818 in dem von Fouqué herausgegebenen *Frauentaschenbuch für das Jahr 1819.* Die Buchausgabe folgte 1826 zusammen mit dem *Taugenichts* und »einem Anhange von Liedern und Romanzen«.

Das Marmorbild erzählt von dem jungen Edelmann und Poeten Florio, den seine Reise nach Lucca aus dem »Gefängnis« seiner stillen jugendlichen Existenz auf dem Land befreit und in das Leben einführt, ihn damit aber zugleich den Verlockungen »großer, unermeßlicher Lust« aussetzt. Ein marmornes Venusbild, das ihn bei einer nächtlichen Wanderung auf unerklärliche Weise anzieht, und die Begegnung mit einer schönen Frau, die diesem Bild ähnlich sieht, bringt ihn in den Bann der Frau Venus. Der düstere Ritter Donati führt ihn zu ihr; als ihr »Zauberberg« fungiert ein Schloß außerhalb der Stadt, das tagsüber verwüstet und verödet erscheint und nur nachts zu sinnlich-heidnischem Leben erwacht. Ein »altes, frommes Lied« des Sängers Fortunato macht Florio seiner Verirrung bewußt, der heidnische Spuk verschwindet, und Florio, der sich selbst wiedergefunden hat, reitet mit der reinen Bianca in den glänzenden Morgen hinein – wie denn überhaupt E.s Landschaften »hieroglyphischen« Charakter haben und »wieder und wieder die Urgegebenheit religiöser Existenz, Suche und Heimkehr, Verführungsdrohung und Erlösungshoffnung, Gottesnähe und Gottesferne spiegeln« (Oskar Seidlin).

Die Nachtseite des menschlichen Wesens, von der die Novelle erzählt, wird mit dem Heidnisch-Antiken gleichgesetzt; sie weicht dem Tag, dem Christentum. E. verdeutlicht diese Antithese durch Lieder, die irdische Lust und himmlisches Sehnen, Venus und die Jungfrau Maria einander gegenüberstellen. Die Bändigung des Sinnlichen und des gefährlichen Zaubers, den die Erzählung selbst inszeniert, ist Aufgabe der Kunst: »denn die Kunst, die ohne Stolz und Frevel, bespricht und bändigt die wilden Erdengeister, die aus der Tiefe nach uns langen.«

1818
Franz Grillparzer
Sappho

Den »einfachen Stoff«, den G. nach dem Gespenster- und Räuberunwesen der *Ahnfrau* (1817) suchte, fand er in der Gestalt und dem (sagenhaften) Schicksal der griechischen Dichterin Sappho (um 600 v. Chr.). *Sappho,* eine klassische fünfaktige Tragödie mit einer zum lyrischen neigenden Verssprache (Blankverse), entstand in wenigen Wochen des Sommer 1817 und wurde am 21. 4. 1818 am Wiener Burgtheater uraufgeführt (Erstdruck 1819).

Sappho kehrt von den Olympischen Spielen, bei denen sie den Sieg in der Dichtkunst errungen hat, in ihre Heimatstadt zurück. In ihrer Begleitung befindet sich Phaon, den sie sich zum Geliebten gewählt hat und den sie vor der »Unermeßlichkeit« in ihrer Brust warnt: »O laß mich nie, Geliebter, nie erfahren, Daß ich den vollen Busen legte an den deinen Und fänd ihn leer!« Phaons Unsicherheit – er fühlt sich aus »stiller Niedrigkeit […] Auf einen luftgen Gipfel hingestellt« – sucht Sappho mit dem emphatischen Hinweis auf die Vereinbarkeit von »Leben« und »Kunst« zu begegnen. Doch die Kluft zwischen beiden Welten bleibt bestehen, die Verbindung kommt nicht zustande. Phaon fühlt sich zur jungen Sklavin Melitta hingezogen. Aus Eifersucht versucht Sappho die beiden zu trennen, verhindert einen Fluchtversuch und muß sich der Unmenschlichkeit anklagen lassen. Eine Versöhnung, wie sie die zum Verzicht bereite Melitta vorschlägt, und damit die Möglichkeit einer neuen Gefährdung durch das »Leben«, weist Sappho zurück. Mit Purpurmantel, Lorbeer und goldener Leier, den Insignien ihrer Kunst, wendet sie sich an die Götter, gibt Phaon und Melitta zusammen und springt – die Götter um ihre Aufnahme bittend – von einem hohen Felsen ins Meer: »Es war auf Erden ihre Heimat nicht – Sie ist zurückgekehrt zu den Ihren!«

Die Kluft zwischen Dichter und Gesellschaft, zwischen Kunst und Leben, an der schon Goethes Tasso litt, scheint unüberbrückbar, die Sehnsucht nach dem Leben, an der noch Thomas Manns Künstlergestalten leiden, bleibt unerfüllt. Eine Versöhnung wie in Goethes *Iphigenie,* der sich *Sappho* formal annähert, scheitert an der grundsätzlichen Unvereinbarkeit der beiden Bereiche. G.s *Sappho* hatte, wie zuvor die *Ahnfrau,* großen Erfolg in Wien und an anderen Bühnen; außerdem erschienen Übersetzungen ins Italienische (1819), Englische (1820) und Französische (1821).

1819
Johann Wolfgang von Goethe
West-östlicher Divan

Hatten Italien und die römische Antike G.s ersten größeren Gedichtzyklus, die *Römischen Elegien* (1795), inspiriert, so gab die Begegnung mit dem *Divan* (Divan bedeutet Versammlung, Gruppe, Liedersammlung) des persischen Dichters Hafis (Hafez, 14. Jh.) den Anstoß für eine vertiefte Beschäftigung mit dem Orient und seiner Literatur (G. las den *Divan* in der 1812–13 erschienenen Übersetzung Joseph von Hammer-Purgstalls). Aus dieser Begegnung, verbunden mit einem Gefühl innerer Verjüngung, einer Reise in die Landschaften seiner Jugend und neuer Liebeserfahrung (Marianne von Willemer), entstanden seit 1814 die Gedichte, die G. dann zu einem zwölf Bücher umfassenden Zyklus ordnete und 1819 veröffentlichte (um spätere Texte erweiterte Ausgabe 1827). Erst durch einen Aufsatz Hermann Grimms im Jahr 1869 wurde bekannt, daß G. einige Gedichte Marianne von Willemers in den Zyklus aufgenommen hatte. Den Gedichten beigefügt ist eine kultur- und literaturgeschichtliche Darstellung, *Noten und Abhandlungen zu besserem Verständnis des west-östlichen Divans.*

Das Studium der orientalischen Dichtung schlug sich in zahlreichen Motiventlehnungen nieder. Darüber hinaus fühlte G. eine innere Verwandtschaft mit der Dichtung des Hafis und war insbesondere angezogen von der Verbindung von Diesseitigkeit und mystischer Religiosität, von Ironie und Ergriffenheit. Es sei eine Poesie, schreibt er in einem Brief an Zelter, wie sie sich seinen Jahren zieme: »Unbedingtes Ergeben in den unergründlichen Willen Gottes, heiterer Überblick des beweglichen, immer kreis- und spiralartig wiederkehrenden Erdetreibens, Liebe, Neigung, zwischen zwei Welten schwebend, alles Reale geläutert, sich symbolisch auflösend – Was will der Großpapa weiter?« Was ihn an der orientalischen Dichtung weniger interessierte, war die künstliche Form des Ghasels mit ihren ständigen Reimwiederholungen; nur in einigen Fällen näherte er sich dieser Gedichtform.

Der Zyklus beginnt mit dem *Buch des Sängers.* Das Eingangsgedicht *Hegire* – der Titel spielt auf die Flucht Mahomeds von Mekka nach Medina an – reflektiert sowohl die Aufbruchsstimmung wie die Flucht vor den Wirren der eigenen Zeit; das Buch endet mit einem der bekanntesten Gedichte des Werkes, *Selige Sehnsucht,* das in traditionellen Bildern von Selbstvernichtung und Wiedergeburt spricht und mit seiner Verbindung von religiöser und erotischer Motivik die den ganzen *Divan* prägenden Momente vorwegnimmt. Das *Buch Hafis* führt in die Welt des orientalischen Dichters ein, sein Verhältnis zur Religion, seine Themen und Formen. Im Gegensatz zum späteren *Buch Suleika* bleibt das *Buch der Liebe* im Allgemeinen, nennt Musterbilder orientalischer Liebender in Dichtung und Mythologie, spricht von verschiedenen Formen der Liebe (G.: »Manche dieser Gedichte verleugnen die Sinnlichkeit nicht, manche aber können, nach orientalischer Weise, auch geistig gedeutet werden«). Die folgenden drei Bücher *(Buch der Betrachtungen, Buch des Unmuts, Buch der Sprüche)* enthalten betrachtende, lehrhafte Texte, Abrechnungen mit Neidern, »Eingeengten« und »Beschränkten«. Darauf folgt, mit nur zwei Gedichten, das *Buch des Timur,* wobei *Der Winter und Timur* vom Ende des Gewaltherrschers auf seinem Chinafeldzug spricht und dabei indirekt auf Napoleon verweist. Das *Buch Suleika* ist das umfangreichste des Zyklus und stellt das Paar Suleika-Hatem in den Mittelpunkt eines Liebesdialogs, der die Dialektik der Liebeserfahrung in vielfacher Weise variiert und mit dem Blatt des Gingobaums ein Symbol für die Einheit in der Doppelheit findet *(Gingo Biloba).* Hier stehen auch die Gedichte Marianne von Willemers. Im *Schenkenbuch* nimmt G. ein anderes Thema von Hafis auf, die Liebe zu einem schönen Knaben, wobei freilich hier ein pädagogisches Verhältnis vorherrscht und, wie auch in den anderen Büchern, östliche und westliche Motivik gemischt wird. Die letzten Bücher runden die religiöse Thematik ab. Das beginnt mit den ethischen und religiösen Texten im *Buch der Parabeln,* setzt sich fort im *Buch des Parsen* und gipfelt im *Buch des Paradieses,* in dessen Wechselspiel von irdischer und himmlischer Liebe sich der Zyklus, rückverweisend auf die anderen Bücher, vollendet.

Im *West-östlichen Divan* ist eine beziehungsreiche Einheit von höchst verschiedenen Elementen verwirklicht. Dabei entspricht der Vielfalt der Themen und Motive und dem Nebeneinander von orientalischen und westlichen Bild- und Vorstellungswelten ein souveräner Wechsel der Stil- und Sprachebenen (geistvolles Spiel, Ironie, Umgangssprache, Pathos usw.). Neben liedhaften Formen – vorherrschend ist der trochäische Vierheber – steht Lehrhaftes (Parabel, Spruch, Allegorie usw.). Zur inneren Einheit dieser imaginären »Reise durch die Landschaften des Geistes« (Hannelore Schlaffer) tragen eine Reihe von Grundmotiven bei, die unter dem übergeordneten Gesichtspunkt der Begegnung von Ost und

West das ganze Werk durchziehen; vor allem aber wird diese Einheit durch das lyrische Ich verbürgt, das immer im Mittelpunkt bleibt und Selbstgefühl und Kraft aus seinem Dichtertum und seiner Liebe schöpft. Aber: »So sehr das Werk als Gehalt und Sprache seinen Dichter offenbart, so wenig ist es Biographie. Es formt als Werk seine mythische Welt« (Erich Trunz).

1819–21
E. T. A. Hoffmann
Kater Murr

H.s zweiter Roman erschien 1819 und 1821 in zwei Bänden (vordatiert auf 1820 bzw. 1822); der angekündigte 3. Band wurde nicht mehr begonnen. Der vollständige Titel kennzeichnet das Werk als Doppelroman: *Lebens-Ansichten des Katers Murr nebst fragmentarischer Biographie des Kapellmeisters Johannes Kreisler in zufälligen Makulaturblättern.* Die Verbindung von Kater-Autobiographie und Musiker-Biographie erklärt der »Herausgeber« H. damit, daß der schriftstellernde Kater Blätter einer Kreisler-Biographie als Unterlage oder Löschpapier benutzt und der Setzer sie versehentlich mitabgedruckt habe. Mit der Gestalt Kreislers weist H. auf die *Kreisleriana* seiner *Fantasiestücke* (1813–15) zurück; der Titel spielt auf Laurence Sternes *The Life and Opinions of Tristram Shandy* (1759–67) an.

Murrs Autobiographie ist eine Parodie der klassischen Bildungsidee und ihrer Trivialisierung. Murr erzählt chronologisch, der Lebenslauf ist vollständig, wenn auch immer wieder mitten im Satz durch die eingeschobenen Makulaturblätter der Kreisler-Biographie unterbrochen. Der Bildungsgang des Katers gliedert sich in vier Abschnitte: »Gefühle des Daseins. Die Monate der Jugend«, »Lebenserfahrungen des Jünglings. Auch ich war in Arkadien«, »Die Lehrmonate. Launisches Spiel des Zufalls«, »Ersprießliche Folgen höherer Kultur. Die reiferen Monate des Mannes«. Eine »Nachschrift des Herausgebers« unterrichtet vom Tod des philosophischen Katers. Freundschaft (mit dem Pudel Ponto), Liebe (zu Miesmies) und geselliges burschenschaftliches Leben tragen, mit nicht immer erfreulichen Erfahrungen und Abenteuern, zu Murrs Bildung bei. Dabei richtet er sein Augenmerk vor allem auf seine literarische Bildung, die Aneignung des klassischen ›Bildungsguts‹ von Shakespeare bis zu Goethe, Schiller, Kant und Tieck, das er bei jedem noch so trivialen Anlaß zitierend zum besten gibt. Ziel ist die völlige Anpassung an die

Vorstellungen der Gesellschaft. Das gibt H. Gelegenheit zu parodistischen Auseinandersetzungen mit den literarischen Strömungen seiner Zeit wie zur Gesellschaftssatire. Murr ist dabei weniger Gegenstand als vielmehr Medium der Satire: »Murr imitiert diese Umwelt, er lernt alles von ihr, und so spiegeln seine Charakterzüge ihre Eigenschaften« (Hartmut Steinecke).

Zielen Parodie und Satire im Murr-Teil auf die Bürgerwelt, so wirft die Kreisler-Biographie ein satirisches Licht auf die aristokratische Gesellschaft am Beispiel des anachronistischen Hofes von Fürst Irenäus, der – obwohl durch Mediatisierung der tatsächlichen Regentschaft entledigt – so tut, als habe sich nichts geändert, »und die Stadt war gutmütig genug, den falschen Glanz dieses träumerischen Hofes für etwas zu halten, das ihr Ehre und Ansehen bringe.« Zugleich ist dieser Teil des Werkes Künstlerroman, der Roman der Auseinandersetzung eines romantischen, zerrissenen Künstlers mit sich selbst und der Gesellschaft. Anders als die parodistische Bildungsgeschichte Murrs verweigert sich die Künstlerbiographie den Gattungskonventionen. Sie ist bruchstückhaft, unzusammenhängend, folgt keiner chronologischen Ordnung.

Meister Abraham Liscov, der übrigens Murr gefunden hat und ihn später Kreisler übergibt, hat den Kapellmeister an den Hof von Sieghartsweiler gebracht. Hier steht er zwischen zwei Frauen, der ›reinen‹, musikalischen Julia Benzon und der sinnlichen Prinzessin Hedwiga; für beide hat das höfisch-zynische Kalkül andere Männer bestimmt. Die Rätin Benzon, ehemals Geliebte des Fürsten, will ihre Tochter dem idiotischen Thronfolger Ignaz vermählen, und Irenäus hat für Hedwiga den reichen Prinzen Hektor gewählt, der freilich eine dunkle Vergangenheit hat. So schreckt er denn auch nicht vor einem Mordkomplott zurück, worauf Kreisler in ein Kloster flieht. Hier hört er die in Italien spielende Eifersuchts- und Mordgeschichte Hektors, in die dessen Bruder Cyprianus und Angela, die uneheliche Tochter von Fürst Irenäus und der Rätin Benzon, verwickelt sind. Abraham ruft seinen Freund aus dem Kloster zurück; er will die angesetzten Hochzeiten zu Fall bringen. Wie die Auflösung aussehen sollte, ist nicht klar.

Der Künstler Kreisler mißachtet die Konventionen der Gesellschaft. Und doch zieht er sich nicht von der Gesellschaft zurück und lehnt ein Angebot des Abtes ab, ins Kloster einzutreten. Die Auseinandersetzung mit der Welt, das Leiden an ihr und ihren Widersprüchen gehört zu seinem Künstlertum. Weder die Kunst noch die Liebe, so muß er erfahren, können sich in der Realität rein verwirklichen. Die Harmonie muß aus dem Innern kommen, es gibt kein Modell in der Wirklichkeit. Weder Murrs Philisterwelt noch die Unbedingtheit des romantischen Künstlers bleiben unbestritten. Eine Aufhebung der Widersprüche kann nur in einem überlegenen Bewußtsein stattfinden, in der höheren Instanz des Humors, wie sie durch den Autor H. verkörpert wird.

Die Aufnahme des von H. selbst hoch eingeschätzten Romans war eher zurückhaltend. Der Kater freilich hatte ein Nachleben. David Hermann Schiff ließ 1826 eine Fortsetzung folgen *(Nachlaß des Kater Murr);* in der satirischen und humoristischen Literatur des 19. Jh.s finden sich verschiedentlich Anklänge an den literarischen Kater (Gottfried Keller: *Spiegel, das Kätzchen,* 1856, u. a.).

1819–21
E. T. A. Hoffmann
Die Serapions-Brüder

H. folgte mit diesen »Gesammelten Erzählungen und Märchen« der »Aufforderung des Herrn Verlegers, daß der Herausgeber seine in Journalen und Taschenbüchern verstreuten Erzählungen und Märchen sammeln und Neues hinzufügen möge.« Die vier in je zwei Abschnitte unterteilten Bände erschienen 1819 (Bd. 1, 2), 1820 (Bd. 3) und 1821 (Bd. 4). Die einzelnen Stücke sind in einen erzählerischen Rahmen eingebettet, wobei H. ausdrücklich an das Beispiel Ludwig Tiecks im *Phantasus* (1812–16) erinnert.

Eine Runde von vier, später sechs Freunden kommentiert und diskutiert auf wöchentlichen Sitzungen die vorgetragenen Geschichten. Damit bezieht sich H. auf einen Berliner Freundeskreis, dem die Dichter Adelbert von Chamisso, Carl Wilhelm Salice Contessa und Friedrich de la Motte Fouqué, der Verleger Julius Eduard Hitzig und der Arzt David Friedrich Koreff angehörten. Er ging aus einem früheren Bund, den »Seraphinenbrüdern«, hervor, als dessen gemeinsames Produkt die *Kinder-Märchen* (1816–17) von Contessa, Fouqué und H. erschienen waren. Als Chamisso am 14. 11. 1818, dem Namenstag des hl. Serapion, von seiner Weltreise zurückkehrte, lebte der Zirkel wieder auf und erhielt den Namen nach diesem ägyptischen Märtyrer des 4. Jh.s.

Aus dieser zufälligen Namensgebung entwickelt H. eine ästhetische Theorie, das »serapiontische Prinzip«. In der einleitenden Geschichte, die wie eine Reihe anderer keinen Titel trägt, läßt er den wahnsinnigen Grafen P** auftreten, der sich für den frühchristlichen Anachoreten und Märtyrer Serapion hält. Ihm fehlt, da er keinen Bezug zur Außenwelt hat, die Erkenntnis der »Duplizität« des Seins: »Es gibt eine innere Welt und die geistige Kraft, sie in voller Klarheit, in dem vollendetsten Glanze des regesten Lebens zu schauen, aber es ist unser irdisches Erbteil, daß eben die Außenwelt, in der wir eingeschachtet, als der Hebel wirkt, der jene Kraft in Bewegung setzt.« Fehlt die Anerkennung dieses Zusammenhangs, wird Phantasie zu Phantasterei, zu Wahnsinn. Das eigentliche Kunstwerk entsteht aus der Wechselwirkung von Innen und Außen, von Geistigem und Wirklichem, wobei die Phantasie als schöpferisches Organ Aspekte der Wirklichkeit aufzuschließen vermag, die dem wissenschaftlichen Verstand verschlossen sind. Auf diesen Ausgleich von Phantasie und Wirklichkeit, von Innen- und Außenwelt zielt das »serapiontische Prinzip«, und gerade das mehr oder weniger große Verfehlen dieser Harmonie wird zu einem zentralen Thema der Erzählungen mit ihren Sonderlingen, Magnetiseuren, Automaten, Kranken oder Wahnsinnigen, den gefährdeten einsamen Künstlernaturen und den Vertretern einer pervertierten, rationalistischen Wissenschaft.

Zu den bekanntesten Erzählungen, Novellen und Märchen gehören im ersten Band *Rat Krespel,* Vorlage für den Antonia-Akt der Oper *Hoffmanns Erzählungen* (1881) von Jacques Offenbach, *Die Bergwerke zu Falun,* eine weitere Version des von Gotthilf Heinrich Schubert in den *Ansichten von der Nachtseite der Naturwissenschaft* (1808) berichteten und von Johann Peter Hebel (*Unverhofftes Wiedersehen,* 1811) aufgenommenen Falles, und das »Kindermärchen« *Nußknacker und Mausekönig,* das Tschaikowskis *Nußknacker*-Ballett (1892) zugrunde liegt. Im 2. Band folgen u. a. *Doge und Dogaressa,* die Geschichte einer grenzüberschreitenden Liebe und der Vereinigung im Tod, und *Meister Martin der Küfner und seine Gesellen,* ein »Bild des tüchtigen Bürgerlebens zu jener Zeit [dem 16. Jh.], wo Kunst und Handwerk sich in wackerm Treiben die Hände boten«. Aus den Erzählungen des 3. Bandes ragt *Das Fräulein von Scuderi* heraus, die Geschichte des Goldschmieds Cardillac, einem »der kunstreichsten und zugleich sonderbarsten Menschen seiner Zeit«, der aus Liebe zu seinen Schöpfungen seine Kunden ermordet, um wieder in Besitz des Geschmeides zu gelangen: die Erzählung eines Kriminalfalls und seiner Auflösung, zugleich aber auch Gestaltung verschiedener Ausformungen des Künstlertums. Paul Hindemiths Oper *Cardillac* (1926, Neufassung 1952) basiert auf dieser »Erzählung aus dem Zeitalter Ludwig des Vierzehnten«. Die Novelle *Signor Formica* im 4. Band ist mit ihrem Ineinander von Commedia dell'arte-Geschehen und Wirklichkeit eine Vorstufe zur *Prinzessin Brambilla* (1821). Der Zyklus endet nach einer titellosen Vampirismuserzählung mit dem Märchen *Die Königsbraut* auf einer komischen Note.

1820–22
Jean Paul
Der Komet

Mit der »komischen Geschichte« *Der Komet, oder Nikolaus Marggraf* kehrte J. P. noch einmal zur Großform des Romans zurück. Erwähnt wird das Projekt schon 1806, doch erst 1811, nach Abschluß der fiktiven Biographie *Leben Fibels* (1811, vordatiert auf 1812), begann J. P. mit der – oft unterbrochenen – eigentlichen Arbeit an dem Roman, in dem er sich »mit der komischen Muse einmal in meinem Leben ganz auszutanzen«, vorgenommen hatte. Die Absicht, seine Autobiographie mit dem Roman zu vereinigen, gab J. P. auf. Die beiden ersten Bände des Fragment gebliebenen Werkes erschienen 1820, der 3. 1822. – Den Titel erklärt die Vorrede mit der Ähnlichkeit des Helden mit einem Kometen, »der bekanntlich sich im Himmel unmäßig bald vergrößert, bald verkleinert – sich ebenso stark bald erhitzt, bald erkältet – der auf seiner Bahn oft geradezu der Bahn der Wandelsterne zuwiderläuft, ja imstande ist, von Mitternacht nach Mittag zu gehen – und der oft zweier Herrinnen oder Sonnen dient und von einer zur andern schweift.«

Held des Romans ist Nikolaus Marggraf aus dem Landstädtchen Rom, Sohn eines Apothekers und einer italienischen Sängerin. Diese bekennt jedoch auf dem Sterbebett, daß Nikolaus in Wirklichkeit illegitimes Kind eines Fürsten sei. Zwei Besonderheiten fallen schon bei der Geburt auf: Der Held hat zwölf Blatternarben auf der Nase, vom Erzähler als »Stigmen« bezeichnet; außerdem umgibt seinen Kopf eine Art Heiligenschein, »besonders wenn er schwitzte« (eine Anmerkung erklärt das Phänomen wissenschaftlich). Der alte Marggraf hinterläßt ihm sein Geld, um ihm eine Ausbildung an der Leipziger Universität zu ermöglichen. Er wird wie sein Pflegevater Apotheker, macht alchimistische Versuche und entdeckt ein Verfahren zur Herstellung künstlicher Diamanten. Der daraus resultierende Reichtum ermöglicht es ihm, seinem mutmaßlichen Stand entsprechend zu leben und eine Art Hofstaat um

sich herum zu versammeln. Mit diesem Hofstaat, an der Spitze sein Freund Peter Worble als Reisemarschall, macht er sich auf die Reise: auf die Suche nach seinem leiblichen Vater und nach der Prinzessin Amanda, die er einmal gesehen hatte und deren wächserne Büste er als Reliquie mit sich führt. Unterwegs treffen sie den Dichter selbst in Gestalt des jungen Kandidaten Richter, von Worble als Verfasser der gerade erschienenen *Auswahl aus des Teufels Papieren* (1789) erkannt und als Wetterprophet in den Troß aufgenommen. Die Reise durch »Kleindeutschland«, die die starren gesellschaftlichen Verhältnisse karikiert, endet in der Residenz Lukas-Stadt, in der der dickste Nebel »im ganzen vorigen Jahrhundert« für Verwirrung und den geeigneten Hintergrund für die Begegnung mit den »Ledermenschen« sorgt. Es handelt sich um eine unheimliche, ganz in Leder gekleidete Gestalt »mit Kopfhaaren wie Hörner und mit langem schwarzem Bart«, die den Herrschaftsanspruch des Prinzen ablehnt, sich selbst Kain nennt, aber auch als Ewiger Jude und Teufel bezeichnet wird. Mit seiner bösartig-satirischen Höllenrede (»Tötet euch nur öfter … gehorcht ihnen jedesmal, wenn sie euch in das Schlachtfeld beordern«) und der Verwandlung in eine liebende und liebedürftige Kreatur endet der fragmentarische Roman.

Der *Komet*, der deutliche Bezüge zu Cervantes' *Don Quijote* aufweist, kann als große dichterische Auseinandersetzung J. P.s mit sich selbst gesehen werden, »mit dem Sinn seiner Arbeit, mit der Wichtigkeit oder Nichtigkeit der Phantasie, die den Motor im Künstler ebenso wie in dem eingebildeten Fürsten Nikolaus Marggraf bildet, der als reiner Tor Gegenstand des Spottes, aber doch zugleich ein Mensch ist, gütiger als alle anderen, die ihn umgeben. Nur ist eben sein Reich nicht von dieser Welt. Christusschicksal und Dichterschicksal zwischen Traum und Wirklichkeit, Glauben und Wissen – das ist es, was dieses Buch voller Komik und Trauer zum persönlichsten Buch J. P.s macht, zu seinem lustig-melancholischen Abgesang« (Gerhard Schulz).

1821
Franz Grillparzer
Das goldene Vließ

Die Trilogie, entstanden zwischen 1818 und Anfang 1820, besteht aus den Trauerspielen *Der Gastfreund* (1 Akt), *Die Argonauten* (4 Akte) und *Medea* (5 Akte). Als Quellen benutzte G. u.a. Benjamin Hederichs *Mythologisches Lexicon* (²1770), verschiedene dichterische Gestaltungen der Argonautensage und die Medea-Dramen von Euripides und Seneca. Anregungen gingen auch von Friedrich Wilhelm Gotters Melodrama *Medea* (1775) und der gleichnamigen Oper Luigi Cherubinis (1797) aus. Die Uraufführung fand am 26. und 27. 3. 1821 im Wiener Burgtheater statt, der Erstdruck erschien 1822.

Der Gastfreund. Der junge, aus seiner Heimat verbannte Grieche Phryxus kommt mit dem goldenen Vließ, das er aufgrund eines Traums von einem Götterbild in Delphi genommen hatte, auf die von Barbaren bewohnte Insel Kolchis und bittet um Gastfreundschaft. Er und sein Begleiter werden jedoch von dem fremdenfeindlichen und geldgierigen König Aietes erschlagen, der damit das Gastrecht verletzt und einen Fluch auf sich lädt. Seine Tochter Medea sagt Unheil voraus.

Die Argonauten. Jason und die Argonauten sind im Auftrag von König Pelias, Jasons Oheim, nach Kolchis gekommen, um Phryxus zu rächen und das goldene Vließ nach Griechenland zurückzuholen. Die zauberkundige Medea, die sich in einen einsamen Turm zurückgezogen hat und auf Bitten ihres Vaters Aietes und ihres Bruders Absyrtus einen Abwehrzauber vorbereitet, wird von Jason überrascht und hält ihn für einen Gott. Als sie den wahren Sachverhalt erfährt, ist sie zunächst beschämt, wird jedoch von ihrer Leidenschaft für Jason überwältigt. Mit ihrer Hilfe kann Jason das von einer Schlange bewachte Vließ an sich bringen. Von ihrem Vater vor die Entscheidung gestellt, wählt sie Jason und wird damit schuldig am Tod ihres Bruders und dem späteren Selbstmord ihres Vaters.

Medea. Der letzte Teil der Trilogie spielt einige Jahre später in Korinth. Hier suchen Jason und Medea, die inzwischen zwei Kinder geboren hat, Aufnahme bei König Kreon, nachdem sie nach dem plötzlichen Tod von König Pelias aus Thessalien vertrieben worden waren und auch sonst nirgends Aufnahme gefunden hatten. Medea vergräbt eine Kiste mit dem Vließ und ihren Zaubergerätschaften am Strand, Zeichen der Abkehr von ihrer barbarischen Vergangenheit und ihrer Zauberkunst, die immer wieder Mißtrauen hervorgerufen hatten. Kreon ist bereit, Jason aufzunehmen, seine Tochter Kreusa bemüht sich, Medea zu zivilisieren. Jason wendet sich Kreusa zu, die er einst hatte heiraten wollen. Medea wird beschuldigt, Pelias ermordet zu haben, ein Bann über sie wird ausgesprochen. Jason sagt sich von ihr los, ihre Kinder wenden sich von ihr ab und ziehen die zarte Kreusa vor. Medea, im Innersten verletzt, besinnt sich wieder auf ihre Kräfte, tötet Kreusa und ihre Kinder. Als Verbannte begegnen

sich Jason und Medea ein letztes Mal; Medea wird das Vließ nach Delphi zurückbringen und sich dem Urteil der Priester stellen.

Das Requisit des goldenen Vließes, das dem großen experimentellen Drama als »sinnliches Zeichen« einen geistigen Mittelpunkt verleihen sollte, tritt zurück hinter der Darstellung der tragischen Konflikte, die sich aus der Begegnung Jasons und Medeas ergeben und die auch den Gegensatz von griechischer Kultur und Barbarentum einschließen. Indem G. die Geschehnisse psychologisch verständlich zu machen sucht – wobei die Schuld der Griechen die Taten Medeas nicht entschuldigt –, gelingt ihm eine durchaus moderne Ehetragödie. Der kulturelle Gegensatz zwischen Barbaren und Griechen wird sprachlich sichtbar gemacht: den Griechen kommt der maßvolle Blankvers zu, während Medea und ihre Amme Gora in freien Rhythmen sprechen.

Das Werk hatte zu G.s Enttäuschung nur einen Achtungserfolg. Die Wiener Aufführungspraxis zu G.s Lebzeiten zeigt, daß der letzte Teil der Trilogie häufig allein gespielt wurde (9 Aufführungen der ersten beide Teile gegenüber 37 der *Medea*).

1821

E. T. A. Hoffmann
Prinzessin Brambilla

Diese späte Erzählung, »Ein Capriccio nach Jakob Callot«, gehört zu den kunstvollsten Werken H.s. Angeregt wurde es durch Radierungen Callots mit Figuren der Commedia dell'arte, die H. zum Geschenk erhalten hatte und von denen er acht in bearbeiteter Form seiner Erzählung beigab. Im Vorwort bittet H. die Leser, »die Basis des Ganzen, nämlich Callots phantastisch karikierte Blätter, nicht aus dem Auge zu verlieren« und »sich dem kecken launischen Spiel eines vielleicht manchmal zu frechen Spukgeistes zu überlassen«; »Seele« erhalte das Märchen freilich erst »durch den tiefen Grund, durch die aus irgendeiner philosophischen Ansicht des Lebens geschöpfte Hauptidee«.

Das »Capriccio« spielt in Rom; das Maskentreiben des Karnevals und der Commedia dell'arte sind die verwirrende Welt, in der sich die Liebes- und Erziehungsgeschichte der Näherin Giacinta Soardi und des Schauspielers Giglio Fava abspielt. Während dieser von der schönen äthiopischen Prinzessin Brambilla träumt, auf der Suche nach seinem Traumbild in viele Abenteuer verwickelt wird und sich schließlich selbst für ihren Bräutigam, den assyrischen Prinzen Cornelio

Chiapperi, hält, träumt Giacinta von ihrer Liebe zu dem reichen assyrischen Prinzen. Schließlich finden Giglio und Giacinta als Prinz und Prinzessin zusammen, erkennen einander als ihre Wunschbilder. Regisseur dieses Spiels um Selbst- und Welterkenntnis ist Signor Celionati (in Wirklichkeit ein römischer Fürst), der auch die mythische *Geschichte von dem Könige Ophioch und der Königin Liris* erzählt, »ein durchaus dialektisch-fichtisches Märchen in der Nachfolge und im Stile von Novalis« (Gerhard Schulz). Wie im triadischen Schema des Märchens eine neue Harmonie gestiftet wird, so führt der Erkenntnis- und Reflexionsprozeß Giglio und Giacinta zu einer höheren Stufe der Erkenntnis, so daß sie in ihrer Liebe Erfüllung finden. Überdies überwindet Giglio seinen klassizistisch-pathetischen Schauspielstil – Anspielungen auf Weimar wurden erkannt – zugunsten einer menschlich-humoristischen Kunst nach dem Vorbild Carlo Gozzis. Universale Erlösungsvorstellungen, wie sie etwa Novalis' Denken charakterisieren, vertritt H. nicht.

Die letzten Erzählungen und Märchen H.s wurden nicht mehr in einer Sammlung vereinigt. Dazu gehören neben *Prinzessin Brambilla:* das Märchen von *Klein Zaches genannt Zinnober* (1819), eine Satire auf Gesellschaft und Politik in einer Residenzstadt und auf eine falsch verstandene Aufklärung; *Meister Floh. Ein Märchen in sieben Abenteuern zweier Freunde* (1822), die Geschichte des Peregrinus Tyß, der seine Zerrissenheit überwindet und sich mit seiner Familie in eine Idylle zurückzieht, zugleich aber auch eine Diskussion der Frage nach den Grenzen der Wissenschaft und der Macht; *Des Vetters Eckfenster* (1822), ein Dialog zwischen einem gelähmten Schriftsteller und seinem Vetter, dem er die »Kunst zu schauen« beizubringen sucht, wobei sich hier beim Blick durch das Fenster auf das großstädtische Marktgeschehen im Vergleich zum Programm der *Serapions-Brüder* (1819–21) das Verhältnis von Innen- und Außenwelt zugunsten der äußeren Wirklichkeit verschoben hat – eine Annäherung an die realistische Erzählkunst des 19. Jh.s wird erkennbar.

1821
Heinrich von Kleist
Die Hermannsschlacht

K.s Stück (5 Akte, Blankverse) entstand 1808, zu einer Zeit, als in Preußen Pläne für einen Volkskrieg gegen die französische Okkupation erörtert wurden und Österreich den Kampf gegen Napoleon vorbereitete. Gedacht als gegenwartsbezogenes politisches Schauspiel, das einen schon im 17. und 18. Jh. beliebten patriotischen Stoff aufnahm, hatte es mit dem französischen Sieg in der Schlacht bei Wagram (1809) seine Aktualität verloren. So kam es zu keiner Aufführung; gedruckt wurde die *Hermannsschlacht* erst 1821 (*Hinterlassene Schriften*, hrsg. von L. Tieck). Die Uraufführung fand 1839 in Pyrmont statt. In der Konstellation des Stückes spiegeln sich die historischen Verhältnisse: Römer – Franzosen, Cherusker – Preußen, Sueben – Österreicher, die uneinigen Germanenfürsten – Rheinbundstaaten.

Hermann, der Cheruskerfürst, täuscht sowohl Römer wie Germanen über seine wahren Absichten. Er läßt Varus in sein Land rücken, um ihm gegen den Suebenfürsten Marbod beizustehen. Zugleich bittet er seine Frau Thusnelda, sich von dem römischen Gesandten Ventidius den Hof machen zu lassen, und sendet Boten an Marbod mit der Aufforderung, sich mit ihm im Kampf gegen die Römer zu vereinigen. Er ist bereit, Marbod die germanische Krone zu überlassen. Während die Römer in Cheruska einrücken und sich durch Untaten unbeliebt machen, verstärkt Hermann die heimliche Agitation und läßt als Römer verkleidete Germanen brandschatzend durchs Land ziehen und Gerüchte von römischen Greueltaten ausstreuen. Er lockt die nichtsahnenden Römer in einen Hinterhalt im Teutoburger Wald. Hier treffen sie auf Marbod, während hinter ihnen Hermann nachrückt. Die Römer unterliegen. »Thuschen« läßt aus gekränkter Eitelkeit den römischen Gesandten von einem Bären zerreißen. Die Germanen vereinigen sich unter den siegreichen Führern, Marbod verzichtet zugunsten Hermanns auf die Krone, der das Stück mit einem Aufruf, »nach Rom selbst mutig aufzubrechen«, zu Ende bringt.

Die *Hermannsschlacht* hinterläßt, so eindeutig die Tendenz erscheinen mag, einen zwiespältigen Eindruck. Es handelt sich kaum um den Lobgesang aufs deutsche Vaterland, zu dem es eine nationalistische Kleistforschung gemacht hat. Der unbedingte Freiheitswille, den Hermann auszeichnet, macht ihn zu einem rücksichtslosen, berechnenden Ideologen und Agitator, der seine Frau und sein Volk barbarisiert für »Deutschlands große Sache«; er ist gewiß keine Identifikationsfigur. Ergebnis der Konzeption K.s, daß der Erreichung des Ziels alles andere bedingungslos unterzuordnen ist, bedeutet »in der dramatischen Gestaltung eine Art Reduktion an dargestellter Humanität« (Lawrence Ryan).

1821
Heinrich von Kleist
Prinz Friedrich von Homburg

K.s letztes »Schauspiel« (5 Akte, Blankverse) entstand 1810–11, wurde aber erst 1821 in den von L. Tieck herausgegebenen *Hinterlassenen Schriften* K.s gedruckt und im selben Jahr, am 3. Oktober im Wiener Burgtheater uraufgeführt. Historischer Hintergrund ist der Schwedisch-brandenburgische Krieg (1675–79); die Schweden wurden in der Schlacht bei Fehrbellin (1675) vom ›Großen Kurfürsten‹ Friedrich Wilhelm geschlagen. Obwohl das Stück am Schluß laut vom Ruhm Brandenburgs kündet, war seine Aufnahme in Preußen zunächst mehr als zurückhaltend.

Die Eingangsszene zeigt den Helden Prinz Friedrich Arthur von Homburg, General der Reiterei, als somnambulen Träumer im Schloßpark von Fehrbellin (K. kannte Gotthilf Heinrich Schuberts *Ansichten von der Nachtseite der Naturwissenschaft,* 1808, das derartige Phänomene behandelt). Von Ruhm und Liebe träumend, flicht er sich einen Lorbeerkranz, beobachtet von der Hofgesellschaft mit dem Kurfürsten an der Spitze. Der Kurfürst nimmt ihm den Kranz aus der Hand und gibt ihn Prinzessin Natalie von Oranien, seiner Nichte. Als sie ihm den Kranz aufsetzen will, redet er sie als Braut und Liebste, Kurfürst und Kurfürstin als Vater und Mutter an und folgt den Zurückweichenden im Trancezustand, bis die Tür »rasselnd« vor ihm zufliegt. Homburg bleibt ein Handschuh Natalies und die Erinnerung an »einen sonderbaren Traum«.

Bei der Besprechung des Schlachtplans am nächsten Morgen ist er völlig geistesabwesend, zumal Natalie ihren Handschuh vermißt (und dank seiner diskreten Nachhilfe wiederfindet). Seinem Gefühl folgt er auch in der Schlacht und macht sich, indem er zu früh eingreift, der Insubordination schuldig. Trotz des glänzenden Sieges erklärt der Kurfürst den Führer der Reiterei für »des Todes schuldig« und erwirkt ein entsprechendes Urteil vom Kriegsgericht. Als dem Prinzen allmählich klar wird, daß es dem Kurfürsten Ernst ist und er auf dem Weg zur Kurfürstin an dem für ihn bestimmten offenen Grab vorbeikommt, verfällt er in äußerste Todesangst und gibt – nur noch um die Rettung seines Lebens besorgt – jeden Anspruch auf Natalie auf. Erschüttert bittet sie den Kurfürsten um Gnade, der ihr versichert: »Wenn er den Spruch für ungerecht kann halten, Kassier ich die Artikel: er ist frei!« Doch als Natalie den Brief des Kurfürsten

überbringt, besinnt sich der Prinz, nun sicher, daß ihn der »Vater« nicht verlassen hat; er findet aus Verzweiflung und Todesangst zu innerer Freiheit und unterwirft sich in Anwesenheit der zu seiner Unterstützung herbeigeeilten Militärs »versöhnt und heiter« dem »heilige[n] Gesetz«. Er wird abgeführt; der Kurfürst zerreißt das Urteil. Mit der letzten Szene kehrt das Stück zum Anfang zurück: der Traum des Prinzen erfüllt sich. Mit verbundenen Augen wird er in den Schloßgarten von Fehrbellin geführt, »Trommeln des Totenmarsches« in der Ferne, Monolog (»Nun, o Unsterblichkeit, bist du ganz mein«), Erscheinen der Hofgesellschaft wie im 1. Akt, Lorbeerkranz aus Natalies Hand für den »Sieger in der Schlacht bei Fehrbellin«.

Daß *Prinz Friedrich von Homburg* am preußischen Hof wenig Gegenliebe fand und zeitweise sogar mit Aufführungsverbot belegt war, ist verständlicher als die zeitweise häufig vertretene preußisch-vaterländische Interpretation. Dieser widerspricht nicht nur die Charakterisierung des Helden, auch der Kurfürst selbst, dem Hohenzollern »Zweideutigkeit« in seinem Verhalten gegenüber dem Prinzen vorwirft, ist eine durchaus problematische Gestalt, eine Vaterfigur mit menschlichen und unmenschlichen Zügen. Im Ganzen kann man die – allerdings recht brüchig erscheinende – Ordnung Brandenburgs »als Metapher für die Weltordnung überhaupt« verstehen (Gerhard Schulz). In Spannung zu dem politischen Drama steht die somnambule Welt des Prinzen, sein vom »Gefühl« und vom »Herzen« bestimmtes Sein. Auch hier findet ein Erkenntnisprozeß statt, der schließlich in dem durchaus christlichen Gedanken der Überwindung der Welt mündet. So kann sich dann am Ende dieses Prozesses, nach der Einsicht in die Fragwürdigkeit seines bisherigen Lebens, sein »Traum« realisieren, wodurch das von Gegensätzen und Widersprüchen lebende Stück seine formale Rundung erhält. Das Schauspiel setzte sich bald auf der Bühne durch, wenn auch in einseitig Preußens Gloria feiernden Bearbeitungen.

1821
Wilhelm Müller
Die schöne Müllerin

Der Zyklus von 23 Liedern (und Prolog und Epilog) erschien 1821 in M.s Gedichtsammlung *Sieben und siebzig Gedichte aus den hinterlassenen Papieren eines reisenden Waldhornisten*. Er entstand im Zusammenhang mit der Übertragung eines italienischen Singspiels in einem geselligen Berliner Kreis. Den Rollencharakter der Gedichte, die Distanz zwischen Autor und Werk betont der Prolog, der das Publikum zu »einem funkelnagelneuen Spiel Im allerfunkelnagelneusten Stil« einlädt:

> Schlicht ausgedrechselt, kunstlos zugestutzt,
> Mit edler deutscher Roheit aufgeputzt,
> Keck wie ein Bursch im Stadtsoldatenstrauß,
> Dazu wohl auch ein wenig fromm fürs Haus.

Für sein »Spiel« verwendet M. den durch das *Wunderhorn* popularisierten Volksliedstil, wobei er sich – bei großer formaler Variabilität – auf wenige beliebte Bild- und Themenkomplexe beschränkt, auf Mühle und Mühlrad als Metaphern für Einsamkeit und den Fluß der Zeit, auf Liebe, Natur, Wanderschaft und Tod. Den äußeren Zusammenhang zwischen den Liedern stellt die unglückliche Liebe des Müllerburschen zur Müllerstochter dar: Die »Wanderschaft«, von der das zum Volkslied gewordene erste Lied spricht (»Das Wandern ist des Müllers Lust«), führt den Müller nach Liebeshoffnung, Eifersucht (*Der Jäger*) und Liebesleid – die wechselnden Stimmungen geben Blumen- und andere Naturmetaphern wieder – schließlich in den Tod– »Gute Ruh, gute Ruh! Thu' die Augen zu«, heißt es in *Des Baches Wiegenlied* über den ertrunkenen Müller. – Die Lieder verdanken ihre Unsterblichkeit der Vertonung Franz Schuberts (*Die schöne Müllerin*, 1824).

Die Weltschmerzstimmung verdichtet sich in den 24 Liedern der *Winterreise* (1823–24); auch hier ist Liebesschmerz der Anlaß für Melancholie, Trauer, Todessehnsucht, für eine Reise durch eine erstarrte Natur, die die Entfremdung, Einsamkeit und Ausweglosigkeit des Wanderers reflektiert. Schuberts Vertonung (*Eine Winterreise*, 1828) gehört zu seinen bedeutendsten Liedkompositionen. Zum Volkslied wurde das Lied *Der Lindenbaum* (»Am Brunnen vor dem Tore«) allerdings in einer Schuberts Abgründigkeit negierenden Vertonung.

Für M.s Wirkung auf die Literatur steht als Beispiel Heinrich Heine, der in einem Brief bekennt, erst in M.s »Liedern den reinen Klang und die wahre Einfachheit, wonach ich immer strebte, gefunden zu haben«.

1821–24
Wilhelm Müller
Lieder der Griechen

M., heute allenfalls als Verfasser der von Franz Schubert vertonten Liederzyklen *Die schöne Müllerin* (1821) und *Die Winterreise* (1823–24) bekannt, war seinen Zeitgenossen als »Griechen-Müller« ein Begriff. Seine *Lieder der Griechen*, 1821–24 in mehreren Folgen erschienen, sind Ausdruck des Philhellenismus, der sich mit dem Beginn des Aufstands 1821 gegen die türkische Herrschaft enthusiastisch Bahn brach. Die Texte, die meisten in Langzeilen, sind Rollengedichte: Berichte von den Kämpfen, Aufrufe, Klagen, patriotische Bekenntnisse, Nachrufe (*Byron*), die Beteiligten in den Mund gelegt werden. Das geschieht nicht ohne Übersteigerungen, und es geschieht nicht ohne Berufung auf die große griechische Vergangenheit und ihre Helden. Aber es geht M. allein um die Gegenwart, um Griechenland als Teil eines liberalen Europa, und indem er den Freiheitskampf der Griechen besingt und die Freiheit preist, kommentiert er indirekt die politische Unterdrückung im eigenen Land (*Hellas und die Welt*).

1821, 1829
Johann Wolfgang von Goethe
Wilhelm Meisters Wanderjahre oder Die Entsagenden

Die Entstehung der *Wanderjahre* zog sich über einen langen Zeitraum hin. Geplant war das Werk zunächst als Rahmenerzählung mit eingelegten Geschichten. 1807 schrieb G. eine Reihe von Novellen für das Projekt, doch erst 1820 führte er die Arbeit weiter. In erster Fassung erschien der Roman 1821 (18 Kapitel, ohne Bucheinteilung), die stark umgearbeitete Fassung in drei Büchern folgte 1829. Darin übernimmt ein »Redakteur« oder Herausgeber die Bearbeitung und Anordnung des disparaten Materials – Novellen, Märchen, technisch-ökonomische Sachprosa, Briefe, Tagebuchauszüge, Reden, Aphorismensammlungen, Lieder, Lehrgedichte – und fügt es in den Rahmen eines eher handlungsarmen Geschehens ein. Der Verzicht auf lineares Erzählen und die Lenkung durch einen auktorialen Erzähler fordert die aktive Mitarbeit des Lesers; der Roman wird zum »Leseexerzitium«

(Hans R. Vaget). »Zusammenhang, Ziel und Zweck liegt innerhalb des Büchleins selbst; ist es nicht aus Einem Stück, so ist es doch aus Einem Sinn«, schrieb G. 1821 in einem Brief.

Der Abwendung vom traditionellen Erzählen der *Lehrjahre* (1795–96) entspricht eine veränderte Thematik. Es geht nicht mehr um das Konzept der individuellen Vervollkommnung und Ausbildung (wie denn auch in den *Wanderjahren* das Geschehen nicht mehr auf einen im Mittelpunkt stehenden Helden bezogen ist), vielmehr reflektiert das Alterswerk die gesellschaftlichen Veränderungen nach der Epoche der Französischen Revolution und die wirtschaftlichen Umwälzungen als Folge der fortschreitenden Industrialisierung, stellt gesellschaftsbezogenes, politisches Leben in den Vordergrund, verweist mit Begriffen wie Entsagung und Ehrfurcht auf ethische Verpflichtungen und eröffnet mit dem – wohl nur metaphorisch gemeinten – Projekt einer Auswanderung nach Amerika Perspektiven einer neuen Ordnung. Mit den *Wanderjahren* gelingt G. ein Kunstwerk, »in dem der aufklärerische Gedanke einer universellen Ordnung der Welt in das arbeitsteilige Industriezeitalter des 19. Jh.s glaubhaft hinübergetragen wurde« (Gerhard Schulz).

Die äußere Handlung knüpft lose an die *Lehrjahre* an. Wilhelm Meister war am Ende der *Lehrjahre* Natalie versprochen worden, hatte jedoch gelobt, zeitweilig auf sie zu verzichten. Er wandert nun mit seinem Sohn Felix durch eine Gebirgslandschaft. Gemäß den Geboten der Turmgesellschaft darf er nicht länger als drei Tage unter einem Dach verweilen. Seine Wanderschaft steht im Dienst eines großen sozialen Projekts der Turmgesellschaft, nämlich die Auswanderung der durch die Entwicklung des Maschinenwesens von der Arbeitslosigkeit bedrohten Heimarbeiter in den Gebirgsgegenden vorzubereiten. Unterwegs trifft er auf Montan (Jarno), mit dem er sich u.a. über die Bildungsproblematik unterhält (Einseitigkeit oder Vielseitigkeit), und gelangt dann zu einem adeligen Großgrundbesitzer (nur »der Oheim« genannt), der große Besitzungen in Amerika (neben denen der Turmgesellschaft gelegen) geerbt hat. Felix verliebt sich in seine Tochter Hersilie (und auch Wilhelm erscheint nicht uninteressiert). Der Oheim und Hersilie empfehlen Wilhelm weiter an Macarie, einer mit den Gestirnen, d.h. dem Universum, der Naturordnung verbundenen Verwandten. Sie schickt ihn zu ihrem in der Fremde lebenden Neffen Lenardo, der einst den amerikanischen Grundbesitz seines Oheims erben soll. Wilhelm bringt seinen Sohn in die ›pädagogische Provinz‹, wo die Zöglinge entsprechend ihren Anlagen in einem speziellen Beruf ausgebildet werden, ohne allgemeine und moralische Aspekte zu vernachlässigen. Für Lenardo sucht Wilhelm nach einem Mädchen (Nachodine), demgegenüber er sich schuldig fühlt. Wilhelm findet sie in einer übervölkerten Gebirgsgegend. Lenardo und die Turmgesellschaft schließen sich für das Amerikaprojekt zusammen, und Lenardo erweist sich als tatkräftiger, technisch begabter Organisator. Die Pläne für die Ansiedlung in Amerika schließen auch ein Kanalbauprojekt und industrielle Anlagen ein. Lenardo informiert sich daher über die Techniken der Textilindustrie, sucht Teilnehmer für das Unternehmen in den übervölkerten Gegenden. Die von ihm gewonnenen Handwerker schließen sich zu einem Bund zusammen. Wilhelm, immer in brieflicher Verbindung mit Natalie, erhält von der Turmgesellschaft die erbetene Erlaubnis, sich zum Wundarzt auszubilden, um sich so »als ein nützliches, als ein nötiges Glied der Gesellschaft« erweisen zu können. Während die Vorbereitungen in Amerika und Europa im Gange sind, erreicht den Auswandererbund das Angebot eines deutschen Fürsten, der Land in einer abgelegenen Provinz für ein Siedlungsprojekt zur Verfügung stellen will. Die Auswanderer teilen sich in zwei Gruppen und brechen auf. Unterwegs ruft Wilhelm dank seiner ärztlichen Kunst seinen Sohn nach einem Unfall ins Leben zurück, und Wilhelm und Felix werden, »wie Kastor und Pollux, Brüder, die sich auf dem Wechselwege vom Orkus zum Licht begegnen«. Aphorismen aus »Markariens Archiv« beschließen das Werk: »Es ist nicht genug, zu wissen, man muß auch anwenden; es ist nicht genug, zu wollen, man muß auch tun. Die eingefügten Novellen (*Sankt Joseph der Zweite, Die pilgernde Törin, Wer ist der Verräter?, Das nußbraune Mädchen, Der Mann von funfzig Jahren, Die neue Melusine* u.a.) spiegeln Themen, Motive und Konstellationen des Hauptgeschehens, zeigen Formen menschlichen Verhaltens und Fehlverhaltens am Einzelfall (Freundschaft, Liebe, Ehe, Familie).

Der zweite Teil des Doppeltitels – »Die Entsagenden« – weist auf ein zentrales Thema in G.s Alterswerk hin. Gemeint ist nicht Resignation oder Askese, sondern Einsicht in die Begrenztheit menschlichen Denkens und Handelns. Für den Roman und seine Gestalten und Episoden »läßt sich die Entsagung auf eine einfache Formel bringen: Sie beginnt zunächst immer als Verzicht und führt schließlich zu einem Ausgleich und womöglich zu einem Gewinn auf anderer Ebene« (Erhard Bahr). Am deutlichsten zeigt sich dies im Bereich der Liebe (Wilhelm, Lenardo u.a.). Der

Entsagungsbegriff, entstanden in der Auseinandersetzung mit der Französischen Revolution und ihren Folgen, bedeutet Verzicht auf Partikularinteressen, kann in weiterem Sinn auch als »eine Art Hilfsbegriff oder sprachliche Metapher« aufgefaßt werden, die begreiflich machen soll, »worauf es in G.s Verständnis ankommen muß, wenn sich die Gesellschaft in einer ›Zeit der Einseitigkeiten‹ produktiv fortentwickeln soll« (Gerhard Schulz).

G.s entschiedener Bruch mit der traditionellen Romanform, die Aufgabe des auktorialen Erzählens, macht es allerdings unmöglich, den Roman einfach als Kompendium Goethescher Altersweisheit zu betrachten. Wesentliche Aspekte der Romankonzeption – die Archivfiktion ohne eine die Verbindlichkeit des Erzählten verbürgende Instanz, die Mehrschichtigkeit des Materials, die Technik der wechselseitigen Spiegelung, ironische und parodistische Momente – verbieten eine eindimensionale Lektüre und lassen die *Wanderjahre* zu einer Herausforderung an den Leser werden: »Sie werden Euch zu denken geben, und das ist's doch, worauf es ankommt«, schrieb G. an seinen Freund Zelter.

1825
Franz Grillparzer
König Ottokars Glück und Ende

G.s Trauerspiel (5 Akte, Blankverse) wurde 1823 abgeschlossen, konnte jedoch wegen Einwänden der Zensur – u.a. befürchtete man ungünstige Reaktionen in Böhmen – erst am 19. 2. 1825 am Wiener Burgtheater uraufgeführt werden (Erstdruck ebenfalls 1825). Für das Stück hatte G. ausgedehnte Quellenstudien betrieben; wichtig wurden vor allem Joseph von Hormayrs *Österreichischer Plutarch* (1807–12) und die mhd. *Österreichische Reimchronik* (um 1300–20) Ottokars von Steiermark, der auch als Person im Drama auftritt. In G.s Konzeption werden Einflüsse des spanischen Barocktheaters und des Wiener Vorstadttheaters sichtbar.

Die Handlung setzt mit Ottokars Sieg über die Ungarn und seiner Trennung von Margarethe von Österreich ein, die ihm die mit in die Ehe gebrachten Herzogtümer Österreich und Steiermark in einer Schenkung übereignet. Weitere Herrschaften fallen Ottokar durch Erbschaft zu. Den Frieden mit Ungarn besiegelt er durch seine Heirat mit Kunigunde, der Enkelin König Belas. Damit schafft er sich jedoch Gegner im Inneren: das Geschlecht der Rosenberge hatte hier zum

Zuge kommen wollen. Ihre Intrigen und ihr Verrat tragen dann wesentlich zu Ottokars Untergang bei, wobei ihm auch noch Kunigunde abspenstig gemacht wird. Zugleich verschafft ihm die Trennung von Margarethe Gegner in ihrem Lager. Auch Ottokars Gegenspieler tritt schon in der zu Recht gerühmten Exposition auf: der ruhige und tapfere Graf Rudolf von Habsburg als Kontrastgestalt zu dem von der Hybris gepackten, verblendeten Ottokar. Mit der Wahl Rudolfs zum Kaiser beginnt der Niedergang Ottokars, der sich erst nach einer militärischen Niederlage unterwirft und die Reichslehen knieend empfängt. Angestachelt von seiner Frau, wendet er sich noch einmal gegen den Kaiser und wird in der Schlacht auf dem Marchfeld (1278) besiegt und getötet.

Während Ottokar im Verlauf seines Abstiegs immer frömmere Züge erhält und ›desillusioniert‹ (im Sinn des *desengaño* des spanischen Theaters) Einsicht in seine Verfehlungen zeigt, wird Rudolf zum mythischen Bild des guten Kaisers aufgebaut. Mit »Heil! Heil! Hoch Österreich! Habsburg für immer!«-Rufen endet das Stück recht patriotisch.

Aufstieg und Fall des unmäßigen Machtmenschen, Sieg der guten Mächte – die barocke Tyrannentragödie wirkt nach. Aktualität gewinnt das Drama durch den deutlichen Bezug auf Napoleon und die Freiheitskriege. Die Quellenstudien G.s führen zwar zu einem äußerlichen Detailrealismus, im übrigen wird jedoch »die Grund-Antithese zwischen dem guten deutschen Kaiser und dem übermütigen böhmischen König [...] durch eine relativierende historische Betrachtung an keiner Stelle gefährdet« (Friedrich Sengle).

1825–27
Wilhelm Hauff
Märchen

H.s literarisches Werk entstand innerhalb weniger Jahre; der Skandal, den er mit dem rechtswidrig unter dem Namen H. Claurens veröffentlichten Roman *Der Mann im Mond* (1825, vordatiert auf 1826) auslöste, machte ihn mit einem Schlag berühmt. Großen Anklang bei den Zeitgenossen fand dann sein an Walter Scott anknüpfender historischer Roman *Lichtenstein. Romantische Sage aus der württembergischen Geschichte* (1826), der die Zeit Herzog Ulrichs (frühes 16. Jh.) zu evozieren sucht. Dauernden Erfolg hatte er allerdings nur mit seinen Märchen. Sie erschienen in zyklischer Form in drei *Märchenalmanachen für Söhne und Töchter gebildeter Stände* auf die Jahre 1826, 1827 und 1828, veröffentlicht jeweils gegen Ende des vorhergehenden Jahres. Die Gesamtausgabe von 1832 erreichte bis 1890 19 Auflagen; daneben erschienen zahlreiche Einzelausgaben.

H. nahm Anregungen u. a. von den orientalischen *Märchen aus 1001 Nacht*, von Märchen der Brüder Grimm, Erzählungen E. T. A. Hoffmanns und zeitgenössischen Ritter- und Räuberromanen auf. Auch französische Feenmärchen des 18. Jh.s sowie Voltaires Roman *Zadig* (1747) gehören zu seinen Quellen. Die Wirkung der Märchen hat nicht zuletzt mit H.s undogmatischer Auffassung der Gattung zu tun, ihrer Erweiterung durch spannungserzeugende Handlungselemente des Abenteuerromans, der Gespenstergeschichte, der Novelle und der Sage. Hinzu kommen anschaulich-belehrende und satirische Züge mit gesellschaftskritischer Note (etwa in der Kleinstadt- und Bürgersatire *Der Affe als Mensch*, Vorlage für Ingeborg Bachmanns Libretto zur komischen Oper *Der junge Lord* von Hans Werner Henze, 1965).

Die Rahmenerzählungen, die die Märchen der drei Zyklen miteinander verbinden, tragen die Titel *Die Karawane*, *Der Scheik von Alessandria und seine Sklaven* und *Das Wirtshaus im Spessart*. Dabei sind Rahmenerzählung und Geschichten auch durch Personen verbunden. So ist der geheimnisvolle Fremde, der in der *Karawane* die abendlichen Erzählungen anregt, der Räuber Orbasan, der in einigen der Märchen eine Rolle spielt (und zugleich der Karawane Schutz gewährt). Dieser Zyklus enthält sechs Märchen, die sämtlich im orientalischen Milieu spielen: *Kalif Storch*, *Das Gespensterschiff*, *Die Geschichte von der abgehauenen Hand*, *Die Errettung Fatmes*, *Die Geschichte von dem kleinen Muck*, *Das Märchen vom falschen Prinzen*. Den Rahmen des 2. Almanach-Zyklus bildet das Fest der Sklavenbefreiung eines Scheiks, das dieser alljährlich am Jahrestag der Entführung seines Sohnes feiert, weil ihn eine Prophezeiung auf seine Rückkehr hoffen läßt. Als einer der Sklaven *Die Geschichte Almansors* erzählt, wird deutlich, daß sich hinter Erzähler und Held der Sohn des Scheiks verbirgt. Voraus gehen drei andere Märchen H.s: *Der Zwerg Nase*, *Abner, der Jude, der nichts gesehen hat* und *Der Affe als Mensch* (außerdem enthält der Almanach noch Märchen anderer Autoren). Texte wie *Der Zwerg Nase* und *Der Affe als Mensch* zeigen den Übergang von einer orientalischen in eine deutsche Umgebung an, der dann im 3. Zyklus vollständig vollzogen ist: *Das Wirts-*

haus im Spessart. Reisende verbringen eine Nacht in einem zweifelhaften Wirtshaus im gefährlichen, von Räubern unsicher gemachten Spessart und vertreiben sich die Zeit und ihre Angst mit Geschichten (*Die Sage vom Hirschgulden*, *Das kalte Herz*, *Saids Schicksale*, *Die Höhle von Steenfoll*), unter denen das *Kalte Herz* zweifellos die bedeutendste darstellt: eine im Schwarzwald angesiedelte Erzählung, die im Gewand des Märchens und der Sage den Einbruch neuer wirtschaftlicher Mächte und ihren Einfluß auf die Menschen sichtbar macht – und harmonisch auflöst.

1826
Joseph von Eichendorff
Aus dem Leben eines Taugenichts

E.s bekanntestes Werk erschien 1826 zusammen mit einer Neuausgabe des *Marmorbilds* und einer kleinen Gedichtauswahl. Die Novelle nimmt Elemente des Pikaroromans und anderer Romangattungen sowie des Märchens auf und verbindet sie zu einer eigenen Erzählform, die man als »Taugenichts-Roman« bezeichnet hat (Alexander von Bormann).

Der Ich-Erzähler, der namenlose Taugenichts, erzählt seine Geschichte von dem Auszug aus des Vaters Mühle bis zur glücklichen Vereinigung mit der Dame seines Herzens. Mit seiner Geige und einigen Groschen Geld zieht er davon – »Mir war es wie ein ewiger Sonntag im Gemüte« –, stimmt das Lied »Wem Gott will rechte Gunst erweisen« an und gelangt mit Hilfe vornehmer Damen in ein Schloß bei Wien, wo er als Gärtner und Zolleinnehmer wirkt, aber wieder von Fernweh gepackt wird, als ihm die Geliebte unerreichbar scheint. Er gerät ohne sein Wissen in eine Verkleidungs-, Verwechselungs- und Entführungsgeschichte hinein, gelangt unter merkwürdigen Begleitumständen auf ein Schloß in Italien, flieht wieder und kommt nach Rom, wo sich die Verwirrungen um verkleidete Gräfinnen und anderes malerisches Personal fortsetzen, bis es ihn wieder in die Heimat zieht. Er schließt sich Prager Studenten an, gelangt wieder zum Schloß bei Wien. Hier klären sich die verwirrenden Ereignisse. Zudem steht seinem Glück nichts mehr im Weg, denn seine Geliebte, die er für eine Gräfin gehalten hatte, entpuppt sich als Nichte des Schloßportiers mit der kurfürstlichen Nase – »und es war alles alles gut!«

Der Held mit seiner ausgeprägten Abneigung gegen zweckgerichtete bürgerliche Tätigkeiten und seiner entschiedenen Außenseiterhaltung ist mehr als eine märchenhafte Glücksnatur: Er ist zugleich ein ausgesprochener Melancholiker mit depressiven Neigungen. Freilich dominiert letztlich die Heiterkeit; zu ihr trägt auch die Abwesenheit jeglicher didaktischer Tendenz bei. Diese Heiterkeit und Leichtigkeit hat es wiederum möglich gemacht, daß der *Taugenichts* trotz seiner prinzipiellen Kritik an der bürgerlichen Leistungsgesellschaft vom bürgerlichen Publikum vereinnahmt werden konnte (geheime Wunschträume). Andererseits hat der gelungene Balanceakt E.s zu unterschiedlichen Interpretationen und Wertungen des Vagabundenlebens geführt – romantische Opposition gegen den Kapitalismus, Glücksmärchen, exklusive, parasitäre Haltung des Helden usw. –, gegen deren (jeweilige) Eindeutigkeit die Metaphorisierung, die Zeichenhaftigkeit der geschilderten Wirklichkeit ebenso wie die innere Ambivalenz des Wanderlebens gehalten werden müssen. Es ist »eine wahrhaft unheimliche Doppeldeutigkeit, die über der ganzen Novelle ausgegossen ist« (Egon Schwarz).

1826
Ferdinand Raimund
Das Mädchen aus der Feenwelt oder Der Bauer als Millionär

Nach zwei erfolgreichen, auf Märchenvorlagen basierenden Stücken in der Tradition des parodistischen Zauberspiels (*Der Barometermacher auf der Zauberinsel*, 1823; *Der Diamant des Geisterkönigs*, 1824) zeigt das dritte Stück des Schauspielers R. wachsende stoffliche Eigenständigkeit und künstlerische Selbständigkeit. *Der Bauer als Millionär* – dieser Titel hat sich im Lauf der Zeit durchgesetzt – wurde am 10. 11. 1826 im Theater in der Leopoldstadt (Wien) uraufgeführt (Druck postum 1837). Der Untertitel stellt das Stück als »Romantisches Original-Zaubermärchen mit Gesang in drei Aufzügen« vor.

Der barocke Doppeltitel deutet die Verbindung von Geister- und Menschenwelt an, die die Handlung charakterisiert. Entscheidend ist das irdische Geschehen; von ihm hängt das Schicksal der Fee Lacrimosa ab, die wegen ihres Hochmuts bestraft wurde und nur erlöst werden kann, wenn ihre Tochter, die unter den Menschen aufwächst, den Reichtum verschmäht und vor ihrem 18. Geburtstag einen armen jungen Mann heiratet. Nur noch den letzten Punkt gilt es zu erfüllen, als das Stück – kurz vor dem Geburtstag – einsetzt.

Schwierigkeiten ergeben sich durch das Eingreifen des »Neids« – R. operiert mit zahlreichen Personifikationen –, der sich an der Fee Lacrimosa rächen will, weil sie sich ihm einst verweigerte. Er läßt den Waldbauern Fortunatus Wurzel, den Pflegevater des Feenkindes Lottchen, zu Reichtum kommen, worauf dieser in die Stadt zieht, auf großem Fuß lebt und Lottchen mit einem Juwelier verheiraten will. Sie bleibt jedoch ihrem Karl Schilf, einem armen Fischer, treu und wird deshalb von Wurzel aus dem Haus gejagt. Während sich gute Geister um Lottchen kümmern, versinkt Wurzel weiter im Lotterleben. Doch als sich die »Jugend« von ihm abkehrt und das »Alter« ihn in einen gebrechlichen Greis verwandelt, verflucht Wurzel den Reichtum, verliert ihn dadurch und fristet als Aschenmann sein Leben. Auch Karl wird durch Reichtum in Versuchung geführt, doch überwindet er sich schließlich ebenfalls. So findet die Liebeshandlung zum guten Ende, die Fee Lacrimosa ist erlöst, und auch Wurzel erhält sein früheres Aussehen zurück. Alles endet mit einem Schlußgesang auf die Zufriedenheit, die als allegorische Figur große Verdienste am Zustandekommen des Happy ends hatte.

Während die Wunder- und Feenwelt in leicht parodistischem Licht erscheint, werden die allegorischen Gestalten – Zufriedenheit, Haß, Neid, Jugend, Alter – zu wesentlichen Trägern der moralischen Handlung. Ihr Thema, die Auseinandersetzung mit dem Reichtum, ist durchaus aktuell im Zeitalter des sich entfaltenden Kapitalismus. Der Absage an die Geldsucht und ihre Folgen stellt R. das Ideal der Liebe und eines beschränkten, aber harmonisch-gesunden Lebens entgegen. Im Hintergrund dieser Ermahnung zur Zufriedenheit und Liebe steht, im Stück selbst durch die Allegorie der Lebensalter angesprochen, der Gedanke an die Vergänglichkeit alles Irdischen. Die Beliebtheit des Stückes mit seiner Synthese realistischer, phantastischer und allegorischer Momente belegen verschiedene Nachahmungen und Transpositionen in andere Gattungen (Ballett, Operette).

1826
Ludwig Tieck
Der Aufruhr in den Cevennen

T.s Interesse für historische Stoffe wurde durch Walter Scott geweckt. Sein erster Versuch einer historischen Erzählung behandelt eine Episode aus der französischen Geschichte, den Religionskrieg zwischen den Hugenotten (Camisards) und den königlichen Truppen im Südwesten Frankreichs zu Anfang des 18. Jh.s (1702–10). Anregungen erhielt T. von drei Tragödien Isaak von Sinclairs (*Der Anfang* […], *Der Gipfel* […], *Das Ende des Cevennenkrieges*, 1806–07); ausführliche Quellenstudien kamen hinzu.

T. verbindet die Geschichte der (fiktiven) Familie Beauvais mit einer Darstellung der historischen Ereignisse, die um äußerste Objektivität bemüht ist. Edmund, der Sohn des toleranten königlichen Parlamentsrates Beauvais, tritt zu Anfang als fanatischer Katholik auf; nach einem heimlichen Besuch einer Zusammenkunft der Camisards geht er jedoch zu den Aufständischen über und nimmt an ihren Kämpfen gegen die königlichen Truppen teil. Als Kundschafter in eine friedliche Gegend gesandt, gerät er in innere Konflikte. Er gewinnt die Freundschaft eines toleranten katholischen Pfarrers und zerstört gleichwohl durch sein Handeln die Idylle. Sein Vater, wegen seines Sohnes in Verdacht geraten, hat sich inzwischen mit seiner Tochter in die Berge gerettet; sein Schloß wird zerstört. – Der weitere Verlauf sah die Rettung des alten Beauvais vor den königlichen Truppen durch Edmund vor, die Flucht der Familie nach Genf und schließlich ein Ende der Kämpfe nach einem vernünftigen Ausgleich.

Das Besondere von T.s Verfahren liegt in dem konsequenten Perspektivenwechsel, dem ständigen Wechsel der Darstellung von einer Seite zur anderen, ohne ausdrücklich Stellung für eine Partei zu beziehen. Ein religiöser, heilsgeschichtlicher Sinn des mit großer Grausamkeit geführten Kampfes ist nicht zu erkennen; dafür läßt T. keinen Zweifel am Unheil, das jeglicher Fanatismus hervorbringt – eine Haltung, die mit ihrer indirekten Mahnung zur Toleranz auf die eigene Gegenwart bezogen ist.

1826–31
Heinrich Heine
Reisebilder

Neben dem *Buch der Lieder* (1827) begründeten die *Reisebilder* H.s Ruhm; sie dokumentieren seinen Durchbruch zum politischen Schriftsteller. Die *Reisebilder* erschienen in vier Teilen 1826 (*Die Heimkehr, Die Harzreise, Die Nordsee. 1. Abteilung*), 1827 (*Die Nordsee. 2. und 3. Abt., Ideen. Das Buch Le Grand, Briefe aus Berlin*), 1830 (*Italien. I. Reise von München nach Genua, II. Die Bäder von Lucca*) und 1831 (*Italien. III. Die Stadt Lucca, Englische Fragmente*). Die 2. Auflage zeigt

in den beiden ersten Bänden leichte Veränderungen in der Anordnung der Texte. Die zahlreichen Gedichte in den ersten Bänden (u.a. die Zyklen *Die Heimkehr, Die Nordsee, 1. und 2. Abt.*) sind auch im *Buch der Lieder* enthalten.

Die *Harzreise* basiert auf einer Wanderung, die H. in den Herbstferien 1824 von Göttingen aus unternommen hatte (Osterode, Clausthal-Zellerfeld, Goslar, Brocken, Ilsenburg; hier endet die Beschreibung, während H. nach Weimar weiterwanderte). Der anspielungsreiche, ironisch-witzige Text, von H. als »ein zusammengewürfeltes Lappenwerk« bezeichnet, lebt von dem Gegensatz von Philisterwelt und Natur. Dabei steht »Göttingen« für das Spießertum und die Borniertheit des unpolitischen Bürgertums der Restaurationsepoche; verbunden damit ist eine entschiedene Wissenschaftskritik, eine Abrechnung mit dem trockenen, wirklichkeitsfernen Rationalismus. Die reisenden Philister und Touristen, denen der Erzähler begegnet, sehen auch die Natur nur unter dem Aspekt der Nützlichkeit und Zweckmäßigkeit und dekuvrieren sich durch Sprüche wie »Wie ist die Natur doch im allgemeinen so schön!« Leben im Einverständnis mit der Natur, harmonische, nicht entfremdete Existenz wird dagegen sichtbar bei ›einfachen‹ Leuten – bei Bergleuten, einer alten Frau, einem Hirtenknaben, einem kleinen Jungen usw. Aber H. zeichnet keine Idylle: Auch die Welt der Bergleute in Clausthal, die noch ein naturverbundenes Leben führen, ist schon durch die industrielle Entwicklung bedroht. – Den Göttinger Professoren gelang es, das Werk in ihrer Stadt und ihren Leihbibliotheken verbieten zu lassen.

Die *Nordsee*-Reisebilder beruhen auf H.s zweimaligem Aufenthalt (Sommer 1825 und 1826) als Badegast auf Norderney. Den poetischen Abteilungen 1 und 2 steht die 3. Abteilung gegenüber, die den Inselaufenthalt als Ausgangspunkt politischer, sozialer und literarischer Kritik nimmt und die »Zerrissenheit« als Merkmal der modernen Welt kennzeichnet. Eine besonders heftige Attacke gilt dem Adel. Dagegen stehen Goethe und Napoleon für eine geistige bzw. politische Erneuerung. – In *Ideen. Das Buch Le Grand*, einem Stück ohne zugrundeliegende Reisefiktion, verbindet H. seine Jugendgeschichte in Düsseldorf mit dem Napoleonthema: Napoleon, der Repräsentant und Vollstrecker der Französischen Revolution, wird zum politisch-religiösen Mythos erhöht.

Das erste der drei italienischen Reisebilder (Italienreise in der 2. Hälfte des Jahres 1828) beschreibt, von zahlreichen Exkursen und Reflexionen unterbrochen, die Reise des Erzählers von

München nach Genua, wobei ein Besuch des Schlachtfelds von Marengo wieder die Frage der politischen und geistigen Emanzipation aufwirft. Das Reisebild *Die Bäder von Lucca* handelt weniger von dem italienischen Bad als von der deutschen Restauration. Im Mittelpunkt steht eine vernichtende satirische Auseinandersetzung mit August von Platen; die Attacke geht weit über das Literarische hinaus und macht Platens feudalklerikale Sympathien, seinen Antisemitismus und seine Homosexualität zum Thema. – Die *Stadt Lucca* zeichnet das Bild einer klerikalen Stadt und polemisiert gegen die religiöse Unterdrückung, die auch für die deutschen Verhältnisse der Restaurationszeit bezeichnend war.

Die *Englischen Fragmente* beschließen die *Reisebilder* (Englandreise 1827) und geben H.s Eindrücke von London, den politischen Institutionen und den wirtschaftlichen und gesellschaftlichen Verhältnissen des Landes wieder. Das Fazit ist negativ; die politische und religiöse Entwicklung ist hinter der wirtschaftlichen zurückgeblieben. Durch ein der Aristokratie zugeneigtes Bürgertum, das die persönliche und wirtschaftliche Freiheit einer allgemeinen politischen Emanzipation vorgezogen habe, liege »über dem Geist der Engländer noch immer die Nacht des Mittelalters«. Die *Englischen Fragmente* enden mit einem Bekenntnis zur Freiheit: »die Freiheit ist eine neue Religion, die Religion unserer Zeit.« Und er nennt die Franzosen »das auserlesene Volk der neuen Religion, in ihrer Sprache sind die ersten Evangelien und Dogmen verzeichnet«. 1831 überquerte H. den Rhein, den »Jordan«, »der das geweihte Land der Freiheit trennt von dem Lande der Philister«, und ging in die Emigration nach Paris. Hier erschien 1834 auch die französische Übersetzung der *Reisebilder*.

H. war nun ein berühmter, wenn auch umstrittener Autor. Kritiker glaubten, Religion und Moral gegen H.s Witz und Satire verteidigen zu müssen, der Vorwurf der Gesinnungslosigkeit kam auf, antifranzösische und antisemitische Vorurteile wurden von deutschnationaler Seite geschürt. Zugleich setzte eine Welle von *Reisebilder*-Nachahmungen ein. Für Arnold Ruge ist der H. der *Reisebilder* »der Poet der neuesten Zeit. Mit ihm lebt Poesie eine Emancipation von dem alten Autoritätsglauben und ein neues Genre auf.«

1827
Christian Dietrich Grabbe
Herzog Theodor von Gothland

G.s erstes Stück, 1822 beendet, erschien 1827 in den *Dramatischen Dichtungen*. Schon in diesem Jugendwerk demonstriert G. seine grundsätzliche Abkehr von der harmonisierenden und idealisierenden Ästhetik der klassisch-romantischen ›Kunstperiode‹. Dabei werden Einflüsse Shakespeares (*Titus Andronicus*), des jungen Schiller (*Die Räuber*) und des romantischen Schicksalsdramas (Adolph Müllner) sichtbar.

Die frei erfundene Handlung der umfangreichen Tragödie (5 Akte; Blankverse, strophische Formen, freie Rhythmen) spielt im gerade missionierten Schweden um das Jahr 1000. Sie verbindet den im Untergang endenden Bruderzwist im Hause Gothland mit dem Kampf zwischen den Schweden und den heidnischen Finnen unter der Führung des Negers Berdoa. Dieser, von Haß auf die Europäer und insbesondere Herzog Theodor von Gothland erfüllt, nutzt den plötzlichen Tod Manfreds von Gothland, um beide Brüder Theodor und Friedrich zu entzweien. Berdoa überzeugt Theodor von der Schuld Friedrichs, und als seine Klage am Hof in Uppsala kein Gehör findet, ermordet er seinen Bruder. Als er erfährt, daß Manfred eines natürlichen Todes gestorben war, fühlt er sich – statt zu bereuen – vom Himmel verraten, und er folgert: »Ja Gott Ist boshaft, und *Verzweiflung* ist Der wahre Gottesdienst!« So suchen sich dann zwei maßlose, von ihrer Verzweiflung getriebene Gestalten, Berdoa und Theodor, gegenseitig zu vernichten, in einer Handlung, deren Wildheit und Brutalität sich auch in sprachlichen Exzessen zeigt. Im weiteren Verlauf des Stückes, in dem die Dinge die jeweils schlimmstmögliche Wendung nehmen, verrät Theodor sein Land, läßt sich zum König der Schweden und Finnen erheben, wird aber schließlich von seinem eigenen Heer gefangengesetzt und – nachdem er noch Berdoa getötet hat – erschlagen, während das Heer des rechtmäßigen Königs Olaf mit dem alten Gothland anrückt. Der alte Gothland hat das letzte Wort: »Die Gothlands sind nicht mehr!«

Dies ist kein ›reinigender‹, die Gültigkeit einer höheren Weltordnung bestätigender Schluß wie in der idealistischen Tragödie, sondern das Ende einer Serie von Katastrophen, die ein blindes Schicksal ›sinnlos‹ produziert: ein entschiedener Gegenentwurf zur herrschenden dramatischen Konvention. Trotz der provozierenden Übersteigerungen, trotz der »Seltsamkeit, Härte, Bizzarerie« (Ludwig Tieck) wurde der genialische Charakter des radikal desillusionierenden Frühwerkes schon von den Zeitgenossen erkannt.

1827
Christian Dietrich Grabbe
Scherz, Satire, Ironie und tiefere Bedeutung

G.s Lustspiel (3 Akte, Prosa), entstanden 1822, erschien 1827 als zweiter Band der *Dramatischen Dichtungen*. G. verbindet darin Teufels-, Schulmeister- und Literatursatire lose mit einer ›romantischen‹ Liebeshandlung.

Da in der Hölle geputzt wird, hat sich der Teufel in die Welt begeben, wo er allerdings trotz großer Sommerhitze und vieler Pelze beinahe erfriert. Nach einer Untersuchung durch vier Naturforscher wärmt er sich am Kamin des Barons von Haldungen auf und beschließt, sich ins Geschehen einzumischen. Er kauft dem verschuldeten Herrn von Wernthal die Braut ab (Liddy, die Nichte des Barons), um sie dem wüsten Freiherrn von Mordax zuzuführen, der dafür seinen Sohn Philosophie studieren lassen und 13 Schneidergesellen umbringen soll. Mordax ermordet zwar die Schneidergesellen, doch scheitert der Plan schließlich daran, daß der Teufel, geködert durch Casanovas Memoiren, dem Schulmeister in die Falle geht und Liddy von dem zwar nicht schönen, aber aufrechten und geistreichen Herrn Mollfels vor dem Wüstling Mordax gerettet wird. Liddy und Mollfels verloben sich, des Teufels Großmutter in Begleitung ihres Dieners Kaiser Nero holt ihren Enkel, der sich vom Schulmeister mit der neuesten Lektüre versorgen läßt, und »der vermaledeite Grabbe, oder, wie man ihn eigentlich nennen sollte, die zwergichte Krabbe, der Verfasser dieses Stücks«, setzt mit seinem Auftritt den Schlußpunkt.

G. bezieht possenhafte, grotesk-burleske Elemente ein, spielt mit Motiven und Techniken der romantisch-ironischen Literaturkomödie, ›verkehrt‹ die romantische ›verkehrte Welt‹ ironisch ein zweitesmal. Daß die wirkliche Welt nicht besser wegkommt als die Literatur (repräsentiert durch den epigonalen Dichter Rattengift), deutet der Ausspruch des Teufels an, »dieser Inbegriff des Alls, den Sie [Rattengift] mit dem Namen Welt beehren, weiter nichts ist als ein mittelmäßiges Lustspiel, welches ein unbärtiger, gelbschnabeliger Engel, der in der ordentlichen,

dem Menschen unbegreiflichen Welt lebt, und [...] noch in Prima sitzt, während seiner Schulferien zusammengeschmiert hat.«

G. selbst betonte die Beziehung zu seinem gleichzeitig erschienen Trauerspiel: Obwohl die Komödie »in der äußeren toll-komischen Erscheinung« einen vollkommenen Kontrast zum tragischen *Gothland* darstelle, seien beide »aus den nämlichen Grundansichten entsprungen«. Ein zeitgenössischer Rezensent brachte die Gemeinsamkeit – abwertend – auf einen Nenner und machte damit den Abstand G.s von der klassisch-romantischen Kunstperiode deutlich: »Alles, was der Mensch vom Höchsten bis zum Niedrigsten glaubt oder kennt, wird darin verhöhnt.«

Scherz, Satire, Ironie und tiefere Bedeutung wurde zuerst am 7. 12. 1876 in Wien als Privatvorstellung gegeben. Die erste öffentliche Aufführung fand 1907 im Münchener Schauspielhaus statt. Das Stück wurde in mehrere Sprachen übersetzt; von Alfred Jarry, dem Verfasser des *Ubu Roi*, stammt die erste französische Übertragung (1900 bzw. 1926).

1827
Heinrich Heine
Das Buch der Lieder

Das *Buch der Lieder* folgte ein Jahr nach dem Erfolg des 1. Teils der *Reisebilder*. Die meisten Gedichte waren schon vorher an verschiedenen Stellen gedruckt worden (u.a. in *Gedichte*, 1822; *Tragödien, nebst einem lyrischen Intermezzo*, 1823; *Reisebilder*, Teil 1 u. 2, 1826–27). Ihre Entstehung fällt in den Zeitraum von etwa 1816 bis 1827. Die fünf Zyklen des *Buchs der Lieder*, die wiederum in Gruppen untergliedert sind, tragen die Überschriften: *Junge Leiden (Traumbilder, Lieder, Romanzen, Sonette), Lyrisches Intermezzo, Die Heimkehr, Aus der Harzreise, Die Nordsee (Erster Zyklus, Zweiter Zyklus).*

Das vorherrschende Thema des *Buchs der Lieder* ist das der unglücklichen, verschmähten Liebe. Der Vorwurf der Monotonie und Serienproduktion, den manche Kritiker erhoben haben, wird gegenstandslos, wenn man in der Gedichtsammlung ein durchkomponiertes Ganzes erkennt, das die verschiedenen Facetten des Themas variationsreich durchspielt, wobei der Sinn des Einzelgedichts immer durch seinen Kontext mitbestimmt wird. Mit seiner Vorliebe für Zyklusbildungen steht H. in einer von Goethes *Westöstlichem Divan* (1819) angeregten Tradition, wobei für H. neben Goethe insbesondere Wilhelm Müller wichtig wurde (*Die schöne Müllerin*, 1821).

Neben Motivik und Form des Volkslieds bzw. volkstümlichen Lieds (Müller) wirkte Goethes Lied- und Balladendichtung auf H., und in der Liebesthematik und -konzeption zeigt sich eine deutliche Verwandtschaft mit dem europäischen Petrarkismus. Aber es ist bezeichnend für H., daß diese Traditionen weitergebildet, ironisch gebrochen werden. So hält er denn auch gegenüber Müller fest: »In meinen Gedichten hingegen ist nur die Form einigermaßen volksthümlich, der Inhalt gehört der conventionellen Gesellschaft«.

H.s poetisches Verfahren hat man als »lyrische Dialektik« von psychologischer Selbstdarstellung und distanzierender Artistik bezeichnet (Norbert Altenhofer). Der in vielen Variationen geschilderten, immer zugleich bitteren und süßen, selbstquälerischen Liebe begegnet eine konsequente Strategie der Desillusionierung, Relativierung und Distanzierung durch Komik, Ironie, sprachliche Kontraste oder den Gedichtverlauf dementierende Schlußwendungen.

Zu den bekanntesten Gedichten der Sammlung gehören die Balladen (»Romanzen«) *Belsatzar* und *Die Grenadiere*, die politische Untertöne in das im Ganzen durchaus unpolitische Buch bringen: eine hintersinnige Warnung an die deutschen Fürsten und ein Bekenntnis zu den Idealen der Französischen Revolution. Einen neuen Themen- und Bildbereich erschloß H. der deutschen Lyrik mit den freirhythmischen *Nordsee*-Gedichten. Am berühmtesten freilich wurde das Eingangsgedicht des Zyklus *Die Heimkehr*, das im Dritten Reich einem ›unbekannten Dichter‹ zugeschrieben wurde: »Ich weiß nicht was soll es bedeuten« (populäre Vertonung von Friedrich Silcher 1838).

Zunächst fand das *Buch der Lieder* kein großes Interesse. Von der 2. Auflage an (1837) erwies sich das Werk jedoch als außerordentlich erfolgreich ([13]1855), wobei für den Erfolg nicht zuletzt ein Mißverständnis verantwortlich war: H. als romantisch-sentimentaler Dichter. Die durch zahlreiche Vertonungen gesteigerte Popularität löste eine kritische Gegenbewegung aus. Beispiel dafür ist Karl Kraus, der in H.s früher Liebeslyrik »skandierten Journalismus« und »Operettenlyrik« sah (*Heine und die Folgen*, 1910).

1828
Johann Wolfgang von Goethe
Novelle

Pläne einer epischen Dichtung mit dem Titel *Die Jagd* gehen bis auf das Jahr 1797 zurück. Sie wurden fallengelassen und erst 1826 in anderer Form, als Prosanovelle, wieder aufgenommen. Mit Eckermann sprach G. am 29. 1. 1827 über den Titel des Werkes: »›Wissen Sie was‹, sagte Goethe, ›wir wollen es die *Novelle* nennen; denn was ist eine Novelle anders als eine sich ereignete unerhörte Begebenheit. Dies ist der eigentliche Begriff, und so vieles, was in Deutschland unter dem Titel Novelle geht, ist gar keine Novelle, sondern bloß Erzählung oder was Sie sonst wollen.‹«

Während der junge, auf friedliche Wirtschaftstätigkeit bedachte Fürst sich zu einer lange aufgeschobenen Jagd bewegen läßt, bleibt die Fürstin in der Obhut ihres Oheims und des jungen Honorio zurück. Sie betrachten Zeichnungen der alten Stammburg am Berghang, die wieder der Wildnis entrissen werden soll. Die Fürstin schlägt einen Spazierritt zur alten Burg vor, wobei sie durch die von Markttreiben geprägte Stadt gelangen. Bevor sie jedoch die Stammburg erreichen, bemerken sie, daß in der Stadt Feuer ausgebrochen ist. Während der Oheim in die Stadt hinunterreitet, sehen sich die Fürstin und Honorio einem aus einer Schaubude entflohenen Tiger gegenüber. Honorio erlegt ihn mit zwei Pistolenschüssen; als Lohn für seine ritterliche Tat bittet er seine Dame knieend um die Erlaubnis, sich in der Welt umsehen zu dürfen. Die biblisch-archaisch anmutende Schaustellerfamilie – Mann, Frau, Kind – erscheint und klagt über den Tod des harmlosen Tieres. Auch der Fürst kommt mit der Jagdgesellschaft. Auf die Nachricht, daß der ebenfalls ausgebrochene Löwe sich in der Stammburg niedergelegt habe, bitten die Schausteller in hymnischer Prosa und Gesang, von Gewalt abzusehen, und mit frommen, Bibel- und Legendenmotive aufnehmenden Liedern und mit Flötenmusik besänftigt das Kind den Löwen, den »Tyrannen der Wälder«.

Eckermann gegenüber nannte G. als Grund für sein Interesse an der Novelle: »Zu zeigen, wie das Unbändige, Unüberwindliche oft besser durch Liebe und Frömmigkeit als durch Gewalt bezwungen werde, war die Aufgabe dieser Novelle, und dieses schöne Ziel, welches sich im Kinde und Löwen darstellt, reizte mich zur Ausführung.« G. entwirft in seinem distanzierten Altersstil eine wohlgeordnete kleine Welt mit einer als vorbildlich dargestellten Gesellschafts- und Wirtschaftsordnung, eine Welt, in der auch die Natur kultiviert und der menschlichen Ordnung unterworfen wird und selbst die Wildnis noch menschlich bleibt. Gegen diese Ordnung steht der Einbruch des Unbändigen, Chaotischen, Elementarischen, wie es durch den Brand und die (unnötige) Tötung des Tigers sichtbar wird. Als Gegenbild – und »unerhörte Begebenheit« – erscheint die Bändigung des Elementaren, Wilden durch das Kind und seinen Gesang, durch Liebe und Frömmigkeit. Daß der Ausbruch des Elementaren auch an anderer Stelle droht, in der Beziehung zwischen der Fürstin und Honorio, wird wie vieles in der Novelle nur angedeutet. Zugleich ist die *Novelle* ein weiteres Beispiel für G.s Auseinandersetzung mit der Französischen Revolution, die mit dem Bild des Brandes mehrfach evoziert wird und der die Novelle bewußt harmonisierend eine Welt des Maßes und des friedlichen Ausgleichs entgegensetzt.

Die Schwierigkeit, die einer Rezeption von G.s *Novelle* mit ihrer legendenhaften »unerhörten Begebenheit« heute entgegensteht, deutet sich im polemischen Urteil Gottfried Benns an: »Eine Menagerie fängt Feuer, die Buden brennen ab, die Tiger brechen aus, die Löwen sind los – und alles verläuft harmonisch. Nein, diese Epoche war vorbei, diese Erde abgebrannt, von Blitzen enthäutet, wund, heute bissen die Tiger« (*Weinhaus Wolf*, 1949).

1828
Franz Grillparzer
Ein treuer Diener seines Herrn

Die Tragödie in fünf Akten (Blankverse) wurde am 18. 2. 1828 »mit ungeheuerm Beifall« (G.) uraufgeführt; der Kaiser, der drei der ersten sechs Aufführungen besuchte, wollte G. das Stück abkaufen, damit es in Zukunft weder gedruckt noch aufgeführt werden konnte. Es kam nicht dazu. Der Erstdruck erschien 1830. Das Stück, für das G. Werke zur ungarischen Geschichte benutzte, zeigt Anklänge an den antiken Lukretia-Stoff und Shakespeares *Maß für Maß*.

Der ungarische König Andreas zieht in den Krieg und bestimmt den alten, pflichttreuen Bancbanus zu seinem Statthalter. Dies geschieht gegen den Willen von Königin Gertrude, die gerne ihren Bruder Otto von Meran in dieser Funktion gesehen hätte. Otto wiederum stellt Erny, der jungen Frau des Bancbanus, nach – nicht,

weil er sie liebte, sondern um »Den Mann zu ärgern«. Obwohl – oder gerade – weil Bancbanus unbeirrt, zugleich unpraktisch und borniert seinen Pflichten nachgeht, kann er die Situation nicht meistern. Die Machenschaften Ottos und Gertrudes führen zu Unfrieden, zum Selbstmord der auch innerlich gefährdeten Erny, zum Aufruhr. Bancbanus, zur Rache gedrängt, weigert sich, stellt die persönlichen Interessen hinter die politischen zurück und verhilft Gertrude, dem Kronprinzen und Otto zur Flucht. Dabei findet Gertrude den Tod. Als König Andreas überraschend zurückkehrt, findet er das Land in Aufruhr, doch Bancbanus gelingt es, die Rebellion zu beenden und den König zur Vergebung zu bewegen. Als der König Bancbanus durch Rangerhöhung belohnen will, lehnt dieser ab und bittet nur, dem kleinen Kronprinzen die Hand küssen zu dürfen, eine Geste, mit der der treue Diener die Heiligkeit des Königtums sinnfällig vor Augen stellt.

Das Stück ist jedoch nicht als »Apologie knechtischer Unterwürfigkeit« gedacht, ein Mißverständnis, das G. befürchtete. Vielmehr steckt in der Schilderung des gescheiterten Bancbanus der durchaus auch komische Züge aufweist, »ein gutes Stück Idealismuskritik«. Und es mag wohl »die lebenswahre Borniertheit des Königsdieners« gewesen sein, die dem Kaiser mißfiel (Friedrich Sengle). Dadurch, daß der König nur im Rahmen des Stücks als Richter auftritt und nicht in das Geschehen verstrickt ist, kann er als Repräsentant der göttlichen Ordnung erscheinen, eines humanisierten Gottesgnadentums. Mit der Gestalt Ottos von Meran, aber auch mit der Darstellung der Bindung Gertrudes an ihren Bruder oder Ernys innerer Gefährdung sind G. bemerkenswerte psychopathologische Studien gelungen.

1828
August von Platen
Gedichte

Nach verschiedenen Einzelausgaben (u. a. *Ghaselen*, 1821; *Neue Ghaselen*, 1823; *Sonette aus Venedig*, 1825) veröffentlichte P. 1828 die erste Sammelausgabe seiner *Gedichte*, der 1834 eine vermehrte Auflage folgte. Die Gliederung nach Gattungen erhielt 1834 ihre endgültige Form: Balladen, Romanzen und Jugendlieder, Gelegenheitsgedichte, Ghaselen, Sonette, Oden, Hymnen, Eklogen und Idyllen, Epigramme. Die Zensur machte eine Aufnahme der *Politischen Zeitgedichte*, unter denen die 1831–32 entstandenen

Polenlieder herausragen, unmöglich. Die *Polenlieder* erschienen 1839 in den *Gedichten aus dem ungedruckten Nachlasse.*

Bezeichnend für P.s ästhetizistische Vorstellungen sind die vielzitierten Anfangszeilen des Gedichts *Tristan*: »Wer die Schönheit angeschaut mit Augen, Ist dem Tode schon anheimgegeben.« Von Anfang an zeichnet sich seine Lyrik durch eine außergewöhnliche Beherrschung der formalen Mittel aus. Dies zeigt sich zunächst in der Aneignung der orientalischen, durch Reim- und Bilderreichtum charakterisierten Form des Ghasels, dann in seiner an Dichtern der Renaissance (Petrarca, Shakespeare, Camões u. a.) geschulten Sonettkunst und schließlich in seinen antikisierenden Versen. Als Höhepunkt von P.s Dichtung gelten die Sonette, insbesondere die zuerst 1825 veröffentlichten *Sonette aus Venedig*, ein Zyklus von 14 Gedichten, in denen Venedig, seine Schönheit und sein Kunstreichtum in einer Folge plastischer, »objektiver« Kunstbilder anschaulich gemacht und zugleich ins Mythische erhoben werden. P.s Kunstreligion wird sichtbar. »Ihr Maler führt mich in das ew'ge Leben«, heißt es:

Um Gottes eigne Glorie zu schweben
Vermag die Kunst allein und darf es wagen,
Und wessen Herz Vollendetem geschlagen,
Dem hat der Himmel weiter nichts zu geben!

Charakteristisch für die Venedig-Sonette ist ein unpathetischer, auf Distanzierung bedachter Ton, der von einer melancholischen Grundstimmung durchdrungen ist. Gedanken über die Vergänglichkeit, der Schmerz unerfüllter homosexueller Liebe und der »Blick hinaus ins dunkle Meer« des Todes: das sind Themen, die in der späteren deutschen Venedigdichtung wiederkehren (Thomas Manns Gustav von Aschenbach, den Helden der Novelle *Der Tod in Venedig*, 1912, verbindet manches mit Platen und seiner Kunstauffassung).

Eine ganz andere Haltung prägt P.s *Polenlieder*, die anläßlich des gescheiterten Aufstandes der Polen (1830–31) gegen die russische Herrschaft entstanden und mit ihrer agitatorischen Direktheit und Eingängigkeit zum Vorbild für die politische Lyrik Georg Herweghs und Ferdinand Freiligraths wurden.

1828
Ferdinand Raimund
Der Alpenkönig und der Menschenfeind

Das »Romantisch-komische Original-Zauberspiel in drei Aufzügen« ist R.s formal geschlossenstes Stück; es wurde am 17. 10. 1828 im Theater in der Leopoldstadt (Wien) uraufgeführt (Druck postum 1837). In ihm verbindet sich das Motiv des Menschenfeindes, vertraut durch eine Reihe von Stücken des Repertoires (Shakespeares *Timon von Athen*, Molières *Misanthrope*, Kotzebues *Menschenhaß und Reue*), mit dem Handlungsschema des ›Besserungsstücks‹, einer Variante des Zauberstücks.

Der Held des Spiels mit dem sprechenden Namen Rappelkopf hat sich mit seiner Familie auf sein Landgut zurückgezogen, da er in der Stadt um große Summen betrogen worden war. Nun begegnet er seiner Umwelt mit krankhaftem Argwohn und Mißtrauen, obwohl nicht der geringste Grund dazu besteht. Er wittert hinter allem eine Verschwörung, glaubt gar, seine Frau wolle ihn ermorden lassen. Die Besserungsintrige wird in Gang gesetzt, als der Freund seiner Tochter Malchen, der Maler August Dorn, aus Italien zurückkehrt. Ihre Klagen über Rappelkopf, der der Verbindung nicht zustimmen will, werden vom Alpenkönig Astragalus mitangehört, der den Menschen wohlgesonnen ist und den Liebenden Hilfe verspricht. Rappelkopf hat sich inzwischen aus Angst vor Anschlägen in eine Köhlerhütte zurückgezogen, die er den armen Bewohnern kurzerhand abgekauft hat. Astragalus tritt ihm in Jägerkleidung entgegen und bietet seine Hilfe an, die Rappelkopf freilich erst dann annehmen will, wenn ihm das Wasser bis zum Hals steht. Dies geschieht denn auch wörtlich, und der Alpenkönig setzt sein Besserungswerk in Gang, indem er Rappelkopf mit sich selbst konfrontiert, ihm einen »Seelenspiegel« entgegenhält. Astragalus schlüpft in die Rolle Rappelkopfs, und der echte Rappelkopf darf sich nun – in die Gestalt seines Schwagers Silberkern verwandelt – selbst in seinem alltäglichen Menschenhaß beobachten. Zugleich erkennt er (als Silberkern), daß ihm seine Musterfamilie äußerst wohlgesonnen ist. Am Anfang findet er sich, d. h. seinen Doppelgänger, nicht schlecht (»Eine Angst hat alles vor mir, daß es eine Freude ist«); allmählich aber kommt er zur Selbsterkenntnis und zur Distanz zu sich selber. Aus dem unvernünftigen »Tier« wird ein »pensionierter Menschenfeind«, ein Mensch, den

Astragalus im Tempel der Erkenntnis willkommen heißt. Auch finanzielle Schwierigkeiten finden ihre gute Lösung, und dem Familien- und neuen Eheglück der Tochter steht nichts mehr im Weg.

Mehr als in den vorhergehenden Stücken R.s tritt die Zauberwelt in den Hintergrund. Der Alpenkönig erinnert zwar an die Zauberstücktradition, er ist aber letztlich nur eine Verkörperung der biedermeierlichen Vernunft. Mit der Zurücknahme der Zauberspielelemente geht eine Hinwendung zum Familienstück Ifflandscher Prägung einher. Wie sich Rappelkopfs Krankheit und der Familienkonflikt in einem virtuosen komischen Spiel auflösen, gehört zu den bedeutendsten Leistungen der deutschen Komödiendichtung.

Grillparzer betonte das Ineinander von Traditionellem und Modernem und rühmte, es »hätte Molière eine vortrefflichere Anlage nicht erdenken können«. Mit der »Verbindung von lokaler Theatertradition und universaler Literatur« (Jürgen Hein) eröffnete R. dem Volksstück neue Wege.

1829
Christian Dietrich Grabbe
Don Juan und Faust

G.s Tragödie (4 Akte, Blankverse) wurde am 29. 3. 1829 in Detmold mit der Bühnenmusik Albert Lortzings uraufgeführt; es war das einzige seiner Stücke, das zu seinen Lebzeiten gespielt wurde. Der Erstdruck erschien ebenfalls 1829. Das Werk verbindet zwei der großen europäischen Stofftraditionen, ein Wagnis, das bei Mozart- und Goetheverehrern auf wenig Gegenliebe stieß. Don Juan und Faust erscheinen als Verkörperungen extremer, in ihrer Gegensätzlichkeit aufeinander bezogener Menschentypen. »Unter den Namen Don Juan und Faust kennt man zwei tragische Sagen, von denen die eine den Untergang der zu sinnlichen, die andere den der zu übersinnlichen Natur im Menschen bezeichnet«, heißt es in einem Brief G.s. Den äußeren Zusammenhang stellt die Liebe der beiden Helden zu Donna Anna her.

Schauplatz der Handlung ist zunächst Rom. Don Juan liebt Donna Anna, die ihrerseits von ihm angezogen ist, aber gleichwohl ihrem Bräutigam Don Oktavio treu bleibt. Don Juan beschließt, Don Oktavio auf dem Hochzeitsfest zu ermorden und Donna Anna zu entführen. Der Plan wird von Faust durchkreuzt, der mit dem Teufel – in Gestalt eines Ritters – einen Pakt geschlossen hat, doch erfahren muß, daß die menschliche Erkenntnis an die Sprache gebunden ist und ihm so der Zugang zum Wesen der Schöpfung, ihrer »Kraft und ihrem Zweck«, verschlossen ist. Eine Ahnung des Unendlichen vermitteln allenfalls »Gefühl und Sehnsucht, alle die sprachlosen Empfindungen« – die Liebe zu Donna Anna. So kommt er Don Juan zuvor und entführt Donna Anna mit Hilfe des teuflischen Ritters in ein Zauberschloß auf dem Gipfel des Montblanc. Don Juan, der nach Oktavio auch noch den Gouverneur, Annas Vater, getötet hat, arbeitet sich mit seinem Diener Leporello zum Montblanc vor. Hier, zwischen Felsen und Abgründen, tritt ihnen Faust entgegen; antithetisch formulieren sie ihre Positionen. Don Juan: »Wozu übermenschlich, Wenn du ein Mensch bleibst?« Faust: »Wozu Mensch, Wenn du nach Übermenschlichem nicht strebst?« Faust läßt Don Juan und Leporello durch einen Sturm wegwehen. Sie landen auf einem Friedhof in Rom, vor der Statue des von Don Juan ermordeten Gouverneurs, die die Einladung zum Gastmahl annimmt. Faust bemüht sich unterdessen vergeblich um Donna Anna; er tötet sie – wie zuvor schon seine Frau – durch ein Wort. »Ähnlich Sieht dir's, der immer selber seine Himmel Zertrümmerte«, kommentiert Don Juan die Tat, bevor er, Faust folgend, zur Hölle fährt, nachdem er jeden Gedanken an Reue von sich gewiesen hat.

G. stellt mit Faust und Don Juan zwei überzeitliche Typen einander gegenüber, die aber gleichwohl an einen historischen Kontext gebunden sind. Faust sieht sich im Zusammenhang mit Luther, dessen Zerstörung des alten »Wahns« ihm als Vorstufe des Teufelspakts gilt; Don Juan, der Sensualist und adelige Müßiggänger, erscheint als Repräsentant einer überlebten Zeit, »deren Verschwinden er ahnt, aber genauso gelassen hinnimmt, wie alles andere« (Roy C. Cowen). G.s Sympathien liegen auf der Seite des bis zum Ende seine Unabhängigkeit wahrenden Don Juan; von einer Begeisterung für die deutsche Symbolgestalt Faust ist nichts zu spüren.

Obwohl sich G. ausdrücklich und mit Erfolg um eine bühnengerechte Form seines Dramas bemühte, übten die Theater überwiegend Zurückhaltung: Ein adeliger Verführer als positive Gestalt, Blasphemie, satirische Gesellschaftsszenen einschließlich eines betrunkenen Polizeidirektors und die antiklassizistische Verbindung von Komischem und Tragischem waren wohl zuviel für die Hoftheater der Restaurationsepoche.

1830
Karl Immermann
Tulifäntchen

I.s komisches »Heldengedicht in drei Gesängen«, 1829 entstanden und im Jahr darauf gedruckt, erzählt in vierhebigen Trochäen, dem Versmaß der spanischen Romanzen, vermischt mit italienischen Madrigalen, von Leben und Taten des »Heldenzwergs« Tulifäntchen, dem letzten aus dem Geschlecht der Tulifanten. Dabei steht die pathetische Verssprache in komischem Kontrast zur Nichtigkeit des Geschehens, das seinerseits durch die Diskrepanz zwischen dem Anspruch des Helden, »Tatentäter« in großem Stil zu sein, und seiner Däumlingsgröße – »fingerlang und fingerdick« – bestimmt wird.

Die Fee Libelle, der Schutzgeist des Hauses, prophezeit Tulifäntchen große Taten, und so zieht er im Ohr seines Schimmels, des »loyalen Zuckladoro«, in die Welt hinaus, erreicht das »Land der Weiber« und erschlägt eine Fliege, die die Königin Grandiose beim Denken »An das Glück der Untertanen« stört. Als Held gefeiert, zieht er aus, die Prinzessin Balsamine aus den Händen des Riesen Schlagadodro zu befreien. Als dies nach Überwindung verschiedener grotesker Hindernisse mit Hilfe der Fee gelingt, wird ihm Balsamine angetraut. Hier freilich scheitert der kleine Held: »Die Ehe haßt den Schein, sie will die Werke.« Balsamine steckt ihn in einen Vogelbauer und hängt ihn vors Fenster. Die Fee eilt auf einer Wolke zur Rettung herbei und bringt ihn in einer Schlußapotheose ins Märchenland Ginnistan: »Nicht auf Erden mehr gesehn Ward der Held, Don Tulifäntchen.«

Tulifäntchen ist eine graziöse Dichtung, in der sich Humor, Witz und märchenhafte kindliche Naivität mit einer ausgesprochen satirischen Intention verbinden. Die Satire zielt ebenso auf Kleinstaaterei, Restauration, Feudalismus, Ritter- und empfindsame Tugendschwärmerei wie auf die moderne Industrialisierung und Technisierung. Sie läßt kaum ein Thema aus und weist damit auf die allerdings weit schärfer blickenden Romane I.s voraus. Zum erstenmal in I.s Werk wird hier das später u. a. im Roman *Die Epigonen* (1836) behandelte Epigonenproblem, das Bewußtsein, in einer Zeit der Epigonen zu leben, zum Thema:

Jetzo ist die Zeit der Kleinen!
Große Taten kleiner Leute
Will die Welt.

Heine, der Verbesserungsvorschläge beisteuerte, schätzte I.s »epischen Kolibri« hoch.

1830–31
Hermann von Pückler-Muskau
Briefe eines Verstorbenen

Als die *Briefe eines Verstorbenen* anonym erschienen, erfreute sich ihr Verfasser bester Gesundheit. Das vierteilige Werk enthält 48 tagebuchartig gegliederte Briefe P.s an seine pro forma von ihm geschiedene Frau Lucie (Julie im gedruckten Text), in denen er über seine Englandreise berichtet. Das von Karl August Varnhagen von Ense, seiner Frau Rahel und Lucie von Pückler-Muskau herausgegebene Reisebuch trägt den erläuternden Untertitel: »Ein fragmentarisches Tagebuch aus England, Wales, Irland und Frankreich, geschrieben in den Jahren 1828 und 1829.« Der Zweck der Reise – die Heirat mit einer reichen Erbin, um die Finanzen des wegen seiner Leidenschaft für die Landschaftsgärtnerei hochverschuldeten Fürsten zu sanieren – wurde übrigens nicht erreicht. (Seine Kenntnisse und Erfahrungen auf dem Gebiet der Gartenbaukunst legte er in den einflußreichen *Andeutungen über Landschaftsgärtnerei, verbunden mit einer Beschreibung ihrer praktischen Anwendung in Muskau*, 1834, nieder.)

P.s Reisebriefe zeichnen sich durch weltmännische Vielseitigkeit aus, einen mit zahlreichen fremdsprachlichen Redewendungen gespickten europäischen ›Salonstil‹, der freilich variabel und immer dem Gegenstand angemessen ist. P. hat weitgespannte Interessen, wenn sich auch sein gesellschaftlicher Umgang fast ausschließlich auf den Adel beschränkt und man von ihm keine politische Reisebeschreibung erwarten darf. Themen sind immer wieder das Reisen selbst, Gesellschaften, Theater und Oper, Leute, die eigene Person. Dabei ergeben sich aufschlußreiche oder wenigstens amüsante kulturgeschichtliche Details, so wenn er sich über den Verlauf eines englischen Dinners oder über den wöchentlichen Wäschebedarf eines Dandys ausläßt. Daneben aber, neben Schlechtwetter-»Stuben-Philosophie«, neben Ausritten, Schloß- und Parkbesichtigungen, kulinarischen Genüssen und anderen aristokratischen Belustigungen zeigt er Interesse für die moderne Technik, das Funktionieren einer großen Brauerei etwa, läßt er sich mit einer Taucherglocke in die Themse versenken, um einen Tunnelbau zu beobachten, reflektiert er angesichts eines »Assekuranzhauses« mit der riesengroßen Reklameaufschrift »Meer, Feuer, Leben«: »Einem Wilden würde man schwerlich begreiflich machen, wie man auch das Leben versichern könne.«

Wenn auch Fürst Pückler, dessen Name heute nur noch mit einer Eisbombe verbunden ist, aristokratische Lebensformen vertritt, so erlaubt ihm seine Exzentrizität durchaus demokratische Ansichten. Und manches, was an England gerühmt oder kritisiert wird, trifft in Wirklichkeit die reaktionären deutschen Verhältnisse. So heißt es nach einem Besuch der beiden Häuser des englischen Parlaments: »Wenn ich von dem Totaleindruck dieser Tage auf mich Rechenschaft geben soll, so muß ich sagen, daß er erhebend und *wehmütig* zugleich war. Das erste, indem ich mich in die Seele eines Engländers versetzte, das zweite im Gefühl eines *Deutschen*!«

P.s Reisebriefe hatten großen Erfolg; Teile wurden auch ins Englische übersetzt. Goethe schrieb eine wohlwollende Rezension der ersten beiden Teile. Heine widmete P., dem »lebendigsten aller Verstorbenen«, seine *Lutezia* (1854).

1831
Adelbert von Chamisso
Gedichte

Trotz der Anerkennung, die C. mit seiner Erzählung *Peter Schlemihls wundersame Geschichte* (1814) gefunden hatte, zweifelte der emigrierte französische Adelige lange an seiner dichterischen Berufung. Die Teilnahme an einer Weltumsegelung – seine *Reise um die Welt [...] in den Jahren 1815–1818* (1836) gehört zu den bedeutenden Reisebeschreibungen des 19. Jh.s – bestärkte ihn in seinen naturwissenschaftlichen Interessen; seit 1819 Kustos am Herbarium und Botanischen Garten in Berlin, wurde er 1835 in die Berliner Akademie der Wissenschaften aufgenommen. Erst der Erfolg der im Anhang zur 2. Auflage des *Schlemihl* gedruckten *Lieder und Balladen* (1827) – darunter *Das Schloß Boncourt*, eines der besten Gedichte C.s überhaupt – regte ihn zu einer intensiven, vielseitigen lyrischen Produktion an. Seine *Gedichte* erschienen gesammelt zuerst 1831 (⁴1837: Ausgabe letzter Hand).

C.s Lyrik zeigt eine deutliche Ablösung von romantischen Denk- und Ausdrucksformen. Zwar verwendet sie noch häufig Versatzstücke romantischer Dichtung – mondhelle Landschaften, ferne Schlösser, sagenumwobene Burgen und Ruinen usw. –, doch charakteristischer ist die Hinwendung zu einer festumrissenen bürgerlichen Lebenswelt. C., mit dem Realitätssinn des geschulten Naturwissenschaftlers ausgestattet, ist ein kritischer Beobachter der sozialen und politischen Wirklichkeit. Mit seinen sozialkritischen

und politischen Gedichten steht er den Lyrikern des Vormärz nahe. Dabei zielt er, z.T. mit melodramatischen Effekten, auf emotionale Wirkung (*Der Bettler und sein Hund, Der Invalid im Irrenhaus, Die Sonne bringt es an den Tag*). Neben der sozialen Anklage steht der satirische Angriff auf die reaktionären politischen Verhältnisse oder den angepaßten dumpfen Bürger (*Die goldene Zeit*). C.s Vorliebe für dramatische Begebenheiten – die Stoffe stammen aus der literarischen und volkstümlichen Überlieferung vieler Völker – und für konkrete Gegenständlichkeit führen ihn unter dem Einfluß Ludwig Uhlands fast zwangsläufig zur Ballade, die in einer Reihe von Beispielen ebenfalls sozialkritischen Charakter erhält (*Die versunkene Burg, Das Riesen-Spielzeug* u.a.). Breiteres Erzählen ermöglicht die Form der Terzine, als deren Meister C. den Zeitgenossen gilt (*Salas y Gomez*).

1831
Christian Dietrich Grabbe
Napoleon oder die hundert Tage

G.s Weg zum historischen Drama hatte mit dem Fragment gebliebenen Römerstück *Marius und Sulla* begonnen (in: *Dramatische Dichtungen*, 1827); es folgten die Hohenstaufendramen *Kaiser Friedrich Barbarossa* (1829) und *Kaiser Heinrich der Sechste* (1830), Teile eines auf sechs bis acht Stücke angelegten, aber dann aufgegebenen Historienprojekts. Mit der Hinwendung zur Zeitgeschichte im Napoleonstück gewinnt G.s historisches Drama entschieden an Aktualität: Der Rückblick auf die historischen Ereignisse von 1815 reflektiert zugleich die aktuelle politische Lage vor dem Ausbruch der französischen Julirevolution von 1830. G.s antiidealistische Geschichtskonzeption hat formale Konsequenzen: Eine episch-dramatische Folge von aneinander gereihten Bildern der einzelnen Stationen des Geschehens tritt an die Stelle der geschlossenen klassizistischen Dramenform. Auf die Gegebenheiten des Theaters seiner Zeit nahm G. keine Rücksicht: »Als Drama, der Form nach, habe ich mich nach Nichts genirt. Die jetzige Bühne verdient's nicht, – Lumpenhunde sind ihr willkommen.« Die Uraufführung des 1831 gedruckten Stückes fand erst 1868, in stark bearbeiteter Form, in Wien statt.

Die ersten beiden Akte des fünfaktigen Dramas (Prosa) spiegeln die Situation vor der Rückkehr Napoleons (1815): große Volksszenen in Paris mit kaisertreuen Veteranen und adeligen Emigranten, die die unterschiedlichen Interessen und die gespannte Lage deutlich machen; Napoleon auf Elba, seine Rückkehr in die Wege leitend; Auftritte von König Ludwig und seinen Höflings-Karikaturen. Die Unzufriedenheit des Volkes mit den bestehenden Verhältnissen wird ebenso deutlich wie die Unfähigkeit und Realitätsferne des königlichen Hofes. Während Napoleon auf dem Vormarsch ist, wächst die Verwirrung in Paris. Ungewißheit, Gerüchte, revolutionäre Agitation und Anarchie charakterisieren die große Volksszene zu Anfang des 3. Aktes. Napoleon, nun in Paris, ist auf Sicherung seiner Macht im Inneren bedacht und betreibt gleichzeitig intensive Kriegsvorbereitungen, mit denen er seinen äußeren Gegnern zuvorkommen will. Nach einer satirisch behandelten Zeremonie auf dem Marsfeld – Beschwörung der Konstitution (»der alte Brei in neuen Schüsseln«) – wechselt die Szene im 4. und 5. Akt zwischen den verschiedenen Heerlagern, zeigt Napoleon, Blücher und Wellington und ihre Armeen in wechselndem Kriegsglück bis zur endgültigen Niederlage Napoleons.

Nach Karl Immermann hat G. das Genre des Bataille-Stückes erfunden: die große Schlacht als Ort geschichtlicher Entscheidungen. Dabei ergeben sich grundsätzliche Fragen nach der Geschichtskonzeption, nach dem Verhältnis des großen Einzelnen zum Prozeß der Geschichte. Zwei Möglichkeiten werden präsentiert ohne den Versuch einer Synthese: »Geschichte als qualitativer, interaktiver Prozeß mit Eingriffsmöglichkeiten für große Einzelne und Geschichte als quantitativer, subjektloser Prozeß« (Harro Müller). Insgesamt erscheint Geschichte als ein ewiger Kreislauf des Immergleichen, von Revolution und Restauration, ohne höheren Sinn; Glück, Zufall entscheiden. *Napoleon oder die hundert Tage* ist – auch formal und stilistisch – ein Gegenentwurf zur klassizistischen Geschichtstragödie, die noch im Scheitern des Helden »Absolutes« aufleuchten läßt (Friedrich Sengle). Auf solche Sinnstiftung verzichtet G. – wie nach ihm Georg Büchner – und eröffnet damit dem Geschichtsdrama eine zukunftsweisende Perspektive.

1831
Franz Grillparzer
Des Meeres und der Liebe Wellen

Schon 1820 hatte G. aus dem spätantiken Kleinepos *Hero und Leander* von Musaios den Plan für ein Trauerspiel entwickelt. Erst 1826 kam er wieder darauf zurück, 1829 schloß er das Stück

(5 Akte, Blankverse) ab. Die Uraufführung vom 5. 4. 1831 am Wiener Burgtheater war ein großer Mißerfolg. Der Erstdruck erschien 1840. Neben dem antiken Kleinepos kannte G. eine Reihe weiterer Bearbeitungen des Stoffes. Zum Titel schrieb er: »Der etwas prätios klingende Titel [...] sollte im voraus auf die romantische oder vielmehr menschlich allgemeine Behandlung der antiken Fabel hindeuten.«

Hero tritt als Priesterin in den Dienst Aphrodites. Es ist ein Privileg, das ihrer Familie zusteht. Der Dienst bedeutet Abschied für immer von den Eltern, Abgeschlossenheit von der Welt, Eheverbot. Bei dem Fest der Weihe fällt ihr Blick auf Leander, Verwirrung ist die Folge. In einer weiteren, zufälligen Begegnung – noch ist der Tempelbereich wegen des Festes für Fremde zugänglich – gesteht Leander seine Liebe. Der Oberpriester unterbricht und vertreibt Leander und seinen Freund Naukleros. Der Oberpriester bringt Hero in ihr Turmgemach und mahnt sie zur »Sammlung«. Während Hero ihren Gedanken nachhängt, in denen auch der schöne Jüngling eine Rolle spielt, erscheint dieser im Fenster: Er ist von seiner weitentfernten Insel zum Turm geschwommen, geleitet durch das Licht. In einer großen Szene zeigt G. die allmähliche Annäherung der beiden; sie erlaubt ihm, am nächsten Tag wiederzukommen. Der Tempelhüter hat indes Verdacht geschöpft und den Priester informiert. Dieser sorgt am nächsten Tag durch die Übertragung zahlreicher Pflichten dafür, daß Hero übermüdet einschläft, nachdem sie die Lampe in ihrem Zimmer angezündet hat. Der Priester löscht die Lampe, Leander ertrinkt. Am nächsten Morgen findet Hero die angeschwemmte Leiche ihres Geliebten und klagt, bevor sie stirbt, die Tücke des Priesters und die Götter an.

Mit *Hero und Leander* suchte G. die Nähe zum klassizistischen ›Seelendrama‹. Sein Interesse konzentrierte sich, wie er selber schreibt, auf die weibliche Hauptgestalt, so daß das Stück Züge eines empfindsamen Monodramas erhält. Es ist eine Tragödie mit stark lyrischen Zügen. In ihr geht es aber nicht allein um Heros persönlichen Konflikt zwischen den Anforderungen eines ihr wesensfremden Amtes und der Liebe; G.s Kritik gilt nicht zuletzt der Institution, die derart unmenschliche Forderungen stellt und in dem rigiden Oberpriester des Tempels (der Kirche) einen exemplarischen Vertreter findet. Das Stück wurde nach der vierten Aufführung abgesetzt; erst mit der Neuinszenierung Heinrich Laubes 1851 setzte es sich durch.

1831
Anastasius Grün
(Anton Alexander von Auersperg)
Spaziergänge eines Wiener Poeten

Der liberale, von der Tradition des aufklärerischen Josephinismus geprägte Graf steht mit
dem 1831 (⁸1876) anonym in Hamburg erschienenen Gedichtzyklus *Spaziergänge eines Wiener
Poeten* am Anfang der politischen Vormärzdichtung. Nur lose durch die Fiktion eines Spaziergangs zusammengehalten, wenden sich G.s rhetorisch überhöhte Gedichte pathetisch und satirisch gegen das Metternichsche Unterdrückungssystem und den Klerikalismus. Das einleitende
Gedicht (*Spaziergänge*), wie die anderen in
Langzeilen nach dem Beispiel der *Lieder der
Griechen* (1821–24) Wilhelm Müllers, bezeichnet
die beiden Säulen der österreichischen Restauration in prägnanter Form:
> In der Stadt, darin ich wohne, gibt's viel Klö-
> ster und Kasernen,
> Ries'ge Akten-Arsenale, Dome ragend zu den
> Sternen
> Und dazwischen kleine Männlein, rufend im
> Triumphestone:
> Seht, *wir* sind die Weltregierer, wir mit Canon
> und Kanone!

Dagegen beschwört er in Naturbildern (Frühling,
»freie Bergesluft«) den Aufbruch zu einer neuen
Zeit der Freiheit. Er beruft sich, wenn auch nicht
ohne Kritik, auf Joseph II. und fordert im abschließenden Gedicht Kaiser Franz auf, dem Volk
zu helfen, wie es ihm einst im Krieg geholfen
habe.

G.s *Spaziergänge* erregten großes Aufsehen;
daß schon die Zeitgenossen formale Mängel entdeckten – Metaphernhäufung, Pathos, Vorherrschaft des Rhetorischen usw. –, tat ihrer Wirkung
auf die politische Lyrik des Vormärz keinen Abbruch. Als die politische Polizei die Autorschaft
G.s aufdeckte, blieb ihm nach einer Unterredung
mit Metternich nur die Wahl zwischen Auswanderung und Schweigen: »Ersteres tat ich nicht,
also tu' ich das letztere. Ich mag mit dem Zensur-
gesindel ferner nichts zu tun haben.« 1848 wurde er Mitglied des Frankfurter Parlaments.

1832
Johann Wolfgang von Goethe
Faust. Der Tragödie zweiter Teil

Noch während er *Faust I* zum Abschluß zu bringen und sich von »aller nordischen Barbarei«
loszumachen suchte, beschäftigte sich G. mit seiner Fortsetzung auf einer anderen Ebene. Schon
um 1800 entstand ein – sehr allgemeines – Schema des gesamten Werkes, außerdem arbeitete er
am Helena-Akt. Gelinge ihm die »Synthese des
Edlen mit dem Barbarischen«, schrieb Schiller,
so werde »auch der Schlüssel zu dem übrigen
Teil des Ganzen gefunden sein«. Zu einer kontinuierlichen Arbeit am 2. Teil kam es jedoch
zunächst nicht. 1816 diktierte G. eine Inhaltsangabe der ersten vier Akte für *Dichtung und Wahrheit* (später gestrichen), doch erst 1825 nahm er
sich das Werk wieder vor. Es wurde das »Haupt-
geschäft« seiner letzten Jahre. Zunächst schloß
er den 3. Akt ab, 1827 veröffentlicht unter dem
Titel *Helena. Klassisch-romantische Phantasmagorie. Zwischenspiel zu Faust.* 1831 war dann das
fünfaktige Drama vollendet; es erschien nach G.s
Tod 1832 als 41. Band der Ausgabe letzter Hand.
Die Uraufführung fand 1854 in Hamburg statt.

Faust II ist eine vieldeutige und formal komplexe Dichtung, die sich in ihrer Gesamtkonzeption
grundsätzlich von *Faust I* unterscheidet. Zwar
wird der Lebensweg des Magiers in einer Reihe
von Stufen weiter und zu Ende geführt, aber das
individuelle Schicksal steht nicht mehr im Mittelpunkt. Entscheidend ist auch nicht der kausale
Handlungszusammenhang. Vielmehr wird die innere Einheit des scheinbar disparaten Werkes in
einem System metaphorischer, allegorischer und
symbolischer Zusammenhänge sichtbar, in einer
vielfältigen wechselseitigen Spiegelung von Themen und Motiven. G. spricht von der Absicht,
»durch einander gegenübergestellte und sich
gleichsam ineinander abspiegelnde Gebilde den
geheimeren Sinn dem Aufmerkenden zu offenbaren«. In diesem Rahmen haben die – äußerst
zahlreichen – Personen eine in erster Linie durch
den jeweiligen thematischen Zusammenhang bestimmte funktionale Bedeutung.

Faust II erhält durch die Einbeziehung von
Vorstellungen aus den verschiedensten Wissens-
bereichen enzyklopädischen Charakter. Neben die
spezifisch literarischen Überlieferungen, die auf
die gesamte Weltliteratur verweisen, tritt die geschichtliche Dimension: das Stück spiele »seine
vollen 3000 Jahre [...], von Trojas Untergang bis
zur Einnahme von Missolunghi«, schrieb G. 1826

an Wilhelm von Humboldt. Zugleich umfaßt das Werk den ganzen Kosmos von G.s naturwissenschaftlichen Vorstellungen (Metamorphose, Polarität und Steigerung, usw.).

Die formale Organisation der rund 7000 Verse umfassenden Dichtung, die wohl kaum für die Bühne gedacht war, verweist auf Calderóns Welttheater. Dabei zeigt das Werk eine überwältigende metrische und rhythmische Vielfalt: Alexandriner, Madrigalverse, fünfhebige Jamben, frei nachgebildete jambische Trimeter, liedhafte Strophen, romantische Reimstrophen, in denen alte Hymnenrhythmen anklingen.

Der 1. Akt beginnt in einer »anmutige[n] Gegend«. Faust, durch Heilschlaf gereinigt »von erlebtem Graus« des 1. Teils und geblendet vom »Flammenübermaß« der aufgehenden Sonne, wird zur Erkenntnis geführt, daß das Unendliche, Absolute nicht unmittelbar, sondern nur am »farbigen Abglanz« zu erkennen ist. In der Folge führt G. seinen Helden, nun wieder in Begleitung von Mephistopheles, durch verschiedene Bereiche und Bewußtseinsstufen. Im Zentrum des 1. Aktes steht der kaiserliche Hof (ursprünglich als der Maximilians fixiert), an dem der Zerfall alter politischer Ordnungen und der Gesellschaft in ihrer Scheinexistenz deutlich wird. Eingefügt ist ein »Mummenschanz«, ein anspielungsreicher allegorischer Aufzug. Zur Unterhaltung des Kaisers und der Hofgesellschaft soll Faust Helena, die Verkörperung höchster Schönheit, heraufbeschwören. Dazu bedarf es des Gangs zu den »Müttern«, in das Reich der Urbilder. Als jedoch Faust, von Helenas Schönheit hingerissen, sie anzugreifen wagt, wirft ihn eine betäubende Explosion zu Boden, und die Erscheinungen verschwinden: die Idee der Schönheit kann nicht unvermittelt in die Wirklichkeit überführt werden.

Fausts letzte Worte: »Wer sie erkannt, der darf sie nicht entbehren.« Sein erstes Wort, als er nach Ohnmacht, Traum und Schlaf auf griechischem Boden wieder erwacht: »Wo ist sie?« Der von Wagner im Labor geschaffene »Homunculus«, reine Geistigkeit mit der Sehnsucht, sich zu verkörperlichen, weist Faust und Mephisto den Weg zur »klassischen Walpurgisnacht«, die den Hauptteil des 2. Aktes ausmacht. Hier, in einer Welt von antiken Fabelwesen, Göttern und Philosophen, steht alles im Zeichen von Verwirklichung, Verwandlung und Steigerung. Durch diese Welt bewegen sich Homunculus mit seinem Streben nach Existenz und Faust auf der Suche nach Helena, während Mephisto in der Gestalt der häßlichen Phorkyaden, des Chaos Schwestern, den Kontrapunkt zum Bereich der Harmonie und des Schönen darstellt. Die klassische Walpurgis-

nacht endet mit einem Fest der Elemente. Homunculus, von Proteus geleitet, zerschellt an Galateas Muschelwagen und vereinigt sich im Tod mit dem Element des Wassers, aus dem das Leben hervorgeht: »So herrsche denn Eros, der alles begonnen!«

»Das Fest des Eros am Ende der Walpurgisnacht war wie ein Zeugen des Schönen. Und jetzt ist es gleichsam geboren. Helena ist erschienen« (Erich Trunz). In dieser »klassisch-romantischen Phantasmagorie« des 3. Aktes, von G. als »Hauptstück« seines Dramas betrachtet, treffen Helena als Verkörperung klassischer Schönheit und Faust als mittelalterlicher Heerführer aufeinander; Zeiten und Räume durchdringen sich in der symbolischen Vereinigung von Hellenischem und Germanischem, von Klassischem und Romantischem, Antike und modernem Bewußtsein. Aus der Verbindung, die in Helenas Erlernen der Reimkunst auch in der Form angedeutet wird, entspringt Euphorion, der den Geist der subjektiven modernen Poesie verkörpert und in seinem unbedingten Streben wie Ikarus den Tod findet. Es ist zugleich eine Apotheose Lord Byrons, der am Freiheitskampf der Griechen teilnahm und 1824 in Missolunghi starb. Helena muß dem Sohn, der die Zeichen des Dichtertums zurückläßt, in das Reich Persephones folgen: »Sie umarmt Faust, das Körperliche verschwindet, Kleid und Schleier bleiben ihm in den Armen.« Sie lösen sich in Wolken auf und tragen Faust davon. Die reine Schönheit, die der Antike, läßt sich nur in der Kunst verwirklichen.

Die Wolke setzt Faust zu Beginn des 4. Aktes in einem nördlichen Hochgebirge ab. Die wechselnden Wolkenformationen rufen Erinnerungen hervor – an Helena, an Gretchen. In Faust wird nun der Wille »zu großen Taten« wach; er bestimmt seinen letzten Lebensabschnitt. Als Gegenleistung für die Unterstützung des von einem Gegenkaiser bedrohten Kaisers erhält er den Meeresstrand als Lehen, so daß er sein großes Projekt der Landgewinnung ins Werk setzen kann (5. Akt). Allerdings erscheinen sowohl die Unterstützung des Kaisers wie das Kolonisierungsprojekt in einem bedenklichen Licht, zeigen Fausts Abhängigkeit von dämonischen, entmenschten Mächten (Mephistopheles und seine Helfer). Der Amoralität seines Machtstrebens fallen die beiden Alten, Philemon und Baucis, zum Opfer, deren genügsame Existenz seine Welt in Frage stellt.

Die Zwiespältigkeit seiner Natur wird so noch einmal sichtbar; auch am Ende seines Lebens stehen Größe und Verbrechen in engem Zusammenhang, widersprechen die angewandten Mittel den hohen Zielen oder Gefühlen:»So ist Faust am Ende nicht anders und nicht besser als am Beginn« (Erich Trunz). Als der 100jährige Faust über die Fragwürdigkeit seiner Abhängigkeit von magischen Kräften reflektiert, wird er von der »Sorge« heimgesucht. Sie schlägt ihn mit Blindheit, doch er drängt auf Vollendung seines Werkes. Visionär entwirft er das utopische Bild von einem freien Volk auf freiem Grund, während – höchste Ironie – die Lemuren sein Grab schaufeln. Mit den Schlußworten seines Monologs, die den Wortlaut der Wette aufnehmen, sinkt Faust tot zurück. In der mit barocker Theatralik ausgestalteten Grablegungsszene entreißen die himmlischen Heerscharen »Faustens Unsterbliches« Mephistopheles und seinen teuflischen Helfern. In der Schlußszene (*Bergschluchten*) wird Fausts »Unsterbliches« in verschiedenen Stufen – von den Anachoreten in Gebirgsklüften bis zur Mater gloriosa – in immer höhere geistige Regionen geführt und geläutert. Hier singen dann Engel die Verse, die nach einer Äußerung G.s gegenüber Eckermann den »Schlüssel zu Fausts Rettung enthalten«: »Wer immer strebend sich bemüht, Den können wir erlösen.«

Allerdings sind die Begriffe Gnade und Liebe in dem opernhaften Finale nicht in spezifisch christlicher Bedeutung gemeint; der Schluß ist Literatur, nicht Religion: »Übrigens werden sie zugeben«, sagte er am 6. 6. 1831 zu Eckermann, »daß der Schluß, wo es mit der geretteten Seele nach oben geht, sehr schwer zu machen war, und daß ich bei so übersinnlichen, kaum zu ahnenden Dingen mich sehr leicht im Vagen hätte verlieren können, wenn ich nicht meinen poetischen Intentionen durch die scharf umrissenen christlich-kirchlichen Figuren und Vorstellungen eine wohltätig beschränkende Form und Festigkeit gegeben hätte.«

Faust II ist mit seiner Fülle von mythischen Bezügen und allegorischen und symbolischen Verweisungen ein unerschöpfliches Werk, ein komplexes Gebilde von höchster Bewußtheit, so daß »nur der Blick zurück bis zur *Göttlichen Komödie* und vorwärts zu den spätzeitlichen epischen Unternehmungen von James Joyce und Ezra Pound die historische Stelle des Gedichtes einigermaßen angemessen abschätzen kann« (Victor Lange). Zur Beobachtung, daß es sich um ein Gedicht handelt, »das viele Interpretationen ermöglicht, von denen nur die unbedingt falsch ist, die sich als einzige versteht« (Gerhard Schulz), stimmt G.s Wort in einem Brief an Zelter: »Es ist keine Kleinigkeit, das, was man im zwanzigsten Jahre konzipiert hat, im zweiundachtzigsten außer sich darzustellen und ein solches inneres lebendiges

Knochengeripp mit Sehnen, Fleisch und Oberhaut zu bekleiden, auch wohl dem fertig Hingestellten noch einige Mantelfalten umzuschlagen, damit alles zusammen ein offenbares Rätsel bleibe, die Menschen fort und fort ergötze und ihnen zu schaffen mache.«

1832
Nikolaus Lenau
Gedichte

L.s erste Gedichtsammlung (*Gedichte*, 1832) erreichte bis 1844 insgesamt sieben, jeweils vermehrte Auflagen; 1838 folgten *Neuere Gedichte*, ebenfalls häufig aufgelegt (⁵1844).

L. verdankt seinen Ruhm als Lyriker insbesondere seiner Naturlyrik, die auch er am höchsten stellt: »Das, worin ich neu bin, worin ich Epoche mache in der deutschen Literatur [...], ist meine Naturpoesie.« Grundton vieler Gedichte, die sich durch eine ausgesprochene Musikalität auszeichnen, ist Trauer, Melancholie, Weltschmerz. Motive und Topoi der Empfindsamkeit und der Weltschmerzdichtung werden aufgenommen, doch vielfältig variiert und nuanciert. Die Naturbilder – nicht zufällig dominieren Bilder herbstlicher Landschaften – evozieren Vergänglichkeit, Verfall, Einsamkeit und Tod. Zu den gelungenen Beispielen für die Durchdringung von Natur und menschlichem Gefühl zählen die 1831 entstandenen *Schilflieder*, in denen das Ich, das von der Liebe spricht, sich in der Natur findet. Aber auch die Fremdheit und Grausamkeit der Natur tritt ins Blickfeld, als Hinweis auf die Verlassenheit des Menschen in der Welt. Das geschieht etwa in dem Doppelsonett *Einsamkeit* oder in dem Gedicht *Die Drei*, in dem drei in einer Schlacht verwundete Soldaten die Vernichtung durch die Natur erwarten.

Demgegenüber stehen die 1843 entstandenen *Waldlieder* im Zeichen der Versöhnung mit der Natur, einer vertrauten Einheit, die freilich von einer Stimmung der Wehmut und der Trauer gekennzeichnet ist:

> Rings ein Verstummen, ein Entfärben;
> Wie sanft den Wald die Lüfte streicheln,
> Sein welkes Laub ihm abzuschmeicheln;
> Ich liebe dieses milde Sterben.

So bewegt sich L.s Lyrik zwischen zwei Polen, einer zarten, vom Gedanken an die Vergänglichkeit geprägten Melancholie und einer extremen Stimmung der Verzweiflung. Sein ›Nihilismus‹, sein ›Weltschmerz‹ weisen ihn als Repräsentanten der europäischen Weltschmerzdichtung der ersten Hälfte des 19. Jh.s aus.

Hinzuweisen ist aber auch auf eine andere Seite seines Schaffens: Der Naturlyriker L. ist zugleich aggressiver politischer Dichter, der sich für Demokratie, Liberalismus und Emanzipation einsetzt und sich entschieden gegen das Österreich Metternichs wendet.

1832
Eduard Mörike
Maler Nolten

M.s einziger vollendeter Roman, auf dem Titelblatt als »Novelle in zwei Teilen« bezeichnet, erschien 1832. 20 Jahre später entschloß sich M. zu einer Umarbeitung, die jedoch nicht abgeschlossen wurde (1877 in der Redaktion von M.s Freund Julius Klaiber veröffentlicht).

Gefördert von dem arrivierten Kollegen Tillsen, der allerdings unter einer Schaffenskrise leidet, erhält der junge Maler Theobald Nolten Zutritt zum Haus des Grafen Zarlin und seiner kunstsinnigen verwitweten Schwester Constanze von Armond. Nolten verliebt sich in sie, nachdem er die Verbindung zu Agnes, der Tochter seiner Pflegeeltern, abgebrochen hat. Von ihrer vermuteten Untreue kann jedoch keine Rede sein, und Noltens Freund, der Schauspieler Larkens, hält die Verbindung durch gefälschte Briefe aufrecht. Schuld an dem gestörten Verhältnis ist eine Intrige des geistig gestörten Zigeunermädchens Elisabeth, das sich mit Nolten aufgrund eines Jugenderlebnisses verbunden weiß und nun zerstörerisch in das Verhältnis zu Agnes eingreift. Larkens sucht die seiner Meinung nach verfehlte Beziehung zu Constanze zu hintertreiben. Nach der Aufführung eines Schauspiels (*Der letzte König von Orplid*) werden Larkens und Nolten für eine Zeit gefangengesetzt, da man eine Satire auf den verstorbenen König vermutet. Larkens deckt seine Handlungsweise auf, und Nolten verläßt die Residenz und begibt sich zu Agnes in die ländliche Idylle des Försterhauses zu Neuburg. Agnes zögert die Heirat hinaus, doch macht sie sich mit Nolten auf die Reise nach Norddeutschland, wo ihn eine Hofstelle erwartet. Unterwegs treffen sie Larkens, der daraufhin Selbstmord begeht. Nolten erzählt Agnes von Larkens Intrigen und seiner Liebesverwirrung. Dies trägt jedoch nicht zur Klärung ihres Verhältnisses bei, und als das Zigeunermädchen erneut auftritt und Nolten als den ihr vom Schicksal bestimmten Geliebten beansprucht, begeht die von Wahnbildern verfolgte Agnes Selbstmord. Auch die anderen Beteiligten gehen bald darauf zugrunde. Die Zigeunerin

wird »entseelt auf öffentlicher Straße« gefunden, Nolten stirbt nach einer nächtlichen Vision, und Constanze überlebt »jene kläglichen Schicksale nur wenige Monate«.

In den Roman eingefügt ist eine Reihe von Gedichten, darunter der sogenannte *Peregrina*-Zyklus, der das Thema der Bedrohung und der Verirrung der Liebe aufnimmt und überhöht. Wie in den *Peregrina*-Gedichten die Entdeckung »verjährten Betrug[s]« (*Scheiden von ihr*) die Liebenden trennt, so wirkt auch in der Romanhandlung die Vergangenheit wie ein Verhängnis in die Gegenwart hinein. Dieses Verhängnis nimmt unaufhaltsam seinen Lauf; die Romangestalten erweisen sich als unfähig, die Vergangenheit abzuschütteln, sind durch Lebensschwäche, Passivität, Lethargie gekennzeichnet. Die Determiniertheit, die in diesem den Nachtseiten der Seele gewidmeten Roman sichtbar wird, erinnert an die Schicksalstragödie oder den Schicksalsroman, während die Bezüge zum Bildungs- und Entwicklungsroman eher in seiner Verneinung bestehen (›Anti-Meister‹). Die Kunst hat in diesem Roman des Malers Nolten die bestimmende Kraft eingebüßt, die sie für die romantischen Künstlergestalten besessen hatte. Das Leiden an der Vergangenheit und an der Vergänglichkeit hat symptomatischen Charakter: »Die Hoffnungs- und Zukunftslosigkeit einer ganzen Generation schlägt sich in M.s Roman in der Depression der Einzelseele nieder, die er mit klinischer Sachlichkeit schildert« (Heide Eilert).

1832–34
Ludwig Börne
Briefe aus Paris

Nach Ausbruch der Julirevolution reiste B. nach Paris – in der schnell enttäuschten Hoffnung, daß eine grundlegende Veränderung der politischen Verhältnisse in Europa bevorstehe und sich die republikanische Staatsform endgültig durchsetzen werde. Die Anregung, seine Eindrücke in Briefform zu schildern, kam von seiner Freundin Jeanette Wohl: »Es könnte nichts Interessanteres geben, als wenn Sie Briefe aus Paris schrieben. [...] Sie können Ihre Grundsätze darin wie durch Zeitungen verbreiten.« So schrieb B., meist spontan, Briefe an Jeanette Wohl, die dann für den Druck redigiert wurden. Die ersten beiden Bände der (insgesamt 115) *Briefe aus Paris* erschienen 1832 bei Hoffmann und Campe in Hamburg und hatten durchschlagenden Erfolg; das Verbot der Zensur kam zu spät. Zur Tarnung folgten die nächsten beiden Bände mit fingiertem Erscheinungsort und Verlag unter dem Titel *Mittheilungen aus dem Gebiete der Länder- und Völkerkunde* (1833). Die abschließenden Bände 5 und 6 erschienen dann in Paris. Die Versuche, die *Briefe aus Paris* zu unterdrücken, erwiesen sich als vergeblich.

B.s Briefe beschreiben die komplizierten französischen Verhältnisse nach der Julirevolution und decken satirisch-sarkastisch die Manipulationen der Finanzaristokratie auf, die die Errungenschaften der konstitutionellen Julimonarchie korrumpierten. Der Blick geht freilich über Frankreich hinaus; besonderes Interesse finden Nachrichten über die verschiedenen revolutionären Erhebungen in Polen, Belgien und Italien, das bayerische Engagement in Griechenland und nicht zuletzt die Zustände in Deutschland selbst: absolutistische Willkür, Unterdrückung, Beschränkung der bürgerlichen Freiheiten, Antisemitismus, Dummheit, Borniertheit. B.s Waffen sind Ironie und die offene Attacke, auch mit prophetischen Zügen: »Man muß mit den dummen Aristokraten Mitleiden haben, man muß ihnen nicht eher sagen, daß das Kassationsgericht dort oben ihre Appellation verworfen hat, bis an dem Tage, wo sie hingerichtet werden. Das deutsche Volk wird einst gerächt werden, seine Freiheit wird gewonnen werden; aber seine Ehre nie. Denn nicht von ihnen selbst, von andern Völkern wird die Hülfe kommen.«

B. sieht es als Aufgabe der Literatur an, sich im Kampf gegen die Unterdrückung zu engagieren und für die demokratischen Rechte des Volkes einzutreten: »Die Zeiten der Theorien sind vorüber, die Zeit der Praxis ist gekommen. Ich will nicht schreiben mehr, ich will kämpfen. Hätte ich Gelegenheit und Jugendkraft, würde ich den Feind im Felde suchen; da mir aber beide fehlen, schärfe ich meine Feder, sie soviel als möglich einem Schwerte gleichzumachen.« Diese Haltung erklärt auch seine radikale Ablehnung Goethes, die er in den *Briefen* deutlicher als zuvor ausdrückt: »Dieser Mann eines Jahrhunderts hat eine ungeheuer *hindernde* Kraft [...]. Seit ich fühle, habe ich Goethe gehaßt, seit ich denke, weiß ich warum.« Auch Heine verfällt schließlich B.s Verdikt: »Wem, wie ihm, die Form das Höchste ist, dem muß sie auch das Einzige bleiben.«

B.s *Briefe aus Paris*, die eine heftige Auseinandersetzung auslösten, setzten neue Maßstäbe für die politische Publizistik in Deutschland.

1832–50
Adolf Glaßbrenner
Berlin wie es ist und – trinkt

Berlin wie es ist und – trinkt ist der Titel einer Reihe politisch-satirischer Groschenhefte, die es zwischen 1832 und 1850 auf 33 Einzeltitel brachte (Heft 1–30; Heft 6 in mehreren Lieferungen) und G.s Popularität als Berliner ›Volksschriftsteller‹ begründete. G. zielte zunächst auf eine vollständige »Charakteristik aller niederen Volksklassen dieser Residenz« und stellte in einzelnen Heften verschiedene plebejische Typen vor, indem er nach einer (scheinbar) distanzierenden Einleitung die Typen selber in kurzen, witzigen Dialogen in Berliner Dialekt zu Wort kommen ließ; Lieder und Anekdoten folgten.

Aus den von G. drastisch charakterisierten Gestalten ragt der im 1. Heft vorgestellte und oft kopierte »Eckensteher« Nante heraus. In Heft 6 (1834) führt G. die Gestalt des »Guckkästners« ein, in dessen Kommentaren zu historischen oder aktuellen Szenen sich die politisch-satirische Tendenz zunehmend verstärkt. Neben dem Eckensteher und dem Guckkästner ist Herr Buffey die dritte bekannte Figur G.s, ein Rentier, dem eine »gewisse gutmüthige glückliche Beschränktheit« zu eigen ist, der sich aber vom Philister zum »gemäßigten Liberalen« entwickelt und »gegenwärtig sogar, wie die meisten Bürger Deutschlands, anstandshalber für den gemäßigten Fortschritt zu kämpfen gewillt ist«. Der heftigen satirischen Kritik an den deutschen Zuständen Mitte der vierziger Jahre – etwa in dem außerhalb der Heftreihe erschienenen »Genrebild« *Herrn Buffey's Wallfahrt nach dem heiligen Rocke* (1845) – folgt 1848 (Heft 29: *Das neue Europa im Berliner Guckkasten*) die Feier der Märzrevolution (G.s Revolutionserfahrungen schlagen sich ausführlich nieder im 1848 erschienenen *Komischen Volkskalender für 1849* und im *März-Almanach* von 1849). Mit bitteren Kommentaren zum Sieg der »Rrrrr...eaction« schließt 1850 die Heftreihe (Heft 30: *1849 im Berliner Guckkasten*).

Illustrationen, u. a. von Theodor Hosemann, trugen zur Beliebtheit der Schriften G.s bei. Allerdings wurde das Berlin-Mosaik ebenso von der Zensur verfolgt wie zahlreiche andere politisch-satirische Publikationen G.s, in dem man – nach langem Vergessen – eine »zentrale Gestalt des revolutionär-satirischen Vormärz« erkannt hat (Friedrich Sengle).

1833
Joseph von Eichendorff
Die Freier

Von E.s dramatischen Versuchen hat einzig das Lustspiel *Die Freier* (Druck 1833) den Weg auf die Bühne gefunden. Die dreiaktige Verwechslungskomödie in Prosa und Versen handelt von der (erfolgreichen) Werbung Graf Leonards um die männerfeindliche Gräfin Adele. Neben Leonard, der sich als Sänger Florestin ausgibt, sorgen der verkleidete Hofrat Fleder, der ein Auge auf Leonard haben soll, der Schauspieler Flitt und der Musiker Schlender für Verwirrung. Auf der anderen Seite, wo man über die Verkleidungskomödie informiert ist (wenn auch nicht über die Identität Graf Leonards), begegnet man dem Verwirrspiel mit entsprechenden Maßnahmen: Gräfin Adele und Flora, ihr Kammermädchen, wechseln die Rollen, und Flora taucht am Schluß auch noch in Offiziersuniform als weiterer Nebenbuhler auf. Dazu bemüht sich der Jäger Victor, das tolle Durcheinander weiter zu vermehren. Für die Atmosphäre des Stückes gilt Flitts Wort: »Verliebte Kammerjungfern und Musikanten, kuriose Gräfinnen, heimliche Winke; Flüstern und Geheimnisse überall.« In einem turbulenten nächtlichen Finale finden Adele und Leonard – wie auch Victor und Flora – zueinander.

Zu Lebzeiten des Dichters nur einmal aufgeführt (Graudenz 1849), wurde das Lustspiel seit den 20er Jahren in verschiedenen Bearbeitungen gespielt. – Zu E.s Arbeiten für das Theater gehören auch seine bedeutenden Calderón-Übersetzungen (*Geistliche Schauspiele*, 2 Bände, 1846–53). Als Literarhistoriker verfaßte er einen Überblick über das europäische Drama seit dem Mittelalter (*Zur Geschichte des Dramas*, 1854).

1833
Johann Nepomuk Nestroy
Der böse Geist
Lumpazivagabundus oder
Das liederliche Kleeblatt

Mit dieser »Zauberposse mit Gesang« (3 Akte; Musik von Adolf Müller), am 11. 4. 1833 im Theater an der Wien uraufgeführt und 1835 gedruckt, erzielte der Schauspieler und Theaterdichter N. den entscheidenden Durchbruch. Wie bei den meisten seiner Stücke – rund 80 enthält die kritische

Gesamtausgabe – basiert auch die Handlung des *Lumpazivagabundus* auf literarischen Vorlagen (wobei Joseph Alois Gleichs nicht mehr erhaltene Posse *Schneider, Schlosser und Tischler*, 1831, wieder auf die Erzählung *Das große Los* in den *Phantasiestücken und Historien*, 1824, Carl Weisflogs zurückgeht).

N. verwendet, wie schon der Doppeltitel anzeigt, die traditionelle Anlage des Wiener Zauberspiels mit seinen zwei Handlungsebenen. In einer allegorischen Rahmenhandlung beklagen sich im Wolkenpalast des Feenkönigs Stellaris einige alte Zauberer über das Wirken des bösen Geistes Lumpazivagabundus, der ihre Söhne »vom Pfade der Ordnung« lockt. Es kommt zu einer etwas absonderlichen Wette, von der zugleich das Glück von zwei verliebten Feenkindern abhängt. Lumpazivagabundus wettet, daß es der Fee Fortuna nicht gelingen werde, wenigstens zwei von drei Gesellen durch ihre Gaben von ihrem lockeren Lebenswandel abzubringen; allein vor der Gewalt der Liebesfee Amorosa hat Lumpazivagabundus Achtung.

Bei diesen drei Gesellen handelt es sich um den (ohnehin soliden) Tischler Leim, den versoffenen Schuster Knieriem und den leichtlebigen Schneider Zwirn. Sie werden dank eines Lotteriegewinns reich (die richtige Nummer war ihnen im Traum erschienen), teilen das Geld und verabreden ein Treffen ein Jahr später in Wien. Während Leim die Tochter seines früheren Meisters in Wien heiratet und ein braves Bürgerleben führt, verschwenden Zwirn und Knieriem das gewonnene Geld und kommen abgerissen bei Leim in Wien an. Als dieser sie reformieren will, lehnen sie entschieden ab und bestehen auf ihrem Vagabundenleben. Der ›philosophische‹ Schuster Knieriem – Nestroys Rolle – sieht ohnehin keinen Grund, solide zu werden. Monolog und Kometenlied stellen klar: »Es ist nicht der Müh' wert wegen der kurzen Zeit. In ein' Jahr kommt der Komet, nachher geht eh' die Welt z'grund.«

Fortuna hat die Wette verloren, und Amorosa verwandelt in einer ironischen Schlußpointe die sympathischen Lumpen in biedere Familienväter. (Rückfällig geworden erscheint das »liederliche Kleeblatt« in einem an den *Lumpazivagabundus* anschließenden Stück: *Die Familien Zwirn, Knieriem und Leim oder Der Welt-Untergangs-Tag*, 1834). Nicht zuletzt der Gestalt Knieriems, der aus seinem fatalistisch-pessimistischen Glauben an den Weltuntergang die Berechtigung zu ständiger Betrunkenheit ableitet, verdankt das Stück seinen großen Erfolg.

1833–34
Rahel Varnhagen
Rahel. Ein Buch des Andenkens für ihre Freunde

Rahel Levin, seit 1814 mit Karl August Varnhagen von Ense verheiratet, war der Mittelpunkt eines berühmten Berliner Salons. Hier trafen sich, allen gesellschaftlichen (bzw. antisemitischen) Vorurteilen zum Trotz, Angehörige der vornehmen Berliner Gesellschaft (einschließlich Prinz Louis Ferdinands von Preußen und seiner Freundin Pauline Wiesel), Literaten, Künstler, Gelehrte und Studenten (u. a. Bettine und Clemens Brentano, Kleist, Fouqué, Tieck, Fürst Pückler-Muskau, Heine, Leopold von Ranke u. a.). Den regen gesellschaftlichen Verkehr ergänzte ein umfangreicher Briefwechsel, und es sind ihre Briefe, die Rahel als eine der bedeutendsten deutschen Schriftstellerinnen ausweisen: Spiegel der Zeit, ihrer Persönlichkeiten und Ereignisse, ihrer Alltagswirklichkeit, ihrer literarischen, kulturellen und politischen Tendenzen, zugleich Porträt einer außergewöhnlichen Frau und Zeugnis ihrer intuitiven Menschenkenntnis, ihrer Unmittelbarkeit, ihrer Fähigkeit zur Selbstanalyse und ihres kritischen literarischen Urteilsvermögens.

Unmittelbar nach ihrem Tod gab ihr Mann als Privatdruck eine einbändige Auswahl aus ihren Briefen und Tagebüchern heraus (1833), die er im folgenden Jahr zu einer dreibändigen, nun im Buchhandel erhältlichen Ausgabe erweiterte. Sie enthält nach einem von Varnhagen verfaßten »Lebensbild« Texte von 1787 bis zu Rahels Todesjahr 1833 und bildet den Grundstein für eine Reihe weiterer Editionen aus dem immer noch nicht voll ausgewerteten Nachlaß.

1833–35
Heinrich Heine
Die romantische Schule

H. schrieb 1833 eine Artikelserie unter dem Titel *Etat actuel de la littérature en Allemagne. De l'Allemagne depuis Madame de Staël* für die französische Zeitschrift *L'Europe littéraire*, die die Franzosen mit der literarischen Entwicklung in Deutschland bekannt machen und zugleich das Deutschlandbild Madame de Staëls in ihrem Buch *De l'Allemagne* (1810 u. 1813) korrigieren sollte. Im selben Jahr erschien eine deutsche Fassung (*Zur Geschichte der neueren schönen Literatur in Deutschland*), eine erweiterte Fassung folgte 1835 (mit der Jahreszahl 1836) unter dem neuen Titel *Die romantische Schule*. Als philosophiegeschichtliches Gegenstück dazu sind H.s Artikel *De l'Allemagne depuis Luther* (1834) zu verstehen, die 1835 unter dem Titel *Zur Geschichte der Religion und Philosophie in Deutschland* als Buch erschienen.

Im 1. Buch der *Romantischen Schule* gibt H. einen Abriß der historischen Entwicklung der deutschen Literatur und setzt sich dann ausführlich mit Goethe auseinander, mit dessen Tod die »Kunstperiode« ein Ende findet. Die folgenden beiden Bücher porträtieren die »Häuptlinge« der romantischen Bewegung von den Schlegels bis Uhland; einen neuen Anfang versprechen die Schriftsteller des Jungen Deutschland, die – wie schon zuvor Jean Paul – »keinen Unterschied machen wollen zwischen Leben und Schreiben, die nimmermehr die Politik trennen von Wissenschaft, Kunst und Religion, und die zu gleicher Zeit Künstler, Tribune und Apostel sind«.

H.s Buch bedeutet eine völlige Umwertung des idealistischen Deutschlandbilds der Madame de Staël und ihrer Hochschätzung der romantisch-modernen Kunst. Für H. hat die »romantische Schule« nichts Modernes, er sieht in ihr vielmehr »nichts anders als die Wiedererweckung der Poesie des Mittelalters«, die als Ausfluß eines »ascetischen Spiritualismus« betrachtet wird: »ich spreche von jener Religion, die ebenfalls durch die Lehre von der Verwerflichkeit aller irdischen Güter, von der auferlegten Hundedemut und Engelsgeduld, die erprobteste Stütze des Despotismus geworden.« Damit ist das Urteil über die Wiedererweckung der Vergangenheit gesprochen. Romantik, ohne Bezug zur Moderne, wird so zu einem Synonym für Flucht aus der Gegenwart, Unterstützung des Ancien régime und klerikal-reaktionäre Heuchelei.

Diese Romantik-Kritik steht in einem Bezugsrahmen, der asketischen Spiritualismus (Nazarenertum) und Sensualismus (Hellenentum) einander gegenüberstellt. Damit sind zugleich Tendenzen der geschichtlichen Entwicklung gemeint, die auf eine Überwindung des jenseitsgerichteten christlichen Spiritualismus hinweisen zugunsten der Erkenntnis, »daß die Menschen nicht bloß zu einer himmlischen, sondern auch zu einer irdischen Gleichheit berufen sind«. Die sich abzeichnende moderne Emanzipationsbewegung beruht, so H., auf einer Verbindung von Protestantismus und Aufklärung (Luther und Lessing).

So eindeutig die Romantik und ihre »Häuptlinge« als reaktionär, antifranzösisch, katholisch, epigonal, krank usw. abqualifiziert werden, so wenig verliert H. den Blick für den künstlerischen Rang mancher Autoren (etwa Arnims), für die Leistungen der ästhetischen Kritik oder der romantischen Übersetzer- und Sammlertätigkeit. Zwiespältig ist H.s Haltung gegenüber Goethe, der einerseits als Modell des »Hellenen« dient und als überragender Künstler und Vorbild einer modernen, ganzheitlichen Literatur gefeiert wird, andererseits aber der aristokratischen Literaturepoche verbunden bleibt – durch seine übermächtige Stellung im Reich der Gedanken ebenso wie durch seine Verbindung mit dem Weimarer Hof.

H.s *Romantische Schule*, in Deutschland kontrovers aufgenommen, beeinflußte in großem Maß die literarische und ideologische Diskussion über die Romantik. Kein anderes Buch H.s erreichte eine derart große Verbreitung im Ausland.

1833–37
Heinrich Laube
Das junge Europa

Der Roman – L. spricht von »Novelle« – besteht aus drei Teilen: *Die Poeten* (1833), *Die Krieger* (1837), *Die Bürger* (1837). Mit seinem programmatischen Haupttitel verweist das Werk auf L.s Absicht, die politische Aufbruchsstimmung der Jahre um 1830 und das politische Schicksal der jungen Generation zu seinem Gegenstand zu machen.

Der 1. Teil ist in Briefform gehalten. Fünf junge »Poeten« bzw. Studenten (Valerius, Konstantin, Hippolyt, Leopold, William) und zwei junge Frauen (Kamilla, Julia) schreiben einander und dritten über ihre Erlebnisse, Gefühle und Gedanken; sensualistische Liebe, Poesie und Revolution sind die Hauptthemen. Ort der Liebesabenteuer ist insbesondere das Gut Grünschloß. Die Nachrichten über die Julirevolution in Frankreich führen zu unterschiedlichen Reaktionen. Valerius fühlt sich in seinen republikanischen Anschauungen bestätigt, Konstantin eilt nach Paris und gerät in Zweifel, William zeigt monarchistische Neigungen, Hippolyt stellt revolutionäre Neigungen hinter seine Liebe zu Julia zurück. Valerius begibt sich nach Warschau, um am Freiheitskampf der Polen teilzunehmen. Die Briefe bleiben aus; er gilt als vermißt.

Der 2. Teil, der die Briefform zugunsten des epischen Berichts aufgibt, erzählt von Valerius' Schicksal in Polen, bis er enttäuscht nach Deutschland zurückkehrt. Im 3. Teil schließlich, wieder als Briefroman, wird deutlich, wie der revolutionäre Aufbruch in Resignation, Anpassung oder Tod endet: Konstantin dient als Gerichtsbe-

amter der Reaktion (und bringt sich um), William bleibt der konservative Pedant, Leopold heiratet in Brüssel eine junge Gräfin aus der Champagne (»Lilli heißt sie, versorgt mich mit Champagner«), Hippolyt wird in einem keineswegs als utopischem Wunschbild gesehenen Amerika getötet, und Valerius, den seine Polenbegeisterung ins Gefängnis gebracht hatte, zieht sich in ein abgelegenes Tal zurück und bebaut das Land – in der Hoffnung, so auf eine bessere Zukunft hinzuarbeiten: »laß mir den kleineren Schritt.«

So endet der Roman, dessen beiden letzten Teile nach dem Verbot und dem Zerfall der jungdeutschen Bewegung erschienen, mit seiner resignierten Bescheidung auf eine recht ›biedermeierliche‹ Weise. Neben dem Roman entstand in dieser Zeit auch L.s ausgedehnte Reisenovellistik (*Reisenovellen*, 1834–37). Großen Erfolg hatte er später mit seinen bühnengerechten Stücken; das bekannteste ist das Schillerdrama *Die Karlsschüler* (1846).

1834
Georg Büchner /
Friedrich Ludwig Weidig
Der Hessische Landbote

»Ich werde zwar immer meinen Grundsätzen gemäß handeln, habe aber in neuerer Zeit gelernt, daß nur das notwendige Bedürfnis der großen Masse Umänderungen herbeiführen kann, daß alles Bewegen und Schreien der einzelnen vergebliches Torenwerk ist«, schrieb der Medizinstudent B. im Juni 1833 von Straßburg aus nach Hause. Wieder in Hessen – er mußte sein Studium an der verhaßten Landesuniversität in Gießen fortsetzen –, suchte er seine in Straßburg gewonnenen politisch-revolutionären Einsichten fruchtbar zu machen und über konspirative Gesellschaften und durch Flugblätter den Weg zu den »niederen Volksklassen« zu finden. In Gießen (März 1834) und Darmstadt (April 1834) gründete er Sektionen einer »Gesellschaft der Menschenrechte« nach Straßburger Vorbild. Hier diskutierte man »egalitaristische und frühkommunistische Gesellschaftstheorien« (Thomas Michael Meyer), und noch im März 1834 stellte B. in Gießen den Entwurf einer Flugschrift an die hessischen Bauern und Handwerker vor. Die Schrift wurde dann von dem Butzbacher Rektor W. einer Versammlung südwestdeutscher Republikaner vorgelegt und mit deren Zustimmung verändert: Die Angriffe auf die »Reichen« und die »liberale Partei« werden allgemein auf die »Vornehmen« gelenkt, Bibelzitate sollen die Wirkung bei den Adressaten erhöhen, und ein neuer Schluß gibt der revolutionären Veränderung eine religiös-heilsgeschichtliche Note. Die Flugschrift, über deren Bearbeitung B. »außerordentlich aufgebracht« war, wurde heimlich in mehr als 1000 Exemplaren in Offenbach gedruckt und von den Mitgliedern der »Gesellschaft der Menschenrechte« nachts in Oberhessen verteilt. Nach einer Denunziation griffen die Behörden ein. Die meisten Mitglieder der Gesellschaft wurden im Frühjahr 1835 verhaftet; nur wenige konnten rechtzeitig ins Ausland flüchten. B. ging, steckbrieflich gesucht, zurück nach Straßburg, W. starb im Gefängnis nach fast zwei Jahren Einzelhaft und Folter. Für die verbreitete Vorstellung, daß die Bauern die Flugschrift sogleich wieder bei der Obrigkeit abgeliefert hätten, gibt es nur die Schutzbehauptung eines der Verhafteten, keine Aktenbelege. Gegen einen Mißerfolg spricht auch der Umstand, daß W. im November 1834 einen 2. Druck in Marburg veranlaßte.

»Friede den Hütten! Krieg den Palästen!«, lautet die Überschrift der Flugschrift, die dann in der Einleitung in schroffen Antithesen die Armen und die Reichen einander gegenüberstellt. Dann folgt, anhand der Steuerstatistik, eine Abrechnung mit Staat und Regierung, mit Gesetzgebung und Recht (»Das Gesetz ist das Eigentum einer unbedeutenden Klasse von Vornehmen [Reichen] und Gelehrten«, »Die Justiz ist in Deutschland seit Jahrhunderten die Hure der deutschen Fürsten«), Militär (»Sie sind die gesetzlichen Mörder, welche die gesetzlichen Räuber schützen«), dem ausbeuterischen Gottesgnadentum überhaupt (»Der Fürst ist der Kopf des Blutigels, der über euch hinkriecht [...]«). Nach einem Exkurs über die Französischen Revolutionen von 1789 und 1830 und einer scharfen Kritik der Verfassungen deutscher Staaten (»leeres Stroh«) schließt die Schrift mit einem Aufruf zur Erhebung gegen die »unersättlichen Presser« (»Ihrer sind vielleicht 10000 im Großherzogtum und eurer sind es 700000«) und W.s Vision eines Reichs der Gerechtigkeit.

Der *Hessische Landbote* gehört zu den wenigen großen Zeugnissen politischer Publizistik und Agitation in Deutschland. Es ist ein Werk, das dank seines zielgerichteten, auf Steigerung angelegten Aufbaus, seines rhetorischen Schwungs und seiner anschaulichen, suggestiven Bildlichkeit »zu einem Stück politischer Dichtung« wird: »hier liegt der einzigartige Fall vor, daß ein dichterisches Genie eine revolutionäre Kampfschrift aus der Taufe hebt, daß politische Antriebe dichterische Sprachkraft erst erwecken« (Walter Hinck).

1834
Joseph von Eichendorff
Dichter und ihre Gesellen

E.s zweiter Roman, 1834 erschienen, behandelt in mannigfachen Schattierungen die Problematik künstlerischer Existenz vor dem Hintergrund der Restaurationszeit. Als Gegensatz zu den stagnierenden deutschen Verhältnissen wird ein geheimnisvoll-romantisches Italien als Schauplatz in den Roman einbezogen. Er enthält – wie zuvor *Ahnung und Gegenwart* – zahlreiche lyrische Einlagen.

Baron Fortunat kommt mit seinem Studienfreund Walter, der als strebsamer Beamter in beschränkt-geordneten Verhältnissen seine Erfüllung findet, zum Besitz des (freilich abwesenden) berühmten Dichtergrafen Victor von Hohenstein, den der selber der Dichtkunst zugeneigte Fortunat bewundert. Von der ländlichen Gesellschaft um den Amtmann und seine Familie (nebst einem auf fatale Weise der Poesie verfallenen Neffen Otto) wechselt das Geschehen auf das Jagdschloß eines Fürsten, der eine Gesellschaft von Schauspielern zur Unterhaltung des Hofes eingeladen hat. Graf Victor hat sich als Lothario den Schauspielern angeschlossen, auch der Musiker und Dichterphantast Dryander findet sich bei der Truppe. Das sommerliche Treiben findet ein jähes Ende, als der Fürst mit einer alten Schuld konfrontiert wird (Verführung eines Bürgermädchens, das – wie der Fürst später selber – in Wahnsinn endet) und die amazonenhafte Gräfin Juanna, von Lothario bedrängt, sich zu Tode stürzt. Fortunat begibt sich nach Italien und findet in Fiametta, der Tochter eines verarmten Marchese, seine künftige Frau, während Otto, der sich ebenfalls nach Italien gewandt hatte, gebrochen in seine Heimat zurückkehrt. Hier endet das Geschehen mit dem glücklichen Abschluß der verwirrenden Handlung um Fortunat und Fiametta, die nach Italien ziehen werden, dem bürgerlichen Glück Walters und der Amtmannstochter und dem Tod Ottos, während Dryander und die Komödianten weiterziehen. Und Graf Victor hat, unbefriedigt von seinem früheren Leben, die Priesterweihe empfangen und will »mitten auf den alten, schwülen, staubigen Markt von Europa« hinuntersteigen und dazu beitragen, daß die Menschen »schauernd das treue Auge Gottes wiedersehen im tiefen Himmelsgrund«.

So nimmt der Roman Themen und Personenkonstellationen von *Ahnung und Gegenwart* wieder auf, stellt Alternativen des bürgerlichen wie des künstlerischen Lebens einander gegenüber. Aber während Graf Leontin, Fortunats Pendant in *Ahnung und Gegenwart*, im freien Amerika einen neuen Anfang sucht, zieht Fortunat in ein altes römisches Schloß. Dazu paßt, daß Freiheit jetzt, jedenfalls in den Worten Graf Victors, als Werk des Teufels gilt: Während Engel »ernst mit blanken Schwertern auf den Bergen stehen«, reitet unten »der Teufel in funkelndem Ritterschmuck […] die Reihen entlang und zeigt den Völkern durch den Wolkenriß die Herrlichkeit der Länder und ruft ihnen zu: Seid frei, und alles ist euer!«

1834
Franz Grillparzer
Der Traum ein Leben

Der 1. Akt des »dramatischen Märchens in vier Aufzügen« (vierhebige Trochäen) entstand schon 1817 (Druck 1821). G. brach jedoch die Arbeit wegen eines ähnlichen Stückes ab (Karl van der Velde: *Schlummre, träume und erkenne!*, 1818) und kam erst 1826 wieder darauf zurück. Die Uraufführung fand am 4. 10. 1834 im Wiener Burgtheater statt: »Vollkommener Sukzeß«, notierte G. Der Erstdruck erschien 1840. Als Hauptquelle nennt G. selber Voltaires Erzählung *Le blanc et le noir* (1746). Weitere Anregungen gingen u. a. von Voltaires Roman *Zadig ou la destinée. Histoire orientale* (1747) und Friedrich Maximilian Klingers Roman *Geschichte Giafars des Barmeciden* (1792−94) aus; darüber hinaus merkt man auch diesem Stück an, daß sich G. in der Kindheit »an Geister- und Feenmärchen des Leopoldstädter Theaters ergötzt« hatte. Der Titel spielt auf Calderóns *Das Leben ein Traum* (Erstdruck 1636) an.

Der 1. und der Schluß des 4. Aktes bilden den Rahmen des Traumgeschehens. Traum ist der Wunsch nach Ruhm und Macht, Wirklichkeit das beschränkte idyllische Leben. Ort der Rahmenhandlung ist die Hütte des reichen Landmanns Massud, die seine Tochter Mirza und der Jäger Rustan mit ihm teilen. Der Friede ist gestört, seitdem es Rustan, bestärkt von seinem Negersklaven Zanga, in die große Welt zieht, zu Abenteuern, großen Taten, Ruhm und Macht. In der Nacht vor seiner Abreise nach Samarkand erscheinen ihm Traumbilder. In einer Berggegend vor Samarkand erhält Rustan die erste Gelegenheit zur Bewährung, doch er verfehlt die Schlange, die den König von Samarkand bedroht. Ein unbekannter Mann tötet sie von einem Felsen herab. Gleichwohl nimmt Rustan die Tat für sich in Anspruch, der erste Schritt in eine immer tiefere Verstrickung in Lüge und falschen Schein. Er bringt den Unbekannten um. Sein Machtstreben und der Versuch, die Aufdeckung seines Verbrechens zu verhindern, führen zu weiteren Verbrechen. Er ermordet den König. Seine Herrschaft an der Seite der Königstochter Gülnare ist durch Gewalt und Unrecht gekennzeichnet, bis sich Gülnare gegen ihn wendet. Er sucht sich durch Flucht zu retten und stürzt von der Brücke, auf der er einst den Unbekannten ermordet hatte. Rustan erwacht, nimmt den Traum als Warnung und erkennt, geheilt von seiner Zerrissenheit und seinem Ehrgeiz, daß allein »des Innern stiller Frieden« Glück gewährleiste. Zanga, der die Verlockung zum abenteuerlichen Leben verkörpert, erhält die Freiheit, und Rustan sucht bei Mirza und Massud sein beschränktes Glück: »Neben das Staatsbiedermeier des Ottokar ist das Familienbiedermeier getreten« (Friedrich Sengle). *Der Traum ein Leben* gehört zu den meistgespielten Stücken G.s; es war sein letzter großer Bühnenerfolg.

1834
Ferdinand Raimund
Der Verschwender

Dieses »Original-Zaubermärchen in drei Aufzügen«, dessen Titel ursprünglich *Bilder aus dem Leben eines Verschwenders* lauten sollte, wurde am 20. 2. 1834 im Theater in der Josefstadt zu Wien uraufgeführt (Erstdruck postum 1837). Es ist R.s letztes Stück. Anregungen für die Figur des Verschwenders konnte R. der Tradition des Volkstheaters und der europäischen Komödiendichtung entnehmen; auch die soziale Realität seiner Zeit bot Beispiele. Wie bei den anderen Stücken sind auch hier Musik (von Konradin Kreutzer) und szenische Phantasie integrale Bestandteile von R.s Theaterkunst.

Julius von Flottwell, ein reicher Edelmann, lebt großzügig und verschwenderisch. Unter seinen Bediensteten treten der Kammerdiener Wolf, der in die eigene Tasche wirtschaftet, und das Paar Valentin und Rosa in den Vordergrund, eine ins Kleinbürgerlich-Rührende transponierte Harlekin-Colombine-Konstellation. Flottwell gibt eine Jagdgesellschaft. In einer »reizenden Gegend« trifft er sich mit seiner geliebten Minna, die er für ein Bauernmädchen hält. In Wirklichkeit ist es die Fee Cheristane, die auf die Welt geschickt worden war, um »Wohltat auf der Erd' zu üben«, und sich in den jungen Flottwell verliebt und ihm zu Reichtum verholfen hatte. Nun muß sie zurück ins Feenreich. Azur, ihr dienstbarer Geist, soll Flottwell zur Seite stehen, aber: »Kein Fatum herrsch' auf seinen Lebenswegen, Er selber bring' sich Unheil oder Segen.« Der 2. Akt spielt drei Jahre später im neuen Schloß Flottwells, der sein verschwenderisches Leben weiterführt, ungeachtet des mehrmaligen Erscheinens eines geheimnisvollen doppelgängerischen Bettlers (sein eigenes Ich im 50. Lebensjahr). Flottwell flieht mit Amalie, der Tochter des Präsidenten von Klugheim, nach England. Zurück bleiben der Kammerdiener Wolf und das Paar Valentin und Rosa, die unter dem Verdacht, Schmuck gestohlen zu haben, von Wolf vom Schloß verjagt werden (in Wirklichkeit hat der geheimnisvolle Bettler den Schmuck an sich genommen). Weitere 20 Jahre später – 3. Akt – kommt Flottwell als Bettler zurück. Seine Frau und sein Kind sind verstorben, das Vermögen vollends verschwendet. Er findet das Stammschloß in Ruinen und seinen Kammerdiener – jetzt »von Wolf« – als Herrn im neuen Schloß. Valentin, der als Tischler seine Frau Rosa und viele Kinder redlich ernährt, will Flottwell in sein Haus aufnehmen und setzt sich dabei gegen die widerstrebende Rosa durch. Flottwell kehrt zur Ruine des Stammschlosses zurück, erkennt seine Schuld. Der Bettler gibt ihm das von ihm »erpreßte« Vermögen zurück, die Fee erscheint noch einmal und verheißt ein Wiedersehen »in der Liebe grenzenlosem Reich«. Flottwell nimmt nun Valentin und seine Familie in sein Haus auf, wie diese ihn zuvor aus sozialer Verantwortung aufnehmen wollten.

Die Feen- und Zauberwelt ist – wie schon im *Alpenkönig* – stark zurückgedrängt. Das Geschehen spielt im menschlichen Bereich, es geht um menschliche Tugenden und ihr Verfehlen. Flottwells ›Besserung‹ beruht nicht auf Zauber, sondern kommt aus innerer Einsicht und Bewährung; der Lohn ist materielle Sicherheit, nicht mehr. Glück im Diesseits, das Flottwell versagt bleibt, verkörpern hingegen Valentin und Rosa, bei denen man von einer Selbstdarstellung des erwachenden Bürgertums gesprochen hat. Berühmt wurde Valentins »Hobellied«, das über den »Wert des Glücks« räsoniert und über das Schicksal, das die Unterschiede einebnet. Der Schlußgesang ist folgerichtig ein Appell zur Genügsamkeit und Zufriedenheit: »Dudeldide, Dudeldide. Zufrieden muß man sein!«

R.s *Verschwender*, Zauber- und Besserungsstück, barockes Welttheater und Demonstration biedermeierlicher Verständigkeit in einem, war äußerst erfolgreich. Als erstes Raimundstück wurde es in den Spielplan des Burgtheaters aufgenommen, allerdings erst 1885, lange nach R.s Tod.

1834
Ludolf Wienbarg
Ästhetische Feldzüge

W.s *Ästhetische Feldzüge*, 1834 gedruckt und »Dem jungen Deutschland gewidmet«, enthalten 24 Vorlesungen, die der Privatdozent 1833 an der Kieler Universität hielt. Es ist die erste Programmschrift der neuen kurzlebigen Literaturbewegung. Sie wendet sich gegen eine idealistisch-normative Ästhetik und betont statt dessen ihre historische Bedingtheit: Die Ästhetik gehöre als »eine geschichtlich geschlossene Disziplin [...] dem Standpunkt der jedesmaligen Weltanschauung selber« an; der Ästhetiker gebe nicht eigentlich Gesetze, sondern entdecke sie nur. Dem entspricht die materialistische Vorstellung, »daß die jedesmalige Literatur einer Zeitperiode den jedesmaligen gesellschaftlichen Zustand derselben ausdrücke und abpräge«.

Allerdings sieht W. im »widrigen Zwielicht« der Gegenwart keine Möglichkeit, eine neue Ästhetik zu realisieren; allenfalls Ansätze und Tendenzen ließen sich aufzeigen. Dabei geht er vom einzelnen Beispiel aus; Goethe und Byron in poetischer, Heine »in prosaisch stilistischer Beziehung« werden hervorgehoben. Insbesondere die Hinwendung zur Prosa wird als erfreuliches Zeichen gewertet, weil sich hier die immer wieder geforderte Durchdringung von Kunst und Leben manifestiert. Kritik an der »abgestandenen Zeit« der Restaurationsepoche, Protest »gegen den Geist der Lüge, der tausend Zungen spricht und sich mit tausend Redensarten und Wendungen eingeschlichen hat in alle unsere menschlichen und bürgerlichen Verhältnisse«, durchzieht die Vorlesungen. Die programmatischen Äußerungen bleiben vage, die Erwartungen und Hoffnungen sind groß: »Ich denke, alles, was jung ist in Deutschland [...] lebt der frohen Hoffnung, daß [...] eine Wiedergebärung der Nation, eine poetische Umgestaltung des Lebens, eine Ergießung des heiligen Geistes, eine freie, natürliche, zwanglose Entfaltung alles Göttlichen und Menschlichen in uns möglich sei.« Das Verbot der Werke der Jungdeutschen durch den Bundestagsbeschluß vom 10. 12. 1835 traf auch W.

1835
Bettine von Arnim
Goethes Briefwechsel mit einem Kinde

A.s literarisches Denkmal ihrer Goethe-Verehrung erschien 1835 in drei Teilen. Ihr Bruder Clemens Brentano und seine Freunde hatten sie früh zu Goethes Werken hingeführt, 1806 hatte sie dann die Freundschaft zu Goethes Mutter gesucht, die ihr aus Goethes Jugend erzählte. Die erste Begegnung mit Goethe fand im Frühjahr 1807 in Weimar statt, eine zweite im Herbst desselben Jahres. Erst im Sommer 1810 kam es in Teplitz zu einem weiteren Wiedersehen. Nach ihrer Heirat mit Arnim hielt sich das Paar im August und September 1811 mehrere Wochen in Weimar auf. Hier kam es dann in aller Öffentlichkeit zu einem »heftigen und pöbelhaften Streit« zwischen Bettine und Goethes Frau Christiane, so daß Goethe den Verkehr abbrach.

Wie die Briefe zeigen – bis 1811 sind 41 sehr ausführliche, enthusiastische Briefe Bettines gegenüber nur 17 meist kurzen und zurückhaltenden Goethes überliefert –, erwiderte G. die leidenschaftlich-schwärmerische Liebe Bettines nicht im gleichen Maß: »Es ist noch die Frage, liebste Bettine, ob man Dich mehr wunderlich oder wunderbar nennen kann; besinnen darf man sich auch nicht; man denkt endlich nur darauf, wie man sich gegen die reißende Flut Deiner Gedanken sicher zu stellen habe.«

Die Annäherung an Goethe beginnt mit einem größtenteils fingierten Briefwechsel mit Goethes Mutter, der auf ihren Unterhaltungen basiert, gefolgt vom Briefwechsel mit Goethe, der die 2. Hälfte des 1. Teils und den ganzen 2. Teil umfaßt. Der 3. Teil enthält A.s »Tagebuch«, ein hymnisches »Buch der Liebe«.

A.s Werk entstand nach Goethes Tod; sie ließ sich ihre Briefe aus dem Nachlaß heraussuchen. Allerdings lag eine authentische Briefedition nicht in ihrer Absicht. Sie formte die Briefe bewußt in »ein episches Gedicht« um, zerstückelte und ergänzte Briefe, gestaltete manche Motive aus, erfand ganze Partien neu, verwertete gedruckte Quellen, rückte die Korrespondenz zeitlich zusammen. Zur Legitimation dieses Vorgehens diente die Fiktion des »Kindes«, die imaginäre kindliche Phantasie mit dem gleitenden Übergang von Traum und Leben, Wahrheit und Erfindung.

Die Familie war von A.s Buch wenig angetan und suchte sie von der Veröffentlichung abzuhalten. In der literarischen Öffentlichkeit fand es jedoch überwiegend Zustimmung. Jacob Grimm: »Es gibt kein anderes Buch, das diesen Briefen in Gewalt der Sprache wie der Gedanken an die Seite zu setzen wäre, und alle Gedanken und Worte wachsen in einem weiblichen Gemüt, das in der ungehemmtesten Freiheit sich aus sich selbst bildet und durch sich selbst zügelt. Solcher Unbefangenheit gelingt das Kühnste und Schwerste.« Bei den Vertretern des Jungen Deutschland fand der *Briefwechsel* nicht zuletzt wegen des frauenemanzipatorischen Aspekts großen Beifall.

A. ließ weitere Briefbücher folgen: *Die Günderode* (1840), *Clemens Brentanos Frühlingskranz* (1844).

1835
Georg Büchner
Dantons Tod

B. war im September 1834 von Gießen nach Darmstadt zurückgekehrt, um sich den politischen Untersuchungen im Zusammenhang mit dem *Hessischen Landboten* zu entziehen. Während er die Darmstädter Sektion der »Gesellschaft der Menschenrechte« aktivierte und gegenüber seinem Vater den Fortgang seiner medizinischen Studien dokumentieren mußte, beschäftigte er sich intensiv mit der Französischen Revolution von 1789. In »höchstens fünf Wochen« -- von Mitte Januar bis zum 21. 2. 1835 – entstand dann, unter großem Druck und immer von der Verhaftung bedroht, B.s erstes Drama: »Die Darmstädtischen Polizeidiener waren meine Musen.« Am 21. 2. 1835 sandte er das Manuskript an Karl Gutzkow, Redakteur beim Verlag Sauerländer. Gutzkow setzte sich für das Stück ein, hielt es aber für notwendig, die »Veneria« und »Quecksilberblumen« herauszutreiben. So kam es zu Kürzungen und Sinnenstellungen. »Der *ächte Danton* von B. ist *nicht* erschienen«, schrieb er später; am Untertitel des Erstdrucks von 1835 – »Dramatische Bilder aus Frankreichs Schreckensherrschaft« – sei er allerdings unschuldig.

In einem Brief an die Familie (Straßburg, 28. 7. 1835) erläutert B. das Stück und seine Auffassung vom dramatischen Dichter als schöpferischem Geschichtsschreiber, antwortet auf den Vorwurf der »Unsittlichkeit« – »Der Dichter ist kein Lehrer der Moral« – und macht, wie vor ihm Grabbe, den Bruch mit der idealistischen Traditon unmißverständlich deutlich: »Mit einem Wort, ich halte viel auf Goethe oder Shakespeare, aber sehr wenig auf Schiller.«

Das Drama (4 Akte, Prosa) behandelt, z.T. Quellenzitate montierend, einen Ausschnitt aus der Spätphase der Jakobinerherrschaft (24. 3.– 5. 4. 1794); die Revolutionsführer Danton und Robespierre stehen sich als Gegner gegenüber. Danton, der einst der Revolution ihren Schwung gegeben hatte, ist müde geworden und weigert sich, dem Drängen seiner Freunde zu folgen und die Initiative wieder an sich zu reißen. Dagegen leitet Robespierre, der dem mit großen Vollmachten ausgestatteten Wohlfahrtsausschuß vorsteht, zielbewußt die Ausschaltung Dantons und seiner Anhänger in die Wege, die einzige Gruppe, die seine Macht noch bedrohen könnte. Vor dem Jakobinerklub entwickelt Robespierre seine Philosophie der Tugend und des Schreckens. Der Sensualist und Epikureer Danton wirft seinem Gegenspieler Heuchelei und Genußfeindlichkeit vor, während Robespierre Dantons Epikureertum als moralisches und politisches Verbrechen betrachtet (»das Laster ist zu gewissen Zeiten Hochverrat«). Letzte Zweifel Robespierres werden von St. Just beseitigt, und die manipulierte Aktion gegen Danton und seine Anhänger nimmt ihren Lauf. Danton bliebt untätig (»sie werden's nicht wagen«), weigert sich zu fliehen, und als er sich endlich energisch gegen die Anklage und den Scheinprozeß zur Wehr setzt, ist es zu spät. Der Tod, das Sterben ist das Thema der Gespräche der Freunde vor der Hinrichtung. Der radikale Skeptiker Danton zweifelt selbst am Tod: »Ja, wer an Vernichtung glauben könnte! dem wäre geholfen. – Da ist keine Hoffnung im Tod; er ist nur eine einfachere, das Leben eine verwickeltere, organisiertere Fäulnis, das ist der ganze Unterschied!« Sein nihilistisches Fazit: »Die Welt ist das Chaos. Das Nichts ist der zu gebärende Weltgott.« Julie und Lucille, die Frauen von Danton und Camille Desmoulins, folgen freiwillig in den Tod.

B. demaskiert die Motivationen, Selbsttäuschungen, Rollenspiele, die großen Gesten und revolutionären Phrasen der Akteure. Aber nicht sie, sondern die Geschichte bestimmt, welche Rollen sie spielen und für wie lang. Vom »gräßlichen Fatalismus der Geschichte« schreibt B. in einem Brief, der sich auf seine Studien zur Französischen Revolution bezieht. Beiden Revolutionsparteien stellt er das Elend des Volkes gegenüber. Die immer wieder eingeschobenen drastischen Volksszenen machen deutlich, daß keine der Parteien eine Lösung für die materiellen Bedürfnisse des Volkes hat. Weder die liberalen politischen Ansichten und die egoistische, letztlich aristokratische Philosophie der Lust der Dantonisten noch die Tyrannei der Tugend bieten eine Antwort auf die sozialen Probleme: »das

Volk ist materiell elend, das ist ein furchtbarer Hebel«, erkennt ein realistischer Anhänger Dantons, und das Volk entscheidet sich für die Tugend Robespierres und gegen Dantons elitär-üppiges Leben. Allerdings trifft Dantons Feststellung, »die Revolution ist wie Saturn, sie frißt ihre eigenen Kinder«, wenige Monate später auch Robespierre.

Das Stück bietet keine Antworten – Walter Hinderer spricht von einer »Philosophie der kritischen Negation« –, aber es stellt dringlich auch die B.s Gegenwart bedrückende Frage, »wie politisch gehandelt werden soll und wie den hungernden Massen zu helfen ist« (Friedrich Sengle).

Die Uraufführung des Revolutionsstücks fand erst am 5. 1. 1902 in Berlin statt. *Dantons Tod* wurde mehrfach verfilmt und 1947 Grundlage einer Oper Gottfried von Einems.

1835
Christian Dietrich Grabbe
Hannibal

G.s vorletzte Tragödie (5 Akte, Prosa) – danach erschien nur noch die *Hermannsschlacht* (1838) – faßt weit auseinanderliegende Ereignisse zusammen und bringt die Schlacht bei Zama (202 v. Chr.), die Zerstörung Karthagos (146) und den Selbstmord Hannibals (183) in unmittelbare Nachbarschaft. Die Akte tragen Überschriften, die den ›epischen‹ Charakter des Stückes betonen: »Hannibal ante portas!«, »Numantia und Kapua«, »Abschied von Italien«, »Gisgon«, »König Prusias«.

Wie G.s Napoleon ist Hannibal zum Scheitern verurteilt; anders als Napoleon weiß er es auch. Die Nachricht von Hannibals Sieg bei Cannae geht im karthagischen Marktgetümmel unter (»So – wieder Siegsnachrichten, die uns keinen Scheffel Weizen eintragen«). Das regierende Dreimännergremium versagt Hannibal effektive Unterstützung und hofft auf sein Scheitern. Wird Hannibal von Karthago im Stich gelassen, so zeigt die Sitzung des römischen Senats entschiedenes, dem Gemeinwohl verpflichtetes Handeln. Während Hannibal die Belagerung Roms abbrechen und ins Winterquartier nach Kapua ziehen muß, fallen ihm die Römer unter der Führung der Scipionen in den Rücken und zerstören Numantia in Spanien. Als auch Hannibals Bruder Hasdrubal in Norditalien scheitert, beschließt Hannibal den Rückzug aus Italien, dem er sich innerlich tief verbunden fühlt. Er übernimmt die Macht in Karthago. Nach der verlorenen Schlacht von Zama wird ihm die Rückkehr in die Stadt verwehrt und die drei unter sich zerstrittenen Herrscher Melkir, Hanno und Gisgon verhandeln mit den Römern. Erst als diese die Stadt schleifen wollen, ruft Gisgon zum Widerstand auf. Als der Untergang unausweichlich erscheint, zünden die karthagischen Frauen die Stadt an, um in den Flammen zu sterben. Inzwischen hat Hannibal bei dem bithynischen König Prusias Zuflucht gefunden, einem feigen, mit den Mitteln der Satire bloßgestellten Despoten. Um einer Auslieferung an die Römer zuvorzukommen, vergiftet sich Hannibal. In der eindrucksvollen, grotesken Schlußszene drapiert Prusias seinen Königsmantel über den Toten, Karikatur der offiziellen Welt, »die Genies mit dem Königsmantel bekleidet, – wenn sie zugrunde gegangen sind« (Friedrich Sengle).

Hannibal zeigt den großen Einzelnen als Opfer der geschichtlichen Verhältnisse, des Parteiegoismus und der wirtschaftlichen Interessen. Vor dem positiven Beispiel Roms macht der Fall Karthagos deutlich, daß unter einer korrupten politischen Führung Moral und Gemeinschaftsgefühl nicht gedeihen können: »Die Vernichtung des ökonomisch entfremdeten Karthago ist das Strafgericht des Satirikers über eine dem Eigennutz verfallene, entmenschte Welt« (Winfried Freund). Das Ende des Dramas zeigt mit König Prusias die Fortdauer der moralisch und politisch abgewirtschafteten alten Herrschaftsform – ein satirisch-bitterer Hinweis auf die Duodezfürsten Deutschlands. Die Geschichtstragödie hat sich zur Tragikomödie gewandelt. Mit seinem »epigrammatische[n] Sarkasmus«, den ein zeitgenössischer Kritiker rühmte, gehört *Hannibal* zu den bedeutendsten Leistungen G.s. Uraufgeführt wurde das 1835 gedruckte Stück erst am 20. 12. 1918 im Münchener Nationaltheater. Angeregt von dieser Aufführung, begann Brecht 1922 mit einer Bearbeitung der Tragödie, die er jedoch nach einigen Szenen abbrach.

1835
Karl Gutzkow
Wally, die Zweiflerin

G.s Roman wurde sofort Gegenstand heftiger Angriffe des Kritikers Wolfgang Menzel, der das Buch als gotteslästerlich und unsittlich anprangerte und überdies die Gelegenheit nutzte, die Autoren des Jungen Deutschland insgesamt zu attackieren. Den Restaurationsregierungen konnte so der Roman als willkommener Vorwand dienen, die Schriften der Jungdeutschen zu verbieten (Bundestagsbeschluß vom 10. 12. 1835). G. wurde überdies am 13. 1. 1836 zu einem Monat Gefängnis verurteilt, wegen »verächtliche[r] Darstellung des Glaubens der christlichen Religionsgesellschaften«.

Formal knüpft G.s Roman mit seiner Verbindung von epischer Erzählung, Reflexionen, Gesprächen, Briefen, Tagebuchaufzeichnungen und einem Heft mit *Geständnisse[n] über Religion und Christenthum* an Friedrich Schlegels *Lucinde* an, deren Titelheldin – wie die von George Sands *Lélia* (1833) – auf die Gestalt der Wally eingewirkt hat.

Wally, jung, mondän, adelig, Liebhaber sammelnd, begegnet dem weltmännischen Skeptiker Cäsar. Beide sind hochmütig, gelangweilt von ihrer Umgebung, haben wenig übrig für demokratische Ideen und die zeitgenössische Literatur. Allerdings wird Wally abgestoßen von Cäsars Frivolität und seiner Haltung gegenüber der Religion (»Religion ist das Produkt der Verzweiflung«). Bei einem Aufenthalt in Bad Schwalbach kommen sie sich näher. Doch Wally ist nicht glücklich, voll von Zweifeln, und in einem (nicht abgeschickten) Brief an ihre Freundin spricht sie gegen Ende des 1. Buches von der »pflanzenartigen Bewußtlosigkeit, in welcher die Frauen vegetieren«, und sie beklagt den begrenzten »Ideenkreis, in welchen uns die Erziehung hineinschleuderte«.

Zu Beginn des 2. Buches ist sie wieder in exaltierter Laune (»Was Religion! Was Weltschöpfung! Was Unsterblichkeit! Roth oder blau zum Kleide, das ist die Frage«). Als Wally Cäsar von ihrer geplanten konventionellen Ehe mit dem sardischen Gesandten erzählt, bittet Cäsar sie, sich ihm einmal nackt zu zeigen – wie Sigune dem Schionatulander im *Jüngeren Titurel*. Sie lehnt zunächst empört ab, erfüllt jedoch schließlich seinen Wunsch in einer kunstvoll-kitschig arrangierten Szene. Nach dem Scheitern ihrer Ehe reist sie mit Cäsar ab. Die Tagebuchaufzeichnungen Wallys im 3. Buch zeigen die Gefährdung des neuen Glücks und berichten von ihren religiösen Zweifeln (sie liest u. a. die von Lessing herausgegebenen Reimarus-Fragmente). Cäsar verläßt sie zugunsten ihrer Freundin Delphine und schickt ihr auf ihr Bitten seine *Geständnisse über Religion und Christenthum*, die Gedanken der zeitgenössischen historisch-kritischen Bibel- und Religionskritik referieren (u. a. nach David Friedrich Strauß: *Das Leben Jesu, kritisch bearbeitet*, 1835–36). Wally fühlt sich ihrer Stütze beraubt und begeht mit einem Stilett Selbstmord: »Sie, die Zweiflerin, die Ungewisse, die Feindin Gottes, war sie nicht frömmer, als die, welche sich mit einem nicht verstandenen Glauben beruhigen? Sie hatte die tiefe Überzeugung in sich, daß ohne Religion das Leben des Menschen ein elend ist.«

G.s *Wally* entspricht mit ihrem Versuch einer Vermittlung von Dichtung und gesellschaftlich-religiöser Problematik den Vorstellungen einer neuen, dem ›Leben‹ zugewandten Literatur, wie sie die Jungdeutschen forderten. Dargestellt wird eine Zeit, deren Signum die »Zerrissenheit« ist (die sich auch in der absichtsvollen Disparatheit des Stils niederschlägt) und deren Protagonisten die Orientierung fehlt. Dies wiederum wird durch die Zitate historischer Muster kompensiert (Romeo und Julia, Werther, Sigune und Schionatulander). Daß G.s vorgebliches Hauptanliegen – »eine Verbesserung des mißverstandenen Christentums« – von den Lesern und Kritikern nicht erkannt wurde, dürfte auf die bewußt auf Effekte und Skandal zielende Darstellungsweise zurückzuführen sein.

1835
Theodor Mundt
Madonna. Unterhaltungen mit einer Heiligen

M.s *Madonna* ist in Form und Tendenz ein typisches Werk der jungdeutschen literarischen Oppositionsbewegung gegen die Restauration und die Ästhetik der klassisch-romantischen Kunstperiode. M. verwirft traditionelle Gattungsbezeichnungen wie Roman und Novelle und spricht von einem »Buch der Bewegung«, wobei er ganz konkret vom Vorgang des Reisens ausgeht und »Bewegung« zum entscheidenden Prinzip der Gegenwart erklärt. Wenn er zugleich das Werk als »ein Stück Leben« bezeichnet, so verweist er auf die erstrebte Annäherung von Kunst und Leben, die in der »Emancipation der Prosa« – M.s Ausdruck in seinem Buch *Die Kunst der deutschen Prosa* (1837) – ihren formalen Ausdruck findet.

Madonna ist eine Reiseerzählung. M. fungiert als fiktiver Herausgeber der Berichte und Gedanken eines Berliner Schriftstellers, der in der Zeit nach der französischen Julirevolution nach Böhmen und Wien reist. Eingefügt in diesen Rahmen sind Briefe und die Aufzeichnungen der Titelheldin, in denen sie ihre Geschichte erzählt (»Bekenntnisse einer weltlichen Seele«). Er sieht sie, Maria, zuerst während einer Prozession in Teplitz und dann bei einem alten, absonderlichen, fanatisch-katholischen Schulmeister, ihrem Vater.

Sie kommen sich in Gesprächen über die Jungfrau Maria, die Malerei und den Katholizismus näher; er nennt sie seine »Weltheilige«. Sie wiederum schickt ihm später ihre Geschichte: Sie war als Kind nach Dresden gebracht worden und hatte eine gute Erziehung erhalten – in der Absicht, sie dann als »ein gebildetes Schlachtopfer« einem gräflichen Wüstling zuzuführen. In letzter Minute sucht sie Schutz bei ihrem Hauslehrer, einem armen protestantischen Theologiestudenten, den sie heimlich liebt und mit dem sie die Nacht verbringt. Dieser freilich geht aus Gewissensnot über den Sündenfall ins Wasser. Maria kehrt in ihr Heimatdorf zurück, wo sie sich nach Befreiung aus der Enge sehnt. In diesem Stadium hatte sie der Schriftsteller angetroffen. Nach dem Tod ihres Vaters, so hören wir in dem den Roman beschließenden Brief, findet sie in München zu einem freien Leben und zum Protestantismus.

Eine Fülle von Reflexionen und Betrachtungen durchziehen den Bericht, buchstäblich über Gott und die Welt, über Liebe und Ehe, Literatur und Gesellschaft, Katholizismus und Legitimität, Casanova, Libussa, den »böhmischen Mägdekrieg«, die Emanzipation der Frau und die »Wiedereinsetzung des Fleisches«: Es geht um die Überwindung des Gegensatzes von Geist und Körper, von Gott und Welt, für den ein falsch verstandenes, asketisches Christentum verantwortlich gemacht wird (während die Menschwerdung Christi ja doch die Überwindung des Dualismus von Gott und Welt, Geist und »Fleisch« bedeute); es geht – utopisch – um »ein unendliches Glück«, das durch die wiederhergestellte Harmonie begründet werde.

Ms. Roman wurde heftig diskutiert und sofort vom Preußischen Oberzensurkollegium als eine der Schriften, »deren Grundgedanke auf Geltendmachung der zügellosesten sinnlichen Lust« gerichtet sei, indiziert. M. gehörte mit Heinrich Heine, Karl Gutzkow, Heinrich Laube und Ludolf Wienbarg zu den Schriftstellern, deren Schriften durch den Beschluß des Bundestages von 1835 verboten wurden.

1836
Karl Immermann
Die Epigonen

Pläne für die *Epigonen. Familienmemoiren in neun Büchern. 1823–1835* gehen bis in die 2oer Jahre zurück; entscheidende Fortschritte machte I. 1830. In einem Brief an seinen Bruder heißt es über den Roman: »Er hat jetzt den Namen bekommen: ›Die Epigonen‹, und behandelt [...] den Segen und Unsegen des Nachgeborenseins.« Dabei greift I. Elemente und Personenkonstellationen verschiedener Romane (u. a. *Wilhelm Meister*) und Romantraditionen auf (Abenteuer-, Bildungs-, Reiseroman).

Held der *Epigonen* ist Hermann, der sich für den Sohn eines Bremer Senators hält und im Sommer 1820, unzufrieden mit seinem bisherigen Leben und seiner Tätigkeit als preußischer Referendar, durch Westfalen wandert. Er ist auf dem Weg zu seinem Oheim, der große industrielle Unternehmungen betreibt. Zugleich gerät er in Kontakt mit einem Herzogspaar, auf dessen Besitz wiederum sein Oheim Anspruch erhebt. Am Hof des Herzogs wird er mit der adeligen Lebensform konfrontiert, mit Versuchen, die feudale Vergangenheit – etwa durch Turniere – wieder aufleben zu lassen. Von hier gelangt Hermann, der sich mit Kornelie, der Pflegetochter seines Oheims verlobt hat, nach Berlin. Vor dem Hintergrund der sogenannten Demagogenverfolgungen lernt er das politische und kulturelle Leben der Restaurationszeit kennen. Schuldgefühle wegen vermeitlichen Inzests stürzen ihn in eine schwere Krankheit, bedrohen ihn mit Wahnsinn. Erst als sich herausstellt, daß es sich anders verhält, findet er wieder zu sich selbst. Inzwischen hat auch die Erhellung der Vorgeschichte die komplexen Beziehungen zwischen Vergangenheit und Gegenwart deutlich gemacht, Familiengeheimnisse mit ihren zerstörerischen Verwirrungen und Leidenschaften ans Licht gebracht und eine Reihe von Identitäten geklärt. Unglücks- und Todesfälle, z. T., ausgelöst durch die Konfrontation mit der Vergangenheit, dezimieren die Zahl der Akteure und machen den Weg frei für Hermann, der – illegitimer Aristokratensproß – das Erbe sowohl des Herzogs wie des kapitalistischen Oheims antreten kann: »Das Erbe des Feudalismus und der Industrie fällt endlich einem zu, der beiden Ständen angehört und keinem.« Hermann betrachtet sich jedoch nur als »Depositar« für kommende Geschlechter und distanziert sich, wie zuvor von der »Ruine« des Adels, auch von dem aufkommenden industriellen Zeitalter. Angesichts des noch nicht entschiedenen Kampfes zwischen »alter und neuer Zeit« (»aristokratische Lüste« gegen »plebejische Habsucht«) und vor allem angesichts der radikalen Veränderungen durch die Industrialisierung entscheidet sich Hermann für ein drittes, eine zivilisationskritische agrarische Idylle: »Vor allen Dingen sollen die Fabriken eingehen und die Ländereien dem Ackerbau zurückgegeben werden. [...] Mit Sturmesschnelligkeit

eilt die Gegenwart einem trocknen Mechanismus zu; wir können ihren Lauf nicht hemmen, sind aber nicht zu schelten, wenn wir für uns und die Unsrigen ein grünes Plätzchen abzäunen und diese Insel so lange als möglich gegen den Sturz der vorbeirauschenden industriellen Wogen befestigen.« So schließt der Roman mit einem idyllischen Bild menschlicher Gemeinschaft – Hermann mit Braut, Schwester u. a. –, »über welche das Abendrot sein Licht goß«.

Der resignierende Rückzug am Ende macht noch einmal die Problematik der Zeit und der in ihr lebenden Menschen deutlich. Das Zeitalter der Epigonen ist gekennzeichnet durch den unaufgelösten Widerspruch zwischen der Einsicht in die Unmöglichkeit, das Alte zu konservieren, und der Unsicherheit über den Weg in die Zukunft. Es ist eine Unentschiedenheit, die als Zeitkrankheit diagnostiziert wird. Mit seiner Hinwendung zu den geistigen und gesellschaftlichen Problemen der Gegenwart gilt I. als Begründer des Zeitromans.

1836
Nikolaus Lenau
Faust

L.s *Faust*, entstanden 1833–35 und nach Teilabdrucken 1836 als Ganzes veröffentlicht, trägt die Gattungsbezeichnung »Ein Gedicht«. Das deutet in diesem Fall auf eine Mischform hin, in der epische Einleitungs- und Zwischenstücke mit dramatischen Szenen und Reflexionen abwechseln. Vorbild hierfür ist die Dichtung Byrons. Deutlich setzt sich L. von Goethe ab: »Faust ist zwar von Goethe geschrieben, aber deshalb kein Monopol Goethes, von dem jeder Andere ausgeschlossen wäre. Dieser Faust ist Gemeingut der Menschheit.«

In 24 Abschnitten, die mit Überschriften versehen sind und unterschiedliche Versformen verwenden (gereimte vier- und fünfhebige Jamben, Knittelverse, Liedstrophen usw.), verfolgt L. die Stationen von Fausts Leben: Faust mit Wagner im anatomischen Kabinett, um hier Antworten auf die Frage nach Wesen und Bestimmung des Menschen zu finden; Verschreibung unter der Bedingung, daß Mephistopheles ihn zur »Wahrheit« führe (von Mephistopheles verstanden als »Ruhm und Ehre, Macht und Gold, Und Alles was den Sinnen hold«); Tanz in der Dorfschenke; Faust in einer Residenz; Mord an einem Nebenbuhler; Meerfahrt mit Traumvisionen der Geliebten und der Mutter; Sturm und Schiffbruch; Tod.

»Ich habe Gottes mich entschlagen Und der Natur, in stolzem Hassen, Mich in mir selbst wollt' ich zusammenfassen«, resümiert Faust in seinem letzten Monolog. Am Ende erkennt er, daß sein Ziel, die absolute Freiheit des Ichs, radikale Einsamkeit bedeutet: »Mein Ich, das hohle, finstre, karge, Umschauert mich gleich einem Sarge.« Er sieht noch einen letzten Ausweg, indem er den Teufelsbund als Traum, als »nur des Gottbewußtseins Trübung« ausgeben will. Mephistopheles entlarvt die Täuschung; es gibt keine Rettung.

Fausts Weg, der ihn auf der Suche nach Wahrheit in den Nihilismus führt, findet eine Parallele in dem Don Juans (*Don Juan. Ein dramatisches Gedicht*, postum 1851). Mit seiner Dichtung des Weltschmerzes, des Nihilismus, der Langeweile steht L. in einer breiten europäischen Strömung.

1836
Ludwig Tieck
Der junge Tischlermeister

Die »Novelle in sieben Abschnitten« geht auf einen Entwurf der romantischen Periode T.s zurück; es sei ihm damals, 1795, darum gegangen, »klare und bestimmte Ausschnitte unsers echten deutschen Lebens, seiner Verhältnisse und Aussichten wahrhaft zu zeichnen«.

Der junge Tischlermeister Leonhard macht mit seinem adeligen Jugendfreund Baron Elsheim eine Reise auf dessen Schloß, um dort mit einer bunten, ständeübergreifenden Gesellschaft Theater zu inszenieren und zu spielen: Verteilung der Aufgaben und Rollen, Diskussion der Stücke und ihrer Charaktere, Beschreibung der Bühne und der Bühnenbilder (u. a. einer ›Shakespearebühne‹), Schilderung der Aufführungen (*Götz von Berlichingen, Die Räuber, Was ihr wollt*) und der damit verbundenen Erfolge und Mißerfolge, Verstimmungen und Liebeleien bilden das Zentrum der vorwiegend in Gesprächsform gehaltenen »Novelle«. Die Heimreise führt Leonhard zurück in die Vergangenheit; er findet in Bamberg seine Jugendgeliebte Kunigunde, die auf ihn wartet und mit der er einige Zeit verbringt. Doch wie er in seine Ehe gefestigter zurückfindet, so gelangt der Baron zur rechten Frau, und zwei Jahre später kommen alle im Hause des tüchtigen Tischlermeisters zusammen – womit das Werk zu seinem Anfangspunkt zurückkehrt.

Aktualität besitzt die Novelle weniger durch das Experiment einer ständeübergreifenden Gesellschaft als vielmehr durch das Registrieren

tatsächlicher gesellschaftlicher und wirtschaftlicher Veränderungen: der Bedrohung der Handwerkskunst und der damit verbundenen bürgerlichen Lebensform durch Technik und Kapital. Leonhard sieht die Gefahr und sucht sich dagegen zu wehren. Am Ende freilich steht die Verklärung bürgerlicher Tüchtigkeit, wie sie später bei Gustav Freytag (*Soll und Haben*, 1855) oder Richard Wagner (*Die Meistersinger von Nürnberg*, 1868) fortgeführt wird. Am Schluß der Novelle T.s sitzen die befreundeten Adeligen im Handwerkerhaus, und einer Dame gefällt besonders der Arbeitslärm »aus der Ferne«: »Wie hübsch ist das Gefühl hier, daß jeder Schlag, den ich vernehme, etwas einbringt; daß der Gewinn wieder das Gewerbe vergrößert [...]« usw. Auf den Einwand, daß all das »aller Poesie geradezu entgegenstrebe, und diese durchaus vernichten müsse«, antwortet sie: »Poesie! [...] ei, so müßten denn auch einmal Dichter kommen, die uns zeigten, daß auch alles dies unter gewissen Bedingungen poetisch sein könnte.«

1836
Georg Büchner
Woyzeck → 1879

1836–39
Friedrich Rückert
Die Weisheit des Brahmanen

R. war als Dichter und Übersetzer ungemein fruchtbar. Philologisch geschult durch den Wiener Orientalisten Joseph von Hammer-Purgstall, dessen Hafis-Übersetzungen (*Der Divan*, 1812–13) Goethe inspiriert hatte, legte er zahlreiche Übertragungen und freie Nachdichtungen bedeutender Texte aus dem Persischen, Arabischen und Indischen vor. Aber auch als Dichter stand ihm die orientalische Formenwelt nahe. So hatte er eine Vorliebe für die schwierige Form des Ghasels, die er sich zuerst durch Übersetzungen angeeignet hatte.

Eine Summe seines Denkens und Dichtens und seiner Lesefrüchte bietet die sechsbändige Sammlung *Die Weisheit des Brahmanen, ein Lehrgedicht in Bruchstücken* (1836–39), das »unter der nachlässig vorgehaltenen Brahmanenmaske« (R.) Weisheiten des Orients und des Okzidents sowie eigene Gedanken, Einsichten und Erfahrungen zu einem Ganzen zu fügen und die Einheit alles Geistigen sichtbar zu machen sucht.

Dem umfassenden Anspruch folgend, reicht die Themenvielfalt vom engen häuslichen Bereich (»Das Weib kann aus dem Haus mehr in der Schürze tragen, Als je einfahren kann der Mann im Erntewagen«) zu andächtig-erbaulichen Betrachtungen über die Geheimnisse der Natur und der Religion (deren verschiedene Manifestationen nur als unterschiedliche Erscheinungsformen einer ursprünglichen Einheit erkannt werden). Formal reicht die Skala vom Distichon bis zu längeren Gedichten, die meist paarweise gereimte Alexandriner aneinanderfügen. Insgesamt umfaßt die Erstausgabe 20 Gruppen mit 2788 Sprüchen (daneben gibt es zwei weitere von R. autorisierte Ausgaben von unterschiedlichem Umfang).

Das Werk war im 19. Jh. als eine Art weltanschauungsneutrales Erbauungsbuch äußerst erfolgreich. Hermann Hesse nannte es ein »kurioses Nebeneinander von lehrhafter Geschwätzigkeit und wirklicher Weisheit, von Philiströsität und echtem Dichtergeist«.

1836–48
Johann Peter Eckermann
Gespräche mit Goethe in den letzten Jahren seines Lebens

»Es war mir, als fange ich erst an aufzuwachen und zum eigentlichen Bewußtsein zu gelangen«, schrieb E. über seine erste Goethe-Lektüre. 1823 kam er nach Weimar, wurde von Goethe eingeladen, ihm beim Ordnen seiner Schriften zu helfen und machte sich dank seiner kritischen Fähigkeiten und seiner bedingungslosen Goethe-Verehrung unentbehrlich. Er leistete wesentliche Hilfe beim Redigieren der Werke Goethes, und nicht zuletzt seinem Drängen ist es zu verdanken, daß Goethe den *Faust* vollendete und den letzten Teil von *Dichtung und Wahrheit* abschloß. Während dieser Zeit machte sich E. mit Goethes Billigung regelmäßig Aufzeichnungen über ihre Gespräche. Nach Goethes Tod formte E., der selber einen ›goetheschen‹ Prosastil schrieb, aus diesem Material das Werk, »das fast eine Chiffre seiner Existenz wurde« (Peter Boerner). Die beiden ersten Bände erschienen 1836, ein 3. Band, der auch Tagebücher des Naturwissenschaftlers Frédéric Soret verwertet, folgte 1848. In der Einleitung zum 1. Band gibt der Autor ausführlich »Nachricht über seine Person und Herkunft und die Entstehung seines Verhältnisses zu Goethe«.

Die von E. in chronologischer Ordnung wiedergegebenen Gespräche und Äußerungen vermitteln ein geschlossenes Bild von Goethes Persönlichkeit, seiner vielseitigen Interessen, seiner Ansichten über Literatur, Kunst, Religion, Politik, Natur und Naturwissenschaft. Zugleich gehen die Gespräche auf Goethes Alltag ein, auf seine Gäste, Theaterbesuche usw. Daneben sorgt E. in durchaus künstlerischer Absicht für einen szenischen Rahmen, der Stimmung und Situation charakterisiert.

Die Zuverlässigkeit und Glaubwürdigkeit E.s ist wiederholt angezweifelt worden. Irrtümer bei Daten und anderen Details lassen sich denn auch, etwa im Vergleich mit Goethes Tagebüchern, nachweisen. Doch im Ganzen kann E.s Wiedergabe der Sache nach für zuverlässig gelten. Gleichwohl zeichnet er – durch entsprechende Auswahl und Präsentation des Materials – ein höchst stilisiertes, verklärendes Bild Goethes (»dies ist *mein* Goethe«), das Bild eines Würde, Milde und Gelassenheit ausstrahlenden großen Geistes. Die Ironie, die abweisende Kälte und Schroffheit Goethes verschwinden in der Sicht E.s: »Denn ich hatte es mit einem Helden zu tun […].« Allerdings bleiben dem aufmerksamen Leser die Spannungen in Goethes Existenz nicht verborgen.

Das Werk erlebte eine zwiespältige Aufnahme. Heinrich Heine etwa verspottete E. als einen Papagei Goethes; Nietzsche dagegen nannte später die *Gespräche* »das beste deutsche Buch, das es gibt«.

1837
Joseph von Eichendorff
Gedichte

E.s erste selbständige Sammlung seiner *Gedichte* erschien zu einer Zeit, als die ›Romantik‹ schon längst von anderen literarischen Strömungen abgelöst worden war. Allerdings hatte bereits der Roman *Ahnung und Gegenwart* (1815) mit insgesamt 52 Gedichten einen Eindruck von E.s lyrischer Kunst vermittelt. Später folgte eine kleine Sammlung von *Liedern und Romanzen* als Anhang zur Novelle *Aus dem Leben eines Taugenichts* (1826), die selbst eine Reihe der bekanntesten Gedichte E.s enthält.

Die Gedichtsammlung von 1837 ist in sieben Abteilungen gegliedert; für die Ausgabe im 1. Band seiner *Werke* (1841) fügte E. eine 8. Abteilung hinzu: *Wanderlieder, Sängerleben, Zeitlieder, Frühling und Liebe, Totenopfer, Geistliche Gedichte, Romanzen, Aus dem Spanischen.* Charakteristisch für E.s lyrisches Schaffen ist das Lied. Dabei verbirgt sich allerdings hinter den einfachen Formen eine auf den ersten Blick leicht zu übersehende Komplexität. Sie ergibt sich aus einem System von Bildern und Metaphern, einer formelhaften Bilderwelt, die – fern von jeder Eindeutigkeit und Schlichtheit – ein schwieriges Verhältnis des dichterischen Ich zur Welt erkennen läßt. Wie in den Prosadichtungen dominieren Naturbilder, Bilder, die weniger Gesehenes als vielmehr Stimmungen wiedergeben. Dabei zeigt sich ein durchaus zwiespältigs Verhältnis zur Natur. Sie erscheint einmal als eine auf Gott weisende schöne Landschaft, in der sich der Mensch geborgen fühlt, zum andern als Ort des Schauererregenden und Bedrohlichen. Spricht das Gedicht *Mondnacht* von der Vereinigung von Himmel und Erde und dem Flug der Seele »durch die stillen Lande« in die göttliche Urheimat, so beschwört sein Gegenstück *Zwielicht* die Nachtseite der Natur.

Die geläufige Vorstellung von E. als frohem Sänger deutschen Waldes und deutscher Wanderlust hält daher einem näherern Blick auf die Texte nicht stand, die immer wieder auf ein gebrochenes, zwiespältiges Verhältnis zum Leben verweisen. So deuten die Wanderlieder einerseits auf Aufbruch, Freiheitsstimmung, Lebensüberschwang, andererseits kündigt sich Sichverlieren, Unmöglichkeit eines freien Lebens, Ernüchterung an, treten Gedanken an Abschied, Vergänglichkeit und Tod hervor. Häufig kehren Einsamkeitstopoi wieder (z.B. *Der alte Garten*); im Bild des heimatlosen Sängers wird die Erfahrung der Fremdheit des Künstlers in der Gesellschaft deutlich, eine Erfahrung, die auch E.s eigene war (*Umkehr*).

Zur Popularität von E.s Liedern trugen – neben der Möglichkeit der Aktualisierung (Industriekritik) – nicht zuletzt die zahlreichen Vertonungen bei. Die Romanze *Das zerbrochene Ringlein* (»In einem kühlen Grunde Da geht ein Mühlenrad«) ist so zu einem anonymen Volkslied geworden. Die bedeutendsten zeitgenössischen Kompositionen, die auch die Hintergründigkeit der Texte deutlich werden lassen, stammen von Robert Schumann.

1837–59
Karl August Varnhagen von Ense
Denkwürdigkeiten des eignen Lebens

V.s Erinnerungen erschienen zusammen mit zahlreichen selbständigen kritischen, dichterischen und biographisch-essayistischen Arbeiten in der neunbändigen Sammlung *Denkwürdigkeiten und Vermischte Schriften* (Bd. 1–7: 1837–46, Bd. 8–9: postum 1859). Eine strenge systematische Gliederung besteht nicht; manche Bände sind nur den Memoiren gewidmet, andere enthalten dazu noch Teile der »Vermischten Schriften«. Auch das Memoirenwerk folgt nur in den ersten Teilen der Chronologie. Später geht V. meist auf chronologisch schon ›überholte‹ Stationen seines Lebens zurück; andererseits greift er in einem Fall weit voraus. Bis auf diese Ausnahme (Bd. 8: »Wien und Baden 1834«) behandelt V. den Zeitraum von seiner Jugend – mit einem Rückblick auf die Geschichte seines Geschlechts – bis zum Jahr 1819.

In den *Denkwürdigkeiten* schlagen sich V.s literarische Interessen und Verbindungen – er verkehrte mit zahlreichen Romantikern – ebenso nieder wie seine Vertrautheit mit politischen und diplomatischen Vorgängen. Dabei zählen sein Aufenthalt in Paris (1810) und seine Teilnahme am Wiener Kongreß als Privatsekretär des preußischen Staatskanzlers von Hardenberg zu den äußeren Höhepunkten (1819 wurde der Diplomat wegen seiner liberalen Anschauungen in den Ruhestand versetzt).

In den Deutungen zurückhaltend, zeichnen sich V.s Berichte, Beschreibungen und Charakteristiken durch genaue Beobachtungen und einen lebendigen, geschliffenen Stil aus, in dem sich Einflüsse klassischer französischer Vorbilder und der Prosa Goethes verbinden. Heinrich Laube nannte V., nicht ohne Anerkennung, den »Repräsentanten unbesoldeter deutscher Gentleman-Bildung«. Seine *Denkwürdigkeiten* gehören zu den bedeutenden Leistungen der deutschen Memoirenliteratur.

1838
Clemens Brentano
Gockel, Hinkel und Gackeleia

B.s Märchendichtung ist verhältnismäßig umfangreich. Sie entstand im wesentlichen zwischen 1805 und 1816; später überarbeitete B.

einen Teil der Texte. Die Märchen lassen sich in zwei Gruppen einteilen, die *Italienischen Märchen* und die *Märchen vom Rhein*. Die *Italienischen Märchen* sind freie Bearbeitungen einzelner Stücke aus Giambattista Basiles Werk *Lo Cunto de li Cunti* (1634–36), das als *Pentamerone* bekannt wurde; die *Märchen vom Rhein* verbinden eigene Erfindung mit verschiedenen Sagenkomplexen. Insgesamt stehen die Texte dem Kunstmärchen näher als dem Volksmärchen; die Brüder Grimm charakterisierten sie kritisch als »durchaus unvolksmäßig«. Artistisch-manieristische Sprachkunst und -spielerei, Satire und Anspielungen auf zeitgenössische Verhältnisse werden mit der alten Sagen- und Märchenwelt verbunden. Da residiert ein Prinz Wetschwuth in Porzellania (*Das Märchen vom Myrtenfräulein*), trifft die Literatursatire Johann Heinrich Voß (*Das Märchen von dem Schulmeister Klopfstock und seinen fünf Söhnen*), wird die Welt deutscher Duodezhöfe in einer Flohgeschichte satirisch beleuchtet (*Das Märchen von dem Baron Hüpfenstich*). – Bis auf Teildrucke in einer Zeitschrift (*Iris*, 1826–27) und die Veröffentlichung der erweiterten Fassung von *Gockel, Hinkel und Gackeleia* (1838; die 1. Fassung entstand 1811) blieben die Märchen zu B.s Lebzeiten unveröffentlicht. Die erste Gesamtausgabe, herausgegeben von Guido Görres, erschien 1846–47.

Gockel, Hinkel und Gackeleia, eingerahmt von einer Widmung an Marianne von Willemer und ein abschließendes *Tagebuch der Ahnfrau*, gehört zu den *Italienischen Märchen* und erzählt von dem verarmten ehemaligen Minister und Raugrafen Gockel von Hanau, der mit seiner Frau Hinkel von Hennegau und der Tochter Gackeleia im Hühnerstall seines verfallenen Schlosses lebt. Dank eines Zauberrings, für den sich ihr Haushahn Alektryo opfert, wird ihnen neues Glück zuteil. Gackeleia läßt sich jedoch von drei Juden durch eine Puppe verlocken, den Ring wegzugeben. Dadurch fällt die Familie wieder in die alte Armut zurück. In der Puppe ist die Mäuseprinzessin Sissi gefangen, und nach ihrer Befreiung durch Gackeleia gewinnt sie mit ihrem dankbaren Volk den Ring zurück. Gackeleia zaubert das Stammschloß der Familie Gockel in seiner ursprünglichen Pracht herbei.

Auch dieses Märchen zeichnet sich durch die für B. typische phantastische Fabulierkunst, durch Witz, Sprachspiele und Anspielungen aus, durch den Wechsel von Prosa und lyrischen Gebilden. Dahinter steht freilich ein religiöser Sinn: Es ist eine durchaus christliche Geschichte von Sündenfall, Opfertod und Wiedergewinnung des verlorenen Paradieses.

1838
Georg Büchner
Leonce und Lena

B.s einziges Lustspiel (3 Akte, Prosa) verdankt seine Entstehung einem Preisausschreiben, das der Cotta-Verlag 1836 veranstaltete. Da B. den Termin überschritt, erhielt er sein Stück ungeöffnet zurück. Karl Gutzkow veröffentlichte es postum 1838 in einer gekürzten Fassung im *Telegraph für Deutschland*. Der erste vollständige Druck erschien in den von Ludwig Büchner herausgegebenen *Nachgelassenen Schriften* (1850). Die Uraufführung fand am 31. 5. 1895 in München statt (Freilichtaufführung des Intimen Theaters). B. verwertete eine Fülle von Anregungen aus der europäischen Komödienliteratur (Brentanos *Ponce de Leon*, Tiecks Literaturkomödien, Alfred de Mussets *Fantasio*, Shakespeare, Gozzi usw.).

Prinz Leonce vom Liliputkönigreich Popo ist von Langeweile und Weltschmerz ergriffen. Als er erfährt, daß er mit der Prinzessin Lena von Pipi verheiratet werden und seinem Vater auf dem Thron nachfolgen soll, bricht er mit Valerio, einer Shakespeareschen Narrenfigur (und »noch Jungfrau in der Arbeit«), nach Italien auf. Prinzessin Lena, die sich als »Opferlamm« vorkommt, flieht ebenfalls mit ihrer Gouvernante. Leonce und Lena finden sich in einer traumhaften Begegnung nachts in einem Garten. Als sich Leonce danach umbringen will (»Mein ganzes Sein ist in dem *einen* Augenblick. Jetzt stirb! Mehr ist unmöglich«), verweist ihm Valerio diese »Leutnantsromantik«.

Vor dem Schloß König Peters von Popo üben Bauern ihre Rolle als jubelndes Volk, während man drinnen vergeblich auf das Brautpaar wartet, bis Valerio mit »zwei weltberühmten Automaten« kommt und ersatzweise deren Trauung vorschlägt. Als sie nach der Zeremonie ihre Masken abnehmen und sich als Leonce und Lena erkennen, fühlen sie sich »betrogen«: Den Zwängen zu entgehen, waren sie voneinander geflohen, doch – »O Zufall! […] O Vorsehung!« – es wurde eine »Flucht in das Paradies«. König Peter dankt ab, und Leonce entwirft ein ironisch-utopisches Bild ihres künftigen Lebens in einer Art importiertem Italien. Das letzte Wort hat Valerio, der als Staatsminister jeden, »der sich rühmt, sein Brot im Schweiße seines Angesichts zu essen, für verrückt und der menschlichen Gesellschaft gefährlich« erklären will: »und dann legen wir uns in den Schatten und bitten Gott um Makkaroni, Melonen und Feigen, um musikalische

Kehlen, klassische Leiber und eine commode Religion!«

Das Lustspiel, das märchenhafte, empfindsame und satirisch-groteske Elemente auf spielerische und zugleich kunstvolle Weise miteinander verbindet, lebt nicht zuletzt von seiner anspielungs- und zitatenreichen Sprache, der auch empfindsam-melancholische Stimmungen nicht fremd sind. Die Satire entlarvt die Marionettenhaftigkeit der Hofgesellschaft, karikiert die deutsche Kleinstaaterei, trifft aber auch literarische Modeströmungen und nicht zuletzt in der Gestalt des trotteligen Königs Peter die idealistische Philosophie. Es gilt aber auch: »Der eigentliche Gegenstand des Stückes ist das Wunder der Liebe« (Gonthier-Louis Fink).

1838
Franz Grillparzer
Weh dem, der lügt

G.s Lustspiel (5 Akte, Blankverse), am 6. 3. 1838 bei der Uraufführung am Wiener Burgtheater durchgefallen und 1840 zuerst gedruckt, basiert auf einer Geschichte, die Gregor von Tours in seiner *Historia Francorum* aus dem 6. Jh. erzählt.

Rahmen: Atalus, der Neffe des fränkischen Bischofs Gregor von Chalons, wird als Geisel widerrechtlich von heidnischen germanischen Barbaren in der Nähe von Trier gefangengehalten. Leon, der durchtriebene Küchenjunge des Bischofs, erhält den Auftrag, Atalus zu befreien, dabei aber unter keinen Umständen zu lügen. Wie er dies macht, ist Gegenstand der eigentlichen Handlung des Lustspiels: Leon läßt sich von einem Pilger dem Grafen Kattwald, der Atalus gefangenhält, als Küchenjunge verkaufen und tritt mit einer solchen Direktheit und Frechheit auf, daß niemand seine offen zugegebenen Absichten ernst nimmt. Kattwalds Tochter Edrita, die mit dem »dummen Galomir« verheiratet werden soll und die Doppelbödigkeit von Leons »Wahrheit« erkennt, hilft ihm. Nicht ohne göttlichen Beistand gelingt die Flucht, und Leon relativiert – indem das Stück wieder zur Aufgabenstellung des Anfangs zurückkehrt – den absoluten Wahrheitsanspruch des Bischofs (»Wahr stets und ganz war nur der Helfer: Gott«).

Nachdem der Bischof auch die Wahrheit in den Beziehungen zwischen Leon, Edrita und Atalus herausgefunden hat, erhält der Küchenjunge das dem Christentum zuneigende »Häuptlingskind« zur Frau, während für Atalus der (geistliche) Weg zur absoluten Wahrheit bestimmt ist.

»Weh dem, der lügt«, die Devise, die im Stück immer wieder zitiert wird, hat nicht nur einen didaktischen Sinn; die Frage nach der Wahrheit ist zugleich eine der Sprache und ihrer Problematik. Und was ist die Wahrheit? Der Bischof zieht ein ironisierendes, sprachkritisches Fazit:

Sie reden alle Wahrheit, sind darauf stolz,
Und sie belügt sich selbst und ihn, er mich
Und wieder sie; Der lügt, weil man ihm log –
Und reden alle Wahrheit, alle. Alle.

Das Lustspiel mußte nach drei Wiederholungen abgesetzt werden. Grund für den Mißerfolg war nicht allein, daß hier die Komik des Wiener Volkstheaters fehlte oder die Aufführung manches zu wünschen übrig ließ; es lassen sich auch politische Motive für die Ablehnung erkennen. »Überhaupt sehe ich nicht die Nothwendigkeit nicht ein, warum gerade ein *Küchenjunge* zum Schildträger der *Wahrheit* auserkoren wurde?«, heißt es in einer Kritik. Das sei eine französische, sprich revolutionäre »Bizarrerie«. G. zog sich voll Verbitterung weitgehend von der literarischen Szene zurück und behielt seine weiteren Dramen in der Schublade (*Libussa, Ein Bruderzwist in Habsburg* und *Die Jüdin von Toledo* wurden erst 1872, nach seinem Tod, gedruckt und aufgeführt).

1838
Eduard Mörike
Gedichte

M.s lyrisches Werk entstand seit den 20er Jahren. Eine größere Anzahl von Gedichten wurde zum erstenmal in dem Roman *Maler Nolten* (1832) veröffentlicht, u.a. *Der Feuerreiter, Im Frühling* (»Hier lieg ich auf dem Frühlingshügel«), *Jung Volker* und der *Peregrina*-Zyklus. Eine eigene Gedichtsammlung stellte M. erst 1838 zusammen, eingeleitet von dem Gedicht *An einem Wintermorgen, vor Sonnenaufgang* mit dem suggestiven Anfang »O flaumenleichte Zeit der dunkeln Frühe«, ein Text im Zwischenbereich von Traum und Wachen und zugleich Andeutung des schöpferischen Vorgangs. Erweiterte Ausgaben der *Gedichte* erschienen 1848, 1856 und 1867, und sie lassen in den unablässigen Veränderungen und Verbesserungen den formbewußten Sprachkünstler erkennen.

In M.s lyrischem Schaffen steht bewußt archaisierender oder volkstümlicher Volkslied- und Balladenstil neben strengen Sonetten und antikisierenden Gebilden, die nach 1840 einen wesentlichen Teil seiner Lyrik ausmachen. Zahllose Gelegenheitsgedichte zu allen möglichen Anlässen zeigen den geselligen Aspekt seiner Kunst. Die Naturge-dichte sind mit ihren Personifikationen und ihrer Allegorik älteren Traditionen verpflichtet (»Gelas-sen stieg die Nacht ans Land, Lehnt träumend an der Berge Wand«). Bei den Liebesgedichten reicht die Spannweite von der Darstellung des »Irrsals« der Liebe im *Peregrina*-Zyklus bis zur spielerischen Erotik in Texten anakreontischer Manier. Als Erfindung M.s gilt das sogenannte ›Dinggedicht‹, das man als Gedicht definiert hat, »welches ein Ding – das heißt einen toten Gegen-stand oder zumindest ein sprach-loses Wesen – um seiner selbst willen in vorwiegend beschrei-bender Weise behandelt« (Werner v. Nordheim). Beispiele in M.s Werk sind u. a. die Gedichte *Auf eine Christblume, Auf ein altes Bild, Inschrift auf eine Uhr mit drei Horen* und nicht zuletzt der vielfältig interpretierte Text *Auf eine Lampe*, der von der seligen Selbstgenügsamkeit des Kunst-werks spricht.

M.s Beschäftigung mit antiker Lyrik schlug sich auch in bedeutenden Übersetzungen nieder. Zu-nächst gab er eine *Classische Blumenlese* (1840) mit einer Reihe eigener Catull-Übersetzungen heraus, es folgten *Theokritos, Bion und Moschos* (1855; mit Friedrich Notter, der Bion und Mo-schos übersetzte) und *Anakreon und die soge-nannten Anakreontischen Lieder* (1846).

1838–39
Karl Immermann
Münchhausen

I.s bedeutendster Roman, im Untertitel als »Eine Geschichte in Arabesken« bezeichnet, erschien 1838–39 in acht Büchern. Mit seiner Kombina-tion zweier völlig verschiedener Handlungssträn-ge knüpft er an E. T. A. Hoffmanns *Kater Murr* (1819–21) an. Dem satirischen *Münchhausen*-Teil (Buch 1, 3, 4, 6) steht als Gegenbild die Bauern-idylle des *Oberhof*-Teils gegenüber (Buch 2, 5, 7, 8).

Der Freiherr von Münchhausen, Enkel des be-kannten Lügenbarons, nistet sich mit seinem Diener Karl Buttervogel im heruntergekomme-nen Schloß Schnick-Schnack-Schnurr in Westfa-len ein, auf dem der alte Baron von Schnuck-Puk-kelig mit seiner Tochter Emerentia wohnt, die seit vielen Jahren vergeblich auf die Verehe-lichung mit dem Fürsten von Hechelkram wartet. Ein Findelkind, Lisbeth, das die beiden als Magd versorgt, ist gerade unterwegs, um überfällige Steuern bei den Bauern einzutreiben. Münch-hausen macht sich als unerschöpflicher Erzähler äußerst unwahrscheinlicher Geschichten und Er-

lebnisse, deren Wahrhaftigkeit er vehement be-teuert, bei dem gelangweilten Baron unentbehr-lich. Dieser Teil der »Geschichte in Arabesken« mit seinen Phantastereien, Abschweifungen und Einlagen hat kaum eine ›Handlung‹, bietet aber die Möglichkeit zu anspielungsreicher Satire und Parodie, die zeitgenössische Literatur, spekulati-ve Philosophie und verschiedene Strömungen der Empfindsamkeit ebenso trifft wie die obsolete Welt des Adels und andere soziale Erscheinun-gen. Dabei verkörpert Münchhausen, der schließlich noch dem senilen Baron das Pro-jekt einer »Luftverdichtungsaktienkompanie« schmackhaft macht, die Hohlheit, den Lügengeist und die Bindungslosigkeit seiner Epoche; indem sich allerdings der »Cäsar der Lügen« bereits sel-ber ironisiert und parodiert, trägt er zugleich zur Entlarvung des Unechten bei. »Was soll ein ge-scheiter Kerl jetzt anders tun als lügen, die Prahl-hänse zum besten haben, umherlaufen, sich wandeln und verwandeln?« Als ihn schließlich Emerentia als Vater ihres unehelichen Kindes – es ist Lisbeth – erkennt, flieht er gemeinsam mit dem »bekannte[n] Schriftsteller Immermann« und verbirgt sich in einer Krypta. Seitdem ist Münchhausen »auf unbegreifliche Weise ver-schwunden«.

Im gegenbildlichen *Oberhof*-Teil treten Ironie, Parodie und Satire ganz zurück. Lisbeth hält sich auf dem Oberhof auf, dem Gut des hochangese-henen Hofschulzen, einer idealisierten Bauern-gestalt. Zu der von ihm vertretenen Tradition des freien Bauerntums gehört auch die eigene Ge-richtsbarkeit, das – am Ende freilich aufgegebe-ne – Femegericht. In dieser der Gegenwart ent-rückten Idylle findet die Begegnung zwischen Lisbeth und dem »Jäger« Oswald statt, in Wirk-lichkeit ein schwäbischer Graf auf der Suche nach Münchhausen. Ihre Liebe erweist sich trotz aller Gefährdungen und Mißverständnisse stär-ker als Herkommen und Standesunterschiede. Sie soll den Weg zu einer neuen Ordnung andeu-ten, die auch über die ideologisch verklärte Welt des Oberhofs hinausführt: »Im Herzen müssen sich die Menschen erst wieder fühlen lernen, um den neuen Weg zu erkennen, den die Geschlech-ter der Erde wandeln sollen.«

Die problematische Seite der Bauernutopie im Oberhof mit ihrer Mythisierung des ›Volkes‹ wur-de in der Rezeptionsgeschichte des Romans da-durch verstärkt, daß der *Oberhof*-Teil aus dem Ganzen herausgelöst und als selbständige ›Dorf-geschichte‹ publiziert wurde. Auf diese Weise blieb der für die Romankonzeption entscheidende Umstand außer Betracht, daß die Bauernutopie nur einen Aspekt – Idylle als indirekte Gesellschaftskritik – eines komplexen satirischen Werkes darstellt, dessen Teile, obwohl nur lose verbunden, sich dialektisch ergänzen.

1839
Georg Büchner
Lenz

B.s Braut Minna Jaeglé fertigte nach seinem Tod im Februar 1837 eine Abschrift der Erzählung *Lenz* an und schickte sie an Karl Gutzkow, der sie im Januar 1839 in seiner Zeitschrift *Telegraph für Deutschland* abdruckte: *Lenz. Eine Reliquie von Georg Büchner* (der Text weist einige Lücken auf). Hauptquelle B.s waren die tagebuchartigen Aufzeichnungen des Pfarrers Johann Friedrich Oberlin über den Aufenthalt von Jakob Michael Reinhold Lenz vom 20. 1. bis 8. 2. 1778 in seiner Pfarrei in Waldersbach/Elsaß. Daneben benutzte B. Briefe und andere Texte von Lenz und Goethes Darstellung in *Dichtung und Wahrheit*. Oberlins Bericht, den B. von seinem Freund August Stöber in einer Abschrift erhalten hatte, wurde von diesem unter dem Titel *Der Dichter Lenz, im Steintal* ebenfalls 1839 in der Straßburger Zeitschrift *Erwinia* veröffentlicht.

Gutzkow rühmte in seinem Vorwort die »Naturschilderungen« und die »Seelenmalerei«: »wir müssen erstaunen über eine solche Anatomie der Lebens- und Gemütsstörung.« Es war dieser Aspekt, die Darstellung eines psychopathischen Krankheitsverlaufs, die den Mediziner B. anzog. Dabei verwandte er z. T. zwar wörtlich Formulierungen aus Oberlins Bericht, doch während dieser bei der Schilderung der äußeren Ereignisse und Symptome stehenblieb, gelang es B., die Oberfläche zu durchbrechen und durch ein kunstvolles »Zusammenspiel von Außen- und Innensicht« das nüchterne Protokoll in ein »Seelen-Seismogramm« zu verwandeln (Walter Hinck).

Der Text beginnt mit der Schilderung von Lenz' Wanderung durch die winterlichen Vogesen, zeigt seine durch den ausbrechenden Wahnsinn verursachte Desorientierung (»es faßte ihn eine namenlose Angst in diesem Nichts, er war im Leeren«). In Oberlins Pfarrhaus aufgenommen, wird er allmählich ruhiger, doch kommt es zu neuen Angstzuständen. Sein Zustand bessert sich, als es ihm in einer Predigt gelingt, seine Erfahrung des Leids der Gemeinde mitzuteilen. Anschließend erfaßt ihn eine Art mystischer Extase, die ihn die Problematik seiner eigenen Situation ahnen läßt. Der Besuch des ›Genieapostels‹ Christoph Kaufmann stört ihn in seiner Ruhe, die er

bei dem praktisch-tätigen Seelsorger Oberlin gefunden hat. Es kommt zum sogenannten ›Kunstgespräch‹, in dem Lenz eine gegen den Idealismus gerichtete, antiklassizistische Kunstauffassung propagiert. Als ihn Kaufmann auffordert, wieder zu seinem Vater zurückzukehren (»Lenz fuhr ihn an; Hier weg, weg! nach Haus? Toll werden dort?«), bricht die Krankheit von neuem aus. Ihre Hintergründe – die Erwartungen des Elternhauses, das Erlebnis mit Friederike Brion – werden angedeutet. Stetige Verschlechterung des Zustandes, Verstörung, Wahnvorstellungen, Zweifel an Gottes Mitleid und Allmacht, Angst kennzeichnen die letzten Tage bei Oberlin, der ihn schließlich nach Straßburg bringen läßt. Nach mehreren Selbstmordversuchen setzt eine seelische Erstarrung ein, mit der die Krise ein vorläufiges Ende findet und die Erzählung schließt.

B.s Studie, in der Arnold Zweig den Beginn der modernen europäischen Prosa sah, regte Peter Schneider zu seiner Erzählung *Lenz* (1973) an, die vor dem Hintergrund der Studentenbewegung Erfahrungen der Gestalt B.s aktualisiert. Auch Film (u. a. *Lenz*, 1971 von George Moorse) und Oper (Wolfgang Rihm, *Jakob Lenz*, 1979, Libretto von Michael Fröhling) ließen sich von B. anregen.

1839–47
Leopold von Ranke
Deutsche Geschichte im Zeitalter der Reformation

R. verdankt seinen Ruf als Historiker nicht zuletzt seiner literarischen Meisterschaft, die er keineswegs in Widerspruch zu seinem Ziel sieht, auf der Grundlage historischer Quellenforschung darzustellen, »wie es eigentlich gewesen.« Als eines seiner Meisterwerke gilt die sechsbändige Reformationsgeschichte, die die bewegenden Kräfte und Ereignisse der Epoche in ihrem weltgeschichtlichen Zusammenhang schildert. Das Werk beginnt mit einer rückblickenden »Ansicht der früheren deutschen Geschichte« seit der Karolingerzeit, befaßt sich dann mit den Versuchen einer Reichsreform im ausgehenden 15. und frühen 16. Jh., bis mit der Gegenüberstellung von Luther und Karl V. die Geschichte der Reformation in engerem Sinn anhebt, die im folgenden bis zum Augsburger Religionsfrieden und zur Abdankung Karls V. weitergeführt wird.

Für R. war Geschichtsschreibung »zugleich Kunst und Wissenschaft«; sie solle »dem gebildeten Geist denselben Genuß gewähren, wie die gelungenste literarische Hervorbringung«. Und so ist R. in erster Linie Erzähler, der mit einem Gefühl für Proportionen, Perspektiven und Kontraste das gewaltige Material gliedert, die vielen Details zu farbigen, aussagekräftigen Bildern zusammenfaßt, mit wenigen Strichen prägnant Situationen und Charaktere zeichnet und im Sinn traditioneller Erzählkunst mit seinen Wertungen und Sentenzen stets als vermittelnde Instanz zwischen Stoff und Leser sichtbar bleibt.

Ein Werk wie R.s *Deutsche Geschichte im Zeitalter der Reformation* macht die Fragwürdigkeit eines auf die sogenannte ›schöne Literatur‹ eingeengten Literaturbegriffs deutlich: »Denn in diesem Werk ist soviel Welt wie in Shakespeares Dramen enthalten, vergangene Welt, die wieder zum Leben kommt. Die Erzählung ist von einer solchen Anmut und scheinbaren Leichtigkeit, daß man ihr nur die größte Prosa an die Seite stellen kann« (Walther Killy).

1840
Emanuel Geibel
Gedichte

Als G. 1884 starb, wurde ihm die 100. Auflage seiner ersten Gedichtsammlung (*Gedichte*, 1840) in den Sarg gelegt: Er war der erfolgreichste Lyriker seiner Zeit. Heute ist er fast völlig vergessen, sieht man von dem Wanderlied *Der Mai ist gekommen* oder den berüchtigten Schlußversen des Gedichts *Deutschlands Beruf* von 1861 ab: »Und es mag am deutschen Wesen Einmal noch die Welt genesen.« Dem ersten großen Erfolg schlossen sich weitere Sammlungen an – u. a. *Juniuslieder* (1848), *Neue Gedichte* (1856), *Heroldsrufe* (1871) –, ohne daß jedoch eine wirkliche Entwicklung zu bemerken wäre.

G.s Lyrik zeichnet sich durch die völlige Beherrschung der überlieferten Formen der klassischen und romantischen Dichtung aus. Formale Reinheit, selbstgenügsame Schönheit sind die entscheidenden Kriterien seiner ästhetizistischen Kunstauffassung: »Was ich vom Kunstwerk will? Daß es schön und sich selber genug sei.« Persönliches, Subjektives wird der glättenden Form und strikter Selbstkontrolle unterworfen: das Ergebnis ist – ob Landschafts-, Liebes- oder Klagedichte – eine harmonische Mittellage, eine Tendenz zur klischeehaften Reihung traditioneller Bilder und Gedanken. So entsteht »die Illusion einer von maßvoller Humanität und kultiviertem Schönheitssinn geprägten Ordnung« (Ludwig

Völker), die – gerade angesichts einer widerspruchsvollen, dem raschen Wandel unterworfenen Zeit – G.s Popularität im Bürgertum erklärt.

In den politischen Gedichten wird G.s Gegenposition zur Vormärzdichtung offenbar (*An Georg Herwegh,* 1842); mit preußisch-deutschem Patriotismus und religiöser Inbrust besingt er 1870–71 Krieg und Reichsgründung. Bedeutend ist G. hingegen als Übersetzer: u. a. *Spanisches Liederbuch* (1852, mit Paul Heyse), *Fünf Bücher französischer Lyrik* (1862, mit Heinrich Leuthold), *Classisches Liederbuch* (1875).

G.s Epigonentum entging weder ihm selbst noch kritischeren Zeitgenossen wie Theodor Storm. Von Einfluß war er insofern, als er nach seiner Berufung nach München 1852 eine Gruppe gleichgesinnter Poeten um sich scharte und nach seinen Vorstellungen zu prägen suchte (Münchener Dichterkreis).

1840
Friedrich Hebbel
Judith

H.s erste Tragödie (5 Akte, Prosa) wurde am 6. 7. 1840 im Berliner Königlichen Hoftheater uraufgeführt und im selben Jahr gedruckt. Das Geschehen basiert auf dem häufig dichterisch behandelten apokryphen Buch Judith des AT. Dabei rückt Hebbel, der sich mit seinem Stück gegen Schillers *Jungfrau von Orleans* (1801) wendet, das legendäre Geschehen durch entschiedene Psychologisierung in ein neues Licht und macht die Diskrepanz zwischen subjektivem Handlungsantrieb und göttlichem Willen deutlich.

Angesichts des Versagens der Männer nimmt es Judith auf sich, den assyrischen Feldherrn Holofernes zu töten und so den Untergang des jüdischen Volkes zu verhindern. Damit verstößt sie zugleich gegen ihre ›natürliche‹ Rolle als Frau, wie sie H. sah. Sie fühlt den göttlichen Auftrag, doch von Anfang an werden unterschwellig auch sexuelle Beweggründe sichtbar. Sie verstärken sich, als sie sich ihrem Gegenspieler nähert, einer maßlosen, selbstherrlichen Kraftnatur (die zu parodieren Nestroy wenig Mühe hatte). Von Holofernes nicht als der Feind ernstgenommen, nach dem er sich sehnt, gedemütigt und schließlich vergewaltigt, schlägt sie dem schlafenden Feldherrn den Kopf ab – aus privater Rache, nicht als patriotische Tat. Sie erkennt: »nichts trieb mich als der Gedanke an mich selbst.« Als Lohn bzw. Sühne für ihr Handeln fordert sie den eigenen Tod, falls sie ein Kind von Holofernes empfangen habe.

Trotz der für das Biedermeier schockierenden Behandlung der biblischen Geschichte, der psychologischen Entlarvung und der Emanzipationsthematik sah H. das Stück vor allem als religionsgeschichtliche Tragödie: »Meine ganze Tragödie ist darauf basiert, daß in außerordentlichen Weltlagen die Gottheit unmittelbar in den Gang der Ereignisse eingreift und ungeheure Taten durch Menschen, die sie aus *eigenem* Antrieb nicht ausführen würden, vollbringen läßt«, schrieb er an die erste Darstellerin der Judith. Dabei läßt es die Notwendigkeit der Tat gleichgültig erscheinen, in welchem Maß sie mit Leiden und Schuld verknüpft ist. Dies ist eine tragische Konstellation, die sich in H.s späteren Stücken wiederholt.

Auf die Aufführung von Hebbels Tragödie am Wiener Burgtheater im Januar 1849 antwortete Nestroy mit einer der klassischen Parodien der deutschen Literatur (*Judith und Holofernes,* 1849).

1840
Heinrich Heine
Ludwig Börne. Eine Denkschrift

Die Unvereinbarkeit der politischen Vorstellungen Börnes und H.s wurde in ihrer Beurteilung der französischen Julirevolution von 1830 deutlich. Daß H. in seinen *Französischen Zuständen* (1832) Sympathien für eine Art demokratischen Royalismus erkennen ließ, stieß bei dem radikalen Republikaner Börne auf völliges Unverständnis. In seinen *Briefen aus Paris* (1832–34) griff er H.s Haltung an; er glaubte Opportunismus und gewissenloses Ästhetentum zu erkennen. Die Angriffe der deutschen Republikaner gingen weiter, doch H. hielt sich zurück. Erst nach Börnes Tod (1837) schien ihm der Zeitpunkt für eine öffentliche Erwiderung gekommen. In einem Brief nennt er seine Beweggründe: »Börne scheint wirklich jetzt von den Deutschen kanonisirt zu werden. Dieser ehrliche Mann ist dennoch mit Verläumdungen, die er der Welt über mich insinuirt hat, ins Grab gegangen. Es ist sehr wahrscheinlich, daß ich mein Stillschweigen über ihn breche.« Die Schrift erschien 1840 bei Campe, der ihr eigenmächtig den Titel *Heinrich Heine über Ludwig Börne* gab und damit die Mißverständnisse vorwegnahm, auf die das Buch dann in der Öffentlichkeit stieß. Denn H. beabsichtigte kein Börne-Buch im engeren Sinn, »sondern nur die Schilderung persönlicher Berührungen in Sturm und Noth, und eigentlich ein Bild dieser Sturm- und Nothzeit.«

Die in fünf Bücher gegliederte Schrift verwirklicht die postulierte Verflechtung von Persönlichkeits- und Zeitanalyse. Das 1. Buch behandelt H.s Beziehung zu Börne in Deutschland. Die auf 1830 datierten Briefe aus Helgoland im 2. Buch geben Hinweise auf die deutschen Zustände, feiern die französische Julirevolution und fragen nach den Konsequenzen für Deutschland. Das 3. Buch kehrt dann mit dem Zusammentreffen H.s und Börnes in Paris im Herbst 1831 wieder zum Biographischen zurück, wobei die Differenzen rasch sichtbar werden und u. a. von Börnes politischem ›Wahnsinn‹ und den Aktivitäten der deutschen Republikaner die Rede ist. B.s moralischer Rigorismus, seine republikanische Tugendvorstellung und sein spiritualistisches Christentum werden auf seinen »schroffen Ascetismus« und die Verdrängung seiner Sinnlichkeit zurückgeführt. Börne, dem »Nazarener«, steht der sinnenfrohe »Hellene« H. gegenüber. Schließlich erinnert H. im letzten Buch an die Angriffe auf ihn und sucht seine Anschauungen von denen Börnes abzugrenzen. In einer pessimistischen Vision sieht er den Sieg der puritanischen Republikaner in ihrem »aschgrauen Gleichheitskostüm« voraus, so daß sich für »die Schönheit und das Genie […] kein Platz finden [wird] in dem Gemeinwesen unserer neuen Puritaner«. Am Schluß steht ein ebenso pessimistisches Traumgesicht, das im Bild heidnischer Nymphen das Verschwinden von Schönheit und Sinnlichkeit andeutet (während sich »ein Geschrei von rohen Pöbelstimmen« erhebt und »ein katholisches Mettenglöckchen« kichert).

H.s Börne-Buch ist sprachliches Kunstwerk, politische Streitschrift, eindringliche Persönlichkeits- und Zeitanalyse und Darstellung der eigenen Kunst- und Lebensanschauung in einem. Nach Thomas Mann enthält die *Denkschrift* die »genialste deutsche Prosa bis Nietzsche«. Das Buch löste einen Entrüstungssturm aus, wurde als Angriff eines sich »vollkommen in seiner moralischen Auflösung« befindlichen Schriftstellers auf ein Monument des deutschen Republikanismus empfunden (Karl Gutzkow). H.s Außenseiterstellung war besiegelt.

1840
Heinrich Heine
Der Rabbi von Bacherach

Fiktionale Erzählprosa steht nicht im Mittelpunkt von H.s Werk. Drei fragmentarische Versuche hat er in seine Sammlung *Der Salon* (4 Bde., 1834–40) aufgenommen: das an den Schelmenroman anknüpfende Romanfragment *Aus den Memoiren des Herren von Schnabelewopski* (1834) mit der von Richard Wagner aufgegriffenen Sage vom fliegenden Holländer als Einlage, die fragmentarische Konversationsnovelle *Florentinische Nächte* (1837) und das Bruchstück des historischen Romans *Der Rabbi von Bacherach* (1840).

Zwischen Beginn und Wiederaufnahme bzw. Abschluß der Arbeit an dem *Rabbi von Bacherach* liegt eine große Zeitspanne. Anregungen für eine Arbeit über die Leidensgeschichte des jüdischen Volkes erhielt der religiös indifferente Dichter durch seine Mitgliedschaft in dem »Verein für Cultur und Wissenschaft der Juden«, der 1819 als Reaktion auf die erneuten Judenverfolgungen gegründet worden war. 1824 begann er mit intensiven Quellenstudien und der Arbeit an einer »Novelle« bzw. – nach erweiterter Konzeption – einem historischen Roman in der Art Walter Scotts. Er kam jedoch nicht recht voran und brach im 2. Kapitel ab; erst 1840, in Zusammenhang mit den Judenverfolgungen in Damaskus, griff er wieder auf das Werk zurück und stellte eine aus drei Kapiteln bestehende Druckfassung her. Umstritten ist, ob das Werk vorwiegend eine Arbeit der Jahre 1824–26 oder eine des Jahres 1840 darstellt.

Das Geschehen spielt am Passahfest des Jahres 1489. In Bacherach, einer in düsterem Licht geschilderten Stadt am Rhein, versammelt der gelehrte Rabbi Abraham am ersten Abend des Festes seine Verwandten und Freunde zu einer rituellen Feier. Als er einen von zwei Fremden unter den Tisch geschmuggelten Kinderleichnam entdeckt, flieht er mit seiner Frau Sara. Irrtümlich meint er, die Gefahr gelte nur ihm – mit der Leiche ließ sich der Vorwurf des Ritualmords ›beweisen‹ –, während in Wirklichkeit die ganze Gemeinde niedergemetzelt wird. Mit einem Kahn erreichen Abraham und Sara am Morgen die blühende, lebendige, festliche Handelsstadt Frankfurt, entschiedener Kontrast zum finsteren Bacherach. Sie gelangen ins streng abgeschlossene Judenghetto. Hier nehmen sie am Gottesdienst teil, der nicht immer in vollem Ernst verläuft, und sie treffen einen alten Freund des Rabbi, einen spanischen Renegaten, der die jüdische Küche mehr liebt als den Glauben und mit dem sie sich zum Mittagsmahl begeben. Damit endet das Fragment.

Das Urteil über H.s Romanversuch hängt nicht zuletzt davon ab, ob man das Werk an den Kriterien des traditionellen historischen Romans mißt. In diesem Fall muß man zweifellos einen Stilbruch zwischen der im ernsten Ton gehaltenen Exposition und den ironisch-witzigen Szenen in Frankfurt konstatieren. Nimmt man aber den von H. in den *Reisebildern* entwickelten nicht-epischen, diskontinuierlichen, kontrastiven, ironisch-witzigen Stil als Maßstab, so behält das Romanfragment jedenfalls seinen Wert als Experiment.

1840
Johann Nepomuk Nestroy
Der Talisman

Die »Posse mit Gesang in drei Akten« (Musik von Adolf Müller) wurde am 16. 12. 1840 im Theater an der Wien uraufgeführt und 1843 gedruckt. N. spielte die Hauptrolle. Vorlage war die kurz vorher gespielte französische »Comédie-Vaudeville« *Bonaventure* (1840) von Charles-Désiré Dupeuty und Frédéric de Courcy.

Titus Feuerfuchs, »ein vazierender Barbiergeselle«, stößt wegen seiner roten Haare überall auf Ablehnung. Als er auf das Gut der Frau von Cypressenburg kommt, schenkt ihm ein Friseur, den er vor einem Unfall bewahrt, eine schwarze Perücke als »Talisman«. So der menschlichen Gesellschaft zurückgegeben, erregt er das Interesse verschiedener Witwen und steigt im Haus der Frau von Cypressenburg in kürzester Frist auf: die Gärtnerin macht ihn zum Gärtner, die Kammerfrau zum Jäger und die Schloßherrin befördert ihn zu ihrem Sekretär – jeweils ausgestattet mit Kleidern der verstorbenen Ehemänner. Dabei kommt ihm neben seinem geänderten Äußeren seine anpassungsfähige Beredsamkeit zu Hilfe, die bei der schriftstellernden Frau von Cypressenburg tiefen Eindruck macht: »Wie verschwenderisch er mit zwanzig erhabenen Worten das sagt, was man mit einer Silbe sagen kann! Der Mensch hat offenbare Anlagen zum Literaten.« Doch als der Perücken-Betrug auffliegt und Titus wieder die Verstoßung aus der Gesellschaft droht, erscheint sein dummer und reicher Onkel, der »Bierversilberer« Spund – und plötzlich gleicht der zu erwartende Wohlstand den gesellschaftlichen Makel der roten Haare aus. Doch Titus hat genug, spielt nicht mehr mit und nimmt die ebenfalls rothaarige, ausgestoßene Gänsehüterin Salome Pockerl zur Frau.

Die satirische Entlarvung gesellschaftlicher Mechanismen und Prätentionen geschieht, so desillusionierend sie sein mag, mit äußerster Leichtigkeit. Der *Talisman* zeigt N. auf der Höhe seiner Sprachkunst, deren Skala vom Ausdruck natürlicher Menschlichkeit bis zur Parodie der klassischen Literatursprache reicht. Dabei ist N.s Sprache mit ihrem Witz, den Wortspielen und den satirisch-parodistischen Einfällen ebenso enthüllend wie komisch und hat auch heute noch nichts von ihrer Wirkung verloren.

1840
Ludwig Tieck
Vittoria Accorombona

T.s letzter Roman, in fünf symmetrisch angeordneten Büchern 1840 erschienen, schildert das Schicksal seiner Heldin vor dem Hintergrund einer ausgesprochenen Krisenepoche der italienischen Renaissance. Mit dem Verfall der politischen Autorität, die ein Überhandnehmen des Bandenunwesens, der Korruption und der Intrigen zur Folge hat, korrespondiert ein allgemeiner Niedergang der Moral. In diese Atmosphäre von öffentlicher und privater Kriminalität, von ungehemmter Triebhaftigkeit, Gewalt und Heuchelei stellt T. die Renaissancedichterin Vittoria Accorombona (1557–85) als Verkörperung vollkommener Schönheit.

Vittoria stammt aus einer angesehenen römischen Advokatenfamilie, die jedoch – der Vater lebt nicht mehr – auf die Protektion mächtiger Gönner angewiesen ist, um eine standesgemäße Existenz aufrechtzuerhalten, sich vor Übergriffen der Mächtigeren zu schützen und den Kindern (neben Vittoria sind es drei Söhne) Stellungen zu sichern. Vittoria muß daher ihren Vorsatz aufgeben, nur der Kunst zu leben und heiratet – bedrängt von dem gewalttätigen Grafen Orsini und dem einflußreichen Kardinal Farnese, der sie zu seiner Geliebten machen möchte – den schwachen Francesco Peretti, den Neffen des Kardinals Montalto, des späteren Papstes Sixtus V. Damit scheinen Sicherheit und Wohlstand der Familie gewährleistet, doch Zerfallserscheinungen werden rasch offenbar: Vittorias Ehemann schlägt sich mit ihrem ältesten Bruder Ottavio, einem Geistlichen, auf die Seite Kardinal Farneses, des Feindes von Montalto; ihr Bruder Marcello setzt sein Räuberleben fort; Vittoria trifft mit dem Herzog Bracciano, einer Verkörperung des amoralischen Machtmenschen, zum erstenmal einen Mann, den sie als ebenbürtig anerkennen kann und den sie liebt. Als Peretti getötet wird, hält man Vittoria für die Mörderin, doch kommt es dank des Eingreifens von Bracciano zu keiner Verurteilung. Sie wird jedoch in der Engelsburg gefangengehalten und schließlich von ihrem Ge-

liebten befreit. Er heiratet sie und bringt sie auf einer seiner Besitzungen am Gardasee in Sicherheit, denn inzwischen ist Montalto, der Vittoria für die Mörderin seines Neffen hält und im übrigen gnadenlos gegen das Bandenunwesen und die Anmaßung des römischen Adels vorgeht, zum Papst gewählt worden. Daß das Glück nur von kurzer Dauer ist, liegt jedoch nicht am Papst, sondern an Orsini, der die Zurückweisung nicht vergessen kann und nach Peretti nun auch Bracciano und schließlich Vittoria selbst brutal ermorden läßt. Dabei wird auch ihr jüngster Bruder getötet, ihre Mutter und ihr ältester Bruder sterben im Wahnsinn, der Bandit Marcello wird hingerichtet: »So war das ganze Geschlecht der Accoromboni, einst so bekannt, erloschen, untergegangen und bald vergessen.«

T.s historischer Roman stellt eine Frau in den Mittelpunkt, die stolz und selbstbewußt ihr Leben nach ihren eigenen Vorstellungen zu gestalten sucht und nur mit Grauen an die der Frau zugedachte traditionelle Rolle denken kann. Eine Wirklichkeit wird sichtbar, in der es keine gültigen Wertmaßstäbe mehr gibt, weder ethische noch religiöse. An ihre Stelle treten die Liebe und die Schönheit, ihre Verklärung im Untergang. Moderne Kunstproblematik, die Resignation des Künstlers angesichts seiner fragwürdigen Rolle in der Gesellschaft, seiner Instrumentalisierung durch die Gesellschaft, wird deutlich gemacht am Schicksal Tassos, dessen Geschichte in das eindrucksvolle Gemälde der Spätrenaissance eingearbeitet ist. Mit seiner Thematik, dem Zusammenstoß von Schönheit und Kunst mit einer antagonistischen Wirklichkeit, weist T. u. a. auf das Werk C. F. Meyers voraus.

1840–41
August Heinrich Hoffmann von Fallersleben
Unpolitische Lieder

Mit Georg Herwegh und Franz Dingelstedt gehört H. zu den Autoren, die der politischen Lyrik der 40er Jahre entscheidende Anstöße gegeben haben. Die *Unpolitischen Lieder* – der Titel ist ironisch gemeint – erschienen in zwei Teilen, gegliedert in sieben »Sitzungen« (nebst einem Anhang) bzw. in die Tage der Woche. H. erweckt so den Anschein des Geselligen und Volkstümlichen, der durch die Verwendung von Formen und Melodien von Volks- und Studentenliedern noch verstärkt wird. Wie andere politische Lyriker der Zeit ist auch H. von den politischen Chansons Jean Pierre de Bérangers beeinflußt, die u. a. Chamisso verdeutscht hatte (*Béranger's Lieder,* 1838).

Der Grundton der *Unpolitischen Lieder* ist satirisch: eine Abrechnung mit der deutschen Gegenwart, dem politischen Repressionssystem der Restaurationsregierungen, mit Fürstenherrschaft und Standesdünkel, Kleinstaaterei und Philistertum. Dagegen steht – oft verbunden mit einem Umschlag in feierliches Pathos – die liberale Forderung nach Einigkeit (= staatliche Einheit), Recht (= Konstitution), Freiheit und Gleichheit vor dem Gesetz, wobei die häufige Beschwörung des »Vaterlands« nicht frei von chauvinistischen Anklängen ist (wie ja auch das gleichzeitig, nämlich 1841 in Helgoland entstandene *Lied der Deutschen* durchaus problematische Züge aufweist).

H., Professor in Breslau, wurde 1842 seines Amtes enthoben. Er hatte gegen Grundsätze verstoßen, die er in seinem Gedicht *Hundertjähriger Kalender* gnomisch formuliert hatte: »Willst du was werden, Mußt du schweigen [...].«

1841
Franz Dingelstedt
Lieder eines kosmopolitischen Nachtwächters

D. gehört mit Georg Herwegh (*Gedichte eines Lebendigen,* 1841–43) und Hoffmann von Fallersleben (*Unpolitische Lieder,* 1840–41) zu den Dichtern, die der politischen Lyrik der 40er Jahre entscheidende Anstöße gegeben haben. D.s Sammlung erschien Ende 1841 (mit der Jahreszahl 1842). Sie besteht aus vier Zyklen: *Nachtwächters Stilleben, Nachtwächters Weltgang, Empfindsame Reisen, Letzte Liebe.* Die beiden letzten Teile haben keine Beziehung zur Nachtwächterthematik; sie enthalten Gedichte ohne politische Tendenz.

Die Rollenfiktion des Nachtwächters begründet die formale Einheit der beiden ersten Zyklen und sorgt zugleich für eine einheitliche, satirisch-aggressive Perspektive. *Nachtwächters Stilleben* zeigt den Nachtwächter auf seinem nächtlichen Rundgang durch eine deutsche Kleinstadt und entwirft das ironische Bild einer Scheinidylle. Das 1. Gedicht, das das alte Nachtwächterlied zeilenweise aufnimmt und verfremdet, endet – nach der Aufforderung, die Gedanken herunterzuschlucken – mit einer Pointe, die für den ganzen Zyklus gilt:

Labt Euch an dem Zichorientranke
Und tretet Eure Mühlen gern,
Freut Euch des Lebens voller Danke
Und lobt, nächst Gott, den Landesherrn!

Der 2. Zyklus, *Nachtwächters Weltgang,* lockert die Fiktion und schickt den Nachtwächter auf eine Reise durch Deutschland, zeigt also nach der Kleinstadtidylle das Unterdrückungssystem im großen. Der *Weltgang* steht unter dem Motto: »Welt in Duodez; Der Deutsche versteht's!«, und führt von Frankfurt über München, Kassel, Hannover, Helgoland und Berlin nach Wien. Die grundsätzliche Kritik an der politischen Ordnung des Deutschen Bundes und der Einzelstaaten, an Partikularismus, Restauration, Klerikalismus, Unterdrückung und Verfassungsbruch impliziert die Forderung nach Einheit – allerdings ohne nationalistische Emphase und nur zusammen mit politischer Freiheit. Mit dem Ausblick auf ein Zeitalter der Freiheit endet das letzte Gedicht des Zyklus, *Abschied von Wien,* das in allegorischer Weise die verführerische Kaiserstadt als »Venus-Priesterin« der Göttin Freiheit gegenüberstellt.

Stilistisch zeigt sich D. von Heine beeinflußt, von dessen Kunst der ironischen Brechung, des Spiels mit sprachlichen und formalen Mitteln, der Parodie und der Travestie (wobei neben Volksliedern, Chorälen und anderen volkstümlichen Texten auch ausgesprochen modische oder exotische Formen wie Ghasel oder Ottaverime der politischen Intention nutzbar gemacht werden). Heine seinerseits zog aus den *Liedern eines kosmopolitischen Nachtwächters* Gewinn für die Konzeption von *Deutschland. Ein Wintermärchen* (1844). Heine und andere Dichter nahmen auch das Nachtwächtermotiv auf; allerdings schlug die anfängliche Wertschätzung D.s in scharfe Ablehnung um, als dieser 1843 die Front wechselte und eine Stelle am Stuttgarter Hof annahm.

1841
Ernst Elias Niebergall
Datterich

Die *Localposse, in der Mundart der Darmstädter,* 1841 gedruckt und 1862 von einer Darmstädter Liebhaberbühne erstmals aufgeführt, gehört zu den bedeutendsten Dialektkomödien der deutschen Literatur. Der *Datterich* ist nach *Des Burschen Heimkehr, oder: Der tolle Hund* (1837) N.s zweites (und letztes) Stück. Es spielt in Darmstadt und Umgebung und entfaltet im Rahmen einer locker gefügten Intrigenhandlung ein mit parodistischen Zügen durchsetztes Panorama einer Kleinbürger- und Wirtshaushockerwelt, in dessen Mittelpunkt der Außenseiter Datterich steht.

Die äußere, in sechs Bildern gegliederte Handlung beginnt damit, daß der »Particulier« (Rentner) Datterich wieder einmal sein Geld vertrunken und verspielt hat und im biederen Drehergesellen Schmidt ein dankbares Opfer erkennt (»Den kennt mer vielleicht melke«). Er stellt sich als Mann von Einfluß vor, der Schmidt helfen könne, von der Stadt als Meister bestätigt zu werden, Voraussetzung wiederum für seine Heirat mit Marie Dummbach, der Tochter seines Lehrherrn (der sein wirres Weltbild unmäßiger Zeitungslektüre verdankt und im Gegensatz zu Marie seinem Namen alle Ehre macht). Als Datterich den naiven Schmidt auch noch mit seiner Base Evchen zu verkuppeln sucht, leiten Marie und ihr Vetter Fritz Knippelius eine erfolgreiche Gegenintrige ein. Schmidt erhält seine Marie und die Anerkennung als Meister, und der phantasievolle Schnorrer Datterich, handgreiflich vor die Tür gesetzt und doch vermißt, ist wieder da, wo er schon am Anfang war.

Der *Datterich*, von N. als »Localposse« in die Tradition der im 19. Jh. in Städten wie Wien, Berlin und Frankfurt gepflegten Dialektdramatik gestellt, ist Charakter- und Gesellschaftskomödie von hohem Rang, desillusionierend, aber ohne Bitterkeit. Milieu, Situationen, Personen und ihre Verhaltensweisen, vergegenwärtigt durch eine plastische, ebenso wirklichkeitsgesättigte wie entlarvende Sprache (und Sprachkomik), sind das entscheidende, nicht Tempo und zielgerichtete Handlungsführung. Hinzu kommt die Ambivalenz der Perspektiven: Einerseits wird durch Witz und Parodie die »Deutsche Michelhaftigkeit des Bürgertums« bloßgestellt (Walter Höllerer), andererseits ist es der als »schlechter denkender Mensch« charakterisierte, versoffene »Lump« Datterich, der diese Entlarvung bzw. Selbstentlarvung provoziert, aber letztlich doch im Bannkreis dieser Bürgerwelt bleibt. So hält der hessische Nestroy, wie man N. nicht zu Unrecht genannt hat, dem philiströsen Biedermeierbürgertum den Spiegel vor, durchschaut es und »läßt es doch auch wieder in seiner Unzulänglichkeit humoristisch gelten« (Friedrich Sengle).

1841
Charles Sealsfield
Das Kajütenbuch oder Nationale Charakteristiken

Die Amerikaromane des ehemaligen Ordenspriesters Karl Postl, der sich als Schriftsteller Charles S. nannte und auf ausgedehnten Reisen Mexiko und die Vereinigten Staaten kennengelernt hatte, stellen dem alten, versklavten Europa das Bild eines von kraftvollen Naturen geprägten freien Amerika gegenüber. In diesen Romanen sei, schreibt er, »der Held – wenn wir so sagen dürfen – das ganze Volk«, wobei allerdings die Ablösung des Einzelhelden durch das ganze Volk (»Volksroman«) nur mit Hilfe herausgehobener Repräsentanten geschehen konnte. Dies ist auch im *Kajütenbuch* der Fall, das nicht zufällig den Untertitel »Nationale Charakteristiken« trägt. Es ist heute S.s bekanntestes Werk, nicht zuletzt wegen des häufig separat gedruckten ersten Teils *Die Prairie am Jacinto*.

Das Buch verweist mit seinem Titel auf den Schauplatz, das als »Kajüte« bezeichnete Landhaus des Kapitäns Murky in Mississippi. Hier hat sich eine Gesellschaft von Pflanzern, Offizieren und einem Bankpräsidenten zu angeregter Unterhaltung zusammengefunden. Aus diesen Gesprächen wachsen dann längere Erzählungen hervor, in denen einzelne Mitglieder der Gesellschaft von ihren Erlebnissen berichten, die dann wiederum von der Gesellschaft kommentiert werden. So entsteht ein Roman nach einem lockeren, episodischen Kompositionsprinzip, der doch nicht ohne tieferen Zusammenhang bleibt und in den einzelnen Episoden typische Repräsentanten der amerikanischen Gesellschaft und ihrer verschiedenen Entwicklungsstufen sichtbar werden läßt.

Zunächst geht es um die für die Gegenwart bedeutsame Frage des Anschlusses von Texas an die Union. In der Erzählung des texanischen Obersten Edward Morse in den Teilen *Die Prairie am Jacinto* und *Der Krieg* werden Natur, Geschichte und Freiheitskampf der Texaner gegen Mexiko lebendig. Berühmt geworden ist die faszinierende Schilderung des Irrens durch die unermeßliche Prärie, das Morse beinahe das Leben gekostet hätte. Gerettet von dem Verbrecher Bob, kommt er zur »Riesengestalt« des Alkalden, des Friedensrichters, der Bob vor dem Tod bewahrt, weil dergleichen unruhige Charaktere der Sache der Freiheit gute Dienste leisten könnten (und Bob bewährt sich in der Tat im texanischen Freiheitskampf). Bob und der Alkalde repräsentieren eine Stufe des amerikanischen Gemeinschaftslebens, die überwunden werden muß und die überwunden wird.

Der mit *Der Kapitän* überschriebene Teil des *Kajütenbuchs* beginnt mit einer Diskussion über die Rolle des Geldes, bis dann Bankpräsident Duncan von seinen Erlebnissen in Peru und einem amerikanischen Kapitän erzählt, der einen peruanischen Offizier vor den Spaniern gerettet und damit der südamerikanischen Freiheitsbewegung erhalten hatte – Demonstration der Notwendigkeit der weltweiten Ausbreitung amerikanischer Freiheitsideale. Dieser mutige Kapitän ist Murky, der nun in der Gegenwart eine patriarchalisch-harmonisierende Rolle spielt, die Gegensätze in der Gesellschaft ausgleicht und auch dafür sorgt, daß der zum General beförderte und die demokratische Zukunft des Landes verkörpernde Morse gegen die Einwände seines Onkels Duncan Alexandrine, die Tochter Murkys, heiraten kann. So klingt das Ganze idyllisch aus.

Noch im Erscheinungsjahr besprach Arnold Ruge das später wegen seiner lockeren Komposition oft kritisierte Werk ausführlich und nannte es einen »Roman von der besten Art, neu in Anlage, Ausführung, Motiv und Charakteristik«. Deutlich wird auch, worin die Faszination des Amerikaromans für die Zeitgenossen lag: »Der deutsche Genius konnte sich vor der Versumpfung des Friedens und der historischen Lethargie, die der politische Katholicismus über uns bringt, nicht anders retten: er wandert aus in das Reich der Freiheit und der Kämpfe; und wir sehen ihm sehnsüchtig nach [...].«

geht er gegen Pfaffen, Kirche und Feudalismus an, singt er das *Lied vom Hasse* und beschwört die Freiheit – den freien Mann, das freie Wort, das freie Vaterland – in allen Variationen: »Und durch Europa brechen wir Der Freiheit eine Gasse!« Vorbildgestalten sind u.a. der französische politische Lyriker Jean Pierre de Béranger und Ulrich von Hutten, der als »unser Heiland« angesprochen wird, wie denn überhaupt das politische Pathos religiös-eschatologische Züge trägt *(Aufruf)*. Der enthusiastischen Freiheitsrhetorik, mit der auch ein (realitätsferner) emphatischer Nationalismus im Stil des Deutschlandlieds verbunden sein kann *(Die deutsche Flotte)*, ließ H. im 2. Band sarkastische, satirische Töne folgen; zugleich zeigt sich eine Annäherung an die soziale Realität *(Vom armen Jakob und von der kranken Lise)*.

Später fand der liberale Demokrat den Weg zum Sozialismus; für Lasalles Allgemeinen deutschen Arbeiterverein schrieb er 1863 das *Bundeslied*. Seine nun konkrete Kritik am preußischen Militärstaat und der Handlungsunfähigkeit der bürgerlichen Revolutionäre setzte sich fort in der Bloßstellung des pervertierten Einheitsgedankens nach dem Sieg über Frankreich: »Ihr wähnt euch einig, weil die Pest Der Knechtschaft sich verallgemeinert« *(Den Siegestrunkenen,* in: *Neue Gedichte,* 1877).

Das Urteil Franz Mehrings, H. gehöre »zu den glänzenden aber unglücklichen Talenten, die mit ihrem ersten Wurf gleich ihr Bestes oder selbst schon ihr Alles geben«, hat lange den Blick auf seine späte politische Lyrik verstellt.

1841–43
Georg Herwegh
Gedichte eines Lebendigen

Mit den *Gedichten eines Lebendigen* (Bd. 1; 1841, ⁶1843; Bd. 2: 1843) hatte der »Bannerträger der politischen Richtung der Literatur« (Georg Weerth) seinen größten Erfolg. Der Titel spielt auf die *Briefe eines Verstorbenen* (1830–31) von Fürst Pückler-Muskau an, der in einem ironischen Widmungsgedicht *(An den Verstorbenen)* als »toter Ritter«, als Repräsentant einer überlebten Epoche bezeichnet wird. Diesem negativen Gegenbild setzt H. seine pathetische und polemische Freiheitslyrik entgegen, die dem Tenor seiner früheren Programmschriften folgt: die Poesie als »Vorläuferin der Tat«, als »Waffe für unsere Sache«. In zündender, militanter Rhetorik

1841, 1849
Jeremias Gotthelf
Wie Uli der Knecht glücklich wird
Uli der Pächter

Im Unterschied zur drastischen Gesellschaftskritik in seinen ersten Romanen *(Der Bauernspiegel,* 1837; *Leiden und Freuden eines Schulmeisters,* 1838–39) oder seiner Analyse des Pauperismus *(Die Armennot,* 1840) gelangt G. in *Uli der Knecht* (so der veränderte Titel der 2. Auflage von 1846) zu einer episch-gelasseneren Darstellung des Bauerntums seiner Zeit. Auch dies geschieht nicht ohne pädagogische Absicht: »Eine Gabe für Dienstboten und Meisterleute«, kündigt der Untertitel an. – *Uli der Pächter. Ein Volksbuch,* 1849 erschienen, schließt in Handlung und Darstellungsstil direkt an das erste Werk an; die beiden *Uli*-Romane – Gottfried Keller nennt sie »G.s Hauptwerk« – bilden ein zusammengehöriges Ganzes.

Uli der Knecht beim Bodenbauern, Meister Johannes, der sich – mit seiner Frau – verantwortlich für alle Mitglieder seiner christlichen Hausgemeinschaft fühlt und daher seinem Knecht Vorhaltungen wegen seines liederlichen Lebenswandels macht und ihm aufzeigt, wie er durch Pflichterfüllung, Sparsamkeit und christliche Lebensweise einen guten »Namen« erwerben und sozial vorankommen könne. Uli überwindet seine fatalistische Haltung (»Es trägt nichts ab; was hilft mir das, wenn ich schinde und mir nichts mehr gönne? Ich bringe es doch zu nichts; so ein arm Bürschli, wie ich bin, bleibt ein arm Bürschli«) und entwickelt sich allmählich zum vorbildlichen Knecht. Das geht nicht ohne Gefährdungen und Versuchungen ab (Frauen, Spekulation, Abwerbungsversuch), doch Meister Johannes steht ihm zur Seite und sorgt schließlich auch noch für sein berufliches Fortkommen, indem er ihm eine Stelle als Meisterknecht auf dem Glunggenhof seines Vetters Joggeli verschafft. Hier nun ist die Situation gerade umgekehrt: Hatte sich zuerst die Treue des vorbildlichen Meisters zu seinem Knecht bewährt, so steht Uli nun vor der Aufgabe, einen völlig verwahrlosten Hof gegen den Widerstand der Dienstleute und z.T. auch des mißtrauischen Meisters wieder in Ordnung zu bringen und so seine Treue gegenüber seinem durchaus unvollkommenen Herrn zu beweisen: »Beide Teile zusammen lehren die Interessengleichheit des dienenden und besitzenden Standes« (Werner Hahl). Auch hier gibt es Rückschläge und Versuchungen. So wirft Uli ein Auge auf Elisi, die launische Tochter des Hauses, doch die kehrt eines Tages von einer Badereise mit einem Baumwollhändler als Bräutigam heim, der auf ihre Mitgift spekuliert und für G. die schlimmen Tendenzen der modernen, bürgerlich-kapitalistischen Ära personifiziert. Uli will den Hof verlassen, ebenso Vreneli, eine arme, uneheliche Verwandte. Doch die Bäuerin findet einen Weg, Uli und Vreneli einander näherzubringen. Uli wird – dank einer Bürgschaft des Bodenbauern – Pächter des Glunggenhofs und kann Hochzeit feiern. Damit endet der erste *Uli*-Roman.

»Drei Kämpfe«, heißt es zu Anfang von *Uli dem Pächter,* »warten des Menschen auf seiner Pilgerfahrt.« Den Sieg im ersten Kampf hat Uli mit seiner Heirat errungen. Nun gilt es, den »Kampf mit der Welt« und »mit dem eigenen Herzen« zu bestehen. Im dritten Kampf schließlich soll »der Himmel gewonnen« werden. Die Sorge, den Pachtzins nicht bezahlen zu können,

belastet Uli und macht ihn kleinlich und geizig; er spart an den falschen Stellen, hört auf falsche Freunde und verfällt so den Einflüsterungen der »Welt«. Zugleich verschlechtert sich seine Beziehung zu Vreneli immer mehr: »Es ist nicht mehr wie ehemals, die böse Welt kam über uns und zwischen uns.« Es kommt in der Tat zu finanziellen Schwierigkeiten. Außerdem belastet ihn ein zwar gewonnener, aber ungerechter Prozeß mit einem armen Bauern. Ein Hagelschauer, der fast die gesamte Ernte vernichtet, wird von Uli als Strafe Gottes interpretiert. Er bricht zusammen und geht aus der Krankheit als neuer Mensch hervor. Der Hof muß versteigert werden, da Joggeli seinem spekulierenden Schwiegersohn eine nun fällige Bürgschaft geleistet hat. Bei der Versteigerung erscheint der Hagelhans, ein menschenfeindlicher Sonderling, ersteigert den Hof und setzt Uli wieder als Pächter ein. Hagelhans ist, wie er Vreneli berichtet, ihr Vater, und Vreneli sieht mit Bangen dem Zeitpunkt entgegen, »wo Uli aus einem wohlhabenden Pächter ein reicher Bauer werden soll«: »es bebt vor der neuen Prüfung.«

G.s Bauernromane grenzen sich bewußt von den modernen gesellschaftlichen Entwicklungen ab, deren Gefahren allerdings an Nebenfiguren beispielhaft aufgezeigt werden. G. schildert eine in sich abgeschlossene Welt, in der es einen eindeutigen Zusammenhang zwischen Fleiß, Vernunft, Güte, Frömmigkeit und einem harmonischen und ökonomisch erfolgreichen Leben gibt, andererseits Unglück, Mißerfolg, Bankrott ihre Ursache in sündhaftem, von Gott entsprechend bestraftem Verhalten haben. Die väterliche Lenkung von oben kann zu durchaus drastischen Mitteln greifen – Hagelschlag, Nervenfieber –, um das pädagogische Ziel zu erreichen. Während die Nebenfiguren häufig allegorische Züge aufweisen, entspricht Uli dem von den Realisten geforderten ›mittleren Helden‹: offen für alle Einflüsse, gut und böse, wird er zur lehrhaften Gestalt dadurch, »daß er den Skeptizismus oder die ›Anfechtungen‹ seiner Zeit in sich verarbeitet« (Werner Hahl). Vreneli hingegen erscheint als Verkörperung wahrhafter Humanität, einer Humanität, die untrennbar mit christlicher Ethik verbunden ist.

G.s gesellschaftlicher Konservatismus stieß – gerade angesichts der Auswirkungen der rapiden Industrialisierung – in Deutschland auf große Resonanz (*Uli der Knecht,* von der 2. Auflage an, und *Uli der Pächter* wurden in Berlin verlegt); der Erfolg war vorbereitet worden durch Berthold Auerbachs *Schwarzwälder Dorfgeschichten.*

Zwischen den beiden *Uli*-Romanen veröffentlichte der ungemein produktive G. eine Reihe weiterer Romane und Erzählungen; darunter ragen heraus *Geld und Geist oder Die Versöhnung* (1843–44) und *Wie Anne Bäbi Jowäger haushaltet und wie es ihm mit dem Doktern geht* (1843–44). Der erste Roman stellt, wie der Titel andeutet, zwei Prinzipien einander gegenüber, Habsucht und Geiz auf der einen, »ächte Gottesfurcht« und »tüchtige Kinderzucht« auf der anderen. Er zeigt einmal das Zerwürfnis innerhalb einer Familie (zwischen Änneli und Christen auf dem Liebiwylhof), zum andern – im Rahmen einer Liebes- und Werbungsgeschichte – den Kontrast zwischen der »adelichen Ehrbarkeit« Liebiwyls und der Habgier des Dorngrütbauern. – Der zweite Roman entstand aus einem Auftrag der Berner Sanitätskommission, eine Schrift gegen Quacksalberei zu verfassen, wuchs jedoch über diesen engen Zweck hinaus zu einer großen Familien- und Liebesgeschichte, in der medizinische wie geistliche Pfuscherei angeprangert werden.

1842
Annette von Droste-Hülshoff
Die Judenbuche

Die Novelle, ein »Sittengemälde aus dem gebirgichten Westfalen«, erschien zuerst in Fortsetzungen in Cottas *Morgenblatt für gebildete Leser* (April/Mai 1842). Sie basiert auf einer Begebenheit, die sich im Gutsbezirk des Großvaters der Dichterin ereignet hatte und von ihrem Onkel aufgezeichnet und veröffentlicht worden war (August von Haxthausen: *Geschichte eines Algierer-Sklaven*, 1818).

Erzählt wird die Geschichte Friedrich Mergels, der aus einer kleinbäuerlichen Schicht stammt und unter den ungünstigsten sozialen Bedingungen aufwächst. Nach dem Tod seines Vaters, eines chronischen Säufers, gewinnt sein Onkel Simon unheilvollen Einfluß auf ihn. Den Verfallserscheinungen der privaten Sphäre entspricht ein Niedergang im öffentlichen Bereich, eine »Verwirrung« der Begriffe von Recht und Unrecht, eine nachlässige Rechtspflege und überhandnehmender Holz- und Jagdfrevel. In diesem Zusammenhang wird Friedrich mitschuldig am Tod des Oberförsters Brandis, der von den »Blaukitteln«, einer gefürchteten Holzfrevlerbande, im Brederholz umgebracht wird. Simon hindert Friedrich daran, seinem Rechtsgefühl zu folgen und zu beichten; damit ist sein Weg vorgezeichnet. Die in ihm angelegten Eigenschaften wie

»Leichtsinn, Erregbarkeit, und vor allem ein grenzenloser Hochmut« gewinnen die Oberhand, und er gewöhnt sich allmählich daran, »die innere Schande der äußern vorzuziehen«. Aus verletztem Ehrgefühl erschlägt er den Juden Aaron, der zuvor öffentlich eine Schuld eingefordert hatte. Mit Johannes Niemand, der als sein »Spiegelbild« bezeichnet wird, flieht er. Die Juden der Gegend erwerben vom Grundherrn die Buche im Brederholz, unter der der Mord wahrscheinlich verübt worden war und kerben eine hebräische Inschrift ein. Nach 28 Jahren, am 24. 12. 1788, kehrt Friedrich aus türkischer Gefangenschaft zurück und wird für Johannes Niemand gehalten. Der Gutsherr nimmt sich seiner an. Friedrich wird von dem Brederholz angezogen, und eines Tages findet man ihn erhängt an der Judenbuche. Der Gutsherr erkennt den Toten, der sich selbst gerichtet hat, an einer Narbe als Friedrich Mergel. Er wird auf dem Schindanger verscharrt. Die hebräische Inschrift bedeutet: »Wenn du dich diesem Orte nahest, so wird es dir ergehen, wie du mir getan hast.«

Während der erste Teil der Erzählung in psychologisierender, sozialkritischer Manier die Voraussetzungen der kriminellen Laufbahn Friedrichs einbezieht, verzichtet das Ende der Geschichte fast gänzlich auf derartige Motivierungen. Dafür treten schauerromantische Elemente hervor, wird die Natur zu einem magischen Raum und suggeriert – als Projektion des Inneren des Täters und seiner ungesühnten Schuld – die Zwangsläufigkeit und Schicksalhaftigkeit des Geschehens. Daß die Erzählung, in der sich Kriminalgeschichte, Sittengemälde und Schicksalsnovelle verbinden, darüber hinaus eine religiöse Ebene hat, wird mehrfach angedeutet. So zeigt das Prologgedicht mit der Frage, wer es wagen dürfe, einen derart Unglücklichen zu richten, Anklänge an das NT; dagegen steht der hebräische Spruch, der Vergeltung verheißt, und durch die alttestamentarische Forderung von Aarons Witwe – »Aug um Auge, Zahn und Zahn!« – ergänzt wird. Zugleich kann man – wie Heinz Rölleke – in Friedrichs Leben bis zu seinem Ende durch Selbstmord und dem Verscharren im Schindanger (das historische Vorbild wurde christlich bestattet) ein Judasschicksal sehen; auch das Kainsmal, Friedrichs Narbe, weist in diese Richtung (Kain galt als Präfiguration von Judas). Deutlich ist aber auch, daß die Erzählstrategie der D. ganz bewußt auf Mehrdeutigkeit und Dunkelheit zielt, Hinweis auf die Modernität der Erzählweise.

Die *Judenbuche* wurde 1876 von Paul Heyse und Hermann Kurz in ihre Anthologie *Deutscher*

Novellenschatz (Serie 4, Bd. 6) aufgenommen; sie hat seitdem, nicht zuletzt als Schullektüre, weite Verbreitung gefunden.

1842
Jeremias Gotthelf
Die schwarze Spinne

Unter den zahlreichen Erzählungen G.s ragt *Die schwarze Spinne,* 1842 im ersten Band der *Bilder und Sagen aus der Schweiz* erschienen, durch ihre kunstvolle Komposition und eindrucksvolle Sprachkraft heraus. Die Novelle verbindet verschiedene Sagenmotive; Erinnerungen an die Pestepidemien des Mittelalters spielen hinein.

Ein Tauffest auf einem reichen Emmentaler Bauernhof bietet den heiter-idyllischen Hintergrund für die unheimliche Binnenerzählung. Auf die Frage, was denn der alte, schwarze Fensterpfosten in dem neuen Haus bedeute, erzählt der Großvater die ins Mittelalter zurückreichende Geschichte. – Die leibeigenen Bauern von Sumiswald leiden unter dem harten Regiment des Ordensritters Hans von Stoffeln, der sie zu unmenschlichen Fronarbeiten zwingt und nach einem Schloßbau auch noch die Verpflanzung von 100 ausgewachsenen Buchen innerhalb eines Monats fordert. In dieser Situation bietet ihnen der Teufel in Gestalt eines grünen Jägers Hilfe an. Als Preis verlangt er ein neugeborenes Kind. Während die Bauern entsetzt fliehen, geht Christine, die »sich nicht viel vor Gott und Menschen« fürchtete, den Pakt ein, in der Hoffnung, den Bösen überlisten zu können. Die Arbeit wird vollendet, die Geburt des ersten Kindes steht bevor. Der Pfarrer nimmt den Kampf auf, tauft das Kind sofort nach der Geburt und entreißt es so dem Teufel. Das Mal auf Christines Wange, das vom Kuß des Teufels herrührt, vergrößert sich unter unerträglichen Schmerzen und gleicht immer mehr einer Kreuzspinne. Als auch bei der nächsten Geburt der Pfarrer rechtzeitig eingreift, platzt die Geschwulst in Christines Gesicht; kleine Spinnen kommen heraus, verteilen sich überall im Tal und vergiften das Vieh. Christines Qualen steigern sich weiter. Die Bereitschaft im Dorf wächst, das nächste Kind dem Teufel zu opfern. Doch gegen alle Widerstände kann der Pfarrer noch einmal im letzten Moment eingreifen und die Seele des Kindes retten, während Christine selbst zur großen Spinne wird, die nun den Menschen überall im Tal auflauert und Angst und Verzweiflung verbreitet. Eine fromme Frau macht dem Treiben ein Ende, indem sie die Spinne in

ein vorbereitetes Loch im Fensterpfosten steckt und mit einem Zapfen verschließt. Die Berührung der Spinne kostet ihr – wie zuvor dem Pfarrer – das Leben. Nach einer Unterbrechung setzt der Großvater die Erzählung fort und berichtet davon, wie sich nach zwei Jahrhunderten »Hochmut und Hoffart heimisch im Tale« machten. Christen, ein Nachkomme der märtyrerhaften Frau, baut ein neues Haus und überläßt das alte dem Gesinde, das ohne direkte Aufsicht des »Meisters« verwildert und am Weihnachtsabend während eines wüsten Gelages mutwillig die Spinne befreit. Damit beginnt wieder das Sterben, und die Spinne »las zuerst die üppigsten Häuser sich aus, wo man am wenigsten an Gott dachte, aber am meisten an die Welt«. Christen opfert sich, indem er die Spinne wieder in das Loch einsperrt. Seitdem lebt die Familie rechtschaffen und gottesfürchtig: »man fürchtete die Spinne nicht, denn man fürchtete Gott.« In der sich anschließenden Unterhaltung heißt es auf einen Zweifel am Wahrheitsgehalt der Geschichte: »Sei jetzt daran wahr, was da wolle, so könne man viel daraus lernen.«

Die Novelle handelt in suggestiven, schreckenerregenden Bildern von der Macht des Bösen in der Welt und von seiner Überwindung, vom Durchbrechen des Teufelskreises durch das Martyrium der legendären Vorbildgestalten. Neben dem allegorisch und didaktisch deutlich gemachten, vorherrschend religiösen Sinn hat die unheilvolle Spinne, hat das Böse durchaus auch einen erotischen oder sexuellen Einschlag (angefangen von seiner Entstehung durch einen Kuß), und man tut der Geschichte »keine Gewalt an, wenn man sie auch als politische Prophetie auffaßt«, eine Prophetie im Sinn der Gotthelfschen Überzeugung, daß der Zeitgeist die »moderne Form des Paktierens mit dem Teufel« darstelle (Walter Muschg).

1842
Nikolaus Lenau
Die Albigenser

Die aggressiv-politische Seite des Weltschmerzdichters L. kommt am entschiedensten in seinem epischen Gedicht *Die Albigenser* (1838 begonnen, 1842 gedruckt) zum Ausdruck. Es umfaßt 32 mit Überschriften versehene Gesänge oder Romanzen; vorherrschend ist der fünffüßige Jambus, daneben stehen Gesänge in vierhebigen Jamben oder Trochäen.

Gegenstand der Dichtung ist der ›Kreuzzug‹ gegen die ›ketzerischen‹ Albigenser in der Provence, zu dem Papst Innozenz III. 1209 aufgerufen hatte und der mit größter Grausamkeit durchgeführt wurde. »Die Albigenser – contra pontificem, wie sich von selbst versteht«, mit diesen Worten charakterisiert L. die Tendenz seines Gedichts. Der Geist eines Tigers wird zur Muse für den haßerfüllten Kampf gegen Kirche und Reaktion. In den einzelnen, locker aneinandergefügten Bildern greift L. Szenen aus dem Geschehen heraus, die die Unmenschlichkeit der Verfolger und die Leiden der Verfolgten und Geschlagenen grell beleuchten. Oft behandeln die Romanzen Einzelschicksale: das des *Mädchens von Lavaur,* das scheintot im Sarg liegt und so das Gemetzel überlebt und nach dem schrecklichen Erwachen den Gekreuzigten in der Kapelle fragt:»reut es dich? dich reut's, Daß du gekommen bist an's Kreuz!«; von Fulco, dem Troubadour, ist die Rede, den der Tod seiner Geliebten zu der Kirche »Spür- und Hetzhund« macht; vom Papst, den Traumgesichte plagen. Vom Einzelnen richtet sich der Blick aufs Ganze: Städte verbrennen unter Priestergesang, Geier finden reiche Beute auf dem Schlachtfeld. Eine radikale Desillusionierung wird betrieben, die über die Kirche hinaus den Glauben selbst betrifft.

Das historische Bild zielt auf die politischen Zustände der Gegenwart: »Nicht meint das Lied auf Tote abzulenken Den Haß von solchen, die uns heute kränken.« Der Blick auf den großen Innozenz sei geeignet, die Furcht vor den heutigen »Schrumpfgestalten der Despoten« zu mindern. Die geschichtliche Perspektive, unter der das ganze epische Gedicht zu sehen ist, deuten die Schlußverse an, die – beeinflußt von Hegels Geschichtsdenken – von der Gewißheit des unabänderlichen historischen Fortschritts sprechen:

Das Licht vom Himmel läßt sich nicht versprengen,
Noch läßt der Sonnenaufgang sich verhängen
Mit Purpurmänteln oder dunklen Kutten;
Den Albigensern folgen die Hussiten
Und zahlen blutig heim, was jene litten;
Nach Huß und Ziska kommen Luther, Hutten,
Die dreißig Jahre, die Cevennenstreiter,
Die Stürmer der Bastille, und so weiter.

Die *Albigenser* gehören mit ihrer Verbindung von »Engagement und Artistik« zu den »wenigen großen deutschen politischen Dichtungen des Vormärz« (Hartmut Steinecke).

1842
Johann Nestroy
Einen Jux will er sich machen

Die »Posse mit Gesang in vier Aufzügen« (Musik von Adolf Müller) wurde am 10. 3. 1842 im Theater an der Wien uraufgeführt; der Erstdruck folgte 1844. Die Handlung basiert auf John Oxenfords Farce *A day Well Spent* (1834).

Herr Zangler, Gewürzkrämer in einer kleinen Stadt, geht »als Alter wieder auf Freiersfüßen« und begibt sich zu diesem Zweck in die nahegelegene Hauptstadt. Sein Handlungsdiener Weinberl – N.s Rolle – beschließt, die Abwesenheit des Chefs zu nutzen und sich gemeinsam mit Lehrling Christopherl eine »Jux« zu machen und ebenfalls in die Hauptstadt zu fahren. Dort freilich entwickeln sich die Dinge anders, als sie sich das vorgestellt hatten. Denn um einer Begegnung mit Zangler auszuweichen, suchen sie Zuflucht in der Modehandlung Madame Knorrs, ohne zu ahnen, daß es sich um Zanglers Braut handelt. Weinberl gibt sich im Geschäft als Ehemann einer Kundin aus, einer erfundenen Frau von Fischer, nach deren Rechnung er sich erkundigt. Gerade in dem Moment bekommt Madame Knorr Besuch von einer Freundin, Frau von Fischer. Diese spielt die Komödie mit. Die Fortsetzung findet in einem teuren Restaurant statt, wobei sich neben Zangler und den anderen auch noch Zanglers ausgerissenes Mündel Marie und ihr Liebhaber August Sonders an dem Verwirr- und Versteckspiel beteiligen, bis sich schließlich Weinberl und Christopherl aus dem Staub machen. Sie treffen gerade noch rechtzeitig im Geschäft ein, um einen Einbrecher zu überwältigen. Der ebenfalls zurückgekehrte Zangler ist, völlig ahnungslos, des Lobes voll, und der zum Associé avancierte Weinberl erkauft sich Frau von Fischers Schweigen durch einen Heiratsantrag. Auch das Mündel darf ihren August Sonders heiraten, dem eine Tante eine große Erbschaft hinterlassen hat. Der klassisch gewordene Kommentar des Hausdieners Melchior lautet wie immer: »Das ist klassisch«, und der »wahre Jux« einer dreifachen Hochzeit kann stattfinden.

Einen Jux will er sich machen ist N.s geschlossenstes Stück, eine präzis arbeitende Komödienmaschinerie, die mit den überkommenen Handlungsmotiven – Verwechslungen, Verkleidungen, Mißverständnissen, Liebesintrigen, Zufällen, Hochzeiten – ein virtuoses parodistisches Spiel treibt: »Die Form eines nur noch heiteren Spiels ist erreicht, freilich auf Kosten der Hintergründigkeit, die N.s Possen sonst oft eigen ist« (Friedrich Sengle).

1843
Heinrich Heine
Atta Troll. Ein Sommernachtstraum

H.s satirisch-komisches Versepos erschien zunächst in Fortsetzungen in der von seinem Freund Heinrich Laube herausgegebenen *Zeitung für die elegante Welt* (Januar–März 1843). Dabei mußten »Inhalt und Zuschnitt des Gedichtes […] den zahmen Bedürfnissen jener Zeitschrift entsprechen«, schrieb H. in der Vorrede zur überarbeiteten und erweiterten Buchausgabe von 1847. In dieser Fassung, die H. als »nur äußerlich geründet« bezeichnete, umfaßt das Werk 27 Kapitel in reimlosen vierhebigen Trochäen. Als formale Vorbilder können Herders Romanzenzyklus *Der Cid* (1803–04) und Immermanns *Tulifäntchen* (1830), aber auch Goethes *Reineke Fuchs* (1794) gelten. Die Fabel vom entlaufenen Tanzbären, die den Kern der Verserzählung H.s bildet, war im 18. Jh. in verschiedenen, unterschiedlich gedeuteten Versionen verbreitet (Gellert, Lessing, Pfeffel). Wichtige Quelle H.s war daneben ein französisches Tierbuch (*Scènes de la vie privée et publique des animaux,* 1842) mit Illustrationen des Karikaturisten Grandville.

H. erzählt die Geschichte des plumpen Tanzbären Atta Troll, der sich bei einer Vorführung im Pyrenäenbadeort Cauterets befreit und – ohne seine Frau, die »schwarze Mumma« – ins Gebirge flieht. Hier hält er feierliche Reden über Freiheit, Gleichheit, Brüderlichkeit, nationale Einheit, Religion und Gemeineigentum, die sich durch ihren Widersinn als hohle Phrasen entlarven. Währenddessen macht sich der Erzähler mit dem Bärenjäger Laskaro auf, Atta Troll zu stellen. In der Hütte der Zauberin Uraka hat er eine Vision eines Gespensterzuges, der die Welt der Romantik beschwört und dem modernen prosaischen Alltag Schönheit und Sinnlichkeit entgegenstellt. Für den Bären, der ein klägliches Ende nimmt und als Bettvorleger in Juliettes Schlafzimmer in Paris seine letzte Bestimmung findet, läßt der Erzähler den »Bavarenkönig« eine Inschrift für ein Denkmal in der Walhalla entwerfen, mit dem Fazit: »Atta Troll, Tendenzbär; […] Kein Talent, doch ein Charakter!«

Der Karikatur der politischen Vorstellungen des Bären entspricht die Bloßstellung seines dürftigen künstlerischen Talents. Getroffen werden soll, so H., »die sogenannte politische Dichtkunst« der Zeit, »jener nutzlose Enthusiasmusdunst, der sich mit Todesverachtung in einen Ozean von Allgemeinheiten« stürzt. Damit wendet sich H. gegen die Instrumentalisierung der Kunst für außerkünstlerische Zwecke, betont ihre Zwecklosigkeit und Autonomie, wobei der »Romantik« – das »letzte Freie Waldlied der Romantik« – die Funktion des Gegenbildes zur modernen, prosaischen Welt zukommt. Gleichwohl ist *Atta Troll,* wie H. selbst deutlich macht, durchaus keine Absage an »jene Ideen [der Französischen Revolution], die eine kostbare Errungenschaft der Menschheit sind und für die ich selber so viel gestritten und gelitten habe«, sondern der Spott gilt ihrer rohen, plumpen und täppischen Aufnahme in Deutschland. Die geforderte Zwecklosigkeit und Autonomie der Kunst schließen Engagement nicht aus. Die starke Spannung zwischen politischer Intention und ästhetischen Prinzipien und der Umstand, daß H. im Gedicht in kritischer Negation verharrt, hat zu höchst unterschiedlichen Interpretationen des Werkes geführt (aristokratische Position, resignative und konservative Züge, Rückkehr zur romantischen Poesie, Nähe zum Frühkommunismus u. a.).

1843
Wilhelm Meinhold
Maria Schweidler, die Bernsteinhexe

M., Pfarrer in Pommern, gab seinen historischen Roman als Abdruck einer von ihm aufgefundenen »defecten Handschrift […] des Pfarrers Abraham Schweidler« aus, eine Fiktion, die wenigstens für kurze Zeit Glauben fand.

Der Roman, der mit dem 7. Kapitel beginnt, spielt in der Zeit des Dreißigjährigen Krieges. Nach der Plünderung durch kaiserliche Truppen gerät das Dorf Coserow in Not. Die unschuldige Pfarrerstochter Maria Schweidler, die einen reichen Bernsteinfund gemacht hat, wird von der Hexe Lise Kolken und dem mit dem Teufel verbündeten Amtshauptmann verleumdet und der Hexerei beschuldigt. Die Gemeinde, auch der Junker Rüdiger von Nienkerken, der Sohn des Amtshauptmanns, läßt sich von den Indizien überzeugen; auf der Folter gesteht Maria alles. Doch das Komplott wird aufgedeckt. Lise Kolken stirbt eines entsetzlichen Todes, und auch den Amtshauptmann trifft auf dem Weg zum Richtplatz die himmlische Strafe. Als sich dann noch die adelige Abstammung des Pfarrers herausstellt, steht einem glücklichen Ende und der Heirat Marias und des Junkers nichts mehr im Weg.

Bemerkenswert an M.s ›chronikalischem‹ Roman ist die Konsequenz, mit der die Fiktion der gefundenen Handschrift und der archaisierende Stil durchgehalten werden. Das Ende der Geschichte ist angesichts der Realität der Hexenprozesse der Frühen Neuzeit freilich reine Kolportage. Die Rückwendung, auch sprachlicher Art, in eine vermeintlich ›naive‹ Epoche von ungebrochener Kraft ist nicht zuletzt als Opposition gegen eine subjektive, sentimentale, allzu humanitäre Moderne zu verstehen, wie sie in anderen Schriften M.s explizit zum Ausdruck gebracht wird.

1843–54
Berthold Auerbach
Schwarzwälder Dorfgeschichten

A.s Erzählungen stehen mit ihrer Hinwendung zum Dorfleben nicht allein in ihrer Zeit (Gotthelf, Immermann); sie hatten allerdings den größten Publikumserfolg und trugen überdies zur Fixierung der Gattungsbezeichnung ›Dorfgeschichte‹ bei. Nach den vier Bänden *Schwarzwälder Dorfgeschichten* (1843, 1849, 1852, 1854) erschienen weitere Geschichten einzeln (u. a. *Barfüßele*, 1856) oder in Sammlungen (*Nach dreißig Jahren. Neue Dorfgeschichten*, 3 Bde., 1876). Das den Erzählungen zugrundeliegende literaturpädagogische Programm formulierte A. in *Schrift und Volk. Grundzüge der volksthümlichen Literatur* (1846).

Ziel der Dorfgeschichten sei es, schrieb A. 1842 an den Verleger Georg von Cotta, »das ganze häusliche, religiöse, bürgerliche und politische Leben der Bauern in bestimmten Gestaltungen zur Anschauung« zu bringen. Dies geschieht in einer modellhaften, aber keineswegs den Einflüssen der Wirklichkeit entzogenen dörflichen Welt (namentlich genannter Ort des Geschehens ist A.s Geburtsort Nordstetten). Die in den einzelnen Geschichten dargestellten Konflikte – es geht um Liebe, um den »Tolpatsch«, der zunächst seine Chance verpaßt und dann doch sein Glück findet, um Auswanderung und Heimkehr, um Integration in die Dorfgemeinschaft, um märchenhaften sozialen Aufstieg usw. – finden zwar nicht immer eine harmonische Lösung, die Tragödie aber ist ausgeschlossen: A. fordert auch theoretisch ausdrücklich den »versöhnten Abschluß«. Er versteht seine Geschichten als Hinführung zu einer praktischen Humanität, d. h. er sucht, »von Kontrasten ausgehend, die Konflikte zu glücklichen und sittlich guten Lösungen zu führen, dar-

über hinaus modellhaft harmonisches Sozialverhalten zu demonstrieren« (Jürgen Hein). Eine Gefahr dieser Tendenz zur ›Verklärung‹ besteht darin, daß der sozialkritische Gehalt in den Hintergrund gedrängt, daß von den wirklichen Verhältnissen abgelenkt wird. Beispiel dafür ist A.s berühmteste Erzählung, *Barfüßele,* eine Aschenputtelgeschichte, die den Aufstieg des Waisenkindes Amrei von einer Gänsehirtin zur Großbäuerin vorführt und dabei Anpassung und demütiges Sicheinfügen bei gleichzeitiger Selbstbewahrung als Mittel zur Lösung sozialer Probleme anbietet. Gerade als Jugendschrift blieb *Barfüßele* lange lebendig.

1844
Annette von Droste-Hülshoff
Gedichte

Die bedeutendsten Gedichte der D. entstanden in der ersten Hälfte der 40er Jahre. Sie wurden in der Ausgabe der *Gedichte* von 1844 bzw. in der postumen Sammlung *Letzte Gaben* (1859, vordatiert auf 1860) gedruckt. Der 1820 begonnene und 1829 abgeschlossene Zyklus *Das geistliche Jahr* – 72 Lieder auf die Sonn- und Feiertage des Kirchenjahrs von Neujahr bis Silvester – erschien ebenfalls postum (1851).

Naturlyrik und das symbolische Bekenntnisgedicht sind charakteristisch für das lyrische Spätwerk der D. Im Zentrum der Naturlyrik stehen die Heidebilder. Neu ist nicht nur die Landschaft – Heide und Moor –, die für die Lyrik entdeckt wird, neu ist vor allem die Darstellungsweise, die von einer auf genauer Beobachtung beruhenden Freude am realistischen Datail geprägt ist und ästhetischen Reiz durch kühne Neubildungen und Vergleiche gewinnt. Mit der Genauigkeit, mit der das sinnlich Erfaßbare geschildert wird, kontrastiert die bedrohliche, unheimliche Seite der Natur (*Der Heidemann, Der Knabe im Moor*). Doch so unmittelbar und anschaulich die D. Natur zu erfassen sucht, es bleibt nicht bei bloßer Beschreibungspoesie. Das reflektierende Ich wird einbezogen, die isolierten Einzeldinge haben verweisenden, sinnbildlichen Charakter und machen die religiöse Grundhaltung der Dichtung deutlich. In bekenntnishaften Gedichten dient die konkrete Situation als Ausgangspunkt für Betrachtungen, in denen sich Erfahrung, Erinnerung und Traum oder Vision in suggestiven Bildern miteinander verbinden:

> Und noch zuletzt sah ich, gleich einem Rauch,
> Mich leise in der Erde Poren ziehen,

heißt es in einer Vision des eigenen Todes in dem Gedicht *Im Moose* (aus der Abteilung *Fels, Wald und See*). Als einer der Höhepunkte ihrer Lyrik gilt das Gedicht *Im Grase,* das einen zeitenthobenen Augenblick der Erfüllung im Bewußtsein seiner Flüchtigkeit beruft und – das ist eine der möglichen Lesarten des dunkelen Gedichts – von seiner Bewahrung im Kunstwerk spricht.

1844
Karl Gutzkow
Das Urbild des Tartüffe

Nach seinen frühen epischen Versuchen, die in der skandalerregenden *Wally* (1835) gipfelten, wandte sich G. – neben seiner ständigen publizistischen Arbeit – dem Drama zu und eroberte mit dem Künstlerdrama *Richard Savage oder Der Sohn einer Mutter* (1839) den Jungdeutschen die Bühne. Großen Erfolg hatte er u.a. mit dem historischen Lustspiel *Zopf und Schwert* (1844) – Liebesverwicklungen am Hof des Soldatenkönigs Friedrich Wilhelm I. – und der Jambentragödie *Uriel Acosta* (1846), die thesenhaft den Konflikt zwischen Freiheit des Geistes und übermächtiger kirchlicher Tradition, verbunden mit einer Liebesintrige, darstellt. Als sein bestes Stück – guter und effektvoller Aufbau, pointierte Dialoge, Situationskomik – gilt das Lustspiel in fünf Akten *Das Urbild des Tartüffe* (Uraufführung 1844, Druck 1847). Gegenstand sind die Vorgänge und Intrigen, die die Aufführung von Molières *Tartuffe* (1664, endgültige Fassung 1669) verzögerten. Als La Roquette, der Präsident des königlichen Gerichts, von Molières neuem Stück erfährt und dabei erkennen muß, daß er selbst das Urbild des Heuchlers und Frömmlers abgibt, sucht er die Aufführung mit allen Mitteln zu verhindern. Er hat, wie sich nach und nach herausstellt, allen Grund, sich vor den Enthüllungen zu fürchten. Denn er hatte sich einst durch sein bigottes Wesen das Vertrauen eines Bürgers namens Duplessis erschlichen, diesen um sein Vermögen gebracht und die Familie ins Unglück gestürzt. Zwei Töchter von Duplessis spielen in Molières Ensemble, wobei die eine – die Geliebte des Dichters – von Ludwig XIV. umworben wird. Es kommt zu einer komplexen Überlagerung von ›historischer Realität‹ und ihrer dichterischen Verarbeitung im Stück Molières (wobei sich etwa La Roquette bruchlos als Tartuffe in eine Molière-Szene einfügt, obwohl er das Stück noch gar nicht kennt). Der eifersüchtige König kann schließlich gewonnen werden. Die Aufführung findet statt, La Roquette wird bloßgestellt, verliert seine Ämter und das erschlichene Vermögen.

G. hebt seinen ›Tartüffe‹ bewußt aus der »enge[n] Familiensphäre« heraus und macht ihn zu einer öffentlichen Person. Zugleich formt er den historischen und literarischen Stoff um zu einer Satire auf vormärzliche Zustände, auf den Skandal der Zensurpraxis seiner Zeit.

1844
Friedrich Hebbel
Maria Magdalene

H.s »bürgerliches Trauerspiel in drei Akten« (Prosa) erschien 1844 und wurde am 13. 3. 1846 in Königsberg uraufgeführt. Mit dem Titel nach der biblischen Sünderin – die Form Magdalen*e* ist eigentlich ein Druckfehler, hat sich aber durchgesetzt – weist H. über die geschlossene Bürgerwelt des Stückes hinaus; die Heldin heißt Klara. Das Vorwort kritisiert die »Übelstände«, durch die das bürgerliche Trauerspiel in »Mißkredit« geraten sei: Statt die Tragik »aus der schroffen Geschlossenheit« zu entwickeln, »womit die aller Dialektik unfähigen Individuen sich in dem beschränkten Kreis gegenüber stehen«, habe man das bürgerliche Trauerspiel »aus allerlei Äußerlichkeiten, z.B. aus dem Mangel an Geld bei Überfluß an Hunger, vor allem aber aus dem Zusammenstoßen des dritten Standes mit dem zweiten und ersten in Liebes-Affairen zusammen geflickt.« Daraus gehe gewiß viel Trauriges, aber nichts Tragisches als ein »mit Notwendigkeit Bedingtes« hervor.

›Schroffe Geschlossenheit‹ kennzeichnet die Welt der *Maria Magdalene*, eine ideologisch verfestigte Kleinbürgerwelt. Sie wird repräsentiert durch den Tischlermeister Anton mit seinen engen Vorstellungen von Moral, Ehrbarkeit und Religion, ohne Verständnis für die sich wandelnden Verhältnisse. An ihm und der durch ihn repräsentierten Beschränktheit zerbricht seine Tochter Klara, die sich ihrem Bräutigam Leonhard hingegeben hat und schwanger geworden ist. Als ihr Bruder Karl, der gegen die Konventionen aufbegehrt, unter Diebstahlsverdacht verhaftet wird, fällt die Mutter tot um und der Vater droht mit Selbstmord, falls ihm auch Klara »Schande« bereite. Sie steht nun allein. Leonhard nutzt die Gelegenheit, sich von der unprofitablen Bindung loszusagen; ihre Jugendliebe, der vom Studium zurückgekehrte Sekretär, ist nicht bereit, sie zu heiraten: »Darüber kann kein Mann weg!« Der Sekretär erschießt Leonhard im Duell. Klara, völlig isoliert und doch an die Normen der Gesellschaft gebunden, unter denen sie leidet, stürzt sich in einen Brunnen. Sie stirbt, damit ihr Vater leben kann. Der rehabilitierte Karl geht nach Amerika. Meister Anton hat das letzte Wort: »Ich verstehe die Welt nicht mehr!«

Mit *Maria Magdalene* erhält die Gattung eine neue Wendung. Hatte das traditionelle bürgerliche Trauerspiel in seinen bedeutendsten Beispielen bei Lessing oder Schiller emanzipatorische Funktion, so wird nun – unter anderen historischen Verhältnissen – das Bürgertum mit seiner inhumanen Mentalität selbst Gegenstand der Kritik. Konsequent wird die Tragödie aus der bürgerlichen Welt heraus entwickelt. Zugleich möchte H. das bürgerliche Trauerspiel ins Geschichtsphilosophische, die individuelle geschichtliche Handlung ins Allgemein-Menschliche erhöhen: »Das Drama, als die Spitze aller Kunst, soll den jedesmaligen *Welt- und Menschen-Zustand* in seinem *Verhältnis* zur *Idee* [...] veranschaulichen«, wobei »in diesem Zustand eine entscheidende *Veränderung*« vor sich gehen müsse. Ob freilich in *Maria Magdalene* der Beginn einer neuen Epoche im Zusammenbruch der alten dargestellt wird, ist eher umstritten.

1844
Heinrich Heine
Neue Gedichte

Die *Neuen Gedichte,* 1844 bei Hoffmann und Campe erschienen, enthalten die Teile *Neuer Frühling, Verschiedene, Romanzen* und *Zeitgedichte.* Angefügt war außerdem *Deutschland. Ein Wintermärchen,* um den nötigen Umfang für die Vermeidung der Vorzensur zu erreichen. Unmittelbarer Anlaß für die schon länger geplante Lyriksammlung war der Mißerfolg des Börnebuchs (*Ludwig Börne. Eine Denkschrift,* 1840) und die 1840–41 einsetzende Welle von Gedichtbänden mit politischer Thematik (Hoffmann von Fallersleben, Dingelstedt, Herwegh u. a.).

Der 1. Zyklus (*Neuer Frühling,* 44 numerierte Gedichte mit Prolog) schließt an die Liebesthematik und -konzeption des *Buchs der Lieder* (1827) an und läßt eine dem Lauf der Jahreszeiten folgende fiktive ›Liebesgeschichte‹ erkennen, die in spätherbstlicher Trostlosigkeit endet. Dem 2. Zyklus (*Verschiedene*) fehlt diese Geschlossenheit; er enthält u. a. eine Reihe von Unterzyklen, meist an Frauengestalten gebunden, von sensualistischer, unkonventioneller Art (»Poesie der Hurerei« nach Ferdinand von Lasalle). Auch die

Tannhäuser-Legende mit ihrer Verherrlichung freier Liebe steht in diesem Zusammenhang. Die ebenfalls uneinheitliche Abteilung *Romanzen* bringt neben herkömmlichen Romanzen und Balladen mit nordischen Stoffen (*Ritter Olaf, Die Nixen* usw.) Texte, die subjektive Erfahrungen in Ich-Form reflektieren und auch anderen Zyklen zugeordnet werden könnten. So weisen die Gedichte *Anno 1829* und *Anno 1839* auf die *Zeitgedichte* voraus, die die *Neuen Gedichte* beschließen: Es sind 24 Texte, die die deutsche Misere kritisieren und dabei auf Fürstenwillkür, preußischen Absolutismus und Militarismus, Zensur, Mystizismus und Religion als Stütze der Restauration ebenso zielen wie auf das biedermeierliche Ruhebedürfnis des deutschen Michel und das Freiheitspathos der bürgerlich-liberalen Opposition. Daneben stehen Texte, die subjektive Erfahrungen in den Vordergrund rücken (Exil, Sehnsucht nach der Heimat).

Die *Zeitgedichte* wollen, das macht H. deutlich, keine ›Tendenzgedichte‹ in der Art der seit 1840 florierenden politischen Lyrik sein (*Die Tendenz*). Dergleichen hielt H. für eine unzulässige Instrumentalisierung der Dichtung für politische Zwecke (»gereimte Zeitungsartikel«). Was er dieser Lyrik vorwarf, waren nicht ihre Inhalte, sondern der Mißbrauch dichterischer Formen zum Transport von Programmen oder Parolen, der nur zum unreflektierten Nachvollzug einlud. Dagegen geht es H. darum, den Leser zu eigener geistiger Aktivität anzuregen, sein Urteilsvermögen herauszufordern und ihn so zu einer eigenen Stellungnahme zu bewegen. So ruft H. nicht mit Parolen zur Identifikation mit irgendwelchen politischen Zielen auf, beantwortet er keine Fragen, sondern stellt sie. Verlangt wird vom Leser, daß er z. B. die Rollenfiktion, die ironischen Techniken der Verkehrung und Verfremdung oder andere Entschlüsselungshilfen – etwa Sprach- und Reimkomik – erkennt. Das letzte Gedicht des Zyklus (*Nachtgedanken*), dessen Eingangszeilen sprichwörtlich geworden sind (»Denk ich an Deutschland in der Nacht, Dann bin ich um den Schlaf gebracht«), zeigt das Ineinander von Subjektivität und genereller Zeitproblematik: Die Zerissenheit des Ich ist Ausdruck der allgemeinen Zerissenheit, die die Signatur der Gegenwart darstellt.

Campe ließ unmittelbar nach der schnell ausgelieferten Erstauflage eine zweite drucken, um den rasch einsetzenden Verbots- und Zensurmaßnahmen zuvorzukommen. Weitere Auflagen zu H.s Lebzeiten folgten 1852 und 1853.

Das bekannteste der Zeitgedichte H.s, *Die schlesischen Weber* (am 10. 7. 1844 im *Vorwärts!* unter dem Titel *Die armen Weber* zuerst gedruckt) steht nicht in den *Neuen Gedichten*. Es nimmt eine Sonderstellung ein: nicht ironisches Rollengedicht, sondern direkte Anklage und politische Agitation für eine (proletarische) Revolution als Antwort auf den Aufstand der verelendeten schlesischen Weber und seine militärische Niederschlagung im Juni 1844.

1844
Heinrich Heine
Deutschland. Ein Wintermärchen

H. nannte seine 1844 zusammen mit den *Neuen Gedichten* erschienene Deutschland-Satire »ein höchst humoristisches Reise-Epos«. Es schildert in 27 Kapiteln (in vierzeiligen Strophen mit abwechselnd vier- und dreihebigen Zeilen) Eindrücke einer Reise, die er im Herbst 1843 nach zwölfjährigem Exil von Paris über Brüssel, Aachen, Köln und das Münsterland nach Hamburg unternommen hatte. Die episodische Struktur der »versifizierte[n] Reisebilder« (H.) entspricht der der früheren *Reisebilder* in Prosa; sie erlaubt Abschweifungen, Träume, Dialoge, Reden, die Integration verschiedenartigster Materialien.

Während der Reisende an der Grenze »von den preußischen Douaniers« durchsucht wird, singt ein kleines Harfenmädchen »das alte Entsagungslied, Das Eiapopeia vom Himmel, Womit man einlullt, wenn es greint, Das Volk, den großen Lümmel«. Dagegen verspricht der Erzähler ein »neues Lied, ein besseres Lied«: »Wir wollen hier auf Erden schon Das Himmelreich errichten.« Programmatisch verkündet er den Anspruch auf ein Leben ohne Ausbeutung und materielle Not, auf irdisches Glück für »alle Menschenkinder«, auf »Rosen und Myrten, Schönheit und Lust, Und Zuckererbsen nicht minder«. Die allgemeine Emanzipation findet ihren Höhepunkt in der Verlobung der »Jungfer Europa« mit »dem schönen Geniusse Der Freiheit«: »Und fehlt der Pfaffensegen dabei, Die Ehe wird gültig nicht minder.«

Dem sozialrevolutionären Programm in frühsozialistischem Geist, das als H.s politisches Manifest gilt, wird im folgenden die reaktionäre preußisch-deutsche Wirklichkeit entgegengestellt: preußisches Militär, religiöse Restauration, Preußens romantisch-reaktionäre Monarchie und preußisch-deutscher Nationalismus (Beispiele dafür sind neben Arminius- und Barbarossakult die Bestrebungen, den Kölner Dom, »des Geistes Bastille«, zu vollenden, den »Riesenkerker«, in dem die »listigen Römlinge« einst die »deutsche

Vernunft verschmachten« lassen wollten). In Hamburg erreicht die satirische Abrechnung ihren burlesken Höhepunkt. Hammonia, die Verkörperung biedermeierlichen Konservatismus und hanseatischer Bürgerlichkeit, läßt den von der Schere der Zensur kastrierten Erzähler einen desillusionierenden Blick bzw. Duft von Deutschlands Zukunft erhaschen – indem er seinen Kopf in »die furchtbare Ründung« eines Nachtstuhls, des ehemaligen Kaiserstuhls Karls des Großen, stecken darf. Dem programmatischen Eingang entspricht das Schlußkapitel, das von der Hoffnung »auf ein neues Geschlecht [...] Mit freien Gedanken, mit freier Lust« spricht, die Verwandtschaft seiner satirischen Kunst mit der des Aristophanes hervorhebt und warnend auf die Macht des dichterischen Wortes hinweist.

H.s Bild der Zukunft hat zwei Seiten: »Zuckererbsen für jedermann« und den Verwesungsgeruch des partikularistischen Deutschlands im Nachtstuhl Karls des Großen, utopische Hoffnung und realitätsgerechte Skepsis. Diese Ambivalenz drückt sich auch in den Reflexionen über die Funktion des Schriftstellers und das Verhältnis von Gedanke und Tat aus: Zweifel an der weltverändernden Praxis des Wortes charakterisieren das *Wintermärchen* ebenso wie die Hoffnung auf ein »neues Lied«.

Deutschland. Ein Wintermärchen ist, gerade indem es die Hoffnung auf ein anderes, besseres Deutschland nicht aufgibt, ein durchaus patriotisches Werk. Andererseits verwundert es angesichts der vehementen satirischen Attacke wenig, daß es vom offiziellen Deutschland und den konservativen Kritikern aufs heftigste verfolgt und kritisiert wurde. Beifall fand es bei liberalen Kritikern und den Frühsozialisten, die das *Wintermärchen* als H.s bedeutendstes Werk begrüßten. Hervorgehoben wurden vor allem H.s aristophanischer Geist, die Schärfe seiner Satire und seines Spotts, sein souveräner Witz und Humor. Das Werk hat seine Aktualität nicht verloren. Es fand eine Reihe von Nachfolgern, zuletzt in Wolf Biermanns *Deutschland. Ein Wintermärchen* (1972).

1844
Johann Nestroy
Der Zerrissene

Die »Posse mit Gesang in drei Akten«, Musik von Adolf Müller, wurde am 9. 4. 1844 im Theater an der Wien uraufgeführt und 1845 gedruckt. Die Handlung basiert auf einem französischen Vaudeville-Stück.

Herr von Lips, »ein Kapitalist«, langweilt sich, ist von modischem »Weltschmerz« ergriffen, was den Bedienten Christian freilich wundert: »Ein zerriss'nes Gemüt mit *dem* Geld!« Um sich zu zerstreuen, beschließt er, die erste Frau zu heiraten, die zur Tür hereinkommt. Es handelt sich um die etwas zweifelhafte, verwitwete Madame Schleyer. Doch der Schlosser Gluthammer erkennt in ihr seine Mathilde, die ihm einst am Hochzeitstag abhanden gekommen war, und hält Herrn Lips für ihren Entführer. Im Kampf stürzen die beiden vom Balkon ins Wasser und gelten für tot. Da sich jeder für den Mörder des anderen hält, verstecken sie sich. Wie es der Zufall will, wählen sie beide das gleiche Versteck, den Hof des Bauern Krautkopf, der mit Gluthammer befreundet und zugleich Pächter des Herrn Lips ist. Lips verdingt sich als Knecht; nur seinem Patenkind Kathi, das ihn verehrt, gibt er sich zu erkennen. Nach einer Begegnung der beiden Totgeglaubten in einer burlesken Keller- und Gespensterszene kommt es zu einem guten Ende. Lips, durch die Treue Kathis von seiner Melancholie geheilt, setzt sie als seine Erbin ein und heiratet sie; die ihn umgebenden Schmarotzer läßt er leer ausgehen.

Sprachwitz, Ironie, (eher harmlose) Gesellschafts- und Zeitsatire und handfeste Situationskomik sichern auch heute noch den Erfolg des zu N.s Zeiten vielgespielten Stücks.

1844–50
Adalbert Stifter
Studien

Die *Studien* enthalten 13 Erzählungen, die alle schon vorher – seit 1840 – in Zeitschriften, Almanachen und Taschenbüchern veröffentlicht worden waren und die S. für die Buchausgabe gründlich überarbeitet hatte. Die insgesamt sechs Bände erschienen paarweise 1844, 1847 und 1850. Der Titel verweist auf S.s Beziehung zur Malerei und deutet zugleich den Versuchscharakter seiner frühen Erzählungen an, in denen er sich noch mit verschiedenen Vorbildern und Gattungsmustern auseinandersetzt (Jean Paul, E. T. A. Hoffmann u.a.). Die »Sammlung loser Blätter«, wie S. sein Werk nannte, bringt folgende Texte: *Der Condor, Feldblumen, Das Haidedorf, Der Hochwald, Die Narrenburg, Die Mappe meines Urgroßvaters, Abdias, Das alte Siegel, Brigitta, Der Hagestolz, Der Waldsteig, Zwei Schwestern, Der beschriebene Tännling.*

So verschieden die Schauplätze und Zeiten auch sind, in die die Erzählungen führen (afrikanische Wüste, ungarische Steppe, Hochgebirge, Heide, Insel usw.; Dreißigjähriger Krieg, Befreiungskriege, Gegenwart), so ähnlich sind sich die von S. gestalteten Themen, Konflikte und Probleme. S. erzählt von problematischen Liebesbeziehungen, vereinsamten alten Menschen, von Schicksal, Schuld und Sühne. Verfehlungen – etwa in Liebesbeziehungen – müssen schwer und lange gebüßt werden; Sühne ist gelegentlich möglich (z.B. in *Brigitta,* wo nach vielen Jahren der innere Ausgleich zwischen Brigitta und Stephan, der sie wegen einer schöneren Frau verlassen hatte, erreicht werden kann; und in der *Mappe meines Urgroßvaters* findet Augustinus, nachdem er durch seinen mißtrauischen, unsteten Charakter Margarita verloren und einen Selbstmordversuch begangen hat, nach langer bewußter Selbstkontrolle durch Tagebuchaufzeichnungen und selbstlose Berufspraxis zu einer ausgeglichenen Haltung und gewinnt damit Margarita zurück).

Implizit und explizit stellen die Erzählungen die Frage nach dem Sinn des Lebens, nach den Glücksmöglichkeiten, nach dem Sinn individuellen Leidens. Dabei kommt es – etwa im Hiobsschicksal des Abdias – zu einem offenen Widerspruch zwischen einem behaupteten möglichen Sinn und der Sinnlosigkeit des Erzählten. Gefordert wird die Annahme der Wirklichkeit, des objektiv Bestehenden in seinem Wert: »Wenn sich der einzelne handelnd und wahrnehmend von ihr [der Wirklichkeit] leiten ließe – der Forderung der Dinge folgte, um eine spätere, berühmt gewordene Formulierung aufzugreifen –, dann wären Sinngewißheit und Liebesglück garantiert« (Ursula Naumann). Es ist ein antiromantisches Programm – das unglückliche Bewußtsein des modernen Menschen wird mit einer subjektiven Verfälschung der Wirklichkeit in Verbindung gebracht –, ein Programm, das neben den ethischen Forderungen auch formalästhetische Konsequenzen hat. Diese äußern sich vor allem in dem Bemühen um einen objektiven, distanzierten Erzählstil, deutlich erkennbar etwa bei einem Vergleich mit den Urfassungen. Im Zusammenhang mit der intendierten Objektivität stehen auch die Naturschilderungen, die eine wesentliche, auch symbolisch verweisende Rolle in den Erzählungen spielen.

Die *Studien* wurden S.s beliebtestes Werk (4 Auflagen zu seinen Lebzeiten). Die Rezensenten übersahen in ihren anerkennenden Besprechungen meist S.s »Neigung zum Excessiven, Elementar-Katastrophalen, Pathologischen (Thomas Mann): »Nicht eine Spur von moderner Zerrissenheit« sei »in dieser gesunden Poesie« zu bemerken, meinte Eichendorff.

1846
Ernst Dronke
Polizei-Geschichten

Die gesellschaftliche Wirklichkeit in einer Zeit raschen industriellen Wachstums mit katastrophalen sozialen Folgen ist – nicht zuletzt unter dem Eindruck von Eugène Sues Roman *Les Mystères de Paris* (1842–43, dt. 1843) – Gegenstand des sozialen Romans und der sozialen Novelle des Vormärz. Rein ästhetische Erwägungen treten dabei hinter die meist von sozialistischen Vorstellungen getragene Wirkungsabsicht zurück. D., der als Begründer der sozialen Novelle gilt, bezeichnet die »Wahrheit« als die einzige »Tendenz« seiner Novellen, die literarische Form nur als Mittel zum Zweck: »Es kommt nur auf wahre, ungeschminkte Auffassung der heutigen Gegensätze des Lebens an; die ›Kunstform‹ nach den Regeln der Ästhetik mag man bei Werken zum Maßstab nehmen, bei denen diese der Zweck ist: hier war sie das Mittel.« Was er hier in der Vorrede zur Novellensammlung *Aus dem Volk* (1846) formuliert, gilt auch für die *Polizei-Geschichten,* die in einer Reihe von Fällen den Zusammenhang zwischen Armut und Verbrechen, Armut und Prostitution darstellen und dabei zugleich die Rolle der Polizei und Justiz kritisch beleuchten. Der Mensch erscheint als Produkt seines Milieus, ohnmächtig den Verhältnissen und der Gewalt des Gesetzes ausgeliefert (bei der Kritik der Gesetzgebung kam D. seine juristische Schulung zugute). Das schlimme Ende ist vorprogrammiert.

D. schreibt mit großem persönlichen Engagement. Dabei bleibt sein Stil distanziert, sachlich, sarkastisch-ironisch. Die Erzählung ist geradlinig, die Charaktere sind in Schwarzweißmanier gezeichnet, ohne psychologische Vertiefung. Zukunftsweisend hingegen ist D.s Annäherung an die dokumentarische Reportage, die Technik, Aktennotizen, Zeitungsausschnitte, aktuelle Begebenheiten und lebende Persönlichkeiten in die Erzählung einzubeziehen.

D.s Berlinbuch (*Berlin,* 2 Bde., 1846), ein Hauptwerk der frühsozialistischen Publizistik in Deutschland, macht dann den Schritt zur großangelegten Reportage über die Lebensverhältnisse und Klassengegensätze in einer Großstadt: Das Werk kostete den späteren Redakteur der Neuen Rheinischen Zeitung (neben Marx, Engels,

Georg Weerth u. a.) zwei Jahre Festungshaft, die er allerdings nicht ganz absaß.

1846
Ferdinand Freiligrath
Ça ira!

F.s frühe Gedichte hatten durch ihren betonten Exotismus der Themen, Motive und Bilder großes Aufsehen erregt (*Der Scheik am Sinai, Löwenritt* u. a. in: *Gedichte,* 1838). Dem politischen Engagement Georg Herweghs und anderer Vormärzdichter stand F. zunächst ablehnend gegenüber: »Der Dichter steht auf einer höhern Warte, Als auf den Zinnen der Partei« *(Aus Spanien).* Doch als 1844 seine Gedichtsammlung *Ein Glaubensbekenntnis* erschien und er zugleich die ihm vom preußischen König Friedrich Wilhelm IV. ausgesetzte Pension zurückwies, wurde seine Hinwendung zur demokratischen Opposition deutlich: »Kein Leben mehr für mich ohne Freiheit!«

In der Schweizer Emigration veröffentlichte er dann den Zyklus von sechs Revolutionsgedichten, der mit seinem Titel *Ça ira!* (»Es wird gehen«) den Refrain eines Liedes aus der Französischen Revolution aufnimmt (»Ah! ça ira, ça ira, ça ira! Les aristocrates à la lanterne!«). Mit allegorischer Bildlichkeit und rhetorischem Pathos tritt F. für die proletarische Revolution ein, durch die allein die politischen und sozialen Verhältnisse in Deutschland zu verbessern seien. Das freie Amerika ist das Ziel einer allegorischen Schiffahrt nach der Melodie der Marseillaise: »Wie in Österreich so in Preußen Heißt das Schiff: ›Revolution!‹« *(Vor der Fahrt).* Als Gegenbild erscheint der russische »Eispalast der Despotie«, der im Frühling dahinschmilzt *(Eispalast). Von unten auf* nimmt das Bild einer Rheinfahrt des preußischen Königs, um auf die notwendige Umwälzung der Verhältnisse hinzuweisen. Denn »unter all der Nettigkeit und unter all der schwimmenden Pracht« schafft der »Proletariermaschinist«, der mit einem »Ruck« das (Staats-)Gebäude zum Einsturz bringen kann. Konkretere Anweisungen geben die Gedichte *Wie man's macht* (Erstürmung des Zeughauses, Bewaffnung der Bürger) und *Freie Presse,* beide wie *Eispalast* und *Von unten auf* in Langzeilen. Der Epilog des Dichters, *Springer,* vergleicht den Kampf der »Freien wider die Despoten« mit dem Schachspiel und endet mit den Versen: »Kein Zug des Schicksals setzt mich matt: – *Matt werden kann ja nur der König!*«

F. kehrte 1848, begeistert empfangen, nach Deutschland zurück, ließ eine Reihe seiner Gedichte – darunter *Die Toten an die Lebenden* – als Flugblätter mit hoher Auflage drucken und setzte seine Revolutionsdichtung mit den zwei Bänden der *Neueren politischen und sozialen Gedichte* (1849, 1851) fort.

1847
Franz Grillparzer
Der arme Spielmann

G.s Erzählung erschien 1847 in *Iris. Deutscher Almanach für 1848*. Nach Angaben des Dichters ist sie »wirklich nur durch ein eigenes Erlebnis« angeregt worden, d. h. G. fiel die Gestalt eines armen Geigers in einem Gasthaus auf, der »durch seine unbeholfenen Bewegungen rührend komisch« wirkte und möglicherweise bei der Donauüberschwemmung von 1830 umkam.

Der Erzähler, ein dramatischer Dichter, schildert den jährlichen Brigittenkirchtag vor den Toren Wiens und charakterisiert ihn als »saturnalische[s] Fest« (»Der Unterschied der Stände ist verschwunden«). Hier fällt ihm unter den Musikanten »ein alter, leicht siebzigjähriger Mann« auf, dessen Violinspiel als ein angestrengtes, aber vergebliches Ringen um einen Zusammenhang beschrieben wird. Er folgt dem Spielmann und besucht ihn einige Zeit später in seinem ärmlichen Zimmer, wo er Zeuge eines »höllischen Konzertes«, den täglichen Vormittagsübungen, wird und sich seine Geschichte erzählen läßt.

Der Spielmann Jakob, Sohn eines ehrgeizigen, einflußreichen Staatsbeamten, versagt in der Schule und wird als Schreiber auf eine Kanzlei abgeschoben und schließlich aus dem Vaterhaus verdrängt. Durch ein Lied Barbaras, der Tochter eines »Grieslers« (Händlers), wird er zur Musik bekehrt. Er nähert sich Barbara schüchtern und demütig, doch als er sich um sein Erbe betrügen läßt, heiratet sie einen Metzgermeister, während er als Musikant seinen Lebensunterhalt zu verdienen sucht. Nach Jahren zieht Barbara mit ihrer Familie in dieselbe Vorstadt, und er unterrichtet ihren ältesten Sohn Jakob.

Der Erzähler legt ein paar Silberstücke auf den Tisch und geht. Als im nächsten Jahr eine Überschwemmung die Leopoldstadt heimsucht, denkt er wieder an den Spielmann. Doch als er in seine Wohnung kommt, erfährt er, daß dieser sich bei Hilfsmaßnahmen erkältet habe und gestorben sei. Barbara ist an seinem Sarg. Als der Erzähler, von seiner »psychologischen Neugierde getrieben«, die Wohnung der Fleischerfamilie besucht,

will er die dort (als Reliquie) hängende Geige des Spielmanns kaufen, doch Barbara weist ihn heftig ab.

Deutungen des *Armen Spielmanns* gibt es viele. Schon im 19. Jh. wurden entgegengesetzte Meinungen darüber geäußert, wie denn das Leben dieses Sonderlings zu beurteilen sei. So sah Stifter in der »Kindlichkeit dieser Dichtung« die Bestätigung für die Auffassung, »daß alle Kraft, alle Begabung, selbst der schärfste Verstand nichts ist gegenüber der Einfalt sittlicher Größe und Güte« (1847), während Paul Heyse 1871 G.s Interesse an der psychologischen Problematik einer »auf Verkümmerung angelegten Natur« hervorhob. Neben individualpsychologische Interpretationen und Diskussionen des Verhältnisses von Kunst, Leben und Religion treten Versuche, den geschichtlichen und gesellschaftskritischen Gehalt der Erzählung zu erhellen: der arme Spielmann als »extreme Darstellung des totalen Privatmenschen, des idealen Untertans des Regimes Metternich« (Richard Alewyn); der illusionäre Rückzug »in die höchstpersönliche Ordnung einer selbstkonstruierten Welt« (Richard Brinkmann), als Entsprechung zu dem deutsch-bürgerlichen Denken, »das unter dem Druck ›von oben‹ seit je dazu bereit gewesen ist, sich in ein ›Refugium zurückzuziehen, das im Niemandsland der Seele liegt, um sich dort zu verkapseln« (Wolfgang Paulsen). Die Isoliertheit Jakobs, des seiner Umwelt entfremdeten Individuums, findet ihre Entsprechung in einer Kunstreligion, die die guten Absichten über das Werk stellt: »Die Reduktion der küstlerischen Qualität auf die gute Absicht bringt den Künstler, dem keiner mehr zuhören will, weil seine objektive Leistung (das ›Gekratze‹) den subjektiven Anspruch (das ›Gottesspiel‹) Lügen straft, nicht nur um das Publikum, das ihm ohnehin gleichgültig ist, sondern auch um die Substanz, auf die er überraschend unbescheiden so großen Anspruch erhebt« (Hinrich C. Seeba). Man hat die Erzählung »eine der wesentlichen Brücken aus der Tradition in die Moderne« genannt (W. Paulsen).

1847–48
Georg Weerth
Humoristische Skizzen aus dem deutschen Handelsleben

Friedrich Engels nannte W. »den *ersten* und bedeutendsten Dichter des Proletariats«. Seinen literarhistorischen Rang verdankt er dabei weniger seinen sozialkritischen und politischen Liedern und Gedichten (z.B. *Lieder aus Lancashire,* 1845–46) als seinen satirischen Schriften, vor allem der romanhaften Aristokratensatire *Leben und Taten des berühmten Ritters Schnapphahnski* (1848–49) und der ebenso kühlen wie unerbittlichen Analyse kapitalistischen Geschäftsgebarens, den *Humoristischen Skizzen aus dem deutschen Handelsleben,* teilweise 1847–48 in der *Kölnischen Zeitung* und der *Neuen Rheinischen Zeitung* veröffentlicht (W. war Feuilletonredakteur an der Kölner *NRZ* und damit Kollege von Marx und Engels).

Die *Skizzen* bestehen aus 14 Kapiteln, die am Beispiel des Handelshauses Preiss die Praktiken des ›deutschen Handelslebens‹ darstellen. Herr Preiss erscheint dabei nur im Zusammenhang mit seinem Geschäft, Familie oder Freunde kommen nicht vor. In einzelnen Kapiteln werden Angestellte und Geschäftsfreunde vorgestellt, ihre Funktionen geschildert (*Der Lehrling, Der Korrespondent, Der Buchhalter, Ein verschlissener Kommis* usw.). Herr Preiss liebt fromme Worte und moralische Sprüche, doch in Wirklichkeit gilt:»Im Handel hört alle Freundschaft auf, im Handel sind alle Menschen die bittersten Feinde.« Die ökonomische Perspektive ist die entscheidende, der Mensch ist sekundär (und entbehrlich, wenn er nicht mehr rentabel ist). Daß etwas »*Geld kosten* könne – dies war das schlimmste«. Auch die Revolution ist nur ein kommerzielles Problem, und Herr Preiss hat bald heraus, wie er durch Munitionshandel (»Pillen gegen das souveräne Volk«) profitieren und sich gar »allerhöchsten Ortes« beliebt machen kann.

W.s darstellerische Mittel sind vielfältig: Bericht, Brief, Dialog, Lebensgeschichte, Reisebericht wechseln sich ab. Kommentare treten zurück, die Satire spricht für sich selbst und entlarvt mit »grandioser Konsequenz« (Friedrich Sengle) sowohl ›Geist‹ wie Funktionsweise des kapitalistischen Systems.

1848
Friedrich Gerstäcker
Die Flußpiraten des Mississippi

Die wachsende Auswanderungsbewegung nach Amerika vestärkte das Interesse an Schilderungen der neuen Welt; das galt für Reiseberichte ebenso wie für Abenteuerromane, die spannende Handlung mit der Beschreibung des Landes und seiner Lebensverhältnisse verbanden. Bahnbrechend waren die Romane James Fenimore Coo-

pers, die sofort nach Erscheinen ins Deutsche übersetzt wurden. Hier griff, geprägt von den Erfahrungen der Restaurationszeit und eigenen Erlebnissen in den USA, zunächst Charles Sealsfield das neue literarische Thema auf. Reine Abenteuerlust brachte G. in die Vereinigten Staaten; zunächst beschrieb er seine Erlebnisse und Erfahrungen in Reiseberichten, dann wandte er sich der Gattung des Abenteuerromans zu.

Am Anfang seiner erzählenden Werke stehen *Die Regulatoren in Arkansas. Aus dem Waldleben Amerikas* (1846) und *Die Flußpiraten des Mississippi* (1848), die einen lose verbundenen Doppelroman bilden und G.s Ruf als Abenteuerschriftsteller bis heute lebendig erhalten haben. In beiden Romanen geht es um die Aufdeckung der Machenschaften von Verbrecherbanden, deren Anführer unerkannt als angesehene Bürger im Kreis der Siedler leben. Angesichts des noch weitgehend rechtlosen Raums spielt die Selbsthilfe der Bürger und Farmer bei der Wiederherstellung von Ordnung und Sicherheit eine entscheidende Rolle (»Regulatoren«). Der Bösewicht in den *Flußpiraten* ist Squire Dayton, Arzt und Friedensrichter im Mississippistädtchen Helena und zugleich der gefürchtete Piratenkapitän Kelly, der die Aktionen seiner in einer geheimen Siedlung auf der Insel »Nr. 61« hausenden Piraten lenkt (und dort eine feurige Piratenbraut besitzt wie in Helena eine nichtsahnende bürgerliche Gattin). Mehrere Handlungsstränge werden miteinander verflochten. Schließlich kommt es durch die Initiative O'Tooles, eines Bewohners von Helena, und durch Verrat zur Entdeckung des Piratennests, und mit Hilfe der Regulatoren und regulärer Truppen nimmt das Ganze ein explosives Ende: Georgine, die Piratenbraut, verrät aus Eifersucht Kelly-Daytons Doppelexistenz; dieser ersticht sie und entert mit seinen Leuten ein Dampfboot, das – von einem Militärschiff verfolgt – durch eine Kesselexplosion in die Luft gesprengt wird.

Spannende Handlung, lebendige Schilderungen des Lebens im noch ›wilden‹ Westen und das Gegeneinander von bürgerlicher Gesetzlichkeit und Biederkeit und ungebundenem (wenn auch verbrecherischem) Piratentum eröffnen dem Leser eine Welt, »in der er per Phantasie die uralten Fragen nach Selbstverwirklichung, Gerechtigkeit und entfaltetem Leben verfolgen, über ihnen träumen und beantworten kann« (Harald Eggebrecht).

1848
Johann Nepomuk Nestroy
Freiheit in Krähwinkel

N.s »Posse mit Gesang in zwei Abteilungen und drei Akten« (Musik von Michael Hebenstreit) wurde am 1. 7. 1848 im Wiener Carl-Theater uraufgeführt (Erstdruck 1849), fällt also in die Periode zwischen der erfolgreichen Märzrevolution (13./14. 3.) und ihrem Scheitern im Oktober/November (31. 10.: Besetzung der Stadt Wien durch kaiserliche Truppen). Der Titel des Stücks spielt auf August Kotzebues Lustspiel *Die deutschen Kleinstädter* (1802) an, das den fiktiven Ort Krähwinkel zum »Inbegriff kleinstädtischer Beschränktheit« (Duden) werden ließ.

In diesem Krähwinkel wird nun Revolution gemacht, propagiert von dem Zeitungsredakteur Ultra – N.s Rolle –, den es aus Wien in eine deutsche Kleinstadt verschlagen hat: »Aus dem glorreichen, freiheitsstrahlenden Österreich führt mich mein finsteres Schicksal nach Krähwinkel her.« Hier herrscht noch das von Ultra in einem Couplet persiflierte absolutistische »Zopfensystem«, das im Hintergrund von der Kirche gelenkt und von einem korrupten Bürgermeister repräsentiert wird und im Ratsdiener Klaus seinen subalternen Verfechter findet. Ultra gelingt es, verkleidet als russischer Großfürst, dem Bürgermeister die unterdrückte Konstitution abzunehmen und den Krähwinklern die Freiheit zu verkünden. Damit endet der 1. Teil des Stückes (»Die Revolution«). Der 2. (»Die Reaktion«) zeigt die Gefährdung der Revolution durch die Anhänger des Alten, die sich wieder regen. Doch der als Metternich verkleidete Ultra überzeugt den Bürgermeister, das Eingreifen seiner Stadtsoldaten hinauszuschieben, so daß die Bürger Barrikaden errichten können und mit ihren als Studenten verkleideten Frauen die gegnerische Streitmacht zum Aufgeben bringen. Die in das Geschehen verwobenen Liebesintrigen finden gleichfalls ein gutes Ende. Ultra, an der Seite Frau von Frankenfreys, hat das Schlußwort: »Also [...], die Reaktion ist ein Gespenst, aber G'spenster gibt es bekanntlich nur für die Furchtsamen: drum sich nicht fürchten davor, dann gibt's gar keine Reaktion!«

Das Stück hat zu Diskussionen über N.s Haltung zur Revolution geführt, denn die Verbindung von Possenhandlung mit ihren Verkleidungen, Liebesintrigen nebst hinters Licht geführten Vätern und satirisch beleuchtetem Revolutionsgeschehen bzw. parodistisch übersteigerter Frei-heitsrhetorik läßt eine gewisse Skepsis erkennen. Aber wenn auch die Satire nicht vor den Revolutionären haltmacht, die – wie ihre Gegenspieler – private und politische Motive miteinander verquicken, bleibt eines eindeutig: die entschiedene Abrechnung mit dem Polizei- und Beamtenstaat der Vergangenheit, mit Klerikalismus, Zensur, Ungleichheit und Ungerechtigkeit.

Als sich im Oktober 1848 das »Gespenst« der Reaktion mit Unruhen ankündigte, verschwand N.s satirisches Revolutionsstück vom Spielplan; am 11. 11. 1848 wurde die Zensur wieder eingeführt.

1849
Friedrich Hebbel
Herodes und Mariamne

Mit *Herodes und Mariamne*, am 14. 9. 1849 am Wiener Burgtheater uraufgeführt (Druck 1850), nimmt H. nach seinen Prosadramen die Tradition der klassizistischen Jambentragödie auf. Das fünfaktige Werk spielt um Christi Geburt und stellt das ›Ehedrama‹ von Herodes und Mariamne vor den geschichtlichen Hintergrund des Zerfalls der alten jüdischen Ordnung, der römischen Machtkämpfe nach Cäsars Tod und des sich ankündigenden christlichen Zeitalters.

Herodes, König von Judäa, ein machtgieriger Despot, hat aus politischen Gründen Mariamnes Bruder Aristobolus töten lassen. Obwohl ihm Mariamne verziehen und so ihre Liebe bewiesen hat, mißtraut ihr Herodes. Als er zu politischen Verhandlungen zu Antonius aufbricht, verlangt er von ihr den Schwur, daß sie sich selbst töten werde, falls er nicht zurückkehre. Mariamne lehnt ab, da sie sich nicht als Besitz über sich verfügen lassen will, leistet den Schwur jedoch später während seiner Abwesenheit freiwillig, als ihre intrigante Mutter Alexandra sie auf ihre Seite zu ziehen sucht. Als Mariamne jedoch erfährt, daß Herodes vor seiner Abreise seinen Schwager, den Vizekönig Joseph, beauftragt hat, sie im Falle seines Todes umzubringen, fühlt sie sich zum »Ding« herabgewürdigt: »Du hast in mir die Menschheit Geschändet«, wirft sie ihm nach seiner Rückkehr vor.

Als Herodes erneut zu Antonius gerufen wird, der vor dem Entscheidungskampf mit Octavianus steht, muß Mariamne erfahren, daß er wieder einen entsprechenden Befehl gegeben hat. Zunächst will sie sich selbst töten, entschließt sich aber dann, ein großes Fest zu veranstalten, prächtiger als ihre Hochzeit, obwohl man angesichts der Niederlage des Antonius nicht an eine Rückkehr seines Verbündeten Herodes glaubt. Als dieser jedoch auf dem Fest erscheint – »Hier ward gejubelt über deinen Tod!«, sagt ihm seine Schwester Salome –, läßt er Mariamne verhaften und unter dem Vorwand des Ehebruchs zum Tode verurteilen. Sie vertraut jedoch dem Römer Titus die Wahrheit an: Ihre Vergeltung für die Erniedrigung zum »Ding« und die Zerstörung ihrer Liebe wird darin bestehen, daß sie Herodes zu ihrem Mörder macht. Als Herodes den wahren Sachverhalt erfährt, zeigt er sich zwar erschüttert, doch nicht so sehr, daß er nicht an seinen Machterhalt dächte: Er sendet Soldaten aus, um die bethlehemitischen Kinder und damit auch den »Wunderknaben«, den neuen König, zu töten, von dessen Geburt in Bethlehem er von den drei Königen aus dem Morgenland im Augenblick von Mariamnes Hinrichtung erfahren hatte. Der Römer Titus fängt den zusammenbrechenden Herodes auf – das letzte Bild des Stücks: »Hinweis auf die durch Augustus sogleich gegründete stabilere Ordnung« (Friedrich Sengle).

H. läßt die persönliche Tragödie von Herodes und Mariamne gemäß einer eigenen Forderung aus den »*allgemeinen* Zuständen der Welt, des Volks und der Zeit hervorgehen«. Dabei wird nicht nur der maßlose Tyrann schuldig, auch Mariamne trägt durch ihren Stolz und ihre Unbedingtheit zur Tragödie bei. Man hat von einer »Dialektik der Maßlosigkeit« gesprochen (Lawrence Ryan). Problematisch bleibt der Zusammenhang zwischen der in zerstörerischer Sinnlosigkeit endenden Handlung und der durch die drei Könige symbolisch angekündigten neuen Ära.

1850
Theodor Storm
Immensee

Die Novelle *Immensee* machte S. berühmt und wurde sein erfolgreichstes Werk. Sie besteht aus einer Folge von ›Stimmungsbildern‹, von Stationen, die in der Erinnerung eines alten Mannes wachwerden und sich zu einer Geschichte von versäumtem Glück, unerfüller Liebe, Entsagung und Vergänglichkeit verdichten.

Elisabeth und Reinhard (»Der Alte«) verbringen eine glückliche Kindheit, wenn sich auch schon Schatten andeuten. Reinhards Studium führt zunächst zur physischen Trennung und, durch Gehemmtheit und Sprachlosigkeit gesteigert, allmählich auch zu innerer Entfremdung. Auf Drängen ihrer Mutter heiratet Elisabeth

schließlich Reinhards Schulfreund Erich, der das Gut seines Vaters am Immensee übernommen hat. Hierhin kommt Reinhard einige Jahre später, und im Zusammensein mit Elisabeth werden Erinnerungen wachgerufen, spiegelt sich Vergangenes im Gegenwärtigen. Eine weiße Wasserlilie im Immensee, zu der Reinhard schwimmend zu gelangen sucht, bleibt unerreichbar, und das böhmische Zigeunermädchen, das ihm während seiner Universitätszeit von Schönheit, Liebe und Tod gesungen hatte, taucht als Bettlerin wieder auf und erinnert ihn an die Verse »Sterben, ach sterben Soll ich allein!« Reinhard verläßt Immensee, und während Elisabeth ihn »mit toten Augen« ansieht, kehrt er sich »gewaltsam« ab und geht in »die große weite Welt«. – Der Alte, wieder in der Gegenwart, vertieft sich in Studien, »an denen er einst die Kraft seiner Jugend geübt hatte«.

Die äußere Handlung ist auf ein Minimum reduziert, auch die inneren Vorgänge werden nur angedeutet. Gleichwohl erhalten die in der Erinnerung des Alten aufsteigenden Bilder durch ein Gewebe von Motiven, symbolischen Bezügen und lyrischen Einlagen einen dichten inneren Zusammenhang. Die Erzählung entspricht mit ihrem Lyrismus, charakteristisch für die frühen Novellen, S.s eigenem Hinweis, daß sich seine Novellistik »aus der Lyrik entwickelt […] und zuerst nur einzelne ›Stimmungsbilder‹« geliefert habe, bevor sich später »die vollständige und völlig lückenlose Novelle« herausgebildet habe.

1850–51
Karl Gutzkow
Die Ritter vom Geiste

Nach einem Teilabdruck in der *Norddeutschen Allgemeinen Zeitung* (1850) erschien G.s neunbändiger Roman vollständig zuerst 1850–51 und lag schon 1854–55 in der 3. Auflage vor. Von Bedeutung ist das Werk vor allem durch das in der Vorrede entworfene Programm eines umfassenden Zeit- und Gesellschaftsromans, hinter dem die Ausführung freilich zurückbleibt. Zugrunde liegt die Erkenntnis, daß die Form des traditionellen Romans, des »*Nacheinander[s]* kunstvoll verschlungener Begebenheiten«, ungeeignet sei, den komplexen gesellschaftlichen Verhältnissen gerecht zu werden: »Der neue Roman ist der Roman des *Nebeneinanders*. Da liegt die ganze Welt! Da begegnen sich Könige und Bettler! […] Nun fällt die Willkür der Erfindung fort. Kein Abschnitt des Lebens mehr, der ganze runde, volle Kreis liegt vor uns.«

Allerdings trifft der Vorwurf der »classischen Unglaubwürdigkeit«, den G. dem alten Roman macht, nicht minder auf die Handlung der *Ritter vom Geiste* zu. Der Fund eines Schreins mit Urkunden, die den Brüdern Dankmar und Siegbert Wildungen großen Grundbesitz zusprechen, der Verlust dieser Dokumente und die Suche danach sind der »mechanische Hebel«, der die Handlung in Gang setzt. Dazu kommt noch der Prinz Egon von Hohenberg auf der Suche nach geheimnisvollen Aufzeichnungen, die seine Mutter in einem Bilderrahmen versteckt hat, ein Prinz, der in Paris inkognito kommunistische Ideen pflegte und zunächst mit den Zielen des von Dankmar und Siegbert Wildungen u. a. gegründeten Geheimbunds der »Ritter vom Geiste« sympathisiert, sich aber als Ministerpräsident seinen früheren Freunden entfremdet, eine reaktionäre Politik betreibt und mit seinen Unterdrückungs- und Verfolgungsmaßnahmen auch gegen die »neuen Templer« vorgeht (politischer Hintergrund ist die Entwicklung Preußens nach der gescheiterten Revolution von 1848). Dieser Bund zielt mit einem etwas weltfremden Idealismus auf eine gewaltlose, von einem gewandelten Bewußtsein getragene Lösung der sozialen und politischen Probleme der Zeit, auf die Überwindung der Partikularinteressen zugunsten einer allseitigen gesellschaftlichen Harmonie.

Wichtiger jedoch als dieses vage politische Programm und die eher kolportagehafte Handlung erscheint der Versuch G.s, im Einklang mit seinen theoretischen Vorbemerkungen durch eine Vielzahl von genau umrissenen Personen alle Bereiche der Gesellschaft vom Kriminellen- und Armenmilieu bis zur Herrscherfamilie zu charakterisieren. Dabei wirkte, auch wenn es G. abstritt, das Vorbild von Eugène Sues Großstadtroman auf G.s Theorie und Praxis (*Les Mystères de Paris,* 1842–43; dt. 1843).

Nach dem Erfolg der *Ritter vom Geiste* ließ G. einen weiteren Großroman folgen (*Der Zauberer von Rom,* 1858–61), der für einen vom römischen Klerikalismus befreiten Katholizismus plädiert.

1851
Heinrich Heine
Romanzero

Der *Romanzero* enthält drei »Bücher«: *Historien, Lamentationen, Hebräische Melodien.* »Ich habe dieses Buch Romanzero genannt, weil der Romanzenton vorherrschend in den Gedichten, die hier gesammelt«, schreibt H. im Nachwort. Romanze hatte im 18. und 19. Jh. eine doppelte Bedeutung. Zum einen verstand man darunter die spanische Volksballade bzw. eine auf die spanische Tradition bezogene Gedichtform (Kennzeichen: Trochäen, Assonanzen), zum andern wurde Romanze als Synonym für Ballade überhaupt gebraucht. So enthält der *Romanzero* – wie die Romanzenzyklen im *Buch der Lieder* und den *Neuen Gedichten* – Gedichte im Anschluß an die ›spanische‹ Tradition *(Der Mohrenkönig, Vitzliputzli, Spanische Atriden, Jehuda ben Halevy, Disputation),* aber auch Texte, die im heutigen Sprachgebrauch als Balladen gelten. Allerdings wird auch deutlich, daß H. den vorherrschenden Balladentypus mit seiner distanzlosen Überhöhung und Stilisierung des Geschehens durch Perspektivierung, Relativierung und Erzählerdistanz entscheidend verändert und kritisch umfunktioniert. Daher geben die *Historien,* eine Art kleine Weltgeschichte vom alten Ägypten bis zur Gegenwart, kein Bild von Heldentum und Bewährung in der Entscheidung aus der Sicht der Handelnden, sondern es dominiert die Perspektive der Unterlegenen, der Leidenden. Im *Schlachtfeld bei Hastings* heißt es:

Gefallen ist der beßre Mann,
Es siegte der Bankert, der schlechte,
Gewappnete Diebe verteilen das Land
Und machen den Freiling zum Knechte.

Ausflüge in exotische Länder und die Neue Welt führen in keine bessere Welt. Die Anteilnahme gilt den Opfern.

Persönliches Leiden ist der Gegenstand der *Lazarus*-Gedichte in den *Lamentationen,* Rückschau des sterbenskranken Dichters in seiner Pariser »Matratzengruft« in der Rolle des Lazarus, des von der menschlichen Gesellschaft Ausgeschlossenen, Kranken, Leidenden (wieder aufgenommen wird die Thematik in H.s letzter Gedichtsammlung *Gedichte. 1853 und 1854,* 1854). Das letzte der *Lazarus*-Gedichte *(Enfant perdu)* verbindet Autobiographisches mit Zeitgeschichtlichem, spricht vom sterbenden Freiheitskämpfer und Dichter und davon, daß der Kampf trotz allem weitergeht.

Der 3. Teil des *Romanzero* besteht aus drei z. T. recht umfangreichen *Hebräischen Melodien (Prinzessin Sabbat, Jehuda ben Halevy, Disputation),* die die Verwandtschaft von Judentum und Dichtertum andeuten: Sie sind verwandt in der Gespaltenheit ihrer Existenz, verwandt auch deshalb, »weil sich in beiden Erwähltheitsbewußtsein und Leidensschicksal verbinden« (Jürgen Brummack). Beispiel für die enge Beziehung von Auserwähltheit und Leiden ist das Schicksal des mittelalterlichen jüdischen Sängers Jehuda ben Halevy – das Gedicht wird zu einer Selbstdeutung H.s.

Der *Romanzero* war zunächst ein großer Erfolg (vier Auflagen innerhalb weniger Monate). Dann aber kamen, wie der Verleger Campe schrieb, »das Oesterreich-, preußische, bayersche, würtembergsche und andere *Verbote* und – die häßliche Kritik«.

1851
Gottfried Keller
Neuere Gedichte

K.s Lyrik steht im Schatten seines großen erzählerischen Werkes. Sie gehört zu einem großen Teil der Frühzeit seines Schaffens an. Anstöße gingen zunächst vor allem von Georg Herwegh und Anastasius Grün aus, deren politische Gedichte »wie ein Trompetenstoß« auf ihn wirkten. Die politische Aufbruchsstimmung schlägt sich in der ersten Gedichtsammlung K.s nieder (*Gedichte*, 1846); daneben stehen Naturgedichte und der von Heine beeinflußte Gedichtzyklus *Lebendig begraben*, dessen etwas makabrer ›Realismus‹ nach Meinung des Verlegers einen »unangenehmen Eindruck« auf das Publikum machte. Die Naturgedichte führen einerseits romantische Traditionen fort, sprechen von Vergänglichkeit und Tod, von der Harmonie von Ich und Natur, andererseits suchen sie neue Erfahrungen – etwa politische – in die alten Vorstellungsmuster einzubringen und lassen sich von der Freude an der durch die Technik bewirkten Veränderung des Lebensgefühls inspirieren (etwa in der *Erwiderung* auf Justinus Kerners Klage, daß des »Dampfwagens wilder Pfiff« oder gar der »unsel'ge Traum« vom Fliegen die Vertreibung der Poesie von der Erde bedeute).

Nach der Enttäuschung über den Verlauf der Revolution von 1848 wandte sich K. zunächst von der politischen Lyrik ab (um sie später, unter anderen Vorzeichen, wieder aufzunehmen). Seine zweite Gedichtsammlung, *Neuere Gedichte* (1851), bestätigt vielmehr seine Bedeutung als Naturlyriker und reflektiert zugleich die tiefgreifende Wirkung der Religionskritik Ludwig Feuerbachs (*Das Wesen des Christentums*, 1841). Die Negation des persönlichen Gottes und der Unsterblichkeit führt zu einer Intensivierung des Lebens, zu einem Begreifen der Schönheit und Fülle der Erde; zugleich wird »der Tod ernster, bedenklicher und fordert mich nun erst mit aller Macht auf, meine Aufgabe zu erfüllen und mein

Bewußtsein zu reinigen und zu befriedigen« (K.). In der Natur findet das Ich sein Gleichgewicht, seine Ruhe. Im Gedicht *Stille der Nacht* entdeckte Friedrich Theodor Vischer »die Ahnung einer neuen Religion«.

Eine weitere, abschließende Gedichtsammlung erschien erst 1883 (*Gesammelte Gedichte*). Sie enthält neben dem bekannten *Abendlied* (»Augen, meine lieben Fensterlein«) an Neuem vor allem K.s Fest- und Gelegenheitsdichtung, mit der er sich am öffentlichen Leben seiner Heimat beteiligte.

1852
Willibald Alexis
Ruhe ist die erste Bürgerpflicht

Der historische Roman gehörte im 19. Jh. – jedenfalls zahlenmäßig – zu den wichtigsten Romangattungen. Auslösendes Moment war die Rezeption der Romane Walter Scotts in den 20er Jahren. Auch A. knüpfte an Scott an und gab seine ersten Romane als Scott-Übersetzungen aus (*Walladmor, Frei nach dem Englischen des Walter Scott*, 1824; *Schloß Avalon*, 1827). Zu einer eigenständigen Ausprägung des historischen Romans gelangte er jedoch erst in seinen »Vaterländischen Romanen« mit Themen aus der brandenburg-preußischen Geschichte. Stellte er in *Cabanis* (1832) den Helden in den Zusammenhang der friderizianischen Zeit – als positivem Gegenbild zur eigenen Gegenwart –, so legte er den folgenden Romanen Stoffe aus dem Mittelalter und der Frühen Neuzeit zugrunde, immer mit der Absicht, die Ideen und Prinzipien deutlich werden zu lassen, die Brandenburg-Preußens historische Leistung ausmachen (*Der Roland von Berlin*, 1840; *Die Hosen des Herrn von Bredow*, 1846 u. a.). Dagegen führt die Handlung des Romans *Ruhe ist die erste Bürgerpflicht*, entstanden nach der gescheiterten Revolution von 1848, in die jüngste Vergangenheit, den Zusammenbruch Preußens im Jahre 1806. Der Titel ist einem Maueranschlag Graf von der Schulenburgs nach der Niederlage in der Schlacht bei Jena entnommen: »Der König hat eine Bataille verlohren. Jetzt ist Ruhe die erste Bürgerpflicht. [...] Berlin, den 17. October 1806.«

In dem Roman verbindet sich Vergangenheitsschilderung mit kritischer, durchaus gegenwartsbezogener Gesellschaftsanalyse. Bezeichnend für den Zustand der Gesellschaft ist die Rolle, die Laster und Verbrechen spielen, und zwar nicht nur als gelegentlich auftretende Motive (Kindsmörderin, die Unschuld im Bordell o. ä.), sondern als tragende Elemente der Handlung. Dadurch ergibt sich eine eigentümliche Annäherung von historischem Roman, Gesellschaftsroman und Kriminalerzählung. So verbirgt sich hinter der einflußreichen Geheimrätin Lupinus, in deren Salon sich fast alle einflußreichen Persönlichkeiten treffen, eine skrupellose Giftmörderin, während der Legationsrat von Wandel, ein politischer Schwindler, schließlich als gesuchter Doppelmörder entlarvt wird (beide Fälle sind – bei geänderten Namen – historisch; A. hatte sie selber in dem von ihm mitherausgegebenen *Neuen Pitaval*, 1842–47, dargestellt). A. spricht angesichts der doppelsträngigen Kriminalhandlung von zwei »sich durchschlängelnden und kreuzenden Cloakenströmungen«; hier wird stellvertretend der Zustand der Gesellschaft sichtbar gemacht. Dagegen treten nur wenige »Lichtgestalten« hervor, vor allem das Paar Adelheid – Walter von Asten. Für eine bessere Zukunft stehen auch geschichtliche Gestalten wie der Freiherr vom Stein oder Königin Louise.

Vereint werden alle Personenkreise (nebst zahlreichen Neben- und Hintergrundfiguren) »in einem Medium, in das sie sämtlich eingetaucht sind – in einem unendlichen Gespräch« von über 1000 Seiten, zu verstehen als »eine Reflexion riesigen Ausmaßes, an der alle Personen des Romans beteiligt sind und worin die Ereignisse der ›großen‹ Politik ebenso abgehandelt werden wie die Erfahrungen und Taten der Romanfiguren« (Wolfgang Beutin). A. entwirft so ein Bild der Zustände und Strömungen im Preußen der Jahre 1805–06, in dem sich scharfe Preußenkritik (Leibeigenschaft, feudale Ideologie, Junkertum usw.) mit Andeutungen einer programmatischen Erneuerung verbinden, die durchaus auf die Gegenwart bezogen werden konnten. Die Hoffnung, daß eine Elite – die »Lichtgestalten«, die Reformer wie Freiherr vom Stein – eine innere Erneuerung herbeiführen könnte, teilte A. mit Karl Gutzkow und seinen allein für die »Gesinnung« streitenden »neuen Templern« in den *Rittern vom Geiste* (1850–51). Daneben zeigt auch A.s breit ausladende Erzählweise eine deutliche Verwandtschaft mit Gutzkows »Roman des Nebeneinanders«.

Ruhe ist die erste Bürgerpflicht war als 1. Roman einer Trilogie geplant. Es erschien jedoch nur noch ein 2. Roman (*Isegrimm*, 1854), der die Verhältnisse auf dem Land während der französischen Besetzung und den wachsenden Widerstand schildert.

A.s Romane fanden keine große Resonanz bei dem breiteren Publikum. Fontane, der A. Anregungen verdankte und mit ihm das Interesse an märkischen Stoffen teilte, widmete ihm 1872 einen ausführlichen kritischen Essay, der in einem Vergleich mit Walter Scott gipfelt und auf diese Weise die Begrenztheit des ›märkischen Walter Scott‹ deutlich macht. (Diese Distanzierung von A. – »Stilschwerfälligkeit« – steht freilich in Zusammenhang mit Fontanes eigenem Bemühen um den historischen Roman.)

1852
Klaus Groth
Quickborn

G. gilt mit seiner Gedichtsammlung *Quickborn. Volksleben in plattdeutschen Gedichten dithmarscher Mundart* (1852; vordatiert auf 1853) als Begründer der neuniederdeutschen Dichtung. Die Sammlung – ihr Titel bedeutet lebendige(r) Brunnen bzw. Quelle – wurde bis zur 7. Auflage (1857) ständig erweitert; 1871 erschien ein 2. Teil. Wichtige Vorbilder über die einheimische Überlieferung hinaus – Volkslied, Ballade, Erzählung – waren der schottische Dichter Robert Burns und Johann Peter Hebel.

Den Anfang des Buches bildet das programmatische Gedicht *Min Modersprak,* und durch G. wird das Niederdeutsche zum ausdrucksvollen Medium der poetischen Gestaltung von Landschaft und Menschen seiner Heimat. Größere Verserzählungen, lyrische und balladeske Gedichte stehen nebeneinander. Die Themen sind vielfältig: Natur- und Liebesgedichte, Kinderlieder, Tiergedichte *(Matten de Has'),* Volks- und Familienbilder, Zeitgedichte, Sagenhaftes.

Mit seinem sorgfältig geordneten Gedichtbuch, »Ausdruck eines neuen plattdeutschen Sprach- und Volksbewußtseins, ja einer Ideologie« (Gerhard Schmidt-Henkel), suchte G. das Niederdeutsche als Literatursprache auch für ernsthafte Themen zu etablieren. Darüber kam es zur Auseinandersetzung mit Fritz Reuter, dessen anekdotische *Läuschen un Rimels* (1858) – so G. – durch ihre Gemeinheit zur Abwertung der niederdeutschen Sprache und Kultur beitrügen (*Briefe über Hochdeutsch und Plattdeutsch*, 1858).

G.s empfindsame, von Musikalität getragene Dichtung von einer idyllischen, vorindustriellen Welt fand großen Beifall und übte starken Einfluß auf die sogenannte niederdeutsche Bewegung aus; 1904 wurde eine »Vereinigung zur Pflege niederdeutscher Sprache, Art und Dichtung« unter dem Namen »Quickborn« gegründet.

1852
Friedrich Hebbel
Agnes Bernauer

H.s »deutsches Trauerspiel in fünf Aufzügen« (Prosa) wurde am 25. 3. 1852 am Münchener Hoftheater uraufgeführt (Druck im selben Jahr) und gleich darauf wieder vom Spielplan abgesetzt. Es behandelt einen historischen Stoff aus dem 15. Jh., die Geschichte der Augsburger Baderstochter Agnes Bernauer, die den Sohn des Bayernherzogs heiratete und später aus Gründen der Staatsräson in der Donau ertränkt wurde.

Anläßlich eines Turniers weilt Albrecht, Sohn Herzog Ernsts zu München-Bayern, in der freien Reichsstadt Augsburg. Er und Agnes Bernauer, die man den »Engel von Augsburg« nennt, sehen und begegnen sich und werden von grenzenloser Liebe überwältigt. Ohne Rücksicht auf feudale und dynastische Bedenken folgt die heimliche Heirat. Als sich Albrecht weigert, eine von seinem Vater eingeleitete Verbindung mit einer Welfenprinzessin einzugehen und von der Erbfolge ausgeschlossen wird, spitzt sich der Konflikt zu; Albrecht beharrt auf seinem Anspruch. Zur Entscheidung kommt es, als der designierte Thronfolger Adolf stirbt und die ungelöste Erbfolgefrage zum Krieg zwischen den verschiedenen Linien der Wittelsbacher zu führen droht. Herzog Ernst unterschreibt das schon vor Jahren vorbereitete Todesurteil, und während Albrecht in Ingolstadt an einem Turnier teilnimmt, wird Agnes gefangengenommen und – da sich sich weigert, ihrem Mann zu entsagen – umgebracht. Die »Ordnung der Welt«, die sie gestört haben soll, wird am Schluß wiederhergestellt. Ernst kann seinen Sohn vom Kampf abhalten und vor Vertretern des Reiches und der Kirche zur Übernahme der Regentschaft bewegen, während er ins Kloster geht (und sich in einem Jahr Albrechts Urteil unterwerfen will). Da Agnes die Ordnung nun nicht mehr gefährdet, kann sie – »das reinste Opfer, das der Notwendigkeit im Laufe aller Jahrhunderte gefallen ist« – als Albrechts »Witwe« anerkannt und ihr Andenken mit der Stiftung eines feierlichen Totendienstes wachgehalten werden.

Das Trauerspiel, das in deutlich konservativer Weise auf die 48er Revolution reagiert und mit dem H. – vergeblich – die Wittelsbacher als Mäzene gewinnen wollte, soll nach Ansicht des Dichters zeigen, daß sich »das Individuum, wie herrlich und groß, wie edel und schön es immer sei«, dem absoluten Recht des Staates beugen müsse. Dem Recht der Liebenden und dem reinen Opfer – Agnes Bernauers Schicksal ist mit Anklängen an die Passionsgeschichte gestaltet – wird das Recht der Staatsräson entgegengestellt, stilisiert zu einer erhabenen sittlichen Macht und absoluter Notwendigkeit. Die Argumentation bleibt freilich fragwürdig, der Hinweis auf Gottes Wille und die Gegenüberstellung von Allgemeinheit und Individuum (Agnes soll sterben »im Namen der Witwen und Waisen, die der Krieg machen würde«) können die Inhumanität des »Notstandsmords« (Helmut Kreuzer) nicht verdecken: »Es melden sich in der *Agnes Bernauer* schon die totalitären Züge des deutsch-bürgerlichen Nationalismus an, in dessen Gefolge denn auch das Drama eigentlich populär wurde« (Horst Albert Glaser).

1852
Theodor Storm
Gedichte

Die 1852 erschienene erste Gedichtsammlung S.s wurde in den folgenden Jahren in erweiterter Form mehrfach neu aufgelegt. Im Gegensatz zur Lyrik des Vormärz ist S.s lyrisches Werk durch die Beschränkung aufs Private und Individuelle gekennzeichnet. In einem Brief heißt es: »Den echten Lyriker wird sein Gefühl, wenn es das höchste Maß von Fülle und Tiefe erreicht hat, von selbst zur Produktion nötigen, dann aber auch wie mit Herzblut alle einzelnen Teile des Gedichts durchströmen.« Die lyrische Empfindung drängt, und dies ist entscheidend, von selbst zur Form: »Sobald ich recht bewegt werde, bedarf ich der gebundnen Form.« Dabei stellt er dem äußeren Formbegriff etwa Geibels den der unmittelbar aus dem »Gefühl« herauswachsenden inneren Form entgegen.

Schwerpunkte seiner Lyrik bilden Natur- und Liebesgedichte. Natur und heimische Landschaft werden genau und sinnlich anschaulich ›beschrieben‹ und zugleich von subjektivem Stimmungs- und Erlebnisgehalt durchdrungen (u.a. *Über die Heide, Meeresstrand, Die Stadt*). Dabei dominieren Stimmungen und Gefühle der Einsamkeit, der Trauer, der Beunruhigung über die Gegenwart und der Angst vor dem Zukünftigen. Die Liebesgedichte nehmen keine Rücksicht auf bürgerliche Konventionen und Tabus, sprechen von elementarer Leidenschaft (*Die Stunde schlug, Wir haben nicht das Glück genossen, Weiße Rosen* u.a.). Mit Liebe und Leidenschaft verbindet sich kontrapunktisch das Bewußtsein von der Vergänglichkeit, der Gedanke an Abschied und Tod.

S.s Auffassung des Lyrischen als »Naturlaut der Seele« weist zurück auf Traditionelles, auf das Volkslied, auf die ›Erlebnislyrik‹ der Goethezeit und Verwandtes; aber S.s Gedichte unterscheiden sich von der bloß handwerklichen Formkunst, dem Ästhetizismus der Epigonen durch die Authentizität der lyrischen Aussage. So führt S. mit seinem schmalen, weil konzentrierten und intensiven lyrischen Werk das Lyrische in diesem begrenzten Sinn auf eine »neue und einsame Höhe« (Ludwig Völker).

1852–1961
Jacob und Wilhelm Grimm
Deutsches Wörterbuch

Jacob und Wilhelm G. sammelten seit 1838 Material für ein umfassendes deutsches Wörterbuch, unterstützt von zahlreichen Helfern. Die Arbeit wurde bald zur Bürde (»Holzhackerarbeit«), die Wörtermenge stieg gewaltig an: »Wie wenn tagelang feine, dichte flocken vom himmel niederfallen, [...] werde ich von der masse aus allen ecken und ritzen auf mich andringender wörter gleichsam eingeschneit«, schrieb Jacob in der Vorrede zum 1. Band (»A bis Biermolke«), der 1854 vollendet wurde (die erste Lieferung erschien 1852). 1860 war der 2., 1862 der 3. Band fertiggestellt. Als Jacob G. starb, schrieb er gerade am Artikel ›Frucht‹. Er hatte die meiste Arbeit geleistet, von Wilhelm G. stammt allein der Buchstabe D.

Das Werk wurde, nacheinander von einer Reihe verschiedener Bearbeiter und Herausgeber betreut, erst 1961, nach über 100 Jahren, mit Band 32 abgeschlossen. Die lange Bearbeitungszeit hatte Folgen für die Einheitlichkeit des Wörterbuchs, das gelegentlich aus den Fugen zu geraten drohte und sich nicht gerade durch Übersichtlichkeit auszeichnet. An Materialreichtum ist es freilich unvergleichlich. Dem jeweiligen Eintrag folgt – nach lateinischem Äquivalent, etymologischer Herleitung und alt- und mhd. Vorgeschichte – die Darstellung der Form und Bedeutungsentwicklung im Neuhochdeutschen, illustriert durch eine Fülle literarischer Belege von der Lutherzeit bis zu Goethe. Mit diesem »Schatzhaus« (Rudolf Hildebrand) – Jacob G. sprach gar von einem »heiligthum der sprache« – verfolgten die Brüder nicht nur wissenschaftliche Ziele; das Wörterbuch war nicht zuletzt auch als ein nationales, identitätsstiftendes Unternehmen gedacht: »Deutsche geliebte landsleute, welches reichs, welches glaubens ihr seiet, tretet ein in die euch allen aufgethane halle eurer angestammten uralten sprache, lernet und heiliget sie und haltet an ihr, eure volkskraft und dauer hängt in ihr.«

1853
Adalbert Stifter
Bunte Steine

Die sechs Stücke umfassende Sammlung von Erzählungen erschien 1853 in zwei Bänden und erinnert im Titel an S.s »Liebhaberei als Bube, alle möglichen bunten Steine [...] nach Hause zu tragen«. Von den Texten waren fünf bereits früher veröffentlicht worden; sie wurden für die Buchausgabe überarbeitet und mit neuen Überschriften versehen. Die *Bunten Steine* enthalten – nach der berühmt gewordenen Vorrede – die Erzählungen *Granit* (*Die Pechbrenner*, 1849), *Kalkstein* (*Der arme Wohltäter*, 1848), *Turmalin* (*Der Pförtner im Herrenhause*, 1852), *Bergkristall* (*Der heilige Abend*, 1845), *Katzensilber* und *Bergmilch* (*Wirkungen eines weißen Mantels*, 1843). Die Gesteinsnamen spielen auf landschaftliche und inhaltliche Motive an. Seinem Verleger kündigte S. die Stücke als Erzählungen für Kinder an: »Kinder revolutionieren nicht und Mütter auch nicht, also schauen Sie auf das Werk.«

Granit, *Bergkristall* und *Katzensilber* haben die Rettung von Kindern zum Thema, *Kalkstein* und *Turmalin* sind Sonderlingsgeschichten mit Anklängen an Grillparzers *Armen Spielmann* (1847). Aus dem Rahmen fällt die letzte (entstehungsgeschichtlich früheste) Erzählung *Bergmilch*, die eine Episode aus den napoleonischen Kriegen behandelt. Sieht man von ihr ab, so wird deutlich, daß sich im Vergleich zu den *Studien* (1844–50) der Rückzug von Geschichte und Gesellschaft weiter radikalisiert hat. Die Helden sind Kinder oder weltfremde, vereinsamte Sonderlinge oder Heilige; die Natur- und Landschaftsschilderungen nehmen einen großen Raum ein und zeigen – wie in der Weihnachtsgeschichte *Bergkristall* – höchste stilistische Meisterschaft. Daß die »räumlich-statischen, handlungsarmen Geschichten [...] zum Teil wie die poetische Entfaltung von Bildideen« erscheinen (Ursula Naumann), hat – wie sich für *Bergkristall* belegen läßt – seine Gründe. S. erinnerte sich bei der Betrachtung einer Zeichnung einer Gletscherhöhle an die Begegnung mit einem Kinderpaar: »Ich habe mir jetzt das Kinderpaar von gestern in diesen blauen Eisdom versetzt gedacht; welch ein Gegensatz wäre dies liebliche, aufknospende, frisch pulsierende Menschenleben zu der grauenhaft prächtigen, starren todeskalten Umrahmung!«

Gegenüber den *Studien* zeigt sich die Weiterentwicklung von S.s objektivem Erzählstil. Rahmenkonstruktionen sorgen für Distanz, das Subjektive wird weiter zurückgedrängt, das Gleichmaß des Erzählens nur an wenigen Stellen – und damit um so wirksamer – durchbrochen, etwa beim Wiederfinden der Kinder in *Bergkristall*.

In der Vorrede formuliert S. seine ästhetischen Anschauungen, Antwort auf ein satirisches Epigramm Friedrich Hebbels (*Die alten Naturdichter und die neuen*), der die poetische Kleinmalerei attackiert hatte. Dagegen sieht S. in dem Kleinen, Unscheinbaren mehr Größe als in den spektakulären Einzelereignissen, die »nur Wirkungen viel höherer Gesetze« seien. Um diese höhere Gesetzlichkeit, um »das Ganze und Allgemeine« geht es ihm. Für den Menschen gilt entsprechendes: Wahre Größe liege in einem Leben »voll Gerechtigkeit Einfachheit Bezwingung seiner selbst Verstandesgemäßheit Wirksamkeit in seinem Kreise«, nicht in zerstörerischer Leidenschaft, die er mit Naturkatastrophen vergleicht: »Wir wollen das sanfte Gesetz zu erblicken suchen, wodurch das menschliche Geschlecht geleitet wird.« Das ist zugleich ein Kommentar zur Revolution (von 1848), die S. als Geschichtskatastrophe entschieden ablehnte und auf die er mit den verstärkten pädagogischen Bemühungen seiner »Kindergeschichten« antwortete: »Kinder revolutionieren nicht [...].«

1854
Hermann Kurz
Der Sonnenwirt

K.s zweiter historischer Roman – nach *Schillers Heimatjahre (1843)* – behandelt den Stoff, der auch Schillers Erzählung *Verbrecher aus Infamie* (1786; späterer Titel: *Der Verbrecher aus verlorener Ehre*) zugrunde liegt. Während Schiller die Geschichte des »Sonnenwirts« nur aus Erzählungen seines Lehrers Abel kannte, beruht K.s umfängliche »schwäbische Volksgeschichte« auf ausgedehnten Quellen- und Archivstudien, die in einem Vorspann dokumentiert werden. Diese Urkunden, heißt es im Vorwort zu einem Vorabdruck der ersten Kapitel (im *Morgenblatt für gebildete Leser*, 1846), »enthüllten meinem Auge in und zwischen ihren Zeilen ein Lebensbild, grundverschieden von dem bisher gekannten, aber belebender Darstellung gewiß nicht minder

wert«. Der Roman erschien dann im November 1854, vordatiert auf 1855.

Er beginnt mit der Entlassung des 20jährigen Friedrich Schwan, Sohn des Sonnenwirts im schwäbischen Ebersbach, aus dem Ludwigsburger Zucht- und Arbeitshaus, wo er eineinhalb Jahre wegen körperlicher Mißhandlung zubringen mußte. Rückblickend wird die Jugendgeschichte Friedrichs erzählt, der auf das harte Regiment der lieblosen Stiefmutter mit Trotz und Auflehnung reagiert und wegen eines Diebstahls im elterlichen Haus schon als 14jähriger für 6 Monate ins Zuchthaus gesteckt wird. Als er sich nach seiner Rückkehr vom zweiten Zuchthausaufenthalt in die »blonde Christine« verliebt und sie heiraten will, verweigert man ihm die Heiratserlaubnis. Dabei entsteht ein plastisches Bild dörflicher Enge, christlicher Doppelmoral und der Macht der Kirche, eine Demonstration, wie der einzelne Pressionen und Sanktionen ausgesetzt und ins Unglück getrieben wird.

Um der schwangeren Christine zu helfen – die arme Häuslerstochter ist mit einem Bußgeld belegt worden –, begeht Friedrich wieder einen Diebstahl im Elternhaus; im Affekt bedroht er seinen Vater mit dem Messer. Die Heiratsmündigkeitserklärung des Herzogs wird hintertrieben, und aufgrund einer Anzeige des Vaters kommt Friedrich zum drittenmal ins Zuchthaus. Sechs Jahre später – inzwischen wieder rückfällig geworden, zu lebenslänglichem Zuchthaus verurteilt und aus der Festung Hohentwiel geflohen – hat sich Friedrich nach mehrjährigem armseligen Vegetieren als Wilderer einer Räuberbande angeschlossen. Christine, nun doch mit ihm getraut, will nicht bei der Bande bleiben; sie wird verhaftet und später zu einer mehrjährigen Zuchthausstrafe verurteilt. Friedrich, jetzt mit der »schwarzen Christine« verbunden, ermordet seinen alten Widersacher, den Fischerhannes, der ihn einst bei seinem Vater denunziert hatte, und begeht weitere Verbrechen bis zu seiner Verhaftung. Der Prozeß wird – man hat K. das Durchbrechen des fiktionalen Erzählens vorgeworfen – mit Hilfe authentischen Dokumentenmaterials dargestellt. Der Bruch mit den überkommenen Formen des Erzählens hat seine Ursache in K.s aufklärerischen Absichten: »Obwohl frei ohne jedes andere Maß und Ziel, als das sie selbst sich setzt, folgt doch die Dichtung gern dem Gefangenen in die Kerkerzelle und zum Schafott, aber sie verstummt unter dem Geräusche der christlich-deutschen Justiz.« Die Darstellung des Schicksals des »Sonnenwirts«, die Schritt für Schritt den Weg in den Untergang beschreibt, das Zusammenwirken von individuellen Anlagen und gesellschaftlichen Bedingungen aufzeigt und die Verantwortung der Gesellschaft an der moralischen Zerstörung des Wehrlosen sichtbar macht, war nicht zuletzt ein vom Geist der 48er Revolution durchdrungener »aktueller Vorwurf gegen die Dauer der deutschen Misere« (Fritz Martini).

1854–55
Gottfried Keller
Der grüne Heinrich

Der autobiographisch geprägte Roman liegt in zwei Fassungen vor. Die 1. erschien nach fünfjähriger mühsamer Arbeit 1854–55 in vier Bänden, die 2. 1879–80. Die Erstfassung ist formal als Er-Erzählung angelegt. Sie beginnt mit dem Abschied des Helden von der Schweiz; die Schilderung des Aufenthalts in der Kunststadt (München) wird dann durch die von Heinrich selbst verfaßte Geschichte seiner Jugend in Ich-Form unterbrochen; am Schluß stehen Heimkehr und Tod. Die 2. Fassung ist durchgehend als Ich-Erzählung angelegt; die strukturelle Umformung geht mit stilistischer Glättung, der Mäßigung sinnlicher und kritisch-reflexiver Partien (einschließlich der politischen und antiklerikalen Polemik) und einer Milderung des desillusionierenden Verlaufs der Bildungsgeschichte einher.

Heinrich Lee verläßt seine Schweizer Heimat, um in der Kunststadt München Malerei zu studieren. Hier holt er die Aufzeichnungen über seine bisherige Entwicklung hervor. Heinrich verliert in jungen Jahren seinen Vater, einen Bauernsohn, der es zum Baumeister gebracht hatte und als Idealbild des Bürgers Vorbildfunktion für Heinrich besitzt. Unter der Obhut seiner frommen Mutter wächst H. in bescheidenen Verhältnissen heran; die Kleidung, geschneidert aus dem Schützenanzug des Vaters, bringt ihm den Namen »grüner Heinrich« ein. Er besucht zunächst die Armen-, dann die Gewerbeschule. Deutlich wird die Tendenz, sich in der Phantasie über die Wirklichkeit hinwegzusetzen, die Realität zu poetisieren. Als 15jähriger wird er der Schule verwiesen, als er sich an die Spitze eines Demonstrationszuges gegen einen Lehrer setzt (»Mir schwebten sogleich gelesene Volksbewegungen und Revolutionsszenen vor«). Mit dem abrupten Ende der schulischen Ausbildung erfährt Heinrichs Entwicklungsgeschichte nach dem Tod des Vaters den zweiten entscheidenden Bruch: »denn ein Kind von der allgemeinen Erziehung ausschließen heißt nichts anderes, als

seine innere Entwicklung, sein geistiges Leben köpfen.« Er sucht sich autodidaktisch weiterzubilden und übt sich in der Malerei. Eine gewisse technische Routine lernt er bei Meister Habersaat; ein »wirklicher Meister«, der Maler Römer, nimmt sich seiner an, führt ihn durch eine strenge Schule und vermittelt ihm die technischen Voraussetzungen künstlerischer Naturnachahmung.

In diesen Jahren hält sich Heinrich mehrfach im Heimatdorf seiner Mutter auf, wo zahlreiche Verwandte leben. Er fühlt sich zu zwei Frauen hingezogen: Während die zarte Schulmeisterstochter Anna den »besseren und geistigeren Teil« seines Wesens anzieht, beeindruckt und verwirrt ihn die sinnliche Ausstrahlung der erfahrenen, jung verwitweten Judith (»Ich fühlte mein Wesen in zwei Teile gespalten«). Als die kränkliche Anna stirbt, gelobt er der Toten ewige Treue und sagt sich von Judith los. Sie wandert nach Amerika aus, und er begibt sich nach München, um seine »Kunstübungen nunmehr einem Abschluß entgegenzuführen«.

Doch er muß erkennen, daß er kein großer Maler werden wird. Er besucht Vorlesungen an der Universität, gerät in Schulden, aus denen ihm seine Mutter nur vorübergehend heraushelfen kann, verkauft seine frühen Zeichnungen an einen alten Trödler, für den er schließlich sogar Fahnenstangen anmalt. Völlig abgerissen macht er sich auf den Weg nach Hause. Unterwegs gerät er zufällig zum Schloß eines Grafen, wo man ihn freundlich aufnimmt und als den Urheber der Zeichnungen erkennt, die der Graf in München erworben hat. Heinrich verliebt sich in die Pflegetochter des Grafen, Dortchen Schönfund, ohne seine Passivität überwinden und seine Liebe gestehen zu können. Dortchen macht ihn mit der atheistischen Philosophie Feuerbachs bekannt, und der Graf bezahlt ihn noch einmal für die billig erworbenen Zeichnungen und gibt ihm neue Aufträge. So kommt er schließlich als wohlhabender Mann nach siebenjähriger Abwesenheit in seine Heimatstadt zurück. Seine Mutter, die durch seine Geldwünsche in Not geraten war und immer auf ihn gewartet hatte, wird gerade beerdigt. Er fühlt seine Mitschuld an ihrem Tod und stirbt selbst bald danach.

In der 2. Fassung, in der schon die konsequente Ich-Erzählung ein Überleben des Erzählers erfordert, werden die Schicksalsschläge gemildert, wird die völlige Desillusionierung vermieden. Als Heinrich nach Hause kommt, liegt seine Mutter im Sterben. Allmählich überwindet er den Schmerz und sucht seine Schuldgefühle durch gemeinnütziges Handeln in einem öffentlichen Amt zu überwinden. Mit der aus Amerika zurückgekehrten Judith verbindet ihn eine enge Freundschaft bis zu ihrem Tod: ein melancholischer, doch versöhnlicher Ausklang.

Während es dem in der Erinnerung idealisierten Vater Heinrich Lees gelang, das »Schöne mit dem Nützlichen zu verbinden«, d. h. seine handwerklich-künstlerische Fähigkeit, wirtschaftlichen Erfolg und politischen Gemeinsinn zu einer produktiven Einheit zu verschmelzen, bleibt seinem Sohn die Synthese versagt. Für ihn erscheint nach dem Tod des Vaters die Realität freudlos, erdrückend. Die Phantasie bietet einen Ausweg und gewinnt schließlich den Vorrang vor der Wirklichkeit. Das problematische Verhältnis zwischen Realität und Einbildungskraft führt zu Konflikten, Enttäuschungen, verstörenden Erfahrungen, Schuldgefühlen. So wird die Inkongruenz von Vorstellung und Wirklichkeit von strukturierender Bedeutung für Heinrichs Kindheitsgeschichte, für Schulzeit, religiöse Erziehung und die Gespaltenheit in der Liebe. Eine Möglichkeit, die Phantasie auszuleben, ohne mit der Realität in Konflikt zu geraten, bietet die künstlerische Tätigkeit.

Heinrichs Bildungsgeschichte erweist sich als Folge von Desillusionierungen, von Auf- und Abschwüngen, Hoffnungen und Enttäuschungen; sie läßt keine zielstrebig aufsteigende Tendenz erkennen. So verweigert die I. Fassung folgerichtig den Kompromiß zwischen gesellschaftlichen Forderungen und individueller Selbstverwirklichung, wie ihn Goethes *Wilhelm Meister* vorgeführt hatte, während sich die spätere Fassung mit ihrer versöhnlichen Schlußperspektive gesellschaftlich-nützlicher Tätigkeit der Linie des klassischen Bildungsromans nähert. Die Wirkung des Romans ging von der Zweitfassung aus.

1854–56
Theodor Mommsen
Römische Geschichte

Die ersten drei Bände von M.s *Römischer Geschichte*, nach dem Zusammenbruch der Revolution von 1848 begonnen und 1854–56 (²1856–57) erschienen, behandeln die Zeit von den Anfängen bis zur Herrschaft Cäsars (Schlacht bei Thapsus, 46 v. Chr.). Dann stockte die Arbeit. Älter geworden, fehlte M., wie er schreibt, »die Unbefangenheit und Unverschämtheit des jungen Menschen, der über alles mitspricht und abspricht und sich insofern trefflich zum Historiker qualifiziert«. So blieb Band 4 (1878) fragmentarisch, und Band 5

(1885) wandte sich der Geschichte der römischen Provinzen zu.

Die Perspektive von M.s Darstellung ist bestimmt durch die Überzeugung von der Notwendigkeit des historischen Prozesses, der Rom, dem »Einheitsgedanken« folgend, von bescheidenen Anfängen zur Einigung Italiens und zur Weltherrschaft führte. Diese Sicht bestimmt auch seine Urteile über die geschichtlich Handelnden. Maßstab ist, ob und wie sie den ihnen gestellten historischen Aufgaben – wie sie M. sieht – gerecht werden. So entstehen prägnante Charakterbilder der Akteure, wobei sich M. als scharfer, sarkastischer Kritiker durchaus unbefangen zeigt (Pompeius erscheint ihm als »ein Beispiel falscher Größe, wie die Geschichte kein zweites kennt«, der jüngere Cato als »ein Wolkenwandler im Reiche der abstrakten Moral« und Cicero gar als ein »politischer Achselträger«). Dagegen wird Cäsar, auf den die Darstellung zustrebt und dessen Charakteristik den Schlußpunkt des 3. Bandes setzt, als Mensch von einzigartiger Vollkommenheit geschildert: »Caesar der ganze und vollständige Mann.« (Nicht nur hier urteilt die moderne Geschichtsschreibung anders.)

Zur Lebendigkeit seiner Darstellung und damit zu ihrem breiten Erfolg trugen seine Bemühungen um eine ›realistische‹ Sicht der Dinge, um einen modernen Ton bei. Auf die Einwände seiner Fachkollegen antwortete er: »es gilt doch vor allem die Alten herabsteigen zu machen von dem phantastischen Kothurn, auf dem sie der Masse des Publikums erscheinen, sie in die reale Welt, wo gehaßt und geliebt, gesägt und gezimmert, phantasirt und geschwindelt wird, den Lesern zu versetzen.«

M. wurde 1902 als erster Deutscher mit dem Nobelpreis für Literatur ausgezeichnet. In der Einleitung zu Band 5 steht der Satz: »Die Phantasie ist wie aller Poesie so auch aller Historie Mutter.«

1855
Gustav Freytag
Soll und Haben

F.s Nachruhm gründet sich vor allem auf seinen 1855 erschienenen Roman *Soll und Haben*. In den Hintergrund getreten ist seine dramatische Produktion (am erfolgreichsten war das Lustspiel *Die Journalisten*, Uraufführung 1852, Druck 1854; die theoretischen Gedanken des habilitierten Germanisten enthält sein Buch *Die Technik des Dramas*, 1863). *Soll und Haben* geht ein Satz des den literarischen Realismus propagierenden Literarhistorikers Julian Schmidt voraus: »Der Roman soll das deutsche Volk da suchen, wo es in seiner Tüchtigkeit zu finden ist, nämlich bei seiner Arbeit.«

Das Werk verfolgt das Leben des Beamtensohns Anton Wohlfart, der als Lehrling in das Handelshaus Schröter eintritt und dank seiner Tüchtigkeit aufsteigt und schließlich den beruflichen Erfolg mit der Heirat mit Sabine, der Schwester des Firmeninhabers, krönt. Sein Lebenslauf wird kontrastiert mit dem des ebenfalls aus Ostrau/Schlesien stammenden, mit antisemitischen Klischees gezeichneten Juden Veitel Itzig, der seine Laufbahn mit dem betrügerischen Spekulanten Hirsch Ehrenthal beginnt und seine Karriere gegenbildlich mit Ruin, Mord und Tod beschließt. Zudem ist Antons aufsteigender Lebensweg mit dem Niedergang einer Adelsfamilie verflochten, deren aufwendiges Leben auf Schein beruht und – nicht ohne Zutun der jüdischen Wucherer – zum Ruin führt. Anton bewundert den aristokratischen Lebensstil und wird von der Tochter, Leonore von Rothsattel, angezogen. Er erhält den Auftrag, den Besitz der Rothsattels zu ordnen. Allerdings bleibt ihm Leonore versagt, die Herrn von Fink heiratet und mit ihm im östlichen Grenzraum »ein neues deutsches Geschlecht« zeugen wird, »ein Geschlecht von Kolonisten und Eroberern«. Bei dieser Sicht verwundert die entschiedene Abgrenzung der deutsch-bürgerlichen Kaufmannswelt von den Polen nicht: Ihr Freiheitskampf gilt nur als Beeinträchtigung des Geschäftslebens.

Was den Polen fehlt (»Sie haben keinen Bürgerstand. [...] Das heißt, sie haben keine Kultur«), zeichnet die Deutschen aus, die demonstrieren, »daß die freie Arbeit allein das Leben der Völker groß und sicher und dauerhaft macht«. Arbeit übt bürgerliche Tugenden und Verhaltensweisen ein: Ordnung, Fleiß, Pünktlichkeit, Pflichtbewußtsein, Realitätssinn, Anerkennung der Herrschafts- und Dienstverhältnisse usw. So hat sich »bei uns das arbeitsame Bürgertum zum ersten Stande des Staates« erhoben, abgegrenzt nach oben und unten und gegenüber Juden und Slawen. Damit verklärt F. in vordergründiger Schwarzweißmalerei und ohne Einsicht in die sozialen Umwälzungen die Rolle des politisch machtlosen deutschen Bürgertums im Obrigkeitsstaat nach der gescheiterten Revolution von 1848.

Schildert *Soll und Haben* die freie Entfaltung des Bürgertums im Geschäftsleben, so wendet sich F. in seinem nächsten, komplementären Roman der zweiten dem Bürgertum vorbehaltenen Domäne zu, der Bildung (*Die verlorene Hand-*

schrift, 1864). Die Reichsgründung inspirierte ihn schließlich zu dem sechsbändigen Romanzyklus *Die Ahnen* (1872–80), der die Geschichte einer Familie von der Völkerwanderungszeit bis zum Jahr 1848 verfolgt und dabei die Genese des Bürgertums – aus Königen wird schließlich die Familie König – darzustellen sucht. Dabei konnte er auf sein eigenes bedeutendes kulturgeschichtliches Werk *Bilder aus der deutschen Vergangenheit* (1859–67) zurückgreifen.

Soll und Haben fand lange fast ungeteilte Zustimmung ([54]1901); kritische Stimmen kamen zunächst allein von liberalen Kritikern der Vormärzära (u. a. Karl Gutzkow) und später von Franz Mehring (»Ideologie des Philisters«). Entscheidend für den lang anhaltenden Erfolg war neben der Qualität des Werks als Unterhaltungsroman, daß er auch heute noch keineswegs ausgestorbene bürgerliche Wertvorstellungen propagierte und zudem mit seinem klischeehaften Juden- und Slawenbild gängige Vorurteile bestätigte und rechtfertigte.

1855
Paul Heyse
L'Arrabiata

Von H., der bis zum Naturalismus eine bedeutende Rolle als Hofpoet und Dichterfürst im literarischen Leben Münchens spielte und zu den erfolgreichsten Autoren seiner Zeit zählte, ist nur noch die ›Falkentheorie‹ im Gedächtnis geblieben: die aus einer Novelle Boccaccios (*Decamerone*, 5. Tag, 9. Geschichte) entwickelte enge Vorstellung, daß jede Novelle eine »starke Silhouette« aufweisen müsse, eine prägnante, in wenigen Sätzen wiederzugebende Handlung mit einer die Beziehung der Menschen entscheidend verändernden Wendung (»äußere Zufallswendung«). Obwohl sich eine »so einfache Form [...] nicht für jedes Thema unseres vielbrüchigen modernen Kulturlebens finden lassen« werde, sollte sich der Erzähler zuerst fragen, »wo der ›Falke‹ sei, das Spezifische, das diese Geschichte von tausend anderen unterscheidet« (Vorrede zum *Deutschen Novellenschatz*. Hrsg. von P. H. und Hermann Kurz, 24 Bände, 1871–76).

Daß H. dem eigenen Muster folgt, soziale Konflikte meidet und das Gesellschaftliche nur als erstarrte, idealisierte Staffage benutzt, hat den Erfolg seiner rund 150 Novellen bei seinem großbürgerlichen Publikum begründet. Das Geschehen wird auf eine psychologisch-moralische Konfliktsituation, ein individuelles Problem oder

Schicksal reduziert. Dabei geht es meist um Liebe, unbedingte, leidenschaftliche Liebe, die aber dann doch in den Rahmen der Konvention zurückgeführt wird. Für die Entfernung vom prosaischen Alltag sorgt in der Regel der italienische Schauplatz, der Ort für »unverfälschte Naturkraft, einfache und große Leidenschaft«.

Erstes und typisches Beispiel für H.s ›italienische‹ Novellistik ist die 1853 entstandene und dann in seiner ersten Novellensammlung (*Novellen*, 1855) gedruckte Geschichte der jungen Laurella, die wegen ihrer eigensinnigen, abweisenden Art l'Arrabiata genannt wird. Geprägt von dem durch Gewalt und Unterwerfung bestimmten Verhältnis ihrer Eltern, will sie sich nie einem Mann hingeben. Doch als der still und beharrlich um sie werbende Schiffer Antonio auf der Rückfahrt von Capri nach Sorrent sie mit sich in den Tod reißen will und sie ihm mit einem Biß eine tiefe Wunde zufügt (»das Spezifische« der Geschichte), ist der »Wendepunkt« erreicht. Während Antonio alle Schuld bei sich sucht, versorgt sie zerknirscht seine Wunde und gesteht ihre lang unterdrückte Liebe.

Alles bleibt an der Oberfläche; was H. anzubieten hat, ist glatte Form, südliche Schönheit und Leidenschaft, epigonalen Klassizismus. Es war ein Erfolgsrezept, das seinem Werk – neben den Novellen umfaßt es über 60 Dramen, eine Reihe von Romanen, Gedichte – hohe Auflagen bescherte – und dem Autor, mit dem schon die Naturalisten abgerechnet hatten, 1910 sogar den Literaturnobelpreis.

1855
Ferdinand Kürnberger
Der Amerika-Müde

K.s »Amerikanisches Kulturbild« nimmt im Titel kritisch Bezug auf Ernst Willkomms Roman *Die Europamüden* (1838) und wendet sich damit gegen das überwiegend positive Bild Amerikas in der Literatur des Vormärz. Der Held des Romans, der deutsche Schriftsteller Dr. Moorfeld, trägt manche Züge Lenaus, dessen Werke und Briefe seine Enttäuschung über Amerika reflektieren.

Am Anfang steht ein Hymnus Moorfelds auf die Neue Welt – »Amerika! heilige Erstarrung ergreift mich bei deinem Anblicke« –, doch die bei der Einfahrt in den Hafen von New York geäußerten hehren Gedanken werden bald von der Wirklichkeit desavouiert. Zwar erregt die große Stadt Bewunderung, doch stärker schlägt das

Negative zu Buche: Materialismus, Egoismus, Bigotterie und Kulturlosigkeit. Bei den Zusammenkünften der Einwanderer im Gasthaus Zum grünen Baum – »Ja hier war Deutschland« – wird recht deutschtümelnd über die alte Heimat und Amerikas Zukunft räsoniert, im Haus des reichen und kultivierten Mr. Bennet diskutiert man für und wider die Sklaverei. Tonangebend unter den deutschen Auswanderern ist der Lehrer und Schriftsteller Benthal, der wegen seiner Teilnahme am Hambacher Fest auswandern mußte. Um die Voraussetzungen für eine geplante Mustersiedlung zu schaffen, reist Moorfeld nach Ohio. Doch die Erfahrungen sind desillusionierend. Geschäftstüchtige Händler nehmen die Siedler aus, Sektenprediger treiben ihr Unwesen, und Moorfeld verliert das ersteigerte Land aufgrund einer undurchsichtigen Rechtspraxis an einen Spekulanten. Da sich auch in New York die Dinge verändert haben und Benthal sich mit den amerikanischen Verhältnissen arrangiert, verläßt Moorfeld enttäuscht das Land. Vom Schiff aus sieht er noch die »Rauchspur des eingeäscherten Kleindeutschlands«, das von Rowdies niedergebrannte Gasthaus Zum grünen Baum, während als ironischer Kontrast von einem einlaufenden Einwandererschiff »aus hundert deutschen Kehlen« der Jubelruf durch die Luft donnert: »Vivat das freie Amerika!«

Das freie, demokratische, von einengenden Traditionen unbehinderte Amerika und seine unverdorbene, unermeßliche Natur als Gegenbild zu den beengten, restaurativen Verhältnissen in Deutschland – dieses populäre utopische Amerikabild verfällt einer radikalen, stark antikapitalistisch getönten Kritik. Allerdings steht dieses Amerika nur stellvertretend, und gewiß bleibt, daß auch Deutschland nicht der Ort ist, wo der Geist der Humanität und der demokratischen Revolution weht. – Der Roman machte K. berühmt. Später, in den 60er und 70er Jahren, erlangte K. auch als wichtiger Exponent des Wiener Feuilletons literarische Bedeutung.

1855
Eduard Mörike
Mozart auf der Reise nach Prag

M.s »Novelle« erschien zuerst in Fortsetzungen im *Morgenblatt für gebildete Leser* (Juli/August 1855); die Buchausgabe folgte im Herbst 1855, vordatiert auf das Mozartjahr 1856.

Die Novelle schildert einen Tag aus dem Leben Mozarts, der sich mit seiner Frau Konstanze gerade auf dem Weg nach Prag befindet, um die Uraufführung seines *Don Giovanni* vorzubereiten (sie fand am 29. 10. 1787 statt). Am dritten Reisetag nutzt Mozart die mittägliche Rast in einem Gasthaus zu einem Spaziergang in den nahegelegenen Garten eines gräflichen Schlosses. Hier weckt der Anblick eines Pomeranzenbaums Erinnerungen an eine Szene aus seiner Jugendzeit, die wiederum »eine längst verwischte musikalische Reminiszenz« wachruft; und während sich, so inspiriert, in ihm eine Melodie herausbildet, bricht er absichtslos eine der Pomeranzen vom Baum und schneidet in »künstlerische[r] Geistabwesenheit« die »gelbe kugelige Masse von oben nach unten langsam« durch. Dieser Sündenfall ist der Anlaß dafür, daß der Grafenfamilie die Anwesenheit des Komponisten bekannt wird und man ihn und Konstanze zum Bleiben einlädt. Man feiert gerade die Verlobung von Eugenie, der Nichte des Grafen, für die das noch aus der Zeit Ludwigs XIV. stammende Orangenbäumchen als Geschenk bestimmt ist. Schönstes Geschenk für die Mozartliebhaberin Eugenie wird jedoch die Anwesenheit des Komponisten selbst, der u. a. aus dem noch unvollendeten *Don Giovanni* spielt. Daneben geben Gespräche und anekdotische Erinnerungen, in denen sich verschiedene Erzählperspektiven durchdringen, Hinweise auf Mozarts Künstlerexistenz, seine verschwenderische Lebens- und Schaffensweise.

Die Heiterkeit der Erzählung hat einen dunklen Untergrund, verbindet sich mit Melancholie und Todesahnung. Eugenie, die als Einzige wahrhaft für Mozarts Musik empfänglich ist, erkennt: »Es ward ihr so gewiß, so ganz gewiß, daß dieser Mann sich schnell und unaufhaltsam in seiner eigenen Glut verzehre, daß er nur eine flüchtige Erscheinung auf der Erde sein könne, weil sie den Überfluß, den er verströmen würde, in Wahrheit nicht ertrüge.« Melancholische Todesahnung liegt auch über dem Schluß der Novelle mit dem als böhmischem Volkslied ausgegebenen Gedicht *Ein Tännlein grünet wo.*

So gelingt es M. in dem »kleine[n] Charaktergemälde«, indem er auf kunstvolle Weise Erzählperspektiven wechselt und Vergangenheit, Gegenwart und Zukunft miteinander verknüpft, in der Schilderung eines Tages Leben und Schicksal Mozarts und das Wesen seiner widerspruchsvollen Künstlerexistenz deutlich werden zu lassen.

1855
Joseph Viktor von Scheffel
Ekkehard

In der Klostergeschichte *Casus Sancti Galli* Ekkehards IV. von St. Gallen (gest. um 1060) heißt es, der St. Gallener Mönch Ekkehard I. habe in seinen jungen Jahren – das wäre um 930 gewesen – das Leben von Waltharius Starkhand beschrieben (vgl. *Waltharius*, 9./10. Jh.). Von dieser Annahme ging S. aus, als er nach seiner Übersetzung des lateinischen *Waltharius* ins Deutsche und weiteren Mittelalterstudien seine »Geschichte aus dem zehnten Jh.« verfaßte.

Die Herzogin Hadwig von Schwaben, jung verwitwet, langweilt sich auf ihrem Witwensitz auf dem Hohentwiel. Bei einem Besuch des Klosters St. Gallen fällt ihr der schöne und trotz seiner Jugend bereits hochgelehrte Mönch Ekkehard auf. Sie läßt ihn als Lateinlehrer auf den Hohentwiel kommen, und ihre Zuneigung verwirrt den unerfahrenen Mönch. Die Gefühle der Herzogin erkalten jedoch, da Ekkehard keine Worte findet. Seine Taten bei der Abwehr eines Hunneneinfalls bleiben ohne Beachtung und als sich die Gesellschaft Heldensagen erzählt, hat er zum Unwillen der Herzogin nichts zu sagen. Als er sie jedoch allein in der Burgkapelle antrifft, gesteht er seine Liebe und reißt sie an sich. Der mißgünstige Abt des Klosters Reichenau überrascht sie. Nachdem ihn Hadwigs griechische Magd Praxedis aus dem Gefängnis befreit hat, findet Ekkehard innere Ruhe bei den Hirten am Säntis und dichtet das *Waltharilied* (als vorletztes Kapitel im Roman abgedruckt). Er läßt es Hadwig zukommen und zieht in »die weite Welt«.

S. verbindet, nicht ohne Ironie und Witz, Fiktion und Geschichte zu einem erbaulich-idyllischen Bild mittelalterlichen Lebens, das durchaus als Gegenbild zur Gegenwart verstanden wird, die unter der Herrschaft »der Abstraktion und der Phrase«, der Kritik und der Reflexion stehe. Mit der Beschwörung einer besseren Vergangenheit hatte S. – besonders seit den 70er Jahren – großen Erfolg. Zahlreiche Ausgaben bis in die Gegenwart hinein machen *Ekkehard* zum erfolgreichsten historischen Roman seiner Zeit.

1855, 1868
John Brinckmann
Kaspar-Ohm un ick

B. gehört neben Klaus Groth und Fritz Reuter zu den ›Klassikern‹ der niederdeutschen Literatur des 19. Jh.s. Sein bekanntestes Werk ist *Kaspar-Ohm un ick*. *Een Schiemansgorn (Kaspar-Ohm und ich. Ein Seemannsgarn)*, eine Sammlung episodischer Erzählungen um den fiktiven Rostocker Kapitän Kaspar Pött. Sie erschien 1855 als 2. Teil des Bandes *Aus dem Volk für das Volk. Plattdeutsche Stadt- und Dorfgeschichten* und dann in einer stark erweiterten, romanhaften Fassung 1868. Im Vorwort charakterisiert B. sein Buch als »Genrestück«, in dem er »den grotesken Typus einer verschwundenen Rasse, den baltischen Seemann des vorigen Jahrhunderts«, zu zeichnen versuche. Als charakteristische Züge dieses typischen niederdeutschen Seebären nennt B.: »Mut und Gottesfurcht, Tätigkeit und Sparsamkeit, Rechtssinn und Freimütigkeit, aber auch an die Grenze des Rohen streifende Derbheit sowie eine gehörige Portion grotesken Eigendünkels und skurrilen Besserwissens.« Diese Eigenschaften, zusammen mit seiner großen, im Verlauf seines Seemannslebens erworbenen Welterfahrung, führen zu zahlreichen Konflikten mit der engen, kleinbürgerlichen Umgebung seiner späteren Jahre.

Geschildert wird Kaspar-Ohm aus der Sicht von »Unkel Andrees«, der auf seine Kindheit und Jugend zu Anfang des 19. Jh.s zurückblickt, von seinen Streichen, seinen Freunden, seiner Liebe zu Grete und immer wieder von seinem Onkel, Kaspar-Ohm, erzählt. Das durch Andrees' Streiche zunächst eher gespannte Verhältnis zwischen Neffen und Onkel verbessert sich im Laufe der Zeit, Verständnis und Freundschaft entwickeln sich, und Andrees ist ein dankbarer Zuhörer, wenn Kaspar-Ohm bramarbasierend von seinen Erlebnissen berichtet (wie von der Fahrt nach Batavia und der Vernichtung des berühmten Seeräubers Klaaz van Klaazen). Und als Andrees – im etwas straffer erzählten 2. Teil – nach dreijähriger Seefahrt 1806 nach Hause zurückkehrt, kann er seinem Onkel bei einem Streit mit den französischen Besatzungstruppen helfen, so daß dieser schließlich auch seiner Heirat mit Grete zustimmt.

Die verschiedenen Momente der Erinnerung verbinden sich zu einem lebensvollen Bild einer Seestadt zu Beginn des 18. Jh.s. Dabei wird die lockere Komposition durch die plastische Charakterzeichnung Kaspar-Ohms aufgewogen, durch

die realistischen, z. T. auch grotesken Erzählungen seiner Lebenserfahrungen, durch ein ›Plattdeutsch‹, das »einen Teil der sozialhistorischen Auskunftsqualität [verbürgt], die den gesamten Text auszeichnet« (Gerhard Schmidt-Henkel).

1856
Friedrich Hebbel
Gyges und sein Ring

H.s fünfaktige Tragödie in Blankversen erschien 1856; die Uraufführung fand erst am 25. 4. 1889 in Wien (Burgtheater) statt. Die Fabel basiert auf einer von Herodot und Plato erzählten Geschichte. Formal nähert sich H. der klassizistischen französischen Tragödie. In der Vorbemerkung heißt es: »die Handlung ist vorgeschichtlich und mythisch; sie ereignet sich innerhalb eines Zeitraumes von zweimal vierundzwanzig Stunden.«

Der lydische König Kandaules, der sein Geschlecht auf Herakles zurückführt, wird als entschiedener Neuerer vorgestellt, der die »alten Heiligtümer zu verdrängen« sucht und damit auf den Widerstand seines am Alten hängenden Volkes stößt. Im Verhältnis zu seiner Frau Rhodope, die noch ganz von archaischen Vorstellungen geprägt ist, wird ihm sein aufgeklärtes, die Tradition negierendes Denken zum Verhängnis. Sein griechischer Freund Gyges schenkt ihm einen wunderbaren, unsichtbar machenden Ring, den er zufällig gefunden hatte und dessen Kraft ihm »Grauen« verursacht. Kandaules überredet Gyges, sich der Kraft des Ringes zu bedienen und ihm unsichtbar in das Schlafgemach Rhodopes zu folgen, um so ihre unvergleichliche Schönheit bezeugen zu können. Der Sitte ihrer Heimat gemäß darf sie außer dem Vater nur der Ehemann entschleiert sehen. Diese Szene wird nicht gezeigt; wir hören jedoch, daß Gyges sich des Frevels bewußt wurde und sich sichtbar gemacht hatte, um Kandaules zu zwingen, die Ehre Rhodopes zu retten und ihn zu töten. Kandaules verbarg ihn jedoch vor ihren Blicken. Rhodopes Mißtrauen ist jedoch geweckt, und nach und nach findet sie die Wahrheit heraus. Sie läßt Gyges vor sich bringen, der die Schuld auf sich nimmt und ihr seine Liebe erklärt, während sie ihm den Tod verkündet. Kandaules stellt Gyges' Darstellung richtig und bekennt sich zu seiner Schuld. Daraufhin fordert Rhodope Gyges auf, Kandaules zu töten. Dieser ist sich bewußt, daß er »schwer gefehlt« hat, wenn er auch die Zeit kommen sieht, »Wo alles denkt wie ich«. Kandaules fällt im Zweikampf. Gyges wird zum König der Lydier berufen. Rhodope reicht ihm am Altar der Hestia die Hand zur Ehe und ersticht sich: »Ich bin entsühnt […].«

»[…] ich hoffe, den Durchschnittspunkt, in dem die antike und moderne Atmosphäre ineinander übergehen, nicht verfehlt und einen Konflikt, wie er nur in jener Zeit entstehen konnte […], auf eine allgemein menschliche, allen Zeiten zugängliche Weise gelöst zu haben«, schrieb H. 1854 in einem Brief. Rhodope und Kandaules verkörpern verschiedene, weit auseinanderliegende historische Entwicklungsstufen. Als Vermittler kann Gyges gelten, der als König einer Übergangsepoche »noch in der Wahrung der Tradition das Erbe des Neuerers antritt« (Helmut Kreuzer). Dabei geht es H. nicht um eine Wertung von Tradition und Neuerung, entscheidend ist das »Zeitmaß«: »Die Welt braucht ihren Schlaf‹: wenn dieser durch hastige Neuerungen gestört wird, kommt es zu den Katastrophen der Restauration *und* der Revolution« (Friedrich Sengle).

1856
Otto Ludwig
Zwischen Himmel und Erde

L.s Ansehen im 19. Jh. gründete sich vor allem auf sein dramatisches Schaffen (u. a. *Der Erbförster*, 1850; *Die Makkabäer*, 1852) und die damit verbundenen, postum erschienenen *Shakespeare-Studien* (1871). Das Interesse hat sich seitdem auf L.s erzählerisches Werk verlagert, das im Unterschied zu den Dramen durchaus innovatorische Züge aufweist. Die Dorfgeschichten in der Nachfolge Berthold Auerbachs (*Die Heiterethei und ihr Widerspiel*, 1857) und die Auerbach gewidmete »Erzählung« *Zwischen Himmel und Erde* (1856, ³1862) werden durch die erst in den *Nachlaßschriften* (1873–74) veröffentlichten *Romanstudien* ergänzt. Diese Studien machen deutlich, daß L. die Zukunft des deutschen Romans – im Gegensatz zum englischen – in der Hinwendung »zu größerer Innerlichkeit und mehr psychologischem Interesse der Komposition« sieht.

Die Handlung der Erzählung *Zwischen Himmel und Erde*, die man auch einen Roman nennen könnte, spielt in kleinbürgerlich-handwerklichem Milieu in einer deutschen Kleinstadt und schildert – ausgehend von einem in der Gegenwart angesiedelten Rahmen – dreißig Jahre zurückliegende Ereignisse, die die Voraussetzung für den jetzigen Zustand bilden: »ein eigenes Zusammenleben« des alten Schieferdeckermeisters Apollo-

nius Nettenmair mit seiner immer noch schönen Schwägerin Christiane und ihren Söhnen. Die Nachbarn, so heißt es, »wundern sich, daß der Herr Nettenmair die Schwägerin nicht geheiratet« hatte, nachdem ihr Mann bei einer Dachreparatur tödlich verunglückt war. Der Blick zurück im Hauptteil des Romans bringt die Erklärung.

Fritz Nettenmair, der ältere Bruder von Apollonius, hintertreibt dessen Verbindung mit Christiane Walther und heiratet sie selber, während Apollonius bei einem Vetter in Köln arbeitet. Nach seiner Rückkehr – Apollonius ist zu einem fähigen, kenntnisreichen Mann gereift – verfolgt ihn Fritz mit seinem Haß, da er die Entdeckung seiner Machenschaften fürchtet. Apollonius erweist sich als Meister seines Fachs, erstellt ein Gutachten über die Reparatur des Kirchturms und wird später auch mit den einschlägigen Arbeiten beauftragt. Während Fritz immer weiter absinkt, sorgt Apollonius dafür, daß das Geschäft nicht zusammenbricht. Ein Mordanschlag des von Wahnvorstellungen getriebenen Bruders mißlingt nur durch Zufall, und als Christiane davon hört, wirft sie sich Apollonius in die Arme, der jedoch die Familienehre über die Liebe stellt. Schließlich kommt es auf dem Kirchturmdach zum Kampf zwischen den Brüdern. Fritz stürzt ab. Daß er sich nicht für ihn opferte, rechnet sich Apollonius als Schuld an, und er löst seinen Gewissenskonflikt schließlich – nachdem er noch die Stadt vor einem Großbrand bewahrt hat – durch Entsagung.

Die genaue Schilderung des Kleinstadtmilieus und der Berufswelt ist nur Hintergrund. Es geht, wie auch die erzählerischen Techniken mit ihrer Annäherung an erlebte Rede und inneren Monolog erkennen lassen, letztlich um das innere Geschehen, um seelische Vorgänge, um moralische und sittliche Entscheidungen. Die äußere Handlung erhält gemäß den Forderungen des ›poetischen Realismus‹ eine allgemeinmenschliche Bedeutung: realistische Dichtung wird von L. bezeichnet als »Poesie der Wirklichkeit, die nackten Stellen des Lebens überblumend […] durch Ausmalung der Stimmung und Beleuchtung des Gewöhnlichsten im Leben mit dem Lichte der Idee«. Was damit gemeint ist, deutet der Titel des Romans an: »Zwischen Himmel und Erde« ist die konkrete Situation des Dachdeckers; sie deutet auf die Isolation des Menschen (konkret im Hause Nettenmair), auf die Stellung des Menschen zwischen Engel und Teufel, auf die Notwendigkeit, zur Selbstverwirklichung einen »Ausgleich zwischen den Gegensätzen, zwischen Himmel und Erde, zwischen Gefühl und Verstand, zwischen Sittengesetz und individuellem Bedürfnis [zu] finden. In dieser Entscheidung ist er – wie der

Schieferdecker bei seiner Arbeit – ganz auf sich gestellt« (Jörg Schönert). Die poetische Verklärung in der Schlußidylle des Romans steht allerdings in deutlichem Widerspruch zur geschilderten sozialen und psychologischen Wirklichkeit.

1856
Wilhelm Raabe
Die Chronik der Sperlingsgasse

R.s erster Roman, im Herbst 1856 (vordatiert auf 1857) erschienen, wurde ein großer Erfolg, an den später nur noch der *Hungerpastor* (1863–64) anschließen konnte. Er verwertet Anregungen seines Berliner Aufenthalts (1854–55; die Spreegasse, in der er wohnte, wurde 1931 zur 100. Wiederkehr seines Geburtstages in Sperlingsgasse umbenannt).

Erzähler ist der alte Schriftsteller Johannes Wacholder, der seit seiner Studienzeit in der Altberliner Sperlingsgasse wohnt und am 15. November (1854) beginnt, seine Erinnerungen und Beobachtungen niederzuschreiben (und dafür die Arbeit an seinem Buch *De vanitate hominum* unterbricht). Die Chronik endet dann mit dem 1. Mai des folgenden Jahres, während der Erzähler in Ruhe den ihm noch verbliebenen Lebenstagen entgegensieht.

Die *Chronik* besteht aus assoziativ miteinander verbundenen Episoden und Szenen, die ihre Einheit in der Person des erinnernden und beobachtenden Erzählers finden. In Erinnerungen, Briefen, traumartigen Rückblenden und Aufzeichnungen wird ein vielfach abgestuftes, Inneres und Äußeres vereinigendes Bild der Gegenwart und vor allem der Vergangenheit bis zurück in die Zeit der napoleonischen Kriege sichtbar: Erinnerungen an den idyllischen Heimatort, an die Studentenzeit in Berlin, die Freundschaft mit dem Maler Franz Ralff und dessen Frau Marie Volkmann (die auch den Erzähler liebte), an deren Tochter Elise, die er nach dem Tod der Eltern aufzog und die nun mit dem Maler Gustav Berg in Italien weilt, an den Redakteur der *Welken Blätter*, den barock-lebensvollen Dr. Heinrich Wimmer, der eines »fatalen politischen Husten[s]« wegen aus Berlin ausgewiesen worden war und dann in München zum braven Bürger wurde. Über das Private hinaus fällt der Blick auch auf die politische Situation nach der gescheiterten Revolution, auf erzwungene Auswanderung, auf soziale Not und Armut. In der Gegenwart ist die Freundschaft mit dem Karikaturisten Ulrich Strobel bedeutsam, der die *Chronik* ein »Gebäude

aus den bunten Steinen eines Kinderbaukastens« nennt.

Die künstlerische Leistung des stofflich durchaus konventionellen und gelegentlich melodramatische, sentimentale und deutschtümelnd-provinzielle Züge aufweisenden Werkes liegt in der Verbindung höchst unterschiedlicher Vorgänge und Stimmungsbilder zu einem einheitlichen Ganzen, einer »Kontrasteinheit« lyrisch-meditativen Charakters (Fritz Martini).

1856–74
Gottfried Keller
Die Leute von Seldwyla

Der Erzählzyklus enthielt in der Ausgabe von 1856 zunächst fünf Texte: *Pankraz der Schmoller, Romeo und Julia auf dem Dorfe, Frau Regel Amrain und ihr Jüngster, Die drei gerechten Kammacher* und *Spiegel, das Kätzchen*. Die vermehrte Auflage von 1874 fügte fünf weitere Stücke als »Nachernte« hinzu: *Kleider machen Leute, Der Schmied seines Glückes, Die mißbrauchten Liebesbriefe, Dietegen* und *Das verlorene Lachen*. Nur *Kleider machen Leute* erreicht den Rang der früheren Erzählungen.

Schauplatz der Geschichten ist der fiktive Schweizer Ort Seldwyla (oder seine Umgebung), eine Art Narrengemeinschaft, charakterisiert durch Nichtstun, unvernünftiges Wirtschaften, Spekulationsgeist und politisches Querulantentum. Dies ist der satirisch auf das Schweizer Bürgertum bezogene Hintergrund, aus dem die handelnden Charaktere der einzelnen Geschichten heraustreten – entweder als Repräsentanten der Seldwyler (Un-)Geistigkeit oder als entschiedene Gegenbilder. Die Spannweite der Erzählungen ist groß und reicht vom Grotesken zum Tragischen, vom Komisch-Heiteren zum Satirischen, vom Märchenhaften zum Beispielhaften. Ihre subjektive Einheit gewinnt die geschilderte Welt durch den »Keller-Ton« (Fontane: »Erbarmungslos überliefert er die ganze Gotteswelt seinem Keller-Ton«) mit seiner vom Einzelnen, Gegenständlichen ausgehenden Ausdrucksvielfalt, seinen unmerklichen Übergängen von phantasievoller, arabeskenreicher Verspieltheit und Verklärung zu hintergründiger oder aggressiver Satire, seiner Ironie und seinem Humor. Dabei kommt dem Humor im Zeichen des sogenannten ›poetischen Realismus‹ eine entscheidende Rolle als »poetischer Vermittler zwischen autonomer Einbildungskraft und verbindlicher, von außen aufgedrungener Wirklichkeit« zu (Wolfgang Preisendanz).

Eine beispielhafte Erziehungsnovelle ist *Frau Regel Amrain und ihr Jüngster*: episodenhafte Darstellung eines durch die Mutter mit Vernunft und Liebe geleiteten Entwicklungsprozesses, der den Sohn zum selbstbewußten, politisch mündigen Bürger inmitten der liederlichen, korrupten Seldwyler Gesellschaft werden läßt. Eine Entwicklungsgeschichte anderer Art stellt *Pankraz der Schmoller* dar: Sie erzählt von einem ungeselligen Sonderling, der angesichts des Todes aus seiner Verstocktheit und illusionistischen Weltfremdheit erwacht, zu sich selbst kommt und »ein dem Lande nützlicher Mann« wird. Auch in der Novelle *Kleider machen Leute* findet der Held, Betrüger halb wider Willen, dank der gefühlssicheren Liebe einer Frau aus seiner romantischen Traumwelt heraus zur bürgerlichen Ordnung. Einen extremen Fall wahnhafter Verkehrtheit und Entfremdung ins Marionettenhafte, Mechanische schildert K. mit den Mitteln der Groteske in der Geschichte vom verbissenen, gnadenlosen Konkurrenzkampf der drei Kammacher, zugleich Reflex der wachsenden Bedeutung ökonomischer Vorgänge (*Die drei gerechten Kammacher*). Dichterischer Höhepunkt der Seldwyler Geschichten ist die Liebesgeschichte *Romeo und Julia auf dem Dorfe*, die – auf einer Zeitungsmeldung basierend – die Shakespearesche Fabel aufnimmt, ins ländliche Milieu transponiert und den Familienzwist mit einer Geschichte ökonomischen Absinkens verbindet. Der Konflikt zwischen leidenschaftlicher, unbedingter Liebe und tiefverwurzelter bäuerlicher Sittlichkeit findet einen Ausweg nur im gemeinsamen Liebestod der Kinder.

K.s *Leute von Seldwyla* gehören zu den bedeutendsten Erzählwerken der 2. Hälfte des 19. Jh.s und haben, nicht zuletzt durch Schullektüre, eine breite Rezeption gefunden. Frederick Delius' Oper *A Village Romeo and Juliet* (Uraufführung 1907) basiert auf K.s Novelle.

1857
Friedrich Hebbel
Gedichte

Nach zwei früheren Gedichtbänden (*Gedichte*, 1842; *Neue Gedichte*, 1848) veröffentlichte H. 1857 die letzte, erweiterte Sammlung seiner *Gedichte* (»mein bestes Buch«). Sein lyrisches Werk, entstanden seit den 30er Jahren, ist formal und thematisch vielfältig und umfaßt u. a. Lieder, Balladen, Spruchgedichte, Sonette, Epigramme und den autobiographisch getönten Zyklus *Dem*

Schmerz sein Recht. Bezeichnend für H. ist, daß er seine lyrische Produktion mit Reflexionen über Lyrik und den Lyrikbegriff, über das Verhältnis von Gefühl und »Gedanken-Inhalt« begleitet. Damit sind auch die Pole genannt, zwischen denen sich seine Texte bewegen. Allegorisierung, Gedanklichkeit und Abstraktheit gehören zu ihren bestimmenden Elementen; an einem engen Begriff von ›Erlebnisdichtung‹ sind sie nicht zu messen. H. orientiert sich an objektiven Formen, Gattungen, Versmaßen. Das schließt Gefühlsintensität, (beherrschte) Leidenschaft nicht aus – nur daß er »im Denken fast ebenso leidenschaftlich wie im Dichten war« (Friedrich Sengle). Eine Reihe von Texten entspricht stärker den traditionellen Vorstellungen von Lyrik; es sind seine bekanntesten. So gelangt er in Gedichten wie *Abendgefühl, Sommerbild, Herbstbild* oder *Winter-Landschaft* durchaus zu einer »vollendeten Einheit von Form und Gefühl« (Ludwig Völker).

1857
Adalbert Stifter
Der Nachsommer

Der dreibändige Bildungsroman, 1857 mit der Gattungsbezeichnung »Eine Erzählung« erschienen, ging aus Plänen und Entwürfen für eine *Der alte Hofmeister* überschriebene Erzählung hervor, an der S. 1848 zu arbeiten begann. Im vollendeten Roman rückt die Lebensgeschichte des »Hofmeisters«, des Freiherrn von Risach, zugunsten der Lebens- und Bildungsgeschichte des Kaufmannssohns Heinrich Drendorf in den Hintergrund.

Heinrich Drendorf, der Held und Ich-Erzähler des Romans, erhält von seinem wohlhabenden Vater die Gelegenheit, sich »zu einem Wissenschaftler im allgemeinen« auszubilden, ohne auf ›Nützlichkeit‹ achten zu müssen. Der Mensch sei, rechtfertigt der Vater sein Verhalten, »nicht zuerst der menschlichen Gesellschaft wegen da, sondern seiner selbst willen«. Heinrich wendet sich zunächst den Naturwissenschaften, vor allem der Geologie, zu und macht bei seinen Wanderungen durch die östlichen Alpen und die Voralpenlandschaft die Bekanntschaft des Freiherrn von Risach, der nun seine Ausbildung und Erziehung behutsam lenkt, seine wissenschaftlichen und künstlerischen Kenntnisse und Fähigkeiten systematisch erweitert und vertieft und zu seiner menschlichen und sittlichen Reifung beiträgt. In Risachs »Rosenhaus« lernt Heinrich Mathilde Tarona und ihre Tochter Natalie kennen, die sich zu einem Besuch aufhalten und eng mit dem Freiherrn verbunden scheinen. Am Ende des Bildungsprogramms, das keinerlei Rückschläge kennt, steht die Verbindung mit Natalie. Zu dieser harmonischen Vollendung kontrastiert die Geschichte der Beziehung zwischen Risach und Mathilde, die der Freiherr im vorletzten Kapitel des Romans (*Der Rückblick*) erzählt und die auch Aufschluß über den Sinn des Romantitels gibt.

Risach hatte in seiner Jugend Mathildes Bruder Alfred als Hauslehrer unterrichtet. Die leidenschaftliche Liebe, die sich zwischen ihm und der noch sehr jungen Mathilde entwickelte, veranlaßte die Eltern, die Liebenden wenigstens vorläufig zu trennen. Während die enttäuschte Mathilde bald darauf heiratete, stieg Risach im Beamtendienst auf, zog sich dann aber auf sein Landgut zurück. Nach Jahren nahm die verwitwete Mathilde mit ihren Kindern Natalie und Gustav die Beziehung wieder auf, und beide verbindet nun – auf nicht weit voneinandergelegenen Besitzungen – eine innige Liebe »ohne Selbstsucht« und Leidenschaft, eine Liebe, die »als stille, durchaus aufrichtige, süße Freundschaft auftritt«: »So leben wir in Glück und Stetigkeit gleichsam einen Nachsommer ohne vorhergegangenen Sommer.«

S. exemplarische Bildungsgeschichte ist ein entschiedener Gegenentwurf zur eigenen Epoche. Gesellschaftliche Wirklichkeit kommt nur als patriarchalische Familiengemeinschaft vor, meist auf dem Lande, auf vorbildlich angelegten und bewirtschafteten Mustergütern. Das Bildungsprogramm wendet sich gegen die moderne Spezialisierung und Arbeitsteilung, zielt auf Totalität. Dabei formt sich Heinrichs Charakter nicht in der Auseinandersetzung mit der Welt, vielmehr ist der unauffällige, eher blasse Held widerstandsloser Rezipient der in Form von Vorträgen, Sentenzen, Reflexionen nahegebrachten Lehren.

In einer streng objektiven Erzählweise, in der sich der im Rückblick berichtende Erzähler jeden Kommentar versagt, schildert S. eine artifizielle heile Welt, ein schönes Leben, in dem auch das Nützliche ästhetisiert und die »Restauration des Schönen« zur bevorzugten Beschäftigung wird. S. selbst sah es im Nachhinein so: »Ich habe eine große einfache sittliche Kraft der elenden Verkommenheit gegenüber stellen wollen.« Entstanden ist eine rückwärtsgewandte Utopie, eine ästhetische Idylle, ein zeitgenössischer Roman, der »die Zeit der Zeitgenossen« negiert: »Wie groß sind die Macht des geschichtlichen Bewußtseins und der Verfall der alten Ordnungen geworden, wie sehr müssen die Veränderungen den Sinn des Dichters erfüllen, wenn er keinen anderen

Weg mehr sah als den, sie zu verschweigen!« (Walther Killy)

Die zeitgenössische Rezeption war zwiespältig. Man rühmte die edle Gesinnung des Verfassers und kritisierte das allzu Didaktische und die als langweilig empfundenen Beschreibungen. Friedrich Hebbel versprach demjenigen, der beweisen könne, die drei Bände gelesen zu haben, »ohne als Kunstrichter dazu verpflichtet zu sein, die Krone von Polen« und überschrieb eine andere Rezension hämisch *Das Komma im Frack*. Dagegen zählte Friedrich Nietzsche den *Nachsommer* zu den wenigen Werken deutscher Prosa, die es verdienten, »wieder und wieder gelesen zu werden«.

1860
Jacob Burckhardt
Die Kultur der Renaissance
in Italien

Dem sprichwörtlich gewordenen *Cicerone* (*Der Cicerone. Eine Anleitung zum Genuß der Kunstwerke Italiens*, 1855) ließ B. seinen klassisch gewordenen »Versuch« einer Kulturgeschichte der Renaissance folgen. Ursprünglich sollte das Werk Kultur- und Kunstgeschichte verbinden, doch dann trennte B. den kulturgeschichtlichen von dem unvollendet gebliebenen und erst später veröffentlichten kunstgeschichtlichen Teil.

B. bezeichnet es als »die wesentlichste Schwierigkeit der Kulturgeschichte, daß sie ein großes geistiges Kontinuum in einzelne scheinbar oft willkürliche Kategorien zerlegen muß, um es nur irgendwie zur Darstellung zu bringen«. Dies geschieht in sechs Kapiteln, die den »Staat als Kunstwerk« in seinen verschiedenen Ausprägungen, die »Entwicklung des Individuums«, »Die Wiederentdeckung des Altertums«, »Die Entdeckung der Welt und des Menschen« nach der Formel Jules Michelets, »Die Geselligkeit und die Feste« und »Sitte und Religion« zum Gegenstand haben.

Die Darstellung gründet – im Gegensatz zum Vorgehen der Ranke-Schule – ausschließlich auf gedruckten Quellen. Innerhalb der einzelnen Segmente verfährt B. chronologisch, und dabei nicht erzählend, sondern beobachtend, erörternd, essayistisch. Es geht ihm nicht um eine breite Schilderung der italienischen Kultur des 14. bis 16. Jh.s als Selbstzweck, sondern um »die Jugendgeschichte des modernen Europäers« (Horst Günther). Beschrieben wird die Loslösung von mittelalterlicher kollektiver Geborgenheit, der Vorgang des Selbstbewußtwerdens des modernen Geistes.

B.s Kulturgeschichte, glänzend formuliert und methodisch eigenwillig, gehört in den Grenzbereich zwischen Kunst und Wissenschaft. Sie hat wesentlich zu unserem Bild der Renaissance beigetragen.

1861
Friedrich Hebbel
Die Nibelungen

H.s »deutsches Trauerspiel in drei Abteilungen« besteht aus dem »Vorspiel in einem Akt« *Der gehörnte Siegfried* und den beiden fünfaktigen Trauerspielen *Siegfrieds Tod* und *Kriemhilds Rache*. Die Uraufführung des Blankversdramas fand am 31. 1. 1861 (Teil 1, 2) und 18. 5. 1861 (Teil 3) am Weimarer Hoftheater statt (Druck 1862). Im Unterschied zu seinen Vorgängern Ernst Raupach (*Der Nibelungen-Hort*, 1834) und Emanuel Geibel (*Brunhild*, 1857), denen er die Zerstückelung des »Nationalepos« vorwarf, brachte H. den Gesamtverlauf der Handlung des *Nibelungenlieds* auf die Bühne. Zweck des Trauerspiels sei nicht eine Ergründung des poetisch-mythischen Gehalts des altnordischen Sagenkreises oder die Illustration eines modernen Lebensproblems gewesen, sondern »den dramatischen Schatz des Nibelungenliedes für die reale Bühne flüssig zu machen«. Bei dem durchaus Selbstverleugnung erfordernden Unternehmen sah H. eine Hilfe darin, daß der mhd. Epiker »in der Konzeption Dramatiker vom Wirbel bis zum Zeh« gewesen sei. Gleichwohl erforderte die Bewältigung eines so gewaltigen Stoffes neben einer Konzentration auf die entscheidenden Punkte zahlreiche, den dramatischen Fortgang hemmende Erzählungen, Rückblenden und Kommentare.

An den Versuch einer Archaisierung, einer Restauration mittelalterlicher ›Naivität‹ dachte H. bei aller Treue zur Überlieferung nicht. Es ist ein Stück für die Bühne des 19. Jh.s mit moderner Psychologie, ein Stück, das den Anteil der mythischen Schicht (Brunhild, Siegfried, Nibelungenhort usw.) zurückdrängt und den heroischen Stoff von Anfang an mit den Normen des Christentums konfrontiert, so daß es schließlich nicht ohne Konsequenz erscheint, wenn Dietrich von Bern nach dem großen Blutbad Etzels Krone »Im Namen dessen, der am Kreuz erblich«, übernimmt. Ob aber aus der Katastrophe eine neue, vom humanen Geist des Christentums getragene

Weltepoche erwächst, bleibt angesichts der tatsächlichen Ohnmacht des Christentums im Stück eher fraglich. Jedenfalls ist deutlich, daß H. auf eine Überwindung der Barbarei zielt, daß es »noch zu keiner anachronistischen Restauration des germanischen Barbarentums« kommt (Friedrich Sengle).

In seiner letzten Tragödie, *Demetrius* (Druck postum 1864), setzte sich H. mit Schillers Dramatisierung desselben Stoffes auseinander, der Geschichte des ›falschen‹ Demetrius, der 1605 den russischen Thron usurpierte und ein Jahr später ermordet wurde. Wie Schillers Stück (Druck 1815) blieb auch das H.s Fragment.

1861–62
Friedrich Spielhagen
Problematische Naturen

S. war einer der meistgelesenen Romanautoren der 2. Hälfte des 19. Jh.s. Den Erfolg verdankte er seinen Zeitromanen, in denen er aus radikalliberaler Position aktuelle Zeitfragen anpackte (Revolution, »sociale Frage«, deutsch-franz. Krieg, Spekulation der Gründerzeit usw.) und dabei durch die Verwendung von Strukturen und Motiven des Liebes- und Intrigenromans dem Unterhaltungsbedürfnis der Leser Rechnung zu tragen suchte. Den literarischen Durchbruch erzielte er mit den *Problematischen Naturen* (1861; Fortsetzung unter dem Titel: *Durch Nacht zum Licht*, 1862); zu den bekannteren seiner insgesamt 22, in der Regel mehrbändigen Romane zählen weiter *Die von Hohenstein* (1864), *In Reih und Glied* (1867), *Hammer und Amboß* (1869) und *Sturmflut* (1877).

Während S. in seinen anderen Romanen die politische und gesellschaftliche Entwicklung nach der Revolution von 1848–49 begleitet, stellt der Zeitroman *Problematische Naturen* eine Art Rückblick auf den Vormärz dar. Der Titel nimmt ein Wort Goethes auf – »Es gibt problematische Naturen, die keiner Lage gewachsen sind, in der sie sich befinden, und denen keine genugtut« –, und der Held des Romans, Dr. Oswald Stein, gehört zu diesen Naturen, schwankend zwischen Bürgertum und Adel, wechselhaft in seinen Liebesneigungen, unentschlossen, ziellos, ohne einen Platz in der Gesellschaft – die Krise des Subjektivismus als Symptom der Zeit.

Die Handlung führt den gerade promovierten Helden, geistreich, von aristokratischem Äußeren, zunächst als Hauslehrer auf Schloß Grenwitz (Rügen); hier gewinnt er sowohl die Herzen seiner Zöglinge wie verschiedener adeliger Damen. Er genießt das großzügige adelige Leben, fühlt sich aber bald durch aristokratischen Standesdünkel zurückgestoßen und muß schließlich nach einem Duell das Schloß verlassen. Als seine Liebesbeziehung zu Emilie von Breesen, einer verheirateten Adeligen, entdeckt wird, flieht das Paar nach Paris und erlebt die Revolutionskämpfe. Diese Beziehung ist ebensowenig von Dauer wie die anderen. Inzwischen hat sich auch Steins – langvermutete und zu Intrigen und Erpressungsversuchen ausgenutzte – adelige Abstammung herausgestellt, doch nun reizt ihn die Liebe zur wieder freien Helene, der Tochter seiner ersten Arbeitgeberin, Baronin von Grenwitz, nicht mehr, und er irrt ziellos durch Berlin. Er schließt sich der Freiheitsbewegung an und stirbt auf den Barrikaden. Wie es der ›problematischen Natur‹ entspricht, ist die Teilnahme an der Revolution letztlich nicht Ergebnis zielgerichteten politischen Denkens und Handelns, sondern eher das Resultat »philosophischer und existentieller Verzweiflung und [...] mißglückter Assimilation an den Adel« (Bernd Neumann).

S. entwirft mit den Mitteln des Unterhaltungsromans in einer Vielzahl miteinander verflochtener Handlungsstränge ein breites Zeit- und Gesellschaftsbild. Dabei geraten seine realistischen und gesellschaftskritischen Intentionen in Konflikt mit den Mechanismen der Unterhaltungsliteratur, ihren Intrigen, Verwirrungen, sensationellen Motiven und Zufällen, und sie verlieren damit ihre Spitze: »Friedrich Spielhagen – wie heute Simmel – scheiterte an der Aporie, die Inhalte der bürgerlichen Aufklärung mit Hilfe des Vehikels Unterhaltungsroman, das genrespezifisch Aufklärung gar nicht mehr zuläßt, sondern auf süchtigen Konsum abgestellt ist, befördern zu wollen« (B. Neumann).

1861–81
Theodor Fontane
Wanderungen durch die Mark Brandenburg

»Erst die Fremde lehrt uns, was wir an der Heimat besitzen«, mit diesem Satz beginnt das Vorwort des Reisewerks über die Mark Brandenburg. Der Plan entstand während F.s England- und Schottlandaufenthalt (1855–59), den er – zugleich Vorübung für die *Wanderungen* – in Reisefeuilletons beschrieb (*Aus England*, 1860; *Jenseit des Tweed*, 1860). Damit nahm F. eine besonders seit

dem Vormärz beliebte Gattung auf. Die vier Teile der *Wanderungen* behandeln *Die Grafschaft Ruppin* (1861, vordatiert auf 1862), *Das Oderland* (1863), *Havelland* (1872, vordatiert auf 1873), *Spreeland* (1881, vordatiert auf 1882). In den Umkreis der *Wanderungen* gehört auch der Band *Fünf Schlösser* (1888, vordatiert auf 1889).

Die Texte enthalten Schilderungen der Landschaften und Örtlichkeiten und ihrer Sehenswürdigkeiten; sie informieren über Landes- und Ortsgeschichte, schildern das Leben bedeutender Militärs und die Geschichte großer Geschlechter, aber auch die Lebensläufe bekannter und unbekannter Bürger. Dabei stehen lebendige Erzähltexte neben eher trockenen Faktenanhäufungen. Doch wenn auch der feuilletonistische Plauderton nicht immer durchgehalten und die künstlerische Durchformung nicht immer gelungen ist, können die *Wanderungen* insgesamt als »Meisterleistung in der künstlerisch-journalistischen Form des Reisefeuilletons [gelten], das plaudernd belehrt, atmosphärisch erzählt und Gegenwärtiges durch Historie belebt« (Günter de Bruyn). Zugleich bilden sie eine wichtige Vorstufe zu F.s Romanwerk, für das sie nicht nur ein Reservoir an Landschaften, Sagen und Geschichten bereitstellen, sondern auch eine stilistische Vorbereitung bedeuten.

Die *Wanderungen* waren sehr erfolgreich und wurden von F. mehrfach überarbeitet; die endgültige Fassung stellt die »Wohlfeile Ausgabe« von 1892 dar.

1862–64
Fritz Reuter
Ut mine Stromtid

Am Anfang der niederdeutschen Dichtung R.s stehen Gedichte und Verserzählungen. Wohl angeregt durch Klaus Groths *Quickborn* (1852) legte er mit *Läuschen un Rimels (Anekdoten und Reimereien*, 1853) eine Sammlung schwankhafter Gedichte vor, die einen polemischen Streit mit Groth über das Plattdeutsche auslöste (Groth wollte die plattdeutsche Dichtung der hochdeutschen ebenbürtig machen und wandte sich gegen R.s »Roheit« und die Beschränkung aufs Schwankhaft-Derbe). Aggressive Sozialkritik kennzeichnet dagegen *Kein Hüsung (Keine Bleibe*, 1857 [vordatiert auf 1858]), eine in 13 Kapitel gegliederte Verserzählung mit melodramatisch-balladeskem Einschlag über feudale Willkür und soziale Not in Mecklenburg.

Auch in seiner niederdeutschen Prosa bleibt die sozialkritische Tendenz erhalten; sie verliert jedoch die satirische Aggressivität und gewinnt dafür an Humor. Den Durchbruch zum eigenständigen niederdeutschen Prosastil bedeutet der Roman *Ut de Franzosentid* (1859), der vor dem Hintergrund der napoleonischen Besatzung anekdotisch-abenteuerliche und komische Begebenheiten erzählt. Auch in dem autobiographischen Roman *Ut mine Festungstid* (1862), dem R.s siebenjährige Festungszeit zugrunde liegt, bleibt die humoristische Perspektive bestimmend (der Burschenschaftler R. war nach dem Sturm auf die Frankfurter Hauptwache 1833 als ›Demagoge‹ verhaftet und – ohne konkreten Tatbestand – zunächst sogar zum Tode verurteilt worden).

Souverän entfaltet sich R.s Humor dann in *Ut mine Stromtid* (I: 1862, vordatiert auf 1863; II: 1863; III: 1864), einem Roman, der mit seiner breiten Gesellschaftsschilderung und der an Charles Dickens geschulten Charakterisierungskunst seine anderen Werke überragt. Dem Roman kamen Erfahrungen zugute, die R. nach seiner Haftentlassung als Lehrling (»Strom«) auf mecklenburgischen Gütern sammelte. Eine als konventionelle Adelssatire angelegte Vorstufe in hochdeutscher Sprache, das sogenannte *Hagensterz*-Fragment, entstand 1847–48.

Die Handlung von *Ut mine Stromtid* beginnt im Jahr 1829 mit der Versteigerung der Habseligkeiten des bankerotten Pächters Karl Hawermann, der überdies gerade seine Frau verloren hat. Schuld an dem Unglück ist der bürgerliche Gutsbesitzer Pomuchelskopp. Hawermann begibt sich mit seiner kleinen Tochter Luise zu seiner Schwester; sie und ihr Mann Jochen Nüßler bewirtschaften das Pachtgut Rexow. Sie haben zwei Kinder, die Zwillinge Lining und Mining. Hier trifft Hawermann seinen Jugendfreund, den Gutsinspektor Zacharias Bräsig, der für einen Grafen Gut Warnitz verwaltet. Er verhilft Hawermann zu einer Stelle als Inspektor auf dem benachbarten Gut Pümpelhagen, das dem Kammerrat von Rambow gehört, während Luise Aufnahme bei der Pastorenfamilie Behrens in Gürlitz findet. Der integre alte Geldverleiher Moses in Rahnstädt stundet Hawermann Schulden.

Elf Jahre später. Während in Rexow und im Pfarrhaus alles seinen geregelten Gang nimmt, wird Pomuchelskopp Herr von Gürlitz und wirft sogleich sein Auge auf Pümpelhagen und den Adelstitel. Zunächst stehen ihm der alte Herr von Rambow, Hawermann und Bräsig entgegen, doch nach dem Tod des Kammerrats betreibt Pomuchelskopp unter Mithilfe des Wucherers Slus'uhr und Davids, des aus der Art geschlagenen Sohns von Moses, den ökonomischen Ruin Pümpelhagens. Der junge Axel von Rambow ver-

fällt den Einflüsterungen Pomuchelskopps, entläßt Hawermann und wirtschaftet das Gut herunter. Daneben bahnen sich Liebesbeziehungen an. Während der 48er Revolution vertreiben die ausgebeuteten Tagelöhner Pomuchelskopp, aber auch Axel von Rambow ist am Ende, da er seine Schulden nicht mehr bezahlen kann. Hawermann organisiert Hilfe, doch schließlich greift Axels Vetter Franz von Rambow ein, der bei Hawermann Landwirtschaft gelernt hat. Er kauft Gürlitz und heiratet Luise Hawermann. Die Pächterstöchter heiraten bürgerlich: Lining den künftigen Pfarrer von Gürlitz, Gottlieb Baldrian, Mining den Kaufmannssohn Rudolf Kurz, der als Landwirt das Regiment auf Rexow übernimmt.

R. gelingt in dem breiten, mit Humor und Ironie erzählten Roman eine facettenreiche Darstellung der ländlichen und kleinstädtischen Gesellschaft Mecklenburgs, eine Darstellung, die die schroffe Kontrastierung von adeligen Gutsherren und armen Tagelöhnern – wie in *Kein Hüsung* oder dem hochdeutschen *Hagensterz*-Fragment – zugunsten einer nuancierten, die Mannigfaltigkeit der gesellschaftlichen Beziehungen und Verflechtungen einbeziehenden und auch innerhalb der Stände moralisch differenzierenden Schilderung überwindet. Besonderes Gewicht kommt dabei der ländlichen Mittelschicht der Inspektoren, kleinen Gutspächter und Pastoren zu, die R. mit Sympathie charakterisiert. Aus dieser Schicht stammen auch die Figuren, die die episodenreiche Handlung zusammenhalten, Hawermann und Bräsig. »Entspekter« Bräsig ist die populärste und bedeutendste Figur, die R. geschaffen hat, ein mit humoristischen Zügen ausgestatteter Sonderling und Hagestolz mit einer eigentümlichen, geschraubten Sprechweise (»Missingsch«), zugleich ein in jeder Beziehung guter, aufklärerischem Denken verpflichteter Mensch.

R.s Erzählwerk fand breite Resonanz beim Publikum über den niederdeutschen Sprachraum hinaus. Ob freilich Gottfried Kellers Meinung zutrifft (bestimmt von seiner Ablehnung regionaler Eigenbrötelei), ist fraglich: »Ich habe noch nicht eine Seite von Reuter gelesen, die man nicht ohne allen Verlust sofort und ohne Schwierigkeit hochdeutsch wiedergeben könnte.«

1863–64
Wilhelm Raabe
Der Hungerpastor

R. ließ seinem erfolgreichen ersten Roman *Die Chronik der Sperlingsgasse* (1856) in rascher Folge weitere Romane und Erzählungen folgen, darunter den historischen Roman *Unseres Herrgotts Kanzlei* (1861–62), die historische Erzählung *Die schwarze Galeere* (1861) und den Bildungsroman *Die Leute aus dem Walde* (1862–63). Auch mit dem *Hungerpastor*, von November 1863 bis März 1864 in der *Deutschen Roman-Zeitung* erschienen (Buchausgabe 1864), griff R. auf das Modell des Bildungsromans zurück. Er kontrastiert in zwei Lebensläufen die gegensätzlichen Ausprägungen des »Hungers«, »wie er im einzelnen zerstörend und erhaltend wirkt und wirken wird bis an der Welt Ende«.

Unter ärmlichen Verhältnissen werden 1819 in einer deutschen Kleinstadt Johannes Jakob Nikolaus Unwirsch, Sohn eines Schuhmachers, und Moses Freudenstein, Sohn eines Trödlers, geboren. Ihr Hunger nach Wissen und Bildung führt die Freunde von der Armenschule zum Gymnasium und schließlich zur Universität. Während Unwirsch nach Wahrheit und Liebe strebt und Theologie studiert, sieht Moses im Wissen nur ein Mittel zur Macht, ein Mittel, sich gegen die Welt zu behaupten (der Antisemitismus seiner Zeit wird von R. durchaus reflektiert). Moses studiert Philosophie, Recht und anderes mit glänzendem Erfolg, geht nach Paris, konvertiert aus Opportunismus zum Katholizismus (fortan Dr. Theophile Stein) und verkehrt in den höchsten Kreisen. Unwirsch dagegen übernimmt verschiedene Hauslehrerstellen – in einem Fall wird er entlassen, weil er sich für die ausgebeuteten Arbeiter seines Arbeitgebers einsetzt –, bis sich in Berlin die Wege der beiden Protagonisten wieder kreuzen. Theophile Stein, nun ein berühmter Kritiker, dringt in die Familie ein, für die Unwirsch arbeitet, und setzt seine notorisch zweifelhaften Frauengeschichten fort, die die Betroffenen ins Unglück stürzen, Unwirsch die Entlassung bringen und an Steins unaufhaltsamem Aufstieg nichts ändern. Unwirsch findet schließlich eine Zuflucht in Grunzenow, einem kleinen Ort an der Ostsee, heiratet die verwaiste Franziska Götz und übernimmt als Nachfolger des örtlichen Pfarrers die »Hungerpfarre«.

Während sich Moses Freudenstein von der ›Welt‹ blenden läßt und sich in ihr mit zweifelhaften Mitteln durchzusetzen sucht, gelingt Un-

wirsch am Ende eine Art Ausgleich von Ideal und Leben. Allerdings wird diese Harmonie durch einen Verzicht auf eine Auseinandersetzung mit der gesellschaftlichen Realität erkauft. Gefunden hat Unwirsch ein stilles Glück im Winkel, eine Idylle abseits der modernen gesellschaftlichen und politischen Entwicklung. Der resignierende Rückzug in die Innerlichkeit kann als Reaktion auf die preußisch-deutschen Zustände nach der gescheiterten Revolution verstanden werden: »Die harte kalte Welt hat uns auf den innersten Punkt unseres Daseins zurückgedrängt«, heißt es in dem Roman, der an den großen Erfolg der *Chronik der Sperlingsgasse* anknüpfen konnte.

1865
Wilhelm Busch
Max und Moritz

Mit dieser »Bubengeschichte in sieben Streichen« beginnt die Reihe der großen Bildergeschichten B.s. Ihren eigenen Stil erhalten sie durch die Verbindung mit der Tradition der komischen Verserzählung, wobei B.s ironisch-lakonische Verssprache mit ihren saloppen Reimen und komischen Pointen als Parodie der zeitgenössischen Literatursprache erscheint. B.s pessimistische Grundtendenz, die Provokation durch das Grausame und Groteske standen seinem Erfolg nicht im Weg; sie wurden als ›Humor‹ mißverstanden. Dies gilt nicht zuletzt für *Max und Moritz*, die populärste seiner Versgeschichten mit einer Auflage in Millionenhöhe. Es ist eine negative Exempelgeschichte, die – so das Vorwort – von »bösen Kindern« handelt, »Die, anstatt durch weise Lehren Sich zum Guten zu bekehren, Oftmals noch darüber lachten Und sich heimlich lustig machten«. Daß die »Übeltäterei« ein durch »ein freudiges Gebrumm« beifällig aufgenommenes schlimmes Ende findet, ist bekannt.

Die entlarvende Kritik B.s hat zwei Zielrichtungen. Zum einen wendet sie sich gegen konventionelle Erwartungen der Harmonie und des Natürlich-Guten und erkennt eine ›natürliche‹ Bosheit, insbesondere bei Kindern, aber auch bei Tieren (*Fipps der Affe*, 1879 u.a.), der im Namen der Vernunft und der gesellschaftlichen Harmonie der Garaus gemacht werden muß. Andererseits läßt sich angesichts des Mißverhältnisses zwischen den Bubenstreichen und der Reaktion der Erwachsenen *Max und Moritz* als Satire auf die beschränkte deutsche Kleinbürgerwelt lesen, die Ruhe und Ordnung um jeden Preis zu behaupten weiß.

Der indirekten satirischen Kritik des Bürgertums folgt in späteren Geschichten die direkte Darstellung des ›bürgerlichen Heldenlebens‹ als umfassendes Zeit- und Sittenbild der Gründerzeit (z.B. im dreiteiligen Bilderroman *Tobias Knopp*, 1875–77).

B.s »mitleidlose Welt ist ein Grenzfall der Komik« (Walter Pape); daß sein Werk gleichwohl zum Inbegriff ›deutschen Haushumors‹ werden konnte, beruht auf einem Mißverständnis, zu dem die eingängige Sprachform (Zitate für alle Lebenslagen) und die oft liebevolle, den pessimistischen Grundzug verhüllende Genremalerei beitrugen.

1865–67
Adalbert Stifter
Witiko

S. hatte sich schon in den 40er Jahren mit dem Projekt eines historischen Romans – und zwar über Robespierre – beschäftigt, damit er »mit ernsteren und größeren Sachen« auftreten könne. Durch die herablassende Kritik an seiner poetischen Landschaftsmalerei und den Schock der 48er Revolution in diesem Gedanken bestärkt, begann er mit ausführlichen Quellenstudien zur böhmischen Geschichte, die die Grundlage für eine Romantrilogie über das böhmische Geschlecht der Rosenberger bilden sollten. Es blieb bei einem Roman, der unter großen Schwierigkeiten abgeschlossen wurde und 1865–67 in drei Bänden erschien. – Über den historischen Witiko ist nicht viel mehr bekannt, als daß er als ältester bekannter Ahnherr der Rosenberger von 1169–76 Obertruchseß des böhmischen Königs war.

S. stellt das Leben seines Helden in den Zusammenhang der Geschichte Böhmens und dann auch des Reichs im 12. Jh. Witiko, Sohn eines frühverstorbenen tschechischen Vaters und einer deutschen Mutter, ist in Bayern aufgewachsen. Als 20jähriger kehrt er 1138 in das Land seiner Vorfahren zurück, trifft unterwegs die 16jährige Bertha, die seine Frau werden wird, und eine bunte böhmische Jagdgesellschaft, angeführt von dem späteren König Wladislaw. Witiko tritt in die Dienste Herzog Soběslaws. Es kommt zum Streit um die Erbfolge, da die Großen des Reichs auf dem Prager Wahllandtag nicht Soběslaws Sohn, sondern seinen Neffen Wladislaw als Nachfolger des todkranken Herzogs bestimmen. Witiko zieht sich auf seinen kleinen Hof im Wald zurück. Erst als sich die Auseinandersetzung zum Bürgerkrieg entwickelt und Soběslaws Sohn seinen

Herrschaftsanspruch an einen Rebellenherzog abtritt, stellt sich Witiko mit seinen Waldleuten auf die Seite des legitimen Herzogs. Witiko bewährt sich als militärischer Führer und weitblickender Politiker und wird nach dem endgültigen Sieg über die Aufständischen mit einem Teil des Böhmerwalds belehnt, errichtet dort die Stammburg seines Geschlechts und heiratet Bertha. Mit Wladislaw nimmt er am zweiten Italienzug Kaiser Friedrichs I. teil (1158–62). Wladislaw wird zum König erhoben und Böhmen dem Reich eingegliedert. Witiko erhält noch mehr Land, wird oberster Truchseß des Königreichs Böhmen und kommt – dies ist der Abschluß des Romans – zum glänzenden Mainzer Reichstag und Hoffest von 1184.

Wie der *Nachsommer* ist auch *Witiko* ein Roman gegen die eigene Zeit. S. setzt dem Zerfall der alten Ordnungen, der durch die Märzrevolution und die nationalen Unabhängigkeitsbestrebungen im Habsburger Vielvölkerstaat offensichtlich geworden war, die rückwärtsgewandte Utopie eines hierarchisch gegliederten Feudalstaats im Rahmen einer übernationalen Völkergemeinschaft entgegen. Der Held verbürgt den Sinn der Geschichte; sein Lebenslauf wird als Aufstieg von gleichsam gesetzlicher Notwendigkeit geschildert. Das ist so, weil die Idealgestalt Witiko immer das Rechte tut, d.h. der »Forderung der Dinge« folgt und damit dem in ihrem Wesen beschlossenen Sittengesetz.

S.s Ziel war ein »Epos in ungebundener Rede«; charakteristisch für das Epos erscheint ihm vor allem, daß die »Geschichte die Hauptsache sei und die einzelnen Menschen die Nebensache.« So ist der Held seiner »Erzählung« – S. benutzt das Wort Roman nicht – »gleichsam die Negation von Individualität, ist ›allgemeiner‹ Mensch« (Ursula Naumann).

Eine konsequente Stilisierung prägt die Prosa des Werkes, die durch Rhythmisierung, Archaisierung und ständige Wiederholungen an den Stil des Epos angeglichen werden soll und den Willen zu unbedingter Objektivität und Naivität ausdrückt. Aus dem gleichen Grund fehlt ein kommentierender und reflektierender Erzähler. Das Ergebnis der angestrengten stilistischen Überformung ist problematisch und fand bei den zeitgenössischen Kritikern keinen Beifall, während die nationalsozialistische Literaturwissenschaft den Roman mit seinem Modell eines Volksorganismus, der Entindividualisierung der Personen und dem Versuch der Aufhebung des einzelnen im Volk für ihre Zwecke in Anspruch nahm. Thomas Mann dagegen nannte 1933 den *Witiko* ein »Traum-Abenteuer einer Langweiligkeit höchster

Art«: »Die kühne Reinheit, die gewagte Pedanterie, die fromme Vorbildlosigkeit dieses Meisterwerks sind über aller Beschreibung.«

1867
Wilhelm Raabe
Abu Telfan oder
Die Heimkehr vom Mondgebirge

Mit dem Roman *Abu Telfan*, zuerst in Fortsetzungen in der Zeitschrift *Über Land und Meer* (1867) und noch im selben Jahr, vordatiert auf 1868, als Buchausgabe erschienen, nimmt R.s Erzählwerk eine deutliche Wendung zum Realistischen, Gesellschaftskritischen.

Anfang der 60er Jahre des 19. Jh.s kehrt Leonhard Hagebucher aus afrikanischer Sklaverei in seinen Heimatort Bumsdorf in der Nähe des Residenzstädtchens Nippenburg zurück. Er war als relegierter Theologiestudent von seinem Vater aus dem Haus gewiesen worden, hatte sich durch Gelegenheitsarbeiten über Wasser gehalten, bis er in die Sklaverei geraten war. Die Sensation verpufft bald, da Hagebucher aus Afrika weder besondere Eigenschaften noch Reichtümer mitbringt. Als er auch noch wenig Begeisterung zeigt, sich um ein bürgerliches Amt zu bemühen, weist der um seine Reputation besorgte Vater den Heimkehrer abermals aus dem Haus. Sein Vetter Wassertreter, der als Burschenschaftler unter den Karlsbader Beschlüssen zu leiden hatte, nimmt ihn zunächst in seine Wohnung in Nippenburg auf. Neben ihm hat nur noch Nikola von Einstein Verständnis für Leonhard, der aus der Sklaverei in eine zweite Gefangenschaft geraten ist, in die erstickende Atmosphäre deutschen Spießertums. In der Residenzstadt trifft Hagebucher auf ähnliche Engstirnigkeit. Seine Vortragsreihe über seine Erlebnisse im Tumurkieland wird nach der ersten Veranstaltung verboten, hatte er doch Vergleiche gemacht, »welche nur einen ungewöhnlich verworfenen deutschen Staatsbürger und Untertan angenehm berühren konnten« und ihn als »verruchten Spötter« untragbar machen. Bei dieser Gelegenheit tritt Kornelius van der Mook auf, der ihn aus der Sklaverei losgekauft hatte und sich als der lange verschollene Viktor Fehleysen, Jugendgeliebter Nikola von Einsteins, zu erkennen gibt. Diese ist inzwischen eine Vernunftehe mit dem Baron von Glimmern eingegangen, dessen Verbrechen nun von Leutnant Kind und Viktor Fehleysen aufgedeckt werden. Glimmern und Kind fallen im Duell, Viktor

fährt nach Amerika und findet in der Südstaatenarmee den Tod. Nikola zieht sich in die »Katzenmühle« zurück, Leonhard resigniert, arrangiert sich und macht, voller Selbstironie, seinen Frieden mit der Gesellschaft.

Die biographische Lebens- oder Bildungsgeschichte, wie sie noch den *Hungerpastor* (1863–64) charakterisiert, macht in R.s Spätwerk einem anderen Erzählmuster Platz: der Konfrontation zwischen der Gesellschaft und einem Außenseiter oder Sonderling, der die humanen Werte verkörpert. In dieser Entwicklung nimmt der *Abu Telfan* eine Übergangsstellung ein; der ungelöste Konflikt zwischen dem vereinsamten Einzelnen und der Gesellschaft wird noch durch Kompromißbereitschaft überdeckt. Gleichwohl zeigt der Roman schon Ansätze zu entschiedener Gesellschaftskritik und -satire.

1869
Eugenie Marlitt
Reichsgräfin Gisela

M.s Erfolgsgeschichte begann mit dem Roman *Goldelse* (1866) und setzte sich fort mit Werken wie *Das Geheimnis der alten Mamsell* (1867), *Reichsgräfin Gisela* (1869) und *Im Hause des Kommerzienrates* (1880). Vorabdrucke in der *Gartenlaube* vergrößerten ihre Popularität und damit die Honorare, so daß »das so oft gehörte Wort vom kärglichen Brot des deutschen Schriftstellers für mich nur die Bedeutung einer von fern herüberklingenden Mythe hat«. Sie verdankte ihren Erfolg u. a. der durchaus spannenden Erzählweise, der wenig differenzierten, klischeehaften Schwarzweiß-Malerei ihrer Charakterdarstellung und ihren eindrucks- und stimmungsvoll arrangierten Genre- und Naturbildern; tiefer noch wirkte die Verwendung von Märchenmustern (Aschenputtel), die die Erfüllung von Wunschträumen signalisieren.

Die Handlung der *Reichsgräfin Gisela* ist wie die der meisten Romane M.s kompliziert; dunkle Vorgeschichte, Haß, Intrigen, Betrug bestimmen das Bild, bis der bloßgestellte Schurke sich selber richtet und die Tugend obsiegt. Am Anfang – Vorgeschichte – steht eine Testamentsunterdrückung, die die schöne und unwiderstehliche Gräfin Völdern zum Erben von Prinz Heinrich macht. Ihr Helfer, Baron Fleury, heiratet ihre Tochter, die verwitwete Gräfin Sturm, die ein Kind – Gisela – aus ihrer ersten Ehe mitbringt. Nach dem Tod der Gräfin Sturm zieht Baron Fleury das wenig schöne Kind allein auf, bis er – 1. Teil der Gegenwartshandlung – Jutta von Zweiflingen kennenlernt, die verarmte Tochter eines an dem Komplott beteiligten Majors. Sie verläßt ihren bürgerlichen Verlobten, den Hüttenmeister Theobald Ehrhardt, der bei Hochwasser den Tod findet, während sein Bruder Berthold den inzwischen zum ersten Minister des Fürsten avancierten Fleury beleidigt und das Land verläßt. – 2. Teil der Gegenwartshandlung, elf Jahre später: Fleury, mit Jutta verheiratet, hat die inzwischen zur schönen jungen Frau erblühte Gisela abseits von der Gesellschaft in der Obhut einer bigotten und adelsstolzen Erzieherin aufwachsen lassen. In dem Dorf Neuenfeld haben sich grundlegende Veränderungen vollzogen. Ein Privatmann hat die vernachlässigten fürstlichen Hüttenwerke aufgekauft und modernisiert, Häuser für die Arbeiter gebaut und soziale Einrichtungen geschaffen. Dahinter steht der in Brasilien zu Reichtum gekommene Berthold, der sich an der menschenverachtenden Adelsgesellschaft rächen will. Gisela, zum Stolz auf ihren Stand erzogen und in Unwissenheit gehalten, findet allmählich zu selbständigem Denken. Als schließlich Oliveira/Berthold dem Fürsten den Erbschaftsbetrug offenbart und zudem andere zweifelhafte Machenschaften Fleurys aufdeckt, begeht dieser Selbstmord. Gisela verzichtet auf die ihr angebotene Rolle bei Hof und gibt sich der Vaterfigur Berthold zum »Eigentum«. Nun waltet im Waldhaus des ›Portugiesen‹ die Liebe, während draußen »der unbegrenzte Egoismus« regiert; und sie, die ehemalige Reichsgräfin, sieht »unverwandt in das schöne Antlitz dessen, der sie hier im tiefen, dämmernden Wald gleichsam einmauern will«.

So endet der vorgebliche Emanzipations- und Entwicklungsprozeß Giselas von dem in jeder Hinsicht verrotteten Adel mit der Aufgabe ihrer Identität: »Der Einzug in das schützende Haus ist zugleich die als lustvoll gedachte völlige Unterwerfung der Frau« (Michael Kienzle). Die »Oase im Weltgetriebe« ist der konfliktfrei gedachte Raum der bürgerlichen Familie. Darauf zielt der Roman der *Gartenlaube*-Autorin; die antifeudale Kritik, am Schluß ohnehin aufgeweicht (Fiktion des unwissenden Herrschers), ist nur sekundär.

1869–70
Wilhelm Raabe
Der Schüdderump

Der Roman erschien zunächst in Fortsetzungen in *Westermanns Illustrierten Monatsheften* (Oktober 1869 bis März 1870) und anschließend als

Buchausgabe (1870). Die Bedeutung des Titels macht das eingangs geschilderte Reiseerlebnis des Erzählers deutlich: Man zeigt ihm einen »Schüdderump«, einen Pestkarren, mit dem man im 17. Jh. die Pestleichen transportierte und dann – so stellt es sich der Erzähler vor – »die Last hinabrutschen ließ in die große, schwarze, kalte Grube, in der kein Unterschied der Personen und Sachen mehr gilt«. So wird dem Erzähler der »Schüdderump allmählich zum Angelpunkt eines ganzen, tief und weit ausgebildeten philosophischen Systems«.

Während auf dem Lauenhof Hennig von Lauen unter der Obhut seiner Mutter, des alten Ritters Karl Eustachius von Glaubigern und des noch ganz von der Lebensform des Ancien régime geprägten Fräuleins Adelaide Klotilde de Saint-Trouin aufwächst, wird im Siechenhaus des nahegelegenen Dorfes Krodebeck Antonie Häußler von der alten Hanne Allmann und ihrer Freundin Jane Warwolf aufgezogen. Sie ist die Tochter Marie Häußlers, die als Zwölfjährige mit ihrem Vater das Dorf verlassen hatte und bald nach ihrer Rückkehr gestorben war. Antonie wächst zu einem schönen, anmutigen Kind heran. Sie und der zwei Jahre ältere Hennig von Lauen schließen Freundschaft. Als Hanne Allmann stirbt, wird Antonie im Gutsschloß aufgenommen. Die glücklichen Jahre enden, als ihr Großvater Dietrich Häußler in die ländliche Idylle einbricht. Er hat es inzwischen durch skrupellose Machenschaften zu Reichtum gebracht und ist in Wien zum Edlen von Haußenbleib aufgestiegen. Er erhebt Ansprüche auf seine Enkelin, von der er sich Vorteile für künftige Pläne verspricht, und nimmt sie mit sich nach Wien. Jahre später besucht Hennig seine Jugendfreundin, deren heitere Briefe in entschiedenem Kontrast zu ihrem Leben in Krankheit und innerem Elend stehen. Hennig bietet ihr die Ehe an, doch Antonie, die ihn immer geliebt hat, erkennt, daß ihn nicht Liebe, sondern Mitleid bewegt. Sie lehnt ab und geht die von ihrem Großvater gewünschte Verlobung mit dem Grafen Basilides von Conexionsky ein. Als jedoch der alte Ritter, von Hennig brieflich unterrichtet, in Wien erscheint und Antonie zurückfordert, räumt der Graf das Feld. Aber es ist schon zu spät. Antonie stirbt, der Ritter verliert den Verstand und Hennig geht eine standesgemäße Verbindung ein.

Die idealistischen Vorstellungen des R.schen Frühwerks sind verschwunden; die Frage nach der Glückserfüllung, nach dem Sinn des Lebens wird mit Radikalität gestellt. Der Mensch ist der »Gleichgültigkeit« des Weltlaufs ausgeliefert, äußerlich wehrlos gegenüber seinem Schicksal und todverfallen; aber – das zeigt die tapfere, reine Antonie – bei aller Determiniertheit durch die gesellschaftliche Wirklichkeit bleibt die Möglichkeit, im Innern Freiheit und Würde zu behaupten. Daß mit Häußler der moderne Geist der kapitalistischen Bourgeoisie über Menschlichkeit und agrarisch-feudale Rückständigkeit siegt, erscheint – bitter kommentiert – geradezu als Gesetz: »Das ist das Schrecknis in der Welt, schlimmer als der Tod, daß die Canaille Herr ist und Herr bleibt.«

1870
Louise von François
Die letzte Reckenburgerin

F.s erster Roman, enthusiastisch rezensiert von Gustav Freytag, begründete ihren Ruhm als Erzählerin. Hintergrund des 1870 zuerst in der *Deutschen Roman-Zeitung* erschienenen Werkes (Buchausgabe 1871) ist die Zeit zwischen der Französischen Revolution und den Befreiungskriegen. Den »Mein Geheimnis« überschriebenen Erinnerungen der Hardine (Eberhardine) von Reckenburg geht eine »Einführung« voraus, in deren Mittelpunkt der in den napoleonischen Kriegen zum Invaliden gewordene August Müller steht. Er sucht das Rätsel seiner Herkunft zu ergründen, und seine vagen Erinnerungen verweisen auf Hardine von Reckenburg. Er findet sie auf ihrem Stammsitz, und obwohl sie ihn zunächst abweist, kümmert sie sich dann – ohne Rücksicht auf das Gerede der Leute – um den kranken Müller und seine kleine Tochter namens Hardine. Die Vorgeschichte und die Beweggründe ihres Handelns stellt die »letzte Reckenburgerin« dann in ihren Memoiren dar.

Das sächsische Fräulein von Reckenburg gehört einem armen Zweig der Familie an. Der Vater ist Offizier in Weißenfels. Ihre Jugendfreundin, die lebensfrohe, schöne Dorothee Müller, verlobt sich mit Siegmund Faber, einem zielstrebigen Autodidakten mit medizinischen Neigungen. Hardine wird von der alten, reichen »schwarzen Reckenburgerin« auf ihr Schloß eingeladen und macht sich dort durch ihr zupackendes Wesen nützlich. Zugedacht ist dieser Besitz Prinz August, einem Sohn ihres geschiedenen Mannes aus zweiter Ehe. Hardine muß ihre Neigungen zu August zurückstellen, als dieser bei einem Garnisonsaufenthalt in Weißenfels ein Verhältnis mit Dorothee beginnt. Er fällt in dem Gefecht bei Valmy. Hardine steht der schwangeren Dorothee bei. Das Kind wird August Müller ge-

tauft und kommt in ein Waisenhaus. Später wird Müller Soldat. Faber kehrt nach Jahren der Gefangenschaft und medizinischer Praxis in verschiedenen Heeren zurück und läßt sich, berühmt geworden, als Arzt in Berlin nieder. Er heiratet Dorothee, die nicht die Stärke besitzt, ihm von ihrem Kind zu erzählen. Die Schuldgefühle führen zu wiederholten krampfartigen Anfällen, die ihr schließlich den Tod bringen. Inzwischen hat Hardine nach dem Tod der »schwarzen Reckenburgerin« den großen, von ihr schon vorher mustergültig verwalteten Besitz geerbt und in die Höhe gebracht. August Müllers Eintreffen verhindert ihre geplante Zweckehe mit einem Grafen. Bevor der kranke Invalide stirbt, verspricht sie ihm, für seine Tochter zu sorgen. Eine »Einschaltung des Herausgebers« führt die Geschichte raffend weiter bis zu ihrem Tod im Jahre 1837: Die junge Hardine hat inzwischen Ludwig Nordheim geheiratet, und für beide, ihre Erben, sind die Aufzeichnungen der Reckenburgerin bestimmt, deren Schlußkapitel nach dem Einschub folgt.

Bilder der Zeit und Lebensgeschichte verbinden sich in der Technik der Ich- und Memoirenerzählung. Historisierende Stilelemente vermitteln die Fiktion der Echtheit, ein humoristisch gefärbter Plauderton sorgt für engen Kontakt zwischen Erzähler und Leser. Sichtbar wird das Porträt einer starken, vernunftorientierten Frau, die in ihrem Verhältnis deutlich von Maximen der Aufklärung bestimmt ist, frei und entschieden handelt, auf Glückserfüllung verzichtet und »das ernüchterte Bürgerethos von Pflicht und Arbeit« (Fritz Martini) erkennen läßt. Dabei ist die Kontrastierung dieser dem Gewissen verpflichteten Haltung mit entgegengesetzten Typen – der gefühlsbestimmten, haltlosen Dorothee, dem aristokratisch-leichtsinnigen Prinzen – nicht nur ein Merkmal dieses Romans, sondern ein Kennzeichen ihres gesamten erzählerischen Werkes, das neben weiteren Romanen (*Frau Erdmuthens Zwillingssöhne*, 1873; *Stufenjahre eines Glücklichen*, 1877) eine Reihe von Erzählungen umfaßt.

1871
Ludwig Anzengruber
Der Meineidbauer

Der Meineidbauer ist nach dem erfolgreichen antiklerikalen und antifeudalen Volksstück *Der Pfarrer von Kirchfeld* (Uraufführung 1870) A.s zweiter Versuch, die Gattung des Wiener Volksstücks um sozialkritische Elemente zu bereichern und so zu erneuern. Im Mittelpunkt des Stückes, am 9. 12. 1871 mit der Musik von Adolf Müller im Theater an der Wien uraufgeführt (Druck 1872), steht Matthias Ferner, der Kreuzweghofbauer, der durch Testamentsunterschlagung und einen Meineid den Hof seines verstorbenen Bruders an sich gebracht hat, der eigentlich dessen Geliebten und ihren beiden Kindern Vroni und Jakob hätte zufallen sollen. Seinen Sohn Franz, der ihn bei der Verbrennung des Testaments beobachtet hatte, schickt er weg zu Schule und Universität, Vroni dient beim Adamshofbauern (dessen Sohn ihr den Hof macht), und Jakob ist zum Kriminellen geworden. Das ›Gericht‹ über den Meineidbauern, der sich von Gott in seinem Verhalten bestätigt fühlt, findet in dem Moment statt, in dem er den Status seiner Familie durch die Verbindung seiner Tochter Kreszens mit Toni, dem Sohn des Adamshofbauern, endgültig zu sichern sucht. Aber Vroni, die ein diskriminierendes Schriftstück findet, und Franz, der nicht daran denkt, sich in den geistlichen Stand abschieben zu lassen, machen die Pläne zunichte. Nach melodramatischen Ereignissen im nächtlichen Gebirge – der Vater schießt auf den Sohn, wird durch eine Geschichte von einem meineidigen Bauern zur Erkenntnis seines Unrechts gebracht und stirbt – finden die Paare Vroni und Franz, Kreszenz und Toni bei Sonnenaufgang zum Happy end zusammen – »und die Welt fangt erst an!«

Die Wirkung des Stücks beruht vor allem auf der urtümlichen, mächtigen Gestalt des Meineidbauern, der durch seinen Eigensinn, seinen Egoismus, seinen primitiven Gottes- und Teufelglauben und die Konsequenz seines Verhaltens als großer Sünder im bäuerlichen Welttheater beeindruckt. *Der Meineidbauer* wurde mehrfach verfilmt.

1871
Conrad Ferdinand Meyer
Huttens letzte Tage

In seinem ersten größeren Werk modifiziert M. die Form des Versepos. *Huttens letzte Tage*, 1871 erschienen, ist ein in acht Teile gegliederter Zyklus von insgesamt 71 Gedichten in paarweise gereimten fünfhebigen Jamben, in denen Ulrich von Hutten in Erinnerungen und Träumen die entscheidenden Momente und Begegnungen seines kämpferischen Lebens zurückruft und – den Tod vor Augen – noch einmal durchlebt. Die Titel der einzelnen Teile lauten: *Die Ufenau, Das Buch der Vergangenheit, Einsamkeit, Huttens Gast,*

Menschen, Das Todesurteil, Dämonen, Das Sterben. M. kontrastiert die Idylle der Insel Ufenau im Zürichsee, Huttens letzter Aufenthaltsort, mit dem bewegten Leben des Ritters und Humanisten, seiner Größe und seinem Scheitern, zeigt Hutten als »Mensch mit seinem Widerspruch«, als Mann an einer Zeitenwende. Die durchaus beabsichtigten Bezüge des humanistischen, protestantisch-patriotischen Heldenlebens zur Reichsgründung verhalfen dem Werk zu zahlreichen Auflagen ([7]1889).

1872
Franz Grillparzer
Libussa

Erste Notizen für ein Libussa-Drama gehen auf das Jahr 1822 zurück: »Die böhmische Libussa als Stoff für ein dramatisches Gedicht. Libussa, Frauenherrschaft des Gefühls und der Begeisterung [...], goldenes Zeitalter. – Die Böhmen wollen aber bestimmte Rechte und Grenzen des Eigentums. – Primislaus, Festigkeit, Ausdauer, ordnender Verstand.« Die Ausarbeitung machte Schwierigkeiten (»Bloßes Gedankenzeug«), und so wurde das Stück nach mehrmaligen Ansätzen erst 1847 vollendet. 1840 war der 1. Akt am Wiener Burgtheater uraufgeführt worden (Druck 1841); das ganze Drama erschien zuerst 1872, die Uraufführung des fünfaktigen Trauerspiels (Blankverse) fand mit nur geringem Erfolg am 21. 1. 1874 statt. Neben Chroniken benutzte G. dichterische Versionen der böhmischen Ursprungssage (*Libussa*, in Johann Karl August Musäus' *Volksmärchen der Deutschen*, 1782–86; Clemens Brentanos *Die Gründung Prags*, 1815, u.a.).

Kascha, Tetka und Libussa, die drei Schwestern, stammen aus göttlichem Geschlecht und stehen für das der Zivilisation vorausgehende Goldene Zeitalter. Libussa verirrt sich auf der Suche nach Kräutern für den todkranken Vater im Wald, stürzt in einen Wildbach und wird von dem Pflüger Primislaus gerettet. Sie kleidet sich bei ihm in ein Bauerngewand; Primislaus, der vergeblich um sie wirbt, trennt ein Kleinod aus ihrem Gürtel. Als Libussa zurückkehrt, ist der Vater gestorben. Die mit diesen Ereignissen angedeutete Verstrickung ins Menschliche bestimmt auch Libussas weitere Handlungsweise. Als einzige der drei Schwestern ist sie bereit, die Herrschaft anzutreten, eine Herrschaft ohne schriftlich fixierte Gesetze, auf Gefühl, Liebe und Vertrauen gegründet. Das Experiment scheitert. Sie wird gedrängt, sich einen Mann zu wählen, verweigert sich jedoch den eigennützigen Wladiken (Adeligen) und stellt Bedingungen (Kleinod), die nur Primislaus erfüllen kann. In einer komplizierten Intrigenhandlung finden Libussa und Primislaus zueinander. Primislaus organisiert einen rationalen, auf Gesetze gegründeten, dauerhaften Staat, der freilich das Goldene Zeitalter, das Leben im Einklang mit der Natur und den Göttern, das göttliche Reich der Liebe und Unschuld endgültig zerstört. Bei der Gründungszeremonie für die von Primislaus geplante Stadt Prag hält Libussa eine visionäre Abschiedsrede, in der sie ein Bild der Zukunft entwirft, das nach dem Durchgang durch die Geschichte (»Das Edle schwindet von der weiten Erde, Das Hohe sieht vom Niedern sich verdrängt«) in ein neues Goldenes Zeitalter der Götter und der Liebe mündet. Sie stirbt, ihre Schwestern ziehen fort. Aus ihren goldenen Gürteln wird eine Krone geschmiedet werden: »Das Hohe schied, sein Zeichen sei hienieden.«

Der Übergang vom Mythos in die Geschichte, von einer ursprünglichen Einheit von Natur und Kultur in einer matriarchalischen Idylle zu einer dem gesellschaftlichen Fortschritt verpflichteten Lebensform mit all ihren Widersprüchen ist nicht ohne Gegenwartsbezug und erscheint, trotz seiner Notwendigkeit, in kritischer Beleuchtung. Es ist eine Skepsis, die sich auf die eigene Zeit bezieht – eine neue Ordnung kündigt sich zwar an, wirkt aber auf G. wegen ihres Utilitarismus und Rationalismus eher abschreckend. Die Hoffnung, die der Schluß des Dramas auf die Zukunft setzt, bleibt vage.

1872
Franz Grillparzer
Ein Bruderzwist in Habsburg

Die Arbeit an dem fünfaktigen Trauerspiel (Blankverse) zog sich lange hin. Mit der ersten Niederschrift begann G. 1828; nach mehrfachen Unterbrechungen schloß er es 1848 ab, überarbeitete es aber anschließend noch mehrmals. Das Stück wurde postum am 24. 9. 1872 am Wiener Stadttheater uraufgeführt (Erstdruck im selben Jahr).

Das historische Drama behandelt, gegründet auf sorgfältige Quellenstudien, die Entwicklungen in der Zeit unmittelbar vor Ausbruch des Dreißigjährigen Krieges. Im Mittelpunkt steht der kunstsinnige, menschenscheue und handlungsschwache Kaiser Rudolf II., der in Prag residiert und nach Ansicht seiner Brüder und anderer Mitglieder des Herrscherhauses seinen Aufgaben nicht mehr nachkommt. An die Spitze seiner

Gegner tritt, beraten von dem ehrgeizigen Bischof Klesel, sein Bruder Mathias, wobei sich politische Gegensätze und auf die Kindheit zurückgehende persönliche Rivalitäten verbinden. Nach einem Separatfrieden mit den Türken wendet sich Mathias direkt gegen den Kaiser, der sich daraufhin zum Handeln gezwungen sieht. Er gewährt den böhmischen Ständen trotz der befürchteten katastrophalen Folgen den bisher verweigerten Majestätsbrief, »Berechtigung zusichernd ihrem Glauben«, und erlaubt seinem Neffen Leopold mit einem in Passau geworbenen Heer gegen Mathias zu ziehen. Damit kommt es zum Bürgerkrieg, den Rudolf immer vermeiden wollte. Doch Leopolds Eingreifen ändert nichts mehr. Rudolf, isoliert auf dem Hradschin, ist bereit, die Herrschaft abzugeben. Er stirbt, während in Wien Wallenstein einen dreißigjährigen Krieg voraussagt und Mathias als Nachfolger Rudolfs die Bürde seines neuen Amtes beklagt. – Der Handlungsstrang um Rudolfs ›natürlichen Sohn‹ Don Cäsar, der aus zügelloser Leidenschaft zum Mörder wird, macht die krisenhafte Entwicklung auf einer anderen Ebene deutlich.

Der Familienkonflikt steht im Zusammenhang mit einem größeren geschichtlichen Zerfallsprozeß. Rudolf erkennt die Auflösungserscheinungen, sieht die Handelnden um ihn herum als Opfer ihrer Zeit und sucht sich selber über die Parteien zu stellen, da ein Eingreifen die Katastrophe nur befördere. Ihn verfolgt das »Gespenst der blutgen Zukunft«, und als er schließlich gezwungenermaßen eingreift und damit in seiner Sicht moralisch schuldig wird, ist es längst zu spät. Der Auflösungsprozeß, der auf die Reformation zurückgeht und von den verschiedensten Kräften – den protestantischen Ständen, dem fanatischen Erzherzog Ferdinand u.a. – durch ihre Handlungsweise gefördert wird, treibt unabwendbar in die Katastrophe.

G.s lebendiges historisches Gemälde zielt auch auf die Krise der eigenen Zeit, auf die (von ihm geteilten) kulturpessimistischen Befürchtungen von tiefgreifenden Veränderungen der bestehenden Ordnung im habsburgischen Vielvölkerstaat.

1872
Franz Grillparzer
Die Jüdin von Toledo

G.s Beschäftigung mit dem Stoff geht bis auf das Jahr 1816 zurück. 1839 begann er mit der Ausarbeitung, die 1848 – angeregt wohl durch die Lola Montez-Affäre in Bayern – wieder aufgenommen und 1851 abgeschlossen wurde. Die Uraufführung des »historischen Trauerspiels in fünf Aufzügen« (4hebige Trochäen, 5hebige Jamben) fand am 21. 11. 1872 in Prag statt (Erstdruck im selben Jahr). Als Quellen zog G. Juan de Marianas *Historia de España* (1601; lat. Fassung 1592–1605), Jacques Cazottes Novelle *Rachel ou la belle juive* (dt. Übersetzung 1789) und vor allem Lope de Vegas Schauspiel *Las paces de los reyes, y la judía de Toledo* (1616) heran.

Die schöne Jüdin Rahel hält sich trotz eines bestehenden Verbots im königlichen Garten von Toledo auf, um König Alphons (Alfonso) zu sehen. Er gewährt ihr Schutz, als sie wegen ihres Vergehens verfolgt wird, und gerät immer stärker in ihren Bann. Die verletzte Königin Eleonore, Tochter Heinrichs II. von England, und die Stände des Reiches beschließen den Tod Rahels. Alphons kann das Verbrechen nicht mehr verhindern. Beim Anblick der toten Geliebten legt sich sein Zorn, ist die Liebesleidenschaft plötzlich verschwunden: »Statt üppger Bilder der Vergangenheit Trat Weib und Kind und Volk mir vor die Augen.« Der Kreuzzug gegen die Mauren dient als Buße, das unschuldige Kind des Königspaars als Symbol für die Idee der Monarchie. Den abrupten Übergang von der Liebestragödie und dem brutalen Mord zur Demonstration der Heiligkeit der staatlichen Ordnung kommentiert Rahels Schwester Esther:

Siehst du, sie sind schon heiter und vergnügt
Und stiften Ehen für die Zukunft schon.
Sie sind die Großen, haben zum
                              Versöhnungsfest
Ein Opfer sich geschlachtet aus den Kleinen
Und reichen sich die anoch blutge Hand.

Als Esther jedoch bemerkt, daß der erste Gedanke ihres (als Karikatur des Juden gezeichneten) Vaters nach dem Tod Rahels seinem »Gold« gilt, schließt sie mit versöhnlicheren Worten, die Anklage abdämpfend:

Wir stehn gleich jenen in der Sünder Reihe.
Verzeihn wir denn, damit uns Gott verzeihe.

Der christlich-harmonisierende Abschluß des Stückes, das auch ein Spiel vom Sündenfall darstellt, ist umstritten. Aber auch wenn sich die Vermutung nicht beweisen läßt, daß G. das Ende ironisch verstand (bei Lope de Vega vermutet er in manchen Zügen »vielleicht eine versteckte Ironie«), ist die vorhergehende scharfe Anklage nicht widerlegt, machen in diesem desillusionierenden Drama, milde ausgedrückt, »die Ordnungsmächte eine traurige Figur« (Friedrich Sengle).

1872
Gottfried Keller
Sieben Legenden

Ausgangspunkt der *Sieben Legenden*, deren Vorstufen auf die Mitte der 50er Jahre zurückgehen, waren die – nach K. – in einem »läppisch frömmelnden und einfältiglichen Stil« erzählten *Legenden* (1804) des katholisierenden protestantischen Pfarrers Gotthard Ludwig Theobul Kosegarten. Absicht der erotisch-weltlichen Kontrafakturen K.s war es, hinter der »kirchliche[n] Fabulierkunst [...] die Spuren einer ehmaligen mehr profanen Erzählungslust und Novellistik« sichtbar zu machen. Es sind anmutige, ironisch-parodistische Erzählungen, die hinter der Askese die natürliche Schönheit und Sinnlichkeit aufleuchten lassen.

Drei Legenden sind in der Spätantike angesiedelt *(Eugenia, Der schlimm-heilige Vitalis, Dorotheas Blumenkörbchen)*; ihnen stehen drei im christlich-ritterlichen Mittelalter spielende Marienlegenden gegenüber *(Die Jungfrau und der Teufel, Die Jungfrau als Ritter, Die Jungfrau und die Nonne)*. Wenden die ersten fünf Legenden die christlich-asketische Forderung ins Humane und postulieren ein diesseitiges, sich in der Ehe erfüllendes Glück als Ziel und Zweck des Lebens, so schlägt die sechste Legende *(Dorotheas Blumenkörbchen)* das Thema der Entsagung an, allerdings nicht ohne die Frage anzumelden, »ob die Ewigkeit, das ›Drüben‹, die Entsagenden nicht doch letztlich betrügt« (Arthur Henkel).

Den Abschluß bildet, das Thema aufnehmend, die bekannteste der *Sieben Legenden*, das *Tanzlegendchen*. Es erzählt von Musa, der »Tänzerin unter den Heiligen«, die »von einer unbezwinglichen Tanzlust« besessen war und in aller Unschuld sogar Gebet und Andacht tanzte. In der Kirche kommt es zu einem Tanz mit König David, der ihr ausmalt, daß sie »die ewige Seligkeit in einem unaufhörlichen Freudentanze« verbringen werde, wenn sie auf Erden »aller Lust und allem Tanze« entsage und sich der Buße und geistlichen Übungen weihe. Nach einem asketischen Leben geht Musa in den Himmel ein. Am himmlischen Fest nehmen auch die heidnischen Musen teil, denen die Jungfrau Maria Hoffnung macht, »sie werde nicht ruhen, bis die Musen für immer im Paradiese bleiben könnten«. Doch es kommt anders. Am nächsten Feiertag stimmen die Musen einen Gesang an, der in allen Himmlischen – also auch in Musa – Heimweh auslöst und sie »außer Fassung« geraten läßt. Erst durch das Eingreifen der Trinität selbst, die die Musen mit einem Donnerschlag zum Schweigen bringt, kehren »Ruhe und Gleichmut in den Himmel zurück«, der den Musen fortan verschlossen bleibt (womit zugleich die tiefe Kluft zwischen Christlichem und Musischem betont wird). Das heißt also, daß der »serene Normalzustand des Himmels, auch der himmlische Tanz und das himmlische Fest, erkauft werden mit dem himmlischen Vergessen und der Negation des Erdenleids, das in Kunstgestalt, im Musengesang, so erschütterte. Der Himmel ist also nicht vollkommen, [...] er ist anfällig und durch die Erinnerung [...] ›aus der Fassung‹ zu bringen.« Und wenn das Erdenleid, von dem die Musen singen, Heimweh erregt, so darum, »weil das Irdische in all seiner Hinfälligkeit und seinem Schmerz das *eigentliche* Leben ist« (Henkel). Die Legende wird zur Anti-Legende.

Die *Sieben Legenden* hatten großen Erfolg und brachten K. erstmals Zugang zu breiteren Leserschichten.

1874
Ludwig Anzengruber
Der G'wissenswurm

Seinen ersten Erfolg als Lustspielautor hatte A. mit der »Bauernkomödie mit Gesang« *Die Kreuzelschreiber* (Uraufführung 1872), einer satirischen Auseinandersetzuung mit der Unfehlbarkeitserklärung des Papstes und den daraus resultierenden Kirchenkämpfen, übertragen ins dörfliche Milieu und verbunden mit dem Lysistrata-Motiv des Aristophanes. Als zweite, noch erfolgreichere »Bauernkomödie mit Gesang« (3 Akte) folgte *Der G'wissenswurm*, am 19. 9. 1874 mit der Musik von Adolf Müller im Theater an der Wien uraufgeführt und im selben Jahr gedruckt.

Seit den reichen Bauern Grillhofer »vor ein halb Jahr der Schlag gstreift hat«, ist er nicht mehr der alte. Geplagt vom »G'wissenswurm«, der Erinnerung an eine zunächst nicht genauer bezeichnete alte Schuld, ist er fromm und bußfertig geworden, wobei sein Schwager Dusterer, eine Tartuffe-Gestalt, heuchlerisch und auf das Erbe spekulierend, kräftig nachhilft. Bevor Grillhofer Dusterers Rat folgen kann, seine Bußfertigkeit dadurch zu beweisen, daß er sich seines irdischen Besitzes entledigt (und Dusterer überschreibt), erfährt er, wo die Frau lebt, mit der er einst ein Kind hatte (die Ursache seines »G'wissenswurms«). Zwar stellt sich heraus, daß sie nichts über den Verbleib des Kindes weiß, doch kann die lebensfrohe Horlacher-Lies, die kurz zuvor auf den Hof gekommen ist, einen entsprechenden Brief ihrer Pflegemutter vorweisen. Freudig erkennt sie Grillhofer als sein Kind an, und die natürliche Lebensfreude hält wieder Einzug auf dem Bauernhof. Dusterer geht leer aus, und der Knecht Wastl wird Grillhofers Schwiegersohn.

Mit volksaufklärerischer Absicht, mit antiklerikaler Tendenz und mit Humor rückt A. religiöser Heuchelei, übertriebenem Sündenbewußtsein und lebensfeindlicher Askese zuleibe. Dabei löst sich der Gegensatz von lebensbejahender und lebensfeindlicher Ethik dank der unkomplizierten, lebenspraktischen Einstellung der Bauern auf einfache Weise. Das Ganze ist ein Scheinproblem: »Und dös is dö ganze Gschicht? Zwegn dem tust so verzagt [...] ?!«

1874
Conrad Ferdinand Meyer
Jürg Jenatsch

Die »Bündnergeschichte«, als *Georg Jenatsch* 1874 in der Zeitschrift *Die Literatur* vorabgedruckt und 1876 als Buch erschienen, erhielt 1882 (3. Auflage) ihren endgültigen Titel. *Jürg Jenatsch* ist nach der Novelle *Das Amulett* (1873) das zweite Prosawerk M.s. Spielte die Novelle vor dem Hintergrund der Auseinandersetzung zwischen Katholiken und Protestanten in Frankreich (Bartholomäusnacht 1572), so bildet nun der Unabhängigkeitskampf Graubündens während des Dreißigjährigen Krieges die historische Folie des in episodischen Szenen und Bildern dargestellten Geschehens. Im Mittelpunkt des in drei Bücher gegliederten Werkes *(Die Reise des Herrn Waser, Lukretia, Der gute Herzog)* steht die geschichtliche Gestalt des Georg Jenatsch, dessen Kampf für die unabhängige Existenz des kleinen Graubünden zwischen den Großmächten Spanien/Österreich und Frankreich von M. im Licht des »Konflikts von Recht und Macht, von Politik und Sittlichkeit« gesehen wird.

Jenatsch, junger protestantischer Pfarrer in einem Dorf im katholischen Veltin (damals zum protestantischen Graubünden gehörend), erhält Besuch von seinem Studienfreund Heinrich Waser aus Zürich, der ihn vor einer katholischen Verschwörung unter der Leitung des vertriebenen Pompeius Planta warnt. Dessen Tochter Lukretia ist Jenatschs Jugendfreundin. Die Warnung kommt zu spät; bei dem Überfall auf die Protestanten wird Jenatschs Frau getötet. Er gibt sein Amt auf, greift zu den Waffen und erschlägt im Verlauf der Auseinandersetzungen zwischen

Katholiken und Protestanten Pompeius Planta
mit einer Axt. Die an den Alpenpässen interessierten Spanier und Österreicher kommen den
Katholiken erfolgreich zu Hilfe. Jenatsch verläßt
seine Heimat und dient verschiedenen Herren.
Schließlich wird er Oberst im Heer des hugenottischen Herzogs von Rohan, der von Richelieu mit
dem Kampf gegen die Habsburger in Graubünden beauftragt wird. Mit Hilfe Jenatschs gelingt
dem »guten Herzog« die Befreiung Graubündens. Als jedoch Richelieu die Unterzeichnung
des Vertrages verweigert, der den Abzug der
Franzosen garantiert, knüpft Jenatsch heimliche
Verbindungen mit Spanien an, konvertiert zum
Katholizismus und schlägt Richelieu mit seinen
eigenen Waffen, so daß der von Richelieu zum
Werkzeug gemachte und von Jenatsch verratene
Rohan als gebrochener Mann den Rückzug antreten muß und im Krieg den Tod sucht. Jenatsch
seinerseits wird von seiner geliebten Lukretia
mit der Axt erschlagen, mit der er einst ihren Vater getötet hatte.

Renaissance-Individualismus, ins Barock verlegt, kennzeichnet die übermächtige, zerrissene
Gestalt des Jenatsch, der sich nach den »blutig-
sten Irrwegen« seiner Jugend zu einem Richelieu
ebenbürtigen, machiavellistischen Machtpolitiker
entwickelt und doch am Tage des mit »Verren-
kungen« seines Wesens erkauften Triumphes
»gerade so dreinschaut wie damals in der Tiefe
des Elends«, als seine Frau ermordet wurde. Der
Jugendfreund Waser, inzwischen Bürgermeister
von Zürich, nennt die »übermächtige Vaterlands-
liebe« als den Schlüssel seines Wesens: »Ich muß
zugeben, er hat ihr mehr geopfert, als ein auf-
rechtes Gewissen verantworten kann. Aber [...]
ist es nicht ein Glück für uns ehrenhafte Staats-
leute, wenn zum Heile des Vaterlandes notwendige Taten, die von reinen Händen nicht vollbracht
werden können, von solchen gesetzlosen Kraftmenschen übernommen werden [...]«. Der Bezug zur Gegenwart und der von M. ambivalent
beurteilten Machtpolitik Bismarcks ist deutlich.

1875
Peter Rosegger
Die Schriften des
Waldschulmeisters

Das umfangreiche erzählerische Werk des steirischen Dichters – die von ihm selbst herausgegebenen *Gesammelten Werke* umfassen 40 Bände –
kreist fast ausschließlich um die Welt seiner Hei-

matlandschaft und seine idealisierend und archaisierend gezeichnete bäuerliche Gesellschaft.
Viele Geschichten erzählen in verklärender Rückschau von der Kindheit in der Waldeinsamkeit, etwa in dem Erzählungsband *Waldheimat* (1877);
große Verbreitung fanden, bis in die Schulllesebü-
cher hinein, die vom Hamburger Jugendschriften-
ausschuß gesammelten Erzählungen unter dem
suggestiven Titel *Als ich noch der Waldbauernbub
war* (1900–02).

R.s bekanntester Roman, *Die Schriften des
Waldschulmeisters* zeigt Anklänge an Stifter. Es
handelt sich um eine Rahmenerzählung. Der Er-
zähler gelangt im Sommer 1865 in ein abgelege-
nes Dorf in den steirischen Alpen. Hier in Win-
kelsteg hört er von dem Schulmeister Andreas
Erdmann, der nach 50jähriger Tätigkeit im Ort
seit dem letzten Weihnachtsfest verschollen ist.
Im Schulhaus findet der Wanderer die Papiere
Erdmanns, eine Chronik seines Lebens und des
Dorfes. Die stark autobiographisch geprägten
Tagebuchaufzeichnungen setzen 1797 mit dem
Tod des Vaters ein. Nach wechselvollen Jahren
– Schirmmacherlehre, Schulzeit in der Salzburger Gelehrtenschule, Hauslehrer beim Freiherrn
von Schrankenheim mit hoffnungsloser Liebes-
neigung, Tirolerschütze unter Andreas Hofer –
kämpft er als Söldner im napoleonischen Heer
und erschießt in der Völkerschlacht bei Leipzig
einen deutschen Soldaten, den er dann als Jugendfreund erkennt. Erschüttert will er sich aus
der Welt zurückziehen. Sein Gönner, der Freiherr
von Schrankenheim, überredet ihn, auf seinen
abgelegenen steirischen Besitztümern als Lehrer
für die Gemeinschaft zu wirken. Erdmann lernt
Land und Leute dieser zurückgebliebenen Wald-
gegend kennen, baut Kirche und Schule, um die
dann das Dorf Winkelsteg entsteht. Unterstützt
wird er von einem ehemaligen Jesuiten, der seinen missionarischen Übereifer in den Wäldern
abbüßt und die Pfarrstelle übernimmt. Nach langer, segensreicher Arbeit gerät er in zunehmende Distanz zu der von ihm eingeleiteten zivilisatorischen Entwicklung. Er vereinsamt immer
mehr. Seine letzte Sehnsucht nach 50jährigem
Aufenthalt in den Wäldern ist es, das Meer zu sehen. Als der Erzähler nach der Lektüre der Aufzeichnungen den Berg hinaufsteigt, findet er
oben den erfrorenen Schulmeister, der ein Papier
bei sich trägt mit der Notiz: »Christtag. Ich habe
bei Sonnenuntergang das Meer gesehen und das
Augenlicht verloren.«

Der Widerspruch zwischen kolonisatorischem
Eifer und antizivilisatorischem Affekt löste sich in
R.s späteren Werken zugunsten einer Beschwö-
rung der Ideologie von Heimat und Bauerntum,

die den zerstörerischen Kräften der Moderne ausgesetzt sind (u. a. *Idyllen aus einer untergehenden Welt*, 1899; *Erdsegen*, 1900; *Weltgift*, 1903).

1876
Felix Dahn
Ein Kampf um Rom

Der umfangreiche historische Roman gehört zu den bekanntesten Beispielen des sogenannten ›Professorenromans‹, bei dem sich die Freude am Stoff und der Detailrealismus des Historismus mit ideologischer Aktualisierung verbinden. Eigene Forschungen D.s bilden die »wissenschaftlichen Grundlagen dieser in Gestalt eines Romans gekleideten Bilder aus dem sechsten Jh.« (Vorwort).

Das Werk schildert die letzten Jahrzehnte der Gotenherrschaft in Italien, vom Tod Theoderichs (526) bis zur Vertreibung der Goten aus Italien (552). Die Gliederung orientiert sich an der Reihe der einander rasch ablösenden Herrschergestalten. Sie geben den sieben Büchern die Titel: *Theoderich, Athalarich, Amalaswintha, Theodahad, Witichis, Totila, Teja*. Das friedliche Miteinander von Goten und Italienern unter Theoderich endet mit dessen Tod. Der (erfundene) Widersacher der Goten ist der Römer Cethegus, der Aufstände inszeniert, Unfrieden unter den Goten stiftet und dem byzantinischen Kaiser in die Hände arbeitet. Heroische Untergangsstimmung beherrscht den Roman von Anfang an, der schließlich mit dem Sieg des römisch-byzantinischen Heers am Vesuv endet. Der letzte Gotenkönig Teja und Cethegus erschlagen sich dabei gegenseitig. Harald, der Wikingerkönig, erzwingt den freien Abzug der überlebenden Goten: »gen Thuleland! Heim bringen wir die letzten Goten.«

Die Begrenztheit des durchaus spannend erzählten und in plastische Szenen gegliederten Romans liegt nicht zuletzt darin, daß Geschichte nur als Ergebnis individueller Leidenschaften und Aktionen erscheint: »Germanistische Germanenromantik« (Fritz Martini), die mit ihrem pathetisch-patriotischen Grundton großen Erfolg in der Zeit nach der Reichsgründung hatte (30 Auflagen bis 1900).

1876
Theodor Storm
Aquis submersus

Im Erzählwerk S.s, das mehr als 50 Novellen umfaßt und mit *Immensee* (1850) früh erfolgreich war, setzt nach den stimmungsvollen Novellen der ersten Schaffensperiode mit *Aquis submersus*, 1876 in der *Deutschen Rundschau* erschienen, die Reihe der historischen Novellen ein, Resultat seiner »Querleserei in Chroniken von Husum und Umgebung« (S.).

Erzählt wird eine Liebestragödie aus dem 17. Jh. Die Annäherung erfolgt über ein Bild, das der Erzähler in seiner Schülerzeit in einer Dorfkirche gesehen hatte: das Bildnis eines toten Kindes mit einer Wasserlilie in der einen Hand. Die vier Buchstaben in der Ecke – C.P.A.S. – werden zweifelnd mit »culpa patris aquis submersus« (durch Schuld des Vaters ertrunken) gedeutet. Daneben hängt noch das Porträt eines finsteren Mannes in Priesterkleidung. Viele Jahre später sieht der Erzähler in einem Bürgerhaus in der nahegelegenen Stadt das Bildnis eines älteren Mannes mit eben diesem Kind im Arm und erhält Einblick in ein Bündel vergilbter Blätter.

Es handelt sich um den in Ich-Form niedergeschriebenen Bericht des Malers Johannes, der gerade (anno 1661) aus Amsterdam in seine holsteinische Heimat zurückgekehrt ist. Im Schloß seines verstorbenen Gönners Gerhardus hat nun sein gemeiner und brutaler Sohn, Junker Wulf, das Regiment übernommen. Er sucht seine Schwester Katharina, die Johannes seit der Kinderzeit verbunden ist, mit einem seiner Kumpane zu verheiraten. Johannes erhält den Auftrag, Katharina zu porträtieren, wobei ein anderes Gemälde an der Wand auf einen Familienfluch mit Todesfolge wegen unerlaubter, die Standesgrenzen überschreitender Liebe gedeutet wird. Es kommt zwar zu einer Liebesnacht, doch als Johannes von einer Verwundung, die ihm Wulf zugefügt hatte, wieder genesen ist, bleibt Katharina unauffindbar. Nach einigen Jahren – 1666 – läßt sich Johannes, der sich in der Zwischenzeit in Holland aufgehalten hatte, in der Stadt an der Nordsee nieder. Er erhält den Auftrag, einen Priester in einem nahegelegenen Dorf zu porträtieren. Hier findet er Katharina wieder, die die Frau des finsteren, strengen Priesters hatte werden müssen, um so das von Johannes empfangene Kind zu legalisieren. Während sich Katharina und Johannes umarmen, ertrinkt das unbeaufsichtigte Kind. Der Maler malt das Totenbildnis, auf das er die nun verständlichen Buchstaben C.P.A.S. – »Durch Vaters Schuld in der Flut versunken« – setzt. So verbinden sich Vergangenheit und Gegenwart durch das Gemälde auf ungezwungene Weise.

S. verwendet einen leicht altertümelnden Stil, um den dokumentarischen Charakter der fiktiven Chronik zu unterstreichen. Ein Gewebe von unheilverheißenden Motiven und Vorausdeutungen gibt den realen sozialen Barrieren schicksalhafte, dämonische Züge: Nicht Machenschaften brutaler, verkommener Junker und Standesschranken, sondern böses Erbe, Ahnenfluch und -spuk scheinen die Verbindung zwischen der Adligen und dem Maler scheitern zu lassen. Mit der Gestalt des hilflosen Malers »transportiert S. seinen Fatalismus und einen Schopenhauer trivialisierenden Pessimismus in die historische Vergangenheit und mit ihm das Depressionssymptom des zeitgenössischen Bürgertums« (Carin Liesenhoff).

Die Reihe der Chroniknovellen S.s setzte sich fort mit *Renate* (1878), *Eekenhof* (1879), *Zur Chronik von Grieshuus* (1884) und *Ein Fest auf Haderslevhuus* (1885).

1876–77
Gottfried Keller
Züricher Novellen

Die ersten drei Novellen, durch eine Rahmenerzählung verbunden, erschienen 1876–77 in der *Deutschen Rundschau: Hadlaub, Der Narr auf Manegg, Der Landvogt von Greifensee*. Die zweibändige Buchausgabe folgte 1877 (vordatiert auf 1878) mit zwei weiteren Texten: *Das Fähnlein der sieben Aufrechten* (Erstdruck 1860) und *Ursula*. Die Rahmenerzählung hat didaktischen Charakter und erzählt von einem jungen Mann, Herrn Jacques, der beklagt, daß es »keine ursprünglichen Menschen, keine Originale« mehr gebe. Sein verständnisvoller Pate sucht ihn von seiner Originalitätssucht zu heilen und ihm den Unterschied zwischen wahrer und falscher Größe deutlich zu machen. Dazu tragen die Erzählungen bei, die die pädagogische Absicht aufnehmen und durch den Blick auf geschichtliche Beispiele den Wert bürgerlichen Gemeinsinns, zeitlos gültiger Ordnungen und wahrer Menschlichkeit sichtbar machen. In der Hinwendung zur Geschichte drückt sich auch K.s wachsende Distanz zur eigenen Gegenwart aus.

Hadlaub erzählt von der Entstehung der Manessischen Liederhandschrift und von der Liebe des Bauernsohns Johannes Hadlaub zur adeligen Fides, dem Aufgehen des Adels im freien

Bürgertum (»und Fides zog als Bürgersfrau in die aufstrebende Stadt«). Von Dekadenz und Untergang handelt der *Narr auf Manegg*, ein negatives Exempel; doch die Handschrift wird gerettet, die Kulturleistung überdauert. Ins Rokoko führt die Geschichte *Der Landvogt von Greifensee*, der Höhepunkt des Zyklus. Die Begegnung des 42jährigen Salomon Landolt, Landvogt von Greifensee, mit seiner ersten Liebe wird zum Anlaß, sich die Vergangenheit in die Erinnerung zurückzurufen, seine fünf Liebesaffären, die sämtlich mit Enttäuschung und Entsagung endeten. Er faßt den Entschluß, die fünf Frauen gemeinsam auf sein Schloß einzuladen. Zuvor werden jedoch die einzelnen Liebesgeschichten erzählt. Der von Landolt arrangierte Festtag nimmt nach anfänglichem Unbehagen einen heiteren, glücklichen Verlauf. Sichtbar wird das Bild eines ausgeglichenen, gereiften Mannes, der Entsagung in soziale Wirksamkeit verwandelt hat. Im *Fähnlein der sieben Aufrechten* beschwört K. im Zusammenhang mit dem eidgenössischen Freischießen in Aarau anno 1849 (ein Jahr nach der Bundesverfassung) patriotisches Gemeinschaftsgefühl. Fehlen in diesem bewußt volkstümlichen Stück die dunklen Töne fast völlig, wird gerade der Moment der Erfüllung und der Versöhnung der Gegensätze gefeiert, so führt die den Zyklus abschließende Novelle *Ursula* in die Zeit der reformatorischen Unruhen und zeigt, wie sich Menschlichkeit und Liebe gegen alle Widrigkeiten durchsetzen.

1877
Ludwig Anzengruber
Das vierte Gebot

A.s »Volksstück in vier Akten« wurde, nicht ohne Zensureingriffe, am 29. 12. 1877 am Josefstädter Theater in Wien uraufgeführt (Druck 1878). Es ist A.s einziges Volksstück ohne »Gesang«. Dialekt steht neben hochsprachlichen Partien, das Lokale – »Wien und Umgebung« – spielt nur eine untergeordnete Rolle. *Das vierte Gebot* ist ein Gegenwartsstück und behandelt in pointierter Umkehrung das alte biblische Thema und seine Konsequenzen: »Wenn du in der Schul den Kindern lernst: ›Ehret Vater und Mutter!‹ so sag's auch von der Kanzel den Eltern, daß s' darnach sein sollen«, sagt am Ende Martin, eines der Opfer elterlichen Versagens, kurz vor seiner Hinrichtung dem jungen Priester, der seinerseits am Anfang leichtfertig mit dem Hinweis auf das vierte Gebot mitgeholfen hatte, eine junge Frau ins Unglück zu stürzen.

Drei Familienschicksale werden dargestellt. Am oberen Ende der sozialen Skala steht der reiche »Privatier und Hausbesitzer« Hutterer, der die Verbindung seiner Tochter Hedwig mit ihrem Klavierlehrer Robert Frey verhindert und sie dem reichen Lüstling August Stolzenthaler verheiratet. Darunter angesiedelt ist der Fall der Familie des Drechslermeisters Schalanter, in dem sich moralischer und wirtschaftlicher Niedergang verbindet: Der Vater ist ein Trinker und Verschwender, die Mutter hinter den Männern her, die Kinder Josephina und Martin sind verzogen. Ihr Weg endet in Prostitution und Kriminalität. Einzig positive Gestalt ist hier die Großmutter Herwig, die mit den Eltern um das Heil ihrer Kinder kämpft. Die dritte Familie, das Gärtner- und Hausmeisterehepaar Schön, ist die einzige, die mit ihrem Kind Glück hat (wenn auch Eduard als Priester unbedacht Hedwig den fatalen Rat gibt, den Eltern zu gehorchen). Das ist die Ausgangsposition im 1. Akt.

Der 2. und 3. Akt spielen ein Jahr später und zeigen die Ergebnisse: Schalanter hat das Geschäft aufgegeben und lebt von seiner zur Mätresse herabgesunkenen Tochter; der Sohn hat Schwierigkeiten beim Militär. Hedwig ist unglücklich geworden, das Kind kränklich. Sie verläßt Mann und Kind, um die am Anfang versäumte Flucht mit Robert Frey nachzuholen. Doch dieser wird auf einem Volksfest von Martin Schalanter erschossen. Ohne Versöhnung präsentiert der 4. Akt die Opfer elterlichen Versagens. Die dahinsiechende Hedwig lehnt religiösen Trost als Phrase ab und bemerkt hellsichtig zur Prostituierten Josepha: »Wir gehören in *eine* Kategorie. [...] [...] wir sind ja doch zwei Verkaufte!« Martin tritt den Weg zur Hinrichtungsstätte an, wobei die Gestalt der Großmutter andeutet, wie sich das Schicksal der Kinder zum Guten hätte wenden lassen.

A.s Stück macht deutlich, »daß es nicht auf gute, alt-überlieferte und konfessionell sanktionierte Verhaltensmaximen ankommt, sondern auf die Voraussetzungen und Bedingungen, unter denen individuelle Entwicklungen vonstatten gehen. Der geradezu experimentell konkrete Nachweis solcher Einflüsse erklärt nicht nur einen vorliegenden Mißstand, sondern impliziert zugleich seine Vermeidbarkeit« (Hugo Aust). Die erfolgreiche Aufführung des Stücks durch die der Moderne aufgeschlossene Freie Bühne in Berlin (1890) zeigt die überregionale Bedeutung von A.s Volksstück (und die Affinität seiner Milieuschilderungen zum Naturalismus).

1877–97
Ferdinand von Saar
Novellen aus Österreich

S. gehört mit seinen Erzählungen und Novellen zu den bedeutendsten Vertretern des poetischen Realismus in Österreich. Die ersten fünf Texte, seit 1865 entstanden und z.T. einzeln veröffentlicht, erschienen 1877 unter dem Titel *Novellen aus Österreich (Innocens, Marianne, Die Steinklopfer, Die Geigerin, Das Haus Reichegg)*. Mehrere kleine Sammlungen und Einzeldrucke folgten in den nächsten Jahren; sie wurden dann – mit den Texten von 1877 – in die auf zwei Bände erweiterte neue Ausgabe der *Novellen aus Österreich* von 1897 aufgenommen (*Vae victis, Der Exzellenzherr, Tambi, Leutnant Burda, Schloß Kostenitz* u.a.). Weitere Novellen und Erzählungen, meist in kleineren Sammlungen vereinigt, schlossen sich bis 1906 an (u.a. *Herbstreigen*, 1897, mit: *Herr Fridolin und sein Glück, Ninon, Requiem der Liebe*).

Die erste Novelle, *Innocens*, erzählt von einem Priester, der in jungen Jahren die Liebe zu einer jungen Frau, Ludmilla, überwunden und in der Entsagung zu innerem Gleichgewicht gefunden hat. Dieser Ausgleich ist in S.s Welt jedoch selten. Zwar haben die Ich-Erzähler einen festen Stand, von dem sie berichten und werten, aber die Helden, von denen sie erzählen, scheinen von außen oder innen kommenden Mächten ausgeliefert zu sein. Eine Atmosphäre der Resignation, des Untergangs durchdringt viele Geschichten, Schopenhauerscher Pessimismus wirkt in S.s melancholischer Stimmungskunst nach. Gerade die jeder moralischen Ordnung enthobene Liebe und ihr Scheitern zeigt, daß Vereinsamung eine Grundtatsache des menschlichen Lebens darstellt. Ein entschiedener Determinismus wird erkennbar: »Es mußte alles so kommen, wie es kam: er war, wie jeder, dem unerbittlichen Schicksale seiner Natur verfallen«, heißt es über Leutnant Burda, den Helden der gleichnamigen Erzählung, die auf ihre Weise die Vereinzelung des Menschen sichtbar macht: Es ist die Geschichte eines ehrgeizigen Offiziers, der nicht mehr zwischen Wahnvorstellung und Wirklichkeit unterscheiden kann und wegen einer nur in seiner Einbildung bestehenden Liebesbeziehung den Tod im Duell findet.

In der Melancholie der Novellen S.s hat man einen Reflex des drohenden Untergangs des Habsburgerreiches gesehen (Claudio Magris). Sie mag aber auch der Sicht des Aristokraten entspringen, dem »die sich wandelnde politische und soziale Wirklichkeit als Bedrohung« erscheint und dem »sich bisher gültige Werte als illusorisch und machtlos [enthüllen], menschliches Handeln wirksam zu steuern« (Anton Reininger).

1878
Theodor Fontane
Vor dem Sturm

F.s erster Roman, nach einem Vorabdruck im Familienblatt *Daheim* (1878) im selben Jahr als Buch erschienen, trägt den Untertitel »Roman aus dem Winter 1812 auf 13«. Es ist ein historischer Roman, in dem es jedoch nicht um große Taten, Persönlichkeiten und Begebenheiten geht (»ohne Mord und Brand und große Leidenschaftsgeschichten«), sondern darum, »eine große Anzahl märkischer (d. h. *deutsch-wendischer*, denn hierin liegt ihre Eigentümlichkeit) Figuren aus dem Winter 1812 auf 1813 vorzuführen«, »das große Fühlen, das damals geboren wurde«, in seiner Wirkung auf »die verschiedenartigsten Menschen« zu schildern. Die Romanhandlung ist daher nicht um eine Mittelpunktsfigur organisiert, sondern um verschiedene Lebenskreise, die in engerer oder weiterer Beziehung zueinander stehen und insgesamt ein Bild der märkischen Adels-, Bürger- und Bauernwelt vermitteln. Zugleich macht F. an Personen, Orten, Schlössern usw. die Zusammenhänge mit der Geschichte deutlich, denn »Geschichte ist wie die Gesellschft überall« (Walter Müller-Seidel).

Die Handlung beginnt am Heiligabend 1812. Der Student Lewin von Vitzewitz kommt aus Berlin, um Weihnachten mit seinem Vater Berndt von Vitzewitz und seiner Schwester Renate auf Gut Hohen-Vietz bei Küstrin zu verbringen. Die Unterhaltungen kreisen um Napoleon, den Vater und Sohn entschieden hassen, um die Frage, wie auf die Niederlage im Rußlandfeldzug zu reagieren sei. Die Vergangenheit des Hauses und des Dorfes wird einbezogen, Dorfbewohner wie Schulze Kniehase und seine Pflegetochter Marie, Renates Freundin, die zwergenhafte Botenfrau Hoppenmarieken und Pastor Seidentopf treten auf. Den dritten Weihnachtstag besuchen Lewin und Renate Schloß Guse und ihre verwitwete Tante, Gräfin Amelie von Pudagla, deren Kreis Personen wie Graf Drosselstein, Präsident von Krach, Generalmajor von Bamme und der Privatgelehrte Dr. Faulstich angehören. Den Tag darauf erscheint Besuch in Hohen-Vietz, Kathinka und Tubal von Ladalinski, Kinder eines polnischen

Aristokraten in preußischen Diensten und Freunde Lewins und Renates. Lewin und Tubal retten Hoppenmarieken bei einem Überfall; Ordnungslosigkeit scheint sich anzukündigen. Berndt von Vitzewitz beginnt, eine Landsturmtruppe zu organisieren und so die Volkserhebung vorzubereiten (was auch die Frage des Widerstandsrechts aufwirft). Die Pläne werden am Silvesterabend, den alle auf Schloß Guse verbringen, weitergeführt. Ein Besuch in Berlin macht jedoch deutlich, daß der König zögert (und seinem Volk mißtraut). Die Nachricht, daß General Yorck auf eigene Verantwortung die Konvention von Tauroggen unterzeichnet (30. 12. 1812) und damit der russischen Armee Ostpreußen geöffnet hat, löst weitere Diskussionen über Preußens künftiges Verhalten aus.

Berndt v. V. hat inzwischen seine Landsturmbrigade aufgestellt, während Lewin sein Studium in Berlin fortsetzt und an der unerwiderten Liebe zu Kathinka leidet. Sie kehrt mit einem polnischen Grafen nach Polen zurück, Lewin irrt durch die Nacht, bricht zusammen und wird in einem Dorfkrug gesundgepflegt. Ein Überfall auf die französische Besatzung von Frankfurt/Oder scheitert, da die erwartete russische Hilfe ausbleibt. Es gibt Tote, Lewin wird gefangengenommen. Bei seiner Befreiung findet Tubal den Tod. Lewin verlobt sich mit Marie, Renate tritt in ein Damenstift ein.

F. schildert eine Gesellschaft, die so nicht bleiben kann und der Erneuerung bedarf. Die Heirat Lewins mit dem Findelkind Marie ist ein Zeichen dafür. Aber es geht nicht nur um »frisches Blut« für den degenerierten Adel, sondern um eine Erneuerung, die die Impulse der Französischen Revolution aufnimmt. Generalmajor von Bamme sieht die Zeichen der Zeit und zieht diese Konsequenz: »Es ist nichts mit den zweierlei Menschen. [...] Ich mache mir nichts aus diesen Windbeuteln von Franzosen, aber in all ihrem dummen Zeug steckt immer eine Prise Wahrheit. Mit ihrer Brüderlichkeit wird es nicht viel werden, und mit der Freiheit auch nicht; aber mit dem, was sie dazwischengestellt haben, hat es was auf sich. Denn was heißt es am Ende anders als: Mensch ist Mensch.«

Man kann F.s lange verkannten historischen Roman als späten Versuch charakterisieren, »in Geist und Form Walter Scotts in die deutsche Vergangenheit zu blicken, um vor der chauvinistischen, beengten, die Rechte des einzelnen verachtenden Zukunft zu warnen« (Peter Demetz).

1879
Georg Büchner
Woyzeck

B.s nur fragmentarisch überliefertes, gleichwohl wirkungsgeschichtlich folgenreichstes Drama entstand wahrscheinlich in der Zeit vom Herbst 1836 bis zu seinem Tod im Februar 1837. Erhalten sind Bruchstücke von vier Fassungen; es gibt keine ›authentische‹ Textgestalt des Dramas, das in einer Anzahl von Lese- und Bühnenfassungen und kritischen Ausgaben zugänglich ist. Ludwig Büchner verzichtete in seiner Ausgabe der *Nachgelassenen Schriften* (1850) B.s auf den *Woyzeck*, weil die Hss. zum größten Teil »durchaus unleserlich« seien und die wenigen entzifferten Szenen keinen Zusammenhang böten. Erst Karl Emil Franzos gab 1879 in der ersten kritischen Gesamtausgabe (*Sämtliche Werke und handschriftlicher Nachlaß*, 1879) auch den *Woyzeck* heraus, wobei ein Lesefehler zu dem Titel *Wozzeck* führte.

Woyzeck beruht wie *Dantons Tod* oder *Lenz* auf historischen Quellen. Hier handelt es sich um Berichte und Gutachten über drei vieldiskutierte Mordfälle der Zeit. Darunter war der des arbeitslosen Perückenmachers und entlassenen Soldaten Johann Christian Woyzeck, der 1821 in Leipzig seine Geliebte getötet hatte und, für zurechnungsfähig befunden, zum Tode verurteilt und 1824 öffentlich hingerichtet worden war. Sah der Hauptgutachter in Woyzeck ein warnendes Beispiel dafür, »daß Arbeitsscheu, Spiel, Trunkenheit, ungesetzmäßige Befriedigung der Geschlechtslust [...] zu Verbrechen und zum Blutgerüste führen können«, so stellte B. in seiner der eigenen Zeit weit vorauseilenden Analyse die Frage nach der Verantwortlichkeit von Moral, Religion, Wissenschaft und der sozialen Verhältnisse für die Leidensgeschichte Woyzecks.

Dies geschieht im Anschluß an die Dramentechnik des Sturm und Drang in einer Reihe von kurzen, unverbundenen Szenen, Ausschnitten aus einer widersprüchlichen Wirklichkeit. Eine balladeske Szenenfolge zeigt die Zerstörung des Verhältnisses zwischen Woyzeck und seiner Geliebten Marie durch den Tambourmajor, die Steigerung von Woyzecks Unruhe, seiner Angst und Eifersucht, bis die Gewißheit von Maries Untreue (Wirtshausszene) dem von Wahnvorstellungen gehetzten, verzweifelten Woyzeck den letzten Halt nimmt und das Opfer zum Täter wird. Bezüge zu biblischem Geschehen – Maria Magdalena, Leiden in der Nachfolge Christi – stellen die Handlung in einen religiösen Bedeutungszusammenhang. Die Erfahrung der Einsamkeit und Selbstentfremdung, die Woyzeck durchmachen muß, findet ihren Ausdruck im Märchen der Großmutter (»Es war einmal ein arm Kind«).

Ursache der Katastrophe ist nicht Woyzecks Eifersuchtsanfall; er löst sie nur aus: »Der tragische Grund [...] ist die *pauperistische Existenz* dieses Arbeits- und Versuchstiers: Armut, Arbeitshetze, Drill, Demütigungen und ein medizinisches Experiment, das an ihm durchgeführt wird. Daß er dann auch noch das ›Einzige‹ verliert, was ihm geblieben ist [...], gibt ihm den Rest« (Alfons Glück). Die gesellschaftlichen und ideologischen Zwänge, denen Woyzeck ausgeliefert ist, werden mit satirischer Schärfe in den Szenen mit dem Hauptmann und dem Arzt sichtbar, die von Tugend und freiem Willen schwadronieren und dabei ihr Opfer seelisch und körperlich systematisch zugrunde richten.

Einen Dramenhelden wie Woyzeck hatte es bis dahin nicht gegeben. Mit der inhaltlichen Revolution geht eine stilistische einher; B. schafft sich nach der ausdrucksvollen Rhetorik von *Dantons Tod* eine neue, dem Gegenstand angemessene zugleich einfache und ausdrucksstarke Sprache. Ihm gelingt, so Elias Canetti, »der vollkommenste Umsturz in der Literatur [...]: die Entdeckung des *Geringen*«.

Die Wirkung des 1879 veröffentlichten *Woyzeck* auf die Naturalisten war groß. Gerhart Hauptmann spricht von einem »gewaltigen Eindruck«, den B. auf ihn gemacht habe, sah seine Dramen des sozialen Mitleids vorweggenommen. Über den Naturalismus hinaus verweist Frank Wedekinds Anknüpfen an B.s Dramenform (*Frühlings Erwachen*, 1891). Die Uraufführung des *Woyzeck* (damals noch *Wozzeck*) fand am 8. 11. 1913 im Münchener Residenztheater statt. Zahlreiche weitere Aufführungen folgten. Der Besuch einer Wiener Aufführung im Jahre 1914 regte Alban Berg zur Komposition seines *Wozzeck* an (Uraufführung 1925), einer der großen Opern des 20. Jh.s.

1879
Conrad Ferdinand Meyer
Der Heilige

Nach der Biographie des »gesetzlosen Kraftmenschen« Georg Jenatsch wandte sich M. nach einem humoristischen Zwischenspiel (*Der Schuß von der Kanzel*, 1877) der »rätselhaften Figur« Thomas Beckets zu, des 1170 ermordeten und später heiliggesprochenen Erzbischofs von Canterbury und Kanzlers König Heinrichs II. von England. Erzähler der in einen Rahmen eingefügten Geschichte Beckets ist Hans der Armbruster, der lange am englischen Hof gedient hatte und in unmittelbare Nähe von König und Kanzler gelangt war. Nun berichtet er dem alten Züricher Chorherrn Burkhard rückblickend von den Ereignissen in England.

Becket, Sohn eines Sachsen und einer Sarazenin, lenkt als Kanzler die Geschicke Englands mit überlegener Intelligenz. Er ist verschlossen, unzugänglich, ein bewunderter und gefürchteter Staatsmann, der seinem Herrn treu ergeben ist und auch dann noch loyal bleibt, als der König seine fern vom Hof heranwachsende Tochter Grace (Gnade) verführt und ihren Tod verschuldet. Heinrich macht seinen Diener zum Erzbischof von Canterbury, um so die Kirche unter Kontrolle zu bringen. Doch der als ungläubig geltende Thomas verwandelt sich vom eleganten Höfling zum Asketen, der für die Rechte der Kirche und die von den Normannen unterdrückten Sachsen eintritt. Heinrich läßt ihn als »Reichsverräter« des Landes verweisen, ein Versöhnungsversuch scheitert. Im Glauben, den Willen des von Liebe und Haß zerrissenen Königs auszuführen, ermorden vier normannische Ritter Becket in der Kathedrale. Der König tut Buße und geißelt sich vor der Gruft Beckets, der noch im Tod den Sieg über den König davonträgt.

»Was jetzt geschah, Herr, was in dem Innern des Kanzlers vorging, wer kann es sagen?«, kommentiert Hans der Armbruster, als er die Szene der Verweigerung des Friedenskusses schildert. Er verdeutlicht damit seine Position als Erzähler, der die Ereignisse und Personen nur von außen beschreiben kann und dem ihr Inneres verschlossen ist. Und so bleibt mit Absicht vieles im Dunkeln: Wie stark ist Becket vom Islam beeinflußt, ist er wirklich ein Christ, warum dient er dem englischen König, der seiner eigenen Natur so wenig entspricht? Dies führt schließlich zur Motivation des radikalen Gesinnungswandels des ›Heiligen‹. Wird er aus Glaubensgründen zum Märtyrer oder sieht er darin – zu Recht, wie sich zeigt – ein Mittel, den König zu vernichten? Zu den Widersprüchen gehört auch, daß Becket noch als Nachfolger Christi von entschiedenen Rachegelüsten angetrieben wird, daß er sein Amt ebenso zum Dienst an den Leidenden und Unterdrückten wie als Waffe verwendet. Die Zweifel bleiben, auch im Innern des Erzählers.

Mit ihrer ›Objektivität‹, der scheinbar unbeteiligten Charakterzeichnung, der offen zugegebe-

nen Undurchschaubarkeit und Widersprüchlichkeit trägt M.s Erzählkunst im *Heiligen* durchaus ›moderne‹ Züge.

1879
Friedrich Theodor Vischer
Auch Einer

V. war ein bedeutender Ästhetiker (*Ästhetik oder Wissenschaft des Schönen*, 1846–57) mit parodistischem Talent (*Faust. Der Tragödie dritter Teil*, 1862, vermehrt 1886). Philosophische Aspekte und die Neigung zum Satirischen und Grotesken verbinden sich in seinem 1879 erschienenen Roman *Auch Einer. Eine Reisebekanntschaft*, der mit seiner segmenthaften, ins Aphoristische übergehenden Form einen durchaus experimentellen, im Kontext des 19. Jh.s avantgardistischen Charakter aufweist.

Der Erzähler trifft auf einer Reise durch die Schweiz einen skurrilen Mann, von dem er nur die Initialen A. E. kennt. Er wird einerseits charakterisiert durch Humanität und einen hohen Moralanspruch, andererseits steht er in ständigem, erfolglosem Kampf mit den kleinen Widrigkeiten des Lebens, der »Tücke des Objekts«, die er allerdings als teuflische Verschwörungen auffaßt, die gelegentliche Bestrafungsaktionen – Geschirrzerschlagen beispielsweise – notwendig erscheinen lassen. Auch seinem ständigen Katarrh gewinnt er philosophische Folgerungen über die Kulturentwicklung der Menschheit ab.

Zwei Monate nach den mehrfachen Begegnungen in der Schweiz erhält der Erzähler das Manuskript einer Novelle (*Der Besuch. Eine Pfahldorfgeschichte von A. E.*), eine in die Vergangenheit verlegte Satire auf zeitgenössische Zustände. Jahre später, zu Beginn des deutsch-französischen Krieges, findet der Erzähler zufällig auf einem Bahnhof die Papiere A. E.s, dessen Name Albert Einhart lautet. Er schickt ihm die Papiere, und da er keine Antwort bekommt, will er ihn aufsuchen. Doch A. E. ist inzwischen gestorben. Aus den Erzählungen Hedwigs, Einharts Kusine, und den aphoristischen Tagebuchaufzeichnungen, die den letzten Teil des Werkes ausmachen, entsteht ein – unvollständiges – Bild eines Sonderlings, der als Beamter und Abgeordneter wie in seiner Beziehungen zu zwei Frauen scheitert, dabei jeweils durch Kriege (gegen Dänemark bzw. Frankreich) aus seiner Hoffnungslosigkeit gerissen wird. Unaufhebbar bleibt die Diskrepanz zwischen A. E.s absolutem Moralanspruch und einer von dämonisierten feindlichen Objekten bevölkerten Wirklichkeit.

»In keinem Zeitroman wird die Drohung eines sinnleeren Universums, eines ungerichteten Auf und Ab historischer Bewegungen, die dem Menschen nichts läßt als eine münchhausenhaft selbstgeschaffene Moral, schärfer formuliert als in diesem Widerruf des Hegelschen Systems« (Renate Böschenstein-Schäfer).

1880
Johanna Spyri
Heidis Lehr- und Wanderjahre

Die Geschichte des Waisenkindes Heidi gehört zu den Klassikern der Kinder- und Jugendliteratur. S. verbindet die Entwicklungsgeschichte des Kindes mit der Darstellung seiner wohltuenden Wirkung auf die Umwelt und einer Gegenüberstellung von städtischer Zivilisation und ländlicher Idylle.

Heidi, bisher in der Obhut ihrer Tante Dete, wird als Fünfjährige zu ihrem Onkel, dem »Alp-Öhi«, gebracht, der in seiner Almhütte oberhalb des Dorfes einsiedlerisch und menschenfeindlich haust. Allerdings nimmt er sich liebevoll des Kindes an, das im Sommer mit dem Geißen-Peter umherzieht und glücklich und naturnah (und ohne Schule) aufwächst. Nach einiger Zeit nimmt sie Dete mit nach Frankfurt, wo Heidi der gelähmten Klara im Haus der reichen Sesemanns Gesellschaft leisten soll. Sie findet sich nur schwer in der Großstadt und dem herrschaftlichen Haus zurecht, hat Schwierigkeiten mit einer strengen Erzieherin, schließt jedoch Freundschaft mit Klara. Deren Großmutter bringt ihr Lesen und Schreiben bei, doch Heidi wird krank vor Heimweh und kehrt zum Bedauern von Klara und Herrn Sesemann in die Schweizer Berge zurück. Ihre Rückkehr berührt den Großvater tief, löst seine Verstocktheit. Heidi führt den ›verlorenen Sohn‹ in die dörfliche Gemeinschaft und in den Schoß der Kirche zurück. – Die Fortsetzung *Heidi kann brauchen, was es gelernt hat* (1881), erzählt vom Besuch der Sesemanns auf der Alm und Klaras wunderbarer Heilung.

»Ihr *Heidi* hat mir einen jungen und frischen Eindruck gemacht«, schrieb C. F. Meyer 1880 an die Verfasserin. Nicht zuletzt dank seiner eindrucksvollen Landschaftsbilder, seiner idealisierenden bäuerlichen Idyllik und seiner Identifikationsangebote setzte sich der nur zurückhaltend moralisierende Roman schnell als – auch offiziell empfohlene – Jugendlektüre durch. Daran vermochte die berechtigte Kritik an seinem Anachronismus und seiner Realitätsferne (um nicht

zu sagen: Verlogenheit) nichts zu ändern. Inzwischen führt die Titelfigur in anderen Medien (Comics, Fernsehen) ein Eigenleben.

1881
Gottfried Keller
Das Sinngedicht

Die Beschäftigung mit dem Novellenzyklus geht bis auf das Jahr 1851 zurück. K.s Ziel waren Novellen »in klarem und gedrängtem Style«, »wo alles moderne Reflexionswesen ausgeschlossen und eine naive plastische Darstellung vorherrschend ist«. Nach Einzelveröffentlichungen verschiedener Novellen erschien das Werk 1881 als Ganzes in Form einer Rahmengeschichte mit eingefügten, auf den Rahmen bezogenen Binnenerzählungen.

Ein Naturwissenschaftler namens Reinhart, der über seinen Forschungen »seit Jahren das Menschenleben fast vergessen« hatte, faßt plötzlich den Entschluß, »auf das durchsichtige Meer des Lebens hinauszufahren«. Als Anleitung gilt ihm ein Sinngedicht (Epigramm) Friedrich von Logaus, das ihm in die Hände fällt und dessen Wahrheit experimentell bewiesen werden soll:

Wie willst du weiße Lilien zu roten Rosen
machen?
Küß eine weiße Galathee: sie wird errötend
lachen.

Reinhart reitet hinaus, doch das Experiment gelingt nur zur Hälfte oder gar nicht: eine Zöllnerstochter lacht, ohne zu erröten; eine Pfarrerstochter errötet, ohne zu lachen; und bei der Wirtstochter kommt es gar nicht erst zum Kuß. Er gelangt zu Lucie, einer gebildeten, selbstsicheren jungen Frau. Auf ihrem Landgut erzählen sich Lucie, ihr Oheim und Reinhart gegenseitig Geschichten, die alle um »das Spannungsverhältnis von Wesen und Erscheinung, Sein und Schein, Kern und Schale, Gestalt und Vermummung, faktischer Wirklichkeit und Vorstellungswelt« kreisen (Wolfgang Preisendanz): *Von einer törichten Jungfrau, Regine, Die arme Baronin, Die Geisterseher, Don Correa, Die Berlocken*. Reinhart kehrt nach Hause zurück und stattet Lucie erst nach einiger Zeit wieder einen Besuch ab. Sie öffnet sich ihm und erzählt von ihrem bisher verschwiegenen ›Geheimnis‹, einem als Verirrung in die Welt des Scheins gesehenen Konfessionswechsel, und auch Reinhart hat sich aus seiner Scheinwelt befreit und nimmt Lucie als Person, nicht als Objekt eines Experiments wahr. So kann dann, unbewußt, der Logausche Sinnspruch sich als wahr erweisen und die künftige Verbindung der beiden angedeutet werden.

1882
Theodor Fontane
Schach von Wuthenow

Die »Erzählung aus der Zeit des Regiments Gensdarmes«, in der *Vossischen Zeitung* im Juli/August 1882 vorabgedruckt und im selben Jahr (vordatiert auf 1883) als Buch erschienen, markiert den Übergang F.s vom historischen Roman (*Vor dem Sturm*, 1878) zu dem für sein späteres Schaffen charakteristischen Gesellschafts- und Zeitroman. Das Regiment Gensdarmes, dem der Held angehört, war eines der preußischen Eliteregimenter und steht hier für das Preußische und Militärische überhaupt.

Schach von Wuthenow spielt in der Zeit vor der Schlacht bei Jena (1806), die den Zusammenbruch Preußens zur Folge hatte. Ort der Handlung ist Berlin. Offiziere des Regiments Gensdarmes treffen sich im Salon der Frau von Carayon und beim Prinzen Louis Ferdinand. Politische Fragen werden diskutiert; die Gespräche dienen ebensosehr der Charakteristik der Personen wie der politischen und geistigen Situation Preußens an einem geschichtlichen Wendepunkt. Als Kontrahenten begegnen sich dabei der liberale Preußenkritiker von Bülow und der loyale Verfechter hergebrachten Preußentums Schach von Wuthenow, wobei dieser der eloquenten Kritik Bülows an Hof und Militär, an der Allianz von Preußen- und Luthertum und an einem hohlen Ehrbegriff wenig entgegenzusetzen hat. In diesem Rahmen vollzieht sich das Schicksal Schachs, das wiederum symptomatisch für Preußen ist (F. verwendet einen historischen Fall, allerdings aus dem Jahr 1815).

Schach nähert sich der geistvollen, seit ihrer Jugend durch Pockennarben entstellten Victoire von Carayon und verführt sie. Die Ehe zögert er jedoch hinaus; Victoire entspricht nicht seinem aufs Äußerliche gerichteten Schönheitsbegriff; er fürchtet, sich lächerlich zu machen. Er ist vom Urteil der Gesellschaft abhängig, unfähig, sich von den sinnentleerten gesellschaftlichen Normen und Vorurteilen zu befreien. Frau von Carayon interveniert beim König, und Schach wird zur Ehe gezwungen. Er erschießt sich nach der Eheschließung in seinem Wagen. Zwei Briefe beschließen die Erzählung. Bülow charakterisiert in dem ersten den »Schach-Fall« als »Zeiterscheinung« und kritisiert den falschen Ehrbegriff, im zweiten sucht Victoire den Charakter Schachs zu deuten. Beide Sichtweisen gehören hier wie in dem ganzen Werk zusammen, das den psychologisch-menschlichen mit dem politischen Fall miteinander verbindet.

1882
Conrad Ferdinand Meyer
Gedichte

Nach den frühen Gedichtbänden *Zwanzig Balladen von einem Schweizer* (1864) und *Romanzen und Bilder* (1869) legte M. 1882 eine sorgfältig komponierte Ausgabe seiner Gedichte vor, an der er in den folgenden Jahren intensiv weiterarbeitete – zahlreiche Fassungen dokumentieren den Vorgang des Feilens und Verdichtens –, bis die Texte mit der 5. Auflage von 1892 ihre endgültige Form erreichten. Die *Gedichte* sind in neun Teile gegliedert: *Vorsaal, Stunde, In den Bergen, Reise, Liebe, Götter, Frech und fromm, Genie, Männer*.

M. stand seinem lyrischen Schaffen selbstkritisch gegenüber: Seine Gedichte hätten einen »sentimentalen Zug«, und die Sammlung von 1882 ist ihm bald »durch ihre Subjektivität verleidet«. Er sucht sich von den überkommenen, verbrauchten Formen der ›Erlebnislyrik‹ zu lösen, strebt nach Objektivierung subjektiver Erfahrung. Dies geschieht einmal durch die Hinwendung zur Ballade oder zu balladenähnlichen, lyrisch-epischen Gedichten, die zugleich M.s Interesse an der Geschichte entsprechen. So herrscht in den letzten, nach historischen Gesichtspunkten geordneten Teilen der Sammlung, die von der Antike *(Götter)* über Mittelalter *(Frech und fromm)* und Renaissance *(Genie)* in die Zeit der Glaubenskämpfe *(Männer)* führen, die Ballade vor. Es sind Texte, die Lebensentscheidungen, weltgeschichtliche Augenblicke in einer Einzelszene verdichten, »eine gesteigerte künstlerische Gegenwelt« gegen die »bürgerlich ernüchterte Gegenwart« stellen (Fritz Martini). Darunter finden sich so bekannte und nicht zuletzt durch Schullektüre lebendig gebliebene Stücke wie *Mit zwei Worten, Mourir ou Parvenir* oder Die Füße im Feuer.

Der zweite, innovative Weg zur Objektivierung der subjektiven Erfahrung ist der der symbolischen Verbildlichung und Verdinglichung, wobei M. von einer »gänzlich objectiven, fast sculpturalen Behandlung« des Gegenstandes spricht. Einzigartiges Beispiel dafür ist das Gedicht *Der römische Brunnen*, das nach mehr als einem Dutzend Fassungen zur Vollendung gelangte; andere bedeutende Beispiele des Symbolgedichts, in dem sich Bild und Gedanke zu einer Einheit zusammenschließen, sind *Fülle, Schwarzschattende Kastanie, Schwüle, Eingelegte Ruder, Erntegewitter* und *Zwei Segel*. Diese Gedichte, die auf den Symbolismus vorausweisen, kennzeichnet ein Streben nach Konkretheit und Gegenständlichkeit, eine gesteigerte Intensität durch die Konzentration auf ein Bild, das in einem langen Arbeitsprozeß in größtmöglicher Anschaulichkeit und Plastizität herausgearbeitet wird.

»Er hat ein merkwürdiges schönes Talent, aber keine rechte Seele; denn er ziseliert und feilt schon vor dem Gusse«, merkte Gottfried Keller kritisch an, der freilich nicht ohne Bewunderung für die »künstlichen Blumen« war. Benannt ist damit ein wesentlicher Aspekt der Modernität M.s: »Das über Jahre sich erstreckende und in einer Vielzahl von Fassungen sich dokumentierende ›Feilen‹ und ›Ziselieren‹ verweist deutlicher noch als die ›symbolistische‹ Bildlichkeit auf das Moderne in M.s Lyrik, auf jenen Aspekt des Machens und des Ausarbeitens einer ›einheitlichen Technik‹ im Zeichen eines unerbittlichen Maßstabs der ›Vollendung‹, wie sie zur gleichen Zeit der französische Symbolismus und später dann (unter anderen) Gottfried Benn mit seiner Vorstellung vom ›Labor der Worte‹ zur Grundlage ihres Verständnisses von Lyrik machten« (Ludwig Völker).

1882
Theodor Storm
Hans und Heinz Kirch

Familienkonflikte, in denen sich allgemeine destruktive Tendenzen der bürgerlichen Gesellschaft spiegeln, stehen im Mittelpunkt einiger der späten Novellen S.s: *Carsten Curator* (1878), *Der Herr Etatsrath* (1881) und – von manchen als Gipfel der Stormschen Novellenkunst angesehen – *Hans und Heinz Kirch* (1882 in *Westermanns Illustrierten Deutschen Monatsheften*). Die Handlung von *Hans und Heinz Kirch* nimmt tatsächliche Geschehnisse in Heiligenhafen auf.

Thema der Novelle ist ein unerbittlich ausgetragener Vater-Sohn-Konflikt. Der Vater Hans Adam Kirch hat es in einer kleinen Stadt an der Ostsee durch harte Arbeit und an Geiz grenzende Kargheit aus bescheidenen Anfängen zu Wohlstand und bürgerlicher Geltung gebracht. Diesem unbeugsamen Aufstiegswillen hat er seine Familie verpflichtet, und in seinem Sohn Heinz liebt er »nur den Erben seiner aufstrebenden Pläne«. Mit seiner starren, autoritären Haltung, seinem

asketischen Pflichtfanatismus und seinem emotional verkümmerten, jähzornigen Wesen zerstört er die Beziehung zu seinem wilden, begabten Sohn. »Klopf nicht noch einmal so an deines Vaters Tür! Sie könnte dir verschlossen bleiben«, fährt ihn der Vater an, als er vor einer längeren Seefahrt erst spät von seiner Freundin Wieb heimkommt. Von dieser Fahrt kehrt Heinz nicht mehr zurück, da ihm der Vater im Jähzorn noch einen bösen Brief hinterherschickt und dann die Annahme eines unfrankierten Briefes, eines Hilferufes, verweigert. Als der verlorene Sohn nach 17 Jahren gefunden wird, ist er ein Fremder geworden – und wird schließlich zum zweitenmal verstoßen. Die Vision eines scheiternden Schiffes gibt dem Vater die Gewißheit von Tod seines Sohnes; zurück bleiben ein gebrochener, seiner Schuld bewußter Greis und eine altgewordene Jugendliebe.

S. erzählt die bürgerliche Tragödie chronologisch, aber mit großen Zeitsprüngen. Dabei dient der – auch autobiographisch begründete – Vater-Sohn-Konflikt als Modell, an dem die zerstörerische Wirkung der nur an Erfolg und Aufstieg orientierten bürgerlichen Wirtschaftsgesinnung demonstriert wird: »Schiffsjunge, Kapitän auf einem Familien-, auf einem eigenen Schiffe, dann mit etwa vierzig Jahren Reeder und bald Senator in der Vaterstadt, so lautete der Stufengang der bürgerlichen Ehren.« Der Preis für ein derartiges Leben ist menschliche Verarmung, Verkümmerung der emotionalen Fähigkeiten, die die Familie zerstören und keine dem bürgerlichen Arbeitsethos entzogenen Freiräume – Bildung, Liebe – dulden. Die Schlußfrage – »wo aber ist Heinz Kirch geblieben?« – ist die Frage nach der Humanität in der bürgerlichen Gesellschaft der Gründerzeit.

1883
Detlev von Liliencron
Adjutantenritte und andere Gedichte

Mit den in den *Adjutantenritten* enthaltenen Gedichten eröffnet L. der deutschen Lyrik neue Ausdrucksmöglichkeiten. Modern wirkt sein an den Impressionismus erinnerndes Verfahren der Wirklichkeitsdarstellung, die Auflösung der Realität in einzelne Momente und Eindrücke, die sprunghaft aneinandergereiht werden. Unmittelbarkeit, Ungezwungenheit, Gefühlswahrheit charakterisieren die Texte, wobei sich eine saloppe, modern-ironische Ausdrucksweise mit strengen Formen wie Stanze oder Siziliane verbinden kann. Dem Diesseits zugewandte Sinnlichkeit – Natur, Liebe – ist die eine Seite, die andere eine melancholische Stimmung der Einsamkeit und Todesgedanken. Beispielhaft für L.s Lyrik gilt die Momentaufnahme sensuell erfahrener Details in der lyrischen Impression *Viererzug*, die in einer rhythmisierten Sprache Bild an Bild reiht.

Die Sammlung von 1883 enthält neben 79 Gedichten – u. a. *Dorfkirche im Sommer, Nach dem Balle, Herbst, Der Handkuß, Zwei Meilen Trab* – auch novellistische Skizzen. Weitere Gedichtbücher folgten, u. a. *Gedichte* (1889), *Der Haidegänger* (1890), *Neue Gedichte* (1893), *Bunte Beute* (1903). L. selbst sah *Poggfred. Kunterbuntes Epos in 12 Cantussen* (1896; erweiterte Ausgaben 1904 und 1908) als sein Hauptwerk an.

1883–84
Conrad Ferdinand Meyer
Die Hochzeit des Mönchs

M. hat eine ausgesprochene Vorliebe für die Rahmennovelle. Diese Technik ermöglicht eine Distanz zum Erzählten, wie sie die Behandlung historischer Stoffe nahelegt. Beispiele für dieses Verfahren sind u. a. *Der Heilige* (1879), *Plautus im Nonnenkloster* (1881), *Das Leiden eines Knaben* (1883) und in besonders kunstvoller Weise *Die Hochzeit des Mönchs* (Dez. 1883/Jan. 1884 in der *Deutschen Rundschau* und 1884 als Buchausgabe).

Erzähler und beherrschende Gestalt des Rahmens ist der aus Florenz vertriebene Dante, der sich am Hof Cangrande Scaligers in Verona aufhält und an einem frostigen Novemberabend wie »aus einer andern Welt« in den höfischen Kreis am Kamin tritt und sich herablassend am geselligen Erzählen beteiligt und dabei den Prozeß des Erzählens selbst zum Gegenstand macht. Vorgegebenes Thema ist »plötzlicher Berufswechsel [...] mit gutem oder schlechtem oder lächerlichem Ausgang«. Dante schränkt das Thema ein, indem er von einem Mönch berichten will, der »unter dem Druck eines fremden Willens« untreu an sich selbst wird und »eine Kutte abwirft, die ihm auf dem Leib saß und ihn nicht drückte«. Und Dante erfindet die Geschichte, indem er von einer Grabschrift ausgeht, die er in Padua gelesen hatte: »Hier schlummert der Mönch Astorre neben seiner Gattin Antiope. Beide begrub Ezzelin.« Den Personen seiner Erzählung gibt Dante Gestalt und z. T. Namen seiner höfischen Zuhö-

rer. Ezzelin beispielsweise, der Herrscher Paduas, in Dantes *Göttlicher Komödie* in die Hölle verbannt, ist nach dem Modell Cangrandes gezeichnet, und auch die Konstellation der Personen – etwa der beiden Frauen um Cangrande – entspricht in manchem der der Novelle, so daß ein eigentümlicher Schwebezustand zwischen ›Wirklichkeit‹ und Fiktion entsteht.

Die Geschichte selbst schildert in bildhaften, dramatischen Szenen das Schicksal des Mönchs Astorre, der nach 15 Klosterjahren auf Bitten seines Vaters die Kutte ablegt und Diana, die Braut seines verunglückten Bruders, zu heiraten verspricht, um das Aussterben des Geschlechts zu verhindern. Doch Astorre verliebt sich in die junge Antiope, deren Vater er einst als Mönch zum Richtblock begleitet hatte. Nach dem skandalösen Verlauf der Verlobungsfeier einigen sich die beteiligten Familien – Dianas Vater ist vor allem an Geld interessiert –, doch die Hochzeit Astorres und Antiopes, von Ezzelin als großes Maskenfest ausgerichtet, endet mit einer Katastrophe. Diana tötet Antiope, und »der rasende Mönch« und sein Jugendfreund Germano, Dianas Bruder, bringen sich gegenseitig um.

Aus der ersten ›Schuld‹, dem Bruch des Mönchgelübdes aus allzugroßer Pietät, entfaltet sich zwangsläufig – so sucht es die Novelle durch Zeichen, Andeutungen und schicksalhafte Zufälle darzustellen – das unheilvolle Geschehen. Dabei liegt das Eigentümliche der Erzählkunst M.s nicht im psychologischen Durchdringen der Charaktere – sie haben vielmehr etwas Starres an sich –, sondern in der Konstellation der Personen, den dramatischen, oft zum Bild erstarrenden Situationen und pathetischen Auftritten und ihrer Verknüpfung. M. war nicht zu Unrecht der Meinung, daß diese Novelle »einen größeren Styl« habe als seine vorhergehenden Dichtungen.

1883–85
Friedrich Nietzsche
Also sprach Zarathustra

Die philosophische Dichtung – »Ein Buch für Alle und Keine« – gilt als N.s bedeutendstes Werk (Teil 1–2: 1883, Teil 3: 1884, Teil 4: 1885). Sein Titel bezieht sich auf den altpersischen Religionsstifter Zoroaster (um 600 v. Chr.).

Der die Reden Zarathustras einleitende epische Bericht beginnt mit dem auf Jesus von Nazareth anspielenden Satz: »Als Zarathustra dreißig Jahre alt war, verließ er seine Heimat und ging in das Gebirge. Hier genoß er seines Geistes und seiner Einsamkeit und wurde dessen zehn Jahre nicht müde. Endlich aber verwandelte sich sein Herz [...]«. Er steigt hinab zu den Menschen, um ihnen seine Lehre zu bringen: »*Ich lehre euch den Übermenschen.* Der Mensch ist etwas, das überwunden werden soll.« Und da er bei der Menge auf Unverständnis stößt, sammelt er Jünger um sich und lebt im Wechsel von öffentlichem Wirken und Rückzug in die Einsamkeit. Die ersten drei Bücher bestehen aus Reden und Monologen Zarathustras, die die in den Überschriften genannten Themen (*Von den drei Verwandlungen, Von den Verächtern des Leibes, Von der Nächstenliebe, Von den Dichtern, Von ...*) in immer neuen Formulierungen und Bildern umkreisen. Im 4. Teil, nun wieder mit stärkeren epischen Zügen (und mit lyrischen Einlagen), versammelt der inzwischen greisenhafte Zarathustra eine Anzahl merkwürdiger, fratzenhaft verzerrter Gestalten um sich (u. a. zwei Könige, den letzten Papst, den Gewissenhaften des Geistes, den freiwilligen Bettler, den traurigen Wahrsager und seinen Esel); mit diesen »höheren Menschen« feiert er das Abendmahl. Schließlich kommt das langerwartete »Zeichen«; Zarathustras »Stunde«, sein »großer Mittag« ist da: »Also sprach Zarathustra und verließ seine Höhle, glühend und stark, wie eine Morgensonne, die aus dunklen Bergen kommt.«

Hauptthema des Buches und Gegenstand der Lehren Zarathustras ist der »Übermensch«, von dem allerdings wenig Bestimmtes gesagt wird. Gewiß ist jedoch, daß er auf Erden verwirklicht werden soll; er ist »der nach dem Tode Gottes denkende und handelnde Mensch« (Manfred Riedel), steht »Jenseits von Gut und Böse«, ist unschuldig wie ein Kind, besitzt Anmut (d. h. er kennt keine Diskrepanz zwischen Gebot und Neigung) und lebt in völliger Bejahung seines Daseins. In diesen Zusammenhang gehört auch der ebenso berühmte wie schwierige Gedanke von der »ewigen Wiederkunft des Gleichen«, der nach N. »die höchste Formel der Bejahung« darstellt.

N.s rhetorischer Stil vereinigt extreme Möglichkeiten der Sprache. Wesentliche Grundlage ist die Sprache der Lutherbibel; biblischer Stil prägt – auch parodistisch – Redewendungen, Formeln, Motive, Gleichnisse und Bilder. Wichtige Stilmittel sind Wiederholung und Variation, die eine suggestive Wirkung ausüben und zugleich den Rhythmus der Prosa bestimmen. Aber rhetorisches Pathos und biblische Sprache und Assoziationen im Dienst der Lehre sind nur die eine Seite; daneben kommt sprachspielerischen und parodistischen Elementen und überraschenden

Paradoxien, die dem Künstler philosophische Eindeutigkeit zu vermeiden helfen, eine große Bedeutung zu.

Die Wirkung N.s auf die moderne Literatur setzte schon in den 90er Jahren ein, als »Übermenschen wie Pilze aus dem Boden« zu schießen begannen (Peter Pütz), und bei den Dichtern des Expressionismus mit ihrer Verkündigung des ›neuen Menschen‹ ist der Einfluß N.s auch im Sprachstil und Bildgebrauch deutlich greifbar. Bei Thomas Mann und Robert Musil, die N.s Ideen ästhetisch fruchtbar machten, erreichte »die literarische Nietzsche-Wirkung ihren bisherigen Höhepunkt« (Pütz). Zur komplexen Wirkungsgeschichte N.s gehört auch das umstrittene Kapitel ›N. und der Nationalsozialismus‹.

1884
Ludwig Anzengruber
Der Sternsteinhof

A.s Prosawerke – u. a. *Der Schandfleck* (1876, Neufassung 1884) und *Dorfgänge* (1879) – ragen entschieden über das Niveau provinzieller Dorfgeschichten und idyllischer Heimatkunst hinaus. Mit dem späten »Dorfroman« *Der Sternsteinhof* (Vorabdruck 1884 in *Die Heimat*, Buchausgabe 1885), in dem sich genaue Milieuschilderungen und die illusionslose Darstellung der sozialen Probleme auf dem Land mit einer scharfsichtigen Analyse psychologischer Mechanismen und ökonomischer Realitäten verbinden, nähert sich A. dem Naturalismus.

Oben auf dem Hügel steht der stolze Sternsteinhof. Sein Glück verdankt er nach Ansicht der Leute der »Sternschneuze«, dem Meteor, der zur Zeit des Hofneubaus vom Himmel gefallen und ins Fundament eingemauert worden war. Unten liegt das Dorf Zwischenbühel, und im letzten, verwahrlosten Haus wächst die schöne Häuslerstochter Helene Zinshofer auf, die schon als Kind sehnsüchtig und mit Märchenphantasien erfüllt zum Sternsteinhof emporblickt. Bei einem Besuch während der Abwesenheit der »Herrenleute« verschmilzt ihr alles, was sie sieht, »zu *einem* Bilde der Macht und Herrlichkeit des Reichtums«, und sie faßt den Entschluß, den Hoferben Toni zu heiraten. Dieser gibt ihr zwar ein schriftliches Heiratsversprechen, doch der alte Bauer hat andere Pläne, erklärt das Papier wegen der Minderjährigkeit seines Sohnes für nichtig und sorgt dafür, daß Toni seinen dreijährigen Militärdienst antreten muß. Helenes früherer »Schatz«, der Holzschnitzer Muckerl Kleebinder, heiratet sie, um sie vor der »Schande« zu bewahren; sie erwartet ein Kind. Nach der Rückkehr vom Militärdienst heiratet auch Toni, doch seine Frau Sali wird nach der Geburt eines Kindes unheilbar krank. Und da sowohl der kränkliche Muckerl wie auch Sali sterben, erreicht Helene doch noch ihr Ziel und wird gegen den Willen des alten Bauern Herrin des Sternsteinhofs. Während Toni seinen Pflichten nicht gewachsen ist, erweist Helene ihre ökonomischen Fähigkeiten und erwirbt nach Tonis Tod – er fällt als Soldat – durch ihre Tüchtigkeit auch die Anerkennung ihres Schwiegervaters und die Achtung der Umwelt.

Am Schluß des Lebens- und Charakterbilds der Häuslerstochter, die sich gegen die herrschenden Verhältnisse entschlossen durchsetzt und sich rücksichtslos zu Besitz und Macht durchkämpft, beantwortet der Erzähler (bzw. A.) die Frage, warum man solche Geschichten aus der wirklichen Welt erzähle, »die nur aufweisen, ›wie es im Leben zugeht?‹«, mit einer knappen Darlegung seines realistischen Literaturprogramms: »es geschieht dies nicht in dem einfältigen Glauben, daß dadurch Bauern als Leser zu gewinnen wären, noch in der spekulativen Absicht, einer mehr und mehr in die Mode kommenden Richtung zu huldigen, sondern lediglich aus dem Grunde, weil der eingeschränkte Wirkungskreis des ländlichen Lebens die Charaktere weniger in ihrer Natürlichkeit und Ursprünglichkeit beeinflußt, die Leidenschaften, rückhaltlos sich äußernd oder in nur linkischer Verstellung, verständlicher bleiben und der Aufweis: wie Charaktere unter dem Einflusse der Geschicke werden oder verderben oder sich gegen diesen und sich und andern das Fatum setzen – klarer zu erbringen ist an einem Mechanismus, der gleichsam am Tage liegt, als an einem, den ein doppeltes Gehäuse umschließt und Verschnörkelungen und ein krauses Zifferblatt umgeben.«

1885
Moderne Dichter-Charaktere

Die Opposition gegen die herrschenden literarischen Konventionen und die Epigonenliteratur äußert sich seit dem Beginn der 80er Jahre in einem Eintreten für einen neuen, konsequenten Realismus, für den nicht zuletzt Emile Zola als Beispiel dienen konnte. Die – durchaus widerspruchsvollen – programmatischen Äußerungen beginnen mit den von Heinrich und Julius Hart verfaßten sechs Heften der *Kritischen Waffengänge* (1882–84), setzen sich fort in der von Mi-

chael Georg Conrad herausgegebenen Zeitschrift *Die Gesellschaft* (1885 ff.) und den Schriften von Carl Bleibtreu (*Revolution der Literatur*, 1886) und Wilhelm Bölsche (*Die naturwissenschaftlichen Grundlagen der Poesie*, 1887).

Aufbruchstimmung signalisieren auch die beiden Vorreden zur Anthologie *Moderne Dichter-Charaktere*, in der sich die Lyrik der jungen naturalistischen Bewegung vorstellt. Herausgeber der Anthologie war Wilhelm Arent, die programmatischen Einleitungen schrieben Hermann Conradi (*Unser Credo*) und Karl Henckell (*Die neue Lyrik*). Mit emphatischem Selbstbewußtsein wird zu einer Neubegründung der »Zeit der großen Seelen und tiefen Gefühle« aufgerufen, eine neue Poesie angekündigt: »Wir brechen mit den alten, überlieferten Motiven. Wir werfen die abgenutzten Schablonen von uns.«

Im Gegensatz zu den Ankündigungen überwiegen jedoch konventionelle Formen und Themen. In die Zukunft weisen vor allem die sozialen Gedichte der »Jüngstdeutschen« mit ihrer Hinwendung zu den Lebens- und Arbeitsbedingungen des vierten Standes (wobei es sich allerdings meist um mitleidige Elendsmalerei aus bürgerlicher Perspektive handelt) und der Erschließung des Phänomens der Großstadt für die Poesie. Als bedeutendster naturalistischer Lyriker kann Arno Holz gelten, der hier u.a. mit dem Zyklus *Phantasus* vertreten ist, den er dann in seine eigene Sammlung *Buch der Zeit* (1886) übernahm.

1886
Arno Holz
Buch der Zeit.
Lieder eines Modernen

Mit seiner ersten bedeutenden Liedersammlung (erweiterte Auflage 1892), die auch seine Beiträge zur Anthologie *Moderne Dichter-Charaktere* (1885) enthält, löste sich H. von seinen epigonalen Anfängen (noch 1884 hatte er Geibel ein Gedenkbuch gewidmet) und trat als Verfechter einer neuen realistischen Literatur auf. Dabei orientierte er sich mit seiner stilistischen Eleganz, seinem parodistischen Witz und seiner zeitkritischen Ironie an Heine, wie er überhaupt insgesamt mit seiner politischen Tendenz an die im Kaiserreich verlorengegangenen Vormärz-Traditionen anknüpfte. An Herwegh erinnerndes Pathos steht neben sarkastischer Abrechnung mit der überlebten Fürsten- und Adelsherrschaft, die Schilderung des materiellen Elends der Unterdrückten und Ausgebeuteten neben eher sentimentalen Beschwörungen einer ländlichen oder märchenhaften Gegenwelt zur modernen, industriellen Großstadt. Hier, in der ›naturalistischen‹ Darstellung der Großstadt und ihres Milieus, ihrer sozialen Probleme und Kontraste, liegt die wesentliche Leistung der formal virtuosen, wenn auch konventionellen Lyrik. In diesen Zusammenhang gehört auch der aus 13 Gedichten bestehende Zyklus *Phantasus*, der das Schicksal eines verhungernden und zugleich sich zu träumerischen Höhenflügen aufschwingenden Poeten in der Dachstube einer Berliner Mietskaserne schildert und so die Frage nach dem Verhältnis von Dichter und Gesellschaft anklingen läßt. Der Zyklus wurde zur Keimzelle von H.s lyrischem Lebenswerk (*Phantasus*, 1898–99; mehrfach umgearbeitet und erweitert).

1886
Gottfried Keller
Martin Salander

K.s zweiter und letzter Roman erschien 1886 zuerst in der *Deutschen Rundschau* und im selben Jahr als Buchausgabe. Das Werk ist Ausdruck der Enttäuschung K.s über die gesellschaftliche und politische Entwicklung in der Schweiz, über die Zerstörung der demokratischen Ideale von 1848 durch den gründerzeitlichen Kapitalismus und seine Begleiterscheinungen.

Martin Salander kehrt nach siebenjähriger Abwesenheit in seine Heimatstadt Münsterburg zurück. Er war nach Brasilien gegangen, weil er wegen einer Bürgschaft für seinen gewissenlosen Jugendfreund Louis Wohlwend sein gesamtes Vermögen verloren hatte und sich im Ausland eine neue Existenz aufbauen wollte. Seine Frau und drei kleine Kinder waren in kärglichen Verhältnissen in Münsterburg geblieben. Aber kaum ist Salander in seiner Heimatstadt eingetroffen, muß er erkennen, daß er sein in Brasilien erworbenes Vermögen durch Konkurse der an der Überweisung beteiligten Banken – in Münsterburg ist der Verantwortliche wieder Louis Wohlwend – verloren hat. Er richtet seiner Frau mit dem verbliebenen Geld ein kleines Geschäft ein und geht für drei weitere Jahre nach Brasilien. Nach seiner Rückkehr eröffnet er ein erfolgreiches Handelshaus in Münsterburg, beteiligt sich entsprechend seinen demokratischen Vorstellungen am politischen Leben, wird aber durch den vorherrschenden Spekulationsgeist und den oberflächlich getarnten, skrupellosen Egoismus der neuen

Zeit enttäuscht, für den auch seine beiden Schwiegersöhne Isidor und Julian Weidelich stehen, die nach schneller Karriere schließlich wegen Unterschlagung zu 12 Jahren Zuchthaus verurteilt werden. Louis Wohlwend kehrt nach Münsterburg zurück und sucht wieder die Nähe Salanders. Dieser fühlt eine späte Leidenschaft zu Wohlwends schöner, aber dümmlichen ungarischen Schwägerin, doch die Rückkehr seines aufrechten Sohnes Arnold von Auslandsstudien verhindert weiteres Unheil. – Den als positives Gegenstück geplanten zweiten Band schrieb K. nicht mehr.

K.s Zeitroman stellt den Schwindelgeist einer hohlen Fortschrittsideologie bloß, die die alten demokratischen Ideale aufgegeben hat und jeder moralischen und geschichtlichen Grundlage entbehrt. Die Darstellung konzentriert sich freilich in erster Linie auf die Familiengeschichte, mehr auf die moralischen als die sozialen Verfallserscheinungen. Dabei tritt die aktuelle, zeitbezogene Problematik hinter dem für K.s Werk typischen überzeitlichen Aspekt von Schein und Sein, von Anspruch und Wirklichkeit zurück.

1887
Marie von Ebner-Eschenbach
Das Gemeindekind

Neben der als Schullektüre genutzten Hundegeschichte *Krambambuli* aus den *Dorf- und Schloßgeschichten* (1883) gehört die Erzählung *Das Gemeindekind* zu den bekanntesten Werken der österreichischen Freifrau. Es ist ihr zweites größeres Erzählwerk; vorausgegangen war *Božena* (1876), die Geschichte einer ebenso opferbereiten wie starken Magd, die utopisch auf eine Zeit verweist, in der die Geringen die Wichtigen sein werden.

Auch das *Gemeindekind* handelt von den Geringen, von denen es heißt: »ihr Geringen, ihr seid die Wichtigen, ohne eure Mitwirkung kann nichts Großes sich mehr vollziehen – von euch geht aus, was Fluch oder Segen der Zukunft sein wird.« Der Titel bezieht sich auf den Helden der Erzählung, auf Pavel Holub, der als 13jähriger 1860 seine Eltern verliert – der Vater wird als Mörder gehängt, die unschuldige Mutter zu zehn Jahren schwerem Kerker verurteilt – und unter den ungünstigsten Bedingungen heranwächst. Während seine zehnjährige Schwester Milada von der Gutsherrin aufgenommen und später in einer Klosterschule erzogen wird, ist für Pavel die Gemeinde Soleschau (Mähren) verantwortlich. Doch die Gemeinde vernachlässigt ihre Pflichten, Pavel verwahrlost immer mehr und reagiert auf die schlechte Behandlung mit Trotz und Starrsinn. Als der Bürgermeister plötzlich stirbt, macht man Pavel zu Unrecht dafür verantwortlich. Auch nach dem Freispruch wird noch lange von ihm als »Giftmischer« gesprochen. Das endgültige Abgleiten in die Kriminalität verhindert der Lehrer Habrecht, dessen Mahnungen – er äußert auch den oben zitierten Satz – Pavel allmählich auf den Weg zum Besseren und zum Bewußtsein seines eigenen Wertes und seiner Stärke führen. Er setzt sich schließlich gegen die Bauern und die Gemeinderäte durch, verschafft sich Achtung durch seine geistige und körperliche Überlegenheit und öffnet sich dem Einfluß seiner frommen und zarten Schwester, die allerdings früh stirbt. Der charakterlich gefestigte und innerlich gewandelte Pavel, zum geachteten Gemeindemitglied und Kleinbauern geworden, nimmt die aus dem Zuchthaus entlassene Mutter liebevoll bei sich auf.

Trotz schlechtester Voraussetzungen, trotz sozialer Deklassierung und Diskriminierung läßt sich, so das jeglicher Milieutheorie widersprechende, idealistische Fazit dieser sozialkritischen Entwicklungsgeschichte, der Untergang durch Erziehung und Anleitung, durch Besinnung auf die eigenen Kräfte abwenden, der Weg zu einer besseren, menschlicheren Welt bereiten.

Die sozialkritischen Erzählungen und Romane aus dem Umkreis von Dorf und Schloß brachten E.-E. großen Erfolg und die Anerkennung als führende Gestalt des österreichischen Spätrealismus.

1887
Theodor Fontane
Irrungen, Wirrungen

Der Roman wurde in der *Vossischen Zeitung* im Juli und August 1887 mit dem Untertitel »Eine Berliner Alltagsgeschichte« vorabgedruckt; die Buchausgabe folgte 1888. Während die ersten Berliner Gesellschaftsromane F.s in höheren sozialen Kreisen angesiedelt waren (*L'Adultera*, Vorabdruck 1880, Buchausgabe 1882; *Cécile*, Vorabdr. 1886, Buchausg. 1887), führt *Irrungen, Wirrungen* zum erstenmal in das Milieu der Berliner Unterschicht.

Zwischen Lene Nimptsch, der Pflegetochter einer alten Waschfrau, und dem jungen Baron Botho von Rienäcker entwickelt sich aus einer zufälligen Bekanntschaft eine aufrichtige Liebesbeziehung. Lene freilich ist realistisch; sie weiß, daß ihre Verbindung den Forderungen der Familie und der Gesellschaft nicht standhalten wird (»Du liebst mich und bist schwach«). Höhepunkt des sommerlichen Glücks ist ein Ausflug nach »Hankels Ablage«, der jedoch zugleich die Trennung näherbringt. Sie werden von Bothos Offizierskameraden und ihren Freundinnen überrascht (Walter Müller-Seidel: »Die Gesellschaft ist überall; die Idylle wird widerlegt«); die Problematik ihres Verhältnisses wird ihnen bewußt. Ein Brief von Bothos Mutter erinnert ihn an seine Standespflichten; sie betreibt die Heirat mit seiner Kusine Käthe von Sellenthin, wodurch die prekären Vermögensverhältnisse der Familie zu sanieren wären. Botho, der naiv nur »ein verschwiegenes Glück« erhoffte und »früher oder später [...] die stille Gutheißung der Gesellschaft erwartete«, räsoniert über Ehe und Ordnung, fügt sich und heiratet seine oberflächliche Kusine. Lene lernt den Werkmeister und Laienprediger Gideon Franke kennen, der ihr die Ehe anbietet. Sie stimmt zu, erzählt aber von Botho und ihrer Liebe. Eine Unterhaltung mit Botho bestätigt Gideon, daß er »eine selten gute Frau« bekommt. Als Käthe beim Frühstück die Heiratsanzeige von Gideon Franke und Magdalena Franke geb. Nimptsch in der Zeitung entdeckt, findet sie die Namen komisch. Das letzte Wort hat Botho: »Was hast du nur gegen Gideon, Käthe? Gideon ist besser als Botho.«

Der Roman löste heftige Entrüstung bei den Hütern der Moral aus, weil hier »die Lebenslüge der herrschenden Gesellschaft bis ins Mark getroffen und durchschaut« worden war (Hans-Heinrich Reuter) und das offen, wenn auch sehr diskret, ausgesprochen wurde, was man allenfalls heimlich tut. Die Liebe scheitert an der gesellschaftlichen Ordnung, die intakt bleibt, aber »durch das Leid, das sie zu ihrer Existenzsicherung braucht, diskreditiert« wird (Günter de Bruyn). Die zwei Hochzeiten am Schluß bestätigen nur, daß eine von den gesellschaftlichen Bedingungen losgelöste Verwirklichung freier, unvermittelter Menschlichkeit unmöglich ist. Das große Glück, so wird es illusionslos und ohne Pathos deutlich gemacht, gibt es nicht: »Der über das Scheitern hinausweisende Sinn heißt Resignation« (Müller-Seidel).

Stine (1890) nimmt das Thema von *Irrungen, Wirrungen* auf, ein Pendant mit tödlichem Ausgang.

1887
Conrad Ferdinand Meyer
Die Versuchung des Pescara

Nach der Geschichte von der sich selbst richtenden Richterin aus der Zeit Karls des Großen (*Die Richterin*, 1885) wählte M. für seine beiden letzten Novellen wieder – wie schon für *Plautus im Nonnenkloster* (1881) und *Die Hochzeit des Mönchs* (1884) – Stoffe aus der italienischen Renaissance: *Die Versuchung des Pescara* (1887 in der *Deutschen Rundschau* und als Buchausgabe) und – weniger bedeutend – *Angela Borgia* (1891).

Die »Versuchung« des kaiserlichen Feldherrn Pescara geschieht vor einem komplexen politischen Hintergrund. Nach dem Sieg der Kaiserlichen in der Schlacht von Pavia (1525) formen Frankreich, Venedig, der Vatikan und Mailand eine Liga, um dem spanischen Einfluß in Italien zu begegnen. Dabei verbinden sich patriotische Motive (nationale Einheit und Unabhängigkeit) mit politischer Phantasterei und skrupelloser Machtpolitik. Das Problem der Liga ist, daß ihr der militärische Kopf fehlt, und so geht man unter der Führung des Mailänder Kanzlers Morone daran, den überragenden und undurchsichtigen Pescara zum Übertritt auf ihre Seite zu bewegen. Dazu ist jedes Mittel recht. Durch Rufmord sucht man den Verrat zu präjudizieren, der Papst nutzt die Italienbegeisterung der mit Pescara verheirateten Dichterin Victoria Colonna, und Pescara selbst wird als Anreiz die Krone Neapels geboten. Im Scheitern des Unternehmens liegt Ironie: Niemand weiß, daß Pescara nicht (mehr) versucht werden kann, denn eine in der Schlacht bei Pavia empfangene, geheimgehaltene Wunde hat ihn längst dem Tod geweiht. Der Tod erscheint als Vollendung, aber auch als Befreiung, Erlösung: »Wäre ich ohne meine Wunde, dennoch könnte ich nicht leben«, sagt er im letzten Gespräch mit seiner Frau, denn die Geschichte hätte ihn in einen unauflösbaren Zwiespalt getrieben. Und so bleibt die Frage nach Pescaras tatsächlicher Versuchbarkeit offen und gibt ihm die Ambivalenz auch anderer Gestalten M.s: »Die geheime Basis ist: Vielleicht unterlag Pescara, ohne die Wunde«, schrieb er in einem Brief.

M.s Novellen sind angestrengte, vielschichtige Kunstleistungen. Deutlich wird dies beispielsweise in der Kunstmotivik des *Pescara*, die auf eine symbolische oder allegorische Ebene des Textes verweist. So fällt gleich zu Anfang im Mailänder Kastell der Sforza vorausdeutend der Blick auf ein Gemälde, das Pescara und seine Frau Victoria

Colonna beim Schachspiel zeigt – ein Spiel, das dann die Novelle entfaltet; und ein anderes Bild, gegen Ende, stellt Pescara in Analogie zu Christus dar.

Für die historische Ebene der *Versuchung des Pescara* gilt, wie für die anderen Novellen, daß das Gewicht weniger auf »dem historischen Konflikt als auf der psychologischen Entlarvung der Personen« liegt (John Osborne). Geschichte – mit Bezug zur deutschen Gegenwart (Einheit, Machtpolitik u. a.) – erscheint als Werk des großen Einzelnen, wird zugespitzt zu bzw. reduziert auf ethische Konflikte (»zwischen Recht und Macht, Politik und Sittlichkeit«).

1888
Gerhart Hauptmann
Bahnwärter Thiel

Die »novellistische Studie« erschien 1888 in der von dem Zola-Anhänger Michael Georg Conrad herausgegebenen Zeitschrift *Die Gesellschaft*, die seit 1885 die Sache der »Jüngstdeutschen« vertrat und dem Naturalismus zum Durchbruch verhalf.

In betont objektiver Erzählhaltung in der Nachfolge Zolas berichtet H. vom Schicksal des körperlich herkulischen, geistig dumpfen und doch verletzlichen Bahnwärters. Nach dem Tod seiner zarten ersten Frau im Kindbett heiratet Thiel die robuste Lene vor allem aus Sorge um sein Kind, den kleinen Tobias. Während sie nach der Geburt eines eigenen Kindes Tobias vernachlässigt und brutal mißhandelt, verfällt Thiel immer mehr ihrer rohen Sexualität. Dagegen bilden das Wärterhäuschen und die Bahnstrecke sein Reich, dem Andenken der toten Frau gewidmet. Ein Angsttraum, in dem sie ihm mit einem blutigen Bündel im Arm erscheint, deutet voraus auf die Katastrophe. Thiels Heiligtum wird entweiht, als er ein Stück Land in der Nähe des Bahnwärterhäuschens zur Bewirtschaftung erhält und Lene nicht mehr fernhalten kann. Während sie das Land bestellt, gerät der unbeaufsichtigte Tobias unter einen Zug. In einem brutalen Befreiungsakt erschlägt Thiel Lene und ihr Kind; er wird ins Irrenhaus eingeliefert.

Bahnwärter Thiel ist das erste bedeutende Prosawerk des deutschen Naturalismus. Seine Gestalten, Thiel und Lene, sind ›naturalistisch‹ dumpfe, triebhafte Charaktere. Thiel ist unfähig, sein besseres Ich gegenüber seiner Frau zu behaupten, er ist fast sprachlos, isoliert und verlassen, von der Macht der Gewohnheit und den alltäglichen Gegebenheiten bestimmt. Seine empfindsame Seite, seine Neigung zum Religiösen, Mystischen kann er nur noch außerhalb seiner Familie entfalten, im »Heiligentum« des Wärterhäuschens. Die Schilderung seines geistigen Verfalls geschieht mit großer Exaktheit, das Milieu und die Ereignisse, die ihn zugrunde richten, werden detailliert beschrieben. Gleichwohl überschreitet die Erzählung die Grenzen eines eng definierten Naturalismus in einer Reihe von Aspekten. Das gilt u. a. für die Art und Weise, wie sich Thiels zunehmende geistige Verwirrung in der Schilderung seiner Umwelt spiegelt, für die symbolischen Züge und für die Dämonisierung der Technik (der Zug als schnaubendes, romantisch-dämonisches Ungeheuer). Die von den Frühnaturalisten geforderte »Verschmelzung von Realismus und Romantik ist kaum einem anderen so gelungen wie H., der sich nichtsdestoweniger in dieser Studie gleichermaßen zum Neuen des Naturalismus bekennt, zur Isolierung des nichtmetaphysischen Menschen« (Roy C. Cowen).

1888
Max Kretzer
Meister Timpe

K. gehört zu den wenigen Romanschriftstellern des deutschen Naturalismus. Sein Thema ist die Großstadt Berlin, der soziale Wandel der Gesellschaft in den 70er und 80er Jahren. Zeitgenossen wie Carl Bleibtreu nannten ihn den »deutschen Zola«, doch dessen ›wissenschaftliche‹ Objektivität (»roman expérimental«), das angeblich »kalte Seziermesser«, war seine Sache nicht. Ebensowenig beteiligte er sich an den Stilexperimenten der deutschen Naturalisten. Er verwendet die traditionellen Erzählmuster des realistischen Romans und des Unterhaltungsromans, um deutlich wertend auf Probleme und Fehlentwicklungen aufmerksam zu machen und auf Reformen hinzuwirken. Von seinen zahlreichen Romanen – der erste von 35 erschien 1880 – ist *Meister Timpe* am bekanntesten geblieben.

K. erzählt am Beispiel der Handwerkerfamilie Timpe von den grundlegenden ökonomischen Veränderungen in den Gründerjahren, die zur Zerstörung des traditionellen Handwerks durch die industrielle Massenproduktion führen und von einer tiefgreifenden Veränderung des Stadtbildes begleitet werden. Im Haus der Timpes wohnen drei Generationen. Der blinde 83jährige Großvater Gottfried lebt ganz in der Erinnerung an die Vergangenheit, an die Zeit nach den Be-

freiungskriegen, als »nach langer Schmach das Handwerk wieder zu Ehren gekommen war und die deutsche Sitte aufs neue zu herrschen begann«. Die Gegenwart repräsentiert der Drechslermeister Johannes Timpe, die zentrale Gestalt, der »in den Märztagen Barrikaden bauen« half. Johannes' Sohn Franz wiederum vertritt »die neue Generation der beginnenden Gründerjahre, welche nur danach trachtete, auf leichte Art Geld zu erwerben und die Gewohnheiten des schlichten Bürgertums dem Moloch des Genusses zu opfern«. Und der zum Kaufmann ausgebildete Franz schlägt sich dann auch auf die Seite des Fabrikanten und Spekulanten Urban, heiratet dessen Tochter und trägt – z. T. mit kriminellen Methoden – zum allmählichen Ruin des Handwerksbetriebes bei. Schließlich kommt es zur ohnmächtigen Rebellion des deklassierten Handwerkers, der am Ende in seinem verbarrikadierten, von ihm selbst angezündeten Haus den Tod findet, während man gleichzeitig der neuen Stadtbahn, die über das Haus hinwegbraust, als Symbol des Fortschritts zujubelt: »Den Kampf gegen die Maschine, den er bereits im Leben verloren hat, verliert Timpe auch noch im Tod« (Roy C. Cowen).

K.s Roman neigt zu Klischees; gleichwohl vermittelt er ein eindrucksvolles Bild der Zeit, der Großstadt und ihrer Arbeitswelt, des zwangsläufigen Untergangs des alten Handwerks mit seiner Verbindung von künstlerischer und manueller Tätigkeit. In der Weimarer Republik fanden K.s soziale Romane im Zusammenhang mit dem aktuellen Interesse an der Arbeitswelt neue Beachtung.

1888
Wilhelm Raabe
Das Odfeld

Die Erzählung, 1888 in der *Nationalzeitung* vorabgedruckt und im selben Jahr – vordatiert auf 1889 – als Buch erschienen, wird seit der Neubewertung von R.s spätem Schaffen zu seinen bedeutendsten Werken gerechnet. Es handelt sich um eine ›historische‹ Erzählung, die sich freilich entschieden von der herkömmlichen Fiktion des 19. Jh.s unterscheidet, bewußt gegen »den heutigen Kammerjungfer- und Ladenschwengel-Geschmack« geschrieben ist. Historischer Hintergrund ist der Siebenjährige Krieg. R. spricht von einem gründlichen Studium von »Folianten, Quartanten, Pergamenten und Aktenbündeln«, und doch liegt trotz aller geographischer und historischer Detailtreue ein ›realistisches‹ Geschichtspanorama nicht in seiner Absicht. Ereignisse, Orte, Personen haben zeichenhaften Charakter.

Geschildert werden 24 Stunden aus dem Leben des Magisters Noah Buchius und einiger anderer Personen, die vom Chaos des Krieges betroffen werden. Der alte Magister, der bei dem Umzug des Gymnasiums vom Kloster Amelungsborn in die Stadt Holzminden mäßig versorgt zurückgelassen worden war, erlebt am Abend des 4. November 1761 zusammen mit dem Klosteramtmann von Amelungsborn ein seltsames Schauspiel am Himmel über dem nahegelegenen Odfeld, eine »Schlacht der Raben, der Vögel Wodans, über Wodans Felde«, Vorzeichen für die Ereignisse des folgenden Tages. In der Nacht erhält Buchius Besuch von seinem ehemaligen Schüler Thedel von Münchhausen, den man in Holzminden von der Schule gewiesen hat. Als am Morgen des 5. November Franzosen das Kloster besetzen, rettet er die angebetete Selinde, »des Herrn Amtmanns angenommene Vetterstochter«, aus den Händen der Soldaten. Die Franzosen ziehen beim Anmarsch der Preußen ab, und der wutentbrannte Amtmann weist Buchius, den er für den erlittenen Schrecken verantwortlich macht, aus dem Haus. Buchius, Münchhausen, Selinde, der unzufriedene Knecht Schelze und dessen Braut Wieschen irren im Nebel über das Odfeld, auf dem sich ein Kampf zwischen den Franzosen und dem preußisch-englischen Heer unter dem »guten Herzog« Ferdinand von Braunschweig anbahnt. Buchius führt die Gruppe in eine Berghöhle in vermeintliche Sicherheit, doch schottische Soldaten stöbern sie auf, und nur ein zufälliges Zusammentreffen mit dem Herzog, der für ihre Rückkehr sorgt, rettet sie. Thedel allerdings, der seine Ortskenntnis in den Dienst der preußischen Sache stellt, finden sie unter den zahlreichen Gefallenen »auf dem alten Götter- und Opferfelde«. Mit ihrer Rückkehr zum Kloster gelangt die Erzählung wieder zum Ausgangspunkt; ihre Mitte hat sie im Odfeld, das R. als den eigentlichen »Helden« des Buches bezeichnete und das die innere Einheit der Erzählung begründet.

Die Schilderung der Ereignisse vom 5. November 1761, meist dialogisch in subjektiver Spiegelung vorgenommen, weitet sich durch zahllose Anspiegelungen mythologischer, historischer und literarischer Art, durch Zitate und Verweisungen zu einem Bild der Geschichte überhaupt: R. »stellt die Geschichte nicht dar, um zu zeigen, wie es eigentlich, sondern wie es immer gewesen ist« (Walther Killy). Dabei bewahrt R. eine kritische Distanz zur optimistischen, personenbezo-

genen Geschichtsauffassung der Gründerzeit: Sie drückt sich in der bewußten, kunstvollen Vermischung der zeitlichen Ebenen und der Vorstellung vom historischen Ablauf als bloßem »Unterschied in der Zeitenfolge und im Kostüm« ebenso aus wie in der Darstellung der Hilflosigkeit und Verlorenheit des Individuums und der Verkörperung exemplarischer Menschlichkeit in der Gestalt eines Sonderlings.

In enger Beziehung zum *Odfeld* steht R.s letztes vollendetes Werk, die Erzählung *Hastenbeck* (Ende 1898 als Vorabdruck in der *Deutschen Roman-Zeitung* und als Buch, beides datiert auf 1899). Auch hier bildet der Siebenjährige Krieg den historischen Hintergrund des Geschehens, das zwei Liebende nach mancherlei Schwierigkeiten zusammenführt: »Demnächst schicke ich *Hastenbeck* hinaus«, schrieb R.: »Nach der herzoglich braunschweigischen Illias [*Das Odfeld*] die herzoglich braunschweigische Odyssee.«

1888
Theodor Storm
Der Schimmelreiter

S.s letzte Novelle, 1888 zuerst in der *Deutschen Rundschau* und im selben Jahr als Buch veröffentlicht, basiert auf der sagenhaften Geschichte von einem gespenstischen Reiter, die der Dichter schon 1838 in *Pappes Lesefrüchten* gelesen hatte.

Die eigentliche Erzählung vom Schimmelreiter ist in einen mehrfachen Rahmen eingeschlossen, der stufenweise zurück zum vergangenen Geschehen führt. Nur fragmentarisch ist der äußere Rahmen, in dem der (erste Rahmen-)Erzähler sich an die 50 Jahre zurückliegende Lektüre der Geschichte im Haus der Urgroßmutter erinnert und sie nun, in den 80er Jahren des 19. Jh.s, aus dem Gedächtnis niederschreibt. Dann erhält »der damalige Erzähler« das Wort, der »im dritten Jahrzehnt unseres Jh.s« auf einem nordfriesischen Deich in einer stürmischen Nacht zwei unheimliche Begegnungen mit einem Reiter auf einem hageren Schimmel hat und Näheres über diese Erscheinung in einem Gasthaus erfährt: Immer wenn dem Deich Gefahr droht, zeigt sich der gespenstische Schimmelreiter. Erzähler der Binnenerzählung ist ein alter Schulmeister, der in der stürmischen Nacht zunächst vor allen Gästen, dann dem Reisenden allein die Geschichte des Deichgrafen Hauke Haien aus der Mitte des vorigen Jh.s erzählt.

Die Rede ist von einem begabten jungen Mann, der ohne Mutter heranwächst und, seinem Vater folgend, einseitig verstandesmäßig orientiert ist und schon sehr früh sein ganzes Interesse der Deichbaukunst widmet. Er tritt als Knecht in die Dienste des (unfähigen) Deichgrafen, und seine Kenntnisse und seine rastlose Arbeitskraft lassen ihn als idealen Nachfolger erscheinen. Allerdings steht seinem ehrgeizigen Streben nach Macht und Einfluß, das ihn zugleich sozial isoliert, der Umstand entgegen, daß sein geringer Besitz ihn für das Amt des Deichgrafen disqualifiziert. Doch nach dem Tod des alten Deichgrafen heiratet er dessen Tochter Elke und kann so das Amt übernehmen. Dem Spott seiner Feinde, er sei Deichgraf nur »von seines Weibes wegen«, begegnet er mit einem großen, neuartigen Deichprojekt, das er gegen alle Widerstände durchsetzt. Dabei wendet er sich entschieden gegen den Aberglauben, daß »was Lebigs« in den neuen Deich eingegraben werden müsse, wird aber auch selbst Gegenstand des Aberglaubens. Der Deichbau gerät, nicht zuletzt unter dem Eindruck des mysteriösen, teufelspaktähnlichen Schimmelkaufs, in den Geruch des Gespenstischen, Unheimlichen. Unheilvolle Vorzeichen mehren sich – Elke stirbt beinahe im Kindbett, das Kind ist schwachsinnig, die Feindseligkeiten wachsen –, und als der neue Deich Schäden aufweist, versagt Hauke Haien und verschuldet so die große Flutkatastrophe von 1756. Elke und das Kind werden Opfer der Sturmflut, und Hauke Haien stürzt sich mit seinem Schimmel ins Wasser: »Herr Gott, nimm mich; verschon die anderen!«

»Meer und Deich, ungebändigte Naturgewalt und bändigende menschliche Leistung, sind die zentralen Symbole der Novelle« (Winfried Freund). Erst im Untergang wird sich Hauke der Grenzen bewußt, die ihm Natur und Gesellschaft setzen. Das Selbstopfer, »Sühne für ein egoistisch verfehltes Leben« (Freund), gibt der Geschichte eine Wendung ins Moralische und läßt Raum für Hoffnung: Sie wird erkennbar in dem die Zeit überdauernden Werk Hauke Haiens, das der Zuhörer und erste Verfasser der Schimmelreitergeschichte nach der Sturmnacht im Glanz der Morgensonne unversehrt liegen sieht. Die Rahmentechnik, die diesen Blick ermöglicht, sorgt zugleich für eine Distanzierung von den irrationalen Aspekten der Geschichte, ohne daß freilich die Spannung zwischen realistischer Lebensgeschichte und Spuk- und Teufelspakterzählung gänzlich aufgehoben würde. – Die Novelle, die zu den bedeutendsten Werken der Erzählkunst des 19. Jh.s gerechnet wird, hat nicht zuletzt als Schullektüre große Verbreitung gefunden.

1889
Theodor Fontane
Gedichte

Die Gedichtsammlung von 1889 faßt F.s lyrisches Schaffen seit den 40er Jahren zusammen und dokumentiert zugleich sein wiederauflebendes Interesse an der Lyrik im Alter.

F.s Ruhm als Lyriker gründet auf den Balladen, die – nicht zuletzt durch die Aufnahme in Schullesebücher – bis heute lebendig geblieben sind. Anregungen kamen von dem 1827 gegründeten Berliner Dichterverein »Tunnel über der Spree«, dem F. seit den 40er Jahren angehörte und der sich besonders der Ballade annahm. Tonangebend war Moritz Graf von Strachwitz mit seinen pathetisch-vordergründigen Heldenballaden (*Das Herz von Douglas*). Wie Strachwitz nahm F. Themen, Motive und Formen der altenglischen bzw. altschottischen Volksballade auf, beispielsweise in Texten wie *Der Tower-Brand* (in: *Gedichte*, 1851) oder dem berühmten *Archibald Douglas* (1854 im »Tunnel über der Spree« vorgelesen). Nach der Balladensektion in den *Gedichten* von 1851 veröffentlichte F. 1861 einen eigenen Band *Balladen*, der neben den englischen und schottischen Balladen und Balladenübersetzungen eine Reihe preußischer Feldherrnlieder (*Der alte Dessauer* u. a.) enthält. Eine Neuorientierung der Balladendichtung zeigen späte Stücke wie *Die Brück' am Tay* (entstanden 1880) und *John Maynard* (entstanden 1886), die in jeweils verschiedener Weise auf die Situation der modernen Gesellschaft, ihrer Technik und ihrer Arbeitswelt antworten. Diese Texte stehen mit dem gänzlich unpathetischen *Herrn von Ribbeck auf Ribbeck in Havelland* (entstanden 1889) in der – nach den Ausgaben von 1851 und 1875 – dritten, wesentlich erweiterten Sammlung der Gedichte von 1889.

Dies ist, wie auch die zwei weiteren noch von F. betreuten Auflagen von 1892 und 1898, in »Lieder und Sprüche«, »Bilder und Balladen« (»Nordisches«, »Englisch-Schottisches«, »Deutsches. Märkisch-Preußisches«) und »Gelegenheitsgedichte« gegliedert. Neue Töne bringt die Alterslyrik, die sich der eigenen Zeit und Gesellschaft nähert und das eigene Leben reflektiert (*Lebenswege, Was mir fehlte, Resignation* u. a.) und insbesondere versucht, den Alltag und die Alltäglichkeiten in das Gedicht zu integrieren. Dabei entsteht ein eigener, moderner Ton durch die Mischung von Sachlichkeit und Melancholie, von Schnoddrigkeit und Präzision, durch die Desillusionierung des Feierlichen (»Und sind auch verschieden der Menschheit Lose, Gleichmacherisch wirkt die Badehose«) und die Annährung an eine unpathetische, alltagssprachliche Ausdrucksweise, die wiederum dem alltäglichen Gegenstand entspricht (*Zeitung*).

1889
Arno Holz/Johannes Schlaf
Papa Hamlet

Unter dem Titel *Papa Hamlet* erschienen 1889 die ersten gemeinsam verfaßten Schriften H.' und S.s (Pseudonym: Bjarne P. Holmsen). Der Band enthält neben der Titelerzählung die Prosastücke *Der erste Schultag* und *Ein Tod*. Als konsequentes erzählerisches Experiment ragt *Papa Hamlet* heraus, ein Versuch, Prinzipien einer naturalistischen Wirklichkeitswiedergabe über die Techniken traditionellen realistischen Erzählens hinaus zu entwickeln.

Die ›Handlung‹ der Studie ist einfach (wenn auch der Leser zunächst Schwierigkeiten hat, sich zu orientieren); sie beruht auf einer novellistischen Skizze S.s (*Ein Dachstubenidyll*). Der arbeitslose, heruntergekommene Schauspieler Niels Thienwiebel lebt mit seiner Frau Amalie und dem kränklichen Sohn Fortinbras in einer kalten Dachstube. Verzweiflung und Größenwahn liegen bei dem ständig *Hamlet* zitierenden Mimen eng beieinander. Streitsucht, sexuelle Gier, Vaterstolz und Brutalität charakterisieren sein Verhältnis zu Frau und Kind. Für kurze Zeit geht es besser, da der Freund Ole Nissen ein Bild verkauft hat. Doch nach einer Woche ist das Geld verpraßt, die Freunde streiten sich, die Wirtin verlangt die rückständige Miete und kündigt die Wohnung. Kurz vor dem Auszug erwürgt Niels in einem Wutanfall sein Kind. Eine Woche später stolpert ein Bäckerjunge vor einem Schnapsladen über den erfrorenen »großen Thienwiebel«.

Das geschilderte Elend ist nicht Ergebnis sozialer Ungerechtigkeit oder der Entwicklung der industriellen Gesellschaft; gezeigt wird vielmehr das Verkommen im Rahmen eines Bohèmelebens. Gleichwohl ist auch das nicht ohne sozialkritische Relevanz: »Der große Thienwiebel hatte nicht so unrecht: Die ganze Wirtschaft bei ihm zu Hause war der Spiegel und die abgekürzte Chronik des Zeitalters«, heißt es an einer Stelle. Die literarische Bedeutung von *Papa Hamlet* resultiert jedoch weniger aus dem Sujet als aus der Erzählweise, der Absicht, ein möglichst objektives Bild der dargestellten Welt zu zeichnen. Also gibt es keinen allwissenden, ordnenden Erzähler,

keine Exposition, keine Erklärung zur Situation oder zum Gegenstand des Geschehens. Der Dialog dominiert; das Geschehen tritt zurück, wird häufig nur in der Ankündigung oder der Reaktion auf ein Ereignis deutlich. Dafür werden die Reden der einzelnen Personen mit allen Geräuschen, Belanglosigkeiten, Wortfetzen, Interjektionen so getreu wie möglich nachgezeichnet. Alle Details sind gleich wichtig und werden in den erzählenden Partien von Augenblick zu Augenblick registriert: H. spricht von »Sekundenstil«. Zugleich allerdings wird durch den kaum greifbaren, sich auch in der Schreibweise seinem ›Helden‹ anpassenden Erzähler ein entschieden ironischer Ton deutlich. Den großen Eindruck, den diese Studie auf die Zeitgenossen machte, zeigt Gerhart Hauptmanns Widmung seines ersten Dramas *Vor Sonnenaufgang* (1889).

1889
Gerhart Hauptmann
Vor Sonnenaufgang

H.s erstes Drama wurde am 20. 10. 1889 von der Freien Bühne im Berliner Lessingtheater uraufgeführt; die Buchausgabe war schon vorher, ebenfalls 1889, erschienen. Die heftig umstrittene Aufführung bedeutete den Durchbruch des Naturalismus auf der Bühne. H. widmete das »soziale Drama« Arno Holz und Johannes Schlaf: »Bjarne P. Holmsen, dem konsequentesten Realisten, Verfasser von *Papa Hamlet* [...], in freudiger Anerkennung der durch sein Buch empfangenen, entscheidenden Anregung.« Das gilt vor allem für den naturalistischen Sprachstil; stofflich-thematische Anregungen gingen von Leo Tolstojs Stück *Die Macht der Finsternis* (1886, dt. 1887) aus.

Das fünfaktige Drama spielt im schlesischen Dorf Witzdorf auf dem Gut des Bauern Krause, der durch Kohlevorkommen auf seinem Land reich geworden ist. Hier – bzw. im Wirtshaus – lebt Krause, der Alkoholiker in fortgeschrittenem Stadium ist und nur zwei entsprechende Auftritte hat (einschließlich sexueller Belästigung der eigenen Tochter), zusammen mit seiner zweiten Frau und seiner in Herrnhut erzogenen Tochter Helene, die mit dem bäurischen Geliebten Frau Krauses verheiratet werden soll. Im Haus halten sich derzeit auch noch der Ingenieur Hoffmann und seine Frau Martha, Krauses Tochter, auf, die ihr zweites Kind erwartet (das erste Kind der Alkoholikerin war im Alter von drei Jahren zugrunde gegangen). Hoffmann hat sich ganz von seinen sozialistischen Anfängen emanzipiert und zu einem rücksichtslosen, profitgierigen Bergwerksunternehmer entwickelt. In dieses Milieu von äußerem Luxus (unter Veuve Cliquot und Hummer tut man es nicht), animalischer Primitivität, Alkoholismus, Verkommenheit und sexueller Gier gelangt Alfred Loth, Sozialreformer, Opfer der Bismarckschen Sozialistengesetze (2 Jahre Gefängnis) und Jugendfreund Hoffmanns. Loth will eine Studie über die Arbeitsbedingungen und die soziale Lage der Bergarbeiter im Kohlerevier anfertigen. Hoffmann versucht, ihn so schnell wie möglich loszuwerden. Helene dagegen, die unter der Verkommenheit der Verhältnisse leidet, bewundert den strikten Moralisten und Reformer, der von der sozial schädigenden Wirkung des Alkohols und der Vererblichkeit des Alkoholismus überzeugt ist und mehrfach erklärt, daß er im Hinblick auf die Nachkommen nur eine erblich unbelastete, körperlich und geistig gesunde Frau heiraten werde. Helene gesteht ihm ihre Liebe, und er erwidert die Gefühle, zumal er – anders als die Zuschauer – die Familiengeschichte nicht kennt. Der Arzt Dr. Schimmelpfennig, der zur Entbindung von Hoffmanns Frau ins Haus kommt (das Kind wird totgeboren), klärt ihn auf. Loth reist sofort ab; Helene findet seinen Abschiedsbrief und ersticht sich, während Bauer Krause taumelnd und krakeelend vom Wirtshaus heimkehrt.

H. gelingt eine bedrückende Milieuschilderung, die trotz der klassischen äußeren Dramenform epische Züge aufweist. Ausführliche Bühnenanweisungen, Gebärdensprache und stummes Spiel ergänzen den zwischen Hochsprache und Dialekt wechselnden Dialog. In die dargestellte Verfallsszenerie kommt dramatische Handlung nur durch einen Anstoß von Außen, durch das Auftreten Loths. Allerdings ist diese Figur nicht unproblematisch, und schon die Zeitgenossen sahen in ihm einen unmenschlichen Prinzipienreiter. Es gibt allerdings Versuche, die Gestalt Loths zu rechtfertigen. Dazu gehört der Hinweis auf die biblische Parallele: wie Lot Sodom verließ, »da nun die Morgenröte aufging« (1. Mos. 19, 15), so Loth in *Vor Sonnenaufgang* das verkommene Witzdorf. Peter Szondi hebt die strukturelle Funktion Loths hervor: »die Form eines Dramas, das durch den Besuch eines Fremden ermöglicht wird«, erfordert, »daß dieser zum Schluß von der Bühne wieder abtrete«. Gleichwohl bleibt die moralische Verantwortung für Helenes Ende, die sich – bevor das Milieu wieder Besitz von ihr ergreifen kann – durch den Tod befreit.

Nicht nur die Parteigänger des Naturalismus waren begeistert, auch Theodor Fontane zeigte

Verständnis. – Zwei weitere ›Familiendramen‹ schlossen sich an *Vor Sonnenuntergang* an: *Das Friedensfest. Eine Familienkatastrophe* (1890) und *Einsame Menschen* (1891).

1889
Hermann Sudermann
Die Ehre

S.s erstes Theaterstück hatte bei der Uraufführung am 27. 11. 1889 am Berliner Lessingtheater sensationellen Erfolg (Druck 1890). Dem Publikum galt S. bald als der eigentliche Exponent der modernen, naturalistischen Richtung, obwohl es gerade die Programmatiker des Naturalismus nicht an Kritik fehlen ließen.

Das vieraktige Drama um die ›Ehre‹ kontrastiert proletarisches Hinterhaus (Akte 1 und 3; Familie Heinecke) und herrschaftliches Vorderhaus (Akte 2 und 4; Kommerzienrat Mühlingk und Familie). Die Handlung kommt mit der Rückkehr des jungen Robert Heinecke nach neunjährigem Indien-Aufenthalt im Dienst der Berliner Kaffeefirma Mühlingk in Gang. Er hat inzwischen die Wertvorstellungen des Bürgertums übernommen und sieht im Verhältnis seiner Schwester Alma mit dem leichtlebigen Kurt Mühlingk eine »Schande«, eine Verletzung seiner »Ehre«. So etwas ist normalerweise nur durch Heirat oder ein Duell zu regeln, aber der alte Mühlingk demonstriert, daß ein Commis proletarischer Herkunft überhaupt keine ›Ehre‹ haben kann, regelt die Sache mit 40 000 Mark und entläßt seinen Angestellten. Und noch demütigender: Die eigene Familie ist beglückt über den Geldsegen und wirft den Störenfried, der sie nicht von ihrer ›Ehrlosigkeit‹ überzeugen kann, aus der Wohnung. Mit einem Revolver begibt er sich in Begleitung seines reichen Freundes, des Kaffeeplantagenbesitzers Graf Trast, ins Vorderhaus, doch statt zur Katastrophe kommt es zum Happy end: Als sich die heimlich geliebte Lenore Mühlingk zu Robert bekennt, macht ihn Graf Trast als deus ex machina zu seinem Teilhaber und Erben und erstickt so dem gerade zur Verfluchung ansetzenden alten Kommerzienrat das Wort im Mund. Auch im Vorderhaus ist die ›Ehre‹ käuflich.

Trotz äußerlich naturalistischer Milieuschilderungen und sozialkritischer Ansätze wird das Stück letztlich von der Tradition der französischen Intrigen- und Gesellschaftskomödie geprägt: Situationskomik, merkwürdige Zufälle und Überraschungen, pointierte Dialoge und Aktschlüsse sorgen für Effekt und Amüsement. Und daß dann noch in der Gestalt des Grafen Trast die Allmacht des Geldes verklärt wird, bestätigt die »insgeheim affirmative Tendenz des Schauspiels« (Heide Eilert).

Obwohl S. den Erfolg seines Erstlings nicht wiederholen konnte, war er mit Stücken wie *Sodoms Ende* (1890), *Heimat* (1893), *Die Schmetterlingsschlacht* (1894) oder *Johannisfeuer* (1900) einer der meistgespielten zeitgenössischen deutschen Dramatiker. Großen Erfolg hatte er auch mit seinem ersten, der Theaterproduktion vorangehenden Roman *Frau Sorge* (1887).

1890
Arno Holz/Johannes Schlaf
Die Familie Selicke

Das »Drama in drei Aufzügen«, mit dem H. und S. ihre mit *Papa Hamlet* (1889) begonnene Zusammenarbeit fortsetzten, erschien Anfang 1890 im Druck und wurde am 7. 4. 1890 (Ostermontag) in einer Matineevorstellung des Theatervereins Freie Bühne in Berlin uraufgeführt. *Die Familie Selicke* stellt den Versuch eines konsequent naturalistischen Theaters dar, in dem gemäß den Anschauungen H.s nicht Handlung, sondern die Darstellung von Charakteren das Primäre sind. Dabei trägt die Sprache, die »die Sprache des Lebens. Nur des Lebens!« sein müsse, entscheidend zur (indirekten) Charakterisierung und psychologischen Durchdringung der Personen bei. Es gehe darum, das wirkliche Leben auf die Bühne zu bringen, so daß der Zuschauer »in ein Stück Leben wie durch ein Fenster« sehe.

Der Schauplatz aller drei Akte ist das heruntergekommene Bürgerlichkeit signalisierende Wohnzimmer der Familie des Buchhalters Eduard Selicke in Berlin Nord. Die Handlung setzt gegen sechs Uhr am Heiligabend ein und endet am nächsten Morgen. Es geschieht wenig; die Dialoge treiben keine Handlung voran, sie beschreiben vielmehr einen Zustand, den fortgeschrittenen Verfall einer Familie. Der 1. Akt zeichnet ein Bild der desolaten Verhältnisse, während Frau Selicke und ihre vier Kinder vergeblich auf die Heimkehr Selickes aus dem »Comptoir« warten. Das jüngste Kind, Linchen (8 Jahre), ist sterbenskrank. Von außen kommende Personen unterstreichen die Brüchigkeit der Familiensituation. Der alte Kopelke, ein Berliner Original, sucht Linchen zu helfen; der Untermieter Gustav Wendt, ein an Kirche und Religion zweifelnder Kandidat der Theologie, hat eine Landpfarre in Aussicht und wirbt um Toni, die älteste Tochter (22 Jahre).

Dabei kommt es auch zu einer schonungslosen Kritik an den herrschenden Zuständen. Das furchterfüllte Warten auf das Familienoberhaupt setzt sich im 2. Akt (halb zwei Uhr nachts) fort. Das kranke Linchen steht zunächst im Mittelpunkt: Frau Selicke räsoniert über ihr Leben (»Jahraus, jahrein dasselbe Elend!«) und ihren Mann (»Für mich is er so gut wie tot!«). Als dann endlich der Buchhalter mit Weihnachtsbaum und Geschenken erscheint, kommt es zu keinem direkten Dialog, aber in seinem betrunkenen Gerede antwortet Selicke indirekt auf die Vorwürfe seiner Frau. Linchen stirbt, Selicke bricht stöhnend zusammen. Der 3. Akt, am nächsten Morgen, zeigt, daß der Tod des Kindes die Personen nicht verändert hat und daß sie weiterhin vor allem ihre eigenen Gefühle selbstmitleidig in den Vordergrund stellen. Auch die Liebe hat keine Chance. Toni rückt von ihrem Heiratsversprechen ab, um weiterhin als vermittelnde Instanz zwischen Vater und Mutter wirken zu können, und unterwirft sich so »einer unverstandenen und verinnerlichten Familienideologie« (Helmut Scheuer). Der Schluß bleibt offen; Wendt, kein ›starker‹ Mann, hat das letzte Wort: »Ich komme wieder.«

Trotz der erfolgreichen Uraufführung setzte sich H.' und S.s Stück nicht auf dem Theater durch; es bleibt weitgehend ein Lesedrama. Die Kritik war gespalten. Konservative Kritiker empörten sich über die »Tierlautkomödie«, die »Trunksuchtkomödie«, aber der hellsichtige Fontane erkannte die Modernität des Stückes, hinter der auch Hauptmanns *Vor Sonnenaufgang* (1889) zurückbleibe: »Hier scheiden sich die Wege, hier trennt sich Alt und Neu.« Er bemerkte aber auch einschränkend: »*Einmal* geht das, *einmal* laß ich mir das gefallen.«

1891
Theodor Fontane
Unwiederbringlich

In diesem Roman, 1891 in der *Deutschen Rundschau* vorabgedruckt und noch im selben Jahr als Buch erschienen (vordatiert auf 1892), verläßt F. das märkisch-berlinerische Milieu. Schauplatz der Ehegeschichte ist das dänische Schleswig-Holstein bzw. Kopenhagen; die Handlung basiert auf einer Begebenheit am Strelitzer Hof.

Auf Schloß Holkenäs an der schleswig-holsteinischen Küste leben der durchschnittliche, lebensfrohe Graf Holk und seine in herrnhuterischem Geist erzogene Frau Christine nicht ohne Spannungen zusammen, die insbesondere die

Kindererziehung betreffen. Holk wird – im Herbst 1859 – für einige Zeit als Kammerherr an den Hof nach Kopenhagen gerufen; während Christine in Holkenäs zurückbleibt, genießt Holk das Leben am Hof und in der Stadt. Die Hofdame Ebba von Rosenberg, geistreich und »pikant«, zieht ihn immer stärker an. Zugleich werden seine Briefe nach Hause immer konventioneller, so daß Christine nicht mehr antwortet. Als sich die Hofgesellschaft zum Julfest nach Schloß Frederiksborg begibt, kommen sich Ebba und Holk rasch näher, und als er sie nach einem gemeinsam verbrachten Abend bei einem Schloßbrand rettet, sieht er darin ein Zeichen. Ohne mit der kranken Ebba darüber zu sprechen, fährt er nach Holkenäs und bricht mit seiner Frau. Doch Ebba weist ihn ab und hält ihm vor, »den Augenblick verewigen oder gar Rechte daraus herleiten« zu wollen. Holk geht auf Reisen und läßt sich dann in London nieder. Nach einiger Zeit kommt es zur Versöhnung mit seiner Frau und zu einer erneuten Eheschließung. Doch das »Glück von Holkenäs« ist nicht von Dauer, ist unwiederbringlich. Holk erkennt, daß Christine »wohl vergessen möchte, aber nicht vergessen kann«. Sie nimmt sich im Meer das Leben.

Die künstlerische Ökonomie des Romans, sein betonter Kunstcharakter hat schon früh Beifall gefunden. C. F. Meyer meinte in einem Brief an den Herausgeber der *Deutschen Rundschau*, *Unwiederbringlich* sei »wohl das vorzüglichste, was die R. [Rundschau] in der reinen Kunstform des Romans je gebracht hat: feine Psychologie, feste Umrisse, höchst-lebenswahre Charaktere u. über Alles doch ein gewisser poetischer Hauch«. *Unwiederbringlich* ist ein Eheroman, der kühl, unsentimental, präzise die Geschichte einer Entfremdung erzählt, die – wie Flauberts *Madame Bovary* – im »Selbstmord aus Desillusion« endet (Peter Demetz). Aber auf einer anderen Ebene ist das Buch durchaus auch ein Zeitroman, wobei das Thema des geschichtlichen Wandels einerseits direkt auf die Ehegeschichte bezogen ist (Unfähigkeit der Erneuerung angesichts des Wandels der Dinge), andererseits allgemeine Zeitkritik im Hinblick auf das deutsch-dänische Verhältnis einschließt.

1891
Friedrich Nietzsche
Dionysos-Dithyramben

N.s Gedichte erschienen zumeist im Rahmen seiner philosophischen und kritischen Schriften. So beginnt *Die fröhliche Wissenschaft* (1882) mit Sprüchen unter dem Titel *Scherz, List und Rache. Vorspiel in deutschen Reimen* und endet – in der 2. Ausgabe von 1887 – mit dem Anhang *Lieder des Prinzen Vogelfrei*. Das berühmte ›impressionistische‹ Venedig-Gedicht (»An der Brücke stand jüngst ich in brauner Nacht«) steht in *Ecce homo* (entstanden 1888, Druck 1908), und auch von den insgesamt neun Dionysos-Dithyramben, 1888 abgeschlossen und 1891 im Anhang der 2. Ausgabe des 4. *Zarathustra*-Teils erschienen, sind drei in früherer Fassung schon im 4. Teil (1885) von *Also sprach Zarathustra* als *Lied des Zauberers* (= *Klage der Ariadne*), *Zweites Lied des Zauberers* (= *Nur Narr! Nur Dichter!*) und *Lied des Wanderers und des Schattens* (= *Die Wüste wächst: weh Dem, der Wüsten birgt …*) enthalten.

Mit den *Dionysos-Dithyramben* nimmt N. eine Tradition auf, die mit den freirhythmischen Gedichten Klopstocks und Goethes expressiven Sturm und Drang-Hymnen (*Wanderers Sturmlied*) begonnen hatte. Es sind Gesänge des einsamen Ich, in denen Melancholie, Klage und Schmerz neben schrillen Tönen des Übermuts und des höhnischen Trotzes stehen und in denen sich Begrifflichkeit, eigenwillige metaphorische Wortbildungen (»Herzens-Kohlenbecken«, »Katzen-Mutwillen«) und eine suggestive Musikalität der Sprache zu ausdrucksstarken Gebilden verbinden. Neben den aus dem *Zarathustra* übernommenen und bearbeiteten drei Dithyramben ragt als lyrisch-expressiver Höhepunkt der Dithyrambus *Die Sonne sinkt* heraus.

N. übte mit seinen Gedichten eine große Wirkung auf die Entwicklung der deutschen Lyrik bis hin zum Expressionismus aus.

1891
Wilhelm Raabe
Stopfkuchen

Die »See- und Mordgeschichte« entstand zwischen Dezember 1888 und Mai 1890 und erschien 1891 zuerst in Fortsetzungen in der *Deutschen Roman-Zeitung*, dann als Buch. Der Titel nimmt den Spitznamen seines dicken Helden Heinrich Schaumann auf, der – wie der Erzähler Eduard ankündigt – »sehr häufig auf diesen Blättern das Wort haben« wird. Bedeutung und Modernität des Romans ergibt sich aus der mehrschichtigen Erzähl- und Zeitstruktur und der ironisch-humoristischen Erzählweise.

Nach einem Besuch in seinem norddeutschen Heimatort befindet sich der Erzähler Eduard auf der Rückreise nach Südafrika. Während der 30tägigen Schiffahrt schreibt er seine Erlebnisse bei diesem Besuch und die daran geknüpften Erinnerungen nieder. Unterbrechungen machen immer wieder auf den Fortgang der Reise und die Schreibsituation aufmerksam. Insofern ist das Buch eine »Seegeschichte«. Im Mittelpunkt der Erinnerungen und Erlebnisse steht Eduards Schulfreund Heinrich Schaumann, der wegen seiner Faulheit und Gefräßigkeit Stopfkuchen genannt wurde und es vorzog, »unter der Hecke« liegenzubleiben und »das Abenteuer der Welt an sich herankommen« zu lassen, während es Eduard, angeregt von den Erzählungen des Landbriefträgers Störzer, hinaus in die Ferne zog.

Als Eduard zurück in seinen Heimatort kommt, wird Störzer gerade begraben. Erinnerungen werden wach an die Jugendzeit, an den passiven Außenseiter Heinrich Schaumann und sein Interesse an der »Roten Schanze«, an den Hof des Bauern Quakatz auf einer Befestigungsanlage des Siebenjährigen Krieges, an Quakatz' Tochter Valentine und an den ungeklärten Mord an dem Viehhändler Kienbaum. Die ganze Stadt hielt Quakatz auch dann noch für den Mörder, als die Gerichte ihn mangels Beweisen freisprechen mußten. Stopfkuchen kümmerte sich als einziger nicht um diese Verdächtigungen und bemühte sich überdies um die von den anderen Kindern verhöhnte, kratzbürstige Valentine Quakatz. Eduard besucht Heinrich Schaumann, der Bauer auf der Roten Schanze geworden ist, und findet einen zwar immer noch beleibten, aber souverän und gelassen wirkenden Mann mit einer glücklichen Frau, Valentine. Stopfkuchen erzählt mit vielen humoristischen Abschweifungen und sarkastischen Bemerkungen, was während Eduards Abwesenheit vorgefallen ist: wie er in seinem Studium scheiterte, von seinem Vater aus dem Haus gejagt wurde und auf die Rote Schanze gekommen war. Hier hatte er mit ungewohnter Tatkraft die Wirtschaft in Ordnung gebracht, das Mißtrauen des alten Quakatz überwunden und schließlich nach dessen Tod den Hof übernommen und – ohne Wissen seiner Frau – herausgefunden, wer den Viehhändler Kienbaum getötet hatte. Es war, wie er in der Fortsetzung seiner

Geschichte im Wirtshaus erzählt, der gerade zu Grabe getragene Landbriefträger Störzer, der ohne Absicht seinen Peiniger mit einem Stein erschlagen und dann nicht die Kraft gefunden hatte, sich zur Tat zu bekennen. Das ist die »Mordgeschichte«, deren Auflösung Stopfkuchen erst nach dem Tod Störzers bekannt werden läßt.

Stopfkuchen, der daheim geblieben ist, der angeblich faule und dumme Versager, er hat in Treue zu sich gelebt und eine innere Überlegenheit über die Spießbürger errungen (wobei der Humor, mit dem er erzählt, aus dem überwundenen Leiden erwachsen ist). Seine distanzierte Lebensweise und humane Lebensphilosophie demaskiert unsentimental Konventionen, Illusionen, die bürgerliche Welt mit ihrer falschen Justiz, ihrer sozialen Kontrolle, ihren Vorurteilen und ihren (modernen) Vorstellungen von Tüchtigkeit und Erwerbsstreben. (Auch der weitgereiste Erzähler, dem Stopfkuchen meist das Wort nimmt, erweist sich im Vergleich zu seinem Jugendfreund als durchaus eindimensional und konventionell.) Die Kompromißhaltung, die den *Abu Telfan* (1867) gekennzeichnet hatte – der Erzähler des *Stopfkuchen* fährt wohl nicht zufällig mit einem Schiff namens »Hagebucher« nach Afrika zurück –, ist überwunden.

1891
Frank Wedekind
Frühlings Erwachen

Die »Kindertragödie«, so W.s Gattungsbezeichnung, wurde 1891 in Zürich gedruckt, doch erst am 20. 11. 1906 in den Berliner Kammerspielen (Regie: Max Reinhardt) nicht ohne Zensureingriffe uraufgeführt. Die Schwierigkeiten mit der Zensur hielten an, zumal selbst prominente Kritiker an dem die repressive bürgerliche Sexualmoral dekuvrierenden Stück die Darstellung der »Abarten der Geschlechtsliebe« (Siegfried Jacobsohn) bemängelten.

Mit psychologischem Scharfblick läßt W. in der locker gefügten Szenenfolge (3 Akte) die Pubertätsnöte junger Leute inmitten einer verständnislosen Umwelt (Elternhaus, Schule, Kirche) deutlich werden; lyrisch-expressives Pathos wechselt mit grotesk-pointierter Satire. Im Mittelpunkt stehen die 14jährige Schülerin Wendla Bergmann und das ebenso alte Freundespaar Melchior Gabor und Moritz Stiefel. Wendla wird Opfer ihrer prüden Erziehung, denn ihre Mutter erzählt ihr immer noch vom Storch und verweigert aus Scham konkrete Auskünfte. Moritz steht unter dem Druck eines auf Leistung und Pflichterfüllung pochenden Elternhauses, dessen Ansprüche er nicht zu erfüllen vermag. Einzig Melchior Gabor wird von seiner Mutter ›liberal‹ erzogen, und er vermittelt sein Wissen auf sexuellem Gebiet seinem Freund in schriftlicher Form. Als dieser wegen seines schulischen ›Versagens‹ Selbstmord begeht, wird die Schrift gefunden, Melchior von der Schule verwiesen und in eine Korrektionsanstalt gesteckt. Vorher war er Wendla Bergmann begegnet, die sich in naiver Begierde von ihm hatte schlagen lassen, und bei einem späteren Zusammentreffen auf einem Heuboden verführen die beiden einander. Wendla hält ihre Schwangerschaft für eine Krankheit, denn ihre Mutter hatte erklärt, ohne verheiratet zu sein, könne man nicht schwanger werden. Wendla stirbt an den Folgen der von ihrer Mutter veranlaßten Abtreibung. In einer hellen Novembernacht – letzte Szene – begegnet dem aus der Anstalt entflohenen Melchior auf dem Friedhof vor Wendlas Grab (»geboren am 5. Mai 1878 gestorben an der Bleichsucht den 27. Oktober 1892«) der tote Moritz Stiefel, der seinen Kopf unter dem Arm trägt und Melchior zum Tod verführen will. Hier greift der geheimnisvolle »vermummte Herr« ein, dem W. sein Stück widmete, und zieht ihn ins Leben zurück.

Das System bürgerlicher Triebunterdrückung wird unterstrichen durch ergänzende, episodische Szenen mit Darstellungen pubertärer sexueller Praktiken (Selbstbefriedigung, homoerotische Neigungen), mit Auftritten fossiler Lehrerkarikaturen und Schülerinnen- und Schülergesprächen über das jeweils andere Geschlecht, über Sexualität, natürliche Kindererziehung und manches andere.

Mit den episch gereihten Kurzszenen, der Kontrastierung von lyrisch-expressiver Intensität und ins Groteske gesteigerter Satire knüpft Wedekind an die Dramatiker des Sturm und Drang, an Grabbe und Büchner an und weist zugleich voraus auf Carl Sternheim und das Theater des Expressionismus. Die betonte Distanz W.s zum Naturalismus bezeichnet Karl Kraus mit dem Satz: »Alle Natürlichkeitsschrullen sind wie weggeblasen.«

Die vieldiskutierte »Kindertragödie« wirkte u.a. auf Max Halbes »Liebesdrama« *Jugend* (1893) und regte eine ganze Reihe dramatischer und epischer Auseinandersetzungen mit der Schule und ihren Zwängen an.

1892
Theodor Fontane
Frau Jenny Treibel

Das Werk mit dem ausführlich-ironischen Titel *Frau Jenny Treibel oder ›Wo sich Herz zum Herzen find't‹. Roman aus der Berliner Gesellschaft* wurde von Januar bis April 1892 in der *Deutschen Rundschau* vorabgedruckt; die Buchausgabe folgte im Herbst des Jahres (vordatiert auf 1893).

Die Kommerzienrätin Jenny Treibel geb. Bürstenbinder stammt aus kleinen Verhältnissen. Ihre gesellschaftliche Position verdankt sie der Heirat mit dem Fabrikanten Treibel. Zu einem Diner lädt sie Corinna, die Tochter ihres Jugendfreundes Professor Willibald Schmidt, und deren Vetter Marcell Wedderkopp ein. Die gebildete und geistreiche Corinna entfaltet ihren Charme, um Leopold, den jüngeren Sohn der Gastgeberin, für sich zu gewinnen. Auf dem Heimweg antwortet sie auf Marcells Vorwürfe mit dem Eingeständnis, daß auch sie »ein Hang nach Wohlleben« erfaßt habe und daher einen Antrag des ihr unterlegenen, durchschnittlichen, weichen Leopold annehmen würde.

Auf einem Ausflug nach Halensee bringt Corinna Leopold geschickt zum Geständnis seiner Liebe, während sich Jenny im Gespräch mit Willibald Schmidt in sentimentalen Erinnerungen ergeht und behauptet, daß sie »in einfacheren Verhältnissen und als Gattin eines in der Welt der Ideen und vor allem auch des Idealen stehenden Mannes wahrscheinlich glücklicher geworden wäre« – ganz im Sinn des ihr von Schmidt damals gewidmeten Liedes mit den Schlußzeilen: »Ach, nur das, nur das ist Leben, *Wo sich Herz zum Herzen find't.*« Als sie jedoch von der Verlobung ihres Sohnes unterrichtet wird, verbietet sie ihm strikt den weiteren Umgang mit Corinna, der sie nur ihre Mittellosigkeit vorzuwerfen hat. Lieber nimmt sie eine weitere arrogante Schwiegertochter aus einem wohlhabenden Hamburger Haus in Kauf. Während sie sofort nach der Schwester ihrer Schwiegertochter schicken läßt, erteilt sie Leopold Ausgangsverbot; der bekundet zwar brieflich seine Entschlossenheit, sich gegenüber seiner Mutter zu behaupten, ist in Wirklichkeit aber zu schwach dafür. Corinna nutzt die Zeit, um über ihre Handlungsweise nachzudenken. Sie gibt Leopold frei und heiratet den Archäologen und angehenden Professor Marcell Wedderkopp. Auf der Hochzeitsfeier sind die Familien Schmidt und Treibel wieder freundschaftlich vereint.

In F.s ironisch-satirischer Milieustudie geschieht nicht viel. Was es an herkömmlicher Handlung gibt, ist in die Gespräche eingegangen. Das Gespräch wird hier, mehr noch als in anderen Romanen F.s, zum subtilen, komisch-ironischen Mittel der Kritik; Sprachkritik ist zugleich Gesellschaftskritik. Es geht um Besitz und Bildung, d.h. um die Kluft zwischen Besitz und Bildung. Bildung ist nicht mehr wie im Bildungsroman das, was man erstrebt, sondern sie ist im Jahre 1888 zu dem geworden, was man besitzt, zu einem Mittel, über das man verfügt. Für den Fabrikanten Treibel ist Bildung Dekor, Mittel zur Repräsentation, für seine Gattin, die mit ihrem sozialen Aufstieg ihre Bildung gewissermaßen schon hinter sich hat, ist sie Phrase und sentimentale Erinnerung. Wenn bei den Treibels Besitz über Bildung dominiert, so ist es in dem in genauer Entsprechung dargestellten Kreis um Professor Schmidt umgekehrt. Aber es ist keine Schwarzweißmalerei. Auch die Gebildeten sind von den geschichtlichen Veränderungen betroffen; Rivalitäten zeigen sich, hierarchisches Denken und Vorurteile werden deutlich (etwa in der Diskussion über den Autodidakten Heinrich Schliemann, den Schmidt als einziger verteidigt).

Den »Zweck der Geschichte«, wie er ihn in einem Brief an seinen Sohn Theo bezeichnete, hat F. erreicht: »das Hohle, Phrasenhafte, Lügnerische, Hochmütige, Hartherzige des Bourgeois-Standpunktes zu zeigen, der von Schiller spricht und Gerson [Berliner Modesalon] meint«. Fünf Auflagen bis 1899 bezeugen den unmittelbaren Erfolg des Romans.

1892
Stefan George
Algabal

G. war 1889 zum erstenmal nach Paris gekommen und hatte im Kreis um Stéphane Mallarmé den französischen Symbolismus kennengelernt, der sein frühes lyrisches Werk entscheidend prägte. Gegen den literarischen Betrieb seiner Zeit und die vorherrschenden Literaturdoktrinen (Realismus, Naturalismus) setzte er einen »fanatische[n] Ästhetizismus« (Ralph-Rainer Wuthenow), »eine kunst für die kunst«, wie es im Anschluß an Mallarmés Konzept der »poésie pure« in der programmatischen Vorrede zum 1. Band (1892) der *Blätter für die Kunst* heißt. Die neue »GEISTIGE KUNST auf grund der neuen fühlweise und mache« hebt sich auch orthographisch und typographisch vom Üblichen ab und betont

durch ihre streng komponierte zyklische Gestalt und die Erscheinungsweise – Privatdrucke – ihren aristokratisch-exklusiven Charakter.

Algabal ist nach *Hymnen* (1890) und *Pilgerfahrten* (1891) der dritte und zugleich bedeutendste Zyklus dieser frühen Periode (1899 wurden die drei Zyklen in einem Band vereinigt). Der Titel bezieht sich auf den spätrömischen Kaiser Heliogabal: »Algabal ist Heliogabal, gesehen durch ein Fin de siècle-Temperament und vermittelt durch den fast mythischen Glanz, den die Spätantike im Bewußtsein der französischen Décadents hatte« (Jens Malte Fischer). Die Gedichte werden von einer »Aufschrift« eingeleitet, die sich an König Ludwig II. von Bayern richtet, der mit seinem eigenwilligen Kunst- und Schönheitssinn für eine Position außerhalb der abgelehnten bürgerlichen Normen steht.

Der Zyklus besteht aus drei Teilen. »IM UNTERREICH« wird die »schöpfung« Algabals geschildert, eine unterirdische, leblose Kunstwelt mit Grotten, Seen, Sälen und Gärten, eine gläserne und (edel)steinerne Welt ohne Jahreszeiten, wo selbst die Stämme und Äste der Bäume von »kohle« sind und die Früchte »wie lava im pinien-hain glänzen«.

Der 2. Teil, »TAGE« überschrieben, ist dem Leben in dem ästhetizistischen Reich des Priester-Kaisers gewidmet, gekennzeichnet durch einen schrankenlosen ästhetischen Immoralismus, dessen Inhumanität in Barbarei übergeht. Ob bei einer (vielleicht imaginären) Schlachtbeschreibung das Blut fließt oder ob sich der lydische Sklave ersticht, weil er den Gebieter beim Taubenfüttern erschreckt hat – der Tod wird zum ästhetischen Erlebnis, schlägt sich in dekorativem, ornamentalem Farbenspiel nieder: »Mit grünem flure spielt die rote lache.«

Der 3. Teil, »DIE ANDENKEN«, bringt Erinnerungsbilder des Kaisers und endet in Einsamkeitsgedanken des zu jeder menschlichen Beziehung unfähigen, in übersteigertem Narzißmus befangenen Kaisers. Herausgehoben steht das abschließende Gedicht *VOGELSCHAU*, das über die leblose, unfruchtbare, künstliche Glitzerwelt und die introvertierte Selbstbespiegelung des Kaisers (Dichters?) hinausweist: »Weisse schwalben sah ich fliegen ...«

Algabal formuliert auf provokante Weise die kritische Distanz zum herrschenden Geist des Wilhelminischen Deutschland und den dominierenden bürgerlich-realistischen oder naturalistischen Literaturströmungen; zugleich öffnet sich die deutsche Lyrik damit der französischen Tradition des Symbolismus und so auch der Weltliteratur. Diese Bindung an die französische Literatur wird auch in den gleichzeitigen Übertragungen G.s von Gedichten Baudelaires und dann auch Mallarmés erkennbar (die 1., 37 Gedichte umfassende Ausgabe der *Fleurs du mal* veröffentlichte G. 1891; 1901 folgte die auf 106 Gedichte erweiterte 2. Ausgabe der *Blumen des Bösen*).

1892
Gerhart Hauptmann
Die Weber

H. faßte 1888 den Plan zu einem Drama über den blutig niedergeschlagenen Aufstand der schlesischen Weber im Eulengebirge (4.–6. Juni 1844). 1890 begann er mit der Ausführung. Dabei stützte er sich vor allem auf Alfred Zimmermanns *Blüte und Verfall des Leinengewerbes in Schlesien* (1885) und Wilhelm Wolffs zeitgenössische Darstellung *Das Elend und der Aufruhr in Schlesien* (1845). Anregungen gingen auch von Emile Zolas Roman *Germinal* (1885) aus.

H.s »Schauspiel aus den vierziger Jahren« existiert in zwei Fassungen: einer in schlesischem Dialekt (*De Waber*) und einer dem Hochdeutschen angenäherten Version (*Die Weber*), die sich auf der Bühne durchgesetzt hat. Beide Fassungen wurden 1892 gedruckt; die Uraufführung der *Weber* fand am 26. 2. 1893 im Neuen Theater in Berlin als Veranstaltung der Freien Bühne statt. Die erste öffentliche Aufführung folgte – nach früheren Verboten – am 25. 9. 1894 im Deutschen Theater Berlin, worauf Kaiser Wilhelm II. seine Loge kündigte.

Der 1. Akt spielt im Haus des Fabrikanten Dreißiger (das historische Vorbild hieß Zwanziger) in Peterswaldau. Die hungernden, ängstlichen, untertänigen oder auch schon aufbegehrenden Weber werden bei der Ablieferung ihres fertigen Gewebes gezeigt, eine eindringliche, durch monotone Wiederholung in der Wirkung gesteigerte Demonstration der brutalen Ausbeutung durch Dreißiger und seine rüden Angestellten. Mit »Bewegung unter den Webern, Flüstern und Murren« endet der Akt. Der 2. Akt stellt der Massenszene des ersten das Elend einer (beispielhaft zu verstehenden) Familie, der Baumerts, gegenüber. Der revolutionäre Impuls geht von dem heimgekehrten jungen Soldaten Moritz Jäger und vom Vorlesen des Weberlieds, des »Blutgerichts«, aus, das den alten Baumert zur »Raserei« hinreißt. Der Häusler Ansorge hat das letzte Wort: »Mir leiden's nimehr, mag kommen, was will.« Die Bewegung wird im 3. Akt in die Öffentlichkeit (Wirtshaus in Peterswaldau) getragen,

wobei wieder dem Lied eine ausschlaggebende Rolle zukommt, und mündet dann – 4. Akt – in offenem Aufruhr. Zunächst wird in Dreißigers Privaträumen durch Pastor, Polizeiverwalter und Fabrikant die Allianz von Kirche, Staat und Kapital vorgeführt, bis sie vor den das Haus demolierenden Webern die Flucht ergreifen. Deren revolutionäre Aktionen sind nicht das Ergebnis rationaler Überlegungen, sondern kommen aus tiefer emotionaler Erregung, sind »das letzte gleichsam reflexhafte, schon halb mechanische Aufbäumen verhungernder Kreaturen« (Peter Sprengel).

Der aufsteigenden Handlung in den ersten vier Akten folgt im 5. Akt nach H.s eigener Formulierung der »Absturz«. Er spielt einen Tag nach dem Sturm auf Dreißigers Haus in einem Nachbarort (Langenbielau) und reflektiert den Umstand, daß nach der planlosen, in »Raserei« unternommenen Aktion notwendig Ernüchterung einsetzen muß und daß angesichts fehlender konkreter politischer Ziele und Organisationsformen das Scheitern vorprogrammiert ist (ganz abgesehen vom Militär, das den Aufstand blutig niederschlagen wird). Außerdem tritt mit dem alten Hilse eine neue Gestalt auf: Im Gegensatz zu seiner leidenschaftlich für den Kampf plädierenden Schwiegertochter Luise lehnt er die revolutionäre Aktion in frommem Vertrauen auf ein jenseitiges Glück grundsätzlich ab. Während Schwiegertochter und Sohn sich den gegen das Militär kämpfenden Webern anschließen, wird der alte Hilse, am Fenster stehend, zufällig von einer Kugel getroffen.

Am Tod Hilses hat sich eine widersprüchliche Diskussion entfaltet. Denn es stellt sich die Frage, wie sich das Geschehen im letzten Akt zur revolutionären Haltung der ersten vier Akte verhält. Fontane prägte die Formel, daß sich hier das »Drama der Volksauflehnung« zuletzt »gegen die Auflehnung auflehnt«. Es ließe sich aber auch argumentieren, daß hier demonstriert werde, daß sich ein einzelner dem gesellschaftlichen Kampf nicht entziehen könne oder daß der Kampf notwendig Unschuldigen das Leben koste. Auf jeden Fall hebt der 5. Akt das Geschehen auf eine andere, grundsätzliche Ebene. Die Diskussion über die Berechtigung politischer Gewalt von Seiten der Unterdrückten wird im Stück allerdings nicht entschieden.

H.s »soziales Drama«, als revolutionäres Stück verstanden, wurde begeistert aufgenommen (bzw. heftig abgelehnt) und fand sehr schnell den Weg auf ausländische Bühnen (Paris, 29. 5. 1893; Brüssel, Oktober 1894; New York, 8. 10. 1894). Zwischen 1914 und 1918 und während des Dritten Reiches wurden die *Weber* in Deutschland nicht gespielt. Zugleich setzten sich unpolitische Interpretationen des Stückes durch, als eine Art Dichtung des Mitleids oder als Gestaltung einer ins Mythische herabreichenden Leidens- und Schicksalserfahrung. Sieht man die *Weber* aber, wie es der historische Kontext nahelegt, im Zusammenhang mit dem Naturalismus, so kann an der sozialkritischen Tendenz und dem gesellschaftlichen Anliegen kein Zweifel bestehen.

1892
Johannes Schlaf
Meister Oelze

S.s »Drama in drei Aufzügen«, 1892 im Druck erschienen, gilt wie die mit Arno Holz verfaßten Gemeinschaftsarbeiten (*Papa Hamlet*, 1889; *Die Familie Selicke*, 1890) als Inbegriff eines ›konsequenten Naturalismus‹. Es konnte sich auf der Bühne nicht durchsetzen (Uraufführung am 4. 2. 1894 durch die Neue Freie Volksbühne in Berlin). Anregungen gingen von Emile Zolas Tragödie *Thérèse Raquin* aus (Uraufführung 1873, Druck 1878); formal gehört *Meister Oelze* zum Typus des analytischen Dramas.

Schauplatz ist das düstere Wohnzimmer im Haus des Tischlermeisters Franz Oelze und seiner Frau Rese in einer mitteldeutschen Kleinstadt. Das Ereignis, das die Gegenwartshandlung bestimmt, liegt 20 Jahre zurück: Franz Oelze hat zusammen mit seiner Mutter den Stiefvater kurz vor der Hochzeit seiner Stiefschwester Pauline vergiftet, um eine Änderung des Testaments zugunsten der Kinder aus erster Ehe zu verhindern. Die Tat blieb ungesühnt, und 20 Jahre später – Gegenwart – ist die mit einem Trinker verheiratete Pauline mit ihrer Tochter Mariechen aus der Stadt zu Besuch gekommen, um Oelze zu einem Geständnis der von ihr vermuteten Mordtat zu bringen. In einer subtilen Exposition (1. Akt) werden durch Andeutungen Paulines, das Schreien und Heulen der durch die Schuld wahnsinnig gewordenen Mutter und die erste Konfrontation Paulines mit dem kranken Oelze, dessen Zynismus einen Verteidigungsmechanismus darstellt, die Ereignisse der Vergangenheit aufgehellt. Der Kampf zwischen den Geschwistern setzt sich im 2. Akt fort (er spielt am Abend desselben Tages), stimmungsvoll und symbolisch begleitet von Sturm und dem Geläute der Feuerglocken, bis ein nicht näher bezeichnetes Erlebnis in der Sturmnacht Oelze endgültig aufs Kran-

kenbett wirft (Blutsturz). Die rücksichtslose Auseinandersetzung geht mit Andeutungen, Angriffen und Provokationen auch auf dem Sterbebett weiter (3. Akt; einige Tage später), doch bei aller inneren Qual und sich steigernder Isolierung gibt Oelze auch im Todeskampf sein Geheimnis nicht preis.

Eine ›Lösung‹ in traditionellem Sinn ist das nicht. Eine Erwartung wird enttäuscht, der Verbrecher entgeht der Strafe. Nicht um Moral ist es S. zu tun, sondern um einen Ausschnitt aus dem Leben. Dabei ersetzt die mehrfache Konfrontation von Oelze und Pauline – Aufbauprinzip der Variation und Wiederholung – die vorwärtsschreitende Handlung und unterstreicht die für das moderne Drama bezeichnende Kreisstruktur (Dieter Kafitz).

Sprache (thüringisch-sächsische Dialektfärbung) und Dialogtechnik mit ihrer genauen Registrierung auch scheinbar belangloser Redepartikel (»Sekundenstil«) und der Einbeziehung auch der stummen Handlung dienen nicht dem äußeren Fortschreiten, dem direkten Austragen von Konflikten, sondern verweisen auf das hinter der Oberfläche sich abspielende ›intime Drama‹. So wird ein Einblick in die inneren seelischen Vorgänge möglich, in der Art, daß wir »hinter allen diesen indirekten Reden des Franz und der Pauline gleichsam einen viel leidenschaftlicher bewegten, direkten, unterirdischen Dialog der Seelen wie mit einem inneren Ohr zu hören vermeinen« (S.: *Vom intimen Drama*, 1897).

Das »umstrittenste Drama« des deutschen Naturalismus (Albert Soergel) wurde auch nach einer Überarbeitung (1908) kein Erfolg. Das spricht nicht gegen den literarischen Rang des *Meister Oelze*: S.s Stück erscheint als »Alptraum einer Nacht, der die Unsicherheit menschlicher Existenz enthüllt, erbarmungslos, ohne daß die Kraft des Guten in irgendeiner Gestalt auch nur einen Hoffnungsschimmer aufleuchten ließe; die Möglichkeit zu befreiender Katharsis wird dem Zuschauer nicht gegeben« (Gerhard Schulz).

1892
Arthur Schnitzler
Anatol

Am Anfang von S.s dramatischem Schaffen steht die Einakterreihe *Anatol* (1892, vordatiert auf 1893; Veröffentlichung einzelner Teile seit 1889). Die ersten Aufführungen fanden 1910 in Wien und Berlin statt. Der Zyklus umfaßt nach einleitenden Versen von S.s Freund Hofmannsthal

(Pseudonym Loris) die folgenden Akte oder Szenen: *Die Frage an das Schicksal, Weihnachtseinkäufe, Episode, Denksteine, Abschiedssouper, Agonie, Anatols Hochzeitsmorgen* (als Abschluß war ursprünglich der Einakter *Anatols Größenwahn* vorgesehen, wurde dann jedoch durch *Anatols Hochzeitsmorgen* ersetzt).

Der Zyklus wird nicht durch eine zusammenhängende ›Handlung‹ getragen, sondern besteht aus Variationen der gleichen Grundsituation: Anatols Beziehung zu einer (jeweils anderen) Frau, wobei sich zugleich eine soziale Skala von der Weltdame zum Vorstadtmädchen ergibt. In den meisten Szenen tritt noch Anatols Freund Max als räsonierender Begleiter und Stichwortgeber hinzu. Mit der Wiederholung als Strukturprinzip wird zugleich die Austauschbarkeit der Frauen bestätigt, während Anatol Anspruch auf Treue und Einmaligkeit erhebt. Anatol, finanziell unabhängig, berufslos, ichbezogen, unfähig zu wirklicher Kommunikation, reduziert die Frauen auf Typen (vom »süßen Mädl« zur »Mondainen«); unmittelbares, direktes Erleben ist ihm verschlossen, die Gegenwart entzieht sich ihm: »Während ich den warmen Hauch ihres Mundes auf meiner Hand fühlte, erlebte ich das Ganze schon in der Erinnerung. […] Sie war wieder eine von denen gewesen, über die ich hinweg mußte. […] Sie […] war für mich jetzt schon das Gewesene, Flüchtige, die Episode.« So zerfällt sein Leben in Episoden ohne inneren Zusammenhang. Die Gefühle sind von Anfang an »krank«, der Illusion folgt die Desillusionierung, das Ende ist stets gegenwärtig. Der »leichtsinnige Melancholiker« und »Hypochonder der Liebe«, angekränkelt durch ständige Selbstreflexion, bleibt willenlos, unentschlossen, ohne Entwicklung, ohne Perspektive. Melancholie, Dekadenzstimmung liegt über dem Werk, dessen symptomatische Bedeutung für die Geistigkeit des Fin de siècle die vielzitierten Verse des 18jährigen Hofmannsthal aus der Einleitung bezeichnen:

Also spielen wir Theater,
Spielen unsre eignen Stücke,
Frühgereift und zart und traurig,
Die Komödie unsrer Seele,
Unsres Fühlens Heut und Gestern,
Böser Dinge hübsche Formel,
Glatte Worte, bunte Bilder,
Halbes, heimliches Empfinden,
Agonien, Episoden …

1893
Max Halbe
Jugend

H.s erfolgreichstes Bühnenstück, am 23. 4. 1893 im Residenztheater Berlin uraufgeführt und im selben Jahr gedruckt, gehört der naturalistischen Phase seines Schaffens an; die spätere Entwicklung führte ihn zu Mystizismus und Heimatkunst (*Mutter Erde*, 1897; *Der Strom*, 1903) und schließlich zum Arrangement mit dem Nationalsozialismus.

Das »Liebesdrama« *Jugend* (3 Akte) nimmt Anregungen von Frank Wedekinds Pubertätsdrama *Frühlings Erwachen* (1891) auf, erinnert aber auch an das Sesenheimer Pfarrhausidyll und mit der männlichen Hauptfigur an die jugendlichen Helden des Sturm und Drang, allerdings ohne deren Kraft.

Die unehelich geborene, naive 18jährige Anna lebt mit ihrem geistig zurückgebliebenen Stiefbruder Amandus im Haus ihres gutmütigen Onkels, des katholischen Pfarrers Hoppe, im polnisch-deutschen Grenzgebiet. Damit sie für die ›Sünde‹ ihrer Mutter büße, deren Sinnlichkeit sie geerbt hat, betreibt der fanatische Kaplan Gregor von Schigorski ihre Aufnahme in ein Kloster. Als jedoch ihr Cousin Hans Hartwig, ein Student, in den Ferien zu Besuch kommt, entflammen sie in gegenseitiger Liebe, mißgünstig beobachtet von Amandus und dem Kaplan. Während Hans voll Freiheitsdrang hinaus in die Welt will (»Embryo eines modernen Stimmungsmenschen«), entwirft Anna Pläne für eine gemeinsame Zukunft. Nicht zuletzt der Druck des Kaplans bringt sie zusammen; Anna schleicht sich in der Nacht zu Hans, wird jedoch von ihrem Stiefbruder beobachtet. Von ihm erfährt es der Kaplan, der seine Klosterpläne für Anna gescheitert sieht und empört Hoppe informiert. Der erkennt die Schuld des Kaplans und weist ihn aus dem Haus. Hans macht er entschiedene Vorhaltungen; er solle erst einmal sein Studium zu Ende bringen. Der wütende Amandus richtet sein Gewehr auf Hans – die Waffe wird wie ein Requisit im Schicksalsdrama behandelt –, Anna wirft sich dazwischen und wird tödlich getroffen.

Triebhaftigkeit und Moral, Natur und Zwang sind die bestimmenden Gegensätze, die sich in melodramatischer, ›schicksalhafter‹ Weise zuspitzen und in einem schon von den Zeitgenossen kritisierten Deus-ex-machina-Schluß ihre Lösung finden. Zu den Stärken des Stücks gehören die naturalistische Milieuschilderung und Dialogführung.

1893
Gerhart Hauptmann
Der Biberpelz

Nach *Kollege Crampton* (1892), einem tragikomischen Künstlerdrama, ist der *Biberpelz* H.s zweite Komödie (Uraufführung am 21. 9. 1893, Deutsches Theater Berlin; Druck 1893). Mit ihr löst er sich von der konventionellen Intrigenform, verzichtet auf eine konsequent entwickelte komische Handlung und tendiert statt dessen zur epischen Reihung, zu Wiederholungen strukturell ähnlicher Vorgänge. Die »Diebskomödie«, so der Untertitel, löste daher zunächst Befremden aus, wurde aber später H.s erfolgreichstes komisches Werk.

Im Mittelpunkt steht die Waschfrau Wolff (»Mutter Wolffen«) die »irgendwo um Berlin« für sich und ihre Familie mit Hilfe von Diebereien den Aufstieg ins Bürgertum anstrebt und sich dank ihrer Gewitztheit, Schlauheit und Kraft durchsetzt. Für die Aufklärung der Diebstähle – es beginnt mit einem gewilderten Rehbock, setzt sich fort mit einem Stapel Holz und endet (vorerst) mit dem Biberpelz des Rentiers Krüger – ist der Amtsvorsteher von Wehrhahn zuständig, ein Musterbeispiel von amtlicher und adeliger Aufgeblasenheit, Selbsttäuschung und Unfähigkeit. Ihn interessieren die Diebstähle nicht – ohnehin mag er den auf seinen Rechten bestehenden, ständig aufgeregten Krüger nicht –, denn er ist hinter Größerem her: Die Verfolgung des Demokraten Dr. Fleischer, dem er mit allen, selbst kriminellen Mitteln eine Anklage wegen Majestätsbeleidigung anhängen will, nimmt seine ganze Konzentration in Anspruch. So heben sich die beiden Handlungen auf, und das Stück endet – nicht ohne Lenkung durch Frau Wolff – ironisch mit dem stillschweigenden Bündnis der gewitzten Waschfrau und des Amtsvorstehers gegen einen imaginären Verbrecher und dem die Beamtensatire krönenden Fehlurteil Wehrhahns: »die Wolffen ist eine ehrliche Haut«.

Mit Frau Wolff ist H. eine lebensvolle Komödienfigur gelungen, eine Schelmengestalt in traditionellem Sinn, die bewußt oder instinktiv die Verlogenheit und Heuchelei der Gesellschaft bloßstellt, indem sie die ihr aufgedrängte Rolle übernimmt.

Ein Jahrzehnt später spielt die wenig erfolgreiche ›Fortsetzung‹ *Der rote Hahn* (Uraufführung 27. 11. 1901, Druck 1901), die die verwitwete Frau Wolff als Frau des Schuhmachermeisters und Polizeispions Fielitz auf einer weiteren Stufe ihrer kapitalistischen Karriere (Versicherungsbetrug, Bauspekulation) zeigt.

1893
Hugo von Hofmannsthal
Der Tor und der Tod

Die Problematik der ästhetischen Existenz ist Thema einer Reihe von Dichtungen aus dem Wiener Fin de siècle (»Jung Wien«). Dazu gehören u. a. die Erzählungen *Der Garten der Erkenntnis* (1895) von Leopold von Andrian-Werburg, *Der Tod Georgs* von Richard Beer-Hofmann (1900) und H.s frühe Gedichte (*Ballade des äußeren Leben, Manche freilich ..., Lebenslied*) und lyrische Dramen (*Gestern*, 1891; *Der Tod des Tizian*, 1892; *Der Tor und der Tod*, 1893; *Der weiße Fächer*, 1897; *Der Kaiser und die Hexe*, 1897). Mit diesen Texten begründete H. seinen Ruhm. *Der Tor und der Tod* erschien 1893 im *Modernen Musen-Almanach auf das Jahr 1894* und wurde am 13. 11. 1898 in München von der Literarischen Gesellschaft uraufgeführt.

In klangschönen Jamben klagt Claudio im Schein der Abendsonne darüber, daß er das Leben versäumt habe, daß er weder wirkliche Bindungen eingegangen noch von tiefen Erfahrungen und Gefühlen bewegt worden sei. Auch die Kunst hat ihn, statt zum Leben hinzuführen, nur davon entfernt. Der Geigenton des Todes ruft ihm seine Kindheit mit ihrer kaum bewußten Erfahrung der Einheit von Ich und Welt zurück, eine Erfahrung, die er als Verheißung auffaßte und gerade dadurch die Enttäuschung herausforderte: »Darüber, daß er sich für das Mögliche freigehalten hat, anstatt das Wirkliche zu ergreifen [...], findet er sich am Ende mit leeren Händen und einem verwarteten Leben« (Richard Alewyn).

Daß das versäumte Leben nicht nur Leiden, sondern auch Schuld bedeutet, wird offenbar, als der Tod die Gestalten heraufbeschwört, die Claudios Leben begleitet haben und ihm, »Der keinem etwas war und keiner ihm«, nun gewissermaßen den Prozeß machen: Mutter, Geliebte, Freund. Während Claudio vorher den Tod noch um Aufschub gebeten hatte, um zum erstenmal leben zu können, entzieht er sich nun nicht mehr dem Gericht des Todes; die Todesstunde wird erste wirkliche Lebenserfahrung: »Erst, da ich sterbe, spür ich, daß ich bin.« Er hat wenigstens einmal gelebt, der Tod verliert seinen Schrecken, wird vom Richter zum Erlöser: »Die Moralität verwandelt sich in das Mysterium« (Alewyn). Allerdings bietet der Schluß dieser lyrischen Szenenfolge mit ihren Elementen mittelalterlicher und barocker Moralitäten, Mysterienspiele und Totentänze keine wirkliche Lösung des Problems der ästhetizistischen Lebensverfehlung; die Abkehr vom impressionistischen Ästhetentum führte H. im späteren Werk bewußt zum »Sozialen«.

1893
Karl May
Winnetou

Die drei Bände der berühmtesten der klassischen Reise- und Jugenderzählungen M.s erschienen 1893 im Rahmen der von dem Freiburger Verleger Fehsenfeld herausgegebenen *Gesammelten Reiseerzählungen* (33 Bände, 1892–1910). Als 4. Band folgte 1910 *Winnetous Erben*.

Winnetou I – ursprünglicher Titel *Winnetou, der rote Gentleman* – gehört zu den besten und geschlossensten Romanen M.s. Er wurde eigens für die Fehsenfeld-Edition neu geschrieben, während die folgenden Bände auf älteren Erzählungen beruhen und trotz entsprechender Bemühungen nicht die Geschlossenheit des 1. Bandes erreichen. Dieser erhält besondere Bedeutung auch dadurch, daß hier die endgültige Version der Entwicklung seines Helden Old Shatterhand und seiner Freundschaft mit Winnetou formuliert wird: »Erst auf dieser Basis gewinnt M.s nordamerikanischer Schauplatz die unverwechselbaren Konturen einer mythischen Welt eigener Art: mit eigenen Lebensregeln und Normen, mit eigener Prominenz und generell mit Verhältnissen, die als utopischer Gegenentwurf zu den realen Gegebenheiten in der Heimat des Autors zu erkennen sind« (Heinz Stolte). Die wichtigste Quelle für Nordamerikanisches ist George Catlins *Die Indianer Nordamerikas* (1841, dt. 1848). Absicht seiner Erzählung sei es, schreibt M., den durch die Aggression der Weißen zum Untergang verurteilten Indianern »das wohlverdiente Denkmal« zu setzen.

Winnetou ist ein Ich-Roman. Der Held und Erzähler, den unerquickliche Verhältnisse in der Heimat (sie hindern ihn nicht an penetranter Deutschtümelei) und angeborener Tatendrang nach Nordamerika getrieben haben, erscheint zunächst als Hauslehrer in St. Louis und gerät dann durch die Vermittlung seines väterlichen Freundes, des Büchsenmachers Henry (»Bärentöter«, »Henrystutzen«), als Landvermesser für eine Eisenbahngesellschaft in den ›Wilden Westen‹. Als Lehrmeister dient der skurrile Sam Hawkens, den er aber bald übertrifft. Sie geraten in Auseinandersetzungen mit den Mescalero-Apachen und später mit den zunächst verbündeten Kiowas, und es kommt zu Kämpfen, gegenseitigen Gefangennahmen, Verfolgungen, Zweikämpfen und einer schweren Verwundung des Helden. Schließlich gelingt es, die Mißverständnisse zwischen den (wenigen) ›guten‹ Weißen und den Apachen aufzuklären und eine vollständige Aussöhnung zwischen Old Shatterhand und Winnetou herbeizuführen. Die beiden werden Blutsbrüder, und Winnetou bringt Old Shatterhand den letzten Westmannsschliff bei. Auf der Rückreise nach St. Louis kommt es zur Katastrophe. Bei einem Überfall durch geldgierige Weiße werden Winnetous Vater und Schwester, die sich in Old Shatterhand verliebt hatte und wie eine weiße Lady werden wollte, ermordet. Der Hauptschurke, Santer, entkommt (und findet erst im 3. Band den Tod, als er auf der Suche nach Winnetous Goldschatz eine Sicherung übersieht und eine Explosion auslöst; Winnetou selber war schon vorher, von der Kugel eines Ogellallah getroffen, in Old Shatterhands Armen unter den Klängen eines Ave Maria gestorben).

M. verwertet hier wie in seinen anderen Romanen die traditionellen Motive des Abenteuerromans: Der Held ist den Angriffen von Menschen, wilden Tieren und den Naturgewalten ausgesetzt, bewährt sich in Verteidigungs- und Verfolgungsmaßnahmen. Idyllische Momente dienen zur Sammlung von Akteuren und Lesern, geben den reueunwilligen Bösewichtern Gelegenheit, auf neue Untaten zu sinnen und bereiten weitere Verwicklungen vor, die wieder dem Schema ›Gefangenschaft und Befreiung‹ folgen. Einfache Schwarzweißmalerei herrscht vor, und die Schurken trifft schließlich die gerechte Strafe. Geradezu übermenschlich erweisen sich die Fähigkeiten der charismatischen Helden und Erlösergestalten Old Shatterhand bzw. Kara Ben Nemsi (in den Orientromanen) und Winnetou, in denen M. Allmachts- und Wunscherfüllungsphantasien auslebt. Legenden- und märchenhafte Züge sind deutlich.

M. ist einer der auflagestärksten deutschen Schriftsteller (wobei die Qualität der Ausgaben freilich meist höchst unbefriedigend ist). Die Urteile über ihn reichen von entschiedener Ablehnung bis zu hoher Wertschätzung (Ernst Bloch: »einer der besten deutschen Erzähler«). Arno Schmidt suchte das Alterswerk des »Großmystikers« M. aufzuwerten, das den – stark zurückgenommenen – Abenteuerhandlungen einen religiös-allegorischen Sinn unterlegt (u. a. *Im Reiche des silbernen Löwen*, Bd 3, 4: 1902–03; *Ardistan und Dschinnistan*, Bd 1, 2: 1909).

1894
Oskar Panizza
Das Liebeskonzil

Die auf 1895 vordatierte, aber bereits im Oktober 1894 in Zürich erschienene »Himmels-Tragödie in fünf Aufzügen« fand zunächst nur wenige Leser, so daß die bayerische Justiz Mühe hatte, jemanden zu finden, der Anstoß nahm. Die Satire auf die Kirche und ihre Moralvorstellungen sowie auf die Machtpolitik und Verdorbenheit der Renaissancepäpste wurde verboten und brachte P. ein Jahr Gefängnis ein.

Dem Stück, »Dem Andenken Huttens« gewidmet, ist ein Zitat aus dessen Traktat über die Syphilis (1519) vorangestellt, in dem die Lustseuche als Strafe Gottes für die Sündhaftigkeit der Menschen interpretiert wird. Daran anknüpfend, stellt P. satirisch-spekulativ die Frage, wie denn ein Gott beschaffen sein müsse, der eine solche Strafe und ein derart verworfenes Kirchenregiment wie unter dem Borgia-Papst Alexander VI. zulasse. Bei der Darstellung der himmlischen Verhältnisse – ein seniler, kranker und schlechtgelaunter Gottvater, ein schwächlicher Christus und eine recht durchtriebene Gottesmutter werden vorgeführt, während der Heilige Geist »wie eine Rakete« durch den himmlischen Thronsaal fährt – zielt die Dominanz Marias kritisch auf aktuelle katholische Glaubensvorstellungen.

Das Stück spielt im Frühjahr 1495. Ein Bote meldet Gottvater, daß die Menschheit seine Gebote mißachte und es insbesondere in Neapel schlimm treibe. Zunächst denkt Gottvater daran, die Menschheit zu zerschmettern, doch dann beschließt er, ein Konzil mit den Seinen und dem Teufel abzuhalten. Zunächst betrachtet er mit Maria, Christus und einigen Engeln das Treiben am Hof Alexanders VI. an Ostern, das – untermalt von frommen Texten und gottesdienstlicher Musik – in obszönen Liebesspielen und -kämpfen gipfelt. Nach stotternden Ansätzen von Gottvater und Christus unternimmt es dann Maria, den Teufel zu bitten, ein Mittel zu ersinnen, das die sexuelle Begierde der Menschen einzudämmen in der Lage sei, die Menschen jedoch nicht ganz zerstöre, sondern »erlösungs-bedürftig« und »erlösungs-fähig« lasse. Der Teufel zeugt mit Salome – die anderen Frauen in seinem Reich erweisen sich nicht als zureichend böse – eine stumme satanische Schönheit, deren Berührung jeden infiziert: zuerst Papst Alexander VI., dann – der »Rangordnung« folgend – die Geistlichkeit und das übrige »Menschenpack«.

Die gelegentlich auch grobschlächtige »Himmels-Tragödie«, die in der Art des mittelalterlichen Dramas auf drei Ebenen – Himmel, Erde, Hölle – spielt, erregte nicht nur die Aufmerksamkeit von Juristen und Sittenwächtern, sondern fand auch die Anerkennung von Schriftstellern wie Theodor Fontane (»ein ganz bedeutendes Buch«) und Detlev von Liliencron (»Kolossal! Nochmals: Gradezu kolossal!«). Eine Aufführung fand erst am 7. 2. 1969 am Théâtre de Paris statt; Werner Schroeters Verfilmung (1982) nach der Aufführung des römischen Teatro Belli bezieht den Prozeß gegen P. ein.

1894–95
Theodor Fontane
Effi Briest

F.s berühmtester Roman erschien zuerst 1894–95 in der *Deutschen Rundschau*; die Buchausgabe folgte 1895. Die Handlung beruht auf einer Ehebruchsgeschichte der 80er Jahre. Die betroffene Frau starb, beinahe hundertjährig, 1952.

Die 17jährige Effi Briest wird die Frau des um 21 Jahre älteren Barons von Instetten, eines Jugendfreundes ihrer Mutter. Der Landrat des Kreises Kessin in Hinterpommern ist, wie die Leute sagen, »ein Mann von Grundsätzen«, und Effi gesteht ihrer Mutter noch kurz vor der Hochzeit: »Er ist so lieb und gut gegen mich und so nachsichtig, aber ... ich fürchte mich vor ihm.« Effi folgt ihrem Mann in das alte Landratshaus in Kessin. Ihre gesellschaftlichen Erwartungen werden enttäuscht. Instetten ist oft unterwegs, Effi langweilt sich, fühlt sich bedrückt, verängstigt (wozu auch Spukhaftes, von Instetten nicht ernstgenommen, beiträgt). Auch die Geburt einer Tochter ändert nichts an ihrem Zustand. Ihr bleibt nur die Freundschaft mit dem Apotheker Alonzo Gieshübler, bis mit Major von Crampas, dem neuen Bezirkskommandanten, ein erfahrener »Damenmann« in den Ort kommt. Allmählich entwickelt sich – im Text nur angedeutet – eine Liebesbeziehung, doch Effi ist erleichtert, als Instetten befördert und nach Berlin versetzt wird und so die Beziehung zu Crampas ein Ende findet.

Nach etwa sechseinhalb Jahren ruhigen Zusammenlebens findet Instetten zufällig Briefe von Crampas an Effi aus der Kessiner Zeit. In seiner Ehre getroffen, fordert er Crampas zum Duell und tötet ihn. Die Fragwürdigkeit der Ehrvorstellungen ist ihm zwar bewußt, beeinflußt aber nicht die Handlungsweise. Er läßt sich scheiden, das Kind bleibt bei ihm. Effi wohnt bei dem Kindermädchen in Berlin, da ihre Eltern ihr aus gesellschaftlichen Rücksichten die Aufnahme verweigern. Eine Begegnung mit ihrer nun zehnjährigen, sie abweisenden Tochter verläuft bitter. Die kränkliche Effi bricht zusammen; ihr Arzt erreicht, daß sie nach Hause zurückkehren darf. Nach einigen ruhigen Monaten stirbt sie friedlich, während der inzwischen wiederum beförderte Instetten freudlos dahinlebt und über sein verpfuschtes Leben nachdenkt.

F. erzählt eine eher alltägliche Ehebruchsgeschichte, die Anlaß zu einem Duell mit tödlichem Ausgang wird. Aber es ist zugleich ein hochliterarisches, durch ein Gewebe von Leitmotiven, Symbolen, Anspielungen und Andeutungen strukturiertes Werk. Und indem die Ehebruchsgeschichte symptomatischen Charakter annimmt, »zeitgeschichtliche Repräsentanz« erhält (Fritz Martini), wird *Effi Briest* zum Zeitroman, der die sinnlosen gesellschaftlichen Konventionen, rigiden Moralvorstellungen und Verdrängungsmechanismen des Kaiserreichs dekuvriert.

Im Vergleich zu den großen Eheromanen des 19. Jh.s – Gustave Flauberts *Madame Bovary* (1856–57) und Leo Tolstojs *Anna Karenina* (1878) hat man die Leidenschaftslosigkeit der Gestalten F.s hervorgehoben. So fehlt *Effi Briest* letztlich auch die Tragik; ihr »aus Alltäglichkeit, Lächerlichkeit und Trivialität gemischter Ernst« ist Zeichen einer Annäherung an die Bewußtseinslage der Moderne. F.s Helden sind, denen Arthur Schnitzlers nahe, »halbe Helden im leidenschaftslosen Eheroman der bloßen Liebelei« (Walter Müller-Seidel).

Der Roman wurde mehrfach verfilmt, u. a. von Gustav Gründgens (1939) und Rainer Werner Fassbinder (1972–74).

1895
Ludwig Ganghofer
Schloß Hubertus

G. war (ist) der erfolgreichste Vertreter der süddeutschen Heimatliteratur. Mit Romanen wie *Die Martinsklause* (1894), *Schloß Hubertus* (1895) und *Das Schweigen im Walde* (1899) erreichte er Millionenauflagen. Dargestellt wird meist eine antithetisch gegliederte Welt, in der die positiven Gestalten sich zum Gesunden, Echten, Natur- und Volkhaften entwickeln, während die Gegenfiguren der modernen Welt anheimfallen und zugrunde gehen.

Herr im Schloß Hubertus ist der jagdbesessene Graf Egge, der durch seine Jagdleidenschaft den

frühen Tod seiner Frau verschuldet hat und auch in der Beziehung zu seinen Kindern versagt. Die sind ihm zwar alle, bis auf den Spieler Robert, in pflichtgemäßer Liebe zugetan, doch Willy stirbt bei einem Unfall, Tassilo heiratet die Sängerin Anna Herwegh und wird verstoßen, und die einzige Tochter, Kitty, sein »Geißlein«, liebt ebenfalls unstandesgemäß den vielversprechenden Künstler Hans Forbeck. Zugleich spielt sich in den Bergen und unter den Bauern eine Wilderer- und Mordgeschichte ab, die für Egges Jäger Franzl schließlich zum Happy-end führt (»Und auf leisen Sohlen ging der Engel eines großen Glückes durch den kleinen Raum«). Dagegen wird der Graf bei dem Versuch, ein Adlernest auszuheben, verwundet; angesichts des Todes versöhnt er sich mit Tassilo (der ihm sein »adeliges Wort« gibt, die Jagd nicht verkommen zu lassen) und akzeptiert stillschweigend Kittys Wahl. Er stirbt an Blutvergiftung.

Folklore, Gebirgsromantik, Liebe und Familiengeschichten verbinden sich mit einem tyrannischen Patriarchen (mit echtem Kern) zu einem Werk, das trotz des ›tragischen‹ Untergangs des alten Grafen zu einem harmonischen, die Kräfte des ›Gesunden‹ und ›Natürlichen‹ bestätigenden Ende findet, wozu auch G.s Lieblingsvorstellung der Ehe zwischen Adel und Bürgertum beiträgt.

Zu G.s umfangreichem Schaffen gehört auch eine von Gustav Freytags Romanzyklus *Die Ahnen* (1872–80) angeregte Serie von Romanen, die die Geschichte des Berchtesgadener Landes vom 12. bis ins 18. Jh. zu vergegenwärtigen sucht (u. a. *Der Klosterjäger. Roman aus dem 14. Jh.*, 1892; *Der Ochsenkrieg. Roman aus dem 15. Jh.*, 1914).

1895
Wilhelm von Polenz
Der Büttnerbauer

Dieses heute weitgehend vergessene Werk wird gelegentlich als bedeutendste Leistung des naturalistischen Romans bezeichnet. Gegenstand ist der Untergang des mittelständischen Bauerntums, und der Held des Romans, Traugott Büttner, gleicht in manchem, vor allem in seinem Unverständnis für die gesellschaftlichen und wirtschaftlichen Umwälzungen, dem Meister Timpe in Max Kretzers gleichnamigem Roman.

Büttner, nun in den Sechzigern, hat vor 30 Jahren den Hof seines Vaters in Halbenau in der Lausitz übernommen, mußte aber hohe Hypotheken aufnehmen, um seine Geschwister auszuzahlen. Da er nicht mit der Zeit geht – keine Maschinen, kein Kunstdünger, keine Zeitung usw. –, gelingt es ihm nicht, seine Schulden abzutragen. Den Verkauf eines Waldstücks an einen gräflichen Nachbarn verweigert er aus Starrsinn: »'s Gutt bleibt zusommde!« So verliert er alles. Er gerät, nicht ohne Mithilfe seines betrügerischen Schwagers Ernst Kaschel (»Kaschelernst«), in die Hände des jüdischen Getreidehändlers und Spekulanten Samuel Harrassowitz, dem es nur darum geht, das Gut billig an sich zu bringen, um es dann im Zug der Grundstücksspekulationen der Gründerjahre parzelliert weiterzuverkaufen. Büttners ältester Sohn Karl übernimmt einen Pachthof und verfällt dem Alkoholismus; die Tochter Toni wird Prostituierte. Nur der jüngere Sohn Gustav, der den Militärdienst quittiert, sich eine Zeitlang als Landarbeiter verdingt und in Berlin in Berührung mit der Arbeiterbewegung und der Sozialdemokratie kommt, ist neuen Erfahrungen und Gedanken offen, ohne daß dies freilich Konsequenzen hätte (er wird Verwalter eines Miets- und Geschäftshauses). Der alte Büttner, der im Haus bleiben durfte, überblickt noch einmal – nach Kirchgang und Beichte – seinen ehemaligen Besitz und erhängt sich.

Die Zwiespältigkeit, die der Zeitdiagnose P.s innewohnt, bestimmte auch die Rezeption des sehr erfolgreichen Romans: Mit seiner realistischen, sachlichen Darstellung des Untergangs des Büttnerbauern als Folge der gesellschaftlichen und wirtschaftlichen Entwicklung fand P.s Roman den Beifall Tolstojs und Lenins; daß zugleich der völkisch-rassistische Literaturhistoriker Adolf Bartels P. zu den wenigen großen zeitgenössischen »Dichter-Schriftstellern« rechnen konnte, verweist auf die letztlich konservative Haltung des märkischen Großgrundbesitzers und die dem Roman zugrundeliegende agrarisch-konservative Ideologie (in der sich Antikapitalismus mit Antisemitismus verbindet).

1895
Arthur Schnitzler
Liebelei

Das dreiaktige Schauspiel, am 9. 10. 1895 am Wiener Burgtheater uraufgeführt (Druck 1896), machte S. berühmt. *Liebelei* spielt in Wien, Gegenwart. Die Studenten Fritz Lobheimer und Theodor Kaiser, Leutnants der Reserve, vertreiben sich ihre Zeit (1. Akt). Theodor ist mit der lebenslustigen Mizi Schlager liiert (»Die Weiber haben nicht interessant zu sein, sondern angenehm«), und der sensiblere Fritz findet »Erholung« von der anstrengenden Affäre mit einer verheirateten Frau bei der gefühlvollen Christine Weiring, Tochter eines Violinisten. Störungen seines so verstandenen, punktuellen Glücks sucht er zu vermeiden, Fragen nach seiner Beziehung zur »Dame in Schwarz« sind unzulässig: »Gefragt wird nichts. Das ist ja gerade das Schöne. Wenn ich mit dir zusammen bin, versinkt die Welt – punktum. Ich frag' dich auch um nichts.« Um so nachdrücklicher zerstört der betrogene Ehemann die trügerische Idylle; die Duellforderung erscheint Fritz als Todesurteil. Christine erfährt nichts davon. Der 2. Akt spielt in Christines Zimmer; sie ist enttäuscht, daß Fritz das verabredete Rendezvous nicht eingehalten hat. Doch die »Sehnsucht nach diesem lieben süßen Gesichtel« bringt ihn doch noch zu ihr. Er nimmt Abschied, vorgeblich für eine Reise, in Wirklichkeit fürs Leben. Die Geborgenheit der Atmosphäre ihres Zimmers nimmt ihn gefangen, gleichzeitig ist er sich der Scheinhaftigkeit der Situation bewußt. Zwei Tage später (3. Akt) erfährt Christine von seinem Tod, erkennt, daß sie ihm nur »ein Zeitvertreib« war, daß er sich »für eine andere« hat umbringen lassen und daß man ihn bereits im Beisein der »allernächsten Verwandten und Freunde« – aber ohne sie – beerdigt hat: »Indem er an einer Lüge stirbt, wird sie inne, daß sie von einer Lüge gelebt hat« (Hermann Bahr). Sie stürzt verzweifelt aus dem Zimmer; das Schlußwort des Vaters nimmt ihren Tod voraus: »sie kommt nicht wieder!«

Die scheinbar flüchtige Beziehung enthält eine tragische Dimension, die entfernt an Thematik und Konstellationen des bürgerlichen Trauerspiels erinnert. Daß die Erkenntnis, nur eine »Liebelei«, eine Zerstreuung gewesen zu sein, so weitreichende Folgen hat, verweist nicht nur auf Christines echtes, tiefes Gefühl, sondern auch auf ihre Verwurzelung in bürgerlichen Wertvorstellungen, die auf unheilvolle und entlarvende Weise mit der ästhetisierenden Unverbindlichkeit, spielerischen Erotik und Hohlheit der sie umgebenden Gesellschaft kollidieren. Das bittersüße Stück, mit dem S. den Typus des ›süßen Mädels‹ bekannt machte, wurde mehrfach verfilmt.

1895, 1902
Frank Wedekind
Lulu
(Erdgeist; Die Büchse der Pandora)

W.s *Lulu*-Tragödie war ursprünglich als fünfaktiges Drama konzipiert; erhalten ist eine handschriftliche Fassung von 1894: *Die Büchse der Pandora. Eine Monstretragödie.* Die Tragödie wurde dann in zwei Stücke aufgespalten, wobei jeweils ein zusätzlicher Akt eingeschoben wurde: *Erdgeist* (4 Akte; Druck 1895, Uraufführung 25. 2. 1898, Kristallpalast Leipzig) und *Die Büchse der Pandora* (3 Akte; Druck 1902 in der Zeitschrift *Die Insel*, Uraufführung 1. 2. 1904, Nürnberg). Zensur- und Bühnenpraxis regten W. zu mehreren Bearbeitungen bis zum Jahr 1913 an (beide Stücke wurden jetzt unter dem Titel *Lulu* zusammengefaßt).

Erdgeist beginnt mit einem Prolog, in dem ein Tierbändiger Lulu als das »*wahre* Tier, das *wilde, schöne* Tier« ankündigt, als »*Urgestalt des Weibes*«. Wie sich die in der Kunstfigur Lulu verkörperte Natur mit ihrer Triebhaftigkeit, Unbedingtheit, Naivität und »süße[n] Unschuld« zur (bürglichen) Gesellschaft verhält (und ihre verlogene Moral entlarvt), zeigen die einzelnen das Grundthema variierenden Akte. Lulu war als junges Mädchen von dem Zeitungsverleger und Chefredakteur Dr. Schön von der Straße aufgelesen und zu seiner Geliebten gemacht worden. Um sich für eine Verbindung mit einer vornehmen Frau frei zu machen, sucht er sich von Lulu zu befreien, indem er sie verheiratet. So zeigen die vier Akte des Dramas ihre Verbindung mit verschiedenen, ihr verfallenen Männern – mit dem Medizinalrat Dr. Goll, dem Kunstmaler Schwarz und schließlich Dr. Schön selber. Die Handlungsabläufe, die in der Zerstörung der Männer resultieren, gleichen einander, weisen aber eine deutliche Steigerung auf. Lulu betrügt ihren jeweiligen Mann mit dem zukünftigen, die Teilhandlungen enden mit dem Tod des Mannes: Dr. Goll stirbt an einem Schlaganfall, als er sie mit Schwarz überrascht; dieser schneidet sich die Kehle durch, als er von Dr. Schön über sie aufgeklärt wird; und schließlich zwingt sie Schön, der sie erniedrigen will, seine Verlobung zu lösen und sie zu heiraten. Er scheitert endgültig, als er sie dann, um sich zu befreien, zum Selbstmord drängen will – sie erschießt ihn.

Demonstriert *Erdgeist* Aufstieg und Macht Lulus, so folgt in der *Büchse der Pandora* Ohnmacht, Abstieg, Verfall. Lulu ist mit Hilfe der sie liebenden Gräfin Geschwitz und anderer aus dem Gefängnis geflohen. Mit Dr. Schöns Sohn Alwa führt sie in Paris ein luxuriöses, hochstaplerisches Leben. Von Denunziation bedroht, flieht sie mit ihrer Gesellschaft (Alwa, Gräfin Geschwitz, ihrem ›Vater‹ Schigolch) nach London. Hier hausen sie in einer schäbigen Dachwohnung, in die Lulu, nun Prostituierte, die Kunden bringt. Alwa wird von einem Kunden erschlagen, die Gräfin Geschwitz versucht vergeblich, sich zu erhängen und findet schließlich, wie Lulu selbst, den Tod durch den Lustmörder Jack.

Das Stück, ebenso Groteske wie Tragödie, verbindet in einer Folge von Stationen, die eine geschlossene Handlung ersetzen, Kolportage und Mythos. Die amoralische Kunstfigur Lulu nimmt mythische Züge an; die »Schlange«, als die sie der Tierbändiger ankündigt, ist zugleich Helena und Pandora; und die Männer, für die sie jeweils reines Objekt der Begierde ist und die in sie ihre Wunschbilder projizieren, nennen sie je nach ihren Phantasien Nelly (Helena), Eva oder Mignon. Lulu »repräsentiert Mythisches im Rahmen einer Gesellschaft, die – als modern sich verstehend – im Begriff ist, sich industriell durchzurationalisieren. Der Mythos Frau wird modernisiert; er wird in Mythologeme und Stereotypen zerlegt« (Hartmut Vinçon). Dabei ist Lulu ebenso Männer wie Frauenphantasie (Machtphantasie); ihre Geschichte dekuvriert zugleich eine Gesellschaft der Gewalt des Mannes gegen die Frau.

W.s Dichtung ist die Grundlage von Alban Bergs unvollendet gebliebener Oper *Lulu* (Uraufführung 1937). Wedekinds Drama wurde mehrfach verfilmt.

1896
Peter Altenberg
Wie ich es sehe

A.s erste Sammlung von Prosaskizzen erschien auf Vermittlung seines Freundes Karl Kraus; sie wurde in den folgenden Jahren mehrfach erweitert ([11]1919). Es handelt sich um kurze Stücke, Fragmente des Lebens, Momentaufnahmen der bürgerlich-aristokratischen Gesellschaft Wiens, Szenen aus dem Proletariat, Psychogramme des modernen Menschen. Dialogisches herrscht vor, Wiederholungen gliedern die Texte. Andeuten, Verhüllen, Weglassen sind die künstlerischen Prinzipien, auf denen die Skizzen beruhen (äußeres Kennzeichen dafür sind die zahlreichen Gedankenstriche); in ihrer Sprachform erweisen sie A. als konsequentesten deutschsprachigen Vertreter des »poème en prose« in der Nachfolge Baudelaires, Mallarmés und Maeterlincks und unterstreichen so die Bedeutung der französischen Literatur für das deutsche bzw. österreichische Fin de siècle.

A. bezeichnete seine »kleinen Sachen« als »Extracte des Lebens«: »Das Leben der Seele und des zufälligen Tages, in 2–3 Seiten eingedampft, vom Überflüssigen befreit wie das Rind im Liebig-Tiegel! Dem Leser bleibt es überlassen, diese Extracte aus eigenen Kräften wieder aufzulösen.« Weiter spricht A. vom »Telegrammstil der Seele« und von seiner Vorliebe für das »abgekürzte Verfahren«; er wird so »zum meisterlichen Autor des Ungesagten, zum Virtuosen des zwischen den Zeilen Stehenden« (Jens Malte Fischer).

Hermann Bahr und Hugo von Hofmannsthal hoben in Rezensionen die Bedeutung von A.s Buch hervor, dem eine Reihe weiterer Sammlungen von Prosastücken folgte (u.a. *Was der Tag mir zuträgt*, 1901; *Prodromos*, 1906; *Bilderbögen des kleinen Lebens*, 1909). Mit seinen impressionistischen Skizzen wirkte A. auf Feuilletonisten wie Alfred Polgar und Kurt Tucholsky und die moderne Kurzprosa.

1896
Gerhart Hauptmann
Florian Geyer

Die »Tragödie des Bauernkrieges«, am 4. 1. 1896 am Berliner Deutschen Theater uraufgeführt und im selben Jahr gedruckt, gibt in fünf Akten und einem Vorspiel ein episch-breites, auf umfangreichen Quellenstudien beruhendes Bild des Bauernkriegs in Franken, von den hoffnungsvollen Anfängen bis zum Scheitern. Anders als in den *Webern* setzt H. hier wieder eine Hauptgestalt ein, und anders als in den *Webern* treten die unterdrückten und revoltierenden Massen nicht auf, sondern nur ihre Anführer, Ritter und Repräsentanten der Stände. Von den entscheidenden Ereignissen wird fast nur berichtet. Und Florian Geyer selbst ist ein eher passiver Held, auf den sich zwar die Hoffnungen seiner Anhänger richten, der aber keine Gelegenheit erhält, seine Vorstellungen in die Tat umzusetzen. Das Geschehen zerfällt in eine Vielzahl farbiger Episoden; einheitsstiftend wirken Schauplatz und Atmosphäre der einzelnen Akte.

Das Vorspiel auf der Würzburger Feste zeigt die kampfbereite, verachtungsvolle Reaktion der Gegenseite auf die in den *Zwölf Artikeln* niedergelegten Forderungen der aufständischen Bauern. Ein Ritter jedoch geht über zu den Bauern und nimmt damit Florian Geyers Handlungsweise vorweg. In der Kapitelstube des Würzburger Neumünsters (1. Akt) versammeln sich die Anführer der Bauern und Bürger; Verhandlungen mit den Rittern über die Übergabe der Festung finden statt, doch zugleich zeigt sich die Zersplitterung der Aufständischen, die nicht in der Lage sind, sich auf einen gemeinsamen Führer zu einigen. Der 2. Akt spielt in Kratzers Schenke in Rothenburg, wo die Aufbruchsstimmung des 1. Aktes eine Fortsetzung findet. Am Ende kommt die Nachricht von den Niederlagen bei Böblingen und Würzburg. Geyer, gegen dessen ausdrücklichen Befehl gehandelt wurde, zieht die Konsequenz aus seiner Macht- und Einflußlosigkeit und legt seine Waffen ab. Während des Landtags von Schweinfurt (3. Akt) verdichtet sich die Erkenntnis von der Unausweichlichkeit der Niederlage, doch Geyer übernimmt noch einmal die Führung. Auf dem Weg nach Würzburg kommt er wieder nach Rothenburg (4. Akt, Kratzers Gasthaus), wo sich die Stimmung entscheidend verändert hat. Inmitten allgemeiner Resignation legt Geyer seinen Harnisch an. Die Niederlage zwingt ihn, Zuflucht auf der Burg seines Schwagers Wilhelm von Grumbach zu nehmen, der wieder die Seite gewechselt hat (5. Akt), und die seit dem Ende des 2. Aktes fallende Linie der Handlung findet mit Verrat und Florian Geyers Tod ihr Ende.

So zeigt das Stück die Tragödie des selbstlosen Führers, dem man die Gefolgschaft versagt und der seinerseits nicht stark genug ist, sich gegenüber den widerstreitenden Interessen durchzusetzen und die politische Vision eines grundlegend erneuerten Reiches mit gleichem Recht für alle zu verwirklichen. Die die Einigungsbestrebungen des 19. Jh.s reflektierende nationale Komponente erleichterte im Dritten Reich die völkische Vereinnahmung des Stückes (einschließlich der Aufstellung einer SS-Kavalleriedivision »Florian Geyer«). Das größte Problem, dem sich Aufführungen des bei der Uraufführung gescheiterten, dann aber 1904 für die Bühne ›geretteten‹ Stückes gegenübersehen, ist die von H. auf der Grundlage von frühnhd. und barocken Vorlagen entwickelte archaisierende Kunstsprache mit ihren Momenten unfreiwilliger Komik.

1896
Gerhart Hauptmann
Die versunkene Glocke

Die versunkene Glocke, am 2. 12. 1896 im Deutschen Theater in Berlin uraufgeführt und 1897 gedruckt, gehört mit der »Traumdichtung« *Hanneles Himmelfahrt* (Uraufführung 1893, Druck 1894), der »deutschen Sage« *Der arme Heinrich* (1902) und dem »Glashüttenmärchen« *Und Pippa tanzt!* (1906) zu den Stücken, die mit ihrer märchen- und legendenhaften Thematik, ihren mystisch-allegorischen und mythischen Zügen einen ›neuromantischen‹ Gegenpol zur naturalistischen Dramatik H.s bilden. *Die versunkene Glocke. Ein deutsches Märchendrama* in Versen (5 Akte) verbindet eklektizistisch u. a. Elemente des Volksmärchens und Shakespearescher Märchendramen, von Goethes *Faust*, Schillers *Lied von der Glocke* und Fouqués *Undine*.

Die Geschichte des Glockengießers Heinrich ist die Geschichte eines Künstlers, dem sein bisheriges Wirken fragwürdig wird – Zeichen dafür ist der Absturz der Glocke in einen Bergsee – und sich, hingezogen zu dem »elbischen Wesen« Rautendelein, von den bürgerlich-menschlichen Bindungen losreißt und im Umkreis magisch-märchenhafter Elementarmächte (die alte Wittichen, der »Elementargeist« Nickelmann, ein Waldschrat, Elfen, Holzmännerchen und -weiberchen und sechs Zwerge gehören zu diesem Personal) seine künstlerische Utopie zu verwirklichen sucht. Er scheitert an seiner inneren Schwäche, d. h. letztlich an der Unvollkommenheit der menschlichen Natur. Das Ertönen der versunkenen Glocke versteht er als Gericht über sich und sein Werk, und er verflucht Rautendelein, seinen Genius. Heimatlos in beiden Sphären, der menschlichen und der elementarischen, trinkt er den Todestrank der alten Wittichen und stirbt in der Morgenröte.

Zahlreiche Polaritäten bestimmen diese symbolische Darstellung eines Künstlerschicksals: Berg und Tal (und ihre jeweiligen Vertreter), Natur und Gesellschaft, Märchen- und Menschenwelt, Kunst und Moral, Sinnlichkeit und Spiritualität, Heidentum (Sonnensymbolik) und Christentum. Maximilian Harden schrieb in einer Rezension von einem »künstlich verdunkelten Stückwerk«, von dem »im hellen Tageslicht finster erscheinenden Pharus [Leuchtturm] am Meere des Unsinns«. Doch gerade die Vieldeutigkeit des Märchendramas und seiner Bildlichkeit wurde vom Publikum und den meisten anderen Kritikern als Vorzug, als Befreiung der Phantasie, als Rückkehr zur ›wahren‹ – d. h. nicht-naturalistischen – Poesie empfunden und verhalf so dem Stück zu großer Popularität.

1896
Wilhelm Raabe
Die Akten des Vogelsangs

Nach *Stopfkuchen* (1891) bedeuten die *Akten des Vogelsangs* einen weiteren Höhepunkt in R.s Spätwerk. Der Roman entstand in den Jahren 1893–95 und erschien 1896 zuerst in der *Deutschen Roman-Zeitung*, dann als Buchausgabe.

Ausgangspunkt des Romans ist ein Brief, den Oberregierungsrat Dr. jur. Karl Krumhardt von seiner Jugendfreundin Helene Trotzendorff verwitwete Mungo erhält. Sie teilt ihm den Tod ihres gemeinsamen Freundes Velten Andres in Berlin mit. Sie treffen sich in Berlin, und auf ihr Bitten schreibt Krumhardt seine Erinnerungen an die gemeinsame Kindheit in der Vorstadtidylle Vogelsang und ihre so verschiedenen Lebenswege nieder. Der Rückblick zeigt nicht nur das allmähliche Sichlösen der Personen von ihrer Kindheit, ihre Trennung und ihre wechselvollen Schicksale, sondern macht zugleich die Zerstörung der einstigen Gartenidylle durch Grundstücksspekulation und Industrie bewußt. Vergegenwärtigung der Vergangenheit und Reflexion der Gegenwart gehen eine intrikate Verbindung ein.

Velten und Karl wachsen zusammen »im Vogelsang« auf; später gesellt sich Helene Trotzendorff zu ihnen, die mit ihrer Mutter aus Amerika zurückkommt, wo der Vater als zweifelhafter Geschäftsmann wirkt. Während dann Krumhardt sein Studium zielstrebig verfolgt, sucht Velten seine Jugendträume zu verwirklichen und reist Helene nach, die inzwischen wieder von ihrem reich gewordenen Vater nach Amerika zurückgeholt worden war. Als er endlich sein Ziel erreicht, ist es zu spät; sie ist inzwischen mit einem Mr. Mungo verlobt. Krumhardt macht Karriere, verläßt den Vogelsang und zieht in die Residenzstadt. Velten dagegen, der sich völlig gleichgültig gegenüber Besitz und Erbe zeigt, bringt es nach bürgerlichen Maßstäben zu nichts. Nach jahrelangen Reisen kehrt er nach Berlin zu seiner ehemaligen Wirtin zurück. Hier stirbt er in den Armen Helenes, die als reiche Witwe zurückgekommen ist und nach der Begegnung mit Karl Krumhardt wieder davonfährt.

Die beiden kontrastierenden Lebensläufe,

sprunghaft und fragmentarisch erzählt, stehen in enger Beziehung zueinander, charakterisieren und relativieren einander gegenseitig, und Krumhardt zeigt sich durch die reflektierende Erinnerung in seiner soliden Bürgerlichkeit erschüttert und verändert. Darin kann man »eine gezielte Störung der nach 1871 herrschenden Wertewelt« sehen (Joachim Bark). Gerade weil der Erzähler sich berührt zeigt und seine Begrenztheit ebenso erkennt wie Veltens Überlegenheit, kann er eine vermittelnde Position einnehmen zwischen durchschnittlicher, um Karriere, Besitz und Familie kreisender Bürgerlichkeit und Veltens Drang nach geistiger Freiheit, seinem unbedingten Streben nach Glückserfüllung und der Verwirklichung jugendlicher Traumwelten, das in Einsamkeit und Tod endet: »R.s konstantes Problem zwischen innerer Freiheit und Bürgerordnung – es ist das Problem des innerlich Unbedingten und des Künstlers in einer verengten und durchschnittlichen Gesellschaftswelt – hat hier seine radikalste Gestaltungsform erreicht. Es bleibt ungelöst, im mehrdeutig Offenen« (Fritz Martini).

1897
Theodor Fontane
Der Stechlin

F.s letzter Roman erschien zuerst von Oktober bis Dezember 1897 in der Zeitschrift *Über Land und Meer*; die Buchausgabe folgte 1898 mit der Jahreszahl 1899. Die nacherzählbare ›Handlung‹ ist von geringer Bedeutung: »Zum Schluß stirbt ein Alter, und zwei Junge heiraten sich; – das ist so ziemlich alles, was auf 500 Seiten geschieht«, bemerkte F. selbst leicht übertreibend und wies gleichzeitig auf die entscheidenden Momente seiner Erzählweise hin: »Alles Plauderei, Dialog, in dem sich die Charaktere geben, und mit ihnen die Geschichte. Natürlich halte ich dies nicht nur für die richtige, sondern sogar für die gebotene Art, einen Zeitroman zu schreiben.«

Der Roman beginnt mit einer Beschreibung des Stechlin-Sees in der Grafschaft Ruppin (auch in den *Wanderungen durch die Mark Brandenburg* ist von ihm die Rede). Das Besondere an dem See ist seine geheimnisvolle Verbindung mit vulkanischen Vorgängen »weit draußen in der Welt«: Wenn es dort zu grollen beginnt, »regt sich's auch *hier*, und ein Wasserstrahl springt auf und sinkt wieder in die Tiefe«. Hier, im Schloß Stechlin, wohnt »Dubslav von Stechlin, Major a.D. und schon ein gut Stück über Sechzig hin-

aus, […] der Typus eines Märkischen von Adel, aber von der milderen Observanz«. Dubslav, seit langem Witwer, erhält Besuch von seinem Sohn Woldemar, der in einem Berliner Garderegiment dient. Er bringt zwei Freunde mit; Abendgesellschaft mit Nachbarn, u.a. dem erzkonservativen Parvenu von Gundermann und dem für sozialdemokratische Ideen offenen Pastor Lorenzen, dem Erzieher und Freund Woldemars. Auf dem Rückweg nach Berlin besuchen die Freunde noch die Schwester des alten Stechlin, Domina (Äbtissin) des nahegelegenen Klosters Wutz, standesbewußt, dogmatisch, das Gegenteil ihres Bruders. Beide allerdings sind an Woldemars Zukunft interessiert. Das führt zu einem zweiten Personenkreis und vom märkischen Landadel in das Haus des Grafen Barby, der lange Botschaftsrat in London war und nun mit seinen beiden Töchtern Armgard und Melusine in Berlin wohnt. Nach einer ehrenvollen Gesandtschaftsreise nach England – sie wird ebenso kurz abgetan wie Dubslavs Scheitern als konservativer Reichstagskandidat (ein Sozialdemokrat siegt) – verloben sich Woldemar und Armgard, und an Weihnachten fahren sie gemeinsam mit Melusine, die von einem italienischen Grafen geschieden ist, nach Schloß Stechlin. Hier werden sie herzlich aufgenommen, wenn auch die ebenfalls eingeladene Domina an der freien, weltoffenen Art Melusines Anstoß nimmt. Nach der Hochzeit im Hause Barby machen Woldemar und Armgard ihre Hochzeitsreise, während Dubslav erkrankt und gelassen den Tod erwartet. Woldemar und Armgard erfahren erst nach der Bestattung vom Tod des alten Stechlin. Da Armgard Gefallen an der Abgeschiedenheit von Schloß Stechlin gefunden hat, nimmt Woldemar seinen Abschied und zieht mit Armgard im Schloß ein.

Gespräche und Causerien sind die bestimmenden Darstellungsmittel von F.s letztem Roman. Themen umfassen, wie F. selber schreibt, »Gott und die Welt«; eindeutige Resultate und ›Wahrheiten‹ sind allerdings nicht vorgesehen: »Wenn ich das Gegenteil gesagt hätte, wäre es ebenso richtig«, sagt Dubslav an einer Stelle. Durch vielfältige Nuancierungen und Brechungen, durch Ironie, Skepsis und Humor, durch ein artistisches Spiel mit der Sprache erreicht F. eine Offenheit, einen eigentümlichen Schwebezustand, der sich Verallgemeinerungen verweigert. Einer der ersten, der die »Kunstreize« des Fontaneschen Spätwerks rühmte und seine über den poetischen Realismus in die Moderne vorausweisende Bedeutung erkannte, war Thomas Mann.

In einem Brief nennt F. den *Stechlin* einen »politischen Roman«, spricht von einer »Gegenüberstellung von Adel, wie er bei uns sein *sollte* und wie er *ist*«. Und so zeigen die in den Konversationen angeschnittenen Gegenstände den Vorrang des Sozialen und Politischen unter der übergreifenden Thematik des Alten und des Neuen. Leitmotivisch einbezogen werden Themen wie Revolution (auch das Symbol oder die Allegorie des Stechlin-Sees kann man in diesem Sinn deuten), Sozialdemokratie, vierter Stand und Adel, und auch die Konstellation der Personenkreise – veraltete Existenzweise des märkischen Adels, Weltoffenheit des Barby-Kreises – oder das Nebeneinander von Heirats- und Sterbegeschichte verweisen auf das zentrale Thema. Gräfin Melusine bringt es programmatisch auf den Punkt: »Alles Alte, soweit es Anspruch darauf hat, sollen wir lieben, aber für das Neue sollen wir recht eigentlich leben. Und vor allem sollen wir, wie der Stechlin uns lehrt, den großen Zusammenhang der Dinge nie vergessen. Sich abschließen, heißt sich einmauern, und sich einmauern ist Tod.«

1897
Stefan George
Das Jahr der Seele

Im Gegensatz zu den Gedichtzyklen *Algabal* (1892), *Die Bücher der Hirten und Preisgedichte, der Sagen und Sänge und der hängenden Gärten* (1895) und *Der Teppich des Lebens und die Lieder von Traum und Tod* (1900) mit ihren in ferne historische Epochen und Welten transponierten Sprach- und Bildwelten (römische Spät-, griechische Frühzeit, Mittelalter, Orient) verzichtet G. im *Jahr der Seele* (Ende 1897 als Privatdruck, ein Jahr später mit der Jahreszahl 1899 öffentlich erschienen) auf historische Maskierung und Distanzierung: »ein Versuch, die Naturpoesie unter den naturfeindlichen Bedingungen der Moderne zu erneuern« (Gert Mattenklott). Dabei ist die Natur Spiegel des Innern, geht es um Zustände der Seele, die »in der seltsamsten Weise mit einer Landschaft verflochten« sind (Hofmannsthal), um die distanzierte, melancholische Erinnerung an das, was vergangen ist: Jugend, Liebe, Leben. So setzt das berühmte Eingangsgedicht den Ton: »Komm in den totgesagten park und schau [...]«.

Der Gedichtband beginnt mit drei Zyklen, dem »Jahr der Seele« im engeren Sinn: *Nach der Lese, Waller im Schnee, Sieg des Sommers*; der Frühling bleibt ausgeklammert. Es folgen im Mittelteil *Überschriften und Widmungen* – Rückblicke auf eigenes Dichten, Erinnerungen an Begeg-

nungen, Widmungen an Personen – und als Abschluß *Traurige Gesänge*. Versuche, den Zyklus autobiographisch auszulegen und »bestimmte personen und örter ausfindig« zu machen, lehnte G. ausdrücklich mit dem Hinweis auf den objektiven Kunstcharakter seines Werkes ab, das sich entschieden von traditioneller Gelegenheits- und Erlebnislyrik absetzte: »Nicht mehr wird im Gedicht das ›Erlebnis‹, also eine Art von Sensation, thematisiert und typisiert, sondern der Dichter erfährt, sieht und empfindet hier bereits typisierend, dies sozusagen vor dem eigentlich dichterischen Prozeß, er erfährt schon als Künstler, denn er steht ästhetisch im Leben und zwischen den Menschen« (Ralph-Rainer Wuthenow).

Die im *Jahr der Seele*, G.s bedeutendstem Werk, verwirklichte artistische Balance zwischen objektivierendem, formendem Stilwillen und – immer auf Distanz gehaltener – lebendiger Natur (bestehend aus Parks und Gärten), dieses Gleichgewicht zwischen Kunst und Leben geht in den späten Gedichtbänden verloren (*Der siebente Ring*, 1907; *Der Stern des Bundes*, 1914, *Das neue Reich*, 1928): »Das traurig Abwegige der späteren Dichtung Georges [...] besteht darin, daß er immer rückhaltloser einer ästhetisierenden Sektiererei anheimfiel, gleichzeitig aber immer selbstbewußter vor die Öffentlichkeit trat, um ein ›Neues Reich‹ zu verkünden, ›wo grosses wiederum gross ist / Herr wiederum herr · zucht wiederum zucht‹ und wo das ›wahre sinnbild auf das völkische banner‹ geheftet wird« (Lawrence Ryan).

1898
Gerhart Hauptmann
Fuhrmann Henschel

Das fünfaktige »Schauspiel« wurde am 5. 11. 1898 im Berliner Deutschen Theater uraufgeführt; im Druck erschien es 1899 in einer Dialekt- und einer der »Schriftsprache angenäherte[n] Fassung«. *Fuhrmann Henschel* spielt in den 60er Jahren des 19. Jh.s im Gasthof Zum grauen Schwan in einem schlesischen Badeort, und zwar überwiegend in der Kellerwohnung des wohlhabenden Fuhrmanns. Diese konsequente räumliche Begrenzung trägt wesentlich zur atmosphärischen Dichte und Geschlossenheit der »neuen Schicksalstragödie« (Alfred Kerr) bei.

Henschels schwerkranke Frau ist ohne Grund eifersüchtig auf die Magd Hanne Schäl, die den Haushalt führt und sich um das kränkliche Kleinkind kümmert. Frau Henschel nimmt ihrem Mann das Versprechen ab, nach ihrem Tod keine Ehe mit der tüchtigen und berechnenden Hanne einzugehen (1. Akt). Einige Monate später, nach dem Tod seiner Frau, überwindet der zu Hanne hingezogene, grüblerische Henschel nach Zureden des wohlmeinenden Hotelbesitzers Siebenhaar seine Skrupel, zumal auch Hanne mit Kündigung droht. Daß sie eine uneheliche Tochter hat, stört ihn nicht (2. Akt). Nach der Heirat und dem Tod des kränklichen Kindes übernimmt die neue Frau Henschel – geschäftstüchtig, herrschsüchtig, egoistisch – das Regiment und betrügt überdies ihren häufig abwesenden Mann mit dem Kellner George. Es erregt ihren heftigen Zorn, daß Henschel ihr Kind ins Haus bringt (3. Akt). In der Wirtsstube wird deutlich, wie sich die Stimmung gegen den vorher allseits beliebten Henschel gewandt hat, wie die Machenschaften der neuen Frau mit Abscheu beobachtet und Verdächtigungen über die beiden Todesfälle verbreitet werden. Henschel, damit und mit dem Betrug seiner Frau konfrontiert, stellt sie zur Rede und bricht zusammen (4. Akt). Schuldgefühle, Visionen von seiner verstorbenen Frau, die ihn an sein gebrochenes Versprechen erinnern, quälen ihn. Er bringt sich um (5. Akt).

Milieu und psychische Disposition, äußere und innere Kräfte verstricken den (langfristig durch die Eisenbahn auch ökonomisch bedrohten) Fuhrmann mit seinem ›schlesischen‹ Hang zum Grüblerischen und Mystischen in einen Schuldzusammenhang, aus dem er sich nicht mehr zu befreien weiß und den er als schicksalhaft akzeptiert: »Sehn Se, ich bin ja an allem schuld; ich weeß, daß ich schuld bin, nu gutt damit. [...] ane Schlinge ward mir gelegt, und in die Schlinge da trat ich halt nein. [...] Erwirgen muß ich, das is gewiß.« Thomas Mann sprach von H.s Kunst, »durchs Moderne und Mundartliche das zeitlos Vorbildliche, Klassische durchschimmern« zu lassen und nannte das Stück eine attische Tragödie »im rauhen Gewand volkstümlich-realistischer Gegenwart«.

1898–99
Arno Holz
Phantasus

Mit dem Titel dieses 1898–99 in zwei Heften mit je 50 Gedichten erschienenen Zyklus knüpfte H. an die 13 Texte umfassende Gedichtfolge *Phantasus* im *Buch der Zeit* (1886) an, die Schilderung eines Dachstubenpoeten, der als Herrscher über eine Traumwelt in einer kunstfeindlichen, elenden Wirklichkeit verhungert. Zusammen mit den beiden Heften des *Phantasus* veröffentlichte H. ein 3. Heft, dessen Titel *Revolution der Lyrik* die Intentionen H.s anzeigt. Der *Phantasus* wurde zu einer Art Lebenswerk; erweiterte und umgearbeitete Ausgaben erschienen 1913, 1916, 1924–25 und – aus dem Nachlaß – 1961–62.

Der beabsichtigten ›Revolution der Lyrik‹ geht die Einsicht voraus, daß es nicht ausreiche, neue Inhalte mit traditionellen Mitteln bewältigen zu wollen (Beispiel: *Moderne Dichter-Charaktere*, 1885): »Man revolutioniert eine Kunst also nur, indem man ihre Mittel revolutioniert.« Kunst ziele auf eine getreue Wiedergabe der Natur, wobei jedoch menschliche Unvollkommenheit und die Beschaffenheit der Kunstmittel Grenzen setzen: »Kunst = Natur – x«, lautet H.s berühmte Formel, wobei das x – d.h. die Beschränkungen – niemals 0 werden kann. Aber es gilt, das x zu reduzieren, etwa durch die Anwendung der gesprochenen Sprache in Drama und Roman, durch eine Abkehr von ›äußerlichen‹ Kunstmitteln wie Strophenformen, Metrum und Reim in der Lyrik.

Die neue Lyrik wird allein durch den Rhythmus getragen: »Als formal Letztes in jeder Lyrik, das überhaupt unelimierbar ist, bleibt für alle Ewigkeit der Rhythmus.« Im Gedicht ist die Zeile die »letzte Einheit«, und aus der Autonomie der Zeile folgt das spezielle Ordnungsprinzip: »Die für den ersten Augenblick vielleicht etwas sonderbar anmutende Druckanordnung – unregelmäßig abgeteilte Zeilen und unsichtbare Mittelachse [...] – habe ich gewählt, um die jeweilig beabsichtigten Lautbilder möglichst auch schon typographisch anzudeuten.«

Ausgangspunkt der *Phantasus*-Gedichte ist wieder der Dichter, der in seiner Phantasie die Welt verwandelt (aber dieses Mal nicht verhungert). Dabei liegt der Reiz vieler Gedichte »vor allem in der Spannung zwischen der konkret gezeichneten und häufig durch den Berliner Alltagswortschatz des ausgehenden Jh.s charakterisierten Umwelt des Dichters und einem in seiner Phantasie beschworenen ›fernen Land‹, das in verschiedenen Gestalten auftritt als ein Land der Kindheit oder der Liebe, als das Reich der Natur oder als ein mythisches Zauberreich außerhalb aller Zeit« (Gerhard Schulz). Zugleich sucht H. mit dem *Phantasus* den Anspruch eines »Weltgedichts« des »naturwissenschaftlichen Zeitalters« zu verwirklichen. Wie nach dem biogenetischen Grundgesetz Ernst Haeckels sich im Individuum die Stammesentwicklung modifiziert wiederholt, so nimmt das Dichter-Ich die gesamte Welt in Raum und Zeit in sich auf: »Das letzte ›Geheimnis‹ der [...] Phantasuskomposition besteht im wesentlichen darin, daß ich mich unaufhörlich in die heterogensten Dinge und Gestalten zerlege. Wie ich *vor* meiner Geburt die ganze *physische* Entwicklung meiner Spezies durchgemacht habe, [...] so *seit* meiner Geburt ihre *psychische*. Ich war ›alles‹ und die Relikte davon liegen ebenso zahlreich wie kunderbunt in mir aufgespeichert.« So werde es schließlich möglich sein – die Erweiterungen und Umarbeitungen dienen diesem Ziel –, »aus tausend Einzelorganismen nach und nach einen riesigen Gesamtorganismus zu bilden, der lebendig aus ein und derselben Wurzel wächst«, schreibt er in einem Brief (25. 6. 1900) über die Grundkonzeption seines *Phantasus*. Doch nicht mit diesem hochgespannten Entwurf, sondern mit der sprachlich-experimentellen Seite seines Schaffens wirkte H. auf die moderne Poesie.

1899
Arthur Schnitzler
Der grüne Kakadu

Die »Groteske in einem Akt« wurde am 1. 3. 1899 am Wiener Burgtheater uraufgeführt und im selben Jahr gedruckt. Das Stück spielt am Abend des 14. Juli 1789 im Wirtshaus Zum grünen Kakadu in Paris und macht auf kunstvolle Weise jenes Grundmotiv »vom Ineinanderfließen von Ernst und Spiel, Leben und Komödie, Wahrheit und Lüge« zu seinem Gegenstand, von dem S. in seinen autobiographischen Aufzeichnungen spricht.

Prospère, der Wirt der Spelunke und ehemaliger Theaterdirektor, läßt jeden Abend ein eigenartiges, improvisiertes Schauspiel aufführen, bei dem seine früheren Schauspieler als Mörder, Brandstifter, Einbrecher, Zuhälter und Dirnen auftreten und sich ihrer Taten rühmen und damit ein vorwiegend adeliges Publikum, vom Wirt als »Schweine« und »Gesindel« begrüßt, unterhalten. Dabei spielt das Publikum, bis auf einen adeligen Neuling aus der Provinz und einen wirklichen Verbrecher, die aufgenötigten Rollen mit mehr oder weniger Genuß mit. Der durchaus akuten Gefahr sind sich die Adeligen nicht bewußt, obwohl während des ganzen Stückes Geräusche von der Straße zu hören sind und Nachrichten vom Sturm auf die Bastille verbreitet werden.

Unter den Schauspielern ist Henri der einzige große, und er gibt heute seine letzte Vorstellung, denn er will sich mit der Schauspielerin Léocadie, die er gerade geheiratet hat, in eine ländli-che Idylle zurückziehen. So blind er für die Wirklichkeit ist (Léocadie, heißt es, sei geschaffen, »die größte, die herrlichste Dirne der Welt zu sein«), so falsch und pathetisch er seine Liebe und seine Zukunft beschreibt, so überzeugend ist er als Schauspieler. Als er zurückkommt – er hat Léocadie in ihr Theater gebracht –, spielt er seine Szene so echt, daß selbst der Wirt in Verwirrung gerät: Er habe den Herzog von Cadignan getötet, als er ihn mit Léocadie ertappte habe. Als der Wirt durch seine Reaktion zu erkennen gibt, daß er es für Wirklichkeit hält (er weiß, anders als Henri, von dem Verhältnis Léocadies mit dem Herzog), ist Henri völlig konsterniert, während das Publikum das herrliche »Zusammenspiel« rühmt. Gleichzeitig tönen »Freiheit, Freiheit«-Rufe herein, Bürger drängen in das Wirtshaus; und als der Herzog verspätet eintrifft, bringt ihn Henri tatsächlich um. In ironischer Verkehrung wird der Mord aus Eifersucht sogleich für die Revolution nutzbar gemacht. Das Spiel ist in Wirklichkeit übergegangen; die Gäste flüchten.

Im *Grünen Kakadu*, mit seinem Ineinander von Schein und Wirklichkeit, wirken die Schauspieler echter in ihrer Rolle als die wirklichen Verbrecher, geraten sie in Versuchung, sich in die ›Wirklichkeit‹ einzumischen, während sich die Zuschauer gegen die ›Wahrheit‹ und die Suggestion des Spiels wehren bzw. daran teilnehmen. Es ist ein Welttheater, das nicht mehr von oben gelenkt wird und auf eine höhere, den irdischen Wechselfällen entzogene Wahrheit verweist. Vielmehr regiert die Skepsis; die konventionelle Wirklichkeitserfahrung erscheint fragwürdig, die Konturen der Realität lösen sich in einem Schwebezustand von Schein und Wirklichkeit auf, der »Mangel an Authentizität, der den zeitgenössischen Menschen kennzeichnet«, wird sichtbar (Claudio Magris). Auch der ironische Schluß der virtuos konstruierten Groteske gibt keine sicheren Antworten: »Das Spiel wird fortgesetzt. Die neuen Kulissen stehen schon bereit« (Herbert Singer).

1900
Richard Beer-Hofmann
Der Tod Georgs

B.s 1893 begonnene Erzählung (Teilvorabdrucke 1898 und 1899) ist, wie das lyrische Drama *Der Tor und der Tod* (1893) Hofmannsthals und andere Dichtungen des ›Jungen Wien‹, Zeugnis der Auseinandersetzung mit der Fragwürdigkeit der ästhetischen Existenz. Es handelt sich um einen sorgfältig konstruierten, komplexen Text, in dem Visionen, Träume, Tagträume, Empfindungen und Reflexionen derart ineinander verschachtelt sind und ineinander übergehen, daß die Unterschiede zwischen Traum und Wirklichkeit, zwischen Realität und Phantasie eingeebnet werden.

Erzählt wird aus der Perspektive der Hauptgestalt Paul, der durch den plötzlichen Tod seines Freundes Georg, eines erfolgreichen Arztes, eine tiefe Erschütterung seiner ästhetischen Existenz erfährt. Während sein Freund stirbt, träumt er vom Tod seiner imaginierten Frau, ein Traum, in den wiederum seine irreale Jugendgeschichte und – als Gegensatz zu den jugendstilhaft blassen und fragilen Frauengestalten und zur narzißtischen Selbstbespiegelung des Ästheten – eine Vision eines orgiastischen Frühlingsfestes im syrischen Hierapolis eingefügt sind (Quelle ist Lukians Schrift *De dea Syriaca*).

Der Tod des Freundes, den er mit der Bahn von Ischl nach Wien bringt, setzt eine zweite Reihe von Assoziationen und Bilderfolgen in Gang. Paul beginnt, sich mit seiner narzißtischen Existenz auseinanderzusetzen (»in *allem* hatte er nur *sich* gesucht und *sich* nur in allem gefunden«), und am Ende steht, vorbereitet durch ein allmähliches Eindringen alttestamentarischer Motivik in die Sprache, »die neue Sinngebung, die sein Leben durch seine Eingliederung in den immensen Überlieferungszusammenhang des jüdischen Volkes gewinnt« (Jens Malte Fischer). Nun erfährt der Leser auch, daß Paul Jude ist: »Und von ihrem Blute war auch er.« Was hier nur angedeutet wird, die Beschäftigung mit der jüdischen Tradition, findet seine Erfüllung in der fragmentarischen David-Trilogie B.s, von der das Vorspiel *Jaákobs Traum* (1918) und das Drama *Der junge David* (1933) vollendet wurden.

Ihre Einheit gewinnt die sprachlich hochstilisierte Erzählung *Der Tod Georgs* durch ein Netz von sich wiederholenden Motiven, wiederkehrenden Requisiten und sprachlichen Bausteinen. Dahinter steht, als wesentliches formales Gestaltungsprinzip des Jugendstils, die Ästhetik des Ornaments: »In gewundenen labyrinthischen Wegen lief ihr Leben, mit dem anderer seltsam verkettet. Was einem Irrweg glich, führte ans Ziel; was sich planlos launenhaft zu winden schien, fügte sich in weise entworfene vielverschlungene Formen, wie die künstlich erdachten, goldgewirkten Arabesken auf der weißen Seide der Gebetvorhänge.«

1900
Gerhart Hauptmann
Michael Kramer

Michael Kramer, Drama in vier Akten (Uraufführung am 21. 12. 1900 am Deutschen Theater in Berlin; Druck 1900), knüpft mit seiner Künstler-Thematik an H.s frühere Komödie *Kollege Crampton* (1892) an.

Michael Kramer, Lehrer an einer königlichen Kunstakademie, ist ein von bürgerlichem Arbeits- und Pflichtethos erfüllter, durchaus mittelmäßiger, aber von der heiligen Mission der Kunst überzeugter Maler. Während die Tochter Michaline, ebenfalls Malerin ohne Genie, ihren Vater verehrt, ist das Verhältnis zwischen Michael Kramer und seinem Sohn Arnold irreparabel gestört. Arnold verweigert sich den bürgerlichen Lebensmaximen seines Vaters und gilt diesem trotz seines großen Talents als »Taugenichts«. Und in der Tat ist Arnold ein Außenseiter, der von seiner Umwelt schon wegen seiner (symbolisch zu verstehenden) Mißgestalt – »Marabu« – nur mit Spott und Herabsetzung traktiert wird und sich mit den Mitteln der Kunst, d. h. der Karikatur, zur Wehr setzt. Die Konfrontation zwischen Künstler und Gesellschaft kommt im 3. Akt zur entscheidenden Zuspitzung: Arnolds unerwiderte Liebe zur Wirtstochter Liese Bänsch führt zu hemmungslosem Spott einer Runde bürgerlicher Stammtischbrüder, und nach hilflos-verzweifelter Gegenwehr – Arnold zieht einen Revolver – wird er davongejagt. Er ertränkt sich noch in derselben Nacht im Fluß. Der Vater, durch die Erschütterung zur Einsicht gekommen (»Ich war die Hülse, dort liegt der Kern. Hätten sie doch die Hülse genommen«), würdigt seinen Sohn und seine Leiden. Christus-Anspielungen verweisen zugleich auf Michael Kramers Christusbild, an dem er seit Jahren arbeitet. So wird der 4. Akt fast gänzlich zur großen Totenrede; er endet mit einer Verklärung des Todes: »Hörn Se, der Tod ist verleumdet worden, das ist der ärgste Betrug in der Welt! Der Tod ist die mildeste Form des Lebens: der ewigen Liebe Meisterstück.«

Während die Kritik zunächst weitgehend negativ war, fanden Rilke und später Thomas Mann bewundernde Worte für H.s Drama: für die »Gewalt, Schlichtheit und Schönheit des Wortes« (Rilke), für die »Darstellung des Todes« (Th. Mann).

1900
Arthur Schnitzler
Reigen

S.s *Reigen* erschien zuerst als Privatdruck (»Als unverkäufliches Manuscript gedruckt«, 1900); eine öffentliche Ausgabe folgte 1903. Nach einer Teilaufführung 1903 in Wien fand die Uraufführung des ganzes Stückes am 23. 12. 1920 am Berliner Kleinen Schauspielhaus statt. Das Werk erregte ungeheuren Anstoß und führte zu einem Pornographieprozeß, der die Verlogenheit bürgerlicher Moralvorstellungen erst richtig entlarvte.

Was die Moralhüter entrüstete, war eine Folge von zehn Szenen mit einem einzigen, in zehnfacher Abwandlung dargestellten Gegenstand, dem Sexualakt. Der inhaltlichen Konsequenz entspricht eine formal neuartige Lösung, die im Titel angedeutet ist. Die Verknüpfung der Szenen geschieht auf die Art, daß immer nur ein Partner ausgetauscht wird (Schema: a + b, b + c, c + d usw.), bis sich dann in der letzten Szene der Reigen schließt (x + a). Und der Reigen schließt sich nicht nur formal, er schließt sich auch gesellschaftlich: Hatte er mit der Konstellation »Die Dirne und der Soldat« begonnen, so steht am Ende die Szene »Der Graf und die Dirne«. Mit den anderen Szenen und ihren jeweiligen Konstellationen ergibt sich so im Ganzen ein alle Schichten umfassendes Bild der Gesellschaft. Dabei werden jedoch bei aller sozialen Differenziertheit in Sprachgestus und Verhaltensformen die gleichen Reaktionen erkennbar, das im Grunde gleiche Ritual des Begehrens, des Sich-Zierens, der (scheinbaren) moralischen Entrüstung, der Ernüchterung und des Erkaltens nach dem Rausch. Die Monotonie des Vorgangs zeigt die Trostlosigkeit und die grausame Komik der bloßen Sexualität, und indem der Sexus als gleichmacherische Instanz die Unterschiede zwischen den Menschen aufhebt, läßt der *Reigen* Aspekte des Totentanzes erkennen: »Der Lebensreigen verwandelt sich in den Totentanz, die geheime Identität von Lust und Tod wird offenbar, und aus dieser Einsicht erwächst mit Notwendigkeit die (unausgesprochene) Sehnsucht nach dem, was der Autor mit Absicht aus seinem Stück ausgeklammert hat: nach der wahren Liebe und nach dem echten Leben« (William H. Rey). – Der *Reigen* wurde mehrfach verfilmt.

1900
Arthur Schnitzler
Lieutenant Gustl

S.s Novelle, eine scharfe Satire auf den k. u. k. Offizierskodex, erschien zuerst am 25. 12. 1900 im Weihnachtssupplement der Wiener *Neuen Freien Presse;* die Buchausgabe folgte 1901. Vorbild für den in der deutschen Literatur hier erstmals konsequent verwendeten sogenannten ›inneren Monolog‹ war Edouard Dujardins Roman *Les lauriers sont coupés* (1888; dt. *Geschnittener Lorbeer,* 1966), der später auch James Joyce als Anregung diente.

Endlich einer ihn langweilenden Oratoriumsaufführung entkommen, gerät der Leutnant an der Garderobe in einen Wortwechsel mit einem handfesten, freilich ›satisfaktionsunfähigen‹ Bäckermeister, der ihn als ›dummen Buben‹ bezeichnet und so in seiner ›Ehre‹ verletzt. Diese ungeahndete Beleidigung, die ihn – öffentlich geworden – untragbar machen würde, läßt es Gustl notwendig erscheinen, sich eine Kugel durch den Kopf zu schießen. Er läuft ziellos durch das nächtliche Wien, schläft auf einer Bank im Prater ein und beschließt dann, vor seinem Tod noch in seinem Stammlokal zu frühstücken. Hier erfährt er, daß der Bäckermeister, dessen Brötchen er gerade ißt, in der Nacht am Schlagfluß gestorben ist. Nun besteht nicht länger die Gefahr, daß seine Demütigung öffentlich werden könnte, und Gustl sieht keine Notwendigkeit mehr, sich umzubringen.

Deutlich wird das alles im Gedankenstrom Gustls, seinen Wahrnehmungen, Assoziationen, Erinnerungen, Phrasen, Redensarten, Fehlleistungen, all dem, was ihm durch den Kopf geht. Die halbbewußte Selbstentlarvung fügt sich ohne Erzählereingriffe und -kommentare zu einem für den militärischen Ungeist symptomatischen Psychogramm, das die Entleertheit des Ehrbegriffs ebenso deutlich macht wie die hohle Existenz des durch Minderwertigkeitskomplexe, Ängste und antisemitische Vorurteile, durch oberflächliche Genußsucht und Dummheit charakterisierten Helden. Das Ende ist zutiefst ironisch. Zwar ist Gustl nach dem Tod des Bäckermeisters »nicht mehr zum Tode verurteilt, wohl aber zu einem Leben, dessen Sinnlosigkeit sich gerade offenbart hat« (William H. Rey). Die Novelle erregte großen Anstoß in Militärkreisen.

In *Fräulein Else* (1924), einer Geschichte, die eine junge Frau im tödlichen Konflikt zwischen Selbstbewahrung und (sexuellem) Opfer für die

Familie (d. h. die Familienfinanzen) zeigt, nahm S. die Technik des inneren Monologs wieder auf.

1900
Frank Wedekind
Der Marquis von Keith

Das fünfaktige Schauspiel, das im ersten Druck in der Zeitschrift *Die Insel* (1900) noch den Titel *Münchner Szenen* trug, wurde am 11. 10. 1901 im Berliner Residenztheater uraufgeführt; die Buchausgabe erschien im selben Jahr.

Gegenstand der Hochstaplergroteske, die »in München im Spätsommer 1899« spielt, ist eine einfache Schwindelaffäre. Der »Glücksritter« Marquis von Keith, der wie eine Reihe anderer Personen eigentlich anders heißt, betreibt das Projekt eines Konzertsaals mit »Restaurationslokalitäten« und gewinnt verschiedene Münchener Geschäftsleute als Geldgeber für diesen »Feenpalast«. Gründungsfest, Feuerwerk und Konzertabend mit Keiths Freundin Gräfin Werdenfels (deren extra in Paris für diesen Zweck angefertigtes Gewand sängerische Fertigkeiten überflüssig erscheinen läßt) machen Stimmung für das Projekt, das jedoch sofort in sich zusammenbricht, als die Geldanleger Geschäftsbücher sehen wollen und zudem eine Unterschriftsfälschung nachgewiesen wird. Der reichste der Geschäftsleute übernimmt das Unternehmen und heiratet auch die verwitwete Gräfin, die vor zwei Jahren noch die Verkäuferin Anna Huber war.

Komplexität erhält das Stück durch ausgeklügelte Personenkonstellationen und -kontrastierungen, die nur bedingt etwas mit der Handlung zu tun haben. Dem vitalen Egoisten Keith wird der altruistische Moralist Scholz gegenübergestellt, der sich zu einem »Genußmenschen« ausbilden lassen will, dabei scheitert und freiwillig ins Irrenhaus geht (W. spricht von einem »Wechselspiel zwischen einem Don Quixote des Lebensgenusses und einem Don Quixote der Moral«); dem entspricht auf der weiblichen Seite der Gegensatz zwischen Molly Griesinger, die sich für Keith aufgeopfert hat, und der Gräfin Werdenfels. *Der Marquis von Keith* ist mehr als nur eine einfache Typenkomödie, die die Entlarvung eines Hochstaplers inszeniert. Sichtbar wird vielmehr »die Zweideutigkeit der menschlichen Existenz überhaupt und ihre Auflösung in den Schein« (Paul Böckmann). Zugleich ist Keith Sprachrohr einer satirischen Gesellschaftskritik, der den (Un-)Geist der kapitalistischen Gesinnung sichtbar macht und in Bonmots und Aperçus auf den Punkt bringt: »das glänzendste Geschäft in dieser Welt ist die Moral«, »Sünde ist eine mythologische Bezeichnung für schlechte Geschäfte. Gute Geschäfte lassen sich nun einmal nur innerhalb der bestehenden Gesellschaftsordnung machen!« Dabei vertritt der Abenteurer Keith durchaus die Werte dieser Gesellschaft, die ihn ausstößt (und ihre Geschäfte viel unauffälliger und damit effektiver erledigt).

Ein tragisches Ende kann es in dieser Welt nicht geben: »Indem er den Revolver grinsend hinter sich […] legt«, beschließt der Marquis das Stück mit dem Wort: »Das Leben ist eine Rutschebahn …« – und das ganze Spiel ums Geld könnte von vorne beginnen.

1901
Thomas Mann
Buddenbrooks

M. datierte den Beginn der Niederschrift seines ersten großen Romans, *Buddenbrooks. Verfall einer Familie,* auf »Rom Ende Oktober 1897«; er beendete das Werk im Sommer 1900. Ein Jahr später erschien es in zwei Bänden bei Samuel Fischer, der M. nach seinen frühen Novellen (gesammelt in *Der kleine Herr Friedemann,* 1898) zu einer größeren Arbeit aufgefordert hatte.

Die *Buddenbrooks* erzählen von dem im Verlauf von vier Generationen sich vollziehenden Niedergang einer patrizischen Lübecker Kaufmannsfamilie, wobei schon das Wort »Verfall« im Untertitel darauf hindeutet, daß es nicht um Kapitalismuskritik geht (andere Familien, die Hagenströms etwa, steigen auf), sondern um das Phänomen der Dekadenz mit dem auf Nietzsche und Paul Bourget zurückgehenden doppelten Aspekt der biologischen Degeneration bei entsprechend fortschreitender Verfeinerung.

Die direkt erzählte Handlung umfaßt die Zeit von 1835 bis etwa 1877, wenig mehr als 40 Jahre. Sie setzt ein mit der Feier anläßlich des Erwerbs des neuen Geschäftshauses der Firma (dem das Haus der Familie Mann als Vorbild diente). Drei Generationen sind anwesend. Johann Buddenbrook senior, etwa 70 Jahre alt, vertritt eine nicht durch Reflexion angekränkelte praktische bürgerliche Philosophie, auf deren Grundlage er es mit Tüchtigkeit und Leistung zu etwas gebracht hat. Mit seinem Sohn Johann (Jean) Buddenbrook junior beginnt der Verfallsprozeß: Er ist fromm, und seine pietistisch geprägte Frömmigkeit gerät immer wieder in Widerspruch zu den Forderungen des Geschäftslebens. Diese erhalten freilich im Konfliktfall stets den Vorrang. Der sich in der sentimentalen Religiosität ankündigende Verfall wird offenbar in der dritten Generation, den Kindern des Konsuls Jean Buddenbrook, insbesondere den Brüdern Thomas und Christian. Während Christian seine exzentrische, neurotische Natur zum Schrecken der Familie auf unbürgerliche Weise auslebt und ›Leistung‹ verweigert, übernimmt Thomas – zunächst äußerst erfolgreich – die Leitung des Handelshauses und steigt sogar zum Senator auf. Doch es wird immer deutlicher, daß es ihm nur mit äußerster Willenskraft und Selbstbeherrschung gelingt, die bürgerliche Fassade aufrechtzuerhalten, daß er in Wirklichkeit nur noch das Leben eines Schauspielers führt, »dessen ganzes Leben […] zu einer einzigen Produktion geworden ist, einer Produktion, die […] beständig alle Kräfte in Anspruch nimmt und verzehrt.« Der frühe Tod, der Ästhet stirbt 48jährig auf höchst häßliche Weise, ist Resultat der ständigen Überforderung, des Lebens gegen die eigene Natur. Zu Christian sagt er: »Ich bin geworden, wie ich bin […], weil ich nicht werden wollte wie du.«

Thomas hatte eine frühe Liebe zu einem Blumenmädchen dem bürgerlichen Dekorum und der Karriere geopfert und war eine Ehe mit der exotisch-schönen, musikalischen Gerda Arnoldsen aus Amsterdam eingegangen. Ihr Sohn Hanno repräsentiert die letzte Stufe des Verfallsprozesses: er ist sensibel, kränklich, unpraktisch, lebensuntüchtig. Musik (Wagner), Leiden, Tod sind die ihm gemäßen Bereiche; das bürgerliche Leben und nicht zuletzt die Schule erleidet und durchschaut er in all ihrer Niedrigkeit und Gemeinheit. Er stirbt an Typhus. Es überlebt Tony (Antonia) Buddenbrook, Schwester von Thomas und Christian (und der jung verstorbenen Clara): Ihr Dasein bildet den Kontrast zur Verfallsentwicklung als Folge zunehmender Reflexivität; sie bleibt auch nach gescheiterten Ehen (mit Bendix Grünlich, dem Heiratsschwindler, und dem aufrechten Hopfenhändler Alois Permaneder) unverändert dieselbe – naiv, unreflektiert, ungebrochen.

Die Gefährdung der Vitalität und Gesundheit, den Voraussetzungen ökonomisch erfolgreicher Bürgerlichkeit, geht, wie das Schicksal der Haupt- und mancher Nebenfiguren demonstriert, von einer Reihe von Gegenmächten aus, die sämtlich das bürgerliche Leistungsstreben beeinträchtigen oder gar in Frage stellen: Krankheit, Tod, Musik – als Rausch und Untergangslust empfunden –, Religion und nicht zuletzt Philosophie (Thomas'

Schopenhauer-Lektüre). Der Roman erscheint geradezu als »Symphonie in vier Sätzen auf das Thema der Verfalls« (Hermann Kurzke), in deren thematischem Gewebe zahlreiche realistische Details (Sprache, Mimik, Gestik, Kleidung, Interieurs usw.) als Motive verarbeitet werden. Doch realistisch in dem Sinn, daß hier eine für die Gründerzeit typische Entwicklung geschildert werde, ist der Roman nicht (auch nicht, trotz der Verwendung zahlreicher nachprüfbarer Einzelheiten, auf der autobiographischen Ebene). Zwar zeigt sich M. von realistischen Literaturtraditionen beeinflußt – er radikalisiert den ›Humor‹ des poetischen Realismus zur Ironie, lernt von den naturalistischen Genauigkeitsforderungen und von impressionistischer Seelenzergliederung –, doch sein eigentliches Interesse zielt auf »die Erkenntnis und die künstlerische Gestaltung einer metaphysischen Struktur«, d. h. die *Buddenbrooks* sind weniger ein ›realistischer‹ Roman als vielmehr »ein Sprachkunstwerk auf der Basis bestimmter philosophischer Theoreme« (Kurzke).

Die *Buddenbrooks* wurden sofort ein großer Erfolg; noch die Nobelpreisverleihung (1929) bezieht sich auf diesen Roman. Film- (1923, 1959) und Fernsehfassungen (1979) vermochten kaum über eine vordergründig-realistische Ebene hinauszugelangen.

1902
Hugo von Hofmannsthal
Ein Brief

Der 1902 in der Zeitschrift *Der Tag* zuerst veröffentlichte und dann in dem Band *Das Märchen der 672. Nacht und andere Erzählungen* (1905) aufgenommene *Brief* des fiktiven Lord Chandos an seinen älteren Freund Francis Bacon gehört über seine Bedeutung für H.s eigene Situation – die Abkehr von seinem ästhetizistischen Jugendwerk – zu den grundlegenden Dokumenten einer verbreiteten Sprachskepsis zu Anfang des Jahrhunderts. Beziehungen bestehen zu Fritz Mauthners sprachphilosophischem Werk *Beiträge zu einer Kritik der Sprache* (1901–02) und dem Empiriokritizismus Ernst Machs (*Analyse der Empfindungen und das Verhältnis des Physischen zum Psychischen*, 1886).

Der junge, aber schon durch zahlreiche Werke hervorgetretene Lord Chandos sucht sich in seinem auf 1603 datierten Brief »wegen des gänzlichen Verzichtes auf literarische Betätigung zu entschuldigen«. Nach einem Rückblick auf die Zeit ungebrochener Produktivität und großer Plä ne, in der ihm »in einer Art von andauernder Trunkenheit das ganze Dasein als eine große Einheit« erschien, beschreibt er die Krise, die ihn seit zwei Jahren zum Schweigen verurteile: Es sei ihm »völlig die Fähigkeit abhanden gekommen, über irgend etwas zusammenhängend zu denken oder zu sprechen«. Das Unvermögen, die Wirklichkeit mit sprachlichen Zeichen zu erfassen, sei zuerst bei allgemeinen oder abstrakten Gegenständen sichtbar geworden (»die abstrakten Worte [...] zerfielen mir im Munde wie modrige Pilze«), bis sich schließlich nichts mehr mit »dem vereinfachenden Blick der Gewohnheit« erfassen ließ: »Es zerfiel mir alles in Teile, die Teile wieder in Teile, und nichts mehr ließ sich mit einem Begriff umspannen.« Hinter den Worten steht nur noch eine »Leere«, die ordnende und wertende Kraft des Ich versagt. Allein herausgehobene Einzelheiten – eine »Gießkanne, eine auf dem Felde verlassene Egge, ein Hund in der Sonne« – vermögen als punktuelle »Offenbarung« und »Bezauberung« über die Leere und Starre des eigenen Inneren hinauszuweisen, »als könnten wir in ein neues, ahnungsvolles Verhältnis zum ganzen Dasein treten«, Erfahrungen, die ihn mit einem höheren Leben erfüllen, doch für die ihm die Sprache fehlt.

Hinter der – stilistisch virtuosen – historischen Fiktion (die auch eine Kritik am aufklärerischen Rationalismus Bacons implizieren mag) erweist sich der Text als Zeugnis der Erfahrung der Entfremdung, als Dokument der gebrochenen Wirklichkeitserfahrung der Moderne, einer als Sprachkrise artikulierten Erkenntniskrise.

1902
Heinrich Mann
Die Göttinnen oder Die drei Romane der Herzogin von Assy

»Vorerst habe ich«, schrieb M. am 2. 12. 1900 an seinen Verleger Albert Langen, »die landläufigen Bürger satt.« Wenige Monate vorher war *Im Schlaraffenland. Ein Roman unter feinen Leuten* erschienen, in dem Aufstieg und Absturz des Studenten Andreas Zumsee zum Journalisten, ›Dichter‹, Günstling des allmächtigen Berliner Großbankiers James Louis Türkheimer und Geliebten und Protegé seiner Gattin Adelheid den Rahmen für eine umfassende satirische Abrechnung mit der bürgerlichen Gesellschaft der 90er Jahre bilden. Auf andere Weise äußert sich der

antibürgerliche Affekt und die Aversion gegen die wilhelminische Gegenwart in dem dreibändigen Roman *Die Göttinnen,* Ende 1902 mit der Jahreszahl 1903 erschienen: nicht in direkter Satire und Gesellschaftskritik, sondern in der Konstruktion eines aus der Vergangenheit herbeigeholten ästhetizistischen Gegenbilds. Der zeitgenössische Renaissancekult in Literatur und bildender Kunst, der den kraftvollen, amoralischen ›Renaissancemenschen‹ propagierte, die Philosophie Nietzsches, Gabriele d'Annunzios Ästhetizismus und Gustave Flauberts Exotismus (*Salammbô,* 1863) boten M. Anregungen und Hintergrund für seinen großen Roman. Es ist die – den Ästhetizismus zugleich reflektierende – Geschichte der Herzogin Violante von Assy, die im letzten Drittel des 19. Jh.s die Größe der Vorfahren, »die großen Träume von Jahrhunderten, in ihrem Leben nachzuspielen sucht: »Alles ist ihr Spiel, zum Zwecke einer schönen Geste und eines starken Schauers.«

Die drei Teile des Romans – »Im ersten Teile glüht sie vor Freiheitssehnen, im zweiten vor Kunstempfinden, im dritten vor Brunst« (M.) – sind allegorisch mit den Namen der Göttinnen Diana, Minerva und Venus überschrieben, die für die Rollen stehen, in die sich die Heldin hineinversetzt. In einem phantastischen Schloß an der dalmatinischen Küste aufgewachsen, zettelt sie eine (scheiternde) Revolution an *(Diana);* nach ihrer Flucht umgibt sie sich in Italien mit prunkvoller (Imitations-)Renaissance und einer entsprechenden Gesellschaft von Literaten und Künstlern, gewissenlosen Sammlern und Kurtisanen *(Minerva).* Doch der Traum der Kunst weicht der Erkenntnis ihrer Künstlichkeit, und Violante sucht ihre Verwirklichung in der Liebe und schrankenloser Leidenschaft; der »Roman des Klimakteriums« (M.) endet in Einsamkeit, Verfall und Tod *(Venus).*

M. entwirft – nicht ohne Distanz – das Bild einer »Göttin«, einer überlebensgroßen Verkörperung ästhetizistischer Lebenshaltung und eines ungehemmten Individualismus. Angesichts ihrer – angestrengt wirkenden und letztlich auch scheiternden – Größe erscheint die Fin de siècle-Gesellschaft, die in einem ebenso dekorativ-malerischen wie grotesken Bilderbogen vorbeizieht, in ihrer ganzen Dekadenz, Perversion und Verlogenheit. Der stilistisch vielgestaltige und virtuose Roman, der den Bruder »ratlos« ließ, »begründete den Ruf Heinrich Manns als eines artistischen ›Dichters der Moderne‹« (Wilfried F. Schoeller), geriet aber später in den Schatten seiner satirischen Gesellschaftskritik.

1903
Richard Dehmel
Zwei Menschen

Im Gegensatz zum Naturalismus, mit dem er sich in manchen sozialen Gedichten berührt (*Der Arbeitsmann, Maifeierlied* u. a.), spricht sich in D.s Lyrik ein neuer Lebensenthusiasmus aus, der seinen intensivsten Ausdruck in den erotischen Gedichten findet. Schon in seinem ersten Gedichtband *Erlösungen. Eine Seelenwandlung in Gedichten und Sprüchen* (1891) steht das programmatische Gedicht *Bekenntnis* mit dem Anfang: »Ich will ergründen alle Lust [...].« Die Gedichte wirkten wegen ihrer Mißachtung traditioneller bürgerlicher Moralvorstellungen und wegen der religiös-kultischen Feier des Erotischen wie des Lebens überhaupt revolutionär (und anstößig). Eines der Venus-Gedichte *(Venus Consolatrix)* löste gerichtliche Auseinandersetzungen aus.

Diese Verherrlichung des Lebens im Einklang mit dem Lebenskult der Jahrhundertwende charakterisiert zahlreiche Gedichte der Sammlungen *Aber die Liebe* (1893), *Weib und Welt* (1896) und des »Romans in Romanzen« *Zwei Menschen* (1903). Gerade das letzte Werk zeigt, wie sich die Teilhabe am Leben im rauschhaften Liebeserlebnis ausdrückt, wie die Beziehung zwischen Mann und Frau »pathetisch und ästhetisch [...] zur Lebensfeier, zur Weltumarmungsgeste (Motto: ›Wir Welt‹), zum Religionsersatz« überhöht wird (Hiltrud Häntzschel). Mit dieser Überhöhung des Daseins durch die Kunst, dem Schönheits- und Körperkult, der Tendenz zur Stilisierung von Gefühlen und der Neigung zum ästhetischen Arrangement und zum Ornamentalen gehört D., gerade mit *Zwei Menschen,* zu den wichtigsten Vertretern des literarischen Jugendstils. Zugleich erlaubte es der an Nietzsche anknüpfende vitalistische Zug seiner Lyrik den Expressionisten, in D. einen Vorläufer ihrer eigenen Bestrebungen zu sehen.

1903
Gerhart Hauptmann
Rose Bernd

Das Schauspiel entstand im Sommer 1903, nachdem H. als Geschworener an einem Kindsmordprozeß in Hirschberg teilgenommen hatte: Anstoß zur Wiederaufnahme älterer Pläne für ein bäuerliches Kindsmörderinnen-Drama. Das Stück wurde am 31. 10. 1903 am Deutschen Theater in Berlin uraufgeführt und im selben Jahr gedruckt. In *Rose Bernd* verbindet H. die Traditionen des bürgerlichen Trauerspiels, das in Hebbels *Maria Magdalene* (1844) seine letzte bedeutende Ausprägung gefunden hatte, und des Kindsmörderinnen-Dramas der Sturm und Drang-Zeit (Gretchen-Tragödie in Goethes *Faust,* Heinrich Leopold Wagners *Kindermörderin,* 1776) und transponiert sie in ein bäuerliches Milieu. Das fünfaktige Schauspiel, Handlungszeit von Mai bis September, unterstreicht mit seiner geschlossenen Form die Zwangsläufigkeit des tragischen Geschehens.

Rose Bernd, »ein schönes und kräftiges Bauernmädchen von zweiundzwanzig Jahren«, ist die Geliebte des »Erbscholtiseibesitzers« Christoph Flamm (Scholtisei: Amt des Schultheißen), der mit einer kranken, gütigen Frau verheiratet ist. Rose will das Verhältnis beenden, da sie den kränklichen, frommen Buchhalter August Keil, der sie heiraten will, nicht länger hinhalten könne. Die Begegnung von Rose und Christoph Flamm wird von dem brutalen Frauenhelden Streckmann beobachtet, der die Schwangere unter Druck setzt und schließlich vergewaltigt. Nach einer öffentlichen Auseinandersetzung zwischen Keil, ihrem Vater und Streckmann, der sie als Hure hinstellt, schwört Rose vor Gericht einen Meineid, um ihren Vater und Keil nicht zu enttäuschen. Frau Flamm will ihr zwar helfen, doch Rose ist in ihrer Verzweiflung nicht mehr ansprechbar, und als sich auch Flamm, der erst jetzt von ihrer Schwangerschaft erfährt, von ihr abwendet, verliert sie den letzten Halt. Sie tötet das neugeborene Kind und ist nun fähig, so sprachlos sie vorher war, gegenüber ihrem Vater und ihrem Verlobten ihre Einsamkeit, Isolation und Gottverlassenheit in der kleinbürgerlich-beschränkten Welt zu artikulieren: »was muß die gelitten han!«, lauten die letzten Wort des Stücks.

Der Weg in die Katastrophe, wie in *Fuhrmann Henschel* von einer ›Verfehlung‹ ausgehend, scheint schicksalhaft, unausweichlich. Die zwanghafte Ausweglosigkeit, in der sich die sprachlose, verwirrte, ohnmächtige Heldin gefangen sieht, wird im Bild der Jagd ausgedrückt, das in vielfältigen Variationen wiederkehrt und zugleich das Verhältnis von Mann und Frau kennzeichnet (schon in H.s erster Notiz zu dem Stoffkomplex heißt es: »Die Magd, auf die Herr und Inspektor Jagd machen«). Die Anklage – und das Eintreten für eine freiere Sexualmoral und eine Aufwertung der ledigen Mutter – bleiben implizit. Die Personen selbst »blicken nicht über den Rand ihrer Umgebung hinaus, sondern akzeptieren diese wie ihr Leben darin als Schicksal« (Horst-Albert Glaser). – *Rose Bernd* war das erste Drama H.s, das verfilmt wurde (1919).

1903
Hermann Hesse
Peter Camenzind

Mit dieser der deutschen Bildungsromantradition verpflichteten »Erzählung«, 1903 in der *Neuen Rundschau* vorabgedruckt und Anfang 1904 als Buch erschienen, erzielte H. seinen ersten bedeutenden Publikumserfolg. Der Ich-Erzähler Peter Camenzind erzählt im Rückblick die Geschichte seines Lebens, die den Bauernsohn aus dem abgelegenen schweizerischen Seeort Nimikon nach naturverbundenen Jugendjahren in die ›Welt‹ und schließlich wieder zurück in die Berg- und See-Idylle seines Heimatdorfes führt. Zwar werden die negativen Erfahrungen (Studium, Liebe, Gesellschaft) zunächst durch die Freundschaft mit Richard und die gemeinsame Italienreise ausgeglichen, doch bestätigt die Vertiefung in Leben und Werk des Franziskus von Assisi und das Erlebnis der florentinischen Renaissance Camenzinds Kritik an seiner Zeit (»die ganze schäbige Lächerlichkeit der modernen Kultur«), läßt ihn fühlen, daß er »in unsrer Gesellschaft ewig ein Fremdling sein würde«. Richards Tod durch Ertrinken, eine weitere unglückliche Liebe und Unzufriedenheit mit seiner literarisch-publizistischen Tätigkeit bestärken ihn in seinem antigesellschaftlichen Affekt, in seiner Besinnung auf »das Reinliche und Gute«. Er findet vorübergehend Erfüllung in der Pflege des Krüppels Boppi und kehrt dann in die Weltabgeschiedenheit seiner Heimat zurück.

Mit dieser Rückkehr zum einfachen Leben, der Erkenntnis, »daß aus einem Nimikoner Camenzind trotz aller Künste kein Stadt- und Weltmensch« zu machen sei und das Glück im stillen »Winkel«, in einem naturverbundenen Leben in mythischer Ursprünglichkeit zu finden sei, bewegt sich H. im Einklang mit den konservativ-regressiven Antworten auf die Krise der modernen Gesellschaft, wie sie etwa in der Heimatkunstbewegung und der Neuromantik formuliert werden.

Bleibt die Zeit- und Gesellschaftskritik im *Peter Camenzind* oberflächlich und wenig konkret, so führt H. mit einer der damals modischen Schul- und Schülergeschichten die Deformation und Zerstörung des Menschen durch ein überaus rigides und steriles Erziehungs- und Gesellschaftssystem konkret und drastisch vor Augen (*Unterm Rad*, 1905 [vordatiert auf 1906]).

1903
Ricarda Huch
Vita somnium breve
(Michael Unger)

H.s erster Roman, *Erinnerungen von Ludolf Ursleu dem Jüngeren* (1893), erzählt die Geschichte des Untergangs eines norddeutschen Patrizierhauses als schicksalhaften Prozeß, wobei sich – nicht zuletzt in den Konstellationen der Liebesgeschichte – Autobiographisches niederschlägt. Der Roman *Vita somnium breve* (›Das Leben ein kurzer Traum‹), seit 1913 in *Michael Unger* umbenannt, nimmt die Thematik einschließlich des autobiographischen Moments auf. Protagonist ist Michael Unger, ältester Sohn eines wohlhabenden norddeutschen Patriziergeschlechts. Nachdem er Jahr für Jahr denselben Weg vom Wohnhaus zum Geschäftshaus gegangen war, erheben plötzlich lang verborgene Gedanken »ihre fremde Stimme«, lassen ihn nach dem Sinn seines Lebens fragen und bereiten damit den Ausbruch aus der Kaufmannswelt und der unbefriedigenden Ehe mit seiner schönen, aber hohlen Frau Verena vor. Die Begegnung mit Rose Sarthorn, einer in sich ruhenden, im Einklang mit der Natur lebenden Malerin, fördert ihn in seinem Bestreben nach Selbstverwirklichung. Er geht zum Studium – Medizin, Naturwissenschaften – nach Zürich, findet sich hier im Kreis von Studenten, Professoren und Künstlern, unter denen ein leicht karikierter Vertreter des modernen Zeitgeists herausragt. Die Beziehung zu Rose, die dann mit diesem »Freiherrn vom Geist« eine Verbindung eingeht, zerbricht, als sich Michael für seinen Sohn Mario entscheidet und die Sanierung des während seiner Abwesenheit fast ruinierten Geschäfts auf sich nimmt (und damit auch auf seine Karriere als Naturwissenschaftler verzichtet). Obwohl diese Hinwendung zu bürgerlichem Pflichtdenken, dieser Abbruch des Ausbruchsversuchs ein Scheitern zu signalisieren scheint, hört Michael in den Bäumen den Jugendstil-Hymnus »o Leben, o Schönheit: O Leben, o Schönheit!« rauschen und geht, »wenn ihn auch der bange und süße Wahn des Lebens noch wie dünner Nebel umflorte und nur zuweilen zerriß und unsterbliche Gipfel entschleierte, [...] froh und in Zuversicht auf seiner Bahn wie einer, den unsichtbare Götter führen.«

Die in *Michael Unger* in widersprüchlicher Weise sichtbar werdende Objektivierungstendenz, die Abkehr vom romantischen Lebens- und Schönheitstraum des dem Jugendstil und der Neuromantik verpflichteten Frühwerks, findet ihre Fortsetzung in H.s historischen Romanen (*Die Geschichte von Garibaldi*, 1906–07; *Das Leben des Grafen Federigo Confalonieri*, 1910) und dem großen epischen Gemälde *Der große Krieg in Deutschland* (1912–14).

1903
Thomas Mann
Tonio Kröger

Die gleichzeitig in der *Neuen deutschen Rundschau* und in dem Band *Tristan. Sechs Novellen* erschienene Erzählung – von ›Novelle‹ in engerem Sinn kann keine Rede sein – handelt in mehreren Variationen von dem Zwiespalt von Kunst und Leben, von Bürgerlichkeit und Künstlertum. Im Mittelpunkt steht ein theoretisierender Literaturdialog, den der inzwischen arrivierte Dichter Tonio Kröger mit der russischen Malerin Lisaweta Iwanowna in München führt (ursprünglich sollte die Erzählung *Litteratur* heißen). Wenn man so will, illustrieren die erzählenden Passagen die theoretisierenden. Wichtigstes Kompositionsprinzip, durch kontrastierende Leitmotive herausgearbeitet, ist die Antithesenkette.

Die Erzählung beginnt mit zwei strukturell gleichen Episoden aus der Jugendzeit Tonio Krögers, die das (durchaus auch genossene) Außenseitertum des sensiblen, künstlerisch veranlagten Jungen und seine Sehnsucht nach der Welt des Ordentlichen, Gewöhnlichen und Lebenstüchtigen illustrieren – ein Zwiespalt, der schon in seinem Namen angedeutet ist. Der 14jährige liebt den blonden, blauäugigen, unkomplizierten Hans Hansen (der Pferdebücher dem *Don Carlos* vorzieht), als 16jähriger verliebt er sich während der Tanzstunde in die blonde, blauäugige, lustige Ingeborg Holm, ohne allerdings den Versuch einer Annäherung zu machen. Das folgende Kapitel schildert knapp den Werdegang des Literaten Tonio Kröger, der sich asketisch allein der Arbeit widmet. Im Gespräch mit Lisaweta Iwanowna formuliert er dann seine Kunsttheorie. Es ist die des Ästhetizismus, die Kunst liegt allein in der Form. Zugleich artikuliert Kröger jedoch seine Erkenntnisse über die Problematik der künstlerischen Existenz und die heimliche Sehnsucht »nach den Wonnen der Gewöhnlichkeit«, so daß ihn die Malerin zu Recht einen »Bürger auf Irrwegen«, einen »verirrte[n] Bürger« nennt. Eine Reise in den heimatlichen Norden hebt die Problematik der Außenseiterposition zwar nicht auf – in seiner Heimatstadt wird er beinahe als

Hochstapler verhaftet, in Dänemark spiegelt ein Tanzfest seine verfehlten Beziehungen zu Hans Hansen und Ingeborg Holm –, doch im abschließenden Brief an die Malerin wird eine neue künstlerische Haltung sichtbar, die seine »Bürgerliebe zum Menschlichen, Lebendigen und Gewöhnlichen« proklamiert. Zu einer konkreten Bewährung dieser Haltung – in einer menschlichen Beziehung oder in einem literarischen Werk – kommt es hier noch nicht, die Kluft zwischen Geist und Leben bleibt bestehen. Aber der Weg, der zum Roman *Königliche Hoheit* (1909) führt, ist angedeutet. – Einen komplementären Fall stellt die Novelle *Tristan* dar: den des Künstlers, der das bürgerliche Leben haßt und für den Kunst »Rache am Leben« darstellt (Hermann Kurzke).

1904
Arno Holz
Dafnis

Schon in der *Blechschmiede* (1902; mehrfach erweitert), einer umfangreichen Satire auf zeitgenössische und ältere Literatur in der Form eines Sängerwettstreits, stehen Gesänge des Schäfers Dafnis. Die Beschäftigung mit der Literatur des 17. Jh.s führte zu weiteren Versuchen dieser Art, die zunächst als *Lieder auf einer alten Laute* (1903) veröffentlicht wurden. Daraus entstand, erweitert und zu einem geschlossenen Zyklus ergänzt, *Dafnis. Lyrisches Portrait aus dem 17. Jahrhundert*. Den Hauptteil machen Dafnis' »Sämbtliche Freß- Sauff- und Venus-Lieder« aus, denen dann »Angehänckte Auffrichtige und Reuemühtige Buß-Thränen« des auf sein Leben zurückblickenden alten Dafnis folgen.

H. imitiert und parodiert in diesen Gedichten gekonnt und mit Einfühlungsvermögen Vorstellungen und Denkmuster, Bild- und Formensprache, Orthographie und Schriftbild der geselligen Barocklyrik, zeigt große Textkenntnis und vor allem Witz, der das lebens- und liebesvolle, antibürgerlich-freigeistige Werk zu einer vergnüglichen Lektüre macht: »Gehet hin und dhuet nicht desgleichen!«

1904
Rainer Maria Rilke
Die Weise von Liebe und Tod
des Cornets Christoph Rilke

Der lyrische, stark rhythmisierte Prosatext entstand 1899 als »Geschenk einer einzigen Nacht« (R.), fand jedoch keinen Verleger. Eine überarbeitete Fassung erschien 1904 in der Prager Zeitschrift *Deutsche Arbeit;* die Buchausgabe folgte 1906. Zum Erfolg, zum größten R.s überhaupt, wurde das Werk erst als Nr. 1 der Insel-Bücherei (1912; Auflage 1990: 1 125 000). – Die Anregung entnahm R. einer Chronik, die von einem Christoph von Rilke berichtet, der als Cornet im kaiserlichen Heer in den Türkenkriegen den Tod gefunden habe.

»Reiten, reiten, reiten durch den Tag, durch die Nacht, durch den Tag.« So beginnt der suggestive Text, der in kurzen Szenen den 18jährigen Cornet und seine Kameraden auf dem Ritt durchs weite Land, am Lagerfeuer, beim Heer zeigt. Christoph wird Fahnenträger, gelangt auf ein Schloß: Festmahl, Tanz, seine erste Liebesnacht. Als das Schloß am Morgen überfallen und in Brand gesteckt wird, sprengt er mit der brennenden Fahne in die feindlichen Reihen und erleidet einen sehr ästhetischen, festlichen, jugendstilhaft-ornamentalen Heldentod: »Es ist viel Fremdes, Buntes vor ihm. Gärten – denkt er und lächelt. Aber da fühlt er, daß Augen ihn halten und erkennt Männer und weiß, daß es die heidnischen Hunde sind –: und wirft sein Pferd mitten hinein. Aber, als es jetzt hinter ihm zusammenschlägt, sind es doch wieder Gärten, und die sechzehn runden Säbel, die auf ihn zuspringen, Strahl um Strahl, sind ein Fest. Eine lachende Wasserkunst.«

Diese stilisierte Feier der Liebe und des Todes soll beliebte Soldatenlektüre im Ersten und Zweiten Weltkrieg gewesen sein.

1905
Karl Emil Franzos
Der Pojaz

»Eine Geschichte aus dem Osten«, d.h. aus dem Milieu des europäischen Ostjudentums, erzählt der bereits 1893 beendete, aber erst postum veröffentlichte Roman. Es handelt sich, in die galizische Ghettowelt projiziert, um ein Werk in der Tradition des deutschen Bildungs- und Künstler-

romans. Der Held ist Sender (Alexander) Glatteis, dessen Name die sein Leben bestimmenden Polaritäten andeutet: ›Griechentum‹, d.h. Humanismus und ›westliche‹ Bildung, und dagegen die Misere des Ostjudentums.

Sender wächst als Pflegesohn der Rosel Kurländer im Mauthaus im ostgalizischen Barnow auf; seine Abkunft von dem umherziehenden »Schnorrer« Mendele Glatteis wird ihm verschwiegen, damit er nicht die gleiche Bahn einschlägt. In der Schule ist er mißhandelter Außenseiter, die Versuche, ihn für ein Handwerk zu interessieren, scheitern. Seiner Streiche und vor allem seines Nachahmungstalents wegen gerät er früh in den Ruf, ein Pojaz, ein Bajazzo, zu sein. Schließlich tritt er mit 13 Jahren bei einem Fuhrmann in die Lehre. Diese Arbeit bringt ihn in die Stadt Czernowitz, und hier hat er das seine Zukunft bestimmende Erlebnis. Er besucht eine Theatervorstellung – und es drängt ihn, wie vorher Wilhelm Meister und Anton Reiser, unwiderstehlich zum Theater. Der verständnisvolle Direktor der Wanderbühne, Adolf Nadler, erkennt Senders Begabung, rät ihm aber, erst einmal nach Hause zurückzukehren und Deutsch zu lernen. Damit gerät Sender in Konflikt mit seiner chassidisch-orthodoxen Umgebung, für die schon die Kenntnis einer Fremdsprache als Sünde gilt. Sein erster Lehrer wird der österreichische Soldat Heinrich Wild, der als 48er Revolutionär in die galizische Strafkompanie gesteckt worden war. Später gelangt Sender durch Bestechung in die unbenutzte Bibliothek des Dominikanerklosters und buchstabiert sich frierend durch Lessings *Nathan,* ohne allzuviel zu verstehen. Die Versuche, ihn – wie üblich – früh zu verheiraten, kann er abwehren, und die Lungenentzündung, die ihm die winterliche Bibliothekszeit eingebracht hat, erspart ihm den Militärdienst. Der strafversetzte Pater Marian wird sein Lehrmeister; mit ihm studiert er Schillers *Räuber* und Shakespeares *Kaufmann von Venedig.* Direktor Nadler lädt ihn zum 1. 3. 1854 nach Czernowitz ein, und Sender verläßt nach einer unglücklichen Liebesgeschichte seine Heimat, wird durch neue Kleidung und Frisur »ein Deutsch«. Überschwemmungen halten ihn am Dniester fest; eine Truppe von Schmierenkomödianten sucht ihn als Shylock zu gewinnen, doch seine Pflegemutter holt ihn ein. Er erfährt seine wahre Herkunft, erkennt Rosel Kurländers aufopferndes Verhalten und kehrt krank und ohne Lebenswillen mit ihr zurück. Als es ihm gelingt, Rosels Leben zu retten (ihr verschollener Ehemann war zurückgekehrt und gewalttätig geworden), hat er seine Schuld gegenüber Rosel beglichen und das Recht auf ein eigenes Leben erworben. Aber es ist zu spät. Sterbenskrank fährt er nach Lemberg, um den großen Schauspieler Bogumil Dawison zu sehen. Ein Blutsturz erzwingt seine Heimkehr nach Barnow. Hier stirbt er mit Gedanken an das »Streben«, das allein dem Leben Sinn verleihe.

Der *Pojaz* ist ein lebendiges, emotional erzähltes Werk, das – nicht ohne autobiographischen Hintergrund – den Versuch eines Ausbruchs aus der als zurückgeblieben und fortschrittsfeindlich charakterisierten ostjüdischen Ghettowelt schildert. Ziel ist – das machen auch F.s Ghettonovellen (*Die Juden von Barnow,* 1877) oder sein großes Reisebuch *Aus Halb-Asien* (1876) deutlich – die »Annäherung an die europäischen Sitten«, an Emanzipation, Toleranz, Humanität, an Werte, die in der deutschen Literatur- und Geistesgeschichte vorbildhaft verkörpert sind und sich auch in Senders Lektüre – Dichtung der Klassik und des Vormärz – spiegeln.

Der optimistischen Vorstellung von einer deutsch-jüdischen Assimilation – von Nationalität ein Deutscher, dem Glauben nach ein Jude: so F. im autobiographischen Vorwort – stand schon zum Zeitpunkt der Niederschrift ein sich wieder verstärkender Antisemitismus gegenüber, möglicherweise ein Grund dafür, daß F. den Roman nicht veröffentlichte. Seine auch kulturgeschichtlich bedeutsamen Ghettobilder »bewahren die Erinnerung an das osteuropäische Judentum auf, das von jenem Deutschland fast gänzlich ausgerottet worden ist, von dem er Rettung erhoffte« (Georg Guntermann).

1905
Heinrich Mann
Professor Unrat

M. setzte seine satirische Auseinandersetzung mit dem Kaiserreich nach dem Roman *Im Schlaraffenland* (1900) mit *Professor Unrat oder Das Ende eines Tyrannen* fort. Im Unterschied zu anderen Darstellungen wilhelminischer Schulerfahrungen (Frank Wedekind, Ludwig Thoma, Hermann Hesse, Thomas Mann u.a.) zielt M. nicht auf eine karikierende Schulsatire oder eine Darstellung pubertären jugendlichen Leidens; ihm dient die Schule vielmehr als Modell für die Darstellung zeittypischer Machtstrukturen, für das Funktionieren von Gewalt und – ins sozial- und psychopathologische gewendet und vertieft – ihre Wendung ins Anarchische.

Gymnasialprofessor Raat, Unrat genannt, quält die Gymnasiasten einer kleinen Stadt, die als Lü-

beck identifiziert werden darf, auf jede nur denkbare Weise. Auf der Suche nach unbotmäßigen Schülern, die es zu »fassen« und deren Karriere es zu beenden gilt, gerät er in die Spelunke »Zum blauen Engel« und allmählich in den Bann der »Künstlerin« und »Barfußtänzerin« Rosa Fröhlich. Damit schwindet auch, je mehr sich seine unterdrückte Sinnlichkeit durchsetzt, seine Autorität gegenüber seinen Schülern; und schließlich sind Reputation und Stellung dahin. Nun wendet er sich gegen die Gesellschaft, die er tyrannisch repräsentiert und die ihn fallengelassen hatte, und unterminiert mit Hilfe der ihm nun angetrauten Künstlerin Fröhlich ihre moralischen Grundfesten: »Aus dem Tyrannen war endgültig der Anarchist hervorgebrochen.« Die Unratsche »Villa vor dem Tor« wird zum Ort der Libertinage und des Glücksspiels, eine unwiderstehliche Attraktion für die dumpfen Bürger, die reihenweise Unrats Rachsucht zum Opfer fallen. Erst als der Intellektuelle Lohmann eingreift, der einzige seiner »Feinde«, der nicht zu »fassen« ist, macht die Polizei dem Treiben ein Ende. Die ›Fortsetzung‹ der satirischen Analyse des dialektischen Verhältnisses von Tyrann und Untertan erfolgte im *Untertan* (1914–18).

Die Filmfassung *Der blaue Engel* (1931; Drehbuch: Carl Zuckmayer, Regie: Joseph von Sternberg), mit Emil Jannings und Marlene Dietrich in den Hauptrollen, verharmlost den Roman, insbesondere den Schlußteil, machte ihn aber berühmt wie kein anderes Werk M.s.

1905
Christian Morgenstern
Galgenlieder

Nicht mit einer seiner zahlreichen philosophisch-religiös oder anthroposophisch ausgerichteten Gedichtsammlungen hat M. überlebt, sondern mit seiner ›Nonsenspoesie‹ der *Galgenlieder.* Die Lieder, die seit 1895 für den studentischen Bund der »Galgenbrüder« (mit M. als »Rabenaas«) geschrieben und auch in Ernst von Wolzogens »Überbrettl« gesungen wurden, erschienen zuerst 1905. Eine überarbeitete und um eine neue Abteilung (*Der Gingganz und Verwandtes*) erweiterte Ausgabe folgte 1908. In die postume, in der Anordnung stark veränderte Edition *Aller Galgenlieder* (1932 u.ö.) ging neben der Sammlung *Palmström* (zuerst 1910) Material aus dem Nachlaß ein (z.T. schon in *Palma Kunkel,* 1916, und *Der Gingganz,* 1919, publiziert).

Die *Galgenlieder,* ursprünglich 42, unterscheiden sich beträchtlich von den später hinzugekommenen Teilen. Beschwören die *Galgenlieder*, ihrem Titel entsprechend, die schrecklich-gräuliche nächtliche Welt des Galgenbergs (»O greul, o greul, o ganz abscheul!«), bevölkert mit merkwürdigen Wesen wie Mitternachtsmaus, Höllengaul, Zwölf-Elf (der sich dann lieber doch »Dreiundzwanzig« nennt), Nachtschelm, Siebenschwein und Mondschaf, so tritt mit *Gingganz* und *Palmström* ein neuer Aspekt hinzu: Die Sprache dient nicht mehr der Evokation des Grotesken und Schaurigen, sondern wird selbst zum Thema. Der dabei erkennbare Sprachskeptizismus ist stark beeinflußt von Fritz Mauthners sprachphilosophischem Werk *Beiträge zu einer Kritik der Sprache* (1901–02); M. folgt ihm in der Auffassung, daß Sprache »untauglich für Welterkenntnis«, wohl aber tauglich für die Wortkunst« sei. Sprache ist, so M., »bürgerlich«, und sie zu »entbürgerlichen«, scheint ihm die vornehmste Aufgabe der Zukunft. Dies geschieht gründlich durch eine Fülle von Sprachspielen und -manipulationen, durch Personifizierung, das Wörtlichnehmen und Konkretisieren von Abstrakta, Metaphern und Redensarten, durch das Spiel mit Bildern, Homonymien, Etymologien, Wortzusammensetzungen, Klängen und Reimen. Auf diese Weise entsteht eine eigenständige, phantastische, sich frei entfaltende Sprach- und Spielwelt, deren komischer Reiz sich gegen alle philologischen Klassifizierungsversuche behauptet hat.

1905
Rainer Maria Rilke
Das Stunden-Buch

Das *Stunden-Buch* ist das lyrische Hauptwerk des jungen R. Es besteht aus drei Büchern: *Vom mönchischen Leben, Von der Pilgerschaft, Von der Armut und vom Tode*. Entstanden 1899, 1901 und 1903 spiegelt das 1905 veröffentlichte Werk u. a. Eindrücke von R.s zwei Rußlandreisen und seinem ersten Parisaufenthalt.

Die klangvollen, suggestiven Gedichte des *Stunden-Buchs* erscheinen als ›Gebete‹ eines russischen Mönches und Ikonenmalers. Im 1. Buch umkreisen sie Gott (»Ich kreise um Gott, um den uralten Turm«), aber letztlich geht es um den künstlerischen Schaffensprozeß. Zentral ist die Vorstellung vom Werden Gottes, an dessen Vollendung Generationen von Künstlern arbeiten. Die Gedichte des 2. Buches sprechen vom Weg des »Pilgers«, des Künstler-Ichs, gegen äußere und innere Widerstände zu sich selbst. Im

3. Buch verarbeitet R. seine bedrückenden Pariserfahrungen; dabei schlägt die Klage über die Deformation des Menschen in der »großen Stadt« zu einer Rechtfertigung und Verherrlichung der Armut als Bedingung menschlicher Erneuerung um: »Daß solchem Dichten ›gesellschaftliche Relevanz‹ innewohnt, wird man, fürchte ich, zugeben müssen. Sie ist freilich alles andere als emanzipatorisch-progressiver Art« (Reinhold Grimm). – Eine andere Qualität gewinnt die Auseinandersetzung mit dem Phänomen der Großstadt und seiner Schrecken in dem tagebuchartigen Roman *Die Aufzeichnungen des Malte Laurids Brigge* (1910), an dem R. seit 1904 arbeitete.

1906
Gerhart Hauptmann
Und Pippa tanzt!

Mit dem am 19. 1. 1906 im Berliner Lessingtheater uraufgeführten und im selben Jahr gedruckten »Glashüttenmärchen« setzte H. die Reihe seiner märchenhaften, mythisierenden Stücke fort. Parallelen bestehen zu H.s Romanfragment *Der Venezianer* (1903). Zum autobiographischen Hintergrund gehört die Begegnung H.s mit der Schauspielerin Ida Orloff.

Das vieraktige Märchen, das in einigen Partien von der Prosa (z. T. in schlesischem Dialekt) in Verse übergeht, »spielt im schlesischen Gebirge zur Zeit des Hochwinters«. In einer Gebirgsschenke sitzen spät nachts Waldarbeiter, Glasbläser und -maler und ein Glashüttendirektor zusammen. Hinzu kommen der alte Huhn, ein hühnenhafter ehemaliger Glasbläser, und der halb erfrorene wandernde Handwerksgeselle Michel Hellriegel, der in Venedig »was ganz Besondres« erlernen will und gegenüber dem vernunftgeleiteten Direktor insistiert: »Es muß alles anders werden: – die ganze Welt!« Während Pippa, die grazile Tochter eines italienischen Glastechnikers, mit Huhn tanzt, kommt es zu einem Streit, und Huhn benutzt die Verwirrung, um Pippa in seine Berghütte zu entführen. Hellriegel befreit sie. Mit letzter Kraft erreichen sie das verschneite Gebirgshaus Wanns, den das Personenverzeichnis als »eine mythische Persönlichkeit« führt. Hier erreicht Hellriegel wenigstens in der Phantasie, in einem hypnotischen Traum, das Ziel seiner Sehnsucht, die wunderbare Wasser- und Glasstadt Venedig. Es kommt zum Kampf zwischen Wann und Huhn, der sich in das Haus eingeschlichen hat. Hellriegel erblindet, als er draußen Schnee holt, um den zusammengebrochenen Huhn zu behandeln. Trotz der Warnungen Wanns gelingt es Huhn, Pippa zum Tanz mit ihm zu verführen, während Hellriegel auf seiner Okarina begleitet. Huhn zerdrückt ein venezianisches Glas Wanns, und im gleichen Augenblick bricht Pippa tot zusammen. Hellriegel dagegen, zum Seher geworden, nimmt ihren Tod nicht zur Kenntnis und erblickt durch das nächtlichschwarze Fenster Venedig und das Meer im Licht des Morgens.

Mit seiner besonderen Verbindung von Realem und Irrealem geht *Und Pippa tanzt!* über die konventionelle Märchen- und Legendenmotivik früherer Dramen H.s hinaus. Mythische und allegorisch-symbolische Bedeutungsschichten sind erkennbar und bleiben offen für verschiedene Auslegungen. Pippa läßt sich gemäß den auf sie bezogenen Metaphern (Funken, Licht, Schmetterling, Vogel) auf der mythischen Ebene als Psyche, Seele, deuten, Huhn als eine Art schlesischer Dionysos. Andererseits verweist die Glasmetapher auf Pippa als Verkörperung der »femme fragile«, eine um die Jahrhundertwende beliebte Vorstellung, wobei die verdrängte Sinnlichkeit der Kindfrau im Tanz ihren symbolischen Ausdruck findet. H. selbst hat – im Abstand von 30 Jahren – das »Glashüttenmärchen« einen »dichterischen Befreiungsversuch« genannt, in dem der Dichter »sich und seine Leidenschaft in vier Gestalten« aufspaltet: »Im Dichter ist Hellriegel das reine, naive, kindlich-gläubige Element, Huhn die Kraft des rohen und wilden Triebes, der Direktor das, was zynisch an dem Triebe schmarutzt, zugleich das Genießerische auf Grund kalten Raffinements – aber auch etwas mehr. Wann ist das Überlegene, Hohe, Gestalthafte des Dichters selbst. Er ist, was dieser sein möchte: Herr im Spiel.« Und in der Tat lassen sich die Gestalten des Stücks zu entsprechenden Gegensatzpaaren anordnen: Verstand (Direktor) – Phantasie (Hellriegel), Geist (Wann) – Trieb (Huhn). Trotz dieser Aufspaltung des Autor-Ichs in mehrere Rollen – die Pippa umwerbenden Männer – »ist nicht zu übersehen, daß H.s Umgang mit Zeit, Raum, Handlung auch in diesem seinem vielleicht modernsten Drama – im Gegensatz zur Praxis des literarischen Revolutionärs Strindberg [*Traumspiel,* 1902] – den Grundgesetzen der dramatischen Tradition treu bleibt« (Peter Sprengel).

Die Kritiken, die den Achtungserfolg der Uraufführung begleiten, verraten eine gewisse Verwirrung. Rückblickend erkannte man die Modernität des Werkes und setzte es in Bezug zum Expressionismus: »Dies Werk war expressionistisch vor dem Expressionismus« (Alfred Kerr, 1919).

1906
Robert Musil
Die Verwirrungen des Zöglings Törleß

Der Ende 1906 erschienene Roman begründete M.s Ruhm und blieb zugleich sein größter Erfolg. Erzählt wird die Geschichte des Internatsschülers Törleß, der von seinen Eltern in ein exklusives, freilich in »ferner, unwirtlicher Fremde« gelegenes Institut geschickt wird. Zunächst reagiert er mit »Heimweh« (»In Wirklichkeit war es aber etwas viel Unbestimmteres und Zusammengesetzteres«), schließt sich dann aber im Verlauf seiner pubertären Entwicklung den die Klasse dominierenden Schülern Beineberg und Reiting an. Sie quälen ihren durch einen Diebstahl erpreßbar gewordenen Mitschüler Basini in sadistischer Weise, wobei Törleß sich nicht an der physischen Mißhandlung beteiligt, sondern Basini zu Reflexionen über sein Vergehen zu zwingen sucht, um so Auskunft über ihm fremde Gefühle zu erlangen. Darüber hinaus läßt er sich von Basini über sein homosexuelles Verhältnis mit Beineberg und Reiting berichten und verstrickt sich selber in homosexuelle Beziehungen. Als es zum Skandal kommt – Beineberg, Reiting und Törleß liefern Basini der eine Art Lynchjustiz übenden Klasse aus –, bleibt die Untersuchung an der Oberfläche. Törleß wird sich der eigenen radikalen Subjektivität bewußt, die keine Kommunikation mit den Lehrern als Repräsentanten der Öffentlichkeit ermöglicht, so daß sowohl Schule wie Törleß zur Einsicht kommen, daß der Austritt aus dem Institut die einzig sinnvolle Lösung darstelle.

M.s Intentionen decken sich nicht mit denen der kritisch-satirischen Schüler- und Schulgeschichten und ihrer Darstellung der Erziehungsinstitutionen als Modelle einer inhumanen, militarisierten Gesellschaft. Im Vordergrund steht ein anderes Thema: Törleß' Verhalten ist von dem Versuch bestimmt, Einsichten in verborgene, unbewußte seelische Vorgänge zu gewinnen, in ein verwirrendes Gefühlsleben – hier am Modell der Pubertätskrise – einzudringen und einer Wirklichkeit auf die Spur zu kommen, die »jenseits der Grenze konventioneller und bewußter Wahrnehmung, jenseits von Rationalität, Kausalität und gesellschaftlicher Moral« liegt (Thomas Anz). Doch, und damit berührt sich M.s Roman mit anderen Dokumenten der Sprachskepsis zu Anfang des Jahrhunderts, diese fremde innere Welt entzieht sich, wie die Erfahrung des Unendlichen, begrifflicher Erfassung und der Mitteilung durch die Sprache. Die daraus resultierende Erfahrung der Entfremdung, der Spaltung des Ich (und der Sehnsucht nach ihrer Überwindung) bestimmt auch das spätere Schaffen M.s.

1907–08
Rainer Maria Rilke
Neue Gedichte

Die Abkehr R.s von der impressionistisch-schwelgerischen Klang- und Bildsprache und der jugendstilhaften Ornamentik und Preziosität seiner frühen Lyrik geschah unter dem Eindruck der Kunst und Arbeitsweise des Bildhauers Auguste Rodin und des Malers Paul Cézanne. Charakteristisch für die neue Haltung ist die Betonung der »Arbeit« und des Handwerklichen, die an die Stelle des Wartens auf die Eingebung treten, ein neuer Formwille und eine neue »Sachlichkeit«, die auf einer genauen Beobachtung des einzelnen Gegenstands – Dinge, Lebewesen, Geschehnisse – beruhen. Es geht darum, diesen Gegenstand in einer abstrahierenden Zusammenfassung auf sein Wesen, auf die ihm innewohnende Gesetzmäßigkeit zu reduzieren: das »Kunst-Ding« muß, so R., »von allem Zufall fortgenommen, jeder Unklarheit entrückt« sein.

Die Ergebnisse dieser neuen Ästhetik legte R. in den beiden Bänden der *Neuen Gedichte* vor. Das früheste – und berühmteste – der den neuen Stil verwirklichenden »Dinggedichte«, *Der Panther,* entstand schon 1903, die Mehrzahl der Texte stammt aus den Jahren 1906 bis 1908. Gegenstand dieser Gedichte sind ›Dinge‹ im üblichen Wortsinn (*Römische Fontäne, Das Karussell*), Orte und Landschaften (*Spätherbst in Venedig*), Tiere (*Der Panther, Die Gazelle, Die Flamingos*), Pflanzen (*Blaue Hortensie*) oder Menschen, wobei hier – wie bei anderen Vorwürfen – oft bereits durch die Kunst Vorgeformtes behandelt wird (*Jugend-Bildnis meines Vaters, Selbstbildnis aus dem Jahre 1906*). Neben den zahlreichen Gedichten mit Themen aus der Gegenwart oder ohne erkennbaren zeitlichen Bezug steht eine Reihe von Texten, die sich den ›Dingen‹ vergangener Zeiten zuwenden: antike Mythologie (*Leda*) und Kunst (*Früher Apollo, Archaïscher Torso Apollos*), biblische Geschichte (*David singt vor Saul, Pietà*), Mittelalter (*L'Ange du Méridien, Die Kathedrale, Gott im Mittelalter*).

»Rilkes Antwort auf die Gefährdung der Ich-Identität und die daraus sich ergebende ›Krise‹ der Sprache«, summiert Lawrence Ryan die Leistung der *Neuen Gedichte,* »besteht im Versuch eines grundlegenden Perspektivenwechsels, wodurch er den Anspruch erhebt, in der poetischen Sprache gleichsam das Sein der ›stummen Dinge‹ einzufangen, das heißt also, sich in einen imaginierten Fluchtpunkt hineinzuversetzen, der jenseits der sich auf sich selbst beziehenden Subjektivität liegt.«

1908
Robert Walser
Der Gehülfe

Nach den *Geschwistern Tanner* (1907) ist der *Gehülfe* W.s zweiter Roman; er wurde sein erfolgreichstes Buch – »ein Auszug aus dem schweizerischen täglichen Leben« (W.). Die autobiographischen Bezüge sind recht eng: »Der *Gehülfe* ist ein ganz und gar realistischer Roman. Ich brauchte fast nichts zu erfinden. Das Leben hat das für mich besorgt«, erinnerte sich W. später und meinte damit seine Angestelltenzeit 1903–04 bei einem Maschinentechniker und Erfinder in Wädenswil (im Roman: Bärenswil) am Zürichsee.

Joseph Marti, ein 23jähriger Kontorist »aus gutem Hause« (wie er selber betont), tritt eine Stelle bei dem exzentrischen, polternden, unsteten, sich in skurrile oder aussichtslose Projekte verrennenden Erfinder C. Tobler an und wird Zeuge eines allmählichen, im Bankrott endenden Verfalls einer Familie. Da es nicht gelingt, Kapitalgeber für Erfindungen wie die »Reklame-Uhr« oder den »Schützenautomaten« zu interessieren und die Familie – Frau Tobler und vier Kinder, darunter die zurückgebliebene und schlecht behandelte Silvi – recht behaglich in der »Villa Abendstern« lebt und feiert, besteht die Arbeit des Gehülfen immer mehr im Vertrösten von Gläubigern. Nach einem Wutanfall Toblers zieht Joseph mit einem anderen ehemaligen Angestellten am Neujahrstag davon.

Der Gewinn für den Helden, dessen Erlebnisse in ironischer Distanz geschildert werden, liegt in einer allmählichen Festigung seines schwankenden, sprunghaften, doch durchaus liebenswerten Charakters. Hinter der heiteren, das alltägliche Leben verklärenden Atmosphäre, der etwas Traum- und Märchenhaftes zu eigen ist, bleibt die gesellschaftliche Realität sichtbar: Der Roman zeigt nicht nur den (ökonomischen) Verfall einer bürgerlichen Familie, sondern kann auch als Zeugnis der Krise gelten, »in der die gesellschaftliche Geborgenheit und Orientierung des Individuums verlorenging« (Jochen Greven). Werner Webers Rezension einer Neuausgabe (1955) trägt die treffende Überschrift: *Das unheimliche Idyll.*

1909
Alfred Kubin
Die andere Seite

Entwürfe literarischer Gegenwelten haben eine bis in die Antike zurückreichende Tradition. Zur literarischen Utopie (oder Anti-Utopie) tritt um die Jahrhundertwende nach dem Beispiel von Jules Verne und H. G. Wells auch in Deutschland der Science-fiction-Roman. Beispiel für diesen wissenschaftlich-technisch orientierten »Zukunftsroman« ist Kurd Laßwitz' *Auf zwei Planeten* (1897). Bleibt bei diesem Genre der Bezug zur Realität deutlich und eindeutig – als Gegenbild, als Projektion in die Zukunft –, so entwirft der phantastische Roman Gegenwelten eigener Art, gekennzeichnet durch eine Verbindung von Elementen des Surrealen und des Absurden. Romane von Paul Scheerbart (u. a. *Lesabéndio. Ein Asteroiden-Roman*, 1913) und Gustav Meyrink (u. a. *Der Golem,* 1915) gehören ebenso hierher wie K.s *Die andere Seite. Phantastischer Roman.*

Rückblickend berichtet der Ich-Erzähler, ein Zeichner, aus einer Heilanstalt von seinen merkwürdigen Erlebnissen, die mit einer Einladung seines Schulfreundes Patera in sein asiatisches »Traumreich« (Hauptstadt: Perle) und der Reise dorthin beginnen. Was der Erzähler und seine Frau bei ihrer Ankunft in Perle erwartet, ist in vielem rätselhaft oder absurd. Das Traumreich ist ein graugrünes Land ohne Sonne und Sterne, mit alten Häusern aus Europa, altmodischer Kleidung, einer undurchsichtigen Ökonomie, einer absurden Geldwirtschaft, unverständlichen religiösen Vorstellungen und Gebräuchen (»Ich gab also dem Blödsinn nach«) und einer unberechenbaren, undurchdringlichen Bürokratie wie bei Kafka: eine Welt ohne Logik, Rationalität, Zusammenhänge, kein Schreckbild, aber auch kein positives Gegenbild zur modernen technischen Zivilisation.

Der Untergang beginnt mit der Ankunft des reichen Amerikaners Herkules Bell, der dem unerreichbar bleibenden, doch in vielerlei Erscheinungsformen stets gegenwärtigen Patera den Kampf ansagt. K. entwirft dabei ein apokalyptisches und zugleich groteskes Szenario; die Tiere werden zur Plage, die Materie zerbröckelt, Anarchie herrscht, Revolution bricht aus, die Stadt brennt, bricht zusammen, versinkt im Sumpf, während sich der Amerikaner und einige andere retten. Im Epilog ist von zwei Grundkräften des Lebens die Rede, von Todessehnsucht und Lebenswillen: »Der Demiurg ist ein Zwitter«, lautet

der letzte Satz. Es ist unmöglich, die Widersacher mit je einem der Prinzipien zu identifizieren, vielmehr scheinen sie gleichermaßen am »widersprechende[n] Doppelspiel« teilzuhaben, welches das ganze Dasein bestimmt. – K.s Entwurf einer phantastischen Gegenwelt mit ihren absurden und surrealen Zügen, ihrer Undurchschaubarkeit und Rätselhaftigkeit wirkte weiter, u. a. auf Meyrink, Kafka und Hermann Kasack.

1909
Else Lasker-Schüler
Die Wupper

Das fünfaktige Schauspiel – L. nennt es auch »Stadtballade« und »böse Arbeitermär« – wurde, obwohl bereits 1909 gedruckt, erst am 27. 4. 1919 am Deutschen Theater Berlin uraufgeführt. Es verbindet Lyrisches und Dramatisches, Naturalistisches und Phantastisch-Märchenhaftes und besteht aus locker gefügten, episodischen Szenen, aus deren realen und symbolisch hintergründigen Vorgängen sich ein Bild der Menschen, ihrer Erwartungen und Hoffnungen wie ihres Scheiterns ergibt, ein Elberfelder Welttheater zwischen Proletariermilieu (Akt 1, 4, 2. Teil von Akt 5) und Fabrikantenmilieu (Akt 2, 1. Teil von Akt 5) mit der Jahrmarktsszene (Akt 3) als dramatischem Wendepunkt in der Mitte. Trotz des Gegeneinanders von Arbeiter- und Fabrikantenwelt und trotz der Töne revolutionären Aufbegehrens im Hintergrund handelt es sich nicht um ein soziales Kampfstück; ungeachtet der räumlichen Trennung vermischen sich die Bereiche, wobei gerade die innere Einsamkeit und Beziehungslosigkeit den Akteuren gemeinsam ist.

Eine Fülle von Randfiguren – Arbeiter(innen), wahrsagende Landstreicher, Zuhälter, Kinder, Herren mit grauen Zylindern, die »Riesendame« Rosa usw. – umgibt die Hauptgestalten, die Fabrikbesitzerin Charlotte Sonntag und ihre Kinder Heinrich, Eduard und Marta, die Arbeiterkinder August und Lieschen Puderbach und den nach Pastorenwürden strebenden (und daher zum Protestantismus konvertierten) Carl Pius. Dazu kommt als einzige aktive Figur die alte Mutter Pius, zynisch, heuchlerisch, intrigant: Sie bringt die Handlung, soweit man davon reden kann, in Gang, verkuppelt die unschuldige Lieschen Puderbach und den in die Rolle des Fabrikherrn gezwungenen Heinrich Sonntag, bestärkt den Ehrgeiz ihres Enkels Carl Pius und stachelt mit einem Nacktphoto sein sexuelles Verlangen nach der Fabrikantentochter Marta an. Wie man im

5. Akt erfährt – die Zeiträume bleiben unklar –, hat sich Heinrich nach seinem Ausbruch aus den Zwängen des verhaßten Fabriklebens erschossen, Lieschen wurde in eine Zwangserziehungsanstalt gesteckt. Carls Werbung um Marta wird schroff abgelehnt, und während Lieschens Bruder August im Suff verkommt, heiratet Marta den allseits unbeliebten, gewissenlosen Dr. von Simon, auf daß die Fabrik einen Herrn habe. Und wie die alte Pius um die Leiche des toten Heinrich herumtanzt und dabei »O du lieber Augustin, alles is hin, hin, hin« singt, so klingt dieses Lied als Grundmelodie durch das ganze Stück. Mit dieser – berichteten – Szene wird zugleich auf das Bild vom Karussell auf dem Jahrmarkt hingewiesen, Symbol des Lebenskarussells, der ausweglosen Wiederkehr des immer Gleichen. Aber: »Indem das Schauspiel *Die Wupper* das Leiden an solcher Gefangenschaft im Leben in der Bildsinnlichkeit der Bühne, in der Gestaltsinnlichkeit der Figuren, in der Stimmung und Atmosphäre des Räumlichen, der Farben und Geräusche zur Anschauung bringt, wird es zu einer Beschwörung, die Gefangenschaft zu durchbrechen und das eigene wie das fremde Leben anders zu bestimmen, damit der Mensch nicht das Opfer des Menschen bleibe« (Fritz Martini).

Obwohl Kritiker wie Herbert Ihering auf den hohen Rang des Werkes verwiesen, kam es erst 1927 zu einer weiteren Inszenierung. Ein erneuter Versuch, das Stück für die Bühne zu gewinnen (Köln, 1958), geriet im restaurativen Klima der BRD zum Skandal, verhalf aber letztlich dem Werk zum Durchbruch.

1909
Heinrich Mann
Die kleine Stadt

1910 schrieb M. rückblickend, daß ihm sein bisheriger Weg als Romancier »von der Behauptung des Individualismus zur Verehrung der Demokratie geführt« habe: »In meiner *Herzogin von Assy* habe ich einen Tempel errichtet für drei Göttinnen, für die dreieinige, freie, schöne und genießende Persönlichkeit. Meine *Kleine Stadt* aber habe ich dem Volk erbaut, dem Menschentum.« Die »kleine Stadt«, in der der Roman spielt, ist Palestrina bei Rom, wo M. mit seinem Bruder Thomas den Sommer 1897 verbracht hatte.

Im Geschehen, in fünf große Kapitel gegliedert, spiegelt sich die Entfaltung der italienischen Demokratie nach der Befreiung und Einigung im kleinen. Aus dem vielstimmigen, romantechnisch

virtuosen Konzert – mehr als 100 Personen werden durch Sprache, Gestik und Mimik, durch charakteristische Details plastisch gezeichnet – treten die Protagonisten der verschiedenen gesellschaftlichen Gruppen und Positionen hervor: so vor allem der ›schwänzelnde‹ Advokat Belotti als Anführer der Fortschrittspartei, der Gemeindesekretär Camuzzi als konservatives Gegengewicht und der fanatische Priester Don Taddeo mit seinem Anhang bigotter Betschwestern als Repräsentant der klerikalen Reaktion. Die verdeckten Spannungen kommen zum Ausbruch, als die auf Initiative Belottis eingeladene Operntruppe zu einem mehrwöchigen Aufenthalt eintrifft und die klerikale Opposition mit allen Mitteln – einschließlich der Sabotage und der Verleumdung – Proben und Aufführung zu Fall zu bringen sucht. Reminiszenzen an Alessandro Tassones heroisch-komisches Epos vom geraubten Eimer (*La secchia rapita,* 1622) bringen die literarische Tradition Italiens ein, und in der Gestalt des Kapellmeisters Enrico Dorlenghi, der die *Arme Tonietta* zur Aufführung bringt, versinnbildlicht sich das Wirken des Künstlers für sein Volk (wobei M. seine »Anschauung des werdenden Puccini« zum Ausdruck bringt). Die weltanschaulichen und sozialen Konflikte kulminieren in einem komischen Bürgerkrieg auf dem Marktplatz, bis es schließlich – nicht zuletzt durch die ins Soziale wirkende Macht der Kunst – zu einer allgemeinen Versöhnung im Bewußtsein der eigenen Unzulänglichkeiten und Fehler kommt und die Künstler reich beschenkt davonziehen. Einen elegischen Kontrapunkt setzt die Geschichte der tödlichen Liebe zwischen dem Tenor Nello Gennari und der für das Kloster bestimmten Aristokratentochter Alba Nardini.

Thomas Mann nannte den Roman seines Bruders »ein hohes Lied der Demokratie«, eine Formel, die M. wiederholt aufgriff. Der utopische Entwurf eines polyphonen, durch Kunst und Liebe in seiner Menschlichkeit bestärkten demokratischen Gemeinwesens ist zugleich eine indirekte, doch radikale Kritik an dem wilhelminischen Obrigkeits- und Untertanenstaat.

1909
Thomas Mann
Königliche Hoheit

M.s zweiter Roman erschien zuerst in Fortsetzungen in der *Neuen Rundschau* (1909) und im selben Jahr als Buchausgabe. Er erzählt, mit autobiographischen Zügen, die Geschichte Klaus

Heinrichs, des Erbprinzen eines kleinen Landes. Mit einem verkrüppelten linken Arm geboren, wird er auf seine späteren Aufgaben vorbereitet (maßgeblicher Erzieher: Dr. Raoul Überbein). Er fühlt die Isolierung und den scheinhaften, schauspielerischen Charakter seines Lebens. In diese Unwirklichkeit tritt die amerikanische Milliardärstochter Imma Spoelmann. Klaus Heinrich bricht aus seiner formalen Existenz aus, studiert Ökonomie, um seinem bankrotten Land helfen zu können, arbeitet also in einem durchaus bürgerlichen Sinn. Dadurch gewinnt er Imma – und das Land die Spoelmannschen Finanzen.

In diesem »Versuch eines Lustspiels in Romanform«, wie M. das Werk nannte, ist das Ökonomisch-Politische nur Vordergrund; Antworten auf die Probleme der Zeit vor dem Ersten Weltkrieg sind hier nicht zu gewinnen. In Wirklichkeit handelt es sich um einen Künstlerroman, der die Tonio-Kröger-Problematik fortführt: Fürst und Künstler sind vergleichbar in ihrer Isolation vom ›Leben‹ und in ihrer Einsamkeit, in ihrer formalen Existenz und der theatralischen, schauspielerhaften Unwirklichkeit ihres Daseins. Nur wird hier, anders als in *Tonio Kröger* (1903), die Kluft zwischen Kunst und Leben überbrückt, ein Happy end, »Hoheit und Liebe, – ein strenges Glück«, möglich.

1909
Robert Walser
Jakob van Gunten

Nach *Geschwister Tanner* (1907) und *Der Gehülfe* (1908) ist *Jakob van Gunten. Ein Tagebuch* W.s dritter Roman, eine Art Anti-Bildungsroman ohne eigentliche Handlung. Der jugendliche Ich-Erzähler berichtet melancholisch und komisch zugleich von seinem Aufenthalt in einem etwas merkwürdigen Lehrinstitut in Berlin: »Man lernt hier sehr wenig, es fehlt an Lehrkräften, und wir Knaben vom Institut Benjamenta werden es zu nichts bringen, das heißt, wir werden alle etwas sehr Kleines und Untergeordnetes im späteren Leben sein. Der Unterricht, den wir genießen, besteht hauptsächlich darin, uns Geduld und Gehorsam einzuprägen, zwei Eigenschaften, die wenig oder gar keinen Erfolg versprechen.« Mit diesen Worten beginnen die Aufzeichnungen Jakobs, der von seinem Vater, einem »Großrat«, weggelaufen ist und nun in dem Bewußtsein, im späteren Leben »eine reizende, kugelrunde Null« zu sein, die Vorschriften des Instituts auswendig lernt und in der Schrift »Was bezweckt Benja-

menta's Knabenschule?« liest. Der herrische Vorsteher – »Herr Benjamenta ist ein Riese, und wir Zöglinge sind Zwerge gegen diesen Riesen« – entwickelt eine Vorliebe für Jakob, der in seinen »Einbildungen«, seiner Leichtigkeit und seinem Leichtsinn etwas Künstlerisches an sich hat, während sein immer gehorsamer Mitschüler Kraus die Haltung des Dieners, das Erziehungsziel des Instituts, vollkommen verkörpert.

Den Unterricht gibt Benjamentas Schwester Lisa, die sich Jakob nähert und von der er Einblicke in das Geheimnis, »die inneren Gemächer« des Instituts, erhofft; die anderen Lehrkräfte sind entweder »gar nicht vorhanden, oder sie schlafen noch immer, oder sie scheinen ihren Beruf vergessen zu haben« und sitzen versteinert oder scheintot herum. Jakob berichtet weiter von seinen Ausflügen in die Stadt, von Besuchen bei seinem Bruder, einem bekannten Maler, und von seinen Träumen, darunter einem, in dem ihn Lisa gleichsam ins Leben einführt. Plötzlich geht es abwärts mit dem Institut, ein Abbröckeln der Disziplin zeigt den Verfall der Macht, und als Lisa, die keine Liebe gefunden hat, stirbt, zieht Jakob nach einem Traum von Freiheit und Glück »mit Herrn Benjamenta in die Wüste«: ein Aufbruch zu neuen Freiheiten (Peter Utz) oder erneute Weltflucht (Jürgen H. Petersen)?

Mit der Verfremdung der modernen Realität ins Spielerisch-Naive, hinter dem das Abgründige lauert, mit den Momenten des Traumhaften und Surrealen verweist W. auf Franz Kafka, der den *Jakob van Gunten* »ein gutes Buch« nannte. Eine Nachwirkung des Romans bis zur Konzeption von Kafkas *Schloß* (1926) konstatiert Klaus Wagenbach.

1910
Rainer Maria Rilke
Die Aufzeichnungen des Malte Laurids Brigge

Dieser tagebuchartige Roman, 1904 begonnen und 1910 erschienen, ist zusammen mit den *Neuen Gedichten* (1907–08) Dokument der ästhetischen Neuorientierung R.s, der Abkehr von der wirklichkeitsfernen, impressionistischen Klang- und Wortkunst des Frühwerks unter dem Einfluß von Auguste Rodin und Paul Cézanne. Bei Cézanne erkannte er eine neue »Sachlichkeit des Sagens«, die ihn an Baudelaire erinnerte und neue Gegenstandsbereiche zugänglich machte: »Erst mußte das künstlerische Anschauen sich so weit überwunden haben, auch im Schrecklichen und scheinbar nur Widerwärtigen das Seiende zu sehen, das, mit allem anderen Seienden, *gilt*.«

Der *Malte Laurids Brigge* bricht mit den Konventionen des traditionellen realistischen Erzählens. Es ist ein ›moderner‹ Roman ohne eigentliche Handlung, bestehend aus einer assoziativen Folge von erzählenden, beschreibenden oder reflektierenden Abschnitten, aus Bruchstücken von wahrgenommener Wirklichkeit oder erinnerter Vergangenheit – Ergebnis des Versuchs des Helden, des 28jährigen dänischen Adeligen Malte Laurids Brigge aus einem aussterbenden Geschlecht, den ihn bedrängenden Eindrücken und Erfahrungen standzuhalten und sich seiner eigenen Identität zu vergewissern. Die soziale Realität der Großstadt Paris und ihrer Massengesellschaft, die Konfrontation mit Armut, Krankheit und Tod wird als tiefer Schock erfahren, bestärken Malte in seinem Gefühl der Einsamkeit und Entfremdung, versetzen ihn in Angst. Gleichwohl stellt er sich diesen Erfahrungen (»Ich lerne sehen«), setzt sich schreibend mit ihnen auseinander.

Maltes beobachtender Blick dringt durch die Fassade äußerer Wirklichkeit, enthüllt das Innenleben der Dinge – Beispiel ist etwa das Abbruchhaus, das das Innere offenbart –, und zugleich entsteht durch den Blick ins eigene Innere ein aus vielen Bruchstücken zusammengesetztes, zu den Großstadteindrücken kontrastierendes Bild der Welt seiner Kindheit. In der Erinnerung erscheinen das Schloß der Brigges, der Sitz der Brahes, der Familie der Mutter, die damit verbundenen Personen – nicht zuletzt »Maman« –, okkulte Erlebnisse und andere ›unbewältigte‹ Ereignisse: ›Aufarbeitung‹ der Kindheit und ihrer Ängste inmitten einer bedrohenden Gegenwart und zugleich ein Beitrag dazu, sie zu bestehen: »dieses Nichts fängt an zu denken.«

Im zweiten Teil wird der Roman auch um Bruchstücke der historischen Vergangenheit erweitert, wobei die von Malte evozierten Gestalten wie Karl der Kühne oder Päpste in Avignon nicht in ihrer historischen Bedeutung, sondern als »Vokabeln seiner Not« (R.) zu verstehen sind. Gegen Ende überwiegen die Reflexionen immer mehr; an Abelone, die jüngste Schwester Mamans, knüpfen sich Gedanken über die Liebe, eine Liebe, die nicht einschränken und ausschließen soll und in der besitzlosen Liebe ihr Ziel findet. In diesem Sinn schließt das Buch mit einer Umdeutung der Parabel vom verlorenen Sohn als demjenigen, »der nicht geliebt werden wollte«.

Damit enden die Aufzeichnungen, Maltes weiteres Schicksal bleibt offen. Und wenn auch R. in einem Brief schreibt, die *Aufzeichnungen* führten »beinah zum Beweis [...], daß dieses so ins Bodenlose gehängte Leben unmöglich sei«, so scheint doch Maltes musikalischen Kompositionsprinzipien folgender Schreib- und Erinnerungsakt einen Weg zur Überwindung der Krise anzudeuten: »Die Wirklichkeit zerbröckelt, die Antagonismen häufen sich. Raum und Zeit, Vergangenheit und Gegenwart, Erfahrung und Reflexion, Kunst und Leben, Wirklichkeit und Sprache wieder in ihrer simultanen Ganzheit zu fassen, ist das Ziel, das Malte anstrebt. Indem er sich betrachtend, erinnernd und schreibend mit den Dingen auseinandersetzt, beginnt er, sie stückweise einer Form zu unterwerfen und damit Wirklichkeit zu bewältigen« (Beatrice Sandberg).

1910
Carl Sternheim
Die Hose

Die Hose. Ein bürgerliches Lustspiel gehört zu den Dramen, die S. unter dem Obertitel »Aus dem bürgerlichen Heldenleben« zusammenfaßte. Das Stück erschien Ende 1910 im Druck (mit der Angabe 1911) und wurde am 15. 2. 1911 in den Berliner Kammerspielen unter dem Titel *Der Riese* – zensiert – uraufgeführt; zum wirklichen Erfolg wurde die Komödie erst in den 20er Jahren.

Die vier Akte des Lustspiels spielen in der Wohnstube des subalternen Beamten Theobald Maske (»Zeit 1900«). Die Handlung geht von einem anekdotischen Ereignis aus: Frau Luise Maske hat gerade in dem Moment ihre Hose verloren, als der König an den Zuschauern vorbeifuhr. Die Handlung des Stückes stellt sich – nach der Aufklärung und Kommentierung – als Konsequenz dieses Vorfalls dar. Während Luise eine negative Wirkung im Hinblick auf ihre Reputation befürchtet, sorgt sich Theobald Maske um seine Stellung. Mögliche finanzielle Verluste suchen Maskes dadurch auszugleichen, daß sie Untermieter aufnehmen: den aristokratischen Literaten Frank Scarron und den hypochondrischen Friseur Benjamin Mandelstam. Beide waren Zeugen des Vorfalls, und ihre eigentlichen Absichten zielen auf Luise Maske. Im Wettstreit der Rivalen bevorzugt Luise Scarron, und der Ehebruch scheint nur eine Frage der Zeit: »Ein Zyklop muß Theobald sein, will er seinem Schicksal entgehen. Ein richtiger Riese«, kommentiert die voyeuristische Nachbarin Gertrud Deuter. Und genau als dieser »Zyklop« entpuppt sich der biedere Kleinbürger Maske (»Meine Unscheinbarkeit ist die

Tarnkappe, unter der ich meinen Neigungen, meiner innersten Natur frönen darf«), der sich unbeeindruckt von Scarrons literarischem Gerede über Nietzsche und Mandelstams Wagnerbeflissenheit zeigt und überdies durch seine Vitalität auch körperlich dominiert und triumphiert. Während der geplante (und auch von Luise gewünschte) Ehebruch scheitert, nutzt Maske nebenbei die sich bietende Gelegenheit bei Fräulein Deuter. Und er glaubt es nun auch finanziell verantworten zu können, seiner Luise »ein Kind zu machen«.

Sein Held sei jemand, schreibt S. in der Vorrede, der »aus eigenen Quellen fanatische Besessenheit zu eigenen Zielen« mitbringe, »ein zu sich und ihm ursprünglichen Kräften gegen gesellschaftlichen Widerstand leidenschaftlich heldisch Gewillter«. So ergibt sich in der *Hose* – und in anderen Stücken S.s – der widersprüchliche Befund, daß der Held als eher widerliche Gestalt charakterisiert wird und gleichwohl als Sieger hervorgeht, da er – auch in der Anpassung und Verstellung – seine wahre Natur auslebt.

Die *Hose* bezeichnet nach S.s Ansicht seinen Durchbruch zu einer eigenen Form. Dazu gehört auch die Komödie der Sprache, d.h. das Spiel um Sein und Schein, die komödiantische Entlarvung falschen Bewußtseins durch die Sprache oder die Kontrastierung verschiedener Sprachebenen. Auffallend ist die (im Lauf der Werkgeschichte sich verstärkende) Tendenz zur Verknappung und Reduktion der Sprache (einschließlich der Ablehnung der Metapher), die den Blick auf den sich selbst entlarvenden bürgerlichen Phrasen- und Formelschatz freimacht. – Das weitere Schicksal der Familie Maske (und ihrer Nachkömmlinge) entfalten die Stücke *Der Snob* (1914), *1913* (1915) und *Das Fossil* (1923).

1911
Gerhart Hauptmann
Die Ratten

H.s fünfaktige »Berliner Tragikomödie« wurde am 13. 1. 1911 im Berliner Lessingtheater uraufgeführt und im selben Jahr gedruckt. »Die Idee des Dramas bestand aus dem Gegensatz zweier Welten und hatte diese beiden Welten zum Ausgangspunkt«, schrieb H. 1911 über die *Ratten*. Diese Welten werden repräsentiert durch den ehemaligen – und zukünftigen – Straßburger Theaterdirektor Harro Hassenreuter und die Putzfrau Henriette John und die sich um diese Gestalten entwickelnden und einander durch-dringenden Handlungsstränge. Dabei fällt ein entschieden komisch-satirisches Licht auf Hassenreuter und seine Aktivitäten, insbesondere den Schauspielunterricht; doch liefern diese Partien durch die Gegenüberstellung von klassizistischer und naturalistischer Theaterauffassung zugleich eine immanente Poetik des naturalistischen Dramas (das im Stück selber in der John-Tragödie verwirklicht wird). Das Geschehen entfaltet sich, entsprechend den beiden Handlungsebenen, auf zwei Schauplätzen, die sich beide in einer zur Mietskaserne umgebauten Kavalleriekaserne in Berlin befinden: Die Akte 1 und 3 spielen in einem fensterlosen Dachgeschoßraum, in dem Hassenreuter seinen Kostüm- und Requisitenfundus untergebracht hat (»malerische Unordnung«), ein Ort, über dem – im Dachboden – »Ratten« vermutet werden und der gespenstische, spukhafte Assoziationen weckt und zugleich, obwohl oben im Haus, deutlichen Unterweltcharakter besitzt; die Akte 2 und 4 spielen in der Wohnung des Maurerpoliers John und seiner Frau im zweiten Stock, ein Ort, der einen »sauberen und gepflegten Eindruck« macht, Rahmen für ein Geschehen, das gerade in der Zerstörung der Ordnung und der kleinbürgerlichen Idylle resultiert. Für die Brüchigkeit der Ordnung steht das Bild von den »Ratten«.

Das polnische Dienstmädchen Pauline Piperkarcka ist schwanger. Frau John, die bei Hassenreuter putzt, hilft ihr, das Kind auf dem Dachboden über dem Magazinraum zur Welt zu bringen. Sie gibt es als ihr eigenes aus und erfüllt damit auch einen sehnlichen Wunsch ihres ahnungslosen, in Altona arbeitenden Mannes. Als jedoch die Piperkarcka Ansprüche auf das Kind erhebt und die Behörden Ermittlungen anstellen, gerät Frau John in Panik. Zunächst gelingt es ihr, die Aufdeckung des Geschehenen zu verhindern und die Verwirrung zu steigern, indem sie das verwahrloste Kind der Morphinistin Knobbe aus der Nachbarwohnung unterschiebt und mit ›ihrem‹ Adelbertchen – so hieß ihr eigenes, verstorbenes Kind – das Haus verläßt. John, von seiner Arbeitsstelle in Altona zurückgekehrt, wird durch Andeutungen des Hausmeisters und anderer Hausbewohner mißtrauisch. Als sich dann herausstellt, daß Frau Johns krimineller Bruder Bruno die Piperkarcka umgebracht hat (statt sie ›nur‹ einzuschüchtern) und die Wahrheit ans Licht kommt, bringt sich die leidende, in ihren Mutterinstinkten tief verletzte und dem Wahnsinn nahe Frau John um – ironisch kontrastiert durch die verständnislosen Bemerkungen Hassenreuters und der Seinen: »Die Tragik ist nicht an Stände gebunden. Ich habe Ihnen das stets gesagt.« Womit Hassenreuter genau beim Gegenteil seines in den parodistischen Schauspielunterrichtsszenen demonstrierten klassizistischen Credos angekommen ist: In den Auseinandersetzungen mit seinem Schüler Spitta, der naturalistische Thesen vertritt (und mit Hassenreuters Tochter Walburga gegen den Willen des Vaters verbunden ist), steht der Schauspieldirektor für das hohle Pathos der »Schiller-Goethisch-Weimarischen Schule der Unnatur«. Für das kleine »Adelbertchen‹ bleibt das Säuglingsheim, wo »von's Dutzend mehrschtens zehn« sterben.

H.s Ironie und die kunstvolle Verbindung grotesk-komischer und tragischer Momente, die gerade den Rang des Stückes ausmachen, stießen bei den Kritikern der Uraufführung auf wenig Verständnis. Doch bald kehrte sich die Wertung um. Siegfried Jacobsohn schrieb einige Jahre später: »Kritik ist Selbstkritik. Weswegen bin ich 1911 vor diesen Ratten durchgefallen?« Auch wenn H. mit den *Ratten* keine ausgesprochen politischen Intentionen verfolgte, »muß in der Sensibilität für den Gesamtkomplex gesellschaftlicher Verlogenheit und in der Hinwendung zur Welt des Verbrechens ein historisches Krisensignal gesehen werden« (Peter Sprengel), verweist das Geschehen auf die innere Brüchigkeit der bürgerlichen Fassade im Wilhelminischen Zeitalter.

1911
Georg Heym
Der ewige Tag

Diese Lyriksammlung gilt als erstes bedeutendes Zeugnis des literarischen Expressionismus. Es war zugleich H.s einziger zu seinen Lebzeiten erschienener Gedichtband; die Sammlung *Umbra vitae* (1912), herausgegeben von seinen Freunden aus dem Berliner »Neuen Club«, folgte wenige Monate nach seinem Tod durch Ertrinken im Januar 1912. Zu den wichtigsten Anregern seiner Dichtung gehören in bezug auf Stoffwahl, Thematik und Metaphorik die französischen Lyriker Charles Baudelaire und Arthur Rimbaud. Daneben bestehen Beziehungen zum deutschen Naturalismus, dessen Themen H. »in spezifisch expressionistischer Dynamik fortführte und überbot« (Heinz Rölleke).

Die Sammlung beginnt mit zwei *Berlin*-Sonetten, die das Thema der großen Stadt anschlagen, und endet mit *Schwarze[n] Visionen* des Untergangs, der Endzeit. Dazwischen stehen Evokationen einer fremden, feindlichen, unheimlichen Welt, bevölkert von Ausgestoßenen, Krüppeln, Irren usw., Revolutionsgedichte, Visionen von Toten und des Todes, von Krieg und Apokalypse. Vorgetragen wird diese Dichtung der Angst und des Unheimlichen in betont objektiver Weise. Das lyrische Ich tritt fast völlig zurück, die Form mit ihrem fast immer gleichen Vers- und Strophenschema (fünfhebige Jamben, Vierzeiler) hat etwas Monoton-Blockhaftes, die Ordnung des Nebeneinander bestimmt die poetische Technik (»Ich glaube, daß meine Größe darin liegt, daß ich erkannt habe, es gibt wenig Nacheinander. Das meiste liegt in einer Ebene. Es ist alles ein Nebeneinander«).

Trotz dieser formalen Bändigung eignet H.s Lyrik eine große Kraft und Vitalität: Sie liegt in der intensiven, auch im wörtlichen Sinn farbigen Bildlichkeit – H. hob selbst seine Affinität zur Malerei hervor –, die sich zu suggestiven Visionen verdichtet (*Der Krieg, Der Gott der Stadt* u. a.) und hinter der dämonisierten Wirklichkeit als Grundbefindlichkeit die existentielle Erfahrung der Entfremdung in einer Endzeit erkennbar werden läßt.

1911
Hugo von Hofmannsthal
Der Rosenkavalier

H. betrachtete seine Libretti nicht als Nebenwerke; vielmehr entsprach die Oper seinen Vorstellungen vom Theater als festlicher Anstalt. Die Zusammenarbeit mit Richard Strauss begann mit dessen Aufforderung, seine psychologisierende *Elektra*-Tragödie (Uraufführung 1903, Druck 1904) zu einem Opernbuch umzugestalten (Uraufführung der Oper 1909), und erreichte ihren Höhepunkt in der gemeinsamen Arbeit am *Rosenkavalier*, die ein ausführlicher Briefwechsel bis ins einzelne dokumentiert. Dabei trug der Theaterpraktiker Strauss zur Straffung der Handlung und Profilierung der Personen bei; im übrigen gestaltete sich die Zusammenarbeit, so produktiv sie war, eher schwierig. Kritisch stand H. Strauss' Musik gegenüber, die seine »schlanken Wortspaliere […] unbarmherzig zudeckte« (Richard Alewyn). Die gefeierte Uraufführung des *Rosenkavalier* fand am 26. 1. 1911 im Königlichen Opernhaus Dresden statt (musikalische Leitung: Ernst von Schuch, Regie: Max Reinhardt). Die beiden leicht voneinander abweichenden Druckfassungen – Textbuch und »Komödie für Musik« – erschienen 1911.

Ziel der Komödie in drei Aufzügen war es, »ein halb imaginäres, halb reales Ganzes entstehen zu lassen, dies Wien von 1740, eine ganze Stadt mit ihren Ständen, die sich gegeneinander abheben und miteinander mischen, mit ihrem Zeremoniell, ihrer sozialen Stufung, ihrer Sprechweise oder vielmehr ihren nach den Ständen verschiedenen Sprechweisen, mit der geahnten Nähe des großen Hofes über dem allen, mit der immer gefühlten Nähe des Volkselementes.« Dies geschieht im Rahmen einer Handlung, die die Feldmarschallin Fürstin Werdenberg und ihren jungen Geliebten Oktavian (genannt Quinquin, und als ›Rosenkavalier‹, d. h. Brautwerber für Ochs auserkoren), den schwadronierenden, von seiner sexuellen Potenz überzeugten Landadeligen Ochs auf Lerchenau und seine (zwecks Verbesserung der eigenen Finanzen ausgesuchte) Braut Sophie, Tochter des reichen Neuadeligen Faninal, inmitten eines Gewimmels kleinerer Figuren mit- und gegeneinander agieren läßt, bis schließlich das junge Paar Oktavian – Sophie zusammenfindet, Ochs geschlagen davonzieht und die Feldmarschallin melancholisch Verzicht leistet. Zu den weiteren Operndichtungen H.s für Richard Strauss zählen *Ariadne auf Naxos* (1912; Neubearbeitung 1916), *Die Frau ohne Schatten* (1919; gleichzeitig als Erzählung veröffentlicht), *Die ägyptische Helena* (1928) und *Arabella* (postum 1933).

1911
Hugo von Hofmannsthal
Jedermann

»Das Spiel vom Sterben des reichen Mannes erneuert«, am 1. 12. 1911 unter der Regie von Max Reinhardt im Zirkus Schumann Berlin uraufgeführt (Druck 1911), verdankt seine Popularität vor allem den Freilichtaufführungen auf dem Salzburger Domplatz, die mit der Begründung der Salzburger Festspiele im Jahr 1920 durch Hofmannsthal und Reinhardt einsetzten. Das Stück, in altertümelnden Versen, basiert auf dem englischen *Everyman* (1509) und verwendet u. a. auch Hans Sachs' Übersetzung des neulateinischen Schuldramas *Hecastus* (1539) von Georg Macropedius.

Gott, enttäuscht über den Zustand der Welt und die Sündhaftigkeit der Menschen, beauftragt den Tod, »Jedermann« vor seinen Richterstuhl zu bringen, auf daß er Rechenschaft über sein Leben ablege. Das Geschehen wendet sich Jedermann zu, einem reichen, selbstgerechten Mann, dem die Macht des Geldes über alles geht. Begegnungen mit einem armen Nachbarn, einem Schuldner, den er ins Unglück gebracht hat, und

mit seiner Mutter, die seine Gedanken auf Gott wenden möchte, verursachen ihm Unbehagen. Auch die festliche Atmosphäre, die seine »Buhlschaft« um sich verbreitet, vermag ihn nur vorübergehend abzulenken. Der Tod erscheint und gibt ihm noch eine kleine Frist, damit er sich einen Weggefährten suchen könne. Aber niemand will mit ihm kommen, auch nicht »Mammon« der der Schatztruhe entsteigt. So begleiten ihn allein die sehr gebrechlichen »Werke« und der »Glaube«. Dieser erschließt ihm den Sinn der Erlösungstat Christi und entreißt ihn so dem Teufel. Jedermann steigt unter Engelsgesang ins Grab.

H.s Absicht war, ein altes Stück für die Bühne zurückzugewinnen, und so behält er zwar die Form des allegorischen Spiels bei und verleiht ihm eine entsprechend archaisierende Patina, befreit es jedoch von kirchlich-konfessioneller Dogmatik. Zu dem die Salzburger Festspiele eröffnenden Mysterienspiel gesellte sich später als weiteres, komplexeres allegorisches Festspiel die Calderón-Erneuerung *Das Salzburger Große Welttheater* (Uraufführung am 12. 8. 1922 in der Salzburger Kollegienkirche).

1911
Heinrich Lautensack
Die Pfarrhauskomödie

Die drei Szenen des »Carmen sacerdotale«, das am 5. 1. 1920 am Kleinen Theater in Berlin uraufgeführt wurde (Druck 1911), spielen in einem niederbayerischen Pfarrhaus, in dem die Einrichtung geschmacklos, die Luft »dick« und das Essen reichhaltig ist. Die vier handelnden Personen – der Pfarrer Achatius Achaz, der Nachwuchspriester (Kooperator) Johann Vincenz Mauerermeier und die Köchinnen Ambrosia Lindpaintner und Irma Prechtl – sind nach Auskunft der ausführlichen (und ironischen) Szenenanweisungen »durchaus Bauern«: »Niederbayerische. Aus dem Bayerischen Wald.«

In der ersten Szene – Sonntag, zur Zeit der Frühmesse – nehmen Achatius Achaz und seine Köchin Ambrosia Abschied, denn die nun schon reife Frau muß angeblich ihre todkranke Mutter pflegen; in Wirklichkeit ist sie schwanger. Ihre Stellung nimmt in der Zwischenzeit Irma Prechtl ein, die etwas »ganz zigeunerisches« hat und den ahnungslosen Kooperator sogleich über die Verhältnisse im Pfarrhaus aufklärt. Drei Wochen später – der Pfarrer besucht gerade seine Ambrosia – ist der Kooperator zum Mann geworden, und Irma und »Vinci« bzw. »Vincerl« veranstalten mit viel Bier und stockenden Reden eine Art nachmittägliche Liebesszene. Sie wird freilich durch die Rückkehr des Pfarrers gestört, den Irma jedoch mit Andeutungen über sein Verhältnis mit Ambrosia zum Schweigen bringt. Vier Monate später kommt Ambrosia zurück, und nun ist ihre Stellvertreterin schwanger, wobei nicht sicher ist, von wem, denn Achatius und Irma haben eine Dienstreise des Kooperators genutzt, einander näherzukommen. Dies allerdings weiß Vincenz nicht, der Irma in einem Plädoyer gegen den Zölibat feierlich zu seiner Braut erklärt. Den Streit der beiden Köchinnen schlichtet Achatius, dem ebenso wie Irma nichts an der Offenbarung ihres Verhältnisses liegt. Er verspricht, dafür zu sorgen, daß der Kooperator die nächste freie Pfarrstelle erhält und so seine Irma zu sich nehmen kann. Denn: »Eine Sünd, eine böse Sünd ist ein Augenblick. Das Gute, das nachher werden soll, das ist die Dauer.«

L.s antiklerikales Volksstück – die Kritik gilt der Institution, nicht den natürlichen menschlichen Regungen – führte zu vorhersehbaren Reaktionen bei Kirche, konservativem bürgerlichem Publikum und Justiz. Gerade der Skandalerfolg des erst nach Ende des Kaiserreichs uraufgeführten Stückes zog zahlreiche weitere Aufführungen nach sich.

1911
Carl Sternheim
Die Kassette

Die fünfaktige Komödie aus dem Zyklus »Aus dem bürgerlichen Heldenleben« wurde am 24. 11. 1911 im Deutschen Theater Berlin uraufgeführt (Erstdruck 1912) und sorgte vor und nach dem Ersten Weltkrieg (keine Aufführungen während des Krieges!) für heftige Theaterskandale.

Es geht um Geld, aber die Erbschaftskomödie mit der geizigen, herrschsüchtigen Alten (der Erbtante Elsbeth Treu) und der auf das Geld spekulierenden jüngeren Generation (Oberlehrer Heinrich Krull und seine zweite Frau Fanny; Lydia Krull, seine Tochter aus erster Ehe, und ihr späterer Ehemann, der Photograph Alfons Seidenschnur) verläuft anders, als es die Komödientradition seit dem 17. Jh. erwarten ließe.

Elsbeth Treu hat kurz vor der Rückkehr der Hochzeitsreisenden Heinrich und Fanny Krull eine Kassette ins Haus bringen lassen, die nun mit ihren Aktien im Wert von 140 000 Mark im Mittelpunkt des Spiels, eines mit allen Mitteln geführten Machtkampfs, steht und sehr rasch ihre

Macht über das Bewußtsein der Kontrahenten beweist. Frau Treu setzt den heimgekehrten Oberlehrer, der in hochtrabenden Bildungsfloskeln von der Rheinreise mit seiner »süßen Puppe« schwärmt, unter Druck und nutzt die ›Kassette‹ als Waffe gegen die ungeliebte Fanny, die ihrerseits ihren Mann zu Taten auffordert (Akt 1). Der sich steigernde, aggressive Kampf zwischen den Frauen führt zum Zusammenbruch Krulls (Akt 2). Erholt monologisiert Krull über einen Testamentsentwurf zu seinen Gunsten, berauscht sich an der vermeintlich sicheren Erbschaft und gerät darüber in Streit mit Fanny, während ihn die Tante weiter demütigt und das entscheidende Manöver einleitet: Sie gibt Krull die Kassette zur Verwahrung, während gleichzeitig – »es klappt auf die Minute« – der Notar eintrifft, um ein Testament zugunsten der Kirche aufzusetzen (Akt 3). In einer virtuosen Nachtszene geht das doppelbödige Spiel weiter, bei dem die enttäuschte Fanny mit Seidenschnur vorliebnimmt (der vorher mit Lydia eine Balkonszene à la Romeo und Julia gespielt hatte), während Krull die Kassette im Ehebett hütet bzw. auf der Suche nach einem sicheren Versteck monologisierend durchs Haus irrt (Akt 4). Lydia und Seidenschnur kehren, Pendent zu Akt 1, von ihrer Hochzeitsreise zurück (Akt 5). Wie Krull im 1. Akt von seiner Tante, wird der enthusiasmierte Seidenschnur nun von Krull aufgrund seiner vermeintlichen finanziellen Machtposition zurechtgewiesen, doch die wachsende Spannung löst sich im Anblick der Kassette, die nun auch Seidenschnur in seinen Bann zieht: Eine pantomimische Schlußszene – Fanny erkennt, daß auch Seidenschnur sie mit der Kassette betrügt – »versinnbildlicht [...] das Fazit, daß alle zwischenmenschlichen Beziehungen in die Brüche gegangen sind« (Hans-Peter Bayerdörfer). Daß sie getäuscht worden sind, erfahren Krull & Co. bis zum Schluß nicht.

Es ist ein virtuoses, grotesk-komisches Spiel um Liebe und Geld, das bis zum Schluß die an der traditionellen Komödie orientierten Publikumserwartungen desavouiert. Schärfer als in der *Hose* (1910) ist die Kritik am Wilhelminischen Bürgertum, seiner Vergötzung des Kapitals und seiner Unterwürfigkeit als Weg zur Macht: »Wir müssen uns strecken, anpassen; das ist Weltordnung«, äußert Krull. Aber anders als Theobald Maske *(Die Hose),* bei dem Anpassung zum Erfolg führt, ist das Resultat bei Krull allein völlige Deformation des Charakters. Doch nicht nur Krull, alle – auch Elsbeth Treu – sind Opfer der ›Kassette‹, der bewußtseinsbestimmenden Macht des Ökonomischen.

1911
Franz Werfel
Der Weltfreund

W. übte mit seinen frühen Lyriksammlungen und ihren hymnischen Verheißungen von Menschheitserlösung und -verbrüderung bedeutenden Einfluß auf die expressionistische Generation aus: Der ersten Sammlung *Der Weltfreund* folgten *Wir sind. Neue Gedichte* (1913), *Einander. Oden Lieder Gestalten* (1915) und einige Jahre später, ins Apokalyptische ausgreifend, *Der Gerichtstag* (1919). In ihrem hymnisch-pathetischen Gestus verweisen sie auf das Vorbild des amerikanischen Naturlyrikers Walt Whitman.

Erinnerungen an die Kindheit und Evokationen einer schönen, harmonischen Welt stehen neben ekstatischen religiösen Aufschwüngen, menschheitsversöhnendem Pathos und Bekundungen dichterischen Selbstgefühls. Zu den bekanntesten Texten zählen Gedichte wie *An den Leser,* das vorletzte der Sammlung *Der Weltfreund,* mit den Anfangszeilen: »Mein einziger Wunsch ist, Dir, o Mensch, verwandt zu sein!«, und der Pfingsthymnus *Veni creator spiritus* (in: *Einander*), der in einer von Mystik und Pietismus geprägten Bildersprache ekstatisch den Prozeß der Einswerdung von Ich und Welt und Gott beschwört: »Daß wir gemeinsam und nach oben Wie Flammen ineinander toben!«

1912
Gottfried Benn
Morgue und andere Gedichte

Lyrische Flugblätter nannte der Berliner Verleger Alfred Richard Meyer die Hefte, in deren Rahmen B.s kleine Gedichtsammlung (9 Texte) erschien. Sie erregte sofort großes Aufsehen. Mit ihrer makabren Stoffwahl, ihrer krassen Sachlichkeit und provozierenden, montagehaften Darstellungsweise widersprachen die in unregelmäßigen, meist reimlosen Versen gehaltenen Gedichte nicht nur den bürgerlichen Vorstellungen von ›Dichtung‹, »dem lyrischen Ideal der Blaublümeleinritter« (Ernst Stadler), sondern sie stellten darüber hinaus das bürgerliche Weltbild mit seinem oberflächlichen Wissenschafts- und Fortschrittsglauben und seinem Verständnis von Tugend und Moral grundsätzlich in Frage. »Wirklichkeitszertrümmerung« nannte B. später sein poetisches Verfahren, mit dem er durch die überraschende Verbindung fremder Bereiche, durch Überzeichnung, Verzerrung, durch Illusions- und Stimmungsbrüche die Destruktion der bürgerlichen Scheinwirklichkeit betrieb.

Morgue zeichnet, vom Berufsalltag des Arztes B. ausgehend, in Gedichten wie *Schöne Jugend* (eine Ophelia-Variation), *Kleine Aster, Kreislauf, Mann und Frau gehn durch die Krebsbaracke, Saal der kreißenden Frauen* krasse Szenen des körperlichen Verfalls und der Vergänglichkeit, von Krankheit und Tod, von der erbärmlichen Kreatürlichkeit des Menschen und der Hoffnungslosigkeit seiner Existenz: »Die Krone der Schöpfung, das Schwein, der Mensch«, heißt es in dem späteren Gedicht *Der Arzt.* Und doch erkannte schon E. Stadler in seiner Rezension, »daß hinter dieser schroffen Zugeschlossenheit ein starkes, mitleidendes Gefühl steht, eine fast weibliche Empfindsamkeit und eine verzweifelte Auflehnung gegen die Tragik des Lebens und die ungeheure Gefühllosigkeit der Natur.«

Nach einem weiteren kleinen Gedichtband (*Söhne,* 1913, Else Lasker-Schüler gewidmet), folgte 1917 eine Sammlung seiner frühen lyrischen Produktion *(Fleisch. Gesammelte Lyrik).*

1912
Carl Einstein
Bebuquin

Nach einem Teildruck (1907) von vier Kapiteln erschien E.s (Anti-)Roman *Bebuquin oder die Dilettanten des Wunders* 1912 in der Zeitschrift *Die Aktion* und als Buchausgabe (überarbeitete Fassung 1917). Das kleine Werk von 15 (später 19) Kapiteln gilt als einer der Schlüsseltexte der modernen Ästhetik, als Text, der die traditionelle Romanform und die erzählerischen Konventionen der Zeit um 1900 radikal auflöst, Psychologie und Kausalität, den mimetischen Charakter von Kunst überhaupt verabschiedet. So ist der Roman über weite Strecken Ort einer philosophischen und ästhetischen Diskussion, wobei die Romanfiguren verschiedene erkenntnistheoretische und philosophische Positionen repräsentieren (z. B.: »Ehmke Laurenz, Platoniker, gehe nur Nachts aus, weil es da keine Farben gibt. Ich suche die reine ruhende einsame Idee [...]«). Die Gestalten leiden unter dem Zwiespalt von Ich und Welt – »Die materielle Welt und unsere Vorstellungen decken sich nie«, sagt Bebuquin –; Konsequenz ist die Abkehr von Vernunft und Logik, denn die widersprüchliche Vielfalt menschlichen Denkens läßt sich nicht in Axiomen und Gesetzen fassen: »Die Logik will immer eines und bedenkt nicht, daß es viele Logiken gibt.« Die Welt erweist sich als Chaos, das Denken des Subjekts endet, da es keine Ordnung mehr gibt, im Wahnsinn. Allein durch ein »Wunder«, einen schöpferischen Akt, könnte die Harmonie von Ich und Welt hergestellt werden. Doch das Beispiel Bebuquins zeigt, daß dem Menschen diese Fähigkeit fehlt: »Seit Wochen starrte Bebuquin in einen Winkel seiner Stube, und er wollte den Winkel seiner Stube aus sich heraus beleben. [...] Aber sein erschöpfter Wille konnte nicht ein Stäubchen erzeugen.« Wie Bebuquin scheitern die anderen »Dilettanten des Wunders«.

Die hier angedeutete Weltsicht, die radikale Aufgabe einer empirisch und kausal begründeten Wirklichkeitsnachahmung, bestimmt die Erzählweise des Textes, der keine Handlung im herkömmlichen Sinn, keine kausalen Verknüpfungen und Beziehungen kennt, sondern eine autonome Kunstwelt dagegen setzt, eine willkürliche, absurde, surreale, groteske Gegenwelt. Das geschieht in einer Reihe von in sich geschlossenen Szenen im Bohème-Milieu von Bars und im Zirkus, im Kloster, auf dem Friedhof und in Bebuquins Zimmer; Szenen, die immer wieder deutlich machen, daß Logik und Vernunft außer Kraft gesetzt sind – »Böhm ist doch ein törichter Mensch, ich weiß nie, ob er lebt oder tot ist«, beklagt sich Euphemia über eine der merkwürdigen Romangestalten –, so daß sich der Leser zu einem neuen Rezeptionsverhalten aufgefordert sieht, das die Vieldeutigkeit des Textes akzeptiert.

1912
Thomas Mann
Der Tod in Venedig

M. zählte die Novelle, 1911–12 entstanden und 1912 in der *Neuen Rundschau* und als Buch erschienen, stets zu seinen Hauptwerken. Ihr Held, der Schriftsteller Gustav von Aschenbach, trägt äußerlich die Züge des Komponisten Gustav Mahler (mit dem die Novelle im übrigen nichts zu tun hat). Wichtiger sind die Affinitäten zu August von Platen, Richard Wagner und Friedrich Nietzsche, bei denen Venedig-Aufenthalte eine wichtige Rolle spielten. Darüber hinaus haben autobiographische Züge Bedeutung, auch dadurch, daß Aschenbach gewissermaßen M.s Werke schreibt (d.h. von M. aufgegebene Projekte – *Maja, Ein Elender, Friedrich, Geist und Kunst* – zugeordnet bekommt). Im *Tod in Venedig* wird zum erstenmal im Werk M.s der Mythos Basis der leitmotivi-

schen Verweisungstechnik, wobei u.a. Nietzsches Abhandlung über *Die Geburt der Tragödie aus dem Geiste der Musik* (1871) mit dem Antagonismus des Apollinischen und Dionysischen, Dialoge Platons *(Symposion, Phaidros)* und Erwin Rohdes *Psyche. Seelenkult und Unsterblichkeitsglaube der Griechen* (1890–94) als Quellen dienten. Im Aufbau der fünf Kapitel umfassenden Novellen kann man eine Analogie zur Form der Tragödie erkennen.

Aschenbach, ein klassizistischem Maß und bürgerlichem Leistungsethos verpflichteter Schriftsteller, seit seinem 50. Geburtstag geadelt, wird bei einem Spaziergang am Münchener Nordbahnhof auf einen Mann aufmerksam, ein Anblick, der eine plötzliche Reiselust entstehen läßt. Er folgt der Verlockung, reist auf eine Adriainsel und – auf der Suche nach dem Fremdartigen und Bezuglosen – weiter nach Venedig, in eine Stadt, die »das Unvergleichliche, das märchenhaft Abweichende« für ihn verkörpert. In seinem Strandhotel auf dem Lido erregt der schöne Knabe Tadzio seine Aufmerksamkeit; gleichwohl sucht er sich lozureißen, doch der Versuch einer Abreise mißlingt. Ausführlich wird die Entwicklung der sehnsüchtigen Liebe zu Tadzio geschildert, in deren Verlauf sich Aschenbach immer mehr gehen läßt. Der inneren Auflösung Aschenbachs entspricht die zunehmende Unterminierung der öffentlichen Ordnung durch den – von den Behörden vertuschten – Ausbruch der Cholera. Und während Aschenbach sterbend am Strand zusammensinkt, war es ihm, »als ob der bleiche und liebliche Psychagog dort draußen ihm lächle, ihm winke; [...] voranschwebe ins Verheißungsvoll-Ungeheure«.

Die Kunst der Novelle beruht darauf, daß über die vordergründige Handlung hinaus jedes Detail auf eine ideelle, auf der antiken Mythologie beruhenden Struktur bezogen ist. So begleiten den Weg Aschenbachs eine ganz Reihe von Gestalten, die auf den griechischen Gott Hermes als Führer der Seelen in das Totenreich verweisen: der Fremde am Nordbahnhof, der Fahrscheinverkäufer auf dem Schiff nach Venedig, der junggeschminkte Greis, der Gondoliere, der Straßensänger auf dem Lido, der Liftboy, der Friseur und schließlich der junge Tadzio selbst. Damit öffnet sich der Blick auf das eigentliche Geschehen: »Während auf der Vordergrundebene ein alternder Künstler sich in einen hübschen Knaben vergafft und an der Cholera stirbt, öffnet die Leitmotivik den Blick auf ein ganz anderes Geschehen: den Sieg des Chaos über die Ordnung, der Formlosigkeit über die Würde, der Todesfaszination über die Bürgerlichkeit, des Dionysos über Apollo« (Hermann Kurzke). Verlockung und Überwältigung durch das Dionysische spiegeln sich in zwei Träumen des Helden, als Verheißung zu Anfang, als Erfüllung gegen Ende. Im Traum von einer antiken Dionysosorgie findet Aschenbach, der inzwischen Kunst und Würde und Tugend zugunsten des Chaos aufgegeben hat, sein Ziel: »Und seine Seele kostete Unzucht und Raserei des Unterganges.«

Wolfgang Koeppens Roman *Der Tod in Rom* (1954) spielt nicht nur im Titel auf den *Tod in Venedig* an. Die Filmversion Luchino Viscontis (1970), die den Helden zum Komponisten macht und weitgehend mit Mahler identifiziert, und Benjamin Brittens Oper *Death in Venice* (1973; Libretto von Myfanwy Piper) bezeugen die Wirkung der Novelle über die Literatur hinaus.

1912
Arthur Schnitzler
Professor Bernhardi

Die »Komödie in fünf Akten«, am 28. 11. 1912 am Kleinen Theater in Berlin uraufgeführt (Druck ebenfalls 1912), wurde in Österreich »wegen der zu wahrenden öffentlichen Interessen« verboten. Hintergrund für beides, die Komödie und das Verbot, war der sich immer stärker äußernde Antisemitismus in Österreich.

Professor Bernhardi ist Mitbegründer und Leiter des Elisabethinums, eines privaten Krankenhauses und Forschungsinstituts. Als er einem Pfarrer den Zutritt zu einer Sterbenden verweigert, um sie nicht aus ihrem Zustand der Euphorie herauszureißen, wird dieser humanitäre Akt zum Anlaß, eine Kampagne gegen Bernhardi in Gang zu setzen und ihn der Verletzung religiöser Gefühle zu bezichtigen: Bernhardi ist Jude. Maßgeblich an der Affäre beteiligt ist der Vizedirektor der Klinik, Professor Ebenwald, der allerdings für ein Zugeständnis Bernhardis bei einer Stellenbesetzung (eine christliche Null statt einer Kapazität jüdischer Herkunft) eine folgenschwere parlamentarische Appellation der klerikalen Partei verhindert hätte. So wird denn »der christlichen Bevölkerung Wiens Genugtuung« verschafft. Das Politikum weitet sich dank eines Wendemanövers des Unterrichtsministers zur juristischen Affäre. Falschaussagen einer Krankenschwester und eines Kandidaten der Medizin führen zu einer Verurteilung Bernhardis wegen »Religionsstörung«. Privat freilich bestätigt der Pfarrer, daß Bernhardi in seiner »Eigenschaft als Arzt vollkommen korrekt gehandelt« habe. Das Urteil hat

allerdings nicht die gewünschte Wirkung. Bernhardi erscheint der Öffentlichkeit vielmehr als »Märtyrer«, die liberale Presse nennt ihn eine »Art medizinischen Dreyfus«, und nach Ende seiner zweimonatigen Haftstrafe bereiten ihm die Studenten Ovationen, und Prinz Konstantin bestellt ihn demonstrativ zu seiner Behandlung.

Auch wenn S. das Stück als »Charakterkomödie« verstanden wissen wollte und sich der durchaus differenziert gezeichnete Bernhardi als moralischer Sieger erweist, bleibt die Brisanz der politisch-gesellschaftlichen Analyse, der Entlarvung des liberal verbrämten wie des klerikalen Antisemitismus und des Opportunismus der Politiker erhalten: eine durchaus aktuelle Komödie der »selbstlosen Gemeinheit« (S.).

1912
Reinhard Johannes Sorge
Der Bettler

Der Bettler. Eine dramatische Sendung steht – nach Ansätzen bei Oskar Kokoschka – am Anfang der expressionistischen Dramatik (Uraufführung am 23. 12. 1917 unter der Regie Max Reinhardts am Deutschen Theater Berlin; Druck 1912). S. spricht in lyrisch-hymnischer Weise, unter effektvoller Verwendung der Bühnentechnik (Simultanbühne, Lichtdramaturgie), vom Sendungsbewußtsein des Dichters in einer der Erneuerung bedürftigen Zeit. Einflüsse von Friedrich Nietzsche und August Strindberg sind erkennbar.

Dargestellt wird die innere Wirklichkeit des Protagonisten, des »Dichters« – auch, je nach Gegenüber, als »Sohn«, »Bruder« oder »Jüngling« bezeichnet –, der in der in fünf Akte gegliederten Szenenfolge einen Wandlungs- und Läuterungsprozeß durchmacht, der ihn vom ›Bettler‹ bis zur Schwelle eines (nicht recht greifbaren) neuen Lebens führt.

Der Dichter lehnt trotz Zuredens seines »älteren Freundes« das Angebot des »Mäzens« ab, ihm durch ein Stipendium unbelastetes Schaffen zu ermöglichen; der Dichter glaubt, nur durch ein eigenes Theater, auf dem allein sich sein neues Drama realisieren lasse, weiterkommen zu können. Während sich Freund und Mäzen zurückziehen, nähert sich dem Dichter das schwangere »Mädchen«, das seinen hymnischen Schilderungen zugehört hatte, und folgt ihm (Akt 1). Das folgende Geschehen (Akt 2 und 3) zeigt nun den »Sohn« bei seiner in Armut, Not und Wahnsinn lebenden Familie; er entschließt sich für die Tat, d. h. den Giftmord an seinem Vater (die Mutter trinkt den Rest und stirbt ebenfalls). So reift der Sohn, indem er Schuld und Pflicht auf sich nimmt, zum Mann. In einem Monolog (Akt 4) entschießt sich der Dichter, die Isolation zu durchbrechen; die »Gestalt des Mädchens« erscheint in einer Vision. Der Dichter gibt den Brotberuf, zu dem er sich entschlossen hatte, wieder auf und begreift nun (Akt 5) das Ziel seiner Sendung: »Durch Symbole der Ewigkeit zu reden«, d. h. die schöpferische Subjektivität und den Ehrgeiz des Neuerers zurücktreten zu lassen zugunsten der Verkündung im Dienst des Absoluten. Verbunden damit ist die Vorstellung, daß sich die Liebe aus ihrer Abstraktheit im Leben konkretisiere: »Banne die Ewigkeit Zu Leib und Mensch … – Ein Kind …« Der Wandlungsprozeß, die Pilgerschaft, ist damit nicht abgeschlossen: »Und schreite lichtwärts in den nächsten Kreis [...].«

Auf Vorschlag von Richard Dehmel wurde das Drama mit dem Kleist-Preis ausgezeichnet. Durch seine ekstatische Sprache und seine Tendenz zur Vermischung von Realität und Vision wirkte es ebenso weiter wie durch sein auf Erneuerung von Kunst und Welt zielendes Sendungsbewußtsein und die Gestaltung des Generationenkonflikts.

1912
Ludwig Thoma
Magdalena

T.s Auseinandersetzung mit gesellschaftlicher Scheinmoral, Obrigkeitsdenken und Spießertum in seinen Arbeiten für den *Simplicissimus* (dazu gehören auch die dann gesammelten Filserbriefe: *Briefwechsel eines bayerischen Landtagsabgeordneten,* 1909; *Jozef Filsers Briefwexel,* 1912) und selbst den bekannten *Lausbubengeschichten* (1905) findet sein dramatisches Pendant in einer Reihe von zeit- und gesellschaftskritischen Komödien (*Die Medaille,* 1901; *Die Lokalbahn,* 1902; *Moral,* 1908). Dabei stellt die erfolgreichste, *Moral,* die die Verlogenheit bürgerlicher Moralvorstellungen satirisch entlarvt, das komische Gegenstück zum tragischen »Volksstück« *Magdalena* dar (Uraufführung am 12. 10. 1912 am Kleinen Theater Berlin; Druck im selben Jahr). Es transponiert Konstellationen des bürgerlichen Trauerspiels in die bäuerliche Welt des Dachauer Raums und erschließt dabei, anknüpfend an Ludwig Anzengruber und den Naturalismus, durch genaue Milieuschilderung (einschließlich präzisen Dialekts) der Gattung des Volksstücks weiterführende Dimensionen. Mit dem Titel erin-

nert das Stück sowohl an die biblische Sünderin wie an Friedrich Hebbels bürgerliches Trauerspiel *Maria Magdalene* (1844).

Magdalena, Tochter des Kleinbauern Thomas Mayr (genannt Paulimann), hatte es in der Stadt zu etwas bringen wollen, wird jedoch – verführt, im Stich gelassen und mit dem Gesetz in Konflikt geraten – ausgewiesen und unter Polizeibewachung ins Heimatdorf zurückgebracht. Sie bringt damit nach Ansicht der Dorfbewohner – und ihres Vaters – »Schande« über Paulimanns Haus. Die alles verzeihende Mutter nimmt im Sterben ihrem Mann das Versprechen ab, die Tochter nicht aus dem Haus zu jagen. Eine vom Bürgermeister im Namen der Moral inszenierte (in Wirklichkeit Paulimanns Hof geltende) und vom Pfarrer unterstützte Hetzkampagne isoliert Paulimann immer mehr und läßt Magdalena einen verzweifelten Befreiungsversuch unternehmen: Um sich Geld für die Abreise zu beschaffen, nimmt sie einen Bauernburschen nachts in ihre Kammer und bittet ihn um Geld. Das weiß sofort das ganze Dorf, und die versteckte Kampagne wird zur offenen Jagd auf die ›Dirne‹. Paulimann, durch das seiner Frau gegebene Versprechen gebunden, sieht wie Odoardo Galotti bei Lessing keinen anderen Ausweg, als seine Tochter umzubringen. Er hat die Moralvorstellungen verinnerlicht, deren Opfer auch er geworden ist.

T. entwickelt den Konflikt konsequent aus den Normen einer festgefügten, durch Arbeit, Kirche, Moral und Tradition geprägten und durch Sprache und Atmosphäre eindringlich vergegenwärtigten bäuerlichen Gemeinschaft, die keine Abweichungen verzeiht und dem Außenseiter keine Chancen läßt. Alfred Kerr nannte das kritisch-realistische Volksstück nach der Berliner Premiere »fast antik« und grenzte es vom oft pejorativ gebrauchten Volksstückbegriff ab: »Kein ›Vulksstück‹ [...]. Im Vulksstück liegt Beschönigendes, Trostvolles, Einrenkendes, Begütigendes, Schwindelhaftes: hier nichts dergleichen.«

1913
Franz Kafka
Das Urteil

Das Urteil, in der Nacht vom 22. zum 23. September 1912 »von zehn Uhr abends bis sechs Uhr früh in einem Zug geschrieben«, ist K.s erste große Erzählung; sie bedeutet den endgültigen »Durchbruch« zu seinem eigenen Erzählstil, für den sprachliche Präzision und realistische Detailgenauigkeit ebenso charakteristisch sind wie das

Ineinanderfließen von Traum und Wirklichkeit. Die Erzählung erschien zuerst in dem von Max Brod herausgegebenen Jahrbuch für Dichtkunst *Arkadia;* die Buchausgabe folgte 1916. Gescheiterte Pläne für eine Sammelpublikation der frühen Erzählungen nennen als Titel *Söhne (Der Heizer, Die Verwandlung, Das Urteil)* bzw. *Strafen (Das Urteil, Die Verwandlung, In der Strafkolonie).*

Georg Bendemann, ein junger Kaufmann, hat gerade einen Brief an seinen seit Jahren in Rußland lebenden Jugendfreund beendet und ihm darin auch seine Verlobung mit Frieda Brandenfeld mitgeteilt und ihn zur Hochzeit eingeladen, obwohl er aus (vorgeschobener?) Rücksicht auf die problematische Lage des Freundes eigentlich davon schweigen wollte. Mit diesem Brief geht er zu seinem Vater, in dessen ausgesprochen dunklem Zimmer er seit Monaten nicht gewesen war. Der Vater erscheint ihm »noch immer« als »Riese«. Als ihm Georg von dem Brief erzählt, macht ihm der Vater unklare Vorwürfe, daß seit dem Tod der Mutter »gewisse unschöne Dinge« vorgegangen seien, und fragt ihn, ob er wirklich diesen Freund habe. Georg gibt sich besorgt um seinen Vater, trägt ihn ins Bett und deckt ihn zu. Der springt jedoch auf und beschuldigt seinen Sohn, nicht nur den Freund – ein Sohn nach des Vaters Herzen – betrogen, sondern mit der geplanten Heirat auch die tote Mutter und den Vater verraten zu haben. Außerdem wisse sein Freund schon lange, was hier vorgehe. Der Vater: »Ich verurteile dich jetzt zum Tode des Ertrinkens!« Georg eilt aus dem Zimmer hin zum Fluß und läßt sich mit den Worten »Liebe Eltern, ich habe euch doch immer geliebt« ins Wasser fallen, während über die Brücke »ein geradezu unendlicher Verkehr« geht.

In der unmittelbar an die Niederschrift der Erzählung anschließenden Tagebuchnotiz vom 23. September 1912 verweist K. auf Anregungen – u.a. Max Brods Roman *Arnold Beer* (1912), Franz Werfels Dramenfragment *Die Riesin* und die eigene, im Tagebuch überlieferte Erzählung *Die städtische Welt* (entstanden 1911) – und notiert dabei auch: »Gedanken an Freud natürlich.« In einem Brief an Felice Bauer (10. 6. 1913) heißt es, die Erzählung stecke »voll Abstraktionen, ohne daß sie zugestanden werden«. Es liegt nahe, »die ›Abstraktionen‹ als Strukturierung des ödipalen Konflikts« zu verstehen, »der von Georg dadurch aktualisiert wird, daß er die Ehe anstrebt und außer dem geschäftlichen Erfolg nun nach der patriarchalischen Machtstellung greift« (Peter U. Beicken).

Die für K.s Erzählungen typische unmerkliche Verschiebung vom Realen ins Phantastische (und

Groteske) entspricht dem Eindringen des Unbewußten (einschließlich des unbewußten Schuldgefühls), hinter der äußeren Realität liegt eine andere (›eigentlich‹ ist der Sohn gekommen, um eine Strafe zu empfangen, ›eigentlich‹ verweist das fürsorgliche Zudecken des Vaters auf einen Tötungswunsch usw.). Der Angsttraum, zu dem sich die Geschichte in Georgs frühkindlicher Wahrnehmungsperspektive entwickelt, »hat nicht nur die Machtfülle des Vaters und die vollständige Entmachtung des Sohnes zur Folge, sondern führt auch zur zunehmenden Dissoziation Georgs bis hin zum Selbstverlust« (Wiebrecht Ries).

Daß sich die neurotische ›Familiengeschichte‹ auch anders lesen läßt, mag folgende zusammenfassende Aufzählung belegen: »So ist das *Urteil* biographisch als Konflikt zwischen Franz und Hermann Kafka [dem Vater], psychologisch als ödipale Strafphantasie, theologisch als Rebellion der sohn- gegen die vaterzentrierte Religion, historisch-typologisierend als Kampf zweier Zeitalter, soziologisch als Auseinandersetzung zwischen Erwerbsleben und asketischer Verweigerung, philosophisch als Kampf zweier Prinzipien (Geist – Leben, Bürgertum – Künstlerexistenz) zu verstehen, ohne daß sich die Deutungen gegenseitig ausschließen müßten, weil das Rebellions- und Bestrafungsmuster allen diesen Konfliktkonstellationen zugrunde liegt« (Karlheinz Fingerhut).

1913
Carl Sternheim
Bürger Schippel

Die dem Schauspieler Albert Bassermann gewidmete Komödie in fünf Akten, am 5. 3. 1913 in den Kammerspielen des Deutschen Theaters Berlin unter der Regie von Max Reinhardt uraufgeführt (Druck im selben Jahr), wurde S.s erfolgreichstes Stück. Frühere Fassungen (1911, 1912) trugen die Titel *O Täler weit, o Höhen* bzw. *Der Prolet – Le prolétaire bourgeois.* Auch *Bürger Schippel* gehört – wie *Die Hose* (1910) oder *Die Kassette* (1911) u.a. zu dem (nur lose definierten) Zyklus »Aus dem bürgerlichen Heldenleben«.

In einer kleinen Residenzstadt ist einem bürgerlichen Sängerquartett kurz vor dem Preissingen der Tenor verstorben, der Verlobte Thekla Hicketiers, die über diesen Verlust alles andere als traurig ist. In Schwierigkeiten sind dagegen ihr Bruder Tilmann Hicketier, Golschmied, und die anderen überlebenden Quartettmitglieder, der fürstliche Beamte Heinrich Krey und der Buchdruckereibesitzer Andreas Wolke. Der einzige, der von der Stimme her als Ersatz in Frage käme, ist Paul Schippel, der freilich für die standesbewußten Honoratioren einen entscheidenden Makel hat: er ist unehelich geboren, ein Bankert, ein »dreckiger Prolet«. Ein erster Annäherungsversuch scheitert, doch als der regierende Fürst zufällig nach einem Reitunfall ins Haus kommt und sein Interesse am Wettbewerb bekundet (in Wirklichkeit aber Thekla meint), überwindet sich Hicketier, und das Quartett findet sich probend zusammen, während sich Thekla simultan mit dem Fürsten im angrenzenden Hofgarten vergnügt. Als ihr Brudes dies bemerkt, ist es mit seiner schwärmerischen Verehrung für seine Schwester vorbei, und er stimmt einer Werbung Schippels zu, dem ein bürgerlicher Stammbaum gezimmert werden soll. Doch als Schippel den Grund für seine Werbung nennt – Rache dafür, daß ihn Thekla als Kind angespuckt hat –, deutet ihm Hicketier Theklas Fall an (»Verlor [...] an einen Besseren die Blüte«), und in ironischer Wendung zeigt sich, daß Schippel bereits in bürgerlichen Moral- und Ehrbegriffen denkt: »Glaube ich nicht, daß der in mir wurzelnde Begriff von Mannesehre mir erlaubt, die Werbung länger aufrecht zu erhalten.« Eine groteske Duellszene zwischen Schippel und Krey, Theklas neuem Bräutigam, beendet das Stück (natürlich hat man vorher das Preissingen gewonnen), eine Szene, bei der Schippel seinen Gegner durch Zufall leicht verletzt und als edelmütiger Sieger gefeiert wird, dem »die höheren Segnungen des Bürgertums voll und ganz zuteil werden«. »Leise und mit Glückseligkeit« hat Schippel das letzte Wort: »Du bist Bürger, Paul.«

Die satirische Kritik an der bürgerlichen Gesellschaft, die im *Bürger Schippel* so virtuos und komisch geäußert wird, gilt vor allem den Bewußtseinsklischees und der Verlogenheit der kleinen, heilen Welt; sie geht scharf ins Gericht »mit des deutschen Bürgers Feierabendsentimentalität, mit seiner Vereinsmeierei, seiner politischen Beschränktheit, seinem Opportunismus, seiner Arroganz« (Manfred Durzak). Und der Aufstieg Schippels, der sich die gleichen Klischees zu eigen machen und damit die Anpassung mit Selbstaufgabe bezahlen wird – Direktor Schippel taucht in *Tabula rasa* (1916) als Gestalt auf –, soll möglicherweise auch ein kritisches Schlaglicht auf Vorstellungen vom utopisch-revolutionären Potential der Arbeiterklasse werfen.

1914
Leonhard Frank
Die Räuberbande

Die Räuberbande, F.s erster und erfolgreichster Roman, erzählt mit autobiographischen Bezügen von einer Gruppe von zwölf Würzburger Lehrjungen, die sich nach Gestalten Karl Mays nennen (Winnetou, Oldshatterhand usw.) und von Heldentaten im Wilden Westen träumen, nachdem sie das verhaßte kleinbürgerlich-bigotte Würzburg niedergebrannt und sich an sadistischen Lehrern (Prototyp des prügelnden Tyrannen: der Volksschullehrer Mager), brutalen und ausbeuterischen Lehrherren und verständnis- und lieblosen Eltern gerächt haben. In der Zwischenzeit unternehmen sie Beutezüge, halten nächtliche Versammlungen in einer Höhle ab, betrinken sich in Wirtschaften, gehen keiner Prügelei aus dem Weg, ärgern die braven und nicht so braven Bürger, singen Schillers Räuberlied und lesen Räuberliteratur in Fortsetzungsheftchen.

Die Träume vom Wilden Westen verblassen jedoch allmählich; die Räuber werden älter und Teil der ehemals so verhaßten kleinbürgerlichen Erwachsenenwelt. Ausnahmen sind Winnetou, der ins Kloster eintritt, und Oldshatterhand (Michael Vierkant), der kleinste und begabteste der Räuber, der immer mehr in den Mittelpunkt des Romans tritt. Er verläßt Würzburg, schlägt sich als Arbeiter durch und sucht schließlich den Ausbruch aus der bedrückenden Enge durch die Kunst, unterstützt von einem geheimnisvollen Fremden, seinem älteren Ich. Ein leicht karikierender Blick fällt auf die Münchener Bohèmewelt, deren Haltlosigkeit als Gefahr gesehen wird (womit zugleich ein gewisses Verständnis für die von ihrem Milieu geprägten Kleinbürger aufkommt). Durch eine bösartige Kollegenintrige gerät Vierkant ins Zwielicht. Er kommt vor Gericht und begeht Selbstmord, einen Tag vor seinem Freispruch und der Auszeichnung eines seiner Bilder durch die Akademie. Nach dem »Selbstmord, der auf der realistischen Ebene blutig abläuft, auf der symbolischen jedoch die Freiheit bedeutet« (Herbert Lehnert), kehrt der »Fremde« nach Würzburg zurück und beobachtet aus der nun erreichten Distanz – befreit – unerkannt seine früheren Freunde.

Der Roman, geschrieben in einer Umgangssprache und Dialekt einbeziehenden Prosa, trägt Züge des Bildungs- und Entwicklungsromans und verbindet die Geschichte der inneren Befreiung und Selbstfindung mit realistischer Milieuschilderung. Mit zwei weiteren Romanen knüpfte F. an die *Räuberbande* an und führte die Biographien einiger Räuber weiter: *Das Ochsenfurter Männerquartett* (1927) und *Von drei Millionen Drei* (1932). In der als Roman deklarierten Autobiographie *Links wo das Herz ist* (1952) erzählt F. sein Leben unter dem Namen Michael Vierkant, des Helden der *Räuberbande*.

1914
Walter Hasenclever
Der Sohn

H.s fünfaktiges Drama, 1914 gedruckt, wurde am 30. 9. 1916 in den Kammerspielen des Deutschen Landestheaters Prag uraufgeführt und 1917 mit dem Kleist-Preis ausgezeichnet. Es stellt auf der Grundlage des Generationenkonflikts zwischen Vater und Sohn den Wandlungsprozeß des 20jährigen Protagonisten zur Freiheit des Mannes dar. Die Figuren des Dramas, in dem Prosa und Vers wechseln, lassen sich als Projektionen der Hauptgestalt auffassen.

Das Stück mit dem »Zweck, die Welt zu ändern« (H.), spielt »Heute« in einem Zeitraum von drei Tagen. Bei der Maturaprüfung durchgefallen, hegt der von seinem Vater mit der Peitsche zur griechischen Grammatik geprügelte Sohn Selbstmordgedanken. Der Anblick der Abendsonne läßt ihn sich für das Leben entscheiden. Das Liebeserlebnis mit dem Fräulein, auf das ihn sein Freund hingewiesen hatte, fördert seinen Drang nach Selbstverwirklichung. Der Sohn tritt dem Vater entgegen, der jedoch auf seine Bitte um Freundschaft und Freiheit unter Berufung auf die väterliche Autorität mit schroffer Ablehnung reagiert. Der Freund bestärkt den Sohn in seinem Entschluß, sich von dem Vater und der alten Zeit loszusagen. Er flieht aus dem elterlichen Gefängnis. Der Freund führt ihn in eine mitternächtliche Versammlung des Jugendklubs »Zur Erhaltung der Freude« und läßt ihn unter Suggestion als revolutionären Vorkämpfer gegen das verrottete Alte, gegen die Welt der Väter auftreten. Der Sohn verläßt die Dirne Adrienne, die ihn sexuell zum Mann gemacht hat, und entschließt sich zum Vatermord. Von der Polizei in Ketten zu seinem Vater zurückgebracht, bleibt ihm der die Wandlung vollendende Mord erspart: der Vater stirbt vorher an einem Schlaganfall. Der Sohn hat die Kraft für ein durch die Tat bestimmtes Leben gewonnen.

Der Inhalt dieses neuen Lebens bleibt vage, Ankündigungsrhetorik dominiert. Der Konflikt der Generationen ist nicht (nur) biographisch bestimmt, sondern die väterliche Machtinstanz steht für die autoritäre Struktur der ganzen Gesellschaft. Vollzogen wird der symbolische Vatermord in Arnolt Bronnens gleichnamigem Drama (1920); das andere Leben kommt aber auch hier – ebenso wie etwa in Hanns Johsts *Der junge Mensch* (1916) – nur als abstrakte rhetorische Geste vor.

1914
Georg Kaiser
Die Bürger von Calais

Das in vier Fassungen (entstanden 1912–13, 1913–14 und 1923) vorliegende »Bühnenspiel in drei Akten« erschien zuerst 1914 (2. Fassung); die Uraufführung fand am 29. 1. 1917 im Frankfurter Neuen Theater statt und setzte K., den bedeutendsten expressionistischen Dramatiker, auf der Bühne durch. Die Anregung für das Stück ging wahrscheinlich von Auguste Rodins Plastik *Die Bürger von Calais* aus, als historische Quelle diente Jean Froissarts Werk *Croniques de France, d'Angleterre* [...] (zwischen 1383 und 1400): 1346 hatte der englische König Eduard III. das französische Heer unter Philipp VI. besiegt und mit der Belagerung von Calais begonnen. Die Verteidiger, in aussichtsloser Position, gaben am 3. 8. 1347 auf und nahmen das englische Angebot an, gegen das Opfer von sechs Bürgern die Stadt zu schonen. Kaiser wich in einem für die Konzeption seines Dramas wesentlichen Punkt von der geschichtlichen Überlieferung ab: In seinem Stück gibt es sieben Opferwillige, aus deren Reihe einer ausgeschieden werden muß, ein Prozeß, der eine innere Wandlung der Bürger bewirken soll (die sich zwar im Rausch oder aus Eitelkeit zum Opfer bereiterklärt haben, aber angesichts des überzähligen Bürgers heimlich Hoffnung hegen und sich erst des Opfers würdig erweisen müssen).

Die drei Akte zeigen in steigernder Wiederholung und Variation den Wandlungs- und Erlösungsprozeß, aus dem der ›neue Mensch‹ hervorgeht. Es ist der 70jährige Eustache de Saint-Pierre, der für das dem Gemeinwohl dienende Opfer plädiert und den Prozeß der Gewissenserforschung und Läuterung in Gang setzt und schließlich – nach dem Abschied von den Nächsten, einer gemeinsamen Mahlzeit und einem ergebnislosen Losentscheid – die letzte Steigerung des Prozesses bewirkt. Die Entscheidung wird am nächsten Morgen fallen: Wer als Letzter kommt, soll frei sein. Sechs Bürger kommen nach und nach, Eustache fehlt; Bürgeraufruhr droht. Sein Leichnam wird herbeigetragen. Eustache hat sich selbst getötet, ist beispielhaft vorausgegangen und bewirkt die letzte Läuterung auf dem Weg der Nachfolge Christi: »ich habe den neuen Menschen gesehen – in dieser Nacht ist er geboren!«, ruft Eustaches blinder Vater aus, der als Einziger die Tragweite des Vorgangs erkennt. Eustache bleibt allein in seinem stellvertretenden Opfer, der englische König verzichtet aus Freude über die Geburt eines Kindes auf das Opfer. Im Schlußbild flutet das Licht auf das Giebelfeld über der Kirchentür: das Relief zeigt die Niederlegung und Auferstehung Christi inmitten von sechs Jüngern, Hinweis auf die Deutung des Geschehens.

Äußerste Stilisierung, distanziert-kunstvoller, nicht individuell-charakterisierender Sprachstil gehören ebenso zu den Kennzeichen des Opferdramas wie ein expressives Gebärdenspiel und das Arrangement kunstvoller szenischer Tableaus. Die politisch-gesellschaftliche Problematik des Stückes (angesichts der späteren geschichtlichen Entwicklung) und seine Ambivalenz charakterisiert Eberhard Lämmert: »Führer-Erbötigkeit der Masse, Opferexzesse gerade der Besten, totalen Funktionalismus und – Sehnsucht nach Frieden ohne Gewalt.«

1914
Ernst Stadler
Der Aufbruch

S. löste sich um 1910 von den sein Frühwerk bestimmenden Einflüssen – zunächst der elsässischen Heimatkunst, dann der Dithyrambik Nietzsches und des Symbolismus (George, Hofmannsthal) – und setzte dem Ästhetizismus die Forderung einer »neuen Haltung des Ich zur Welt«, einer »unbedingten Zusage an unsere Gegenwart, an diese Zeit« entgegen. Ausdruck findet diese Haltung in dem Gedichtband *Der Aufbruch,* der in vier Abteilungen *(Die Flucht, Stationen, Der Spiegel, Die Rast)* Texte aus den Jahren 1911–14 umfaßt. Formales Kennzeichen zahlreicher Gedichte ist die sich hymnischer Prosa annähernde, gereimte Langzeile, die den dynamischen Charakter der »neuen und heftigeren Intensität des Welterlebens« zum Ausdruck bringt.

Diese Intensität, die hinter die Oberfläche der Dinge zu dringen sucht, hat mystische Züge, und der ekstatisch sich äußernde »Lebensenthusiasmus« verträgt weder einengende Form *(Form ist Wollust)* noch kennt er stoffliche Begrenzungen.

Dem entspricht die Hinwendung »zu den Dumpfen, zu den Armen«, die Einbeziehung der Großstadt und der industriellen Arbeitswelt. Als bedeutendstes Beispiel dieser Art gilt das Gedicht *Fahrt über die Kölner Rheinbrücke bei Nacht,* bei dem Technik und Großstadtwirklichkeit zum Ausgangspunkt rauschhaft-beglückender, entgrenzender Gefühlsaufschwünge werden (die wiederum ihren dialektischen Gegenpart in der Hinwendung zu »Stille« und »Einkehr« erhalten).

1914–18
Heinrich Mann
Der Untertan

Vorarbeiten für den *Untertan,* ursprünglich im Untertitel als »Geschichte der öffentlichen Seele unter Wilhelm II.« bezeichnet, gehen bis ins Jahr 1906 zurück. Nach einer längeren Unterbrechung – inzwischen war u. a. das demokratische Gegenmodell *Die kleine Stadt* (1909) erschienen – nahm M. die Arbeit an seiner Darstellung der Untertanenmentalität im imperialistischen Deutschland 1911 wieder auf. Einzelne Kapitel erschienen 1912–13 im *Simplicissimus,* und im Juni 1914 beendete M. den Roman, der seit dem 1. 1. 1914 in der Münchener Wochenschrift *Zeit im Bild* in Fortsetzungen vorabgedruckt wurde. Nach Kriegsbeginn brach das Blatt den Druck ab. Vollständig erschien der Roman zuerst in einer russischen Übersetzung (1915) und einem deutschen Privatdruck von zehn Exemplaren (1916). Erst nach Kriegsende konnte eine öffentliche deutsche Ausgabe erscheinen (1918), die sofort zum großen Erfolg wurde.

Das formal am Bildungsroman orientierte Werk erzählt in einer Folge von locker gefügten Einzelszenen die Geschichte Diederich Heßlings, Sohn eines kleinen Papierfabrikanten, der es dank seiner Untertanenmaxime ›wer treten wollte, mußte sich treten lassen‹ zu wirtschaftlichem und politischem Erfolg in seiner Heimatstadt Netzig bringt. Von Anfang an fühlt er sich »furchtbaren Gewalten« unterworfen – nicht zuletzt dem Vater –, doch erst mit dem Eintritt in die Schule wird er so recht, »wenn auch nur leidend«, Teil des wilhelminischen Unterdrückungssystems, ein Umstand, der ihn beglückt und mit Stolz erfüllt. Die weitere Formung des Charakters findet in Berlin statt, wo er die Überlegenheit eines brutalen Kommilitonen erlebt und sich einer schlagenden Verbindung (»Neuteutonia«) anschließt. Seine Militärzeit kann er durch Drückebergerei verkürzen, die Tochter eines Geschäftsfreundes der Familie läßt er sitzen. Höhepunkt der Berliner Zeit ist der Anblick des vorbeireitenden Kaisers, durch den die Erfahrung der Identifikation mit der Macht ihre sinnbildliche Überhöhung erfährt.

Nach der Rückkehr nach Netzig und der Übernahme der Firma erweist sich Diederich Heßling als Tyrann über Familie und Belegschaft, als chauvinistischer Stammtischpolitiker, antisemitischer Denunziant und Widersacher der alten 48er-Generation. Die Vertreter des ›Geistes‹ wie sein Schulkamerad Wolfgang Buck haben der von Heßling vertretenen nationalen Machtidee nichts entgegenzusetzen. Er macht politische Karriere, gewinnt die Unterstützung des Regierungspräsidenten von Wulckow, verbündet sich opportunistisch mit dem korrupten Sozialdemokraten Napoleon Fischer und heiratet die millionenschwere Guste Daimchen (die Hochzeitsreise führt sie auf Kaisers Spuren nach Rom). Durch dunkle Machenschaften gelingt ihm überdies die Übernahme der Firma seines örtlichen Konkurrenten. Die Enthüllung des von ihm angeregten Denkmals für Kaiser Wilhelm I., bei der ihm ein Orden für seine reaktionäre Politik im Stadtrat überreicht wird, gerät – den Roman beschließend – zum Menetekel: Ein himmlisches Strafgericht in Gestalt von Blitz, Donner und Orkan begleitet Heßlings chauvinistisch-agitatorische Rede – M. wertete Reden Wilhelms II. für den Roman aus – und sorgt für einen chaotischen »Kehraus, wie der einer betrunkenen Maskerade«.

Anders als die utopische *Kleine Stadt,* die konservative und fortschrittliche Kräfte schließlich zusammenführt (»wir sind ein Stück vorwärtsgekommen in der Schule der Menschlichkeit«), zeigt der *Untertan* das Auseinandertreten der humanistischen und der nationalen bürgerlichen Tradition seit der gescheiterten Revolution von 1848, personifiziert im Gegensatz von Heßling und seinen chauvinistischen Parteifreunden auf der einen und dem liberalen alten Buck auf der anderen Seite. So ist das Werk, einer der großen satirischen Romane des 20. Jh.s, nicht nur eine scharfsinnige (und prophetische) Analyse deutscher Untertanen- und Tyrannenmentalität, sondern es reflektiert zugleich ihre geschichtlichen Voraussetzungen. Kurt Tucholsky bezeichnete den Roman 1919 als »Herbarium des deutschen Mannes« und rühmte die »Sehergabe« des Autors, »so haarscharf ist das Urteil, bestätigt von der Geschichte«. – Der *Untertan* wurde 1951 verfilmt (Regie: Wolfgang Staudte).

1915
Kasimir Edschmid
Die sechs Mündungen

E.s frühe Novellen und Erzählungen, die in rascher Folge in den Bänden *Die sechs Mündungen* (1915), *Das rasende Leben* (1916) und *Timur* (1916) erschienen, galten zeitgenössischen Rezensenten als »Musterbeispiele des literarischen Expressionismus«. Die theoretische Begründung seiner expressionistischen Prosa lieferte E. in Aufsätzen wie *Expressionismus in der Dichtung* (1918) und in der von ihm herausgegebenen *Tribüne der Kunst und Zeit* (1919–23) nach und betonte vor allem, neben der Ablehnung psychologischen Gestaltens, die Rolle des von äußeren Einflüssen losgelösten schöpferischen Subjekts: »Die Realität muß von uns geschaffen werden [...]. So wird der ganze Raum des expressionistischen Künstlers Vision. Er sieht nicht, er schaut. Er schildert nicht, er erlebt. Er gibt nicht wieder, er gestaltet. Er nimmt nicht, er sucht. Nun gibt es nicht mehr die Kette der Tatsachen: Fabriken, Häuser, Krankheit, Huren, Geschrei und Hunger. Nun gibt es ihre Vision.«

Der Lazo, die erste Novelle in den *Sechs Mündungen,* gibt das Grundmuster. Raoul Perten, aus großbürgerlichem Haus, bricht plötzlich aus seinem gewohnten Leben aus, flieht die Gesellschaft – sie steht »stellvertretend für das Prinzip der Determination, der Ratio schlechthin, gegen welche das Individuum seine Freiheit zu erkämpfen hat« (Hans-Georg Kemper) – und geht in den antizivilisatorischen ›Wilden Westen‹. Hier, bei den »Cow-Boys«, regiert nicht gesellschaftliche Konvention, sondern das Recht des Stärkeren, hier lassen sich die eigenen Gefühle und Bedürfnisse vitalistisch ausleben.

Ungeschichtlichkeit, Ablösung von sozialen Prozessen, eruptive Affekte, eine mit der Verherrlichung körperlicher Kraft verbundene Abkehr von der Ratio, rücksichtslose, die konventionellen Moralvorstellungen ignorierende Verfolgung der eigenen Interessen (einschließlich völkermörderischer Barbarei in der Timur-Novelle *Der Bezwinger*) und sprachliche Exaltiertheit kennzeichnen E.s frühe Novellen: Zeugnisse eines von Nietzsche beeinflußten kulturfeindlichen, irrationalen Vitalismus und einer von ›männlichem‹ Gehabe geprägten Gewaltideologie, die unverkennbar Elemente enthält, »die sich im ›Dritten Reich‹ noch verheerend auswirken sollten« (Kemper).

1915
Franz Kafka
Die Verwandlung

Die umfangreichste Erzählung K.s, entstanden im November und Dezember 1912, erschien zuerst in der Monatsschrift *Die weißen Blätter* (Oktober 1915) und einen Monat später als Buch in der Reihe *Der jüngste Tag* des Verlegers Kurt Wolff.

Die »ausnehmend ekelhafte Geschichte« (K. an Felice Bauer, 24. 11. 1912) beginnt mit dem Satz: »Als Gregor Samsa eines Morgens aus unruhigen Träumen erwachte, fand er sich in seinem Bett zu einem ungeheuren Ungeziefer verwandelt.« Er, ein Reisender, hat verschlafen und versucht, seine Verwandlung zunächst wegzurationalisieren. Die Familie mahnt ihn, der Prokurist der Firma kommt, um sich über die Gründe seines Nichterscheinens zu informieren, macht ihm Vorwürfe wegen seiner Unzuverlässigkeit und droht mit Entlassung. Gregors Antworten bleiben unverständlich, da sich auch seine Stimme verändert hat. Mit großer Mühe öffnet er die abgeschlossene Tür; der Prokurist flieht, die Mutter fällt in Ohnmacht und der Vater stößt Gregor zurück ins Zimmer. Die Schwester versorgt ihn mit Nahrung, der Vater bewirft ihn bei einem Ausbruch aus seinem Zimmer mit Äpfeln und fügt ihm eine schwere Wunde zu. Man läßt ihn nun bei offener Tür von ferne am Familienleben teilnehmen. Da Gregor nun nicht mehr den Lebensunterhalt der Familie bestreiten kann, müssen die anderen einspringen: Der Vater wird Diener in einer Bank und sieht in seiner straffen Uniform selbstbewußter aus, die Schwester übernimmt eine Stelle als Verkäuferin, drei »Zimmerherren« werden aufgenommen. Als Gregor, angeregt vom Geigenspiel seiner Schwester Grete, ins Wohnzimmer kriecht, kündigen die Mieter. Die Schwester, die sich bisher um Gregor gekümmert hatte, möchte ihn nun loswerden. Als dieser erschöpft in sein zur Rumpelkammer verkommenes Zimmer zurückkriecht, wirft er noch einen letzten Blick auf die Mutter und stirbt, mit »Rührung und Liebe« an seine Familie zurückdenkend. Die resolute Haushälterin schafft »das Zeug« weg, und die Familie Samsa unternimmt mit zuversichtlichen Gedanken für die Zukunft einen Ausflug ins Freie.

In dieser alptraumartigen Geschichte, aus der Perspektive des Helden erzählt, verwandelt sich Vertrautes in Unheimliches; dabei ist das Grauen nicht ohne komische und groteske Züge. Wie das *Urteil* ist auch die *Verwandlung* eine ›Familiengeschichte‹. Dem Helden steht nun nicht mehr nur der Vater gegenüber, sondern auch die anderen Familienmitglieder. Dazu kommt als weitere Ebene der Autorität, der Mächte, die über ihn verfügen, das »Geschäft« und seine Vertreter. So läßt sich die Geschichte als ohnmächtige Auflehnung – durch den Rückzug auf ein Schmarotzerleben, durch Regression in infantile Verhaltensweisen – gegen die Zwänge des Berufslebens und der Familie lesen, als Demaskierung der unmenschlichen Väterwelt, als Kritik der Entfremdung und Entwürdigung in der modernen Gesellschaft, aber z.B. auch als Dokument schreibender Selbsterfahrung. Auf die Familie bezogen, in der auch unterschwellige erotische Konkurrenzsituationen fühlbar werden, erscheint die monströse Schreckgestalt des ungeheuren Ungeziefers als Ausdruck ihrer eigenen Unmenschlichkeit, die sich hinter der kleinbürgerlich-biederen Fassade versteckt. Und während Gregors Auflehnung tödlich endet, feiert in ironischem Kontrast die Familie die Rückkehr zum gewöhnlichen Leben, »das blüht, wenn ihm ein anderes geopfert wird« (Peter U. Beicken).

1915
August Stramm
Du. Liebesgedichte

Die Begegnung im März 1914 mit Herwarth Walden, dem Herausgeber der expressionistischen Zeitschrift *Der Sturm,* bedeutete eine entscheidende Wende im Schaffen S.s. Er wurde zum Exponenten der im Sturm-Kreis vertretenen Wortkunst-Theorie, die hinter der Konventionalität der Sprache das »Unmittelbare« zu fassen suchte und es im einzelnen Wort zu finden glaubte. Diese Vorstellungen, verbunden mit einer »Hinneigung zum Futurismus« (S.), schlagen sich bei S. im Zerbrechen syntaktischer und hierarchischer Strukturen nieder, in häufigen Ein-Wort-Zeilen, in semantisch nicht eindeutigen Verbalsubstantiven, in Wortverkürzungen und Neologismen (»schamzerpört«), in äußerster Konzentration, Reduktion und Abstraktion. Auf der anderen Seite ergibt sich dadurch die Möglichkeit, zu neuen konstruktiven Ordnungen – Wiederholung, Variation, Reihung – zu gelangen, zu Verfahrensweisen, die auch im Dadaismus und später in der konkreten Poesie aufgegriffen wurden.

S.s konstruktive Ausdruckskunst, die mit Worten »gegen gemachte Ordnung« revoltierte (S.), resultierte bis zum Kriegsausbruch in mehreren, zwischen 1914 und 1916 erschienenen Einaktern und dem Gedichtzyklus *Du.* Dieser variiert und kontrastiert – von *Liebeskampf* zu Beginn bis zu *Erinnerung* am Ende – das Verhältnis von »Ich« und »Du«, die vielfältigen Erscheinungsformen der Liebe und weitet sich dabei *(Wunder)* ins Göttliche: die Polarität von Ich und Du wird aufgehoben in einer mystizistischen All-Einheit.

S. fiel am 1. 9. 1915. Postum erschien *Tropfblut* (1919), eine Sammlung von sprachlich noch stärker verdichteten Kriegsgedichten, scharf konturierte Momentaufnahmen *(Patrouille)*, Evokationen des Schrecklichen und Sinnlosen *(Vernichtung, Werttod, Urtod)*, nur selten dadurch modifiziert, daß der Tod als Teil eines zyklischen kosmischen Prozesses des Vergehens und Werdens verstanden wird *(Krieg)*.

1915
Georg Trakl
Sebastian im Traum

Sebastian im Traum ist die zweite (und letzte) von T. selbst zusammengestellte Gedichtsammlung; sie erschien erst nach seinem Tod. Vorausgegangen waren die *Gedichte* von 1913, in denen sich nach traditionellen Anfängen unter dem Einfluß von Jugendstil und Symbolismus der eigenständige ›Trakl-Ton‹ durchsetzte. Charakteristisch für diese Gedichte, in denen sich Gedanken und Bilder von Tod und Verfall mit formaler Schönheit und musikalischem Wohlklang verbinden, ist der sogenannte ›Reihungsstil‹, die von T. selbst so genannte »bildhafte Manier, die in vier Strophenzeilen vier einzelne Bildteile zu einem einzigen Eindruck zusammenschmiedet«. Beispiele für diesen Gedichttyp, der im Rahmen von regelmäßig alternierenden Vierhebern zu einer musikalisch strukturierten Variation von Motiven, Klängen, Farben und Bildern neigt, sind Texte wie *Im roten Laubwerk voll Guitarren. Musik im Mirabell, Die schöne Stadt, Verklärter Herbst* (mit der Zeile »Wie schön sich Bild an Bildchen reiht«), *Kleines Konzert* oder *Vorstadt im Föhn.* Doch schon die *Gedichte* von 1913 enthalten Texte in freien Rhythmen, die die ›Überwindung‹ des durch eine gewisse Monotonie bedrohten Reihungsstil anzeigen: *An den Knaben Elis, Psalm, Nähe des Todes, Amen, Helian.* Die Sammlung *Sebastian im Traum* geht auf diesem Weg weiter, wenn auch noch einige wenige metrisch regelmäßige Gedichte aufgenommen sind.

Sebastian im Traum, von T. im März 1914 an den Verleger gesandt, ist ein genau komponiertes Gedichtbuch. Es besteht aus den Zyklen *Sebastian im Traum, Der Herbst der Einsamen, Siebengesang des Todes, Gesang des Abgeschiedenen* und der Prosadichtung *Traum und Umnachtung* und enthält bekannte Texte wie *Kindheit, Elis, Sebastian im Traum, Der Herbst des Einsamen, Abendländisches Lied, Verklärung, Föhn, Passion, Jahr.* Die musikalische Kompositionsweise der Gedichte mit ihren Assonanzen und Alliterationen ist geblieben; doch »dem ›Tönen‹ steht mit einem nicht weniger großen Wortfeld das Motiv des ›Schweigens‹, der ›Stille‹ und ›Ruhe‹ gegenüber, und diese Stille ist nicht nur Thema, sie wird auch strukturell ›vollzogen‹« (Hans-Georg Kemper).

In der stark verdichteten Motiv- und Bildsprache, die hermetische Züge aufweist und im einzelnen »nicht eigentlich inhaltlich verstanden« sein will (Walther Killy) bzw. nicht auf den Begriff gebracht werden kann, verbinden sich antike Mythen (Orpheus), christliche Vorstellungen und literarische Anspielungen und Zitate (Hölderlin, Novalis, Rimbaud, Dostojewski). Dabei kontrastiert T. antik-arkadische oder christlich geprägte Paradies- und Erlösungsvorstellungen mit dunklen Bildern des Verfalls und der Fäulnis, der Angst und des Verderbens. Anders als in den reihenden Texten der *Gedichte* ergeben sich, in ständiger Metamorphose der sprachlichen und bildlichen Vorgänge, zeitliche Perspektiven, zeigen sich (diskontinuierliche) Bewegungen von paradiesischer Vorzeit zu Erlösung und Apokalypse, sind die Erinnerungen an frühmenschliches Dasein, die Bilder einer mystischen Kindheit bezogen auf Untergang und Tod, geben der zeitliche Verlauf der Tages- und Jahreszeiten die Richtung an: Herbst, Abend, Nacht – Absterben, Untergang, Tod (»Goldenes Auge des Anbeginns, dunkle Geduld des Endes« [*Jahr*]).

Direkte Rückschlüsse auf die Biographie des Dichters, etwa in bezug auf die Inzest-Motivik, sind angesichts des hermetischen Charakters der Gedichte zwar nicht möglich; gleichwohl lassen sie sich autobiographisch lesen, kann man die vorherrschende Bildlichkeit des Verfalls, der Einsamkeit, Melancholie und Angst als Reflex der gequälten und gefährdeten Existenz des Dichters verstehen, »der von der ›Bitternis der Welt‹ gekostet hat, ihre ›ungelöste Schuld‹, das Böse, kennt und mit dem Leiden der Kreatur, dem ›ganzen Jammer‹ der Menschheit solidarisch ist« (Walter Methlagl).

Nach *Sebastian im Traum* erschien 1914–15 noch eine Reihe von Gedichten T.s in der Halbmonatsschrift *Der Brenner,* die von seinem Förderer Ludwig von Ficker herausgegeben wurde, darunter die Evokation der Schlacht von Grodek (September 1914).

1916
Johannes R. Becher
An Europa

An Europa. Neue Gedichte, diese 1913–16 entstandene Sammlung ist B.s Hauptwerk aus der Zeit des Expressionismus. Einflüsse anderer expressionistischer Dichter wie Georg Heym, Ernst Stadler und Georg Trakl, aber auch der französische »Dichter des Verfalls« und des amerikanischen Lyrikers Walt Whitman sind erkennbar. Das programmatische Eingangsgedicht gibt den Ton an: »Der Dichter meidet strahlende Akkorde. Er stößt durch Tuben, peitscht die Trommeln schrill. Er reißt das Volk auf mit gehackten Sätzen.« Und so zerreißt B. – die verhaßte alte »Welt der Qual austilgend« – in ekstatischen Eruptionen die konventionelle Syntax (nicht jedoch die Metrik und den Reim), sucht mit grellen Bildern und schrillen Disharmonien die Menschen zu erreichen und für eine neue Welt zu gewinnen *(Marseillaise).* Wort und Aktion gehören zusammen: »O Trinität des Werks: Erlebnis, Formulierung, Tat.« Krieg und Chaos bilden den Kontrapunkt der aus Zerstörung und Tod erwachsenden Hoffnung auf eine neue Zukunft, auf ein neues Europa (»Europa du! Gefäße wir drin sich Nationen groß vermischen … Schmelzet O schmelzet ein …!), auf die Utopie einer neuen Menschheit und Menschlichkeit, beschworen in Gedichten wie *Klänge aus Utopia, Brudertag* oder, zum Abschluß des Bandes Schiller zitierend, *An die Freude:* »Füll Utopia, füll des Chaos Raum!«

Der Wille zur Tat hat noch keinen konkreten Inhalt; es bleibt bei allgemeinen, beschwörenden Appellen an die Bereitschaft zur Veränderung. In der Weimarer Republik konkretisierte sich B.s Aktivismus im Sinn der revolutionären Arbeiterbewegung.

1916
Gottfried Benn
Gehirne

Unter dem Titel *Gehirne. Novellen* veröffentlichte B. in Kurt Wolffs Reihe *Der jüngste Tag* eine Sammlung von fünf Prosastücken, die seit 1914 entstanden und z.T. schon in der von René Schickele herausgegebenen Zeitschrift *Die weißen Blätter* erschienen waren. Die nach der Hauptgestalt auch als »Rönne-Novellen« bezeichneten Texte – *Gehirne, Die Eroberung, Die Reise,*
Die Insel, Der Geburtstag – haben nichts mit dem konventionellen Novellenbegriff gemein; sie knüpfen nicht zuletzt an Carl Einsteins Vorstellungen einer »autonomen Prosa« an (*Bebuquin,* 1912).

Im Mittelpunkt der Texte steht der junge Arzt Dr. Werff Rönne, der in eine tiefe, sein Verhältnis zur Wirklichkeit radikal in Frage stellende Krise geraten ist. Im ersten Text, *Gehirne,* der ihn bei einer Chefarztvertretung in einem Krankenhaus zeigt, wird er sich des Problems bewußt. Ich und Welt, Sprache und Wirklichkeit fallen auseinander, die Wirklichkeit tritt dem sich auflösenden Ich als chaotische Ansammlung von Einzelheiten gegenüber, Handeln erscheint ohne Zusammenhang, alles Alltäglich-Selbstverständliche wird fragwürdig, Kontakt kaum noch möglich: »Es schwächt mich etwas von oben. Ich habe keinen Halt mehr hinter den Augen. Der Raum wogt so endlos; einst floß er doch auf eine Stelle. Zerfallen ist die Rinde, die mich trug.« Ähnlich verhält es sich in den anderen Texten, die das Bemühen Rönnes zeigen, seinem Ich Stabilität zu verleihen, wieder einen Bezug zur Wirklichkeit zu finden – »Nun wurde er kühner; er entlastete sich auf die Stühle, und siehe – sie standen da« –, doch die »Eroberungen« sind nur scheinbar. Erst im letzten Text, *Der Geburtstag,* zeigt sich eine Möglichkeit, mit der fremden äußeren Wirklichkeit in eine Beziehung zu gelangen, sich ihrer schöpferisch zu bemächtigen: Über die Fähigkeit, auf dem Weg der Assoziation, der Phantasie und des Spiels, eine eigene, neue Welt zu schaffen – Kunst. Es ist eine dichterische Welt, für die die mit dem Wirklichkeitszerfall korrespondierende Regression des Ich in die Schicht mythischer Bilder und Vorstellungen, in Visionen und Träume einer archaischen, rauschhaft-dionysischen inneren Welt bedeutsam wird, Ausdruck der Befreiung von der festumrissenen, begrifflich geordneten – und unerträglich gewordenen – Wirklichkeit (»Zerstäubungen der Stirne – Entschweifungen der Schläfe«).

1916
Alfred Döblin
Die drei Sprünge des Wang-lun

Ende 1912, vordatiert auf 1913, hatte D. seinen ersten Erzählband veröffentlicht *(Die Ermordung einer Butterblume).* Er enthält zwischen 1904 und 1910 entstandene Texte, die in einigen Fällen schon expressionistische und futuristische Züge zeigen bzw. vorwegnehmen: Verzicht auf einfühlende Psychologie, Erzählerdistanz, Tempo, neutral beobachtender ›Kinostil‹. Programmatisch formuliert werden entsprechende Vorstellungen im sogenannten Berliner Programm D.s *An Romanautoren und ihre Kritiker* (1913). Zugleich entwickelte D., »bestärkt durch den Futurismus, eine epische Technik, die mit ihrer parataktischen Aneinanderreihung einzelner Wörter, kurzer Sätze und sich verselbständigender Erzählsequenzen dazu geeignet war, die verwirrende Dynamik simultaner Großstadtreize und sozialer Massenbewegungen literarisch zu imitieren« (Thomas Anz). Das erste große Beispiel der dichterischen Umsetzung seiner Forderung einer »Wiedergeburt« des Romans »als Kunstwerk und modernes Epos« stellt der »chinesische Roman« *Die drei Sprünge des Wang-lun* dar, der 1912–13 entstand, aber erst 1916 (datiert auf 1915) ausgeliefert wurde.

Die Handlung basiert auf einer Episode der chinesischen Geschichte des 18. Jh.s, dem Aufstand einer von Wang-lun geführten taoistischen Sekte und seiner Niederschlagung 1774 durch die kaiserlichen Truppen. Ausführliche Studien zur chinesischen Geschichte, Kultur und Religion waren vorausgegangen. D. erzählt, wie der aus Gerechtigkeitsempfinden zum Verbrecher gewordene Wang-lun die Lehre der Gewaltlosigkeit, des »Nicht-Widerstrebens« annimmt und mit den Besitzlosen die Massenbewegung der »Wahrhaft Schwachen« gründet. Als sich unter Ma-noh ein Teil der Bewegung – die »gebrochene Melone« – abspaltet, das Keuschheitsgelübde aufgibt, in orgiastischen Festen das Paradies zu betreten glaubt und – in politischen Aufruhr verstrickt – vernichtet wird, zieht sich Wang-lun in ein anonymes Fischerdasein zurück. Er läßt sich jedoch wieder an die Spitze der »Wahrhaft Schwachen« zurückholen und vertritt nun, in der Überzeugung, daß es nicht möglich sei, als wahrhaft Schwacher zu leben, die Lehre vom gewaltsamen Widerstand: der dritte ›Sprung‹ nach dem Bekenntnis zur Gewaltlosigkeit und dem Untertauchen in die Anonymität des gewöhnlichen Lebens. Die Rebellion, die auf die Vertreibung der landfremden Mandschukaiser zielt, wird nach Anfangserfolgen blutig niedergeschlagen.

Über weite Strecken des Romans tritt Wang-lun in den Hintergrund. Er ist zwar zeitweise Führer und Verführer der Bewegung, doch dominieren die Bewegungen der anonymen Massen, die – verführt, getrieben von ihren Sehnsüchten und Bedürfnissen – über das Land fluten, gegenläufige Bewegungen auslösen und schließlich untergehen. Fragen nach Wesen oder Sinn der Geschichte bleiben offen, eine Auflösung der Antinomie

von Widerstand und »Nicht-Widerstreben«, von Revolution und Pazifismus findet nicht statt: »Die taoistische Maxime, daß die Eroberung der Welt durch Handeln mißlingt, bricht sich an der Erfahrung vom Zynismus der Macht, die sich über das welt- und lebenachtende Prinzip hinwegsetzt und die Utopie des Nicht-Eingreifens ad absurdum führt.« So bezeichnen die drei ›Sprünge‹ des Wang-lun »nicht Lösungen, sondern die ungelösten Probleme des Lebens und der Geschichte unter der Dominanz der Widersprüche« (Hans-Peter Bayerdörfer).

1916
Georg Kaiser
Von morgens bis mitternachts

Das 1912 entstandene und 1916 zuerst gedruckte »Stück in zwei Teilen« wurde am 28. 4. 1917 in den Münchener Kammerspielen uraufgeführt. Formal handelt es sich um ein Stationendrama in der Nachfolge August Strindbergs. Sein Gegenstand ist der – scheiternde – Ausbruchsversuch eines namenlosen Kassierers aus der Enge seines Daseins zur konsequenten Verwirklichung seines Ich.

Die Begegnung mit einer eleganten Dame aus Florenz morgens im »Kleinbankkassenraum« gibt dem Kassierer eine Ahnung von einer anderen Welt. Mit 60 000 Mark macht er sich davon; seine Annahme, die Dame werde mit ihm fliehen, beruht freilich auf einem Mißverständnis (»Hotelschreibzimmer«). Während er sich auf dem »Marsch« glaubt – »Umkehr findet nicht statt« –, deutet ein allegorisches Totengerippe bereits auf die Vergeblichkeit des Ausbruchsversuchs (»Verschneites Feld«). Der zweite Teil zeigt, von Mittag bis Mitternacht, exemplarische Stationen der von rastloser Dynamik bestimmten Ausbruchsbewegung. Ausgangspunkt ist die heimische Kleinbürgergroteske (»Stube bei Kassierer«). Von da führt der Weg zum Sechstagerennen (»Sportpalast«), wo der Kassierer durch hohe Preisgelder die Leidenschaft der Masse zur Ekstase steigert und darin aufzugehen sucht, aber ebenso desillusioniert wird wie beim folgenden Besuch im Freudenhaus (»Ballhaus. Sonderzimmer«). Den Schlußpunkt setzt die Szene im »Lokal der Heilsarmee«. Hier wird der Kassierer mit reuigen Sündern konfrontiert, die über ihre Bekehrung und Wandlung berichten. Es sind zugleich die Sünden, die seinen eigenen Weg charakterisieren. Durch diese Geschichten fühlt er sich selber zum Bekenntnis, zur Umkehr gedrängt. Doch als er am Ende seiner Rede das gestohlene Geld in die Menge wirft (»zerstampft es«), erweist sich die frömmelnde Gemeinschaft mit ihrer Büßerhaltung als Fiktion, und ein erbitterter Kampf um das Geld beginnt. Gesteigert wird die Desillusionierung noch dadurch, daß das Heilsarmeemädchen, das ihm schon an einigen anderen Stationen begegnet war und seine letzte Hoffnung auf Erfüllung darstellt, sich als Polizeiinformantin erweist und nur auf die Belohnung aus ist. »Von morgens bis mitternachts rase ich im Kreise« – in der Erkenntnis der Ausweglosigkeit, der hoffnungslosen Vereinzelung und Einsamkeit des Menschen erschießt sich der Kassierer unter einem als Totengerippe aufleuchtenden Kronleuchter und stirbt mit deutlichen gestischen und verbalen Anspielungen auf die Passion Christi.

Der rastlosen Dynamik der revuehaften Bilderfolge entspricht eine emphatische, verknappte, atemlose Sprache nicht ohne groteske Übersteigerungen; Wort, Gebärde und Szene verbinden sich dabei zu suggestiver Expressivität (etwa in der Sportpalastszene: allegorisches Bild der Welt und des menschlichen Daseins). Das Stück wurde in zahlreiche Sprachen übersetzt.

1917
Leonhard Frank
Der Mensch ist gut

F., ein entschiedener Pazifist, war 1915 in die Schweiz geflohen. Sein den »kommenden Generationen« gewidmetes »Manifest gegen den Kriegsgeist« – so sah er den Band mit seinen fünf Erzählungen – wurde sofort nach Erscheinen in Deutschland verboten, 1920 jedoch mit dem Kleist-Preis ausgezeichnet. An fünf Beispielen – *Der Vater, Die Kriegswitwe, Die Mutter, Das Liebespaar, Der Kriegskrüppel* – wird stellvertretend für die Millionen Opfer dargestellt, welches Leid der Krieg über die Menschen bringt und welche Konsequenzen daraus zu ziehen sind: Da ist der Vater, der den einzigen Sohn verloren hat und – als er seine eigene Verantwortung erkennt – Führer einer Revolution für den Frieden wird; die Witwe die sich lange mit den Phrasen vom ›Feld der Ehre‹ und ›Opfer auf dem Altar des Vaterlands‹ getröstet hat und nun zur aufrüttelnden Mahnerin gegen den Krieg wird; die Mutter, die in Angst auf die gesunde Heimkehr ihres Sohnes hofft und nach seinem Tod mit ihrem Aufschrei eine gewaltige Demonstration im Zeichen des Friedens und der Liebe auslöst; da sind zwei

Selbstmörder, die im Leichenhaus inmitten von »Kriegsselbstmördern« erwachen und sich zur Liebe, zur Notwendigkeit bekennen, für eine Gesellschaft zu kämpfen, »in welcher der Mensch … gut sein darf«; da ist der Stabsarzt im Kriegslazarett, der »Metzgerküche«, der die Krüppel in den großen Zug der Revolution führt, der in expressionistischer Ekstase alle mit sich reißt: »Hingabe reißt die Untertanen hoch ins Menschentum. Leidausströmende Freiheitsschreie ordnen sich zu Liebesgesängen. In den Gesängen der Liebe pulst die Ekstase der Verbrüderung und Freiheit.«

Die Darstellung der Greuel des Krieges und die Anklage gegen die Mächtigen verweisen auf das (utopische) Gegenbild: auf eine neue Welt ohne Krieg und Uniformen, auf den durch die brüderliche Liebe erweckten »guten Menschen«. In einer späteren Bearbeitung (1957) hat F. den expressionistischen Stil der Erzählungen mit seinen Ausrufen, Ellipsen, Wortwiederholungen, Kraßheiten, grotesk-vergrößernden Ausschnitten und emphatischen Aufschwüngen geglättet. – Von der Macht der Liebe handelt auch die Heimkehrererzählung *Karl und Anna* (1926; dramatisiert 1929), eine Geschichte, die davon erzählt, wie der Heimkehrer Richard erkennen muß, daß er seine Frau Anna an den kurz zuvor heimgekehrten Karl verloren hat, dem er in den Jahren der Gefangenschaft von ihr erzählt hatte.

1917
Reinhard Goering
Seeschlacht

G.s einaktige Tragödie, 1916 entstanden und 1917 gedruckt, gehört zu den Werken, die dem expressionistischen Drama zum Durchbruch auf der Bühne verhalfen. Nach der skandalträchtigen Uraufführung am Königlichen Schauspielhaus in Dresden (10. 2. 1918) setzte Max Reinhardt das Stück mit seiner erfolgreichen Inszenierung am Berliner Deutschen Theater durch (3. 3. 1918). Es wurde mit dem Kleist-Preis ausgezeichnet.

In einem abgeschlossenen Panzerturm eines deutschen Kriegsschiffes, das der Schlacht am Skagerrak (31. 5. 1916) entgegenfährt, offenbaren sieben Matrosen in einer rhetorisch-pathetischen Verssprache im Wachen und im Schlaf, in Monologen und Gesprächen ihre Gedanken, Gefühle, Erwartungen und Ängste: Da steht die fiebernde Sehnsucht nach der Schlacht neben fatalistischer oder realistischer Hinnahme des Geschehens (»Wir sind Schweine, die zum Metzger fahren«), Gedanken an Meuterei neben Bekundungen des Gehorsams gegenüber den Befehlen vom »Land«. Mittelpunkt ist das Gespräch zwischen dem Ersten und dem Fünften Matrosen, doch der Fünfte Matrose, der den Sinn des Krieges in Frage stellt und sich dem Kampf verweigern will, findet kein Gehör mit seinem Hinweis auf ein erfülltes (mit)menschliches Leben: »Gedenke dessen, was zwischen uns all war. Dessen, was sein kann zwischen Mensch und Mensch!« Doch als die Schlacht beginnt, verfällt auch der Fünfte Matrose dem Rausch des Kampfes und stirbt als letzter mit den Worten:

Ich habe gut geschossen, wie?
Ich hätte auch gut gemeutert! Wie?
Aber schießen lag uns wohl näher? Wie?
Muß uns wohl näher gelegen haben?

Gezeigt werden nicht ›Wandlung‹ und ›Erlösung‹, auf die das expressionistische Drama zielt, sondern ihr Scheitern. Dabei verweist die isolierte Situation im Panzerturm auf die des Menschen in der Welt überhaupt, können die verschiedenen Stimmen als Projektion eines Einzelnen verstanden werden. Resignation und Skepsis stehen am Ende, mögen zur Reflexion anregen, wenn nicht die Knalleffekte allzu realistischer Inszenierungen daran hindern. Das Beispiel des Fünften Matrosen »ist über das Eingeständnis der eigenen Manipulierbarkeit hinaus zugleich eine Bankrotterklärung jener idealistischen deutschen Geistesverfassung, die in den Ersten Weltkrieg wie in einen gottgewollten heiligen Krieg zog und am Ende nicht nur auf die Trümmer der Wirklichkeit, sondern auch auf die Trümmer ihrer geistigen Welt blickte« (Manfred Durzak).

1917
Fritz von Unruh
Ein Geschlecht

Der Sohn eines preußischen Generals, der in seinem ersten Drama *Offiziere* (1911) von der Problematik des soldatisch-preußischen Pflichtbegriffs gehandelt hatte, bezeugte mit der 1915–16 entstandenen einaktigen Tragödie *Ein Geschlecht* (Uraufführung: 16. 6. 1918, Schauspielhaus Frankfurt a. M.; Druck 1917) seine unter dem Eindruck des Krieges vollzogene Hinwendung zum Pazifismus. *Ein Geschlecht* war der erste Teil einer geplanten Trilogie; es folgten *Platz* (1920) und *Dietrich* (1973).

In überhöht-expressiver, bildhafter Verssprache beschwört U. die entmenschende Wirkung des Krieges und zeigt, wie sich – von einer Gestalt auf andere einwirkend – eine Wandlung

vollzieht und die Vision eines neuen Geschlechts in einer Welt der Liebe und Brüderlichkeit sichtbar wird.

Das Stück, »an kein Zeitkostüm gebunden«, »spielt vor und in einem Kirchhof auf Bergesgipfel«; handelnde Personen sind die Mutter und ihre Kinder (Ältester Sohn, Feiger Sohn, Jüngster Sohn, Tochter) sowie Soldatenführer und Soldaten. Der jüngste Sohn, der gerade das Grab für einen gefallenen Bruder geschaufelt hat, soll die Hinrichtung seiner beiden anderen Brüder vollziehen, die gegen die Kriegsgesetze verstoßen haben (Vergewaltigung, Feigheit), um so sein Geschlecht zu entsühnen. Er vermag es nicht und wird von den Soldaten in die »Schlacht« geführt, während Mutter und Tochter erscheinen. Der älteste Sohn verwirft die Ordnung, die einerseits Gewalttaten gutheißt, andererseits ahndet, und sagt sich mit der Tochter – bereit bis zu Inzest und Muttermord zu gehen – von der Mutter los, die ihre Kinder dem »Götzen Vaterland« geopfert habe. Doch es kommt nicht zum Äußersten; der älteste Sohn stürzt sich im Gräberfeld zu Tode. Und es ist sein Tod, der bei der Mutter die innere Wandlung auslöst (bei gleichzeitigem Durchbruch der Sonne durch den Nebel). Sie nimmt dem Soldatenführer den »Führerstab« ab, sieht visionär eine neue Welt und wird umgebracht, während die Tochter und der feige Sohn freikommen. Doch ihre Gedanken leben im jüngsten Sohn fort, der den neuen Geist auf die Soldaten überträgt und mit ihnen zu Tal stürmt, um »die Kasernen der Gewalt« zu zerstören.

Das Geschehen vollzieht sich in einem symbolischen Zeitrahmen auf einem symbolischen Schauplatz; U. verzichtet auf psychologische Motivierung und logische Entwicklung, hebt das Geschehen durch Allegorisierung, Mythisierung und Entindividualisierung auf eine allgemeine, ungeschichtliche Ebene. Sendungspathos, gesteigert durch demonstrative Gestik und suggestive Figurenkonstellationen, steigern die Wirkung der utopischen Botschaft einer friedlichen, versöhnten Welt. *Ein Geschlecht,* eines der bedeutendsten Antikriegsstücke des Expressionismus, wurde in den Jahren der Weimarer Republik häufig gespielt.

1917–20
Else Lasker-Schüler
Die gesammelten Gedichte

L.-S.s *Gesammelten Gedichten* von 1917 (2. und 3. Auflage 1920) folgte 1920 der Band *Die Kuppel. Der Gedichte zweiter Teil:* zusammen eine vorläufige Bestandsaufnahme des lyrischen Werkes der »größte[n] Lyrikerin, die Deutschland je hatte« (Gottfried Benn). Ihr erster Lyrikband, *Styx* (1902), stand unter dem Einfluß des Jugendstils. Weitere Sammlungen folgten in den nächsten Jahren. Sie zeugen von großer formaler Virtuosität und Vielfalt, expressiver Emotionalität und einer kühnen, farbigen Bildlichkeit: *Der siebente Tag* (1905), *Meine Wunder* (1911) und *Hebräische Balladen* (1913). Dabei ergeben sich einerseits bei aller unverwechselbaren Eigenständigkeit ihres lyrischen Werkes Berührungspunkte mit der ihr (auch privat) verbundenen Generation der Expressionisten, andererseits kommt es zu einer immer stärkeren Mythisierung der eigenen Person, in dem sie ein phantasievolles, bildkräftiges Rollenspiel als orientalische Prinzessin (Tino von Bagdad), als Prinz von Theben oder als Joseph von Ägypten inszeniert.

Ein großer Teil der in den *Gesammelten Gedichten* vereinigten Texte sind Liebesgedichte, zu Zyklen zusammengestellt – *Meinem so geliebten Spielgefährten Senna Hoy, Meinem reinen Liebesfreund Hans Ehrenbaum-Degele* (»Tristan«), *Gottfried Benn* (»Giselheer«), *Hans Adalbert von Maltzahn* (»Vicemalik«) – oder als einzelne Texte wie das berühmte Gedicht *Ein alter Tibetteppich* (zuerst in *Meine Wunder*); daneben stehen die Gedichte an ihre Freunde und an ihre legendenhaft stilisierte Familie *(Meine schöne Mutter blickte immer auf Venedig)* und die (später noch um einige Texte vermehrten) *Hebräischen Balladen,* die in phantasievoller Weise alttestamentarische Motive mit allgemein ›orientalischen‹ zu einem eigenen hebräischen Mythos verbinden. Diese Gedichte haben – trotz der Bezeichnung »Balladen« – einen vorwiegend lyrischen, nicht erzählenden Charakter und evozieren Gestalten der jüdischen Tradition von Abel bis Sulamith in der Reihenfolge ihres Erscheinens in der Bibel. Am Anfang stehen die Gedichte *Versöhnung*, Liebesgedicht und religiöses Gedicht im Zusammenhang mit dem Versöhnungsfest Jom Kippur in einem, und *Mein Volk* (»Der Fels ist morsch«): Klagegesang »aus der Diaspora über die Diaspora, wo die Dichterin sogar von ihrem verstreuten Volk isoliert bleibt« (Sigrid Bauschinger).

1918
Ernst Barlach
Der arme Vetter

In B.s dramatischem Schaffen geht es um das Verhältnis des Menschen zu Gott, wobei B. der Mensch als ein »verarmtes und ins Elend geratenes Nebenglied aus besserem Hause«, als »armer Vetter« eben erscheint. Dies erklärt auch den Titel des Dramas *Der arme Vetter,* 1918 im Druck erschienen und am 30. 3. 1919 in den Hamburger Kammerspielen uraufgeführt: »ein Auferstehungsdrama in profanem Gewand« (Walter Muschg).

Das Stück ist in zwölf Bilder gegliedert und spielt an einem Ostersonntag an der Oberelbe (auf der Heide, im Gasthaus von Lüttenbargen, am Strand), und wie die Zeitangabe auf Höheres verweist, so wird die empirische Wirklichkeit durchsichtig auf ein inneres Geschehen, in dem B. im Einklang mit der expressionistischen Dramatik die »Vision von der existentiellen Erneuerung des Menschen« gestaltet (Annalisa Viviani).

Spaziergänger streifen durch die Gegend, u.a. eine lebenslustige Städterin und ein sexuellen Abenteuern nicht abgeneigter Schiffer, ein verkommener Lehrer, die Verlobten Fräulein Isenbarn und Herr Siebenmark, der Protagonist des Dramas, der ›arme Vetter‹ Hans Iver. Iver ist der Menschen und der Welt überdrüssig; er hat das Alte hinter sich gelassen, versucht, dem »hohen Herrn« näher zu kommen. Im Verhältnis zu Iver bestimmen sich die anderen Personen, zeigen sie ihre Offenheit oder Verschlossenheit gegenüber dem gebotenen Beispiel der Bereitschaft, sich von dem diesseitigen Ich zu lösen, um näher zu Gott zu gelangen. Allerdings gelingt dies Iver zunächst nicht in letzter Konsequenz; sein Selbstmord in der Heide scheitert. Er wird verwundet in das Gasthaus von Lüttenbargen an der Elbe gebracht, wo sich durch die Verspätung des Ausflugsdampfers allerhand Volk zu z. T. grotesk-diesseitigem Treiben ansammelt. Vor allem an zwei Personen wird der in Gang gesetzte Prozeß der Selbsterforschung und Wandlung deutlich gemacht: den Verlobten Siebenmark und Isenbarn. Während Siebenmark in seiner egoistisch-diesseitigen Bürgerlichkeit als Gegenpol zu Ivers die alte Welt repräsentiert und einsam und gebrochen zurückbleibt, löst sich Fräulein Isenbarn unter dem Einfluß Ivers von Siebenmark und seiner Welt und entscheidet sich – von Siebenmark am Leichnam Ivers herausgefordert – für Iver und ihr besseres Ich. Sie wird ihm zwar nicht direkt folgen, doch den Weg der Vervollkommnung als »Magd eines hohen Herrn« in der Welt gehen (»ihr Kloster ist die Welt«).

Kennzeichnend für B.s Theater ist seine Hintergründigkeit: »Was auf der Bühne sichtbar und hörbar wird, ist nur sinnbildliches Zeichen, der virtuose Realismus nicht Selbstzweck, sondern Mittel im Dienst einer im Grund antirealistischen Kunst« (Muschg). Das gilt auch für Stücke wie *Die echten Sedemunds* (1920), wo der Gedanke der Erneuerung des Menschen hinter einem grotesken Jahrmarktsmummenschanz zu verschwinden droht, und das Drama *Der blaue Boll* (1926), das am Fall eines lebensvollen mecklenburgischen Gutsbesitzers das Thema des Werdens und der Wandlung vergleichsweise geradlinig durchführt.

1918
Arthur Schnitzler
Casanovas Heimfahrt

Die Erzählung, in der *Neuen Rundschau* erschienen, gehört mit *Fräulein Else* (1924), *Traumnovelle* (1926), *Spiel im Morgengrauen* (1927) und *Flucht in die Finsternis* (1931) zum bedeutenden erzählerischen Spätwerk S.s, in dem er noch einmal die für ihn charakteristischen Motive und Themen aufnimmt und variiert (Ambivalenz des Lebens, Schein und Wirklichkeit, Zufall und Notwendigkeit, Liebe, Trieb und Tod u. a.). Auch die Ambivalenz des (erotischen) Abenteurertums, das *Casanovas Heimfahrt* gestaltet, ist ein häufiges Thema bei S. und prägt schon seinen frühen, Fin de siècle-Stimmung reflektierenden *Anatol*-Zyklus (1893).

Der alternde Casanova erhält unter entwürdigenden Bedingungen die Erlaubnis, in seine Heimatstadt Venedig zurückzukehren: Er soll als Polizeispion gerade die Freigeister ans Messer liefern, deren Ideen er einst teilte (bzw. noch immer teilt). Auf der Rückreise, in der Nähe von Mantua, begegnet ihm die kluge, junge und schöne Marcolina, die ihm als Verkörperung seines Frauenideals erscheint und die er um jeden Preis zu besitzen wünscht. Da sie nicht im geringsten an ihm interessiert ist, gelingt dies nur dadurch, daß er ihren in Spielschulden geratenen Liebhaber, den Leutnant Lorenzi, erpreßt und heimlich seinen Platz einnimmt. So vollkommen das Glück erscheint – »War er nicht ein Gott –? Jugend und Alter nur eine Fabel, von Menschen erfunden?« –, so grausam ist die Ernüchterung: »mit einem Blick unnennbaren Grauens« drückt die betroge-

ne Marcolina ihren Ekel aus und fällt damit das für ihn furchtbarste, endgültige Urteil – »Alter Mann«. Als er dann im Duell Marcolinas Liebhaber Lorenzi tötet, ist auch das nur äußerlich ein Sieg, denn in Lorenzi erkennt er »sein eigenes Bild, [...] um dreißig Jahre verjüngt«. So hat er gewissermaßen sich selbst getötet. Als Gescheiterter erreicht er Venedig.

Auf ironische Weise verkehren sich Casanovas letzte Triumphe – in der Liebesintrige, im Duell – in entscheidende Niederlagen. Die Existenz des Abenteurers gerät in das Licht des Verbrecherischen – es war »als hätte in dieser Nacht List gegen Vertrauen, Lust gegen Liebe, Alter gegen Jugend sich namenlos und unsühnbar vergangen«. Die Desillusionierung des alten Abenteurers und des Abenteurermythos ist vollkommen.

1918–19
Karl Kraus
Die letzten Tage der Menschheit

K. hatte sich mit der Gründung der Zeitschrift *Die Fackel* (1899–1936), deren alleiniger Verfasser er ab 1912 war, ein eigenes Forum für seine satirisch-polemische Kultur- und Sprachkritik geschaffen. Fast sein gesamtes Werk ist hier dokumentiert. Aus diesem Fundus gingen dann Sammlungen wie *Sittlichkeit und Kriminalität* (1908), *Sprüche und Widersprüche* (1909), *Weltgericht* (1919), *Literatur und Lüge* (1929) usw. hervor. Auch die Tragödie *Die letzten Tage der Menschheit* erschien 1918–19 zuerst in Sonderheften der *Fackel;* Buchausgaben folgten 1922 und, in endgültiger Fassung, 1926.

Das Drama, das mehr als 700 Seiten umfaßt und in 220 Szenen hunderte von Personen agieren bzw. reden läßt, spiegelt die Monstrosität einer Zeit, »da Operettenfiguren die Tragödie der Menschheit spielten« (K.). Es umfaßt den Zeitraum vom 28. 6. 1914 (Ermordung des österreichischen Thronfolgers) bis zum Ende des Krieges, wobei die einzelnen Akte – die Tragödie besteht aus »fünf Akten mit Vorspiel und Epilog« – jeweils etwa einem der Kriegsjahre entsprechen. Der Schauplatz weitet sich, ausgehend von Wien, auf die gesamte österreich-ungarische Monarchie und die eroberten und umkämpften Gebiete und schließlich auch auf Deutschland aus. Schauplätze der 220 Szenen sind – in unablässigem Wechsel – Straßen in Wien und Berlin, Cafés und Nachtlokale, Ministerien, Kommandostäbe, Fabriken, Gerichtssäle, Zeitungsredaktionen, Krankenhäuser, Wohnungen, Schulen, Bahnhöfe, Schlachtfelder und selbst ein U-Boot. Zahlreiche Personen der Zeitgeschichte treten auf: die beiden österreichischen und der deutsche Kaiser, Hindenburg, Ludendorff, die österreichische Armeeführung, Ludwig Ganghofer und Richard Dehmel; daneben repräsentieren erfundene Gestalten die verschiedenen Segmente der Gesellschaft, wobei vor allem den Vertretern der Presse K.s grimmig-satirische Aufmerksamkeit gilt. Unterbrochen wird dieses Panorama von Borniertheit, Anmaßung, Korruption, Inkompetenz, Lüge, Egoismus, Gewissenlosigkeit und Brutalität durch kommentierende Gespräche zwischen dem »Optimisten« und dem »Nörgler« oder durch Monologe des »Nörglers«, hinter dem sich K. selbst verbirgt.

Entscheidendes Mittel der satirischen Entlarvung ist das Zitat: *Die letzten Tage der Menschheit* sind zu einem großen Teil sprachkritische Zitatmontage: »Die unwahrscheinlichsten Gespräche, die hier geführt werden, sind wörtlich gesprochen worden; die grellsten Erfindungen sind Zitate«, heißt es im Vorwort. Verantwortlich für die universale Sprachkorruption ist letztlich die Presse, die nicht nur hohle Phrasen und gedankenlose Klischees produziert, sondern durch ihre Manipulationen Tatsachen und Werte verfälscht und schließlich die Wahrheit selbst auslöscht, »indem sie an ihre Stelle die Fälschung setzt« (Claudio Magris/Anton Reininger). Und so heißt es in einem Monolog des Nörglers: »Nicht daß die Presse die Maschinen des Todes in Bewegung setzte – aber daß sie unser Herz ausgehöhlt hat, uns nicht mehr vorstellen zu können, wie das wäre: das ist ihre Kriegsschuld!« Die Bewußtseins- und Sprachkritik, die vielstimmige Selbstentlarvung der eigenen Deformation macht Ende des letzten Aktes – Szene »Liebesmahl bei einem Korpskommando« vor einem Kolossalgemälde *Die große Zeit* – der direkten Konfrontation mit den Leiden und Schrecken des Krieges durch Projektionen, Bilder und Erscheinungen Platz. Finsternis, Flammen, Todesschreie beenden den Akt. Der Epilog (»Die letzte Nacht«) deutet den Krieg als Apokalypse der Menschheit und schließt mit der »Stimme Gottes«, die – gesperrt gedruckt – ein Kaiser Wilhelm-Zitat bringt: »Ich habe es nicht gewollt.«

K. war sich darüber im klaren, daß an eine Aufführung der Tragödie nicht zu denken war (»ist einem Marstheater zugedacht«). Der Epilog wurde 1923 in Wien gespielt, die Uraufführung einer von Heinrich Fischer und Leopold Lindtberg hergestellten Kurzfassung fand am 14. 6. 1964 am Wiener Burgtheater statt.

1918–20
Georg Kaiser
Gas

Das Schauspiel *Gas* besteht aus zwei Teilen. Am 28. 11. 1918 wurde am Neuen Theater Frankfurt a. M. *Gas. Schauspiel in fünf Akten* uraufgeführt (Druck 1918), am 29. 10. 1920 folgte *Gas. Zweiter Teil* (3 Akte; Druck 1920) in einer Aufführung der Vereinigten Deutschen Theater Brünn.

Gas, unter dem unmittelbaren Eindruck des Krieges entstanden, setzt sich mit der Problematik der industriellen und technischen Entwicklung auseinander, dem Umschlag einer verabsolutierten ökonomischen und technischen Sachlogik ins Irrationale: »Es kommt, was nicht kommen kann – und dennoch kommt!« Der Milliardärssohn – das Schicksal seines Vaters stellt das Schauspiel *Die Koralle* (1917) dar – hat das Werk in ein soziales Unternehmen mit Gewinnbeteiligung für die Arbeiter verwandelt; man produziert »Gas« auf höchstem technischen Standard vor allem für Kriegszwecke. Eine Katastrophe kündigt sich an und läßt sich, obwohl rechnerisch kein Fehler erkennbar ist, nicht verhindern. Die Arbeiter verlangen die Entlassung des (schuldlosen) Ingenieurs. Die Reformpläne des Milliardärssohns – keine Wiederaufnahme der Produktion, agrarisches Leben – werden von den anderen Industriellen, aber auch von den vom Ingenieur durch Visionen absoluter Naturbeherrschung aufgestachelten Arbeitern abgelehnt. Das Werk, für die Kriegsproduktion erforderlich, wird unter Staatsaufsicht gestellt. Die Arbeiter ziehen durchs Fabriktor, zurück bleibt der Milliardärssohn mit seiner gescheiterten Hoffnung auf den neuen Menschen.

Stehen sich in *Gas I* Milliardärssohn und Ingenieur vor dem Hintergrund der Masse und einiger anderer Personen gegenüber, so verkörpern in *Gas II* Milliardärarbeiter (der Enkel des Milliardärssohns) und Großingenieur die Gegensätze. Symbolische Farben, geometrische choreographische Arrangements und suggestive Tableaus unterstreichen die Typisierung der Gestalten und Konstellationen. Die technische Entwicklung ist weitergegangen, die Arbeiter sind – ausgedrückt in der starken Typisierung von Kleidung, Aussehen und Sprache – noch weiter in ihrer Menschlichkeit reduziert. Doch auf die gesteigerte Kriegsproduktion – »Blaufiguren« kämpfen gegen »Gelbfiguren« – und unmenschliche Fronarbeit reagieren sie mit Streik. Das Friedensangebot des Milliardärarbeiters an die Gelbfiguren bleibt ohne Antwort; die Gelbfiguren übernehmen das Werk und lassen unter der Leitung des Großingenieurs die Produktion fortsetzen. Als Reaktion auf eine neue Revolte der Arbeiter drohen die Gelbfiguren mit einer Vernichtung der Fabrik. Der Großingenieur offenbart seine neue Erfindung, Giftgas, und ruft zur Übernahme der Herrschaft auf. Dem widersetzt sich, analog zum Geschehen in *Gas I*, der Milliardärsarbeiter; er plädiert für Unterwerfung und ein utopisches inneres Reich (»nicht von dieser Welt das Reich!!!!«). Während sich die Arbeiter auf die Seite des Großingenieurs schlagen, opfert sich der Milliardärsarbeiter, indem er die Giftgaskugel über sich zerbricht. Zugleich setzt die Beschießung von außen ein, und das Ganze endet unaufhaltsam in einer apokalyptischen Katastrophe.

K.s Darstellung des Dilemmas des technischen Fortschritts ist ebenso scharfsichtig wie aktuell. Die Lösungsangebote – agrarische Idylle und innere moralische Erneuerung – bleiben freilich weit von der sozialen Realität entfernt, verlagern »das utopische Ziel [...] in den inneren Bereich einer moralischen Erneuerung, die beim einzelnen einsetzen soll« (Manfred Durzak).

1919
Hermann Hesse
Demian

Demian. Die Geschichte einer Jugend, entstanden 1917, erschien unter dem Pseudonym Emil Sinclair (Titel von 1920 an: *Demian. Die Geschichte von Emil Sinclairs Jugend von H. H.*). Das Buch verarbeitet H.s Erfahrungen mit der Psychoanalyse, der er sich – durch familiäre Krisen und die Schrecken des Krieges in Depressionen geraten – 1916 in einem Luzerner Sanatorium bei Dr. Josef Bernhard Lang, einem Schüler Carl Gustav Jungs, unterzogen hatte. »Das Leben jedes Menschen ist ein Weg zu sich selbst hin, der Versuch eines Weges, die Andeutung eines Pfades. Kein Mensch ist jemals ganz und gar er selbst gewesen; jeder strebt dennoch, es zu werden«, heißt es in der Einleitung Sinclairs. Um diesen Prozeß der Selbstfindung und -deutung geht es in der fiktiven Autobiographie.

Sinclair beginnt seine Geschichte mit seinen zwiespältigen Erfahrungen als zehnjähriger Lateinschüler in einem kleinen Städtchen. Er ahnt die Existenz einer faszinierenden, geheimnisvollen und dunklen Welt des Verbotenen und der Sünde neben der hellen, heilen Welt des Elternhauses. Durch eigene Schuld gerät er in die Ab-

hängigkeit eines älteren Volksschülers, der ihn erpreßt. Erst Max Demian, ein reifer, mit geheimnisvollen Kräften begabter Schüler, befreit ihn aus den Verwirrungen und versucht, durch neue Deutungen biblischer Geschichten den mit Pubertätsproblemen kämpfenden Sinclair zu einer kritischen Haltung gegenüber konventionellen Denkweisen anzuregen und zu sich selbst und der Annahme der unterdrückten inneren ›zweiten‹ Welt hinzuführen. Aus dem haltlosen Leben in einer Knabenpension reißt ihn die Verehrung einer idealen ›Beatrice‹, und schließlich findet seine in Träumen und Bildern sich ausdrückende Sehnsucht nach Demian Antwort in einem Hinweis auf einen Gott namens Abraxas. Näheres über diesen Gott, in dem sich Göttliches und Teuflisches, Tierisches und Menschliches vereinigen, erfährt der 18jährige von dem Orgelspieler Pistorius, der auch Sinclairs Träume deutet (den häufig wiederkehrenden Traum von der Mutter-Geliebten erzählt er allerdings nicht). In Eva, Demians Mutter, sieht er die Mutter-Geliebte seiner Träume, die er begehrt und die ihm zugleich wie ein »Sinnbild« seines Inneren vorkommt, das ihn nur tiefer in sich selbst hineinführen wolle; »Wirklichkeit und Symbol« schieben sich ineinander. Die Menschen um Demian und seine Mutter gehören zu einem Kreis von ›Erwachten‹ oder ›Erwachenden‹, für die die »Menschheit« erst eine ferne Zukunft ist, »nach welcher wir alle unterwegs waren«. Die Ahnung vom Zusammenbruch der alten Welt als Voraussetzung einer neuen erfüllt sich im Kriegsausbruch. Im Lazarett sieht Sinclair noch einmal Demian, der ihm einen Kuß seiner Mutter als Vermächtnis mitgibt. Sinclair hat den Weg zu Freiheit und Selbstverantwortung gefunden, sich von der starken Sehnsucht nach der ›Mutter‹ befreit.

Demian nimmt als Dokument des Umbruchs und Neubeginns eine wichtige Stellung im Leben und Werk H.s ein. Zugleich traf dieser symbolüberfrachtete Versuch, das Unterbewußte ins Bewußtsein zu heben, sich selbst zu deuten, sich anzunehmen und einen neuen Anfang angesichts der Zerstörung der alten Ordnungen zu suchen, einen Nerv der Zeit. Er fand große Resonanz bei der Generation der Kriegsheimkehrer. Emil Sinclair wurde der Fontane-Preis zuerkannt (den H. zurückgab). Bezeichnend für die frühe Rezeption ist die Erinnerung Thomas Manns (1947), der von der elektrisierenden Wirkung des *Demian* sprach, der »eine ganze Jugend, die wähnte, aus ihrer Mitte sei ihr ein Künder ihres tiefsten Lebens erstanden (während es ein schon Zweiundvierzigjähriger war, der ihr gab, was sie brauchte), zu dankbarem Entzücken hinriß«.

1919
Franz Kafka
Ein Landarzt

Nach den Einzelveröffentlichungen seiner ersten großen, 1912–14 entstandenen Erzählungen (*Das Urteil*, 1913; *Die Verwandlung*, 1915; *In der Strafkolonie*, 1919) stellte K. mit dem Band *Ein Landarzt. Kleine Erzählungen* eine Reihe von Texten zusammen, die bis auf zwei Ausnahmen im Winter 1916–17 als Ausdruck einer »für K.s Entwicklung wesentliche[n] Lebens- und Selbsterfahrungs-Krise« (Gerhard Neumann) entstanden waren: *Der neue Advokat, Ein Landarzt, Auf der Galerie, Ein altes Blatt, Vor dem Gesetz, Schakale und Araber, Ein Besuch im Bergwerk, Das nächste Dorf, Eine kaiserliche Botschaft, Die Sorge des Hausvaters, Elf Söhne, Ein Brudermord, Ein Traum, Ein Bericht für eine Akademie.*

Das thematische Spektrum der Texte umfaßt die Darstellung des Vater-Sohn-Verhältnisses (der Band ist – ironischerweise? – dem Vater gewidmet), die Frage der Identität im Rahmen familiärer und gesellschaftlicher Konstellationen (auch verfremdet durch eine Übertragung in eine vermenschlichte Tierwelt: *Ein Bericht für eine Akademie* u. a.), die Problematik von Selbstfindung und Selbstanalyse in der Kunst. Die Titelerzählung verbindet diese Themenbereiche in einer genauen Schilderung traumhafter Vorgänge, die in einer parabolisch verschlüsselten Weise die Ausweglosigkeit menschlicher Existenz (bzw. der des Ich-Erzählers) ausdrücken: Der Landarzt, durch die Nachtglocke zu einem schwerkranken Patienten gerufen, läßt sein Dienstmädchen Rosa nach einem Ersatz für sein verendetes Pferd suchen, ohne Erfolg. Da stößt er mit dem Fuß an die Tür eines seit Jahren unbenutzten Schweinestalls, in dem sich ein Pferdeknecht und zwei Pferde befinden. Kommentar des Mädchens: »»Man weiß nicht, was für Dinge man im eigenen Haus vorrätig hat‹, sagte es, und wir beide lachten.« Damit kommt ein psychologischer Selbstfindungsprozeß des Arztes in Gang – ob die Pferde für blinden Trieb oder höhere Leitung stehen, ist wie manches andere umstritten –, der zwischen die Alternative einer Selbstdefinition von der Sexualität bzw. Liebe (Rosa) oder – im Kontext seiner Tätigkeit – vom Tod her (die zum Tod führende Wunde des jungen Patienten) gestellt wird, ohne daß es zu einer Entscheidung kommt. Zwischen den beiden Bereichen irrt er durch die Schneewüste, ohne Hoffnung, je nach Hause zu kommen: »Nackt, dem Froste dieses unglückseligsten Zeitalters ausgesetzt, mit irdischem Wagen, unirdischen Pferden, treibe ich mich alter Mann umher. [...] Einmal dem Fehlläuten der Nachtglocke gefolgt – es ist niemals gutzumachen.«

Es ist eine Situation analog der des Jägers Gracchus, der mythischen Verkörperung der künstlerischen Existenz in der gleichnamigen Erzählung (entstanden 1917; Druck 1931), dessen »Todeskahn« sein Ziel verfehlte und nun steuerlos, in Einsamkeit und Freiheit, über die dunklen irdischen Gewässer mit dem Wind fährt, »der in den untersten Regionen des Todes bläst«.

1919
Menschheitsdämmerung

Die bedeutendste Anthologie expressionistischer Lyrik, herausgegeben von Kurt Pinthus, erschien Ende 1919 (vordatiert auf 1920) und wurde bis 1922 viermal aufgelegt. Pinthus selbst betreute 1959 eine erfolgreiche Neuauflage dieses Monuments der expressionistischen Bewegung, dessen Titel *Menschheitsdämmerung. Symphonie jüngster Dichtung* einerseits die Untergangsvisionen und Aufbruchshoffnungen der expressionistischen Dichtung benennt, andererseits auf das Kompositionsprinzip der Sammlung anspielt: »keine mechanische, historische Folge ward angestrebt, sondern dynamisches, motivisches Zusammenklingen: Symphonie!«

Die vier »Sätze« der »Symphonie«, überschrieben mit »Sturz und Schrei«, »Erweckung des Herzens«, »Aufruf und Empörung« und »Liebe den Menschen«, reflektieren vier Haupttendenzen der expressionistischen Lyrik. Am Anfang steht Jakob van Hoddis' Gedicht *Weltende* (entstanden 1911), gefolgt von weiteren apokalyptischen Untergangsvisionen und Manifestationen deformierter Menschlichkeit, von Evokationen von Krieg und Tod (Georg Heym, Gottfried Benn, August Stramm, Georg Trakl u. a.). Im 2. Abschnitt, der den Weg nach Innen geht, dominieren Dichter und Dichterinnen wie Else Lasker-Schüler, Walter Hasenclever, Ernst Stadler und Franz Werfel. Aufrufe zur Veränderung und utopisch-visionäre Entwürfe charakterisieren den 3. Abschnitt, wobei neben Karl Otten und Ludwig Rubiner vor allem Johannes R. Becher mit zahlreichen Texten vertreten ist. Die Anthologie gipfelt dann im 4. Teil in Aufrufen zur universalen, unpolitisch-versöhnenden Menschenliebe, im »triumphalen Maestoso der menschenliebenden Menschheit« (Pinthus). Franz Werfel kommt dabei die wichtigste Rolle zu.

Pinthus gelingt ein eindrucksvolles und angesichts des geringen zeitlichen Abstands recht ausgewogenes Bild der Lyrik des expressionistischen Jahrzehnts. Daß manche Bewertungen heute anders ausfallen, ist gleichwohl unvermeidlich. So wird man Werfel oder Becher kaum den hier zugeschriebenen Rang einräumen. Daß es zu derartigen Wertungen kommt und daß andererseits Benn eine recht geringe Rolle spielt und der Dadaismus ganz ausgeklammert bleibt, liegt an der die aktivistischen Tendenzen betonenden Expressionismus-Definition Pinthus': Das Gemeinsame der expressionistischen Dichter ist für ihn die »Intensität und der Radikalismus des Gefühls, der Gesinnung, des Ausdrucks, der Form; und diese Intensität, dieser Radikalismus zwingt die Dichter wiederum zum Kampf gegen die Menschheit der zu Ende gehenden Epoche und zur sehnsüchtigen Vorbereitung und Forderung neuer, besserer Menschheit.«

1919
Kurt Schwitters
Anna Blume

S. erfand für seine Aktivitäten auf den Gebieten der Literatur und der bildenden Kunst die Bezeichnung »MERZ«, aus der zweiten Silbe des Wortes Kommerz gebildet. Literarisch orientierte sich S. zunächst an der Dichtung der Expressionisten, insbesondere der ›Wortkunst‹ August Stramms, erschloß sich aber dann durch experimentelle Textmontagen und -collagen, visuelle Texte und Lautgedichte (Ursonate, definitive Form 1931) neue Formen. Seine Kunst zeigt Affinitäten zum Dadaismus – den Berliner Dadaisten war er freilich zu unpolitisch –, sie ist »DADA und ANTIDADA zugleich« (Karl Riha).

Sein neben der Ursonate berühmtestes Werk ist das Gedicht An Anna Blume, dessen fiktive Adressatin mehreren Gedicht- bzw. Textsammlungen seit 1919 den Namen gab (Anna Blume. Dichtungen, 1919; Anna Blume. Dichtungen, 1922 usw.):

Oh du Geliebte meiner 27 Sinne, ich liebe Dir!
Du, Deiner, Dich, Dir, ich Dir, Du mir, – – – wir?
Das gehört beiläufig nicht hierher!

Darin zeigt sich einerseits die Persiflage und in den Nonsens führende ironische Brechung des pseudoromantischen Liebesgedichts, andererseits finden sich in diesem von einer Straßenkritzelei angeregten Text Ansätze für das die MERZ-Kunst charakterisierende Verfahren der Montage vorgefundener, disparater Materialien: »Die Merzdich

tung ist abstrakt. Sie verwendet [...] fertige Sätze aus Zeitungen, Plakaten, Katalogen, Gesprächen usw.« (S.) Sie verbindet und variiert die an sich banalen Elemente (»Die Welt ist banal, und zwar um so banaler, je mehr sie sich betut«) nach immer neuen Organisationsprinzipien zu autonomen Kunstgebilden: »Ich habe Banalitäten vermerzt, d. h. ein Kunstwerk aus Gegenüberstellung und Wertung an sich banaler Sätze gemacht.« Eine andere Möglichkeit der MERZ-Dichtung, die Reduktion des dichterischen Gebildes auf einen einzigen Buchstaben, verwirklichte S. in der sogenannten i-Dichtung.

1920
Ernst Jünger
In Stahlgewittern

J.s erste Buchveröffentlichung, in den folgenden Auflagen mehrfach überarbeitet, schildert auf Grund von Tagebuchaufzeichnungen (»Aus dem Tagebuch eines Stoßtruppführers«) Kriegserlebnisse des Autors von Januar 1915 bis September 1918: »Der Zug hielt in Bazancourt, einem Städtchen der Champagne. Wir stiegen aus. Mit ungläubiger Ehrfurcht lauschten wir den langsamen Takten des Walzwerks der Front, einer Melodie, die uns in langen Jahren Gewohnheit werden sollte.« Grabenkrieg in der Champagne, Somme-Schlacht, Gaskrieg, Doppelschlacht bei Cambrai, Kämpfe in Flandern, die gescheiterte letzte Offensive im Westen (»Die große Schlacht«) sind die wichtigsten Stationen, die mit einer Beschreibung von J.s ›letztem Sturm‹ (»Wieder winkte ein blutiges Fest«), seiner Verwundung, Rettung und Genesung in einem Lazarett enden. Hier, in Hannover, erreicht den schon vorher vielfach dekorierten Offizier am 22. 9. 1918 die Nachricht, daß ihm »Seine Majestät der Kaiser« den Orden Pour le mérite verliehen habe.

J.s Erzählweise ist in der Regel distanziert, betont emotionsarm, Ausdruck einer ›soldatischen‹ Haltung heroischer Gelassenheit. Herausgehalten werden so die Schrecken und das Grauenvolle des Krieges. Emotionalität bricht hingegen durch bei der Darstellung des Krieges als Kampf, als gesuchtem Kampf von Mann gegen Mann auf Leben und Tod, als landsknechthaft lustvollem Treiben, als Grenzerfahrung bei einsamen nächtlichen Patrouillengängen zwischen den Fronten, als rauschhaftem Erlebnis: »Im Vorgehen erfaßte uns ein berserkerhafter Grimm. Der übermächtige Wunsch zu töten beflügelte meine Schritte. [...] ein unbeteiligter Zuschauer hätte vielleicht glauben können, daß wir von einem Übermaß an Glück ergriffen seien.«

Der Krieg erscheint als Naturgeschehen. Reflexionen über Sinn und Zweck des Geschehens, seine Hintergründe und Ursachen gibt es nicht (allenfalls Floskeln wie:»Der Krieg warf seine tieferen Rätsel auf«), die Beschränkung auf die Sache selbst ist konsequent. So fehlen durchaus auch – jedenfalls in der ersten Ausgabe – nationalistische und chauvinistische Parolen. Allerdings ist die betonte und immer wieder hervorgehobene Sachlichkeit nur scheinhaft:»es ist impressionistische Oberflächengestaltung, wie gekonnt auch immer, die nicht als Realismus durchgehen kann, nur weil sie ›echtes‹ Erleben deckt« (Alexander von Bormann). Eine Ästhetisierung der Wirklichkeit und ihrer Schrecken findet statt. Leichen bedecken in einer »entspannten und weich hingegossenen Haltung« das Schlachtfeld, Schrapnells zerplatzen in zartem Weiß oder »zierlich wie Knallbonbons«, Handgranaten fliegen wie »Schneebälle«, ein »flammender Vorhang« fährt hoch usw.

J. ließ weitere auf Tagebüchern basierende Texte über seine Erfahrungen im Ersten Weltkrieg folgen: *Das Wäldchen 125. Eine Chronik aus den Grabenkämpfen 1918* (1925), *Feuer und Blut* (1925) u. a.

1920
Ernst Toller
Masse Mensch

Mit seinem ersten Stück *Die Wandlung. Das Ringen eines Menschen* (1919) hatte T. ein letztes bedeutendes Beispiel des expressionistischen Stationendramas vorgelegt, einen pathetischen Aufruf in sozialistischem Geist zur Geburt eines neuen Menschen, wobei die innere Wandlung als Voraussetzung revolutionären Handelns gilt. Diese Problematik kehrt wieder im folgenden Drama *Masse Mensch* (der Titel bezeichnet eine Antithese; spätere Ausgaben schreiben *Masse – Mensch*), wie das vorhergehende Stück entstanden im Festungsgefängnis Niederschönenfeld, wo T. eine fünfjährige Haftstrafe wegen seiner Teilnahme an der bayerischen Revolution von 1918–19 absaß. *Masse Mensch. Ein Stück* [= Bruchstück, Fragment] *aus der sozialen Revolution des 20. Jahrhunderts* (Druck 1921) wurde am 15. 11. 1920 im Stadttheater Nürnberg uraufgeführt.

Die Erfahrung des Scheiterns utopischer Entwürfe an der Wirklichkeit bildet den Hintergrund für das Stück, das in sieben Bildern die Proble-matik revolutionären Handelns, die Frage nach der Legitimation von Gewalt und der Verstrickung des politisch Handelnden in Schuld aufwirft und die Unauflöslichkeit des Konflikts zwischen den revolutionären Forderungen der aufgestachelten »Masse«, vertreten durch die Gestalt des »Namenlosen«, und dem Gewissen des einzelnen, repräsentiert durch Sonja Irene L., reflektiert. Diese, eine Frau bürgerlicher Herkunft, solidarisiert sich gegen den Willen ihres staatstreuen Mannes mit den revolutionären Arbeitern und läßt sich zunächst von dem Namenlosen zur Unterstützung gewaltsamen revolutionären Handelns überreden, wendet sich aber dann angesichts der Opfer, die die scheiternde Revolution fordert, unter Berufung auf ihr Gewissen entschieden gegen die Anwendung von Gewalt. Konsequent lehnt die Frau, die sich schuldlos schuldig fühlt, dann auch das Angebot des Namenlosen ab, sie aus dem Gefängnis zu befreien, weil dies den Tod eines Wärters bedeuten würde: »Höre: kein Mensch darf Menschen töten Um einer Sache willen«, hält sie dem Namenlosen entgegen, der ihr »Verrat« an der Sache vorwirft und noch einmal die Frage, ob der Zweck die Mittel heilige, eindeutig beantwortet: »Die Lehre über alles!« Die Frau geht in den Tod.

»Traumbilder«, die mit den auf einer realen Ebene spielenden Szenen alternieren, nehmen die dialektische Spannung der Dialoge auf, kommentieren und hinterfragen das Geschehen, das T.s Zweifel am Sinn einer gewaltsamen Revolution deutlich macht. Die Veränderung der Welt setzt die Veränderung des Menschen voraus, nicht umgekehrt. Die zeitgenössischen Reaktionen waren, nicht verwunderlich angesichts des dargestellten Dilemmas, kontrovers: Konterrevolutionär, Renegat, Bolschewik …

1921
Hugo von Hofmannsthal
Der Schwierige

H.s »Lustspiel in drei Akten«, am 7. 11. 1921 im Münchener Residenztheater uraufgeführt und im selben Jahr gedruckt, ist Charakterkomödie (›Der Schwierige‹) und ironisches »Gesellschaftslustspiel« (H.) in einem. Held ist Graf Hans Karl (»Kari«) Bühl, 39 Jahre alt, ein Mann der »Diskretion«, dem Gesellschaften »ein Graus« sind, für den das Reden »auf einer indezenten Selbstüberschätzung« beruht und dem die Welt wie die eigene Existenz fragwürdig geworden sind. (Der Zusammenhang mit der ›Sprachkrise‹ – vgl. *Ein*

Brief, 1902, ist deutlich.) Die Überlegenheit, die er dank seines Takts und seines Einfühlungsvermögens ausstrahlt, geht freilich verloren, wenn er aus dem Zustand passiver Anteilnahme heraustritt: Wie der Clown Furlani, von dem er gern erzählt, ist er der, »der alle begreifen, der allen helfen möchte und dabei alles in die größte Konfusion bringt«. Um diesen problematischen Helden mit einem mystischen Bezug zur Wirklichkeit gruppiert H. eine Reihe von Kontrastfiguren, die ein ungebrochenes Verhältnis zur Wirklichkeit, zum Wort, zu ihrer eigenen Person besitzen und sich Gestalten der Typenkomödie annähern: der taktlos-moderne Diener Vinzenz; der ichbezogene, pathetisch-hohle Baron Neuhoff; Crescence, Hans Karls Schwester, die Heiratsvermittlerin und Intrigantin; ihr Sohn Stani, der vielversprechende, wenn auch eitle junge Herr; die dumme Preziöse Edine und der furchtbar eitle »berühmte Mann«; der treuherzige betrogene Ehemann Hechingen und Antoinette, die Verkörperung sinnlich-verführerischer Schönheit. Außerhalb des Komischen bleibt Helene Altenwyl, eine in sich ruhende, vollkommene, Schönheit und Sittlichkeit vereinigende Person.

Bühl möchte sich der Soirée bei den Altenwyls entziehen, doch schließlich ändern zwei ›Aufträge‹, die er sich hat aufdrängen lassen, seine Meinung: er will zwischen seinem Freund Hechingen und dessen Frau Antoinette vermitteln, mit der ihn eine Beziehung verbunden hatte, und er soll für seinen kurzentschlossenen Neffen Stani um Helene Altenwyl werben, um die sich auch der absolut nicht ›dazugehörige‹ Baron Neuhoff bemüht (Akt 1). Am Abend bei den Altenwyls (Akt 2) kommt es – neben ironischer Gesellschaftssatire, schneidender Abfertigung Neuhoffs durch Helene und dem Gespräch Hans Karls mit Antoinette Hechingen – zur echten Begegnung zwischen dem ›Schwierigen‹ und Helene, zwei Liebenden, die sich ihre Liebe nie gestanden haben (II, 14). Die »Mission«, Heiratsvermittlung, wird bald vergessen, und in der Verzauberung durch die Liebe wird sich Hans Karl seiner tiefen Bindung an Helene bewußt. Sie bringt ihn dazu, von seiner mystischen Erfahrung im Krieg zu berichten: Für kurze Zeit verschüttet – »Für mich wars eine ganze Lebenszeit« –, hatte er die Vision, Helene sei seine Frau. Während Hans Karl das Erlebnis, das ihn zu Betrachtungen über die Ehe und ihre Heiligkeit führt, als Lektion dafür ansieht, daß er sein Glück verscherzt habe, ergreift die durch das Geständnis der Liebe und den mitformulierten Verzicht tief erschütterte Helene die Initiative und macht im 3. Akt von dem kontrastierenden Hintergrund gesellschaftlichen

Scheins aus der mystischen Ehe eine richtige Verlobung: Hans Karl gelangt dank weiblicher Überlegenheit, in H.s Entwicklungskategorien gefaßt, vom Zustand der »Präexistenz« in den der »Existenz«.

Mit dem *Schwierigen*, dem sich mit dem *Unbestechlichen* (1923) eine weitere Konversationskomödie anschließt, erreicht H.s Komödienschaffen nach dem Anfang mit *Cristinas Heimreise* (1910) und dem in Zusammenarbeit mit Richard Strauss entstandenen *Rosenkavalier* (1911) seinen Höhepunkt. »Das erreichte Soziale: die Komödien«, so charakterisierte H. den Stellenwert seines Lustspielschaffens im Rahmen seines Werkes. Ohne Vergleich in der deutschen Literatur ist die Kunst der sprachlichen Nuancierung im *Schwierigen*, scheinbar mühelos entwickelt aus dem Sprechton einer idealisierten altösterreichischen Gesellschaft. Die Komödie ist damit auch eine Antwort auf den Zerfall der Habsburger Monarchie und ihrer Gesellschaft: »Es klingt, als wäre dies die wahre Menschheit, auch wenn es nur eine erträumte ist« (Claudio Magris / Anton Reininger).

1921
Walter Mehring
Das Ketzerbrevier

Das Kabarett und die ihm verwandten Formen prägen einen wesentlichen Bereich der Lyrik der Weimarer Republik. Anknüpfend an die ›angewandte Lyrik‹ der Jahrhundertwende (›Brettl‹-Bewegung), entsteht nach Kriegsende eine gegen die traditionelle ›Buchlyrik‹ opponierende Kabarettlyrik, durch die das Chanson »zu einer lyrischen Kernform der Weimarer Republik« wird (Hans-Peter Bayerdörfer). Bahnbrechend wirkte dabei M. Ihm gelang die Verbindung von Chanson und der in Zürich entstandenen (Cabaret Voltaire, 1916: Hugo Ball, Hans Arp, Richard Huelsenbeck, Tristan Tzara u.a.) und dann auch in Berlin aktiven Dada-Bewegung (Huelsenbeck, George Grosz, Wieland Herzfelde, Raoul Hausmann, Mehring u.a.), indem er »Momente der Dada-Poetik wie das ›simultanistische Prinzip‹ der Montage übernahm und auf das Chanson oder Couplet [...] anwendete« (Karl Riha). Neben M. gehören u.a. Joachim Ringelnatz (*Kuttel Daddeldu*, 1920), Kurt Tucholsky und später Erich Kästner (*Herz auf Taille*, 1928; *Lärm im Spiegel*, 1929), aber auch Brecht mit seinen Songs und der *Hauspostille* (1927) in den Zusammenhang dieser Literatur, die von den Nationalsozialisten zerstört wurde.

M. forderte eine Vortragslyrik, mächtig »aller politischen Dialektik: des Rot- und Kauderwelsch – des Küchenlateins; des Diplomatenargots; des Zuhälter- und Nuttenjargons, dessen die Literatur sich – fallweise – bedienen muß, um nicht an lyrischer Blutarmut auszusterben.« Er verwirklichte seine Forderungen nach dadaistischen Anfängen in einer Reihe von Lyrikbänden, darunter *Das politische Cabaret* (1920), *Das Ketzerbrevier* (1921) und *Wedding-Montmerte* (1923), die seine virtuose Zitat- und Montagekunst und, nicht zuletzt unter Berufung auf François Villon, eine Vorliebe für antibürgerliche Milieus und Themen demonstrieren und die Repräsentanten (und Totengräber) der Weimarer Republik attackieren (allerdings nicht aus parteipolitischem Engagement; für ihn galt: »Jeder Staat ist eine legalisierte Interessengemeinschaft, die sich gegen das Individuum verschworen hat«). Zu den neuen sprachlichen Mitteln gehört der Versuch, die Rhythmen des Jazz in die Kabarettlyrik einzubringen, eine Art »Sprachen-›Rag-time‹« zur Darstellung des Durcheinanders der modernen Großstadt zu schaffen (Tucholsky: »So etwas von Rhythmus war überhaupt noch nicht da«).

Das *Ketzerbrevier* zeigt die Spannweite der formalen Möglichkeiten M.s, die von der Adaption mittelalterlicher liturgischer Texte bis zum modernen Simultangedicht reicht. Das Verhältnis zur Tradition ist freilich durch die Parodie bestimmt; damit ist das *Ketzerbrevier* ein Gegenstück zur Brechtschen *Hauspostille*. M.s Sammlung beginnt mit »Berliner Tempo«-Gedichten *(Achtung Gleisdreieck!, Sensation!)* und den »Sprachen-›Rag-time‹«-Versuchen, enthält ferner Texte aus dem Gangster-, Zuhälter- und Hurenmilieu, Vagantenlieder, Legenden und Balladen und zum Schluß *Die weiße Messe der Häretiker,* die Themen, Motive und Sprachpartikel lateinischer liturgischer Texte (Kyrie, Gloria, Graduale usw.) aufnimmt und parodistisch zu aggressiven zeitkritischen Chansons formt (»Ob Religion und Staat befehl'n, Sie alle ködern eure Seel'n!«).

Tucholsky schrieb über M.s Lyrik: »Die virtuose Beherrschung einer neuen Form – das ist noch gar nichts. Wenn wirklich neue Philosophie, Ablehnung aller Metaphysik, schärfste und rüdeste Weltbejahung einen Straßensänger gefunden haben, der alles in den Fingerspitzen hat […] – wenn die neue Zeit einen neuen Dichter hervorgebracht hat: hier ist er.«

1922
Bertolt Brecht
Baal

Baal ist B.s erstes großes Bühnenstück. Es entstand 1918–19 und wurde bis zu den Drucken von 1920 (nicht ausgeliefert) und 1922 mehrfach umgearbeitet. Auch später noch, bis 1954, nahm B. Änderungen vor. Die Uraufführung fand am 8. 12. 1923 am Leipziger Alten Theater statt. – »Ich will ein Stück schreiben über François Villon, der im XV. Jahrhundert in der Bretagne Mörder, Straßenräuber und Balladendichter war«, schrieb B. im März 1918 an Caspar Neher. Wenig später nannte er als Titel *Baal frißt! Baal tanzt!! Baal verklärt sich!!!* Neben Villon gehören Paul Verlaine und Arthur Rimbaud zur Ahnenreihe Baals, des Anarchisten in der bürgerlichen Gesellschaft. *Baal* entstand als eine Art ›materialistischer‹ Gegenentwurf zu Hanns Johsts Grabbe-Drama *Der Einsame. Ein Menschenuntergang* (1917), doch im Verlauf der verschiedenen Überarbeitungen reduzierte B. die Bezüge zu Johsts Werk.

Baal besteht aus einer losen moritatenhaften oder balladesken Folge von Szenen, die sich nicht zu einem kausal sich entwickelnden Geschehen verbinden (›offene Form‹). Vorgestellt wird die Geschichte »eines bedenkenlos saufenden und hurenden Landstreicher-Dichters« (Reinhold Grimm), der sich der Vereinnahmung durch die bürgerliche Kulturindustrie verweigert und sein wüstes, anarchisches Daseinsgefühl ungehemmt auslebt, gewissenlos Frauen benutzt und Freunde zugrunde richtet und sich, unersättlich genießend, immer weiter von ›bürgerlichen‹ Schauplätzen entfernt. Ausgehend vom Speisezimmer seines bürgerlichen Gönners, einer Branntweinschenke und seiner Dachkammer wird die freie Natur immer mehr Hintergrund seines Dichter-, Liebes- und Landstreicherlebens mit seinem Freund Ekart, ohne jedoch der Zivilisation ganz entfliehen zu können, bis er nach acht Jahren in die Branntweinschenke zurückkehrt, Ekart aus Eifersucht ersticht und auf der Flucht »verreckt«.

Baal, der grotesk-häßliche Bohemien, Vagabund und Verbrecher, betont mit jedem Moment seines Daseins seine antibürgerlich-anarchische Haltung, verweigert jede Anpassung, unterwirft sich keiner Konvention, nur darauf gerichtet, seine Individualität (selbstzerstörerisch) auszuleben. Damit entwirft B. auch ein satirisches Gegenbild zu zeitgenössischen Literaturmodellen: etwa zum expressionistischen Menschheitspathos mit seiner Vorstellung von der Erlöserrolle des Dichters, aber auch zur ästhetizistischen Tradition und zum bürgerlichen Leistungsethos, wie es Thomas Manns Aschenbach verkörpert (*Der Tod in Venedig,* 1912).

Hugo von Hofmannsthal schrieb 1926 ein Vorspiel zu *Baal* (anläßlich einer mit B.s Stück eröffneten Reihe »Theater des Neuen« am Theater in der Josefsstadt, Wien) und wies auf einen wichtigen Aspekt des Werkes hin: es reflektiere die seit Ausbruch des Ersten Weltkriegs erkennbaren ominösen Vorgänge, die »nichts sind als eine sehr umständliche Art, den lebensmüden Begriff des europäischen Individuums in das Grab zu legen, das er sich selbst geschaufelt hat«.

1922
Bertolt Brecht
Trommeln in der Nacht

B.s fünfaktiges Drama (spätere Gattungsbezeichnung Komödie), 1919 im Anschluß an den sogenannten Spartakus-Aufstand geschrieben und dann mehrfach bearbeitet, wurde am 29. 9. 1922 in den Münchener Kammerspielen uraufgeführt und im selben Jahr gedruckt. Ursprünglich sollte das Stück *Spartakus* heißen; von Marta Feuchtwanger stammt der endgültige Titel.

Der seit über vier Jahren vermißte, totgesagte Artillerist Andreas Kragler kehrt zurück und stellt fest, daß man mit ihm nicht mehr rechnet bzw. rechnen will. Seine Braut Anna Balicke ist schwanger und verlobt sich am Abend seiner Heimkehr mit dem Kriegsgewinnler und Aufsteiger Friedrich Murk, eine Verbindung, die im Interesse des Fabrikanten Balicke liegt. Die Produktion wird übrigens von Geschoßkörben auf Kinderwagen umgestellt. Man hat sich, trotz der im Hintergrund vernehmbaren Unruhen, gut eingerichtet (»Richtig betrachtet, war der Krieg ein Glück für uns!«) und will sich auch durch das »Gespenst« Kragler nicht stören lassen. Nach der grotesken Verlobungsfeier in der Piccadillybar, bei der Kragler auftaucht und von Annas Schwangerschaft erfährt, ziehen Anna und Kragler auf getrennten Wegen ins umkämpfte Zeitungsviertel. Der verzweifelte Kragler gerät in Glubbs Schnapsdestille – Publikum: Prostituierte und Revolutionsanhänger – und will sich der Revolution anschließen, doch als er draußen Anna trifft, die sich von Murk gelöst hat, läßt er die Revolution im Stich und begibt sich mit Anna ins »große, weiße, breite Bett«, Beginn einer angepaßten (klein-)bürgerlichen Karriere.

Eine vollständige Desillusionierung – »Glotzt nicht so romantisch« –, eine radikale Entlarvung bürgerlichen Verhaltens (wobei selbst die Revolution noch als bürgerliche Romantik gilt) findet statt. *Trommeln in der Nacht,* auf Vorschlag Herbert Iherings mit dem Kleist-Preis ausgezeichnet, gehörte zu den erfolgreichsten Stücken B.s in der Weimarer Republik.

1922
Hermann Hesse
Siddhartha

H.s »indische Dichtung«, Ende 1919 begonnen und erst nach eineinhalbjähriger Pause zu Ende geführt, nimmt das Thema des *Demian* (1919) auf: Es geht darum, (zu) sich selbst zu finden. Hier geschieht es nun in fernöstlichem Gewand; H. bezeichnete das Werk als Ertrag einer »bald 20jährigen Vertrautheit mit den Gedanken Indiens und Chinas«.

Der Roman erzählt in archaisierend-legendenhaftem Ton die Geschichte Siddharthas, eines Brahmanensohns, dessen Stirn umgeben ist »vom Glanz des klardenkenden Geistes«. Doch die Liebe der Eltern und des Freundes Govinda und die Lehren der Brahmanen genügen ihm nicht, geben ihm keine Antwort auf die Frage nach dem Ich, dem Innersten, dem Letzten. Und so zieht er mit seinem Freund Govinda davon, zuerst zu den Samanas, den Asketen, dann zu Gotama Buddha. Weder Selbstkasteiung und Meditation noch die Lehren Buddhas bringen Siddhartha die begehrte Erkenntnis. Während sein Freund Govinda bei Buddha bleibt, zieht Siddhartha weiter in die ›Welt‹. Er erlebt zum erstenmal ihre Schönheit, lernt die Geheimnisse der Liebe von der schönen Kurtisane Kamala, erlangt als Kaufmann Reichtum und Ansehen und erliegt den Gefahren des Wohllebens. Doch schließlich wird ihm voll Ekel die Sinnlosigkeit dieses Lebens deutlich, erkennt er es als »Sansara«, ein Spiel für Kinder, und zieht wieder weiter. Er kommt zu dem großen Fluß im Wald; als er sich ins Wasser fallen lassen will, um sich »auszulöschen«, bringt ihn ein Klang, der Klang des heiligen »Om«, »das so viel bedeutet wie ›das Vollkommene‹ oder ›die Vollendung‹, zur Besinnung. Er erwacht zu neuem Leben und lernt als Gehilfe des Fährmanns Vasudeva das Geheimnis des Flusses, der »für sie kein Wasser war, sondern die Stimme des Lebens, die Stimme des Seienden, des ewig Werdenden«. Der Tod Karmalas, die mit ihrem (und Siddharthas Sohn) zu dem sterbenden Buddha pilgern wollte, und die Unmöglichkeit, den Sohn an sich zu binden, bringen neues Leid. Doch schließlich kommt er zur Ruhe und erlebt im »tausendstimmigen Liede« des Flusses mit seinen Stimmen von Gut und Böse, Lust und Leid »das Ganze, die Einheit«, die Einheit im dauernden Wechsel, »die Vollendung«, die sich wie bei Buddha in seinem Lächeln widerspiegelt.

Das Erlebnis der Einheit kann nicht von außen kommen, durch Lehren vermittelt werden. Allein durch Selbsteinkehr kann das Ich zum Selbst gelangen und damit am Göttlichen teilhaben. Östliche Denkwege und Seelenübungen werden implizit kulturkritisch den westlichen Denkformen (Überbetonung der Zeit, des Entwicklungsgedankens) gegenübergestellt, weniger als praktikable Alternative (oder als regressive Flucht) denn als Korrektiv. H. faßte den *Siddhartha*, der nicht ohne autobiographische Züge ist, als Darlegung seines eigenen Glaubens auf: »Daß mein *Siddhartha* nicht die Erkenntnis, sondern die Liebe obenan stellt, daß er das Dogma ablehnt und das Erlebnis der Einheit zum Mittelpunkt macht, mag man als Zurückneigen zum Christentum, ja als einen wahrhaft protestantischen Zug empfinden« (*Mein Glaube,* 1931).

1923
Rainer Maria Rilke
Duineser Elegien

Der Zyklus von zehn Elegien wurde im Januar 1912 auf Schloß Duino begonnen, 1912 und 1915 fortgesetzt und schließlich nach langer Unterbrechung im Februar 1922 vollendet. Mit dem Gattungsbegriff Elegie knüpft R. an die von Klopstock und Hölderlin begründete neuere deutsche Tradition an und geht dabei von der inhaltlichen Bestimmung als Klagegesang aus, wenn auch das formale Muster der klassischen Elegie, das elegische Distichon, in den im ganzen vorherrschenden Langzeilen häufig durchscheint.

Die schwer zugänglichen, ›hermetischen‹ Texte versuchen eine ins Mythische überhöhte Deutung des menschlichen Lebens, die sich zugleich als Gegenbild zur entfremdeten modernen Welt versteht. In der Bildlichkeit kommt dabei dem »Engel« – »Ein jeder Engel ist schrecklich« – eine besondere Bedeutung zu (1., 2. Elegie). Er ist die Verkörperung des Absoluten, demgegenüber die Begrenztheit, Unbehaustheit (»in der gedeuteten Welt«) und Vergänglichkeit nur um so deutlicher werden und sich die Frage nach dem Dauernden

um so dringlicher stellt. Die folgenden Elegien vertiefen dieses Bild der menschlichen Befindlichkeit, indem sie »jenen verborgenen schuldigen Fluß-Gott des Bluts«, die Bedrohung von Innen bzw. aus dem Unbewußten, einbeziehen (3. Elegie) und die Gespaltenheit des Menschen thematisieren (»Wer saß nicht bang vor seines Herzens Vorhang?«, 4. Elegie). Angeregt von Picassos Bild *La famille des saltimbanques* macht R. in der 5. Elegie eine Gruppe von Straßenakrobaten zum Gleichnis des Lebens. Als Gegenfiguren zu dem entfremdeten Dasein erscheinen das Kind, die Liebenden, die Gestalt des Helden und – visionär – die jungen Toten.

Der Klage über die menschliche Begrenztheit folgt in der 7. Elegie der Umschlag in das Preisen des Hierseins (»Hiersein ist herrlich«), wobei jedoch »das sichtbarste Glück uns erst zu erkennen sich gibt, wenn wir es innen verwandeln«, d. h. das Gegenüber von Mensch und verdinglichter, »gedeuteter« Welt aufgehoben ist. »Nirgends, Geliebte, wird Welt sein, als innen«, heißt es in der 7. Elegie, und in der 9. ist von der »Verwandlung« als Auftrag die Rede. Die 10. Elegie evoziert eine »Landschaft der Klagen«, ein visionäres Totenreich, und hält die die Elegien bestimmende Spannung von Freude und Ur-Leid abschließend fest.

Die »Offenheit und Beweglichkeit der textinternen Sinnbezüge«, die R.s späte Dichtung auszeichnet, mag »die Preisgabe des Besitzanspruchs der Dichtung auf ›objektive‹ Wahrheiten« bedeuten (Ulrich Fülleborn), doch daneben bleibt festzuhalten, daß hinter der hermetischen Wortwelt ein konservativ-zivilisationskritischer Ansatz sichtbar wird.

1923
Rainer Maria Rilke
Die Sonette an Orpheus

Die Sonette an Orpheus. Geschrieben als ein Grab-Mal für Wera Ouckama Knoop entstanden im Februar 1922 während der Arbeit an den *Duineser Elegien.* Der Zyklus umfaßt 55 Sonette, die in zwei Teile (26 und 29 Sonette) gegliedert sind. R. behandelt die Sonettform im Metrischen wie im Reimschema sehr frei. Zum Untertitel: R. hatte sich von der Mutter ihre Aufzeichnungen über Krankheit und Tod der jung verstorbenen Tänzerin Wera Knoop erbeten.

Nicht die Stimmung der Klage, sondern die des Rühmens charakterisiert die Sonette. Wie die *Duineser Elegien* stellen sie sich die Aufgabe, die äußere Welt ins Innere zu verwandeln. Sie knüpfen dabei an das Schicksal der Tänzerin, vor allem aber an den Orpheus-Mythos an. Orpheus' Gesang besänftigt nicht nur die Tiere, sondern läßt auch die Dinge selbst zu Gesang werden: Teil der in den Sonetten wiederholt thematisierten Forderung der Verwandlung des Sichtbaren in Unsichtbares, Gehörtes, Inneres. »Gesang ist Dasein«, heißt es, und Orpheus, der dem Reich der Toten wie dem der Lebenden angehört, kennt hier keinen Unterschied im Rühmen des Seins. Auch für den Dichter gilt: »Nur wer die Leier schon hob auch unter Schatten, darf das unendliche Lob ahnend erstatten.«

Gegen die Moderne – »Sieh, die Maschine: wie sie sich wälzt und rächt und uns entstellt und schwächt« – stellt R. Orpheus' »Vor-Gesang« und den Satz: »alles Vollendete fällt heim zum Uralten«, und Leiden, Liebe und Tod »heiligt und feiert« allein das orphische Lied. Und nach der Zerstörung der »Ordnung« des göttlichen Sängers ist seine Spur verloren – und zugleich bewahrt in der Natur: »Dort singst du noch jetzt.« Das ist auch als Auftrag an den heutigen Dichter zu verstehen und zugleich auch als Bestätigung der zivilisationskritischen Komponente, die in der Bilderwelt der Sonette (Blumen, Brunnen, Gärten, Einhorn, Glockengeläut usw.) sichtbar wird: wie in den *Duineser Elegien* eine Rückkehr in »eine patriarchalische Welt des Erzeugens und Verbrauchens, in der der Mensch den Dingen noch nicht entfremdet war« (Egon Schwarz).

1923
Ernst Toller
Der Deutsche Hinkemann

T.s Tragödie in drei Akten wurde am 19. 9. 1923 im Alten Stadttheater in Leipzig uraufgeführt (Druck im selben Jahr). Den auf Allegorisches verweisenden Titel hat T. in den späteren Drucken auf *Hinkemann* verkürzt. Das Stück entstand 1921–22 im Festungsgefängnis Niederschönenfeld. Es spielt um das Jahr 1921 in einer kleinen deutschen Industriestadt.

Der Arbeiter Eugen Hinkemann ist verstümmelt, entmannt, aus dem Krieg heimgekehrt. Er leidet, zweifelt an der Liebe seiner Frau, fürchtet, der Lächerlichkeit preisgegeben zu werden. Um wenigstens die materielle Not zu lindern, tritt er in einer Schaubude als »deutscher Held« auf, der Ratten und Mäusen die Kehle durchbeißt und ihr Blut schlürft, während sein Freund Paul Großhahn Grete Hinkemann verführt. Als die jedoch

auf dem Rummelplatz Hinkemann sieht und die Größe seines Opfers erkennt (vorher hatte er sich über die Blendung eines Singvogels ungeheuer erregt), will sie zu ihm zurückkehren. In einer Arbeiterwirtschaft zeigt sich, daß von einer Einigkeit des Proletariats keine Rede sein kann. Hinkemann fragt nach dem Glück der Verkrüppelten in der künftigen Gesellschaft. Großhahn kommt betrunken dazu, verhöhnt Hinkemann, prahlt mit dem Ehebruch und behauptet, Grete habe ihren Mann verlacht. Auf dem Heimweg kauft sich Hinkemann eine Priapus-Statue – »Es ist kein Gott außer dir« –, vor der er zu Hause einen Tanz aufführt. Er versucht, seine Frau zu töten, doch erkennt in ihr die gleiche Einsamkeit und Hilflosigkeit wie in sich selbst. Gleichwohl will er nicht, daß sie bei ihm bleibt; er ist von der grundsätzlichen Einsamkeit des Menschen überzeugt: »Jeder ist verdammt sich selbst zu richten ...« Grete begeht Selbstmord. Am Ende stehen Resignation, Melancholie, Einsamkeit. Hinkemann bleibt, »kolossal und lächerlich«, als zufälliges Opfer eines undurchschaubaren, blinden Schicksals zurück.

Auf der allegorischen Ebene repräsentiert Hinkemann das Schicksal des deutschen Kriegsheimkehrers (ein anderes Beispiel dafür ist – mit einer entschieden anderen Lösung – Bertolt Brechts Stück *Trommeln in der Nacht,* 1922). Hinkemanns Schicksal, seine Beschädigung hat verweisenden Charakter: »Ich bin lächerlich wie diese Zeit, so traurig lächerlich wie diese Zeit. Diese Zeit hat keine Seele. Ich hab kein Geschlecht. Ist da ein Unterschied?« So steht das Stück für die deutsche Wirklichkeit der 20er Jahre, einschließlich der ebenfalls thematisierten Spaltungstendenzen im Proletariat. Zugleich ist *Hinkemann* jedoch auch, Traditionen des modernen Theaters aufnehmend, die Tragödie des einsamen, von der Gesellschaft ausgestoßenen Individuums, wobei T. nach eigenen Angaben nicht nur »das unlösliche, also tragische Leid eines für viele gesetzten Typus darzustellen« suchte, »sondern auch die tragischen Grenzen der Gesellschaft [...], wo sie dem Individuum nicht mehr helfen kann«. So bleibt, da auch das sozialistische Zukunftsparadies relativiert wird, »als einziger Wechsel auf die Zukunft die Dichtung als Aufruf zu einer Haltung des ›trotzdem‹« (Wolfgang Frühwald), wie sie im Motto des Stücks angedeutet ist: »Wer keine Kraft zum Traum hat, hat keine Kraft zum Leben.« – Nationalistischer Pöbel sorgte für Theater- und Justizskandale. Franz Xaver Kroetz legte 1986 eine Bearbeitung des Stückes vor (*Der Nusser*).

1923–27
Hugo von Hofmannsthal
Der Turm

H.s »Trauerspiel in fünf Aufzügen« liegt in zwei Fassungen vor; die erste erschien 1923–25 in der Zeitschrift *Neue deutsche Beiträge* (Buchausgabe 1925), die zweite 1927. Die Uraufführung der neuen Fassung fand am 4. 2. 1928 am Deutschen Schauspielhaus Hamburg und im Prinzregententheater München statt. Die Unterschiede der Fassungen betreffen vor allem die beiden letzten Akte. Ausgangspunkt des im Königreich Polen (»aber mehr der Sage als der Geschichte«) in einem vergangenen Jh. (»in der Atmosphäre dem siebzehnten ähnlich«) spielenden Stückes ist Calderóns Drama *Das Leben ein Traum* (*La vida es sueño*, 1636): Die Geschichte von König Basilio (Basilius), dem prophezeit wird, sein Sohn Segismundo (Sigismund) werde sich gegen ihn erheben, und der ihn deshalb von Anfang an in einem Turmverlies gefangenhält. Der versöhnlichen Lösung bei Calderón setzte H. eine tragische entgegen. Schon 1902–04 arbeitete er an dem Projekt, scheiterte aber zunächst am Schluß; 1920 nahm er die Arbeit wieder auf.

Julian, der Gouverneur des Turms, in dem Sigismund seit vielen Jahren gefangengehalten wird, erfährt, daß der Neffe des Königs verunglückt und sein einflußreicher Berater ins Kloster gegangen ist. Er sieht die Zeit für seine eigenen Pläne gekommen und arrangiert ein Treffen zwischen dem König und seinem Sohn. Doch die Versöhnung zwischen Basilius und dem zwischen Traum und Wirklichkeit schwankenden Sigismund scheitert. Er greift den König an und wird wieder eingekerkert. Doch inzwischen hat sich das unterdrückte, ausgebeutete Volk erhoben, und sowohl Julian wie der rebellische Soldat Olivier, eine an die gleichnamige Gestalt in Grimmelshausens *Simplicissimus* (1668–69) anknüpfende Verkörperung des Bösen, suchen ihn für ihre machtpolitischen Zwecke zu mißbrauchen. Doch Sigismund, für den im ›Turm‹ seiner Innerlichkeit der Geist als wahre Wirklichkeit, das äußere Leben dagegen als ein Traum erscheint, widersteht den Versuchungen der ›Welt‹. Allein die Hilferufe des geplagten Volkes finden Gehör und bewegen ihn, den Schritt ins Leben zu vollziehen, um aus dem Chaos eine neue Ordnung im Geist der Selbstlosigkeit zu begründen. Zwar wird er trotz seines Siegs über das Heer Oliviers durch Giftmord Opfer des Bösen in der Welt, doch die Tragik wird gemildert durch den Ausblick auf das kommende Friedensreich unter der Herrschaft des Kinderkönigs.

Diese utopische Hoffnung einer Versöhnung von Geist und Wirklichkeit wird in der 2. Fassung zurückgenommen. Olivier verliert das Übernatürliche und erscheint als Repräsentant nackter Machtpolitik, die Gestalt des Kinderkönigs wird herausgenommen. Die messianische Hoffnung verkörpert allein Sigismund, der jedoch den Turm der Innerlichkeit nicht mehr verläßt und Scharfschützen Oliviers zum Opfer fällt: »Der Messias [...] wird abgeknallt. Seine Sehnsucht nach Gemeinschaft, ausgesprochen angesichts des menschlichen Abschaums der neuen Tyrannei, steht im Licht tragischer Ironie« (William H. Rey).

So bleibt H.s Antwort auf die Krisensituation nach dem Zusammenbruch der alten Ordnungen im Ersten Weltkrieg bestenfalls zwiespältig. Die Utopie einer Unterwerfung der Wirklichkeit unter den Willen des Geistes, wie sie die 1. Fassung propagiert, hält H.s Skepsis angesichts der realen geschichtlichen Entwicklung nicht stand; die 2. Fassung zeigt statt dessen die bedrohliche Perspektive eines Absturzes in die Barbarei, einer Tyrannei der Gewalt, während sich der Geist auf sich selbst zurückzieht. Die letzten Worte Sigismunds – »Gebet Zeugnis, ich war da, wenngleich mich niemand gekannt hat« – verweisen auf den Sinn seines Opfers: »die Fackel des Geistes hochzuhalten, selbst über den Tod hinaus, und damit die Welt zu bewahren vor dem Versinken in totaler Finsternis« (Rey). Eine neue Ordnung wird nicht mehr sichtbar. (Eine andere Antwort auf die Krise der Zeit versuchte H. unter dem Stichwort einer konservativen Revolution in der 1927 gehaltenen Rede *Das Schrifttum als geistiger Raum der Nation*).

1924
Ernst Barlach
Die Sündflut

Dieses »Drama in fünf Teilen«, B.s erfolgreichstes Stück, wurde am 27. 9. 1924 vom Württembergischen Landestheater Stuttgart uraufgeführt (Druck im selben Jahr). Es stellt, exemplifiziert an Noah und Calan, zwei konträre Vorstellungen von Gott gegenüber, einem Gott, der im Stück als Reisender und Bettler durch eine Welt irrt, die ihrem Schöpfer Hohn spricht. Während Noah gehorsam seinem Gott dient, wird für Calan die Frage nach der Existenz und Rechtfertigung des Bösen in der Welt zur Herausforderung. Er versucht Noah, indem er sich selbst als Gott Noahs

Gott entgegensetzt und diesen durch ein Menschenopfer auf die Probe stellt. Noahs passive Hinnahme wird zur Schuld, und auch Gott verhindert das Geschehen nicht, nimmt aber die Herausforderung an: »dein Gott, Calan, wenn er stärker ist als Noahs Gott, wird dich und deine Dinge vor der Flut erretten.« Während Noah mit den Seinen die Arche am Berg Ararat baut, nimmt die apokalyptische Flut ihren Lauf. Noahs fragwürdige Handlungsweise wird deutlich, als er unbarmherzig dem Aussätzigen und dem von Calan verstümmelten Hirten die Aufnahme in die Arche verwehrt. Während er selbstgerecht bei seinem menschlich gedachten, patriarchalischen Gottesbild bleibt, erfährt der Atheist Calan im heroischen Untergang etwas von der Größe und Unergründlichkeit Gottes, verstanden als Prinzip des ewig Werdenden.

Der Dialog mit Gott, in schroffen Antithesen und eindrucksvollen Bildern geführt, stellt das konventionelle Gottesbild radikal in Frage. Zugleich wird eine tiefere Frömmigkeit sichtbar, »die die abgründigen Tatsachen des Leidens und des Bösen schmerzvoll erkennt und erfährt und dennoch die Absurdität des zeitlichen Seins im Glauben an die All-Göttlichkeit der Schöpfung gegen alle Zweifel durchzustehen aufgefordert ist« (Horst Wagner).

1924
Alfred Döblin
Berge Meere und Giganten

Nach zwei großen Romanen mit historischen Stoffen, dem ›chinesischen‹ Wang-lun (1916) und einem auf die Gegenwart hin durchsichtigen Roman über den Dreißigjährigen Krieg (Wallenstein, 1920), ließ D. mit Berge Meere und Giganten (entstanden 1921–23) einen visionären Zukunftsroman folgen, der mehr als jedes andere seiner Werke D.s Nähe zum Futurismus zeigt. Doch was ursprünglich wohl als Darstellung des Sieges des wissenschaftlich-technischen Erfindungsgeistes über die Natur konzipiert worden war, entwickelte sich zu einer negativen Utopie.

Der Roman, dessen neun Bücher einen Handlungszeitraum von mehreren Jahrhunderten umfassen (vom 23. bis zum 27. Jh.), erzählt keine Geschichte im üblichen Sinn, keine an Charaktere oder Familien gebundene Ereignisfolge. Zwar ragen einige Gestalten heraus, doch treten sie letztlich hinter das allgemeine, vielfach variierte Generalthema des Buches zurück, das ihm seine Einheit verleiht: Mensch und Natur.

In den westlichen Kontinenten des 23. Jh.s üben einige Herrscherfamilien als Besitzer der technisch-wissenschaftlichen Intelligenz die Macht aus und festigen sie dank der Erfindung künstlicher Nahrung durch das Nahrungsmonopol. Aufstandsbewegungen gegen ein sinnloses, untätiges Leben werden niedergeschlagen. Um den Massen ein Ziel zu setzen, brechen die Herrschenden im 25. Jh. den uralischen Krieg vom Zaun, der mit einer Niederlage und katastrophalen Folgen für Natur und Mensch endet. Dem allgemeinen Verfall der Städte und dem wachsenden Widerstand gegen die Fortschrittsideologie der technokratischen Oberschicht setzt man ein großes Kolonisierungsprojekt entgegen, das die von den Städten weg- und zur Natur hinstrebenden Siedlermassen wieder in den Fortschrittsprozeß eingliedern soll: die Enteisung und Urbarmachung Grönlands. Mit gewaltigem technischem Aufwand und unter großen Opfern gelingt es, die Vulkane Islands zu sprengen und mit der gespeicherten Energie Grönland zu enteisen; Naturkatastrophen ungeahnten Ausmaßes und eine Invasion der durch die Vulkanenergie regenerierten Urwelttiere (Saurier und dergleichen) lassen jedoch den »Weitsprung in die Zukunft [...] in der Vorvergangenheit« landen (Volker Klotz). Aus Menschenpyramiden konstruierte Turmmenschen werden als Abwehr aufgebaut, die Städte unter die Erde verlegt. Doch als die Herrschenden die dabei entwickelten Verwandlungs- und Wachstumsenergien auf sich selbst anwenden und sie zu vielgestaltigen und wandlungsfähigen Giganten anwachsen, führt ihre Entfremdung von Natur und Gesellschaft zu ihrem Ende. Währenddessen entwickeln sich fern von den Städten, unterstützt von der ›Liebesgöttin‹ Venaska, alternative, naturverbundene Lebensformen, der sich auch die überlebenden Grönland-Siedler anschließen.

D.s Mythisierung der Zukunft geht von aktuellen Erfahrungen aus – den Materialschlachten und Hungersnöten des Krieges, der Konzentration der Industrie und der Banken, den wirtschaftlichen und sozialen Krisenerscheinungen (Inflation, Arbeitslosigkeit, Massenelend) – und zeigt die einer unkorrigierten Weiterentwicklung innewohnenden Gefahren. Dabei entspricht der Maßlosigkeit der geschilderten Vorgänge eine maßlos-wuchernde, visionäre »Hochspannungsprosa« (Klotz). Mit seiner Darstellung der Gigantomanie der Technik, der Unterwerfung und Zerstörung der Natur und der die Nichtigkeit des einzelnen unterstreichenden Vermassung gestaltet der Roman »die Grundprobleme der Menschheit des ganzen 20. Jahrhunderts [...], einschließlich der Perspektive der universalen Selbst- und Weltzerstörung« (Hans-Peter Bayerdörfer). – Eine umgearbeitete Version des Romans, dem damit ein breiteres Publikum erschlossen werden sollte, erschien 1932 *(Giganten. Ein Abenteuerbuch)*.

1924
Egon Erwin Kisch
Der rasende Reporter

K. begann als Lokalreporter in Prag (erste Reportagesammlung: *Aus Prager Gassen und Nächten,* 1912), spielte im Krieg eine Doppelrolle als Kriegsjournalist und illegaler Soldatenrat und wurde, seit 1921 in Berlin für verschiedene Zeitungen tätig, mit seinem Reportagenband *Der rasende Reporter* berühmt. Der reißerische Titel, fortan eine Art Markenzeichen, trifft im Grunde jedoch nicht zu: »Egon Kisch ist kein rasender Reporter; [...] er ist ein gewissenhafter und gründlicher Berichterstatter« (Joseph Roth). Mit seiner Auffassung, »Milieustudie ist Reportage« und seiner Einschätzung Emile Zolas als dem »größte[n] Reporter aller Zeiten« nähert er sich literarischen Bezirken im engeren Sinn. Im Vorwort zum *Rasenden Reporter* schreibt das Mitglied der Kommunistischen Partei: »Der Reporter hat keine Tendenz, hat nichts zu rechtfertigen und hat keinen Standpunkt. Er hat unbefangen Zeuge zu sein und unbefangene Zeugenschaft zu liefern [...].« Er ist »von den Tatsachen abhängig«, bedarf aber der »Erlebnisfähigkeit«, eine der Wahrheit dienende »Hingabe an sein Objekt« in einer Welt, »die von der Lüge unermeßlich überschwemmt ist«: »Nichts ist verblüffender als die einfache Wahrheit, nichts ist exotischer als unsere Umwelt, nichts ist phantasievoller als die Sachlichkeit.«

K. hatte durchaus einen Standpunkt (wenn auch nicht immer den der Partei); die »einfache Wahrheit«, die er aus der Beobachtung der Wirklichkeit herausfiltert, ist eine persönliche: Reportagen wie *Unter den Obdachlosen von Whitechapel, Mit Auswanderern durch Frankreich, Das Nest der Kanonenkönige: Essen, Bei den Heizern des Riesendampfers, Bürgerkrieg um die Festung Küstrin, Wallfahrtsort für Kriegshetzer* oder *Generalversammlung der Schwerindustrie* wirken durch ihre betonte Sachlichkeit um so stärker, dokumentieren K.s Engagement für die Unterdrückten und Armen ebenso wie seinen Kampf gegen Militarismus, Chauvinismus und Ausbeutung. Daneben sucht er das Unterhaltungsbedürfnis seiner Leser zu befriedigen und zeigt

sich dabei recht einfallsreich, indem er beispielsweise einen *Spaziergang auf dem Meeresboden* oder einen *Erkundungsflug über Venedig* unternimmt, sich an ungewöhnliche Schauplätze begibt *(Die Hochschule für Taschenspieler)* oder das Material durch eine Rollenfiktion verfremdet *(Referat eines Verbrechers über die Polizeiausstellung)*.

Dem *Rasenden Reporter* ließ K. noch zwei ähnliche Sammlungen folgen *(Hetzjagd durch die Zeit,* 1926; *Wagnisse in aller Welt,* 1927), denen sich dann Reisereportagen anschlossen *(Zaren, Popen, Bolschewiken,* 1927; *Paradies Amerika,* 1930; *Asien gründlich verändert,* 1932; *China geheim,* 1933). – Mit seinen realistisch-kritischen und zugleich phantasievollen »Zeitaufnahmen« hat K. die Reportage als literarische Form maßgeblich beeinflußt.

1924
Thomas Mann
Der Zauberberg

M. plante den *Zauberberg* »als ein humoristisches Gegenstück«, als ein »Satyrspiel« zum *Tod in Venedig*. Er begann im Juli 1913 mit der Arbeit, die im August 1915 unterbrochen, im April 1919 wieder aufgenommen und im Herbst 1924 abgeschlossen wurde. Der Roman erschien in zwei Bänden, wobei der erste mit *Walpurgisnacht* (dem letzten Abschnitt des 5. Kapitels) endet. Die lange Entstehungsgeschichte hatte nicht nur Folgen für die Länge des Werkes, sondern auch für seine Konzeption. Die komische oder humoristische Version einer Verfallsgeschichte, der Auflösung eines durchschnittlichen jungen Bürgers durch die dionysischen Mächte (Tod, Eros, Unordnung) erweiterte sich durch den Ausbruch des Krieges (der M. sofort die Idee für den Schluß gab): »Die Décadence-Thematik der lockenden und gefährlichen ›Sympathie mit dem Tode‹ wird dadurch aus einem Ästhetenproblem zur Vorgeschichte des Krieges« (Hermann Kurzke). Der *Zauberberg* erhält Züge eines Zeitromans im historischen Sinn, »weil er die Spanne, in der er spielt (1907–1914), wie auch die politischen und geistigen Umbrüche der Jahre seiner Vollendung spiegelt« (Eckhard Heftrich). Folglich bestehen enge Beziehungen zwischen M.s politischer Publizistik – von den *Betrachtungen eines Unpolitischen* (1918) bis zur Rede *Von deutscher Republik* (1922) – und dem Roman, zu dessen Voraussetzungen weiterhin (u. a.) die Philosophie Arthur Schopenhauers und – gegenläufig – die

Tradition des Bildungsromans gehören. Auf die Bedeutung der Leitmotivtechnik für den »musikalisch-ideellen Beziehungs-Komplex« des Romans hat M. selbst hingewiesen, ebenso auf den doppelten Aspekt des Begriffs ›Zeitroman‹: Der *Zauberberg* ist Zeitroman auch in dem Sinn, daß »die reine Zeit selbst sein Gegenstand ist«.

Auf der Ebene der äußeren Handlung geschieht wenig. Der junge Hamburger Patriziersohn Hans Castorp besucht vor Beginn seiner Ingenieurausbildung seinen lungenkranken Vetter Joachim Ziemßen in einem Davoser Sanatorium. Statt drei Wochen bleibt er sieben Jahre auf dem ›Zauberberg‹, angezogen von einer die bürgerliche Ordnung und Arbeits- und Pflichtmoral auflösenden Welt der Liebe und des Todes, bis ihn der Kriegsausbruch 1914 wieder dem Flachland zurückgibt. Im Getümmel der Schlacht verliert er sich: »wir möchten nicht hoch wetten, daß du davonkommst«, kommentiert der ironisch-überlegene Erzähler.

Der ursprünglichen Bandeinteilung entsprechend kann man das Geschehen in zwei Teile gliedern. Im ersten findet noch der Kampf um die Abreise Castorps, die Rückkehr zu bürgerlicher Pflicht und Tätigkeit statt, wobei die Faszination durch die asiatische, kirgisenäugige Schönheit der Clawdia Chauchat die Oberhand gegenüber dem aufklärerischen Bemühen des Humanisten und ›Zivilisationsliteraten‹ Lodovico Settembrini gewinnt, besiegelt durch die Liebesbegegnung in dem Abschitt *Walpurgisnacht*. Bis zu diesem Punkt sind sieben Monate verstrichen; fast ebensoviele Jahre umfaßt die Handlungsdauer der episodenhaft angelegten zweiten Hälfte des Romans, die nicht zufällig mit der Frage anhebt: »Was ist die Zeit?« Während Clawdia Chauchat ihren Aufenthalt auf dem Zauberberg unterbricht, erscheint mit dem kommunistischen Jesuiten Naphta ein Gegenspieler des aufklärerischen Humanisten Settembrini. Bei dem in heftigen Debatten ausgetragenen Kampf zwischen Humanismus, Aufklärung und Demokratie auf der einen und christlichem Gottesstaat, Terror, Gehorsam, Krankheits- und Todesverehrung auf der anderen Seite sucht Castorp seine Unabhängigkeit zu bewahren und kommt in dem Kapitel *Schnee* halb im Traum zu einer lebensbejahenden Antwort für sich selbst, gesperrt gedruckt und von M. als pädagogische Botschaft des Roman hervorgehoben, von Castorp selbst freilich alsbald wieder vergessen: »Der Mensch soll um der Güte und Liebe willen dem Tode keine Herrschaft einräumen über seine Gedanken.« Mit Mynheer Peeperkorn tritt eine neue Gestalt auf, an dessen Seite auch Clawdia Chauchat zurückkehrt, eine

»Persönlichkeit«, die nicht durch die Rede – wie Settembrini und Naphta – wirkt, sondern durch Vitalität, durch elementaren, dionysischen Lebensgenuß. Durch die Freundschaft mit ihm gewinnt Castorp an Unabhängigkeit – gegenüber Settembrini und Naphta, aber auch gegenüber Clawdia Chauchat. Doch Peeperkorn, die Verkörperung des Irrationalen und Antiintellektuellen, scheitert; er gibt sich selbst den Tod, da er sich den Anforderungen des ›Lebens‹ nicht mehr gewachsen glaubt. *Der große Stumpfsinn,* so eine Kapitelüberschrift, der sich nun ausbreitet, wird unterbrochen durch ein der Musik und damit zugleich dem Tod gewidmetes Kapitel, durch fragwürdige spiritistische Experimente und schließlich durch das Pistolenduell zwischen Settembrini und Naphta, wobei dieser sich selbst erschießt *(Die große Gereiztheit).* Der Ausbruch des Krieges *(Der Donnerschlag)* macht dann dem Aufenthalt auf dem Zauberberg ein Ende.

M. stellte die »sehr arrogante Forderung«, daß man den Roman zweimal lesen solle (sofern man sich nicht beim erstenmal gelangweilt habe), weil nur so die Leitmotivstruktur des Werkes durchschaut und genossen werden könne. Und darauf, nicht auf die ›realistische‹ Handlungsebene, kommt es an. Castorp fährt eben nicht einfach in ein – exakt beschriebenes – Sanatorium in Davos, sondern – Metaphern, Vergleiche, Anspielungen machen es deutlich – das Sanatorium ist zugleich der Venusberg der Tannhäusersage, der Hades mit den Höllenrichtern Minos und Rhadamanth (bezogen auf die leitenden Ärzte Behrens und Krokowski) und der zaubertolle Berg der Walpurgisnacht mit nachdrücklichen *Faust*-Anspielungen: also eine den bürgerlichen Begriffen und Werten entgegengesetzte Welt der Zeitlosigkeit, Triebhaftigkeit, Formauflösung und Pflichtvergessenheit. Diese Antithesen bilden in Leitmotivketten eine Art allegorisierendes Bezugssystem, das dem Roman unterliegt und in dessen Rahmen sich die Lebenslinie des Helden Hans Castorp abzeichnet. Obwohl M. das Werk häufig als Bildungsroman interpretierte, liegt es nahe, in ihm zunächst eine Verfallsgeschichte zu sehen, die Geschichte der Auflösung einer gefestigten bürgerlichen Persönlichkeit und Individualität: »Obgleich der Roman mit dem Bildungsroman rein äußerlich die Anlage des Helden, die Mentoren und das Prinzip der Abfolge von Abenteuern und Liebesepisoden gemeinsam hat, so bewirkt das alles doch nicht die schließliche Hineinbildung seines Helden in die bürgerliche Gesellschaft, sondern es führt im Gegenteil immer weiter aus ihr heraus« (Kurzke). Nimmt man die Identitätsaufhebung im Krieg am Ende hinzu, so kann man statt von einem Bildungsroman von einem »Entbildungsroman« (Børge Kristiansen) sprechen. Die von M.s Wendung zur Republik inspirierten Versuche, die abfallende Strukturlinie umzukehren – am deutlichsten im Schnee-Traum und den Peeperkorn-Kapiteln, dem Okkultismus-Kapitel und noch einmal im Schlußsatz des Werkes –, bleiben für Castorp folgenlos. Der Roman, der als Zeitroman vordergründig auch ein Abbild der Seelenlage der dekadenten europäischen Gesellschaft vor dem Ersten Weltkrieg darstellt, gründet letztlich auf einer von Schopenhauer bestimmten Metaphysik: Hinter der Welt als »Vorstellung« offenbart sich ihre wahre, tragische Gestalt als triebhafter »Wille«.

Der *Zauberberg* wurde unter der Regie von Hans W. Geißendörfer verfilmt (1981); der Akzent liegt dabei auf der satirischen Schilderung der Vorkriegsgesellschaft.

1925
Lion Feuchtwanger
Jud Süß

Mit dem Roman *Jud Süß,* nach einem gleichnamigen Drama (1917) seine zweite Auseinandersetzung mit dem historischen Stoff, wandte sich F. dem Genre zu, das ihn weltberühmt machen sollte, dem historischen Roman (*Die häßliche Herzogin Margarete Maultasch,* 1923 [nach *Jud Süß* entstanden]; *Der jüdische Krieg,* 1932; *Waffen für Amerika,* 1947; *Goya,* 1951 u. a.). Zunächst freilich hatte er Schwierigkeiten, überhaupt einen Verleger für das 1921–22 entstandene Werk zu finden. Einerseits mochte angesichts des sich verstärkenden Antisemitismus das Thema zu brisant erscheinen, andererseits galt der historische Roman als veraltete und diskreditierte Gattung. Ironischerweise hat der große Erfolg, den F. mit *Jud Süß* in Deutschland und kurz darauf in England und den USA erzielte, den Autor in den Augen der Literaturwissenschaft eher verdächtig gemacht.

Das historische Vorbild des Romanhelden, Josef Süß Oppenheimer, 1692 oder 1698 im Heidelberger Ghetto geboren, wurde 1732 Finanzberater, d. h. Geldbeschaffer des Prinzen Karl Alexander von Württemberg, der 1733 überraschend die Nachfolge von Herzog Eberhard Julius antrat. Süß preßte das Land im Auftrag seines Herzogs aus, wurde nach dessen Tod zum Sündenbock gemacht und nach einem zweifelhaften Prozeß 1738 hingerichtet.

Der Roman ist in fünf Bücher gegliedert – *Die Fürsten, Das Volk, Die Juden, Der Herzog, Der Andere* – und erzählt im Rahmen eines farbenprächtigen Bildes der Zeit des Rokokoabsolutismus zwischen fürstlicher Verschwendung und Mätressenwirtschaft, behäbiger Bürgerlichkeit, jüdischer Welt zwischen Ghetto und Emanzipation und aufgeheizter Pogromstimmung von den wenigen Jahren, in denen Jud Süß Oppenheimer für Karl Alexander tätig ist und zum heimlichen Regenten Württembergs aufsteigt. F. idealisiert nichts; Süß erscheint als gewandter Höfling, berechnend, sinnlich, ein brutaler Geldeintreiber und machthungriger Politiker, der alles unter Kontrolle hat – die höfischen Intrigen ebenso wie den Haß der Bürger und die antisemitischen Ausfälle. Der Wendepunkt in seiner Geschichte und der des Herzogs, die zu gegenseitigem Vorteil in Haßliebe einander verbunden sind, bildet der Selbstmord von Süß' Tochter Naemi: Ein rachsüchtiger Prälat, dessen tugendhafte Tochter Magdalen Sybille Süß liebt, von diesem aber dem Herzog überlassen wird, führt Karl Alexander zu einem Landhaus bei Hirsau, in dem die Schönheit im Verborgenen lebt (Anklänge an Conrad Ferdinand Meyers Novelle *Der Heilige,* 1879, sind deutlich). Um der Vergewaltigung zu entgehen, stürzt sie sich vom Dach. Süß, zum »verfallenen, ergreisten Mann« geworden, nutzt die Schuldgefühle des Herzogs, läßt sich eine Urkunde ausstellen, die alle seine Handlungen legitimiert, setzt die rücksichtslose Ausbeutung des Landes verstärkt fort und unterstützt die Pläne des katholischen, militärbesessenen Herzogs für einen Staatsstreich, der die Rechte der Landstände beseitigen soll – und führt so das rasche Ende seiner Herrschaft herbei, indem er die Staatsstreichpläne einen Tag vor der geplanten Ausführung an Parlament und Landstände verrät. Der Herzog stirbt am Schlagfluß, Süß liefert sich seinen Feinden aus und wird, obwohl es keine Beweise für die Anklage (Hochverrat u. a.) gibt, stellvertretend geopfert: »Das ist ein seltenes Ereignis, daß ein Jud für Christenschelmen die Zeche zahlt«, kommentiert der neue Regent bei der Unterzeichnung des Todesurteils.

Entscheidend in F.s Sicht ist ein Thema, das er als Generalnenner für sein ganzes Schaffen bezeichnete: Er habe nur *ein* Buch geschrieben, »das Buch von dem Menschen, gestellt zwischen Tun und Nichttun, zwischen Macht und Erkenntnis«. So gesehen, schildert der Roman den Weg des opportunistischen Machtmenschen zum Weltüberwinder, handelt er von der Überwindung der Macht durch den Geist. Und zugleich besinnt sich der geläuterte Held auf sein jüdisches Erbe, das Kontrastgestalten wie der Mystiker Rabbi Gabriel oder auch der Finanzier Isaak Simon

Landauer verkörpern. Die Assimilation hat sich als Irrweg erwiesen.

Aktuell ist der Roman nicht zuletzt als Offenlegung der »psychische[n] Mechanik des Antisemitismus«, die verstehen läßt, »was danach kommen mußte« (Klaus Harpprecht). Der berüchtigte antisemitische *Jud Süß*-Film Veit Harlans (1940) basiert nicht auf F.s Roman, sondern u. a. auf der gleichnamigen Erzählung Wilhelm Hauffs (1827).

1925
Franz Kafka
Der Prozeß

K. begann im August 1914 mit der Niederschrift des Romans; im Januar 1915 brach er die Arbeit ab. Max Brod veröffentlichte das Werk 1925 aus dem Nachlaß und gab ihm dadurch den Anschein des Vollendeten, daß er die fragmentarischen Kapitel beiseiteließ (und erst in die späteren Ausgaben aufnahm). In der ersten Arbeitsphase entstanden die Kapitel 1–6 und das 10., letzte Kapitel. Die Arbeit an den Kapiteln 7–9 lassen die Schwierigkeiten erkennen, die K. zum Abbruch veranlaßten: »Das was geschrieben wird«, heißt es im Tagebuch, »scheint nichts selbständiges, sondern der Widerschein guter früherer Arbeit.« Gleichwohl: »Zurück blieb etwas, was der Autor selbst als ›*sogar* stilistisch mißlungen‹ bezeichnete, – und was dennoch seinen Platz in der Weltliteratur erobert hat« (Malcolm Pasley). – Literarische Anregungen gingen von Dostojewski (*Schuld und Sühne,* 1866; Briefe) aus; belegbar durch Tagebuchaufzeichnungen sind die biographischen Zusammenhänge der Schuld- und Gerichtsthematik sowie der Bestrafungs- und Unterwerfungsvorstellungen im Kontext der Auflösung seiner ersten Verlobung mit Felice Bauer (1914).

Der Roman erzählt aus der Perspektive Josef K.s (personale Erzählsituation) von einem Geschehen, das am 30. Geburtstag des Helden mit seiner Verhaftung beginnt und am Vorabend seines 31. Geburtstags mit seiner Hinrichtung mit einem Fleischermesser endet. K. ist ein erfolgreichen Bankprokurist, der als Junggeselle ein Zimmer zur Miete bewohnt; seine menschlichen Beziehungen beschränken sich auf den regelmäßigen Besuch einer Geliebten, einen Stammtisch und karrierefördernde Kontakte. Am Morgen seines Geburtstags nun findet er statt des Frühstücks subalterne Vertreter eines mysteriösen Gerichts vor, die ihn ohne Angaben von Gründen ›verhaften‹, ihn aber durchaus weiter seiner Arbeit nachgehen lassen. Die Besucher vertreten eine Behörde, die nicht die Schuld bei der Bevölkerung sucht, sondern »von der Schuld angezogen« wird. K. kann es trotz logischer Argumentation nicht verhindern, in den unbegreiflichen Mechanismus des Gerichts verstrickt zu werden, zumal er sich von seinem Onkel die beabsichtigte Negierung des Prozesses ausreden läßt und immer weiter in Verstehens- und Rechtfertigungsprobleme hineingerät, Advokaten engagiert, Kontakte zu dem Gericht und seinem Personal aufnimmt und durch Ratgeber und Helfer(innen) Informationen über und Einfluß auf die undurchschaubare Institution zu gewinnen sucht. Je mehr er sich seinem Prozeß widmet, desto mehr vernachlässigt er seine Arbeit. Während er im Dom (9. Kapitel) auf einen italienischen Geschäftsfreund wartet, erzählt ihm ein Geistlicher die – in dem Erzählband *Ein Landarzt* (1919) separat gedruckte – Parabel von dem Mann vom Land vor dem Gesetz, eine Geschichte, die gleichnishaft sowohl K.s vergebliches zielorientiertes, rationales Verhalten angesichts eines logisch inkommensurablen Geschehens wie auch das Dilemma des Romanlesers spiegelt, der sich einem scheinbar konventionell erzählten Roman gegenübersieht, dessen Erzählstrategie aber gerade darin besteht, eindeutige Sinnzuweisungen durch eine Art gleitender Paradoxie des Erzählens (Gerhard Neumann) systematisch unmöglich zu machen: »Richtiges Auffassen einer Sache und Mißverstehn der gleichen Sache schließen einander nicht vollständig aus«, kommentiert der Geistliche in der Domszene. Das Ende kommt, auch weil Zwischenkapitel fehlen, plötzlich. Zwei Männer erscheinen abends in K.s Wohnung, führen ihn zu einem Steinbruch und bringen ihn um: »›Wie ein Hund!‹ sagte er, es war, als sollte die Scham ihn überleben.«

Die personale Erzählsituation, die Sicht vom Helden Josef K. her (als dessen Projektion man sich den ›Prozeß‹ vorstellen kann), vergrößert die Schwierigkeiten des Lesers, dessen Erwartungen durch die scheinrationale Struktur des Romans, durch den hypothetischen Charakter des Erzählten (Beda Allemann) ohnehin ständig in Frage gestellt werden. Bezeichnend ist schon der erste Satz: »Jemand mußte Josef K. verleumdet haben, denn ohne daß er etwas Böses getan hätte, wurde er eines Morgens verhaftet.« Alle darin enthaltenen Aussagen erweisen sich rasch als unsicher, hypothetisch: Wenn das Gericht von der Schuld angezogen wird, wie es wenig später heißt, bedarf es keiner Verleumdung; da die Maßstäbe des Gerichts unbekannt bleiben, ist eine Aussage über gut oder böse unmöglich; die Verhaftung erweist sich auch nicht als das, was man gewöhnlich darunter versteht. Entsprechend groß sind die Deutungsschwierigkeiten im Ganzen, wenn auch schon früh in der Rezeptionsgeschichte die irritierende Unbestimmtheit des Romans durch eindeutige Sinnzuweisungen überdeckt wurde: der Roman als Vorausdeutung auf den Terror des Dritten Reiches, als religiöses Werk der Sinnsuche und Erlösungssehnsucht, als Darstellung der Situation des Menschen schlechthin und einer durch das Dasein selbst bewirkten Schuld, als Angsttraum usw. Oder reflektiert die dem Roman immanente Widersprüchlichkeit die Krise des aufklärerisch-idealistischen Erkenntnisoptimismus? Noch das Schlußkapitel »belegt die Absicht des Romans, die Unerschütterlichkeit der Logik zu durchbrechen. Es ist seine Absicht, die Widersprüche auszuhalten: K.s Wendung an eine letzte Instanz, die er gleichwohl nicht erreichen darf; die Sinnorientierung des Lesers durch Rezeptionsstrategien, die ihm den allgemeinen Sinn zugleich verbergen; ihnen jegliche Synthese zu verweigern, als Beispiel negativer Dialektik sich jenem Denken zu widersetzen, das im erreichten Allgemeinen erlischt« (Theo Elm).

Der Prozeß als paradigmatischer Ausdruck der Entfremdung des Menschen in der modernen Welt regte – neben unzähligen Interpretationen – Bearbeitungen für die Schauspielbühne (André Gide/Jean-Louis Barrault, 1947) sowie Opern – (Gottfried von Einem, 1953; Gunter Schuller, 1966) und Filmfassungen (Regie: Orson Welles, 1962) an.

1925
Carl Zuckmayer
Der fröhliche Weinberg

Nach expressionistischen Anfängen gelang Z. mit dem »Lustspiel in drei Akten« (Uraufführung am 22. 12. 1925, Theater am Schiffbauerdamm Berlin; Druck 1925) der Durchbruch. Von der Kritik wurde das mit dem Kleist-Preis ausgezeichnete rheinhessische Volksstück als dramatischer Neubeginn nach dem Expressionismus angesehen: »sic transit gloria expressionismi« (Alfred Kerr). Z. ließ sich u.a. von der Dialektkomödie Ernst Elias Niebergalls (*Der Datterich,* 1841) und der Tradition des Volksstücks anregen und verband eine traditionelle, schwankhafte Liebesintrige mit rheinhessisch-derbem Vitalismus und aktuellen satirischen Seitenhieben auf völkische Klischees, versoffene Veteranen der Kolonialkriege, jüdische Weinhändler und steife (bestechliche, reaktionäre) Bürokraten.

Der Weingutbesitzer Jean Baptiste Gunderloch, Witwer, möchte sich zur Ruhe setzen, die eine Hälfte seines Guts verkaufen und die andere seiner Tochter Klärchen mit in die Ehe geben. Ihr Verlobter, Assessor Knuzius, Karikatur eines chauvinistischen, schwadronierenden Verbindungsstudenten, soll sie aber nur erhalten, wenn sie nachweislich schwanger geworden ist. Klärchen freilich liebt den Rheinschiffer Jochen Most, dessen Schwester Annemarie Gunderlochs Haushalt führt. Sie inszeniert eine Intrige, die Knuzius von Klärchen fernhält (indem sie ihn überzeugt, daß er seine Pflicht schon erfüllt habe), und nach einer großen Prügelei im Wirtshaus, bei der Knuzius von seinem Nebenbuhler einiges abbekommt und der vitale Gunderloch als Sieger hervorgeht, klären sich die Fronten: der einsichtig gewordene Gunderloch und Annemarie Most, Klärchen und Jochen, der jüdische Weinreisende Hahnesand und die Kölner Weinhändlerstochter Stenz finden zueinander, während sich der auf dem Misthaufen erwachende Knuzius mit der Wirtstochter Babettchen tröstet.

Z. gelingen plastische Charaktere, pralles Theater, eine – freilich dick aufgetragene – Feier vitaler Lebenskraft, wobei sich die Verbindung mit dem animalischen und vegetativen Bereich nicht nur in den ausgeübten Tätigkeiten – Essen, Trinken, Prügeln, Lieben, Sauschlachten usw. –, sondern auch in entsprechender Metaphorik kundtut. Das äußerst erfolgreiche Stück rief heftige Proteste studentischer und völkischer Organisationen, aber auch – wegen der offenen Darstellung der Sexualität – der Kirche hervor (»unzweideutige Förderung des Verfalles der öffentlichen Sittlichkeit«). Die rheinhessischen Winzer demonstrierten auf der Straße.

Mit dem *Schinderhannes* (1927), dem balladesken Drama vom edlen Räuber und vitalen Volkshelden zur Zeit der napoleonischen Herrschaft, knüpfte Z. an seinen ersten großen Erfolg an.

1925–31
René Schickele
Das Erbe am Rhein

Der Elsässer S., in dessen Elternhaus französisch gesprochen wurde, war schon früh für die Mittlerfunktion des 1871 von Deutschland annektierten Elsaß eingetreten. Das Dilemma des zwischen Deutschland und Frankreich – und zwischen Frauen – schwankenden Elsässers und nicht zuletzt die elsässische Landschaft sind bereits Gegenstand seines Dramas *Hans im Schnakenloch* (1915). Das epische Hauptwerk des Pazifisten S., *Das Erbe am Rhein,* nimmt das Thema in großem Rahmen wieder auf.

Die Romantrilogie besteht aus den Teilen *Maria Capponi* (1925; ursprünglich unter dem Titel *Ein Erbe am Rhein*), *Blick auf die Vogesen* (1927) und *Der Wolf in der Hürde* (1931) und behandelt am Beispiel der elsässisch-deutsch-französischen Familie von Breuschheim die politische Problematik des nun wieder (nach dem Ersten Weltkrieg) Frankreich zugeschlagenen Landes und die sich daraus ergebenden menschlichen Konsequenzen. In *Maria Capponi* entwirft der Ich-Erzähler Claus von Breuschheim, der nach dem Krieg trotz seiner Sympathien für Frankreich das Elsaß verlassen und ins badische Römerbad übergesiedelt war, rückblickend ein Bild der mondänen Vorkriegsgesellschaft, erzählt von seiner Liebe zu seiner italienischen Jugendfreundin Maria Capponi und seiner Heirat mit der Rheinländerin Doris von Kieper, die er durch einen Sturz in eine Gletscherspalte verliert. Der Versuch, wieder Verbindung mit Maria Capponi aufzunehmen, scheitert; Claus kehrt ins Elsaß zurück. Wieder auf dem elterlichen Gut – *Blick in die Vogesen* –, trifft er neben anderen Familienmitgliedern seinen Stiefbruder Ernst von Breuschheim, der – ehemaliger deutscher Korpsstudent mit Schmiß und preußischer Offizier – seine Vergangenheit verleugnet, nun fanatisch eine französisierende Politik im Elsaß betreibt, in Konflikt mit seiner Familie gerät und schließlich an den inneren Spannungen zerbricht und sich selbst umbringt. Claus dagegen, der für das Elsaß den Status einer Art von autonomer »Indianerreservation« befürwortet, hält an der Vision einer Überwindung des deutsch-französischen Antagonismus fest: »das Land [...] ist der gemeinsame Garten, worin deutscher und französischer Geist ungehindert verkehren, sich einer am andern prüfen und die gemeinsamen Werke errichten, die neuen Denkmäler Europas.« Der letzte Roman, *Der Wolf in der Hürde,* stellt den skrupellosen, ehrgeizigen Parteipolitiker Silvio Wolf in den Mittelpunkt, der die Dichterin Aggi Ruf für seine Zwecke benutzt und sie durch seine Liebe in eine tödliche Verwirrung stürzt. Angesichts der von Politikern wie Wolf geförderten »Auflösung der bisherigen Gemeinschaft durch soziale Umstände, hauptsächlich aber durch die Angst« – so kennzeichnet S. das Thema des Romans – kehrt Claus von Breuschheim nach Römerbad zurück, hält aber weiterhin seinen Glauben an die Zukunft des Elsaß, an eine europäische Utopie – an »einen Staatenbund – ja eine Gemeinschaft Europa« – aufrecht.

»Ich bin kein Erzähler, sondern ein Gestalter«, notierte S. im April 1933 in sein Tagebuch, und sein Werk zeichnet sich nicht zuletzt durch seine plastischen Personenschilderungen und -charakteristiken und seine impressionistisch getönten Landschaftsszenerien aus. Daneben gehören Witz, Ironie und Leichtigkeit in den Dialogen und Leidenschaftlichkeit – aber ohne expressionistische Übersteigerungen – in den Liebesszenen zu den Kennzeichen seiner Erzählkunst. – 1932 emigrierte S., der schon 1915 als Herausgeber der expressionistischen Zeitschrift *Die weißen Blätter* in Berlin unter politischen Druck geraten und für die Dauer des Krieges ins Schweizer Exil gegangen war, nach Südfrankreich.

1926
Marieluise Fleißer
Fegefeuer in Ingolstadt

Die Urfassung des Stücks aus dem Jahr 1924 (Titel: *Die Fußwaschung*) ist nicht erhalten. Als Bühnenmanuskript gedruckt wurde die überarbeitete Fassung der Uraufführung (25. 4. 1926, Junge Bühne im Deutschen Theater Berlin): Lion Feuchtwanger hatte Brecht auf das Stück aufmerksam gemacht, der es dann weitervermittelte. Eine neue Version entstand für die Wuppertaler Aufführung vom April 1971, die in den Zusammenhang der Ende der 60er Jahre einsetzenden F.-Renaissance gehört. Zur Entstehung schrieb sie: »Das Stück ist aus dem Zusammenprall meiner katholischen Klostererziehung (sechs Jahre Internat im Institut der Englischen Fräulein in Regensburg) und meiner Begegnung mit Feuchtwanger und den Werken Brechts entstanden. Das hat sich nämlich nicht miteinander vertragen.«

Das Stück gibt in sechs Bildern einen beklemmenden Eindruck vom katholisch-bigotten Milieu einer süddeutschen Kleinstadt und den aus dieser Lebensform absoluter sozialer Kontrolle resultierenden Deformationen, Verhaltensweisen und Konflikten. Das Personal besteht aus pubertierenden Schülern, Ministranten und seelisch beschädigten Eltern. Dabei wird demonstriert, wie sich das »Rudelgesetz der Kleinstadt« (F.) gegen die Außenseiter durchsetzt: gegen Olga, die ein uneheliches Kind erwartet und von dessen Vater Pepi im Stich gelassen und zur Abtreibung gedrängt wird; gegen Roelle, der wegen Tierquälerei von der Schule verwiesen wurde und wegen seiner Häßlichkeit und Verwahrlosung ständiger Drangsalierung ausgesetzt ist. Dies hat einerseits zur Folge, daß er über die Religion Akzeptanz finden möchte – er gibt vor, mit Engeln zu verkehren –, andererseits, daß er die an ihm erprobten repressiven Mechanismen der Gesellschaft aufnimmt, indem er Olga mit seinem Wissen über ihre (nicht verwirklichten) Abtreibungsabsichten erpreßt und ihr die Legitimierung ihres Kindes verspricht. Sie jedoch flieht ihn und akzeptiert lieber ihren Platz (unten) in der Gesellschaft, zumal Roelle noch unter ihr steht: »Die Außenwelt funktioniert als Innenwelt; die Opfer selbst stützen das System« (Günther Rühle). Roelle erhängt sich (1924) bzw. ißt in ausbrechendem religiösen Wahnsinn mit dem Beichtzettel die Sünden der Welt auf (1971).

Die Gesellschaft erscheint als Gefängnis des einzelnen; es gibt kein Ausbrechen, auch keine Hoffnung darauf; Kommunikation ist nicht möglich: »Ich möchte wissen, warum wir einander nichts zu sagen haben?« Biblische Anspielungen und Umkehrungen sind überall zu finden, auch der ursprüngliche Titel *Die Fußwaschung* gehört hierher (aber aus der Geste der Demut in der Bibel wird das erzwungene ›Bad‹ des wasserscheuen Roelle). – Bei Kritikern wie Alfred Kerr und Herbert Ihering fand *Fegefeuer in Ingolstadt* großen Beifall.

Die »Komödie« *Pioniere in Ingolstadt* (1928), unter starkem Einfluß von Brecht entstanden, geht noch pointierter auf die Beziehungen zwischen Männern und Frauen und die Mechanismen der Abhängigkeit und Unterdrückung ein; mit der Berliner Aufführung von 1929 provozierte Brecht einen Theaterskandal, der F. nachhaltig verunsicherte und ihr die Ächtung ihrer Ingolstädter Mitbürger einbrachte. Autoren wie Martin Sperr, Rainer Werner Fassbinder und Franz Xaver Kroetz, die seit der Mitte der 60er Jahre ein ›neues‹, realistisches Volksstück propagierten, beriefen sich auf F. als Vorbild.

1926
Hans Grimm
Volk ohne Raum

Der Roman mit dem suggestiven Titel gehört zum breiten Spektrum der völkisch-nationalen Literatur, die sich auf der Basis eines mythischen Volksbegriffs durch entschiedenen Antimodernismus, Antidemokratismus und Antisemitismus auszeichnet. Vorbereitet vor und während des Ersten Weltkriegs durch Autoren wie Adolf Bartels (*Die Dithmarscher*, 1898), Gustav Frenssen (*Jörn Uhl*, 1901), Hermann Löns (*Der Wehrwolf*,

1910), Hermann Burte (*Wiltfeber der ewige Deutsche*, 1912) und Hermann Stehr (*Der Heiligenhof*, 1918), erreichte die völkisch-nationale Strömung nach der Niederlage von 1918 ihre Blütezeit: Erwin Guido Kolbenheyer: *Paracelsus* (1917–25), Wilhelm Schäfer: *Die dreizehn Bücher der deutschen Seele* (1922), Hans Friedrich Blunck: *Urvätersaga* (1926–28), Werner Beumelburg: *Gruppe Bosemüller* (1930).

Zu den erfolgreichsten Werken dieser Art gehört der Roman von G., der mit seinem Titel dem Nationalsozialismus ein willkommenes Schlagwort lieferte und in seinen historischen und geopolitischen, von anti-englischen Ressentiments und Selbstmitleid durchsetzten Exkursen die Botschaft vom schlimmen Schicksal der Deutschen verbreitet, denen der Raum genommen wurde für ihre (agrarisch gedachte) Entfaltung (»Welches Recht ist das, daß die andern [...] als Bauern auf Bauernland leben können und daß die Deutschen, wenn sie deutsch bleiben wollen, sich seit Jahren in Werkstätten vermehren müssen?«).

Der vierbändige Roman (I: *Heimat und Enge*, II: *Fremder Raum und Irregang*, III: *Deutscher Raum*, IV: *Das Volk ohne Raum*) erzählt in leicht archaisierender Sprache die Lebensgeschichte des aus dem Weserbergland stammenden Cornelius Friebott. Durch den Militärdienst bei der kaiserlichen Marine lernt er die afrikanische Küste kennen, und als sich nach seiner Entlassung die unerfreulichen Erfahrungen häufen (Schwierigkeiten bei der Arbeitssuche, Arbeit im Bergwerk, Entlassung als Aufwiegler, Verlust der Jugendliebe an einen anderen), wandert er nach Südafrika aus. Hier nimmt er am Burenkrieg – gegen die Engländer – teil, und später beteiligt er sich in Deutsch-Südwestafrika an der Expedition gegen die Hottentotten (auch hier geht's um Lebensraum). Nach gescheiterter Diamantensuche kauft er sich zusammen mit seinem Vetter George eine Farm, die er im Ersten Weltkrieg an die Engländer verliert. Cornelius flieht aus englischer Gefangenschaft und kehrt nach Deutschland zurück. Hier heiratet er die Tochter seiner Jugendfreundin und verbreitet als »Wanderredner« seine Botschaft von der Raumnot der Deutschen und der Notwendigkeit von Kolonien, bis er »knapp vor jenem neunten November 1923 in München« durch den Steinwurf eines Arbeiters ums Leben kommt, während Hans Grimm schon am »Buch vom Volk ohne Raum« arbeitet, das mit der »Geschichte eines einfachen Mannes zugleich das Geschick seines Volkes enthüllt«.

1926
Franz Kafka
Das Schloß

Der Roman entstand wahrscheinlich zwischen Februar und August/September 1922; er blieb unvollendet. Die postume Veröffentlichung besorgte Max Brod. K. begann das Werk als Ich-Roman, entschied sich aber dann für das Erzählen in der dritten Person. Als auslösender Faktor für die Entstehung des Romans gilt K.s Beziehung zu Milena Jesenská-Polak.

K. kommt an einem Winterabend in einem tiefverschneiten Dorf an, das zu einem Schloß gehört. Als man ihm eine Aufenthaltserlaubnis abfordert, behauptet er, vom Grafen als Landvermesser bestellt worden zu sein. Am nächsten Tag macht er sich auf den Weg zum Schloß, kann es aber nicht erreichen, denn wenn die Straße »sich auch vom Schloß nicht entfernte, so kam sie ihm doch auch nicht näher«. Im Wirtshaus findet er dann zwei Gehilfen vor, die vom Schloß geschickt wurden. Der Bote Barnabas bringt ihm ein Schreiben des Schloßbeamten Klamm, das ihm die Aufnahme »in die herrschaftlichen Dienste« bestätigt und als nächsten Vorgesetzten den Gemeindevorsteher benennt. Am Abend kommt K. in den »Herrenhof«, ein Wirtshaus, in dem Beamte des Schlosses verkehren. Hier trifft er das Schankmädchen Frieda, die Geliebte Klamms. K. begehrt sie, sie gibt sich ihm vor Klamms Tür hin. Sie verbringen den nächsten Tag zusammen in K.s Zimmer. Als K. am folgenden Morgen zum Gemeindevorsteher kommt, erklärt ihm dieser, daß man keinen Landvermesser brauche und es nicht sicher sei, daß je einer berufen worden sei; zugleich versucht er, K. einen Eindruck von den verschlungenen Wegen der Bürokratie zu geben. Die Wirtin Gardena, ehemalige Geliebte Klamms, erzählt K. ihre Geschichte, weist ihn dann aber aus dem Haus, so daß er die ersatzweise angebotene Stelle als Schuldiener annehmen und ins Schulhaus ziehen muß. Am Abend geht K. in den »Herrenhof«, wartet vergeblich auf Klamm (trinkt aber den in seiner Kutsche befindlichen Cognac) und erhält auf dem Rückweg ins Schulhaus von Barnabas einen Brief Klamms, der ihm seine Zufriedenheit mit seiner Arbeit als Landvermesser ausdrückt. Am nächsten Morgen kommt es zu einer Auseinandersetzung zwischen Frieda und K., der über Klamm ins Schloß gelangen möchte, während sie an Auswanderung denkt. Gegen ihren Willen entläßt er die Gehilfen und geht am Abend ins Haus der verfemten Familie des Bar-

nabas, um auf Nachricht von Klamm zu warten. Barnabas' Schwester Olga erzählt ihm ausführlich die Familiengeschichte: Ihre Schwester Amalia hatte einen in obszönem Ton gehaltenen Antrag eines Schloßbeamten ignoriert; dafür büßt nun die ganze Familie. K. wird zum Sekretär Erlanger in den »Herrenhof« bestellt; hierher ist inzwischen auch Frieda zurückgekehrt, die K. verlassen hat. Erlanger weckt den im Zimmer eines Beamten namens Bürgel eingeschlafenen K. und teilt ihm mit, er habe Frieda mit Rücksicht auf Klamm freizugeben. K. bleibt im »Herrenhof« und löst durch seine verbotene Anwesenheit groteske Verwirrungen bei der Aktenverteilung aus. Das Zimmermädchen Pepi, Friedas zeitweilige Vertreterin, erzählt ihm ihre Lebensgeschichte und bietet ihm an, mit ihm zusammenzuleben. Kurz darauf bricht der Text ab. Im Nachwort zur Erstausgabe berichtet Max Brod, daß sich K. über den Schluß einmal so geäußert habe: »Der angebliche Landvermesser erhält wenigstens teilweise Genugtuung. Er läßt in seinem Kampfe nicht nach, stirbt aber vor Entkräftung. Um sein Sterbebett versammelt sich die Gemeinde, und vom Schloß langt eben die Entscheidung herab, daß zwar ein Rechtsanspruch K.s, im Dorfe zu wohnen, nicht bestand – daß man ihm aber doch mit Rücksicht auf gewisse Nebenumstände gestatte, hier zu leben und zu arbeiten.« Da K. jedoch offenbar mit verschiedenen Handlungsalternativen experimentierte, ist es keineswegs sicher, daß der Roman so geendet hätte.

Wie dem Romanhelden K. wird es dem Leser schwer, wenn nicht unmöglich gemacht, etwas Definitives über das ›Schloß‹ und seine Bedeutung oder einfach nur über die Ziele K.s herauszufinden. Es ergeben sich ähnliche Schwierigkeiten wie beim *Prozeß* (1925); der Undurchschaubarkeit der Welt des Gerichts entspricht hier die Undurchschaubarkeit des Schlosses und seiner Bürokratie. Auch im *Schloß* widersprechen sich Aussagen, stimmen Handlungen und Aussagen nicht überein, wird alles relativiert, bleiben Identitäten – etwa die Klamms – ebenso unsicher wie die Abgrenzung von Realität und Irrealität: »Denn was ›wirklich‹ ist, was als Realität in diesem Roman zu gelten hat, das ist eben die Auflösung alles Faktischen ins Indefinite und damit ins rein Mögliche« (Jürgen H. Petersen).

Die Geschichte der Deutungen ist entsprechend vielfältig. Sie beginnt mit Max Brods einflußreicher religiös-allegorischer Interpretation im Nachwort – das Schloß als Allegorie der göttlichen Gnade – und setzt sich fort in existenzphilosophischen, nihilistischen oder weiteren theologischen Lesarten; ein Gegengewicht bilden die Versuche, dem Geheimnis des Schlosses mit psychologischen bzw. psychoanalytischen und soziologischen Kriterien beizukommen. Schon Walter Benjamin hat (1934) auf das »uralte Vater-Sohn-Verhältnis« als wiederkehrendes Moment in K.s Werk verwiesen: »Viel deutet darauf hin, daß die Beamtenwelt und die Welt der Väter für Kafka die gleiche ist.« In diesem Zusammenhang gewinnt auch die erotische Konkurrenzsituation zwischen Klamm und K. Bedeutung. Zugleich verweist die Familienkonstellation auf größere gesellschaftliche Zusammenhänge, spiegeln sich in dem labyrinthischen, patriarchalisch-autoritären Beziehungs- und Abhängigkeitsgeflecht der Schloß-Dorf-Gesellschaft moderne gesellschaftliche Strukturen, die die Menschen, die sie verinnerlichen, deformieren. Eine kritische Distanz, die dem scheiternden K. fehlt, wird dem Leser durch Kafkas Technik grotesker und komischer Verfremdung ermöglicht.

Max Brod stellte 1955 eine Dramatisierung des Romans her, Grundlage wiederum für Aribert Reimanns gleichnamige Oper (1992). Eine Verfilmung unter der Regie von Maximilian Schell entstand 1969.

1926
B. Traven
Das Totenschiff

Aufgrund eines Vorabdrucks des Romans *Die Baumwollpflücker* im *Vorwärts* (1925; Buchausgabe 1926) wandte sich das Lektorat der neugegründeten gewerkschaftlichen Büchergilde Gutenberg an den unbekannten Verfasser in Mexiko und bat, das Werk herausbringen zu dürfen. Neben der Erlaubnis schickte T. auch das Manuskript des Romans *Das Totenschiff. Die Geschichte eines amerikanischen Seemanns*. Im April 1926 erschienen, brachte es der Roman innerhalb von vier Wochen auf eine Auflage von 100000 Exemplaren. T. wurde zum Hausautor der Büchergilde; neben dem Reiz der Exotik und des Abenteuers, den seine Romane ausüben, faszinierte immer auch die Frage nach der Identität des Autors.

Der Ich-Erzähler, ein Deckarbeiter auf der amerikanischen S. S. Tuscaloosa namens Gale, verpaßt in Antwerpen nach einem Landgang sein Schiff. Ohne Papiere wird er von Konsulaten und Polizei als Staatenloser behandelt und von einem Land ins andere abgeschoben, bis es ihm nach etlichen Gefängnisaufenthalten wegen Schwarzfahrens gelingt, sich über Frankreich nach Spanien

durchzuschlagen. Daß er sich dabei als Deutscher ausgibt, macht in den Augen der armen Leute und Bauern, die ihm unterwegs helfen, keinen Unterschied (wir befinden uns in den Jahren nach dem Ersten Weltkrieg). Gale treibt sich in Spanien und Portugal herum, macht einen Abstecher nach Marseille und findet schließlich in Barcelona ein Schiff, das ihn auch ohne Papiere aufnimmt, einen heruntergekommenen Dampfer, auf dem er gegen die Vereinbarung als Kohlenschlepper arbeiten muß, auf dem die Unterkunft unzumutbar und das Essen schlecht ist. Nach vielen Zwischenstops gelangt das Schiff schließlich nach Dakar. Hier – inzwischen hat Gale die »Yorikke« fast liebgewonnen – wird er mit seinem Freund Stanislaw auf die »Empress of Madagascar« entführt, nun wahrhaftig ein ›Totenschiff‹, das sein Eigentümer wegen eines Konstruktionsfehlers untergehen lassen will, um die Versicherungsprämie zu kassieren. Das Manöver mißlingt, die Besatzung kommt beim Aussetzen der Rettungsboote um, und nachdem Stanislaw im Delirium ins Wasser gesprungen ist, bleibt Gale allein auf dem in einer Riffspalte steckenden Wrack zurück.

T. verbindet die Erzählung der Seemanns- und Abenteuergeschichte mit einem laufenden Kommentar des Erzählers, der – getragen von einer Sympathie für die Armen und Unterdrückten – Ausbeutung, Klassendenken, Nationalismus und Bürokratie anprangert (zu den satirischen Höhepunkten gehören die Erfahrungen in verschiedenen amerikanischen Konsulaten) und die Freiheit des Individuums gegen die moderne Tyrannei des Staates stellt.

T., der als Ret Marut (ebenfalls ein Pseudonym) 1917–21 eine radikal-anarchistische Zeitschrift herausgegeben hatte *(Der Ziegelbrenner)* und 1918–19 an der bayerischen Räteregierung beteiligt war, sandte aus dem mexikanischen Exil weitere erfolgreiche Romane, darunter *Der Schatz der Sierra Madre* (1927), *Die weiße Rose* (1928), *Die Brücke im Dschungel* (1929) und von 1931 *(Der Karren)* bis 1940 *(Ein General kommt aus dem Dschungel)* eine Serie von sechs Romanen, die die Ausbeutung der indianischen Bevölkerung und ihren Befreiungskampf im Rahmen der mexikanischen Revolution mit Sympathie für die »Proletarier« der Neuen Welt schildert. – Eine Reihe von Romanen T.s wurde verfilmt.

1927
Bertolt Brecht
Hauspostille

Die *Hauspostille,* fast identisch mit der 1926 als Privatdruck erschienenen *Taschenpostille,* enthält B.s lyrisches Jungendwerk; der Großteil der Texte – der älteste stammt von 1916 – war schon für eine 1922 ebenfalls unter dem Titel *Hauspostille* angekündigte Sammlung vorgesehen. Der Titel verweist auf eine seit Luther im Protestantismus geläufige Form des Erbauungsbuchs, eine in Lektionen abgeteilte Sammlung von Texten zur häuslichen Erbauung und moralischen Belehrung, dessen Form und Funktion parodistisch-polemisch adaptiert wird: »Diese Hauspostille«, heißt es in der *Anleitung zum Gebrauch der einzelnen Lektionen,* »ist für den Gebrauch des Lesers bestimmt. Sie soll nicht sinnlos hineingefressen werden.«

B. unterteilt die *Hauspostille* in fünf Lektionen (nebst Schlußkapitel und Anhang). *Bittgänge:* Fürbitten für die Opfer der (bürgerlichen) Gesellschaft; *Exerzitien:* Dokumente nicht der Läuterung durch Buße, sondern der Hoffnungslosigkeit; *Chroniken:* balladeske Lebensläufe als Demonstrationen einer ungerechten und unmenschlichen Welt; *Mahagonnygesänge:* betont einfache, die Kleinbürgerromantik parodierende Songs; *Die kleinen Tagzeiten der Abgestorbenen:* Gedichte, die nicht von Erlösungshoffnung und Geborgenheit sprechen, sondern vom Eingehen in den Kreislauf der Natur (»Dann ward sie Aas in Flüssen mit vielem Aas«, heißt es in der Ophelia-Variation *Vom ertrunkenen Mädchen*). Es folgt das *Schlußkapitel,* das nach Auskunft der Gebrauchsanweisung überhaupt jede Lektüre in der *Hauspostille* beschließen sollte: Es besteht nur aus einem Gedicht, *Gegen Verführung,* das die für B. besonders anstößige christliche Jenseitshoffnung durch Abwandlung von Bibelzitaten zu zerstören sucht. Der *Anhang: Vom armen B. B.* enthält neben dem gleichnamigen Gedicht zwei weitere Texte, die Augsburger Freunden ein Denkmal setzen.

Das unchristliche Erbauungsbuch, vor allem von François Villon, Arthur Rimbaud und Rudyard Kipling inspiriert, ist ein Werk, das souverän mit überlieferten Sprach- und Gattungsmustern spielt, sie ironisiert und parodiert, sich zugleich aber durch eine elementare dichterische Kraft auszeichnet, ein Werk, dessen Töne von lyrischer Zartheit bis zu provozierender Rohheit reichen. Dabei gehen (primär aufs Individuum bezogene)

Untergangsthematik und unwiderstehlicher Lebensdrang eine für den jungen B. bezeichnende Verbindung ein, und hinter der Negation und Provokation wird ein elementares »Mitleids- und Hilfe-Ethos hinsichtlich aller Erniedrigten und Beleidigten« sichtbar (Hans-Peter Bayerdörfer). Kurt Tucholsky schrieb nach Erscheinen der *Hauspostille* über B.: »Er und Gottfried Benn scheinen mir die größten lyrischen Begabungen zu sein, die heute in Deutschland leben.«

1927
Oskar Maria Graf
Wir sind Gefangene

G.s Autobiographie mit dem Untertitel »Ein Bekenntnis aus diesem Jahrhundert« besteht aus den Teilen *Frühzeit* (separat bereits 1922 veröffentlicht) und *Schritt für Schritt,* die 1927 unter dem Titel *Wir sind Gefangene* vereinigt wurden. Erzählt wird der Zeitraum von 1905 bis Ende 1919, wobei sich der Roman des »handlungstragenden Helden« (Thomas Mann) zu einem personenreichen Gesellschaftsbild erweitert. Am Anfang, G. ist elf Jahre alt, steht der Tod des Vaters, eines Bäckermeisters in einem Dorf am Starnberger See, und das brutale Regiment seines völlig verrohten Bruders Max beginnt, der den sensiblen und phantasievollen Oskar in den ungeliebten Bäckerberuf zu zwingen sucht. Dieser reagiert trotzig und rachsüchtig auf den Terror und flieht nach München. Hier, in der kunstsinnigen und zugleich bösartig provinziellen Stadt, schlägt er sich mehr schlecht als recht durch, rebelliert gegen unmenschliche, gleichwohl ›normale‹ Arbeitsbedingungen, gerät in Bohème-Kreise (und so zeitweilig auch nach Italien und Berlin), besucht anarchistische Veranstaltungen, ohne sich wirklich zu engagieren. Er schottet sich egoistisch und mißtrauisch ab, vereinsamt, liegt mit sich selbst im Streit. Einen ersten Schritt zur Befreiung und Selbstfindung bedeutet paradoxerweise die Militärzeit: G. gelingt es, durch Insubordination, simuliertes Irresein, Hunger- und Sprechstreik nach Gefängnis-, Lazarett- und Irrenhausaufenthalten seine Entlassung zu erreichen. Daß sich befreundete Intellektuelle gar freiwillig meldeten, kann der entschiedene Pazifist nicht verstehen, hält er für Verrat an ihren Idealen. Nach der Entlassung führt er sein früheres Leben fort, schreibt Rezensionen, versucht sich als expressionistischer Dichter, betreibt Schwarzhandel und säuft (»Der Sumpf hatte mich geschluckt«). Erst die Revolution, genauer: ihr Scheitern, befreit ihn aus seinem inneren Gefängnis. Während die Revolution als halbverstandenes, illusionäres Spektakel an ihm vorüberrauscht, erwacht beim Anblick der niedergemetzelten Arbeiter seine Solidarität: »Das sind alle meine Brüder […]. Sie sind alle Hunde gewesen wie ich, haben ihr Leben lang kuschen und sich ducken müssen, und jetzt, weil sie beißen wollten, schlägt man sie tot. *Wir sind Gefangene!*« In dem Gefühl der Solidarität mit den Arbeitern und einer zukunftsträchtigen Sache gelingt ihm auch die Befreiung als Individuum (in der Liebe zu einer Frau, zu Gott): »Mein winziger Kreis zerbarst. Ich war mehr, als bloß ›Ich‹.«

G.s Autobiographie ist ein zeitgeschichtliches und menschliches Dokument hohen Ranges, mit dem sich G. als realistischer Erzähler (Vorbild: Tolstoj) etablierte. Der Weg zur sozialen Verantwortung, den *Wir sind Gefangene* dokumentiert, findet seine Entsprechung in G.s schriftstellerischer Entwicklung insgesamt, die ihn von einem eher problematischen Bauernroman (*Die Heimsuchung,* 1925) und einem *Bayrischen Dekameron* (1928) zur kritischen Darstellung des Existenzkampfes der Landbevölkerung und des städtischen Proletariats führt und dabei auch der Anfälligkeit des Kleinbürgertums für den Nationalsozialismus nachspürt (*Die Chronik von Flechting,* 1925; *Kalendergeschichten,* 1929; *Bolwieser,* 1931; *Der harte Handel,* 1935; *Anton Sittinger,* 1937).

1927
Hermann Hesse
Der Steppenwolf

Mit dem *Steppenwolf,* einem »Buch der Lebenskrise, der Künstlerkrise, der Gesellschaftskrise« (Hans Mayer), kehrt H. nach dem ›indischen‹ *Siddhartha* (1922) wieder zur westeuropäischen Gegenwart zurück. Der Roman beginnt mit einem »Vorwort des Herausgebers«, bei dessen Tante der 50jährige ›Steppenwolf‹ Harry Haller, ein vereinsamter »Gedanken- und Büchermensch«, eine Mansarde gemietet und bei seinem plötzlichen Verschwinden im Manuskript zurückgelassen hatte. Der Herausgeber interpretiert die dann folgenden Aufzeichnungen Hallers als einen »Versuch, die große Zeitkrankheit […] zum Gegenstand der Darstellung zu machen« und durch »einen Gang durch die Hölle« und »das Chaos einer verfinsterten Seelenwelt« zu sich selbst zu finden.

Bei einem Streifzug durch die nächtliche Stadt wird dem vom bürgerlichen Leben angeekelten

Haller ein billig aussehendes Heft in die Hände gespielt: *Traktat vom Steppenwolf. Nur für Verrückte.* Er analysiert einen Mann »namens Harry, genannt der Steppenwolf«, als zerrissene Natur, wie sie vor allem bei Künstlern zu finden sei, eine Natur, die selten zu harmonischem Ausgleich finde. Eine dualistische Konzeption vom Menschen (Wolf – Mensch, Trieb – Geist usw.) wird freilich als grobe Vereinfachung bezeichnet, die am menschlichen Wesen vorbeigehe (wobei ›Mensch‹ etwas »nicht schon Erschaffenes sei, sondern eine Forderung des Geistes, eine ferne, ebenso ersehnte wie gefürchtete Möglichkeit«). Die Lektüre des Traktats erschüttert Haller, stellt ihn vor die Alternative, entweder seiner unerträglichen Existenz ein Ende zu machen oder sich, »geschmolzen im Todesfeuer einer erneuten Selbstschau«, zu wandeln und »eine neue Ichwerdung« zu begehen. In einem Wirtshaus – eine Art ›Dirnenromantik‹ wird suggeriert – trifft Haller auf die seelenverwandte Hermine, die seine innere und äußere Verkrampfung lockert und ihm mit Maria eine heitere, sinnenfrohe Geliebte zuführt. Bei einem Maskenball erfährt er mit Hermine »das Geheimnis vom Untergang der Person in der Menge, von der Unio mystica der Freude«. Der Musiker Pablo führt ihn in sein »Magisches Theater«, in dessen Spiegelwelt sich die Figur des »bekannten Harry« in viele Harrys aufspaltet und ihm in vielfachen Brechungen die eigene Vergangenheit und die in ihm ruhenden Lebensmöglichkeiten vor Augen gestellt werden. Reif geworden für Hermine, wie er glaubt, versagt er freilich, indem er bei einer vorgespiegelten Liebesszene zwischen Hermine und Pablo zusticht und »die hübsche Bilderwelt mit Wirklichkeitsflecken besudelt«. Doch steht nicht Verzweiflung am Ende dieses bewußtseinserweiternden ›trips‹, sondern Selbsterfahrung und die Aufforderung Pablo-Mozarts, lachen zu lernen und den »Humor des Lebens« zu erfassen. So ist es möglich, »das Spiel nochmals zu beginnen«: »Einmal würde ich das Figurenspiel besser spielen. Einmal würde ich das Lachen lernen.«

So gibt es zwar keinen harmonisierenden Schluß, aber es wird angedeutet, daß die Geschichte des Steppenwolfs »zwar eine Krankheit und Krisis darstellt, aber eine, die zum Tode führt, nicht eine zum Untergang, sondern das Gegenteil: eine Heilung« (H.). Hinter all den mit Vehemenz attackierten Erscheinungen der modernen Zivilisation – Materialismus, Technik, Leistungsprinzip, Krieg, Nationalismus usw. – steht »eine zweite, höhere, unvergängliche Welt«, eine »überpersönliche und überzeitliche Glaubenswelt«, die vor allem durch Goethe und Mozart personifiziert wird: »Mozart wartete auf mich«, lautet der letzte Satz. Trotz dieser letztlich ›bürgerlichen‹ Grundtendenz wurde der Roman zu einem Kultbuch der amerikanischen Alternativ- und Drogenkultur und trug wesentlich zu der dann auf Deutschland zurückwirkenden H.-Renaissance der 60er Jahre bei.

1927
Franz Kafka
Der Verschollene (Amerika)

K.s Amerikaroman, an dem er – nach einer nicht erhaltenen ersten Fassung (1911–12) – von September 1912 bis Oktober 1914 mit längeren Unterbrechungen arbeitete, bleib wie die folgenden Romane *Der Prozeß* (1925) und *Das Schloß* (1926) Fragment. K. selbst veröffentlichte das erste Kapitel des Romans unter dem Titel *Der Heizer. Ein Fragment* 1913 in der Reihe *Der jüngste Tag;* Max Brod edierte dann das ganze Werk als letzten der drei Romane aus dem Nachlaß und gab ihm den Titel *Amerika;* der von K. vorgesehene Titel war nach Auskunft der Tagebücher *Der Verschollene.* – Als Quellen dienten u.a. Arthur Holitschers Reisebuch *Amerika heute und morgen* (1912) und – für Motive und Figuren – Charles Dickens' Roman *David Copperfield* (1849–50).

Während der erste Teil des Romans einen zusammenhängenden Komplex bildet (Kapitel 1–6: *Der Heizer, Der Onkel, Ein Landhaus bei New York, Weg nach Ramses, Hotel Occidental, Der Fall Robinson*), bleibt der folgende Handlungsabschnitt, *Ein Asyl* überschrieben, fragmentarisch; somit fehlen trotz einiger weiterer vorhandener Bruchstücke ausreichende Hinweise darauf, wie das Geschehen zu dem abschließenden Kapitel *(Das Naturtheater von Oklahoma)* geführt werden sollte.

Der 16jährige Karl Roßmann aus Prag kommt in New York an, begrüßt von der Freiheitsstatue, die statt der Fackel ein Schwert emporhält. Seine Eltern haben ihn weggeschickt, »weil ihn ein Dienstmädchen verführt und ein Kind von ihm bekommen hatte«. In seinem Gerechtigkeitssinn sucht Roßmann vergeblich einem entlassenen Schiffsheizer zu helfen. In der Kapitänskajüte trifft er seinen reichen Onkel Jakob, der über Karls Ankunft informiert war. Der Onkel, Senator und Geschäftsmann, nimmt ihn wie einen Sohn in sein New Yorker Haus auf, doch verstößt er ihn, als er gegen seinen Willen eine Einladung eines Geschäftsfreundes in dessen Landhaus an-

nimmt und ein geheimes Ultimatum verstreichen läßt. Auch bei seiner nächsten Station, als Liftboy im Hotel Occidental, wird er unter fadenscheinigen Vorwänden entlassen, wobei wieder Vaterfiguren wie der Oberkellner und Oberportier eine entscheidende Rolle spielen, während die mütterliche Oberköchin, die ihn anfangs protegierte, ihre Unterstützung zurückzieht. Nach dieser immer noch im bürgerlichen Bereich angesiedelten Abstiegsgeschichte gerät Karl Roßmann in den folgenden (fragmentarischen) Partien – als Diener bei der ehemaligen Opernheroine Brunelda und den Landstreichern Robinson und Delamarche und später als Laufbursche in einem Vorstadtbordell – in eine außerbürgerliche, z.T. asoziale Welt. Dagegen steht das utopische Schlußkapitel mit dem Theater von Oklahoma, das allen Menschen Aufnahme und freie Entfaltung verheißt, aber in seiner Phantastik und seinen kompromittierenden Details (Propaganda, Bürokratie, fragwürdige ökonomische Grundlagen) durchaus nicht ohne ironische Züge ist. Nach Max Brod sollte Karl Roßmann »in diesem ›fast grenzenlosen‹ Theater Beruf, Freiheit, Rückhalt, ja sogar die Heimat und die Eltern wie durch paradiesischen Zauber wiederfinden«. Vom realen Ende des ›Verschollenen‹ als Konsequenz seines sozialen Abstiegs spricht eine Tagebuchaufzeichnung Kafkas, die das Schicksal Josef K.s im *Prozeß* und das Roßmanns in Beziehung setzt: »Roßmann und K., der Schuldlose und der Schuldige, schließlich beide unterschiedslos strafweise umgebracht, der Schuldlose mit leichterer Hand, mehr zur Seite geschoben als niedergeschlagen.«

Die thematische Verbindung zwischen dem *Verschollenen* und den anderen Werken K.s ist deutlich: Auch dieser Roman thematisiert die Vereinzelung des Menschen in der Gesellschaft und die Vorstellungen von Schuld und Strafe, legt das Modell der patriarchalischen Familie mit dem Vater-Sohn-Konflikt und der Verstoßung des ›Schuldigen‹ zugrunde, variiert das Motiv der sexuellen Verführung usw. Insgesamt freilich ist der Ton heller; der Stil hat einen ausgesprochen visuellen Charakter, Ausdruck der jugendlichen Naivität und der Faszination Roßmanns durch die amerikanische Umwelt – Hafen- und Großstadtszenen, Arbeitsleben, Natur usw. –, die sich in Schilderungen von großer poetischer Kraft niederschlägt.

K. hatte vor seinem Tod noch die Veröffentlichung von *Ein Hungerkünstler. Vier Geschichten* (1924) vorbereitet. Der Großteil seines Werkes blieb jedoch zu seinen Lebzeiten ungedruckt und wurde von Max Brod nach und nach zugänglich gemacht. Nach den Romanen *Der Prozeß* (1925),

Das Schloß (1926) und *Amerika* (1927) folgten u. a. *Beim Bau der chinesischen Mauer. Ungedruckte Erzählungen und Prosa* (1931) und – im Rahmen der ersten Gesamtausgabe – der Band *Beschreibung eines Kampfes. Novellen, Skizzen, Aphorismen* (1936) neben Tagebuch- und Briefpublikationen.

1927
Ernst Toller
Hoppla, wir leben!

Markiert *Hinkemann* (1923) den »Übergang vom Menschheitspathos des Expressionismus zur Konkretion des politischen Theaters« (Wolfgang Frühwald), so stellt *Hoppla wir leben! Ein Vorspiel und fünf Akte* seine erste Verwirklichung dar. Es ist eine Art kritischer Zeitrevue, die den Zustand Deutschlands in den 20er Jahren zum Gegenstand hat und mit filmischen Einschüben, Radioeinblendungen und Lichteffekten operiert, wobei insbesondere die Inszenierung Erwin Piscators beispielhaft wurde (3. 9. 1927, Theater am Nollendorfplatz, Berlin; Uraufführung: 1. 9. 1927, Kammerspiele Hamburg; Druck: 1927). Es kam zu Auseinandersetzungen zwischen Toller und Piscator, der dem Schluß durch Textänderungen eine agitatorische Note gab. T. distanzierte sich später von der Inszenierung, weil sie, »von einer Zeitmode befangen, die Architektur des ursprünglichen Werkes zugunsten der Architektonik der Regie« zerbrochen habe. Der Titel des Stückes ist einem Chanson Walter Mehrings entnommen, das in der Berliner Aufführung im 3. Akt, 2. Szene, gesungen wurde und mit einer Vision der Revolution endet.

Die Handlung des Vorspiels ist auf 1919 datiert und zeigt die gescheiterten Revolutionäre im Gefängnis. Die Todesurteile werden aufgehoben und in Haftstrafen umgewandelt. Während der Protagonist des Stückes, Karl Thomas, durch das Warten auf die Hinrichtung wahnsinnig geworden ist und in eine Irrenanstalt eingeliefert wird, hat sich Wilhelm Kilmann bereits mit den neuen Machthabern arrangiert und wird als einziger begnadigt und freigelassen.

Die Orts- und Zeitangabe für die folgenden fünf Akte lautet: »Das Stück spielt in vielen Ländern. Acht Jahre nach einem niedergeworfenen Volksaufstand. Zeit: 1927.« Die zeitliche Lücke zum Vorspiel wird durch ein »Filmisches Zwischenspiel« mit Hinweisen auf die wichtigsten politischen Ereignisse überbrückt. Karl Thomas, geheilt aus der Klinik entlassen, sucht Kontakt mit seinen einstigen Mithäftlingen. Kilmann ist, zu Thomas' Überraschung, Innenminister geworden und stellt nun ohne Rücksicht auf die Arbeiter das Funktionieren der repressiven staatlichen Ordnung, nicht zuletzt im Interesse der großen Industrieunternehmen, in den Vordergrund und trägt so zur Zerstörung der Demokratie bei. Der Gefühlsrevolutionär Thomas findet sich in dieser Welt einer ›neuen Sachlichkeit‹ nicht mehr zurecht, in der sein ehemaliger Genosse Kilmann Wirtschaft und Staat dient, die anderen Revolutionäre nur noch sachlich zu Werke gehen – bei der Revolutionierung der Welt wie in der Liebe (Thomas' ehemalige Freundin Eva Berg) –, und die Zersplitterung der Arbeiterschaft den Wahlsieg eines reaktionären Präsidentschaftskandidaten ermöglicht (verweist auf die Hindenburgwahl von 1925). Zur Zerstörung der Demokratie tragen auch die alten feudal-aristokratischen Kreise bei, die wieder für die Regierung arbeiten, gleichzeitig aber – gebremst vom Kriegsminister, der meint, man könne die Macht auch legal erringen – die Ermordung Kilmanns als Fanal für einen Putsch planen. Ein rechtsradikaler Student führt das Attentat aus und kommt damit Thomas zuvor, der ebenfalls ein Zeichen – für die Revolution allerdings – setzen wollte. Thomas wird verhaftet, und mit ihm seine Freunde, so daß sich der Kreis zum Vorspiel schließt. Verzweifelt bringt sich Thomas um – »Alles umsonst? [..] O Irrsinn der Welt! […] Die Sintflut …« –, bevor sich seine Unschuld herausstellt. Während das Stück bei T. damit endet, daß die anderen Gefangenen durch Klopfzeichen Kontakt zu Thomas aufzunehmen suchen, ließ Piscator Mutter Meller am Schluß sagen: »Verdammte Welt. Es bleibt einem nur übrig, sich aufzuhängen oder sie zu ändern.«

Hoppla, wir leben! wurde bis 1933 an zahlreichen Bühnen mit Erfolg aufgeführt; und Hans Mayer gibt zu bedenken, daß die »offene, revueartige Form [..] heutiger Auffassung und Spielweise weit stärker entgegen[kommt] als die oratorienhafte Anlage von Tollers expressionistischen Stationenstücken«.

1927
Arnold Zweig
Der Streit um den Sergeanten Grischa

Wie viele andere hatte Z. den Ersten Weltkrieg enthusiastisch begrüßt; seine Erfahrungen an der Westfront (Verdun) und dann in der Presseabteilung des Oberbefehlshabers Ost ließen ihn jedoch zum entschiedenen Pazifisten werden. Bedeutendster Ausdruck seiner Auseinandersetzung mit dem Krieg ist der 1927 in der *Frankfurter Zeitung* vorabgedruckte Roman *Der Streit um den Sergeanten Grischa* (Buchausgabe 1927, vordatiert auf 1928), das zentrale Werk eines unvollständig gebliebenen Romanzyklus *Der große Krieg der weißen Männer,* zu dem ferner die Romane *Junge Frau vor 1914* (1931), *Erziehung vor Verdun* (1935), *Einsetzung eines Königs* (1937) und – mit großem zeitlichem und künstlerischem Abstand folgend – *Die Feuerpause* (1954) und *Die Zeit ist reif* (1957) gehören.

Anders als in den Antikriegsromanen von Erich Maria Remarque, Ludwig Renn oder Edlef Köppen geht es Z. nicht um eine Beschreibung des unmittelbaren Kriegsgeschehens, um den Krieg als Materialschlacht und Massenmord, sondern um die politische Moral, dargestellt in der traditionellen Technik des realistischen Romans am exemplarisch zugespitzten Konflikt zwischen Individuum und einer die rechtlichen und moralischen Grundlagen des Staates pervertierenden Militärmaschinerie. Obwohl der Krieg im Osten fast zur Ruhe gekommen ist, flieht der russische Sergeant Grigorii Iljitsch Paprotkin (Grischa) aus einem deutschen Gefangenenlager. Als er wieder gefaßt wird, gibt er sich – dem Rat seiner Geliebten Babka folgend – als Überläufer namens Bjuschew aus; man verurteilt ihn jedoch als Spion zum Tod. Der Fall wird neu aufgerollt, als Grischa seine wahre Identität glaubhaft machen kann und in seinen Bemühungen von einer deutsch-jüdischen Allianz in Gestalt des Kriegsgerichtsrats Posnenski und seines Schreibers, des Literaten Werner Bertin auf der einen und des altpreußische Tugenden verkörpernden Generals von Lychow und seines Neffen und Adjutanten Oberleutnant Winfried auf der anderen Seite. Doch der Oberbefehlshaber Ost, Generalmajor Schieffenzahn, Typ des technokratischen Militaristen (Modell war Ludendorff), setzt gegen alle Widerstände die Vollstreckung des widerrechtlichen Todesurteils durch. Nicht nur der arme Sergeant Grischa geht zugrunde, sondern mit ihm die von General von Lychow und seinen Verbündeten vertretenen Anschauungen eines altpreußischen Staatsidealismus: »Denn wer das Recht verläßt, der ist erledigt.« Der imperialistische Machtwahn setzt sich durch, der weder auf den einzelnen noch auf Recht und Moral Rücksicht nimmt und in Schieffenzahns Maxime den treffenden (und zukunftsträchtigen) Ausdruck findet: »Der Staat schafft das Recht, der einzelne ist eine Laus.«

1927
Stefan Zweig
Sternstunden der Menschheit

Neben lyrischen und dramatischen Versuchen und den erfolgreichen psychologisierenden Novellen erotischer Bedrängungen und Gefährdungen (*Amok. Novellen einer Leidenschaft,* 1922; *Verwirrung der Gefühle,* 1927 u. a.) oder existentieller Bewährung (*Schachnovelle,* Stockholm 1941) besitzt die literarische Gestaltung der Geschichte und ihrer Repräsentanten einen bedeutenden Stellenwert im Werk Z.s. In zahlreichen Romanen über historische Persönlichkeiten, die der heroisch-nationalistischen Geschichtsverfälschung begegnen sollten, zeigte er das »Heldische nicht an den Schlachtfeldern, sondern in einer einzelnen menschlichen Seele«, ging es ihm darum, »Heldentum einer inneren Überzeugung und nicht der Faust« darzustellen (*Joseph Fouché. Bildnis eines politischen Menschen,* 1929; *Marie Antoinette,* 1932; *Triumph und Tragik des Erasmus von Rotterdam,* 1934; *Maria Stuart,* 1935 usw.). Zu einem Bestseller entwickelten sich die Essays *Sternstunden der Menschheit. Fünf* [später: *Zwölf*] *historische Miniaturen,* die die »Schicksalsträchtigen Stunden« zu beschreiben suchen, die »das Leben eines Einzelnen, eines Volkes und sogar den Schicksalslauf der ganzen Menschheit« bestimmen. Solche »dramatisch geballten« Augenblicke – die meisten sind novellistisch erzählt, daneben stehen je eine versifizierte und eine dramatisierte Momentaufnahme – handeln von historischen Ereignissen wie der Entdeckung des Pazifischen Ozean durch Nuñez de Balboa, der Eroberung von Byzanz, dem Kampf um den Südpol oder Lenins Reise im versiegelten Zug, beziehen aber auch die Momente künstlerischer Inspiration ein (die Komposition des *Messias,* die Entstehung der Marseillaise und der *Marienbader Elegien*).

Nirgends habe er versucht, schreibt Z., »die seelische Wahrheit der äußern oder innern Geschehnisse durch eigene Erfindung zu verfärben oder zu verstärken«. Es ist freilich eine höchst subjektive Wahrheit: Geschichte erscheint als irrationales, schicksalhaftes Geschehen, auf isolierte Momente reduziert und personalisiert, losgelöst von politisch-gesellschaftlichen Zusammenhängen.

1928
Bertolt Brecht
Die Dreigroschenoper

Die *Dreigroschenoper* wurde am 31. 8. 1928 im Berliner Theater am Schiffbauerdamm uraufgeführt; ein Klavierauszug erschien im selben Jahr, 1929 folgte der Druck des gesamten Werkes. Die Bezeichnung des Klavierauszugs – »Ein Stück mit Musik« – deutet auf die Schwierigkeit einer gattungsmäßigen Zuordnung; später (*Versuche*, Heft 3, 1931) nannte B. das Werk einen »Versuch im epischen Theater«. Die traditionellen Termini Oper, Operette oder auch Musical treffen nicht.

Der Text der *Dreigroschenoper* ist eine Bearbeitung und Aktualisierung der die Barockoper parodierenden *Beggar's Opera* (1728) von John Gay (Text) und Johann Christian Pepusch (Musik). B. stützte sich dabei auf die von Elisabeth Hauptmann angefertigte Übersetzung des englischen Textes und fügte seiner Version eigene Balladen und Balladenstrophen François Villons ein. Daß B. auf die Villon-Übersetzung Karl Klammers zurückgriff, ohne den Übersetzer zu nennen, führte zu einer von Alfred Kerr ausgelösten Plagiatdiskussion.

Die von Songs unterbrochene Handlung stellt mit Macheath, genannt Mackie Messer, dem Chef eines Einbrecher- und Straßenräuberunternehmens, und Jonathan Jeremiah Peachum, dem Besitzer der gewerbsmäßige Bettelei organisierenden Firma »Bettlers Freund«, zwei Unternehmer gegenüber. Zum Konflikt kommt es, als Macheath Polly, die Tochter Peachums, im Beisein des ihm wohlgesonnenen Polizeichefs Brown heiratet. Peachum sieht sich damit um das ehrbare Aushängeschild seines Geschäftes beraubt und setzt alles daran, Macheath zu beseitigen. Zwar beschließt dieser, von Polly gewarnt, aufs Land zu fliehen, doch mag er nicht auf seinen gewohnten Bordellbesuch verzichten. Die von Frau Peachum bestochene Spelunken-Jenny liefert ihn in die Hände der Polizei. Macheath kann jedoch dank nachlässiger Bewachung und der Mithilfe von Browns Tochter Lucy fliehen. Dem darob erleichterten Brown droht Peachum, den bevorstehenden Krönungszug der Königin durch seine Bettlerscharen massiv zu stören und eine Katastrophe herbeizuführen, wenn er Macheath nicht verhafte. Macheath wird wieder verraten, und als die Hinrichtung unabwendbar scheint, bringt der reitende Bote des Königs die Nachricht von seiner Begnadigung (einschließlich der finanziell gut ausgestatteten Erhebung in den erblichen Adelsstand).

Die satirische Gesellschaftskritik zielt – im Spiegelbild der Räuberwelt – auf die bürgerliche Gesellschaft, deren Ordnung sich hinter einer Fassade der Wohlanständigkeit und Moral als durchaus räuberisch bestätigt: »Das Stück zeigt: der Bürger ist Räuber, aber auch: der Räuber ist Bürger« (B.). Trotz des geforderten neuen epischen Stils der Schauspieler und des Unterbrechens der geschlossenen Handlung durch distanzierende, kommentierende Songs, trotz gestischem Zeigen, Verfremdungseffekt und anderen Versuchen, das Spiel als Spiel bewußt zu machen und Anstöße zu kritischer Reflexion zu geben, wurde die *Dreigroschenoper,* nicht zuletzt wegen der Musik Weills, durchaus ›kulinarisch‹ rezipiert und verdankt diesem ›Mißverständnis‹ ihren Welterfolg.

B. versuchte dieser Tendenz entgegenzutreten, indem er die Fabel in einem Filmdrehbuch verschärfte (der Drehbuchentwurf trägt den Titel *Die Beule*, 1931). Doch der erfolgreiche Film, der 1931 herauskam, hielt sich nicht an diese Vorgaben (Regie: Georg Wilhelm Pabst). Den Prozeß, kommentiert in der Schrift *Der Dreigroschenprozeß. Ein soziologisches Experiment* (1931), verlor B. – Eine neue Version des Stoffes stellt der *Dreigroschenroman* (Amsterdam 1934) vor, in dem die Räuberphase nur als Vorgeschichte der Karriere des Geschäftsmannes Macheath eine Rolle spielt und der Zusammenhang von Kapitalismus und Faschismus thematisiert wird.

1928
Ernst Glaeser
Jahrgang 1902

Anders als in den ›Kriegsromanen‹ von Ludwig Renn oder Erich Maria Remarque wird in G.s erfolgreichem Roman nicht von der Front berichtet. Gleichwohl bildet der Krieg ein zentrales Thema; er erscheint als Ausdruck und Folge von Fehlentwicklungen der wilhelminischen Gesellschaft und Politik, die am Beispiel der Entwicklungsgeschichte eines 1902 geborenen Jungen, Sohn eines loyalen Amtsrichters mit Briefmarkensammlung und einer sich in den Ästhetizismus von Hofmannsthals Frühwerk flüchtenden Mutter, vor und während des Krieges sichtbar gemacht werden: »La guerre, ce sont nos parents«, sagt Gaston, mit dem sich der Ich-Erzähler während eines Schweizer Kuraufenthalts im August 1914 angefreundet hatte.

Der verlogenen Gesellschaft der Väter (und Mütter), ihrer Intoleranz, ihrem Militarismus und

Antisemitismus, ihrer Untertanengesinnung und ihren Vorurteilen, ihrer Heuchelei und verlogenen, prüden Sexualmoral gilt die heftige, z. T. karikierende Kritik des Romans. Ein Gegengewicht zu dieser Gesellschaft, die ihre Unterdrückungsmechanismen schon in der militarisierten Schule wirksam werden läßt, bilden Außenseiter wie der »rote Major«, Vater des Schulfreundes Ferd v. K., der die wilhelminische Großmachtpolitik und den nationalen Größenwahn um den Preis gesellschaftlicher Isolation kritisiert. Alternativen werden auch sichtbar in der Menschlichkeit, mit der die Arbeiterkinder Pfeiffer und Kremmelbein und der von antisemitischen Lehrern und verhetzten Schulkameraden gequälte Leo Silberstein geschildert werden, in der Liebe des Erzählers zu Anna, die einem Luftangriff zum Opfer fällt. Mit diesem letzten desillusionierenden Schlag endet der Roman, der die Kriegsjahre – im Gegensatz zu den ausführlich geschilderten Vorkriegsmonaten anno 1914 – raffend bewältigt und so das Zerbrechen der verlogenen Welt der Eltern im Krieg nur um so krasser sichtbar macht.

1928
Fritz von Herzmanovsky-Orlando
Der Gaulschreck im Rosennetz

Diese »Wiener Schnurre aus dem modernen Barock«, so der Untertitel, entstand 1917; sie erschien, mit Illustrationen des Autors jedoch erst 1928 und blieb neben einem Privatdruck H.s einzige Veröffentlichung zu Lebzeiten. Die skurrilgroteske Geschichte spielt im biedermeierlichen Wien zur Zeit des guten Kaisers Franz inmitten von Hofzwergen im Ruhestand, Hofräten, Obersthoflöschhornputzern, Sekretären und anderen Mitgliedern einer subtilen Beamtenhierarchie, ganz zu schweigen von den Relikten aus besseren Zeiten wie einer »mehrfach jubilierte[n] ehemalige[n] Kammerfrau der unvergeßlichen Kaiserin Maria Theresia«. Hauptgestalt ist der junge Hofsekretär Jaromir Edler von Eynhuf, der die wenig schöne, aber aus guter und reicher Familie stammende Crispine, Tochter des kaiserlichen Hofzwerges i. R. Zefises Zumpi, zugunsten der »engelschönen Höllteufel«, einer gefeierten Sängerin, im Stich läßt und dadurch ins Unglück rennt. Zu seiner Milchzahnsammlung, die er – zum Tableau arrangiert – dem Monarchen zum Jubiläum überreichen will, fehlt zur vollkommen symmetrischen Anordnung noch ein Exemplar, natürlich von der größten lebenden Schönheit.

Das ist die Sängerin Höllteufel, der er sich auf einem Maskenball, verkleidet als überdimensionierter Schmetterling, nähert. Die als Rosenbukett kostümierte »Herrin des Milchzahnes« hält ihn für irrsinnig, und ein stürmischer Westwind treibt den Riesenschmetterling nach Hause, wobei er als »Gaulschreck von Mariahilf« die Fiakerrosse in Aufruhr versetzt. Ohne den begehrten Milchzahn, aber hoffnungslos verliebt, sucht der Held durch eine Affäre mit Ludmilla, der Kammerzofe der Höllteufel, und mit Hilfe eines Liebestranks seinem Ziel näher zu kommen. Doch der Trank hat – zuviel »Taubendreck« scheint drin zu sein – nicht die gewünschte Wirkung. Wegen seiner Aufführung von Versetzung bedroht, sieht Eynhuf im Milchzahntableau seine letzte Rettung und läßt sich ein Rendezvous mit einem zu ganz anderen Dingen bereiten jungen Mädchen vermitteln. Er wird jedoch von einer Polizeirazzia überrascht, flieht und erschießt sich mit seiner – an Kugel statt in den Pistolenlauf gestopften – Milchzahnsammlung.

Einen »groteske[n] Totentanz, dessen gespenstische Figuren zum Teil heute noch leben«, nannte eine zeitgenössische Rezension den Roman, der genau beobachtete Realitätspartikel, eine skurrile Handlung und eine witzig-groteske, manierierte Sprachphantastik zu einem bizarren Ganzen verbindet. Zwei weitere Romane, die zusammen mit dem *Gaulschreck* eine »Österreichische Trilogie« bilden sollten, wurden vollständig erst durch die kritische Ausgabe der Werke H.s zugänglich gemacht: *Rout am Fliegenden Holländer* (1984) und *Das Maskenspiel der Genien* (1989).

1928
Erich Maria Remarque
Im Westen nichts Neues

R.s Roman, vom 10. 11. bis 9. 12. 1928 in Fortsetzungen in der *Vossischen Zeitung* gedruckt (Buchausgabe Ende Januar 1929), war ein beispielloser Erfolg; schon im Juni 1930 hatte die deutsche Auflage die Millionengrenze erreicht, waren 23 Übersetzungen erschienen. *Im Westen nichts Neues* gehört mit den Romanen Ludwig Renns oder Edlef Köppens zu den Werken, die sich etwa zehn Jahre nach Kriegsende mit den Erfahrungen des Ersten Weltkriegs auseinanderzusetzen begannen und sich dabei deutlich von Ernst Jüngers Ichbezogenheit und der Ästhetisierung des Krieges in seinen Kriegstagebüchern (*In Stahlgewittern,* 1920) distanzierten.

Ich-Erzähler ist der einfache Soldat Paul Bäumer, der mit seinen Klassenkameraden den von den Lehrern lautstark unterstützten patriotisch-chauvinistischen Aufrufen gefolgt und nach entwürdigend-sinnlosem Drill (verantwortlich: Unteroffizier Himmelstoß) an die Front geschickt worden war. Von den Erlebnissen der Gruppe erzählt der Roman, unpathetisch, sachlich und doch gelegentlich auch von einer fast lyrischen Melancholie getragen; er schildert, wie in Trommelfeuer, Grabenkampf und Gaskrieg, wie bei Patrouillengängen, Lazarett- und Heimataufenthalten die von der älteren Generation aufgerichteten Leitbilder als Illusionen zerstört werden, wie das Leben auf den Augenblick reduziert wird, die Soldaten zu »Menschentieren« herabsinken. Es bleibt allein die Kameradschaft zwischen den Soldaten, den Soldaten einer verlorenen Generation, die sich keine Zukunft mehr vorstellen können.

Im Westen nichts Neues hat keine eigentliche ›Handlung‹, doch sind die der Chronologie folgenden Episoden einerseits durch wiederkehrende Motive miteinander verbunden, andererseits durch die Kontrastierung von Front- (bzw. Lazarett-) und Ruheszenen, von Kriegs- und (desillusionierenden) Heimaterlebnissen, von Bildern des Grauens und dem Schrecken abgerungener Idylle gegliedert. Als letztes trifft das große Sterben auch den Erzähler, kurz vor Ende des Krieges, als – wie es im Schlußabschnitt heißt – »der Heeresbericht sich nur auf den Satz beschränkte, im Westen sei nichts Neues zu melden«.

In der Vorbemerkung R.s heißt es: »Dieses Buch soll weder eine Anklage noch ein Bekenntnis sein. Es soll nur den Versuch machen, über eine Generation zu berichten, die vom Krieg zerstört wurde – auch wenn sie seinen Granaten entkam.« In der Tat kommt es im Roman nur einmal zu einer Diskussion über den Krieg, über seinen Sinn, wem er nützt; gleichwohl wirkt er gerade durch seine Aufrichtigkeit und Menschlichkeit (die den ›Feind‹ einschließt) als bittere Anklage gegen den Krieg und seine Sinnlosigkeit, als Anklage vor allem auch gegen die Generation der Eltern, Lehrer und Erzieher, die mit ihrem ahnungslosen, chauvinistischen Gerede die Jugend ins Unglück getrieben und ihre Zukunft zerstört hat.

Die Ablehnung des Romans durch die nationalkonservativen Kreise und die Nationalsozialisten war heftig; der amerikanische Film (1930) löste Krawalle aus und wurde verboten. Daß sich R. aus der Diskussion heraushielt, stieß andererseits auf Kritik bei der Linken.

1928
Ludwig Renn
Krieg

R.s Roman gehört mit Werken wie Arnold Zweigs *Streit um den Sergeanten Grischa* (1927) und Erich Maria Remarques *Im Westen nichts Neues* (1928) zu einer in dieser Zeit einsetzenden, umfangreichen Produktion von Kriegs- und Antikriegsromanen. Der Ich-Erzähler ist der Soldat (bei Kriegsende Vizefeldwebel) Ludwig Renn. Sein begrenzter Erfahrungshorizont bestimmt die Erzählperspektive. So lautet der letzte Satz des Romans, bezeichnend für den Blick von unten: »Wohin wir fuhren, wußten wir nicht, nur daß es noch nicht gleich nach Hause ging.« (Das war übrigens nicht der Erfahrungshorizont des Verfassers, des sächsischen Adeligen und hochdekorierten Offiziers Arnold Friedrich Vieth von Golßenau, der nach Erscheinen des Buchs den Namen Ludwig Renn annahm).

Krieg ist ein Werk von absichtsvoller Kunstlosigkeit: Einfache, schmucklose Sätze und Aussagen werden aneinandergereiht, lautmalende Wörter ahmen Kriegsgeräusche nach (»Pramm! harp! Kötsch! Rum-rumm-pa! hrätsch! Parr! Mein Gott, das ist ja entsetzlich!«; karge Beschreibungen, schlichte Dialoge und meist auf die spezifische Situation eingeschränkte Reflexionen oder Gedankenfetzen verbinden sich zu einem Bild des Krieges aus der Sicht des einfachen Frontsoldaten, der treu und unpolitisch seinen Dienst verrichtet, ein Bild, das bestimmt ist von Monotonie, von Spannungen zwischen Mannschaft und Offizieren, von zunehmender Friedenssehnsucht und Hoffnungslosigkeit und – einzig positives Element auch in anderen Antikriegsromanen – vom Lob der Kameradschaft. Obwohl der Roman dem Verlauf des Krieges an der Westfront folgt – mit den Hauptteilen »Vormarsch«, »Stellungskrieg« und »Zusammenbruch« –, geht es nicht um eine Rekonstruktion von Schlachten, von denen immer nur kleinste Ausschnitte ohne Information über Ursachen und Ziele sichtbar werden: »Nicht die Faktizität des Geschehens, sondern die soziale Wirklichkeit des Kriegs als gesellschaftlicher Lebensform ist Gegenstand des Romans« (Herbert Bornebusch).

Eine Weiterführung des Romans erschien 1930 unter dem Titel *Nachkrieg;* sie behandelt die Situation der ehemaligen Frontsoldaten nach dem Zusammenbruch, ihre Orientierungslosigkeit in einer Zeit politischer Polarisierung und revolutionärer und konterrevolutionärer Bestrebungen.

1928
Anna Seghers
Aufstand der Fischer
von St. Barbara

S.' erste Buchveröffentlichung, von Hans Henny Jahnn mit dem Kleist-Preis ausgezeichnet, erzählt in sachlich-sprödem und zugleich ausdrucksvollem Stil von einem gescheiterten Aufstand der Fischer eines kleinen Ortes gegen die in einer Kapitalgesellschaft organisierten Reeder. Dabei verzichtet S. auf eine genauere geographische und zeitliche Fixierung des Geschehens – es geht nicht um ein bestimmtes Ereignis an einem identifizierbaren Ort, sondern um einen beispielhaften Vorgang.

Die Unzufriedenheit unter den Fischern von St. Barbara ist nach Jahren schlechter Erträge groß. Das Erscheinen eines charismatischen Fremden, Hull, der im benachbarten Port Sebastian einen Aufstand ausgelöst hatte, führt dazu, daß die allgemeine Unzufriedenheit in gezielte Aktionen und Forderungen umgesetzt wird. Für Hull selbst ist Rebellion ein Vorgang der Selbstverwirklichung und -erprobung, er handelt nicht aus klassenkämpferischem Bewußtsein. Die Fischer der umliegenden Orte versammeln sich auf Hulls Betreiben und überbringen den Reedern ihre Tarifforderungen; ihre Erfüllung ist Bedingung für das Auslaufen der Schiffe im Frühjahr. Einer der Abgesandten wird verhaftet, die Fischer demolieren das Gebäude der Reederei, Militär erscheint. Die benachbarten Dörfer brechen aus der Streikfront aus, doch die Fischer können zunächst das Auslaufen der Schiffe verhindern. Der junge Andreas, ebenfalls Außenseiter und gewissermaßen zum Revolutionär prädestiniert, sabotiert einen weiteren Versuch, die Schiffe auslaufen zu lassen. Doch Militär und Hunger lassen den Aufstand schließlich scheitern. Andreas, der sich – versorgt von der Prostituierten Marie – in den Dünen verborgen hatte, wird erschossen, Hull verhaftet, die Schiffe laufen aus.

Der erste Satz der Erzählung nimmt das Ende vorweg: »Der Aufstand der Fischer von St. Barbara endete mit der verspäteten Ausfahrt zu den Bedingungen der vergangenen vier Jahre.« Doch daß hier mehr als die Chronik eines gescheiterten Streiks vorliegt, zeigt der letzte Satz des Eingangsabschnitts mit seiner zur sachlichen Feststellung des Anfangs kontrastierenden, untergründigen Hoffnung auf zukünftige erfolgreiche Aktionen: »Aber längst, nachdem die Soldaten zurückgezogen, die Fischer auf der See waren, saß der Aufstand noch auf dem leeren, weißen, sommerlich kahlen Marktplatz und dachte ruhig an die Seinigen, die er geboren, aufgezogen, gepflegt und behütet hatte für das, was für sie am besten war.« Es gehört auch später zu S.' Erzählstrategie, gescheiterte Handlungen »als Ausgangspunkte epischer Gestaltung und als Appell an den Leser, für ein erhofftes Noch-nicht humaner Gemeinschaft sich einzusetzen«, zu verwenden (Peter Beicken). – Erwin Piscator verfilmte die Erzählung 1934 in der Sowjetunion unter dem Titel *November 28*.

1928
Kurt Tucholsky
Mit 5 PS

T.s publizistisches Schaffen umfaßt mehr als 2500 Texte, die in zahlreichen Zeitschriften und Zeitungen erschienen, in der linksbürgerlichen *Weltbühne* (die er für kurze Zeit auch als Redakteur leitete) ebenso wie in der bürgerlich-liberalen *Vossischen Zeitung* und der kommunistischen *Arbeiter Illustrierte Zeitung*. Die Erfahrungen des Krieges und die problematische Lage der Weimarer Demokratie bestärkten ihn in seinem linksorientierten politischen Engagement und der Auffassung von der aufklärerischen Funktion der Literatur (er verstand sich als freier Schriftsteller, nicht als Journalist). Es galt, aus Untertanen Bürger zu machen: durch eine gegen die Presse gerichtete Sprach- und Bewußtseinskritik, durch bissige Satiren auf die gefährlichen Relikte aus wilhelminischer Zeit (Militär, Justiz, Beamtenapparat), auf das Versagen der SPD, auf Nationalismus und Chauvinismus, durch Parodie *(Hitler und Goethe)*, aber auch durch humoristische Feuilletons und durch kritische Chansons. Für die verschiedenen Genres und Rollen schuf sich T., z. T. noch im Kaiserreich, Pseudonyme, auf die der Titel seines ersten Sammelbandes *Mit 5 PS* verweist: »Wir sind fünf Finger an einer Hand. Der auf dem Titelblatt und: Ignaz Wrobel, Peter Panter, Theobald Tiger, Kaspar Hauser.« Dabei ist der »essigsaure« Wrobel für das Politisch-Satirische zuständig, Panter für Feuilleton, Tiger für Lyrik und Lieder, und Kasper Hauser »sah in die Welt und verstand sie nicht.«

Mit 5 PS ist nach Art einer Nummernrevue angelegt und genau komponiert. Den Rahmen bildet eine Autoreise, die in einzelne Stationen eingeteilt ist und von »Start« über »Ein Mann am Wege: Herr Wendriner«, »Über Land«, »Straße gesperrt: Militär!«, »Kurve«, »Zollschranke und Paßkontrolle«, »Paris und Umgebung« usw. schließlich zur »Kirchhofsmauer« mit dem Nachruf auf sich selbst *(Requiem)* und den *Nachher*-Geschichten führt. Es folgen dann Chansons und satirische Gedichte mit dem Aufruf »Nie wieder Krieg« *(Drei Minuten Gehör!)* am Schluß.

Dem erfolgreichen ersten Sammelband ließ T. zwei weitere folgen (*Das Lächeln der Mona Lisa*, 1929; *Lerne zu lachen ohne zu weinen*, 1931). Daneben erschienen als selbständige Publikationen der Reisebericht *Ein Pyrenäenbuch* (1927) und das ›Bilderbuch‹ *Deutschland, Deutschland über alles* (1929), eine von John Heartfield vorgenommene aggressive Montage von T.-Texten und Fotos. Aufklärung im Medium des Unterhaltungsromans versuchte T. mit der »Sommergeschichte« *Schloß Gripsholm* (1931), die an sein frühes »Bilderbuch für Verliebte« *Rheinsberg* (1912) erinnert. Die Machtergreifung Hitlers ließ T. fast kommentarlos verstummen.

1928
Jakob Wassermann
Der Fall Maurizius

W. gehörte in den 20er Jahren zu den erfolgreichsten deutschen Romanschriftstellern. Seinen literarischen Durchbruch hatte er mit dem Roman *Die Juden von Zirndorf* (1897) erzielt, einer Auseinandersetzung mit dem Problem der jüdischen Identität am historischen Beispiel; mit Werken wie *Caspar Hauser* (1908) und *Das Gänsemännchen* (1915) setzte er sich endgültig als Autor für ein spezifisch (bildungs)bürgerliches Publikum durch.

Die Anregung für den *Fall Maurizius*, W.s bekanntesten Roman, ging von einem länger zurückliegenden Indizienprozeß aus (das Urteil erfolgte 1906), der durch Entlassung (1924) und Selbstmord des Verurteilten wieder Aufmerksamkeit erregte. Allerdings ist bei W. nicht der wegen Mordes verurteilte Maurizius (Karl Hau in Wirklichkeit) die Hauptgestalt, sondern im Zentrum seines Werkes stehen als Verkörperung des Gegensatzes von (äußerem) Recht und Gerechtigkeit der Oberstaatsanwalt Freiherr von Andergast und sein 16jähriger Sohn Etzel, Opfer einer lieblosen, rigiden Erziehung des Vaters (der Kontakt zur geschiedenen Mutter ist ihm verboten; ihr Liebhaber wurde von Andergast in den Tod getrieben).

Als Etzel zufällig von dem Fall Maurizius erfährt, einem lange zurückliegenden, umstrittenen Mordfall, mit dem sein Vater als Vertreter der Anklage seine Karriere begründet hatte, sucht er – von einem unbedingten Gerechtigkeitsgefühl getrieben – Kontakt mit dem Vater des Verurteilten und macht den Kronzeugen gegen Maurizius, Gregor Waremme bzw. Warschauer, in Berlin ausfindig. Der gibt schließlich seinen Meineid zu: Nicht Maurizius hat seine Frau Elli wegen seiner Beziehung zu ihrer jüngeren Schwester Anna Jahn erschossen, sondern Anna Jahn war die Täterin. Inzwischen hat sich auch Etzels Vater, der Herausforderung bewußt, wieder mit dem Fall befaßt. In Begegnungen mit dem Häftling wird ihm das undurchschaubare Beziehungsgeflecht deutlich, das zur Katastrophe geführt hat und die juristischen Kriterien fragwürdig macht. Er befürwortet eine Begnadigung des Verurteilten, verweigert jedoch die von Etzel geforderte Wiederaufnahme des Prozesses, die allein die Rehabilitierung des Unschuldigen bringen könnte. Etzel sagt sich von seinem Vater los; dieser, konfrontiert mit seinem Leben und seiner eigenen Schuld, bricht zusammen und wird in eine Heilanstalt gebracht. Etzel läßt seine Mutter kommen. Durch die lange Gefängniszeit zerrüttet und unfähig, sich wieder im Leben zurechtzufinden, hat Maurizius inzwischen Selbstmord begangen.

Es sei »die Idee der Gerechtigkeit, die den Herzpunkt im *Fall Maurizius*« bilde, äußerte W. Ihr Vorkämpfer ist der junge Etzel Andergast; zwar ist durch seinen Aktivismus Maurizius nicht zu retten, und auch der Zusammenbruch des Staatsanwalts beseitigt nicht das Unrecht. Die Zielsetzung ist jedoch klar: jugendlich-hoffnungsvolle Opposition gegen ein erstarrtes, nur scheinbar moralisch begründetes System der bürokratischen Unterdrückung, der Herzlosigkeit und Selbstgerechtigkeit, wie es im Vater exemplarisch verkörpert ist. Die Lebensgeschichte Etzels wird weitergeführt in den Romanen *Etzel Andergast* (1931) und *Joseph Kerkhovens dritte Existenz* (1934).

1928, 1945
Gertrud von Le Fort
Das Schweißtuch der Veronika

Der Roman mit den Teilen *Der römische Brunnen* (1928) und *Der Kranz der Engel* (1946) gilt als Hauptwerk der Autorin, Repräsentantin einer betont christlichen Literatur. Er erzählt in Ich-Form die Geschichte einer jungen Deutschen, die in Rom bei ihrer Großmutter und ihrer Tante aufwächst, welche in ihrer Einstellung die zwei Seiten der Stadt verkörpern: das klassisch-humanistische und das christliche Rom. Die leicht beeindruckbare, wegen ihrer lebhaften Einbildungskraft »Spiegelchen« genannte Veronika findet – den widerstreitenden Einflüssen der die antike Größe beschwörenden Großmutter, der problematischen Frömmigkeit der Tante und der heidnischen Kunstreligion des jungen deutschen Dichters Enzio ausgesetzt – zur katholischen Religion und reißt durch ihr Beispiel die Tante mit. Von Rom wird sie, so bestimmt ihr Vater auf dem Totenbett in einem fernen Kontinent, zu ihrem Vormund nach Heidelberg gehen (Teil 1). Veronika nimmt in Heidelberg ihr Studium auf und begegnet wieder Enzio, der mit einem Haß auf das Christentum und völkischen Vorstellungen von einem großdeutschen Reich aus dem Krieg zurückgekommen ist. In der Überzeugung, man könne dem Unglauben nur durch Opferbereitschaft und Liebe begegnen, will sie ihn auch ohne den Segen der Kirche heiraten. Nach einer tiefen Krise, ausgelöst durch Enzios Bemühen, sie der Kirche zu entfremden, finden die beiden zusammen (Teil 2).

Der Titel des Romans spielt auf eine christliche Legende an; und wie die hl. Veronika erscheint die Heldin als »Vorbild einer unwandelbaren Tiefe und Treue, welche restlos gesammelt auf die eine große Wahrheit ihres Lebens das Bild ihres Herrn und Meisters unerschütterlich« festhält und bekennt und sich so in der Auseinandersetzung mit den ›heidnischen‹ Tendenzen der Zeit – Thema beider Teile – bewährt. Der 2. Teil stieß auf entschiedenen kirchlichen Widerstand.

Großen Erfolg hatte Le Fort mit ihrer historischen Novelle *Die Letzte am Schafott* (1931), die den Opfertod von Karmeliterinnen während der Französischen Revolution und dabei am Beispiel der jungen Blanche und ihrer Überwindung der existentiellen Welt- und Todesangst das hoffnungsträchtige »Wunder in der Schwachen« gestaltet. George Bernanos' Dramatisierung des Geschehens verwandte Züge der Novelle (*Dialogues des Carmélites,* 1948) und wurde von Francis Poulenc vertont (1957) und 1960 verfilmt.

1929
Bertolt Brecht
Aufstieg und Fall der Stadt Mahagonny

B.s Zusammenarbeit mit Kurt Weill führte nach der *Dreigroschenoper* (1928) mit der nun wesentlich stärker musikalisch strukturierten Oper *Auf-*stieg und Fall der Stadt Mahagonny zu einem zweiten Höhepunkt. Daneben arbeitete Weill, neben Paul Hindemith und später Hanns Eisler und Paul Dessau, an der 1928–29 beginnenden Lehrstückproduktion B.s mit (u.a. *Der Ozeanflug,* 1929; *Das Badener Lehrstück vom Einverständnis,* 1929; *Der Jasager. Der Neinsager,* 1930; *Die Maßnahme,* 1930). Während Weill die *Dreigroschenoper* als »Mischgattung aus Schauspiel und Oper« auffaßte, bestand er bei *Mahagonny* auf der Priorität musikalischer Formen, so daß, anders als bei der *Dreigroschenoper,* auch ausgebildete Sänger erforderlich wurden. Dabei ging es nicht ohne Spannungen ab.

Keimzelle des Werkes war das »Songspiel« *Mahagonny,* das 1927 beim Baden-Badener Musikfest aufgeführt wurde, eine mit instrumentalen Zwischenspielen versehene Komposition der *Mahagonny*-Texte aus der *Hauspostille* (1927), vermehrt um ein neugedichtetes Finale. Die Uraufführung der Oper, ein gewaltiger Skandal, fand am 9. 3. 1930 in der Leipziger Oper statt (Erstdruck 1929). Nach der Uraufführung vorgenommene Änderungen betreffen, neben einer Reduzierung des ›Amerikanischen‹, vor allem das ›Vermächtnis‹ des Protagonisten Paul Ackermann (bzw. Jimmy Mahonney in der Erstfassung), das nun nicht mehr Einverständnis mit dem hedonistischen Genußleben ausdrückt, sondern kritische Distanz.

Mahagonny, die »Netzestadt«, ist eine Gründung von Kriminellen (Leokadja Begbick, Dreieinigkeitsmoses, Willy der Prokurist), die davon ausgehen, daß es leichter ist, »Gold von Männern als von Flüssen« zu bekommen. Zu diesem Zweck stellen sie ein verlockendes Freizeit- und Konsumangebot bereit. Unter den »Unzufriedenen aller Kontinente«, die es nach Mahagonny zieht, ist auch der Holzfäller Paul Ackermann mit seinen Kumpanen. Doch bald wird ihnen die Langeweile dieses durch Verbote und Verbotsschilder geregelten, ereignis- und sinnlosen Konsum- und Genußlebens deutlich. Ein äußeres Ereignis, ein die Stadt bedrohender Hurrikan, bringt die Wende. In der Untergangsstimmung verkündet Paul Ackermann das Gesetz der Anarchie. Fortan ist alles erlaubt, einschließlich der Selbstzerstörung. Das wird in vier Szenen exemplarisch vorgeführt (»Essen«, »Lieben«, »Kämpfen«, »Saufen«). Unter diesen Bedingungen, die den einzelnen auf sich stellen und individualistisches Ausleben mit den damit verbundenen zerstörerischen Konsequenzen gewissermaßen zur Pflicht machen, ist Gemeinsamkeit nicht möglich, der Untergang unausweichlich. Vorgezeichnet ist der Untergang der Stadt durch die Hinrichtung

Paul Ackermanns, dem »Mangel an Geld« vorgeworfen wird, »das größte Verbrechen« in der kapitalistischen Anarchie: Das bürgerliche Individuum produziert die Hölle, »indem es darauf besteht, nur es selbst zu sein, sich selbst ausleben zu dürfen« (Jan Knopf). Mit endlosen Umzügen, die den Untergang der Stadt signalisieren, endet die Oper: »Können uns und euch und niemand helfen.«

In den *Anmerkungen zur Oper ›Aufstieg und Fall der Stadt Mahagonny‹* (1930) findet B.s Theorie des epischen Theaters ihre erste grundsätzliche Formulierung. Bekannt ist die schematische Gegenüberstellung von ›dramatischer‹ und ›epischer‹ Form des Theaters mit Gegensatzpaaren wie »handelnd« – »erzählend«, »Suggestion« – »Argument«, »Der Zuschauer steht mittendrin, miterlebt« – »Der Zuschauer steht gegenüber, studiert«, »Spannung auf den Ausgang« – »Spannung auf den Gang«, »Gefühl« – »Ratio« usw.

1929
Alfred Döblin
Berlin Alexanderplatz

»Die Geschichte vom Franz Biberkopf«, so der Untertitel von D.s bedeutendstem und erfolgreichsten Roman, erschien nach einigen Teilvorabdrucken (nicht immer der letzten Fassung) im Oktober 1929. Im Vergleich zu dem vorhergehenden großen Roman *Berge Meere und Giganten* (1924) ist *Berlin Alexanderplatz* in manchen Aspekten konventioneller und damit zugänglicher. Es gibt noch einen ›Helden‹ und eine Romanhandlung im üblichen Sinn (hinter der sich – ironisch gebrochen – das Bildungsromanschema verbirgt), und es gibt wieder, gegen D.s frühere Romantheorie, einen Erzähler, der moralisierend, ironisierend, sympathisierend und auf andere Weise kommentierend das Geschehen begleitet, dann aber wieder gänzlich hinter einmontierten Zeitungsausschnitten, Reklametexten, Radioberichten, protokollierten Kneipendialogen usw. zurücktritt. Durch Vor-, Rück- und Querverweise sowie durch symbolische Überhöhungen, die die vordergründige Realität auf »menschliche Ursituationen« (D.) durchsichtig machen, entsteht ein komplexes Beziehungsgeflecht. Die dabei verwendeten poetischen Verfahrensweisen sind vielfältig: innerer Monolog, erlebte Rede, Montage- und Schnittechnik, Parodie, leitmotivische Verwendung von Liedern, mythische und biblische Anspielungen usw. Parallelen zu James Joyce (*Ulysses,* 1922, dt. 1927) sind offensichtlich; ei-

nen direkten Einfluß verneinte D. unter Hinweis auf die gemeinsamen Vorbilder »bei den Expressionisten, Dadaisten und so fort«, fühlte sich aber durch den *Ulysses* bestätigt: »es war ein guter Wind in meinen Segeln.« Auch einen Einfluß der Film-Schnitt-Technik von John Dos Passos (*Manhattan Transfer,* 1925, dt. 1927) bestritt D.

Der Roman erzählt die durchaus beispielhaft zu verstehende Geschichte des ehemaligen Zement- und Transportarbeiters Franz Biberkopf, der – gerade aus dem Gefängnis entlassen – in Berlin Fuß zu fassen sucht. Sein Vorsatz, »anständig« zu bleiben, scheitert sowohl an seiner eigenen Natur wie an »etwas, das von außen kommt, das unberechenbar ist und wie ein Schicksal aussieht«. Sein Gegenüber ist die große Stadt Berlin, geschildert als apokalyptisches Pandämonium, als Hure Babylon; und das Milieu, in das Biberkopf gerät, als er sich als Zeitungsverkäufer und Straßenhändler »anständig« durchzubringen versucht, ist das der Unterwelt. Indem er sich auf den skrupellosesten Kriminellen, Reinhold, stützt und ihm verfällt, ist er schon verloren. Er übernimmt von Reinhold Frauen, beteiligt sich an Raubzügen, wobei er einen Arm verliert, als ihn sein ›Freund‹ vom Auto stößt, um einen Mitwisser zu beseitigen, und wird schließlich selber Zuhälter und macht dunkle Geschäfte, bis Reinhold seine Geliebte Mieze verschleppt, vergewaltigt und umbringt. Biberkopf wird als Verdächtiger verhaftet, bricht zusammen und kommt ins Irrenhaus. Das ist die Wende im Leben Biberkopfs (dessen Unschuld sich bei dem Prozeß herausstellt): Im Durchgang durch Schuld und Buße, Wahnsinn und Tod erfährt er die Wandlung zu einem neuen Menschen (und einem neuen Leben als Hilfsportier in einer Fabrik).

Biberkopf hat sich zu begreifen gelernt und wird als verantwortliches Individuum in Zukunft nicht der Verführung durch Parolen und Massen verfallen, denn: »Wenn ich marschieren soll, muß ich das nachher mit dem Kopf bezahlen, was andere sich ausgedacht haben. [...] Dem Mensch ist gegeben die Vernunft, die Ochsen bilden statt dessen eine Zunft.« Mehr freilich erfährt man über diesen neuen Franz Biberkopf nicht; D. erklärte das etwas abrupte Ende damit, daß der Roman auf eine Fortsetzung hin angelegt sei (zu der es dann nicht kam).

Es ist allerdings weniger die moraldidaktische Botschaft, das »innere Thema« (»Es heißt opfern, sich selbst zum Opfer bringen«), die Vorstellung von der aus der Katastrophe erstehenden Wiedergeburt, die den Rang dieses ersten bedeutenden deutschen ›Großstadtromans‹ ausmacht, sondern die konstruktive und sprachliche Kraft, mit der sich die Individualgeschichte und die Erscheinungen des zugleich realen und mythischen Molochs Stadt wechselseitig durchdringen: »Vielseitigkeit und Fülle des Romans beruhen [...] letztlich auf der universalen poetischen Erfassung der Sprache als der alle Lebensbereiche des Innen und des Außen, des Früher und des Jetzt, des Gedankens und der Seele ansprechenden Vermittlerin« (Hans-Peter Bayerdörfer).

Hörspiel (1930) und Film (1931), jeweils mit Heinrich George, brachten dem erfolgreichen, wenn auch von manchen kommunistischen Autoren als Verunglimpfung der Arbeiterklasse aufgefaßten Roman weitere Popularität. 1980 vefilmte Rainer Werner Fassbinder *Berlin Alexanderplatz* für das Fernsehen.

1929
Hans Henny Jahnn
Perrudja

J. erregte zunächst als Dramatiker im Stil des Expressionismus Aufmerksamkeit und Anstoß: die Uraufführungen von *Pastor Ephraim Magnus* (Druck 1919; Kleist-Preis 1920; Uraufführung 1923) und von *Medea* (Druck und Uraufführung 1926) wurden zu Skandalen. 1926 begann er mit der Arbeit an dem Roman *Perrudja,* der wie seine anderen Romane unvollendet blieb (der fragmentarische 2. Teil wurde 1968 aus dem Nachlaß veröffentlicht). Das Werk ist literarisch avancierter als die bekanntere Romantrilogie *Fluß ohne Ufer* (1949–50) und kann als »naturhaftes Gegenbild zu Döblins Stadtroman *Berlin Alexanderplatz* und als eigenständige Auseinandersetzung mit Joyce' Zertrümmerung traditionellen Erzählens« gelten (Uwe Schweikert). Für J. typische Themen und Figurenkonstellationen wie Homoerotik, Geschwisterliebe, eine Frau zwischen zwei erotisch voneinander angezogenen Männern, Liebe zu Stuten oder die Auffassung von der Einheit der Schöpfung verbinden sich mit der Geschichte der Titelfigur und ihrem »mißlungene[n] Reifungsprozeß« (Elsbeth Wollfheim). Es ist die von vielen mehr oder weniger eigenständigen Erzählungen umrankte »Lebensgeschichte eines Mannes, der viele starke Eigenschaften besitzt, die dem Menschen eigen sein können – eine ausgenommen, ein Held zu sein« (J.).

Der junge Perrudja, der seine Herkunft nicht kennt, hat sich – um seine Größenphantasien zu befriedigen – im norwegischen Bergland einen prunkvollen Hof gebaut und lebt hier, von der Welt abgeschirmt, zusammen mit einem Knecht und einer Stute. Er träumt von einer umfassenden Menschheitserneuerung, die aus der Zerstörung hervorgehen würde. Aber: »Nein. Seine Insel war umfriedet. Weshalb eingreifen in das Außen?« Statt dessen streift er mit seiner Stute durch die archaische, vorzivilisatorische Landschaft und trifft dabei auf die Bauerntochter Signe, die mit ihren Eltern und ihrem jüngeren Bruder auf einem einsamen Hof lebt. Perrudja wirbt um die mit einem anderen verlobte Signe. Sie verlangt von Perrudja, den Nebenbuhler zu töten. Da er nicht den Mut dazu hat, läßt er sich von ihrem Bruder helfen. Aus Feigheit bestreitet Perrudja in der Hochzeitsnacht seine Mittäterschaft. Signe verläßt ihn: »Vor Lügnern fürchtete sie sich. Wildheit war keine Schande. Doch Feigheit des Herzens.«

In die einsame Welt tritt eines Tages ein Fremder, Mr. Grigg, der Perrudja unbegrenzte Geldmittel zur Verfügung stellt; in Wirklichkeit ist er Abgesandter eines großen Finanz- und Industrieimperiums, das eigentlich Perrudja gehört, der so als reichster Mann der Welt über die Mittel verfügt, die Erneuerung der Menschheit ins Werk zu setzen. Dabei soll eine Gruppe Auserwählter – »Die Gesellschaft vom Goldenen Siebenstern« – den Traum vom neuen Menschen verwirklichen. Zugrunde liegt ein zivilisationskritsches Konzept, das die »Abkehr vom *rationalen Denken* hin zu einem kreatürlichen Sein« postuliert (Wolffheim) und eine partielle Auslöschung der Menschheit durch einen Krieg und eugenische Maßnahmen zur Voraussetzung hat (»Ein Teil dieser Erde muß von den alten Menschen befreit werden, mit neuen, gesunden, jungen besiedelt werden«) – und so allerdings nach Nationalsozialismus und Weltkrieg nicht weiterverfolgt werden konnte.

Die Bedeutung des Romans liegt in der Modernität seines Erzählens, das Klaus Mann ein »uferloses, entgleitendes Fabulieren« genannt hat: »polyphon, bildgewaltig, sprachschöpferisch in futuristischer Worttechnik; in abgespaltenen, sich verselbständigenden Märchen, Episoden, Geschichten die Handlung umkreisend, einkreisend« (Schweikert).

1929
Franz Werfel
Barbara oder die Frömmigkeit

W. hinterließ ein umfangreiches Erzählwerk. Nach Anfängen im Geist des Expressionismus und der Psychoanalyse (*Nicht der Mörder, der Ermordete ist schuldig. Eine Novelle.* 1920) erzielte der Musikliebhaber und Verdi-Verehrer mit *Verdi. Roman der Oper* (1924) seinen Durchbruch als Romancier, einem Roman, der mit seiner Kontrastierung von Verdi und Wagner (und ihrer jeweiligen Kunstauffassung) vor der Kulisse Venedigs W.s Sinn für »eingängige Psychologie und effektvolles Szenarium« erkennen läßt (Gunter E. Grimm).

Mit *Barbara oder die Frömmigkeit* wendet sich W. der – in die Gegenwart hineinragenden – unmittelbaren Vergangenheit zu, verbindet Individualgeschichte und Geschichte des Untergangs der österreich-ungarischen Monarchie. Der Schiffsarzt Dr. Ferdinand S., auf einem Luxusdampfer die Südspitze des Peloponnes passierend und mit »einer ganz seltenen und mächtigen *Erinnerungskraft*« begabt, verläßt die »prahlerische« Gesellschaft und gibt sich in seiner Kabine Erinnerungen hin. Erzählt wird in den insgesamt vier »Lebensfragmenten« zunächst (in der dritten Person) von Ferdinands Kindheit und dem tiefen Eindruck, den die Magd Barbara mit ihrer Demut und Frömmigkeit auf den frühverwaisten Jungen macht. Doch schon bald werden sie getrennt. Kadettenanstalt und Priesterseminar sind Ferdinands nächste Stationen. Er fühlt sich nicht zum Priestertum berufen und wechselt, bestärkt von seinem Freund Alfred Engländer, zur Medizin. Bei Kriegsausbruch meldet er sich als Freiwilliger, und der Roman weitet sich – auf der Basis eigener Erfahrungen des Dichters – zu einer breiten Schilderung von Kriegserfahrungen und der Zustände in der Nachkriegszeit mit ihren politischen, sozialen und religiösen Auflösungserscheinungen. Führer durch diese Kaffeehauswelt (»Schattenreich«) ist Ferdinands neuer Freund, der Journalist Ronald Weiß. Erst am Schluß – Ferdinand ist nach Beendigung seines Medizinstudiums in das Land seiner Kindheit zurückgekehrt – tritt Barbara, Greisin inzwischen, wieder in Erscheinung, und sie übergibt ihrem geliebten Ferdinand einen Beutel mit Goldmünzen, die sie für ihn gespart hat, Zeichen ihrer tiefen, selbstlosen Liebe. Das letzte Kapitel des Romans kehrt zur Anfangssituation auf dem Dampfer zurück. Die Vergegenwärtigung seines vergangenen Lebens – er ist jetzt 36 Jahre alt – und die Erinnerung an Barbara veranlassen Ferdinand zu einem zivilisationskritischen Ausbruch und dazu, den Beutel mit dem Gold ins Meer zu werfen: »Barbaras Gold ruht von Stund an in der Tiefe der Welt. Der Honig der heiligen Arbeitsbiene ist für ewig geschützt und dem entweihenden Kreislauf entzogen.«

Trotz derartiger sprachlicher Entgleisungen und trotz des problematischen Verhältnisses zwischen der als zentral gedachten, doch kaum den ganzen Roman tragenden Barbara-Ferdinand-Beziehung und dem weiträumigen übrigen Geschehen, behält der Roman seine Bedeutung: als Geschichte eines Helden, der nirgends dazu gehört und damit für seine ganze Zeit steht, als historisch-gesellschaftliches Panorama der untergehenden Doppelmonarchie.

1930
Lion Feuchtwanger
Erfolg

Erfolg. Drei Jahre Geschichte einer Provinz, F.s wohl bedeutendstes Werk, entstand 1927–30 und ist – noch bevor der Nationalsozialismus auch in den Wahlergebnissen als Massenbewegung erkennbar wurde – der erste deutsche Roman, »der sich intensiv mit dem Phänomen des Nationalsozialismus auseinandersetzt, nach Ursachen seines Entstehens und Wachsens, nach seiner Ideologie fragt, seine Brutalität und Gewissenlosigkeit, seine Irrationalismen und seinen politischen Terrorismus beschreibt« (Egon Brückener/ Klaus Modick).

F. verstand sein breites Panorama der gesellschaftlichen Zustände im Bayern der Nachkriegszeit (1921–24) als historischen Roman, geschrieben aus der Perspektive »des Jahres 2000«, verwirklicht allerdings mit modernen erzählerischen Mitteln wie gleitender Erzählperspektive, Nebeneinander von Figurenperspektive und auktorialem Erzählerkommentar, Einbeziehung dokumentarischen Materials und Verwendung filmischer Montagetechniken. Zugleich hat das Werk Züge eines Schlüsselromans, doch greift eine einfache Identifizierung in vielen Fällen zu kurz, denn F. geht es um typische, repräsentative Gestalten: »Um die bildnishafte Wahrheit des Typus zu erreichen, mußte der Autor die photographische Realität des Einzelgesichts tilgen.« Das heißt nicht, daß nicht unschwer Hitler und Ludendorff oder Bertolt Brecht zu erkennen wären.

Die Vielfalt der Personen und Handlungselemente läßt sich in mehrere, durch inhaltliche und personelle Beziehungen miteinander verbundene Komplexe gliedern. Da ist zunächst – als vordergründige Haupthandlung – die Geschichte des Subdirektors der staatlichen Kunstsammlungen in München, Dr. Martin Krüger, der wegen seiner fortschrittlichen Gesinnung und Ankaufspolitik in einen schmutzigen Meineidsprozeß verwickelt und dank eines Zusammenspiels von reaktionärer Politik, politischer Justiz, korrupter Polizei und ›gesundem Volksempfinden‹ unschuldig zu einer mehrjährigen Zuchthausstrafe verurteilt wird. Seine Freundin Johanna Krain kämpft mit allen Mitteln für seine Rehabilitierung, doch ihre von verschiedenen Helfern unterstützten Bemühungen bleiben vergeblich. Krüger stirbt an Herzversagen, bevor eine geplante Amnestierung (auf Druck eines amerikanischen Millionärs, auf dessen Geld das Land Bayern angewiesen ist) in die Tat umgesetzt wird.

Am Schicksal Krügers – und den bayerischen Verhältnissen – entwickelt sich eine durch den ganzen Roman sich hinziehende Diskussion über die Funktion der Kunst in der Gesellschaft, wobei als wichtigste Repräsentanten Johanna Krains Freund Jacques Tüverlin (eine Art Selbstporträt F.s) und der marxistische Balladendichter Pröckl in seiner unpraktischen Lederjacke (Ähnlichkeit mit Brecht nicht zufällig) auftreten. Hier fällt auch der programmatische, Marx abwandelnde Satz, daß das einzige Mittel, die Welt zu ändern, darin bestehe, sie zu erklären: »Ich glaube an gutbeschriebenes Papier mehr als an Maschinengewehre.« Und so führt die Entwicklung Tüverlins vom Ästheten zum engagierten Schriftsteller zu seinem *Buch Bayern* über den Fall Krüger und seine Hintergründe, während Johanna Krain einen Film über das Justizopfer dreht. Der Erfolg – daher der Romantitel – der beiden Werke macht F.s »Hoffnung plausibel, mittels Kunst (als Ausdruck sinnstiftender Vernunft) den Prozeß gesellschaftlichen Fortschritts voranzubringen« (Frank Dietschreit).

Parallel zur Entwicklung des Falles Krüger entsteht ein Bild der bayerischen Politik mit ihrem reaktionären, klerikal-konservativen Filz, der Klassenjustiz, dem Antisemitismus, der wirtschaftlichen Entwicklung (Inflation), der Agitation gegen die Republik und der halboffiziellen Unterstützung illegaler Waffenverbände, den Fememorden und – zentral – dem Aufstieg der »Wahrhaft Deutschen« und ihres Führers Rupert Kutzner, unterstützt von interessierten politischen Kreisen und der Großindustrie, »weil sie den Roten Leute wegfangen«. Der Putsch von 1923 (Kapuzinerbräu = Bürgerbräukeller) scheitert freilich kläglich, weil sich die politische Situation (Ruhrbesetzung) inzwischen entspannt hat und die Industrie wie die bayerischen Politiker ihre Unterstützung zurückziehen. Die Schilderung der Bewegung der »Wahrhaft Deutschen« ist nicht ohne satirische Züge; ihre Leistung besteht darin, daß hier über die politischen und ökonomischen Faktoren des Aufstiegs des Nationalsozialismus hinaus die sozialpsychologischen Voraussetzungen – verängstigtes, labiles Kleinbürgertum, Antisemitismus – und die Mechanismen des Zusammenspiels von Großindustrie bzw. reaktionärer Politik und Justiz auf der einen Seite und den kriminellen »Wahrhaft Deutschen« auf der anderen Seite hellsichtig analysiert werden. Es wundert nicht, daß *Erfolg* in der größenteils rechtsgerichteten deutschen Presse auf heftige Ablehnung stieß. Der *Völkische Beobachter* sah es voraus: »Nach dieser Leistung bleibt dem Löb Feuchtwanger wohl nur noch zu bescheinigen, daß er sich einen zukünftigen Emigrantenpaß reichlich verdient hat.«

F. ließ zwei weitere zeitgeschichtliche Romane folgen, die den Beginn der Judenverfolgung (*Die Geschwister Oppermann*, 1933) und die Situation der Exilierten (*Exil*, 1940) behandeln. Rückblickend faßte sie F. – mit *Erfolg* – zu einer Trilogie unter dem Titel *Der Wartesaal* zusammen: »Inhalt des Roman-Zyklus sind die Geschehnisse in Deutschland zwischen den Kriegen von 1914 und 1939, das heißt, der Wiedereinbruch der Barbarei in Deutschland und ihr zeitweiliger Sieg über die Vernunft. Zweck der Trilogie ist, diese schlimme Zeit des Wartens und des Übergangs [...] für die Späteren lebendig zu machen« (Nachwort F.s zu *Exil*).

1930
Hugo von Hofmannsthal
Andreas oder Die Vereinigten

Neben der Erzählung *Die Frau ohne Schatten* (1919), einem von H. als »Allegorie des Sozialen« bezeichneten Märchen von Treue, Prüfung, Läuterung, Erlösung und Verwandlung, gehört das Romanfragment *Andreas oder Die Vereinigten* zu H.s bedeutendsten Prosadichtungen, ein Werk, das mit der sinnlichen Schönheit und klassischen Harmonie seiner Sprache allein genügen würde, H. »einen Platz unter den großen deutschen Prosaisten zu sichern« (Werner Volke). – Neben der ausgeführten Eingangspartie des Romans, *Die wunderbare Freundin* überschrieben und 1930 in der Zeitschrift *Corona* zuerst erschienen, sind umfangreiche Aufzeichnungen und Entwürfe erhalten (teilweise schon 1932 in der von Jakob Wassermann besorgten Buchausgabe veröffentlicht), die den Gesamtplan im großen und ganzen erkennen lassen. – Richard Alewyn hat als eine der entscheidenden Quellen das Buch eines amerikanischen Psychiaters nachgewiesen (Morton Prince: *The Dissociation of a Personality*, 1906).

Als der junge Wiener Bagatelladelige Andreas von Ferschengelder, von seinen Eltern auf eine

Bildungsreise geschickt, am Morgen des 17. September 1778 von einem Barkenführer irgendwo in Venedig abgesetzt wird, hat er sein erstes schmerzliches Abenteuer bereits hinter sich. In seinem Quartier, das ihm ein spielsüchtiger Chevalier bei einer verarmten Grafenfamilie beschafft hat (der Graf ist Lampenputzer im Theater, die Gräfin Logenschließerin, die eine Tochter – Nina – Schauspielerin, die andere – Zustina – verlost ihre Jungfernschaft in einer Lotterie für die bessere Welt), gehen Andreas die Erlebnisse der vergangenen Tage durch den Kopf. Willensschwach, zwischen Traum und Wachen lebend, ungefestigt, mit sich und der Welt zerfallen, hat er in der ersten Bewährungsprobe versagt. Die Verstrickung mit dem bösen Bedienten Gotthilff, der ihm selbst innewohnende Abgründe ans Licht bringt, die Begegnung mit der jungen, in sich selbst ruhenden, ›ganzen‹ Romana auf dem Finazzerhof in der reinen Bergwelt Kärntens machen ihm seine Gespaltenheit schmerzlich bewußt: »hierbleiben kann ich nicht, aber wiederkommen kann ich […], und bald, als der Gleiche und als ein Anderer.«

Venedig, die Stadt der Masken mit ihrer Atmosphäre des Unwirklichen, Undurchsichtigen und Unerwarteten, ist der Ort, wo Andreas, der grenzenlos Beeinflußbare und Empfängliche, zu sich selbst, zur Einheit von Körper und Geist finden soll. Die Personen, die bei diesem Prozeß der Vereinigung mit sich selbst eine besondere Rolle spielen, sind der Malteserritter Sacramozo, der ihm als Vorbild dient, und das Doppelwesen Maria/Mariquita, eine in zwei gegensätzliche Hälften gespaltene Persönlichkeit, deren verwirrender erster Auftritt noch geschildert wird, bevor das Fragment abbricht. Indem Andreas durch die Liebe, so etwa deutet sich der weitere Verlauf an, den Riß in der/den Geliebten heilt, so überwindet er auch die eigene Spaltung: »Heilend heilt er sich selbst« (Alewyn). Damit wäre dann auch eine Vereinigung mit Romana möglich.

Jakob Wassermann hat Andreas, den er als den österreichischen Wilhelm Meister rühmte, zu Recht in die Tradition des deutschen Bildungs- und Erziehungsromans gestellt.

1930
Edlef Köppen
Heeresbericht

Man hat K.s Antikriegsroman *Heeresbericht* den »literarisch wohl avanciertesten Kriegsroman der Weimarer Republik« genannt (Herbert Borne-

busch); den Erfolg der zwei Jahre zuvor erschienenen Romane Erich Maria Remarques und Ludwig Renns konnte er freilich nicht wiederholen.

K.s Roman erzählt die stark autobiographisch getönte Geschichte des Adolf Reisiger, der sich als 21jähriger freiwillig zum Kriegsdienst meldet und als Kanonier an der Westfront im Lauf der Jahre zum Leutnant aufsteigt, zugleich jedoch zunehmend Schwierigkeiten hat, die desillusionierenden Erfahrungen zu verarbeiten, sich allmählich von der offiziellen Kriegsideologie löst und schließlich erklärt, »daß er den Krieg für das größte aller Verbrechen hält« und dafür ins Irrenhaus gesperrt wird. Eine zweite Ebene, die den Krieg als gesellschaftliches und politisches Geschehen sichtbar macht, erhält der Roman dadurch, daß sich K. die Technik der Montage zunutze macht und die Erzählung, die Kriegsbiographie seines Helden, durch eine Fülle von (echten und fiktiven) Dokumenten unterschiedlichster Art (Kaiserworte, Zeitungsausschnitte, Werbetexte, Speisekarten, Erlasse und Verfügungen der militärischen Führung, Heeresberichte, expressionistische Gedichte, Zitate aus Büchern usw.) kommentarlos – und doch auf vielfache Weise aufklärend – unterbricht. Es entsteht so einerseits ein Bild des öffentlichen Bewußtseins und seiner Manipulation durch planvolle Verfälschung der Wahrheit, durch ideologische Indoktrination und Propaganda, andererseits erreicht K. durch die Montagetechnik, die Diskrepanzen nicht nur zwischen Erzähltext und dokumentarischem Material, sondern auch zwischen einzelnen Dokumenten selbst sichtbar macht, »ein hohes Maß an Authentizität, Objektivität und Sachlichkeit im Aufzeigen der Widersprüche zwischen Manipulation und Wahrheit, Ideologie und Realität« (Michael Gollbach).

»Sagen Sie nicht, Leser«, schrieb Ernst Toller 1930, »Sie hätten genug Kriegsbücher gelesen, Sie wollen vom Krieg nichts mehr wissen. Sie können nicht genug von der Realität eines Zustandes erfahren, der für Europa im Moment Vergangenheit ist, aber morgen wieder Gegenwart sein wird.« 1935 wurde *Heeresbericht,* als *Higher Command* 1931 ins Englische übersetzt, verboten.

1930
Joseph Roth
Hiob

Nach einer Reihe von Zeitromanen, die seinem Debut *Hotel Savoy* (1924) gefolgt waren, erzielte R. mit *Hiob. Roman eines einfachen Mannes* seinen literarischen Durchbruch, einem Werk, das sich thematisch von der unmittelbaren Zeitgeschichte entfernte und sich – mit dem biblischen Muster im Hintergrund – der Welt des galizischen Judentums zuwandte, der R. entstammte.

Der zweiteilige Roman erzählt von Mendel Singer (»Er war fromm, gottesfürchtig und gewöhnlich, ein ganz alltäglicher Jude«), der mit seiner Frau Deborah und seinen vier Kindern als Lehrer in dem wolhynischen Dorf Zuchnow lebt. Die Prüfungen beginnen mit der Geburt des jüngsten Sohnes, Menuchim, einem (scheinbar) schwachsinnigen Epileptiker. Als den ältesten Söhnen der Militärdienst droht, wandert Schemarjah nach Amerika aus, während sich Jonas der dem Glauben zuwiderlaufenden Einberufung nicht widersetzt. Als sich die freiheitsliebende Tochter Mirjam mit einem Kosaken einläßt, beschließt Mendel Singer, weiterem Unheil durch eine Auswanderung nach Amerika zu entgehen, zu der ihn sein dort lebender Sohn animiert. Der fortschreitende Auflösungsprozeß der ostjüdischen Stetl-Welt wird deutlich. Menuchim muß zurückbleiben. In New York treffen die Familie weitere Schicksalsschläge. Beide Söhne fallen im Krieg (der eine in der amerikanischen, der andere in der russischen Armee), Mendels Frau stirbt vor Gram und die Tochter wird wahnsinnig. Singer verliert seinen Glauben, doch während er verzweifelt im Kreis einiger Freunde lebt, erreicht ihn in einer märchenhaften Wendung die Gnade Gottes. Der berühmte Komponist und Kapellmeister Alexej Kossak aus Zuchnow sucht ihn auf und gibt sich als sein genesener Sohn Menuchim zu erkennen. Im Einverständnis mit Gott und der Welt schläft Mendel ein: »Und er ruhte aus von der Schwere des Glücks und der Größe der Wunder.« *Hiob*, der so tröstlich endende Roman der Heimatlosigkeit und der Glaubenskrise, wurde R.s erfolgreichstes Buch.

1930
Carl Zuckmayer
Der Hauptmann von Köpenick

Während Z.s Volksstücke nach dem *Fröhlichen Weinberg* (1925) verstärkt sentimentale Züge und eine Neigung zu romantischen Klischees von Volkstümlichkeit erkennen lassen (*Schinderhannes,* 1927; *Katharina Knie,* 1928), gelingt ihm mit dem *Hauptmann von Köpenick. Ein deutsches Märchen in drei Akten* (Druck 1930; Uraufführung Deutsches Theater Berlin, 5. 3. 1931) eine bruchlose Verbindung von Komödie und Zeitsatire. Es ist eine Dramatisierung der Geschichte des Schusters Wilhelm Voigt, der insgesamt 30 Jahre im Gefängnis verbracht hatte und 1906, als Hauptmann verkleidet, mit einer Abteilung Soldaten von Tegel zum Köpenicker Rathaus marschierte, den Bürgermeister verhaftete und mit dem Inhalt der Gemeindekasse in einer Droschke davonfuhr (dafür zu vier Jahren Gefängnis verurteilt wurde und nach seiner frühen Begnadigung sein Schicksal vermarktete).

Wie Z. schreibt, bilden die »tatsächlichen Begebenheiten [...] nur den Anlaß« des Stücks, das parallel zur Geschichte des Schusters die der Hauptmannsuniform erzählt und so ein Panorama der preußischen Gesellschaft ermöglicht, »die, so scheint es, den Tanz um die Uniform angetreten hat« (Hans Wagener). Das beginnt schon in der 1. Szene des 1. Aktes (Akt 1 spielt um 1900), in der Hauptmann von Schlettow in einem Potsdamer Geschäft seine neue Uniform anprobiert, während der gerade aus dem Gefängnis entlassene Voigt als Bettler hinausgeworfen wird. Voigt, der weder Arbeit noch eine Aufenthaltsgenehmigung hat und das eine nicht ohne das andere bekommen kann, wird aus Verzweiflung wieder kriminell und bricht mit Kalle in einem Polizeirevier ein. Dafür kommt er wieder ins Zuchthaus. Als er nach zehn Jahren entlassen wird, versichert ihm der Direktor, seine militärische Ausbildung (im Gefängnis) werde ihm »im späteren Leben einmal von Nutzen sein« (2. Akt). Voigt findet Aufnahme bei seiner Schwester und ihrem Mann, dem kleinen Beamten Friedrich Hoprecht, doch der erneute Versuch, im bürgerlichen Leben Fuß zu fassen, scheitert ebenfalls. Voigt wird ausgewiesen und beschließt zu handeln – überzeugt davon, daß mit dem preußischen Staat etwas nicht in Ordnung ist. Er kauft in »Krakauers Kleiderladen« eine gebrauchte Hauptmannsuniform (3. Akt): dieselbe, bei der am Anfang des Stückes der Hauptmann von

Schlettow die Gesäßknöpfe versetzen ließ und die in der Zwischenzeit über verschiedene andere Besitzer zu dem Kleiderjuden gelangt ist. Voigt, nun in Uniform, hält einen Trupp Soldaten an, zieht damit zum Köpenicker Rathaus, nimmt den Bürgermeister Obermüller gefangen (als Reserveoffizier auch ein ehemaliger Träger der Uniform) und läßt ihn zur Wache nach Berlin befördern. Da es aber in Köpenick keine Paßabteilung gibt, bedient sich Voigt aus der Gemeindekasse und entläßt die Soldaten. Er stellt sich der Polizei unter der Bedingung, daß er nach seiner Entlassung einen Paß erhält.

»Wissense, [...] sone Uniform, die macht det meiste janz alleene«, erklärt Voigt dem Kriminal-Direktor, der sich über das Geschehene wundert. Voigt, Opfer der menschenfeindlichen Staatsmaschinerie, hat die wilhelminische Obrigkeitsgläubigkeit und den preußischen Kadavergehorsam der Lächerlichkeit preisgegeben, indem er seine Einsicht in die Mechanismen des Systems dazu benutzte, es zu unterlaufen. In der Person des ›Hauptmanns‹ vereinigen sich eulenspiegelhafte Züge mit denen der leidenden Kreatur; Märchenhaftes wird integriert, um die Komödie »über den Anlaß hinaus mit überzeitlichem Wahrsinn zu füllen« (Z.). Dabei besteht allerdings die Gefahr, daß die märchenhaften und komödiantischen Züge – und die Neigung zum Sentimentalen – der satirisch-sozialkritischen Intention die Spitze nehmen.

Z.s bühnenwirksamstes und erfolgreichstes Stück wurde mehrmals verfilmt (u.a. 1956 unter der Regie von Helmut Käutner mit Heinz Rühmann).

1930–32
Robert Musil
Der Mann ohne Eigenschaften

M.s erzählerisches Hauptwerk, seit 1923 im Mittelpunkt seiner literarischen Arbeit, blieb trotz seines großen Umfangs Fragment. Im Herst 1930 erschien der 1. Band mit den Teilen *Eine Art Einleitung* und *Seinesgleichen geschieht;* Ende 1932 (mit der Jahreszahl 1933) folgte ein unvollständiger 2. Band, der mit dem 38. Kapitel des 3. Teils *(Ins tausendjährige Reich)* abbricht. Martha Musil gab aus dem Nachlaß 1943 weitere 40 Kapitel heraus, und Adolf Frisé fügte in seiner Ausgabe von 1952 zusätzliche Kapitel (aus verschiedenen Schaffensperioden) hinzu und komponierte auf eine höchst umstrittene Weise den Abschluß des 3. und einen 4. Teil. – Thematische Beziehungen

verbinden den *Mann ohne Eigenschaften* mit früheren Texten, den *Verwirrungen des Zöglings Törleß* (1906) und den Erzählungen der Bände *Vereinigungen* (1911) und *Drei Frauen* (1924), wobei es nicht zuletzt um die Erkenntnis einer anderen Wirklichkeit und um ›Vereinigung‹ geht: im Hinblick auf das Verhältnis von Mann und Frau, aber auch auf das der literarischen Figuren zu sich selbst.

Die ›Handlung‹ des Romans setzt im August 1913 ein und stellt in seinen ersten beiden Teilen eine satirische Abrechnung mit den Ideologien der Vorkriegsjahre dar. Sichtbar gemacht wird die geistige Verfassung der Zeit durch die mit erzählerischen und essayistischen Mitteln kunstvoll inszenierte Kontrastierung der Hauptgestalt Ulrich, das ist der Mann ohne Eigenschaften, mit den Planern und Mitläufern der sogenannten »Parallelaktion« und einiger anderer Personenkreise. Ulrich, zu Beginn 32 Jahre alt, hat nach drei Versuchen, »ein bedeutender Mann« zu werden, beschlossen, »sich ein Jahr Urlaub von seinem Leben zu nehmen, um eine angemessene Anwendung seiner Fähigkeiten zu suchen«. Er zieht sich in eine passive, reflektierende Haltung zurück und erscheint, weil er seine Fähigkeiten nicht in die Wirklichkeit einbringt, als Mann ohne Eigenschaften. Damit ist er aber auch offen für die verschiedensten philosophischen und geistesgeschichtlichen Positionen, die in vielfältiger Weise kombiniert werden (Nietzsche, Ernst Mach, Ludwig Klages, Sigmund Freud, Oswald Spengler u.a.). Fehlt es dem Helden an »Wirklichkeitssinn«, so ist er andererseits mit einem »Möglichkeitssinn« ausgestattet, d.h. ihm bedeutet das Mögliche mehr als die Verfestigungen der Wirklichkeit: »und wenn man ihm von irgend etwas erklärt, daß es so sei, wie es sei, dann denkt er: Nun, es könnte wahrscheinlich auch anders sein.« Auch seine Rolle als Sekretär der »Parallelaktion« ist eine eher beobachtende: Es geht dabei um die Tätigkeiten eines Festkomitees, das die Feiern des 70jährigen Thronjubiläum Kaiser Franz Josefs I. im Jahr 1918 vorbereitet und dabei nach Möglichkeit die zu erwartenden parallelen deutschen Veranstaltungen zum 30jährigen Regierungsjubiläum Wilhelms II. zu übertreffen sucht. Hauptakteure sind Graf Leinsdorf, der schöngeistige deutsche Industrielle und »Großschriftsteller« Arnheim (ein Porträt Walther Rathenaus) – »Vereinigung von Kohlenpreis und Seele« –, die empfindsame Ermelinda Tuzzi, von Ulrich Diotima genannt, Frau des Sektionschefs Tuzzi und in platonischer Liebe Arnheim zugetan. Dieses Komitee mit seinen vor dem Hintergrund der wahren Ereignisse von 1918 um so grotesker wirkenden Bemühungen, mit seinen hohlen Phrasen und seiner aus der Sprachlosigkeit geborenen Idee einer – undefinierten – »Tat« erscheint als »Abbild einer in sich gespaltenen, die Einheit von Geist und Tat verfehlenden Gesellschaft, aus der Gewalt hervorgeht, v. a. die des Kriegs. Auch wenn der Roman im Jahr vor dem Ausbruch des Ersten Weltkriegs spielt, reflektiert er zugleich die Zeit seiner Entstehung und damit auch die Vorgeschichte der nationalsozialistischen Machtergreifung« (Thomas Anz).

Eine Überwindung dieser Spaltung von Sprache und Handeln, dieses falschen Bewußtseins deutet sich in Gestalten wie der ekstatischen Nietzsche-Verehrerin Clarissa oder dem Prostituiertenmörder Moosbrugger an: beide sind freilich wahnsinnig. Aber, so Ulrich über Moosbrugger: »wenn die Menschheit als Ganzes träumen könnte, müßte Moosbrugger entstehen.« Ist Moosbrugger auch das Sinnbild einer aus den Fugen geratenen Welt, so verwirklicht er in seinen Wahnvorstellungen doch etwas von dem von Ulrich ersehnten »anderen Zustand«, der utopischen Aufhebung der Gegensätze und Spaltungen des modernen Bewußtseins – nicht in einer ›klassischen‹ Harmonie, sondern erfahrbar nur als »augenblickhaftes Innewerden einer anderen Wirklichkeit« (Wolfdietrich Rasch). Dieser »andere Zustand« und der scheiternde Versuch, ihn in einer mystischen Liebe mit seiner Schwester Agathe zu leben, ist Gegenstand des 2. Bandes *(Ins tausendjährige Reich),* wobei freilich der genaue Fortgang der Handlung – Inzest oder nicht beispielsweise – ungesichert ist.

M. bezeichnete seinen Roman als einen »Essay von ungeheuren Dimensionen«, und an anderer Stelle steht der Satz: »Die Geschichte dieses Romans kommt darauf hinaus, daß die Geschichte, die in ihm erzählt werden soll, nicht erzählt wird.« In diesen Äußerungen spiegelt sich der Verzicht auf eine (ursprünglich geplante) linear erzählte autobiographische Geschichte zugunsten eines der Reflexion breiten Raum gewährenden Versuchs, der Komplexität der modernen Welt, für die »Kakanien« steht, durch ein vielfältiges Beziehungsgeflecht von Handlungssträngen, Motivkomplexen und Personenkonstellationen gerecht zu werden: »Die Fragmentarisierung des Textes, des einzelnen Ichs und der wahrgenommenen Welt entsprechen einander« (Anz).

1931
Hans Carossa
Der Arzt Gion

C. verdankt(e) seine Beliebtheit bei einem bildungsbürgerlichen Publikum seinem Traditionalismus, seinem Versuch, in Zeiten großer Umwälzungen und Umbrüche am Überlieferten festzuhalten und die Moderne auszuschalten. Orientierungspunkt ist Goethe und sein organisches Entwicklungsdenken, Dichter wie Mörike und Stifter gelten als Zeugen für eine idyllisch versöhnte Welt. So ist C.s Lyrik der klassisch-romantischen Tradition verpflichtet, seine autobiographische Prosa wie seine (ebenfalls autobiographisch geprägten) Romane und Erzählungen Goetheschen Erzählmustern.

Zu seinen erfolgreichsten Werken gehört die »Erzählung« *Der Arzt Gion* (Gion = Hans). Sie erzählt von Dr. Gion, einem Stadtarzt, seiner beruflichen Tätigkeit und seiner Beziehung zur Bildhauerin Cynthia. Es ist die Zeit nach dem Ersten Weltkrieg, und Gion gehört zu denen, die den Untergang erlebt haben und »eine neue Verantwortlichkeit« fühlen, »als wären sie die letzten Menschen und müßten das Leben, gleich einer beschädigten Leihgabe, in möglichst wiederhergestellter Form dem Schöpfer zurückliefern«. Von einem Landarzt geschickt, erscheint die schwangere Magd Emerenz in der Praxis. Sie leidet unter Leukämie und soll ihr Kind nicht austragen. Emerenz ist unverheiratet, der Vater des Kindes gestorben. Die mütterliche Magd erregt die Aufmerksamkeit der Bildhauerin Cynthia, die über der Praxis ihr Atelier – »Vorhof der Besinnung« genannt – hat. Doch Gion erklärt ihr, daß Emerenz Modellsitzen für Sünde halten würde und damit recht hätte. Daß sie ihn daraufhin mit Hammer und Meißel bewirft, sieht er als Lösung einer seelischen »Starre«, Folge einer schweren Erkrankung. Bald nimmt Gion eine Veränderung bei Cynthia wahr, die mit Emerenz in Verbindung geblieben ist und sich unter ihrem Eindruck weiblicher gibt und kleidet. Die Magd gebiert in Cynthias Atelier ihr Kind, ein Mädchen, und stirbt kurz darauf. Cynthia hält die Totenwache, kommt – durch zerspringende Tonfiguren erschreckt und voll von Schuldgefühlen – zu Gion. Nach dem Eingeständnis ihrer Liebe und einem langen, heilenden Schlaf gelingt Cynthia, zur Künstlerin und Frau gereift, ein Bildnis der toten Mutter. Das Kind wird erst im Kloster, dann bei Emerenz' Dienstherrin aufgezogen. Gion und Cynthia heiraten (»Die Zukunft begann in ihnen zu glühen«), und mit einer Reihe von Lebensmaximen Gions (»In der Erziehung vermeidet er nach wie vor das Gewaltsame. Gesundheit hält er für den Urgrund aller Tugenden« usw.) geht der kleine Roman harmonisch-idyllisch zu Ende.

1931
Ödön von Horváth
Geschichten aus dem Wiener Wald

Seinen ersten großen Bühnenerfolg hatte H. mit dem Volksstück *Italienische Nacht* (1931), das in der Konfrontation von Sozialisten und Faschisten »gegen die vor allem in Deutschland sichtbare Versumpfung, den Gebrauch politischer Schlagworte« (H.) satirisch-entlarvend vorgeht. H.s Programm der »Demaskierung des Bewußtseins«, bei dem die Sprache die entscheidende Rolle spielt, findet dann seine exemplarische Verwirklichung in dem »Volksstück in drei Teilen« *Geschichten aus dem Wiener Wald* (Uraufführung am 2. 11. 1931 im Deutschen Theater, Berlin; Druck im selben Jahr). H. erhielt dafür auf Vorschlag Carl Zuckmayers den Kleist-Preis.

Marianne, Tochter eines »Zauberkönig« genannten Spielwarengeschäftsbesitzers, ist dem ungeliebten Fleischhauer Oskar versprochen, der nebenan in einer stillen Straße im 8. Wiener Bezirk sein Geschäft betreibt. Hier befindet sich auch eine kleine Tabak-Trafik, die von der reifen Valerie geführt wird. Ihr Freund Alfred wiederum, der von Rennwetten und dunklen Geschäften lebt, lernt Marianne kennen und beteiligt sich an der Ausflugspartie in den Wiener Wald und an die schöne blaue Donau, wo die Verlobung Oskars und Mariannes gefeiert werden soll. Marianne meint, in Alfred ihr wahres Glück zu finden und läßt die Verlobung platzen, während Valerie den mit dem »Zauberkönig« verwandten reichsdeutschen (und völkisch gesinnten) Studenten Erich verführt. Der »Zauberkönig« verstößt seine Tochter, die Alfred jedoch allmählich lästig wird. So sorgt er dafür, daß ihr Kind zu seiner Mutter in die Wachau abgeschoben wird und Marianne, die keinen Beruf gelernt hat, im Kabarett »Maxim« unterkommt, wo sie sich halbnackt in ›lebenden Bildern‹ sehen läßt. Nach einem Diebstahl wird sie verurteilt und ins Gefängnis gesteckt. Man arrangiert eine Versöhnung, so daß sie nach ihrer Entlassung ins Vaterhaus zurückkehren kann. Und auch Oskar, der gemütliche Fleischhauer, kann zufrieden sein, denn das Kind ist inzwischen gestorben, das für ihn das

einzige Hindernis war, seine Marianne doch noch zu nehmen. Und zu allem und überall ertönen Walzerklänge und Verwandtes ...

Das eigentliche Geschehen spielt sich in der Sprache ab, in einem unechten, geliehenen »Bildungsjargon« (H.), der sich nach H. aus der »Zersetzung der eigentlichen Dialekte« gebildet habe und in dessen Phrasen und Sprüchen sich die Kleinbürgermentalität in ihrer Entfremdung und ihren Illusionen unfreiwillig demaskiere. Hinter der verlogen-gemütlichen Fassade von Familie, Geschäft, Vergnügen (Heuriger!) stecken Egoismus, Unterdrückung (der Frauen), Sentimentalität und Brutalität, ganz zu schweigen von Ganoventum, Rassismus und Faschismus – eine kitschig-verfremdete, doch tödliche Idylle, aus der kein Entkommen ist: »das bitterste, das böseste, das bitterböseste Stück neuerer Literatur« (Kurt Pinthus).

1931
Erich Kästner
Fabian

Diese »Geschichte eines Moralisten« des vor allem als Kinderbuchautor lebendig gebliebenen Autors (*Emil und die Detektive,* 1928 u. a.) gehört zu den nicht sehr zahlreichen satirischen Romanen der deutschen Literatur des 20. Jh.s. Hintergrund des *Fabian* sind die politischen und wirtschaftlichen Krisenerscheinungen um 1930; paradigmatisch für die auch sittlich und moralisch aus den Fugen geratene Welt steht das »Irrenhaus« Berlin: »Im Osten residiert das Verbrechen, im Zentrum die Gaunerei, im Norden das Elend, im Westen die Unzucht, und in allen Himmelsrichtungen wohnt der Untergang.«

Der Roman führt den Titelhelden Dr. Jakob Fabian (zu Beginn Werbetexter, dann arbeitslos) in raschem Tempo durch verschiedene Bereiche der Berliner Gesellschaft. Fabian, der sich als »Moralist« sieht und »auf den Sieg der Anständigkeit« wartet wie ein »Ungläubiger auf Wunder«, ist ein scharfer Beobachter (der Oberfläche). Er läßt sich zwar im Sexuellen auf das ›Leben‹ ein, engagiert sich aber im übrigen als eine Art ›freischwebender‹ Intellektueller nicht und findet so auch keinen Halt. Er blickt hinter die Fassade bürgerlicher Moral und kapitalistischen Unternehmertums, verkehrt in zweifelhaften Etablissements, beobachtet Journalisten bei gewissenloser Nachrichtenmanipulation, bringt – ausgewogen – einen Nazi und einen Linken, die sich gegenseitig angeschossen haben, ins Krankenhaus und trifft bei einer lesbischen Künstlerin Dr. Cornelia Battenberg, die ihn aber nach einer kurzen Zeit des Glücks zugunsten eines Filmmagnaten verläßt, der ihr eine Karriere als Schauspielerin verheißt. Verbunden mit diesen episodenhaft geschilderten Handlungsmomenten ist die Geschichte von Fabians Freund Labude, der seine Braut verliert und sich umbringt, als ihm ein neidischer Assistent fälschlicherweise die Ablehnung seiner Habilitationsschrift über Lessing mitteilt, »ein Scherz«. Der arbeitslose, desillusionierte Moralist und Melancholiker fährt in seine Heimatstadt zurück und nimmt ein symbolisches Ende, als er einen in den Fluß gefallenen Jungen zu retten versucht: »Der kleine Junge schwamm heulend ans Ufer. Fabian ertrank. Er konnte leider nicht schwimmen.«

Im Scheitern des Helden zeigt sich die Unmöglichkeit einer moralischen Existenz in der vom Verfall bedrohten Gesellschaft. K. (in der 3. Person) über die Intention, die er mit dem Roman verfolgte: »Er wollte warnen. Er wollte vor dem Abgrund warnen, dem sich Deutschland und damit Europa näherten!« Daß der gelegentlich ins Sentimentale abgleitenden Warnung eine Perspektive fehlt, haben linke Kritiker seit Walter Benjamin (*Linke Melancholie,* 1937; bezogen auf K.s Lyrik) moniert.

1931–32
Hermann Broch
Die Schlafwandler

B.s Roman über den von ihm diagnostizierten kulturellen Zerfallsprozeß (»Zerfall der Werte«) besteht aus den Teilen *1888. Pasenow oder die Romantik* (1931), *1903. Esch oder die Anarchie* (1931) und *1918. Huguenau oder die Sachlichkeit* (1932). Zwischen den einzelnen Stadien des Zerfallsprozesses, der im Untergang der alten Welt im Jahr 1918 kulminiert, liegt jeweils eine halbe Generation, die der jeweiligen Ära zugeschriebenen Kennzeichen (Romantik, Anarchie, Sachlichkeit) finden ihren Niederschlag auch in Stil und Erzählhaltung. Dabei erweist sich B. als ein den neuen erzählerischen Techniken (innerer Monolog, erlebte Rede, Montage) und dem Beispiel von Alfred Döblin, John Dos Passos und James Joyce verpflichteter Romancier (was ihn aber nicht an Fontane-Assoziationen in *Pasenow* hindert).

Pasenow. Im Mittelpunkt der Handlung, die im Berlin des ausgehenden 19. Jh.s und in der Welt des preußischen Landadels und des Militärs spielt, steht der junge Leutnant Joachim von Pa-

senow. Er spürt die Fragwürdigkeit der Tradition, in die er hineingeboren ist, doch reflektiert er diesen Umstand nicht, sondern sucht sich der bedrohlichen anarchischen Wirklichkeit durch die Flucht in entleerte, abgestorbene Lebensformen zu entziehen. Die Uniform, die ihn als »Futteral«, als »eine zweite und dichtere Haut« vor der Anarchie des Lebens schützt, wird zum Symbol dieser Haltung (und wenn, wie hier, etwas Irdisches zum Absoluten erhoben wird, so ist das nach B. »Romantik«). Pasenows Haltung wird von zwei Seiten bedroht: durch seinen Freund Eduard von Bertrand, der den Militärdienst quittiert hat, Kaufmann geworden ist und in seiner ästhetischen Lebenshaltung auf andere Weise die Wirklichkeit verfehlt, und durch Ruzena, ein böhmisches Animiermädchen, mit dem er eine Liebesaffäre hat. Doch Pasenow kehrt wieder in seine Kreise zurück, ›schützt‹ Elisabeth, die Tochter eines benachbarten Gutsbesitzers, vor Bertrand und heiratet sie. Kontrastierend zu Ruzena stilisiert er sie zu einem Engel an Reinheit und Tugend und verbringt – das Dilemma seiner Lebensfiktionen präzise und komisch zugleich illustrierend – die Hochzeitsnacht in Uniform am Bett seiner Frau.

Esch. Die Handlung spielt zwischen Köln und Mannheim im Kleinbürgermilieu, das dem sozialen Wandel und der ökonomischen Unsicherheit besonders stark ausgesetzt ist. Der Buchhalter Esch, in Köln zu Unrecht entlassen, findet in Mannheim eine neue Stellung, kann jedoch die Erfahrung nicht vergessen und sieht fortan überall in der Wirklichkeit »Buchungsfehler«. Zu irgendwelchen Erkenntnissen stößt er nicht vor und flüchtet sich statt dessen in utopische Erwartungen und Ersatzlösungen. Dazu gehören die (dumpf sexuelle) Liebe zur Kneipenwirtin Mutter Hentjen, Auswanderungspläne (Amerika), die Hinwendung zum Religiös-Sektiererischen und zum dubiosen Milieu von Schaustellern und Damenringkämpfen. Den Hauptschuldigen glaubt er in dem inzwischen zum Industriellen aufgestiegenen Bertrand zu finden, der in einer Villa bei Badenweiler wohnt. Eschs Fahrt zu Bertrand, als eine Traumreise geschildert, und die Konfrontation mit Bertrand führt zwar letztlich dazu, daß dieser die Konsequenz aus seiner die Wirklichkeit verfehlenden ästhetischen Lebenshaltung zieht und Selbstmord begeht, Esch sich jedoch weiter in seinen erotischen und sektiererischen Ersatzlösungen einrichtet.

Huguenau. Die Handlung, die Lebensläufe aus den vorigen Bänden aufnimmt und mit neuen verbindet, spielt am Ende des Ersten Weltkriegs in einem kleinen Städtchen an der Mosel. Joachim von Pasenow ist Stadtkommandant, Esch Besitzer und Redakteur einer kleinen Zeitung; beide finden in ihrem religiösen Sektierertum zusammen. Der Deserteur Huguenau, ein Geschäftsmann ohne jede Bindung an Werte, gelangt zufällig ins Städtchen. Er sondiert die Lage, bekommt Eschs Zeitung in die Hand, schüchtert Pasenow ein, der von seiner Desertion erfährt, bringt Esch während der Revolutionsunruhen im November 1918 um, vergewaltigt dessen Frau (Mutter Hentjen) und verläßt das Städtchen, indem er in amtlichem Auftrag den wahnsinnig gewordenen Pasenow nach Köln begleitet. Er kehrt in seine elsässische Heimat zurück und führt das Familiengeschäft als biederer Bürger und Familienvater weiter, »und schließlich wußte er nicht mehr, ob er jenes Leben gelebt hatte oder ob es ihm erzählt worden war«.

Weitere Lebensläufe und Reflexionen über den »Zerfall der Werte« sind segmentartig eingefügt und »untereinander teppichartig verwoben« (B.), wobei B. einen Verlauf von dem »völlig Irrationalen (›Geschichte des Heilsarmeemädchens‹) bis zur vollständigen Rationalität des Theoretischen (›Zerfall der Werte‹)« sieht. Zu diesen Geschichten gehören die des verschütteten, nun allmählich wieder zu sich findenden Landwehrmannes Ludwig Gödicke; die des armamputierten Leutnants Jaretzki, der seine Kriegserfahrungen und seine Einsamkeit in Alkohol ertränkt; die der Hanna Wendling, die sich ihrem Mann, der Umwelt und sich selbst entfremdet. Auch die teilweise versifizierte Geschichte des Heilsarmeemädchens, die von der unerfüllten Liebe des Mädchens Marie zu dem Juden Nuchem erzählt, variiert das nach B. allen Geschichten zugrundeliegende Thema: »nämlich die Rückverweisung des Menschen auf die Einsamkeit – eine Rückverweisung, die durch den Zerfall der Werte bedingt ist – und die Aufzeigung der neuen produktiven Kräfte, die aus der Einsamkeit entspringen.« Was den handelnden Personen der drei Querschnitte durch diesen Verfallsprozeß nicht bewußt wird (»Schlafwandler«), formuliert dann der Essay als Erkenntnis, wobei am Schluß die Hoffnung auf ein neues, aus dem »Pathos des absoluten Nullpunktes« entstehendes Wertsystem, auf eine neue Totalität ausgedrückt wird.

B.s ›philosophischer‹ Roman deutet den Säkularisierungsprozeß der Neuzeit als Zerfall der überkommenen Wertordnungen: »B. wollte mit seiner Trilogie einen literarischen Beitrag zu der geschichtsphilosophischen Debatte der zwanziger Jahre leisten, in deren Zentrum das Problem der Modernisierung, die historische Infragestellung überlieferter Normensysteme und die Möglichkeit einer wertbezogenen Geschichtsdeutung

stand« (Friedrich Vollhardt). Die künstlerische Bedeutung der *Schlafwandler,* einer der Prototypen des ›modernen‹ Romans, liegt darin, daß der Roman die traditionellen realistischen Darstellungstechniken aufbricht und durch sein figurenperspektivisches Erzählen, durch die Einfügung (Montage) von Parallelgeschichten und kulturphilosophischen bzw. erkenntnistheoretischen Passagen und die Aufgabe eines kontinuierlichen, kohärenten Erzählens den aus der Relativierung aller Wertvorstellungen folgenden Perspektivismus der Moderne reflektiert: »Dieser Ansatz führt konsequent zu einem multiperspektivischen Erzählen in der Romanliteratur der Nachkriegszeit« (Jürgen H. Petersen).

1932
Bertolt Brecht
Die heilige Johanna der Schlachthöfe

Das Stück, 1929–31 entstanden, erschien 1932 (*Versuche,* Heft 5). Eine Aufführung scheiterte an den politischen Bedingungen gegen Ende der Weimarer Republik. Eine Rundfunkfassung wurde am 11. 4. 1932 von Radio Berlin gesendet. Die Uraufführung fand am 30. 4. 1959 im Hamburger Schauspielhaus unter der Regie von Gustav Gründgens statt, der sich bereits 1932 um eine Aufführung bemüht hatte (B. telegraphierte Gründgens am 18. 1. 1949: »Sehr geehrter Herr Gründgens! Sie fragten mich 1932 um die Erlaubnis, *Die heilige Johanna der Schlachthöfe* aufführen zu dürfen. Meine Antwort ist ja. Ihr bertolt brecht«). An der Arbeit an der *Johanna* waren außer B. u.a. Elisabeth Hauptmann und Emil Burri beteiligt. Zu den Quellen gehören neben ökonomischer Fachliteratur Upton Sinclairs Roman *The Jungle* (1906; dt. *Der Sumpf* 1906), Stücke George Bernard Shaws (*Major Barbara,* 1905; *Saint Joan,* 1923) und als klassische Folie Schillers *Jungfrau von Orleans* (1801). Die Schlußszene verweist parodistisch auf Goethes *Faust II* (1832). Modelle die von B. parodierten klassizistischen Sprechens (vorherrschend ist der Blankvers) liefern daneben auch Hölderlin und die antike Epik.

Der Fleischkönig Pierpont Mauler erhält von seinen Freunden in New York (»Wall Street«) die Nachricht, der Fleischmarkt sei übersättigt. Damit beginnen nicht immer nachvollziehbare, häufig chaotische wirtschaftliche Abläufe und brutale Auseinandersetzungen zwischen den Fabrikanten, Viehhändlern und Börsenjobbern, die auf dem Rücken der verelendeten Arbeiter ausgetragen werden und mit der Bildung eines Monopols unter Mauler enden, das ruinöse Konkurrenz verhindert, Arbeitskräfte ›freisetzt‹ und hohe Preise bei niedrigen Löhnen ermöglicht. Mit diesen Prozessen verbindet sich die Geschichte von Johanna Dark, dem bürgerlichen Heilsarmeemädchen (Leutnant der Schwarzen Strohhüte), die zunächst als wirklichkeitsfremde Idealistin den hungernden Arbeitern den Sinn für Höheres beibringen möchte und dann – angesichts der Armut – herausfinden will, was die Ursache dieser Armut ist. Mauler und sein Makler Slift suchen sie von der Schlechtigkeit der Armen zu überzeugen – und daß ihnen deswegen nicht zu helfen ist. Johanna erkennt jedoch in der Armut die Ursache der Schlechtigkeit und versucht nun, durch Reformen die Zustände zu bessern. Doch ihre Hoffnungen werden enttäuscht; zudem muß sie sehen, daß die Schwarzen Strohhüte selber Geschäfte mit den Fabrikanten machen (»Austreibung der Händler aus dem Tempel«). Sie verläßt die Strohhüte und stellt sich auf die Seite der Arbeiter, ist aber immer noch davon überzeugt, auf gewaltlosem Weg zum Ziel kommen zu können. Den Streik unterstützt sie, doch als es zu Auseinandersetzungen mit der Polizei kommt, führt sie einen Auftrag nicht aus und verrät den Streik. Mit einer Lungenentzündung kommt sie zu den Schwarzen Strohhüten zurück, bei denen sich die Fabrikanten, Viehhüter und Aufkäufer zur Feier der Beilegung der Krise zusammengefunden haben (Slift: »Das ist unsere Johanna. Sie kommt wie gerufen. Wir wollen sie groß herausbringen«). Während Johanna sterbend das kapitalistische System anklagt und erkennt: »Es hilft nur Gewalt, wo Gewalt herrscht, und Es helfen nur Menschen, wo Menschen sind«, wird sie von Chören übertönt und im »rosigen Schein« der Szene ›heiliggesprochen‹.

Neben der Geschichte Johannas und den marxistisch interpretierten gesellschaftlichen Prozessen (mit der vom Zuschauer zu ziehenden Konsequenz einer Veränderung der bestehenden Verhältnisse) hat das Stück noch einen weiteren Aspekt, der in der ersten Publikation in den *Versuchen* angesprochen wird: »*Die heilige Johanna der Schlachthöfe* soll die heutige Entwicklungsstufe des faustischen Menschen zeigen.« Das heißt, die Rede ist u. a. auch vom Erkenntnisdrang (»Ich muß es wissen«), vom Gang in die »Tiefe« (zu den »Müttern« bei Goethe), vom Entschluß zum Handeln, doch der bürgerliche »faustische Mensch bleibt in der Kontemplation stehen, schafft den Umschlag zur Wirklichkeit nicht« (Jan Knopf).

1932
Hans Fallada
Kleiner Mann – was nun?

Mit dem Kleinbürgerroman *Kleiner Mann – was nun?* übertraf F. noch den Erfolg des vorhergehenden Romans *Bauern, Bonzen und Bomben* (1931), die realistisch erzählte Geschichte einer blutig endenden Bauerndemonstration und des darauf folgenden Prozesses und des Verkaufsboykotts der Bauern. *Kleiner Mann – was nun?* erzählt von dem kleinen Angestellten Johannes Pinneberg, der im Elend der Weltwirtschaftskrise im Konkurrenzkampf um die wenigen Arbeitsplätze unterliegt, doch Halt im kleinen, privaten Glück findet.

Der Roman ist in ein »Vorspiel« *(Die Sorglosen)*, zwei Hauptteile *(Die kleine Stadt, Berlin)* und ein »Nachspiel« *(Alles geht weiter)* gegliedert. Pinneberg, Kunstdüngerverkäufer und Buchhalter in einer kleinen norddeutschen Stadt, heiratet die Arbeitertochter Emma Mörschel (genannt Lämmchen), als sich ihre Schwangerschaft herausstellte. Sie kommen mit ihrem Geld kaum aus, und Pinneberg behält seine Stellung nur, solange er als unverheiratet gilt: die Hoffnungen seines Chefs richten sich auf ihn als Schwiegersohn. Nach der Kündigung ziehen sie zu Pinnebergs verwitweter Mutter nach Berlin, die hier einen anrüchigen Salon betreibt. Ihr Freund Jachmann, ein großherziger Ganove, verschafft Pinneberg eine Stelle als Verkäufer in einem Herrenkonfektionsgeschäft. Doch der schwache, wenn auch sympathische Pinneberg ist wenig lebenstüchtig, vergeudet einen Teil seines geringen Verdienstes, um die kleinbürgerliche Fassade aufrechtzuerhalten und wird schließlich im Kampf um Verkaufsquoten geschlagen und entlassen. Die Familie – inzwischen ist der kleine Murkel geboren – muß in ein Schreberhäuschen vor die Stadt ziehen (die Wohnung der Mutter hatten sie schon vorher wegen ihrer zweifelhaften Geschäfte verlassen). Lämmchen hat sich zu einer lebenstüchtigen Frau entwickelt, während der arbeitslose Pinneberg den Tiefpunkt seines Daseins erfährt, als ein Polizist den verwahrlost Aussehenden von einem Schaufenster wegjagt. Doch als er wieder heimkommt, ist er immer noch »das alte Glück, es ist die alte Liebe«. Die Frage »was nun?« freilich bleibt unbeantwortet.

Der Roman schildert mit großer Detailfreude und – trotz aller Trostlosigkeit – frischer Lebendigkeit kleinbürgerliche Lebensverhältnisse, von anschaulichen Beschreibungen der Mahlzeiten bis zum Aufstellen von Haushaltsplänen. Es ist ein betont apolitisches Reservat, eine Idylle privater Anständigkeit und gefühlsbetonten Familienglücks in einer ökonomisch verelendeten Welt, einer Welt bevölkert von Antisemiten, Nazis, Geschäftemachern, Gaunern, verängstigten Opfern, Filmstars und Nudisten, dargestellt nicht ohne Sinn fürs Komische und Groteske. Nicht zuletzt dem Lob des privaten Glücks und menschlicher Anständigkeit dürfte der Roman seine Popularität verdanken: Er bestätigt mit seiner Ablehnung politischer Konsequenzen die Haltung breiter Schichten zur Zeit der Depression. – Der Roman wurde mehrfach verfilmt.

Ein weiterer großer Erfolg gelang F. mit dem Gefängnisroman *Wer einmal aus dem Blechnapf frißt* (1934), dessen aus dem Gefängnis entlassener Protagonist nach vergeblichen Versuchen, im bürgerlichen Leben Fuß zu fassen, erleichtert ins Gefängnis zurückkehrt.

1932
Gerhart Hauptmann
Vor Sonnenuntergang

Das fünfaktige Schauspiel, am 16. 2. 1932 am Deutschen Theater in Berlin uraufgeführt und im selben Jahr gedruckt, erwuchs aus Plänen für einen »Neuen Lear«, die schon für 1891 belegt sind. Bei der Ausarbeitung seit 1928 traten jedoch andere, zeit- und gesellschaftskritische Aspekte in den Vordergrund; darüber hinaus ergeben sich Parallelen zu Goethes Leben, der Liebe des 73jährigen zur 18jährigen Ulrike von Levetzow.

Matthias Clausen, ein »soignierter Herr von siebzig Jahren« hat es als »Gründer und Leiter eines großen Geschäftsbetriebes« und als Gelehrter zu großem öffentlichem Ansehen gebracht. Doch ihm, der nach dem Tod seiner Frau erst langsam wieder zu sich selbst gefunden hat, ist diese von den Außenstehenden bewunderte Einheit problematisch geworden: »Es hat Männer gegeben, die beides vereinigt haben. Schliemann und Grote waren zugleich große Kaufleute. – Ich habe leider nichts aufzuweisen.« Er strebt nach einem neuen Leben, will die »Gespensterpartie« liquidieren, denn alles, was ihn umgibt – »Kinder, Bilder, Teppiche, Tische, Stühle, ja meine ganze Vergangenheit« –, erscheint ihm wie der »Inhalt einer Rumpelkammer«: »Dies alles ist tot, und ich will es denen überlassen, für die es lebendig ist.« Der neue Anfang ist mit der jungen Inken Peters verbunden, die seine Liebe erwidert.

Die erwachsenen Kinder und Schwiegertöchter bzw. -söhne reagieren mit Verständnislosigkeit, fürchten um ihr Erbe und inszenieren eine rücksichtslose Kampagne gegen die Verbindung, wobei sich der Schwiegersohn Erich Klamroth, roher Vertreter des modernen Geschäfts(un)geists, besonders hervortut. Da weder Bestechungs- und Erpressungsversuche noch Verleumdungen Inken beeinflussen können und Clausen Verkaufsverhandlungen führt, betreibt die Familie seine Entmündigung. Diesen Schock verwindet er nicht, und er entzieht sich der Jagd auf ihn durch Selbstmord. Nun hat die Familie, »was sie will«.

Goethe-Anspielungen, -Zitate und -Namen – die Kinder heißen Wolfgang, Egmont, Bettina und Ottilie – erweisen das Stück als Zeugnis der Auseinandersetzung H.s mit Goethe und dem humanistischen Vermächtnis der Weimarer Klassik. In der sich offenbarenden Kluft zwischen Macht und Geist und dem Verfall der humanen Werte äußert sich H.s Kritik an der Gegenwart. Am 19. 2. 1933 notierte er in sein Tagebuch: »Stimmung vor Sonnenuntergang. Das Stück ist inzwischen geschrieben. Der Zustand scheint sich erst jetzt zu vollenden. Die Vergangenheit kapselt sich ab. [...] Das Geistige steht nicht mehr im Vordergrund. Es ist in Gefahr, zu verschwinden.« So ist das Stück des Goethe-Jahres 1932 zugleich eine Mahnung: »Der Mensch darf nicht aufgeben, an eine ewige Güte zu glauben. Darin liegt Tragik und Glück seines Daseins, und darin liegt auch der eigentliche Sinn der Tragödie *Vor Sonnenuntergang* im Zeitlichen und Überzeitlichen« (Gerhard Schulz).

1932
Ödön von Horváth
Kasimir und Karoline

Das »Volksstück« wurde am 18. 11. 1932 im Leipziger Schauspielhaus uraufgeführt; eine Buchausgabe erschien erst 1961. Schauplatz des Stückes in sieben Bildern (bzw. 117 Szenen in einer anderen Fassung) ist das Münchener Oktoberfest, »und zwar in unserer Zeit«. Doch die Meinung, es sei eine Satire auf das Oktoberfest, lehnte H. entschieden ab: »es ist überhaupt keine Satyre, es ist die Ballade vom arbeitslosen Chauffeur Kasimir und seiner Braut mit der Ambition, eine Ballade voll stiller Trauer, gemildert durch Humor, das heißt durch die alltägliche Erkenntnis: ›Sterben müssen wir alle!‹«

Kasimir, gerade entlassen, und Karoline, Angestellte, besuchen gemeinsam das Oktoberfest, über dem immer wieder ein Zeppelin zu sehen ist. Während Kasimir verständlicherweise nicht in Stimmung ist, will sich Karoline amüsieren und meint: »Man muß das immer trennen, die allgemeine Krise und das Private.« Und so vollzieht sich, begleitet vom allgemeinen Festrummel, die allmähliche Trennung der nach »Höherem« strebenden Karoline von ihrem Bräutigam. Sie lernt den Verkäufer Schürzinger kennen, während Kasimir sich dem Merkl Franz, einem Dieb, und seiner Freundin Erna anschließt und immer wieder im Hintergrund auftaucht. Als Schürzinger seinen Chef, Geheimrat Rauch, trifft und dieser an Karoline interessiert ist, scheinen sich Aufstiegschancen für beide zu ergeben; doch die Wirklichkeit ist anders. Karoline fährt zwar mit Rauch davon und rettet den Betrunkenen dabei das Leben, doch als Rauch in der Sanitätsstation des Oktoberfests aufwacht, will er nichts mehr von Karoline wissen. Und da Kasimir, nun mit Erna zusammen, Karoline zurückweist, muß sie sich mit dem wieder erschienenen Schürzinger begnügen.

Der Ort des Geschehens, ein Rummelplatz, dramaturgisch bestens geeignet, die Personen sich immer wieder treffen und verlieren zu lassen, ist zugleich Sinnbild der Welt und optische und akustische Kulisse, die die im Dialog betriebene Zerstörung der Sprach- und Denkklischees durch Kontrast und Ironisierung fördert. Das Drama »der durch Entfremdung verhinderten Kommunikation und Liebesfähigkeit« (Jürgen Hein) zeichnet ein tristes Bild der Zeit und ihrer sozialen und ökonomischen Verhältnisse, wobei nicht nur Kasimir ein Opfer der gesellschaftlichen Bedingungen ist, von denen Leute wie Rauch profitieren, sondern auch Karoline, die – in illusionärer Selbsttäuschung befangen – nicht bemerkt, daß sie auch da nur Objekt ist, wo sie über andere zu verfügen glaubt: »Die entfremdete Rollenexistenz der Frau ist zentrales Thema im Werk [H.s], freilich durchweg verstanden als Indikator der generellen Gesellschaftsmisere« (Theo Buck).

Die soziale Anklage verstärkt das letzte in der Reihe der vor der Machtergreifung Hitlers entstandenen Volksstücke H.s: *Glaube Liebe Hoffnung,* die Geschichte einer jungen Frau, die an ihrer Vergangenheit (und der Gesellschaft) scheitert und in den Tod getrieben wird (zur Uraufführung in Deutschland, vorgesehen für Januar 1933, kam es nicht mehr; sie fand dann am 13. 11. 1936 in Wien statt).

1932
Joseph Roth
Radetzkymarsch

R.s bekanntester Roman verfolgt die Geschichte der Familie (von) Trotta durch vier Generationen, von der Schlacht von Solferino (1859) bis zum Tag der Beisetzung Kaiser Franz Josephs I. (1916), und verknüpft ihr Schicksal mit dem der sich auflösenden Habsburger Monarchie.

Der Leutnant Joseph Trotta rettet bei Solferino dem jungen Kaiser Franz Joseph I. (Regierungszeit 1848–1916) das Leben und wird für die Tat geadelt und befördert. Damit entfremdet er sich seinem Vater, einem einfachen Gendarmerie-Wachtmeister, und seinen bäuerlich-slowenischen Wurzeln. Er heiratet standesgemäß, beendet aber nach einigen Jahren überraschend seine Militärkarriere: Empört über eine heroisierende und mythisierende Darstellung des Geschehens in der Schlacht von Solferino, die er im Schulbuch seines Sohnes findet, bittet er um Entlassung und zieht sich, in den Freiherrnstand erhoben, auf das Gut seines Schwiegervaters zurück. Sein Sohn Franz wird Jurist und steigt zum Bezirkshauptmann in der mährischen Provinz auf. Vor seinem Amtssitz intoniert die Militärkapelle allsonntäglich den Radetzkymarsch. Sein Sohn wiederum, Carl Joseph von Trotta, zentrale Gestalt des Romans, folgt dem Beispiel des ›Helden von Solferino‹, schlägt die militärische Laufbahn ein und wird durch die Familientradition und die väterliche Autorität hoffnungslos überfordert. Anders als sein Vater, Musterbeispiel des korrekten, strengen Staatsdieners, ist Carl Joseph empfänglich für Untergangsstimmungen und Schuldgefühle, die sich am Tod der Frau des Wachtmeisters Slama, die ihn einst verführt hatte, entzünden und sich nach dem Tod seines einzigen Freundes, des Regimentsarztes Dr. Demant weiter verstärken. Trotta hatte dessen Frau nach Hause begleitet, Anlaß für einen Regimentskameraden, Demant anzupöbeln, der ihn daraufhin, gezwungen von einem sinnlosen Ehrenkodex, zum Duell fordern mußte. An die russische Grenze versetzt, verkehrt Trotta mit dem Grafen Chojnicki, der das, was unterschwellig spürbar ist, artikuliert. Der alte Bezirkshauptmann, zu Besuch bei seinem Sohn, muß sich das Unerhörte anhören: »Wörtlich genommen: besteht sie noch«, sagt der Graf über die österreich-ungarische Monarchie, »aber sie zerfällt bei lebendigem Leibe. [...] Die Zeit will uns nicht mehr! Diese Zeit will sich erst selbständige Nationalstaaten schaffen!« Einsamkeit, innere Leere, Alkohol, Schuldgefühle, Affären und Schulden plagen Carl Joseph. Ein Aufenthalt in Wien mit einer Geliebten reißt ihn vorübergehend aus der Misere, doch die Opfer bei einer Demonstration – Trotta hatte den Schießbefehl gegeben – verstärken noch seine Schuldgefühle und seine Abneigung gegen seinen Beruf, wenn auch der greise Kaiser – vom Bezirkshauptmann an Solferino erinnert – die Angelegenheit »günstig« erledigen läßt. Nach der Ermordung des österreichischen Thronfolgers in Sarajewo nimmt Trotta seinen Abschied. Als der Krieg ausbricht, kehrt er zur Armee zurück und fällt, als er Wasser für seine Soldaten holen will. Sein Vater überlebt ihn und fährt, als er vom nahen Tod des Kaisers hört, nach Schönbrunn: »Der Kaiser kann die Trottas nicht überleben! dachte der Bezirkshauptmann. Er kann sie nicht überleben! Sie haben ihn gerettet, und er überlebt die Trottas nicht.« Der Bezirkshauptmann stirbt an dem Tag, »an dem man den Kaiser in die Kapuzinergruft versenkte«.

Dieser von Fatalität und Melancholie geprägte Abgesang auf die Monarchie der Habsburger, dessen Geschichtsbild dem der pessimistischen Kulturphilosophie entspricht (Oswald Spengler), ist – bei aller ironischen Kritik – von einer unverkennbaren Sympathie getragen. Trotz allem bildet die mythisierende Ordnung des untergehenden Vielvölkerstaats ein Gegenbild zur bedrohlichen Wirklichkeit des Faschismus.

In dem Roman *Die Kapuzinergruft* (1938) setzt R. die Geschichte der Trottas mit einem Verwandten fort bis zum ›Anschluß‹ Österreichs an das Deutsche Reich. Mittelpunktsfigur ist Franz-Ferdinand von Trotta, der Ich-Erzäher des Romans, eine haltlose Gestalt, die sich im Leben nicht mehr zurechtfinden kann und sich nach dem ›Anschluß‹ bei einem Besuch in der Kapuzinergruft die ohnmächtige Frage stellt: »Wohin soll ich, ich jetzt, ein Trotta?«

1933
Hanns Johst
Schlageter

J. hatte seine ersten Erfolge als expressionistischer Dramatiker, mit dem »ekstatischen Szenarium« *Der junge Mensch* (1916) und vor allem dem Grabbe-Drama *Der Einsame* (1917). Seine Annäherung an die völkische Ideologie in der Weimarer Republik dokumentieren Stücke wie *Propheten* (1923), ein das »Deutschtum« und den großen einzelnen als Retter aus dem Chaos fei-

erndes Luther-Drama, und *Thomas Paine* (1927), Drama des im Scheitern Begriffe wie Vaterland und Kameradschaft überhöhenden amerikanischen Revolutionärs. Zugleich wurde J. mit seiner Forderung eines »heroisch-kultischen Theaters« Begründer der in den sogenannten Thingspielen gipfelnden nationalsozialistischen Theaterauffassung.

Mit dem vieraktigen Schauspiel *Schlageter*, »Adolf Hitler in liebender Verehrung und unwandelbarer Treue« gewidmet, erreichte J. seinen größten Erfolg als Propagandist der NS-Ideologie: 1933 in über 1000 Städten aufgeführt, galt das im selben Jahr gedruckte Werk den Nationalsozialisten als »stärkste dichterische Gestaltung der Gesinnung und Haltung unseres neuen Deutschland«. Es stilisiert den Freikorpsmann Albert Leo Schlageter, der 1923 wegen der Beteiligung an Sprengstoffattentaten gegen die französische Besatzungsmacht (Ruhrbesetzung) hingerichtet worden war, zum Vorläufer und Märtyrer der nationalsozialistischen Bewegung, betont die Kameradschaft der ehemaligen jungen Frontsoldaten, die der »Judenherrschaft«, der »Bonzenbürokratie« und dem System der parlamentarischen »Schwätzer« die »Partei Deutschland« entgegenstellen und sich im Gegensatz zur zögerlichen bzw. von ›falschen‹ (d.h. demokratisch-sozialistischen) Vorstellungen geleiteten älteren Generation durch ihr Blutopfer als Garanten eines neuen Deutschland erweisen: »Deutschland!!! Erwache! Entflamme!! Entbrenne! Brenn ungeheuer!!« – J. war von 1935 bis 1945 Präsident der Reichsschrifttumskammer.

1933
Adam Scharrer
Maulwürfe

S. gehört zu den bedeutendsten Autoren der Tradition sozialistischer Arbeiterliteratur. Dem Roman *Vaterlandslose Gesellen. Das erste Kriegsbuch eines Arbeiters* (1930), einer reportagehaften Analyse des Ersten Weltkriegs aus sozialistischer Sicht, ließ S. mit *Maulwürfe. Ein deutscher Bauernroman,* im Prager Exil erschienen, einen entschiedenen Gegenentwurf zur idealisierenden und mystifizierenden völkischen Heimatliteratur folgen. Er gibt, am Beispiel der Lebensgeschichte des Ich-Erzählers Georg Brendl und zahlreicher anderer Einzelschicksale aus der Schicht der Kleinbauern und des Landproletariats, ein Bild der Verhältnisse auf dem Land vom Ende des 19. Jh.s bis zur NS-Herrschaft.

Rasch gelangt Georg Brendl von seiner Jugendgeschichte – ärmliche Verhältnisse; vorzeitiges Ende der Schulausbildung, als der Vater stirbt; Arbeit als Knecht; Kriegsdienst und Gefangenschaft – in die 20er Jahre. Durch die Heirat mit Bärbel, einer verwitweten Kleinbauerntochter, sichert er sich eine kärgliche Existenz. Zugleich werden jedoch die Verelendungserscheinungen auf dem Land sichtbar; auf der anderen Seite stehen die Gutsherrn und Großbauern als Gewinner und die Klassenjustiz als Garant einer ungerechten Ordnung: »Wie a Maulwurf wühlt der kla Bauer si ei in sei Fleckl Erdbudn, und wenn er a Menschnalter gschindet hat, hat er niks«, heißt es (die Dialoge sind in fränkischem Dialekt gehalten), denn am Schluß frißt das Großkapital alles auf: »und nacha kummt alles zu den großn Haufn, der scho zsammgstuhln is in viel hundert Jahr.« Eine solidarische Aktion, mit der eine Zwangsversteigerung verhindert werden soll, wird mit Gewalt niedergeschlagen. Und die Machtergreifung der Nationalsozialisten, für deren Vordringen auf dem Land neben ökonomischen Ursachen die dörfliche Enge und Unaufgeklärtheit angeführt werden, macht den mühsamen Versuchen ein Ende, durch Aufklärungsarbeit zu einer Solidarisierung und Selbstorganisation der ländlichen Unterschicht zu gelangen. – S.s »Bauernroman« wirkte u. a. weiter auf Erwin Strittmatter.

1933
René Schickele
Die Witwe Bosca

Die *Witwe Bosca* ist S.s letzter großer Roman. In seinem Mittelpunkt steht – wenn man nicht mit Thomas Mann die Landschaft »die eigentliche Heldin« nennen will – die Kriegerwitwe Juliette Bosca. Sie lebt mit ihrer 17jährigen Tochter Sibylle in einer stattlichen Villa in der Nähe des Meeres und gilt mit ihren unvermeidlichen Trauerkleidern und ihrem wehenden Witwenschal den spottlustigen Provencalen als komische Figur; in Wahrheit ist sie boshaft, verlogen, bürgerlich-engstirnig, herrschsüchtig und vor allem geldgierig. Ihr gegenüber wohnt eine zweite Kriegerwitwe, das genaue Gegenteil der Bosca, mit ihrem 18jährigen Sohn Paul. Durch einen Unfall, bei dem sich Sibylle am Knie verletzt, kommen sich Paul und Sibylle näher (sie wird übrigens ihr Leben lang hinken, weil ihre Mutter sich aus Geiz weigerte, einen Chirurgen hinzuzuziehen). Und während sich zwischen Sibylle und

Paul eine Liebesbeziehung entwickelt, wirbt der sinnlich entflammte Notar Burguburu unter lebhafter, spöttischer Anteilnahme des Städtchens um die Witwe und heiratet sie schließlich, obwohl er ihre Vergottung des Geldes durchschaut. Das heftige Auf und Ab der Beziehung der beiden kontrastiert mit der Geschichte Pauls und Sibylles. Sibylles Glücksverlangen wird enttäuscht; sie entdeckt, daß Paul ein Verhältnis mit einer anderen Frau eingegangen ist und führt absichtlich einen Unfall herbei, bei dem sie ums Leben kommt, während Paul überlebt. Die immer heftiger werdenden Auseinandersetzungen zwischen Juliette Bosca und Burguburu, der von einer komischen Figur immer mehr zu einem Leidenden wird, enden schließlich damit, daß er seine Frau erwürgt, nachdem sie ihn mit einer Pistole bedroht hatte. Er wird freigesprochen.

S. verstand seinen Roman, dem Thomas Mann ein »Brio« attestierte, »wie deutsche Prosa es selten gekannt hat«, als Kommentar zur »götzendienerischen, entgotteten Zeit«, die in der grotesken, dämonisch-bösen Gestalt der Bosca ihre Verkörperung finde: Die *Witwe Bosca* sei »eine (etwas hermetische) Auseinandersetzung mit dem in Mord und Tod verstrickten Europa«.

1933
Ernst Toller
Eine Jugend in Deutschland

T.s Autobiographie erschien als eines der ersten Werke der deutschen Exilliteratur im Amsterdamer Querido-Verlag, dem wichtigsten Verlag der deutschen Emigranten. In der Vorrede (»Blick 1933«) betont T., daß hier nicht nur die eigene Jugend, sondern »die Jugend einer Generation und ein Stück Zeitgeschichte dazu« aufgezeichnet sei. Und: »Wer den Zusammenbruch von 1933 begreifen will, muß die Ereignisse der Jahre 1918 und 1919 in Deutschland kennen, von denen ich hier erzähle.« Die Vorrede ist datiert auf den »Tag der Verbrennung meiner Bücher in Deutschland«, d. h. auf Mai 1933.

Die Autobiographie, erzählt in »einem von Überzeugungskraft und verhaltener Leidenschaft geprägten, am eigenen Schicksal exemplarisch legitimierten Dokumentarstil« (Wolfgang Frühwald), umfaßt den Zeitraum von der Kindheit des 1893 in Samotschin bei Bromberg geborenen Autors bis zu seiner Entlassung aus der Festungshaft 1924. In fast skizzenhaft gereihten Szenen berichtet T., Sohn aus einem wohlhabenden deutsch-jüdischen Elternhaus, von den wechselseitigen Vorurteilen, den sozialen Unterschieden und den chauvinistischen Lehrern im heimatlichen Posen, von seinen Erfahrungen an der französischen Ausländeruniversität in Grenoble, der vaterländischen Begeisterung bei Kriegsausbruch und seiner Meldung als Kriegsfreiwilliger. Erst bei Verdun wird ihm der Widersinn des Krieges klar: »in dieser Stunde weiß ich endlich, daß alle diese Toten, Franzosen und Deutsche, Brüder waren, und daß ich ihr Bruder bin.« Als untauglich entlassen, nimmt er sein Studium in München und Heidelberg auf und gerät über Studentengruppen allmählich in Berührung mit pazifistischen und sozialistischen Gedanken und ihren parteipolitischen Repräsentanten. Entscheidend wird die Begegnung mit Kurt Eisner, und T. schildert offen und selbstkritisch die Revolution in Bayern, an der er in herausgehobener Stellung – als Mitglied des Zentralrats der bayerischen Arbeiter-, Bauern- und Soldatenräte und als Kommandant der Roten Armee – teilnimmt. Er nennt die grundlegenden Versäumnisse – etwa das, neben der politischen auch eine soziale Revolution durchzuführen – und reflektiert über den Widerspruch von revolutionärem, d.h. auch gewaltsamem Handeln und dem utopischen Ziel einer humanen Gesellschaft, ein Widerspruch, den auch seine Dramen austragen, die im Gefängnis entstehen. Die Szenen aus der Gefängniszeit in Eichstätt und Niederschönenfeld (5 Jahre) vermitteln einen plastischen Eindruck von der Klassenjustiz und ihrem Strafvollzug in den ersten Jahren der Weimarer Republik: »Ich bin nicht müde«, lautet der letzte Satz der literarisch wie zeitgeschichtlich bedeutsamen Autobiographie.

1933
Franz Werfel
Die vierzig Tage des Musa Dagh

Der historische Roman über den Verteidigungskampf einiger armenischer Gemeinden am nordsyrischen Gebirgsmassiv Musa Dagh gegen eine erdrückende türkische Übermacht im Sommer 1915 entstand 1932–33 unter dem Eindruck des Flüchtlingselends, das W. noch 1929 bei einem Aufenthalt in Damaskus wahrnehmen konnte. Durch Reisen erworbene Vertrautheit mit den Örtlichkeiten und durch historische Studien vertiefte Sachkenntnis verleihen dem Roman große Authentizität.

Eine armenische Dorfgemeinde an der syrischen Küste weigert sich, dem Austreibungsbefehl der jungtürkischen Regierung kampflos Folge zu leisten, sammelt sich am Hang des Musa Dagh (Berg Mosis) zum Widerstand und zwingt den Türken einen verlustreichen Belagerungskampf auf. Die Armenier werden nach mehrwöchigem Kampf vom Meer her von einem französisch-englischen Flottenverband gerettet. Verbunden mit diesem historischen Geschehen ist die Geschichte Gabriel Bagradians, eines in Paris ansässigen Armeniers, der sich zufällig mit seiner französischen Frau Juliette und seinem Sohn Stephan in seinem armenischen Heimatort aufhält, als ausgebildeter Militär den Widerstand zu organisieren hilft und – eher zum Schaden des Romans – mit seiner persönlichen, existentiellen Problematik immer mehr in den Vordergrund tritt. Schließlich findet der in der Fremde zum »abstrakten« Menschen verkümmerte Bagradian wieder zu seinem Volk und damit zu sich selbst. Am Grab seines Sohnes trifft ihn eine türkische Kugel: »Und das Kreuz des Sohnes lag auf seinem Herzen.«

In vielem kann man den Roman als Vorwegnahme nationalsozialistischer Untaten lesen. W. wurde nach Erscheinen des Werks aus der Preußischen Akademie der Künste ausgeschlossen.

1933–43
Thomas Mann
Joseph und seine Brüder

Die Joseph-Tetralogie, entstanden von Dezember 1926 bis August 1936 und August 1940 bis Januar 1943, umfaßt die Romane Die Geschichten Jaakobs (Berlin 1933), Der junge Joseph (Berlin 1934), Joseph in Ägypten (Wien 1936) und Joseph, der Ernährer (Stockholm 1943). Die erste Gesamtausgabe erschien 1948 in Stockholm. Zwischen dem 3. und 4. Roman schrieb M. Lotte in Weimar (1939).

Ziel des Romans war es, das Wesen des Menschen von seinen mythischen Anfängen her zu begreifen, sich in »jene Brunnentiefe der Zeiten« zu versenken, »wo der Mythus zu Hause ist und die Urnormen, Urformen des Lebens gründet«, ohne dabei der anti-intellektuellen Mode zu verfallen, sondern »vermittelst einer mythischen Psychologie eine Psychologie des Mythus zu versuchen«. Ein intensives Studium religionsgeschichtlicher, orientalistischer und psychoanalytischer Werke fundierte die Erneuerung der Josephsgeschichte (vgl. 1. Mos., 27–50) im Geist der Ironie und des Humors.

Am Anfang steht ein Höllenfahrt überschriebenes Vorspiel, das in den »Brunnen der Vergangenheit« hinabtaucht, in die Mythenwelt des Vorderen

Orients, und Josephs mythisches Denkgebäude, sein Wissen von den Anfängen, den außerbiblischen und biblischen Überlieferungen, erhellt. Die *Geschichten Jaakobs* beginnen mit einer Schilderung des jungen, in sich selbst verliebten und von seinem Vater bevorzugten Joseph und seiner prekären Stellung unter den Brüdern, greifen dann aber zurück auf die Lebensgeschichte Jaakobs: Sie erzählen von seinem Segensbetrug an Esau, seiner Flucht und seinem Dienst um Rahel, der Brautvertauschung, der Geburt der Söhne, dem Tod Rahels und der Rückkehr in seine Heimat. *Der junge Joseph* nimmt die Geschichte Josephs im Lager seines Vaters bei Hebron auf und führt sie weiter bis zu seinem Verkauf an die Ismaeliter. Wie der Brunnen, in den ihn seine Brüder werfen, ist Ägypten, wohin ihn die Ismaeliter führen, ein Bild des Todes, der Unterwelt (das mythische Muster vom getöteten und auferstandenen Gott, vom Hinabfahren in die Tiefe und vom Auferstehen wird mehrfach variiert). Wie sich Joseph in dieser Unterwelt allmählich hochdient und als Hausmeier Peteprês (Potiphars) durch die »Kraft seines Gottes, seines Herkunfts- und Sendungsbewußtseins […] mit knapper Not der dionysisch-tellurischen Versuchung durch Mut-em-enet, Peteprês Gemahlin«, widersteht (Hermann Kurzke) und zum zweitenmal »in die Grube«, ins Gefängnis, geworfen wird, erzählt der folgende Band *(Joseph in Ägypten)*. Der letzte Roman, *Joseph der Ernährer,* setzt die biblische Geschichte fort: Joseph erwirbt als Traumdeuter die Gunst des Pharaos Echnatôn und organisiert die Versorgung Ägyptens in den fetten und mageren Jahren, wobei seine Wirtschaftspolitik, die eine gerechtere Verteilung des Besitzes im Auge hat, nicht zufällig an Roosevelts New Deal erinnert. Am Schluß steht dann die Wiederbegegnung mit den Brüdern und mit Jaakob, der Zug der ganzen Familie nach Ägypten, die Weitergabe des Erstgeburtssegens an Juda und Jaakobs Tod. Joseph ist nicht Träger des Heils – die Verheißung gilt dem Stamme Juda –, für ihn bleibt die weltliche Rolle: Joseph der Ernährer.

»Der Roman erzählt, wie sich die Abrahamssippe aus der kollektiven Gebundenheit des zeitlosen Mythos herausarbeitet und wie aus Wiederholung fortschreitende Geschichte, ›Gottesklugheit‹ werden kann« (Eckhard Heftrich). Im Unterschied zu seinen Brüdern ist sich Joseph seiner Rolle in der Geschichte bewußt; er kennt den Mythos. Ihm allein gelingt die Versöhnung des Mythos mit der Vernunft: »Denn das musterhaft Überlieferte kommt aus der Tiefe, die unten liegt und ist, was uns bindet. Aber das Ich ist von Gott und ist des

Geistes, der ist frei.« Die Psychologisierung des Mythos bedeutet dabei nicht Destruktion, sondern will bewußtmachen, daß auch der Geist eine mythische Tradition hat, die der blinden Irrationalität entgegengesetzt wird: Joseph, eine Künstlergestalt, »ist also gedichtet als Gestalt des Widerstands gegen den Faschismus aus der Kraft des apollinischen Mythos heraus« (Kurzke).

Der aufklärerischen Haltung entspricht die Erzählweise, geprägt von einem überlegen kommentierenden, ›wissenschaftlich‹ abwägenden und ironisch räsonierenden Erzähler Wielandscher Prägung: »Kraft dieses Erzählers *ist* der Roman, was er beschreibt: befreiend vom Drucke, heiter, apollinisch« (Kurzke).

1934
Oskar Loerke
Der Silberdistelwald

L. faßte seine insgesamt sieben Gedichtbücher als »geschlossene Einheit« auf (»Siebenbuch«); sie hätten, nach dem »Vorspiel« *Wanderschaft* (1911), »alle […] unter verschiedenen Beleuchtungen den gleichen Titel«: *Pansmusik* (1929; zuerst unter dem Titel *Gedichte,* 1916), *Die heimliche Stadt* (1921), *Der längste Tag* (1926), *Atem der Erde* (1930), *Der Silberdistelwald* (1934), *Der Wald der Welt* (1936).

In die Literaturgeschichte eingegangen ist L. als einer der Begründer der modernen Naturlyrik, wobei freilich ›Natur‹ nicht zu eng gefaßt werden darf. Von emphatisch-naturmystischen Vorstellungen einer kosmischen Harmonie im frühen lyrischen Werk gelangt er mit dem Band *Die heimliche Stadt* zu einer distanzierteren Sprechweise, der es darum geht, in einer »Gleichnisrede« die Totalität der Welt zu erschließen, die verborgenen Zusammenhänge gleichnishaft-emblematisch sichtbar zu machen, wobei »zunehmend die Inkongruenzen zwischen dem Sinnanspruch und der Realität die Struktur des lyrischen Erkenntnisvorgangs« bestimmen (Hans-Rüdiger Schwab). Zur poetischen Technik der Gedichte, zu ihrer Modernität gehört die Verbindung und Überblendung von Erscheinungen der Natur mit Elementen des Mythos, der Religion und der Geschichte aller Perioden, ein Verfahren, das zusammen mit der Verwendung disparater Sprachwelten und der »Brechung der Natursehnsucht, nicht nur in der konkreten Gegenständlichkeit der Natur, sondern auch in der ›Gegenwelt‹ der entfremdeten technischen Zivilisation der Großstadt«, Widerstände gegen eine vorschnelle Harmonisierung und

Identifizierung einbaut (Hans-Peter Bayerdörfer). Dies erklärt, daß L.s Naturlyrik auch verschlüsselter Ausdruck der Verweigerung gegenüber dem Nationalsozialismus werden konnte. Seine Sammlungen *Der Silberdistelwald* und *Der Wald der Welt,* die eine weitere Entwicklung zum Spruchhaften bringen, gehören zu den wichtigsten Zeugnissen der sogenannten Inneren Emigration.

1934
Friedrich Wolf
Professor Mamlock

Nach expressionistischen Anfängen und dem historischen »Schauspiel aus dem Deutschen Bauernkrieg 1514« *Der Arme Konrad* (1924) trat W. als exponierter Vertreter einer proletarischen, unmittelbar in die sozialen und politischen Kämpfe eingreifenden Kunst auf: *Kunst ist Waffe!* lautet der programmatische Titel eines Vortrags von 1928. So behandelt W. in seinen Dramen einerseits aktuelle Themen – wie etwa die sozialen Folgen des Abtreibungsparagraphen 218 (*Cyankali,* 1929; verfilmt 1930) –, andererseits dramatisiert er im revolutionären Sinn beispielhafte Vorgänge wie den (niedergeschlagenen) Aufstand der *Matrosen von Cattaro* (1931), der zum Ansporn für die Zukunft wird (»Kameraden, das nächste Mal besser!«), oder den revolutionären Klassenkampf in China (*Tai Yang erwacht,* 1930).

Als bedeutendstes Beispiel für W.s politisches Theater – im Gegensatz zu dem Brechts durchaus konventionell ›aristotelisch‹ – gilt das 1933 im Pariser Exil entstandene und 1934 in Warschau (in jiddischer Sprache) bzw. am Schauspielhaus Zürich uraufgeführte vieraktige Schauspiel *Professor Mamlock* (Erstdruck Moskau 1935 unter dem Titel: *Doktor Mamlocks Ausweg. Tragödie der westlichen Demokratie*).

Das Stück spielt von Mai 1932 bis zum April 1933, wobei der Reichstagsbrand (27. 2. 1933) und der Erlaß des »Gesetzes zur Wiederherstellung des Berufsbeamtentums« (7. 4. 1933) die markanten Daten darstellen, mit denen sich das Schicksal des jüdisch-deutschen Chefarztes Professor Mamlock, eines konservativen Hindenburgwählers und Musters preußischer Pflichtauffassung, verbindet. An Mamlock dokumentiert W. die Indifferenz und politische Uneinsichtigkeit des konservativen Bildungsbürgertums, das sich über das Wesen – d.h. für W. den Klassencharakter – des Nationalsozialismus täuscht und erst nach der Machtübernahme durch den faschisti-

schen Terror, der die Garantien der liberalen Verfassung außer Kraft setzt, eines besseren belehrt wird: als Jude gebrandmarkt und durch die Straßen getrieben, seines Amtes enthoben und – da Kriegsveteran – wieder zur Klinik zugelassen, bringt Mamlock sich um, als er einen jüdischen Krankenpfleger nicht schützen kann. Zwar geht er damit nach W. den falschen Weg, doch verweist er mit seinen letzten Worten an Dr. Inge Ruoff, eine in ihrem Idealismus enttäuschte Nationalsozialistin, auf den »*anderen* Weg«, den sein Sohn Rolf und der Jungkommunist Ernst beispielhaft vertreten: den organisierten Widerstand der Arbeiterschaft gegen den als Klassenherrschaft verstandenen totalitären Staat, für den die Judenverfolgung nur ein Mittel zum Zweck darstellt.

Professor Mamlock wurde nach dem Krieg im östlichen und westlichen Deutschland häufig gespielt; mit dem Ausbruch des ›Kalten Krieges‹ jedoch endeten die Aufführungen im Westen (zuletzt 1947–48). Konrad Wolf, Sohn Friedrich W.s, verfilmte das Stück 1961.

1935
Werner Bergengruen
Der Großtyrann und das Gericht

B. wurde 1937 aus der Reichsschrifttumskammer ausgeschlossen, da er nicht geeignet sei, »durch schriftstellerische Veröffentlichungen am Aufbau der deutschen Kultur mitzuarbeiten«. Seine ablehnende Haltung gegenüber dem Nationalsozialismus gründet auf einem entschiedenen, sich auf das »alte Wahre« berufenden Konservatismus.

B.s Neigung zum Novellistischen – sein Werk umfaßt eine große Zahl von an klassischen Formmustern orientierten Novellen – schlägt sich auch in dem Roman *Der Großtyrann und das Gericht* nieder, der sich – spannend erzählt – auf eine ›unerhörte Begebenheit‹ konzentriert. Die traditionell-objektive Erzählweise ignoriert die Verfahren der literarischen Moderne.

Im italienischen Stadtstaat Cassano zur Zeit der Renaissance wird der Mönch und Diplomat Fra Agostino ermordet. Der Großtyrann fordert Aufklärung des Mordes innerhalb von drei Tagen. Das führt – unter Beteiligung des um seinen Kopf fürchtenden Polizeichefs Nespoli – zu Lügen, Intrigen, Denunziationen, falschen Alibis und Selbstbezichtigungen. Die Widersprüche finden ihre Auflösung durch den Großtyrannen, der in der Verhandlung erklärt, er selbst habe den

Mönch getötet, um die Herzen seiner Untertanen zu prüfen. Als er Gericht über sie halten will, klagt ihn der Priester Don Luca an, sich mit dem machiavellistischen Spiel eine göttliche Richterrolle angemaßt zu haben. Der Tyrann erweist sich als läuterungsfähig und bekennt seine Schuld – wie die Untertanen die ihre.

Das Werk ist kein Schlüsselroman über das Dritte Reich. Seine Problemstellung ist grundsätzlicher Art und thematisiert, indem es »von den Versuchungen der Mächtigen und von der Leichtverführbarkeit der Unmächtigen und Bedrohten« berichtet (so B. in der Präambel des Romans), den Zusammenhang von Macht, Recht und Moral. Ungeachtet der Problematik einer derartigen, metaphysisch begründeten Auseinandersetzung mit der nationalsozialistischen Diktatur »läßt sich der *Großtyrann* mit seiner Verknüpfung spannender Erzählsegmente, die auf die Klärung eines Mordgeschehens ausgerichtet sind, als einer der wenigen bedeutenden deutschen Kriminalromane bezeichnen« (Wilhelm Haefs).

1935
Elias Canetti
Die Blendung

C.s Erstlingswerk erschien, vordatiert auf 1936, 1935 in Wien; es war ursprünglich als Teil eines *Comédie Humaine an Irren* genannten Romanzyklus geplant und sollte den Titel *Kant fängt Feuer* tragen.

Der Roman erzählt in drei Teilen – *Ein Kopf ohne Welt, Kopflose Welt* und *Welt im Kopf* – vom grotesken Verteidigungskampf des Privatgelehrten Dr. Peter Kien gegen die hereinbrechende Wirklichkeit in Gestalt einer Großstadtwelt, bevölkert von triebhaften körperlichen und geistigen Krüppeln, denen – wie dem ›verblendeten‹ Kien – die Fähigkeit zur Kommunikation völlig abhanden gekommen ist. Kien, der größte Sinologe seiner Zeit und Besitzer einer Bibliothek von 25 000 Bänden, lebt völlig für die Wissenschaft. Die Bibliothek ist seine Welt. Bei seinen Spaziergängen – immer mit einer jeweils dafür zusammengestellten Bücherkollektion – schützt er sich durch engen, körperlichen Kontakt zu seinen Büchern vor der chaotischen Außenwelt. Das Unheil für den monomanischen Gelehrten beginnt damit, daß ihn seine beschränkte, brutale, geldgierige Haushälterin Therese durch die vorgetäuschte Fürsorge für ein Buch einnimmt und zur Ehe verführt. Von da an entbrennt ein heftiger Machtkampf, geführt mit psychologischen Mitteln und

roher Gewalt, bei dem Kien immer mehr in die – auch räumlich verstandene – Enge und schließlich ganz aus der Wohnung getrieben wird. Darauf folgt eine Odyssee Kiens durch das Pandämonium der Großstadt (Wien), wobei er eine imaginäre Bibliothek zusammenkauft und die wachsenden imaginären Bestände in seinen jeweiligen Hotelzimmern sorgfältig aufstellt. Er gerät in die Gesellschaft zwielichtiger Gestalten wie des grotesken Zwerges Fischerle, die ihn kunstgerecht ausplündern. Nach einer Prügelei im Theresianum mit Therese und dem Hausbesorger Benedikt Pfaff und dem sich anschließenden aberwitzigen Polizeiverhör zieht Kien in die Wohnung des faschistoiden Pfaff, bis dann sein aus Paris anreisender Bruder Georges (ein Psychiater ohne die Fähigkeit zur Kommunikation) die äußerliche Ordnung wiederherstellt. Doch nach seiner Abreise erfolgt der völlige Zusammenbruch Kiens; das Ich, das sich eingesperrt hatte, um sich nicht aufzulösen, zerbricht (Claudio Magris). Kien verbrennt sich lachend mit seiner Bibliothek (*Auto-dafé* lautet der englische Titel des Romans). So endet der Verteidigungskampf des durch seine ›Blendung‹ die Welt nur verzerrt wahrnehmenden, sich immer stärker selbst isolierenden und auf den Kopf reduzierten Wissenschaftlers in Wahnsinn und Selbstzerstörung. »Ihre Wurzeln hat diese großangelegte Metapher von der Selbstzerstörung der Kultur, die Kien angesichts der drohenden Masse triumphierend inszeniert, in der Realität Wiens zur Zeit der 20er Jahre, die C. anhand der sprachlichen Physiognomien seiner von Obsessionen getriebenen Figuren genau dokumentiert« (Johannes Sachslehner).

1935
Wilhelm Lehmann
Antwort des Schweigens

L. wurde früh mit seinen vom Expressionismus beeinflußten Romanen *Der Bilderstürmer* (1917), *Die Schmetterlingspuppe* (1918) und *Der Weingott* (1921) bekannt; er erhielt für sie, zusammen mit Robert Musil, 1923 den in diesem Jahr von Alfred Döblin vergebenen Kleist-Preis. In die Literaturgeschichte eingegangen ist L. jedoch vor allem als Naturlyriker, als Begründer des sogenannten naturmagischen Gedichts. Den beiden beispielgebenden Sammlungen *Antwort des Schweigens* (1935) und *Der grüne Gott* (1942), die im Dritten Reich auf Autoren wie Elisabeth Langgässer, Günter Eich oder Karl Krolow wirkten, ließ er nach dem Krieg weitere Gedichtbände folgen, die mit ihrer Ausblendung der gesellschaftlichen Wirklichkeit und ihrer Geschichtsfeindlichkeit in den restaurativen 50er Jahren auf fruchtbaren Boden fielen (*Entzückter Staub*, 1946; *Noch nicht genug*, 1950; *Überlebender Tag*, 1954; *Abschiedslust*, 1962; *Sichtbare Zeit*, 1967).

In *Antwort des Schweigens*, dem das Goethe-Motto »Naturgeheimnis werde nachgestammelt« vorausgeht, ist L.s poetisches Verfahren schon voll ausgebildet. Grundlegend ist die Auffassung, daß sich »Wesen und Dinge«, daß sich Vielfalt und Komplexität der Welt »mit Hilfe der Partikularität« erahnen ließen, daß man – vom Einzelnen ausgehend – sich Gesamtvorstellungen annähern könne. Daher die intensive, detailbetonte Beschreibung der Naturphänomene einschließlich des Gebrauchs botanischer oder zoologischer Fachterminologie, wobei dann Gleichnisse und mythologische Anspielungen als poetische Mittel dienen, »sich der Welt sinnlich präzisierend zu versichern« und zugleich Beziehungen zu stiften (Uwe Pörksen).

L.s Natur ist eine bukolische, emblematisch verweisende Natur, die der Dichter mittels seines »bannenden Zauberspruchs« (L.) zum Leben erweckt »und in ihr sich selbst zum Dasein verhilft« (Otto Knörrich). So entstehen Gegenbilder zur entfremdeten Welt der modernen Zivilisation, nicht regressiv und nicht vereinnahmbar durch die Blut- und Boden-Ideologie des Nationalsozialismus. Als oppositionelle Literatur allerdings wird man L.s »trostspendendes Aufrechterhalten humanistischer und kultureller Werte und sein Preisen der in sich ruhenden, das Eingespanntwerden in menschlich-gesellschaftliche Bezüge abwehrende Naturdinge« kaum bezeichnen können (Axel Goodbody).

1935–38
Heinrich Mann
Henri Quatre

M.s großer historischer Roman, das Hauptwerk seiner Exilzeit, erschien in zwei Teilen: *Die Jugend des Königs Henri Quatre* (Amsterdam 1935) und *Die Vollendung des Königs Henri Quatre* (Amsterdam 1938). Die Konzeption geht auf die Mitte der 20er Jahre zurück, als M. auf einer Reise durch Südfrankreich auch Pau besuchte, den Geburtsort Heinrichs von Navarra (1553–1610, König seit 1589). Ausführliche Studien der zeitgenössischen Memoirenliteratur und einschlägiger historischer Darstellungen schufen dann die Grundlage der von einem ungenannten, doch

vielgestaltigen, überall anwesenden Erzähler präsentierten Romanhistorie. Jedes Kapitel schließt übrigens mit einem französischen Resümee (»Moralité«).

Henri wächst unter der Obhut seiner streng protestantischen Mutter Jeanne d'Albret, Königin von Navarra, am Rand der Pyrenäen auf, lernt jedoch früh den korrupten, von Katharina de Medici beherrschten Hof kennen. Mit der Heirat mit Marguerite (»Margot«) de Valois, der Schwester König Karls IX., wird er wieder an den Hof gezogen. Er überlebt die Batholomäusnacht von 1572, der auch der Führer der Hugenotten, Admiral Coligny, zum Opfer fällt, und lebt nun – zum (nicht letzten) Konfessionswechsel gezwungen – als eine Art Gefangener im Louvre. Bei der Belagerung der hugenottischen Hafenstadt La Rochelle kommt es zur Begegnung Henris mit dem skeptischen Humanisten Michel de Montaigne, dessen berühmtes »Was weiß ich?« leitmotivisch den Roman durchzieht. Von Montaigne lernt er: »Gutsein ist volkstümlich, nichts ist so volkstümlich wie Gutsein.« Und: »Nichts hielt der Begleiter für fremder der Religion, als die Religionskriege [...]. Weder hatten die Religionskriege ihren Ursprung im Glauben, noch machten sie die Menschen frommer.« Henri flieht vom Hof, setzt sich wieder an die Spitze der Hugenotten und gelangt, da in den Religionskriegen sowohl Karl IX. wie Heinrich III., der letzte Valois, ermordet werden, zur Herrschaft. Er beginnt sein großes Einigungs- und Reformwerk, das die Wohlfahrt des Volkes und die Einheit des Staates über den Fanatismus der Religion stellt, behauptet sich gegen den heftigen Widerstand der katholischen Partei und sichert seinem Volk die Glaubensfreiheit (Edikt von Nantes). Nach der Ermordung seiner Geliebten Gabriele d'Estrée verliert er jedoch seinen Elan. Er geht eine zweite Ehe mit Maria de Medici ein, die zwar einen Thronfolger gebiert, im übrigen aber gegen Henri intrigiert. Mit seinem »großen Plan« einer europäischen Ordnung – »sobald der habsburgische Ehrgeiz einer universalen Monarchie niedergekämpft wäre« – ist er seiner Zeit weit voraus. Er fällt – nach zahlreichen früheren Attentatsversuchen – einer Verschwörung fanatischer Jesuiten zum Opfer. Von den Wolken herab hält er seine Schlußansprache (auf Französisch und in deutscher Übersetzung gegeben), die an seiner Utopie festhält: »Das Glück ist wirklich da«, und Frankreich »ist immer noch der Vorposten der menschlichen Freiheiten, die da sind: die Gewissensfreiheit und die Freiheit, sich satt zu essen.«

Nicht nur der Schluß illustriert M.s Anschauung: »Wir werden eine historische Gestalt immer auch auf unser Zeitalter beziehen.« Für ihn ist der *Henri Quatre* »weder verklärte Historie noch freundliche Fabel: nur ein wahres Gleichnis«. Henri und die »Macht der Güte« werden zum Gegenbild der faschistischen Bedrohung, während auf der anderen Seite Guise, der »dicke Mayenne« und der Agitator Boucher nicht zufällig an Hitler, Göring und Goebbels erinnern. So liegt die Bedeutung des durchaus historischen Romans nicht zuletzt in seiner Aktualität. In der zeitgenössischen (Exil-)Diskussion über den historischen Roman wurde *Henri Quatre* als Höhepunkt der antifaschistischen Literatur gerühmt. Man erkannte »im historischen ›Gleichnis‹ das Vorbild: die verwirklichte Einheit von humanistischer Idee und gesellschaftlichem Handeln« (Klaus Schröter).

1936
Klaus Mann
Mephisto

M. sah sich als ein Schriftsteller, »dessen primäre Interessen in der ästhetisch-religiös-erotischen Sphäre liegen, der aber unter dem Druck der Verhältnisse zu einer politisch verantwortungsbewußten, sogar kämpferischen Position gelangt«. Das entscheidende Ereignis war die Machtübernahme der Nationalsozialisten, und M. wurde zu einer der aktivsten Persönlichkeiten der deutschen Exilliteratur. Er suchte den publizistischen Kampf gegen den Faschismus auf eine breite Basis zu stellen, machte die Monatsschrift *Die Sammlung* (Amsterdam 1933–35) zum Forum der Faschismus-Gegner aus den verschiedenen Lagern und schilderte die Situation der Exilierten – gerade auch der Außenseiter – in dem Roman *Der Vulkan* (Amsterdam 1939). Auch der 1936 in Amsterdam erschienene »Roman einer Karriere« *Mephisto* gehört in diesen Zusammenhang. Er ist mehr als ein Schlüsselroman und privater Racheakt am ehemaligen Freund und Schwager Gustav Gründgens, der allerdings ohne Zweifel Modell für die Hauptgestalt des Romans, den Schauspieler und Intendanten Hendrik Höfgen, stand.

Erzählt wird, ausgehend von einem »Vorspiel 1936«, das Höfgen als Günstling des »Ministerpräsidenten und Fliegergenerals« (Göring) einführt, die Geschichte eines skrupellosen Karrieristen, der von Hamburg aus nach Berlin gelangt, seine etwas fragwürdigen sexuellen Neigungen durch eine großbürgerliche Heirat kaschiert und sein Publikum als Mephisto begeistert. Gedan-

ken, nach der nationalsozialistischen Machtergreifung ins Exil zu gehen, schiebt er beiseite. Er arrangiert sich mit den neuen Machthabern, läßt sich von seiner emigrierten Frau scheiden und beruhigt sein Gewissen, indem er einen kommunistischen Schauspieler aus dem KZ befreit und einen nichtarischen Sekretär beschäftigt. Doch dem von den Mächtigen gefeierten Schauspieler mißlingt der Hamlet, und eine Konfrontation mit einem kommunistischen Widerstandskämpfer läßt ihn in jammervolles Selbstmitleid versinken.

Es sei ihm, schreibt M., nicht um ein »Porträt« eines bestimmten Künstlers gegangen, sondern »um einen symbolischen Typus«, ein exemplarisches Beispiel für die Psychologie der bedingungslosen Anpassung, die den Nationalsozialismus erst ermöglicht habe. Interessanter noch als der stellenweise recht kolportagehafte Roman selbst erscheint die Geschichte seiner Rezeption im restaurativen, die Vergangenheit verdrängenden Klima der Nachkriegszeit. Kein Verleger der BRD wagte angesichts des wieder zu hohen Ehren aufgestiegenen Gründgens eine Neuauflage. Als der Adoptivsohn des inzwischen verstorbenen Schauspielers 1965 gegen eine Veröffentlichung des Roman klagte, wurde seine weitere Verbreitung 1966 verboten. Das Urteil ist noch nicht aufgehoben, aber angesichts einer Taschenbuchausgabe des Werkes sowie Theater- und Filmversionen gegenstandslos geworden.

1937
Irmgard Keun
Nach Mitternacht

Der im Exil entstandene und in Amsterdam erschienene Roman *Nach Mitternacht* entwirft ein plastisches Bild der Alltagswirklichkeit im Dritten Reich, dessen Anfänge die durch ihre ersten Romane *Gilgi – eine von uns* (1931) und *Das kunstseidene Mädchen* (1932) bekanntgewordene Autorin noch in Deutschland erlebt hatte. Wie in anderen Werken benutzt K. auch hier den Kunstgriff, mit Hilfe einer naiven, doch hellsichtigen und genau beobachtenden Erzählergestalt die Banalität des Schrecklichen um so deutlicher werden zu lassen.

Ich-Erzählerin ist die 18jährige Sanna Moder, die sich bei ihrem Stiefbruder Algin in Frankfurt aufhält, einem bekannten, aber den neuen Machthabern mißliebigen Schriftsteller. Die Gegenwartshandlung – zwei Tage in Frankfurt mit den Höhepunkten Hitler-Besuch und Fest bei Algin – wird immer wieder durch Erinnerungen und

Rückblenden unterbrochen, die die Vorgeschichte der am Ende getroffenen Lebensentscheidungen erhellen. Sanna, aus einem Moseldorf stammend, war als 16jährige zu ihrer Tante Adelheid nach Köln gekommen, hatte sich dort mit ihrem Sohn Franz angefreundet und war dann von der Tante bei den Nazis denunziert worden. Nach einem glimpflich abgelaufenen Verhör geht sie nach Frankfurt. Inzwischen sucht sich Franz, zusammen mit einem Freund, eine Existenz durch ein kleines Tabakgeschäft aufzubauen; sie werden jedoch von einem völkischen Konkurrenten denunziert und verhaftet. Nach seiner Entlassung findet Franz das Geschäft verwüstet vor. Er erfährt, daß sein Freund von der Gestapo umgebracht worden ist, tötet den Denunzianten und fährt nach Frankfurt, um Sanna zu bewegen, mit ihm nach Holland zu fliehen. Die Entscheidung fällt ›nach Mitternacht‹ auf dem Fest bei Algin, der sich seinerseits entschlossen hat, sich anzupassen, während der Journalist Heini keine Zukunft mehr für sich sieht und sich auf der Party erschießt.

Eingefügt in dieses pessimistische (oder: realistische) Szenario sind Beobachtungen, die das Verhalten uniformierter und nichtuniformierter Kleinbürger beim Hitler-Besuch und beim Bier, die Einschränkung der Bewegungsfreiheit der Juden, die Situation der Intellektuellen und die alltägliche Denunziation registrieren und so die psychologischen und mentalen Voraussetzungen für den Erfolg des Faschismus bloßzulegen suchen: *Deutsche Wirklichkeit* überschrieb Klaus Mann treffend seine Rezension des Romans.

1937–38
Alfred Döblin
Das Land ohne Tod (Amazonas)

Nach den ersten beiden Exilromanen D.s (*Babylonische Wandrung oder Hochmut kommt vor den Fall,* Amsterdam 1934; *Pardon wird nicht gegeben,* Amsterdam 1935), von denen der eine in der Geschichte eines aus dem Himmel vertriebenen Gottes die Exilsituation auf burlesk-komische Weise überspielt und der andere in einer einsträngigen Familiengeschichte mit autobiographischem Einschlag vom Verrat des deutschen Bürgertums an seinen früheren Freiheitsidealen handelt, kehrte D. mit dem Südamerikaroman zum Konzept des großen epischen Romans zurück. Das zwei- bzw. dreiteilige Werk, das ursprünglich *Amazonas* heißen sollte, erschien zunächst mit dem Obertitel *Das Land ohne Tod* mit

den beiden Teilen *Die Fahrt ins Land ohne Tod* (Amsterdam 1937) und *Der blaue Tiger* (Amsterdam 1838); in der dreiteiligen Ausgabe von 1947–48, bei der Kapitel aus dem 2. Teil ausgegliedert sind, trägt der 1. Teil den Titel *Das Land ohne Tod,* der 3. Teil heißt *Der neue Urwald.*

In der Bibliothèque Nationale in Paris, 1935, lockten Atlanten und Ethnographien D. von seiner Kierkegaard-Lektüre weg: »Die Südamerikakarten mit dem Amazonenstrom: was für eine Freude. [...] Wo war ich hingeraten? Wieder das alte Lied, hymnische Feier der Natur, Preis der Wunder und Herrlichkeiten dieser Welt? Also wieder eine Sackgasse?« D. beginnt in der Absicht, »diesem Flußmeer zu geben, was des Flußmeeres war«, und entwirft ein aus Phantasie und Realität gemischtes Bild der Amazonasnatur mit ihrer überwältigenden Dynamik und das mit der Natur verbundenen Lebens der friedvollen Indianer. In diese Welt der Naturvölker brechen die europäischen Konquistadoren, Verbrecher und Sklavenhändler ein und zerstören die natürlichen Lebensverhältnisse, bringen Barbarei, Ausbeutung, Tod. Gegenkräfte treten auf: Im 1. Band ist es Las Casas, der mit den Indianern im Urwald lebt, dort von ihnen – so korrigiert D. die Geschichte – wegen einer Untat der Weißen erschlagen wird und zu Sukuruja, der »Mutter des Wassers«, hinabsinkt und in die Natur eingeht; im 2. Band ist es der nach ersten Rückschlägen zunächst erfolgreiche Versuch der Jesuiten, einen indianischen Staat zu schaffen. Doch gerade der Erfolg dieses urchristlich-kommunistischen Gottesstaats in Paraguay und die daraus resultierende Hinwendung zur Macht- und Wirtschaftspolitik führt Zerfall, Zerstörung und Chaos herbei (angekündigt schon im Titel des 2. Bandes: er spielt auf den indianischen Mythos vom blauen Tiger an, der von Zeit zu Zeit vom Himmel kommt und die Welt zerreißt). Im 3. Teil, *Der neue Urwald,* stellt D. die zuvor schon angedeutete Beziehung zur Gegenwart – Nationalsozialismus, Judenverfolgung, Vorstellungen eines Judenstaats – ausdrücklich her. In einem Geistergespräch werden die Begründer der europäischen Weltsicht – Kopernikus, Galilei, Giordano Bruno – mit dem Unheil und der Barbarei des 20. Jh.s konfrontiert: Die Weltenwende der Renaissance »führt mit unerhört neuen Gedanken und Erfahrungen auch eine ungeheure neue Barbarei herauf, deren Ausdruck die Verfolgung, Versklavung und das Massenmorden der Indianer Südamerikas ebenso ist wie das Heraufkommen eines neuen Urwalds und einer neuen Barbarei in Hitler-Deutschland« (Joseph Strelka). Die Frage nach dem Sinn der Geschichte, die das Geistergespräch und mit ihm der ganze Roman als einer »Art epischer Generalabrechnung mit unserer Civilisation« (D.) stellt, bleibt offen.

1938
Bertolt Brecht
Furcht und Elend des Dritten Reiches

Zwischen 1935 und 1938 schrieb B. auf der Grundlage von Augenzeugenberichten und Zeitungsnotizen 27 Szenen aus dem ›Alltagsleben‹ des Dritten Reiches, für die ursprünglich der an Heine erinnernde Titel *Deutschland – ein Greuelmärchen* vorgesehen war. Ein Teil der Szenen wurde am 21. 5. 1938 in Paris unter dem Titel *99 Prozent* uraufgeführt, eine von B. hergestellte englische Bühnenbearbeitung *(The Private Life of the Master Race)* 1945 in New York und San Francisco. Nach einer Reihe von Teilveröffentlichungen erschien die erste vollständige Ausgabe des nunmehr auf 24 Szenen reduzierten Textes 1945 in New York.

Die Szenenfolge führt von der ›Machtergreifung‹ 1933 bis zum ›Anschluß‹ Österreichs im Jahr 1938, die Orte der Handlung sind über das ganze Reich verteilt (am Ende ertönt noch über das Radio die Meldung vom Einzug des ›Führers‹ in Wien) und das Personal stellt einen Querschnitt durch die Bevölkerung dar, vom Bauern und Arbeiter bis zum Arzt und Richter, vom KZ-Häftling zum SA- und SS-Mann. So entsteht aus der »Montage« (B.) des Einzelnen und Verschiedenen ein kritisches Gesamtbild des Lebens im Dritten Reich, wobei die großen Verbrechen und Verbrecher nicht auf die Bühne gelangen: Dargestellt wird statt dessen die Deformation des Lebens und der Menschen durch Lüge, Anpassung, Mißtrauen, Feigheit, Angst, Denunziation und Verrat, die alltägliche Schande und Erniedrigung. Die kommenden Greueltaten kündigen sich in den ›harmlosen‹ Anfängen schon an. Zu den großen Szenen des Stücks, um die sich die anderen gruppieren, zählen *Das Kreidekreuz* (3), *Rechtsfindung* (6), *Die jüdische Frau* (9) und *Der Spitzel* (10). Besonders eindrucksvoll ist der Monolog der (in der Pariser Uraufführung von Helene Weigel gespielten) Arztfrau, die ihre dann doch nicht gehaltene Abschiedsrede an ihren Mann probt, der Oberarzt bleiben will: »Charakter, das ist eine Zeitfrage. [...] Und reden wir nicht von Unglück. Reden wir von Schande.«

1938
Gertrud Kolmar
Die Frau und die Tiere

Zu Lebzeiten K.s, einer der bedeutendsten deutschen Lyrikerinnen, erschienen nur drei kleinere Gedichtbände: *Gedichte* (1917), *Preußische Wappen* (1934) und – mit Teilen des Spätwerks – *Die Frau und die Tiere* (1938). Ihre letzten Gedichte, entstanden bevor die jüdische Dichterin in ein KZ – wahrscheinlich Auschwitz – gebracht wurde (1943; Todesdatum unbekannt), enthält die Sammlung *Welten* (1947). Ihr lyrisches Gesamtwerk gab Hermann Kasack 1955 heraus. Bezüge zur französischen Lyrik seit Baudelaire lassen sich erkennen; im übrigen zeichnet sich K.s Werk durch eine radikale Individualität aus.

Hatte sie in *Preußische Wappen* (späterer Titel *Alte Stadtwappen*) ihr tragisches Geschichtsverständnis, die Zerissenheit der Schöpfung und die »Ausbürgerung aller Kreatur aus der ursprünglichen Schöpfungsordnung« thematisiert (Rüdiger Frommholz) – »Wer hat der Wesen Bürgerbrief zerfetzt« –, so beklagt und betrauert sie in ihrem späteren Werk unter der Erfahrung ständiger Bedrohung und des Leides die Sinnlosigkeit des Daseins und bekennt sich zu den Schutzbedürftigen dieser Welt: zu Frau, Kind, stummer Kreatur und zu den Liebenden. *Weibliches Bildnis* heißt der erste Zyklus in dem Band *Die Frau und die Tiere,* der das Bild der Frau in ihren verschiedenen Rollen –, von der Mutter, der Geliebten und dem Räubermädchen zur Erstarrten und Begrabenen – entfaltet und dabei Geschichte und Schicksal des Judentums einbezieht: »Ich bin fremd« *(Die Jüdin).* Im Gedicht *Tagebuch,* das den Zyklus *Tierträume* einleitet, formuliert sie ihren dichterischen Auftrag: »Mir ward der Stab geschnitten, Der zu Erinnrung führt.« In den *Tierträumen* ist das Gefühl einer »elementaren Verbundenheit mit der Natur« (K.) bestimmend, das aus der Bedrohung erwächst, unter der sie seit 1938 lebt. Die Evokation der vielfältigen Tierwelt kulminiert in dem Text *Der Tag der großen Klage,* in dem sich die vom Menschen geschundenen, gemordeten Tiere zu einem apokalyptischen »Gerichtstag« versammeln.

K. verfügt über eine Vielfalt von durchaus traditionellen lyrischen Formen; unverwechselbar jedoch ist ihre Bildersprache, die in Visionen und Erinnerungen biblische und mythische Welten einbezieht und in melancholischer Klage »dem scheinbar Sinnlosen einen Sinn zu geben« versucht (K. in einem Brief).

1938
Reinhold Schneider
Las Casas vor Karl V.

S.s historische Erzählung mit dem Untertitel »Szenen aus der Konquistadorenzeit« behandelt den Kampf des Dominikanermönchs Bartolomé de Las Casas gegen den mit dem Missionsauftrag der Kirche unvereinbaren Völkermord an den Indios. »Szenen« sind es auch insofern, als der Text oft von Berichten, Schilderungen und Reflexionen zu Monologen und Dialogen übergeht.

Der Erzähler verfolgt zwei Handlungsstränge, die allmählich zusammengeführt werden. Der alte Las Casas kehrt von Veracruz aus nach Spanien zurück, um den Kaiser für eine Änderung der Politik in den Kolonien zu gewinnen. Auf der Überfahrt gibt der ehemalige Konquistador Bernardino de Laris, der krank an Körper und Seele in seine Heimat zurückkehrt, in einem sich der Beichte annähernden Lebensrückblick ein eindringliches Bild der Geschichte der Conquista und ihrer Verbrechen. Die Begegnungen mit Bernadino setzen sich in Valladolid fort, wo die große Disputation zwischen Las Casas und dem Staatsrechtler Sepulveda vor Karl V. stattfindet. Während für Sepulveda das Recht des Staates den Vorrang gegenüber dem Missionsauftrag besitzt (und er Las Casas beschuldigt, mit seinem Eintreten für die Rechte der minderwertigen Indios die Fundamente des Staates zu untergraben), bestreitet Las Casas diese Ansicht und fordert die Gleichstellung der Indios, die Anerkennung, daß auch sie »Gottes Ebenbild« sind – und damit eine Abkehr von der Politik der Conquista. Deren Verbrechen läßt er durch Bernardino bezeugen, der wiederum als Beispiel dafür dient, daß es nicht nur um die Rettung der Unterdrückten und Ausgebeuteten geht, sondern auch um die Seelen der schuldig Gewordenen. Angesichts des widergöttlichen Verhaltens gelte: »Für ungeheure Verbrechen erfolgt nun die ungeheure Strafe.« Der König, überzeugt in einer finsteren Zeit, einer Zeit des Verfalls alter Ordnungen zu leben, übergibt Las Casas in einer nächtlichen Audienz die neuen Gesetze (*Leyes Nuevas*, 1542) und schickt ihn als Bischof von Chiapa nach Mexiko zurück, um für die neuen Gesetze zu kämpfen, denn: »Wollen und Vollbringen sind weit getrennt.«

Las Casas vor Karl V. ist nicht nur ein Dokument des Glaubens und eines evangeliumstreuen Rechtsgefühls, sondern, in historischer Verkleidung, ein christlich motivierter Protest gegen die nationalsozialistische Judenverfolgung. In dem Essayband *Macht und Gnade* (1941) verschärfte sich S.s Oppositionshaltung weiter, die im selben Jahr zum Schreibverbot führte. S. wurde »zur zentralen Gestalt des christlichen Widerstands gegen Hitler« (Wolfgang Frühwald) und bewährte seine moralische Rigorosität auch nach 1945 in seinem – der restaurativen Entwicklung und der Blockbildung des Kalten Krieges zuwiderlaufenden – Eintreten für eine konsequente Friedenspolitik.

1939
Bertolt Brecht
Svendborger Gedichte

Der Gedichtband, der eine Reihe der bekanntesten und bedeutendsten Gedichte B.s enthält, erinnert in seinem Titel an den dänischen Ort Svendborg auf der Insel Fünen, in dessen Nähe B. seine ersten Exiljahre verbrachte (mit Unterbrechungen von 1933 bis 1939). Die *Svendborger Gedichte,* 1939 in London erschienen, sind in sechs Abteilungen gegliedert, die z.T. eigene Überschriften besitzen. Am Anfang steht die *Deutsche Kriegsfibel* (vorabgedruckt 1937), deren meist epigrammatischen Texte den kriegstreiberischen Charakter des Faschismus hervorheben und davon ausgehen, daß der innere Krieg sich nach außen wenden werde. Die 2. Abteilung vereinigt Lieder *(Deutsches Lied),* Balladen *(Ballade von der »Judenhure« Marie Sanders),* Kinderlieder *(Der Schneider von Ulm, Der Pflaumenbaum)* und politische Kampflieder *(Einheitsfrontlied).* In der 3. Abteilung, *Chroniken* überschrieben, stehen Gedichte wie *Fragen eines lesenden Arbeiters, Legende von der Entstehung des Buches Taoteking auf dem Weg des Laotse in die Emigration* oder *Die Teppichweber von Kujan-Bulak ehren Lenin:* Gedichte, die die einseitige Perspektive der bürgerlichen Geschichtsschreibung korrigieren (»Cäsar schlug die Gallier. Hatte er nicht wenigstens einen Koch bei sich?«), nach den Opfern, nach der Rolle des ›Volkes‹ fragen und entsprechend der Entwicklung in der Sowjetunion die Übernahme der Geschichte durch die Arbeiter fordern: »O großer Oktober der Arbeiterklasse!« Die 4. Abteilung kehrt wieder unmittelbar zur faschistischen Gegenwart zurück: mit Appellen zum richtigen Verhalten und mit Hinweisen auf die vorbildlichen Kämpfer für Frieden und Sozialismus (Carl von Ossietzky, Lenin, Gorki). Hier findet sich auch die *Kantate zu Lenins Todestag* (»Lenin ist eingeschreint In dem großen

Herzen der Arbeiterklasse«). Es folgen in der 5. Abteilung *Deutsche Satiren* geschrieben für den Rundfunk, die die Parolen des Dritten Reiches dadurch entlarven, daß sie sie ins Absurde weiterdenken oder mit der Realität konfrontieren *(Der Dienstzug, Notwendigkeit der Propaganda, Was der Führer nicht weiß)*. Die den Band beschließende Gruppe von Gedichten thematisiert die Situation des Exils: *Über die Bezeichnung Emigranten, Gedanken über die Dauer des Exils* und *An die Nachgeborenen* (»Wirklich, ich lebe in finsteren Zeiten!«).

1939
Ernst Jünger
Auf den Marmorklippen

Die noch vor Kriegsausbruch entstandene und im »September 1939 beim Heer« durchgesehene Erzählung gilt manchen als literarisches Dokument der ›Inneren Emigration‹ und des geistigen Widerstands gegen die von J. vor allem aus ästhetischen Gründen verachtete NS-Herrschaft. Der Text spielt in einer imaginären südlichen Landschaft mit Seen, Weinbergen und dunklen Wäldern. Der Erzähler ist mit seinem Bruder Otho nach einem verlorenen Krieg von Alta Plana in die »Rauten-Klause« am Rand der Marmorklippen »an der großen Marina« gezogen, um dort ein botanischen Studien gewidmetes, kontemplatives Leben zu führen. Das friedliche Miteinander der Bewohner wird durch den »Oberförster« gestört, der von den ›mauretanischen Wäldern‹ aus Unruhe schürt. Im Wald entdeckt der Erzähler eine »Schinder-Hütte«, eine Folter- und Todeskammer. Es kommt zum Konflikt zwischen dem Oberförster und einem seiner Führer, Braquemart, der zusammen mit einem jungen Fürsten der Marina gegen den Oberförster zieht. Inzwischen haben sich die vereinzelten Überfälle und Übergriffe zur kriegerischen Auseinandersetzung entwickelt, in die der Erzähler an der Seite Belovars, der mit den Seinen für die Bewohner der Marina kämpft, eingreift und Zeuge eines wilden Gemetzels zwischen Kampfhunden wird. Braquemart und der Fürst haben den Tod gefunden, Belovar und die Bewohner der Marina unterliegen. Obwohl die mauretanische Hundemeute von den Schlangen der Rauten-Klause getötet wird, geht die Klause samt dem Herbarium in Flammen auf. Der Erzähler und sein Bruder kehren nach Alta Plana zurück.

J. greift auf die typisierende Darstellungstechnik altisländischer Sagas zurück und verbindet sie mit einem symbolisch bedeutungsschweren, zugleich dekorativ-überladenen Stil (der – wie die in apodiktischen Sentenzen vorgetragene Lebensphilosophie – nicht selten wie die eigene Parodie klingt). Kennzeichnend für die geistige Welt der Erzählung, die in mythisierender Form auch auf die Machtkonflikte im Dritten Reich anspielt, ist die schematische Gegenüberstellung von ›guter‹ und ›böser‹ Macht, die Einteilung von Menschen, Dingen und Ereignissen nach dem Maßstab von ›hoch‹ und ›niedrig‹, wobei ästhetische und moralische Werturteile konvergieren und so das »Zerrbild eines Ordnungsprinzips« ergeben, »in dem die alte Einheit von Gut und Schön [...] zur Ideologie zusammengebraut ist« (Wolfgang Kaempfer).

Mit ähnlichen Oppositionen arbeitet der utopische Roman *Heliopolis* (1949), der einem »Landvogt«, der die »Vernichtung des Menschlichen« betreibt und den untergegangenen SS-Staat repräsentiert, das höhere Menschentum des »Burgenlands« entgegensetzt (und damit im Bereich faschistischer Denkmuster bleibt). Auch die Kriegstagebücher des Zweiten Weltkriegs, gesammelt unter dem Titel *Strahlungen* (1949), die elitären Eskapismus zelebrieren, bleiben zutiefst zwiespältig.

1939
Thomas Mann
Lotte in Weimar

M. beschäftigte sich sein Leben lang mit Goethe – wie andererseits auch mit Nietzsche, Schopenhauer und Wagner; der ›romantischen‹ Sphäre mit ihrer Thematik von Krankheit und Dekadenz tritt der Wille zur Klassizität entgegen. Während M. noch anstelle von *Tod in Venedig* (1912) an eine durchaus unklassische Novelle über Goethe in Marienbad gedacht hatte, stellte er in seinen Reden zum Goethe-Jahr 1932 gegen das völkisch-irrationale Goethe-Bild den Humanisten und Weltbürger heraus. Differenzierter ist die künstlerische Auseinandersetzung mit Goethe im Roman, die sich überdies auch als Selbstbespiegelung M.s lesen läßt. *Lotte in Weimar*, 1936–39 entstanden, erschien in Stockholm.

Es ist September 1816. Die 63jährige »Hofräthin Witwe Charlotte Kestner, geb. Buff« kommt in Weimar an und logiert im Gasthaus »Zum Elefanten«. Vom literaturbeflissenen Kellner Mager als *die* Lotte aus dem *Werther* identifiziert, spricht sich ihre Anwesenheit rasch herum. Besucher sprechen vor: die Engländerin Rose Cuzzle,

die eine »celebrity« skizzieren will, Goethes Sekretär Riemer, Adele Schopenhauer und schließlich August von Goethe, so daß in den ersten
sechs Kapiteln nicht nur die Erwartungen Charlottes deutlich werden, die an die Wetzlarer Zeit
anknüpfen möchte, sondern auch die Gestalt Goethes in mannigfachen Spiegelungen hervortritt.
Ob Bewunderer, Gehilfen oder Kreaturen Goethes – alle leben von seinem Ruhm und leiden;
und es ist deutlich, daß Charlotte, als Material
für die Dichtung verwendet, ebenso Opfer und
Handlanger ist wie die anderen. So vorbereitet,
stellt das siebte Kapitel Goethe selbst vor, in langen inneren Monologen – beginnend mit dem
Aufwachen – und im Gespräch mit Riemer, Sekretär und Sohn August, wobei in kunstvollen Zitatmontagen die Goetheschen Lebens- und Kunstthemen umspielt werden. Die Begegnung zwischen Lotte und Goethe bei einem eher steifen
Mittagessen mit verschiedenen anderen Gästen,
darunter einem Mineralogen (»daß ich eine Ansprache hab'«), verläuft anders, als es sich Charlotte vorgestellt hat. Goethe verweigert sich sentimentalen Erinnerungen, bleibt distanziert und
führt lieber seine Mineraliensammlung vor. Zu
einem versöhnlicheren Ausklang kommt es bei
ihrer zweiten Begegnung, einem nächtlichen Gespräch in Goethes Wagen (9. Kapitel), bei dem
Goethe auch sich als Opfer bezeichnet und die
scheinbare Kälte und Verweigerung gegenüber
dem ›Leben‹ als notwendige Voraussetzung für
das dichterische Werk bezeichnet.

Der Roman variiert so das M.sche Thema von
Kunst und Leben, Leben und Geist: »Vor Lotte als
der Individuation des Lebens wird der Ästhetizismus der Größe ins Gericht gerufen und auf
seine humanen Qualitäten überprüft« (Helmut
Jendreiek). Von zahlreichen zeitgenössischen Lesern als Herabwürdigung Goethes mißverstanden, ist der Roman in Wirklichkeit eine – kritische – Apologie: »Humoristisch im Geiste wie
der *Joseph,* soll die psychologische Kritik die
Größe nicht durch Reduktion auf das Niedrige
vernichten, sondern ihr erstaunliches Trotzdem
sichtbar machen« (Hermann Kurzke).

1939
Franz Werfel
Der veruntreute Himmel

Der im französischen Exil entstandene und in
Stockholm zuerst gedruckte Roman (Untertitel:
»Die Geschichte einer Magd«) erzählt einleitend
vom Aufenthalt eines Schriftstellers namens Theo

auf dem Grafenegger Landhaus der Familie Argan im Sommer 1936 – Autobiographisches
spielt hinein –, bis ein Unglücksfall, dem der
Sohn Philipp zum Opfer fällt, dem heiteren und
festlichen Leben ein Ende macht: Zeichen zugleich für den sich ankündigenden Untergang
Österreichs. Zunächst ist in den Erinnerungen
des Schriftstellers – er sitzt schreibend vor einem
Pariser Café – nur am Rande von der böhmischen Magd der Familie Argan, Teta Linek, die
Rede, die er bei der Totenwache für Philipp Argan näher beobachtet und deren unbedingter
Glaube an ihren Platz im Jenseits seine Faszination erregt hat. Aus Erzählungen von Livia Argan,
Briefen und dem Bericht des jungen Kaplans Johannes Seydel über ihre spätere Pilgerfahrt nach
Rom schöpft der Erzähler das Material für seine
Biographie der Frau, die »ihr ganzes Leben ausschließlich im Hinblick auf das Bleibende gelebt«
hat und somit einen Gegenpol bildet zu dem »allgemeinen Geisteszustand unserer modernen
Welt, jenem religiösen Nihilismus«, der dem Erzähler als »der absolute Urgrund all unseres
Elends« gilt. Allerdings setzt diese Magd, die
schon früh einen »Lebensplan bis in alle Ewigkeit« gefaßt hat, durchaus auf die falschen Mittel:
Sie finanziert Schule und Theologiestudium ihres
Neffen Mojmir, um sich durch seine priesterliche
Fürsprache einen sicheren Platz im Himmel zu
erzwingen. Als sie nach der Auflösung des Arganschen Haushalts ihren Priester besuchen will,
muß sie erkennen, daß sie jahrzehntelang einen
Schwindler finanziert und demnach – ihrer Auffassung nach – ihren Platz im Himmel verwirkt
hat. Als neues Opfer, um ihr Ziel doch noch zu
erreichen, nimmt sie an einer Pilgerfahrt nach
Rom teil. Auf der Reise, in Gesprächen mit dem
verständnisvollen Kaplan Seydel, gelangt sie zur
Einsicht, daß sie Mitschuld am Schicksal ihres
Neffen trifft, daß sie nicht an ihn, sondern nur
an sich gedacht habe, daß Gnade nicht zu erzwingen sei. Doch mit dieser inneren Wandlung,
die sich in Zusammenbruch und Tod während
bzw. nach einer Papst-Audienz für sie erfüllt,
scheint ihr »Lebensplan« doch noch zu gelingen
(»eine Lawine der Erfüllung« begräbt sie!).

Ein ähnliches Anliegen, nämlich in einer Welt
des »offiziellen Deismus und inoffiziellen Nihilismus« das »göttliche Geheimnis und die menschliche Heiligkeit« zu verherrlichen, verfolgte W.
mit seinem erfolgreichsten Roman *Das Lied von
Bernadette* (Stockholm 1941; in den USA verfilmt
1943), der auf Grund eines Gelübdes entstand:
W. hatte auf seiner Flucht vor den Nationalsozialisten bei einem Aufenthalt in Lourdes gelobt, die
Geschichte der Bernadette Soubirous zu erzäh-

len, wenn er glücklich die »rettende Küste Amerikas« erreiche. Dabei stellte W. dann die Unbegreiflichkeit des Wunders in den Mittelpunkt seiner Erzählung.

1939
Ernst Wiechert
Das einfache Leben

Dieser Roman war das letzte Werk, das W. im Dritten Reich veröffentlichen konnte: Von einem von den Nationalsozialisten als geistesverwandt angesehenen Verfasser völkischer Literatur (*Der Totenwolf*, 1924) hatte sich W. auf der Basis eines konservativen Humanismus und Moralismus zu einem Kritiker der nationalsozialistischen Kulturpolitik gewandelt. Als er schließlich gegen die Verhaftung des Pastors Martin Niemöller protestierte, wurde er 1938 selber verhaftet und im KZ Buchenwald interniert (sein 1939 geschriebener Bericht über die vier Monate in Untersuchungshaft und KZ erschien 1946 unter dem Titel *Der Totenwald*).

In diesem Kontext besitzt auch der Roman *Das einfache Leben* seine Bedeutung. Er erzählt von dem Korvettenkapitän a. D. Thomas von Orla, der die Erfahrung der Niederlage im Ersten Weltkrieg und der Revolution verarbeitet, indem er sich von seiner lebenslustigen Frau und der Unruhe und dem Verfall der Großstadt löst, sich als einfacher Fischer (mit Bibliothek freilich) in den Masurischen Seen niederläßt und durch Arbeit und Kontemplation im Einklang mit der Natur zu innerer Ruhe und Freiheit findet und seine Erkenntnisse über die Ethik des Seemannslebens und des Krieges in Büchern formuliert, die in Fachkreisen nicht nur auf Beifall stoßen. Die Distanzierung von der eigenen Vergangenheit bedeutet zugleich Zurückhaltung gegenüber den Aspirationen seines Sohnes und damit der jungen, forschen Marinegeneration insgesamt, die nichts von Orlas biblischen Maximen – »Wir bringen unsre Jahre zu wie ein Geschwätz«, »Ein Geduldiger ist besser denn ein Starker« – hält.

Mit ihrer Verweigerungshaltung gegenüber der ›neuen Zeit‹ erweist sich W.s lebensferne, auch in der Liebe – zur jungen Gutsherrentochter Marianne – entsagungsvolle ostpreußische Idylle als (literarisch durchaus antiquiertes) Dokument der ›Inneren Emigration‹; bis 1942 wurden mehr als 250 000 Exemplare verkauft.

1939–50
Alfred Döblin
November 1918

D.s umfangreichster Roman *November 1918. Eine deutsche Revolution. Erzählwerk in drei Teilen* (und vier Bänden) entstand in den Jahren 1937–43 im französischen und amerikanischen Exil. Der 1. Band, *Bürger und Soldaten 1918,* konnte noch vor D.s Flucht in die USA in Stockholm und Amsterdam erscheinen; für die drei weiteren Bände (Band 2 war wegen des großen Umfangs geteilt worden) fand D. zunächst keinen Verleger. Sie folgten erst 1948–50: *Verratenes Volk* (II/1, 1948), *Heimkehr der Fronttruppen* (II/2, 1949), *Karl und Rosa* (III, 1950). In dieser Nachkriegsausgabe fehlt der 1. Band, an dem die französische Besatzungsmacht wegen der Schilderung der Ereignisse im Elsaß Anstoß nahm (wobei es nichts half, daß D. selber französischer Zensuroffizier war). Erst 1978 erschien das Werk in einer vollständigen Ausgabe.

D. erzählt im Wechsel von Massenszenen und individuellem Geschehen mit den modernen epischen Techniken (innerer Monolog, erlebte Rede, Dialog, Montage, Schnittechnik, Fiktionsdurchbrechung) die Geschichte der deutschen Revolution von 1918–19, die Geschichte eines Scheiterns, das die Unfähigkeit der Deutschen zu politischer Erneuerung sarkastisch anprangert. Die Handlung – sie beginnt im Elsaß und konzentriert sich dann auf Berlin – umfaßt im wesentlichen die Zeit vom 10. November 1918 bis zum 15. Januar 1919. In die Schilderung der historischen Abläufe und des verwirrenden Machtkampfs in Deutschland zwischen dem reaktionären Generalstab in Kassel, dem »Rat der Volksbeauftragten« unter der Führung Friedrich Eberts und dem bolschewistischen Spartakusbund unter Karl Liebknecht werden verschiedene unverbundene Handlungsstränge eingebaut. Die wichtigste dieser Individualgeschichten ist die des Oberleutnants Friedrich Becker, der nach einer tödlichen Verwundung ein christliches Bekehrungserlebnis hat (samt einer Erscheinung des Mystikers Johannes Tauler) und – nach Berlin zurückgekehrt – unter halluzinatorischen Wahnvorstellungen leidet, für kurze Zeit in seinen Beruf zurückfindet und als Altphilologe in einem Gymnasium über Sophokles' *Antigone* und die damit verbundenen aktuellen Fragen nach dem Verhältnis von Staat und Individuum, von Kriegsschuld und Verantwortung für den Frieden doziert – doch an der Realität scheitert. Er nimmt an revolutionären Aktionen teil und zieht nach einem Gefängnisaufenthalt als eine Art Prediger jahrelang durchs Land, in Halluzinationen mit Tauler und dem Satan verkehrend, bis er bei einem Raubüberfall erschossen und seine Sehnsucht »nach dem Himmlischen« in einer den Roman beschließenden Apotheose erfüllt wird. Auch in der Darstellung des Schicksals von Rosa Luxemburg, deren Suche nach Identität und Legitimation ihres Handelns mit der Gestalt der Antigone in Verbindung gebracht wird, kommt es zu einer Erweiterung des Geschehens ins Mythische, wobei John Miltons *Paradise Lost* als literarische Folie dient: Ein Cherub entwindet Rosas Seele dem Teufel – und was »als Totalpanorama vom Ende des Krieges beginnt, endet als Legende« und besiegelt das »Erlöschen der Utopie« einer deutschen Revolution (Hans-Peter Bayerdörfer).

1941
Bertolt Brecht
Mutter Courage und ihre Kinder

Nach den Lehrstücken der späten 20er und frühen 30er Jahre und den antifaschistischen Schauspielen *Die Rundköpfe und die Spitzköpfe* (Uraufführung Kopenhagen 1936), *Furcht und Elend des Dritten Reiches* (Teilaufführung Paris 1938) und *Die Gewehre der Frau Carrar* (Uraufführung Paris 1937) entstanden im skandinavischen Exil, begleitet von weiteren Überlegungen zum ›epischen Theater‹, die Stücke, die das Lehrhafte und das Artistische zu einer Einheit verschmelzen und B.s »realistisches episches Drama auf der Höhe seiner Entwicklung« zeigen (Reinhold Grimm). Als erstes dieser Stücke – *Leben des Galilei, Mutter Courage, Der gute Mensch von Sezuan* usw. – wurde die 1939 abgeschlossene »Chronik aus dem Dreißigjährigen Krieg« *Mutter Courage und ihre Kinder* aufgeführt, und zwar am 19. 4. 1941 am Schauspielhaus Zürich, der einzigen europäischen Bühne, die während des Krieges B. spielte. Die erste vollständige Druckausgabe des Stückes erschien 1949.

Den Namen der Titelheldin entlehnte B. von Grimmelshausen; im übrigen hat seine Courage kaum etwas mit der barocken »Landstörtzerin« gemein. Allerdings konnte B. für das historische Kolorit und die Darstellung des Krieges und seiner Folgen Material bei Grimmelshausen finden. Das gilt insbesondere für dessen Hauptwerk, den *Abentheurlichen Simplicissimus Teutsch* (1668–69), der überdies durch die Verbindung von ›Realismus‹ und moralischer Lehrhaftigkeit anregend wirken mochte.

Mutter Courage gilt als eines der epischen Musterdramen B.s, wobei als kommentierende, ›verfremdende‹ Mittel u. a. den Szenen vorangestellte Inhaltsangaben, Songs und sprachliche Umwertungen und Verkehrungen (»Der Mensch denkt: Gott lenkt«) eingesetzt werden. Bezeichnend für dieses epische Theater ist ferner die ›offene Form‹, die ›anti-aristotelische‹ Reihung von Szenen, die weder einen eigentlichen Anfang noch ein eigentliches Ende aufweisen und wie ein »willkürliches Eintauchen in den Fluß eines unübersehbar weiträumigen Geschehens« erscheinen (Walter Hinck).

Die zwölf Szenen des Stückes spielen im Zeitraum von Frühjahr 1624 bis Januar 1636, da »der Krieg noch lange nicht zu Ende« ist. Helden der »Chronik« sind nicht die Großen; die Sicht von unten ist bestimmend, sie macht die herrschende Interpretation der Dinge – etwa des Krieges als Glaubenskrieg – als Lüge erkennbar. Anna Fierling, genannt Courage, ist Marketenderin, kleine Geschäftsfrau, die mit ihrem Planwagen voll von Waren mal auf der protestantisch-schwedischen, mal auf der kaiserlich-katholischen Seite am »Gewinn« teilzuhaben sucht. Und ihrer Meinung nach führen auch die Großen den Krieg um des Gewinnes willen, Krieg ist Geschäft. Sie handelt nach der Devise, daß gut ist, was dem Geschäft nützt. Während sie am Gewinn teilhaben will und so den Krieg unterstützt, will sie sich jedoch zugleich heraushalten und sich und ihre Kinder vor seinen Folgen bewahren. Das kann nicht gelingen, und so verliert sie – es sind die wahren Opfer – ein Kind nach dem andern, Opfer einer (Kriegs-)Ordnung, in der die Tugend tödliche Folgen hat: den kühnen Eilif, den redlich-dummen Schweizerkas und die stumme Kattrin, die gegen die unmenschliche Ordnung rebellierende »alternative Figur des Stücks« (Jan Knopf). Courage selbst bleibt unbelehrt und zieht weiter: »Ich muß wieder in Handel kommen.« Was sie nicht lernt, das soll der Zuschauer lernen: »Daß die großen Geschäfte in den Kriegen nicht von den kleinen Leuten gemacht werden. Daß der Krieg, der eine Fortführung der Geschäfte mit andern Mitteln ist, die menschlichen Tugenden tödlich macht, auch für ihre Besitzer. Daß für die Bekämpfung des Krieges kein Opfer zu groß ist (B.). Durch eine Modell-Inszenierung des Stückes am Deutschen Theater in Berlin (11. 1. 1949; deutsche Erstaufführung) suchte B. seine Theaterauffassung zu etablieren.

1941–47
Gerhart Hauptmann
Die Atriden-Tetralogie

Die *Atriden-Tetralogie* besteht aus den Verstragö-
dien *Iphigenie in Aulis* (5 Akte; Uraufführung am
15. II. 1943, Burgtheater Wien; Druck 1944),
Agamemnons Tod und *Elektra* (je 1 Akt; Uraufführung am 10. 9. 1947, Deutsches Theater Berlin; Druck 1948) *Iphigenie in Delphi* (3 Akte;
Uraufführung am 15. II. 1941, Staatliches Schauspielhaus Berlin; Druck 1941).

Iphigenie in Delphi, das die Folge der Ereignisse abschließende Stück, entstand zuerst. Der Anstoß hierfür und damit für die ganze Tetralogie
ging von einem Text aus Goethes *Italienischer
Reise* aus (19. 10. 1786), dem Entwurf eines »Argument[s] der *Iphigenia von Delphi*. Im übrigen
bilden die *Orestie* des Aischylos und die Iphige-
niendramen des Euripides *(Iphigenie in Aulis,
Iphigenie bei den Taurern)* die wichtigsten Quellen, während Goethes »verteufelt human[e]«
Iphigenie auf Tauris gewissermaßen rückgängig
gemacht wird. 1938 schrieb H. über Goethes
Drama: »Dies Kunstwerk ist nicht elementar. Es
ist nicht aus starker Intuition hervorgeschleu-
dert. Es zeigt nicht, läßt nicht einmal ahnen die
Furchtbarkeit der Tantaliden. Es zeigt nicht den
mutterblutsbefleckten erinnyengehetzten Orest.
Es zeigt nicht die einst als Opfer geführte Iphigenie. Das Grausen ist nirgend wahrhaft da. Hier
sprechen allzu wohlerzogene, allzu gebildete
Leute.« Und, indem er Iphigenies Haltung gegenüber Thoas und ihre Sehnsucht nach der Heimat
kritisiert: »Was sucht sie denn noch in dem grausigen Mordhause zu Mykene? Der Vater ist ihr
Mörder, die Mutter ihres Vaters Mörder als die
Rächerin, Orestes der Mutter Mörder: Welche
Scheußlichkeiten des Elternhauses, welcher Geruch von Grausamkeit und Blut erwarten sie!«
Damit wird die Intention deutlich, die H.s Version
des Atridenstoffes kennzeichnet: »an die Stelle
einer utopischen Humanität tritt die Vergegenwärtigung blutiger Greuel« (Peter Sprengel).

So steht die Behandlung des mythischen Stoffes – von der Opferung Iphigenies, durch die die
von Agamemnon beleidigte Göttin Artemis versöhnt und die Ausfahrt der Griechen nach Troja
ermöglicht werden soll, über die Ermordung
Agamemnons durch Klytämnästra und die Rache
des Orest bis zum Freitod Iphigenies in Delphi
nach der Rückkehr von den Taurern – ganz im
Zeichen einer grausigen, blutigen Sicht des Grie-
chentums, u. a. beeinflußt von Nietzsches Begriff

des Dionysischen, von der Erkenntnis der konsti-
tutiven Bedeutung des Totenkults für den Ursprung der Tragödie. Bezeichnend dafür ist das
Interesse an den chthonischen Elementen der
griechischen Religion, und wenn im letzten Drama Iphigenie in Delphi als Totengöttin erscheint,
zeigt sich die radikale Umkehrung der klassischen Vorstellungen Goethes. H.s Iphigenie hat
als Werkzeug einer barbarischen Gottheit ihr
Menschentum verloren:

Genug; ich starb ins Göttliche hinein
und mag im Sterblichen nicht wieder leben.

Im Zusammenhang mit den Vorstellungen Johann Jakob Bachofens (*Das Mutterrecht,* 1861)
werden die menschlichen Schicksale überwölbt
von dem Gegensatz matriarchalischer (chthoni-
scher, lunarischer) und patriarchalischer Gottheiten, wobei die Ereignisse wie bei Aischylos mit
einem Sieg Apolls enden: »indem dieser das
Kultbild der Schwester nach Delphi holen läßt,
wird die Göttin aus einer barbarischen Hekate
zur olympischen Artemis« (Peter Sprengel).

Die *Atriden-Tetralogie,* 1949 erstmals als Gesamtausgabe erschienen, fand zunächst große
Zustimmung, konnte sich aber nicht auf dem
Theater behaupten. Problematisch bleibt wohl
der Versuch, die in ihrer Art durchaus moderne
Schreckensvision in ein klassizistisches Formge-
rüst zu pressen. Umstritten ist die Frage nach
der zeitkritischen Relevanz der *Atriden-Tetralogie.* Am weitesten ging Erwin Piscator, der sie
1962 an der Westberliner Volksbühne als antifa-
schistisches Drama inszenierte.

1942
Stefan Andres
Wir sind Utopia

A.s Novelle, 1942 in der *Frankfurter Zeitung* vorabgedruckt und 1943 als Buch erschienen, fand
insbesondere in den 50er Jahren eine breite Resonanz, die durch ihre Verwendung als Schullektüre noch vergrößert wurde. Es war die Zeit, in
der eine weltanschaulich oder christlich motivierte Faschismuskritik und eine Rückbesinnung
auf konservative Werte dominierte und von einer
konkreten Auseinandersetzung mit dem Dritten
Reich in der Bundesrepublik noch keine Rede
sein konnte.

Die Novelle spielt, kaum verschleiert, während
des spanischen Bürgerkriegs. Der ehemalige
Mönch Padre Consalves, inzwischen Franco-Sol-
dat, kommt nach über 20jähriger Abwesenheit
als Häftling Paco Hernandes in sein ehemaliges

Kloster zurück. Es glingt ihm, sich ein Messer zu verschaffen und in seine alte Zelle gelegt zu werden, deren Gitter zur Flucht präpariert sind. Doch der Aufenthalt in der Zelle wird zu einer Reise in die Vergangenheit, zur Erinnerung an die Ursachen seines einstigen Ordensaustritts in der gescheiterten Hoffnung auf konfessionelle Toleranz und eine gerechte Gesellschaftsordnung. Er gewinnt seinen Glauben zurück und vollzieht – in der Auseinandersetzung mit seinem von Seelenqualen befallenen Bewacher Leutnant Pedro – die entscheidende Wandlung, die ihn von einer irdischen Utopia-Vorstellung zu einer transzendenten führt. So verzichtet er auf die Anwendung von Gewalt, die ihn und die anderen hätte befreien können, und geht mit den anderen Gefangenen in den Tod.

Die Novelle ist nicht nur deshalb problematisch, weil hier die offizielle Geschichtsversion vom blutigen Terror der »Roten« im spanischen Bürgerkrieg unbefragt übernommen wird; fragwürdiger noch – aber eine Erklärung für ihren Erfolg – ist ihre immanente Rechtfertigung einer apolitischen Haltung durch den propagierten Rückzug in die Innerlichkeit und die Orientierung hin auf eine Erfüllung im Jenseits, die Ungerechtigkeit und Gewalt im Diesseits hinzunehmen bereit ist. »Widerstandsdichtung« (Hans Wagener) ist das nur in einem höchst begrenzten Sinn.

1942
Anna Seghers
Das siebte Kreuz

Das mit dem Roman *Der Kopflohn* (Amsterdam 1933) einsetzende antifaschistische Exilwerk der S. erreichte mit dem »Roman aus Hitlerdeutschland« *Das siebte Kreuz* seinen Höhepunkt. Das 1938 begonnene Werk erschien, nach einem wegen des Hitler-Stalin-Paktes eingestellten Vorabdruck in der Moskauer Zeitschrift *Internationale Literatur* (1939), 1942 zuerst in einem mexikanischen Exilverlag und im selben Jahr in englischer Übersetzung in Boston. Mit seiner filmischen Erzähltechnik, die das Geschehen in zahlreiche, parallel oder kontrapunktisch geführte Einzelsegmente auflöst, verweist S.s Roman auf das Vorbild von John Dos Passos.

Aus dem am Rhein gelegenen Konzentrationslager Westhofen sind im Herbst 1937 sieben Häftlinge entflohen. Der KZ-Kommandant läßt sieben Kreuze auf dem »Tanzplatz« des KZs einrichten, die für die Geflüchteten bestimmt sind.

Es gelingt der Gestapo, in kurzer Zeit sechs der Geflohenen zu ergreifen, doch das siebte Kreuz bleibt leer, Zeichen der Hoffnung und des Widerstands für die anderen Gefangenen, Zeichen für die Begrenztheit der Macht des NS-Staates und sein unvermeidliches Ende.

Im Mittelpunkt steht die Fluchtgeschichte des Mechanikers Georg Heisler, einer Gestalt mit den Zügen eines Abenteurers und einem eher ziellosen früheren Leben. Aber es ist gerade diese Komponente seines Charakters, die ihn die Gefahren und Entbehrungen der Flucht durchzustehen hilft. Seine Flucht – wie die der anderen – stellt die davon Berührten auf die Probe, verlangt ihnen moralische Entscheidungen ab: Verwandte, ehemalige Freunde, politische Kampfgefährten, Unbekannte sind davon betroffen – keine heroischen Widerstandskämpfer, sondern um sich und ihre Familien besorgte Arbeiter und Bürger. Dabei wird der Alltag im nationalsozialistischen Deutschland in vielen Facetten geschildert, werden die zeitlose Landschaft zwischen Mainz und Frankfurt und das mit dem Land verbundene Leben als Gegenpol zur nationalsozialistischen Barbarei einbezogen. Angst und Denunziation – auch innerhalb der Familie – vergiften das Leben, aber auch Menschlichkeit und gesellschaftliches Verantwortungsgefühl behaupten sich; die Bewährungsproben eröffnen Chancen zum Durchbruch neuen Selbstvertrauens und verborgener menschlicher Qualitäten (etwa bei Heislers Freund Paul Röder oder bei Dr. Kreß und seiner Frau, die dem ihnen unbekannten Heisler helfen) – Hoffnung für eine bessere Zukunft. Heisler gelangt schließlich auf einem Rheinschiff nach Holland.

Der spannend, aber sachlich und ohne melodramatische Effekte erzählte Roman wurde 1944 mit Spencer Tracy in der Hauptrolle verfilmt (Regie: Fred Zinnemann).

1943
Bertolt Brecht
Der gute Mensch von Sezuan

Das »Parabelstück« nach frühen Entwürfen (Titel: *Die Ware Liebe*) 1939–41 entstanden, wurde am 4. 2. 1943 im Schauspielhaus Zürich uraufgeführt; gedruckt wurde es erst 1953. Es besteht, eingerahmt von Vorspiel und Epilog, aus einer Folge von zehn Szenen und sich jeweils daran anschließenden Zwischenspielen. Songs (Musik von Paul Dessau) unterbrechen und kommentieren das Geschehen, zugleich haben sie, wie das Stück als ganzes, parabolischen Charakter.

Das Spiel um den guten Menschen ist als Experiment der Götter angelegt, die drei Abgesandte auf die Erde geschickt haben, um Leute zu finden, »die in der Lage sind, unsere Gebote zu halten«, denn: »Seit zweitausend Jahren geht dieses Geschrei, es gehe nicht weiter mit der Welt, so wie sie ist. Niemand auf ihr könne gut bleiben.« Schon die Suche nach einem Nachtlager, die der Wasserträger Wang für die Götter unternimmt, zeigt die Schwierigkeit, auch nur einen guten Menschen zu finden. Die Prostituierte Shen Te nimmt sie schließlich auf und verzichtet dabei auf den Verdienst, den sie benötigt hätte, um ihre Miete zu bezahlen. An ihr wird nun beispielhaft geprüft, ob ein guter Mensch in dieser Welt auch gut bleiben könne, wobei die Götter mit einem ›Startkapital‹ das Experiment in Gang setzen.

Mit dem Geschenk der Götter kauft sich Shen Te einen Tabakladen, doch gerät sie sehr schnell in Schwierigkeiten, da ihre Güte hemmungslos ausgenutzt wird und sie sich nicht zu wehren vermag. Um den finanziellen Ruin abzuwenden, greift plötzlich ihr Vetter Shui Ta ein, liefert die Schmarotzer der Polizei aus, verhandelt mit den Gläubigern und bringt das Geschäftliche in Ordnung, das Voraussetzung ist für die tätige Nächstenliebe. Diese Spaltung in eine gute und eine schlechte Hälfte – Shui Ta ist die verkleidete Shen Te – erweist sich auch weiterhin als notwendig: Die zurückgekehrte Shen Te verliebt sich in den arbeitslosen, ihre Liebe und Güte aus Egoismus und Not skrupellos ausnutzenden Flieger Yang Sun und setzt dabei ihre Existenz (und die anderer) aufs Spiel. Wieder muß der schlechte Vetter eingreifen. Er gründet in verfallenen Baracken eine Tabakfabrik und zwingt alle, die Shen Tes Hilfe in Anspruch genommen haben, in der Fabrik zu arbeiten, wobei der Flieger zum Aufpasser und Antreiber aufsteigt. Das Geschäft blüht, doch da nun Shen Te verschwunden bleibt, gerät Shui Ta in Verdacht, sie beseitigt zu haben. Er wird vor Gericht gestellt, als Richter erscheinen die drei Götter. Shui Ta versucht zunächst, den Opfern klar zu machen, daß ohne seine brutale Handlungsweise »die Quelle versiegt« wäre, gibt sich dann als Shen Te zu erkennen und beschreibt den Göttern das Dilemma: »Euer einstiger Befehl Gut zu sein und doch zu leben Zerriß mich wie ein Blitz in zwei Hälften.« Die Götter, die sich als »Betrachtende« verstehen, entziehen sich einer Antwort; es sei »alles in Ordnung«, solange Shen Te den Vetter nicht zu oft zu Hilfe hole. Die göttliche Weltordnung – und das heißt in diesem Fall: die bürgerlich-kapitalistische – ist gerechtfertigt, und die Götter entschweben auf einer kitschigen Wolke. Daß das eine Scheinant-

wort ist, macht der Epilog deutlich, der das Publikum auffordert, sich selbst einen Schluß zu machen: »Es muß ein guter da sein, muß, muß, muß!«

Das Stück demonstriert, was die Götter nicht wahrhaben wollen: daß der Mensch unter den herrschenden Bedingungen nur gut sein kann, »wenn er zugleich schlecht ist; er kann nur menschenwürdig leben, wenn er andere zugleich in menschenunwürdiges Dasein zwingt« (Jan Knopf). Unausgesprochene Konsequenz ist, daß die Welt geändert, eine neue Welt geschaffen werden muß. Mit dem Kunstgriff des ›gespaltenen Menschen‹ gelingt es B., die Bewußtseinsspaltung, »die reale Spaltung des bürgerlichen Menschen [...] in eine private (moralische) und eine öffentliche (geschäftliche) Hälfte« sinnfällig zu machen (Knopf). Dem Schematismus, den man dem Stück ankreidet, nimmt B. mit dem effektvollen komödiantischen Doppelspiel und den komischen Elementen – wie etwa der Hochzeitsszene –, aber auch mit der emotionalen Tiefe der Gestalt der Shen Te die Spitze.

1943
Bertolt Brecht
Leben des Galilei

Das 1938–39 im dänischen Exil entstandene Stück wurde am 9. 9. 1943 im Schauspielhaus Zürich uraufgeführt. In den USA entstand dann in Zusammenarbeit mit dem Galilei-Darsteller Charles Laughton unter dem Eindruck der Atombombenabwürfe von Hiroshima und Nagasaki eine englische Fassung, die die Hauptgestalt neu deutete (Uraufführung Los Angeles, 30. 7. 1947). Die letzte, in den Ausgaben seit 1955 gedruckte Fassung ist im wesentlichen eine Rückübersetzung des englischen Textes (Uraufführung Städtische Bühnen Köln, 16. 4. 1955). Die Unterschiede zwischen den Fassungen werden vor allem in der 14. Szene deutlich, in der der alte Galilei im Gespräch mit seinem früheren Schüler Andrea Sarti sein Verhalten rechtfertigt bzw. verurteilt.

Das Drama ist in 15 Bilder gegliedert (die amerikanische Aufführung und die Aufführungen des Berliner Ensembles endeten mit dem 14. Bild), die Stationen aus Galileis Leben behandeln. Die zeitlichen Abstände sind dabei höchst unterschiedlich. Galilei lehrt im Dienst der Republik Venedig Mathematik an der Universität Padua (Bild 1–3, Zeit: 1609–10). Die finanzielle Not und die unbefriedigenden Arbeitsbedingungen – Freiheit der Forschung, aber nach den Gesetzen des

Marktes, die praktische Verwertbarkeit verlangen und Galilei zur ›Nacherfindung‹ des Fernrohrs veranlassen – kontrastieren mit dem Bewußtsein, daß eine »neue Zeit«, »ein großes Zeitalter« angebrochen ist: »Denn wo der Glaube tausend Jahre gesessen hat, eben da sitzt jetzt der Zweifel.« Um freie Zeit für die Forschung zu gewinnen (und den mathematischen Beweis für das kopernikanische System zu führen), wechselt Galilei trotz Warnungen vor der dortigen ›Pfaffenherrschaft‹ an den Hof von Florenz, die Entdeckung der Jupitermonde und ihrer dem Ptolemäischen System widersprechenden Bewegungen im Gepäck. Galilei findet bei den autoritätsgläubigen Gelehrten kein Gehör. Aber auch der Ausbruch der Pest vermag ihn nicht an der Weiterführung seiner Forschungen zu hindern; er verschuldet aber dadurch den Tod seiner Haushälterin (Bild 4–5). Das Collegium Vaticanum bestätigt seine Entdeckungen, gleichwohl wird seine Lehre auf den Index gesetzt (Bild 6–8, Zeit: 1616). Acht Jahre später ermutigt ihn die Thronbesteigung eines neuen, naturwissenschaftlich gebildeten Papstes, seine Forschungen auf dem verbotenen Gebiet wieder aufzunehmen; das kostet seiner Tochter Virginia den Verlobten (Bild 9). Die Lehren Galileis finden öffentlichen Widerhall, Balladensänger nehmen sich des Themas an (Bild 10, Zeit: 1632). Galilei wird wieder vor die Inquisition bestellt und widerruft unter Androhung der Folter am 22. 6. 1633 »seine Lehre von der Bewegung der Erde«. Auf die Erschütterung seiner Schüler über den Widerruf (Andrea: »Unglücklich das Land, das keine Helden hat!«) antwortet Galilei: »Nein. Unglücklich das Land, das Helden nötig hat« (Bild 11–13). Von 1633 bis 1642 lebt Galilei in einem Landhaus bei Florenz als Gefangener der Inquisition und beendet, sich äußerlich anpassend, seine *Discorsi*. Andrea Sarti, sein ehemaliger Schüler, besucht ihn auf dem Weg nach Holland, wo er in Freiheit forschen kann. Galilei gibt ihm die heimlich angefertigte Kopie seiner *Discorsi,* mit denen er 1637 Italien verläßt (Bild 14–15).

In der Unterhaltung mit Sarti setzt sich Galilei mit seinem Verhalten, dem Widerruf und seinen Kosequenzen auseinander; es ist der zentrale Punkt des Stückes. In der 1. Fassung wird der Widerruf im wesentlichen auf die durchaus unheroische Person Galileis bezogen, die gesellschaftlichen Konsequenzen bleiben noch außer acht, d. h. wichtiger als der Verrat ist das weitergegebene Wissen. Die 2. und 3. Fassung fragen, ausgelöst durch die Atombombenabwürfe, nach den gesellschaftlichen Folgen des Widerrufs: Galilei selbst wirft sich in einer schonungslosen Abrechnung vor, seine Macht nicht gegen die Obrigkeit und für einen grundlegenden Wandel eingesetzt zu haben, also seiner gesellschaftlichen Verantwortung als Wissenschaftler nicht gerecht geworden zu sein: »Ich hatte als Wissenschaftler eine einzigartige Möglichkeit. In meiner Zeit erreichte die Astronomie die Marktplätze. Unter diesen ganz besonderen Umständen hätte die Standhaftigkeit *eines* Mannes große Erschütterungen hervorrufen können. Hätte ich widerstanden, hätten die Naturwissenschaftler etwas wie einen hippokratischen Eid der Ärzte entwikkeln können, das Gelöbnis, ihr Wissen einzig zum Wohle der Menschheit anzuwenden! Wie es nun steht, ist das Höchste, was man erhoffen kann, ein Geschlecht erfinderischer Zwerge, die für alles gemietet werden können.«

Stücke wie Heinar Kipphardts *In der Sache J. Robert Oppenheimer* (1964) und Friedrich Dürrenmatts *Physiker* (1962) nahmen das durch die Entwicklung der Naturwissenschaften besonders brisant gewordene Thema der gesellschaftlichen Verantwortung des Wissenschaftlers auf.

1943
Hermann Hesse
Das Glasperlenspiel

H. beendete seinen letzten großen Roman 1942 nach etwa zehnjähriger Arbeit. Das Werk nimmt Themen früherer Romane und Erzählungen auf – etwa das der Polarität von vita activa und vita contemplativa, von Leben und Geist, der »Zweistimmigkeit der Lebensmelodie«, wie es zuletzt die erfolgreiche ›Mittelalter‹-Erzählung *Narziß und Goldmund* (1930) variiert hatte; die Widmung (»Den Morgenlandfahrern«), zieht eine ausdrückliche Verbindung zur Erzählung *Die Morgenlandfahrt* (1932), die in der Suche nach sich selbst nicht mehr aufs eigene Innere, sondern auf ein Aufgehen in einem überindividuellgeistigen Ganzen zielt.

Der Roman trägt den vollständigen Titel: *Das Glasperlenspiel. Versuch einer Lebensbeschreibung des Magister Ludi Josef Knecht samt Knechts hinterlassenen Schriften.* Er besteht aus drei Teilen: einer ausführlichen Einleitung in Geschichte und Wesen des Glasperlenspiels, der Lebensbeschreibung des Magister Ludi und seinen hinterlassenen Schriften (Gedichte und drei fiktive Lebensläufe). Die Handlung spielt einige Jahrhunderte nach unserer Zeit. In der Einleitung schildert der Erzähler die Entstehung der ›Glasperlenspiel‹ benannten geistigen Übung als Reaktion auf den kulturellen und moralischen Zerfall und den hemmungslosen Individualismus des sogenannten »feuilletonistischen Zeitalters«, d. h. des 19. und 20. Jh.s. Von der Musikwissenschaft ausgehend, dann auf die Mathematik und andere Bereiche übergreifend, suchen gleichgesinnte Gelehrte in einer »heroisch-asketische[n] Gegenbewegung« gegen den geistigen Verfallsprozeß die überlieferten Werte der Kultur zu bewahren und in einer stetig verfeinerten Symbol- und Geheimsprache zu einer großen, disziplinübergreifenden Synthese zu führen. Sie findet ihren Ausdruck im kombinatorischen Glasperlenspiel. Es ist ein »Spiel mit sämtlichen Inhalten und Werten unsrer Kultur, es spielt mit ihnen, wie etwa in den Blütezeiten der Künste ein Maler mit den Farben seiner Palette gespielt haben mag.«

Der Orden der Kastalier bildet einen Staat im Staate, ist eine Gemeinschaft, zu deren obersten Prinzipien »das Auslöschen des Individuellen, das möglichst vollkommene Einordnen der Einzelpersonen in die Hierarchie der Erziehungsbehörde und der Wissenschaften« gehört. Aufgabe des Ordens ist nicht zuletzt die Ausbildung der geistigen Elite, die in verschiedenen Institutionen u. a. mit den auf Maß, Ordnung, Vernunft und Harmonie gegründeten kastalischen Lebensprinzipien vertraut gemacht wird. Das gilt auch für den späteren Magister Ludi Josef Knecht, der zunächst auf Grund seiner musikalischen Begabung von einer Lateinschule in eine der vom störenden »Weltleben« abgeschiedenen Schulen Kastaliens geschickt wird, dann sich für die Eliteschule Waldzell qualifiziert und allmählich, nun auch in die Anfangsgründe der für die Geistigkeit des Ordens unverzichtbaren Technik der Meditation eingeführt, in den Kreis der auserwählten Schüler aufsteigt. Nach einigen Jahren freien Studierens – Bedingung ist allein das jährliche Verfassen eines fiktiven Lebenslaufs (Anhang) – wird Josef Knecht vom Magister Ludi Thomas von der Trave (ein Thomas-Mann-Porträt) geprüft und in den Orden der Glasperlenspieler aufgenommen. Diplomatische Missionen führen ihn zu den Benediktinern – es geht um die Beziehungen Kastaliens zu Rom –, und der Kontakt mit Pater Jakobus (Verweis auf den Historiker Jacob Burckhardt) erschließt Knecht den Bereich der Geschichte, der in der kastalischen Welt völlig ausgeklammert bleibt. Als Knecht zum Magister Ludi gewählt wird, kommt er seinen Pflichten – die Vorbereitung großer öffentlicher Glasperlenspiele gehört dazu – zwar souverän nach, doch wächst seine innere Distanz zu der esoterischen, selbstgenügsamen, vom Leben und der Geschichte sich isolierenden und damit stagnierenden

Geisteskultur. Er verläßt den Orden, »hungrig nach Wirklichkeit, nach Aufgaben und Taten, auch nach Entbehrungen und Leiden«, und folgt der Einladung seines Freundes Plinio Designori (mit dem er einst über Wert und Unwert der kastalischen Erziehung gestritten hatte), Lehrer seines Sohnes Tito zu werden. Er ertrinkt jedoch, bevor er sich in der gesellschaftlichen Realität bewähren kann, so daß »die Frage nach dem Gelingen einer solchen Neubegründung des Geistes gegenüber dem Leben« offenbleibt (Ludwig Völker).

Das offene Ende macht die Ambivalenz dieses an die pädagogische Provinz in Goethes *Wilhelm Meister* erinnernden (übrigens rein männlichen) Geistesreservats mit seiner Hierarchie und seinem Ethos des Dienens (»Knecht«) vollends sichtbar. Es geht dabei weniger um die individuelle Problematik und Selbstfindung des Helden, als vielmehr um die Bedeutung und Stellung Kastaliens, d. h. der künstlerisch-geistigen Sphäre im gesellschaftlichen und geschichtlichen Kontext. H. hatte, eigenem Bekunden nach, »den Widerstand des Geistes gegen die barbarischen Mächte zum Ausdruck« bringen wollen, zugleich jedoch reflektiert sein Roman die Problematik der Utopie einer ausschließlich dem Geist und der (überlieferten) Kultur verpflichteten, von der gesellschaftlichen Wirklichkeit und dem geschichtlichen Wandel abgeschlossenen Welt.

1943
Else Lasker-Schüler
Mein blaues Klavier

Mit der Verleihung des Kleist-Preises 1932 schien sich die Situation der in prekären Verhältnissen lebenden L.-S. zum Besseren zu wenden. Doch die Machtergreifung der Nationalsozialisten trieb sie ins Exil, zunächst in die Schweiz, dann 1939 nach Palästina. In Jerusalem, wo sie sich nie zu Hause fühlte, erschien ihr letzter Gedichtband, *Mein blaues Klavier. Neue Gedichte*, ihren »unvergeßlichen Freunden und Freundinnen in den Städten Deutschlands – und denen, die wie ich vertrieben und nun zerstreut in der Welt, In Treue« gewidmet.

Es sind Gedichte der Trauer, des Schmerzes, der Enttäuschung, der Einsamkeit und der Angst; Nachtgedichte und -gedanken zumeist, doch nicht ohne Licht der Sterne und des Mondes, nicht ohne zeit- und realitätsenthobene Liebesgedichte *(Ein Liebeslied)* von großer sprachlicher Schönheit – doch kommt das noch mögliche Glück aus dem Innern, der Erinnerung: »In meinem Herzen spielen Paradiese ... Ich aber kehre aus versunkenem Glück In eine Welt trostlosester Entblätterung zurück.« Das Titelgedicht *Mein blaues Klavier,* ein poetologisches Gedicht, bezeichnet ihre Situation, spricht von der Unmöglichkeit der Dichtung in einer ›verrohten Welt‹, davon, daß das, was einst »Sternenhände« spielten und die »Mondfrau« sang, nur noch in der Erinnerung lebt, die Klaviatur zerbrochen ist: »Ich beweine die blaue Tote.« Und doch: »Das großartige Paradox dieser Dichtung aus dem Exil ist, daß in der Dichtung ihre Unmöglichkeit ausgesprochen und überwunden wird« (Sigrid Bauschinger).

1944
Anna Seghers
Transit

Der Roman, 1937–40 im französischen Exil entstanden, erschien zuerst in spanischer (Mexiko 1944) und englischer (Boston 1944) Übersetzung; die deutsche Ausgabe folgte 1948. *Transit* verarbeitet eigene Erfahrungen der seit 1933 im französischen Exil lebenden und 1941 nach Mexiko entkommenen Autorin (»Das Buch ist in Marseille entstanden, in den erwähnten Cafés [...]«; daß der »Wirrwarr« an eine klare Handlung geknüpft sei, verdanke sie, schreibt S., ihren Lehrern Balzac und Racine: »Was mit dieser Frau und ihren zwei Freunden und ihrem toten Geliebten passiert, das gleicht der Handlung von Andromaque: Zwei Männer kämpfen um eine Frau, aber die Frau liebt in Wirklichkeit einen dritten Mann, der schon tot ist.«

Der Ich-Erzähler, ein junger deutscher Arbeiter, erzählt einem fiktiven Gegenüber in einem Café am Hafen von Marseille seine Geschichte, die Geschichte, warum er letztlich doch nicht die Gelegenheit ergriffen hat, aus dem von Hitlers Truppen bedrohten Kontinent zu entfliehen. Nach der Flucht aus einem deutschen Konzentrationslager wird er in Frankreich interniert und flieht wieder. Als es ihm nicht gelingt, sich ins unbesetzte Gebiet durchzuschlagen, lebt er eine Zeitlang in Paris bei der befreundeten Familie Binnet. Ein anderer Emigrant bittet ihn, dem in einem Hotel wohnenden deutschen Schriftsteller Weidel einen Brief zu überbringen. Weidel hat sich jedoch, verlassen von Frau und Freunden, umgebracht. Der Erzähler nimmt den Koffer des Toten an sich. Aus den Papieren geht hervor, daß Visum und Reisegeld im mexikanischen Konsulat in Marseille bereitliegen und daß seine Frau ihn

dort dringend erwartet. Mit Angehörigen der Familie Binnet nach Süden unterwegs, gelingt es dem Erzähler, einen »Flüchtlingsschein« auf den Namen Seidler zu erhalten. In Marseille lernt er dann die absurde menschliche Situation der Exilierten kennen, die hier zwischen Furcht und Hoffnung einen verzweifelten Kampf mit französischen Behörden und ausländischen Konsulaten führen, um sich die für eine Ausreise erforderlichen Papiere zu beschaffen. Der Erzähler, der nun als ›Seidler‹ mit dem Schriftstellernamen ›Weidel‹ agiert, erhält ohne weiteres befristete Aufenthaltsgenehmigungen für Marseille, da er vorgibt, seine Abreise vorzubereiten. Schließlich trifft er zufällig Marie, Weidels Frau, die die Behörden nach ihrem Mann absucht und überall Spuren vorzufinden meint. Sie ist mit einem Arzt befreundet, der ebenfalls auf Ausreise- und Transitpapiere wartet. ›Seidler‹ gelingt es, die Behörden von der Identität von Seidler und Weidel zu überzeugen, und da Weidel in Mexiko einflußreiche Freunde zu haben scheint, erhält er Ausreisepapiere und Geld für die Schiffspassage für sich und ›seine‹ Frau. Er kann Marie nicht davon überzeugen, daß ihr Mann tot ist; und während sie, die ihren Mann immer noch liebt, in der Hoffnung nach Mexiko fährt, ihn dort zu treffen, bleibt der junge Arbeiter zurück. Für ihn ist die Flucht beendet; er will auf einer Obstfarm arbeiten, in Frankreich seine Heimat finden und, »sobald es zum Widerstand kommt, mit Marcel eine Knarre nehmen«. So findet der namenlose Arbeiter, der durch Konzentrationslager, Flucht und Krieg seine Identität verloren hat, mit dem Entschluß zu bleiben, schließlich zu sich selbst zurück und entzieht sich damit der Welt des »Transit«, die nicht nur die äußere Lage der Emigranten, sondern auch die innere krisenhafte Situation im Geflecht der persönlichen Beziehungen bezeichnet.

Transit zählt zu den bedeutendsten Schilderungen der Angstwelt des Exils, dessen Elend durch die Absurdität einer willkürlichen Bürokratie noch gesteigert wird. Innerhalb des antifaschistischen Werkes des S. könnte man diesen ihren persönlichsten Roman mit seinem Akzent auf den individuellen Konflikten, Verstrickungen und Verstörungen als »existentialistische Abweichung« charakterisieren (Marcel Reich-Ranicki).

1944
Franz Werfel
Jacobowsky und der Oberst

Mit dieser dreiaktigen »Komödie einer Tragödie« gelang W. auch als Dramatiker der internationale Durchbruch. Vorausgegangen waren dramatische Versuche im Geist des Expressionismus (und der Psychoanalyse) wie *Spiegelmensch* (1920) und *Bocksgesang* (1921) und eine Reihe historischer Dramen, darunter *Juarez und Maximilian* (1924) und *Paulus unter den Juden* (1926). – Der Kern der Jacobowsky-Fabel beruht auf Erzählungen eines emigrierten polnischen Bankiers. Die Uraufführung des Stückes fand in einer englischen Version am 14. 3. 1944 im Martin Beck Theatre in New York City statt, die deutschsprachige Erstaufführung am 17. 10. 1944 am Stadttheater Basel (Druck 1944).

Das Stück spielt im Juni 1940 und beginnt im Luftschutzkeller des Hotels »Mon Repos et de la Rose« in Paris. Hier treffen der polnische Jude Jacobowsky, der seit den zaristischen Pogromen auf der Flucht durch Europa ist, und der adelsstolze, antisemitische polnische Oberst Stjerbinsky (und sein Bursche Szabuniewicz) aufeinander. Der Oberst der geschlagenen polnischen Armee hat den Auftrag, wichtige Papiere nach London zu bringen. Als die Deutschen näherrücken, beschafft der ebenso gleichmütige wie gewitzte Jacobowsky einen Wagen und nimmt auch den Oberst mit, ohne freilich dessen Ressentiments überwinden zu können. Statt nach Süden zu fliehen, besteht der starrköpfige Oberst zunächst darauf, seine Freundin Marianne aus den besetzten Gebieten des Nordens herauszuholen. Die charmante Französin sorgt einerseits für eine allmähliche Annäherung der Antipoden, andererseits weckt sie durch ihre Hochachtung für Jacobowsky Eifersuchtsgefühle in Stjerbinsky. Dank Jacobowskys Geistesgegenwart und Erfindungsreichtum – von Stjerbinsky als Eigenschaften jüdischen Händlergeistes denunziert – gelingt es, zahlreiche Hindernisse und gefährliche Situationen zu überwinden, bis sie schließlich im Süden auf Commander Wright von der Royal Navy treffen, der zwei Plätze auf seinem U-Boot freihat. Jacobowsky ist bereit, zugunsten von Marianne zu verzichten, doch schließlich bleibt sie zurück, um am Widerstand gegen die Deutschen teilzunehmen und auf ihren trotz allem geliebten Oberst zu warten (während die Engländer Jacobowsky zu »verwenden« gedenken).

Vor dem Hintergrund von Krieg und Flüchtlingschaos läßt W. eine gleichsam private Auseinandersetzung zwischen zwei höchst unterschiedlichen Charakteren stattfinden, eine komische Konfrontation gegensätzlicher idealer Positionen, repräsentiert durch die lebenskluge Verkörperung des ›ewigen Juden‹ und seiner Heimatlosigkeit und eines Don-Quijotehaften traditionsbewußten polnischen Nationalisten und Rassisten. Am Schluß steht, bewirkt durch die Französin und die wachsende Einsicht des Obersten in die selbstverständliche, hilfsbereite Menschlichkeit des Juden, die Versöhnung der Gegensätze, die W.sche Utopie der Vereinigung des Geschiedenen.

1945
Hermann Broch
Der Tod des Vergil

Ausgangspunkt von B.s großem Exilroman war die 1937 entstandene kurze Erzählung *Die Heimkehr des Vergil;* 1944 vollendete B. in den USA die fünfte und letzte Fassung des Werkes, das ein Jahr später in New York in deutscher und englischer Sprache erschien. »Das Buch schildert«, schreibt B., »die letzten achtzehn Stunden des sterbenden Vergil, beginnend mit seiner Ankunft im Hafen von Brundisium bis zu seinem Tod am darauffolgenden Nachmittag im Palast des Augustus. Obwohl in der dritten Person dargestellt, ist es ein innerer Monolog des Dichters.« Die Überschriften der vier Kapitel verweisen auf die vier Elemente der antiken Philosophie und zugleich auf den Kreislauf des Lebens: *Wasser – Die Ankunft, Feuer – Der Abstieg, Erde – Die Erwartung, Äther – Die Heimkehr.*

Die feierliche Ankunft der Flotte des Augustus in Brundisium, mit der Vergil auf Befehl des Kaisers von Athen nach Italien zurückgebracht wird, kontrastiert mit dem Weg durch die Elendsgasse der Großstadt, durch die der Dichter zum Kaiserpalast getragen wird und die ihn in Berührung mit der als Bedrohung empfundenen triebhaften Masse bringt. Nächtliche Gedanken über seine Situation, sein Leben, den nahen Tod und sein verfehltes, weil nicht der Erkenntnis dienendes Dichtertum gehen über in Fieberphantasien, führen ihn in die Unterwelt in der Nachfolge des Orpheus und des Äneas (und der *Göttlichen Komödie* Dantes), in hymnische Träume von der »Heimkehr«, von der Sehnsucht nach Kindheit und Liebe, die mit dem Imperativ enden: »Öffne die Augen zur Liebe!« Er wird sich bewußt, daß er, der »Wortemacher«, die Dinge »lediglich unnütz zur Schönheit verklärt und verherrlicht« habe und sein Werk vernichten müsse, »weil das Menschliche, weil menschliches Tun und menschliche Hilfsbedürftigkeit ihm so wenig bedeutet hatten, daß er davon nichts hatte liebend festhalten oder gar dichten können.« Seine Freunde, die am nächsten Morgen an sein Krankenbett kommen, können seinen Entschluß ebensowenig verstehen wie Augustus. Die Auseinandersetzung zwischen dem Dichter und dem Kaiser bildet den Mittelpunkt des 3. Kapitels und läßt konträre Auffassungen von Dichtung wie vom Staat erkennen. Für Augustus hat Kunst »eine dienende Rolle im Staate«, Vergil dagegen lehnt die Instrumentalisierung der Kunst ab, nicht im Sinn eines lebensfernen Ästhetizismus, sondern aufgrund ihrer ethischen Verpflichtung, der Erkenntnis zu dienen, und zwar ganz elementar der »Erkenntnis des Todes«. Zugleich stellt Vergil den Ansichten des politischen Pragmatikers Augustus, der die Freiheit des Volkes für eine Fiktion hält und auf die Manipulierbarkeit der Masse zum allgemeinen Nutzen setzt, die rückwärtsgewandte Utopie der alten Demokratie Roms entgegen und verweist auf eine gegenüber dem Politisch-Staatlichen höhere Zielsetzung des Menschen, die – im Anklang an die 4. Ekloge, die in der christlichen Überlieferung als Christus-Prophetie verstanden wurde – durch einen »Heilbringer« und »Erlöser« besiegelt werde. Die »erlösende Erkenntnistat«, die geforderte ethische Umkehr findet ihren Vorklang im Beispiel Vergils, der den Zorn und beleidigten Stolz seines kaiserlichen Freundes mit dem Geschenk der *Äneis* besänftigt und dann auch in seinem Testament ihre Vernichtung verbietet. Im 4. Kapitel zeigt B. im Bild der Bootsfahrt die »Heimkehr« des Dichters »ins Unendliche strebend«. Die Schöpfung gewissermaßen umkehrend, verwandelt er sich sukzessive ins Tierische, Pflanzliche, in Lehm und Stein, in »flüssiges Licht«, Kristall und schließlich – die Gegensätze vereinend – in »dunkelste Strahlung«. An diesem Punkt, der »Geburtsstätte aller Eigenschaft«, folgt, kursiv gedruckt, der Umschlag: »*Da durfte er sich umwenden, da kam ihm der Befehl zur Umwendung, da wendete es ihn um.*« Und die Schöpfungsgeschichte entfaltet sich noch einmal vor seinem inneren Auge und gipfelt, bevor ihn das »Brausen« des göttlichen Wortes umhüllt, in der Vision eines neuen Zeitalters: »der kampflose Friede, das menschliche Antlitz in kampflosem Frieden, erblickbar als das Bild des Knaben im Arme der Mutter, vereint mit ihr zu trauernd lächelnder Liebe.«

B.s Dichtung ist sprachlich durch lange (Kritiker sagen: zu lange), syntaktisch aufgelöste Perioden und litaneiartige Wiederholungen gekennzeichnet, durch ausgedehnte lyrische Aufschwünge, die ihre letzte Steigerung im Schlußkapitel und der hier visionär gestalteten mystischen Entgrenzung finden. ›Innerer Monolog‹ ist der Roman auch insofern, als die verschiedenen Personen, die realen wie die imaginierten, letztlich als Abspaltungen Vergils zu verstehen sind und auf Archetypen und mythische Konfigurationen verweisen. Zentrales Thema ist, so sah es B., das »der Erkenntnis des Todes«. Auch als »Auseinandersetzung mit seinem [Vergils] eigenen Leben, mit der moralischen Richtigkeit oder Unrichtigkeit dieses Lebens, mit der Berechtigung und Nichtberechtigung der dichterischen Arbeit, der dieses Leben geweiht war« (B.), ist der Roman auf diesen Punkt hin geordnet. In der Geschichte freilich spiegelt sich die Gegenwart: in der Exilsituation des Dichters (Vergil erscheint als Entwurzelter, Verweise auf Ovid und Vergils Helden Äneas tun ein übriges) wie in der Frage nach ethischer Verantwortung und Schuld des Dichters. Thomas Mann nannte den *Tod des Vergil* »eines der ungewöhnlichsten und gründlichsten Experimente, das je mit dem flexiblen Medium des Romans unternommen wurde.«

1945
Theodor Plievier
Stalingrad

P. gehört mit den in der Weimarer Republik erfolgreichen Romanen *Des Kaisers Kuli. Roman der deutschen Kriegsflotte* (1929, vordatiert auf 1930) und *Der Kaiser ging, die Generäle blieben* (1932) zu den Begründern einer dokumentarischen Literatur. Seinen größten Erfolg erzielte er mit *Stalingrad,* dem Roman über den sinnlosen, vermeidbaren Untergang der Sechsten Armee im Winter 1942–43, der als »der bedeutendste dokumentarische Roman über den Zweiten Weltkrieg« gelten kann (Hans-Harald Müller).

P. schrieb den Roman im Moskauer Exil; hier hatte er nicht nur Zugang zu den nötigen Informationen, sondern auch zu überlebenden Soldaten. Auf dieser Basis gelingt ihm eine authentische, realistisch-dokumentarische Darstellung der Ereignisse aus der Perspektive der unmittelbar Beteiligten, während die deutsche und russische ›Außenwelt‹ nur in ihrem direkten Bezug zu den Geschehnissen im Stalingrader Kessel in Erscheinung tritt. Reportagehafte, deskriptive Abschnitte über einzelne Segmente des vielfältigen, z. T. chaotischen Geschehens bzw. über die Erlebnisse und Schicksale herausgehobener Personen oder Personengruppen wechseln mit Dialogszenen. Die Schauplätze zeigen alle Bereiche der Kriegshandlungen, vom Massengrab bis zum Hauptquartier von Feldmarschall Paulus. Einige repräsentative Figuren treten in den Vordergrund: u. a. August Gnotke, Angehöriger eines Strafbataillons, Oberst Vilshofen, Kommandeur eines Panzerkorps, Oberstabsarzt Simmering und die jeweils mit ihnen verbundene Gruppe. Und hier in diesen Kreisen, während sich der Ring um die Stadt enger und enger schließt und die Lage angesichts des überlegenen Feindes und mangelhafter Versorgung und Ausrüstung und angesichts der Verantwortungslosigkeit der eigenen Führung immer hoffnungsloser wird, setzt sich allmählich die Einsicht durch, daß die NS-Führung aus propagandistischen Gründen absichtlich einen heroischen Untergang in Szene setzt, daß sich die Armee für einen verbrecherischen Krieg hat mißbrauchen lassen (und daß der ›Führer‹ schon vor zehn Jahren »den Krieg gegen das deutsche Volk angefangen« hat). Gnotke, der Sträfling, und Vilshofen, der Panzeroberst (bzw. dann -general) gehen am Ende in die Gefangenschaft, vereint in der Absicht, für eine bessere Zukunft zu arbeiten.

P. verband diese eindringliche Anklage gegen den Krieg, deren betonte Sachlichkeit die emotionale Anteilnahme nicht verbergen kann, mit den Romanen über den Rußlandfeldzug 1941–42 (*Moskau*, 1952) und über die Befreiung Berlins (*Berlin*, 1954) zur Trilogie *Der große Krieg im Osten* (1966). P. selbst geriet zwischen die Fronten des Kalten Krieges: Er floh aus der Sowjetischen Besatzungszone in den Westen und galt im Osten fortan als Renegat, während der Generalinspekteur der Bundeswehr noch 1963 den Stalingradroman in einer schriftlichen Truppeninstruktion als »Kampfmittel der Gegner der Freiheit oder ihrer mißbrauchten Helfer« denunzierte. – An P.s dokumentarisches Verfahren knüpfte später Alexander Kluge an (*Schlachtbeschreibung*, 1964 und 1969).

1946
Albrecht Haushofer
Moabiter Sonette

Die 79 Sonette des im Zusammenhang mit dem Attentat vom 20. Juli 1944 verhafteten und am 23. 4. 1945 von einem SS-Rollkommando im Gefängnis von Berlin-Moabit erschossenen Gelehrten sind ein Dokument geistigen Widerstands

gegen die Barbarei. Auch die Wahl der Form – bewußte Hinwendung zur europäischen Kulturtradition – erscheint in diesem Sinn symbolisch. Die Texte selbst verbinden Geschichte und Gegenwart, zeigen vorbildhafte Märtyrergestalten der Vergangenheit (Sokrates, Boethius, Thomas Morus u. a.), beklagen am geschichtlichen Beispiel oder der konkreten Gegenwart Barbarei, Krieg und Untergang, schildern den *Rattenzug* des Nationalsozialismus und seine perverse Verwendung germanischer Untergangsmythen *(Mythos)*; zugleich thematisiert H. seine eigene Situation zwischen Hoffnung, Verzweiflung und Todesgewißheit und findet Ruhepunkte in der Erinnerung und in Gedanken an seine Familie. Er erkennt seine individuelle Schuld im zu späten Reagieren auf erkanntes Unheil und sieht sich – und die von ihm vertretene konservative, bürgerliche Kultur – am Ende: »Wir sind die Letzten. Unsere Gedanken sind morgen tote Spreu, vom Wind verjagt, und ohne Wert, wo jung der Morgen tagt« *(Das Erbe).*

1946
Ernst Kreuder
Die Gesellschaft vom Dachboden

Diese Erzählung machte K. nicht nur in Deutschland bekannt; sie war das erste Werk der deutschen Nachkriegsliteratur, das in mehrere Sprachen übersetzt und als ein »Werk reinster Phantasie«, als modernes Märchen gefeiert wurde, »das inmitten von Verwüstung Gestaltung annimmt, wie ein Quell, der aus einem Geröllhaufen hervorsprudelt« (Edwin Muir im *Observer*). Anregungen empfing K. von Hans Henny Jahnn (*Perrudja*, 1929) und John Cowper Powys (*Wolf Silent*, 1929, dt. 1930).

Sechs junge Männer kommen auf dem großen Dachboden eines Warenhauses zusammen und gründen einen Geheimbund. Sie grenzen sich von der bürgerlichen Alltagswelt ab, opponieren gegen die Phantasielosigkeit des normalen Lebens, die Zerstörung der Umwelt und die technische Zivilisation, gegen den angestrengten Tiefsinn moderner Dichtung wie gegen eine nur an der vordergründigen Abbildung der Realität interessierten Literatur. Gegen die Dummheit und Banalität des Spießertums setzen sie die Phantasie, den Traum. Der Ich-Erzähler, der Dichter Berthold Brandt, gerät selber in eine derartige Geschichte, indem er auf der Suche nach einem verborgenen Schatz (mit dem sich die Dachbodengesellschaft einen Dampfer kaufen will) einem Herrn Quichow begegnet und mit diesem dessen Tochter Clothilde aus der Fuchtel ihrer Mutter befreit. Auf der Flucht besuchen sie Quichows Bruder Bernhard, dessen Sohn Wilhelm, von zu Hause weggegangen, zur Dachbodengesellschaft gehört. Clothilde und der Erzähler gelangen auf der Suche nach dem Schatz zu dem »Alten am Wehr«, der sich der Besserung verstockter Seelen widmet und den Schatz aufbewahrt. Als Kostprobe erhält Berthold einen Diamanten und kehrt damit in die Stadt zurück. Hier hat der Dachboden einem Geschäft Platz gemacht, die Freunde sind zerstreut. Sie finden jedoch wieder zusammen und setzen ihr freies Leben auf einem (angezahlten) Dampfer fort. Auf den Schatz verzichten sie in ihrer antikapitalistischen Gesinnung. Wilhelm findet nach Hause zurück und zu seiner Jugendfreundin Clothilde, der Erzähler, »eine Beute von Gesichten und Stimmen«, fällt schreibend »in eine andere Welt«.

K.s Buch setzt die Kraft der Phantasie und des Träumerischen gegen die phantasielose Normalität des Alltags und läßt so vor dem Hintergrund einer von rationalistischem Zweck- und Profitdenken bestimmten Wirklichkeit und einer zerstörerischen technischen Zivilisation eine heiter-träumerische, sanft-anarchische, humane Gegenwelt erstehen, deren implizite und explizite Kritik nicht an Aktualität verloren hat. K. entfaltete diese Themen weiter in seinen Romanen *Die Unauffindbaren* (1948) und *Herein ohne Anzuklopfen* (1954).

1946
Elisabeth Langgässer
Das unauslöschliche Siegel

Der Roman *Das unauslöschliche Siegel* ist das epische Hauptwerk der auch als Naturlyrikerin hervorgetretenen Dichterin (*Tierkreisgedichte*, 1935; *Der Laubmann und die Rose*, 1947). Die Arbeit an dem Roman begann 1936, in dem Jahr, in dem sie als Halbjüdin aus der Reichsschrifttumskammer ausgeschlossen wurde und Publikationsverbot erhielt. Als Anliegen des Werks bezeichnete sie in einem Brief »die Wiedergeburt des gefallenen Menschen in dem ›Unauslöschlichen Siegel‹ der Taufe, in Gnade und Erlösung«. Ihrem Geschichtsbild entsprechend – »Welttheater zwischen Gott und Satan« – nimmt der Roman die Gestalt eines Mysterienspiels um die Seele des Menschen an, um die Seele des konvertierten Juden Lazarus Belfontaine.

Dieser hat vor sieben Jahren in A. – als L.s heimatliches Alzey zu identifizieren – im Zusammenhang mit seiner Heirat das ›unauslöschliche Siegel‹ der katholischen Taufe erhalten, läßt sich jedoch nun, verführt vom Teufel in verschiedenen Manifestationen, vom Glauben abführen, verfällt der Ratio – für L. Wurzel alles Übels –, der Melancholie und der sündhaften Natur. Diese wird nicht zuletzt durch die Französin Suzette verkörpert – das 2. und 3. Buch des Romans spielen in Frankreich –, mit der Lazarus Belfontaine nach seiner Internierung im Ersten Weltkrieg zusammenlebt. Doch nach ihrer Ermordung entscheidet sich in einer Gewitterszene der Kampf zwischen Gott und Satan. Belfontaine wird dank der göttlichen Gnade der Verzweiflung entrissen, er findet seinen Glauben wieder und büßt nun – wie es im dramatisierten »Epilog 1943« heißt – als Bettelmönch stellvertretend für »die Gesamtschuld des europäischen Menschen«.

Schuld und Erlösung bedingen einander, »jeder Sündenfall, sei er noch so tief, hat die Möglichkeit, durch das Wirken der Gnade zur Einbruchstelle der Heiligkeit« zu werden (L.). Das Böse zwingt gewissermaßen Gott herbei, wobei das »Gesetz der Gnade« vom Menschen völlige Passivität erfordert. Neben der heilsgeschichtlichen Dimension, die die Geburt Christi eröffnet, verblassen alle historischen Ereignisse in ihrer Bedeutung. Entscheidend ist der »blinde Glaube«, das Sichausliefern an die göttliche Gnade; dagegen erweist sich die Geschichte seit der »Empörung« Luthers und der Aufklärung mit ihrer Betonung von Vernunft und Selbstbestimmung als Weg ins Unheil, der – so der Epilog – folgerichtig im Nationalsozialismus endet: eine »zutiefst ideologische und ignorante Verdrehung von Ursache und Wirkung« (Elisabeth Hoffmann).

Die Problematik ihrer ›Geschichtsphilosophie‹ zeigt sich auch in ihrem letzten Roman (*Märkische Argonautenfahrt*, 1950), der die Suche nach Erlösung von der Mitschuld an den Verbrechen des Dritten Reiches darstellt. Hier suchte sie die Auschwitz-Erfahrung ihrer (aus einer vorehelichen Verbindung mit einem jüdischen Gelehrten entstammenden) Tochter im Sinn ihrer radikalen Glaubensvorstellungen zu deuten – und stieß damit auf den Widerstand der Betroffenen. Die Überlebende weigerte sich, die Feuer von Auschwitz als »Feuer der Reinigung« und »Pforte zur Seligkeit« zu verstehen: »Es wurde vom Feuer gesprochen, aber von der Asche geschwiegen« (Cordelia Edvardson: *Gebranntes Kind sucht das Feuer*, 1986).

1946
Günther Weisenborn
Die Illegalen

W.s »Drama der deutschen Widerstandsbewegung«, am 21. 3. 1946 am Berliner Hebbel-Theater uraufgeführt (Druck im selben Jahr), gehörte neben Wolfgang Borcherts *Draußen vor der Tür* (1947) und Carl Zuckmayers *Des Teufels General* (1946) zu den erfolgreichsten Stücken der unmittelbaren Nachkriegszeit. Mit Zuckmayers Drama teilt es das Thema des Widerstands, doch anders als die auf die Heroisierung des Protagonisten gerichtete Dramaturgie Zuckmayers zielt W. auf eine unspektakuläre Darstellung der Leistungen der deutschen Widerstandsbewegung (der der Autor selber angehörte, bis er 1942 verhaftet wurde). Einflüsse des epischen Theaters Brechts, mit dem W. an der Dramatisierung von Maxim Gorkis *Mutter* (1932) gearbeitet hatte, sind erkennbar, beispielsweise in den kommentierenden und resümierenden Lied- bzw. Verseinlagen.

In 36 kurzen Szenen (3 Akte) zeigt W. die illegale Arbeit einer kleinen Gruppe, die trotz Gefahr, Angst und des Gefühls der Vergeblichkeit ihre Flugblatt- und Plakataktionen durchführt, ihre Isolation aber wegen der Gefahr der Denunziation und Entdeckung nicht durchbrechen kann. Der Gastwirtssohn Walter, der einen Geheimsender betreibt, wird von der Widerstandskämpferin Lill, Kellnerin im Lokal, als »Anfänger« für ihre Gruppe angeworben, wobei sich allerdings der Untergrundarbeit abträgliche Gefühle einmischen. Das führt wiederum zu Verdächtigungen, Walter sei als Spitzel der Gestapo tätig, um über Lill an die Gruppe heranzukommen, die bereits ein Mitglied durch Verhaftung verloren hat. Wie der Verhaftete durch Selbstmord seinem Leben ein Ende setzt, so provoziert Walter nach der Entdeckung des Geheimsenders seine Erschießung, um die anderen nicht zu gefährden.

W.s realistische Szenenfolge will ohne Illusionen deutlich machen, daß nur in »Gruppen, die organisiert und willens sind, auf Tod und Leben ihren Weg zu gehn«, »jenes Untier einst zu Fall zu bringen« sei (so Walter in einem Versmonolog). Ohne Illusionen auch, was die Nachwelt angeht: »Die Welt liebt Opfer, aber die Welt vergißt sie. Die Zukunft ist vergeßlich.«

1946
Franz Werfel
Stern der Ungeborenen

W.s 1943–45 im amerikanischen Exil entstandener und zuerst in Stockholm gedruckter »Reiseroman« trägt seinen Titel nach einem Wort des antiken Schriftstellers Diodor, daß nämlich die Aufgabe des Dichters und Geschichtenerzählers darin bestehe, »die Fabelwesen auf den Inseln zu besuchen, die Toten im Hades und die Ungeborenen auf ihrem Stern.«

Der utopische Roman besteht aus drei Teilen, die der Anzahl der Reisetage entsprechen. Der Protagonist F. W. (»bin leider ich selbst«) wird aus dem Totenreich zitiert und in das Jahr 101943 versetzt, wobei ihm sein Jugendfreund B. H. (Anspielung auf Willy Haas) in dieser modernen *Divina commedia* als Mentor und Begleiter durch die galaktische Zukunftsgesellschaft dient. Er findet eine Menschheit vor, die einen Prozeß der Abstraktion und Vergeistigung durchgemacht hat, einen Prozeß der Entindividualisierung, dem selbst das Sterben unterworfen ist. Was die »astromentale« Kultur im Geistigen gewonnen hat, bezahlt sie mit einer Verarmung im Emotionalen; doch letztlich zeigt sich, daß trotz der Vergeistigung und des Wegfalls aller ökonomischen Nöte die menschlichen Probleme die gleichen bleiben, daß weder die verschiedenen Hierarchien der astromentalen Gesellschaft (die kirchliche, politische, ökonomische, kosmologische) ohne Widersprüche sind, noch die menschliche Natur letztlich dem »Dschungel« entwachsen ist, so daß die Zukunftsgesellschaft schließlich der Zerstörung anheimfällt. Erlösungshoffnung bringt das Opfer eines Knaben, der den natürlichen Tod auf sich nimmt. Zurück bleiben als Vertreter der Menschheit der »Jude des Zeitalters« und der »Großbischof«, der im Gespräch mit F. W. am Schluß das Fazit zieht. Es gibt keine lineare Fortschrittsbewegung, sondern allenfalls eine Bewegung im Kreis um einen Mittelpunkt, Gott: »Die Gerade der Zeit beugt sich in jeder ihrer Sekunden vor dem Schöpfer in anbetender Krümmung. Und so sind wir geborgen, weil die Entfernung nichts anderes ist als eine Form der Annäherung.«

Das Werk, in dem sich die Ideologien und Katastrophen der Gegenwart spiegeln, liest sich so als eine Art »Bilanz der Menschheitsentwicklung« (Gunter E. Grimm), die für W. ohne metaphysische Verankerung nicht denkbar ist.

1946
Carl Zuckmayer
Des Teufels General

Das am 12. 12. 1946 im Zürcher Schauspielhaus uraufgeführte und im selben Jahr gedruckte Stück gehörte zu den meistgespielten und -diskutierten Dramen der Nachkriegszeit. Es entstand im Exil, angeregt von einer Zeitungsnotiz im Dezember 1941, die den Tod Ernst Udets, des Generalflugzeugmeisters der deutschen Armee, meldete.

Des Teufels General spielt im »Spätjahr 1941, kurz vor dem Eintritt Amerikas in den Krieg«. Im 1. Akt (*Höllenmaschine* überschrieben) gibt General Harras in Ottos Restaurant in Berlin einen Empfang für seinen Freund Oberst Eilers anläßlich seines 50. Luftsiegs. Es trifft sich eine Gesellschaft, die unterschiedliche Einstellungen zum NS-Regime sichtbar werden läßt: der humorlosfanatische »Kulturleiter« Dr. Schmidt-Lausitz, die idealistischen nationalsozialistischen Flieger Eilers und Hartmann, die ehrgeizige und prinzipienlose BDM-Führerin »Pützchen« von Mohrungen und ihr Vater als Vertreter der Schwerindustrie, die Operettendiva Olivia Geiß, die einerseits Juden zu retten sucht, andererseits sich gerne von Göring oder – besser noch – Hitler bewundern läßt, ihre unverdorbene Nichte Diddo, die sich in Harras verliebt usw. Die beherrschende Figur ist Harras, eine Alkohol und Frauen liebende Kraftnatur, die sich ihre Unabhängigkeit durch schnoddrige Reden über die NS-Größen zu beweisen sucht, ein Mann, der sich nie Illusionen über den Nationalsozialismus gemacht hat (»Als die im Jahre 33 drankamen – da wußte ich genau, daß'n kleiner Weltkrieg angerichtet wird«), aber den Aufbau der neuen Luftwaffe als willkommene Herausforderung betrachtete (»Luftkrieg ohne mich – nee, das könnt ich nicht aushalten«) und daher den Pakt mit dem Teufel schloß und – nachdem Spanien als »kleiner Brechreiz« abgebucht war – mit »Stil« in den Weltkrieg einstieg. Nun freilich gerät er, trotz der von ihm behaupteten Unentbehrlichkeit, in Schwierigkeiten, denn in der von ihm verantwortlich geleiteten Flugzeugproduktion treten unerklärliche Materialschäden auf, Ursache für eine Reihe von Abstürzen. Harras wird von der Gestapo festgenommen und wieder freigelassen – mit der Auflage, die Sabotageakte innerhalb von zehn Tagen aufzuklären (Akt 2: *Galgenfrist oder Die Hand*). Mit seinem Chefingenieur Oderbruch macht er sich an die Arbeit. Zwei Konfrontationen zeigen ihm die eigene Schuld immer deutlicher: Zunächst setzt er sich

mit dem desillusioniert von der Ostfront zurückgekehrten Leutnant Hartmann auseinander, dann fordert die Witwe seines Freundes Eilers, der mit einem der defekten Flugzeuge abgestürzt ist, Rechenschaft. Als der recht blaß gezeichnete Widerstandskämpfer Oderbruch seine Verantwortung für die Sabotageakte zugibt und auch Harras zu gewinnen sucht, lehnt dieser angesichts seiner schuldhaften Verstrickung ab, deckt aber den Widerstand, indem er in einem der defekten Flugzeuge aufsteigt und – eine Art Gottesurteil – abstürzt (Akt 3: *Verdammnis*).

Als Auseinandersetzung mit dem Dritten Reich hinterläßt das Stück einen zwiespältigen Eindruck: Zwar wird General Harras auf den Weg der Selbstfindung geführt und kommt im Verlauf des Dramas zur Einsicht seiner Schuld und zur Annahme des Gottesurteils, aber die – sicher ungewollte – Rechtfertigung militärischen Mitläufertums, »die Legende von den großen Zeiten, von den echten Kerlen und zünftigen Soldaten, die leider nur unter der falschen Flagge versammelt waren« (Marianne Kesting), bleibt gleichwohl gegenwärtig. Das Problem, daß der Widerstandskämpfer Oderbruch, im Kontrast zum sympathischen Teufelskerl Harras, durch seinen ethischen Rigorismus eher Antipathie auszulösen drohte, suchte Z. in einer Neufassung des Stükkes (1966) zu beheben, ohne Erfolg. Die grundsätzliche Schwäche der Konzeption des Dramas – wie mancher anderer Werke der unmittelbaren Nachkriegszeit – besteht darin, »daß mit der Reduzierung des Dritten Reiches auf angebliche metaphysische Gründe und Kategorien die Möglichkeit einer rationalen historischen Analyse verhindert wird« (Hans Wagener). – Das Stück wurde 1955 unter der Regie von Helmut Käutner mit Curd Jürgens in der Titelrolle verfilmt.

1947
Wolfgang Borchert
Draußen vor der Tür

B. gab dem Werk den Untertitel mit: »Ein Stück, das kein Theater spielen und kein Publikum sehen will.« Entgegen dieser Prognose wurde *Draußen vor der Tür* neben Carl Zuckmayers Drama *Des Teufels General* (1946) zum erfolgreichsten Stück der Nachkriegszeit. Eine Hörspielsendung (13. 2. 1947, NWDR Hamburg) ging der Uraufführung vom 21. 11. 1947 in den Hamburger Kammerspielen in der Inszenierung Wolfgang Liebeneiners voraus, der auch Regie bei der Verfilmung führte (*Liebe 47*, 1948).

Draußen vor der Tür – der Titel ist eine das Stück tragende Metapher – verbindet Momente des expressionistischen Stationendramas und der allegorisierenden Moralität. Es ist wie Ernst Tollers *Hinkemann* (1923), ein Heimkehrerstück und handelt, so die Vorbemerkung, »von denen, die nach Hause kommen und die dann doch nicht nach Hause kommen, weil für sie kein Zuhause mehr da ist. Und ihr Zuhause ist dann draußen vor der Tür.« Als der 25jährige Unteroffizier Beckmann nach dreijähriger Gefangenschaft in Sibirien nach Hause kommt, findet er den Platz bei seiner Frau besetzt. Er will seinem Leben ein Ende machen, doch die Elbe wirft ihn bei Blankenese wieder an Land. Eine Frau richtet den am Knie verletzten Beckmann auf und nimmt ihn mit nach Hause und gibt ihm die Kleider ihres verschollenen Mannes. Doch in dem Moment kehrt der, einbeinig, auf Krücken, zurück. Beckmann flieht, der »Andere«, sein positives alter ego, hält ihn vom Selbstmord zurück. Er geht zu seinem Oberst, will diesem, schuldgeplagt, die ihm im Krieg auferlegte Verantwortung zurückgeben. Der Oberst lacht ihn aus, hält seinen apokalyptischen Traum vom Knochenxylophon und dem Spieler mit den blutigen Generalsstreifen für eine »komische Nummer«. Ein Kabarettdirektor vermißt freilich die »heitere Gelassenheit« und gibt Beckmann keine Anstellung. Im Haus seiner Eltern, die Selbstmord begangen haben, wohnen Kramers. Der »Andere« kann ihn nicht mehr vom Weg zur Elbe abhalten. Unterwegs schläft er ein; im Traum erscheinen ihm der hilflose, weinerliche liebe Gott, der Tod, seine »Mörder« (der Oberst, der Direktor, Frau Kramer, seine Frau mit ihrem Freund) und schließlich der Einbeinige, an dem Beckmann zum Mörder geworden ist. Als er aus dem Traum erwacht, ist er allein; niemand gibt eine Antwort auf seine Anklage, seine Fragen.

Draußen vor der Tür ist ein vom Pathos des Leidens und der Empörung über Unrecht, Schuld und Not getragenes Generationenstück, das die bedrückenden Erfahrungen des Krieges und »die Erkenntnis der eigenen Identitätslosigkeit« vermittelt (Ralf Schnell), die Erfahrungen einer betrogenen Generation, die zu Hause den Verdrängungsversuchen der anderen ausgesetzt ist und, desillusioniert, die Sinnfrage stellt und Traditionen und Autoritäten eine radikale Absage erteilt – und aus dem Protest heraus zu einer neuen Zukunft aufzubrechen sucht: »Denn wir müssen in das Nichts hinein wieder ein neues Ja bauen«, heißt es in B.s Schrift *Das ist unser Manifest* (1947).

1947
Wolfgang Borchert
Die Hundeblume /
An diesem Dienstag

Die Hundeblume, erschienen im Frühjahr 1947, ist B.s erste Sammlung von Prosatexten, eine weitere – *An diesem Dienstag* – folgte kurz nach seinem Tod im November 1947. *Die traurigen Geranien und andere Geschichten aus dem Nachlaß* gab Peter Rühmkorf 1962 heraus. Charakteristisch für den Stilwillen der jungen Generation, die nicht mehr in traditionellen Gleisen fortfahren wollte, ist die Forderung nach einer konsequenten Vereinfachung der sprachlichen Mittel (Heinrich Böll: »Einfachwerden«). B. formulierte es so: »Wir brauchen keine Dichter mit guter Grammatik. Zu guter Grammatik fehlt uns Geduld. Wir brauchen die mit dem heißen heiser geschluchzten Gefühl. Die zu Baum Baum und zu Weib Weib sagen und ja sagen und nein sagen: laut und deutlich und dreifach und ohne Konjunktiv.« Entscheidende Anregungen gingen von der amerikanischen Short story aus, einer Gattung, der sich kaum ein Erzähler der Nachkriegsgeneration entziehen konnte oder wollte.

Die Themen und Schauplätze der Geschichten B.s sind begrenzt, bestimmt durch die autobiographischen und zeitgeschichtlichen Erfahrungen: Kindheit *(Die Küchenuhr, Schischyphusch),* Gefängnis *(Die Hundeblume, Unser kleiner Mozart),* Krieg in der Sicht der Front *(Vier Soldaten, Die Kegelbahn)* oder der Heimat *(Nachts schlafen die Ratten doch),* Nachkriegszeit, Trümmerlandschaft, Situation des Heimkehrers *(Bleib doch, Giraffe, Die Stadt).* Die formale Vielfalt ist beträchtlich: lakonische und episch ausgeweitete Kurzgeschichten, eine Folge von filmischen Momentaufnahmen nach dem Simultaneitätsprinzip *(An diesem Dienstag)* und rhapsodisch vorgetragene Gefühls- und Gedankenfragmente *(Die lange lange Straße lang),* polemische Kurztexte *(Lesebuchgeschichten),* kleine Szenen *(Im Mai, im Mai schrie der Kuckuck)* oder pazifistische Appelle *(Dann gibt es nur eins!).* Die Sprache ist lakonisch, lapidar, assoziativ reihend (»Addieren, die Summe versammeln, aufzählen, notieren«); bevorzugtes Stilmittel – auch im Dienst der emotionalen Steigerung oder der Komposition – ist die Wiederholung. Carl Zuckmayer schrieb dem Autor: »Die Stärke Ihrer Sachen ist, man hätte sie auch aus dem Papierkorb in irgendeinem überfüllten Bahnhofs-Wartesaal herausklauben können, sie wirken nicht wie ›Gedrucktes‹, sie begegnen uns, wie uns die Gesichter der Leute oder ihre Schatten in den zerbombten Städten begegnen.«

1947
Stephan Hermlin
Zweiundzwanzig Balladen

H.s Balladen, seit 1940 im französischen und Schweizer Exil entstanden, erschienen nach dem Krieg in verschiedenen Ausgaben: den Bänden *Zwölf Balladen von den Großen Städten* (Zürich 1945) und *Die Straßen der Furcht* (1946) folgte 1947 der wesentlich erweiterte Zyklus der *Zweiundzwanzig Balladen* mit Texten wie *Die Ebene, Die toten Städte, Der Schmerz der Städte, Ballade von der Überwindung der Einsamkeit in den Großen Städten, Ballade von einem Städtebewohner in tiefer Not* usw. ›Ballade‹ ist dabei nicht als Erzählgedicht verstanden; es handelt sich vielmehr um Texte (strophisch gegliederte Kurz- und Langzeilengedichte, stets gereimt), die bestimmte Großstadtsujets umkreisen und auf der einen Seite die Not, Kälte, Einsamkeit und Entfremdung der modernen Großstadt (auch der Stadt im Krieg) evozieren, auf der anderen Seite jedoch dieser melancholischen Stimmung der Klage und des Schmerzes die Hoffnung des Aufbruchs gegenüberstellen, die Gewißheit der Überwindung der Einsamkeit, gewonnen aus der Erfahrung des solidarischen Kampfes gegen den Faschismus:

> Einsam im Siege noch sein
> War unsre Wahl. Mit wildem Willen geladen
> Nach der unsäglichen Zukunft nur noch –
> und nie mehr allein.

Hinter B.s Balladen steht die Tradition der Großstadtdichtung, nicht zuletzt die des Expressionismus. Anklänge an expressionistische Bildlichkeit (»Glutig Faulten Blendlichter in einem vergasten Schacht«) sind ebenso deutlich wie Anregungen durch Symbolismus und Surrealismus, aber auch durch die Psalmendichtung. Diesem erkennbaren Traditionalismus steht die letztlich noch folgenlose Erkenntnis von der Notwendigkeit einer neuen Sprache und neuer Worte gegenüber, da »die alten Worte lügen« *(Ballade von den alten und neuen Worten)*.

Nach der Gedichtsammlung *Der Flug der Taube* (1952), deren später meist nicht mehr veröffentlichten Texte im Geist des Kalten Krieges auf praktische Anwendbarkeit und ›realistische‹ Gestaltungsweise zielten, schrieb der in der DDR

nicht unumstrittene H. kaum noch Gedichte; das letzte ist die 1958 entstandene asklepiadeische Ode auf den Tod Johannes R. Bechers *(Der Tod des Dichters)*.

1947
Hermann Kasack
Die Stadt hinter dem Strom

K.s verschlüsselte Auseinandersetzung mit dem Dritten Reich gehörte zu den meistdiskutierten Romanen der Nachkriegszeit. Er entstand zur Hälfte während der Naziherrschaft (1942–44) und wurde 1946 abgeschlossen. Das Werk weist surrealistische Züge auf und erinnert in vielem nicht zufällig an Franz Kafka.

Der Orientalist Dr. Robert Lindhoff nimmt, auf Einladung des Präfekten, die Stelle eines Archivars und Chronisten der ›Stadt hinter dem Strom‹ an. Er erreicht die Stadt mit der Bahn und findet eine Ruinenlandschaft vor, deren Bewohner meistenteils unter der Erde in Katakomben leben und einen schattenhaften, marionettenähnlichen Eindruck machen. Lindhoff trifft eine Reihe von Personen, die er von früher her kennt und die er für tot gehalten hatte. Eine undurchsichtige Bürokratie beherrscht das Ganze; der Präfekt bleibt unsichtbar und kommuniziert nur per Mikrophon. Die Tätigkeiten, die die Leute ausüben, erscheinen sinnlos. Deutlich wird diese Sinnlosigkeit in der Parabel von jenen Fabriken, bei denen die eine Steine produziert, die »Gegenfabrik« diese zermalt und damit wieder Material für die Produktion bereitstellt. Anders als bei Kafka erfährt K.s Held schließlich, was es mit der Stadt auf sich hat; er ist »Gespenst von Fleisch und Blut« – so seine frühere Geliebte Anna erschrocken bei der Umarmung – inmitten einer Welt zwischen Leben und Tod, einer Welt des Übergangs, in dem die Gestorbenen noch ihre leibliche Hülle und ihr Gedächtnis besitzen, bevor sie endgültig ins Jenseits eingehen.

Noch einmal trifft Robert Anna, die ihm als Sibylle den Weg ins Totenreich verwehrt und ihm auf die Frage, was er tun solle, antwortet: »Lächelnd die Spur des Lebens ziehen.« Und: »warum lebt man?« »Damit man zu sterben lernt.« Als Robert über den Fluß ins Leben zurückkehrt, hat die Wirklichkeit die Vision eingeholt: der Krieg hat das Land in Schutt und Asche gelegt, und seine Bewohner gleichen den Schattengestalten des Zwischenbereichs zwischen Leben und Tod. Lesungen aus seiner Chronik führen zu Diskussionen und west-östlichen philosophischen

Sinnangeboten, werden als Botschaft verstanden, die »die Zusammenhänge der Wirklichkeit in den Entsprechungen der Ideen zu begreifen« helfen. Mit seinem Tod kehrt Robert in die Stadt hinter dem Strom zurück, ohne sich an seinen früheren Aufenthalt zu erinnern.

Mit dem ersten, noch während der NS-Herrschaft entstandenen Teil »mit seiner atmosphärischen Dichte und Genauigkeit der Realitätsbeschreibung ist Kasack [...] eine visionäre Abbildung und Interpretation seiner eigenen Zeit gelungen, nicht aber in dem nach dem Zusammenbruch entstandenen zweiten Teil, in dem eklektisch das gesamte philosophische Bildungsgut des Bürgertums aufgeboten und der Furchtbarkeit der erlebten Zeitgegenwart entgegengehalten wird« (Hans Wagener). Es war wohl gerade eine derartige, ins Metaphysische ausgreifende Zeitdiagnose, die den Bedürfnissen einer breiten Leserschaft nach der Katastrophe entsprach, so ungeeignet sie war, eine Auseinandersetzung mit dem Nationalsozialismus zu leisten.

1947
Thomas Mann
Doktor Faustus

Die erste Notiz zu einem Faust-Projekt datiert vom Anfang des Jahrhunderts. 1943 beginnt die Arbeit an dem Roman und ist Anfang 1947 beendet. Über die Entstehungsgeschichte, über Quellen, aber auch über strukturelle Aspekte informiert M.s stilisierter Bericht *Die Entstehung des Doktor Faustus. Roman eines Romans* (1949). Zu den wichtigsten Quellen und Voraussetzungen des Buchs gehören die *Historia Von D. Johann Fausten* (1587) und andere Werke der Fausttradition, die Biographie und Philosophie Friedrich Nietzsches und die Kompositionslehre Arnold Schönbergs. Von großer Bedeutung wurde die Mitarbeit Theodor W. Adornos für die musikphilosophischen und -theoretischen Aspekte des Romans (M. las u. a. Adornos *Philosophie der neuen Musik* [1949] im Manuskript und traf sich mit Adorno zu zahlreichen Arbeitssitzungen).

»Das Leben des deutschen Tonsetzers Adrian Leverkühn, erzählt von einem Freunde«, so lautet der Untertitel des Romans: Der moderne Dr. Faustus ist Komponist, der *Doktor Faustus* somit Künstlerroman. Zugleich ist das Werk aber auch Gesellschafts- und Zeitroman, der sowohl die geistige Vorgeschichte des Faschismus wie den Untergang des Dritten Reiches einbezieht. Die Verbindung mit dem Deutschlandthema ergibt sich

nicht nur aus der teilweisen Parallelisierung des Schicksals von Leverkühn mit dem Deutschlands, sondern vor allem durch den Erzähler des Romans, den klassischen Philologen Dr. phil. Serenus Zeitblom, der am 23. Mai 1943 mit der Niederschrift der Biographie seines verstorbenen Freundes beginnt (wie M. mit der des Romans) und – vor allem in den späteren Kapiteln – mit dem Fortschreiten der biographischen Erzählung auch die aktuelle Lage bis zum Untergang des Dritten Reiches kommentiert. Dieser Erzähler, der es M. ermöglicht, »die Erzählung auf doppelter Zeitebene spielen zu lassen«, ist in seiner geistigen Beschaffenheit so konzipiert, daß er für »eine gewisse Durchheiterung des düsteren Stoffes« sorgt: »Das Dämonische durch ein exemplarisch undämonisches Mittel gehen zu lassen, eine humanistisch fromme und schlichte, liebend verschreckte Seele mit seiner Darstellung zu beauftragen, war an sich eine komische Idee« (M.). Zugleich reflektiert die Hilflosigkeit des milden Humanisten, der sich zwar den unteren Mächten versagt, aber unfähig ist, ihnen eine eigene Position entgegenzustellen, die Ohnmacht eines unpolitischen bürgerlichen Antifaschismus.

Die Geschichte Leverkühns beginnt auf einem Bauernhof bei Weißenfels und führt über die Gymnasialzeit im nahegelegenen, mittelalterliche Atmosphäre ausstrahlenden Kaisersaschern zum Studium nach Halle und Leipzig, wobei er sich bei allem Interesse für die Musik, die ihm »Zweideutigkeit [...] als System« ist, zunächst der Theologie zuwendet (die sich als rechte Teufelswissenschaft herausstellt). Schließlich wird er doch Musiker, und der kühl-ironische Leverkühn gehört zu den Künstlergestalten M.s, für die keine einfachen Gefühle mehr möglich sind. Er gerät sehr bald an die Grenzen des zu seiner Zeit Machbaren, erkennt, daß das überlieferte musikalische Material verbraucht und die musikalische Entwicklung in eine Krise geraten ist: »Warum muß es mir vorkommen, als ob fast alle, nein, alle Mittel und Konvenienzen der Kunst *heute nur noch zur Parodie taugten?*«

Mit der Idee, daß die Schaffenskrise, die Gefahr des Unschöpferischen durch den Rausch, die geniale Krankheit – die Syphilis in Leverkühns Fall – überwunden werden könne, nimmt M. die Dekadenz-Thematik seines Frühwerks auf: Krankheit, nicht Gesundheit, ist schöpferisch. Schon 1905 heißt es in einer Notiz zu dem Komplex: »Das Gift wirkt als Rausch, Stimulans, Inspiration; er darf in entzückter Begeisterung geniale, wunderbare Werke schaffen, der Teufel führt ihm die Hand. Schließlich aber *holt ihn der Teufel*: Paralyse.« In der Tat begleitet der ›Teufel‹ in verschiedenen Verkörperungen Leverkühn schon früh, führt ihn in Leipzig in ein Bordell statt ins Gasthaus. Leverkühn flieht zwar, doch reist er einer der Frauen nach, die ihn an der Wange gestreichelt hatte, und besteht, obwohl sie ihn vor ihrer Krankheit warnt, »auf dem Besitz dieses Fleisches«, wie es Zeitblom, über Leverkühns Verlangen »nach einer tödlich entfesselnden chymischen Veränderung seiner Natur« rätselnd, ausdrückt. Vier Jahre später, in Palestrina, kommt es dann zu einem ausführlichen Gespräch mit dem Teufel, der ihm wahrhafte Inspiration verspricht und als Gegenleistung – neben der Seele am Ende der Paktzeit – Liebesverzicht fordert.

Leverkühn läßt sich nach dem Italienaufenthalt in Pfeiffering nieder und verbringt dort, Abstecher in die Gesellschaftswelt Münchens ausgenommen, die folgenden 19 Jahre seines Lebens. Hier komponiert er, immer abgeschiedener von der Gesellschaft, seine großen Werke, deren Charakterisierung durch M. zu den großen sprachlichen Leistungen des Romans zählt. Sie gipfeln nach dem Ersten Weltkrieg in dem Oratorium *Apocalipsis cum figuris* und – als Antwort auf den Tod seines von ihm geliebten Neffen Nepomuk (»Adrians letzte Liebe«) – in der ›Zurücknahme‹ der Neunten Symphonie Beethovens und ihrer Botschaft durch die symphonische Kantate *Dr. Fausti Weheklag* nach dem alten Volksbuch: ein Werk »unendlicher Klage« und Verzweiflung. Nach der Vollendung der Kantate versammelt Leverkühn – wie Faust im Volksbuch – seine Freunde um sich, spielt aus dem Werk und legt – wiederum analog zum Volksbuch – seine Lebensbeichte ab. Er erleidet einen paralytischen Schock und bricht am Klavier zusammen. In geistiger Umnachtung lebt er noch einige Jahre weiter und stirbt am 25. 8. 1940 (dem Todestag Nietzsches).

Doktor Faustus verbindet verschiedene Themen- und Stoffbereiche – Künstler, Faust, Gesellschaft, Schicksal Deutschlands – zu einem höchst komplexen, bis ins Detail durchgeformten Ganzen. Unter dem Eindruck des Krieges und des Dritten Reiches stand zunächst die Diskussion über die Frage der deutschen Schuld und der in der deutschen Geschichte angelegten präfaschistischen Tendenzen im Vordergrund. Vernachlässigt wurden die künstlerischen Aspekte des Werkes, obwohl M. schon 1945 auf die »Montage« als künstlerisches Prinzip des Romans hingewiesen hatte. Dabei wird freilich, anders als etwa bei Döblin, die überaus häufige Übernahme von Texten und Realien in einer Weise künstlerisch verschleiert, daß der Schein des ›organisch‹ gestalteten Kunstwerks entsteht. Selbst der letzte

Satz des Romans – »Gott sei euerer armen Seele gnädig, mein Freund, mein Vaterland« – erweist sich als Zitat (aus einem Nietzsche-Buch).

1947
Hans Erich Nossack
Nekyia

Nekyia. Bericht eines Überlebenden ist neben einem Band *Gedichte* (1947) die erste Buchveröffentlichung des von den Nationalsozialisten mit Publikationsverbot belegten Autors: das Debut eines 46jährigen. Das Werk reflektiert die geschichtliche Katastrophe des Nationalsozialismus und des Krieges und dabei insbesondere die als entscheidenden Einschnitt ins eigene Leben empfundene Zerstörung Hamburgs (und zahlreicher Manuskripte) im Juni 1943, auf die sich auch N.s Prosatext *Der Untergang* (in: *Interview mit dem Tode,* 1948) bezieht. Die Katastrophe wird als moralische und geistige Herausforderung des einzelnen verstanden. »Wir werden uns von nun an nicht mehr fragen können: Hält es stand, dein Werk, angesichts des weiten Landes und am Ufer des Meeres? Wir werden fragen müssen: Hält es stand angesichts dieses Friedhofes?«

In *Nekyia* berichtet der Erzähler einem »Du« von einer untergegangenen Welt und seiner eigenen Geschichte. Dabei führt die Vergewisserung der eigenen Position angesichts des allgemeinen Untergangs zurück ins Mythische und Archetypische. Hierauf verweist schon der Titel: Nekyia, das ist das Totenopfer, mit dem Odysseus die Geister der Verstorbenen herberuft (*Odyssee,* 11. Gesang). Entsprechend wird auch der »Bericht« des »Überlebenden«, dem traumhaft Stationen und Personen seines Lebens auftauchen, durchsichtig auf Ursprüngliches, auf Archetypen und Mythen: Bruder, geliebte Frau und Mutter erscheinen in bruchstückhaften Erinnerungen und verweisen zugleich auf die Entwicklungsgeschichte der Menschheit, auf Kain und Abel, auf Agamemnon und sein Ende, auf die im Schicksal Orests verkörperte Urschuld des Menschen und ihre Sühne, auf das Totenopfer des Odysseus usw.

Der Überlebende, der nach einem Gang durch die menschenleere Stadt (»Ich werde einen Weg suchen«) wieder zu seinen wie »Lehmklumpen« im Regen liegenden Leuten zurückkehrt, wird zu ihnen sagen: »Geht dort hinaus und sucht einen Fluß. Da wascht euch, daß ihr euch erkennt.« Indem sich der Mensch in existentialistischer Manier, die Schuld anerkennend, auf sich selbst besinnt, sich seiner selbst vergewissert, setzt er ein Zeichen für einen neuen Anfang. – N. wurde in Frankreich von Jean-Paul Sartre gefördert und nannte seinerseits Albert Camus seinen »Bruder« (und Ernst Barlach seinen »Vater«).

1947
Nelly Sachs
In den Wohnungen des Todes

Die aus großbürgerlich-jüdischem Elternhaus stammende S. hatte schon seit den 20er Jahren Erzählungen und Gedichte veröffentlicht, doch ihr gültiges dichterisches Werk beginnt – auch in eigener Sicht – erst mit den Gedichten des Bandes *In den Wohnungen des Todes,* die sich wie die folgenden Veröffentlichungen *Sternverdunkelung. Gedichte* (1949) und *Eli. Ein Mysterienspiel vom Leiden Israels* (1951) mit den Erfahrungen von Auschwitz auseinandersetzen. 1940 hatte S. mit ihrer Mutter in letzter Minute ein schwedisches Visum erhalten; die Gedichte – »Meinen toten Brüdern und Schwestern« gewidmet – entstanden 1943–44 unter dem Eindruck von Nachrichten über die deutschen Vernichtungslager und vom Tod ihres Jugendgeliebten.

In den Wohnungen des Todes besteht aus vier Zyklen: »Dein Leib im Rauch durch die Luft«, »Gebete für den toten Bräutigam«, »Grabschriften in die Luft geschrieben« und »Chöre nach der Mitternacht«. Der Titel des Bandes ist ganz konkret zu verstehen, bei den »sinnreich erdachten Wohnungen des Todes« handelt es sich um die Welt der deutschen Vernichtungslager, die benannt wird mit ihren Krematoriumsschornsteinen und dem daraus aufsteigenden Rauch, den »Fingern« der die Selektion vornehmenden SS-Offiziere, den zurückbleibenden »Schuhen« der Opfer und den Händen der »Todesgärtner«:

O ihr Schornsteine,
O ihr Finger
Und Israels Leib im Rauch durch die Luft!

Zugleich erweitert sich der dichterische Raum in die jüdische Geschichte – Verweise auf Hiob, auf den Weg des jüdischen Volkes durch die Wüste – und ins Mystische und Kosmische (Beda Allemann). Zentral ist dabei der Begriff »Staub«, der Vergänglichkeit und Tod bedeutet, zugleich aber den paradoxen mystischen Umschlagpunkt bezeichnet, an dem die Wiedergeburt und Auferstehung beginnt. Auch die »Gebete für den toten Bräutigam« mit ihrem imaginären Dialog mit dem Ermordeten weiten sich ins Kosmische, auch hier ist die Staubverwandlung zentral: »aus

dem Grabe Dein Staub vernehmlich ruft zum ewgen Leben.« Die »Grabschriften in die Luft geschrieben« sind dem Andenken von Menschen gewidmet, die S. nahestanden (*Der Hausierer, Die Markthändlerin, Der Spinozaforscher* usw.), während im abschließenden Zyklus »Chöre nach der Mitternacht« (d. h. nach dem Holocaust) Chöre der verlassenen und unsichtbaren Dinge, der Geretteten und der Toten, der Ungeborenen und der Schatten, der Steine, Sterne, Wolken und der Bäume expressiv Leid und Tod umkreisen und in der *Stimme des heiligen Landes* ihren Abschluß finden.

1948
Ilse Aichinger
Die größere Hoffnung

Der Erfolg ihrer Erzählungen wie der *Spiegelgeschichte* (1952) hat die Rezeption ihres ersten Buches, des Romans *Die größere Hoffnung,* eher behindert. Der Roman hat einen autobiographischen Hintergrund, das Leben A.s und ihrer jüdischen Mutter im Wien der Kriegsjahre unter der ständigen Bedrohung der Deportation. Diese Auseinandersetzung mit Geschichte und Autobiographie geschieht allerdings nicht auf eine dokumentarische Weise oder mit den Mitteln der damals postulierten ›Kahlschlag‹-Sprache (Wolfgang Weyrauch: »Wahrheit ohne Schönheit ist besser«), sondern durch eine Verwandlung der geschichtlichen Realität in eine poetische mit Hilfe einer expressiven Bildersprache. Diese Sprache ist Ausdruck der subjektiven Wirklichkeitserfahrungen und der Visionen der Kinder, von denen der Roman erzählt und die so eine poetische Gegenwelt gegen die durchaus nicht verschwiegenen Schrecken errichten.

Der Roman erzählt die Geschichte der 15jährigen Halbjüdin Ellen und einer Gruppe jüdischer Kinder in Wien. Während Ellens Mutter, eine Jüdin, das Land verlassen darf, muß das Mädchen zurückbleiben, weil niemand für es bürgt. Verwirrt über ihre Identität – der arische Vater verleugnet die Familie, zwei »falsche« Großeltern reichen nicht aus zu einer festen Standortbestimmung –, gelingt es ihr schließlich, in die Gruppe der jüdischen Kinder (mit vier »falschen« Großeltern) aufgenommen zu werden, die sich spielend in der Welt des Schreckens behaupten. Mit ihnen erlebt Ellen die immer stärkere Diskriminierung der Juden, Judenstern, Angst, Geheimpolizei, Bombenangriffe, den Tod der Großmutter, bei der sie lebt. Und von dem jüdischen Mädchen

Anna lernt sie, daß der Davidsstern »alles« bedeutet, Licht in der Dunkelheit: »Geht dem Stern nach! Fragt nicht die Erwachsenen, sie täuschen euch.« Entscheidend ist nicht die Hoffnung auf ein Ausreisevisum – der Konsul hatte Ellen gesagt: »Wer sich nicht selbst das Visum gibt, bleibt immer gefangen. Nur wer sich selbst das Visum gibt, wird frei« –, sondern die aus der Annahme des Leidens und der Überwindung der Angst gewonnene »größere Hoffnung« auf eine neue Welt des Friedens. Symbol dafür ist die zerstörte Brücke, auf der Ellen am Ende bei der Befreiung der Stadt von einer Granate in Stücke gerissen wird: »Über den umkämpften Brücken stand der Morgenstern.«

1948
Gottfried Benn
Statische Gedichte

Mit der Veröffentlichung der *Statischen Gedichte* (Zürich 1948) begann die außergewöhnliche Nachkriegswirkung B.s, der seit 1936 *(Ausgewählte Gedichte)* nichts mehr publiziert und 1938 – nach heftigen SS-Attacken (»widerliche Schweinerei«) – Schreibverbot erhalten hatte und unmittelbar nach dem Krieg wegen seiner profaschistischen Publikationen von 1933–34 ebenfalls ›unerwünscht‹ war. Den *Statischen Gedichten* folgten rasch, nun in Deutschland, u.a. erzählende Prosa *(Der Ptolemäer,* 1949), Essays *(Ausdruckswelt,* 1949), Autobiographisches *(Doppelleben,* 1950), der Marburger Vortrag *Probleme der Lyrik* (1951) und weitere Gedichtsammlungen *(Fragmente,* 1951; *Destillationen,* 1953; *Aprèslude,* 1955).

B. zieht sich aus der deprimierenden Realität des Dritten Reiches auf sich selbst und die Kunst zurück: »und nun die Stunde, deine: im Gedichte das Selbstgespräch des Leides und der Nacht.« Der grundlegende Dualismus von Kunst und Leben, den das berühmte und einflußreiche Gedicht *Einsamer nie* (zuerst in *Ausgewählte Gedichte,* 1936) formuliert hatte (»dienst du dem Gegenglück, dem Geist«), beherrscht die im Dritten Reich entstandene Lyrik. Kunstwerke sind statische Gebilde, widerstehen der Zeit und den geschichtlichen Veränderungen, überdauern »Macht und Mörderbund«, haben eine Schutzfunktion gegen die »Dinge« der Welt: »es gibt nur ein Begegnen: [...] die Dinge mystisch bannen durch das Wort« (vgl. die poetologischen Gedichte *Verse, Gedichte, Statische Gedichte* u.a.). Kunst erscheint als »letzte menschliche und übermensch-

liche Instanz: Benns Zitadelle inmitten der faschistischen Kriegsdiktatur« (Jürgen Schröder).

Großen Einfluß auf die zeitgenössische Lyrik und die Lyrikdiskussion hatte B. mit seinem Vortrag über *Probleme der Lyrik* mit seiner die Tradition des modernen artistischen Gedichts aufnehmenden Lyriktheorie: »Das neue Gedicht, die Lyrik, ist ein Kunstprodukt.«

1948
Bertolt Brecht
Der kaukasische Kreidekreis

B. hatte den Kreidekreis-Stoff über Klabunds Übersetzung eines chinesischen Singspiels kennengelernt. Eine epische Version, transponiert in die Zeit des Dreißigjährigen Krieges, datiert von 1940 *(Der Augsburger Kreidekreis,* gedruckt in den *Kalendergeschichten,* 1948), das Schauspiel entstand 1944 und wurde, in der englischen Übersetzung Eric Bentleys, am 4. 5. 1948 in Northfield/ Minnesota uraufgeführt (deutsche Erstaufführung: Theater am Schiffbauerdamm, Berlin, 7. 10. 1954; Druck 1949).

Das Stück besteht aus sechs mit Überschriften versehenen Akten oder Bildern. Es ist als Spiel im Spiel konzipiert. Der als Vorspiel angelegte 1. Akt *(Der Streit um das Tal)* demonstriert eine Utopie sozialistischer Praxis in der Sowjetunion nach dem Ende der Hitlerokkupation; den versammelten Kolchosenmitgliedern werden dann zwei Geschichten vorgeführt, die erst im letzten Bild zusammentreffen. Arrangeur, Spielleiter, Kommentator ist der Sänger Arkadi Tscheidse. »In alter Zeit, in blutiger Zeit«, so beginnt der Sänger die erste Geschichte, wurden der grusinische Großfürst und seine Gouverneure gestürzt. Der Gouverneur Georgi Abaschwili wird hingerichtet, seine Frau Natella, allzusehr mit ihren Kleidern und anderen Besitztümern beschäftigt, läßt bei der Flucht ihr kleines Kind, Michel, zurück. Die Magd Grusche nimmt es an sich, vermag nicht, es im Stich zu lassen und bringt es, verfolgt von den Soldaten der neuen Machthaber, unter großen Mühen in Sicherheit. Um einen sicheren Status zu erlangen, heiratet sie – obwohl mit dem Soldaten Simon verlobt – einen scheinbar todkranken Bauern, der sich freilich bald wieder gesund vom Lager erhebt. Inzwischen ist der Großfürst, der entkommen konnte, wieder an die Macht gelangt, und die Gouverneursfrau läßt ihr Kind suchen, da es ihr Zugang zu seinem Erbe verschafft. Soldaten holen das Kind, es kommt zum Prozeß. Vorher wird jedoch die Geschichte des Armeleuterichters Azdak erzählt, der als Dorfrichter den fliehenden Großfürsten nicht verraten, in den Wirren des Umsturzes auf den Richterstuhl gekommen und durch seine unorthodoxen Urteile bekanntgeworden war. Gegen die Erwartungen der Gouverneursfrau und ihrer Anwälte wird Azdak in seinem Amt bestätigt, und er löst den Fall in der Manier König Salomos mit Hilfe eines Kreidekreises: »Die wahre Mutter wird die Kraft haben, das Kind aus dem Kreis zu sich zu ziehen.« Er spricht Grusche das Kind zu, weil sie es losgelassen hatte, um ihm nicht weh zutun. Und bevor Azdak für immer verschwindet, scheidet er noch Grusches Ehe, damit sie Simon heiraten kann. Der Sänger gibt den Kolchosenmitgliedern eine Lehre mit, die den aktuellen Streitpunkt mit dem poetischen Beispiel verbindet und ins Allgemeine erhebt, daß nämlich der Eigentumsanspruch der (ehemals) herrschenden Klasse abzulösen sei durch den der Arbeiter bzw. Unterdrückten auf das Produkt ihrer Arbeit.

Diese Vision einer neuen Humanität stellt mit ihrer »epischen Ausfaltung und vielfachen Realitätsbrechung […] zweifellos eines der konsequentesten, aber zugleich dichterisch gelungensten Beispiele des epischen Theaters dar« (Reinhold Grimm). Eine entscheidende Bedeutung kommt dabei der Rolle des Sängers zu, der als Rhapsode das vielfach deutbare Geschehen inszeniert und kommentiert und die Schwerpunkte der dramatischen Grundstruktur sichtbar macht: »die sanfte Gewalt der Vernunft, die neue Menschlichkeit und die ›Kunst als Beispiel‹« (Theo Buck). – Die Musik für die Aufführung des Berliner Ensembles schrieb Paul Dessau.

1948
Bertolt Brecht
Herr Puntila und sein Knecht Matti

Das »Volksstück« entstand 1940 auf der Basis einer Vorlage der finnischen Dramatikerin Hella Wuolijoki, auf deren Gut B. einige Monate verbrachte; es wurde am 5. 6. 1948 im Zürcher Schauspielhaus uraufgeführt (Druck 1950). Thema ist das Verhältnis von Herr und Knecht, wobei der Herr – ein finnischer Gutsbesitzer – in ähnlicher Weise wie der ›gute Mensch von Sezuan‹ ein gespaltenes Bewußtsein besitzt. In nüchternem, zurechnungsfähigem Zustand ist er ein rücksichtsloser Geschäftsmann (die Gutsherrenwelt hat deutlich bürgerlich-kapitalistische Züge), in betrunkenem Zustand wird er »fast ein Mensch«. Sein Gegenspieler ist der Chauffeur

Matti, der – da Puntila berechenbar ist – überlegt mitspielen und eigene Spiele inszenieren kann. Eine Handlung gibt es nur insofern, als Puntila seine Tochter mit einem verschuldeten adeligen Diplomaten verheiraten will, was ihn einen Wald oder eine Ehe mit einer reichen Dame kosten würde. Wie in anderen Dingen – etwa in seinem Verhältnis zu den im Suff zur Hochzeit eingeladenen Bräuten oder zu den erst angestellten, dann wieder verjagten Arbeitern – bestimmt auch hier der Grad der Trunkenheit sein Verhalten. Er läßt die Verlobung mit dem ungeliebten Attaché platzen, bestimmt Matti zum Bräutigam und versöhnt sich, wieder nüchtern, mit dem davongejagten Attaché und entläßt den Knecht Surkkala, einen »Roten«. Schließlich schwört er dem Alkohol ab, trinkt aber noch die letzten Vorräte aus und läßt, wieder betrunken, einen Berg aus zerschlagenen Möbeln aufbauen, auf dem er mit Matti das Tavastland besingt. Matti verläßt Puntila, ohne zu warten, bis der Rausch verfliegt: » ’s wird Zeit, daß deine Knechte dir den Rücken kehren. Den guten Herrn, den finden sie geschwind Wenn sie erst ihre eignen Herren sind.«

Die »Ausformung des Klassenantagonismus zwischen Puntila und Matti« sei entscheidend, schrieb B. in Notizen zur Aufführung in Zürich. Puntilas Verhalten hat, so wird deutlich, keine Vorteile für die Arbeiter und Knechte, denn was er in betrunkenem Zustand verspricht, hält er nicht; seine Menschlichkeit und Freundlichkeit verdecken nur die sozialen Probleme, verschleiern die reale Unterdrückung und Ausbeutung.

B. sah das Problem, daß mitreißendes Theater die ›Botschaft‹ in den Hintergrund drängen oder verfälschen könnte: »Die Rolle des Matti muß so besetzt werden, daß eine echte Balance zustande kommt, das heißt, daß die geistige Überlegenheit bei ihm liegt. Der Darsteller des Puntila muß sich hüten, in den Trunkenheitsszenen das Publikum durch Vitalität und Charme so mitzureißen, daß ihm nicht mehr die Freiheit bleibt, ihn zu kritisieren.«

1948
Günter Eich
Abgelegene Gehöfte

E.s Werk steht gegen die vereinfachende These vom ›Kahlschlag‹ und der ›Stunde Null‹. Seine ersten Gedichte veröffentlichte er 1927, 1930 folgte der erste Gedichtband. Wie Peter Huchel und andere gehörte er zur Gruppe junger Lyriker um die Literaturzeitschrift *Die Kolonne* (1930–32), die in

Natur und Landschaft ihre Themen sahen. E. begann, wie er selbst schreibt, als »verspäteter Expressionist und Naturlyriker«, und auch in den Nachkriegspublikationen bleibt Natur, bleiben Naturbilder ein wesentliches Moment seiner Dichtung, zunehmend freilich in kritischer Funktion.

Der Band *Abgelegene Gehöfte* zeigt ein zwiespältiges Gesicht. Einerseits enthält er zahlreiche ältere, noch überwiegend traditionell ›naturmagische‹ Gedichte, andererseits – und darin liegt seine geschichtliche Bedeutung – stehen hier die sogenannten ›Kahlschlag‹-Gedichte aus dem Jahr 1945 mit ihrer Abkehr von den sprachlichen und thematischen Konventionen der (natur)lyrischen Tradition: Beschränkung auf die Mitteilung von Gegenständlichem, Reduktion auf die Bedingungen der eigenen Existenz, lakonische Verknappung der Form und der Ausdrucksweise. Beispiele sind Texte wie *Lazarett,* das Parlandogedicht *Pfannkuchenrezept, Latrine* mit dem die dichterische Tradition provozierend einbeziehenden Reim »Hölderlin« – »Urin«, die Kontrafakturen bildungsbürgerlicher Reminiszenzen *(Frühling in der Goldenen Meil)* oder deutscher Rheinromantik *(Camp 16)* und das neben Paul Celans *Todesfuge* wohl meistzitierte Gedicht der Nachkriegszeit, *Inventur* (zuerst veröffentlicht in der von Hans Werner Richter herausgegebenen Anthologie *Deine Söhne, Europa,* 1947): »Die Leidenschaftslosigkeit, die in der Parataxe der Aufzählung sich ausspricht, vergewissert sich des bloßen Daseins eines Ich, das keinen Halt mehr besitzt in sich selber, in einem Glauben oder einer Ideologie. Es bedarf des Echos einer banalen Gegenständlichkeit, um seines eigenen Wertes inne zu werden« (Ralf Schnell).

1949
Gottfried Benn
Der Ptolemäer

Dieser Band enthält drei Texte, die B.s späte ›absolute‹ Prosa repräsentieren: den 1937–38 entstandenen Text *Weinhaus Wolf,* eine monologische Abrechnung mit der weißen Rasse und insbesondere den Deutschen vor dem Hintergrund einer Geschichte ohne Sinn; den 1944 geschriebenen *Roman des Phänotyp,* B.s bedeutendstes Werk der Kriegszeit; die »Berliner Novelle, 1947« *Der Ptolemäer.*

Der *Roman des Phänotyp* ist ein Anti-Roman wie zuvor Carl Einsteins *Bebuquin* (1912). Er besteht aus einer Folge von insgesamt 19 meist kurzen, »sachlich und psychologisch nicht verbundenen Suiten« (B.) mit jeweils eigener Überschrift (*Der Stundengott, Gestützt auf Pascal, Ambivalenz, Statische Metaphysik* usw.), deren Prinzip im Abschnitt *Bordeaux* angedeutet wird: »Ein Roman im Sitzen. Ein Held, der sich wenig bewegt, seine Aktionen sind Perspektiven, Gedankengänge sein Element. Das erste Wort schafft die Situation, substantivische Verbindungen, die Stimmung, Fortsetzung folgt aus Satzenden, die Handlung besteht in gedanklichen Antithesen. Selbstentzündung, autarkische Monologie.« Damit reagiert der *Roman des Phänotyp,* d. h. der Verkörperung des Individuums in der Mitte des 20. Jh.s, »das die charakteristischen Züge der Epoche evident zum Ausdruck bringt« (B.), auf das ihn umgebende Chaos, beantwortet es mit einem autonomen Gegenentwurf, einer schöpferischen Setzung, die sich in ihrer disharmonischen Form und ihrer in freier Assoziation errichteten poetischen Welt konventionellen Ordnungsmustern verweigert.

Die Novelle *Der Ptolemäer,* einerseits ein Dokument des elitären Ästhetizismus, reflektiert andererseits die trostlose Lage im Berlin der unmittelbaren Nachkriegszeit. Der Text besteht aus drei Kapiteln *(Lotosland, Der Glasbläser, Der Ptolemäer),* die zugleich die Folge der Jahreszeiten, Frühling, Sommer und Herbst andeuten. Darin kann man eine bewußte Enthistorisierung sehen. Innen und Außen werden radikal getrennt; in der häßlichen Trümmerstadt bietet, durchaus ironisiert, der Schönheitssalon »Lotosland« eine ästhetische Oase. Schnoddrig-ironische Sprachcollagen, Assoziationsketten, lyrische Chiffren, geistesgeschichtliche Räsonnements und kulturgeschichtliche Aperçus legen die abendländische Geschichte ad acta, die Reduktion auf das Ich und sein Werk ist vollständig. Die Ästhetik des Glasbläsers – »Erstens: Erkenne die Lage. [...] Drittens: Vollende nicht deine Persönlichkeit, sondern die einzelnen deiner Werke. Blase die Welt als Glas [...]« – führt auf »den Weg zur ästhetischen Welt«, der Welt des »Ptolemäers«: »Ptolemäische Erde und langsam drehende Himmel, Ruhe und Farbe der Bronze unter lautlosem Blau. [...] Ich drehe eine Scheibe und werde gedreht, ich bin Ptolemäer.«

1949
Friedrich Dürrenmatt
Romulus der Große

D.s erste Komödie, eine »ungeschichtliche historische Komödie in vier Akten«, wurde am 25. 4. 1949 im Stadttheater Basel uraufgeführt (Druck 1956; veränderte Fassungen 1958, 1961, 1964). Ihr Held ist der letzte Kaiser des weströmischen Reiches, der im Stück schon eine 20jährige Regierungszeit hinter sich hat, bevor an den Iden des März 476 die Germanen anrücken (in Wirklichkeit war Romulus Augustulus als 16jähriger nur nominell für ein Jahr Kaiser).

Der Kaiser nimmt in seinem Landhaus in Campanien das »Morgenessen« ein (»Was in meinem Hause klassisches Latein ist, bestimme ich«) und läßt sich durch die Nachrichten vom Vormarsch der Germanen und der fortschreitenden Auflösung des Römischen Reiches nicht aus der Ruhe bringen. Auch das Schicksal Ämilians, des mit gräßlichen Verstümmelungen aus germanischer Gefangenschaft zurückgekehrten Verlobten seiner Tocher Rea, ändert nichts an seinem Vorsatz, den Dingen ihren Lauf zu lassen. Ebenso lehnt er die von dem Hosenfabrikanten Cäsar Rupf eröffnete Möglichkeit ab, die Germanen finanziell abzufinden, obwohl ihn Rea – sie ist Rupfs Preis – und Ämilian (und auch seine Frau Julia) dazu drängen. In der Konfrontation mit Julia wird klar, daß Romulus keineswegs nur der vertrottelte Hühnerzüchter ist, den er spielt, sondern daß er vor 20 Jahren Kaiser geworden ist, um das Weltreich zu liquidieren, »eine Einrichtung, die öffentlich Mord, Plünderung, Unterdrückung und Brandschatzung auf Kosten der andern Völker betrieb, bis ich gekommen bin.« So überläßt er Rom seinem Schicksal, sabotiert jeden Rettungsversuch, verweigert sich jeglichem Heroismus und erscheint als Weltenrichter im Narrenkleid: »JULIA Du bist Roms Verräter! ROMULUS Nein, ich bin Roms Richter.« Doch das Ende, auf das er gleichmütig wartet, während Hof und Familie auf der Flucht nach Sizilien ertrinken, kommt nicht. Denn Odoaker, ebenfalls Hühnerzüchter von Format, hat ähnliche Ansichten wie Romulus. Er will nicht das Römische Reich liquidieren, sondern sich und seine Germanen unterwerfen, weil er so die Herrschaft seines Neffen Theoderich verhindern zu können glaubt, unter dem ein ebenso blutiges »zweites Rom«, »ein germanisches Weltreich« zu erwarten sei. Es gibt keine Lösung. Das Geschehen hat die für D. typische ›schlimmstmögliche Wendung‹ genommen. Romulus' Recht-

fertigung für sein Handeln – die Bereitschaft, sich selbst zu opfern – zerbricht: »Ich ließ das Blut meines Volkes fließen, indem ich es wehrlos machte, weil ich selbst mein Blut vergießen wollte. Und nun soll ich leben. [...] Und nun soll ich als der dastehen, der sich allein retten konnte.« Resigniert fügt er sich, schuldig geworden durch Passivität, in die »Pensionierung«, während Odoaker sich anschickt, das Unheil noch einige Jahre hinauszuzögern. Daß die »Wirklichkeit« ihre »Ideen« korrigiert habe, wie Romulus anmerkt, spricht allerdings nicht gegen die Vision einer Welt ohne sinnlosen kriegerischen Heroismus.

1949
Arno Schmidt
Leviathan

Die Titelerzählung *Leviathan oder Die beste der Welten* in S.s erstem Erzählband, der außerdem noch die Texte *Gadir* und *Enthymesis* enthält, gehört zu den literarisch avanciertesten Versuchen, den Schock des Kriegserlebnisses zu verarbeiten. Anders als Autoren wie Hans Werner Richter, die auf die realistisch-sozialkritische Tradition zurückgreifen (*Die Geschlagenen,* 1949), gelingt es S., die überwältigenden Erfahrungen über das moralische Anliegen hinaus auch ästhetisch produktiv zu machen. Das geschieht, indem er die Ich-Perspektive radikalisiert und das epische Kontinuum aufsprengt: durch eine Reihe von Momentaufnahmen des äußeren und inneren Geschehens, durch den Blick fürs naturalistische Detail, durch Reflexionen, weltraumphysikalische Diskurse, Assoziationen und den Wechsel der Zeitebenen und der Darstellungsarten. S.s späteres Werk baut, sie radikalisierend, auf diesen Verfahren auf.

Die Erzählung beginnt mit einem nach Kriegsende datierten Brief aus Berlin in englischer Sprache, bevor sie aus der Perspektive eines Soldaten davon berichtet, wie sich eine Gruppe von Flüchtlingen mit einem behelfsmäßig in Gang gebrachten Zug aus umkämpften Gebieten Schlesiens zu lösen sucht. Der Erzähler schreibt seine Erlebnisse, Eindrücke und Reflexionen in einem der Waggons nieder, der schließlich mitten auf einem zerschossenen Viadukt zum Stehen kommt: vor und hinter ihm der Abgrund (und bei ihm eine Frau).

»Diese Welt ist etwas, das besser nicht wäre«, heißt es in der grimmig-ironischen Attacke des räsonierenden Erzählers auf die »beste der Welten«, der nun weit radikaler als bei Voltaire

– »Schopenhauer, Einstein, Nihilismus und ein hohes Maß an persönlicher Leidenserfahrung« kommen zusammen (Ralf Schnell) – der Prozeß gemacht wird. Gott ist tot, und Leviathan ist der Dämon »außer uns und in uns«: »Wir selbst sind ja ein Teil von ihm: was muß also Er erst für ein Satan sein?!« Der Leviathan steht »für das Abgründige, das jederzeit möglich, das überall gegenwärtig ist. Ihm kann, so zeigt Schmidts Erzählung, nur der Heroismus des Einzelnen sich entgegenstellen – eine Sinngebung auch für die Existenz des Autors Arno Schmidt« (Schnell).

Auch für die folgenden Erzählungen *Brand's Haide* (1951), *Schwarze Spiegel* (1951) und *Aus dem Leben eines Fauns* (1953), später zusammengefaßt unter dem Titel *Nobodaddy's Kinder* (1963), bleibt die Perspektive des Einzelnen in einer vom Krieg geprägten (Endzeit-)Welt bestimmend.

1949–50
Hans Henny Jahnn
Fluß ohne Ufer

J.s Hauptwerk entstand 1935–47 auf der Insel Bornholm; die Trilogie mit den Teilen *Das Holzschiff* (1949), *Die Niederschrift des Gustav Anias Horn I/II* (1949–50) und einem *Epilog* (1961; aus dem Nachlaß) blieb unvollendet. Der Titel meint »das so maßlos unbegrenzt dahinfließende Erinnern, meint den Willen des sich erinnernden Ich zu einer Selbsterkundung, einer Selbstversicherung des Lebens in der Schrift« (Uwe Schweikert). Im Mittelpunkt dieses von J.s eigener Biographie geprägten Rechenschaftsberichts steht die homoerotische Beziehung zwischen dem Erzähler Gustav Anias Horn und dem Matrosen Alfred Tutein. Voraus geht eine Art »symbolischer Kriminalroman«, so eine Rezension von 1949, der von Ausfahrt und Untergang eines Segelschiffes mit unbekannter Fracht und unbekanntem Ziel und dem Verschwinden der mit Gustav verlobten Kapitänstochter Ellena erzählt. Beinahe 30 Jahre später finden wir Gustav Anias Horn in einer abgelegenen Gegend Norwegens bei der Niederschrift der Ereignisse seit dem Schiffbruch, seines Werdegangs als Komponist und der Vergegenwärtigung des gemeinsamen Lebens mit Alfred Tutein und der seinem Tod folgenden Einsamkeit. Die *Niederschrift,* in Ich-Form, ist wie eine Art Tagebuch nach Monaten gegliedert.

Nach dem Schiffbruch hat sich Alfred Tutein eng an Horn angeschlossen; er gesteht, daß er Horns Verlobte getötet hat. Das führt nur zu einer engeren Bindung der beiden, die nach einer abenteuerlichen Reise von Südamerika über Süd- und Westafrika schließlich nach Norwegen gelangen. Die »Zwillingsbrüderschaft« der beiden, gefährdet durch gelegentliche erotische »Abweichungen« Horns, bedeutet zugleich eine Abkehr von der Gesellschaft und »eine *Verschwörung* gegen die irdische Gerichtsbarkeit und gegen den christlich-abendländischen Moralkodex« (Elsbeth Wolffheim). Während Tutein Gehilfe eines Pferdehändlers wird, widmet sich Horn der Musik, wobei er sich an die Polyphonie der Zeit vor Bach anlehnt. In Halmberg, wo sie jetzt wohnen, kommt es zu einer Liebesbeziehung zwischen Horn und der jungen Gemma, die von Tutein mit Mißtrauen betrachtet wird. Um Horn für immer an sich zu fesseln, regt er einen Blutaustausch an: »Ich höre mein Blut, richtiger gesagt, DEIN BLUT in den Ohren«, sagt Horn danach. Freilich führt dieses Experiment zur Schwächung und zum Tod von Tutein, während sich Horns Schaffenskraft steigert. Er präpariert den Leichnam seines Freundes und bewahrt ihn in einem Teakholzsarg in seinem Arbeitszimmer auf, während ihn Todesahnungen heimsuchen.

Mit Ajax von Uchri tritt eine neue Gestalt auf, ein Abgesandter des Reeders des versunkenen Schiffes. Daß Horn der sexuellen Verführung erliegt, hat auch mit der Ähnlichkeit zwischen Ajax und Tutein zu tun. Horn versenkt mit Ajax' Hilfe den Sarg mit dem mumifizierten Freund ins Meer. Ajax, von Horn bei der ersten Begegnung mit »Wolf« assoziiert, erschlägt Horn und entkommt (ein dem Testament angehängtes, diesen Romanteil beschließendes Protokoll erklärt den Sachverhalt). Der fragmentarische Epilog bringt dann Horns Mörder Ajax, der sich nun für Tutein ausgibt, und Horns und Gemmas Sohn Nikolaj zusammen.

Die *Niederschrift* Horns im Angesicht des Sarges ist eine Totenklage mit ausdrücklichem Bezug zum altbabylonisch-sumerischen *Gilgamesch*-Epos, der Totenklage des Gilgamesch um seinen Freund Engidu; in der Liebe von Horn und Tutein wiederholt sich die archetypische Begegnung von Gilgamesch und Engidu: »Was ich schreibe«, heißt es in einem Brief J.s, »steht nur in Beziehung zu einer Welt, die es nicht gibt, die sich auch nicht formen wird – die ich in Wirklichkeit vor ein paar Jahrtausenden verfehlt habe.« Die Faszination durch das Archaische schlägt sich auch in den Beschreibungen der skandinavischen Landschaft und ihrer Bewohner nieder. Das »Romanungeheuer«, so J. selbst, »ist ein Versuch über die Schöpfung, den Menschen und seine Einsamkeit. Es ist vieles zugleich: allegorische

Detektivgeschichte, Künstlerroman, erotischer Experimentalroman, Erkundung der äußeren und inneren Wirklichkeit – vor allem aber ist es ein Buch über die Zeit gegen die Zeit« (Schweikert).

1950
Heinrich Böll
Wanderer, kommst du nach Spa...

Seit 1947 veröffentlichte B. Kurzgeschichten. Er teilte die Vorliebe für diese Form, mit der man an die amerikanische short story anknüpfte, mit zahlreichen anderen Autoren dieser Jahre (u.a. Wolfgang Borchert, Wolfdietrich Schnurre, Luise Rinser, Elisabeth Langgässer, Ernst Schnabel). Die Kurzgeschichte entsprach mit ihrem Ausschnittcharakter und ihrem Lakonismus der »Kurzatmigkeit der Epoche« (B.), »die keinen verbindlichen Erfahrungszusammenhang aufwies, sondern in schockhafte Einzelerlebnisse zerfiel« (Ralf Schnell); zugleich kam die Sprache der short story, wie sie sich etwa in Hemingways understatement zeigt, der Notwendigkeit entgegen, die durch den Nationalsozialismus korrumpierte »deutsche Sprache wiederzufinden« (B.).

Die Sammlung *Wanderer, kommst du nach Spa...* enthält 25 Kurzgeschichten. Es handelt sich wie bei den größeren Erzählungen aus dieser Zeit (*Der Zug war pünktlich*, 1949; *Wo warst du, Adam?*, 1951) nach B.s eigenen Worten um »Kriegs-, Heimkehrer- und Trümmerliteratur«, um Texte, die die ganze Sinnlosigkeit des mörderischen und zerstörerischen Krieges darstellen und zugleich eine Atmosphäre der Trostlosigkeit, des Grauens, der Einsamkeit, Gefangenschaft und Entfremdung evozieren, die an den Existentialismus gemahnt.

Die Titelgeschichte mit dem abgebrochenen Zitat des Spartaners Leonidas, der sein Leben bei der Verteidigung des Thermopylenpasses fürs Vaterland opferte, zeigt in beklemmender Verdichtung am Beispiel eines Unterprimaners, der tödlich verwundet in seine nun als Lazarett dienende Schule gebracht wird, die Verlogenheit und das Verbrecherische der humanistisch-vaterländischen Bildungsideologie angesichts des realen Sterbens: »Wanderer, kommst du nach Sparta, so sage, du habest uns liegen gesehen, wie das Gesetz es befahl.«

Die Trümmerwelt, die die Heimkehrer vorfinden, hat ihr Äquivalent in der geistigen und seelischen Konstitution der Menschen; immerhin kann sich der einzelne – obwohl sich gesellschaftliche Strukturen fortsetzen und die subtile-

ren Zwänge der verwalteten Welt ähnlich negativ empfunden werden wie die Brutalität des Militärs – durch Verweigerungsstrategien einen gewissen Freiraum verschaffen *(An der Brücke)*. So zeugen die »meisten Erzählungen mit Nachkriegsthematik [...] von einer neuen gesellschaftlichen und individuellen Lage, von einer neuen Erzähl- und Lebensperspektive, von einem neuen Erzählton« (Jochen Vogt). – Dem Lakonismus der Form der Kurzgeschichte widerspricht die – häufig kritisierte – Tendenz B.s zur symbolischen Überhöhung, zu einer ausgesprochenen Ding-Symbolik quasi-sakramentalen Charakters: Brot, Tabak, Kaffee und die Geste des Teilens als Zeichen der Brüderlichkeit und Menschlichkeit, als Gegengewicht zu den inneren und äußeren Zerstörungen.

Ein Jahr nach Erscheinen des Kurzgeschichtenbandes erhielt B. den Preis der Gruppe 47 für die 1949 entstandene Kurzgeschichte *Die schwarzen Schafe*, eines der frühen Beispiele für B.s Satiren, in denen sanfte Verweigerer das System entlarven oder in denen der tägliche Wahnsinn ins Extrem getrieben wird. Die Satiren, vereint in dem Band *Doktor Murkes gesammeltes Schweigen und andere Satiren* (1958), trugen wesentlich zu B.s Publikumserfolg bei.

1950
Hermann Broch
Die Schuldlosen

B.s »Roman in elf Erzählungen«, so der Untertitel, ist sein letztes vollendetes Werk. Grundlage bilden eine Reihe von Erzählungen, die B. Anfang der 30er Jahre veröffentlicht hatte und die er 1949–50, leicht überarbeitet, durch weitere Stücke ergänzt und mit einem lyrischen Rahmen verband. Der Titel ist ironisch gemeint.

Ein Erzählkomplex handelt von dem jungen Diamantenhändler Andreas, der in einer Stadt ein Zimmer im Haus der Baronin W. findet, die hier zusammen mit ihrer Tochter Hildegard und der Magd Zerline lebt. Erotische Verwicklungen entstehen. Andreas lernt Melitta, die Enkelin des eine mythische Ebene repräsentierenden »Imkers«, kennen und wird schuldig an ihrem Tod. Der »Imker« führt ihn schließlich zur Erkenntnis seiner Schuld und zur Sühne im Tod. Sieger bleibt die geheime Herrin des Hauses, die Magd Zerline, die – Motive aus Mozarts *Don Giovanni* werden aufgenommen – ihr Wissen über das Verhältnis ihrer Herrin mit dem Herrn von Juna ausnutzt und ohne moralische Skrupel sich an dem Herrn von Juna, der sie verlassen hatte, rächt, die Baronin durch Gift beseitigt und Andreas' Vermögen erbt: »eine weibliche triebhafte Entsprechung – die entfesselte Irrationalität – zur entfesselten Rationalität des Huguenau in den *Schlafwandlern*« (Manfred Durzak). Ein weiterer Handlungsstrang präsentiert den Studienrat Zacharias, eine Verkörperung des Spießergeistes, »dessen Rein-Inkarnation Hitler gewesen ist« (B.), NSDAP-Parteigenosse, sexuell perverser Pantoffelheld.

In einem Selbstkommentar schreibt B. über die Intentionen, die er mit dem Werk angesichts der ihn enttäuschenden Nachkriegsentwicklung – Verdrängung statt Einsicht und Wandlung – verfolgte: »Der Roman schildert deutsche Zustände und Typen der Vor-Hitlerperiode. Die hiefür gewählten Gestalten sind durchaus ›unpolitisch‹; soweit sie überhaupt politische Ideen haben, schweben sie damit im Vagen und Nebelhaften. Keiner von ihnen ist an der Hitler-Katastrophe unmittelbar ›schuldig‹. Deswegen heißt das Buch ›Die Schuldlosen‹. Trotzdem ist gerade das der Geistes- und Seelenzustand, aus dem – und so geschah es ja – das Nazitum seine eigentlichen Kräfte gewonnen hat. Politische Gleichgültigkeit nämlich ist ethischer Gleichgültigkeit und damit im letzten ethischer Perversion recht nahe verwandt. Kurzum, die politisch Schuldlosen befinden sich zumeist bereits ziemlich tief im Bereich ethischer Schuld.«

Postum erschien aus dem Nachlaß der sogenannte »Bergroman« *Der Versucher* bzw. *Die Verzauberung* (1953), eine zwischen 1934 und 1936 entstandene Parabel zum aktuellen Problem des Massenwahns.

1950
Max Frisch
Tagebuch 1946–1949

Auf die Frage, ob er eine Vorliebe für das Tagebuch habe, antwortete F.: »man kann wohl sagen, die Tagebuchform ist eigentümlich für den Verfasser meines Namens.« Dies gilt nicht nur für die als Tagebücher bezeichneten Texte – *Tagebuch 1946–1949* (in das das *Tagebuch mit Marion*, 1947, eingegangen ist) und *Tagebuch 1966–1971* (1972) –, sondern auch für seine Romane seit *Stiller* (1954).

F.s Tagebücher sind als künstlerische Gebilde konzipiert, als eine komponierte Folge von aufeinander bezogenen Texten: »die einzelnen Steine eines Mosaiks, und als solches ist dieses Buch zumindest gewollt, können sich allein kaum ver-

antworten«, heißt es in der Vorbemerkung zum *Tagebuch 1946–1949*. Es sind im wesentlichen drei Bereiche, die miteinander konfrontiert werden: F. bezeichnet sie als »Fiktion«, »Faktum« und »persönliches Leben«. Daneben finden sich reflektierende Passagen (z. B. »Du sollst dir kein Bildnis machen«) oder poetologische Überlegungen (»Zur Schriftstellerei«). Wie in den essayistischen Partien zentrale Themen F.s abgehandelt werden, so bilden die fiktionalen Texte – Erzählungen, Kurzgeschichten, Szenarien usw. – die Grundlage für spätere Dichtungen: Das gilt für das ausführliche Szenarium *Der Graf von Öderland* (die Erstfassung des mehrfach umgearbeiteten Stückes erschien 1951) oder die Erzählungen *Der andorranische Jude* (*Andorra*, 1961) und *Burleske* (*Biedermann und die Brandstifter*, 1958). Im Bereich der ›Tatsachen‹ geben F.s Reiseberichte über das zerstörte Deutschland und andere europäische Länder ein eindringliches Bild der Nachkriegsverhältnisse.

Auch das *Tagebuch 1966–1971*, das eine politisch bewegte Zeit behandelt, verbindet Reflexionen zur Poetik, fiktionale Texte, Reisebeschreibungen, Politisches und Persönliches, wobei durch die Verwendung von vier unterschiedlichen Schriftarten, die verschiedenen Textbereichen zugeordnet sind, der Kunstcharakter des Tagebuchs noch stärker betont wird (F.: Das Tagebuch »ist eine Form wie der Briefroman«).

1950
Luise Rinser
Mitte des Lebens

Das äußerst umfangreiche Werk R.s, das mit der erfolgreichen Erzählung *Die gläsernen Ringe* (1941) einsetzt, kann als Beispiel einer ›Frauenliteratur‹ gelten, »lange bevor der Feminismus diesen Begriff instrumentalisierte« (Ralf Schnell); anderen gilt R. als ›Erbauungsschriftstellerin‹ oder ›christliche Schriftstellerin‹, bietet ihr fiktionales und autobiographisches Werk vielfältige ›Lebenshilfe‹.

Der Roman *Mitte des Lebens*, hochgerühmt von der zeitgenössischen Kritik, bedeutete den Durchbruch zur Erfolgsschriftstellerin. Er verarbeitet eine Reihe autobiographischer Momente – auch die Inhaftierung im Dritten Reich, die sie im *Gefängnis-Tagebuch* (1946) beschreibt – und erzählt in mehrfach gebrochener Perspektive die Geschichte einer jungen Frau, Nina Buschmann. Ich-Erzählerin ist ihre Schwester Margret; die Erzählsituation bildet ein Wiedersehen der beiden nach vielen Jahren. Während Margret sich in einer bürgerlich-konventionellen Frauenrolle eingerichtet hat, befindet sich Nina – sie wird gerade 38 Jahre alt – auf der Flucht vor ihrer leidenschaftlichen Liebe zu einem verheirateten Mann. Grundlage der Rekonstruktion von Ninas Leben bis zu diesem Zeitpunkt sind Tagebücher und Briefe des vor kurzem verstorbenen Dr. Stein, der die 20 Jahre jüngere Nina als Patientin kennengelernt und sich in sie verliebt hatte. Obwohl seine Liebe nur mit Sympathie erwidert wird, verfolgt und dokumentiert er ihren Lebensweg: das Leben einer unabhängigen, unkonventionellen Frau, die aus materieller Not ihr Studium abbrechen muß (Hilfe nimmt sie nicht an), nach 1933 politisch Verfolgten hilft, ihrem verhafteten und zum Tode verurteilten Mann Percy Hall Gift besorgt (sie hatte ihn geheiratet, obwohl sie ihn nicht mehr liebte und ein Kind von einem anderen erwartete), selber verhaftet und 1944 wegen Beihilfe zum Hochverrat zu 15 Jahren Zuchthaus verurteilt wird. Nach ihrer Befreiung 1945 setzt sie ihre schon im Dritten Reich begonnene Karriere als Schriftstellerin erfolgreich fort. Auch an ihrer Schwester, mit der sie über Glück, Freiheit und Selbstverwirklichung diskutiert, geht dieser Rückblick nicht spurlos vorüber; sie erkennt die Begrenztheit ihres konventionellen Daseins in einer zur Gewohnheit gewordenen Ehe.

Ein zweiter Roman, *Abenteuer der Tugend* (1957), später (1961) mit *Mitte des Lebens* unter den Obertitel *Nina* gestellt, setzt die Geschichte fort, bedeutet freilich zugleich »eine Zurücknahme des Ausbruches von Leidenschaft und des Willens zur Emanzipation« (Sigrid Weigel). Es ist ein nur aus Briefen Ninas bestehender Roman, der von ihrem Entschluß erzählt, den inzwischen geschiedenen Maurice S. (vor dem sie in *Mitte des Lebens* geflohen war) zu heiraten, für ihn Beruf und Selbständigkeit aufzugeben und ihre Erfüllung in religiös bestimmter, leidenschaftsloser Liebe und Entsagung zu finden (Beginn von R.s ›katholisierender‹ Phase). Mit ihrer späten autobiographischen Prosa (u. a. *Baustelle. Eine Art Tagebuch,* 1970) nimmt R. die humanistischen Werte ihrer früheren Jahre »als politische wieder auf« (Weigel).

1950–51
Friedrich Dürrenmatt
Der Richter und sein Henker

D. erzielte seine ersten großen Publikumserfolge nicht als Dramatiker, sondern als Verfasser von Detektivgeschichten. Anlaß für ihre Entstehung waren akute Geldsorgen. *Der Richter und sein Henker* wurde zunächst in Fortsetzungen in der Zeitschrift *Der Schweizerische Beobachter* gedruckt (15. 12. 1950–31. 3. 1951; Buchausgabe 1952), 1951–52 erschien im gleichen Blatt *Der Verdacht* (Buchausgabe 1953); schließlich folgte noch das »Requiem auf den Kriminalroman« *Das Versprechen* (1958; nach dem Filmskript *Es geschah am hellichten Tag*).

Hauptgestalt von *Der Richter und sein Henker* (wie auch des folgenden Romans) ist der kurz vor der Pensionierung stehende Berner Kommissar Bärlach, eher der Typ des Antihelden als Identifikationsfigur. Der junge Polizist Schmied ist ermordet worden. Mit der Aufklärung der Tat betraut Bärlach Schmieds Kollegen Tschanz, den Mörder, doch nicht, um diesen der irdischen Gerechtigkeit zuzuführen, sondern um ihn als Werkzeug, als »Henker« seines alten Gegners Gastmann zu benutzen, mit dem er einst in der Türkei eine Wette geschlossen hatte: Bärlach hatte behauptet, die menschliche Unvollkommenheit, die Unmöglichkeit, die Handlungsweise anderer vorauszusagen und der Zufall führten zwangsläufig die Aufklärung der meisten Verbrechen herbei, während Gastmann dagegenhielt, daß »gerade die Verworrenheit der menschlichen Beziehungen es möglich mache, Verbrechen zu begehen, die *nicht* erkannt werden könnten«. Da es ihm nie gelungen war, Gastmann zu überführen, bedient sich Bärlach nun der Manipulation, um die (eigentlich verlorene) Wette doch noch zu gewinnen. Er hetzt Tschanz auf Gastmann, der nun für ein Verbrechen stirbt, das er nicht begangen hat. Tschanz verunglückt auf der Flucht.

Mit dieser Konstruktion unterläuft D. die traditionelle Detektivgeschichte und die ihr innewohnende Fortschrittsgläubigkeit. Auf die in den *Theaterproblemen* (1955) selbstgestellte Frage, wie der Künstler in einer Welt der Bildung bestehen könne, antwortete D.: »Vielleicht am besten, indem er Kriminalromane schreibt, Kunst da tut, wo sie niemand vermutet.«

1951
Heimito von Doderer
Die Strudlhofstiege

Nach frühen Romanen und Erzählungen (u. a. *Ein Mord den jeder begeht,* 1938; *Der Umweg,* 1940) begründete D. mit dem zwischen 1941 und 1948 entstandenen Roman *Die Strudlhofstiege oder Melzer und die Tiefe der Jahre* seinen Ruhm als Schriftsteller. Er schrieb die *Strudlhofstiege,* nachdem er die Arbeit an den *Dämonen* abgebrochen hatte: Das war ein Projekt, das die politischen Ansichten spiegeln sollte, die ihn 1933 zum Nationalsozialismus gebracht hatten, der sich aber nach seiner Distanzierung vom Nationalsozialismus so nicht mehr weiterführen ließ (die *Dämonen* erschienen, umgearbeitet und vollendet, 1956).

Der 1. Teil des Doppeltitels der *Strudlhofstiege* spielt auf eine Treppenanlage an, die im 9. Wiener Gemeindebezirk zwei Straßen miteinander verbindet und als Sinnbild des Lebens (wie der Struktur des Romans) verstanden werden kann und D.s Lebensphilosophie – das Leben, die »Menschwerdung« als Umweg – symbolisiert. Mit dem 2. Teil des Titels verweist D. auf die Gestalt des Majors bzw. Amtsrats der österreichischen Tabakregie Melzer, um dessen »Menschwerdung« es nicht zuletzt geht und von dem aus Verbindungen zu den zahlreichen anderen Personen des komplexen, gestalten- und geschichtenreichen Romangefüges führen. Melzers Entwicklungsgeschichte, die schließlich in einer idyllischen Ehe endet, kreuzt sich u. a. mit der des Gymnasiasten und späteren Historikers René Stangeler und vor allem der Mary K.s, um die Melzer sich vor dem Krieg vergeblich bemüht hatte und der er am 21. 9. 1925 nach einem Straßenbahnunfall das Leben rettet. Auf diesen Höhepunkt laufen viele Handlungsstränge des Romans zu, wenn auch die Fülle der Personen wie der aufeinanderbeziehbaren Handlungssegmente und die komplizierte Zeitstruktur einen linearen Handlungsverlauf ganz im Sinn einer modernen Romanästhetik ausschließen (allerdings hält D. durchaus an der Vorstellung von der Erzählbarkeit der Welt fest).

Die Zeitstruktur ist dadurch charakterisiert, daß der Roman, dessen Handlung 1923 einsetzt und bis 1925 weitergeführt wird, ohne merkliche Übergänge zurückblendet in die Jahre 1910–11 und auf diese Weise ein facettenreiches Bild der Wiener Gesellschaft vor und nach dem Ersten Weltkrieg entwirft. Absichtlich ist dabei die Zäsur des Jahres 1918 ausgeklammert, um die Kontinuität des Alltagslebens gegenüber den großen historischen Umwälzungen zu betonen: Es ist eine Illustration der Meinung des Historikers D., »der ›Einhieb‹ von 1918, der Wandel Österreichs von der Monarchie zur Republik, werde von der Historikerzunft gewaltig überschätzt« (Wendelin Schmidt-Dengler).

1951
Günter Eich
Träume

Das Hörspiel, in den 20er Jahren entstanden und im Dritten Reich ›gleichgeschaltet‹ weitergeführt, erlebte nach Kriegsende – bis in die 60er Jahre hinein – eine besonders produktive Phase. Zu den frühen Erfolgen zählte die Funkfassung von Wolfgang Borcherts Stück *Draußen vor der Tür* (1947); später wandten sich Autorinnen und Autoren wie Ilse Aichinger, Ingeborg Bachmann, Friedrich Dürrenmatt, Wolfgang Hildesheimer, Walter Jens und viele andere dem (auch finanziell) vielversprechenden Medium zu. Das geschah nicht zuletzt unter dem Einfluß E.s, der schon im Dritten Reich zahlreiche Funktexte verfaßt hatte und in den 50er Jahren zum bedeutendsten Repräsentanten des literarischen Hörspiels wurde. *Träume,* 1950 entstanden und am 19. 4. 1951 vom NWDR zuerst gesendet, wurde als Ereignis empfunden und leitete die Reihe von E.s klassischen Hörspielen ein (u. a. *Die Andere und ich,* 1952; *Blick auf Venedig,* 1952; *Die Mädchen aus Viterbo,* 1953; *Allah hat hundert Namen,* 1957; *Die Brandung von Setúbal,* 1957; *Festianus, Märtyrer,* 1958).

Träume besteht aus einer Folge von fünf Traumszenen, die als Ganzes von einem Gedicht eingeleitet und jeweils, vom 4. Traum abgesehen, von einem Gedicht abgeschlossen werden. Die fünf Träume evozieren Bilder aus allen fünf Kontinenten, verweisen so auf den universalen Anspruch der vorgeführten Schreckbilder, Parabeln über den Zustand des Menschen und der Menschheit: eine Reise in einem sich beschleunigenden Zug als Bild für die im Zustand der Blindheit unternommene, im Tod endende Lebensreise (1); eine im Stil des ›grausamen Theaters‹ abschreckende Demonstration der Brutalität menschlicher Beziehungen: Verkauf des eigenen Kindes an einen reichen Mann, der von Kinderblut lebt (2); Zerschlagung der Illusion des Glücks und der Sicherheit: ein unbekannter »Feind« schlägt das Hoftor ein und vertreibt die von den anderen Bewohnern der Stadt im Stich gelassene Familie (3); Glück: Versinken in den Todesschlaf, umtönt von Urwaldtrommeln (4); Ausgehöhltwerden und Zerfallen von Mensch und Welt im Verlauf der Zeit, ausgedrückt im Bild der Termiten: »Der Boden, auf dem wir stehen, ist noch eine dünne Haut, alles hat nur noch eine dünne Haut und ist innen hohl« (5).

Mit diesen Szenen enthüllt E. den Scheincharakter der Sicherheit der empirischen Realität, »indem er den Wachzustand begreift als Schlaf, ›in dem wir uns alle wiegen‹, den Traum jedoch als Erwachen in die eigentlichen Wirklichkeit« (Axel Vieregg). Hatte es im Einleitungsgedicht geheißen »Alles, was geschieht, geht dich an«, so fordert das für die Druckfassung von 1953 geschriebene Schlußgedicht:

Wacht auf, denn eure Träume sind schlecht!
Bleibt wach, weil das Entsetzliche näher
kommt.
[...]
Nein, schlaft nicht, während die Ordner der
Welt geschäftig sind!
Seid mißtrauisch gegen ihre Macht, die sie
vorgeben für euch erwerben zu müssen!
[...]
Tut das Unnütze, singt die Lieder, die man
aus eurem Mund nicht erwartet!
Seid unbequem, seid Sand, nicht Öl im Ge-
triebe der Welt!

Daß E. in einer Zeit, in der man sich in der beginnenden ›Wirtschaftswunder‹-Welt apolitisch einzurichten begann, mit Katastrophenvisionen erschreckte und Widerstand forderte, führte zu heftigen Reaktionen. Hier bereitete sich E.s spätere Verweigerungshaltung vor.

1951
Wolfgang Koeppen
Tauben im Gras

K.s Anfänge als Romanschriftsteller (*Eine unglückliche Liebe,* 1934; *Die Mauer schwankt,* 1935) zeigten schon den Einfluß der literarischen Moderne, ließen sich jedoch unter den Bedingungen des Nationalsozialismus nicht weiterentwickeln. Zwischen 1951 und 1954 erschienen dann in rascher Folge die Romane (*Tauben im Gras; Das Treibhaus,* 1953; *Der Tod in Rom,* 1954), die K. als entschiedenen Vertreter einer durch Autoren wie James Joyce, John Dos Passos und Alfred Döblin vermittelten modernen Erzählkunst auswiesen und mit ihrer aggressiven Kritik an der bundesdeutschen Restauration und dem Weiter-

leben der nationalsozialistischen Vergangenheit der offziellen Politik zuwiderliefen und eine entsprechend zwiespältige Resonanz fanden.

Tauben im Gras gilt als der avantgardistischste der drei Romane K.s. Er spielt an einem einzigen Tag Ende Februar 1951 (»André Gide gestern verschieden«) im amerikanisch besetzten München. Die Atmosphäre ist unheilvoll: »Flieger waren über der Stadt, unheilkündende Vögel«, lautet der erste Satz des in zahlreiche Erzählsequenzen kaleidoskopartig aufgesplitterten Romans, der keine linear erzählte ›Handlung‹ im üblichen Sinn kennt. Vielmehr gibt er am Beispiel der Handlungen, Bewegungen und Gedanken von rund 30 Personen ein perspektivisch vielfach gebrochenes Bild der deutschen Nachkriegsgesellschaft zwischen Zerstörung und Wiederaufbau, ihrer unaufgelösten Widersprüche und ihrer ›unbewältigten‹ Vergangenheit. K. verwendet in Anlehnung an John Dos Passos eine Art filmischer Schnitt- und Montagetechnik; es gibt keinen vermittelnden Erzähler, sondern K. erzählt – aufgebrochen durch zahlreiche Zitatmontagen (Schlagzeilen, Songs, Reklametexte, Radiomeldungen, Literaturfetzen usw.) – meist aus der Perspektive der einzelnen Figuren, denen der Roman in ihre Einsamkeit, Ängste und Sehnsüchte folgt, die er in ihrem Verlangen nach Geld, Glück und Liebe zeigt. Selbst wo die Personen in Beziehung zueinander stehen, herrscht Kommunikationslosigkeit: »Einzig die Simultaneität, in welche die literarische Montage sie hebt, verbindet diese Menschen, die – wie ›Tauben im Gras‹ – ziel- und ahnungslos ihr Dasein fristen« (Ralf Schnell).

Zu ihnen gehören der junge Dichter Philipp, der nicht mehr schreiben kann, und seine enttäuschte und lebensuntüchtige Kindfrau Emilia aus reicher Familie; der alternde Filmheld Alexander und seine verlebte Frau Messalina; die verbitterte Frau Obermusikmeister Behrend, deren Mann sich an eine »bemalte Schlampe« gehängt hat und nun für »Neger« spielt, während ihre Tochter Carla als Geliebte des Schwarzen Washington Price schwanger geworden ist; der schwarze Soldat Odysseus Cotton und der Dienstmann Josef, der ihn auf eine Zechtour begleitet und dabei den Tod findet (wofür dann, dank gesunden Volksempfindens, Carlas Geliebter fälschlich bezahlt); eine Gruppe von Lehrerinnen aus Massachusetts mit der jungen Kay, die eine neue, junge Welt repräsentiert und vor der Philipp versagt; und schließlich der amerikanische, aber in Europa lebende berühmte Dichter Mr. Edwin, eine Verbindung von T. S. Eliot und Thomas Manns Gustav von Aschenbach, der am

Abend im Amerikahaus in einem Vortrag den abendländischen Geist hochhält (und dabei seinen Zuhörern, ausgenommen Philipp, nichts zu sagen hat), danach seinen homosexuellen Neigungen nachgeht und in der Stricherszene umgebracht wird.

Es ist, sieht man von den Sympathien für die Kinder, die lebensfrohen, unverbrauchten Amerikaner und Personen wie den Dienstmann Josef oder den Kapellmeister Behrens ab, eine bittere Abrechnung mit der vom Kalten Krieg geprägten Nachkriegszeit, ihrer Kulturideologie, dem weiterlebenden Rassismus und kleinbürgerlichen Faschismus. Der Schluß kehrt folgerichtig wieder zum Anfang zurück: »Die Nachrichten wärmen nicht. *Spannung, Konflikt, Verschärfung, Bedrohung.* Am Himmel summen die Flieger. Noch schweigen die Sirenen. Noch rostet ihr Blechmund. Die Luftschutzbunker werden gesprengt; die Luftschutzbunker werden wiederhergerichtet. [...] Atempause auf einem verdammten Schlachtfeld.«

1951
Thomas Mann
Der Erwählte

Grundlage dieses Romans ist der *Gregorius* (um 1190) Hartmanns von Aue; außerdem kannte M. die entsprechende Legende aus den *Gesta Romanorum,* einer mittelalterlichen Legenden- und Exempelsammlung. Andere mittelalterliche Dichtungen *(Parzival, Tristan und Isolde),* die Ödipussage und Schriften Sigmund Freuds gehören ebenfalls zu den von M. verwerteten Quellen. Ähnlich wie im Josephsroman werden Legende und Mythos durch Psychologie, Ironie und Parodie »eher melancholisch als frivol« noch einmal vergegenwärtigt, »bevor die Nacht sinkt, eine lange Nacht vielleicht und ein tiefes Vergessen« (M.).

Erzählt wird die christliche, gesteigerte Version der Ödipussage, »eine zugleich entsetzliche und hocherbauliche Geschichte«, von Clemens dem Iren »als Inkarnation des Geistes der Erzählung«. Gregorius oder Grigorß, Kind der herzoglichen Zwillingsgeschwister Sibylla und Wiligis, wird nach seiner Geburt in einem Fäßchen auf dem Meer ausgesetzt; Wiligis zieht büßend ins Heilige Land und kommt um, während Sibylla büßend sich unwillkommener Freier erwehrt. Das Fäßchen mit dem Kind wird von normannischen Fischern gefunden und dem Abt des auf ihrer Insel befindlichen Klosters übergeben. Der

nimmt die kostbaren Beigaben an sich – einschließlich eines Elfenbeintäfelchen mit Angaben über Gregorius' Herkunft – und läßt den Jungen bei einer Fischerfamilie aufwachsen. Geistig und körperlich – in bezug auf Schönheit und Stärke – ist Gregorius den anderen Kindern überlegen, was dann dazu führt, daß man ihm seine problematische Herkunft andeutet und der Abt gezwungen ist, ihm Näheres zu berichten. Gregorius läßt sich nicht abhalten, als Ritter in die Welt zu ziehen und seine Eltern zu suchen. Auf seiner Fahrt kommt er einer Herzogin zu Hilfe, die seit Jahren von einem aufdringlichen Freier bekriegt wird, erschlägt den Bewerber und heiratet die Herzogin, seine Mutter – wie diese im Innern, »dort, wo die Seele keine Faxen macht«, wohl um das Verwandtschaftsverhältnis wissend. Als es offenbar wird, verläßt Gregorius Sibylla und tut auf einem Stein im Meer, wie ein Igel zusammengeschrumpft und sich von Erdmilch nährend, 17 Jahre wunderbare Buße, bis ihn zwei Römer holen, denen er in Erscheinungen als künftiger Papst verkündet worden war. Analog zu Christi Einzug in Jerusalem zieht der neue Papst auf einem Maulesel in Rom ein. Hier erscheinen dann auch seine Mutter und Frau mit ihren Töchtern, und er versichert der Beichtenden, daß Gott »wahre Reue als Buße annimmt für alle Sünden«.

Zu dem Beziehungsspiel des Romans gehören nicht nur die Verweise auf Ödipus, sondern auch auf Christus (Gregorius) und Maria (Sibylla). Wie Gregorius u.a. als »Ritter vom Fischer« und durch seinen Einzug in Rom auf Christus deutet, so sieht Sibylla die Inzestgeburt parallel zur Jungfrauengeburt, wodurch denn Gregorius dank der Auszeichnung durch die wunderbare Geburt zu einem »Erwählten« wird. Letztlich verhilft der Doppelinzest »anspielungs- und andeutungsweise sogar zu einer mythologisch-psychoanalytischen Begründung der Trinitätslehre« (Hermann Kurzke), wenn von der »Drei-Einheit [...] von Kind, Gatte und Papst« die Rede ist. Im Kontext des M.schen Spätwerks ist der *Erwählte* eine Bekehrungsgeschichte, wobei sich Gregorius wie Joseph vom Träumer zum verantwortlich handelnden Mann wandelt und auf diesem Weg – psychoanalytisch gesehen – Regressionsphasen durchmacht (Gregorius nährt sich von der Milch der Mutter Erde). – M.s Roman ist eine Parodie, doch nicht im Sinn der Vernichtung und Zerstörung, sondern im Geist liebevoller Bewahrung wenn schon nicht des verlorengegangenen Glaubens, dann wenigstens der Literatur.

1952
Paul Celan
Mohn und Gedächtnis

Mohn und Gedächtnis ist die erste autorisierte Gedichtsammlung C.s; den 1948 in Wien erschienenen Band *Der Sand aus den Urnen* hatte er wegen seiner Fehlerhaftigkeit zurückgezogen. Ein Teil der Gedichte, darunter die *Todesfuge,* wurde in die neue Sammlung übernommen.

Mohn und Gedächtnis besteht aus den Teilen *Der Sand aus den Urnen, Todesfuge, Gegenlicht, Halme der Nacht* und verweist in seinem Titel auf das Spannungsverhältnis von Traum, Sphäre des Unterbewußten, Rausch auf der einen und Realität, Bewußtsein, Erinnerung auf der anderen Seite. Bezeichnend für diese seit 1945 entstandenen Texte C.s ist die beschwörende Kraft der Bilder und Klänge, die – meist in langzeiligen Versen – an die Traditionen des Symbolismus und Surrealismus anknüpfen, doch nicht um diese fortzusetzen, sondern um mit ihren dissonant organisierten Elementen sehr konkrete Erfahrungen zu vergegenwärtigen: die Schrecken des Nationalsozialismus und seiner Vernichtungslager, der zahlreiche Angehörige C.s zum Opfer fielen. Berühmtestes Beispiel für diese »epochale Trauerarbeit eines europäischen Juden im Medium des deutschen Gedichts« (Peter Horst Neumann) ist das 1945 entstandene Gedicht *Todesfuge,* das in meist langzeiligen, daktylisch geprägten Versen von großer Suggestionskraft das Unfaßbare zu evozieren sucht:»Indem beinah alle Register des Poetisierungsrepertoires der sogenannten hohen Lyrik gezogen werden, um mit den Mitteln ›poetischen Wohlklangs‹ und ›erlesener Wortwahl‹ über Auschwitz zu sprechen, werden Versagen und Mitschuld von Dichtung und Zivilisation am Geschehenen von innen heraus, d. h. im Medium eben dieser Kultur entblößt« (Germinal Čivikov).

Diese Verse machten C. mit einem Schlag berühmt; die Erfahrung jedoch, daß sie als Argument im Streit darüber herhalten mußten, ob nach Auschwitz noch Gedichte geschrieben werden können (was Adorno bestritten hatte), die Tatsache, daß die Muttersprache zugleich die Sprache der Mörder war – »Welches der Worte du sprichst – du dankst dem Verderben« –, führte C. bei seiner Suche nach einer der Vereinnahmung sich entziehenden authentischen poetischen Sprache zu einer immer stärkeren Reduktion des Ausdrucks und zu einer poetologischen Selbstvergewisserung im Gedicht selbst. Das zeigt sich schon in dem folgenden Gedichtband *Von*

Schwelle zu Schwelle (1955) und setzt sich fort in den Sammlungen *Sprachgitter* (1959) und *Die Niemandsrose* (1963), wobei die Texte mit ihrer Tendenz zur sprachlichen Verknappung und »ihrer der Eindeutigkeit sich verweigernden Metaphorik [...] eine hermetisch in sich geschlossene Sphäre der Mehrdeutigkeit« konstituieren (Ralf Schnell). Bei »aller unabdingbaren Vielstelligkeit des Ausdrucks« geht es dieser Sprache um »Präzision« (C.), um Präzision und zugleich um Differenz vom vertrauten, üblichen Sprachgebrauch. »Das Gedicht behauptet sich am Rande seiner selbst«, heißt es in C.s Büchner-Preis-Rede (1960).

Im Spätwerk (*Atemwende,* 1967; *Fadensonnen,* 1968; postum: *Lichtzwang,* 1970; *Schneepart,* 1971) artikuliert sich wachsende Entfremdung; die Texte vermitteln, aggressiv und hoffnungslos, »Hörreste, Sehreste« (*Lichtzwang*) einer deformierten Welt.

1953
Ingeborg Bachmann
Die gestundete Zeit

Ihr erster Gedichtband, *Die gestundete Zeit,* machte B. berühmt. Sie erhielt dafür den Preis der Gruppe 47 (und 1954 eine *Spiegel*-Titelgeschichte) und wurde von der Literaturkritik als neuer »Stern am deutschen Poetenhimmel« gefeiert (Günter Blöcker). Der Ruhm, so berechtigt er war, beruhte letztlich auf einem Mißverständnis, auf einer sehr selektiven Wahrnehmung der Texte und ihrer gebrochenen, gleichwohl ›schönen‹ Bildersprache, die eine poetische Moderne ohne Provokation zu gewährleisten schien: »Ingeborg Bachmann, so schien es in den 50er Jahren, konnte man genießen, im Glauben, auf der Höhe der Zeit zu sein, aber ohne Gefährdungen« (Ralf Schnell). Übersehen wurde, daß hinter dem Glanz und der sprachlichen Schönheit eine radikale Kritik an der politischen Restauration in Westdeutschland steht, daß die Bilder von einer beschädigten Natur und einer verletzten Menschlichkeit, von Abschied und Trennung, von Verlust und Entfremdung sprechen. Lyrik sei »Bewegung aus Leiderfahrung«, hatte B. geäußert und ihre Verstörung historisch auf den Einmarsch der Hitlertruppen in Klagenfurt fixiert: »das Aufkommen meiner ersten Todesangst.«

So sind in ihren Gedichten die Anklänge an die Romantik, an Märchen, Mythen, Naturwelt nicht Ausdruck eines Eskapismus oder eines naturlyrischen Negierens des Geschichtlichen, sie machen vielmehr erst das Ausmaß der Zerstörung und der Desorientierung sichtbar, die »Scherben«, unter denen sich »des Märchenvogels geschundener Flügel« hebt. Ihr Fazit: Nicht Neubeginn, sondern unheilvolle Kontinuität charakterisiert das »Totenhaus« Deutschland:

Sieben Jahre später
fällt es dir wieder ein,
am Brunnen vor dem Tore,
blick nicht zu tief hinein,
die Augen gehen dir über.
Sieben Jahre später,
in einem Totenhaus,
trinken die Henker von gestern
den goldenen Becher aus.
Die Augen täten dir sinken.
(Früher Mittag)

Das Titelgedicht *Die gestundete Zeit* ist eine Warnung und Mahnung: den Aufbruch zu einem wahrhaften Neuanfang zu wagen, so lange es die »auf Widerruf gestundete Zeit« noch erlaubt.

B.s zweiter und letzter Gedichtband, *Anrufung des Großen Bären* (1956), reagiert auf die Bedrohung durch die politischen und gesellschaftlichen Verhältnisse und die Zerstörung der menschlichen Beziehungen mit einem Rückzug in die Innenwelt und eine utopisch-mythische Bildlichkeit, die den Aufruf zum Widerstand zu verdecken droht. B. zog die Konsequenzen aus der ihren Intentionen widersprechenden Rezeption ihrer Lyrik und schrieb von nun an kaum noch Gedichte. *Keine Delikatessen* ist das Gedicht überschrieben, mit dem sie 1968 den Zweifel am lyrischen Sprechen abschließend und radikal thematisierte:

Nichts mehr gefällt mir.
[...]
Mein Teil, es soll verloren gehen.

1953
Eugen Gomringer
konstellationen

G. gehört zu den einflußreichsten Theoretikern und Praktikern der sogenannten Konkreten Poesie, ein Begriff, der in Analogie zu vergleichbaren Tendenzen in der Malerei (Mondrian, Kandinsky) gebildet wurde. Er wendet sich gegen die wieder restaurierten traditionalistischen Auffassungen von Dichtung, gegen vordergründige literarische Inhalte und überlieferte Formen, gegen eine ideologisch verdächtig gewordene Literatursprache. Die Konkrete Poesie dagegen macht die Sprache selbst bzw. Elemente der Sprache zum Gegenstand ihrer Experimente, sucht Beziehun-

gen zwischen den Sprachmaterialien in ›Konstellationen‹ zu demonstrieren, wobei sich einerseits eine Reduktion auf einzelne Elemente und ein Verzicht auf komplexere sprachliche und poetische Strukturen, andererseits eine Erweiterung der Möglichkeiten durch kombinatorische Verfahren, durch Visualisierung und Entgrenzung ins Akustische ergibt. – Zur Vorgeschichte der Konkreten Dichtung gehören die barocken Figurengedichte ebenso wie Arno Holz' *Phantasus* (1898–99), Futurismus, Expressionismus, Dadaismus und Texte Stéphane Mallarmés, Guillaume Apollinaires, Gertrude Steins und Hans Arps.

Mit seinem dreisprachigen Bändchen *konstellationen constellations constelaciones* (Bern 1953) führte G. den Schlüsselbegriff für seine Texte ein, den er anschließend theoretisch begründete (*vom vers zur konstellation*, 1954): »die konstellation ist die einfachste gestaltungsmöglichkeit der auf dem wort beruhenden dichtung. sie umfaßt eine gruppe von worten – wie sie eine gruppe von sternen umfaßt und sternbild wird.« Zweck der neuen Dichtung sei es, der Dichtung wieder »eine organische funktion in der gesellschaft zu geben«: »das neue gedicht ist deshalb als ganzes und in den teilen einfach und überschaubar. es wird zum seh- und gebrauchsgegenstand: denkgegenstand – denkspiel.« Die Konstellation ist »inter- und übernational«, sie »ist das letztmögliche absolute gedicht«. Bekannte Beispiele für derartige hör- und sichtbar gemachte Strukturen sind die Konstellationen oder Ideogramme (ein Ergänzungs- und Parallelbegriff zur Konstellation)

schweigen schweigen schweigen
schweigen schweigen schweigen
schweigen   schweigen
schweigen schweigen schweigen
schweigen schweigen schweigen

oder

ping pong
  ping pong ping
  pong ping pong
    ping pong

Angeregt von dem als »Akt der Befreiung« (Helmut Heißenbüttel) empfundenen Beispiel G.s, entwickelten sich vielfältige Richtungen und Ausprägungen einer experimentellen Konkreten Poesie. Zu ihren Autoren gehören u.a. Claus Bremer, Reinhard Döhl, Heißenbüttel, Franz Mon, Diter Rot und die eine österreichische Sonderentwicklung repräsentierende ›Wiener Gruppe‹ (Friedrich Achleitner, Hans Carl Artmann, Konrad Bayer, Gerhard Rühm, Oswald Wiener).

Trotz der Kritik, die man an der Konkreten Poesie G.s geübt hat (Anpassung an die technokratische Welt, Affinität zur Sprache der Werbung), zwang sie gerade im Kontext der restaurativen 50er Jahre »in ihren besten Stücken zu einer geschärften Wahrnehmung und förderte eine Reflexion auf die Möglichkeiten der Sprache und Literatur (Hermann Korte).

1953
Wolfgang Koeppen
Das Treibhaus

K.s zweiter Nachkriegsroman zeigt gegenüber *Tauben im Gras* (1951) auf den ersten Blick eine gewisse Zurücknahme avantgardistischer Formtendenzen, erregte aber wegen seiner Thematik um so größeren Anstoß. Anders als in *Tauben im Gras* steht hier eine einzelne Person, der sozialdemokratische Bundestagsabgeordnete Keetenheuve, im Mittelpunkt, ein Mann, der sich vorwirft, vor »jeder Lebensaufgabe« versagt zu haben. Es ist der »Roman eines Scheiterns« (K.), kein Schlüsselroman über die Bonner Politik, wie das Buch zunächst gelesen wurde. Gewiß spielt der Roman im Bonner »Treibhaus«, spiegelt er die Bonner Debatte über die (längst beschlossene) Wiederbewaffnung, weisen Figuren wie der Kanzler oder der Oppositionsführer Knurrewahn Ähnlichkeiten mit Konrad Adenauer oder Kurt Schumacher auf, doch – so K. – hat der Roman »mit dem Tagesgeschehen, insbesondere dem politischen, nur insoweit zu tun, als dieses einen Katalysator für die Imagination des Verfassers bildet«. Und: »der Roman hat seine eigene poetische Wahrheit.«

Der Held, ein Intellektueller, Übersetzer, Dichter, war nach Kriegsende aus dem englischen Exil nach Deutschland zurückgekehrt und hatte mit großen Hoffnungen die politische Arbeit für eine demokratische Erneuerung aufgenommen, war in den Bundestag gewählt worden – und hatte bald den Glauben an einen Wandel verloren: »die Menschen waren natürlich dieselben geblieben, sie dachten gar nicht daran, andere zu werden, weil die Regierungsform wechselte, weil statt braunen, schwarzen und feldgrauen jetzt olivfarbene Uniformen durch die Straßen gingen.« Keetenheuve, der radikale Pazifist, scheitert politisch an der Realität der westdeutschen Restauration, den undurchdringlichen politischen und wirtschaftlichen Interessenverflechtungen, an der personellen und ideologischen Kontinuität des Dritten Reiches, an der globalen Politik des Kalten Krieges und ihrer Umsetzung im Adenauer-Staat: seine Exil- und Außenseiterposition bleibt bestehen. Und er scheitert privat

und verliert seine junge Frau Elke, die Alkoholikerin wird, in eine lesbische Beziehung gerät und schließlich zugrunde geht. Weil man Keetenheuves Rednergabe fürchtet, bietet man ihm den Posten eines Gesandten in Guatemala an, wo er seinen literarischen Neigungen leben könnte. Einerseits zur Einsicht gekommen, daß seine politische Arbeit angesichts der siegreichen Restauration völlig wirkungslos ist, andererseits nicht bereit, sein Scheitern durch eine Lebenslüge zu bemänteln, wählt er den Tod als Eingeständnis seines Scheiterns: »Der Abgeordnete war gänzlich unnütz, er war sich selbst eine Last, und ein Sprung von dieser Brücke machte ihn frei.«

Der Roman spielt an zwei Tagen; er beginnt mit Keetenheuves Anreise nach Bonn – vom Begräbnis seiner Frau kommend – und endet mit dem Sprung von der Rheinbrücke mit seinen vielfältigen literarischen Assoziationen (von Erich Kästners *Fabian*, 1931, und Franz Kafkas *Urteil*, 1913, zurück zu Friedrich Schillers *Wilhelm Tell*, 1804: »Ein Sprung von dieser Brücke macht mich frei«). Innerhalb dieses Rahmens entfaltet sich die Erzählung von Keetenheuves Schicksal als eine Art großer innerer Monolog, der in Erinnerungen und Rückblenden die Vergangenheit einbezieht und durch Assoziationen, Zitate, literarische Anspielungen, Brechungen und Rollenspiele eine vielschichtige, diskontinuierliche Erzählstrategie verwirklicht und dabei – trotz des figurenperspektivischen Erzählens – eine Identifikation mit dem Helden zu verhindern sucht: »Der Erzähler verschwindet in der Perspektive dessen, was er erzählt, auf kunstvolle und keineswegs traditionelle Weise. Er verhindert nicht nur die Identifikation mit dem Erzählten oder seiner Hauptfigur, sondern teilt in solchem Verschwinden etwas mit von der Problematik modernen Erzählens« (Ralf Schnell).

1953
Albert Vigoleis Thelen
Die Insel des zweiten Gesichts

Der Roman trägt den Untertitel »Aus den angewandten Erinnerungen des Vigoleis« und verweist damit auf die ihm eigentümliche Verbindung von autobiographischen bzw. historischen Fakten und romanhaftem Fabulieren: »Alle Gestalten dieses Buches leben oder haben gelebt. Hier treten sie jedoch nur im Doppelbewußtsein ihrer Persönlichkeit auf, der Verfasser einbegriffen, weshalb sie weder für ihre Handlungen noch auch für die im Leser sich erzeugenden Vorstellungen haftbar gemacht werden können«, heißt es in der »Weisung an den Leser«: »In Zweifelsfällen entscheidet die Wahrheit.«

Der annähernd 1000seitige Roman erzählt in vier Büchern, eingerahmt von Prolog und Epilog, von den Erlebnissen des Verfassers/Erzählers Vigoleis und seiner Frau Beatrice auf der Insel Mallorca in den Jahren 1931 bis 1936. Dabei erweist sich der ironisch-überlegene Ich-Erzähler als äußerst fabulierfreudig, stets zu Exkursen und Rückblicken geneigt, witzig, phantasievoll: »Man rühmt mir nach, ein glänzender, ja nicht leicht zu übertreffender Erzähler zu sein, Wahrer einer Kunstübung, die im Aussterben begriffen ist.«

Das deutschschweizerische Schriftstellerehepaar Beatrice und Vigoleis reist nach Mallorca, da Beatrices Bruder Zwingli angeblich im Sterben liegt. Es stellt sich aber heraus, daß er allenfalls liebeskrank ist. Beatrice und Vigoleis leben eine Zeitlang mit ihm und seiner Geliebten Maria del Pilar, einer Prostituierten, zusammen. Finanziell ruiniert – Beatrice hat die Schulden ihres Bruders übernommen –, ziehen sie in eine Pension, dann in eine billigere Absteige außerhalb von Palma, in ein rattenverseuchtes Schmuggler- und Prostituiertenquartier. Mit einem erneuten Umzug gelingt die Etablierung in bürgerlicheren Verhältnissen. Beatrice arbeitet als Sprachenlehrerin, Vigoleis wird gesuchter Fremdenführer, tippt überdies Manuskripte für Robert von Ranke Graves und Harry Graf Kessler und übersetzt aus dem Spanischen und Portugiesischen. Mit Hermann Graf von Keyserling tritt eine weitere prominente Gestalt auf und bereichert den im übrigen mit einer Fülle von z. T. merkwürdigen Gestalten bevölkerten Romankosmos. Die Machtergreifung Hitlers erschwert das Leben in Mallorca; Vigoleis macht sich beim deutschen Konsul unbeliebt, hilft geflüchteten Juden, bis der Sieg Francos die Sicherheit des Paares gefährdet. Auf einem britischen Schiff verlassen Beatrice und Vigoleis Mallorca: »Das Ziel hieß: Freiheit.«

Erzählweise und Gestalt des Helden, der sich mit List und Geschick gegen eine feindliche Welt behauptet und dabei Höhen und Tiefen durchmacht, erinnern an die Tradition des Pikaro- oder Schelmenromans, wobei durch »das lustvolle Spiel mit der Sprache [...] die pessimistisch stimmende Welterfahrung in ein heiteres Licht getaucht« wird und »der ›Erzweltschmerzler‹ Vigoleis [...] als komische und zugleich rührende Gestalt« erscheint (Jürgen Jacobs). – Mit dem folgenden Roman *Der schwarze Herr Bahßetup* (1956) konnte T. den Erfolg seines Erstlings nicht wiederholen.

1954
Bertolt Brecht
Buckower Elegien

Der Titel der kleinen Sammlung von kaum mehr als 20 epigrammatischen Gedichten, Höhepunkt von B.s lyrischem Spätwerk, bezieht sich auf den ländlichen Ort Buckow östlich von Berlin, wo B. 1952 ein Haus bezogen hatte. In einem Brief kündigt er seinem Verleger Peter Suhrkamp »ein paar ›Buckowliche Elegien‹« an und spielt damit auf die Bukolik, d. h. die Tradition der Hirten- und Schäferdichtung mit ihren der geschichtlichen Realität entgegengesetzten Bildern eines friedlichen, naturverbundenen Daseins an. Gleichwohl handelt es sich keineswegs um märkische Idyllen, sondern um Reflexionen über den eigenen Standort und die gesellschaftliche und politische Situation in der DDR nach dem Aufstand vom 17. Juni 1953: Reflexionen über die offenbar gewordenen Mißstände und Mängel im eigenen Land *(Große Zeit, vertan)*, das den weiteren Fortschritt bedrohende Wiederaufleben der militaristischen bzw. faschistischen Vergangenheit (*Gewohnheiten, noch immer; Der Einarmige im Gehölz*), die von der gesellschaftlichen Praxis abgehobene, privilegierte Existenz der Intellektuellen *(Böser Morgen)*, die Behinderung des künstlerischen Schaffens durch die stalinistische Kulturpolitik *(Die Musen)*.

Die »interpretatorische Ergiebigkeit« (Walter Müller-Seidel), die Vieldeutigkeit der Texte ergibt sich aus dem poetischen Verfahren: Die epigrammatischen Gedichte bestehen aus konkreten Bildern, der Darstellung konkreter Situationen oder Vorgänge, die einerseits ihre Bedeutung in sich tragen, andererseits über sich hinausweisen und – vielfältig deutbar – auf Gesellschaftliches oder Historisches bezogen sind bzw. bezogen werden können. Mit einem Text wie *Der Rauch* entwirft B. »einen neuen Typus des Naturgedichts«, der den Bezug zum Menschen, zur gesellschaftlichen Praxis herstellt (Wolfgang Emmerich). Eine direkte, aber mehrdeutige Stellungnahme zu den Ereignissen des 17. Juni gibt B. in dem berühmten Gedicht *Die Lösung*. Das einleitende Gedicht *Der Radwechsel* thematisiert die zwiespältige Situation in einer prekären geschichtlichen Situation:

> Ich sitze am Straßenrand.
> Der Fahrer wechselt das Rad.
> Ich bin nicht gern, wo ich herkomme.
> Ich bin nicht gern, wo ich hinfahre.
> Warum sehe ich den Radwechsel
> Mit Ungeduld?

1954
Max Frisch
Stiller

Mit diesem Roman über Identität und Identitätsverlust schlägt F. ein für sein weiteres Schaffen folgenreiches Thema an. Der Roman beginnt mit dem berühmt gewordenen Satz »Ich bin nicht Stiller!«, der das Problem präsentiert und zugleich die den Roman strukturierende Spannung zwischen Erzähler-Ich und der Romanfigur Stiller andeutet. Der Roman besteht aus zwei Teilen, den in sieben Hefte gegliederten Aufzeichnungen Stillers im Gefängnis und dem abschließenden »Nachwort des Staatsanwaltes«.

Eine Person mit einem auf den Namen White lautenden amerikanischen Paß wird bei der Einreise in die Schweiz verhaftet, weil man in ihr den vor sechs Jahren verschwundenen Bildhauer Anatol Ludwig Stiller zu erkennen glaubt, der in eine Agentenaffäre verwickelt gewesen sein soll. An diesem Punkt der Geschichte setzt der Roman an. Da der Inhaftierte die als falsch empfundene Identität mit Stiller leugnet, bittet ihn sein Verteidiger, sein früheres Leben zu rekonstruieren. In diesen tagebuchartigen Aufzeichnungen nun überlagern sich Vergangenheit und Gegenwart, verbinden sich Reflexionen, Traumgeschichten, Beispielerzählungen und Lügengeschichten (die Stiller dem Wärter erzählt) und die von Stiller wiedergegebenen ›Berichte‹ anderer Beteiligter (Stillers Frau Julika, Staatsanwalt Rolf, dessen Frau Sibylle, die einst Stillers Geliebte war) zu einem komplexen Gewebe, in dessen Perspektivenvielfalt sich das zentrale Problem des Identitäts- und Realitätsverlusts und der Rollenhaftigkeit des Lebens auch formal spiegelt. Wie Stiller schreibt, um den Verteidiger zu überzeugen, daß er nicht Stiller ist, so wenig neutral ist auch der abschließende Bericht des Staatsanwalts, der vor allem religiöse Bezüge und Hinweise auf Kierkegaards Existenzphilosophie einbringt: »Nicht ein allwissender Erzähler und auch nicht ein verständnisvoller Herausgeber vermitteln ›den Sinn‹ der Geschichte, sondern der Leser muß ihn selber suchen« (Klaus Müller-Salget).

Die Lebensgeschichte Stillers, chronologisch erzählt, handelt von einem Bildhauer, der den in ihn gesetzten Erwartungen nicht gerecht wird, am spanischen Bürgerkrieg teilnimmt und auch da versagt und schließlich nach einer verbüßten Haftstrafe die Tänzerin Julika heiratet. Die Ehe ist nicht glücklich, scheitert daran, daß sich ihre gegenseitigen Vorstellungen voneinander ihrer

Beziehung in den Weg stellen. Julika erkrankt und wird in ein Davoser Lungensanatorium eingeliefert, während Stiller ein Verhältnis mit Sibylle, der Frau des Staatsanwalts, eingeht. Sibylle wird schwanger und läßt eine Abtreibung vornehmen. Stiller verläßt beide Frauen, gelangt als blinder Passagier nach Amerika. Hier, in den USA und Mexiko, treibt er sich sechs Jahre herum, bis er nach einem mißlungenen Selbstmordversuch 1952 in die Schweiz zurückkehrt und verhaftet wird. Das Nachwort des Staatsanwalts erzählt das Ende: Nachdem sich die Verhaftung als Irrtum herausgestellt hat, zieht Stiller in ein einsames Bauernhaus, betreibt eine Töpferei und nimmt die Ehe mit Julika wieder auf, doch wieder werden die gegenseitigen Erwartungen enttäuscht. Julika stirbt an einem Lungenleiden. »Stiller blieb in Glion und lebte allein.«

Es ist nur scheinbar eine private Geschichte (die Momente des Bildungsromans parodiert und auch auf die Traditionen des Künstler- und Eheromans anspielt). Tatsächlich geht es, mit zeitkritischen Seitenhieben, um ein allgemeines Thema: »das Problem des modernen Menschen, in einer Welt ohne feste Werte und Rollenzuweisungen zu seiner Identität und zu einem Lebenssinn zu finden« (Müller-Salget). Dazu gehört auch, von der Umwelt – d.h. für Stiller vor allem von Julika – in seiner neuen Rolle, seinem Anderssein akzeptiert zu werden. Stillers Scheitern reflektiert auch die Problematik eines Lebens im Zeitalter der Reproduktion, eines entfremdeten Lebens aus zweiter Hand (Stiller: »Wir leben in einem Zeitalter der Reproduktion«): »Meine Angst: die Wiederholung«, notiert er an anderer Stelle. Doch der Versuch, der Wiederholung durch Flucht vor dem schon Bekannten zu entgehen, muß mißlingen: Stillers »Neuanfänge scheitern allesamt, weil auch er, im Zeitalter der Reproduktion, sich jeweils nur neue Geschichten erfinden kann, die doch untereinander jeweils wieder verwechselbar und eben nicht originär sind. Sein Leben wird zum Plagiat des Lebens gerade dadurch, daß er einen ersten Lebensentwurf durch einen zweiten zu ersetzen versucht« (Ralf Schnell).

1954
Wolfgang Koeppen
Der Tod in Rom

Der Tod in Rom, K.s dritter Nachkriegsroman, verbindet Elemente des satirischen Gesellschaftsromans mit denen des Künstlerromans, wobei auf der einen Seite Bezüge zu Heinrich Manns *Untertan* (1914–18) bestehen, auf der anderen ausdrücklich – Titel, Motto, Schlußsatz – auf Thomas Manns Novelle *Der Tod in Venedig* (1912) angespielt wird. Ähnlich wie in *Tauben im Gras* (1951) erzählt K. multiperspektivisch, d. h. hier aus der jeweiligen Perspektive der in Rom zusammentreffenden Mitglieder der Familien Judejahn, Pfaffrath und des Ehepaars Kürenberg, wobei sich Ich- und Er-Erzählung zu einem ›inneren Dialog‹ verbinden können.

Das Geschehen vollzieht sich an zwei Tagen im Mai 1954. Der SS-General und Massenmörder Gottlieb Judejahn, der nach dem Krieg hatte entkommen können, hält sich mit seiner Frau Eva in Rom auf, um illegale Waffengeschäfte für seinen nahöstlichen Arbeitgeber zu tätigen; zugleich will er mit seinem Schwager Friedrich Wilhelm Pfaffrath, der es trotz seiner nationalsozialistischen Vergangenheit zum christlich-konservativen Oberbürgermeister seiner Heimatstadt gebracht hat, über die Möglichkeit einer Rückkehr in die Bundesrepublik sprechen. Mit Pfaffrath reisen seine Frau und sein geistesverwandter Sohn Dietrich. Zufällig befinden sich zur gleichen Zeit die Söhne Adolf Judejahn und Siegfried Pfaffrath in Rom; sie hatten sich 1945 von ihren Familien getrennt und Sühne bzw. Neuanfang in Religion und Kunst gesucht: Nun wird Adolf in Rom zum Priester geweiht, und die Kunst Siegfrieds findet ihre erste Bestätigung in der Aufführung seiner avantgardistischen Symphonie, für die ihm ein (halber) Preis verliehen wird. Dabei werden Judejahns Gewaltphantasien und sexuellen Obsessionen und die künstlerischen Ambitionen und homosexuellen Neigungen seines Neffen Siegfried aufeinander bezogen; für Siegfried hat die Begegnung mit Judejahn alptraumhaften Charakter. Es gibt trotz dieser Ausbruchsversuche in Kunst und Religion keinen wirklichen Neubeginn, »weil es keine Revolutionierung – der sozialen Verhältnisse wie der einzelnen Individuen – gegeben hat« (Ralf Schnell). Bei der Aufführung von Siegfrieds Symphonie treffen schließlich alle Hauptfiguren aufeinander. Und am Ende, als sich Judejahns haßerfüllte Triebhaftigkeit an dem vermeintlich jüdischen Barmädchen Laura ausgetobt hat, kommt es zur Katastrophe. In einem wahnhaften Anfall will er »die Jüdin liquidieren« (»Man hatte den Führer verraten. Man hatte nicht genug liquidiert«), erschießt jedoch Ilse Kürenberg, tatsächlich Jüdin und Frau des Siegfrieds Symphonie aufführenden Dirigenten, deren Vater durch Pfaffraths Schuld ins KZ gekommen war. Judejahn stirbt an einem Herzinfarkt im Thermenmuseum, das er für eine große Gaskammer hält.

So zeigt der Roman nicht nur das Fortwirken reaktionärer und autoritärer Denkmuster und Herrschaftsstrukturen im restaurativen Nachkriegsdeutschland (woran auch der Tod Judejahns nichts ändert), sondern er stellt auch im Sinne einer sozialpsychologischen Faschismuskritik »den Zusammenhang von perverser Sexualität und destruktiver Aggressivität als elementare Bestandteile des ›autoritären Charakters‹ dar« (Wilhelm Haefs).

Nach dem dritten seiner Nachkriegsromane, die insgesamt »eine Gesamtdiagnose der bundesdeutschen Nachkriegsentwicklung von photographischer Tiefenschärfe und Detailtreue« darstellen (Ralf Schnell), verstummte K. als Romancier; es folgten neben kleineren Arbeiten noch drei Reiseberichte und der autobiographische Text *Jugend* (1976).

1954
Thomas Mann
Bekenntnisse des Hochstaplers Felix Krull

Zwischen Beginn und Vollendung von M.s letztem Roman – bzw. seines ersten Teils – liegen über 40 Jahre. Das heutige 1. Buch entstand bereits 1910–13 und wurde 1922 als *Buch der Kindheit* veröffentlicht; 1937 erschien in Amsterdam eine um ein fragmentarisches 2. Buch erweiterte Ausgabe. Erst 1951–54 beendete M. »Der Memoiren erster Teil«, so der Untertitel. Notizen zu einer geplanten Fortsetzung sind erhalten.

Wie schon die Bezeichnung »Bekenntnisse« andeutet, bezieht sich M. – parodistisch – auf eine große Tradition autobiographischer Literatur (Augustinus, Rousseau, Goethe), wobei als stilistisches Muster Goethes *Dichtung und Wahrheit* dient. Allerdings fehlt dem im Zuchthaus sich erinnernden Helden jegliche kritische Distanz zu seiner Vergangenheit, so daß es in dieser fiktiven Autobiographie trotz des Vorhandenseins von Mentoren, Bildungselementen, erotischen Abenteuern und Reisen zu keiner Entwicklung kommt. Krull bleibt sich immer gleich. So ist der Roman auch kein Bildungsroman, vielmehr hat er die episodenhafte, offene Struktur des Schelmenromans, »genauer: eines Schelmenromans, der den Bildungsroman parodiert« (Hermann Kurzke).

Felix, »phantastisches Kind« eines bankrotten Sektfabrikanten im Rheingau, zeigt schon früh seine narzißtische Natur, produziert sich als Wunderkind und erweist sich später, um dem

Wehrdienst zu entgehen, als überzeugender Schauspieler. In einem Pariser Hotel, als Liftboy angestellt, macht er Karriere als Dieb und Liebhaber und tauscht schließlich die Existenz mit dem Marquis de Venosta, um dessen Eltern über eine Liebschaft zu täuschen. Krull geht also als Marquis de Venosta auf eine Weltreise, macht im Zug nach Lissabon die Bekanntschaft des Paläontologen Professor Kuckuck – Anlaß für philosophische Gespräche –, hat in Lissabon Zugang zur höchsten Gesellschaft (einschließlich einer Audienz beim König), nähert sich Professor Kuckucks Tochter Zouzou, eine »Kinderei«, die die Mutter entschlossen beendet und den falschen Marquis selbst »ins Reich der Wonne« trägt. Damit endet der Roman, der dann mit der geplanten Reise nach Argentinien fortgesetzt werden sollte.

Felix Krull greift zentrale Themen M.s in parodistischer Form auf, nicht zuletzt die Künstlerproblematik und den damit verbundenen Narzißmus (wobei M. über das Psychologische bzw. Psychoanalytische hinaus durch die Hermes-Parallelen auch mythologische Bezüge herstellt). Und da der Narziß, auch stilistisch ein Hochstapler, selber die Feder führt, kann er die Widerstände der Welt beiseiteschieben, alles unterdrücken, was dem narzißtischen Glück im Weg stehen könnte. – Der Roman wurde 1956 erfolgreich verfilmt.

1955
Günter Eich
Botschaften des Regens

Mit den ›Kahlschlaggedichten‹ in seiner ersten Gedichtsammlung nach dem Krieg (*Abgelegene Gehöfte*, 1948) hatte E. den Anschluß an die literarische Moderne gefunden. Die meisten Gedichte des Bandes waren allerdings noch traditionellen naturlyrischen Mustern verpflichtet; die Natur und ihre Harmonie bot, auch wenn sie den Menschen von ihrem »Geheimnis« ausschloß, Trost, die Gedichte ließen die Utopie einer Einheit von Mensch und Natur aufscheinen:

Der Häher warf seine blaue
Feder in den Sand.
Sie liegt wie eine schlaue
Antwort in meiner Hand.
(Die Häherfeder)

Demgegenüber zeigt die Sammlung *Botschaften des Regens,* in die auch einige Gedichte aus dem Band *Untergrundbahn* (1949) eingegangen sind, eine entschiedene Akzentverschiebung. Zwar gehen viele der Gedichte ebenfalls von der Natur-

thematik aus – Landschaft, Pflanzen, Tageszeiten usw. –, doch es handelt sich jetzt um eine entzauberte, um eine feindliche Natur. Statt der Annäherung an das ›Geheimnis‹ der Natur, an eine poetische Ursprache steht jetzt die schroffe Zurückweisung: »Der Häher wirft mir die blaue Feder nicht zu« *(Tage mit Hähern)*. Die Natur spendet nicht mehr Trost, ist nicht Ausdruck einer hoffnungsvollen Harmonie, sondern zeigt »das Antlitz einer verfehlten, grausamen Schöpfung« (Axel Vieregg), erweist sich als Feind *(Belagerung),* die Paradieseshoffnung bleibt angesichts ihrer Grausamkeit ein »Gerücht« *(Mittags um zwei).* Zugleich lassen manche Gedichte dieses Bandes – wie schon die Texte in *Untergrundbahn* – eine Hinwendung zur zeitgeschichtlichen Realität erkennen *(Botschaften des Regens).*

Die späten Gedichtsammlungen (*Zu den Akten,* 1964; *Anlässe und Steingärten,* 1966; *Nach Seumes Papieren,* 1972) ziehen mit ihrem Lakonismus die Konsequenzen aus E.s Position des »Nichtmehreinverstandenseins«, wobei die Verweigerungshaltung die Tendenz zum Verstummen in sich trägt:

Die Kastanien blühn.
Ich nehme es zur Kenntnis,
äußere mich aber nicht dazu.
(*Lange Gedichte,* in: *Anlässe und Steingärten,* 1966).

1956
Heimito von Doderer
Die Dämonen

Nach dem Erfolg der *Strudlhofstiege* (1951) wandte sich D. wieder dem in den 30er Jahren abgebrochenen Roman *Die Dämonen* zu und führte ihn unter neuen Prämissen – Ablehnung des Nationalsozialismus – zu Ende. Der Titel stellt Beziehungen zu Dostojewskis gleichnamigem Roman her; der Untertitel »Nach der Chronik des Sektionsrates Geyrenhoff« verweist auf den Ich-Erzähler des Romans, der freilich mitten im Roman für einige Kapitel einem Erzähler in der dritten Person weicht.

Das sehr umfangreiche Werk, in dem auch Personen aus der *Strudlhofstiege* wiederkehren, entwirft in einem vielschichtigen Gewebe von Einzelschicksalen ein umfassendes Panorama der Wiener Gesellschaft der Jahre 1926–27, wobei in der Art des Großstadtromans (Eugène Sue und Nachfolger) Motive der Trivialliteratur nicht fehlen (Testamentsunterschlagung, Prostituiertenmord, geheimnisvolle Burgkavernen usw.) und jedes Segment der Gesellschaft von der Unterwelt bis zu den höheren Kreisen berücksichtigt wird. Der wichtigste Personenkreis ist der der »Unsrigen«, vorwiegend im Vorort Döbling wohnhaft. Zu ihm gehören u. a. der Sektionsrat Geyrenhoff, der unter seiner gescheiterten Ehe und einer Obsession für »dicke Damen« leidende Schriftsteller Kajetan von Schlaggenberg, seine (angebliche) Schwester Charlotte (genannt Quapp) mit problematischen musikalischen Ambitionen und ihr ungarischer Freund Imre von Gyurkicz, der Historiker René von Stangeler und Grete Siebenschein. Im Verlauf des Romans wird auch Mary K. eingebaut, die bei einem in der *Strudlhofstiege* geschilderten Unfall ein Bein verloren hat und nun ihr Leben neu einrichten muß. Dabei spielt der Arbeiter Leonhard Kakabsa eine entscheidende Rolle, der zugleich als idealisiertes Beispiel dafür erscheint, wie die als Sprachbarrieren verstandenen Klassenschranken zu überwinden sind: Der Autodidakt lernt Latein und wird Bibliothekar eines Fürsten. Das Ganze endet dann in einem Romankonventionen bewußt aufnehmenden Finale mit Hochzeiten.

Die *Dämonen* sind auf einen Höhepunkt hin ausgerichtet, den Brand des Wiener Justizpalastes am 15. 7. 1927, ein historisch bedeutsames Ereignis, zu dem es nach dem Freispruch von rechtsradikalen Mördern gekommen war. D. nannte den Brand, der die Kluft zwischen den Christsozialen und den Sozialdemokraten unüberbrückbar machte, das »Cannae der österreichischen Freiheit«. Doch geht es D. in seinem Roman nicht um eine geschichtlich genaue Darstellung der Ursachen und Folgen dieses Ereignisses – er enthält sich einer Parteinahme und macht den anonymen Mob verantwortlich, der eine rechtmäßige Demonstration mißbraucht habe –, sondern dieser 15. 7. 1927 wird zum Wendepunkt im Leben zahlreicher Romanpersonen, an dem sich ihre Schicksale klären bzw. ihre »Menschwerdung« vollenden.

Was in dem Justizpalastbrand so spektakulär zum Ausdruck kommt, der Ausbruch ›dämonischer‹ und gesetzloser Gewalt als Fanal kommenden Unheils, findet sein Gegenstück in Ideen, Vorstellungen und Ideologien mancher Romangestalten – etwa aus dem Kreis der »Unsrigen« –, die auf den Faschismus vorausweisen (Antiintellektualismus, Glorifizierung der ›Tat‹, Sexismus). Das (abgedruckte) Protokoll eines Hexenprozesses aus dem 15. Jh., das der Historiker von Stangeler in einer Burgbibliothek findet, bietet das historische Modell für die von D. »zweite Wirklichkeit« genannte Verzerrung der (»ersten«) Wirklichkeit durch Ideologien, die modernen Dämonen.

D.s Versuche, jede politische Aussage zu vermeiden und die Gegensätze zu harmonisieren, paßten in ihrer Tendenz »ausgezeichnet in das politische Klima Österreichs nach dem Abschluß des Staatsvertrags (1955) und in die Ära der Großen Koalition«, stießen aber auch mit ihrer ›Ideologie der Ideologielosigkeit‹ als »verkappt konservative Weltsicht« auf Kritik (Wendelin Schmidt-Dengler).

Ein grotesk-satirisches Gegenstück zu den *Dämonen* legte D. mit *Die Merowinger oder Die totale Familie* (1962) vor, während von seinem nächsten großen Romanprojekt *(Roman No 7)*, einem als reine Kunstform konzipierten Roman nach dem Vorbild einer viersätzigen Symphonie, nur der 1. Teil vollendet wurde (*Die Wasserfälle von Slunj*, 1963; das Fragment des 2. Teils, *Der Grenzwald*, erschien postum 1967).

1956
Alfred Döblin
Hamlet oder Die lange Nacht nimmt ein Ende

D. begann seinen letzten Roman 1945 im amerikanischen Exil und vollendete ihn 1946 in Baden-Baden, fand jedoch zunächst keinen Verleger. Erst 1956 konnte *Hamlet* in Ostberlin veröffentlicht werden.

Das als eine Art Novellenzyklus mit Rahmen angelegte Werk, das »das psychoanalytische Heilverfahren des Geschichtenerzählens zu seinem Strukturprinzip« macht (Matthias Prangel), erzählt die Geschichte des englischen Soldaten Edward Allison, der auf dem Weg zum pazifischen Kriegsschauplatz schwer verletzt wird, ein Bein verliert und einen Schock erleidet, von dem er sich nicht erholt, auch nicht durch psychotherapeutische Behandlung. Zu Hause bei Mutter (Alice) und Vater (Gordon, ein berühmter Schriftsteller) kommt es zu Diskussionen über Krieg und Schuld, bis man sich, um den »ewigen abstrakten Streit über Schuld und Verantwortlichkeit« zu beenden, dazu entschließt, sich durch Erzählen von Geschichten der Wahrheit anzunähern. Die Geschichten jedoch, die Familienmitglieder und Freunde erzählen und die von der Bibel und mythischen Zeiten bis zur Gegenwart führen, werden immer mehr zu Anspielungen auf verborgene Abgründe und offenbaren schließlich die im Alltag überdeckte Feindschaft zwischen Edwards Eltern und die Hölle ihrer Ehe. Edward erscheint in der Rolle Hamlets, der die dunkle Familiengeschichte ans Licht bringt. Es kommt zum Eklat, die Eltern verlassen das Haus, Edward bricht erneut zusammen. Alice und Gordon folgen dem in ihren eigenen Erzählungen vorgezeichneten Weg: Sie wird Prostituierte, und er reist wie eine Gestalt seiner Erzählungen ruhelos von Ort zu Ort, bis sie in einem Pariser Varieté wieder aufeinandertreffen und sterbend – Gordon wird von Alices Zuhälter erstochen, sie stirbt an Auszehrung – einander vergeben. Alice schreibt Edward noch einen Abschiedsbrief, in dem sie die Theodora-Legende von Schuld (Sünderin) und Buße erzählt und Edward von seiner Hamlet-Rolle befreit. Er fährt »in die wimmelnde und geräuschvolle Stadt«: »Ein neues Leben begann« (so heißt es wenigstens in der Druckfassung; im Manuskript ist vom Eintritt in ein Kloster die Rede).

Der Roman, der von D.s neuer religiöser (d.h. katholischer) Weltsicht durchdrungen ist und so »die menschheitliche Unheilsthematik des Krieges immer stärker in Richtung auf das individuelle Heilsthema der Hauptfigur und ihrer psychologischen wie theologischen Voraussetzungen« einengt (Hans-Peter Bayerdörfer), war sein erster Romanerfolg seit langem.

1956
Friedrich Dürrenmatt
Der Besuch der alten Dame

D.s »tragische Komödie« in drei Akten, die zunächst den Untertitel »Komödie der Hochkonjunktur« trug, wurde am 29. 1. 1956 im Schauspielhaus Zürich uraufgeführt (Druck im selben Jahr). Das Stück begründete D.s Weltruhm als Dramatiker. Angelegt ist der *Besuch der alten Dame* als analytisches Drama in der Art des *König Ödipus* von Sophokels – Einsetzen der Handlung kurz vor dem Ende, allmähliches Aufdecken der Vorgeschichte –, während sich zugleich die Entwicklung, die gesellschaftliche und die private, zielstrebig zum Ende hin vollzieht.

Ort der in der »Gegenwart« angesiedelten Handlung ist eine zu Beginn des Stücks als ökonomisch völlig heruntergekommen dargestellte kleine Stadt namens Güllen (Gülle: Jauche). Die Milliardärin Claire Zachanassian, ehemals Klara Wäscher, kehrt mit großem (und z.T. groteskem) Gefolge in ihren Geburtsort zurück und verspricht den verarmten Güllenern eine Milliarde, wenn sie ihren ehemaligen Geliebten Alfred Ill umbringen: Er hatte sie einst, vor 45 Jahren, im Stich gelassen, obwohl sie schwanger war. Natürlich lehnen die Güllener das Ansinnen entrüstet ab, doch indem sie allmählich den Lockungen

des Reichtums erliegen und sich beim Schuldenmachen einreden, die Sache werde sich irgendwie von selbst zum Guten wenden, wird die Konsequenz unausweichlich: In einem Prozeß der Rationalisierung erscheint ihnen schließlich die Ermordung Ills als gerechte Strafe für sein Vergehen. Parallel zu diesem Geschehen zeigt das Stück die Wandlung Ills von einem typischen Güllener zu einem »Helden«, der den Tod als gerechte Sühne annimmt: »ja sein Tod gewinnt auf religiösem Hintergrund die Qualität eines Opfers« (Jan Knopf).

Doch das Opfer hat keine gesellschaftlichen Folgen, hat nur einen privaten Sinn. Und so kann D. als Pointe des Stücks »nicht die Opfertat des isolierten einzelnen vorführen, sondern nur deren grelles Gegenstück, den Triumph der Verblendung bei den Überlebenden und Weiterwurstelnden« (Ulrich Profitlich), die im wörtlichen Sinn für ihre »heiligen Güter«, für den Wohlstand, über Leichen gehen und sich in einer Kontrafaktur eines Sophokleischen Chorlieds selbst feiern.

Daß in Inszenierungen die gesellschafts- und kapitalismuskritischen Aspekte zugunsten der theatralischen Effekte und der ›Schuld‹-Thematik zurückgedrängt wurden, hat sicher zum unmittelbaren Erfolg des Stückes beigetragen. Gipfel der Verharmlosung stellt die Verfilmung mit Ingrid Bergman und Anthony Quinn dar (1964).

1956
Heinrich Mann
Empfang bei der Welt

Der satirische Roman entstand zwischen 1941 und 1945 neben dem Memoirenwerk *Ein Zeitalter wird besichtigt* (Stockholm 1945), fand jedoch keinen Verleger und wurde erst postum gedruckt. Es handelt sich um ein geisterhaftes Maskenspiel, in dem M. noch einmal – auch mit Anklängen ans eigene frühere Werk – die Epoche Revue passieren läßt, »um, über den Abtanz der Gegenwart hinweg, Vergangenes der Zukunft zu bewahren« (Klaus Schröter).

Die Gesellschaftssatire, so M. in einem Brief, »spielt, man weiß nicht wo, in einer international, aber einmütig absterbenden Gesellschaft«, in einem exklusiven kalifornisch-südfranzösischen Ambiente (»jede der wenigen Villen hält ihre eigene Bodenerhebung besetzt und weiß sich auf der Höhe«). Der »Empfang bei der Welt« ist eine Veranstaltung, die der Opernagent und »Existenzkämpfer« Arthur zusammen mit dem Finanzhaus

Barber und Nolus, vertreten durch die ehemalige Opernsängerin Melusine, inszeniert, um Geldgeber für ein neues, gewaltiges Opernhaus zu finden (Anklänge an Frank Wedekinds *Der Marquis von Keith,* 1900, sind kein Zufall). Bei der gespenstischen Veranstaltung spielt ein »Orchester der Unvergänglichen« – Musiker vergangener Jahrhunderte –, und der bucklige Tenor Tamburini (der Name stammt aus Flauberts *Madame Bovary*) reflektiert über das Verhältnis von Künstler und Gesellschaft (und nimmt damit ein altes Thema M.s auf). Das Opernhaus kommt natürlich nicht zustande, und am Ende der Nacht sind die »Existenzkämpfer« ruiniert, ist die Lebewelt verlebt. Arthurs Vater Balthasar, der sich von der Welt zurückgezogen hat und in seinem in Weinfässern gelagerten Gold wie Dagobert Duck badet (»Unsterblichkeit ist allein bei dir, o Gold!«), läßt seinen ruinierten Sohn Arthur fallen; sein Vermächtnis gilt der jüngsten Generation, André und Stephanie, den Kindern Arthurs und Melusines, die sich dem kapitalistischen Existenzkampf versagen. Der märchenhafte, unbestimmte Schluß hebt freilich das Urteil über die verlogene, in jeder Beziehung bankrotte Gesellschaft nicht auf.

»Die Heiterkeit der Darstellung, bei aller Schärfe des moralischen Urteils, aller lakonischen Menschenentblößung, hat Heinrich Mann in den noch folgenden Werken nicht wieder erreicht« (Schröter). Zu diesen Werken gehört M.s letzter Roman *Der Atem* (Amsterdam 1949), der – Erinnerungen und Gegenwart verbindend – den letzten Tag einer sterbenden Aristokratin schildert.

1956
Hans Erich Nossack
Spirale.
Roman einer schlaflosen Nacht

N. setzt in seinen Romanen der vordergründigen Realität des Alltäglichen, Konventionellen, Vertrauten eine andere Wirklichkeit entgegen, die den Menschen in einem Prozeß radikaler Individualisierung zu sich selbst führt, die ihm ermöglicht, »das zu werden, was er sein könnte und daher sein müßte« (N.). Für diese andere Realität, in der sich der Selbstfindungsprozeß vollendet, gebraucht N. u. a. den Begriff des »Nicht-Versicherbaren«. Repräsentatives Beispiel für diese Thematik ist der »Roman einer schlaflosen Nacht« *Spirale.* Sein Titel bezieht sich auf die ausweglos kreisenden Gedanken eines Mannes, der »sich müht, sein Leben zurück und zuende

zu denken« und sich in fünf Abschnitten (*Spirale I, Spirale II* usw.) Bruchstücke eines Lebens vergegenwärtigt, ohne daß ein direkter Handlungszusammenhang oder Personengleichheit zwischen den Teilen bestünde. Im 1. Abschnitt *(Am Ufer)* wird von einem Jungen erzählt, der heimlich schwimmen lernt, um das verbotene andere Ufer zu erreichen; es bleibt offen, wie die Welt dort beschaffen ist. In *Spirale II – Die Schalttafel* steht ein junger Arbeiter im Mittelpunkt, der ein perfektes soziales Tarnsystem entwickelt, um sich in dessen Schutz von seiner Herkunft zu lösen und zur Freiheit zu gelangen. Zentral (und am umfangreichsten) ist die 3. Episode mit dem Titel *Unmögliche Beweisaufnahme* (1959 auch separat veröffentlicht). Es handelt sich um das Protokoll einer Gerichtsverhandlung: Vor Gericht steht ein Mann, dessen Frau auf rätselhafte Weise plötzlich verschwunden ist, ein Ereignis, das der Angeklagte – so der Gerichtspräsident – »mit dem mysteriösen Ausdruck ›Aufbruch ins Nicht-Versicherbare‹« bezeichnet. Zwischen dem Angeklagten, einem Versicherungskaufmann, und dem Gericht kommt es zu keiner Verständigung, da sie verschiedene Sprachen sprechen: Während der Angeklagte die Sprache der Eigentlichkeit spricht, d. h. die Sprache derjenigen, die die Grenzüberschreitung und den Prozeß der Reinigung und Selbstfindung schon vollzogen haben, und so die Vorgänge zu erläutern sucht, die den Aufbruch ins »Nicht-Versicherbare«, den Ausbruch aus der illusionären Sicherheit der bürgerlichen Welt erklären könnten, bleiben die anderen dem Verständnishorizont der Alltagssprache und -wirklichkeit verhaftet und damit von jeglichem Verstehen ausgeschlossen. Während der 4. Abschnitt *(Die Begnadigung)* von einem Gefangenen erzählt, der sich mit seinem Leben hinter Gittern derart identifiziert hat, daß er die Begnadigung als Strafe empfindet, stellt der letzte Teil des Romans *(Das Mal)* im Bild eines erfrorenen Mannes in einer Schneewüste »das Scheitern eines nur der Gegenwelt des Unversicherbaren und Eigentlichen ergebenen Menschen [dar], der in der Welt der Realität in die vollständige Isolation geraten muß« (Jürgen H. Petersen).

Auch Romane und Erzählungen wie *Der jüngere Bruder* (1958), *Nach dem letzten Aufstand* (1961) und *Der Fall d'Arthez* (1968) variieren die für N. entscheidende, an Momente des Existentialismus anknüpfende Thematik. In seiner Büchner-Preis-Rede (1961) heißt es: »Die eigene Wahrheit ist im heutigen Weltzustand die einzige Wirklichkeit. Sich zu ihr zu bekennen, ist eine revolutionäre Tat. Was von der Literatur übrigbleiben wird, kann nur Monolog sein.«

1957
Alfred Andersch
Sansibar oder der letzte Grund

Ausbruch aus kollektiven Zwängen, Flucht in die Freiheit als in vollständiger Entscheidungsfreiheit vollzogener Akt ist das Thema von A.s autobiographischem »Bericht« *Die Kirschen der Freiheit* (1952), der in der Darstellung von A.s Desertion aus der Wehrmacht gipfelt. Von der Flucht in die Freiheit und der Emanzipation von übermächtigen Organisationen oder Kollektiven handelt auch sein erster Roman *Sansibar oder der letzte Grund,* dessen betont einfacher, unprätentiöser Sprachgestus nach dem Vorbild von Gertrude Stein und Ernest Hemingway als Rekation auf den Sprachmißbrauch im Dritten Reich zu verstehen ist (›Kahlschlag‹).

In Rerik, einer kleinen, öden Stadt an der Ostsee, verbinden sich im Herbst 1937 die Schicksale mehrerer Menschen für eine kurze, entscheidende Zeit. Der kommunistische Instrukteur Gregor, der sich aber von seiner Partei lösen will, kommt nach Rerik, um zum letztenmal einen Parteiauftrag auszuführen. Dieser Auftrag bringt ihn zu dem Fischer Knudsen, dem letzten aktiven Genossen in Rerik, auch er dabei, sich von der Partei abzusetzen. Knudsens Schiffsjunge träumt indes von Huckleberry Finn und dem Mississippi, vom fernen Sansibar als ›letztem Grund‹ für eine Flucht aus der langweiligen, leeren Gegenwart (»man mußte weg sein«). Dazu kommen die junge deutsche Jüdin Judith aus besserem Haus, deren behinderte Mutter zuvor Selbstmord begangen hat, um ihrer Tochter die Flucht vor den »Anderen«, den Nazis, zu erleichtern, und der alte Pfarrer Helander, der bei Knudsen Hilfe sucht, um die als ›entartete Kunst‹ gefährdete Holzfigur des »Lesenden Klosterschülers« (Anspielung auf eine Barlach-Plastik) vor den »Anderen« zu retten. Diese Plastik bildet den stummen Mittelpunkt der Gruppe, der »Lesenden Klosterschüler« verkörpert »die Fähigkeit, nicht zu erstarren« (Wolfgang Rath), ist in seiner ruhigen, konzentrierten Lesehaltung Inbegriff individueller geistiger Freiheit: »Gregor konnte sehr gut verstehen, warum die Anderen den jungen Mann nicht mehr sitzen und lesen lassen wollten. Einer, der so las wie der da, war eine Gefahr.« Gregor nimmt sich der Figur, aber auch der gefährdeten Jüdin an und bringt den zunächst zögernden Knudsen dazu, die Plastik und Judith nach Schweden zu bringen: für beide, für Gregor wie Knudsen, sind das in Freiheit getroffene Entscheidungen, unab-

hängig von jeglichem Auftrag. Der Junge kehrt – auch um Knudsen nicht zu gefährden – nach Deutschland zurück, und Pfarrer Helander, von Gregor über die geglückte Rettung informiert, provoziert seine Erschießung durch die Nationalsozialisten, die ihn verhaften wollen, und fühlt sich im Moment der Entscheidung, die den Tod bedeutet, »lebendig« und frei.

Flucht ist das allen Personen gemeinsame Thema, Flucht im konkreten, lebensrettenden Sinn wie bei Judith (und der Plastik), in übertragener Bedeutung bei den anderen Gestalten, die zu Freiheit und individueller Selbstbestimmung gelangen und deren Fluchtpläne und Vorstellungen eines freien, selbstbestimmten Lebens sich in den Träumen und Phantasien des Jungen spiegeln, die jeweils den einzelnen Abschnitten vorausgehen.

Den Ausbruch aus privaten Zwängen gestaltet der Roman *Die Rote* (1960), in dem die 30jährige Dolmetscherin Franziska, durch eine mögliche Schwangerschaft vor die Wahl zwischen Mann und Liebhaber gestellt, nach Venedig flieht und dort in eine ähnliche, allerdings noch dazu politisch getönte Konstellation (ehemaliger britischer Offizier/Ex-Gestapo-Mann) gerät und sich spontan für einen Dritten und das einfache Leben und die Kunst entscheidet.

1957
Hans Magnus Enzensberger
verteidigung der wölfe

Mit seinen drei frühen Gedichtbänden – auf die *verteidigung der wölfe* folgten *landessprache* (1960) und *blindenschrift* (1964) – gelang E. eine aufsehenerregende, provokative »Mixtur aus Artistik und Engagement, [...] aus Benn und Brecht« (Hermann Korte). Die Texte setzen sich aus der Position überlegener Intellektualität mit den politischen und gesellschaftlichen Verhältnissen der ›Wirtschaftswunder‹-Bundesrepublik und dem Verhältnis zur unaufgearbeiteten Vergangenheit auseinander. Mit leichter Hand, im Ton aggressiv, böse, sarkastisch, ironisch, klagend – wie es jeweils die Rolle des lyrischen Ich verlangt –, operiert E. souverän mit den verschiedensten Sprachbereichen: Rotwelsch, Fachsprachen, Sportjargon, Umgangssprache, Dialekt, Archaismen, Versatzstücke aus der literarischen Tradition usw. Darüber hinaus macht er sich virtuos die Möglichkeiten der Wortbildung zunutze, zerlegt und rekonstruiert das Vokabular.

Das Unbehagen der Intellektuellen an der restaurativen Ära Adenauer, an der Wohlstands- und Untertanenmentalität, an Dummheit, Heuchelei und Bewußtseinsmanipulation schafft sich in aggressiver Weise Luft; die Exilsituation wird als Reaktion auf den latenten Faschismus und Militarismus warnend evoziert:

Lies keine Oden, mein Sohn, lies die Fahrpläne:
sie sind genauer. [...]
Der Tag kommt, wo sie wieder Listen ans Tor schlagen und malen den Neinsagern auf die Brust
Zinken.
(Ins Lesebuch für die Oberstufe)

Nach den Gedichtbänden führte E. seine Auseinandersetzung mit der bundesrepublikanischen Realität, den Medien, dem Kapitalismus und Imperialismus weiter mit den Mitteln der politischen Publizistik (*Politik und Verbrechen*, 1964; *Deutschland, Deutschland unter anderm*, 1967 usw.). Erst in den 70er Jahren veröffentlichte er weitere Gedichte (*Gedichte 1955–1970*, 1971 u. a.), denen 1980 der Band *Die Furie des Verschwindens* folgte, neben *Mausoleum. Siebenunddreißig Balladen aus der Geschichte des Fortschritts* (1975) und der ›Komödie‹ *Der Untergang der Titanic* (1978) eine weitere düstere Variation zum Thema Fortschritt.

1957
Max Frisch
Homo faber

Anders als *Stiller* (1954), der sich erst allmählich beim breiteren Publikum durchsetzen konnte, war *Homo faber. Ein Bericht* ein unmittelbarer Erfolg. Beziehungen zu *Stiller* bestehen in der Thematik – Hans Mayer nannte den *Homo faber* einen »Komplementärroman« zum *Stiller* – wie auch in der am Tagebuch orientierten Form des »Berichts«. Der Titel bezieht sich sowohl auf den Namen des Helden Walter Faber wie auf das Thema ›der Mensch als Techniker‹.

Der durch eine komplexe Zeitstruktur charakterisierte »Bericht« ist äußerlich in zwei »Stationen« gegliedert. Die erste, bei weitem umfangreichste ist auf »Caracas, 21. Juni bis 8. Juli« datiert und erzählt im Rückblick, aber nicht chronologisch, von den Ereignissen zwischen Fabers Assistentenzeit an der ETH Zürich und seinem Verhältnis mit der Münchener Halbjüdin Hanna Landsberg (1933–36) und dem Tod ihrer gemeinsamen Tochter Sabeth am 4. 6. 1957 in Athen. Faber und Hanna hatten sich 1936 ge-trennt, das Kind sollte abgetrieben werden. 20 Jahre später erfährt der inzwischen 50jährige UNESCO-Ingenieur durch Zufall, daß Hanna als Archivarin in Athen lebt und eine Tochter hat. Auf der Schiffsreise nach Europa trifft Faber ein Mädchen, das ihn an Hanna erinnert. Er begleitet die 20jährige Studentin Sabeth Piper auf ihrer Heimreise durch Italien und Griechenland, geht eine Liebesbeziehung mit ihr ein und will sie heiraten, denn der vorgeblich so rationale Faber rechnet sich die Sache so zurecht, daß er Sabeth als Tochter seines Freundes Joachim, der Hanna damals geheiratet hatte, ansehen kann. Durch einen Unfall wird Sabeth schwer verletzt, und während sie sterbend in einem Athener Krankenhaus liegt, trifft Faber Hanna wieder, die ihm das Verfehlte seiner naturwissenschaftlich-technischen Weltsicht und seiner ganzen Existenz vor Augen stellt (»Du behandelst das Leben nicht als Gestalt, sondern als bloße Addition, daher kein Verhältnis zur Zeit, weil kein Verhältnis zum Tod«). Von einer Einsicht ist aber noch nicht viel zu spüren. Sie wird erst in der zweiten »Station« sichtbar: Diese Aufzeichnungen verschränken Texte, die über Fabers Reise im Anschluß an Sabeths Tod nach New York, Caracas und Kuba und – über Düsseldorf und Zürich – zurück nach Athen berichten (8. 6.–18. 7. 1957; Antiquasatz), mit handschriftlichen Aufzeichnungen aus F.s letzten Lebenstagen in einem Athener Krankenhaus, wo er einer Magenkrebsoperation entgegensieht (19. 7. bis ca. 25. 7. 1957; Kursivdruck). Erst kurz vor seinem (wahrscheinlichen) Tod, vorbereitet durch den Aufenthalt in Kuba und die damit verbundene Kritik an der technischen Zivilisation und Weltsicht, verkörpert durch den »american way of life«, gelangt F. zur Einsicht, daß er in seiner Rolle des alles berechnenden Technikers das Leben verfehlt hat, findet er zu unmittelbarer Hingabe an das Elementare: »Verfügung für den Todesfall: alle Zeugnisse von mir wie Berichte, Briefe, Ringheftchen, sollen vernichtet werden, es stimmt nichts. Auf der Welt sein: im Licht sein. Irgendwo (wie der Alte neulich in Korinth) Esel treiben, unser Beruf!«

Faber geht von der Berechenbarkeit der Welt aus und läßt in geradezu zwanghafter Weise kaum eine Gelegenheit aus, seine Ansichten darüber kundzutun, nicht zuletzt eine Konsequenz seines Versagens in seiner Beziehung zu Hanna, das er »durch totale Identifikation mit dem Beruf zu rechtfertigen« sucht (Klaus Müller-Salget). Er ist im Grunde, so F., »nicht ein Techniker, sondern er ist ein verhinderter Mensch, der von sich selbst ein Bildnis gemacht hat, der sich ein Bild hat machen lassen, das ihn verhindert, zu sich selber zu kommen.« Für Faber löst sich die Welt in berechenbare Tatbestände auf – »Technik (laut Hanna) als Kniff, die Welt so einzurichten, daß wir sie nicht erleben müssen« –, und die Ereignisse des Romans, die ganzen unwahrscheinlichen Zufälle dienen dazu, die Fragwürdigkeit dieser Anschauung zu demonstrieren, um Fabers rein technisches, d. h. verantwortungsloses Denken und Handeln deutlich zu machen. In diesem Sinn werden auch die Hinweise auf antike Mythen (Ödipus, Demeter und Persephone, die Erinnyen u. a.) als Gegenpol zur modernen Zweckrationalität eingesetzt, ohne dabei einer ›Schicksalsgläubigkeit‹ das Wort reden. *Homo faber* wurde 1990 verfilmt.

1957
Marie Luise Kaschnitz
Neue Gedichte

Um wirklich ›neue‹ Gedichte handelt es sich insofern, als K. mit ihnen die entschiedene Abkehr von der klassisch-romantischen Dichtungstradition und ihrer Formensprache vollzieht, die selbst noch ihre ›Trümmerlyrik‹ nach dem Zweiten Weltkrieg – etwa im Zyklus *Rückkehr nach Frankfurt* – kennzeichnet (*Totentanz und Gedichte zur Zeit*, 1948). Ein »radikaler Stilwechsel« findet statt (Peter Huchel), die metrisch glatte Form, der Reim verschwinden; die Sprache wird härter, knapper, verdichteter: »Was vom Gedicht der Jetztzeit tatsächlich vermittelt werden kann, ist die vielfach gebrochene und stückhafte Innenwelt des heutigen Menschen«, heißt es in einem ihrer Aufsätze. Und in einem Beitrag über *Schwierigkeiten, heute die Wahrheit zu schreiben* steht der Satz: »auch noch dem irrationalsten Gedicht muß man die historischen und soziologischen Erfahrungen abhören können, durch die sein Verfasser hindurchgegangen ist.«

Die *Neuen Gedichte* bestehen aus sechs Abschnitten: *Tutzinger Gedichtkreis, Balladen, Sizilischer Herbst, Jahreszeiten im Breisgau, Aus dem Tambourin hat er gegessen, Donauwellen 1956.* Berühmt geworden ist das Gedicht *Hiroshima*, das in zwei antithetischen Strophen das Grauen der Vernichtung und die menschliche Schuld mit der Alltagsrealität einer spießigen Vorstadtidylle konfrontiert. Das Gedicht *Genazzano* gehört mit seinem subtilen, die Zeit aufhebenden Perspektivenwechsel zu den wichtigen Beispielen moderner Poesie (Hugo Friedrich): und es ist mit seiner Anspielung auf Hölderlins *Hälfte des Lebens* zugleich ein poetologisches Gedicht, das den befürchteten Sinnverlust aller Lyrik artikuliert: »Im Bild des ertrunkenen, erfrorenen lyrischen Ich sieht das Gedicht seine eigene Zukunft entworfen« (Ralf Schnell).

K.s Kraft der »Leidenswahrnehmung und Leidensfähigkeit« (Schnell), die es ihr nicht erlaubte, sich angesichts der Erfahrung des Dritten Reiches in ein Refugium der Innerlichkeit zurückzuziehen, charakterisiert auch die Erinnerungsarbeit ihrer autobiographischen Schriften, die einen zentralen Platz in ihrem späten Schaffen einnehmen (u. a. *Wohin denn ich,* 1963; *Tage, Tage, Jahre,* 1968; *Steht noch dahin,* 1970; *Orte,* 1973).

1958
Bruno Apitz
Nackt unter Wölfen

A. hatte bis zur Befreiung 1945 acht Jahre im Konzentrationslager Buchenwald zugebracht. Sein aus zeitlicher Distanz geschriebener Roman, der die Erfahrungen der Lagerzeit mit einer spannenden Handlung verbindet, wurde zum Welterfolg.

Im April 1945 – die Alliierten überqueren den Rhein und die Rote Armee nähert sich von Osten – bringt der polnische Jude Jankowski, der mit einem Transport aus dem geräumten KZ Auschwitz nach Buchenwald kommt, einen dreijährigen Jungen, versteckt in einem Koffer, mit ins Lager (die Geschichte basiert auf einem tatsächlichen Vorfall). Das Kind wird von inhaftierten Antifaschisten versteckt, löst jedoch einen Konflikt zwischen spontaner Menschlichkeit und Parteidisziplin aus, da durch das Kind die Arbeit des im Untergrund arbeitenden Internationalen Lagerkomitees (ILK) gefährdet wird. Trotz der Anordnungen seiner Vorgesetzten gibt das ILK-Mitglied Höfel das Kind nicht preis (es sollte in einem Transport heimlich abgeschoben werden). Als die SS von seiner Existenz erfährt, kommt es zu Verhören und Folterungen, durch die man das Kind, vor allem aber die illegale Untergrundorganisation aufzuspüren hofft. Doch die Verfolgungen führen angesichts der Heldenhaftigkeit der Widerstandskämpfer und der Solidarität der Gefangenen nicht zum Ziel; vielmehr wird das Kind zum Symbol eines neuen Lebens und stärkt die Widerstandskraft der Häftlinge, die schließlich in einem siegreichen Aufstand das Lager befreien (dessen Leitung sich feige aus dem Staub macht): »Die Symbolik des Titels wird (ähnlich wie in Anna Seghers' *Das siebte Kreuz*) perspektivisch positiv aufgelöst: Der Mensch ist stärker als der (faschistische) Wolf« (Wolfgang Emmerich).

Der Roman verdankt seinen großen Erfolg »ähnlichen Mitteln wie die Fernsehserie ›Holocaust‹: der klaren Schwarz-Weiß-Zeichnung, der Holzschnittpsychologie markanter Dialogszenen unter den Opfern wie unter den Wächtern, einem spannenden und sentimentalen Plot [...], der Hervorhebung der Heldenhaftigkeit des trotz allem möglichen Widerstandes [...] und der schließlichen Rettung, wodurch die Opfer nicht sinnlos waren und auf die Toten Verklärung fällt« (Heinrich Küntzel). – A. stellte 1960 eine Hörspielfassung des in zahlreiche Sprachen übersetzten Romans her; ein DEFA-Film folgte 1963.

1958
Hans Carl Artmann
med ana schwoazzn dintn

Die »gedichta r aus bradnsee«, so der Untertitel, waren die erste (und sofort erfolgreiche) Buchveröffentlichung des aus dem Wiener Vorort Breitensee stammenden Poeten. Es handelt sich dabei keineswegs um traditionelle Heimat- und Dialektgedichte (etwa in Fortsetzung von Josef Weinhebers *Wien wörtlich,* 1935), sondern der Weg A.s zum Dialekt führte über die vielfältigen Sprachexperimente der Wiener Gruppe (neben A. Friedrich Achleitner, Konrad Bayer, Gerhard Rühm, Oswald Wiener). Dabei verbindet sich die Entdeckung der sprachlichen Reize des (Vorstadt-)Dialekts mit Elementen des Surrealismus und der ›schwarzen Romantik‹ wie des schwarzen Humors. Bevölkert ist diese meist makabre Wiener Welt von Gestalten wie dem »ringlgschbüübsizza« (Karussellbesitzer), der mörderischen »blauboad« (Blaubart), dem »kindafazara« (Kinderfresser) und dem »bese geatna« (bösen Gärtner); und man erfährt etwas über den Zustand »noch ana sindflud« oder »waun s d a bech hosd« oder was die Straßenbahn zum Krematorium kostet (»zwa schüleng zwanzk«). Tod und Vergänglichkeit lauern überall. Mit anderen Worten, so das Eingangsgedicht, nur kein Schmalz:

nua ka schmoez how e xogt!
nua ka schmoez ned ..
reis s ausse dei heazz dei bluadex
und hau s owe iwa r a bruknglanda!

Mit Friedrich Achleitner und Gerhard Rühm zusammen ließ A. ein Jahr später einen weiteren Band mit Dialektgedichten folgen: *hosn rosn baa (Hosen Rosen Beine).*

Die Dialektpoesie repräsentiert nur eine Phase in A.s Schaffen, das allerdings auch in seinen zahlreichen anderen Texten – Lyrik, Prosa, Thea-

tertexte – seinen Ausgangspunkt in der Sprachphantasie hat, seiner Lust an Maskerade und Imitation, an Spiel und Schein. Resultat ist die Anverwandlung eines vielfältigen Gattungs- und Formenrepertoires von der Troubadourdichtung und der Barockepigrammatik bis zur Trivialliteratur und der Welt der Comics – einfallsreich, ironisch und stets artifiziell.

1958
Max Frisch
Biedermann und die Brandstifter

Dieses »Lehrstück ohne Lehre«, am 29. 3. 1958 im Zürcher Schauspielhaus uraufgeführt, war F.s erster großer Bühnenerfolg. Vorausgegangen waren u. a. das Anti-Kriegsstück *Nun singen sie wieder. Versuch eines Requiems* (1945), die auf die Entwicklung der Atom- und Wasserstoffbombe reagierende »Farce« *Die Chinesische Mauer* (1946), ein die Zeiten übergreifendes Spiel von der sich durchsetzenden Machtwillkür der Herrschenden, die »Moritat« *Graf Öderland* (1951; mehrfach überarbeitet) mit ihrem gegen die bürgerliche Ordnung gewalttätig rebellierenden und dann von der Ordnung wieder eingeholten Helden, ein spielerisch-witziger und zugleich tiefsinniger Anti-Don Juan, *Don Juan oder Die Liebe zur Geometrie* (1953).

Die Fabel des *Biedermann*-Stückes findet sich schon im *Tagebuch 1946–1949* (1950) unter dem Titel *Burleske.* Auf Anregung des Bayerischen Rundfunks verfaßte F. zunächst ein Hörspiel (*Herr Biedermann und die Brandstifter,* Sendung 1953, Druck 1955), die Grundlage des 1957 entstandenen Bühnenstücks, das dem epischen Theater Brechts verpflichtet ist, ohne sein ideologisches Fundament zu teilen. Die straff geführte Parabel zeigt den Haarwasserfabrikanten mit dem sprechenden Namen Jakob Biedermann, »hart im Geschäft, Sonst aber Seele von Mensch«, wie er aus Feigheit und Opportunismus die Landstreicher Schmitz und Eisenring in sein Haus aufnimmt und – um die Lebenslüge seiner »Menschlichkeit« aufrechtzuerhalten – »seine zwanghaft-angstvolle ›Liberalität‹ so lange ausnutzen [läßt], bis er durch Duldung und Beihilfe dazu beigetragen hat, die ganze Stadt in Flammen zu setzen« (Klaus Müller-Salget). Kommentiert wird das Geschehen durch einen in komisch-parodistischer Weise antikisierenden Chor der Feuerwehrmänner. Angelehnt an Sophokles' *Antigone* (»Ungeheuer ist viel. Doch nichts Ungeheurer, als der Mensch«) zieht er das Fazit:

Sinnlos ist viel, und nichts
Sinnloser als diese Geschichte:
Die nämlich, einmal entfacht,
Tötete viele, ach, aber nicht alle
Und änderte gar nichts.

F.s »höhnische Jedermann-Version« (Hellmuth Karasek), die – insofern durchaus didaktisch – zeigt, daß niemand etwas lernt, läßt verschiedene Deutungen zu: Parabel des untergehenden kapitalistischen Bürgertums, Parabel von der Machtergreifung Hitlers (»Aber die beste und sicherste Tarnung […] ist immer noch die blanke und nackte Wahrheit. Komischerweise. Die glaubt niemand«, erklärt Eisenring sein Brandstifter-System), Parabel von den Brandstiftern, »die mit dem neuen großen Feuer, mit der Teufelsbombe kokeln« (Friedrich Luft) oder – wie der Kontext von *Burleske* im *Tagebuch* zuläßt – Parabel vom Umsturz in der Tschechoslowakei 1948 usw.

Für die deutsche Erstaufführung in Frankfurt (28. 9. 1958) schrieb F. ein *Nachspiel,* das die Unbelehrbarkeit Biedermanns und seiner Frau hervorhebt (im Jenseits angekommen, fühlen sie sich als ›unschuldige Opfer‹ ungerecht behandelt, da sie feststellen müssen, daß sie nicht im Himmel, sondern in der Hölle gelandet sind).

1959
Heinrich Böll
Billard um halb zehn

Gegenstand der Romane B.s in den 50er Jahren ist die Nachkriegsrealität: *Und sagte kein einziges Wort* (1953) zeichnet in wechselnder Perspektive der Partner die Geschichte einer materiell und religiös begründeten Ehekrise und ihre Überwindung, *Haus ohne Hüter* (1954) schildert aus der Sicht zweier Jungen die neuen Verhältnisse der Nachkriegszeit, und *Billard um halb zehn*, die bislang komplexeste epische Komposition B.s, verbindet am Beispiel der Geschichte einer Architektenfamilie Vergangenheitsaufarbeitung und Gegenwartskritik. Der Titel bezieht sich auf die Gewohnheit der Hauptfigur Robert Fähmel, jeden morgen um halb zehn Uhr in einem Hotel Billard zu spielen, ein Spiel, das sich symbolisch als »Lebensspiel« (Klaus Jeziorkowski) interpretieren läßt.

Die Gegenwartshandlung konzentriert sich auf einen Tag, den 6. September 1958, wird jedoch durch Erinnerungen und Rückblenden immer wieder durchbrochen, so daß sich ein Bild der Geschichte der Familie Fähmel seit dem Jahr

1907 ergibt, wobei die verschiedenen Erzähl- und Erinnerungsstränge jeweils auf diesen Septembertag zulaufen. Im Jahr 1907 hatte der aufstrebende Architekt Heinrich Fähmel gegen die Großen des Fachs den Auftrag zum Bau der Abtei Sankt Anton erhalten und damit die Grundlage für seinen sozialen Aufstieg gelegt. Von den beiden überlebenden Kindern, die er mit der Notarstochter Johanna Kilb hat, entwickelt sich Otto zum fanatischen Nazi, der die Familie bespitzelt und bedroht, während der zweite Sohn, Robert, in Kontakt mit pazifistischen Nazigegnern kommt, die sich als »Lämmer« bezeichnen und sich geschworen haben, nie »vom Sakrament des Büffels zu essen«. Wie sein Freund Schrella muß Robert ins Ausland fliehen, kann jedoch 1939 zurückkehren, heiratet Schrellas Schwester Edith (die später bei einem Bombenangriff ums Leben kommt) und steigt als Statiker in der Armee bis zum Hauptmann auf. Kurz vor Kriegsende zerstört er die Abtei Sankt Anton durch eine Sprengung, Protest gegen die Verstrickung der Kirche in dem Nationalsozialismus, »ein Denkmal für die Lämmer, die niemand geweidet hatte«. Sein Sohn Joseph nun – dritte Generation der Familie – soll im Zusammenhang mit seiner Architektenausbildung am Wiederaufbau der Abtei mithelfen und entdeckt am 6. September die von seinem Vater angebrachten Kreidemarkierungen für die Sprengladungen. Am selben Tag kehrt Schrella aus dem Exil zurück und erfährt, daß er noch auf den Fahndungslisten steht, während seine nationalsozialistischen Verfolger als Stützen der Demokratie agieren. Und ebenfalls am 6. September verläßt die alte Johanna Fähmel, Heinrichs Frau und Roberts Mutter, die Heilanstalt, in die sie sich 1942 begeben hatte, »um den Mördern zu entrinnen«. Sie will die Gelegenheit des 80. Geburtstags ihres Mannes nutzen und – eine offene Rechnung ist zu begleichen – einen alten Nazi erschießen (trifft aber dann einen Opportunisten, der – Vergangenheit und Gegenwart verbindend – die alten Kämpfer für seine Zwecke verwenden will).

Innere und äußere Monologe und erlebte Rede sind die vorherrschenden erzähltechnischen Mittel, mit denen die Erinnerungen der verschiedenen Personen vergegenwärtigt werden, wobei die epische Integration der zeitlich gegeneinander versetzten und sich überlagernden Erzählstränge durch die Verwendung von wiederkehrenden Motiven, Symbolen und Zitaten erfolgt und so den verschlungenen »Weg aus den Schichten vergangener Vergänglichkeit in eine vergängliche Gegenwart« sichtbar macht (B. in seiner Nobelpreisrede, 1972).

Es sind vor allem zwei Symbole, die die kunstvolle Konstruktion tragen: die Abtei Sankt Anton, einerseits in der Realhandlung verankerter, mit dem Schicksal der Familie eng verbundener Gegenstand, andererseits Symbol ihrer Geschichte und der Gesellschaft (»und nach fünfundvierzig der Aufbau nach den alten Plänen«), und das symbolische Gegensatzpaar »Sakrament des Büfels«/»Sakrament der Lämmer«, das den den Roman prägenden Gegensatz von Verfolgern und Verfolgten, Faschisten und Antifaschisten, Nationalisten und Pazifisten bezeichnet. Auf Kritik gestoßen ist dabei vor allem das zweite Symbolfeld, das nicht aus der Handlung entwickelt ist und wenig geeignet scheint, »zu einem *historischen Verständnis* des Faschismus bzw. des antifaschistischen Widerstandes beizutragen« (Jochen Vogt).

1959
Günter Grass
Die Blechtrommel

Vorher nur als Lyriker (*Die Vorzüge der Windhühner,* 1956) und Verfasser von kleineren, dem absurden Theater verpflichteten Stücken hervorgetreten, präsentierte sich G. 1958 auf dem Treffen der Gruppe 47 als Epiker. Seine Lesung aus dem in der Entstehung begriffenen Roman brachte ihm den Preis der Gruppe 47 ein, der Roman selbst dann Weltruhm.

Die *Blechtrommel* ist als fiktive Autobiographie angelegt und verweist damit auf die Tradition des Pikaro- bzw. Schelmenromans. Mit dem Pikaroroman teilt die *Blechtrommel* auch die Perspektive ›von unten‹ (bei G. ganz wörtlich genommen) und wesentliche Momente der Erzählstruktur; anders freilich als dem Pikaroroman – berühmtestes deutsches Beispiel ist Grimmelshausens *Simplicissimus* (1668–69) – fehlt der *Blechtrommel* jegliche Perspektive auf ein jenseitiges Heil. Zugleich parodiert die *Blechtrommel,* die auch Künstlerroman ist, Züge des Bildungs- und Entwicklungsromans.

Der Einsatz – »Zugegeben: ich bin Insasse einer Heil- und Pflegeanstalt« – deutet schon die Erzählkonzeption des Romans an. Der Held und Ich-Erzähler Oskar Matzerath, unter Mordverdacht in die als Refugium betrachtete Heil- und Pflegeanstalt eingeliefert, schreibt rückblickend die Geschichte seines Lebens auf. Dabei wird das »Zurücktrommeln« der Vergangenheit – von der Zeugung der Mutter unter den vier Röcken der Großmutter auf einem kaschubischen Kartoffel-

feld anno 1899 bis zur Verhaftung des 28jährigen Oskar in Paris im September 1952 – immer wieder unterbrochen durch Berichte über die Geschehnisse und die Situation in der Heil- und Pflegeanstalt während des sich fast zwei Jahre hinziehenden Schreibprozesses. Mit dem 30. Geburtstag Oskars Anfang September 1954 ist sowohl die Erzählung des Vergangenen abgeschlossen wie das befürchtete Ende des Asyls in der Heilanstalt gekommen: Man hat den wahren Schuldigen gefunden.

Nach ländlichen Szenen im deutsch-polnischen Grenzgebiet verlagert sich das Geschehen nach Danzig, wo Anna Koljaiczek geb. Bronski einen Lebensmittelladen führt und ihre Tochter Agnes aufwächst. Diese heiratet den Rheinländer Alfred Matzerath, setzt aber gleichzeitig ihr Verhältnis mit dem Vetter Jan Bronski fort, so daß Oskar – geboren 1924 – gewissermaßen zwei Väter hat.

»Ich gehörte zu den hellhörigen Säuglingen, deren geistige Entwicklung schon bei der Geburt abgeschlossen ist und sich fortan nur noch bestätigen muß«, charakterisiert er sich selbst. Die Welt durchschauend und sich von ihr distanzierend, stellt er an seinem dritten Geburtstag bewußt sein Wachstum ein, beschließt in die Kunst zu flüchten und seinem Trommeln zu leben. Indem er, eine phantastische Kunstfigur mit einem unbestechlichen ›bösen Blick‹, rückblickend sein Leben schildert, entsteht in einer Art von groteskem Realismus ein figurenreiches und detailgenaues Bild der Zeit seit der Jahrhundertwende, ohne Rücksicht auf Tabus wie Sexualität, Tod, Religion. Dabei demonstriert der Roman in vielen Einzelheiten wie im gesamten Aufbau – den drei Büchern der Lebensgeschichte des Helden entsprechen die historischen Epochen Vorkriegs-, Kriegs- und Nachkriegszeit – den Zusammenhang von privater und allgemeiner Geschichte, zeigt er – etwa in dem Kapitel *Glaube Hoffnung Liebe,* daß Geschichte – konkret: Nationalsozialismus, Judenverfolgung, Massenmord – weder Schicksal noch nationales Verhängnis ist, sondern gemacht wird und als »Summe individueller Schuld, millionenfachen persönlichen Versagens« verstanden werden muß (Franz Josef Görtz).

Vom Danziger Kleinbürgerkosmos der Krämer, Nazis, Mitläufer und Opfer, der Deutschen, Polen und Juden wechselt die Szene nach Westdeutschland. Oskar, inzwischen Vater, hat als einziger der engeren Familie den Krieg überlebt – zuletzt als Mitglied von Bebras Liliputaner-Fronttheater in Frankreich – und nach Kriegsende sein Wachstum mit mäßigem Erfolg (121 cm) wieder aufgenommen. Er geht nach Düsseldorf, arbeitet als

Steinmetz, Schlagzeuger und Modell für Bildhauer, Gelegenheit für satirische Blicke auf die Verhältnisse im Nachkriegsdeutschland und die allzurasche Restauration (»Biedermeier«). Gegen den allgemeinen »Gedächtnisschwund« zieht Oskar, die Lüge seiner früheren l'art pour l'art-Position aufgebend, mit seiner Trommel auf Tournee, um sich »ganz in den Dienst der Beschwörung der Vergangenheit zu stellen und diese Vergangenheit in der ›Kunst des Zurücktrommelns‹ zu vergegenwärtigen, damit sie nicht ›Historie‹ wird, damit damaliges Versagen und aktuelle Gefahren auch bewußt und gegenwärtig bleiben« (Volker Neuhaus).

G. hat die 1979 unter der Regie von Volker Schlöndorff verfilmte *Blechtrommel* später mit der Novelle *Katz und Maus* (1961) und dem Roman *Hundejahre* (1963) zur *Danziger Trilogie* vereint: Danzig als Mikrokosmos, weil »gerade sich in der Provinz all das spiegelt und bricht, was weltweit – mit den verschiedenen Einfärbungen natürlich – sich auch ereignen könnte oder ereignet hat« (G.).

1959
Uwe Johnson
Mutmassungen über Jakob

J.s erster veröffentlichter Roman erschien im Jahr seines ›Umzugs‹ in den Westen; sein bereits vorher entstandener Roman *Ingrid Babendererde. Reifeprüfung 1953,* ein eindringliches Bild der gesellschaftlichen Realität und der Bewußtseinslage in der DDR der 50er Jahre, war im Osten wie im Westen von den Verlagen abgelehnt worden (Druck postum 1985).

Mutmassungen über Jakob ist durch ein komplexes Erzählverfahren gekennzeichnet, bei dem verschiedene Erzählformen wie Bericht, Dialog, Monolog (Kursivdruck) ineinander verschränkt sind, wobei auch die Zeitebenen (Erzählzeiten und erzählte Zeiten) auf zunächst sehr undurchsichtige Weise gegeneinander versetzt werden. Auf diese Weise entsteht ein verwirrendes Ineinander von fragmentarischen Erzählsegmenten, das sich erst allmählich – ein Art Denkspiel für den Leser – in eine zeitliche Ordnung bringen läßt, ohne daß es freilich zu einer eindeutigen Lösung des dargestellten ›Falles‹ kommt. Es bleibt bei Mutmaßungen, Mutmaßungen über den Tod des 28jährigen Reichsbahndispatchers Jakob Abs, der an einem nebligen Novembermorgen 1956 auf dem Gelände des Hauptbahnhofs einer Elbestadt beim Überqueren der Gleise – »Aber Jakob ist immer quer über die Gleise gegangen« – den Tod findet: Unfall, Selbstmord, Mord?

Aus den Bruchstücken ergibt sich, chronologisch geordnet, etwa folgendes, vereinfachtes Bild. Der Hauptmann des Staatssicherheitsdienstes Rohlfs beginnt Anfang Oktober 1956 mit einer Aktion, die zur Anwerbung der NATO-Dolmetscherin Gesine Cresspahl als Ostagentin führen soll (Gesine, geboren in Jerichow an der Ostsee, hatte nach dem 17. Juni 1953 die DDR verlassen; ihr Vater, der Kunsttischler Heinrich C., lebt noch in Jerichow). Rohlfs verhört Frau Abs, die nach dem Krieg mit ihrem Sohn Jakob bei den Cresspahls aufgenommen worden war und wie Jakob seitdem zur Familie gehört. Frau Abs flieht in den Westen. Rohlfs läßt Jakob beobachten und sucht ihn für sich zu gewinnen; auch als Gesine – eher unwahrscheinlich – illegal mit Pistole und Minikamera in der DDR erscheint, greift er nicht ein, akzeptiert vielmehr Jakobs Vorschlag einer Unterredung mit Gesine und sichert ihr freies Geleit zu. An diesem Gespräch in Cresspahls Haus nimmt auch Dr. Jonas Blach teil, Assistent am Englischen Seminar in Ostberlin und in Gesine verliebt; sein Bericht über eine oppositionelle Versammlung reflektiert die Lage der Intellektuellen zwischen dem XX. Parteikongreß der KPdSU vom Februar 1956 und dem Ungarnaufstand (23. 10.–4. 11. 1956). Rohlfs sucht Gesine für die Sache des Sozialismus zu gewinnen; sie vereinbaren ein weiteres Treffen in Westberlin. Rohlfs bringt Gesine zur Grenze zurück und sorgt dafür, daß Jonas Blach, der mit ihm über Herrschaftsformen im Sozialismus diskutiert hat, seine Stelle verliert. Seinen Essay übergibt Blach Jakob zur Aufbewahrung, als dieser gerade die Durchfahrt sowjetischer Truppen nach Ungarn zu regeln hat. Jakob fährt nach Westdeutschland zu Gesine; zusammen besuchen sie seine Mutter im Flüchtlingslager. Jakob fühlt sich fremd im Westen, trennt sich von Gesine und kehrt nach einigen Tagen in den Osten zurück, während der ungarische Aufstand niedergeschlagen wird und sich die Suezkrise zuspitzt. Am Morgen des 8. November wird Jakob auf dem Weg zum Dienst von einer Lokomotive erfaßt. Jonas Blach holt sich sein Manuskript zurück, das Jakob dem Lokführer Jöche zur Aufbewahrung übergeben hatte, informiert Gesine über Jakobs Tod und wird beim Verlassen der Post von Rohlfs verhaftet. Rohlfs trifft sich am 10. November wie vereinbart mit Gesine in Westberlin; von Anwerbung ist nicht mehr die Rede, sie sprechen über Jakob.

Die ›Mutmaßungen‹ über das Leben eines Mannes, »das im Westen fremd und im Osten nicht mehr heimisch war« (J.), bleiben bei Annäherungen an die ›Wahrheit‹. Während in Max Frischs *Stiller* (1954) sich die Frage nach der Identität als Entfremdungsproblematik eines bürgerlichen Individuums äußert, das sich selbst nicht mehr annehmen kann, resultiert die Identitätsproblematik hier aus dem Übergangscharakter der Gesellschaft der DDR, deren Stellung »des Nicht-mehr und Noch-nicht [...] zeitgeschichtlich genau definiert ist durch die Grenzlinie zwischen Kapitalismus und Sozialismus« (Ralf Schnell). Dazu gehört auch, daß die einander gegenüberstehenden politischen Systeme, die jeweils in falscher Eindeutigkeit die ›Wahrheit‹ zu repräsentieren glauben, sich gleichzeitig durch Aktionen wie die Niederschlagung des Ungarnaufstands und die Aggression gegen Ägypten im Suezkonflikt diskreditieren. Jakob, letztlich unpolitisch und durch seine Auffassung von ›Pflicht‹ bestimmt, wird zerbrochen, sobald er seine Heimat verläßt, »sobald er erfährt, daß man anders können sollte, als er ›muß‹. Das geschieht, sobald er über die Grenze fährt« (Walter Schmitz).

Biblisch-mythische Bezüge, die in den Namen sichtbar werden (Jakob, Jonas, Jerichow), fügen dem Geschehen eine weitere Dimension hinzu. So erinnert der Name Jakob Abs sowohl an den biblischen Jakob, der sich das Erstgeburtsrecht erschlichen hat, wie auch an Absalom, der nach dem Brudermord zugrunde geht: »Gestalten, die einerseits (Jakob) die Hoffnung auf eine bessere, jüngere Gesellschaftsordnung (Sozialismus statt Kapitalismus) verkörpern, aber andererseits (Absalom) das wieder und wieder bestätigte Mißlingen dieser Möglichkeit (Stalinismus, Niederschlagung des Ungarnaufstandes) symbolisieren« (Schnell).

Wie es mit Gesine Cresspahl und ihrem von Jakob empfangenen Kind Marie weitergeht, erzählt J. in der Romantetralogie *Jahrestage* (1970–83).

1959
Karl Krolow
Fremde Körper

K. begann unter dem Einfluß der Naturlyrik Oskar Loerkes und Wilhelm Lehmanns, doch die intensive Auseinandersetzung mit der europäischen Lyrik der Moderne, insbesondere dem französischen Surrealismus und der zeitgenössischen spanischen Lyrik, förderte die allmähliche Distanzierung von der deutschen ›naturmagischen‹ Tradition. Sichtbaren Ausdruck fand dieser Ablösungsprozeß zuerst in der 1952 erschienenen Sammlung *Die Zeichen der Welt* (die mit

Verlassene Küste eines der bekanntesten Gedichte K.s enthält). Neben Übertragungen französischer und spanischer Poesie erschienen in den folgenden Jahren weitere Gedichtbände (*Wind und Zeit*, 1954; *Tage und Nächte*, 1956), in denen die Natur immer mehr zurücktritt bzw. auf formale Strukturelemente reduziert wird *(Drei Orangen, zwei Zitronen; Orte der Geometrie),* die surrealistischen Züge der Metaphorik sich weiter verstärken und Reimstrophen mit festem Metrum nach und nach verschwinden. Den Höhepunkt dieser Entwicklung stellt der Band *Fremde Körper. Neue Gedichte* dar, eine in vier Teile gegliederte Sammlung (»Andere Jahreszeit«, »Wahrnehmungen«, »Gesang vor der Tür«, »Heute noch«), die K.s Ideal der Leichtigkeit und Grazie, eine »Balance zwischen Stoff und Bild« zu verwirklichen suchen. Dabei nimmt die Metaphorik einen betont intellektuellen Charakter an, zeigt K. im Einklang mit der europäischen Moderne, »daß die Urbestimmung der Metapher nicht darin liegt, vorhandene Ähnlichkeiten zu erkennen, sondern darin, nicht-existierende Ähnlichkeiten zu erfinden« (Hugo Friedrich). Neben Texten wie *Erwachen, Ein Uhr mittags, Der Goldfisch auf der Lauer, Der Wind im Zimmer* und *Am See* finden sich in diesem Band die wohl bekanntesten Verse K.s, das dreiteilige Gedicht *Robinson,* das K. mit den Worten kommentierte: »Wenn man seine Sache auf wenig gestellt sieht, ist man von einer Last wenigstens frei: der Last der Erwartungen. Das eigentümliche, vielleicht verzweifelte Freiheitsgefühl, das nun aufkommt, erfüllt auch das Robinson-Gedicht.«

In K.s späteren Gedichtsammlungen tritt die artifizielle Metaphorik zurück, die ironischen und lakonischen Züge verstärken sich (*Alltägliche Gedichte*, 1968; *Nichts weiter als Leben,* 1970; *Zeitvergehen,* 1972; *Der Einfachheit halber,* 1977 u.a.). Zugleich intensivieren sich mit der Hinwendung zur Alltagsrealität die politischen Bezüge, etwa in der polemischen Abrechnung mit der bundesrepublikanischen Mentalität in dem großen Gedicht *Ausverkauf* (*Zwischen Null und Unendlich,* 1982) oder in den bitteren Kommentaren zur Wiedervereinigung (*Ich höre mich sagen,* 1992):

Zwei Sprachen werden nun eine.
Und die Sprache ist nicht mehr deine.

1960
Arno Schmidt
KAFF auch Mare Crisium

Die Bedeutung S.s für die deutsche Nachkriegsliteratur liegt weniger im Thematischen und Stofflichen als in seinen formalen Innovationen, der Aufsprengung konventioneller Erzählweisen, ihrer Zersplitterung in zahlreiche Erzähl- und Wirklichkeitsfragmente. Dazu kommt sein sprachlicher Erfindungsreichtum, zu dem auch die immer stärkere Einbeziehung von Jargon und Dialekt und schließlich die Auflösung der üblichen Orthographie bis hin zu einer konsequenten »Verschreibkunst« gehören, die verborgene (d.h. verdrängte) sexuelle Bedeutungen aufdeckt (›Etym‹-Lehre). Eine Begründung seiner epischen Technik enthalten die *Berechnungen* (I–II, 1955–56) genannten poetologischen Überlegungen, die von einem Zusammenhang zwischen der Erfahrung der Diskontinuität des modernen Bewußtseins und der Prosaform ausgehen. Die geläufige Metapher vom »epischen Fluß« trifft die Sache nicht: »Die Ereignisse unseres Lebens springen vielmehr. Auf dem Bindfaden der Bedeutungslosigkeit, der allgegenwärtigen langen Weile, ist die Perlenkette kleiner Erlebniseinheiten, innerer und äußerer, aufgereiht. Von Mitternacht zu Mitternacht ist gar nicht ›1 Tag‹, sondern ›1440 Minuten‹ (und von diesen wiederum sind höchstens 50 belangvoll!)«. S. setzte diese Gedanken, die den Formproblemen einen Vorrang vor Fragen des ›feinsinnigen Inhalts‹ einräumen, immer konsequenter um und erreichte nach dem Roman *Das steinerne Herz* (1956) mit *KAFF* den ersten Höhepunkt seiner formalen Meisterschaft.

»Wer nach ›Handlung‹ und ›tieferem Sinn‹ schnüffeln, oder gar ein ›Kunstwerk‹ darin zu erblicken versuchen sollte, wird erschossen«, heißt es in einer Vorbemerkung zum Roman. Das so vorgestellte Werk spielt auf zwei Ebenen, die auch typographisch voneinander abgesetzt sind: im Jahr 1959 in einem ›Kaff‹ in der Lüneburger Heide (›Kaff‹ bedeutet aber auch ›Spreu‹) – erzählt wird vom Besuch des Liebespaars Karl Richter und Hertha Theunert bei Karls Tante Heete –, und 1980 auf dem Mond. Die Zukunftsgeschichte ist eine Erfindung Karl Richters, die er seiner Freundin abschnittsweise erzählt und – in satirischer Brechung des Ost-West-Konflikts – vom Leben einiger Tausend Amerikaner und Russen berichtet, die sich von der atomar verseuchten Erde in einige Mondkrater gerettet haben. In diesen Zukunftsentwurf wiederum sind zwei auf dem Mond entstandene ›Nationalepen‹ eingeflochten, die sich die Amerikaner und Russen gegenseitig erzählen: eine amerikanische Version des *Nibelungenlieds* bzw. eine russifizierte Fassung von Herders *Cid*-Übersetzung.

In *KAFF* schlägt sich die Auseinandersetzung S.s mit Sigmund Freud und James Joyce nieder, sichtbar u. a. in der Wortbildungstechnik und dem spielerischen Umgang mit den Mehrfachbedeutungen von Wörtern. Die annähernd phonetische Schreibung von Dialekten (Schlesisch, Niederdeutsch), die Zerlegung von Wörtern und ihre Neuzusammensetzung in einer höchst eigenwilligen Orthographie (»Eh=Poß«, »Roh=Mann=Tick«), aber auch der verschwenderische Gebrauch von Satzzeichen (»:!!!/: ›Na also.‹«) fördern auf ihre Weise die Fragmentarisierung und Zersplitterung der »löcherigen« Textstruktur, die der Diskontinuität der Daseinserfahrung entsprechen soll.

1960
Martin Walser
Halbzeit

Halbzeit ist nach *Ehen in Philippsburg* (1957), einem satirischen Blick hinter die Kulissen einer süddeutschen Stadt, W.s zweiter Roman: eine Beschreibung der Gesellschaft der Bundesrepublik in den 50er Jahren (und der in ihr weiterwirkenden Geschichte), gesehen durch das Medium eines unaufhaltsam räsonierenden Ich-Erzählers, des 35jährigen Vertreters und Werbetexters Anselm Kristlein (verheiratet mit Alissa, drei Kinder).

Der erste der drei Teile des Romans – vom Umfang her weit mehr als ein Drittel des 900seitigen Werkes – schildert einen einzigen Tag, den 18. Juni 1957, im Leben des Anselm Kristlein, von den letzten Träumen vor dem Aufwachen bis zum Schlafengehen in der Nacht. Es ist ein typischer Tag, sieht man davon ab, daß es der erste Tag zu Hause nach einem Krankenhaus- und Kuraufenthalt ist und daß Kristlein erfahren wird, daß er sein Beratungsbüro für Ölheizungsanlagen aufgeben muß: Frühstück, Spaziergang mit der ältesten Tochter, Friseur (dem er nebenbei eine Heizung verkaufen will), Mittagessen, Büro, Verabredung mit Freund Edmund im Café, Abendessen zu Hause, anschließend allein unterwegs zu einer Verlobungsfeier mit vorausgehendem bzw. nachfolgendem Besuch der Geliebten Anna und Sophie, Rückkehr nach Hause. Die ironischen, minutiösen Schilderungen machen nicht nur das äußere Geschehen anschaulich, sondern vermitteln – und das ist ihre Funktion – einen

Einblick in alle Winkel von Anselms Seelenleben und dazu, da gleichsam seine ganze persönliche und familiäre Geschichte einbezogen wird, ein Bild der 1. Hälfte des 20. Jh.s. Damit ist zugleich ein Aspekt des Romantitel angesprochen; ein anderer ist seine ›sportliche‹ Bedeutung, die wegen der im Roman vielfach variierten Vorstellung vom Leben als ständigem Kampf anwendbar wird. Das ist, mit dem damit einhergehenden Verlust menschlicher Werte, das zentrale Thema des Romans.

Anselm, durch seine Sozialisation zu einem Menschen ohne feste Identität geworden, flexibel, anpassungsfähig und manipulierbar, beteiligt sich an diesem Lebenskampf, der Jagd nach Erfolg. Er findet eine Stellung in der Werbeabteilung des Frantzke-Konzerns, darf an den Parties der villenbesitzenden Kreise teilnehmen und wird nach Amerika geschickt, um sich in der Konsum- und Verbrauchsideologie schulen zu lassen, einer Ideologie, die vom Ökonomischen schon lange aufs Sexuelle übergegriffen hat und Anselm zu weiteren Abenteuern treibt. Dagegen erweist sich seine Frau Alissa, deren Tagebuch er heimlich liest, als fester Charakter. Sie sucht sich gegen die Pervertierung der Werte zu behaupten und entfernt sich so immer weiter von Anselm. Doch auch ihm, dem durchschnittlichen, kleinbürgerlichen Anti-Helden ist die Anpassung (»Mimikry«) nicht völlig gelungen, vor allem im Bett zwischen Wachen und Schlafen (zu Anfang und Ende des Romans) kann er artikulieren, wie schwer ihm die Anpassung fällt, zeigt sich, daß er dank seines kritischen Bewußtseins seine Fähigkeit zur Selbstironie noch nicht ganz verloren hat.

Während die Sprachmächtigkeit W.s von der Kritik immer wieder bewundernd hervorgehoben wurde, machte man ihm zugleich – wohl auf der Basis eines traditionellen Romanbegriffs – »Gestaltlosigkeit« zum Vorwurf. Es ist jedoch eine »Gestaltlosigkeit«, die eine Funktion besitzt und auf das Problem der literarischen »Wahrnehmbarkeit einer selber gestaltlos gewordenen Welt« reagiert (Ralf Schnell).

W. verfolgte das Schicksal seines Helden Anselm Kristlein in zwei weiteren Romanen, *Das Einhorn* (1966) und *Der Sturz* (1973), die sich mit *Halbzeit* zur *Kristlein-Trilogie* vereinigen. In *Einhorn* wohnt der nun 42jährige Kristlein als Schriftsteller in München (seine Frau heißt jetzt Birga; ein Kind ist dazugekommen) und müht sich vergeblich ab, ein Auftragswerk über die Liebe zu schreiben. In *Sturz* ist die Schriftstellerei nur noch Fassade; der 50jährige Kristlein lebt mit seiner Frau als Leiter eines Betriebserholungsheims am Bodensee und läßt immer stärke-

re Symptome eines gestörten Verhaltens erkennen, kommt allerdings auch – in einem in die Zukunft verlegten Kapitel – zu bisher verdrängten Einsichten.

W.s *Kristlein-Trilogie* erzählt die Geschichte eines an falschen Vorbildern und Ideologien ausgerichteten Opfers der Verhältnisse und seiner eigenen Persönlichkeit, eines Mannes, der sich ganz allein selbst verwirklichen möchte und zu spät erkennt, »daß die Gesellschaft, in der er lebt, gerade dies, raffiniert und mit allen Mitteln, verhindert« (Thomas Beckermann).

1961
Johannes Bobrowski
Sarmatische Zeit

Nach Einzelveröffentlichungen – u. a. in der Zeitschrift *Das Innere Reich* (1944) und in der von Peter Huchel herausgegebenen DDR-Zeitschrift *Sinn und Form* (1955) – erschien B.s erster Gedichtband *Sarmatische Zeit* 1961 zuerst in der Bundesrepublik und kurz darauf in der DDR. Der Titel bezieht sich auf die antike Bezeichnung für den Siedlungsraum der Slawen in Osteuropa. Die »Deutschen und der europäische Osten« ist B.s Thema: »Weil ich um die Memel herum aufgewachsen bin, wo Polen, Litauer, Russen, Deutsche miteinander lebten, unter ihnen allen die Judenheit. Eine lange Geschichte aus Unglück und Verschuldung, seit den Tagen des deutschen Ordens, die meinem Volk zu Buch steht. Wohl nicht zu tilgen und zu sühnen, aber eine Hoffnung wert und einen redlichen Versuch in deutschen Gedichten. Zu Hilfe habe ich einen Zuchtmeister: Klopstock.«

Die Gedichte rufen die Landschaften der Kindheit zurück, evozieren in melancholischen Tönen im Bewußtsein ihres Verlusts, ihrer unumkehrbaren Zerstörung Erinnerungslandschaften mit ihren Strömen, Wäldern und Menschen. Es sind keine ›Naturgedichte‹ im Sinn eines Rückzugs von der geschichtlichen Welt wie bei Wilhelm Lehmann, sondern Natur und Landschaft sind der Ort, in dem B. die »Blutspur« in der Geschichte verfolgt bis zur Ausrottung des Volkes der Pruzzen durch den Deutschen Ritterorden *(Pruzzische Elegie)*. Gegenwart und Vergangenheit, Nähe und Ferne gehen ineinander über, verleihen den Gedichten einen ebenso ›realistischen‹ wie visionären Charakter, und wie der abrupte Wechsel der Zeiten verhindert der gebrochene, an der Ode orientierte Sprachstil unreflektiertes

Sicheinfühlen. Die Bezüge zur freirhythmischen Odendichtung verbinden sich mit Elementen der symbolistischen Dichtungstradition und einem ›magischen‹ Dichtungs- und Wortverständnis, wobei die Vieldeutigkeit der Zeichen und Bilder zu einer gewissen ›Dunkelheit‹ der Texte beiträgt: »Magische Verssprache, die bis ins Mythisch-Archaische greift, und aufklärerische Intention, die auf Kenntnisvermittlung und kritisches Nachdenken zielt, vereinen sich auf kompliziert-produktive Art und bezeichnen den eigentümlichen Platz dieser Lyrik im Spannungsfeld von Tradition und Moderne« (Eberhard Haufe).

Das Projekt eines großangelegten *Sarmatischen Divans* hatte B. fallengelassen; doch mit *Schattenland Ströme* (1962) und – aus dem Nachlaß – *Wetterzeichen* (1967) folgten zwei weitere Gedichtbände, die die verlorene Welt Sarmatiens in der Erinnerung bewahren:

[...] der Väter
Rede tönt noch herauf:
Heiß willkommen die Fremden.
Du wirst ein Fremder sein. Bald.
(Anruf)

1961
Günter Grass
Katz und Maus

Katz und Maus. Eine Novelle, Mittelstück der noch die Romane *Die Blechtrommel* (1959) und *Hundejahre* (1963) umfassenden *Danziger Trilogie*, spielt in der Zeit des Zweiten Weltkriegs in Danzig. Hauptgestalt ist der mit einem großen Adamsapfel ausgestattete Joachim Mahlke, Ich-Erzähler sein damaliger Klassenkamerad Pilenz, einziger Katholik in der Klasse und jetzt Sekretär im Kolpinghaus in Düsseldorf. Sein schuldbeladenes Verhältnis zu Mahlke beginnt damit, daß er eine Katze auf den Adamsapfel des schlafenden Mahlke ansetzt (der Erzähler neigt freilich zum Beschönigen und Vernebeln): »Mahlkes Adamsapfel wurde der Katze zur Maus.«

Der Außenseiter Mahlke kämpft verbissen um die Anerkennung seiner Klassenkameraden, sucht durch allerlei Halsschmuck den »Knorpel« zu verbergen und durch besondere Anstrengungen vergessen zu machen, indem er sich – obwohl schwächlich – u.a. zu Höchstleistungen beim Turnen und Tauchen zwingt (wobei er sich in einem halb versunkenen Minensuchboot ein erbautes Refugium schafft). Eine entscheidende Rolle für Mahlkes Kampf um Anerkennung spielt der Umstand, daß Ritterkreuzträger eine

Rede in der Aula ihrer ehemaligen Schule halten dürfen. Und als ein Kapitänleutnant eine dieser Reden hält, probt Mahlke gewissermaßen die geglückte Integration, indem er dessen Ritterkreuz stiehlt und damit – der Orden verdeckt den Adamsapfel vollkommen – ein Gefühl des Glückes und der Erlösung erfährt. Von der Schule verwiesen, meldet er sich trotz seiner Abneigung gegen das Militär ›freiwillig‹ zur Panzertruppe und erwirbt tatsächlich das Ritterkreuz. Doch sein Erlösungsplan scheitert, weil ihm die Schule den Vortrag in der Aula verweigert. Mahlke bricht zusammen, desertiert, verschwindet beim Tauchen zur Kabine des versunkenen Bootes, seinem Refugium.

Katz und Maus hat, wie schon zuvor die *Blechtrommel*, deutliche religiöse Bezüge, die mit dem an den Sündenfall erinnernden Adamsapfel Mahlkes beginnen, sich in seinem die Mitschüler faszinierenden Versuch der Selbsterlösung und seiner Marienverehrung fortsetzen und in den verstärkten Christus-Parallelen am Ende – letztes ›Abendmahl‹ und Untertauchen am Freitag, freilich ohne Auferstehung – kulminieren: »Pilenz, der Jünger, der mit Mahlke nicht fertig wurde und ihn verriet, wird jetzt mit dem untergetauchten Mahlke nicht fertig, schreibt deshalb seine Geschichte auf und wird so sein Evangelist. Wie *Die Blechtrommel* ist auch *Katz und Maus* das Evangelium der gefallenen Schöpfung« (Volker Neuhaus).

1961
Max Frisch
Andorra

Andorra ist nach *Biedermann und die Brandstifter* (1958), dem »Lehrstück ohne Lehre«, ein weiteres Parabelstück, das sich am epischen Theater Brechts orientiert, ohne dessen ideologische Position zu übernehmen. Andorra ist ein fiktiver Kleinstaat, »der Name für ein Modell« (F.). Die Fabel findet sich im *Tagebuch 1946–1949* (1950) unter dem Titel *Der andorranische Jude* und steht nur einige Seiten hinter dem thematisch verwandten Text über das biblische Gebot »Du sollst dir kein Bildnis machen«, auf das auch die Prosaskizze Bezug nimmt. – *Andorra*, am Zürcher Schauspielhaus uraufgeführt (2. 11. 1961, Druck im selben Jahr), wurde F.s erfolgreichstes Stück.

Andri, ein 20jähriger Andorraner, wächst mit dem Makel der Andersartigkeit auf: Sein Pflegevater, der Lehrer Can, hatte ihn einst aus dem

Land der »Schwarzen« vor den großen Judenmassakern gerettet und in Andorra (unter großem Beifall der Andorraner) in Sicherheit gebracht (in Wirklichkeit ist Andri Cans unehelicher Sohn mit einer Frau der »Schwarzen«). Alle stoßen Andri in die Rolle des Juden, schreiben ihm bestimmte Eigenschaften zu, drangsalieren, beleidigen und mißhandeln ihn, und als ihm auch noch sein Pflegevater die Ehe mit Barblin, seiner ehelichen Tochter, ohne Begründung verweigert, nimmt Andri die ihm aufgezwungene Rolle an, um mit sich selbst identisch zu werden. Nach dem Einmarsch der »Schwarzen« geben ihn die Andorraner bei der »Judenschau« preis; er wird ermordet (wie schon vorher seine Mutter, eine »Schwarze«, von den Andorranern getötet worden war), der Vater erhängt sich und die »Judenhure Barblin« weißelt das Pflaster des Platzes (»ich weiße, auf daß wir ein weißes Andorra haben, ihr Mörder, [...] ich weiße euch alle – alle«) und wartet bei Andris stehengebliebenen Schuhen auf sein Wiederkommen. – Zwischen den Szenen treten, Techniken des Brechtschen epischen Theaters abwandelnd, einzelne Andorraner in den Vordergrund der zweigeteilten Bühne und rechtfertigen an einer Zeugenschranke ihr Verhalten. Sie erklären sich mit den üblichen Floskeln und Klischees für unschuldig, nur der Pfarrer bekennt sich zu seiner Schuld: »der Zeugenmonolog ist kein Kommentar zur Handlung, sondern ihre Fortsetzung in die Gegenwart der Aufführung« (Wolfgang Frühwald/Walter Schmitz).

Das Stück verweigert, anders als das epische Theater Brechts, Lösungen und Lösungshinweise; es ist als Provokation gedacht, die eine Veränderung von Denken und Handeln bezweckt. Der Vorwurf, *Andorra* werde dem historischen Phänomen des Nationalsozialismus nicht gerecht, geht an F.s Intentionen vorbei. Sein »Modell« *Andorra* ist kein direkter Beitrag zur Vergangenheitsbewältigung, es demonstriert vielmehr im Zusammenhang mit der für F. zentralen Rollen- und Bildnisthematik den Mechanismus des allgemeinen Phänomens »Vorurteil – Massenvorurteil« (F.). In dem Stück wird »nur unter dem Modellaspekt in Einzelfällen gedacht und gehandelt, es geht nicht um Schuld und Anklage von einzelnen oder Gruppen, es geht um die Schuldverflechtung, die Interdependenz der Stereotype, die unsere Bewußtseinswelten bevölkern« (Frühwald/Schmitz).

1962
Friedrich Dürrenmatt
Die Physiker

Die »Komödie in zwei Akten«, am 20. 2. 1962 im Zürcher Schauspielhaus uraufgeführt (Druck im selben Jahr), präsentiert die Welt als Irrenhaus, das sich in ein Gefängnis verwandelt; sie illustriert so den dritten von D.s *21 Punkten zu den >Physikern<*, daß eine Geschichte dann zu Ende gedacht sei, »wenn sie ihre schlimmstmögliche Wendung genommen hat«.

Drei Physiker sitzen im Irrenhaus: Johann Wilhelm Möbius, der am längsten da ist, erscheint König Salomo, die anderen halten sich für Newton und Einstein. Was es mit ihnen auf sich hat, erfährt man erst später; die eigentliche Handlung beginnt als Kriminalfall: Einstein hat seine Krankenschwester ermordet (wie vorher schon Newton die seine), und am Ende des 1. Aktes erdrosselt Möbius seine Pflegerin, so daß auch der 2. Akt mit polizeilichen Ermittlungen beginnt (sie bleiben ohne Konsequenzen für die Täter, da sie ja »Irre« sind).

Die Krankenschwestern mußten sterben, weil sie in ihrer Liebe zu ihren Patienten deren Geheimnis entdeckt hatten: Die Physiker sind nicht verrückt, wie sie sich dann gegenseitig offenbaren. Möbius hat alle wesentlichen physikalischen Weltgesetze entdeckt, einschließlich des »System[s] aller möglichen Erfindungen«. Um die verheerenden Folgen abzuwenden, die zu erwarten wären, wenn seine Entdeckungen bekannt würden, hat er alle soziale Bindungen – Familie, Karriere usw. – abgebrochen und sich ins Irrenhaus als vermeintlich sicherem Ort zurückgezogen. Freilich, so stellt sich nun heraus, Einstein und Newton sind Agenten des amerikanischen bzw. sowjetischen Geheimdienstes, die Möbius ausspionieren sollen. Möbius gelingt es, die beiden Physiker (denn das sind sie auch) davon zu überzeugen, daß das Geheimnis um jeden Preis gewahrt werden müsse. Aber die Leiterin der Anstalt, das bucklige Fräulein von Zahnd, die einzige Irre im Stück, hat Möbius' Manuskripte längst kopiert und ist dabei, im Namen König Salomos ein Weltimperium zu errichten, während sich das Irrenhaus in ein Gefängnis verwandelt.

Die Weltgeschichte ist ein Amoklauf, mit Vernunft ist ihr nicht beizukommen. Die groteske Gestalt der irren Irrenärztin verkörpert »buchstäblich den Zustand der Welt« (Jan Knopf). Das Opfer des einzelnen ist umsonst, der Irrsinn läuft selbsttätig: »Was einmal gedacht wurde, kann nicht mehr zurückgenommen werden.« Dieser Kommentar zum Zustand der Welt – die Ost-West-Konfrontation ließ die atomare Katastrophe bedrohlich nah erscheinen – ist zugleich eine Antwort auf Brechts Stück *Leben des Galilei* (1943), das seinen Helden kritisch im Hinblick auf die individuelle Verantwortung des Wissenschaftlers und den Fortschritt der Menschheit durch Wissenschaft sieht. In der Sicht der *Physiker* richtet die Naturwissenschaft die Welt zugrunde, und Handeln aus individueller Verantwortung, wie es Möbius vorführt, ist ohne Wirkung. Denn: »Was alle angeht, können nur alle lösen« (Punkt 17 der *21 Punkte zu den ›Physikern‹*).

Nach der Komödie *Der Meteor* (1966) und einer Reihe von Shakespeare- und Strindbergbearbeitungen machte D. noch einmal das Irrenhaus zum Ort der Handlung eines Dramas, und die politisch-satirische Collage *Achterloo* (1983) bestätigt zum letztenmal sein Diktum: »Die Welt ist ein Irrenhaus.«

1962
Franz Fühmann
Das Judenauto

Der autobiographische Erzählzyklus mit dem Untertitel »Vierzehn Tage aus zwei Jahrzehnten« ist ein Versuch, anhand einer Reihe von wichtigen Stationen den eigenen Werdegang von der Kindheit und Jugend bis zur Rückkehr aus der russischen Kriegsgefangenschaft (1949) zu vergegenwärtigen, ein Versuch, die eigene Vergangenheit, insbesondere die Korrumpierung durch den Nationalsozialismus, zu begreifen und die politische Wandlung zum Antifaschisten und Sozialisten zu schildern. Dabei werden die Momente der privaten Biographie jeweils mit Daten von historischer Bedeutung verknüpft (von »1929, Weltwirtschaftskrise« bis »7. Oktober 1949, Gründung der Deutschen Demokratischen Republik«). Während die späteren Erzählungen des Zyklus sich auf die vordergründige politische Entwicklung konzentrieren und in einer von F. dann selbst kritisierten affirmativen Pathetik gipfeln, steht die erste und zugleich berühmteste seiner Erzählungen überhaupt, die Titelgeschichte *Das Judenauto*, eine psychologisch eindringliche Studie über das Funktionieren von Vorurteilen.

F.s neunjähriges alter ego, verwirrt durch frühe sexuelle Gefühle und fasziniert von Schauergeschichten über Morde von Juden, die in einem Auto auf Mädchenjagd gehen, steigert sich in ab-

wegige Phantasien hinein und macht sich mit seiner Geschichte, daß ihn das Judenauto stundenlang verfolgt habe, vor der Klasse lächerlich. Statt sich seine Unzulänglichkeit einzugestehen, übernimmt er die antisemitischen Vorurteile seiner Umgebung, verfällt in stereotype Schwarzweißmalerei und betrachtet sich als Opfer jüdischer Machenschaften: »Sie hatten alles Schlechte gemacht, das es auf der Welt gibt.«

Die Auseinandersetzung mit der eigenen Vergangenheit bleibt für F. auch im folgenden das entscheidende Thema seiner literarischen Arbeit. Das gilt für den Erzählzyklus *Der Jongleur im Kino oder Die Insel der Träume* (1970), aber auch für das ungarische Reisetagebuch *22 Tage oder Die Hälfte des Lebens* (1973) und nicht zuletzt für sein essayistisches Meisterwerk *Der Sturz des Engels. Erfahrungen mit Dichtung* (1982; die gleichzeitige DDR-Ausgabe trägt den Titel: *Vor Feuerschlünden. Erfahrungen mit Georg Trakls Gedicht*).

1962
Albert Paris Gütersloh
Sonne und Mond

Der von den Nationalsozialisten mit Berufsverbot belegte G. wurde nach dem Krieg als Professor an der Wiener Akademie für Bildende Künste entscheidener Anreger der »Wiener Schule des phantastischen Realismus«. Die Summe seines literarischen Schaffens – G. hatte bereits 1910 einen Roman veröffentlicht (*Die tanzende Törin*) – stellt das 1935 begonnene Werk *Sonne und Mond. Ein historischer Roman aus der Gegenwart* dar, ein Roman, der auf »Totalität« zielt, auf eine Wiedergabe des Ganzen ohne Hierarchisierung, wie es der Moderne mit ihrem Wertepluralismus und Subjektivismus entspreche. Zufall und Chaos sind die bestimmenden Elemente der Wirklichkeit: »Ein Haufen auf's Geratewohl hingeschütteter Dinge ist die schönste Weltordnung«, lautet das von Heraklit stammende Motto des Romans.

Für *Sonne und Mond* bedeuten diese Gedanken, die G. in *Der innere Erdteil. Aus den Wörterbüchern* (1966) näher ausführte, daß das lineare Erzählen ebenso aufgegeben wird wie der Anspruch auf Kohärenz der Handlung: »Bei Poeten und Verschwendern krönt das Überflüssige erst das Zufällige.« Abschweifungen – Reflexionen, Episoden, Anekdoten usw. – bilden eine wesentliche Komponente dieser Episches und Diskursives verbindenden Erzählweise, bei der »das Erzählte, [...] das Erzählen keine Notwendigkeit kennt« (Jürgen H. Petersen). Die Kunst der Abschweifungen verweist auf die Tradition des humoristischen Erzählens (Laurence Sterne, Jean Paul).

Auf die Handlung kommt es eigentlich nicht an, und weil das so ist, hat sie G. abrißhaft dem Ganzen vorangestellt: Der Graf Lunarin hat von seinem Onkel Baron Enguerrand ein verfallenes Schloß geerbt und soll damit zur Seßhaftigkeit gebracht werden. Er engagiert Personal, bestellt den Großbauern Till Adelseher zum Verwalter und reist wieder ab – angeblich nur für drei Tage, in Wirklichkeit »in ein Liebesverhältnis, das ihn ein Jahr fernhalten soll«. Till Adelseher macht die Verwaltung und Wiederherstellung des Schlosses immer mehr zu seiner Aufgabe, so daß er sein eigenes Gut dabei vernachlässigt. Und als Graf Lunarin nach einem Jahr wieder erscheint, schenkt er dem Verwalter Schloß und Land: »Ist das nicht ein edler Abschied«, ruft der Graf, »wenn man früher weiß, daß die Standesvorrechte demnächst abgeschafft werden?«

So ist der Roman mit seiner kosmischen Metaphorik (Till: Sonne, Lunarin: Mond) zugleich eine Geschichtsallegorie, die den Umbruch und Umbau der österreichischen Gesellschaft seit der Zeit vor dem Ersten Weltkrieg zum Gegenstand hat. Bei der Darstellung von Wiederaufbau, Bezug und Möblierung des baufälligen Schlosses, der Monarchie, werden die aufstrebende Rolle des Bürgertums und der Verfall des Adels ebenso sichtbar wie antisemitische und präfaschistische, die Katastrophe präludierende Züge.

1962
Alexander Kluge
Lebensläufe

Die Erzählungen in K.s erstem Buch schildern ›Lebensläufe‹ von Personen, deren Schicksal wesentlich durch das Dritte Reich beeinflußt oder geprägt wurde. K. nimmt damit ein Thema auf – Nach- und Weiterleben des Faschismus in der Bundesrepublik –, das zahlreiche andere Schriftsteller seiner und der älteren Generation beschäftigte. Neu sind hingegen die formalen Mittel, mit denen K. der komplexen Realität gerecht zu werden sucht. Nicht eine ›Fabel‹ steht im Vordergrund, sondern es geht um die quasi-dokumentarische Darbietung von Materialien, die die Wirklichkeit nicht ›abbilden‹, sondern durchschaubar machen sollen, die distanziert Mechanismen registrieren, »in deren Zusammenspiel

Individuen nurmehr Abhängigkeit erfahren« (Ralf Schnell). In den *Lebensläufen* geschieht dies durch die parodistische Nachahmung vor allem des juristischen, aber auch des militärischen Amtsjargons, in dem die ›Fälle‹ von Opfern und Mitläufern berichtet werden – vom Mädchen Anita G., das durch den Abtransport ihrer Großeltern nach Theresienstadt aus der Bahn geworfen wird, über das »jüdisch-bolschewistisches« Schädelmaterial sammelnden Oberleutnant Boulanger bis zur bundesrepublikanischen Karriere des furchtbaren Juristen Korti (*Ein Volksdiener*). Die Gliederung der Geschichten in Abschnitte erfolgt in einer Weise – Schnitte ohne Übergang –, die sich an der Filmtechnik orientiert: »Die Geschichten wurden zunächst als Filme konzipiert. Wenn man sie genau ansieht, kann man die ›Schnitte‹ feststellen. Das literarische Prinzip der *Lebensläufe* ist ein filmisches Prinzip« (K.). K.s Film *Abschied von Gestern* (1966) basiert auf der ersten Geschichte des Bandes (*Anita G.*).

Radikaler als in den *Lebensläufen* stellt sich die Realismusproblematik in *Schlachtbeschreibung* (1964), dem Versuch, »den organisatorischen Aufbau eines Unglücks«, nämlich der Schlacht von Stalingrad, mit Hilfe der Montage von echten und fiktiven Dokumenten zu beschreiben. Eine Weiterentwicklung seiner Erzählstrategie bedeuten die *Lernprozesse mit tödlichem Ausgang* (1983), eine ›gitterartige‹ Konstruktion, die thematisch und formal vielfältige Geschichten zu einer negativen Enzyklopädie vereint, die »den Widerstand der Ästhetik [produziert], indem sie pointiert, zuspitzt, zur ›science fiction‹ hochrechnet, was als ›tödlicher Ausgang‹ unseren alltäglichen Verhältnissen vorgezeichnet liegt« (Schnell).

1962
Peter Rühmkorf
Kunststücke

Nach polemisch-poetischen Angriffen auf den literarischen Traditionalismus der 50er Jahre, die zugleich das »Restauratorium« der Adenauer-Ära treffen sollten (*Heiße Lyrik* [mit Werner Riegel], 1956; *Leslie Meiers Lyrik-Schlachthof*, 1956–58 im *Studenten-Kurier* bzw. in *konkret*), ließ R. mit *Irdisches Vergnügen in g. Fünfzig Gedichte* (1959) und *Kunststücke. Fünfzig Gedichte* die beiden Sammlungen folgen, die für längere Zeit seine Stellung als Lyriker definierten; erst 1976 folgte mit den *Gesammelten Gedichten* ein weiterer Gedichtband (unter den neuen Gedichten der programmatische Text *Hochseil*), dem sich 1979 neue Gedichte unter dem Titel *Haltbar bis Ende 1999* anschlossen.

Wie der Titel des Bandes *Irdisches Vergnügen in g*, der sich auf Barthold Hinrich Brockes' vielbändiges *Irdisches Vergnügen in Gott* (1721–48) bezieht, so deutet auch die Gliederung der *Kunststücke* in »Oden«, »Sonette«, »Hymnen und Gesänge«, »Lieder« und »Variationen« auf entscheidende Momente von R.s lyrischer Verfahrensweise hin. Sie lassen sich mit Begriffen wie Kontrafraktur, Parodie und Travestie, Anspielung, Zitat und Variation kennzeichnen. Einbezogen wird dabei vor allem die deutsche lyrische Tradition seit dem 17. Jh. mit ihren spezifischen Formen und Sprechweisen; Gedichte Klopstocks, Matthias Claudius', Hölderlins und Eichendorffs liefern die Muster für parodistische Variationen, die freilich nicht die Tradition selbst treffen, »sondern die Oden, Hymnen und Lieder der Alten sollen Medium und Filter sein, durch die der Autor neu seine Gegenwart erfährt und kritisch reflektiert« (Peter Bekes). Diese Gegenwart dringt ein durch die virtuose Verwendung von Jargon, Umgangssprache, Reklamesprüchen und Graffiti, Elemente, die die literarische und bildungssprachliche Tradition verfremden. Die Nähe zu Heine ist beabsichtigt: »auf dem Drahtseil, zwischen politisch-gesellschaftlicher Direktverantwortung und ästhetischer Sprachfindung, bewegt er sich, in aller Gefährdung und Fragilität, mehr als jeder andere Lyriker der zweiten Jahrhunderthälfte [...] als der eigentliche Statthalter Heines in unserer Zeit« (Hans-Peter Bayerdörfer).

1963
Heinrich Böll
Ansichten eines Clowns

Mit diesem Roman erreichte B.s moralisch fundierte Kritik an der westdeutschen Restaurationsgesellschaft ihren Höhepunkt. Entsprechend heftig und kontrovers waren die Reaktionen, die schon der Vorabdruck in der Süddeutschen Zeitung auslöste.

Formal handelt es sich um einen Ich-Roman, um die in monologischen Erinnerungen und Telefongesprächen mit Verwandten und Freunden sich äußernden »Ansichten« des Komikers Hans Schnier, der sich in einer schweren Berufs- und Existenzkrise befindet und nun im Verlauf eines einzigen Abends – die Gegenwartshandlung – zu einer aggressiven Generalabrechnung mit dem CDU-Staat ausholt. Schnier, der »Clown«, ist das schwarze Schaf einer rheinischen Industriellenfamilie. Er hatte sich von seinem Elternhaus abgekehrt und in der Verbindung mit Marie Derkum, Tochter eines Linkssozialisten, Zuflucht gefunden; ihr Verlust – sie heiratete einen angesehenen Kirchenfunktionär – und die Frage, warum sie ihn verlassen hat, sind auslösendes Moment und entscheidender Beweggrund für Schniers Erinnerungen und Reflexionen und seine Auseinandersetzung mit Kirche und Gesellschaft.

Zwei Hauptthemen stehen dabei im Mittelpunkt. Das eine ist die Eheproblematik und die damit zusammenhängende Frage der Legitimation der Kirche, das andere betrifft die Verdrängung der schuldhaften Vergangenheit in der Gesellschaft (einschließlich der Kirche). Die Ehediskussion entzündet sich an Schniers Vorstellung, daß er mit Marie – auch ohne offiziell getraut worden zu sein – eine Ehe im sakramentalen Sinn geführt habe, daß das wahre Sakrament nicht in den Händen der Kirche sei und das von der Institution der Kirche geprägte Milieu mit seiner Scheinheiligkeit, seinen veräußerlichten Moralvorstellungen und seinen nur notdürftig kaschierten Machtinteressen sich »bedenkenlos gegen den urchristlichen Auftrag zur Tröstung der Mühseligen und Beladenen« durchsetze (Jochen Vogt). Die satirische Schilderung der Verquickung der Interessen der Kirche mit denen der Partei des C und dem Staat führt zum zweiten Thema, der Gesellschaftskritik und -satire, die sich – am Beispiel von Schniers Familie, insbesondere der Mutter – vor allem auf das Verhältnis oder besser Nicht-Verhältnis zur verdrängten Vergangenheit bezieht.

Die ungeheure Erregung, die »ein solch harmloses Buch« hervorrufen konnte, sei – so meinte B. 1985 – für die »Nachgeborenen« kaum noch verständlich. Doch lernen könne man an diesem Buch, »wie rasch in unseren Zeiten ein Roman zum *historischen* Roman« werde. Gleichwohl behalten die *Ansichten* ihren Rang als leidenschaftliche Abrechnung mit Kirche und Gesellschaft und als ideologiekritische Bestandsaufnahme des Adenauer-Staates, wobei die Schärfe und Treffsicherheit der Kritik durch ihre strikte Subjektivierung und ihre satirische Verfremdung um so überzeugender wirkt.

1963
Günter Grass
Hundejahre

Der in drei Bücher gegliederte Roman schließt nach der *Blechtrommel* (1959) und *Katz und Maus* (1961) die nachträglich so genannte *Danzi-*

ger Trilogie ab. Der Roman erzählt die Geschichte zweier Freunde/Feinde, Eduard (Eddi) Amsel und Walter Matern, von der Kindheit in einem Werderdorf an der Weichsel bis in die Nachkriegszeit, wobei sich wie in der *Blechtrommel* in den privaten Lebensgeschichten die allgemeine Historie – des Freistaats Danzig, der Hitlerzeit und der Nachkriegsjahre in der Bundesrepublik – spiegelt. Das Werk wird aus drei verschiedenen Erzählerperspektiven erzählt, wobei dem an einer Firmenfestschrift arbeitenden »Autorenkollektiv« der seine Rolle räsonierend nutzende Herausgeber Brauksel übergeordnet ist (seine Identität mit Amsel stellt sich erst später heraus).

Der 1. Teil mit dem Titel *Frühschichten* (doppeldeutig: zeitlich früheste Schicht des Geschehens; Brauksel schreibt jeweils während der Frühschicht seiner Fabrik) umfaßt die Zeit von der Geburt Amsels und Materns (1917) bis zur Geburt der auch in *Katz und Maus* agierenden Tulla Pokriefke 1927. Im Mittelpunkt steht die Freundschaft, Blutsfreundschaft, zwischen dem Windmüllersohn Matern und dem von den anderen gehänselten Halbjuden Amsel. Matern wird sein Beschützer und zugleich sein Gehilfe, denn der künstlerisch begabte Amsel entwirft kunstvolle Vogelscheuchenarrangements (als Abbilder einer gefallenen Schöpfung) und verkauft sie an die Bauern der Umgebung. Im 2. Teil, *Liebesbriefe* überschrieben, erzählt Harry Liebenau – Anreden an seine Kusine Tulla einstreuend – von den Ereignissen bis 1945, von Materns Weg über den Kommunismus zur SA und seinem Verrat an Eddi Amsel, den er mit einem Schlägertrupp überfällt und ihm alle Zähne ausschlägt, von Amsels künstlerischer Tätigkeit während des Krieges unter dem Namen Haseloff (Inszenierung von Vogelscheuchen-Balletten) und seiner Verbindung mit der ehemals von Tulla malträtierten Jenny, einem Zigeunerkind, das zur Balletteuse ausgebildet wird. Der 3. Teil trägt den Titel *Materniaden* nach seinem Protagonisten und Erzähler, dem Schauspieler Matern, der seine Schuld nicht wahrhaben will und sich lieber an anderen rächt, der schwach in Geschichte und ohne Gedächtnis ist. Amsel/Brauksel konfrontiert Matern mit seiner nach dem Krieg in einem Kalibergwerk eingerichteten unterirdischen Vogelscheuchenwelt, einem Pandämonium deutscher Geschichte; doch ob diese Konfrontation eine Wandlung Materns bewirkt und die Kunst demnach ihre aufklärerische Wirkung beweist, bleibt umstritten. »Mit der Rückkehr in die Oberwelt, die die wahre Unterwelt ist und in der es trotzdem zu leben gilt, endet das Buch« (Volker Neuhaus).

Das Verhältnis von Gegenwart und Vergangenheit steht, die verschiedenen Themen und Motive verbindend, im Zentrum der *Hundejahre*. Während die ersten beiden Bücher Vergangenheit (als private und als allgemeine Geschichte) rekonstruieren, zeigt das 3. Buch das Weiterleben und Fortwirken der Vergangenheit in der Gegenwart. Die Kontinuität, das Fortwirken des Nationalsozialismus wird auch deutlich gemacht durch die das Geschehen begleitende Hunde-Geschichte – von Mutter Senta über Sohn Harras (einst vom Danziger Gauleiter Hitler geschenkt) bis zum Enkel Prinz-Pluto, der sich vom ›Führer‹ nach Westen abgesetzt hat: »Niemand, der lesen kann, möge glauben, der Hund sei nicht angekommen.«

»Wie im Trommeln Oskars und im Lebenslauf Mahlkes verkündet G. hier ein drittes Mal sein Evangelium von der gefallenen Schöpfung [..], lehnt aber jede Erlösungslehre als Ideologie ab. Die Chance einer Besserung liegt einzig in der Einsicht in Schuld und der Fähigkeit zur Reue, wozu die Kunst Amsels wie die Oskars durch Vergegenwärtigung beiträgt« (Neuhaus).

1963
Max von der Grün
Irrlicht und Feuer

G. gehörte zu den Gründungsmitgliedern der Dortmunder »Gruppe 61«, die sich die bislang in der Bundesrepublik vernachlässigte »literarisch-künstlerische Auseinandersetzung mit der industriellen Arbeitswelt und ihren sozialen Problemen« zur Aufgabe gemacht hatte. Breite Resonanz in der Öffentlichkeit fand allein das Werk G.s, der in Romanen wie *Männer in zweifacher Nacht* (1962), *Zwei Briefe an Pospischiel* (1968), *Stellenweise Glatteis* (1973), *Flächenbrand* (1979) und *Die Lawine* (1986) mit (neo)realistischen Mitteln die Problematik der Arbeitswelt (vor allem im Bergbau), der Entfremdung und Entwurzelung der Arbeiter und ihrer Familien in der Wirtschaftswunder- und Wohlstandsgesellschaft kritisch beleuchtet. Zum Skandalerfolg wurde G.s zweiter Roman, *Irrlicht und Feuer*, nach dessen Vorabdruck in der Wochenzeitung *Echo der Zeit* (März 1963) eine Kampagne von Arbeitgeber- wie Gewerkschaftsseite einsetzte (zu den Folgen gehörten u.a. die Kündigung seines Arbeitsplatzes und der Ausschluß aus der IG Bergbau und Energie).

Erzählt wird, z.T. mit autobiographischen Bezügen, die Geschichte des Bergmanns Jürgen Fohrmann. Der Ich-Erzähler berichtet zunächst von seiner Arbeit unter Tage (einer der Höhepunkte ist die Darstellung eines Arbeitsunfalls, der in der Enthauptung eines Bergmanns durch einen technisch nicht ausgereiften Kohlehobel gipfelt), von Zechenstillegungen, Klassenkampf von oben, Streik und fragwürdigem Verhalten der Gewerkschaften, dann von seinen Erfahrungen in anderen Arbeitsverhältnissen, von Entfremdung und mangelnder Solidarität (die eigene Person nicht ausgenommen). Zugleich wird am Fall des KZ-Opfers Borowski und seines Peinigers Viktor Polenz das Weiterleben des Nationalsozialismus bzw. seine Verdrängung thematisiert, und am Beispiel der krisenhaften Ehe des (auf die traditionelle Rolleneinteilung eingeschworenen) Jürgen Fohrmann und seiner Frau Ingeborg demonstriert G. die Rückwirkung der sozialen Entwurzelung der Arbeiterklasse durch die Veränderungen in der Industriegesellschaft und die Verlockungen der Wirtschaftswundermentalität auf das private Leben. Gerade die aufgeregte Kampagne gegen das Buch (und die Verfilmung durch das DDR-Fernsehen 1966), das der offiziellen Ideologie der ›Sozialpartnerschaft‹ zuwiderlief, bestätigte G. in seiner Ansicht, daß Literatur mithelfen kann, »Menschen zu aktivieren, ihnen ein politisches Bewußtsein zu geben, wenn diese Literatur Vorgänge transparent macht«.

Nicht zuletzt die Offenheit und ›Bürgerlichkeit‹ des Literaturbegriffs der »Gruppe 61« – Literatur von Arbeitern, Literatur über Arbeiter – führte schließlich zu einer Abspaltung des »Werkkreises Literatur der Arbeitswelt« (seit Herbst 1969), der dezidiert politische Ziele mit literarischen Mitteln (des ›Realismus‹) verfolgte. Mitglied sowohl der »Gruppe 61« wie des »Werkkreises« war Erika Runge, die mit ihren *Bottroper Protokollen* (1968) ein neues Verfahren zur authentischen Realitätserfassung erprobte: die – freilich von der Autorin strukturierte – wörtliche Wiedergabe von Aussagen und Berichten von Personen, die von den wirtschaftlichen Krisenerscheinungen im Ruhrgebiet – am Beispiel der Auswirkungen einer Zechenstillegung – unmittelbar betroffen sind.

1963
Marlen Haushofer
Die Wand

Erst mit der Neuauflage ihrer Romane und Erzählungen seit den 80er Jahren wurde – auch im Zusammenhang mit der Frauenbewegung – die literarische Bedeutung H.s allgemein anerkannt.

Die Wand stellt sich als Bericht einer Frau dar,

die – abgeschirmt durch eine plötzlich niedergegangene unsichtbare Wand – als einzige eine unerklärliche Katastrophe überlebt hat und sich nun mit einigen Tieren (Hund, Katzen, Kuh) ein neues Leben in einer abgeschiedenen Alpenidylle einrichtet. Der allmählichen Meisterung des harten Lebens im Einklang mit der Natur und den Jahreszeiten entspricht die innere Abkehr vom »früheren« Dasein als überforderte Ehefrau und Mutter »in einer Welt, die den Frauen feindlich gegenüberstand und ihnen fremd und unheimlich war«. »Ich hatte das Alte verloren und das Neue nicht gewonnen, es verschloß sich vor mir, aber ich wußte, daß es vorhanden war«, heißt es an einer Stelle, und allmählich beginnt die Ich-Erzählerin »in eine neue Ordnung hineinzuwachsen«, gefährdet noch einmal durch das überraschende Auftauchen eines anderen Überlebenden, eines verwilderten Mannes, den sie erschießt. Im Rückblick auf ihr Leben formuliert die Erzählerin das Fazit ihres Scheiterns, des Scheiterns der Menschheit: »Es gibt keine vernünftigere Regung als Liebe. Sie macht dem Liebenden und dem Geliebten das Leben erträglicher. Nur, wir hätten rechtzeitig erkennen sollen, daß dies unsere einzige Möglichkeit war, unsere einzige Hoffnung auf ein besseres Leben. Für ein unendliches Heer von Toten ist die einzige Möglichkeit des Menschen für immer vertan. […] Ich kann nicht verstehen, warum wir den falschen Weg einschlagen mußten. Ich weiß nur, daß es zu spät ist.«

Die gleiche Situation wie der *Wand* liegt auch den anderen Romanen und Erzählungen zugrunde (u. a. *Die Tapetentür*, 1957; *Wir töten Stella*, 1958; *Schreckliche Treue*, 1968; *Die Mansarde*, 1969): »eine Frau scheitert an der Liebesunfähigkeit der Männer, an der Monstrosität des Alltags, vor der sie sich nur durch Rückzug, durch Flucht retten kann« (Uwe Schweikert), wobei die Widerstandslosigkeit eines passiven Ich (Anne Duden: »Leben ist nur noch eine Begleiterscheinung der Verhältnisse«) eigene Mitschuld impliziert.

1963
Rolf Hochhuth
Der Stellvertreter

H.s erstes Schauspiel, am 20. 2. 1963 unter der Regie von Erwin Piscator an der Freien Volksbühne in Berlin uraufgeführt (Druck im selben Jahr), löste erregte Kontroversen aus und machte seinen Verfasser berühmt. Anders als im gleichzeitigen Dokumentartheater (Heinar Kipphardt, Peter Weiss), mit dem H. die dokumentarische Grundlage teilt, steht im Mittelpunkt seines Dramas, in einer Art Wideraufnahme der Schillerschen Vorstellung vom Theater als moralischer Anstalt, die moralische Entscheidung des einzelnen in historischen Konfliktsituationen. Zwar gilt H. Geschichte als schicksalhaftes Geschehen, aber – anders als etwa Dürrenmatt – glaubt er an die Entscheidungsfreiheit und sittlich-religiöse Verantwortlichkeit des Individuums und besteht auf der Verantwortung des einzelnen, moralisch handelnd einzugreifen: »Denn Hochhuth glaubt zwar an keine universelle Heilsgeschichte, wohl aber an die Erreichbarkeit von historischen Nahzielen (unter denen so große sein können wie der Sieg über Hitler)« (Helmut Kreuzer).

H.s Stück orientiert sich, so der eigene Hinweis im Anhang, an Schillers Geschichtsdrama; er übernimmt die Form des fünfaktigen Dramas (in freien Versen), beschränkt die zeitliche Ausdehnung des Geschehens und mischt historisches und fiktives Personal. Inhaltlich geht es um die These der Mitschuld des ›Stellvertreters‹, Papst Pius’ XII., an der nationalsozialistischen Judenvernichtung, da er es versäumt habe, die Massenmorde öffentlich zu verurteilen (und damit vielleicht aufzuhalten).

Der 1. Akt – er spielt im August 1942 – deutet die grundsätzlichen Konstellationen an: Als der SS-Offizier Gerstein, ein Gegner des Regimes, in die päpstliche Nuntiatur in Berlin eindringt, um den Nuntius für einen Protest der Kirche gegen die Judenvernichtung zu gewinnen und entsprechendes Material zur Verfügung stellt, ist die Antwort nur diplomatisches Lavieren. Beeindruckt ist dagegen der Jesuitenpater Riccardo Fontana, der seinerseits versucht, in Rom seinen Einfluß geltend zu machen und schließlich bis zum Papst vordringt (Akt 2–4 spielen in Rom von Februar bis Oktober 1943). Doch obwohl inzwischen auch römische Juden deportiert werden und der Papst sehr wohl über die Lage informiert ist, kann er sich nicht zu einer eindeutigen öffentlichen Verurteilung der Judenverfolgung durchringen. Dabei spielen machtpolitische und wirtschaftliche Interessen der Kirche eine Rolle, aber letztlich ist es eine aus freiem Willen gefällte Entscheidung des Stellvertreters Christi; seine Schuld wird noch dadurch unterstrichen, daß immer wieder auf die Wirksamkeit öffentlicher Proteste hingewiesen (Bischof Galen in Münster) und betont wird, wie sehr Hitler aus innenpolitischen Gründen auf gute Beziehungen zur katholischen Kirche angewiesen war. Pater Riccardo zieht persönliche Konsequenzen aus dem Verhalten des Papstes, heftet sich den Judenstern an und geht stellvertretend für die Schuld der Kirche in Auschwitz in den Tod (Akt 5).

Die Brisanz des formalästhetisch sicherlich ›unzeitgemäßen‹ Stückes beruht darauf, daß H. mit seiner rigorosen Kritik an der Haltung der Kirche im Dritten Reich ein Tabu brach und zudem mit seinem Konzept individueller Verantwortlichkeit die unbequeme Forderung erhob, »nicht nur Schuld – durch Tun –, sondern auch Mitschuld – durch Unterlassen – an den Verbrechen der Vergangenheit anzuerkennen« (Wolfram Buddecke/Helmut Fuhrmann).

Theater als Tribunal und moralische Anstalt, das gilt auch für H.s weitere Produktion: *Soldaten* (1967) setzt sich kritisch mit Winston Churchill und dem Bombenkrieg auseinander, Stücke wie *Guerillas* (1970), *Die Hebamme* (1971), *Lysistrate und die NATO* (1973) und *Judith* (1984) variieren das Thema der moralischen Auseinandersetzung des einzelnen mit der Macht, und das Drama *Juristen* (1979) bewies noch einmal die öffentliche Wirkung H.s, indem es wesentlich zum Rücktritt des baden-württembergischen Ministerpräsidenten Filbinger wegen seiner Tätigkeit als Marinerichter im Dritten Reich beitrug. Das bisher letzte seiner Stücke, *Wessis in Weimar* (1993), befaßt sich mit den Schwierigkeiten des inneren Vereinigungsprozesses in Deutschland.

1963
Peter Huchel
Chausseen Chausseen

H.s Anfänge als Lyriker weisen zurück auf den Kreis um die Literaturzeitschrift *Die Kolonne*, deren Lyrikpreis er 1932 erhielt. Einen schon fertiggestellten Lyrikband, *Der Knabenteich*, zog er Anfang 1933 zurück, »wohl weil er seine Kindheits- und Landschaftsgedichte nicht als Blut- und Bodendichtung mißverstanden sehen wollte« (Axel Vieregg). So erschien ein Band *Gedichte* erst 1948 (Ostberlin/Weimar), der H.s Schaffen von 1925 an dokumentiert (leicht veränderte Neuausgabe im Westen unter dem Titel *Die Sternenreuse. Gedichte 1925–1947*, 1967). Als H. 1963 *Chausseen Chausseen* im Westen drucken ließ, war er in der DDR bereits in die Isolierung getrieben worden (1962 wurde er als Chefredakteur der bedeutenden Zeitschrift *Sinn und Form* entlassen und dann auch mit Schreibverbot belegt): »Sie gaben Befehl, die Wurzel zu roden«, heißt es in dem Gedicht *Der Garten des Theophrast*, das in verschlüsselter Form die Situation des Dichters reflektiert, wenn sich auch H. immer wieder »gegen etwaige Spekulationen, Erhellungen und Biographismen« wehrte.

Anders als beispielsweise Wilhelm Lehmann und verwandte Naturlyriker, für die Natur heile Welt und Fluchtraum darstellte, war sie für H. »die vom Menschen veränderte Natur, in der er leben konnte«, erkannte er ihre Grausamkeit (»Fressen und Gefressenwerden«): »diese Naturmetaphern drängen sich mir immer wieder auf, selbst wenn ich Stoffe wähle, die eine Konfrontation mit der Gesellschaft bedeuten«. Die Bezüge freilich bleiben verschlüsselt und gelten ohnehin weniger aktuellen politischen Ereignissen als vielmehr dem Leiden an und in einer bedrohten Welt, der Entwürfe einer »Privatmythologie« (Vieregg) entgegengesetzt werden, in der sich von Jacob Böhme und Johann Jakob Bachofen angeregte naturmystische und -mythische Vorstellungen verbinden.

Vermitteln die Gedichte von Krieg und Flucht (*Chausseen, Der Treck, Dezember 1942* u. a.) am unmittelbarsten zeitgeschichtliche Erfahrungen, so verweisen zahlreiche andere Texte der Sammlung mit ihren Bildern der Vereisung, Verfinsterung, Einsamkeit, Öde und Leere auf die bedrohte, isolierte, ›heillose‹ Situation des Individuums zwischen Schweigen und Klage (*Winterpsalm*). Die Landschaft »wird rätselhaft, unheimlich, bedrohlich, wird vieldeutig und antwortlos« (Rino Sanders):

> Wer schrieb
> Die warnende Schrift,
> Kaum zu entziffern?
> (*Das Zeichen*)

Der düstere, von keiner falschen Idyllik aufgehellte Ton, die Tendenz zum Schweigen und Verstummen, der Hermetismus setzen sich fort bzw. verschärfen sich in den späteren, nach der Ausreise in den Westen (1971) erschienenen Gedichtsammlungen *Gezählte Tage* (1972) und *Die neunte Stunde* (1979).

1963
Erwin Strittmatter
Ole Bienkopp

In der DDR-Literatur der 6oer Jahre wurde der Konflikt zwischen Individuum und (sozialistischer) Gesellschaft, zwischen individuellen und gesellschaftlichen Erwartungen zu einem zentralen Problem, das nicht immer in harmonisierender Manier aufgelöst wurde. Die (›nicht-antagonistischen‹) Widersprüche in der industriellen

Arbeitswelt zeigt beispielhaft Erik Neutschs episch breiter Roman *Spur der Steine* (1964), Vorlage für Heiner Müllers Stück *Der Bau* (1965), während S. die Umwälzung der Produktionsverhältnisse auf dem Land und die daraus resultierenden Probleme zum Thema seines bekanntesten Romans macht.

Ole Bienkopp schildert in zwei Teilen, in einem bildhaften, kurze Sätze bevorzugenden, holzschnittartigen Stil, das Leben des Ole Hansen, genannt Bienkopp, der zunächst in seinem Dorf Blumenau als Außenseiter gilt, als Soldat langsam zu politischer Einsicht gelangt und nach dem Krieg – die Bodenreform verhilft ihm zu einem Bauernhof – gegen beträchtliche Widerstände die Gründung einer Bauerngenossenschaft durchsetzt. Zu seinen Gegners zählen der Altbauer Serno und der Sägemüller Ramsch, die um ihre traditionelle Vorherrschaft im Dorf fürchten, aber auch – vor allem nachdem sein Freund Anton Dürr nicht ohne Zutun von Ramsch umgekommen war – die Parteifunktionäre. Der Konflikt mit dem »Wegsucher« und »Spurmacher« endet nicht, als die SED die Gründung von Landwirtschaftlichen Produktionsgenossenschaften beschließt, Bienkopp also nachträglich Recht bekommt und sein Parteibuch zurückerhält. Man intrigiert gegen ihn, macht ihn für die katastrophalen Folgen bürokratischer Fehlentscheidungen verantwortlich und setzt ihn – z.T. Folge seines einzelgängerischen Starrsinns, z.T. Resultat des in Schablonen erstarrten Denkens der Parteirepräsentanten – als Vorsitzenden der LPG ab. Der »Beackerer der Zukunft« gräbt sich buchstäblich zu Tode, da man ihm den für seine Arbeit notwendigen Bagger vorenthält. Zuvor hatte schon die Geschichte seiner Ehe mit der stolzen Anngret, die vorübergehend dem Sägemüller Ramsch in den Westen gefolgt war, mit ihrem Selbstmord geendet.

Neben *Ole Bienkopp* gründet S.s Ruhm – vor allem in der DDR bzw. den neuen Bundesländern – auf den großen Romantrilogien *Der Wundertäter* (1957–80) und *Der Laden* (1983–92), die – als eine Art sozialistischer Bildungsroman die eine, als um einen Laden in der Niederlausitz kreisendes Gesellschaftspanorama die andere – mehrere Generationen (ost)deutscher Vergangenheit bis in die Gegenwart hinein schildern.

1964
Peter Bichsel
Eigentlich möchte Frau Blum den Milchmann kennenlernen

Der »Wenigschreiber«, so B.s Selbstcharakteristik, wurde mit dem kleinen Prosaband mit dem langen Titel berühmt. Den Erfolg der 21 Geschichten konsolidierten die *Kindergeschichten* (1969). Ein weiterer Band folgte 1985: *Der Busant. Von Trinkern, Polizisten und der schönen Magelone.*

»Wenigschreiber« ist B. nicht nur in dem Sinn, daß seine Produktion rein quantitativ nicht so umfangreich ist wie die zahlreicher Kollegen, sondern auch insofern, als B. Literatur »gleichsam als Aussparung des zu Erzählenden« betreibt (Ralf Schnell). Der Titel der Prosaminiaturen von 1964 formuliert schon das Programm, das B. später in seinen Frankfurter Poetik-Vorlesungen (1982) begründete: »Die Geschichte von der Geschichte, die man nicht schreiben kann, ist die Geschichte vom Leben, das man nicht leben kann.« So zeigen die knappen Texte mit lapidaren Titeln wie *Stockwerke, Die Männer, Der Milchmann, Herr Gigon, Die Beamten* oder *Roman* die Unmöglichkeit, das Leben zu leben, erzählen sie davon, daß das, worum es geht, nicht stattfindet: Kommunikation, Liebe, Leben. Handlung gibt es kaum in diesen Bildern einer erstarrten kleinbürgerlichen Welt, deren Sinnleere und Substanzlosigkeit nicht durch Beredsamkeit zugedeckt wird. Die Leere bleibt unausgefüllt, und doch erzählt B. »von den Defiziten so, daß die Hoffnung auf die Möglichkeit zu leben geweckt wird, daß die Erinnerung an diese Möglichkeit erhalten bleibt – und sei es in Form der Trauer über ihren Verlust« (Schnell).

1964
Johannes Bobrowski
Levins Mühle

B.s Prosa nimmt die ›sarmatische‹ Thematik seiner Lyrik auf (*Sarmatische Zeit*, 1961; *Schattenland Ströme*, 1962): »die Deutschen und der europäische Osten«, »Unglück und Verschuldung« in ihrem historischen Zusammenhang. Die Erzählungen – gesammelt in *Boehlendorff und andere* (1965) und *Mäusefest und andere Erzählungen* (1965) bzw. in der DDR zusammen als *Boehlendorff und Mäusefest* (1965) – und die

Romane *Levins Mühle* und *Litauische Claviere* (postum 1966) entstanden innerhalb von wenigen Jahren seit 1960.

Der Roman *Levins Mühle. 34 Sätze über meinen Großvater* erzählt, immer wieder durch Einreden des Erzählers unterbrochen und verlangsamt, in einer Art Miniaturenmalerei einen Rechtsfall aus einem kleinen Weichseldorf zur Zeit der Gründerjahre, eine Kriminalgeschichte, die das durch deutsches Herrenmenschentum gestörte Verhältnis zwischen den verschiedenen sozialen und ethnischen Gruppen (Juden, Zigeuner, Polen, Besitzlose) sichtbar werden läßt und damit auf eine unheilvolle Zukunft vorausdeutet. Der Großvater, Baptist und Bismarckdeutscher, zerstört die Mühle seines armen jüdischen Konkurrenten Levin, indem er nachts eine Schleuse öffnet. Den von Levin angestrengten Prozeß kann er mit Hilfe des großdeutsch gesinnten Pfarrers Glinski und seiner politischen Verbindungen hinauszögern. Auf die Solidarisierung Levins mit den Armen und eine das Unrecht anprangernde Ballade des Zigeuners Weiszmantel reagiert der Großvater mit Brandstiftung: Er zündet das Haus an, in dem sich Levin und die Zigeuner aufhalten und beschuldigt dann Levin der Brandstiftung. Levins Zeugen finden kein Gehör vor Gericht, und Levin muß das Dorf verlassen. Auch der Großvater zieht weg, bleibt aber ohne Einsicht in seinem Nationalismus und Antisemitismus verstrickt, während in der Musik Weiszmantels (»Wie kommt es, daß seine Lieder fröhlicher geworden sind«) die Utopie eines friedlichen, gerechten Zusammenlebens von Menschen unterschiedlicher ethnischer und religiöser Überzeugung aufscheint: »Es ist doch da etwas gewesen, das hat es bisher nicht gegeben. Nicht dieses alte Hier-Polen-hier-Deutsche oder Hier-Christen-hier Unchristen, etwas ganz anderes, wir haben es doch gesehen, was reden wird da noch. Das ist dagewesen, also geht es nicht mehr fort. Davon wird der Weiszmantel wohl singen.«

1964
Max Frisch
Mein Name sei Gantenbein

Der Titel dieses zwischen 1960 und 1964 entstandenen Romans spielt auf den ersten Satz von *Stiller* (1954) an: »Ich bin nicht Stiller!« Während es aber dort um die Suche nach der ›eigentlichen‹ Identität der Hauptfigur geht, steht hier ein Erzähler-Ich im Mittelpunkt, das überhaupt keine personale Identität besitzt. Wir erfahren von ihm nur, was es sich vorstellt und ausdenkt: »Ich stelle mir vor:« ist einer der oft wiederholten Schlüsselsätze des Romans. »Ich probiere Geschichten an wie Kleider!«, heißt es. Oder: »Jede Geschichte ist eine Erfindung, [...] jedes Ich, das sich ausspricht, ist eine Rolle.«

Ausgangspunkt ist der Satz: »Ein Mann hat eine Erfahrung gemacht, jetzt sucht er die Geschichte dazu.« Die Erfahrung – auch sie mag nur eine Möglichkeit sein – ist die einer gescheiterten Beziehung. Die Frage, was geschehen ist und wie das Scheitern hätte verhindert oder vermieden werden können, wird nicht durch den Versuch einer Rekonstruktion des Vergangenen beantwortet, sondern durch Geschichten, die sich das völlig unbestimmte (bzw. durch seine Geschichten bestimmte) Ich ausdenkt, das dabei ebenso verschiedene Rollen annehmen kann wie seine Frau. Die wichtigste der durchgespielten Möglichkeiten scheint die des Theo Gantenbein zu sein, der den Blinden spielt und so die Ehe mit der untreuen Schauspielerin Lila aufrechtzuerhalten vermag, bis er letztlich doch aus der Rolle fällt. Das Ich entwirft sich aber auch als Lilas Liebhaber Enderlin (oder als Swoboda oder Philemon), und die Frau erscheint als berühmte Schauspielerin, als einfache verheiratete Frau oder als drogensüchtige italienische Contessa. Dazu kommen noch Geschichten, die der fiktive Gantenbein der »Manicure« Camilla Huber erzählt und die zur weiteren Verwirrung des Lesers beitragen.

Sichtbar wird so die »Konzeption des *Gantenbein*-Romans als eines Mosaiks von unterschiedlichen, geradezu widersprüchlichen Geschichten, die gleichwohl in ihrer Beziehung zueinander das Ich umreißen« (Jürgen H. Petersen). Darin drückt sich die Einsicht aus, mit der F. an die Existenzphilosophie Heideggers anknüpft, daß das Dasein »primär Möglichsein« sei, und in diesem Sinn führt F. im *Gantenbein* den Menschen »in seiner ›reinen‹ Möglichkeit« vor, wobei sich die Frage nach der Realisierung gar nicht stellt, »weil die Fülle der Möglichkeiten, die ihm zugehören, als Fiktionen dargestellt werden und Wirklichkeit, also auch Verwirklichung, außer Betracht bleibt« (Petersen).

F.s Erzählkonzept, das Spiel mit Varianten, Möglichkeiten und Rollen, übte eine weitreichende Wirkung auf die zeitgenössische Erzählliteratur aus. Einen Versuch, es auch auf die Bühne zu übertragen, stellt F.s Stück *Biografie. Ein Spiel* (1968) dar.

1964
Hermann Kant
Die Aula

K.s bekanntester Roman, 1964 in der Zeitschrift *Forum* vorabgedruckt und 1965 als Buch erschienen, behandelt rückblickend Aspekte der Aufbauphase der DDR. Der Literaturkritiker und Publizist Robert Iswall wird gebeten, zur vorgesehenen Schließung der von ihm einst besuchten Arbeiter- und Bauernfakultät (ABF) die Festrede zu halten (Autobiographisches spielt hinein: K. hatte zwischen 1949 und 1952 die ABF an der Universität Greifswald besucht, um die Hochschulreife zu erwerben; diese Fakultäten waren gegründet worden, um das bürgerliche Bildungsprivileg zu brechen, und wurden 1962 wieder aufgelöst). Diese Bitte wird für Iswall zum Anreiz, die letzten 13 Jahre seines Lebens zu reflektieren – wir befinden uns im Jahre 1962 –, seinen Weg und damit den der DDR nachzuzeichnen und dabei auch ungeklärte persönliche Beziehungen aufzuarbeiten.

Sein eigener Werdegang vom Elektriker zum Literaturstudenten und Journalisten ist verknüpft mit dem von einigen anderen Männern und Frauen, die – wie er – aus der Arbeiterklasse in die neue Führungsschicht aufsteigen. Einen dunklen Kontrapunkt setzt das Schicksal des mathematisch begabten Freundes Karl-Heinz Riek, genannt »Quasi«, der Republikflucht begeht und als Wirt der Kneipe »Zum toten Rennen« (und vielleicht auch als Agent?) in Hamburg lebt. Reisen Iswalls nach Hamburg, wo er über die Flutkatastrophe berichten soll und dabei auch Riek besucht, nach Greifswald, wo er mit dem ABF-Dozenten Riebenlamm spricht und das Fehlen der Akte Riek konstatiert, und nach Leipzig zur Begegnung mit dem früheren Freund Trullesand strukturieren das Werk im großen. Der durch den Redeauftrag und die Aufarbeitung der persönlichen und gesellschaftlich-politischen Geschichte vorgegebene Rahmen bietet K. überdies die Möglichkeit, vielfältige Geschichten, Anekdoten, Glossen, Anspielungen, Reflexionen einzubauen und durch eine Verklammerung von Vergangenheit und Gegenwart unaufdringlich die Ergebnisse der sozialistischen Aufbauarbeit zu präsentieren. Dabei erlaubt der grundlegende historische Optimismus Kritik im einzelnen. Das System selbst bleibt unberührt, denn verantwortlich für Probleme sind entweder persönliche Charakterschwächen oder inzwischen längst überwundene dogmatische Positionen. Die großen

Krisen – 17. Juni, Mauerbau, Aufstand in Ungarn – werden ausgeklammert, Probleme entschärft, Widersprüche geglättet, »so daß *Die Aula* eher als humoristische Chronik denn als satirischer Gesellschaftsroman gelten muß« (Manfred Jäger). Die routinierte Anwendung moderner Erzähltechniken – innerer Monolog, Rückblenden, Perspektiven- und Zeitenwechsel, ironische Brechung – bedeutete allerdings ein entschiedenes Novum in der DDR-Literatur.

Eine schwache Reprise stellt der Roman *Das Impressum* (1972) dar – es geht um einen Redakteur, der Minister werden soll und dies zum Anlaß einer Rückschau nimmt –, während *Der Aufenthalt* (1977) am Beispiel des Schicksals des Grenadiers Mark Niebuhr, der – fälschlich – in Polen als Kriegsverbrecher unter Anklage steht, jüngste deutsche Geschichte in durchaus differenzierter Weise reflektiert.

1964
Heinar Kipphardt
In der Sache
J. Robert Oppenheimer

K. gehört zu den wichtigsten Vertretern des sogenannten Dokumentartheaters der 60er Jahre. Großer Beliebtheit erfreute sich dabei die Prozeßform, die es ermöglicht, auch heterogene Materialien miteinander zu vereinbaren und wirkungsvoll zu organisieren.

K.s Stück, zuerst in einer Hörspielfassung gesendet (Hessischer Rundfunk, 23. 1. 1964) und dann gleichzeitig am 11. 10. 1964 in Berlin (Freie Volksbühne) und München (Kammerspiele) uraufgeführt, beruht auf dem etwa 3000 Seiten umfassenden Protokoll der Vernehmung Oppenheimers, des ›Vaters der Atombombe‹, vor dem Sicherheitsausschuß der US-Atomenergiekommission im April und Mai 1954. – Bei der Bearbeitung und Verdichtung des Materials verwendet K. Techniken des epischen Theaters: Er illustriert und kommentiert das Geschehen durch Filme und durch Projektionen von Bildern und Texten, er läßt am Ende der meisten Szenen (das Stück besteht aus zwei Teilen mit insgesamt neun Szenen) jeweils einen Akteur an die Rampe treten und über seine Ansichten und Motivationen sprechen.

Formal ging es bei der Untersuchung, die im Klima des Kalten Krieges und der Kommunistenjagd McCarthys stattfand, um die Überprüfung von Oppenheimers »Sicherheitsgarantie«, wobei aus lange zurückliegenden Beziehungen zu Kommunisten oder anderen Linken, aus seiner gewandelten Einstellung nach den Atombombenabwürfen von Hiroshima und Nagasaki und seiner Ablehnung des H-Bombenprogramms ein ›Schuldspruch‹, d.h. eine Verweigerung der Sicherheitsgarantie, begründet wurde. Das Stück nun handelt vom Verhältnis von Moral und Macht, von Freiheit und Verantwortung, vom Konflikt zwischen der Loyalität zu einer Regierung und der Loyalität zur Menschheit, von der Frage nach dem Preis der Freiheit und der Unterwerfung der Naturwissenschaften unter die Forderungen von Politik und Militär: »An diesem Kreuzweg empfinden wir Physiker, daß wir niemals so viel Bedeutung hatten und daß wir niemals so ohnmächtig waren.« Oppenheimer sieht seine Schuld anders als das Komitee: »Ganz anders als dieser Ausschuß, frage ich mich [...], ob wir Physiker unseren Regierungen nicht zuweilen eine zu große, eine zu ungeprüfte Loyalität gegeben haben, gegen unsere bessere Einsicht.«

K. Stück setzt, in anderer Weise als Dürrenmatts *Physiker* (1962), die von Brechts *Leben des Galilei* (1943) angestoßene Diskussion über die Verantwortung der Naturwissenschaften fort. – Weitere Beispiele von K.s auf gesellschaftlich-politische Wirkung zielendem dokumentarischem Theater sind die Stücke *Der Hund des Generals* (1962), *Die Geschichte von Joel Brand* (1965) und *Bruder Eichmann* (1983).

1964
Peter Weiss
Marat/Sade

Nach W.s deutschsprachigem Debut mit dem »Mikro-Roman« *Der Schatten des Körpers des Kutschers* (1960) und den autobiographischen Erzähltexten *Abschied von den Eltern* (1961) und *Fluchtpunkt* (1962) markiert sein Stück *Die Verfolgung und Ermordung Jean Paul Marats dargestellt durch die Schauspielgruppe des Hospizes zu Charenton unter Anleitung des Herrn de Sade* den »Wendepunkt auf dem Weg von der Innerlichkeit zur Weltaneignung« (Hanjo Kesting). Das Drama in zwei Akten, am 29. 4. 1964 im Berliner Schiller-Theater uraufgeführt (Druck im selben Jahr; mehrfach revidiert), machte W. weltberühmt; seitdem gehört *Marat/Sade* zu den wichtigsten Theatertexten der Moderne.

Das Stück spielt 1808 im Irrenhaus zu Charenton, wo dem Dauerhäftling Marquis de Sade gestattet wird, mit den Insassen des Irrenhauses die Geschichte der Ermordung des Revolutionärs

Jean Paul Marat im Jahre 1793 aufzuführen. Dies geschieht in Form einer bilderbogenähnlichen Collage, eines großen Spektakels, bei dem sich Brechtsches Lehrtheater, Antonin Artauds »Theater der Grausamkeit«, Elemente der Pantomime, der Oper und des absurden Theaters mit Effekten des Schaubuden- und Kasperletheaters zu einem turbulenten Welttheater – die Welt als Irrenhaus – verbinden. In diesem Rahmen, bei dem das Spiel im Spiel immer wieder durch ›echte‹ Anfälle von Insassen, Kommentare des Ausrufers und (vergebliche) Zensurversuche des Direktors der Anstalt unterbrochen wird, kommt es zur entscheidenden Konfrontation des Stückes, der zwischen de Sade und Marat (wobei es sich im Kontext des Spiels um eine von de Sade erfundene Kontroverse handelt): auf der einen Seite der radikale Individualist und souveräne Skeptiker (und ehemalige Befürworter der Revolution) de Sade, auf der anderen der Freund des Volkes, der entschiedenste Verfechter der Revolution. Der »Konflikt zwischen dem bis zum Äußersten geführten Individualismus und dem Gedanken an eine politische und soziale Umwälzung« (W.) bleibt unaufgelöst, wenn sich auch W. im Verlauf seiner insgesamt fünf Umarbeitungen um eine Verstärkung der Position Marats bemühte, des Visionärs, »von dem aus die Linie zu künftigen Revolutionen läuft« (W.). (Dieser Versuch einer Umwertung mußte allerdings schon am Strukturprinzip des Stückes scheitern, das als Gebilde der Imagination des Sades präsentiert wird.)

Den unaufgehobenen Widerspruch hat W. für sich zugunsten einer revolutionär-sozialistischen Position aufgelöst, die sich auch in der Theaterpraxis nach der oratorienhaften szenischen Dokumentation des Frankfurter Auschwitz-Prozesses (*Die Ermittlung*, 1965) in einer immer entschiedeneren Politisierung niederschlug: *Gesang vom Lusitanischen Popanz* (1967), *Viet Nam-Diskurs* (1968), *Trotzki im Exil* (1970), *Hölderlin* (1971).

1965
Wolf Biermann
Die Drahtharfe

Im Jahr des Erscheinens der *Drahtharfe. Balladen Gedichte Lieder*, B.s erster Buchpublikation, erhielt ihr Verfasser, der schon 1963 aus der SED ausgeschlossen worden war, absolutes Auftrittsverbot in der DDR. Seine Lieder blieben durch illegale Tonbänder präsent, seine Bücher erschienen im Westen. Der *Drahtharfe*, einem Bestsel-

ler, folgten u.a. *Mit Marx- und Engelszungen* (1968), *Für meine Genossen* (1972) und – nach der Ausbürgerung 1976 – *Preußischer Ikarus* (1978) und *Verdrehte Welt – das seh' ich gerne* (1982), dazu die deutsch-deutschen Heine-Variationen *Deutschland. Ein Wintermärchen* (1972). – Zu B.s Vorbildern und Anregern gehören der Chansondichter Jean Pierre de Béranger, Heine, Brecht und vor allem der spätmittelalterliche Balladendichter François Villon.

In der *Drahtharfe* ist bereits »fast das ganze Universum des unermüdlich Schaffenden [...] zu besichtigen« (Jay Rosellini), der in seinen Texten das scheinbar nur Private mit dem Politischen, Sinnlichkeit und Dialektik, Vulgarität und Zartheit effektvoll miteinander verbindet. Das Bändchen des Liedermachers, wie er sich selbst nennt, besteht aus den Abteilungen *Die Buckower Balladen* (Anspielung auf Brechts *Buckower Elegien*, 1954), *Portraits, Berlin, Beschwichtigungen und Revisionen*. Es beschreibt eine muffige Republik, schreitet dabei von der Beschreibung der Konflikte des kleinbürgerlichen Alltagslebens und seiner Unzulänglichkeiten zu grundlegender Kritik, zum Aufzeigen der Diskrepanz zwischen Realität und utopischem Anspruch fort, prangert die Korruption und Unbeweglichkeit der alten Genossen ebenso an wie die restriktive Kulturpolitik mit dem von ihr geforderten »Glückseintopf« (*Tischrede des Dichters*) und reagiert auf die erzwungene Isolation mit Bitterkeit und Trotz (*Rücksichtslose Schimpferei*).

Daneben stehen kapitalismuskritische Gedichte und Texte mit Bezug auf den spanischen Bürgerkrieg und die Bürgerrechtsbewegung in den USA, die bei den DDR-Kulturfunktionären nicht auf Bedenken stoßen konnten; wohl aber die *Ballade auf den Dichter François Villon*, die als eine Art provozierendes Selbstporträt B.s zu verstehen ist.

Die Abrechnung mit B.s unbotmäßigem Sozialismus erfolgte auf dem 11. Plenum des Zentralkomitees der SED (16.–18. 12. 1965): »prinzipielle Gegnerschaft zum realen Sozialismus«, »anarchistischer Individualismus«, »Sensualismus« usw. Nach seiner Zwangsausbürgerung aus der DDR machte sich zunächst das Fehlen jener Widerstände bemerkbar, »aus denen B. in der DDR seine poetischen Energien bezogen hatte. Erst nach einem langen Prozeß des Eingewöhnens verfügte B. wieder über den Stoff, aus dem seine Lieder und Gedichte gemacht sind: ein Leben, das aus der Polarität von Politik und Privatheit, Subjektivität und Gesellschaftlichkeit entspringt« (Ralf Schnell).

1965
Wolfgang Hildesheimer
Tynset

H.s Anfänge zeigen ihn als satirischen Schriftsteller, der mit *Lieblosen Legenden* (1952; erweitert 1962), dem Roman *Paradies der falschen Vögel* (1953) und einer Reihe von Hörspielen witzig und kritisch auf die Welt der Kunst und der Politik zielt. Seit der Mitte der 50er Jahre setzt sich die Erfahrung von der Ohnmacht und Entfremdung des einzelnen in einer als sinnlos, absurd erscheinenden Wirklichkeit durch, bestärkt durch den Einfluß Eugène Ionescos, Albert Camus' und Samuel Becketts. Diese Vorstellungen prägen die folgenden Hörspiele und Bühnentexte (u.a. *Herrn Walsers Raben*, 1960; *Nachtstück*, 1963) und die Romane *Tynset* und *Masante* (1973), bis schließlich H.s Überzeugung, daß die Welt nicht mehr zu retten sei – nach dem Versuch einer Korrektur der Mozart-Legende (*Mozart*, 1977) und ihrem Gegenstück, einer fiktiven Künstlerbiographie (*Marbot*, 1981) – zu einer radikalen Absage an die Literatur führte.

Die »Unverständlichkeit der Welt« (H.), das Gefühl der Entfremdung, hat einen resignativen, desillusionierten Rückzug des Ich auf sich selbst zur Folge, was sich wiederum in einer zunehmend monologischen Struktur der Werke niederschlägt (ein Hörspiel deutet das schon im Titel an: *Monolog*, 1964). Auch *Tynset*, ohne Gattungsbezeichnung erschienen, ist ein Monolog, der nächtliche Monolog eines chronisch schlaflosen Mannes, den Angst aus Deutschland vertrieben und in ein einsames Refugium in den Bergen geführt hat, Angst vor den nun wieder als biedere Bürger agierenden Nazi-Mördern. Im Monolog einer einzigen Nacht fließen Träume, Erinnerungen und Phantasien, Vergangenheit, Gegenwart und Zukunft in vielfältig sich überlagernden Assoziationsketten z. T. analog zu musikalischen Kompositionsprinzipien zusammen, Assoziationen, die beim räumlich Nächstliegenden beginnen, dem alten Mobiliar, häufig um den Tod kreisen und immer wieder auf den Gedanken eines Ausbrechens aus dieser Einsamkeit zurückkommen. Diese wie das Thema eines Rondos stets wiederkehrende Vorstellung macht sich fest an dem zufällig in einem Kursbuch der norwegischen Staatsbahnen von 1963 entdeckten Ort Tynset, doch der Aufbruch findet schließlich angesichts imaginierter Verkehrsprobleme in den Großstädten und des tatsächlichen Wintereinbruchs nicht statt, und der Meditierende beschließt »für immer« in seinem Bett liegenzubleiben, während er Tynset »dort hinten entschwinden« sieht, der Name vergessen wird, »verweht wie Schall und Rauch, wie ein letzter Atemzug –«.

1965
Heiner Müller
Der Bau

Der Bau, 1965 in der Zeitschrift *Sinn und Form* erschienen, doch erst am 4. 9. 1980 in der Ostberliner Volksbühne uraufgeführt, ist das letzte der sogenannten ›Produktionsstücke‹ M.s, einem in der DDR der 50er und 60er Jahre beliebten Genre, das – wie entsprechende ›Produktionsromane‹ – das Thema des sozialistischen Aufbaus behandelte. M. hatte mit dem Stück *Der Lohndrücker* (1957, Uraufführung 1958) debütiert und mit *Die Korrektur* (1958) und *Die Umsiedlerin oder Das Leben auf dem Lande* (1961; Neufassung unter dem Titel *Die Bauern*, entstanden 1964, Druck 1975) weitere Produktionsstücke folgen lassen, die – sich vorschneller Harmonisierung verweigernd – die Widersprüche in der im Aufbau begriffenen sozialistischen Gesellschaft betonten (worauf die Partei mit Ausschluß aus SED und Schriftstellerverband reagierte). *Der Bau*, nach Motiven von Erik Neutschs Erfolgsroman *Spur der Steine* (1964), setzte diese Linie fort und konnte lange nicht aufgeführt werden.

Das Stück ist in neun Szenen gegliedert und zeigt in Vers und Prosa das Geschehen auf einer Großbaustelle in der DDR im Jahre 1961. Während die eine Brigade sich an den Plan hält und dabei das Opfer ständig revidierter Planungen wird, ›korrigiert‹ die Brigade Barka eigenmächtig den Plan, zweigt anderen Brigaden zugedachtes Material ab und leistet dank ihrer Eigeninitiative und Selbstverantwortung – unterstützt von dem neuen Parteisekretär Donat und den Vertretern/Vertreterinnen der Intelligenz Hasselbein und Schlee – produktive Arbeit.

Allerdings fordert der gesellschaftlich-ökonomische Fortschritt seinen Preis: »Denn in der Veränderung des Ganzen bleiben die Individuen mit ihren unmittelbaren körperlichen und psychischen Bedürfnissen zurück, ohne daß das *Neue*, für welches sie Altes opfern, schon vorhanden wäre« (Genia Schulz). Oder wie es der Brigadier Barka ausdrückt: »Mein Lebenslauf ist Brükkenbau. Ich bin Die Fähre zwischen Eiszeit und Kommune.« Sichtbar gemacht werden die Widersprüche in der Partei selbst, in der Liebe (einschließlich des Problems eines Kindes, dessen

Vater für die höhere Sache verleugnet werden muß) und im Verhältnis zur Natur, in dem Problem der auch im Sozialismus fortbestehenden Entfremdung des Menschen. Nicht nur Anspielungen auf den Mauerbau, auch »daß Fortschritt und Verlust so leicht nicht zu unterscheiden sind« (Schulz), machte das Stück, dessen Titel allegorisch auf die DDR als Ganze verweist, für die Kulturbürokratie inakzeptabel.

1965
Heiner Müller
Philoktet

Der Widerstand, auf den M. mit seinen ›Produktionsstücken‹ in der DDR stieß, regte ihn in den 6oer Jahren zu Bearbeitungen antiker Stoffe an, die die Möglichkeit indirekter Stellungnahmen zu den Problemen der Gegenwart eröffneten. Dazu zählen neben dem *Philoktet* (Druck 1965; Uraufführung: 13. 7. 1968 im Residenztheater München), M.s erstem Bühnenerfolg in der Bundesrepublik, u. a. *Herakles 5* (1966) und *Die Horatier* (1973).

Vorlage des *Philoktet* ist das gleichnamige Drama des Sophokles, von dem M. freilich kaum mehr als den äußeren Handlungsrahmen (und den nicht unverändert) beibehält. Der Mythos erzählt, daß der berühmte Bogenschütze Philoktet, auf der Fahrt der Griechen nach Troja wegen eines stinkenden Geschwürs auf der Insel Lemnos ausgesetzt, zehn Jahre später nach Troja geholt werden soll, weil seine Leute den Kampf zu verweigern drohen und sein (von Herakles stammender) Bogen benötigt wird. Da Odysseus Philoktets Haß befürchten muß, nimmt er Neoptolemos mit, den Sohn Achills, der Philoktets Vertrauen erschleichen soll. Am Schluß löst Herakles als deus ex machina den Konflikt zwischen Philoktet, Odysseus und dem schwankenden Neoptolemos.

Bei M. wird das Stück zu einer Darstellung der Problematik politischen Handelns im allgemeinen und der inneren Probleme kommunistischer Politik (Stalinismus) im besonderen: »in den frühen sechziger Jahren konnte man kein Stück über den Stalinismus schreiben, man brauchte diese Art von Modell, wenn man die wirklichen Fragen stellen wollte« (M.). Neoptolemos, der Grund genug hat, Odysseus zu hassen, läßt sich von dem politischen Pragmatiker in die ›Pflicht‹ nehmen: unter den herrschenden Bedingungen (Krieg) ist jedes Mittel recht, um zum Ziel, zum ›Sieg‹ zu gelangen. So vermag es Neoptolemos, durch ein Gemisch von Wahrheit und Lüge den

Ausgestoßenen zu gewinnen und seinen Bogen zu erlangen; doch die Moral meldet sich zurück: Neoptolemos schwankt zwischen der patriotischen Pflicht und seinen moralischen Überzeugungen und erklärt Philoktet die Lage. Dieser, wieder in seinem Vertrauen getäuscht, sinnt nur noch auf Odysseus' Tod: »mein Leben selber Hat keine Wahrheit mehr als deinen Tod.« Als Neoptolemos in seinem naiven Idealismus Philoktet den Bogen heimlich zurückgeben will, kommt es zur Auseinandersetzung mit Odysseus, durch die Philoktet der Bogen zufällt. Neoptolemos ist dadurch in einer ausweglosen Lage: »Weil er nicht lügen will, muß er töten« (M.). Um zu verhindern, daß Philoktet den für den Sieg über die Trojaner unabdingbaren Odysseus tötet, rennt ihm Neoptolemos sein Schwert in den Rücken. Odysseus wird den Leichnam ins Lager der Griechen bringen und vorgeben, die Trojaner hätten ihn getötet, und so sein Ziel doch noch erreichen.

Philoktet ist ein vielschichtiges Werk (in einer spröden Verssprache). Im Westen wurde es vielfach als Antikriegsstück rezipiert. Verstanden als geschichtsphilosophischer Kommentar zur Revolution und der Dialektik von Mittel und Zweck, von Moral und Macht, Opfer und Täter demonstriert das Drama die Unauflöslichkeit der Widersprüche. Auf die Geschichte des Kommunismus bezogen, heißt das: »wenn die marxistische Lehre mit historischer Zwangsläufigkeit sich als Lüge (Stalinismus) konstituiert und die individuelle Moral liquidiert, sie opfert (Lenin), um zu überleben, so steht sie eines Tages wie Odysseus vor Philoktet und muß erkennen, daß das Opfer *wirklich* gebracht und die individuelle Moral *wirklich* vernichtet wurde. [...] Der Ausstoß aus der Partei/Geschichte/Gemeinschaft stößt die Würde eines Menschen aus – und die ausgestoßene Würde verkommt, ist nicht zurückzugewinnen« (Genia Schulz).

1966
Erich Fried
und VIETNAM und

Entschiedene Abkehr von den zur hermetischen Verdunkelung neigenden Tendenzen der deutschen Nachkriegslyrik signalisiert das politische Gedicht, das in den 6oer Jahren einen neuen Aufschwung erlebte und mit F.s *und VIETNAM und. Einundvierzig Gedichte* einen ersten Höhepunkt erreichte. Mit diesem Bändchen, dem 1964 weniger konkrete *Warngedichte* vorausgegangen waren, erzielte der 1938 nach England emigrierte F. seinen Durchbruch beim deutschen Publikum.

Das Material für seine sprachlich bewußt einfachen, epigrammatisch verknappten und auf die politische Pointe ausgerichteten Gedichte bietet die bedrückende politische, militärische, wirtschaftlich-soziale Wirklichkeit. Aufklärung durch Dialektik, durch Paradox und Satire kennzeichnet F.s poetisches Verfahren: »lakonische Konfrontation von Widersprüchen, Poesie als das Bemühen, aus Konstellationen des Unvereinbaren die Wahrheit hervorzutreiben, ohne sie auszusprechen und zu fixieren« (Ralf Schnell). Wie *und VIETNAM und* schon im Titel auf die allgemeine Meinungsmanipulation verweist – auf die Beiläufigkeit, mit der die Medien die Kriegsnachrichten zu banalen, schnellebigen Alltäglichkeiten verharmlosen –, so zielen die Texte auf die Aufdeckung der Mechanismen der Manipulation und Verschleierung:

17.–22. Mai 1966
Aus Da Nang
wurde fünf Tage hindurch
täglich berichtet:
Gelegentlich einzelne Schüsse

Am sechsten Tag wurde berichtet:
In den Kämpfen der letzten fünf Tage
in Da Nang
bisher etwa tausend Opfer

Die Vietnam-Gedichte und die darauf folgenden Angriffe auf die Palästinenser-Politik Israels (*Anfechtungen*, 1967; *Höre, Israel*, 1974), vor allem jedoch seine Stellungnahme gegen die ›Sympathisanten‹-Hetze im Zusammenhang mit dem RAF-Terrorismus (*So kam ich unter die Deutschen*, 1977) brachten ihm heftige, das politische Klima jener Jahre illustrierende Anfeindungen von allen Seiten ein (stellvertretend die Meinung des Bremer CDU-Vorsitzenden Bernd Neumann, der F.s Gedichte »lieber verbrannt sehen« wollte). *Anpassung*, so die Überschrift des letzten Gedichtes von *und VIETNAM und*, war F.s Sache nicht:

Gestern fing ich an
sprechen zu lernen
Heute lerne ich schweigen
Morgen höre ich
zu lernen auf

1966
Fritz Rudolf Fries
Der Weg nach Oobliadooh

F.' erster Roman konnte erst 1989, kurz vor der Wende, in der DDR erscheinen. Die westdeutsche Ausgabe von 1966 kostete den Verfasser die Stellung als Assistent an der Ostberliner Akademie der Wissenschaften. Schwierigkeiten bereitete zum einen die an der europäischen Moderne geschulte Erzählweise, die den »Leser einem assoziationsreichen, Vergangenheit, Gegenwart und Zukunft, Traum und Realität, Erlebtes und Vorgestelltes, Nahes und Fernes, Privates und Öffentliches mischenden Bewußtseinsstrom« aussetzt (Wolfgang Emmerich); zum anderen stellte F. zwei fragwürdige Helden aus der Tradition pikarischen Erzählens in den Mittelpunkt seines Werkes, Außenseiter, die nicht daran denken, die ihnen zugedachten Plätze in der Gesellschaft einzunehmen und ein entsprechend angepaßtes, normal langweiliges Leben zu führen. Der Bohemien Arlecq (der Name verweist auf Harlekin), Übersetzer und Schriftsteller, und sein prosaisches Pendent, der angehende Zahnarzt Paasch, flüchten aus der banalen Gegenwart in eine Traumwelt, für die das imaginäre Jazz-Land Oobliadooh steht (Dizzy Gillespie: »I knew a wonderful princess in the land of Oobliadooh«). Es ist eine Chiffre für ein erträumtes Leben, das sich weder in der DDR noch im Westen realisieren läßt. Die Helden kehren desillusioniert von ihrer Reise nach Westberlin in die DDR zurück, ohne daß sie nun nützliche Glieder der sozialistischen Gesellschaft würden. Sie finden sich vielmehr nach etlichen Verwirrungen volltrunken in einer psychiatrischen Klinik. Arlecqs neue Freundin Anne holt ihn heraus, während Paasch zurückbleibt. – F.' »Roman wirkt noch aus dem Abstand von heute fremdartig, geradezu exotisch inmitten der gleichzeitig in der DDR entstandenen Literatur« (Emmerich).

Die Konstellation eines Freundespaares kehrt wieder in F.' Roman *Alexanders neue Welten* (1982), in dem der Literarhistoriker Alexander Retard das Leben seines verschollenen Freundes, des Dolmetschers Ole Knut Berlinguer zu rekonstruieren sucht, wobei auch hier – wie im *Weg nach Oobliadooh* und dem anschließenden Roman *Das Luft-Schiff* (1974) – Erzählweise und Personenkonstellationen Anklänge an Jean Paul und an spanische Modelle (Cervantes) aufweisen.

1966
Ernst Jandl
Laut und Luise

Die Begegnung J.s und seiner »Verbündeten« Friederike Mayröcker mit Gerhard Rühm und den Ideen der »Wiener Gruppe« führte ihn in den 50er Jahren von eher traditionellen Anfängen zu einer an Konkreter Poesie, Dadaismus, Expressionismus und Gertrude Stein orientierten experimentellen Dichtung, für die es freilich kaum Publikumsmöglichkeiten gab. Erst mit *Laut und Luise* gelang der Durchbruch, einer Sammlung älterer und neuerer Gedichte mit einer Vielfalt von Sprech- und Ausdrucksweisen, wobei auch traditionelle Genres aufgenommen und durch Reduktion und Sprachspiel verfremdet werden: »mit musik«, »volkes stimme«, »krieg und so«, »doppelchor«, »bestiarium« und »epigramme« lauten einige der Überschriften der insgesamt 13 Abteilungen und verweisen so auf Gattungen wie Lied, Dialektgedicht, politisches Gedicht, Liebes- und Naturgedicht.

Lautgedichte, visuelle Texte, Prosastücke, Sprechgedichte gehören zum Repertoire J.s, der sich von vielen Vertretern der Konkreten Poesie durch seinen Witz und seine Lust am anarchischen Sprachspiel und seine Neigung zur Pointe unterscheidet und überdies in seinen Sprechgedichten – im Unterschied zu den rein mit phonetischem Material arbeitenden Lautgedichten – auch nicht auf ›Bedeutung‹ verzichtet. Eines seiner bekanntesten Gedichte etwa, *lichtung*, unterminiert mit seiner konsequenten Vertauschung der Liquide l und r das Vertrauen in stereotype (politische) Festlegungen:

manche meinen
lechts und rinks
kann man nicht
velwechsern
werch ein illtum!

In den 70er Jahren gewann J. seiner Dichtung durch die Hinwendung zu einer »heruntergekommenen sprache«, einer Art Kindersprache oder ›Gastarbeiterdeutsch‹ (»haben stecken in das mund«), und einem rein konjunktivischen Sprechen –

daß niemals
er schreiben werde
seine autobiographie

daß ihm sein leben
viel zu sehr
als dreck erscheine
(*kommentar*, in: *selbstporträt des schachspielers als trinkende uhr*, 1983) –

neue Ausdrucksmöglichkeiten ab, begleitet von einer wachsenden Verdüsterung und Bitterkeit. – Zu dem Erfolg J.s hat wesentlich auch seine Vortragskunst beigetragen.

1966
Martin Sperr
Jagdszenen aus Niederbayern

Mit S.s *Jagdszenen aus Niederbayern*, am 28. 5. 1966 vom Theater der Freien Hansestadt Bremen uraufgeführt (Druck im selben Jahr), beginnt die Renaissance des sogenannten ›kritischen Volksstücks‹, dessen Autoren – neben S. Franz Xaver Kroetz und Rainer Werner Fassbinder – vor allem an Marieluise Fleißer, Ödön von Horváth und den jungen Brecht anknüpfen.

Die *Jagdszenen* spielen in dem niederbayrischen Dorf Reinöd. Der Krieg ist vorbei, die Währungsreform überstanden; es riecht nach Schweinsbraten. Aber, so zeigt die locker gereihte Bilderfolge, der wahre Frieden und die wahre dörfliche Ordnung sind erst dann wiederhergestellt, wenn die Flüchtlinge verschwinden (sie gehen freiwillig) und die von der dumpf-konformistischen Norm Abweichenden sich entweder anpassen (Maria, deren Mann nicht aus dem Krieg zurückgekehrt ist, heiratet den Knecht, mit dem sie in ›wilder Ehe‹ lebte; Barbara entscheidet sich für die Dorfgemeinschaft und gegen ihren homosexuellen Sohn) oder »weg« sind: der sensible, als Dorftrottel denunzierte Rovo bringt sich um, der homosexuelle Abram (»schwule Drecksau«) beginnt – um seine ›Normalität‹ zu beweisen – ein Verhältnis mit dem Dienstmädchen Tonka (»Hur«), ersticht sie im Affekt und wird nun, nicht zuletzt wegen der Belohnung von DM 2500, von den Dorfbewohnern zur Strecke gebracht (»Vergast gehört er! Vergast! [...] Da muß doch die Todesstrafe wieder her«). Die Belohnung wird für die Reparatur der Kirchenglocken verwendet werden; es ist Zeit, »zum gemütliche Teil« überzugehen. »Gut, daß die zwei weg sind, die Tonka und der Abram. Da käm die Stadt schon aufs Land raus«, kommentiert der Bürgermeister im Wirtshausgarten.

In knappen Szenen und lakonischen Dialogen macht S. die Mechanismen des ›gesunden Volksempfindens‹, die Dumpfheit der dörflichen Enge mit ihrem latenten Faschismus sichtbar. Weder gibt es Menschlichkeit und Mitgefühl bei den Verfolgern, noch Solidarität unter den Opfern. – S. vereinigte die *Jagdszenen aus Niederbayern* mit zwei weiteren Stücken – *Landshuter Erzählungen* (1967) und *Münchner Freiheit* (1971) – zur *Bayrischen Trilogie*, die auch die weitere Nachkriegsentwicklung einbezieht (die späteren Stücke spielen 1958 und 1969) und die Milieudarstellung auf andere Schichten ausdehnt.

1967
Erich Arendt
Ägäis

Seine frühesten Gedichte veröffentlichte A. bereits 1926 in Herwarth Waldens expressionistischer Zeitschrift *Der Sturm*. Der spanische Bürgerkrieg und das Exil in Kolumbien gehörten zu den prägenden Erlebnissen A.s, der sich nach dem Krieg in der DDR niederließ. Übersetzungen spanischer und lateinamerikanischer Autoren erschienen in den 50er Jahren. Die Formensprache der modernen spanischen und französischen Poesie und die ihr innewohnende Tendenz zur Abstraktion und Reduktion bilden die Grundlage seiner in der ersten Hälfte der 60er Jahre entstandenen *Ägäis*-Gedichte, die aus einer durch mehrere Griechenlandaufenthalte vertieften Begegnung mit der mediterranen Landschaft und ihren Mythen hervorgegangen sind. A. erkennt hier Spuren einer »Elementarlandschaft, zeitlos, von Menschenhand ungeprägt«, und er evoziert sie in Versen, deren »Konzentration auf Klang, Rhythmus, Dichte und Spannkraft des Wortes« vielleicht auch mitbeschworen ist »von der absoluten Nacktheit der griechischen Inselwelt von Fels und Wasser und Himmel, die im variablen Zusammenhang selbst Poesie ist« (A.).
Graurollend:
> Salz
> rundum, die unlösliche
> Öde.

Mit diesen Worten beginnt das Gedicht *Steine von Chios*, das den der unwirtlichen Steinwelt der Inseln gewidmeten ersten Teil der Sammlung einleitet. Nach Texten, die ein freieres, körperliches Leben spüren lassen, und vor einer abschließenden Hinwendung zum Vulkanischen der Erde, versammelt ein zentraler mythologischer Teil Texte der »Verfinsterung aus Historie und Dichtung der Alten« (Heinrich Küntzel). Dabei wird erkennbar, wie A.s »gleichsam gegengeschichtliche Versteinerungsmetaphorik [...] zur hermetischen Chiffren-Technik ideologischer Dekonstruktionen« wird (Hermann Korte), daß die Evozierung der archaischen Mythen und der Untaten der Geschichte den in den 50er und 60er Jahren nicht nur in der DDR verbreiteten Fortschrittsoptimismus grundsätzlich in Frage stellt:
> Blutwimper, schwarz:
> das Jahrhundert.

(*Nach den Prozessen;* ursprünglicher Titel: *Nach dem Prozeß Sokrates*)

A. selbst sprach von seinen Gedichten als »Geschichtsschreibung von der Leidseite her, der Erleidensseite her«.

1967
Thomas Bernhard
Verstörung

Wie B.s erster Roman *Frost* (1963) beginnt auch *Verstörung* als eine Art negativer Heimatroman. Der Sohn eines steiermärkischen Landarztes ist für einige Tage aus seinem Studienort Leoben nach Hause gekommen und begleitet seinen Vater auf den Visiten, während die schwermütige, selbstmordgefährdete Schwester im Hintergrund bleibt. Krankheit und Tod, Wahnsinn und Selbstmord sind die konstituierenden Elemente der Welt, wobei dem Vater in seinen Tiraden gerade das Land als Hort des Verbrecherischen wie des degenerierten Menschentums erscheint. Der abschließende Besuch gilt dem Fürsten von Saurau auf Burg Hochgobernitz, einem wahrhaft ›Verstörten‹, dem der zweite Teil des Romans – Überschrift: *Der Fürst* – gewidmet ist: ein nur noch gelegentlich von Erzähler-Floskeln unterbrochener Monolog des Fürsten, dem die Welt als universaler Katastrophenzusammenhang, das Universum als nichtig und das Dasein als sinnlos erscheinen: »Isolation. Alles ist zwecklos.« Die Welt ist ein nicht zu verstehendes Chaos, die Natur »ein ungeheurer Universalsurrealismus«, dem das Chaos im Innern des monologisierenden Protagonisten entspricht: »Man erkennt überdeutlich, daß der Weltverlust den Menschen auf sich selbst zurückwirft, was bei B. in einem manischen, welt- und damit inhaltslosen Monologisieren einer Person Ausdruck findet« (Jürgen H. Petersen). Dieses subjektive Erzählverfahren, fortgesetzt in den Romanen *Das Kalkwerk* (1970) und *Korrektur* (1975), führt dann in späten Werken wie *Der Untergeher* (1983) oder *Auslöschung. Ein Zerfall* (1986), dem letzten und umfangreichsten Erzähltext B.s, konsequenterweise zur Ausschaltung des Er-Erzählers, so daß ein ungebrochener Bewußtseinsstrom der Innenwelt der gescheiterten Protagonisten und ihren gnadenlosen, gelegentlich auch latent komischen Abrechnungen mit dem privaten und öffentlichen (österreichischen!) Elend Ausdruck verschaffen kann.

1968
Wolfgang Bauer
Magic Afternoon

Mit *Magic Afternoon*, das am 12. 9. 1968 vom Landestheater Hannover uraufgeführt wurde (Druck 1969), hatte der Grazer B. seinen ersten großen Bühnenerfolg. Das einaktige Drama nimmt in seiner psychologisch-realistischen Darstellungsform Züge des Horváthschen Volksstücks auf; es läßt aber gleichzeitig Beziehungen zum absurden Theater und, in seiner naturalistisch-krassen Darstellung des Umschlags eines »sinn- und kommunikationslose[n] Gruppenleben[s] in mörderische Brutalität«, zum Theater Edward Bonds erkennen (Wolfram Buddecke/Helmut Fuhrmann).

Schauplatz ist ein verrauchtes Zimmer in einer österreichischen Provinzstadt. Draußen ist schönstes Wetter. Die Personen sind im Alter zwischen 22 und 30 Jahren. Der Schriftsteller Charly, der nichts schreibt, langweilt sich mit seiner Freundin Birgit im elterlichen Haus (die Eltern sind verreist). Sie hören Beatmusik, unterhalten sich lust- und ergebnislos darüber, was man tun könnte, öden sich an; Spannungen werden sichtbar. Ein Anruf des Freundes Joe, der auch nicht schreibt, verspricht Abwechslung. Er bringt seine Freundin Monika mit; auch hier ist das Verhältnis von Überdruß, Langeweile und Sinnleere charakterisiert. Aggressionen brechen aus, Monikas Nasenbein wird versehentlich zertrümmert. Nachdem Monika ins Krankenhaus geschafft worden ist, greifen Charly und Joe zur Haschischzigarette, mimen eine homosexuelle Szene, attackieren Birgit. Sie ersticht Joe mit einem Messer. Bei Musik der Rolling Stones (und angesichts der Leiche) setzt Birgit dazu an, den verstörten Charly zu verführen, bricht aber dann ab und geht, während sich der Verängstigte in einem Schrank versteckt.

Die selbstzerstörerisch handelnden Protagonisten von *Magic Afternoon* gehören der österreichischen Subkultur der 60er Jahre an; ihre Erfahrungen freilich – Geschichts- und Orientierungslosigkeit, Sinnleere, Frustration, Verzweiflung, Eskapismus usw. – verweisen auf größere gesellschaftliche Zusammenhänge, lassen sich als Symptome einer Krise der bürgerlichen Konsumgesellschaft verstehen.

B.s weitere Stücke – u.a. *Change* (1969) und *Silvester oder Das Massaker im Hotel Sacher* (1971) – knüpfen an *Magic Afternoon* und das von Joe gezogene Fazit an: »Die Wölt is nämlich unhamlich schiach.«

1968
Rolf Dieter Brinkmann
Keiner weiß mehr

Als Erzähler begann B. mit Texten, die in den Umkreis des von Dieter Wellershoff propagierten »neuen Realismus« gehören. Der Durchbruch gelang ihm mit *Keiner weiß mehr*, seinem ersten und einzigen Roman, der aus der streng durchgehaltenen Perspektive des Mannes die Krise einer (Klein-)Familie beschreibt: eines frustrierten und in seinen schriftstellerischen Plänen gelähmten, alternden Pädagogikstudenten, der meist im vorderen Zimmer der Kölner Altbauwohnung sitzt, und seiner Frau, die für den Familienunterhalt sorgt und mit dem Kind, das sie »weder gewollt noch verhindert« hatten, die hinteren Zimmer der Wohnung teilt. Die Freunde Rainer und Gerald wurden aus der Wohnung hinausgedrängt – und damit ein Stück männlicher Unabhängigkeit. In einem unaufhaltsamen monomanischen Gedankenfluß registriert der Erzähler seine Beobachtungen, Gefühle, Impressionen, reflektiert er in Kreisbewegungen seine Situation im Rahmen einer verkrusteten, kaum Kommunikation zulassenden Beziehungsstruktur. Erstarrung und Lähmung in einem ereignislosen Alltagskontinuum bauen Spannungen auf, die sich immer wieder in Gewalt- und Sexualphantasien oder Aggressionen entladen. Sadistische Abtreibungsphantasien kommentieren auf ihre Weise die ungewollte Familiensituation, ebenso die Demütigungen seiner Frau, die Prügel- und Vergewaltigungsszenen. Allgegenwärtig sind die sexuellen Obsessionen des Mannes, die dem Buch einen durchaus pornographischen Grundzug verleihen. »Sex bildet [...] die universelle Formel, die den alltäglichen Wortschatz metaphorisch besetzt hat« (Sibylle Späth) und auch die Destruktionsphantasien durchdringt, die einen umfassenden Protest artikulieren: »Deutschland, verrecke. Mit deinen ordentlichen Leuten in Massen sonntags nachmittags auf den Straßen. Deinen Hausfrauen. Deinen Kindern, Säuglingen, sauber und weich eingewickelt in sauberstes Weiß. Mit den langweiligen Büchern, den langweiligen Filmen. [...] Verrecke, auf der Stelle, sofort. Mit deinen Dralonmännern. [...] Mit deinen ausgeleierten Triumphmieder-Mädchen. Fanta-Mädchen. Helanca-Mädchen. [...] Und du, Palmolive-Frau. Und du, Luxor-Schönheit Nadja Tiller. Kölscher Willy. Unser Mann in Bonn. Onkel Tchibo auf Reisen. [...] Undwassonstnochalles, undwassonstnochalles, wassonstnochalles, wassonstnoch. Argumen-

tieren lohnt sich schon nicht mehr. Zusammenficken sollte man alles, zusammenficken.«

In bewußten Attacken auf die gängigen Moralvorstellungen werden homosexueller Verkehr,
Onanie und Prostitution mit ehelichem Geschlechtsverkehr gleichgesetzt, erscheint männliche Lustbefriedigung als sexuelle Befreiung, als
Selbstbefreiung überhaupt. Doch in der allgemeinen Schäbigkeit der kleinen Befriedigungen stellt
sich nur ganz ausnahmsweise ein Moment der
Freiheit ein, gefolgt freilich von einer desillusionierenden Rückkehr in eine unveränderte Realität; und alles mündet letztlich »wieder ein in
jene diffuse Orientierungslosigkeit, die der gesamte Roman so wortreich zur Schau stellt«
(Späth).

1968
Günter de Bruyn
Buridans Esel

Die autobiographische *Zwischenbilanz. Eine Jugend in Berlin* (1992) bezeugt die frühe Distanz
de B.s zu den Institutionen der Macht. Er gehört
dann zu den DDR-Autoren, die zunehmend seit
den 6oer Jahren Themen einer neuen Subjektivität anschlagen, von Selbstverwirklichung, individuellem Glücksverlangen und menschlicher
Authentizität (und ihrer Bedrohung) im Rahmen
der gegebenen Gesellschaft sprechen. Zugleich
spielen in seinem Werk seine literarhistorischen
Interessen eine wesentliche Rolle.

Buridans Esel schildert in einer an Jean Paul
und Fontane geschulten ironischen Erzählweise
eine private Dreiecksgeschichte, die Geschichte
eines Mannes zwischen zwei Frauen (analog zu
Buridans Esel, der aus Entscheidungsschwäche
zwischen zwei Heuhaufen verhungert). Der arrivierte, nicht zuletzt dank des ererbten Vermögens seiner Frau in angenehmen Verhältnissen
lebende Bibliotheksdirektor Karl Erp geht nach
zwölfjähriger, offenbar durchaus glücklicher Ehe
eine Liebesbeziehung zu einer neuen Kollegin
ein, dem jungen, emanzipierten »Fräulein Bro-
der«, zieht zeitweilig aus seiner Villa in ihre Hin-
terhauswohnung, kann sich jedoch letztlich nicht
von seinen Lebensgewohnheiten (einschließlich
des höheren Komforts) trennen und kehrt zu seiner Frau zurück, die inzwischen zur Selbständigkeit gefunden hat (»die neue Elisabeth«) und ihn
nur um der Kinder willen wieder aufnimmt: ein
Ende, das »gerade nicht als Triumph sozialistischer Moral ausgegeben wird, sondern als das
ganze Gegenteil davon« (Wolfgang Emmerich).

Direkter, wenn auch immer noch freundlich-
ironisch, wird die Kritik in den folgenden Romanen. Von Anpassung, Rollenzwang und der Behauptung menschlicher Integrität des Künstlers
und Wissenschaftlers in der Gesellschaft handelt
Preisverleihung (1972), während *Neue Herrlichkeit* (1984) am Beispiel der Bewohner und Gäste
eines staatlichen Ferienheims ein ironisch-satiri-
sches Bild der realsozialistischen Gesellschaft
und der ihr innewohnenden Spannungen entwirft.

1968
Tankred Dorst
Toller

D. wurde zu seinem Stück, am 9. 11. 1968 am
Staatstheater Stuttgart uraufgeführt (Druck im
selben Jahr), durch die Lektüre von Erst Tollers
Autobiographie *Eine Jugend in Deutschland*
(1933) angeregt. Das anfängliche Interesse an
Toller als lebendiger, widerspruchsvoller Person
erhielt im Lauf der Arbeit eine politische Dimension. D.s Ziel war ein »realistisches Stück«, das
die geschlossene Form aufbrechen und kurze
»Szenen, Partikel von Realität, Fragmente von
Personen, von Bewegungen und Bildern [...] wie
in einem zerbrochenen Spiegel« erscheinen lassen sollte. Charakteristisch für die Form des *Toller* sind daher abrupte Ortswechsel, Zeitsprünge,
simultanes Spiel, Einfügungen von Songs, kaba-
rettistischen Nummern und dokumentarischem
Material, aber auch von Szenen aus Stücken
Tollers.

Toller erscheint als Künstler, als Schauspieler,
der Revolution spielt und für den revolutionäres
Pathos und revolutionäre Gesten Organisation
und Handeln ersetzen. Er hat, wie die anderen
idealistischen Literaten in der Münchener Räteregierung, kein Verhältnis zur Realität (D.: »Das
fesselte mich.«), und so werden »alle ihre Aktionen, ihre Hoffnungen, ihre Auseinandersetzungen zu einer blutigen Farce« (D.). Aber wie sein
Zurückschrecken vor Gewalt und einer reinen
Zweckmoral Toller in einem menschlich sympathischen Licht erscheinen läßt, so gerät andererseits der kommunistische Berufsrevolutionär Le-
viné, als Kontrastgestalt angelegt, ins Zwielicht.
Auf diese Weise weicht D. bewußt einer eindeutigen Parteinahme aus, ein Umstand, der in der
Studentenbewegung auf entschiedene Kritik stieß:
»Zu eben der Zeit, wo sie [die Studenten] leidenschaftlich für das Rätesystem eintraten, sahen
sie sich einem desillusionierenden Bericht über

das Scheitern der ersten vom Rätegedanken getragenen deutschen Revolution konfrontiert, ohne daß der Autor zwischen fehlerhaften individuellen Realisierungsversuchen einerseits und ›objektiver politischer Notwendigkeit‹ andererseits unterschieden und so ein ermutigendes Zeichen gesetzt hätte« (Wolfram Buddecke/Helmut Fuhrmann).

Toller ist die Grundlage für das gemeinsam mit dem Regisseur Peter Zadek erarbeitete Fernsehspiel *Rotmord oder I was a German* (1969). In Stücken wie *Eiszeit* (1973) und *Goncourt oder Die Abschaffung des Todes* (1977) nahm D. die Künstler- und Intellektuellen- bzw. Revolutionsproblematik noch einmal auf. Die Möglichkeit, »größere Bilder hervorzubringen«, regte ihn zu seinem vielstündigen Monumentaldrama *Merlin oder Das wüste Land* (1981) an, das anhand der Artussage »das Scheitern von Utopien« (D.) in Szene setzt.

1968
Günter Eich
Maulwürfe

Während E. als Lyriker immer mehr den Weg der Reduktion mit der Tendenz zum Verstummen ging und sich so gegen das Einverständnis, das Einvernommenwerden zur Wehr setzte, schuf er sich mit der kleinen Prosaform der ›Maulwürfe‹, eine Art von Prosagedichten, ein Instrument zur Kritik – zum Untergraben, Unterminieren – der gelenkten, harmonisierenden Sprache der Macht: »und obwohl Macht schon vor dem Sündenfall eingesetzt war, bestehe ich darauf, daß sie eine Institution des Bösen ist«, heißt es in der Büchner-Preis-Rede (1959). – Dem Band *Maulwürfe. Prosa* von 1968 folgten *Ein Tibeter in meinem Büro. 49 Maulwürfe* (1970) und *Gesammelte Maulwürfe* (1972).

E.s »Präambel« nennt die Eigenschaften der »Maulwürfe«; sie sind angriffslustig, schnell, subversiv, schädlich – und sie werden gejagt. Zentrales Thema der Texte – in einem Gewebe von Assoziationsketten, Kalauern, literarischen und politischen Anspielungen und ironischen Verkehrungen versteckt – ist das Nein zur Welt, das Nicht-Hinnehmen der Wirklichkeit: »Als er sich schließlich Sinn von Unsinn zu scheiden weigerte und die Maulwurf-Sprache zu sprechen begann, ist der anarchische Zug seiner Dichtung ruchbar geworden« (Peter Horst Neumann). Gerade durch den ›Nonsens‹, eine Art Gegensprache, wird die Destruktion der herrschenden

Phraseologie und Ideologie in radikaler Weise betrieben: ohne Pathos, ohne Illusionen, melancholisch. »Wäre ich kein negativer Schriftsteller, möchte ich ein negativer Tischler sein«, beginnt der ›Maulwurf‹ *Späne*, der eines der Grundthemen der Texte behandelt: den Gegensatz von Manipulierbarkeit, Untertanengesinnung, Hierarchie, Gleichschaltung und – chancenloser – »Anarchie«. Dem unterlegenen Marsyas, nicht dem siegreichen Apollon (»er hatte nicht das Lied, aber die Macht«) und den »neun Musen des Stumpfsinns« gilt die Sympathie (*Ein Nachwort von König Midas*). Der ›Maulwurf‹ *Hausgenossen* formuliert unmißverständlich E.s Standpunkt eines »Nichtmehreinverstandenseins« mit Schöpfung und Gesellschaft, Ergebnis der konsequenten Radikalisierung von E.s »Ressentiment eines anarchischen Instinktes« (Büchner-Preis-Rede) »seit dem Frühwerk über die Gedichte und Hörspiele der mittleren Schaffensperiode zum Spätwerk hin« (Neumann): »Was mir am meisten auf der Welt zuwider ist, sind meine Eltern. Wo ich auch hingehe, sie verfolgen mich, da nützt kein Umzug, kein Ausland. Kaum habe ich einen Stuhl gefunden, öffnet sich die Tür und einer von beiden starrt herein, Vater Staat oder Mutter Natur. Ich werfe einen Federhalter, ganz umsonst.«

1968
Hubert Fichte
Die Palette

Die Palette, wohl F.s größter Erfolg, ist der mittlere der drei frühen Romane F.s, die auf verschiedene Weise autobiographische Erfahrungen verarbeiten. Am Anfang steht *Das Waisenhaus* (1965), das aus der Erlebniswelt des achtjährigen Detlev von seinem Aufenthalt in einem Waisenhaus, seiner Außenseiterposition und seinem Gefühl des Ausgeliefertseins und der Verunsicherung erzählt; der dritte Roman, *Detlevs Imitationen »Grünspan«* (1971), nimmt die Geschichte Detlevs nach seiner Rückkehr nach Hamburg auf und erzählt sie abwechselnd mit der weiteren Gesichte Jäckis, des Protagonisten der *Palette*.

»Palette« ist der Name eines Hamburger Szenelokals (»neunundachtzig bis hundert Schritte vom Gänsemarkt entfernt«). Der Autor, der das Lokal jahrelang täglich frequentierte, sitzt in einem portugiesischen Fischerdorf und erinnert sich an die »Palette« und ihre Gäste: »Ich fange an zu schreiben, verändre die Namen der Palettianer, tausche Namen aus, denke mir Personen aus zu den Namen.« Sein Held oder Medium, durch das er seine Erinnerungen mitteilt, ist der etwa 30jährige Kritiker Jäcki, der nach längerer Abwesenheit wieder in die »Palette« geht und seine Beobachtungen in spielerischen Assoziationen mit eigenen Gedanken und Vorstellungen verbindet. In einer vielstimmigen, kohärente ›Handlung‹ und lineares Erzählen negierenden Collage entsteht ein Bild der Hamburger Subkultur der 60er Jahre. Dabei treten neben Jäcki und seiner Freundin Irma, die nicht in die »Palette« geht, Gestalten wie Liana Pozzi, Heidi, Jürgen oder Reimar Renaissancefürstchen Behrends und viele andere aus der Homosexuellen-, Drogen-, Strich- und Zuhälterszene hervor; ihre Erzählungen, Dialoge, bruchstückhaften (Lebens-)Geschichten, Erfahrungen machen in einer durchaus eigenen Sprache, unvermittelt nebeneinandergesetzt, den Roman aus: »Jeder Besuch in der Palette ist ein Roman«, heißt es.

»Hubert Fichtes *Palette* wiederlesend wird mir zweierlei deutlich: wie hier ohne Vergleich sprachlich, im Vokabular wie in der erzählten und umgesetzten Vorstellungswelt, einer bestimmt eingegrenzten Vorstellungswelt, eine ganze Generation dokumentiert wird. So war das, kann man heute sagen. Das sind die Sätze und Satzfolgen, mit denen das, was so war, ausgedrückt werden konnte. So und nicht anders. [...] Zugleich sehe ich heute deutlicher, wie sehr dieses Buch zum erstenmal den literarischen Kontur seines Autors gezeichnet hat. [...] In diesem Buch hat sich ausgebildet, was er an Thematik und an Mitteln besitzt, was ihn angeht und was er zu bieten hat« (Helmut Heißenbüttel).

1968
Peter Handke
Kaspar

Mit dem »Sprechstück« *Publikumsbeschimpfung* (1966) erzielte H. seinen ersten größeren Erfolg. Weitere sogenannte Sprechstücke schlossen sich an, Stücke, die sich mit ihrer sprachkritischen Intention gegen die Ästhetik Brechts und aktuelle Theatertendenzen (Dokumentartheater, kritisches Volksstück u. ä.) wandten: Die Sprechstücke zeigen, so H., »auf die Welt nicht in der Form von Bildern, sondern in der Form von Worten, und die Worte der Sprechstücke zeigen nicht auf die Welt als etwas außerhalb der Worte Liegendes, sondern auf die Welt in den Worten selber.«

Nach mehreren kleinen Theatertexten legte H. mit *Kaspar* sein erstes abendfüllendes – und zugleich erfolgreichstes – Stück vor (Uraufführung:

11. 5. 1968 im Frankfurter Theater am Turm und in den Städtischen Bühnen Oberhausen; Druck im selben Jahr). Der Titel verweist auf den Findling Kaspar Hauser, der 1828 in Nürnberg auftauchte und nur einen Satz Sprach (»A söchener Reiter möcht i wärn wie mei Voter aner gween ist«). Aber: »Das Stück ›Kaspar‹ zeigt nicht, wie ES WIRKLICH IST oder WIRKLICH WAR mit Kaspar Hauser. Es zeigt, was MÖGLICH IST mit jemandem. Es zeigt, wie jemand durch Sprechen zum Sprechen gebracht werden kann. Das Stück könnte auch ›Sprechfolterung‹ heißen.«

Kaspar betritt zögernd die ihm fremde Welt, sucht sich zu orientieren und äußert wiederholt den Satz »Ich möcht ein solcher werden wie einmal in andrer gewesen ist«, erster Schritt zur Vergewisserung seiner selbst und seiner sozialen Existenz. Doch der Satz, die Sprache, bietet der Gesellschaft, die durch »Einsager« repräsentiert wird, den Ansatz zur Indoktrination. Die Ordnungsschemata der Sprache werden Kaspar unbarmherzig aufgezwungen, er wird zu einem funktionierenden und damit zugleich austauschbaren Wesen abgerichtet (zur Illustration dieses Faktums tauchen dann weitere, nicht voneinander unterscheidbare Kaspar-Figuren auf). So führt Ich-Findung durch Sprache zur Unterwerfung, demonstriert das Stück die Determiniertheit und Manipulierbarkeit des einzelnen durch die Sprache.

Anders als die Sprechstücke, schreibt Theo Elm, bei denen »der Affekt gegen ›Geschichten‹ zugunsten der Selbstthematisierung der Sprache und der Kritik unbedacht-konventioneller Darstellungsformen immer noch den sinnlichen Effekt der ›Inszenierung‹, gar spektakuläre Happenings (*Publikumsbeschimpfung*) ermöglichte, verfielen H.s erste Romane der Langeweile des Lesers (*Die Hornissen*, 1966; *Der Hausierer*, 1967)«.

1968
Siegfried Lenz
Deutschstunde

Mit dem Roman *Deutschstunde* erzielte L. den Durchbruch bei einem breiten Publikum, das ihm seither die Treue hält. Vorausgegangen war neben mehreren Romanen und den Erzählungen *So zärtlich war Suleyken* (1955) auch eine Reihe von Hörspielen und Dramen, darunter *Zeit der Schuldlosen* (1961), ein für die deutsche Literatur der 50er und frühen 60er Jahre typisches, vom Existentialismus beeinflußtes Parabelstück über die Schuldproblematik.

Der Ich-Erzähler Siggi Jepsen sitzt – es ist das Jahr 1954 – in einer Hamburger Jugendstrafanstalt und soll, da er statt des verlangten Aufsatzes über »Die Freuden der Pflicht« nur leere Blätter ablieferte, das Versäumte »bei gleichzeitiger Einschließung und vorläufigem Besuchsverbot« als Strafarbeit nachholen. Damit setzt die eigentliche Erzählung ein. Das Thema evoziert Erinnerungen an seinen Vater, der als Polizist in dem (fiktiven) schleswig-holsteinischen Dorf Rugbüll seinen Dienst versieht und eines Tages, 1943, seinen Jugendfreund, den Maler Max Ludwig Nansen, vom Malverbot unterrichten und dessen Einhaltung überwachen muß (der Maler trägt Züge des 1941 von den Nationalsozialisten mit Malverbot belegten Emil Nolde). Während der Vater in verbissener Pflichtbesessenheit als Musterbeispiel eines autoritär-kleinbürgerlichen Charakters das Malverbot überwacht, verbündet sich Siggi mit dem Maler, der aus innerer Berufung weitermalt, versteckt seine Bilder, um sie vor der Vernichtung zu bewahren. Auch Siggis Bruder bricht aus dem autoritären Elternhaus aus (die Mutter verficht ähnliche Prinzipien wie der Vater). Nach dem Krieg setzt sich der Konflikt fort, die Verhaltensmuster bleiben bestehen. Der Vater verfolgt in paranoider Weise den Maler weiter, und Siggi glaubt, ihn weiter beschützen zu müssen. Und als er in diesem Bestreben ein Bild Nansens aus einer Ausstellung entfernt, wird er wegen Diebstahls zu einer Jugendstrafe verurteilt.

Die *Deutschstunde* ist ein Stück literarischer Vergangenheitsbewältigung (und zugleich Kritik am restaurativen Nachkriegsdeutschland), wobei der Erzähler und Verfasser des Aufsatzes über »Die Freuden der Pflicht« seine Erinnerungsarbeit gewissermaßen für alle Deutschen übernimmt. Daß er mit seiner Rolle als allgegenwärtiger Ich-Erzähler überfordert ist, gehört zu den formalen Problemen des Romans, der das Erzählen und das Erinnern nicht thematisiert und reflektiert und einem durchaus konventionellen Realismus verhaftet bleibt. Ein anderer Einwand gilt der unbefriedigenden Darstellung der gesellschaftlich-geschichtlichen Situation des Dritten Reiches. Doch entscheidend für L. ist die moralische Haltung, »die den Schriftsteller bei der erzählerischen Vergangenheitsrekonstruktion sinnstiftend zu begleiten weiß« (Ralf Schnell).

Gerade das Experimenten abgeneigte, in traditioneller Weise realistische Erzählen verhalf auch L.s weiteren Romanen der 70er und 80er Jahre zum Erfolg (u. a. *Heimatmuseum*, 1978; *Der Exerzierplatz*, 1985; *Die Klangprobe*, 1990).

1969
Jurek Becker
Jakob der Lügner

B.s erster Roman, zugleich in beiden Teilen Deutschlands erschienen, gilt als sein bedeutendster; er ist stark von autobiographischen Momenten geprägt. Ort der Handlung ist ein Ghetto in einer polnischen Stadt, die Zeit 1943. Im Mittelpunkt des Romans steht die Gestalt des Kartoffelpufferbäckers und Eismanns Jakob Heym. Als er wegen eines kleinen Vergehens auf das Polizeirevier bestellt wird, hört er zufällig im Radio die Nachricht vom Vorrücken der sowjetischen Truppen. Nach seiner – unerwarteten – Rückkehr erzählt er Freunden davon und gibt sich dabei als Besitzer eines Radios aus (eine Lüge, die ihm immer noch wahrscheinlicher scheint, als die Tatsache, daß er ein deutsches Polizeirevier lebendig verlassen konnte). Von nun an wird er als Besitzer dieses geheimnisvollen (und im Ghetto verbotenen) Radios Lieferant immer neuer Nachrichten, zunächst für den neugierigen Friseur Kowalski, schließlich für das ganze Ghetto, wobei immer stärkere Anstrengungen seiner Phantasie erforderlich werden. Jakob stärkt so, mit seinen »Lügen« von der bevorstehenden Befreiung, den Durchhaltewillen seiner Leidensgefährten. Als Jakob den Lügen ein Ende setzen will und seinem Freund Kowalski die Wahrheit sagt, erhängt sich dieser aus Verzweiflung: »Jakob wird klar, daß sein aus Zufall begonnenes Rollenspiel zu seiner eigentlichen Existenz geworden ist, von der das Leben der anderen abhängt« (Manfred Durzak). Am Ende steht keine falsche Hoffnung, sondern der Tod, wobei B. die ›lügenhaften‹ Entwürfe Jakobs, die als humane Alternative eine utopische Dimension sichtbar machen, in die Romanstruktur einbringt und zwei Möglichkeiten anbietet: »zuerst ein Ende, das sich nie ergeben hat« – Jakob wird bei dem Ausbruchsversuch aus dem Ghetto erschossen, während die russischen Befreier die Stadt erreichen –, dann das wirkliche Ende, die Deportation Jakobs und der anderen in ein Todeslager.

Der Roman ist souverän, ohne Pathos, heiter und witzig erzählt. Der Erzähler sorgt, indem er sein Vorgehen kommentiert und reflektiert, indem er Möglichkeiten abwägt, für Distanz. Deutlich ist bei dem Alternativentwurf am Ende und den einleitenden Fiktionsformeln (»Ich stelle mir einen Moment lang vor« usw.) die Anlehnung an Max Frischs *Mein Name sei Gantenbein* (1964).

Zu B.s weiteren Romanen, die z.T. an die (Kriegs- und Ghetto-)Thematik des Erstlings anschließen, gehören u.a. *Irreführung der Behörden* (1973), *Der Boxer* (1976), *Aller Welt Freund* (1982), *Bronsteins Kinder* (1986) und *Amanda herzlos* (1992).

1969
Günter Wallraff
13 unerwünschte Reportagen

W. wurde durch seine auf ›verdeckter‹ Beobachtung beruhenden Reportagen aus der Arbeitswelt bekannt, wobei freilich häufig genug die Diskussion über seine Methoden die Brisanz der an die Öffentlichkeit gebrachten brutalen Unterdrückungsmechanismen und Ausbeutungsformen in den Hintergrund drängte. Nach den Industriereportagen ›*Wir brauchen Dich.*‹ *Als Arbeiter in deutschen Industriebetrieben* (1966) folgte mit *13 unerwünschte Reportagen* ein zweites Reportagenbuch, dessen einzelne Beiträge vorher in den Zeitschriften *konkret* und *pardon* erschienen waren. Hier zeigt sich gegenüber dem früheren Buch eine Ausweitung des Blickfelds: über die unterschlagene betriebliche Wirklichkeit hinaus werden andere, ebenfalls totgeschwiegene Aspekte des bundesrepublikanischen Alltags sichtbar gemacht, die Existenzweise von Außenseitern und Randgruppen, die zunehmende Militarisierung der Gesellschaft, die Haltung der katholischen Kirche zum Krieg u.a. Dabei benutzt W. weiter die Methode der Anpassung und des Rollenspiels – ob er sich in ein Hamburger Obdachlosenasyl oder als Alkoholiker in eine Heil- und Pflegeanstalt begibt, als rechtsradikaler Student der Polizei seine Spitzeldienste anbietet oder als katholischer Napalm-Fabrikant Beichtstühle aufsucht, an Luftschutzlehrgängen teilnimmt oder als fiktiver Ministerialrat Kröver der Militarisierung des Werkschutzes auf der Spur ist. Die Texte montieren persönliche Beobachtungen und Erkenntnisse, Schilderungen von Beteiligten und dokumentarisches Material, wobei der Stil bewußt kunstlos gehalten wird (»Nicht Literatur als Kunst, sondern Wirklichkeit!«). W. versteht sich nicht nur als kritischer Reporter wie der stilistisch ungleich virtuosere Egon Erwin Kisch, sondern als ›operativer‹ Schriftsteller: Ziel ist das Herstellen von Öffentlichkeit, Aufklärung zum Zweck der Veränderung der bestehenden Verhältnisse. Zu den erfolgreichsten Büchers W.s zählen seine Berichte über seine Tätigkeit bei der *BILD*-Zeitung (*Der Aufmacher*, 1977) und über seine Erfahrungen als türkischer Leih- und Gelegenheitsarbeiter Ali (*Ganz unten*, 1985).

1969
Dieter Wellershoff
Schattengrenze

W. formulierte Mitte der 60er Jahre ein nicht zuletzt gegen Günter Grass gerichtetes Programm eines »neuen Realismus«: »die phantastische, groteske, satirische Literatur hat die Gesellschaft kritisiert, indem sie ihr ein übersteigertes, verzerrtes Bild gegenüberstellte, der neue Realismus kritisiert sie immanent durch genaues Hinsehen.« Als realistisch gilt dem Theoretiker W., auch unter dem Einfluß des französischen *nouveau roman*, »eine bewegte, subjektive Optik, die durch Zeitdehnung und Zeitraffung und den Wechsel zwischen Totale und Detail, Nähe und Ferne [...] und den Wechsel von Innen- und Außenwelt die konventionelle Ansicht eines bekannten Vorgangs und einer bekannten Situation so auflöst und verändert, daß eine neue Erfahrung entsteht.«

Dieses Programm ist Ausgangspunkt seiner Romane, Geschichten von der Auflösung von Persönlichkeiten, von Untergang und Selbstzerstörung. Zwei Wochen »aus dem Alltag einer Kölner Familie als Pathologie unterdrückten Lebens« (Paul Mog) schildert minutiös aus der Perspektive dreier Familienmitglieder (Vater, Tochter, Sohn) der Roman *Ein schöner Tag* (1966), während der folgende Roman, *Schattengrenze*, einen psychischen Zerfallsprozeß am Beispiel eines in die Kriminalität abgleitenden Mannes beschreibt, dessen Fluchtversuch vor den Steuerfahndern wegen eines Autodefekts in einem belgischen Hotelzimmer endet. Erzählt wird aus der Sicht der von Angstzuständen heimgesuchten Hauptgestalt, wobei die allmähliche Desintegration seiner Persönlichkeit die Perspektive seiner Wahrnehmung verändert. Die inneren Vorgänge wiederum spiegeln sich in der komplexen, am *nouveau roman* orientierten Romanstruktur mit ihren abrupten Schnitten, Zeitsprüngen und Assoziationsketten.

Neue Aspekte ergeben sich in dem polyperspektivisch erzählten Roman *Einladung an alle* (1972), wieder die Geschichte eines Kriminellen, durch die Einbeziehung dokumentarischer Materialien, während W. mit *Die Schönheit des Schimpansen* (1977) erneut eine – in Mord und Selbstmord endende – pathologische Verfallsgeschichte vorlegt.

1969
Christa Wolf
Nachdenken über Christa T.

Ihren ersten großen Erfolg hatte W. mit dem Roman *Der geteilte Himmel* (1963), einer Liebesgeschichte vor dem Hintergrund der Teilung Deutschlands, wobei das Interesse der Verfasserin nach eigener Aussage weniger dem Thema der deutschen Teilung galt als vielmehr der »Frage: Wie kommt es, daß Menschen auseinandergehen müssen?« Um die Frage der Selbstverwirklichung des einzelnen in der Gesellschaft der DDR geht es noch entschiedener in ihrem folgenden, ohne Gattungsbezeichnung erschienenen Erzählwerk *Nachdenken über Christa T.* Doch während im *Geteilten Himmel* die Heldin Rita Seidel nach einer Krise (Selbstmordversuch) zurück zu ihrer Rolle in der Gesellschaft findet, fehlt in *Nachdenken über Christa T.* von vornherein diese Perspektive.

Anlaß des Erzählens für eine Erzählerin ohne genauere Konturen ist der frühe Tod Christa T.s, der die Erzählerin nahestand; er führt zum Nachdenken über Christa T., über die nie genau geklärte Beziehung zwischen ihr und Christa T. und über die mögliche Bedeutung des unangepaßten Lebens der Verstorbenen für die Erzählerin. Der äußere Lebenslauf, der in einem komplizierten Gewebe von Rückblenden, Vorausgriffen, Reflexionen und eingefügten Materialien aus dem Nachlaß sichtbar wird, bietet nichts Außergewöhnliches. Die Erzählerin lernt die 1927 östlich der Oder geborene Christa T. während der Schulzeit im Dritten Reich kennen. Ende des Krieges verlieren sie sich aus den Augen. Christa T. arbeitet nach der Flucht als Lehrerin auf dem Land und beginnt dann 1951, in Leipzig Germanistik zu studieren, wo sie die Erzählerin wiedertrifft. Christa T. bleibt in ihrem Vollkommenheitsanspruch, in ihrem Streben nach Selbstverwirklichung, ihrer Sehnsucht nach einer neuen Identität im Einklang mit den von der Gesellschaft proklamierten Idealen Außenseiterin unter den Studenten, die sich zu funktionierenden, wohlangepaßten »Hopp-Hopp-Menschen« entwickeln. Sie dagegen nimmt die Vision vom »neuen Menschen« ernst. Nach einem psychischen Zusammenbruch im »Frühsommer dreiundfünfzig« nimmt sie ihr Studium wieder auf und beendet es 1954. Sie arbeitet für kurze Zeit als Lehrerin, gibt dann ihren Beruf auf und zieht, verheiratet mit dem Tierarzt Justus, aufs Land, »privatisiert ihre Ansprüche« (Sonja Hilzinger), sieht sich jedoch als Hausfrau und Mutter (drei Kinder) von den ihr gemäßen Möglichkeiten der Selbstverwirklichung abgeschnitten. Sie flüchtet sich in eine Liebesaffäre und findet erst im Widerstand gegen ihre Krankheit (Leukämie) und angesichts des Todes zu – unvollendet bleibenden – Versuchen der Selbstverwirklichung »im Schreiben und im Hausbau, d. h. im Schaffen innerer und sichtbarer Wirklichkeit« (Hilzinger).

W.s Roman bedeutet mit seiner betonten Ich-Problematik und seiner subjektiven Erzählweise eine entschiedene Absage an die Normen des sozialistischen Realismus und seine Wiederspiegelungsästhetik; eine neue, »subjektive Authentizität« gelangt zum Durchbruch: »zu erzählen, das heißt: wahrheitsgetreu zu erfinden auf Grund eigener Erfahrung« (W.).

Eine einfache Wahrheit über die DDR wird dabei nicht geboten. Einerseits macht die Erzählerin »unter der Hand mit ihrer Trauerarbeit einer Gesellschaftsordnung den Prozeß, die sich die Entfaltung des Menschen zum Menschen auf die Fahnen geschrieben hat, in der die Menschen jedoch täglich-alltäglich zu Vehikeln einer abstrakten Produktivkraftsteigerung [...] gemacht werden; in der die wissenschaftlich-technische Revolution zum Fetisch geworden und das sich selbst bestimmende Individuum [...] auf der Strecke geblieben ist« (Wolfgang Emmerich), andererseits erneuert die Erinnerung an Christa T. für die Erzählerin die Hoffnung, »daß die (noch ausstehende) Verwirklichung sozialistischer Verhältnisse den Weg bereite für die Verwirklichung des Menschen« (Hilzinger). – Einer enthusiastischen Rezeption in der Bundesrepublik stand eine äußerst zurückhaltende in der DDR gegenüber.

1970
Helmut Heißenbüttel
Das Textbuch

H. empfand die Begegnung mit Eugen Gomringers *konstellationen* (1953) als »Akt der Befreiung«; mit der Konkreten Poesie, der er im übrigen nicht einfach zugeordnet werden kann, teilt sein Werk die Besinnung auf den Materialcharakter der Sprache. Die Sprache wird zu ihrem eigenen Gegenstand, ihr Mitteilungscharakter wie ihre traditionellen hierarchischen Strukturen werden zerstört. Die konsequente Sprachunterwanderung und Destruktion, die der Abkehr von den Vorstellungen von einem autonomen Subjekt und dem Zerfall allgemeinverbindlicher Wert- und Ordnungsvorstellungen entspricht, gibt »die Sprache frei in ihren Elementen, die sich zur über-kommenen Oberflächenstruktur zusammenset-zen: Mittel, Darstellungsmittel, Ausdrucksmittel, Konstruktionsmittel für eine veränderte Syntax und für eine veränderte Semantik« (H.). Ein di-rekter Zugriff auf die Welt ist nicht mehr möglich, Sprache wird nicht mehr symbolisch, sondern nur noch wörtlich verwendet: »Was bleibt, ist Sprache als Inventar möglicher Weltdeutung« (Cornelia Schödlbauer). Oder in H.s Worten über sein Verfahren: »In einander ergänzenden Aspek-ten, kaleidoskopartig gestaffelt, wird die Welt als Sprachwelt inventarisiert.« Dabei spielen auch optische und akustische Momente eine Rolle.

Nach frühen *Kombinationen* (1954) und *Topo-graphien* (1956) begann H. 1960 mit *Textbuch I* eine Folge von Veröffentlichungen, die 1967 mit *Textbuch VI* zunächst abgeschlossen und, nun sy-stematisch-methodisch geordnet, 1970 in dem Band *Das Textbuch* vereinigt wurde. Der Begriff Text zeigt an, daß die traditionellen Gattungs-bezeichnungen hier, beim »Zurückgehen auf sprachlich Grundsätzliches«, keine Gültigkeit mehr haben. Abstraktion und Reduktion sind die vorherrschenden Methoden, mit denen H. die sprachliche Realität deutlich zu machen sucht. Wird auf der einen Seite mit Hilfe einer begrenz-ten Anzahl sprachlicher Elemente das Funktio-nieren von Sprache demonstriert (*Grammatikali-sche Reduktion:* »Wenn ich nicht nur ich wäre sondern wir wäre ich du er sie es. Da ich ich bin und nicht wir [...]«), so macht H. auf der ande-ren Seite die Methode fruchtbar, traditionelle Genres oder andere Publikations- bzw. Öffent-lichkeitsformen als Folie zu verwenden, sie zu durchleuchten und auf ihre Stereotypen zu redu-zieren. Beispiele dafür sind Texte wie *Bremen wodu,* die Parodie eines lyrischen Gedichts, oder *Variationen über den Anfang eines Romans, Ro-man, Krimi, Shortstory, Bildzeitung* oder *Grup-penkritik.* Über den Traktat in Form eines Trak-tats redet der Text *Traktat* (»Dies ist die Art von Ding in der ich drin bin und ich weiß nicht was das für ein Ding ist [...]«).

Gelingt es den Textbüchern, mit ihren Sprach-exerzitien und -experimenten die Konventiona-lität literarischer und gesellschaftlicher Rede-formen sichtbar zu machen, so stellt H.s erstes größeres Werk, der »Quasi-Roman« *D'Alemberts Ende* (1970) den Versuch dar, »so etwas wie ein Gesamtrepertoire heutiger Existenzmöglichkei-ten« – verstanden als »Satire auf den Über-bau« – vorzuführen (H.).

1970
Gerhard Rühm
gesammelte gedichte und visuelle texte

Die Werke R.s gehören zu den repräsentativen Texten der experimentellen Literatur der 50er und 60er Jahre. Wichtige Anregungen empfing R. durch die Zusammenarbeit mit Friedrich Achleit-ner, Hans Carl Artmann, Konrad Bayer und Os-wald Wiener im Rahmen der später sogenannten Wiener Gruppe, deren Schaffen er nach ihrer Auf-lösung in einer Anthologie dokumentierte (*Die Wiener Gruppe,* 1967; erweitert 1985). Eine Aus-wahl eigener Texte seit den 50er Jahren stellen die *gesammelten gedichte und visuellen texte* von 1970 dar, die – sieht man von den »radio-phonen texten« und seinen Beiträgen zu einem Konkreten Theater ab – die wesentlichen Aspekte seines Schaffens vergegenwärtigen.

In betonter Abkehr von der als begrenzt und verbraucht empfundenen konventionellen Litera-tursprache und den herkömmlichen literarischen Gattungen bildet die Materialität der Sprache den Ausgangspunkt für R.s experimentelle Poe-sie. Anregungen der Dichtung des Expressionis-mus und des Dadaismus wie auch der Konkreten Poesie Eugen Gomringers werden aufgenommen. Neben der Tendenz zur Reduktion ist die Über-schreitung der traditionellen Grenzziehungen zwi-schen den verschiedenen Künsten wesentliches Prinzip dieser Kunstübung: »beim gegenwärtigen stand der gesamtkünstlerischen entwicklung«, so heißt es 1982 in *schriftzeichnungen,* »ist es illu-sorisch zu fragen, ob es sich noch um dichtung oder schon musik, um musik oder graphik, um (mobile) plastik oder theatralische aktion han-delt.« So enthalten die *gesammelten gedichte* auf der einen Seite »lautgedichte« – auch solche im Wiener Dialekt –, die mit elementaren Lautmate-rialien ohne semantische Dimension arbeiten und durch ihren Vortrag zugleich musikalische Qualitäten erhalten, auf der anderen Seite stehen Texte, die über den lautlichen und semantischen Aspekt hinaus auch die visuellen Ausdrucksquali-täten der Sprache in »konstellationen und ideo-grammen« und »textbildern« hervorheben.

Charakteristisch für den Umgang mit litera-rischen Traditionen sind neben den *gedichten im wiener dialekt,* den separat veröffentlichten *Thusnelda Romanzen* (1968) und den Chansons (*Geschlechterdings,* 1990) vor allem die *dokumen-tarischen sonette,* die die alte Form mit ›doku-mentarischem‹, d.h. aktuellem Zeitungsmaterial konfrontieren, so dem Sonett neue Ausdrucksmöglichkeiten abgewinnen und dabei noch eine Art von modernem Sonettenkranz kreieren (aus den Überschriften der ersten 14 Sonette entsteht, mit leichten Variationen, das abschließende 15. Sonett *resuemee*).

1970
Arno Schmidt
Zettels Traum

Von seinem opus magnum *Zettels Traum* her gesehen, wirken S.s Werke der 50er und 60er Jahre wie Vorarbeiten: die poetologischen Überlegungen der *Berechnungen* (1955–56), die Mehrstimmigkeit des Erzählens in *KAFF auch Mare Crisium* (1960) und dem Band *Kühe in Halbtrauer* (1964), die Auseinandersetzung mit James Joyce und Sigmund Freud, die in der Wortbildungstechnik und dem Spiel mit Mehrfachbedeutungen wirksam wird, die psychoanalytisch fundierte Studie über Karl May (*Sitara und der Weg dorthin*, 1963).

Zettels Traum, als faksimiliertes Typoskript von 1334 Seiten im Format DIN A3 erschienen, entstand zwischen 1963 und 1970. Die ›Handlung‹ ist eher einfach: An einem Sommertag des Jahres 1968 erhält der alternde Schriftsteller Daniel Pagenstecher in seinem Haus in der Heide Besuch von dem befreundeten Übersetzerehepaar Wilma und Paul Jakobi und ihrer 16jährigen Tochter Franziska. Die Jakobis arbeiten gerade – wie S. in dieser Zeit – an einer Übersetzung der Werke Edgar Allan Poes. Die Unterhaltungen zwischen den ratsuchenden Übersetzern und Pagenstecher kreisen daher im Zusammenhang mit Diskussionen über die Problematik des Übersetzens im allgemeinen immer wieder um Werk und Person Poes, wobei Pagenstecher dies zum Anlaß nimmt, seine auf Freud gestützte Theorie über Poes Sprache und Bilderwelt auszubreiten: Unter der Oberfläche liege eine Schicht von eigentlich gemeinten sexuellen Vorstellungen, die sich dem psychoanalytisch geschulten Ohr in den »Etyms«, durch Klangähnlichkeit erkennbar, offenbaren. Die Poe-Exegese, die sich unter Einbeziehung auch weiterer Elemente seines Werkes zu einem düsteren Psychogramm auswächst, macht einen wesentlichen Teil des Ganzen aus; daneben stehen andere Aktivitäten und Gesprächsanlässe (Spaziergänge, Mahlzeiten vorbereiten und einnehmen, Diavorführungen, Geschehnisse des Dorfalltags usw.). Werk und Leben Poes bilden auch die Folie für die erotische Spannung und die sich anbahnende zarte Beziehung zwischen Pagenstecher und Franziska, die im melancholischen Verzicht des alternden Gelehrten endet. Franziska und ihre Eltern reisen zurück nach Lünen in Westfalen.

Der Text ist auf jeder der großformatigen Seiten in drei parallel verlaufende Stränge gegliedert: Die Mitte nimmt der Hauptstrang der Erzählung ein, links befindet sich eine schmale Spalte mit Zitaten (aus dem jeweils besprochenen Poe-Kontext), rechts eine schmale Spalte mit Reflexionen, Einfällen, Assoziationen des Erzählers Pagenstecher. So entsteht ein vielfältiges und vieldeutiges Beziehungsgeflecht, das die Phantasie und Mitarbeit des Lesers herausfordert und – etwa in Bezug auf die assoziationsfördernde Orthographie und den verschwenderischen Umgang mit Zitaten – auch auf eine harte Probe stellt. Zugleich wird der Roman der Doppeldeutigkeit seines Titels durch Aufschwünge in surreale und mythologische Welten gerecht. Er verweist nicht nur ironisch auf die Zettelkästen S.s, sondern vor allem auch auf den Traum des Webers Zettel in Shakespeares *Sommernachtstraum*, dessen Worte dem Werk voranstehen: »Ich hab' ein äußerst rares Gesicht gehabt! Ich hatt' nen Traum – 's geht über Menschenwitz, zu sagen, was es für ein Traum war.«

Das Verfahren von *Zettels Traum*, in leichterer, weniger angestrengter Form, charakterisieren auch die letzten Werke S.s: *Die Schule der Atheisten* (1972), *Abend mit Goldrand* (1975) und das postum erschienene Fragment *Julia, oder die Gemälde* (1983).

1970–83
Uwe Johnson
Jahrestage

Jahrestage. Aus dem Leben von Gesine Cresspahl, J.s letzter und größter Roman, eine Art Summe seines Gesamtwerks, erschien in vier Bänden 1970, 1971, 1973 und 1983. Dem Titel entsprechend bilden die einzelnen Tage eines Jahres das Erzählgerüst des Romans, der so eine »Art Kunst-Tagebuch« (Ralf Schnell) der Zeit vom 20. (undatiert) bzw. 21. August 1967 bis zum 20. August 1968 darstellt. In diesen täglichen Eintragungen – Bd. 1: August 1967–Dezember 1967, Bd. 2: Dezember 1967–April 1968, Bd. 3: April 1968–Juni 1968, Bd. 4: Juni 1968–August 1968 – entsteht in der Spannung von Gegenwart und Vergangenheit, Provinz und Metropole das Bild einer ganzen Epoche, wie es sich in der Per-

spektive der Hauptgestalt Gesine Cresspahl ausnimmt.

Gesine Cresspahl, dem J.-Leser schon aus
Mutmassungen über Jakob (1959) bekannt, hatte
1953 die DDR verlassen und lebt seit 1961 mit ihrer 1957 geborenen Tochter Marie (Vater ist der
1956 unter ungeklärten Umständen ums Leben
gekommene Eisenbahner Jakob Abs) in New
York, zunächst als Angestellte einer deutschen
Bank, dann einer amerikanischen. Sie ist nun 34
bzw. 35 Jahre alt, Marie 10 bzw. 11; sie leben am
Riverside Drive in Manhattan. Außergewöhnliches
geschieht in der Gegenwartshandlung nicht. Der
ebenfalls aus dem Osten stammende, nun für eine
amerikanische Rüstungsfirma arbeitende Dietrich
Erichson (D. E.) bemüht sich um Gesine; als sie
sich nach langer Unentschlossenheit doch noch
für ihn entscheidet, kommt er bei einem Flug-
zeugunfall ums Leben. Während Marie nach an-
fänglichen Schwierigkeiten in New York eine
neue Heimat gefunden hat, bleibt die Stadt für
Gesine fremd, ist sie immer noch auf der Suche
nach einer neuen Heimat. Eine Perspektive
scheint ihr noch einmal der Prager Frühling zu
bieten, die Möglichkeit eines demokratischen Sozialismus. Als sie am 20. August 1968 – dem letzten Tag der *Jahrestage* – im Auftrag ihrer Bank
nach Prag reist, weiß sie noch nichts vom Einmarsch der Truppen des Warschauer Paktes.

Neben die Schilderung des New Yorker Alltags
der Cresspahls und ihrer Freunde und Bekannten tritt eine zweite Ebene der Gegenwartshandlung. Sie ergibt sich aus der täglichen Lektüre
der als gute »alte Tante« apostrophierten *New
York Times* und besteht aus einer Chronik der internationalen, nationalen und städtischen Ereignisse, z. T. wörtlich in den Roman übernommen
(Vietnam, Tschechoslowakei, Nahost, Kriegsver-
brecherprozesse in Deutschland, Rassenunruhen
in den USA, die Morde an Robert Kennedy und
Martin Luther King, die alltägliche Korruption
und Kriminalität usw.).

Parallel zu den Schilderungen des New Yorker
Alltagslebens und der Gegenwartschronik aus
der Zeitung wird erinnerte Geschichte lebendig:
Gesine erzählt ihrer Tochter Marie (bzw. schreibt
für sie auf, spricht für sie auf Tonband) ihre Fa-
milien- und Lebensgeschichte, um ihre Tochter
mit den Voraussetzungen ihres eigenen Lebens
vertraut zu machen, sie zu bewahren »für wenn
ich tot bin«. Das beginnt mit der Geschichte ihrer
Eltern um 1920 und nähert sich im Verlauf des
Romans immer mehr der Gegenwart. Dabei erscheint der soziale Kosmos der mecklenburgischen Kleinstadt Jerichow, die verlorene Heimat,
nicht in verklärter Heimatroman-Idyllik, sondern

in seiner ganzen Widersprüchlichkeit im Kontext
der Vorkriegs-, Kriegs- und Nachkriegsgeschich-
te. Bei der Verschränkung von Vergangenheits-
und Gegenwartsdarstellung geht es nicht darum,
Vergangenheit und Gegenwart auf einen Nenner
zu bringen (Judenverfolgung – Rassendiskrimi-
nierung in den USA o. ä.), sondern J.s »Montagen
von Realitätspartikeln aus Jerichower Vergangenheit und New Yorker Gegenwart wollen gerade
Geschichte als Prozeß vermitteln, die erfahrene
Differenz zwischen Einst und Jetzt, Gestern und
Heute, den Zwiespalt eines Lebensgefühls, das
seine Heimat sucht und dabei sich selber auf die
Spur kommt« (Schnell).

Der literarische Kosmos, den J. mit großer
Präzision im Detail (sei es im Hinblick auf das
reale New York oder das fiktive Jerichow) konstruiert und mit einem Arsenal von (vielfach
schon aus seinen anderen Werken bekannten)
Personen bevölkert, ist nicht Abbildung der äußeren Realität, sondern Entwurf einer ästhetisch
eigenständigen Welt, die ihre eigenen Gesetzlich-
keiten entfaltet. Das betrifft auch die Hauptgestalt, deren Eigenständigkeit J. in Interviews
mehrfach betont hat und die im Roman gelegentlich spielerisch entfaltet wird (»Wer erzählt hier
eigentlich, Gesine. Wir beide. Das hörst Du doch,
Johnson«). Der Perspektivenwechsel von Er-Er-
zähler und Ich-Erzählerin, der im Roman vollzogen wird, »schafft eine Distanz, die – als *notwendige* Distanz verstanden – um so nachhaltiger
von der inneren Nähe spricht, die ›Verfasser‹ und
›Person‹ verbindet. Diese Person ist nicht Projektion, sondern Teil seines Lebens, Bestandteil und
Mitteilungsmedium, das dessen Summe zieht«
(Schnell).

J.s Roman gehört wie Peter Weiss' *Ästhetik des
Widerstands* (1975–81) zu den großen literarischen Versuchen der 70er und frühen 8oer Jahre, sich durch Vergegenwärtigung der Vergangenheit der Gegenwart zu versichern: »J.s Buch ist
gegen das Vergessen geschrieben, also ein strenges Buch. Wer es liest, läßt sich damit ein auf
eine Geschichte, die die seine ist, oder die seiner
Eltern; nicht lange genug vorbei, gleichmütig
betrachtet werden zu können, lange genug aber,
um Schlußfolgerungen zu erzwingen, den Gerichtstag« (Roland H. Wiegenstein).

1971
Herbert Achternbusch
Die Alexanderschlacht

Im Mittelpunkt von A.s Werk, ob Prosa oder Film-
oder Theaterarbeit, steht letztlich der Autor
selbst, der »mit schmerzhafter, doch immer wieder ironisch gebrochener Intensität den Leiden
einer Subjektivität nach[spürt], deren autobiographische Züge nicht verwischt, sondern nach-
drücklich in ihren sozialen und familiären Prä-
gungen nachgezeichnet werden« (Ralf Schnell).
Gegenstand von A.s Arbeiten sind dabei vor allem die politischen und gesellschaftlichen Verhältnisse Nachkriegsdeutschlands, insbesondere
Bayerns.

Wie in anderen Werken unterscheidet A. auch
in dem ›Roman‹ *Alexanderschlacht* nicht zwischen Fiktion und Realität, zwischen Erinnerung
und Gegenwart. Er macht – indem er das Erzählte kommentiert – das Schreiben selbst zum Gegenstand des Werkes, ein Schreiben, das sich
nicht an die üblichen formalästhetischen Konventionen hält und als anarchisch, subjektivistisch
und regellos bezeichnet wird – mit der (nur möglicherweise richtigen) Konsequenz, daß Kenntnis
der Biographie des Autors weiterhülfe: »Das beste Verständnis der Alexanderschlacht hat der,
der sich am nächsten beim Autor befindet«,
heißt es im Text selbst.

Die Rede ist von einem Schriftsteller, dem Ich-
Erzähler, der sich mal Jörgl, mal Sepp (bzw.
Sepp Achternbusch) nennt, dann aber auch als
Alexander figuriert (»Alexander wär ein schöner
Name für dich, Sepp«), über eine Frau namens
Susn nachdenkt und – gelegentlich ins Bayrische
wechselnd – zur Vergewisserung seiner selbst
der bizarren Geschichte seiner Familie im niederbayrischen Kleinbauern- und Arbeitermilieu
erinnernd nachgeht und ihre Erniedrigung und
Depravierung eindringlich vor Augen stellt. Dabei
werden mit Susns kritischem Aufklärungsdenken
und den emotionalen Eruptionen des Erzählers
die Möglichkeiten angedeutet, mit denen sich die
›kolonisierten‹ Menschen für die Behauptung ihrer Individualität und die Utopie einer besseren
Welt einsetzen können: A. als »Klassiker des an-
tikolonialistischen Befreiungskampfes auf dem
Territorium der BRD« (Heiner Müller).

1971
Ingeborg Bachmann
Malina

Der erste Erzählband B.s, *Das dreißigste Jahr*
(1961), schließt mit der Geschichte *Undine geht,*
einem Monolog, in dem die Märchenfrau ihre
Leiden artikuliert und ihre Anklage gegen eine
Männerwelt herausstößt, als deren mißhandeltes
Opfer sie sich sieht. Das Thema ihrer späteren
Prosaarbeiten deutet sich an: »Sie sollen die Zer-
störung der weiblichen Person in ihrer Ursache
als identisch erweisen mit den Zerstörungen von
Welt und Gesellschaft ihrer Zeit« (Bernd Witte).
Damit ist der Gegenstand ihrer in der zweiten
Hälfte der 6oer Jahre begonnenen Romantrilogie
Todesarten bezeichnet, von der der 1. Teil weitge-
hend fertiggestellt, aber zurückgehalten wurde
(*Der Fall Franza,* postum 1978; auch ein Frag-
ment des 2. Teils, *Requiem für Fanny Goldmann,*
ist erhalten). An die Stelle von *Der Fall Franza*
trat *Malina;* er blieb B.s einziger vollendeter Roman. Er besteht nach einem Prolog, in dem die
Ich-Erzählerin sich und die anderen Personen
vorstellt, aus den Kapiteln *Glücklich mit Ivan,*
Der dritte Mann, Von letzten Dingen.

Die drei Kapitel des Romans, in die Gespräche,
Briefe und Erzählungen eingebaut sind, konfrontieren in dreifacher Variation das weibliche Ich
mit einem männlichen Gegenüber, zeigen drei
verschiedene ›Todesarten‹ eines weiblichen Ich.
Ort der Handlung ist Wien, die Zeit »Heute«. Das
1. Kapitel beschreibt die rückhaltlose Liebe der
Ich-Erzählerin zu ihrem ungarischen Nachbarn
Ivan, der ihrer Absolutheit nicht gewachsen ist
und sie zurückweist. Im 2. Kapitel wird in alptraumhaften Erinnerungen die repressive, destruktive Welt der ›Väter‹ beschworen, die in der
Gesellschaft wie in der patriarchalischen Familie
die Gestalt faschistischen Terrors annimmt und
die weibliche Produktivität unterdrückt: »Hier
wird man ermordet.« Der 3. Teil schließlich ist
– wie schon Partien des vorigen Teils – ein Dialog
zwischen der Erzählerin und ihrem fiktiven, das
Realitätsprinzip verkörpernden Gegenüber Malina, in Wahrheit also ein Selbstgespräch, in dem
sich das Ich über das Schreiben klarzuwerden
sucht: Doch die Hoffnung, durch Schreiben die
dem Individuum von einer männlichen Gesellschaft geschlagenen Wunden heilen zu können,
erweist sich als Selbsttäuschung. In der patriarchalischen Ordnung kann der weibliche Teil nicht
überleben, ist die Situation der Frau ausweglos,
wird selbst die Literatur Teil des Mordsystems:

»Es ist eine sehr alte, eine sehr starke Wand, aus der niemand fallen kann, die niemand aufbrechen kann, aus der nie mehr etwas laut werden kann. Es war Mord.«

Ein Gegenbild zu dieser radikalen Destruktion, diesem negativen Fazit stellt das in den Roman eingebaute Märchen *Die Geheimnisse der Prinzessin von Kagran* mit seiner – gebrochenen – Vision eines Goldenen Zeitalters dar; vor allem jedoch ist trotz aller Negativität im Erzählen selbst, dadurch, daß »das erzählende Ich als fortwirkende Instanz erhalten« bleibt, ein utopisches Moment enthalten (Ralf Schnell).

B.s letztes Buch, der Erzählband *Simultan* (1972), zeigt in den Verhaltensmustern, den Überlebens-, Flucht- und Verweigerungsstrategien einzelner Hauptfiguren Möglichkeiten, »durch relativierendes Eingehen auf den geschichtlichen Zustand die Existenzkrise zu durchschreiten, ohne die Hoffnung auf ein utopisches Ziel aus den Augen zu verlieren« (Robert Pichl).

1971
Heinrich Böll
Gruppenbild mit Dame

»Ich habe versucht«, schrieb B. über seinen wohl bedeutendsten Roman, »das Schicksal einer deutschen Frau von etwa Ende Vierzig zu beschreiben oder zu schreiben, die die ganze Last dieser Geschichte zwischen 1922 und 1970 mit und auf sich genommen hat.« Erzählt wird die Geschichte der Leni Pfeiffer geb. Gruyten, in der um 1970 spielenden Gegenwartshandlung 48 Jahre alt, allerdings nicht als kontinuierliche, von einer Perspektive aus geschilderte Biographie, sondern in vielfältig gebrochener Weise. Ein »Verf.« genannter Erzähler sucht sich durch Befragen von »Auskunftspersonen« und andere Nachforschungen ein Bild der Frau zu machen, die selber nicht bereit ist, über sich zu reden, ein Bild, das angesichts der unterschiedlichen Auskünfte und Einschätzungen durchaus widersprüchliche Züge aufweist. Das Material – Erinnerungen, Berichte, Dokumente, Resümees von Unterhaltungen – wird in lockerer Form montiert, der Roman erscheint »als Prozeß und Resultat einer Ermittlung« (Jochen Vogt).

Leni ist eine unangepaßte, unabhängige, herzliche, sinnliche, liebevolle Frau, die mit absoluter Gefühlssicherheit und »Selbstverständlichkeit« das ihr Gemäße tut und sich gleichzeitig dem üblichen Konsum- und Profitdenken verweigert (und dadurch – Gegenwart – in eine »ziemlich

dreckige« Lage gekommen ist). Von einer vorläufigen Charakteristik Lenis und der Vorstellung der »Auskunftspersonen« gelangt der »Verf.«, da »Leni natürlich nicht immer achtundvierzig Jahre alt gewesen« ist, zur Rekonstruktion ihres früheren Lebens seit den 30er Jahren, woraus sich zugleich ein Panorama der deutschen Gesellschaft der Vorkriegs-, Kriegs- und Nachkriegszeit ergibt: ein ›Gruppenbild‹ mit Kriegsgewinnlern, Nazis, Opportunisten, einer jüdischen Nonne, Intellektuellen, Kriegsgefangenen usw. Lenis Kindheit fällt zusammen mit dem Aufstieg ihres Vaters zu Reichtum und Ansehen. Während des Krieges arbeitet sie – nach der nur drei Tage währenden Ehe mit dem ungeliebten Alois Pfeiffer – in der Friedhofsgärtnerei Walter Pelzers, eines nicht unsympathischen Opportunisten. Hier trifft sie den russischen Kriegsgefangenen Boris, den einflußreiche Kreise vor Schlimmerem bewahrt haben, und Boris wird die große Liebe ihres Lebens. Zuvor jedoch findet ein Ereignis statt, das als Lenis »Wiedergeburt«, als »zentrales Erlebnis« bezeichnet wird, eine Schlüsselszene des Romans. Sie teilt mit dem russischen »Untermenschen« ihren Kaffee, eine »Selbstverständlichkeit« für Leni, aber, so Pelzer, »glauben Sie, die hat geahnt, wie *politisch* das war«: So wurde Boris »einfach durch Lenis mutige Tat zum Menschen gemacht, zum Menschen erklärt«. Das Liebespaar überlebt zwar die Bombardements in den Friedhofsgrüften, doch kurz nach dem Krieg stirbt Boris in einem lothringischen Bergwerk. Leni zieht ihren Sohn Lev Borrisovič Gruyten auf, den soziales Engagement in der Erzählgegenwart ins Gefängnis bringt. Es geht darum, die Versuche der verwandten Hoyser-Sippe zu vereiteln, Leni und ihre zahlreichen in- und ausländischen Untermieter aus dem Altbau zu vertreiben, der einst Lenis Familie gehörte und den die Hoysers mit zweifelhaften Mitteln an sich gebracht hatten und nun zu einem profitablen Spekulationsobjekt machen möchten. Einem »Helft-Leni-Komitee«, dem sich auch der »Verf.« angeschlossen hat, gelingt es mit Hilfe von Müllautofahrern, die einen großen Stau hervorrufen, die Zwangsräumung der Wohnung zu verhindern und Zeit für gerichtliche Gegenmaßnahmen zu gewinnen. So werden »massenhaft Happy-Ends« möglich.

Die ehemalige Nonne, wichtig für Lenis Entwicklung und nun Freundin des »Verf.s«, charakterisiert Leni mit den Worten: »Ja, es gibt sie, und doch gibt es sie nicht. Es gibt sie nicht, und es gibt sie.« Sie ist realistisch gezeichnete Gestalt und zugleich eine utopische Hoffnungen verkörpernde Kunstfigur. Auf das utopische Moment verweisen die Parallelen zur biblischen Geschichte, wenn etwa bei Levs Geburt die Heilige Familie bei der Krippenszene nachgebildet erscheint oder der Roman als Ganzes an eine allerdings »häretische Marienlegende« (Wolfram Schütte) erinnert. Das Legendenhafte wird zum Mittel, eine allgemeine humanistische Position jenseits des Geschichtlichen sichtbar zu machen: »B. greift zur *archaisierenden Form* für den *utopischen Gehalt,* weil dieser in der gegebenen Realität der spätkapitalistischen Gesellschaft nicht ›realistisch‹ zu fundieren ist. Lenis Verhalten ist Modell eines anderen Lebens, hat aber in dieser Gesellschaft nicht ohne weiteres eine soziologische Basis« (Jochen Vogt). Die sich um die »subversive Madonna« (Renate Matthaei) scharende Gruppe formt sich auf einer emotionalen, nicht ideologischen Basis und steht für »eine Form der Mitmenschlichkeit, die sich durch sinnliche Beziehung zugleich herstellt und gegen die zerstörerischen Einflüsse der modernen Leistungsgesellschaft abschirmt« (Bernd Balzer).

Gegenüber diesem trotz aller Beschwerung mit der ›ganzen Last der Geschichte‹ heiteren Roman zeigen die späten Erzählungen und Romane B.s – *Die verlorene Ehre der Katharina Blum oder: Wie Gewalt entsteht und wohin sie führen kann* (1974), *Fürsorgliche Belagerung* (1979) und *Frauen vor Flußlandschaft* (1985) – unter dem Eindruck des RAF-Terrorismus, der ›Sympathisanten‹-Hetze und einer repressiven, staatsbürgerliche Freiheiten beschneidenden Politik eine zunehmende Verdüsterung seines Gesellschaftsbildes und seiner Einschätzung der politischen Entwicklung in der Bundesrepublik.

1971
Walter Kempowski
Tadellöser & Wolff

Nach einem Buch über seine Haftzeit in Bautzen (*Im Block,* 1969) fand K. mit dem »bürgerlichen Roman« *Tadellöser & Wolff* zu seinem Thema: »Restitution all des Verlorenen, von Kindheit, Familie und Heimatstadt« (Manfred Dierks). Der Roman hat die Geschichte der Rostocker Reederfamilie Kempowski von 1933 bis 1945 zum Inhalt. Ich-Erzähler ist der kleine Walter, dem vom Autor jede gefühlsmäßige Teilnahme verweigert wird und der das Geschehen und den ständigen Redefluß der diversen Familienmitglieder unkommentiert und ungerührt referiert (K. fühlte sich später mißverstanden, als die Kritik den denunziatorischen Effekt dieser Erzählweise hervorhob). Das Buch besteht aus einer Folge von

kleinen Blöcken oder Erzähleinheiten, oft nur wenige Zeilen lang, ohne daß der Versuch einer Synthese oder der Einordnung in übergreifende politische oder geschichtliche Zusammenhänge gemacht würde. Die Beschränkung auf die ›Alltagsgeschichte‹ der Kompowskis ist konsequent. Sie beginnt mit dem Bezug einer neuen Wohnung und endet mit dem Nahen der russischen Sieger. Dabei wird nur erzählt, was den Familienalltag direkt betrifft oder sich in ihm spiegelt. Mit einer Vorliebe für das charakteristische Detail und der präzisen Wiedergabe einer fingierten schichtenspezifischen Alltagssprache mit ihren liebevoll gehegten Klischees (»Tadellöser & Wolff« = unübertrefflich gut) entsteht ein ironisches Bild der bürgerlichen Mentalität und Ideologie samt ihren Verdrängungen, ihrer unpolitischen Innerlichkeit und ihrer Verkennung des wahren Charakters des Nationalsozialismus.

Ausgehend von *Tadellöser & Wolff* erweiterte K. sein erfolgreiches Familiengemälde, in dem sich offenbar viele Leser wiedererkennen konnten, nach hinten und nach vorne (vom Kaiserreich bis in die 50er Jahre) zu einer *Deutschen Chronik,* die noch die folgenden Romane umfaßt: *Uns geht's ja noch gold* (1972), *Ein Kapitel für sich* (1975), *Aus großer Zeit* (1978), *Schöne Aussicht* (1981), *Herzlich willkommen* (1984).

1972
Peter Handke
Der kurze Brief zum
langen Abschied

Die sprachkritische Thematik seiner frühen Prosa, die kritische Reflexion der konventionellen, durch die Ordnungsfunktion der Sprache bedingten Erfahrungs- und Wahrnehmungsweisen (*Die Hornissen,* 1966; *Der Hausierer,* 1967), bestimmt auch noch die Erzählung *Die Angst des Tormanns beim Elfmeter* (1970). Gleichwohl zeigt sich hier ein neues Element, indem die Abstraktheit der Sprach- und Erzählreflexion durch die Anlehnung an traditionelle Erzählschemata – konkret: der Kriminalgeschichte – aufgebrochen wird. Das früher kritisierte Geschichtenerzählen, allerdings in höchst reflektierter Weise, kommt auch in den folgenden Werken zu seinem Recht. Unter diesen gilt die zweiteilige Erzählung *Der kurze Brief zum langen Abschied* als »Wendepunkt« in H.s Werk, als »Kehre von der Literatur als Terrain der Ideologiekritik zur Wahrnehmung der Poesie als ich-rettender Gegenwirklichkeit« (Theo Elm).

»Die psychischen Grundkonstellationen des Buches sind autobiographisch, aber die äußere Geschichte ist fingiert – bis auf Einzelheiten«, äußerte H. über die Erzählung. Ihr Thema ist eine Identitätskrise, die äußere Geschichte die Beschreibung einer Reise durch die USA, von Providence an der Ostküste nach Bel Air bei Los Angeles im Westen. Nach der Trennung von seiner Frau Judith unternimmt der Ich-Erzähler, ein österreichischer Schriftsteller, eine Reise durch die Vereinigten Staaten: »Das Bedürfnis, anders zu werden als ich war, wurde plötzlich leibhaftig, wie ein Trieb.« Die Reise, die er teilweise mit seiner Freundin Claire und ihrem Kind unternimmt, trägt Züge einer Verfolgung bzw. einer Flucht, denn schon bei seiner Ankunft in Providence findet er einen Brief Judiths vor, die in New York ist und ihn zu bedrohen scheint. Zugleich brechen immer wieder Kindheitsängste auf, ragen Erinnerungen in die Gegenwart hinein. An der Pazifikküste hat ihn Judith eingeholt und bedroht ihn mit einem Revolver. Doch jetzt, nach den vielen Stationen der Reise, löst die Bedrohung nicht mehr Schrecken und Entsetzen aus, verfällt der Ich-Erzähler nicht mehr in die »beliebig verfügbaren Posen der Entfremdung« zurück, sondern er nimmt ihr einfach die Waffe aus der Hand. In einem Gespräch mit dem zu einer mythischen Figur erhöhten Regisseur John Ford in Bel Air, der sich ihre Geschichte erzählen läßt, lösen sich die Konflikte, sind sie bereit, »friedlich auseinanderzugehen: »Wir [Amerikaner] gehen mit unserem Ich nicht so feierlich um wie ihr«, sagt John Ford.

Die Geschichte der Versöhnung von Ich und Welt ist auf komplexe Weise literarisch vermittelt, entsteht »im Durchspielen verschiedener Wirklichkeitserfahrungen, die allesamt als literarisierte bereits vorweggenommen sind« (Rolf Günter Renner). Vielfältige literarische Modelle und Vorstellungen bestimmen die Erzählung, formen die äußere Geschichte, die wiederum eine innere erzählt. Es beginnt mit dem Titel, der an Raymond Chandlers *The Long Goodbye* erinnert. Freilich spielen die Momente des Kriminalromans, die von H. durchaus aufgenommen werden, eine geringere Rolle als die des Bildungs- und Entwicklungsromans, die die Grundstruktur der Erzählung prägen: Auf Gottfried Keller und Karl Philipp Moritz wird ausdrücklich verwiesen. Zu den literarischen Modellen gehört überdies Scott Fitzgeralds *The Great Gatsby*. Amerika selbst hat literarisch-utopischen Charakter, ist ein fiktives Amerika, der Ort, an dem sich die Erstarrung löst, die Heilung stattfindet. Das Ganze ist, so H., die »Fiktion eines Entwicklungsromans«.

Geschichten der Selbstfindung mit Momenten glücklicher Daseinserfüllung – *Die Stunde der wahren Empfindung* (1975), *Die linkshändige Frau* (1976) – schließen an den *Kurzen Brief zum langen Abschied* an, während die Erzählung *Wunschloses Unglück* (1972), entstanden nach dem Selbstmord der Mutter des Autors, mit der Annäherung an die Geschichte seiner Mutter zugleich die Bedingungen der eigenen Sozialisation hervortreten läßt.

1972
Stefan Heym
Der König David Bericht

H., 1935 über Prag in die USA emigriert, ist bis heute »ein amerikanischer Autor deutsch-jüdischer Herkunft« (Manfred Jäger). In den Vereinigten Staaten lernte er das journalistische Handwerk und das Schreiben, und seine ersten Erfolge hatte er mit englisch geschriebenen Weltkriegsromanen (*Hostages,* 1942; dt. als *Der Fall Glasenapp,* 1958; *The Crusaders,* 1948; dt. als *Kreuzfahrer von heute,* 1950 [DDR] bzw. *Der bittere Lorbeer,* 1950). Noch heute schreibt H. zuerst auf Englisch. In zahlreichen Zeitromanen und historischen Parabeln tritt er, ausgehend von seiner antifaschistischen Haltung, für die Unterdrückten ein, reflektiert er die Fragen von Freiheit, Revolution, Diktatur und demokratischem Sozialismus. Seine literarisch bedeutenderen Werke sind nicht die direkten Zeitromane mit ihrem zum Kolportagehaften tendierenden Stil (u. a. *Collin,* 1979; *Schwarzenberg,* 1984), sondern die Romane, die Erfahrungen und Fragen der Gegenwart in historischer oder mythischer Verfremdung präsentieren, so vor allem *Der König David Bericht* und *Ahasver* (1981).

Der Historiker Ethan ben Hoshaja erhält von König Salomo den Auftrag, an der Verfertigung des »Einen und Einzigen Wahren und Autoritativen, Historisch Genauen und Amtlich Anerkannten Berichts« über Leben und Wirken König Davids mitzuarbeiten. Zweck ist die Stärkung der Legitimation König Salomos. Ethans umfangreiche Nachforschungen und Befragungen ergeben freilich, daß Davids Herrschaft nicht auf göttlichem Auftrag, sondern auf einer erfolgreichen Verschwörung gegen Saul gründet. David erscheint als zwiespältige, faszinierende Gestalt, die an ihre göttliche Erwähltheit glaubt und für ihre Handlungen religiöse Begründungen zu finden weiß. Da Ethan trotz etlicher Mahnungen, im Zweifelsfall der »Lehre« zu folgen und die

Dinge so zu berichten, daß das Denken der Menschen in die richtigen Bahnen gelenkt wird, unerwünschte Wahrheiten in dem Bericht untergebracht hat, wird er unter Verwendung von Ausdrücken wie »Verleumdung, und Wühlarbeit, und Ehrabschneidung, und Verfälschung, und Irreführung, und literarischer Hochverrat« angeklagt, aber ›salomonisch‹ nicht zum Tode, sondern zum Verschweigen verurteilt.

Die satirische Parabel über den Widerstreit von Geist und Macht hat deutliche Bezüge zur Stalinära. Zugleich enthält die Entmythologisierung der biblischen Darstellung eine Botschaft für die hagiographische sozialistische Geschichtsschreibung der Gegenwart.

1972
Franz Xaver Kroetz
Stallerhof

Mit Martin Sperr (*Jagdszenen aus Niederbayern,* 1966) und Rainer Werner Fassbinder (*Katzelmacher,* 1968) gehört K. zu den wichtigsten Autoren des kritisch-realistischen Volksstücks, das im Anschluß an Marieluise Fleißer (sie nannte sie »Alle meine Söhne«), Ödön von Horváth und den jungen Brecht seit der Mitte der 60er Jahre eine Renaissance erlebte. K. hatte seinen ersten Erfolg bzw. Skandal 1971 mit der Münchener Uraufführung der beiden Einakter *Heimarbeit* und *Hartnäckig.* Hier wie in den anderen Stücken dieser Periode geht es um Menschen, die als gezeichnete Außenseiter an ihrer Umwelt scheitern, der sie in ihrer verzweifelten Sprachlosigkeit und Beschränktheit nur dumpfen Fatalismus oder selbstzerstörerische Gewalt entgegensetzen können.

Stallerhof, Stück in drei Akten, wurde am 24. 6. 1972 am Deutschen Schauspielhaus Hamburg uraufgeführt (Druck im selben Jahr). Die Handlung ist einfach. Auf dem Stallerhof wächst die geistig zurückgebliebene Beppi heran, deren Behinderung als Schande für die Familie empfunden wird. Statt liebevoller Zuwendung erfährt sie nur Vorhaltungen und Tadel (»Zruckbliebn bist, hörst es, was der Papa sagt. Machst uns keine Freud«). Allein der zweite Außenseiter auf dem Hof, der kurz vor dem Rentenalter stehende Knecht Sepp, kommt ihr näher bei der Arbeit im Stall, dann auf dem Rummelplatz und im Gasthaus – mit hilfloser Zärtlichkeit wie sprachloser, roher Gewalt. Als Beppi schwanger wird, denken die Eltern vorübergehend daran, Tochter und Baby zu beseitigen, bereiten dann aber mit unzulänglichen Mitteln eine Abtreibung vor, von der

die Mutter dann doch abläßt. Sepp wird vom Hof gewiesen, nachdem der Bauer seinen Hund, seinen einzigen Freund, vergiftet hat. Das Stück schließt mit dem Beginn der Wehen Beppis. (Eine düstere Fortsetzung stellt K.s Stück *Geisterbahn,* 1972, dar, das mit Kindsmord aus hilfloser Verzweiflung endet.)

Die Sprache ist von äußerster Sparsamkeit; häufiges Schweigen und lange Pausen gehören zu den Mitteln, mit denen K. die durch Unfähigkeit zur Kommunikation und Artikulation bestimmte dumpfe Atmosphäre latenter emotionaler Spannung und Gewalt plastisch macht. Auf der anderen Seite entspricht dem radikal reduzierten Sprechen ein krasser Naturalismus der Darstellungsweise, die Vorgänge wie Stuhlgang oder Onanie auf offener Bühne vorführt. »Was K. mit seinen frühen Stücken gelingt, ist die konkrete Aufhebung der Illusion, als sei eine Gesellschaft wirklicher und möglicher Aufklärung wie die Bundesrepublik bereits eine aufgeklärte Gesellschaft« (Wolfram Buddecke/Helmut Fuhrmann).

1973
Ulrich Plenzdorf
Die neuen Leiden des jungen W.

Die ›Urfassung‹ der *Neuen Leiden des jungen W.* ist ein 1968–69 entstandenes Filmszenarium mit Happy end; außerdem gingen der ›Romanfassung‹ von 1973, gleichzeitig in der DDR und in der BRD veröffentlicht, eine in der Zeitschrift *Sinn und Form* (1972) gedruckte Prosafassung und eine Bühnenversion (Uraufführung 18. 5. 1972, Landestheater Halle) voraus.

Der Roman rekonstruiert in zwei auch typographisch kenntlich gemachten Strängen – sie bestehen aus Erinnerungen der Eltern und Arbeitskollegen und den Kommentaren des Helden aus dem Jenseits – die letzten Monate im Leben des Edgar Wibeau. Der 17jährige Lehrling, Liebhaber von Jeans und Jazz, verläßt nach einer Auseinandersetzung mit dem Ausbilder die Kleinstadt Mittenberg und quartiert sich nach dem Scheitern seines Planes, Kunstmaler zu werden, in einer abbruchreifen Berliner Gartenlaube ein. Hier findet er – ohne Titelblatt – Goethes *Werther* auf dem Plumpsklo und entwickelt trotz anfänglicher Schwierigkeiten mit der Sprache ein Verhältnis zu dem merkwürdigen Text. Er entdeckt Parallelen zu seinem Leben, das sich dann nach dem Handlungsmuster Goethes abspielt: Edgar verliebt sich in die 20jährige Kindergärtnerin Charlie, die mit Dieter verlobt ist, und kommt – allerdings durch einen Unfall beim Experimentieren mit einem elektrischen Farbspritzgerät – ums Leben. Und wie Goethes Werther seinem Freund Wilhelm schreibt, so sendet Edgar seinem Freund Willi, der allerdings den fremden »Code« nicht blickt, Tonbänder mit *Werther*-Zitaten.

Neben Goethes Text als klassischer Folie für die Darstellung von Gegenwartsproblemen spielt Wibeaus Lieblingsbuch eine bedeutende Rolle: P.s Wibeau gleicht in vielem, auch in seinem Jugendjargon, Holden Caulfield, dem 16jährigen Helden von Jerome D. Salingers *The Catcher in the Rye*, 1951; dt. 1954).

Die neuen Leiden des jungen W. fanden eine ungewöhnlich große Resonanz in der DDR und lösten – nicht nur hier – kontroverse Diskussionen aus (die Struktur des Textes versagt sich eindeutigen Interpretationen). Entscheidend war der Umstand, daß P. mit diesem Roman – im Kontext der allgemeinen Problematisierung des Verhältnisses von Individuum und Gesellschaft – zum erstenmal »das Lebensgefühl der in der DDR aufgewachsenen Jugendlichen« und »den offiziell totgeschwiegenen Konflikt zwischen der Aufbaugeneration und ihren Kindern« zum Ausdruck brachte (Konrad Franke).

1973
Peter Schneider
Lenz

Die Erzählung gehört zu den Werken, die die Erfahrungen der Studentenrevolte von 1968 reflektieren. Mit seiner Titelfigur spielt S. auf die gleichnamige Erzählung Georg Büchners (1839) an, die wiederum das Schicksal des zerrissenen und vereinsamten Sturm und Drang-Dichters Jakob Michael Reinhold Lenz zum Gegenstand hat.

Der Student Lenz lebt in einer großen Stadt (Berlin) und leidet unter dem Zerbrechen seiner Beziehung zu L., einem Mädchen »aus dem Volk«, die ihm zum »Schlüssel zur Welt«, zur gesellschaftlichen Praxis geworden war. Auch der Versuch, als Hilfsarbeiter in einer Elektrofabrik die Kluft zwischen Intellektuellen und Arbeitern zu überbrücken, macht nur die Kommunikationsschwierigkeiten und Interessengegensätze deutlich. Die Studentenrevolte ist einer großen Leere gewichen. Lenz' Zweifel am Sinn politischer Diskussionen ohne Praxisbezug, seine Verunsicherung, das Leiden an seiner Kopflastigkeit und das Verlangen, aus der persönlichen und politischen Erstarrung herauszufinden, führen zu dem spontanen Entschluß, nach Italien zu fah-

ren. Zunächst in Rom und dann in Trento macht er die Erfahrung, daß es durchaus Möglichkeiten der Verbindung von (linker) Politik und Gefühl, von Sinnlichkeit und Verstand gibt. Aus Italien ausgewiesen, kehrt er wieder nach Hause zurück und, von einem abreisenden Freund gefragt, was er nun tun wolle, antwortet er: »Dableiben.«

So bleibt der am Muster des Bildungsromans orientierte Lernprozeß, geschildert in parataktisch nebeneinander gestellten Erzählsequenzen, offen. »Der große Erfolg dieser Erzählung läßt sich vor allem aus ihrer Glaubwürdigkeit erklären: In der Figur des ›Lenz‹, seiner Verunsicherung, seinen Selbstzweifeln gegenüber den einmal geglaubten Dogmen, konnten sich viele Angehörige der APO-Generation wiedererkennen« (Ralf Schnell).

1973
Karin Struck
Klassenliebe

Die aus den Erfahrungen der 68er-Revolte geborene und von amerikanischen und französischen Vorbildern (Susan Sontag, Kate Millet, Simone de Beauvoir u. a.) beeinflußte Frauenbewegung der 70er Jahre fand ihren literarischen Niederschlag zunächst in stark autobiographisch getönten Texten, die bisher unterschlagene Lebens- und Gefühlsbereiche sichtbar zu machen und, in Abgrenzung von der Welt der Männer und traditioneller Vorstellungen von der Frauenrolle, ein eigenes Selbstbewußtsein und eine eigene Sprache zu formulieren suchten. Zu den Schlüsseltexten dieser Jahre, die wegen ihres kommerziellen Erfolges dann die Verlage zu extensiver Produktion von ›Frauenliteratur‹ anregten, zählen Verena Stefans Prosatext *Häutungen* (1975), der Versuch einer neuen Form poetischer Selbsterfahrung, und S.s Roman *Klassenliebe,* der die aus ihrer Herkunft aus der Arbeiterklasse und aus ihrem Bedürfnis nach intellektueller, emotionaler und sexueller Selbstverwirklichung resultierenden inneren Konflikte verarbeitet.

Formal handelt es sich, wie häufig bei der bekenntnishaften Literatur, um eine Art Tagebuch, datiert vom 16. Mai bis zum 25. August 1972, in dem die Erzählerin von Herkunft und Familie, von ihrer Gewerkschaftsarbeit und den Schwierigkeiten mit ihrer Dissertation, von ihren Freunden, ihrer Ehe mit H., dem Verhältnis mit Z. und ihrer Schwangerschaft, von ihrer Verzweiflung und von ihren Selbstmordgedanken rückhaltlos berichtet, ihre Leseerfahrungen mitteilt und immer wieder auf den Klassenkonflikt zu sprechen kommt, der ihr Denken wie ihre Männerbeziehungen bestimmt: »Ich bin zwischen zwei Klassen und habe mich auch wohl mit den Männern beider Klassen abzugeben, einzulassen, [...] auch Kinder von beiden zu kriegen, leiden an beiden Klassen und schwanger gehen von Männern beider Klassen.« An anderer Stelle steht aber auch: »Weder ein Mann noch ein Kind ist Ersatz für kreative Tätigkeit.«

Schreiben, ohne distanzierende Stilmittel, assoziativ, unmittelbarer Ausdruck eines grenzenlosen Selbstoffenbarungs- und Bekenntnisdrangs, wird hier zum Mittel weiblicher Identitätsfindung. Die folgenden Werke *Die Mutter* (1975) und *Lieben* (1977) stießen, auch in feministischen Kreisen, auf Kritik nicht nur wegen ihrer ins urtümlich-mythische reichenden Feier von Sexualität und Mutterschaft, sondern auch wegen ihrer Distanz- und Formlosigkeit.

1974
Alfred Andersch
Winterspelt

Winterspelt, A.s letzter und erzählerisch anspruchsvollster Roman, spielt in einer von der Kritik »pointillistisch« genannten Montage von zeitlich versetzten Erzählsegmenten, Dokumenten und Sachbuchzitaten eine mögliche, aber nicht ›wirkliche‹ Geschichte aus dem Zweiten Weltkrieg durch. Handlungszeit sind die letzten Monate des Jahres 1944 vor dem Beginn der Ardennenoffensive im Dezember 1944. Der Titel bezieht sich auf den Ort Winterspelt in der Eifel, wo sich das Hauptquartier des Majors und Ritterkreuzträgers Dincklage befindet und sich die »Biogramme« der Hauptakteure überschneiden.

Angesichts der Sinnlosigkeit und Fatalität des Kriegsgeschehens entwickelt Dincklage den Plan, sein Bataillon ohne Blutvergießen den Amerikanern zu übergeben, ein Möglichkeits- und »Sandkastenspiel«, das dank der Beziehungen seiner Geliebten Käthe Lenk zum Untergrund (und damit indirekt zu den Amerikanern) in das Stadium tatsächlicher Vorbereitungen und Verhandlungen erhoben wird, freilich letztlich scheitert: Es ist bereits gescheitert, als der Vermittler Schefold von dem charakterlich deformierten deutschen Soldaten Reidel erschossen wird, da das Bataillon im Zusammenhang mit der bevorstehenden Offensive schon vor dem geplanten Übergabetermin verlegt werden soll (und die Amerikaner ohnehin nicht sehr interessiert sind).

Wie die anderen Werke A.s bewegt sich *Winterspelt* in der Spannung von Möglichkeit und Wirklichkeit, Freiheit und Entscheidung, die sich literarisch in den Gegensätzen ›Bericht‹ und ›Fiktion‹ spiegelt. Im geschichtlichen Rahmen der Vorbereitungen für die Ardennenoffensive wird eine alternative Möglichkeit durchgedacht und zugleich dem Leser als Fiktion präsentiert. Dabei läßt »die Entscheidung für die Fiktion [...] sich als eine Entscheidung für die Freiheit verstehen, im Prozeß des Erzählens Möglichkeiten und Grenzen menschlichen Handelns zu erproben und durchzuspielen« (Ralf Schnell). Unter der Überschrift »Sandkasten« heißt es dementsprechend im Roman: »Geschichte berichtet, wie es gewesen. Erzählung spielt eine Möglichkeit durch.«

1974
Thomas Bernhard
Die Jagdgesellschaft

Mit dem Stück *Ein Fest für Boris* (1970) konnte sich B. auch als Theaterautor durchsetzen: Auch seine zahlreichen Schauspiele – *Der Ignorant und der Wahnsinnige* (1972), *Die Macht der Gewohnheit* (1974), *Vor dem Ruhestand* (1979), *Der Theatermacher* (1984) u. a. – variieren die bekannten B.schen Themen, sprechen von Verfall, Krankheit, Wahnsinn, Tod, von Scheitern und Selbstbehauptung in einer destruktiven, stumpfsinnigen, todverfallenen Welt. In der Regel haben die Stücke einen monologischen Charakter und bauen, Ansätze zum Dialog zerstörend, herkömmliche Spannungsmomente entschieden ab. *Die Jagdgesellschaft,* am 4. 5. 1974 im Wiener Burgtheater uraufgeführt (Druck im selben Jahr) unterscheidet sich nur durch den starken Schlußakzent von diesem Muster.

Das Stück besteht aus drei »Sätzen« mit den Überschriften »Vor der Jagd«, »Während der Jagd« und »Nach der Jagd«. In einem verschneiten Jagdhaus erwarten redend und kartenspielend die Generalin und der Schriftsteller die Jagdgesellschaft: den General, der eine führende Rolle im Staat einzunehmen scheint, zwei Minister, einen Prinzen und eine Prinzessin. Aus den Reden der Wartenden erfahren wir, daß der riesige Wald, der das Jagdhaus umgibt, vom Borkenkäfer befallen ist und abgeholzt werden muß, daß man den General absetzen will, daß ihm Erblindung durch den grauen Star und Tod durch eine Nierenfunktionsstörung droht. Das alles aber hat die Generalin von ihm ferngehalten (vor allem auch die Wahrheit über den Wald, der von großer Bedeutung für den General ist). »Während der Jagd« bleiben die Generalin und der Schriftsteller wieder allein im Jagdhaus (sie verabscheut die Jagd und hat ihn zu ihrer Unterhaltung eingeladen). Sie spielen Karten, reden. Die Gedanken der ersten Unterhaltung werden weitergeführt, während draußen Schüsse knallen:

Jeder Gegenstand gnädige Frau
ist der Tod
Was wir angreifen
ist abgestorben
[…]
Ein Mensch
ist ein verzweifelter Mensch
alles andere ist die Lüge

»Nach der Jagd« sitzen alle im Jagdhaus zusammen, und es kommt zu Gesprächen bzw. zu alternierenden Monologen, wobei der General über den Schriftsteller herzieht, während dieser eine »Komödie« skizziert, die die Unwissenheit des Generals über seinen wahren Zustand zum Gegenstand hat. Der General geht ins benachbarte Zimmer und erschießt sich. Unmittelbar danach beginnt mit lautem Geräusch das Abholzen des Waldes.

An einer Stelle sagt der Schriftsteller:

Ununterbrochen reden wir über etwas Unwirkliches
damit wir es ertragen
aushalten
weil wir unsere Existenz zu einem Unterhaltungsmechanismus gemacht haben
[…]
zu einer Kunstnaturkatastrophe

Und daß das so ist, hat seinen Grund in dem verzweifelten Bemühen, von der absoluten Negativität und Sinnlosigkeit der Welt und dem vom Tod bestimmten menschlichen Dasein abzulenken, Ersatzantworten zu finden: Das ist die Funktion der Jagd, des Spiels, der Konversation, des Alkohols, des Theaters und vor allem des Schreibens (»alle schreiben hier«).

In einer von B.s Künstlertragödien (*Der Weltverbesserer,* 1979) heißt es:

Alle Wege führen unweigerlich
in die Perversität
und in die Absurdität
Wir können die Welt nur verbessern
wenn wir sie abschaffen

Die Nähe B.s zum Absurden Theater ist vielfach konstatiert worden; seine Stücke lassen sich durchaus als ›Endspiele‹ im Sinn Samuel Becketts verstehen. Allerdings »unterscheiden sich die Stücke B.s von denjenigen Becketts dadurch, daß sie zum einen Absurdität nicht nur vieldeutig-anschaulich darstellen, sondern auch und vor

allem sentenziös-begrifflich aussprechen, daß sie zum anderen an realem Ort und in realer Zeit zu spielen vorgeben und daß sie schließlich statt einer zirkulären eine lineare Struktur aufweisen, indem sie mit wenigen Ausnahmen zum endgültigsten aller Dramenschlüsse führen: zum Tode der oder einer Hauptperson« (Wolfram Buddekke/Helmut Fuhrmann).

1974
Volker Braun
Gegen die symmetrische Welt

Während B. mit seinen Dramen, die »Praxis im Versuchsstadium« vorführen wollten, in der DDR auf große Schwierigkeiten stieß und oft jahrelang auf Aufführungen warten mußte (*Kipper Paul Bauch* [später: *Die Kipper*], 1966, Aufführung 1972; *Hans Faust* [später: *Hinze und Kunze*], 1968; *Tinka,* 1976 u.a.), wurde er als Lyriker »der Vorsprecher und Fürsprecher einer ganzen jungen Generation, die folgerichtig heute in der Literaturgeschichte in Ost wie West die ›Volker-Braun-Generation‹ genannt wird« (Wolfgang Emmerich). Diese Rolle wuchs ihm zu dank einer Poesie, die sich als »Gegensprache« zur herrschenden Sprache verstand, die nicht »Darstellung des Gegebenen, sondern Aufbrechen des Gegebenen« sein wollte.

Er begann mit verheißungsvollem revolutionärem Optimismus (*Provokation für mich,* 1965) im Anschluß an Majakovskij und Brecht, doch bald wurde der Ton verhaltener (*Wir und nicht sie,* 1970). Die nicht mehr übersehbaren Deformationen der sozialistischen Industriegesellschaft schlagen sich dann in der zwischen Skepsis, Enttäuschung und Auflehnung schwankenden Kritik der folgenden Gedichtbände nieder (*Gegen die symmetrische Welt; Training des aufrechten Gangs,* 1979; *Langsamer knirschender Morgen,* 1987).

Der Titel *Gegen die symmetrische Welt* nimmt ein Hölderlin-Wort auf (»Aber die Besten unter den Deutschen meinen meist noch immer, wenn nur erst die Welt hübsch *symmetrisch* wäre, so wäre alles geschehen«). Die Gedichte sprechen von der Skepsis gegenüber dem Erreichten (»Was ist denn mit uns? was bleibt Von der rollenden Woche«), thematisieren kritisch das Verhältnis von Individuum und Gesellschaft, setzen eine private Welt der Freundschaft und Liebe gegen die Zwänge des Alltags und der Arbeitswelt. Insbesondere in den ›Naturgedichten‹ zeigen sich die Entfremdungserscheinungen der Industriegesellschaft:

In der mitteldeutschen Ebene verstreut
Sitzen wir, hissen Rauchfahnen.
Verdreckte Gegend. Glückauf
Und ab in die Wohnhülsen.
[...]
Regen pißt auf Beton. Mensch
Plus Leuna mal drei durch Arbeit
Gleich
Leben
(Die Industrie)

Die Unterwerfung der Natur, das ist deutlich,
führt zu ihrer Zerstörung, ihrem Verschwinden:
Natürlich bleibt nichts.
Nichts bleibt natürlich
(Landwüst)

Gleichwohl sind B.s Gedichte nicht ohne Hoffnung, beschwören sie in Anlehnung an Goethe die Utopie einer menschlichen Gemeinschaft *(Im Ilmtal)*, konstatieren sie kritisch und fordernd zugleich:

Das meiste
Ist noch zu erwarten
(Allgemeine Erwartung)

1974
Hubert Fichte
Versuch über die Pubertät

F. hatte schon in seinen früheren Romanen (*Das Waisenhaus,* 1965; *Die Palette,* 1968; *Detlevs Imitationen »Grünspan«,* 1974) autobiographische Erfahrungen zugrunde gelegt. In dem *Versuch über die Pubertät,* dem letzten zu seinen Lebzeiten erschienenen Roman, knüpft F. an dieses Verfahren an und verbindet Erinnerungen an Kindheit und Jugendzeit mit Einsichten und Eindrücken, die er auf Reisen in die Karibik und nach Brasilien gewonnen hatte. Überdies werden in dem in Ich-Form erzählten Roman zwei andere ›Pubertäts‹-Geschichten – ebenfalls als Ich-Erzählungen – eingefügt, die des 60jährigen Angestellten Rolf (Kapitel 2) und die des ›Ledermannes‹ Hans (Kapitel 4; vgl. dazu das spätere Buch F.s: *Hans Eppendorfer. Der Ledermann spricht mit Hubert Fichte,* 1977). Pubertät bezeichnet hier nicht nur die zeitlich begrenzte Phase des Übergangs zur Geschlechtsreife; vielmehr ist die in der pubertären Entwicklung sich ausdrückende Spannung bestimmend für die Entfaltung der menschlichen Persönlichkeit überhaupt. Die pubertäre Entwicklung besteht, so F., »in einem Wechsel von Imitation der Welt und Identifikation mit der Welt«.

Der Ich-Erzähler und Held, 40 Jahre alt, sitzt in einem gerichtsmedizinischen Institut in Bahia

(Brasilien) und schreibt – sich erinnernd, beobachtend und empfindend – sein »schönes Buch« (das F. an anderer Stelle als Mischung von »Fiktion und Essay« bezeichnet). Dank der durch das Studium der Riten der afroamerikanischen Religionen erworbenen Einsichten gewinnt er der erinnerten Vergangenheit neue Seiten ab, die exotischen Religionen und ihre Zauberkunst sind Mittel zur Erkenntnis des eigenen Ich. Die Pubertätsgeschichte führt von der Schulzeit über die Versuche, als Schauspieler eine Existenz zu finden, zu dem Leben als Knecht und Schafhirt in der Provence. Es ist die Geschichte der Entdeckung der eigenen Homosexualität. Dabei werden drei entscheidende Begegnungen gestaltet: als Schüler begegnet der Ich-Erzähler dem alten Schriftsteller Werner Maria Pozzi (ein Porträt Hans Henny Jahnns; Kapitel 1), später dem 40jährigen Regisseur Axel (Kapitel 3) und schließlich dem provenzalischen Bauern Testanière (Kapitel 5) als zentrale Bezugspersonen.

»*Entgrenzung* lautet das Motiv, das diesem Buch seine inneren poetischen Energien und seine anthropologischen Antriebe verleiht: Entgrenzung der tradierten Wahrnehmungsmuster und der lizenzierten Denkkategorien, Entgrenzung auch der konventionellen poetischen Formen, Genres und Gattungsgrenzen, Entgrenzung nicht zuletzt des autobiographischen Blicks, der sich auf die Bedingungen der eigenen Existenz richtet, auf ihre Zwiespältigkeiten und Widersprüche ebenso wie auf ihre Abgründe, Abschweifungen und Ausschreitungen, gespiegelt im Kultus und Ritus schamanischer Religionen« (Ralf Schnell).

Von den Erfahrungen mit den afroamerikanischen Kulten berichten *Xango* (1976) und *Petersilie* (1980; beide zusammen mit Leonore Mau). F.s großer, 1974 in Angriff genommener Romanzyklus *Die Geschichte der Empfindlichkeit* blieb ein Torso; er erscheint, auf 19 Bände projektiert, seit 1987.

1974
Irmtraud Morgner
Leben und Abenteuer der
Trobadora Beatriz

M. gehörte mit Christa Wolf und Brigitte Reimann (*Franziska Linkerhand,* 1974) zu den Autorinnen der DDR, die von der Utopie weiblicher Selbstverwirklichung in einem humanen Sozialismus inspiriert waren. Daß es um das Leben in der DDR bzw. in der Gegenwart überhaupt geht, kann man dem langen Titel des 700seitigen Buches nicht ansehen: *Leben und Abenteuer der Trobadora Beatriz nach Zeugnissen ihrer Spielfrau Laura. Roman in dreizehn Büchern und sieben Intermezzos.* Es ist kein historischer Roman über die provenzalische Minnesängerin Beatriz de Dia (12. Jh.), von der fünf Lieder überliefert sind, sondern die Gestalt der Trobadora, in phantastischer Weise ins Jahr 1968 versetzt, ist das Medium, durch das die Verhältnisse der Gegenwart sichtbar gemacht und – dem naiven, verfremdenden Blick ausgesetzt – als verbesserungsbedürftig erkannt werden.

Beatriz hatte sich, enttäuscht über die mittelalterliche Männerwelt, gleich Dornröschen in einen jahrhundertelangen Schlaf versetzen lassen. Sie wacht zur Zeit der Pariser Mai-Revolte auf. Bald erkennt sie – Vergewaltigung, Raub –, daß die Verhältnisse für die Frauen nicht besser geworden sind. Sie gelangt nach Paris und schließlich in die DDR, trifft dort Laura Salman, Diplom-Germanistin und S-Bahn-Fahrerin, geschieden, ein Kleinkind. Zusammen betreiben die beiden (Auftrags-)Dichtkunst. Reisen in andere Länder – u.a. Italien – erweitern den Horizont, bieten Kontraste zum Alltag in der DDR, der am Beispiel des Lebens von Laura und ihrem Kind und zahlreicher anderer Personen sichtbar gemacht wird. Das zweite Erdendasein der Trobadora findet ein ironisches Ende, als sie am 12. März 1973 beim Fensterputzen, nach einer Feier anläßlich des Siegs der Linken in Frankreich, abstürzt.

Leben und Abenteuer der Trobadora Beatriz ist ein Montageroman, der den Erzählzusammenhang immer wieder durchbricht und durch Einschübe verfremdet und ironisiert (u.a. durch »Intermezzi« aus einem anderen Roman M.s), ein Roman, der trotz allem die Utopie eines gewandelten Verhältnisses zwischen den Geschlechtern aufrechterhält. So erscheint Benno Pakulat, Lauras zweiter Mann, als zukunftsweisende männliche Idealgestalt, die Geschichte der Valeska Kantus und ihrer Geschlechtsumwandlung birgt die Hoffnung auf ein neues Verhältnis zwischen den Menschen, und Laura selbst wird nach dem Tod von Beatriz zu einer emanzipatorischen Tafelrunde »kooptiert«. Eine Art Fortsetzung der *Trobadora Beatriz* stellt der »Hexenroman« *Amanda* (1983) dar, der eine ›korrigierte‹ Geschichte der Laura Amanda Salman erzählt.

1974
Adolf Muschg
Albissers Grund

Albissers Grund, M.s wohl bekanntester Roman, reflektiert wie seine anderen Werke die psychoanalytischen Interessen des Verfassers. Es ist ein Roman, bei dem es vordergründig um einen Kriminalfall geht, in Wirklichkeit jedoch um die Aufarbeitung einer Leidensgeschichte.

Dr. phil. Peter Albisser, bis vor einem Jahr Englischlehrer an einem Gymnasium, fügt im Spätsommer 1973 dem »Ausländer Zerutt, Constantin, Alter ca. 60, Herkunft ungeklärt«, mit einer »Ordonnanzpistole« schwere Schußverletzungen zu. Albisser hatte sich bei Zerutt, Graphologe und Psychoanalytiker ohne Diplom, einer Behandlung unterzogen. Weder Albisser noch der etwas zwielichtige Zerutt sind bereit, über die Motive der Tat zu sprechen. So bleibt es dem Untersuchungsrichter Dr. Egli überlassen, die Hintergründe aufzuklären. Befragungen, Dokumente aus Albissers Leben, Tonbandaufzeichnungen, literarische Versuche Albissers, formal zusammengehalten durch den kriminalistischen Zweck der Untersuchungen, fügen sich zur Leidensgeschichte eines Hypochonders zusammen, von der Kindheit in einer zerrütteten Familie über das Scheitern seines Idealismus in den politischen Turbulenzen der Zeit bis zu den Schüssen auf Zerutt: »Du warst es«, sagt er zu Zerutt nach seiner Entlassung, »der alle Hindernisse für mich verkörperte, auf dem Weg zu mir selbst, also mußte ich dich beseitigen. Symbolisch, sagt Zerutt.« Albisser wird die Stelle eines Hilfslehrers annehmen, sich anpassen: »Du hast mich gelehrt, mit meiner Schwäche zu leben, sagt der Besucher. Nun hast du sie. Worüber wunderst du dich? Ich wundere mich nicht, ich finde Sie zum Kotzen.«

Die Bedeutung des Romans liegt nicht zuletzt darin, daß es M. gelingt, die persönliche Leidensgeschichte (auch satirisch) auf die schweizerische Mentalität und Gesellschaft hin durchsichtig zu machen.

1975
Thomas Bernhard
Die Ursache

In den insgesamt fünf Bänden seiner Autobiographie erzählt B. die Geschichte seiner Kindheit und Jugend. Sie setzt mit der Schilderung der

Schulzeit des 12- bis 15jährigen B. in einem Salzburger Internat (1943–46) in dem Band *Die Ursache. Eine Andeutung* ein – die Kindheit wird in dem zuletzt erschienenen Band *Ein Kind* (1982) ›nachgeholt‹ –, einem Internat, das problemlos den Übergang von einer nationalsozialistischen Erziehungsanstalt zu einer katholischen Institution vollzieht; es folgen, nachdem sich B. der verhaßten Schule ›entzogen‹ hat, Schilderungen der Erfahrungen als Lehrling in einem Lebensmittelgeschäft (*Der Keller. Eine Entziehung*, 1976). Daran schließt sich die Geschichte der Auseinandersetzung mit einer lebensbedrohenden Lungenkrankheit an: *Der Atem. Eine Entscheidung* (1978) und *Die Kälte. Eine Isolation* (1981) schildern, wie der als hoffnungsloser Fall in das Landeskrankenhaus Salzburg eingelieferte 18jährige unter die Sterbenden eingereiht wird, sich in einem Willensakt für das Leben entscheidet und schließlich nach einer Reihe von Rückfällen 1951 aus der Lungenheilstätte entlassen wird: weniger als Ergebnis (eher stümperhafter) ärztlicher Bemühungen als seines eigenen Abwehr- und Selbstbehauptungswillens, wobei die künstlerischen Übungen – Gesangsunterricht, Schreiben – zu seiner Persönlichkeitsentwicklung beitragen. Der Rückblick auf die Kindheit *(Ein Kind)* zeigt die Spannungen, denen das labile Kind ausgesetzt war (Ablehnung durch die Mutter auf der einen, die Liebe des Großvaters auf der anderen Seite): »Nur aus Liebe zu meinem Großvater habe ich mich nicht umgebracht.«

Die Gestalt des Großvaters, des Schriftstellers Johannes Freumbichler (1881–1949), ist das Vorbild für eine Haltung geistiger Würde und Unabhängigkeit, die B. dem seiner Überzeugung nach allgegenwärtigen Opportunismus und der (von ihm behaupteten) Kontinuität einer nationalsozialistisch-katholischen Gesinnung in Österreich entgegenstellt.

Das Werk bietet kein biographisch geschlossenes Bild, besteht vielmehr, so B., aus »Möglichkeitsfetzen von Erinnerung«. Die Darstellungsweise folgt dabei, wenn auch in etwas distanzierterer und stilistisch schlichterer Weise, dem monomanischen, repetitiven, superlativischen Duktus seiner fiktiven Texte. B.s »Besessenheit durch die einmal und grundlegend erfahrenen Erschütterungen reißt in seinem Werk wie ein Strudel das Treib- und Sperrgut österreichischer Ungleichzeitigkeit unablässig ein und in immer neuen Facetten in sich hinein, um es wieder herauszuschleudern und abzustoßen, um es abermals, verändert und verstört, aufzugreifen und umzuwälzen, ein Prozeß der gleichzeitigen Hervorbringung und Vernichtung von Erfahrung durch Sprache, ebenso obsessiv wie unabschließbar« (Ralf Schnell).

1975
Volker Braun
Unvollendete Geschichte

Die Erzählung erschien in der DDR-Literaturzeitschrift *Sinn und Form;* eine Buchausgabe kam zunächst nur in der BRD heraus (1977). Wohl nicht ohne Grund, denn die nach einem authentischen Fall geschriebene Geschichte thematisiert den Konflikt zwischen individuellem Glücksverlangen und staatlichem Machtanspruch in einer Weise, die nicht nur auf Kritik an konkreten Mißständen abzielt, sondern darüber hinaus die systembedingte (jedenfalls zur Praxis des Systems gewordene) Deformierung und »Subalternisierung der Individuen« sinnfällig macht (Wolfgang Emmerich).

B. erzählt in einer an Büchner und Kleist geschulten präzisen Prosa, wie ein höherer Parteifunktionär seiner 18jährigen Tochter Karin den weiteren Verkehr mit ihrem Freund Frank verbietet. Obwohl der Vater sich weigert, nähere Gründe zu nennen (außer daß der Fernmeldetechniker Frank eine zweifelhafte Vergangenheit als »Rowdy« hat), trennt sich die gehorsame, von der sozialistischen Ordnung überzeugte Tochter von Frank. Doch als sie ein Volontariat in einer Zeitung in dessen Heimatstadt antritt, trifft sie sich wieder mit ihrem Freund und zieht sogar zu ihm. Ihre Schwangerschaft hat massiven Druck von Familie (auch von der besonders unmenschlichen Mutter), Parteifunktionären und Arbeitgeber zur Folge, so daß sich Karin wieder von Frank lossagt, dem fälschlich illegale Westkontakte vorgeworfen werden. Sein Selbstmordversuch führt die beiden gegen Eltern und Partei wieder zusammen, der Beginn von »andere[n] Geschichten«.

Die allmähliche Bewußtseinsveränderung Karins wird deutlich gemacht durch längere Passagen in erlebter Rede, die die im übrigen ökonomisch erzählte Handlung unterbrechen. Hineinmontiert (und in VERSALIEN gesetzt) sind »Versatzstücke der verstaateten Sprache [...], wodurch deutlich wird, wie das genormte, gestanzte Denken und Empfinden in alle Alltagsverrichtungen der Individuen hineinragt, sie meist schon erfolgreich okkupiert« (Emmerich).

Offizielles Mißfallen erregte B. auch mit seinem *Hinze-Kunze-Roman* (1985), der Gestalten aus seinem Faust-Stück *Hinze und Kunze* (1968) und den *Berichten von Hinze und Kunze* (1983) in einer satirischen Darstellung des sozialistischen Alltags auftreten läßt, der dem offiziellen Gleichheitspostulat Hohn spricht: »Sie ritten brüderlich hintereinander.«

1975
Rolf Dieter Brinkmann
Westwärts 1 & 2

Mit den beiden Anthologien *ACID* (1969; mit Ralf Rainer Rygulla) und *Silverscreen* (1969) sowie der Übersetzung von Gedichten seines Vorbildes Frank O'Hara und weiterer amerikanischer Texte stellte B. die amerikanische Underground-Literatur und -kultur provozierend gegen die Literatur der Bundesrepublik. Die eigenen Gedichtsammlungen dieser Zeit wie *Godzilla* (1968), *Die Piloten* (1968), *Standphotos* (1969) und *Gras* (1970) adaptieren die amerikanischen Muster mit ihrem unmittelbaren, durch Vorurteile, Traditionen und »Reflexionsbarrieren« (B.) unbelasteten Zugang zur alltäglichen Erfahrungswelt als »Absprungbasis« (B.) für Literatur: »Ich denke, daß das Gedicht die geeignetste Form ist, spontan erfaßte Vorgänge und Bewegungen, eine nur in einem Augenblick sich deutlich zeigende Empfindlichkeit konkret als snap-shot festzuhalten« (B.).

Westwärts 1 & 2, die letzte von B. noch selbst zusammengestellte Gedichtsammlung mit Texten der Jahre 1970 bis 1974, nimmt einerseits Tendenzen der vorhergehenden Phase auf – ›zufällige‹ Ausschnitte, minuziöse Alltagserforschung und -beobachtung –, verbindet aber die Einzelelemente in einer der Traumstruktur sich annähernden, alogischen, Raum und Zeit negierenden Weise zu einem großen lyrischen »Gemälde über den Zustand der westlichen Zivilisation im Stadium ihres Zerfalls«, wobei die Geschichte des Autors zum Paradigma dieses Zerfalls wird, *Westwärts 1 & 2* also »so zur modernen Apokalypse in Form einer lyrischen Autobiographie« gerät (Sibylle Späth). Die Geschichte des Abendlands von der Antike bis zur Moderne und die Entwicklung der Bundesrepublik Deutschland sind die beiden thematischen Schwerpunkte dieser Verfalls-Geschichtsschreibung. Sie kommen zusammen in den beiden Titelgedichten, *Westwärts* und *Westwärts, Teil 2,* großen Prosagedichten in einer komplexen, mehrstimmigen und mehrspaltigen Komposition, die B.s Flug nach Amerika *(Westwärts)* und den Rückflug nach Köln *(Westwärts, Teil 2)* thematisieren. Sie konfrontieren dabei zum einen das Bild des Aufbruchs nach Westen (›new frontiers‹) mit dem tatsächlichen Scheitern der Fortschrittsideologie, zum andern entwerfen sie ein Bild der Menschheitsgeschichte von den Vorsokratikern bis zu Rimbaud und Nietzsche als kontinuierlichem Selbstzerstörungsprozeß. Dem Untergangsszenario entsprechen die beiden Photoserien, die eine uniform gewordene Welt der Zerstörung und des Verfalls zeigen, und – auf einer anderen Ebene – die Erinnerung des lyrischen Ich an eine von Angst, Einsamkeit und Kälte geprägte Kindheit in der Kriegs- und Nachkriegszeit hervorrufen. Zugleich artikulieren die Gedichte die Erfahrung, daß sich der Krieg in der Gegenwart (im »Todesterritorium Westdeutschland«) andere, im Innern liegende Schauplätze gewählt hat und in der Sprache als Herrschaftsinstrument einer autoritären Gesellschaft ausgetragen wird. Einen Gegenpol bildet die Flucht in archaische Lebenswelten einer unzerstörten Natur in den »nördlichen Gärten« bzw. – als Konsequenz der Sprachskepsis – die Hoffnung auf eine Kommunikation durch den unmittelbaren sinnlichen Ausdruck, durch die Körpersprache.

B. blieb auf seiner Suche nach einer »totalen Individualität« Einzelgänger im westdeutschen Literaturbetrieb; was sich davon in seiner römischen Außenstelle, der Villa Massimo, zeigte, attackierte B. im Collagen-Band *Rom, Blicke* (postum 1979) heftig.

1975
Max Frisch
Montauk

Die autobiographische Erzählung steht am Anfang von F.s Spätwerk (*Triptychon. Drei szenische Bilder,* 1978; *Der Mensch erscheint im Holozän. Eine Erzählung,* 1979; *Blaubart. Eine Erzählung,* 1982). Dem 1974 nach einem New York-Aufenthalt entstandenen Text geht ein Montaigne-Zitat voraus, das seinen autobiographischen, nichtfiktiven Charakter anzeigt: »Dies ist ein aufrichtiges Buch [...]«. Doch so privat *Montauk* erscheint und so sehr es dem Autor um autobiographische Authentizität zu tun ist (»Ich möchte erzählen können, ohne irgendetwas dabei zu erfinden. Eine einfältige Erzähler-Position«), so kunstvoll ist das Buch komponiert: »Ich möchte wissen, was ich, schreibend unter Kunstzwang, erfahre über mein Leben als Mann.«

Die Gegenwartshandlung – in Er-Form – erzählt von einem Wochenende in dem Ausflugsort Montauk auf Long Island, das der alternde Schriftsteller Max mit der jungen Amerikanerin Lynn dort verbringt: problemlose, unverbindliche Gegenwart (»sie werden einander nicht kennenlernen«). Aber das einfache Glück wird immer wieder durch Erinnerungen durchbrochen, Erinnerungen in Ich-Form, die das Elternhaus in

Zürich vergegenwärtigen, die problematische Freundschaft mit W., die Beziehung zu Ingeborg Bachmann, die gescheiterten Ehen und andere Liebesverhältnisse (etwa das mit der jüdischen Braut Käte, Vorbild für Hanna im *Homo faber*, 1957). Verschiedene Orte werden lebendig, von seinem Beruf als Architekt, seiner Arbeit als Schriftsteller und seiner Angst vor dem eigenen Ungenügen und Versagen (als Schriftsteller und als Mann) ist die Rede – und von vielem anderen mehr. Aber:

»DIES IST EIN AUFRICHTIGES BUCH, LESER und was verschweigt es und warum?«

Dieser Satz gegen Ende der Erzählung, der das Montaigne-Zitat aufnimmt, macht klar: Auch bei äußerster Aufrichtigkeit – und noch dazu »schreibend unter Kunstzwang« – gelingt es nicht, alle Varianten des eigenen Ich zu erfassen, erscheint das Werk mit seiner kunstvollen Verbindung von Gegenwartshandlung, Erinnerungssequenzen, literarischen Reminiszenzen und Zitaten nicht als taugliches Objekt für Voyeure; zu begreifen ist es vielmehr als »Teil einer komplexen Auseinandersetzung mit dem Thema Dokument und Fiktion« (Alexander Stephan). Und der Erzähler, gespalten in Ich und Er, »der doch so viel aus dem Leben Max Frischs berichtet, ist gleichwohl eine Kunstfigur – wie jeder, der ›seine Geschichte‹ zu erzählen versucht« (Klaus Müller-Salget).

1975
Ludwig Hohl
Bergfahrt

Bergfahrt gilt neben der Titelerzählung des Bandes *Nächtlicher Weg* (1939) als H.s bedeutendstes erzählerisches Werk. Die Erzählung wurde bereits 1926 begonnen und vielfach umgearbeitet. Sie berichtet in strenger, konzentrierter Form in 20 kurzen Kapiteln von einer Bergbesteigung in den Alpen »in einem Anfangsjahrzehnt des Jahrhunderts«. Zwei ihrem Wesen nach gegensätzliche Bergsteiger, Johann und Ull, machen sich auf den Weg. Johann kehrt nach einem Schneesturm um, während der willensstarke Ull voller Wut alleine weitersteigt, den Gletscher überwindet und den Grat erreicht (wo ihn freilich die Sehnsucht nach seiner Freundin übermannt und zum Weinen bringt). Auf dem Abstieg verliert er seinen Eispickel, ein absolut notwendiges Gerät, und stürzt – nach einer Nacht zwischen Träumen und Wachen im Fels – in eine Gletscherspalte »–und ward nicht mehr gesehn.« Johann seinerseits mißachtet auf dem Heimweg

hochmütig die Warnung eines Bauern, gleitet aus und kommt in einem reißenden Bergbach zu Tode. Und der Erzähler reflektiert darüber, daß sich das Sterben der beiden Alpinisten – rasch bei Johann, lange bei Ull (»das, spätestens vom Verlust des Pickels an gerechnet, an die vierundzwanzig Stunden dauerte«) – genau gegensätzlich zu ihrem Wesen vollzogen habe: »So hatten die beiden gleichsam ihre Rollen vertauscht in ihrem Sterben; und die vielleicht unsinnige Frage taucht auf, ob nicht, wenigstens in kleinem Maße, dasselbe hätte geschehen können – im Leben?«

So wird in H.s mit fachmännischem Wissen geschriebener Erzählung die Bergfahrt »zu einer Chiffre für die Existenz überhaupt, und die Art und Weise, wie H. sie gestaltet, liefert ein halbes Jahrhundert Schweizer Bergliteratur der Fragwürdigkeit aus« (Charles Linsmayer). *Bergfahrt* läßt sich – etwa im Sinn von Albert Camus' *Mythos von Sisyphos* (1942) – als Parabel auf die Absurdität der menschlichen Existenz lesen.

Zu den wichtigsten Werken H.s gehören *Die Notizen oder Von der unvoreiligen Versöhnung*, eine zwischen 1934 und 1936 entstandene, nach thematischen Gesichtspunkten in zwölf Kapitel gegliederte Sammlung von Essays und Aphorismen (Druck 1944–54 bzw. 1981).

1975
Gabriele Wohmann
Schönes Gehege

W. hat seit den späten 50er Jahren neben Hör- und Fernsehspielen hunderte von Kurzgeschichten und eine Reihe von Romanen veröffentlicht, Werke, die mit einem Blick für das Detail die alltägliche Misere beschreiben, in meist monologischer Weise von Angst, Einsamkeit, Tod, Beziehungsproblemen und familiären Unterdrückungsmechanismen handeln. Dabei kommen auch die Romane ohne viel Handlung aus, auch sie sind meist – nur eben längere – Monologe (*Abschied für länger*, 1965; *Ernste Absicht*, 1970; *Ach wie gut, daß niemand weiß*, 1980).

Der Roman *Schönes Gehege* bedeutet im Werk W.s eine gewisse Neuorientierung, die »aber [...] lediglich gradueller Natur ist: Glücksansprüche an die private Enklave werden expliziter formuliert und partiell eingelöst« (Hermann Sottong). Der Titel spielt auf Caspar David Friedrichs Gemälde *Das große Gehege* an; im Kontext des Romans meint es den privaten Freiraum, die »Nester der Zufriedenheit«, die sich der Held, der erfolgreiche Schriftsteller Robert Plath, und seine Frau Johanna geschaffen haben, um sich – zusammen mit Angehörigen und einigen Freunden – gegen die unerfreuliche Außenwelt zu behaupten und gegen mögliche persönliche Verluste zu wappnen.

Diese Verteidigung erweist sich auch als notwendig angesichts des Projekts, das den Regisseur A. P. Roll hergeführt hat: Er will ein Fernsehporträt des Schriftstellers drehen, über den er ganz bestimmte Vorstellungen im Kopf hat (kritisch, unzufrieden, mit »bösem Blick« usw.), und gegen die Plath sich und sein kleines Glück verteidigt. Schließlich kündigt er seine Mitarbeit auf. Das alles geht einher mit Reflexionen Plaths über sich, sein Leben und sein Schaffen, gibt ihm Anlaß, sein dichterisches Programm – die Thematisierung des »ziemlich Normale[n]«, Privaten – zu formulieren und zu verteidigen (und sich zugleich gegen das Image des Schriftstellers mit dem »bösen Blick« zu verwahren): »Das Landläufige, das, was Unzähligen zustoßen kann, zustößt, ohne Paukenschlag, reißt keinen vom Stuhl, rüttelt keinen auf. Aber warum eigentlich nicht?«

1975–81
Peter Weiss
Die Ästhetik des Widerstands

Die drei Bände des Romans, an dem W. von 1972 an arbeitete, erschienen 1975, 1978 und 1981. *Ästhetik des Widerstands* ist ein komplexes Werk, das am Handlungsfaden der Entwicklungsgeschichte eines Ich-Erzählers und seiner Suche nach einer politischen und künstlerischen Identität die widerspruchsvolle Geschichte der Linken seit dem Ende des Ersten Weltkriegs ausführlich und differenziert beschreibt und zugleich – als »Ästhetik des Widerstands« – der politischen Wirkungsmöglichkeit von Kunst nachgeht.

Die Romanhandlung setzt am 22. September 1937 auf der Berliner Museumsinsel vor dem Pergamon-Altar ein. Der als Sohn eines sozialdemokratischen Arbeiters am Tag der Oktoberrevolution 1917 geborene Ich-Erzähler, von seinem Vater mit der Geschichte der Arbeiterbewegung seit 1918 vertraut gemacht, trifft sich auf der Museumsinsel mit seinen Freunden Coppi und Heilmann. Er, KPD-Sympathisant, steht kurz vor seiner Abreise nach Spanien, um sich den internationalen Brigaden anzuschließen, während die beiden Freunde den Kampf gegen den Nationalsozialismus im Untergrund fortführen wollen. In Spanien arbeitet er in den von Max Hodann geleiteten Krankenstationen; zugleich setzen sich

die am Pergamon-Altar begonnenen Reflexionen über Kunst und Literatur fort und verschränken sich mit der allgemeinen politischen Geschichte und der Geschichte der Linken (Moskauer Schauprozesse). Angesichts der bevorstehenden Niederlage werden die internationalen Brigaden aufgelöst; der Erzähler gelangt über Paris nach Stockholm. Hier trifft er Brecht, leistet Kurierdienste für die illegale kommunistische Exilgruppe, reflektiert die politischen Ereignisse und die Politik der Linken und vergegenwärtigt sich die Situation der Widerstandskämpfer in Deutschland – die Enttarnung und Hinrichtung der Mitglieder der ›Roten Kapelle‹, darunter seine Freunde Coppi und Heilmann – und hält, trotz der erneuten Spaltung der Linken nach 1949 und anderer Rückschläge die Hoffnung emphatisch aufrecht: »Die Hoffnungen würden bleiben. Die Utopie würde notwendig sein. Auch später würden die Hoffnungen unzählige Male aufflammen, vom überlegnen Feind erstickt und wieder neu erweckt werden. Und der Bereich der Hoffnungen würde größer werden, als er es zu unserer Zeit war, er würde sich über alle Kontinente erstrecken.«

Die politisch-geschichtliche Dimension des Romans ist untrennbar verbunden mit der künstlerisch-literarischen. Die Rezeption von und die Reflexion über Kunst und Literatur begleitet Denken und Handeln des Ich-Erzählers von der ersten Seite an. Dabei spiegeln sich in dem Lernprozeß, den der Ich-Erzähler und seine Freunde in Auseinandersetzungen mit einzelnen Kunstwerken durchmachen, die Debatten der 20er und 30er Jahre um eine marxistische Ästhetik (Doktrin des sozialistischen Realismus, Expressionismus-Debatte, Kontroversen um Kafka und Joyce usw.). Die den Roman einleitende Diskussion über den Fries des Pergamon-Altars zeigt an, worum es in einer »Ästhetik des Widerstands« geht: Der hier dargestellte Kampf der Götter und Giganten »als mythologisierendes Abbild historischer Raubkriege *und* als Sinnbild moderner Klassenkämpfe und Hegemonialkriege« (Jochen Vogt) macht deutlich, daß Kunst als Bestandteil des historischen Gewaltzusammenhangs zwar die Geschichte der Sieger repräsentiert, daß sie aber – im Sinn politischer Emanzipation gewissermaßen »gegen den Strich« ausgelegt – auch die Hoffnung auf Befreiung weitergibt. Zur »Ästhetik des Widerstands« gehört es ferner, die klassenbedingte »Aussperrung [des Proletariats] von ästhetischen Gütern« (W.) zu überwinden – ein Prozeß, den der Ich-Erzähler des Romans durchmacht und der ihn dann zu eigenem literarisch-emanzipatorischem Schaffen befähigt.

Die Diskussionen über den Kunstbegriff, die sich an so unterschiedlichen Werken wie dem Pergamon-Altarfries, Théodore Géricaults Gemälde *Das Floß der Medusa,* Picassos *Guernica,* Dantes *Göttlicher Komödie* oder Kafkas *Schloß* entzünden, werden gegen die Doktrin des sozialistischen Realismus im Sinn der europäischen Avantgarde entschieden: »So verlief unser Bildungsgang nicht nur konträr zu den Hindernissen der Klassengesellschaft, sondern auch im Widerstreit zum Grundsatz einer sozialistischen Kultursicht, nach dem die Meister der Vergangenheit sanktioniert und die Pioniere des 20. Jahrhunderts exkommuniziert wurden.«

Heinrich Vormweg faßt den Sinn der »Ästhetik des Widerstands« so zusammen: »Dafür einzutreten, daß die Benachteiligten und Erniedrigten nicht länger Opfer bleiben, wird zu einer Konsequenz nicht etwa nur der Moral, sondern der Anschauung von Welt. Unterdrückung und Gewalt entlarven sich als oftmals grauenvolle Deformation in der Erscheinung von Welt. Die Notwendigkeit von Kunst und Literatur folgt aus ihrer Unentbehrlichkeit als Mittel differenzierter, wahrer Anschauung, die zum Parteiergreifen für die Erniedrigten und Benachteiligten führt. [...] Der Titel des Romans [...] besagt für Peter Weiss nicht nur, daß der Widerstand gegen Unterdrückung und Gewalt eine Ästhetik hat, sondern auch, daß er in Ästhetik gründet, in Ästhetik als komplexer Wahrnehmung immer auch dessen, was menschliche Kultur sein könnte.«

Der Widerstand der Kritik gegen den von W. als »Wunschbiographie« bezeichneten »Entwurf gegen den Zeitgeist« (Vormweg) wurde erst mit dem Erscheinen des dritten Bandes gebrochen.

1976
Barbara Frischmuth
Die Mystifikationen der Sophie Silber

Der Roman *Die Mystifikationen der Sophie Silber* ist der erste Teil einer Trilogie, zu der noch die Romane *Amy oder Die Metamorphose* (1978) und *Kai und die Liebe zu den Modellen* (1979) gehören. Diese Romane zählen zu den Werken, denen »eine poetische Aufsprengung des moralisch-autobiographischen Bannkreises [gelingt], in dem sich die Literatur der Frauenbewegung seit ihren Anfängen mit realistisch-mimetischen Mitteln bewegte« (Ralf Schnell). Dies geschieht dadurch, daß die Darstellung der grundlegenden

Thematik von weiblicher Selbstfindung und der Vereinbarkeit von Selbständigkeit und Partnerschaft in einen phantasievollen Gegenentwurf zur prosaischen Wirklichkeit der modernen Welt eingebunden wird; einen Gegenentwurf, der – literarisch vermittelt durch Zaubermärchen und Feendichtung – auf eine Rückgewinnung natürlicher, nichtentfremdeter Lebensformen zielt.

Vor allem im ersten Teil verbinden sich so märchenhafte Elemente mit der Alltagsrealität: In der Begegnung mit einer phantastischen Welt der Feen, Geister und Elfen kommt die Schauspielerin Sophie Silber, die so gerne vergißt, durch Erinnerungen an ihre Kindheit und Jugend dazu, Verantwortung für sich und ihren bei Pflegeeltern aufgewachsenen Sohn Klemens zu übernehmen. In den folgenden Bänden stellt sich Amy Stern (in deren Körper die Fee Amaryllis Sternwieser sich den Menschen verbunden hat) den Problemen des Lebens als berufstätige, alleinerziehende Mutter und Schriftstellerin. Sie durchlebt in ihren Beziehungen zu Klemens und einem jungen Zeitkritiker die Widersprüche zwischen Unabhängigkeitsstreben und Anpassungsdruck, ohne daß es zu einer Lösung käme, aber auch ohne daß die Hoffnung aufgegeben würde.

1976
Peter Hacks
Ein Gespräch im Hause Stein über den abwesenden Herrn von Goethe

Nach Historienstücken, die die Geschichte aus materialistischer Sicht neu interpretierten (u. a. *Die Schlacht bei Lobositz,* 1956; *Der Müller von Sanssouci,* 1958), wandte sich H. Themen aus der sozialistischen Gegenwart zu (*Die Sorgen und die Macht,* 1960; *Moritz Tassow,* 1965). Da er damit jedoch auf Kritik bei den DDR-Kulturfunktionären stieß, siedelte er seine folgenden Stücke wieder in vergangenen Epochen an. Sein größter Bühnenerfolg wurde das *Gespräch im Hause Stein* (Uraufführung: 20. 3. 1976, Staatsschauspiel Dresden; Druck im selben Jahr), ein »Zweipersonenstück, welches in Wirklichkeit ein Einpersonenstück ist, das in Wirklichkeit ein Zweipersonenstück ist« (H.).

Das meint: Personen der Handlung sind Charlotte von Stein, die in einem fünfaktigen Monolog über ihr Verhältnis zu Goethe spricht, und ihr Ehemann Josias, der stumm – er ist ausgestopft – auf einem Lehnstuhl sitzend zuhört, während die Hauptperson – wir befinden uns im Jahr 1786 –

nach Italien abgereist ist. Es handelt sich also um ein Monodrama, in dem Charlotte Bilanz ihrer zehnjährigen Beziehung zu Goethe zieht, den sie – so stellt sie es zunächst dar – ohne persönliche Interessen gleichsam im unausgesprochenen Auftrag des Hofes »erzogen« und zu einem »erzogenen Lumpen« gemacht habe. Aber diese Anfangsposition, die Verbitterung über das »Ungeheuer«, löst sich allmählich, und Charlotte gelangt von dem Zugeständnis, daß Goethe sie »über jedes vertretbare Maß« geliebt und sie ihn zurückgewiesen habe, zu dem Eingeständnis, daß allein sie geliebt habe. Sie analysiert in immer neuen Anläufen ihr Verhältnis zu Goethe, der Menschen nicht liebe, sondern nur als Material für seine Dichtung ausnutze – und sie enthüllt mit ihrer Darstellung mehr, auch durch Freudsche Fehlleistungen, als sie zugeben will. Sie wartet auf Nachricht aus Italien, und schließlich kommt ein Paket mit einem Gipsabdruck des Herakles Farnese, und während sie ihn auspackt und sich dabei nun doch zu einer (etwas verunglückten) Liebesnacht bekennt, zerbricht ihr die Statue. Sie ist nun bereit, ihre Zurückhaltung aufzugeben, will sich von ihrem Mann scheiden lassen und Goethe heiraten. Dann erst öffnet sie den Begleitbrief, der freilich nicht den erhofften Antrag enthält, sondern vom guten Klima in Italien berichtet. Charlotte bricht zusammen, die Unnahbarkeit erweist sich als Selbstbetrug.

H. zieht das materialistische Fazit aus der theaterwirksamen Mischung von Dichtung und Wahrheit: »Die Sache brachte Goethe weiter und machte die Stein fertig. Das Trauerspiel gehört ihr ganz allein.«

1976
Peter Härtling
Hölderlin

Schwerpunkte in H.s Romanschaffen bilden neben ausgesprochen autobiographischen Texten (*Zwettl. Nachprüfung einer Erinnerung,* 1973; *Nachgetragene Liebe,* 1980; *Der Wanderer,* 1988) und zeitgeschichtlich geprägten fiktiven Biographien (*Eine Frau,* 1974; *Hubert oder Die Rückkehr nach Casablanca,* 1978) die Porträts von (mit Württemberg verbundenen) Dichtern. Am Anfang steht die mit Motiven aus dem Leben Nikolaus Lenaus spielende »Suite« *Niembsch oder der Stillstand* (1964), gefolgt von *Hölderlin,* der Mörike gewidmeten Geschichte *Die dreifache Maria* (1982) und *Waiblingers Augen* (1987).

Während *Niembsch* den ersten Erfolg bei der Kritik einbrachte, gelang H. mit *Hölderlin. Ein Roman* der Durchbruch bei einem breiteren Publikum. Zum entstehungsgeschichtlichen Hintergrund des Romans gehört die mit Pierre Bertaux' Buch *Hölderlin und die Französische Revolution* (1969) einsetzende Diskussion über den ›politischen‹ Hölderlin und die gesellschaftliche Funktion des Intellektuellen. Damit erhält H.s Roman auch eine durchaus gegenwartsbezogene, autobiographische Bedeutung. Der Reiz des Werkes, das Hölderlins Leben ausführlich nur bis zum endgültigen Ausbruch der Krankheit behandelt, liegt jedoch vor allem in seinem erzählerischen Verfahren, das H. als Prinzip der »Annäherung« beschreibt und im Roman selbst reflektiert: »–ich schreibe keine Biographie. Ich schreibe vielleicht eine Annäherung. Ich schreibe von jemandem, den ich nur aus seinen Gedichten, Briefen, aus seiner Prosa, aus vielen anderen Zeugnissen kenne. Und von Bildnissen, die ich mit Sätzen zu beleben versuche. Er ist in meiner Schilderung sicher ein anderer. Denn ich kann seine Gedanken nicht nachdenken. Ich kann sie allenfalls ablesen. Ich weiß nicht genau, was ein Mann, der 1770 geboren wurde, empfand. Seine Empfindungen sind für mich Literatur. [...] Ich übertrage vielfach Mitgeteiltes in einen Zusammenhang, den allein ich schaffe. Sein Leben hat sich niedergeschlagen in Poesie und in Daten. Wie er geatmet hat, weiß ich nicht. Ich muß es mir vorstellen –«

Zu diesem Verfahren, das die Fiktionalität nachvollziehbar macht, gehört auch H.s Technik, durch »Geschichten« bzw. »Widmungen« überschriebene Kapitel biographische Lücken auszufüllen, Erklärungsversuche für befremdendes Verhalten Hölderlins oder Porträts von ihm nahestehenden Personen zu geben. Außerdem sucht H. durch Beschreibungen von historischem Text- und Bildmaterial seine Annäherung an Hölderlin und Hölderlins Lebenswelt anschaulich zu machen und ihn aus den sozialen und politischen Bedingungen seiner Zeit zu verstehen: ein Dichter, der familiäre und gesellschaftliche Erwartungen nicht zu erfüllen bereit ist, sich immer stärker in sich selbst zurückzieht, am für ihn nicht auflösbaren Gegensatz von Theorie und Praxis, verschärft durch die Entwicklung der Französischen Revolution, leidet und diese »Erfahrung einer zunehmenden Entfremdung von Idee und Wirklichkeit der Revolution, von Denken und Handeln« literarisch verarbeitet (Burckhard Dücker).

1976
Sarah Kirsch
Rückenwind

Rückenwind ist K.s letzter in der DDR erschienener Gedichtband; 1977 siedelte sie im Zusammenhang mit den Protesten gegen die Ausbürgerung Wolf Biermanns in die Bundesrepublik über. Mit ihren vorhergehenden Gedichtsammlungen (u. a. *Landaufenthalt,* 1967, und *Zaubersprüche,* 1973) hatte sie sich als Natur- und Liebeslyrikerin etabliert, ohne allerdings in die Idyllik traditioneller Naturlyrik zu verfallen oder die Irritation gestörter Beziehungen zu verleugnen. Die betonte Subjektivität gibt den Gedichten den Charakter von »Selbstgespräche[n] privater, oft unmittelbar autobiographischer Natur, ihre Lyrik ist fast immer, auch wenn Natur, Märchen, Historie oder Politisches thematisiert werden, Liebeslyrik« (Sybille Demmer).

Das gilt auch für die Sammlung *Rückenwind,* die im ersten Teil den Zyklus *Wiepersdorf* enthält (nach dem Ort in der Mark Brandenburg, an dem die Arnims ihr Schloß hatten und wo sie begraben sind und wo die DDR eine Arbeitsstelle für Schriftsteller unterhielt). Hier, »wo das Versmaß elegisch«, das »Tempus Praeteritum« und die »Melancholia« blaßrosa ist, kommt es zum Zwiegespräch mit Bettine:

Dieser Abend, Bettina, es ist
Alles beim Alten. Immer
Sind wir allein, wenn wir den Königen
                                    schreiben
Denen des Herzens und jenen
Des Staats. Und noch
Erschrickt unser Herz
Wenn auf der anderen Seite des Hauses
Ein Wagen zu hören ist.

Daneben stehen Gedichte, in denen Naturbilder oder Szenen aus dem Menschenleben als Chiffren für die zerstörerischen Tendenzen in der Welt erscheinen *(Ein Bauer, Zwei Zeilen)* oder die Idylle sich als eine scheinbare erweist:

Wenn man hier keine Zeitung hält
Ist die Welt in Ordnung.
(Im Sommer)

Nach ihrer Übersiedlung in die BRD – seit 1986 lebt sie in Schleswig-Hostein – reflektieren ihre Gedichtsammlungen (u. a. *Erdreich,* 1982; *Katzenleben,* 1984; *Schneewärme,* 1989) die neuen Erfahrungen und die neue landschaftliche Umgebung, und sie beschwören zugleich in sanftem Märchenton das Schreckliche der Wirklichkeit, bestätigen – einsamer und düsterer als die früheren Gedichte – »die Unmöglichkeit der Rückkehr in die Natur«: »Sie steht, fast wie eine Fata Morgana, vor uns, die Vision einer Erlösung, die wir längst verspielt haben« (Günter Kunert).

1976
Reiner Kunze
Die wunderbaren Jahre

Die Gedichtbände *sensible wege* (1969) und *zimmerlautstärke* (1972) zeigen K.s wachsende Kritik an der DDR, der er sich jedoch bis zu seiner Ausreise 1977 durchaus verbunden fühlte. Sie verweisen in epigrammatischer Verdichtung auf die Diskrepanz zwischen sozialistisch-humanistischem Anspruch und der Realität:

Im mittelpunkt steht
der mensch
Nicht
der einzelne
(Ethik)

Sein bekanntestes Werk, *Die wunderbaren Jahre. Prosa,* teilt mit den Gedichten die Tendenz zum Knappen, Präzisen, Pointierten ebenso wie die Kritik an einem inhumanen System. Der Titel, ironisch gemeint, ist ein Zitat aus Truman Capotes *Grasharfe* (1951) und bezieht sich auf eine unbeschwerte Jugendzeit (»Verdienste erwarb ich mir keine, aber das waren die wunderbaren Jahre«). Von Kindern und Jugendlichen handeln auch die lakonischen, bewußt einfach gehaltenen Prosatexte K.s (Dialoge, Prosagedichte, Kurzerzählungen, Berichte, Flugblätter), von der in der Kindheit beginnenden Deformation durch einen pervertierten sozialistischen Staat, dessen Organe (Lehrer, Ordnungshüter, Parteifunktionäre) jegliche Spontaneität, jede individuelle Freiheitsregung (und sei es nur die Vorliebe für Jeans, Gitarrespielen oder Trampen) unnachsichtig ersticken. Eine Reihe von Texten (»Café Slavia«) ist der Lage in der Tschechoslowakei nach der Okkupation durch die Truppen des Warschauer Paktes gewidmet, 1968 und sieben Jahre später.

Die Verfilmung der *Wunderbaren Jahre* unter K.s eigener Regie (1980) konnte den großen Bucherfolg nicht wiederholen.

1976
Elisabeth Plessen
Mitteilung an den Adel

Mit seiner stark autobiographischen Prägung gehört P.s Roman zu den zahlreichen Texten der 70er Jahre, die mit dem Stichwort »Neue Subjektivität« bezeichnet werden.

Augusta, eine junge Frau aus adeligem Haus, hat sich von ihrer Familie gelöst und lebt nun als Journalistin in München. Sie erhält Nachricht vom Tod ihres Vaters, und während der langen Fahrt zum Begräbnis nach Ostholstein reflektiert sie – angestoßen durch die Beschuldigung ihrer Schwester, daß sie, Augusta, am Tod des Vaters schuld sei – die Geschichte der Beziehung zu ihrem Vater und der durch ihn repräsentierten Welt. Sie erinnert sich an ihre Kindheit und Jugendzeit auf dem gräflichen Gut, ruft sich Gespräche mit ihrem Vater ins Gedächtnis zurück, vergegenwärtigt sich die Unpersönlichkeit und Distanz der familiären Beziehungen und die soziale Struktur mit ihren Standesunterschieden und Abhängigkeiten. Sie macht sich auch klar, daß ihre Leiden weniger in der persönlichen Unmenschlichkeit des Vaters als vielmehr in den Traditionen der aristokratischen Gesellschaft begründet sind. Verständigung ist jedoch nicht möglich. Weder kann sich der Vater mit der Studentenbewegung abfinden, der sich Augusta in Westberlin anschließt, noch findet diese in seinem Kriegstagebuch Ansätze zu einer wirklichen Auseinandersetzung mit der Vergangenheit. Aber der Blick richtet sich auch auf Augusta selbst, die in Erinnerung an den endgültigen Eklat nach einer Studentendemonstration einräumt: »Wir haben uns beide keine Chance gelassen.« In dem Gefühl, sich »Auge in Auge« mit dem Vater zu befinden und sich damit von der Vergangenheit, der Welt der Väter, befreit zu haben, kehrt sie kurz vor ihrem Heimatort um.

In ihrem zweiten Roman, *Kohlhaas* (1979), unternimmt P. den Versuch einer biographisch-psychologischen Annäherung an die Gestalt des literarisch u. a. bereits durch Kleist verewigten Rebellen.

1976
Christa Wolf
Kindheitsmuster

Kindheitsmuster, in der Originalausgabe ohne Gattungsbezeichnung erschienen, knüpft inhaltlich und formal an *Nachdenken über Christa T.* (1969) an. Gegenstand der autobiographisch geprägten Rückschau ist jetzt vor allem die Zeit des Nationalsozialismus, die Kindheit und Jugend der Generation von W. entscheidend prägte und tiefgreifenden Einfluß auf die weitere persönliche Entwicklung ausübte: »Für diejenigen, die in der Zeit des Faschismus aufwuchsen, kann es kein Datum geben, von dem ab sie ihn als ›bewältigt‹ erklären können«, kommentierte W. 1974.

Die »Wiedergewinnung der eigenen Vergangenheit« (Peter Beicken) geschieht im Wechselspiel von erzählerischer und essayistischer Annäherung auf mehreren Ebenen. Den Rahmen bildet eine Reise, die die Erzählerin (mit Ehemann, Tochter und Bruder) im Sommer 1971 in ihre jetzt zu Polen gehörige Heimatstadt unternimmt (unschwer als das ehemalige Landsberg an der Warthe zu erkennen). Die Rückkehr in die Heimat weckt Erinnerungen, die bis ins Jahr der Machtergreifung Hitlers zurückreichen und sich an der Person der damals dreijährigen Nelly Jordan festmachen: In der Beschreibung dieser Kindheit bis zum Jahr 1947 wird deutlich, was mit den »Kindheitsmustern« gemeint ist: durch Familie, Schule, BDM geprägte Verhaltensmuster wie »Angst, Haß, Härte, Verstellung, Scheinheiligkeit, Verleugnung authentischer Empfindungen, Hörigkeit und Treue und Pflicht ohne Ansehen der Person – ›Eigenschaften‹, die ein Individuum einem Regime wie dem faschistischen anheimgeben, es innerlich widerstandslos machen« (Wolfgang Emmerich). Eine weitere Ebene stellen die Berichte, Reflexionen und Gespräche während der Zeit der Niederschrift (1972–75) dar. Zum einen werden Episoden aus dem Familienleben, der Schulzeit der Tochter Lenka und dem Entstehungsprozeß des Romans bzw. Nachrichten aus Vietnam, den USA, Chile und Griechenland notiert und auf eine Kontinuität von Verhaltensweisen aus der Zeit des Faschismus hin abgefragt. Zum andern reflektiert die Erzählerin den Schreibvorgang, die Schwierigkeit, der Tendenz zum Vergessen und Verdrängen entgegenzuarbeiten und die Blockade des Unbewußten und der Selbstzensur zu durchdringen. So arbeitet sich die Erzählerin an ihre Identität heran, »generationstypische Erfahrungen miterfassend« (Sonja Hilzinger).

Die drei zeitlich deutlich voneinander getrennten Ebenen verschränken sich in der Erinnerungsarbeit der Erzählerin zu einem komplizierten Erzählgeflecht, bei dem die »ständigen Wechsel zwischen den verschiedenen Text- und Zeitschichten [...] auf das Problem der Identität bzw. Nicht-Identität der Erzählerin mit dem Kind Nelly und der erwachsenen Frau auf der Suche nach den Spuren ihrer Kindheit« verweisen (Hilzinger). Auf die verschieden große Distanz zu den drei Textschichten deutet die differenzierende Verwendung der Personalpronomen: ich (Erzählgegenwart), du (Reisebericht), sie/Nelly Jordan (Kindheit und Jugend). W. in einem Kommentar zu dieser Differenzierung:»Es geht zu Ende, indem diese dritte Person, Nelly, und die ›Du‹-Person, die darin ist, zusammenlaufen und eine Person sind, die ›ich‹ ist.«

»Das Buch, ein ›Kampf um die Erinnerung‹, (A. Mitscherlich), dokumentiert den Lernprozeß der Erzählerin, die Zensur über das eigene Ich aufzuheben und trauern zu lernen. Es leistet gleichzeitig eine beachtliche Selbstkritik an den eigenen, auch in der DDR-Gegenwart noch wirksamen autoritären Charakterstrukturen, was die Wolf-Kritik des Jahres 1990 geflissentlich übersehen hat« (Emmerich).

Literaturgeschichte (*Kein Ort. Nirgends,* 1979) und Mythos (*Kassandra,* 1983) bilden im folgenden die Grundlage für alternative Lebensentwürfe und Literaturkonzepte W.s.

1977
Elias Canetti
Die gerettete Zunge

Der 1. Band der Autobiographie C.s, der die »Geschichte einer Jugend« erzählt und den Zeitraum von 1905 bis 1921 umfaßt, trägt seinen Titel nach der frühesten Kindheitserinnerung des Autors, dem traumatischen Erlebnis des Zweijährigen, dem der Liebhaber des Kindermädchens die Zunge abzuschneiden droht, damit er das Verhältnis nicht verraten kann: Bild der Angst und zugleich Hinweis auf die Bedeutung des Wortes.

C. wird im bulgarischen Rustschuk in die Welt sephardisch-spanischer Juden und ihre Sprache hineingeboren, gelangt im Alter von sechs Jahren mit seiner Familie nach Manchester und wird wenig später, nach dem Tod des Vaters, dem Sprachenzwiespalt auf Geheiß der Mutter durch intensiven Deutschunterricht enthoben: Deutsch wird seine »spät und unter wahrhaftigen Schmerzen eingepflanzte Muttersprache«.

Der weitere Weg führt nach Wien, Zürich und – 1921 – Frankfurt, wobei er den Umzug nach Deutschland als »Vertreibung aus dem Paradies« versteht.

Der 2. Band der Autobiographie, *Die Fackel im Ohr* (1980), schildert die Jahre von 1921 bis 1931: die Zeit in Frankfurt bis zum Abitur (1924) und dann das Leben in Wien, wo er Chemie studiert (Promotion 1929), durch das Schlüsselerlebnis der blutigen Unruhen im Zusammenhang mit dem Brand des Justizpalastes mit dem ihn dann auch theoretisch beschäftigenden Phänomen der »Masse« Bekanntschaft macht (*Masse und Macht,* 1960) und durch Karl Kraus entscheidende literarische Anregungen empfängt. Der 3. Band, *Das Augenspiel* (1985), führt die Beschreibung der Wiener Zeit bis 1937 fort und schildert vor allem die zahlreichen Begegnungen mit Wissenschaftlern und Künstlern, die allmähliche Loslösung von Karl Kraus und den Prozeß der literarischen Reifung, der in der Vollendung des Romans *Die Blendung* (1936) gipfelt.

C.s Autobiographie ist ein durchaus poetisches, durch die Spannung von ›Wirklichkeit‹ und Fiktion geprägtes Werk. Deutlich wird zugleich das Besondere von C.s Dichterexistenz: »Die Erfahrung eines zwischen Identität und Fremdheit angesiedelten Daseins verbindet sich bei C. mit dem Begriff einer modernen Dichterexistenz, die sich in der Spannung zwischen ›Exil‹ und ›Heimat‹ konstituiert und die es dem Dichter ermöglicht, mit der Sicherheit seines Sprachbesitzes der Diskontinuität einer ungewöhnlichen Lebensgeschichte zu begegnen« (Martin Bollacher).

1977
Günter Grass
Der Butt

Reflektieren die nach der *Danziger Trilogie* entstandenen Werke *örtlich betäubt* (1969) und *Aus dem Tagebuch einer Schnecke* (1972) G.s politisches Engagement in den 60er und frühen 70er Jahren, so stellt sich G. im *Butt* den Konsequenzen des politisch-gesellschaftlichen Emanzipationsprozesses und setzt sich unter dem Einfluß des Feminismus mit den traditionellen Vorstellungen der Geschlechterrollen auseinander und entwirft eine ›Gegengeschichte‹, die das hervorhebt, was die offizielle Historie ausspart. Es entsteht eine ›andere‹ Geschichte der Männer und Frauen und ihrer Beziehungen von der Steinzeit bis in die 70er Jahre des 20. Jh.s, die einerseits der in Selbstzerstörung endenden Männerherrschaft den Prozeß macht, andererseits am Bei-spiel der fiktiven Biographien von neun Köchin-nen und ihrer Beziehungen zu ›bedeutenden‹ Männern wie Martin Opitz oder August Bebel die versäumten Möglichkeiten einer menschlicheren Entwicklung aufzeigt. Dabei wird das Ganze als Rekonstruktion einer verlorenen Version von Phil-ipp Otto Runges Märchen *Von dem Fischer un syner Fru* vorgestellt, eine Rekonstruktion, die die Denunziation der Frau als ewig unzufriedenem, der Hybris anheimgefallenem Wesen korrigiert.

Der Erzähler zeugt mit seiner Frau Ilsebill ein Kind und geht seinerseits mit einer ästhetischen »Kopfgeburt« schwanger. Den neun Monaten der Schwangerschaft der Frau entsprechen die neun nach Monaten gezählten Kapitel des Romans, in denen sich der Erzähler – auch in zahlreichen Gedichten – an sein »Zeitweilen« erinnert. Er selbst erscheint in verschiedenen historischen In-karnationen als Ehemann oder Liebhaber der je-weiligen Köchinnen (»Ich, das bin ich jederzeit«), wobei ihm in seiner ersten Inkarnation als stein-zeitlicher Fischer der märchenhafte sprechende Butt in die Falle geht, der von nun an den männ-lichen Protagonisten als Berater dient, sie aus dem Matriarchat herausführt und ein gewalttäti-ges Patriarchat zu etablieren hilft, das – wie die Gegenwart zeigt – die Lebensgrundlagen der Menschheit zerstört. Dafür wird dem vom Versa-gen der Männer angeödeten Butt, ein zweitesmal gefangen, vor einem Tribunal von neun Feministinnen – die wiederum für die neun ›histori-schen‹ Köchinnen stehen – der Prozeß gemacht. Auch diese Ebene durchzieht die ganzen neun »Monate« des Buches, das so zugleich ein Pro-zeßbericht ist.

Auf diese Weise entsteht einerseits ein desillu-sionierender, aber auch kulturgeschichtlich farbi-ger Rückblick auf die ›männliche‹ Geschichte und ihre blutige Sinnlosigkeit (der der Butt freilich immer einen Sinn zu geben versucht), anderer-seits erscheint die Geschichte der Frauen als Lei-densgeschichte, obwohl sie in Wirklichkeit trotz der prätendierten männlichen Überlegenheit im-mer die stärkeren sind. Zugleich macht die Ge-schichte der Frauen ihren Anteil an der Kulturge-schichte, am wahren Fortschritt deutlich: Der Roman gibt auch eine Geschichte des Essens und der Ernährung (samt genußvoll mitgeteilter Re-zepte), deren Errungenschaften den Scheinfort-schritten der Männerwelt entgegengesetzt wer-den (»Sicher, die Emser Depesche hat viel bewegt, aber die Zuckerrübe wohl mehr«).

Wie geht die Geschichte weiter? Ende des 7. Monats erklärt der Butt resigniert das Ende der »Männersache«, im 8. Monat zeigt sich die Möglichkeit der Pervertierung des Feminismus, indem die Frauen als Übermänner agieren (»Va-tertag«), während die 9. Monat mit der Geburt eines neuen Menschen, einer Frau, neben der Möglichkeit, daß sich die Fehlentwicklung der männlichen Geschichte unter weiblichem Vorzei-chen wiederholt, die Hoffnung auf ein Drittes an-deutet – nicht Rollentausch, sondern Emanzipa-tion beider Geschlechter von ihren bisherigen Rollen.

Enttäuschung über die politische Entwicklung, die atomare Aufrüstung und die wachsende Um-weltzerstörung schlägt sich kaum zehn Jahre später in der apokalyptischen Vision des Romans *Die Rättin* (1986) nieder.

1977
Heiner Müller
Germania Tod in Berlin

M. vollendete das bereits 1957 begonnene Schau-spiel 1971. Gedruckt wurde es erst 1977, die Ur-aufführung fand am 20. 4. 1978 in den Münche-ner Kammerspielen statt. In 13 Szenen – bis auf die singuläre Pantomime »Nachtstück« paarwei-se angeordnet – kontrastiert M. Momente der DDR-Geschichte von der Staatsgründung 1949 bis zu den Ereignissen des 17. Juni 1953 jeweils mit Szenen aus deutscher Mythologie und Ge-schichte (Nibelungen, Arminius, Friedrich II. und der Müller von Sanssouci, Revolution von 1918, Stalingrad, Hitler im Führerbunker). Zeigt die zentrale 7. Szene (»Die heilige Familie«), eine groteske Geburtsszene der BRD als Contergan-Wolf mit Hitler als Gottvater, Goebbels als gebä-render Maria, Germania als Hebamme und den westlichen Alliierten als den »Heiligen Drei aus dem Abendland«, die Kontinuität des Faschismus in der Bundesrepublik, so machen die anderen Szenen deutlich, daß auch in der DDR angesichts der Verstrickungen der deutschen Geschichte kein völliger Neubeginn möglich ist. Was sich in den vorhergehenden Szenen vorbereitete, vollen-den die Ereignisse des 17. Juni 1953, die endgül-tige Entzweiung Germanias, die Spaltung der Ar-beiterklasse (»Das Arbeiterdenkmal«). Sie zeigen das Dilemma eines Kommunismus, der von frem-den Panzern geschützt werden muß, und die tragischen, sich im Brudermord verdichtenden Antinomien eines deutschen Sozialismus (»Die Brüder 2«). Der Krebstod erspart es dem Maurer Hilse (»Tod in Berlin 2«), der sich wie sein Na-mensvetter in Gerhart Hauptmanns *Webern* (1892) nicht an dem Aufstand beteiligte, die Realität erkennen zu müssen: »Daß sie sich selbst nicht mehr ähnlich sieht Deine Partei, vor lauter Dreck am Stecken.« Hilses Vision deutscher Einheit unter den »roten Fahnen über Rhein und Ruhr«, das wirklichkeitsfremde Wunschbild eines Sterbenden, beendet das Stück.

Die Radikalität, mit der M. die Widersprüche in der deutschen Geschichte thematisierte (und seine Abkehr von jeglichem ›Realismus‹), ließ eine Aufführung in der DDR lange nicht zu (Erstaufführung 1989). Auch M.s zweite Aufarbeitung preußisch-deutscher Kontinuitäten im »Greuelmärchen« *Leben Gundlings Friedrich von Preußen Lessing Schlaf Traum Schrei* (Druck 1977, Uraufführung 1979) stieß in der DDR wegen seines pessimistischen Geschichtsbilds auf wenig Gegenliebe. *Die Hamletmaschine* schließlich (Druck 1977, Uraufführung 1979), oft als ›Endspiel‹ bezeichnet, weitet die Kritik an der deutschen Geschichte aus zu einer schwarzen Tragödie des modernen Intellektuellen und seines Versagens angesichts der mörderischen Geschichte: »Ich war Hamlet. Ich stand an der Küste und redete mit der Brandung BLABLA, im Rücken die Ruinen von Europa.«

1977
Bernward Vesper
Die Reise

In den letzten beiden Jahren seines Lebens unternahm V. den Versuch, sich durch Schreiben zu befreien, »diese ganze Kloake von 31 Jahren« erinnernd aufzuarbeiten. Der Versuch scheiterte, V. beging am 15. 5. 1971 Selbstmord. Erst 1977 fand sich ein Verleger für den fragmentarischen »Romanessay«, der von der Kritik als »Nachlaß einer ganzen Generation« und von Peter Weiss als später intellektueller »Höhepunkt der Bewegung des Jahres 68« bezeichnet wurde. In der Tat weist das Werk des SDS-Mitglieds, APO-Anhängers und Freundes von Gudrun Ensslin, der gleichwohl den Weg der »Rote-Armee-Fraktion« (RAF) nicht ging, über die private Dimension hinaus: als Abrechnung mit der bürgerlichen Gesellschaft, als Dokument einer durch autoritär-faschistoide Familienstrukturen, Nationalsozialismus und Restauration geprägten Jugend (»Interessant finde ich, was für ein kaputter Typ aus der sogenannten ›heilen Welt‹ meiner Jugend herausgekommen ist«) und ihres gescheiterten Befreiungsversuchs von 1968.

Ursprünglich sollte das Buch *Der Haß* heißen, später entschied sich V. für den Titel *Die Reise*

(»was ja Trip zu deutsch ist«), da er die drei Ebenen seines Werkes adäquat zu bezeichnen schien, die in Montagetechnik ineinander verschränkt sind: Bericht einer realen Reise von Dubrovnik nach Tübingen, also durch die autoritäre, als faschistisch betrachtete Gegenwart; eine Reise (»Rückerinnerung«) in die »Kindheitshölle«, bei der die Auseinandersetzung mit dem ebenso autoritären wie sentimentalen Vater, dem NS-Dichter Will Vesper, im Mittelpunkt steht; und schließlich die Reise als psychodelischer Trip. Weder bewaffneter Kampf noch geduldige politische Arbeit, sondern Abkehr von der Wirklichkeit ist V.s Konsequenz aus seinen Erfahrungen in Vergangenheit und Gegenwart. Er zitiert Novalis (»nach innen geht der geheimnisvolle weg«) und schreibt in nachgelassenen Notizen: »der trip gibt dir zum ersten mal eine vorstellung von der ungeheuren freiheit des menschen.« Das gilt nicht nur für das Verhältnis zur Wirklichkeit mit ihren Konditionierungen und Einschränkungen, es gilt auch für den ästhetischen Bereich: »Der Trip durchbricht dieses anerzogene Mißtrauen in die eigenen Fähigkeiten. Neue (im Grunde alte) schöpferische Fähigkeiten treten auf!« V. wurde Opfer der Droge, die er als Mittel auch der politischen Befreiung ansah.

1978
Hans Magnus Enzensberger
Der Untergang der Titanic

Die »Komödie« *Der Untergang der Titanic* gehört mit einer Reihe von Essays und den Gedichtbänden *Mausoleum* (1975) und *Die Furie des Verschwindens* (1980) zu den Texten, die E.s Zweifel an der Idee des historischen Fortschritts artikulieren. Die Gattungsbezeichnung Komödie läßt sich als Anspielung auf Dürrenmatts Wort verstehen: »Uns kommt nur noch die Komödie bei.« In Wirklichkeit handelt es sich um eine Verserzählung in 33 Gesängen (der Gedanke an Dante liegt nahe), zwischen die noch 16 lyrische Texte und Reflexionen eingeschoben sind. Begonnen 1969 in Cuba und beendet 1977 in Berlin, beschreibt das in ironisch-distanziertem Ton gehaltene Gedicht im Untergang des Luxusdampfers Titanic (1912) den Untergang des Fortschritts und des Fortschrittsdenkens (»bis daß der Weltuntergang glücklich vollendet ist«). Die Einheit des Gedichts besteht dabei weniger in der erzählten ›Handlung‹ – vom sorglosen Leben auf dem Luxusschiff und dem Vertrauen in die Technik und ihre Sachwalter über die Katastrophe mit anschließendem

Kampf um die Rettungsboote bis zum endgültigen Untergang –, als vielmehr in den das ganze
Werk durchziehenden, Erfahrungen der Geschichte wie der Kunst und Literatur einbeziehenden Reflexionen über Fortschritt, Apokalypse
und die Lust am Untergang. Der frühere Glaube
an die Veränderbarkeit der Welt hat selbstkritisch
einer tiefgreifenden Desillusionierung Platz gemacht. Und wie geht es weiter?

Ich schwimme und heule.
Alles, heule ich, wie gehabt, alles schlingert,
alles
unter Kontrolle, alles läuft, die Personen vermutlich ertrunken
im schrägen Regen, schade, macht nichts,
zum Heulen, auch gut,
undeutlich, schwer zu sagen, warum, heule
und schwimme ich weiter.

1978
Botho Strauß
Groß und klein

S.' erstes Stück, *Der Hypochonder* (1972), verweist schon im Titel auf die auch seine späteren
Texte bestimmende Thematik: »Entfremdung,
vorgeführt in vielfältigen Situationen, Sprechweisen, Haltungen« (Ralf Schnell). Den Durchbruch
auf dem Theater erzielte S. mit der *Trilogie des
Wiedersehens* (Druck 1976, Uraufführung 1977),
seinen größten Erfolg bis dahin mit den »Szenen« *Groß und klein,* am 8. 12. 1978 von der
Schaubühne am Halleschen Ufer Berlin uraufgeführt und im selben Jahr gedruckt.
Das an Tschechow und Strindberg geschulte
Stationendrama folgt in zehn Szenen dem Weg
einer verlassenen Frau namens Lotte, Mitte dreißig, auf der Suche nach dem verlorenen Halt. Zunächst zeigt S. Lotte einsam monologisierend auf
einer Pauschalreise in Marokko, doch dann bildet
die bundesrepublikanische Wirklichkeit die Folie
ihres Leidenswegs. Vorgeführt werden Szenen
des Scheiterns, der scheiternden Kommunikation, denn Lottes Bereitschaft zu Hilfe und Liebe
stößt angesichts des angepaßten, abgeschlossenen, seelenlosen Lebens der anderen nur auf Abwehr: »Im Prinzip kommt hier jedes Zimmer alleine zurecht«, sagt der Gitarrespieler Sören
(»Sören wie Kierkegaard«). So bleibt Lotte ausgeschlossen; weder findet sie persönlichen Kontakt
noch erfüllen die technischen Mittel der Kommunikation – Sprechanlage, Telefon – ihren Zweck.
Einsamkeit und Ausgeschlossenheit von der Gesellschaft lösen andererseits religiöse Wahnvor-

stellungen aus, führen zum Glauben an ihre Auserwähltheit als eine der in der Bibel erwähnten
36 Gerechten (»Der eklige Engel«). Die letzte
Szene mit der Überschrift »In Gesellschaft« setzt
den ironischen Schlußpunkt der Folge alptraum-
artiger Bilder menschlicher Isolation und Entfremdung in der eisigen Welt der Bundesrepublik
Deutschland. Lotte sitzt unangemeldet im Warte-
zimmer eines Arztes und wird nicht aufgerufen;
auf die Nachfrage des Arztes, als alle anderen
weg sind, antwortet sie: »Ich bin hier nur so. Mir
fehlt ja nichts.« Der Arzt bittet sie zu gehen: »Im
Damaskus-Weg der zehn Szenen haben sich in
Lottes Gestalt die Krankheitssymptome der modernen Welt eingegraben, aber sie werden von
dieser nicht erkannt, sie sind ärztlich nicht dia-
gnostizierbar« (Hans-Peter Bayerdörfer).
Mit Stücken wie *Kalldewey, Farce* (1981) oder
den Prosatexten *Paare, Passanten* (1981) bleibt
die Diagnose menschlicher Beziehungslosigkeit
und Kommunikationsunfähigkeit in der modernen Gesellschaft S.' Thema.

1978
Martin Walser
Ein fliehendes Pferd

Diese bis ins einzelne genau konstruierte Novelle
gehört zu W.s populärsten Werken. In einem Ur-
laubsort am Bodensee treffen zwei Ehepaare
zusammen. Die Männer kennen sich aus ihrer
Studienzeit in Tübingen und haben sich vor
23 Jahren zum letztenmal gesehen: der Stuttgarter Studienrat Helmut Halm, von Minderwertig-
keitsgefühlen geplagt, auf der »Flucht« vor dem
»Vertrauten«, »ein Verdrängungskünstler, der sich
in seiner Resignation kunstvoll eingerichtet hat«
(Martin Lüdke), und Klaus Buch, die »heilige
Hektik in Person«, dazu die Frauen Sabine und
Helene (»Hel«), »eine Frau wie eine Trophäe«.
Man tauscht Erinnerungen aus, unternimmt eine
Segelpartie und eine Wanderung, wobei ihnen
– das ›unerhörte Ereignis‹ der Novellentheorie –
ein davongaloppierendes Pferd begegnet. Klaus
Buch kann es, als es auf einer Wiese zur Ruhe
gekommen ist, einfangen und aufsitzen: »Einem
fliehenden Pferd kannst du dich nicht in den Weg
stellen. Es muß das Gefühl haben, sein Weg
bleibt frei.« Halm entwickelt angesichts der Er-
folgsattitude Buchs und der wachsenden sexuellen
Spannungen, Ängste und Leidenschaften zunehmend Aggressionen, die dann auf einem Segeltörn
der beiden Männer zum Ausbruch kommen.
Während Buch versucht, Halm zu einem neuen

Leben auf den Bahamas zu überreden, zieht ein Sturm auf, von Buch mit manischer Begeisterung als Herausforderung begrüßt. In Angst um sein Leben stößt Halm Buch vom Ruder weg und verhindert das Kentern des Bootes. Dafür stürzt Buch ins Wasser. Halm gelangt sicher ans Ufer. Helene schildert, wie es um den totgeglaubten Buch wirklich steht (stand): die hektische Extrovertiertheit und die Unterdrückung seiner Frau sind Ausdruck der Erfolglosigkeit im Beruf (er ist Journalist). Beide Männer, so zeigt sich, haben sich auf gegensätzliche Weise eine Scheinexistenz aufgebaut: »Beide sind fliehende Pferde« (Anthony Waine). Klaus Buch erscheint und nimmt, ohne daß seine Blicke denen Halms begegnen, Helene mit sich. Auch Halm betreibt die Abreise und besteigt mit Sabine den Zug nach Montpellier, wo er ihr »alles« erzählen will.

Die Reaktion auf W.s Novelle zeigt die Ambivalenz, mit der ihn die Kritik sieht. Während im allgemeinen die Meisterschaft der Form- und Sprachbeherrschung gerühmt wird – auch als Kontrast zur Wortflut der früheren Romane –, so gilt manchen Kritikern gerade die formale und sprachliche Bändigung als Problem (Lüdke: »Die Schwäche dieser Novelle liegt darin, daß sie keine zeigt«). – Halms Psychogramm findet seine Fortsetzung im Roman *Brandung* (1985), der ironisch von seinen Erfahrungen als Gastdozent in Kalifornien, der Ahnung eines neuen, freien Lebens und seinem Scheitern erzählt.

1979
Nicolas Born
Die Fälschung

Nachdem B. zunächst als Lyriker hervorgetreten war (u. a. *Das Auge des Entdeckers,* 1972), legte er mit dem Roman *Die erdabgewandte Seite der Geschichte* (1976) ein Werk vor, das ihn mit Peter Handke und Rolf Dieter Brinkmann zu einem der führenden Vertreter der sogenannten ›Neuen Innerlichkeit‹ machte: die Geschichte eines Schriftstellers (des Ich-Erzählers), der sich von allen Bindungen und allen überindividuellen Normsetzungen in einem qualvollen Prozeß zu befreien und sich selbst zu finden sucht – mit dem Ergebnis »einer leidensgeprägten, erfahrungsgesättigten und eben deshalb mißtrauischen und ungesellschaftlichen Subjektivität« (Ralf Schnell).

Die Fälschung, B.s letzter Roman, erschien kurz vor seinem frühen Tod. Im Mittelpunkt steht der deutsche Journalist Laschen, privat wie beruflich

in der Krise, der von seiner Redaktion zusammen mit dem Photographen Hoffmann nach Beirut geschickt wird, um über den libanesischen Bürgerkrieg zu berichten. Während er das Schreckliche, das er erfährt und sieht, in Worte umzusetzen sucht, wird ihm seine Situation als Außenseiter, als berufsmäßiger Voyeur immer deutlicher bewußt, wächst die Erkenntnis, daß sich das wirkliche Geschehen nicht wiedergeben läßt, daß der Weg zur Wirklichkeit verstellt ist. »Laschen erschien das alles als ein wichtigtuerisches Kriegsspiel, über das er schreiben sollte, damit es sich in der Reportage als Wirklichkeit entpuppte«, heißt es an einer Stelle. Das journalistische Handwerk wird zur Fälschung: »Er kopierte Erfahrung, er fälschte drauflos.« Und Laschens Erfahrung eines Lebens nur noch aus zweiter Hand weist über den Einzelfall hinaus: »So konnte er durchaus sagen: die spukhafte Öffentlichkeit, die Scheinbarkeit des öffentlichen Lebens. Denn das gab es ja wirklich alles nicht mehr: alles mußte herbeizitiert werden, für alles gab es sozusagen Chips. [...] Ein raffiniertes System von Assoziationen, von Erinnerungen an *Das Leben* war Das Leben selbst geworden.« Das gilt über die berufliche Problematik hinaus auch für die persönlichen Beziehungen (zu seiner Frau, zu Ariane in Beirut); auch hier erweist es sich als unmöglich, zur Wirklichkeit durchzudringen (»Unser Zusammenleben ist doch falsch, eine Fälschung«). Laschen kündigt und kehrt zu seiner Frau zurück: »Beide wollten sie einander nicht quälen.« So geht der Roman über die Kritik am »europäischen Voyeurismus« (Friedrich Christian Delius) hinaus: *Die Fälschung* ist auch eine Parabel menschlicher Entfremdung und eine Reflexion über die Möglichkeit bzw. Unmöglichkeit, durch die Fassadenwelt zur Wirklichkeit vorzudringen.

1979
Günter Grass
Das Treffen in Telgte

Die Erzählung, Hans Werner Richter zum 70. Geburtstag gewidmet, ist eine Art Ableger des *Butt* (1977). Hier hatte sich G. im »Vierten Monat« bei der Schilderung eines fiktiven Treffens von Martin Opitz und Andreas Gryphius in Danzig auch sprachlich ins Barock hineinversetzt (»die Sprache jammertalig, [...] geprägt von einer unglücklichen, einer zerrissenen Zeit«). Diese hier erworbene Fähigkeit, untermauert durch intensive Lektüre barocker Schriftsteller, wurde dann die Grundlage für ein Panorama der Literatur zur

Zeit des Dreißigjährigen Krieges. Rahmen ist ein Dichtertreffen im Jahr 1647 – acht Jahre nach Opitz' Tod –, das ein Gegenbild zu den Friedenskonferenzen in Münster und Osnabrück zeichnet und zugleich auf die Treffen der Gruppe 47 verweist, deren Initiator das Werk gewidmet ist.

Gerufen von Simon Dach, hinter dem man Richter vermuten darf, erscheinen die deutschen Poeten aus allen Himmelsrichtungen zu dem unhistorischen Treffen in dem zwischen Münster und Osnabrück gelegenen Telgte, wobei G. dann in der Charakteristik der Lesungen und Diskussionen den Eigenarten der jeweiligen Barockpoeten gerecht zu werden sucht, die dem vergänglichen Werk der Politiker und Diplomaten das Überdauernde entgegensetzen: »Wo alles wüst lag, glänzten einzig die Wörter. [...] Ihnen [den Dichtern], und nicht den Mächtigen, war Unsterblichkeit sicher.« Das Manifest freilich, mit dem man auf die Friedensverhandlungen einwirken will, verbrennt zusammen mit der Tagungsstätte: »So blieb ungesagt, was doch nicht gehört worden wäre.« Entscheidend sind die überdauernden dichterischen Werke, das poetische Vermächtnis der »allen Jammer dieser Welt« benennenden Dichter: »Und wenn man sie steinigen, mit Haß verschütten wollte«, sagt Dach in der Schlußansprache, »würde noch aus dem Geröll die Hand mit der Feder ragen.«

Erzählt wird von einem ungenannten Ich-Erzähler (»Wer ich gewesen bin? Weder Logau noch Gelnhausen«), der nach eigenem Bekunden »von Anfang an dabei« war »und auch den Schluß bezeugen« kann (es fehlt nicht an Identifikationsversuchen). Eine besondere Rolle spielt der junge Grimmelshausen (bzw. Stoffel oder Gelnhausen), der als 25jähriger Soldat – er wird nach der Gestalt des Helden des *Simplicissimus* gezeichnet – für Quartier bei der ›Courasche‹ und den ungestörten Ablauf des Geschehens sorgt und zugleich auch schon den eigenen Roman ankündigt.

1979
Peter Handke
Langsame Heimkehr

H. faßte diese Erzählung nachträglich mit den Texten *Die Lehre der Sainte-Victoire* (1980), *Kindergeschichte* (1981) und *Über die Dörfer. Dramatisches Gedicht* (1981) zur Tetralogie *Langsame Heimkehr* zusammen. Thematisch handelt es sich um »eine Fortschreibung der Selbstfindungsgeschichten« (Ernst Fischer), neue Akzente setzen der betont hohe Stil und die Tendenz zu mythisierender Darstellung. H. selbst sieht hier die entscheidende Wendung in seiner dichterischen Entwicklung.

Langsame Heimkehr mit den Teilen »Die Vorzeitformen«, »Das Raumverbot« und »Das Gesetz« erzählt die Geschichte des »Erdforschers« Valentin Sorger, der ein »auf die Augenlider drückendes Bedürfnis nach Heil« verspürt und zunächst unweit des Polarkreises in den »Vorzeitformen« einer archaischen Landschaft eine Ahnung des erstrebten Glückes verspürt. In Kalifornien überwindet er eine tiefe Existenzkrise, als ihn Nachbarn in ihr Haus aufnehmen; er folgt dem »Reflex der Heimkehr« und beschließt, zu seinem Kind nach Europa zurückzukehren: »Ist es vermessen, daß ich die Harmonie, die Synthese und die Heiterkeit will?« Im Flugzeug nach New York erfährt er durch eine Zufallsbekanntschaft, daß er gebraucht wird, und in der Stadt selbst gerät er nach einem Spaziergang in einem Coffee Shop in einen Zustand der Entgrenzung, den er als gesetzgebenden Augenblick erlebt: »Ich glaube diesem Augenblick: indem ich ihn aufschreibe, *soll er mein Gesetz sein*. Ich erkläre mich verantwortlich für meine Zukunft, sehne mich nach der ewigen Vernunft und will nie mehr allein sein. So sei es.« Peter Pütz: »Das alles ist nicht gegeben (wie im Realismus), viel weniger noch geoffenbahrt (wie in der Religion), sondern will errungen und gesetzt (wie im Idealismus) sein, den Widerständen abgetrotzt und notfalls erschwindelt. Der alte Vorwurf, daß die Dichter lügen, verklärt sich zu einem pathetischen, ja imperialen Gebot von H.s neuer artistischer Weltschöpfung. Während Thomas Bernhard nicht müde wird, von Buch zu Buch mit immer gleicher Eindringlichkeit zu demonstrieren, daß diese Welt die schlechteste aller möglichen ist, wächst bei H. das Bewußtsein, daß ebendiese Welt, je mehr sie des Teufels ist, um so eher eines Gottes bedarf.«

Kindergeschichte und *Über die Dörfer* als eine »langsame, d. h. zeit-widerständige Heimkehr in eine Dorfheimat poetischer Heilsvision fern der historischen Kindheitswirklichkeit« (Theo Elm) beschließen die Tetralogie. Den poetologischen Kommentar gibt ihr 2. Teil, *Die Lehre der Sainte-Victoire*, Reiseerzählung und von Paul Cézanne und seinem Begriff der »réalisation« inspirierte Poetik: »die Verwirklichung [...] des reinen, schuldlosen Irdischen: des Apfels, des Felsens, eines menschlichen Gesichts. Das Wirkliche war dann die erreichte Form; die nicht das Vergehen in den Wechselfällen der Geschichte beklagt, sondern ein Sein im Frieden weitergibt.« Er sieht Cézannes »Verwirklichungen«, denen es in einer »entstofflichten und doch materiellen Sprache« zu entsprechen gilt, als »Verwandlung und Bergung der Dinge in Gefahr«. – H.s Rhetorik der ›großen Wörter‹ blieb nicht ohne Widerspruch.

1979
Martin Walser
Seelenarbeit

Auch der Held des Romans *Seelenarbeit* gehört zu W.s wachsendem Ensemble von verletzlichen und verletzten Gestalten, das von Anselm Kristlein (*Halbzeit*, 1960; *Das Einhorn*, 1966; *Der Sturz*, 1973) über die anderen ›Serien‹-Helden Helmut Halm (*Ein fliehendes Pferd*, 1978; *Brandung*, 1985), Franz Horn (*Jenseits der Liebe*, 1976; *Brief an Lord Liszt*, 1982) und Gottlieb Zürn (*Das Schwanenhaus*, 1980; *Jagd*, 1988) zu Georg Gallistl (*Die Gallistl'sche Krankheit*, 1972) und schließlich Alfred Dorn reicht, der sich weigert, erwachsen zu werden (*Die Verteidigung der Kindheit*, 1991). In *Seelenarbeit* ist es Franz Xaver Zürn, Chauffeur des Fabrikanten Dr. Gleitze und, wie Gallistl oder Franz Horn, bis zur Krankheit leidendes Opfer einer spannungsvollen, entfremdenden Arbeitssituation, von Leistungsdruck und Versagensangst.

Der Roman ist in die drei Teile »Mai«, »Juni«, »Juli« gegliedert. Der erste zeigt Zürn, der unter Bauchschmerzen, Verstopfung und Schlaflosigkeit leidet und von Angstträumen heimgesucht wird, bei seiner Arbeit, die er schon seit 13 Jahren ausübt: Er fährt Gleitze vom Firmensitz am Bodensee wochenlang durch Deutschland. Bei dieser durchaus typischen Geschäftsreise kommt es kaum zu Kontakten zwischen Chef und Fahrer; Gleitze arbeitet, liest oder hört Mozartopern, während Zürn – um Gleitzes Bild gerecht zu werden – sich Trinken und Rauchen versagt. Zugleich erhält man durch Rückblicke ein Bild seiner Lebensgeschichte und seiner Familie (seiner Frau Agnes und der Töchter Julia und Magdalena, 18 bzw. 16 Jahre alt). Eine gründliche Untersuchung Zürns in der Universitätsklinik Tübingen (2. Teil) ergibt keine konkreten Anhaltspunkte für seine Schmerzen; sie sind psychosomatisch. Lektüre, etwa über den Bauernkrieg oder die Erfahrungen des Fahrers eines nationalsozialistischen Fabrikanten, bereiten den Wandlungsprozeß Zürns vor, der ihn nach der Untersuchung in Tübingen zur Wiederentdeckung seines Selbstgefühls führt: »So schwach es war, nichts würde er zäher verteidigen, als dieses schwache, kaum

mehr wahrnehmbare Selbstgefühl.« In seinem neuentdeckten Selbst- und Unabhängigkeitsgefühl ist er zum Ehebruch bereit (um aus Gleitzes Haushälterin herauszukommen, was man wirklich von ihm denkt); außerdem äußert sich seine Aggressivität nun auch nach außen, wozu nicht zuletzt Mordpläne gegen Dr. Gleitze gehören. Weitere Aufgaben für seine »Seelenarbeit« stellen die »Degradierung« zum Gabelstaplerfahrer und private Schwierigkeiten dar (3. Teil; Vetter Konrad hat eine Herzinfarkt, Julia bleibt sitzen, der Obstgarten ist durch Straßenplanungen gefährdet). Er wird nun mit ihnen fertig, findet sein inneres Gleichgewicht und überwindet so – nicht zuletzt dank seiner Frau – die seelischen Folgen des literarisch vorbelasteten und nun ins moderne Angestelltenmilieu übertragenen Herr-Knecht-Verhältnisses, indem er sich gegenüber der Arbeitswelt einen privaten, familien- und naturorientierten Freiraum schafft: »Wie zwei Felder unter der Sonne lagen sie jetzt nebeneinander.«

1980
Alfred Andersch
Der Vater eines Mörders

Die Erzählung, eine der letzten A.s, trägt den Untertitel »Eine Schulgeschichte«; sie reiht sich damit ein in eine seit der Wende zum 20. Jh. besonders fruchtbare Tradition. Ein neuer Aspekt ergibt sich durch ihren immanenten Bezug auf die kommende nationalsozialistische Herrschaft. Angesprochen ist er nur im Titel, die Geschichte selbst beschränkt sich auf die Schilderung einer einzigen Griechisch-Stunde in der Untertertia des Wittelsbacher Gymnasiums in München im Mai 1928. Aus der Perspektive des 14jährigen Franz Kien (A.: »Franz Kien bin ich selbst«) wird erzählt, wie der Schuldirektor (»Rex«) Himmler »seine« Untertertia inspiziert, dem blassen Lehrer die Leitung der Stunde aus der Hand nimmt und nach jovialem Beginn wie ein »Jäger« mit Vorbedacht ausgewählte Schüler zur Strecke bringt. Erstes Opfer ist der adelige Konrad von Greiff, der allerdings – bar jeder Unterwürfigkeit – nach einer Provokation seine Überlegenheit beweist und deshalb von der Schule verwiesen wird. Während dieser Vorgänge erinnert sich Kien an die Worte seines Vaters, eines ehemaligen Offiziers, der ihn vor Himmler gewarnt und ihm von dessen, mit dem Vater entzweiten Sohn Heinrich erzählt hatte: Dieser sei »schwer in Ordnung«, »ein Hitler-Anhänger«, aber nicht einseitig, er kommt auch immer zu uns Ludendorff-

Leuten«, während der Vater »Bayerische Volkspartei, schwarz bis in die Knochen« und »nicht einmal Antisemit« sei. Das nächste Opfer ist Kien selber, ein schwacher Schüler, den Himmler dann noch zusätzlich durch den Hinweis demütigt, daß er die Schulgeldbefreiung zu Unrecht genieße und wie sein älterer Bruder »zur Ausbildung an höheren Schulen nicht geeignet« sei. Kiens Vater nimmt die schlechten Nachrichten wider Erwarten ruhig auf.

A. versagt sich jeden direkten Hinweis auf die spätere Entwicklung des jungen Himmler, für den der junge Kien angesichts dieses Vaters viel Verständnis aufbringt. Der alte Himmler erscheint als ein ebenso autoritärer wie schlechter Lehrer, der auf Drill und Untertanengesinnung abzielt; doch seine konservative politische Haltung ist keineswegs identisch mit dem Nationalsozialismus. Die Frage bleibt offen, ob und »wie der Unmensch und der Schulmann miteinander zusammenhängen«, wie sich humanistisch-katholisches Elternhaus und Massenmord zueinander verhalten: »Schützt Humanismus denn vor gar nichts? Die Frage ist geeignet, einen in Verzweiflung zu stürzen«, schreibt A. im »Nachwort für Leser«. Sie wird an den Leser weitergegeben.

1980
Günter Kunert
Abtötungsverfahren

K.s umfangreiche literarische Produktion mit Lyrik und Kurzprosa als bevorzugten Formen läßt, nach anfänglicher Übereinstimmung mit der Entwicklung in der DDR und entsprechendem geschichtsphilosophischem Optimismus, eine allmählich wachsende Skepsis angesichts des realexistierenden Sozialismus erkennen, die sich schließlich in den 70er Jahren zu einer Absage an jeglichen Fortschrittsoptimismus steigert. Die Desillusionierung ist tiefgreifend, der Geschichtspessimismus nicht an politische Systeme gebunden. Isolation, Entfremdung, Ohnmacht charakterisieren die Lage des Menschen in einer anonymen technokratischen Welt. Endzeitvisionen beherrschen die Gedichtbände der 80er Jahre des nun in der Bundesrepublik lebenden Dichters – etwa *Abtötungsverfahren* und *Stilleben* (1983) –, Bilder einer sinn- und trostlosen Gegenwart, einer sterbenden Natur, einer verfehlten Geschichte. Und wie die Zukunft aussieht, notiert das Gedicht *Evolution,* lakonisch wie die meisten Texte K.s:

Erde und Steine
Sand und Geröll
Ziegel und Quader
Zement und Beton
und immer wieder
wir

Zwischen Mauern marschieren
bedeutet: Es geht voran
Doch es leuchtet kein Licht
wo wir sind für uns mehr
und das Dunkel kommt
aus uns selber

Aus blinden Augen
fällt Finsternis
bevor die Hand
ins Leere greift

Zwar ist »unsere Lage aussichtslos«, wie es wörtlich in einem Gedicht heißt (und sinngemäß in vielen), gleichwohl hat die Lyrik ihre Funktion als Widerstandspotential in einer inhumanen Welt, als Element der »Verstörung« des Lesers: »wenn das Gedicht sein Einverständnis mit der Welt erschüttert, dann hat es eine Leistung vollbracht, die für ein derart winziges Gebilde aus wenigen Zeilen gigantisch ist« (K.). Das Gedicht *Eine Poetik* beginnt mit den Versen:

Das wahre Gedicht
löscht sich selber aus
am Schluß
wie eine Kerze so plötzlich
aber was sie beleuchtet hat brennt
das abrupte Dunkel
der Netzhaut ein

1980
Hermann Lenz
Der innere Bezirk

L.' Werke fanden in den 50er und 60er Jahren wenig Resonanz. Eine Wende brachte erst, gefördert durch die autobiographische Konjunktur der 70er Jahre, Peter Handkes *Einladung, Hermann Lenz zu lesen* (1973). Diese Einladung bezog sich nicht zuletzt auf L.' Projekt eines großen autobiographischen Romanzyklus, der mit entschiedenem Subjektivismus und einem Sinn für das scheinbar Nebensächliche und Belanglose Familiengeschichte und mit ihr zugleich die allgemeine Geschichte der Zeit vergegenwärtigt (*Verlassene Zimmer,* 1966; *Andere Tage,* 1968; *Neue Zeit,* 1975; *Tagebuch vom Überleben und Leben,* 1978; *Ein Fremdling,* 1983; *Der Wanderer,* 1986; *Seltsamer Abschied,* 1988; *Herbstlicht,* 1992).

Eugen Rapp, das alter ego des gegen seine Zeit schreibenden Autors, charakterisiert die Maxime seines Lebens und Schreibens (über den im Zitat angesprochenen Bezug zu Krieg und Drittem Reich hinaus): »Das Schreiben droben in der Stube, das war jetzt wichtig, weil's den Krieg zurückdrängte (du willst deinen Bezirk abgrenzen).«

Zwar gehört der Roman *Der innere Bezirk* nicht zu dem autobiographischen Zyklus, doch teilt er mit ihm wesentliche Momente, indem er ebenfalls das Leben der Protagonisten in die geschichtliche Entwicklung einbindet und – schon im Titel – auf den Freiraum verweist, den die L.schen Gestalten zum Überleben brauchen. Der Roman besteht aus drei, z.T. schon früher veröffentlichten Büchern – *Nachmittag einer Dame* (1961), *Im inneren Bezirk* (1970), *Constantinsallee* –, die dann 1980 als Ganzes erschienen. Im Zentrum stehen der Oberst von Sy und seine Tochter Margot; die Mutter hat Selbstmord begangen. Das 1. Buch spielt in den 30er Jahren. Während Oberst von Sy widerwillig dem Ruf der neuen Machthaber gefolgt ist und als Militärattaché in Jugoslawien dient, führt seine Tochter Margot ein zielloses, müßiggängerisches Leben in Heidelberg, München, Wien und Stuttgart, ihrer Heimatstadt. Sie freundet sich mit dem Studenten Arnold an (der Züge L.' trägt und immer wieder auftaucht bzw. erwähnt wird), hat Beziehungen zu dem Schauspiellehrer Valetti und zu Nazigestalten. Nach einer Vergewaltigung unternimmt sie einen Selbstmordversuch, kann aber vom zurückkehrenden Vater gerade noch gerettet werden. Das 2. Buch führt die Handlung, meist in München angesiedelt, weiter von der unmittelbaren Vorkriegszeit bis zum Kriegsende. Von Sy hat sich ein Jahr beurlauben lassen, um seiner Tochter bei einem neuen Anfang zu helfen. Er schließt sich einer Widerstandsgruppe an, doch wird er bald von Resignation erfaßt. Ein Gestapo-Regierungsrat, Dr. Fiedler, konfrontiert Margot mit den Aktivitäten ihres Vaters, und um ihn zu retten, wird sie Fiedlers Geliebte. Sie kann nach ihrer beider Verhaftung die Freilassung erpressen. Während ihr Vater mit einem militärischen Posten in Frankreich betraut wird, geht sie eine Ehe mit dem cand. jur. Max Bachschmid ein. Bei Kriegsende ist Bachschmid gefallen, und Generalmajor von Sy steht als Kriegsverbrecher in Paris unter Anklage, wird jedoch freigesprochen. Nach einem Aufenthalt in München können sie – 3. Buch – nach der Währungsreform wieder in ihr von der Militärregierung geräumtes Haus in der Stuttgarter Constantinsallee einziehen. Gespräche, Spaziergänge, Literatur, weitgehende

Distanz zu der neuen Betriebsamkeit, Erinnerungen, Suche nach Bleibendem kennzeichnen ihr Leben: »›Sie wissen, daß dies der reinste Escapismus ist? Ausweichen vor den Forderungen unserer Zeit.‹ ›Ja schon ...‹« Es ist der gleiche Widerstand gegen die Zeit, der gleiche stoische Rückzug in den ›inneren Bezirk‹, der ihnen durch die nationalsozialistische Diktatur geholfen hatte und der die L.schen Figuren generell charakterisiert. In ihrem »immer wieder reflektierte[n] Gefühl des Allein- oder Andersseins und der emotionalen Bindungslosigkeit« schauen sie weg, suchen sie »die Einsamkeit der Natur, im schlimmsten Fall sogar die des Todes, und gehen, soweit es ihnen möglich ist, dem ›Quälerischen der Liebe‹ aus dem Weg« – und beginnen mit der Suche nach der Vergangenheit: »Die Erinnerung ist, darin sind sie sich einig, das einzige, worauf man sich verlassen kann« (Jens Haustein).

1980
Kurt Marti
abendland

M., evangelischer Pfarrer und Lyriker, gehört zu den Autoren, die um 1960 mit der hermetischen Lyriktradition brachen und die aktuelle Wirklichkeit, und gerade auch die politische, zum Gegenstand ihrer Verse machten. Mit dem Band *republikanische gedichte* (1959) wurde M. zum Begründer des modernen, politisch und gesellschaftlich engagierten Gedichts in der Schweiz. Maßstab der Kritik an den politischen und sozialen Verhältnissen bildeten die uneingelösten Forderungen des Christentums. Im Titelgedicht des Bandes *abendland* heißt es über Judas:

ach was war
dein EINER verrat
gegen die VIELEN
der christen der kirchen
die dich verfluchen?

Politisch-gesellschaftliche und religiöse Themen prägen so M.s Gedichte; allerdings ist in den einzelnen Gedichtbänden die Gewichtung verschieden. Der Bruch mit der Tradition betrifft auch die überkommen lyrischen Formen und die Sprachbehandlung. M. zeigt eine große Affinität zu den Techniken der konkreten Poesie und zu anderen Formen spielerisch-experimenteller Lyrik, und er stellt diese Techniken in den Dienst kritischer Aufklärung. Daneben nutzt M. spezifisch christliche Formen, um durch Verfremdung und Parodie verkrustete Denk- und Sehgewohnheiten zu durchbrechen (*leichenreden*, 1969). Auch der Dialekt wird in diesem Sinn – in der Nachfolge etwa H. C. Artmanns *(med ana schwoazzn dintn*, 1958) – aus dem Umkreis einer konservativen Heimatkunst herausgelöst *(rosa loui. vierzg gedicht ir bärner umgangsschprach*, 1967).

Die verschiedenen Tendenzen vereinigen sich in dem Band *abendland*. Religiöser Ernst *(ins uferlos alte, abendland)* und experimentelles Formen- und Sprachspiel *(vogellautgedicht)*, Verfremdung *(unser vater)*, Parodie (»singet dem herrn / der nie eine uniform trägt«) und politische, soziale und theologische Kritik *(reich gottes in der schweiz?, und maria)* stehen nebeneinander oder durchdringen sich. Der Grundton ist im Vergleich zu früheren Texten angesichts der fortschreitenden Umweltzerstörung und der Bedrohung der menschlichen Existenz überhaupt düsterer geworden (ein späterer Gedichtband, *Mein barfüßig Lob*, 1987, beginnt mit dem Text *nach dem besuch der radioaktiven wolke)*. Das Gedicht *du: der messias?* in abendland endet mit der Strophe:

> du: ein messias
> der gebirge der meere der winde nur noch?
> archäologe des himmels vielleicht
> auf zu später suche
> nach spuren
> des dann erloschenen ebenbilds gottes?

1980
Christoph Meckel
Suchbild. Über meinen Vater

Vielseitigkeit charakterisiert M.s Schaffen. Es umfaßt neben dem literarischen ein umfangreiches und weiter wachsendes graphisches Werk *(Weltkomödie)*, phantasievoll, skurril, aber auch melancholisch, eine – immer stärker bedrohte – Welt voll heiterer und grotesker Figuren und Einfälle. Dichterische Phantasiewelten und Wirklichkeit kontrastieren auch in manchen seiner Erzählungen, Experiment und Tradition verbinden sich in den zahlreichen Lyrikbänden (einen Überblick über das lyrische Werk bietet die Auswahl *Hundert Gedichte*, 1988).

Mit *Suchbild* erhält sein Werk eine neue persönliche und zugleich politische Dimension: Die autobiographische Annäherung an den Vater, den epigonalen Naturlyriker und Literaturkritiker Eberhard Meckel (1907–69), ist zwar auch eine Darstellung der privaten Vater-Sohn-Beziehung, Bedeutung gewinnt sie aber erst dadurch, daß sie Fragen nach den Voraussetzungen und Gründen des Verhaltens des Vaters stellt, die diesen

Fall symptomatisch für das Versagen der Vätergeneration im Dritten Reich erscheinen lassen. Gebrochen durch eine despotische Erziehung in einem angesehenen bürgerlichen Elternhaus (»du bist nichts, du kannst nichts, mach deine Schulaufgaben«), zieht er sich in die Welt der Literatur, insbesondere in die Anfang der 30er Jahre bevorzugte ›naturmagische‹ Richtung zurück, verfällt aber dann nach anfänglicher Distanz und trotz (oder wegen) seiner unpolitischen Haltung und deutsch-chauvinistischen Kulturgesinnung immer stärker der herrschenden Macht und der fortschreitenden Militarisierung.

Es waren die Kriegstagebücher, aus denen M. auszugsweise zitiert, die dem Sohn später die Augen öffneten, denn nach der Rückkehr des dann zeitlebens unter den Folgen einer Kopfverletzung leidenden Vaters aus der Gefangenschaft herrscht die Lebenslüge: »Ich hatte nicht die Absicht, mich mit meinem Vater zu beschäftigen. [...] Seit ich seine Kriegstagebücher las, kann ich den Fall nicht auf sich beruhen lassen; er ist nicht länger privat. Ich entdeckte die Notizen eines Menschen, den ich nicht kannte. Diesen Menschen zu kennen war nicht möglich, ihn für möglich zu halten – unzumutbar.« M. reflektiert bei dieser Erinnerungsarbeit auch die Probleme biographischer Darstellung, die das Vergangene in Sprache faßt und damit dem Vergessen entreißt, zugleich aber die wirkliche Person oder den wirklichen Vorgang vernichtet: »Über einen Menschen schreiben bedeutet: das Tatsächliche seines Lebens zu vernichten um der Tatsächlichkeit einer Sprache willen. [...] Was bleibt übrig vom lebendigen Menschen? [...] Vielleicht eine Ahnung von seinem Charakter, die flüchtigen oder festen Konturen eines Suchbildes. Ohne Erfindung ist das nicht zu machen.«

M.s *Suchbild* gehört zu einer Reihe von Texten, die seit Bernward Vespers *Die Reise* (1977) die Beziehung zwischen Vater und Sohn, Vater und Tochter problematisieren und dabei nicht zuletzt auf das Verhalten im Dritten Reich abheben (u. a. Heinrich Wiesner: *Der Riese am Tisch*, 1979; Peter Härtling: *Nachgetragene Liebe*, 1980; Brigitte Schwaiger: *Lange Abwesenheit*, 1980).

1980
Gerold Späth
Commedia

S. erwarb seinen Ruf als wortgewaltiger Erzähler mit dem Schelmenroman *Unschlecht* (1970). Nach weiteren Romanen, die eine allmähliche

Lockerung traditioneller Erzählformen erkennen lassen, legte er mit *Commedia* ein Erzählwerk ohne Gattungsbezeichnung vor, das nur noch aus Einzelheiten besteht, die keine Beziehung zueinander haben.

Das Werk, mit dem von Günter Grass gestifteten Alfred-Döblin-Preis ausgezeichnet, ist in zwei Teile gegliedert: »Die Menschen« und »Das Museum«. Der 1. Teil enthält 203 Abschnitte, selten länger als eine Druckseite, in denen die jeweils in der Überschrift genannte Person das Wort für eine Selbstdarstellung erhält: »Hier ist ein Blatt Papier, nimm das Blatt Papier und schreib etwas auf aus deinem Leben oder schreib deinen Lebenslauf auf oder schreib einfach auf was du jetzt gerade denkst, du kannst aufschreiben was du willst oder erzähl einfach etwas über dich oder was du willst. Das ist einfach gesagt.« Dies ist die Schreibanweisung. Und so entstehen Miniaturporträts von allen möglichen Leuten aus verschiedenen Gesellschaftsschichten, die – nicht durch eine Fabel verbunden – »den Eindruck eines so lebendigen wie erschreckenden Panoptikums« erwecken (Volker Hage). Im 2. Teil, »Das Museum«, beschreibt S. die Führung einer Touristengruppe durch die zwölf Abteilungen eines mit merkwürdigen Objekten bestückten Museums. Dabei folgen den Erzählungen und Erläuterungen des Kurators jeweils Reaktionen der Besucher. Die Führung endet im »allerletzten Raum«, einem »fensterlosen Verlies«, wo ihnen der Führer von alten Folterpraktiken erzählt, mittelalterlich-barocke Vergänglichkeitstöne anschlägt (»laß alle Hoffnung fahren laß ab von Eitelkeit laß ab«) und schnell von außen zuschließt: »um Sie zum Schluß mit dem Kitzel plötzlichen Abgeschlossen- und Eingesperrtseins bekanntzumachen.« Eine der Frauen, die aus Angst vor geheimnisvollen Stimmen die Gruppe verlassen hatte, wartet draußen vergeblich auf die anderen und geht schnell weg. Die Führung hatte an einem Tag im Spätfrühling begonnen, nun ist es Winter.

Isolation und Vereinzelung des Menschen in der modernen Gesellschaft, in einer Welt ohne verbindliche Ordnungen spiegeln sich in der Form des Zusammenhänge und einheitliche Perspektive verweigernden Erzählwerks, das auf seine Weise eine moderne menschliche ›Komödie‹ präsentiert, mag die Anspielung im Titel Dante (der auch im letzten Zitat gegenwärtig ist), Balzac oder nur der einfachen »Kommedi« des menschlichen Lebens gelten. – S. führte die hier angewandte Erzählmethode in dem Prosatext *Sindbadland* (1984) weiter.

1981
Rose Ausländer
Mein Atem heißt jetzt

A. stammt wie Paul Celan aus Czernowitz; sie hatte ihn dort im Ghetto kennengelernt und ihn dann nach dem Krieg in Paris wiedergetroffen, wo er sie in die neueren Strömungen der deutschen Lyrik einführte. Ihre dichterischen Anfänge gehen allerdings bis in die 20er Jahre zurück; ihre erste Gedichtsammlung *Der Regenbogen* erschien 1939. Nach der Befreiung lebte sie bis 1964 in den USA und verstummte zunächst; die Sprache war fragwürdig geworden. Danach schrieb sie längere Zeit nur in englischer Sprache, bis sie schließlich 1956 zum Deutschen zurückfand. Im titelgebenden Gedicht des Bandes *Mutterland* (1978) heißt es:

> Mein Vaterland ist tot
> sie haben es begraben
> im Feuer

> Ich lebe
> in meinem Mutterland
> Wort

Das dichterische Wort nimmt existentielle Bedeutung für A. an, begründet in der Erfahrung, daß die Dichtung sie in den Zeiten der Verfolgung und Emigration vor der Verzweiflung bewahrt und entscheidend zur Welt- und Selbsterkenntnis beigetragen hat: »Warum ich schreibe? Weil ich, meine Identität suchend, mit mir deutlicher spreche auf dem wortlosen Bogen«, notierte sie. Zu den wichtigsten Gegenständen ihrer Lyrik gehören neben der Sprache selbst, dem dichterischen Wort, die Erfahrung der Verfolgung und der Vernichtung des Judentums, Landschaften und Städte, Liebe, Freundschaft. Diese Vielfalt prägt ihre zahlreichen Gedichtbände, die sich seit den 70er Jahren durch eine zunehmende Reduktion und Konzentration auszeichnen, durch eine verknappte, elliptische Sprache, ungleichmäßige Rhythmen, eine gebrochene Bildlichkeit (*Doppelspiel*, 1977; *Mutterland*, 1978; *Ein Stück weiter*, 1979; *Mein Atem heißt jetzt*, 1981; *Mein Venedig versinkt nicht*, 1982).

Die Verdichtung der Erfahrungen des Exils, der Leiden und der Krankheit in ihrem Spätwerk, mit dem A. dann auch öffentliche Anerkennung fand, führt nicht ins Verstummen. Ihr Vertrauen in das dichterische Wort blieb unerschüttert, Hoffnung sprach für sie bereits aus der Existenz der Dinge selbst. *Mein Atem heißt jetzt* endet mit dem Gedicht *Und*:

Und Wiesen gibt es noch
und Bäume und
Sonnenuntergänge
und
Meer
und Sterne
und das Wort
das Lied
und Menschen
und

1981
Jürgen Becker
Erzählen bis Ostende

B. machte sich zunächst als Autor experimenteller, von James Joyce und Helmut Heißenbüttel beeinflußter Prosa einen Namen (*Felder*, 1964; *Ränder*, 1968; *Umgebungen*, 1970), trat jedoch im folgenden auch als Hörspielautor und vor allem als Lyriker der ›neuen Subjektivität‹ hervor (u. a. *Schnee*, 1971; *Das Ende der Landschaftsmalerei*, 1974; *Erzähl mir nichts vom Krieg*, 1977; *In der verbleibenden Zeit*, 1979). Seit den 80er Jahren entstanden neben weiteren Gedichtbänden die Prosatexte *Erzählen bis Ostende* (1981) und *Die Türe zum Meer* (1983).

Erzählen bis Ostende setzt die Sprachexperimente der frühen Prosatexte nicht fort, mit denen B. gegen traditionelle fiktionale Formen (»literarische Form der Lüge«) opponierte. Gleichwohl erzählt auch dieses Buch keine traditionelle, geschlossene Geschichte. Allerdings deutet ein rudimentärer Rahmen, gebildet durch die Anfangs- und Schlußabschnitte, einen gewissen epischen Zusammenhang an: Der ›Erzähler‹ sitzt im Zug nach Ostende, »den Kopf voll von Erinnerungen«, eine Situation, auf die der Schlußabschnitt mit der Ankunft am Ziel wieder zurückkommt. Bereits im Prosaband *Umgebungen* hatte B. ›Ostende‹ als Chiffre für den Aufbruch in das Weite eingeführt: »Ostende, das Wort Ostende fällt mir immer ein, wenn ich sage: Ich fahre jetzt weg, irgendwohin, wo die See ist.« Statt der Schilderung einer realen Reise gibt B. in *Erzählen bis Ostende* in kurzen Erzählfragmenten, Erinnerungen, Selbstgesprächen, Träumen, Assoziationen Einblicke in das Innere des Reisenden, der Johann heißt und Rundfunkredakteur zu sein scheint. In den Prosaminiaturen mit jeweils eigener Überschrift, meist in der dritten, zuweilen aber auch in der ersten oder zweiten Person erzählt, werden bruchstückweise Umrisse seiner Biographie sichtbar, ohne daß sie sich allerdings

zu einem geschlossenen Lebenslauf fügten. Momente der Erinnerung – Kindheit, Liebe, Verlust – und des Alltags, melancholische Betrachtungen der Vergänglichkeit, des unaufhaltsamen Flusses der Zeit und der fortschreitenden Naturzerstörung, Fragen nach der eigenen Identität angesichts des entfremdeten Berufs- und Privatlebens fügen sich zu einem facettenreichen Psychogramm eines zerrissenen Zeitgenossen, dem sich am Ende mit einem Blick aus der Hotelhalle ins Freie, »ins näherkommende Meer«, vielleicht eine Perspektive andeutet.

1981
Ludwig Fels
Ein Unding der Liebe

Der Lyriker, Dramatiker und Erzähler, der 1973 seinen ersten Gedichtband veröffentlichte (*Anläufe*), ist ein sprachgewaltiger Chronist der Schattenseiten der sogenannten Wohlstandsgesellschaft, der Kälte und Unmenschlichkeit des Alltags und der Arbeitswelt, der zerstörten Hoffnungen der von diesen Bedingungen geprägten, deformierten und deklassierten Menschen. Da geht es – auch sprachlich – rüde und ohne Rücksicht auf das Schöne, Wahre, Gute zu, werden Elend, Ekel, Gewalt und Armseligkeit in grellen und gewalttätigen Bildern beschworen und ein Gesellschaftszustand beschrieben, der trostloser kaum sein könnte.

Held oder Anti-Held des Romans ist der 27jährige Georg Bleistein, Gehilfe in der Großküche eines Einkaufsparadieses in der deutschen Provinz. Hier, in Grönhart, war Georg bei Tante und Großmutter aufgewachsen, die ihn in ihrer heuchlerischen Fürsorge erstickten und zu einem fetten Koloß – »Milupamops« für seine Mitschüler – heranzüchteten: »Irgendwie war er hochaufgeschossen und auseinandergesprengt zugleich. [...] an seinem Bauch schleppte er wie an einem überquellenden Sack, der bei der geringsten Bewegung sulzige Falten warf.« So lebt er vor sich hin, hat ein Dach über dem Kopf, Kleidung, Nahrung – und sucht seine Sehnsucht nach Menschlichkeit und Liebe zu betäuben, indem er bis zur Bewußtlosigkeit frißt und trinkt. Annäherungsversuche des wortkargen, unbeholfenen und grobschlächtigen, aber im Inneren durchaus empfindsamen Georg an eine Arbeitskollegin scheitern; seine Mutter Evelyn, die als Alkoholikerin und Prostituierte das Sorgerecht verloren hatte und nun in einer anderen Stadt lebt, wird immer mehr seine Hoffnung. Zugleich versucht er, sich von der Gängelei durch die bigotten Verwandten zu befreien und durch Gewalttätigkeiten und Exzesse Selbständigkeit, Männlichkeit zu erwerben. Der Besuch bei der Mutter und die Begegnung mit ihrer Freundin, der Prostituierten Sybille, endet desillusionierend. Er stört nur. Auch hier zählt nicht Menschlichkeit, sondern der Tauschwert. Liebe ist ein Unding. Allein auf einer Parkbank sieht er zum Himmel hinauf: »Die Erde war der fernste Stern.«

F. denunziert seinen Helden nicht, sondern sieht den menschlichen Kern in dem »Riesenkaspar«, der – auf der untersten Ebene dem Konsumterror verfallen – unfähig ist, sich in der Welt zurechtzufinden, sich zu befreien und durchzusetzen. Eingeschobene Gedichte und summierende, z.T. sentenzartige Bemerkungen kommentieren das Geschehen, heben vom Einzelfall ab, objektivieren gleichsam die Wut und den Haß eines der Opfer auf die Öde und Kälte der Konsumgesellschaft. Mit seiner Radikalität und seinem Mut zur Häßlichkeit hat F. kaum seinesgleichen unter den zeitgenössischen Schriftstellern. Auch der Roman *Rosen für Afrika* (1987) taucht, ebenfalls mit virtuosem Wechsel der Töne, in diese Welt und ihre Sehnsüchte ein.

1981
Ulla Hahn
Herz über Kopf

Mit den Gedichtbänden *Herz über Kopf*, *Spielende* (1983), *Freudenfeuer* (1985) und *Unerhörte Nähe* (1988) avancierte H. zur wohl populärsten (und kommerziell erfolgreichsten) Lyrikerin der 8oer Jahre. Es ist eine Lyrik, die die Erfahrungen der Moderne weitgehend ausblendet und in souveräner Beherrschung der lyrischen Formtraditionen und Verfahrensweisen von Walther von der Vogelweide bis zu Heine die Topoi der Liebesdichtung von Liebe und Liebesleid, Hingabe und Unterwerfung, Begehren und Enttäuschung, Sehnsucht und Erfüllung in unkomplizierter Syntax, traditionellem Vokabular und eingängiger Bildlichkeit variiert, epigonal und virtuos, so daß keine Verstörung zu befürchten ist. Das Gedicht *Ars poetica* steht programmatisch für diese bewußte Negierung der Tendenzen der modernen Lyrik:

> Danke ich brauch keine neuen
> Formen ich stehe auf
> festen Versfüßen und alten
> Normen Reimen zu Hauf

zu Papier und zu euren
Ohren bring ich was klingen soll
klingt mir das Lied aus den
Poren rinnen die Zeilen voll

und über und drüber und drunter
und drauf und dran und wohlan
und das hat mit ihrem Singen
die Loreley getan.

1981
Franz Xaver Kroetz
Nicht Fisch Nicht Fleisch

K. war in den 7oer und 8oer Jahren neben Botho Strauß der produktivste und erfolgreichste deutsche Dramatiker. In der Tradition des kritischen Volksstücks (Ödön von Horváth, Marieluise Fleißer) verstand er sich als »Chronist der Leidenden, der Weinenden, der Untergehenden, der Vergessenen« und stellte die Zwänge und Widersprüche des Berufs- und Alltagslebens einfacher Leute und die daraus resultierenden Konflikte in den Mittelpunkt seiner Stücke. *Furcht und Hoffnung der BRD*, der Titel des Stücks von 1984, bezeichnet sein Programm, mit dem er – wie beispielsweise mit *Bauern sterben* (1985) – nach den Skandalen der frühen Stücke (*Heimarbeit*, 1971; *Hartnäckig*, 1971; *Stallerhof*, 1972) auch weiterhin heftige Proteste von konservativer Seite hervorrief.

Nicht Fisch Nicht Fleisch wurde am 31. 5. 1981 im Düsseldorfer Schauspielhaus uraufgeführt und im selben Jahr gedruckt. Das Stück in drei Akten spielt 1980 in München und spiegelt am Beispiel zweier Ehepaare die aus der technischen Entwicklung resultierenden Bedrohungen (des Arbeitsplatzes wie der eigenen Identität und der Selbstachtung) und ihren Zusammenhang mit dem Privatleben. Dabei verschärft der Konflikt zwischen weiblichem Emanzipationsstreben und traditionellen Männlichkeitsvorstellungen die Lage weiter. Die beiden Paare stehen einander komplementär gegenüber: auf der einen Seite der angepaßte Schriftsetzer Edgar, der sich ein Kind wünscht und seine Männlichkeit betont ins Spiel bringt, und seine aufstiegsorientierte Frau Emmi (Ziel: Filialleiterin), die die Pille nimmt; auf der anderen Seite Edgars Kollege Hermann, ein engagierter Gewerkschafter, und seine Frau Helga, die gerade ihr drittes Kind erwartet und sich gegen die von Hermann gewünschte Abtreibung wehrt. Die beruflichen Probleme der Männer sind Folgen der Modernisierung in der Firma (Umstellung von Blei- auf Fotosatz) und der damit verbundenen Notwendigkeit zur Umschulung. Edgar weigert sich, die Entwicklung mitzumachen, befürchtet noch stärkere Entfremdung und kündigt, während Hermann die Veränderungen in der Firma mitträgt. Doch wie der arbeitslose Edgar nun erst recht unter dem beruflichen Aufstieg seiner Frau leidet, so bekommt Hermann die Folgen seiner Haltung zu spüren; er wird von seinen Arbeitskollegen heftig malträtiert. In einer surrealen Szene (»Leere Bühne«) erleben beide ihren existentiellen Zusammenbruch. Am Schluß sind alle zusammen in Helgas Küche, ratlos, fast stumm.

»Alle sind beschäftigt«, lautet die letzte Szenenanweisung. Eine Lösung wird nicht gegeben oder angeboten. Einfache Wahrheiten sind angesichts der Komplexität der Wirklichkeit nicht mehr zu haben, wie auch der Titel anzudeuten scheint (im übrigen spielt K. im Stück mit verschiedenen Bedeutungsebenen des Wortes Fisch). Die Überwindung des »Wohnküchen-Gasherd-Realismus«, wie der Autor seine Schreibweise 1980 charakterisierte, durch surreale und absurd-groteske Momente bezeichnet einen neuen Aspekt in der Entwicklung des K.schen Dramas.

1981
Paul Nizon
Das Jahr der Liebe

Zu den bestimmenden Momenten von N.s Romanen und Erzählungen gehört von Anfang an das Thema des Ausbruchs, des Ausbruchs aus engen Räumen in die große Stadt oder weite Landschaften, aus bürgerlicher Enge in die freie Künstlerexistenz und die Suche nach dem Weiblichen (*Canto*, 1963; *Untertauchen. Protokoll einer Reise*, 1972; *Stolz*, 1975). In seinem kritischen *Diskurs in der Enge. Aufsätze zur Schweizer Kunst* (1970) heißt es: »Zu den Grundbedingungen des Schweizer Künstlers gehört die *Enge* und was sie bewirkt: die Flucht.« 1977 zog N. die Konsequenz aus dieser Einsicht und ging nach Paris.

Dieser Aus- und Aufbruch ist auch das Thema des Romans *Das Jahr der Liebe*, der in Paris entstand. Darin reflektiert der »Autobiographie-Fiktionär« – so N. über sich selbst in den Frankfurter Vorlesungen *Am Schreiben gehen* (1985) – seine Lage und stellt sie in den Zusammenhang mit charakteristischen Situationen seiner Lebensgeschichte. Der Ich-Erzähler sitzt in seinem Pariser »Schachtelzimmer« und schreibt, reflektiert, beobachtet die Umgebung, nur gelegentlich

unterbrochen durch Gespräche, einen Gang ins Café oder durch eine Fahrt durch die Stadt. Der Protagonist ist geschieden und inzwischen auch wieder von der Frau getrennt, die die Scheidung ausgelöst hatte. In der Beziehung zu Dorothée aus Madame Julies *maison de rendez-vous* hat er problemlosen, leichten Ersatz gefunden: »das *ist* doch Liebe«, redet er sich ein. Sein tägliches Notieren nennt er »Warmschreiben«, um sich in Gang zu halten oder vielleicht doch nur, »um diese grausliche Freiheit oder Leere zu unterlaufen?« Immer wieder führen seine Gedanken aus der Gegenwart, dem »Lebensneubeginn« durch die Flucht nach Paris, in die Vergangenheit zurück, zu Erinnerungen an seine Kindheit und Jugend (»ich wuchs in einem Frauenhaus auf«), an Freunde und Frauen, an seinen Aufenthalt als Stipendiat in Rom, an seine Zeit in Zürich und Bern: »Die Trümmer trudeln wie Flaschenpost an die Schwelle meiner Gegenwart.«

Bei der Suche nach seiner Identität spielen die Stadt, in die er einzutauchen sucht (»Nimm mich an, bring mich hervor, schrie ich zur Stadt«), das Schreiben und das »unbedingte Begehren, das Laufen nach Frauen, die Obsession« die entscheidenden Rollen. Die rauschhafte Hingabe löst in ihm eine »Lebendigkeits-, Verlebendigungslust« aus, als könnte er alles zum Leben erwecken: »es ist ein Gefühl wie beim Schreiben, wenn endlich nicht ich, sondern *es* schreibt, ein Überschwang.« Es ist ein existentielles Schreiben: »ich schreibe, damit etwas erscheine, an dem ich mich festhalten kann«, heißt es gegen Ende, als er über sein Schreiben reflektiert, sich so seiner selbst vergewissert und durch die Behauptung des Subjekts die Fragmentarisierung der Erfahrungswelt zu überwinden sucht. Zugleich ist N.s Buch eine Hommage an Paris, die »unendliche Stadt«, in die gleich ihm Künstler und Schriftsteller wie Vincent van Gogh, George Orwell, Henry Miller oder Ernest Hemingway ihre Hoffnung setzten.

1981
Friederike Roth
Ritt auf die Wartburg

Das in fünf Teile mit insgesamt 16 Szenen gegliederte Stück wurde 1981 gedruckt und im selben Jahr in einer Hörspielfassung gesendet; die Uraufführung fand am 2. 10. 1982 im Württembergischen Staatstheater Stuttgart statt. R. interessiert, wie sie selber schreibt, »das Entstehen von Sprachwelten«. Ihre Stücke thematisieren dabei die Spannungen zwischen Sprachkonventionen und -möglichkeiten und unterschiedlichen Wirklichkeitserfahrungen vorwiegend am Verhältnis der Geschlechter und der Rolle der Frau in der als feindselig erfahrenen Gesellschaft, ohne daß feministische Doktrinen propagiert würden (*Klavierspiele*, 1981; *Das Ganze ein Stück*, 1986; *Erben und Sterben*, 1992).

Ritt auf die Wartburg zeigt den Versuch von vier Frauen, ihrem Alltag und seinen Zwängen und Konventionen zu entfliehen. Und so machen sich Anna, Lina, Ida und Thea von Westdeutschland aus auf die Reise nach Eisenach, die in einem Eselritt auf die Wartburg gipfeln soll. Die einzelnen Szenen – Bahnhof, Zugfahrt, Kirche in Eisenach, Tanzabend mit DDR-Grenzsoldaten, Hotel, Friseur, Eselstation usw. – zeigen auf tragikomische Weise den Fehlschlag des emanzipatorischen Unternehmens, wobei bereits die Sprache, die Sprachhülsen die Diskrepanz zwischen utopischem Anspruch und Wirklichkeit sichtbar machen. Hinter den oberflächlichen Vorstellungen von Emanzipation, hinter den Sprachklischees und modischen Attitüden werden die unterdrückten Bedürfnisse und Wünsche, die verdeckten Abhängigkeiten sichtbar, offenbart sich der Selbstbetrug. Die innere Unfreiheit und mangelnde Fähigkeit zur Reflexion zeigt sich auch in Äußerungen der Frauen über die DDR, die BRD-Konsumwelt und die Kirche. Und so endet das Stück folgerichtig damit, daß der im Titel angekündigte Ritt auf die Wartburg nicht stattfindet: Die Eselstation hat Dienstschluß. Am Ende, auf dem Eisenacher Bahnhof »fallen tropfenweise die Sätze«, die die unveränderte Rückkehr in den unveränderten Alltag andeuten:

Thea Jetzt heißt es: ade, leichtes Leben.
Lina Morgen geht alles wieder los von vorn.
      Stille.
Anna Heute nacht um zwölf sind wir schon angekommen.
Lina Hierbleiben wollt ich trotzdem nicht.
Ida *leise:* Ich will gar nicht nach Haus.

1981
Botho Strauß
Paare, Passanten

Der Prosaband enthält, lose in sechs Gruppen gegliedert, mehr als 100 kurze Skizzen, Reflexionen, Beobachtungen: Diagnosen eines problematischen Menschheits- und Gesellschaftszustandes aus der Sicht eines intellektuellen, kulturkritischen Ich-Erzählers. In den ersten beiden Teilen (»Paare«, »Verkehrsfluß«), die die Titelgebung

aufnehmen und etwa die Hälfte des Bandes ausmachen, dominieren scharfe Momentaufnahmen verschiedener Facetten der westlichen Konsumgesellschaft (»Fick- und Ex-Gesellschaft«) mit ihrer Beliebigkeit und Promiskuität, ihrem »Beziehungsmarkt« und den »Niederungen der erotischen Wirklichkeit«. Beklagt wird die soziale Bindungslosigkeit der Menschen über die »Zweier-Zelle« hinaus, die fehlende »lebendige Gemeinschaft«. Gegen die herrschende Oberflächlichkeit hebt der Erzähler die Gewalt elementarer Erfahrungen (Eros, Tod) hervor, die »ekstatische Auflehnung gegen den mäßigen Betrieb des Alltags und der Arbeit«.

Über das Schreiben bzw. die Kunst in einer als derart armselig empfundenen und von einer übermächtigen Medienwelt erstickten Gegenwart reflektiert u.a. der Abschnitt »Schrieb«; hier konfrontiert der Erzähler seine Absage an den heutigen Literatur- und Kunstbetrieb und die Dialektik Adornos (»Ohne Dialektik denken wir auf Anhieb dümmer; aber es muß sein: ohne sie!«) mit dem Ruf nach einem Dichter mit der »Begabung, mit *seiner Zeit* zu brechen und die Fesseln der totalen Gegenwart zu sprengen«, mit dem Plädoyer für »hymnische Schönheit« als höchstem Ziel der Dichtung.

Als Fortsetzung der poetologischen Reflexionen von *Paare, Passanten* läßt sich der Roman *Der junge Mann* (1984) verstehen, von S. selbst als »Allegorien. Initiationsgeschichten. Romantischer ReflexionsRoman« charakterisiert. Die Rahmenhandlung erzählt eine Art desillusionierender Bildungsgeschichte – wie bei Goethes *Wilhelm Meister* handelt sie vom Weg eines jungen Mannes zum Theater –, die sich mit einer Vielzahl von Geschichten, Allegorien, Visionen, Metamorphosen, literarischen Anspielungen und essayistischen Passagen verbindet.

Die Kritik an der modernen Massenkultur, der S. emphatisch die bewahrende Aufgabe des Dichters entgegenstellt, blieb ein bevorzugtes Thema. Die konservative Attitüde mit ihrem apodiktischen Sprachgestus stieß freilich auf immer stärkere Kritik – Stichworte sind: Irrationalismus, Gegenaufklärung, falsches Pathos – und führte nach dem von S. im *Spiegel* veröffentlichten Essay *Anschwellender Bocksgesang* (1993) mit seinem prononciert vorgetragenen Mißbehagen an der Moderne zu einer heftigen Diskussion in den Feuilletons deutscher Zeitungen.

1982
Horst Bienek
Erde und Feuer

Erde und Feuer ist der letzte von vier Romanen, die zusammen als »Gleiwitzer Tetralogie« oder »Eine oberschlesische Chronik« bezeichnet werden. Voraus gingen *Die erste Polka* (1975), *Septemberlicht* (1977) und *Zeit ohne Glocken* (1979). Diese Romane zeigen eine neue Orientierung in B.s Werk an, das zuvor stark von den existentiellen Erfahrungen seiner vierjährigen Inhaftierung im sowjetischen Zwangsarbeiterlager Workuta geprägt war (*Die Zelle*, 1968).

Die Oberschlesienchronik umfaßt die Zeit von 1939 bis 1945, wobei sich die Zeitgeschichte vor allem in Familiengeschichte und -geschichten spiegelt. Das Geschehen, auf die Grenzstadt Gleiwitz konzentriert, kreist vor allem um die Pionteks und die sozial niedriger gestellten, kinderreichen Ossadniks, um die kleinen Leute im deutsch-polnischen Grenzgebiet, die sich in den schwierigen Zeiten zu behaupten suchen, sich arrangieren, ihr persönliches Fortkommen betreiben und sich wenig Gedanken über die politischen Verhältnisse und ihre Konsequenzen machen. Die Handlung beginnt am 31. August 1939 mit der Hochzeit der Tochter der Pionteks mit einem einquartierten Soldaten, einem Fest, bei dem der junge Josel Piontek und Ulla Ossadnik ihre »erste Polka« tanzen, während mit dem vorgetäuschten Überfall auf den Sender Gleiwitz der Krieg beginnt. Die Hochzeitsnacht ist zugleich eine Nacht des Todes: Josel erschlägt einen deutschen Feldwebel, der seine Freundin vergewaltigen will; sein Vater Leo Maria Piontek stirbt, und Georg Montag, ein Katholik jüdischer Abstammung, begeht Selbstmord. *Septemberlicht* spielt wenige Tage später, am 4. September 1939. Hier bildet der Leichenschmaus den Rahmen des Geschehens, das die deutsche Armee bereits weit in Polen und – vor dem Hintergrund der untergehenden Welt des Judentums – opportunistische Geschäftemacher am Werk zeigt. Die Handlung des dritten Bandes, *Zeit ohne Glocken*, ist auf den 23. 3. 1943 datiert, einen Karfreitag, dem Tag, an dem die Gleiwitzer Kirchenglocken für den Endsieg beschlagnahmt und die Gleiwitzer Juden in Auschwitz ermordet werden. Der vierte Band schließlich zeigt die letzte Phase des Krieges, die Flucht aus Gleiwitz, das Schicksal der Zurückgebliebenen und die Zerstörung Dresdens. Hier treffen sich der verwundete Josel Piontek und Ulla Ossadnik wieder, die als Krankenschwe-

ster in einem Sanatorium arbeitet (und dabei u.a. dem hier zur Kur weilenden Gerhart Hauptmann auf dem Klavier vorspielt).

Die Beschränkung auf die Durchschnittswelt der kleinen Leute wird durch die Konfrontation mit dem Schicksal von Außenseitern aufgebrochen. So erzählt B. von dem zwangspensionierten katholischen Landgerichtsrat Georg Montag, den seine jüdische Abstammung einholt (Bd. 1), von dem in Gleiwitz geborenen jüdischen Dichter Arthur Silbergleit (Bd. 2 und 3), einer historischen Gestalt. Noch in seinen letzten Minuten, auf dem Weg in die Gaskammer, denkt Silbergleit an den alten Gerhart Hauptmann, der ihn nicht empfangen hatte: »Dieses Haus, es war lange seine Hoffnung gewesen. Jetzt nicht mehr.« Und Hauptmann selbst erscheint als eine dieser über das unmittelbare Geschehen hinausweisenden Gestalten im letzten Band der Chronik als Beispiel für die realitätsfremde, unpolitische Welt des deutschen Geistes, dessen Repräsentant auch angesichts des Infernos von Dresden nur hohles Pathos zu bieten hat. Während Hauptmann unter schlesischer Erde seine Ruhe finden will, fordert einer der ›einfachen‹ Menschen, der 15jährige Kotik Ossadnik, am Ende des Romans den Abschied von der demütigen Frömmigkeit und Leidensbereitschaft: »Was die Menschen hier retten kann, ist die Empörung, die Auflehnung [...], das hat nichts mit den Deutschen, den Russen, den Polen oder sonstwem zu tun, solange wir unsere Hände zum Gebet gefaltet halten, werden immer irgendwelche Übermenschen kommen und uns unterdrücken, wir müssen lernen, die Hände auseinanderzunehmen, den Freund zu umarmen, dem Feind an die Kehle zu gehen [...].«

B.s ausgreifende Familienchronik ist die Beschwörung einer vergangenen Welt mit ihrer Landschaft und ihren Städten, ihrer gemischten Bevölkerung, ihren Sprachen und ihrer Geschichte (dokumentiert durch die Forschungen Georg Montags über den oberschlesischen Politiker Wojciech Korfanty, der für ein autonomes Oberschlesien eingetreten war). Das alles geschieht ohne Sentimentalität und nationale Töne, ohne Selbstmitleid, ohne Beschönigung.

1982
Hermann Burger
Die Künstliche Mutter

B. gehört zu den sprachmächtigsten Autoren der Schweizer Literatur. Wenn er Thomas Bernhard als seinen »Prosalehrer« bezeichnet, gilt das für die gelegentlich ins Rauschhafte gesteigerte Wortgewalt ebenso wie für die zwanghafte Faszination durch Untergangs- und Todesvorstellungen. Ein Jahr vor seinem Selbstmord setzte er sich mit dem Thema auch diskursiv auseinander (*Tractatus logico-suicidalis. Über die Selbsttötung*, 1988). Der Tod ist das zentrale Thema bereits seines ersten Romans, *Schilten*. *Schulbericht zuhanden der Inspektorenkonferenz* (1976), Bericht eines Lehrers, der immer stärker vom Tod durchdrungen wird und den Tod immer intensiver zum Gegenstand seines Unterrichts macht. Therapiemöglichkeiten gegen diese (autobiographische begründeten) Tendenzen führen die folgenden Werke B.s vor. Insbesondere läßt sich der Roman *Die Künstliche Mutter* als eine Art Gegenentwurf zu *Schilten* lesen: als einen Versuch, existenzgefährdende seelische und körperliche Leiden, zum Tod führende Depressionen zu bekämpfen, zu heilen.

War es in *Schilten* die berufliche Situation, die das Leben des Protagonisten auf den Tod hin ausrichtete, so liegen die Ursachen für die Probleme des Wolfram Schöllkopf in der *Künstlichen Mutter* in seiner Kindheits- und Jugendgeschichte. Der Roman beginnt mit der Entlassung Schöllkopfs; er war Privatdozent für deutsche Literatur mit dem Nebenfach Eis- und Gletscherkunde an der Universität Zürich. In Erinnerungen und Rückblicken entsteht dann ein Bild seines Lebens. Schöllkopf wächst in einem Klima religiössexueller Tabus auf, vermißt mütterliche Zärtlichkeit und leidet an Eifersucht auf die bevorzugte jüngere Schwester. An seinem 20. Geburtstag gibt er seiner Mutter das geforderte Versprechen, auf Onanie zu verzichten und Geschlechtsverkehr nur in der Ehe auszuüben. Eine Befreiung mißlingt, da die Geliebte Selbstmord begeht. Die Folgen sind »Unterleibsmigräne«, d. h. Genitalschmerzen, und Impotenz. Als er infolge einer Intrige seine Stellung an der Universität verliert und ein Herzanfall die Lage weiter verschlimmert, sucht er Heilung in einer Heilstollenklinik im Gotthardmassiv: Im Innern der Erde soll er mit Hilfe einer als »Künstliche Mutter« bezeichneten und mit viel Phantasie und Anspielungsreichtum geschilderten Therapie – u. a. eine Art Psychoanalyse, »Heilmannequins« – von der biologischen Mutter geheilt werden, mit deren Liebesunfähigkeit ein »Brief an die Mutter« abrechnet. Doch erst der Beistand einer »Wahlschwester«, einer »nordischen Helena«, mit der unter dem Pseudonym Armando einen Vertrag über eine weder familiär noch erotisch fundierte Bindung abschließt, verhilft ihm zu einem neuen, von der Realität abgehobenen Ich. Nach Monaten der

Schmerzfreiheit und euphorischen Lebens stirbt Schöllkopf in Lugano.

Gleichsam ein Gegenbild zur *Künstlichen Mutter* sollte B.s Romantetralogie *Brenner* entwerfen, von der aber nur der erste Band fertiggestellt wurde (1989): Beschwörung und Verklärung einer Vatergestalt in Form der »cigarristisch« inszenierten Lebensgeschichte des Hermann Arbogast Brenner vor dem kulturhistorischen Hintergrund der Geschichte einer Tabakdynastie.

1982
Christoph Hein
Der fremde Freund

Mit dieser »Novelle«, die zuerst in der DDR und dann ein Jahr später in der BRD unter dem neuem Titel *Drachenblut* erschien, gelang H. der Durchbruch als Erzähler; als Verfasser vieldiskutierter Theaterstücke gehörte er bereits zu den führenden Dramatikern der DDR (u. a. *Cromwell*, 1980; *Lasalle fragt Herrn Herbert nach Sonja*, 1980). Stellen die Dramen Konflikte der Gegenwart mit Vorliebe an historischen Stoffen dar, so zielt H.s Novelle direkt auf die Darstellung des – deformierten – Lebens in der zeitgenössischen Gesellschaft nicht nur der DDR.

Ich-Erzählerin der Novelle ist die knapp 40jährige geschiedene Krankenhausärztin Claudia, die allein in einer Einzimmerwohnung in einem Hochhaus wohnt. Auslöser ihrer Erzählung ist die Beerdigung ihres bei einer Schlägerei tödlich verletzten Freundes, des Architekten Henry. Sie hat, so wird sie nicht müde zu betonen, ihr Leben unter Kontrolle. Sie übt ihren Beruf aus, macht Urlaub an der See, hat ein Hobby – sie fotografiert Motive ohne Menschen – und gelegentlich sexuelle Beziehungen ohne Verpflichtungen usw. Dabei macht sie deutlich, daß sie jede emotionale Teilnahme oder Annäherung zu vermeiden sucht, ob es sich um ihre Patienten, Arbeitskollegen, Nachbarn, Freunde oder Eltern handelt: »Wir haben uns auf der Oberfläche eingerichtet. Eine Beschränkung, die uns Vernunft und Zivilisation gebieten.« Auch als Henry Sommer, der »fremde Freund«, mit seiner Spontaneität und Risikobereitschaft in ihr Leben tritt, sucht sie die Distanz aufrechtzuerhalten, um Überraschungen und Enttäuschungen auszuschließen. Allerdings zeigt sich die Brüchigkeit ihres Panzers, als sie mit Henry – sie weiß nicht warum – in den Ort ihrer Kindheit, die Kleinstadt G., fährt: verstörende Erinnerungen an die Schule, das Schweigen zu den Ereignissen des 17. Juni

1953, ihre Freundschaft mit Katharina, die sich weigert, in den sozialistischen Jugendverband einzutreten und schließlich in den Westen geht, das Denunziantentum ihres Onkels im Dritten Reich. Hier, in der Vergangenheit, im Verlust der Freundschaft mit Katharina, liegt auch die Ursache ihrer Angst davor, zu lieben oder geliebt zu werden.

Als Claudia im letzten Kapitel noch einmal ein Resümee zieht, ist Henry bereits ein halbes Jahr tot, und sie hat sich wieder in der Gewalt und ihr äußeres Leben geregelt: »Ich bin unverletzlich geworden. Ich habe in Drachenblut gebadet, und kein Lindenblatt ließ mich irgendwo schutzlos. Aus dieser Haut komme ich nicht mehr heraus. In meiner unverletzbaren Hülle werde ich krepieren an Sehnsucht nach Katharina.« Das Leiden wird zugedeckt, ein Leiden, hinter dessen Privatheit Entfremdungserscheinungen der modernen industriellen Gesellschaft erkennbar werden, Kälte, Beziehungslosigkeit, Anonymität. Sich-Einrichten und Überleben ist das einzige Ziel, das bleibt, Verdrängung die adäquate Methode. Und so heißt es am Ende: »Ich wüßte nichts, was mir fehlt. Ich habe es geschafft. Mir geht es gut.«

Verdrängung, Schuld und Scheitern sind auch die Themen von H.s späteren Romanen *Horns Ende* (1985) und *Der Tangospieler* (1989), die die historische Perspektive – Drittes Reich, DDR – stärker einbeziehen.

1982
Gert Jonke
Erwachen zum großen Schlafkrieg

Beeinflußt von der experimentellen Literatur und ihrer Sprachskepsis, wandte sich J. in seinem ersten Buch, *Geometrischer Heimatroman* (1969), gegen die trivialen Muster des Dorf- und Heimatromans, indem er ihre sprachlichen und inhaltlichen Konventionen konsequent aufbrach. Die folgenden drei Erzählwerke sind Musiker- und Künstlergeschichten, die – begründet in der Skepsis gegenüber der Möglichkeit der Erkennbarkeit der Wirklichkeit – die Beziehung zwischen Fiktion und Wirklichkeit, die Grenze zwischen Schein und Sein, Traum und Realität zu ihrem Thema machen: *Schule der Geläufigkeit* (1977), *DER FERNE KLANG* (1979) und *Erwachen zum großen Schlafkrieg*.

Hauptfigur der romanhaften Erzählung *Erwachen zum großen Schlafkrieg* ist der Komponist Fritz Burgmüller, ein Komponist freilich besonderer Art. Er versteht sich als »akustischer Raum-

gestalter«, sucht eine »bewohnbare Musik« zu schaffen, denkt an ein »Projekt der Erarbeitung von *Räumen einer völligen Stille*« und an eine Musik, die Vogelschwärme am Himmel zu beeinflussen in der Lage ist. Dieses prekäre Verhältnis von Kunst und Wirklichkeit, Innenwelt und Außenwelt kennzeichnet das ganze Buch. Man kann es als eine Art Selbstgespräch Burgmüllers auffassen, allerdings in der dritten Person gehalten, gelegentlich durch (rhetorische) Fragen unterbrochen (»Was hatten Sie in jener Stadt verloren, Burgmüller?!«).

Am Anfang stehen traumhafte Sequenzen, die das Erwachen der Stadt schildern und dann den akustischen Raumgestalter im Gespräch mit den Telamonen zeigen, den Karyatiden und Atlanten, den steinernen Stützen und Trägern hervorstehender Bauteile. Als diese erfahren, daß Burgmüller über die ihnen unbekannten Fähigkeiten des Schlafens und Träumens verfügt, bitten sie um Unterricht in diesen Künsten. Könnten sich freilich diese Fähigkeiten aneignen und sie anwenden, wären gewaltige Zerstörungen die Folge, ein »Schlafkrieg«. Allerdings muß Burgmüller seinen Unterricht, seine »Schlafkonzerte« abbrechen, weil die dafür erforderlichen Schlafmittel seine Gesundheit bedrohen. Am Ende der Erzählung wird das Thema wieder aufgenommen: Als Burgmüller die Stadt verläßt, scheint sie hinter ihm »wie ein großer Bovist« zu explodieren; es »sind also die Karyatiden doch noch zum großen Schlafkrieg erwacht«.

Dieser Rahmen umschließt drei Liebesepisoden, die jeweils mit dem Verlust der Geliebten enden. Den Höhepunkt bildet die dritte Liebesgeschichte, die Beziehung zu einer Schauspielerin, die bei Burgmüller einzieht und einen »Erzählkrieg« gegen ihn führt, indem sie in einer Geschichte beweisen will, daß »die ganze sogenannte Welt eine Erfindung ist, in der unser Leben gar nicht stattfindet, sondern nur eine derart innig vorgenommene Beschreibung darstellt, daß wir von ihr glauben, sie zu leben«. Das Leben ist ein Ersatz für Worte – und nicht umgekehrt. Diese Episode mit ihren »Gedankenspiegelweltkabinetten« und »Spiegelgedankenräumen« variiert ein weiteres Mal das Hauptthema der Erzählung, die Verwischung der Grenzen von Fiktion und Realität, von Traum und Leben. Damit erweist sich *Erwachen zum großen Schlafkrieg* auch als eine phantasievolle Verweigerung gegenüber den Ansprüchen einer vermeintlichen Wirklichkeit.

1982
Helga M. Novak
Vogel federlos

Die Lyrikerin und Erzählerin, die bereits zehn Jahre vor Wolf Biermann aus der DDR ausgebürgert worden war, hatte früh in ihrer Lyrik die unheilvolle Kontinuität des autoritären deutschen Erziehungssystems, den unbedingten Willen zur Selbstbehauptung und die Diskrepanz zwischen Anspruch und Wirklichkeit des DDR-Sozialismus thematisiert (u. a. *Die Ballade von der reisenden Anna. Gedichte*, 1965; *Grünheide Grünheide. Gedichte 1955–1980*, 1983). Die Prosawerke *Die Eisheiligen* (1979) und *Vogel federlos* nehmen diese Themen im autobiographischen Kontext auf.

In den *Eisheiligen* schildert N., geboren 1935, ihre Kindheit während der Herrschaft des Nationalsozialismus und in den ersten Jahren der Sowjetischen Besatzungszone. Mit den ›Eisheiligen‹ sind ihre Adoptiveltern gemeint, wobei der Stiefmutter ›Kaltesophie‹ eine besonders autoritäre Rolle zukommt. Einen Ausweg aus der Unterdrückung, die Hoffnung auf ein besseres Leben sieht sie als »gute Kommunistin« in der Partei. An ihrem 16. Geburtstag scheint die Befreiung gelungen; sie wird in ein Internat aufgenommen. Der letzte Satz freilich deutet freilich nichts Gutes für die Zukunft an: »Auf der Mauer waren Glasscherben einzementiert.«

Hier setzt nun der zweite autobiographische Roman, *Vogel federlos*, ein und zeigt die desillusionierenden Erfahrungen der politisch engagierten und wißbegierigen Jugendlichen: Die autoritären Strukturen, der preußische Drill und das hierarchische Denken, verbunden mit heuchlerischer Doppelzüngigkeit, dauern fort; Fragen zu irritierenden Vorgängen – Republikflucht, Verhaftungen, Konflikt Stalin-Tito, Aufstand vom 17. Juni 1953 – bleiben ohne Antwort, ziehen vielmehr Sanktionen nach sich und bringen die Jugendliche in immer stärkeren Konflikt mit den offiziellen Positionen. Am Schluß steht der endgültige Bruch: »und ein Kader wird aus mir nie und nimmer, [...] frei sein heißt ab jetzt alleine sein.«

Der Titel zitiert ein mittelalterliches Rätselgedicht, dessen Verse das Buch in sechs Teile gliedern: »Es flog ein Vogel – federlos / der setzte sich auf einen Baum – blattlos / da kam eine Frau – fußlos / und nahm ihn gefangen – handlos / sie hat ihn gebraten – feuerlos / und hat ihn gefressen – mundlos.« ›Sonne‹ und ›Schneeflokke‹ sind die Lösungswörter des Rätsels, das bitter-ironisch auf eine Parole der Jungen Pioniere

anspielt (»Die Partei ist unsere Sonne«) und damit das Gefühl des Ausgeliefertseins, des Ausgelöschtwerdens durch die autoritäre Partei- und Staatsmacht wiedergibt.

N. erzählt nicht vom Standpunkt einer rückblickenden Erzählerin, gibt keine abgeklärte auktorial-distanzierte Rückschau auf ihre Entwicklung, sondern versucht, die Wahrnehmungen ihrer Kindheits- und Jugendjahre auf poetische Weise zu vermitteln, indem sie ihre Geschichte in eine Vielzahl von Momentaufnahmen, Ausschnitten, Monologen, Dialogen, Beobachtungen, Eindrücken, lyrisch geformten Passagen und Zitaten aufbricht. Dabei bleibt sie in der Regel auf der dem jeweiligen Alter angemessenen Bewußtseinsebene, gelegentlich allerdings ergänzt durch Kommentare und historisches Material. Parataxe, sparsame Interpunktion und eine gewisse Atemlosigkeit verstärken den Montage- und Reportagecharakter beider autobiographischer Texte.

1982
Karin Reschke
Verfolgte des Glücks

Das »Findebuch der Henriette Vogel«, so der Untertitel, schildert die andere, weibliche Seite der Geschichte. In der Literaturgeschichtsschreibung nur als Fußnote zum Schicksal Heinrich von Kleists erwähnt (und auf dem Gedenkstein am Kleinen Wannsee in Berlin verschwiegen), erhält Henriette Vogel nun ihre eigene Biographie, in der Kleist eher die Randfigur ist. Es handelt sich, da über die historische Gestalt wenig bekannt ist und nur wenige Briefe überliefert sind, um eine mögliche Lebensgeschichte, die R. in Form eines Tagebuchs rekonstruiert.

Es beginnt mit dem Ende, der Schilderung der letzten Tage und Stunden, die dem gemeinsamen Freitod vorausgehen. In dieser Zeit liest Kleist Henriettes »Findebuch« und lernt so – wie der Leser – ihre Lebensgeschichte, ihren häuslichen und gesellschaftlichen Alltag, ihre Träume, ihre Lektüreerfahrungen (*Werther*), ihre Entwicklung von ihrem 18. Lebensjahr an (1798) kennen. Der Abschied von der Kindheit erweist sich als schwierig; tiefe seelische Beschädigungen, die auf ihre späteren Krankheiten vorausweisen, ergeben sich aus ihren (Nicht-)Verhältnis zur Mutter, die die bei ihrem Vater und der Pflegemutter Manu aufgewachsene Henriette erst im Alter von 18 Jahren zu sehen bekommt. Die Mutter hatte sich nach der Geburt von Familie und Ehe, von der Männergesellschaft getrennt und lebt nun mit einer Freundin, Sophie, auf ihrem Landgut. Henriette gelingt es nicht, eine Beziehung zur Mutter herzustellen. Geborgenheit findet sie dagegen in der Freundschaft mit dem Dienstmädchen Fränze, doch nach deren Tod und dem Tod anderer Vertrauter sucht sie die innere Leere durch die Ehe mit dem preußischen Beamten Louis Vogel zu füllen. Vergebens. Lichtblicke sind die Freundschaft mit Adam Müller und seiner Freundin Sophie Haza, die sich von den Fesseln der Ehe befreit hat. Dazu fehlt Henriette die Kraft; sie kann ihren Anspruch auf Autonomie nicht durchsetzen, kann angesichts der äußeren Widerstands und innerer Widersprüche nicht zu sich selbst kommen. Das gemeinsame Ende mit Kleist erscheint als konsequenter Ausweg: »Es ist wahr und beschlossen, daß wir unser gemeinsames Streben nur dahin lenken können, von allem Abschied zu nehmen, was uns so teuer schien.«

Die Tagebuchnotizen und Briefe, die sich zu Henriette Vogels Biographie fügen, gewinnen ihre Authentizität zum einen durch die gründliche Verarbeitung historischer, kulturhistorischer und literarischer Informationen, die einen guten Eindruck vom zeitgenössischen gesellschaftlichen Leben vermitteln, zum andern durch R.s stilistische Mimikry, durch die eindrucksvolle Aneignung von Ton und Stil schreibender Frauen der Zeit um 1800. Einem weiteren Versuch, eine literarhistorische Randfigur ins Zentrum zu rücken, allerdings in die Gegenwart transponiert, blieb der Erfolg des »Findebuchs« versagt (*Margarete*, 1987).

1982
Thomas Strittmatter
Viehjud Levi

»*Viehjud Levi* ist ein Volkstheaterstück, vielleicht im Sinn Horváths«, schreibt S. in der Vorbemerkung zu dem kurzen, nur acht Szenen umfassenden Stück, mit dem er die durch Martin Sperr, Rainer Maria Fassbinder und Franz Xaver Kroetz erneuerte Tradition des kritisch-realistischen Volksstücks fortsetzte. S. benutzte Erinnerungen und Erzählungen aus seiner Schwarzwälder Heimat (St. Georgen), um eine Handlung um die authentische Figur des jüdischen Viehhändlers Levi zu entwickeln, die sein (unbekanntes) Schicksal nach der nationalsozialistischen Machtergreifung zum Gegenstand hat. Für die Realisation – uraufgeführt wurde das Stück am 19. 11. 1982 im Stuttgarter Theater der Altstadt – forderte S. Kargheit, »Kargheit in Sprache und Spiel, Karg-

heit bei Licht und Bühnenbild«. Das Stück, 1983 gedruckt, verwendet schwäbischen Dialekt.

Der Viehhändler Hirsch Levi hat ein gutes Verhältnis zu den Schwarzwälder Bauern; er zahlt gute Preise und hilft dem in wirtschaftlichen Schwierigkeiten befindlichen Bauern Andreas Horger. Mit einem Tunnelbau kommen Bahnarbeiter, und mit ihnen und ihren Vorgesetzten gelangt die Ideologie des Nationalsozialismus ins Dorf. Die Neuankömmlinge nehmen Levi die Lebensgrundlage, indem sie Schlachtvieh zu überhöhten Preisen direkt von den Bauern kaufen. Auch die Stimmung im Wirtshaus wendet sich, beeinflußt von den neuen Verhältnissen, immer stärker gegen Levi. In der Schlußszene gehen die »Anderen« auf ihn los und demütigen ihn; auch Horger kann ihm nicht mehr helfen. Sprecher verlesen abschließend Presse- und Aktennotizen, die über das weitere Schicksal der Betroffenen Auskunft geben. Zwei Wochen nach dem Zwischenfall im Gasthaus wird der Viehhändler erschossen auf seinem Wagen gefunden; die Behörden vermuten zwar Selbstmord, aber letztlich bleibt der Tod ungeklärt. Das gilt auch für den Tod der Horgers, die später bei Unfällen ums Leben kommen.

Levis Tod wirft Fragen auf: nach einem möglichen Mörder, nach der Schuld der Dorfbewohner, der schweigenden Opportunisten. In einem Schlußwort an das Publikum zählt der Knecht Marties (2. Schlußfassung) die verschiedenen Möglichkeiten auf und bezieht dann, die Auseinandersetzung mit der Vergangenheit verallgemeinernd, provozierend das Publikum ein: »Der Levi isch dod. Vielliecht hätt er sich selber verschosse. Vielliecht wars der Andres, odder d'Kresenz. Odder au der Herr Inscheniér. Odder au – ich. Der Levi isch dod. Vielliecht henne au Ihr verschosse.«

1982
Joseph Zoderer
Die Walsche

Die Walsche ist der zweite Roman des Südtiroler Autors. Vorangegangen war die autobiographische Internatsgeschichte *Das Glück beim Händewaschen* (1976). Hier erzählt Z. von den Erfahrungen einer mühsamen Identitäts- und Heimatsuche eines jungen emigrierten Südtirolers in der Schweiz, der schließlich Vergangenheit und Gegenwart hinter sich läßt. Um Identität und Heimat geht es auch in der *Walschen*: ›Walsche‹ ist das pejorative Wort für ›Italienerin‹.

Olga, die ›Walsche‹, Hauptgestalt des Romans, ist gebürtige Südtirolerin, stammt aus einem kleinen Bergdorf, lebt aber in der Stadt (Bozen) mit einem Italiener, Silvano, zusammen. Sie kehrt in das Dorf zurück, um für das Begräbnis ihres Vaters, des ehemaligen Lehrers, zu sorgen. Sie kommt als Fremde, fühlt sich so und wird so empfangen. Bereits in der Schulzeit wurde sie »die Walsche geheißen […], weil sie die einzige war, die die Italienischaufgaben gemacht hatte und von der Italienischlehrerin dafür gelobt wurde«. Während die Gegenwart ihre Fremdheit nur bestätigt, erlebt Olga in der Erinnerung noch einmal Momente ihrer Geschichte seit der Kindheit durch und konfrontiert dabei das Leben im Dorf mit dem mit Silvano im italienischen Viertel der Stadt (»Schanghai«). Auch die Geschichte des Vaters, des verkommenen Lehrers, erweist sich als Beispiel für eine vergebliche Versuche nach Heimat: Immer hatte er von der weiten Welt geträumt, war aber nie aus dem Dorf hinausgekommen, in dem er aber als besitzloser Intellektueller doch nur Außenseiter und Trinkkumpan war. »Er wußte«, heißt es Wahlkampfparolen kommentierend (»Die Heimat ist in Gefahr«), »daß diese Heimat für die meisten nur noch zum Geldschaufeln herhalten mußte […]. Nicht die Heimat war in Gefahr, sondern der Vater durch die Heimat, die ihm keine sein konnte, das hatte sein Tod bewiesen.« Auch für Olga bleiben nur Kindheitserinnerungen. Sie fährt in die Stadt zurück, aber eine neue Heimat ist es wohl auch nicht: »Fremd, tatsächlich fremd hatte sie sich manchmal mit ihm im Italienerviertel gefühlt, aber auch hier in dem Haus, wo sie aufgewachsen war, hier an diesem ihrem Geburtsort, wo ihr alles vertraut hätte sein müssen, fiel ihr alles in beklemmender Fremdheit auf den Kopf und auf die Brust und sank durch Augen und Ohren hinein und drückte hinunter auf das Herz.«

Das Buch ist trotz der eindeutigen Parteinahme kein Pamphlet, sondern Ausdruck einer tiefgreifenden Entfremdung. Die leisen Töne überwiegen, Trauer und Melancholie. *Die Walsche* wurde 1985 ins Italienische übertragen und 1986 verfilmt. Auch die folgenden Bücher Z.s – *Lontano* (1984) und *Dauerhaftes Morgenrot* (1987) – kreisen um das Thema der Selbstvergewisserung und der Identität; wie in der *Walschen* sind Reise bzw. Ortswechsel und Rückbesinnung auf die Vergangenheit die Auslöser dieses Such- und Erkenntnisprozesses.

1983
Reinald Goetz
Irre

G.s erster Roman trägt autobiographische Züge – wie andererseits seine Selbstverletzungsaktion beim Ingeborg-Bachmann-Wettbewerb 1983 in Klagenfurt gleichsam ein Zitat aus dem Roman darstellt. Es ist ein extremes Buch, und es ist ein langer Weg bis zur vorsichtigen Frage am Schluß: »Bin ich endlich frei? Ist endlich alles eines, meine Arbeit?«

Der Roman ist in drei Teile gegliedert. Der erste, »Sich Entfernen« überschrieben, besteht aus einer Vielzahl von kurzen Passagen verschiedener Stimmen, die jeweils ein Segment ihrer Wirklichkeit schildern. Es sprechen Geisteskranke, aus der Anstalt Entlassene, Angehörige, Ärzte, Journalisten, der Erzähler bzw. Autor. Dabei gelingen beklemmende, einfühlsame und erschütternde, aber auch ätzend satirische Szenen, und es bleibt häufig genug dem Urteil des Lesers überlassen, Aussagen einzuordnen – etwa ob sie Gesunden oder Kranken zuzuordnen sind – oder kontroverse Meinungen zu beurteilen. Auch das eigene Erzählverfahren wird in Frage gestellt, indem sich der Erzähler gleichsam aufspaltet und seinem alter ego Atemlosigkeit und ein Verlieren in »Perspektivenspielen« vorwirft und die Forderung nach »mehr Material« stellt, nach einer »Ethnographie unseres Alltags, die geduldig ist und genau, die von dem Eingeständnis ausgeht, daß wir uns selbst die Wilden geworden sind«. Doch Geduld ist keine der hervorstehenden Eigenschaften des Buchs.

Der zweite Teil, »Drinnen«, erzählt nun die Geschichte seines Helden Raspe in der Psychiatrie, der »hochgemut« hier seine erste Stelle antritt und an dem kalten Routinebetrieb, den anderen Ärzten, den Kranken und an sich selbst verzweifelt, als er erkennen muß, daß er in dem unmöglichen Beruf ebenso deformiert zu werden droht, wie es seine Kollegen bereits sind: »Wen der PsychiatrieIrrsinn nicht kaputt stampfte, sollte sich überhaupt nicht Arzt nennen dürfen. Die Psychiatrie ist der menschenunmöglichste Arztberuf. Haß Haß Haß, Raspe haßte die Patienten, haßte die Klinik, haßte am meisten die Psychiaterschweine […].«

So flieht er im dritten Teil (»Die Ordnung«) unter heftigem Gebrauch von Alkohol und Rauschgift in die Kulturszene, die nun ihrerseits Zielscheibe heftiger Polemiken wird. Zugleich aber formuliert der Erzähler in seiner Attacke auf die

»NienixFalschSchreiber« einen hohen Anspruch an sich selbst, den G. mit der Schonungslosigkeit seines Buches seinerseits einzulösen sucht: »Recht haben und schön auf der richtigen Seite stehen, das schafft ja noch der letzte rechte Handschuh, aber mir ist das so wurscht, das glaubt ihr nicht, weil ich was viel was Schwereres mit der Arbeit herausarbeiten muß, nämlich die Wahrheit von allem.«

Die Aggressivität, die G.s Roman charakterisiert, der Versuch, sich durch Haß gleichsam freizuschreiben, setzt sich in seinen Prosatexten *Hirn* (1986) und *Kontrolliert* (1988) und in seiner Dramentrilogie *Krieg* (1986) fort.

1983
Klaus Hoffer
Bei den Bieresch

Der Roman des Grazer Autors besteht aus zwei Teilen: *Halbwegs*, bereits 1979 erschienen, und *Der große Potlatsch* (1983); beide sind nun unter dem gemeinsamen Titel *Bei den Bieresch* vereint. Das Buch führt in ein Labyrinth von Mythen, Bräuchen, Geschichten, Erinnerungen, das in manchen Zügen – und auf durchaus unterhaltsame Weise – Momente der modernen Erzählliteratur von Kafka bis Borges und der Theorien des Poststrukturalismus aufnimmt.

Hans, der Ich-Erzähler, reist aus der Stadt in eine abgelegene Provinz im »Osten des Reiches«, um dort im Dorf Zick die Stelle seines verstorbenen Onkels als Landbriefträger einzunehmen. Das erfordert das archaische Gesetz seiner Herkunft. Er gelangt in eine Welt, die er nicht versteht, und die auch ihre Bewohner selbst, die Bieresch, nicht verstehen bzw. ständig verschieden interpretieren. Sie lassen aber nicht davon ab, ihn über ihre Sitten, Gebräuche, Legenden und Mythen (durchaus widersprüchlich) zu belehren oder zu belügen, so daß er schließlich, nach einer Krankheit gleichsam neu geboren, eine neue Identität mit dem Namen Halbwegs als Zeichen seiner Zugehörigkeit annimmt. Der zweite Teil kehrt den Prozeß um. Hans erkennt allmählich den unheilvollen Charakter der Welt der Bieresch: Die Widersprüche und Zweideutigkeiten der mythischen Erzählungen, der Sitten, der Namen und der Redensarten, kurz ihrer ganzen Welt, lassen sich nicht durch kritische Vergleiche von Texten oder Erinnerungen auflösen, sondern sind die Konsequenz eines fatalen, unkorrigierbaren Geschichtsverlaufs, der seine Ursache in der Urschuld der Besitzaufteilung hat.

Und so gilt für die Versuche, aus der Verfallsgeschichte herauszukommen, das Muster des Spruchs, der dem zweiten Teil vorangestellt ist: »›Unsere Geschichte ist der Knoten, der sich knüpft, wenn man ihn löst‹, sagen die Bieresch.« Das Schlußwort des ersten Teils beleuchtet die andere Seite dieser Möglichkeitswelten, die sich die Bieresch durch ihre Geschichten, Lügen und Interpretationen erschaffen. Auf die Feststellung einer der Gestalten, daß niemand mit diesem Leben fertig würde, »Sie nicht und ich nicht!«, folgt die Antwort: »›Versuch es mit einem anderen!‹ sagen die Bieresch.« Und das ist das Spiel, das H. mit Raffinesse betreibt.

1983
Elfriede Jelinek
Die Klavierspielerin

Die österreichische Autorin begann in den 60er Jahren mit experimentellen Texten, formal der Wiener Gruppe verpflichtet. Ihr aus trivialen Versatzstücken montierter Roman *wir sind lockvögel baby!* (1970) gilt als der erste deutschsprachige Poproman. Mit zunehmend gesellschaftsbezogenen Romanen, Hörspielen und Theaterstücken artikulierten sich die emanzipatorischen Tendenzen ihres Schreibens immer stärker. Das geschah und geschieht nicht zuletzt im Hinblick auf die Situation der Frau als Objekt in der von Männern dominierten Klassengesellschaft; dabei erscheint Sexualität als brutaler Geschlechterkampf, bei dem die Frau, zu Passivität und Masochismus erzogen, immer den kürzeren zieht. Beispiele sind u. a. die Romane *Die Liebhaberinnen* (1975), *Die Klavierspielerin* und – besonders provozierend – *Lust* (1989) oder die Stücke *Was geschah, nachdem Nora ihren Mann verlassen hatte* (1979) und *Clara S.* (1982).

Erika Kohut, Klavierlehrerin am Konservatorium mit Aussicht auf den Professorentitel, lebt zusammen mit ihrer Mutter in einer Mietwohnung; der Vater ist im Irrenhaus verstorben (»Sofort gab der Vater den Stab an seine Tochter weiter und trat ab. Erika trat auf, der Vater ab«). Von Anfang an wird Erika von ihrer Mutter zu Leistung dressiert; sie versagt jedoch im entscheidenden Moment, aus der großen Karriere als Solistin wird nichts. Zudem ist Erika unfähig, ihre Identität als Frau zu finden. Ihre Mutter, gleich zu Anfang als »Inquisitor und Erschießungskommando in einer Person« vorgestellt, droht sie zu erschlagen, sobald sie »mit einem Mann gesichtet werden sollte«. Die Tochter reagiert mit Destruktion (»Was sie nicht haben kann, will sie zerstören«), Selbstverstümmelung mit der väterlichen »Allzweck-Klinge«, Sadismus und Masochismus. Ihr Sadismus richtet sich gegen ihre Schüler; in Pornokinos, Peepshows und dunklen Parks, wo sie Paare beim Beischlaf beobachten kann, genießt sie als Voyeur ihre Macht (»Herrin«). Andererseits sehnt sie sich, indem sie ihre Unterlegenheit in der Tochterrolle auf die Beziehung zu Männern überträgt, nach dem »letzten, endgültigen Gehorsam«. Als sich der Klavierschüler Klemmer für sie interessiert, schwankt sie zwischen ihren problematischen männlichen und weiblichen Identifikationen, sehnt sich einerseits nach Zärtlichkeit und Unterwerfung und sucht andererseits Macht und Kontrolle zu behaupten. Als Klemmer schließlich mit Gewalt antwortet und Erika vergewaltigt, will sie sich an ihm rächen. Doch richtet sie das Messer wieder nur gegen sich, doch im Unterschied zur Schlußszene von Kafkas *Prozeß*, auf die angespielt wird, gelingt ihr nur eine unbedeutende Verletzung, die die Reihe ihrer masochistischen Selbstverstümmelungen fortsetzt. »Sie geht nach Hause.«

J. führt gleichsam Mechanismen der Freudschen Theorie der Weiblichkeit vor, wobei der Text selber die Deutungen vornimmt, das Unterbewußte gleichsam nach außen kehrt. Alles ist Oberfläche. Sie wird hergestellt durch eine Sprache, die Material aus den verschiedensten Bereichen von der Werbewelt bis zu Texten von Schubertliedern montiert, die mit Stereotypen spielt und sie satirisch entlarvt, indem sie sie beim Wort nimmt und so witzig und ironisch gesellschaftliche Denk- und Verhaltensmuster offenlegt.

1983
Sten Nadolny
Die Entdeckung der Langsamkeit

Der erste Roman N.s (*Die Netzkarte*, 1981) war noch nicht erschienen, als er für ein Kapitel der *Entdeckung der Langsamkeit* 1980 in Klagenfurt den Ingeborg-Bachmann-Preis erhielt – und das Preisgeld unter den teilnehmenden Autoren aufteilte, um gegen den »schädlichen Wettbewerbscharakter« der Veranstaltung zu protestieren. Das entspricht der Haltung des drei Jahre später vollendeten Romans, eines Textes, der sich dem Zug der Zeit – Geschwindigkeit, Machbarkeit, Technikgläubigkeit usw. – entschieden widersetzte und statt dessen die Geschichte eines Mannes erzählt, der langsam war.

Vordergründig handelt es sich um die Biographie einer historischen Gestalt, des britischen Seeoffiziers, Polarforschers und Reiseschriftstellers John Franklin (1786–1847), der in den Napoleonischen Kriegen an einigen Seeschlachten teilnahm, sich dann aber vor allem Forschungsreisen, insbesondere der Suche nach der Nordwestpassage, eines eisfreien nördlichen Seewegs vom Atlantik in den Pazifik widmete und schließlich im Packeis umkam. An dem in eine Epoche der rapiden Beschleunigung aller Lebensbereiche hineingeborenen Franklin demonstriert N. die Tugenden der Langsamkeit. Die Franklin zugeschriebene Eigenschaft der verzögerten Wahrnehmung und Reaktion führt zu einer immensen Konzentration und Anspannung der Kräfte, um die Langsamkeit durch Gründlichkeit wettzumachen und sogar zu einem Vorteil zu wenden. Das gilt für die Liebe wie für seine Karriere als Offizier, für seine Forschungsreisen und für seine Tätigkeit als Gouverneur von Tasmanien. Langsamkeit verhindert voreilige Handlungen, bewahrt Bewährtes vor hastigen Veränderungen, ermöglicht Humanität, vertieft die Genußfähigkeit und führt zu einem angemessenen Verständnis der Natur und zum Respekt vor ihren Gewalten.

Wie diese Verlangsamung der Zeiterfahrung sich in N.s Prosa niederschlägt, macht die literarische Bedeutung des Romans aus. Franklins Maxime »wir müssen langsamer werden« bestimmt die Darstellung selbst in ihrer Bedächtigkeit und Genauigkeit, in ihrem sprachlichen Duktus und ihrer – auch ironischen – Lakonie. Problematisch mag erscheinen, daß N. sein Plädoyer für die Tugenden der Langsamkeit an die Biographie einer historischen Gestalt knüpft und sich so verpflichtet, ihr bis zum Ende zu folgen, obwohl die späteren Jahre kaum noch neue Aspekte des Themas erkennen lassen. Aber auch das ist wohl eine Konsequenz des Franklinschen »Systems«: »Was schnell kommt, ist schnell wieder vorbei.«

1983
Botho Strauß
Der Park

S. projiziert seine dramatischen Beschreibungen und Diagnosen der modernen und postmodernen Gegenwart häufig auf literarisch-mythologische Grundmuster, um den Verlust bzw. das Verlorene zu akzentuieren und ins Bewußtsein zu heben. In *Kalldewey, Farce* (Druck 1981, Uraufführung 1982) reichen die vielfältigen Anspielungen vom Mythos von Orpheus und Eurydike bis zur *Zauberflöte*, in der *Fremdenführerin* (1986) erscheint Ovids Erzählung von Pan und der Nymphe Syrinx als mythologischer Hintergrund, und im *Park* werden die Shakespearschen *Sommernachtstraum*-Geister in die schnöde Gegenwart versetzt, um der mythen- und geschichtslosen modernen Welt einen Begriff von einer neuen Transzendenz zu vermitteln, die Möglichkeit der Wiedergewinnung des Mythos anzudeuten. Zentrales Thema ist dabei in all diesen Stücken die Liebe, die Frage nach dem Eros in einer lieblosen, kalten, oberflächlichen Gesellschaft. Das Schauspiel *Der Park* erschien 1983 im Druck und wurde am 5. 10. 1984 an den Städtischen Bühnen Freiburg uraufgeführt.

Das Königspaar aus Shakespeares Elfenreich, Oberon und Titania, kehrt wieder, um der modernen Welt – in einem verkommenen Stadtpark – die verlorengegangene Lust, Sinnlichkeit und Liebe wiederzubringen. Es mißglückt gleich zu Anfang: Als sie sich exhibitionistisch entblößen, fliehen der junge Anwalt Georg und die aus Amerika stammende Artistin Helen. Damit ist das erste der wechselseitig ineinander verliebten Paare eingeführt, das andere bilden der studierte Fahrlehrer Wolf und die Hausfrau Helma (bei Shakespeare Hermia und Lysander bzw. Demetrius und Helena): Eifersüchteleien, wechselnde Beziehungen, Mißverständnisse, Spannungen, aber keine realisierte Utopie der Liebe. Auch die Feenwesen nehmen menschliche Züge an; Cyprian – Puck – verfertigt lusterzeugende Anhänger und macht sich Titania hörig, wird aber dann bei einem weiteren Verführungsversuch von einem »Schwarzen Jungen« erschlagen. Oberon muß konstatieren: »Der Streit ist aus, Titania: die Liebe hat verloren!« Und er rät Titania, der Zeit zu entkommen, bevor »ihr langer Arm dich packt«. Für ihn ist es zu spät. Er hat sich in einen Angestellten auf Jobsuche mit Namen Mittentzwei verwandelt. Titania feiert am Ende Silberhochzeit in Gesellschaft ihres stierhufigen Fabelsohnes.

Die *Sommernachtstraum*-Kontrafaktur ist ein melancholischer Bilderbogen, der in zahlreichen Momentaufnahmen den banalen Alltag mit dem poetischen Gegenbild konfrontiert und dabei die Defizite der modernen Welt konstatiert: Statt Eros, Leidenschaft, Wahrheit bestimmen Oberflächlichkeit, Beiläufigkeit, Sexualität das Leben: »Aus mündigen Bürgern über Nacht entspringen / keine Troubadoure und König Salomonis Lüsternheit / erweckt man nicht im Fahrschullehrer«. Was Oberon am Anfang noch als Bitte um Geduld formulierte, wird zum Fazit, zur wehmütigen Erkenntnis der lauen modernen Befindlichkeit.

1983
Christa Wolf
Kassandra

W. sprach 1983 im Rahmen der Poetikvorlesungen an der Frankfurter Universität über ihre Annäherung an den Kassandra-Mythos, an die bisher unterdrückte weibliche »Kehrseite« der Geschichte und eine neuen Ästhetik »weiblichen Schreibens«. Die vier Vorlesungen (*Voraussetzungen einer Erzählung: Kassandra*, 1983) mündeten in eine fünfte, die Erzählung selbst. Diese nimmt als Ausgangspunkt die Kassandra-Szenen im ersten Teil der *Orestie* (*Agamemnon*) des Aischylos: Kassandra, von Agamemnon nach dem Krieg um Troja als Beute nach Mykenae mitgeführt, auf einem Wagen vor dem Löwentor. Sie weiß von ihrem bevorstehenden Tod und dem Agamemnons. Während sie wartet, blickt sie auf ihr Leben zurück: »Mit der Erzählung geh ich in den Tod.« Und am Ende heißt es: »Sie kommen.« Zwischen diesen Sätzen reflektiert sie ihr Leben, bestimmt von dem Willen, Zeugnis zu geben, »auch wenn es keinen einzigen Menschen mehr geben wird, der mir mein Zeugnis abverlangt«.

Was sie erzählt, ist die Katastrophe einer von Männern, von männlicher ›Rationalität‹ beherrschten Welt, die notwendig eine Welt der Gewalt, der Unterdrückung und des Krieges ist. Nicht von einem mythischen Krieg wird erzählt, sondern der Mythos wird in das Licht der Geschichte – und der Gegenwart – gestellt. W. zeigt, wie durch Lüge, Blindheit, Herrschaftsgläubigkeit und die Pervertierung rationalen und instrumentellen Denkens ein unaufhaltsamer Prozeß in Gang gesetzt wird, der schließlich in – gegenwartsbezogen: globaler – Zerstörung endet. Lüge deshalb, weil Paris Helena gar nicht nach Troja gebracht hat, eine u. a. von Euripides überlieferte Version. Warnungen fruchten nichts, die Mechanismen der Macht und Gewalt nehmen zunächst unmerklich, dann offen und brutal ihren Lauf. Und indem das ehemals friedliche Troja zum Krieg rüstet und einen durchgreifenden Militarisierungsprozeß durchmacht, wird es den Gegnern immer ähnlicher: »Wann Krieg beginnt, das kann man wissen, aber wann beginnt der Vorkrieg. Falls es da Regeln gäbe, müßte man sie weitersagen. In Ton, in Stein eingraben, überliefern. Was stünde da. Da stünde, unter andern Sätzen: Läßt euch nicht von den Eignen täuschen.«

Nur an einigen Stellen erscheinen Gegenbilder eines befreiten, selbstbestimmten Lebens – etwa in den eher seltenen Begegnungen zwischen Kassandra und Aineias –, zeigen sich Formen des Widerstands gegen die funktionalisierte, militarisierte Gesellschaft (Emigration, Flucht, Verweigerung, Tod). Sich der Fremdbestimmung durch ihre Landsleute zu entziehen, ihr im »Ringen um Autonomie« Widerstand zu leisten, erkennt Kassandra im Lauf der Erzählung als ihre Aufgabe, gestärkt auch durch ihren allmählichen Zugang zur verschütteten matriarchalischen Vergangenheit Trojas. Angesichts des Todes erreicht sie ihr Ziel; sie kommt zu sich.

Mit *Medea – Stimmen* ließ W. 1996 einen weiteren Text folgen, der den Gegenwartsbezug antiker Mythen herausarbeitet.

1983–92
Erwin Strittmatter
Der Laden

Der autobiographisch gefärbte Roman in drei Bänden (1983, 1987, 1992), ein Erfolg vor allem in der DDR bzw. den ›neuen‹ Bundesländern, ist S.s letztes großes Werk: eine Chronik besonderer Art der deutschen Geschichte seit dem Ersten Weltkrieg, eine Chronik der tiefsten Provinz – oder Heimat –, bei der die großen geschichtlichen Ereignisse nur den Hintergrund für die Alltagsgeschichte bilden, anschaulich erzählt in scheinbarer Naivität, mit einem klaren, unsentimentalen Blick, mit drastischer Komik, handfestem, durch Dialektgebrauch unterstrichenen ›Realismus‹ und ungebrochenem Optimismus. Erzählerische Experimente sind S.s Sache nicht, wenn auch der Erzähler immer wieder die seiner Ansicht nach langweilige chronologische Folge der Ereignisse durch Abschweifungen, durch Rück- und Vorgriffe aufbricht.

Ich-Erzähler und Held ist Esau Matt, der seine Geschichte nach dem Ersten Weltkrieg, genauer: am 15. Juni 1919, mit dem Umzug seiner Familie von einem Dorf in der Niederlausitz in ein anderes, Bossdom nämlich, beginnen läßt. Zentrum des Familienlebens und des Romans ist der kleine Bäcker- und Krämerladen. Als das Buch anfängt, ist der kleine Esau fünf Jahre alt. Am Ende des ersten der drei starken Bände ist er auf dem Weg in die nahegelegene Kleinstadt Spremberg (sorbisch: Grodk), um das Gymnasium zu besuchen. Seine zunächst durchaus erfolgreiche Schullaufbahn, begleitet von städtischen und dörflichen Liebesgeschichten, endet auf der letzten Seite des zweiten Bandes mit einem Eklat, einem Schlag des eifersüchtigen Untersekundaners »in

das grinsende [Willy-] Fritsch-Gesicht« des Lehrers Doktor Apfelkorn. Nach einer zeitlichen Lücke von beinahe 20 Jahren setzt der letzte Band unmittelbar nach dem Zweiten Weltkrieg neu ein mit der Rückkehr des Erzählers nach Bossdom und der Schilderung einer weiteren Nachkriegszeit mit ihrer Not und der Anpassung an die neuen, sozialistischen Bedingungen: Der Familienladen wird eine Konsum-Verkaufsstelle.

Die Form des Romans wird von verschiedenen, z. T. einander entgegenwirkenden Tendenzen bestimmt. Die (auto)biographische Erzählweise gibt ihm, bei allen Abschweifungen, eine durchgehende Handlungs- und Entwicklungslinie. Um diese freilich ranken sich weitverzweigte deutsch-sorbisch-amerikanische Familiengeschichten mit Brüdern, Schwestern, Ehefrauen, Eltern, der »Anderhalbmeter-Großmutter«, der »Amerikanischen« und vielen anderen, ganz zu schweigen von den Geschichten zahlreicher weiterer Personen (»Ich muß noch vom alten Nickel erzählen […]«). Und bei all dem bildet der Laden den heimlichen Mittelpunkt von S.s nostalgisch betrachtetem kleinen »Tautropfen-Welt-Theater«, dem Provinz-Mikrokosmos, in dem sich, »wie in einem Wassertropfen, die Welt spiegelt«.

1984
Erich Loest
Völkerschlachtdenkmal

Zu den bekanntesten Texten des ungemein fruchtbaren sächsischen Schriftstellers gehören neben seinem Karl-May-Roman *Swallow, mein wackerer Mustang* (1980) seine präzisen Schilderungen der Provinzialität und Muffigkeit des Lebens in der DDR (*Es geht seinen Gang oder Mühen in unserer Ebene*, 1978) und der Alltagsprobleme von DDR-Intellektuellen (*Zwiebelmuster*, 1985). Die historische Dimension erschließt der Roman *Völkerschlachtdenkmal*, die eigene Geschichte ist Gegenstand der Autobiographie *Durch die Erde ein Riß* (1981).

Völkerschlachtdenkmal ist ein grotesk-komischer Rückblick auf 150 Jahre deutsche und sächsische Geschichte, erzählt von einem bzw. mehreren humoristischen Ich-Erzählern: Denn Alfred Linden, der in einer Heilanstalt einem Staatssicherheitsbeamten die Hintergründe seines Versuchs, das Völkerschlachtdenkmal zu sprengen, darlegen soll, ist gleichsam eine multiple Persönlichkeit, angedeutet in all seinen nach und nach akquirierten Vornamen: Carl Friedrich Fürchtegott Vojciech Felix Alfred Linden. Carl

Friedrich gehört zusammen, so daß es sich um fünf Personen handelt, deren Geschichte (»Ich sag ich, wenn ich längere Zeit von Carl Friedrich rede«) sich zu einem facettenreichen Bild der deutsch-sächsischen Geschichte fügt. Erzählt wird, jeweils in Ich-Form und immer wieder von Abweichungen des ersten Ich-Erzählers unterbrochen, vom Schicksal des Bauernsohns Carl Friedrich Lindner, der 1813 Soldat wird und am 20. 10. 1813, kurz nach der Völkerschlacht erschlagen wird; vom Rittergutpächter Fürchtegott von Lindenau, den die Knochen- und Schädelfunde auf seinen Feldern auf die Idee bringen, ein Denkmal zu errichten; von dem Arbeiter Vojciech Machulski, der am Bau mitwirkt und überall sein »VM« in den Putz ritzt; von Alfreds Vater Felix, der 1913 an der Einweihung des Monuments teilnimmt und 1932 in die SA eintritt. Von da an – Drittes Reich, Führerbesuch, Kriegsjahre, DDR – wird die Darstellung breiter und mit der Nachkriegszeit und dem neuen »Sachsengefühl« durch Ulbricht auch bitterer. Der am 20. 10. 1913 geborene Felix, von Beruf Sprengmeister, sucht die Sprengung der alten Universitätskirche im Mai 1968 zu sabotieren, kommt dafür ins Gefängnis und arbeitet später als Denkmalspförtner. Als er in der Honecker-Ära bei seinen Vorbereitungen für die Sprengung des Denkmals unter dem Bauwerk einen geheimen Raum entdeckt, wird er von Männern in gelben Overalls gefangengenommen. Sie rufen ins Telefon: »Hier Gorleben zwei, Zentrale! Terroristenüberfall! Sofort kommen nach Gorleben zwei!« Das Völkerschlachtdenkmal, das für die Sinnlosigkeit der Leiden der kleinen Leute steht, ist endgültig zum negativen Symbol geworden.

Und die Sachsen? »Ich hab's immer merkwürdig gefunden«, sagt der Erzähler ziemlich zu Anfang, »daß wir Sachsen die Geschichte allemal von der preußischen Seite aus sehen. Österreicher, Russen und Preußen schlugen Napoleon bei Leipzig – und was machten die Sachsen? Wie meistens dummes Zeug.« Ein rühmliches Kapitel sächsischer Geschichte ist Gegenstand von L.s Roman *Nikolaikirche* (1995).

1984
Klaus Pohl
Das Alte Land

Das fünfaktige Schauspiel, am 13. 3. 1984 am Wiener Burgtheater uraufgeführt und im selben Jahr gedruckt, spielt 1946/47 in einem Dorf in Norddeutschland unter englischer Besatzung.

Die Bauern Kapo und Leusen wollen eine Bodenreform verhindern, die von den Knechten und den Heimatvertriebenen angestrebt und von dem aus Königsberg geflüchteten Leiter des Siedlungsamts Wilhelm Hunt betrieben wird. Hunt lebt auf dem Hof der jungen, verwitweten Bäuerin Zentmeier. Da sie Hunt zu unterstützen scheint, fädelt Kapo eine Intrige gegen die Bäuerin ein, die sie den Hof kostet. Doch die Besatzungsbehörde spricht den Hof nicht Kapo, sondern Hunt zu. Am Gemeindeabend wird ein Erlaß der Alliierten verlesen, der die Auflösung des Staates Preußen verkündet und die Genehmigung einer Volksabstimmung über die Bodenreform versagt. Eine satirische Puppenspielnummer des Johann Lenz kommentiert bissig die Situation und führt zu turbulenten Szenen. Lenz spielt eine wichtige Rolle im zweiten Handlungsstrang des Stückes, der um die Flüchtlingsfamilie Seydlitz kreist. Deren Tochter Irma soll ihren verwitweten Schwager, den Kriegsblinden Olschewsky, heiraten. Sie läuft weg und wird halb erfroren von Lenz gefunden. Sie verlieben sich ineinander, doch Irmas Vater verhindert die Heirat. Am Schluß steht eine Doppelhochzeit: Hunt heiratet Margarethe Zentmeier, Olschewsky Irma. Nur Lenz bleibt abseits.

Politische oder private Utopien werden zunichte gemacht, Widerstände gebrochen, die Verhältnisse bestätigt. Der Titel *Das Alte Land* bezieht sich nicht nur auf die Region an der Unterelbe bei Hamburg, sondern verweist auch darauf, daß alles beim Alten bleibt. P.s erfolgreiches Stück nutzt die Auseinandersetzung über die Bodenreform zu einem lebendigen, personenreichen und differenzierten Panorama der Nachkriegsjahre und zeigt vor diesem Hintergrund exemplarische Konflikte und Haltungen: Altes (und nicht immer Bewährtes) gegen Neues, Besitzende gegen Arme, Einheimische gegen Flüchtlinge, Reformer gegen Reaktionäre. Mit dem Thema Bodenreform nahm P. einen Konfliktstoff auf, der in den 50er und 60er Jahren vorzugsweise von DDR-Autoren behandelt wurde (Erwin Strittmatter, Peter Hacks, Heiner Müller u. a.).

1984
Gerhard Roth
Landläufiger Tod

Als sich R. 1977 in einem abgelegenen steiermärkischen Dorf niederließ, entdeckte er dort einen literarischen Kontinent, den er in der Folgezeit mit all seinen fremden, archaischen und mörderischen Zügen und seinen außerhalb der alltäglichen Realität gelegenen Wirklichkeitsbereichen erforschte und mit großer Phantasie als Erzähler festhielt. So entstand der Romanzyklus *Die Archive des Schweigens*, der aus sieben Teilen besteht, dem Bildtextband *Im tiefen Österreich* (1990), den Romanen *Der Stille Ozean* (1980), *Landläufiger Tod* (1984), *Am Abgrund* (1986), *Der Untersuchungsrichter* (1988), dem »Bericht« *Die Geschichte der Dunkelheit* und dem Essayband *Eine Reise in das Innere von Wien* (1991).

Zentrales Werk des Zyklus ist der knapp 800 Seiten umfassende Roman *Landläufiger Tod*, ein Werk, das konventionelle Formerwartungen völlig negiert. Weder ist seine Erzählstruktur personenorientiert, noch folgt sie einer identifizierbaren chronologischen Ordnung – es herrscht eine Art umfassender Gleichzeitigkeit – oder einer bestimmten Perspektive. Ich-Erzähler und Geschichtenerfinder ist der 20jährige Franz Lindner, Sohn eines Bienenzüchters, der sein Sprechvermögen durch einen Unfall verloren hat und wegen seiner schizophrenen Schübe in der Anstalt Feldhof lebt. Gerade durch diese Ausnahmesituation erwachsen ihm besondere Fähigkeiten – insbesondere ein gesteigertes Wahrnehmungs- und Auffassungsvermögen –, die sich in Traumbildern, Visionen, Assoziationsreihungen und neuen Wirklichkeitsentwürfen niederschlagen.

Im ersten der sieben Bücher des Romans, »Dunkle Erinnerung«, ruft Lindner einige Stationen seines Lebens zurück, etwa die Begegnungen mit der ihn faszinierenden Welt des Zirkus, dem automatischen »Läufer«, dem Mörder Lüscher oder dem an Einsamkeit leidenden Landarzt Dr. Ascher. Im 2. Buch (»Berichte aus dem Labyrinth«) entwirft er gleichsam die Schöpfungsgeschichte und damit die Welt neu, im 3. Buch (»Mikrokosmos«) versammelt er eine Fülle von Skizzen, Miniaturen, Geschichten, Lebensläufen und Traumbildern, in denen Natur- und Menschengeschichte ineinander übergehen und die eine Art inneres Porträt seines Dorfes ergeben. Darauf folgen ein »Aufbruch ins Unbekannte« (4. Buch), der das Leben zu entgrenzen scheint, 66 »Märchen« (5. Buch) und ein kurzes »Tagebuch« Lindners (6. Buch), das er nach seiner Flucht aus der Anstalt schreibt. Er hat seine Sprache wiedergefunden und tritt im Zirkus als »Bienenmensch« auf, deutet so die Verschmelzung mit der Natur an. Das 7. Buch enthält Illustrationen zu dem Roman von Günter Brus.

»Längst glaubt niemand mehr an das, was er sieht. Vielmehr ist das, was wirklich ist, verborgen in einer anderen Wirklichkeit«, sagt der Erzähler an einer Stelle. Er bezeichnet damit auch

Absicht und Leistung R.s, der durch seine Einbildungskraft und sprachliche Kunst diese andere Wirklichkeit heraufbeschwört und – bei allem Geheimnis und aller Phantasie – anschaulich und sinnlich erzählt. Ein großer poetischer Weltentwurf, der das traditionelle rationale, kausale und geschichtliche Denken in Frage stellt.

1985
Cyrus Atabay
Prosperos Tagebuch

Der Iraner A., Enkel des letzten Schahs der Pahlewi-Dynastie und einer der Repräsentanten der sogenannten Ausländerliteratur, dichtete von Anfang an in deutscher Sprache. Sein erstes kleines Gedichtbuch, *Einige Schatten*, erschien 1956. A. behauptete von Beginn eine eigene Position, hielt Abstand vom metaphorischen Lyrikstil der 50er Jahre wie später von der Instrumentalisierung der Lyrik für politische Zwecke: Er war, wie er vom russischen Dichter Jessenin schrieb, »anderweitig verpflichtet, / Kometen auf der Spur«. Er verstand sich als Dichter des Universellen, Bewohner eines imaginären Reichs.

Ja unser Sinn ist auf den Traum gerichtet
wir sind Bürger der Freiheit
auf einem Geisterarchipel
Ariel sucht den Wind der weht wo er will

heißt es in *Prosperos Tagebuch*, in dem sich die wichtigsten Motive seines lyrischen Werkes wiederfinden (u. a. *An diesem Tage lasen wir keine Zeile mehr*, 1974; *Das Auftauchen an einem anderen Ort*, 1977; *Die Leidenschaft der Neugierde*, 1981). Die Gestalten seiner Dichtung sind vielfach, wie er selbst, Außenseiter, Fremde, Einzelgänger, die Insel als Bild für den imaginären Standort des Dichters erscheint schon in seinem ersten Gedicht. Inbegriff seiner »Sprachinsel« wird Prosperos Inselreich, in dem die Dinge Leichtigkeit erlangen, durchsichtig werden, aufeinander- und zugleich zeichenhaft über sich selbst hinausweisen. Wie Traum und Wirklichkeit verschränken sich Außen und Innen: »Ach die Landschaften des Innern [...].« Dabei beherrscht A. einen leichten Ton, hinter dessen scheinbarer Beiläufigkeit der poeta doctus, in der deutschen und europäischen Tradition mehr zu Hause als in der orientalischen, sichtbar wird. Die Evokation einer eigenen poetischen Welt verdeckt keineswegs die Einsicht in die wirkliche, daß nämlich »die Instrumente darauf hindeuten / daß unsere Zerstörung schon beschlossen ist«. Doch bei allen Todesgedanken, bei aller Trauer und Melancholie bleibt eine Hoffnung, wenn auch nur die auf »eine imaginäre Heimat«:

Du kannst den Geschichten der Dichter
ruhig Glauben schenken
noch macht die Liebe
ihre Überlieferungen wahr
wiederholt ihre Kenn- und Vorzeichen
unterrichtet dich daß auch sie
wie alle Erkenntnis Erinnerung sei
Aus ihrem ehrwürdigen Testament
fällt dir ein Kompaß zu
der dir den Weltteil anzeigt
der dir fehlt
du wirst als Schiffbrüchiger
sein Ufer erreichen

1985
Volker Braun
Hinze-Kunze-Roman

Mit dem *Hinze-Kunze-Roman* nimmt B. Gestalten und Konstellationen aus seinem Faust-Stück *Hinze und Kunze* (1968) und seinen an Brechts *Keuner*-Geschichten erinnernden *Berichten von Hinze und Kunze* (1983) auf. Der Roman, bereits 1981 abgeschlossen, konnte erst 1985 erscheinen und löste wegen seiner politischen Brisanz heftige Diskussionen in der DDR aus. Damit wurde B. gewissermaßen von der Wirklichkeit eingeholt, denn sein Erzähler, der sich häufig einmischt, nimmt bereits mögliche und erwartete Einwände ironisch vorweg. Als Modell für diesen satirischen Spiegel der DDR-Gesellschaft diente Denis Diderots Roman *Jacques le fataliste et son maître* (*Jakob, der Fatalist, und sein Herr*, dt. zuerst 1792). In B.s moderner Version des Herr-Knecht-Verhältnisses wird der Disput von Kunze, Funktionär proletarischer Herkunft, und seinem aus besseren Angestelltenkreisen stammenden Fahrer Hinze geführt. Eine wesentliche Rolle übernimmt auch, wie schon bei Diderot, der Erzähler, der die Reflexionen, Zitate und Dialoge, die grotesken Szenen und narrativen Elemente des Romans arrangiert und kommentiert.

Zu Hinzes Aufgaben gehört es, Kunze zu seinen politischen Terminen kreuz und quer durch die DDR zu fahren, Gelegenheit für anspielungsreiche Diskussionen über Sozialismus, Kapitalismus, gesellschaftliches Bewußtsein, Frauen, Krieg, für Versuche Kunzes, Hinze aus seiner Reserve zu locken. Neben dem Sozialismus ist der Erotomane Kunze vor allem Frauen zugetan, so daß es wohl kein Zufall ist, daß er gelegentlich aus der Rolle fällt: »Gebt euch hin! Proletarier, vereinigt

euch! [...] Es lebe der Frieden, es lebe der Orgasmus in der Welt!« Da Kunze jede Frau anfassen muß – er ist im übrigen durchaus verheiratet –, macht er auch vor Lisa, Hinzes berlinernder Frau nicht halt, der einzigen Person im Roman, die sich entwickelt und sich auf Kunzes Kosten emanzipiert. Hinze und Kunze finden dann schließlich auf groteske Art, wie immer »im gesellschaftlichen Interesse«, zueinander.

Der *Hinze-Kunze-Roman* ist ein hintergründiger, witziger Kommentar zur Realität des Sozialismus in der DDR, eine satirische Kritik an dem Widerspruch zwischen Programm und Wirklichkeit, in der sich die Enttäuschung des Sozialisten B. über die Entwicklung in der DDR spiegelt: »HINZE Dir ist geholfen, weil du aus dem Schneider bist, oder aus dem Schlosser. Du lebst vom Bewußtsein. KUNZE Bewußtsein haben sie auch. HINZE Freilich, aber sie leben nicht davon. Das ist es ja, sie haben das Bewußtsein, aber die Arbeit wie eh und je. Das ist ja der Beschiß.«

1985
Marianne Fritz
Dessen Sprache du nicht verstehst

Der 3300 Seiten umfassende Roman ist Teil eines großen Erzählprojekts (*Die Festung*), zu dem auch F.s vorhergehende Romane *Die Schwerkraft der Verhältnisse* (1978) und *Das Kind der Gewalt und die Sterne der Romani* (1980) gehören. Ziel ist eine Art Gegengeschichtsschreibung, eine Geschichte der Machtlosen, die wiederum nach einer Sprache verlangt, die sich, wenn erforderlich, den Konventionen – und das sind die Konventionen der Herrschenden – verweigert, um so zur ›Wirklichkeit‹ durchzudringen, sie besser erfassen und dann auch verändern zu können. Diese Vorstellungen schlagen sich u.a. in einer veränderten Interpunktion, dem Weglassen von Artikeln und Hilfsverben und ungewohnter Wortstellung nieder. Es sind Normverletzungen, die einerseits die gegebenen Übereinkünfte aufbrechen, um eine neue Offenheit zu erzielen, andererseits aber schließlich zu einer neuen Vertrautheit mit dem Gegenstand des Erzählens führen sollen. Und ohne Zweifel geht von der Sprache F.', die Pathos, Alltagssprache und Dialekt, Regelverletzungen und stereotype Redeweisen, Reduktion und Fülle miteinander verbindet, eine besondere Faszination aus.

Wie F. gegen die Konventionen der Sprache schreibt, so schreibt sie gegen die Konventionen des Erzählens und des epischen Nacheinander, die sie durch das Prinzip der Simultaneität abzulösen sucht. Erzählgegenwart sind einige Tage im Juni und im August 1914, doch reichen Vorgeschichten bis ins 19. Jh. zurück, wird die Zukunft über den Ersten Weltkrieg hinaus miterzählt. Wie die Zeitebenen miteinander verwoben sind, durchdringen Träume die Realität, vermischt sich konkret Historisches und archaisierend Mythisches. Angesiedelt ist die Romanhandlung im »Land des Chen und Lein«, das sich unschwer als die Habsburger Monarchie identifizieren läßt. Die Hauptstadt, in der sich die »Festung« genannte Irrenanstalt befindet, heißt Donaublau, die für die Handlung zentrale Familie Null wohnt in Nirgendwo. Sie repräsentieren die »Bewohner der Niederungen«, die Landarbeiter und Proletarier, die sich im ständigen offenen oder heimlichen Kampf gegen die herrschenden »Kulturträger« im Dienst von Gott, Kaiser und Vaterland befinden. Die Perspektive der Unterdrückten bestimmt die Sicht der Dinge, die Welt der Herrschenden erscheint im Licht der Karikatur und der Satire.

Eingebettet in eine Fülle anderer Schicksale erscheint die Geschichte der Familie Null exemplarisch für das Leiden der Machtlosen. Sie gipfelt im Lebensweg des Johannes Null, des jüngsten Sohnes, der den Kriegsdienst verweigert, von der Bevölkerung versteckt, von Soldaten verfolgt und schließlich verraten und erschossen wird. Gleichwohl liegt in seiner Geschichte eine Hoffnung: Indem er sich den Herrschenden verweigert, gibt er ein Beispiel für proletarisches Selbstbewußtsein, setzt er ein Zeichen der Umkehr. Er entlarvt die Ideologie der Mächtigen als Herrschaftsinstrument und ihre Sprache als Lüge; er fordert eine andere Geschichte in einer dem Leben und der Wirklichkeit angemessenen Sprache, die Geschichte der Opfer, »UNSRE EIGENE GESCHICHT«. ›Gegengeschichten‹, wie sie F. erzählt, setzen mit ihrer Sehnsucht nach Gerechtigkeit und dem Guten der schlechten Realität ein utopisches Moment entgegen: »Trotzdem! Es ist ein gutes Land«, heißt es immer wieder.

1985
Gerhard Köpf
Die Strecke

K. hat mit den Romanen *Innerfern* (1983), *Die Strecke* (1985), *Die Erbengemeinschaft* (1987) und *Eulensehen* (1989) einen neuen fiktiven Ort auf die literarische Landkarte gesetzt: die Kleinstadt Thulsern und ihre Umgebung irgendwo im Allgäu. Die einzelnen Romane schreiben auf ver-

schiedene Weise an der Chronik dieses epischen Kosmos, sei es, daß sie einer Familiengeschichte bis in die feinsten Verästelungen über fünf Generationen zurück nachgehen (*Die Erbengemeinschaft*), Vergangenheit und Gegenwart in den Aufzeichnungen eines Postboten speichern (*Eulensehen*) oder das imaginäre Land gleichsam durch die Eisenbahn erschließen:

»Thulsern ist ein Randgebiet, ein schwebendes Grenzland. Zwischen Moor und Gestein, mit Wäldern und weiten Seitentälern. Die verfallenden Häuser gleichen verwunschenen Schlössern, in denen alles Vergangene gegenwärtig ist. Die Zeit und die Schwellen: die Schwellen geben mir das Maß für die vergehende Zeit. Unterwegs von Schwelle zu Schwelle erobere ich auf jedem Kontrollgang mit jedem Schritt dieses Land neu. Ich erschaffe die Welt in verkleinertem Maßstab im Rhythmus des vertrackten Abstandes zwischen den Schwellen. An manchen Tagen betäubt mich dies bis zur Glückseligkeit.«

Das Werk erscheint als eine Art großer Monolog des Streckenwärters der Thulserner Eisenbahn, in dem sich Erinnerungen, Selbstgespräche, erdachte Gespräche, Geschichten, Erzählungen von Gelesenem oder am Radio Gehörten ineinander schieben und dabei Vergangenheit, Gegenwart und Zukunft miteinander verbinden. Vordergründig dient der Monolog des Streckenwärters dem Zweck, einem imaginären »Revisor« die geplante Stillegung seiner Strecke auszureden. Zugleich führt er über die mit der Eisenbahn und ihrer Geschichte verbundenen Themen hinaus: Geschichten aus der Kindheit und Jugend (Waisenhaus, Schule), Unterhaltungen beim Friseur über die Verhältnisse in Thulsern (Flüchtlinge!), Geschichten von Thulsernern, die es – in der Fremde – zu etwas gebracht haben, von Vetter Hans Nicolussi und seinem Tod, der Kellnerin Rintana, dem Oberlehrer Ellgaß, dem Missionspater Fichter und von Anna Kolik, der Besitzerin eines Buchs über den Scheintod; dazu kommen, mit den anderen Geschichten verwoben, literarische Anspielungen und Zitate von Hauptmanns *Bahnwärter Thiel* über den *Grafen von Monte Christo* und Abraham a Sancta Clara bis hin zu *Rotkäppchen* und dem Lied von der Schwäbischen Eisenbahn, zu schweigen von Exkursen über den Kannibalismus oder die Nichterwähnung von Käse in der Bibel. So ist das Buch in epischer Breite und abschweifender Vielfalt, und nicht ohne Humor und Ironie, alles in einem – Roman, Heimat- und Eisenbahnkunde (einschließlich der Tarife für SS-Deportationszüge), Familiengeschichte und vieles andere –, wobei sich die verschiedene Elemente bis hin zur Geschichte des Gartenzwergs, des Skilaufs und der Ziegenaufzucht zum anschaulichen Bild eines imaginären literarischen Ortes zusammenschließen, den man mit Günter Grass' Danzig oder Uwe Johnsons Jerichow verglichen hat. Zu verstehen vielleicht als eine Art rückwärtsgewandter Utopie, »zumal die Zukunft nur durch die Vergangenheit hindurch denkbar ist« (K.).

1985
Siegfried Lenz
Exerzierplatz

L.s kritische Beschäftigung mit Vergangenheit und Gegenwart, die Romane wie *Deutschstunde* (1968) oder *Heimatmuseum* (1978) charakterisiert, fand in *Exerzierplatz* noch einmal eine Fortsetzung, während sich schon mit dem Roman *Der Verlust* (1981) eine Wende hin zum Menschlich-Psychologischen andeutete, die dann in Werken wie *Die Klangprobe* (1990) oder *Die Auflehnung* (1994) vollzogen wurde.

Exerzierplatz ist die Geschichte einer ostpreußischen Familie, die sich 1945 in Schleswig-Holstein ansiedelt und auf einem ehemaligen Exerzierplatz eine musterhafte Baum- und Pflanzenschule anlegt, ein Vorgang, in dem sich Wiederaufbau und Wirtschaftswunder nach dem Zusammenbruch spiegeln. Doch dem Aufstieg folgt der Zerfall, der Zwist der Generationen. Da Zeller, der »Chef«, einen großen Teil des Besitzes seinem Helfer über Jahrzehnte, dem geistig zurückgebliebenen Bruno vermachen will, wird er entmündigt und Bruno in die ungewisse Fremde getrieben. Ob der Aufbauarbeit in der Natur Dauer und so dem Weg aus dem Unheil der Geschichte Erfolg beschieden ist, bleibt offen.

Exerzierplatz ist ein Ich-Roman, der rückblickend die Geschichte des Platzes und der Familie aufrollt. »Sie haben ihn entmündigt«, lautet der erste Satz. Erzählt wird aus der Perspektive Brunos, des Außenseiters und Sonderlings, der von Anfang an an dem Unternehmen beteiligt war und so aus unmittelbarem Erleben – und trotz seiner geistigen Behinderung durchaus sprachmächtig – berichten kann. Das Erzählen selbst wird nicht problematisiert. L. bleibt vielmehr seiner traditionellen Erzählweise mit eingängigen Personen- und Naturschilderungen treu und stellt sie weiterhin, indem er den Leser mit Fragen der Moral konfrontiert, in den Dienst seiner humanitären Überzeugungsarbeit.

1985
Waltraud Anna Mitgutsch
Die Züchtigung

Die Züchtigung ist der erste Roman der österreichischen Autorin. Er erzählt die Geschichte pathologischer Mutter-Tochter-Beziehungen über Generationen hinweg: »War deine Mutter so wie du, fragt meine zwölfjährige Tochter, während sie sich an die Badezimmertür lehnt und mich beim Kämmen betrachtet. Die Frage überfällt mich aus vielen Jahren Schweigen heraus« – und führt zu Erinnerungen an ihre Mutter, ihren Vater, an Tanten und andere Verwandte und deren Erzählungen, an ihre Kindheit und Jugend. Daraus ergibt sich nicht nur ein eindrucksvolles und zugleich erschreckendes Bild bäuerlicher Alltags- und Familiengeschichte in diesem Jahrhundert, sondern zugleich auch eine quälende Darstellung des Mechanismus von Gewalt und neuer Gewalt, gegen den die Erzählerin – die Gegenwart gerät immer wieder ins Bild – noch ständig anzukämpfen hat.

Erzählt wird, wie die Mutter ihr Kind systematisch demütigt, quält und durch Prügel dressiert, wie sie ihrerseits von ihrer Mutter nach biblischem Motto abgerichtet und gezüchtigt worden war. Erzählt wird von den physischen und psychischen Folgen dieser Erziehung durch Gewalt, die durch die ganze Schulzeit anhält und erst mit dem Tod der Mutter endet; die Erzählerin ist nun 18 Jahre alt. Doch die Mutter bestimmt weiterhin ihr Leben: »Ich liebte sie und wollte werden wie sie, bis ich ihr Gegenteil wurde und sie haßte.« Und das Ende des Romans: »Ich habe sie sechzehn Jahre lang immer von neuem begraben, sie ist immer wieder aufgestanden und ist mir nachgekommen. Sie hat mich schon lange eingeholt. [...] Sie herrscht, und ich diene, und wenn ich meinen ganzen Mut sammle und Widerstand leiste, gewinnt sie immer, im Namen des Gehorsams, der Vernunft und der Angst.«

Das Buch zeichnet sich durch einen klaren, direkten, sachlichen und zugleich geschmeidigen Stil aus; das Fehlen von Selbstmitleid, Sentimentalität und Pathos steigert die Wirkung dieser Geschichte extremer Leiderfahrungen noch. Die folgenden Romane *Das andere Gesicht* (1986), die Geschichte zweier Frauen, und *Ausgrenzung* (1989), die eindringliche Erzählung eines sozialen Ausgrenzungsprozesses, unterstreichen M.s Interesse an psychologischen und zugleich gesellschaftlich relevanten Themen.

1985
Patrick Süskind
Das Parfum

Mit dieser »Geschichte eines Mörders«, so der Untertitel des Romans, erzielte S. einen spektakulären Erfolg im In- und Ausland. Es ist die Lebensgeschichte eines Monstrums mit einer einzigartigen Begabung, einem unvergleichlichen Geruchssinn. Geboren am 17. Juli 1738 »am allerstinkendsten Ort des gesamten Königreichs«, setzt Jean-Baptiste Grenouille alles daran, die Gerüche dieser Welt zu erkunden. Als er so nach und nach die Welt erfaßt und ihre Düfte gleichsam katalogisiert, überwältigt ihn der Duft einer Jungfrau als »die reine Schönheit«, ohne dessen Besitz »sein Leben keinen Sinn mehr hatte«. Als er die Quelle dieses Duftes in einem Pariser Hinterhof findet, begeht er seinen ersten von zwei Dutzend Morden an jungen Schönheiten. Die Naturbegabung des häßlichen Gnoms, der selber nach nichts riecht (und den andere deswegen, wie es im Wortspiel heißt, »nicht riechen« konnten), erhält eine systematische Schulung bei einem Pariser Parfumeur; und schließlich lernt er nach einem siebenjährigen Aufenthalt im absolut menschenleeren Zentralmassiv die letzten Feinheiten der Parfumproduktion im provençalischen Grasse. Vorher hatte er bereits für sich einen Duft geschaffen, der ihn den Menschen annehmbar machte. Nach diesem Erfolg faßt er den Entschluß, seine Kunst für eine Kreation zu nutzen, mit der er die Herzen der Menschen beherrschen würde. Das geschieht um den Preis der Ermordung junger Mädchen in und um Grasse, denen er mit vorher experimentell erprobten Verfahren die Düfte abnimmt und sie zu einem vollkommenen Parfum verbindet. Und als er schließlich gefaßt und zur Hinrichtung geführt wird, überwältigt der neue Duft die Menschen und versetzt sie in einen orgiastischen Taumel der Liebe und Verehrung. Angeekelt vom Haß auf die Menschen, die sein wahres Wesen hinter der angemaßten Aura nicht erkennen, sucht der inzwischen Freigelassene den Tod auf einem Pariser Friedhof in einer Gruppe von Landstreichern und Gesetzlosen, wobei sich die Kraft des Liebesparfums zum letzten Mal erweist.

Das Parfum ist, wenn man so will, ein bewußter artistischer Rückfall in Erzählweisen vergangener Zeiten, wobei schon der erste Satz mit Anklängen an Kleists *Michael Kohlhaas* in gleichsam ›klassischer‹ auktorialer Erzählhaltung den Ton vorgibt: »Im achtzehnten Jahrhundert lebte in Frankreich ein Mann, der zu den genialsten und abscheulichsten Gestalten dieser an genialen und abscheulichen Gestalten nicht armen Epoche gehörte. Seine Geschichte soll hier erzählt werden.« Zu den weiteren Ingredienzen des Erfolgs gehören: eine chronologisch erzählte Geschichte, ein auktorialer Erzähler, der den Leser ins Bild setzt und ihn zugleich mit allen Künsten der Rhetorik in seinen Bann zieht, eine elegante, anspielungsreiche Sprache, ein reicher kulturhistorischer Hintergrund und ein gehöriges Stück Kolportage. Doch unter der glatten Oberfläche und der (pseudo)historischen Patina verbirgt sich eine politische Parabel über das Thema der Verführbarkeit der Masse und der Verführung durch die Macht, über den Mechanismus von Ausgeschlossensein, Ressentiment, Haß und Verlangen nach totaler Macht.

1985
Gernot Wolfgruber
Die Nähe der Sonne

W.s Romane stellen Charaktere vor, deren Vorstellungen von einem glücklichen, erfüllten Leben mit der gesellschaftlichen und psychischen Wirklichkeit kollidieren: in der Geschichte einer aussichtslosen Jugend in der österreichischen Provinz (*Auf freiem Fuß*, 1975), im Scheitern der Ausbruchsversuche des Handwerkers Bruno Melzer aus dem verhaßten kleinbürgerlichen Leben (*Herrenjahre*, 1976), in der fatalen Lebensgeschichte des Arbeiters Georg Klein, der sich nach seinem Aufstieg zum Angestellten nicht mehr zurechtfindet (*Niemandsland*, 1978), den Leiden des durchaus erfolgreichen Vertreters für Zahnarztbedarf Martin Lenau an den Folgen seiner Erziehung (*Verlauf eines Sommers*, 1981).

Wenn es W. darum geht, »die Welt von innen zu beschreiben«, wie er selber sagt, so gilt das in besonderem Maße für den Roman *Die Nähe der Sonne*. Der beschädigte, katastrophale Zustand der Welt als Ursache der Unmöglichkeit eines glücklichen Lebens wird gleichsam in die Psyche des Helden Stefan Zell verlagert, der unter manisch-depressiven Zuständen leidet. Zell, Architekt, wird nach dem tödlichen Unfall seiner Eltern aus seinem Urlaub in Italien zurückgerufen und fühlt sich wie in Trance, in einem merkwürdigen Zustand, in dem »Traumbilder schon über die Wachgrenze zu greifen schienen«. Er verläßt die Trauergesellschaft bald, gibt sich auf der Fahrt der Musik der Rolling Stones und anderer Gruppen hin, gerät zufällig auf die Party eines

Architekten und schläft mit einer Frau, die er für Julia hält. Julia ist für ihn der Inbegriff des Glücks, seitdem er auf einem Italienurlaub, so glaubt er, eine Nacht mit ihr verbracht hat. Er fährt in die Sonne hinein, die immer wieder als Zeichen der Erfüllung herbeizitiert wird, und wacht – nach einem Unfall – in einer Nervenklinik auf. Bereits früher war einmal vier Monate lang in einer Klinik gewesen. Zell verbringt Weihnachten bei seiner Schwester Eva, entdeckt seine schöpferische Kraft wieder, setzt die Medikamente ab und steigert sich erneut ins Visionäre, glaubt, indem er in die Sonne hineinfährt, an die Erfüllung, Julia: »Die Ungeheuerlichkeit *eines* Augenblicks: daß der in *einen* Kopf ging.«

W. gelingt es, die psychischen Zustände Zells, sein Schwanken zwischen Apathie, Rauschzuständen und Visionen in Sprache umzusetzen; er schildert aus Zells Perspektive heraus (in der dritten Person), wie sich die wahrgenommenen Realitätspartikel in seinem Innern spiegeln, welche Bedeutung sie für ihn in seinem Wahn annehmen. Sie zeigen ihm – etwa auf seinem manischen Gang durch die Stadt – den Zustand der Welt: Hinter der glänzenden Fassade lauert die von den Mächtigen geschürte und gesteuerte Angst, verbirgt sich eine katastrophale Zukunft, die aber »nur käme, wenn er nicht aufgewacht und am Werk wäre«.

1986
Jurek Becker
Bronsteins Kinder

In B.s Roman *Der Boxer* (1976) heißt es, es sei auf Dauer kein erträglicher Zustand, »ein Opfer des Faschismus und nichts anderes zu sein«. Doch wie ist ein normales Leben möglich, wenn das Lager »in deinem Kopf weiterexistiert«? Vor diesem Dilemma stehen auch die Charaktere des Romans *Bronsteins Kinder*, der ehemaligen KZ-Häftling Arno Bronstein und seine Kinder, insbesondere sein Sohn Hans: »womöglich bin ich doch ein Opfer des Faschismus und will es nicht wahrhaben.«

Der Abiturient Hans Bronstein, der Ich-Erzähler, beginnt mit dem Satz: »Vor einem Jahr kam mein Vater auf die denkbar schwerste Weise zu Schaden, er starb.« Erst auf den letzten Seiten erfahren wir die genaueren Umstände. Dazwischen wechselt der Erzähler zwischen den beiden Zeitebenen, der Gegenwart des Jahres 1974, in der er lebt und schreibt, und den Ereignissen im Sommer 1973, die am 4. August zum Tod seines Vaters führten. Es ist der Sommer der Weltfestspiele in Ostberlin, dem Ort der Handlung, der Sommer, in dem Ulbricht starb. Hans benutzt die abgelegene Datscha der Familie, um sich mit seiner Freundin Martha zu treffen. Als ihm eines Tages der Schlüssel verweigert wird, fährt er trotzdem hin. Was er dort vorfindet, verändert sein Leben. Sein Vater und zwei andere ehemalige KZ-Häftlinge halten einen Mann gefangen, einen früheren Aufseher im Konzentrationslager Neuengamme. Sie verhören ihn tagelang, wenden Gewalt an; die Rollen haben sich verkehrt. Während aber hier die Verhältnisse klar sind, sieht sich Hans vor ein unlösbares Problem gestellt. Zwar kann er die Handlungsweise der selbsternannten Richter nicht billigen, die den Deutschen keine innere Wandlung zutrauen, und muß um das Leben des Gefangenen fürchten, doch weiß er nicht, wie er das Geschehen beenden könnte, ohne die Rächer bzw. das ohnehin problematische Verhältnis zu seinem Vater zu gefährden. Als er schließlich den Entschluß faßt, den Mann zu befreien, findet er den Vater tot in der Datscha, Herzinfarkt. Der Befreite, so erfahren wir später, setzt sich in den Westen ab.

Die Auseinandersetzung mit dem Geschehen in dem knappen Jahr nach dem Tod des Vaters hat tiefgreifende Konsequenzen für Hans. Er sucht sich »ein möglichst genaues Bild« von den Ereignissen zu machen, reflektiert sein Verhalten und sein mögliches Versagen. Seine jüdische Herkunft, an die er bisher keinen Gedanken verschwendet hatte, holt ihn ein. Dieser Erkenntnisprozeß wirkt sich zugleich auf das Verhältnis zu seiner Freundin aus, die für einen Film über das Dritte Reich entdeckt wird – »Warum mußten Juden im Film von echten Juden dargestellt werden?« –, einen Film, der bezeichnend ist für den üblichen oberflächlichen Umgang mit der Vergangenheit, weil er deren Auswirkungen auf die Gegenwart negiert.

Und gerade die Macht des Vergangenen über die Gegenwart ist das Thema dieser Geschichte mit Parabelcharakter, die die verschiedenen Handlungsstränge geschickt miteinander verbindet, den Leser in das Geschehen hineinzieht und die Kunst demonstriert, Gewichtiges mit scheinbar leichter Hand zu präsentieren. Es ist diese Seite, die B. zum erfolgreichen Autor von Fernsehserien werden ließ (*Liebling Kreuzberg*, 1986ff.).

1986
Thomas Bernhard
Auslöschung

B.s umfangreichstes Prosawerk mit dem Untertitel »Ein Zerfall« nimmt noch einmal zentrale Motive und Themen seines Schaffens auf und verbindet sie zu einer Art Bilanz seines erzählerischen Werkes. Ich-Erzähler ist Franz-Josef Murau »(geboren 1934 in Wolfsegg, gestorben 1983 in Rom)«, der als Privatlehrer für deutsche Literatur und Schriftsteller in Rom lebt. Auslöser seiner Aufzeichnungen ist die durch den tödlichen Unfall seiner Eltern und seines Bruders erzwungene Auseinandersetzung mit seinem »Herkunftskomplex« und damit auch mit sich selbst.

Die äußere Handlung bietet dabei kaum mehr als einen Rahmen: Gerade erst zurückgekehrt von der Hochzeit einer seiner Schwestern, erhält Murau telegrafisch die Todesnachricht. Anhand verschiedener Fotografien aus seiner Schreibtischschublade ergibt sich ein erstes Bild seiner Familie und ihres feudalen oberösterreichischen Familiensitzes Wolfsegg, den er nun aufsuchen muß. Früher war Wolfsegg mit seinen fünf Bibliotheken ein Ort des Geistes, nun ist es – und synonym dafür steht ganz Österreich, ja Mitteleuropa – zu einer Hochburg des Nationalsozialismus und der katholischen Kirche verkommen: eine schwarzbraune Provinzhölle, gegen die Murau sein ganzes Leben ankämpfte und deren Repräsentanten bei dem »Theater« des Begräbnisses in Erscheinung treten. Und so schenkt er sein Erbe Wolfsegg der Wiener Israelitischen Kultusgemeinde.

Darüber hinaus versucht er, ›Wolfsegg‹ auch dadurch ›auszulöschen‹, daß er in seinem letzten Lebensjahr den schon lange geplanten »Bericht« schreibt, von dem bisher nur der Titel *Auslöschung* und das damit verbundene Programm existierte: »das Alte auflösen, um es am Ende ganz und gar auslöschen zu können für das Neue.« Das gilt auch für ihn selbst: »Tatsächlich bin ich dabei, Wolfsegg und die Meinigen auseinanderzunehmen und zu zersetzen, sie zu vernichten, auszulöschen und ich nehme mich dabei selbst auseinander, zersetze mich, vernichte mich, lösche mich aus.« Gegenbilder hellen das finstere Familiengemälde auf: Onkel Georg, der sich ebenfalls in den Süden abgesetzt hatte und als Modell für die Befreiung, den Absprung diente, die Dichterin Maria, Hommage an Ingeborg Bachmann, der Kirchenfürst Spadolini, sein Schüler und Gesprächspartner Gambetti und andere.

Die Aufarbeitung des Herkunftskomplexes bestimmt den Gedankenfluß des Erzählers, der das Themenspektrum freilich assoziativ ausweitet und, nicht ohne Zurücknahmen und ironische Relativierungen, mit kulturkritischer Emphase alle modernen Verfallserscheinungen von der Fotografie bis zur deutschen »Leitzordnerliteratur« einbezieht. Stilprinzip ist dabei die Übertreibung; Murau selbst nennt sich den größten »Übertreibungskünstler«: »Aber auch dieser Satz ist natürlich wieder eine Übertreibung, denke ich jetzt, während ich ihn aufschreibe, und Kennzeichen meiner Übertreibungskunst.«

Neben *Auslöschung* entstanden vier weitere Erzählwerke, in denen B. in unterschiedlicher Weise das Scheitern von Künstlern darstellt und/oder mit der deutsch-österreichischen Kulturtradition abrechnet (*Beton*, 1982; *Der Untergeher*, 1983; *Holzfällen*, 1984; *Alte Meister*, 1985).

1986
Thomas Bernhard
Einfach kompliziert

Mehr als die Hälfte von B.s Stücken sind Künstlerdramen, Stücke, in denen Künstlerfiguren – Artisten, Schauspieler, Autoren – und ihr schwieriges Verhältnis zur Welt, zur Gesellschaft im Mittelpunkt stehen. Am Schluß dieser Reihe, die mit Bühnentexten wie *Die Berühmten* (1976) und *Minetti* (1976) begann, stehen die immer stärker zum Monologischen tendierenden Dramen *Der Schein trügt* (1983), *Der Theatermacher* (1984) und *Einfach kompliziert*. Läßt B. im *Theatermacher* die künstlerischen Ambitionen des Staatsschauspielers Bruscon an der Unzulänglichkeit der äußeren Bedingungen eines Landgasthofs und dem Eingriff der Naturgewalten auf grotesktheatralische Weise scheitern, so zeichnen die beiden anderen Stücke Porträts von alten Künstlern im mühsamen, tragikomischen Kampf der Bewältigung ihres Alltags.

In äußerster Reduktion geschieht dies in *Einfach kompliziert*, am 28. 2. 1986 am Berliner Schillertheater uraufgeführt und im selben Jahr gedruckt. Es ist ein Zweipersonenstück, besteht aber im wesentlichen aus Monologen eines 82jährigen ehemaligen Schauspielers. Die drei Szenen folgen dem Tagesablauf (»In der Frühe«, »Gegen Mittag«, »Gegen Abend«), und während der Schauspieler in seiner Behausung (»Verwahrlostes Zimmer«) seinen alltäglichen Verrichtungen nachgeht, läßt er es einerseits nicht an abfälligen Bemerkungen über Familie, Nachbarn und

Kollegen fehlen, andererseits rekapituliert er seine Triumphe und Niederlagen als Künstler, zitiert Shakespeare und Schopenhauer und demonstriert Weltverachtung. Vor allem Shakespeares machthungriger und menschenverachtender König Richard III. hat es ihm angetan, und er beruft sich immer wieder auf den König, indem er sich eine Krone aufsetzt. Allerdings, auch das erfahren wir, in der geliebten Rolle hatte er keinen Erfolg. Zudem bleiben die Sphären, Theater und Wirklichkeit, durchaus getrennt: »Der Schauspieler hat eine Krone auf dem Kopf / aber er ist kein König / [...] Der Schauspieler / der eine Krone auf dem Kopf hat / ist ein armer alter Mann.«

Diese Sätze sind Teil der einzigen zwischenmenschlichen Kommunikation, die in diesem Stück stattfindet: In der mittleren der drei Szenen erhält der Schauspieler Besuch von der neunjährigen Katharina, die ihm − wie jeden Dienstag und Freitag − Milch bringt. Damit erhält das Stück, erhält die demonstrative Misanthropie des Schauspielers ein Gegengewicht. Denn der Schauspieler mag gar keine Milch, möchte aber auf den Besuch des Mädchens, der einzigen Person, die er überhaupt sehen will, nicht verzichten. Er spielt also auch im Alltag Theater. Dieser Topos wird noch dadurch potenziert, daß der Schauspieler nicht nur seine früheren Rollen rekapituliert, sondern auch die im Stück: Am Ende beginnt es als Tonbandaufzeichnung von vorn. Nach einigen Sätzen stellt der Schauspieler das Band ab, sagt noch einen Satz »und ißt weiter«. Er wird so in seiner Misanthropie weiterleben, auf den Besuch des Kindes warten und die Rolle weiterspielen. Und so weiter. »Es sieht alles einfach aus / aber es ist sehr kompliziert.«

1986
Günter Grass
Die Rättin

Dem politischen Engagement der 60er und 70er Jahre unter dem Emblem der Schnecke (*Aus dem Tagebuch einer Schnecke*, 1972) folgte in G.' Schaffen eine Periode zunehmender Verdüsterung, ausgelöst durch die offensichtliche Unfähigkeit der politischen Systeme, mit den großen Problemen der Zeit (Aufrüstung, Not in der Dritten Welt, Umweltzerstörung) fertig zu werden. Bereits der *Butt* (1977) hatte das Scheitern der ›männlichen‹ Geschichte konstatiert. Nun geht G. einen Schritt weiter; es ist vorbei mit den Menschen überhaupt: »Euch gab es mal. Gewesen seid ihr«, spricht die »Weihnachtsratte« in der

für G.' spätes Werk typischen Verschränkung der Zeiten (»Vergegenkunft«) gleich zu Anfang der *Rättin*.

In dem Untergangsszenario ohne Gattungsbezeichnung verbinden sich verschiedene Handlungsstränge; dabei greift G. auch auf frühere Werke zurück. Wir schreiben das Jahr 1984, das Jahr der Ratte im chinesischen Kalender, das Jahr Orwells, auf den mehrfach angespielt wird, das Jahr des 700jährigen Jubiläums der Hamelner Rattenfängersage. Der Erzähler sitzt am Schreibtisch, vor ihm der Rattenkäfig, und plant Geschichten, »in denen Ratten ausgespart bleiben«. Doch bald schaffen »Tagträume«, »Nachtträume« eine andere Situation: »Nicht mehr ich rede, sie spricht auf mich ein.« Ihre Rede, angelehnt an die jüdisch-christliche Apokalypsentradition, handelt vom Ende des Zeitalters der Menschen, von der mißlungenen Schöpfung und der unabänderlichen Katastrophe. Die Ratten, fähig zu sozialem Verhalten, übernehmen die Welt und werden auch mit den Hinterlassenschaften der Menschen fertig (wie mit den genmanipulierten Watsoncricks, Rattenmenschen, die nach der atomaren Katastrophe die Herrschaft an sich zu reißen suchen).

Gegen die Untergangsvisionen der Rättin und ihre Abrechnung mit der Geschichte des Menschen seit Noah versucht der Erzähler »gegenan« zu erzählen und die apokalyptischen Bilder zurückzudrängen: mit der Momente des *Butt* aufnehmenden Geschichte von der »Neuen Ilsebill«, auf der fünf Frauen zum versunkenen Vineta − Danzig − aufbrechen; mit der Wiederkehr des nunmehr 60jährigen Oskar aus der *Blechtrommel* (1959), der nun als Videoproduzent − wie vorher als Blechtrommler − aufklärend wirkt; mit den mit Oskar besprochenen Filmprojekten wie dem Film über das »Fälschertriumvirat« der Restauration Malskat, Adenauer und Ulbricht oder dem Stummfilm »Grimms Wälder« über das Waldsterben, der die noch im *Butt* angesprochene subversive Kraft der Märchen negiert (»Da ist keine Hoffnung mehr. Denn mit den Wäldern [...] sterben die Märchen aus«, heißt es in einem der Gedichte im Roman).

Die Rättin gibt dem Erzähler die »Reizwörter« zur »Erziehung des Menschengeschlechts«, die er sich von ihr, dem Weihnachtsgeschenk, erhofft hatte; allerdings in anderer Weise: als Lektion, um die Menschen vielleicht doch noch zur Besinnung zu bringen und »kurz vor Ultimo« eine Umkehr einzuleiten. So fungiert die Apokalypse gleichsam als Vehikel der Aufklärung. Das anspielungsreiche Buch stieß, auch wegen seiner Thesenhaftigkeit und forcierten Erzählweise, auf z.T. harsche Kritik; 1997 versuchte ein Film, die komplexe Untergangsvision in Bilder umzusetzen.

1986
Rolf Haufs
Felderland

Zunehmende Desillusionierung kennzeichnet die Entwicklung des Lyrikers H. »Ich habe / Den ganzen Abend in den Klassikern geblättert und fand / Keine Erklärung« (*Gedicht*), heißt es im Band *Die Geschwindigkeit eines einzigen Tages* (1976) in der Rückschau auf 1968. Die Skepsis steigert sich zur Katastrophen- und Endzeitstimmung (*Juniabschied*, 1984). Ein *Altes Lied* blickt zurück – »Glücklich war die Zeit von der wir dachten / Daß sie erst noch kommen werde« – und schließt:

> Dabei
> Das Schlimmste steht ja noch
> Bevor.

Utopische Momente, zu Anfang noch vorhanden, treten immer stärker zurück. Vergänglichkeit und Tod, Trauer und Verzweiflung sind durchgehende Themen des Bandes *Felderland*. Vorherrschend ist die Stimmung des Klage und des Verlusts, des Verlusts des ›Felderlands‹ der Kindheit (»Hier wohnte ich die Kinderspiele«), mit dem sich Sehnsucht und Angst verbinden. Die Kindheit war auch Kriegszeit: »Aus der Erde strömte Blut / Von weither kamen Blitze« (*Deiche*). Beklagt werden die fortschreitende Zerstörung der Umwelt, Kälte, Erstarrung, Verrohung, das Sterben von Menschen, Bäumen, Büchern und Worten:

> Erinner dich wie oft hat wer gewarnt
> Oliven auf den Bergen der Kälte preisgegeben
> Die Zellen zerstört. Sie legen dich
> aufs Kreuz
> Schlepp schnell den Rest ohne daß
> Dich jemand klagend findet.
> (*Schnee*)

Von der Zukunft kann in einem solchen Szenario – »Überlebende solange wir leben« – nur leise die Rede sein. *Vorsichtige Zukunft* heißt ein entsprechender Text. Keine großen Gesten sind geboten, sondern Behutsamkeit:

> Blauer Felderwind. Kleine Gesänge kommen
> Aus den Zelten. Hätte ich einen Wunsch
> Du nähertest dich mit Vorsicht

> Hieltest endlich *Ach wie lernen wir!*
> Unruhe die immer ausbrechende
> Todbringende Nachricht
> Zurück
> (*Reise*)

Für H.s Erinnerungsbilder, Klagen und Beobachtungen sind offene Formen kennzeichnend. Ihnen entspricht ein ebenso klarer wie schwieriger lyrischer Stil, der durch elliptische Aussparungen, lakonische Andeutungen, schroffe Fügungen und evokative, verknappte Formeln sein besonderes Gepräge erhält: »Jetzt empfehle ich Schweigen / So still daß niemand / Unerhört« (*Gedenken*).

1986
Wulf Kirsten
die erde bei Meißen

Die zuerst in der DDR erschienene und dann für die westdeutsche Ausgabe (1987) um einen Text erweiterte Auswahl aus dem lyrischen Werk K.s enthält Gedichte aus den Bänden *satzanfang* (1970) und *der bleibaum* (1977); dazu kommen weitere, bisher ungedruckte Texte. Für diesen Band erhielt K. 1987 den Peter-Huchel-Preis, und Huchel zählt neben Johannes Bobrowski zu seinen wichtigsten poetischen Vorbildern. Doch haben K.s Natur- und Landschaftsgedichte einen eigenen Charakter. Seine Landschaften stellen keine Beschwörungen einer vergangenen Welt oder verklärende Erinnerungen dar, sondern erweisen sich als konkrete und zugleich distanzierte lyrische Beschreibungen, in der auch der Wortschatz der meißnischen Region in großem Umfang und mit Nachdruck einfließt:

> krustige schwarzbrotränfte
> die huckel im schwartigen stoppelsturz
> wahllos hingebreitet im relief.
> die schäläcker liegen satt im dust,
> glasiert von oktobergüssen.
> getüpfelt die kleiigen buchten
> von kraftworten mistfuderweise
> kohlrabenschwarz –
> ein tiegel verbrannter speckgriefen.
> (*die erde bei Meißen*)

Ziel ist es, der ländlichen Welt mit »biografien aller sagbaren dinge« ein mit Realien gesättigtes Denkmal zu setzen: »inständig benennen: die leute vom dorf, / ihre ausdauer, ihre werktagsgeduld. / aus wortfiguren standbilder setzen [...]« (*satzanfang*). Wie ein Gedicht *den tag ausmessen* überschrieben ist, so mißt K. seine lyrische Landschaft aus, genau bis ins sprachliche und sachliche Detail: Dörfer, Landstriche, Tages- und Jahreszeiten, Gewitterregen, Torflöcher, Hopfenfelder, Kirschalleen, Tätigkeiten (gerade des vorindustriellen Landlebens), Personen. Eine Sektion, *lebenspläne* überschrieben, enthält Porträts von Dichtern und anderen Künstlern, die immer zugleich auch der Selbstvergewisserung des Autors dienen (*aus dem leben der Droste, Jakob van Hoddis* u. a.). Unter den Porträtierten ist auch der Maler Curt Querner, »ein entschlossener landgänger«, dessen Kunst er verehrt und auf seine Weise ins Lyrische transponiert. Bei aller Liebe zu alten Lebens- und Arbeitsformen, die hier gleichsam noch einmal – auch mit liebevoller Ironie – dokumentiert werden (*werktätig*), wird jedoch keine museale Welt geschildert. Die geschichtlichen Veränderungen machen vor dem Land nicht halt; Fortschritt bedeutet auch Gefährdung gewachsener Lebensformen, Verschwinden zahlreicher Tätigkeiten und Berufe, Verödung und Verfall der Dörfer und zunehmende Umweltverschmutzung und Naturzerstörung. Die von Wirtschaftssystemen unabhängige tödliche Gefahr macht ein Hinweis auf Goethes ›klassische‹ Landschaft (*An den Mond*) nur um so deutlicher:

erbauungsstunden,
die nichts vom geist der gesetze wissen,
wenn die rauchsäulen des zementwerks
füllen wieder busch und tal
mit ruß und staub.
(*der bleibaum*)

1986
Brigitte Kronauer
Berittener Bogenschütze

Bereits in ihrem ersten Roman, *Frau Mühlenbeck im Gehäus* (1980), demonstriert K. anschaulich die Absichten ihres Erzählens: Es geht darum, traditionelle Wahrnehmungsstrukturen und literarische Konventionen aufzubrechen, sie bewußt zu machen und so gleichsam das Machen von Realität vorzuführen (»vor aller Augen wird die Wirklichkeit durch den Geschichtenwolf gedreht«). Das geschieht, indem sie zwei Perspektiven einander gegenüberstellt: auf der einen Seite eine unsichere Ich-Erzählerin, die sich, von einer diffusen Vielfalt der Wahrnehmungen bedrängt, hilflos einer chaotisch empfundenen Wirklichkeit gegenübersieht, auf der anderen Seite die unerschöpfliche Geschichtenerzählerin Frau Mühlenbeck, die alle Erfahrungen in abgerundete Geschichten übersetzt und sich so eine übersichtliche Welt herstellt. Dieser Prozeß der erzählerischen Kritik und Durchleuchtung der üblichen Denk- und Sprachmuster setzt sich fort in K.s weiteren Romanen *Rita Münster* (1983), *Berittener Bogenschütze*,

Die Frau in den Kissen (1990) und *Das Taschentuch* (1994).

Der Titel des Romans *Berittener Bogenschütze*, der K.s endgültigen Durchbruch als Erzählerin bedeutete, bezieht sich auf eine Konfektschale in Gestalt eines gefiederten Schützen (»gefiedertes Amerika«) in der Wohnung des Helden, ein preziöses Dingsymbol für die von ihm betriebene ästhetizistische Überhöhung seines Lebens, wie denn überhaupt Anklänge an Themen und poetische Verfahrensweisen des Fin de siècle zu erkennen sind. Bei diesem Helden handelt es sich um den geschiedenen Literaturwissenschaftler Matthias Roth, der sich eine Wirklichkeit aus zweiter Hand schafft: durch die banalen Klatschgeschichten seiner Vermieterin, durch die Beobachtung der Menschen und Dinge in seiner Umgebung, durch luxuriöse Selbstverwöhnung, durch Literatur, d.h. das Werk Joseph Conrads. Hier glaubt er den Beleg für seine Lebensauffassung zu finden, die der Titel eines geplanten Aufsatzes andeutet: »Die Leere, Stille, Einöde im innersten Zimmer der Leidenschaft.« Seine Interpretation, daß die Paare Conrads im Moment der Umarmung in »Todesstarre« verfielen, daß dem »Sturm der Begierde« »der Stillstand, die Leere in der Sekunde der Umschlingung, der schweigende Widerspruch zur Leidenschaft« folge, bestätigt ihm den illusionären Charakter der Leidenschaft, die Leere im Zentrum des Lebens. So bleibt nur das ästhetische Surrogat, der schöne Schein, den er durch die Manipulation der Wirklichkeit zu erreichen sucht.

Der Durchbruch zur unmittelbaren, ekstatischen Erfahrung der Wirklichkeit geschieht unter dem Eindruck der italienischen Mittelmeerlandschaft. Das neue Sehen scheint mit der Rückkehr in die Alltagsumgebung einer allmählichen Ernüchterung Platz zu machen, doch ist das nur ein retardierendes Moment, das den überraschenden Höhepunkt des letzten Kapitels vorbereitet. Matthias Roth erfährt im Wimpernschlag und der Umarmung mit der ihm lange bekannten Gisela, der Frau seines Freundes Hans, blitzartig einen Zustand höchster Gefühlsintensität. Und so sieht er dann auch die ›leeren‹ Umarmungen bei Conrad in einem neuen Licht: Sie demonstrieren nicht »die Unmöglichkeit der Leidenschaft«, sondern lassen vielmehr »ihre äußersten Möglichkeiten ahnen«, erscheinen als »Abbild der von Raum und Zeit befreiten Ewigkeit«.

1986
Jürg Laederach
Flugelmeyers Wahn

Herkömmliche Vorstellungen vom Erzählen, gar von realistischem Erzählen mit schlüssiger Handlung und sprachlicher Logik lassen sich auf das Werk des Schweizer Schriftstellers L. nicht anwenden. Seine erzählerischen Welten sind Welten des Chaos; sie negieren feste Vorstellungen von Kausalität, Ort und Zeit, sie wachsen zu Großformen durch Wiederholungen, Variationen und Assoziationen des Sprach- und Textmaterials (u. a. *69 Arten den Blues zu spielen*, 1984; *Emanuel. Wörterbuch des hingerissenen Flaneurs*, 1990; *Passion. Ein Geständnis*, 1993). Die Basis ist eine grundlegende Sprachskepsis, die L. selbst in der Grazer Vorlesung *Der zweite Sinn* (1986) so erläutert: »Nach dem ersten Mal, als ein Mensch inne wurde und mißbilligte, daß er eine bestimmte Aussage nur deshalb machte, weil sie auf dem ›Klavier‹ der Sprache so ›bequem lag‹, [...] begann das Mißtrauen gegen die Sprache.« Höchste Künstlichkeit, Imitation, Parodie und Karikatur verschiedenster Stilformen sind L.s Gegenmittel.

Flugelmeyers Wahn mit dem Untertitel »Die letzten sieben Tage«, führt den Leser, bezeichnend für L.s Prosa überhaupt, in eine Welt zwischen Wahn und Wirklichkeit. Gegenstand des Buchs ist der Versuch, den offenbar wahnsinnig gewordenen Schriftsteller Flugelmeyer zu interviewen, ein Unternehmen, das dem Journalisten Ernst Jawosch zunächst wenig konkrete Informationen bringt, etwa Andeutungen über das problematische Verhältnis zu einer Frau namens Sylvie und vor allem Ansätze zu Geschichten aller Art, die sich freilich immer wieder in Abschweifungen verlieren: »Die Welt ist ein Requisitar, aber nicht das größte. Sie kann's mit dem Kopf nicht aufnehmen«, kommentiert Flugelmeyer (und trifft damit auch L.s Schreibmethode). Die Welt als »Katastrophe in Permanenz« ist im folgenden ein durchgehendes Thema von »Flugelmeyers Rede von der Einsamkeit« am vierten Tag, die sich an die ersten drei Interviewtage anschließt: »die katastrophalen Existenzbedingungen dürfen nicht abweisend zur Kenntnis genommen, sie müssen praktiziert und umgesetzt werden«. Die weiteren Stationen der ›Handlung‹ sind Flugelmeyers Einweisung in ein Heim, in dem geklonte Ärzte wirken (5. Tag), das Erzählen düsterer Krankheits-, Zerstörungs- und Verstümmelungsgeschichten (6. Tag) und Tod (7. Tag), wo-

bei die unglückliche Beziehung zu Sylvie – und Gedanken an den Tod – stets gegenwärtig bleiben.

Diese Zusammenfassung vermittelt keinen Eindruck von der Erzählweise, dem Reichtum des sprachlichen Repertoires und der literarischen Anspielungen, der Vielfalt der Assoziationen und Themen und der musikalischen Kompositionsweise der Erzähleinheiten. L. selbst – bzw. Flugelmeyer – gibt indirekt eine Charakteristik seines Schreibens mit illustrer Ahnenreihe: »Die Wertheriade, Quixotiade, Kohlhaasiade, der Jeanpaulizismus, der Walserizismus gekoppelt mit was Laederoidem, das Walsereske ist das nichtausgekühlte Flaubertische, das die Form zur Hintertür reinholt. Ekelsequenz. Schmerzproportion. Abscheuanalyse. Tränenfragment. Gefühlsallzuviel. Eine durchkomponierte Ruine. In einem schmutzigen Job saubere Arbeit leisten.«

1986
Hans Joachim Schädlich
Tallhover

Die ersten Texte des Ende 1977 aus der DDR in die Bundesrepublik übergesiedelten Autors erschienen bereits einige Monate vorher in einem westdeutschen Verlag und wurden wegen ihrer kunstvoll-verfremdenden Sprache von der Kritik gerühmt (*Versuchte Nähe*, 1977). *Tallhover* ist S.s erster Roman – das Werk trägt allerdings keine Gattungsbezeichnung –, die ungewöhnliche und zugleich banale Lebensgeschichte eines deutschen Geheimpolizisten, der mit dem Beginn der Metternichschen Restauration, am 23. 3. 1819, dem Tag der Ermordung August von Kotzebues, das Licht der Welt erblickte und am 11. 2. 1955 selbst seinem Leben ein Ende machte, weil er trotz aller Verdienste um »die Idee des reinen unbedingten Staates« versagt zu haben glaubte.

Für diese Idee des vollkommenen Staatsschutzes dient er unter den verschiedensten Herren und Systemen bis hin zu Ulbricht in der DDR, und indem er sie mit perfektionistischem Eifer verfolgt, geraten verschiedene Episoden der deutschen Geschichte, auch vergessene und verdrängte, ins Blickfeld. Keine Frage, daß sich dem kompromißlosen Staatsdiener die ›Linke‹, angefangen mit Georg Herwegh und Karl Marx, als natürliches Objekt der Beobachtung, Denunziation, Verfolgung anbietet, allerdings mit mäßigem Erfolg: Er kommt ironischerweise meist zu spät, um die Staatsfeinde »festsetzen« zu können, nicht zuletzt deswegen, weil die Politik immer wieder störend und hindernd eingreift. Mit schlimmen Folgen, wie er im Fall Lenin rückblickend konstatiert. »Ich bin Polizeimann«, meint er, als er Nachrichten zum Aufstand vom 17. Juni 1953 hört: »Die Politik müssen sie schon selber machen. [...] So gut muß die Politik schon sein, daß ein Polizeimann keine Politik machen muß. Um so besser kann er dafür sorgen, daß die Politik besser aussieht. So weit, wie es gestern gekommen ist, kann es dann nicht kommen.« Stalins Staatsanwalt Wyschinski gilt seine Bewunderung ...

Der Akribie und Pedanterie des eifrigen Staatsdieners um jeden Preis entspricht der präzise und zugleich virtuos-ironische, auch historischen Sprachgebrauch imitierende Stil des Romans, der in 82 Abschnitten chronologisch der Biographie des Staatsschutzhelden folgt, bis dieser sich gegen Ende rekapitulierend in der Geschichte seiner verfehlten Zugriffe ergeht. Günter Grass war nicht damit einverstanden, daß S. seinen Helden bald nach dem Volksaufstand sterben ließ (»Ich werde Schädlich schreiben: nein, Tallhover kann nicht sterben.«), denn schließlich stand die Konjunktur für seinesgleichen erst noch bevor. Grass sorgte für Tallhovers Weiterleben als Hoftaller in seinem Deutschland- und Fontane-Roman *Ein weites Feld* (1995).

1987
Hilde Domin
Gesammelte Gedichte

Der Band enthält die Texte der Gedichtbände *Nur eine Rose als Stütze* (1959), *Rückkehr der Schiffe* (1962), *Hier* (1964), *Ich will dich* (1970) und etwa 100 weitere bisher unveröffentlichte oder schwer zugängliche ältere und neuere Gedichte. Damit dokumentiert er, zusammen mit den ebenfalls aufgenommen Übertragungen von Gedichten Giuseppe Ungarettis und anderer, D.s lyrisches Schaffen von den Anfängen 1951 im Exil von Santo Domingo bis zur Gegenwart.

D. wurde im Exil zur Lyrikerin. Sie beschrieb diesen Vorgang als zweite Geburt, als innere Notwendigkeit, um sich »am Rande der Welt« überhaupt noch zu spüren, als Heimkehr in das Wort: »Von wo ich unvertreibbar bin. Das Wort aber war das deutsche Wort. Deswegen fuhr ich wieder zurück.« Die Stationen des Exils von Italien über England nach Santo Domingo und in die USA spiegeln sich in der stark autobiographisch geprägten Lyrik wider:

Ich richte mir ein Zimmer ein in der Luft
unter den Akrobaten und Vögeln
[...]
Meine Hand
greift nach einem Halt und findet
nur eine Rose als Stütze.
(*Nur eine Rose als Stütze*)

Die inhaltlichen Akzente verschieben sich im Lauf der Zeit. Während in den ersten Gedichtbänden die Erfahrungen des Exils, der Heimatlosigkeit und des drohenden Identitätsverlusts thematisiert werden, tritt später, nach der Rückkehr in die Heimat, die Neuorientierung in den Vordergrund. Verbindungen zu dem Werk anderer exilierter Dichterinnen wie Rose Ausländer und Nelly Sachs bestehen in biographischen Aspekten, aber auch in dem ihnen gemeinsamen künstlerischen Ernst.

Zu D.s literarischen Vorbildern gehören die italienischen und spanischen Symbolisten und Surrealisten, insbesondere Jorge Guillén, Federico García Lorca und Giuseppe Ungaretti. Sie beeinflußten ihre Bildlichkeit und die Leichtigkeit und Einfachheit ihrer Sprache. Damit verbinden sich Konzentration, sprachliche Ökonomie, Genauigkeit in einem fortschreitenden Prozeß der Verknappung, der in luftigen Gebilden seine ideale Form findet:

Wer es könnte
die Welt
hochwerfen
daß der Wind
hindurchfährt.
(*Wer es könnte*)

1987
Hubert Fichte
Hotel Garni / Die Geschichte der Empfindlichkeit

In den 70er Jahren begann F. mit der Arbeit an einem großen Schriftenzyklus, der 19 Bände umfassen sollte, doch bei seinem Tod (1986) noch nicht abgeschlossen war. Seit 1987 wird der Torso aus dem Nachlaß ediert; er enthält neben Romanen und Romanfragmenten literarische und ethnographische Essays, Reiseberichte, Hörspiele, Glossen und Interviews. 1994 erschien der abschließende Band *Hamburg Hauptbahnhof/Register*. Der dritte Band mit Glossen (*Die Zweite Schuld*) kann erst nach einer 20jährigen Sperrfrist veröffentlicht werden. Der Begriff ›Empfindlichkeit‹ ist eine Übersetzung des frz. *sensibilité* und soll eine hochentwickelte Empfindungs- und Wahrnehmungsweise, die sinnliche und intellektuelle Reizbarkeit des Beobachters angesichts des Fremden und eine entsprechende Darstellungsweise bezeichnen.

Grundlage der Romane des Zyklus, der die Summe von F.s Weltbegegnung bilden sollte, ist F.s eigene Sozialisations- und Lebensgeschichte. Als Protagonisten erscheinen, wie in früheren Texten F.s, Jäcki und Irma. F. beschreibt Stationen ihres Lebens vor dem Hintergrund der europäischen Geschichte des 20. Jh.s und im Zusammenhang mit den außereuropäischen Kulturen der Karibik, Brasiliens und Afrikas, die durch zahlreiche Reisen präsent werden. *Hotel Garni* – der Titel verweist gleichsam auf einen beliebigen Haltepunkt unterwegs – entwirft in einer Art Zwiegespräch ein Protokoll der Begegnungen der Künstler Jäcki und Irma, Schriftsteller bzw. Fotografin, und ihres persönlichen und künstlerischen Gedankenaustauschs. Zunächst steht Jäckis Geschichte in nicht chronologisch geordneten Erfahrungsfragmenten im Mittelpunkt (Kindheit und Jugend, Landwirtschaft, soziales Engagement in Frankreich bei dem Arbeiterpriester Abbé Pierre, sexuelle Erfahrungen usw.), wobei sich die einzelnen Stationen immer wieder mit Erinnerungen an oder Begegnungen mit Künstlern und eigener schriftstellerischer Arbeit verbinden. Programmatisch heißt es ziemlich zu Anfang:

Wiederbewaffnung.
1954.
Aber ich wollte nicht nur weg.
Ich wollte auch wohin.
Ich wollte in die Welt.
Europa war mir kaum groß genug.
Der Äquator war meine Heimat.
Ich war den Afrikanern verwandt,
    den Lappen, den Mizteken.
Lokstedt war nicht meine Welt.
Ich komme von weither.

Später ist Irmas angepaßte Biographie das Thema, die Geschichte ihrer Sozialisation im Zweiten Weltkrieg. Die Anerkennung von Jäckis Homosexualität bedeutet Irmas Bruch mit ihrer bürgerlichen Herkunft. Das alles wird recht einsilbig und unruhig in abgerissenen Sätzen notiert; eine zusammenhängendes Erzählen und Beschreiben findet nicht statt. Doch öffnen die beiden biographischen Komplexe einen facettenreichen Blick auf die Gedanken- und Gefühlswelt vor allem der bundesrepublikanischen Gesellschaft der 50er Jahre.

1988
Christoph Ransmayr
Die letzte Welt

Die letzte Welt ist R.s zweiter Roman. Vorausgegangen war die Geschichte einer Nordpolexpedition von 1873 in einer virtuosen Verbindung von historischer Detailgenauigkeit und Fiktion (*Die Schrecken des Eises und der Finsternis*, 1984), einem Verfahren, das in modifizierter Form auch die *Letzte Welt* charakterisiert. Aus dem Auftrag, Ovids *Metamorphosen* neu zu erzählen, entstand das Konzept eines Ovid-Romans, der das antike Epos und seine Gestalten gleichsam als Substrat verwendet, dabei freilich die Entwicklung umkehrt. Erzählt Ovid in 15 Büchern die Geschichte der Welt vom »Chaos« des Weltbeginns bis zur aufgeklärten Erkenntnis des Pythagoras und zur eigenen Gegenwart (Buch 15), so beginnt R.s 15 Kapitel umfassender Roman mit der Begegnung mit Ovids ehemaligem Diener Pythagoras und endet mit der Rückverwandlung der geschichtlichen Welt in Natur und der Erschaffung des Olymp. Dazwischen treten, verfremdet, weitere Gestalten aus Ovids Epos auf, durchaus auch ein gelehrtes Spiel, bei dem das »Ovidische Repertoire« des Anhangs Hilfestellung bietet.

Cotta, ein Freund Ovids (historisch), reist nach Tomi, einem Küstenstädtchen am Schwarzen Meer (Tomis; heute: Konstanza), um den nach Rom gedrungenen Gerüchten vom Tod des Dichters Publius Ovidius Naso nachzugehen und dabei herauszufinden, was aus seinem Hauptwerk geworden ist. Naso, so wird Ovid im Roman genannt, war von Kaiser Augustus hierher, ans Ende der Welt, verbannt worden und hatte bei seinem Abschied von Rom seine Manuskripte verbrannt (dies nur im Roman, nicht in Wirklichkeit). So geht Cotta den Spuren Ovids in der »eisernen Stadt« nach, die schon in ihrem Beinamen an das letzte Zeitalter erinnert, befragt Leute, stößt auf Mißtrauen, erfährt Bruchstücke aus den *Metamorphosen* und aus dem Leben des verbannten Dichters. Er findet Ovids Diener Pythagoras, der Steinpyramiden baut, an denen er Stoffetzen mit Worten aus den Metamorphosen befestigt: »und Cotta las: *Keinem bleibt seine Gestalt.*« Und in der Tat verändert und verwandelt sich vieles während Cottas einjährigem Aufenthalt in Tomi – Landschaft, Klima, Menschen, Cotta selbst –, so, als hätte Ovids Satz Macht über die Stadt und seine Bewohner. Während Cotta die Veränderungen in Tomi beobachtet, werden immer wieder Rückblicke eingeblendet, die von

Rom handeln, vom Verhältnis von Politik und Kunst, von Ovids fatalem Auftritt als Redner, der zu seiner Verbannung führte, von den Machenschaften der Hofschranzen usw. Gewiß ist das nicht nur auf die Vergangenheit bezogen. Cotta zieht schließlich – man hält ihn für verrückt – ins Gebirge hinauf. Die letzte Welt bedarf der Menschen nicht.

Auffallende Anachronismen betonen die Zeitlosigkeit der Geschichte, die gemäß dem pythagoreischen Satz »Keinem bleibt seine Gestalt« (vgl. *Metamorphosen* 15, V. 165) Mythos, Geschichte und Gegenwart mit großer Kunst und sprachlicher Kraft ineinanderfügt. Der Satz impliziert aber auch einen neuen Anfang aus der Versteinerung der letzten Welt heraus. Sieben Jahre nach der *Letzten Welt* erschien R.s düstere Geschichtsparabel *Morbus Kitahara* (1995), die eine imaginäre Nachkriegszeit in einem zerstörten und besetzten Land als Parabel einer sich selbst zerstörenden Zivilisation schildert.

1988
Peter Turrini
Die Minderleister

»Schock als Ergebnis und nicht als Selbstzweck«, so bezeichnete T. 1972 die Wirkungsabsicht seiner provozierenden, grellen Dramen, mit denen er debütierte: *Rozznjogd* (*Rattenjagd*, 1971) und *Sauschlachten* (1972). Das soziale und politische Engagement, das diese Texte trägt, prägt auch das Schauspiel in 15 Szenen *Die Minderleister*, das am 1. 6. 1988 am Wiener Akademietheater uraufgeführt und im selben Jahr gedruckt wurde. Den Ausgangspunkt beschreibt T. so: »In den Personalbüros der Stahlwerke liegen Listen mit den Namen von Arbeitern, die in nächster Zeit entlassen werden. Auf diesen Listen steht das Wort ›Minderleister‹. Mit diesem Wort verbinde ich den schäbigen Versuch, die Krise der Stahlindustrie auf Kosten der Schwächsten auszutragen. [...] In Wahrheit ist eine Gesellschaft in die Krise gekommen, ist eine Politik in die Krise gekommen, jetzt werden die an der Krise Schuldigen gesucht.«

Die Folgen dieser Politik trägt im Stück stellvertretend der junge Stahlarbeiter Hans. Sein Arbeitsplatz soll gestrichen werden; eine Abfindung wird ihm angeboten, und die Personalchefin legt ihm nahe, vom Persönlichen abzusehen und aufs Allgemeine, die globale Krise zu schauen. Denn: »Der Markt steht über den Menschen.« Hans weigert sich jedoch, freiwillig auszuscheiden:

Das Haus ist nicht bezahlt, ein Kinderzimmer bestellt usw. Als sich jedoch sein Kollege Ringo übertölpeln läßt, randaliert Hans in der Kantine und wird fristlos entlassen. Seine Frau verliert ebenfalls ihre Stelle und macht aus Not bei einem Pornovideo mit. Hans und seine Kollegen rächen sich auf brutale Weise an dem Produzenten. Als sich Hans an den Minister für Arbeit und Wirtschaft wendet, interveniert der tatsächlich und erreicht die Wiedereinstellung – allerdings nicht am alten Arbeitsplatz, sondern als ›Ordner‹. Seine Aufgabe ist es, die »Minderleister« festzustellen, damit ihnen dann gekündigt werden kann. Das bringt Hans in einen unlösbaren Konflikt zwischen finanziellen Zwängen und der Solidarität mit seinen Kollegen. Er setzt sich selbst auf die Liste und springt in den Hochofen. Der das Geschehen begleitende und kommentierende versoffene Werksbibliothekar und Dichter Shakespeare ist der einzige, der die Situation der Arbeiter durchschaut:

> Die Schweine schreien laut
> wenn sie gezerrt von ihren Schlächtern
> zur Schlachtbank gehen.
> Doch still verdaut ihr Fleisch
> im Magen der Genießer.
> [...]
> Wer seid ihr schon?
> Ihr seid das Schlachtvieh
> der Geschichte
> seit neuestem mit Eigenheim.

T.s Stück ist kein naturalistisches Sozialdrama. Es trägt vielmehr Züge eines Stationendramas und Passionsspiels, die sich auf originelle und wirksame – d. h. auch Kontroversen auslösende – Weise mit Elementen der Sozialreportage, der Satire und des politischen Theaters verbinden.

1988
Otto F. Walter
Zeit des Fasans

Der fiktive Ort Jammers im Kanton Solothurn ist der Schauplatz zahlreicher Werkes des Schweizer Autors seit seinem ersten Roman *Der Stumme* (1959). Hier steht auch die heruntergekommene Villa der einst die Gegend beherrschenden Industriellenfamilie Winter. Ihre Geschichte, der Verfall einer Familie, ist der Gegenstand des Romans, der sich zugleich zu einem Bild der Schweizer Geschichte von den 30er bis in die 50er Jahre des 20. Jh.s weitet. Ausgangspunkt ist der Besuch, den Thomas Winter und seine Berliner Freundin Lisbeth Bronnen dem noch von einer Schwester und ihrer Familie bewohnten Haus im Sommer 1982 abstatten.

Thom ist Historiker und beschäftigt sich mit Fragen der Schweizer Politik und Militärgeschichte während des Zweiten Weltkriegs. Durch seine Übersiedlung nach Berlin glaubte er der Familie entkommen zu können. Doch der vertraute, wenn auch vom Verfall bedrohte Ort seiner Kindheit und Jugend weckt Erinnerungen an den Familienclan, an Eltern, Onkel, Tanten, Großeltern, Familienschicksale. Nach der Evokation einer Szene aus dem Jahr 1936, in der Ulrich Winter, Thoms Vater, im Familien- und Freundeskreis beeindruckt von seiner Audienz beim Führer berichtet, beginnt die Rekonstruktion der Vergangenheit mit einem Zufallsfund in der Bibliothek, einem Eintrag in einem alten Tagebuch der noch lebenden Tante Esther: »Lilly Winter, meine Schwägerin, ist nicht eines natürlichen Todes gestorben. Sie wurde umgebracht.«

Und so bleibt Thom in Jammers, während seine Freundin wie geplant weiter nach Frankreich fährt. Briefe erhalten die Verbindung aufrecht und kommentieren zugleich die wachgewordenen Erinnerungen aus den verschiedenen Zeitstufen der Kindheit. Vergegenwärtigt werden insbesondere die Gestalt des scheiternden patriarchalischen Industriellen und seine Männergesellschaft sowie die Gestalt der Mutter, die den Verfolgten des Naziregimes hilft, sich für die Arbeiter in den familieneigenen Betrieben einsetzt und sich aus Angst vor der Sexualität in den Marienkult flüchtet. Damit erhält die Zeit- und Familiengeschichte noch eine andere Ebene: Es geht um eine Kritik der männlichen Gewalt und ihrer Ursachen, um die Ablösung des Matriarchats durch das Patriarchat nach dem »Muttermord« mit all den negativen Folgen für die menschliche Geschichte bis hin zum kapitalistischen Profitwahn der Winters. Diese These wird durch Anspielungen auf Agamemnon, Klytämnestra und Orests Muttermord gestützt und durch Reflexionen und Gespräche im Roman selbst erläutert. Auch die Episode, die dem Roman den Titel gibt, verweist auf dieses Thema: Thoms ältere Schwester Charlotte muß ansehen, wie ein von ihr gesundgepflegter Fasan bei einer Jagdpartie ihres Vaters getötet wird: »wer ihn erlegt, tötet auch mich.«

W.s Roman folgt einerseits dem Muster des Familien- und Zeitromans, andererseits bricht er das traditionelle Erzählen und Erinnern auf, erkundet die Beziehungen zwischen den Personen mit den Deutungsmustern der Psychoanalyse, montiert dokumentarisches und fiktives Material ein und läßt aufklärerische Deutungsinstanzen

wie Thoms Mentor André Rupp ausführlich zu Wort kommen, so daß die Interpretation gleichsam mitgeliefert wird.

1989
Heinz Czechowski
Mein Venedig

C. gehört zu der Generation von DDR-Lyrikern, die seit den 6oer Jahren die Kriegsgeneration ablöste und die man gelegentlich als ›sächsische Dichterschule‹ bezeichnet (u. a. Volker Braun, Sarah und Rainer Kirsch, Karl Mickel, Reiner Kunze). Unter dem Einfluß von Mentoren wie Stephan Hermlin oder Erich Arendt wurde ein Freiraum für Experimente und den vorher offiziell verpönten ›Modernismus‹ geschaffen; zugleich behaupteten die Lyriker dieser lockeren Gruppierung das Recht auf ihre eigene Individualität und ihre eigenen literarischen Interessen gegenüber den Ansprüchen von Politik und Gesellschaft. Sie machten so die dialektische Spannung zwischen Individuum und Gesellschaft zu einem ihrer zentralen Themen – mit zunehmender Skepsis angesichts der Situation in der DDR. In C.s Gedicht *An meine Freunde, Sommer 1975* stehen noch die Zeilen: »Ziellos, / Doch nicht ohne Hoffnung.« Bald jedoch, 1981, heißt es schon: »Ich hoffe schon nichts mehr. Und all meine Briefe / Schreibe ich schließlich und endlich / An mich.« Die Folge ist ein verstärkter Rückzug auf subjektive, aber keineswegs unpolitische Positionen. Diesen Weg bezeichnen gleichsam programmatisch die Titel von Gedichtbänden der 8oer Jahre wie *Was mich betrifft* (1981) oder *Ich und die Folgen* (1987). Hier stehen C.s große Natur- und Landschaftsgedichte, seine lyrischen Porträts und seine historischen Reflexionen, beherrscht von einem Ton durchdringender Melancholie. Zugleich wird eine stilistische Entwicklung zu einem immer stärker ausgeprägten Lakonismus Brechtscher Prägung sichtbar, der auch für den Band *Mein Venedig. Gedichte und andere Prosa* charakteristisch bleibt.

Für C. sind Landschaften und Orte – insbesondere Dresden – sowie ihre Geschichte Ausgangspunkt seiner lyrischen Selbstreflexion und Selbstvergewisserung. *Mein Venedig* erscheint als ein Buch der Spurensuche in einer imaginären Stadt irgendwo bei Dresden: »Ich habe die Stadt, deren versinkender Ruhm mir nah ist, in Wirklichkeit niemals gesehn. [...] Ich müßte mich schon sehr täuschen, wenn ich mich irre, daß die Landschaft, in der ich mich plötzlich wiederfand, nicht

an jene Gegend erinnerte, wie sie um die Müll-
kippe in unserer Nähe beschaffen ist.« Der Untergang Dresdens, der Schatten der deutschen
Geschichte, Verfall, beschädigte Natur, Endzeitstimmung, die Situation des Dichters, das sind
C.s Themen in diesem Band, dessen Gedichte mit
Zitaten und Zitatmontagen die lyrische Tradition
seit Hölderlin einbeziehen und zugleich brechen.
»Die letzten Träume werden kupiert«, heißt es
im Gedicht *Tag im Februar*, und am Schluß des
Bandes steht so etwas wie ein Fragezeichen:

Geduckt
Geh ich unter den Leuten.
Alles hat nichts zu bedeuten.
Vielleicht
Sind wir nicht für das Leben gemacht.
Getan
Ist noch lange nicht
Gedacht.
(*Etwas wie einen Anfang machen*)

1989
Wilhelm Genazino
Der Fleck, die Jacke, die Zimmer, der Schmerz

Während G. in früheren Romanen wie *Abschaffel*
(1977), *Die Ausschweifung* (1981) oder *Fremde
Kämpfe* (1984) den Zusammenhang von gesellschaftlichen Zwängen und individueller Deformation in eindringlichen Psychogrammen und
Szenen des modernen Lebens schilderte, stellen
sich die Hauptgestalten dieses Romans den Gefahren entgegen, die dem Subjekt, die der Individualität in der Gesellschaft drohen. Der Ich-
Erzähler, der Schriftsteller W., zitiert aus den
Tagebüchern Max Beckmanns, die er ständig mit
sich herumträgt, als einen seiner Lieblingssätze:
»Ich habe mich mein ganzes Leben bemüht, eine
Art ›Selbst‹ zu werden. Und davon werde ich
nicht abgehen und es soll kein Winseln um Gnade und Erbarmen geben, und sollte ich in aller
Ewigkeit in Flammen braten.« Es gilt, ohne die
Urteile der anderen zu leben. »Man muß durch
die Welt gehen wie durch einen einsamen Wald.«
So sind er und seine Freundin Gesa Künstler ohne Öffentlichkeit. Indem sie sich verweigern und
ihre Kreativität im Privaten entfalten, verhindern
sie, daß ihre Werke zur Ware werden; zugleich
erhalten sie deren Widerstandspotential.

Die ›Handlung‹ des Romans resultiert aus diesem Widerstand gegen die Warenwelt und die
moderne polierte Oberflächlichkeit. Auslöser ist

ein verworrenes Gespräch von Jugendlichen in
einer »Ruinensprache«, wobei u. a. von »Moz«
die Rede ist: »Sofort habe ich das Bedürfnis, Mozart vor diesen netten jungen Leuten zu warnen.« Es bleibt aber nicht bei dieser Assoziation:
Gesa und er fahren nach Wien, um etwas »zur
Ehre von Mozart« zu tun. Sie folgen seinen Spuren, dann denen Kafkas und Wittgensteins, beharrlich, mit Blick für die Details und scheinbare
Nebensächlichkeiten, und W. formuliert in einem
Brief seine Gedanken über eine neue Kunst, über
das Schaffen von Bereichen, »die vor jedem
Zugriff sicher sind«, über »eine neue Verheim-
lichung des Menschen« als möglichem Ergebnis.
Eine anagrammatische Assoziation – Fußball-
spieler tragen das Wort ERDGAS über den Bild-
schirm – führt sie anschließend nach Paris, um
ein Bild von Edgar Degas zu sehen. Touristen
versperren den Blick. Sie fahren weiter nach Amsterdam; von Beckmanns Amsterdamer Leben ist
so gut wie nichts mehr übrig. Und doch, zurück
in Frankfurt, führen die Eindrücke der Stadt, die
Begegnungen mit Menschen wieder zum Anfang:
»Du, sage ich, es ist soweit, wir müssen wieder
verreisen.«

G.s Konzept einer Kunst, die sich der Vereinnahmung durch die Gesellschaft entzieht, sein
Programm der Rettung der Subjektivität findet
nicht nur theoretisch Ausdruck in den Reflexionen des Romans, sondern steht auch hinter dem
ebenso einfühlsamen wie die jeweilige Individualität respektierenden Verhältnis der beiden Protagonisten zueinander, hinter den zahlreichen
Beobachtungen und Impressionen des genau
(und satirisch) blickenden Erzählers, den Reminiszenzen an die Kindheit. Bruchstücke der Wahrnehmung und der Erinnerung, auf die der Titel
des Romans verweist, fügen sich wie in einem
Film zusammen – die Erwähnungen Alexander
Kluges sind nicht zufällig –, das scheinbar Nebensächliche wird zur Hauptsache. Aus dem Verborgenen heraus und damit dem »falschen Stau-
nen« des Publikums entzogen, könnte die neue
Kunst entstehen: »Es könnte die empfindlichste
Kunst werden, die es je gegeben hat.«

1990
Ludwig Harig
Weh dem, der aus der Reihe tanzt

In bisher drei Romanen hat der Saarländer H.,
früher eher für seine Sprachspiele und -experi-
mente oder Dialektgedichte wie *Die Biescher un
es Läwe* bekannt, die Vergangenheit am Beispiel

der Familiengeschichte rekonstruiert: *Ordnung ist das ganze Leben* (1986) erzählt die Geschichte des Vaters von der Zeit des Ersten Weltkriegs an, die folgenden Romane (*Weh dem, der aus der Reihe tanzt*; *Wer mit den Wölfen heult, wird Wolf*, 1996) beschreiben sein eigenes Leben von 1933, dem Beginn der Schulzeit im saarländischen Sulzbach, bis in die 50er Jahre.

Weh dem, der aus der Reihe tanzt ist die Geschichte einer Jugend im Dritten Reich, der Indoktrination durch Familie, Schule und Politik, der Verführung durch die Macht, eine Geschichte der Ohnmacht der Vernunft. H. erzählt sie, indem er Fotos befragt, Örtlichkeiten besucht, Reisen nachvollzieht, also immer wieder die Distanz zwischen heute und damals sichtbar macht. Diese Distanz ermöglicht erzählerische Konzentration, d. h. mit der privaten Lebensgeschichte setzt H. zugleich verschiedene Themenschwerpunkte, die die Zeit des Nationalsozialismus und ihre Strukturen, auch ihre Bewußtseinsstrukturen, verständlich zu machen suchen. Voran steht ein eindrucksvolles Schulkapitel, in dem am Beispiel des Außenseiters René zum erstenmal das Motto des Buches (und die Fragwürdigkeit der Erinnerung) demonstriert wird, eine Drohung, die schon von der symmetrisch strengen Architektur des Schulhauses auszugehen scheint. Weitere Schwerpunkte sind die politische Auseinandersetzung um die Saarabstimmung 1934, der nationalsozialistische Fahnenkult und die propagandistische Wirkung des Films vom *Hitlerjungen Quex*, die erzählerische Verbindung von jugendlichen Bandenspielen und dem Überfall auf Polen, die Predigt eines den Deutschen Christen angehörenden Pfarrers (»Ein Volk! Ein Gott! Ein Reich! Eine Kirche!«), die Konfrontation der Waldidylle des Internats auf Burg Idstein mit den Transporten von Behinderten und Geisteskranken, deren Ziel sprachlos erahnt wird, mit antisemitischer Indoktrination: »Weh dem, der aus der Reihe tanzt«, das gilt für Polen, Juden, Geisteskranke, bis schließlich der Krieg auf seine Urheber zurückschlägt und sich ein zwiespältiger Neuanfang abzeichnet. »Auch ich hatte die Finger im Spiel«, heißt es zum Schluß rückblickend, »und ich spielte auf meine Weise mit. [...] Nein, ich kann nichts ungeschehen machen.«

1990
Gerhard Meier
Land der Winde

Der Schweizer Autor begann in den 60er Jahren als Lyriker. Seine Prosa hat lyrische Qualitäten beibehalten. Den Höhepunkt des erzählerischen Werkes bilden die Romane *Toteninsel* (1979), *Borodino* (1982), *Die Ballade vom Schneien* (1985), nachträglich (1987) zur Trilogie *Baur und Bindschädler* zusammengefaßt, und – gleichsam als eine Art Synthese der vorigen Texte – *Land der Winde*.

Es handelt sich um keine herkömmlichen Romane mit nacherzählbarer Handlung; es sind vielmehr Aufzeichnungen von Unterhaltungen, Beobachtungen und Erinnerungen, die assoziativ Persönliches mit Literatur- und Kunsteindrücken verbinden und durch Wiederholungen bestimmter Themen und Formulierungen strukturiert werden. Die Trilogie stellt sich zunächst als ein Erinnerungsmonolog Kaspar Baurs dar, gerichtet an den Freund und Chronisten Rudolf Bindschädler, der dann aber immer stärker mitredet. Er wirkt, obwohl er der Erzähler ist, vor allem als Zuhörer. Im ersten Roman, *Toteninsel*, bildet ein Spaziergang der beiden älteren Leute durch Olten den Rahmen; aus Baurs Erzählungen kristallisiert sich dabei seine Familiengeschichte heraus. In *Borodino* finden die Gespräche in Baurs Wohn- und Heimatort Amrain, M.s exemplarischem Provinzkosmos, statt, in der *Ballade vom Schneien* im Krankenzimmer des todkranken Baur. *Land der Winde* ist wiederum in Amrain angesiedelt: »Amrain war das Zentrum der Welt.«

Bindschädler geht durch den Ort, besucht Baurs Grab, und noch einmal spricht aus ihm Baur, seine Sicht der Leute von Amrain, seine Phantasien, Kindheitsreminiszenzen und Reiseerinnerungen, seine Vorstellungen von Rußland, seine künstlerischen und literarischen Vorlieben: Caspar David Friedrich, Tolstoi, Tschechow, Keller, Robert Walser, Proust, Claude Simon und andere. In einem Gespräch mit Katharina, der Witwe Baurs, werden die Themen noch einmal aufgenommen, findet eine erneute Annäherung an die Gestalt Baurs statt, eines Mannes, der »sich als Schriftsteller gefühlt habe, wenn auch als einer, der seine *Werke* in den Wind geschrieben und viele seiner Kollegen als Macher empfunden habe«.

»Während viele meiner Kollegen Flüsse ausmaßen, Seen, Tiefebenen, Historienbilder, Häuser und Herzen, zu schweigen von den Wegen, die zurückzuführen hätten (ins Paradies), schwang ich mich auf den schwarzen Schimmel, um hinter die sieben Berge zu entkommen, ins Sneewittchenland sozusagen; denn auf dem schwarzen Schimmel zu reiten – sei Kunst, sagte unsere Enkelin, als sie fünf, sechs Jahre alt war.« Dieser Satz wird mehrfach wiederholt und abgewandelt; er steht für die Leichtigkeit der Kunst des Romans, für die Unauffälligkeit, mit der hier Geschichten angedeutet, Stimmungen registriert, Personen beschrieben werden, er steht für die Unaufdringlichkeit und Distanz, mit der die Dinge der Welt – und die Provinz ist die Welt – wahrgenommen und die Wahrnehmungen formuliert werden (»Die Welt existiert erst, wenn sie formuliert, in Sprache gefaßt vorliegt«).

1991
Friedrich Christian Delius
Die Birnen von Ribbeck

D. begleitet seit der Mitte der 60er Jahre als kritischer Chronist die politische und gesellschaftliche Entwicklung der Bundesrepublik mit politischer Lyrik (im selbstkritischen Rückblick: *Selbstporträt mit Luftbrücke. Ausgewählte Gedichte 1962–1992*, 1993), satirischen und polemischen Dokumentationen (*Wir Unternehmer*, 1966; *Unsere Siemens-Welt*, 1972; *Konservativ in 30 Tagen. Ein Hand- und Wörterbuch Frankfurter Allgemeinplätze*, 1988) und Romanen (*Ein Held der inneren Sicherheit*, 1981; *Adenauerplatz*, 1984; *Mogadischu Fensterplatz*, 1987; *Himmelfahrt eines Staatsfeindes*, 1992). Die Romane stehen in engem Zusammenhang mit den Ereignissen des ›Deutschen Herbstes‹ von 1977 und seinen Folgen, suchen das politische und moralische Klima anhand von Psychogrammen der Beteiligten, Täter wie Opfer, zu beschreiben. Mit der Wiedervereinigung bot sich D., der immer einen engen Zeitbezug gesucht hatte, ein neuer Themenbereich, dem er sich in den Erzählungen *Die Birnen von Ribbeck* und *Der Spaziergang von Rostock nach Syrakus* (1995) jeweils vor einem literarhistorischen Hintergrund, doch auf durchaus unterschiedliche Weise, näherte.

Die Erzählung *Die Birnen von Ribbeck* spielt natürlich auf das berühmte Gedicht Fontanes an (*Herr von Ribbeck auf Ribbeck im Havelland*). Dessen Popularität führt nun, 1990 nach der Öffnung der Mauer, zu einem Einfall von Westberlinern, die nach Ribbeck kommen, um einen Birnbaum zu pflanzen und die Einheit mit »Bier und Faßbrause, Birnenschnaps, Würstchen und Luftballons« zu feiern. Erzähler ist ein Ribbecker (»wir«), der zunächst die Perspektive durch Vergleiche der Westberliner Invasion mit russischen Panzern, der Luftwaffe und feudalen Ribbeckschen Festen klarstellt und dann ohne Punkt, aber in übersichtliche Absätze gegliedert, auf mehr als 70 Seiten die Geschichte Ribbecks von Fontanes (entmythologisierten) feudalen Zeiten über Nazidiktatur und DDR als Geschichte der Demütigung und Unterdrückung schildert und damit eine Ahnenreihe herbeizitiert, in die sich die Westberliner mit ihrer Kolonisierungshaltung bestens einfügen: »da stehen wir auf dem Acker, und der Vorsitzende zeigt einen Brief vom jüngsten Ribbeck, dem Enkel, der pocht aufs Grundbuch, den besten Boden, die Ställe, den Wald will er und den Fleck, auf dem ich hier hocke, die Bodenreform zum Arschabwischen, wenn das so weitergeht, passiert eines Tages wieder was, halt deinen Mund und führ deine Arbeit aus [...].« Man hat D. Abstraktheit, Verallgemeinerung und ein naives Verständnis von ›Volk‹ vorgeworfen, andererseits kann er sich durch den Verlauf des Wiedervereinigungsprozesses durchaus bestätigt fühlen.

1991
Georges-Arthur Goldschmidt
Die Absonderung

Der in Paris lebende Erzähler, Essayist und Übersetzer zahlreicher Werke Peter Handkes veröffentlichte bisher in französischer Sprache; zuletzt erschien die Erzählung *Un jardin en Allemagne* (1986; dt. *Ein Garten in Deutschland*, 1988). In ihr erinnert sich G. an seine Kindheit, den Abschied von der Kindheit in Hamburg. Dieser Lebensabschnitt findet ein Ende, als der Zehnjährige 1938 mit seinem Bruder in den Zug nach Florenz gesetzt und so in Sicherheit gebracht wird.

Mit der Erinnerung an diesen Abschied beginnt auch *Die Absonderung*, G.s erste Erzählung, in der er wieder zu seiner Muttersprache zurückkehrt. Mit dem Abschied verbunden ist ein Gefühl der Schuld, das die Trennung von den Eltern in ihm auslöst: »Schuldig war er, erwiesen schuldig. Er gehörte weggeschafft, das hatte er immer schon gewußt.« Die Reise findet nach Zwischenaufenthalten ihr Ziel in einem Kinderheim in Savoyen, in dem G., auch hier noch gefährdet, das Dritte Reich überlebt. ›Absonderung‹ meint nicht nur oder nicht in der Hauptsache die Flucht des jüdischen Jungen, die Trennung von Heimat und Eltern, sondern vor allem den Rückzug in sich selbst, in eine innere Heimat, ausgelöst und bestärkt durch den Verlust der vertrauten Welt und die nun einsetzende Pubertät. Das Kinderheim, das den Jungen vor der Außenwelt schützt, erscheint als ein Ort der Qual, in den er als Fremder eintritt und in dem er zum Außenseiter und Opfer sadistischer Erziehungsmaßnahmen und Quälereien wird, eine Situation, die sich mit seinen eigenen pubertären Bestrafungsphantasien verbindet. »So lernte er sich allmählich von innen kennen«, heißt es an einer Stelle. Schmerz, Haß und Wut erfüllen ihn – und lenken ab von Gedanken an die Eltern, an die verlorene Heimat, vom Heimweh und ermöglichen so sein Leben.

Mit Distanz und großer Einfühlungsgabe zugleich erzählt G. diese Geschichte, die mit einer abermaligen Flucht vor den deutschen Besatzern in einen Bergbauernhof endet. Distanz schafft die Haltung des Erzählers, der sich 40 Jahre später erinnert und dabei mit großer Kunst und sprachlicher Kraft immer wieder eindrucksvolle Bilder der Pariser Stadtlandschaft der inneren und äußeren, der gegenwärtigen und erinnerten Welt des Jungen in den savoyischen Alpen entgegensetzt und dadurch seinem Leben Perspektive gibt.

1991
Durs Grünbein
Schädelbasislektion

Der 1995 mit dem Georg-Büchner-Preis ausgezeichnete Lyriker veröffentlichte seinen ersten Gedichtband *Grauzone morgens* 1988. Wenn sich der in der DDR aufgewachsene Poet auch durchaus desinteressiert am »Ost-West-Marathon« zeigt, dokumentieren seine Gedichte gleichwohl die Agonie dieses Staates. Sie weisen aber zugleich über die Grenzen hinaus, die deformierte »Grauzonenlandschaft« beschreibt die Konsequenz aller technisch-industriellen Systeme. Und so ist auch G.s zweiter Gedichtband, *Schädelbasislektion*, mehr als nur die Reaktion eines Autors der Szene vom Prenzlauer Berg auf den Fall der Mauer. Allerdings bleibt das Thema nicht ausgespart. In der Abteilung »Sieben Telegramme« heißt es nicht ohne Zynismus unter der Überschrift *12/11/89*:

> Komm zu dir Gedicht, Berlins Mauer ist
>   offen jetzt.
> Wehleid des Wartens, Langweile in Hegels
>   Schmalland

> Vorbei wie das stählerne Schweigen …
>   Heil Stalin.
> [...]
> Revolutionsschrott *en masse*, die Massen
>   genasführt
> Im Trott von bankrotten Rotten, was bleibt
>   ein Gebet:
> Heiliger Kim Il Sung, Phönix Pjönjangs, bitt
>   für uns.

Doch bleibt dieses Thema nur Teil einer an »Niemands Land« gebundenen Gegenwartsanalyse – ein zentraler Zyklus von Langgedichten ist »Niemands Land Stimmen« überschrieben –, eine Analyse, die die Illusion eines festen Standorts aufgegeben hat und im Kaleidoskop der Beobachtungen und Realitätspartikel die eigene Wahrnehmung und ihre Voraussetzungen einbezieht (»Was du bist steht am Rand / Anatomischer Tafeln«, »Wer ist Herr der Opiate / Die das Hirn selbst erzeugt?«).

Der große Zyklus »Niemands Land Stimmen« ist eine Art Stimmencollage und Panoramagedicht, dessen Themenbereiche ein aus den einzelnen Überschriften gefügtes Epigramm nennt: »Unten am Schlammgrund / In Tunneln der U-Bahn / Vorm Fernseher die Toten / Inside out outside in / Begegnen … dem Tag.« Die Gedichte selbst sind komplexe Gebilde, polyphon und präzise, wobei die unterschiedliche Brechung der Verszeilen und ihre Anordnung den partiturähnlichen Charakter unterstreichen. Auf der anderen Seite verfügt G. – etwa in den Zyklen »Die Leeren Zeichen« oder »Der Cartesische Hund« – über die formalen Möglichkeiten der traditionellen Poetik (fünfhebige Jamben, Bildersprache usw.). Dieser Aspekt verstärkt sich in späteren Gedichtbänden *Falten und Fallen* (1994) und *Den Teuren Toten. 33 Epitaphe* (1994).

G.s Essay *Transit Berlin* von 1992 enthält so etwas wie sein postmodernes poetologisches Credo: »So paradox es klingt, heute ist der Künstler nur noch punktuell faßbar [...]. Nichts wäre unsinniger, als angesichts der temporären Installationen, unsichtbaren Feldstudien, kurzzeitig exponierten und sofort wieder in den Kreislauf eingebrachten Fundstücke noch von einem *Werk* zu sprechen. [...] Sprachlich hat es, gerade wegen seiner Polyvalenz, jeglichen Zusammenhang verloren, doch als Fragment, Ereignis, Willkürakt, Durchsage einer Einzelstimme im Gewirr beansprucht es den ganzen Stellenwert eines *moment juste.*«

1991
Monika Maron
Stille Zeile sechs

Die Schriftstellerin zog 1988 die Konsequenz aus dem Umstand, daß keines ihrer Bücher in der DDR veröffentlicht werden durfte und siedelte in die Bundesrepublik über. Hier war bereits 1981 ihr erster Roman *Flugasche* erschienen, der das Thema der Umweltzerstörung in der DDR (»B. ist die schmutzigste Stadt Europas«) mit dem der Selbstsuche und Selbstbestimmung, der Behauptung der Frau und Journalistin Josefa Nadler in einer männlich dominierten Um- und Berufswelt verbindet. Ihr zweiter Roman, *Die Überläuferin* (1986), nahm das Thema der Identitätssuche auf und radikalisierte es bis zur konsequenten Verweigerung, zum völligen Rückzug der Heldin Rosalind Polkowski aus der äußeren Welt.

Stille Zeile sechs – der Titel bezeichnet eine Adresse für Privilegierte in Pankow – führt die Thematik zwar weiter und noch dazu mit derselben Heldin wie in der *Überläuferin*, doch schiebt sich die Auseinandersetzung mit der Gründergeneration der DDR in den Vordergrund. Rosalind Polkowski ist in den Alltag zurückgekehrt, wenn sie ihre innere Freiheit auch weiterhin dadurch behauptet, daß sie sich einer festen Anstellung verweigert und nur Dienstleistungen übernimmt, die sie mit bloßen Händen verrichten kann. Sie hält es für eine Schande, »für Geld zu denken, und in einem höheren Sinn ist es sogar verboten«.

Es ist ein Zufall, daß sie von Herbert Beerenbaum, einem pensionierten ranghohen DDR-Funktionär, als Schreibkraft engagiert wird, um seine Memoiren aufzuzeichnen. Er wohnt in Pankow, dem ehemaligen Ostberliner Regierungsviertel, und Rosalind sieht ihm gleich seine Biographie an: »Aus kleinen Verhältnissen, sagte ich, wahrscheinlich Kind eines Arbeiters, Mutter Hausfrau. Volksschule. Erlernter Beruf Dreher oder Maurer, vielleicht Zimmermann. Mit achtzehn oder neunzehn in die Kommunistische Partei eingetreten. Nach 33 Emigration oder KZ. Nein, KZ nicht, dachte ich [...].« Rosalind kann ihren Vorsatz der Distanz und Unbeteiligtheit nicht lange durchhalten. Die Phrasenhaftigkeit und Selbstgerechtigkeit der Memoiren führen zu Widerspruch, Fragen, heftigen Attacken und Haßgefühlen der Ich-Erzählerin – und weichen doch zeitweilig Schuldgefühlen und Überlegungen, ob nicht der Täter zugleich Opfer war. Aber das bleibt Episode. Die Absage an die Welt der Väter ist radikal, zumal Beerenbaum sie in vielem an ihren eigenen Vater erinnert und die beiden Persönlichkeiten gleichsam ineinander übergehen: »Das Schlimmste ist, wenn draußen die gleiche Macht herrscht und das gleiche Gesetz wie im eigenen Haus.« Die Biographie Beerenbaums entspricht übrigens der von M.s Stiefvater Karl Maron, von 1955 bis 1963 stalinistischer DDR-Innenminister.

Erzählt wird auf zwei Ebenen. Das äußere Gerüst bildet die Beschreibung des Begräbnisses von Beerenbaum. Dieser Rahmen wird immer wieder durchbrochen durch die Schilderung der Begegnungen Rosalinds mit Beerenbaum (und damit gewissermaßen mit ihrem Vater), durch Reflexionen und durch Gespräche mit Freunden – auch ein Beerenbaum-Opfer ist darunter – und einer neugewonnenen Freundin. Diese gibt den Rat ihrer Mutter weiter: »Laß liegen, was du haßt, und suche, was du liebst.«

1991
Martin Walser
Die Verteidigung der Kindheit

Im Ensemble der schwierigen, verletzlichen und beschädigten Gestalten W.s nimmt Alfred Dorn, der Held der *Verteidigung der Kindheit*, eine besondere Stellung ein. Zum einen bedeutet er eine entschiedene Steigerung und Überspitzung gegenüber seinen Vorgängern Helmut Halm, Franz Horn oder Gottlieb Zürn, zum andern unterscheidet er sich von diesen auch dadurch, daß seine Geschichte auf einem realen Vorbild beruht: W. hatte Briefe, Bilder, Quittungen aus dem Nachlaß eines aus Dresden stammenden Juristen erhalten, der 1953 in den Westen gegangen und 1987 in Wiesbaden verstorben war. »Ich habe mich hineingearbeitet in diesen Kopf«, sagte W. in einem Interview: »Und dann habe ich mich in ihn verliebt.«

Die Romanhandlung beginnt 1953 mit der Übersiedlung Dorns von Dresden nach Westberlin und endet mit seinem Tod durch eine Überdosis Schlaftabletten. Rückblicke erhellen die Vorgeschichte bis zum Zeitpunkt seiner Geburt (1929). Prägende Momente der Kindheits- und Jugendjahre sind die Zerstörung Dresdens im Februar 1945 und die Trennung seiner Eltern. Einen weiteren Bruch in seinem Leben stellen das Scheitern des einstigen Pianowunderkinds und Einser-Abiturienten im juristischen Examen in Leipzig und die darauf folgende Übersiedlung in den Westen dar. Bis zu einem gewissen Grad ist der Roman eine psychologische Fallstudie, die Geschichte eines Menschen mit einer neurotischen Mutterbindung. Auch nach ihrem Tod hängt er der Mutter mit einer Liebe an, die andere Bindungen fast völlig ausschließt, und noch im Tod liegt er so da, »als habe er sich eine embryonische Form geben wollen«.

Der infantilen Mutterbindung, der Weigerung, erwachsen zu werden, entspricht der aus Verlustängsten geborene, fanatische Kampf um die Bewahrung der Vergangenheit. Mit dem Luftangriff auf Dresden, der die Fotoalben der Familie Dorn vernichtet, beginnt diese lebenslange, letztlich vergebliche Arbeit, die Vergangenheit festzuhalten und zu rekonstruieren, die Kindheit wiederzubeleben: Alles Erhaltene muß aufbewahrt, das Verlorene wiederhergestellt, zusammengesucht, wiederbeschafft werden. Es ist Dorns »Pergamon-Projekt«: »Wenn man nach zweitausend Jahren den Pergamon-Altar wieder aufbauen konnte, kann man auch seine Kindheit wieder aufbauen!« Ein zweites Projekt ist das eines historischen Romans über den Grafen Brühl, eine Figur der sächsischen Geschichte des 18. Jh.s. Dorn verzettelt sich. Die ›Verteidigung der Kindheit‹ als Lebensprogramm verhindert das wirkliche Leben (»Leben – das war eine Zusammenstellung von Aufgaben, die ihm nicht lagen«); der Beruf ist ihm Nebensache, Sexualität bleibt eine Fragezeichen.

Aus dem Alfred-Dorn-Museum, das der Held im Gespräch mit seiner Mutter erwägt, wird nichts, es sei denn als Roman. Indem W. gegen das Vergessen anschreibt und seinem Helden auf der Spur bleibt, gibt er über dessen Schicksal hinaus ein faszinierendes Bild deutsch-deutscher Alltagsgeschichte und Alltagswirklichkeit, das durch die Wiedervereinigung unbeabsichtigt eine besondere Aktualität bekam. In *Finks Krieg* (1996) unternahm W. einen weiteren Versuch, eine reale Biographie zur Grundlage eines Romans zu machen.

1992
Günter de Bruyn
Zwischenbilanz

Das autobiographische Werk – Untertitel: »Eine Jugend in Berlin« – beginnt mit den Sätzen: »Mit achtzig gedenke ich, Bilanz über mein Leben zu ziehen; die Zwischenbilanz, die ich mit sechzig beginne, soll eine Vorübung sein: ein Training im Ich-Sagen, im Auskunftgeben ohne Verhüllung durch Fiktion. [...] Der berufsmäßige Lügner übt,

die Wahrheit zu sagen. Er verspricht, was er sagt, ehrlich zu sagen; alles zu sagen, verspricht er nicht.« Aber es wird deutlich, daß sich Erzählen und das Bemühen um unmaskierte Wirklichkeits- bzw. Vergangenheitsdarstellung nicht widersprechen, daß die getroffene Auswahl aus dem autobiographischen Material und die Darstellungsweise den Geschichtenerzähler nicht verleugnen können: »Tatsachenberichte einfallslos aneinandergereiht, ergeben nur blasse Geschichten; erst die Erfindung verleiht ihnen Kontur«, lernt er schon als kleiner Junge.

Und so entsteht eine eindringliche Familien- und Entwicklungsgeschichte, in der sich zugleich die Geschichte der Epoche spiegelt: vom Niedergang der Weimarer Republik über das Dritte Reich und den Krieg bis in die ersten Nachkriegsjahre in der späteren DDR. Es ist erzählte Geschichte, die höchst anschaulich die Kräfte beschreibt, die auf den Heranwachsenden einwirken und ihn positiv oder negativ beeinflussen (Familie, Kirche, Schule, Hitlerjugend, Wehrmacht), eine Geschichte, die nach Kriegsende in erneute Desillusion mündet. Früh zeigt sich die Distanz, die sich der Verfasser zu den totalitären Ideologien seiner Zeit bewahrte, die Tendenz zum Rückzug in sich selbst (was schwärmerische Jugendlieben nicht ausschließt) und die besondere Bedeutung der Literatur für sein Leben: »Von 1933 bis in die ersten Kriegsjahre hinein lebte ich lesend in einer Welt, die den Vorzug hatte, meiner in keiner Weise zu gleichen, in einer Welt der Freiheit [...]. Es war die Welt Karl Mays.« Auch in der DDR, in der de B. zunächst als Lehrer arbeitete, »wurde der Skeptiker bald zum Außenseiter«, wie es am Ende heißt. Darüber, über sein Leben in der DDR, berichtet der folgende Band der Autobiographie: *Vierzig Jahre. Ein Lebensbericht* (1996).

1992
Robert Schneider
Schlafes Bruder

Der erste Roman des aus Vorarlberg stammenden Autors wurde zu einem großen Publikumserfolg, nachdem er zuvor von zahlreichen Verlagen abgelehnt worden war. Er erzählt, wie es im ersten Satz – das Ende vorwegnehmend – heißt, »die Geschichte des Musikers Johannes Elias Alder, der zweiundzwanzigjährig sein Leben zu Tode brachte, nachdem er beschlossen hatte, nicht mehr zu schlafen«. S. greift dabei auf Elemente verschiedener Gattungstraditionen zurück

– Künstler-, Liebes-, (negativer) Erziehungsroman, naturalistische Dorf- oder Heimatgeschichte – und verbindet sie, jeweils ins Extreme gesteigert, miteinander. Den einheitlichen Ton schafft ein auktorialer Erzähler, der sich gern im Pluralis majestatis vorstellt und durch einen altertümelnden, freilich mit Modernismen durchsetzten Sprachduktus auszeichnet: kein naiver Folklorismus, sondern eine artistische Kunstprosa, die sich durch Ironie Distanz verschafft und gleichwohl in den Beschreibungen musikalischer Vorgänge von großer Suggestionskraft ist.

Der 1803 geborene Held, das außereheliche Kind einer Bäuerin und des örtlichen Kuraten, wächst in Eschberg auf, einem abgelegenen, von Dumpfheit und den Folgen der Inzucht gezeichneten Bergdorf in Vorarlberg. Im Alter von fünf Jahren hat er eine Erweckungserlebnis, als er in einem Gebirgsbach einen Stein betritt: Sein Gehör entwickelt plötzlich phänomenale Fähigkeiten und vernimmt Klänge aus dem ganzen Universum. Unter den Klängen ist auch der Herzschlag eines noch ungeborenen Kindes: »Es war das Herz seiner Geliebten.« Er findet sie, Elsbeth, umwirbt sie, ohne je seine Liebe zu offenbaren, und sublimiert seine Liebe in Musik. Er wird zwar, ohne je unterrichtet worden zu sein, Organist der Dorfkirche, doch Neid und Mißgunst und die allgemeine Stumpfheit verhindern eine Ausbildung und Förderung seiner außergewöhnlichen musikalischen Begabung. Als seine Geliebte einen anderen heiratet, steigert sich seine unbedingte Liebe in Wahn: Besessen von der Liebesbotschaft eines Predigers (»Wer schläft, liebt nicht!!«), hält er sich mit allen Mitteln wach, bis er tot in einem Bachbett zusammenbricht. Seinen größten Erfolg hatte er nicht lange vorher beim Extemporieren über die Melodie des Liedes »Kömm, o Tod du Schlafes Bruder« beim Feldberger Orgelfest erzielt: »Und Elsbeth wurde Musik. Elsbeth.« Es ist diese Unbedingtheit des Empfindens, die ihn in den Tod führt.

Joseph Vilsmaier verfilmte den Roman 1995, eine Oper mit der Musik von Herbert Willi wurde im April 1996 in Zürich uraufgeführt. S.s zweiter Roman, *Die Luftgängerin* (1997), konnte – jedenfalls bei der Kritik – den Erfolg des ersten nicht wiederholen.

1993
Jürgen Becker
Foxtrott im Erfurter Stadion

Nach Gedichtbänden wie *Fenster und Stimmen* (1982) und *Odenthals Küste* (1986) hatte B. 1988 sein großes zyklisches *Gedicht von der wiedervereinigten Landschaft* veröffentlicht, nichts Prophetisches, sondern im Gegenteil eine lyrische Auseinandersetzung mit dem Faktum des endgültigen Verlusts der Landschaft seiner Kindheit. B., in Köln geboren, hatte prägende Jahre (1939–1947) in Erfurt verbracht; seitdem jedoch hatte der »Gedanke des Wiedersehens«, wie es in dem neuen Gedichtband in Anspielung auf das *Gedicht von der wiedervereinigten Landschaft* heißt, »unbehelligt und still, an einem alten Nagel« oben im Speicher einer alten Scheune gehangen *(Winter, helle Fenster)*.

Wiedersehen oder eher Erinnerung ist das übergreifende Thema des Bandes *Foxtrott im Erfurter Stadion* mit seiner Folge von mehrere Seiten umfassenden Langgedichten und kürzeren Gebilden. Diese Thematik manifestiert sich vor allem als Suche nach der verlorenen Zeit der Kindheit, als eine »lange geplante Reise ins Gedächtnis« *(Vorläufige Windstille)*. Auch der Titel des Bandes bezieht sich darauf, ist ein Erinnerungsfetzen aus der Kindheit:

[…] Schlittschuh-Gespräche; zur Schule

übers hartgefrorene Schneebrett der Straße; Wettläufe,
Foxtrott im Erfurter Stadion, bis die Kondensstreifen zogen
hoch durch die blaue Luft. *Komm zurüüück*; die Lautsprecher
zogen die Sehnsucht der Mädchen in eine Leere […]
(Kirschzweig mit Nachrichten)

Die Suche nach der Vergangenheit hat nichts mit Verklärung und Sentimentalität zu tun; die Erinnerungen an die Kindheit wie die Natur- und Landschaftsbilder verbinden sich immer wieder mit Erinnerungen an den Krieg: »Der Himmel heute ist klar. Ein Wetter für / Bomberpiloten« *(Chronik)*. Damit wird zugleich B.s poetisches Verfahren sichtbar, eine Tendenz zum Simultangedicht, in dem Orte und Zeiten in einem nicht immer leicht nachvollziehbaren Assoziations- und Bewußtseinsstrom ineinander gesetzt werden, sich Vergangenheit, Gegenwart und Zukunft in Momentaufnahmen, Wahrnehmungsfragmenten und Erinnerungssplittern überlagern. Visuelle Eindrücke spielen dabei eine besondere Rolle; B. hat auch die Photographie als Medium in seine Arbeit einbezogen (*Eine Zeit ohne Wörter*, 1971). Der Bedeutung des Optischen entspricht die Hinwendung B.s zu Natur und Landschaft, allerdings nicht in einem verklärenden Sinn, sondern als lyrisches Protokoll ihrer Zerstörung. Der Titel der Gedichtsammlung von 1974 – *Das Ende der Landschaftsmalerei* – bezeichnet die Tendenz. Die Sammlungen der 70er Jahre dokumentiert der Band *Gedichte 1965–1980* (1981).

1993
Wolfgang Hilbig
»Ich«

Der aus dem sächsischen Braunkohlenrevier stammende Erzähler und Lyriker bildete sich autodidaktisch, während er als Werkzeugmacher, Monteur, Abräumer in einer Gaststätte und Heizer arbeitete. Er verweigerte sich der staatlich propagierten ›realistischen‹ Arbeiterliteratur und verzichtete damit auch auf die fürsorgliche Unterstützung der DDR-Literaturpolitik und entsprechende Publikationsmöglichkeiten. Sein erster Gedichtband *abwesenheit* (1979) erschien im Westen und brachte dem Autor Haft und Geldstrafe ein. Entfremdung und Resignation spricht aus Versen wie »keiner bemerkt wie schwarz wir aufgefüllt sind / wie wir in uns selber verkrochen sind / in unsere schwärze.« Vorbilder fand H. jenseits des vordergründigen Realismus in Baudelaire, Beckett, Kafka und anderen.

Hatte H. in seiner Erzählung *Alte Abdeckerei* (1991) ein finsteres allegorisches Bild staatlichen Terrors und allgemeinen Verfalls entworfen, so verbindet er in dem Roman »*Ich*« die existentielle Problematik eines eher schwachen Helden mit der Darstellung der grotesken Wirklichkeit und Absurdität der Staatsmacht und ihres Sicherheitssystems. H. gliedert die Geschichte seines Helden M. W., Deckname Cambert, in drei Teile (»Der Vorgang«, »Erinnerung im Untergrund«, »Die Aufklärung«); er geht dabei von der Erzählgegenwart seines Helden und Ich-Erzählers in Ostberlin aus, führt zurück in die Vergangenheit, seine Anfänge als Schriftsteller und Stasiinformant in einer sächsischen Kleinstadt, einen Ort, in den er danach wieder zurückgeschickt wird. M. W. war mit dem Vorgang *Reader* befaßt, der Observation eines Schriftstellers, und hatte den Auftrag auf die Beobachtung einer Studentin aus Westberlin ausgedehnt, die die Szene-Lesungen besuchte, um so seine Bedeutung zu unterstrei-

chen. Damit durchkreuzte er ungewollt Pläne der Stasi, die den scheinbar oppositionellen *Reader* für eine Arbeit im Westen aufbauen wollte.

An dem prekären »Ich«, das nicht zufällig in Anführungszeichen steht (und gelegentlich einem personalen Er-Erzählen Platz macht), demonstriert H. die Anfälligkeit des Intellektuellen für die Versuchungen der Staatsmacht, Versuchungen, denen H. selbst widerstanden hatte. Für M. W. geht Dichten und das Verfassen von Spitzelberichten ineinander über; er nimmt seine Führungsoffiziere als Kritiker ernst, glaubt, die Zusammenarbeit schärfe sein Talent. Auf der anderen Seite dient das Stasi-Literatur-Thema, durch konkrete Fälle in der geschichtlichen Wirklichkeit bestätigt, zur Erhellung der Absurdität eines Systems, das in letzter Konsequenz darauf zielt, alle zu Mitarbeitern des MfS zu machen (»Damit alle von allen überwacht werden konnten, – das war die Sicherheit, die ihren Namen verdiente«), eines Systems, das seinen Feind gleichsam erfindet und im ungeklärten Schwebezustand zwischen Wirklichkeit und Simulation den Boden unter den Füßen verliert. Und wie es mit den Fundamenten dieses Staates steht, wird sinnbildlich sichtbar, wenn Cambert in seinen Streifzügen durch die Kellerfluchten Ostberlins Fäulnis und üble Gerüche konstatiert, während ›oben‹ Auflösungserscheinungen das Ende der Republik ankündigen: »Zum ersten Mal schien die kleine deutsche Republik taub zu sein in Richtung Moskau; hier blieb alles beim alten, nein, es wurde von Tag zu Tag älter.«

1993
Edgar Hilsenrath
Jossel Wassermanns Heimkehr

Der in Leipzig geborene Romancier schlug sich nach dem Zusammenbruch der Ostfront aus einem Ghetto in der Ukraine über Palästina in die USA durch. Hier entstanden seine ersten Romane, *Nacht* (1964) und *Der Nazi & der Friseur* (engl. Übersetzung 1971; dt. 1977), die seine Ghettoerfahrungen und den Völkermord an den Juden verarbeiteten. 1975 kehrte H. aus dem amerikanischen Exil nach Deutschland zurück, eine Zeit, die der Roman *Bronskys Geständnis* (1980) reflektiert. Mit dem Roman *Das Märchen vom letzten Gedanken* (1989), der wie Franz Werfels *Die vierzig Tage des Musa Dagh* (1933) das Schicksal der Armenier behandelte, versuchte er zum erstenmal, eine der großen geschichtlichen Tragödien des 20. Jh.s durch märchenhafte Stilisierung erzählbar zu machen. *Jossel Wassermanns Heimkehr* führt das Verfahren weiter.

In seinem Hauptteil stellt der Roman, erzählt am Faden der Familiengeschichte der Wassermanns, eine Art Chronik des Schtetls Pohodna in der Bukowina dar und entwirft so ein mit Legenden und Geschichten angereichertes, anschauliches Bild ostjüdischen Lebens. Der durch Heirat zu Reichtum gekommene Jossel Wassermann liegt in Zürich auf dem Sterbebett und trifft Verfügungen für den Todesfall. Um nicht als Joseph der Karge dazustehen, sollen nach seinem Tod sein Leichnam und sein Vermögen in seinen Heimatort Pohodna gebracht werden, wobei die Schwierigkeiten nicht übersehen werden, die mit dem unmittelbar bevorstehenden Kriegsausbruch zu erwarten sind. Zugleich möchte Wassermann die Geschichte seines Ortes vor dem Vergessen retten; so erzählt er sie dem Rechtsanwalt und dem Notar, die sie dann dem Thoraschreiber Eisik in Pohodna zur Aufzeichnung übermitteln sollen. Er erzählt, bis ins 18. Jh. und weiter zurückgreifend, von seiner Familie, vom Leben und von den Leuten im Schtetl, von Antisemitismus und Pogromen, von Legenden, von Kaiser Franz Joseph und dem Salzhering und der jüdischen Emanzipation, von Jossels zufälligen Heldentaten im Ersten Weltkrieg und seiner Flucht aus italienischer Gefangenschaft in die Schweiz.

Und doch wird diese farbige Geschichte den Schreiber Eisik nie erreichen, wie Prolog und Epilog des Romans deutlich werden lassen: Die Juden des Schtetls sehen, zusammengepfercht in Viehwaggons, der Vernichtung entgegen. Nur der Wind hört die Geschichten, nicht nur die »großen und gewichtigen Stimmen [...], die nur aufbewahrten, was spätere Generationen für wichtig hielten«, sondern auch die »kleinen Quasselstimmen«, die nie schliefen, »da sie auch die Atemzüge zählten, und zwar jedes einzelnen Juden«. Und der Blick, den der Wind dem ins Verderben fahrenden Zug mit den verborgenen Stimmen hinterherschickte, »dachte: Wer etwas aufbewahrt, der glaubt nicht an den Untergang, und er ist nicht verzweifelt. Denn für wen sollte er es aufbewahren, wenn es keine Fortsetzung gäbe?« Auf die Frage allerdings nach dem Geist Gottes, ob er etwa die Erde verlassen habe, bleibt Jesus die Antwort schuldig ...

H. gelingt ein Balanceakt: Die Perspektive auf die bevorstehende Vernichtung nimmt den lebensvollen Ghettogeschichten ihre Beliebigkeit und Unverbindlichkeit, während es die Transzendierung der Sprache des realistischen Romans ermöglicht, das Unsagbare auszusprechen.

1994
Adolf Endler
Tarzan am Prenzlauer Berg

E.s positive Einschätzung der Kulturpolitik der DDR wich nach dem Mauerbau einer immer stärkeren Skepsis, dokumentiert etwa in der von E. und Karl Mickel herausgegebenen Anthologie *In diesem besseren Land. Gedichte der Deutschen Demokratischen Republik seit 1945* (1966). Als Übersetzer russischer und französischer Avantgardisten zeigte er einen Weg aus der kulturellen Provinz auf; Beleg dafür ist u. a. auch seine Gedichtsammlung *akte endler. gedichte aus 25 jahren* (1981). Zugleich begann E. seine Beobachtungen aus der DDR-Kulturszene aufzuzeichnen und in Sammlungen wie *Neue Nachrichten von NEBBICH* (1980) oder *Schichtenflotz. Papiere aus dem Seesack eines Hundertjährigen* (1987) zu veröffentlichen, im Westen. Von 1978 bis 1986 führte er überdies eine Art Tagebuch, »ein Sudelbuch im wahrsten Sinne des Wortes«; daraus entstand *Tarzan am Prenzlauer Berg. Sudelblätter 1981−1983.*

Die Aufzeichnungen erhellen, mit sarkastischem Humor kommentiert, die Literaturszene des Prenzlauer Bergs wie auch das Wirken der offiziellen Literaturpolitik; sie zitieren aus Untergrundzeitschriften, berichten vom Umgang mit dem alten Erich Arendt und anderen Literaten und Künstlern, von Dichterlesungen, doktrinären Lehrern und Stasi- und Polizeiverhören; sie konstatieren die ständige Abwanderung von Schriftstellern und Künstlern aus der DDR. Allein das letzte Faktum macht deutlich, wie »wenig der Alltag im Prenzlauer Berg insgesamt einem karnevalesken Happening geglichen hat«, wenn auch E.s Darstellung nicht an Kuriosem und Anekdotischem spart. Auch auf die relative Bedeutung bzw. Bedeutungslosigkeit der Spitzelaffären und -poeten wird hingewiesen. So wenig sich über die Überlebenschance der künstlerischen Produktion des Prenzlauer Bergs sagen läßt, so groß scheint sie für E.s Buch, das, traurig und komisch zugleich, das Leben in diesem »zweifellos extraordinären Kontinent der DDR-Welt (der dennoch immer DDR-Welt blieb)« dokumentiert.

1994
Walter Helmut Fritz
Gesammelte Gedichte 1979–1994

F. hat neben Romanen, Erzählungen und kritischen und essayistischen Texten seit seinem Debüt (*Achtsam sein*, 1956) zahlreiche Bände mit Gedichten und Prosagedichten veröffentlicht. Die Summe ziehen – das Frühwerk bleibt freilich ausgeschlossen – die beiden Ausgaben *Gesammelte Gedichte* (1979) und *Gesammelte Gedichte 1979–1994*. Der letzte Band enthält u. a. die Texte aus den Gedichtbänden *Wunschtraum Alptraum* (1981), *Werkzeuge der Freiheit* (1983), *Immer einfacher Immer schwieriger* (1987) und *Die Schlüssel sind vertauscht* (1992).

Schon früh kristallisieren sich die zentralen Themenbereiche von F.' Lyrik heraus: Natur, Landschaft, Liebe, Porträts, Dinge und Erfahrungen des Alltags. Dabei zeigt sich im Verlauf seiner Entwicklung eine zunehmende Verknappung der Ausdrucksweise, eine Tendenz zur Aussparung und Lakonie. *Gib den Dingen das Wort*, lautet die Überschrift eines Gedichts in der Sammlung *Immer einfacher Immer schwieriger*: Das Innere der Dinge, ihr Wesen soll zum Sprechen gebracht werden. Im Gedicht *Atemzüge* heißt es: »Bring die Spiegelungen von dem, / was war und was sein wird, / den Körper und sein Gedächtnis, / Atemzüge, tiefe, mühsame, rasche, / die freien und die gepreßten / [...] bring den Knäuel, / zu dem die Jahre geworden sind, / und alle Vergänglichkeit, merkwürdige / Speise, bring sie herbei, / noch einmal, zur Sprache.«

Bei F.' Entwicklung hin zum hellhörigen, sensiblen Wort kommt seiner Beschäftigung mit der französischen Literatur eine besondere Bedeutung zu. Die Übersetzung von Gedichten Jean Follains, 1962 erschienen, trägt das bezeichnende Motto: »Die nackte Schönheit jedes Dings wiederfinden.« Auch seine Vorliebe für das Prosagedicht, das »Gedanklichkeit als Erscheinungsform des Sinnenhaften« eher ermögliche, verweist auf französische Vorbilder (Francis Ponge). Aufschlußreich für seine Auffassungen sind besonders die Porträt- und Künstlergedichte. Sie verbleiben im Unspektakulären, stehen für eine Kunst ohne vordergründigen Aufwand, dienen in Annäherung wie Abgrenzung der Vergewisserung der eigenen künstlerischen Existenz und poetologischer Reflexion:

Schluß für heute.
Er räumt schon ein,
schließt seine Kästen,

während er noch spricht,
den Geist der Kürze
erwähnt, den er liebt,
schönes, fremdartiges Geschenk.
(*Der Bouquinist*)

1994
Peter Handke
Mein Jahr in der Niemandsbucht

Nicht nur eine Reihe von »Journalen«, wie z. B. *Die Geschichte des Bleistifts* (1982) oder *Phantasien der Wiederholung* (1983), sind Schreibreflexionen, sondern auch Erzählwerke wie *Die Wiederholung* (1986) lassen sich durchaus als Reflexionen über das Schreiben selbst verstehen. Bereits der Titel *Die Wiederholung* verweist auf das Erzählen, das Wieder- oder Zurückholen des Vergangenen, das Wiederentdecken des nur scheinbar Bekannten oder Geläufigen. Auch *Mein Jahr in der Niemandsbucht*, H.s bisher umfangreichstes Erzählwerk, im Untertitel als »Ein Märchen aus den neuen Zeiten« bezeichnet, thematisiert das Schreiben und nimmt überdies eine Reihe weiterer Themen und Motive früherer Werke H.s auf (Verwandlung, emphatisches Benennen, Zurückgehen auf Einfaches, Elementares, um eine neue Wahrnehmung zu entwickeln usw.), so daß man das Buch als eine Summe von H.s Leben und Werk bezeichnet hat.

Fiktiver Erzähler ist Gregor Keuschnig, der bereits als Protagonist der Erzählung *Die Stunde der wahren Empfindung* (1975) aufgetreten war. Seine Karriere als Jurist hat Keuschnig, inzwischen Mitte Fünfzig, aufgegeben; er ist Schriftsteller geworden. Sein Sohn ist außer Haus, seine Frau Ana hat ihn zum zweitenmal verlassen. Eine zusammenhängende Handlung besitzt das Werk nicht. Sein Gegenstand ist letztlich die Entstehung des Buches *Mein Jahr in der Niemandsbucht*, das der Erzähler im Lauf des Jahres 1997 – H. datiert es vor – in einem Pariser Vorort schreibt, meist im Freien in einer »Waldbucht«: Momente seiner Lebensgeschichte, Erinnerungen an Reisen, Freunde, an seine »erste Verwandlung«, durch die er erfahren habe, was »Dasein« sei; Alltägliches, Treffen mit einem Verleger, Kritikerschelte, Reflexionen über das Erzählen und das Schreiben, über das Innewerden einer »Neuen Welt« »für den Funken eines Augenblicks«; Hoffnung auf eine »neue Verwandlung«, denn die erste Verwandlung, die ihm »ein Vertrauen, ein ganz unerhörtes, wie noch keinmal, in die Wörter, in mich, in die Welt« gebracht hatte, die »hat sich verbraucht«. In der Mitte des Buches steht dann die schon früh angekündigte Geschichte seiner sieben Freunde, die sich auch als Projektion des Erzählers verstehen lassen. Sie treffen am Ende in einem Lokal mit dem Erzähler zusammen und erzählen in der »Stunde des Erzählens« »von ihrem Jahr ganz Verschiedenes als zuvor ich hier«: »Ein jeder [...] streifte dabei seine Sache nur, und doch hatten die Zuhörer an solchem Anklang die Welt.«

1994
Uwe Kolbe
Nicht wirklich platonisch

Das erste Gedichtbuch des von Franz Fühmann geförderten Lyrikers erschien 1980. Sein Titel, *Hineingeboren*, deutet eine Distanz zu seinem Land an, die er mit einer ganzen Generation von DDR-Poeten teilte: »Ich finde mich in die Welt / Wie sie nicht ist / Mit Gesang« (*Daß ich so bin allen mir ehemals Vorgesetzten zu freundlichster Erläuterung*). Literarische Inspiration fand er im Expressionismus, bei Whitman, Baudelaire und anderen. Expressive, dunkle Bildlichkeit, abrupte Brüche, hohes Pathos kennzeichnen die Texte. In den späteren Gedichten erscheint das Pathos etwas zurückgenommen. Charakteristisch sind die Vielfalt der Formen und Sprechweisen, die Neigung zum Grotesken und zur Ironie, die plötzlichen Wendungen, die vielfach gebrochene Bildlichkeit (*Abschiede und andere Liebesgedichte*, 1981; *Bornholm II*, 1986). Gebrochen erweist sich auch das Verhältnis des 1988 aus der DDR nach Hamburg ausgereisten Autors zu dem geteilten und dem wiedervereinigten Deutschland. Es wird ausdrückliches Thema in *Vaterlandkanal. Ein Fahrtenbuch* (1990) und klingt in Gedichten des Bandes *Nicht wirklich platonisch* nach: »Allein sein und deutsch sein / in Rom, ein Krieg in dir selbst«, heißt es in einem der Romgedichte (*Alleinsein*). Lapidar äußert sich hier auch der Überdruß: »Ich bins satt, Landsmann zu sein« (*Daheim II*).

Über den politischen Kontext hinaus reflektieren die Texte von *Nicht wirklich platonisch* die existentielle Position des lyrischen Ich, die Verlorenheit in der Kälte der Gesellschaft, seine Einsamkeit: »der Einbaum / – echt afrikanisch! – jetzt / gestrandet, verkommen, verdammt« (*Nun bist du allein*). Auch die Poesie ist kein Trost, erweist sich nicht als utopisches Gegenbild gegen den Zerfall von Natur und Kultur (*Traum*). Und die beiden Liebenden auf der Brücke in dem me-

lodischen Schlußgedicht (*Nirgendwo mehr hin*)

Werden von der Brücke nicht mehr,
nicht für Eltern, für die Katz,
nur noch sich und sich gehören,
nirgendwo mehr hin gehn.

Aber neben den Abbrüchen, dem Rückzug auf das Ich stehen hochfahrende Aufschwünge (»Doch wen schert die Kälte / am tiefsten Punkt der Hölle?«), führt die Erkenntnis der Auflösung des Vergangenen (»Schlamm grub ich, untaugliches Instrument / die halbe Schaufel«) zu einem trotzigen Aufruf an das lyrische Ich:

Wach, stürzt es her: Rotz aus dumpfem
gewundenen Innern.
Schlammkopf.
(*Sommerzeichen, andere Seite*)

1994
Friederike Mayröcker
Lection

M. hat seit den 50er Jahren ein umfangreiches Werk vorgelegt: Lyrik, Hörspiele, Prosa. Zunächst der Programmatik der Wiener Gruppe verpflichtet, entstanden experimentelle Lyrik und Prosatexte sowie, z. T. zusammen mit Ernst Jandl, eine Reihe von Hörspielen, die Collagetechniken des Dadaismus und – parodistisch – Comic-strip-Elemente verwandten. In der Folgezeit traten Versuche in den Vordergrund, eine »neue experimentelle Romanform« zu entwickeln, die in *Die Abschiede* (1980) ihren ersten Höhepunkt fanden und mit Texten wie *Reise durch die Nacht* (1984), *Das Herzzerreißende der Dinge* (1985), *mein Herz mein Zimmer mein Name* (1988), *Stilleben* (1991) und *Lection* fortgeführt wurden.

Im Prosatext *Lection*, der keine Gattungsbezeichnung trägt, gibt die Erzählerin in einer Adresse an das Publikum auf S. 147 den Rat: »Sie brauchen das Buch nicht von der ersten Seite zur letzten lesen, o nein, vielmehr können Sie blättern darin, Sie können das Buch an irgendeiner beliebigen Stelle aufschlagen und schon bekommen Sie eine Ahnung vom Ganzen. Sie werden, auch wenn Sie nur wenige Zeilen gelesen haben, eine Vorstellung davon bekommen, wie das ganze Buch zusammengesetzt ist: komponiert ist [...]. Sprachliches perpetuum mobile, sage ich, psychopathisches Vokabular, ungewöhnliche: verzerrte Perspektiven, Elongationen, stringente Wiederholungen, *weggefrühstückte Fiktion*.« Hier werden, wenn auch mit Ironie, wesentliche Punkte von M.s Schreiben angesprochen: Es sind Texte ohne wirklichen Anfang und ohne wirkliches Ende, ohne zeitliche und räumliche Festlegungen, Texte, denen es nicht um das Erzählen einer ›Geschichte‹ geht, sondern um das Erschaffen eines inneren Kosmos, eines assoziativen Sprach- und Motivgewebes mit Hilfe der auf »Hochtouren« laufenden »Kopfmaschine«. Andeutungen eines epischen Fadens sind zwar noch vorhanden – in *Lection* ist es das Schreiben von Briefen an den Maler Giuseppe Zigaina und das Beschreiben von Bildern –, doch auch diese Elemente sind nur Material in dem Bestreben M.s, Wirklichkeit, »Wahrnehmungsvorstellungen« in Sprache zu verwandeln, in eine Prosa, die die üblichen Vorstellungen von Erzählliteratur negiert und statt dessen – nicht ohne Witz – durch Assoziationen, Reflexionen, Erinnerungen, durch strukturelle Wiederholungen und Motivverknüpfungen eine gleichsam unendliche innere Wirklichkeit zu evozieren sucht. Von einer »erbarmungslosen Annäherung an die Wirklichkeit« und gleichzeitig einer auf die Spitze getriebenen »Magie, die in die Nähe eines Irrwitzes oder Wahnwitzes kommt«, spricht M. selbst in bezug auf ihre Prosa.

1994
Herta Müller
Herztier

Die 1987 aus Rumänien in die BRD ausgewanderte Schriftstellerin hatte nach ihren Erzählungen und Prosaskizzen über das rumäniendeutsche Dorfleben (*Niederungen*, 1984) mit ihrem Roman *Der Fuchs war damals schon der Jäger* (1992, auf der Grundlage eines Drehbuchs entstanden) die Realität der rumänischen Diktatur zu ihrem Thema gemacht. Auch ihr stärker autobiographisch geprägter zweiter Roman spiegelt Erfahrungen unter der Herrschaft des blutrünstigen Diktators, dessen Name nie genannt wird. *Herztier* ist kein breites epische Gemälde der Zustände in Rumänien, sondern ein Roman, der sich aus kurzen, oft assoziativ miteinander verbundenen Fragmenten zusammensetzt, sich auf Ausschnitte beschränkt und sprunghaft, bilderreich, poetisch in einer eigenen zeichenhaften Sprache erzählt.

»Ich kann mir heute noch kein Grab vorstellen. Nur einen Gürtel, ein Fenster, eine Nuß und einen Strick«, sagt die Ich-Erzählerin und erinnert damit an die Todesarten ihrer Freundinnen und Freunde. Als sie das am Anfang des Romans zu Edgar sagt, lebt sie bereits in Deutschland, entkommen aus einem Land, in dem eine Realität alles durchdringt: die Angst. »Was will der von

euch«, fragt ihre Freundin Tereza nach einer Vernehmung durch Hauptmann Pjele: »Angst, sagte ich.« Der Roman spielt in den 70er und 80er Jahren in den von Deutschen besiedelten Dörfern im Banat, in kleinen Industriestädten und der Universitätsstadt Temesvar. Hier haben sich vier Freunde zusammengefunden, deutsch sprechend und insgeheim deutsche Literatur (»in der Muttersprache«) in einem Sommerhaus in einem verwilderten Garten lesend: Edgar und Georg, die Lehrer werden wollen und Gedichte schreiben, der Ingenieurstudent Kurt, der fotografiert, und die Ich-Erzählerin. Ihr wiederum stehen zwei Frauen nahe: Lola, die auf der Suche nach einem Mann in einem weißen Hemd ist, sich vielen im »struppigen Park« hingibt und erhängt in ihrem Schrank gefunden wird, erhängt mit dem Gürtel der Ich-Figur; und Tereza, deren Eltern dem Regime dienen und die daher in Wohlstand und ohne Angst lebt, bis eine Geschwulst unter dem Arm, eine »Nuß«, ihr den Tod bringt.

Verhöre, Bedrohungen, Gewalt, Bespitzelungen, Durchsuchungen schüren die Atmosphäre der Angst und das Mißtrauen unter den Freunden, die – nun im Berufsleben – ihre Stellungen verlieren und die Ausreise betreiben: »Wenn der Richtige gehen müßte, könnten alle anderen im Land bleiben« – diese Hoffnung hat sich nicht erfüllt. Georg stürzt, bereits in Frankfurt a. M., unter ungeklärten Umständen aus einem Fenster im 5. Stock eines Wohnheims, Kurt wird erhängt aufgefunden, nachdem er einen Ausreiseantrag gestellt hat. Dazwischen stehen Momentaufnahmen aus den Dörfern der Eltern mit Rückblicken auf deren Vergangenheit (SS, Denunziation), Hinweise auf die Unwirtlichkeit und Kälte der schmutzigen Industriestädte, auf die bedrückende Realität der Diktatur und ihren atavistischen Charakter. Unter den finsteren Bildern und blutigen Metaphern verheißt allein das »Herztier« Wärme und Leben, den Hauch einer zwischenmenschlichen Beziehung. Selten genug in diesem Land der Angst.

1995
Thomas Brussig
Helden wie wir

B.s Buch, von manchen Kritikern als »der große Wenderoman« begrüßt, besteht aus neun Kapiteln bzw. ›Bändern‹, Kassetten, auf die der Ich-Erzähler Klaus Uhltzscht für Mr. Kitzelstein von der New York Times die Geschichte seines Lebens von seiner Geburt im Jahr 1968, als Panzer in

Richtung Tschechoslowakei rollten, bis zur Öffnung der Mauer am 9. November 1989 spricht. Dabei stellt er gleich im einleitenden ›Band‹ sein Problem dar: Wie kann er ein würdiges, nobelpreisverdächtiges autobiographisches Buch über seine Rolle beim historischen Fall der Mauer schreiben, wenn sich diese Leistung vor allem seinem Penis verdankt? Es geschieht, gewiß nicht im Auftrag des ›guten Geschmacks‹, mit den Mitteln der Groteske und der Satire, wobei der rückblickende Erzähler häufig, wie einst Oskar in der *Blechtrommel*, die Perspektive seines früheren, naiven Ichs nutzt, um den Leser in die Trivialität des DDR-Alltags einzuführen.

Er erzählt vom gnadenlos kleinbürgerlichen Familienleben (Mutter: Lucie U., Hygieneinspektorin; Vater: Eberhard U., angeblich Mitarbeiter des Ministeriums für Außenhandel, in Wirklichkeit bei der Staatssicherheit), von seiner Karriere als letzter »Flachschwimmer« und anderen Erfahrungen seiner Schulzeit, von seiner Pubertät und den grotesken Versuchen, unauffällig ein Aufklärungsbuch zu kaufen, von seinem ersten Geschlechtsverkehr und den medizinischen Konsequenzen, von seinem Eintritt in die Stasi und den merkwürdigen Unternehmungen der Firma, von seinen Auftritten als Lebensretter Honeckers und Observateur Christa Wolfs. Über sie heißt es später neben anderen despektierlichen Bemerkungen: »Sie war die Autorin für ein Publikum, das es nicht fertigbringt, ein Dutzend Grenzsoldaten wegzuschieben.« Das gelingt aber dann dem Erzähler, der den Grenzsoldaten »den Rest« gibt, indem er ihnen sein gewaltig angeschwollenes Geschlechtsorgan zeigt.

Der Reiz des Romans liegt freilich weniger in der nicht selten recht unappetitlichen Sexualpraxis des Erzählers und den Eigenheiten seines Organs, als vielmehr in seiner verzerrten und verzerrenden Optik – John Irving läßt grüßen, den der Stasi-Adept gleichsam unter der Bank liest –, die die groteske Banalität des DDR-Alltags und -Systems nur um so deutlicher macht, in dem Verzicht auf Bedeutungsschwere und dem unverkrampften Umgang mit einer Vergangenheit, die schon lange keine Zukunft mehr hatte. Eine Bühnenfassung des Romans wurde am 27. 4. 1996 am Deutschen Theater in Berlin uraufgeführt.

1995
Hans Magnus Enzensberger
Kiosk

Nach düsteren Variationen über das Thema des Fortschritts (*Die Furie des Verschwindens*, 1980)

und ironischer *Zukunftsmusik* (1991) ließ E. »Neue Gedichte« unter der doppeldeutigen Überschrift *Kiosk* folgen: graziler Gartenpavillon als Ort des Rückzugs und des Nachdenkens im ursprünglichen, türkischen Wortsinn oder moderner Umschlagplatz für »Mord Gift Krieg«, wie es im einleitenden Gedicht heißt. In vier Teilen – »Geschichtsklitterung«, »Gemischte Gefühle«, »Belustigungen unter der Hirnschale«, »In der Schwebe« – unterzieht E. die Widersprüchlichkeit der modernen Zivilisation einer scharfsinnigen poetischen Kritik, blickt aus ständig wechselnder Perspektive auf die Welt und sich selbst, wobei gerade die durch die verschiedenen Sprechhaltungen gewonnene Abstand Erkenntnis und Selbsterkenntnis ermöglicht, ob *Von der Algebra der Gefühle* die Rede ist oder vom Dichter (*Von oben gesehen*):

Schwindelfrei
wie ein alter Dachdecker,
behende, von denen,
die auf dem Boden
der Tatsachen bleiben,
nicht weiter beachtet,
zu zaubern,
[...]
ja, das ist,
aufs Ganze gesehen,
aussichtslos,
gewährt aber hie und da
schräge Blicke nach unten,
in kleinere Abgründe
[...].

Neben der beweglichen Sprachartistik mit Versatzstücken der Alltagsrede, die sich dem Skandal der Gesellschaft, den Früchten der Zeitungslektüre oder dem altertümlichen inneren »Dschungel« »unter der Haut« widmet, die ernst und doch ohne Pathos *Die Visite* eines Engels am Krankenbett beschreibt oder sich an einen unbekannten Gott wendet (*Empfänger unbekannt – ›Retour à l'expediteur‹*), stehen die bekannteren Töne ironischer Dialektik, etwa wenn E. eine *Hymne an die Dummheit* und ein *Lob der Gewalt* singt oder *Privilegierte Tatbestände* aufzählt. Das Ganze ist wie das Leben ein *Balanceakt* (»Wie er das nur fertigbringt, / dieser hinkende Engel, / zu gehen, zu gehen, zu gehen [...]«). Am Ende, es bleibt alles »in der Schwebe«, steht die ironisch-melancholische Frage: »Eine sterbliche Hülle, / so heißt es, / aber was war drin?« (*Die Grablegung*)

1995
Günter Grass
Ein weites Feld

Im Mittelpunkt dieses Romans stehen zwei Figuren, die zugleich zwei Vorgängern nachleben, einem fiktiven und einem realen, und die mit ihren Erinnerungen die deutsche Geschichte des 19. und 20. Jh.s bis zur Wendezeit 1989/90 kritisch vergegenwärtigen. Die beiden alten Männer, »lang und schmal neben breit und kurz«, gehen in den letzten Monaten des Bestehens der DDR kreuz und quer durch Berlin, fahren durch die DDR und kommen an den Orten der Gegenwart auf die Vergangenheit zu sprechen. Das erinnert nicht zufällig an die Methode von Fontanes *Wanderungen durch die Mark Brandenburg* (1861–81). Fontanes alter ego, der einstige Vortragsreisende in Sachen Fontane Theo Wuttke, genannt Fonty, ist die eine Hälfte der »miteinander verwachsenen Doppelgestalt«, genau 100 Jahre später am selben Ort geboren wie sein Urbild und diesem auch zum Verwechseln ähnlich. Die andere Hälfte der an Komikerpaare, aber auch an Don Quijote und Sancho Pansa erinnernden Konstellation ist Hoftaller, Agent, Geheimdienstmann und Beschützer Fontys, der jedem System dient(e) und dabei eine andere literarische Gestalt wieder aufleben läßt: Tallhover, den Helden des gleichnamigen Romans von Hans Joachim Schädlich (1986) mit seiner langen Spitzel- und Geheimpolizeigeschichte von der Metternich-Zeit bis zur DDR-Diktatur.

Der Erzähler dieses Vergangenheit und Gegenwart ineinanderfügenden Romans (»Vergegenkunft«) versteckt sich hinter einem »Wir vom [Fontane-]Archiv«, und was dort »Blatt um Blatt« entsteht, ist ein Musterbeispiel manieristischer Intertextualität, eine Montage und Anverwandlung von literarischen und historischen Zitaten, die wiederum transparent gemacht werden auf die Gegenwart. Fontanes Leben und Werk, Herkunft, persönliche Beziehungen, Reisen, Ansichten – unerschöpfliche Quelle für Zitate sind die Briefe – dienen so in artistischer und durchaus auch humoristischer Weise als Folie, vor der sich die neue und ebenso falsche Gründerzeit abhebt. Daß dabei die Kritik an der Art der Wiedervereinigung und insbesondere an der Rolle der Treuhand so deutlich ausfällt (und zudem genau mit den Ansichten des politischen Essayisten G. übereinstimmt), erklärt die vielfach politisch motivierte Polemik gegen den Roman. Seine Protagonisten jedenfalls sehen keine Hoffnung mehr; der »Tagundnachtschatten« Hoftaller verschwindet nach Kuba oder Miami (»Auf welcher Seite wird er wohl tätig werden, in Havanna oder von Miami aus?«), Fonty in die Cevennen, die Landschaft der hugenottischen Vorfahren Fontanes.

Die mehrfache Spiegeltechnik stößt freilich auf gewisse Schwierigkeiten. Zum einen ist G. gezwungen, da Fontane wohl kaum noch gegenwärtig ist, die Voraussetzungen für den modernen Fonty durch entsprechende Materialpräsentationen ausdrücklich zu schaffen und gleichsam Literaturunterricht zu erteilen, zu anderen geht das Überblenden von Fontaneschem Lebenslauf und dem seines Doppelgängers, von 19. und 20. Jh. nicht ohne Verzerrungen und Verharmlosungen ab. Daß sich Fontanezitate, Fontanemimikry und G.scher Personalstil kaum unterscheidbar durchdringen, gehört zum Konzept des Romans und seiner Montagetechnik.

Literaturhinweise

1. Allgemeines

Lexika, biographische Sammelwerke

Deutsche Dichter. Leben und Werk deutschsprachiger Autoren. Hg. von Gunter E. Grimm und Frank Rainer Max. 8 Bde. Stuttgart 1989/90.

Fischer Lexikon Literatur. Hg. von Ulfert Ricklefs. 3 Bde. Frankfurt a. M. 1996.

Historisches Wörterbuch der Rhetorik. Hg. von Gert Ueding. Tübingen 1992 ff.

Kindlers Neues Literatur Lexikon. Hg. von Walter Jens. 20 Bde. München 1988–92.

Kümmerling-Meibauer: Klassiker der Kinder- und Jugendliteratur. Ein internationales Lexikon. Stuttgart/Weimar 1998.

Lexikon Literaturverfilmungen. Deutschsprachige Filme 1945–1990. Zusammengestellt von Klaus M. und Ingrid Schmidt. Stuttgart/Weimar 1995.

Literaturlexikon. Hg. von Walther Killy. 15 Bde. Gütersloh/München 1988/93.

Literaturwissenschaftliches Lexikon. Grundbegriffe der Germanistik. Hg. von Horst Brunner und Rainer Moritz. Berlin 1997.

Metzler Autoren Lexikon. Deutschsprachige Dichter und Schriftsteller vom Mittelalter bis zur Gegenwart. Hg. von Bernd Lutz. Stuttgart/Weimar ²1994.

Metzler Literatur Lexikon. Begriffe und Definitionen. Hg. von Günther und Irmgard Schweikle. Stuttgart ²1990.

Reallexikon der deutschen Literaturwissenschaft. Neubearbeitung des Reallexikons der deutschen Literaturgeschichte. Hg. von Klaus Weimar. 3 Bde. Berlin 1997 ff.

Literaturgeschichten

Brenner, Peter J.: Neue deutsche Literaturgeschichte. Vom »Ackermann« zu Günter Grass. Tübingen 1996.

Deutsche Literaturgeschichte. Von den Anfängen bis zur Gegenwart. Von Wolfgang Beutin u. a. Stuttgart/Weimar ⁵1994.

Deutsche Literatur. Eine Sozialgeschichte. Hg. von Horst Albert Glaser. 10 Bde. Reinbek 1982 ff.

Deutsche Literatur von Frauen. Hg. von Gisela Brinker-Gabler. 2 Bde. München 1988.

Frauen Literatur Geschichte. Schreibende Frauen vom Mittelalter bis zur Gegenwart. Hg. von Hiltrud Gnüg und Renate Möhrmann. Stuttgart 1985.

Geschichte der deutschen Literatur. Hg. von Ehrhard Bahr. 3 Bde. Tübingen 1987/88.

Geschichte der deutschen Literatur. Hg. von Bengt Algot Sørenson. 2 Bde. München 1997.

Geschichte der deutschen Literatur von den Anfängen bis zur Gegenwart. Begründet von Helmut de Boor und Richard Newald. 7 Bde. München 1949 ff. [Neubearbeitungen.]

Geschichte der deutschen Literatur von den Anfängen bis zur Gegenwart. Hg. von Klaus Gysi u. a. 12 Bde. Berlin (DDR) 1965 ff.

Geschichte der deutschen Literatur vom 18. Jahrhundert bis zur Gegenwart. Hg. von Victor Žmegač. 3 Bde. Königstein 1978/84.

Geschichte der Literatur in Österreich. Von den Anfängen bis zur Gegenwart. Hg. von Herbert Zeman. 7 Bde. Graz 1994 ff.

Hanser Sozialgeschichte der deutschen Literatur vom 16. Jahrhundert bis zur Gegenwart. Hg. von Rolf Grimminger. 12 Bde. München 1980 ff.

Darstellungen und Sammelbände

Aust, Hugo: Novelle. Stuttgart/Weimar ²1995.

Aust, Hugo / Haida, Peter / Hein, Jürgen: Volksstück. München 1989.

Behrmann, Alfred: Einführung in den neueren deutschen Vers. Von Luther bis zur Gegenwart. Stuttgart 1989.

Brauneck, Manfred: Die Welt als Bühne. Geschichte des europäischen Theaters. 3 Bde. Stuttgart/Weimar 1993/98.

Deutsche Romantheorien. Hg. von Reinhold Grimm. Frankfurt a. M./Bonn 1968.

Die deutsche Komödie. Vom Mittelalter bis zur Gegenwart. Hg. von Walter Hinck. Düsseldorf 1977.

Fischer-Lichte, Erika: Kurze Geschichte des deutschen Theaters. Tübingen 1992.

Gedichte und Interpretationen. 6 Bde. Stuttgart 1982/84.

Geschichte der deutschen Lyrik vom Mittelalter bis zur Gegenwart. Hg. von Walter Hinderer. Stuttgart 1983.

Geschichte der politischen Lyrik in Deutschland. Hg. von Walter Hinderer. Stuttgart 1978.

Guthke, Karl S.: Das deutsche bürgerliche Trauerspiel. Stuttgart/Weimar ⁵1994.

Handbuch des deutschen Romans. Hg. von Helmut Koopmann. Düsseldorf 1983.

Jacobs, Jürgen / Krause, Markus: Der deutsche Bildungsroman. München 1989.

Selbmann, Rolf: Der deutsche Bildungsroman. Stuttgart/Weimar ²1994.

Wagenknecht, Christian: Deutsche Metrik. Eine historische Einführung. München ³1993.

Wittmann, Reinhard: Geschichte des deutschen Buchhandels. München 1991.

Anthologien

Die deutsche Literatur. Texte und Zeugnisse. Hg. von Walther Killy. 7 Bde. München 1963/83 u. ö.

Die deutsche Literatur. Ein Abriß in Text und Darstellung. Hg. von Otto F. Best und Hans-Jürgen Schmitt. 16 Bde. Stuttgart 1974/77 u. ö.

2. Mittelalter

Bertau, Karl: Deutsche Literatur im europäischen Mittelalter. 2 Bde. München 1972/73.

Bumke, Joachim: Höfische Kultur. Literatur und Gesellschaft im hohen Mittelalter. 2 Bde. München 1986.

Ders.: Geschichte der deutschen Literatur im Hochmittelalter. München 1990.

Cramer, Thomas: Geschichte der deutschen Literatur im späten Mittelalter. München 1990.

Die deutsche Literatur des Mittelalters. Verfasserlexikon. Hg. von Kurt Ruh. 10 Bde. Berlin ²1977 ff.

Geschichte der deutschen Literatur von den Anfängen bis zum Beginn der Neuzeit. 3 Bde. (in 6 Teilbdn.). Hg. von Joachim Heinzle. Tübingen ²1994 ff.

Gottzmann, Carola L.: Artusdichtung. Stuttgart 1989.

Heldensage und Heldendichtung im Germanischen. Hg. von Heinrich Beck. Berlin 1988.

Kartschoke, Dieter: Geschichte der deutschen Literatur im frühen Mittelalter. München 1990.

Lexikon des Mittelalters. Hg. von Robert Auty u. a. 7 Bde. München/Zürich 1980 ff.

Lyrik des Mittelalters. Probleme und Interpretationen. Hg. von Heinz Bergner. 2 Bde. Stuttgart 1983.

Ruh, Kurt: Höfische Epik des deutschen Mittelalters. 2 Bde. Berlin 1967/80.

Ders.: Geschichte der abendländischen Mystik. München 1990 ff.

Schweikle, Günther: Minnesang. Stuttgart/Weimar ²1995.

Wehrli, Max: Geschichte der deutschen Literatur vom frühen Mittelalter bis zum Ende des 16. Jahrhunderts. Stuttgart 1980.

Ders.: Literatur im deutschen Mittelalter. Eine poetologische Einführung. Stuttgart 1984.

3. Frühe Neuzeit

Alewyn, Richard: Das große Welttheater. Die Epoche der höfischen Feste. Nachdruck der 2. erweiterten Aufl. München 1989.

Alexander, Robert J.: Das deutsche Barockdrama. Stuttgart 1984.

Bauer, Matthias: Der Schelmenroman. Stuttgart/Weimar 1994.

Bernstein, Eckhard: Die Literatur des deutschen Frühhumanismus. Stuttgart 1978.

Burger, Heinz Otto: Renaissance, Humanismus, Reformation. Deutsche Literatur im europäischen Kontext. Bad Homburg usw. 1969.

Deutsche Dichter des 17. Jahrhunderts. Ihr Leben und Werk. Hg. von Harald Steinhagen und Benno von Wiese. Berlin 1984.

Ellinger, Georg: Geschichte der neulateinischen Lyrik Deutschlands im 16. Jahrhundert. 3 Bde. Berlin 1929/33.

Emblemata. Handbuch zur Sinnbildkunst des XVI. und XVII. Jahrhunderts. Hg. von Arthur Henkel und Albrecht Schöne. Taschenausgabe. Stuttgart/Weimar 1996.

Grundpositionen der deutschen Literatur im 16. Jahrhundert. Von Ingeborg Spriewald u. a. Berlin/Weimar 1976.

Kemper, Hans-Georg: Deutsche Lyrik der frühen Neuzeit. 6 Bde. Tübingen 1987 ff.

Könneker, Barbara: Die deutsche Literatur der Reformationszeit. Kommentar zu einer Epoche. München 1975.

Dies.: Satire im 16. Jahrhundert. Epoche – Werk – Wirkung. München 1991.

Meid, Volker: Barocklyrik. Stuttgart 1986.

Nagel, Bert: Meistersang. Stuttgart ²1971.

Otto, Karl F.: Die Sprachgesellschaften des 17. Jahrhunderts. Stuttgart 1972.

Rötzer, Hans Gerd: Der Roman des Barock. 1600–1700. Kommentar zu einer Epoche. München 1972.

Schöne, Albrecht: Emblematik und Drama im Zeitalter des Barock. München ³1993.

Szyrocki, Marian: Die deutsche Literatur des Barock. Eine Einführung. Bibliographisch erneuerte Ausgabe. Stuttgart 1997.

Trunz, Erich: Weltbild und Dichtung im deutschen Barock. Sechs Studien. München 1992.

Ders.: Deutsche Literatur zwischen Späthumanismus und Barock. Acht Studien. München 1995.

4. Aufklärung, Klassik, Romantik

Alt, Peter-André: Aufklärung. Lehrbuch Germanistik. Stuttgart/Weimar 1996.

Aufklärung. Ein literaturwissenschaftliches Studienbuch. Hg. von Hans-Friedrich Wessels. Königstein 1984.

Borchmeyer, Dieter: Die Weimarer Klassik. Eine Einführung. 2 Bde. Königstein 1980.

Deutsche Literatur zur Zeit der Klassik. Hg. von Karl Otto Conrady. Stuttgart 1977.

Dramen des Sturm und Drang. Interpretationen. Stuttgart 1987.

Goethe-Handbuch. Hg. von Bernd Witte, Theo Buch u. a. 4 Bde. Stuttgart/Weimar 1996/98.

Jacobs, Jürgen: Prosa der Aufklärung. Kommentar zu einer Epoche. München 1976.

Kaiser, Gerhard: Aufklärung, Empfindsamkeit, Sturm und Drang. München ²1976.

Kiesel, Helmuth / Münch, Paul: Gesellschaft und Literatur im 18. Jahrhundert. München 1977.

Kimpel, Dieter: Der Roman der Aufklärung (1670–1774). Stuttgart ²1977.

Kremer, Detlef: Prosa der Romantik. Stuttgart/ Weimar 1996.

Luserke, Matthias: Sturm und Drang. Autoren – Texte – Themen. Stuttgart 1997.

Mahoney, Dennis F.: Der Roman der Goethezeit (1774–1829). Stuttgart 1988.

Martens, Wolfgang: Die Botschaft der Tugend. Die Aufklärung im Spiegel der deutschen Moralischen Wochenschriften. Stuttgart 1968.

Müller-Seidel, Walter: Die Geschichtlichkeit der deutschen Klassik. Literatur und Denkformen um 1800. Stuttgart 1983.

Pikulik, Lothar: Frühromantik. Epoche – Werke – Wirkung. München 1992.

Romane und Erzählungen der deutschen Romantik. Neue Interpretationen. Hg. von Paul Michael Lützeler. Stuttgart 1981.

Romantik. Ein literaturwissenschaftliches Studienbuch. Hg. von Ernst Ribbat. Königstein 1979.

Sauder, Gerhard: Empfindsamkeit. 3 Bde. Stuttgart 1974 ff.

Steinmetz, Horst: Das deutsche Drama von Gottsched bis Lessing. Stuttgart 1987.

Sturm und Drang. Ein literaturwissenschaftliches Studienbuch. Hg. von Walter Hinck. Kronberg 1978.

Wegmann, Nikolaus: Diskurse der Empfindsamkeit. Zur Geschichte eines Gefühls in der Literatur des 18. Jahrhunderts. Stuttgart 1988.

5. 19. Jahrhundert

Aust, Hugo: Literatur des Realismus. Stuttgart ²1981.

Cowen, Roy C.: Das deutsche Drama im 19. Jahrhundert. Stuttgart 1988.

Ders.: Der Naturalismus. Kommentar zu einer Epoche. München 1973.

Ders.: Der Poetische Realismus. Kommentar zu einer Epoche. München 1985.

Dramen des Naturalismus. Interpretationen. Stuttgart 1988.

Erzählungen und Novellen des 19. Jahrhunderts. Interpretationen. 2 Bde. Stuttgart 1988/89.

Fischer, Jens Malte: Fin de siècle. Kommentar zu einer Epoche. München 1978.

Hoefert, Sigfrid: Das Drama des Naturalismus. Stuttgart/Weimar ⁴1993.

Killy, Walther: Romane des 19. Jahrhunderts. Wirklichkeit und Kunstcharakter. Göttingen 1967.

Köster, Udo: Literatur und Gesellschaft in Deutschland 1830–1848. Die Dichtung am Ende der Kunstperiode. Stuttgart usw. 1984.

Koopmann, Helmut: Das junge Deutschland. Eine Einführung. Darmstadt 1993.

Martini, Fritz: Deutsche Literatur im bürgerlichen Realismus 1848–1898. Stuttgart ⁴1981.

McInnes, Edward: Das deutsche Drama des 19. Jahrhunderts. Berlin 1983.

Möbius, Hanno: Der Naturalismus. Heidelberg 1982.

Naturalismus. Manifeste und Dokumente zur deutschen Literatur 1880–1900. Hg. von Manfred Brauneck und Christine Müller. Stuttgart/ Weimar 1994.

Realismus und Gründerzeit. Manifeste und Dokumente zur deutschen Literatur 1848–1880. Hg. von Max Bucher, Werner Hahl u. a. 2 Bde. Stuttgart/Weimar 1994.

Romane und Erzählungen zwischen Romantik und Realismus. Neue Interpretationen. Hg. von Paul Michael Lützeler. Stuttgart 1983.

Romane und Erzählungen des Bürgerlichen Realismus. Neue Interpretationen. Hg. von Horst Denkler. Stuttgart 1980.

Sengle, Friedrich: Biedermeierzeit. Deutsche Literatur im Spannungsfeld zwischen Restauration und Revolution 1815–1848. 3 Bde. Stuttgart 1971/80.

6. 20. Jahrhundert

Brinkmann, Richard: Expressionismus. Internationale Forschung zu einem internationalen Phänomen. Stuttgart 1980.

Buddecke, Wolfram / Fuhrmann, Helmut: Das deutschsprachige Drama seit 1945. Kommentar zu einer Epoche. München 1981.

Deutsche Literatur 1981. Ein Jahresüberblick. Hg. von Volker Hage. Stuttgart 1982. [Jährlich erscheinender Jahresüberblick, gelegentliche Veränderungen im Hg.-Gremium.]

Deutsche Romane des 20. Jahrhunderts. Interpretationen. 2 Bde. Stuttgart 1993.

Die deutsche Literatur im Dritten Reich. Themen – Traditionen – Wirkungen. Hg. von Horst Denkler und Karl Prümm. Stuttgart 1976.

Die deutsche Literatur in der Weimarer Republik. Hg. von Wolfgang Rothe. Stuttgart 1974.

Durzak, Manfred: Der deutsche Roman der Gegenwart. Stuttgart usw. ³1979.

Emmerich, Wolfgang: Kleine Literaturgeschichte der DDR 1945–1988. Erweiterte Ausgabe. Frankfurt a.M. 1989.

Expressionismus. Manifeste und Dokumente zur deutschen Literatur 1910–1920. Hg. von Thomas Anz und Michael Stark. Stuttgart/Weimar 1994.

Fähnders, Walter: Avantgarde und Moderne 1890–1933. Lehrbuch Germanistik. Stuttgart/Weimar 1997.

Franke, Konrad: Die Literatur der DDR. 3., erweiterte Ausgabe. Frankfurt a.M. 1980.

Jahrhundertwende. Manifeste und Dokumente zur deutschen Literatur 1890–1910. Hg. von Erich Ruprecht und Dieter Bänsch. Stuttgart/Weimar 1994.

Ketelsen, Uwe-K.: Völkisch-nationale und nationalsozialistische Literatur in Deutschland 1890–1945. Stuttgart 1976.

Korte, Hermann: Geschichte der deutschen Lyrik seit 1945. Stuttgart 1989.

Ders.: Die Dadaisten. Reinbek 1994.

Kritisches Lexikon zur deutschsprachigen Gegenwartsliteratur. Hg. von Hans Ludwig Arnold. München 1978ff.

Kröll, Friedhelm: Die Gruppe 47. Soziale Lage und gesellschaftliches Bewußtsein literarischer Intelligenz in der Bundesrepublik. Stuttgart 1977.

Lorenz, Dagmar: Wiener Moderne. Stuttgart/Weimar 1995.

Marx, Leonie: Die deutsche Kurzgeschichte. Stuttgart/Weimar ²1997.

Moderne Literatur in Grundbegriffen. Hg. von Dieter Borchmeyer und Viktor Žmegač. Tübingen ²1994.

Petersen, Jürgen H.: Der deutsche Roman der Moderne. Grundlegung – Typologie – Entwicklung. Stuttgart 1991.

Raabe, Paul: Die Autoren und Bücher des literarischen Expressionismus. Ein bibliographisches Handbuch. Stuttgart ²1992.

Schnell, Ralf: Literarische Innere Emigration 1933 bis 1945. Stuttgart 1976.

Ders.: Geschichte der deutschsprachigen Literatur seit 1945. Stuttgart 1993.

Vietta, Silvio / Kemper, Hans-Georg: Expressionismus. München ²1983.

Walter, Hans Albert: Deutsche Exilliteratur 1933–1950. 7 Bde. Stuttgart 1978ff.

Wehdeking, Volker / Blamberger, Günter: Erzählliteratur der frühen Nachkriegszeit (1945–1952). München 1990.

Weimarer Republik. Manifeste und Dokumente zur deutschen Literatur 1918–1933. Hg. von Anton Kaes. Stuttgart/Weimar 1994.

Zimmermann, Peter: Industrieliteratur der DDR. Vom Helden der Arbeit zum Planer und Leiter. Stuttgart 1984.

Personen- und Werkregister

Das Register beschränkt sich auf Personen und Werke aus dem Kontext der deutschen literarischen Entwicklung im engeren Sinne, und es berücksichtigt andere Personen (z.B. Philosophen, ausländische Autoren usw.) nur, wo ihnen eigens ein Abschnitt gewidmet ist. Erfaßt werden: 1. Die besprochenen und erwähnten Autoren, ihre etwaigen Mitarbeiter und Bearbeiter ihrer Werke; 2. die Bearbeiter und Eindeutscher fremdsprachiger und mundartlicher Werke; 3. die Herausgeber und Kompilatoren wesentlicher Handschriften und Sammelwerke; 4. Inkunabel- und Frühdrucker; 5. die verfasserlosen Werke und die eigens als solche behandelten Sammelwerke und Zeitschriften. Außerdem wird mit Gattungsbegriffen oder ähnlichen Stichworten auf solche Fundstellen verwiesen, wo summarisch Entsprechendes aufgelistet ist. Ähnlich wird gelegentlich das Genreschaffen eines einzelnen Autors zusammengefaßt.

Für den genannten Personenkreis werden die Lebens- oder, in der Frühperiode, Schaffensdaten und die Titel ihrer ausführlich besprochenen Werke gegeben. Im Rahmen des Möglichen werden darüber hinaus auch Angaben zu ihren anderen erwähnten Werken und zu ihrem Wirken als Bearbeiter, Herausgeber oder Übersetzer gemacht.

Die Titelerfassung greift weitgehend auf geläufige Kurztitel zurück. Bei der Alphabetisierung sind die Nominative der bestimmten Artikel unberücksichtigt geblieben, die Umlaute aufgelöst (ae, oe, ue) behandelt worden.

Hauptfundstellen sind hervorgehoben.

HGH